Bechtold/Bosch
Gesetz gegen Wettbewerbsbeschränkungen

Gesetz gegen Wettbewerbsbeschränkungen

(§§ 1–96, 185, 186–187)

Kommentar

Begründet von

Dr. Rainer Bechtold

Rechtsanwalt in Stuttgart
Honorarprofessor an der Universität Würzburg

weitergeführt von

Dr. Wolfgang Bosch

Rechtsanwalt in Frankfurt

unter Mitarbeit von

Dr. Alexander Fritzsche

Rechtsanwalt in Frankfurt

11. Auflage 2025

C.H.BECK

Zitiervorschlag:
Bechtold/Bosch GWB Einl. Rn. 1
Bechtold/Bosch GWB § 1 Rn. 1
Bechtold/Bosch GWB Vor § 28 Rn. 1

beck.de

ISBN 978 3 406 81047 3

Wilhelmstraße 9, 80801 München
info@beck.de
Druck und Bindung: Friedrich Pustet GmbH & Co. KG
Gutenbergstraße 8, 93051 Regensburg

Satz: Meta Systems Publishing & Printservices GmbH, Wustermark
Umschlag: Druckerei C.H.Beck Nördlingen

chbeck.de/nachhaltig
produktsicherheit.beck.de

Gedruckt auf säurefreiem, alterungsbeständigem Papier
(hergestellt aus chlorfrei gebleichtem Zellstoff)

Vorwort zur 11. Auflage

Diese 11. Auflage verarbeitet neue Rechtsprechung und Verwaltungspraxis und die 11. GWB-Novelle 2023, die Eingriffsbefugnisse nach Sektoruntersuchungen, eine Schärfung der Vorteilsabschöpfung und Befugnisse des Bundeskartellamts für die Durchsetzung des Digital Markets Act mit sich bringt. Dr. Alexander Fritzsche hat die Kommentierungen der §§ 32e–g übernommen und auch sonst die Auflage mit Rat und Tat unterstützt.

Das Werk gibt den Stand des Gesetzes zum Zeitpunkt September 2024 wieder; Rechtsprechung und Verfahrenspraxis wurden überwiegend bis April 2024 berücksichtigt.

Ich danke meinen Kollegen und – vor allem – meiner Familie für fachliche und moralische Unterstützung sowie dem Verlag C. H. Beck für das hervorragende Lektorat.

Frankfurt, im September 2024 Dr. Wolfgang Bosch

Vorwort zur 1. Auflage

Das Kartellgesetz (Bezeichnung durch den Gesetzgeber: Gesetz gegen Wettbewerbsbeschränkungen) ist nach wie vor ein zentrales Gesetz unserer Wirtschaftsordnung. Es wird mehr und mehr eingebettet in die über Deutschland hinaus gehende Anwendung des WEG-Kartellrechts einschließlich der EWG-Fusionskontroll-Verordnung. Der Plan, einen Kurzkommentar zum Kartellgesetz in der entsprechenden Reihe des Beck-Verlages zu schreiben, entstand schon Mitte der 80er Jahre. Die Zeit zur Verwirklichung des Plans habe ich nur nach und nach gefunden. Die Intensivierung der EWG-Rechtsanwendung, insbesondere im Bereich der Fusionskontrolle, erhöhte die Schwierigkeiten und den Umfang der Aufgabe. Dennoch habe ich mich konzentriert auf die Erläuterung des deutschen Rechts; die Einwirkungen des EWG-Rechts und die darauf bezogenen Abgrenzungsprobleme habe ich nur insoweit ausführlicher behandelt, als sie für die Anwendung des deutschen Rechts von Bedeutung sind. Um den Rahmen eines Kurzkommentars nicht zu sprengen, habe ich die Schwergewichte so gelegt, wie sie meinen praktischen Erfahrungen entsprechen, einzelne Bestimmungen also kürzer behandelt als die praktisch wichtigeren. In der ausdrücklichen Verarbeitung der Literatur mußte ich mir große Zurückhaltung auferlegen.

Ich danke für die inhaltliche Mitarbeit meinem Partner Dr. Wolfgang Bosch, für die Schreibarbeiten den Sekretärinnen meiner Sozietät Gleiss Lutz Hootz Hirsch und Partner Frau Heike Warmuth und Frau Inge Knuth sowie für die Anfertigung der Entscheidungsregister meinem Sohn stud. jur. Peter Bechtold.

Stuttgart, im November 1992 — Dr. Rainer Bechtold

Inhaltsverzeichnis

Kapitel 8. Monopolkommission

Kapitel 9. Markttransparenzstellen für den Großhandel mit Strom und Gas und für Kraftstoffe

Abschnitt 1. Markttransparenzstelle für den Großhandel im Bereich Strom und Gas

Abschnitt 2. Markttransparenzstelle für Kraftstoffe

Abschnitt 3. Evaluierung

Teil 2. Kartellbehörden

Kapitel 1. Allgemeine Vorschriften

Kapitel 2. Behördenzusammenarbeit

Kapitel 3. Bundeskartellamt

Abkürzungsverzeichnis

(einschl. mit Werkabkürzungen zitierte Buch-Literatur)

aA	anderer Ansicht
aaO	am angegebenen Ort
aF	alte Fassung
AbfallR	Abfallrecht (Zeitschrift)
ABl.	Amtsblatt der Europäischen Gemeinschaften
ABl. C	– Teil C
ABl. L	– Teil L
Abs.	Absatz
AEUV	Vertrag über die Arbeitsweise der Europäischen Union (idF des Lissabon-Vertrages, in Kraft seit 1.12.2009) – ersetzt den EG-Vertrag
AfP	Archiv für Presserecht (Zeitschrift)
AG	Die Aktiengesellschaft (Zeitschrift)
AktG	Aktiengesetz
allg.	allgemein
Alt.	Alternative
Anm.	Anmerkung
AS	Amtliche Sammlung
Aufl.	Auflage
ausdr.	ausdrücklich
ausf.	ausführlich
BaFin	Bundesanstalt für Finanzdienstleistungsaufsicht
BAG	Bundesarbeitsgericht
BAnz.	Bundesanzeiger
BauR	Zeitschrift für das gesamte öffentliche und private Baurecht (Zeitschrift)
BB	Betriebsberater (Zeitschrift)
Bechtold/Bosch/Brinker	Bechtold/Bosch/Brinker, EU-Kartellrecht, Kommentar, 4. Aufl. 2023
Begr.	Begründung
Bekanntmachung relevanter Markt	Bekanntmachung der Kommission über den relevanten Markt (ABl. 1997 C 372, 5)
Berg/Mäsch/Bearbeiter	Berg/Mäsch, Deutsches und Europäisches Kartellrecht Kommentar, 4. Aufl. 2022
Bien/Käseberg/Klumpe/Körber/Ost 10. GWB-Novelle/Bearbeiter	Bien/Käseberg/Klumpe/Körber/Ost, Die 10. GWB-Novelle, 2021
Bericht Missbrauchsaufsicht	Schweitzer/Haucap/Kerber/Welker, Modernisierung der Missbrauchsaufsicht für marktmächtige Unternehmen, August 2018
Beschl.	Beschluss

Abkürzungsverzeichnis

BEWiA	Beschlussempfehlung und Bericht des Ausschusses für Wirtschaft und Energie (BT-Drs. 18/11446)
BFH	Bundesfinanzhof
BGB	Bürgerliches Gesetzbuch
BGBl.	Bundesgesetzblatt
BGH	Bundesgerichtshof
BGHSt	Entscheidungssammlung des Bundesgerichtshofs in Strafsachen
BGHZ	Entscheidungssammlung des Bundesgerichtshofs in Zivilsachen
BKartA	Bundeskartellamt
BR-Drs.	Bundesrats-Drucksache
BSG	Bundessozialgericht
bspw.	beispielsweise
BT-Drs.	Bundestags-Drucksache
Bunte/Bearbeiter	Bunte, Kommentar zum deutschen und europäischen Kartellrecht, Band 1: Deutsches Kartellrecht, 14. Aufl. 2021
BVerfG	Bundesverfassungsgericht
BVerfGE	Entscheidungssammlung des Bundesverfassungsgerichts
BVerwG	Bundesverwaltungsgericht
CCZ	Corporate Compliance Zeitschrift (Zeitschrift)
CuR	Contracting und Recht (Zeitschrift)
dh	das heißt
DB	Der Betrieb (Zeitschrift)
DKR	Dienstleistungsrichtlinie
ECU	Europäische Rechnungseinheit
ECN+-Richtlinie	Richtlinie (EU) 2019/1 des Europäischen Parlaments und des Rates vom 11.12.2018 zur Stärkung der Wettbewerbsbehörden der Mitgliedsstaaten im Hinblick auf eine wirksamere Durchsetzung der Wettbewerbsvorschriften und zur Gewährleistung des reibungslosen Funktionierens des Binnenmarkts (ABl. 2019 L 11, 3)
EGKS	Europäische Gemeinschaft für Kohle und Stahl (Montanunion)
EGKS	Montanunions-Vertrag
EG	Europäische Gemeinschaft(en)
EG (Art … EG)	Vertrag zur Gründung der Europäischen Gemeinschaften idF vom 2.10.1997, zuletzt geändert durch den Vertrag über den Beitritt der Republik Bulgarien und Rumäniens zur Europäischen Union vom 25.4.2005 (ABl. 2005 L 157, 11), durch Art. 2 des Vertrages von Lissabon zum 1.12.2009 in den Vertrag zur Arbeitsweise des Europäischen Union (AEUV) umbenannt
Einl.	Einleitung
Entsch.	Entscheidung
etc	et cetera
EuGH-Satzung ...	Protokoll über die Satzung des Gerichtshofs der Europäischen Union
EuZW	Europäische Zeitschrift für Wirtschaftsrecht (Zeitschrift)
EWR	Europäischer Wirtschaftsraum
EWiR	Entscheidungen zum Wirtschaftsrecht (Zeitschrift)
f.	folgende
ff.	(fort)folgende
FKVO	Verordnung (EG) Nr. 139/2004 des Rates vom 20.1.2004 über die Kontrolle von Unternehmenszusammenschlüssen (ABl. 2004 L 21, 1)
FuR	Film und Recht (Zeitschrift)

FK-KartellR/ Bearbeiter	Jaeger/Kokott/Pohlmann/Schroeder/Seeliger, Frankfurter Kommentar zum Kartellrecht, Loseblatt
FS	Festschrift
GebrMG	Gebrauchsmustergesetz
GemK/Bearbeiter	Gemeinschaftskommentar zum GWB, 5. Aufl. 1999, iÜ 4. Aufl. 1980 (in Einzelbänden)
GG	Grundgesetz
ggf.	gegebenenfalls
GmbHG	GmbH-Gesetz
Göhler/ Bearbeiter	Göhler, Kommentar zum Gesetz über Ordnungswidrigkeiten, 19. Aufl. 2024
grds.	grundsätzlich
Grüneberg/ Bearbeiter	Ellenberger/Götz/Grüneberg/Herrler/von Pückler/Retzlaff/Siede/ Sprau/Thorn/Weidenkaff/Weidlich/Wicke, Kommentar Bürgerliches Gesetzbuch, 83. Aufl. 2024
GRUR	Gewerblicher Rechtsschutz und Urheberrecht (Zeitschrift)
GWB	Gesetz gegen Wettbewerbsbeschränkungen
GWR	Gesellschafts- und Wirtschaftsrecht (Zeitschrift)
Hs.	Halbsatz
hM	herrschende Meinung
HGB	Handelsgesetzbuch
Horizontal-Leitlinien	Leitlinien der Kommission zur Anwendbarkeit des Artikels 101 des Vertrags über die Arbeitsweise der Europäischen Union auf Vereinbarungen über horizontale Zusammenarbeit (ABl. 2023 C 259, 1)
idF	in der Fassung
idR	in der Regel
Immenga/ Mestmäcker/ Bearbeiter	Immenga/Mestmäcker, Kommentar zum Wettbewerbsrecht, Band 2: GWB, 7. Aufl. 2024; Band 3: Deutsche und Europäische Fusionskontrolle, 6. Aufl. 2020
insbes.	insbesondere
iSd	im Sinne des/der
iSv	im Sinne von
iVm	in Verbindung mit
Kartellschadenersatz-Richtlinie	Richtlinie 2014/104/EU des Europäischen Parlaments und des Rates vom 26.11.2014 über bestimmte Vorschriften für Schadensersatzklagen nach nationalem Recht wegen Zuwiderhandlungen gegen wettbewerbsrechtliche Bestimmungen der Mitgliedsstaaten und der Europäischen Union (ABl. 2014 L 349, 1)
Kartellverfahrens-VO	Verordnung (EG) Nr. 1/2003 des Rates vom 16.12.2002 zur Durchführung der in den Artikeln 81 und 82 des Vertrags niedergelegten Wettbewerbsregeln (ABl. 2003 L 1, 1)
KartVO	Kartellverordnung
KEK	Kommission zur Ermittlung der Konzentration im Medienbereich

Abkürzungsverzeichnis

Kersting/Podszun 9. GWB-Novelle/ Bearbeiter	Kersting/Podszun, Die 9. GWB-Novelle, 2017
KG	Kammergericht
Kleinmann/ Bechtold	Kleinmann/Bechtold, Kommentar zur Fusionskontrolle, 2. Aufl. 1989
Koch/Bearbeiter	Koch, Aktiengesetz, 18. Aufl. 2024
Köhler/ Bornkamm/ Feddersen/ Bearbeiter	Köhler/Bornkamm/Feddersen/Alexander/Odörfer/Scherer, Gesetz gegen den unlauteren Wettbewerb, 42. Aufl. 2024
Kölner Komm KartellR/Bearbeiter	Busche/Röhling, Kölner Kommentar zum Kartellrecht, 4 Bände, 2013 ff.
Konsolidierte Mitteilung	Konsolidierte Mitteilung der Kommission zu Zuständigkeitsfragen gemäß der Verordnung (EG) Nr. 139/2004 des Rates über die Kontrolle von Unternehmenszusammenschlüssen (ABl. 2008 C 95, 1, berichtigt in ABl. 2009 C 43, 10)
KWG	Kreditwesengesetz
Lackner/Kühl	Lackner/Kühl, Strafgesetzbuch, 30. Aufl. 2023
Leitlinien zu Art. 81 Abs. 3	Bekanntmachung der Kommission zur Anwendung von Art. 81 Abs. 3 EG (ABl. 2004 C 101, 97)
LG	Landgericht
Lit.	Literatur
LM	Lindenmaier-Möhring, Nachschlagewerk des Bundesgerichtshofes
Loewenheim/ Meessen/ Riesenkampff/ Kersting/Meyer-Lindemann/ Bearbeiter	Loewenheim/Meessen/Riesenkampff/Kersting/Meyer-Lindemann, Kartellrecht, 4. Aufl. 2020
LRE	Lebensmittelrechtliche Entscheidungssammlung
LSG	Landessozialgericht
MDR	Monatsschrift für Deutsches Recht (Zeitschrift)
Mio.	Millionen
Mrd.	Milliarden
MüKoWettbR/ Bearbeiter	Münchner Kommentar zum Wettbewerbsrecht, Säcker/Bien/Meier-Beck/Montag, Band 1, Teilbände 1 und 2: Europäisches Wettbewerbsrecht, 4. Aufl. 2023; Säcker/Meier-Beck, Band 2: §§ 1–96, 185, 186 GWB, Verfahren vor den europäischen Gerichten, 4. Aufl. 2022
mwN	mit weiteren Nachweisen
nF	neue Fassung
NJOZ	Neue Juristische Online Zeitschrift (Zeitschrift)
NJW	Neue Juristische Wochenschrift (Zeitschrift)
NJW-RR	Neue Juristische Wochenschrift, Rechtsprechungs-Report (Zeitschrift)

NJWE-WettbR ...	NJW-Entscheidungsdienst Wettbewerbsrecht (Zeitschrift)
Nr.	Nummer
N&R	Netzwirtschaften und Recht (Zeitschrift)
NVwZ	Neue Zeitschrift für Verwaltungsrecht (Zeitschrift)
NZBau	Neue Zeitschrift für Baurecht und Vergaberecht (Zeitschrift)
NZKart	Neue Zeitschrift für Kartellrecht (Zeitschrift)
NZS	Neue Zeitschrift für Sozialrecht (Zeitschrift)
OLG	Oberlandesgericht
OWiG	Gesetz gegen Ordnungswidrigkeiten
PatG	Patentgesetz
RdA	Recht der Arbeit (Zeitschrift)
RdE	Recht der Energiewirtschaft (Zeitschrift)
RegE	Regierungsentwurf
RegE 9. GWB-Novelle 2017	Begründung des Gesetzesentwurfs der Bundesregierung (BT-Drs. 18/10207)
RegE 10. GWB-Novelle 2021	Begründung des Gesetzesentwurfs der Bundesregierung (BT-Drs. 19/23492)
RG	Reichsgericht
RGBl.	Reichsgesetzblatt
RGZ	Amtliche Sammlung von Entscheidungen des Reichsgerichts in Zivilsachen
RIW	Recht der Int. Wirtschaft (Zeitschrift)
RL	Richtlinie
Rn.	Randnummer
Rspr.	Rechtsprechung
S.	Satz, Seite
s.	siehe
Schwerpunkte	Schwerpunkte des Kartellrechts, FIW-Schriftenreihe
Schulte/Just/Bearbeiter	Schulte/Just, Kartellrecht, 2. Aufl. 2016
SGB	Sozialgesetzbuch
SGG	Sozialgerichtsgesetz
Slg.	(amtliche) Sammlung
sog.	sogenannte
st.	ständig
stRspr	ständige Rechtsprechung
TB	Tätigkeitsbericht des BKartA
Tz.	Teilziffer
u.a.	unter anderem
UAbs.	Unterabsatz
uE	unseres Erachtens
Urt.	Urteil
usw	und so weiter
uU	unter Umständen
UWG	Gesetz gegen den unlauteren Wettbewerb
v.	vom
VAG	Versicherungsaufsichtsgesetz
VersR	Versicherungsrecht (Zeitschrift)

Abkürzungsverzeichnis

Vertikalleitlinien	Leitlinien der Kommission für vertikale Beschränkungen (ABl. 2010 C 130, 1)
vgl.	vergleiche
VO	Verordnung
VwGO	Verwaltungsgerichtsordnung
VwVfG	Verwaltungsverfahrensgesetz
VwVG	Verwaltungs-Vollstreckungsgesetz
VwZG	Verwaltungszustellungsgesetz
WiB	Wirtschaftsrechtliche Beratung (Zeitschrift)
Wiedemann KartellR-HdB/Bearbeiter	Wiedemann, Handbuch des Kartellrechts, 4. Aufl. 2020
wistra	Zeitschrift für Wirtschaft, Steuer und Strafrecht (Zeitschrift)
WM	Wertpapier-Mitteilungen (Zeitschrift)
WRP	Wettbewerb in Recht und Praxis (Zeitschrift)
WuB	Entscheidungssammlung zum Wirtschafts- und Bankrecht
WuW	Wirtschaft und Wettbewerb (Zeitschrift)
WuW/E	– Wirtschaft und Wettbewerb, Entscheidungssammlung– des BGH: WuW/E BGH (bis 1997)– des BKartA: WuW/E BKartA (bis 1997)– der EG-Kommission WuW/E EV (bis 1997)– des Europäischen Gerichtshofes: WuW/E EWG/MUV (bis 1997)– der OLG (einschl. des KG): WuW/E OLG (bis 1997)– der Verwaltungsgerichte: WuW/E VG (bis 1997)– DE-R: deutsche Rechtsprechung (ab 1998)– DE-V: deutsche Verwaltungspraxis (ab 1998)– EU-R: Rechtsprechung der Europäischen Gerichte (ab 1998)– EU-V: Verwaltungspraxis der EG-Kommission (ab 1998)
WuW-Sonderheft	7. GWB-Novelle, Sonderveröffentlichung mit Gesetzesmaterialien, 2005
z.	zur, zum
zB	zum Beispiel
ZBB	Zeitschrift für Bankrecht und Bankwirtschaft (Zeitschrift)
ZEuP	Zeitschrift für Europäisches Privatrecht (Zeitschrift)
ZGR	Zeitschrift für Unternehmens- und Gesellschaftsrecht (Zeitschrift)
ZHR	Zeitschrift für das gesamte Handelsrecht und Wirtschaftsrecht (Zeitschrift)
ZIP	Zeitschrift für Wirtschaftsrecht (Zeitschrift)
ZfBR	Zeitschrift für deutsches und internationales Baurecht (Zeitschrift)
ZfgG	Zeitschrift für das gesamte Genossenschaftswesen (Zeitschrift)
ZGS	Zeitschrift für das Gesamte Schuldrecht (Zeitschrift)
Ziff.	Ziffer
Zöller/Bearbeiter	Zöller, Zivilprozessordnung, 35. Aufl. 2024
ZMR	Zeitschrift für Miet- und Raumrecht (Zeitschrift)
ZNER	Zeitschrift für neues Energierecht (Zeitschrift)
zT	zum Teil
ZUM	Zeitschrift für Urheber- und Medienrecht/Film und Recht (Zeitschrift)
ZWeR	Zeitschrift für Wettbewerbsrecht (Zeitschrift)

Einleitung

Übersicht

1. Zur Geschichte des Kartellrechts bis zum Erlass des GWB

1 **a) 1923–1933.** In Deutschland gibt es ein Kartellrecht seit 1923. Bis dahin war eine rechtliche Kontrolle von Wettbewerbsbeschränkungen allenfalls über das allgemeine Zivilrecht möglich, besonders über die Nichtigkeitssanktion gegen sittenwidrige Verträge in § 138 BGB. Dem Grundsatz der Vertragsfreiheit wurde gegenüber schädlichen Auswirkungen von Wettbewerbsbeschränkungen auf Marktpartner und die Wirtschaftsordnung der Vorrang eingeräumt. Die **Kartellverordnung vom 2.11.1923** (RGBl. 1923 I 1067, KartVO, dazu Burrichter FS Hoffmann-Becking, 2013, 191 (193 ff.)) hatte den offiziellen Titel „Verordnung gegen Missbrauch wirtschaftlicher Machtstellungen". Sie war Bestandteil des Wirtschaftsprogrammes von Reichskanzler Stresemann in einer Zeit äußerster wirtschaftlicher Schwierigkeiten. Ihr Ziel war nicht ein generelles Verbot der Kartelle, sondern die Bekämpfung „schädlicher Auswüchse des Kartellwesens". Kartelle sollten durch „Reinigung" dazu befähigt werden, „der Anbahnung einer laufenden Geschäftsgebarung, der Verbreitung rationeller Produktionsmethoden und einer Vereinheitlichung der Preisbildung zu dienen". Die KartVO war rechtstechnisch ganz dem Missbrauchsprinzip verhaftet.

2 Kartelle wurden in § 1 als „Verträge und Beschlüsse" definiert, „welche Verpflichtungen über die Handhabung der Erzeugung oder des Absatzes, die Anwendung von Geschäftsbedingungen, die Art der Preisfestsetzung oder die Forderung von Preisen enthalten". Sie bedurften der Schriftform. Der Reichswirtschaftsminister übte eine **Missbrauchsaufsicht** aus bei Gefährdung der Gesamtwirtschaft oder des Gemeinwohles. Eine solche Gefährdung war nach § 4 Abs. 2 insbes. anzunehmen, „wenn in volkswirtschaftlich nicht gerechtfertigter Weise die Erzeugung oder der Absatz eingeschränkt, die Preise gesteigert oder hochgehalten oder im Falle wertbeständiger Preisstellung Zuschläge für Wagnisse (Risiken) eingerechnet werden oder wenn die wirtschaftliche Freiheit durch Sperren im Einkauf oder Verkauf oder durch Festsetzung unterschiedlicher Preise oder Bedingungen unbillig beeinträchtigt wird". Die Nichtigerklärung oder die Untersagung der Durchführung eines Kartells konnte allein vom Kartellgericht und nur auf Antrag des Reichswirtschaftsministers ausgesprochen werden. Das Kartellgericht war ein besonderes Verwaltungsgericht und dem Reichswirtschaftsgericht angegliedert. Das bewusste Hinwegsetzen über einen aus Formgründen nichtigen Vertrag oder Beschluss oder über einen solchen, der vom Kartellgericht nach § 4 für nichtig erklärt wurde, konnte mit einer Ordnungsstrafe in unbeschränkter Höhe geahndet werden (§ 17).

3 Die KartVO war ganz anders konzipiert als das heute geltende GWB. Dennoch haben sie und die auf ihr aufbauende Rechtspraxis das **GWB mit beeinflusst.** Das gilt zunächst für rechtstechnische Bereiche bis zur 6. GWB-Novelle 1998, wie zB die grundsätzliche Formbedürftigkeit von Kartellen oder den Begriff des **„Hinwegsetzens"** über die Nichtigkeit eines Kartells als Voraussetzung der Ahndung als Ordnungswidrigkeit (vgl. § 38 Abs. 1 Nr. 1 idF bis zur 6. GWB-Novelle 1998). Der Begriff des Kartells wurde so ausgelegt, dass es sich seiner rechtlichen Natur nach um einen Gesellschaftsvertrag mit einem allen Vertragsparteien **„gemeinsamen Zweck"** (§ 705 BGB) handeln müsse (dazu auch Burrichter FS Hoffmann-Becking, 2013, 191 (193 ff.)). Das hat unmittelbar die bis 1998 gültige Fassung des § 1 beeinflusst. Nach ihm waren nur wettbewerbsbeschränkende Verträge und Beschlüsse unwirksam, wenn sie einem „gemeinsamen Zweck" dienten. Vertikalverträge, zB Lieferverträge und damit verbundene Vereinbarungen, wurden von der KartVO nicht erfasst. Sie waren bis 1998 „sonstige Verträge" iSd §§ 15 ff. aF und wurden zwischen 1999 und 2005 als „Vertikalvereinbarungen" in den §§ 14 ff. aF einer differenzierten Regelung unter-

worfen. Nach der KartVO waren nur kollektive Preisbindungen zu einem gemeinsamen Zweck, nicht aber vertikale Preisbindungen (der 2. Hand) untersagt. Letztere wurden erst aufgrund der Kartellnotverordnung von 1930 einer Missbrauchsaufsicht unterworfen.

b) Kartellrecht während des Nationalsozialismus. Während des Nationalsozialismus wurde die KartVO im Grundsatz beibehalten. Schon im Jahre 1933 wurde ein Gesetz über die Errichtung von **Zwangskartellen** erlassen, aufgrund dessen der Reichswirtschaftsminister „zum Zwecke der Marktregelung Unternehmungen zu Syndikaten, Kartellen, Konventionen oder ähnlichen Abmachungen zusammenschließen" konnte, „wenn der Zusammenschluss … unter Würdigung der Belange der Unternehmungen sowie der Gesamtwirtschaft und des Gemeinwohls geboten erscheint". Erschienen Kartelle im Rahmen der Wirtschaftsordnung als nützlich, wurden sie gefördert, andernfalls mussten sie geändert oder beseitigt werden. 4

c) Alliierte Dekartellisierungsgesetze. Nach dem Krieg wurden in den westlichen Besatzungsgebieten alliierte Dekartellisierungsgesetze erlassen. Sie enthielten **Verbote sämtlicher wettbewerbsbeschränkender Abmachungen.** Sie ermöglichten auch die Auflösung von übermäßig konzentrierten Unternehmungen. Hierauf ist zB die Auflösung der IG-Farben zurückzuführen. Soweit die Besatzungsmächte selbst für die Durchführung des Dekartellisierungsrechts zuständig waren, gingen ihre Befugnisse im Mai 1955 auf den Bundeswirtschaftsminister über. Parallel mit dem Abbau der staatlichen Bewirtschaftung und dem Übergang der Wirtschaftsverwaltung in deutsche Hände wuchs das Bedürfnis, das Kartellrecht umfassend neu zu regeln. In einem Memorandum von 1949 teilten die Besatzungsmächte ihre Absicht mit, einen Teil ihrer Befugnisse auf dem Gebiet der Entkartellisierung auf deutsche Stellen zu delegieren. Diese wurden aufgefordert, einen Gesetzentwurf vorzulegen, der insbes. Kartelle und kartellähnliche Tätigkeiten und Zusammenschlüsse erfassen sollte. Unmittelbar nach Verabschiedung des Grundgesetzes sah ein **erster Entwurf vom Juli 1949** ein strenges Kartell- und Zusammenschlussverbot vor. Ein zweiter Entwurf, ebenfalls noch von 1949, beschränkte das Kartellverbot auf „wesentliche" Beschränkungen des Wettbewerbs und sah im Übrigen die Einführung des Missbrauchsprinzips vor. Dieser Entwurf stieß auf Einwendungen der amerikanischen Besatzungsmacht (vgl. zu all dem auch v. Götz WRP 2007, 741). 5

d) Entwürfe seit 1951. Die Konturen des heute oder jedenfalls bis 2005 geltenden Gesetzes werden erstmals in einem **Entwurf von 1951** erkennbar. Er ging aus vom grundsätzlichen Kartellverbot (wörtlich dem bis 1998 geltenden § 1 entsprechend) mit streng umschriebenen Ausnahmen (Konjunkturkrisenkartelle, Rationalisierungskartelle, Exportkartelle) und einer Missbrauchsaufsicht über marktbeherrschende Stellungen. In der ersten Legislaturperiode des Bundestags konnte dieser Entwurf nicht mehr zu Ende beraten werden. In der zweiten Legislaturperiode wurde der Entwurf neu eingebracht (BT-Drs. II/1158). Ihm wurden 1955 Gegenentwürfe einzelner Abgeordneten-Gruppierungen entgegengestellt, mit stärkerer Hervorhebung teils des Missbrauchs-, teils des Verbotsprinzips. In den weiteren Gesetzesberatungen nahmen die Legalisierungsvorschriften für Kartelle und Ausnahmebereiche für die Versorgungswirtschaft, Banken und Versicherungen sowie die Preisbindung der 2. Hand und die Behandlung der Unternehmenszusammenschlüsse breiten Raum ein. Das Gesetz ist schließlich am 27.7.1957 vom Zweiten Deutschen Bundestag verabschiedet worden (BGBl. 1957 I 1081). Das „Gesetz gegen Wettbewerbsbeschränkungen" (GWB) ist **mit dem 1.1.1958 in Kraft getreten** (vgl. zur Geschichte des deutschen Kartellrechts auch Mestmäcker WuW 2008, 6; K. Schmidt ZWeR 2010, 15 (21); Burrichter FS Hoffmann-Becking, 2013, 191). 6

2. Die GWB-Novellen

7 Seit Inkrafttreten des GWB ist es bis heute elfmal tiefgreifend novelliert worden. Seine Grundkonzeption ist bis zur 6. GWB-Novelle 1998 beibehalten worden: Verbotsprinzip für horizontale Kartelle, differenzierte Regelungen für vertikale wettbewerbsbeschränkende Vereinbarungen, Missbrauchsaufsicht über marktbeherrschende Unternehmungen. Von besonderem Gewicht war die 2. GWB-Novelle von 1973 aufgrund der Einführung einer materiellen Fusionskontrolle anstelle der bis dahin geltenden bloßen Anzeigepflicht für Unternehmenszusammenschlüsse. Erst die 7. GWB-Novelle 2005 hat durch die Aufgabe der differenzierten Regelungen für horizontale und vertikale Wettbewerbsbeschränkungen und die insoweit vollendete Angleichung an das EG-Kartellrecht die klassische Grundstruktur des GWB aufgegeben.

8 **a) Die 1. GWB-Novelle 1965.** Die 1. GWB-Novelle wurde am 15.9.1965 (BGBl. 1965 I 1363) verkündet und ist am 1.1.1966 in Kraft getreten. Ihre Schwergewichte waren die Einführung eines § 5a und damit die Privilegierung von **Spezialisierungskartellen,** die Schaffung eines allgemeinen Missbrauchstatbestandes in § 22 Abs. 3 anstelle des bis dahin geltenden Enumerationsprinzips, die Präzisierung und Erweiterung der Anzeigepflicht für Unternehmenszusammenschlüsse, die Änderung des Rechtsbehelfsverfahrens durch Auflösung der bis dahin bestehenden Einspruchsabteilungen beim BKartA sowie die grundlegende Umgestaltung des Bußgeldverfahrens durch Übertragung der Entscheidungskompetenz auf die Kartellbehörde anstelle deren bloßen Antragsrechtes.

9 **b) Die 2. GWB-Novelle 1973.** Die 2. GWB-Novelle vom 3.8.1973 (BGBl. 1973 I 917) ist am 5.8.1973 in Kraft getreten (dazu Gleiss-Bechtold BB 1973, 1142). Die die Zusammenschlusskontrolle betreffenden Vorschriften traten rückwirkend zum 7.6.1973 in Kraft. Ihr Schwergewicht lag in der Einführung der materiellen **Fusionskontrolle.** Das BKartA erhielt erstmals in § 24 Abs. 1 das Recht, Unternehmenszusammenschlüsse bestimmter Größenordnungen zu untersagen, wenn sie die Entstehung oder Verstärkung einer marktbeherrschenden Stellung bewirken. In sachlichem Zusammenhang, wenn auch darüber hinausgehend, stand die Einführung von **Marktbeherrschungsvermutungen** in § 22 Abs. 3. Neben der Fusionskontrolle brachte die 2. GWB-Novelle weitere wichtige Änderungen: Durch § 5b wurden Rationalisierungskartelle zwischen kleinen und mittleren Unternehmen begünstigt. Diese Privilegierung, die große praktische Bedeutung erlangt hat, wirkt heute noch in § 3 fort. Die Preisbindung für Markenwaren wurde aufgehoben; sie ist seitdem nur noch für Zeitungen und Zeitschriften (§ 30) zulässig. Damit im Zusammenhang stand eine umfassende neue Regelung des Rechts der unverbindlichen **Preisempfehlung für Markenwaren** durch Einfügung eines neuen § 38a. Diese Bestimmung war Grundlage einer Intensivierung der Missbrauchsaufsicht des BKartA über unverbindliche Preisempfehlungen und deren ganz wesentliche Reduzierung in der Wirtschaftspraxis. Von großer Bedeutung war auch die Ausweitung des Diskriminierungs- und Behinderungsverbotes des § 26 Abs. 2 auf **„marktstarke“ Unternehmen,** von denen andere abhängig sind. Als von geringerer praktischer Bedeutung hat sich die Einführung des Verbotes des abgestimmten Verhaltens in einem neu gefassten § 25 Abs. 1 erwiesen. Das hängt u. a. damit zusammen, dass dieser Gesetzesänderung sehr bald eine neue Auslegung des Kartellverbotes in § 1 durch den BGH folgte, die bloß bezweckte Wettbewerbsbeschränkungen erfasste, auch wenn sie nicht „Gegenstand“ des Vertrages (oder Beschlusses) sind (BGHZ 65, 30 (36) = WuW/E 1367 – ZVN).

10 **c) Die 3. GWB-Novelle 1976.** Die 3. GWB-Novelle, am 28.6.1976 (BGBl. 1976 I 1697) verkündet und rückwirkend zum 28.1.1976 in Kraft getreten, war im Vergleich zu den anderen Novellen nur von beschränkter Bedeutung. Sie verschärfte

die quantitativen Voraussetzungen der **Fusionskontrolle für den Pressebereich.** Die Fusionskontrolle griff hier schon bei 25 Mio. DM Gesamtumsatz der beteiligten Unternehmen ein, während sonst eine Grenze von 500 Mio. DM galt.

d) Die 4. GWB-Novelle 1980. Die 4. GWB-Novelle vom 26.4.1980 (BGBl. 1980 I 458) wurde am 30.4.1980 verkündet. Sie ist generell mit dem 1.5.1980 in Kraft getreten, die Vorschriften über die Fusionskontrolle rückwirkend zum 28.2.1980. Das Novellierungsvorhaben ist schon in der Regierungserklärung vom Dezember 1976 angekündigt worden, also unmittelbar im Anschluss an die 3. GWB-Novelle. Die Novelle hatte fünf Schwerpunkte, nämlich Änderungen der Fusionskontrolle, der Missbrauchsaufsicht über marktbeherrschende Unternehmen, des Diskriminierungs- und Behinderungsverbotes, des Rechtes der unverbindlichen Preisempfehlung und der Ausnahmebereiche, insbes. der Missbrauchsaufsicht über Versorgungsunternehmen. Ihr Grundanliegen war die Sicherung der strukturellen Voraussetzungen des Wettbewerbs. Diesem Ziel dienten die an strukturellen Daten anknüpfenden **Vermutungen des § 23a in der Fusionskontrolle** ebenso wie die Änderung der Missbrauchsaufsicht über marktbeherrschende Unternehmen und die Ausweitung des Behinderungsverbotes. **11**

e) Die 5. GWB-Novelle 1989. Die 5. GWB-Novelle vom 7.12.1989 (BGBl. 1989 I 2486 f.) ist zum 1.1.1990 in Kraft getreten. Ihre wettbewerbspolitische Notwendigkeit war in den Jahren 1988/89 heftig umstritten; tatsächlich haben die Änderungen keine große praktische Bedeutung erlangt. Eingefügt wurde § 5c als Erleichterung der Einkaufskooperation für kleine und mittlere Unternehmen. In § 22 Abs. 1 Nr. 2 wurde die überragende Marktstellung neu definiert, insbes. durch Einfügung von Kriterien, die das Vertikalverhältnis des Marktbeherrschers betreffen. Im Katalog der Zusammenschlusstatbestände des § 23 Abs. 2 wurden Änderungen beim Anteilserwerb (§ 23 Abs. 2 Nr. 2) vorgenommen und ein neuer Zusammenschlusstatbestand des **„wettbewerblich erheblichen Einflusses“** (§ 23 Abs. 2 Nr. 6) geschaffen. Die Anzeigepflicht von Unternehmenszusammenschlüssen (§ 23 Abs. 1, Abs. 5) wurde von der Beschäftigtenzahl gelöst (vgl. zu den Änderungen der Fusionskontrolle Bechtold BB 1990, 357). Das Diskriminierungs- und Behinderungsverbot des § 26 Abs. 2 S. 2 wurde auf den Schutz kleiner und mittlerer Unternehmen eingeengt und durch eine gesetzliche Abhängigkeitsvermutung (§ 26 Abs. 2 S. 3) ergänzt. Die frühere Untersagungsmöglichkeit bei Behinderungen durch Unternehmen mit „gegenüber kleinen und mittleren Unternehmen überlegener Marktmacht“ in § 37a Abs. 3 wurde in § 26 Abs. 4 als gesetzliches Verbot ausgestaltet und durch eine Beweislastregelung (§ 26 Abs. 5) ergänzt. Schließlich wurden Verfahrensregeln und die Ausnahmebereichs-Regelungen (§§ 99 ff.) geändert, Letztere insbes. durch die Einführung des Verbotsprinzips anstelle des bisherigen Missbrauchsprinzips im Ausnahmebereich Banken und Versicherungen (§ 102), durch wirksamere Ausgestaltung der Befristung von Gebietsschutzverträgen und eine flexiblere Fassung des Durchleitungstatbestandes in der Versorgungswirtschaft (§§ 103, 103a). **12**

f) Die 6. GWB-Novelle 1998. Die 6. GWB-Novelle 1998 vom 26.6.1998 ist am 1.1.1999 in Kraft getreten (BGBl. 1998 I 2521; vgl. dazu Bechtold NJW 1998, 2769; Baron WuW 1998, 651; Kretzschmer WuW 1998, 654 f.). Zugleich wurde das Gesetz zur Änderung der Rechtsgrundlagen für die Vergabe öffentlicher Aufträge **(Vergaberechtsänderungsgesetz)** verabschiedet (Gesetz vom 26.8.1998, BGBl. 1998 I 2512), das formal noch als Änderung des GWB in der früheren Fassung durch Anfügung neuer §§ 106–138 aufgebaut war. Aufgrund einer Ermächtigung in Art. 3 des Sechsten Gesetzes zur Änderung des GWB wurde das neue GWB in einer **Neufassung** und neuen §§-Folge im selben BGBl. unter dem Datum **vom 26.8.1998** bekannt gemacht (BGBl. 1998 I 2546). **13**

14 Die 6. GWB-Novelle hat den **Aufbau des 1. Teils des Gesetzes (§§ 1–47) grundlegend geändert.** Er begann mit den horizontalen (§§ 1–13) und den vertikalen Kartellen (§§ 14–18) und befasste sich dann mit den einseitigen Verhaltensweisen (§§ 19–23). Daran schlossen sich die Vorschriften über die Wettbewerbsregeln an (§§ 24–27). Das, was früher in §§ 99 ff. über die Ausnahmebereiche geregelt war, wurde reduziert auf Sonderregelungen für die Landwirtschaft (§ 28), die Kredit- und Versicherungswirtschaft (§ 29) und die Urheberrechtsverwertungsgesellschaften (§ 30), ergänzt um den Sündenfall „Sport" in § 31. In §§ 32–34 folgten kurze Regelungen über die verwaltungs- und zivilrechtlichen Sanktionen, deutlich getrennt von den Bußgeldtatbeständen, die in den § 81 verwiesen wurden. Erst dann schloss sich in den (noch heute geltenden) §§ 35–43 ein in sich übersichtlich und logisch aufgebautes Regelungswerk über die Fusionskontrolle an, gefolgt in den §§ 44–47 von den Vorschriften über die Monopolkommission. Die sich daran anschließenden Teile des Gesetzes über Kartellbehörden (§§ 48–53) und Verfahren (§§ 54–96) blieben weitgehend identisch mit den früheren Vorschriften, etwas modifiziert im Bereich der Bußgeldvorschriften.

15 Das Gesetz behielt die für das frühere deutsche Recht charakteristische **Unterteilung in horizontale und vertikale Kartelle** bei. § 1 enthielt die Grundnorm nur gegen horizontale Kartelle, charakterisiert durch die Worte „miteinander im Wettbewerb stehende Unternehmen". In den §§ 2–8 waren die Ausnahmen vom horizontalen Kartellverbot vorgesehen, und zwar unterteilt in Kartelle, die durch Anmeldung und Nicht-Widerspruch wirksam wurden, und solche, die einer ausdrücklichen Freistellungsentscheidung bedurften. Von Gesetzes wegen freigestellt war nur die Einkaufskooperation für kleine und mittlere Unternehmen nach § 4 Abs. 2 aF; dort war die Anmeldung bei der Kartellbehörde zwar erforderlich, aber nicht Wirksamkeitsvoraussetzung. Im Bereich der vertikalen Kartelle enthielt § 14 das Verbot von Preis- und Inhaltsbindung, § 16 die Regelung der Missbrauchsaufsicht über marktbeherrschende Unternehmen. Die 6. GWB-Novelle schaffte die **alte Schriftformregelung des § 34 aF** ab (zu deren Fortwirkung ab 1.1.1999 vgl. BGH WuW/E DE-R 3446 (3448) – Grossisten-Kündigung; OLG Düsseldorf WuW/E DE-R 3421 (3424 f.) – Private-Lebel); sie wurde rudimentär nur aufrechterhalten in § 15 für die Preisbindung für Zeitungen und Zeitschriften (bis 2002: Verlagserzeugnisse). Die Regelungen über die Marktbeherrschung wurden in den §§ 19 und 20 neu gefasst. Neu wurde § 19 Abs. 4 ausgestaltet, insbes. durch Übernahme der **essential facility Regelung** in § 19 Abs. 4 Nr. 4. Die 6. GWB-Novelle enthielt auch wichtige Änderungen der formellen und materiellen Fusionskontrolle. Neu eingeführt wurde der Zusammenschlusstatbestand des § 37 Abs. 1 Nr. 2, der dem Kontrollerwerb der EG-Fusionskontrolle angepasst ist. Die frühere Trennung zwischen anmeldepflichtigen und nur nach Vollzug anzeigepflichtigen Zusammenschlüssen wurde aufgegeben. Jeder Zusammenschluss, der einen der Zusammenschlusstatbestände des § 37 erfüllt und die Umsatzschwellen des § 35 erreicht, ist seitdem vorher beim BKartA anzumelden. Von großer praktischer Bedeutung ist die **Änderung des Fusionskontrollverfahrens.** Es wurde, ähnlich wie in der EG-Fusionskontrolle, zweiphasig ausgestaltet. Seither sieht § 40 eine schärfere Trennung vor zwischen von vornherein unbedenklichen Fällen und solchen, die einer vertieften Prüfung bedürfen. Die unbedenklichen Fälle sollen binnen eines Monats abgeschlossen werden, und zwar nicht durch Entscheidung, sondern durch Fristablauf bzw. einen den Fristablauf bestätigenden Freigabebescheid. In das insgesamt viermonatige Hauptprüfverfahren kann nur eingetreten werden, wenn den anmeldenden Unternehmen vor Ablauf der ersten Monatsfrist mitgeteilt wird, dass das BKartA in das Hauptprüfverfahren eingetreten ist.

16 Im Zusammenhang mit der 6. GWB-Novelle ist auch die **Verlegung des Sitzes des BKartA von Berlin nach Bonn** abgeschlossen worden. Seither sieht § 51 Abs. 1 S. 1 vor, dass der Sitz des BKartA Bonn ist. Rechtlich war der Umzug des

BKartA von Berlin nach Bonn gem. § 3 Abs. 2 des Berlin/Bonn-Gesetzes vom 26.4.1994 (BGBl. 1994 I 918) am 30.9.1999 vollzogen. Damit endete auch die Zuständigkeit des Kammergerichts als Beschwerde- und Einspruchsinstanz „über" dem BKartA. Zuständig ist seither das OLG Düsseldorf, das nach § 92 Abs. 1 iVm der entsprechenden Verordnung des Landes Nordrhein-Westfalen dort ausschließlich Kartellgericht für Kartellverwaltungs- und Bußgeldverfahren ist.

g) Die 7. GWB-Novelle 2005. Mit Erlass der **Kartellverfahrens-VO 1/2003** (Anhang A 2) am 16.12.2002 war klar geworden, dass das deutsche GWB im Bereich der §§ 1–18 aF grundlegend verändert werden musste. Zwar hat die Kartellverfahrens-VO die nationalen Gesetzgeber nicht unmittelbar ebenso wie EU-Richtlinien zur Anpassung gezwungen, aber durch konkrete Ausformulierung des Vorrangs des EU-Kartellrechts die Unanwendbarkeit abweichenden nationalen Rechts in bestimmten Bereichen angeordnet. Schon in der Zeit zwischen dem 1.5.2004 – dem Inkrafttreten der Kartellverfahrens-VO – und dem 30.6.2005 – dem Außerkrafttreten des GWB in seiner früheren Fassung – waren die §§ 1–18 aF teilweise nicht mehr anwendbar. Entgegen manchen Erwartungen haben sich daraus allerdings keine größeren Probleme ergeben. Gerade im Bereich der vertikalen Wettbewerbsbeschränkungen, wo die Differenzen zwischen EU- und bisherigem deutschen Recht am größten waren, hat man sich mehr und mehr ausschließlich an dem orientiert, was das EU-Recht vorgab, insbes. durch die drei wichtigen Gruppenfreistellungsverordnungen 2790/1999 für Vertikalvereinbarungen, 1400/2002 für Vertikalvereinbarungen im Kraftfahrzeugsektor und 772/2004 für Technologietransfer-Vereinbarungen. 17

Die 7. GWB-Novelle führte zu einer vollständigen Angleichung des deutschen Rechts an das EG-Recht bei der Beurteilung von horizontalen und vertikalen Kartellabsprachen. An die Stelle der bisherigen §§ 1–18 aF (1. Teil 1. und 2. Abschnitt) sind in einem 1. Abschnitt „Wettbewerbsbeschränkende Vereinbarungen, Beschlüsse und abgestimmte Verhaltensweisen" **völlig neue §§ 1–3** getreten. Die §§ 4–18 aF wurden ersatzlos gestrichen. § 1 entspricht als allgemeines Kartellverbot dem Art. 101 Abs. 1 AEUV (Art. 81 Abs. 1 EG), ohne Zwischenstaatsklausel. Was nach den Maßstäben des Art. 101 Abs. 1 AEUV (Art. 81 Abs. 1 EG) als horizontales oder vertikales Kartell verboten ist, verstößt nunmehr „automatisch" auch gegen § 1, und zwar oberhalb der Zwischenstaatlichkeit in Übereinstimmung mit Art. 3 Kartellverfahrens-VO parallel zu Art. 101 Abs. 1 AEUV (Art. 81 Abs. 1 EG), und im Bereich unterhalb der Zwischenstaatlichkeit aufgrund autonomer Entscheidung des deutschen Gesetzgebers. Die **Freistellungsnorm** des Art. 101 Abs. 3 AEUV (Art. 81 Abs. 3 EG), die aufgrund des Art. 1 Kartellverfahrens-VO als unmittelbar anwendbar (self executing) interpretiert wird, ist in **§ 2 Abs. 1** enthalten. § 2 Abs. 2 sieht eine „dynamische" Verweisung auf die jeweils geltenden EG-Gruppenfreistellungsverordnungen vor. Ihre Anwendung ergibt sich für den Bereich oberhalb der Zwischenstaatlichkeit sowieso schon aus dem Grundsatz in Art. 3 Abs. 2 Kartellverfahrens-VO, dass nationales Recht nicht mit anderen Ergebnissen als das EG-Recht angewendet werden kann. Sie hat konstitutive Bedeutung für die Fälle unterhalb der Zwischenstaatlichkeit. Was, wenn der zwischenstaatliche Handel berührt ist, durch eine Gruppenfreistellungsverordnung freigestellt ist, ist es aufgrund dieser dynamischen Verweisung auch, wenn die Zwischenstaatlichkeit nicht berührt ist. Das hat zur Folge, dass gar nicht mehr geprüft werden muss, ob eine bestimmte Verhaltensweise geeignet ist, den zwischenstaatlichen Handel zu berühren; die materiellen Normen, die diese Verhaltensweisen zulassen oder verbieten, sind in jedem Fall identisch, entweder – oberhalb der Zwischenstaatlichkeit – aufgrund EG- und deutschen Rechts oder – im Bereich unterhalb der Zwischenstaatlichkeit – allein aufgrund deutschen Rechts. 18

19 Das Ziel völliger **Identität der materiellen Verbots- und Freistellungsnormen im deutschen und EU-Kartellrecht** sollte nach dem Regierungsentwurf unterstützt werden durch einen neuen § 23 über die europafreundliche Anwendung der §§ 1 und 2 (und § 19). Es sollten „die Grundsätze des europäischen Wettbewerbsrechts … bei der Anwendung der §§ 1–2 und 19 maßgeblich zugrunde zu legen (sein), soweit hierzu nicht in diesem Gesetz besondere Regelungen enthalten sind". Diese Bestimmung barg, wie schon die ersten Diskussionen aufgrund der Referenten- und Regierungsentwürfe zeigten, das Risiko einer eher vom europäischen Recht abweichenden Detailauslegung der deutschen Vorschriften in sich, und zwar nach der Devise, dass das europäische Wettbewerbsrecht nur in den „Grundsätzen", nicht aber im letzten Detail bei der Anwendung der deutschen Normen zugrunde zu legen sei. Genau das konnte aber nicht gewollt sein, schon im Hinblick darauf, dass jedenfalls im Bereich oberhalb der Zwischenstaatlichkeit nach Art. 3 Abs. 2 Kartellverfahrens-VO exakte Übereinstimmungen des deutschen Rechtes mit dem EU-Recht gefordert war, nicht nur eine „grundsätzliche". Entsprechend einem Votum des Bundesrats (BR-Drs. 441/04, 6 f. und BR-Drs. 210/05) ist § 23 des Entwurfes nicht in das Gesetz gekommen. §§ 1 und 2 sind exakt so auszulegen und anzuwenden wie die entsprechenden EU-rechtlichen Normen. Das gilt uneingeschränkt auch im Bereich unterhalb der Zwischenstaatlichkeit, weil es ja gerade Ziel des Gesetzes ist, in den Bereichen ober- und unterhalb keine unterschiedlichen Maßstäbe gelten zu lassen. Die Einheitlichkeit der Rechtsanwendung wird auch dadurch gesichert, dass nach Art. 3 Abs. 1 Kartellverfahrens-VO und dem neuen § 22 bei Anwendungen der §§ 1 und 2 auf Fälle im potenziellen Anwendungsbereich des Art. 101 Abs. 1 AEUV dieser mit angewendet werden muss, und zwar – nach Art. 3 Abs. 2 Kartellverfahrens-VO – mit einem Ergebnis, das auch für die Anwendung der §§ 1 und 2 entscheidend ist.

20 Nach § 3 idF der 7. GWB-Novelle sollten weiterhin die bisher durch § 4 Abs. 1 aF erfassten Mittelstandskartelle zulässig sein. Das geschah gesetzestechnisch dadurch, dass sie unter den alten Voraussetzungen (keine wesentliche Wettbewerbsbeeinträchtigung und Verbesserung der Wettbewerbsfähigkeit kleiner oder mittlerer Unternehmen) von Gesetzes wegen die Freistellungsvoraussetzungen des § 2 Abs. 1 erfüllten. Das konnte vom deutschen Gesetzgeber autonom aber nur insoweit angeordnet werden, als das **Mittelstandskartell** nicht zugleich auch gegen Art. 101 Abs. 1 AEUV verstößt. Deswegen wurde der in letzter Minute noch in das Gesetz aufgenommene, bis 30.6.2009 befristete Anspruch der mittelständischen Unternehmen auf ein (in ihrem Inhalt dem neuen Recht angepasstes) Negativattest der Kartellbehörde eingegrenzt auf den Fall, dass das Mittelstandskartell nicht die Voraussetzungen des Art. 101 Abs. 1 AEUV erfüllt.

21 Wichtiger Teil der 7. GWB-Novelle war auch der **Wegfall des Empfehlungsverbots.** Die völlig parallele Ausgestaltung des Bereichs der horizontalen und vertikalen Wettbewerbsbeschränkungen im GWB und Art. 101 AEUV hat dazu geführt, dass es im neuen Gesetz kein Empfehlungsverbot (§ 22 Abs. 1 aF) und – dementsprechend – keine Privilegierung von Mittelstands-, Normen- und Typen-, Konditionen- und Markenwarenpreis-Empfehlungen mehr gibt. Der Gesetzgeber wäre zwar möglicherweise nicht verpflichtet gewesen, auch insoweit das deutsche Recht neben dem EU-Recht anzuwenden; vielmehr hätte er wohl die Möglichkeit gehabt, von der in Art. 3 Abs. 2 S. 2 Kartellverfahrens-VO vorgesehenen Ermächtigung Gebrauch zu machen, im Vergleich zum EU-Recht „strengere innerstaatliche Vorschriften zur Unterbindung oder Ahndung **einseitiger Handlungen** von Unternehmen zu erlassen oder anzuwenden" (vgl. dazu auch Wagner-v. Papp WuW 2005, 379; Klocker/Ost FS Bechtold, 2006, 225 (239 f.)). Diese „deutsche" Klausel in Art. 3 Kartellverfahrens-VO war zwar nicht auf Empfehlungen gemünzt, sondern auf Behinderungs- und Diskriminierungsverbote, die in § 20 weiterhin auch für nicht marktbeherrschende Unternehmen vorgesehen sind. Empfehlungen sind aber

gerade dadurch gekennzeichnet, dass sie einseitig ausgesprochen werden. Als solche werden sie von Art. Art. 101 AEUV nicht erfasst; sie sind weder Vereinbarungen, Beschlüsse noch abgestimmte Verhaltensweisen. Wenn sie allerdings **Teil solcher Handlungsformen** sind, können sie gegen Art. 101 Abs. 1 AEUV verstoßen; dann sind sie auch im deutschen Recht nach § 1 verboten. Zur Abgrenzung zwischen der hiernach grds. zulässigen einseitigen Empfehlung und einem Verhalten, das den Vereinbarungsbegriff erfüllt, gibt es inzwischen eine umfangreiche Rspr. des EuGH und des EuG (vgl. insbes. EuGH Slg. 1984, 1124 – Ford I; Slg. 1985, 2725 – Ford II; WuW/E EU-R 769 Rn. 78 – Bayer; 1120 und EuG WuW/E EU-R 761 (762 f.) – VW-Händlerverträge; Bechtold/Bosch/Brinker AEUV Art. 101 Rn. 40 ff.).

Die Aufgabe des grundsätzlichen Empfehlungsverbots hatte erhebliche praktische Auswirkungen. Die früher durch § 22 Abs. 2 und 3 aF zugelassenen **Horizontalempfehlungen** (Mittelstand, Normen und Typen, Konditionen) erfüllen im Regelfall die Voraussetzungen des **„Beschluss"**-Merkmals in Art. 101 AEUV. Art. 101 Abs. 1 AEUV und § 1 und sind demnach nur zulässig, wenn auch die Voraussetzungen des Art. 101 Abs. 3 AEUV (§ 2) nachgewiesen werden. Die **vertikale Preisempfehlung** ist in größerem Umfang als früher zulässig; insbes. gelten nicht mehr die Einschränkungen auf Markenwaren und das ausdrückliche Kennzeichnungserfordernis als „unverbindlich". Preisaufdrucke auf Nicht-Markenwaren sind auch ohne Unverbindlichkeits-Kennzeichnung kartellrechtlich grds. zulässig, es sei denn, sie sind Bestandteil von Vereinbarungen, Beschlüssen oder abgestimmten Verhaltensweisen. Es kann allerdings häufig sein, dass sie gegen das wettbewerbliche Irreführungsverbot verstoßen. 22

Weitgehend neu gefasst wurde der neue 6. Abschnitt mit der Überschrift **„Befugnisse der Kartellbehörde, Sanktionen"** (§§ 32–34a). Verfahrensrechtlich traten an die Stelle der früheren Untersagungsbefugnis des § 32 aF Entscheidungsbefugnisse, die wesentlich an die der Kommission nach Art. 7–10 Kartellverfahrens-VO angepasst sind. Die Kartellbehörde kann nach § 32 eine **Abstellungsverfügung** erlassen oder eine Zuwiderhandlung durch Verfügung feststellen, nachdem diese beendet ist. § 32a ermächtigt sie zu „einstweiligen Maßnahmen", und zwar neben dem (grds. aufrechterhaltenen) § 60 über „einstweilige Anordnungen". § 32b über **„Verpflichtungszusagen"** ist Ausfluss und Einschränkung des Grundsatzes, dass die Kartellbehörde keine Freistellungsentscheidungen mehr erlässt, die früher auch mit Auflagen oder Bedingungen versehen werden konnten (Art. 8 Abs. 1 VO 17/62); er entspricht Art. 9 Kartellverfahrens-VO. 23

Wesentlich geändert und verschärft worden sind die **Regelungen über den Schadensersatz** (§ 33). Der frühere § 33 aF, der in einem Absatz sowohl die Unterlassungsverpflichtung als auch die Schadensersatzpflicht bei Kartellverstößen geregelt hat, wurde durch einen komplizierten neuen § 33 mit fünf Absätzen ersetzt. Der neue **Beseitigungs- und Unterlassungsanspruch** nach § 33 Abs. 1 setzt nicht mehr voraus, dass die Gesetzesvorschrift oder die Verfügung, gegen die verstoßen wird, „den Schutz eines anderen bezweckt". Für die Aktivlegitimation des Anspruchstellers reicht es aus, dass er durch den Verstoß **„betroffen"** ist. Nach der Definition in § 33 Abs. 1 S. 3 ist „betroffen", „wer als Mitbewerber oder sonstiger Marktbeteiligter durch den Verstoß beeinträchtigt ist". § 33 Abs. 2 gewährt den Beseitigungs- und Unterlassungsanspruch ebenso wie bisher schon § 33 S. 2 aF rechtsfähigen Verbänden zur Förderung gewerblicher Interessen. Die Vorschrift ist im Übrigen dem § 8 Abs. 3 Nr. 2 UWG angepasst. Von erheblicher Bedeutung ist die neue Schadensersatznorm des § 33 Abs. 3. Jeder „Betroffene" ist berechtigt, Schadensersatz geltend zu machen. § 33 Abs. 3 S. 2 hat eine Beweislastregelung zur **passing-on-defence** aufgenommen. § 33 Abs. 4 enthält eine in ihrem Umfang zu vielen Auslegungs- und Anwendungsschwierigkeiten führende **Bindung** des Gerichtes **an bestandskräftige Entscheidungen** der (deutschen) Kartellbehörden, 24 der Kommission oder der Wettbewerbsbehörde eines anderen Mitgliedstaates. Schließlich sieht § 33 Abs. 5 eine Hemmung der Verjährung des Schadensersatzanspruches vor, wenn die Kartellbehörde oder die Kommission ein Verfahren eingeleitet hat.

25 Durch die 7. GWB-Novelle neu geregelt wurde in §§ 34, 34a die **Vorteilsabschöpfung.** § 34 aF sah früher nur eine verwaltungsrechtliche Mehrerlösabschöpfung für den Fall vor, dass ein Unternehmen nach Zustellung einer Verfügung gegen diese verstößt; der Mehrerlös, der zwischen der Zustellung und ihrer Rechtskraft erzielt wurde, konnte abgeschöpft werden. Die „Vorteilsabschöpfung" des neuen Rechts geht wesentlich darüber hinaus. Sie umfasst **jeden Vorteil,** der **durch einen Kartellverstoß** erlangt wurde, unabhängig davon, ob er bereits Gegenstand einer Verfügung war oder nicht. Während § 34 nF die Vorteilsabschöpfung durch die Kartellbehörde vorsieht, regelt § 34a nF die Vorteilsabschöpfung durch die in § 33 Abs. 2 für Schadensersatzansprüche legitimierten rechtsfähigen Verbände zur Förderung gewerblicher oder selbstständiger beruflicher Interessen. Die Verbände können allerdings nur die Herausgabe des wirtschaftlichen Vorteils an den Bundeshaushalt beanspruchen; diese Anspruchsgrundlage ist gegenüber der Abschöpfung des wirtschaftlichen Vorteils durch die Kartellbehörden subsidiär.

26 Geändert worden sind auch die **Bußgeldvorschriften.** Nach § 81 Abs. 1 können auch **Verstöße gegen Art. 101 und 102 AEUV (Art. 81 und 82 EG)** auch als deutsche Ordnungswidrigkeit geahndet werden. Dafür und für die schweren Verstöße gegen deutsches Recht ist der bisherige Höchstbetrag von 500.000 EUR auf 1 Mio. EUR erhöht worden (§ 81 Abs. 4 S. 1). Von besonderer Bedeutung ist, dass die Erhöhungsmöglichkeit auf „bis zur dreifachen Höhe des durch die Zuwiderhandlung erlangten Mehrerlöses" nach § 81 Abs. 2 aF weggefallen ist. In Abweichung vom Regierungsentwurf, der insoweit keine Änderung vorsah, ist auf Vorschlag des Wirtschaftsausschusses des Bundestages (vgl. BT-Drs. 15/5049, 30, 50) diese Mehrerlösregel im Hinblick auf die restriktive Rspr. des OLG Düsseldorf (vgl. insbes. OLG Düsseldorf WuW/E DE-R 1315 (1316 f.) – Berliner Transportbeton I) durch die aus dem EU-Recht bekannte (früher Art. 15 Abs. 2 VO 17, jetzt Art. 23 Abs. 2 Kartellverfahrens-VO) **10 %-Umsatzgrenze** (→ § 81c Rn. 4) ersetzt worden. Der Wortlaut dieser Vorschrift war allerdings verunglückt; die Novelle 2007 (→ Rn. 34) hat die sich aus dem Wortlaut ergebenden Zweifel für die Zukunft ausgeräumt. § 81 Abs. 4 S. 1 sieht die Ahndung „mit einer Geldbuße bis zu 1 Mio. Euro" vor. Der § 81 Abs. 4 S. 2 idF der 7. GWB-Novelle las sich so, als ob nur der feste Bußgeldrahmen von 1 Mio. EUR nicht ausgeschöpft werden kann, wenn der Betrag größer wäre als 10 % des Umsatzes. Das war aber nicht gemeint; vielmehr sollte der neue Satz den Bußgeldrahmen auf bis zu 10 % des Gesamtumsatzes erweitern. Es war fraglich, ob diese Formulierung und die Bezugnahme auf den „Gesamtumsatz" (Ist das jeweils nur der Umsatz des betroffenen Unternehmens, der Konzernumsatz, der Kartellumsatz, der inländische Umsatz?) den Anforderungen genügen, die sich aus dem Grundsatz nulla poena sine lege certa (Art. 103 Abs. 2 GG) ergeben. Diese Bedenken wurden durch die Novelle 2007 (→ Rn. 29) ausgeräumt, bleiben aber für die Zeit zwischen dem 1.7.2005 und dem Inkrafttreten der Novelle 2007 (22.12.2007) bestehen.

27 Im Bereich der **Fusionskontrolle** hat die 7. GWB-Novelle nur wenig verändert. Neben kleineren verfahrensrechtlichen, teilweise nur klarstellenden Änderungen ist von erheblicher praktischer Bedeutung, dass das OLG Düsseldorf entgegen seiner bisherigen Rspr. (vgl. OLG Düsseldorf WuW/E DE-R 665 – Net Cologne; 681 – Trienekens; dazu Bechtold/Buntscheck NJW 2003, 2866 (2872); Bechtold BB 2003, 1021) **einstweilige Anordnungen gegen den Vollzug eines** vom BKartA durch Verfügung **freigegebenen Zusammenschlusses** nach § 65 Abs. 3 S. 4 nF nur noch erlassen kann, wenn der dagegen beschwerdeführende Dritte in seinen Rechten verletzt ist. In den Fällen, in denen das OLG Düsseldorf in der Vergangenheit derartige einstweilige Anordnungen erlassen hat, lagen solche Rechtsverletzungen nicht vor.

h) GWB-Novellen 2007 und 2009. Schon kurze Zeit nach Inkrafttreten der 7. GWB-Novelle wurde der Weg geebnet für eine weitere Novelle unter der Bezeichnung **„Gesetz zur Bekämpfung von Preismissbrauch im Bereich der Energieversorgung und des Lebensmittelhandels“** vom 18.12.2007 (BGBl. 2007 I 2966; Gesetzgebungsmaterialien abgedruckt in WuW 2008, 289; vgl. dazu Säcker WuW 2007, 1195; Ritter/Lück WuW 2007, 698; Ritter WuW 2008, 142; Kahlenberg/Haellmigk BB 2008, 174). Verschärft wurden – befristet zunächst bis zum 31.12.2012 (und durch die 8. GWB-Novelle 2012/2013 nach sachlicher Änderung unbefristet) – das Recht des § 20 Abs. 4 über den Verkauf unter Einstandspreisen, die Missbrauchsaufsicht über Energieversorgungsunternehmen durch – ebenfalls zunächst bis zum 31.12.2012 befristete und nach der 8. GWB-Novelle 2012/2013 bis 31.12.2017 befristete – Einfügung eines neuen § 29 und das Beschwerdeverfahrensrecht durch weitgehende Abschaffung der aufschiebenden Wirkung der Beschwerde. Ansonsten wurden einige rechtstechnische Korrekturen am Gesetzeswortlaut vorgenommen, insbes. auch § 81 „wegen des unbeabsichtigten rückwirkenden Inkrafttretens des § 81 idF des Gesetzes vom 7. Juli 2005“ neu bekannt gemacht (→ Vor § 81 Rn. 2, → § 81 Rn. 2 f.). 28

Durch das **3. Mittelstandsentlastungsgesetz** vom 17.3.2009 (BGBl. 2009 I 550, in Kraft getreten am 25.3.2009) ist der „Geltungsbereich der Zusammenschlusskontrolle“ in § 35 Abs. 1 Nr. 2 eingeschränkt worden. Danach ist Voraussetzung für die Anwendung der Vorschriften über die Zusammenschlusskontrolle, dass **„im Inland** mindestens ein beteiligtes Unternehmen Umsatzerlöse von mehr als 25 Mio. Euro **und ein** anderes **beteiligtes Unternehmen Umsatzerlöse von mehr als 5 Mio. Euro** erzielt haben“. 29

Diese neu eingeführte **„2. Inlandsumsatzschwelle“** ist von wesentlich größerer Bedeutung, als ihre Integration in ein „Mittelstandsentlastungsgesetz“ vermuten lässt. Der Gesetzgeber ging davon aus, dass durch diese Innovation „die Anzahl der anmeldepflichtigen Zusammenschlüsse, insbesondere von Auslandszusammenschlüssen, deutlich sinken“ werde. Die Fusionskontrolle werde stärker auf für den deutschen Markt wirtschaftlich bedeutende Sachverhalte fokussiert. Die Gesetzesänderung leiste „– international gesehen – einen Beitrag zur Reduzierung von Mehrfachnotifizierungen“ (vgl. Stellungnahme der Bundesregierung zum Tätigkeitsbericht des BKartA 2007/2008, BT-Drs. 16/13500, III f.). Das Schwergewicht sollte also auf der Befreiung von internationalen Unternehmenszusammenschlüssen liegen, die sich nur unbedeutend auf dem deutschen Markt auswirken. Die – durchaus beachtlichen – Auswirkungen auf rein nationale Zusammenschlüsse wurden zwar gesehen, aber offensichtlich nicht zu Ende gedacht (→ § 35 Rn. 35 ff.). 30

Durch Gesetz vom 26.7.2011 (BGBl. 2011 I 1554) wurde das BKartA beauftragt und ermächtigt, ein **„Monitoring“** über den Wettbewerb auf den Großkunden- und Endkundenmärkten für Strom und Gas durchzuführen (vgl. § 48 Abs. 3, § 53 Abs. 3). Sachlich ergänzt wird dieses Monitoring durch die §§ 47a–47j, die durch das Markttransparenzstellengesetz vom 5.12.2012 eingefügt wurden (→ Rn. 37). 31

i) Die 8. GWB-Novelle 2012/2013. Im Koalitionsvertrag der Bundesregierung der 17. Legislaturperiode war ausdrücklich eine GWB-Novelle vorgesehen. Außer dem Entflechtungsinstrument, dessen Einführung gescheitert ist, sollten **„Elemente der europäischen Fusionskontrolle“** übernommen werden. Neben der Anwendung des GWB im Bereich der gesetzlichen **Krankenversicherung** und bei der Fusion von gesetzlichen Krankenkassen (→ Rn. 43) war auch eine Überprüfung des Medienkonzentrations- und des Pressekartellrechts erwähnt. Die Beteiligung des BKartA „bei der wettbewerblichen Folgenabschätzung am Gesetzgebungsverfahren“ ist nicht weiterverfolgt worden. 32

33 Die 8. GWB-Novelle hat das Recht der Marktbeherrschung, des Missbrauchs und der Aufsicht über einseitige Verhaltensweisen, die bisher in den §§ 19, 20 in zunehmendem Umfang unübersichtlich geregelt waren, **in den §§ 18–20 neu geordnet.** Der (seit der 7. GWB-Novelle unbesetzte) § 18 enthält die Definition der Marktbeherrschung und die Marktbeherrschungsvermutungen, § 19 das Verbot des Missbrauchs marktbeherrschender Stellungen und § 20 das Verbot bestimmter Verhaltensweisen von Unternehmen mit relativer oder überlegener Marktmacht. Von besonderer Bedeutung ist die Anhebung der Marktanteilsschwellen bei der **Einzelmarktbeherrschungs-Vermutung** (bisher § 19 Abs. 2 S. 1: 33 1/3 %) auf 40 % (jetzt § 18 Abs. 4). Außerdem ist das Behinderungs- und Diskriminierungsverbot für marktbeherrschende Unternehmen im früheren § 20 Abs. 1 durch die Aufgabe des zunehmend sinnlos gewordenen Merkmals des „Geschäftsverkehrs, der gleichartigen Unternehmen üblicherweise zugänglich ist" entschlackt worden. Jetzt steht es in § 19 Abs. 2 Nr. 1; damit ist zugleich die nicht mehr nachvollziehbare Parallelität des Verbots unbilliger Behinderungen in § 19 Abs. 4 Nr. 1 und § 20 Abs. 1 aF beseitigt worden.

34 Noch nicht im Regierungsentwurf enthalten, aber auf Beschluss des Wirtschaftsausschusses vom 17.10.2012 (BT-Drs. 17/11053) in die 8. GWB-Novelle eingefügt wurde eine Änderung des § 30 durch einen neuen § 30 Abs. 2a und Abs. 3 S. 2. Er sieht vor, dass Vereinbarungen, die den Pressevertrieb über das sog. Presse-Grosso und den stationären Einzelhandel betreffen, weitgehend vom Kartellverbot freigestellt werden. Im Hinblick auf die Anwendbarkeit des europäischen Kartellrechts ist ausdrücklich vorgesehen, dass die an den Branchenvereinbarungen beteiligten Verbände und die von ihnen vertretenen Presseverlage und Presse-Grossisten iSv Art. 106 Abs. 2 AEUV mit „Dienstleistungen von allgemeinem wirtschaftlichem Interesse betraut" sind.

35 Das besondere Missbrauchsverbot für die Anbieter von Elektrizität und leitungsgebundenem Gas in **§ 29,** das nur bis Ende 2012 gelten sollte, ist **bis 2017 verlängert** worden (§ 131 Abs. 1). Für die **Wasserwirtschaft** ist die unübersichtlich gewordene Regelung im Rahmen der Übergangsvorschrift des § 131 Abs. 6 mit seiner Verweisung auf die alten §§ 103, 103a und 105 idF von 1990 ersetzt worden durch neue §§ 31, 31a und 31b. Damit sind die Auslegungs- und Verständnisprobleme der alten Regelung im Lichte des **enwag-Beschlusses des BGH** (BGH WuW/E DE-R 2841 = WRP 2010, 553) gelöst worden. § 31 perpetuiert den kartellrechtlichen Ausnahmebereich für die Wasserwirtschaft durch Freistellung der Demarkations- und ausschließlichen Konzessionsverträge. Die alte Missbrauchsregelung ist materiell in § 31 Abs. 3 und 4 aufgenommen worden, verfahrensmäßig in § 31b Abs. 3.

36 Im Vordergrund der Änderung des Fusionskontrollrechts stand die Angleichung des materiellen Prüfungsmaßstabes in § 36 Abs. 1 an Art. 2 Abs. 2 und 3 FKVO. Untersagungsbegründend ist also nunmehr die „erhebliche Behinderung wirksamen Wettbewerbs", zu der die Begründung oder Verstärkung einer marktbeherrschenden Stellung nur ein Beispielsfall („insbesondere") ist.

37 Die 8. GWB-Novelle wurde, nachdem sie im Vermittlungsverfahren „stecken blieb", zeitlich überholt durch das **„Gesetz zur Einrichtung einer Markttransparenzstelle für den Großhandel mit Strom und Gas"** (vom 5.12.2012, BGBl. 2012 I 2403). Dieses Gesetz dient im Wesentlichen der Umsetzung der sog. REMIT-Verordnung 1227/2011 über die Integrität und Transparenz des Energiegroßhandelsmarkts. Durch das Gesetz wurde eine besondere Markttransparenzstelle bei der Bundesnetzagentur eingerichtet, die eng mit dem BKartA zusammenarbeiten soll (vgl. §§ 47a–47j). Ohne europarechtliche Vorgaben sieht das Gesetz auch die Einrichtung einer besonderen **Markttransparenzstelle für Kraftstoffe** beim BKartA vor (§ 47k). Die Markttransparenzstellen dienen der Beobachtung der Märkte. Sie haben Auskunftsbefugnisse gegenüber Unternehmen, aber keine materi-

ellen Entscheidungsbefugnisse. Diese obliegen dem BKartA bzw. im Bereich von Strom und Gas teilweise auch der Bundesnetzagentur.

j) Die 9. GWB-Novelle 2017. Am 9.6.2017 ist die 9. GWB-Novelle in Kraft getreten (BGBl. 2017 I 1416). Obwohl der Schwerpunkt der Novelle in der Umsetzung der Kartellschadensersatz-Richtlinie liegt, findet sich eine Vielzahl von Neuregelungen. So ist ein weiterer Schwerpunkt der Novelle die Anpassung des GWB an die zunehmende **Digitalisierung der Märkte,** insbes. die Regelung in § 18 Abs. 2a, die klarstellt, dass auch im Falle einer unentgeltlichen Leistungsbeziehung ein Markt vorliegen kann. Damit sollen **mehrseitige Märkte** erfasst werden, in denen auf der einen Seite über eine unentgeltliche Leistungsbeziehung Nutzergruppen aufgebaut werden, die auf der anderen Marktseite kommerzialisiert werden. Für **Presseerzeugnisse** schafft der neue § 30 Abs. 2b S. 1 eine Ausnahme von § 1 für Kooperationen von Verlagen außerhalb des redaktionellen Bereichs. 38

Im Vordergrund der Novelle steht die **Stärkung der privaten Kartellrechtsdurchsetzung** nach den Vorgaben der Kartellschadensersatz-Richtlinie, die bis zum 27.12.2016 in nationales Recht umzusetzen war. Das neue Kartellschadensersatzrecht wird in den §§ 33–33h geregelt. Neu sind gesetzliche Regelungen verschiedener Vermutungstatbestände zugunsten der Geschädigten. Mittelbar Kartellgeschädigte sollen nach § 33c Abs. 2 leichter Schadensersatzansprüche einklagen können, indem zu ihren Gunsten von einer Schadensabwälzung auf ihre Marktstufe ausgegangen wird; diese Vermutung gilt jedoch nicht zugunsten der Kartellbeteiligten für ihren Einwand, dass der Anspruchsteller auf der vorgelagerten Marktstufe wegen der Abwälzung keinen oder einen geringeren Schaden erlitten hat. In § 33g werden Auskunftsansprüche geregelt, und zwar nicht nur gegen den Schädiger, sondern gegen jeden, der „im Besitz von Beweismitteln" ist. § 33h enthält eine eigene Verjährungsregelung für Kartellschadensersatzansprüche; bedeutsam ist in diesem Zusammenhang vor allem die Verlängerung der Verjährungsfrist von drei auf fünf Jahre. 39

Für die **Fusionskontrolle** wird in § 35 Abs. 1a eine **kaufpreisabhängige Aufgreifschwelle** für Zusammenschlüsse eingefügt, die bisher wegen Nichterreichen der Inlandsumsatzschwellen nicht unter die deutsche Fusionskontrolle fielen. Im Unterschied zur bisherigen Regelung in § 35 Abs. 1 ist nicht erforderlich, dass mindestens zwei Unternehmen einen Umsatz von mehr als 5 Mio. EUR im Inland erzielt haben, wenn der Wert der Gegenleistung für den Zusammenschluss mehr als 400 Mio. EUR beträgt und das zu erwerbende Unternehmen in erheblichem Umfang im Inland tätig ist. Das Verfahren der Ministererlaubnis wurde um Verfahrensvorschriften ergänzt. Außerdem wurde die Beschwerdebefugnis gegen die Ministererlaubnis in § 73 Abs. 2 S. 2 eingeschränkt. 40

Bei der **Bußgeldhaftung für Kartellverstöße** wird das deutsche Kartellrecht an das europäische Recht angeglichen, indem die Verfolgungslücke bei Rechtsnachfolge noch stärker als bisher geschlossen wird (§ 81 Abs. 3a–e aF). § 81a aF führt eine **Ausfallhaftung für Bußgelder** bei Umstrukturierungen und Vermögensverschiebungen ein. 41

k) Die 10. GWB-Novelle 2021. Im Anschluss an die 9. GWB-Novelle bestand die Notwendigkeit, die ECN+-Richtlinie bis zum 4.2.2021 umzusetzen, was letztlich zu einer Reform des deutschen Kartellverfahrensrechts führt. Am 23.1.2020 hat das Bundesministerium für Wirtschaft und Energie einen Referentenentwurf veröffentlicht, der schon seit September/Oktober 2019 in einer Vorfassung in Fachkreisen zirkulierte. 41a

Der Gesetzgeber nahm dies zum Anlass, auch im Hinblick auf die **Herausforderungen der Digitalisierung** ein **GWB-Digitalisierungsgesetz** in das Gesetzgebungsverfahren einzubringen. Dazu wurde in die Definition der Marktbeherrschung in § 18 Abs. 3 das Kriterium des Zugangs zu wettbewerbsrelevanten Daten aufgenommen. Außerdem wurde in § 18 Abs. 3b für die Bewertung der Marktstellung 41b eines Unternehmens, das als Vermittler auf mehrseitigen Märkten tätig ist, auch die Bedeutung der von ihm erbrachten Vermittlungsdienstleistungen für den Zugang zu Beschaffungs- und Absatzmärkten einbezogen.

41c Der Missbrauchstatbestand in § 19 Abs. 1 wurde neu gefasst. Verboten ist nunmehr der **Missbrauch** der marktbeherrschenden Stellung und nicht mehr das Ausnutzen, um klarzustellen, dass **keine strikte Kausalität** zwischen Missbrauchshandlung und Marktbeherrschung notwendig ist (→ § 19 Rn. 5). Außerdem wurde § 19 Abs. 2 Nr. 4 vom Infrastrukturzugang auf essential-facility Fälle erweitert und damit Zugangsansprüche bei Marktblockademöglichkeit ausdrücklich in das GWB ausgenommen.

41d Über den neuen **§ 19a** wird dem BKartA die Möglichkeit gegeben, durch Verfügung festzustellen, dass einem auf mehrseitigen Märkten tätigen Unternehmen eine **überragende marktübergreifende Bedeutung für den Wettbewerb** zukommt, und in der Folge nach § 19a Abs. 2 gegen Diskriminierungen vorzugehen, Behinderungen und Selbstbevorzugungen abzustellen, Interoperabilität und Portabilität zu verlangen und Informationsfreigaben durchzusetzen. Diese Norm zielt insbesondere auf Plattformen.

41e Für das **Diskriminierungs- und Behinderungsverbot in § 20 Abs. 1** wurde der Kreis der anspruchsberechtigten Unternehmen erweitert. § 20 Abs. 1 soll künftig **nicht nur für kleine und mittlere** Unternehmen gelten, sondern **immer dann, wenn die Abhängigkeit wegen eines deutlichen Ungleichgewichts** nicht durch eine entsprechende Gegenmacht der Anbieter oder Nachfrager des marktstarken Unternehmens aufgewogen wird. In § 20 Abs. 1 S. 2 wurde ein besonderer Abhängigkeitstatbestand zulasten von Vermittlern auf mehrseitigen Märkten aufgenommen. Außerdem wurde § 20 Abs. 1a eingefügt, der eine Abhängigkeit für den Fall regelt, dass ein Unternehmen für die eigene Tätigkeit auf den **Zugang zu Daten** angewiesen ist, die von einem anderen Unternehmen kontrolliert werden.

41f Zur Erleichterung von Kartellschadensersatzansprüchen wurde § 33a in Abs. 5 um die widerlegliche Vermutung ergänzt, dass Rechtsgeschäfte über Waren oder Dienstleistungen mit kartellbeteiligten Unternehmen, die sachlich, zeitlich und räumlich in den Bereich eines Kartells fallen, von diesem Kartell erfasst waren. Daraus resultiert faktisch eine **Beweislastumkehr bezogen auf die Kartellbetroffenheit.**

41g Die Novelle griff außerdem in die **Fusionskontrolle** ein. Zunächst sollten die Aufgreifschwellen in § 35 Abs. 1 Nr. 2 und in Abs. 1 Nr. 2b von 5 Mio. EUR auf 10 Mio. EUR heraufgesetzt werden; letztlich wurde die erste Inlandsschwelle auf 50 Mio. EUR und die zweite sogar auf 17,5 Mio. EUR heraufgesetzt. Die Bagatellmarktgrenze in § 36 Abs. 1 S. 2 Nr. 2 wurde auf 20 Mio. EUR heraufgesetzt werden, es sei denn, es handelt sich um einen Markt nach § 18 Abs. 2a bzw. eine wegen der Wertgrenze des § 35 Abs. 1a fusionskontrollpflichtige Transaktion. Zugleich wurde aber die Bündelung von Bagatellmärkten gesetzlich geregelt. Die Pressefusionskontrolle wurde entschärft, in dem in § 38 Abs. 3 der Umsatzfaktor von acht auf vier reduziert wird.

41h Neuland betritt die Novelle mit **§ 39a,** der auf einen Wunsch des Bundeskartellamts zurückgeht, kleine Zusammenschlüsse in gefährdeten Märkten aufgreifen zu können. Das Bundeskartellamt kann danach ein Unternehmen durch Verfügung auffordern, einen Zusammenschluss anzumelden, wenn weltweit Umsätze von 500 Mio. EUR durch das erwerbende Unternehmen erzielt wurden und Anhaltspunkte bestehen, dass durch künftige Zusammenschlüsse der Wettbewerb im Inland in bestimmten Wirtschaftszweigen eingeschränkt werden kann. Das zu erwerbende Unternehmen muss aber mehr als 2 Mio. EUR Umsatz weltweit und zwei Drittel davon in der Bundesrepublik erzielt haben. Voraussetzung ist aber, dass der betroffene Markt Gegenstand einer Sektoruntersuchung war.

Der Regierungsentwurf sah zudem einschneidende Änderungen im Bereich der Ministererlaubnis vor, die aber in letzter Minute aus dem Gesetzgebungsverfahren genommen wurden. **41i**

Die übrigen Änderungen betreffen im Wesentlichen die Anpassungen aufgrund der ECN+-Richtlinie im Verfahren. Die wesentlichsten Änderungen sind die Ausweitung der behördlichen Befugnisse und in Angleichung an die Regelungen der Kartellverfahrens-VO. Letztlich werden die Ermittlungsbefugnisse im Verwaltungs- und Ordnungswidrigkeitenverfahren synchronisiert. Außerdem wurde das Kronzeugenprogramm, das bisher nur in der Bonusregelung des BKartA geregelt war, Bestandteil des GWB. **41j**

l) Die 11. GWB-Novelle 2023. Am 7.11.2023 ist die 11. GWB-Novelle 2023 in Kraft getreten. Die Novelle konzentriert sich auf drei Bereiche: Störungen des Wettbewerbs „früher" zu regulieren, und zwar bereits dann, wenn die Marktstruktur dem Wettbewerb entgegensteht (wenige Wettbewerber, keine hinreichende Gegenmacht der Nachfrager usw.). Dies sollen die in §§ 32e und 32f geregelten Eingriffsinstrumente ermöglichen, durch die das BKartA im Anschluss an **Sektoruntersuchungen** erhebliche und fortwährende Störungen des Wettbewerbs schnell und effektiv abstellen können soll. Als letztes Mittel soll das BKartA eine missbrauchsunabhängige Entflechtung von marktbeherrschenden Unternehmen anordnen können. Der bisherige § 39a GWB, der bereits im Anschluss an Sektoruntersuchungen die Erweiterung der Fusionskontrolle für bestimmte Unternehmen zuließ, wurde in § 32f Abs. 2 integriert: Das BKartA soll nach einer Sektoruntersuchung Unternehmen verpflichten können, alle relevanten Zusammenschlüsse auf bestimmten Märkten zur Fusionskontrolle anzumelden. **41k**

Der zweite Bereich betrifft die **Vorteilsabschöpfung:** Vorteile, die Unternehmen durch Kartellrechtsverstöße erzielt haben, einfacher und effektiver abgeschöpft werden. Dafür wurde in § 34 Abs. 4 die gesetzliche Vermutung ausgenommen, dass ein Unternehmen durch den nachgewiesenen Kartellrechtsverstoß einen Vorteil in Höhe von 1 % seiner Inlandsumsätze mit den kartell- oder missbrauchsbefangenen Produkten oder Dienstleistungen erzielt hat. **41l**

Der dritte Bereich der Novelle betrifft **Zuständigkeiten und Untersuchungsbefugnisse** des BKartA im Bereich des **DMA** in § 32g und weiteren Zuständigkeits- und Verfahrensvorschriften. **41m**

3. GWB und DMA

Der ab 2.5.2023 in Kraft getretene DMA soll das Verhalten von Betreiber von Plattformen regulieren, die als Torwächtern auf Märkten des digitalen Sektors benannt werden, um faire und bestreitbare („fair and contestable") Marktverhältnisse sicherzustellen. Nach Art. 1 Abs. 5 DMA dürfen die nationalen Gesetzgeber den benannten Torwächtern keine weiteren Verpflichtungen durch Rechts- und Verwaltungsvorschriften auferlegen, um bestreitbare und faire Märkte zu gewährleisten. Art. 1 Abs. 6 sieht vor, dass Art. 101 und Art. 102 AEUV neben dem DMA anwendbar bleiben. Gleiches gilt nach Art. 1 Abs. 6 lit a DMA für nationale **Wettbewerbsvorschriften** zum Verbot wettbewerbsbeschränkender Vereinbarungen, also § 1 GWB, und der missbräuchlichen Ausnutzung einer beherrschenden Stellung, also §§ 19, 19a und 20 GWB. Nach Art. 1 Abs. 6 lit. b DMA bleiben auch nationale Wettbewerbsvorschriften **anwendbar,** mit denen Torwächtern **weitergehende Verpflichtungen** auferlegt werden als diejenigen, die im DMA geregelt sind. Dies hat Bedeutung für § 19a GWB, soweit nicht gleichzeitig § 19 GWB anwendbar ist (der nach Art. 1 Abs. 6 lit. a DMA voll anwendbar bleibt. Jedenfalls nach Benennung eines Unternehmens als Torwächter können über § 19a nur Maßnahmen ergriffen werden, die über diejenigen der Art. 5 – 7 DMA hinausgehen (MüKoWettbR/ **41n**

König DMA Art 1 Rn. 43; Bechtold/Bosch/Brinker DMA Rn. 40; → § 19a Rn. 36).

4. Ausdehnung der Anwendung des Kartellrechts im öffentlichen Gesundheitswesen

42 a) **Rechtszustand bis 2007. Bis 2007 galt eine umfassende Bereichsausnahme** für die Rechtsbeziehungen zwischen den gesetzlichen Krankenkassen und ihren Verbänden zu den Leistungserbringern wie Ärzten, Zahnärzten, Psychotherapeuten und Apotheker und ihren Verbänden; das Gleiche galt für die Rechtsbeziehungen der Krankenkassen und ihrer Verbände zu den Krankenhäusern und ihren Verbänden (§ 69 S. 1 und S. 2 SGB V) in der **bis zum GKV-Wettbewerbsstärkungsgesetz vom 26.3.2007** (BGBl. 2007 I 378) geltenden Fassung. Der damit beabsichtigte und bewirkte Ausschluss der Anwendung des GWB auf diese Beziehungen wurde verfahrensrechtlich abgesichert durch § 87 Abs. 1 S. 3 in der bis zum Arzneimittelmarktneuordnungsgesetz (AMNOG) (BGBl. 2010 I 2262, in Kraft getreten am 1.8.2010) geltenden Fassung. Die Zuständigkeit der Landgerichte für bürgerliche Rechtsstreitigkeiten im Zusammenhang mit dem GWB galt hiernach nicht für Rechtsstreitigkeiten aus den in § 69 SGB V genannten Rechtsbeziehungen. Das wurde nicht nur als eine bloße Rechtswegzuweisung interpretiert, sondern als Bestätigung des generellen Ausschlusses der Anwendbarkeit des Kartellrechts (vgl. dazu BGH WuW/E DE-R 1139 (1140) – Wieder verwendbare Hilfsmittel).

43 b) **GKV-Wettbewerbsstärkungsgesetz und AMNOG.** Das GKV-Wettbewerbsstärkungsgesetz von 2007 (BGBl. 2007 I 378; dazu Stumpf WRP 2008, 286) ergänzte § 69 SGB V durch einen neuen S. 2. Danach sollten die **§§ 19–21 „entsprechend" für die Rechtsbeziehungen zwischen den Krankenkassen und den Leistungserbringern** und ihren jeweiligen Verbänden gelten mit Ausnahme der Verträge von Krankenkassen und deren Verbänden mit Leistungserbringern, „zu deren Abschluss die Krankenkassen oder deren Verbände gesetzlich verpflichtet sind und bei deren Nichtzustandekommen eine Schiedsamtsregelung gilt". Der Ausschluss der Zuständigkeit der Landgerichte durch § 87 Abs. 1 S. 3 und der damit verbundenen Zuständigkeit der Sozialgerichte wurde zunächst nicht geändert. Das AMNOG (→ Rn. 44) hat mit Wirkung vom 1.8.2010 § 87 Abs. 1 S. 3 gestrichen. Zugleich wurde § 69 SGB V geändert. Der durch das GKV-Wettbewerbsstärkungsgesetz eingefügte § 69 Abs. 1 S. 2 SGB V wurde wieder gestrichen und Teil eines neuen § 69 Abs. 2 SGB V. Er sieht vor, dass **für die in § 69 Abs. 1 SGB V geregelten Rechtsbeziehungen** zwischen den Krankenkassen und den Leistungserbringern sowie zwischen den Krankenkassen und den Krankenhäusern, jeweils einschließlich der Verbände, die **Vorschriften der §§ 1, 19 einschließlich der Verfahrens- und Zuständigkeitsvorschriften „entsprechend" gelten.** Da die Krankenkassen nach der Rspr. des EuGH in ihrer Beschaffungstätigkeit nicht Unternehmen sind (EuG Slg. 2003, II-357 Rn. 35, bestätigt durch EuGH Slg. 2006, I-6295 Rn. 26 – Fenin; EuGH NJW 2004, 1728 und 2723 – AOK Bundesverband), ist das Kartellverbot des Art. 101 Abs. 1 AEUV auf diese Rechtsbeziehungen nicht anwendbar. Da wegen des Gleichklangs von § 1 und Art. 101 Abs. 1 AEUV damit auch die Anwendung des § 1 ausscheidet, hat der Gesetzgeber die Zuflucht zur „entsprechenden" Anwendung der Kartellvorschriften genommen. Ob diese Gesetzgebungstechnik mit der Konvergenzregel des Art. 3 Abs. 2 S. 1 Kartellverfahrens-VO vereinbar ist, ist streitig.

44 c) **Änderungen durch die 8. GWB-Novelle.** Die 8. GWB-Novelle sah idF des Regierungsentwurfs (dazu auch BKartA TB 2011/2012, 14), die insoweit vom Bundestag verabschiedet wurde, eine **Ergänzung des § 4 Abs. 3 SGB V** vor. Danach sollte die Regelung des § 69 SGB V über die „entsprechende" Anwendbarkeit

des GWB im Verhältnis der Krankenkassen zu den Leistungserbringern und Krankenhäusern auf das Verhältnis der Krankenkassen und ihrer Verbände untereinander und zu den Versicherten ausgedehnt worden. Das hätte bedeutet, dass das Kartellverbot und die Missbrauchsaufsicht nicht mehr nur für die Beziehungen zwischen Krankenkassen und Leistungserbringern gelten, sondern ausdrücklich auch für die Beziehungen der Krankenkassen zu den Versicherten sowie für Abreden und Vereinbarungen zwischen den Krankenkassen, etwa über das abgestimmte Verhalten von Krankenkassen bei der Erhebung von Zusatzbeiträgen (dazu Begr. z. RegE BT-Drs. 17/9892 zu Art. 3 Nr. 1, 36). Diese Regelung ist im Vermittlungsverfahren aufgegeben worden. Stattdessen wurde § 4 Abs. 3 SGB V um die – kartellrechtlich nicht relevante – Vorschrift ergänzt, nach der Krankenkassen die Unterlassung unzulässiger Werbemaßnahmen von anderen Krankenkassen in entsprechender Anwendung von § 12 Abs. 1–3 UWG verlangen können. Im Bereich der **Fusionskontrolle** hatte die Rspr. der Sozialgerichte (insbes. LSG Hessen 19.5.2011 – L 1 KR 89/10 KL) das BKartA zu der Erklärung veranlasst, dass es künftig keine Fusionskontrollverfahren mehr bei Zusammenschlüssen von gesetzlichen Krankenkassen durchführen werde. Das Amt hat aber den Gesetzgeber ausdrücklich aufgefordert, in der 8. GWB-Novelle die nunmehr entdeckte Gesetzeslücke zu schließen. Das wollte der Gesetzgeber durch einen neuen § 172a SGB V tun; nach § 172a Abs. 1 SGB V sollte die Fusionskontrolle für die „freiwillige Vereinigung" von Krankenkassen „entsprechende", aber volle Anwendung finden. Im Vermittlungsverfahren ist diese Regelung durch Änderung auch des SGG so modifiziert worden, dass in Streitigkeiten über Fusionskontroll-Entscheidungen des BKartA nicht die ordentlichen Gerichte, sondern das Landessozialgericht Nordrhein-Westfalen und das Bundessozialgericht zuständig sind.

d) Änderungen durch die 10. GWB-Novelle. Die 10. GWB-Novelle regelt in § 186 Abs. 9 eine Ausnahme von der Fusionskontrolle für bestimmte über den Krankenhausstrukturfonds geförderte Zusammenschlüsse. **44a**

5. Systematischer Überblick über das GWB

Alle materiellen Regelungen des Kartellrechts mit Verboten, Ausnahmen hiervon, Eingriffsbefugnissen der Kartellbehörden sind in **Teil 1** des Gesetzes mit der Überschrift „Wettbewerbsbeschränkungen" enthalten. Diese Vorschriften enthalten auch die Verwaltungs- und (teilweise) zivilrechtlichen Sanktionen, während die Bußgeldsanktionen zusammen mit den dazugehörigen Verfahrensvorschriften – teilweise systemwidrig, aber übersichtlich – in Teil 3 des Gesetzes über das „Verfahren" zusammengefasst sind. **45**

Innerhalb des Teils 1 ist grundlegend das in Kapitel 1 geregelte **Kartellverbot des § 1,** das – seit der 7. GWB-Novelle 2005 – gleichermaßen horizontale und vertikale Wettbewerbsbeschränkungen umfasst. § 2 enthält eine grds. auf alle diese Wettbewerbsbeschränkungen unter engen Voraussetzungen anwendbare Freistellung. In Kapitel 2 schließen sich die Regeln über **Marktbeherrschung** und einseitig wettbewerbsbeschränkendes Verhalten an, mit dem Schwergewicht der Missbrauchsaufsicht über marktbeherrschende Unternehmen und des Diskriminierungs- und Behinderungsverbots. § 18 enthält die Definition der Marktbeherrschung, die auch für die Fusionskontrolle gilt. Kapitel 3 enthält in § 22 eine die Regelungen der Kartellverfahrens-VO nachvollziehende Vorschrift über das **Verhältnis des deutschen materiellen Rechts zu Art. 101 und 102 AEUV.** Kapitel 4 umfasst die Wettbewerbsregeln. In Kapitel 5 sind Sonderregeln für die Landwirtschaft, die Preismissbrauchsaufsicht für die Energiewirtschaft, die Preisbindung für Zeitungen und Zeitschriften und die besondere Missbrauchsaufsicht über die Wasserwirtschaft zusammengefasst. In Kapitel 6 sind die **Befugnisse** der Kartellbehörden und die **zivilrechtlichen Folgen** von Kartellverstößen geregelt. Kapitel 7 enthält die in der Praxis besonders wichtigen Regelungen über die Zusammenschlusskontrolle; **46**

Kapitel 8 enthält – ebenfalls teilweise systemwidrig, aber übersichtlich – alle Regelungen über die Monopolkommission. Kapitel 9 umfasst die Vorschriften über die Markttransparenzstellen.

47 **Teil 2** des Gesetzes ist überschrieben mit **„Kartellbehörden“** und enthält in zwei Kapiteln die Zuständigkeitsregeln und Regeln über die Zusammenarbeit der Kartellbehörden mit der Kommission und ausländischen Kartellbehörden sowie die Vorschriften über die Organisation und die Aufgaben des BKartA. **Teil 3** umfasst das **Verfahren,** das durch die 10. GWB-Novelle 2021 nach den Vorgaben der ECN+-Richtlinie neu geregelt wurde. Teil 3 Kapitel 1 behandelt das Verfahren in Verwaltungssachen einschließlich der Vorschriften über das Rechtsbehelfsverfahren, Teil 3 Kapitel 2 die Bußgeldsachen einschließlich des Kronzeugenprogramms und des Bußgeldverfahrens. Kapitel 4 befasst sich mit der Gerichtszuständigkeit in **Zivilprozessen,** die kartellrechtliche Fragen aufwerfen. Kapitel 5 enthält für alle Verfahrensarten Organisationsvorschriften für die Oberlandesgerichte und den BGH im Hinblick auf deren Zentralzuständigkeit in Kartellsachen.

48 **Teil 4** umfasst das **Vergaberecht.** Er ist in drei Kapitel unterteilt, nämlich das Vergabeverfahren des öffentlichen Auftraggebers, das Nachprüfungsverfahren und „Sonstige Regelungen“. Das Nachprüfungsverfahren umfasst das Verfahren sowohl vor den Vergabeprüfstellen als auch den Vergabekammern und das sich anschließende Gerichtsverfahren. Das Vergaberecht ist nicht Gegenstand dieser Kommentierung.

49 **Teil 5** enthält nur noch einen Paragrafen, nämlich unter der Überschrift „Anwendungsbereich des Gesetzes“ § 185 mit Vorschriften über die Anwendung des Gesetzes auf Unternehmen der öffentlichen Hand und auf Fälle mit Auslandsberührung; **Teil 6** enthält in § 186 eine Anwendungsbestimmung zu § 47k und in § 187 Übergangsbestimmungen.

6. Zweck des Kartellrechts, Begriff des Wettbewerbs

50 **a) Ordnung des Wettbewerbs.** Das Kartellrecht ist Teil der **rechtlichen Verankerung der Marktwirtschaft** im deutschen Recht. Es hat rechtlich keinen höheren Rang als andere Gesetze; allerdings besteht zT eine Parallelität mit den **EU-Wettbewerbsregeln,** die an dem Vorrang des EU-Rechts gegenüber dem nationalen Recht teilnehmen. Die Wirtschaftsverfassung der Bundesrepublik Deutschland ist keine Marktwirtschaft im Sinne einer sich selbst überlassenen liberalen Wirtschaft. In ihr wird der Wettbewerb geordnet und durch marktkonforme staatliche und gemeinschaftsrechtliche Mittel (Steuern, Geld und Kredit, staatliche Unternehmertätigkeit) mitgesteuert. Das GWB ist Teil dieser Ordnung des Wettbewerbs und hat das Ziel, ihn dort, wo er Garant für Leistungsfähigkeit und allgemeine Wohlstandsförderung ist, vor Beschränkungen zu bewahren und strukturell zu sichern.

51 **b) Verhinderung von Wettbewerbsbeschränkungen, Funktionen des Wettbewerbs.** Aufgabe des Kartellrechts ist es, Wettbewerbsbeschränkungen zu verhindern. Der Wettbewerb soll gegen kollusive Beschränkungen der an ihm teilnehmenden Unternehmen gesichert werden. Zudem soll das Kartellrecht **machtbedingten Verhaltensweisen entgegenwirken,** uU auch für Wettbewerb günstigere Strukturen herbeiführen.

52 Nach der Begründung zum Regierungsentwurf des GWB ist als „Wettbewerb das Bestreben zu betrachten, durch eigene Leistung, die nach Qualität oder Preis besser ist als die Leistung anderer Unternehmen, den Verbraucher zum Abschluss eines Vertrages zu veranlassen“. Diese Definition passt nur für den Anbieterwettbewerb, nicht den Wettbewerb auf der Nachfrageseite. Richtiger ist es daher, den Wettbewerb allgemein zu definieren als das „selbstständige Streben sich gegenseitig im Wirtschaftserfolg beeinflussender **Anbieter oder Nachfrager** (Mitbewerber) nach Geschäftsverbindungen mit Dritten (Kunden oder Lieferanten) durch Inaus-

sichtstellen günstig erscheinender Geschäftsbedingungen" (so Fikentscher WuW 1961, 791; vgl. auch BGH WuW/E 907 (912) – Fensterglas VI; zum entsprechenden Wettbewerbsbegriff des UWG, BGH GRUR 1952, 582 – Sprechstunde; GRUR 1953, 293 (294) – Fleischbezug; GRUR 1967, 138 (141) – Streckenwerbung; Köhler/Bornkamm/Feddersen/Köhler UWG Einl. Rn. 1.1).

Der freie Wettbewerb „mit seinen ständigen **Anreiz-, Auslese- und Entmachtungsfunktionen**" (so Kartte/v. Portatius BB 1975, 1169) wird geschützt, weil er am besten geeignet ist, ein leistungsfähiges und der „allgemeinen Wohlstandsförderung am ehesten dienendes Wirtschaftssystem" herzustellen. Er verhindert, dass die Gegenseite ausgebeutet wird und die Entfaltungsmöglichkeiten der Unternehmen der gleichen Marktseite in nicht leistungsgerechter Weise behindert werden; auf diese Weise fördert er den wirtschaftlichen und technischen Fortschritt am besten. Schutzobjekt des GWB „ist ein funktionsfähiger, **wirksamer Wettbewerb,** dh ein Wettbewerb, der seine volkswirtschaftliche Aufgabe möglichst gut erfüllt" (vgl. BT-Drs. VI/2520, 34 zur 2. GWB-Novelle). Wenn das Gesetz den Wettbewerb wegen seines gesamtwirtschaftlichen Nutzens schützt, rechtfertigt das auch, dass Beschränkungen des Wettbewerbs, wo er gesamtwirtschaftlich nicht sinnvoll erscheint, partiell (wie früher in den Ausnahmebereichen (§§ 99 ff. aF), heute nur noch in der Landwirtschaft (§ 28)) hingenommen werden. Der Wettbewerb wird häufig durch **staatliche** Interventionen verfälscht, insbes. durch Beihilfen und Subventionen; die Vergabe von Subventionen durch die öffentliche Hand ist nicht Teil eines Marktgeschehens und keine wettbewerbsrelevante Handlung, die iSv § 1 beschränkt werden könnte (dazu KG WuW/E 5751 – Umweltberatungsangebot). **53**

Der Wettbewerb hat in der Marktwirtschaft wichtige Funktionen (vgl. dazu auch Wiedemann KartellR-HdB/Wiedemann § 1 Rn. 2). Er treibt die Unternehmen zu ständigen Leistungsverbesserungen an **(Antriebsfunktion).** Er steuert den Wirtschaftsablauf, und zwar auf der Grundlage des freien Spiels von Angebot und Nachfrage, nicht behördlicher Vorgaben **(Steuerungsfunktion).** Damit verbunden ist eine Kontrolle des Verhaltens des einzelnen Unternehmens **(Kontrollfunktion).** Ineffiziente Unternehmen sondert er aus, effektivere lässt er nachwachsen **(Auslesefunktion).** Schließlich verteilt der Wettbewerb das Einkommen nach Leistung, wobei die Leistung nicht nach sozialen Gesichtspunkten bemessen wird, sondern nach ihrer Durchsetzung im Marktgeschehen **(Verteilungsfunktion).** Nicht geschützt ist der unlautere oder **gesetzwidrige** Wettbewerb (BGHZ 36, 105 (111) – Export ohne WBS; BGH WuW/E 2347 (2348) – Aktion Rabattverstöße). Zu Vereinbarungen, die unlauteres Verhalten verbieten → § 1 Rn. 35. **54**

Entgegen einem verbreiteten Missverständnis und klarer anderer Tendenzen im EU-Recht ist der **Verbraucherschutz** kein unmittelbarer Zweck des Kartellgesetzes. Der Verbraucher wird nur mittelbar deswegen geschützt, weil er letztlich in einer Wettbewerbswirtschaft besser, dh effizienter, sicherer und preisgünstiger, versorgt wird als in einer Planwirtschaft, die wesensmäßig auch das Risiko der Fehlplanung einschließt. Kartellrechtlich unzulässige Maßnahmen können deswegen jedenfalls nach traditionellem deutschen Verständnis nicht allein damit gerechtfertigt werden, dass sie sich unmittelbar zugunsten des Verbrauchers auswirken. So sind Absprachen zwischen Wettbewerbern, ihre Preise nicht zu erhöhen (dazu OLG München WuW/E 4444 – Rationalisierungsboni) oder zu senken, ebenso kartellrechtswidrig wie Absprachen dieser Wettbewerber, die Preise zu erhöhen. Zwar könnte der Verbraucher kurzfristig einen Vorteil von der Senkungsabsprache haben. Insgesamt würde er sich jedoch, wenn derartige Maßnahmen zugelassen würden, der Willkür ihrer Urheber ausliefern, anstelle des „neutral" wirkenden, auf stete Leistungssteigerung bedachten Wettbewerbs. **55**

c) Verhaltenskontrolle, Strukturkontrolle. Die durch das GWB begründete Kartellaufsicht lässt sich in zwei große Bereiche unterteilen, in Verhaltens- und **56**

Strukturkontrolle. Gegenstand der **Verhaltenskontrolle** sind vertragliche Wettbewerbsbeschränkungen und einseitiges, außervertragliches Verhalten insbes. marktbeherrschender Unternehmen (vgl. auch Wiedemann KartellR-HdB/Wiedemann § 1 Rn. 1). Ihr Ziel ist die Beseitigung willkürlicher Wettbewerbsbeschränkungen und die Wiederherstellung der Steuerungsfunktion des Wettbewerbs. Die Verhaltenskontrolle kann nur versuchen, diese Steuerungsfunktion durch staatliche Eingriffe zu ersetzen, die an dem **Leitbild des Als-Ob-Wettbewerbs** orientiert sind.

57 Ziel der **Strukturkontrolle** ist die Erhaltung oder Wiederherstellung von Marktstrukturen, in denen der Wettbewerb seine Antriebs-, Steuerungs-, Kontroll-, Auslese- und Verteilungsfunktionen erfüllen kann und tatsächlich erfüllt (vgl. auch Wiedemann KartellR-HdB/Wiedemann § 1 Rn. 1). Die Fusionskontrolle richtet sich gegen die Entstehung oder Verstärkung marktbeherrschender Stellungen durch externes Wachstum (zB Beteiligung an anderen Unternehmen). Bei der 4. GWB-Novelle 1980 gab es Tendenzen, die Anbindung der Fusionskontrolle an Marktbeherrschungseffekte zu verlassen und die Marktstruktur auch im Hinblick auf bloße Gefährdungen durch die Möglichkeit der Herausbildung von marktbeherrschenden Stellungen zu sichern (sog. **„Potenziallösung"**). Außerhalb des externen Wachstums sind die Eingriffsmöglichkeiten der Strukturkontrolle sehr begrenzt. Die 2., 4., 5., 6. und 7. GWB-Novelle versuchte, Instrumente für den **„strukturellen Nachteilsausgleich"** kleiner und mittlerer Unternehmen zu schaffen und damit die Marktstrukturen zu verbessern (vgl. heute § 3). Die Leistungs- und damit Wettbewerbsfähigkeit kleiner und mittlerer Unternehmen sollen gestärkt werden, u. a. mit dem Ziel, beherrschende Stellungen größerer Unternehmen zu begrenzen oder zu beseitigen. Auch andere außerkartellrechtliche Maßnahmen staatlicher Wirtschaftsförderung verfolgen dieses Ziel. Die den Wettbewerb beeinträchtigende Marktstellung großer Unternehmen könnte theoretisch, aber belastet mit einer Fülle praktischer und (verfassungs-)rechtlicher Probleme, beseitigt werden durch Auflösung der beherrschenden Unternehmenseinheiten. Das ist der Grundgedanke der Diskussion über eine gesetzliche Grundlage für die Unternehmens-„Entflechtung" (→ Rn. 30).

7. Zeitlicher und örtlicher Geltungsbereich des GWB

58 **a) Inkrafttreten.** Das GWB ist am 1.1.1958 in Kraft getreten. Es erfasst alle seit dem Inkrafttreten praktizierten Verträge und Beschlüsse. Allerdings konnten nach § 106 Abs. 2 und 3 in der Erst-Fassung des GWB von 1957 **„Alt-Kartelle"** durch Anmeldung, Erlaubnisantrag oder Meldung unmittelbar nach Inkrafttreten des Gesetzes in erleichterter Weise legalisiert werden. Deswegen ist bei der Beurteilung von Alt-Kartellen aus der Zeit vor Inkrafttreten des Gesetzes stets zu prüfen, ob seinerzeit eine solche Legalisierung vorgenommen wurde. Die 1. GWB-Novelle von 1965 ist am 1.1.1966 in Kraft getreten, die 2. GWB-Novelle von 1973 am 5.8.1973, ihre Vorschriften über die Fusionskontrolle jedoch schon am 7.6.1973. Die 3. GWB-Novelle 1976 trat rückwirkend zum 28.1.1976 in Kraft. Die 4. GWB-Novelle 1980 sah ebenso wie die 2. GWB-Novelle ein „gespaltenes" Inkrafttreten vor. Das Gesetz trat am 1.5.1980 in Kraft, die sich auf die Fusionskontrolle beziehenden Vorschriften jedoch rückwirkend mit dem 28.2.1980. Die 5. GWB-Novelle trat zum 1.1.1990 in Kraft. Die 6. GWB-Novelle trat am 1.1.1999 in Kraft; zugleich ist die GWB in der früher geltenden Fassung aufgehoben worden. Die 7. GWB-Novelle vom 7.7.2005 (BGBl. 2005 I 1954) trat am 1.7.2005 – also mit Rückwirkung für einige Tage – in Kraft. Die GWB-Novelle vom 18.12.2007 trat am 22.12.2007 in Kraft. Die Änderung des § 35 Abs. 1 Nr. 2 durch das 3. Mittelstandsentlastungsgesetz vom 17.3.2009 (→ § 35 Rn. 2, → § 35 Rn. 27) ist am 25.3.2009 in Kraft getreten. Die 8. GWB-Novelle 2012/2013 ist am Tag nach ihrer Verkündung, also am 30.6.2013 in Kraft getreten, das Markttransparenzstellengesetz

(→ Rn. 37) am 12.12.2012. Auf Verträge, die aufschiebend bedingt geschlossen sind, findet das Gesetz Anwendung, das zum Zeitpunkt des Bedingungseintritts gilt (vgl. BGH WuW/E 2795 (2801) – Pinneberger Tageblatt). Die 9. GWB-Novelle 2017 trat gespalten in Kraft, nämlich die §§ 33a–33f sowie § 33h mit Ausnahme des § 33c Abs. 5 rückwirkend zum 27.12.2016 (wegen der dann ablaufenden Umsetzungsfrist nach der Kartellschadensersatz-Richtlinie), die übrigen Änderungen am Tag nach der Verkündung, also am 9.6.2017. Die 10. GWB-Novelle trat am 19.1.2021 in Kraft. In der Änderung zu § 186 Abs. 4 wird klargestellt, dass § 33c Abs. 5 sowie §§ 33g, 89b–89c unabhängig vom Zeitpunkt der Entstehung der Schadensersatzansprüche nur auf Rechtsstreitigkeiten anzuwenden sind, in denen nach dem 26.12.2016 Klage erhoben wurde (→ § 33c Rn. 1).

b) Örtlicher Geltungsbereich. Das Gesetz gilt in der **Bundesrepublik** 59 **Deutschland.** Die Bundesrepublik wird als einheitlicher Wirtschaftsraum behandelt. Bis zum Inkrafttreten des Einigungsvertrages am 3.10.1990 galt das GWB nur in den alten Bundesländern und in (West-)Berlin. Die **frühere DDR** erließ noch am 21.6.1990 ein „Gesetz über die Inkraftsetzung von Rechtsvorschriften der Bundesrepublik Deutschland in der Deutschen Demokratischen Republik" (GBl. 1990 I 357), durch dessen § 14 das GWB mit einigen kleineren Modifikationen auch in der alten DDR in Kraft gesetzt wurde. An die Stelle der §§ 24–24c aF wurde – mit Rückwirkung zum 25.1.1990 – ein besonderer § 24 eingeführt, der für Unternehmenszusammenschlüsse iSd § 23 aF eine generelle Anmeldepflicht vorsah. Die Untersagung des Zusammenschlusses lag im Ermessen der Kartellbehörde („kann untersagt werden"), und zwar dann, wenn „der Zusammenschluss den Abbau einer marktbeherrschenden Stellung verhindert oder zu Entstehung oder Verstärkung einer überragenden Marktstellung führt". Dafür war ein besonderes Fristensystem vorgesehen. Die zuständige Kartellbehörde war das (schon vorher eingerichtete) **„Amt für Wettbewerbsschutz",** das mit dem 3.10.1990 seine Tätigkeit beendete. Noch nicht abgeschlossene Verfahren des Amtes für Wettbewerbsschutz gingen auf das BKartA über, und zwar zur Anwendung des GWB in der in der (alten) Bundesrepublik geltenden Fassung (vgl. dazu KG WuW/E 4784 (4788 f.) – Deutsche Versicherungs AG). Irgendwelche kartellrechtlichen Sondervorschriften für die neuen Bundesländer gibt es nicht.

Nach § 185 Abs. 2 gilt im Hinblick auf internationale Sachverhalte das **Auswir-** 60 **kungsprinzip.** Es kommt allein darauf an, ob sich eine Wettbewerbsbeschränkung im Geltungsbereich des Gesetzes auswirkt. Das gilt auch dann, wenn an ihr nur Unternehmen mit Sitz im Ausland beteiligt sind oder wenn die Wettbewerbsbeschränkung sonst im Ausland veranlasst wurde.

c) Sachlicher Geltungsbereich. Das GWB findet – sachlich – grds. auf **alle** 61 **Wirtschaftsbereiche** Anwendung, mit den in den §§ 28–31 geregelten Einschränkungen. Keine Anwendung fand bis zum 22.7.2002 das GWB, soweit der Vertrag über die Gründung der Europäischen Gemeinschaft für Kohle und Stahl (**Montanunion,** EGKS-Vertrag) besondere Vorschriften enthielt (zu Nachwirkungen des Kartellverbots des EGKS-Vertrages vgl. Dreher EWS 2008, 219).

8. EU-Kartellrecht

a) Das Verbotsprinzip des EU-Kartellrechts. Der Vertrag über die Arbeits- 62 weise der Europäischen Union (AEUV) enthält in den Art. 101–106 AEUV (Anhang A 1) und den auf der Grundlage dieser Artikel erlassenen Verordnungen ein umfassendes Unions-Kartellrecht. Er baut ebenso wie inzwischen auch das deutsche Kartellrecht auf dem **Verbotsprinzip** auf. Missbräuche marktbeherrschender Stellungen unterliegen einem unmittelbar geltenden, mit zivil- und bußgeldrechtlichen Sanktionen versehenen Verbot. 1993 trat das Abkommen über den **Europäischen**

Wirtschaftsraum (EWR) in Kraft. Es enthält für die – inzwischen 28 (nach dem zum 1.7.2013 vollzogenen Beitritt Kroatiens) – EU-Länder und die EFTA-Länder Norwegen, Island und Liechtenstein in Art. 53 und 54 Vorschriften, die wörtlich den Art. Art. 101 und 102 AEUV entsprechen. Praktisch führt der EWR zu einer räumlichen Ausdehnung der Anwendung des EU-Kartellrechts, allerdings ohne Einbeziehung einzelner Wirtschaftsbereiche wie insbes. der Landwirtschaft.

63 Die europäischen Wettbewerbsregeln waren zunächst in Ar. 85 des **Vertrages zur Gründung der Europäischen Gemeinschaft** vom 25.3.1957 (EG) enthalten. Art. 85 enthielt das Kartellverbot und die Möglichkeit der Freistellung davon, Art. 86 das Verbot des Missbrauchs der marktbeherrschenden Stellung. Ohne Änderungen sind diese Vorschriften in der konsolidierten Fassung des Vertrags zur Gründung der Europäischen Gemeinschaft vom 8.4.1998, die am 1.5.1999 in Kraft trat, in die Art. 81 umgegliedert worden. Durch den **Vertrag von Lissabon** von 2007 „zur Änderung des Vertrages über die Europäische Union und des Vertrages zur Gründung der Europäischen Gemeinschaft" sind die Bestimmungen des EG-Vertrages im Wesentlichen in den **„Vertrag über die Arbeitsweise der Europäischen Union" (AEUV)** (ABl. 2008 C 115, 1 = ABl. 2010 C 83, 1) übernommen worden. Das Kartellverbot (bisher Art. 85 EGV bzw. 81 EG) ist nunmehr in Art. 101 AEUV enthalten, das Verbot des Missbrauchs marktbeherrschender Stellung (bisher Art. 86 EGV bzw. Art. 82 EG) in Art. 102 AEUV enthalten (vgl. Auszug in Anhang A 1). Die Wortlaute dieser Bestimmungen wurden nur insoweit geändert, als die Einleitungssätze „Mit dem Gemeinsamen Markt unvereinbar …" ersetzt wurden durch „Mit dem Binnenmarkt unvereinbar …". In diesem Kommentar werden nur noch die Artikelbezeichnungen nach dem Lissabon-Vertrag verwendet.

64 **b) Das Kartellverbot des Art. 101 Abs. 1 AEUV.** Das Kartellverbot des Art. 101 Abs. 1 AEUV unterscheidet nicht – wie seit 2005 auch § 1 – zwischen horizontalen und vertikalen Wettbewerbsbeschränkungen. Dem Verbot unterliegen **alle horizontal und vertikal** vereinbarten oder abgestimmten **Wettbewerbsbeschränkungen,** also im Vertikalbereich nicht nur, wie früher im deutschen Recht, Preis- und sonstige Inhaltsbindungen, sondern auch Abschlussbindungen, insbes. Ausschließlichkeitsverträge und alle Arten von Exportverboten. Allerdings versuchen Gerichtshof und die Europäische Kommission, die über ihre Generaldirektion Wettbewerb die Aufgaben der EU-Kartellbehörde wahrnimmt, diesen teilweise zu weitgehenden Eingriff in vertikale Wettbewerbsbeschränkungen durch einschränkende Auslegungen des Art. 101 Abs. 1 AEUV oder durch Freistellungen nach Art. 101 Abs. 3 AEUV auszugleichen.

65 **Art. 101 Abs. 3 AEUV** sieht die Möglichkeit vor, wettbewerbsbeschränkende Vereinbarungen, Beschlüsse oder Abstimmungen vom Kartellverbot durch **„Einzelfreistellung"** oder **„Gruppenfreistellung"** auszunehmen. Für den Begriff der „Einzelfreistellung" hat sich durch die Kartellverfahrens-VO (Anhang A 2), die zum 1.5.2004 in Kraft trat, ein grundlegender Bedeutungswechsel ergeben. Früher – auf der Grundlage der VO 17/62 – setzte die Freistellung im Einzelfall eine Entscheidung der Kommission voraus; es galt ein „Freistellungsmonopol" der Kommission. Diese Freistellung wurde durch Anmeldung bei der Kommission beantragt. Trotz einer umfangreichen Entscheidungspraxis konnte die Kommission aber nur einen kleinen Teil der bei ihr vorliegenden Anmeldungen durch Entscheidung erledigen; viele Anmeldungen blieben unerledigt, ein anderer Teil wurde durch sog. „comfort letters" zu bewältigen versucht (vgl. dazu 13. Wettbewerbsbericht 1983, 62). Mit der **Anmeldung** war für die Unternehmen der Vorteil verbunden, dass sie bis zu einer negativen Entscheidung wegen der Praktizierung einer angemeldeten Vereinbarung **nicht mit Bußgeld** belegt werden konnten. Besondere Privilegien genossen sog. Alt-Anmeldungen, die bis zum 31.1.1963 eingereicht wurden. Sie begründeten eine vorläufige zivilrechtliche Wirksamkeit, die auch durch spätere Verbotsentscheidungen nicht mehr für die Vergangenheit genommen werden konnte. Mit dem 1.5.2004 wurde das **Freistellungsmonopol der Kommission** und das System, dass Einzelfreistellungen nur durch Entscheidung erteilt wurden, **abgeschafft;** nach Art. 1 Abs. 2 Kartellverfahrens-VO gilt Art. 101 Abs. 3 AEUV unmittelbar, ohne dass es einer Entscheidung dazu bedarf. Dieses System der **„Selbstveranlagung"** war insbes. in Deutschland heftig umstritten und wird – fast ausschließlich – in Deutschland als Verstoß gegen den Wortlaut des Art. 101 Abs. 3 AEUV in seiner Wirksamkeit infrage gestellt. In der Praxis hat es sich aber durchgesetzt und bewährt (kritisch zum damit verbundenen Verlust an Rechtssicherheit weiterhin Wiedemann FS Bechtold, 2006, 627).

Ebenso wie schon immer wirken – die aufgrund von Ratsverordnungen erlasse- 66
nen – **Gruppenfreistellungsverordnungen** der Kommission unmittelbar. Im neuen System bewirken sie die Freistellung nicht konstitutiv, sondern nur deklaratorisch, allerdings mit der unwiderleglichen Vermutung, dass alles, was durch Gruppenfreistellungsverordnungen erfasst ist, die Voraussetzungen des Art. 101 Abs. 3 AEUV erfüllt. Besonderes Gewicht haben die Gruppenfreistellungsverordnungen im Bereich der **Vertikalverträge** (→ § 2 Rn. 30), nämlich

- generell für **Vertikalvereinbarungen** die aktuelle Vertikal-GVO (VO 2022/720) (ABl. 2022 L 1034, 4),
- für Vertriebs- und Kundendienstvereinbarungen für **Kraftfahrzeuge** die Kfz-GVO (VO 461/2010) (verlängert bis zum 28.5.2028) für den Kundendienst und Ersatzteilvertrieb („Kfz-Anschlussmarkt");
- für **Technologietransfer-Vereinbarungen** die TT-GVO (VO 316/2014) vom 21.3.2014 (ABl. 2014 L 93, 17).

Im Bereich der **Horizontalverträge** gibt es zwei GVOen, nämlich für 67

- Vereinbarungen über **Forschung und Entwicklung** die FuE-GVO (VO 2023/1066) vom 1.6.2023 (ABl. 2023 L 143, 9) und für
- **Spezialisierungsvereinbarungen** die Spezialisierungs-GVO (VO 2023/1067) vom 1.6.2023 (ABl. 2023 L 143, 20).

Die Kommission hat generelle Veröffentlichungen **(Bekanntmachungen, Leitli-** 68
nien, Mitteilungen) vorgenommen, um Hilfestellungen bei der Anwendung und Auslegung des Art. 101 AEUV und der Gruppenfreistellungsverordnungen zu geben. Diese Praxis der Kommission wirft eine Fülle von Fragen und Problemen auf (dazu Bechtold EWS 2001, 49 (53 f.); außerdem Bechtold FS Hirsch, 2008, 223; vgl. auch Generalanwältin Kokott Schlussanträge v. 6.9.2012 – C-226/11). Von großer praktischer Bedeutung sind

- die sog. Bagatellbekanntmachung („Bekanntmachung der Kommission über Vereinbarungen von geringer Bedeutung, die den Wettbewerb gem. Art. 101 Abs. 1 des Vertrages über die Arbeitsweise der Europäischen Union nicht spürbar beschränken (De-minimis-Bekanntmachung)", ABl. 2014 C 291, 1),
- die „Bekanntmachung der Kommission über die Definition des relevanten Marktes" von 1997 (ABl. 1997 C 372, 5),
- die „Leitlinien zur Anwendung von Artikel 81 Abs. 3 EG-Vertrag" (ABl. 2004 C 101, 97)
- die „Leitlinien für vertikale Beschränkungen" (ABl. 2023 C 248, 1), sog. **Vertikalleitlinien,**
- die „Leitlinien zur Anwendbarkeit von Art. 101 AEUV auf Vereinbarungen über horizontale Zusammenarbeit" (ABl. 2023 C 259, 1), sog. **Horizontal-Leitlinien,**
- die „Leitlinien zur Anwendung von Artikel 101 AEUV auf Technologietransfer-Vereinbarungen" (ABl. 2014 C 89, 3)
- die „Leitlinien für das Verfahren zur Festsetzung von Geldbußen gemäß Art. 23 Abs. 2 Buchstabe a der Verordnung (EG) Nr. 1/2003" (ABl. 2006 C 210, 2) und

– die „Mitteilung der Kommission über den Erlass und die Ermäßigung von Geldbußen in Kartellsachen“ (ABl. 2006 C 298, 17).

69 **c) Das Missbrauchsverbot des Art. 102 AEUV.** Art. 102 AEUV enthält das Verbot des Missbrauchs marktbeherrschender Stellungen. So wie seit 1999 auch im deutschen Recht ist der Missbrauch unmittelbar durch Gesetz verboten; eine Verbotsentscheidung muss nicht vorausgehen. Der Missbrauch kann mit Geldbuße geahndet werden.

70 **d) Die Zwischenstaatsklausel.** Art. 101 und 102 AEUV haben zur gemeinsamen Voraussetzung, dass die von ihnen verfassten Maßnahmen geeignet sind, den zwischenstaatlichen Handel zu beeinträchtigen. Diese sog. Zwischenstaatsklausel wird außerordentlich weit ausgelegt (vgl. schon Bechtold AWD 1974, 258; Wiedemann KartellR-HdB/Wiedemann § 2 Rn. 4; Soltész FS Bechtold, 2006, 501). Sie bewirkt keineswegs, dass nationale Sachverhalte nicht dem EU-Recht unterliegen. Kein Zweifel kann an ihrer Erfüllung bestehen, wenn die beteiligten Unternehmen ihren Sitz in verschiedenen EU-Mitgliedsstaaten haben. Aber auch Vereinbarungen zwischen Unternehmen aus einem Mitgliedsstaat oder mit Unternehmen aus Drittstaaten unterliegen dem EU-Kartellrecht, wenn sie in irgendeiner Weise **unmittelbar oder mittelbar den zwischenstaatlichen Handel beeinflussen** können. Das ist der Fall auch bei rein nationalen Kartellen, die eine gemeinschaftswidrige „Abschottung“ der nationalen Märkte bewirken. Die Zwischenstaatsklausel ist auch anwendbar, wenn das Kartell zu einer quantitativen Ausweitung des Handelsvolumens zwischen Mitgliedsstaaten führt. Es kommt vor allem auf eine „qualitative“ Beeinflussung der Handelsströme zwischen den Mitgliedsstaaten an, die für die Verwirklichung der Ziele eines einheitlichen zwischenstaatlichen Marktes nachteilig sein kann. Die Beeinträchtigung muss **spürbar** sein, dh von einem quantitativen Mindestausmaß. Die Kommission hat ihre Vorstellungen über die Spürbarkeit der Beeinträchtigung des zwischenstaatlichen Handels in besonderen „Leitlinien über den Begriff der Beeinträchtigung des zwischenstaatlichen Handels in den Artikeln 81 und 82 des Vertrags“ konkretisiert (ABl. 2004 C 101, 82).

71 **e) Unternehmenszusammenschlüsse.** Der Vertrag über die Arbeitsweise der Europäischen Union (AEUV) enthält ebenso wie früher der EGV keine ausdrücklichen Vorschriften über Unternehmenszusammenschlüsse. Der Gerichtshof hat im Continental-Can-Urteil von 1973 (EuGH NJW 1973, 966 = WuW/E 296) die These der Kommission bestätigt, dass unter bestimmten, engen Voraussetzungen auch Unternehmenszusammenschlüsse als Missbrauch marktbeherrschender Stellungen nach Art. 102 AEUV verfolgt werden könnten. Auf dieser Grundlage hat die Kommission kurz danach den Entwurf einer Fusionskontrollverordnung vorgelegt, der aber vom Ministerrat nicht verabschiedet wurde. Erst am 21.12.1989 verabschiedete der Ministerrat eine wesentlich geänderte, außer auf Art. 82 EG (Art. 83 EG) (= Art. 102, 103 AEUV) auch auf Art. 308 EG (vgl. jetzt Art. 352 AEUV) gestützte Verordnung (**VO 4064/89 über die Kontrolle von Unternehmenszusammenschlüssen,** ABl. 1989 L 395, 1, berichtigte Fassung ABl. 1990 L 257). Sie wurde mit Wirkung vom 1.5.2004 durch die **FKVO** vom 20.1.2004 (ABl. 2004 L 24, 1, Anhang A 3) ersetzt. Die FKVO erfasst Zusammenschlüsse iSv Fusionen oder des alleinigen oder gemeinsamen Erwerbs der Kontrolle über ein anderes Unternehmen (Art. 3 FKVO),

– wenn die beteiligten Unternehmen zusammen einen weltweiten **Gesamtumsatz von mehr als 5 Mrd. EUR** und mindestens zwei beteiligte Unternehmen einen gemeinschaftsweiten Gesamtumsatz von jeweils mehr als 250 Mio. EUR haben (Art. 1 Abs. 2 lit. a FKVO)
– oder wenn die beteiligten Unternehmen zusammen einen weltweiten **Gesamtumsatz von mehr als 2,5 Mrd. EUR** haben und sich die Umsätze der beteilig-

ten Unternehmen in bestimmtem Umfang auf mindestens drei Mitgliedstaaten verteilen (Art. 1 Abs. 2 lit. a–d FKVO) und

– wenn die am Zusammenschluss beteiligten Unternehmen **nicht jeweils mehr als 2/3 ihres gemeinschaftsweiten Gesamtumsatzes** in ein und demselben Mitgliedsstaat erzielen (Art. 1 Abs. 2 und 3, jeweils letzter Hs. FKVO).

Diese Zusammenschlüsse sind von der Kommission als **mit dem Gemeinsamen Markt unvereinbar** zu untersagen, wenn sie unter Berücksichtigung bestimmter materieller Kriterien dazu führen, dass „**wirksamer Wettbewerb** im Gemeinsamen Markt oder in einem wesentlichen Teil desselben **erheblich behindert** würde, insbesondere durch Begründung oder Verstärkung einer beherrschenden Stellung" (Art. 2 Abs. 3 FKVO). Auf die von der Verordnung erfassten Zusammenschlüsse ist nationales Fusionskontrollrecht nicht anwendbar (Art. 21 Abs. 3 FKVO). Das bedeutet, dass Zusammenschlüsse, die die Voraussetzungen des Fusions- oder Kontrollbegriffes iSv Art. 3 FKVO erfüllen, jeweils ausschließlich entweder der EU- oder der nationalen Fusionskontrolle unterliegen. Die Kommission darf im Rahmen der Kartellverfahrens-VO Art. 101 und 102 AEUV auf derartige Zusammenschlüsse nicht anwenden (Art. 21 Abs. 1 FKVO). **72**

9. Verhältnis des Art. 101 AEUV zum nationalen Recht

a) Grundsatz. Der EuGH geht in seiner Rspr. generell davon aus, dass das Gemeinschaftsrecht **Vorrang vor dem nationalen Recht** hat (vgl. schon EuGH Slg. 1964, 1251 (1269) – ENEL). Danach ist es den Mitgliedstaaten nicht erlaubt, die von ihnen akzeptierte, eigenständige Rechtsordnung der EU durch Maßnahmen infrage zu stellen, die ihre Wurzeln im nationalen Recht haben. Der Vorrang ist absolut. Es können ihm keine wie auch immer gearteten Rechtsvorschriften vorgehen (EuGH Slg. 1964, 1251 (1270) – ENEL). All das gilt auch für das Kartellrecht. Normenkonflikte zwischen dem EU-Kartellrecht und innerstaatlichem Kartellrecht sind daher nach dem Grundsatz des Vorrangs des Gemeinschaftsrechts zu lösen (EuGH Slg. 1969, 1 (14) – Walt Wilhelm). Nationale Kartellvorschriften und ihr Vollzug dürfen die **einheitliche Anwendung des EU-Kartellrechts** nicht beeinträchtigen. **73**

b) Rechtsentwicklung bis zur Kartellverfahrens-VO. Mit dem Walt Wilhelm-Urteil (EuGH Slg. 1969, 1 (14)) hat der EuGH die bis dahin herrschende sog. **Zwei-Schranken-Theorie** verworfen. Sie ging davon aus, dass EG-Kartellrecht und nationales Kartellrecht voneinander verschiedene Schutzbereiche haben und infolgedessen auf denselben Sachverhalt nebeneinander angewendet werden müssen. Danach konnten nationale Kartellbehörden insbes. auch solche Absprachen nach nationalem Recht verbieten, die durch eine Freistellungsentscheidung der Kommission oder durch Gruppenfreistellung vom Verbot des Art. 81 Abs. 1 EG (= Art. 101 Abs. 1 AEUV) freigestellt waren. Der EuGH hat demgegenüber die These begründet, dass Maßnahmen des nationalen Rechts nicht **„positive" Maßnahmen der Kommission** beeinträchtigen durften, was von der jedenfalls hM darin interpretiert wurde, dass Freistellungsentscheidungen und Gruppenfreistellungen nach Art. 81 Abs. 3 EG (= Art. 101 Abs. 3 AEUV) unbedingten Vorrang vor widersprechenden Maßnahmen des nationalen Rechts hatten. Allerdings schloss nach dem Urteil Walt Wilhelm (EuGH Slg. 1969, 1 (14)) der Vorrang des Gemeinschaftsrechts die Anwendung nationalen Rechts auf denselben Sachverhalt nicht prinzipiell aus. **Nationale Rechte waren vielmehr grds. neben dem EU-Kartellrecht anzuwenden.** Nur bei Konflikten zwischen Normen beider Rechte setzt sich aufgrund der Vorrangregel das EU-Kartellrecht durch. Fehlte es an einem solchen Konflikt, tauchte die Frage des Vorrangs nicht auf. **74**

75 **c) Rechtslage nach der Kartellverfahrens-VO.** Die Kartellverfahrens-VO (Anhang A 2) hat – insoweit auf der Grundlage des Art. 103 Abs. 2 lit. e AEUV (Verhältnis zwischen den innerstaatlichen Rechtsvorschriften und den EG-Wettbewerbsregeln) – das Verhältnis von EU- und nationalem Recht jedenfalls im **Bereich des Art. 101 AEUV** grundlegend verändert. Nach Art. 3 Abs. 1 Kartellverfahrens-VO darf im potenziellen Anwendungsbereich des Art. 101 AEUV – Eignung zur Beeinträchtigung des zwischenstaatlichen Handels – **nationales Recht nicht mehr mit einem dem Art. 101 AEUV widersprechenden Ergebnis angewendet** werden; zugleich sind die Mitgliedstaaten verpflichtet, im potenziellen Anwendungsbereich des Art. 101 AEUV diesen neben dem nationalen Recht anzuwenden. Die nationalen Gesetzgeber haben – wie auch der deutsche Gesetzgeber in der 7. GWB-Novelle – daraus zumeist den Schluss gezogen, dass das nationale Recht dem EU-Recht voll angepasst wurde, sodass es im Verhältnis zwischen EU- und nationalem Recht nicht zu widersprechenden Ergebnissen kommen kann. Um sachlich nicht zu rechtfertigende Differenzen im Bereich „oberhalb" der Zwischenstaatsklausel und „unterhalb" zu vermeiden, ist diese Anpassung in Deutschland auch für den Bereich vorgenommen worden, in dem Art. 101 AEUV mangels Eignung zur Beeinträchtigung des zwischenstaatlichen Handels nicht anwendbar ist. Im praktischen Ergebnis bedeutet das im Bereich des Art. 101 AEUV den **absoluten Vorrang des Gemeinschaftsrechts** vor nationalem Recht.

76 Auch bei **Missbräuchen marktbeherrschender Stellungen (Art. 102 AEUV)** sind die Wettbewerbsbehörden der Mitgliedstaaten und die einzelstaatlichen Gerichte verpflichtet, im Bereich „oberhalb" der Zwischenstaatlichkeit neben dem nationalen Recht auch Art. 102 AEUV anzuwenden. Allerdings sind nach der **„deutschen Klausel"** in Art. 3 Abs. 2 S. 2 Kartellverfahrens-VO die Mitgliedstaaten berechtigt, für die Unterbindung oder Ahndung **„einseitiger Handlungen"** strengere Vorschriften zu erlassen. Das ist die Grundlage dafür, dass die Verbote des § 20 auch Verhaltensweisen erfassen können, die nicht gegen Art. 102 AEUV verstoßen. Jedenfalls gilt aber auch im Bereich des Art. 102 AEUV, dass alles, was gegen diese Vorschrift verstößt, durch nationales Recht nicht zugelassen werden kann. Stellt sich in einem nationalen Verfahren die Frage, ob ein Verhalten im potenziellen Anwendungsbereich des Art. 102 AEUV zulässig ist, ist von seiner Unzulässigkeit auszugehen, soweit es gegen Art. 102 AEUV verstößt.

10. Der Economic Approach im Kartellrecht

77 **a) Economic Approach im EU-Recht.** Im Jahr 1999 hat die Kommission in ihrem **Weißbuch „Über die Modernisierung der Vorschriften zur Anwendung der Artikel 85 und 86 EG-Vertrag"** (ABl. 1999 C 132, 1) ihre neue Wettbewerbspolitik vorgestellt, die inzwischen legislativ weitgehend verwirklicht ist. In diesem Weißbuch heißt es, dass die Kommission bei der Anwendung des Art. 85 Abs. 1 EG (= Art. 101 Abs. 1 AEUV) einen „more economic approach" verfolgen werde, was im deutschen Text weniger plakativ als „ein stärker(er) wirtschaftlicher Ansatz" formuliert ist. Damit war zunächst nur gemeint, dass der Anwendungsbereich des Art. 101 Abs. 1 AEUV eingeschränkt werden solle, und zwar auf „Unternehmen mit einer gewissen Marktmacht".

78 Der economic approach wird heute aber nicht nur als Einschränkung des Art. 101 Abs. 1 AEUV verstanden, sondern ergebnisoffen als eine grds. andere Art der Kartellrechtsanwendung, und zwar im Gegensatz zu einer mehr formalen, primär auf Rechtssicherheit bedachten Praxis (vgl. dazu grundlegend Schwalbe/Zimmer, Ökonomie und Kartellrecht, 2. Aufl. 2011, passim, dazu Behrens WuW 2008, 284; Roth in Schmidtchen/Albert/Voigt, The More Economic Approach, 2008, S. 37; Ingo Schmidt FS Bechtold, 2006, 409; Zimmer WuW 2007, 1198; de Bronett EWS 2013, 1; Frenz WRP 2013, 428; zum economic approach im Missbrauchsrecht Dreher

WuW 2008, 23, und Möschel JZ 2009, 1040, im UWG-Lauterkeitsrecht Podszun WRP 2009, 509). Soweit darunter verstanden wird, dass das Kartellverbot **weniger formal** auf **Handlungsbeschränkungen** der beteiligten Unternehmen fokussiert sein solle, sondern darauf, ob bestimmte Verhaltensweisen negative oder jedenfalls näher zu prüfende **Auswirkungen auf den Wettbewerb** haben, ist dieser more economic approach allerdings schon in der Entscheidungspraxis vor 1999 feststellbar. Beispiel dafür ist die schon in den 70er Jahren begründete und dann in den 90er Jahren perfektionierte Praxis der Kommission zum Informationsaustausch zwischen Wettbewerbern, die nichts mehr zu tun hat mit dem Konzept der Handlungsbeschränkung, sondern nur noch an wettbewerblichen Auswirkungen orientiert war (vgl. dazu Bechtold/Bosch/Brinker AEUV Art. 101 Rn. 41 und → § 1 Rn. 27). Der economic approach kennzeichnet zudem nicht nur neue Anwendungsansätze für Art. 101 Abs. 1 AEUV, sondern auch die Praxis zu Art. 101 Abs. 3 AEUV und Art. 102 AEUV. Alle Gesetzgebungsmaßnahmen, Bekanntmachungen und Leitlinien der Kommission, die 1999 und später veröffentlicht worden sind, sind in hohem Maße am wirtschaftlichen Ergebnis orientiert. Das bedeutet einerseits, dass der Anwendungsbereich des Art. 101 Abs. 1 AEUV tatsächlich auf Fälle begrenzt wird, in denen eine gewisse Marktmacht im Spiel ist, aber andererseits auch, dass die Ausnahme vom Kartellverbot weniger formal, sondern stärker wirtschaftlich orientiert ist.

Im Bereich des Art. 81 EG (= Art. 101 AEUV) war **im alten System des EG-Kartellrechts bis April 2004** die Abhängigkeit der Einzelfallentscheidung von der Wahrnehmung weiter Beurteilungsspielräume scheinbar hinnehmbar, weil es dafür eine klare Zuständigkeit gab. Wenn unsicher war, ob Art. 81 Abs. 1 EG (= Art. 101 AEUV) verletzt und/oder die Freistellungsvoraussetzungen des Art. 81 Abs. 3 EG (=Art. 101 Abs. 3 AEUV) erfüllt waren, gab es die Möglichkeit, bei der Kommission ein Negativattest oder eine Einzelfreistellung zu beantragen. Wenn die Kommission entschieden hätte, hätte diese Entscheidung Rechtssicherheit bewirkt. Dieses **System funktionierte in der Praxis jedoch nicht.** Die Kommission entschied über die meisten bei ihr vorgenommenen Anmeldungen nicht. Immerhin war mit einer Anmeldung das Bußgeldrisiko ausgeschlossen. Außerdem vermittelte sie die Möglichkeit einer rückwirkenden Freistellung. Im Übrigen behalf man sich mit Verwaltungsschreiben oder comfort letters. Die Grauzone zwischen den eindeutig unzulässigen und den eindeutig zulässigen Kartellabsprachen war breit; man versuchte in der Praxis, Streitigkeiten in diesem Bereich aus dem Weg zu gehen. Sicherheit gab es in diesem Bereich nur, wenn wirklich eine Entscheidung erlassen worden war. Ohne Entscheidung waren die Risiken einer Fehleinschätzung gemildert, nicht aber ausgeschlossen. Im Bereich des Art. 102 AEUV gab es theoretisch auch die Möglichkeit eines Negativattests durch die Kommission; davon ist aber praktisch nie Gebrauch gemacht worden. **79**

Zugleich mit der Ankündigung des more economic approach ist das **System der Selbstveranlagung,** also die außerordentlich mutige Uminterpretation des Art. 101 Abs. 3 AEUV in eine unmittelbar geltende Norm angekündigt worden. Dieses System ist mit Inkrafttreten der Kartellverfahrens-VO zum 1.5.2004 umgesetzt worden. Beides gehört nicht unbedingt zusammen. Ein more economic approach war auch im alten System des Entscheidungsmonopols der Kommission realisierbar. Beides zusammen, der more economic approach und die Selbstveranlagung, haben zu zusätzlicher Rechtsunsicherheit geführt, unter den Aspekten der Vorhersehbarkeit, Begrenzung von subjektiven Beurteilungs- und Ermessensspielräumen, Ausschluss von Willkür und Gleichbehandlung. Es ist offensichtlich, dass im Lichte des more economic approach und der Selbstveranlagung ein erhebliches Spannungsverhältnis zur Rechtssicherheit erzeugt worden ist. Der more economic approach und die Selbstveranlagung zusammen vermindern ganz erheblich die Rechtssicherheit. **80**

81 Dem economic approach ist auch die **Änderung der Fusionskontrollverordnung** von der VO 4064/89 zur FKVO (Anhang A 3) zuzuordnen. Während es bisher nur darauf ankam, ob durch einen Zusammenschluss eine marktbeherrschende Stellung begründet oder verstärkt werde, kommt es nunmehr darauf an, ob durch den Zusammenschluss **wirksamer Wettbewerb erheblich behindert** wird. Die Behinderung oder Verstärkung einer marktbeherrschenden Stellung ist nach dem Wortlaut des Art. 2 Abs. 2 und 3 FKVO nur noch ein Beispiel dafür.

82 **b) Economic Approach und Rechtssicherheit.** Der economic approach führt jedenfalls im deutschen Recht nicht dazu, dass die Gerichte ökonomische Beurteilungen nicht selbst nachvollziehen und vornehmen dürfen und müssen. Er kann aber die Gerichte vor schwierige Fragen in der Beweiserhebung und der Beweislastverteilung stellen (vgl. dazu Nothdurft FS Hirsch, 2008, 285). Bei der kritischen Beurteilung des economic approach muss differenziert werden zwischen der **Fusionskontrolle als Strukturkontrolle** und der Kontrolle über Kartelle und marktbeherrschende Unternehmen als Verhaltenskontrolle. Die Differenzierung ergibt sich nicht primär daraus, dass es in der Fusionskontrolle weiterhin ein Entscheidungsmonopol der Kartellbehörde gibt, also eine Selbstveranlagung nicht stattfindet. Das ist zwar für das praktische Ergebnis von Bedeutung, weil die Behördenentscheidung als notwendige Voraussetzung einer Fusionsfreigabe oder eines Fusionsverbots per se dadurch mit Rechtssicherheit verbunden ist, als es allein auf ihre Existenz ankommt. Der wesentliche Unterschied liegt darin, dass die Fusionskontrolle eine **Zukunftsprognose** voraussetzt. Dabei geht es nicht um die Prognose bestimmter Verhaltensweisen, sondern um die Beurteilung, ob ein Zusammenschluss zur Gefährdung der Marktstruktur führt und Unternehmen zusätzliche Verhaltensspielräume vermittelt, die ohne den Zusammenschluss nicht bestünden. Begreift man das Ziel der Fusionskontrolle als Mittel zum Ausschluss von Gefährdungen der Wettbewerbsstruktur, kommt man nicht umhin, bestimmte, dann auch verallgemeinernde und nicht jedem Einzelfall wirklich gerecht werdende Theorien zugrunde zu legen.

83 Anderes gilt in der **Kartellkontrolle und der Missbrauchsaufsicht** über marktbeherrschende Unternehmen (vgl. zu letzterer auch Dreher WuW 2008, 23). Auch hier beruhen die gesetzlichen Vorschriften auf ökonomischen Grundeinsichten. Sie richten sich aber gegen **konkretes Verhalten,** das nicht darauf zu prüfen ist, ob es Gefährdungen des Wettbewerbs mit sich bringt, sondern ob es aktuell oder in einer individuellen Zukunftsprognose wettbewerbliche Nachteile mit sich bringt. Insoweit hat der economic approach im Einzelfall eine größere Berechtigung als in der Fusionskontrolle. Allerdings ist damit dem Anliegen eines Mindestmaßes an Rechtssicherheit noch nicht voll genügt. Das heutige System des Art. 101 AEUV ist für die Praxis weitgehend geprägt durch die **Gruppenfreistellungsverordnungen.** Ihm liegt der Gedanke zugrunde, dass in einem relativ großen Umfang Gruppen von Verhaltensweisen nach einer positiven Per-se-Rule vom Kartellverbot ausgenommen werden können. Wenn im Einzelfall diese Ausnahme nicht gerechtfertigt erscheint, ist in diesem System der allein für die Zukunft wirkende Entzug der Gruppenfreistellungsverordnung möglich. Dieser systematische Ansatz wird in der Praxis allerdings dadurch konterkariert, dass der Anwendungsbereich dieser positiven Per-se-Rule häufig nicht sicher feststellbar ist; das gilt gerade auch in Bezug auf die Marktanteilsschwellen. Auch außerhalb der Gruppenfreistellungsverordnungen ist es häufig unmöglich, genau festzustellen, ob die Voraussetzungen des Art. 101 Abs. 3 AEUV erfüllt sind.

84 **c) Selbstveranlagung und Risiko der Fehlbeurteilung.** Zu praktisch sinnvollen Ergebnissen kann man nur kommen, wenn man Grundsätze darüber entwickelt, wie mit Fehlbeurteilungen in der Anwendung von Gruppenfreistellungsverordnun-

gen und unmittelbar des Art. 101 Abs. 3 AEUV bzw. des § 2 Abs. 1 umzugehen ist (vgl. dazu auch Bechtold FS Hirsch, 2008, 223).

Die **zivilrechtliche Sanktion** differenziert nicht danach, ob der die Nichtigkeit begründende Rechtsverstoß vorhersehbar war oder mit gut vertretbaren Gründen verneint werden konnte. Das ist jedenfalls in den Fällen kaum akzeptabel, in denen die Unternehmen unter Ausschöpfung aller ihnen zur Verfügung stehenden Erkenntnismöglichkeiten im Zeitpunkt des Abschlusses einer Vereinbarung zB im Hinblick auf die Anwendung der Vertikal-GVO 2790/1999 zum Ergebnis kommen konnten oder sogar mussten, dass der Marktanteil unter 30 % liegt. Es ist denkbar, dass aufgrund erst später eintretender zusätzlicher Erkenntnismöglichkeiten oder aufgrund einer Untersuchung der Kartellbehörden, die mit Zwangsmitteln durchsetzbar ist, festgestellt wird, dass tatsächlich der Marktanteil 31 % betrug. Ist es wirklich gerechtfertigt, in solchen Fällen das **Alles-oder-Nichts-Prinzip** zivilrechtlicher Unwirksamkeit anzuwenden? Oder muss es insoweit nicht doch Kriterien dafür geben, dass derjenige, der seriös, mit gut vertretbaren Gründen und unter Ausschöpfung aller seiner Erkenntnismöglichkeiten zu einem positiven Ergebnis gekommen ist, nicht nur bußgeldrechtlich, sondern auch zivilrechtlich Schutz verdient? 85

Es gibt natürlich Fälle, in denen man eindeutig sagen kann, dass die Voraussetzungen des Art. 101 Abs. 3 AEUV unmittelbar oder iVm einer Gruppenfreistellung erfüllt oder nicht erfüllt sind. Dieser **safe harbour eindeutig möglicher Erkenntnisse** muss aber mit einem Gürtel versehen werden, der jedenfalls die eng **angrenzende Grauzone** in die positive Behandlung einbezieht. Es muss möglich sein, den Unternehmen im Rahmen der Selbstveranlagung einen Teil des **Beurteilungsspielraums** zuzugestehen, den der Gerichtshof der Kommission bei der Anwendung des Art. 101 Abs. 3 AEUV und aller anderen kartellrechtlichen Vorschriften immer zugestanden hat, und zwar gerade im Hinblick auf die Weite und Unbestimmtheit der Tatbestandsmerkmale (vgl. dazu Bechtold WuW 2003, 343; Dreher/Thomas WuW 2004, 8; Bornkamm ZWeR 2010, 34 (44)). Entscheidend kann dann nicht sein, ob in der nachträglichen Beurteilung eines Gerichts oder einer Verwaltungsbehörde die Freistellungsvoraussetzungen sicher erfüllt sind, sondern ob in einer Gesamtschau die Gründe eben doch so gut vertretbar waren, dass sie dem safe harbour gleichgestellt werden. Wenn man sich zu Lösungen entschließen kann, die auf eine solche oder eine andere Weise zu einer Absicherung der rechtlichen Beurteilung führen, gewinnt man so viel Rechtssicherheit, dass der ihr an sich widersprechende economic approach im Einzelfall doch akzeptabel wird. Die bei Abschluss einer Vereinbarung stattfindende Selbstveranlagung der Unternehmen kann, wenn sie sich in einem behördlichen oder gerichtlichen Nachprüfungsverfahren aufgrund erst dann möglicher neuer Erkenntnisse als unrichtig erweist, **keinen Bestandsschutz für die Zukunft** haben. 86

Strittig ist dies aber für die **Vergangenheit.** Wenn die beteiligten Unternehmen im Zeitpunkt des Abschlusses der Vereinbarung in der gleichen Weise wie in diesem Zeitpunkt auch eine Behörde ohne Verletzung des ihr der Sache nach zur Verfügung stehenden Beurteilungsspielraums zum Ergebnis gekommen sind, dass die Vereinbarung zulässig ist, meint jedenfalls der EuGH, dass die Freistellungsprüfung nicht vor der Verhängung eines Bußgelds schützt (EuGH 18.6.2013 – C-681/11 Rn. 41 – Schenker). 87

11. Auslegungsgrundsätze

Das GWB enthält – häufig systemimmanent – weite und in ihrer Bedeutung unklare Begriffe. In ihrer Auslegung wird zu Recht den **Gesetzmotiven** besonderes Gewicht beigelegt. Äußerungen in der Gesetzesbegründung, die keinen Anhalt im Wortlaut der Norm gefunden haben, kommt aber gegenüber abweichenden 88 systematischen und teleologischen Auslegungsergebnissen kein Vorrang zu (dazu BGH WuW/E 2875 (2879) – Herstellerleasing). Kartellrecht ist **öffentliches, Zivil- und Bußgeldrecht zugleich.** Deswegen können Auslegungsgrundsätze, die jeweils für eines der Rechtsgebiete entwickelt worden sind, nicht ohne Weiteres auf das Kartellrecht insgesamt übertragen werden (ebenso Wiedemann KartellR-HdB/Wiedemann § 3 Rn. 14). Eine unterschiedliche Auslegung je nachdem, ob GWB-Normen in einer zivilrechtlichen Auseinandersetzung, einem verwaltungsrechtlichen Untersagungsverfahren oder in einem Bußgeldverfahren angewendet werden, scheidet nicht nur nach dem theoretischen Postulat der **„Einheit der Rechtsordnung"** aus, sondern auch deswegen, weil eine unterschiedliche Interpretation derselben Norm je nach dem Charakter des Prüfungsanlasses die Norm in einer mit der Rechtssicherheit nicht vereinbaren Weise verwässern würde.

89 Besondere Fragen ergeben sich seit der 7. GWB-Novelle 2005 durch die sowohl im Gesetzeswortlaut als auch in den Gesetzesmotiven angestrebte volle Angleichung der §§ 1 und 2 an das EU-Recht. Sie führen dazu, dass auch die **Auslegungskriterien für die §§ 1 und 2 nicht mehr autonom in Deutschland** bestimmt werden können, sondern dass sie voll auch das EU-Recht berücksichtigen müssen. Das hat besondere Bedeutung nicht nur für die Übernahme der Rspr. der europäischen Gerichte zu Art. 101 Abs. 1 und 3 AEUV, sondern auch für die Beachtung der **Verwaltungspraxis der Kommission** im Einzelfall und auf der Grundlage der **Bekanntmachungen und Leitlinien** der Kommission. Diese nehmen zwar für sich nicht in Anspruch, für die Unternehmen verbindlich zu sein und die Gerichte zu binden. Sie üben aber faktisch einen großen Einfluss auf die Auslegung des EU-Rechts aus, der insbes. dadurch legitimiert ist, dass sie in besonderem Maße geeignet sind, die **Einheitlichkeit der Anwendung** und Auslegung des EU-Rechts in allen Mitgliedstaaten zu sichern (vgl. dazu auch BGH WuW/E DE-R 2742 (2745) und EuGH Slg. 2000, I-5047 Rn. 87: „Auslegungshilfe"). Da §§ 1 und 2 im potenziellen Anwendungsbereich des Art. 101 AEUV nicht angewendet werden dürfen, wenn sie zu anderen Ergebnissen führen als die Anwendung des Art. 101 AEUV (vgl. Art. 3 Abs. 2 S. 1 Kartellverfahrens-VO), ergibt sich für den potenziellen Überschneidungsbereich die rechtliche Notwendigkeit, das deutsche Recht identisch mit dem EU-Recht auszulegen und anzuwenden. Da auch „unterhalb" des potenziellen Anwendungsbereiches des EU-Rechts, also dort, wo der zwischenstaatliche Handel nicht berührt ist, deutsches Recht ohne diese Differenzierung angewendet werden soll, ergibt sich mittelbar die Notwendigkeit, die EU-rechtlichen Auslegungsmaßstäbe in dem Bereich zu berücksichtigen, der an sich noch voll der Autonomie des deutschen Gesetzgebers unterliegt.

90 Soweit Normen des GWB direkt oder indirekt bußgeldbewehrt sind oder Teil eines Bußgeldtatbestandes sein können, gelten die **strafrechtlichen Auslegungsgrundsätze,** insbes. das Analogieverbot zulasten betroffener Unternehmen (dazu BGHSt 24, 54 = WuW/E 1147 – Teerfarben; BGH WuW/E 3006 (3008) – Handelsvertretersperre; OLG Düsseldorf WuW/E 4238 (4239); Wiedemann KartellR-HdB/Wiedemann § 3 Rn. 15). Analogieverbot bedeutet nicht unbedingt formale Wortlautinterpretation; vielmehr ist gerade bei der Auslegung von GWB-Normen, sofern noch mit dem Wortlaut vereinbar, auch im Lichte eines **more economic approach** (→ Rn. 82 ff.) eine Auslegung angebracht, die auch den Gesetzeszweck, die wirtschaftliche Realität und die kaufmännische Vernünftigkeit und Plausibilität berücksichtigt (vgl. KG WuW/E 4766 (4768) – Zinswerbung; zum Maßstab der kaufmännischen Vernunft auch BGH GRUR 1984, 379 = WuW/E 2050 – Bauvorhaben Schramberg). Die Notwendigkeit, auch den strafrechtlichen Auslegungsgrundsätzen zu genügen, besteht allerdings nicht unmittelbar bei Vorschriften, die nur Gegenstand zivilrechtlicher Auseinandersetzungen oder verwaltungsrechtlicher Maßnahmen sein können. Aber auch hier sind der Anwendung nicht-strafrechtlicher

Auslegungsgrundsätze enge Grenzen gesetzt, soweit es um Begriffe geht, die in anderen Zusammenhängen auch von bußgeldrechtlicher Relevanz sein können.

Von diesen Auslegungsmaßnahmen zu unterscheiden ist die Frage, ob und wann **91**
die **„Umgehung“** kartellrechtlicher Verbotsnormen oder Verbotsverfügungen als Verletzung eben dieser Normen oder Verfügungen geahndet werden kann. Wenn die Umgehung nicht mehr vom Tatbestand der Norm oder der Verfügung erfasst wird, kann sie nicht selbstständig verfolgt werden. Das ergibt sich nicht nur aus den genannten Auslegungsgrundsätzen, sondern auch aus der kartellrechtstypischen Erwägung, dass meist nicht ein Erfolg als solcher verboten oder verbietbar ist, sondern nur im Zusammenhang mit einem bestimmten Verhalten oder Mittel; wird das tatbestandsmitbegründende Verhalten oder Mittel nicht verwirklicht, greift auch die Verbotsnorm nicht (vereinfachtes Beispiel: die Verstärkung einer marktbeherrschenden Stellung kann nur verboten werden, wenn sie durch das Mittel des externen Unternehmenszusammenschlusses bewirkt wird, nicht bei internem Wachstum). Auf diesem Hintergrund lässt sich auch der Gerichts- und Verwaltungspraxis zu Umgehungsfällen **kein allgemeines kartellrechtliches Umgehungsverbot** entnehmen (dazu Wiedemann KartellR-HdB/Wiedemann § 3 Rn. 17, und ausf. mwN Delahye WuW 1987, 877).

Gesetz gegen Wettbewerbsbeschränkungen

in der in der Fassung der Bekanntmachung v. 26.6.2013 (BGBl. 2013 I 3245), zuletzt geändert durch das G. zur Modernisierung des Postrechts v. 15. Juli 2024 (BGBl. 2024 I Nr. 236)

Teil 1. Wettbewerbsbeschränkungen

Kapitel 1. Wettbewerbsbeschränkende Vereinbarungen, Beschlüsse und abgestimmte Verhaltensweisen

Vorbemerkung §§ 1–3

Das Kapitel 1 des Teils 1 des Gesetzes trägt seit der 7. GWB-Novelle 2005 die Überschrift „Wettbewerbsbeschränkende Vereinbarungen, Beschlüsse und abgestimmte Verhaltensweisen“. Gemeint sind damit nicht nur **„horizontale“** Wettbewerbsbeschränkungen, also solche zwischen Wettbewerbern, sondern auch **„vertikale“** Wettbewerbsbeschränkungen, die bis zur 7. GWB-Novelle 2005 besonders in einem Zweiten Abschnitt (§§ 14–18 aF) geregelt waren. Typische Beispiele für eine horizontale Wettbewerbsbeschränkung sind das Preiskartell zwischen Wettbewerbern, für eine vertikale Wettbewerbsbeschränkung die vertikale Preis- oder Vertriebsbindung, die der Hersteller seinem Händler für dessen Weiterverkauf auferlegt. Kapitel 1 gliedert sich in die Grundnorm des § 1, nach dem wettbewerbsbeschränkende Vereinbarungen, Beschlüsse und abgestimmte Verhaltensweisen verboten sind. § 2 enthält Freistellungen von diesem Verbot. § 3 sieht eine teils klarstellende, teils privilegierende Freistellung von Mittelstandskartellen vor. Die §§ 4–17 sind aufgehoben. **1**

§ 1 Verbot wettbewerbsbeschränkender Vereinbarungen

Vereinbarungen zwischen Unternehmen, Beschlüsse von Unternehmensvereinigungen und aufeinander abgestimmte Verhaltensweisen, die eine Verhinderung, Einschränkung oder Verfälschung des Wettbewerbs bezwecken oder bewirken, sind verboten.

Übersicht

1. Einführung

a) Allgemeines Kartellverbot. § 1 **entspricht Art. 101 Abs. 1 AEUV.** Beide Bestimmungen sind, **mit Ausnahme** der in Art. 101 Abs. 1 AEUV enthaltenen **Zwischenstaatlichkeitsklausel** (Eignung zur Beeinträchtigung des zwischenstaatlichen Handels), völlig identisch. Das gilt auch im Hinblick auf die in Art. 101 Abs. 1 AEUV enthaltenen Beispiele, die ohne Weiteres auch für § 1 herangezogen werden können, aber inhaltlich keine eigenständige Bedeutung haben. Die Tatsache, dass sie nicht in das deutsche Gesetz aufgenommen wurden, deutet nicht auf inhaltliche Abweichungen hin. Sie ist offenbar Ausfluss der praktischen Erfahrung, dass die **gesetzlichen Beispiele** auch für die Anwendung und Auslegung des Art. 101 Abs. 1 AEUV nur von untergeordneter Bedeutung sind. Ebenso wie Art. 101 Abs. 1 AEUV erfasst § 1 sowohl **horizontale** als auch **vertikale** Wettbewerbsbeschränkungen. Die Rechtsfolge der zivilrechtlichen **Nichtigkeit,** die in Art. 101 Abs. 2 AEUV enthalten ist, ergibt sich im deutschen Recht aus dem gesetzlichen Verbot des § 1 iVm § 134 BGB. Art. 101 Abs. 3 AEUV hat seine inhaltliche Entsprechung in § 2. 1

b) Frühere Rechtslage. § 1 hatte von 1958 an **bis zur 6. GWB-Novelle 1998** folgenden Wortlaut: 2

„Verträge, die Unternehmen oder Vereinigungen von Unternehmen zu einem ***gemeinsamen Zweck*** *schließen, und Beschlüsse von Vereinigungen von Unternehmen sind unwirksam, soweit sie geeignet sind, die Erzeugung oder die Marktverhältnisse für den Verkehr mit Waren oder gewerblichen Leistungen durch Beschränkung des Wettbewerbs zu beeinflussen. Dies gilt nicht, soweit in diesem Gesetz etwas anderes bestimmt ist."*

Diese Norm galt wegen des Tatbestandsmerkmals „zu einem gemeinsamen Zweck" **nur für horizontale Wettbewerbsbeschränkungen;** die vertikalen Wettbewerbsbeschränkungen waren in den früheren §§ 15 ff. aF differenziert geregelt. Das Gesetz sah anders als heute die Unwirksamkeitsfolge vor. Das Verbot der Praktizierung ergab sich aus der Ordnungswidrigkeitenvorschrift des § 38 Abs. 1 Nr. 1 aF, der das „Hinwegsetzen" über die Unwirksamkeit eines Vertrages oder Beschlusses ahndete. Das **abgestimmte Verhalten** war nicht durch §§ 1, 38 Abs. 1 Nr. 1 erfasst, sondern – erst seit 1973 – durch die besondere Verbotsvorschrift des § 25 Abs. 1 aF iVm § 38 Abs. 1 Nr. 8 aF. Die **6. GWB-Novelle 1998,** die zum 1.1.1999 in Kraft trat, ersetzte dieses komplizierte Regelungsgefüge durch eine Vorschrift, die der heutigen Fassung entspricht, allerdings noch mit dem Zusatz „zwischen **miteinander im Wettbewerb stehenden**" Unternehmen. Dadurch sollte die Angleichung an Art. 101 Abs. 1 AEUV – bezogen auf die horizontalen Wettbewerbsbeschränkungen – herbeigeführt werden. Erst die 7. GWB-Novelle 2005 hat mit Wirkung ab 1.7.2005 durch die **Einbeziehung auch der vertikalen Wettbewerbsbeschränkungen** die volle Angleichung an Art. 101 Abs. 1 AEUV bewirkt. 3

2. Grundzüge der Auslegung und Anwendung des Art. 101 Abs. 1 AEUV

Nach Art. 3 Abs. 2 S. 1 Kartellverfahrens-VO darf deutsches Kartellrecht (im Bereich oberhalb der Zwischenstaatlichkeit) nicht mit anderen Ergebnissen als 4

Art. 101 Abs. 1 AEUV angewendet werden. Daraus und aus dem Grundkonzept der 7. GWB-Novelle ergibt sich, dass § 1 **exakt so anzuwenden und auszulegen** ist **wie Art. 101 Abs. 1 AEUV** (→ Einf. Rn. 73 ff.; vgl. zB BKartA WuW/E DE-V 1147 (1156) – E.ON Ruhrgas; insoweit differenzierter Immenga/Mestmäcker/Zimmer Rn. 22; Immenga FS Hirsch, 2008, 241 (242)). Das kann dazu führen, dass ein deutsches Gericht, dem sich für die Auslegung des deutschen Rechts die Frage stellt, wie das identisch auszulegende EU-Recht zu verstehen ist, ein **Vorabentscheidungsverfahren** beim EuGH nach Art. 267 AEUV einleiten kann oder uU auch muss. Es würde keinen Sinn machen und den Intentionen des Gesetzgebers klar widersprechen, wenn man das Erfordernis der identischen Anwendung und Auslegung der §§ 1, 2 mit Art. 101 AEUV nur gelten ließe in den Fällen, in denen Art. 101 AEUV wegen Berührung des zwischenstaatlichen Handels konkret parallel anwendbar ist. Vielmehr gilt das Erfordernis auch für die **Fälle unterhalb der Zwischenstaatlichkeit,** also unabhängig von der parallelen Anwendbarkeit des Art. 101 AEUV (vgl. auch dazu FK-KartellR/Roth/Ackermann Rn. 35 f.).

5 Der vollen Angleichung des § 1 an Art. 101 Abs. 1 AEUV mit der für ihn entwickelten Auslegung steht die **Streichung des § 23 des Regierungsentwurfs** zur 7. GWB-Novelle nicht entgegen, der ausdrücklich vorsah, dass bei der Anwendung der §§ 1–4 und 19 die „Grundsätze des europäischen Wettbewerbsrechts" zugrunde zu legen seien. Die Streichung dieser Vorschrift beruhte nicht auf einer klaren Ablehnung ihres Inhalts, sondern eher auf der Befürchtung, dass mit den „Grundsätzen" auch deren „Ausnahmen" legitimiert sein könnten (vgl. zu den Gesetzesmotiven WuW-Sonderheft zur 7. GWB-Novelle, 2005, 126 f. (211 f., 231 f.)). Die Ausrichtung an Art. 101 Abs. 1 AEUV bezieht auch den jeweiligen Stand der Rspr. der europäischen Gerichte ein. Rechtsfragen, die von den europäischen Gerichten entschieden worden sind, dürfen also in Deutschland sowohl in Bezug auf Art. 101 Abs. 1 AEUV als auch in Bezug auf § 1 nicht abweichend entschieden werden. In gewissem Umfang trifft dies auch für die Entscheidungspraxis und die Bekanntmachungen und Leitlinien der Kommission zu (→ Einf. Rn. 66). Das schließt allerdings nicht aus, für die Auslegung des geltenden § 1 in weitem Umfang auf die **frühere deutsche Rspr.** und Verwaltungspraxis zurückzugreifen, weil die damals zur Entscheidung stehenden Rechtsfragen denen des heute geltenden § 1 weitgehend entsprachen. Die früheren Erkenntnisse müssen aber immer darauf geprüft werden, inwieweit sie mit der europäischen Rspr. noch vereinbar sind. Das ist zB der Fall beim Unternehmensbegriff (→ Rn. 8 ff.).

6 Art. 101 Abs. 1 AEUV **verbietet gleichermaßen horizontale und vertikale Kartelle.** Das Verbot ist unmittelbar anwendbar, setzt also keine vorgängige Behördenentscheidung voraus (vgl. Art. 1 Abs. 1 Kartellverfahrens-VO). Für seine Interpretation sind die Leitlinien und Bekanntmachungen der Kommission von großer praktischer Bedeutung (dazu Bechtold FS Hirsch, 2008, 223), insbes. die Horizontal- (ABl. 2023 C 259, 1) und die Vertikal-Leitlinien 2022 (ABl. 2022 C 248, 1). Das Verbot gilt in allen Wirtschaftsbereichen, allerdings nach den VOen 1184/2006 (früher: 26/62) und 1308/2013 (→ § 28 Rn. 10) auf der Grundlage des Art. 103 Abs. 2 lit. b AEUV nur mit Einschränkungen im Bereich der **Landwirtschaft.**

3. Unternehmen

7 **a) Allgemeines.** Das Kartellverbot richtet sich nur gegen „Unternehmen". Es ist allgemein anerkannt, dass es einen **spezifisch-kartellrechtlichen Unternehmensbegriff** gibt, der von dem anderer Rechtsgebiete (Gewerberecht, Steuerrecht usw) abweichen kann. Der Unternehmensbegriff des § 1 hat – ohne Einschränkun-

gen – dem des Art. 101 AEUV zu entsprechen (entsprechende EU-rechtliche Vorgaben gelten aber nicht ohne Weiteres für §§ 18 ff. (→ § 18 Rn. 3)); das hat besondere Bedeutung für die Frage, ob und wann die öffentliche Hand Unternehmen ist. Für den Begriff des Unternehmens ist nicht entscheidend, wer tätig ist, sondern die Art der Tätigkeit, nämlich die aktive Teilnahme am Wirtschaftsleben. Erforderlich ist eine **wirtschaftliche Tätigkeit,** die darin besteht, Güter oder Dienstleistungen auf einem bestimmten Markt anzubieten (vgl. dazu EuGH Slg. 1987, 2599 Rn. 7; 1998, I-3851 Rn. 36) oder nachzufragen (vgl. dazu BGH DE-R 839, 841 – Privater Pflegedienst). Es gilt der sog. **funktionale Unternehmensbegriff** (vgl. zum EU-Recht Bechtold/Bosch/Brinker AEUV Art. 101 Rn. 11). Anknüpfungspunkt für die Unternehmenseigenschaft ist die wirtschaftliche Tätigkeit (Bechtold/Bosch/Brinker AEUV Art. 101 Rn. 12). Erforderlich ist eine Tätigkeit im geschäftlichen Verkehr (vgl. BGHZ 36, 91 (103) – Gummistrümpfe; WuW/E 2813 (2818) – Selbstzahler). Die abhängige Tätigkeit natürlicher Personen als **Arbeitnehmer** und die Tätigkeit für den eigenen persönlichen Haushalt ist keine wirtschaftliche Tätigkeit und begründet deshalb keine Unternehmenseigenschaft. Zur **Unternehmenseigenschaft der öffentlichen Hand** → § 185 Rn. 3 ff.

b) Europarechtliche Vorbestimmung. Der Unternehmensbegriff in § 1 ist identisch mit dem in Art. 101 Abs. 1 AEUV. Der Gesetzgeber wollte § 1 voll dem EU-Recht angleichen; insoweit kann nicht zwischen den einzelnen Tatbestandsmerkmalen differenziert werden. Die europarechtliche Vorbestimmung des Unternehmensbegriffs (offengelassen von BGH WuW/E DE-R 2161 (2162 f.) – Tariftreueerklärung III; dafür FK-KartellR/Roth/Ackermann Rn. 50 ff.; Klees EWS 2010, 1) gilt ohne Weiteres allerdings **nur für § 1,** nicht unbedingt für §§ 19 ff. und die Fusionskontrolle nach §§ 35 ff., wo der nationale Gesetzgeber europarechtlich nicht eingeengt ist. Deswegen bedeutet die FENIN-Rspr. (Slg. 2003, II-357 Rn. 35 – FENIN; bestätigt durch EuGH Slg. 2006, II-6269 Rn. 26 = EuZW 2006, 600 = WuW/E EU-R 1213; vgl. dazu kritisch Roth FS Bechtold, 2006, 393; Bornkamm FS Hirsch, 2008, 231 (237 f.)) nicht unbedingt, dass §§ 19 ff. nicht mehr auf die Nachfragemacht der öffentlichen Hand angewendet werden könnten (vgl. dazu etwa BGH WuW/E DE-R 2161 – Tariftreueerklärung III; 1555 f. – Friedhofsruhe; skeptisch insoweit Bornkamm FS Hirsch, 2008, 231 (238 f.); vgl. auch Klees EWS 2010, 1 (7)). 8

Gegen die **Verbindlichkeit des europarechtlichen Unternehmensbegriffs** für § 1 könnte allerdings eingewendet werden, dass der deutsche Gesetzesanwender in diesem Fall nach Art. 3 Abs. 2 S. 1 Kartellverfahrens-VO nicht zur Übernahme des EU-Standards verpflichtet sei, weil das darin enthaltene Verbot der abweichenden Anwendung des nationalen Kartellverbots von dem des EG-Rechts nur gilt für Vereinbarungen zwischen „Unternehmen". Wenn die beteiligten Institutionen nach EU-Recht gerade keine „Unternehmen" sind, sei Art. 3 Abs. 2 S. 1 Kartellverfahrens-VO nicht anwendbar (in diesem Sinne MüKoWettbR/Bardong VO 1/2003 Art. 3 Rn. 55; Scheffler EuZW 2006, 601 (602)). Diese sehr formale Argumentation geht am Zweck des Art. 3 Abs. 2 Kartellverfahrens-VO und den Intentionen des Gesetzgebers der 7. GWB-Novelle voll vorbei. Wenn im Bereich des Kartellverbots das nationale Recht dem **EU-Recht angeglichen** werden soll, muss das für **alle Tatbestandsmerkmale** gelten. Könnte man die öffentliche Hand in ihrer Beschaffungstätigkeit gegen die FENIN-Rspr. der europäischen Gerichte weiterhin im Rahmen des § 1 als „Unternehmen" ansehen, gälte Entsprechendes auch für Begriffe wie „Vereinbarung" und „abgestimmte Verhaltensweisen" (für die identische Auslegung dieser Begriffe in § 1 und Art. 81 EG zu Recht OLG Düsseldorf WuW/E DE-R 1917 (1918 f.) – OTC-Präparate). Es wäre dann zB möglich zu argumentieren, dass nach deutschem Recht bloßes Parallelverhalten den Begriff der Abstimmung erfülle; die damit verbundene, über Art. 101 Abs. 1 AEUV hinausgehende 9

Anwendung des § 1 sei nicht durch Art. 3 Abs. 2 S. 1 Kartellverfahrens-VO ausgeschlossen, weil diese Vorschrift das Vorliegen einer „abgestimmten Verhaltensweise" iSd EU-Rechts voraussetze. All das ist überspitzte Formallogik, und mit dem Ziel der vollen Angleichung des deutschen an das EU-Recht nicht vereinbar (im Ergebnis ebenso Bornkamm FS Hirsch, 2008, 231 (238)).

10 Die Notwendigkeit, das Kartellverbot des § 1 genauso zu interpretieren wie Art. 101 Abs. 1 AEUV, hat besondere Bedeutung für die vom Gesetzgeber nacheinander angeordnete **„entsprechende" Anwendung des Kartellverbots auf** das Verhältnis der **Krankenkassen** zu den Leistungserbringern (§ 69 Abs. 2 SGB V, vgl. Anhang B 2). Die in der 8. GWB-Novelle in § 4 Abs. 3 SGB V zunächst vorgesehene entsprechende Anwendung auch auf das Verhältnis der Krankenkassen untereinander ist im Vermittlungsverfahren gestrichen worden. Wenn die Krankenkassen keine Unternehmen sind, verstoßen Vereinbarungen, Beschlüsse und aufeinander abgestimmte Verhaltensweisen der Krankenkassen untereinander und mit Leistungserbringern nicht gegen Art. 101 Abs. 1 AEUV. Wenn der deutsche Gesetzgeber dennoch die Anwendung des Kartellverbots anordnet, **verstößt er gegen Art. 3 Abs. 2 S. 1 Kartellverfahrens-VO.** Diesen Verstoß kann der Gesetzgeber nicht dadurch ausräumen, dass er nicht die direkte, sondern nur die „entsprechende" Anwendung vorschreibt. Diese „entsprechende" Anwendung umfasst nach § 69 Abs. 2 SGB V das gesamte materielle Kartellverbot einschließlich des Verfahrensrechts und der Sanktionsregeln. Dennoch geht die wohl hM davon aus, dass diese gesetzgeberische Lösung zulässig ist, und zwar ausschließlich mit dem uE nicht tragfähigen Grund, dass der Vorrang nach Art. 3 Abs. 2 S. 1 Kartellverfahrens-VO die Beteiligung von „Unternehmen" voraussetzt, was im Hinblick auf die Krankenkassen aus EU-rechtlicher Sicht gerade nicht der Fall sei. Die gesetzlichen Krankenkassen unterliegen hiernach voll dem „entsprechend anwendbaren" § 1, mit allen sich daraus ergebenden – ebenfalls entsprechend anwendbaren – Rechtsfolgen. Keine Probleme bereitet demgegenüber die Anwendung des § 1 auf Vereinbarungen zwischen den Leistungserbringern (ohne Beteiligung der Krankenkassen), auch wenn sie sachlich im Zusammenhang mit dem öffentlich-rechtlichen Versorgungsauftrag der Krankenkassen stehen (OLG Düsseldorf WuW/E DE-R 3320 (3324) – Hörgeräteakustiker). § 1 ist aber **nicht** auf **Verträge zwischen Krankenkassen und den Leistungserbringern über die häusliche Krankenpflege** nach § 132a SGB V anwendbar (BGH NZKart 2017, 202), weil die Krankenkassen insoweit zum Abschluss der Verträge verpflichtet sind.

11 **c) Natürliche und juristische Personen, Gesellschaften.** Betreibt eine **natürliche Person** als solche ein Gewerbe, so ist sie insoweit Unternehmen. Das ist zB schon bei der Vermietung von Wohnraum der Fall (KG WuW/E 4914 (4917) – Mustermietvertrag II). Hält sie an einem anderen Unternehmen eine Mehrheitsbeteiligung, wird ihre Unternehmenseigenschaft nach § 36 Abs. 3 fingiert (→ § 36 Rn. 71 f.). Nach EU-Recht reicht dies nicht aus; vielmehr muss auf Dauer Einfluss auf das Unternehmen genommen werden (Bechtold/Bosch/Brinker AEUV Art. 101 Rn. 28). **BGB-Gesellschaften** und **Idealvereine** (nicht-wirtschaftliche Vereine) sind nicht Unternehmen, soweit sie nicht wirtschaftlich tätig sind und nur die nicht-wirtschaftlichen Anliegen ihrer Mitglieder verfolgen; anderes gilt bei wirtschaftlichen Aktivitäten solcher Vereine (vgl. für Rad- und Kraftfahrerbund BGH NJW 1975, 771 (772) = WuW/E 1347 – Fußballverein; WuW/E 2406 (2408) – Inter Mailand-Spiel und BGH WuW/E DE-R 17 (18) – Europapokalheimspiele; 1597 (1599) – Hörfunkrechte; vgl. auch BGH GRUR 1986, 332 (334) = WuW/E 2226 – Aikido-Verband). **Gewerkschaften** sind in ihrer Eigenschaft als Tarifpartner nicht Unternehmen (dazu auch Bechtold FS Jobst-Hubertus Bauer, 2010, 109 (114) und Bechtold RdA 1983, 99). **Handelsgesellschaften** (OHG, KG, GmbH, AG usw) sind im Allgemeinen in ihrer gesamten Tätigkeit Unternehmen. Der kartellrechtliche Unternehmensbegriff ist aber nicht auf die Ausübung eines Handelsgewerbes iSv § 1 HGB beschränkt; so kann etwa der Handel mit Grundstücken oder die Nachfrage nach bestimmten Waren oder Leistungen die Unternehmenseigenschaft begründen (vgl. BGH NJW-RR 1986, 336f.). Zur Unternehmenseigenschaft von **Holdinggesellschaften** vgl. Schlussanträge Kokott NZKart 2013, 28. Der Unternehmensbegriff kann auch **„relativ"** oder **„gespalten"** in dem Sinne sein, dass ein Unternehmen im Verhältnis zu einer bestimmten anderen kein selbstständiges Unternehmen ist, weil es in das Unternehmen des anderen Unternehmens integriert ist, aber gegenüber Dritten ein selbständiges Unternehmen sein kann. Das hat Bedeutung für den eine wirtschaftliche Einheit umschließenden Unternehmensbegriff und den **Handelsvertreter,** der im Verhältnis zu seinem Geschäftsherrn kein Unternehmen (sondern Teil seines Unternehmens), wohl aber auf seinem Dienstleistungsmarkt gegenüber Dritten Unternehmen ist (→ Rn. 31).

Auch **freiberuflich tätige Privatpersonen** sind grds. Unternehmen, zB Ärzte **12** (OLG München WuW/E 3395 – Orthopäden), Architekten, Rechtsanwälte (EuGH Slg. 2002, I-1577 Rn. 64 – Wouters), Fachärzte (EuGH Slg. 2000, I-6451 Rn. 70 – Pavel Parlov), Textdichter, Komponisten (bezüglich ihrer auf die wirtschaftliche Verwertung des künstlerischen Schaffens gerichteten Tätigkeit, vgl. BGH WuW/E 2497 (2502) – GEMA-Verwertungsverfahren), Erfinder (BGH WuW/E 1253 (1257) – Nahtverlegung). Die **Vermarktung von sportlichen oder kulturellen Veranstaltungen** begründet die **Unternehmenseigenschaft** in jedem Fall, so bei Veranstaltungen, soweit sie gegen Entgelt besucht oder durch Werbung gesponsert werden können (Schlussanträge Generalanwalt Lenz Rn. 254 zu EuGH Slg. 1995, I-4921 – UEFA u.a./Bosman; dazu auch EuGH NZKart 2024, 19 (20) – European Superleague; EuGH NZKart 2024, 27 (28) – Royal Antwerp Football Club; EuGH NZKart 2024, 31 – International Skating Union; OLG Düsseldorf NZKart 2024, 216 – FIFA-Fußball-Spielervermittler-Reglements; BKartA https://www.bundeskartellamt.de/SharedDocs/Meldung/DE/Pressemitteilungen/2024/_Abschluss.html). Die Unternehmenseigenschaft kann durch die **Verwertung** oder **Vermittlung** von Rechten an den **Ergebnissen** jener Tätigkeiten begründet werden. Grundsätzlich gilt, dass angestellte Sportler Arbeitnehmer und damit keine Unternehmen sind, **Berufssportler** aber, soweit sie selbstständig an Wettkämpfen teilnehmen und hierfür Prämien oder Preisgelder erhalten, Unternehmen sind (EuGH Slg. 1974, 1405 (1418) – Walrave und Koch (Radrennsport); EuGH Slg. 1976, 1333 (1340) – Donà/Mantero (Fußballprofis oder -halbprofis)). **Künstler** oder **Erfinder** sind Unternehmen, wenn sie ihre Leistungen gewerblich verwerten (Kommission ABl. 1979 L 19, 32 – Vaessen/Moris; Kommission ABl. 1976 L 6, 8 – ADIP/Beyrad). **Vereinigungen von Unternehmen** brauchen als solche nicht Unternehmen zu sein, wenn nur ihre Mitglieder das sind und von der Tätigkeit der Vereinigung in ihrer wirtschaftlichen Betätigung betroffen sind (zur Deutung des Deutschen Fußballbundes (DFB) als Unternehmensvereinigung vgl. BGH WuW/E DE-R 17 (18f.) – Europapokalheimspiele; OLG Frankfurt a. M. NZKart 2016, 233 (234) zur Beschränkung der Spielervermittlung, wobei Beschränkungen bezogen auf minderjährige Spieler mit Art. 101 AEUV vereinbar sein sollen). Die FIFA ist eine Unternehmensvereinigung iSv Art. 101 Abs. 1 AEUV, soweit es um Fußball als wirtschaftliche Tätigkeit geht, und die Fußballvereine sind insoweit Unternehmen (EuG SpuRt 2005, 102 (103) Rn. 68– Piau/Kommission). Unter diesen Voraussetzungen können auch öffentlich-rechtliche Körperschaften Vereinigungen von Unternehmen sein (vgl. BGH WuW/E 2326 (2328) – Guten Tag Apotheke II; 2688 (2694) = WRP 1991, 393 (397) – Warenproben in Apotheken; OLG Düsseldorf WuW/E 4998 (5000) – Landesapothekerkammer; aA offenbar OLG Stuttgart WuW/E 4726 = WRP 1991, 531, dazu Kramm WRP 1992, 365 (368)). Die Zertifizierungspraxis eines Vereins, insbes. die Festlegung technischer Regeln, eines gemeinnützigen Vereins soll keine Marktteilnahme und damit nicht die Eigenschaft einer Unternehmensvereinigung begründen, wenn dadurch kein Einfluss auf das wettbewerbliche Verhalten der Mitgliedsunternehmen des Vereins genommen werden kann (OLG Düsseldorf WuW/E DE-R 4492 (4495)).

13 **d) Staat und öffentlich-rechtliche Körperschaften.** Auch öffentlich-rechtliche Körperschaften können entweder insgesamt oder jedenfalls für einzelne Aspekte ihrer Tätigkeit wirtschaftlich (vgl. BGH WuW/E DE-R 289 (292) – Lottospielgemeinschaft) Unternehmen sein (→ § 185 Rn. 3 ff., → Rn. 8). Ob **Gebietskörperschaften** wie der Bund, die Länder, die Kreise oder Gemeinden oder sonstige öffentlich-rechtliche Körperschaften oder Anstalten in ihrer **Beschaffungstätigkeit** Unternehmen sind (zum früheren deutschen Recht vgl. BGH WuW/E 2919 (2921) – Orthopädisches Schuhwerk; Gemeinsamer Senat der obersten Gerichtshöfe des Bundes WuW/E BGH 2301 in Bestätigung von BGHZ 36, 91 = WuW/E 442 – Gummistrümpfe; vgl. auch OLG Düsseldorf WuW/E 5007 (5012) – Apothekenverrechnungsstelle in den neuen Bundesländern), hängt davon ab, welchem Zweck die Beschaffung dient. EuG und EuGH haben die Unternehmenseigenschaft verneint für eine staatliche Einrichtung, die Waren einkauft, um sie zu **rein sozialen Zwecken** zu verwenden (EuG Slg. 2003, II-357 Rn. 35 – FENIN; bestätigt durch EuGH Slg. 2006, II-6269 Rn. 26 = EuZW 2006, 600 = WuW/E EU-R 1213; vgl. dazu kritisch Roth FS Bechtold, 2006, 393; Bornkamm FS Hirsch, 2008, 231 (237 f.)). Die Unternehmenseigenschaft fehlt auch, soweit Vereinigungen von gesetzlichen Krankenkassen Festbeträge festsetzen, bis zu deren Erreichen die angeschlossenen Krankenkassen die Kosten von Arzneimitteln übernehmen (so EuGH EuZW 2004, 241 – AOK Bundesverband; dazu auch Koenig/Engelmann EuZW 2004, 682). Diese Rspr. muss so verstanden werden, dass sie auch gilt, soweit die öffentliche Hand Waren oder Dienstleistungen einkauft, **um ihre spezifisch hoheitliche, nicht wirtschaftliche Tätigkeit zu ermöglichen.** Der nicht wirtschaftliche Charakter der späteren Verwendung des erworbenen Erzeugnisses bestimmt also den Charakter der Einkaufstätigkeit als nicht unternehmerische Tätigkeit (so die Charakterisierung der Rspr. der europäischen Gerichte durch den BGH WuW/E DE-R 2161 – Tariftreueerklärung III). Wenn die Polizei Polizeiuniformen einkauft, handelt sie insoweit nicht als „Unternehmen". Das nach altem Recht vom BKartA aufgegriffene Einkaufskartell der Länder Niedersachsen und Hamburg für Polizeiuniformen (vgl. dazu TB 2001/2002, 130 und TB 2003/2004, 90 f.; zu einem entsprechenden Fall der gemeinsamen Beschaffung von Feuerwehrfahrzeugen BGH WuW/E DE-R 1087 – Ausrüstungsgegenstände für Feuerwehrfahrzeuge) ist deswegen kein Kartell mehr.

14 Die Unternehmenseigenschaft kommt nur in Betracht für Tätigkeiten, die, soweit sie Rechtsqualität haben, **privatrechtlicher** – nicht öffentlich-rechtlicher – **Natur** sind (→ Rn. 15). Das Handeln eines **Hoheitsträgers** ist das eines Unternehmens und am GWB zu messen, wenn er auch unter Beachtung EU-rechtlicher Maßstäbe den ihm durch das öffentliche Recht zugewiesenen Aufgabenbereich verlässt und der Sache nach eine in den Wettbewerb eingreifende Maßnahme trifft (vgl. EuGH NZKart 2013, 291 – Portugiesische Buchprüfer; BGH WuW/E 2688 (2694) – Warenproben in Apotheken; 2813 (2817) – Selbstzahler; OLG Düsseldorf WuW/E DE-R 2436 (2439) – Lotto Rheinland-Pfalz II; vgl. auch OLG Düsseldorf NJWE-WettbR 1998, 263; KG WuW/E DE-R 427 (429) – Inkontinenzhilfen II). Eine Teilnahme am allgemeinen Geschäftsverkehr verliert ihren Charakter als geschäftliche, den Bindungen des Kartellrechts unterliegende Tätigkeit nicht bereits deshalb, weil mit ihr auch **öffentliche Aufgaben** erfüllt werden sollen. Greift der Hoheitsträger bei der Erfüllung öffentlicher Aufgaben zu von der Privatrechtsordnung bereit gestellten Mitteln, unterliegt er den gleichen Beschränkungen wie jeder andere Teilnehmer am privatrechtlich organisierten Markt (BGH WuW/E DE-R 289

(293) – Lottospielgemeinschaft; 1555 f. – Friedhofsruhe). Die von einem Versorgungswerk als Gruppenversicherungsverträge abgeschlossenen Beteiligungsvereinbarungen sind privatrechtlicher, nicht hoheitlicher Natur, sodass das Versorgungswerk Unternehmen iSv § 1 ist. Dass der Bundesminister für Finanzen hoheitliche Aufsicht führt, ändert daran nichts (BGH WuW/E DE-R 4037 – VBL Gegenwert).

Die **Privatisierung von Aufgaben,** die bisher in öffentlich-rechtlicher Form 15 erfüllt wurden, führt also dazu, dass dann das GWB für sie gilt (dazu OLG Düsseldorf WuW/E 5213 (5218) – Gemischtwirtschaftliche Abfallverwertung). Handelt die öffentliche Hand aber in öffentlich-rechtlicher Rechtsform, ist das GWB nicht anwendbar (vgl. dazu – zu §§ 19, 20 – BGH WuW/E DE-R 2144 – Rettungsleitstelle und OLG Düsseldorf WuW/E DE-R 3170 (3171) – Wasserversorger). Das ist durch die 8. GWB-Novelle 2012/2013 in § 130 Abs. 1 S. 2 hinsichtlich der Anwendung der kartellrechtlichen Missbrauchsvorschriften auf **öffentlich-rechtliche Gebühren und Beiträge** klargestellt worden. Diese Klarstellung strahlt auch auf § 1 aus. Koordinierungen öffentlich-rechtlicher Körperschaften hinsichtlich der Gestaltung öffentlich-rechtlicher Gebühren und Beiträge werden vom Kartellverbot des § 1 nicht erfasst.

Soweit die Tätigkeit in öffentlich-rechtlicher Rechtsform wahrgenommen wird, 16 gilt das GWB nicht, wenn es sich auch aus der Sicht des EU-Rechts um eine **originär-staatliche, nicht-wirtschaftliche** Tätigkeit handelt. Die Anwendung des dem Art. 101 AEUV voll angepassten § 1 kann nicht davon abhängen, wie die nationalen Rechtsordnungen den Rahmen einordnen, in dem die Tätigkeit durchgeführt wird (EuGH Slg. 1998, I-3851 Rn. 36 – Kommission/Italien-Zollrat; EuGH Slg. 2002, I-1577 Rn. 66 – Niederländische Rechtsanwälte). Die Unternehmenseigenschaft ist zu bejahen für die Programmbeschaffung der öffentlich-rechtlichen Rundfunkanstalten (BGH WuW/E 2627 (2632) – Programmbeschaffung) ebenso wie ihre Werbung (BGH AfP 1990, 120 – Werbung im Programm) und ihre Beteiligung an einem privaten Unternehmen (KG WuW/E 4811 (4824) – Radio-NRW). Auch die Tätigkeit im **Lotto und Toto** ist, auch wenn sie durch öffentliche Anstalten erbracht wird, unternehmerischer Natur (KG NJW E-WettbR 1997, 257 (259); vgl. aber OLG Düsseldorf WuW/E DE-R 2436 – Lotto Rheinland-Pfalz II).

Öffentlich-rechtliche Verträge sind mangels Unternehmenseigenschaft ihrer 17 Vertragspartner im konkreten Fall keine Vereinbarungen iSd § 1, soweit ihre Herausnahme aus dem Zivilrecht auch EU-rechtlich (wegen Fehlens unternehmerischen Handelns) gerechtfertigt erscheint (zum früheren deutschen Recht vgl. zB für Pflegesatzvereinbarungen nach § 93 Abs. 2 BSHG BGH WuW/E 2749 (2751) – Pflegesatzvereinbarung; 2813 (2815) – Selbstzahler; vgl. auch KG WuW/E 5821 = NJWE WettbR 1997, 257 (258) – gewerbliche Spielgemeinschaften; vgl. auch OLG Düsseldorf WuW/E DE-R 1453 (1459) – PPK-Entsorger). Wenn öffentlich-rechtliche Verträge aber Regelungen enthalten, die eindeutig privatrechtliche Beziehungen zu Dritten regeln, kann § 1 insoweit anwendbar sein.

4. Vereinbarung und Beschluss

a) Vereinbarung. § 1 erfasst zunächst „Vereinbarungen". Das Gesetz spricht jetzt 18 in Übereinstimmung mit Art. 101 Abs. 1 AEUV nicht mehr wie bis 1998 von **„Verträgen";** sachliche Unterschiede sind damit nicht verbunden. Der Begriff in § 1 ist **identisch mit dem in Art. 101 Abs. 1** AEUV auszulegen, und zwar auch dann, wenn die Voraussetzungen der Zwischenstaatsklausel nicht erfüllt sind (vgl. zum Parallelproblem beim Unternehmensbegriff → Rn. 8 ff.). Gemeint sind nicht nur Verträge iSd §§ 145 ff. BGB, dh übereinstimmende Willenserklärungen mehrerer Personen, durch die bestimmte Rechtsfolgen begründet werden sollen. Der Begriff der Vereinbarung erfasst auch Vereinbarungen auf Basis von **Musterverträ-**

gen und Teil der Vereinbarung gewordene Allgemeine Geschäftsbedingungen. Rundschreiben können zu Vereinbarungen führen und ihr Bestandteil werden, wenn sie die vertraglichen Beziehungen im Einvernehmen konkretisieren (vgl. EuGH Slg. 1995, I-3459 (3467 f.) – BMW-ALD). Erfasst werden auch sog. **gentlemens' agreements,** die auf der Grundlage wirtschaftlicher, gesellschaftlicher oder moralischer Verbindlichkeit den gemeinsamen Willen der Beteiligten, sich auf dem Markt in bestimmter Weise zu verhalten, zum Ausdruck bringen (EuGH Slg. 1970, 661 Rn. 112 – ACF Chemiefarma; EuG Slg. 1995, II-791 Rn. 95 – Tréfileurope).

19 Häufig werden Kartellverträge im Bewusstsein geschlossen, dass ihnen wegen § 1 keine rechtliche Bindungswirkung zukommt; dieses Bewusstsein steht dem Vereinbarungsbegriff nicht entgegen, wenn im Übrigen die Voraussetzungen eines zivilrechtlichen Vertrages erfüllt sind (vgl. dazu EuG Slg. 1998, II-1751 Rn. 65 – Mayr-Melnhof). An die **Einigung,** die für die Vereinbarung vorliegen muss, werden **keine strengen Anforderungen** gestellt (s. allgemein EuG Slg. 2005, II-3033 Rn. 118 – Brasserie Nationale; zusammenfassen Weck/Camesasca WuW 2013, 17). Insbesondere ist nicht erforderlich, dass ein gemeinsamer Wille bestand, ein wettbewerbswidriges Ziel zu erreichen (EuG BeckRS 2006, 70744 Rn. 77 ff.27.9.2006 – T-168/01 Rn. 77 ff. – GlaxoSmithKline). Mit der **Behauptung, ohne rechtlichen Bindungswillen oder auf wirtschaftlichen Druck** gehandelt oder **sich nur zum Schein oder aus Furcht vor Kartellzwang** an einer Vereinbarung beteiligt zu haben, kann sich ein Unternehmen **nicht entlasten** (Kommission ABl. 1986 L 232, 15 (27) – Dach- und Dichtungsbahnen; ABl. 1989 L 74, 1 (11) – PVC; ABl. 1989 L 74, 21 (32) – LDPE). Auch wirtschaftlicher Druck oder Zwang auf einen Vertragspartner ändert nichts daran, dass auch dieser als Teilnehmer einer Vereinbarung gilt (EuG BeckRS 2010, 90595 Rn. 72 – Chalkor AE mN; s. auch EuGH Slg. 1979, 2435 Rn. 54 – BMW Belgium; EuG Slg. 1995, II-791 Rn. 58 – Tréfileurope). So soll der Umstand, dass sich ein Unternehmen den Ergebnissen von Sitzungen mit wettbewerbsfeindlichem Inhalt nicht gebeugt hat, nicht geeignet sein, es vom Vorwurf der Teilnahme an der Handlung und damit der Absprache zu befreien (EuG WuW EU-R 87 Rn. 118 – Karton; ebenso EuG Slg. 1995, II-791 Rn. 58 – Tréfileurope). Für die **Teilnahme an einer Vereinbarung** reicht es aus, dass sich ein Unternehmen an einer Sitzung beteiligt, in denen Ergebnisse mit wettbewerbsbeschränkendem Inhalt erzielt werden; wenn das Unternehmen sich von dem Vorwurf befreien will, muss es nachweisen, dass es sich offen vom Inhalt der Sitzung distanziert (EuG Slg. 1995, II-791 Rn. 85 – Tréfileurope; EuG Slg. 1991, II-1711 Rn. 232 – Hercules Chemicals). Das Unternehmen, das die Teilnahme bestreitet, muss nach Meinung des EuGH Indizien vortragen, die zum Beweis seiner fehlenden wettbewerbswidrigen Einstellung bei der Teilnahme an der Sitzung geeignet sind, und nachweisen, dass es seine Wettbewerber darauf hingewiesen hat, dass es an den Sitzungen mit einer anderen Zielrichtung als diese teilnahm (EuGH IBRRS 2004, 0043 Rn. 81 – Aalborg Portland; EuGH BeckRS 2005, 70478 Rn. 142 – Dansk Rorindustri). Die Umstände, wieso ein Unternehmen an einer Vereinbarung teilnahm, finden nur bei der Bestimmung der Höhe der Geldbuße Beachtung. Zu den Beweisanforderungen s. auch EuG BeckRS 2004, 78079 Rn. 53 ff. – Dresdner Bank.

20 **Einseitige Maßnahmen** – insbes. auch **Empfehlungen** (→ Einf. Rn. 21; Wagner-v. Papp WuW 2005, 379; Klocker/Ost FS Bechtold, 2006, 229 (239 f.)) – sind grds. keine Vereinbarungen (EuGH Slg. 1983, 3151 Rn. 38 – AEG/Telefunken; EuG WuW/E EU-R 761 Rn. 33 – VW-Händlerverträge). Die Abgrenzung ist entscheidend für Fallgestaltungen, in denen der Inhaber eines Vertriebssystems versucht, durch einseitiges Handeln – zB Aufforderungen, Vertrieb über die Grenzen des Vertriebsgebiets zu unterlassen, oder Liefereinschränkungen – einen Zustand herbeizuführen, der als Gegenstand oder Folge einer Vereinbarung gegen Art. 101 Abs. 1 AEUV verstoßen würde. Einseitige Handlungen können dadurch zu Vertrags-

modifikationen bzw. -konkretisierungen werden, dass sie befolgt werden und die Befolgung als Zustimmung gedeutet werden kann, insbes. dann, wenn klar ist, dass die Nichtbefolgung Konsequenzen für das weitere Vertragsverhältnis hat (vgl. EuGH Slg. 1984, 1129 – Ford I; Slg. 1985, 2725 – Ford II; Slg. 1990, I-45 – Sandoz; EuG WuW/E EU-R 761 Rn. 35 – VW-Händlerverträge). Die Qualifizierung einseitiger Maßnahmen als Vereinbarung spielt eine große Rolle in **selektiven Vertriebssystemen;** so soll zB die Nichtzulassung von qualifizierten Händlern zum Vertriebssystem nicht als einseitige Maßnahme, sondern Umsetzung einer Vereinbarung zur Beschränkung des Kreises der Vertriebspartner sein (Kommission ABl. 1982 L 117, 15 – AEG-Telefunken; Hirsbrunner/Schwarz FS Bechtold, 2006, 171). Aus dem Umstand, dass Händler vom Lieferanten wegen der Einhaltung der unverbindlichen Preisempfehlung kontaktiert wurden, und der nachfolgenden Einhaltung der unverbindlichen Preisempfehlung soll aber nach Auffassung des BKartA (WuW/E DE-V 1813 – Kontaktlinsen) bereits auf eine Vereinbarung bzw. ein abgestimmtes Verhalten geschlossen werden können. Dazu auch EuG Slg. 2000, II-3383 Rn. 70 ff. – Bayer, bestätigt durch EuGH WuW/E EU-R 769 Rn. 78 ff.: Das EuG weist nach, dass in den bisherigen Entscheidungen, in denen eine einseitige Maßnahme des Lieferanten in einem Vertriebssystem als Vereinbarung iSd Art. 101 Abs. 1 AEUV qualifiziert wurde, entweder **Sanktionen zur Durchsetzung** einer den Vertriebspartnern kommunizierten Wettbewerbsbeschränkungen angedroht oder verhängt wurden, oder eine kommunizierte Maßnahme **ausdrücklich oder konkludent gebilligt** wurde, und sei es auch nur durch Befolgen seitens des Adressaten. Die Gerichte stellen klar, dass **eine einseitige Maßnahme** dann **nicht** als **Vereinbarung** qualifiziert werden kann, wenn gar nicht der Versuch seitens des Lieferanten unternommen wird, die Vertriebspartner zu einem bestimmten Verhalten zu bewegen, insbes. dann, wenn es an Sanktionen seitens des Lieferanten fehlt. Konsequenterweise wird die bloße Androhung von Sanktionen, die nicht zu einer Änderung des Verhaltens des Vertragspartners führt, nie als Vereinbarung qualifiziert werden können, weil die einseitige Maßnahme überhaupt nur durch Befolgung durch den anderen Vertragspartner zur „Vereinbarung" werden kann.

b) Beschluss. Neben Vereinbarungen erfasst § 1 ebenso wie Art. 101 Abs. 1 **21** AEUV auch „Beschlüsse". Dieses – in § 1 identisch mit Art. 101 Abs. 1 AEUV auszulegende (vgl. dazu BGH WuW/E DE-R 2408 (2415) – Lottoblock) – Merkmal betrifft **Unternehmensvereinigungen,** in deren Gremien Beschlüsse gefasst werden, die das Verhalten von Unternehmen regeln. So verstößt zB ein Beschluss einer Wirtschaftsvereinigung gegen § 1, wenn er Preisveränderungen seiner Mitglieder zum Gegenstand hat. Im wirtschaftlichen Effekt entspricht ein solcher Beschluss einer Vereinbarung zwischen den Unternehmen dieser Wirtschaftsvereinigung. Gerade um die Umgehung des sich auf Verträge beziehenden Kartellverbotes zu vermeiden, sind die Beschlüsse ausdrücklich erwähnt. Das Verfahren der Willensbildung und ihre rechtliche Qualifizierung sind unerheblich. Zu weit geht allerdings die teilweise vertretene Auffassung, die Vereinigung müsse sich jedes Verhalten ihrer Organe als Beschluss zurechnen lassen (so BKartA WuW/E DE-R 1539 (1543 f.) – Arzneimittelhersteller). Es reicht aus, wenn die Unternehmensvereinigung ihren ernsthaften Willen zum Ausdruck bringt, das Verhalten ihrer Mitglieder auf einem bestimmten Markt zu koordinieren. Dabei ist unerheblich, ob der Beschluss nach den internen Regeln der Unternehmensvereinigung oder dem anwendbaren nationalen Gesellschaftsrecht verbindlich gefasst werden konnte; insoweit dürfen **keine weiteren Anforderungen als an den Begriff der Vereinbarung** gestellt werden (BGH WuW/E DE-R 2408 (2413, 2415) – Lottoblock; OLG Düsseldorf NZKart 2019, 164 (168) – Zahlungsauslösungsdienste). Wenn nur Geschäftsführungsorgane, nicht die Mitglieder „beschließen", ist jedenfalls erforderlich, dass die Organe dies im faktischen Einverständnis der Mehrheit der Mitglieder tun. Der Beschluss muss nicht verbindlich sein. Dem Verbot des § 1 unterliegt der Beschluss nur insoweit, wie die Mitglieder Unternehmen sind (vgl. zB BGH WuW/E 2697 (2700 f.) – Golden Toast). Besondere Bedeutung hat das Tatbestandsmerkmal des Beschlusses bei **Empfehlungen,** die eine Unternehmensvereinigung durch Beschluss ausspricht. Die Empfehlung wird als Beschluss qualifiziert, wenn sie entweder iVm der Satzung verbindlich ist (EuGH Slg. 1980, 3125 Rn. 88 f. – Van Landewyck) oder wenn die Empfehlung von den Mitgliedern angenommen und befolgt wurde (EuGH Slg. 1983, 3369 Rn. 20 – Navewa/Anseau; BGH WuW/E DE-R 2408 (2413, 2415) – Lottoblock; BKartA WuW/E DE-R 1530 (1544) – Arzneimittelhersteller).

22 Beschlüsse, die das **Verhalten der Vereinigung selbst betreffen,** sind **interne Vorgänge,** die nicht § 1 unterliegen. So ist zB der Beschluss der Mitgliederversammlung einer Vereinigung, die Mitgliedsbeiträge zu erhöhen, kartellrechtlich ebenso irrelevant wie der Beschluss der Gesellschafterversammlung einer unternehmerisch tätigen Gesellschaft, die Abgabepreise dieser Gesellschaft zu erhöhen.

5. Aufeinander abgestimmte Verhaltensweisen

23 **a) Historische Entwicklung.** Das Gesetz enthielt zunächst, anders als Art. 101 Abs. 1 AEUV, kein Verbot aufeinander abgestimmter Verhaltensweisen. Ein Abstimmungsverbot wurde erst durch die **2. GWB-Novelle 1973** in das Gesetz eingefügt (§ 25 Abs. 1 idF bis zur 6. GWB-Novelle). Zuvor hatten sich Unzuträglichkeiten daraus ergeben, dass § 1 wettbewerbsbeschränkende Verträge voraussetzte und nichtvertragliche Abstimmungen nicht genügen ließ. Sie waren noch dadurch verstärkt worden, dass § 1 nicht nur iSd zivilrechtlichen Vertragsbegriffes ausgelegt wurde, sondern auch auf der Grundlage einer strengen **Gegenstandstheorie,** wonach die Wettbewerbsbeschränkung Gegenstand der vertraglichen Bindung, nicht etwa nur Zweck oder Folge, sein musste. Mit Aufgabe der Gegenstandstheorie durch die Rspr. des BGH im Jahre 1975 (BGHZ 65, 30 (36) = WuW/E 1367 – ZVN) entfiel zu einem wesentlichen Teil das gesetzgeberische Bedürfnis für ein gesondertes Abstimmungsverbot; es ist dementsprechend in der deutschen Praxis bisher kaum angewendet worden. Die 6. GWB-Novelle integrierte das Abstimmungsverbot des § 25 Abs. 1 aF in § 1 und stellte damit auch formal für horizontale Kartelle einen Gleichklang mit Art. 101 Abs. 1 AEUV her. Der Begriff in § 1 ist identisch mit dem in Art. 101 Abs. 1 AEUV auszulegen (zum Parallelproblem beim Begriff des Unternehmens → Rn. 7).

24 **b) Bewusste praktische Zusammenarbeit.** Der Gerichtshof definiert das abgestimmte Verhalten als „Form der Koordinierung zwischen Unternehmen …, die zwar noch nicht bis zum Abschluss eines Vertrages im eigentlichen Sinne gediehen ist, jedoch **bewusst** eine **praktische Zusammenarbeit** an die Stelle des mit Risiken verbundenen Wettbewerbs treten lässt. Die aufeinander abgestimmten Verhaltensweisen erfüllen daher schon ihrem Wesen nach nicht alle Tatbestandsmerkmale einer Vereinbarung, sondern können sich insbesondere auch aus einer im Verhalten der Beteiligten zu Tage tretenden Koordinierung ergeben" (Slg. 1972, 619 Rn. 64, 67 – ICI; Slg. 1972, 713 – BASF u.a.). Die Formel der „bewussten praktischen Zusammenarbeit" weist auf zwei wichtige Komponenten hin: Einmal muss zwischen den beteiligten Unternehmen ein Zusammenwirken stattfinden. Das erfordert ein Minimum an **gegenseitigem Kontakt** in Treffen, Telefongesprächen oder durch Schriftwechsel. Der Kontakt kann sich auch aus einem **Beschluss** einer Unternehmensvereinigung ergeben, der von den Unternehmen befolgt wird und damit als „abgestimmt" anzusehen ist (dazu BGH WuW/E 2408 (2415) – Lottoblock). Theoretisch kann ein solcher Kontakt auch durch Veröffentlichungen über Dritte, oder sonstiges **„signalling"** (dazu auch BKartA B1–240/17) erfolgen, wenn insoweit eine Vorverständigung oder sonstige Willensübereinstimmung zwischen

„Absender" und „Empfänger" feststellbar ist (vgl. EuGH Slg. 1984, 883 – Hasselblad; Slg. 1983, 825 – Musique Diffusion). Außerdem muss das Zusammenwirken **bewusst** geschehen. Die Ausarbeitung eines „eigentlichen Plans" zwischen den beteiligten Unternehmen ist nicht erforderlich (EuGH Slg. 1975, 1663 Rn. 173 – Suiker Unie; Slg. 1998, I-3111 Rn. 86 – John Deere). Jeder Umstand, der in irgendeiner Form aus selbstständigem Verhalten koordiniertes Verhalten macht, nähert autonomes Verhalten dem abgestimmten Verhalten an. Jede unmittelbare oder mittelbare Fühlungnahme zwischen Unternehmen führt zur Abstimmung, wenn sie bezweckt oder bewirkt, das Marktverhalten eines gegenwärtigen oder potenziellen Mitbewerbers zu beeinflussen oder einen solchen Mitbewerber über das Marktverhalten ins Bild zu setzen, das man selbst an den Tag zu legen entschlossen ist oder in Erwägung zieht (EuGH Slg. 1975, 1663 (1673 f.) – Suiker Unie).

c) Abstimmung und Verhalten. Da die Abstimmung qualitativ weniger ist als die Vereinbarung, gilt erst recht für die Abstimmung, dass sie in keiner Weise verbindlich sein muss, dh weder rechtlich noch wirtschaftlich, moralisch oder gesellschaftlich (EuGH Slg. 1972, 619 (658) – ICI). Durch die Fühlungnahme zwischen den beteiligten Unternehmen muss es zu einer **Reduzierung des Risikos** kommen, das mit autonomen Entscheidungen sonst verbunden ist. An die Abstimmung muss sich ein Verhalten anschließen; zwischen Abstimmung und Verhalten muss ein **ursächlicher Zusammenhang** bestehen. Nach der Rechtspraxis ist eine aufeinander abgestimmte Verhaltensweise jede Form der Koordinierung zwischen Unternehmen, die zwar noch nicht bis zum Abschluss eines Vertrages im eigentlichen Sinne gediehen ist, jedoch bewusst eine praktische Zusammenarbeit an die Stelle des mit Risiken verbundenen Wettbewerbs treten lässt (EuGH EuZW 2009, 505 (507) 4.6.2009 – C-8/08 Rn. 27 – T-Mobile Netherlands; EuGH Slg. 1972, 619 Rn. 64, 67 – ICI; Slg. 1972, 713 – BASF; Slg. 1972, 745 – Bayer; Slg. 1972, 787 – Geigy; Slg. 1975, 1663 Rn. 173 – Suiker Unie u.a.; Slg. 1993, I-1307 Rn. 63 – Ahlström; EuG Slg. 1995, II-1847 Rn. 76 – ICI; EuGH Slg. 1999, I-4287 Rn. 158 – Polypropylen; stRspr). Die Kriterien der Koordinierung und Zusammenarbeit, die Voraussetzung für aufeinander abgestimmte Verhaltensweisen sind, verlangen nicht die Ausarbeitung eines „eigentlichen Plans" zwischen den beteiligten Unternehmen (EuGH Slg. 1975, 1663 Rn. 173 – Suiker Unie; Slg. 1998, I-3111 Rn. 86 – John Deere). Die Abgrenzung der abgestimmten Verhaltensweise zum **autonomen Parallelverhalten** ist schwierig. Art. 101 Abs. 1 AEUV verlangt, dass jedes Unternehmen für sich selbst bestimmt, „welche Politik [es] auf dem Gemeinsamen Markt zu betreiben gedenkt" (EuGH Slg. 1975, 1663 Rn. 173 f. – Suiker Unie u.a.; Slg. 1981, 2021 Rn. 13 f. – Züchner/Bayerische Vereinsbank; Slg. 1993, I-1307 Rn. 63 – Ahlström). Nach Ansicht der Kommission und des EuG/EuGH ist daher jede **unmittelbare oder mittelbare Fühlungnahme zwischen Unternehmen** untersagt, die bezweckt oder bewirkt, das Marktverhalten eines gegenwärtigen oder potenziellen Mitbewerbers zu beeinflussen oder einen solchen Mitbewerber über das Marktverhalten ins Bild zu setzen, das man selbst an den Tag zu legen entschlossen ist oder in Erwägung zieht (EuGH Slg. 1975, 1663 Rn. 173 f. – Suiker Unie u.a.; EuG Slg. 1991, II-867 – Rhône-Poulenc; Slg. 1992, II-1275 – Chemie Linz; Kommission ABl. 1984 L 220, 27 – Zinc Producer Group; ABl. 1994 L 243, 1 Rn. 127 – Karton), oder die zu Wettbewerbsbedingungen führt, die nicht den normalen Marktbedingungen entsprechen (EuGH Slg. 1975, 1663 Rn. 173 f. – Suiker Unie u.a.; Slg. 1981, 2021 Rn. 13 f. – Züchner/Bayerische Vereinsbank; ähnlich EuGH Slg. 1999, I-4287 Rn. 161 – Polypropylen). Dagegen hat jedes Unternehmen das Recht, sich dem „festgestellten oder erwarteten Verhalten [seiner] Mitbewerber mit wachem Sinne anzupassen" (EuGH Slg. 1975, 1663 Rn. 174 – Suiker Unie; Slg. 1998, I-3111 Rn. 87 – John Deere). Verhalten, das sich allein an den Ergebnissen einer autonomen Marktbeobachtung orientiert, kann nicht als abgestimmtes Verhal- 25 ten qualifiziert werden. Hieraus resultierendes paralleles Verhalten ist keine abgestimmte Verhaltensweise (EuGH Slg. 1972, 619 – ICI). Die Einrichtung eines nicht auf Preise bezogenen und auch sonst nicht der Unterstützung eines wettbewerbswidrigen Mechanismus dienenden Informationsaustauschsystems in einem vom Wettbewerb noch geprägten (im Gegensatz zu hochkonzentriertem) Markt führt noch nicht zu Reduktion wettbewerblichen Risikos iSd abgestimmten Verhaltens (EuG Slg. 1994, II-905 Rn. 91 – Fiatagri und New Holland). Die **Abstimmung,** also die Kommunikation mit einem anderen Unternehmen, kann durch **unmittelbaren Kontakt** zwischen beteiligten Unternehmen **oder** durch **Zwischenschaltung** eines Dritten erfolgen (vgl. EuGH Slg. 1984, 883 – Hasselblad; Slg. 1983, 1825 – Musique Diffusion); da die Abstimmung qualitativ weniger ist als die Vereinbarung, gilt erst recht für die Abstimmung, dass sie in keiner Weise, dh weder rechtlich noch wirtschaftlich, moralisch oder gesellschaftlich, verbindlich sein muss (EuGH Slg. 1972, 619 (658) – ICI). Für die Erfüllung des Tatbestandsmerkmals der Abstimmung ist entscheidend, dass es durch die Fühlungnahme zwischen den beteiligten Unternehmen zu einer **Reduktion des Risikos** kommt, das mit autonomen Entscheidungen sonst verbunden ist, bzw. dass dadurch die Ungewissheit über das zukünftige Verhalten der Mitbewerber verringert wird (EuGH Slg. 1972, 619 – ICI; Slg. 1975, 1663 – Suiker Unie u.a.; Slg. 1993, I-1307 – Ahlström; EuG Slg. 1995, II-1775 – Solvay; Slg. 1995, II-1847 – ICI). Es reicht aus, dass der von den beteiligten Unternehmen unternommene Kontakt die Koordinierung kommerziellen Verhaltens erleichtert (EuGH Slg. 1975, 1663 – Suiker Unie u.a.; Kommission ABl. 1994 L 243, 1 – Karton). Dabei ist entscheidend, dass es zwischen den Unternehmen tatsächlich zu koordinierendem Kontakt kommt. Theoretisch möglich ist auch abgestimmtes Verhalten durch Verwendung bestimmter **Preissetzungsalgorithmen.** Preisbeobachtung und -reaktion sind im Onlinehandel systematisch und automatisch möglich. Solange „Roboter" nur aufeinander reagieren, wird kein abgestimmtes Verhalten vorliegen. Denkbar ist aber, dass die Systeme aufeinander abgestimmt sind, um eine Vereinbarung oder eine abgestimmte Verhaltensweise abzusichern (s. Arbeitspapier des Bundeskartellamts und der Autorité des la Concurrence Algorithms and Competition, November 2019, 29 ff. unter Hinweis auf die poster decision der CMA v. 12.8.2016, Case 50223). Eine Vereinbarung oder abgestimmte Verhaltensweise ist aber auf jeden Fall dann möglich, wenn die Systeme so ausgelegt sind, dass sie aktiv mit anderen Systemen kommunizieren, indem etwa Preisänderungen so kodiert sind, dass sie als neu „gesendet" werden, und auf diese Weise ein aktives signalling betrieben wird. **Signalling** durch gleichförmige öffentliche Preisankündigungen von Mitbewerbern (EuGH Slg. 1993, I-1307 Rn. 64 – Ahlström; vgl. demgegenüber jedoch EuGH Slg. 1972, 619 Rn. 101 f. – ICI; s. Pahlen/Vahrenholt ZWeR 2014, 442) dürfte die Grenze zum abgestimmten Verhalten in vielen Fällen, so gerade in transparenten Märkten, überschreiten.

26 Anders als bei der Begehungsmodalität „Vereinbarung" bedarf das abgestimmte Verhalten **zusätzlich** zur Abstimmung einer dadurch verursachten **Umsetzung,** also eines „Verhaltens". Ist der koordinierende Kontakt nachgewiesen und folgt ihm paralleles Verhalten, ist der Tatbestand erfüllt, sofern ursächlicher Zusammenhang besteht (EuGH Slg. 1972, 619 – ICI; Slg. 1975, 1663 – Suiker Unie u.a. (einheitliche Preiserhöhungen); EuGH Slg. 1984, 883 – Hasselblad (Maßnahmen zur Behinderung von Parallelimporten)). Eine wettbewerbswidrige Auswirkung muss aber nicht festgestellt werden, wenn das abgestimmte Verhalten eine Verhinderung, Einschränkung oder Verfälschung des Wettbewerbs **bezweckt** (EuGH EuZW 2009, 505 (507) Rn. 31 – T-Mobile Netherlands). Beispielsfälle, in denen auf die Feststellung des ursächlichen Zusammenhangs verzichtet wurde: EuG Slg. 1995, II-1847 – ICI (Aufteilung der Absatzgebiete); EuGH Slg. 1993, I-1307 – Ahlström (gleichförmige Preisankündigungen); EuG Slg. 1992, II-1403 – Società Italiana Vetro u.a. (Beeinflussung der Ein- und Verkaufspolitik von Abnehmern); EuGH Slg. 1984, 1679 – CRAM

und Rheinzink (Einstellung von Lieferungen zur Verhinderung von Paralleleinfuhren); EuG Slg. 2000, II-491 Rn. 1852 – Zement. Die Ursächlichkeit zwischen Abstimmung und späterem Verhalten darf aber nicht ohne Weiteres vermutet werden (→ Rn. 26). Letztlich hat die Durchführung einer Abstimmung keine eigenständige Bedeutung; die Durchführung lässt nur Rückschlüsse zu, ob der vorhergehende Kontakt zwischen den beteiligten Unternehmen tatsächlich verhaltenskoordinierenden Inhalt hatte. Besteht der Kontakt im Austausch über geheimes Wissen, das sich auf wettbewerbliches Verhalten bezieht, so liegt die Abstimmung nahe: So soll nach Ansicht des EuG bereits die Teilnahme an Sitzungen, deren Zweck in Informationsaustausch über praktizierte und angestrebte Preise, Verkaufszahlen und -mengenbeschränkungen sowie Kunden besteht, als abgestimmtes Verhalten anzusehen sein, weil es bei **Festlegung zukünftigen Marktverhaltens** zwangsläufig zur Berücksichtigung dieser Informationen kommen müsse (EuG Slg. 1991, II-867 Rn. 123 – Rhône-Poulenc). Ähnlich der EuGH (EuGH EuZW 2009, 505 (507) Rn. 31 ff. – T-Mobile Netherlands; BGH NZKart 2020, 602 (604) – Bierkartell): Der **Austausch von Informationen** zwischen Wettbewerbern verstößt gegen Art. 101 AEUV in der Begehungsform der abgestimmten Verhaltensweise, wenn „er den Grad der Ungewissheit über das fragliche Marktgeschehen verringert oder beseitigt" und dadurch zu einer Beschränkung des Wettbewerbs zwischen den Unternehmen führt; in diesem Fall stellte der EuGH aber ausdrücklich drauf ab, dass die ausgetauschten Informationen Preise betrafen und somit eine Wettbewerbsbeschränkung bezweckt wurde. Nach Ansicht des EuGH (NZKart 2016, 133 21.1.2016 – C-74/14 – Eturas u.a.) reicht es für eine abgestimmte Verhaltensweise sogar aus, wenn Unternehmen eine **gemeinsame wettbewerbsbeschränkende Verhaltensweise stillschweigend gebilligt** haben: Der Administrator eines Online-Buchungssystems für Reiseangebote litauischer Reisebüros versandte über das System an einige Reisebüros eine Mitteilung, wonach Online-Preisnachlässe nur bis zur Höhe von 3 % über das System gewährt werden können. Aus dem Umstand, dass über das System kein höherer Rabatt eingeräumt werden konnte, folgerte der EuGH, dass die angeschlossenen Reisebüros eine gemeinsame wettbewerbsbeschränkende Verhaltensweise stillschweigend gebilligt haben.

Jede **Ausdehnung** des Begriffs des **abgestimmten** Verhaltens muss auch im **27**
Zusammenhang mit der **Unschuldsvermutung** zugunsten der Unternehmen gesehen werden (dazu auch BGH NZKart 2020, 602 (608) – Bierkartell). Aus festgestelltem Parallelverhalten darf nicht auf eine Abstimmung geschlossen werden; es ist allenfalls ein hinreichendes, aber nicht ausreichendes Indiz (EuGH Slg. 1972, 619 – ICI: Indizwirkung parallelen Verhaltens, wenn es sich nur durch eine Abstimmung einleuchtend erklären lässt; EuGH Slg. 1993, I-1307 Rn. 71 f. – Ahlström; Slg. 1984, 1679 Rn. 16 – CRAM und Rheinzink; EuG Slg. 1995, II-1847 Rn. 85 – ICI; nach den Schlussanträgen GA Darmon Rn. 195, zu EuGH Slg. 1993, I-1307 – Ahlström, sei eine jeden vernünftigen Zweifel ausschließende Sicherheit über das Vorliegen einer Abstimmung zu verlangen). Die **Indizwirkung parallelen Verhaltens** für das Vorliegen abgestimmten Verhaltens muss zudem stets vor dem Hintergrund der konkreten Marktverhältnisse, also der Art der Erzeugnisse, Größe und Anzahl der Unternehmen sowie des Marktvolumens geprüft werden. Stellen sich auf Grundlage dieser Prüfung die einzelnen Elemente des Parallelverhaltens als ein Bündel von ernsthaften, genauen und übereinstimmenden Indizien für eine vorherige Abstimmung dar, so kann dies als ausreichender Indizienbeweis gelten (EuGH Slg. 1993, I-1307 Rn. 71 f. – Ahlström; EuG Slg. 1995, II-1847 Rn. 85 – ICI). Der Beweis für abgestimmtes Verhalten ist dagegen nicht erbracht, wenn die beteiligten Unternehmen Umstände nachweisen, die eine andere **Erklärung für das Parallelverhalten** geben (EuGH Slg. 1984, 1679 Rn. 16 – CRAM und Rheinzink), oder wenn sie als Teilnehmer einer Veranstaltung nachweisen können, dass sie sich offen von einer Abstimmung distanzieren (EuG Slg. 1995, II-791 Rn. 85 – Tréfileurope;

EuG Slg. 1991, II-1711 Rn. 232 – Hercules Chemicals). Liegt aber eine Abstimmung vor, vermutet der EuGH das nachfolgende parallele Verhalten (EuGH EuZW 2009, 505 (508) Rn. 51 – T-Mobile Netherlands; auf dieser Linie auch BGH NZKart 2020, 602 (604) – Bierkartell): Es gilt die „Vermutung, dass die an der Abstimmung beteiligten und weiterhin auf dem Markt tätigen Unternehmen die mit ihren Wettbewerbern ausgetauschten Informationen berücksichtigen". Diese Vermutung kann letztlich nur dadurch widerlegt werden, dass die Unternehmen ihre Geschäftstätigkeit auf dem betroffenen Markt einstellen oder nachweisen, dass die ausgetauschten Informationen in sonstiger Weise ihr Marktverhalten nicht beeinflussen konnten. Damit ist die Widerlegung dieser Vermutung praktisch sehr schwierig; s. auch EuGH NZKart 2016, 133 – Eturas u.a.: Um die Vermutung der Beteiligung zu widerlegen, hätten die Reisebüros nachweisen müssen, dass sie sich öffentlich von der Verhaltensweise distanzieren oder sie bei der Behörde angezeigt haben.

28 **d) Informationsaustausch.** Üblicherweise geht man davon aus, dass unmittelbarer **Gegenstand** einer Vereinbarung, eines Beschlusses oder einer Abstimmung eine **wettbewerblich relevante Handlung oder Unterlassung** ist. Die Europäische Kommission hat in ihrer Praxis seit den 80er-Jahren des vergangenen Jahrhunderts die Abstimmung schon allein in der Offenlegung bestimmter Geschäftsgeheimnisse gesehen. Grundlegend dazu sind mehrere Verfahren gewesen, die zur Entscheidung der europäischen Gerichte geführt haben (insbes. Urteile des Gerichtshofes: EuGH Slg. 1998, I-3111 – John Deere und EuGH Slg. 1998, I-3176 – New Holland/Ford). Auf der Grundlage dieser Urteile hat die Kommission ihre Auffassung nach und nach konkretisiert und verallgemeinert, zuletzt in den Horizontal-Leitlinien von 2011 und 2023. Danach gelten für einen unter Wettbewerbern organisierten Informationsaustausch enge Grenzen, in Abhängigkeit insbes. von der Marktstruktur, den Eigenschaften der ausgetauschten Informationen, deren wettbewerblicher Sensibilität, der Aktualität und der Häufigkeit des Austausches. **Es ist nicht erforderlich, dass damit konkrete Verhaltensabstimmungen verbunden** sind; die bloße – positive oder negative – Beeinflussung des Wettbewerbs reicht aus (vgl. dazu Horizontal-Leitlinien 2023 Rn. 375; → Rn. 26 und → Rn. 99).

6. Verhältnis der beteiligten Unternehmen zueinander

29 **a) Beteiligung von mindestens zwei Unternehmen.** § 1 erfasst nur Tatbestandshandlungen zwischen mindestens zwei Unternehmen, nicht innerhalb eines Unternehmens. Diese Voraussetzung ist nicht erfüllt, wenn der Unternehmensbegriff wirtschaftlich auch verschiedene Rechtsträger zu einer Einheit verbindet, wie das bei **Konzernen** (→ Rn. 29 f.) oder auch im Verhältnis zwischen dem Geschäftsherrn und dem **Handelsvertreter** der Fall sein kann (→ Rn. 31). Diese Methode wird im EU-Recht angewendet und ist daher jetzt auch dem deutschen Recht zugrunde zu legen.

30 **b) Konzerninterne Wettbewerbsbeschränkungen.** Im EU-Recht wird die konzerninterne Wettbewerbsbeschränkung als ein Problem des **Unternehmensbegriffes** angesehen. Der Konzern wird als wirtschaftliche Einheit und damit als ein Unternehmen gedeutet; dem steht nicht entgegen, dass im Verhältnis zu Dritten auch die einzelnen Konzernmitglieder Unternehmen sein können (zur „Relativität" oder „Spaltung" des Unternehmensbegriffs → Rn. 11). Maßnahmen zwischen herrschenden und beherrschten Gesellschaften sind nach § 1 ebenso wie nach Art. 101 Abs. 1 AEUV irrelevant, soweit eine beherrschte Gesellschaft ihr **Marktverhalten nicht autonom bestimmen** kann, sondern Weisungen der herrschenden Gesellschaft unterliegt. Soweit die Wettbewerbsbeschränkung also aufgrund einer Weisung der herrschenden Gesellschaft durchgesetzt werden kann, kommt

es zu keiner Wettbewerbsbeschränkung zwischen mehreren Unternehmen. In der neueren Rspr. des EuGH steht nicht mehr wie früher (vgl. EuGH Slg. 1983, 3151 Rn. 50 – AEG; EuG Slg. 1995, II-17 Rn. 51 – VIHO) die Frage im Vordergrund, ob das Kartellverbot auf Verhaltensweisen von Unternehmen ein und desselben Konzerns Anwendung findet, sondern ob und unter welchen Voraussetzungen eine **Muttergesellschaft für das Verhalten einer Tochtergesellschaft bußgeldrechtlich haftet.** Das Kriterium für die wirtschaftliche Einheit nach der Praxis von EuGH/EuG und der Kommission ist, dass es im Verhältnis der beteiligten Unternehmen zueinander an der **Unabhängigkeit im Marktverhalten** fehlt. An der Unabhängigkeit im Marktverhalten soll es nach der Rspr. des EuGH auf jeden Fall zwischen einer Gesellschaft und ihrer 100 %igen Tochtergesellschaft fehlen; in diesem Fall bedarf es nicht einmal des Nachweises einer konkreten Weisung (EuGH Slg. 1983, 3151 Rn. 50 – AEG; EuG Slg. 1995, II-17 Rn. 51 – Viho; die Kommission sieht das strenger: keine wirtschaftliche Einheit soll vorliegen, wenn die Tochtergesellschaft – selbst bei 100 %iger Beteiligung – aus eigenem Antrieb handelt und getrennt operiert: Kommission ABl. 1978 L 46, 33 – BMW Belgium; ABl. 1986 L 230, 1 Rn. 99 – Polypropylen). Tatsächliche Aufsichtsmaßnahmen sollen auch für ein von zwei Unternehmen gemeinsam kontrolliertes Vollfunktionsunternehmen die wirtschaftliche Einheit des Gemeinschaftsunternehmens jeweils mit dem Mutterunternehmen begründen (s. EuG BeckRS 2012, 80893 Rn. 66 ff. – El DuPont de Nemours/Kommission; bestätigt durch EuGH NZKart 2013, 504 26.9.2013 – C-172/12 P Rn. 46; dazu auch Gehring/Kasten/Mäger CCZ 2013, 1 (3). Das kann so gedeutet werden, dass bilateral zwischen dem von mehreren Unternehmen beherrschten Unternehmen und einer Muttergesellschaft vereinbarte wettbewerbsbeschränkende Vereinbarungen nicht unter das Kartellverbot fallen. Allerdings hält der EuGH in seinem Urteil (EuGH NZKart 2013, 504 (505) Rn. 47) fest, dass die wirtschaftliche Einheit des von zwei Unternehmen kontrollierten Unternehmens mit den jeweiligen Muttergesellschaften nur zum Zwecke der Haftungszurechnung für kartellwidriges Verhalten gelten soll. Dies kann aber nicht bedeuten, dass damit Wettbewerbsbeschränkung zwischen den beherrschenden Unternehmen einerseits im Verhältnis zum beherrschten Unternehmen andererseits nicht als Verstoß gegen Art. 101 AEUV qualifiziert werden können. Alles andere liefe darauf hinaus, unterschiedliche Unternehmensbegriffe einzuführen. In der Praxis kann davon ausgegangen werden, dass § 1 auf Vereinbarungen (usw) zwischen Unternehmen, die **iSv § 36 Abs. 2** (→ § 36 Rn. 64 ff.) miteinander **verbunden sind,** nicht anwendbar ist (vgl. dazu OLG Düsseldorf WuW/E DE-R 2146 – Nord-KS/Xella). Wegen des Urteils des EuGH in der Sache Sumal (NZKart 2021, 626), nach der innerhalb eines Konzerns **mehrere wirtschaftliche Einheiten nebeneinander** bestehen können, ist möglicherweise eine Betrachtung nur der jeweiligen wirtschaftlichen Einheit entscheidend, s Ackermann/Rohr NZKart 2023, 452. Dieses Urteil erging allerdings zur zivilrechtlichen Haftung.

Im **früheren deutschen Recht** sind Vereinbarungen zwischen Unternehmen 31
eines Konzerns nicht als Problem des Unternehmensbegriffs, sondern der **Wettbewerbsbeschränkung** gedeutet worden. Als entscheidend angesehen wurde, dass wegen der beidseitigen Konzernzugehörigkeit ein Wettbewerbsverhältnis nicht besteht (vgl. OLG Stuttgart WuW/E 2352 (2355)). Die Wirkung der Vereinbarung könnte auch durch konzerninterne Weisungen hergestellt werden. Die Unternehmen haben daher keine kartellrechtlich relevante Handlungsfreiheit, die beschränkt werden könnte. Voraussetzung war allerdings, dass die Unternehmen tatsächlich eine wirtschaftliche Einheit bildeten.

**c) Verhältnis zwischen Geschäftsherrn und Handelsvertreter/Kommissio- 32
när.** Im EU-Recht ist auch die Frage, ob eine Vereinbarung zwischen einem Geschäftsherrn und einem Handelsvertreter Art. 101 Abs. 1 AEUV unterliegt, eine

Frage des Unternehmensbegriffs. Das Kriterium der wirtschaftlichen Einheit dient auch als dogmatischer Ansatz für die kartellrechtliche Privilegierung des Handelsvertreter- oder Kommissionsverhältnisses. In stRspr wurden Handelsvertreter, weil sie den Weisungen des Geschäftsherrn unterliegen, als **in das Unternehmen eingegliedertes Hilfsorgan angesehen** (sog. Eingliederungstheorie: EuGH Slg. 1966, 457 (485) – Italienische Klage; Slg. 1975, 1663 Rn. 478, 481 – Suiker Unie u.a.). Im Ergebnis werden so wettbewerbsbeschränkende Vereinbarungen zwischen dem in die Absatzorganisation eingegliederten Handelsvertreter und dem Prinzipal als unternehmensintern qualifiziert; Art. 101 Abs. 1 AEUV soll insoweit nicht anwendbar sein. Der Handelsvertreter bildet mit dem Unternehmen, das er vertritt, eine Einheit. Art. 101 AEUV taste die innere Organisation eines Unternehmens nicht an. Entscheidend für die wirtschaftliche Einheit von Handelsvertreter und Prinzipal war für die Rspr. damit die **Stellung als eingegliedertes Hilfsorgan** (EuGH Slg. 1966, 322 – Consten-Grundig; Slg. 1966, 457 (563) – Italienische Klage; Slg. 1975, 1663 (2024) – Suiker Unie u.a.; Slg. 1995, I-3477 – VW/VAG). Trägt der Absatzmittler hingegen die wirtschaftlichen Risiken des Absatzes und der Vertragsabwicklung, steht er einem Eigenhändler gleich und ist selbstständiges Unternehmen iSv Art. 101 Abs. 1 AEUV (EuGH Slg. 1975, 1663 Rn. 482f., 541f. – Suiker Unie u.a.; vgl. auch Vertikalleitlinien Anhang B 6, Rn. 31ff., wo auf das finanzielle oder geschäftliche Risiko abgestellt wird; KOMM ABl. 1988 L 45, 34 Rn. 26 – ARG/Unipart). Ist der Handelsvertreter auch nur teilweise Eigenhändler (Verhältnis mit **Doppelprägung**), soll die wirtschaftliche Einheit und damit die kartellrechtliche Privilegierung nach der bisherigen Rspr. des EuGH insgesamt nicht bestehen (EuGH Slg. 1975, 1663 Rn. 544, 547 – Suiker Unie u.a.; so auch Kommission ABl. 1973 L 140, 17 (41) – Zucker; anders Kommission ABl. 1988 L 45, 34 Rn. 26 – ARG/Unipart). Ein Handelsvertreter, der für mehrere Unternehmen tätig ist, bildet mit den jeweiligen Unternehmen keine wirtschaftliche Einheit: Deswegen muss er im Verhältnis zu seinem Geschäftsherrn als Unternehmen qualifiziert werden, sodass bspw. ein **Provisionsweitergabeverbot** kartellwidrig wäre (EuGH Slg. 1987, 3801 Rn. 17, 20 – VVR/Sociale Dienst; vgl. auch EuGH Slg. 1993, 5751 – Meng). Diese Eingliederungstheorie wird vom EuGH aber mittlerweile nicht mehr weiter verfolgt. Die Kommission entfernt sich in den Vertikalleitlinien (Rn. 12–21) von der Eingliederungsrechtsprechung des EuGH; sie unterscheidet zwischen **Handelsvertretern,** auf die Art. 101 Abs. 1 AEUV nicht anwendbar ist, und Vertriebsmittlern, die Eigenhändlern gleichzustellen sind und für die Art. 101 Abs. 1 AEUV grds. gilt: Die in den alten Vertikalleitlinien von 2000 aufgestellte Unterscheidung zwischen „echten" und „unechten" Handelsvertreterverhältnissen wird damit weitergeführt, ohne dass die Bezeichnungen „echt" und „unecht" in den Vertikalleitlinien 2010 weiterverwendet werden. Für Handelsvertreter mit der in den Vertikalleitlinien (Rn. 31/32) handelsvertretertypischen Risikotragung sind Gebiets- und Kundenbeschränkungen, Beschränkungen bezüglich der zu vermittelnden Waren oder Dienstleistungen sowie Preisvorgaben zulässig (Vertikalleitlinien Rn. 41). Die Einordnung als Handelsvertreterverhältnis soll nicht wie in der Rspr. des EuGH über das Kriterium der Eingliederung, sondern aufgrund der Prüfung erfolgen, ob eine **handelsvertretervertragstypische Risikoverteilung** gegeben ist oder nicht. Der Handelsvertreter darf keine oder allenfalls unbedeutende Risiken für die vermittelten Geschäfte und vertriebstypische Investitionen tragen. Indizien für fehlende Risikotragung des Vermittlers sind u.a. fehlende Eigentumsrechte an den vermittelten Gütern, keine Übernahme verkaufsfördernder Investitionen, fehlendes Lagerhaltungsrisiko, keine Service- und Wartungsverpflichtungen (Vertikalleitlinien Rn. 33 mit näheren Details zu der dortigen nicht erschöpfenden Aufstellung). Während früher **Wettbewerbsverbote** zulasten des Handelsvertreters als Ausfluss der Interessenwahrungspflicht und damit als funktionsnotwendige Wettbewerbsbeschränkung angesehen wurden (Handelsvertreterbekanntmachung der

Kommission, ABl. 1962, 2921, Nr. II Abs. 4), relativiert dies die Kommission, da es in derartigen Fällen zu einer Marktabschottung auf dem Markt für Vermittlungsdienste kommen kann und dann auch eine Anwendung von Art. 101 Abs. 1 AEUV in Betracht kommt (Vertikalleitlinien Rn. 43). Ob ein Absatzmittler **für einen oder mehrere Auftraggeber** handelt, hält die Kommission für unerheblich; allerdings kann ein Verstoß gegen Art. 101 Abs. 1 AEUV dann vorliegen, wenn mehrere Auftraggeber denselben Handelsvertreter einsetzen und gemeinsam andere davon abhalten, dies ebenfalls zu tun, oder wenn der Handelsvertreter als Koordinationsinstrument für Marktstrategie oder für den Austausch vertraulicher Marktdaten verwendet wird (Vertikalleitlinien Rn. 44). Die früher zugelassene Übernahme der **Delkrederehaftung,** also die Übernahme des Inkassorisikos durch den Handelsvertreter (Vertikalleitlinien Rn. 33d; vgl. dazu noch Handelsvertreterbekanntmachung, ABl. 1962, 2921, Nr. I), soll zur Anwendung des Kartellverbots führen. Ist Art. 101 Abs. 1 AEUV auf ein Handelsvertreterverhältnis anwendbar, so soll nach Meinung der Kommission das Verbot einer **Provisionsweitergabe** gegen Art. 101 Abs. 1 AEUV verstoßen (Vertikalleitlinien Rn. 192). Das **EuG** kombiniert in seiner neueren Rspr. die bisherigen Begründungsansätze des EuGH und der Kommission: Vereinbarungen im Rahmen eines Handelsvertreterverhältnisses sind Vereinbarungen innerhalb derselben wirtschaftlichen Einheit und damit innerhalb desselben Unternehmens, es sei denn, dem Vertreter werden Aufgaben übertragen, die denen eines Eigenhändlers ähneln, sodass er die wirtschaftlichen Risiken des Absatzes oder der Abwicklung der mit Dritten geschlossenen Verträge zu tragen hat. Für den Fall des deutschen Mercedes-Benz-Vertretervertrages entschied das EuG, dass Art. 101 Abs. 1 AEUV nicht anwendbar ist, jedenfalls nicht auf das Vermittlungsvertretungsverhältnis im zu beurteilenden Fall (EuG Slg. 2005, II-3319 Rn. 86 ff., 102 – DaimlerChrysler). Der **EuGH** bestätigt diese Rspr.; auch er stellte im Wesentlichen darauf ab, ob **Absatzrisiken auf den Vertreter verlagert** werden. Ist dies der Fall, so ist Art. 101 Abs. 1 auf wettbewerbsbeschränkende Vereinbarungen wie etwa die Preisbindung im Vertrieb der Vertragswaren anwendbar. Trägt der Handelsvertreter **nur einen geringen Teil der händlertypischen Risiken,** so ist Art. 101 Abs. 1 auf die Vertriebsbeschränkungen wie zB die Preisbindung **nicht anwendbar.** Der EuGH unterscheidet hiervon aber solche Beschränkungen, die dem Handelsvertreter als unabhängigem Wirtschaftsteilnehmer auferlegt werden, wie etwa Ausschließlichkeits- und Wettbewerbsverbotsklauseln (EuGH Slg. 2006, I-11987 Rn. 62 – CEPSA und 11.9.2008 – C-279/06 Rn. 33 ff. = EuZW 2008, 668 – CEPSA II für den Tankstellenvertrieb). Damit wird die bisherige „Eingliederungsrechtsprechung" aufgegeben. Die Wettbewerbsbeschränkungen im Handelsvertreterverhältnis fallen danach grds. in den Anwendungsbereich des Art. 101 Abs. 1 AEUV, soweit die Tätigkeit des **Handelsvertreters als Vertriebsdienstleister** betroffen ist; dies gilt insbes. für **Wettbewerbsverbote, Ausschließlichkeitsbindungen** usw. Die Vertriebsbeschränkungen bezüglich der Vertragswaren verstoßen nicht gegen Art. 101 Abs. 1 AEUV und § 1, soweit die Absatzrisiken und sonstigen eigenhändlertypischen Risiken beim Lieferanten verbleiben und nicht dem Handelsvertreter auferlegt werden. Liegen die eigenhändlertypischen Risiken beim Handelsvertreter, so bedeutet dies nicht, dass er im Vermittlungs- oder Abschlussvertreterverhältnis Einfluss auf den zwischen Kunden und Prinzipal geschlossenen Vertrag nehmen kann; zivilrechtlich kann er nur die Rechte ausüben, die er hat. Faktisch bedeutet dies, dass der zum Vertragsabschluss bevollmächtigte eigenhändlerähnliche Handelsvertreter ebenso wird der echte von der Abschlussvollmacht nur so Gebrauch machen kann, wie sie ihm gewährt wurde. Der Vertrag mit dem Prinzipal kommt zu den in der Vollmacht festgelegten Bedingungen zustande. Der Prinzipal darf dem echten Handelsvertreter verbieten, aus seinem eigenen Vermögen weitere Nachlässe zu gewähren, was beim eigenhändlerähnlichen Handelsvertreter nicht möglich ist.

7. Beschränkung des Wettbewerbs

33 **a) Entwicklung des Tatbestandsmerkmals.** Während nach § 1 idF bis zur 6. GWB-Novelle 1998 der Vertrag oder der Beschluss geeignet sein musste, die Marktverhältnisse „durch Beschränkung des Wettbewerbs" zu beeinflussen, verlangt der seit 1.1.1999 geltende Wortlaut in voller Anlehnung an Art. 101 Abs. 1 AEUV, dass die Vereinbarung, der Beschluss oder die abgestimmte Verhaltensweise „eine **Verhinderung, Einschränkung oder Verfälschung des Wettbewerbs** bezwecken oder bewirken". Die Begriffe „Verhinderung, Einschränkung oder Verfälschung" sind nicht streng voneinander zu trennen; sie gehen ebenso wie in Art. 101 Abs. 1 AEUV in dem umfassenden, im Gesetz aber nicht verwendeten Begriff der **„Wettbewerbsbeschränkung"** auf. Die Wettbewerbsbeschränkung muss von den Parteien subjektiv bezweckt oder objektiv bewirkt sein. Sie muss sich auf einen bestimmten **Markt** (→ § 18 Rn. 6 ff.) beziehen und sowohl die aktuellen als auch die potenziellen Wettbewerbsverhältnisse auf diesem Markt berücksichtigen (zum potenziellen Wettbewerb in der Fusionskontrolle BGH WuW/E DE-R 3695 (3699) = NZKart 2013, 36 (37 f.) – Haller Tagblatt). Aber auch von außerhalb des unmittelbar relevanten Markts können sich unter dem Gesichtspunkt des Substitutionswettbewerbs (→ § 18 Rn. 37) wettbewerbliche Impulse ergeben.

34 **b) Beschränkung der wettbewerblichen Handlungsfreiheit.** „Beschränkung" des Wettbewerbs bedeutet Beeinträchtigung der wettbewerblichen Handlungsfreiheit als Anbieter oder Nachfrager (zu Letzterem vgl. BGH WuW/E 2049 f. – Holzschutzmittel; KG WuW 3745 – HFGE). Betroffen sein müssen **wettbewerbsrelevante Handlungen,** zB bezüglich Absatzmengen, Umsätze (vgl. zum Quotenkartell BKartA NJW/E-WettbR 1997, 191 (192) – Starkstromkabel), Preise, Abnehmer, Gebiete (dazu BGH WuW/E 2697 – Golden Toast), Sortiment, Qualität, Werbung, Ausschreibungen (OLG Düsseldorf WuW/E 5213 (5219) – Gemischtwirtschaftliche Abfallverwertung) usw bis hin zur Teilnahme am Wettbewerb überhaupt (vgl. zu einem negativen Bietabkommen OLG Frankfurt a. M. WuW/E 4475) oder zum Ausscheiden aus dem Markt insgesamt (vgl. zum gezielten „Herauskaufen" eines Wettbewerbers aus dem Markt BKartA NJWE-WettbR 1997, 239 f. – Berliner Osthafenmühle). Nach der neueren Rspr. ist Beschränkung nicht unbedingt im Sinne einer **formalen Handlungsbeschränkung** zu verstehen. Es soll vielmehr die Beeinflussung der **„materialen Entschließungsfreiheit"** ausreichen; sie liegt schon vor, wenn es der gemeinsamen Zielvorstellung und kaufmännischen Vernunft entspricht, sich in einer bestimmten Weise zu verhalten (BGH WuW/E 2313 (2317) – Baumarkt-Statistik; ähnlich BGH WuW/E DE-R 115 – Carpartner, dazu auch Polley WuW 1998, 939). Die **bloße Außenwirkung auf die Marktgegenseite** ohne jede Beschränkung der Handlungsfreiheit reicht uE nicht aus (aA FK-KartellR/Roth/Ackermann Rn. 81 ff.); die Außenwirkung muss zur Handlungsbeschränkung hinzukommen (→ Rn. 41). Dem Begriff der „Wettbewerbsbeschränkung" steht nicht entgegen, wenn sich ein Unternehmen einer wettbewerbsbeschränkenden Vereinbarung oder Beschluss durch Kündigung entziehen kann. § 1 ist auch auf Tatbestände anwendbar, „bei denen der Einzelne in seiner Entschließungsfreiheit, bestimmte unternehmerische Markthandlungen vorzunehmen, im Rechtssinne frei ist, bei denen aber vertragliche und satzungsmäßige Bindungen bestehen, die den Gebrauch dieser Freiheit mit bestimmten **wirtschaftlichen Nachteilen** verknüpfen" (BGH WuW/E 1707 (1708) = NJW 1980, 2813 = GRUR 1980, 940 – Taxi-Besitzer-Vereinigung; vgl. auch LG Mannheim WuW/E DE-R 3269 (3272) – Endschaftsregelung).

35 Auch die Beschränkung von **„Geheimwettbewerb"** durch Vereinbarung des Austauschs sonst geheim gehaltener Informationen (sog. **Marktinformationssysteme**) kann in diesem Sinne eine Wettbewerbsbeschränkung sein, freilich nur, wenn

er sich auf wettbewerbsrelevante Tatsachen bezieht (vgl. BGH WuW/E 1337 (1342) – Aluminium-Halbzeug; 2313 (2315) – Baumarkt-Statistik; OLG Düsseldorf WuW/E DE-R 949 (950 f.) – Transportbeton Sachsen). Deswegen kann in der Vereinbarung, sich gegenseitig über wettbewerbsrelevante, aber nicht bekannte Daten oder Handlungen zu informieren, eine Wettbewerbsbeschränkung liegen (vgl. dazu auch OLG Frankfurt a. M. WuW/E 5048 (5050) – Grundkonsens). Die Praxis unterscheidet hier zwischen sog. **identifizierenden** und **nicht identifizierenden Verfahren.** Erstere sind solche, bei denen Einzelgeschäfte durch Meldungen unter Benennung der Lieferanten oder Abnehmer offengelegt werden; da sie dadurch zur Beschränkung des Geheimwettbewerbs geeignet sind, verstoßen sie gegen § 1. Letztere Verfahren sind solche, bei denen ein Rückschluss auf Einzelgeschäfte trotz der Ermittlung und Auswertung preisbezogener Daten nicht möglich ist und die deshalb eher kartellrechtlich unbedenklich sind (dazu OLG Düsseldorf WuW/E DE-R 949 (950 f.) – Transportbeton Sachsen; zu allem auch Wiedemann KartellR-HdB/Lübbig § 9 Rn. 240 ff.; → Rn. 76 und zum EG-Recht Bechtold/Bosch/Brinker AEUV Art. 101 Rn. 199). Ist der Markt hochkonzentriert, kann auch eine nicht identifizierende Preisstatistik problematisch werden (Immenga/Mestmäcker/Zimmer Rn. 162, 166).

Erforderlich ist die so verstandene Beschränkung der wettbewerblichen Handlungsfreiheit **mindestens eines der Partner** der Vereinbarung oder des Beschlusses. § 1 ist nicht anwendbar, wenn sich der Vertrag ausschließlich auf die wettbewerbliche Handlungsfreiheit **Dritter** auswirkt (im Beschluss des KG WuW/E 2961 (2963 f.) – Rewe, wird die Gegenauffassung als „vertretbar" bezeichnet). Erfasst ist sowohl der **Anbieter- als auch der Nachfragewettbewerb.** Die Handlungsfreiheit muss auch rechtlich gegeben sein; deswegen ist § 1 nicht anwendbar, wenn sich Unternehmen zur Unterlassung von Werbemaßnahmen verpflichten, die nach anderen Vorschriften ohnehin rechtswidrig sind (BGHZ 36, 105 (111) = WuW/E 451 – Export ohne WBS; WuW/E 2688 (2690 f.) – Warenproben in Apotheken; KG WuW/E 5821 (5840) – Gewerbliche Spielgemeinschaft; OLG München WuW/E 5855 – Gewerbliche Lotto-Spielgemeinschaft). Zur Frage, ob das Kartellverbot auch rechtswidrigen Wettbewerb schützt: Lettl/Nordemann NZKart 2014, 207. 36

c) Bezweckte oder bewirkte Wettbewerbsbeschränkung. Die Wettbewerbsbeschränkung muss bezweckt oder bewirkt sein. **„Bezweckt"** stellt nicht unbedingt auf die **subjektive Vorstellung der Parteien** der Vereinbarung, des Beschlusses oder der Abstimmung ab. Das BKartA vertrat teilweise die aA, wenn es den „Zweck" objektiv iSd objektiven Eignung zur Wettbewerbseinschränkung bestimmen will und subjektive Absichten wegen des Charakters des § 1 als Gefährdungstatbestand für unerheblich hält (BKartA WuW/E DE-V 209 (212) – Stellenmarkt für Deutschland II). Der EuGH geht davon aus, dass „bestimmte Arten der Koordination zwischen Unternehmen den Wettbewerb hinreichend gefährden, um davon ausgehen zu können, dass die Prüfungen ihrer Wirkungen nicht notwendig ist" (EuGH EuZW 2014, 901 (903) Rn. 49 – Groupement des cartes bancaire: s. Mohr ZWeR 2015, 1; der BGH hat diese Rspr. jedenfalls für § 1 übernommen: BGH NZKart 2018, 52 (53) – Almased Vitalkost). Bestimmte Formen der Kollusion wie zB über Preise werden als derart geeignet angesehen, „negative Auswirkungen auf insbesondere den Preis, die Menge oder die Qualität der Waren und Dienstleistungen zu haben", dass die Auswirkungen auf den Markt gar nicht geprüft werden müssen (EuGH EuZW 2014, 901 (903) Rn. 51). Für die Beurteilung, ob eine bezweckte Wettbewerbsbeschränkung vorliegt, ist auf den Inhalt der Vereinbarung und die „mit ihr verfolgten Ziele sowie auf den wirtschaftlichen und rechtlichen Zusammenhang, in dem sie steht, abzustellen" (EuGH EuZW 2014, 901 (903) Rn. 53). Dabei gilt die Formel, dass das wesentliche Kriterium, ob eine bezweckte Wettbewerbsbeschränkung vorliegt, „[...] in der Feststellung liegt, dass eine solche Koordinierung 37 in sich selbst eine hinreichende Beeinträchtigung des Wettbewerbs erkennen läßt" (EuGH EuZW 2014, 901 (904) Rn. 57). **Beispiele für bezweckte Wettbewerbsbeschränkungen:** BGH NZKart 2019, 146 (148) – Flüssiggas I (Nichtangriffspakt bezogen auf Kunden); OLG Düsseldorf NZKart 2019, 164 (168) – Zahlungsauslösedienst (Vereinbarung zwischen Banken, dass der Kunde seine PIN nicht außerhalb bestimmter Internetseiten nutzen darf). Die Abgrenzung zur bewirkten Wettbewerbsbeschränkung ist nicht immer einfach: So soll die Regelung in einem Geschäftsraummietvertrag, die die Vermietung von Supermarktflächen von der Zustimmung eines Mieters abhängig macht, keine bezweckte, sondern allenfalls eine bewirkte Wettbewerbsbeschränkung sein (EuGH NZKart 2016, 70 (71). **„Bewirkt"** stellt auf die **objektiven Auswirkungen** ab, also darauf, welche Folgen der Vereinbarung immanent oder äquivalent und bei kaufmännisch rationalem Verhalten zu erwarten sind (BKartA WuW/E DE-V 209 (212) – Stellenmarkt für Deutschland II). Das eine oder das andere reicht aus. Allerdings kann sich ein zeitliches Rangverhältnis ergeben. In der Anfangszeit ist die Wettbewerbsbeschränkung möglicherweise, wenn überhaupt, nur bezweckt, aber (noch) nicht bewirkt. In der Folgezeit tritt eine Verselbstständigung gegenüber den Vorstellungen der Parteien ein; es reichen dann wettbewerbsbeschränkende Wirkungen aus. Für die Frage, ob eine wettbewerbsbeschränkende Wirkung eintritt, wird man – wie im EU-Kartellrecht – auch der **Marktmacht** der beteiligten Unternehmen entscheidende Bedeutung zumessen müssen (Horizontal-Leitlinien 2023, Anhang B 5 Rn. 32; Bagatellbekanntmachung, Anhang B 2 Rn. 7 ff.). Gleiches gilt für die **Marktstruktur,** die dazu führen kann, dass Wettbewerbsbeschränkungen bereits bei relativ niedrigen Marktanteilen der beteiligten Unternehmen angenommen werden können. Ist der Markt dynamisch, finden also Marktzutritte relativ leicht statt, so ist normalerweise nicht zu erwarten, dass erheblich spürbare wettbewerbsbeschränkende Auswirkungen zu befürchten sind (Horizontal-Leitlinien, Anhang B 5 Rn. 47). Auch im Vertikalverhältnis kommt es auf die Marktmacht des bindenden Unternehmens an (OLG Düsseldorf NZKart 2019, 282 (284) – Ticketvertrieb II). **Einkaufkooperationen** sind normalerweise bewirkte Wettbewerbsbeschränkungen (OLG Frankfurt a. M. NZKart 2019, 230 (231) – Telefonbuchverlage). Die Bindung eines Konzessionsinhabers für einen Personenbeförderungsverkehr unabhängig von der Dauer der Konzession soll ebenfalls eine bewirkte Wettbewerbsbeschränkung sein (BGH NZKart 2018, 372 – Busverkehr im Altmarktkreis).

38 **d) Streit beendender Vergleich.** Wenn die Parteien eine Auseinandersetzung vergleichen oder im Vergleich wettbewerbsbeschränkende Absprachen treffen, kann ausnahmsweise eine differenzierende Bewertung angebracht sein. Besteht oder droht eine **wettbewerbsrechtliche Streitigkeit** zwischen den Parteien, so ist nach der Rspr. des BGH ein Vergleich mit objektiv wettbewerbsbeschränkendem Inhalt dann zulässig, wenn ein ernsthafter, objektiv begründeter Anlass zu der Annahme besteht, der begünstigte Vertragspartner habe einen Anspruch auf Unterlassung der durch den Vergleich untersagten Handlung, sodass bei Durchführung eines Rechtsstreits ernstlich mit dem Ergebnis zu rechnen wäre, dass dem Wettbewerber das umstrittene Vorgehen untersagt werde. Nur solche wettbewerbsbeschränkenden Abreden sind von der Nichtigkeitsfolge freigestellt, die sich innerhalb der Grenzen dessen halten, was **auch bei objektiver Beurteilung ernstlich zweifelhaft** sein kann (BGH WuW/E DE-R 1537 (1539) – Abgasreinigungsvorrichtung; vgl. auch BGHZ 3, 193 (197); 16, 296 (303); BGH WuW/E 2003 (2005); BGHZ 65, 147 (151); OLG Karlsruhe WuW/E 2958 (2959); OLG München NJWE-WettbR 1997, 46 – Wurzelreduzierer; zur Abgrenzungsvereinbarung BGH WuW/E DE-R 3275 – Jette Joop, dazu auch Bechtold GWR 2011, 219; Dück/Maschemer WRP 2013, 167; strenger in seinen Anforderungen K. Schmidt JuS 1978, 736 (740); kritisch auch

Jauernig ZHR 141 (1977), 224); zu schutzrechtlichen Abgrenzungsvereinbarungen → Rn. 56, 83.

e) Verhältnis zu anderen Gesetzen. § 1 muss unter bestimmten Voraussetzungen **hinter anderen Normen** zurücktreten, die wettbewerbsbeschränkende Vereinbarungen zulassen oder voraussetzen. Das hat besondere Bedeutung für **Tarifverträge,** soweit sie das Verhalten der Arbeitgeber, also Unternehmen, im Bereich der Arbeitsbedingungen regeln. Der EuGH stellt nicht infrage, dass diese die Voraussetzungen des Art. 101 Abs. 1 AEUV erfüllen könnten. Mit Tarifverträgen seien „zwangsläufig gewisse den Wettbewerb beschränkende Wirkungen verbunden. Die Erreichung der mit Tarifverträgen angestrebten sozialpolitischen Ziele wäre jedoch ernsthaft gefährdet, wenn für die Sozialpartner bei der gemeinsamen Suche nach Maßnahmen zur Verbesserung der Beschäftigungs- und Arbeitsbedingungen Art. 85 Abs. 1 (jetzt: Art. 101 Abs. 1 AEUV) Geltung hätte". Eine „sachgerechte und zusammenhängende Auslegung der Bestimmungen des Vertrages in ihrer Gesamtheit" ergebe daher, dass Tarifverträge aufgrund ihrer Art und ihres Gegenstands nicht unter Art. 81 EG fielen (EuGH Slg. 1999, I-5863 (6048 f.) – Albany; Latzel/Serr EuZW 2014, 410). Erforderlich sei aber, dass die Vereinbarung Ergebnis einer Tarifverhandlung zwischen den Organisationen der Arbeitgeber und Arbeitnehmer sei, und dass sie unmittelbar zur **Verbesserung der Arbeitsbedingungen der Arbeitnehmer** beitrage (hier der Entlohnung). Das ist auch für das deutsche Recht verbindlich. Dort ergibt sich die Unanwendbarkeit des GWB aus dem Tarifvertragsgesetz selbst, das gleichrangig mit dem GWB und diesem gegenüber nach seinen Anwendungsvoraussetzungen die speziellere Regelung ist (vgl. dazu Bechtold FS Bauer, 2010, 109 (115); Bechtold RdA 1983, 99; Säcker/Oetker, Grundlagen und Grenzen der Tarifautonomie, 1992, 217; Wulf-Henning Roth, FIW, Tarifautonomie und Kartellrecht, Heft 136/1990, 22 f.). 39

Soweit nach den §§ 97 f. MarkenG **Kollektivmarken** zulässig sind, ist § 1 nicht anwendbar (BGH GRUR 1964, 381 – WKS Möbel; BGH WuW/E 1293 (1297) – Platzschutz, jeweils zu §§ 17–24 WZG aF). Dies gilt aber nur insoweit, wie das Markenrecht den Bestand des Schutzrechts auch gewährleistet (BGH GRUR 1961, 627 – Metallspritzverfahren). § 1 bleibt anwendbar, wenn der in der Satzung oder einem sonstigen Vertrag festgelegte Schutz über den Inhalt und Umfang des Zeichenrechts hinausgeht (BGH WuW/E 1293 (1297) – Platzschutz; BGH WuW/E 2697 (2701) – Golden Toast; KG WuW/E 4459 – Golden Toast). Dieser Schutz bezieht sich aber nur auf Vereinbarungen und Beschlüsse, die zur Sicherung der Herkunft und Qualitätsfunktion erforderlich sind (KG WuW/E 4459 – Golden Toast). **Querlieferungen in selektiven Vertriebssystemen** bei innerhalb der Gemeinschaft in Verkehr gebrachten Waren können nicht mit markenrechtlichen Ansprüchen unterbunden werden (dazu BGH NZKart 2020, 677 – Querlieferungen). 40

Insgesamt gibt es Tendenzen für eine **Immanenztheorie,** aufgrund deren formale Verstöße gegen § 1 hingenommen werden, wenn das betroffene Rechtsinstitut kartellrechtsneutral ist und die Wettbewerbsbeschränkung notwendig für seinen Bestand und seine Funktionsfähigkeit ist (vgl. BGH WuW/E DE-R 2554 (2557 f.) – Subunternehmervertrag II; zum EU-Recht Fuchs ZWeR 2007, 369 (378); K. Schmidt AG 1998, 551 (560); außerdem KG WuW/E 5565 (5577) – Fernsehübertragungsrechte; 5821 (5832) – Gewerbliche Spielgemeinschaften). Das hat traditionell – beschränkte – Bedeutung für Wettbewerbsbeschränkungen innerhalb von Genossenschaften (→ Rn. 57). Generell kann aber nicht davon ausgegangen werden, dass der Gesetzgeber durch die Schaffung von Institutionen oder – horizontalen oder vertikalen – Kooperationsformen auch die Wettbewerbsbeschränkungen legitimiert, die möglicherweise mit deren Praktizierung verbunden sind. Erforderlich ist zumindest, dass der **Praktizierung des an sich Zulässigen** 41

typischer- und notwendigerweise bestimmte Wettbewerbsbeschränkungen immanent sind.

8. Spürbare Außenwirkung

42 **a) Außenwirkung.** § 1 erfasst nur Vereinbarungen, Beschlüsse und Verhaltensweisen, die nicht nur zwischen den Parteien wirken, sondern eine Außenwirkung haben. Vereinbarungen, die sich am Markt nicht auswirken, unterliegen nicht dem Kartellverbot. Das Erfordernis einer solchen Außenwirkung ergab sich in der bis 1998 geltenden Fassung des § 1 aus dem Tatbestandsmerkmal der Eignung zur **Beeinflussung der Marktverhältnisse.** Es ist seit der 6. GWB-Novelle 1998 ebenso wie von vornherein in Art. 101 Abs. 1 AEUV nicht mehr gesetzlich verankert (vgl. dazu auch Baums ZIP 1998, 233 (234); K. Schmidt AG 1998, 551 (560)).

43 **b) Spürbarkeit.** Im EU-Recht und im deutschen Recht – zu § 1 – war immer anerkannt, dass die Kartellverbote nur auf „spürbare" Wettbewerbsbeschränkungen anwendbar sind; diese Spürbarkeit bezog sich auf die Außenwirkung. Der EuGH hatte schon in der frühen Entscheidungspraxis das den Anwendungsbereich des Kartellverbots einschränkende, **ungeschriebene Tatbestandsmerkmal** der Spürbarkeit anerkannt (sog. **de minimis**- oder Bagatellregel). Danach liegt nur dann ein Verstoß gegen Art. 101 Abs. 1 AEUV vor, wenn die wettbewerbs- und handelsbeschränkenden Konsequenzen als spürbar, dh nicht bloß als geringfügig oder unbedeutend einzustufen sind (so schon EuGH Slg. 1966, 281 (304) – Maschinenbau Ulm; Slg. 1971, 949 Rn. 18 – Béguelin; Slg. 1980, 3125 Rn. 154 – Van Landewyck; vgl. auch Fuchs ZWeR 2007, 369 (386 f.)). Die ungeschriebene Tatbestandsrestriktion der Spürbarkeit im EU-Recht hat Bedeutung sowohl für die Wettbewerbsbeschränkung als auch für die Eignung zur Beeinträchtigung des zwischenstaatlichen Handels. Für die Anwendung des § 1 kommt es nicht auf die Beeinträchtigung des zwischenstaatlichen Handels an, sodass nur die Grundsätze für die Spürbarkeit der Wettbewerbsbeschränkung auf das deutsche Recht übertragbar sind.

44 Auf diese **Spürbarkeit** kommt es aber **nur bei bewirkten Wettbewerbsbeschränkungen** an; bei **bezweckten Wettbewerbsbeschränkungen** ergibt sich nach Ansicht des EuGH schon aus der Natur die Schädlichkeit für das gute Funktionieren des normalen Wettbewerbs, **sodass es auf die Auswirkungen gar nicht ankommt.** Solche Vereinbarungen unterfallen schon deshalb Art. 101 AEUV und § 1, weil sie geeignet sind, negative Auswirkungen auf den Wettbewerb zu entfalten (EuGH EuZW 2014, 901 (903) Rn. 49 – Groupement des cartes bancaire mwN; BGH NZKart 2018, 52 (53) – Almased Vitalkost). Allerdings galt das im deutschen Recht nicht ohne Weiteres für die vertikalen Wettbewerbsbeschränkungen, soweit sie nach § 14 aF als Inhaltsbindungen untersagt waren. Erst in der neuesten Zeit hat der BGH anerkannt, dass auch im Rahmen des Preisbindungsverbotes gewisse Bagatellgrenzen gelten können (BGH WuW/E DE-R 1101 (1105) – 1 Riegel extra, → Rn. 66; dort aber nur in einer Fallgestaltung mit „faktischer" Preisbindung durch Packungsaufdruck und begleitende Werbemaßnahme; bei **echter Mindestpreisbindung** nimmt der BGH eine **bezweckte Wettbewerbsbeschränkung** an, sodass es auf die Spürbarkeit nicht ankommt, s. BGH NZKart 2018, 52 (53) – Almased Vitalkost gegen OLG Celle NZKart 2016, 288 (290)). Bei nur **bewirkten Wettbewerbsbeschränkungen** gelten die Grundsätze zur Spürbarkeit, die im früheren deutschen Recht entwickelt worden sind, weiter: Bagatellen oder **nur theoretische Außenwirkungen reichen nicht aus.** Sie müssen vielmehr in einer fühlbaren, praktisch ins Gewicht fallenden Weise zu einer Veränderung der Marktverhältnisse führen können (vgl. BGH WuW/E 2469 (2470) – Brillenfassungen); die Außenwirkung muss **„mehr als nur unbedeutend"** sein (BGH GRUR 1998, 739 (743) – Car-Partner). Unbedeutend ist sie sicher bei Marktanteilen von unter

0,2 % (OLG Düsseldorf WuW/E DE-R 1410). Regelmäßig müssen die Wahlmöglichkeiten der Marktgegenseite beeinträchtigt werden (vgl. OLG Stuttgart WuW/E 4000 – Werkskundendienst). Dabei ist nicht nur von theoretischen Möglichkeiten auszugehen, sondern von „wirtschaftlich zweckmäßigem und kaufmännisch vernünftigem Verhalten" der Marktteilnehmer (vgl. BGH WuW/E 2050 (2051) – Bauvorhaben Schramberg; vgl. auch BGH WuW/E 2025 (2027) – Texaco/Zerssen; WuW/E DE-R 711 (717) – Ost-Fleisch). Das Gleiche gilt, wenn der Wettbewerb auf dem Markt ohnehin eingeschränkt ist (vgl. TB 1981/1982, 71); je geringer der Wettbewerbsspielraum zB aufgrund gesetzlicher oder behördlicher Regelungen ist, desto geringer sind auch die Anforderungen an die Spürbarkeit (BGH WuW/E 2411 (2413 f.) = NJW-RR 1988, 50 – Personenbeförderung ab Stadtkreis-Grenze; s. auch BGH NZKart 2018, 372 (374) – Busverkehr im Altmarktkreis). Umgekehrt wird bei qualitativ schwachen Wettbewerbsbeschränkungen die Spürbarkeit eher verneint (zB OLG Stuttgart WuW/E 4118 (4120) – Wasseraufbereitung oder OLG Frankfurt a. M. NZKart 2019, 230 (231) für den gemeinsamen Einkauf von Rechenzentrumsleistungen). Eine einzelne „kleine" Wettbewerbsbeschränkung kann spürbar sein, wenn sie Teil von eine ganze Branche umfassenden Beschränkungen ist (KG WuW/E 4885 (4891) – Branche Heizung Klima Lüftung; vgl. auch BGH WuW/E 2000 (2001) – Beistand bei Kosten angeboten); es gilt also auch, ähnlich wie bei Art. 101 Abs. 1 AEUV, eine **„Bündeltheorie"**, die bei der Spürbarkeit ein „Bündel" gleich laufender Vereinbarungen berücksichtigt.

c) De-minimis-Bekanntmachung. Die De-minimis-Bekanntmachung der Kommission 2014 (ABl. 2014 C 291, 1) stellt quantitative und qualitative Kriterien auf, anhand derer sich die Spürbarkeit einer Maßnahme iSd Art. 101 Abs. 1 AEUV ausschließen lassen soll. Sie definiert positiv einen bestimmten Bereich, innerhalb dessen keine Spürbarkeit einer Wettbewerbsbeschränkung besteht. Die quantitativen Kriterien unterscheiden nach horizontalen und vertikalen Wettbewerbsbeschränkungen: **Horizontale Vereinbarungen** beschränken den von Art. 101 AEUV geschützten Wettbewerb nicht spürbar, wenn der von den an der Vereinbarung beteiligten Unternehmen insgesamt gehaltene **Marktanteil** auf keinem der von der Vereinbarung betroffenen relevanten Märkte **10 %** überschreitet (Ziffer 8 lit. a der Bagatellbekanntmachung). Für **vertikale Vereinbarungen** liegt die Spürbarkeitsschwelle demgegenüber bei **15 %** (Ziffer 8 lit. b). In Fällen, in denen die Einordnung der Wettbewerbsbeschränkung als horizontale oder vertikale schwierig ist, gilt der niedrigere Schwellenwert für horizontale Vereinbarungen (Ziffer 9). Grund der unterschiedlichen Marktanteilsschwellen sind die größeren Gefahren horizontaler Vereinbarungen; demgegenüber kann eher von einem positiven Einfluss vertikaler Vereinbarungen ausgegangen werden. Die Bagatellbekanntmachung (Ziffer 13) erklärt diese Marktanteilsschwellen als nicht relevant für **bezweckte Wettbewerbsbeschränkungen** (→ Rn. 36). Zwischen **Wettbewerbern** gelten Regelungen als **bezweckte Wettbewerbsbeschränkungen,** die die Festsetzung von Preisen, die Beschränkung der Produktion und des Absatzes sowie die Aufteilung von Märkten und Kunden bezwecken (bei bezweckter Wettbewerbsbeschränkung spielt die tatsächliche Auswirkung der Vereinbarung keine Rolle (→ Rn. 36)). Bei Vereinbarungen zwischen **Nichtwettbewerbern** gelten als **Kernbeschränkungen** die „schwarzen Klauseln" aus Art. 4 VO 2022/720, also vertikale Preisbindungen, Vertriebsgebietsbeschränkungen und Kundenabgrenzungen mit den in Art. 4 lit. b VO 2022/720 geregelten Ausnahmen, Beschränkungen des aktiven oder passiven Verkaufs an Verbraucher in selektiven Vertriebssystemen gem. Art. 4 lit. c VO 2022/720, Beschränkungen von Querlieferungen zwischen Händlern eines selektiven Vertriebssystems gem. Art. 4 lit. d VO 2022/720 sowie Beschränkungen hinsichtlich des Ersatzteilvertriebs gem. Art. 4 lit. e VO 2022/720. Im Vertikalbereich ist von Bedeutung, dass **kumulative Wirkungen von Vertragsbündeln** zu berücksichti- 45 gen sind (dazu zB OLG München WuW/E DE-R 968 (969) – Riegele); spielen sie eine Rolle, gelten Marktanteilsschwellen von 5 %. Zu weiteren Kriterien der Spürbarkeit auch außerhalb der Bagatellbekanntmachung vgl. Bechtold/Bosch/Brinker AEUV Art. 101 Rn. 103.

46 Das **BKartA,** das früher eine engere Auffassung zur Behandlung von Bagatellfällen vertreten hatte, hat sich mit der **Bagatellbekanntmachung von 2007** (Anhang C 2) weitgehend an die Bagatellbekanntmachung der Kommission aus dem Jahre 2001 (ABl. 2001 C 368, 13) angepasst (vgl. dazu Pfeffer/Wegner BB 2007, 1173).

9. Horizontale Kartelle

47 **a) Frühere Behandlung im deutschen Recht.** § 1 erfasste idF der 6. GWB-Novelle, die vom 1.1.1999 bis zum 30.6.2005 galt, nur Vereinbarungen, Beschlüsse und abgestimmte Verhaltensweisen **„zwischen miteinander im Wettbewerb stehenden Unternehmen".** Damit war die Anwendung des § 1 begrenzt auf horizontale Kartelle. Diese Begrenzung lag auch allen früheren Fassungen des § 1 zugrunde. Bis 1998 setzte § 1 Verträge „zu einem gemeinsamen Zweck" voraus. Historisch knüpfte der Begriff des **„gemeinsamen Zwecks"** an der Definition der Gesellschaft in § 705 BGB an. Deswegen war zunächst die Auffassung vorherrschend, dass Kartellverträge Gesellschaftsverträge seien (vgl. dazu noch GemK/Müller-Henneberg, 4. Aufl. 1980, Rn. 35 mwN, insbes. Rn. 38; GemK/Hootz, 5. Aufl. 1999, Rn. 68). Später hat sich die Rspr. von dieser Anlehnung an das Gesellschaftsrecht mehr und mehr gelöst. Ein gemeinsamer Zweck lag nach der bis 1997 herrschenden Rspr. vor, wenn die beteiligten Unternehmen mit dem Vertrag **„gleich gerichtete Interessen"** verfolgten (so grundlegend BGH WuW/E 1458 (1460) – Fertigbeton I). Das war der Fall, wenn die Unternehmen sich als Wettbewerber gegenüberstanden und den gegenseitigen Wettbewerb beeinflussen wollten, zB durch Erreichung einer besseren Markttransparenz (vgl. BGH WuW/E 2313 (2314 f.) – Baumarkt-Statistik). Generell bestand die Tendenz, einen gemeinsamen Zweck zu bejahen, wenn durch einen Vertrag gegenseitiger aktueller oder potenzieller Wettbewerb beeinträchtigt wurde (vgl. BGH WuW/E 1871 (1878) – Transportbeton-Vertrieb I; zur Anwendung des § 1 auf Nicht-Wettbewerber KG WuW/E 2961 (2963 f.) – Rewe). Daneben kamen auch Vereinbarungen in Betracht, in denen das eine Unternehmen auf einem Gebiet auf Wettbewerb verzichtete und damit die Tätigkeit des anderen förderte und umgekehrt. Demgegenüber werden bei **Austauschverträgen** nicht gleich gerichtete Interessen wahrgenommen, sondern widerstreitende Interessen ausgeglichen. Zeichnete sich ein wettbewerbsbeschränkender Vertrag durch ein deutliches „Ungleichgewicht der Leistungen und der Gegenleistungen" aus, sprach das gegen einen Austauschvertrag nach § 18 aF und für eine nach § 1 unwirksame Kartellabrede (OLG Düsseldorf WuW/E 2716 – Subterra-Methode).

48 1997 hat der BGH in drei Urteilen (BGH WuW/E 3115 – Druckgussteile; 3121 = NJWE-WettbR 1997, 211 – Bedside-Testkarten; 3137 – Sole) die Deutung des „gemeinsamen Zwecks" durch die „gleich gerichteten Interessen" ausdrücklich aufgegeben und im Vorgriff auf die 6. GWB-Novelle am **Bestehen eines aktuellen oder potenziellen Wettbewerbsverhältnisses** ausgerichtet (dazu auch Bechtold NJW 1997, 1959 (1961); Bechtold BB 1997, 1853 (1854); K. Schmidt AG 1998, 551; Baums ZIP 1998, 233; vgl. auch BGH NJW 1998, 2825 (2826) = GRUR 1998, 739 (741) – Car-Partner; WuW/E DE-R 131 (133) = WRP 1998, 777 – Eintritt in Gebäudereinigungsvertrag; WuW/E DE-R 1119 (1122 f.) – Verbundnetz II). Er unterschied eine „ausschließlich das Vertikalverhältnis zwischen den Parteien betreffende Ausschließlichkeitsbindung" von der Konstellation, in der sich die Parteien „auf demselben Markt als potenzielle Wettbewerber gegenüberstehen" und in der eine Beschränkung der wirtschaftlichen Freiheit einer Partei auch „horizontale Wirkung" hat. Diese neue Akzentuierung beseitigte allerdings nicht die alten

Abgrenzungsprobleme, wenn nunmehr gesagt wurde, ein gemeinsamer Zweck liege bei Austauschverträgen vor, wenn „für die Wettbewerbsbeschränkung bei **wertender Betrachtungsweise** im Hinblick auf die Freiheit des Wettbewerbs ein **anerkennenswertes Interesse nicht besteht**". Im Ergebnis landete der BGH damit wieder bei der alten, theoretisch schwer einzuordnenden Formel, dass sachlich nicht gebotene, über die Sicherung eines – kartellrechtsneutralen – Leistungsaustausches hinausgehende Beschränkungen in dem „überschießenden" Umfang einem gemeinsamen Zweck (heute: dem Ausschluss gegenseitigen Wettbewerbs) dienen und deshalb grds. nach § 1 zu beurteilen sind (zur „Immanenztheorie" → Rn. 33). Heute kommt es darauf an, ob dieser „überschießende" Umfang für die Erreichung des kartellrechtsneutralen Vertragszwecks **erforderlich** ist (BGH WuW/E DE-R 2554 (2557) – Subunternehmervertrag II; → Rn. 51). Ein nur anerkennenswertes Interesse an der Wettbewerbsbeschränkung reicht nicht mehr aus.

b) Bedeutung des Horizontalverhältnisses. Das Horizontalverhältnis in Abgrenzung zum Vertikalverhältnis ist dadurch definiert, dass die Unternehmen auf **demselben Markt** und **„derselben Marktstufe"** (zur Abgrenzung von Vertikalvereinbarungen Horizontal-Leitlinien 2023 Rn. 43) bzw. „…zwecks Durchführung der Vereinbarung auf **derselben „Produktions- oder Vertriebsstufe"** tätig sind (vgl. dazu Art. 2 Abs. 1 VO 2790/1999; Art. 1 lit. a VO 330/2010 und VO 2022/720). Wenn Unternehmen auf der gleichen Wirtschaftsstufe stehen, bedeutet das aber nicht notwendig, dass sie Wettbewerber sind. Wenn zB ein Hochbauunternehmen und ein Innenausbauunternehmen eine Arbeitsgemeinschaft zur Errichtung eines Bauwerks bilden, sind sie auf derselben Wirtschaftsstufe tätig; sie sind dadurch aber keine Wettbewerber. Ihre Arbeitsgemeinschaft beschränkt nicht gegenseitigen Wettbewerb. Eine solche Beschränkung ist vielmehr nur möglich, wenn zwischen den beteiligten Unternehmen **zumindest ein potenzielles Wettbewerbsverhältnis** besteht (vgl. dazu Schulte/Just/Lober Rn. 53). Unternehmen, die zwar auf demselben Produktmarkt, aber auf räumlich unterschiedlichen Märkten tätig sind, sind keine aktuellen Wettbewerber; potenzielle Wettbewerber sind sie nur, wenn das Eindringen in das Tätigkeitsgebiet des anderen objektiv möglich und kaufmännisch sinnvoll erscheint. Unternehmen, die nicht auf demselben sachlich relevanten Markt, sondern auf sachlich benachbarten Märkten tätig sind, sind ebenfalls keine aktuellen Wettbewerber; es kommt aber ein potenzielles Wettbewerbsverhältnis in Betracht, wenn die Tätigkeit in dem einen Markt es als nahe liegend erscheinen lässt, dass das Unternehmen auch in den anderen, benachbarten Markt eindringen könnte. An einem solchen auch nur potenziellen Wettbewerbsverhältnis fehlt es meist bei Mantel- und Anzeigenkooperationen zwischen benachbarten regionalen Zeitungen (dazu OLG Düsseldorf WuW/E DE-R 3173 (3194) – Anzeigengemeinschaft). Kommt eine Tätigkeit auf demselben sachlich und räumlich relevanten Markt nicht in Betracht, stehen die Unternehmen weder aktuell noch potenziell im Wettbewerb; das gilt auch dann, wenn sich die Märkte iSv **Substitutionswettbewerb** (also „Wettbewerb mit nicht zum relevanten Markt gehörenden Produkten", so BGH WuW/E 2112 (2123) – Gruner + Jahr/Zeit I) gegenseitig beeinflussen. Der aktuelle oder potenzielle Wettbewerb muss im Zeitpunkt des verbotsbegründenden Ereignisses schon bestehen; es reicht nicht aus, wenn er erst durch dieses Ereignis geschaffen wird. 49

§ 1 gilt – wie Art. 101 AEUV – grds. auch **horizontale Vereinbarungen zwischen Unternehmen** erfassen kann, die zwar auf derselben Wirtschaftsstufe tätig, aber **weder aktuelle noch potenzielle Wettbewerber** sind. So wird in der Rechtsprechung zu Art. 101 AEUV ausdrücklich auf eine exakte Marktabgrenzung verzichtet, obwohl nur aufgrund dieser ein Wettbewerbsverhältnis der beteiligten Unternehmen geprüft werden kann (vgl. EuG Slg. 1995, II-289 Rn. 74 – SPO; Slg. 2000, II-2713 Rn. 230 – Volkswagen; Slg. 2005, II-4426 Rn. 99 – Groupe 50

Danone). Voraussetzung ist zumindest, dass die Märkte, auf denen die verschiedenen Unternehmen tätig sind, objektiv miteinander verbunden sind, wie das auch bei vertikalen Vereinbarungen der Fall ist (vertikal: Hersteller-/Händlermarkt; horizontal: Primär-/Sekundärmarkt, Substitutions- oder Komplementärbeziehungen). In keinem Fall wird auf das Wettbewerbsverhältnis in Fällen verzichtet, in denen nicht konkret Verhaltensweisen vereinbart oder abgestimmt sind, sondern ein **bloßer Informationsaustausch** erfolgt. Seine Unzulässigkeit setzt konkrete Feststellungen über den Markt und die Marktstruktur voraus, der durch den Austausch beeinflusst werden kann (vgl. EuGH Slg. 2009, I-4529 Rn. 34 – T-Mobile Netherlands; Slg. 1998, I-3111 Rn. 87 – John Deere). Zum Informationsaustausch im Rahmen von Zusammenschlussvorhaben vgl. Schubert ZWeR 2013, 54.

51 Das zumindest potenzielle **Wettbewerbsverhältnis,** das uE weiterhin Voraussetzung für die Anwendung des § 1 unter dem Gesichtspunkt des Horizontalverhältnisses ist, muss durch den **Inhalt der Vereinbarung (Beschluss, Abstimmung) berührt** werden. Dieses kann sich teilweise auch aus Umständen außerhalb des Vertragswortlauts und aus dem tatsächlichen Verhalten der Parteien erschließen (dazu BGH NJW 1998, 2825 (2828) = GRUR 1998, 739 (741 f.) – Car-Partner). Es reicht nicht aus, wenn die Partner der Vereinbarung, des Beschlusses oder der Abstimmung aktuelle und potenzielle Wettbewerber sind, die Vereinbarung, der Beschluss oder die Abstimmung sich aber auf Gegenstände bezieht, die mit diesen Wettbewerbsverhältnissen nichts zu tun haben. Es ist also erforderlich, dass die Vereinbarung, der Beschluss oder die Abstimmung **geeignet** ist, in irgendeiner Form **den Wettbewerb,** in dem sich die Partner gegenüberstehen, **zu beeinflussen.** Das ist nicht der Fall, wenn sich die Vereinbarung zwischen Wettbewerbern ausschließlich auf Märkte bezieht, auf denen die beteiligten Unternehmen weder aktuell noch potenziell tätig sind (Beispiel: Die Unternehmen A und B sind Wettbewerber auf dem Markt X; sie treffen eine wettbewerbsbeschränkende Vereinbarung, die sich ausschließlich auf den Markt Y bezieht, auf dem A Hersteller, B Händler ist). Aber auch dann, wenn sich die Vereinbarung (der Beschluss, die Abstimmung) auf einen Markt bezieht, auf dem beide Unternehmen aktuell und potenziell tätig sind, ist das Merkmal nur erfüllt, wenn diese Tätigkeit sich auf derselben Wirtschaftsstufe abspielt.

52 Das hat Bedeutung für **Austauschverträge zwischen Wettbewerbern,** die nicht unbedingt das gegenseitige Wettbewerbsverhältnis betreffen, sondern bei denen sich die beteiligten Unternehmen uU wie Lieferant und Abnehmer gegenüberstehen. Auf diese Fallkonstellation bezieht sich die frühere Rspr. des BGH zum gemeinsamen Zweck in § 1 aF (→ Rn. 46 f.), in der gerade für Austauschbeziehungen zwischen Wettbewerbern eine **„wertende Betrachtung"** dahin angelegt wurde, ob der Leistungsaustausch an sich kartellrechtsneutral sei oder ob sein wettbewerbsrelevanter Inhalt über das hinausgeht, was durch einen solchen Leistungsaustausch gerechtfertigt erscheint. In einer solchen Betrachtung sind einmalige Lieferbeziehungen zwischen Wettbewerbern im Regelfall kartellrechtsneutral, systematische, längerfristige oder ausschließliche Lieferbeziehungen hingegen kritisch zu betrachten, wenn sie geeignet sind, den gegenseitigen Wettbewerb zu beeinflussen (zur Zulässigkeit einer Kunden-Schutzklausel in einem solchen Vertrag vgl. BGH WuW/E DE-R 131 = WRP 1998, 777 – Eintritt in Gebäudereinigungsvertrag; vgl. dazu auch BGH WuW/E DE-R 1119 (1123) – Verbundnetz II). Nach der neuen Rspr. des BGH kommt es darauf an, ob dieser „überschießende" Umfang für die Erreichung des kartellrechtsneutralen Vertragszwecks **erforderlich** ist (BGH WuW/E DE-R 2554 (2557) – Subunternehmervertrag II; → Rn. 55). Unter diesem Gesichtspunkt sind heute weder vertikale noch gar horizontale **Demarkationsabreden** zwischen Energieversorgungsunternehmen zu rechtfertigen (BGH WuW/E DE-R 1119 – Verbundnetz II). Einem Horizontalverhältnis sind auch sog. **Sternverträge** zuzuordnen. Sie liegen vor, wenn die an einer Wettbewerbsbeschränkung interessierten Wettbewerber inhaltlich gleiche Verträge jeweils einzeln mit einem

für alle identischen Partner schließen und auf diese Weise – durch ein **Bündel koordinierter Vertikalverträge** – horizontale Bindungen untereinander bezwecken oder bewirken (dazu LG Düsseldorf WuW/E DE-R 769 (770) – Sportartikeleinkaufsgesellschaft). Der BGH (NZKart 2019, 492 (493)) qualifizierte das Geflecht einer Vielzahl von regionalen Telefonbuchverlagen mit der DeTeMedien als einen solchen Sternvertrag, verneinte aber einen Verstoß gegen § 1: Die regionale Aufteilung mit jeweils einem Telefonbuch pro Gebiet verhindere eine „nicht hinnehmbare" Marktverwirrung.

c) Typische horizontale Wettbewerbsbeschränkungen. Typischerweise verstoßen gegen § 1 Vereinbarungen, Beschlüsse oder abgestimmte Verhaltensweisen zwischen Wettbewerbern über 53

- Preise, zu denen sie ihre miteinander konkurrierenden Waren an Dritte verkaufen **(Preiskartell),**
- Marktanteile, deren Aufrechterhaltung oder Herbeiführung durch entsprechende Steuerung ihrer Verkäufe sie sich gegenseitig versprechen **(Quotenkartell),**
- Gebiete, die sie untereinander aufteilen mit der Folge, dass der eine Wettbewerber für das eine Gebiet, der andere für das andere Gebiet zuständig ist **(Gebietskartell),**
- Kunden, die sie untereinander durch die entsprechende Steuerung ihrer Angebots- und Absatztätigkeit aufteilen **(Kundenkartell, Kundenabsprachen).**

Außerhalb dieser „harten" Kartelle, die auch miteinander kombiniert werden können, und die – von seltenen Ausnahmen abgesehen – von vornherein nicht für eine Freistellung nach § 2 bzw. Art. 101 Abs. 3 AEUV in Betracht kommen, gibt es eine Vielzahl milderer Absprachen, die differenziert behandelt werden können. Dazu gehören 54

- **Forschungs- und Entwicklungsvereinbarungen** zwischen Wettbewerbern, die sich möglicherweise nicht oder noch nicht auf dem Markt auswirken,
- **Spezialisierungsvereinbarungen** im Sinne einer Arbeitsteilung für Vorstufen der Unternehmenstätigkeit, die zu gegenseitigen Belieferungen führen und möglicherweise die Tätigkeit der beteiligten Unternehmen gegenüber Dritten nicht oder nur wenig verändern.

d) Standes- und gesellschaftsrechtliche Wettbewerbsverbote. Wettbewerbsverbote und Werbebeschränkungen auf der Grundlage von **Standesrichtlinien** sind – trotz Unternehmenseigenschaft der davon betroffenen freien Berufe – zulässig, wenn und soweit staatliches oder aufgrund staatlicher Ermächtigung gesetztes Berufsrecht der unternehmerischen Freiheit Grenzen setzt (BGH WuW/E 2141 (2143 f.) – Apothekenwerbung; 2326 (2328 f.) – Guten Tag-Apotheke II; 2688 (2690 f.) – Warenproben in Apotheken; vgl. auch OLG München WuW/E 3395 f.; OLG Stuttgart WuW/E 4726 = WRP 1991, 531 und Kramm WRP 1992, 365). Es gibt kartellrechtlich keine Pflicht, ausscheidenden Organmitgliedern oder Mitarbeitern ein **dienstvertragliches Wettbewerbsverbot** in dem Sinne aufzuerlegen, dass erst nach einer Karenzzeit ein neues Dienst- oder Arbeitsverhältnis bei einem Wettbewerber begründet werden darf. Ein Arbeitgeber, der ohne Karenzzeit einen Mitarbeiter eines Konkurrenten einstellt, verstößt damit nicht gegen § 1 – es sei denn, dem läge eine darauf bezogene wettbewerblich relevante Abstimmung oder Vereinbarung mit dem Konkurrenten zugrunde. 55

Gesellschaftsrechtliche Wettbewerbsverbote werden differenzierter beurteilt (vgl. dazu Klett/Klett WRP 2011, 1536). Nur soweit sich das Wettbewerbsverbot aus dem Gesellschaftsverhältnis ergibt und dem Bestand und der Erhaltung des Unternehmens dient und seine Aushöhlung „von innen her" verhindert, ist es kartellrechtsneutral (vgl. BGHZ 70, 331 (336); 89, 162 (166); BGH WuW/E 2047 (2048 f.) = NJW 1984, 1351 – Werbeagentur; WuW/E 2271 (2273) – Taxi-Genossenschaften; 2285 (2288) – Spielkarten; OLG Düsseldorf WuW/E DE-R 2166 56

(2168) – Anzeigenblatt-Gemeinschaftsunternehmen; OLG Stuttgart WuW/E DE-R 224 (225) – Gemeinschaftspraxis; vgl. zum Wettbewerbsverbot in einem Rechtsanwalts-Sozietätsvertrag OLG Düsseldorf WuW/E DE-R 187 (193 f.) – Überlange Sozietätsbindung). Geht es um eine Kapitalgesellschaft, darf nur demjenigen Gesellschafter ein Wettbewerbsverbot auferlegt werden, der mehrheitlich beteiligt ist (BGH WuW/E DE-R 2742 (2745) – Gratiszeitung Hallo) oder sonst die Geschäftsführung der Gesellschaft maßgeblich beeinflussen kann (OLG Düsseldorf WuW/E DE-R 2166 (2168) – Anzeigenblatt-Gemeinschaftsunternehmen). Satzungsbestandteile, die die wettbewerbliche Handlungsfreiheit der Gesellschafter beschränken, fallen nicht unter § 1, wenn sie **notwendig** sind, um die im Übrigen kartellrechtsneutrale Gesellschaft in ihrem Bestand und ihrer Funktionsfähigkeit zu erhalten (vgl. BGH WuW/E 2505 (2508) – neuform-Artikel; OLG Düsseldorf WuW/E DE-R 2166 (2167) – Anzeigenblatt GU; OLG Frankfurt a. M. WuW/E DE-R 2603 – Musikalienhandel). Keinesfalls darf es über das hinausgehen, was sich aus den schützenswerten Interessen des Begünstigten nach Ort, Zeit und Gegenstand rechtfertigt: Er darf den Verpflichteten nicht übermäßig beschränken (OLG München WuW/E 3126 (3128) – Gesellschaftsvertragliches Wettbewerbsverbot). **Wettbewerbsverbote,** die die Gesellschafter über die Dauer eines Gemeinschaftsunternehmens hinaus binden, verstoßen zwischen Wettbewerbern in der Regel gegen § 1 (OLG Düsseldorf NZKart 2019, 386 (388)).

57 Von § 1 ebenfalls nicht erfasst sind Wettbewerbsverbote als Nebenbestimmungen zu im Übrigen **kartellrechtsneutralen Verträgen,** wenn sie nur ohnehin nach Inhalt des Geschäfts mit Rücksicht auf Treu und Glauben bestehende Verpflichtungen des durch das Wettbewerbsverbot Gebundenen konkretisieren (OLG Stuttgart WuW/E DE-R 224 (225) – Gemeinschaftspraxis). Unter diesem Gesichtspunkt können, obwohl § 112 HGB nur für offene Handelsgesellschaften gilt, im Einzelfall auch Wettbewerbsverbote für Kommanditisten (dazu OLG Hamburg WuW/E 3320 (3322) – Dieselmotoren; OLG Düsseldorf WuW/E 3328 (3329) – Börsenkursanzeiger; KG NZKart 2014, 368 (369)), stille und GmbH-Gesellschafter zulässig sein. Es hat eine Abwägung der Wettbewerbsfreiheit und der Güter und Interessen zu erfolgen, denen das gesellschaftsrechtliche Wettbewerbsverbot dient (BGH WuW/E 2047 f. = NJW 1984, 1351 – Werbeagentur; vgl. dazu auch OLG Düsseldorf WuW/E 3328 (3329 f.) – Börsenkursanzeiger). Bei **Auflösung einer Gesellschaft** können uU die Grundsätze zur Zulässigkeit von Wettbewerbsverboten in Austauschverträgen sinngemäß angewandt werden. Nach Auffassung des BKartA kann so auch die zeitlich begrenzte Vereinbarung von Gebietsschutzregelungen zulässig sein, wenn sie in einer „wettbewerblich wünschenswerten Dekonzentration" nach Dauer und Umfang erforderlich sind, um ein Gemeinschaftsunternehmen aufzulösen (vgl. TB 1981/1982, 79 (80)); zu **Marktabgrenzungsvereinbarungen** s. BKartA BeckRS 2014, 10518; ähnlich BKartA 1.7.2013 – B3-11/13-2): Der Vertrag zwischen der Augenärztegenossenschaft und der AOK Nordost verstößt gegen § 1, weil vereinbart wurde, dass Augenärzte, die zwar über eine Abrechnungsbefugnis in Brandenburg verfügen, nur an den abgeschlossenen Leistungsverträgen teilnehmen können, wenn der Vertragsarztsitz in Brandenburg liegt; zu Schutzrechtsabgrenzungsvereinbarungen auch → Rn. 83. Der BGH (NZKart 2019, 492 (493)) verneinte eine einen Verstoß gegen § 1 für das Geflecht einer Vielzahl von regionalen Telefonbuchverlagen mit der DeTeMedien, mit dem die Verbreitungsgebiete abgegrenzt wurden, damit, dass die regionale Aufteilung mit jeweils einem Telefonbuch pro Gebiet eine „nicht hinnehmbare" Marktverwirrung verhindere.

58 Beschränkungen in einer **Genossenschaftssatzung** sind nur insoweit keine Wettbewerbsbeschränkungen iSv § 1, als sie genossenschaftsimmanent, insbes. zur Sicherung des Zwecks oder der Funktionsfähigkeit der Genossenschaft erforderlich sind (BGH WuW/E 2271 (2273) = WM 1986, 1572 = NJW-RR 1986, 1298 – Taxi-Genossenschaft; WuW/E 2341 (2342 f.) – Taxizentrale Essen; 2828 (2831) –

Taxigenossenschaft II; vgl. auch schon BGH WuW/E 1313 (1315) – Stromversorgungsgenossenschaft; 1517 (1518) – Gabelstapler). Die Wahl der Rechtsform der Genossenschaft entzieht die Beteiligten nicht dem Geltungsbereich des GWB (BGH WuW/E 1495 (1496) – Autoruf-Genossenschaft); es ist aber bei der Anwendung des GWB darauf zu achten, dass die Nutzung dieser Rechtsform nicht vereitelt wird (KG WuW/E 4907 (4913) – Offizieller Volleyball). Eine Satzungsbestimmung einer Taxi-Genossenschaft, wonach ein Mitglied, das einen Mietwagenverkehr betreibt, nicht aufgenommen werden darf oder ausgeschlossen werden kann, ist zur Erreichung des Genossenschaftszwecks nicht erforderlich und verstößt gegen § 1 (BGH WuW/E 2341 (2342 f.) – Taxizentrale Essen). Entsprechendes gilt für das **Verbot der Doppelmitgliedschaft** (BGH WuW/E 2271 (2275) – Taxi-Genossenschaft; 2828 (2830 f.) – Taxigenossenschaft II; OLG Stuttgart WuW/E 3985 – interfunk; OLG Frankfurt a. M. WuW/E 4495 (4496 f.) – Doppelgenossen; vgl. auch OLG München WuW/E DE-R 175 (176) – Isar-Funk). Sind Wettbewerbsbeschränkungen für diesen Zweck erforderlich, muss sich die Genossenschaft mit den Maßnahmen begnügen, die am wenigsten den Wettbewerb beschränken (BGH WuW/E 2271 (2273) – Taxi-Genossenschaft). Nicht gedeckt sind auch Verpflichtungen, Positionsdaten nach Annahme von Aufträgen weiterzugeben, oder Beschränkungen hinsichtlich der Außenwerbung (OLG Nürnberg NZKart 2016, 231).

e) Wettbewerbsverbote in Austauschverträgen. In Austauschverträgen, die 59
an sich Vertikalverträge sind, können Wettbewerbsbeschränkungen enthalten sein, die den **Wettbewerb** zwischen den Parteien **im Horizontalverhältnis** betreffen. Derartige Wettbewerbsverbote sind zulässig, wenn für sie nach dem kartellrechtsneutralen Vertragszweck eine **Notwendigkeit** gegeben ist; das Wettbewerbsverbot muss in seiner gegenständlichen, räumlichen und zeitlichen Dimension für die Erreichung des Hauptzwecks des Vertrages **erforderlich** sein (BGH WuW/E DE-R 2554 (2557 f.) – Subunternehmervertrag II; dazu Keßler WRP 2009, 1208 und Thomas WuW 2010, 177). Das kann der Fall sein, soweit sie bloße Hilfsfunktion haben, zB das Wettbewerbsverbot in einem gewerblichen Mietvertrag zulasten des Vermieters für die betroffene Liegenschaft (vgl. dazu OLG Frankfurt a. M. WuW/E 4488 (4489 f.) – Konkurrenz im selben Haus). Nachvertragliche Wettbewerbsverbote in Mietverträgen sind grds. unzulässig (vgl. OLG Stuttgart WuW/E 3965 – Marienapotheke), in Pachtverträgen jedenfalls so weit zulässig, als ein schutzwürdiges Interesse des Verpächters besteht (OLG Karlsruhe WuW/E 3968 – Apothekenpacht). In einem **Subunternehmervertrag** kann eine Kundenschutzklausel zulässig sein (vgl. BGH WuW/E DE-R 1119 (1123) – Verbundnetz II; OLG Stuttgart WuW/E 5904 – Eintritt in Gebäudereinigungsvertrag; vgl. allg. zu Kundenschutzklauseln Schmitt WuW 2007, 1096).

In einem Austauschvertrag über die **Veräußerung** eines Unternehmens ist das 60
Wettbewerbsverbot des Veräußerers grds. mit § 1 vereinbar, aber nur soweit mit ihm „tatsächlich nur die sich gegenüberstehenden Interessen des Leistungsaustausches verfolgt" werden und die Parteien keine darüber hinausgehende Beschränkung ihres Wettbewerbs anstreben (vgl. auch BGH WuW/E DE-R 1119 (1123) – Verbundnetz II). Bei der Unternehmensveräußerung muss das Verbot „nach Zeit, Ort und Gegenstand **auf das Maß beschränkt** werden, das **erforderlich** ist, damit der Erwerber die ihm bei der Unternehmensübertragung überlassenen Kundenbeziehungen festigen" (BGH WuW/E 1898 (1899 f.) = NJW 1982, 2000 – Holzpaneele; vgl. auch OLG Stuttgart WuW/E 2788 (2800 f.) – Pulverbeschichtungsanlage; OLG Hamburg WuW/E 2586 – EDV-Beratung; OLG Stuttgart WuW/E 3492 (3493) – Tanzschule; OLG Karlsruhe WuW/E 3968 (3970 f.) – Apothekenpacht) oder den erworbenen Besitz in räumlicher, sachlicher und zeitlicher Hinsicht konsolidieren kann (OLG Stuttgart WuW/E DE-R 224 (225) – Gemeinschaftspraxis). Die Unwirksamkeit eines Wettbewerbsverbots kann sich auch aus § 138 BGB ergeben, wenn § 1

nicht anwendbar ist (s. zB OLG Düsseldorf WuW/E 3326 (3328) – Fördertechnik; OLG Stuttgart WuW/E 3965 (3966) – Marienapotheke).

61 Wird im Zusammenhang mit einer Betriebsstilllegung in einem Vertrag das **Ausscheiden** des bisherigen Inhabers **aus dem Wettbewerb als Hauptleistung** gegen Zahlung eines Entgelts vereinbart, neigt die Rspr. dazu, § 1 anzuwenden. Ist hingegen die **Übertragung des Kundenstammes der Hauptinhalt** und dient das Wettbewerbsverbot nur der Sicherstellung des Zwecks des an sich kartellrechtsneutralen Austauschvertrages, ist § 1 nicht anwendbar (vgl. BGH WuW/E 3137 (3178) – Sole; 2085 (2087 f.) – Strohgäu-Wochenjournal; vgl. dazu auch das nach Zurückweisung erlassene Urteil des OLG Stuttgart WuW/E 3485; OLG Düsseldorf WuW/E 3326 (3328) – Fördertechnik), freilich nur für die Dauer, für die das erforderlich ist. Diese Voraussetzung wird im Allgemeinen nur für **höchstens fünf Jahre** angenommen. Gegebenenfalls muss ein unbefristetes Wettbewerbsverbot in ein befristetes umgedeutet werden (vgl. dazu auch OLG Stuttgart WuW/E 3492 – Tanzschule); eine solche **geltungserhaltende Reduktion** ist jedenfalls dann möglich, wenn das Wettbewerbsverbot als solches bedenkenfrei ist und nur hinsichtlich seiner Zeitdauer über das Erforderliche hinausgeht (so BGH WuW/E 2090 (2095) – Stadler-Kessel; WuW/E DE-R 1305 f. (1306) – Restkaufpreis); eine geltungserhaltende Reduktion hinsichtlich der räumlichen Geltung des Wettbewerbsverbots soll dagegen nicht möglich sein (OLG Düsseldorf WuW/E DE-R 4431 (4442) – Nachvertragliches Wettbewerbsverbot). Ob die grds. Zulässigkeit der geltungserhaltenden Reduktion – aber nur hinsichtlich der zeitlichen Dauer – bei gleichzeitigem Verstoß gegen § 138 BGB gilt (dazu BGH GRUR 1979, 657 (658 f.) – Ausscheidungsvereinbarung), ist nach BGH NJW 1994, 384 (386) zweifelhaft (vgl. dazu auch Thomas WuW 2010, 177 (182 f.); Bechtold NJW 1995, 1936; Traub WRP 1994, 802; dazu auch Bunte/Krauß Rn. 363).

10. Vertikale Vereinbarungen

62 **a) Frühere Behandlung im deutschen Recht.** § 1 erfasst ebenso wie Art. 101 Abs. 1 AEUV auch Vertikalverhältnisse. Es geht um Beschränkungen, die zwischen Unternehmen in deren Funktion als Angehörige **verschiedener Wirtschaftsstufen** vereinbart werden. Das schließt nicht aus, dass die Unternehmen in anderer Funktion auch aktuelle oder potenzielle Wettbewerber sind. Das deutsche Recht hat bis zur 7. GWB-Novelle, also bis zum 30.6.2005, Vertikalverhältnisse grds. anders behandelt als Horizontalverhältnisse. § 1 war auf sie nicht anwendbar. Vielmehr sahen die §§ 14 ff. aF differenzierte Regelungen vor. § 14 enthielt ein Verbot nicht nur von **Preis-,** sondern auch **Inhaltsbindungen,** also das Verbot, in einem „Erstvertrag" einem anderen Unternehmen Vorschriften darüber zu machen, zu welchen Bedingungen und Preisen es seine „Zweitverträge" mit Dritten ausgestalten soll. § 15 enthielt eine dem heutigen § 30 voll entsprechende Erlaubnis von Preisbindungen für Zeitungen und Zeitschriften. § 16 sah eine Missbrauchsaufsicht über **Abschlussbindungen** vor. Diese Missbrauchsaufsicht spielte in der Praxis keine Rolle (mehr). § 16 wurde aber richtigerweise als Bestätigung dafür gewertet, dass Abschlussbindungen grds. zulässig sind. ISd § 16 aF beschränkt ein Unternehmen ein anderes nicht im Inhalt seiner Vereinbarung mit Dritten, sondern darin, ob solche Vereinbarungen überhaupt mit Dritten abgeschlossen werden dürfen. Dabei ging es im Einzelnen um Verwendungsbeschränkungen, Ausschließlichkeitsbindungen, Vertriebsbindungen und Kopplungsgeschäfte. Ihre grundsätzliche Zulassung durch das deutsche Recht spielte angesichts des weitergehenden Verbots des Art. 101 Abs. 1 AEUV nur noch eine Rolle unterhalb der Zwischenstaatlichkeit. Die §§ 17 und 18 aF enthielten besondere Regelungen über **Lizenzverträge** über einige gewerbliche Schutzrechte und Know-how. Sie hatten angesichts der Bedeutung der

EU-rechtlichen Maßstäbe gerade in diesem Bereich keinerlei praktische Bedeutung mehr.

b) Besonderheiten von Vertikalbeziehungen. Die – zumindest in der Theorie – einschränkungslose Anwendung des Art. 101 Abs. 1 AEUV auf vertikale Vereinbarungen hängt wesentlich mit dem **EU-rechtsspezifischen Ziel der Integration der nationalen Märkte** zu einem einzigen, freien Binnenmarkt zusammen. Private Beschränkungen der wettbewerblichen Handlungsfreiheit, die zur Abschottung der nationalen Märkte führen, stehen dem entgegen und sind deswegen mit dem Grundgedanken des Binnenmarktes als einheitlichem Markt unvereinbar. Unter diesem Gesichtspunkt sind vertikale Wettbewerbsbeschränkungen potenziell genauso schädlich wie horizontale. Den Unternehmen soll es nach Art. 101 AEUV nicht möglich sein, durch vertikale Gebietsbeschränkungen und Exportverbote dieses Ziel des Binnenmarktes zu konterkarieren. 63

Dennoch verdienen vertikale Vereinbarungen im Vergleich zu den horizontalen eine differenzierte Beurteilung. Vereinbarungen, die – vertikale – Vertriebssysteme begründen oder sonst vertikale Beschränkungen enthalten, können gerade auch durch Beschränkungen der beteiligten Unternehmen die **Effizienz des Vertriebs erhöhen** und damit nicht nur – EU-rechtsspezifisch – das Ziel eines einheitlichen Binnenmarktes, sondern insgesamt auch den – horizontalen – **„Gruppenwettbewerb"** fördern. Diese differenzierte Beurteilung prägt die Entwicklung des Kartellrechts seit Anbeginn, im EU-Recht durch eine differenzierte Anwendung des einheitlichen Art. 101 AEUV, im früheren deutschen Recht durch differenzierte gesetzliche Regelungen. Einerseits wird das grundsätzliche Kartellverbot des Art. 101 Abs. 1 AEUV und des § 1 auch im Hinblick auf vertikale Vereinbarungen weit ausgelegt, andererseits hat die **Freistellungsnorm des Art. 101 Abs. 3 AEUV und des § 2** gerade auch bei vertikalen Vereinbarungen einen **weiten Anwendungsspielraum.** Daneben hat sich im Laufe der Zeit eine Tendenz ausgeprägt, Art. 101 Abs. 1 AEUV für einzelne Klauseln auch wieder einengend auszulegen. Die Theorie der **rule of reason** hat gerade im Bereich der vertikalen Wettbewerbsbeschränkungen ihren Ursprung (vgl. dazu Ackermann, Art. 85 Abs. 1 EGV und die Rule of Reason, 1997, passim, und Bechtold ZHR 164 (2000), 200). 64

Das frühere deutsche Recht systematisierte die teils verbotenen, teils zugelassenen und nur einer Missbrauchsaufsicht unterliegenden Vertikalbeschränkungen durch die Unterscheidung sog. **„Erstverträge"** und **„Zweitverträge".** Der Erstvertrag ist die von § 1 bzw. Art. 101 Abs. 1 AEUV erfasste „Vereinbarung" oder abgestimmte Verhaltensweise, also die Vereinbarung zwischen zwei Unternehmen, die auf unterschiedlichen Wirtschaftsstufen tätig sind. Typischerweise handelt es sich um Rahmen- oder Einzelverträge zwischen Verkäufer und Käufer oder Vermieter und Mieter. Der **Zweitvertrag** ist ein Vertrag, den das durch den Erstvertrag gebundene Unternehmen **mit Dritten** abschließt, die ihrerseits nicht Unternehmen zu sein brauchen. Verkauft der Hersteller Waren an den Händler, so ist das der Erstvertrag. Der Vertrag des Händlers über den Weiterverkauf an den Verbraucher ist der Zweitvertrag. Entsprechend der früheren Aufteilung in die §§ 14, 15 einerseits und § 16 aF andererseits kann zwischen Inhalts- und Abschlussbindungen unterschieden werden. 65

c) Inhaltsbindungen. Inhaltsbindungen sind dadurch gekennzeichnet, dass im Erstvertrag Festlegungen über den Inhalt des Zweitvertrages getroffen werden, nämlich – entsprechend der früheren Formulierung des § 14 – über die **„Gestaltung von Preisen oder Geschäftsbedingungen".** Geschützt wird insoweit die Freiheit der Unternehmen in der Gestaltung ihrer Zweitverträge (so die frühere stRspr, vgl. u.a. BGH WuW/E 2819 (2821) – Zinssubvention; und BGH WuW/E DE-R 264 (267) – Preisbindung durch Franchisegeber). Den Partnern der Erstverträge soll freistehen, die Preise und Bedingungen festzulegen, zu denen sie – in Zweitverträgen – ihre Waren oder gewerbliche Leistungen anbieten. Meist bezieht sich die 66

Inhaltsbindung auf die Gestaltung der Preise und Geschäftsbedingungen für Waren oder gewerbliche Leistungen, die das gebundene Unternehmen aufgrund des Erstvertrages von dem Binder erworben hat. Das muss aber nicht so sein. Unzulässig sind auch Bindungen hinsichtlich anderer Waren oder gewerblicher Leistungen. Der Hersteller darf also seinem Händler-Abnehmer weder vorschreiben, zu welchen Preisen er die von ihm bezogenen Waren verkauft, noch derartige Bindungen für andere Waren oder gewerbliche Leistungen vornehmen, zB seinem Abnehmer vorschreiben, zu welchen Preisen er den Kundendienst für die betreffenden Waren durchzuführen hat (vgl. dazu auch Pischel EuZW 2005, 459).

67 Das frühere deutsche Recht hat gleichermaßen Preis- und Konditionenbindungen verboten. Die Behandlung von **vertikalen Konditionenbindungen** im EU-Recht ist unklar. Verallgemeinerungsfähige Verwaltungspraxis gibt es nicht. Teilweise sind vertikale Konditionenbindungen, wenn sie für die Ausgestaltung vertikaler Vertriebssysteme notwendig oder auch nur sinnvoll sind, ohne Weiteres als zulässig angesehen worden. Das Verbot der **Preisbindung** setzt eine gewisse Erheblichkeit voraus; die unternehmerische Gestaltungsfreiheit des Gebundenen muss spürbar beeinträchtigt sein (so schon die Rspr. vor der 7. GWB-Novelle 2005, vgl. BGH WuW/E DE-R 1101 (1105) – 1 Riegel extra; dort aber nur in einer Fallgestaltung mit „faktischer" Preisbindung durch Packungsaufdruck und begleitende Werbemaßnahme; bei **echter Mindestpreisbindung** nimmt der BGH eine **bezweckte Wettbewerbsbeschränkung** an, sodass es auf die Spürbarkeit nicht ankommt, s. BGH NZKart 2018, 52 (53) – Almased Vitalkost gegen OLG Celle NZKart 2016, 288 (290)). Es umfasst nicht nur Vorgaben hinsichtlich der Gestaltung der Endpreise, sondern aller preisbildender Faktoren, zB auch die Verpflichtung, Subunternehmer zur „Tariftreue" zu verpflichten (dazu KG NJWE-WettbR 1998, 284 (288) – Tariftreueerklärung). Die Vorgabe eines bestimmten Kalkulationsschemas (KG WuW/E 1154; LG München I NJW 1985, 1906) ist ebenso verboten wie eine „Preisabstandsklausel", es sei denn, sie ist Ausfluss einer „ohnehin gegebenen vertraglichen Treuepflicht" (BGH WuW/E 2190 f. = NJW 1986, 58 – Preisabstandsklausel). Unzulässig ist auch eine Festlegung von Gewinnspannen, Rabatten, Skonti, Frachtsätzen usw (vgl. BGH GRUR 1967, 210 (212) – Flaschenbier). Die sich in USA anbahnende großzügigere Behandlung der vertikalen Preisbindung hat Auswirkungen auch im EU- und damit auch im deutschen Recht (dazu Sosnitza/Hoffmann AG 2008, 107). In den Vertikalleitlinien von 2010 wird die Möglichkeit von Effizienzgewinnen und damit der **Freistellbarkeit von Preisbindungen** unter besonderen Voraussetzungen anerkannt (vgl. dazu schon für die Preisbindung für Presseerzeugnisse in Belgien 29. Wettbewerbsbericht der Kommission 1999, 181); s. auch die Hinweise des BKartA zum Preisbindungsverbot im Bereich des stationären Einzelhandels, aus dem Juli 2017.

68 EU-rechtlich unklar ist die Beurteilung von **Höchstpreisbindungen** (vgl. dazu auch Kirchhoff FS Hirsch, 2008, 249). Wenn ein Lieferant seinen Käufer verpflichtet, beim Wiederverkauf eine bestimmte Preisobergrenze nicht zu überschreiten, beschränkt er die wettbewerbliche Handlungsfreiheit des Käufers in der gleichen Weise wie bei Festpreis- oder Mindestpreisbindungen. Die Hinnahme der Höchstpreisbindungen in Art. 4 lit. a VO 2022/720 und Art. 4 Abs. 2 lit. a VO 772/2004 lässt offen, ob sie generell nicht gegen Art. 101 Abs. 1 AEUV verstoßen sollen (so zB Kirchhain WuW 2008, 167 (172 f.)), oder nur unter den Voraussetzungen der jeweiligen Gruppenfreistellung als freigestellt anzusehen sind (so Kirchhoff FS Hirsch, 2008, 255 f.). Das hat wesentliche Bedeutung für die Fälle, in denen außerhalb des Anwendungsbereichs einer Gruppenfreistellung Höchstpreisbindungen ausgesprochen werden, also insbes. in Vertikalvereinbarungen, die ein Lieferant mit einem Marktanteil von mehr als 30 % abschließt. Dafür, dass Art. 101 Abs. 1 AEUV nach Auffassung der Kommission durch Höchstpreisbindungen nicht verletzt wird, spricht die identische Behandlung der **Preisempfehlung** durch die genannten

Gruppenfreistellungsverordnungen. Sie verstößt im Regelfall nicht gegen Art. 101 Abs. 1 AEUV und damit auch nicht gegen § 1, weil sie im Sinne dieser Bestimmung keine Vereinbarung ist (dazu auch BKartA WuW/E DE-V 1813 (1817) – Kontaktlinsen; Imgrund BB 2012, 787). Ein solcher Verstoß kommt nur in Betracht, wenn sie Teil einer Vereinbarung ist und den Vertragspartner in der Gestaltung seiner Abgabepreise wie eine Preisbindung einschränkt. Die Kriterien der **Unverbindlichkeitskennzeichnung** der Preisempfehlung nach dem Recht vor der 7. GWB-Novelle (§ 23 Abs. 1 aF) gelten heute nicht mehr. Eine Empfehlung verstößt als einseitige Handlung auch dann nicht gegen § 1, wenn sie nicht als unverbindlich gekennzeichnet ist; das gilt selbst dann, wenn sie als Preisbindung gedeutet werden kann, solange ihr keine Vereinbarung oder Abstimmung zugrunde liegt. Die ausdrückliche Kennzeichnung als unverbindlich kann aber im Hinblick auf das wettbewerbliche Irreführungsgebot nach § 5 UWG geboten sein (dazu BGH GRUR 2007, 603 (604 f.) mwN). Die Zulassung der Höchstpreisbindung entschärft die bisherige strenge Anwendung des Preisbindungsverbots auch auf **Franchiseverträge** (dazu BGH WuW/E DE-R 1170 (1174) – Preisbindung durch Franchisegeber I). Im Allgemeinen kann dem in Franchisesystemen besonders deutlichen Bedürfnis nach grundsätzlicher Einheitlichkeit auch des Preisniveaus mit einer Höchstpreisbindung genügt werden (vgl. dazu auch Kirchhoff FS Hirsch, 2008, 249 (257 f.)). Eine gegen § 1 verstoßende Preisbindung kann auch in einem Werbekostenbeitrag des Lieferanten liegen, der zur Finanzierung einer Niedrigpreisaktion gewährt wird (LG München I NZKart 2019, 114 (115) und OLG München NZKart 2020, 396 (397) – King des Monats).

Das Preisbindungsverbot gilt **für beide Seiten des Vertikalverhältnisses,** also nicht nur zulasten des „Abnehmers" („Käufers") einer Ware oder Dienstleistung im Hinblick auf dessen Weiterverkauf, sondern auch zulasten des „Anbieters" („Lieferanten"). Es verstößt also gegen § 1 (und Art. 101 Abs. 1 AEUV), wenn der Anbieter einer Ware oder Dienstleistung sich in einer Vertikalvereinbarung verpflichtet, Waren oder Dienstleistungen an Dritte nur zu bestimmten Preisen oder nicht zu günstigeren Preisen als denjenigen, die er seinem Vertragspartner berechnet, zu liefern. Das hat besondere Bedeutung für die Behandlung von **Meistbegünstigungsklauseln.** Im deutschen Recht wurde zwischen echten und unechten Meistbegünstigungsklauseln unterschieden, die rechtlich aber gleich behandelt wurden und auch nach geltender Rechtslage gleich zu behandeln sind. **Echte** Meistbegünstigungsklauseln sind dadurch gekennzeichnet, dass sich das eine Unternehmen gegenüber dem anderen verpflichtet, Dritten keine besseren Konditionen zu gewähren als dem begünstigten Unternehmen. Die Preisgestaltungsfreiheit, die durch § 1 im Vertikalverhältnis geschützt wird, schließt auch die Befugnis ein, einem Abnehmer bei einem Geschäftsabschluss einen günstigeren Abschluss einzuräumen, als er anderen Wettbewerbern gewährt worden ist; dazu gehört auch die Freiheit zur differenzierenden Preisbildung für künftige Geschäftsabschlüsse. Bei **unechten** Meistbegünstigungsklauseln wird das gebundene Unternehmen verpflichtet, dem anderen Vertragspartner die günstigsten, gleich günstige oder keine ungünstigeren Konditionen einzuräumen (dazu BGH WuW/E 1787 = NJW 1981, 2052 – Garant-Lieferprogramm; OLG Hamburg WuW/E 3195 (3196) – Metalllösungsmittel). Dadurch wird das gebundene Unternehmen nicht nur wirtschaftlich, sondern auch rechtlich in der Preisbildungsfreiheit gegenüber Dritten beeinträchtigt. Meistbegünstigungsklauseln sind allerdings im Rahmen der **Gruppenfreistellungen** für Vertikalvereinbarungen und Kfz-Vertriebsvereinbarungen (VO 2022/720, VO 1400/2002) – nicht durch die Technologietransfer-VO 772/2004 – freigestellt. Diese Gruppenfreistellungen verbieten nur Preisbindungen zulasten des Abnehmers (Käufers), **nicht des „Anbieters" („Lieferanten");** derartige Preisbindungen, wie insbes. die genannten Meistbegünstigungsklauseln, sind deswegen nach dem Grundsatz „erlaubt ist, was nicht ausdrücklich verboten ist" mit freige- 69 stellt (s. Soyez NZKart 2014, 447 (449)). Zu **Bestpreisklauseln** BKartA BeckRS 2014, 4343 – HRS; bestätigt durch OLG Düsseldorf NZKart 2015, 148 – Bestpreisklausel; zur engen Bestpreisklausel, die „nur" das Hotel von einem günstigeren Angebot auf seiner eigenen Webseite abhält OLG Düsseldorf NZKart 2016, 291; dazu auch Galle/Nauck WuW 2014, 587; Fiebig NZKart 2014, 122: Regelungen, mit denen HRS die über HRS buchbaren Hotels verpflichtet, keine besseren Preise auf anderen Vertriebskanälen als über HRS anzubieten, sollen gegen § 1/Art. 101 Abs. 1 AEUV verstoßen. Die Voraussetzung für eine Freistellung nach § 2 Abs. 1 iVm Art. 2 VO 330/2010 lägen nicht vor, weil eine Beschränkung iSd Art. 4 lit. a VO 330/2010 bestehe. Die Freistellung nach der VO 330/2010 könne jedoch offen bleiben, denn der Marktanteil von HRS lag über der Schwelle des Art. 3 VO 330/2010. Außerdem soll HRS durch die Anwendung der Bestpreisklausel auch gegen § 20 Abs. 1, § 19 Abs. 1 und 2 Nr. 1 verstoßen können. Zur Freistellung nach der VO 330/2010 anders OLG Düsseldorf NZKart 2017, 54 (55 f.) – Expedia: Eine enge oder weite Paritätsklausel, die das Hotel verpflichtet, beim Absatz der Hoteldienstleistungen über die betreffende Portalseite Gleichbehandlung mit dem Angebot auf anderen Portalseiten oder mit dem eigenen Angebot zu gewährleisten, bindet den Anbieter der Hotelleistung und nicht den Abnehmer, sodass keine Kernbeschränkung nach Art. 4 lit. a VO 330/2010 gegeben ist und grds. Freistellung nach der VO 330/2010 infrage kommt. Nach Ansicht des OLG Düsseldorf (NZKart 2019, 379 (380) – Enge Bestpreisklausel II) bindet eine enge Bestpreisklausel lediglich das Hotel, auf der eigenen Webseite keine günstigeren Preise oder Konditionen als auf dem Buchungsportal anzubieten: § 1 sei deshalb nicht anwendbar, weil die Bestpreisverpflichtung bei objektiver Betrachtung die Durchführung des kartellrechtsneutralen Vertrags erst ermöglicht und zeitlich, räumlich oder sachlich auf das notwendige Maß beschränkt sei. Das OLG zieht Parallelen zu anderen immanenten Ausnahmen wie im Handelsvertretervertrag, Nebenabreden in Franchiseverträgen, dem selektiven Vertrieb, Wettbewerbsverbot den Gewerbeimmobilienmietverträgen, Kundenschutzklausel in Kooperationsverträgen, Wettbewerbsverbot den Unternehmenskaufverträgen, Wettbewerbsverboten in Gesellschaftsverträgen, der BGH lehnt diese Rechtfertigung ab, BGH NJW-RR 2021, 1404 (1407); zweifelnd schon BGH NZKart 2020, 473 – Enge Bestpreisklausel II; dazu Kühling/Ceni-Hulek/Engelbracht NZKart 2021, 76). Dazu auch BKartA 26.11.2013 – B6–46/12 – Amazon: Das BKartA beanstandet nach § 1, dass der Teilnahmevertrag für den Amazon Marketplace eine **Preisparitätsklausel** enthält, die es den Händlern untersagt, alle Produkte, die sie auf Amazon Marketplace anbieten, an anderer Stelle günstiger anzubieten. Gegen Aufgabe der Preisparitätsklausel durch Amazon stellte das BKartA das Verfahren ein.

70 **d) Abschlussbindungen.** § 1 erfasst auch Abschlussbindungen, die den Vertragspartner eines „Erstvertrages" nicht direkt im Inhalt seiner „Zweitverträge" festlegen, sondern darin, **ob** er derartige Verträge schließen darf. Entsprechend der Systematisierung in § 16 aF können folgende Wettbewerbsbeschränkungen unterschieden werden, die grds. vom Verbot des § 1 erfasst werden. In jedem Falle ist zu prüfen, ob derartige Abschlussbindungen von der **Gruppenfreistellung für Vertikalvereinbarungen 2022/720** erfasst werden, die über § 2 Abs. 2 auch im deutschen Recht gilt.

71 Unter einer **Verwendungsbeschränkung** ist eine Beschränkung der Freiheit der Verwendung der gelieferten Waren, anderer Waren oder gewerblicher Leistungen zu verstehen (vgl. dazu § 16 Nr. 1 aF; → 3. Aufl. 2002, § 16 Rn. 7). Erfasst werden zB das Verbot, eine gelieferte Maschine für die Herstellung bestimmter Produkte zu verwenden, oder das Gebot, eine gelieferte Maschine ausschließlich mit bestimmten Ersatzteilen oder bestimmten Betriebsstoffen zu versorgen, oder das Verbot an einen gewerblichen Mieter, in den gemieteten Räumen bestimmte Automaten aufzustel-

len. Das Verbot von Verwendungsbeschränkungen bezieht sich nicht nur auf die gelieferten Waren, sondern auch auf andere Waren und gewerbliche Leistungen. Erfasst werden nicht nur rechtliche Behinderungen, sondern auch (in der Vereinbarung angelegte) tatsächliche Erschwerungen der Verwendung (vgl. zum früheren deutschen Recht BGH NJW-RR 1986, 336 (337)).

Ausschließlichkeitsbindungen beschränken ein Unternehmen darin, andere Waren oder gewerbliche Leistungen von Dritten zu beziehen oder an Dritte abzugeben (vgl. § 16 Nr. 2 aF; → 3. Aufl. 2002, § 16 Rn. 8). Das gebundene Unternehmen bezieht entweder von dem bindenden Unternehmen Waren oder gewerbliche Leistungen und wird im Zusammenhang mit diesem Bezug verpflichtet, „andere" (dh meist konkurrierende) Waren oder gewerbliche Leistungen (dazu OLG München WuW/E 5349 – Handelsvertretervertrag) nicht von Dritten zu beziehen. Oder das gebundene Unternehmen gibt an das bindende Unternehmen Waren oder gewerbliche Leistungen ab; im Zusammenhang damit wird ihm untersagt, andere (dh meist konkurrierende) Waren oder gewerbliche Leistungen an Dritte abzugeben. Das Verbot des Bezugs oder der Belieferung von Dritten führt dazu, dass die Belieferung oder der Bezug von dem bindenden Unternehmen „ausschließlich" ist. Der völligen Ausschließlichkeit sind gleich gestellt in die gleiche Richtung wirkende, nicht so strenge **Beschränkungen im Drittbezug oder in der Drittabgabe.** Dazu gehören auch **„englische Klauseln",** die den Käufer verpflichten, den Verkäufer über Drittangebote zu informieren und ihm den Eintritt in diese Angebote zu gestatten (vgl. dazu Dallmann WRP 2006, 347). Keine Ausschließlichkeit liegt vor, soweit sich der Gebundene die Eigenvermarktung vorbehält (vgl. dazu OLG München WuW/E 5349 (5353) – Handelsvertretervertrag). 72

Zu den **Ausschließlichkeitsbindungen** gehören insbes. auch die **Wettbewerbsverbote** in Miet- und Pacht- sowie in Liefer- oder Händlerverträgen, durch die den gebundenen Unternehmen untersagt wird, nicht für konkurrierende Waren oder Leistungen tätig zu werden. Wettbewerbsbeschränkende Wirkungen haben derartige Ausschließlichkeitsvereinbarungen aber nur, wenn sie sich nicht aus Sinn und Zweck eines **an sich wettbewerbsneutralen Vertikalvertriebs** ergeben (vgl. dazu BGH WuW/E DE-R 912 (913) – Sabet/Massa) und eine **„notwendige"** Nebenabrede darstellen, um den Hauptzweck des an sich wettbewerbsneutralen Vertrages zu verwirklichen (BGH WuW/E DE-R 2554 (2556) – Subunternehmervertrag II). Die frühere Rechtslage, wonach in Austauschverträgen Wettbewerbsbestimmungen als vertragsimmanent zulässig waren, soweit dafür bei wertender Betrachtung im Hinblick auf die Freiheit des Wettbewerbs ein anzuerkennendes Interesse besteht (vgl. BGH WuW/E 3115 – Druckgussteile; 3121 – Bedside Testkarten; 3137 – Sole), ist überholt (BGH WuW/E DE-R 2554 (2556) – Subunternehmervertrag II). So ist heute durchaus zweifelhaft, ob das Wettbewerbsverbot in einem Miet- oder Pachtvertrag zulasten des Vermieters (OLG Frankfurt a. M. WuW/E 4488 (4489 f.) – Konkurrenz im selben Haus) oder Verpächters (OLG Naumburg WuW/E DE-R 1427 – Düngemittellagerung) zulässig ist; s. zu Ausschließlichkeitsbindungen mit Veranstaltern im Ticketvertrieb OLG Düsseldorf NZKart 2019, 282 (283) – Ticketvertrieb II. 73

Ein **einzelner Liefervertrag,** der den aktuellen Gesamtbedarf des Käufers deckt, ist nicht wettbewerbsbeschränkend (vgl. dazu schon EuGH Slg. 1971, 949 = WuW/EWG/MUV 277 (280) – Béguelin: „Ein Einfuhr- oder Ausfuhrgeschäft als solches bezweckt oder bewirkt keine Beeinträchtigung des Wettbewerbs […]".). Die Grenze zur Wettbewerbsbeschränkung wird erst überschritten, wenn der Käufer nicht nur rechtlich, sondern auch tatsächlich am Abschluss weiterer Verträge mit Dritten gehindert wird, und das auch für einen **längeren Zeitraum;** jederzeit mit kurzer Frist kündbare Verträge mit Ausschließlichkeitsbindung werden von § 1 nicht erfasst (OLG Düsseldorf WuW/E DE-R 2947 (2951) – TNT Post/First Mail; vgl. auch Dreher ZWeR 2013, 3). Die Entscheidungspraxis zeigt indiziell, dass Ausschließlich- 74 keitsvereinbarungen **(Alleinbezugsverträge)** mit einer **Laufzeit bis zu zwei Jahren** unbedenklich sein können, sicherlich auch differenziert nach den betroffenen Waren und Dienstleistungen und dem Grad der Beeinträchtigung Dritter (vgl. für den Fall eines 15-Jahres-Vertrags LG Frankfurt a. M. WuW/E DE-R 959). Ausschließlichkeitsvereinbarungen mit Laufzeiten über zwei Jahren, aber bis zu fünf Jahren, verstoßen im Regelfall gegen § 1 bzw. Art. 101 Abs. 1 AEUV, können aber die Freistellungsvoraussetzungen des § 2 bzw. des Art. 101 Abs. 3 AEUV erfüllen (vgl. dazu Art. 5 Abs. 1 lit. a VO 2022/720). Allerdings gibt es Tendenzen, nicht die Beschränkungen in einem einzelnen Vertrag isoliert zu beurteilen, sondern darauf abzustellen, „ob sich aus der **Gesamtheit** aller auf dem relevanten Markt bestehenden **gleichartigen Vereinbarungen** und aus den übrigen wirtschaftlichen und rechtlichen Begleitumständen der fraglichen Verträge ergibt, dass diese in ihrer Gesamtheit geeignet sind, neuen inländischen und ausländischen Wettbewerbern den Zugang zu diesem Markt zu verschließen". Zusätzlich findet in jedem Falle auch eine auf den Einzelvertrag bezogene Prüfung statt, ob im Hinblick auf die Laufzeit des Vertrages und den Grad der Bedarfsdeckung der Vertrag eine Wirkung hat, die über die „jedem Austauschvertrag immanente, vom Kartellrecht grundsätzlich hinzunehmende Wirkung" hinausgeht (vgl. BGH WuW/E DE-R 2679 = ZIP 2009, 2022 – Gaslieferverträge). Ähnliche Schwierigkeiten gibt es bei der Frage, ob **Bedarfsdeckungsverpflichtungen** großzügiger zu behandeln sind, wenn sie nicht 100 % des Bedarfs erfassen, sondern einen geringeren Prozentsatz. Aus der Definition des Wettbewerbsverbots in Art. 1 Abs. 1 lit. d VO 330/2010 lässt sich das Argument ableiten, dass Wettbewerbsverbote bis zu 80 % des Gesamtbedarfs nicht gegen Art. 101 Abs. 1 AEUV verstoßen, weil sie nach dieser Vorschrift auch bei längerer Laufzeit nicht als freistellungsbedürftig angesehen werden. Die Gruppenfreistellung für den Kfz-Vertrieb enthielt in Art. 1 Abs. 1 lit. b VO 1400/2002 allerdings anstelle der 80 %-Grenze eine 30 %-Grenze. Diese Unterschiede zeigen, dass bei der Beurteilung von Ausschließlichkeiten stets eine **Gesamtbetrachtung** anzustellen ist, die den Umfang der Ausschließlichkeit ebenso wie die Laufzeit einbezieht.

75 In der **Energiewirtschaft** waren langfristige Alleinbezugsverträge früher allgemein üblich, abgesichert durch die Zulassung von 20-jährigen Demarkationsverträgen. Heute werden sie, jedenfalls im Verhältnis zwischen Verteilunternehmen unterschiedlicher Stufen, in Abhängigkeit von Dauer und Ausschließlichkeitsgrad zunehmend kritisch gesehen. Das BKartA beanstandet auf der Grundlage von § 1 und Art. 101 Abs. 1 AEUV für **Gas** Bedarfsdeckungsverpflichtungen über mehr als 80 % und einer Laufzeit von mehr als zwei Jahren und solche über mehr als 50 % und einer Laufzeit von mehr als vier Jahren; automatische Verlängerungsklauseln und „Stapelungen" solcher Verträge sollen gleichermaßen unzulässig sein (BKartA WuW/E DE-V 1147 = ZNER 2006, 74 – E.ON Ruhrgas, bestätigt durch OLG Düsseldorf WuW/E DE-R 2197 und BGH WuW/E DE-R 2679 = ZIP 2009, 2022; vgl. auch OLG Düsseldorf WuW/E DE-R 854 (861 f.) – Stadtwerke Aachen). Für **Strom** gelten entsprechende Maßstäbe. Die Belieferung von Industrieunternehmen wird jedenfalls derzeit noch großzügiger bewertet. Zu **Konzessionsverträgen** in anderen Bereichen s. BKartA BeckRS 2016, 19182: Die Stadt Düsseldorf und Siemens hatten einen Konzessionsvertrag abgeschlossen, der es Siemens für die Dauer von zehn Jahren erlaubte, eine Alarmübertragungsanlage zur Aufschaltung von Brandmeldeanlagen im regionalen Zuständigkeitsbereich der Stadt Düsseldorf zu errichten und zu betreiben. Das BKartA beanstandete die Ausschließlichkeit nach § 1 und § 19; s. auch LG Stuttgart NZKart 2019, 506 (507) für Fernwärme.

76 Ausschließlichkeitsbindungen in **Handelsvertreter- oder Kommissionärsverträgen** sind nach bisherigem deutschen Recht als kartellrechtlich einwandfrei angesehen worden, weil sie sich aus dem Wesen des entsprechenden Vertrages ergaben, ihm also „immanent" waren (**„Immanenztheorie"**, dazu KG WuW/E 1961 (1963); wohl auch BGH WuW/E 2668 (2670) – Touristik-Union; KG WuW/E

4919 (4931) – Pauschalreiseveranstalter II; aA BKartA WuW/E 2283 (2285) – Touristik-Union; → Rn. 31).

Vertriebsbindungen sind Beschränkungen eines Vertragsbeteiligten, die gelieferten Waren an Dritte abzugeben. Sie sind typischer Bestandteil von selektiven Vertriebssystemen. **Selektiver Vertrieb** ist dadurch gekennzeichnet, dass dem Händler nicht ein Gebiet oder eine Kundengruppe zugewiesen wird, sondern der Händler anhand von Auswahlkriterien, die mit der Beschaffenheit des Produkts zusammenhängen, ausgewählt wird. Wettbewerbsbeschränkend kann insoweit einerseits die Vereinbarung sein, nur solche Händler zum System zuzulassen, die die besonderen Kriterien erfüllen, sowie andererseits die zum Schutz des Systems zwingend notwendige Regelung, dass Wiederverkäufer, die dem System nicht angehören, nicht beliefert werden dürfen. Diese wettbewerbsbeschränkenden Vereinbarungen in selektiven Vertriebssystemen werden unter bestimmten Voraussetzungen nicht als Verstoß gegen Art. 101 Abs. 1 AEUV angesehen (EuGH Slg. 1977, 1875 Rn. 20 – Metro/SABA I). Die typische Wettbewerbsbeschränkung in selektiven Vertriebssystemen, die unter diese Tatbestandsausnahme fällt, ist die **Fachhandelsbindung,** also die Verpflichtungen des Lieferanten und der Händler, die Vertragswaren nur an Endkunden und Wiederverkäufer des Systems zu veräußern. 77

Entscheidende Voraussetzung dafür, dass § 1/Art. 101 Abs. 1 AEUV nicht zur Anwendung kommt, ist, dass die **Auswahl der Wiederverkäufer nach objektiven Gesichtspunkten qualitativer Art** erfolgt. **Qualitative selektive Vertriebssysteme** sind dadurch gekennzeichnet, dass die Händler ausschließlich nach objektiv qualitativen Kriterien ausgewählt werden, die sich nach den Anforderungen des betreffenden Produkts richten, also Ausbildung, Teilnahme an Schulungen, Angebot eines bestimmten Service für das Produkt. Qualitativ sind diese Anforderungen deswegen, weil die Anzahl der möglichen Händler hierdurch nicht beschränkt wird – jeder kann Händler werden, der diese Voraussetzungen erfüllt (zB **fachliche Eignung** des Personals und seine sachliche Ausstattung). Erforderlich ist aber, dass die **Besonderheiten des Produkts die Selektion rechtfertigen,** außerdem **die einheitliche, nichtdiskriminierende Anwendung dieser Kriterien** (Kommission ABl. 1970 L 147, 24 – Kodak; ABl. 1976 L 30, 10 – Junghans; ABl. 1984 L 118, 24 – IBM-Personalcomputer; ABl. 1985 L 376, 16 – Villeroy & Boch; ABl. 1992 L 12, 24 – YSL – Parfums; ABl. 1992 L 336, 11 – Parfumes Givenchy), damit Art. 101 Abs. 1 AEUV nicht zur Anwendung kommt. Liegen diese Voraussetzungen vor, wird nach der Rspr. sogar eine zur Verwirklichung dieser Unternehmenspolitik erforderliche Stabilisierung des Preisniveaus für zulässig gehalten, wenn sie zu einer Intensivierung des Wettbewerbs in anderen Bereichen als dem der Preise führt (EuGH Slg. 1977, 1875 Rn. 21 – Metro/SABA I; Slg. 1983, 3151 – AEG-Telefunken). Stärkere Maßnahmen als Preisempfehlungen dürften aber nicht zulässig sein (s. den Freistellungsumfang in Art. 4 lit. a VO 2022/720 und EuGH Slg. 1986, 353 Rn. 25 – Pronuptia). 78

Bei **quantitativer Selektion** kommen Zulassungskriterien hinzu, die die Anzahl der infrage kommenden Händler unmittelbar beschränken, weil bspw. ein Mindest- oder Höchstumsatz vorgeschrieben ist oder die Händlerzahl ausdrücklich begrenzt ist (s. hierzu Vertikalleitlinien Rn. 144). Nach der Rspr. der Gemeinschaftsgerichte muss bei derartigen Selektionskriterien davon ausgegangen werden, dass wettbewerbsbeschränkende Vereinbarungen, also die Verpflichtung zur Anwendung der Kriterien einerseits und das Wiederverkäuferbelieferungsverbot andererseits, **gegen § 1/Art. 101 Abs. 1 AEUV verstoßen** können; allerdings kommt grds. eine Freistellung nach der VO 2022/720 infrage. Durch die Freistellung selektiver Vertriebssysteme durch die VO 2022/720 hat die Abgrenzung qualitativ selektiver Vertriebssysteme, die nicht unter Art. 101 Abs. 1 AEUV fallen, von solchen, die nicht als qualitativ selektierend eingestuft werden können, an Bedeutung verloren, kann aber wegen der Marktanteilsschwelle in Art. 3 VO 2022/720 nach wie vor relevant sein. 79

80 Ein Hersteller, der ein selektives Vertriebssystem einrichtet, kann die Unterhaltung eines stationären Ladengeschäfts zur Voraussetzung der Belieferung machen. Er kann den stationären Händlern aber nicht generell den Internet-Mitvertrieb untersagen, wohl aber qualitative Voraussetzungen für den **Internet-Mitvertrieb** formulieren (vgl. zur Konditionendifferenzierung TB 2011/2012, 74 – Sanitärarmaturen; Übersicht bei Kumkar NZKart 2016, 315; Kumkar NZKart 2017, 47; Spenner/Kiani NZKart 2016, 208). Deswegen kann der Vertrieb über eine Internetauktionsplattform untersagt werden (OLG Karlsruhe WuW/E DE-R 2789 = EuZW 2010, 237; Vorinstanz: LG Mannheim WuW/E DE-R 2322; OLG München WuW/E DE-R 2698 – Internet-Auktionsplattform; vgl. auch LG Berlin BB 2009, 1381; Schweda-Rudowicz WRP 2013, 590; Spieker GRUR-RR 2009, 81; Pischel GRUR 2008, 1066; Rudowicz NZKart 2014, 253). Das dem Händler auferlegte generelle Verbot, die zu vertreibenden Ware nicht per Internet zu vertreiben, sondern nur aus dem physischen Verkaufslokal heraus (zB durch das Erfordernis, das Produkt nur in Anwesenheit eines Pharmazeuten zu verkaufen), wird als gegen § 1/Art. 101 Abs. 1 verstoßende bezweckte Wettbewerbsbeschränkung angesehen. Eine Freistellung nach Art. 101 Abs. 3 AUEV kommt deshalb nicht in Betracht (s. Art. 4 lit. e VO 2022/720; Vertikalleitlinien Rn. 203; EuGH MMR 2012, 50 (52) Rn. 34 ff., 47 – Pierre Fabre; s. auch OLG Düsseldorf (13.11.2013 – VI-U (Kart) 11/13) zu einer Fachhandelsvereinbarung, die Einzelhändler, die keine stationäre Ausstellung für Sanitärprodukte unterhalten und keine professionelle oder fachgerechte Beratung durch geschultes Fachpersonal anbieten können, benachteiligt). Die Freistellungsvoraussetzung nach der Vertikal-GVO verneinte das OLG, weil die Marktanteilsschwellen des Art. 3 VO 330/2010 überschritten waren. Die Voraussetzungen für eine Einzelfreistellung nach § 2 Abs. 1, Art. 101 Abs. 3 AEUV sah das Gericht nicht als gegeben an.

81 Zu Beschränkungen des Vertriebs im Internet **(Plattformverbote):** Nach Ansicht des KG (NZKart 2014, 72 – Kart Sternjakob (Scout), dazu Kuntze-Kaufhold WuW 2014, 476; Pichler/Hertfelder NZKart 2014, 47) verstößt der Hersteller von Schulranzen, der seinen Händlern den Verkauf auf bestimmten Plattformen im Internet verbietet (hier: eBay), gegen § 1. Zwar ist nach den Vertikalleitlinien der Kommission ein solches Plattformverbot grds. zulässig, aber nur, wenn die Auswahl der Vertriebssysteme objektiv diskriminierungsfrei abläuft. Im vorliegenden Fall argumentierte der Lieferant mit dem negativen Image und der Gefahr der „Verramschung" durch den Verkauf auf eBay, bot aber gleichzeitig die Schulranzen in einem Discount-Markt an. Der EuGH hält es bei Luxuswaren für möglich, dem Händler zu untersagen, beim Verkauf der Vertragswaren nach außen erkennbar Drittplattformen einzuschalten, wenn diese Regelung das Luxusimage der Waren schützen soll; eine solche Regelung soll weder eine Kundengruppenbeschränkung nach Art. 4 lit. a VO 2022/720 noch eine Beschränkung des passiven Vertriebs an Endverbraucher nach Art. 4 lit. c VO 2022/720 sein (EuGH NZKart 2018, 36 (38) – Depotkosmetik III, und darauf auch OLG Frankfurt a. M. NZKart 2018, 586 (587) – Depotkosmetik IV; dazu Linsmeier/Haag WuW 2018, 54; Lettl WuW 2018, 114). Das BKartA untersagte dagegen Asics, seinen selektiven Vertriebshändlern den Preisvergleich über Suchmaschinen zu verbieten (WuW 2016, 198), weil in dem pauschalen Verbot eine Beschränkung des Vertriebs an Endverbraucher lag (zustimmend OLG Düsseldorf BeckRS 2017, 110561; Nichtzulassungsbeschwerde zurückgewiesen durch BGH MMR 2018, 380; s. aber dazu Kommission COM(2017) 229 Rn. 42, 43). Das BKartA hat auf der Tagung des Arbeitskreises Kartellrecht am 10.10.2013 ein Arbeitspapier **„Vertikale Beschränkungen in der Internet-Ökonomie"** vorgelegt. Das BKartA nimmt hier insbes. zu Vertriebssystemen Stellung, die besondere Anforderungen an den Vertrieb im Internet stellen. Außerdem werden kartellrechtliche Fragen von Plattformmärkten im Internet behandelt. Das BKartA problematisiert ausdrücklich **Doppelpreissysteme,** nach denen ein Händler unterschiedliche

Einkaufspreise abhängig davon eingeräumt bekommt, ob er das betroffene Produkt über das Internet vertreibt oder über sein Ladengeschäft. Auf dieser Linie liegen weitere Entscheidungen des BKartA (BKartA B7–1/13-35 – Sennheiser: Da der Marketplace von der grafischen Aufbereitung und dem Ambiente nicht von der Hauptseite von Amazon zu unterscheiden ist, die für das selektive Vertriebssystem autorisiert ist, dürfe der Vertrieb im Marketplace nicht untersagt werden, da negative Auswirkungen auf Produktpräsentation und Servicequalität als Begründung für das Verbot ausscheiden; BKartA 27.11.2013 – B5–133/13 – Gardena: Verkäufe im stationären Handel und Onlineverkäufe dürfen bezüglich der Rabattierung nicht ungleich behandelt werden, sodass ein Funktionsrabatt, der daran anknüpft, auf welchem Vertriebsweg Produkte verkauft wurden, gegen § 1 verstößt. Ebenfalls für am Vertriebsweg anknüpfenden Leistungsrabatte: BKartA B7–11/13 – Bosch Siemens; s. zum Ganzen auch Lohse WuW 2014, 120; Mäger/v. Schreitter NZKart 2015, 62). Nach den Vertikalleitlinien 2022 (→ Rn. 208) hält die Kommission **Beschränkungen hinsichtlich der Nutzung bestimmter online-Vertriebskanäle bzw. online-Marktplätze** oder für die Auferlegung von **Qualitätsstandards für Onlineverkäufe** für zulässig, sofern sie nicht iSv Art. 4 lit. e VO 2022/720 darauf abzielen, die wirksame Nutzung des Internets durch den Abnehmer für den Verkauf von Vertragswaren oder -dienstleistungen an Kunden zu verhindern. Im Rahmen dessen, was zulässigerweise beschränkt werden kann, bewegen sich auch **Doppelpreissysteme** (Vertikalleitlinien Rn. 209): Die unterschiedliche Bepreisung für Waren danach, ob sie stationär oder online vertrieben werden sollen, kann also zulässig sein.

Schließlich können **Kopplungsbindungen** gegen § 1 verstoßen. Unter ihnen ver- 82
steht man die an den Abschluss eines Erstvertrages geknüpfte „Bedingung, dass die Vertragspartner zusätzliche Leistungen abnehmen, die weder sachlich noch nach Handelsbrauch in Beziehung zum Vertragsgegenstand stehen" (vgl. Art. 101 Abs. 1 lit. e AEUV). Diese Formulierung hat § 1 nicht von Art. 101 Abs. 1 AEUV übernommen. Sie gilt aber angesichts der Identität des Regelungsinhalts auch für § 1. Die Definition entspricht im Wesentlichen der des § 16 Nr. 4 aF (→ 3. Aufl. 2002, § 16 Rn. 12). Es handelt sich insoweit um einen Ausnahmefall, als hier der „Zweitvertrag", hinsichtlich dessen eine Bindung ausgesprochen wird, mit dem bindenden Unternehmen selbst, nicht mit einem Dritten abgeschlossen wird. Das bindende Unternehmen verlangt, dass das gebundene nicht nur die Hauptwaren von ihm bezieht, sondern auch weitere, nicht zugehörige Waren oder gewerbliche Leistungen. Eine solche Kopplung liegt zB vor, wenn der Bezieher einer Maschine verpflichtet wird, auch die Nachfolgemodelle abzunehmen, oder der Tankstelleninhaber von seinem Benzinlieferanten auch Kraftfahrzeugpflegemittel beziehen muss. Der Gesetzeswortlaut des Art. 101 Abs. 1 lit. e AEUV verlangt, dass die gekoppelte Leistung weder sachlich noch nach Handelsbrauch zugehörig ist. Ob die Waren oder gewerblichen Leistungen, deren Abnahme zusätzlich verlangt wird, **„sachlich"** oder **„nach Handelsbrauch"** in Beziehung zum Vertragsgegenstand stehen, lässt sich nur im Einzelfall beurteilen. Entgegen der früher hM zum deutschen Recht ist also eine nach Handelsbrauch übliche Kopplung auch dann zulässig, wenn sie sachlich in keiner Beziehung zum Vertragsgegenstand steht (aA für das frühere deutsche Recht BKartA WuW/E 1199 (1205 f.) – Kraftfahrzeugpflegemittel).

e) Lizenzverträge. Gewerbliche Schutzrechte gewähren **Verbietungsrechte** 83
oder **Ausschließlichkeitsrechte.** Wer etwas verbieten kann, kann es auch erlauben, dh „lizenzieren". Dem Inhaber steht es frei, dieses Recht auf andere zu übertragen oder durch Lizenzvertrag anderen die Benutzung zu gestatten. Wenn er das nicht ohne Einschränkungen tut, insbes. um unerwünschten Wettbewerb gegen sich selbst oder andere Lizenznehmer auszuschließen, stellt sich die Frage, ob es sich bei diesen Einschränkungen um zulässige Wettbewerbsbeschränkungen handelt. Nach dem

Konzept des früheren § 17 wären sie zulässig, wenn sie in innerem Zusammenhang mit dem Schutzrecht stünden. Das Gesetz verbot nur Beschränkungen, „die **über den Inhalt des Schutzrechtes hinausgehen**“. Kartellrechtliche Probleme tauchen immer dort auf, wo die Tätigkeit des Lizenznehmers außerhalb der reinen Schutzrechtsbenutzung angesprochen wird. § 17 Abs. 1 aF sah Unwirksamkeit vor, **„soweit“** die Beschränkungen unzulässig sind; mangels anderer Regelung im Vertrag richteten sich die Auswirkungen dieser partiellen Unwirksamkeit auf den Vertrag im Übrigen nach § 139 BGB. Dabei neigte die Rspr. dazu, den Bestand des Vertrages möglichst zu erhalten (vgl. BGH NJW-RR 1989, 998 (1000) mwN; WuW/E 2190 – Preisabstandsklausel; WuW/E 1259 (1264) – Bremsrollen; WuW/E 101 (107) – Kokillenguss). Nach § 18 aF war § 17 aF entsprechend anwendbar insbes. auf Know-how-Überlassungsverträge.

84 Durch die 7. GWB-Novelle 2005 sind die §§ 17, 18 aF ersatzlos aufgehoben worden. Es gelten wie auch für andere Vertikalverträge §§ 1 und 2. Von besonderer Bedeutung ist die GruppenfreistellungsVO 316/2014 für **Technologietransfervereinbarungen** (dazu Bechtold/Bosch/Brinker VO 316/2014). Der Begriff der Technologietransfer-Vereinbarungen erfasst **Lizenzvereinbarungen über technische gewerbliche Schutzrechte,** also insbes. Patentlizenzverträge, und **Überlassungsverträge über technisches Know-how.** Beide Vertragstypen waren früher durch gesonderte Gruppenfreistellungsverordnungen geregelt. Sie werfen aber eine Vielzahl gemeinsamer Probleme auf, die – durchaus sinnvoll – in einer einheitlichen Gruppenfreistellungsverordnung gelöst werden. Patentlizenzvereinbarungen und Know-how-Überlassungsverträge sind einerseits **wettbewerblich positiv** zu beurteilen, weil sie die Fähigkeit der Vertragspartner (Lizenznehmer) begründen oder verstärken, auf für sie ansonsten nicht erreichbaren Gebieten tätig zu werden. Diesem wettbewerbsfördernden Element steht andererseits die **Tendenz zu Beschränkungen insbes. der Lizenznehmer** gegenüber; diese Beschränkungen können alle Gebiete der Lizenznehmertätigkeit erfassen, also Beschränkungen in der Anwendung von überlassenen Schutzrechten oder Know-how, in der gebietlichen Betätigung oder im Preisverhalten, daneben auch Beschränkungen in der Tätigkeit außerhalb der überlassenen Schutzrechte und Know-how. Wettbewerbliche Probleme können sich auch aus **Beschränkungen der Lizenzgeber** oder Know-how-Überlassenden ergeben, insbes. aus Ausschließlichkeiten. Bei derartigen Lizenz- und Überlassungsverträgen war in stärkerem Umfang als bei anderen inzwischen durch die Gruppenfreistellungsverordnungen erfassten Verträgen unklar und streitig, ob und in welchem Umfang sie überhaupt vom Kartellverbot des Art. 101 Abs. 1 AEUV erfasst werden. Die Tendenz, jedenfalls **die Freistellungsnorm des Art. 101 Abs. 3 AEUV „großzügig“** auf derartige Vereinbarungen anzuwenden, wurde insbes. durch das Argument bestärkt, dass die Alternative zu derartigen Beschränkungen darin bestehen könnte, dass die Lizenz überhaupt nicht erteilt würde, der vom Lizenznehmer ausgehende zusätzliche Wettbewerb also überhaupt nicht stattfinden würde (zur Anwendung des § 2 und der VO 316/2014 auf Lizenzverträge → § 2 Rn. 48). Einzelfälle: Wettbewerbsbeschränkungen in **Markenlizenzvereinbarungen** werden für mit § 1 für vereinbar gehalten, soweit sie erforderlich sind, die Marke in ihrem Bestand und ihrer gesetzlich geschätzten Funktion zu erhalten (BGH WuW/E BGH 2697 – Golden Toast), wenn bei wertender Betrachtungsweise ein anzuerkennendes Interesse für die vereinbarte Beschränkung besteht (BGH WuW/E 3137 – Sole; OLG Hamburg WuW/E DE-R 4443 (4451) – St. Pauli II); Verpflichtung von Lizenznehmern, Produkte nur unter einer bestimmten Marke zu vertreiben, soll keine Beschränkung nach § 1 sein, soweit nur die Nutzung der Marke für die Kennzeichnung der Ware und keine weitergehende Beschränkung vereinbart wurde (OLG Frankfurt a. M. WuW/E 2013, 1217 – Kalksteinprodukte). **Abgrenzungsvereinbarungen** bezüglich Schutzrechten sollen nur eine geringfügige und damit im Einzelfall nicht spürbare wettbewerbsbeschränkende Wirkung haben, wenn sie einen wirklich bestehenden zeichenrechtlichen Konflikt

beilegen und lediglich bei der farblichen Gestaltung von Werbung und Produkten zu Einschränkungen führen (LG Braunschweig WuW 2014, 88 – Kräuterspirituosen; OLG München NZKart 2019, 565 (566) – kartellrechtsneutrale Abschlusserklärung); im Prinzip ist eine solche Vereinbarung nur dann mit § 1 vereinbar, wenn sie die bestehenden Schutzrechte „konkretisiert" (dazu OLG Düsseldorf NZKart 2015, 109; Wolf NZKart 2015, 90; s. auch EuG NZKart 2016, 480 – Lundbeck); bei einer Abgrenzungsvereinbarung zwischen Unternehmen, die nicht miteinander im Wettbewerb stehen, besteht in der Regel keine spürbare wettbewerbsbeschränkende Wirkung (BGH NZKart 2016, 276 (277 f.).

11. Zur Anwendung des § 1 auf Zusammenschlüsse und Gemeinschaftsunternehmen

a) Konzentrationsprivileg? Die Tatsache, dass ein wirtschaftlicher Vorgang die Voraussetzungen eines Zusammenschlusstatbestandes nach § 37 Abs. 1 erfüllt, bedeutet nicht, dass § 1 unanwendbar ist (BGH WuW/E DE-R 2742 (2744) – Gratiszeitung Hallo; BGHZ 96, 69 (77 f.) = GRUR 1986, 556 – Mischwerke; BGH GRUR 1998, 739 (741) – Car-Partner; WuW/E DE-R 711 (713) – Ost-Fleisch; OLG Düsseldorf WuW/E DE-R 1625 (1630) – Rethmann/GfA; BKartA WuW/E DE-V 662 (664 f.) – Eurohypo). Voraussetzung für dessen Anwendung ist einmal, dass ein **Vertrag zwischen Wettbewerbern** vorliegt, der das gegenseitige Wettbewerbsverhältnis betrifft. Das ist zB beim Anteilserwerb nicht der Fall. Zum anderen ist erforderlich, dass die beteiligten Unternehmen im Verhältnis zueinander **rechtlich und wirtschaftlich selbstständig** sind und bleiben (dazu grundlegend BGH WuW/E 359 (365) – Gasglühkörper). § 1 ist also insbes. nicht anwendbar auf den Erwerb von Mehrheitsbeteiligungen oder vertragliche Konzernbildungen (dazu BKartA TB 1973, 99 – Intermilch; aA für Art. 101 AEUV: Monopolkommission, Gutachten nach § 42 Abs. 4 S. 2 zu E.ON/Ruhrgas WuW/E DE-V 543 (548)). Zur Anwendung des § 1 auf Zusammenschlüsse, die der EU-Fusionskontrolle unterliegen, → § 35 Rn. 23 f. 85

Zu trennen von der Frage, ob § 1 auf den Zusammenschluss als solchen anwendbar ist, ist die mögliche Anwendbarkeit auf **Erwerberkonsortien** und sonstige Fälle eines gemeinsamen Erwerbs. Wenn insoweit ansonsten stattfindender Wettbewerb beschränkt und die Marktverhältnisse spürbar beeinflusst werden, ist § 1 anwendbar (vgl. KG WuW/E 1377 (1380) – Starkstromkabel; zur Bietergemeinschaft → Rn. 111). 86

b) Vermögens- und Anteilserwerb. Beim **Vermögens- und Anteilserwerb** spielt insbes. die Frage eine Rolle, ob dem Veräußerer auferlegte **Wettbewerbsverbote** mit § 1 vereinbar sind (→ Rn. 59 f.; zu den gesellschaftsrechtlichen Wettbewerbsverboten → Rn. 55). BKartA und Rspr. halten das Wettbewerbsverbot des Veräußerers für grds. mit § 1 vereinbar, aber nur soweit mit ihm „tatsächlich nur die sich gegenüber stehenden Interessen des Leistungsaustauschs verfolgt" werden und die Parteien keinen darüber hinausgehenden gemeinsamen Zweck angestrebt haben. Das Wettbewerbsverbot muss „nach Zeit, Ort und Gegenstand auf das Maß beschränkt werden, das erforderlich ist, damit der Erwerber die ihm bei der Unternehmensübertragung überlassenen Kundenbeziehungen festigen kann" (BGH WuW/E 1898 (1899 f.) – Holzpaneele; 2085 (2087) – Strohgäu-Wochenjournal). Steht fest, dass das Wettbewerbsverbot das erforderliche Maß überschreitet, wird es nicht als unwirksam angesehen. Vielmehr **findet eine geltungserhaltende Reduktion** statt; es wird auf das gerade noch zulässige Maß reduziert (zB OLG Düsseldorf WuW/E 2326 – Fördertechnik); im Allgemeinen wird eine **Dauer von bis zu 3–5 Jahren** als zulässig angesehen. Soweit das Wettbewerbsverbot nötig ist, um den Übergang des Kundenstammes oder des Know-how auf den Erwerber zu sichern, kann es uU sogar ohne 87 erklärte Vereinbarung im Wege der ergänzenden Vertragsauslegung als vereinbart angesehen werden (vgl. OLG Stuttgart WuW/E 1392 – Detektivbüro); umgekehrt kann die Vereinbarung eines Wettbewerbsverbots als Übertragung des Kundenstammes ausgelegt werden (vgl. BGH WuW/E 2085 (2086) – Strohgäu-Wochenjournal).

88 Die Entwicklung des EU-Kartellrechts (EuGH Slg. 1987, 4487 = WuW/E 815 – Philipp Morris/Rothmans) legt nahe, die Anwendung des § 1 auf den **Erwerb von Minderheitsbeteiligungen** zu prüfen. Das Erfordernis der (nicht nur rechtlichen, sondern auch) wirtschaftlichen Selbstständigkeit der beteiligten Unternehmen ist grds. erfüllt, wenn ein Unternehmen nur eine Minderheitsbeteiligung an einem anderen erwirbt. Eine Minderheitsbeteiligung, die die wirtschaftliche Selbstständigkeit der Unternehmen im Verhältnis zueinander nicht berührt, verstößt uE als solche auch dann nicht gegen § 1, wenn sie eine Verhaltenskoordinierung zwischen Erwerber und dem Unternehmer erleichtern kann, an dem die Beteiligung erworben wird, oder wenn die Beteiligung gerade auch zu diesem Zweck erworben wird; sie ist **kein Kartell, sondern ein Strukturvorgang,** der zu einer – für die Fusionskontrolle typischen – wettbewerblichen Gefährdungslage führen kann, aber (noch) nicht zu einer Beschränkung des Wettbewerbs (vgl. dazu aA Stöcker ZWeR 2013, 154 (169 ff.); Schwintowski, Strategische Minderheitsbeteiligungen in der deutschen Energiewirtschaft, 2004; Klaue ZNER 2007, 263 (264 f.)). Für die Anwendung des § 1 ist von vornherein kein Raum, wenn iVm der Minderheitsbeteiligung ein beherrschender Einfluss des Erwerbers auf das betreffende Unternehmen begründet wird. Das Kartellverbot kann verletzt werden, wenn dritte, am Zusammenschluss nicht beteiligte Unternehmen an weitergehenden Vereinbarungen teilnehmen.

89 **c) Gleichordnungskonzern.** Auf die vertragliche Bildung von Gleichordnungskonzernen ist § 1 nur dann nicht anwendbar, wenn tatsächlich eine dauerhafte „einheitliche Leitungsmacht" geschaffen wird, und zwar entsprechend § 18 Abs. 2 AktG. Die Leitungsbefugnis des einheitlichen Leitungsorganes muss sich – rechtlich und/oder faktisch – auf alle Unternehmensfunktionen beziehen, also u.a. auf Einkauf, Produktion, Investitionen, Vertrieb, Werbung, Verwaltung, Personalangelegenheiten, Bilanzierung, Eigenkapitalbildung (dazu TB 1973, 99). Die Geschäftsführung der einzelnen Konzerngesellschaften darf nur noch „in ihrem Bestand übrig bleiben, also nur noch Vollzugsorgan des gemeinsamen Leitungsorgans sein" (vgl. dazu auch Buntscheck WuW 2004, 374). **Gewinngemeinschaften** sind jedenfalls dann mit § 1 vereinbar, wenn sie im fusionskontrollrechtlichen Sinn zu einer Unternehmenseinheit und auf dieser Grundlage oder als deren Voraussetzung zu einer weitgehenden Vereinheitlichung der Unternehmensführung führen.

90 **d) Konzentrative und kooperative Gemeinschaftsunternehmen.** Bei **Gemeinschaftsunternehmen** wird teilweise die Auffassung vertreten, dass – neben den Vorschriften der Fusionskontrolle (vgl. Wiedemann KartellR-HdB/Schroeder § 9 Rn. 82) – § 1 jedenfalls in bestimmten Fällen von vornherein nicht anwendbar ist (zu den verschiedenen Theorien, insbes. Zweischranken-, Trennungs- und Spezialitätstheorie vgl. Kleinmann/Bechtold Einl. Rn. 115 mwN). Die hM unterscheidet ebenso wie im EU-Kartellrecht zwischen **konzentrativen** und **kooperativen** Gemeinschaftsunternehmen (vgl. Wiedemann KartellR-HdB/Schroeder § 9 Rn. 81; vgl. auch BGH WuW/E DE-R 711 (715 f.) – Ost-Fleisch: lediglich Abgrenzungshilfe; OLG Düsseldorf WuW/E DE-R 1625 (1630) – Rethmann/GfA; 2166 (2168 f.) – Anzeigenblatt GU; Bien NZKart 2014, (213 und 247)). Unter konzentrativen Gemeinschaftsunternehmen werden solche verstanden, die unabhängig von den Muttergesellschaften und nicht im Wettbewerb zu ihnen alle Funktionen eines Vollunternehmens ausüben (BGH WuW/E DE-R 711 (716) mwN; 2742 (2744) – Gratiszeitung Hallo). Kooperative Gemeinschaftsunternehmen sind solche, die für ihre Gesellschafter nur Hilfsfunktionen wahrnehmen (vgl. dazu zB OLG Düsseldorf WuW/E 5213 (5221 f.) – Gemischtwirtschaftliche Abfallverwertung;

dazu ebenfalls BGH WuW/E DE-R 711 (716)). Durch Art. 3 Abs. 2 VO 138/2004 (im Anschluss an die zum 1.3.1998 insoweit neu gefasste VO 4064/89) hat auch die Unterscheidung von **Vollfunktions- und Teilfunktions-**Gemeinschaftsunternehmen rechtliche Bedeutung erlangt. Alle konzentrativen Gemeinschaftsunternehmen sind solche mit Vollfunktion; aber nicht alle Vollfunktions-Gemeinschaftsunternehmen sind notwendig konzentrativ. Im Grundsatz unterliegen konzentrative Gemeinschaftsunternehmen als solche nicht dem Kartellverbot. Die Grundlage der heutigen Praxis bildet der Mischwerke-Beschluss des BGH von 1985 (BGH WuW/E 2169). Ein konzentratives Gemeinschaftsunternehmen ist hiernach nur dann von vornherein dem § 1 entzogen, wenn es entsprechend der bisherigen Praxis des BKartA alle wesentlichen Unternehmensfunktionen erbringt, und zwar marktbezogen und nicht ausschließlich oder überwiegend auf einer vor- oder nachgelagerten Stufe für die Muttergesellschaften; das setze voraus, dass das Gemeinschaftsunternehmen als selbstständige Wirtschaftseinheit eigenständig plane und handle, also eine neue **selbstständige Planungseinheit** darstelle (BGH WuW/E 2169 (2172)).

Etwas anderes gilt, wenn zunächst mehrere Mütter und das Gemeinschaftsunter- **91**
nehmen **auf demselben Markt tätig** bleiben (dazu OLG Düsseldorf WuW/E DE-R 1625 (1630 f.) – Rethmann/GfA). **Kooperative Gemeinschaftsunternehmen** unterliegen dem Kartellverbot, wenn sie zu einer Koordinierung des Wettbewerbs der Muttergesellschaften untereinander führen (vgl. BGH WuW/E DE-R 2742 (2744) – Gratiszeitung Hallo; OLG Düsseldorf NZKart 2019, 386 (387) für ein Gemeinschaftsunternehmen zur Wartung von Fahrtreppen). § 1 ist von vornherein nicht anwendbar, wenn die am Gemeinschaftsunternehmen beteiligten Unternehmen keine **aktuellen oder potenziellen Wettbewerber** sind. Sind oder bleiben sie Wettbewerber, ist aber das Gemeinschaftsunternehmen auf einem anderen sachlich relevanten Markt tätig, können sich Probleme allenfalls unter dem Gesichtspunkt des Gruppeneffektes ergeben (→ Rn. 92 und Kleinmann/Bechtold Einl. Rn. 142). Ist das Gemeinschaftsunternehmen zwar auf demselben sachlich, aber einem anderen örtlich relevanten Markt tätig, so hängt die Anwendung des § 1 davon ab, ob die Zusammenarbeit im Gemeinschaftsunternehmen durch Verhaltensbeschränkungen das fortbestehende Wettbewerbsverhältnis der Mütter beeinträchtigt. § 1 ist uE nicht anwendbar, wenn nur **eine der das Gemeinschaftsunternehmen mitbeherrschenden Mütter** auf dem Markt des Gemeinschaftsunternehmens tätig bleibt. Dann stellt sich das Problem der Koordinierung mehrerer Muttergesellschaften nicht, sondern zwischen dem Gemeinschaftsunternehmen und **einer** Mutter; hier greift das Konzentrationsprivileg ein (→ Rn. 84). Zu weiteren wettbewerbsbeschränkenden Effekten bezüglich Nebenabreden Bien NZKart 2014, 247.

Entsprechendes gilt bei der Tätigkeit des Gemeinschaftsunternehmens auf Märk- **92**
ten, die denen der Mütter **vor- oder nachgelagert** sind; hier ist häufig die Zusammenarbeit immanent oder mit der Abstimmung verbunden, dass die Mütter ihren Bedarf zumindest vorzugsweise beim Gemeinschaftsunternehmen decken oder vorzugsweise an dieses liefern. Sind und bleiben die Gründer Wettbewerber und ist das Gemeinschaftsunternehmen auf demselben Markt tätig wie die Mütter, liegt die Anwendung des § 1 besonders nahe, insbes. bei Vertriebsgesellschaften (dazu grundlegend BGH WuW/E 1367 – ZVN I; vgl. auch OLG Düsseldorf WuW/E DE-R 1625 (1630 f.) – Rethmann/GfA). In solchen Fällen ist § 1 anwendbar, wenn die Zusammenarbeit im Gemeinschaftsunternehmen eine Koordinierung auch im Hinblick auf das gegenseitige Wettbewerbsverhältnis der Mütter voraussetzt (KG WuW/E DE-R 628 (631) – Stellenmarkt für Deutschland II). Sind die Gründer Wettbewerber und **übertragen beide oder jedenfalls einer von ihnen die Tätigkeit auf dem betroffenen Markt voll und endgültig auf das Gemeinschaftsunternehmen,** so liegt regelmäßig ein konzentratives Gemeinschaftsunternehmen vor, das mit § 1 vereinbar ist. Auch bei einer solchen Vereinbarkeit können allerdings begleitende Vereinbarungen zur Anwendung des § 1 führen, soweit sie das Wettbewerbsverhalten

der Mütter betreffen. Das soll nach Auffassung des BGH der Fall sein, wenn die Gründung des Gemeinschaftsunternehmens, auf das die bisherigen Aktivitäten übertragen werden, ausschließlich zu dem Zweck erfolgt, den gegenseitigen Wettbewerb zu beenden (BGH WuW/E 2675 – Nassauische Landeszeitung, uE verfehlt). Geht es um das Verhalten des Gemeinschaftsunternehmens selbst, so handelt es sich um Ausübung der Leitungsmacht der Mütter, die der Anwendung des § 1 entzogen ist. Nach Ansicht des OLG Düsseldorf (NZKart 2016, 528 (530) – Vertikales Gemeinschaftsunternehmen) soll dann keine Wettbewerbsbeschränkung durch Abschottung nach § 1 vorliegen, wenn Unternehmen ein Gemeinschaftsunternehmen gründen, das ihnen Leistungen erbringt, die bisher durch dritte Unternehmen an sie erbracht wurden.

93 Keine in diesem Sinne weitergehende Einschränkung der Handlungsfreiheit der Gesellschafter, die einen Verstoß gegen § 1 begründen könnte, sind die Veränderungen der Wettbewerbsvoraussetzungen, die von der Theorie des **Gruppeneffekts** erfasst werden. Der Gruppeneffekt erfasst das empirisch nicht immer nachweisbare Phänomen zusätzlicher gegenseitiger Rücksichtnahme der durch Beteiligungen insbes. an einem Gemeinschaftsunternehmen verbundenen Unternehmen. Er erfüllt nicht die Tatbestandsvoraussetzungen des § 1. Für die Anwendbarkeit des § 1 fehlt es an der Tatbestandshandlung. Außerdem führt der Gruppeneffekt nicht zu einer Beschränkung der Handlungsfreiheit der Unternehmen, sondern verändert allenfalls die Wettbewerbsbedingungen und kann zu einer **Gefährdung des Wettbewerbs** führen. Systematisch gehört er in die fusionskontrollrechtliche Beurteilung der Marktstruktur, nicht in die kartellrechtliche Verhaltenskontrolle (vgl. dazu Bechtold RIW 1985, 442 (444)).

12. Rechtsfolgen

94 Es sind die zivil-, verwaltungs- und bußgeldrechtlichen Folgen zu unterscheiden.

95 **a) Zivilrechtlich.** Nach § 1 sind die genannten Vereinbarungen und Beschlüsse **„verboten“.** Der Gesetzgeber hat § 1 nicht als Missbrauchs-, sondern als Verbotstatbestand ausgestaltet (vgl. dazu BKartA WuW/E DE-V 209 (214) – Stellenmarkt für Deutschland II). Das Verbot umfasst gleichermaßen den Abschluss der Vereinbarung und deren Praktizierung (unstreitig, vgl. FK-KartellR/Roth/Ackermann Rn. 110). Zivilrechtlich sind Vereinbarungen oder Beschlüsse, die gegen dieses Verbot verstoßen, **nach § 134 BGB nichtig.** Das Verbot greift allerdings nur, wenn nicht eine Freistellung nach § 2 erfolgt. Wenn eine Vereinbarung, die gegen § 1 verstößt, aber durch § 2 freigestellt ist, ist sie wirksam. Schwierig ist die Beurteilung der zivilrechtlichen Folgen bei **Gesellschaften:** Fällt die Freistellung vom Kartellverbot für ein **Gemeinschaftsunternehmen** in der Rechtsform einer **GmbH** weg, soll trotz Verstoßes gegen § 1 der gemeldete Gesellschafter gegenüber der Gesellschaft nach § 16 GmbHG als Gesellschafter gelten. § 1 erfordert nicht, dass ex-tunc-Nichtigkeit eintritt (BGH NZKart 2015, 240 (241)). Ein KG-Gesellschaftsvertrag kann insgesamt gegen § 1 verstoßen; dann ist die Gesellschaft nach Auffassung des OLG Düsseldorf „nicht existent“ (OLG Düsseldorf WuW/E DE-R 2146 (2152); BGH WuW/E DE-R 2361 (2362), beide zu Nord-KS/Xella; vgl. dazu auch Lohse FS Säcker, 2011, 827; K. Schmidt FS Säcker, 2011, 949; Roth FS Hopt, 2010, 2881; Theurer BB 2013, 137; Burrichter FS Hoffmann-Becking, 2013, 191 (193 f.); FK-KartellR/Roth/Ackermann Rn. 121 f.): Verstößt eine Vereinbarung **nicht insgesamt,** sondern nur in **einzelnen Bestimmungen** gegen § 1 iVm § 134 BGB, so richten sich die Auswirkungen auf die anderen Teile des Vertrages nach § 139 BGB; hiernach gilt eine Vermutung für die Gesamt-Unwirksamkeit des Vertrages. **Zeitliche Beschränkungen,** die unter das Kartellverbot fallen, sind auf das – insoweit findet eine **geltungserhaltende Reduktion** statt – zulässige Maß zurückzuführen,

allerdings nur, wenn ein entsprechender Parteiwille feststellbar ist bzw. sich durch eine entsprechende salvatorische Klausel manifestiert (BGH WuW/E DE-R 1305 f. (1306) – Restkaufpreis; WuW/E BGH 2090 (2095) – Stadler-Kessel; 1898 (1900) – Holzpaneele; WuW/E 3115 (3120) – Druckgussteile; dazu auch FK-KartellR/Roth/Ackermann Rn. 116 ff.; → Rn. 60). Andere übermäßige Beschränkungen – wie etwa Wettbewerbsverbote, die räumlich oder sachlich zu weit gehen – werden nicht auf ihren kartellrechtlich zulässigen Kern reduziert, sondern führen zur Nichtigkeit der jeweiligen Klausel. Das entspricht der Rspr. zu § 138 BGB (dazu BGH WuW/E DE-R 1305 f. (1306) – Restkaufpreis). Eine **Bezugsbindung,** die allein ihrer übermäßig langen Dauer wegen Bedenken begegnet, ist dementsprechend nicht insgesamt unwirksam, sondern in entsprechender Anwendung des § 139 BGB mit einer dem tatsächlichen oder vermuteten Parteiwillen entsprechenden geringeren Laufzeit aufrechtzuerhalten. Zur geltungserhaltenden Auslegung auch → Rn. 60.

§ 139 BGB kann durch eine **salvatorische Klausel** abbedungen werden. Ent- 96
spricht dies dem mutmaßlichen Willen der Parteien, wie er in der salvatorischen Klausel zum Ausdruck gekommen sein kann, ist der Restvertrag wirksam (vgl. BGH NJW 1996, 773 (774); NJW-RR 1997, 684 (685); dazu auch Bechtold NZKart 2020, 459 (463)). Ist eine allgemeine Geschäftsbedingung aus (deutsch- oder EU-)kartellrechtlichen Gründen unwirksam, gilt § 306 BGB, der der allgemeinen Regel des § 139 BGB vorgeht (vgl. BGH BB 2007, 1583 (1585) – BMW-Vertragshändler). Wegen des grundsätzlichen Verbots der geltungserhaltenden Auslegung von Allgemeinen Geschäftsbedingungen sind Verstöße gegen § 1 in Allgemeinen Geschäftsbedingungen nicht heilbar; auch eine salvatorische Klausel in Allgemeinen Geschäftsbedingungen hilft nicht weiter, da eine solche Klausel gegen § 306 Abs. 2 BGB verstößt, es sei denn, die unwirksame Regelung war im Zeitpunkt ihrer Vereinbarung nach dem Stand der Rspr. zulässig und ist erst aufgrund einer Rechtsänderung/Rechtsprechungsänderung unwirksam geworden (Grüneberg/Grüneberg § 306 Rn. 11).

„Ausführungsverträge“ zwischen den Beteiligten der Kartellvereinbarungen 97
in Ergänzung zu dieser Kartellvereinbarung teilen deren Schicksal. **„Folgeverträge“** mit Dritten in Ausführung des unwirksamen Kartellvertrages sind grds. wirksam (vgl. dazu Bunte/Krauß Rn. 375; FK-KartellR/Roth/Ackermann Rn. 119 f.; K. Schmidt FS Möschel, 2011, 559; zur Wirksamkeit von Kaufverträgen bei Unwirksamkeit des den Rahmen bildenden Franchise-Vertrages OLG Düsseldorf WuW/E 3993 (3994); bei Folgeverträgen von Rabatt- und Konditionenkartellen OLG Düsseldorf WuW/E 4182 – Delkredere-Übernahme; bei Folgeverträgen in der Abfallentsorgung OLG Frankfurt a. M. NJWE-WettbR 1996, 259 (260 f.); vgl. auch BGH WuW/E DE-R 2728 (2732) – Versicherergemeinschaft; OLG Düsseldorf NZKart 2017, 481 – Einspeisung von Fernsehprogrammsignalen III). Beim Erwerb einer „Scheingesellschafterstellung“ durch einen gegen § 1 verstoßenden Vertrag greift die Rechtsscheinwirkung des § 16 GmbHG nicht ein (OLG Frankfurt a. M. BB 1992, 1668). Die **Kündigung** eines Vertrags kann nach § 1, § 134 BGB nichtig sein, wenn sich Wettbewerber unter Verstoß gegen § 1 über die Kündigung abgestimmt haben (BGH NZKart 2016, 371 (372 f.) – Gemeinschaftsprogramme; ebenso OLG Düsseldorf NZKart 2017, 481 (483) – Einspeisung von Fernsehprogrammsignalen III; anders OLG Karlsruhe NZKart 2017, 485 (486 f.; s. auch BGH NZKart 2020, 323), aber wegen der Sondersituation der Kündigung durch ein Gemeinschaftsunternehmen, das an der Absprache über die Kündigung nur über seine Gesellschafter, aber nicht selbst beteiligt war; dazu Schubert NZKart 2017, 452). Bei Verstößen gegen § 1 können sich aus § 33 Unterlassungs-, Beseitigungs- und **Schadensersatzansprüche** ergeben (→ § 33 Rn. 1 ff.). In Betracht kommt auch für den Vertragspartner eines Ausführungsge-

schäfts die **Anfechtung** wegen arglistiger Täuschung (dazu BGH BeckRS 2010, 5572; Dück/Schultes NZKart 2013, 228; Mayer WuW 2010, 29).

98 **b) Verwaltungsrechtlich.** Anders als nach der Rechtslage bis zur 6. GWB-Novelle 1998 ist schon der Abschluss einer gegen § 1 verstoßenden Vereinbarung verboten; Entsprechendes gilt für den in § 1 erwähnten Beschluss. Die Kartellbehörde kann verwaltungsrechtlich auf der Grundlage des § 32 die beteiligten Unternehmen zur Abstellung der Zuwiderhandlung verpflichten und nach § 34 den Vorteil abschöpfen.

99 **c) Bußgeldrechtlich.** Nach § 81 Abs. 2 Nr. 1 ist die Zuwiderhandlung gegen das Verbot des § 1 **ordnungswidrig.** Bis 1998 setzte der Bußgeldtatbestand (des § 38 Abs. 1 Nr. 1 aF) voraus, dass sich der Täter über die „Unwirksamkeit eines Vertrages oder Beschlusses hinwegsetzt". Früher war nicht der Abschluss, sondern nur die Praktizierung der verbotenen Vereinbarung ordnungswidrig. Heute wird der Umfang der Ordnungswidrigkeit bestimmt durch den Geltungsbereich des Verbotes. Das Verbot erfasst den Abschluss der Vereinbarung ebenso wie ihre Praktizierung; Entsprechendes gilt für den Beschluss. Bei der aufeinander abgestimmten Verhaltensweise ist nicht schon die Abstimmung, sondern erst das (abgestimmte) Verhalten ordnungswidrig. Jede Beteiligung an einer gegen § 1 verstoßenden abgestimmten Verhaltensweise ist auch ordnungswidrig. Für die Ordnungswidrigkeit des § 81 Abs. 2 Nr. 1 genügt ausdrücklich auch der fahrlässige Verstoß. Horizontale und vertikale Preisabsprachen **(Submissionsabsprachen)** bei öffentlichen Ausschreibungen und bei freihändigen Vergaben verstoßen nach der neuen Rspr. regelmäßig auch gegen §§ 263, 298 StGB (vgl. BGH WuW/E Verg 486 = NJW 2001, 3718 – Flughafen München; dazu Lange ZWeR 2003, 352; BGH WuW/E DE-R 3691 (3694) – Submissionsabsprachen; Heuking BB 2013, 1155; Dierlamm ZWeR 2013, 192); dann wird gegen die beteiligten natürlichen Personen nur das Strafrecht angewendet (→ § 82 Rn. 6).

13. Einzelfälle

100 **a) Marktinformation. Marktinformationsverfahren** können Vereinbarungen oder abgestimmte Verhaltensweisen sein, die eine Beschränkung des Wettbewerbs bezwecken oder bewirken. Marktinformationsverfahren sind kartellrechtlich dann unbedenklich, wenn lediglich Auskünfte über Durchschnittspreise und Durchschnittswerte (Liefermengen, Umsätze) erteilt werden und eine **Identifizierung einzelner Kunden oder Lieferanten,** sowie Rückschlüsse auf einzelne Geschäftsvorgänge **ausgeschlossen** sind (OLG Düsseldorf WuW/E DE-R 949 (950) – Transportbeton Sachsen). Marktinformationsverfahren sind kartellrechtlich bedenklich, wenn sie sich auf das konkrete Marktgeschehen beziehen und deswegen Auswirkungen auch auf das Marktverhalten haben können. Ein Verstoß gegen § 1 liegt grds. vor, wenn die beteiligten Wettbewerber zeitnah Informationen über solche Umstände austauschen, die nicht allgemein und ohne Weiteres verfügbar und **für den Wettbewerb zwischen den beteiligten Unternehmen von Bedeutung** sind (zB laufende Informationen über Aufträge, Lieferungen, Preise, Umsätze, Investitionen usw). Dies gilt insbes., wenn sich bestimmte Tatsachen oder konkrete Verhaltensweisen aufgrund des Marktinformationsverfahrens individuellen Wettbewerbern zuordnen lassen, dh ein **identifizierendes Verfahren** gegeben ist. Dadurch wird der **Geheimwettbewerb** beeinträchtigt oder gar beseitigt, also die Ungewissheit über das Marktverhalten der Wettbewerber (vgl. dazu EuG Slg. 1999, II-347 ff. – Thyssen Stahl). Anders zu bewerten sind reine **Marktstatistiken.** Dies sind Marktinformationsverfahren, bei denen sich Wettbewerber unter Einschaltung einer Meldestelle darüber informieren, welche Mengen geliefert und welche Umsätze getätigt wurden. Marktstatistiken sind für viele Anbieter für die Steuerung ihrer Produktion und

für die Beurteilung der Marktlage von Bedeutung. Derartige Meldeverfahren haben aber zumeist einen abstrakten Charakter im Hinblick auf Marktbewegungen und stellen die relevanten Marktdaten neutral dar. Wichtig ist dabei, dass eine **Identifizierung** einzelner Kunden, Lieferanten oder von Einzelgeschäften – insbes. bei der Weitermeldung von Durchschnittswerten – tatsächlich ausgeschlossen bleibt. Bedenken können darüber hinaus bestehen, wenn die erfasste Zahl der je Erzeugnisgruppe lieferfähigen Unternehmen oder die Zahl der je Erzeugnisgruppe gemeldeten Stückzahlen bzw. Geschäftsvorfälle gering ist. Die Auswirkungen des Informationsaustausches brauchen dann aber nach der Rspr. des EuGH nicht festgestellt zu werden, wenn der Austausch die Beschränkung des Wettbewerbs bezweckt (EuGH EuZW 2009, 505 (507) Rn. 29 – T-Mobile Netherlands). Eine einheitliche und pauschale Bewertung sämtlicher Erscheinungsformen von Marktinformationsverfahren ist nicht möglich. Vielmehr muss eine Beurteilung aufgrund der **Umstände des konkreten Einzelfalls** erfolgen. Die wettbewerbswidrigen Wirkungen eines Informationsverfahrens dürfen nicht abstrakt unterstellt, sondern müssen konkret bestimmt werden (vgl. EuGH Slg. 1998, II-1048 ff. – Gruber + Weber). Dabei spielt auch die Art des Produkts sowie die **Marktstruktur** eine große Rolle (s. dazu auch EuGH Slg. 2006, I-11125 Rn. 57 – Asnef-Equifaax/Ausbanc): So soll auf einem stark oligopolistischen Markt mit eingeschränktem Wettbewerb und ohnehin erleichtertem Informationsaustausch ein geographisch stark gegliedertes Marktinformationsverfahren, das in kurzen zeitlichen Abständen über die Umsätze der jeweils letzten Periode informiert, in jedem Fall unzulässig sein, weil es allen Wettbewerbern in festen Zeitabständen die Marktpositionen und die Strategien der einzelnen Wettbewerber offenlegt (EuG Slg. 1994, II-957 Rn. 51 – John Deere, bestätigt durch EuGH Slg. 1998, I-3111). Auch der Austausch von öffentlich zugänglichen Informationen wie bspw. historische Preise kann zur weiteren wettbewerbswidrigen **Verstärkung der Transparenz** auf einem Markt führen, wenn auf diesem Markt der Wettbewerb ohnehin schon stark geschwächt ist und die Informationen die Überwachung der Einhaltung von Kartellvereinbarungen dient (EuGH BeckRS 2004, 74942 Rn. 281 – Aalborg Portland).

Strategische Informationen, deren Austausch den Verstoß gegen § 1 indiziert, können sich auf **Preise, Kundenlisten, Produktionskosten, Mengen, Umsätze, Verkaufszahlen, Kapazitäten, Qualität, Marketingpläne, Risiken, Investitionen, Technologien sowie F&E-Programme** und deren Ergebnisse beziehen (Horizontal-Leitlinien 2023 Rn. 384 ff.). Wettbewerbsbeschränkende Auswirkungen sind wahrscheinlich, wenn die am Austausch beteiligten Unternehmen einen hinreichend großen Teil des relevanten Marktes abdecken (Horizontal-Leitlinien 2023 Rn. 412). Beim Austausch von Daten ist außerdem zu berücksichtigen, ob die Daten **aggregiert** oder **identifizierbar** ausgetauscht werden. Bei echt aggregierten Daten, also Daten, die keine Rückschlüsse auf individuelle unternehmensspezifische Daten zulassen, sind wettbewerbsbeschränkende Auswirkungen weniger wahrscheinlich als beim Austausch unternehmensindividueller Daten (Horizontal-Leitlinien 2023 Rn. 391). Somit ist es im Allgemeinen weniger wahrscheinlich, dass der Austausch aggregierter Daten zu wettbewerbsbeschränkenden Auswirkungen führt, außer im Falle eines solchen Austauschs in einem engen Oligopol (Horizontal-Leitlinien 2023 Rn. 391). Ein weiteres Kriterium ist das Alter der Daten; sind die Daten aktuell, so ist die Wahrscheinlichkeit einer Wettbewerbsbeschränkung größer als dann, wenn die Daten eher historisch sind (Horizontal-Leitlinien 2023 Rn. 393). Ein wichtiger Faktor ist schließlich, ob die Informationen **öffentlich** sind. Sofern die Informationen allen Wettbewerbern und Kunden gleichermaßen zur Verfügung stehen, dürfte Art. 101 AEUV kaum verletzt sein (Horizontal-Leitlinien Rn. 388). **101**

Der Informationsaustausch muss – um als **abgestimmtes Verhalten** mit wettbewerbswidrigem Zweck oder wettbewerbsbeschränkender Wirkung zu gelten – **nicht systematisch** durchgeführt werden. Es reicht aus, wenn Unternehmen gegenüber **102** einem oder mehreren Wettbewerbern strategische Informationen offenlegen und die empfangenden Unternehmen diese Informationen „akzeptieren". Kontakt in Form von Schriftverkehr, E-Mails, Telefongesprächen oder Treffen reichen aus. Es soll unerheblich sein, ob nur ein Unternehmen seine Wettbewerber **einseitig** über das beabsichtigte Marktverhalten informiert oder ob alle beteiligten Unternehmen sich **gegenseitig** unterrichten, weil bereits durch die Information für alle Beteiligten die Ungewissheit über das künftige Marktgeschehen verringert wird und die Gefahr einer Verringerung des Wettbewerbs und eines kollusiven Verhaltens besteht (s. Horizontal-Leitlinien Rn. 396 ff.; Schlussanträge der Generalanwältin Kokott Slg. 2009, I-4529 Rn. 54 – T-Mobile Netherlands). Die bloße Anwesenheit in einer Sitzung, in der ein anderes Unternehmen strategische Informationen offenlegt, kann also bereits unter Art. 101 Abs. 1 AEUV fallen (EuGH Slg. 2001, II-2035 Rn. 54 – Tate & Lyle). Gleichzeitig wird nach Ansicht des EuGH davon ausgegangen, dass ein Unternehmen strategische Informationen, die von einem Wettbewerber erhalten werden, bei seinem künftigen Marktverhalten berücksichtigt hat; damit wird bereits das abgestimmte Verhalten vermutet (EuGH EuZW 2009, 505 (506) Rn. 27 – T-Mobile Netherlands). Der Austausch von Kreditinformationen zwischen Banken soll dann nicht gegen Art. 101 Abs. 1 AEUV verstoßen, wenn der Markt keine hochgradige Konzentration aufweist, die Identität der Gläubiger nicht aufgedeckt wird und die Kreditinformationen den im maßgeblichen Bereich tätigen Wirtschaftsteilnehmern diskriminierungsfrei zugänglich sind (EuGH Slg. 2006, I-11125 Rn. 61 – Asnef-Equifaax/Ausbanc). Der Informationsaustausch zum Zweck des **Benchmarkings** ist nicht als solcher privilegiert; es kommt wie auch sonst auf den Inhalt des Austauschs und seine Wettbewerbsrelevanz an (vgl. Voet van Vormizeele WuW 2009, 143; Schröder WuW 2009, 718 (727)). Vgl. zur kartellrechtlichen Zulässigkeit von Marktinformationsverfahren die Horizontal-Leitlinien 2023 Rn. 366 ff. und → Rn. 27. **Internet-Plattformen,** Internet-Marketplaces und andere Marktinformationssysteme unter Einsatz des Internet werfen im Allgemeinen die kartellrechtliche Frage auf, ob der Informationsaustausch und der sonstige Einsatz des Internet-Mediums zu Beschränkungen des Wettbewerbs der Teilnehmer führt (vgl. dazu zB BKartA WuW/E DE-V 355 (360) – SAP-GU).

103 Der Informationsaustausch zwischen Wettbewerbern **im Rahmen von Zusammenschlussvorhaben** (dazu Schubert ZWeR 2013, 54), zB im Rahmen einer **Due Diligence,** ist zulässig, soweit er objektiv erforderlich ist, um die Sinnhaftigkeit, Durchführbarkeit und die Konditionen des Vorhabens festzustellen; ggf. ist durch besondere Vertraulichkeitsvereinbarungen sicherzustellen, dass die Informationen nicht im gegenseitigen Wettbewerb verwenden werden können.

104 **b) Einkaufskooperation.** Auch Einkaufsgemeinschaften können grds. gegen § 1 verstoßen (vgl. zur Einkaufsgemeinschaft von Kommunen für Ausrüstungsgegenstände für Feuerlöschzüge BGH WuW/E DE-R 1087; vgl. auch TB 2011/2012, 59). Die in den Horizontal-Leitlinien 2011 und 2023 (Rn. 273 ff. zusammengefasste Rechtsprechung und Verwaltungspraxis der Kommission lässt sich auf § 1 übertragen. Danach werden **Einkaufsvereinbarung grundsätzlich nicht als Vereinbarungen über bezweckte Wettbewerbsbeschränkung** eingestuft (Horizontal-Leitlinien Rn. 279). **Einkaufskartelle** stellen dagegen **bezweckte Wettbewerbsbeschränkungen** dar. Die Abgrenzung hängt davon ab, ob die Einkaufsgemeinschaft **offen** auftritt, also für die Marktgegenseite erkennbar mehrere Unternehmen gemeinsam einkaufen, oder die Unternehmen individuell verhandeln und sich untereinander über Wettbewerbsparameter abstimmen; im letzteren Fall wird eine Wettbewerbsbeschränkung bezweckt (zur Abgrenzung Horizontal-Leitlinien Rn. 279 ff.).

105 Einkaufskartelle, die eine Beschränkung des Wettbewerbs bezwecken, verstoßen gegen § 1 GWB und werden kaum nach § 2 Abs. 2 freigestellt werden können. Bei

Einkaufsgemeinschaften, die keine Wettbewerbsbeschränkung bezwecken, ist die Wirkung auf die Marktverhältnisse zu prüfen. Nach den Horizontal-Leitlinien werden – über die bloße Spürbarkeit hinaus – auch **Kriterien der Marktmacht** einbezogen. Wenn die Teilnehmer sowohl auf den Einkaufs- als auch Verkaufsmärkten **Marktanteile von weniger als 15 %** haben, soll Art. 101 Abs. 1 AEUV grds. nicht anwendbar sein (vgl. dazu Horizontal-Leitlinien Rn. 291; s. OLG Frankfurt a. M. NZKart 2019, 230 (231) – Telefonbuchverlage). Besondere Probleme können aber die Vereinbarungen eines **„Platzschutzes"** und eines **Verbots der Doppelmitgliedschaft** (gegen die Zulässigkeit grds. OLG Stuttgart WuW/E 3985 – Interfunk; BGH WuW/E 2271 – Taxi-Genossenschaft; 2828 – Taxigenossenschaft II; OLG München WuW/E DE-R 175 (177 f.) – Isarfunk; vgl. auch Beuthien ZHR 142 (1978), 259 (291); anders aber, wenn das Verbot zur Sicherung des Zwecks und der Funktionstüchtigkeit der Genossenschaft erforderlich ist, OLG Stuttgart WuW/E 3985 (3987) – Interfunk) und von **Meistbegünstigungsklauseln** (→ Rn. 68) aufwerfen.

c) Forschung, Entwicklung, Produktion. Enge Grenzen sind der kartellfreien Kooperation auch für Unternehmenstätigkeiten gesetzt, die den unmittelbar marktrelevanten Einkaufs- und Verkaufsfunktionen nach- bzw. vorgelagert sind, also insbes. der **Forschung** und **Entwicklung** und der **Produktion.** Zwar werden keine Einwendungen gegen einen Erfahrungs- und Meinungsaustausch über generelle Probleme auf diesen Gebieten erhoben. Von § 1 nicht erfasst sind in Anwendung des sog. Arbeitsgemeinschaftsgedankens Forschungskooperationen, wenn die daran beteiligten Unternehmen sich sonst nicht im betreffenden Bereich engagieren würden (vgl. dazu Wiedemann KartellR-HdB/Lübbig § 9 Rn. 231). Führt die Kooperation aber dazu, dass sich Unternehmen gegenseitig ihre Aktivitäten in der Forschung und Entwicklung voll offenlegen und dadurch die Möglichkeit von daraus resultierenden Wettbewerbsvorsprüngen ausschließen, so ist die Grenze des § 1 überschritten. 106

Entsprechendes gilt, wenn Kontakte über Fragen der Produktion in **Spezialisierungen** einmünden. Der Fall der Produktionsspezialisierung ist gerade der typische Fall des Rationalisierungs- und Spezialisierungskartells, das gegen § 1 verstößt, aber im Rahmen der Freistellung nach § 2 großzügig behandelt wird (vgl. dazu auch die Gruppenfreistellungsverordnung 1218/2010). Die Schwelle zu einer umfassenden Produktionsspezialisierung ist auch bei der Praktizierung von grds. zulässigen **Kollegenlieferungen** zu beachten. Sie dürfen nicht dazu führen, dass Unternehmen gegenseitig auf bestimmte Produktionsbereiche verzichten und die Eigenproduktion dauerhaft durch Bezug beim Wettbewerber ersetzen. Gegen Vereinbarungen benachbarter Lokalzeitungen über die Verwendung eines gemeinsamen überregionalen „Mantels" werden im Allgemeinen keine Bedenken erhoben (dazu BGH WuW/E DE-R 3695 (3699) = NZKart 2013, 36 Rn. 26 – Haller Tagblatt). 107

d) Verkaufsgemeinschaften. Nach dem heutigen Stand der Rspr. sind Verkaufsgemeinschaften zwischen Wettbewerbern nur zulässig, wenn die beteiligten Unternehmen sich weder in ihrem eigenen, selbstständigen Verkauf oder ihrer freien Preisgestaltung vertraglich binden, noch über einen wettbewerbsbeschränkenden Zweck geeinigt haben oder eine entsprechende Abstimmung herbeiführen. Deswegen wird heute bei homogenen Massengütern jede **gemeinsame Verkaufsstelle von Wettbewerbern** als **unzulässig** angesehen. Das gilt nicht nur, wenn sich die Unternehmen ausdrücklich verpflichten, ihre Produkte im Ganzen oder in einem bestimmten Umfang über die gemeinschaftliche Verkaufsstelle abzusetzen **(Andienungspflicht),** sondern auch, wenn sich aus der Natur der Zusammenarbeit andere Wettbewerbsbeschränkungen ergeben, zB **Gleichheit der Preise** (BGHZ 65, 30 = WuW/E 1367 – ZVN I; WuW/E 1871 – Transportbeton-Vertrieb I; 1901 (1902) – Transportbeton-Vertrieb II; vgl. Wiedemann KartellR-HdB/Lübbig § 9 Rn. 182). 108

Diese Maßstäbe werden nicht nur auf Eigenhändlerkooperationen angewendet, sondern auch auf den **gemeinsamen Agenturvertrieb** (KG WuW/E 2429 (2431) – ZVN II; BKartA WuW/E 1771 (1777 f.); 1809 (1811)). Gegen § 1 kann es auch verstoßen, wenn Wettbewerber – untereinander abgestimmt und inhaltsgleich – ein und dasselbe Unternehmen mit dem Vertrieb ihrer Waren und Leistungen beauftragen (BGH WuW/E DE-R 1267 (1268) – Nachbaugebühr). Allerdings kann die Zulässigkeit solcher Verkaufsgemeinschaften anders zu beurteilen sein, wenn trotz Tätigkeit auf demselben Markt aus besonderen Gründen – zB qualitative Unterschiede der Produkte – konkret keine spürbaren Wettbewerbsbeeinträchtigungen zu befürchten sind. Offenbar unter diesem Gesichtspunkt sind in der letzten Zeit mehrere Vertriebsgemeinschaftsunternehmen von Wettbewerbern im Rahmen von Fusionskontrollverfahren auch kartellrechtlich nicht beanstandet worden (vgl. etwa für Milchprodukte BKartA 9.2.2009 – B2 – 29/09 und für Zeitschriften 27.1.2010 – Burda/WAZ; zu Anzeigenkooperationen benachbarter Lokalzeitungen vgl. BGH WuW/E DE-R 3695 (3699) = NZKart 2013, 36 Rn. 26 – Haller Tagblatt), aber § 30 Abs. 2a (→ § 30 Rn. 49 ff.). Ein gegen § 1 verstoßender gemeinsamer Vertrieb kann unter engen Voraussetzungen nach § 2 freigestellt sein. Zur kollektiven Vermarktung der Medienrechte der Bundesliga BKartA WuW 2016, 384 (Verpflichtungszusagen); BKartA GRUR-Prax 2020, 465. 20.3.2020 – B6-28/19

109 **Verkaufskooperationen zwischen Nicht-Wettbewerbern,** zB zwischen Herstellern von Komplementärprodukten, sind grds. zulässig. Sie dürfen nicht mit dem Ausschluss eines potenziellen Wettbewerbs verbunden, insbes. nicht Ausfluss einer Spezialisierungsabrede sein. Probleme können sich ergeben, wenn die Vereinbarung mit Ausschließlichkeiten verbunden ist, wenn also die Hersteller sich verpflichten, ihre jeweiligen Produkte ausschließlich über die gemeinsame Verkaufsstelle zu vertreiben und auf jeglichen Direktvertrieb zu verzichten.

110 Eine **Gemeinschaftswerbung** ohne vertragliche Beschränkung der eigenen Werbung wird grds. als zulässig angesehen; gibt es Beschränkungen für die eigene Werbung, ist § 1 anwendbar (Wiedemann KartellR-HdB/Lübbig § 9 Rn. 228). Zulässig ist eine gemeinsame Bedarfsweckungswerbung (zB für Milch, Käse, Bier, Zucker, Kaffee, Zement usw) oder die gemeinschaftliche Werbung einer Gruppe von Unternehmen für eine gemeinsame Marke. Zur zulässigen Gemeinschaftswerbung gehören ferner gemeinschaftliche Branchenausstellungen, Messestandsgemeinschaften und die Ausgabe gemeinsamer Kundenzeitschriften. Ist die gemeinschaftliche Werbung mit Preisangaben verbunden, bestehen Bedenken, wenn der Preis auf einer Empfehlung, einer Absprache oder einer Abstimmung beruht (vgl. dazu Wiedemann KartellR-HdB/Lübbig § 9 Rn. 228).

111 **e) Kaufmännische Verwaltung.** Relativ groß ist der Spielraum in der Zusammenarbeit bei der **internen** kaufmännischen Verwaltung und im **Personalwesen,** also insbes. im Rechnungswesen, durch Verwendung einheitlicher Vordrucke (ohne einheitliche Geschäftsbedingungen, es sei denn, ihre einheitliche Anwendung sei aufgrund eines legalisierten Konditionenkartells oder einer Konditionenempfehlung gestattet), Inkassogemeinschaften und gemeinschaftliche soziale Einrichtungen (zB gemeinschaftliche Konten, Sozialkassen, Pensionsfonds usw).

112 **f) Bieter- und Arbeitsgemeinschaften.** Besondere Probleme werfen „Bietergemeinschaften" und „Arbeitsgemeinschaften" zwischen Wettbewerbern auf. Vereinbaren mehrere Unternehmen, sich in einer Arbeitsgemeinschaft um die Ausführung eines Bauvorhabens oder eines industriellen Großauftrages zu bewerben, so schließt das im Allgemeinen die Verpflichtung ein, eigene, selbstständige Angebote nicht abzugeben. § 1 ist nicht verletzt, soweit die Beteiligten **im konkreten Fall nicht im Wettbewerb** stehen, entweder, weil sie zu dieser Zeit nicht über die erforderliche Kapazität zur Ausführung des Auftrages verfügen, oder zwar die erforderliche Kapazität haben, aber erst die Arbeitsgemeinschaft sie in die Lage versetzt,

ein Erfolg versprechendes Angebot abzugeben. Wird die Zusammenarbeit für eine Vielzahl von Projekten vereinbart, spricht das eher gegen eine kartellfreie Arbeitsgemeinschaft (s. OLG Düsseldorf NZKart 2019, 386 (387)). Dabei kommt es nicht allein auf die objektiven Umstände an; ein konkretes Wettbewerbsverhältnis besteht schon dann nicht, wenn eine selbstständige Teilnahme an einer Ausschreibung **wirtschaftlich nicht zweckmäßig** und **kaufmännisch nicht vernünftig** gewesen wäre (BGH WuW/E 2050 (2051) – Bietergemeinschaft Schramberg; im Ergebnis ebenso schon Vorinstanz OLG Stuttgart WuW/E 3108; BGH WuW/E DE-R 876 (878) – Jugend- und Frauennachtfahrten; OLG Düsseldorf BeckRS 2016, 13184; OLG Schleswig WuW/E DE-R 623 (625) – Frauennachtfahrten; OLG Naumburg WuW/E Verg 493 (495) – Abschleppauftrag; vgl. dazu auch TB 1983/84, 32 f. und Immenga DB 1984, 385; kritisch Maasch ZHR 150 (1986), 657). Dieser Gesichtspunkt kann in weitem Umfang Mitversicherungsgemeinschaften dem Anwendungsbereich des § 1 entziehen (vgl. dazu BKartA DE-V 1459 (1463 f.) – Wirtschaftsprüferhaftpflicht). Die europäische Entscheidungspraxis folgt dem in den Horizontal-Leitlinien niedergelegten Grundsatz und wählt eine **objektivierte Betrachtungsweise.** Entscheidend für eine Ausnahme vom Tatbestand des Art. 101 Abs. 1 AEUV sei die Unmöglichkeit der Marktteilnahme ohne Beteiligung an der Arbeitsgemeinschaft („market entry doctrine“) (Horizontal-Leitlinien Rn. 352; EuG BeckRS 2012, 81353 = Slg. 1998, II-3146 Rn. 136 ff. – European Night Services; EuG 29.6.2012 – T-360/09 – E.ON Ruhrgas AG; EuG NZKart 2016, 480 8.9.2016 – T-472/13 – Lundbeck). Diesem Ansatz folgt auch der EFTA-Gerichtshof hinsichtlich des Verstoßes gegen Art. 101 AEUV durch eine Bietergemeinschaft (NZKart 2017, 83 22.12.2016 – E-3/16 – Taxikooperation): Für eine bezweckte Wettbewerbsbeschränkung soll es ausreichen, wenn die Unternehmen der Bietergemeinschaft zumindest potenzielle Wettbewerber sind, dh bei objektiver Betrachtung auch ein eigenständiges Angebot abgeben könnten. Von vornherein zulässig sind Arbeitsgemeinschaften von Unternehmen verschiedener Wirtschaftszweige, die nicht untereinander im Wettbewerb stehen (zB Arbeitsgemeinschaft zwischen Rohbauherstellern und Innenausbauern zur Durchführung eines Groß-Bauvorhabens). Ist die Bietergemeinschaft zulässig, gilt das auch für das Verbot, sich allein oder in Arbeitsgemeinschaft mit Dritten um den Auftrag zu bemühen. Die für Bieter- und Arbeitsgemeinschaften entwickelten Grundsätze werden von der Rspr. und der Lit. zur Beantwortung der Frage herangezogen, ob Unternehmen überhaupt als Wettbewerber in Betracht kommen. Danach liegt in einem gemeinsamen Handeln eines Unternehmens mit anderen keine Wettbewerbsbeschränkung, wenn dieses gar nicht selbstständig am Markt auftreten kann (vgl. OLG Schleswig WuW/E DE-R 623 (625) – Frauennachtfahrten). Die Grundsätze über die Zulässigkeit einer Bieter- und Arbeitsgemeinschaft **im Einzelfall** sind nicht übertragbar auf Vereinbarungen zwischen Wettbewerbern, sich **generell** nur gemeinschaftlich um Aufträge zu bemühen; eine Vereinbarung, Aufträge über eine gewisse Größe grds. gemeinsam auszuführen, dürfte idR gegen § 1 verstoßen.

g) Sammelreverssystem für Preisbindung bei Verlagserzeugnissen. Das Sammelreverssystem für die **Preisbindung im Buchhandel** mit seinen Mengenrabattstaffeln, das sich durch das Buchpreisbindungsgesetz von 2002 (Anhang B 3) erübrigt hat, stellte keine Kartellabsprache dar. Hier wurden nur die organisatorischen Voraussetzungen für die vertikale Preisbindung (früher § 16/§ 15, jetzt § 30, aber nur für Zeitungen und Zeitschriften) geschaffen (BGH WuW/E 2175 – Preisbindungstreuhänder-Empfehlung). 113

h) Gewerkschaften und Arbeitgeberverbände. Nicht vom GWB erfasst wird die Tätigkeit der Gewerkschaften und Arbeitgeberverbände als **Tarifpartner** im Rahmen des TVG; insoweit gehen die Regelungen des TVG denen des GWB vor (→ Rn. 11; Bechtold FS Bauer, 2010, 109; Bechtold RdA 1983, 99; Jäger, Die 114

Anwendbarkeit des GWB auf die Verbandsarbeit der Deutschen Arbeitgeberverbände, 1998; zur Anwendung des § 1 auf den Arbeitsmarkt vgl. auch FK-KartellR/Roth/Ackermann Rn. 107 ff.). Trotz ihres Bezugs zum Arbeitnehmerschutz sind Vereinbarungen (Beschlüsse, abgestimmte Verhaltensweisen) über **Ladenöffnungszeiten** nicht (mehr) privilegiert. Die frühere Regelung in § 3 Abs. 2 des (Bundes-)Ladenschlussgesetzes ist durch die 7. GWB-Novelle 2005 aufgehoben worden. Nach ihr waren Empfehlungen über Ladenöffnungszeiten zulässig. Heute unterliegen sie, wenn sie einseitig ausgesprochen werden, nicht dem Kartellverbot des § 1. Vereinbarungen oder Beschlüsse über Ladenöffnungszeiten sind nur dann relevant, wenn an ihnen mehrere Wettbewerber beteiligt sind und gegenseitiger Wettbewerb spürbar beschränkt wird. Auch dann besteht die Möglichkeit, dass sie nach § 2 freigestellt sind. Kartellrechtliche Privilegierungen von Vereinbarungen über Ladenschlusszeiten in den heutigen Landes-Ladenschlussgesetzen wären unwirksam, da § 1 als bundesgesetzliche Regelung vorgeht (vgl. dazu Bechtold FS Bauer, 2010, 109).

115 **i) Kartellfreie vertikale Kooperation.** Anders als im Bereich der horizontalen Kooperation lassen sich im Bereich der vertikalen Wettbewerbsbeschränkungen nur mit Schwierigkeiten Fallgruppen bilden, die generalisierend als „kartellfrei" bewertet werden können. Voraussetzung für die potenzielle Anwendung des § 1 bzw. des Art. 101 Abs. 1 AEUV auf Vertikalbeziehungen ist stets, dass beteiligte Unternehmen in ihren **Handlungsfreiheiten beschränkt** und dadurch **außenstehende Dritte benachteiligt** werden. Liegen derartige Beschränkungen nicht vor, ist die Vertikalbeziehung kartellrechtlich problemlos. Sind solche Beschränkungen feststellbar, gibt es dennoch einzelne Argumentationsstränge, die zur Unanwendbarkeit des § 1 bzw. Art. 101 Abs. 1 AEUV führen können. Nach Ansicht des OLG Düsseldorf (NZKart 2016, 528 (530) – Vertikales Gemeinschaftsunternehmen) soll dann keine Wettbewerbsbeschränkung durch Abschottung nach § 1 vorliegen, wenn Unternehmen ein Gemeinschaftsunternehmen gründen, das ihnen Leistungen erbringt, die bisher durch dritte Unternehmen an sie erbracht wurden. Begründungen dafür lassen sich **nicht systematisieren.** Teilweise wird eine **„rule of reason"** angenommen, für die allerdings im Hinblick auf die generelle Freistellungsmöglichkeit des § 2 bzw. Art. 101 Abs. 3 AEUV von vornherein allenfalls ein ganz beschränkter Anwendungsbereich verbleibt. Beispiele in der EU-Rspr. dafür sind die Hinnahme des sog. Sprunglieferungsverbotes im Verhältnis zu Großhändlern an Endabnehmer (Slg. 1977, 1875 (1909) – Metro/SABA I) und das im Rahmen **qualitativ selektiver Vertriebssysteme** notwendige Verbot an die zugelassenen Händler, nicht zugelassene Händler zu beliefern (vgl. zB EuGH Slg. 1980, 3775 (3791) – L'Oréal). In **Zuliefervereinbarungen** werden Beschränkungen des Auftragnehmers in der Verwendung von Kenntnissen und Betriebsmitteln hingenommen, die er vom Auftraggeber erhalten hat, um diesen nach den Vorgaben des Auftraggebers zu beliefern (vgl. Bechtold/Bosch/Brinker AEUV Art. 101 Rn. 136; **Zulieferbekanntmachung** der Kommission von 1979, ABl. 1979 C 1, 2). All das lässt sich durch eine **Immanenztheorie** rechtfertigen, die allerdings nur punktuell anerkannt ist, also nicht etwa generell in dem Sinne gilt, dass alle Beschränkungen zugelassen sind, die sich aus einer weitergehenden horizontalen oder vertikalen Kooperation sachlich rechtfertigen lassen.

116 **j) Nachhaltigkeitsvereinbarungen. Nachhaltigkeitsvereinbarungen** bezeichnen Vereinbarungen zwischen Unternehmen, die nachhaltige Ziele verfolgen, zB für den Bereich **Umweltschutz**, **Schutz von Arbeitnehmer- und Menschenrechten**, Tierschutz usw (Horizontal-Leitlinien Rn. 517). Solche Vereinbarung begegnen wahrscheinlich dann keinen Bedenken nach § 1, soweit hinreichend präzise Anforderungen oder Verbote in rechtsverbindlichen internationalen Verträgen, Vereinbarungen oder Übereinkommen umgesetzt werden sollen (Horizontal-Leitlinien Rn. 528).

Die Grenze zur Anwendbarkeit von § 1 wird aber überschritten, soweit die wettbewerbliche Handlungsfreiheit der Unternehmen so beschränkt wird, dass es zB zu einer Preiskoordinierung, einer Diskriminierung oder dem Ausschluss von Wettbewerbern oder der Festlegung von Normen kommt, die dazu führen, dass andere Unternehmen aus dem Markt ausgeschlossen werden oder ihnen der Marktzugang erschwert wird. Nach den Horizontal-Leitlinien (Rn. 549) sollten Normenvereinbarungen im Bereich Nachhaltigkeit keine spürbaren negativen Auswirkungen auf den Wettbewerb haben, sofern **kumulativ die folgenden sechs Bedingungen** erfüllt sind: (1) Das Verfahren zur Entwicklung der Nachhaltigkeitsstandards muss transparent sein und alle interessierten Mitbewerber müssen sich an den Prozess beteiligen können, (2) Unternehmen, die sich nicht an den Standards beteiligen wollen, dürfen durch die Standards weder direkt noch indirekt verpflichtet werden, den Standard einzuhalten, (3) Unternehmen muss es freigestellt sein, höhere Nachhaltigkeitsstandards anzuwenden, (4) Nachhaltigkeitsstandards dürfen keine Plattform zum Austausch sensibler Geschäftsinformation bilden, sofern der Austausch der Information nicht für die Entwicklung, Anwendung, Annahme oder Änderung der Standards objektiv notwendig ist, (5) der Zugang zu den Ergebnissen des Verfahrens zur Festsetzung der Standards muss effektiv und diskriminierungsfrei sein und letztlich (6) darf der Standard weder zu einer erheblichen Preiserhöhung noch zu einer erheblichen Qualitätsminderung der betreffenden Produkte führen und der gemeinsame Marktanteil der Beteiligten Unternehmen auf keinem von dem Standard betroffenen relevanten Markt 20 % übersteigen. Außerhalb dieses safe harbour ist eine **Freistellung** nach § 2 Abs. 2 möglich. Dabei bereitet aber insbesondere die Quantifizierung des Kundenvorteils bei der Abwägung der beteiligten Interessen Schwierigkeiten (dazu Hertfelder/Drixler NZKart 2023, 407).

§ 2 Freigestellte Vereinbarungen

(1) **Vom Verbot des § 1 freigestellt sind Vereinbarungen zwischen Unternehmen, Beschlüsse von Unternehmensvereinigungen oder aufeinander abgestimmte Verhaltensweisen, die unter angemessener Beteiligung der Verbraucher an dem entstehenden Gewinn zur Verbesserung der Warenerzeugung oder -verteilung oder zur Förderung des technischen oder wirtschaftlichen Fortschritts beitragen, ohne dass den beteiligten Unternehmen**
1. **Beschränkungen auferlegt werden, die für die Verwirklichung dieser Ziele nicht unerlässlich sind, oder**
2. **Möglichkeiten eröffnet werden, für einen wesentlichen Teil der betreffenden Waren den Wettbewerb auszuschalten.**

(2) [1]**Bei der Anwendung von Absatz 1 gelten die Verordnungen des Rates oder der Europäischen Kommission über die Anwendung von Artikel 101 Absatz 3 des Vertrages über die Arbeitsweise der Europäischen Union auf bestimmte Gruppen von Vereinbarungen, Beschlüsse von Unternehmensvereinigungen und aufeinander abgestimmte Verhaltensweisen (Gruppenfreistellungsverordnungen) entsprechend.** [2]**Dies gilt auch, soweit die dort genannten Vereinbarungen, Beschlüsse und Verhaltensweisen nicht geeignet sind, den Handel zwischen den Mitgliedstaaten der Europäischen Union zu beeinträchtigen.**

Übersicht

1. Überblick

1 Die 8. GWB-Novelle 2012/2013 hat die Begriffe Kommission und Art. 81 der Rechtslage nach dem Lissabon-Vertrag angepasst. Seither ist die Regelung unverändert.

2 **a) Frühere Rechtslage.** Das bis zur 7. GWB-Novelle, also bis zum 30.6.2005 geltende Kartellverbot des § 1 aF bezog sich nur auf **horizontale Kartelle** „zwischen miteinander im Wettbewerb stehenden Unternehmen". Es galt keine generelle Freistellungsnorm wie nach Art. 101 Abs. 3 AEUV. Vielmehr sahen die §§ 2–8 aF einen **numerus clausus von Freistellungsmöglichkeiten** im Rahmen von Verwaltungsverfahren vor. Unterschieden wurden

- Normen- und Typenkartelle, Konditionenkartelle (§ 2 aF)
- Spezialisierungskartelle (§ 3 aF)
- Mittelstandskartelle (§ 4 aF)
- Rationalisierungskartelle (§ 5 aF)

– Strukturkrisenkartelle (§ 6 aF) und
– sonstige Kartelle (§ 7 aF).

Für die Legalisierung nach diesen Vorschriften waren nach der allgemeinen Zuständigkeitsverteilung das BKartA oder die Landeskartellbehörden zuständig. § 8 aF sah darüber hinaus die Möglichkeit vor, dass der Bundeswirtschaftsminister eine sog. **„Ministererlaubnis“** erteilen konnte. Verfahrensrechtlich wurde zwischen **Antrags- und Anmeldekartellen** unterschieden. Anmeldekartelle (§§ 2–4 Abs. 1 aF) wurden durch Anmeldung bei der Kartellbehörde und deren Nicht-Widerspruch innerhalb einer Frist von drei Monaten zeitlich unbefristet wirksam. Antragskartelle (§§ 5–8 aF) setzten einen Freistellungsantrag voraus, über den die Kartellbehörde zu entscheiden hatte. Die Freistellung wurde nur befristet erteilt. Die alte Freistellung von Anmeldekartellen (durch Nicht-Widerspruch) und durch Verfügung auf Antrag erfolgte Freistellungen wurden nach § 131 Abs. 1 und 2 in der bis zur 8. GWB-Novelle gültigen Fassung am 31.12.2007 unwirksam. Im Bereich der **vertikalen Vereinbarungen** gab es das Verbot vertikaler Preis- und Inhaltsbindungen des § 14 aF, das keine Freistellungsmöglichkeit vorsah (mit Ausnahme der gesetzlichen Freistellung von Preisbindungen für Zeitungen und Zeitschriften). Für andere vertikale Wettbewerbsbeschränkungen war in § 16 aF eine bloße Missbrauchsaufsicht vorgesehen, was ihre grundsätzliche Zulässigkeit voraussetzte und kein Freistellungsbedürfnis auslöste. 3

b) EU-rechtliche Vorgaben. Im EU-Recht galt bis zum 30.4.2004 auf der Grundlage der VO 17/62 ein **Freistellungsmonopol** der Kommission. Wenn eine Vereinbarung, ein Beschluss oder eine abgestimmte Verhaltensweise gegen Art. 81 Abs. 1 EG (= Art. 101 Abs. 1 AEUV) verstieß, war sie nur freigestellt, wenn die Kommission durch Entscheidung eine Einzelfreistellung erlassen hat, oder das Verhalten von einer Gruppenfreistellungs-Verordnung erfasst war. Das mit der Einzelfreistellung verbundene Verfahren funktionierte in der Praxis nicht. Deswegen wurde mit der zum 1.5.2004 in Kraft getretenen neuen Kartellverfahrens-VO 1/2003 (Anhang A 2) das Entscheidungsmonopol der Kommission durch das **System der „Selbstveranlagung“** ersetzt. Art. 1 Abs. 2 Kartellverfahrens-VO sieht ausdrücklich vor, dass Vereinbarungen usw „im Sinne von Art. 81 Abs. 1 des Vertrags, die die Voraussetzungen des Art. 81 Abs. 3 des Vertrags erfüllen, … nicht verboten (sind), ohne dass dies einer vorherigen Entscheidung bedarf“. Art. 101 Abs. 3 AEUV wird also seit dem 1.5.2004 so gelesen, dass die Freistellung unmittelbar von Gesetzes wegen gilt, ohne dass dafür eine (konstitutive oder deklaratorische) Entscheidung einer Behörde erforderlich ist. Bei der Frage, ob die Selbstveranlagung **zurückwirkt,** ist zu differenzieren. Vereinbarungen, die gegen Art. 101 Abs. 1 AEUV verstoßen und nicht durch eine Gruppenfreistellung nach Art. 101 Abs. 3 AEUV freigestellt wurden, bedurften bis zum 30.4.2004 grds. der Anmeldung bei der Kommission; nur dann war eine Freistellungsentscheidung mit Rückwirkung bis zum Tage der Anmeldung möglich. Anderes galt für sog. nicht anmeldebedürftige Vereinbarungen (Art. 4 Abs. 2 VO 17/62); für sie kam grds. auch eine rückwirkende Freistellung in Betracht (Art. 6 Abs. 2 VO 17/62). War die Vereinbarung vor dem 1.5.2004 weder angemeldet noch von der Anmeldepflicht befreit, war sie bis zum 30.4.2004 nicht nur schwebend, sondern unbedingt nichtig (BGH WuW/E DE-R 2045 (2048) = BB 2007, 1583 (1584 f.) – Kfz-Vertragshändler III). Für die Zeit danach kommt es darauf an, ob der nichtige Vertrag bestätigt wurde und materiell mit Art. 101 Abs. 3 AEUV vereinbar ist. War die **Vereinbarung nicht anmeldebedürftig** und kam deswegen eine rückwirkende Freistellung in Betracht, kann **auch für die Vergangenheit eine Selbstveranlagung** mit dem Ergebnis durchgeführt werden, dass die Vereinbarung als von Anfang an wirksam anzusehen ist. 4

Da im Bereich oberhalb der Zwischenstaatlichkeit nach Art. 3 Abs. 1 und 2 Kartellverfahrens-VO die nationalen Behörden und Gerichte neben ihrem nationalen 5

Recht auch Art. 101 Abs. 1 und 3 AEUV anzuwenden haben und nationales Recht davon nicht abweichen darf, ist **auch im Rahmen des nationalen Rechts** die **unmittelbare Anwendbarkeit** der Freistellungsnorm vorgesehen. Hätte trotz des Art. 3 Abs. 1 und 2 Kartellverfahrens-VO der deutsche Gesetzgeber ein System der Freistellung durch Behördenentscheidung beibehalten, hätten zumindest die Gerichte dem für die Fälle oberhalb der Zwischenstaatlichkeit geltenden Gebot der im Ergebnis identischen Anwendung des EG- und nationalen Rechts nicht genügen können. In den Fällen des freistellungsfähigen Verstoßes gegen Art. 101 Abs. 1 AEUV/§ 1 hätten sie zwar Art. 101 Abs. 3 AEUV unmittelbar anwenden können, nicht aber die Freistellungsnorm des deutschen Rechts. Unabhängig davon ist es im Zuge der Vereinheitlichung von nationalem und EU-Kartellrecht auch rechtspolitisch richtig, dass das deutsche Recht nunmehr dem gleichen Konzept folgt wie das EU-Recht. Das schließt auch die Geltung der Gruppenfreistellungsverordnungen ein, und zwar zur Feststellung der Freistellung sowohl nach Art. 101 Abs. 3 AEUV als auch nach deutschem Recht. Der Gesetzgeber der 7. GWB-Novelle hat sich daher zu Recht über praxisferne, dogmatische Bedenken gegen die jetzt vorgesehene **„dynamische" Verweisung auf die EU-Gruppenfreistellungsverordnungen** hinweggesetzt. Auf der Basis unserer Auffassung, dass § 1 exakt so auszulegen und anzuwenden ist wie Art. 101 Abs. 1 AEUV (→ § 1 Rn. 4), ist auch § 2 Abs. 1 exakt so auszulegen und anzuwenden wie Art. 101 Abs. 3 AEUV. Deswegen kommt auch für das deutsche Recht den Leitlinien der Kommission zur Anwendung von Art. 81 Abs. 3 EG (Art. 101 Abs. 3 AEUV, ABl. 2004 C 101, 97) besondere Bedeutung zu (vgl. dazu auch Bechtold FS Hirsch, 2008, 223).

2. Unmittelbare Anwendung des § 2 Abs. 1 („Selbstveranlagung")

6 **a) Freistellung von Gesetzes wegen.** Nach § 2 Abs. 1 sind Vereinbarungen, Beschlüsse und aufeinander abgestimmte Verhaltensweisen, die gegen § 1 (und jetzt Art. 101 Abs. 1 AEUV) verstoßen, unter den materiellen Voraussetzungen des Abs. 1 vom Verbot des § 1 „freigestellt". Die Freistellung wirkt von Gesetzes wegen, bedarf also weder eines deklaratorischen noch gar eines konstitutiven Aktes einer Behörde oder eines Gerichts. Die durch Abs. 1 gewährte Freistellung ist **unbefristet;** sie ist auch **nicht von Bedingungen oder Auflagen abhängig.** Sie wirkt allerdings nur so lange, wie die materiellen Freistellungsvoraussetzungen objektiv vorliegen. Dem Anliegen der früheren Befristung einer Freistellungsentscheidung wird dadurch Rechnung getragen, dass die Freistellung von dem Zeitpunkt an entfällt, in dem die materiellen Voraussetzungen nicht mehr erfüllt sind. Soweit früher Freistellungen nur mit Bedingungen oder Auflagen gewährt wurden, ist es Sache der betroffenen Unternehmen, nach ihrer eigenen (gerade in diesen Fällen kaum sicher möglichen) Beurteilung die Vereinbarung usw bzw. deren Praktizierung so zu begrenzen, dass sie sich im Rahmen von Auflagen oder Bedingungen halten, die hypothetisch früher verhängt worden wären. Für diesen Fall ist zur Herstellung von mehr – aber nicht voller – Rechtssicherheit in § 32b die **Möglichkeit von Verpflichtungszusagen** vorgesehen. Sie kommen allerdings nur in Betracht, wenn die Kartellbehörde ein Abstellungsverfahren nach § 32 eingeleitet hat und die Unternehmen eine Abstellungsverfügung durch entsprechende Verpflichtungen abwenden können. Diese Verpflichtungszusage und ihre Aufnahme in eine Entscheidung haben objektiv nicht die Wirkung, dass iVm ihnen die objektiven Freistellungsvoraussetzungen verbindlich festgestellt werden; vielmehr kann durch sie nur erreicht werden, dass die entscheidende Kartellbehörde sich selbst dahin bindet, dass sie keine Abstellungsverfügung bzw. in die gleiche Richtung zielende einstweilige Maßnahmen erlässt.

7 **b) Beweislast für Vorliegen der Voraussetzungen des § 2.** Nach Art. 2 Kartellverfahrens-VO obliegt dem sich auf die Freistellung berufenden Unternehmen die Beweislast für die Erfüllung der Freistellungsvoraussetzungen des Art. 101 Abs. 3

AEUV. Eine entsprechende Vorschrift gibt es im deutschen Recht nicht. Dennoch gelten jedenfalls im praktischen Ergebnis auch im deutschen Recht die **gleichen Grundsätze wie nach Art. 2 Kartellverfahrens-VO.** Der Nicht-Übernahme des Art. 2 Kartellverfahrens-VO in das deutsche Recht gingen Bedenken der deutschen Bundesregierung gegen Art. 2 voraus, und zwar im Hinblick auf deren Anwendung in **Bußgeldverfahren.** Bei Verabschiedung der Kartellverfahrens-VO hat die Bundesregierung diese Bedenken in einer förmlichen Protokollerklärung festgehalten (vgl. Rat der Europäischen Union, Dokument 15 435/02 ADD 1 vom 10.12.2002, 8). In derartigen Verfahren sind jedenfalls nach deutscher Rechtsvorstellung Beweislastregeln zulasten der Unternehmen nicht möglich. In der Praxis werden allerdings auch in EU-Bußgeldverfahren Zweifelsfragen über die Anwendung des Art. 101 Abs. 3 AEUV nicht über die Verteilung der Beweislast beantwortet; vielmehr kommen Bußgeldsanktionen nur in Betracht, wenn feststeht, dass die Voraussetzungen des Art. 101 Abs. 3 AEUV nicht vorliegen (→ § 81 Rn. 6).

In **Verwaltungsverfahren** können das BKartA oder die Landeskartellbehörden 8 Abstellungsverfügungen nur erlassen, wenn sie nicht nur den Nachweis der Voraussetzungen des § 1, sondern auch des Nicht-Vorliegens der Voraussetzungen des § 2 geführt haben. In derartigen Verfahren sind die betroffenen Unternehmen im Allgemeinen daran interessiert, alle Argumente für die Anwendbarkeit des § 2 vorzutragen und ggf. nachzuweisen. Deswegen erlangt auch im Verwaltungsverfahren die Nicht-Anwendbarkeit der Beweislastregel des Art. 2 Kartellverfahrens-VO keine größere praktische Bedeutung. Rechtlich ist aber in den Fällen oberhalb der Zwischenstaatlichkeit die deutsche Kartellbehörde nach Art. 3 Abs. 1 und 2 Kartellverfahrens-VO verpflichtet, auch Art. 101 Abs. 1 und 3 AEUV anzuwenden, und zwar insoweit unter Beachtung auch der Beweislastvorschrift des Art. 2 Kartellverfahrens-VO. Kommt die Kartellbehörde für die EU-rechtliche Seite des Falles zum Ergebnis, dass Art. 101 Abs. 1 AEUV erfüllt ist und die betroffenen Unternehmen das Vorliegen der Voraussetzungen des Art. 101 Abs. 3 AEUV nicht nachgewiesen haben, muss sie selbst dann vom Verbot des Art. 101 Abs. 1 AEUV ausgehen, wenn sie das Vorliegen der Voraussetzungen des Art. 101 Abs. 3 AEUV zwar als möglich, aber nicht als nachgewiesen ansieht (vgl. dazu BKartA WuW/E DE-V 1790 (1799) – Merck KGaA). Dann muss sie nach Art. 3 Abs. 2 Kartellverfahrens-VO (= § 22 Abs. 2) auch das deutsche Recht entsprechend anwenden.

In **Zivilprozessen** entspricht die Beweislastregel des Art. 2 Kartellverfahrens-VO 9 allgemeinen zivilprozessualen Grundsätzen. Derjenige, der sich auf die Anwendung des Kartellverbots des § 1 beruft, muss dessen tatsächliche und rechtliche Voraussetzungen nachweisen. Wenn die Gegenseite die Voraussetzungen der Freistellungsnorm des § 2 geltend macht, ist sie dafür darlegungs- und beweispflichtig. Oberhalb der Zwischenstaatlichkeit muss für das EU-Recht Art. 2 Kartellverfahrens-VO unmittelbar angewendet werden; ein Konflikt mit der davon abweichenden deutschen Regelung ist in diesen Fällen aber kaum vorstellbar.

c) Behandlung von Zweifelsfällen. Da die Freistellungsvoraussetzungen in 10 jedem Augenblick der Durchführung der Kooperation erfüllt sein müssen, ergibt sich von selbst, dass bei der Prüfung der Freistellungsvoraussetzungen und Absicherung des Prüfungsergebnisses im Interesse der Unternehmen **höchste Sorgfalt** anzuwenden ist (vgl. dazu auch Wiedemann FS Bechtold, 2006, 627 (641)). Durch das Wegfallen des Freistellungsmonopols durch die Kommission sehen sich die Unternehmen bei dieser „Selbstveranlagung“ dem Problem ausgesetzt, dass sie vor jedem Gericht oder jeder Behörde, die mit der Prüfung der Wirksamkeit der Vereinbarung befasst ist, darlegen müssen, dass die Freistellungsvoraussetzungen des § 2 (Art. 101 Abs. 3 AEUV) vorliegen. Bei Abschluss einer gegen § 1 (Art. 101 Abs. 1 AEUV) verstoßenden, aber möglicherweise nach § 2 (Art. 101 Abs. 3 AEUV) freistellungsfähigen Vereinbarung muss deshalb in **nachvollziehbarer Form** geprüft werden, ob die Vereinbarung die Freistellungsvoraussetzungen erfüllt. Die Prüfung sollte so ablaufen, dass zunächst festgestellt wird, ob und wieso die Vereinbarung nicht in den Anwendungsbereich einer Gruppenfreistellungsverordnung fällt, und dass **keine Kernbeschränkungen,** die in den schwarzen Klauseln der Gruppenfreistellungsverordnungen aufgeführt sind, in der Vereinbarung enthalten sind. Die Freistellungsvoraussetzungen des § 2 Abs. 1 müssen im Einzelnen nur geprüft werden, wenn keine Gruppenfreistellungsverordnung anwendbar ist oder ihre Anwendbarkeit jedenfalls nicht zweifelsfrei feststeht. Auch dann, wenn nicht alle Voraussetzungen einer Gruppenfreistellungsverordnung erfüllt sind, können sich aus den Voraussetzungen, die erfüllt sind, wichtige Indikationen dafür ergeben, wie die einzelnen Tatbestandsmerkmale des § 2 Abs. 1 (bzw. Art. 101 Abs. 3 AEUV) auszulegen und anzuwenden sind (dazu Bechtold WuW 2003, 343; dazu auch BKartA WuW/E DE-V 1459 (1467) – Wirtschaftsprüferhaftpflicht). Die Merkmale des § 2 Abs. 1 (Art. 101 Abs. 3 AEUV) werden grds. nach **rein ökonomisch-wettbewerblichen Kriterien** ausgelegt; der Einbeziehung anderer Kriterien sind dabei enge Grenzen gesetzt (dazu Koch ZHR 169 (2005), 625).

11 Unklar ist, wie und nach welchen **Maßstäben** mit **Fehlbeurteilungen** in der Anwendung von Gruppenfreistellungsverordnungen und des § 2 Abs. 1 umzugehen ist. Es kommt häufig vor, dass das Vorliegen einer Gruppenfreistellungsvoraussetzung schon deswegen nicht sicher festgestellt werden kann, weil Sicherheit über das Nicht-Überschreiten einer Marktanteilsschwelle nicht erzielbar ist. Entsprechendes gilt für alle Einzelvoraussetzungen des § 2 Abs. 1. Früher sind die insoweit bestehenden Unsicherheiten dadurch gelöst worden, dass der mit einem Entscheidungsmonopol versehenen Kommission ein **Beurteilungsspielraum** zugestanden wurde, der sich auch zugunsten der beteiligten Unternehmen auswirken konnte. Er kann nicht ohne Weiteres auch den Unternehmen im Rahmen ihrer Selbstveranlagung zugebilligt werden (vgl. dazu auch Bornkamm ZWeR 2010, 34 (44); Koch ZWeR 2005, 380). Andererseits kann den Unternehmen nicht ein uneingeschränktes Risiko der Fehlbeurteilung auferlegt werden (→ Einf. Rn. 84 ff.).

12 Für eine **Begrenzung des Risikos der Fehlbeurteilung** können folgende Überlegungen hilfreich sein: Wenn die beteiligten Unternehmen im Zeitpunkt des Abschlusses der Vereinbarung in der gleichen Weise wie in diesem Zeitpunkt auch hypothetisch eine Behörde ohne Verletzung des der Behörde der Sache nach zur Verfügung stehenden Beurteilungsspielraums zum Ergebnis gekommen sind, dass die Vereinbarung zulässig ist, kann bei einer späteren anderen Beurteilung eine bußgeldrechtliche Sanktion nicht in Betracht kommen. Das darf nicht von Opportunitätsüberlegungen der Behörde abhängig sein, sondern muss schon am objektiven Tatbestand scheitern. Dafür müsste – insoweit gibt es noch keine klaren Maßstäbe – der Rechtssatz gebildet werden, dass Unternehmen **bußgeldrechtlich nicht sanktioniert** werden dürfen, wenn sie im Einvernehmen mit allen Beteiligten in der Zeit der Praktizierung ihrer Vereinbarung oder ihres Verhaltens nach gründlicher Prüfung davon ausgehen konnten, dass die Maßnahme rechtlich in Ordnung war; der EuGH ist allerdings für das europäische Recht gegenteiliger Ansicht (EuGH 18.6.2013 – C-681/11 Rn. 41 – Schenker; dazu Kersting WuW 2013, 845). Maßstab für die Beurteilung ist derjenige, den die europäische Rspr. bei der Frage angewendet hat, ob eine Verbots- oder Freistellungsentscheidung der Kommission sich im Rahmen des Ermessens- oder Beurteilungsspielraums hielt, der der Kommission zugebilligt wurde. Entsprechendes gilt auch für die zivilrechtliche Beurteilung. Der Vertrag wird aufgrund dieser auch nachträglich als sachgerecht anzuerkennenden Beurteilung für die Vergangenheit als wirksam behandelt. Eine andere Beurteilung kann sich **allenfalls für die Zukunft** auswirken (dazu auch Bechtold FS Hirsch, 2008, 223 und → Einf. Rn. 86 f.).

3. Effizienzvorteile

a) Allgemeines. Die Freistellung nach § 2 Abs. 1 setzt voraus, dass die Vereinbarung (Beschluss, aufeinander abgestimmte Verhaltensweise) „zur **Verbesserung der Warenerzeugung** oder -verteilung oder zur **Förderung** des technischen oder wirtschaftlichen **Fortschritts** beiträgt". Dieses Tatbestandsmerkmal erfasst alle Arten von **ökonomischen Vorteilen** für die beteiligten Unternehmen, die, wenn sie ganz oder teilweise an die Marktgegenseite („Verbraucher", → Rn. 16) weitergegeben werden, auch für diese vorteilhaft sind. Von vornherein nicht erfasst werden also Effizienzgewinne, die ihrer Natur nach nur für die an der Vereinbarung (usw) Beteiligten, nicht aber die „Verbraucher" vorteilhaft sind (vgl. zur Berücksichtigung nicht-ökonomischer Vorteile, wie Erhalt des publizistischen Restwettbewerbs, BGH WuW/E DE-R 3695 Rn. 30 – Haller Tagblatt). Das gilt insbes. für Vereinbarungen (usw), die primär, nicht nur als Nebenfolge, darauf gerichtet sind, die Preise zu erhöhen, bestimmte Kunden schlecht zu behandeln oder ansonsten klar eintretende Wettbewerbsvorteile auszuschließen. Das, was in den Gruppenfreistelllungen als **Kernbeschränkungen („schwarze Klauseln")** angesehen wird, ist bei wertender Betrachtung, von wenigen Ausnahmen abgesehen, kein Vorteil (→ Rn. 19). In diese Kategorie gehören auch Vereinbarungen, die nur darauf gerichtet sind, Wettbewerbsvoraussetzungen zulasten der Marktgegenseite auszuschließen, zB durch Offenbarung von Geschäftsgeheimnissen unter Wettbewerbern, etwa im Zusammenhang mit Submissionsabsprachen. Nicht alles, was nach früherem deutschen Recht vom Kartellverbot freistellbar war, ist als Effizienzvorteil im Sinne dieser Merkmale anzusehen. Das hat Bedeutung insbes. für Konditionenkartelle (§ 2 Abs. 2 aF; dazu Zapfe WuW 2007, 1230) und Wettbewerbsregeln (→ § 26 Rn. 1, 3). 13

Soweit es um **grds. auf die Marktgegenseite transferierbare Effizienzvorteile** geht, gibt es keinen Grund, die Begriffe „Verbesserung der Warenerzeugung oder -verteilung" und „Förderung des technischen oder wirtschaftlichen Fortschritts" eng auszulegen. Die Grenzen zwischen beiden Merkmalen sind fließend; sie brauchen im Einzelfall nicht gezogen zu werden. Die Kommission interpretiert die Merkmale, die mit dem Begriff der „Effizienzgewinne" zusammengefasst werden, als Stufen der **Wertschöpfungskette Forschung – Entwicklung – Produktion – Vertrieb.** Das zeigt, dass die Effizienzvorteile in allen unternehmerischen Funktionen eintreten können. Dabei werden unterschieden **Kosteneinsparungen,** die sich aus einer Vielzahl von Umständen ergeben können, insbes. aus Skalenvorteilen (economies of scale) und Verbundvorteilen (economies of scope), und „qualitative Effizienzvorteile", insbes. **Qualitätsverbesserungen** (dazu Kommission, Leitlinien zu Art. 81 Abs. 3 EG, Rn. 61). Die Vorteile müssen objektiv vorliegen; es reicht nicht aus, dass die Effizienzgewinne nur nach der subjektiven Überzeugung der Parteien vorliegen (vgl. Kommission ABl. 1998 L 246, 1 – Van den Bergh Foods). Die Vorteile, die sich aus der Absprache ergeben, müssen größer sein als die sich aus ihr ergebenden Nachteile; der **Saldo** muss also **positiv** sein (dazu EuGH Slg. 1966, 322 (397) – Grundig/Consten). Sie müssen von einer gewissen Dauer sein. Es muss eine Kausalität zwischen der Vereinbarung und den Vorteilen bestehen; sie ist nicht gegeben, wenn die Unternehmen auch allein in der Lage wären, diese Vorteile herbeizuführen (vgl. dazu auch Bechtold/Bosch/Brinker AEUV Art. 101 Rn. 154). 14

b) Effizienzvorteile im Horizontalbereich. Typische Fälle von Vereinbarungen, die zu Effizienzgewinnen führen können, sind **Forschungs- und Entwicklungsvereinbarungen** und **Spezialisierungsvereinbarungen.** Bei beiden kann die „Bündelung komplementärer Fähigkeiten und Vermögenswerte" zu verbesserter Produktion und Kostensenkungen führen (vgl. Horizontalleitlinien Rn. 141, 183). Auf dieser Erkenntnis beruht die im früheren GWB vorgesehene Legalisierungsfä- 15 higkeit von Spezialisierungskartellen (§ 3 aF) und allgemeinen Rationalisierungskartellen (§ 5 aF). Spezialisierung bedeutet **„Arbeitsteilung“.** Typischerweise vereinbaren Wettbewerber im Rahmen eines solchen Spezialisierungskartells, dass künftig keiner mehr das Gesamtsortiment herstellt, sondern die Produktion aufgeteilt wird und sich die Partner gegenseitig mit den nicht mehr hergestellten Sortimentsteilen beliefern. Eine solche Arbeitsteilung in der Produktion hat bei jedem eine Erhöhung der produzierten Stückzahlen zur Folge. Diese positive Bewertung ist grds. auch auf Arbeitsteilungen in Forschung, Entwicklung, Vertrieb oder Einkauf übertragbar. Außerhalb der Spezialisierung sind auch andere Fälle von Rationalisierungsvereinbarungen denkbar, die zur **Verbesserung des Kosten-Nutzen-Verhältnisses** führen (→ 3. Aufl. 2002, § 3 Rn. 2 und → 3. Aufl. 2002, § 5 Rn. 3). Für die Frage, ob in diesem Sinne Effizienzvorteile vorliegen, können die Einzelbestimmungen und die Erwägungsgründe der Gruppenfreistellungsverordnungen für Spezialisierungs- und Forschungs- und Entwicklungsvereinbarungen hilfreich sein (vgl. Erwägungsgründe 7 und 8 VO FuE-GVO (VO (EU) 2023/1066) und Erwägungsgründe 7 und 8 Spezialisierungs-GVO (VO (EU) 2023/1067), auch wenn nicht alle ihre Voraussetzungen erfüllt sind. Offen ist, ob die Anforderungen an Effizienzvorteile in Krisenzeiten oder im Hinblick auf **Strukturkrisenkartelle** modifiziert werden können (dazu Körber WuW 2009, 873; Herrlinger/Kahlert BB 2009, 1930).

16 c) **Effizienzvorteile im Vertikalbereich.** Die Kommission hat in ihrer Entscheidungspraxis in großem Umfang Effizienzvorteile von Vertikalvereinbarungen anerkannt; diese Anerkennung ist Grundlage der breiten Anwendung des Art. 101 Abs. 3 AEUV auf Vertikalvereinbarungen. Im **Vertrieb** stehen im Vordergrund Effizienzgewinne dadurch, dass ein Hersteller, ein Importeur oder ein Großhändler den Vertrieb seiner Produkte auf einen oder einzelne Händler beschränkt, die durch Konzentration auf bestimmte Kunden oder Gebiete den Absatz besonders fördern. Dem gleichen Zweck können auch Wettbewerbsverbote dieser Händler dienen; durch sie wird bewirkt, dass der Händler seine Absatzbemühungen auf die betroffenen Produkte konzentriert. Nach der Praxis der Kommission sind deswegen Effizienzvorteile durch **Alleinbelieferungs- und Alleinbezugsverträge,** durch **quantitative und qualitative Selektion** sowie die Vereinbarung von Wettbewerbsverboten grds. anerkannt. Auch im Bereich von **Zulieferverträgen** sind Wettbewerbsbeschränkungen durch Ausschließlichkeiten und Wettbewerbsverbote grds. vorteilhaft; sie können ebenso wie Produktionsvereinbarungen zwischen Wettbewerbern zu Skalen- und Verbundvorteilen führen.

4. Beteiligung der Verbraucher

17 a) **Grundsatz.** § 2 Abs. 1 verlangt, dass an den Effizienzvorteilen (→ Rn. 12 ff.) die Verbraucher „angemessen“ beteiligt werden. Unter **„Verbraucher“** sind alle Unternehmen und Personen der **Marktgegenseite** zu verstehen; es kann sich also sowohl um private Endverbraucher als auch um Unternehmen und die öffentliche Hand handeln. Es kommt nicht darauf an, ob sie die Produkte oder Dienstleistungen im Rahmen unternehmerischer Tätigkeit beziehen oder für andere – zB private – Zwecke nutzen. Der Begriff des Verbrauchers ist auch nicht beschränkt auf die unmittelbaren Vertragspartner der an der Vereinbarung (usw) beteiligten Unternehmen (aA offenbar Kommission, Leitlinien zu Art. 81 Abs. 3 EG, Rn. 84). Die **„angemessene“ Beteiligung** fordert nicht, dass die Effizienzgewinne voll an die Marktgegenseite weitergegeben werden; dann wären die beteiligten Unternehmen an der Erzielung solcher Gewinne nicht interessiert. Nach Auffassung der Kommission muss die Weitergabe der Vorteile die tatsächlichen oder voraussichtlich negativen Auswirkungen mindestens ausgleichen, die den Verbrauchern durch die Wettbewerbsbeschränkung entstehen (Leitlinien zu Art. 81 Abs. 3 EG, Rn. 85). Es ist auch nicht erforderlich, dass die Verbraucher an jedem einzelnen Effizienzgewinn beteiligt

werden. Der **Saldo muss positiv** sein. Die angemessene Weitergabe von Effizienzgewinnen an den Verbraucher bedeutet, dass im Grundsatz starke Wettbewerbsbeschränkungen nicht mit relativ geringen Effizienzgewinnen gerechtfertigt werden können, weil entsprechend wenige Vorteile nicht zum Aufwiegen der Nachteile ausreichen. Geringe Wettbewerbsbeschränkungen mit geringeren Nachteilen können leichter kompensiert werden (vgl. auch Bechtold/Bosch/Brinker AEUV Art. 101 Rn. 156).

b) Sicherstellung der Verbraucherbeteiligung. Das Tatbestandsmerkmal der angemessenen Verbraucherbeteiligung setzt nicht voraus, dass die Parteien in der Vereinbarung eine solche Beteiligung vorsehen; eine solche Regelung kann im Allgemeinen die Verbraucherbeteiligung nicht bewirken, sondern allenfalls sekundieren. Es muss die Prognose möglich sein, dass der **Wettbewerb** die beteiligten Unternehmen zwingt, die Effizienzgewinne zumindest teilweise an die Verbraucher weiterzugeben. Die Kommission weist in den Leitlinien zu Art. 81 Abs. 3 EG (Art. 101 Abs. 3 AEUV) darauf hin, dass – bei mindestens spürbarer Beeinträchtigung des Wettbewerbs iSv § 1 – nicht ohne Weiteres davon ausgegangen werden könne, dass der Wettbewerb die Weitergabe der Vorteile gewährleiste (Leitlinien zu Art. 81 Abs. 3 EG, Rn. 96 aE). Aus der Selbstständigkeit der Tatbestandsmerkmale des § 2 Abs. 1 ergibt sich, dass nicht schon dann, wenn der Wettbewerb als nicht ausgeschaltet angesehen wird, von der strukturell gewährleisteten Weitergabe der Effizienzvorteile auszugehen ist. Vielmehr ist es jedenfalls nach Vorstellung der Kommission offenbar möglich, dass der Wettbewerb zwar nicht ausgeschaltet ist, aber dennoch eine ausreichende Weitergabe der Effizienzvorteile nicht gewährleistet ist. In jedem Falle sind Feststellungen über die **Intensität des Wettbewerbs** erforderlich. Je größer das verbleibende Ausmaß des Wettbewerbs, umso wahrscheinlicher ist es, dass die einzelnen Unternehmen versuchen werden, ihre Umsätze zu steigern, indem sie ihre Kosteneinsparungen weitergeben (Leitlinien zu Art. 81 Abs. 3 EG, Rn. 97). 18

5. Unerlässlichkeit der Wettbewerbsbeschränkung

a) Grundsatz. Nach § 2 Abs. 1 Nr. 1 dürfen den beteiligten Unternehmen keine Beschränkungen auferlegt werden, die für die Verwirklichung der positiven Ziele (Erreichung der Effizienzgewinne) nicht unerlässlich sind. Unter Beschränkungen sind **„Wettbewerbsbeschränkungen"** zu verstehen. Die Wettbewerbsbeschränkung muss ihrer Art und ihrem Umfang nach unerlässlich sein, um die eine Freistellung rechtfertigenden Vorteile der wettbewerbsbeschränkenden Vereinbarung herbeizuführen. Diese Tatbestandsvoraussetzung ist Ausprägung des **Verhältnismäßigkeitsgrundsatzes** (vgl. dazu OLG Frankfurt a. M. WuW/E DE-R 2721 (2723) – Service-Taxi – zu § 7 aF, der materiell dem Art. 101 Abs. 3 AEUV entsprach –; BGH WuW/E DE-R 919 (925) – Stellenmarkt für Deutschland). Die Voraussetzungen der Unerlässlichkeit verlangt mehr als die bloße Eignung, die Vorteile eintreten zu lassen. Die **Vorteile dürfen ohne die Wettbewerbsbeschränkungen nicht erreichbar** sein. Unerlässlichkeit ist nicht gegeben, wenn sich ein Missverhältnis zwischen Vorteilen und der Wettbewerbsbeschränkung ergibt, die Wettbewerbsbeschränkung an sich unnötig oder untauglich oder eben im Verhältnis zu den erreichten Vorteilen unverhältnismäßig ist. Die Wettbewerbsbeschränkungen müssen für die Effizienzgewinne zumindest mit kausal sein; gerade sie müssen es ermöglichen, höhere Effizienzen zu erreichen. Nach den Leitlinien zu Art. 81 Abs. 3 EG (Rn. 74) kommt es darauf an, ob mehr Effizienzgewinne mit der wettbewerbsbeschränkenden Vereinbarung als ohne sie erzielt werden. 19

20 **b) Unerlässliche Wettbewerbsbeschränkungen.** Das Tatbestandsmerkmal der Unerlässlichkeit setzt nicht nur die Kausalität zwischen Wettbewerbsbeschränkung und Effizienzgewinnen voraus, sondern enthält auch eine **Wertung der Wettbewerbsbeschränkung.** Die Gruppenfreistellungsverordnungen zeigen mit den **„schwarzen Klauseln"**, dass bestimmte Arten von Wettbewerbsbeschränkungen generell nicht geeignet sind, als unerlässlich angesehen zu werden. Prototyp dafür sind die Klauseln in Art. 4 VO 2022/720, also insbes., mit den darin vorgesehenen Ausnahmen, Preisbindungen, Gebiets- und Kundenkreisbeschränkungen, Beschränkungen des Verkaufs an Endverbraucher, Querlieferungsbeschränkungen in selektiven Vertriebssystemen und bestimmte Beschränkungen in der Ersatzteilebelieferung. Weiteres Beispiel: Die Festlegung der Interbankenentgelte im Mastercard-System wurde nicht als unerlässlich eingestuft (EuGH NZKart 2015, 44 (45) – Mastercard). Es geht dabei durchweg um **Kernbeschränkungen,** die – von Ausnahmen abgesehen – schon ihrer Natur nach nicht als weitergabefähige Effizienzsteigerungen anerkannt werden können.

21 Führt eine Vereinbarung (usw) zu Wettbewerbsbeschränkungen, die in diesem Sinne nicht als unerlässlich anzusehen sind, kann die Erfüllung der Tatbestandsvoraussetzungen des § 2 Abs. 1 nicht im Wege einer **„geltungserhaltenden Reduktion"** dadurch herbeigeführt werden, dass diese als nicht unerlässlich anerkannten Wettbewerbsbeschränkungen aufgrund einer entsprechenden vertraglichen Regelung über die Teilunwirksamkeit als nichtig angesehen werden, ohne die Wirksamkeit des Vertrages im Übrigen zu berühren. Vielmehr zeigen die in den Gruppenfreistellungsverordnungen enthaltenen Regelungen über die **„schwarzen" Klauseln,** dass die Vereinbarung solcher Kernbeschränkungen zum **Wegfall der Freistellung insgesamt** führt, ohne die Möglichkeit der „Rettung" der Vereinbarung im Übrigen. Enthält eine Vereinbarung (usw) eine Kernbeschränkung, kann die Vereinbarkeit mit § 2 Abs. 1 deswegen im Regelfall nur dadurch herbeigeführt werden, dass die Parteien die Vereinbarung insgesamt aufgeben und sie neu ohne die als nicht unerlässlich anerkannten Beschränkungen abschließen. Etwas anderes gilt uU bei „grauen", dh leichteren, hinsichtlich ihrer Zulässigkeit diskutablen Wettbewerbsbeschränkungen. Die Kategorie der **„grauen" Klauseln** in den Gruppenfreistellungsverordnungen zeigt, dass insoweit die bloße Unwirksamkeit dieser Klauseln in Betracht kommt, ohne Auswirkungen auf die Freistellung im Übrigen.

6. Keine Ausschaltung des Wettbewerbs

22 **a) Allgemeines.** Die Freistellung greift nach § 2 Abs. 1 Nr. 2 nur ein, wenn den beteiligten Unternehmen keine Möglichkeiten eröffnet werden, „für einen wesentlichen Teil der betreffenden Waren den Wettbewerb auszuschalten". Kartellvereinbarungen, die in der erforderlichen Gesamtbetrachtung (→ Rn. 23) den Wettbewerb „ausschalten", sind hiernach auf keinen Fall freigestellt. Auch nach Abschluss und (zumindest unterstellter) Praktizierung der Vereinbarung (usw) muss also mindestens so viel Wettbewerb bestehen, dass er nicht als „ausgeschaltet" anzusehen ist. Dabei kommt es nicht notwendig auf eine **Kausalität** zwischen Vereinbarung und Wettbewerbsbeeinträchtigung an. In einem Markt, in dem sowieso kein Wettbewerb mehr besteht, ist eine Freistellung wettbewerbsbeschränkender Vereinbarungen von vornherein ausgeschlossen. In Märkten, in denen noch Wettbewerb oberhalb der „Ausschaltung" besteht, darf die Vereinbarung nicht zur Überschreitung der Grenze zur „Ausschaltung" führen. Effizienzgewinne um den Preis des Wettbewerbsausschlusses sind nicht möglich.

23 § 2 Abs. 1 Nr. 2 spricht nur von (für einen wesentlichen Teil der betreffenden) **„Waren"**, erwähnt also nicht wie in den meisten sekundärrechtlichen Vorschriften auch die **Dienstleistungen.** § 2 Abs. 1 Nr. 2 ist über den Wortlaut hinaus ohne

jede Einschränkung auch auf Dienstleistungen anwendbar. Durch die Bezugnahme auf die „Waren" soll verdeutlicht werden, dass es für den Wettbewerbsausschluss auf den sachlich und räumlich relevanten Markt ankommt. Entscheidend ist, ob es auf dem räumlich und sachlich relevanten Markt weiter wirksamen Wettbewerb gibt. Das hängt wesentlich vom **Marktanteil** der beteiligten Unternehmen ab. Wenn ein Marktanteil von 100 % durch die Vereinbarung betroffen ist, ist wirksamer Wettbewerb und damit eine Freistellung nicht möglich. Vom Fortbestand wirksamen Wettbewerbs kann ausgegangen werden, wenn nur geringe Marktanteile betroffen sind. Bei einem höheren Marktanteil kommt es auch auf sonstige **Elemente der Marktstruktur** und ggf. auch auf die sich aus der Vereinbarung ergebenden Marktstrukturveränderungen an (dazu auch Bechtold/Bosch/Brinker AEUV Art. 101 Rn. 167).

Die Marktbezogenheit des „Wettbewerbsausschlusses" schließt nicht aus, dass miteinander – horizontal oder vertikal – verbundene Märkte als Einheit betrachtet werden. So ist es zB möglich, dass auf der Ebene des Vertriebs bestimmter Produkte durch die Vereinbarung Wettbewerb ausgeschaltet wird, zugleich aber die Vereinbarung auf der Produktebene den Wettbewerb intensiviert. Eine derartige **Abwägung von Wettbewerbsnachteilen** auf der einen Ebene und **Wettbewerbsvorteilen** auf der anderen findet insbes. bei der Beurteilung vertikaler Wettbewerbsbeschränkungen statt. So kann es ein, dass die Beschränkung des Intra-Brand-Wettbewerbs aufgewogen wird durch die mit dieser Beschränkung verbundene Intensivierung des Inter-Brand-Wettbewerbs. Aber auch im Horizontalbereich sind derartige Abwägungen möglich: Das hat Bedeutung zB für die Beurteilung des deutschen Pressevertriebssystems. Der durch ein Geflecht von Horizontal- und Vertikalvereinbarungen bewirkte Wettbewerbsausschluss auf der Großhandelsstufe kann „saldiert" werden mit den Wettbewerbsvorteilen auf der Produzenten-(Verlags-)ebene. Dann kann insgesamt nicht von einem Ausschluss des Wettbewerbs für die „betroffenen Waren" gesprochen werden. 24

b) Marktbeherrschung und Wettbewerbsausschluss. Es ist unklar, ob der Wettbewerb immer schon ausgeschlossen ist, wenn die beteiligten Unternehmen allein oder zusammen den Markt iSv § 19 Abs. 1 oder 2 beherrschen. Nach Auffassung der Kommission ist Art. 101 Abs. 3 AEUV (§ 2 Abs. 1) dahin auszulegen, dass eine Anwendung dieser Bestimmung auf wettbewerbsbeschränkende Vereinbarungen **ausgeschlossen** ist, wenn sie den **Missbrauch einer marktbeherrschenden Stellung** darstellt (Leitlinien zu Art. 81 Abs. 3 EG, Rn. 106 unter Berufung auf EuG Slg. 1990, II-309 – Tetrapak). Aus der Bemerkung, nicht alle wettbewerbsbeschränkenden Vereinbarungen eines marktbeherrschenden Unternehmens stellten einen Missbrauch einer marktbeherrschenden Stellung dar, ist zu schließen, dass nach Auffassung der Kommission das Vorliegen oder die Begründung einer **marktbeherrschenden Stellung** noch **nicht automatisch zur Ausschaltung des Wettbewerbs** führt; erst der Missbrauch dieser Stellung kann dazu führen. 25

Insoweit sind – ähnlich wie zu § 3 aF (→ 3. Aufl. 2002, § 3 Rn. 6) – **Differenzierungen** erforderlich. Wird der Markt durch ein nicht am Kartell beteiligtes Unternehmen beherrscht, so lässt eine Kartellvereinbarung, an der ausschließlich Wettbewerber des Marktbeherrschers beteiligt sind, regelmäßig wirksamen Wettbewerb bestehen; insoweit kann – im Gegenteil – von einer Verbesserung der strukturellen Voraussetzungen für den Wettbewerb ausgegangen werden. Ist ein beteiligtes Unternehmen allein oder zusammen mit anderen Unternehmen marktbeherrschend im Sinne der **überragenden Marktstellung** nach § 19 Abs. 2 S. 1 Nr. 2, so bedeutet das nicht notwendigerweise Ausschluss wirksamen Wettbewerbs. Auch bei Vorliegen einer **Oligopolmarktbeherrschung** ist stärker als in der Fusionskontrolle darauf abzustellen, ob die Zusammenarbeit im Kartell dazu führt, dass bisheriger Wettbewerb zwischen den Unternehmen nicht mehr zum Tragen kommt und an seine Stelle oligopoltypische Gleichförmigkeit tritt. 26

27 Auch im Rahmen der Ausschaltung des Wettbewerbs ist **qualitativ** zu prüfen, wie sich die Vereinbarung (usw) konkret auf den Wettbewerb auswirkt. Keine Ausschaltung des Wettbewerbs liegt deswegen uU auch bei hohen Marktanteilen vor, wenn die Vereinbarung nur Randgebiete der Tätigkeiten der beteiligten Unternehmen berührt. Das ist besonders relevant bei sog. **Randsortenspezialisierungen.** Das BKartA hat deswegen früher zu Recht Vereinbarungen über die Spezialisierung im Bereich von Randsorten auch bei hohen Marktanteilen zugelassen (→ 3. Aufl. 2002, § 3 Rn. 6). Entsprechende qualitative Erwägungen sind möglich bei der Abwägung zwischen Wettbewerbsnachteilen auf einer Vertriebsebene und (höher zu gewichtenden) Wettbewerbsvorteilen auf einer anderen Vertriebsebene, soweit es um dieselben „betroffenen Waren" geht.

7. Geltung der Gruppenfreistellungsverordnungen (Abs. 2)

28 **a) Grundsatz.** § 2 Abs. 2 S. 1 sieht die **„entsprechende"** Geltung der EU-Gruppenfreistellungsverordnungen auch im Rahmen des deutschen Rechts vor. „Entsprechende" Anwendung modifiziert die Anwendung nur insoweit, als die EU-Gruppenfreistellungsverordnungen ausdrücklich nur eine Freistellung vom Verbot des Art. 101 Abs. 1 AEUV auf der Grundlage des Art. 101 Abs. 3 AEUV vorsehen. Die Übernahme der Gruppenfreistellungsverordnungen in das deutsche Recht bedeutet, dass (außer der Freistellung von Art. 101 Abs. 1 AEUV auch) eine **Freistellung vom Verbot des § 1** bewirkt wird. Im Übrigen ist von einer Geltung der Gruppenfreistellungsverordnungen ohne jede Einschränkung auszugehen. Dabei sind die Gruppenfreistellungsverordnungen so auszulegen, **wie sie im EU-Recht ausgelegt werden.** Unterschiedliche Auslegungen würden im Bereich **oberhalb der Zwischenstaatlichkeit** im Ergebnis nicht zu einer anderen Anwendung des deutschen Rechts führen können. Ergibt eine „europäische" Auslegung der Gruppenfreistellungsverordnungen, dass ihre Voraussetzungen nicht vorliegen, muss nach Art. 3 Abs. 2 S. 1 Kartellverfahrens-VO im Ergebnis auch im deutschen Recht davon ausgegangen werden, dass die Gruppenfreistellung nicht zur Freistellung vom Verbot des § 1 führt. Führt eine „deutsche" Auslegung zur Anwendung der Gruppenfreistellung, obwohl das nach der „europäischen" Auslegung nicht der Fall ist, greift (wenn nicht unmittelbar die Voraussetzungen des Art. 101 Abs. 3 AEUV vorliegen) das Verbot des Art. 101 Abs. 1 AEUV ein; dann darf die Anwendung des deutschen Rechts nach Art. 3 Abs. 2 S. 1 Kartellverfahrens-VO nicht zur Zulassung der Vereinbarung (usw) führen. Da nach S. 2 das deutsche Recht auch im Bereich **unterhalb der Zwischenstaatlichkeit** nicht anders angewendet und ausgelegt werden soll als im Bereich oberhalb der Zwischenstaatlichkeit, gelten diese Grundsätze auch dort, wo Art. 101 Abs. 1 AEUV nicht berührt ist.

29 **b) Gruppenfreistellungen und unmittelbare Anwendbarkeit des § 2 Abs. 1.** Da die Anwendung des § 2 Abs. 1 (ebenso wie Art. 101 Abs. 3 AEUV) keines gestaltenden Aktes einer Behörde oder eines Gerichts bedarf (und ein solcher auch nicht möglich ist), enthalten die Gruppenfreistellungsverordnungen nicht rechtsgestaltend eine Freistellung, sondern stellen nur – nicht einzelfallbezogen, sondern „gruppenweise" – das Eingreifen der Freistellungsvoraussetzungen des § 2 Abs. 1 fest. Wenn die Gruppenfreistellung nur etwas **feststellt, was von Rechts wegen sowieso gilt,** stellt sich die Frage, ob diese Feststellung durch die Gruppenfreistellungsverordnungen auch in den Fällen verbindlich ist, in denen die Voraussetzungen des § 2 Abs. 1 (Art. 101 Abs. 1 AEUV) nicht vorliegen oder jedenfalls zweifelhaft sind. Im Ergebnis kann diese Frage nur bejaht werden. Dogmatisch ist das allerdings schwer zu begründen: Wenn § 2 Abs. 1 (Art. 101 Abs. 3 AEUV) unabhängig von einer Entscheidung sagt, was gilt, hat die Kommission als Gesetzgeber, auf den über § 2 Abs. 2 „dynamisch" verwiesen wird, nicht die Befugnis, etwas davon

Abweichendes zu regeln. Das war bei dem früheren Verständnis des Art. 101 Abs. 3 AEUV als Ermächtigung für eine gestaltende Freistellungsentscheidung oder -verordnung jedenfalls im praktischen Ergebnis anders, weil dort der Kommission nach der Rspr. des Gerichtshofes ein weites Beurteilungsermessen zustand. Würde man dieses der Kommission auch bei der „gruppenweisen" Feststellung der Freistellung zugestehen, wäre diese Feststellung teilweise eben doch gestaltender Natur. Zu befriedigenden Ergebnissen kommt man nur, wenn man das Wesen der Gruppenfreistellungsverordnung so definiert, dass sie eine **unwiderlegbare Vermutung für die Voraussetzungen des § 2 Abs. 1** begründet und damit denjenigen, der sich auf sie beruft, von einer weitgehenden Darlegungs- und Beweislast befreit (vgl. dazu auch Bechtold/Bosch/Brinker VO 1/2003 Art. 29 Rn. 2 f.; Roth/Ackermann § 1 Rn. 27 ff.; Schütz FS Bechtold, 2006, 455; Fuchs ZWeR 2005, 1; Baron WuW 2006, 358; Gregor WRP 2008, 330; Bornkamm ZWeR 2010, 34 (47)).

c) Enge Auslegung und unmittelbare Geltung des Art. 101 Abs. 3 AEUV? 30
Der Gerichtshof hat zu den früheren Gruppenfreistellungsverordnungen in stRspr die These vertreten, sie seien eng auszulegen (zB EuGH Slg. 1995, I-3439 (3471) – BMW/ALD Auto-Leasing; Slg. 1995, I-3477 (3516) – VAG-Leasing). Im jetzigen System ist der Gegenschluss, dass das, was zwar weitgehend, aber nicht in allen Einzelheiten die Voraussetzungen einer Gruppenfreistellung erfüllt, unzulässig sei, nicht mehr ohne Weiteres möglich. Vielmehr liegt es nahe, die einer Gruppe von Vereinbarungen zugebilligten Freistellungsgründe einzelfallbezogen auch auf nicht exakt von der Gruppenfreistellung erfasste Vereinbarungen zu **erweitern.** Wenn zB eine Vereinbarung sämtliche Voraussetzungen der Vertikal-GVO (VO 2022/720) erfüllt, möglicherweise aber die Marktanteilsschwelle des Art. 3 Abs. 1 Vertikal-GVO nicht, greift die Gruppenfreistellung möglicherweise nicht ein. Das spricht aber nicht ohne Weiteres gegen das unmittelbare Eingreifen des § 2 Abs. 1. Es gibt **keine „Vermutung der Rechtswidrigkeit"** von nicht ausdrücklich freigestellten Vereinbarungen (vgl. dazu auch Vertikalleitlinien, Rn. 62). Es ist durchaus möglich, dass in Anbetracht näher darzulegender Umstände die Freistellungswirkung des Art. 101 Abs. 3 AEUV auch einer Vereinbarung zugutekommt, bei der die Marktanteilsgrenze – sicher oder möglicherweise – überschritten ist (vgl. dazu auch BGH WuW/E DE-R 1335 (1348) – Citroën).

d) Derzeit geltende Gruppenfreistellungen und Ermächtigungen. Aufgrund der **Rats-VO 19/65** für Vertikal- und Lizenzvereinbarungen sind erlassen und weiterhin in Kraft (→ Einf. Rn. 66) 31
- die Vertikal-GVO (VO 2022/720) vom 10.5.2022 für Vertikalvereinbarungen (ABl. 2022 L 134, 4) mit einer Laufzeit bis 31.5.2034;
- die Kfz-GVO (VO 461/2010) für Vertikalvereinbarungen im Kraftfahrzeugsektor (ABl. 2010 L 129, 52; verlängert durch VO 2023/822 ABl. 2023 L 102, 1) mit einer Laufzeit bis 31.5.2028;
- die TT-GVO (VO 316/2014) vom 21.3.2014 über Technologietransfer-Vereinbarungen (ABl. 2014 L 93, 17 mit einer Laufzeit bis zum 30.4.2026.

Die **Rats-VO 2821/71** über bestimmte Arten von Horizontalvereinbarungen ist die Rechtsgrundlage für 31a
- die Spezialisierungs-GVO (VO 2023/1067) vom 1.6.2023 über Spezialisierungsvereinbarungen (ABl. 2023 L 143, 20) mit einer Laufzeit bis 30.6.2035 und
- die FuE-GVO (VO 2023/1066) vom 1.6.2023 über Forschungs- und Entwicklungs-Vereinbarungen (ABl. 2023 L 143, 9) mit einer Laufzeit bis 30.6.2035.

Aufgrund der **Rats-VO 1534/91** für Versicherungsunternehmen gilt 31b
- die VO 267/2010 vom 24.3.2010 (ABl. 2010 L 81, 1) für Vereinbarungen von Versicherungsunternehmen. Diese trat an die Stelle der VO 358/2003, ist aber nach ihrem Art. 8 VO 358/2003 am 31.3.2017 außer Kraft getreten.

31c Aufgrund der **Rats-VO 246/2009** vom 25.2.2009 (ABl. 2010 L 79, 1) für Schifffahrtskonsortien gilt
- die VO 906/2009 für Vereinbarungen zwischen Seeschifffahrtsunternehmen (Konsortien) vom 29.9.2009 (ABl. 2009 L 256, 31).

8. Bedeutung der Gruppenfreistellungen im Horizontalbereich

32 **a) Spezialisierungsvereinbarungen.** Spezialisierungsvereinbarungen sind die praktisch wichtigsten Fälle von horizontalen Kooperationen, die entweder – insbes. wegen Fehlens eines Wettbewerbsverhältnisses – von vornherein nicht gegen das Kartellverbot des § 1 verstoßen oder grds. geeignet sind, die Freistellungsvoraussetzungen des § 2 Abs. 1 zu erfüllen. Sie sind gekennzeichnet durch eine **„Arbeitsteilung"** zwischen Unternehmen, die auf der gleichen Wirtschaftsstufe tätig sind. Typischerweise bewirken sie dadurch **Rationalisierungseffekte.** Diese werden an den Verbraucher zumindest teilweise weitergegeben, wenn die beteiligten Unternehmen auf den für sie relevanten Märkten wirksamem Wettbewerb ausgesetzt sind. Die Wirksamkeit des Wettbewerbs kann sich dabei nicht nur aus dem **Wettbewerb durch Dritte** ergeben, sondern auch daraus, dass der **Wettbewerb zwischen den beteiligten Unternehmen** erhalten bleibt.

33 Die **Spezialisierungs-GVO VO** unterscheidet drei Arten von Spezialisierungen, nämlich die **einseitige** und die **gegenseitige Spezialisierung** sowie die **gemeinsame Produktion.** Sie stellt Vereinbarungen frei, die diese Spezialisierung unmittelbar bewirken, sowie diejenigen Lizenzvereinbarungen, die mit der Durchführung der Spezialisierung unmittelbar verbunden und für sie notwendig sind (Art. 2 Abs. 3 Spezialisierungs-GVO. Mit der Regelung folgt sie entgegen einer teilweise abweichenden Auffassung der Lit. nicht dem Grundsatz, dass alles freigestellt ist, was nicht ausdrücklich von der Freistellung ausgeschlossen ist; vielmehr ist von der Freistellung nur das erfasst, was entweder die Spezialisierung unmittelbar bewirkt oder mit der Spezialisierung unmittelbar verbunden und für sie notwendig ist. Voraussetzung für die Freistellung ist, dass die beteiligten Unternehmen die **Marktanteilsschwelle** von 20 % (Art. 3 Spezialisierungs-GVO nicht überschreiten. Die Freistellung entfällt insgesamt, wenn die Vereinbarung eine **„schwarze"** Klausel iSv Art. 5 Spezialisierungs-GVO enthält. Die Spezialisierungs-GVO enthält keinen Katalog sog. „grauer" Klauseln, also von Klauseln, die von der Freistellung ausgenommen sind, die Freistellung im Übrigen aber nicht berühren.

34 **b) Vereinbarungen über Forschung und Entwicklung.** Für die Zusammenarbeit von Unternehmen in Forschung und Entwicklung **(FuE, R&D)** gibt es eine breite Palette von Möglichkeiten, die eine einheitliche kartellrechtliche Beurteilung der FuE-Kooperation ausschließen. Differenzierungskriterien ergeben sich insbes. daraus, ob die beteiligten Unternehmen Wettbewerber sind, aus der Marktnähe ihrer Zusammenarbeit (die Forschung ist ihrem Wesen nach marktferner, die Entwicklung kann unmittelbar marktrelevant sein) und ob sich die Zusammenarbeit auch auf die Verwertung bezieht. Dem entspricht eine **differenzierte Entscheidungspraxis der Kommission** in Einzelfällen, in der häufig auch die Anwendung des Art. 101 Abs. 1 AEUV (§ 1) verneint wurde. Dementsprechend geht auch die FuE-GVO 2010 (VO 1217/2010) in ihrem Erwägungsgrund 6 davon aus, dass Vereinbarungen über die gemeinsame Durchführung von Forschungsarbeiten oder die gemeinsame Entwicklung der Forschungsergebnisse bis zur Produktionsreife **normalerweise nicht unter das Verbot des Art. 101 Abs. 1 AEUV (§ 1)** fallen. Wenn das aber im Einzelfall der Fall ist, soll eine Gruppenfreistellung helfen. Im Anwendungsbereich der Gruppenfreistellung kann deswegen häufig offen bleiben, ob die Vereinbarung überhaupt gegen § 1 verstößt und deswegen einer Freistellung nach § 2 Abs. 1 bedarf.

Die aktuelle **FuE-GVO** (VO 2023/1066) unterscheidet drei Arten von Forschungs- und Entwicklungskooperationen, nämlich die **gemeinsame Forschung und Entwicklung** von Produkten oder Verfahren **einschließlich der gemeinsamen Verwertung** der dabei erzielten Ergebnisse, die **gemeinsame Verwertung** der Ergebnisse von Forschung und Entwicklung in Bezug auf Produkte oder Verfahren, die von denselben Vertragsparteien aufgrund einer früheren Vereinbarung durchgeführt worden sind, und die **gemeinsame Forschung und Entwicklung von Produkten oder Verfahren ohne die gemeinsame Verwertung** sowie in derselben Untergliederung entsprechende **Auftragsforschungen und -entwicklungen** (Art. 1 Abs. 1 FuE-GVO. Sie stellt die Vereinbarungen frei, soweit sie Wettbewerbsbeschränkungen enthalten. Diese Freistellung betrifft nicht nur die Wettbewerbsbeschränkungen, die sich unmittelbar aus der gemeinsamen Forschung und Entwicklung ergeben, sondern auch solche Lizenzvereinbarungen, die mit der Durchführung der Forschung und Entwicklung unmittelbar verbunden und für diese notwendig sind (Art. 2 Abs. 3 FuE-GVO). 35

Wenn die beteiligten Unternehmen **Wettbewerber** sind, ist Voraussetzung für die Freistellung, dass die beteiligten Unternehmen die **Marktanteilsschwelle von 25 %** (Art. 6 Abs. 2 FuE-GVO nicht überschreiten. Im ersten Schritt gilt die Freistellung nur für die Dauer der gemeinsamen Forschung und Entwicklung. Wird gemeinsame Verwertung der Ergebnisse vereinbart, gilt die Freistellung für einen weiteren Zeitraum von sieben Jahren ab dem Inverkehrbringen der Vertragsprodukte bzw. der Vertragstechnologie (Art. 6 Abs. 3 FuE-GVO). Die Freistellung gilt auch so lange weiter, wie der gemeinsame Marktanteil bei den Vertragsprodukten bzw. der Vertragstechnologie unter 25 % bleibt (Art. 6 Abs. 4 FuE-GVO). Die Freistellung entfällt insgesamt, wenn die Vereinbarung eine „schwarze" Klausel iSv Art. 8 FuE-GVO enthält. 36

c) Kooperationen im Versicherungsbereich. Im Versicherungsbereich gibt es ein besonderes Bedürfnis für horizontale Kooperationen (vgl. dazu auch OLG Düsseldorf WuW/E DE-R 2540 (2541 f.) – Wirtschaftsprüferhaftpflicht; dazu BGH WuW/E DE-R 2732 – Versicherergemeinschaft), die für bestimmte Fälle früher durch die VO 3932/92 und die VO 358/2003 gruppenweise freigestellt waren. Nach der seit 1.4.2010 geltenden, aber am 31.3.2017 ausgelaufenen Nachfolge-VO 267/2010 (→ Rn. 30) geht es im Einzelnen um 37

– die gemeinsame Erhebung und Verbreitung von Daten zur Berechnung von Durchschnittskosten für die Deckung bestimmter Risiken und
– die gemeinsame Durchführung von Studien über die Auswirkungen allgemeiner Umstände auf bestimmte Risiken.

Die ausgelaufene Gruppenfreistellung deckte ebenso wie die Vorgängerverordnungen, insoweit hinter der Ermächtigungsverordnung 1534/91 zurückbleibend, nicht die gemeinsame Abwicklung von Schadensfällen und den Informationsaustausch über erhöhte Risiken (vgl. dazu umfassend Dreher/Kling, Kartell- und Wettbewerbsrecht der Versicherungsunternehmen, 2007). Die Kommission hat mit der Versicherungs-GVO (VO 267/2010) eine erläuternde Mitteilung erlassen (ABl. 2010 C 82, 20), die, nachdem die VO am 31.3.2017 außer Kraft getreten ist, **immer noch Anhaltspunkte für die kartellrechtliche Beurteilung von Versicherungskooperationen** liefern kann. 38

d) Kooperationen im Verkehr. Die **Rats-VO 487/2009** vom 25.5.2009 (ABl. 2009 L 148, 1) ermächtigt die Kommission für den **Luftverkehr** zum Erlass einer Gruppenfreistellungsverordnung für bestimmte Vereinbarungen über Flugpläne, Tarifkonsultationen, den gemeinsamen Betrieb neuer Kurierflugdienste mit geringem Verkehrsaufkommen, die Zuweisung von Zeitnischen und den Betrieb von computergesteuerten Buchungssystemen. Auf dieser Grundlage ist (noch) keine Gruppenfreistellung erlassen worden. Für den **Landverkehr** (Eisenbahn-, Straßen-, 39

Binnenschiffsverkehr) enthält die **Rats-VO 169/2009** vom 26.2.2009 (ABl. 2009 L 61, 1) keine Ermächtigung zum Erlass einer Gruppenfreistellungsverordnung, sondern sieht gesetzliche Ausnahmen für die Anwendung des Art. 101 Abs. 1 AEUV auf bestimmte technische Vereinbarungen und Gemeinschaftsunternehmen kleiner und mittlerer Unternehmen vor. Diese Ausnahmen schränken auch – über Art. 3 Abs. 2 Kartellverfahrens-VO und § 22 Abs. 2 – die Anwendbarkeit des § 1 ein.

40 **e) Seeschifffahrts-Konsortien.** Die **Rats-VO 906/2009** (→ Rn. 28) stellt zugunsten von Seeschifffahrtsunternehmen Konsortien insoweit frei, als sie Seeverkehrs-Liniendienste von und nach einem oder mehreren Häfen der Gemeinschaft wahrnehmen, und zwar im Einzelnen:

- den gemeinsamen Betrieb von Liniendiensten im Seeverkehr in einem näher beschriebenen Umfang,
- Kapazitätsanpassungen und
- den gemeinsamen Betrieb oder die gemeinsame Nutzung von Hafenumschlagsanlagen und den dazugehörigen Leistungen.

41 Die Verordnung enthält im Übrigen Marktanteils- und wettbewerbliche Voraussetzungen und eine Definition von die Freistellung ausschließenden Kernbeschränkungen. Die Kommission hat zugleich mit der VO 906/2009 einen erläuternden Leitfaden erlassen (ABl. 2009 C 245, 2).

9. Bedeutung der Gruppenfreistellungen für vertikale Vertriebs- und Zuliefervereinbarungen

42 **a) Vertikalvereinbarungen.** Die Kommission hat trotz der formalen Gleichbehandlung von Vertikal- und Horizontalvereinbarungen durch Art. 101 Abs. 1 AEUV stets im Hinblick auf die Freistellung nach Art. 101 Abs. 3 AEUV zwischen beiden Arten von Vereinbarungen differenziert. Die **erste Gruppenfreistellungsverordnung überhaupt,** nämlich die **VO 67/67,** betraf **Alleinvertriebsvereinbarungen.** Kennzeichen der freigestellten Alleinvertriebsverträge war, dass sich der Hersteller verpflichtete, seine Erzeugnisse in einem bestimmten Gebiet ausschließlich an einen Händler zu liefern, der sie dann im eigenen Namen und auf eigene Rechnung weiterveräußert; umgekehrt verpflichtete sich der Händler, die Erzeugnisse des Herstellers ausschließlich von ihm zu beziehen. Die VO 67/67 ist 1983 durch die beiden Gruppenfreistellungsverordnungen **1983/83 für Alleinvertriebsvereinbarungen** und **1984/83 für Alleinbezugsvereinbarungen** ersetzt worden. Diese Verordnungen trennten Alleinvertriebs- und Alleinbezugsvereinbarungen, die zuvor beide durch die VO 67/67 erfasst waren. Die VO 1984/83 enthielt auch besondere Vorschriften über Bierliefer- und Tankstellenverträge. 1988 hat die Kommission die **VO 4087/88** erlassen, durch die unter bestimmten Voraussetzungen Vertriebs- und Dienstleistungs-**Franchiseverträge** freigestellt wurden.

43 Alle diese Gruppenfreistellungsverordnungen sind mit Wirkung vom 1.6.2000 durch die **VO 2790/1999** für Vertikalvereinbarungen ersetzt worden, an deren Stelle – ohne wesentliche Änderungen – ab 1.6.2010 die **VO 330/2010** (ABl. 2010 L 102, 1) und zuletzt seit 1.6.2022 die **VO 2022/720** (ABl. 2022 L 134, 4) trat. Sie erfasst Vereinbarungen (und aufeinander abgestimmte Verhaltensweisen) zwischen zwei oder mehr Unternehmen, von denen jedes zwecks Durchführung der Vereinbarung auf einer unterschiedlichen Produktions- und Vertriebsstufe tätig ist und welche die Bedingungen betreffen, zu denen die Parteien bestimmte Waren oder Dienstleistungen beziehen, verkaufen oder weiterverkaufen können. Damit erfasst sie grds. **alle Vertriebs- und Zuliefervereinbarungen,** die Unternehmen „nach oben" oder „nach unten" abschließen. Neu ist die volle Einbeziehung aller Vereinbarungen in (qualitativen und quantitativen) **selektiven Vertriebssystemen.** Von der Anwendbarkeit ausgeschlossen sind nur Lizenzvereinbarungen über gewerbliche Schutzrechte und Verti-

kalvereinbarungen im Automobilsektor. Differenzierte Anwendungsvoraussetzungen gelten für Vertikalvereinbarungen zwischen Wettbewerbern. Schließlich ist der Anwendungsbereich der Vertikal-GVO (VO 2022/720) begrenzt durch die **Marktanteilsschwellen** von 30 %, und zwar sowohl für den Anbieter (Lieferanten) als auch für den Einkaufs- und Absatz-Anteil des Abnehmers (Käufers) (Art. 3 VO Vertikal-GVO; vgl. zu all dem Bechtold/Bosch/Brinker Vertikal-GVO Art. 1 Rn. 3 ff.; zur Bestimmung des Marktanteils BGH NZKart 2016, 280 (282 f.) – Laborchemikalien).

Innerhalb dieses Anwendungsbereiches folgt die Vertikal-GVO konsequent dem Grundsatz, dass alle Wettbewerbsbeschränkungen in Vertikalvereinbarungen **erlaubt** und damit nach Art. 101 Abs. 1 AEUV (§ 1 Abs. 2) freigestellt sind, die **nicht ausdrücklich verboten** sind. Für Verbote unterscheidet die Vertikal-GVO in Art. 4 Hardcore-Beschränkungen (sog. **„schwarze" Klauseln**), die bei ihrer Vereinbarung zum Wegfall der Freistellung insgesamt führen, und in Art. 5 Vertikal-GVO mildere Wettbewerbsbeschränkungen **(„graue" Klauseln),** die bei ihrer Vereinbarung nicht freigestellt sind, aber die Freistellung im Übrigen nicht berühren. Qualitative selektive Vertriebssysteme sind gegenüber den durch sie Gebundenen und – unter zusätzlichen Voraussetzungen – Dritten nur durchsetzbar, wenn sie **gedanklich (theoretisch) lückenlos,** also insbes. kartellrechtlich wirksam sind (zur Durchsetzung gegenüber Außenseitern vgl. Köhler/Bornkamm/Feddersen/Köhler UWG § 4 Rn. 4.63). Das früher auch postulierte Erfordernis der praktischen Lückenlosigkeit gilt nicht mehr (vgl. BGH WuW/E DE-R 493 (496 f.) – Außenseiteranspruch II; zur Lückenlosigkeit bei der Preisbindung → § 30 Rn. 22 ff.). Bei einer quantitativen Selektion macht das Erfordernis der Lückenlosigkeit keinen Sinn. 44

b) Vertriebsvereinbarungen im Kraftfahrzeugsektor. Die Kommission hat erstmals im Jahr 1984 die Gruppenfreistellungs**VO 123/85** für Vertriebs- und Kundendienstvereinbarungen über Kraftfahrzeuge erlassen. Sie regelte zwei Formen der Absatzorganisation: Selektive Vertriebssysteme und Alleinvertriebsvereinbarungen. Sie ging von der Notwendigkeit der **Kombination von Vertrieb und Kundendienst** aus. Mit Wirkung vom 1.7.1995 wurde sie durch die **VO 1475/95** ersetzt. Ziel der Neuregelung war, die Unabhängigkeit der Händler gegenüber den Herstellern zu stärken. Deswegen sah sie eine Reihe von Bestimmungen vor, die auch außerhalb des eigentlich wettbewerblich Relevanten die Konditionen der Vertriebsverträge festlegte, bis hin zu genauen Vorgaben über die Kündigungsmöglichkeiten. Mit Wirkung vom 1.10.2002 wurde die VO 1475/95 durch die VO 1400/2002 ersetzt. 45

Die **VO 1400/2002** (vgl. zu ihr aus der BGH-Rspr. BGH WuW/E DE-R 1335 – Citroën; 1551 (1553) – Kfz-Vertragshändler II; 1621 – Qualitative Selektion; BB 2007, 1583 – Kfz-Vertragshändler III; WuW/E DE-R 2747 – Nissan; OLG Frankfurt a. M. WRP 2006, 377 – Ablehnung eines neuen Vertragshändlervertrages; WRP 2006, 1387 ff. – Ersatzteil-Rücknahmeanspruch; WuW/E DE-R 2770 – Kfz-Vertrieb) hat die kartellrechtlichen Rahmenbedingungen für den Vertrieb und den Kundendienst für Kraftfahrzeuge grundlegend verändert. Sie galt aufgrund der **VO 461/2010** seit 1.6.2010 bis zum 31.5.2013 nur noch für den **Vertrieb neuer Kraftfahrzeuge** (Pkw und Nfz). Seither gilt auch dafür die Vertikal-GVO (VO 2022/720), ebenso wie das schon ab 1.6.2010 für den **Vertrieb von Kraftfahrzeugersatzteilen und Instandsetzungs- und Wartungsdienstleistungen** der Fall ist, insoweit aber durch die Nachfolge-VO 461/2010 (Art. 5 VO 461/2010) ergänzt um zusätzliche „schwarze" Klauseln; deren Geltung wurde bis zum 31.5.2028 verlängert. 46

10. Bedeutung der Gruppenfreistellung für Lizenz- und Know-how-Vereinbarungen

a) Ausgangslage. Der Begriff der Technologietransfer-Vereinbarungen erfasst Lizenzvereinbarungen über **technische gewerbliche Schutzrechte,** also insbes. 47

Patentlizenzverträge und Überlassungsverträge über **technisches Know-how.** Sie werfen eine Vielzahl gemeinsamer Probleme auf. Einerseits sind sie wettbewerblich positiv zu beurteilen, weil sie die Fähigkeit der Vertragspartner (Lizenznehmer) begründen oder verstärken, auf für sie ansonsten nicht erreichbaren Gebieten tätig zu werden. Diesem **wettbewerbsbefördernden Element** steht allerdings die Tendenz zu **Beschränkungen der Lizenznehmer** gegenüber; diese Beschränkungen können alle Gebiete der Lizenznehmertätigkeit erfassen, also Beschränkungen in der Anwendung von überlassenen Schutzrechten oder Know-how, in der gebietlichen Betätigung oder im Preisverhalten, daneben auch Beschränkungen in der Tätigkeit außerhalb der überlassenen Schutzrechte und Know-how; auch die rechtsgrundlose Lizenzzahlungspflicht als solche kann eine Wettbewerbsbeschränkung sein (dazu BGH WuW/E DE-R 1130 (1131) – Chirurgische Instrumente). Wettbewerbliche Probleme können sich auch aus **Beschränkungen der Lizenzgeber** ergeben, insbes. aus Ausschließlichkeiten (dazu OLG Düsseldorf WuW/E DE-R 1573 – Pflanzeneinstecketikett). Bei derartigen Lizenz- und Überlassungsverträgen war im EU-Recht in stärkerem Umfang als bei anderen inzwischen durch die Gruppenfreistellungsverordnungen erfassten Verträgen unklar und streitig, ob und in welchem Umfang sie überhaupt vom Kartellverbot des Art. 101 Abs. 1 AEUV erfasst werden. Die Tendenz, jedenfalls die Freistellungsnorm des Art. 101 Abs. 3 AEUV „großzügig" auf derartige Vereinbarungen anzuwenden, wurde insbes. durch das Argument bestärkt, dass die Alternative zu derartigen Beschränkungen darin bestehen könnte, dass die Lizenz überhaupt nicht erteilt würde, der vom Lizenznehmer ausgehende zusätzliche Wettbewerb also nicht stattfinden würde. Dieses Argument ist in Deutschland stets stärker beachtet worden als in der Auffassung, die sich im EU-Recht schließlich durchgesetzt hat. Deswegen wichen die **früheren Regelungen des GWB** (§§ 20, 21 idF bis zur 6. GWB-Novelle, also bis Ende 1998) deutlich von dem ab, was im EU-Recht galt; das führte schließlich dazu, dass sie in der Praxis keine Rolle mehr spielten. Die §§ 17, 18 idF der 6. GWB-Novelle 1998 führten schon eine weitgehende Anpassung des deutschen an das EU-Recht herbei (→ § 1 Rn. 82 f.).

48 **b) Gruppenfreistellungen.** Die Kommission hat 1984 die erste Gruppenfreistellungs**VO 2349/84** für **Patentlizenzvereinbarungen** erlassen. Sie erlaubte – bezogen auf Patente und Gebrauchsmuster – für eine Vielzahl von Beschränkungen Rückschlüsse darauf, ob sie nach Auffassung der Kommission gegen Art. 101 Abs. 1 AEUV verstoßen oder nicht und – falls ein Verstoß bejaht wird – ob sie freistellungsfähig waren. Die VO 2349/84 erfasste auch gemischte Vereinbarungen über Patentlizenzen und Know-how, nicht aber reine Know-how-Überlassungsvereinbarungen. Dafür erließ die Kommission 1988 eine besondere Gruppenfreistellungsverordnung, nämlich die **VO 556/89** über **Know-how-Vereinbarungen.** Sie stellte eine weitgehende Parallelität in der Beurteilung von Patentlizenzvereinbarungen und Know-how-Übertragungen her. 1996 wurden beide Gruppenfreistellungen in der **VO 240/96 für Technologietransfer-Vereinbarungen** zusammengeführt. Diese VO wurde durch die VO 772/2004 **für Technologietransfer-Vereinbarungen** abgelöst, die das System der Gruppenfreistellung an die Technik der anderen Gruppenfreistellungsverordnungen für Vertikalvereinbarungen angepasst hat. Es gilt das Prinzip **„erlaubt ist alles, was nicht ausdrücklich verboten ist".**

49 Die jetzt geltende **VO 316/2014 für Technologietransfer-Vereinbarungen (TT-GVO)** schreibt dieses System fort. Die Freistellungserklärung gilt nur, wenn die **Marktanteilsschwellen von 20 % bzw. 30 %** auf betroffenen Technologie- und Produktmärkten (Art. 3 TT-GVO) nicht überschritten sind. Sie gilt nicht, wenn die Vereinbarung eine der Kernbeschränkungen in Art. 4 TT-GVO enthält **(„schwarze Klauseln").** Dabei wird unterschieden zwischen Vereinbarungen konkurrierender Unternehmen (Art. 4 Abs. 1 TT-GVO) und solchen zwischen nicht

konkurrierenden Unternehmen (Art. 4 Abs. 2 TT-GVO). Art. 5 TT-GVO enthält einen Katalog **„grauer" Klauseln,** deren Vereinbarung nur dazu führt, dass diese nicht freigestellt sind, ohne Auswirkungen auf die Freistellung im Übrigen. Die anderen Regelungen der TT-GVO entsprechen im Wesentlichen denen der anderen Gruppenfreistellungsverordnungen. Die TT-GVO ist **nicht anwendbar** auf nicht technische Schutzrechte, insbes. nicht auf **Urheberrechte** (mit Ausnahme von Software) und **Marken.** Dennoch erlauben sie bei entsprechenden Lizenzvereinbarungen Rückschlüsse auf die Vereinbarkeit mit § 1 (Art. 101 Abs. 1 AEUV) und die Freistellungsfähigkeit nach § 2 Abs. 1 (Art. 101 Abs. 3 AEUV).

§ 3 Mittelstandskartelle

Vereinbarungen zwischen miteinander im Wettbewerb stehenden Unternehmen und Beschlüsse von Unternehmensvereinigungen, die die Rationalisierung wirtschaftlicher Vorgänge durch zwischenbetriebliche Zusammenarbeit zum Gegenstand haben, erfüllen die Voraussetzungen des § 2 Absatz 1, wenn

1. **dadurch der Wettbewerb auf dem Markt nicht wesentlich beeinträchtigt wird und**
2. **die Vereinbarung oder der Beschluss dazu dient, die Wettbewerbsfähigkeit kleiner oder mittlerer Unternehmen zu verbessern.**

1. Gesetzgebungsgeschichte

a) Vorgängerregelungen. § 3 entspricht im Wesentlichen § 4 Abs. 1 aF. Dieser war durch die 6. GWB-Novelle 1998 neu formuliert worden, und zwar im Anschluss an die Vorgängerregelung in § 5b in der bis zur 6. GWB-Novelle geltenden Fassung. § 5b aF war durch die 2. GWB-Novelle von 1973 in das Gesetz eingefügt worden, um kleineren und mittleren Unternehmen als **„strukturellen Nachteilsausgleich"** eine leichtere Legalisierungsmöglichkeit für Rationalisierungskartelle zu geben. In dem bis zum 30.6.2005 geltenden System bedurften die Kartelle nach § 4 Abs. 1 aF der Anmeldung bei der Kartellbehörde; sie wurden wirksam, wenn die Behörde binnen einer Frist von drei Monaten nicht widersprach. Die Kartellbehörde konnte der Anmeldung nur widersprechen, wenn die Freistellungsvoraussetzungen des § 4 Abs. 1 nicht vorlagen. Die Beweislast für ihr Vorliegen trugen die anmeldenden Unternehmen. Diese Bestimmung hat größere praktische Bedeutung erlangt: Noch 2003 und 2004 sind beim BKartA und bei den Landeskartellbehörden 48 Kartelle nach § 4 Abs. 1 neu angemeldet worden (vgl. TB 2003/2004, 232 (233)). 1

b) Neuregelung durch die 7. GWB-Novelle. Die 7. GWB-Novelle 2005 hat die Privilegierung von Mittelstandskartellen durch § 4 Abs. 1 aF aufrechtzuhalten versucht; das konnte im neuen System der Legalausnahme und des uneingeschränkten Vorrangs des Gemeinschaftsrechts nach Art. 3 Abs. 1 und 2 Kartellverfahrens-VO nur unvollkommen gelingen. In der Begründung zum Regierungsentwurf heißt es, durch die neue Regelung sollten „insbesondere **kleine und mittlere Unternehmen Rechtssicherheit** erhalten und **zu Kooperationen ermuntert** werden, die ihre Wettbewerbschancen gegenüber großen Unternehmen verbessern". Er solle aber wie bisher § 4 Abs. 1 nur die Freistellung horizontal wirkender Wettbewerbsbeschränkungen erfassen. Lägen die Voraussetzungen des neuen § 3 vor, so sei davon auszugehen, dass die allgemeinen Freistellungsvoraussetzungen des § 2 Abs. 1 erfüllt seien; das wird ausdrücklich als **„gesetzliche Fiktion"** bezeichnet. Wenn die Unternehmen erfolgreich das Vorliegen der Freistellungsvoraussetzungen des neuen § 3 nachwiesen, entfalle die Notwendigkeit, das Vorliegen der allgemeinen Voraussetzungen des § 2 Abs. 1 nachzuweisen. Es wird allerdings für Mittelstandskartelle, 2 die zwischenstaatlich relevant seien, darauf hingewiesen, dass diese immer auch am Maßstab des europäischen Rechts zu prüfen seien; im Verhältnis zum deutschen Recht setze sich dabei das vorrangige europäische Recht durch (vgl. Begr. zum RegE, BT-Drs. 15/3640, zu B Nr. 4 = WuW-Sonderheft, 151 f.).

3 Der **Vermittlungsausschuss** hat dafür gesorgt, dass in einem **besonderen § 3 Abs. 2** ein Anspruch auf eine Entscheidung nach § 32c vorgesehen wurde. Eine offizielle Begründung dafür gibt es nicht. Man hielt es politisch für wünschenswert, dass die Kartellbehörden wie im alten System **Quasi-Legalisierungsverfahren** durchführen, allerdings im neuen System nur mit beschränkten Rechtswirkungen. Die materielle Unsicherheit über die Möglichkeit eines solchen Quasi-Legalisierungsverfahrens kam auch in der **Befristung der Regelung bis zum 30.6.2009** zum Ausdruck. § 3 Abs. 2 ist dementsprechend durch die 8. GWB-Novelle 2012/2013 gestrichen worden.

2. Verhältnis zu Art. 101 AEUV

4 Mittelstandskartelle können Wettbewerbsbeschränkungen enthalten, die EU-rechtlich an sich von vornherein nicht legalisierbar sind (insbes. **Preis- und Quotenabsprachen**). Wenn derartige Beschränkungen im Sinne der Zwischenstaatsklausel des Art. 101 AEUV geeignet sind, den **Handel zwischen Mitgliedstaaten** zu beeinträchtigen, verstoßen sie gegen Art. 101 Abs. 1 AEUV und müssen dann nach Art. 101 Abs. 3 AEUV freigestellt sein. Nach Art. 3 Abs. 2 S. 1 Kartellverfahrens-VO hat Art. 101 AEUV in diesen Fällen Vorrang. Das bedeutet im praktischen Ergebnis, dass § 3 Abs. 1 nur Wirkung hat für **Mittelstandskartelle,** die die **Voraussetzungen der Zwischenstaatsklausel nicht erfüllen** (vgl. dazu ausf. Wimmer-Leonhardt WuW 2006, 486); die Freistellung läuft dann ins Leere (vgl. zu einem solchen Fall BKartA WuW/E DE-V 960 – Vetra/Danzer; Dittrich WuW 2009, 1006).

5 Diesen potenziellen Widerspruch zum EU-Recht hat der Gesetzeswortlaut in dem früheren § 3 Abs. 2 aufgegriffen. Dieser ist mit der 8. GWB-Novelle außer Kraft getreten. Er ermächtigte und verpflichtete die Kartellbehörde, auf Antrag eine **Nicht-Tätigkeits-Entscheidung nach § 32c** zu erlassen, aber nur, „sofern nicht die Voraussetzungen nach Art. 101 Abs. 1" AEUV vorliegen. Die Kartellbehörde musste also im Verfahren nach § 3 Abs. 2, § 32c prüfen, ob Art. 101 Abs. 1 AEUV verletzt war (vgl. dazu BKartA WuW/E DE-V 1142 – Hintermauerziegel-Kartell). War das der Fall, war sie nicht verpflichtet, eine Entscheidung nach § 32c zu treffen. Vielmehr musste sie dann die nach dieser Vorschrift erforderliche Ermessenserwägung anstellen. Die Entscheidung durfte in diesem Fall nur ergehen, wenn auch die Voraussetzungen des Art. 101 Abs. 3 AEUV erfüllt waren.

3. Allgemeiner Anwendungsbereich

6 **a) Vereinbarung miteinander im Wettbewerb stehender Unternehmen.** § 3 gilt nach seinem Wortlaut nur für Vereinbarungen und Beschlüsse; aufeinander abgestimmte Verhaltensweisen werden nicht erwähnt. Dies ist eine bewusste gesetzgeberische Entscheidung: Privilegiert werden sollen nur vereinbarte und beschlossene Rationalisierungen, nicht durch bloße bewusste Abstimmung zustande gekommene Verhaltensweisen (Bunte/Schneider § 3 Rn. 20).

7 § 3 Abs. 1 erfasst nur **„horizontale" Vereinbarungen und Beschlüsse zwischen Wettbewerbern.** Obwohl dieses Merkmal nicht bei den „Beschlüssen" wiederholt ist, ergibt der Sachzusammenhang, dass § 3 Abs. 1 auch insoweit ein – **aktuelles oder potenzielles – Wettbewerbsverhältnis** der beteiligten Unternehmen voraussetzt. Die Unternehmen stehen miteinander im Wettbewerb, wenn sie auf demselben sachlich und örtlich relevanten Markt entweder aktuell nebeneinander

tätig sind oder sinnvoll tätig werden könnten (potenzieller Wettbewerb). Dieses Wettbewerbsverhältnis muss durch den Inhalt der Vereinbarung oder des Beschlusses berührt werden. Das Merkmal des Wettbewerbsverhältnisses soll die Anwendung des § 3 **auf vertikale Kooperationen ausschließen.** Ein solcher Ausschluss war in der Zeit vor der 7. GWB-Novelle nicht erforderlich und sinnvoll, weil das deutsche Recht vertikale Kooperationen außerhalb der vertikalen Preis- und Inhaltsbindung sowieso nicht pauschal verbot. Nachdem § 1 aber gleichermaßen auch vertikale Wettbewerbsbeschränkungen erfasst, ist es nicht ohne Weiteres einsichtig, dass die Mittelstandsprivilegierung nicht auch vertikale Vereinbarungen erfasst. Der Gesetzeswortlaut ist aber insoweit eindeutig. Maßgeblich dafür, ob eine Horizontal- oder Vertikal-Vereinbarung vorliegt, ist der Inhalt der Vereinbarung. Regelt sie ein Vertikalverhältnis, wird es auch nicht deshalb zum Horizontalverhältnis, weil die Unternehmen außerhalb des Regelungsumfangs dieser Vereinbarung Wettbewerber sind. Insoweit gilt Entsprechendes wie zu Art. 2 Abs. 4 VO Vertikal-GVO (dazu Bechtold/Bosch/Brinker VO Vertikal-GVO Art. 2 Rn. 11). Die von dieser Bestimmung erfassten Vertikal-Vereinbarungen sind – unabhängig von der Freistellungsmöglichkeit nach Art. 2 Abs. 4 Vertikal-GVO – Vertikal-Vereinbarungen, nicht Vereinbarungen zwischen Wettbewerbern. Nicht geregelt und nicht bedacht ist der Fall der **Horizontal-Vereinbarung zwischen Nicht-Wettbewerbern** (→ § 1 Rn. 49). Sie verstoßen im Regelfall auch unter dem Gesichtspunkt der Wettbewerbsbeschränkung nicht gegen § 1 und Art. 101 Abs. 1 AEUV; dann gibt es auch keinen Freistellungsbedarf nach § 3. Wenn sie im Ausnahmefall aber doch gegen § 1 (Art. 101 Abs. 1 AEUV) verstoßen sollten, gibt es keinen Grund, sie von vornherein aus dem Anwendungsbereich des § 3 auszuschließen.

b) Rationalisierung wirtschaftlicher Vorgänge. Der Begriff „Rationalisierung wirtschaftlicher Vorgänge" war bis 30.6.2005 Teil der Legalisierungsvorschrift für Spezialisierungskartelle (§ 3 aF), Mittelstandskartelle (§ 4 Abs. 1 aF) und Rationalisierungskartelle (§ 5 Abs. 1 aF). Es wurde im Sinne der **Erhöhung der wirtschaftlichen Effizienz durch Verbesserung des Kosten-/Nutzen-Verhältnisses** verstanden (vgl. BKartA WuW/E DE-V 127 (129) – Fleurop II). Die besondere Privilegierung der Mittelstandskartelle soll für **alle Arbeitsbereiche** gelten (vgl. für Mittelstandskartelle im Bereich der Stromwirtschaft Kreibich RdE 2007, 186). Das kommt auch durch die Begriffe „zwischenbetriebliche Zusammenarbeit" zum Ausdruck, die ebenfalls keine Beschränkung enthalten. Gegenstand der Rationalisierung können alle „wirtschaftlichen Vorgänge" sein, also nicht nur die Produktion, sondern auch Forschung, Entwicklung, Beschaffung, Vertrieb (vgl. die Fälle bei in FK-KartellR/Bunte GWB 1999 § 5 Rn. 39; für Konditionenkartelle Zapfe WuW 2007, 1230) oder **Einkauf** (vgl. zur Einkaufsgemeinschaft von Kommunen und zur Anwendbarkeit des § 4 Abs. 2 aF BGH WuW/E DE-R 1087 (1090) – Ausrüstungsgegenstände für Feuerlöschzüge). Wichtigster Fall der so bewirkten Rationalisierung ist die **Spezialisierung** (→ § 2 Rn. 14). Die frühere Ausgrenzung der Spezialisierung aus dem Mittelstandskartell (früherer Wortlaut des § 4 Abs. 1: „Rationalisierung wirtschaftlicher Vorgänge durch eine andere als die in § 3 bezeichnete Art der zwischenbetrieblichen Zusammenarbeit" – § 3 regelte das Spezialisierungskartell) gilt nicht mehr. 8

Nach der – bis 1998 geltenden – früheren Regelung in § 5b Abs. 2 aF (iVm § 5a Abs. 3 aF) konnten Mittelstandskartelle auch mit **Preisabreden** oder der **Bildung von gemeinsamen Beschaffungs- oder Vertriebseinrichtungen** verbunden sein. Sie konnten sich, wenn das der Rationalisierung diente, auch darin erschöpfen; für isolierte Preisabsprachen war das aber kaum denkbar. Der Wegfall dieser ausdrücklichen Regelung schon durch die 6. GWB-Novelle 1998 bedeutet nicht, dass im System des alten § 4 Abs. 1 und dem heutigen § 3 derartige Vertriebskooperationen nicht mehr möglich wären. Sie sind ohne Weiteres wie alle anderen Kooperati- 9 onsmittel zulässig, soweit die Voraussetzungen der Nr. 1 und 2 erfüllt sind (so auch das frühere Merkblatt des BKartA über die Kooperationserleichterungen für kleine und mittlere Unternehmen nach dem Kartellgesetz vom Dezember 1998, abgedr. in der 3. Aufl. 2002, Anhang C 4, unter Teil I, A I). Bei isolierten Preis- oder Quotenabsprachen erscheint das kaum vorstellbar (dazu OLG Düsseldorf NZKart 2020, 84 (85)): An **innerbetrieblichen Effizienzen fehlt** es, wenn die Kooperation **allein** eine **bezweckte Wettbewerbsbeschränkung** gerichtet ist.

4. Wettbewerbliche Voraussetzungen

10 **a) Keine wesentliche Wettbewerbsbeeinträchtigung (Nr. 1).** Der Wettbewerb darf durch die Rationalisierungsvereinbarung „nicht wesentlich beeinträchtigt" werden (Nr. 1). Wann diese Voraussetzung erfüllt ist, lässt sich nicht starr umschreiben. Die Gesetzesanwendung und -auslegung ist stark beeinflusst von der **mittelstandspolitischen** Zielsetzung des § 3. Gefordert wird daher, dass die Kooperationsvereinbarung „eine ausgewogene Wettbewerbsstruktur auf den betreffenden Märkten fördern oder bestehen" lässt (so die frühere Kooperationsfibel Abschnitt III Nr. 1.4 S. 49). Im Einzelfall ist eine Prüfung der gesamten Auswirkungen der Kooperationsvereinbarungen auf die Wettbewerbsbedingungen des jeweils maßgeblichen Marktes erforderlich. Der Gesetzgeber hat diese „kritische Grenze für eine wesentliche Beeinträchtigung des Wettbewerbs" nur für den Fall aufgestellt, dass Gegenstand der Vereinbarung auch die **Preisgestaltung** ist (Bericht des Wirtschaftsausschusses 7/765, S. 3). Bestimmte Marktanteilsgrenzen wurden gerade nicht in das Gesetz aufgenommen, „weil es entscheidend auf die Qualität der Beschränkung" ankommen sollte (Bericht des Wirtschaftsausschusses 7/765, S. 3). Deswegen gilt die Grenze von 10 % bis 15 % zB, wenn das Kartell mit vereinheitlichten Preisen, daneben auch mit Andienungszwang und vereinheitlichten Konditionen sowie mit Quotenabsprachen verbunden ist (OLG Stuttgart WuW/E 2807 – gebrochener Muschelkalkstein). Aber auch dann ist bei **Absprachen über Preise und Preisbestandteile** Zurückhaltung angebracht. Sie können nach der Rspr. des OLG Düsseldorf (OLG Düsseldorf WuW/E DE-R 2081 (2084) – Kalksandsteinwerk) nur dann als zulässig angesehen werden, wenn sie „in enger oder sogar notwendiger Verbindung mit der angestrebten Rationalisierungsmaßnahme stehen". Enthält die Vereinbarung keine solche Beschränkungen, sondern qualitativ relativ unbedeutende wie ein Verbot der Doppelmitgliedschaft oder ein Konkurrenzverbot, kann eine **Legalisierung auch bei wesentlich höheren Marktanteilen** in Betracht kommen (OLG Frankfurt a. M. WuW/E 2771 (2774) – Taxi-Funk-Zentrale Kassel; vgl. KG WuW/E 3663 (3670) – Mischguthersteller).

11 **b) Verbesserung der Wettbewerbsfähigkeit (Nr. 2).** Die Legalisierung setzt außerdem voraus, dass das Kartell dazu dient, „die **Wettbewerbsfähigkeit kleiner oder mittlerer Unternehmen** zu verbessern" (Nr. 2). In § 5b aF kam es nicht auf die Wettbewerbsfähigkeit, sondern die Leistungsfähigkeit an. Sachliche Unterschiede ergeben sich daraus kaum, zumal es auch früher in § 5c aF sachlich schon immer auf die Wettbewerbsfähigkeit ankam. Auch früher war die Verbesserung der Leistungsfähigkeit orientiert an der Stellung der beteiligten Unternehmen im Wettbewerb. Die Rationalisierung hebt, das ergibt sich aus ihrem Wesen, die Leistungsfähigkeit und damit die Wettbewerbsfähigkeit der beteiligten Unternehmen. Es müssen gerade **„kleine oder mittlere" Unternehmen („KMU")** sein, deren Stellung im Wettbewerb verbessert wird. Welche Unternehmen unter diesen vagen Begriff fallen, ist unklar. Die hM geht von einem relativen KMU-Begriff aus, der sich nicht an absoluten Größen wie Umsatz oder Beschäftigtenzahl ausrichtet, sondern an der Bedeutung des Unternehmens im jeweiligen Wirtschaftszweig (KMU-Bekanntmachung Anhang C 4 Rn. 12; Bunte/Schneider § 3 Rn. 44 ff.; MüKoWettbR/Pampel § 3 Rn. 61; die Ansicht der Voraufl. § 3 Rn. 11, man könne die Aufgreifschwellen

der Fusionskontrolle heranziehen, wird aufgegeben). Wichtig ist in der jeweiligen Marktstruktur auch der **Vergleich** der betroffenen Unternehmen **mit ihren Wettbewerbern**, uU auch mit der Marktgegenseite (vgl. dazu auch KG WuW/E 4753 (4760 f.) – VAG-Leasing; vgl. auch BGH WuW/E 2875 (2878 f.) – Herstellerleasing; Bunte/Schneider § 3 Rn. 44) **Konzernunternehmen** sind zuzurechnen (KMU-Bekanntmachung Anhang C 4 Rn. 13; Bunte/Schneider § 3 Rn. 49; Mitbeherrschung durch ein Großunternehmen reicht aus (BGH WuW/E 2321 (2322) – Mischguthersteller). Der Wortlaut des § 3 schließt nicht aus, dass an der **Vereinbarung auch Großunternehmen beteiligt** sind (KMU-Bekanntmachung Anhang C 4 Rn. 37). Diese Beteiligung muss aber erforderlich sein, um die Leistungsfähigkeit (Wettbewerbsfähigkeit) gerade der kleinen oder mittleren Unternehmen zu fördern (BGH WuW/E 2321 (2325) – Mischguthersteller). Ist diese Kausalität nicht gegeben, kommt eine Legalisierung über § 3 nicht in Betracht.

§§ 4 bis 17 (weggefallen)

Kapitel 2. Marktbeherrschung, sonstiges wettbewerbsbeschränkendes Verhalten

Vorbemerkung §§ 18–21

1. Überblick zu Kapitel 2

1 Der Zweite Abschnitt des Ersten Teils, jetzt Teil 1 Kapitel 2 in der Umbenennung durch die 9. GWB-Novelle 2017, trug – seit der 6. GWB-Novelle 1998 (damals für den Dritten Abschnitt) neu – die Überschrift „Marktbeherrschung, wettbewerbsbeschränkendes Verhalten". Durch die **8. GWB-Novelle 2012/2013** ist das Wort **„sonstiges"** hinzugefügt worden. Damit werden alle Vorschriften zusammengefasst, die einseitiges Verhalten von Unternehmen betreffen, also nicht Vereinbarungen oder – mit anderen – abgestimmtes Verhalten. § 19 (Missbrauch einer marktbeherrschenden Stellung) und § 20 (Diskriminierungsverbot, Verbot unbilliger Behinderung) knüpfen an die absolute oder relative Marktstellung von Unternehmen an und verbieten deren Missbrauch und bestimmte andere Verhaltensweisen. § 21 (Boykottverbot, Verbot sonstigen wettbewerbsbeschränkenden Verhaltens) ist unabhängig von der Marktstellung des handelnden Unternehmens. Diese Neugliederung im jetzigen Kapitel 2 ist systematisch erheblich besser als der **frühere – bis zur 6. GWB-Novelle geltende – Gesetzesaufbau.** Früher umfasste der Dritte Abschnitt unter der Überschrift „Marktbeherrschende Unternehmen" den Missbrauch marktbeherrschender Stellungen und die Fusionskontrolle, also zwei grundlegend verschiedene Bereiche. Das Diskriminierungs- und Behinderungsverbot stand in einem anderen Abschnitt (Vierter Abschnitt: Wettbewerbsbeschränkendes und diskriminierendes Verhalten), war also sachwidrig vom Missbrauch marktbeherrschender Stellungen getrennt. Die anderen von der Marktstellung unabhängigen Verbote einseitigen Verhaltens waren teils in dem früheren Dritten Abschnitt (§ 25 aF, Verbot der Veranlassung zu Wettbewerbsbeschränkungen) und im 2. Teil (Ordnungswidrigkeiten) mit dem Empfehlungsverbot und der Zulassung von Preisempfehlungen für Markenwaren enthalten. Seit der 7. GWB-Novelle 2005 enthält das Gesetz **kein besonderes Empfehlungsverbot** (§ 22 Abs. 1 aF) und dementsprechend auch keine Ausnahmen von ihm mehr (§ 22 Abs. 2–5 und § 23 aF).

2 Die **8. GWB-Novelle 2012/2013** hat die **§§ 19, 20 und 21 völlig neu gegliedert** und den – seit der 7. GWB-Novelle 2005 nicht mehr besetzten – § 18 in den Zweiten Abschnitt einbezogen. Sie hat damit Schwächen der alten Fassung ausgeräumt. Diese Schwächen lagen einmal darin, dass die Regelungen über die Marktbeherrschung und den Missbrauch in § 19 und § 20 Abs. 1 nicht deutlich getrennt waren. Außerdem war das Nebeneinander des Missbrauchsverbots in § 19 Abs. 1 und 4 und des Diskriminierungs- und Behinderungsverbots in § 20 Abs. 1 nur schwer nachvollziehbar, auch im Vergleich zu Art. 102 AEUV. Jetzt ist das frühere Behinderungsverbot in § 20 Abs. 1 mit dem früheren in § 19 Abs. 4 Nr. 1 in § 19 Abs. 2 Nr. 1 zusammengefasst, unter Einbeziehung des bisher ausschließlich in § 20 Abs. 1 enthaltenen Diskriminierungsverbots. In Verbindung damit ist das weitgehend inhaltsleer gewordene **Tatbestandsmerkmal des „gleichartigen Unternehmen üblicherweise zugänglichen Geschäftsverkehrs" in § 20 Abs. 1 aufgegeben** worden (dazu Emmerich NZKart 2015, 114 (115), der dieses Tatbestandsmerkmal unter dem Gesichtspunkt, dass nicht marktübliche Individualbeziehungen zwischen Unternehmen keinen Maßstab für die Behandlung anderer Unternehmen abgeben können, richtigerweise für relevant hält – die Streichung ändert aber an der Fortgeltung dieses Prinzips nichts). § 18 enthält die Definition

der Marktbeherrschung und die Marktbeherrschungsvermutungen, § 19 das Missbrauchsverbot für marktbeherrschende Unternehmen und § 20 das Verbot bestimmter einseitiger Verhaltensweisen für nicht marktbeherrschende Unternehmen. § 21 ist in seiner Grundstruktur beibehalten, in § 21 Abs. 2 aber neu gefasst worden.

Die 9. GWB-Novelle 2017 versucht, durch Einfügung der § 18 Abs. 2a und 3a die **Herausforderungen aus der Digitalwirtschaft** aufzugreifen. § 18 Abs. 2a regelt, dass ein Markt auch dann bestehen kann, wenn Leistungen **unentgeltlich** erbracht werden. § 18 Abs. 3a stellt Kriterien zur Bewertung der **Marktstellung bei mehrseitigen Märkten und Netzwerken** auf. 3

Die 10. GWB-Novelle 2021 etabliert in § 18 Abs. 3b das Konzept der **Intermediationsmacht,** um Marktmissbrauch im Bereich von Plattformen besser regulieren zu können. § 19 Abs. 2 Nr. 4 wird auf den Umfang der zu Art. 102 AEUV entwickelten essential-facility-Fallgruppen erweitert. Um den Herausforderungen neuer digitaler Angebote begegnen zu können, wurde in § 19a die Möglichkeit der Regulierung des Verhaltens von Unternehmen geschaffen, denen eine überragende marktübergreifende Bedeutung für den Wettbewerb zukommt. Der besondere Schutz abhängiger Unternehmen in § 20 Abs. 1 ist nicht mehr nur auf kleine und mittlere Unternehmen beschränkt. § 20 Abs. 1a regelt einen besonderen Anspruch auf Datenzugang. Und schließlich wird in § 20 Abs. 3a eine neue Eingriffsmöglichkeit geschaffen, um das „Umkippen" von Märkten („Tipping") verhindern zu können. 4

2. Verhältnis zum EU-Recht

Das **Missbrauchsverbot für marktbeherrschende Unternehmen** nach § 19 steht neben dem des Art. 102 AEUV. Beide Missbrauchsverbote sind grds. unabhängig voneinander. Die deutschen Kartellbehörden können auf der Grundlage des § 19 gegen missbräuchliches Verhalten eines marktbeherrschenden Unternehmens unabhängig davon vorgehen, ob Art. 102 AEUV anwendbar ist und die EG-Kommission ihn anwendet; Entsprechendes gilt für die Anwendung des § 19 durch die Gerichte. Allerdings haben die deutschen Kartellbehörden und Gerichte dann, wenn Art. 102 AEUV anwendbar ist, diesen neben dem deutschen Recht anzuwenden (Art. 3 Abs. 1 S. 2 Kartellverfahrens-VO). Ein **Vorrang des Unionsrechts** mit Ausschlusswirkung gegenüber dem nationalen Recht existiert insoweit aber **nicht.** Nach Art. 3 Abs. 2 S. 2 Kartellverfahrens-VO können im potenziellen Anwendungsbereich des Art. 102 AEUV ausdrücklich auch „strengere innerstaatliche Vorschriften" erlassen werden. 5

Einseitiges Verhalten wird im EU-Recht nur über Art. 102 AEUV geahndet. Es gibt insbes. keine eigenständigen, von Marktbeherrschung unabhängigen Verbote von Boykott und bestimmten anderen einseitigen Verhaltensweisen. Allerdings können bestimmte Maßnahmen, die im deutschen Recht von diesen Verboten erfasst werden, **Teil eines abgestimmten Verhaltens** sein oder – über eine sehr weite Auslegung des Vereinbarungsbegriffs (dazu EuGH Slg. 1983, 3151 (3195 f.) – AEG/Kommission; Slg. 1985, 2725 (2743) – Ford/Kommission; einschränkend aber EuG Slg. 2000, II-3383 (3438) – Bayer/Kommission) – Teil der Praktizierung einer umfassenderen Vereinbarung. 6

Kollisionspotential besteht im Anwendungsbereich des **DMA** → Einl. Rn. 41n, → § 19a Rn. 36.

§ 18 Marktbeherrschung

(1) **Ein Unternehmen ist marktbeherrschend, soweit es als Anbieter oder Nachfrager einer bestimmten Art von Waren oder gewerblichen Leistungen auf dem sachlich und räumlich relevanten Markt**

1. ohne Wettbewerber ist,
2. keinem wesentlichen Wettbewerb ausgesetzt ist oder
3. eine im Verhältnis zu seinen Wettbewerbern überragende Marktstellung hat.

(2) Der räumlich relevante Markt kann weiter sein als der Geltungsbereich dieses Gesetzes.

(2a) Der Annahme eines Marktes steht nicht entgegen, dass eine Leistung unentgeltlich erbracht wird.

(3) Bei der Bewertung der Marktstellung eines Unternehmens im Verhältnis zu seinen Wettbewerbern ist insbesondere Folgendes zu berücksichtigen:
1. sein Marktanteil,
2. seine Finanzkraft,
3. sein Zugang zu wettbewerbsrelevanten Daten,
4. sein Zugang zu den Beschaffungs- oder Absatzmärkten,
5. Verflechtungen mit anderen Unternehmen,
6. rechtliche oder tatsächliche Schranken für den Marktzutritt anderer Unternehmen,
7. der tatsächliche oder potenzielle Wettbewerb durch Unternehmen, die innerhalb oder außerhalb des Geltungsbereichs dieses Gesetzes ansässig sind,
8. die Fähigkeit, sein Angebot oder seine Nachfrage auf andere Waren oder gewerbliche Leistungen umzustellen, sowie
9. die Möglichkeit der Marktgegenseite, auf andere Unternehmen auszuweichen.

(3a) Insbesondere bei mehrseitigen Märkten und Netzwerken sind bei der Bewertung der Marktstellung eines Unternehmens auch zu berücksichtigen:
1. direkte und indirekte Netzwerkeffekte,
2. die parallele Nutzung mehrerer Dienste und der Wechselaufwand für die Nutzer,
3. seine Größenvorteile im Zusammenhang mit Netzwerkeffekten,
4. sein Zugang zu wettbewerbsrelevanten Daten,
5. innovationsgetriebener Wettbewerbsdruck.

(3b) Bei der Bewertung der Marktstellung eines Unternehmens, das als Vermittler auf mehrseitigen Märkten tätig ist, ist insbesondere auch die Bedeutung der von ihm erbrachten Vermittlungsdienstleistungen für den Zugang zu Beschaffungs- und Absatzmärkten zu berücksichtigen.

(4) Es wird vermutet, dass ein Unternehmen marktbeherrschend ist, wenn es einen Marktanteil von mindestens 40 Prozent hat.

(5) Zwei oder mehr Unternehmen sind marktbeherrschend, soweit
1. zwischen ihnen für eine bestimmte Art von Waren oder gewerblichen Leistungen ein wesentlicher Wettbewerb nicht besteht und
2. sie in ihrer Gesamtheit die Voraussetzungen des Absatzes 1 erfüllen.

(6) Eine Gesamtheit von Unternehmen gilt als marktbeherrschend, wenn sie
1. aus drei oder weniger Unternehmen besteht, die zusammen einen Marktanteil von 50 Prozent erreichen, oder
2. aus fünf oder weniger Unternehmen besteht, die zusammen einen Marktanteil von zwei Dritteln erreichen.

(7) Die Vermutung des Absatzes 6 kann widerlegt werden, wenn die Unternehmen nachweisen, dass

1. die Wettbewerbsbedingungen zwischen ihnen wesentlichen Wettbewerb erwarten lassen oder
2. die Gesamtheit der Unternehmen im Verhältnis zu den übrigen Wettbewerbern keine überragende Marktstellung hat.

(8) **Das Bundesministerium für Wirtschaft und Energie berichtet den gesetzgebenden Körperschaften nach Ablauf von drei Jahren nach Inkrafttreten der Regelungen in den Absätzen 2a und 3a über die Erfahrungen mit den Vorschriften.**

Übersicht

1. Überblick

1 § 18 war seit der 7. GWB-Novelle 2005 ebenso wie die §§ 4–17 unbesetzt. Die **8. GWB-Novelle 2012/2013** hat die bisher in § 19 und teilweise § 20 Abs. 1 enthaltenen Regelungen der Marktbeherrschung und deren Missbrauch aufgeteilt in § 18, der nur die Marktbeherrschung einschließlich der Marktbeherrschungsvermutungen regelt, und § 19, der dem Missbrauch gewidmet ist. Sachlich weicht § 18 nur geringfügig von § 19 Abs. 2 und 3 in der bis zur. 8. GWB-Novelle 2012/2013 geltenden Fassung ab. Wichtig ist die Erhöhung des Marktanteils für die Monopol-Marktbeherrschungsvermutung in § 18 Abs. 4 (gegenüber § 19 Abs. 3 S. 1 aF) von bisher 33 1/3 % auf 40 %. Die 9. GWB-Novelle 2017 versucht, durch Einfügung der Abs. 2a und 3a die **Herausforderungen aus der Digitalwirtschaft** aufzugreifen. Abs. 2a regelt, dass ein Markt auch dann bestehen kann, wenn Leistungen **unentgeltlich** erbracht werden. Abs. 3a stellt Kriterien zur Bewertung der **Marktstellung bei mehrseitigen Märkten und Netzwerken** auf. Die 10. GWB-Novelle 2021 fügte in Abs. 2 als Nr. 3 den „Zugang zu Daten" als weiteres Kriterium für die Bewertung der Marktstellung ein; außerdem wird mit Abs. 3b das Kriterium der Bedeutung der erbrachten Vermittlungsleistungen **(Intermediationsmacht)** aufgenommen.

2 Marktbeherrschung ist ein **Zentralbegriff** des Kartellrechts. Marktbeherrschende Unternehmen unterliegen einem strengen Missbrauchsverbot (§ 19 Abs. 1 und 2). Die Entstehung oder Verstärkung einer marktbeherrschenden Stellung durch Zusammenschluss löst Maßnahmen der Fusionskontrolle aus (§ 36 Abs. 1). § 18 Abs. 1 und 5 enthalten die **für das gesamte GWB** geltenden Definitionen der Marktbeherrschung (vgl. auch Wiedemann KartellR-HdB/Wiedemann § 23 Rn. 9), unterteilt nach Monopol- (Abs. 1) und Oligopol-Marktbeherrschung (Abs. 5). In der Praxis können die Anforderungen an das Ausmaß der Beherrschung je nach dem rechtlichen Anlass differenzieren (dazu Zäch FS Immenga, 2004, 463).

3 Marktbeherrschend kann nur ein **Unternehmen** sein. Es gilt grds. der kartellrechtliche Unternehmensbegriff. Die teilweise vom traditionellen deutschen Verständnis abweichende Rspr. des EuGH zum Unternehmensbegriff nach Art. 101 AEUV (→ § 1 Rn. 7 ff.) ist unmittelbar nur für § 1 verbindlich, nicht aber unbedingt für §§ 19 ff. Deswegen ist es möglich, die **Nachfragetätigkeit der öffentli-**

chen Hand auch dann als unternehmerisch zu qualifizieren, wenn das für § 1 und Art. 101 AEUV nicht möglich ist (→ § 1 Rn. 13 f.). Wenn die öffentliche Hand Leistungen in öffentlich-rechtlicher Rechtsform erbringt, ist sie nicht unternehmerisch tätig (dazu OLG Frankfurt a. M. WuW/E DE-R 3525 – Rekommunalisierung). Soweit bei **gesetzlichen Krankenkassen** hiernach die Unternehmenseigenschaft zweifelhaft sein sollte, spielt das für deren Verhältnis zu den Leistungserbringern praktisch keine Rolle, weil § 69 Abs. 2 SGB V (Anhang B 2) insoweit jedenfalls die „entsprechende" Anwendung u.a. der §§ 19–21 (und damit auch des § 18 als „Vorstufe" zu § 19) vorsieht. Die Versorgungsanstalt des Bundes und der Länder ist kein Unternehmen (OLG Karlsruhe WuW/E DE-R 3478 (3494) und LG Mannheim WuW/E DE-R 2988 (2996 f.) – VBL). Der Unternehmensbegriff ist erfüllt, soweit eine (natürliche oder juristische) Person oder eine Personenvereinigung durch Betätigung in der Erzeugung oder im Geschäftsverkehr **aktiv am Wirtschaftsleben** teilnehmen, und zwar außerhalb der Deckung persönlicher Bedürfnisse (privater Haushalt; → § 1 Rn. 7). Gewinnerzielungsabsicht ist nicht erforderlich (BGH WuW/E 1142 – Volksbühne II). Der Unternehmensbegriff wird auch im Recht der Marktbeherrschung **funktional** verstanden. Es kommt also grds. nicht darauf an, ob eine Institution als solche Unternehmen ist, sondern auf die Tätigkeit (BGH WuW/E 1246 – Feuerwehrschutzanzüge; 1474 (1477) – Architektenkammer). § 18 ist nicht anwendbar, wenn die öffentliche Hand öffentlich-rechtlich handelt (vgl. BGH WuW/E DE-R 2144 – Rettungsleitstelle).

Für die Beurteilung, ob ein Unternehmen marktbeherrschend ist und missbräuch- 4
lich handelt, sind alle seine Konzernverflechtungen zu berücksichtigen; der **Konzern** ist eine wirtschaftliche Einheit und damit materiell – nicht aber verfahrensrechtlich – **kartellrechtlich „ein" Unternehmen;** § 36 Abs. 2 gilt auch außerhalb der Fusionskontrolle (→ § 36 Rn. 64). Unabhängig von der Konzernverbindung kommt eine Zusammenfassung mehrerer Unternehmen unter dem Gesichtspunkt der **wettbewerblichen Einheit** in Betracht, wenn die Gruppe als Einheit auftritt, so die Unternehmen der Edeka-Gruppe einschließlich der selbstständigen Edeka-Händler (dazu BKartA B2–333/07 Rn. 20– Edeka/Tengelmann).

Die Definition der Marktbeherrschung in § 18 Abs. 1 und 5 erfasst **Anbieter** 5
und Nachfrager gleichermaßen. Üblicherweise erfolgt die Feststellung, ob Marktbeherrschung vorliegt, in zwei Stufen: Zunächst wird der **„relevante Markt"** festgestellt, dann auf seiner Basis die **Wettbewerbssituation** (Fehlen von Wettbewerb oder wesentlichem Wettbewerb oder überragende Marktstellung (Abs. 1) oder Marktbeherrschung im Oligopol (Abs. 5)). Für den relevanten Markt wird unterschieden zwischen sachlich, räumlich und zeitlich relevantem Markt. Die Feststellung einer Marktbeherrschung setzt voraus, dass das betroffene Unternehmen die Ware oder Leistung, die einem Markt zugeordnet wird, auch tatsächlich anbietet (oder nachfragt; dazu OLG Düsseldorf WuW/E DE-R 1236 – RWE Net). Die bloße Möglichkeit eines solchen Angebots (oder einer solchen Nachfrage) reicht nicht aus, zumal dadurch nicht die Quantität einer Marktbeherrschung erreicht werden kann. Gleiches gilt für den Markt als solchen. Die Möglichkeit, dass er entstehen könnte (**potenzieller** Markt; dazu auch OLG Düsseldorf WuW/E DE-R 2184 – Reisestellenkarte), ist im Regelfall keine Basis für einen konkret beherrschten Markt (→ Rn. 23).

2. Marktbeherrschung: sachlich relevanter Markt (Abs. 1 und 2a)

a) Sicht der Marktgegenseite. Das Tatbestandsmerkmal **„bestimmte Art von** 6
Waren oder gewerblichen Leistungen" in Abs. 1 meint den sachlich relevanten Markt. Die Definition des relevanten Markts ist ein juristischer Bewertungsvorgang. Sinn und Zweck jeder Marktabgrenzung ist die Erfassung von Wettbewerbsverhältnissen (BKartA WuW/E DE-V 177 (180) – Henkel KGaA/Luhns GmbH); sie

dient als „Filter“ für die Prüfung und Beanstandung von Wettbewerbsverhalten (Immenga/Mestmäcker/Fuchs Rn. 30). Die Marktabgrenzung hat stets aus der **Sicht der Marktgegenseite** zu erfolgen (vgl. BGH WuW/E DE-R 357 (358) – Feuerwehrgeräte). Dabei ist zwischen **Anbieter- und Nachfragemärkten** zu unterscheiden. Bei Angebotsmärkten kommt es auf die Sicht des Abnehmers, bei Nachfragemärkten auf die Sicht des Anbieters an. Wenn der Abnehmer die Entscheidung über die Abnahme nicht selbst trifft, ist die Sicht desjenigen maßgeblich, der die Entscheidung tatsächlich fällt (**„Verbrauchsdisponent“**, KG WuW/E 1599 (1602 f.) – Vitamin B 12; BGH WuW/E 1435 (1440) – Vitamin B 12). Das ist zB bei Arzneimitteln, die typischerweise nicht vom Verbraucher ausgewählt werden, idR der Arzt (vgl. zur Marktabgrenzung für Infusions- und Dialyselösungen KG WuW/E 5549 (5556) – Fresenius/Schiwa). Auch im Falle der Verordnung eines Krankentransportes trifft die Auswahl des Taxiunternehmens regelmäßig der Arzt, auch wenn Vertragspartei der Patient oder dessen Krankenkasse wird (BGH WuW/E DE-R 303 (305) – Taxikrankentransporte).

7 Die Sicht der Marktgegenseite und damit der sachlich relevante Markt kann nach dem **rechtlichen und tatsächlichen Anlass** der Marktdefinition **differieren.** Sie sind davon abhängig, ob Gegenstand des Verfahrens ein bestimmtes Unternehmensverhalten (Missbrauch, Diskriminierung, Behinderung), oder aber die Stellung eines Unternehmens auf dem Markt ist (Fusionskontrolle). Daraus können sich verschiedene Marktabgrenzungen in diesen Rechtskreisen ergeben. Jede unternehmerische Tätigkeit ist dann, wenn sie **entgeltlich** erfolgt, einem Markt zuzuordnen. Soweit eine Leistung nach der einen Seite entgeltlich, nach der anderen Seite **unentgeltlich** erbracht wird (Beispiel Anzeigenblätter, Kundenzeitschriften oder Werbefernsehen), kann die unentgeltliche Seite dennoch das Marktgeschehen für entsprechende, entgeltlich vertriebene Leistungen oder Produkte beeinflussen. Der mit der 9. GWB-Novelle eingefügte Abs. 2a stellt deshalb klar, dass die Unentgeltlichkeit der Annahme eines Marktes nicht entgegensteht. Eine neue Tätigkeit, die einer aktuellen oder potenziellen Nachfrage entspricht, führt ggf. zu einem neuen Markt (dazu auch BGH WuW/E DE-R 357 (358) – Feuerwehrgeräte). Unter Umständen kann ein solcher **neu entstehender Markt** noch schwer zu definieren sein. Das ist deutlich geworden bei Tätigkeiten iVm dem **Internet** (→ Rn. 24), etwa **sozialen Netzwerken** wie Facebook (BKartA 6.2.2019 – B6–22/16); in der Phase der Marktgründung und -findung sind alle erkennbaren Entwicklungstendenzen zu beachten (vgl. BKartA WuW/E DE-V 321 (323) – Covisint; vgl. zu Internet-Plattformen auch BkartA WuW/E DE-V 449 – DaimlerChrysler/T-Online). Zu beobachten ist auch der Ansatz, dass die **Marktabgrenzung auch aufgrund des Marktverhaltens eines Unternehmens** vorgenommen wird, etwa dann, wenn sich aus dessen Marktverhalten ergibt, dass es ohne wesentliche Rücksichtnahme auf die Wettbewerber handeln kann (etwa durch Prüfung des Preissetzungsspielraums: Schließlich wird es für die Prüfung der Marktbeherrschung auf eine Gesamtbewertung der Markt- und Machstellung herauslaufen, s. Immenga/Mestmäcker/Fuchs Rn. 26).

8 **b) Bedarfsmarktkonzept, funktionelle Austauschbarkeit.** Aus der Sicht der Marktgegenseite muss entschieden werden, ob bestimmte Waren oder gewerbliche Leistungen unter sich austauschbar sind. Für **Angebotsmärkte** bekennt sich die hM zum Bedarfsmarktkonzept bzw. zum Konzept der funktionellen Austauschbarkeit aus der Sicht der Abnehmer. Danach sind „sämtliche Erzeugnisse, die sich nach ihren Eigenschaften, ihrem wirtschaftlichen Verwendungszweck und ihrer Preislage so nahe stehen, dass der verständige Verbraucher sie als für die Deckung eines bestimmten Bedarfs geeignet in berechtigter Weise abwägend miteinander vergleicht und als gegeneinander austauschbar ansieht, marktgleichwertig“ (so insbes. Die vom KG verwendete Formel, schon KG WuW/E 1995 f. – Handpreisauszeichner; KG

WuW/E DE-R 628 – Stellenmarkt für Deutschland II; ähnlich BGH WuW/E 3058 (3062) – Pay-TV-Durchleitung oder BGH WuW/E 2150 (2153) – Rheinmetall/WMF; OLG München WuW/E DE-R 251 (252) – Fahrzeugdaten; OLG Düsseldorf WuW/E DE-R 2806 (2810) – Trassennutzungsänderung). Entscheidend ist der **überwiegende Teil der Marktgegenseite.** Abweichende Präferenzen von Nachfragergruppen, denen gemessen am gesamten Marktvolumen eine untergeordnete Bedeutung zukommt, sind für die Annahme eines einheitlichen Marktes unschädlich (KG WuW/E 1645 (1648) – Valium/Librium). Unklar ist, ob die Austauschbarkeit mehr empirische Feststellung oder mehr rechtliche Bewertung ist.

Das Bedarfsmarktkonzept bedarf allerdings – im Einzelnen unklarer – **Korrekturen,** um zu realitätsnahen Ergebnissen zu gelangen (vgl. BGH WuW/E DE-R 2538 = NJW 2009, 1212 – Stadtwerke Uelzen; BGH WuW/E DE-R 1925 = AG 2007, 490 Rn. 19 – National Geographic II). Jedenfalls haben in mehreren Stufen **Abstraktionsvorgänge** zu erfolgen, und zwar bei der Feststellung der maßgeblichen Marktgegenseite ebenso wie bei der Austauschbarkeit (vgl. dazu Kleinmann/Bechtold § 22 Rn. 14 f.; BGH WuW/E 2433 mAnm Bechtold DB 1987, 2558 f.; Bechtold FS v. Gamm, 1990, 537 (539)). Typisch dafür ist zB auch die Abgrenzung der **Buchmärkte,** die jedenfalls für die Fusionskontrolle nicht nach konkreter Austauschbarkeit, sondern nach bestimmten **Bedarfs-Kategorien** abgegrenzt werden (vgl. dazu KG WuW/E 2825 – Taschenbücher; BkartA WuW/E DE-V 918 (920) – Random House/Heyne; zu juristischen Büchern BkartA WuW/E DE-V 191 – Beck/Nomos). Neben der Austauschbarkeit aus der Sicht des Nachfragers spielt auch die **Produktionsflexibilität** des Anbieters eine Rolle (vgl. BGH WuW/E DE-R 1925 = AG 2007, 490 Rn. 20 – National Geographic II; vgl. dazu schon EuGH WuW/E 296 (301) – Continental Can; BGH WuW/E 1501 (1502 f.) – Kfz-Kupplungen: Wer Kupplungsscheiben für Pkw herstellt, kann dies auch für Nutzfahrzeuge tun); allgemein handelt es sich dabei um die **„Angebotsumstellungsflexibilität“** (→ Rn. 52 f.; ausf. Dreher/Thomas ZweR 2014, 366). 9

c) Waren, gewerbliche Leistungen. Die Begriffe „Waren“ und „gewerbliche Leistungen“ sind weit zu interpretieren; jeder Gegenstand des Geschäftsverkehrs wird von einem dieser Begriffe erfasst. Auch ein Unternehmen kann eine Ware sein (KG WuW/E 1377 (1380)). Die Abgrenzung zwischen „Ware“ und „Leistung“ kann im Einzelfall schwierig sein (vgl. zB für die bebauungsfähigen Großgrundstücke und Vermessungsleistungen BGH WuW/E 2483 (2487) – Sonderungsverfahren); im Allgemeinen ist die Zuordnung aber bedeutungslos. Bei Leistungen ist eine Tendenz zu einer – bezogen auf konkrete Nachfragen – weiteren Marktabgrenzung auszumachen, die sich häufig auf eine hier besonders relevante Angebotsumstellungsflexibilität (→ Rn. 9) zurückführen lässt (vgl. zu **Krankenhausmärkten** einerseits BkartA WuW/E DE-V 1297 (1299) – AKK/UKE und andererseits BGH WuW/E DE-R 2327 (2333 ff.); OLG Düsseldorf WuW/E DE-R 1958 Rn. 105 – Rhön-Klinikum/Landkreis Rhön-Grabfeld). Die **Vermarktung von Fußballspielen** der 1. Und 2. Bundesliga bildet einen besonderen Dienstleistungsmarkt (vgl. BGH WuW/E DE-R 1597 (1599 f.) – Hörfunkrechte; 17 – Europapokalheimspiele; WuW/E 2406 – Inter-Mailand-Spiele). **Flugverkehre** und Verkehre auf Land gehören grds. Zu unterschiedlichen Märkten; uU bilden auch einzelne Flugstrecken besondere Märkte (so KG WuW/E DE-R 124 (126) – für die Flugstrecke Frankfurt–Berlin; BkartA WuW/E DE-V 1867 (1868 f.) – TUIfly/Air Berlin). Auch **Grundstücke** können im Hinblick auf bestimmte, vom Eigentümer mitgestaltete Nutzungsbedürfnisse einem Markt zuzuordnen sein, auf dem Eigentümer ggf. marktbeherrschend sind (dazu BGH RdE 2009, 378 (379 f.) – Neue Trift; OLG Schleswig WuW/E DE-R 3746 (3761) – Gemeindliche Konzessionsvergabe; vgl. auch OLG München NZKart 2013, 251 – Brunnenhof; OLG Koblenz NZKart 2013, 164 = WuW/E DE-R 3727 – Nürburgring). Im Hinblick auf ganz spezielle Bedürfnisse können Leistungsmärkte wie zB 10

„Reisestellenkarten mit Vorsteuerabzugsmöglichkeit" (dazu BGH WuW/E DE-R 2708 Reisestellenkarte) oder ein Markt der Vorhaltung von Geldautomaten relevant sein (vgl. OLG München WuW/E DE-R 2978 (2980) – VISA-Bargeldabhebung).

11 Zweifelhaft ist, ob eine Leistung auch in einer besonderen **Vertriebsform** gesehen werden kann; die Rspr. Scheint das abzulehnen (vgl. BGH WuW/E 2231 (2235) – Metro/Kaufhof; KG WuW/E 3917 (3919) – Coop/Wandmaker; auf die Vertriebsmöglichkeiten – für Reisen – stellt dagegen ab BkartA WuW/E DE-V 113 (114) – LTU/First). Ein umfassendes **Warensortiment** kann sowohl eine „bestimmte Art von Waren" als auch eine besondere „Leistung" sein (dazu KG WuW/E 3591 (3595) – Coop/Schleswig-Holstein/Deutscher Supermarkt, → Rn. 11; vgl. auch für Bereiche außerhalb des Lebensmittelhandels KG WuW/E 5549 (5557) – Fresenius/Schiwa). Bei Hersteller- und Handelsmarken geht das BkartA unterschiedlich vor: Generell gehören sie bei tatsächlicher Austauschbarkeit ein und demselben Markt an; bei Zusammenschlüssen zwischen Handelsunternehmen werden unterschiedliche Märkte gebildet (dazu Möschel WuW 2013, 568 (570) mwN). Für **Messen** ist zu unterscheiden der Markt, auf dem Messegesellschaften Räume und Dienstleistungen für die Durchführung von Messen anbieten, und der Markt, der durch die Vermarktung einer einzelnen Fachmesse angeboten wird (zu Letzterem u.a. BGH 252, 65 – Sportartikelmesse; OLG Düsseldorf WuW/E DE-R 2379 (2380 f.) – Dentalmesse; 2897 (2898 f.) – Infodental Düsseldorf). **Hauptware** und **Ersatzteile dafür** gehören unterschiedlichen Märkten an. Im Allgemeinen wird aber nicht nach den unterschiedlichen Ersatzteilen, die untereinander auch nicht austauschbar sind, getrennt; vielmehr werden Märkte der Ersatzteile für bestimmte Produkte (Hauptwaren) gebildet (dazu BGH WuW/E 1238 (1242) – Registrierkassen; WuW/E 2589 – Frankiermaschinen; WuW/E DE-R 357 – Feuerwehrgeräte). Der BGH grenzt demgegenüber im Widerspruch zur Praxis der Europäischen Kommission den Markt, der für die **Zulassung als Vertragswerkstatt** eines Nutzfahrzeugherstellers relevant ist, **nicht markenbezogen ab;** es wird ein umfassender Markt der „Produkte, Dienstleistungen und Rechte" gebildet, „die den Zutritt auf den nachgelagerten Endkundenmarkt zur Erbringung von Instandsetzungs- und Wartungsdienstleistungen" für Nutzfahrzeuge (oder Pkw) erleichtern (BGH WuW/E DE-R 3303 (3305 f.) – Vertragswerkstätten; kritisch dazu Bechtold BB 2011, 1610; Wagner/Oberhammer WuW 2012, 366; Klumpp ZweR 2012, 488). Für PKW hat der BGH dies offengelassen: BGH NZKart 2016, 285 (286 f.) – Jaguar-Vertragswerkstätten.

12 In Verwaltungspraxis und Rspr. Ist anerkannt, dass es neben Produkt- **besondere Handelsmärkte** gibt. Diese sind durch **Sortimente** gekennzeichnet (vgl. auch Immenga/Mestmäcker/Fuchs Rn. 45). Mit dem Gesetzeswortlaut des § 19 Abs. 2 wird diese Marktabgrenzung dadurch in Einklang gebracht, dass die von Einzelhändlern angebotenen „Warengruppen" als eine „bestimmte Art von Waren" angesehen werden (dazu u.a. BGH WuW/E 2771 (2772 f.) – Kaufhof/Saturn). Für den **Lebensmittelhandel** geht das BkartA in ständiger Verwaltungspraxis von einem „Markt des Sortimentseinzelhandels mit Nahrungs- und Genussmitteln" („Food") einschließlich der in diesem Bereich typischen Sortimentsteile an Wasch-, Putz-, Reinigungs- und Körperpflegemitteln („Non Food I") aus; die nur gelegentlich mit vertriebenen Produkte des Randsortiments („Non Food II") gehören nicht dazu (BkartA WuW/E DE-V 1607 (1612) – EDEKA/Tengelmann). Der Facheinzelhandel (Drogerien, Delikatessgeschäfte, Käsegeschäfte usw) und das Lebensmittelhandwerk (Bäckereien, Metzgereien) sind diesem Markt nicht zugeordnet (vgl. u.a. BkartA WuW/E DE-V 1481 (1482) – Netto Marken-Discount; aus der umfangreichen Praxis zB WuW/E BkartA 2022 (2024); 2161 (2162); 2441; dazu auch Schröder/Mennenöh WuW 2013, 575), wohl aber die Getränkeabholmärkte (kritisch dazu Schröder/Mennenöh WuW 2013, 575). Ob das berechtigt ist, erscheint zweifelhaft. So werden in den „Einzelhandelsmarkt für Produkte des **Bau- und Heim-**

werkerbedarfs in ihrer sortimentstypischen Zusammensetzung" auch die Anbieter von Teilsortimenten, insbes. Der entsprechende Fachhandel, einbezogen (OLG Düsseldorf WuW/E DE-R 2798 (2799) – Bau- und Heimwerkermarkt). Bei prinzipieller Sortimentsgleichheit wird nicht zusätzlich unterschieden nach „institutionellen Verschiedenheiten", zB nach **Bedienungs-** und **Selbstbedienungs**großhändlern (dazu BGH WuW/E 2231 (2234 f.) – Metro/Kaufhof; vgl. dazu auch Schröder WuW 2012, 819) oder Super- und Discount-Märkten (BkartA WuW/E DE-V 1607 (1608, 1612) – EDEKA/Tengelmann). Für den **Buchhandel** gibt es Tendenzen zur Eingrenzung auf den stationären (Voll-)Sortimentsbuchhandel ohne Einbeziehung besonderer stationärer und Versand-(Internet-)Vertriebsformen (dazu BKartA 16.1.2007 – B6 – 510/06 – DBH/Weiland und Podszun GRUR 2007, 485; offener BKartA WuW/E DE-V 1635 (1637) – Karlsruher Buchmarkt; zum Buchgroßhandel (Barsortiment) und Verlagsauslieferung BKartA BeckRS 2016, 14236 – Libri/Könemann).

d) Verwendungszweck, Preis. Für die Austauschbarkeit bei Angebotsmärkten kommt dem Verwendungszweck die größte Bedeutung zu. Decken sich die Verwendungszwecke, spielen **Unterschiede in der Beschaffenheit** grds. keine Rolle. So können zB mehrere Medikamente trotz völliger chemischer Verschiedenheit demselben sachlich relevanten Markt angehören, wenn sie therapeutisch gleich angewendet werden (KG WuW/E 1599 (1602) – Vitamin B 12; für Lebensmittel KG WuW/E 3759 (3760) – Pillsbury/Sonnen-Bassermann). Beschaffenheitsunterschiede schließen eine Austauschbarkeit nur aus, wenn die Waren nicht mehr geeignet sind, beim Verbraucher „gleichgelagerte Bedürfnisse im Wege einer einheitlichen Bedarfsdeckung zu befriedigen" (KG WuW/E 2120 (2122) – Mannesmann/Brueningshaus); dementsprechend sind Diesel- und Ottokraftstoffe unterschiedlichen Märkten zuzuordnen (OLG Düsseldorf WuW/E DE-R 3000 (3002 f.) – Tankstellenbetriebe Thüringen, bestätigt durch BGH WuW/E DE-R 3591 (3595 f.) – Total/OMV). **Unterschiede im Herstellungsverfahren,** wenn sie nicht zu unterschiedlichen Produkten führen, sind ohne Bedeutung: Strom, der aus Steinkohle hergestellt wird, gehört zum selben Markt wie Strom aus Öl, Erdgas, Atomenergie (KG WuW/E 2113 (2116) – Steinkohlenstromerzeuger). Umgekehrt schließt gleiche oder ähnliche Beschaffenheit bei unterschiedlichen Nachfragestrukturen die Zuordnung zu verschiedenen Märkten nicht aus (vgl. KG WuW/E 4865 (4875) – Hotelgeschirr). 13

Der **Preis** ist grds. kein selbstständiges Kriterium der Austauschbarkeit (vgl. aber BGH WuW/E DE-R 2905 Rn. 50 – Phonak/GN Resound; Wiedemann KartellR-HdB/Wagemann § 16 Rn. 34). Preisunterschiede sind im Rahmen der materiellen wettbewerblichen Qualifizierung zu prüfen. Sie können aber auf objektiven Qualitätsunterschieden beruhen oder jedenfalls beim Abnehmer einen entsprechenden Eindruck erwecken und dementsprechend verschiedene Verwendungszwecke begründen. Das hat besondere Bedeutung bei **Luxus- und Exklusivartikeln** (vgl. dazu KG WuW/E 3577 (3584) – Hussel/Mara; vgl. auch KG WuW/E 5879 – WMF/Auerhahn und WuW/E 3137 (3142) – Edelstahlbestecke; BGH WuW/E 2150 (2154) – Edelstahlbestecke; BKartA WuW/E DE-V 385 (386) – Richemont/LHH). Erforderlich für die Zusammenfassung zu einem Markt ist eine Reaktionsverbundenheit zwischen den Waren oder gewerblichen Leistungen, insbes. im Sinne der **Kreuzpreiselastizität** (dazu KG WuW/E 2120 (2123) – Mannesmann/Brueninghaus; Immenga/Mestmäcker/Fuchs Rn. 51). Der von der Kommission dabei angewandte **SSNIP-Test** („small but significant non-transitory increase in price – Test"; s. Bekanntmachung über den relevanten Markt, ABl. 1997 C 372, 1 Rn. 17; Klein WuW 2010, 169; ausf. Immenga/Mestmäcker/Thomas § 36 Rn. 89 ff.) findet auch Eingang in die deutsche Behördenpraxis. Danach wird betrachtet, was bei einer dauerhaften kleinen, aber unwesentlichen Preiserhöhung bezüglich eines Produkts geschieht. Weicht die Nachfrage bei solchen Preiserhöhungen auf leicht verfügbare 14

Substitutionsprodukte aus, sodass aufgrund des dadurch eintretenden Absatzrückgangs beim Produkt die Preiserhöhung nicht mehr einträglich wäre, werden die Substitutionsprodukte in dem Maß in den relevanten Markt einbezogen, bis kleine dauerhafte Preiserhöhungen noch Gewinne einbrächten.

15 **e) Größen- und Aufmachungsunterschiede.** Sie können, müssen aber nicht, die Marktzuordnung beeinflussen. Bei Maschinen kommt es eher auf die generelle Identität des Einsatzes, nicht auch die Identität der Leistungsbereiche an (insoweit ist die Praxis ganz unsicher, vgl. Kleinmann/Bechtold § 22 Rn. 22). Bei Verbrauchsgütern kann ein einheitlicher Markt auch dann vorliegen, wenn ein Gut zB in verschiedenen Packungsgrößen auf den Markt kommt (aA KG WuW/E 4167 – Kampffmeyer/Plange; BGH WuW/E 2575 (2576) – Kampffmeyer/Plange). Die **Buchmärkte** sind nicht nur inhaltlich nach Büchern, die einem „allgemeinen Unterhaltungs- und Informationsbedürfnis" entsprechen, einerseits und Fach- und wissenschaftlichen sowie Schulbüchern andererseits zu unterteilen, sondern auch nach „Erscheinungsformen", insbes. für **Taschenbücher** (dazu KG WuW/E 2825 (2832) – Taschenbücher und BKartA WuW/E DE-V 918 (920) – Random House/Heyne). Insoweit spielt immer wieder auch die **Produktionsflexibilität** eine Rolle (vgl. dazu auch BGH 20.4.2010 – KVR 1/09 Rn. 50 – Phonak/GNResound: an sich nicht austauschbare Schuhe der Größe 44 und 46 gehören ein und demselben Markt an). Sie verbietet es, bei technischen Gütern zu sehr nach verschiedenen Abmessungen, Stärken, Dicken usw zu unterscheiden (für enge Marktabgrenzung insoweit BKartA WuW/E 1571 (1578) – Kaiser/VAW; 2304 (2305 f.) – Wieland/Langenberg). Auch das „Produktformat" (zB Flüssig- oder Pulverwaschmittel, Konzentrat oder Standard) ist für die Marktabgrenzung nicht ohne Weiteres relevant (BKartA WuW/E DE-V 177 (178) – Henkel KGaA/Luhns GmbH).

16 **f) Zuordnung derselben Ware zu mehreren Märkten.** Ein und dieselbe Ware bzw. Leistung kann bei verschiedenen Anwendungsmöglichkeiten oder unterschiedlichen Abnehmergruppen zugleich mehreren Märkten angehören (vgl. KG WuW/E 1645 (1648) – Valium/Librium; bestätigt durch BGH WuW/E 1445 (1447) – Valium; für die Wiederverkaufsstufe im Gasmarkt OLG Düsseldorf ZNER 2001, 255 (257)). Erforderlich ist dann aber, dass einheitliche Marktstrategien nicht möglich sind, sondern dass der Anbieter hinsichtlich der verschiedenen Verwendungszwecke oder Abnehmergruppen **differenzierte Absatzstrategien** verfolgt (BGH WuW/E 1711 (1715) – Mannesmann/Brueninghaus; KG WuW/E 4167 – Kampffmeyer/Plange; zur Unterscheidung von **Lager- und Streckengeschäften** BKartA WuW/E DE-V 1017 (1018) – Schneider/Classen; zur Aufteilung des Marktes für Reisevermittlungen in die Teilmärkte Touristikgeschäft und Firmengeschäft BKartA WuW/E DE-V 113 (114) – HTU/First; zu alldem auch Kleinmann/Bechtold § 22 Rn. 45). Von besonderer Bedeutung ist dies für verschiedene Wirtschaftsstufen. Für ein und dasselbe Produkt können sich unterschiedliche Märkte daraus ergeben, dass die Anbieter **unterschiedlichen Stufen** angehören und deswegen jeweils unterschiedlichen Nachfragern gegenüber stehen (Hersteller-, Handelsstufen, OEM- und Handelsbedarf, vgl. dazu BGH WuW/E DE-R 1355 (1356 f.) – Staubsaugerbeutelmarkt; 2451 (2452 f.) – E.ON/Stadtwerke Eschwege; OLG Düsseldorf WuW/E DE-R 1112 (1113) – Melitta/Airflo).

17 **g) Energiebereich.** Es wird nach den einzelnen Energiearten und der Stufe unterschieden, auf denen das betreffende Unternehmen tätig ist (dazu Becker/Zapfe ZWeR 2007, 419 (427)). Ein **energieübergreifender Wärmemarkt** wird in der Praxis nicht anerkannt (vgl. insbes. BGH WuW/E DE-R 2739 – Entega; 2538 = NJW 2009, 1212 – Stadtwerke Uelzen; WuW/E DE-R 2295 (2296) – Erdgassondervertrag; 1006 (1009) – Fernwärme für Börnsen; OLG Düsseldorf WuW/E DE-R 2287 (2289) – Stadtwerke Düsseldorf; Becker/Zapfe ZWeR 2007,

419 (427 f.); vgl. aber auch OLG München WuW/E DE-R 1887 – Münchner Fernwärme – vom BGH WuW/E DE-R 2267 im Verfahren über die Zulassung der Revision hinsichtlich der Marktabgrenzung als unzutreffend bezeichnet). Strom und Gas gehören, auch bei teilweise sich überschneidenden Verwendungszwecken, unterschiedlichen Märkten an; Substitutionswettbewerb gibt es allenfalls auf Letztversorgungsstufe (BKartA WuW/E DE-V 91 (92); 395 (396 f.) – Schwäbisch Gmünd).

Das BKartA geht (insbes. BKartA B8 – 62/06 – RWE/Saar Ferngas, abrufbar auf der Website des BKartA, Rn. 26, in WuW/E DE-R 1357 nicht mit abgedruckt) mit Billigung der Rspr. (BGH WuW/E DE-R 2451 (2452 f.); OLG Düsseldorf WuW/E DE-R 2094 (2096 f.) – E.ON/Eschwege) im **Strom** davon aus, dass verschiedene Stufen zu unterscheiden sind, nämlich Verkauf von Strom an nicht leistungsgemessene Endkunden (Kleinkunden, SLP-Kunden, SLP = Standardlastprofil), Verkauf von Strom an leistungsgemessene Endkunden (Großkunden, RLM-Kunden, RLM = registrierte Leistungsmessung) und erstmaliger Absatz von Strom durch Stromversorgungsunternehmen mit eigener Erzeugungskapazität und durch Stromimporteure und Weiterverteiler. Der Bereich des Stromabsatzes an nicht leistungsgemessene Endkunden (SLP-Kunden) wird zusätzlich unterteilt in SLP-Kunden zu Allgemeinen Preisen (Grundversorgungsmarkt), Heizstromkunden (Heizstrommarkt) und SLP-Kunden außerhalb von Allgemeinen Preisen mit Haushaltsstrom (Sondervertragsmarkt). Die beiden zuerst genannten Märkte werden räumlich entsprechend dem Netzgebiet des Strom(haupt)lieferanten abgegrenzt, alle anderen Märkte (nach der neuesten Entscheidungspraxis auch der Markt der SLP-Sondervertragskunden) bundesweit. Das Gemeindegebiet, für das energiewirtschaftliche Konzessionsverträge vergeben werden, ist ein besonderer Markt, der von der jeweiligen Gemeinde beherrscht wird (vgl. dazu OLG Schleswig WuW/E DE-R 3746 (3761) – Gemeindliche Konzessionsvergabe; KG NZKart 2019, 383 (384)). 18

Bei **Gas** werden nach der ebenfalls gerichtlich bestätigten Verwaltungspraxis des BKartA folgende Märkte unterschieden: Belieferung von HuK-Kunden und Heizgaskunden (SLP-Kunden, Kleinkunden), Belieferung von industriellen und gewerblichen Sondervertragskunden (RLM-Kunden, Großkunden), erstmalige Belieferung von Weiterverteilern durch überregionale Ferngasunternehmen (Gasproduzenten und Gasimporteure) und Belieferung von Weiterverteilern (idR Stadtwerke) durch die auf der ersten Stufe von überregionalen Ferngasunternehmen belieferten Weiterverteiler (regionale Ferngasunternehmen; dazu BKartA 30.11.2009 – B8-107-09, S. 21, Rn. 53 – Integra/Thüga; vgl. auch Lademann/Lange WuW 2010, 387 ff.). Räumlich werden diese (Gas-)Märkte nach wie vor regional nach den „etablierten Vertriebsgebieten“, die den Netzgebieten der beteiligten Unternehmen entsprechen, abgegrenzt (vgl. BGH WuW/E DE-R 2538 = NJW 2009, 1212 (1213) – Stadtwerke Uelzen; WuW/E DE-R 3145 (3147 f.) – Entega II; OLG Düsseldorf WuW/E DE-R 1639 (1642) – Mainova/Aschaffenburger Versorgungs GmbH; BKartA WuW/E DE-V 823 (828) – E.ON/Stadtwerke Eschwege; 30.11.2009 – B8-107-09, S. 23, Rn. 59 – Integra/Thüga). Zur räumlichen Abgrenzung → Rn. 29. Ein Markt kann auch im Hinblick auf **Durchleitungen** bestehen; dann können auch einzelne Leitungsverbindungen besondere Märkte sein (vgl. für Fernsehkabelnetze BGH WuW/E 3058 (3062) – Pay-TV-Durchleitung und Weisser/Meinking WuW 1998, 831). 19

h) Presse- und Rundfunkbereich. Im **Pressebereich** ist zu unterscheiden zwischen Leser- und Anzeigenmärkten. Auf den **Lesermärkten** wird unterschieden zwischen Tages- und Wochenzeitungen (dazu BGH WuW/E 2212 (2221) – Gruner + Jahr/Zeit I; 2433 (2436 f.) – Gruner + Jahr/Zeit II). Bei Tageszeitungen bilden **Straßenverkaufs-** und **Abonnementszeitungen** jedenfalls unterschiedliche Märkte (BGH WuW/E 1854 (1857) – Zeitungsmarkt München; 2425 (2428) – 20

Niederrheinische Anzeigenblätter; OLG Düsseldorf WuW/E DE-R 1361 (1362) – Tagesspiegel/Berliner Zeitung II; BKartA WuW/E DE-V 695 (696) – Tagesspiegel/ Berliner Zeitung; 1169 (1171) – Springer/ProSiebenSat.1); außerdem ist – nicht nur räumlich, sondern auch sachlich-inhaltlich – zwischen **überregionalen** und **regionalen** und möglicherweise auch **lokalen** Zeitungen zu unterscheiden (BGH WuW/E 1854 (1857) – Zeitungsmarkt München; u.a. BKartA WuW/E 2259 (2262) – Springer/Kieler Zeitung; KG WuW/E 4547 (4549) – Lübecker Nachrichten/Stormarner Tageblatt; OLG Düsseldorf WuW/E DE-R 3173 (3181 f.) – Anzeigengemeinschaft). Den Lesermärkten werden nur Erzeugnisse zugerechnet, die verkauft werden; deswegen gehören **Anzeigenblätter** und kostenlos abgegebene Kundenzeitschriften keinen Lesermärkten an. Die Marktanteile auf den Lesermärkten werden nach verkauften Auflagen berechnet; eine Berücksichtigung von Verkaufserlösen oder auch der Anzeigenumsätze findet nicht statt (vgl. OLG Düsseldorf WuW/E DE-R 1361 (1365) – Tagesspiegel/Berliner Zeitung II). **Publikumszeitschriften** sind ebenso wie Fachzeitschriften nach ihren Inhalten und Zielgruppen in mehrere Märkte zu unterteilen (zu Letzteren vgl. BKartA WuW/E 1709 – Bertelsmann/Deutscher Verkehrsverlag; Monopolkommission, 3. Hauptgutachten 1978/79, Rn. 491 f.). Innerhalb der Publikumszeitschriften werden besondere Märkte für sog. Special-Interest-Produkte gebildet, so etwa für populärwissenschaftliche Zeitschriften, die auf hohem Niveau über fremde Länder und Kulturen berichten (vgl. BGH WuW/E DE-R 1925 = AG 2007, 490 Rn. 10 – National Geographic II). **Online-** und Printwerbung sind für das OLG Düsseldorf, da „wesensverschiedene Veröffentlichungsmedien“ nicht austauschbar (OLG Düsseldorf WuW/E DE-R 3173 (3182 f.) – Anzeigengemeinschaft).

21 Die Abgrenzung der **Anzeigenmärkte** ist stark beeinflusst von dem **untrennbaren wirtschaftlichen Zusammenhang** zwischen Leser- und Anzeigenmärkten. Die Anzeigen in Abonnements- und Tagesverkaufszeitungen gehören bei im Wesentlichen übereinstimmenden Verbreitungsgebieten und (Anzeigen-)Belegungseinheiten jedenfalls im lokalen Bereich zu einem Markt (BGH WuW/E 2425 und KG WuW/E 3767 (3770) – Niederrheinische Anzeigenblätter; aA BKartA WuW/ E 1731 (1735) – Kaufzeitungen). Uneinheitlich ist die Praxis zu den Anzeigenmärkten der Abonnementstageszeitungen, der Straßenverkaufszeitungen und der Anzeigenblätter (für einheitliche Anzeigenmärkte BKartA WuW/E-V 1191 – SZ/Lokalzeitung; WuW/E 2251 (2252) – Hamburger Wochenblatt/Schlei-Verlag; KG WuW/E 3875 (3879) – Südkurier/Singener Wochenblatt; BGH WuW/E 3443 (3449) – Südkurier/Singener Wochenblatt; für getrennte Märkte u.a. BGH WuW/ E 1905 (1907) – Münchener Wochenblatt). Das BKartA tendiert neuestens dazu, zwischen Aufmerksamkeitsanzeigen und Rubrikenanzeigen zu differenzieren. Bei im Wesentlichen übereinstimmenden Erscheinungshäufigkeiten und Verbreitungsgebieten können auch Amts- und Mitteilungsblätter und Gemeindeblätter zu den relevanten Anzeigenmärkten gehören (vgl. dazu KG WuW/E 4095 (4104) – w+i Verlag – Weiss-Druck). Nach Auffassung des BKartA (u.a. BKartA WuW/E DE-V 1754 (1756) – shz/Blickpunkt) sind **Beilagen und Prospekte,** die mit Zeitungen und Anzeigenblättern verteilt werden, nicht in die für die Zeitungen und Anzeigenblätter relevanten Anzeigenmärkte einzubeziehen (aA OLG Düsseldorf WuW/E DE-R 3173 (3181) – Anzeigengemeinschaft). **Stadtmagazine** gehören anderen Märkten an (OLG Düsseldorf WuW/E DE-R 3173 (3181) – Anzeigengemeinschaft, in Bestätigung des BKartA). In der Praxis werden die **Internet-Werbemärkte** von den Print-Werbemärkten getrennt (vgl. dazu auch OLG Düsseldorf WuW/E DE-R 3173 (3184 f.) – Anzeigengemeinschaft; kritisch dazu Dobler FS Bechtold, 2006, 121). Jedenfalls sind die – zunehmenden – Substitutionsbeziehungen für die Qualifizierung der Wettbewerbsverhältnisse beachtlich. Kauf- und Kundenzeitschriften (Letztere werden kostenlos an Kunden abgegeben) können zu denselben Anzeigenmärkten gehören (offen gelassen von OLG München WuW/E DE-R 1527 (1529) –

Apothekenumschau). Die Marktanteile auf Anzeigenmärkten werden auf der Basis der Umsätze berechnet. Zum räumlich relevanten Markt → Rn. 26.

Im **Rundfunk- und Fernsehbereich** spielen die öffentlich-rechtlichen Rundfunkanstalten eine besondere Rolle (vgl. dazu auch Dubberstein NZKart 2013, 143). Sie erbringen ihre Leistungen gegenüber den Hörern und Zuschauern in der gleichen Weise „unentgeltlich" wie die privaten Rundfunk- und Fernsehanstalten. Die **öffentlich-rechtlichen Gebühren** sind ihren Leistungen nicht konkret zuordenbar und deswegen **kein Entgelt,** das die Annahme von mit Gegenleistungen verbundenen Märkten rechtfertigen könnte (zu ihrer Deutung als „Umsätze" iSd § 38 → § 38 Rn. 8). Die öffentlich-rechtlichen Rundfunkanstalten und die privaten Veranstalter sind daher jedenfalls in kartellrechtlich relevanter Weise nicht gleichermaßen auf Hörer- und Zuschauermärkten tätig (zum Zuschauermarkt vgl. Steger WuW 2010, 282 (284 f.); Körber ZWeR 2009, 315 (338 f.)). Das ist nur bei den **Pay-TV-Veranstaltern** der Fall, die ihre Leistungen an die Zuschauer verkaufen (dazu BKartA WuW/E DE-V 1039 (1042) – SES/DPC). Alle diese Unternehmen sind auf Werbemärkten tätig, auf denen die privaten Veranstalter schon deswegen weit höhere Marktanteile haben als die in ihrer Werbetätigkeit stark beschränkten öffentlich-rechtlichen Anstalten, weil sie sich ausschließlich daraus finanzieren. Zu unterscheiden sind hier sachlich Rundfunk-, Fernseh- und Internet-Werbemärkte, räumlich ebenso wie auf den Anzeigenmärkten je nach Reichweiten lokale, regionale und überregionale Werbemärkte (vgl. dazu u.a. für Rundfunkmärkte OLG Düsseldorf WuW/E DE-R 1413 (1414) – Radio TON-Regional und BKartA WuW/E DE-V 1011; BKartA WuW/E DE-V 599 (601 f.) – Radio L 12; für Fernsehwerbemärkte OLG München NZKart 2013, 162 (163) – Fernsehvermarktung; BKartA WuW/E DE-V 1163 (1165) – Springer/ProSiebenSat.1; zu Internet-Märkten BKartA WuW/E DE-V 624 – Bild.de/T-Online; 665 – Regionalportale für Internetwerbung). Hinsichtlich **Kabelweiterverbreitung** ist die **Einspeisung für Programmsignale** in Breitbandkabelnetze ein eigener sachlich relevanter Markt, in dem die Kabelnetzbetreiber für ihr Netz Marktbeherrscher sein können (falls es keine konkurrierenden Netze in ihrem Verbreitungsgebiet gibt); hinsichtlich der Einräumung von Kabelweitersenderechten durch die Programmanbieter ist der Markt dagegen derjenige für Fernsehprogramme (s. OLG Düsseldorf WuW/E DE-R 4425 (4427) – Einspeisung von Fernsehprogrammsignalen II). 22

i) Potenzieller Markt. Kartellrechtlich relevant kann auch ein „Markt" sein, auf dem aktuell noch keine Waren oder Leistungen vertrieben werden, auf dem dies aber geschehen könnte. Für die kartellrechtliche Relevanz dieses Phänomens können insbes. normative Erwägungen sprechen, wie zB bei der Marktzuordnung von **essential facilities,** die nicht „freiwillig" am Markt angeboten werden, aber angeboten werden sollten (→ § 19 Rn. 71; zur Durchleitung → Rn. 19). 23

j) Unentgeltliche Leistung (Abs. 2a, 8). Der durch die 9. GWB Novelle 2017 eingefügte Abs. 2a stellt klar, dass ein **„Markt"** nicht voraussetzt, dass eine entgeltliche Leistung angeboten wird, sondern dass auch dann ein Markt gegeben sein kann, wenn gerade **kein Entgelt** für die Leistung verlangt wird (RegE 9. GWB-Novelle 2017, 47); die unentgeltliche Leistung muss aber einen Bezug zu einer wirtschaftlichen Tätigkeit aufweisen (Bunte/Töllner Rn. 67). Der Gesetzgeber reagiert mit dieser Regelung auf die kartellbehördliche und gerichtliche Praxis, die bei der Erbringung unentgeltlicher Leistungen bisher angenommen hat, dass kein Markt vorliegt (OLG Düsseldorf NZKart 2015, 148 – Bestpreisklausel; anders jedoch schon Kommission COMP/M. 7215 – Facebook/WhatsApp). Letztlich soll die Regelung das Marktgeschehen auf Plattformmärkten kontrollierbar machen, für die kennzeichnend ist, dass der Anbieter mit einer kostenlosen Leistung einen Nutzerstamm aufbaut, der in einem anderen Markt kommerzialisiert werden kann. Ein gutes Beispiel sind **Internetsuchmaschinen:** Die Suchmaschine ist für den suchenden Nutzer 24 kostenlos; die Suchmaschine kommerzialisiert ihre Leistung dadurch, dass Werbetreibende entgeltliche Leistungen von der Suchmaschine für eine bessere Bewerbung ihrer Webseite über die Suchmaschine beziehen. Ähnliches gilt für Betreiber von **sozialen Netzwerken** wie Facebook, die für die Profilinhaber kostenlos sind, während Werbetreibende für die Werbeleistungen bezahlen müssen (BKartA 6.2.2019 – B6–22/16; BGH NZKart 2020, 473). Letztlich geht es darum, Fälle zu erfassen, in denen die Marktmacht gerade durch die unentgeltliche Leistung begründet wird. Probleme bereitet die Messung des Marktanteils, weil eine wertumsatzabhängige Marktanteilsbestimmung nicht möglich ist, s. Kersting/Podszun 9. GWB-Novelle/Podszun Kap. 1 Rn. 1 ff.). **Abs. 8** sieht vor, dass die Erfahrungen mit den neuen Vorschriften des Abs. 2a und Abs. 3a nach drei Jahren durch das Bundesministerium für Wirtschaft und Energie **evaluiert** werden sollen.

3. Marktbeherrschung: räumlich und zeitlich relevanter Markt (Abs. 1 und 2)

25 **a) Räumlich relevanter Markt.** Die Bestimmung des räumlich relevanten Marktes folgt grds. den gleichen Kriterien wie die des sachlich relevanten. Entscheidend für den räumlich relevanten Anbieter-Markt ist also die **funktionelle Austauschbarkeit** aus der Sicht des Nachfragers (vgl. zB OLG Düsseldorf WuW/E DE-R 945 (947) – Rethmann; DE-R 1033 (1035 f.) – Sanacorp/ANZAG, bestätigt durch BGH WuW/E DE-R 1301 (1302); OLG Düsseldorf WuW/E DE-R 3000 (3003 f.) – Tankstellenbetriebe Thüringen, bestätigt durch BGH WuW/E DE-R 3591 (3596 f.) – Total/OMV). Eine klare Unterscheidung zwischen sachlicher und räumlicher Marktabgrenzung ist oft nicht möglich, insbes. im Pressebereich (vgl. zB BKartA WuW/E 2259 (2262) – Springer/Kieler Zeitung). Die Abgrenzung hängt in besonderem Maße vom rechtlichen und tatsächlichen Anlass ab, aufgrund dessen die Marktstellung eines Unternehmens zu bestimmen ist. Der räumlich relevante Markt erfasst das Gebiet, in dem das betroffene Unternehmen wirksamen Wettbewerb von Konkurrenten ausgesetzt ist, die **Wettbewerbsbedingungen hinreichend homogen** sind und das sich insoweit von benachbarten Gebieten deutlich unterscheidet (vgl. BKartA WuW/E DE-V 203 (207) – Krautkrämer/Nutronik; BKartA WuW/E DE-V 235 (237) – Dürr/Alstom). Die Begrenzung des räumlich relevanten Marktes kann sich auch aus den rechtlichen Rahmenbedingungen ergeben (vgl. OLG Düsseldorf WuW/E DE-R 945 (947 f.) – Rethmann für die öffentlich-rechtlichen Abfallwirtschaftspläne, die die Tätigkeit der Anbieter begrenzen; für Rüstungsgüter vgl. BKartA WuW/E DE-V 1081 (1083) – RUAG/MEN).

26 In der Praxis wird häufig vom **Tätigkeitsgebiet des Unternehmens** ausgegangen, um das es im konkreten Fall geht (skeptisch dazu OLG Düsseldorf WuW/E DE-R 1033 (1036) – Sanacorp/ANZAG; vgl. für Energieversorgungsunternehmen OLG Hamburg WuW/E 3886; für Krankenhäuser BKartA WuW/E DE-V 1087 (1096); OLG Düsseldorf WuW/E DE-R 1958 (1965) – Rhön-Grabfeld, bestätigt durch BGH WuW/E DE-R 2327 (2335) – Kreiskrankenhaus Bad Neustadt) oder von dem Gebiet, in dem die beteiligten Unternehmen sich üblicherweise um Aufträge bemühen (dazu OLG Düsseldorf WuW/E DE-R 1625 (1628) – Rethmann/GfA). Das ist berechtigt, wenn es um bestimmte Beziehungen zwischen einzelnen Unternehmen geht, in der Fusionskontrolle aber nur dann, wenn das Tätigkeitsgebiet objektiv – auch für Wettbewerber relevant – das Marktgeschehen repräsentiert. Dennoch wird auch dort primär auf die Tätigkeitsgebiete der beteiligten Unternehmen abgestellt, und zwar nach den Vorgaben des BGH aufgrund nicht irgendwelcher pauschalierender Kriterien (Radius von x km um die jeweilige Niederlassung), sondern der **tatsächlichen,** exakt festzustellenden **Liefergebiete** (BGH WuW/E DE-R 1301 (1302 f.) – Sanacorp/ANZAG). Wenn sich die Liefergebiete mit denen anderer überschneiden, können sich größere Gebiete aus **„Kettensubstitutionsef-**

fekten" ergeben (dazu Bekanntmachung der Kommission über den relevanten Markt Rn. 57; vgl. dazu auch OLG Düsseldorf WuW/E DE-R 3000 (3004) – Tankstellenbetriebe Thüringen und BGH WuW/E DE-R 3591 (3597) – Total/OMV). Bei **Zeitungen und Anzeigenblättern** ist das räumliche Gebiet der redaktionellen Berichterstattung und – damit zusammenhängend – der Vertrieb oder die Verteilung nicht nur Aspekt der räumlichen, sondern auch der sachlichen Marktabgrenzung, die sich insoweit überschneiden. Dementsprechend ist, immer bezogen auf bestimmte räumliche Einheiten, zu differenzieren zwischen sublokalen, lokalen, regionalen und nationalen Zeitungen und Anzeigenblättern (vgl. zu Anzeigenblättern BGH WuW/E 1905 (1906) – Münchener Anzeigenblätter; 2195 (2196) – Abwehrblatt II; OLG Düsseldorf WuW/E DE-R 3173 (3186) – Anzeigenmarkt und AG 2007, 556 (557) – SZ/Südost-Kurier). Das BKartA (vgl. insbes. WuW/E DE-V 1754 – shz/Blickpunkt) nimmt die Tätigkeit mehrerer Unternehmen auf demselben räumlichen Markt und damit ein Wettbewerbsverhältnis an, wenn sich die Tätigkeitsgebiete **zu mindestens zwei Dritteln überschneiden.**

Durch Abs. 2, der gleichlautend in § 19 Abs. 2 S. 3 aF durch die 7. GWB-Novelle 27
in das Gesetz eingefügt wurde, ist klargestellt, dass der räumlich relevante Markt **„weiter sein kann als der Geltungsbereich dieses Gesetzes".** Damit ist eine alte Streitfrage im Sinne der These entschieden worden, dass (auch) der räumlich relevante Markt ohne rechtlich vorgegebene Obergrenze der wirtschaftlichen Realität entsprechend abgegrenzt werden muss, und deswegen auch über das Bundesgebiet hinausgehen kann. Diese Regelung entspricht der neuesten Rspr. des BGH unmittelbar vor der gesetzlichen Klarstellung. Dieser hat erstmals 2004 (BGH WuW/E DE-R 1355 (1359) – Staubsaugerbeutelmarkt; dazu Dreher JZ 2005, 470; Westermann/Bergmann ZWeR 2006, 216) die frühere „Vorstellung eines normativ beschränkten räumlichen Marktes" ausdrücklich aufgegeben und anerkannt, dass der räumlich relevante Markt **nach ökonomischen Kriterien abzugrenzen** ist und daher nicht notwendig auf den Geltungsbereich des GWB beschränkt ist. Davor hatten die Rspr. und das BKartA das Bundesgebiet grds. als Obergrenze angesehen (so in der Vorinstanz auch OLG Düsseldorf WuW/E DE-R 1112 (1115) – Melitta/Airflo; vgl. aber insbes. BGH WuW/E 3026 (3029) – Backofen; vgl. auch KG WuW/E 4537 (4541 f.) – Linde/Lansing). Es wurde allerdings in der Verwaltungspraxis des BKartA mehr und mehr die Bereitschaft erkennbar, Wettbewerbsverhältnisse im Ausland in die Bewertung einzubeziehen, wenn der räumlich relevante Markt ökonomisch über das Bundesgebiet hinausgeht (vgl. BKartA WuW/E DE-V 235 (237) – Dürr/Alstom; 275 (277) – Melitta; 331 (332) – Flowserve/Ingersoll-Dresser). In der Lit. war stets die Möglichkeit verfochten worden, in der Anwendung des GWB auch größere, grenzüberschreitende räumliche Märkte zu bilden (zustimmend Monopolkommission, 4. Hauptgutachten 1980/81, Rn. 515, 527; Kleinmann BB 1983, 781; Brinker WiB 1996, 134 f.; Dreher JZ 1996, 1025; Paschke ZHR 160 (1996), 673). Völker- oder kollisionsrechtliche Gründe gegen eine Einbeziehung auch ausländischer Marktanteile gibt es nicht. In jedem Falle nehmen **„ausländische Bezugsquellen",** soweit sie im Inland wirksam sind, am inländischen Markt teil (unrichtig OLG Düsseldorf WuW/E 4901 f. – Dehnfolien-Verpackungsmaschinen; KG WuW/E 4865 (4881) – Hotelporzellan). Die nur abstrakte Möglichkeit grenzüberschreitenden Wettbewerbs reicht dafür keinesfalls aus (vgl. BGH WuW/E 2731 (2734 f.) – Inlandstochter).

Kleinere Gebiete als das Bundesgebiet sind räumlich relevant, wenn Wettbe- 28
werb über die Grenzen dieses Gebietes hinaus aus objektiven Gründen ausgeschlossen oder erheblich vermindert ist (vgl. Bunte/Töllner Rn. 55; Immenga/Mestmäcker/Fuchs Rn. 61; FK-KartellR/Kersten § 22 Rn. 75; Kleinmann/Bechtold § 22 Rn. 88; vgl. auch BKartA WuW/E DE-V 367 (368) – Heide). So kann sich die Konzentrierung auf ein kleineres Gebiet ergeben, zB aus Eigenschaften und der Vertriebsform der Waren (Kurzlebigkeit von Frischprodukten wie Trans-

portbeton, dazu BKartA WuW/E 465 (466) – Readymix), Transportdauer und Transportkosten (dazu KG WuW/E 5364 (5371) – HaGE Kiel), aber auch aus der Leitungsgebundenheit der Versorgung (dazu OLG Hamburg WuW/E 3886). Lokale und regionale Märkte sind häufig zu bilden im **stationären Einzelhandel** (vgl. zum Möbelhandel BKartA WuW/E DE-V 162 (163) – Porta; zum Lebensmitteleinzelhandel mit einer Vermengung bundesweiter und regionaler Betrachtungen BKartA WuW/E DE-V 1607 (1612) – EDEKA/Tengelmann, zu Bau- und Heimwerkermärkten OLG Düsseldorf WUW/E DE-R 2798 (2803) – Bau- und Heimwerkermarkt: Radius von 30 km oder 30 Autominuten), im Vermietmarkt oder Kleingewerbe (vgl. zur räumlichen Marktabgrenzung für die Vermietung an Kfz-Schilderhersteller BGH WuW/E DE-R 2163 (2164) – Freihändige Vermietung an Behindertenwerkstatt; WuW/E DE-R 1951 Rn. 11 – Bevorzugung einer Behindertenwerkstatt; OLG Karlsruhe WuW/E 5615 (5617) – Schilderprägebetrieb; KG WuW/E 5787 (5790) – Angebot eines knappen Gutes; vgl. auch OLG München NZKart 2013, 251 (252) – Brunnenhof), im Krankenhausbereich (dazu BGH WuW/E DE-R 2327 (2335) – Kreiskrankenhaus Bad Neustadt, dazu auch Kuchinke/Kallfaß ZWeR 2007, 319), im Pressebereich oder Sanitärgroßhandel (BKartA B5–50/17; B5–37/16).

29 In der **Stromversorgung** werden nach einigen Kehrtwendungen in der Verwaltungspraxis die Märkte des Erstabsatzes, der Weiterverteilung, der Belieferung von Großkunden und der SLP-Sondervertragskunden bundesweit, die Märkte der Belieferung von Grundversorgungs- und Heizstromkunden entsprechend den Leitungsnetzen der Stromversorger abgegrenzt (→ Rn. 19 und BKartA 30.11.2009 – B8-107-09, S. 16 f., Rn. 39 – Integra/Thüga; OLG Düsseldorf WuW/E DE-R 2094 (2098 f.); BGH WuW/E DE-R 1206 (1208) – Strom und Telefon I; DE-R 24 (27) – Stromversorgung Aggertal; Becker/Zapfe ZWeR 2007, 419 (433 f.)). Im **Gasbereich** werden alle Märkte (Erstbelieferung von Weiterverteilern durch überregionale Ferngasunternehmen, Belieferung von letztverbrauchenden Gasgroßkunden und lokalen Gasweiterverteilern, Belieferung von Endkunden – Haushalts- und Kleingewerbetreibende) nach den Netzgebieten der beteiligten Unternehmen abgegrenzt (dazu BGH WuW/E DE-R 2739 (2742) – Entega; 2538 = NJW 2009, 1212 (1213) – Stadtwerke Uelzen; BGH WuW/E DE-R 1726 (1728) – Stadtwerke Dachau; OLG Düsseldorf WuW/E DE-R 2094 (2108) – E.ON/Eschwege; OLG Frankfurt a. M. WuW/E DE-R 2860 (2861 f.) – Entega; 1639 (1642) – Mainova/Aschaffenburger Versorgungs GmbH; BKartA WuW/E DE-V 1357 (1358) – RWE/Saar Ferngas; DE-V 1147 (1150) – E.ON Ruhrgas; Becker/Zapfe ZWeR 2007, 419 (428)). Angesichts des Regulierungsrechts würde es sehr viel mehr Sinn machen, die Gasmärkte räumlich nach den Marktgebieten zu definieren, die auf der Grundlage des § 20 Abs. 1 EnWG gebildet werden (so Alsheimer/Kassebohm/Schulz RdE 2008, 1).

30 **b) Zeitlich relevanter Markt.** Unter dem Begriff des zeitlich relevanten Marktes wird der Zeitraum verstanden, für den die Wettbewerbsverhältnisse zu untersuchen sind. Die zeitliche Marktabgrenzung ist **nur von geringer praktischer Bedeutung.** Teilweise wird diese Figur dort angewendet, wo es um nur temporär tätige Unternehmen oder um Waren und Leistungen geht, die periodisch oder nur zu bestimmten Zeitpunkten angeboten werden (zB Tages-/Wochen-/Monatszeitungen und Zeitschriften, Frühjahrsmessen und Herbstmessen usw; vgl. dazu BGHZ 56, 65 (67 f.) – Sportartikelmesse und OLG Frankfurt a. M. GRUR 1989, 777 und GRUR 1992, 554 (555) = WuW/E 5027 (5028 f.) – Kunstmesse Art Frankfurt I und II). So kann auch ein einzelnes Spitzen-Fußballspiel ein eigener relevanter Markt sein (BGH WuW/E 2406 (2408 f.) – Inter-Mailand-Spiele). Meistens verbergen sich hinter derartigen zeitlichen Abgrenzungen Probleme der sachlichen Marktabgrenzung.

4. Besonderheiten des Nachfragemarkts

31 § 18 Abs. 1 erfasst neben der Anbietermarktbeherrschung gleichermaßen auch die **Nachfragemarktbeherrschung.** Marktbeherrschung auf Nachfragemärkten tritt vorwiegend im Bereich des Handels in Erscheinung. Für die Beurteilung von Wettbewerbsbeschränkungen auf Nachfragemärkten ist mittlerweile die grds. **„spiegelbildliche" Übertragung** des für Angebotsmärkte entwickelten Bedarfsmarktkonzepts allgemein anerkannt (vgl. insbes. KG WuW/E 5364 (5370f.) – HaGE Kiel; 3917 (3927) – Coop/Wandmarker; 3577 (3587) – Hussel/Mara; Immenga/Mestmäcker/Fuchs Rn. 79; FK-KartellR/Kersten § 22 Rn. 85; GemK/Leo, 5. Aufl. 2001, § 19 Rn. 466; skeptisch GemK/Schütz, 5. Aufl. 2000, § 36 Rn. 30). Es kommt danach darauf an, was aus der Sicht der Anbieter im Angebot austauschbar ist. Dabei ist grds. auf eine bestimmte Art von Waren abzustellen (BGH WuW/E 2683 (2685) – Zuckerrübenauslieferungsrecht; KG WuW/E 5364 (5370f.) – HaGE Kiel). Nachfragemärkte sind **tendenziell weiter als Angebotsmärkte** abzugrenzen. Die hM wendet dabei das **Angebotsumstellungskonzept** an (Monopolkommission, 5. Hauptgutachten 1982/83, Rn. 667; Bunte/Töllner Rn. 48; Immenga/Mestmäcker/Fuchs Rn. 80; Kleinmann/Bechtold § 22 Rn. 99). Der Umfang des Marktes wird also auch durch die Umstellungsmöglichkeiten der Anbieter bestimmt.

5. (Einzel-)Marktbeherrschung wegen Fehlens wesentlichen Wettbewerbs (Abs. 1 Nr. 1 und Nr. 2)

32 **a) Struktur des § 18 Abs. 1 (und Abs. 2).** Abs. 1 entspricht dem § 19 Abs. 1 Nr. 1 aF und – iVm Abs. 3 – § 19 Abs. 2 Nr. 2 aF. Er befasst sich nur mit der sog. **Einzel- oder Monopolmarktbeherrschung,** also dem Fall, dass ein Unternehmen den Markt beherrscht. Dafür gibt es trotz der Untergliederung in drei Ziffern nur zwei Fälle: Entweder besteht Marktbeherrschung, weil ein Unternehmen keinem wesentlichen Wettbewerb ausgesetzt ist (Abs. 1 Nr. 2); das ist auch der Fall, wenn es keinem Wettbewerb ausgesetzt ist (Abs. 1 Nr. 1). Oder das Unternehmen hat eine „im Verhältnis zu seinen Wettbewerbern überragende Marktstellung" (Nr. 3). Die Kriterien dafür sind in Abs. 3 zusammengefasst. Trotz der neuen Untergliederung in acht Kriterien bringt die Neufassung keine sachliche Änderung im Verhältnis zu der bisherigen Regelung der überragenden Marktstellung in § 19 Abs. 2 Nr. 2 aF.

33 **b) Nicht hinreichend kontrollierter Verhaltensspielraum.** Abs. 1 enthält **zwei Alternativen** der Einzelmarktbeherrschung. Nach Nr. 1 und 2 ist ein Unternehmen marktbeherrschend, wenn es **ohne Wettbewerber** oder **keinem wesentlichen Wettbewerb** ausgesetzt ist. Nach Nr. 3 gilt ein Unternehmen als marktbeherrschend, wenn es eine im Verhältnis zu seinen Wettbewerbern überragende Marktstellung hat. Materielles Kennzeichen der Marktbeherrschung ist in jedem Falle der „vom Wettbewerb nicht hinreichend kontrollierte Verhaltensspielraum" (BGH WuW/E 1533 (1536) – Erdgas Schwaben; OLG Hamburg WuW/E DE-R 2831 (2835) – CRS-Betreiber/Lufthansa; vgl. auch zB BKartA WuW/E DE-V 135 (137) – Heitkamp), und zwar sowohl gegenüber den Wettbewerbern als auch gegenüber den Abnehmern (ebenso Kleinmann/Bechtold § 22 Rn. 108). Während die Rspr. zunächst von einem echten Alternativverhältnis zwischen Nr. 2 und 3 ausging (BGH WuW/E 1435 (1439) – Vitamin B 12; 1445 (1449) – Valium), bekennt sie sich inzwischen dazu, dass es sich um **zwei verschiedene Betrachtungsweisen des Marktgeschehens** handele, die sich in gewissem Maße ergänzten und gegenseitig beeinflussten (BGH WuW/E 1749 (1754) – Klöckner/Becorit). In der Fusionskontrolle wird ein „Vorrang der strukturellen Betrachtungsweise" behauptet (BGH WuW/E 1749 (1754) – Klöckner/Becorit).

34 **c) Funktionale Prüfung.** Ob kein Wettbewerb oder kein **wesentlicher Wettbewerb** besteht, ist funktional zu bestimmen; es kommt darauf an, ob der Wettbewerb seine „Anreiz-, Auslese- und Entmachtungsfunktionen" (so Kartte/v. Portatius BB 1975, 1169) und allgemein seine **Verhaltenskontroll-Funktion** erfüllen kann. Eindeutig ist die Marktbeherrschung, wenn das Unternehmen das einzige auf dem Markt tätige Unternehmen, also ohne Wettbewerb(er) ist (zB BGH WuW/E DE-R 1251 (1252) – Galopprennübertragung). Der dann immer noch mögliche potenzielle Wettbewerb oder der von benachbarten Märkten ausgehende Substitutionswettbewerb reichen im Allgemeinen nicht aus, um „wesentlichen Wettbewerb" auf dem Markt zu begründen. Die Ursache des fehlenden oder schwachen Wettbewerbs ist gleichgültig; auch gesetzlich begründete Monopole oder Wettbewerbsbeschränkungen schließen Marktbeherrschung nicht aus (vgl. dazu BGH WuW/E 647 (649) – Rinderbesamung I; vgl. auch OLG Stuttgart WuW/E 4794 (4797) – Stadtwerke Reutlingen). Bei der Bewertung der Marktstellung eines Unternehmens sind alle mit ihm nach § 36 Abs. 2 konzernrechtlich, darüber hinaus auch zu einer wettbewerblichen Einheit **verbundenen Unternehmen einzubeziehen.** Bei der Prüfung, ob der Wettbewerb seine Funktionen erfüllt, sind alle Besonderheiten des Wettbewerbsgeschehens auf dem relevanten Markt zu berücksichtigen, zB auch die Übungen der Marktgegenseite in der Auftragsvergabe (zu sog. **„Ausschreibungsmärkten"** vgl. KG WuW/E DE-R 94 (99) – Hochtief/Philipp Holzmann und Immenga WuW 1998, 809; BKartA WuW/E DE-V 677 (682) – RWE Nord).

35 **d) Marktanteil.** Die Prüfung, ob ein Unternehmen als Anbieter wesentlichem Wettbewerb ausgesetzt ist, setzt bei der Prüfung seiner Marktanteile an. Der Marktanteil ist das theoretisch und praktisch **wichtigste Kriterium zur Bestimmung der Marktmacht** eines Unternehmens (vgl. OLG Düsseldorf AG 2007, 556 (558) – SZ/Südost-Kurier). Es wird untersucht, ob die Marktanteile Größenordnungen erreichen, die den Schluss auf Marktbeherrschung zulassen. Die Marktbeherrschungsvermutung in Abs. 4 gibt Hinweise dafür, an welche Größenordnungen der Gesetzgeber dabei denkt; ein Marktanteil von 40 % (bis zu 8. GWB-Novelle 2012/2013: 33 1/3 %) kann ausreichen, wenn die Marktanteile der Wettbewerber auf viele Unternehmen verteilt sind. Nicht ausreichend ist eine „Momentaufnahme" der Marktanteile; vielmehr muss die **Marktanteilsentwicklung über längere Zeiträume** mitbeachtet werden (vgl. BKartA WuW/E DE-V 331 (333) – Flowserve/Ingersoll-Dresser: bei starken Schwankungen dreijähriger Durchschnitt). Marktanteilsverschiebungen können auch bei hohen Anteilen auf wesentlichen Wettbewerb hindeuten (vgl. dazu BGH WuW/E 2783 (2790 f.) – Warenzeichenerwerb), jedenfalls zugunsten derer, die Marktanteile verlieren. Umgekehrt spricht über Jahre hinweg unangefochtene Konstanz hoher Marktanteile für Fehlen wesentlichen Wettbewerbs (BGH WuW/E 1301 (1303) – Sanacorp/ANZAG). Neben der absoluten Größe des Marktanteils ist der Abstand zu den Marktanteilen der Wettbewerber – also der **relative Marktanteil** – von besonderer Bedeutung (vgl. zum Abstand von 20 % zum nächsten Wettbewerber bei einem absoluten Anteil von 45 % OLG Düsseldorf AG 2007, 556 (558) – SZ/Südost-Kurier). Die Angleichung von Marktanteilen spricht für Wettbewerb (dazu BGH WuW/E DE-R 2905 (2915) – Phonak/GN Store).

36 Grundlage der **Marktanteilsberechnung** ist der relevante Markt (→ Rn. 6). Zu einem Gesamtmarkt können nur Unternehmen der **gleichen Wirtschaftsstufe** zusammengefasst werden; es kommt insoweit auf die Funktion an, die das Unternehmen beim Absatz hat. Für das Gesamtvolumen ist der Absatz aller im räumlichen Markt tätigen Anbieter relevant; er wird aus der Produktion im räumlichen Markt abzüglich Ausfuhr zuzüglich Einfuhr berechnet. Die Produktion, die von den Herstellern selbst verwendet oder verbraucht wird **(Eigenfertigung bzw. Eigenverbrauch, sog. captive market),** wird in das Marktvolumen grds. nicht einberechnet

(BGH WuW/E 1501 (1503) – Kfz-Kupplungen, vgl. aber auch KG WuW/E 2120 (2123) – Mannesmann/Brueninghaus); das Gleiche gilt für **konzerninterne Lieferungen** (dazu BKartA WuW/E DE-V 1113 (1115 f.) – Railion/RBH). Für den Anteil des einzelnen Unternehmens ist dessen Absatz im räumlichen Markt festzustellen, der zu dem Gesamtvolumen in Beziehung zu setzen ist. Soweit exakte Berechnungen nicht möglich sind, sind Schätzungen erforderlich. Es gibt keine festen Regeln, dass nur **Wertberechnungen** und nicht Stück- oder Mengenberechnungen zulässig sind, obwohl Verwaltungspraxis und Rspr. dafür eine deutliche Präferenz haben (vgl. zB BGH WuW/E 2150 (2154) – Edelstahlbestecke; 1501 (1503) – Kfz-Kupplungen; 2783 (2790) – Warenzeichenerwerb; KG WuW/E 4771 (4778) – Folien und Beutel). Häufig sind Werte nicht verfügbar, sodass auf der Basis von Stückzahlen, Mengen usw berechnet oder geschätzt werden muss. Bei Presseobjekten werden Lesermarkt-Anteile meistens auf der Basis der Auflagenanteile, Anzeigenmarkt-Anteile auf der Basis der Umsätze berechnet (vgl. zB BKartA AG 1986, 370 – Südhessische Post/Darmstädter Echo; WuW/E 2259 (2264) – Springer/Kieler Nachrichten; BGH WuW/E 2425 (2429) – Niederrheinische Anzeigenblätter). Auf den Automobilmärkten sind Marktanteilsberechnungen allein auf der Basis von Stückzahlen üblich; Wert-Marktanteile sind im Allgemeinen nicht verfügbar (vgl. dazu auch Europäische Kommission, Ergänzende Leitlinien für vertikale Beschränkungen im Kfz-Sektor von 2010, ABl. 2010 C 138, 16 (17) mit Fn. 4).

e) Substitutionswettbewerb. In Marktanteilen werden nicht erfasst die Auswirkungen von Substituten, dh von Waren oder Leistungen, die sich mit denen des relevanten Marktes gegenseitig beeinflussen, aber mit ihnen nicht in dem Maße austauschbar sind, wie es die Definition des relevanten Marktes erfordert. Dennoch ist der Substitutionswettbewerb, also der **„Wettbewerb mit nicht zum relevanten Markt gehörenden Produkten"** (so BGH WuW/E 2112 (2123) – Gruner + Jahr/Zeit I), bei der Beurteilung des Wettbewerbs voll zu berücksichtigen (aA offenbar BGH WuW/E 2112 (2123) – Gruner + Jahr/Zeit I; 2433 (2441) – Gruner + Jahr II; ausdrücklich offen gelassen BGH WuW/E 2425 (2430) – Niederrheinische Anzeigenblätter; vgl. auch Bechtold AfP 1985, 36 und Bechtold DB 1987, 2559). Kein Substitutionswettbewerb besteht zwischen Produkten, die einer komplementären Bedarfsdeckung dienen (so OLG Düsseldorf WuW/E DE-R 3173 (3190) für Internetwerbung und Werbung mit Print-Anzeigen). 37

f) Potenzieller Wettbewerb. Neben aktuellem Wettbewerb ist auch potenzieller Wettbewerb zu berücksichtigen. Auch ein Unternehmen, das noch nicht auf dem Markt tätig ist, aber dazu fähig wäre, kann allein durch diese Fähigkeit **realen Einfluss auf den Wettbewerb** ausüben. Potenzieller Wettbewerb ist nicht nur berücksichtigungsfähig, wenn der Markteintritt mit „hoher Wahrscheinlichkeit aktuell" ist (so wohl KG WuW/E 1745 (1752) – Kfz-Kupplungen; 2234 (2239) – Blei- und Silberhütte Braubach; ähnlich KG WuW/E 4771 (4779) – Folien und Beutel; vgl. dazu auch BGH NZKart 2013, 36 (38) – Haller Tagblatt), sondern immer, wenn er das aktuelle **Verhalten der Marktteilnehmer zu beeinflussen geeignet** ist. Entscheidend ist, ob der Wettbewerb aus der Sicht der Marktteilnehmer aufgrund der objektiven Voraussetzungen für den Markteintritt oder die Erweiterung einer Marktstellung als möglich erscheint (vgl. dazu Kleinmann/Bechtold § 22 Rn. 139). Steht fest, dass ein bestimmtes Unternehmen subjektiv langfristig zum Marktantritt nicht bereit ist, kommt es allerdings als potenzieller Wettbewerber nicht in Betracht (KG WuW/E 2825 (2836 f.) – Taschenbücher). 38

Potenzieller Wettbewerb im Angebot kann ausgehen von Herstellern oder Lieferanten, die zwar zur Zeit noch nicht im sachlich oder räumlich relevanten Markt tätig sind, es aber sein könnten, zB aufgrund einer Produktionsumstellung (dazu auch KG WuW/E 3759 (3765) – Pillsbury/Sonnen-Bassermann), von Herstellern oder Lieferanten, die auf dem Markt schon tätig sind und ihre Marktstellung 39 ausweiten könnten, sowie von solchen, die die Ware selbst herstellen bzw. die Leistungen selbst ausführen könnten (potenzielle Selbstherstellung oder -erbringung; dazu KG WuW/E 1745 (1752 f.) – Kfz-Kupplungen).

40 **g) Macht der Marktgegenseite.** Eine wichtige Rolle in der Beurteilung der Wettbewerbsverhältnisse spielt auch die Macht der Marktgegenseite. Sie ist allerdings bei der überragenden Marktstellung (§ 118 Abs. 1 Nr. 3) nach der Rspr. des BGH nicht berücksichtigungsfähig (BGH WuW/E 1749 (1753) – Klöckner/Becorit; vgl. auch BGH WuW/E 1501 (1504) – Kfz-Kupplungen; OLG Düsseldorf WuW/E 1987 (1990 f.) – Sanacorp/ANZAG); damit wird uE nicht ausreichend berücksichtigt, dass die Macht der Gegenseite den die Marktbeherrschung kennzeichnenden Verhaltensspielraum so einengen kann, dass er in dem erforderlichen Ausmaß nicht mehr vorhanden ist (vgl. auch Kleinmann/Bechtold § 22 Rn. 141). Auch die Stärke der **Vorlieferanten** kann die Stellung eines Unternehmens beeinflussen.

41 **h) Wertende Gesamtschau.** Aufgrund aller dieser Kriterien und weiterer, einzelfallbezogener Gesichtspunkte sind in einer wertenden „Gesamtschau" die Wettbewerbsverhältnisse zu qualifizieren (zB BGH WuW/E 1824 (1827) – Tonolli/Blei- und Silberhütte Braubach; WuW/E DE-R 3591 (3599) – Total/OMV). Dabei sind auch **Änderungen der rechtlichen Rahmenbedingungen** zu beachten; allerdings bedeuten diese nicht notwendig, dass sich dann auch die tatsächlichen Markt- und Wettbewerbsverhältnisse innerhalb des Prognosezeitraums entscheidend ändern (dazu BGHZ 136, 268 (277) = WuW/E DE-R 24 – Stromversorgung Aggertal; BGHZ 136, 379 (385) – Strom und Telefon I). Die Notwendigkeit einer Gesamtschau schließt es aus, das Fehlen wesentlichen Wettbewerbs ohne Weiteres allein aus einzelnen Merkmalen wie hohen Marktanteilen zu folgern. In Missbrauchs- und Diskriminierungsfällen ist denkbar, Marktbeherrschung mit den Merkmalen zu begründen, die auch das **angegriffene Marktverhalten** prägen (Fehlen von Preiswettbewerb bei Preismissbrauch, dazu KG WuW/E 1645 (1650 f.) – Valium/Librium; Möschel NJW 1975, 754). Auch im Übrigen kann das Gewicht der einzelnen Kriterien verschieden sein. Je höher Marktanteile sind, desto wahrscheinlicher ist Marktbeherrschung. Hohe Marktanteile besagen weniger in einem Markt, der durch hohe Auftragsgrößen und eine sehr niedrige Zahl der jährlich vergebenen Aufträge gekennzeichnet ist, und auf dem es daher nur eine kleine Anzahl von Anbietern geben kann; Gleiches kann zB in Ausschreibungsmärkten gelten. Leitmotiv für die Feststellung wesentlichen Wettbewerbs muss stets die Funktion des Wettbewerbs sein, Willkür und Selbstherrlichkeit im Marktverhalten auszuschalten, Verhaltensspielräume also zu kontrollieren. Wettbewerb ist wesentlich, wenn er in diesem Sinne „wirksam" oder „funktionsfähig" ist **(workable competition).**

42 **i) Nachfrage-Marktbeherrschung.** Die **Nachfrage-Marktbeherrschung** ist schwieriger und anders festzustellen. Dennoch gehen BKartA und KG von einer grundsätzlichen Gleichstellung von Angebots- und Nachfragemarktbeherrschungen aus (vgl. BKartA WuW/E 2161 (2166) – Coop/Wandmaker; KG WuW/E 3917 (3937) – Coop/Wandmaker). In Missbrauchsfällen ist die Nachfrage-Marktbeherrschung stärker im Hinblick auf die ihr sowieso **wesenseigenen Individualbeziehungen** zu interpretieren. Ist ein Anbieter für sein Angebot oder einen wesentlichen Teil desselben abhängig von einem Nachfrager und dieser insoweit ohne wesentlichen Wettbewerb, so könnte Nachfrage-Marktbeherrschung angenommen werden. In der **Fusionskontrolle** ist eine solche individualisierende Betrachtungsweise nicht möglich. Der betreffende Nachfrager muss einen vom Verhalten anderer Nachfrager im Wesentlichen unabhängigen Verhaltensspielraum **gegenüber einer Vielzahl von Anbietern** haben (dazu KG WuW/E 3917 (3934) – Coop/Wandmaker; 3367 (3369) – Hussel/Mara). Der – manchmal kaum zu berechnende oder schätzende – Marktanteil spielt eine geringere Rolle als bei der Anbietermarktbeherrschung.

6. (Einzel-)Marktbeherrschung durch überragende Marktstellung (Abs. 1 Nr. 2 und Abs. 3)

a) Horizontale und vertikale Ausrichtung. Trotz des formalen Alternativverhältnisses ist die überragende Marktstellung nicht isoliert als Alternative zum fehlenden wesentlichen Wettbewerb (Abs. 1 Nr. 1 und 2: ohne Wettbewerber/keinem wesentlichen Wettbewerb ausgesetzt), sondern ergänzend dazu **wettbewerbsbezogen** auszulegen. Es kommt auf die Feststellung überragender Verhaltensspielräume gegenüber den Wettbewerbern an; hierfür ist „eine **Gesamtbetrachtung** aller maßgeblichen Umstände, insbesondere auch eine Berücksichtigung der auf dem relevanten Markt herrschenden Wettbewerbsverhältnisse“, erforderlich (BGH WuW/E 1905 (1908) – Münchner Wochenblatt). Das Merkmal „im Verhältnis zu seinen Wettbewerbern“ erfordert einen **Vergleich mit der Marktstellung anderer Unternehmen.** Diese „horizontale“ Ausrichtung der Nr. 3 gilt trotz der Einführung „vertikaler“ Elemente durch die 5. GWB-Novelle 1989 fort (heute Abs. 3 Nr. 7 und 8: Umstellungsflexibilität, Ausweichmöglichkeit der Marktgegenseite). Auch hinsichtlich dieser vertikalen Aspekte der Marktbeherrschung ist ein horizontaler Vergleich mit den Wettbewerbern erforderlich. Die 8. GWB-Novelle 2012/2013 hat die früher in § 19 Abs. 2 Nr. 2 zusammengefassten Kriterien für die Feststellung der überragenden Marktstellung in Abs. 3 mit strenger Untergliederung neu gefasst. 43

b) Marktanteil (Abs. 3 Nr. 1). Wichtigstes Merkmal für die Feststellung einer überragenden Marktstellung ist der „Marktanteil“. Bis zur 5. GWB-Novelle 1989 war er verbal hervorgehoben („hierbei sind außer seinem Marktanteil ...“); jetzt ergibt sich seine vorrangige Bedeutung nur noch aus der Sache selbst. Neben der absoluten Größe des Marktanteils kommt dem **Abstand zu den Marktanteilen der Wettbewerber** und damit seiner relativen Größe wesentliche Bedeutung zu (vgl. zB BGH WuW/E 2731 (2735 f.) – Inlandstochter). Deswegen wurde auch bei einem absolut niedrigen Marktanteil von 12 % und starker Zersplitterung der Marktanteile der Wettbewerber – bei entsprechendem Gewicht anderer Kriterien – eine überragende Marktstellung angenommen (KG WuW/E 2862 (2863 f.) – Rewe/Florimex; vgl. aber OLG Düsseldorf WuW/E DE-R 2818 (2820) – Flüssiggas: keine überragende Marktstellung bei 13 % Marktanteil). Im Hinblick auf die Rechtsentwicklung in der EU sind insoweit höhere Marktanteile erforderlich (mindestens 25 %, vgl. KG WuW/E 4657 (4663) – Kaufhof/Saturn). Schwankungen der Marktanteile sind zwar Zeichen für Wettbewerb, schließen aber eine überragende Marktstellung nicht aus (vgl. BGH WuW/E 2783 (2790 f.) – Warenzeichenerwerb). Deswegen kann es niemals nur auf eine Momentaufnahme ankommen; vielmehr ist die **Entwicklung der Marktanteile** in den letzten Jahren zu berücksichtigen. Für die Bewertung eines Marktanteils ist auch die Marktphase erheblich: Hohe Marktanteile in Entstehungs-, Experimentier- oder Entwicklungsphasen deuten weniger auf eine überragende Marktstellung als solche in reifen oder stagnierenden Märkten. 44

c) „Finanzkraft“ und „Zugang zu wettbewerbsrelevanten Daten (Abs. 3 Nr. 2, 3). „Finanzkraft“ (Abs. 3 Nr. 2) ist das Merkmal, in dem die Ressourcentheorie des Fusionskontrollrechts ihren deutlichsten Ausdruck gefunden hat. Finanzkraft umfasst „die Gesamtheit der finanziellen Mittel und Möglichkeiten eines Unternehmens, insbes. die Finanzierungsmöglichkeiten (Eigen- und Fremdfinanzierung) sowie seinen Zugang zum Kapitalmarkt“ (Begr. zum RegE der 2. GWB-Novelle, BT-Drs. VI/2520, 23). In der Praxis hat – heute weniger als früher – Finanzkraft insbes. in Zusammenhang mit der **„Abschreckungstheorie“** Bedeutung; hiernach kann Marktbeherrschung auch darauf beruhen, dass durch die Finanzkraft des betreffenden Unternehmens tatsächliche oder potenzielle Wettbewerber in ihrem Wettbe- 45 werbsverhalten entmutigt und „von einer aggressiven Wettbewerbspolitik abgeschreckt" werden (vgl. BGH WuW/E 2150 (2157) – Rheinmetall/WMF; 1501 (1509) – Kfz-Kupplungen). In der Fusionskontrolle hat das Bedeutung insbes. für **konglomerate Zusammenschlüsse.** Wenn Finanzkraft des potenziellen Marktbeherrschers für Marktbeherrschung sprechen kann, kann – umgekehrt – die **Finanzkraft der Wettbewerber** dagegen sprechen (vgl. dazu OLG Düsseldorf WuW/E DE-R 1033 (1039 f.) – Sanacorp/ANZAG).

46 Finanzkraft wird in der Praxis häufig aufgrund des **Umsatzes** gemessen (vgl. BGH WuW/E 2150 (2157) – Rheinmetall/WMF; KG WuW/E 4167 (4171) – Kampffmeyer/Plange). Tatsächlich sind aber Messzahlen wie Cashflow, Gewinne über mehrere Jahre, Umsatzrendite, Eigenkapital im Verhältnis zur Bilanzsumme usw aussagekräftiger; umgekehrt sprechen nachhaltige Verluste gegen Finanzkraft. Alle diese Kriterien werden in der Praxis zu einer **Gesamtschau** zusammengeführt: Da es nach der Rspr. auf den Abschreckungs- und Entmutigungseffekt bei den aktuellen und potenziellen Wettbewerbern ankommt, ist auf deren Vorstellungen abzustellen. Aus der Sicht der Außenstehenden bestimmt sich die finanzielle Stärke eines Unternehmens vorrangig nach seinem Umsatz, zumal die anderen Kriterien, wie zB die tatsächliche Verfügbarkeit von Mitteln, der Öffentlichkeit regelmäßig nicht bekannt sind (BGH WuW/E BGH 2150 (2157) – Edelmetallbestecke; KG WuW/E 3303 (3311) – Süddeutscher Verlag-Donau Kurier; OLG Düsseldorf WuW/E DE-R 1973 (1978) = AG 2007, 556 (558) – SZ/Südost-Kurier). Unklar ist, ob die **Finanzkraft im „marktnahen" Bereich** zur Verfügung stehen muss (so BGH WuW/E 1501 (1510 f.) – Kfz-Kupplungen) oder ob es in der Fusionskontrolle ausreicht, wenn eine Beteiligung in unternehmerischer Zielsetzung gehalten oder erworben wird (so BGH WuW/E 2150 (2157) – Rheinmetall/WMF) und die Finanzkraft dafür (auch) zur Verfügung steht.

46a Mit der 10. GWB-Novelle 2021 wurde in Nr. 3 das Kriterium des **Zugangs zu wettbewerbsrelevanten Daten** ergänzt. Dieses Kriterium findet sich bereits in dem durch die 9. GWB-Novelle 2017 eingefügten Abs. 3a. Nach RegE 10. GWB-Novelle 2021 (S. 69) soll damit „der weiter steigenden Bedeutung von Daten in allen Wirtschaftsbereichen" Rechnung getragen werden. Dies soll aber nach RegE 10. GWB-Novelle 2021 nicht bedeuten, dass nur der Zugang zu Daten und nicht auch die anderen Kriterien nach Abs. 3a bei der Beurteilung von Marktmacht herangezogen werden können. Der Zugang zu Daten soll deshalb betont werden, „um zusammen mit den übrigen Änderungen bezüglich des Zugangs zu Daten ein konsistentes Konzept des Datenzugangs in der Missbrauchsaufsicht sicherzustellen".

47 **d) Zugang zu den Beschaffungs- und Absatzmärkten (Abs. 3 Nr. 4).** Das Merkmal „Zugang zu den Beschaffungs- oder Absatzmärkten" zielt hauptsächlich auf die **vertikale Integration** eines Unternehmens ab, unabhängig davon, ob sie unternehmensintern durch hohe Fertigungs- und Leistungstiefe oder unternehmensextern durch Beteiligungen hergestellt wurde. Besondere Zugangsmöglichkeiten können sich auch durch vertragliche oder faktische Liefer- und Absatzbeziehungen ergeben, insbes. auch durch die Verbindung zu umfassenden **Vertriebssystemen** (Vertragshändler, Handelsvertreter, Niederlassungen); die Wirkungen können sich aufgrund hoher Marktgeltung und eines Vertrauens- und Leistungsvorsprunges verstärken (BGH WuW/E 2150 (2156) – Rheinmetall/WMF). Auch das Eigentum an Versorgungsleitungen oder generell an „essential facilities" verschafft uU im Wettbewerb entscheidende Vorsprünge im Absatz (vgl. dazu BKartA WuW/E DE-V 91 (93) – LEW; 195 (199) – Westfälische Erdgas).

48 **e) „Verflechtungen mit anderen Unternehmen" (Abs. 3 Nr. 5).** Sie beziehen sich weniger auf konzernmäßige Verflechtungen – Konzerne bilden kartellrechtlich sowieso eine Einheit –, sondern auf weniger intensive Verbindungen, wie insbes. bloße **Minderheitsbeteiligungen** oder personelle Verflechtungen (vgl. BGH

WuW/E 3037 (3040 f.) – Raiffeisen; hierzu auch Bunte/Töllner Rn. 130; Immenga/Mestmäcker/Fuchs Rn. 130; Kleinmann/Bechtold § 22 Rn. 185 f. mwN).

f) Marktzutrittsschranken (Abs. 3 Nr. 6). Das Merkmal **„rechtliche oder tatsächliche Schranken für den Marktzutritt anderer Unternehmen"** ist erfüllt, wenn Unternehmen rechtlich oder tatsächlich gehindert sind, auf einem bestimmten Markt tätig zu werden; dann geht von ihnen kein Wettbewerbsdruck aus, auch nicht als potenzielle Wettbewerber. Solche Marktzutrittsschranken können sich aus **Rechtsgründen** (zB Zöllen, vgl. BKartA WuW/E 1799 (1803) – Blei- und Silberhütte Braubach) oder **tatsächlichen Gründen** ergeben wie zB der Notwendigkeit erheblicher Investitionen, die von anderen nicht erbracht werden können (vgl. BKartA WuW/E 2247 (2250 f.) – Hüls/Condea; BGH WuW/E 1501 (1504) – Kfz-Kupplungen), oder dem Bedarf an speziell und vielseitig ausgebildetem Personal (vgl. BKartA WuW/E DE-V 370 (371 f.) – outdoor specials). Die Marktzutrittsschranken sind oft nur das Spiegelbild der Vorsprünge des Unternehmens, dessen Marktbeherrschung geprüft wird; deswegen besteht oft die Gefahr einer Doppelbewertung derselben rechtlichen oder faktischen Umstände. Niedrige Marktzutrittsschranken deuten auf potenziellen Wettbewerb hin und sprechen, insbes. in der Fusionskontrolle, gegen Marktbeherrschung. 49

g) Wettbewerb aus dem Ausland (Abs. 3 Nr. 7). Das Merkmal **„tatsächlicher oder potenzieller Wettbewerb durch Unternehmen, die innerhalb oder außerhalb des Geltungsbereichs dieses Gesetzes ansässig"** sind, ist durch die 6. GWB-Novelle von 1998 in § 19 Abs. 2 Nr. 2 aF eingefügt worden. Obwohl die Formulierung gleichermaßen den Wettbewerb durch in- und ausländische Unternehmen erfasst, liegt ihre eigentliche Bedeutung in der Einbeziehung des **Wettbewerbs aus dem Ausland.** Ursprünglich war man der Auffassung, damit geklärt zu haben, dass der räumlich relevante Markt über das Bundesgebiet hinausreichen könnte, also schon das bewirkt zu haben, was durch die 7. GWB-Novelle 2005 in § 19 Abs. 2 S. 3 (heute § 18 Abs. 2) erneut klargestellt wurde. In der Begr. zu RegE der 6. GWB-Novelle 1998 wird einerseits (BR-Drs. 852/97, 37) auf den Backofen-Beschluss des BGH vom 24.10.1995 verwiesen (BGH WuW/E 3026 (3029)), andererseits (BR-Drs. 852/97, 52) auf den entsprechenden Wortlaut des Art. 2 Abs. 1 lit. a VO 4064/89 (jetzt FKVO). Der BGH habe zwar – für die Fusionskontrolle – die Notwendigkeit bestätigt, den Auslandswettbewerb zu berücksichtigen. Seine Aussage, dass der räumlich relevante Markt nach dem GWB allenfalls so groß sei wie das Bundesgebiet, sei jedoch „möglicherweise missverständlich". Deswegen solle durch die Gesetzesergänzung „klargestellt" werden, „dass bei der Prüfung der Marktbeherrschung im Rahmen der Fusionskontrolle die Wettbewerbsverhältnisse auf dem ökonomisch relevanten Markt berücksichtigt werden müssen". Sachlich ist das nicht auf die Fusionskontrolle beschränkt. 50

Heute kann nicht nur angesichts dieser gesetzgeberischen Maßnahmen, sondern auch aufgrund der ökonomischen Orientierung des Kartellrechts kein Zweifel daran bestehen, dass **aktuelle oder potenzielle wettbewerbliche Einwirkungen aus dem Ausland** zu berücksichtigen sind (so auch BGH WuW/E 3026 (3029)). Ist der räumlich relevante Markt ökonomisch größer als Deutschland, ergeben sich diese Einwirkungen ausländischer Unternehmen unmittelbar aus dieser Einheit des Marktes. Ist er auch ökonomisch auf Deutschland begrenzt, haben die aktuellen und potenziellen Einwirkungen ausländischer Unternehmen auf den deutschen Markt rechtlich den Charakter von **„Substitutionswettbewerb"**, der definiert ist als „Wettbewerb mit nicht zum relevanten Markt gehörenden Produkten" (→ Rn. 37). Ist der Markt ökonomisch größer als Deutschland, ist die Marktstellung des betroffenen Unternehmens auf diesem größeren Markt zu berücksichtigen. Ist dort ein Marktanteil geringer als auf einem auf Deutschland begrenzten Markt, kommt es 51 insoweit nur auf den ökonomisch richtigen Marktanteil, nicht auf einen nur deutschen Marktanteil an. Unabhängig von der Einbeziehung des Wettbewerbs aus dem Ausland bestätigt Nr. 6 die kartellrechtliche Selbstverständlichkeit, dass nicht nur tatsächlicher, sondern auch **potenzieller Wettbewerb** zu berücksichtigen ist (→ Rn. 38 f.).

52 **h) Umstellungsflexibilität (Abs. 3 Nr. 8).** Die 5. GWB-Novelle 1989 hat den Katalog der Nr. 2 ergänzt durch die **„Fähigkeit, sein Angebot oder seine Nachfrage auf andere Waren oder gewerbliche Leistungen umzustellen"** („Umstellungsflexibilität"). Geht es um **Angebotsmarktbeherrschung,** so kann die Fähigkeit des Anbieters, sein Angebot auf andere Waren oder gewerbliche Leistungen umzustellen, Marktstärke bedeuten. Je größer diese Fähigkeit ist, desto geringer ist die Abhängigkeit des Anbieters von seinen Nachfragern. Für die **Nachfragemarktbeherrschung** kommt es auf die Fähigkeit des Nachfragers an, seine Nachfrage auf andere Waren oder gewerbliche Leistungen umzustellen. Je größer diese Fähigkeit ist, desto unabhängiger ist er von seinen Anbietern. In beiden Fällen ist diese Stärke nur relevant, wenn die Umstellungsflexibilität des betreffenden Unternehmens größer ist als die der Wettbewerber; sie neutralisiert sich also, wenn sie bei allen Wettbewerbern gleichermaßen vorhanden ist. Häufig wird es so sein, dass sich die Umstellungsflexibilität aus der Natur des Produktes ergibt: Wenn mit den Herstellungsanlagen des Produktes x stets ohne Weiteres auch das Produkt y hergestellt werden kann, verfügen meistens insoweit alle Anbieter über die gleiche Umstellungsflexibilität. Unterschiede können sich aus anderen Gesichtspunkten ergeben, insbes. im Hinblick auf Vertrieb und Kundenbeziehungen. Bei der Nachfragemarktbeherrschung ist die Flexibilität in der Umstellung der Nachfrage möglicherweise weniger objektivierbar; sie hängt stärker als bei der Angebotsmarktbeherrschung von den individuellen Besonderheiten des betroffenen Nachfragers ab.

53 Der Gesetzeswortlaut spricht von der **Umstellung „auf andere Waren** oder gewerbliche Leistungen". Damit wird angeknüpft an den ersten Teil der Definition der Marktbeherrschung in Abs. 1, in dem durch die Worte „bestimmte Art von Waren oder gewerblichen Leistungen" auf den relevanten Markt verwiesen wird. Das könnte zu dem Schluss führen, dass die Umstellungsflexibilität nur relevant ist, soweit sie sich auf Waren oder gewerbliche Leistungen anderer Märkte bezieht, nicht desselben relevanten Marktes. Für die Marktstärke eines Anbieters ist es aber nicht nur relevant, ob er statt der Ware x auch die andere Ware y herstellen kann, sondern auch, ob er in der Lage ist, sein Angebot **innerhalb desselben Marktes** umzustellen, also x auch in anderen Qualitäten, Größen oder Ausführungen anzubieten. Entsprechend kann die Marktstärke eines Nachfragers – immer neben anderen Gesichtspunkten – auch darauf beruhen, dass er ohne Weiteres in der Lage ist, x nicht mehr vom Hersteller A, sondern von anderen Herstellern zu beziehen. Das ist nicht davon abhängig, ob es um Waren oder gewerbliche Leistungen geht, die einem anderen relevanten Markt zuzuordnen sind. Entgegen dem gesetzlichen Wortlaut kann daher die Umstellungsflexibilität nicht auf die Fähigkeit beschränkt werden, das Angebot oder die Nachfrage auf Waren oder gewerbliche Leistungen anderer relevanter Märkte umzustellen; vielmehr ist gleichermaßen auch die Umstellungsflexibilität innerhalb desselben Marktes zu berücksichtigen (vgl. dazu auch Bechtold BB 1990, 357 (358); s. auch Dreher/Thomas ZWeR 2014, 366).

54 **i) Ausweichmöglichkeiten der Marktgegenseite (Abs. 3 Nr. 9).** Die 5. GWB-Novelle 1989 hat eingeführt die **„Möglichkeit der Marktgegenseite, auf andere Unternehmen auszuweichen".** Dieses Merkmal der „Ausweichmöglichkeiten der Marktgegenseite" ist teilweise das Spiegelbild der Umstellungsflexibilität des Anbieters oder Nachfragers, um dessen Marktbeherrschung es geht. Je mehr die Marktgegenseite in der Lage ist, auf andere Unternehmen auszuweichen, desto eher ist Marktbeherrschung des Anbieters oder Nachfragers ausgeschlossen. Nach

der Regierungsbegründung zum Entwurf der 5. GWB-Novelle (BT-Drs. 13/4610, 17) ist diese Ausweichmöglichkeit nicht gegeben, „wenn eine für den jeweiligen Markt **erhebliche Zahl** von Unternehmen alle ausreichenden und zumutbaren Absatz- oder Bezugsalternativen besitzt“. Das macht deutlich, dass die Marktgegenseite nicht individualisiert werden darf; sie ist die Gegenseite **im Markt,** wofür die Abhängigkeit einzelner Anbieter oder Nachfrager nicht ausreicht. Die Abhängigkeit muss vielmehr in einer generalisierenden Betrachtung für den Markt typisch sein. Sie muss weiter so geartet sein, dass sie zur Angebots- bzw. Nachfrage-Marktbeherrschung nur eines Unternehmens führt.

Auch beim Merkmal der Ausweichmöglichkeiten der Marktgegenseite ergeben 55 sich Unklarheiten im **Verhältnis zum relevanten Markt.** Genau umgekehrt wie bei der Umstellungsflexibilität (→ Rn. 53) könnte die Auffassung vertreten werden, dass Ausweichmöglichkeiten nur innerhalb des relevanten Marktes beachtlich sind, nicht im Hinblick auf Substitutions-Waren oder gewerbliche Leistungen, die definitionsgemäß einem anderen Markt zugehören (vgl. BGH WuW/E 2112 (2123) – Gruner + Jahr/Zeit I). Eine Beschränkung der Ausweichmöglichkeiten auf den relevanten Markt, für den die Marktbeherrschung untersucht wird, widerspräche dem Charakter der in Abs. 2 Nr. 2 genannten Merkmale als Bestandteile der Gesamtabwägung. Es sind also auch Ausweichmöglichkeiten außerhalb des relevanten Marktes einzubeziehen (dazu auch Bechtold BB 1990, 357 (358)).

j) Gesamtschau. Die Feststellungen zu den einzelnen gesetzlichen Merkmalen 56 sind stets zu einer „Gesamtschau“ zu verbinden (dazu BGH WuW/E 1749 (1754 f.) – Klöckner/Becorit; 1435 (1439) – Vitamin B 12). Es ist möglich, eine überragende Marktstellung auch anzunehmen, wenn nur ein Merkmal in außergewöhnlichem Maße vorhanden ist und die Stellung des Unternehmens entscheidend prägt; der Marktanteil allein reicht allerdings nicht aus, wenn nicht noch andere Kriterien unterstützend hinzukommen (zweifelhaft BKartA AG 1985, 281 (284) – Pillsbury/Sonnen-Bassermann). Umgekehrt kann überragende Marktstellung auch vorliegen, wenn einzelne gesetzliche Merkmale nicht herausragen. Da Abs. 3 – vgl. das Wort „insbesondere“ – nur einen **nicht abschließenden, beispielhaften Katalog** marktmachtbezogener Umstände enthält (dazu auch BKartA WuW/E DE-V 427 (428) – 3 M/ESPE), können in die Gesamtschau auch **andere Gesichtspunkte** als die gesetzlichen Merkmale einbezogen werden, wie das Vorliegen eines Systemangebots (dazu BKartA WuW/E DE-V 493 (496) – Degussa Dental) und insbes. auch Verhaltenskategorien. Nach der Rspr. des BGH ist deswegen in der erforderlichen Gesamtbetrachtung aller maßgeblichen Umstände auch das **Wettbewerbsverhalten** der Unternehmen zu berücksichtigen. Bei der Beurteilung nach Marktstrukturen und nach dem Marktverhalten handle es sich „um zwei verschiedene Betrachtungsweisen des Marktgeschehens, die sich in gewissem Maße ergänzen und gegenseitig beeinflussen; jedoch dienen beide der Prüfung, ob die Funktionsfähigkeit des Wettbewerbs ernstlich gefährdet wird“ (BGH WuW/E 1749 (1755) – Klöckner/Becorit). Aktuelles Wettbewerbsverhalten ist jedenfalls insoweit zu berücksichtigen, als es seinerseits auf Strukturfaktoren beruht oder geeignet ist, wettbewerbliche Strukturen zu beeinflussen (dazu KG WuW/E 2663 (2670) – Texaco/Zerssen mAnm Bechtold DB 1982, 1816). Dennoch soll nach der früheren Rspr. des BGH überragende Marktstellung auch vorliegen können, wenn auf dem Markt wesentlicher Wettbewerb iSv Abs. 1 Nr. 1 besteht (vgl. BGHZ 68, 23 (28) – Valium I; WuW/E 2783 (2791) – Warenzeichenübertragung). UE sind in der Gesamtschau selbstverständlich auch die Wettbewerbsintensität einschließlich des Substitutions- (dazu offenbar aA OLG Düsseldorf WuW/E 1987 (1990 f.) – Sanacorp/ANZAG) und potenziellen Wettbewerbs und die Macht der Marktgegenseite zu berücksichtigen. Bei Medienunternehmen kann auch die Tätigkeit auf mehreren Medienmärkten eine Rolle spielen; die sich dann ergebenden **cross-medialen**

Effekte können unter dem Gesichtspunkt sowohl des Substitutionswettbewerbs als auch der Komplementäreffekte von Bedeutung sein (dazu auch BGH WuW/E DE-R 3067 (3076) – Springer/ProSiebenSat.1; OLG Düsseldorf WuW/E DE-R 2593 (2598) – Springer/ProSiebenSat.1; Paal ZWeR 2012, 380; → § 36 Rn. 26).

57 **k) Nachfrage-Marktbeherrschung.** Ein Unternehmen kann auch als Nachfrager eine „im Verhältnis zu seinen Wettbewerbern überragende Marktstellung" haben. Die Schwierigkeiten bei der Feststellung einer solchen überragenden Nachfrage-Marktbeherrschung sollten durch die Merkmale der **Umstellungsflexibilität** und der **Ausweichmöglichkeiten,** die durch die 5. GWB-Novelle 1989 eingefügt wurden, vermindert werden. Für die Nachfrage-Marktbeherrschung kann eine Rolle spielen, ob das betroffene Unternehmen seine Nachfrage auch auf andere Waren oder gewerbliche Leistungen umstellen kann; dabei kommt es nicht nur auf andere Waren oder gewerbliche Leistungen eines anderen sachlich relevanten Marktes an, sondern auch innerhalb desselben Marktes (→ Rn. 53). Noch wichtiger sind die Ausweichmöglichkeiten der Marktgegenseite; Nachfrage-Marktbeherrschung setzt voraus, dass die Marktgegenseite auf das beherrschende Unternehmen angewiesen ist, in ihren Ausweichmöglichkeiten also beschränkt ist. Allerdings kann die Nachfrage-Marktbeherrschung **nicht** auf der Grundlage **individueller Abhängigkeiten** festgestellt werden. Vielmehr kommt es immer auf die Verhältnisse auf dem „Markt" an, zumal eine überragende Nachfrage-Marktbeherrschung ebenso wie bei der Angebots-Marktbeherrschung nur so denkbar ist, dass ein Unternehmen, niemals mehrere den Markt beherrschen (vgl. dazu auch RegBegr. zur 5. GWB-Novelle, BT-Drs. 11/4610, 17; anders bei der Oligopol-Marktbeherrschung, → Rn. 59 ff.).

7. Marktbeherrschung auf mehrseitigen Märkten und Netzwerken (Abs. 3a, Abs. 3b, Abs. 8)

58 Die durch die 9. GWB Novelle 2017 in Abs. 3a Nr. 1–5 eingeführten Kriterien sollen die Prüfung der **Marktbeherrschung bei mehrseitigen Märkten und Netzwerken** erleichtern. **Abs. 8** sieht vor, dass die Erfahrungen mit den neuen Vorschriften des Abs. 2a und Abs. 3a nach drei Jahren durch das Bundesministerium für Wirtschaft und Energie **evaluiert** werden sollen. Nach dem RegE 9. GWB-Novelle 2017 (S. 48) soll dies wegen der rasanten Entwicklung in der digitalen Ökonomie zeitnah erfolgen. Aus der Formulierung, dass diese Kriterien in besonderer Weise bei mehrseitigen Märkten und Netzwerken zu berichtigen sind, folgt, dass diese Effekte selbstverständlich **auch in anderen Märkten** in die Prüfung, ob Marktbeherrschung vorliegt oder nicht, einbezogen werden können. **Mehrseitige Märkte** sind solche, bei denen zwei oder mehrere unterscheidbare Nutzergruppen zusammenkommen, die sich sonst auf anderen Märkten treffen (RegE 9. GWB-Novelle 2017, 50). Gemeint sind Plattformen (MüKoWettbR/Wolf Rn. 46). Nach der RegBegr. hat ein Produkt **Netzwerkcharakter,** wenn es zwischen den Nutzern des Produkts zu **direkten Netzwerkeffekten** kommt (RegE 9. GWB-Novelle 2017, 47). Als Beispiel werden Kommunikationsdienste genannt, deren Nutzen natürlich dadurch steigt, je mehr Nutzer über den Dienst erreichbar sind (MüKoWettbR/Wolf Rn. 51). Davon zu unterscheiden sind **indirekte Netzwerkeffekte** bei mehrseitigen Plattformen. Indirekte Netzwerkeffekte sind solche, die entstehen, weil zunächst Interaktion auf einer Plattform stattfindet, aber diese Interaktion dazu führt, dass weitere, indirekte Netzwerkwirkungen eintreten, und auf diese Weise verschiedene Gruppen profitieren. Als Beispiel kann eine Verkaufsplattform für beliebige Waren dienen. So werden durch erfolgreiches Angebot über die Plattform weitere Verkäufer angelockt, und dadurch weitere Käufer angezogen. Interaktion findet aber in erster Linie zwischen Käufern einerseits und Verkäufern

andererseits statt. Der direkte Netzwerkeffekt für einen Käufer ist, dass er mit vielen Verkäufern interagieren kann, der indirekte Effekt ist, dass dadurch weitere Käufer angelockt werden, was wiederum die Attraktivität für die Verkäufer erhöht (s. dazu Bericht Missbrauchsaufsicht, S. 9). Weiteres Beispiel sind Computerbetriebssysteme, die zwar von einem Nutzer unabhängig von anderen Nutzern verwendet werden können, deren Nutzen aber steigt, je mehr Anwendungsprogramme darauf laufen, sodass dadurch wieder Softwareentwickler und weitere Nutzer angezogen werden (MüKoWettbR/Wolf Rn. 52). **Netzwerkeffekte** nach Nr. 1 sind erst dann hinsichtlich der Bestimmung von Marktmacht relevant, wenn sie zu einem „Kippen" des Marktes zugunsten eines Netzwerks oder Plattformanbieters führen können **(„Tipping")** (RegE 9. GWB-Novelle 2017, 49; MüKo-WettbR/Wolf Rn. 54). Von großer Bedeutung für die Bestimmung der Marktmacht aufgrund von Netzwerkeffekten ist, ob die parallele Nutzung mehrerer Dienste für die gleichen Zwecke („Multihoming") möglich ist und wie sich die **Wechselkosten** dazu verhalten (Nr. 2). Ein hoher Aufwand für den Wechsel von einer Plattform zur anderen spricht für Marktmacht, Multihoming bei gleichartigen Produkten spricht eher für noch funktionierenden Wettbewerb (MüKo-WettbR/Wolf Rn. 57). Nach Nr. 3 sind **die Größenvorteile im Zusammenhang mit Netzwerkeffekten** (economies of scale) zu berücksichtigen. Größenvorteile werden bereits nach Abs. 3 Nr. 5 bei der Marktbeherrschungsprüfung berücksichtigt; bei mehrseitigen Märkten können aber Größenvorteile weitere Bedeutung erlangen, weil zusätzliche Nutzer zB auf Internetplattformen kaum zusätzliche Kosten verursachen: Dadurch kann ein Selbstverstärkungsprozess indirekter Netzwerkeffekte durch diese Größenvorteile unterstützt werden (RegE 9. GWB-Novelle 2017, 51). Nach Nr. 4 wird das Kriterium des **Datenzugangs** berücksichtigt: Demjenigen, der Zugang zu Daten hat, werden Wettbewerbsvorteile und damit Marktmacht verschafft. Das ist besonders dann von Bedeutung, wenn der angebotene Dienst gerade der Datengewinnung dient, also der eigentliche Gegenstand des Geschäftsmodells ist (MüKoWettbR/Wolf Rn. 59). Daten sind in diesem Zusammenhang alle speicherbaren Informationen (MüKoWettbR/Wolf Rn. 60). Nr. 5 berücksichtigt den **innovationsgetriebenen Wettbewerbsdruck.** Wenn im kartellbehördlichen Prognosezeitraum Innovationen absehbar sind, die Wettbewerbsdruck auslösen, kann dies gegen bestehende Marktmacht sprechen (RegE 9. GWB-Novelle 2017, 51).

Der durch die 10. GWB-Novelle 2021 eingefügte Abs. 3b soll das Konzept der **58a** **„Intermediationsmacht"** in die Marktbeherrschungsprüfung integrieren (RegE 10. GWB-Novelle 2021, 72). Intermediäre sind Anbieter von (meist digitalen) Plattformleistungen, deren Geschäftsmodell in der Sammlung, Aggregation und Auswertung von Daten zur Vermittlung von Angebot und Nachfrage liegt, wie beispielsweise Facebook, Amazon, Google, HRS oder booking.com. Intermediäre können damit **wegen ihrer Möglichkeit, den Marktzugang zu kontrollieren, Marktbeherrscher** sein. Abs. 3b stellt dafür zusätzliche Marktmachtfaktoren auf. Diese Marktmachtfaktoren sollen insbesondere auch **hybride, veränderliche bzw. auch noch in der Entwicklung befindliche Geschäftsmodelle** besser erfassen können, als es mit den bisherigen Kriterien möglich ist (RegE 10. GWB-Novelle 2021, 72).

8. Marktbeherrschung im Oligopol (Abs. 5)

a) **Keine Einzelmarktbeherrschung durch mehrere Unternehmen.** Das **59** Gesetz geht davon aus, dass in Bezug auf ein und denselben relevanten Markt eine **Marktbeherrschung nur in zwei Alternativen** in Betracht kommt, nämlich die Beherrschung des Marktes durch **ein** Unternehmen oder die **gemeinsame Beherrschung** unter den besonderen Voraussetzungen der in Abs. 5 definierten

Oligopol-Marktbeherrschung. Nicht in Betracht kommt, dass ein und derselbe Markt außerhalb der Oligopol-Marktbeherrschung nebeneinander durch mehrere Unternehmen beherrscht wird (vgl. dazu auch Begr. z. Reg. der 5. GWB-Novelle, BT-Drs. 11/5949, 24; Kleinmann/Bechtold § 22 Rn. 192 mwN). Wenn der Eindruck besteht, dass mehrere Unternehmen, die nicht oligopoltypisch miteinander verbunden sind, Raum für unabhängige Verhaltensweisen haben, die die Marktbeherrschung kennzeichnen, kommt entweder in Betracht, dass die betroffenen Unternehmen tatsächlich auf unterschiedlichen Märkten tätig sind, oder dass unabhängig von Marktbeherrschung marktstarke Stellungen iSv § 20 Abs. 1 bestehen, denen jeweils unterschiedliche abhängige Unternehmen gegenüberstehen. Dennoch hat das BKartA in dem am 13.1.2011 veröffentlichten Bericht zur „Sektorenuntersuchung Stromerzeugung Stromgroßhandel" die Auffassung begründet, dass mehrere Energieversorger (RWE, E.ON, Vattenfall und EnBW) in bestimmten Zeiträumen jeweils individuell über eine beherrschende Stellung auf dem einheitlichen Markt für Stromerstabsatz in Deutschland verfügten. Diese Auffassung ist mit dem Gesetz nicht vereinbar. Wenn dieser Markt des Stromerstabsatzes in Deutschland von mehreren Unternehmen beherrscht wird, kann dies nur in Form der Oligopol-Marktbeherrschung der Fall sein, nicht im Sinne mehrerer Einzelmarktbeherrschungen; oder die Phänomene, die das BKartA zu seiner Auffassung führten, sprechen dafür, dass es jeweils räumlich getrennte Märkte gibt, auf denen dann auch getrennte, voneinander unabhängige Einzelmarktbeherrschungen möglich sind (vgl. zu all dem Stadler FS Canenbley, 2012, 441).

60 **b) Enges und weites Oligopol.** Einzel-Marktbeherrschung in den beiden Alternativen des Abs. 2 S. 1 und Oligopol-Marktbeherrschung nach Abs. 2 S. 2 schließen sich aus (dazu KG WuW/E 3759 (3765) – Pillsbury/Sonnen-Bassermann; 2234 (2235) – Tonolli/Blei- und Silberhütte Braubach; Immenga/Mestmäcker/Fuchs Rn. 97). Der rechtliche Sonderbegriff des marktbeherrschenden Oligopols weicht ab von dem volkswirtschaftlichen Oligopol-Begriff; er zielt auf das – im volkswirtschaftlichen Sinne – **„enge" Oligopol.** Liegen die Voraussetzungen des Abs. 5 für zwei oder mehr Unternehmen vor, so „sind" diese Marktbeherrscher. Jedes Unternehmen, das dem marktbeherrschenden **Oligopol angehört,** ist **allein Marktbeherrscher** oder wird jedenfalls **wie ein Marktbeherrscher** behandelt (dazu KG WuW/E 2093 (2094) – Bituminöses Mischgut). Bei der Anwendung des Missbrauchsverbots des § 19 ist allerdings zu beachten, dass bei unterschiedlichem Verhalten der Oligopolmitglieder das Verhalten eines Mitglieds nur dann missbräuchlich ist, wenn es sich ähnlich auswirkt wie ein entsprechendes Vorgehen aller Oligopolmitglieder (vgl. BGH WuW/E 2195 – Abwehrblatt II; 2399 (2403) – Krankentransporte). Die deutsche Praxis hat die Oligopolvoraussetzungen nicht in der gleichen Weise wie im EU-Recht ökonomisch fundiert (dazu Bechtold/Bosch/Brinker FKVO Art. 2 Rn. 36); dazu bestand angesichts der gesetzlichen Definition und Vermutung offenbar kein Anlass.

61 Dennoch wird die deutsche Praxis zunehmend von der **Oligopol-Rspr. des EuG** (EuG Slg. 2002, II-2592 (2611) – Airtours/First Choice; WuW/E EU-R 1091 – Impala) beeinflusst. Nach ihr müssen für die Annahme eines marktbeherrschenden Oligopols folgende Voraussetzungen erfüllt sein: Es muss eine **hohe Markttransparenz** bestehen, aufgrund derer die Unternehmen sich genau beobachten können. Eine hohe Reaktionsverbundenheit muss sicherstellen, dass ein abweichendes Verhalten sanktioniert wird **(Sanktionsmöglichkeit aufgrund hoher Reaktionsverbundenheit).** Die Reaktionsverbundenheit und die Markttransparenz müssen dazu führen, dass auch tatsächlich kein nennenswerter Wettbewerb stattfindet (BGH WuW/E DE-R 2905 Rn. 72 – Phonak/GN Store; 2451 (2457 f.) – E.ON/Stadtwerke Eschwege; OLG Düsseldorf WuW/E DE-R 3000 (3006) – Trankstellenbetriebe Thüringen; BGH WuW/E DE-R 3591 (3599) –

Total/OMV; zur kollektiven Marktbeherrschung im Kraftstoffmarkt vgl. auch Badtke/Vahrenholt ZWeR 2012, 272). Schließlich muss ausgeschlossen sein, dass Kunden oder Wettbewerber die Position infrage stellen können **(fehlender Außenwettbewerb).**

62 Für die Feststellung, ob ein marktbeherrschendes Oligopol vorliegt, ist eine **Gesamtbetrachtung** aller relevanten Umstände erforderlich. Diese bezieht sich sowohl auf die strukturellen als auch auf die tatsächlichen Wettbewerbsbedingungen (dazu BGH WuW/E DE-R 3591 (3605) – Total/OMV). Es ist zu untersuchen, ob aufgrund der Marktstruktur mit einem **dauerhaft einheitlichen Verhalten** der Mitglieder des möglichen Oligopols zu rechnen ist. Das ist anzunehmen, wenn zwischen den beteiligten Unternehmen eine enge **Reaktionsverbundenheit** besteht **(„implizite Kollusion")** (BGH WuW/E DE-R 2451 (2456) – E.ON/Stadtwerke Eschwege). Entscheidende Indizien sind dafür die **Markttransparenz** und die **Abschreckungs- und Sanktionsmittel** bei abweichendem Marktverhalten. Es muss ein Anreiz bestehen, nicht von dem gemeinsamen Vorgehen abzuweichen. Es kann offen bleiben, ob ein marktbeherrschendes Duopol oder ein marktbeherrschendes Oligopol unter Einbeziehung weiterer Unternehmen besteht. Es reicht die Feststellung aus, dass jedenfalls das betroffene Unternehmen dem marktbeherrschenden Duopol oder Oligopol angehört (BGH WuW/E DE-R 2451 (2460) – E.ON/Stadtwerke Eschwege).

63 **c) Innenverhältnis (Abs. 5 Nr. 1).** Oligopol-Marktbeherrschung bedeutet für das Innenverhältnis, dass zwischen den Unternehmen **wesentlicher Wettbewerb nicht besteht;** es ist gleichgültig, ob der fehlende Wettbewerb aus tatsächlichen oder aus rechtlichen Gründen fehlt. Es ist zwischen strukturellen und verhaltensbezogenen Wettbewerbsbedingungen zu unterscheiden (dazu auch BGH WuW/E DE-R 3591 (3600 f.) – Total/OMV).

64 In struktureller Hinsicht ist das Innenverhältnis gekennzeichnet durch das Bewusstsein der Oligopol-Unternehmen über ihre **gleichgerichteten Interessen** (dazu auch KG WuW/E 5907 (5914 f.) – Rheinpfalz/Medien-Union) und die wechselseitige Abhängigkeit **(„Gruppenbewusstsein").** Es beruht zB auf Homogenität der betroffenen Waren, geringerem Innovationspotenzial und Transparenz des Marktes (dazu OLG Düsseldorf WuW/E DE-R 2094 (2100) – E.ON/Stadtwerke Eschwege; BKartA WuW/E DE-V 1163 (1169) – Springer/ProSiebenSat.1; 1365 – Phonak/ReSound, dazu Wertenbruch ZWeR 2008, 109) und der Möglichkeit, wettbewerbsaktives Verhalten zu sanktionieren, oder auf vielfältiger Verbundenheit über Gemeinschaftsunternehmen und Arbeitsgemeinschaften (dazu OLG Düsseldorf WuW/E DE-R 1625 (1629) – Rethmann/GfA). Auch wenn ein solches Gruppenbewusstsein nicht feststellbar ist, kann sich bei der Prüfung des Marktverhaltens ein „Gesamtbild von so **hochgradiger Erstarrung der Antriebskräfte des Wettbewerbs**" ergeben, dass von wesentlichem Wettbewerb im Innenverhältnis keine Rede mehr sein kann (vgl. dazu BGH WuW/E 907 (913) – Fensterglas VI). Indizien dafür sind **Gleichförmigkeit des Verhaltens** über eine längere Zeit hinweg und langfristige **Reaktionsverbundenheit** („implizierte Kollusion", vgl. BGH WuW/E DE-R 3067 (3069 f.) – Springer/ProSieben II), insbes. im Hinblick auf das Preisverhalten; Indizien dagegen sind **Veränderungen der Marktanteile** in der Vergangenheit, auch wenn sie sich dadurch angleichen (BGH WuW/E DE-R 2905 (2915 f.) – Phonak/GN Store). Soweit Wettbewerb objektiv nicht möglich ist (bei homogenen Massengütern gibt es keinen Produkt- oder Qualitätswettbewerb), kommt es auf den hiernach noch möglichen Wettbewerb an (dazu BGH WuW/E 1824 (1828) – Tonolli/Blei- und Silberhütte Braubach). Zielen festgestellte Wettbewerbshandlungen ersichtlich nur gegen Außenseiter, können sie nicht als wesentlicher Innenwettbewerb gewertet werden (vgl. BKartA WuW/E 2213 (2216) – Linde/Agefko). Auch hier sind alle relevanten Gesichtspunkte in einer **Gesamt-**

schau zu würdigen (dazu BGH WuW/E DE-R 2451 (2457) – E.ON/Stadtwerke Eschwege; 2905 (2912 f.) – Phonak/GN Store).

65 Die **Struktur des Oligopols** lässt keine sicheren Schlüsse für die Intensität des Wettbewerbs zu: Ob ein ausgeglichenes **(symmetrisches)** Oligopol eher Innenwettbewerb erwarten lässt als ein unausgeglichenes **(asymmetrisches)** Oligopol, ist nicht belegbar. Im Grundsatz werden Verengungen des Oligopols auch wegen der Gefahr der Verminderung des Innenwettbewerbs negativ beurteilt (dazu u.a. BKartA AG 1986, 377 (379) – NUR/ITS); meist wird die stärkere Ausgeglichenheit oder Symmetrie des Oligopols als Verschlechterung der Struktur gedeutet (so zB BGH WuW/E DE-R 3067 (3071) – Springer/ProSieben II; BKartA WuW/E DE-V 618 (623) – Viterra/Brunata; 923 (930) – Agrana/Atys; → § 36 Rn. 28). Aus welchen Gründen der Innenwettbewerb fehlt, ist gleichgültig. Von Bedeutung können **strukturelle Verbindungen** der Oligopolmitglieder über gegenseitige Beteiligungen und Gemeinschaftsunternehmen sein (dazu OLG Düsseldorf WuW/E DE-R 2094 (2099) – E.ON/Stadtwerke Eschwege, bestätigt durch BGH WuW/E DE-R 2451 (2458 f.)).

66 Zusätzlich zu strukturellen Gesichtspunkten, die eine enge Reaktionsverbundenheit erwarten lassen, ist erforderlich, dass auch **tatsächlich zwischen den Unternehmen kein Wettbewerb** stattfindet. Dieser ist nicht notwendigerweise durch die enge Rechtsverbundenheit ausgeschlossen (vgl. dazu BGH WuW/E DE-R 2905 (2917) – Phonak/GN Store; 3067 (3070) – Springer/ProSieben II). Das gilt insbes. für geheimen Rabatt- und Konditionenwettbewerb.

67 **d) Außenverhältnis (Abs. 5 Nr. 2).** Für das Außenverhältnis verweist Nr. 2 global auf Abs. 1. Die Oligopol-Unternehmen dürfen **„in ihrer Gesamtheit“** nicht wesentlichem Wettbewerb ausgesetzt sein (Abs. 1 Nr. 1 oder 2) oder müssen insgesamt eine „überragende Marktstellung“ innehaben (Abs. 1 Nr. 3; Beispiel: OLG Düsseldorf WuW/E DE-R 2094 (2100) – E.ON/Stadtwerke Eschwege, bestätigt durch BGH WuW/E DE-R 2451 (2459)). Für die Alt. 1 ist zu fingieren, dass die Oligopol-Unternehmen ein Unternehmen darstellen. Für dieses „Unternehmen“ sind die Voraussetzungen des Abs. 1 Nr. 1 oder 2 zu prüfen, dh, ob es wesentlichem Wettbewerb ausgesetzt ist. Für die Alt. 2 reicht die formale Addition der Marktanteile und der Ressourcen nicht aus; auch die einzelnen Oligopol-Mitglieder müssen die Außenseiter überragen (dazu auch BKartA WuW/E 2247 (2250) – Hüls/Condea; vgl. auch Kleinmann/Bechtold § 22 Rn. 212 f.).

68 **e) Nachfrager-Oligopol.** Grundsätzlich können auch mehrere nachfragende Unternehmen gemeinsam marktbeherrschend sein und so ein Nachfrager-Oligopol bilden (dazu KG WuW/E 3917 (3927) – Coop/Wandmaker). Nachfrager-Oligopol-Marktbeherrschung ist allerdings wesentlich **seltener** als Angebots-Marktbeherrschung (vgl. dazu einerseits BKartA WuW/E 2161 (2166) – Coop/Wandmaker und WuW/E 2060 (2061) – Metro/Kaufhof, andererseits KG WuW/E3917 (3927) – Coop/Wandmaker). Die Träger der gesetzlichen Krankenversicherung bilden trotz des durch SGB V vorgegebenen „harmonisierten Zusammenwirkens“ und dadurch erfolgten Zusammenschlusses zu einem „Nachfragekartell“ kein Oligopol iSd Abs. 5 (BGH WuW/E DE-R 1139 (1140 f.); LG Leipzig WuW/E DE-R 603 (604) – Wiederverwendbare Hilfsmittel).

9. Marktbeherrschungsvermutungen (Abs. 4, 6 und 7)

69 **a) Gesetzgebungsgeschichte.** Das Gesetz enthält Marktbeherrschungsvermutungen, und zwar in Abs. 4 für die Einzelmarktbeherrschung, in Abs. 6 und 7 für die Oligopol-Marktbeherrschung. Der RegE zur 6. GWB-Novelle 1998 enthielt im **allgemeinen Marktbeherrschungsrecht** (§ 19 aF) bewusst keine Marktbeherrschungsvermutung mehr. In der Begründung dazu (BR-Drs. 852/97, 37) wurde

darauf abgestellt, dass auch Art. 102 AEUV keine Marktbeherrschungsvermutungen kenne; außerdem habe die frühere Vermutungsregelung in § 22 Abs. 3 aF bei der Missbrauchsaufsicht kaum praktische Bedeutung erlangt, „weil die Marktbeherrschung bei der Missbrauchsaufsicht in der Ex-Post-Betrachtung festgestellt werden muss". Dafür sah der RegE in § 36 Abs. 2 ausschließlich für die **Fusionskontrolle** eine Marktbeherrschungsvermutung vor, die die Vermutung des § 22 Abs. 3 Nr. 1 aF für die Einzelmarktbeherrschung mit der fusionskontrollspezifischen Oligopolvermutung des § 23a Abs. 2 aF kombinierte. In einer späten Phase des Gesetzgebungsverfahrens ist das korrigiert worden, und zwar so, dass es keine fusionskontrollspezifischen Marktbeherrschungsvermutungen mehr gab, sondern nur noch § 19 Abs. 3 aF, der **für das allgemeine Marktbeherrschungsrecht gleichermaßen wie für die Fusionskontrolle** gilt.

Die durch die 6. GWB-Novelle begründete Rechtslage ist bis zur 8. GWB- 70
Novelle aufrechterhalten geblieben. Die 8. GWB-Novelle hat in dem neuen § 18 die bisher in § 19 Abs. 3 aF zusammengefassten Vermutungen rechtstechnisch getrennt. Abs. 4 bezieht sich auf die **Einzelmarktbeherrschung** und knüpft damit materiell an die vorangehenden Abs. 1–3 an. Abs. 6 und 7 beziehen sich auf die **Oligopol-Marktbeherrschung** und knüpfen damit materiell an die Regelung in Abs. 5 an. In Fortführung des früheren Wortlauts in § 19 Abs. 3 aF spricht der Gesetzgeber in Bezug auf die Einzelmarktbeherrschung von **„Vermutung"**, während es in Abs. 6 heißt, dass eine Gesamtheit von Unternehmen als marktbeherrschend **„gilt"**. Neu ist, dass die zuletzt genannte Regelung in Abs. 7 ebenfalls als „Vermutung" qualifiziert wird. Das legt den Schluss nahe, dass beide Vermutungen – Einzelmarktbeherrschungsvermutung in Abs. 4 und Oligopol-Vermutungen in Abs. 6 und 7 – dieselbe Rechtsnatur haben. Das entspricht aber nicht der Rechtslage bis zur 8. GWB-Novelle, in der durchaus, ohne sichere Grundlage in den Wortlauten, den Vermutungen unterschiedliche Qualitäten beigelegt wurden. Nach der Begründung zum Regierungsentwurf (BT-Drs. 17/9852, 23) soll die Neugliederung in § 18 **keine „Änderung des materiellen Gehalts der Vorschrift"** bedeuten. Auf dieser Grundlage kann und muss weiterhin differenziert werden zwischen der Einzelmarktbeherrschungsvermutung des Abs. 4 und der Oligopol-Marktbeherrschungsvermutung in Abs. 6 und 7 (zu dieser Differenzierung OLG Düsseldorf WuW/E DE-R 3000 (3005) – Tankstellenbetriebe Thüringen).

**b) Einzelmarktbeherrschungsvermutung (Abs. 4): Rechtsnatur der Ver- 71
mutung.** Die Vermutung in Abs. 4 betrifft nur die Einzelmarktbeherrschung, nimmt also Bezug auf Abs. 1–3. Sie ist im Kern formuliert wie § 22 Abs. 3 S. 1 Nr. 1 idF bis zur 6. GWB-Novelle 1998 – allerdings ohne die dort noch vorgesehene Umsatzschwelle – und führt damit die insoweit unsichere Rechtslage des alten Rechts fort. Die Rechtsnatur dieser – durch die 2. GWB-Novelle 1973 eingeführten – Vermutung ist nach wie vor unklar.

Im **Verwaltungsverfahren** haben die Kartellbehörden die Vermutungsvoraus- 72
setzungen nachzuweisen (vgl. dazu OLG Düsseldorf WuW/E DE-R 1159 (1161) – BASF/NEPG) und die formelle Beweislast in dem Sinne, dass sie nach dem **Amtsermittlungsgrundsatz** die materiellen Voraussetzungen der Marktbeherrschung festzustellen versuchen müssen. Wenn nach Ausschöpfung aller Erkenntnismittel und entsprechender Würdigung des gesamten Verfahrensergebnisses eine marktbeherrschende Stellung weder auszuschließen noch zu bejahen ist, trifft die **materielle Beweislast (dh das Risiko des non liquet) das betroffene Unternehmen.** Dementsprechend entfaltet die Einzelmarktbeherrschungsvermutung nur dann eine Wirkung, wenn nach Ausschöpfen der Ermittlungsmöglichkeiten des BKartA und der Prüfung durch die Gerichte eine marktbeherrschende Stellung weder auszuschließen noch zu bejahen ist. In diesem Falle gilt das betroffene Unternehmen, wenn ihm der Gegenbeweis nicht gelingt, als Marktbeherrscher (dazu BGH WuW/

E 1749 (1754) – Klöckner/Becorit; 2231 (2237 f.) – Metro/Kaufhof; ebenso Immenga/Mestmäcker/Fuchs Rn. 190; Bunte/Töllner Rn. 247; vgl. auch Thomas WuW 2002, 470).

73 In **Kartell-Zivilverfahren** ist die Rspr. zur Bedeutung der Vermutung uneinheitlich; nach hM kommt der Vermutung hier allenfalls eine **Indizwirkung, keine Beweislastumkehr** zu (Bunte/Töllner Rn. 249; gegen Anwendbarkeit im Zivilverfahren OLG Düsseldorf WuW/E 1913 – Allkauf; offen gelassen in WuW/E 3895 (3896) – Vermessungsauftrag; vgl. auch Pohlmann ZHR 164 (2000), 589). Sie wirkt sich mittelbar dadurch aus, dass das in Anspruch genommene Unternehmen sich nicht auf ein unsubstantiiertes Bestreiten zurückziehen kann, sondern substantiiert darlegen muss, warum es trotz der – vom Anspruchsteller zu beweisenden – Erfüllung des Vermutungstatbestands nicht marktbeherrschend ist (BGH WuW/E 2483 (2489) – Sonderungsverfahren; OLG München WuW/E DE-R 2978 (2983 f.) – VISA-Bargeldabhebung). Im **Bußgeldverfahren** gilt die Vermutung nicht (so auch Thomas WuW 2002, 470). Es gilt der Grundsatz, dass straf- und quasi-strafrechtliche Tatbestände nur dann eine Sanktion auslösen können, wenn die Erfüllung aller Tatbestandsmerkmale unabhängig von Beweislastregeln zweifelsfrei feststeht.

74 **c) Einzelmarktbeherrschung: Vermutungsvoraussetzungen und Widerlegung.** Die Vermutung des Abs. 4 ist erfüllt, wenn ein Unternehmen einen **Marktanteil von mindestens 40 %** hat. Die 8. GWB-Novelle hat die 40 % an die Stelle von 33 1/3 % gesetzt. Das wurde zu Recht damit begründet, die behördliche Praxis habe gezeigt, dass eine marktbeherrschende Stellung eines einzelnen Unternehmens mit einem Marktanteil von einem Drittel heute nur noch in Ausnahmefällen vorkomme (Begr. z. RegE BT-Drs. 17/9852, 23). Zur Feststellung und Berechnung des Marktanteils → Rn. 35 f. Räumlich knüpft die Marktanteilsvermutung an den räumlich relevanten Markt im ökonomischen Sinne ohne rechtlich-normative Begrenzung an (→ Rn. 27). Sie setzt also je nach dessen Abgrenzung einerseits nicht voraus, dass die Grenze von 40 % im gesamten Geltungsbereich des Gesetzes überschritten wird, und kann sich andererseits auch auf ein Gebiet beziehen, das **größer als das Bundesgebiet** ist (§ 18 Abs. 2). Haben zwei Unternehmen mindestens 40 % Marktanteil, ist die Vermutung des S. 1 nicht anwendbar; hier heben sich die gegen mehrere Unternehmen wirkenden Vermutungen des S. 1 auf (vgl. dazu auch Kleinmann/Bechtold § 22 Rn. 239 mwN; ebenso Immenga/Mestmäcker/Fuchs Rn. 196). Die Vermutung indiziert das **Bestehen einer Einzelmarktbeherrschung iSv Abs. 1** (einschränkend dazu KG WuW/E DE-R 94 (98) – Hochtief –Philipp Holzmann; vgl. auch BKartA WuW/E DE-V 337 (338) – Novertis/Wesley Jessen). In der **Fusionskontrolle** wirkt die Vermutung nur für das Bestehen bzw. die Begründung der Marktbeherrschung iSv § 36 Abs. 1, **nicht für die Verstärkung** einer schon bestehenden Marktbeherrschung. Das BKartA muss zusätzlich nachweisen, dass die durch die Vermutung indizierte Marktbeherrschung gerade durch den Zusammenschluss „begründet“ oder „verstärkt“ wird (grds. ebenso KG WuW/E 3051 (3080) – Morris/Rothmans; FK-KartellR/Rieger § 36 Rn. 44). Sind die Vermutungsvoraussetzungen sowohl vor als auch nach dem Zusammenschluss erfüllt, bedarf die **Verstärkung** sowieso **eines besonderen Nachweises** (vgl. dazu Kleinmann/Bechtold § 23a Rn. 84 f.). Die Einzelmarktbeherrschungsvermutung ist **widerlegt,** wenn das Unternehmen wesentlichem Wettbewerb ausgesetzt ist und keine überragende Marktstellung hat; beide Alternativen des Abs. 1 Nr. 2 und 3 sind also jeweils isoliert zu untersuchen (vgl. BGH WuW/E 1501 (1504) – Kfz-Kupplungen). Die Marktbeherrschungsvermutung ist außerdem widerlegt, wenn ein anderes Unternehmen die Voraussetzungen der Einzelmarktbeherrschung erfüllt oder wenn der betreffende relevante Markt von einem Oligopol beherrscht wird.

75 Die **Vermutungen der Abs. 4, 5 und 6 sind nicht unbeschränkt nebeneinander anwendbar,** da ein Markt nicht zugleich durch ein Monopol und ein

Oligopol beherrscht werden kann. Sind die **Voraussetzungen beider Vermutungen** erfüllt, so könnte Marktbeherrschung allenfalls zulasten des Unternehmens vermutet, für das beide Vermutungen übereinstimmend erfüllt sind (str.; wie hier Kleinmann/Bechtold § 22 Rn. 241; gegen die Anwendbarkeit der Vermutungen noch KG WuW/E 2234 (2235) – Tonolli/Blei- und Silberhütte Braubach; vgl. außerdem Bunte/Töllner Rn. 270: kein Rangverhältnis zwischen den Vermutungen). Das BKartA geht dagegen davon aus, dass in diesen Fällen auf den „Schwerpunkt" abzustellen sei. Entscheidend für die Anwendung der einen oder anderen Vermutung sei das Innenverhältnis zwischen den führenden Marktteilnehmern (BKartA WuW/E DE-V 427 (428) – 3 M/ESPE). Richtig ist wahrscheinlich, dass in einem solchen Fall keine der Vermutungen anwendbar ist: **Wenn sich Einzel- und Oligopolmarktbeherrschung grundsätzlich gegenseitig ausschließen, sollte das auch für diesbezügliche gesetzliche Fiktionen gelten** (differenzierend dazu Immenga/Mestmäcker/Fuchs Rn. 206).

d) Oligopol-Marktbeherrschung (Abs. 6): Rechtsnatur der Vermutung. 76
Die Vermutung in Abs. 6 betrifft die Oligopol-Marktbeherrschung, nimmt also Bezug auf Abs. 5. Sie entspricht hinsichtlich der Vermutungsvoraussetzungen – allerdings ohne die dort noch vorgesehenen Umsatzschwellen – dem § 22 Abs. 3 Nr. 2 und § 23a Abs. 2 S. 1 idF bis zur 6. GWB-Novelle 1998, hinsichtlich der Widerlegung aber nur der früher auf die Fusionskontrolle beschränkten Beweislastumkehr.

Die Vermutungen des Abs. 6 enthalten eine **echte Beweislastumkehr,** und zwar 77
gleichermaßen für **Verwaltungs- und Kartellzivilverfahren.** Die Unternehmen „gelten" nach Abs. 6 als marktbeherrschend, wenn sie nicht den Widerlegungstatbestand nach Abs. 7 „nachweisen" (zu dieser echten Beweislastumkehr BGH WuW/E 1749 (1755) – Klöckner/Becorit; Immenga/Mestmäcker/Fuchs Rn. 192). Die beteiligten Unternehmen tragen die volle formelle und materielle Beweislast (OLG Düsseldorf WuW/E DE-R 2477 (2488) – Phonak/ReSound). Angesichts des im **Verwaltungsverfahren** generell geltenden Amtsermittlungsgrundsatzes erfasst das aber nicht uneingeschränkt die (formelle) Beweisführungslast (so auch OLG Düsseldorf WuW/E DE-R 1625 (1628) – Rethmann/GfA). Häufig können die betroffenen Unternehmen keinen Beweis für Tatsachen außerhalb ihrer Einflusssphäre führen; dann trifft sie jedenfalls eine Darlegungslast für ihnen günstige Tatsachen. Im Verwaltungsverfahren muss diesen das BKartA nach dem Untersuchungsgrundsatz nachgehen (dazu Immenga/Mestmäcker/Bach § 57 Rn. 12); im **Zivilprozess** gilt bei einem nicht weiter aufgeklärten non liquet die Vermutungswirkung voll (dazu auch Pohlmann ZHR 164 (2000), 589). Im **Bußgeldverfahren** gilt die Vermutung nicht (→ Rn. 73).

e) Oligopol-Marktbeherrschung: Vermutungsvoraussetzungen (Abs. 6) 78
und Widerlegung (Abs. 7). Das Gesetz erfasst in Abs. 6 **zwei Alternativen** von Marktanteilsstrukturen, nämlich einmal (Nr. 1) bis zu drei Unternehmen mit zusammen **mindestens 50 % Marktanteil,** außerdem (Nr. 2) bis zu fünf Unternehmen mit zusammen einem Marktanteil von **mindestens zwei Dritteln (66 2/3 %).** Die Vermutungen können nur gegen die Unternehmen in der **Reihenfolge ihrer Marktanteile** angewendet werden (Kleinmann/Bechtold § 22 Rn. 243). Wenn zwei Unternehmen allein die Schwelle von 50 % erreichen, darf das dritte nicht mehr in die Vermutungswirkung einbezogen werden (aA offenbar OLG Düsseldorf WuW/E DE-R 2477 (2488) – Phonak/ReSound). Erreichen die ersten zwei oder drei Unternehmen die Marktanteilsgrenzen der Nr. 1 und gleichzeitig die ersten vier oder fünf die der Nr. 2, greifen die Vermutungen nur zulasten der Unternehmen ein, für die beide Alternativen erfüllt sind. Erfüllen bis zu drei Unternehmen die Voraussetzungen der Nr. 1, so kann nicht zulasten weiterer Unternehmen ohne Weiteres auch die Nr. 2 angewendet werden (aA wohl KG WuW/E 3051 (3070 f.) – Morris/Rothmans; Immenga/Mestmäcker/

Fuchs Rn. 207; Bunte/Töllner Rn. 280; wie hier Kleinmann/Bechtold § 23a Rn. 91 mwN). Die Fünfer-Vermutung der Nr. 2 ist gedacht als Auffangtatbestand für den Fall, dass entweder relativ hohe Marktanteile auf bis zu fünf Unternehmen gleichmäßig verteilt sind oder jedenfalls drei oder weniger Unternehmen weniger als 50 % Marktanteil haben, sie aber zusammen mit zwei weiteren doch eine besondere Gruppierung bilden. Sobald die **Marktanteilsgrenzen erreicht** sind, **erschöpfen sich die Vermutungen;** weitere Unternehmen sind dann nicht mehr einzubeziehen. Das schließt nicht aus, dass ohne die Vermutung ihre Zugehörigkeit zum marktbeherrschenden Oligopol nachgewiesen werden kann.

79 Vermutet wird, dass die **Gesamtheit der Unternehmen** marktbeherrschend ist. Das bedeutet ebenso wie beim Grundtatbestand der Oligopol-Marktbeherrschung in Abs. 6, dass damit **jedes (Oligopol-)Unternehmen** für sich allein **marktbeherrschend** ist. In der **Fusionskontrolle** wirkt die Vermutung nur für das Bestehen bzw. die Begründung der Marktbeherrschung iSv § 36 Abs. 1, **nicht für die Verstärkung** einer schon bestehenden Marktbeherrschung. Daraus folgt, dass das BKartA auch dann, wenn die Vermutung nicht widerlegt ist, nachweisen muss, dass die durch sie indizierte Marktbeherrschung gerade durch den Zusammenschluss „begründet" oder „verstärkt" wird (grds. ebenso KG WuW/E 3051 (3080) – Morris/Rothmans, auch sonst hM). Sind die Vermutungsvoraussetzungen sowohl vor als auch nach dem Zusammenschluss erfüllt, bedarf die Verstärkung sowieso eines besonderen Nachweises (vgl. dazu Kleinmann/Bechtold § 23a Rn. 84 f.; GemK/Leo, 5. Aufl. 2001, § 19 Rn. 1382).

80 Die Vermutung des Abs. 6 kann nach Abs. 7 nur durch zwei exakt umschriebene Nachweise **widerlegt** werden, nämlich alternativ durch den Nachweis des strukturell gesicherten Fortbestands wesentlichen Wettbewerbs im Innenverhältnis (Abs. 1) oder des Fehlens einer überragenden Marktstellung im Außenverhältnis (Abs. 2). Die Umkehr der Beweislast bezieht sich auf beide Erfordernisse, nicht etwa nur auf den Innenwettbewerb (str., wie hier Kleinmann/Bechtold § 23a Rn. 100). Die Tatsache, dass für die Oligopol-Vermutung des Abs. 6 die Widerlegungsmöglichkeit in Abs. 7 exakt definiert und eingegrenzt ist, während für die Widerlegung der Einzelmarktbeherrschungsvermutung des Abs. 4 nichts über die Widerlegung gesagt wird, hat keine materielle Bedeutung. Sowohl für die Einzelmarktbeherrschungs- als auch die Oligopol-Vermutung gilt, dass sie durch den Nachweis widerlegt werden können, dass die gesetzlichen Voraussetzungen der jeweiligen Marktbeherrschungsalternativen nicht vorliegen, also im Falle der Einzelmarktbeherrschungsvermutung die Voraussetzungen der Abs. 1–3 und im Falle der Oligopol-Marktbeherrschungsvermutung die Voraussetzungen des Abs. 5. Die Widerlegungstatbestände des Abs. 7 nehmen exakt Bezug auf die materiellen Voraussetzungen des Abs. 5 und grenzen die Widerlegungsmöglichkeiten weder ein noch erweitern sie.

81 Für das **Innenverhältnis** kommt es nach Abs. 7 Nr. 1 darauf an, dass die Wettbewerbsbedingungen zwischen den (Oligopol-)Unternehmen wesentlichen Wettbewerb erwarten lassen. Aktueller Wettbewerb reicht nicht aus; die Wettbewerbsbedingungen müssen auch für die Zukunft wesentlichen Wettbewerb erwarten lassen. Die aktuellen und früheren Wettbewerbsverhältnisse können aber Indizien sein für eine Zukunftsprognose, soweit sie auf strukturellen Ursachen beruhen und nicht nur Ergebnis jederzeit veränderbaren Marktverhaltens sind (dazu BKartA WuW/E DE-V 109 (110) – Dow Chemical/Shell). Materiell sind im Rahmen des Widerlegungstatbestandes alle Gesichtspunkte von Bedeutung, aus denen sich wesentlicher Wettbewerb iSv Abs. 1 Nr. 1 und 2 ergibt (→ Rn. 33; vgl. auch BKartA WuW/E DE-V 267 (269) – Chipkarten). Der Nachweis seines strukturell gesicherten **Fortbestands** kann nach den Gesetzesmotiven der 4. GWB-Novelle 1980 insbes. dadurch erbracht werden „dass das Kräfteverhältnis innerhalb des Oligopols durch die Fusion ausgeglichener wird, ohne dass sich das Oligopol selbst wesentlich verengt" (Bericht des Wirtschaftsausschusses zur 4. GWB-Novelle, BT-Drs. 8/3690, 27; dazu auch KG WuW/E 3051 (3079 f.) – Morris/Rothmans).

Die **Verstärkung der Marktstellung eines Oligopolmitglieds** bedeutet nicht ohne Weiteres zugleich Verstärkung der beherrschenden Marktstellung des Gesamtoligopols; der in der Praxis vorgenommene Schluss von der Verstärkung eines Unternehmens auf die Verstärkung der Gesamtheit ist also unzulässig (wie hier nunmehr BKartA WuW/E DE-V 170 (176) – NZDS-Glasfaserkabel; 165 (169) – DEM-Lacke; aA noch BKartA WuW/E 1753 (1758 f.); BGH WuW/E 1763 (1765) beide im Verfahren Bituminöses Mischgut). Der Innenwettbewerb ist abhängig vom Kräfteverhältnis innerhalb des Oligopols. Wird ein Oligopol wesentlich verengt, sinken die Chancen für wesentlichen Wettbewerb. Der Wettbewerb kann intensiviert werden, wenn das Oligopol durch den Zusammenschluss **symmetrischer** wird (vgl. dazu auch KG WuW/E 2663 (2675 f.) – Texaco/Zerssen; Kleinmann/Bechtold § 23a Rn. 106 mwN); teilweise wird aber aus der Symmetrie genau das Gegenteil abgeleitet. Insoweit kommt es nicht nur auf einen Vergleich der Marktanteile an, sondern auch auf einen Vergleich aller markt- und unternehmensbezogenen Strukturmerkmale (Schwergewichte in der Tätigkeit, vertikale Verflechtungen usw, vgl. dazu BKartA WuW/E DE-V 640 (642) – Avery Dennison/Jackstädt; WuW/E DE-V 653 (659) – BASF/NEPG). Die Absicherung wesentlichen Wettbewerbs kann sich insbes. aus niedrigen Marktzutrittsschranken ergeben; beachtlich sind insbes. auch dauerhafte Überkapazitäten, zu erwartender Technologiewandel, Struktur und Verhalten gegengewichtiger Marktmacht usw (vgl. dazu auch Kleinmann/Bechtold § 23a Rn. 107 mwN). Auch sprechen der Nachweis von Preisschwankungen, Innovationspotenzialen und einer starken Marktgegenseite gegen das Vorliegen eines marktbeherrschenden Oligopols (BKartA WuW/E DE-V 109 (111 f.) – Dow Chemical/Shell; 235 (238 f.) – Dürr/Alstom). 82

Für das **Außenverhältnis** ist die Oligopolvermutung des Abs. 6 nach Abs. 7 Nr. 2 durch den Nachweis widerlegbar, dass die „Gesamtheit der Unternehmen im Verhältnis zu den übrigen Wettbewerbern **keine überragende Marktstellung**“ hat. Die Oligopolisten sind gedanklich in ihrer Stellung gegenüber den Außenseitern **wie ein einheitliches Unternehmen** zu behandeln. Da dieses gedachte Unternehmen angesichts der Vermutungsvoraussetzungen notwendig die höchsten Marktanteile hat, wird sich iVm anderen Kriterien meist sein Überragen gegenüber den Wettbewerbern ergeben. Denkbar ist der Ausschluss eines „Überragens“, wenn einer der Außenseiter wesentlich größere Ressourcen als die Oligopolisten zusammen hat. Ob das Überragen auch durch wesentlichen Wettbewerb im Außenverhältnis ausgeräumt werden kann, ist str. (dafür Kleinmann/Bechtold § 23a Rn. 110; ebenso jedenfalls für die Verhaltenskontrolle Immenga/Mestmäcker/Fuchs Rn. 205). Anders als für das Innenverhältnis enthält das Gesetz keinen ausdrücklichen Hinweis auf die strukturelle Absicherung des Wettbewerbs im Außenverhältnis. Das beruht allein darauf, dass das Merkmal der „überragenden Marktstellung“ selbst strukturell zu interpretieren ist. In der Praxis kommt der Widerlegungsmöglichkeit durch das Fehlen einer überragenden Marktstellung im Außenverhältnis keine Bedeutung zu. 83

10. EU-Recht

Der Begriff der marktbeherrschenden Stellung spielt im EU-Recht einmal eine Rolle für die Normadressatenschaft des Missbrauchsverbots nach **Art. 102 AEUV** als auch als materielles Prüfungskriterium der **Fusionskontrolle** nach Art. 2 Abs. 2 und 3 VO 134/2004. In der Fusionskontrolle ist die Begründung oder Verstärkung einer marktbeherrschenden Stellung ebenso wie seit der 8. GWB-Novelle 2012/2013 im deutschen Recht (§ 36 Abs. 1) als (Haupt-)Beispielsfall der untersagungsbegründenden erheblichen Behinderung wirksamen Wettbewerbs aufgeführt. Für die Feststellung der Marktbeherrschung muss ebenso wie im deutschen Recht der Markt 84 sachlich und räumlich abgegrenzt werden. Die Marktanteilsschwellen, ab denen Marktbeherrschung indiziert wird, liegen tendenziell höher als die der Marktbeherrschungsvermutungen des § 18 Abs. 4 und 6 (vgl. EuG Slg. 1978, 210 – United Brands; Slg. 1979, 461 (520 f., 527 f.) – Hoffmann/La Roche; Slg. 1991, I-3359 – Akzo). Zur Oligopol-Marktbeherrschung, die durch den Wortlaut von Art. 102 AEUV dadurch erfasst wird, dass er auch den Missbrauch durch mehrere Unternehmen ahndet, gibt es im Rahmen des Art. 102 AEUV wenig Fallpraxis (vgl. Kommission ABl. 1989 L 33, 44 (65 f.)). Anderes gilt für die EU-Fusionskontrolle, in der die Begründung oder Verstärkung einer Oligopol-Marktbeherrschung als Fall der erheblichen Behinderung wirksamen Wettbewerbs häufig Gegenstand der Prüfung ist (dazu EuG EuZW 1998, 299 (308) – Kali+Salz mAnm Bechtold EuZW 1998, 313; EuG Slg. 2002, II-2585 – Airtours/Kommission; Kommission ABl. 1992 L 356, 1 – Nestlé/Perrier; vgl. dazu auch Bechtold/Bosch/Brinker FKVO Art. 2 Rn. 36).

§ 19 Verbotenes Verhalten von marktbeherrschenden Unternehmen

(1) **Der Missbrauch einer marktbeherrschenden Stellung durch ein oder mehrere Unternehmen ist verboten.**

(2) **Ein Missbrauch liegt insbesondere vor, wenn ein marktbeherrschendes Unternehmen als Anbieter oder Nachfrager einer bestimmten Art von Waren oder gewerblichen Leistungen**

1. **ein anderes Unternehmen unmittelbar oder mittelbar unbillig behindert oder ohne sachlich gerechtfertigten Grund unmittelbar oder mittelbar anders behandelt als gleichartige Unternehmen;**
2. **Entgelte oder sonstige Geschäftsbedingungen fordert, die von denjenigen abweichen, die sich bei wirksamem Wettbewerb mit hoher Wahrscheinlichkeit ergeben würden; hierbei sind insbesondere die Verhaltensweisen von Unternehmen auf vergleichbaren Märkten mit wirksamem Wettbewerb zu berücksichtigen;**
3. **ungünstigere Entgelte oder sonstige Geschäftsbedingungen fordert, als sie das marktbeherrschende Unternehmen selbst auf vergleichbaren Märkten von gleichartigen Abnehmern fordert, es sei denn, dass der Unterschied sachlich gerechtfertigt ist;**
4. **sich weigert, ein anderes Unternehmen gegen angemessenes Entgelt mit einer solchen Ware oder gewerblichen Leistung zu beliefern, insbesondere ihm Zugang zu Daten, zu Netzen oder anderen Infrastruktureinrichtungen zu gewähren, und die Belieferung oder die Gewährung des Zugangs objektiv notwendig ist, um auf einem vor- oder nachgelagerten Markt tätig zu sein und die Weigerung den wirksamen Wettbewerb auf diesem Markt auszuschalten droht, es sei denn, die Weigerung ist sachlich gerechtfertigt;**
5. **andere Unternehmen dazu auffordert, ihm ohne sachlich gerechtfertigten Grund Vorteile zu gewähren; hierbei ist insbesondere zu berücksichtigen, ob die Aufforderung für das andere Unternehmen nachvollziehbar begründet ist und ob der geforderte Vorteil in einem angemessenen Verhältnis zum Grund der Forderung steht.**

(3) [1]**Absatz 1 in Verbindung mit Absatz 2 Nummer 1 und Nummer 5 gilt auch für Vereinigungen von miteinander im Wettbewerb stehenden Unternehmen im Sinne der §§ 2, 3 und 28 Absatz 1, § 30 Absatz 2a, 2b und § 31 Absatz 1 Nummer 1, 2 und 4.** [2]**Absatz 1 in Verbindung mit Absatz 2 Nummer 1 gilt auch für Unternehmen, die Preise nach § 28 Absatz 2 oder § 30 Absatz 1 Satz 1 oder § 31 Absatz 1 Nummer 3 binden.**

Übersicht

1. Überblick

1 Der bis zur 8. GWB-Novelle geltende § 19 ist durch diese Novelle aufgeteilt worden in zwei Teile, nämlich **§ 18 mit der Definition der Marktbeherrschung** und den Marktbeherrschungsvermutungen und **§ 19 mit dem Missbrauchsverbot.** Sachliche Änderungen sind mit dieser Neugliederung nicht beabsichtigt (dazu Begr. z. RegE BT-Drs. 17/9852, 23). § 19 Abs. 1 enthält wie bisher das generelle Verbot des Missbrauchs einer marktbeherrschenden Stellung. Die bisher in Abs. 4 geregelten Hauptanwendungsfälle sind in Abs. 2 überführt worden. Neu ist dort die Formulierung der Nr. 1, die die bisher in § 19 Abs. 4 Nr. 1 und § 20 Abs. 1 getrennt geregelten Behinderungsverbote zusammenführt; außerdem ist dort nunmehr auch das Diskriminierungsverbot für marktbeherrschende Unternehmen aufgenommen worden. Wegen des Wegfalls des Tatbestandsmerkmals des „für gleichartige Unternehmen üblicherweise zugänglichen Geschäftsverkehrs" in dem bisherigen § 20 Abs. 1 stellt sich bei der neuen Nr. 1 am ehesten die Frage, ob der neue Gesetzestext nicht doch zumindest in Randbereichen auch mit einer materiellen Änderung verbunden ist; beabsichtigt ist sie aber nicht. Neu in den Katalog der Hauptanwendungsfälle in Abs. 2 wurde Nr. 5 aufgenommen, die dem § 20 Abs. 3 S. 1 aF (in der bis zum 31.12.2012 gültigen und in der nach der 7. GWB-Novelle ab 1.1.2013 vorgesehenen Fassung) entspricht. Ihre Aufnahme in § 19 ist gerechtfertigt, weil er sich an marktbeherrschende Unternehmen richtet. Soweit § 20 Abs. 3 aF auch nicht marktbeherrschende Unternehmen und Unternehmensvereinigungen betraf, ist er in dem neuen § 20 Abs. 2 fortgeführt worden. Der neue Abs. 3 entspricht dem alten § 20 Abs. 1, soweit er sich an nicht marktbeherrschende Unternehmen richtete, nämlich an Kartelle und Preisbinder. Er ist im neuen § 19 insofern ein Fremdkörper, als § 19 nach seiner Überschrift ausschließlich verbotenes Verhalten von marktbeherrschenden Unternehmen erfassen soll. Entsprechendes hätte aber auch bei einer Fortführung dieses Teils des alten § 20 im neuen § 20 gegolten. Die 9. GWB-Novelle 2017 hat Abs. 2 Nr. 5 neu gefasst (→ Rn. 84, 85). Die 10. GWB-Novelle 2021 hat die Tatbestandshandlung von der missbräuchlichen Ausnutzung auf „Missbrauch" geändert. Außerdem erweitert die 10. GWB-Novelle 2021 Abs. 2 Nr. 4 dahingehend, dass jegliche Verweigerung des Zugangs zu Plattformen, Daten, Schnittstellen, gewerblichen Schutzrechten oder anderen Vorleistungen missbräuchlich sein kann, ebenso die Verweigerung von Zugang zu gewerblichen Schutzrechten (RegE 10. GWB-Novelle 2021, 74), und nicht nur die Verweigerung von Zugang zu Netzen und physischer Infrastruktur. Zur Anwendung des § 19 im Anwendungsbereich des DMA s. § 19a Rn. 36.

2. Missbrauch: Normadressaten, Generalklausel (Abs. 1) und Enumerationsprinzip (Abs. 2)

2 Das Gesetz enthielt in der **Erstfassung von 1958 keine Missbrauchs-Generalklausel,** sondern erfasste nur Missbräuche beim Fordern oder Anbieten von Preisen, bei der Gestaltung von Geschäftsbedingungen und beim Abschluss von Kopplungsverträgen. Die 1. GWB-Novelle 1965 führte stattdessen eine Missbrauchs-Generalklausel ein. Die 4. GWB-Novelle 1980 ergänzte diese Generalklausel in § 22 Abs. 4 aF durch einen S. 2, in dem schon mit der heutigen Formulierung („Ein Missbrauch liegt insbesondere vor …") drei Missbrauchsfälle aufgeführt waren. Die 6. GWB-Novelle 1998 hat diesen Beispielskatalog um einen weiteren Fall ergänzt (Nr. 4). Tendenziell wird der Missbrauchsbegriff identisch wie in **Art. 102 AEUV** ausgelegt

(vgl. dazu BGH WuW/E DE-R 2268 – Soda-Club II), der ebenfalls auf einer Kombination von Generalklausel und (nicht abschließender) Enumeration beruht. In den Fällen, in denen der potenzielle Missbrauch den zwischenstaatlichen Handel berührt, ist der deutsche Rechtsanwender verpflichtet, neben § 19 auch Art. 102 AEUV anzuwenden. Die Nichterfüllung des EU-rechtlichen Missbrauchsbegriffs schließt dann aber die Anwendung des § 19 nicht aus (vgl. Art. 3 Abs. 1 S. 2 Kartellverfahrens-VO und § 22 Abs. 3, → § 22 Rn. 12 ff.).

Der Missbrauch nach Abs. 1 (und Abs. 2) setzt voraus, dass der Normadressat den Markt allein oder mit anderen beherrscht. Für die Marktabgrenzung und die Marktbeherrschung gilt § 18. Trotz der generellen Methode der Marktabgrenzung und der Feststellung der Marktbeherrschung kommt es vor, dass bei den einzelnen Fällen des Missbrauchs nach Abs. 2 differenziert wird, insbes. bei der Behinderung und Diskriminierung nach Abs. 2 Nr. 1. So kann es sachgerecht sein, den **relevanten Markt** ganz **eng** und **spezifisch** im Hinblick auf den potenziell Diskriminierten oder Behinderten abzugrenzen, zB bei Messeveranstaltern für bestimmte Fachmessen (OLG Hamburg NJWE-WettbR 1997, 286 (287) – fachdental Nord II), bei Gemeinden als Eigentümer von Grundstücken, die sich für den Betrieb eines Schilderprägers eignen (vgl. BGH WuW/E DE-R 1099 (1100) – Konkurrenzschutz für Schilderpräger; BGH NZKart 2021, 302) oder von öffentlichen Wegen für die Verlegung eines Stromkabels (BGH WuW/E DE-R 2581 (2584) – Neue Trift) oder bei Ersatzteilmärkten (vgl. zB BGH WuW/E 1238 (1241) – Registrierkassen; 2589 (2590) – Frankiermaschinen). Der Schutzrechtsinhaber kann auf **Lizenzmärkten** marktbeherrschend sein. Das ist aber nur der Fall, wenn die Lizenzvergabe für das Schutzrecht mangels Austauschbarkeit mit anderen Schutzrechten oder Know-how einen besonderen Markt bildet und der Schutzrechtsinhaber den Markt durch Lizenzvergaben eröffnet hat (vgl. BGH WuW/E DE-R 1329 (1331) – Standard-Spundfass II; vgl. zur unterschiedlichen Behandlung → Rn. 48; Weck NJOZ 2009, 1177 (1178)). Marktbeherrscher sind auch Unternehmen, die nach § 18 Abs. 5 einem **marktbeherrschenden Oligopol** angehören, also einer Gruppe von Unternehmen, zwischen denen wesentlicher Wettbewerb nicht besteht und die insgesamt im Außenverhältnis keinem wesentlichen Wettbewerb ausgesetzt sind oder eine überragende Marktstellung haben (→ § 18 Rn. 59 ff.). Ob die Anwendung des Diskriminierungsverbotes auf Oligopolunternehmen davon abhängt, dass die Oligopol-Unternehmen im Hinblick auf das beanstandete Verhalten gleichförmig vorgehen, ist str. (für eine solche Einschränkung der Anwendbarkeit insbes. GemK/Benisch, 4. Aufl. 1981, § 26 Abs. 2 und 3 Rn. 12; dagegen OLG Düsseldorf WuW/E 2642 – Siegener Kurier; OLG Celle WuW/E 3564 (3566) – Krankentransportdienste). Der BGH (BGH WuW/E 2195 = NJW 1986, 1877 – Abwehrblatt II; 2399 (2403) – Krankentransporte) differenziert hier. Die Anwendung des Abs. 2 Nr. 1 (früher § 20 Abs. 1) auf Oligopol-Marktbeherrscher setze nicht ein Handeln aller Oligopol-Mitglieder voraus. Es komme vielmehr darauf an, ob sich das Vorgehen des einzelnen Mitglieds ähnlich wie ein entsprechendes **Vorgehen aller Oligopol-Mitglieder** auswirke. Das kann im Einzelfall wahrscheinlich eher bei der Behinderung dargetan werden als bei der unterschiedlichen Behandlung. 3

Das Diskriminierungs- und Behinderungsverbot gilt für den Markt, auf dem die marktbeherrschende Stellung besteht, und den, auf dem sie sich darüber hinaus auswirkt (BGH WuW/E 1911 (1914) = NJW 1982, 1759 – Meierei-Zentrale, im Anschluss an BGHZ 33, 259 (263) = NJW 1961, 172 – Molkerei-Genossenschaft; → Rn. 40), und **für sonstige Drittmärkte,** in denen die beherrschende Stellung auf einem anderen Markt als Hebel verwendet wird (BGH WuW/E DE-R 1206 (1210) – Strom und Telefon I und II, anders noch BGH WuW/E 2483 (2490) – Sonderungsverfahren). Das hat Bedeutung insbes. für **Kopplungsfälle.** Eine unzulässige Kopplung liegt zB vor, wenn der marktbeherrschende Anbieter von Fernwärme einen Preisvorteil für die Fernwärme anbietet, wenn der Abnehmer zugleich 4 auch Strom und Gas bezieht (BGH WuW/E DE-R 1206 (1210) – Strom und Telefon I und II; OLG Düsseldorf WuW/E DE-R 2287 – Stadtwerke Düsseldorf). Vgl. zum Verhältnis beherrschter Sekundärmärkte zu nicht beherrschten Primärmärkten Stefan Bechtold, Die Kontrolle von Sekundärmärkten, 2007; Stefan Bechtold FS Rainer Bechtold, 2006, 31; → Rn. 11.

5 § 19 Abs. 1 verbietet allgemein „den Missbrauch einer marktbeherrschenden Stellung". Er enthält also eine **Generalklausel.** Die 10. GWB-Novelle 2021 hat die Tatbestandshandlung von der missbräuchlichen Ausnutzung auf „Missbrauch" geändert. Aus der Formulierung „missbräuchliche Ausnutzung" wurde teilweise gefolgert, dass eine strikte Kausalität zwischen der Marktbeherrschung einerseits und dem Missbrauch andererseits bestehen muss, also nur dann ein Missbrauch tatbestandsmäßig war, wenn sich die Möglichkeit des Missbrauchs gerade aus der marktbeherrschenden Stellung ergab. Nach dem RegE soll die Formulierung klarstellen, dass eine strikte Kausalität im Sinne einer Verhaltenskausalität zwischen Marktbeherrschung und Missbrauch gerade nicht notwendig ist (RegE 10. GWB-Novelle 2021, 72). Nach dem RegE soll auch der Konditionsmissbrauch nicht voraussetzen, dass das missbräuchliche Verhalten nur aufgrund der marktbeherrschenden Stellung ermöglicht wurde (RegE 10. GWB-Novelle 2021, 73). Allein aus der durch die Marktbeherrschung eingeschränkten Möglichkeit der Marktgegenseite, sich dem Verhalten des Normadressaten zu entziehen, soll sich die „normative Kausalität" aus dem Gesetzeszweck des Schutzes der Marktgegenseite einschließlich der Verbraucher vor Machtausübung und Übervorteilung sowie des Schutzes vor machtbedingter Fremdbestimmung durch Vertragspartner ergeben (RegE 10. GWB-Novelle 2021, 73). Allerdings darf die **Änderung nicht so verstanden werden,** dass **§ 19 für jede Art von rechtswidrigem Verhalten durch marktmächtige Unternehmen anwendbar** ist. Nach dem RegE 10. GWB-Novelle 2021 (S. 72) können Verstöße gegen **Rechtsnormen, welche nicht den Inhalt von Marktbeziehungen zum Gegenstand haben oder auf sie einwirken, auch künftig keinen Verstoß gegen Abs. 1** begründen. Verstöße von marktbeherrschenden Unternehmen gegen Steuerrecht, Arbeitsrecht oder Umweltrecht fallen nicht unter § 19, da § 19 nur die Einwirkung auf Marktbeziehungen schützt. Dies liegt auch auf der Linie des BGH in der Facebook-Entscheidung: Zwar ist danach die Verhaltenskausalität eine hinreichende, aber keine notwendige Voraussetzung für den Verstoß gegen Abs. 1 (BGH NZKart 2020, 473; ausf. Bien/Käseberg/Klumpe/Körber/Ost 10. GWB-Novelle/Bueren Kap. 1 Rn. 14 ff.). Abs. 1 erfasst auch ein Verhalten eines Marktbeherrschers, das sich auf **Drittmärkten** auswirkt (dazu BGH WuW/E DE-R 1555 (1556) – Friedhofsruhe; 1055 (1057) – Ruhrnet; OLG Düsseldorf WuW/E DE-R 880 (883) – Strom & Fon; KG WuW/E 3124 (3129) – Milchaustauschfuttermittel). Für die Generalklausel des Abs. 1 bleibt gegenüber den Anwendungsfällen des Abs. 2 nur ein geringer Anwendungsspielraum, insbes. für Verhaltensweisen gegenüber **privaten Endverbrauchern,** die von den Nr. 1, 4 und 5 nicht erfasst werden (→ Rn. 35 und BGH WuW/E DE-R 3145 (3155 f.) – Entega II) und den **Missbrauch durch Kopplungsangebote,** der aber meist ein Behinderungsmissbrauch nach Abs. 2 Nr. 1 sein wird (vgl. dazu BGH WuW/E 2406 – Inter-Mailand-Spiele: Missbrauch nach S. 1; OLG Düsseldorf WuW/E 1935 (1939) und BKartA WuW/E DE-V 1177 – Soda-Club: Abs. 4 Nr. 1). Abs. 2 enthält seit der 8. GWB-Novelle 2012/2013 alle Missbrauchskategorien, die bisher entwickelt worden sind (dazu auch Wiedemann KartellR-HdB/Wiedemann § 23 Rn. 54), nämlich außer der Diskriminierung und den Behinderungsmissbrauch (Nr. 1), den Ausbeutungsmissbrauch (Nr. 2), den Strukturmissbrauch (Nr. 3), den im EU-Recht und in einzelnen Wirtschaftsbereichen entwickelten Missbrauch durch Zugangsverweigerung (Nr. 4) sowie den Missbrauch durch Aufforderung oder Veranlassung zur Gewährung von Vorteilen (Nr. 5). Aus den Einleitungen zu Abs. 2 wird deutlich, dass Missbräuche nicht nur von **Anbietern,** sondern auch von **Nachfragern** erfasst werden. In der Praxis standen bisher Maßnahmen gegen Missbräuche von marktbeherrschenden Anbietern ganz im Vordergrund. Die Möglichkeit, auch Missbräuche der Nachfrager kartellrechtlich zu erfassen, ist nach wie vor unsicher. Verwaltungspraxis und Rspr. haben dazu noch keine verlässlichen besonderen Maßstäbe entwickelt.

3. Behinderungsmissbrauch (Abs. 2 Nr. 1 Fall 1)

a) Allgemeine Charakterisierung. Die durch die 8. GWB-Novelle 2012/2013 neu formulierte Nr. 1 fasst zwei unterschiedliche Missbrauchsformen zusammen, nämlich einmal die unbillige Behinderung, zum anderen die sachlich nicht gerechtfertigte andersartige Behandlung (Diskriminierung). 6

Anders als beim Ausbeutungsmissbrauch (Nr. 2) orientiert sich der Behinderungsmissbrauch nicht am Verhalten, das bei wirksamem Wettbewerb möglich wäre. Marktbeherrschenden Unternehmen werden durch das Verbot des Behinderungsmissbrauchs „**zusätzliche Rücksichtnahmepflichten** auferlegt, die sie sowohl gegenüber der Marktgegenseite wie gegenüber der Marktnebenseite verpflichten, wettbewerbsinkonformes, leistungsfremdes Marktverhalten zu unterlassen, um so einer weiteren Verschlechterung der Wettbewerbsbedingungen entgegenzuwirken" (vgl. KG WuW/E 2402 = BB 1981, 1110 – Fertigfutter/Effem mAnm Markert BB 1981, 1113 f.). Nr. 1 erfasst missbräuchliche Verhaltensweisen auch gegenüber Nicht-Wettbewerbern des Marktbeherrschers, insbes. seinen aktuellen oder potenziellen Abnehmern. Zur weiteren Konkretisierung kann auch die Rspr. des EuGH und des EuG zum Behinderungsmissbrauch nach Art. 102 AEUV herangezogen werden, zB zum Missbrauch durch längerfristige ausschließliche Bezugsverpflichtungen (→ § 1 Rn. 73 f.; OLG Düsseldorf ZNER 2001, 255 (258) mAnm Markert = WuW/E DE-R 854 – Stadtwerke Aachen; Bechtold/Bosch/Brinker AEUV Art. 102 Rn. 41). Erfasst werden Behinderungen durch marktbeherrschende Anbieter und Nachfrager. 7

b) Wettbewerblich nachteilige Maßnahme. Behinderung meint jede wettbewerblich nachteilige Maßnahme. Da jedenfalls im horizontalen Anbieter-Wettbewerb immer der Erfolg des einen auch der Misserfolg des anderen ist, ist jede wettbewerblich erfolgreiche Maßnahme für den betroffenen Wettbewerber eine nachteilige Maßnahme. Das macht deutlich, dass der missbräuchliche Charakter der Behinderung sich erst aus der Unbilligkeit ergibt. Entsprechend den Schwergewichten in der Anwendung der früheren Behinderungsverbote in § 19 Abs. 4 Nr. 1 und § 20 aF wird im Folgenden zwischen allgemein behindernden Maßnahmen, die die Wettbewerbsmöglichkeit aller oder einer Vielzahl von **Wettbewerbern** betreffen, und gegen bestimmte Wettbewerber der **Marktgegenseite** gerichtete Einzelmaßnahmen differenziert. Das Behinderungsverbot gilt nicht nur im Horizontalverhältnis: Behinderung ist auch denkbar gegenüber Unternehmen, die auf **vor- oder nachgelagerten Marktstufen** tätig sich (→ § 19 Rn. 14; OLG Hamburg NZKart 2023, 563 (566) – Vignettenwerbung bei Google). 8

c) Allgemeine Behinderung. Die Wettbewerbsmöglichkeiten anderer Unternehmen werden durch jede Steigerung der Marktmacht des Beherrschers beeinträchtigt (zur Erheblichkeit → Rn. 12). Für Behinderungen durch Anbieter sind auch an sich neutrale Mittel wie Preisunterbietungen (dazu OLG Düsseldorf WuW/E DE-R 867 (869 f.) – Germania) oder Umsatzboni und Treuerabatte geeignet. Ein marktbeherrschender Nachfrager behindert seinen Wettbewerber zB dadurch, dass er Zuschläge auf seine Zahlungen als Nachfrager leistet, um den Absatz anderer Produkte zu beeinträchtigen; dann liegt zugleich eine Behinderung der Wettbewerber auf dem Markt vor, auf dem der Nachfrager als Anbieter tätig ist (vgl. KG WuW/E 3124 – Milchaustauschfuttermittel). Auch Kopplungen können unbillige 9

Behinderung sein (vgl. dazu BKartA WuW/E DE-V 1177 – Soda-Club; → Rn. 11). Das Gleiche kann für die Weigerung gelten, Dritten eine bestimmte Grundstücksnutzung zu gestatten (vgl. BGH RdE 2009, 378 (379 f.) – Neue Trift); dann können auch die Voraussetzungen der Nr. 4 erfüllt sein (→ Rn. 69). Die wettbewerbsbeschränkende Wirkung **längerfristiger ausschließlicher Bezugsverpflichtungen** kann zu einer Behinderung der Absatzmöglichkeiten der Wettbewerber des bindenden Lieferanten führen (KG WuW/E DE-R 1595 f. – Blumendistanzhandel). Langfristige ausschließliche oder mehr als 50 % des Bedarfs deckende **Bezugsverpflichtungen bei Gas und Strom** verstoßen idR wegen der Ausschlusswirkungen für alle anderen Anbieter gegen Abs. 2 Nr. 1 (→ § 1 Rn. 73 f.; OLG Düsseldorf WuW/E DE-R 1757 (1771 f.) – E.ON-Ruhrgas; Markert ZNER 2001, 260 (261) zu OLG Düsseldorf WuW/E DE-R 854 – Stadtwerke Aachen; Dreher ZWeR 2003, 3). Gleiches gilt für langfristige Mietverträge eines Schilderprägeunternehmens mit einer Kraftfahrzeugzulassungsstelle, die andere Interessenten behindern (OLG Düsseldorf NJW 2009, 1087 (1088), dazu auch BGH NZKart 2021, 302 bei einer Mietdauer über 5 Jahre). Behinderungsmissbrauch kann auch die Forderung eines Grundstücksvermieters sein, auf dem Grundstück bestimmte Waren und keine Konkurrenzwaren zu verkaufen (dazu OLG München NZKart 2013, 251 (252)).

10 Vor Einführung des Tatbestandes der Nr. 1 durch die 4. GWB-Novelle 1980 hatte das KG 1977 für den Behinderungsmissbrauch eine „schwerwiegende **Marktstruktur-Verschlechterung** durch **leistungsfremde Praktiken**" gefordert (KG WuW/E 1767 (1773) – Kombinationstarif; 1983 (1985) – Rama-Mädchen). Diese Formel hatte sich als problematisch erwiesen, weil eine effektive Verschlechterung der Marktstruktur in den seltensten Fällen nachweisbar ist. Unter Umständen kann sie auch erst bewiesen werden, wenn die Verschlechterung schon vollendet ist, der Behinderungsmissbrauch also Erfolg hatte. Außerdem war kaum exakt zu bestimmen, wann eine Praxis „leistungsfremd" war. Dieses Kriterium barg die Gefahr in sich, dass allgemeine wettbewerbsrechtliche Gesichtspunkte in die kartellrechtliche Beurteilung miteinbezogen würden. Das war systemfremd, weil es im Recht der Marktbeherrschung weniger auf das Vorgehen des Marktbeherrschers ankommen kann als vielmehr auf die Wirkung. Verhaltensweisen werden als leistungsfremd (wettbewerbsinkonform) qualifiziert, „wenn sie den eigentlichen Leistungswettbewerb – Förderung der Absatztätigkeit durch eigene tüchtige Leistung – verlassen, ohne dass sie etwa schon in den Bereich unlauterer Wettbewerbshandlungen iSd UWG einzuordnen sind" (kritisch zum Kriterium der Leistungsfremdheit OLG Düsseldorf WuW/E 880 (883 f.) – Strom & Fon). **Treue- und Jahresumsatzrabatte** sowie wirtschaftlich vergleichbare Bonussysteme werden als leistungsfremd gewertet, weil sie unabhängig von der tatsächlichen Bezugsmenge des Käufers allein deshalb gewährt werden, um den Abnehmer wirtschaftlich an sich zu binden und vom Bezug bei konkurrierenden Anbietern abzuhalten (KG WuW/E 2403 – Fertigfutter/Effem).

11 Ob sich diese Beeinträchtigung auf dem beherrschten Markt oder auf **Drittmärkten** auswirkt, ist gleichgültig (BGH WuW/E DE-R 1283 – Der Oberhammer; 1555 (1556) – Friedhofsruhe; KG WuW/E 3124 – Milchaustauschfuttermittel). Letzteres ist der Fall bei **Kopplungsgeschäften,** die sich über die Kopplung mit Produkten oder Dienstleistungen, die anderen als den beherrschten Märkten zuzurechnen sind, auf Drittmärkten auswirken (dazu BGH WuW/E DE-R 1206 und 1210) – Strom und Telefon I/II; OLG Düsseldorf WuW/E DE-R 2287 – Stadtwerke Düsseldorf; OLG Hamburg WuW/E DE-R 2831 (2835 f.) – CRS-Betreiber/Lufthansa). Die Voraussetzung, dass das behinderte Unternehmen auch auf dem beherrschten Markt tätig ist (so OLG Düsseldorf WuW/E DE-R 3788 (3791 f.) – Schilderprägeunternehmen), ist nach der Gesetzesfassung der 8. GWB-Novelle nicht mehr haltbar (Immenga/Mestmäcker/Fuchs Rn. 81). Zu Drittmarktmissbräu-

chen gehört auch der Fall der missbräuchlichen **Quersubventionierung.** Eine solche kann vorliegen, wenn die auf dem einen – nicht beherrschten – (Dritt-)Markt anfallenden Kosten auf den anderen – beherrschten – Markt abgewälzt werden und dadurch Wettbewerber auf dem Drittmarkt durch Angebote ausgeschaltet werden, die nicht auf Effizienz, sondern derartigen Kostenverlagerungen beruhen (vgl. dazu OLG Frankfurt a. M. WuW/E DE-R 1589 (1590 f.) – Fernsehzeitschrift; OLG Celle WuW/E DE-R 1592 – Einkauf aktuell). Etwas anderes kann gelten, wenn das Verhalten des Marktbeherrschers sich nicht auf dem beherrschten Markt, sondern **ausschließlich** auf einem Drittmarkt auswirkt (vgl. dazu OLG Frankfurt a. M. WuW/E DE-R 1589 (1590) – Fernsehzeitschrift im Anschluss u.a. an BGH WuW/E BGH 2483 – Sonderungsverfahren). Das Verhältnis von beherrschten und nicht beherrschten Märkten spielt auch eine Rolle bei der Beurteilung der Strategie, Gewinnnachteile auf wettbewerblichen **Primärmärkten** durch hohe Preise auf beherrschten **Sekundärmärkten** auszugleichen. Die Betriebsmittel für ein Gerät oder System bilden grds. einen besonderen Markt; die Strategie, Wettbewerber vom Zutritt auf den Markt der Betriebsmittel (Sekundärmarkt) auszuschließen, kann missbräuchlich sein (BGH WuW/E DE-R 2268 – Soda-Club II; Vorinstanz OLG Düsseldorf WuW/E DE-R 1935; vgl. generell dazu Stefan Bechtold, Die Kontrolle von Sekundärmärkten, 2007; Stefan Bechtold FS Rainer Bechtold, 2006, 31 ff.; Kühnert/Xeniadis WuW 2008, 1054 ff.,). Das LG Frankfurt a. M. (18.8.2013 – 2–06 O 182/12 u.a.; bestätigt durch OLG Frankfurt a. M. NZKart 2015, 107 – Kabel Deutschland; zur Marktabgrenzung Möschel WuW 2014, 383; Dreher/Glöckle ZWeR 2014, 233) kam zu dem Ergebnis, dass keine marktbeherrschende Stellung des Vermieters von Kabelschächten gegenüber dem Unternehmen vorliegt, das vom Eigentümer der Kabelschachtanlage das Kabelnetz erworben und die Kabelschächte gemietet hat. Das OLG Frankfurt a. M. nahm in der Berufung dagegen an, dass eine marktbeherrschende Stellung bezogen auf die Kabelschächte bestand (OLG Frankfurt a. M. NZKart 2015, 107 – Kabel Deutschland; ebenso BGH NZKart 2022, 154 (155) – Kabelkanalanlagen II).

In der bis zur 8. GWB-Novelle 2012/2013 geltenden Fassung des § 19 Abs. 4 **12** Nr. 1 war eine **quantitative Mindestschwelle** vorgesehen: Die Behinderung bzw. Beeinträchtigung der Wettbewerbsmöglichkeiten anderer Unternehmen sollte nur missbräuchlich sein, „wenn sie sich in einer für den Wettbewerb auf dem Markt **erheblichen Weise**“ auswirkt. Diese Erheblichkeitsschwelle gilt weiter, und zwar nicht nur aufgrund der Motive des Gesetzgebers, dass sachlich die Umstellungen in der 8. GWB-Novelle keine Änderungen mit sich bringen sollen, sondern auch aufgrund der Tatsache, dass ohne eine solche Erheblichkeitsschwelle die Grenzziehung zwischen der wettbewerbskonformen Behinderung und dem, was darüber hinausgeht, nicht möglich wäre. Jede erfolgreiche Wettbewerbsmaßnahme ist eine Behinderung anderer Wettbewerber. Sie ist nur dann unzulässig, wenn sie für den Wettbewerb auf dem Markt erheblich und unbillig ist (→ Rn. 16 ff.). Die allgemeine Behinderung muss also in einer erheblichen Weise „die allgemeinen Wettbewerbsmöglichkeiten“ negativ beeinflussen (dazu BGH WuW/E DE-R 1210 (1211) – Strom und Telefon II). Jedenfalls ist erforderlich, dass sich die Behinderung **tatsächlich auswirkt;** die bloße Eignung zur Beeinträchtigung der Wettbewerbsverhältnisse oder der erfolglose Versuch reichen nicht aus (OLG Düsseldorf WuW/E DE-R 2806 (2809) – Trassennutzungsänderung).

d) „Gezielte“ Behinderung. Der Behinderungstatbestand erfasst nicht nur Ver- **13** haltensweisen, die allgemein den Wettbewerb und die Wettbewerbsmöglichkeiten beeinträchtigen („allgemeine Behinderung“), sondern auch solche, die sich konkret gegen **bestimmte** Unternehmen richten. Früher war diese Form der Behinderung für die „unbillige Behinderung“ in § 20 Abs. 1 aF kennzeichnend. Sie hat ein Schwergewicht in der zivilrechtlichen Auseinandersetzung, in der der Behinderte als

„Betroffener“ iSv §§ 33, 33a Schadensersatz- und Unterlassungsansprüche geltend macht.

14 Unter diesem Aspekt bezieht sich die „unbillige“ Behinderung einerseits auf das **Verhältnis zu Wettbewerbern** des (angeblich) Behindernden; der Behinderungstatbestand kann aber andererseits **auch auf vor- oder nachgelagerte Unternehmen anwendbar** sein (zur Behinderung von Anbietern durch marktbeherrschende Nachfrager BGH WuW/E 2399 (2404) – Krankentransporte; zur Kündigung eines Vertikalvertrages als Behinderung OLG Celle WuW/E DE-R 824 (825) – Schülertransport; OLG Hamburg NZKart 2023, 563 (566) – Vignettenwerbung bei Google). Behinderung konkret betroffener Unternehmen ist eine für das Wettbewerbsverhalten der betroffenen Unternehmen **objektiv nachteilige Maßnahme** (BGH WuW/E 863 (870) – Rinderbesamung II; BGHZ 81, 322 (327) – Original-VW-Ersatzteile II; BGHZ 116, 47 (57) – Amtsanzeigen; BGH BB 1998, 2334 = WuW/E DE-R 201 (203) – Schilderpräger im Landratsamt; OLG Düsseldorf WuW/E DE-R 589 (592) – Freie Tankstellen; 829 (832) – Freie Tankstellen). Die bloße Eignung zur Behinderung reicht bei der gezielten Behinderung nicht aus; die Beeinträchtigung muss tatsächlich eintreten (OLG Düsseldorf WuW/E DE-R 2806 (2809) – Trassennutzungsänderung). Die Behinderung **muss nicht „wettbewerbsfremd“** sein (OLG München WuW/E DE-R 790 (794) – Bad Tölz); die „Wettbewerbsfremdheit“ ist erst ein Merkmal der „Unbilligkeit“, die mit dem Behinderungsbegriff eng verbunden ist.

15 Eine **langfristige Bezugsbindung** kann eine unbillige Behinderung von Wettbewerbern des Bindenden sein (vgl. dazu BGH WuW/E DE-R 2514 (2516) – Bau und Hobby; Vorinstanz OLG Düsseldorf WuW/E DE-R 2235 (2239 f.) – Baumarkt). Die Behinderung kann auch auf einem Drittmarkt, der nicht beherrscht wird, stattfinden, soweit dazu der „Hebel“ der beherrschenden Stellung auf einem anderen Markt genutzt wird (→ Rn. 11). Das schließt aber nicht aus, dass in die Anspruchsbegründung auch Gesichtspunkte einbezogen werden, die **andere Märkte** betreffen: So können sich Behinderungen in einem außerhalb des beherrschten Markts liegenden Bereich auch auf den beherrschten Markt auswirken (vgl. BGHZ 33, 259 (263) = NJW 1961, 172 – Molkerei-Genossenschaft). Nr. 1 ist auch anwendbar, wenn die beherrschende Marktstellung dazu eingesetzt wird, die Marktgegenseite auch zur Abnahme von Waren auf einem anderen, nicht beherrschten Markt zu veranlassen (vgl. BGHZ 83, 238 (243 f.)). Das Verlangen eines überhöhten Entgelts (dazu OLG München WuW/E DE-R 790 (793 f.) – Bad Tölz; OLG Naumburg WuW/E DE-R 805) kann „Behinderung“ sein. Ob das auch für die **Zahlung einer unzureichenden Vergütung** gilt, ist unklar; die Rspr. hat das allerdings im Fall der Stromeinspeisungsvergütung angenommen (vgl. insbes. BGH WuW/E 2805 (2807) – Stromeinspeisung) und dann so differenziert, dass zwar die Verweigerung einer Vergütung nach dem Maßstab der „vermiedenen Kosten“ Behinderung sei, nicht aber auch der höheren Vergütung nach dem Stromeinspeisungsgesetz (dazu OLG Stuttgart WuW/E 5725 (5731) – Vergütungsverweigerung zur Rechtskontrolle).

16 **e) „Unbilligkeit“ der Behinderung.** Die Behinderung allein ist noch nicht Missbrauch. Erforderlich ist zusätzlich ein **qualitatives Unwerturteil** aufgrund einer **Interessenabwägung** unter Berücksichtigung der Interessen des Marktbeherrschers und derjenigen, die durch seine Maßnahme beeinträchtigt werden (dazu BGH WuW/E DE-R 3549 (3554) – Werbeanzeigen; 1983 Rn. 11 – Autoruf-Genossenschaft II; OLG Düsseldorf WuW/E DE-R 867 (870) – Germania; OLG München NZKart 2013, 251 (252) – Brunnenhof). Dabei ist stets auch auf die **Freiheit des Wettbewerbs gerichtete Zielsetzung des Gesetzes** zu berücksichtigen (stRspr, vgl. BGHZ 38, 90 (102) – Treuhandbüro; BGH WuW/E 2479 (2482) – Reparaturbetrieb; 2683 (2686) – Zuckerrübenanlieferungsrecht; 3058

(3063) – Pay-TV-Durchleitung; zur Abwägung vgl. auch OLG München WuW/E DE-R 313 (316) – Hörfunkwerbung; BKartA WuW/E DE-V 289 (293) – Freie Tankstellen). Das hat besonderes Gewicht für das Ziel der Offenhaltung der Märkte und der Sicherung der Voraussetzungen für Leistungswettbewerb (dazu KG WuW/E DE-R 35 (40) – Großbildfilmprojektoren). Eine mit der Zielsetzung des GWB unvereinbare Interessenverfolgung ist nicht berücksichtigungsfähig (BGH WuW/E 1629 (1632) – Modellbauartikel II; 3104 (3107) – Zuckerrübenanlieferungsrecht II; OLG München WuW/E DE-R 313 (316) – Hörfunkwerbung). Das ist zB bei **arbeitsmarktpolitischen Zielen** der Fall, die unter dem Schlagwort der „Wahrung eines geordneten Wettbewerbs" zusammengefasst werden (dazu KG NJWE-WettbR 1998, 284 (286) – Tariftreueerklärung). Die Abwägung kann sich auch an der Unlauterkeit des § 4 Nr. 4 UWG orientieren (s. OLG München NZKart 2017, 382 (384)).

Dennoch kann die Interessenabwägung auch durch **gesetzliche Wertungen in anderen Bereichen** beeinflusst werden, so zB durch verfassungsrechtliche Erwägungen (dazu BGH WuW/E DE-R 3446 (3452) – Grossisten-Kündigung), durch die EU-kartellrechtliche Beurteilung (dazu BGH WuW/E 2875 (2880 f.) – Herstellerleasing; 3104 (3107) – Zuckerrübenanlieferungsrecht II; WuW/E DE-R 206 (208) = BB 1998, 2332 (2333) – Depotkosmetik; WuW/E DE-R 2514 (2516) = GRUR 2009, 424 – Bau und Hobby), durch die Wertungen des Energiewirtschaftsrechts (vgl. dazu OLG Düsseldorf WuW/E DE-R 1307 (1311) – GETECnet), einschließlich des energiepolitischen Interesses an der Stromeinspeisung (dazu BGH WuW/E 2805 (2809) – Stromeinspeisung) oder der Energie-Durchleitung (OLG München WuW/E DE-R 790 (794 f.) – Bad Tölz; solange es galt, auch das frühere System der geschlossenen Energieversorgungsgebiete, vgl. BGH WuW/E 2953 (2963) – Gasdurchleitung), oder durch Wertungen im Ladenschlussgesetz (so zur Bevorzugung des Bahnhofsbuchhandels aufgrund seiner Privilegierung im Ladenschlussgesetz BGH WuW/E DE-R 133 (136) = WRP 1998, 783 – Bahnhofsbuchhandel). Die fehlende EU-rechtlich begründete Reprozität rechtfertigt aber keine Durchleitungsverweigerung bei Gas (so OLG Düsseldorf WuW/E DE-R 847 (852 f.) – Linzer Gaslieferant). Bei der Bewertung einer Behinderung ist auch zu berücksichtigen, ob und in welchem Umfang der betreffende Markt durch gesetzliche Regelungen **reguliert** ist. Wenn das marktbeherrschende Unternehmen sich gegenüber dem potenziell behinderten Unternehmen auf durch die Regelung vorgegebene Bedingungen beruft, ist das nicht missbräuchlich (BGH WuW/E DE-R 2863 (2869) – GSM Gateway). Nach Ansicht des OLG Düsseldorf kann ein verweigerter Registereintrag eine Behinderung darstellen: Der Herausgeber eines Telefonverzeichnisses trug eingetragene Gewerbetreibende kostenlos in sein Verzeichnis ein, nicht eingetragene Gewerbetreibende dagegen nur entgeltlich (NZKart 2016, 592 – Das Örtliche). Der Abbruch einer Lieferbeziehung kann aber dann nicht unbillig sein, wenn damit auf vertragswidriges Verhalten des Lieferanten reagiert wird (LG Dortmund NZKart 2019, 231 (232) – MQB-Hintersitzlehnen; OLG Düsseldorf NZKart 2019, 62). 17

Im Allgemeinen ist **auf der Seite des behinderten Unternehmens** dessen Interesse an unbehinderter wettbewerblicher Betätigung und an Chancengleichheit im Wettbewerb zu berücksichtigen (OLG München WuW/E DE-R 313 (316) – Hörfunkwerbung; 2978 (2986) – VISA-Bargeldabhebung). Ob die **Interessen der Endverbraucher** gesondert berücksichtigungsfähig sind, ist unklar, wird von der Rspr. aber eher bejaht (dazu BGH WuW/E 2990 (2997 f.) – Importarzneimittel; 2919 (2922) – Orthopädisches Schuhwerk; OLG Karlsruhe WuW/E 2615 (2619 f.) – Schilderprägebetrieb). **Belange des Gemeinwohls** können berücksichtigungsfähig sein, wenn sie nicht mit Mitteln verfolgt werden, die mit der auf die Freiheit des Wettbewerbs gerichteten Zielsetzung des Gesetzes unvereinbar sind (BGH WuW/E DE-R 1951 (1952) – Bevorzugung einer Behindertenwerkstatt; 2163 (2164 f.) – Freihändige Vermietung an Behindertenwerkstatt). Derartige 18

Belange werden uU auch durch die Organisation und Veranstaltung von **Sportwettkämpfen** verfolgt (dazu OLG Düsseldorf NZKart 2013, 253 – Triathlon). Setzt ein Beteiligter zur Wahrung eines an sich schutzwürdigen Interesses ein rechtlich missbilligtes Mittel ein, so kann er darin nicht geschützt werden (BGH WuW/E 1783 (1785 f.) – Neue Osnabrücker Zeitung).

19 Zwischen der „Unbilligkeit" (der Behinderung) und dem Fehlen eines sachlich gerechtfertigten Grunds (der Diskriminierung) gibt es keinen Unterschied. Billig und sachlich gerechtfertigt können Maßnahmen sein, die das betreffende Unternehmen **auch bei Bestehen wesentlichen Wettbewerbs** (also ohne Marktbeherrschung) anwenden könnte. Deswegen ist zB die durch **niedrige Preisgestaltung des Marktbeherrschers** bewirkte weitere Beeinträchtigung der Wettbewerbsmöglichkeiten der Konkurrenz sachlich gerechtfertigt, wenn die Preise nicht niedriger sind als die Preise, die sich bei Wettbewerb bilden würden. Unbillig wäre hingegen eine Preisstrategie, wenn sie **nicht mehr auf vernünftiger kaufmännischer Kalkulation** beruhte (BGH WuW/E 3009 (3013 f.) – Stadtgaspreis Potsdam; 2195 = DB 1986, 901 – Abwehrblatt) und dem Marktbeherrscher nur aufgrund fehlenden Wettbewerbs oder sonst seine Marktbeherrschung begründender Merkmale möglich ist. Missbräuchlich ist daher eine Preisunterbietung, wenn sie darauf gerichtet ist, den Wettbewerber unter Missachtung kaufmännischer Grundsätze aus dem Markt zu drängen und in seiner Existenz zu vernichten (BGH WuW/E 3009 (3013 f.) – Stadtgaspreis Potsdam; 2195 = DB 1986, 901 – Abwehrblatt). Bei Prüfung der Unbilligkeit der Behinderung durch die Werbeblocking-Software ist die Höhe der Erlösbeteiligung des Softwareanbieters einerseits und die nähere Ausgestaltung der Voraussetzungen für die Aufnahme auf die weiße Liste andererseits entscheidend (BGH NZKart 2020, 141 (144) – Whitelisting/Webeblocker; Louven NZKart 2020, 128).

20 Auch außerhalb des Preisverhaltens ist für Verhaltensweisen des Marktbeherrschers, die ihm **nur aufgrund seiner besonderen Marktstellung möglich** sind, die sachliche Rechtfertigung zweifelhaft. Das ist zB der Fall, wenn ein Marktbeherrscher eine Zusatzleistung nur erbringen kann, weil er aufgrund seiner besonderen Marktstellung die dafür erforderlichen Ressourcen erschließen kann. Ist ein regionaler Tageszeitungsverlag nur aufgrund der Auflagenhöhe, seiner Verbindungen mit anderen Unternehmen usw in der Lage, seinen Abonnenten eine Sonntagszeitung kostenlos anzubieten, und entzieht er dadurch seinen Konkurrenten in erheblichem Umfang Leser und Inserenten, so spricht einerseits eine wettbewerbsorientierte Interessenabwägung zwar gegen ihn, andererseits aber die für die Verbraucher bewirkte **Leistungsverbesserung** für ihn (vgl. KG WuW/E 2148 – Sonntag Aktuell I). Wenn der Marktbeherrscher seine Marktstellung allein dadurch verstärkt, dass er Qualität erzeugt, also etwas tut, was ihm prinzipiell auch möglich wäre, wenn er wesentlichem Wettbewerb ausgesetzt wäre oder keine überragende Marktstellung hätte (zB der regionale Zeitungsverlag baut seine Marktstellung dadurch aus, dass er redaktionell und in der Aufmachung der Zeitung „besser" ist als seine Konkurrenten), kann diese Wettbewerbsbeeinträchtigung sachlich gerechtfertigt und damit nicht unbillig sein. Auch das **Durchsetzen unangemessener Geschäftsbedingungen** kann ein Missbrauch sein (BGH NZKart 2017, 242 (244)); Indiz kann sein, dass die Geschäftsbedingungen der AGB-Kontrolle nach §§ 307 ff. BGB nicht standhalten und sie gerade über die Marktmacht des Verwenders durchgesetzt wurden. Dies liegt auch auf der Linie des BGH in der Facebook-Entscheidung: Zwar ist danach die **Verhaltenskausalität eine hinreichende, aber keine notwendige Voraussetzung** für den Verstoß gegen Abs. 1 (BGH NZKart 2020, 473).

21 In der Interessenabwägung kann zugunsten des Marktbeherrschers auch berücksichtigt werden, dass **niemand verpflichtet ist, einen (potenziellen) Wettbewerber zum eigenen Schaden zu fördern** (vgl. dazu BGH WuW/E 2755 (2759) – Aktionsbeiträge; OLG Düsseldorf WuW/E DE-R 1615 (1616) – Das Telefonbuch; OLG München WuW/E DE-R 1270 (1273) – GSM Wandler; KG

WuW/E DE-R 1274 (1278) – GSM-Gateway; → Rn. 43); ein marktbeherrschendes Unternehmen ist nicht daran gehindert, seine geschäftliche Tätigkeit und seinen Absatz nach eigenem Ermessen so zu gestalten, wie es ihm wirtschaftlich sinnvoll und richtig erscheint (BGH NZKart 2014, 411 (412) – VBL-Versicherungspflicht; differenzierend, insbes. bezüglich der Bevorzugung eigener Tochtergesellschaften Ostendorf/Grün WuW 2008, 950; OLG Frankfurt NZKart 2022, 337 (339): die Grenze zum Missbrauch soll aber überschritten sein, wenn der Wettbewerber des konzerneigenen Leasingunternehmens daran gehindert wird, überhaupt in den Markt eintreten zu können); etwas anderes gilt unter den besonderen Voraussetzungen des Abs. 2 Nr. 4 (BGH WuW/E DE-R 1520 (1527) – Arealnetz; WM 2006, 1266 – Stadtwerke Dachau; aA insoweit KG WuW/E DE-R 1321 (1324) – Gera-Rostock; vgl. dazu auch Topel ZWeR 2006, 27 (33) mit Fn. 32; s. auch Foerster WuW 2015, 233). Ein marktbeherrschendes Unternehmen darf Marktchancen wahrnehmen und Leistungen auch dann gegen Entgelt für einen Zweitnutzen verkaufen, wenn die Aufwendungen schon durch den Verkauf für den Erstnutzen gedeckt sind und für den Zweitnutzer keine Zusatzaufwendungen entstehen (für die Vermarktung der Hörfunkrechte der Fußball-Liga aufgrund des Hausrechts BGH WuW/E DE-R 1597 (1600) – Hörfunkrechte). Die Blockade des Zugangs zu einem nachgelagerten Markt, die nicht technisch oder kommerziell notwendig ist, soll aber missbräuchlich sein (BGH WuW/E DE-R 2708 Rn. 35 – Reisestellenkarte).

Es gilt der **Grundsatz des geringstmöglichen Eingriffs.** Deswegen kommt 22 es auch darauf an, ob dem behindernden Unternehmen weniger beeinträchtigende Mittel zur Verfügung stehen (BGH WuW/E 1829 (1838) – Original VW-Ersatzteile II; vgl. auch BGH WuW/E DE-R 1951 (1952 f.) = GRUR 2007, 616 (617) – Bevorzugung einer Behindertenwerkstatt). Kann der Normadressat einen Auftrag oder eine Leistung **nur einmal und nur an einen Interessenten** vergeben, muss er die Auswahl „unter angemessenen und fairen Bedingungen" treffen; die Behinderung der nicht zum Zuge gekommenen Interessenten ist jedenfalls dann nicht unbillig, wenn der Bevorzugte zum Ausgleich auch wettbewerbliche Nachteile hinzunehmen hat (vgl. für den Fall der Raumvermietung an eine Kfz-Schilderprägestelle durch die Kfz-Zulassungsbehörde BGH WuW/E DE-R 1003 (1005) – Kommunaler Schilderprägebetrieb; 1099 (1100 f.) – Konkurrenzschutz für Schilderpräger; BB 1998, 2334; NZKart 2014, 151 (152) – Stromnetz Berkenthin; dazu auch Immenga NJW 1995, 1921 (1926); Nordemann WRP 1996, 383) oder die ausgeschlossenen Dritten vom Marktbeherrscher im Rahmen seiner Möglichkeiten andere wettbewerbliche Spielräume erhalten (vgl. BGH WuW/E DE-R 1724 (1726) – Hinweis auf konkurrierende Schilderpräger).

Für die öffentliche Hand kann sich daraus eine **kartellrechtliche Pflicht zur** 23 **öffentlichen Ausschreibung** ergeben (dazu auch OLG München NJWE-WettbR 1996, 262 (263)), und zwar mit vorheriger Offenlegung der Entscheidungskriterien (vgl. dazu BGH WuW/E DE-R 1951 (1952 f.) = GRUR 2007, 616 (617) – Bevorzugung einer Behindertenwerkstatt; WuW/E DE-R 2163 (2165) – Freihändige Vermietung an Behindertenwerkstatt, dort auch zur Bedeutung des § 141 S. 1 SGB IV). In der Interessenabwägung sind „unzulässige Verquickungen der öffentlich-rechtlichen Aufgaben mit einer erwerbswirtschaftlichen Tätigkeit" zulasten des marktbeherrschenden Anbieters zu berücksichtigen (BGH WuW/E DE-R 1003 (1005) – Kommunaler Schilderprägebetrieb; bei Vergabe nach einem privaten Vermieter BGH NZKart 2021, 302 (303): Anforderungen an das Ausschreibungsverfahren geringer). An die Schutzwürdigkeit der vom Normadressaten verfolgten Belange sind mit zunehmender Abhängigkeit der Marktgegenseite von seinem Angebot in gleichem Maße steigende Anforderungen zu stellen (BGH WuW/E DE-R 357 (359) – Feuerwehrgeräte). Nach Ansicht des KG (NZKart 2019, 383 (384); so auch LG Stuttgart NZKart 2019, 506 (507) für ein Wegenutzungsrecht zur Errichtung und Betrieb einer Fernwärmeleitung) ist eine Gemeinde bei der Vergabe von Konzessionen, hier für Wegenutzungsrechte für Gasversorgungsnetze, Marktbeherrscher und deshalb verpflichtet, im Auswahlverfahren keinen Bewerber um die Konzession unbillig zu behindern. Einen Anspruch auf Vergabe gibt es in der Regel auch für den bisherigen Konzessionsinhaber nicht, es sei denn, eine parallele Nutzung der städtischen Wege durch andere Interessenten ist möglich (BGH NZKart 2024, 99 (100) – Fernwärmenetz Stuttgart). Bewirbt sich ein Landesbetrieb um die Konzession **(Eigenvergabe),** so muss auf eine hinreichende organisatorische Trennung geachtet werden, um die Wahrung des Geheimwettbewerbs, des Gleichbehandlungsgrundsatzes und des Neutralitätsgebots in Anlehnung an den Rechtsgedanken des § 16 VgV zu gewährleisten (dazu auch OLG Stuttgart NZKart 2023, 487 – Trennungsgebot; OLG Stuttgart NZKart 2023, 632 – Konzessionsvergabe bei Interessenkollision; OLG Düsseldorf NZKart 2016, 528 (533) – Vertikales Gemeinschaftsunternehmen). Allerdings besteht auch für Normadressaten des § 20 keine Verpflichtung, von ihm benötigte Waren bzw. Leistungen in einer Weise nachzufragen, dass jeder Anbieter einen seiner Leistungsfähigkeit entsprechenden Anteil an den zu vergebenden Aufträgen erhält (OLG Stuttgart WuW/E DE-R 307 (310) – Medizinische Hilfsmittel). Bei einem längerfristigen Vertragsverhältnis, das als solches nicht zu beanstanden ist, kann eine einseitige Verlängerungsoption zugunsten des Begünstigten selbstständig eine unbillige Behinderung der Ausgeschlossenen sein (vgl. OLG Saarbrücken WuW/E DE-R 2025 – Mietvertrag mit Schilderpräger). Zur **Beweislast** → Rn. 32.

24 Auch marktbeherrschende Unternehmen haben grds. einen unternehmerischen Freiraum, insbes. können sie ihr **Vertriebssystem nach eigenem Ermessen** so festlegen, wie sie das für wirtschaftlich richtig und sinnvoll halten (stRspr, u.a. BGH WuW/E DE-R 1377 (1378) – Sparberaterin; 1051 (1053) – Vorleistungspflicht; 220 (221) – U-Bahn-Buchhandlungen; 134 (136) – Bahnhofsbuchhandel; WuW/E 1793 = GRUR 1981, 610 – SB-Verbrauchermarkt; WuW/E 1995 = GRUR 1983, 396 – Modellbauartikel III; WuW/E 2238 = GRUR 1986, 750 – EH-Partner-Vertrag; WuW/E 2351 (2357) – Belieferungsunwürdige Verkaufsstätten II; 2360 (2366) – Freundschaftswerbung; 2755 (2758) – Aktionsbeiträge; WRP 2007, 81 f. (82) – Lesezirkel II; OLG Düsseldorf WuW/E DE-R 1615 f. (1616) – Das Telefonbuch; OLG Stuttgart WuW/E DE-R 307 (310) – Medizinische Hilfsmittel; OLG Karlsruhe EuZW 2010, 237 (240)); das Gleiche gilt für Wartungs- und Kundendienstsysteme (dazu OLG München WuW/E 5032 – Wartung von Reanimationsgeräten). Das schließt die Freiheit ein, den Vertrieb selbst – ohne Vertriebsmittler – durchzuführen oder sich einen besonderen Vertriebsweg vorzubehalten (dazu BGH WuW/E DE-R 2363 (2367) – Post-Wettannahmestelle). Ein marktbeherrschendes Unternehmen (nationaler Werbungsvermarkter für private Hörfunksender) ist grundsätzlich frei, für die Aufnahme in sein Vertriebssystem sachlich angemessene Anforderungen zu stellen, sofern diese einheitlich und diskriminierungsfrei angewendet werden (BGH NZKart 2021, 175 Rn. 28 – Radio Cottbus). Ein Kriterium kann zB sein, dass die von dem Betreiber des Vertriebssystems zusammengefassten Senderkombination für nationale Werbekunden klar definiert und unterscheidbare werthaltige Leistungsangebote sind. Das Kriterium von Hörerzahl ist grundsätzlich angemessen, auch bezogen auf bestimmte Hörergruppen. Das Kriterium einer landesweiten Rundfunklizenz wurde aber nicht als ausreichend angesehen, weil es nichts zur objektiven Flächenabdeckung aussagt.

25 Grundsätzlich zulässig ist damit insbes. die **qualitative Selektion der Händler** nach vom Hersteller selbst allgemein und objektiv definierten Anforderungen hinsichtlich Eignung des Personals, Verkaufsräumen, Kundendienst usw (vgl. auch KG WuW/E DE-R 2789 (2791 f.) – Schulranzen; BGH WuW/E 1429 = GRUR 1976, 711 (713) – Bedienungsfachgroßhändler; WuW/E 1973 = GRUR 1981, 610 (611 f.) – SB-Verbrauchermarkt; WuW/E 1995 = GRUR 1983, 396 (398) – Modellbauartikel III; WuW/E 2351 (2356) – Belieferungsunwürdige Verkaufsstät-

ten II; OLG München WuW/E 5659 (5669) – Versand-Parfümerie). Diese Anforderungen müssen dem Händler auch im Hinblick auf die Zielsetzungen des GWB zumutbar sein und ohne Diskriminierung gehandhabt werden. Wer aber die qualitativen Voraussetzungen erfüllt, muss vom Normadressaten zugelassen werden (vgl. dazu auch BGH WuW/E DE-R 1621 – Qualitative Selektion; OLG München BB 2009, 518 f. – Nutzfahrzeug-Service; KG WuW/E DE-R 2789 (2791 f.) – Schulranzen; Bechtold NJW 2003, 3729; vgl. auch BGH BB 2011, 1361 und Bechtold BB 2011, 1610; Ströbl/Schäfer BB 2013, 600). Unter Umständen werden außenstehende Dritte durch die Praxis innerhalb selektiver Vertriebssysteme unbillig behindert, zB wenn im System für fremd importierte Waren Garantieleistungen verweigert werden (OLG Düsseldorf WuW/E 5105 (5111) – Garantierückabwicklung). Auch eine **quantitative Selektion** der Händler mit dem wesensmäßig damit verbundenen Ausschluss anderer ebenso geeigneter Händler kann schutzwürdig sein, zB bei Aufteilung des Bundesgebiets in Händlergebiete ohne Gebietsschutz (vgl. OLG Stuttgart WRP 1992, 414 (418) – Briefmarkenkatalogvertrieb = WuW/E 5083 (5089 f.) – Michel-Katalog). Qualitativ und quantitativ selektierende Vertriebssysteme, die durch die GruppenfreistellungsVO 2022/720 nach Art. 101 Abs. 3 AEUV freigestellt sind, sind schon aufgrund des Vorrangs des Gemeinschaftsrechts ohne Weiteres schutzwürdig (vgl. Bechtold NJW 2003, 3729; aA mit EU-rechtlich nicht haltbarer Begründung Haslinger WRP 2007, 926; vgl. auch Rheinländer GRUR 2007, 383). Derjenige, der trotz qualitativer Eignung zulässigerweise nicht zu einem quantitativ selektierenden System zugelassen wird, hat auch nach § 20 keinen Zulassungsanspruch (vgl. dazu auch LG Nürnberg-Fürth WuW/E DE-R 3078 (3084 f.) – IPG „Le Male“).

Die Freiheit in der Gestaltung der Vertriebswege schließt die Freiheit ein, ein **26**
Vertriebssystem umzustellen und Händlern, die den neuen Anforderungen nicht genügen – ggf. mit einer **Umstellungsfrist** (dazu BGH WuW/E DE-R 3549 (3553) – Werbeanzeigen) –, zu kündigen (BGH WuW/E 2366 (2370) – Freundschaftswerbung; OLG Hamburg WRP 1988, 464 (468)). Diese Freiheit stößt, jedenfalls bei Markenwaren, auf enge Grenzen bei einer Umstellung eines Eigenhändlervertriebs auf Handelsvertretervertrieb; Händler, die nicht bereit sind, einen Handelsvertretervertrag zu schließen, sind im Hinblick auf die bisherige Belieferung mit den Handelsvertretern gleichartig. Es kommt dann auf die Interessenabwägung an, in der das Interesse des Herstellers, durch die Umstellung dem Preisbindungsverbot zu entgehen, nicht schützenswert ist (BGH WuW/E 2238 (2246) – EH-Partner-Vertrag). In diesem Zusammenhang hat auch der in der früheren Rspr. herausgebildete Grundsatz Bedeutung, dass den **„regelmäßigen“ Wirkungen einer Ausschließlichkeitsbindung** nur im Rahmen des § 1/Art. 101 AEUV (früher nach § 16 aF), nicht nach § 19 begegnet werden kann (BGH WuW/E 509 (513) – Original-Einsatzteile; 1269 (1275) – Fernost-Schifffahrtskonferenz). Die Geltendmachung eines Unterlassungsanspruchs, der sich aus der rechtmäßigen Ausübung eines Schutzrechts (Warenzeichens) ergibt, ist grds. wettbewerbskonform und keine unbillige Behinderung (BGH WuW/E 2368 (2369) – Handtuchspender).

Der Hersteller eines nach seiner Auffassung beratungsbedürftigen Artikels ist **27**
berechtigt, sein Vertriebssystem nachträglich so umzustellen, dass der Nicht-Fachhändler nicht mehr beliefert zu werden braucht: „Hierfür sind aber eindeutige Maßnahmen erforderlich, die künftig eine **lückenlose Vertriebspraxis** gewährleisten“, insbes. durch ein schriftliches Vertriebsbindungssystem, das auch eine gewisse Bindungswirkung für den Hersteller hat (BGH WuW/E 1885); dieses Erfordernis ist uE unabhängig von dem der praktischen Lückenlosigkeit, das früher Voraussetzung der zivilrechtlichen Durchsetzung eines Vertriebsbindungssystems war, heute aber nicht mehr gilt (dazu BGH WuW/E 493 – Außenseiteranspruch II). Allerdings müssen das **System** und dessen Handhabung den Kriterien des § 19 Abs. 2 Nr. 1 genügen, also **in sich diskriminierungsfrei** sein (BGH WuW/E 1814 (1820) =

NJW 1981, 2357 – Allkauf-Saba; vgl. auch BGH GRUR 1979, 792 (795) – Modellbauartikel I). Das BKartA verneint das schon bei gedanklicher Lückenhaftigkeit des Systems (WuW/E 2010 (2014) – Sanitär-Armaturen). Die Praktizierung einer lückenhaften Vertriebsbindung kann eine unbillige Behinderung der Außenseiter sein (BGH WuW/E 1211 (1216) – Kfz-Leasing). Zur Gestaltungsfreiheit im Filmverleih vgl. OLG Hamburg GRUR 1987, 566 und Hirsch GRUR 1987, 490. Zur Zulässigkeit einer Mischkalkulation vgl. BGH WuW/E 1829 (1835) – Original-VW-Ersatzteile II; OLG Stuttgart WuW/E 3899 (3901) – Dental-Versand.

28 Ähnliche Grundsätze wie bei der Ausgestaltung der eigenen Vertriebssysteme gelten auch bei der **Vergabe von Lizenzen,** wenn insoweit die Voraussetzungen des § 19 erfüllt sind. Eine unterschiedliche Behandlung von Interessenten bei der Gestattung der Benutzung eines Patentes, eines anderen gewerblichen Schutzrechts oder eines Urheberrechts ist ein wesentliches Element der **Ausschließungswirkung des Schutzrechts** selbst. Denn die Wirkung des Schutzrechts besteht gerade in der Befugnis, Dritte von der Benutzung des Schutzgegenstandes ausschließen zu können. Diese Ausschließlichkeit ist nicht Ausnahme vom Wettbewerb, sondern sein Mittel, das die Mitbewerber des Schutzrechtsinhabers auf substitutiven statt auf imitierenden Wettbewerb verweist. Die Ausschließungsbefugnis schließt das Recht ein, nicht jedem Interessenten, sondern anstelle oder neben einer Eigennutzung **nur einzelnen Bewerbern** eine Lizenz zur Nutzung des Schutzrechts **zu erteilen.** Denn dadurch macht der Schutzrechtsinhaber von seiner Befugnis Gebrauch, den durch die geschützte geistige Leistung errungenen, anderen Marktteilnehmern nicht zugänglichen Vorsprung im Wettbewerb selbst oder durch Lizenzvergabe an einzelne Dritte wirtschaftlich zu nutzen. Das gilt auch bei Marktbeherrschung oder Marktstärke des Schutzrechtsinhabers (BGH WuW/E DE-R 1329 (1332) – Standard-Spundfass II; dazu Heinemann ZWeR 2005, 198). Eine Pflicht zur Lizenzerteilung kann insbes. dann bestehen, wenn der Zugang zu einem nachgelagerten Produktmarkt von der Nutzung des wie eine Norm wirkenden Schutzrechts abhängt. Der Lizenzbegehrende kann auch dann, wenn er einen Anspruch auf Lizenzerteilung hat, das Schutzrecht nicht ohne Weiteres nutzen, sondern muss ein unbedingtes Angebot auf Abschluss eines Lizenzvertrages machen, zu dessen Annahme der Schutzrechtsinhaber verpflichtet wäre (BGH WuW/E DE-R 2613 (2615) – Orange Book-Standard; vgl. dazu auch OLG Karlsruhe WuW/E DE-R 3556 (3560 f.) – Lizenzvertragsangebot; LG Düsseldorf WuW/E DE-R 3638 – FRAND-Erklärung). Diese Grundsätze können auch auf andere eigentumsähnliche Ausschließungsrechte oder -positionen wie das **Hausrecht** für die Gestattung von Rundfunk- oder Fernsehübertragungen aus Sportstadien übertragen werden (vgl. BGH WuW/E DE-R 1597 – Hörfunkrechte; → Rn. 48).

29 Unbillige Behinderung allein im **Horizontalverhältnis** wurde angenommen zB bei der Praktizierung von **Treuerabatten und Ausschließlichkeitsvergütungen** eines marktbeherrschenden Unternehmens, die die Abnehmer von einem zusätzlichen Bezug von Konkurrenten abhielten (Behinderung dieser Konkurrenten). **Ausschließlichkeitsbindungen** des Marktbeherrschers sind jedenfalls dann unbillig, wenn sie von nur einem Marktbeherrscher mit seinen Abnehmern vereinbart werden (OLG Düsseldorf (NZKart 2019, 282 (283) – Ticketvertrieb II; BGH NZKart 2020, 383 (384)). Nach Ansicht des BGH und des OLG Düsseldorf muss in einem solchen Fall kein AEC-Test (**„as efficient competitor test"**; s. EuGH NZKart 2017, 525 – Intel) durchgeführt werden, um zu prüfen, ob auch nicht marketbeherrschende Unternehmen Ausschließlichkeitsvereinbarungen abgeschlossen hätten: Die Entscheidung des EuGH beziehe sich auf Rabatte mit verdrängender Wirkung, nicht auf Ausschließlichkeitsbindungen, die den Wettbewerb ausschließen. Unbillige Behinderung von Konkurrenten nach Abs. 1 kann vorliegen, wenn „ein Unternehmen unter Ausnutzung seiner Marktmacht nicht nur gelegentlich mit Preisen arbeitet, die unter den für das betreffende Produkt aufzuwendenden Selbstkosten liegen, und wenn dies geschieht in der Absicht, einen Wettbewerber vom Markt zu verdrängen“ (OLG Düsseldorf WuW/E 2642 – Siegener Kurier). Zur Anwendung des Abs. 1 auf **„Strategien gezielter Preisunterbietung“** vgl. auch OLG Karlsruhe WuW/E 5395 – Badische Anzeigen-Zeitung; KG WuW/E 2620 (2623); BKartA WuW/E 2029; BGH WuW/E 2195 (2199) – Abwehrblatt II.

Behinderung im **Vertikalverhältnis** kann vorliegen, wenn ein Unternehmen 30 einem Großhändler einen **unzureichenden Rabatt** einräumt, der ihm die Ausübung seiner Großhandelsfunktion erschwert oder unmöglich macht. Gleiches kann gelten, wenn der Verlag eines Anzeigen- oder Amtsblatts die Veröffentlichung einer Anzeige verweigert oder von unzumutbaren Bedingungen abhängig macht (OLG Koblenz WuW/E 3893 – Reproreife Anzeige; OLG Hamburg NZKart 2023, 563 (566) – Vignettenwerbung bei Google). Gegenüber einem abhängigen Anbieter kann die Behinderung sich auch aus zu niedrigen Preisen ergeben, die der Normadressat gewährt. Es gibt aber keine grundsätzliche Verpflichtung des marktbeherrschenden oder -starken Nachfragers, einen Preis zu zahlen, der den Kosten entspricht, die er sonst beim Bezug bei Dritten oder Eigenerzeugung hätte aufwenden müssen (vgl. BGH WuW/E 2805 (2809) – Stromeinspeisung) oder der angemessen ist (vgl. OLG München WuW/E 5898 (5900 f.) – Zahnersatz). Anderes kann bei der Vergütung für Stromeinspeiser gelten; hier gilt uU aus energiepolitischen Gründen der Maßstab der vermiedenen Kosten (BGH WuW/E 2805 (2809) – Stromeinspeisung; 2999 – Einspeisungsvergütung; 3074 – Kraft-Wärme-Kopplung; 3079 (3083) – Stromeinspeisung II; 3099 – Stromveredelung; OLG Düsseldorf WuW/E DE-R 156 – Wuppertaler Zusatzstrom).

Allgemeine Geschäftsbedingungen eines Marktbeherrschers unterliegen der 31 Inhaltskontrolle nicht nur nach § 307 BGB, sondern auch unter dem Gesichtspunkt der unbilligen Behinderung nach Abs. 2 Nr. 1. Wenn ein Marktbeherrscher die Belieferung von der Anerkennung seiner Bedingungen abhängig macht und diese Bedingungen diskriminierend oder unbillig behindernd sind, kann in diesem Verfahren eine unbillige Behinderung liegen. Ebenso wie nach § 307 BGB (früher § 9 AGBG) ist aber auch kartellrechtlich eine Klausel nicht isoliert zu bewerten; vielmehr ist zu berücksichtigen, wie sie sich in das gesamte Gefüge der Geschäftsbeziehungen eingliedert und ob bei einer **zusammenfassenden Betrachtung der beiderseitigen Rechte und Pflichten** davon die Rede sein kann, dass die Handlungsfreiheit des abhängigen Unternehmens in unangemessener Weise eingeschränkt und dadurch eigene Interessen des Marktbeherrschers durchgesetzt werden sollen (zur Billigkeit des Dispositionsrechts in den AGB eines Pressegroßhändlers BGH WuW/E 1879 (1883) = NJW 1982, 644 – Dispositionsrecht). Auch der obligatorische Abschluss einer Schiedsvereinbarung kann im Einzelfall der Missbrauch einer marktbeherrschenden Stellung sein, so für Sportschiedsgerichtsbarkeit im Verband OLG München WuW/E DE-R 4543 (4549) – Pechstein und dazu Haus/Heitzer NZKart 2015, 181; der BGH hob das Urteil aber auf: Der Missbrauch ist nicht gegeben, wenn die vereinbarte Verfahrensordnung ausreichende Garantien für die Wahrung der Rechte des Athleten vorsieht (BGH NZKart 2016, 329 (331 f.) – Claudia Pechstein, dazu Haus NZKart 2016, 366).

Die **Beweislast** für die „Unbilligkeit“ der Behinderung trägt die Kartellbehörde 32 oder – in zivilrechtlichen Auseinandersetzungen – der Anspruchsteller (vgl. OLG Hamburg WuW/E DE-R 2831 (2837) – CRS-Betreiber/Lufthansa; OLG Frankfurt a. M. WuW/E DE-R 3163 (3168) – Arzneimittelpreise; BKartA TB 1997/1998, 22). Das entspricht auch der Rspr. des BGH. Derjenige, der aus der unbilligen Behinderung Rechte herleiten möchte, trägt nicht nur für die Behinderung, sondern auch deren Unbilligkeit die Darlegungs- und Beweislast (BGH WuW/E 3079 (3084) – Stromeinspeisung II; 2762 (2767 f.) = GRUR 1992, 191 (194) – Amtsanzeiger). Das ist berechtigt, gerade auch im Unterschied zur sachlich ungerechtfertigten Ungleichbehandlung. Die Behinderung als solche verdient kein Unwerturteil, da

Wettbewerb immer auch Behinderung anderer Unternehmen ist; sie ist also insoweit ein **„offener" Tatbestand,** in dem die Behinderung nicht deren Unbilligkeit indiziert (vgl. dazu auch BGH WuW/E 3079 (3084) – Stromeinspeisung II und BGH WuW/E 863 (870) – Rinderbesamung II). Wenn die Gewährung einer zu niedrigen Vergütung eine unbillige Behinderung sein kann (→ Rn. 15), trifft den angeblich Behindernden die Darlegungs- und Beweislast für die „Billigkeit" der geforderten Vergütung (dazu BGH WuW/E 3079 (3084) – Stromeinspeisung II; 3099 (3103) – Stromveredelung).

4. Diskriminierung (Abs. 2 Nr. 1 Fall 2)

33 **a) Gesetzgebungsgeschichte.** In der durch die 8. GWB-Novelle neu formulierten Vorschrift des Abs. 2 Nr. 1 ist ebenso wie früher in § 20 Abs. 1 aF das Behinderungs- und Diskriminierungsverbot zusammengefasst. Vor der 8. GWB-Novelle 2012/2013 stand das **Diskriminierungsverbot nur in § 20 Abs. 1,** nicht auch in § 19, obwohl es ebenso wie die unbillige Behinderung auch ein Unterfall des Missbrauchs einer marktbeherrschenden Stellung ist. Dennoch hat sich in der Praxis nie die Frage gestellt, ob auf Diskriminierungssachverhalte auch der allgemeine Missbrauchstatbestand des § 19 Abs. 1 angewendet werden kann. Das galt trotz der zusätzlichen Voraussetzung in § 20 Abs. 1, dass die Diskriminierung sich in einem **Geschäftsverkehr** abspielen musste, der **gleichartigen Unternehmen üblicherweise zugänglich ist.** Dieses Tatbestandsmerkmal ist so weit ausgelegt worden, dass es praktisch keine Bedeutung mehr hatte, wenn man von dem Begriff des „gleichartigen Unternehmens" absieht, der für die Diskriminierung in Abs. 2 Nr. 1 beibehalten wurde. Durch die Aufnahme der Diskriminierung in den Katalog der Anwendungsfälle des Missbrauchsverbots ist § 19 Abs. 1 und 2 dem Art. 102 AEUV weiter angeglichen worden. Das ist auch Grundlage dafür, dass die **europarechtliche Auslegung** des Missbrauchsverbots auch **Vorbildcharakter für das deutsche Recht** hat, auch wenn der deutsche Gesetzgeber und Rechtsanwender im Bereich des Missbrauchs marktbeherrschender Stellungen nach Art. 102 AEUV (§ 19) größere Autonomie hat als im Bereich des Art. 101 AEUV/§§ 1, 2 (s. Art. 3 Abs. 2 S. 2 Kartellverfahrens-VO).

34 Das Verbot von Diskriminierungen (das sich sehr häufig mit dem Behinderungsverbot überschneidet; vgl. dazu auch OLG Karlsruhe EuZW 2010, 237 (239)) hat **verschiedene Wurzeln.** Vorbild war einmal die amerikanische Rechtslage, zum anderen ein Verbot von „Sperren oder sperrähnlichen Maßnahmen" in der KartellVO von 1923. Es gibt **kein allgemeines Diskriminierungsverbot.** Vielmehr ist es auf bestimmte Unternehmen beschränkt, besonders auf Marktbeherrscher und – seit der 2. GWB-Novelle 1973 – auf „marktstarke" Unternehmen. Schon während des Gesetzgebungsverfahrens von 1957 wurde die Forderung nach einem allgemeinen, also für jedes Unternehmen verbindlichen Preis- und Rabattdiskriminierungsverbot erhoben. Ihr wurde keine Folge geleistet. Ein allgemeines Diskriminierungsverbot könnte den Effekt eines Zwangskartells haben. Der Gesetzgeber wollte Unternehmen, die funktionierendem Wettbewerb ausgesetzt sind, die unternehmerische Entscheidungsfreiheit erhalten, auch im Hinblick auf Ungleichbehandlungen. Die Freiheit von Unternehmen, gegenüber der Marktgegenseite zu differenzieren, kann wesentlicher Wettbewerbsimpuls sein. **Gleichbehandlung ist kein Wettbewerbsprinzip.** Andererseits kann Wettbewerb dazu führen, dass ein Unternehmen tatsächlich zur Gleichbehandlung der Marktgegenseite gezwungen wird. Deswegen wird der Forderung nach einem allgemeinen Diskriminierungsverbot auch immer wieder entgegengehalten, dass funktionierender Wettbewerb tendenziell Diskriminierungen ausschließe. Abs. 1, 2 hat nicht die Funktion eines einseitigen Sozialschutzes (BGH WuW/E DE-R 220 (221) – U-Bahn-Buchhandlungen).

b) Gleichartige Unternehmen. Nr. 1 erfasst nur Diskriminierungen zwischen Unternehmen, nicht auch im Verhältnis zu privaten **Endverbrauchern.** Derartige Verhaltensweisen – ebenso wie „Preisspaltungen" gegenüber Endverbrauchern, die mangels deren Unternehmenseigenschaft auch nicht durch Abs. 3 erfasst werden – können aber gegen das allgemeine Missbrauchsverbot des Abs. 1 verstoßen (→ Rn. 5; BGH WuW/E DE-R 3145 (3155) – Entega II). Der Gesetzeswortlaut enthält nur eine verkürzte Beschreibung dessen, was als Diskriminierung unzulässig ist. Die sachlich ungerechtfertigte andersartige Behandlung von gleichartigen Unternehmen muss ergänzt werden um einen konkreten Anlass, in dem die unterschiedliche Behandlung erfolgt. Diese **anlassbezogene Anwendung des Diskriminierungsverbots** wurde in der früheren Fassung des § 20 Abs. 1 aF sichergestellt durch das Tatbestandsmerkmal des „Geschäftsverkehrs". Das europarechtliche Diskriminierungsverbot genügt diesem Anliegen durch die ausführlichere Definition als „**Anwendung unterschiedlicher Bedingungen bei gleichwertigen Leistungen** gegenüber Handelspartnern, wodurch diese im Wettbewerb benachteiligt werden" (Art. 102 UAbs. 2 lit. c AEUV). Es reicht also nicht aus, nur die Gleichartigkeit von Diskriminiertem und dem (angeblich) bevorzugten Unternehmen festzustellen, sondern es ist auch erforderlich, dass sich die unterschiedliche Behandlung mehrerer Unternehmen auf denselben Geschäftsverkehr oder denselben Anlass bezieht. Nachdem der Begriff der „Gleichartigkeit" nur noch – sachgerecht – Bedeutung hat für den Diskriminierungssachverhalt der Nr. 1 und nicht mehr (wie in § 20 Abs. 1 aF) auch für den Behinderungstatbestand, gibt es keinen Anlass mehr, das Dogma fortzuführen, das früher in den für gleichartige Unternehmen üblicherweise zugänglichen Geschäftsverkehr eingebundene Tatbestandsmerkmal der „Gleichartigkeit" weit und nur im Sinne eines **„Grobrasters"** auszulegen („verhältnismäßig grobe Sichtung", vgl. BGH WuW/E 1829 (1833) – Original-VW-Ersatzteile II; 3058 (3063) – Pay-TV-Durchleitung; WuW/E DE-R 357 (358) – Feuerwehrgeräte). Der Begriff der Gleichartigkeit hat jetzt nur noch die Funktion, unterschiedliche Verhaltensweisen des Normadressaten gegenüber zwei oder mehreren Unternehmen daraufhin zu analysieren, ob sie sich aus der Unterschiedlichkeit der zugrunde liegenden Sachverhalte erklären oder wegen der Ähnlichkeit der Sachverhalte erklärungs- und rechtfertigungsbedürftig sind. Auf diesem Hintergrund ist bei der Übernahme der früher großzügigen Rspr. in der Bejahung der Gleichartigkeit Vorsicht geboten. 35

Der Begriff der Gleichartigkeit setzt einen Vergleich zwischen dem (angeblich) diskriminierten Unternehmen und anderen Unternehmen voraus, mit denen der Diskriminierende Geschäftsbeziehungen unterhält. Der Begriff des **gleichartigen Unternehmens** hat nur einen Sinn **bei gleich gelagerten Sachverhalten.** Die Gleichartigkeit lässt sich nicht generell bestimmen, sondern nur im Hinblick auf den konkret betroffenen Geschäftsverkehr. Deswegen kommt es bei der Frage, ob ein Kfz-Hersteller allen seinen Händlern einen neuen Händler-Vertrag anzubieten hat, nur auf die Händler seiner Organisation an, nicht auf alle Kfz-Händler; die Händler derselben Organisation sind gleichartig (BGH WuW/E 2491 (2494) – Opel-Blitz; vgl. auch BGH WuW/E 1455 (1457) – BMW-Direkthändler). 36

Wichtigste Voraussetzung für die Gleichartigkeit ist, dass die Unternehmen nach unternehmerischer Tätigkeit und wirtschaftlicher Funktion im Verhältnis zum Normadressaten **dieselbe Grundfunktion** (zB Einzelhandel, Großhandel, Produktion usw) ausüben (vgl. BGHZ 101, 72 (79) = WuW/E 2399 (2404) – Krankentransporte; WuW/E 1635 (1637) – Plaza SB Warenhaus; OLG München WuW/E DE-R 313 (316) – Hörfunkwerbung; BGH WuW/E DE-R 357 (358) – Feuerwehrgeräte). Entgegen dem vereinzelt gebliebenen „Badearzt"-Urteil des BGH (BGH WuW/E 1493 (1495) – Medizinischer Badebetrieb) ist nicht erforderlich, dass die Unternehmen unter sich gleichen **Wettbewerbsbedingungen** unterliegen. Die Gleichartigkeit kann aber nur im Hinblick auf den **betroffenen Markt** beurteilt werden, ohne Berücksichtigung der Tätigkeit der Unternehmen auf anderen Märkten 37

(BGHZ 101, 72 = WuW/E 2399 (2404) – Krankentransporte). Darüber hinaus muss geprüft werden, ob die Unternehmen auch sonst die gleiche Tätigkeit erfüllen oder ob Unterschiede bestehen, die sich auf ihre konkrete Tätigkeit (OLG Hamburg WRP 1988, 464 (468) – Märklin) sowie die Wettbewerbsbedingungen (BGH WuW/E 2351 (2356) – Belieferungsunwürdige Verkaufsstätten II) wesentlich auswirken. Vergleichsobjekt für die Gleichartigkeit kann nur ein externes Unternehmen sein, keine Tochtergesellschaft des Normadressaten, mit der dieser eine unternehmerische Einheit bildet (BGH WuW/E DE-R 3446 (3451, 3454) – Grossisten-Kündigung; 3549 (3551) – Werbeanzeigen; WuW/E 1238 (1240) – Registrierkassen; NJW 1982, 2775 f. (2776) – Stuttgarter Wochenblatt; WuW/E 2360 (2365) – Freundschaftswerbung).

38 Gleichartigkeit wurde zB **bejaht** zwischen folgenden Unternehmen:

- Selbstbedienungs- und Bedienungsgroßhändler (BGH WuW/E 1429 (1431) – Asbach-Fachgroßhändlervertrag; 1530 (1531) – Fassbierpflegekette),
- Facheinzelhändler und Warenhäuser (zuletzt BGH WuW/E 2351 (2356) – Belieferungsunwürdige Verkaufsstätten II),
- für Sportartikel Selbstbedienungswarenhäuser mit Fachhändlern und Sportfachabteilungen von Warenhäusern (BGH WuW/E 1885 (1887)),
- für Sanitärarmaturen Fachhändler und Installateure (BKartA WuW/E 2010 (2014)),
- stationäre Einzelhändler und Versandhändler (für Spielwaren: KG WuW/E 3501 – Märklin; OLG Hamburg WRP 1988, 464 (468) – Märklin; für Modellbauartikel differenzierend BGH GRUR 1979, 792 (794) – Modellbauartikel I; WRP 1980, 196 (197) – Robbe-Modellsport; WuW/E 1995 (1997) – Modellbauartikel III; für Kosmetikartikel BGH BB 1998, 2332 (2333 f.) – Depotkosmetik),
- stationäre Einzelhändler und Internethändler (für Parfums BGH WuW/E DE-R 1203 (1204) – Depotkosmetik im Internet; für Ticketverkauf OLG Hamburg WuW/E DE-R 1076 (1081) – Online Ticketshop),
- im Vertrieb von Unterhaltungselektronik Facheinzelhändler und Handelsvertreter, die in stationären Facheinzelhandelsgeschäften tätig sind (BGH WuW/E 2238 (2246) – EH-Partner-Vertrag; vgl. auch KG WuW/E 1499 (1502) – AGIP II),
- im Pressevertrieb Bahnhofsbuchhändler und sonstige stationäre Einzelhändler mit Presseverkauf (BGH WuW/E DE-R 133 (135) = WPP 1998, 783 – Bahnhofsbuchhandel),
- für Lotterie-Annahmestellen mit Pressefachgeschäft und mit Tabak- und Schreibwaren (OLG Frankfurt a. M. WuW/E DE-R 1081 (1083) – Lotterieannahmestellen),
- Weiterverarbeiter von Halbfertigprodukten unabhängig davon, welche Endprodukte sie herstellen (KG WuW/E 3957 (3959 f.) – Strass),
- für den Zugang zu Gemeinschaftsantennenanlagen Pay-TV-Sender und sonstige private/öffentlich-rechtliche Sender (OLG Stuttgart NJW-RR 1991, 941 (942) = WuW/E 4719),
- für Anbieter verschlüsselter und unverschlüsselter Fernsehprogramme (BGH WuW/E 3058 (3063) – Pay-TV-Durchleitung),
- im Angebot von Krankentransportleistungen Rettungsdienste und private Krankentransportunternehmen (vgl. BGH WuW/E 2707 (2714) – Krankentransportunternehmen II),
- für Hersteller und Importeure von Arzneimitteln (BGH WuW/E 2990 ff. (2994) – Importarzneimittel),
- für Eisenbahnverkehrsunternehmen, die langfristig geplante und solche, die adhoc-Güterverkehrsleistungen erbringen im Verhältnis zum Schienennetzbetreiber (OLG Düsseldorf WuW/E DE-R 2806 – Trassennutzungsänderung).

39 Gleichartigkeit wurde **verneint** zwischen

– „freien“ medizinischen Badebetrieben und solchen, die von einem Arzt zur Erbringung der von ihm selbst vorgeschriebenen physikalisch-therapeutischen Leistungen unterhalten werden (BGH WuW/E 1493 (1495) – Medizinischer Badebetrieb),
– Kreditvermittlern und Banken bei der Nachfrage von Schufa-Auskünften, da sie nach unternehmerischer Tätigkeit und wirtschaftlicher Funktion nicht dieselben Aufgaben erfüllen (BGH WuW/E 2134 – Schufa).

Unterhält ein Handelsunternehmen **verschiedenartige Verkaufsstätten,** wovon 40
ein Teil als gleichartig (und auch sonst die Anspruchsvoraussetzungen des Abs. 2 erfüllend), ein anderer Teil als nicht gleichartig angesehen wird, so ist Abs. 2 nur für die insoweit gleichartigen Verkaufsstätten anwendbar. Bei Belieferungsansprüchen muss daher der Nachfrager grds. selbst die sachlichen und personellen Voraussetzungen schaffen, die die Eingliederung in das Vertriebssystem des Anbieters fordert. Hat ein Handelsunternehmen mehrere Verkaufsstätten, von denen nur ein Teil die Voraussetzungen der Vertriebsbindungen des Herstellers erfüllt, so kann ein Belieferungsanspruch nur für diese Verkaufsstätten bestehen. Der Nachfrager muss dann sicherstellen, dass die vertriebsgebundene Ware nicht in den belieferungsunwürdigen Verkaufsstätten angeboten wird (BGH WuW/E 1814 (1820 f.) = NJW 1981, 2357 – Belieferungsunwürdige Verkaufsstätten I).

c) „Andersartige“ Behandlung. Der Gesetzeswortlaut spricht davon, dass der 41
Marktbeherrscher gleichartige Unternehmen „nicht anders“ behandeln darf. Damit ist das Verbot gemeint, im Verhältnis zu „gleichartigen“ Unternehmen **wirtschaftlich gleich liegende Sachverhalte ungleich zu behandeln.** Das gilt nur für die Märkte, auf denen die Marktbeherrschung besteht (BGH WuW/E 2483 (2490) – Sonderungsverfahren). Was wirtschaftlich vergleichbar mit dem zu behandelnden Sachverhalt ist, bedarf einer **Wertung.** Häufig ergibt sich dabei eine Überschneidung mit dem Merkmal des sachlich gerechtfertigten Grundes (→ Rn. 42 ff.). Denn oft geht es nicht darum, dass ein Unternehmen seine – gleichartigen – Abnehmer bei völlig gleich liegendem Sachverhalt unterschiedlich behandelt, sondern darum, ob die Unterschiede der beiden Sachverhalte die unterschiedliche Behandlung rechtfertigen (dazu Emmerich NZKart 2015, 114 (115), nicht marktübliche Individualbeziehungen zwischen Unternehmen bilden keinen Maßstab für die Behandlung anderer Unternehmen). Eine derartige Prüfung stößt auf enge Grenzen, weil sich aus dem Diskriminierungsverbot keine Verpflichtung ergibt, unterschiedliche Sachverhalte auch unterschiedlich zu behandeln, und kein Verbot, unterschiedliche Sachverhalte gleich zu behandeln. Deswegen muss die **Vergleichbarkeit der Fälle und die Gleichartigkeit der betroffenen Unternehmen relativ großzügig** bejaht werden, um dann prüfen zu können, ob die unterschiedliche Behandlung wegen der Unterschiedlichkeit der Sachverhalte sachlich zu rechtfertigen ist. Die Ungleichbehandlung muss sich nach Auffassung des BGH **nachteilig auf die Wettbewerbsposition des Anspruchstellers** auswirken (BGH WuW/E DE-R 3446 (3451) – Grossisten-Kündigung; so auch MüKoWettbR/Westermann Rn. 44; wohl jetzt anders BGH NZKart 2021, 578: es reicht aus, dass die Ungleichbehandlung geeignet ist, sich auf die Wettbewerbsposition des diskriminierten Unternehmens auszuwirken; eine tatsächliche Auswirkung muss nicht festgestellt werden). Diese Auffassung ist nicht begründet; sie hat keinen Bezug zum Zweck des Diskriminierungsverbots, das sich an der Marktmacht des Diskriminierenden orientiert, nicht an den oft gar nicht erfassbaren Auswirkungen bei dem potenziell Diskriminierten (so im Ergebnis auch Bach NJW 2012, 728 (731 f.)).

d) Sachlich gerechtfertigter Grund. Für die sachliche Rechtfertigung gilt das 42
Gleiche wie für die „Unbilligkeit“ bei der Behinderung (→ Rn. 16; vgl. rechtsmethodisch zum „sachlich gerechtfertigten Grund“ Schockenhoff FS Bechtold, 2006, 419). Es ist eine **Interessenabwägung** erforderlich unter Berücksichtigung der auf

die Freiheit des Wettbewerbs gerichteten Zielsetzung des Gesetzes (BGH WuW/E 1017 (1031) – Sportartikelmesse II; 1829 (1834) – Original-VW-Ersatzteile II) und **Respektierung eines unternehmerischen Freiraumes,** insbes. bei der Ausgestaltung der Vertriebswege (zuletzt BGH WuW/E 2755 (2758) – Aktionsbeiträge) und der Nachfrage nach Waren und Leistungen (dazu BGH WuW/E 2805 (2809 f.) – Stromeinspeisung; 2919 (2922) – Orthopädisches Schuhwerk). Auch ein marktbeherrschendes Unternehmen darf Kooperationspartner (Franchisenehmer) bei der Lizenzierung eines ausschließlichen Rechts (Gestattung von Bild- und Tonübertragungen) bevorzugen (OLG Düsseldorf WuW/E DE-R 2585 (2587) – DVR-Galopprennen). Ein solcher Freiraum besteht auch für die **Aufnahme in einen marktbeherrschenden Verein.** Im Rahmen der durch Art. 9 Abs. 1 GG gewährleisteten Vereinigungsfreiheit und Verbandsautonomie ist es grds. Sache des Vereins selbst, seinen Zweck und Tätigkeitsrahmen sowie die dadurch bedingten generellen Aufnahmevoraussetzungen eigenverantwortlich festzulegen (BGH WuW/E DE-R 1983 – Autoruf-Genossenschaft II; WuW/E 947 – Universitäts-Sportclub; 1725 (1728) – Deutscher Landseer Club; 2226 (2230) – Aikido-Verband). Bei Sportverbänden sind in die Abwägung auch die Prüfkriterien zu berücksichtigen, die der EuGH aufgestellt hat (EuGH EuZW 2006, 593 – Meca-Medina): Entscheidend für die Zulässigkeit einer Beschränkung der Zulassung sind die legitime Zielsetzung der behindernden Maßnahme, ihre Notwendigkeit, um das legitime Ziel zu erreichen sowie ihre Erforderlichkeit und Verhältnismäßigkeit, OLG Frankfurt NZKart 2023, 40 (42) – Rallyesportverband). Erfüllt ein Bewerber die **satzungsgemäßen Voraussetzungen** zur Aufnahme in einen Verein nicht, so stellt dies in aller Regel einen sachlich gerechtfertigten Grund für die Nichtaufnahme dar. Etwas anderes gilt dann, wenn die satzungsgemäßen Einschränkungen ihrerseits sachlich nicht gerechtfertigt sind; sie sind dann unbeachtlich (BGH WuW/E DE-R 1983; OLG München WuW/E DE-R 1527 (1529 f.) – Apothekenumschau; OLG Düsseldorf WuW/E DE-R 2897 (2899 f.) – Infodental Düsseldorf; vgl. dazu auch OLG Düsseldorf NZKart 2013, 125 (126 f.) – Großhandelsverband Haustechnik).

43 **Generalisierende Abgrenzungsmerkmale** sind grds. zulässig (BGH WuW/E DE-R 133 (137) – Bahnhofsbuchhandel). Dabei kommt einmal getroffenen Vereinbarungen mit Befristungs- und Kündigungsregelungen besonderes Gewicht zu, soweit sie als solche nicht zu beanstanden sind (BGH WuW/E 2491 (2495) – Opel Blitz); einseitiger Sozialschutz ist nicht Zweck des Diskriminierungsverbots (OLG Celle WuW/E DE-R 581 (583) – VAG-Vertrieb). Deswegen steht Abs. 2 Nr. 1 einer ordentlichen **Kündigung** grds. nicht entgegen (vgl. BGH WuW/E 2983 (2988 f.) – Kfz-Vertragshändler; OLG Hamburg WuW/E 5312 (5321) – Quartiersmannsbetrieb; OLG München WuW/E 5091 (5095) – nicht amortisierte Investition mwN; OLG Celle WuW/E DE-R 581 (583) – VAG-Vertrieb), wohl aber uU einer außerordentlichen (vgl. auch OLG München WuW/E 4203 – Besamungsvertrag). Die vom OLG Hamburg (OLG Hamburg WuW/E DE-R 212 f. (213) – Honda) behauptete Einschränkung der ordentlichen Kündigungsmöglichkeit dahin, dass sie nur bei Inanspruchnahme eines „unternehmerischen Freiraumes bei der Gestaltung und Pflege des Vertriebssystems“ gelte, ist kaum nachvollziehbar. Sie hätte zur Folge, dass eine fehlerhafte außerordentliche Kündigung auch nicht als ordentliche aufrechterhalten werden könnte. § 20 Abs. 1 steht einer ordentlichen Kündigung auch dann nicht entgegen, wenn der Händler seine herstellerspezifischen Investitionen noch nicht voll amortisiert hat; insoweit gibt es auch keinen **Investitionsersatzanspruch** (OLG München WuW/E 5091 (5095) – nicht amortisierte Investition). Die ordentliche Kündigung kann ausgeschlossen sein, wenn der gekündigte Händler Teil eines branchenumfassenden Vertriebssystems ist, aus dem sich der Hersteller aus übergeordneten Gründen nicht ohne Weiteres herauslösen kann; diese Voraussetzungen können im Pressegroßhandel vorliegen (dazu LG Hannover WuW/E DE-R 2735 – Pressegroßvertrieb Stade, aA allerdings BGH WuW/E DE-R 3446 = NJW

2012, 773 – Grossisten-Kündigung). Anerkennenswert ist das Bestreben, eigene Tochtergesellschaften im Vergleich zu deren Wettbewerbern stärker zu fördern (vgl. BGH WuW/E 2755 (2758) – Aktionsbeträge; differenzierend Ostendorf/Grün WuW 2008, 950). Niemand ist verpflichtet, einen **Wettbewerber zum eigenen Schaden zu fördern** (→ Rn. 21 und – für die Zeit vor der Liberalisierung des Energiewirtschaftsrechts – BGH WuW/E 2953 (2964) – Gasdurchleitung; 1288 (1292) – EDV-Ersatzteile; 2535 (2539) – Lüsterbehangsteine; 2589 (2592) – Frankiermaschine; OLG Düsseldorf WuW/E DE-R 1615 f. (1616) – Das Telefonbuch; KG WuW/E 4951 (4968) – Kälteanlagen-Ersatzteile); anderes kann gelten, wenn die beherrschende Marktstellung dem Unternehmen durch staatliche Maßnahmen zugewachsen ist (OLG Düsseldorf WuW/E 4601 (4607) – Interlining). Eine allgemeine und undifferenzierte Pflicht zur **Meistbegünstigung** besteht nicht (BGH NZKart 2016, 374 (376 f.) – NetCologne). Zur Preisspaltung durch Energieversorgungsunternehmen s. BGH NZKart 2017, 245. Bei der Vergabe von Wegenutzungsrechten für Gaskonzessionen durch die Gebietskörperschaft muss über § 19 Abs. 2 Nr. 1 und § 46 Abs. 1 EnWG sichergestellt werden, dass der Konzessionär für den Betrieb des Netzes im **diskriminierungsfreien Wettbewerb** ausgewählt wird (BGH NZKart 2020, 318 (319)). Das Diskriminierungsverbot verlangt insofern sowohl **verfahrensbezogene als auch materielle Standards für die Auswahlentscheidung.** So müssen die Entscheidungskriterien transparent sein. Außerdem ist eine organisatorische und personelle Trennung von Vergabestelle und Bewerber erforderlich, um die entsprechende Neutralität sicherzustellen. Zur Vergabe von Stromkonzessionen BGH NZKart 2020, 253 (254); OLG Stuttgart NZKart 2023, 487 – Trennungsgebot.

Für die sachliche Rechtfertigung einer unterschiedlichen Behandlung ist der Dis- **44** kriminierende **darlegungs- und beweispflichtig** (stRspr, vgl. BGH WuW/E 1793 (1797) = NJW 1981, 2355; WuW/E 1814 (1819) – Belieferungsunwürdige Verkaufsstätten II; OLG Hamburg WuW/E DE-R 2831 (2840) – CRS-Betreiber/Lufthansa). Das gilt auch für die nicht von Abs. 2 Nr. 1, sondern von Abs. 1 erfasste Diskriminierung von privaten Endverbrauchern (dazu BGH WuW/E DE-R 3145 (3156) – Entega II).

e) Lieferpflicht. Besondere Bedeutung hat das Diskriminierungsverbot für die **45** Lieferpflicht (Schadensersatzanspruch in Form eines **Kontrahierungszwangs,** vgl. BGH WuW/E DE-R 206 (209) – Depotkosmetik; → Rn. 43). Wo er besteht, ergeben sich daraus **Begrenzungen von Kündigungsrechten** (dazu BGH WuW/E DE-R 1144 – Schülertransport; 1541 – Sparberaterin II). Ein Unternehmen kann von einem Marktbeherrscher als Normadressaten des Diskriminierungsverbotes verlangen, beliefert zu werden, wenn von ihm gleichartige Unternehmen ebenfalls beliefert werden. Lieferverweigerung ist nur zulässig, wenn gerade im Hinblick auf das die Belieferung begehrende Unternehmen sachliche Rechtfertigungsgründe vorliegen. In die dafür erforderliche Interessenabwägung müssen sowohl die Interessen des (angeblich) diskriminierenden Unternehmens (zB Kapazitätsüberlegungen, Vertriebsbindung, mangelnde Bonität des Abnehmers usw) als auch des (angeblich) diskriminierten Unternehmens einbezogen werden (zB Bedeutung der Ware für die gesamte Unternehmenstätigkeit, Auswirkungen auf andere Aktivitäten, Existenzgefährdung, dazu BGH WuW/E 1885 = GRUR 1981, 917 (918) – Sportschuhe, vgl. auch OLG Hamburg WuW/E 3795 (3797)); gegen eine Lieferpflicht spricht insbes., dass **andere zugängliche Lieferquellen** bestehen (vgl. dazu KG WuW/E 4951 (4970) – Kälteanlagen-Ersatzteile; vgl. aber auch OLG Hamburg NJWE-WettbR 1997, 214 (215 f.) – Programmvorschau, mit Differenzierung nach Marktbeherrschung und Marktstärke iSv § 20 Abs. 1) oder die begehrte Ware ohne Weiteres auch durch andere frei erhältliche Waren ersetzt werden kann (dazu OLG Stuttgart WuW/E DE-R 6 – Kennzeichnungsgeräte). Dabei spielen in der „Fein“-Beurteilung unter Umständen auch Gesichtspunkte eine Rolle, die schon im Rahmen der **Gleichartigkeit** geprüft worden sind. Auch wenn zB der Unterschied zwischen Versand- und stationärem Fachhandel die Gleichartigkeit nicht ausschließt (→ Rn. 38), kann er uU eine Lieferverweigerung sachlich rechtfertigen (vgl. BGH WuW/E 1995 (1997 f.) – Modellbauartikel III), insbes. wenn im Versandhandel mit Vertragsverstößen zu rechnen ist (dazu BGH WuW/E DE-R 206 (210) – Depotkosmetik). Der Umstand, dass ein Händler sich auf umsatzstarke „Renner" spezialisiert, kann die Lieferverweigerung durch einen Hersteller rechtfertigen, der grds. nur Vollsortimentshändler beliefert (BGH GRUR 1979, 731 (732) – Markt-Renner; GRUR 1981, 761 (769) – Belieferungsunwürdige Verkaufsstätten I). Ist die Liefereinstellung grds. berechtigt, so ist gesondert zu prüfen, ob sie sofort erfolgen darf oder ob dem Händler nicht eine Übergangsfrist einzuräumen ist (BGH WuW/E 1729 (1731) – Ölbrenner I). Unter Umständen rechtfertigen Gründe eine Lieferverweigerung nur **vorübergehend.** So ist zB bei einer Belieferung, die wegen eines betrügerischen Verhaltens des Abnehmers eingestellt wurde, denkbar, dass sie nach einer gewissen Zeit wiederaufgenommen werden muss (vgl. dazu BGH WuW/E 1423 (1424 f.) – Sehhilfen).

46 Lieferverweigerungen durch marktbeherrschende Hersteller werden häufig damit begründet, dass die Belieferung **Gegenreaktionen der Stammkunden** auslöse (oft wegen befürchteter **Preisunterbietungen** des nachfragenden Händlers, vgl. dazu OLG München WuW/E 2134 – Bergsportausrüstungen; OLG Düsseldorf WuW/E 2167 (2169) – Nordmende; OLG Düsseldorf WuW/E 2225 (2227 f.)), einseitige Abhängigkeiten geschaffen oder die bisher belieferten Vertriebswege beeinträchtigt würden. Eine unerwünschte Preisgestaltung des Händlers ist grds. nicht geeignet, eine Lieferverweigerung des Herstellers zu rechtfertigen (BGH WuW/E 2341 (2349) – Belieferungsunwürdige Verkaufsstätten II; vgl. auch BGH WuW/E 1885 (1888); 1814 (1819) – Allkauf-Saba; OLG Düsseldorf WuW/E 2732 (2735) – Elektro-Werkzeuge); sie schließt aber eine ordentliche Kündigung nicht aus (vgl. dazu auch Ströbl/Schäfer WRP 2013, 600). Etwas anderes kann gelten, wenn die Nichtweiterbelieferung – beweisbar und in erheblichem Umfang – zum **Abwandern der angestammten Kundschaft** führt (BGH WuW/E 1793 (1797) = NJW 1981, 2355 = GRUR 1981, 917 f. – Sportschuhe; OLG Stuttgart WuW/E 3343 (3344 f.) – Skibindungen). Ist das diskriminierte Unternehmen verpflichtet, sich an Mengenrabattstaffeln zu halten, und verletzt es diese Verpflichtung, so kann dies eine sachliche Rechtfertigung für eine Belieferungssperre darstellen (BGH WuW/E 2175 (2181 f.) – Preisbindungstreuhänder-Empfehlung). Ein Handelsvertreter, der seinen Handelsvertretervertrag gekündigt hat, hat keinen Belieferungsanspruch auf Ersatzteile, wenn der Lieferant mit der Ersatzteillieferung zum Zwecke von Reparaturen und Wartungen gezwungen wäre, zu seinem eigenen Nachteil dem Anspruchsteller Wettbewerbsvorteile im Neugeschäft mit einem Konkurrenzprodukt zu verschaffen; dies sei nicht zuzumuten. Nach Beendigung des Handelsvertreterverhältnisses dürfe jedwede Unterstützung des ehemaligen Handelsvertreters abgelehnt werden, um nicht einen Wettbewerber zum eigenen Nachteil zu unterstützen (OLG Düsseldorf NZKart 2014, 35).

47 Die Ungleichbehandlung eines Anbieters von **Pay-TV** gegenüber den sonstigen privaten und öffentlich-rechtlichen Sendern durch den Inhaber einer Gemeinschaftsantennenanlage lässt sich nicht dadurch rechtfertigen, dass das Pay-TV im Abonnentensystem ausgestrahlt wird (OLG Stuttgart NJW-RR 1991, 941 (943)); es kann aber ein höheres Entgelt als Kompensation für den gelungenen Verbreitungsgrad vom Pay-TV-Sender verlangt werden (BGH WuW/E 3058 (3064) – Pay-TV-Durchleitung). Ein Hersteller von Halb- und (daraus hergestellten) Fertigfabrikaten kann, jedenfalls bei besonders hohen Marktanteilen, auch zur Belieferung eines Fertigwarenkonkurrenten mit **Halbfabrikaten** verpflichtet sein; er kann ihn nicht auf Bezüge über Händler verweisen (KG WuW/E 3957 (3960) – Strass). Die **Ver-**

knappung eines Produkts rechtfertigt nicht ohne Weiteres eine unterschiedliche Behandlung der Abnehmer; ggf. ist anteilige Befriedigung erforderlich (vgl. BGH WuW/E 1027 (1031) – Sportartikelmesse II; KG WuW/E 1507 (1512) – Chemische Grundstoffe II; LG München WuW/E 626 – Windsurfbretter). Wartungsunternehmen, die an andere Hersteller vertraglich gebunden sind, müssen uU auch dann mit **Ersatzteilen** beliefert werden, wenn befürchtet wird, dass sie dadurch in die Lage versetzt werden, Kunden des Herstellers abzuwerben; insoweit ist bei der gebotenen Interessenabwägung auch die allgemeine Branchenübung zu berücksichtigen (BGH WuW/E 1729 (1730) – Ölbrenner I; 1891 – Ölbrenner II; OLG Karlsruhe WuW/E DE-R 79 – Feuerwehr-Drehleitern; OLG Düsseldorf WuW/E 4901 (4905) – Dehnfolien-Verpackungsmaschinen; vgl. aber auch KG WuW/E 4951 (4967) – Kälteanlagen-Ersatzteile). Allerdings ist es gerechtfertigt, bei Praktizierung eines **qualitativ selektiven Vertriebssystems** in Einklang mit § 1, Art. 101 AEUV Systemaußenseiter nicht zu beliefern (EuG NZKart 2017, 658 (661)). Die Gleichbehandlungspflicht gilt auch im Verhältnis zu **Handelsvertretern.** Arbeitet der Hersteller üblicherweise mit Handelsvertretern zusammen, muss er auch Handelsvertreter gleich behandeln (vgl. dazu auch BGH WuW/E 2238 (2246) – EH-Partner-Vertrag). Ein **Messeveranstalter,** der jedenfalls für Branchenmessen im Allgemeinen marktbeherrschend ist, muss bei einer Überzahl von Bewerbern die Zuteilung nach objektiven und nachvollziehbaren Zulassungskriterien willkürfrei vornehmen (dazu OLG Düsseldorf WuW/E DE-R 994 (995) – Stefanelli; OLG Hamburg WuW/E DE-R 2 – Dentalmesse; 213 – Dentalmesse; OLG Celle WuW/E 3897 – Kunstmesse; OLG Düsseldorf WuW/E 4173 – Art Cologne; OLG Hamburg WuW/E 5703 (5709) – fachdental nord 1994; OLG Frankfurt a. M. WuW/E 5027 – Art Frankfurt 1992). Zur Aufnahme in **Taxigenossenschaften** vgl. BGH WuW/E 2836 – Taxigenossenschaft II und OLG München WuW/E DE-R 175 – 15er-Funk; 178 – Taxizentrale Würzburg.

In die Kategorie der Lieferpflicht gehört auch die mögliche Pflicht des Inhabers 48
eines gewerblichen Schutzrechts zur **Zwangslizenz.** Eine Verpflichtung zur Lizenzteilung kann sich nicht allein aus dem mit dem Schutzrecht verbundenen Monopol ergeben; sonst wäre das Schutzrecht seines eigentlichen Inhalts beraubt. Die Pflicht zur Lizenzerteilung setzt außer der marktbeherrschenden Stellung des Schutzrechtsurhebers **außergewöhnliche Umstände** voraus. Sie können vorliegen, wenn die Lizenz für den Nutzer unentbehrlich ist, dieser beabsichtigt, unter der Benutzung des Schutzrechts neue Produkte anzubieten, für die eine Nachfrage besteht, durch die Weigerung jeglicher Wettbewerb auf einem abgeleiteten Markt ausgeschlossen wird und kein sachlicher Grund für diese besteht (so OLG Düsseldorf unter Berufung auf die Rspr. des EuGH WuW/E DE-R 3215 (3216 f.) – Zwangslizenzeinwand). Beispiel sind **standardessenzielle Schutzrechte,** die für die Verwendung eines Industriestandards genutzt werden müssen. § 24 PatG steht dem nicht entgegen (BGH WuW/E DE-R 1329 (1331) – Standard-Spundfass II; vgl. dazu auch Rombach FS Hirsch, 2008, 311 ff.; → Rn. 28 und → Rn. 80). Von besonderer Bedeutung ist das BGH-Urteil im Falle Orange-Book-Standard (BGH WuW/E DE-R 2613 ff.; dazu de Bronett WuW 2009, 899; Jestaedt GRUR 2009, 801; Wirtz WRP 2011, 1392; vgl. auch LG Düsseldorf WuW/E DE-R 3638 – FRAND-Erklärung; Barthelmeß/Rudolf WuW 2013, 116). Dabei geht es um die Frage, ob ein Patentverletzer sich gegenüber dem patentrechtlichen Unterlassungsanspruch darauf berufen kann, der Patentinhaber sei ihm gegenüber zur Lizenzierung verpflichtet gewesen. Der BGH lässt die Frage offen, ob im entschiedenen Fall ein auf das Diskriminierungsverbot gestützter Lizenzierungsanspruch begründet war; er hält das aber immerhin für möglich. Wenn dieser Anspruch bestehe, folge daraus nicht automatisch die Unbegründetheit des Unterlassungsanspruches. Vielmehr muss der Patentverletzer sich durch ein unbedingtes Lizenzangebot, zu dessen Annahme der Patentinhaber verpflichtet wäre, selbst in

die Situation versetzen, in der er wäre, wenn der Patentinhaber die Lizenz erteilt hätte. Er muss insbes. auch die **Zahlungen anbieten,** zu denen er nach dem diskriminierungsfrei vergebenen Lizenzvertrag verpflichtet wäre; dabei muss der Lizenzsucher allerdings nicht an den Patentinhaber zahlen, sondern kann nach § 372 S. 1 BGB die Lizenzgebühren unter Verzicht auf das Recht zur Rücknahme hinterlegen. Der BGH wendet insoweit die Vorschriften über den Gläubigerverzug entsprechend an (§§ 293, 298 BGB). Der Zwangslizenzeinwand scheitert aber dann, wenn der Verletzer im Verletzungsprozess auf ein konkretes Lizenzangebot zu FRAND-Bedingungen nicht nach Treu und Glauben reagiert (OLG Karlsruhe NZKart 2016, 334 (337) – DVD-Software; EuGH NZKart 2015, 390 – Huawei Technologies; OLG Düsseldorf NZKart 2017, 665 – Lizenzierungspflicht zu FRAND-Bedingungen II; zum Stand der Rspr. zum Zwangslizenzeinwand Lubitz NZKart 2017, 618; Eckel NZKart 2017, 408; LG Düsseldorf NZKart 2019, 111 – Bewegungsvektor; LG München NZKart 2019, 174 – Patent zur Kommunikationskanalauswahl). Die Entscheidung wirft die Frage auf, ob der BGH nicht nach Art. 3 Abs. 1 S. 2 Kartellverfahrens-VO auch Art. 102 AEUV hätte anwenden müssen. Möglicherweise ergibt sich aus der Rspr. des EuGH im Falle Magill (EuGH Slg. 1995, I-743 Rn. 48; dazu de Bronett WuW 2009, 899 (905)), dass der Lizenzsucher dann, wenn der Patentinhaber die Lizenz missbräuchlich verweigert, ohne Weiteres zur Nutzung berechtigt ist (vgl. dazu LG Düsseldorf NZKart 2013, 256 und Körber NZKart 2013, 239). Zu **standardesentiellen Patenten** s. auch BGH NZKart 2021, 178 ff. – FRAND-Einwand II: Die Marktmacht kann nicht nur dadurch missbräuchlich ausgenutzt werden, dass einem lizenzwilligen Verletzer der Abschluss eines entsprechenden Lizenzvertrags verweigert wird; ein Missbrauch kann auch dann vorliegen, wenn dem Patentinhaber anzulasten ist, dass er sich nicht hinreichend bemüht hat, seiner mit der marktbeherrschenden Stellung verbundenen besonderen Verantwortung gerecht zu werden und einem grundsätzlich lizenzwilligen Verletzer den Abschluss eines Lizenzvertrags zur angemessenen Bedingung möglich zu machen. Zunächst muss auf die Verletzung des Klagepatents hingewiesen werden, jedenfalls dann, wenn der Verletzer möglicherweise nicht gewusst hat, dass er vom standardessenziellen Patent Gebrauch macht. Weiter muss der Verletzer klar und eindeutig erklären, mit dem Patentinhaber einen Lizenzvertrag zur angemessenen und nicht-diskriminierenden Bedingung abzuschließen und sich auf die Lizenzverhandlungen einlassen. Hat eine Seite nicht am Zustandekommen des Lizenzvertrags zu FRAND-Bedingungen mitgewirkt, geht es grundsätzlich zu seinen Lasten (ähnlich BGH NZKart 2020, 441 (443 ff.)). Zur Lizensierungspflicht für standardessenzielle Patente in Zulieferverhältnissen LG Mannheim NZKart 2020, 622 ff. – Nokia/SAP; LG München NZKart 2020, 626 ff. – Sharp/SAP und LG Düsseldorf NZKart 2021, 61.

49 **f) Abnahmepflicht.** Zurückhaltender als bei der Lieferpflicht ist die Rspr. bei der Bejahung einer Abnahmepflicht des Normadressaten. Sie kommt überhaupt nur infrage, wenn „mildere", dh die rechtliche und wirtschaftliche Entscheidungsfreiheit des Normadressaten weniger **beeinträchtigende Verhaltenspflichten nicht in Betracht kommen** (BGH WuW/E 2990 (2995, 2997) – Arzneimittelimporteure; 3104 (3106) – Zuckerrübenanlieferungsrecht II; 2683 (2687) – Zuckerrübenanlieferungsrecht; BGHZ 101, 72 = WuW/E 2399 – Krankentransporte).

50 **g) Preis- und Konditionendifferenzierung.** Im Rahmen bestehender Lieferverhältnisse folgt aus dem Diskriminierungsverbot die Verpflichtung, an Unternehmen (Privatpersonen werden durch Abs. 2 Nr. 1 nicht geschützt) zu grds. **gleichen Preisen** zu verkaufen. **Preisunterschiede müssen sachlich gerechtfertigt sein,** wobei sich die Rechtfertigung schon daraus ergeben kann, dass im Wettbewerb günstigere (höhere) Konditionen und Preise durchsetzbar waren (dazu BGH WuW/E 3058 (3064) – Pay-TV-Durchleitung; 3104 (3107) – Zuckerrübenanlieferungs-

recht II). Nicht gerechtfertigt sind Differenzierungen, die willkürlich oder durch unternehmerisch nicht nachvollziehbare Gründe bedingt sind (BGH WuW/E 3058 (3064 f.) – Pay-TV-Durchleitung; OLG Hamburg WuW/E DE-R 403 (407) – Pay-TV-Durchleitung). Rechtfertigungen können sich ergeben zB aus **unterschiedlichen Funktionen** (zum Funktionsrabatt vgl. insbes. BGH WuW/E 1429 – Asbach-Fachgroßhändlervertrag), Leistungen (Beratungsleistungen, vgl. BGH GRUR 1983, 396 mAnm U. Schmidt GRUR 1983, 398 f. = DB 1983, 2407 f. – Modellbauartikel III), Mengen (BGH WuW/E 1413 (1415) – Mehrpreis von 11 %). In Vertriebssystemen kann der marktbeherrschende Prinzipal Vertriebsmittler unterschiedlichen Kategorien zuordnen und die Provisionierung nach ihren Leistungen differenzieren (LG Frankfurt a. M. NZKart 2016, 389 – DB Vertrieb). Die Abnahme größerer Mengen werde allgemein als „ein den Preis verbilligender Faktor" angesehen), Frachtwegen, Zahlungsfristen usw. Auch ein Normadressat des § 20 kann grds. Anbieter bevorzugen, von denen er selbst zu günstigeren Bedingungen beziehen kann (so LG Leipzig WuW/E DE-R 603 – Wiederverwendbare Krankenhilfsmittel). Auch eine Differenzierung der Preise zwischen Alt- und Neukunden kann sachlich gerechtfertigt sein, weil bezüglich der Lieferungen an die Neukunden andere Beschaffungsverhältnisse gelten (OLG Düsseldorf NZKart 2022, 283 (285); s. auch LG Mannheim NZKart 2022, 350 (351). Eine **Konditionendifferenzierung** kann auch durch den Druck der Abnehmer gerechtfertigt sein (KG EWiR § 26 GWB 1/86, 73 mAnm Seifert). Das Streben nach günstigen Konditionen ist sowohl auf Abnehmer- wie Anbieterseite als solches wettbewerbskonform und stellt daher – auch wenn es im Einzelfall zu unterschiedlichen Preisen und Bedingungen führt – nicht ohne Weiteres einen Verstoß gegen Abs. 1 dar (OLG Hamburg WuW/E DE-R 403 (406 f.) – Pay-TV-Durchleitung; BGH WuW/E DE-R 839 (841) – Privater Pflegedienst).

h) Diskriminierung durch Nachfrager. Auch ein dem Diskriminierungsverbot unterworfener Nachfrager ist grds. gehalten, die **Anbieter gleich zu behandeln,** wenn auch mit erheblichen unternehmerischen Ermessensspielräumen (dazu BGH WuW/E 2990 (2995) – Importarzneimittel; OLG Frankfurt a. M. WuW/E 4354 (4357) – Betankungsventile). Keinesfalls darf er willkürlich handeln, so zB als Sozialversicherungsträger bei der Nachfrage nach Krankentransportleistungen nicht von vornherein nur Rettungsdienste beauftragen und private Krankentransportunternehmen unberücksichtigt lassen (BGH WuW/E 2707 (2713 f.) – Krankentransportunternehmen II) oder sie von der Direktabrechnung ausschließen (OLG Karlsruhe WuW/E 5066 (5070) – Direktabrechnungsklausel). Er ist aber im Allgemeinen nicht verpflichtet, in der Weise nachzufragen, dass jeder Anbieter einen seiner Leistungsfähigkeit entsprechenden **Anteil an den Aufträgen** erhält (vgl. BGH WuW/E 3104 (3107) – Zuckerrübenanlieferungsrecht; NJW 1977, 628 (630) – Abschleppunternehmen; OLG Stuttgart WuW/E DE-R 307 (310) – Medizinische Hilfsmittel). Bei der Interessenabwägung ist insbes. auch zu beachten, dass sich für den Nachfrager erhebliche Vorteile daraus ergeben können, dass er die Aufträge gebündelt an wenige Anbieter vergibt oder eine bewährte Zusammenarbeit fortsetzt (BGH WuW/E 2399 (2405) – Krankentransporte). **51**

Die **öffentliche Hand als Auftraggeber** kann durch Abs. 2 Nr. 1 verpflichtet sein, eine Ausschreibung nach den Grundsätzen des **öffentlichen Vergaberechts** (§§ 97–101) durchzuführen (OLG Düsseldorf WuW/E 2274 (2280) – Fernmeldetürme; BGH WuW/E 2399 (2405) – Krankentransporte). Auch wenn das Vergaberecht nicht anwendbar ist, muss bei der Auftragsvergabe des Marktbeherrschers das Auswahlverfahren transparent und an sachlichen Kriterien orientiert sein (OLG Düsseldorf NZKart 2023, 43 (44) – Gaskonzession). Die öffentliche Hand ist häufig Inhaber von Gewerbeflächen, deren Nutzung im Geschäftsverkehr erhebliche Vorteile mit sich bringen kann; nach der Zahl der dazu ergangenen Entscheidungen **52** spielen die Fälle der Kfz-Schilderhersteller eine herausragende Rolle, die häufig auf dem Boden der öffentlichen Hand in der Kfz-Zulassungsstelle betrieben werden. Demjenigen, dem dieser Boden zum Betrieb einer Schilderprägestelle überlassen wird, wachsen dadurch erhebliche Vorteile zu. Die Rspr. stellt nicht infrage, dass dieser Vorteil einem einzelnen Unternehmen gewährt werden darf, aber nur in einem diskriminierungsfreien, die Vergabekriterien offenlegenden Verfahren, das idR eine Ausschreibung voraussetzt (vgl. zur Vermietung von Gewerberäumen an Kfz-Schilderhersteller durch die Kfz-Zulassungsstellen betreibenden Gebietskörperschaften BGH WuW/E DE-R 2163 – Freihändige Vermietung an Behindertenwerkstatt; 201 (205) – Schilderpräger im Landratsamt; im Übrigen ist die OLG-Rspr. uneinheitlich, vgl. KG WuW/E 2787 (2791 f.) – Angebot eines knappen Gutes; OLG Karlsruhe WuW/E 5615 (5619) – Schilderprägebetrieb; WuW/E DE-R 59 – Kfz-Schilderpräger Villingen-Schwenningen; OLG Stuttgart WuW/E DE-R 48 – Kfz-Schilderpräger (Nagold); OLG Frankfurt a. M. WuW/E DE-R 55 – Kfz-Schilderpräger (Kassel); OLG Brandenburg NZKart 2019, 107 (108) – Gewerbeflächen für Schilderpräger; BGH NZKart 2020, 318 (319) für die Vergabe von Wegenutzungsrechten; ähnlich für die Vergabe von Stromkonzessionen BGH NZKart 2020, 253 (254); für die Vergabe einen Steinbruchpachtvertrags OLG Frankfurt NZKart 2023, 567 (568) – Steinbruch-Pachtvertrag). **Gesetzliche Krankenkassen** (zur „entsprechenden" Anwendung des § 19 auf das Verhältnis der Krankenkassen zu den Leistungserbringern vgl. § 69 Abs. 2 SGB V, Anhang B 2 und → § 18 Rn. 3) können verpflichtet sein, grds. alle Lieferanten durch Rahmenverträge zur Belieferung aller Versicherten zuzulassen, ohne allerdings zur Abnahme verpflichtet zu sein (BGHZ 36, 91 f. (99 f.) – Gummistrümpfe; BGH GRUR 1976, 600 (601) – Augenoptiker; vgl. auch Gemeinsamer Senat BGHZ 97, 312); Entsprechendes kann für die gesetzliche Unfallversicherung gelten (dazu BGH WuW/E 2919 (2922 f.) – Orthopädisches Schuhwerk).

5. Ausbeutungsmissbrauch (Abs. 2 Nr. 2)

53 a) **Allgemeine Charakterisierung.** Während sich der Behinderungsmissbrauch primär gegen die Konkurrenten des Marktbeherrschers richtet, ist die Zielrichtung des „Ausbeutungsmissbrauchs" nach Nr. 2 die **Marktgegenseite.** Der Missbrauch liegt nach dem Gesetzeswortlaut im Fordern von „Entgelten oder sonstigen Geschäftsbedingungen", also in einem Verhalten gegenüber Unternehmen einer anderen Wirtschaftsstufe. Nicht nur der Anbieter kann durch das Fordern zu hoher Preise einen Ausbeutungsmissbrauch gegenüber seinen Abnehmern begehen, sondern auch der Nachfrager durch „Fordern" zu niedriger Entgelte. Zwar erweckt der Wortlaut der Nr. 2 den Anschein, als ob nur der Anbieter-Missbrauch erfasst sein sollte. Der Obersatz von § 19 Abs. 4 zeigt aber, dass gleichermaßen **auch der marktbeherrschende Nachfrager** gemeint ist. Ausbeutungsmissbrauch kann jeder begehen, der der Marktgegenseite die Bedingungen der Geschäftsbeziehungen vorschreiben kann. Der marktbeherrschende Nachfrager hat diese Möglichkeit im Verhältnis zu den von ihm abhängigen Anbietern. **„Entgelt"** meint einen in Euro bezifferten Preis (vgl. dazu BGH WuW/E DE-R 1513 (1516 f.) – Stadtwerke Mainz); dieser Begriff umfasst nicht Entgeltbestandteile. Der Begriff **„Geschäftsbedingungen"** bezieht sich im Wesentlichen auf all das, was außerhalb physischer oder physikalischer Vorgänge durch vertragliche Regelungen erfasst wird oder erfasst werden kann. Der Begriff bezieht sich sowohl auf „allgemeine" als auch individuell vereinbarte Geschäftsbeziehungen. Angesichts des gesetzlichen Wortlauts „oder sonstige Geschäftsbedingungen" und der damit verbundenen Gleichstellung von Entgelt und Geschäftsbedingung ist eine scharfe Trennung zwischen Entgelten und Geschäftsbedingungen nicht möglich. Wenn zB das ein Unternehmen auf sofortiger Fälligkeit seiner Forderungen besteht, während das Vergleichsunternehmen Zah-

lungsfristen von einem Monat einräumt, bedeutet das nicht automatisch, dass die Geschäftsbedingungen des ersten ungünstiger sind als die des anderen. Insoweit kann außerhalb der Wortlaute auch die tatsächliche Handhabung eine Rolle spielen. In jedem Falle ist eine **„Saldierung" des Entgelts und der Geschäftsbedingungen** vorzunehmen. Eine reine Entgeltkontrolle kann nur vorgenommen werden, wenn die entgeltrelevanten Geschäftsbedingungen identisch sind, und umgekehrt. **Ausbeutungsmissbrauch** kann auch dann vorliegen, wenn ein marktbeherrschender Betreiber einer Suchmaschine nur dann Texte oder Textausschnitte von Presseunternehmen suchenden Nutzern zugänglich macht, wenn die Presseunternehmen vorher der **unentgeltlichen Nutzung** zustimmen (im Ergebnis aber abgelehnt: LG Berlin NZKart 2016, 338 (340)). Fraglich ist, inwieweit **Ausbeutungsmissbrauch in Austauschverträgen zwischen Unternehmen** möglich ist; zu Verträgen über Kabelkanalanlagen, dazu BGH NZKart 2017, 198 (200), OLG Düsseldorf NZKart 2018, 235 und Podszun/Palzer NZKart 2017, 559, insbesondere in den Fällen, die Kanalmiete zusammen mit dem Kaufpreis für die Kabelanlage verhandelt wurde. Nach OLG Frankfurt a. M. (NZKart 2019, 228) ist das Festhalten am Vertrag keine missbräuchliche Ausnutzung einer marktbeherrschenden Stellung, wenn bei Abschluss des Vertrags kein Missbrauch vorgelegen hat; anders der BGH NZKart 2022, 154 (155) – Kabelkanalanlagen II: es ist auch nicht notwendig, den Vertrag zu kündigen und Neuabschluss zu nicht missbräuchlichen Konditionen zu verlangen. Zum Preismissbrauch bei Einspeisung in das Breitbandkabelnetz auch BGH NZKart 2020, 255 (257) – Net Cologne II. Zum Ausbeutungsmissbrauch durch Fordern von Vorteilen: BKartA 6.2.2019 – B6–22/16 – Facebook: Das BKartA beanstandete die Nutzerbedingungen von Facebook, die vorsehen, dass die nutzer- und gerätebezogenen Daten, die bei der Nutzung der Dienste WhatsApp, Oculus und Masquerade und anderen konzernzugehörigen Diensten durch in Deutschland ansässige private Nutzer erhoben und gespeichert wurden, mit den bei der Nutzung von Facebook.com erhobenen und gespeicherten Daten dieser Nutzer verknüpft und verwendet werden können. Das BKartA stufte die Konditionen unter Berücksichtigung der Wertungen der Datenschutzgrundverordnung als unangemessen ein; dagegen OLG Düsseldorf (NZKart 2019, 495 (496)): Das OLG Düsseldorf verneint einen Ausbeutungsmissbrauch nach Abs. 2 Nr. 2, weil keine hinreichenden Ermittlungen zum Als-ob-Wettbewerb durchgeführt und damit keine Aussage dazu getroffen wurden, welche Nutzungsbedingungen Facebook bei funktionierendem Wettbewerb hätte durchsetzen können; dagegen der BGH: Verhaltenskausalität ist zwar eine hinreichende, aber keine notwendige Voraussetzung für den Verstoß gegen Abs. 1 (BGH NZKart 2020, 473, → Rn. 5).

Insbesondere in der Energiewirtschaft gibt es Überschneidungen mit der **Billigkeitskontrolle** über vertragliche Preisanpassungsklauseln nach oder entsprechend **§ 315 BGB** (→ § 29 Rn. 40). Zunächst kommt es darauf an, ob überhaupt ein Leistungsbestimmungsrecht nach § 315 BGB besteht; ist der Preis vertraglich vereinbart, gibt es kein Leistungsbestimmungsrecht (dazu Fricke, Die gerichtliche Kontrolle von Entgelten der Energiewirtschaft, 2015, S. 332); insoweit ist Raum für die Anwendung von § 19. So lehnen die Zivilsenate des BGH eine Anwendung des § 315 BGB auf Stromlieferverträge, die auf den jeweils geltenden allgemeinen Tarif verweisen, ab. Für nachträgliche Erhöhungen nach §§ 5 und 5a Stromgrundversorgungsverordnung/Gasgrundversorgungsverordnung gilt dagegen § 315 BGB im Hinblick auf die Erhöhung, aber nicht in Bezug auf die Angemessenheit des Gesamtpreises (vgl. dazu u.a. BGH NJW-RR 2006, 133; ZNER 2007, 167 und RdE 2007, 258; Fricke, Die gerichtliche Kontrolle von Entgelten der Energiewirtschaft, 2015, S. 431). Der Kartellsenat sieht im Verweis auf den Preis „gemäß der jeweils geltenden Anlage" ein einseitiges Leistungsbestimmungsrecht iSv § 315 BGB (BGH WRP 2006, 253 – Stromnutzungsentgelt I; vgl. auch BGH WRP 2006, 768 – Stromnutzungsentgelt II; Ambrosius ZNER 2007, 95; Dreher ZNER 2007, 103; Säcker 54

ZNER 2007, 114). Das für die Energiewirtschaft (Strom und Gas) erweiterte Missbrauchsverbot des § 29 betrifft einen Fall des Ausbeutungsmissbrauchs. § 19 findet in der Energiewirtschaft keine Anwendung, soweit es um die **Netzentgelte** geht (§ 111 Abs. 1 Energiewirtschaftsgesetz; → Vor § 28 Rn. 24; zur Frage der Anwendbarkeit des § 315 BGB: Fricke, Die gerichtliche Kontrolle von Entgelten der Energiewirtschaft, 2015, S. 598). S. zur Kollision mit anderen Rechtsvorschriften: BGH NZKart 2021, 51 zum Vorwurf eines missbräuchlichen Preissystems der Deutsche Bahn-Tochter Infrastruktur bei Stationspreisen; anders: KG NZKart 2021, 54 mit der Begründung, Art. 102 AEUV sei wegen der Richtlinie 2001/14/EG nicht vereinbar (Vorlage an den EuGH); dazu auch OLG Frankfurt a. M. NZKart 2021, 57. Bei der Frage, ob Preiszuschläge eines marktbeherrschenden Infrastrukturunternehmens missbräuchlich sind, spielt maßgeblich eine Rolle, ob die Zuschläge nach der sektorspezifischen Regulierung zulässig sind (BGH NJOZ 2023, 523; NJW-RR 2022, 988). Wenn das marktbeherrschende Unternehmen nach der Entgeltregulierung keinen Spielraum hat, kann der Preis, der sich aus der Regulierung ergibt, nach § 19 nicht missbräuchlich sein (OLG Düsseldorf NZKart 2022, 527).

55 **b) Maßstab des Als-Ob-Wettbewerbs.** Maßstab für die Missbräuchlichkeit eines Verhaltens gegenüber der Marktgegenseite ist in erster Linie („insbesondere") der hypothetische Wettbewerb (Als-Ob-Wettbewerb). Ein Preisverhalten und eine sonstige Geschäftsbedingung eines Marktbeherrschers ist missbräuchlich, wenn sie bei wirksamem Wettbewerb nicht durchgesetzt werden könnte; die Abweichung vom wettbewerbsanalogen Verhalten muss, auch wenn das nicht im Gesetz ausdrücklich gesagt ist, **„erheblich"** sein (BGH WuW/E 1445 (1454) – Valium; OLG Düsseldorf WuW/E DE-R 1239 (1244) – TEAG; KG WuW/E 4640 (4644) – Hamburger Benzinpreise II; → Rn. 61). Das Kriterium des „wirksamen" Wettbewerbs entspricht dem des „wesentlichen Wettbewerbs" iSv § 18 Abs. 1 Nr. 2. Denn nur der Wettbewerb ist „wesentlich", der seine Steuerungs- und Kontrollfunktion wirksam entfalten kann. Der Als-Ob-Wettbewerb ist auch in den Fällen Maßstab, in denen die Marktbeherrschung nicht iSv § 18 Abs. 1 Nr. 1 oder 2 mit dem Fehlen wesentlichen Wettbewerbs begründet wird, sondern nach § 18 Abs. 1 Nr. 3 mit der **„überragenden Marktstellung".** Wenn der BGH (BGH WuW/E 1445 (1449) – Valium; vgl. auch BGH WuW/E 1749 (1756) – Klöckner/Becorit) so zu verstehen wäre, dass eine überragende Marktstellung auch vorliegen kann, wenn wesentlicher Wettbewerb besteht, könnte allerdings ein Unternehmen, das trotz wesentlichen Wettbewerbs sich in überragender Marktstellung befindet, keinen Ausbeutungsmissbrauch begehen. Da es wirksamem Wettbewerb ausgesetzt ist, ist sein Verhalten durch diesen Wettbewerb gesteuert und kontrolliert. Das bedeutet, dass für den Ausbeutungsmissbrauch der Nr. 2 immer nachgewiesen werden muss, dass das Unternehmen **keinem wesentlichen Wettbewerb iSd § 18 Abs. 1 Nr. 1** ausgesetzt ist. Die Vergleichsmarktbetrachtung ist aber nicht der einzige in Betracht kommende Maßstab (vgl. OLG Düsseldorf WuW/E DE-R 914 (916) – Netznutzungsentgelt, → Rn. 81). Vgl. zur Preismissbrauchsaufsicht insbes. in der Elektrizitätswirtschaft Büdenbender ZWeR 2006, 233 und über Gebühren allgemein Wolfers/Wollenschläger WuW 2013, 237 und Wolf WuW 2013, 246).

56 **c) Sachliche Rechtfertigung.** Der Gesetzeswortlaut sieht nicht ausdrücklich vor, dass der Ausbeutungsmissbrauch durch einen sachlich gerechtfertigten Grund ausgeschlossen werden kann. Dennoch fällt nach Auffassung des BGH (BGH WuW/E 1965 – Gemeinsamer Anzeigentarif; vgl. auch BGH WuW/E 1445 (1454) – Valium; KG WuW/E 2617 (2618 f.) – Regional unterschiedliche Tankstellenpreise) das Verhalten eines Marktbeherrschers nicht unter den Begriff des Ausbeutungsmissbrauchs, wenn es **sachlich gerechtfertigt** ist (insoweit sehr zurückhaltend Bunte/Nothdurft Rn. 176 ff.). Eine Anzeigenzwangskombination zweier Konzernzeitungen, die den Inserenten „eine unerwünschte zusätzliche Leistung aufdrängt", kann

im Rahmen einer umfassenden Interessenabwägung insbes. durch das unternehmerische Rationalisierungsinteresse und die Möglichkeit, eine der beiden Zeitungen zu sanieren, gerechtfertigt sein (BGH WuW/E 1965 – Gemeinsamer Anzeigentarif). Für die **Beweislast** bei der sachlichen Rechtfertigung sieht das Gesetz naturgemäß nichts vor. Es ist offen, ob dasselbe wie bei der Diskriminierung nach § 19 Abs. 2 Nr. 1 (Fall 2) gilt (→ Rn. 44), oder wie bei der Behinderung nach § 19 Abs. 2 Nr. 1 (Fall 1) und dem Strukturmissbrauch nach Nr. 3 (→ Rn. 32 und → Rn. 65; vgl. auch OLG Frankfurt a. M. WuW/E DE-R 3163 (3168) – Arzneimittelpreise).

d) Vergleichsmärkte. Für die Feststellung des Verhaltens, das sich bei wirksamem Wettbewerb mit hoher Wahrscheinlichkeit ergeben würde, sollen insbes. „die Verhaltensweisen von Unternehmen auf **vergleichbaren Märkten mit wirksamem Wettbewerb**" berücksichtigt werden (vgl. dazu Wagemann FS Bechtold, 2006, 593). Nr. 2 bindet den Gesetzesanwender aufgrund des Wortes „insbesondere" nicht an das Vergleichsmarktkonzept; die Abweichung von hypothetischem Wettbewerbsverhalten kann auch auf andere Weise festgestellt werden (KG WuW/E 4627 – Hamburger Benzinpreise). Die Vergleichsmärkte müssen „geeignetes und ausreichend sicheres Vergleichsmaterial" liefern (BGH WuW/E 2309 (2311) – Glockenheide). Dabei kann es sich um andere sachliche, örtliche oder zeitliche Märkte handeln (sachliche, örtliche oder zeitliche Vergleichsmärkte). In jedem Falle ist darauf zu achten, dass der Vergleichsmarkt dem Markt, um den es geht, möglichst nahe steht. Nach der Rspr. des BGH (BGH WuW/E 2309 (2311) – Glockenheide) ist es auch möglich, bei Fehlen anderer Vergleichsmöglichkeiten das Preisverhalten des betroffenen Unternehmens selbst auf anderen Märkten heranzuziehen. Der **Vergleich mit einem einzigen Unternehmen** kann ausreichen, und zwar auch mit einem Monopolunternehmen (BGH WuW/E DE-R 1513 (1517 f.) – Stadtwerke Mainz, dazu auch Ehricke N&R 2006, 10; Haus/Janson ZWeR 2006, 77; aus der früheren Rspr. BGH WuW/E 2309 (2311) – Glockenheide und – für § 103 aF – BGH WuW/E 2967 (2973) – Strompreis Schwäbisch-Hall, dazu Bechtold WuW 1996, 14 (17 f.); vgl. auch Kuhn WuW 2006, 578 (580); Möschel WuW 1999, 5 (10 f.)). Voraussetzung ist aber, dass der Vergleichspreis möglichst genau ermittelt wird. Dabei müssen ggf. vergleichbare Einheiten ermittelt werden, zB für die Bemessung eines Durchleitungsentgelts der Erlös je km Leitungslänge (BGH WuW/E DE-R 1513 (1517 f.) – Stadtwerke Mainz; dazu Ehricke N&R 2006, 10 (13 f.)). Durch die Einbeziehung von Sicherheitszuschlägen auf den wettbewerbsanalogen Preis müssen die Unsicherheiten der schmalen Vergleichsbasis ausgeglichen werden (→ Rn. 59). Auch können die von der Bundesnetzagentur auf Grundlage des TKG nach Maßgabe der Kosten der effizienten Leistungsbereitstellung festgesetzten Entgelte für vergleichbare Leistungen als Vergleichsmaßstab herangezogen werden (BGH NZKart 2017, 198 (200)). 57

Als **sachlicher Vergleichsmarkt** kommen Märkte verwandter Waren oder Leistungen in Betracht. Es ist nicht nur auf die produktionstechnische Verwandtschaft zu achten, sondern auch auf eine Analogie der Lieferanten- und Abnehmerstrukturen. **Örtliche Vergleichsmärkte** können – innerdeutsch – andere Regionen sein, wenn es um das Verhalten eines nur regionalen Marktbeherrschers geht. Ist das Unternehmen im gesamten Bundesgebiet marktbeherrschend, so gibt es im Inland für denselben sachlichen Markt keinen örtlichen Vergleichsmarkt. Dann kann auf ausländische Märkte zurückgegriffen werden. Die ausländischen Vergleichsmärkte müssen aber wirklich mit den inländischen Märkten „vergleichbar" sein. Als **zeitlicher Vergleichsmarkt** kann derselbe sachliche und örtliche Markt, auf dem das betreffende Unternehmen tätig ist, aus einer früheren oder späteren Zeit (vor oder nach Abschluss des missbräuchlichen Verhaltens) in Betracht kommen (vgl. zB OLG Frankfurt a. M. WuW/E DE-R 3163 (3167 f.) – Arzneimittelpreise). Das ist der Fall, wenn die Marktbeherrschung jüngeren Datums ist und das Unternehmen in 58 den Zeiten, in denen es noch nicht Marktbeherrscher war, sich anders verhalten hat. Anders als nach der **„Sockel-Theorie"**, der das BKartA (vgl. zB TB 1979/80, 113) früher zuneigte, ist ein zeitlicher Vergleichsmarkt nur relevant, wenn feststeht, dass er ein Wettbewerbsmarkt war. Es geht nicht an, im Sinne der Sockel-Theorie generell zu unterstellen, dass bei einer Preiserhöhung der Ausgangspreis ein Wettbewerbspreis war, der erhöhte aber nicht.

59 Alle Vergleichsmärkte „passen" niemals so genau, dass sich unmittelbar aus der Gegenüberstellung von beanstandetem Verhalten und dem auf dem Wettbewerbs-Vergleichsmarkt die Missbräuchlichkeit ergibt. Vielmehr bestehen immer Unterschiede zwischen dem tatsächlichen und dem Vergleichsmarkt, die auch zu unterschiedlichen Verhaltensweisen führen müssen. Diese Unterschiede müssen qualifiziert und quantifiziert und mit **Zu- und Abschlägen** berücksichtigt werden. Das gilt in besonderem Maße, wenn die Missbräuchlichkeit nur mit der Differenz zu **einem** Vergleichsunternehmen begründet wird (→ Rn. 57) und dieses Unternehmen auch keinem wesentlichen Wettbewerb ausgesetzt ist (BGH WuW/E DE-R 1513 (1517 f.) – Stadtwerke Mainz; OLG Düsseldorf WuW/E DE-R 1236 (1237) – TEAG). Abweichungen im Leistungsumfang und Unterschiede in der Marktstruktur müssen berücksichtigt werden (BGHZ 59, 42 (46) – Stromtarif; BGHZ 68, 23 (33) – Valium; BGH WuW/E 2103 (2105) = NJW 1986, 846 – Favorit; WuW/E 2309 (2311) – Glockenheide). Zugunsten des betroffenen Unternehmens können alle **objektiven Strukturmerkmale** berücksichtigt werden, die „unabhängig von dem jeweiligen Betreiber bestehen und die sich daher auch bei wirksamem Wettbewerb preiserhöhend auswirken" würden (BGH WuW/E 2309 (2312) – Glockenheide). **Nicht berücksichtigungsfähig** sind dagegen **unternehmensindividuelle Umstände** (wie Unternehmensgröße, Umsatz). Da alle diese Korrekturen nicht genau errechenbar sind, ist insoweit mit **Sicherheitszuschlägen** (→ Rn. 61) zu arbeiten. Je größer die Zu- und Abschläge sind, desto deutlicher wird, dass der Vergleichsmarkt iSd Nr. 2 nicht mehr „vergleichbar" ist. Schätzungen sind zwar möglich; sie dürfen aber nicht zu einem wettbewerbsanalogen Preis führen, der überwiegend auf geschätzten Zu- und Abschlägen beruht (vgl. BGH WuW/E DE-R 1513 (1518); BGH WuW/E BGH 1678 – Valium II). Das kann dazu führen, dass verwertbare Vergleichsmärkte gar nicht festgestellt werden können. Mangels Vergleichsmarkt kann für die Prüfung eines Preishöhenmissbrauchs auf das Verhältnis Kosten/Gewinn abgestellt werden (BGH NZKart 2020, 141 (144) – Whitelisting/Webeblocker; Louven NZKart 2020, 128).

60 Bei unterschiedlichen Preisen auf dem Vergleichsmarkt kommt es nicht auf Durchschnittspreise, sondern auf den **höchsten Preis** an (KG WuW/E 2935 (2940) – BAT Am Biggenkopf Süd). Gegebenenfalls muss versucht werden, anhand anderer Erfahrungssätze festzustellen, ob das marktbeherrschende Unternehmen nur aufgrund seiner marktbeherrschenden Stellung in der Lage ist, die Entgelte und Geschäftsbedingungen durchzusetzen, oder ob das Verhalten **auch bei Bestehen wirksamen Wettbewerbs möglich** wäre. So ist zB eine Anzeigen-Zwangskombination eines Konzerns für verschiedene Zeitungen immer so geartet, dass sie bei wirksamem Wettbewerb nicht durchgesetzt werden könnte. Wäre das der Fall, so bedürfte es des Zwanges nicht; vielmehr würden wettbewerbskonforme Leistungsanreize (durch Preisermäßigungen bei Gesamtbelegungen) ausreichen.

61 Beim Vergleich ist stets eine **„Gesamtbetrachtung des Leistungsbündels"** vorzunehmen (dazu BGH WuW/E 2103 (2105) = NJW 1986, 846 – Favorit); die ungünstige Wirkung einer Klausel kann durch die günstige Wirkung anderer Konditionen oder durch die Preisgestaltung ausgeglichen werden. Damit wird die Konditionenkontrolle über marktbeherrschende Unternehmen auch in diesem Punkt von der AGB-Kontrolle gelöst, die ein derartiges „Preisargument" nicht zulässt. Der Vergleich muss sich nicht auf Entgelte oder Geschäftsbedingungen beschränken; er kann sich auch auf Erlöse, Gewinne oder andere Parameter beziehen

(dazu BGH WuW/E DE-R 1516 f. – Stadtwerke Mainz; Wagemann FS Bechtold, 2006, 593 (598)). Die Missbräuchlichkeit eines Verhaltens kann nur angenommen werden, wenn es vom Vergleichsmaßstab **deutlich abweicht;** nur dann ist das mit dem Missbrauchsvorwurf verbundene Unwerturteil gerechtfertigt. Erforderlich ist also neben den Zu- und Abschlägen mit Sicherheitszuschlägen ein **Erheblichkeitszuschlag** (BGH WuW/E DE-R 1513 (1519) – Stadtwerke Mainz; OLG Frankfurt a. M. WuW/E DE-R 3163 (3168) – Arzneimittelpreise; dazu Ehricke N&R 2006, 10 (12 f.); Büdenbender ZWeR 2006, 233 (250); Bunte/Nothdurft Rn. 171 ff.). Dieser Erheblichkeitszuschlag muss zu dem „mit Rücksicht auf die Unmöglichkeiten der Feststellung der maßgeblichen Tatsachen ggf. anzusetzenden **Sicherheitszuschlag**“ hinzukommen (so zu Abs. 4 Nr. 3 BGH WuW/E DE-R 375 (379 f.) – Flugpreisspaltung; Bechtold NJW 2001, 3159 (3162)).

e) Differenz zwischen Kosten und Erlös. Der Ausbeutungsmissbrauch kann 62
sich auch aus anderen, in Nr. 2 nicht erwähnten Umständen ergeben; insoweit wird auf die Generalklausel des Abs. 1 zurückgegriffen. Es gibt **keinen Vorrang der Vergleichsmarktmethode** nach Abs. 2 Nr. 2 gegenüber dem Missbrauch, der unmittelbar auf Abs. 1 aufgrund von Preisen gestützt wird, die die Kosten erheblich übersteigen (BGH WuW/E DE-R 3632 (3634 f.) gegen OLG Stuttgart WuW/E DE-R 3389 – Wasserpreise Calw). Eine extrem hohe Differenz zwischen Herstellkosten und Erlös kann jedenfalls als Indiz dafür gewertet werden, dass die Preise bei wirksamem Wettbewerb nicht durchsetzbar wären (vgl. OLG Düsseldorf WuW/E DE-R 914 (916) – Netznutzungsentgelt; BKartA TB 1983/84, 17 f.; vgl. auch TB 1981/82, 26; KG WuW/E 2829 – Euglucon; dazu auch Monopolkommission, 5. Hauptgutachten 1982/83, S. 142, Nr. 415; Kuhn WuW 2006, 578 (582)). Mangels Vergleichsmarkt kann für die Prüfung eines Preishöhenmissbrauchs auf das Verhältnis Kosten/Gewinn abgestellt werden (BGH NZKart 2020, 141 (144) – Whitelisting/Webeblocker; Louven NZKart 2020, 128). Umgekehrt spricht gegen Ausbeutungsmissbrauch, wenn die **Preise unter den Selbstkosten** liegen (KG WuW/E 2617 – regional unterschiedliche Tankstellenpreise). Unter Umständen sind nicht alle Kosten für die Rechtfertigung geeignet, zB sog. **„Ohnehinkosten“,** die aufgrund gesetzlicher Verpflichtung auch unabhängig von der betroffenen Leistung entstehen (vgl. für die Kosten der Bereitstellung von Telefondaten, für die die Kosten der Datenerhebung und der Teilnehmerdatenbank nicht in Ansatz gebracht werden dürfen OLG Düsseldorf WuW/E DE-R 2109 (2114) – DARED). Ob und inwieweit bei Untauglichkeit des Vergleichsmarktkonzepts bei der Beurteilung von Geschäftsbedingungen auf die **allgemeinen Gerechtigkeitsvorstellungen** nach dem dispositiven Recht zurückgegriffen werden kann, ist nach der Rspr. des BGH offen (BGH NJW 1986, 846 = WuW/E 2103 (2105) – Favorit). Zu den Voraussetzungen für die **Darlegung** eines Ausbeutungsmissbrauchs nach § 19 Abs. 2 Nr. 2 bei Fernwärmelieferungen: BGH NZKart 2019, 490 (491): Das beklagte Unternehmen kann sich bei substantiiertem Vortrag des Klägers zur Verhinderung der Offenlegung von Kalkulationsgrundlagen im Wege der sekundären Beweislast nicht pauschal auf die Wahrung von Betriebs- und Geschäftsgeheimnissen berufen; vielmehr muss konkret vorgetragen werden, welche vorzutragenden Tatsachen Geschäftsgeheimnisse sind und welche Nachteile bei Veröffentlichung drohen.

6. Strukturmissbrauch (Abs. 2 Nr. 3)

Der Strukturmissbrauch der Nr. 3, der im Gesetz seit der 6. GWB-Novelle 1998 63
als Beispielsfall erwähnt ist, geht zurück auf Untersuchungen der Monopolkommission aus dem Jahre 1975. Die Monopolkommission hatte sich in ihrem 1. Sondergutachten kritisch zur Preismissbrauchsaufsicht nach den Kriterien des Ausbeutungsmissbrauchs (Nr. 2) geäußert und gefordert, das Schwergewicht auf **ungerechtfertigte Preisdifferenzierungen eines marktbeherrschenden**

Unternehmens zu legen (Sondergutachten 1, 1975, 41, Nr. 43). Ein Preisstrukturmissbrauch (Entsprechendes gilt für Geschäftsbedingungen) liegt vor, wenn die Preispolitik eines Herstellers für verschiedene Waren oder Abnehmer in sich widersprüchlich, willkürlich oder sonst nicht sachlich zu rechtfertigen ist (**„Preisspaltung“**, dazu BGH WuW/E DE-R 375 (376 f.) – Flugpreisspaltung; KG WuW/E DE-R 124 (127) – Flugpreis Berlin–Frankfurt und BKartA NJWE-WettbR 1997, 142; OLG Frankfurt a. M. WuW/E DE-R 2860 (2862 f.) – Entega). Das kann sich zeigen in zu großen Preisunterschieden zwischen zwei verschiedenen Waren, die durch die Unterschiede der Herstellungskosten und sonstige Gründe nicht zu rechtfertigen sind, oder in Rabattstaffeln, die in sich widersprüchlich sind. Auf die Zugehörigkeit der Waren zu verschiedenen Märkten kommt es dabei nicht an; Nr. 3 ist also auch anwendbar, wenn der Vergleichsmarkt ein Teil des Erstmarktes ist (BGH WuW/E DE-R 2739 (2742) – Entega; offen gelassen in BGH WuW/E DE-R 3145 (3155) – Entega II). Voraussetzung für diese Feststellung ist, dass die Märkte oder Bereiche, für die diese Widersprüchlichkeit behauptet wird, **„vergleichbar“** sind; auch die Abnehmer müssen **„gleichartig“** sein. Der Maßstab dafür soll nur der einer „groben Sichtung“ sein (BGH WuW/E DE-R 3145 (3149) – Entega II). Gegen einen derart weiten Maßstab bestehen hier weniger Bedenken als bei § 31 Abs. 4 Nr. 2, auf dessen Vorgängernorm § 103 Abs. 5 S. 2 Nr. 2 aF sich der BGH beruft. Dort stellen sich im Zusammenhang mit der Beweislastverteilung (→ § 31 Rn. 20) besondere Probleme der Aufklärbarkeit, die es hier nicht gibt, weil es durchweg um Verhaltensweisen desselben marktbeherrschenden Unternehmens geht. Manche Fälle von Strukturmissbräuchen können zugleich unter Nr. 2 (Ausbeutungsmissbrauch) subsumiert werden. Der BGH (BGH WuW/E DE-R 375 (377) – Flugpreisspaltung; vgl. auch BGH WuW/E DE-R 3446 (3451) – Grossisten-Kündigung) deutet die Nr. 3 generell als **besonderen Fall des Ausbeutungsmissbrauchs** nach Nr. 2. Der Strukturmissbrauch unterscheidet sich vom Normalfall des Ausbeutungsmissbrauchs dadurch, dass nicht ein (ggf. über Vergleichsmärkte festzustellender) fiktiver Wettbewerb auf dem betreffenden Markt, sondern das **eigene Verhalten des Unternehmens** auf vergleichbaren Märkten zum Maßstab erhoben wird. Wenn man die Nr. 3 als Unterfall der Nr. 2 deutet, müsste der Vergleichsmarkt ein Wettbewerbsmarkt sein, um einen Maßstab abgeben zu können; dann stellt sich die Frage, welchen Sinn die besondere Regelung der Nr. 3 hat (dazu auch Bechtold NJW 2001, 3159 (3162)).

64 Das Tatbestandsmerkmal der **„sachlichen Rechtfertigung“** ist so wie bei der Diskriminierung nach Abs. 2 Nr. 1 zu interpretieren (BGH WuW/E DE-R 3145 (3150) – Entega II; → Rn. 42 ff.). Der Strukturmissbrauch wirft Analogien zur dort geregelten Diskriminierung auf, geht allerdings über das dort geregelte Verbot unterschiedlicher Behandlung gleich gelagerter Fälle hinaus und legt dem marktbeherrschenden Unternehmen grds. die Pflicht auf, **ungleiche** Fälle dem Maße der Ungleichheit entsprechend auch ungleich zu behandeln. Ungleichbehandlungen können grds. auch damit gerechtfertigt werden, dass auch der angeblich zu hohe Preis die **Kosten nicht deckt.** Der BGH verlangt aber, dass die Verlustsituation „auf objektiven, für jeden anderen Anbieter gleichermaßen wirksam werdenden“ und **nicht „unternehmensindividuellen Umständen“** beruht. Die Preisspaltung wird auch dann hingenommen, wenn der niedrigere Preis auf dem Vergleichsmarkt darauf zurückzuführen ist, dass dort der Marktbeherrscher der Verlustpreisstrategie eines Wettbewerbers ausgesetzt ist oder ein besonders niedriger Preis durch die Markteinführung veranlasst ist (BGH WuW/E DE-R 3145 (3152) – Entega: Preisdifferenz von 15 %). Wichtig (und auf die Nr. 2 übertragbar, → Rn. 61) ist schließlich die Auffassung des BGH, dass die Missbräuchlichkeit eines Preises nur dann angenommen werden kann, wenn zwischen den verglichenen Preisen – **unabhängig** von einem „mit Rücksicht auf die Unwägbarkeiten der Feststellung der maßgeblichen Tatsachen ggf. anzusetzenden **Sicherheitszuschlag**“ – ein deutlicher

Abstand besteht; es ist also zusätzlich ein **Erheblichkeitszuschlag** vorzunehmen (BGH WuW/E DE-R 3145 (3152) – Entega II; OLG Frankfurt a. M. WuW/E DE-R 2860 (2864) – Entega). Ausdrücklich wird die dem entgegengesetzte Rspr. zu § 103 Abs. 5 idF bis zur 6. GWB-Novelle 1998 nicht auf § 19 übertragen (BGH WuW/E DE-R 375 (379 f.) – Flugpreisspaltung; dazu auch Bechtold NJW 2001, 3159 (3162)).

Die **Beweislast** für die sachliche Rechtfertigung trägt das marktbeherrschende 65
Unternehmen (BGH WuW/E DE-R 375 (377); 2739 (2740) – Entega; 3145 (3156) – Entega II). Das ergibt sich aus der Formulierung „es sei denn …“, die ein gebräuchliches sprachliches Mittel ist, mit dem der Gesetzgeber eine Beweislastumkehr zum Ausdruck bringt. Die Beweislastumkehr gilt sowohl im **Verwaltungs-** als auch im **Zivilverfahren.** Allerdings muss im Verwaltungsverfahren die Behörde zunächst alle zur Verfügung stehenden Erkenntnismöglichkeiten ausschöpfen. Das betroffene Unternehmen ist dabei mitwirkungspflichtig, insbes. im Hinblick auf seine Kosten und sonstigen Interna (dazu BGH WuW/E DE-R 375 (378)). Erst wenn dann ein non liquet bleibt, geht dieses zulasten des Unternehmens. Bei der Anwendung des § 19 Abs. 2 Nr. 3 iVm § 81 Abs. 2 Nr. 1 im **Bußgeldverfahren** gilt anderes. Das ergibt sich aus dem Grundsatz, dass straf- und quasi-strafrechtliche Tatbestände nur dann eine Strafsanktion auslösen können, wenn die Erfüllung aller Tatbestandsmerkmale unabhängig von allen Beweislastregeln zweifelsfrei feststeht.

7. Missbrauch durch Zugangsverweigerung (Abs. 2 Nr. 4)

a) Allgemeine Charakterisierung, Essential Facility-Theorie. Abs. 2 Nr. 4 66
ist – in § 19 Abs. 4 Nr. 4 aF – durch die **6. GWB-Novelle 1998** neu in das Gesetz eingefügt worden. Im RegE (BR-Drs. 852/97) war der Tatbestand dadurch definiert, dass der Zugang zu den eigenen Netzen oder anderen für die Aufnahme von Wettbewerb wesentlichen Einrichtungen ohne sachlich gerechtfertigten Grund verweigert wird, wenn es den den Zugang begehrenden Unternehmen nicht möglich oder nicht zumutbar ist, eigene Einrichtungen zu schaffen. Im Anschluss an Einwendungen des Bundesrates hat die Bundesregierung eine Neuformulierung entwickelt, die die Notwendigkeit eines „angemessenen Entgelts“, den Begriff der „Infrastruktureinrichtung“ und eine Beweislastumkehr einführte (BT-Drs. 13/9720, 80). Die jetzige Formulierung geht auf Voten teils des Bundesrats (BT-Drs. 13/9720, 73), teils des Wirtschaftsausschusses des Bundestags zurück, der noch einige Glättungen vornahm (vgl. dazu BT-Drs. 13/10633, 72). Hinsichtlich der Notwendigkeit für die Inanspruchnahme der Einrichtung durch den Behinderten wurde die Alternative der **Unmöglichkeit oder Unzumutbarkeit der Schaffung eigener Infrastruktureinrichtungen** gestrichen. Außerdem wurde der Ablehnungsgrund der sachlichen Rechtfertigung durch das Merkmal ersetzt, dass die „Mitbenutzung aus betriebsbedingten oder sonstigen Gründen nicht möglich oder zumutbar ist“. Bundesregierung (BT-Drs. 13/9720, 79 f.), Bundesrat (BT-Drs. 13/9720, 73, 79) und Wirtschaftsausschuss (BT-Drs. 13/10633, 72) hoben hervor, dass mit der Regelung Ansprüche auf Nutzung fremder gewerblicher Schutzrechte nicht begründet werden sollen (dazu auch LG Düsseldorf WuW/E DE-R 2120 (2122) – MPEG2-Standard; vgl. insoweit zum EU-Recht u.a. EuG 17.9.2007 – T 201/04 Rn. 332 f. – Microsoft). Durch Nr. 4 sollte dem Phänomen Rechnung getragen werden, dass auf bestimmten Märkten Wettbewerb nur möglich ist, wenn wesentliche Vorleistungen von Wettbewerbern in Anspruch genommen werden können. Nr. 4 will den **Wettbewerb auf Märkten,** die **diesen Vorleistungen vor- oder nachgelagert** sind, gewährleisten (BKartA WuW/E DE-V 253 (261) – Puttgarden). Für den Gesetzgeber standen hierbei ursprünglich die Telekommunikation, die Energiebereiche und der Schienenverkehr im Vordergrund; in allen diesen Bereichen sind inzwischen spezialgesetzliche Regeln entwickelt worden (→ Vor § 28 Rn. 13 ff., → Vor § 28

Rn. 19 ff., → Vor § 28 Rn. 28 ff.), die alle darauf hinauslaufen, dass ein Wettbewerber uU gezwungen sein kann, Einrichtungen oder sonstige Vorleistungen auch aktuellen oder potenziellen Wettbewerbern zur Verfügung zu stellen.

67 Die Kommission hat Art. 102 AEUV auch außerhalb der Inanspruchnahme von Netzen allgemein im Sinne einer **Essential Facility-Theorie** weiterentwickelt, wonach ein marktbeherrschendes Unternehmen, das eine wesentliche Einrichtung besitzt oder kontrolliert und selbst nutzt, unter bestimmten Bedingungen auch seinen Wettbewerbern zur Verfügung stellen muss (vgl. Bechtold/Bosch/Brinker AEUV Art. 102 Rn. 53; für die Nutzung von Seehafenanlagen für den Fernverkehr 22. Wettbewerbsbericht 1992, Rn. 219). Die **Neufassung** der 10. GWB-Novelle 2021 stellt klar, dass **jegliche Verweigerung des Zugangs** zu Plattformen, Daten (dazu Bien/Käseberg/Klumpe/Körber/Ost 10. GWB-Novelle/Brenner Kap. 1 Rn. 91 ff., 103 ff.) oder Schnittstellen und sonstigen Vorleistungen rechtsmissbräuchlich sein kann, ebenso die Verweigerung von Zugang zu gewerblichen Schutzrechten (RegE 10. GWB-Novelle 2021, 74), und **nicht nur der Zugang zu Netzen und physischer Infrastruktur.** Allerdings sollen die Anwendungskriterien aus den essential-facility-Fällen der EuGH-Rechtsprechung angewandt werden (RegE 10. GWB-Novelle 2021, 74; → Rn. 99). Hinsichtlich des Zugangs zu Daten sind nach Ansicht des Regierungsentwurfs in Zukunft Konstellationen denkbar, „in den ein marktbeherrschendes Unternehmen den Zugang über die Nutzungsdaten einer bestimmten Person oder Maschine kontrolliert oder ein anderes Unternehmen, das Zusatzdienste für den Betreiber der Maschine oder für den Nutzer eines Dienstes anbieten will, Zugang zu den individualisierten Nutzungsdaten benötigt" (RegE 10. GWB-Novelle 2021, 75).

68 **b) Weigerung.** Die Tatbestandshandlung besteht darin, dass der Marktbeherrscher sich weigert, einem anderen den Zugang zu gewähren. Die Weigerung kann darin bestehen, dass der Zugang **schlechterdings abgelehnt** wird oder darin, dass ein **unangemessen hohes Entgelt** oder sonst unangemessene Bedingungen für den Zugang gefordert werden (BGH WuW/E DE-R 977 (982) – Fährhafen Puttgarden; OLG Brandenburg WuW/E DE-R 2824 (2827) – Brandenburg-Lotto).

69 **c) Belieferung mit einer Ware oder gewerblichen Leistung, insbesondere Zugang zu Daten, zu Netzen oder anderen Infrastruktureinrichtungen.** Nach der durch die 10. GWB-Novelle 2021 vorgenommenen Tatbestandserweiterung richtet sich die Norm **ganz allgemein gegen Liefer- und Zugangsverweigerungen.** Der Tatbestand ist grundsätzlich für alle Fälle eröffnet, in denen ein Unternehmen eine Vorleistung oder Einrichtung kontrolliert, die für die Aufnahme oder Ausübung einer Tätigkeit auf dem nachgelagerten Markt erforderlich ist. Der Zugang zu Daten, Netzen oder Infrastruktureinrichtungen bezeichnet nur noch Beispiele; die Neufassung der Vorschrift normiert allgemein die essential-facility-Doktrin (wahrscheinlich lassen sich diese Fälle gar nicht mehr scharf von Liefer- und Zugangsverweigerungen abgrenzen; zum Zugangsobjekt ausführlich Immenga/Mestmäcker/Fuchs Rn. 283 ff.) für das deutsche Recht; die zu Art. 102 AEUV entwickelte Fallpraxis kann voll übernommen werden (EuGH Slg. 2004, I-5039 Rn. 37 – IMS Health, s. auch Bechtold/Bosch/Brinker AEUV Art. 102 Rn. 53 ff.). Es reicht aus, wenn eine Vorleistung oder Einrichtung in Anspruch genommen werden muss, um eine Wettbewerbshandlung vorzunehmen (vgl. für Fährhafen BGH NZKart 2013, 160 = NJW 2013, 1095 – Fährhafen Puttgarden II; OLG Düsseldorf WuW/E DE-R 2941; 3467; BKartA WuW/E DE-V 253 (255); dazu auch BKartA Verfügung v. 27.1.2010, vom OLG Düsseldorf WuW/E DE-R 3467 aufgehoben – alle zum Fährhafen Puttgarden). Deswegen können auch Informationssysteme (dazu, wenn auch in Anwendung des § 19 Abs. 2 Nr. 1, unter Ablehnung des Anspruchs aus Abs. 2 Nr. 4, KG WuW/E DE-R 1321 (1324) – Gera-Rostock), Verzeichnisse, Fahrpläne, Grundstücke (dazu BGH RdE 2009, 378 (379 f.) – Neue

Trift), Rennstrecken (OLG Koblenz NZKart 2013, 164 = WuW/E DE-R 3727 – Nürburgring), Fernwärmenetze (dazu Körber RdE 2012, 372), Produktplattformen (dazu Weidenbach/Vogt/Hauser WRP 2012, 66) oder auch Produktinformationen für Wartungsunternehmen (vgl. dazu OLG München WuW/E DE-R 251 – Fahrzeugdaten) bis hin zur „Gestaltung des Umsatzsteuerausweises an Kreditkartenunternehmen" (OLG Düsseldorf WuW/E DE-R 2184 (2189 f.) – Reisestellenkarte mAnm Deselaers WuW 2008, 179; BGH WuW/E DE-R 2708 – Reisestellenkarte) unter die Norm gefasst werden.

Für die Anwendung der Nr. 4 auf Infrastrukturleistungen ist es unerheblich, ob das **Eigentum** an der Einrichtung, Infrastruktureinrichtung einem Unternehmen zusteht oder auf mehrere verteilt ist, wenn im letzteren Fall die Eigentümer zu einem Unternehmensverbund gehören (BKartA WuW/E DE-V 253 (263) – Puttgarden). Nach Auffassung des BKartA muss die Einrichtung, zu der der Zugang begehrt wird, **bereits vorhanden** sein, ohne dass sie für die Zugangsverschaffung in ihrem Wesen geändert werden muss (BKartA WuW/E DE-V 253 (258) – Puttgarden; dazu auch OLG Düsseldorf WuW/E DE-R 569 (577) – Puttgarden II). Diese Auffassung impliziert, dass der in Anspruch genommene Infrastrukturinhaber verpflichtet sein kann, in – wenn auch beschränktem Umfang – **Umbau- oder sonstige Anpassungsmaßnahmen** vorzunehmen, wenn die Einrichtung nicht ohne sie mitbenutzt werden kann. Das halten wir für zu weitgehend, zumal damit uU auch eine unzumutbare Vorfinanzierungspflicht verbunden sein könnte (zu den Auswirkungen auf das zu zahlende Entgelt → Rn. 75). Unter **„Netz"** kann die physische oder virtuelle Verbindung zwischen mehreren Orten, die im Zuge der Leistungserbringung erreicht werden müssen, verstanden werden. Beispiele sind das Strom- (dazu BGH WuW/E DE-R 1520 – Arealnetz), das Telefon-, Straßen- oder Schienennetz, uU auch ein **Vertriebsnetz.** 70

d) Vor- und nachgelagerte Märkte. Die Inanspruchnahme der Vorleistung oder Einrichtung muss für den potenziell Begünstigten Mittel sein, „auf dem vor- oder nachgelagerten Markt tätig zu werden". Mit der 10. GWB-Novelle wurde dabei gestrichen, dass die Tätigkeit auf dem vor- oder nachlagerten Markt im Wettbewerb mit dem marktbeherrschenden Unternehmen angestrebt wird. Damit ist gleichgültig, ob der Marktbeherrscher selbst auf dem vor- oder nachgelagerten Markt tätig ist (Bien/Käseberg/Klumpe/Körber/Ost 10. GWB-Novelle/Brenner Kap. 1 Rn. 111 ff.). 71

Ziel der Inanspruchnahme der Vorleistung ist also nicht, auf einem (vorgelagerten) Markt, dem die Vorleistung zuzuordnen ist, tätig zu werden; vielmehr geht es um die **Tätigkeit auf einem anderen (vor- oder nachgelagerten) Markt.** Die Vorleistung muss **objektiv notwendig** sein, um auf diesem anderen Markt tätig zu werden. 72

e) Zugang nicht möglich. Dem den Zugang begehrenden Unternehmen darf es ohne die Mitbenutzung **aus rechtlichen oder tatsächlichen Gründen nicht möglich** sein, auf dem oben (→ Rn. 71 f.) dargestellten Markt tätig zu werden. Das setzt voraus, dass es dem Unternehmen nicht möglich ist, auf dem vor- oder nachgelagerten Markt ohne die Vorleistung tätig zu sein. Das ist der Fall, wenn tatsächliche oder rechtliche Hindernisse entgegenstehen, zB weil kein Platz vorhanden ist oder die Schaffung weiterer Netze oder Infrastruktureinrichtungen nicht genehmigt würde und ein anders gearteter Ersatz nicht in Betracht kommt. Dem steht gleich, wenn die Schaffung der Vorleistung unter Anlegung eines Maßstabes kaufmännischer Vernunft weder für den den Zugang Begehrenden noch für einen Dritten sinnvoll in Betracht käme. Kommt die Schaffung nicht in Betracht, ist zu prüfen, ob die Mitbenutzung der Infrastruktureinrichtung zwingende Voraussetzung dafür ist, dass eine wettbewerbliche Tätigkeit aufgenommen werden kann. Das ist zB nicht der Fall, wenn zwar die wettbewerbliche Tätigkeit durch Mitbenutzung 73 eines physischen Netzes möglich wäre, daneben aber auch dadurch, dass eine nichtphysische Leistungserbringung möglich ist (Kabelnetz/Funkverbindung).

74 **f) Angemessenes Entgelt.** Der Anspruchsgegner ist in jedem Falle berechtigt, die Inanspruchnahme von einem „angemessenen Entgelt" abhängig zu machen; Missbrauch liegt also nicht vor, wenn der Anspruchssteller sich weigert, ein solches „angemessenes Entgelt" zu leisten (dazu BGH WuW DE-R 2708 ff. (2714) – Reisestellenkarte). Die Angemessenheit des Entgeltes bemisst sich nach betriebswirtschaftlichen Gesichtspunkten. Angemessen ist nur ein solches Entgelt, das bei isolierter Betrachtung der Vorleistung auch iSd § 19 Abs. 2 Nr. 2 oder 3 missbrauchsfrei wäre; materiell sind also die **Maßstäbe der Nr. 2 und 3** – insbes. das Vergleichsmarktkonzept – auf Nr. 4 übertragbar, soweit es um die Angemessenheit des Entgelts geht. Auf die Kosten kommt es dabei nur insoweit an, als in jedem Falle **(anteilige) Kostendeckung** verlangt werden kann. Ein nicht durch besondere Kosten gerechtfertigtes „Wechselentgelt" ist nicht „angemessen" (dazu OLG München WuW/E DE-R 790 (797 f.) – Bad Tölz; OLG Naumburg WuW/E DE-R 805 (807) – MEAG). Die im Jahre 2003 geltende Vermutung nach § 6 Abs. 1 S. 6 EnWG aF, wonach ein nach der „Verbändevereinbarung" berechnetes Entgelt als „guter fachlicher Praxis" entsprechend anzusehen war, gilt nicht für den Missbrauch nach § 19 und damit auch nicht für die Angemessenheit des Entgelts (BGH WuW/E DE-R 1513 (1514) – Stadtwerke Mainz).

75 Hält man – uE zu Unrecht (→ Rn. 70) – den Einrichtungsinhaber für verpflichtet, ggf. auch **Umbau- oder andere Anpassungsmaßnahmen** zugunsten der Mitbenutzung durchzuführen, können die dafür entstehenden Kosten voll in das zu zahlende Entgelt einberechnet werden (dazu OLG Düsseldorf WuW/E DE-R 569 (577) – Puttgarden II). UE muss es dann auch möglich sein, die Mitbenutzung von einer Vorauszahlung aller für diese Maßnahmen entstehenden Kosten abhängig zu machen. Keinesfalls ist der Inhaber gehalten, den Anspruchssteller besser zu behandeln, als er sich selbst behandeln würde, vernünftige kaufmännische Kosten- und Preiskalkulation vorausgesetzt.

76 Ob das Entgelt, das der in Anspruch genommene Marktbeherrscher fordert, **angemessen** ist oder nicht, hat der Anspruchssteller zu **beweisen.** Das ergibt sich einmal aus der Systematik der Nr. 4, die **nur hinsichtlich der sachlichen Rechtfertigung eine Beweislastumkehr** vorsieht (→ Rn. 81), nicht aber hinsichtlich der sonstigen Anspruchsvoraussetzungen. Zum anderen würde eine Beweislastumkehr auch hinsichtlich der Angemessenheit des Entgelts materiell auf der Vermutung beruhen, dass der – nach der Gesetzesterminologie – auf dem Infrastruktureinrichtungs-Markt marktbeherrschende Inhaber ein unangemessenes Entgelt verlangt. Da sich die Angemessenheit nach den Kriterien der Nr. 2 und 3 bestimmt (→ Rn. 74), bestünde insoweit also zulasten des Marktbeherrschers die Vermutung eines missbräuchlichen Verhaltens. Eine solche Vermutung ist unzulässig. Die angebliche Gefahr, dass der Einrichtungsinhaber zur Verhinderung der Inanspruchnahme seiner Einrichtung abschreckend hohe und damit offensichtlich überhöhte Entgelte verlangt, ist nicht geeignet, insoweit eine Beweislastumkehr zu begründen. Ihr kann unabhängig von allen Beweislastregeln dadurch begegnet werden, dass materiell derartige Entgelte, soweit offensichtlich überhöht, unangemessen sind. Das **BKartA** vertritt demgegenüber die Auffassung, dass die Gründe, die den Gesetzgeber zur Beweislastumkehr hinsichtlich der sachlichen Rechtfertigung geführt haben, **auch für die Angemessenheit** des Entgelts gälten. Die Kriterien für die Angemessenheit des Entgelts lägen ebenso wie die möglichen Rechtfertigungsgründe für die Verweigerung des Zugangs in der **Sphäre des Marktbeherrschers** (so für die sachliche Rechtfertigung die Stellungnahme des Bundesrats zur 6. GWB-Novelle, BT-Drs. 13/2790, 73; zur Auffassung des BKartA vgl. insbes. den Bericht der Arbeitsgruppe Netznutzung Strom der Kartellbehörden des Bundes und der Länder v. 19.4.2001, 44 f.). Diese Auffassung

ist schon deswegen unbegründet, weil es für die Nicht-Missbräuchlichkeit (Angemessenheit) des Entgelts entsprechend den Kriterien der Nr. 2 und 3 nicht auf die Unternehmensinterna ankommt, sondern auf Vergleichsmarktmodelle. Die Kosten der Mitbenutzung sind nur insoweit relevant, als der Netzinhaber nicht gezwungen ist, sich mit einem seine Kosten nicht deckenden Entgelt zu begnügen. Nur soweit er sich darauf beruft, trifft ihn eine entsprechende Darlegungs- und Beweislast.

g) Sachliche Rechtfertigung. Die Liefer- oder Zugangsverweigerung ist nicht missbräuchlich, wenn sie in dem Sinne sachlich gerechtfertigt ist, dass die Lieferung oder **Mitbenutzung aus betriebsbedingten oder sonstigen Gründen nicht möglich oder nicht zumutbar** ist. Die Begriffe „Zugang" und „Mitbenutzung" werden synonym verwendet (OLG Düsseldorf WuW/E DE-R 3467 (3471) – Fährhafen Puttgarden) Das Gesetz unterscheidet zwischen der fehlenden Möglichkeit und der fehlenden Zumutbarkeit. Der wichtigste Fall der **fehlenden Möglichkeit** der Mitbenutzung ist der der **fehlenden Kapazität** (dazu Zimmermann ZWeR 2014, 318). Der Anspruchsgegner darf die vorhandene Kapazität voll für sich in Anspruch nehmen, wenn er einen entsprechenden Bedarf hat. Nur soweit dann noch Kapazität frei ist, kann er zu deren Überlassung an Dritte verpflichtet sein. Zu einer **„Repartierung"** der Kapazität auf sich und Dritte ist er nicht verpflichtet (s. aber OLG Koblenz NZKart 2024, 111 (113) – Nürburgring: dort war aber der Betreiber der Rennstrecke selbst nicht auf dem nachgelagerten Markt der Veranstaltung von Rennen tätig); eine Repartierung nur unter den Anspruchstellern kann allenfalls in Betracht kommen, wenn mehrere Anspruchssteller nicht aus der „freien" Kapazität befriedigt werden können. Allerdings muss es der Einrichtungsinhaber in dem Fall, dass der Anspruchssteller einen bisherigen Kunden des Anspruchsgegners beliefern kann, hinnehmen, dass die dafür erforderliche Kapazität dem Anspruchssteller überlassen wird, es sei denn, der Anspruchsgegner wäre auf diese Kapazität aus anderen Gründen angewiesen. Die Unmöglichkeit der Mitbenutzung kann sich auch aus rechtlichen Gründen ergeben, zB wegen einer öffentlich-rechtlichen Widmung der Infrastruktureinrichtung für andere Zwecke (BGH NZKart 2013, 160 ff. = NJW 2013, 1095 – Fährhafen Puttgarden II; OLG Düsseldorf WuW/E DE-R 2941 (2943 f.); 3467 (3470) – beide zum Fährhafen Puttgarden II). Die Gründe können sich auch aus der Sphäre des Zugangspetenten ergeben (OLG Düsseldorf WuW/E DE-R 3467 (3470 f.) – Puttgarden II; Immenga/Mestmäcker/Fuchs Rn. 357). 77

Im Bereich der **Energiewirtschaft** sind die Wertungen des EnWG insoweit zu berücksichtigen, als sie anerkennenswerte Gründe für die Zugangsverweigerung darstellen können (vgl. BGH WuW/E DE-R 1119 – Verbundnetz II; WuW/E 2805 – Stromeinspeisung II; OLG Düsseldorf WuW/E DE-R 1307 (1311) – GETECnet). Die Gründe für den Zugang sind im Gesetz selbst zum Ausdruck gekommen. Das BKartA neigt der Auffassung zu, dass der Netzinhaber bei **Kapazitätsengpässen** seine eigenen Interessen nicht vorrangig befriedigen darf (dazu BKartA WuW/E DE-V 149 (153) – Berliner Stromdurchleitung). Das soll sich aus einer Berücksichtigung der gesetzlichen Wertungen des Energiewirtschaftsrechts ergeben, das kein vorrangiges Nutzungsrecht des Netzinhabers an den verfügbaren Leitungskapazitäten anerkenne. Diese Argumentation übersieht, dass es, soweit Kapazität zur Durchleitung durch Dritte nicht zur Verfügung steht, nicht um das Tatbestandsmerkmal der „Zumutbarkeit" geht, in dessen Rahmen eine Interessenabwägung erforderlich ist, sondern um die „Möglichkeit" bzw. Unmöglichkeit der Mitbenutzung. Hier ist eine Interessenabwägung nicht vorgesehen. Soweit der Netzinhaber das (ihm gehörende und im Regelfall von ihm erstellte) Netz für eigene Zwecke voll in Anspruch nimmt, ist eine Mitbenutzung durch andere nicht „möglich". Zur Nutzung öffentlicher Grundstücke für Energieleitungen vgl. BGH RdE 2009, 378 – Neue Trift mAnm Fricke. 78

79 Für das Tatbestandsmerkmal der **fehlenden Zumutbarkeit** kommt es auf eine Interessenabwägung unter Beachtung der auf Freiheit des Wettbewerbs gerichteten Zielsetzung des GWB an; insoweit können bei Strom- und Gas-Durchleitung auch die gesetzlichen Wertungen des Energiewirtschaftsgesetzes zu berücksichtigen sein (dazu BKartA WuW/E DE-V 149 (152) – Berliner Stromdurchleitung). Nach der Zielsetzung der Nr. 4 kann das Interesse des Netzinhabers allein, einen Wettbewerb Dritter gegen sich selbst nicht zu fördern, nicht berücksichtigt werden (BGH WuW/E DE-R 1520 (1527) – Arealnetz; WM 2006, 1266 (1268) – Stadtwerke Dachau; aA KG WuW/E DE-R 1321 (1324) – Gera-Rostock; → Rn. 21). Insoweit kann die Rspr. des BGH im Falle „Gasdurchleitung" (BGH WuW/E 2953 (2964)) nicht auf die Nr. 4 übertragen werden. Der BGH hat dort den der gesetzgeberischen Intention des § 19 Abs. 2 Nr. 4 widersprechenden Grundsatz, dass niemand verpflichtet ist, einen **Wettbewerber zum eigenen Schaden zu fördern,** im Hinblick auf die seinerzeit noch bestehende gesetzliche Anerkennung geschlossener Versorgungsgebiete in der Energiewirtschaft anerkannt (vgl. zur Berücksichtigung energiepolitischer Zwecke auch Möschel WuW 1999, 5 (6 f.)). Die fehlende **Reziprozität** rechtfertigt die Durchleitungsverweigerung gegenüber einem ausländischen Energielieferanten nicht (OLG Düsseldorf WuW/E DE-R 847 (851) – Linzer Gaslieferant; OLG München WuW/E DE-R 906 (907 f.) – Nordbayerische Stromdurchleitung). Allerdings ist erforderlich, dass der Zugangspetent ein schützenswertes Interesse hat, auf dem vor- oder nachgelagerten Markt als Wettbewerber tätig zu werden. Ein neuartiges Produkt wird dabei nicht verlangt, aber das reine Reselling einer vorhandenen Leistung reicht für einen Zugangsanspruch nicht aus (BGH WuW DE-R 2708 ff. (2714) – Reisestellenkarte). UE muss an dieser Stelle die Rspr. des EuGH zu essential facility-Fällen berücksichtigt werden, insbes. das Urteil in der Sache IMS Health (EuGH Slg. 2004, I-5039 Rn. 37, s. auch Bechtold/Bosch/Brinker AEUV Art. 102 Rn. 53 ff.).

80 Nicht von vornherein ausgeschlossen ist, zugunsten des marktbeherrschenden Unternehmens auch dessen **Eigentumsinteressen** zu berücksichtigen. Wurde das Netz oder die sonstige Infrastruktureinrichtung unter Inanspruchnahme gesetzlich abgesicherter Monopole oder Privilegien errichtet, so ist die Mitbenutzung durch Dritte jedenfalls eher zumutbar als wenn bei der Errichtung erhebliche unternehmerische Risiken in Kauf genommen wurden (BKartA WuW/E DE-V 149 (156) – Berliner Stromdurchleitung); letzterenfalls kann es sachlich gerechtfertigt sein, wenn der Inhaber für einen bestimmten Zeitraum die Früchte seines früheren unternehmerischen Wirkens allein ziehen darf. Mit der Zielsetzung der Nr. 4, auf nachgelagerten Märkten Wettbewerb zu gewährleisten, zwangsläufig verbunden ist eine wettbewerbsbedingte Verringerung der Umsatz- und Gewinnchancen des Netzinhabers. Deshalb kann das dagegen gerichtete Interesse des Infrastruktureigentümers idR nicht als hinreichender Ablehnungsgrund angesehen werden (BKartA WuW/E DE-V 253 (261) – Puttgarden). Nach den Motiven des Gesetzgebers (→ Rn. 66) soll Nr. 4 kein Einfallstor für die Nutzung **gewerblicher Schutzrechte,** also für das Fordern einer **Zwangslizenz** sein (→ Rn. 48; BGH WuW/E DE-R 2613 – Orange-Book-Standard). Die gesetzlichen Regelungen über die Geltungsdauer gewerblicher Schutzrechte und deren Erlöschen zeigen als leges specialis, wenn und unter welchen Voraussetzungen Mitbenutzungen möglich sind. Etwas anderes kann gelten, wenn der Schutzrechtsinhaber selbst mit der Vergabe von Lizenzen auf dem Markt tätig ist und diesen Markt beherrscht; dann kann er nach dem Diskriminierungsverbot des § 19 Abs. 2 Nr. 1 verpflichtet sein, Lizenzen zu erteilen. § 24 PatG steht dem nicht entgegen (BGH WuW/E DE-R 1329 (1331) – Standard-Spundfass II; vgl. dazu auch Rombach FS Hirsch, 2008, 311; OLG Düsseldorf NZKart 2019, 677 (678) – Design für Kfz-Teile: Nachlässige Schutzrechtsdurchsetzung reicht für einen solchen Lizensierungsanspruch gegen den Schutzrechtsinhaber aber nicht).

Die **Beweislast** für die Rechtfertigung der Zugangsverweigerung durch die Unmöglichkeit oder Unzumutbarkeit des Mitbenutzers trägt der **Inhaber des Netzes** oder der Infrastruktureinrichtung (vgl. dazu auch BKartA WuW/E DE-V 253 (257) – Puttgarden). Die sich heute aus dem Gesetzeswortlaut ergebende Beweislastumkehr war im RegE noch nicht enthalten; sie ist auf Initiative des Bundesrates eingeführt worden (dazu BT-Drs. 13/9720, 73 u. 80). Die Beweislastumkehr gilt sowohl **im Verwaltungs- als auch im Zivilverfahren.** Allerdings ändert das nichts daran, dass die Kartellbehörde im Verwaltungsverfahren (und das Gericht im Beschwerdeverfahren) alle möglichen Beweise erheben muss; nur wenn sie nicht zu einem eindeutigen Ergebnis führen, wirken die Zweifel zulasten des Betreibers der Infrastruktur (dazu OLG Düsseldorf WuW/E DE-R 2941 (2945 f.); 3467 (3472 f.) – beide zum Fährhafen Puttgarden). Steht ein Hinderungsgrund fest und machen die Kartellbehörde oder der Zulassungspetent geltend, dieser könne ausgeräumt werden, geht die Unaufklärbarkeit zu deren Lasten (OLG Düsseldorf WuW/E DE-R 3467 (3473) – Fährhafen Puttgarden). Bei der Anwendung des § 19 Abs. 2 Nr. 4 iVm § 81 Abs. 2 Nr. 1 **im Bußgeldverfahren** gelten keine besonderen Beweislastregeln. Das ergibt sich aus dem Grundsatz, dass straf- und quasi-strafrechtliche Tatbestände nur dann eine Sanktion auslösen können, wenn die Erfüllung aller Tatbestandsmerkmale unabhängig von Beweislastregeln zweifelsfrei feststeht. 81

h) Verhältnis zu Spezialgesetzen. Immer mehr branchenspezifische Gesetze enthalten Regelungen über die Inanspruchnahme fremder Netze oder Infrastruktureinrichtungen, so insbes. das Bahngesetz (§ 14 Allgemeines Eisenbahngesetz v. 27.12.1993), die Telekommunikation (§§ 21, 30 Telekommunikationsgesetz v. 22.6.2004), das Energiewirtschaftsrecht (§ 20 EnergiewirtschaftsG v. 7.7.2005) oder die Richtlinie 96/67/EG des Rates vom 15.10.1996 über den Zugang zum Markt der Bodenabfertigungsdienste auf den Flughäfen der Gemeinschaft (ABl. 1996 L 272, 36). Die Existenz solcher Spezialregeln **schließt nicht die Anwendung des § 19 aus,** wenn nicht dort etwas anderes geregelt ist. Grundsätzlich kann also zu den spezialgesetzlichen Ansprüchen auch der allgemein kartellrechtliche Zulassungsanspruch geltend gemacht werden. Zulassungsansprüche, die zwar grds. von Spezialgesetzen erfasst werden, aber aus den spezialgesetzlich geregelten Gründen nicht bestehen, sind aber idR auch kartellrechtlich nicht begründet, jedenfalls insoweit sich aus dem Spezialgesetz eine sachliche Rechtfertigung der Zugangsverweigerung ergibt. Soweit im Spezialgesetz die Entgeltfrage geregelt ist, ist das sich hieraus ergebende Entgelt jedenfalls „angemessen". § 19 ist nach Art. 1 Abs. 6 lit. a DMA parallel zum DMA anwendbar (→ Einf. Rn. 41). 82

Nach **§ 111 Abs. 1 EnWG** sind die §§ 19 und 20 nicht anzuwenden, „soweit durch dieses Gesetz oder aufgrund dieses Gesetzes erlassener Rechtsverordnungen ausdrücklich abschließende Regelungen getroffen werden". In § 111 Abs. 2 Nr. 1 werden ausdrücklich die Bestimmungen des Teils 3 (§§ 11–35) als abschließende Regelungen iSd Abs. 1 S. 1 bezeichnet. Gleiches soll nach Abs. 2 Nr. 2 gelten für Rechtsverordnungen, die aufgrund der §§ 11–35 erlassen worden sind, soweit sie sich selbst als abschließend gegenüber den Bestimmungen des GWB erklären. Das bedeutet, dass die Kartellbehörde im Bereich von **Strom und Gas** keine Verfügung nach § 19 Abs. 2 Nr. 4 hinsichtlich des Netzzugangs und hinsichtlich der Netznutzungsentgelte erlassen kann; insoweit ist die Bundesnetzagentur ausschließlich zuständig. **§ 2 Abs. 3 TKG** regelt das Verhältnis zwischen TKG und GWB entsprechend, wenn auch mit umgekehrtem Wortlaut: Die Vorschriften des GWB bleiben hiernach anwendbar, soweit nicht durch das TKG „ausdrücklich abschließende Regelungen getroffen werden". Eine entsprechende Vorschrift für die aufgrund des TKG erlassenen Verordnungen enthält § 2 Abs. 3 nicht. Dennoch wird hier zT ein Anwendungsausschluss des GWB behauptet (→ Vor § 28 Rn. 29). Sowohl § 111 Abs. 1 EnWG als auch § 2 Abs. 3 TKG enthalten in S. 2 die Regelung, dass die 83

„Aufgaben und Zuständigkeiten der Kartellbehörden" unberührt bleiben. Da die Kartellbehörden in den Bereichen, in denen diese Gesetze im Verhältnis zum GWB ausschließlich gelten, keine Aufgaben haben, kann sich das nur auf die Tätigkeit der Kartellbehörden „im Übrigen" beziehen. Die 8. GWB-Novelle 2012/2013 schließt für die **Durchleitung von Wasser** die Anwendung der Missbrauchsvorschrift des § 31 Abs. 3 insbes. für den Fall aus, dass die Weigerung auf technische oder hygienische Gründe gestützt ist. Diese Vorschrift kann ihren Zweck nur erreichen, wenn unter ihren Voraussetzungen die Anwendung auch des § 19 Abs. 1 und Abs. 2 Nr. 4 ausgeschlossen ist (→ § 31 Rn. 32; s. auch Lange/Pries NZKart 2015, 116 (118)).

8. Missbrauch durch Aufforderung oder Veranlassung zur Gewährung von Vorteilen, „Anzapfverbot" (Abs. 2 Nr. 5)

84 **a) Gesetzgebungsgeschichte.** Abs. 2 Nr. 5 ist durch die 8. GWB-Novelle 2012/2013 in § 19 aufgenommen worden. Nach dem Regierungsentwurf der 8. GWB-Novelle 2012/2013 sollte er einen besonderen Tatbestand in Abs. 4 bilden; auf Veranlassung des Wirtschaftsausschusses ist er als 5. Missbrauchsfall in den Katalog des Abs. 2 aufgenommen worden. Die Regelung soll verhindern, dass sich marktmächtige Nachfrager vor ihren Wettbewerbern Vorteile verschaffen; er soll nicht den Schutz der Marktgegenseite (Anbieter) vor Ausbeutung bezwecken (so KG WuW/E DE-R 367 (368) – Schulbuchbeschaffung; differenzierend Immenga/Mestmäcker/Fuchs Rn. 374; aA Köhler FS Tilmann, 2002, 694 f.). Das BKartA ist aA (BKartA 3.7.2014 – B2–58/09 Rn. 42 – EDEKA; zur Zulassung der Rechtsbeschwerde BGH NZKart 2017, 36) und **bezieht den Anbieter mit in den Schutzzweck** ein. Sachlich wirkt sich die Erzwingung von Vorzugsbedingungen vielfach als Behinderung schwächerer, mit dem Veranlasser konkurrierender Nachfrager aus. Vor Einfügung des Tatbestandes der Nr. 5 (zunächst als § 26 Abs. 3 aF, dann als § 20 Abs. 3 aF) konnte ein solches Veranlassen zu Vorzugsbedingungen nur erfasst werden, wenn der Veranlasste selbst marktbeherrschend oder zumindest marktstark war. Dann konnte die Veranlassung Beteiligung am Verstoß des Veranlassten sein (§ 14 OWiG). Gegen den Veranlassten hätte das Verfahren nach § 47 OWiG nicht durchgeführt zu werden brauchen. Die Kartellbehörde hätte sich auf Ahndung des Veranlassers beschränken können. Eine derartige Verfahrenskonstellation war jedoch nicht praktikabel.

85 **b) Marktbeherrschung auf Nachfragemärkten.** Der Sache nach geht es um die Ausnutzung einer Marktstellung auf Nachfragemärkten (→ § 18 Rn. 55). Abs. 2 Nr. 5 hat Bedeutung primär im Verhältnis zwischen einem **industriellen oder Handels-Abnehmer** und einem ihn beliefernden Unternehmen (vgl. KG WuW/E DE-R 367 (368) – Schulbuchbeschaffung).

86 **c) Auffordern zur Gewährung von Vorteilen.** Seit der 7. GWB-Novelle reicht auch die bloße „Aufforderung" wie im Boykottverbot des § 21 Abs. 1 (→ § 21 Rn. 3) aus; die Aufforderung verlangt keine Vollendung. Deshalb wurde in der Neufassung durch die 9. GWB-Novelle die Tatbestandsvariante des „Veranlassens", die Vollendung der Gewährung des Vorteils voraussetzte und seit der Einführung der Begehungsform des Aufforderns bedeutungslos geworden ist, gestrichen (RegE 9. GWB-Novelle 2017, 52). „Auffordern" setzt **keine Druckausübung** voraus. Nr. 5 verlangt nur, dass der Normadressat versucht, auf Lieferanten oder Abnehmer einzuwirken, um Vorteile zu verlangen, unabhängig davon, ob dies im Zuge von Verhandlungen oder in anderer Weise geschieht (BGH NZKart 2018, 136 (142)). **Kausalität** mit der Marktbeherrschung und Marktstärke ist aufgrund der klarstellenden Streichung des Tatbestandsmerkmals der Ausnutzung der Marktstellung durch die 9. GWB-Novelle **nicht Voraussetzung** (RegE 9. GWB-Novelle

2017, 52). Der Gesetzgeber reagierte damit auf die Entscheidung des OLG Düsseldorf NZKart 2015, 141 (aufgehoben durch BGH NZKart 2018, 136 (137)), das davon ausging, dass der geforderte Vorteil gerade auf der Ausnutzung der Marktmacht beruhen müsse.

d) Vorteile. Bis zur 7. GWB-Novelle 2005 bezog sich das Gesetz auf die Gewährung von „Vorzugsbedingungen". Dieses Wort ist nach dem Beschluss des Vermittlungsausschusses vom 15.6.2005 durch das Wort „Vorteile" ersetzt worden (vgl. BT-Drs. 15/5735, Nr. 3b, WuW-Sonderheft, 292). Eine amtliche Begründung dafür gibt es nicht. Der Begriff, der auch in § 21 Abs. 2 verwendet wird (→ § 21 Rn. 14), soll offensichtlich weiter sein als der der „Vorzugsbedingungen"; alles, was früher unter „Vorzugsbedingungen" verstanden wurde, ist also auch „Vorteil". Eine Vorzugsbedingung liegt vor, wenn ein nachfragestarkes Unternehmen, ohne dass hierfür ein zivilrechtlicher Anspruch besteht, seine Lieferanten dazu bewegt, für in der Vergangenheit abgeschlossene Sachverhalte andere, ihnen ungünstigere Lieferkonditionen zu vereinbaren und Ausgleichszahlungen zu leisten. Wettbewerber des Handelnden haben diese Möglichkeit, in laufende Verträge mit Rückwirkung einzugreifen, nämlich nicht (so BGH WuW/E DE-R 984 (990) – Konditionenanpassung). Der Begriff des Vorteils beschränkt sich nicht auf die Bedingungen eines bestimmten Geschäftes, sondern erfasst auch Vorteile, die **außerhalb dieses Geschäftes** gewährt werden, wenn auch im Zusammenhang damit. Nicht sinnvoll erscheint die Definition als „vermögenswerte Leistungen des Anbieters an den Nachfrager, die über das Vereinbarte hinausgehen" (so Köhler WRP 2006, 139 (142)), da die Vorzugsbedingungen ihrem Wesen nach und die Vorteile auch durchaus vereinbart werden (vgl. zu all dem auch Säcker/Mohr WRP 2010, 1 (5)). 87

Bis zur 8. Auflage wurde vertreten, dass der Vorteil aufgrund einer **qualitativ-vergleichenden Bewertung** festgestellt werden müsse. In der Regierungsbegründung zur 4. GWB-Novelle 1980 (BT-Drs. 8/2136, 25) wurden Vorzugsbedingungen definiert als Bedingungen, die weder „markt- noch leistungsbedingt" sind. Nach Ansicht des BGH (NZKart 2018, 136 (141)) ist nicht erforderlich, dass der Nachfrager besser gestellt wird als seine Mitbewerber. Nach dem BKartA sind Vorzugsbedingungen diejenigen besonderen Vorteile, die zusätzlich zu leistungsbedingten Nachlässen oder sonstigen Leistungsentgelten vom Nachfrager aufgrund besonderer Marktstellung beim Anbieter mit der Absicht durchgesetzt werden, sich damit im Wettbewerb eine weder markt- noch leistungsbedingte Vorzugsstellung gegenüber Konkurrenten zu verschaffen (BKartA WuW/E DE-V 94 (98) – Metro HGE EinkaufsGmbH). 88

Die Vorteile müssen **sachlich ungerechtfertigt** sein (vgl. dazu auch OLG Düsseldorf WuW/E 4729 f. (4730) – Pflegesatzvereinbarung). Die Abgrenzung zwischen dem Merkmal der fehlenden sachlichen Rechtfertigung und dem „Vorteil" ist fließend. Erforderlich ist eine **Interessenabwägung,** und zwar, wie immer bei dem gesetzlichen Merkmal der „sachlichen Rechtfertigung", unter Beachtung der auf Freiheit des Wettbewerbs gerichteten Zielsetzung des GWB. Maßstab ist das Verhalten der Unternehmen, die nicht Normadressaten des Abs. 2 sind. Vorteile, die auch ein Vertragspartner ohne wirtschaftliche Übermacht erheben würde, sind tendenziell gerechtfertigt. Nach der Regierungsbegründung (BT-Drs. 8/2136, 25) sind insbes. **„nicht leistungsgerechte"** Begünstigungen sachlich ungerechtfertigt, wenn also der Nachfrager etwas zu seinen Gunsten durchsetzt, dem keine Gegenleistungen gegenüberstehen. Nimmt der Nachfrager wesentlich größere Mengen ab als andere Abnehmer, so rechtfertigt die größere Menge sicherlich einen Nachlass. Er muss aber in einem angemessenen Verhältnis zu dem durch die große Menge verursachten Vorteil stehen. Das BKartA (BKartA 3.7.2014 – B2–58/09 Rn. 266 – EDEKA) prüft, ob der Forderung nach dem Vorteil tatsächlich ein sachlich gerechtfertigter Grund oder eine sachlich verbundene Gegenleistung gegenübersteht, ob die 89

Begründung und die Berechnung der Forderung für den Lieferanten nachvollziehbar ist, ob die Begründung und die Berechnung des Grundes bzw. der Gegenleistung für den Lieferanten nachvollziehbar und ob die Höhe der Forderung im Verhältnis zum Grund bzw. zur Gegenleistung angemessen sind; sachlich ungerechtfertigt sollen nur „offensichtlich unangemessene Forderungen" sein (BKartA 3.7.2014 – B2–58/09 Rn. 269 – EDEKA). Die in der Praxis besonders wichtige Forderung nach nachträglicher Konditionenanpassung ist idR nur gerechtfertigt, wenn sie auch vertragsrechtlich begründbar wäre, zB unter dem Gesichtspunkt der Störung der Geschäftsgrundlage (vgl. Köhler WRP 2006, 139 (143); Säcker/Mohr WRP 2010, 1 (21)). Rein nachträgliche Rabatte auf abgeschlossene Verträge können einen ungerechtfertigten Vorteil indizieren (so „Hochzeitsrabatte" auf abgeschlossene Bezugsverträge bei einer Fusion im Handel, s. BKartA 3.7.2014 – B2–58/09 Rn. – EDEKA; nach Teilaufhebung durch das OLG Düsseldorf NZKart 2015, 141 im Wesentlichen bestätigt durch BGH NZKart 2018, 136).

9. Geltung für Kartelle und Preisbinder (Abs. 3)

90 **a) Überblick.** Abs. 3 ist an sich ein Fremdkörper in einer Vorschrift, die mit „verbotenes Verhalten von marktbeherrschenden Unternehmen" überschrieben ist. Abs. 3 **erweitert den Anwendungsbereich des Diskriminierungs- und Behinderungsverbots** in § 19 Abs. 2 Nr. 1 auf freigestellte und damit zulässige Kartelle und Preisbinder. Damit wird die **alte Rechtslage** fortgeführt, die in § 20 Abs. 1 aF diese beiden Kategorien neben das marktbeherrschende Unternehmen als Normadressaten stellte. Die gesetzgeberische Grundlage für die Anwendung des Diskriminierungs- und Behinderungsverbots auf freigestellte Kartelle und Preisbinder ist offenbar die, dass die Zulassung des Kartells und der Preisbindung den beteiligten Unternehmen zusätzliche Macht verleiht, die dann auch Beschränkungen rechtfertigt. Die 8. GWB-Novelle 2012/2013 hat die Anwendbarkeit des Abs. 3 auf alle durch sie neu geregelten Fälle der zugelassenen Kartelle und Preisbindung ausgeweitet (Branchenvereinbarungen für den Vertrieb preisgebundener Presseerzeugnisse nach § 30 Abs. 2a, Kartellvereinbarungen in der Wasserwirtschaft nach § 31).

91 **b) Freigestellte Kartelle (S. 1).** Bis zur 7. GWB-Novelle waren in § 20 Abs. 1 aF „Vereinigungen von Unternehmen iSd §§ 2–8, 28 Abs. 1 sowie § 29" aufgeführt. Damit waren die nach **altem Recht** legalisierten Kartelle gemeint, also die Normen- und Typenkartelle, Konditionenkartelle, Spezialisierungskartelle, Mittelstandskartelle, Rationalisierungskartelle, Strukturkrisenkartelle und die Kartelle, die aufgrund der besonderen materiellen Normen (Auffangtatbestand, „sonstige Kartelle") und durch Ministererlaubnis legalisiert waren. Erfasst waren außerdem freigestellte Kartelle der Landwirtschaft und der Kredit- und Versicherungswirtschaft sowie Urheberrechtsverwertungsgesellschaften. Da mit der **7. GWB-Novelle 2005** die entsprechenden Legalisierungsvorschriften entfallen sind, konnte gesetzestechnisch eine Fortsetzung der alten Rechtslage nur dadurch erreicht werden, dass einerseits auf **„Vereinigungen von miteinander im Wettbewerb stehenden Unternehmen"** abgestellt wurde, also auf **horizontale Kartelle,** und andererseits auf die neuen **Freistellungsnormen der §§ 2, 3 und 28 Abs. 1.** Soweit nach § 131 Abs. 1 aF alte Freistellungen noch bis zum 31.12.2007 fortgalten, war Abs. 1 auch auf diese freigestellten Kartelle anzuwenden (vgl. zu einem solchen Fall BGH WuW/E DE-R 1954; OLG Koblenz WuW/E DE-R 1695 (1696) – Petcycle). Es kommt hiernach darauf an, ob die Vereinigungen die heute von Gesetzes wegen ohne Legalisierungsakt geltenden Freistellungsvoraussetzungen erfüllen. Auch bei nach **§ 28** zulässigen Kooperationen im Landwirtschaftsbereich gibt es keinen Legalisierungsakt. Einbezogen wurden durch die 8. GWB-Novelle die Verbände der Verleger und Presse-Grossisten, die nach **§ 30 Abs. 2a** an den dort geregelten Branchenvereinbarungen beteiligt sind, und die Unternehmen der Wasserwirtschaft, die die Freistellung nach

§ 31 Abs. 1 Nr. 1, 2 und 4 in Anspruch nehmen; die **9. GWB-Novelle** bezieht konsequent Vereinbarungen nach **§ 30 Abs. 2b** beteiligter Presseunternehmen ein. Im Regierungsentwurf zur 8. GWB-Novelle war vorgesehen, dass Abs. 3 auch auf spezialgesetzlich erlaubte Kooperationen in der Energiewirtschaft (§ 115 Abs. 1 EnWG), der Personenbeförderung (§ 8 Abs. 3b PersBefG), des Eisenbahnwesens (§ 12 Abs. 2 AEG) und der Mineralölwirtschaft (§ 5 MineralölausgleichsVO) anwendbar ist. Das ist auf Veranlassung des Wirtschaftsausschusses gestrichen worden. Zur Geltung des Diskriminierungs- und Behinderungsverbots für andere Unternehmensvereinigungen nach § 20 Abs. 1 → § 20 Rn. 8.

c) Preisbinder (S. 2). Die Einbeziehung der Preisbinder in den Geltungsbereich 92
des Diskriminierungs- und Behinderungsverbotes hat heute nur noch Bedeutung für die **vertikale Preisbindung von Zeitungen und Zeitschriften** (§ 30), bei **landwirtschaftlichen Erzeugnissen** (§ 28 Abs. 2) und die **Höchstpreisbindung von Wasserversorgungsunternehmen** (§ 31 Abs. 1 Nr. 3, durch die 8. GWB-Novelle eingefügt). Nach Wegfall der Markenartikel-Preisbindung bezog sich das in erster Linie auf die Preisbindung für Verlagserzeugnisse (vgl. zB für Briefmarkenkataloge OLG Stuttgart WuW/E 5083 (5088) = WRP 1992, 414 – Michel-Katalog). Nach der Änderung des früheren § 15 bei Erlass des **Buchpreisbindungsgesetzes** vom 2.9.2002 (Anhang B 3) ist zweifelhaft, ob nunmehr Preisbinder iSd Abs. 2 nur noch derjenige ist, der nach § 30 (= § 15 aF) die Preise für Zeitungen und Zeitschriften bindet, oder auch derjenige, der nach dem Buchpreisbindungsgesetz verpflichtet ist, Endverkaufspreise für seine Bücher festzusetzen. In der Begründung des Referentenentwurfs zu § 6 Buchpreisbindungsgesetz heißt es zwar, die Vorschriften des GWB blieben unberührt, aber offenbar nur im Hinblick auf die Funktion des § 20 aF für marktbeherrschende oder marktmächtige Verlage. Das bestätigt unsere Auffassung, dass § 19 Abs. 3 entsprechend dem klaren Wortlaut nur Unternehmen erfasst, die im GWB ausdrücklich erlaubte **vertragliche Preisbindungen** praktizieren, **nicht** auch solche, die wie Buchverlage, teilweise Lieferanten von Apotheken oder des Einzelhandels beim Vertrieb von Zigaretten und sonstigen Tabakwaren von einer **gesetzlichen Preisbindung** profitieren.

Verlage, die für **Zeitungen und Zeitschriften** nach § 30 die Preise binden, 93
sind im Hinblick auf den Vertrieb dieser Erzeugnisse dem Diskriminierungs- und Behinderungsverbot unterworfen. Das gilt nicht nur gegenüber den Wirtschaftsstufen, deren Preisverhalten gebunden ist, sondern auch **gegenüber den Zwischenstufen,** und zwar auch dann, wenn ausschließlich der Endverkaufspreis gebunden ist (vgl. KG WuW/E 877 (881) – Zigaretten-Einzelhandel). **Vertriebsunternehmen,** die selbst keine Preise binden, sondern die Preisbindung der Verlage an die nächste Handelsstufe weitergeben, sind keine Preisbinder. Anderes gilt aber für mit dem Preisbinder verbundene Vertriebsunternehmen (dazu OLG Schleswig 28.1.2010 – 16 U (Kart) 55/09) und anstelle der Verlage tätige Nationalvertriebe (national distributors), die die „Pflichtenstellung" der Verlage im Vertrieb übernommen haben (BGH WuW/E DE-R 134 = WRP 1998, 783 = AfP 1998, 396 – Bahnhofsbuchhandel). Auf die Marktmacht des Preisbinders kommt es nicht an; sie kann aber bei der Interessenabwägung im Rahmen des sachlich gerechtfertigten Grundes oder der Billigkeit eine Rolle spielen (BGH WuW/E 2360 (2363) – Freundschaftswerbung). Gleichbehandelt werden die – in der Anwendung des § 19 Abs. 3 – seltenen Fälle der Preisbindung für die Sortierung, Kennzeichnung oder Verpachtung von **landwirtschaftlichen Erzeugnissen** (§ 28 Abs. 2). In der **Wasserwirtschaft** kann nach § 31 Abs. 1 Nr. 3 ein Wasserversorgungsunternehmen ein von ihm beliefertes Wasserversorgungsunternehmen der Verteilungsstufe verpflichten, gegenüber seinen Abnehmern keine ungünstigeren Preise oder Bedingungen anzuwenden als der zuliefernde Wasserversorger in seinem Versorgungsgebiet

(→ § 31 Rn. 9). Preisbinder und damit Normadressat iSv Abs. 3 ist also das zuliefernde Wasserversorgungsunternehmen.

10. Rechtsfolgen des Missbrauchs

94 **a) Allgemeines.** Anders als nach der bis 1998 geltenden Gesetzesfassung (dazu noch OLG Dresden WuW/E DE-R 169 (173) – Elbauenwasser) ist der **Missbrauch als solcher verboten.** Es ist also nicht erforderlich, dass zuvor die Kartellbehörde eine entsprechende Missbrauchsverfügung erlassen hat. Wegen der Unbestimmtheit der hier zur Rede stehenden Tatbestandsmerkmale und der Komplexität der Sachverhalte, auf die § 19 Abs. 2 angewendet wird, realisiert sich in der Praxis das Missbrauchsverbot meist erst durch eine **Abstellungsverfügung** (Missbrauchsverfügung) der Kartellbehörde, seltener im Zivilverfahren und noch seltener unmittelbar im Bußgeldverfahren. Die Abstellungsverfügung, die trotz des unmittelbar geltenden Verbots nach § 32 erlassen werden kann, konkretisiert das Verbot im Hinblick auf einen bestimmten Sachverhalt. Nach der **früheren Rechtslage** hatte die Behörde grds. nur die Befugnis, ein bestimmtes Verhalten zu **verbieten** (dazu KG WuW/E 5165 (5180) – Gasdurchleitung), und **keine Befugnis,** ein bestimmtes Verhalten zu gebieten (dazu schon BGHZ 67, 104 (107) – Vitamin B 12; vgl. auch BGH WuW/E 1345 – Polyester-Kunststoffe; 2406 (2407) – Inter-Mailand) oder sonst über das Verbot begangenen oder bevorstehenden Verhaltens hinaus künftigen Missbrauch zu verhindern (KG WuW/E 5165 (5180) – Gasdurchleitung). **Seit der 7. GWB-Novelle 2005** kann die Behörde nach § 32 Abs. 1 die Unternehmen zur „Abstellung" der Zuwiderhandlung verpflichten und nach Abs. 2 auch **positiv alle Maßnahmen „aufgeben",** die für eine wirksame Abstellung erforderlich sind (→ § 32 Rn. 14 ff.). Bei Verfügungen, die auf Abs. 2 Nr. 4 gestützt sind, liegt der Missbrauch in der Mitbenutzungsverweigerung. Der Sache nach entspricht hier meist das Verbot der Verweigerung dem Gebot der Mitbenutzung, die dann auch in den Tenor der Verfügung aufgenommen werden darf (dazu BKartA WuW/E DE-V 253 ff. (264) einerseits und OLG Düsseldorf WuW/E DE-R 569 (572) andererseits – beide im Fall Puttgarden). Das OLG Düsseldorf (WuW/E DE-R 569 (576 f.) – Puttgarden) hält es unter dem Gesichtspunkt der Bestimmtheit der Verfügung auch für möglich, den angemessenen Entgeltbetrag in der Verfügung festzusetzen.

95 Im **Zivilrecht** kann ein Verstoß gegen § 19 Abs. 1 und 2 über § 134 BGB zur Nichtigkeit eines Vertrages führen (OLG Düsseldorf NJW 2009, 1087 (1088) – zu einem Mietvertrag mit einem Schilderpräger; bei zu langer Mietbindung soll eine geltungserhaltende Reduktion auf die zulässige Dauer möglich sein: BGH NZKart 2021, 302). Über § 33 kann der „Betroffene" auch Beseitigungs-, Unterlassungs- und Schadensersatzansprüche geltend machen. Aus § 33 kann sich im Falle des Abs. 2 Nr. 4 ein Anspruch auf Mitbenutzung ergeben, der auch im Einstweiligen Verfügungsverfahren durchgesetzt werden kann (vgl. dazu u.a. LG Dortmund WuW/E DE-R 565 – Gashandel; LG Leipzig WuW/E DE-R 664 – Elbtal; OLG Düsseldorf WuW/E DE-R 774 – Kramer Progetha). Ein Verstoß gegen § 19 Abs. 1 ist nach § 81 Abs. 2 Nr. 1 **ordnungswidrig.**

96 **b) Schadensersatz bei Verstoß gegen Abs. 2 Nr. 1.** Verstöße gegen das **Behinderungs- und Diskriminierungsverbot** nach Abs. 2 begründen nach § 33 **zivilrechtlich** eine Schadensersatz- und Unterlassungs- bzw. Beseitigungsverpflichtung, im Hinblick auf die Ermessensspielräume des Normadressaten uU auch eine Verpflichtung zu einer neuen, ermessensfehlerfreien Entscheidung (vgl. OLG Frankfurt a. M. GRUR 1992, 554 (556) – Kunstmesse Art Frankfurt II). Nr. 1 ist Schutzgesetz iSv § 33 (vgl. BGHZ 36, 91 (100) = WuW/E 442 – Gummistrümpfe). Aus der Beseitigungsverpflichtung kann sich auch ein Geldersatzanspruch ergeben, so im Falle der Stromeinspeisung (dazu BGH NJW 1993, 396 = WuW/E 2805 –

Stromeinspeisung; NJW-RR 1995, 1381 = WuW/E 2999 – Einspeisevergütung; OLG Düsseldorf WuW/E DE-R 156 – Wuppertaler Zusatzstrom). Wenn sich aus § 19 Abs. 2 Nr. 1 eine **Kontrahierungspflicht** ergibt, ist die ihr widersprechende **Kündigung nach § 134 BGB unwirksam** (vgl. BGH WuW/E DE-R 1144 (1145) – Schülertransporte; 1541 (1542 f.) – Sparberaterin II). Zwar könnte sich aus § 33 Abs. 1 ein Beseitigungsanspruch auf Aufhebung der Kündigung ergeben. Ist sie aber unwirksam, braucht sie nicht beseitigt zu werden; es besteht dann vielmehr ein Anspruch auf Fortsetzung des (unwirksam gekündigten) Vertragsverhältnisses. Zur **Beweislast** → Rn. 32, → Rn. 44. Auch beim Missbrauch marktbeherrschender Stellung ist die **Weiterreichung des Schadens** auf die nächste Marktstufe zu berücksichtigen, soll aber die Entstehung eines Schadens nicht ausschließen, sondern nur mindern (OLG Dresden NZKart 2021, 191 (192) – Trassenentgelte Sachsen/Thüringen).

c) Lieferpflicht bei Verstoß gegen Abs. 2 Nr. 1. Bei einem gegen das Behin- 97
derungs- und Diskriminierungsverbot des Abs. 2 Nr. 1 verstoßenden Ablehnung einer Vertragsverlängerung kann der Anspruch auf Fortsetzung des Vertrages gem. § 33 als Beseitigungs- oder Schadensersatzanspruch sowie als vorbeugender Unterlassungsanspruch begründet werden (so OLG Karlsruhe WuW/E 2085 (2091) – Multiplex; vgl. auch BGH WuW/E 2451 = GRUR 1988, 327 (330) – Cartier-Uhren). Beseitigungspflicht hinsichtlich einer Lieferverweigerung kann **positive Lieferpflicht** bedeuten, wenn auf andere Weise der kartellrechtswidrige Zustand nicht beseitigt werden kann (vgl. dazu BGH WuW/E 1238 (1245) – Registrierkassen; 1567 (1569) – Nordmende; WuW/E DE-R 206 (209) = BB 1998, 2332 (2333) – Depotkosmetik). Der Anspruch auf die verweigerte Leistung kann jedoch ausgeschlossen sein, wenn der Anspruchsgegner wegen verbindlicher vertraglicher Verpflichtungen mit Dritten nicht mehr in der Lage ist, die Leistung zu erbringen (so für die Vergabe von Fernsehwerbezeit OLG Koblenz NJW-RR 1991, 944 (946)). Die **Leistungsklage,** mit der ein Belieferungsanspruch nach Abs. 2 Nr. 1 geltend gemacht wird, muss den Anforderungen des § 253 Abs. 2 Nr. 2 ZPO entsprechen; eine Klage allgemein auf Belieferung ist unzulässig (BGH WuW/E 2125 (2126) – Technics; KG WuW/E 5875 (5876) – U-Bahn-Buchhandlung; 4524 (4525) – Rock- und Popkonzerte; OLG Hamburg WuW/E 5861 (5862 f.) – Programmvorschau). Daher muss im Leistungsantrag die Annahme eines bestimmten Kaufangebots, in dem die zu liefernde Ware nach Gegenstand und Zahl genau bestimmt ist, verlangt werden (BGH WuW/E 1885 (1886) – Sportschuhe; 2125 (2126) – Technics; skeptisch dazu OLG Hamburg NJWE-WettbR 1997, 214 (215) – Programmvorschau); ist dies nicht möglich, muss auf **Feststellung** geklagt werden (vgl. dazu auch Schockenhoff NJW 1990, 152), zB unter Verwendung des Begriffs „ortsübliche" Vergütung (vgl. OLG Karlsruhe WuW/E 5066 (5071) – Direktabbuchungsklausel). Ein Belieferungsanspruch kann grds. auch durch **einstweilige Verfügung** durchgesetzt werden (vgl. zB OLG Koblenz WuW/E 4733 (4734 f.) – Aktueller Tipp; LG Düsseldorf WuW/E DE-R 3794 – Online-Reiseportale, jeweils mwN). Der Verfügungsgrund kann sich daraus ergeben, dass dem Antragsteller ohne sofortige Belieferung schwere Wettbewerbsnachteile drohen (OLG Stuttgart WuW/E 4829 (4832) – Katalysatornachrüstsätze; vgl. auch LG Düsseldorf GRUR-Prax 2013, 169; Wiedemann KartellR-HdB/Ollerdißen § 61 Rn. 76); § 12 Abs. 2 UWG (früher: § 25 UWG) gilt insoweit nicht (KG WuW/E 5099 (5100) – Rennwett-Theater Berlin).

d) Nichtigkeit von Verträgen bei Verstoß gegen Abs. 2 Nr. 1. Ein gegen 98
§ 19 Abs. 2 Nr. 1 verstoßender Vertrag ist **nach § 134 BGB nichtig.** So zwingend dieser Grundsatz ist, so schwierig ist er in der Praxis anzuwenden. Die unbillige Behinderung oder die Diskriminierung ergibt sich im Allgemeinen nicht aus einem Vertrag als solchem, sondern nur aus seinen konkreten Auswirkungen im Hinblick auf externe Umstände oder aus einem Vergleich mit anderen Verträgen. Die Nichtig-

keit würde hier häufig in Rechtspositionen Dritter eingreifen, die an dem Gesetzesvorstoß nicht beteiligt sind. Die Notwendigkeit einer Einschränkung der Anwendung des § 134 BGB ergibt sich somit daraus, dass häufig nicht ein Vertrag, sondern die dahinter stehende Strategie des Behindernden oder Diskriminierenden gegen § 19 Abs. 2 Nr. 1 verstößt. Insoweit gilt uU das Gleiche wie unter dem Gesichtspunkt des unwirksamen **„Folgevertrags"** eines nichtigen Kartellvertrages; er wird uU von der Nichtigkeit erfasst, wenn es sich nicht um einen Folgevertrag mit einem **„unbeteiligten" Dritten** handelt, sondern der Dritte den Rechtsverstoß seines Vertragspartners kennt und daran mitwirkt.

11. EU-Recht

99 Die Kartellbehörde hat im potenziellen Anwendungsbereich des **Art. 102 AEUV auch diesen anzuwenden,** wenn sie § 19 anwendet (Art. 3 Abs. 1 S. 2 Kartellverfahrens-VO). Anders als im Verhältnis zu Art. 101 AEUV gebietet Art. 3 Abs. 2 Kartellverfahrens-VO nicht, dass nationales und EU-Recht nur mit identischen Ergebnissen angewendet werden darf. Es ist möglich, dass die deutsche Kartellbehörde nur Art. 102 AEUV anwendet, ohne zugleich auch nach §§ 19, 20 vorzugehen. Wendet sie deutsches Recht an, muss sie auch Art. 102 AEUV prüfen und ggf. anwenden. Kommt sie hiernach zum Ergebnis, dass Art. 102 AEUV verletzt ist, wird sie von der Anwendung deutschen Rechts absehen und nur Art. 102 AEUV anwenden. Kommt sie zum Ergebnis, dass Art. 102 AEUV nicht verletzt ist, wohl aber § 19 oder § 20, darf sie das – dann strengere – deutsche Recht anwenden.

100 Materiell entspricht § 19 entspricht im Wesentlichen **Art. 102 AEUV.** Hiernach „ist die missbräuchliche Ausnutzung einer beherrschenden Stellung auf dem gemeinsamen Markt oder auf einem wesentlichen Teil desselben durch ein oder mehrere Unternehmen verboten", soweit dies dazu führen kann, **„den Handel zwischen Mitgliedstaaten** zu beeinträchtigen". Diese Bestimmung enthält keine Definition der Beherrschung.

101 Verboten ist der Missbrauch im Sinne einer **Generalklausel;** er wird in Art. 102 Abs. 2 AEUV konkretisiert durch Beispiele (lit. a: Ausbeutungsmissbrauch; lit. b: Einschränkung der Erzeugung, des Absatzes oder technischen Entwicklung zum Schaden der Verbraucher; lit. c: Diskriminierung; lit. d: Kopplung). Als Vorbild für § 19 Abs. 2 Nr. 4 spielt die im EU-Recht weiter entwickelte **essential facility-Theorie** eine wichtige Rolle (dazu u.a. EuGH EuZW 1995, 339 – Magill mAnm Bechtold EuZW 1995, 345 f.; EuGH WuW/E EU-R 127 = WRP 1999, 167 – Oscar Bronner/Mediaprint und Kommission ABl. 1998 L 72, 30 – Flughafen Frankfurt; ABl. 1998 L 246, 1 – Van den Bergh Foods Limited). Die Zwischenstaatsklausel entspricht der in Art. 101 Abs. 1 AEUV. Ebenso wie heute § 19 Abs. 1 ist Art. 102 eine **unmittelbar wirkende Verbotsnorm.** Ein Verstoß gegen sie kann von der Kommission nach Art. 23 Abs. 2 Kartellverfahrens-VO (und nach § 81 Abs. 1 Nr. 1 von der zuständigen deutschen Kartellbehörde) mit Geldbuße geahndet werden. Außerdem kann er Gegenstand einer Abstellungsentscheidung der Kommission nach Art. 7 Kartellverfahrens-VO (und nach § 32 der deutschen Kartellbehörde) sein. Art. 102 AEUV enthält keine Regelung der zivilrechtlichen Folgen; sie ergeben sich aus nationalem Recht (§ 134 BGB, § 33).

§ 19a Missbräuchliches Verhalten von Unternehmen mit überragender marktübergreifender Bedeutung für den Wettbewerb

(1) [1]**Das Bundeskartellamt kann durch Verfügung feststellen, dass einem Unternehmen, das in erheblichem Umfang auf Märkten im Sinne des § 18 Absatz 3a tätig ist, eine überragende marktübergreifende Bedeutung für den Wettbewerb zukommt.** [2]**Bei der Feststellung der überragenden markt-**

übergreifenden Bedeutung eines Unternehmens für den Wettbewerb sind insbesondere zu berücksichtigen:
1. **seine marktbeherrschende Stellung auf einem oder mehreren Märkten,**
2. **seine Finanzkraft oder sein Zugang zu sonstigen Ressourcen,**
3. **seine vertikale Integration und seine Tätigkeit auf in sonstiger Weise miteinander verbundenen Märkten,**
4. **sein Zugang zu wettbewerbsrelevanten Daten,**
5. **die Bedeutung seiner Tätigkeit für den Zugang Dritter zu Beschaffungs- und Absatzmärkten sowie sein damit verbundener Einfluss auf die Geschäftstätigkeit Dritter.**

[3]**Die Verfügung nach Satz 1 ist auf fünf Jahre nach Eintritt der Bestandskraft zu befristen.**

(2) [1]**Das Bundeskartellamt kann im Falle einer Feststellung nach Absatz 1 dem Unternehmen untersagen,**
1. **beim Vermitteln des Zugangs zu Beschaffungs- und Absatzmärkten die eigenen Angebote gegenüber denen von Wettbewerbern bevorzugt zu behandeln, insbesondere**
   a) **die eigenen Angebote bei der Darstellung zu bevorzugen;**
   b) **ausschließlich eigene Angebote auf Geräten vorzuinstallieren oder in anderer Weise in Angebote des Unternehmens zu integrieren;**
2. **Maßnahmen zu ergreifen, die andere Unternehmen in ihrer Geschäftstätigkeit auf Beschaffungs- oder Absatzmärkten behindern, wenn die Tätigkeit des Unternehmens für den Zugang zu diesen Märkten Bedeutung hat, insbesondere**
   a) **Maßnahmen zu ergreifen, die zu einer ausschließlichen Vorinstallation oder Integration von Angeboten des Unternehmens führen;**
   b) **andere Unternehmen daran zu hindern oder es ihnen zu erschweren, ihre eigenen Angebote zu bewerben oder Abnehmer auch über andere als die von dem Unternehmen bereitgestellten oder vermittelten Zugänge zu erreichen;**
3. **Wettbewerber auf einem Markt, auf dem das Unternehmen seine Stellung, auch ohne marktbeherrschend zu sein, schnell ausbauen kann, unmittelbar oder mittelbar zu behindern, insbesondere**
   a) **die Nutzung eines Angebots des Unternehmens mit einer dafür nicht erforderlichen automatischen Nutzung eines weiteren Angebots des Unternehmens zu verbinden, ohne dem Nutzer des Angebots ausreichende Wahlmöglichkeiten hinsichtlich des Umstands und der Art und Weise der Nutzung des anderen Angebots einzuräumen;**
   b) **die Nutzung eines Angebots des Unternehmens von der Nutzung eines anderen Angebots des Unternehmens abhängig zu machen;**
4. **durch die Verarbeitung wettbewerbsrelevanter Daten, die das Unternehmen gesammelt hat, Marktzutrittsschranken zu errichten oder spürbar zu erhöhen, oder andere Unternehmen in sonstiger Weise zu behindern, oder Geschäftsbedingungen zu fordern, die eine solche Verarbeitung zulassen, insbesondere**
   a) **die Nutzung von Diensten davon abhängig zu machen, dass Nutzer der Verarbeitung von Daten aus anderen Diensten des Unternehmens oder eines Drittanbieters zustimmen, ohne den Nutzern eine ausreichende Wahlmöglichkeit hinsichtlich des Umstands, des Zwecks und der Art und Weise der Verarbeitung einzuräumen;**
   b) **von anderen Unternehmen erhaltene wettbewerbsrelevante Daten zu anderen als für die Erbringung der eigenen Dienste gegenüber diesen Unternehmen erforderlichen Zwecken zu verarbeiten, ohne diesen**

Unternehmen eine ausreichende Wahlmöglichkeit hinsichtlich des Umstands, des Zwecks und der Art und Weise der Verarbeitung einzuräumen;
5. die Interoperabilität von Produkten oder Leistungen oder die Portabilität von Daten zu verweigern oder zu erschweren und damit den Wettbewerb zu behindern;
6. andere Unternehmen unzureichend über den Umfang, die Qualität oder den Erfolg der erbrachten oder beauftragten Leistung zu informieren oder ihnen in anderer Weise eine Beurteilung des Wertes dieser Leistung zu erschweren;
7. für die Behandlung von Angeboten eines anderen Unternehmens Vorteile zu fordern, die in keinem angemessenen Verhältnis zum Grund der Forderung stehen, insbesondere
a) für deren Darstellung die Übertragung von Daten oder Rechten zu fordern, die dafür nicht zwingend erforderlich sind;
b) die Qualität der Darstellung dieser Angebote von der Übertragung von Daten oder Rechten abhängig zu machen, die hierzu in keinem angemessenen Verhältnis stehen.

[2]Dies gilt nicht, soweit die jeweilige Verhaltensweise sachlich gerechtfertigt ist. [3]Die Darlegungs- und Beweislast obliegt insoweit dem Unternehmen. [4]§ 32 Absatz 2 und 3, die §§ 32a und 32b gelten entsprechend. [5]Die Verfügung nach Absatz 2 kann mit der Feststellung nach Absatz 1 verbunden werden.

(3) **Die §§ 19 und 20 bleiben unberührt.**

(4) **Das Bundesministerium für Wirtschaft und Energie berichtet den gesetzgebenden Körperschaften nach Ablauf von vier Jahren nach Inkrafttreten der Regelungen in den Absätzen 1 und 2 über die Erfahrungen mit der Vorschrift.**

Übersicht

1. Überblick

1 Der durch die 10. GWB-Novelle eingefügte § 19a soll eine **effektivere Grundlage für die Kontrolle von großen Digitalkonzernen** ermöglichen, die **nicht**

Marktbeherrscher sind, die aber eine überragende marktübergreifende Bedeutung haben. Nach dem RegE 10. GWB-Novelle 2021 (S. 73) zielt die Regelung auf einen **kleinen Kreis von Unternehmen,** die teilweise auch eine beherrschende Stellung auf einzelnen Plattform- oder Netzwerkmärkten haben und darüber hinaus auch über Ressourcen und eine strategische Positionierung verfügen, die es ihnen ermöglicht, erheblichen Einfluss auf die Geschäftstätigkeit Dritter zu nehmen, insbesondere durch Ausweitung der eigenen Geschäftstätigkeit in neue Märkte und Sektoren. § 19a soll gerade eine **Missbrauchsaufsicht im Hinblick auf noch nicht beherrschte Märkte** ermöglichen und **zielt** auf die **„Gatekeeper digitaler Ökosysteme".** Dabei ist fraglich, ob eine solche Eingriffsmöglichkeit unterhalb der Marktbeherrschung überhaupt geboten ist (zweifelnd auch Bericht Missbrauchsaufsicht, 111). Abs. 1 regelt die Voraussetzungen der marktübergreifenden Bedeutung, Abs. 2 die Eingriffsmöglichkeiten. Nach **Abs. 4** soll das BMWi dem Gesetzgeber vier Jahre nach Inkrafttreten der Vorschrift einen **Erfahrungsbericht** vorlegen.

Um die notwendige Rechtssicherheit zu gewährleisten, ist die Vorschrift **nicht** 2
wie § 19 Abs. 1 als **Verbotsnorm** ausgestaltet, sondern als **Missbrauchsaufsicht.** Erforderlich ist vielmehr die **Feststellung der marktübergreifenden Bedeutung einerseits** und die **Untersagung andererseits** durch Verfügung. Vor einer Verfügung nach Abs. 2 gibt es auch keine zivilrechtlichen Unterlassungs- oder Schadensersatzansprüche aufgrund von § 19a. Diese **Feststellung** muss nach Abs. 1 S. 3 auf **fünf Jahre befristet** werden. Abs. 2 erlaubt dabei auch schon ein Eingreifen vor einer Erstbegehung eines der Katalogtatbestände, anders als im Falle einer Präventivverfügung nach § 32 Abs. 1 (MüKoWettbR/Wolf Rn. 5).

Das Regelungskonzept des § 19a ist durchaus vergleichbar mit demjenigen des 3
Digital Markets Act. Damit stellen sich komplexe Kollisionsfragen; da § 19a auf den gleichen überschaubaren Adressatenkreis wie der Digital Markets Act zielt, dürfte die praktische Bedeutung des § 19a stark schwinden (s. Bien/Käseberg/Klumpe/Körber/Ost 10. GWB-Novelle/Käseberg Kap. 1 Rn. 192). Die Anwendungsvoraussetzungen und Zuständigkeiten sind aber unterschiedlich (im Einzelnen Immenga/Mestmäcker/Schweitzer Rn. 26 ff., 61 ff.))

2. Marktübergreifende Bedeutung

Anknüpfungspunkt für die **Missbrauchsaufsicht** ist nicht die Stellung auf einem 4
bestimmten Markt, sondern **die überragende marktübergreifende Bedeutung.** Der RegE 10. GWB-Novelle 2021 (S. 73) nennt als Normadressaten Unternehmen, die **digitale Plattformen** und **Netzwerke** betreiben (Immenga/Mestmäcker/Schweitzer Rn. 82). Die Norm zielt auf „einen kleinen Kreis von Unternehmen, die nicht nur häufig eine beherrschende Stellung auf einzelnen Plattform- oder Netzwerkmärkten iSd § 18 Abs. 3a innehaben, sondern über Ressourcen und eine strategische Positionierung verfügen, die es ihnen ermöglichen, erheblichen Einfluss auf die Geschäftstätigkeit Dritter zu nehmen bzw. die eigene Geschäftstätigkeit in immer neue Märkte und Sektoren auszuweiten" (RegE 10. GWB-Novelle 2021, 73). Die Norm zielt auf im Wesentlichen auf die Erfassung besonderer Machtstellungen und ihrer möglichen wettbewerbsschädlichen Wirkungen und Gefährdungen des Wettbewerbs im Bereich der „digitalen Ökosysteme", mit etwaigen sog. Gatekeeper-Funktionen einzelner Unternehmen (RegE 10. GWB-Novelle 2021, 73).

Normadressat können zunächst nur solche Unternehmen sein, die **erheblich auf** 5
den Märkten iSd § 18 Abs. 3a, also auf mehrseitigen Märkten oder Netzwerken, tätig sind; dabei ist richtigerweise ausreichend, dass das Unternehmen auf einem der dort genannten Märkte tätig ist (MüKoWettbR/Wolf Rn. 17; Immenga/Mestmäcker/Schweitzer Rn. 84). **Erheblich** soll eine solche Tätigkeit nur sein, wenn die Unternehmen ihren **Schwerpunkt im Bereich digitaler Geschäftsmodelle** haben (RegE 10. GWB-Novelle 2021, 74 f.; Bien/Käseberg/Klumpe/Körber/Ost

10. GWB-Novelle/Käseberg Kap. 1 Rn. 187; BKartA 30.12.2021 B7-61/21 Rn. 67). Diese Beschränkung auf digitale Geschäftsmodelle findet sich nicht im Gesetzestext. **Erheblich** ist die Tätigkeit dann **nicht** (RegE 10. GWB-Novelle 2021, 74), wenn die **Tätigkeit als Plattform oder Netzwerk** entweder für das Unternehmen selbst oder das Unternehmen mit seinen Aktivitäten im Vergleich zu Wettbewerbern eine **untergeordnete Rolle** spielt.

6 Die **überragende marktübergreifende Bedeutung** für den Wettbewerb **muss sich nicht aus den Netzwerk- oder Plattformaktivitäten ergeben.** Nach der Begründung des RegE 10. GWB-Novelle 2021 (S. 75) erfasst die Vorschrift auch Unternehmen, die in Plattform- oder Netzwerkmärkten tätig sind, deren überragende marktübergreifende Bedeutung für den Wettbewerb sich aber wesentlich aus anderen Aktivitäten auf digitalen Märkten ergibt; das bestätigt die Entscheidungspraxis des BKartA: „Dabei ist unerheblich, ob die überragende marktübergreifende Bedeutung für den Wettbewerb gerade auf solche Produkte zurückzuführen ist oder sie auch aufgrund anderer Aktivitäten ermöglicht worden ist. Insbesondere sind von der Norm auch solche Unternehmen erfasst, die in erheblichem Umfang auf Märkten im Sinne des § 18 Abs. 3a tätig sind, deren überragende marktübergreifende Bedeutung für den Wettbewerb sich aber zu wesentlichen Teilen auch aus anderen Aktivitäten auf digitalen Märkten speist. Vielmehr hat der Gesetzgeber die Gefährdungslage solcher Geschäftsmodelle als Ausgangspunkt für die Prüfung der Normadressateneigenschaft nach § 19a GWB für ausreichend befunden"; BKartA 2.5.2022 B6-27/21 Rn. 81. Fraglich ist, ob „überragend" bedeutet, dass eine Spitzenposition im Vergleich zu Wettbewerbern bestehen muss. Dies dürfte wohl an der Sache vorbeigehen, denn nicht alle Unternehmen in einem bestimmten Markt sind auch in gleicher Weise marktübergreifend tätig, sodass der Vergleich zu anderen Unternehmen meist nicht weiterführt (s. dazu MüKoWettbR/Wolf Rn. 19).

7 Abs. 1 S. 2 listet Kriterien für die Feststellung der überragenden marktübergreifenden Bedeutung. Diese Kriterien sind **beispielhaft und** müssen **nicht kumulativ** erfüllt sein. Entscheidend sind **Marktbeherrschung** auf einem oder mehreren Märkten (Nr. 1), **Finanzkraft** (Nr. 2), **vertikale Integration** (Nr. 3), **Zugang zu Daten** (Nr. 4) und seine **Tätigkeit auf in sonstiger Weise miteinander verbundenen Märkten** und **Bedeutung seiner Tätigkeit für den Zugang Dritter** zu Beschaffungs- und Absatzmärkten sowie sein damit verbundener **Einfluss auf die Geschäftstätigkeit Dritter** (Nr. 5). Letztlich beschreiben diese Kriterien alle eine Position, die die Abhängigkeit anderer Unternehmen vom Adressaten der Norm begründen kann. Letztlich ist eine Gesamtschau für die Bestimmung der marktübergreifenden Bedeutung anzustellen, unter Berücksichtigung der auf die Erfassung der aus einer marktübergreifenden Bedeutung resultierenden Verhaltensspielräume gerichteten Zielsetzung des § 19a GWB (zB BKartA 5.7.2022 – B2-55/21 – Rn. 49).

8 Das Kriterium der **Marktbeherrschung** auf einem oder mehreren Märkten in Nr. 1 rechtfertigt sich aus der möglichen wettbewerblichen Gefährdungslage und ist sicher ein starkes Indiz für eine überragende marktübergreifende Bedeutung, wenn die Marktbeherrschung auf dem einen Markt die Möglichkeit ergibt, auf einem anderen Markt missbräuchlich zu agieren (zu Drittmarktbeherrschungsfällen → § 19 Rn. 11), geht aber darüber hinaus, weil **keine unmittelbare Beziehung zum beherrschten Markt** bestehen muss. Allerdings wird dieses Kriterium nur dann herangezogen werden können, wenn die Maßnahme nach Abs. 2 zur Abhilfe eines Verhaltens dient, das gerade auch durch die beherrschende Stellung auf einem anderen Markt zumindest erleichtert wird.

9 Zum Kriterium der **Finanzkraft** allgemein → § 18 Rn. 45 f. Im Digitalbereich ist der Umsatz möglicherweise nicht für die Finanzkraft entscheidend (RegE 10. GWB-Novelle 2021, 75). Entscheidend dürfte sein, ob Mittel vorhanden oder zugänglich sind, um eine nach Abs. 2 verbietbare Verhaltensweise finanzieren zu können.

Das Kriterium der vertikalen **Integration** und Tätigkeit auf sonst miteinander verbundenen Märkten in Nr. 3 weist ebenfalls darauf hin, dass marktübergreifende Bedeutung aus bereits auf anderen Märkten begonnenen Aktivitäten herrühren kann oder sich gerade daraus manifestiert. **10**

Das Kriterium des **Zugangs zu wettbewerbsrelevanten Daten** hebt wie in § 18 Abs. 3 Nr. 3 (→ § 18 Rn. 46a) und § 19 Abs. 2 Nr. 4 auf die sich hieraus ergebende Marktmacht ab. **11**

Das Kriterium der **Bedeutung der Tätigkeit für den Zugang Dritter** zu Beschaffungs- und Absatzmärkten sowie damit verbundener Einfluss auf die Geschäftstätigkeit Dritter in Nr. 5 soll allgemein „gatekeeper"-Fallgestaltungen erfassen. **12**

Die Kriterien der marktübergreifenden Bedeutung stehen in einer **Wechselwirkung** zu den Maßnahmen nach Abs. 2, wohl aber nicht im Sinne einer „strengen" Verhaltensabhängigkeit; auch § 19 Abs. 1 ist nicht für jede Art von rechtswidrigen Verhalten durch marktmächtige Unternehmen anwendbar (→ § 19 Rn. 5). Da die Maßnahmen nach Abs. 2 aber alle gegen ein bestimmtes auffälliges Verhalten im Wettbewerb gerichtet sind, sind kaum Fälle denkbar, in denen die Normanwendung daran scheitern kann, dass sich kein hinreichender Bezug der Marktstellung zum Verhalten herstellen lässt. **13**

3. Feststellungsentscheidung

Im ersten Schritt muss die marktübergreifende Bedeutung des Unternehmens **durch Verfügung festgestellt** werden. Wie jede kartellbehördliche Entscheidung muss der Grundsatz der **Verhältnismäßigkeit** eingehalten werden. Deshalb wird die Feststellung in aller Regel **befristet** sein müssen. Nach RegE 10. GWB-Novelle 2021 (S. 75) sollte eine angemessene Frist regelmäßig zwischen fünf und zehn Jahren liegen. Im Gesetzgebungsverfahren wurde dann in Abs. 1 S. 3 die **Befristung auf fünf Jahre ab Bestandskraft** festgelegt. Feststellungsentscheidungen nach Abs. 1 sind ergangen gegen Alphabet/Google (BKartA 30.12.2021 – B7-61/21) basierend auf der Marktstellung bei Suchdiensten, bei Betriebssystemen für mobile Endgeräte (Android) sowie dem Dienstportfolio für Werbetreibende (AdTech), Meta (Facebook) (BKartA 2.5.2022 – B6-27/21), basierend auf den Diensten Facebook, Instagram, Facebook Messenger und WhatsApp, Amazon (BKartA 5.7.2022 – B2-55/21), als Intermediär auf Handelsplattformen verbunden mit eigener Handelstätigkeit und Werbetätigkeit; Apple (BKartA 3.2.2023 – B 9–67/21) im Hinblick auf die proprietären Betriebssysteme der Endgeräte sowie den Zusammenhang mit den Vertriebsplattformen für Software (App Store) auf Apple-Geräten. Gegen Microsoft wurde ein Verfahren nach Abs. 1 im März 2023 eingeleitet. **14**

Fraglich ist, ob die Feststellungsentscheidung **bestimmte Märkte** nennen muss, für die die Feststellungsentscheidung gilt. In den bisherigen Fällen (→ § 19a Rn. 14) hat das BKartA nur allgemein die überragende marktübergreifende Bedeutung für den Wettbewerb festgestellt. Es ist nach Ansicht des BKartA also nicht so, dass sich die Feststellungsentscheidung auf bestimmte Märkte bezieht, die bereits kurz vor dem Kippen (Tipping) stehen (BKartA 3.2.2023 – B 9–67/21 Rn. 158 ff.). **15**

Gegen die Feststellung der überragenden marktübergreifenden Bedeutung ist isoliert die **Beschwerde** nach § 73 möglich, für die die nach § 73 Abs. 5 erstinstanzlich der BGH zuständig ist (→ Rn. 36). **16**

4. Eingriffsmöglichkeiten (Abs. 2)

Abs. 2 normiert **spezielle Eingriffsmöglichkeiten** gegen bestimmte Verhaltensweisen. Nach **Abs. 2 S. 5** kann die **Feststellungsentscheidung zusammen mit der Abhilfeentscheidung** ergehen. **17**

Die in Abs. 2 gelisteten Verhaltensweisen müssen durch Verfügung verboten werden. Abs. 2 spricht also **kein gesetzliches Verbot** für diese Verhaltensweisen aus; zivilrechtliche Ansprüche gegen den Normadressaten setzen also in jedem Fall eine **Verfügung** nach Abs. 2 und einen **Verstoß gegen die Verfügung** voraus. Der Katalog des Abs. 2 wurde auf Initiative des Wirtschaftsausschusses (BT-Drs. 19/25868, 113) erheblich erweitert.

18 Nach dem RegE 10. GWB-Novelle 2021 (S. 75) sind die Maßnahmen im **Katalog des Abs. 2 abschließend,** schließen aber nicht die parallele Anwendung anderer Vorschriften wie zum Beispiel §§ 19, 20 aus (s. Abs. 3). Nach der Beschlussempfehlung des Wirtschaftsausschusses (BT-Drs. 19/25868, 113) indizieren die Regelbeispiele in Abs. 2 einen Missbrauch; liegen sie nicht vor, soll dies aber keine Vermutung der Rechtmäßigkeit begründen. Dies hat freilich allenfalls Bedeutung in Fällen, in denen nicht nach § 19a, sondern nach §§ 19, 20 vorgegangen werden soll.

19 Als **Instrumente** stehen nach **Abs. 2 S. 4** die **§ 32 ff.** zur Verfügung, mit **Ausnahme der Rückerstattungsanordnung,** weil die marktübergreifende Bedeutung eines Unternehmens nicht für die Vergangenheit festgestellt werden kann.

20 Eine Verfügung nach Abs. 2 setzt im Gegensatz zu einer Verfügung nach § 32 Abs. 1 **keine Erstbegehungs- oder Wiederholungsgefahr** voraus; nach der Regierungsbegründung soll nicht einmal diese Voraussetzung notwendig sein, wenn aufgrund „Berücksichtigung der Besonderheiten der digitalen Wirtschaft ein früheres Eingreifen erforderlich erscheint“ (RegE 10. GWB-Novelle 2021, 75).

21 **a) Selbstbevorzugung (Abs. 2 Nr. 1).** Nach **Nr. 1** kann Unternehmen untersagt werden, beim Vermitteln des Zugangs zu Beschaffungs- und Absatzmärkten die eigenen Angebote gegenüber denen von Wettbewerbern bevorzugt zu behandeln **(„Selbstbevorzugung“).** Nach dem RegE 10. GWB-Novelle 2021 (S. 75) soll damit „vertikal oder konglomerat integrierten“ Unternehmen eine **Selbstbevorzugung** im Vergleich zu Wettbewerbern verboten werden. **„Unternehmen“** muss dabei im Sinne der **wirtschaftlichen Einheit** verstanden werden. Nach der Beschlussempfehlung des Wirtschaftsausschusses (BT-Drs. 19/25868, 113) soll die Bevorzugung des eigenen Angebots regelmäßig dazu führen, dass den Wettbewerbern „Reichweite entzogen“ wird. Die Bevorzugung soll gegen die Grundsätze des Leistungswettbewerbs sprechen, wenn sie nicht sachlich gerechtfertigt ist (Abs. 2 S. 2). Wettbewerber müssen die Gelegenheiten haben, sich in einem Leistungswettbewerb gegen die Angebote des vermittelnden Unternehmens durchzusetzen.

22 Für die Selbstbevorzugung nach Abs. 2 Nr. 1 lit. a schwebt der RegE 10. GWB-Novelle 2021 (S. 76) eine Sachverhaltsgestaltung wie im Fall „Google Shopping“ vor (Kommission 27.6.2017 – COMP. 39740), also die Bevorzugung eigener Angebote gegenüber den Angeboten anderer auf der selbst betriebenen Werbeplattform/Suchmaschine.

23 Abs. 2 Nr. 1 lit. b erfasst die Fälle, in denen zB Apps **vorinstalliert** werden und damit Anbietern solcher Apps Marktchancen verschlossen werden (Bien/Käseberg/Klumpe/Körber/Ost 10. GWB-Novelle/Käseberg Kap. 1 Rn. 194). Ähnliches gilt für vor Installation oder Integration eigener Angebote bei gleichzeitig als Vermittler tätigen Unternehmen, wenn dies nicht sachlich gerechtfertigt ist. Beispiele sind das Angebot eines mobilen Betriebssystems, das auf seiner Plattform auch einen Zahlungsdienst anbietet. Eine ausschließliche Vorinstallation oder Integration soll dann sachlich gerechtfertigt sein, wenn diese Vorinstallation oder Integration das Betriebssystem der Hardware betrifft oder die für die Nutzbarkeit von Kernfunktionen erforderlich ist (Beschlussempfehlung des Wirtschaftsausschusses BT-Drs. 19/25868, 114).

24 Die Selbstbevorzugung ist allerdings möglich, wenn der **Normadressat hierfür eine Rechtfertigung darlegen und beweisen kann** (Abs. 2 S. 2, 3). Zu mögli-

chen Rechtfertigungen, etwa Kapazitätsprobleme usw Zinndorf, Internetsuchmaschinen in der unionskartellrechtlichen Missbrauchskontrolle, 2020, S. 313 ff. Es ist allerdings zu bezweifeln, dass der Grundsatz, dass niemand seinen Wettbewerber zum eigenen Schaden zu fördern braucht (→ § 19 Rn. 21), durch die Vorschrift gänzlich außer Kraft gesetzt wird.

b) Behinderung auf Absatz- und Beschaffungsmärkten (Abs. 2 Nr. 2). Abs. 2 Nr. 2 soll solche **Behinderungsmaßnahmen** erfassen, die **außerhalb von Vermittlungs- und Wettbewerbsverhältnissen** erfolgen. Gemeint sind damit Absicherungsmaßnahmen, um ein digitales Ökosystem unangreifbar zu machen. So sollen Maßnahmen untersagt werden, die zu einer ausschließlichen Vorinstallation oder Integration von Angeboten des Normadressaten führen (Abs. 2 Nr. 2 lit. a) (Bien/Käseberg/Klumpe/Körber/Ost 10. GWB-Novelle/Käseberg Kap. 1 Rn. 195). Gleiches gilt für die vor Installation oder Voreinstellung von Suchmaschinen in Browsern, Mobil- und anderen Geräten. Auch hier soll wieder eine sachliche Rechtfertigung möglich sein, wenn die Vorinstallation oder Integration das Betriebssystem der Hardware betrifft oder für die Nutzbarkeit von Kernfunktion der Hardware erforderlich ist (Beschlussempfehlung des Wirtschaftsausschusses BT-Drs. 19/25868, 115). 25

Abs. 2 Nr. 2 lit. b steht im Zusammenhang mit möglichen Behinderungsmaßnahmen bei App-Stores und soll insbesondere verhindern, dass andere Unternehmen darin behindert werden, ihre Angebote zu bewerben oder Abnehmer auch über andere Zugänge zu erreichen, sodass dadurch wiederum versucht wird, das eigene digitale Ökosystem unangreifbar zu machen. Unter diese Kategorie fallen auch Praktiken, die die Auffindbarkeit anderer Unternehmen unangemessen erschweren (Beschlussempfehlung des Wirtschaftsausschusses BT-Drs. 19/25868, 115) 26

c) Aufrollen von Märkten (Abs. 2 Nr. 3). Abs. 2 S. 1 Nr. 3 erfasst die Behinderung von Wettbewerbern auf Märkten, auf denen die Normadressaten in der Lage sind, ihre **Marktstellung schnell auszubauen;** Nr. 3 soll ein **Aufrollen** der nicht beherrschten Märkte durch **Maßnahmen** wie Exklusivitätsvereinbarung oder Bündelangebote verhindern. Das Potenzial für schnellen Ausbau der Marktstellung soll dann bestehen, wenn der Normadressat über bestimmte Ressourcen verfügt, die ihn in die Lage versetzen, gegenüber einem Wettbewerber einen deutlichen Vorsprung erzielen zu können, beispielsweise durch Zugriff auf Daten über das Verhalten und die Präferenzen einer Vielzahl von Verbrauchern. **Ausgenommen** werden sollen solche Wettbewerbsvorstöße, die auch Unternehmen, die nicht Normadressaten sind, möglich wären. 27

d) Behinderung durch Datenverarbeitung (Abs. 2 Nr. 4). Abs. 2 Nr. 4 erlaubt die Untersagung von **Behinderungspraktiken, die mit der Nutzung von wettbewerbsrelevanten Daten zusammenhängen.** Dies soll insbesondere Konstellationen betreffen, in dem auf einem beherrschten Markt wettbewerbsrelevante Daten gesammelt werden, die dann auf einem anderen Markt zur Behinderung von Wettbewerbern genutzt werden (RegE 10. GWB-Novelle 2021, 76). Typisches Beispiel sind **Social Media-Plattformen,** die auf der einen Seite Daten sammeln und auf der anderen Seite diese Daten vermarkten. Nach der Beschlussempfehlung des Wirtschaftsausschusses (BT-Drs. 19/25868, 116) soll die Regelung **Behinderung durch Datenverarbeitung außerhalb des Konditionenmissbrauchs** und den **datenbezogenen kombinierten Ausbeutung- und Behinderungsmissbrauch auf einer Plattform** erfassen. Dabei soll nicht nur die Verarbeitung von Daten aus einem marktbeherrschenden Dienst für Zwecke eines anderen erfasst werden, sondern auch die Verarbeitung von Daten aus weniger marktmächtigen Diensten für die Absicherung eines starken Ökosystems (Beschlussempfehlung des Wirtschaftsausschusses BT-Drs. 19/25868, 116). 28

29 Das Regelbeispiel **Abs. 2 Nr. 4 lit. a** betrifft ein **Ausbeutungsverhalten im Verhältnis zwischen großen Digitalkonzernen und ihren Nutzern,** das regelmäßig mit einer Behinderung anderer Unternehmen einhergehen soll (Beschlussempfehlung des Wirtschaftsausschusses BT-Drs. 19/25868, 116). **Abs. 2 Nr. 4 lit. b** richtet sich gegen die **Verarbeitung von wettbewerbsrelevanten Daten, die von anderen Unternehmen erhalten wurden, für die Erbringung eigener Leistungen,** ohne dass diesen Unternehmen eine entsprechende Wahlmöglichkeit eingeräumt wurde.

30 **e) Behinderung der Interoperabilität oder Portabilität (Abs. 2 Nr. 5).** Abs. 2 Nr. 5 erlaubt Maßnahmen gegen **Behinderungen im Zusammenhang mit Interoperabilität von Produkten und Leistungen;** insbesondere soll gegen sog. **„Lock-in"**-Situationen vorgegangen werden können. Damit kann verhindert werden, dass die Normadressaten sich einen ungerechtfertigten Wettbewerbsvorteil dadurch verschaffen, indem die Interoperabilität von Produkten und Leistungen behindert wird. Gemeint sind damit alle Maßnahmen, die es verhindern, dass Produkte mit der einander arbeiten bzw. interagieren können (RegE 10. GWB-Novelle 2021, 76).

31 **f) Zurückhalten von Informationen (Abs. 2 Nr. 6).** Abs. 2 Nr. 6 betrifft das **Zurückhalten von Daten** gegenüber (Plattform-)Kunden zum eigenen Vorteil. Nach RegE 10. GWB-Novelle 2021 (S. 76) können aus Nutzungsdaten, Information über anfallende Kosten, Click-Verhalten oder Ratingkriterien wesentliche Informationen gewonnen werden, die für den Auftraggeber von erheblichem Nutzen sind, um beispielsweise sein Angebot den Marktgegebenheiten schneller und besser anpassen zu können. Das Regelbeispiel soll verhindern, dass die Normadressaten Vorteile erlangen, indem sie ohne sachliche Rechtfertigung auf ihre Leistung bezogenen Informationsdefizite schaffen, perpetuieren oder verschärfen.

32 **g) Fordern von Vorteilen (Abs. 2 Nr. 7).** Abs. 2 Nr. 7 soll eine Handhabe gegen Verhaltensweisen der Normadressaten geben, wenn bei der Behandlung von Angeboten eines Dritten Vorteile gefordert werden, die in keinem angemessenen Verhältnis zum Grund der Forderung stehen. Zur Feststellung, ob kein angemessenes Verhältnis vorliegt, soll eine im Hinblick auf die Forderungen des Vorteils eine wertende Gesamtbetrachtung aller Umstände erforderlich sein (Beschlussempfehlung des Wirtschaftsausschusses BT-Drs. 19/25868, 117). Da die Vorschrift an das **Anzapfverbot nach § 19 Abs. 2 Nr. 5** angelehnt ist (Beschlussempfehlung des Wirtschaftsausschusses BT-Drs. 19/25868, 117), können die zu dieser Vorschrift entwickelten Grundsätze herangezogen werden (→ § 19 Rn. 84 ff.)

5. Sachliche Rechtfertigung (Abs. 2 S. 2 und S. 3)

33 Das Bundeskartellamt kann die Verhaltensweise nach Abs. 2 S. 1 nur verbieten, wenn diese **nicht sachlich gerechtfertigt** sind (Abs. 2 S. 2). Die sachliche Rechtfertigung bestimmt sich durch **Interessenabwägung** im Lichte der die Freiheit des Wettbewerbs gerichteten Zielsetzung des Gesetzes und den Interessen der beteiligten Unternehmen. Dabei ist zu berücksichtigen, dass die **Sondertatbestände bereits wettbewerblich unerwünschtes Verhalten indizieren.** Nach RegE 10. GWB-Novelle 2021 (S. 77) soll bei der Interessenabwägung das langfristige Gesetzesziel der Begrenzung der wirtschaftlichen Machtstellung, der Offenhaltung von Märkten und des Schutzes wettbewerbliche Prozesschancen regelmäßig ein besonderes Gewicht eingeräumt werden, insbesondere gegenüber kurzfristigen Effizienzen zugunsten der betroffenen Unternehmen und Verbraucher.

34 Die **Darlegungs- und Beweislast für die sachliche Rechtfertigung obliegt dem Normadressaten;** dies soll dadurch gerechtfertigt sein, dass die in Abs. 2 S. 1 beschriebenen Handlungen von einer „hohen Schädlichkeit für den Wettbewerb

sind". Durch die Darlegungs- und Beweislast soll „in der Praxis ein erheblicher Effektivitätsgewinn bei der Anwendung der Norm gegenüber §§ 19 und 20 GWB erreicht" werden (Beschlussempfehlung des Wirtschaftsausschusses BT-Drs. 19/25868, 113). Diese Ausgestaltung der Darlegung und Beweislast sei auch deswegen angebracht sein, weil gerade der Normadressat über entsprechende Informationen und Tatsachen in seiner Sphäre verfügt und diese deshalb zur Rechtfertigung seines Verhaltens auch vorbringen soll. Der **Amtsermittlungsgrundsatz** gebietet aber Ermittlung und Aufklärung des Sachverhalts; dies gilt insbesondere bezogen auf Umstände, die das BKartA anders als der Normadressat nachweisen kann (Bien/Käseberg/Klumpe/Körber/Ost 10. GWB-Novelle/Käseberg Kap. 1 Rn. 209).

6. Verhältnis zu §§ 19, 20 (Abs. 3)

Nach Abs. 3 sind die allgemeinen Vorschriften der §§ 19 und 20 neben § 19a anwendbar. 35

7. Verhältnis zum DMA

Da sich der DMA spezifisch gegen Torwächter richtet, stellt sich die Frage, inwieweit hier Kollisionsgefahr besteht. Das BKartA meinte im Apple-Verfahren, dass nach § 19a einseitige Verhaltensweisen verboten werden und „Torwächtern" iS des DMA „weitere Verpflichtungen" auferlegt werden können, sodass insoweit seine Anwendung nach Art. 1 Abs. 6 S. 2 lit. b DMA unberührt bleibt. Die Kohärenz der Rechtsanwendung werde durch die Koordinierungspflichten aus Art. 1 Abs. 7, Art. 37 und Art. 38 DMA gesichert. Eine etwaige Sperrwirkung von Art. 1 Abs. 6 S. 2 lit. b DMA sei daher allenfalls bezüglich designierter zentraler Plattformdienste („core platform services – „CPS") im Kontext separater Verfahren hinsichtlich bestimmter Verhaltensweisen nach § 19a Abs. 2 GWB möglich (BKartA 3.2.2023 B 9–67/21 Rn. 174/175, s. auch MüKoWettbR/Wolf Rn. 97; Podszun Stellungnahme Wirtschaftsausschuss S. 9 ff.; MüKoWettbR/König Art. 1 DMA Rn. 43). § 19 ist aber neben dem DMA anwendbar (Art. 1 Abs. 6 lit. a DMA, → Einf Rn. 41n). 36

8. Erstinstanzliche Zuständigkeit des BGH

Nach § 73 Abs. 5 ist für Beschwerden gegen Entscheidungen nach § 19a der BGH zuständig, dazu Bien/Käseberg/Klumpe/Körber/Ost 10. GWB-Novelle/Käseberg Kap. 1 Rn. 210 ff. Allerdings wirft die Begründung für die Verkürzung des Instanzenzugs durchaus Fragen auf, die darauf abstellt, dass Unternehmen in Missbrauchsverfahren bereit sind, die Instanzen auszuschöpfen, dazu Bien/Käseberg/Klumpe/Körber/Ost 10. GWB-Novelle/Esser/Höft Kap. 1 Rn. 280 ff.; → § 73 Rn. 18. 37

§ 20 Verbotenes Verhalten von Unternehmen mit relativer oder überlegener Marktmacht

(1) [1]**§ 19 Absatz 1 in Verbindung mit Absatz 2 Nummer 1 gilt auch für Unternehmen und Vereinigungen von Unternehmen, soweit von ihnen andere Unternehmen als Anbieter oder Nachfrager einer bestimmten Art von Waren oder gewerblichen Leistungen in der Weise abhängig sind, dass ausreichende und zumutbare Möglichkeiten, auf dritte Unternehmen auszuweichen, nicht bestehen und ein deutliches Ungleichgewicht zur Gegenmacht der anderen Unternehmen besteht (relative Marktmacht).** [2]**§ 19 Absatz 1 in Verbindung mit Absatz 2 Nummer 1 gilt ferner auch für Unternehmen, die als Vermittler auf mehrseitigen Märkten tätig sind, soweit andere Unternehmen mit Blick auf den Zugang zu Beschaffungs- und**

Absatzmärkten von ihrer Vermittlungsleistung in der Weise abhängig sind, dass ausreichende und zumutbare Ausweichmöglichkeiten nicht bestehen. [3]Es wird vermutet, dass ein Anbieter einer bestimmten Art von Waren oder gewerblichen Leistungen von einem Nachfrager abhängig im Sinne des Satzes 1 ist, wenn dieser Nachfrager bei ihm zusätzlich zu den verkehrsüblichen Preisnachlässen oder sonstigen Leistungsentgelten regelmäßig besondere Vergünstigungen erlangt, die gleichartigen Nachfragern nicht gewährt werden.

(1a) **[1]Eine Abhängigkeit nach Absatz 1 kann sich auch daraus ergeben, dass ein Unternehmen für die eigene Tätigkeit auf den Zugang zu Daten angewiesen ist, die von einem anderen Unternehmen kontrolliert werden. [2]Die Verweigerung des Zugangs zu solchen Daten gegen angemessenes Entgelt kann eine unbillige Behinderung nach Absatz 1 in Verbindung mit § 19 Absatz 1, Absatz 2 Nummer 1 darstellen. [3]Dies gilt auch dann, wenn ein Geschäftsverkehr für diese Daten bislang nicht eröffnet ist.**

(2) **§ 19 Absatz 1 in Verbindung mit Absatz 2 Nummer 5 gilt auch für Unternehmen und Vereinigungen von Unternehmen im Verhältnis zu den von ihnen abhängigen Unternehmen.**

(3) **[1]Unternehmen mit gegenüber kleinen und mittleren Wettbewerbern überlegener Marktmacht dürfen ihre Marktmacht nicht dazu ausnutzen, solche Wettbewerber unmittelbar oder mittelbar unbillig zu behindern. [2]Eine unbillige Behinderung im Sinne des Satzes 1 liegt insbesondere vor, wenn ein Unternehmen**

1. **Lebensmittel im Sinne des Artikels 2 der Verordnung (EG) Nr. 178/2002 des Europäischen Parlaments und des Rates zur Festlegung der allgemeinen Grundsätze und Anforderungen des Lebensmittelrechts, zur Errichtung der Europäischen Behörde für Lebensmittelsicherheit und zur Festlegung von Verfahren zur Lebensmittelsicherheit (ABl. L 31 vom 1.2.2002, S. 1), die zuletzt durch die Verordnung (EU) 2019/1381 (ABl. L 231 vom 6.9.2019, S. 1) geändert worden ist, unter Einstandspreis oder**
2. **andere Waren oder gewerbliche Leistungen nicht nur gelegentlich unter Einstandspreis oder**
3. **von kleinen oder mittleren Unternehmen, mit denen es auf dem nachgelagerten Markt beim Vertrieb von Waren oder gewerblichen Leistungen im Wettbewerb steht, für deren Lieferung einen höheren Preis fordert, als es selbst auf diesem Markt**

anbietet, es sei denn, dies ist jeweils sachlich gerechtfertigt. [3]Einstandspreis im Sinne des Satzes 2 ist der zwischen dem Unternehmen mit überlegener Marktmacht und seinem Lieferanten vereinbarte Preis für die Beschaffung der Ware oder Leistung, auf den allgemein gewährte und im Zeitpunkt des Angebots bereits mit hinreichender Sicherheit feststehende Bezugsvergünstigungen anteilig angerechnet werden, soweit nicht für bestimmte Waren oder Leistungen ausdrücklich etwas anderes vereinbart ist. [4]Das Anbieten von Lebensmitteln unter Einstandspreis ist sachlich gerechtfertigt, wenn es geeignet ist, den Verderb oder die drohende Unverkäuflichkeit der Waren beim Händler durch rechtzeitigen Verkauf zu verhindern sowie in vergleichbar schwerwiegenden Fällen. [5]Werden Lebensmittel an gemeinnützige Einrichtungen zur Verwendung im Rahmen ihrer Aufgaben abgegeben, liegt keine unbillige Behinderung vor.

(3a) **Eine unbillige Behinderung im Sinne des Absatzes 3 Satz 1 liegt auch vor, wenn ein Unternehmen mit überlegener Marktmacht auf einem Markt im Sinne des § 18 Absatz 3a die eigenständige Erzielung von Netzwerkeffekten durch Wettbewerber behindert und hierdurch die ernstliche Gefahr**

begründet, dass der Leistungswettbewerb in nicht unerheblichem Maße eingeschränkt wird.

(4) **Ergibt sich auf Grund bestimmter Tatsachen nach allgemeiner Erfahrung der Anschein, dass ein Unternehmen seine Marktmacht im Sinne des Absatzes 3 ausgenutzt hat, so obliegt es diesem Unternehmen, den Anschein zu widerlegen und solche anspruchsbegründenden Umstände aus seinem Geschäftsbereich aufzuklären, deren Aufklärung dem betroffenen Wettbewerber oder einem Verband nach § 33 Absatz 4 nicht möglich, dem in Anspruch genommenen Unternehmen aber leicht möglich und zumutbar ist.**

(5) **Wirtschafts- und Berufsvereinigungen sowie Gütezeichengemeinschaften dürfen die Aufnahme eines Unternehmens nicht ablehnen, wenn die Ablehnung eine sachlich nicht gerechtfertigte ungleiche Behandlung darstellen und zu einer unbilligen Benachteiligung des Unternehmens im Wettbewerb führen würde.**

Übersicht

1. Überblick

1 § 20 ist durch die 8. GWB-Novelle 2012/2013 neu gefasst worden. Er enthält nur noch die Regelungen des alten § 20, bei denen **Marktbeherrschung keine Tatbestandsvoraussetzung** ist. § 20 Abs. 1 aF wurde mit dem Behinderungs- und Diskriminierungsverbot marktbeherrschender Unternehmen Teil des § 19 Abs. 2. Soweit sich dieses Verbot auch an freigestellte Kartelle und Preisbinder richtet, ist es in gewissem Widerspruch zu der neuen Systematik über § 19 Abs. 4 dem Missbrauch marktbeherrschender Stellung zugeordnet worden. Der neue § 20 entspricht deswegen **im Wesentlichen § 20 Abs. 2–6** aF. Die 9. GWB-Novelle 2017 hat die Befristung des Abs. 3 zum 31.12.2017 aufgehoben und in Abs. 3 S. 3 eine **Definition des Einstandspreises** eingefügt. Die 10. GWB-Novelle 2021 erweitert den Schutzbereich allgemein auf relative Marktmacht und streicht die Beschränkung der Anwendbarkeit auf kleine und mittlere Unternehmen. In Abs. 1a wird zudem die Abhängigkeit von Daten normiert. Außerdem wird in Abs. 3a ein Behinderungstatbestand für Märkte **nach § 18 Abs. 3a** geregelt.

2. Behinderungs- und Diskriminierungsverbot für marktstarke Unternehmen (Abs. 1)

2 **a) Gesetzgebungsgeschichte.** § 20 Abs. 1 erweitert den Anwendungsbereich des Behinderungs- und Diskriminierungsverbots des § 19 Abs. 2 Nr. 1 auf **marktstarke** Unternehmen bzw. Unternehmen mit **„relativer Marktmacht“.** In der ursprünglichen Fassung des Gesetzes (§ 26 Abs. 2 idF bis zur 6. GWB-Novelle 1998) waren Adressaten des Behinderungs- und Diskriminierungsverbots nur marktbeherrschende Unternehmen, bestimmte Unternehmensvereinigungen und Preisbinder. Durch die 2. GWB-Novelle 1973 ist der Adressatenkreis des § 26 Abs. 2 aF über einen neuen S. 2 auf „marktstarke“ Unternehmen – unterhalb der Marktbeherrschungsschwelle – erweitert worden, von denen Unternehmen der Marktgegenseite wettbewerblich abhängig sind. Die 4. GWB-Novelle 1980 hat diesen Abhängigkeitstatbestand ausschließlich für das kartellbehördliche Untersagungsverfahren in § 37a idF bis zur 6. GWB-Novelle 1998 durch eine Vermutung ergänzt, um bestimmte Phänomene der Nachfragemacht besser in den Griff zu bekommen. Hiernach wurde Abhängigkeit eines Anbieters von einem Nachfrager vermutet, wenn dieser Nachfrager regelmäßig besondere Vergünstigungen erlangt. Schließlich hat die 4. GWB-Novelle 1980 mit § 26 Abs. 3 (aF, jetzt § 19 Abs. 4 und § 20 Abs. 2) das Behinderungsverbot ergänzt, und zwar zulasten von marktbeherrschenden und marktstarken Unternehmen durch das Verbot der Veranlassung, ohne sachlich gerechtfertigten Grund Vorzugsbedingungen zu gewähren. Die GWB-Novelle 2007 hat – zunächst befristet bis 31.12.2012 und durch die 8. GWB-Novelle verlängert bis 31.12.2017 – den Adressatenkreis auf alle Abhängigkeitsverhältnisse ausgeweitet.

3 In den Bereich der Behinderungsverbote gehörte auch der durch die 4. GWB-Novelle 1980 eingefügte § 37a Abs. 3 aF, der – kaum praktikabel (vgl. schon Ulmer WuW 1980, 474 (491 f.) und Ulmer WRP 1987, 299) – der Kartellbehörde Untersa-

gungsbefugnisse gegenüber Behinderungsmaßnahmen von Unternehmen verlieh, die zwar nicht marktbeherrschend sind, aber im Verhältnis zu kleinen und mittleren Wettbewerbern **„überlegene Marktmacht“** haben. Die 5. GWB-Novelle 1989 hat diese Regelung aus § 37a Abs. 3 aF entfernt und – in tatbestandsmäßig vereinfachter Fassung – als Abs. 4 in § 26 aF, dann § 20 Abs. 4 S. 1 idF bis zur 8. GWB-Novelle eingefügt (jetzt **§ 20 Abs. 3 S. 1**). Damit können kleine und mittlere Unternehmen über jetzt § 33 selbst gegen Behinderungsmaßnahmen von Unternehmen mit überlegener Marktmacht vorgehen.

Seit der 5. GWB-Novelle 1989 wurden im Rahmen des § 26 Abs. 2 S. 2 aF (jetzt 4
§ 20 Abs. 1) nur noch **kleine und mittlere Unternehmen** geschützt. Nach der Begründung des Regierungsentwurfs (BT-Drs. 11/4610, 21) sei eine Belieferungspflicht auch gegenüber Großunternehmen nicht (mehr) erforderlich; die Machtverhältnisse zwischen großen Handelsunternehmen und marktstarken Industrie unternehmen führten nicht zur Gefahr wettbewerblich nicht hinreichend kontrollierter Handlungsspielräume (vgl. auch KG WuW/E 4753 (4760) – VW-Leasing).

Die 6. GWB-Novelle 1998 hat § 20 Abs. 4 aF durch einen S. 2 ergänzt, der 5
unbillige Untereinstandspreisverkäufe regelt. Dem Vorschlag des Bundesrates, diese Bestimmung im Rahmen der 6. GWB-Novelle durch einen Halbsatz zu ergänzen, der die Eignung zur nachhaltigen Beeinträchtigung des Wettbewerbs hinzufügte (BT-Drs. 13/9720, 84 f.), ist nicht gefolgt worden. Durch die Novelle 2007 ist diese Regelung – zunächst befristet bis 31.12.2012, durch die 8. GWB-Novelle verlängert bis 31.12.2017 – erweitert worden. Die 9. GWB-Novelle 2017 hat die Befristung des Abs. 3 zum 31.12.2017 aufgehoben und in Abs. 3 S. 3 eine Definition des Einstandspreises eingefügt. Die 10. GWB-Novelle 2021 erweitert den Schutzbereich allgemein auf relative Marktmacht und streicht die Beschränkung der Anwendbarkeit auf kleine und mittlere Unternehmen. Außerdem wird in Abs. 1a die Abhängigkeit von Daten und in Abs. 3a ein Behinderungstatbestand für Märkte nach § 18 Abs. 3a geregelt.

b) Zweck der Anwendung auf marktstarke Unternehmen. Dem Diskrimi- 6
nierungs- und Behinderungsverbot sind nach Abs. 1 S. 1 auch Unternehmen und Vereinigungen von Unternehmen unterworfen, „soweit von ihnen kleine oder mittlere Unternehmen als Anbieter oder Nachfrager einer bestimmten Art von Waren oder gewerblichen Leistungen in der Weise **abhängig** sind, dass ausreichende und zumutbare Möglichkeiten, auf andere Unternehmen auszuweichen, nicht bestehen“. Diese Bestimmung ist – ohne die Beschränkung auf kleine und mittlere Unternehmen – in § 26 Abs. 2 S. 2 aF durch die 2. GWB-Novelle 1973 eingeführt worden. Der Gesetzgeber reagierte damit zu Beginn der ersten großen Ölkrise auf angebliche Diskriminierungen der freien Tankstellen durch die großen Mineralölkonzerne. Einer der Kernsätze der knappen Begründung lautet: „Nach übereinstimmender Auffassung des Ausschusses verbietet diese Vorschrift einem Konzernunternehmen, das auf mehreren nachgeordneten Wirtschaftsstufen tätig ist, die Belieferung mit der Begründung einzustellen oder abzulehnen, dass die vorhandenen Kapazitäten nur für die Belieferung der konzerneigenen Verkaufsstellen ausreichen. In einem solchen Fall ist das Konzernunternehmen zur **Repartierung** verpflichtet und darf sich nicht auf die vorrangige Versorgung des eigenen Vertriebsnetzes als sachliche Rechtfertigung für die Lieferverweigerung berufen“ (vgl. WRP 1973, 376 (385)).

An zweiter Stelle ist in den Motiven die Anwendung der Vorschrift auf **Marken-** 7
artikelhersteller erwähnt. Dafür bestand aus der Sicht des Gesetzgebers ein besonderes Bedürfnis wegen der gleichzeitigen Aufhebung der Preisbindung und dem damit verbundenen Verlust der Anwendung des § 26 Abs. 2 (S. 1) aF (jetzt § 19 Abs. 3) auf Markenartikelhersteller. Im Ausschussbericht (WRP 1973, 385 f.) heißt es: „Ferner setzt § 26 Abs. 2 S. 2 dem denkbaren Bestreben von Markenartikelherstellern Grenzen, durch einen gezielt selektiven Vertrieb oder entsprechende Rabat-

tierung die Einhaltung der empfohlenen Verkaufspreise für **berühmte Markenartikel** sicherzustellen. Für die Hersteller von Markenartikeln, die ein Händler, wenn er wettbewerbsfähig sein will, in seinem Sortiment führen muss, besteht nach der neuen Vorschrift grundsätzlich eine Lieferpflicht". Das BVerfG hat die **Verfassungsmäßigkeit** des § 26 Abs. 2 S. 2 aF (jetzt § 20 Abs. 1 S. 1) bestätigt (BVerfG WuW/E EV 293 f.; die Verfassungsbeschwerde gegen den adidas-Beschluss des BGH WuW/E 1885 f. wurde nicht zur Entscheidung angenommen).

8 **c) Unternehmen und Unternehmensvereinigungen als Normadressaten.** Das Verbot des Abs. 1 richtet sich einerseits gegen Unternehmen und andererseits gegen „Vereinigungen von Unternehmen". Soweit es sich um einzelne Unternehmen handelt, müssen diese über „relative Marktmacht" iSd durch den „Soweit"-Satz beschriebene Abhängigkeit verfügen. Die Normadressatenschaft der „Vereinigung" von Unternehmen macht nur Sinn, wenn diese relative **Marktmacht auf die Vereinigung bezogen** wird, nicht auf die einzelnen Unternehmen. Das Gesetz verwendet in § 19 Abs. 3 ebenfalls den Begriff der Vereinigung von Unternehmen; dort werden die Unternehmen aber dadurch zu einer für die Normadressatenschaft notwendigen Einheit zusammengefasst, dass es sich um legalisierte Kartelle handelt, an denen die einzelnen Unternehmen teilnehmen. In § 20 Abs. 1 fehlt eine solche materielle Umschreibung des Vereinigungs-Begriffes. Sinn macht die Erwähnung der Vereinigungen nur, wenn es sich um Unternehmen handelt, die durch einen **besonderen Kooperationszweck** miteinander verbunden sind. Offenbar ist gedacht an Vereinigungen, deren Zusammenarbeit kartellrechtlich ohne Weiteres zulässig ist, also keiner besonderen Freistellung bedarf. In jedem Fall muss es aber ein Element geben, das mehrere Unternehmen sowohl organisatorisch als auch aufgrund einer gemeinsamen Interessenlage zu einer Einheit zusammenfügt. Diese Unternehmensvereinigungen unterliegen dem Diskriminierungs- und Behinderungsverbot des § 19 Abs. 1 iVm Abs. 2 Nr. 1 nur, soweit iSd relativen Marktmacht der Unternehmensvereinigung Abhängigkeiten von kleinen oder mittleren Unternehmen bestehen. Soweit es sich um freigestellte Kartelle handelt, unterliegen sie nach § 19 Abs. 3 S. 1 ohne die Eingrenzung auf kleine oder mittlere Unternehmen dem Diskriminierungs- und Behinderungsverbot des § 19 Abs. 1 iVm Abs. 2 Nr. 1.

9 **d) Relative Marktmacht, Abhängigkeit, Intermediationsmacht.** Seit der 5. GWB-Novelle 1989 war die Abhängigkeit nur tatbestandsbegründend, wenn das abhängige Unternehmen ein „kleines oder mittleres Unternehmen" ist. § 26 Abs. 2 S. 2 aF war in der durch die 2. GWB-Novelle 1973 eingeführten Fassung unterschiedslos auch großen Unternehmen zugutegekommen, wenn sie dartun konnten, dass sie für ein bestimmtes Produkt von einem Lieferanten abhängig waren. Das führte teilweise zu einer Umkehrung der Gewichte. Dem Gesetzgeber erschien 1989 „bei den heutigen Marktrealitäten im Verhältnis zwischen **nicht marktbeherrschenden Herstellern in der Industrie** und **großen Unternehmen des Handels**" eine Belieferungspflicht nicht mehr notwendig. Das Verbot des Abs. 2 S. 2 aF (jetzt § 20 Abs. 1 S. 1) sollte „auf das Maß des Erforderlichen" eingeschränkt werden (vgl. Begr. zum RegE, BT-Drs. 11/4610, 11).

10 Für den Begriff „kleines und mittleres" Unternehmen war zunächst **absolute Größenkriterien** (vgl. zur Orientierung an Umsatzschwellen BKartA WuW/E DE-V 94 (95) – Metro HGE EinkaufsGmbH) maßgeblich. Daneben kam es auch auf einen **Größenvergleich mit den Konkurrenten** an (vgl. RegBegr. zur 5. GWB-Novelle BT-Drs. 11/4610, 15 f.), uU aber auch der Marktgegenseite (BGH WuW/E DE-R 984 (987) – Konditionenanpassung; WuW/E 2875 (2878 f.) – Herstellerleasing gegen KG WuW/E 4753 (4760)). Der BGH differenzierte für den Vergleich mit der Marktgegenseite nach der Art der Abhängigkeit. Jedenfalls bei unternehmensbedingter Abhängigkeit (→ Rn. 16) soll von besonderer Bedeutung das Größenverhältnis der Marktgegenseite zum relativ marktstarken Unternehmen sein; das

ergebe sich trotz anderer Ausführungen in der RegBegr. (RegBegr. zur 5. GWB-Novelle BT-Drs. 11/4610, 22) aus der „Auslegung des Gesetzes nach seinem objektiven Inhalt“ (BGH WuW/E 2875 (2878 f.) – Herstellerleasing; BGH NZKart 2018, 134 (135) – Rimowa).

Die 10. GWB-Novelle 2021 **strich die Beschränkung des Schutzbereichs auf kleine und mittlere Unternehmen.** Abs. 1 soll nicht primär dem Schutz des Mittelstandes dienen, sondern den Wettbewerb als solchen schützen (RegE 10. GWB-Novelle 2021, 78). Auch große Unternehmen können abhängig sein. Die Beschränkung des Tatbestandes auf kleine und mittlere Unternehmen hatte ursprünglich den Zweck, große Unternehmen in der Annahme aus dem Normbereich auszuschließen, dass diese sich gegen Abhängigkeit zur Wehr setzen können. Dieser Gedanke wird jetzt gesetzgeberisch so umgesetzt, dass es nur noch darauf ankommen soll, dass **ein deutliches Ungleichgewicht zur Marktmacht** des Normadressaten besteht (RegE 10. GWB-Novelle 2021, 78 f.). Abhängigkeit ist damit keine Frage der Unternehmensgröße; entscheidend ist, dass **keine ausreichende Gegenmacht** im konkreten Fall besteht. Nach dem RegE 10. GWB-Novelle 2021 (S. 78 f.) soll adäquate Gegenmacht, die die Abhängigkeit ausschließt, dann vorliegen, wenn das relative markststarke Unternehmen seinerseits vom Anspruchsberechtigten abhängig ist. In diesen Fällen wechselseitiger Abhängigkeit soll aber nicht jede Abhängigkeit zum Entfallen der Normadressateneigenschaft führen, sondern nur eine solche Abhängigkeit, die zu einem deutlichen Ungleichgewicht führt; Leitlinie bietet die Entscheidung des BGH WRP 2018, 556 (561) – Hochzeitsrabatte I. 10a

Abhängigkeit besteht, wenn ein Unternehmen zur Erhaltung seiner Wettbewerbsfähigkeit auf ein anderes – das „marktstarke“ Unternehmen – **angewiesen** ist. Alternativen dürfen entweder nicht in ausreichendem Umfang bestehen oder nicht zumutbar sein. Zumutbar sind sie u.a. dann nicht, wenn sie rechtlich unzulässig oder zumindest bedenklich wären (dazu BGH WuW/E 2479 = GRUR 1988, 640 (641) – Reparaturbetrieb; OLG München WuW/E 5116 (5118) – Importparfümerie). Dabei ist auf die Sicht und die Interessen des Betroffenen anhand seiner individuellen Verhältnisse abzustellen (vgl. auch Wiedemann KartellR-HdB/Lübbert/Schöner § 24 Rn. 15). Entweder muss das abhängige Unternehmen die Waren des marktstarken Unternehmens im Sortiment führen (dann ist das marktstarke Unternehmen der Anbieter, das abhängige Unternehmen der Nachfrager), oder es muss die Möglichkeit haben, seine Waren oder Leistungen an das andere Unternehmen abzusetzen (dann ist das marktstarke Unternehmen der Anbieter). Obwohl hiernach **Abhängigkeit des Anbieters und des Nachfragers** gleichbehandelt werden (vgl. zur entspr. Anwendung der Spitzengruppenabhängigkeit in einem Fall der Abnahmeverweigerung BGH WuW/E 2990 (2993 f.) – Importarzneimittel), spielt in der Praxis die Abhängigkeit des Nachfragers vom Anbieter eine vorrangige Rolle, insbes. die des **Handels vom Hersteller** (demgegenüber Beispiel für Abhängigkeit des Anbieters vom Nachfrager: OLG Düsseldorf WuW/E 2495 (2496 f.) – Abschlepp-Dienst). 11

Die Abhängigkeit muss stets im Hinblick auf einen **bestimmten Markt** dargetan werden (vgl. BGH WuW/E 1567 (1569) – Nordmende; 1620 (1623) – Revell Plastics; für den Markt der Ersatzteile für bestimmte technische Erzeugnisse BGH WuW/E 2919 (2921 f.) – Orthopädisches Schuhwerk und BGH WuW/E 2479 (2481) – Reparaturbetrieb). Kriterien nachfragebedingter Abhängigkeit im Verhältnis Handel-Hersteller/Lieferant sind Abnahmeanteil des Nachfragers am Absatz des jeweiligen Anbieters sowie die Position des Händlers auf Endverbrauchermärkten, nicht hingegen die Stellung des Lieferanten im Verhältnis zu Wettbewerbern auf Produktmärkten (vgl. BKartA WuW/E DE-V 94 (96 f.) – Metro HGE EinkaufsGmbH). Die Abhängigkeit kann gegenüber einem Produzenten entfallen, wenn in dessen Vertriebsorganisation **andere Bezugsquellen** vorhanden sind, zB 12 bei anderen Großhändlern (vgl. BGH WuW/E 2479 (2482) – Reparaturbetrieb; OLG Karlsruhe WuW/E DE-R 2213 – BGB Kommentar), uU auch auf dem „grauen Markt" (dazu OLG Frankfurt a. M. WuW/E DE-R 73 – Guerlain). Das gilt aber nur, wenn der Bezug im Wesentlichen zu den gleichen Bedingungen und Voraussetzungen erfolgen kann, wie sie Wettbewerbern zur Verfügung stehen (OLG Karlsruhe WuW/E DE-R 2213 (2215) – BGB Kommentar). Abhängig kann auch ein Unternehmen sein, das seine Tätigkeit erst aufnehmen will (BGHZ 101, 72 (82) = WuW/E 2399 – Krankentransport). Geht es um die Anwendung des Abs. 1 auf ein **Vertriebssystem** mit einer Vielzahl von Händlern, wird für deren Abhängigkeit meist eine **„generalisierende Betrachtungsweise"** angelegt (vgl. Immenga/Mestmäcker/Markert/Podszun Rn. 22).

12a Die Rechtsprechung hat für die Abhängigkeit verschiedene **Fallgruppen** definiert, die im Folgenden dargestellt werden. Nach dem RegE 10. GWB-Novelle 2021 (S. 78 f.) **bleiben diese Fallgruppen** auch nach der Erweiterung des Tatbestandes auf große Unternehmen **relevant.**

12b Der durch die 10. GWB-Novelle neu eingefügte S. 2 führt korrespondierend zu § 18 Abs. 3b als weiteres Kriterium für **Abhängigkeit** das Konzept der **Intermediationsmacht** ein (RegE 10. GWB-Novelle 2021, 80). Intermediäre sind Anbieter von (meist digitalen) Plattformleistungen, deren Geschäftsmodell in der Sammlung, Aggregation und Auswertung von Daten zur Vermittlung von Angebot und Nachfrage liegt, wie beispielsweise Facebook, Amazon, Google, Buchungsplattformen usw. Intermediäre können damit wegen ihrer Möglichkeit, den Marktzugang zu kontrollieren, Normadressat sein. Die Abhängigkeit muss aber im Einzelfall bestimmt werden.

13 **e) Sortimentsbedingte Abhängigkeit oder Spitzenstellungsabhängigkeit.** (Dazu BGH WuW/E DE-R 481 (482 f.) – Designer Polstermöbel; OLG Düsseldorf WuW/E DE-R 1480 (1482 f.) – R.-Uhren). Sie bezieht sich primär auf das Verhältnis zwischen Handel und Hersteller und liegt vor, wenn ein Händler eine bestimmte Ware führen muss, um konkurrenzfähig zu sein (vgl. BGH WuW/E 1391 (1394) – Rossignol; 1567 (1568) – Fernsehgeräte I). Das hängt bei Markenartikeln besonders von der **Bekanntheit der Marke** ab. Dabei kommt es auf die allgemeine Marktdurchsetzung an, insbes. auch aufgrund überregionaler Publikumswerbung; eine nur lokale Verbreitung reicht nicht aus (BGH WuW/E 2125 (2127 f.) – Technics = NJW 1985, 2135). Abhängigkeit besteht nicht erst, wenn am Markt keine austauschbaren Artikel verfügbar sind (dann wäre der Anbieter Marktbeherrscher), sondern schon dann, wenn trotz Erhältlichkeit anderer austauschbarer Waren im Hinblick auf die Erwartung der Kunden auch die betreffende Ware verfügbar sein muss. Von einer bestimmten Ware kann nicht generell gesagt werden, von ihrem Hersteller seien alle Unternehmen der nachfolgenden Wirtschaftsstufe abhängig. Vielmehr kommt es auf die Art des Unternehmens der nachfolgenden Wirtschaftsstufe und sonstige Umstände des Einzelfalles an (vgl. zB zur sortimentsbedingten Abhängigkeit eines Filmtheaters vom Verleiher für einen bestimmten Film OLG Hamburg GRUR 1987, 566 – Otto – Der Film II; vgl. auch OLG München WuW/E DE-R 1105 – Kleinstadtkino).

14 Von einem **Fachhändler** wird uU erwartet, dass er ein bestimmtes **Kernsortiment** führt. Flexibilität besteht nur in den Randsortimenten. An einen **Nicht-Fachhändler** werden ganz andere Erwartungen gestellt. Er ist selten abhängig von Markenartikel-Herstellern. Insoweit kommt es immer auf die Branchengepflogenheiten an. Die Rspr. hat die Formel entwickelt, dass Abhängigkeit vorliegt, wenn „das Fehlen dieser Ware im Angebot eines Handelsunternehmens, bei dem der Verkehr das Angebot als selbstverständlich voraussetzt, zu einem Verlust an Ansehen und zu einer wichtigen Beeinträchtigung der Wettbewerbsfähigkeit führt" (vgl. auch BGH WuW/E 1429 (1431) – Asbach-Fachgroßhändlervertrag) oder wenn „ein Hersteller aufgrund der Qualität und Exklusivität seines Produktes ein solches Anse-

hen genießt und eine solche Bedeutung erlangt hat, dass der nachfragende Händler in seiner Stellung als Anbieter darauf angewiesen ist, gerade (auch) dieses Produkt in seinem Sortiment zu führen, und sich daher vorhandene Möglichkeiten, auf andere Hersteller auszuweichen, nicht als ausreichend und zumutbar erweisen" (so BGH WuW/E DE-R 481 (482) – Designer Polstermöbel; vgl. auch BGH WuW/E DE-R 3302 (3307) – Vertragswerkstatt).

f) Spitzengruppenabhängigkeit. (Dazu BGH WuW/E DE-R 481 (482f.) – Designer Polstermöbel; 206 – Depotkosmetik; WuW/E 1567; 1635f. – Fernsehgeräte I und II; 1814 – Belieferungsunwürdige Verkaufsstätten I; 2351 – Belieferungsunwürdige Verkaufsstätten II; 2419 (2420) – Saba-Primus; OLG Düsseldorf WuW/E DE-R 1480 (1484f.) – R.-Uhren; WuW/E 2732 (2733); BKartA WuW/E 2010 (2012) – Armaturen). Sie ist ein **Unterfall der sortimentsbedingten Abhängigkeit,** aber zu unterscheiden von der Spitzenstellungsabhängigkeit (→ Rn. 13). Sie kommt in Fällen der Lieferverweigerung zum Tragen, in denen ein Händler entweder **alle führenden Geräte einer Marke** (das ist nur in Ausnahmefällen anzunehmen, BGH WuW/E 2125 (2128) – Technics) oder zumindest einige davon führen muss. Im ersteren Fall besteht Abhängigkeit von jedem dieser Hersteller. Im letzteren Fall kommt es darauf an, ob er so viele Marken erhält, dass seine Wettbewerbsfähigkeit gewährleistet ist. Muss der Händler zwar keine bestimmten, aber mehrere allgemein anerkannte Markenwaren führen, ist nicht nur der Anbieter mit Spitzenstellung dem Diskriminierungs- und Behinderungsverbot unterworfen, sondern die ganze **Gruppe der am Markt Stärksten.** Diese Unternehmen können den Nachfrager nicht auf andere Markenwaren verweisen (vgl. BGH WuW/E 1635 (1636) – Plaza SB-Warenhaus; 2419 (2420) – Saba-Primus), wohl aber uU auf **andere Bezugsquellen** für die gleiche Ware (OLG Düsseldorf WuW/E 3286f. (3287) – Diebels Alt; für den Bezug über Schleichwege vgl. auch BGH WuW/E 2419 (2423) – Saba-Primus; vgl. auch OLG Düsseldorf WuW/E 2731 (2733)). Eine hohe Distributionsrate soll bei Waren, die nicht über ein selektives Vertriebssystem abgesetzt werden, ein deutliches Indiz für Spitzenstellungsabhängigkeit sein (BGH NZKart 2018, 134 (135) – Rimowa). Eine Spitzengruppenabhängigkeit scheidet aus, wenn der Händler bereits über ein ausreichendes Sortiment von anerkannten Waren verfügt (BGH WuW/E 2125 (2128) – Technics; 2419 (2420) – Saba-Primus). Dabei kommt es auch darauf an, wie stark das Markenbewusstsein beim Verbraucher ausgebildet ist (OLG Stuttgart WuW/E 2693f. – Brillengläser). 15

g) Unternehmensbedingte Abhängigkeit. Sie hat Bedeutung insbes. für **Vertragshändler** und für **industrielle Zulieferer.** Sie liegt vor, wenn einem Unternehmen das Ausweichen auf andere Geschäftspartner unzumutbar ist, weil es aufgrund bestehender Geschäftsverbindungen in eine existenzielle Abhängigkeit zu dem anderen Unternehmen geraten ist. Im Verhältnis zwischen Hersteller und Händler ist diese Form der Abhängigkeit gegeben, wenn der Händler seine Vertriebspolitik auf bestimmte Marken oder Artikel eingestellt hat und er deswegen nicht ohne Weiteres auf andere Marken oder Artikel ausweichen kann (Beispiel: Automobilhändler, dazu BGH WuW/E DE-R 1621 (1623) – Qualitative Selektion; WuW/E 2983 (2988) – Kfz-Vertragshändler; 2491 – Opel-Blitz; OLG Celle WuW/E DE-R 864 (865) – Kfz-Vertragshändler; BGH NZKart 2016, 285 (286) – Jaguar-Vertragswerkstätten). Erforderlich für die unternehmensbedingte Abhängigkeit ist, dass es eine geschäftliche Beziehung mit dem anderen Unternehmen gibt; eine erst in der Zukunft aufgrund einer nach § 20 Abs. 1 durchgesetzten Zulassung begründete unternehmensbedingte Abhängigkeit gibt es nicht (dazu BGH WuW/E DE-R 3303 (3307) – Vertragswerkstatt). Unternehmensbedingte Abhängigkeit kann sich schon daraus ergeben, dass das abhängige Unternehmen sein Geschäftsmodell über die einseitige Spezialisierung etwa zum Erwerb von marktspezifischem Know-how entwickelt hat (BGH NZKart 2015, 534 – Porsche-Tuning; BGH NZKart 2016, 285 16

(286) – Jaguar-Vertragswerkstätten). Für die Abhängigkeit kommt es im Allgemeinen nicht darauf an, ob sich die für die Betriebseinrichtung erforderlichen Investitionen bereits amortisiert haben oder nicht (BGH WuW/E 1455 (1457) – BMW-Direkthändler). Stehen einem Händler Bezugsmöglichkeiten bei allen anderen Herstellern offen und begehrt er Belieferung eines am Markt führenden Herstellers nur deswegen, weil er aufgrund **selbst gewählter Ausrichtung seines Unternehmens** grds. nur Waren der „Spitzenstellung" führen will, so liegt Abhängigkeit nicht vor (s. BGH NZKart 2015, 534 – Porsche-Tuning: dort gab es schon eine jahrelange Lieferbeziehung, die allerdings nicht vertraglich abgesichert war). In einem solchen Fall muss sich der Händler auf andere, ihm tatsächlich offenstehende Bezugsmöglichkeiten verweisen lassen. Nach Ansicht des OLG Düsseldorf (NZKart 2019, 344) besteht kein Anspruch auf Aufnahme in ein fabrikatgebundenes Servicesystem, wenn nicht vorgetragen werden kann, dass der Unternehmer als freier Werkstattunternehmer diese Instandsetzungs- und Wartungsarbeiten für die Fahrzeuge der betreffenden Automarke nicht oder nicht wirtschaftlich sinnvoll erbringen kann.

17 Unternehmensbedingte Abhängigkeit besteht häufig von Unternehmen der nachgelagerten Wirtschaftsstufen. So kann ein industrieller **Zulieferer** von einem Hersteller oder ein Hersteller von einem großen Handelsunternehmen abhängig sein (dazu Klaue ZIP 1989, 1313 (1315)). Hat ein Zulieferer seine Produktion ganz auf Teile eingestellt, die er an einen Hersteller für dessen Weiterproduktion liefert, so kann die Kündigung eines solchen Zulieferverhältnisses existenzbedrohend sein. Das kann schon dann der Fall sein, wenn nur relativ geringe Anteile des Sortiments eines Herstellers an einen anderen geliefert werden. Liefert zB ein Lebensmittelhersteller 10 % seiner Produktion an einen großen Händler, so begründet uU ein solch relativ geringer Anteil Abhängigkeit, weil insoweit Ausweichmöglichkeiten nicht vorhanden sind und der Verlust des durch diesen Produktionsanteil zumindest erzielten Deckungsbeitrages die wirtschaftliche Grundlage des Unternehmens gefährdet.

18 Unternehmensbedingte Abhängigkeit hat nicht zur Folge, dass bestehende Geschäftsbeziehungen überhaupt nicht mehr aufgelöst werden können. Vielmehr muss das „marktstarke" Unternehmen dem von ihm abhängigen zumindest angemessene **Übergangsfristen** gewähren, innerhalb derer das abhängige Unternehmen die Umstellung versuchen muss (vgl. BGH WuW/E 2360 (2366) – Freundschaftswerbung; WuW/E DE-R 134 (137) – Bahnhofsbuchhandel). Erst **nach Ablauf dieser Übergangsfrist ist die Abhängigkeit beseitigt,** dann unabhängig davon, ob eine Umstellung gelungen ist oder nicht. Allerdings ist es zunächst Aufgabe der Vertragsparteien, im Vertrag die Kündigungsfristen so zu bemessen, dass die Frist zwischen Kündigung und Vertragsende für die Umstellung ausreicht; § 20 Abs. 1 schützt die Marktteilnehmer nicht vor den Folgen darin uU offenbar werdender „geschäftlicher Fehlentscheidungen" (BGH WuW/E 2855 (2856 f.) – Flaschenkästen). Bei der Kündigung eines abhängigen Händlers muss die Kündigungsfrist so bemessen sein, dass der Händler in der Lage ist, mit gebotenen Anstrengungen eine Lieferbeziehung zu einem anderen Hersteller aufzubauen und seinen Geschäftsbetrieb in anderer Weise wettbewerbsfähig umzugestalten. Eine kartellrechtswidrig **zu kurze Kündigungsfrist** kann im Wege der **geltungserhaltenden Reduktion** durch die kartellrechtlich gebotene längere Kündigungsfrist ersetzt werden (OLG Düsseldorf NZKart 2020, 483 (484) – Ordentliche Kündigung eines Händlervertrags). Zu den Voraussetzung der Kündigung eines Pachtvertrags für einen Steinbruch nach jahrzehntelanger Nutzung OLG Frankfurt NZKart 2023, 567 (568) – Steinbruch-Pachtvertrag.

19 **h) Mangelbedingte Abhängigkeit.** Sie tritt ein, wenn ein Unternehmen wegen einer generellen Verknappung Waren nicht mehr in Mengen wie bisher oder gar nicht mehr erhält. Der Gesetzgeber der 2. GWB-Novelle hatte aktuelle Fälle der ersten Ölkrise im Auge: Deswegen ist im Bericht des Wirtschaftsausschusses

(WRP 1973, 385) von einer **Repartierungspflicht** der Ölkonzerne im Verhältnis zum konzerneigenen und freien Tankstellen-Netz die Rede. Kennzeichen der mangelbedingten Abhängigkeit ist die generelle Warenverknappung. Die Hersteller sollen dann offenbar verpflichtet sein, die ihnen verfügbaren Waren gleichmäßig auf alle Abnehmer, unter Einbeziehung auch neuer, aufzuteilen. In der Verwaltungspraxis gibt es Tendenzen, derartige Repartierungsverpflichtungen auch bei Kapazitätsengpässen einzelner Markenartikelhersteller anzunehmen. Insoweit ist eine Berufung auf die Motive des Gesetzgebers nicht möglich. Wenn ein Markenartikelhersteller aus Kapazitätsgründen nicht zur Befriedigung aller Belieferungswünsche in der Lage ist, liegt die Annahme einer Repartierungspflicht fern (vgl. zur Aufteilung von Filmkopien auf Filmtheater OLG Hamburg GRUR 1987, 566 f. und Hirsch GRUR 1987, 490).

i) Abhängigkeitsvermutung (S. 2). Für Abhängigkeit iSv Abs. 1 S. 1 ist im Zivilprozess der die Abhängigkeit behauptende Kläger grds. darlegungs- und beweispflichtig (vgl. BGH WuW/E 1620 (1621) – Revell Plastics). Die 4. GWB-Novelle 1980 hat dafür in § 26 Abs. 2 S. 3 aF (jetzt Abs. 1 S. 2) eine **besondere Vermutung** eingeführt. Sie galt bis zur 5. GWB-Novelle 1989 ausschließlich für das Untersagungsverfahren, hatte also keine Bedeutung für zivilrechtliche Schadensersatz- oder Unterlassungsansprüche. Diese Beschränkung ist durch die 5. GWB-Novelle gefallen, um auch im **Zivilverfahren** die Beweissituation des Abhängigen zu erleichtern (vgl. Begründung zum RegE, BT-Drs. 11/4610, 22). Daraus ergeben sich besondere Probleme hinsichtlich der **Rechtsnatur der Vermutung.** Die Begründung zur 4. GWB-Novelle vertrat zu der Vermutung, die nur für das Verwaltungsverfahren nach § 37a aF (jetzt § 32) gelten sollte, die Auffassung, sie sei ebenso wie die nach § 22 Abs. 3 aF (jetzt § 19 Abs. 4) nur ein „Aufgreiftatbestand“ (vgl. BT-Drs. 8/2136, 24). In der Begründung zur 5. GWB-Novelle wird daran angeknüpft (BT-Drs. 11/4610, 22), obwohl das Wort „Aufgreiftatbestand“ für Zivilverfahren keinen Sinn macht. Dennoch ist ihr zu entnehmen, dass die Grundsätze gelten sollen, die der BGH zur Bedeutung des § 22 Abs. 3 aF (jetzt **§ 19 Abs. 4 S. 1**) im Zivilverfahren – insbes. bei § 26 Abs. 2 S. 1 aF (jetzt § 20 Abs. 1) – entwickelt hat (vgl. BGH WuW/E 2483 (2488) – Sonderungsverfahren). In Zivilverfahren darf sich das in Anspruch genommene Unternehmen hiernach nicht auf ein unsubstantiiertes Bestreiten zurückziehen, sondern muss **substantiiert** darlegen, weshalb es trotz Erfüllung der Vermutungsvoraussetzungen nicht die Voraussetzungen des Abhängigkeitstatbestandes erfüllt. Gelingt ihm das nicht, so ist von Abhängigkeit auszugehen. Im **Verwaltungsverfahren** gibt es in diesem Sinne keine Darlegungslast; wenn aber feststeht, dass die Vermutungsvoraussetzungen des Abs. 2 S. 2 erfüllt sind, und nach Aufklärung des Sachverhalts offen bleibt, ob die Abhängigkeit besteht oder nicht, ist von ihr auszugehen (entsprechend der früheren Rspr. zu § 22 Abs. 3 aF vgl. BGH WuW/E 1749 (1754) – Klöckner/Becorit). Im **Bußgeldverfahren** gilt die Vermutung nicht (→ § 18 Rn. 73, 77). 20

Die Vermutung hilft bei der Feststellung der Abhängigkeit eines Anbieters von einem Nachfrager. Sie gilt nur **zugunsten von Anbietern,** erstreckt sich also nur auf das Fehlen ausreichender und zumutbarer Möglichkeiten für einen Anbieter, auf einen anderen Nachfrager auszuweichen. Sie hat damit eine deutliche Zielrichtung **gegen die Nachfragemacht.** Auf diese Weise sollen die bei Nachfragemacht-Problemen bestehenden Beweisschwierigkeiten vermindert werden. Erlangt ein Nachfrager regelmäßig besondere Vergünstigungen zusätzlich zu den im Geschäftsverkehr üblicherweise gewährten Preisnachlässen und sonstigen Leistungsentgelten, so ist das ein Indiz für die Abhängigkeit des Anbieters von diesem Nachfrager. Die Nachlässe, die der Nachfrager regelmäßig zusätzlich zu den verkehrsüblichen Nachlässen und Leistungsentgelten erhält, dürfen gleichartigen Nachfragern nicht gewährt werden. Erfasst werden vor allem Vergünstigungen, die – wie **„Eintritts-** 21

gelder" vor Aufnahme von Geschäftsbeziehungen – keinen konkreten Bezug zur Abnahmeleistung des Nachfragers haben. Offen ist, ob es bei dem für das Merkmal des „gleichartigen Nachfragers" erforderlichen Vergleich nur auf das Verhalten des betroffenen Anbieters ankommt oder ob Vergleichsmaßstab auch das Verhalten anderer Anbieter gegenüber gleichwertigen Nachfragern ist. Die Vergünstigungen, die gleichartigen Nachfragern gewährt werden, können nicht zum Maßstab erhoben werden, wenn die **Differenzierung sachlich gerechtfertigt** ist. Das ergibt sich zwar nicht aus dem Gesetzeswortlaut. Die RegBegr. zur 4. GWB-Novelle (BT-Drs. 2136, 24) bejaht das aber, wenn die Differenzierung in sachgerechter Weise dem Leistungsverhältnis des betreffenden Austauschverhältnisses entspricht.

22 Die Vermutung, dass der Anbieter von dem Nachfrager abhängig ist, kann **widerlegt** werden durch den Nachweis, dass die Voraussetzungen des Abs. 1 S. 1, also die Abhängigkeit, nicht vorliegen. Bleibt es beim Vermutungsergebnis, so kommt es darauf an, ob die weiteren Voraussetzungen, nämlich die unbillige Behinderung oder die sachlich ungerechtfertigte Ungleichbehandlung, vorliegen.

22a **j) Datenbedingte Abhängigkeit (Abs. 1a).** Die 10. GWB-Novelle 2021 ergänzt § 20 um die **datenbedingte Abhängigkeit.** Abs. 1a erfasst Fälle, in denen ein Unternehmen von einem anderen Unternehmen wegen eines bei diesem Unternehmen vorliegenden Datenbestands abhängig sein kann. Im Grundsatz soll ein **Zugangsrecht** zu wettbewerbsrelevanten Daten eingeräumt werden, **soweit die Vorteile einer mehrfachen Nutzung der betreffenden Daten die Nachteile eines Verlusts der exklusiven Nutzungsmöglichkeit der Daten überwiegen** (RegE 10. GWB-Novelle 2021, 80). Nach dem RegE 10. GWB-Novelle 2021 ist die Regelung bewusst offen gehalten, um auch neuartige, aber von der Interessenlage in der ökonomischen Bewertung vergleichbare Konstellation zu erfassen. Die datenbedingte Abhängigkeit soll nach dem RegE lediglich eine Fortentwicklung der bekannten Fallgruppen der unternehmensbedingten bzw. nachfragebedingten Abhängigkeit sein. Diese neue Kategorie stelle aber auch aber auch eine Erweiterung des bisherigen Abhängigkeitsbegriffs dar. Nach dem RegE 10. GWB-Novelle 2021 bedarf es für die datenbedingte Abhängigkeit keiner faktischen oder vertraglichen Vorbeziehung; damit kann sich die datenbedingte Abhängigkeit von der unternehmensbedingten Abhängigkeit unterscheiden, die zumindest eine faktische Vorbeziehung voraussetzt (s. RegE 10. GWB-Novelle 2021, 80).

22b Nach dem RegE 10. GWB-Novelle 2021 (S. 80) sind Behinderungen vor allen Dingen in zwei Konstellationen denkbar. **Konstellation 1** soll Vertragsverhältnisse innerhalb von Wertschöpfungsnetzwerken betreffen. Sofern gemeinsam Wertschöpfungsbeiträge erbracht werden, sollen die auch im Rahmen der zugrunde gelegenen Vertragsverhältnisse entstehenden Daten gemeinsam und unter Berücksichtigung der jeweiligen Wertschöpfungsbeiträge genutzt werden können. Beispiel wäre das Verhältnis zwischen dem Betreiber eines virtuellen Shops und einer Verkaufsplattform, dem der Betreiber der Verkaufsplattform bestimmte Daten vorenthält. **Konstellation 2** betrifft den Datenzugang Dritter, die Dienste auf einem vor- oder nachgelagerten Markt anbieten möchten. Nach dem RegE 10. GWB-Novelle 2021 soll in solchen Konstellationen ohne vorherige Geschäfts- oder Vertragsverbindung die Unbilligkeit besonders geprüft werden. Eine unbillige Behinderung sei denkbar, wenn die Daten Grundlage bedeutender eigener Wertschöpfung des den Zugang begehrenden Unternehmens sein sollen bzw. „ohne den Zugang eine Vermachtung nachgelagerter Märkte droht".

22c Im Rahmen der **Unbilligkeitsprüfung** sollen die Interessen des Normadressaten und des den Zugang begehrenden Unternehmens gegeneinander abgewogen werden. Für die Unbilligkeit der Verweigerung des Datenzugangs sollen Umstände wie zum Beispiel der Verschluss von Sekundärmärkten, die Beteiligung des abhängigen Unternehmens an der Erzeugung der wettbewerbsrelevanten Daten und ein erhebliches Potenzial für zusätzliche bzw. erhöhte Wertschöpfungsbeiträge aufseiten des abhängigen Unternehmens sprechen (RegE 10. GWB-Novelle 2021, 80 f.).

Nach dem RegE 10. GWB-Novelle 2021 (S. 80 f.) ist aber der **Zugangsanspruch nur sachgerecht bezüglich von Daten, die dem marktmächtigem Unternehmen selbst zugänglich sind;** auch **Kosten für die Zugänglichmachung,** die in keinem angemessenen Verhältnis zu den Wertschöpfungsbeitrag des abhängigen Unternehmens stehen, sollen in die **Unbilligkeitsprüfung** einbezogen werden, genauso wie **Bereinigung um Geschäftsgeheimnisse** und **personenbezogene Daten** oder die **Beeinträchtigung von Anreizen** zur Generierung, Speicherung oder Pflege solcher Daten. Allerdings kann der Zugangsberechtigte anbieten, sich an den Kosten zu beteiligen, was wiederum in die Unbilligkeitsprüfung zu seinen Gunsten Eingang findet. Zu berücksichtigen ist auch, ob bereits Zugang für andere besteht, oder ob der erstmalige Zugang begehrt wird, weil hier insbesondere Kosten durch die Eröffnung des Zugangs entstehen. Ein Zugangsanspruch soll dann ausgeschlossen sein, wenn die beabsichtige Wertschöpfung auch auf der Grundlage eines Datenzugangs über die Nutzer des Produkts wirtschaftlich möglich ist; dann besteht eine **zumutbare Ausweichmöglichkeit,** die die Abhängigkeit ausschließt. 22d

k) Anwendung des § 19 Abs. 2 Nr. 1. Für die Unternehmen, die die Normadressatenschaft des Abs. 1 erfüllen, gilt das Behinderungs- und Diskriminierungsverbot des § 19 Abs. 2 Nr. 1 **in der gleichen Weise wie für marktbeherrschende Unternehmen.** Das bis zur 8. GWB-Novelle geltende zusätzliche Tatbestandsmerkmal des „gleichartigen Unternehmen üblicherweise zugänglichen Geschäftsverkehrs" hat – mit Ausnahme des Begriffs der gleichartigen Unternehmen für den Diskriminierungssachverhalt – keine Bedeutung mehr (→ § 19 Rn. 6). 23

3. Aufforderung oder Veranlassung zur Gewährung von Vorteilen durch marktstarke Unternehmen (Abs. 2)

a) Grundzüge. § 20 Abs. 1 weitet den Anwendungsbereich des Behinderungs- und Diskriminierungsverbots des § 19 Abs. 2 Nr. 1 aus. Daneben ordnet § 20 Abs. 2 an, dass der Tatbestand des Missbrauchs durch **Aufforderung oder Veranlassung zur Gewährung von Vorteilen,** der nach § 19 Abs. 2 Nr. 5 für marktbeherrschende Unternehmen gilt, auch auf marktstarke Unternehmen anwendbar ist. Die Marktstärke ergibt sich aus der Abhängigkeit der Unternehmen der Marktgegenseite, ohne Begrenzung auf kleine oder mittlere Unternehmen (BKartA 3.7.2014 – B2–58/09 Rn. 44 – EDEKA; BGH NZKart 2018, 136 (140)); die Tathandlung ergibt sich aus § 19 Abs. 2 Nr. 5. Die Abhängigkeitsvermutung in § 20 Abs. 1 S. 2 gilt nicht im Rahmen des Abs. 2. 24

b) Marktstärke auf Nachfragemärkten. Der Sache nach geht es um die Ausnutzung einer Marktstellung auf Nachfragemärkten. Das Verbot des Abs. 2 richtet sich gegen marktstarke Unternehmen und Unternehmensvereinigungen im Verhältnis zu abhängigen Unternehmen iSv Abs. 1. Für **Unternehmensvereinigungen** verlangt das Gesetz nicht ausdrücklich eine qualifizierte Marktstellung iSv Marktbeherrschung oder Marktstärke. Aus der Verbindung zur Abhängigkeit von Unternehmen ergibt sich, dass die Unternehmensvereinigung, wenn man sie als ein Unternehmen fingierte, **zumindest die Marktstellung des marktstarken Unternehmens** hat (→ Rn. 8). Das wird im Allgemeinen bei den insoweit in erster Linie angesprochenen Einkaufsvereinigungen der Fall sein. Ohne diese Marktstärke kann auch das Tatbestandsmerkmal der Ausnützung der Marktstellung nicht erfüllt sein (vgl. dazu auch Köhler WRP 2006, 139 (140 f.)). Relative Nachfragemacht im Verhältnis zu bestimmten Abnehmern reicht aus. 25

26 Abs. 2 hat Bedeutung primär im Verhältnis zwischen einem **industriellen oder Handels-Abnehmer** und einem ihn beliefernden Unternehmen (vgl. KG WuW/E DE-R 367 (368) – Schulbuchbeschaffung). Sind die Geschäftsbeziehungen so, dass das liefernde Unternehmen von dem Abnehmer iSv Abs. 1 abhängig ist, weil ihm keine ausreichenden und zumutbaren Möglichkeiten, auf andere Abnehmer auszuweichen, zur Verfügung stehen, so ist der im Verhältnis zu seinem Lieferanten „starke" Nachfrager Normadressat. Nach Aufgabe der früheren (und im RegE zur 8. GWB-Novelle zunächst vorgeschlagenen, dann aber gestrichenen) Verweisung auf Abs. 1 S. 1 gibt es keinen Zweifel mehr, dass die **abhängigen Unternehmen nicht „kleine oder mittlere Unternehmen"** sein müssen (; BGH NZKart 2018, 136 (140)). Das Verbot richtet sich auch gegen die **Unternehmensvereinigung,** und zwar einschließlich – aber nicht begrenzt auf – der Kartelle iSv § 19 Abs. 3 S. 1 (→ Rn. 8; → § 19 Rn. 90).

27 **c) Aufforderung oder Veranlassung zur Gewährung von Vorteilen.** § 20 Abs. 2 verweist auf § 19 Abs. 1 iVm § 19 Abs. 2 Nr. 5; er hat also nur Bedeutung für die Aufforderung oder Veranlassung, dem Normadressaten sachlich ungerechtfertigte Vorteile zu gewähren. Die Tathandlung entspricht dem dort definierten Missbrauch (→ § 19 Rn. 8 ff., → § 19 Rn. 87; BKartA 3.7.2014 – B2–58/09 Rn. 266 – EDEKA; BGH NZKart 2018, 136 (141)).

28 **d) Rechtsfolgen.** Ein Verstoß gegen Abs. 2 gibt dem Aufforderungs- bzw. Veranlassungsempfänger und wohl auch seinen Wettbewerbern, die durch dessen Verhalten behindert werden, **Beseitigungs-, Unterlassungs-, und Schadensersatzansprüche** gegen den Auffordernden bzw. Veranlasser (§ 33). Besteht der Verstoß in der Vorenthaltung einer angemessenen Vergütung (→ § 19 Rn. 15), so kann die Differenz auch als Beseitigungs-, nicht nur als Schadensersatzanspruch verlangt werden, für den kein Verschulden erforderlich ist (BGH WuW/E 2805 (2811 f.) – Stromeinspeisung). Die **Beweislast** für die sachliche Rechtfertigung liegt beim Normadressaten des Abs. 2 (Köhler WRP 2006, 139 (143 f.); vgl. auch BGH WuW/E DE-R 984 (990) – Konditionenanpassung). Unter Umständen kommt auch ein Anspruch auf Herausgabe einer ungerechtfertigten Bereicherung in Betracht (vgl. Köhler WRP 2006, 139 (145)). Die Kartellbehörde kann nach § 32 die Abstellung des verbotenen Verhaltens verfügen. Es ist unmittelbar **ordnungswidrig** nach § 81 Abs. 2 Nr. 1. Das Verhalten des Unternehmens, dem Vorteile abverlangt wurden, ist selbst nicht ordnungswidrig, es sei denn, es würde selbst – als marktbeherrschendes oder marktstarkes Unternehmen – durch die Gewährung der Vorteile gegen Abs. 1 oder 2 verstoßen. Im Regelfall ist davon auszugehen, dass die Kartellbehörde, dort, wo die Aufforderung oder Veranlassung feststeht, nur den Auffordernden oder Veranlasser, nicht auch den Aufforderungsempfänger, ahndet. Im Ordnungswidrigkeitenverfahren gilt die Beweislastumkehr zulasten des Normadressaten nicht.

4. Behinderungsverbot für Unternehmen mit überlegener Marktmacht (Abs. 3, 4)

29 **a) Grundzüge.** Abs. 3 und 4 sind wortgleich mit § 20 Abs. 4 und 5 idF vor der 8. GWB-Novelle 2012/2013. Die besondere Regelung für Lebensmittel war bis zum 31.12.2012 befristet. Nachdem die 8. GWB-Novelle nicht, wie ursprünglich vorgesehen, zum 1.1.2013 in Kraft treten konnte, trat Abs. 3 außer Kraft und wurde wieder durch die alte Fassung ersetzt (→ Rn. 32). In der endgültigen, am 6./7.6.2013 verabschiedeten Fassung der 8. GWB-Novelle ist die 2007 eingeführte Fassung wieder in das Gesetz eingefügt worden; sie war **befristet bis 31.12.2017.** Seither gilt Abs. 3 wieder in der oben wiedergegebenen Fassung (vgl. Art. 2 und Art. 6 S. 3 des Gesetzes über die 8. GWB-Novelle). Unternehmen mit **„gegenüber kleinen und mittleren Wettbewerbern überlegener Marktmacht"** dürfen ihre

Marktmacht nicht dazu ausnutzen, solche Wettbewerber unbillig zu behindern. Abs. 3 S. 1 gewährt im Gegensatz zum früheren § 37a Abs. 3 aF den kleinen und mittleren Unternehmen **direkten zivilrechtlichen Schutz,** ist also nicht nur Grundlage für eine Abstellungs- oder Bußgeldentscheidung. § 37a Abs. 3 aF hatte noch verlangt, dass die adressierten Unternehmen eine Marktstellung haben, die sie in die Lage versetzt, die Marktverhältnisse auf einem bestimmten Markt wesentlich zu beeinflussen. Abs. 3 macht nach seinem Wortlaut eine solche **Gesamtmarktbetrachtung nicht mehr notwendig.** Er setzt für die Begründung der Normadressateneigenschaft ein Horizontalverhältnis zwischen dem marktstarken Unternehmen und Mittelständlern voraus (vgl. BGH WuW/E DE-R 1006 (1009) – Fernwärme Börnsen; vgl. auch BKartA WuW/E DE-V 289 (292) – Freie Tankstellen). Es ist also ein **„horizontaler" Vergleich** mit der Marktstellung der kleinen und mittleren Wettbewerber erforderlich. Unternehmen können also ihre Marktmacht zulasten kleiner und mittlerer Wettbewerber nur ausnützen, wenn sie überhaupt Einfluss auf die Marktverhältnisse, also auf das Verhalten der Marktgegenseite, haben. Abs. 3 erfasst sowohl Anbieter- als auch Nachfragetätigkeit (dazu KG WuW/E DE-R 380 (381) – Milchlieferungsverträge). Abs. 3 S. 1 ist keine Rechtsgrundlage für Maßnahmen der Kartellbehörde, die nicht (nur) auf das Horizontalverhältnis unter Wettbewerbern gleicher Wirtschaftsstufe einwirken, sondern die in erster Linie in ein gleichzeitig zwischen ihnen bestehendes Vertikalverhältnis eingreifen (OLG Düsseldorf WuW/E DE-R 829 (833 f.) – Freie Tankstellen).

Es ist keine alle Wettbewerber überragende Marktstellung erforderlich. Vielmehr 30
reicht die **Überlegenheit gegenüber kleinen und mittleren Wettbewerbern** aus. Was kleine und mittlere Wettbewerber sind, lässt sich nicht allgemein definieren (zum Begriff der kleinen und mittleren Unternehmen → Rn. 9 f. und → § 3 Rn. 11). Insoweit kommt es nicht nur auf absolute Größenmerkmale, sondern auf die Struktur des betreffenden Marktes und die dort üblichen Unternehmensgrößen an. Jedenfalls müssen die kleinen und mittleren Unternehmen „kleiner" sein als das Unternehmen, dessen Verhalten beanstandet wird. Es reicht aus, wenn festgestellt wird, dass das betreffende Unternehmen im Verhältnis zu bestimmten kleinen und mittleren Unternehmen „überlegen" ist (dazu vgl. Bekanntmachung BKartA Nr. 124/2005, B.1, Anhang C 1). **Keinesfalls muss es das am Markt größte sein.** Der Überlegenheit steht nicht entgegen, dass es noch größere Unternehmen gibt, die uU sogar den Markt insgesamt iSv § 18 Abs. 1 beherrschen. Die Machtschwelle iSd Abs. 4 liegt **unterhalb der Marktbeherrschung,** bestimmt sich aber im Wesentlichen nach den Kriterien des § 18 Abs. 3 (vgl. Bekanntmachung BKartA Nr. 124/2005, B.1, Anhang C 1). Anders als bei der Marktbeherrschung können auch mehrere Unternehmen unabhängig nebeneinander auf einem Markt eine überlegene Marktstellung iSd Abs. 3 im Verhältnis zu den kleinen und mittleren Wettbewerbern haben (OLG Düsseldorf WuW/E DE-R 781 (787) – Wal-Mart; BKartA WuW/E DE-V 1481 (1482) – Netto Marken-Discount). Das verbotene Verhalten ist gekennzeichnet als ein solches, das die Wettbewerber, gegenüber denen die Marktmacht überlegen ist, „unmittelbar oder mittelbar unbillig behindert" (zum Begriff der unbilligen Behinderung → Rn. 39 ff.); das **behindernde und das behinderte Unternehmen** müssen **im selben Markt** tätig sein (BGH WuW/E DE-R 1006 (1009) – Fernwärme Börnsen). Erforderlich ist eine objektiv nachteilige wettbewerbliche Auswirkung auf diese Unternehmen. Sie muss „unbillig" sein; dafür ist eine Interessenabwägung anzustellen (vgl. BGH WuW/E DE-R 1006 (1009) – Fernwärme Börnsen; → § 19 Rn. 16 ff.). Dafür gilt die Beweiserleichterung des Abs. 4, nicht aber eine Beweisumkehr.

Abs. 3 soll ebenso wie früher § 37a Abs. 3 nach Vorstellung der Gesetzgebung in 31
erster Linie den „systematischen und gezielten Einsatz **aggressiver Preis- und Rabattpraktiken** gegenüber kleinen und mittleren Unternehmen" treffen (Bericht des Wirtschaftsausschusses, BT-Drs. 8/3690, 30; vgl. für § 26 Regierungsentwurf

BT-Drs. 11/610, 23; kritisch dazu Emmerich AG 1989, 261 (265); Gerlach WRP 1989, 289 (298)). **Unmittelbare Behinderungen** können zB Preiskampfmaßnahmen gegenüber kleinen und mittleren Wettbewerbern sein. **Mittelbare Behinderungen** sind zB Ausnutzung der Nachfragemacht gegenüber Lieferanten, um Vergünstigungen im eigenen Einkauf zu erreichen, wenn zugleich in irgendeiner Weise kleine und mittlere Unternehmen behindert werden, etwa dadurch, dass sie von Lieferanten abgeschnitten werden. Außerdem ist denkbar, dass durch bevorzugte Behandlung des Einzelhandels Absatzkanäle für Konkurrenten geschlossen werden. Diese Ausnutzung der Marktmacht ist aber oft bereits über § 19 Abs. 1, 2 und § 20 Abs. 1 erfasst. Das OLG Düsseldorf hat den Verkauf von Kraftstoffen durch Mineralölkonzerne an kleine und mittlere Tankstellenbetreiber zu Preisen, die höher waren als jene, die die Konzerne gleichzeitig an ihren eigenen Tankstellen von Endverbrauchern verlangten, als eine von Abs. 4 erfasste mittelbare Behinderung der mittelständischen Tankstellenbetreiber angesehen (OLG Düsseldorf WuW/E DE-R 829 (832) – Freie Tankstellen).

32 **b) Gesetzliche Beispielsfälle (S. 2–4).** Die GWB-Novelle 2007 hat – **befristet bis zum 31.12.2012, durch die 8. GWB-Novelle verlängert bis 31.12.2017** – den früheren Abs. 4 S. 2 durch neu formulierte S. 2–4 ersetzt. Die Neufassung durch die **9. GWB-Novelle 2017** gilt nunmehr **unbefristet.**

33 **c) Angebot unter Einstandspreis (S. 2 Nr. 2).** S. 2 Nr. 2 entspricht dem bis 21.12.2007 geltenden Abs. 4 S. 2 aF, der durch die 6. GWB-Novelle 1998 neu eingefügt wurde. Diese Bestimmung – der bis zum 31.12.2017 für Lebensmittel die Nr. 1 als lex specialis vorgeht – erfasst das nicht nur gelegentliche Anbieten von Waren oder gewerblichen Leistungen unter Einstandspreis. Damit wurde an die früheren Versuche – auf der Basis des § 37a Abs. 3 idF der 4. GWB-Novelle 1980, die bis 1990 galt – angeknüpft, den **„systematischen Verkauf unter Einstandspreis durch Großbetriebe des Handels“** zu unterbinden (kritisch dazu Gaedertz WRP 1999, 31). Die Rspr. hat diese Versuche nicht gebilligt (BGH WuW/E 2073 – Kaufmarkt; vgl. auch KG WuW/E 3713; OLG München WuW/E 3738). Der BGH hat zuletzt im Urteil Hitlisten-Platten von 1995 (BGH WuW/E 2977 = WM 1995, 1337 = WuB V. A. § 26 GWB 1995 mAnm Bechtold) für § 26 Abs. 4 aF (= § 20 Abs. 3 S. 1) den Verkauf unter Einstandspreis nur dann als rechtswidrig angesehen, wenn er „systematisch im Wettbewerb eingesetzt“ werde **und** nach seiner Häufigkeit oder in der Intensität geeignet sei, eine „Gefahr für die strukturellen Voraussetzungen wirksamen Wettbewerbs“ zu begründen. Diese in der Praxis kaum nachzuweisenden Voraussetzungen sollten nach der 6. GWB-Novelle 1998 durch das Regelbeispiel des S. 2 (vgl. BKartA WuW/E DE-V 314 – Aldi Nord) gemindert werden. Hiernach reicht es aus, wenn ein Angebot unter Einstandspreis **nicht nur gelegentlich** erfolgt und ein **sachlich gerechtfertigter Grund nicht vorliegt.** Eine konkrete Behinderungsabsicht verlangt S. 2 Nr. 2 nicht (BKartA WuW/E DE-V 314 – Aldi Nord). Das BKartA hat zu S. 2 aF Auslegungsgrundsätze veröffentlicht (Neufassung von 2003 im Anhang C 1), die entsprechend dem Sinn und Zweck von S. 2 auf den Handelsbereich zugeschnitten sind (vgl. zur Vorgänger-Bekanntmachung von 2000 BKartA TB 1999/2000, 40 f.). Ein Kausalzusammenhang zwischen der überlegenen Marktmacht und dem Verkauf unter Einstandspreis ist nicht erforderlich (BGH WuW/E DE-R 1042 (1045) – WalMart).

34 Erforderlich ist ein **„Angebot“** unter Einstandspreis; der Verkauf aufgrund eines solchen Angebots wird nicht gefordert. Vom Begriff des Angebots wird grds. auch das Preisangebot im Einzelfall erfasst; im Allgemeinen wird Abs. 3 S. 2 Nr. 2 aber nur auf Angebote angewendet werden können, die sich durch ihre werbliche Verbreitung auf eine bestimmte Vielzahl potenzieller Verkaufsfälle beziehen. Die Begriffswahl **„unter Einstandspreis“** zeigt, dass Abs. 3 S. 2 nach Vorstellung des Gesetzgebers nur auf **Handelsunternehmen** anwendbar ist, deren Tätigkeit

dadurch gekennzeichnet ist, dass sie Waren zu einem „Einstandspreis" einkaufen und zu einem „Verkaufspreis verkaufen" (dazu Bechtold NJW 1998, 2769 (2772); der Sache nach wohl auch BKartA, Bekanntmachung Nr. 124/2003, Anhang C 1). Dabei geht es nicht nur um den Handel mit „Waren", sondern auch mit **„gewerblichen Leistungen"**. Dieser liegt vor, wenn der Verkäufer die gewerbliche Leistung nicht selbst erbringt (vgl. KG WuW/E DE-R 727 f. (728) – Dienstagspreise), sondern die Leistungen anderer vertreibt (zB Reisen, Wartungsverträge, sonstige Dienstleistungspakete, Filmentwicklung, dazu BKartA WuW/E DE-V 911 (913) – Fotoarbeitstasche). Den Gesetzesmotiven lässt sich kein Anhalt dafür entnehmen, dass S. 2 Nr. 2 auch auf Industrieunternehmen anwendbar sein soll. Das würde voraussetzen, dass man den Begriff „Einstandspreis" allgemein iSv Kosten definieren würde mit der Folge, dass S. 2 sich generell gegen **Unter-Kosten-Verkäufe** richten würde. Damit wäre die Anwendung dieser Bestimmung mit den für Kartellbehörden und Kartellgerichte kaum lösbaren Problemen der Kostenberechnung und Kosten-Zuordnung verbunden. Es wäre dann auch nicht gerechtfertigt, Abs. 3 S. 2 gegenüber Handelsunternehmen nur dann anzuwenden, wenn unter Einstandspreis verkauft würde; er müsste dann auch angewendet werden, wenn unter Einstandspreis zuzüglich der der Ware zuzuordnenden handelsspezifischen Kosten verkauft würde.

In der hiernach **allein möglichen Anwendung auf Handelsunternehmen** 35
kommt es ganz formal darauf an, ob der Preis, zu dem eine Ware verkauft wird, unter dem Preis liegt, den das Handelsunternehmen dafür im Einkauf bezahlt hat. Sowohl beim Verkaufs- als auch beim **Einstandspreis** kommt es auf **Netto-Preise** an (BKartA WuW/E DE-V 316 (318) – Wal-Mart: Netto-Herstellerabgabepreis; WuW/E DE-V 1481 (1483) – Netto Marken-Discount), also abzüglich aller preiswirksamen Konditionen wie Rabatte, Skonti, umsatzbezogenen Vergütungen (zB Umsatzboni) und sonstigen warenbezogenen Zuwendungen (zB Verkaufsförderungsvergütungen) (dazu Wirtschaftsausschuss, BT-Drs. 13/10633, 72). Das gilt auch für Werbekostenzuschüsse, die preiswirksam einsetzbar sind (dazu OLG Düsseldorf 12.11.2009 – VI-2 Kart 9/08 OWi; dazu OLG Düsseldorf BB 2009, 2489 und OLG Düsseldorf GRUR Prax 2010, 208). Die 9. GWB Novelle 2017 fügte in S. 3 eine **Definition des Einstandspreises** ein. Die Neudefinition erlaubt nur noch die proportionale Anrechnung der gewährten Vergünstigungen auf das gesamte Sortiment, also nicht mehr die Berücksichtigung der überproportionalen Absenkung des Einstandspreises eines bestimmten Produkts auch für andere Produkte. In der Begründung (RegE 9. GWB-Novelle 2017, 53) heißt es dazu, dass mit der vorgeschlagenen Definition die Freiheit der Händler bei der Anrechnung von Vergünstigungen zur Bestimmung des Einstandspreises zugunsten der Lieferanten beschränkt wird. Damit soll die Rossmann-Entscheidung des OLG Düsseldorf (GRUR Prax 2010, 208) abgeschwächt werden, wonach aufseiten der Händler „ein erheblicher Spielraum hinsichtlich der Berücksichtigung von Vergünstigungen, die die Lieferanten auf den ursprünglichen Einkaufspreis gewährt haben", möglich ist. Eine überproportionale Absenkung des Einstandspreises eines bestimmten Produktes ist damit nicht mehr möglich, **es sei denn, die Zuordnung zu den jeweiligen Waren oder Leistungen wurde konkret vereinbart.**

Das **Ausmaß** der Unterschreitung des Einstandspreises spielt für das Merkmal 36
„unter Einstandspreis" an sich keine Rolle, wohl aber für die zusätzlich erforderliche wettbewerbliche Auswirkung des Angebots. Das Merkmal **„nicht nur gelegentlich"** hat nach den Gesetzesmotiven die Funktion, nur solche Maßnahmen zu erfassen, von denen „anhaltende wettbewerbliche Auswirkungen" ausgehen (Begr. z. RegE der 6. GWB-Novelle BR-Drs. 852/97, 39) und denen eine „gewisse wettbewerbliche Erheblichkeit" zukommt (Gegenäußerung der Bundesregierung zur Stellungnahme des Bundesrates, BT-Drs. 13/9720, 80). Eine Eignung zur „nachhaltigen Beeinträchtigung des Wettbewerbs" (so der Änderungsvorschlag des Bundesrates BT-Drs. 13/9720, 74) soll aber nicht erforderlich sein. Die Auffassung des OLG

Düsseldorf (WuW/E DE-R 781 (789) – Wal-Mart), der Tatbestand des S. 2 Nr. 2 sei um das ungeschriebene Merkmal der **„Eignung zu einer spürbaren Beeinträchtigung der Wettbewerbsverhältnisse“** zu ergänzen, ist vom BGH abgelehnt worden (BGH WuW/E DE-R 1042 (1049 f.) – Wal-Mart).

37 Für die Bewertung, ob ein Angebot nur im Einzelfall, nur gelegentlich oder **„nicht nur gelegentlich“** erfolgt, kommt es demnach nicht nur auf die Zahl der einzelnen Angebots- oder Verkaufsfälle an. Vielmehr sind zunächst die Zahl der Preisbildungen und ihre Streuung über einen gewissen Zeitraum entscheidend. Nicht erheblich ist, ob sich die Angebote stets auf **dieselben Waren oder Leistungen** beziehen (so auch BKartA, Bekanntmachung Nr. 124/2003, B.2, Anhang C 1); „nicht nur gelegentliche“ Angebote nimmt auch derjenige vor, der verschiedene Waren oder Leistungen zu Preisen anbietet, die unter den Einstandspreisen liegen. Allerdings ergibt sich aus der Notwendigkeit wettbewerblicher Auswirkungen, dass die Waren oder gewerblichen Leistungen entweder ein und demselben Markt zugehören oder zumindest einer Gruppe von Märkten, auf denen **dieselben Wettbewerber** tätig sind (so auch BKartA Bekanntmachung Nr. 124/2003, B.2, Anhang C 1). Das erforderliche quantitative Mindestmaß wird nur erreicht, wenn sich die Einzelmaßnahmen zu einer sich über einen längeren Zeitraum wirkenden **Strategie** zusammenfügen, die konkrete wettbewerbliche Auswirkungen hat (BKartA WuW/E DE-V 316 (318) – Wal-Mart; 1481 (1484 f.) – Netto Marken-Discount und Bekanntmachung Nr. 124/2003, B.2, Anhang C 1: im Bereich des Lebensmittelhandels drei Wochen). Dafür kommt es auch auf das **Maß der Unterschreitung** des Einstandspreises an. Angebote in der Nähe des Einstandspreises sind dafür geringer zu gewichten als Angebote mit erheblicher Unterschreitung des Einstandspreises. Die wettbewerblichen Auswirkungen müssen sich bei den durch Abs. 3 geschützten kleinen und mittleren Wettbewerbern entweder im Verlust von Marktanteilen oder im Zwang zu Gegenstrategien zeigen, die diese langfristig nicht durchhalten können. Das ist bei Einzelaktionen wie Einführungspreisen bei Geschäftseröffnung oder sporadischen Sonder- und Lockvogelangeboten, von denen keine anhaltenden wettbewerblichen Auswirkungen ausgehen und die keine auf Dauer angelegten Unter-Einstandspreis-Verkäufe darstellen, nicht der Fall (vgl. BKartA Bekanntmachung Nr. 124/2003, B.2, Anhang C 1; BKartA WuW/E DE-R 1481 (1483) – Netto Marken-Discount). Sie sind deshalb nicht von Abs. 3 erfasst.

38 Ob das „nicht nur gelegentliche“ Angebot unter Einstandspreis **sachlich gerechtfertigt** ist, bestimmt sich aufgrund einer **Interessenabwägung,** die sich an der auf die Freiheit des Wettbewerbs gerichteten Zielsetzung des GWB orientiert (vgl. auch Begr. z. RegE der 6. GWB-Novelle BR-Drs. 852/97, 38; Bekanntmachung Nr. 124/2003, B.4, Anhang C 1; OLG Düsseldorf WuW/E DE-R 781 (782) – WalMart). Aufseiten des Anbieters sind die Ziele zu berücksichtigen, die er mit den Angeboten unter Einstandspreis verfolgt. Dabei sind tendenziell **Angriffsstrategien** negativer zu gewichten, **Verteidigungsstrategien** hingegen positiver (so auch OLG Düsseldorf WuW/E DE-R 781 (782 f.) – Wal-Mart). Ein **Anpassen von Preisen an vorgefundene Wettbewerberpreise** ist als solches aber nicht sachlich gerechtfertigt, sondern verstärkt die negativen Auswirkungen auf die Marktgegenseite (BGH WuW/E 1042 (1046 f.) gegen OLG Düsseldorf WuW/E DE-R 781 (783) – WalMart). Wichtig ist auch, ob die Strategie gegen konkrete Wettbewerber oder allgemein auf Erhaltung oder Ausweitung der Marktstellung gerichtet ist. Neben den Interessen der Wettbewerber ist auch das Interesse der Endverbraucher zu berücksichtigen, die tendenziell von niedrigen Preisen und ihren wettbewerblichen Folgen profitieren. Der Verstoß gegen Abs. 3 S. 2 kann auch durch „betriebswirtschaftliche“ oder „existenzielle“ „Notlagen“ gerechtfertigt sein (so wohl BKartA WuW/E DE-V 911 (915) – Fotoarbeitstasche). Zu den abwägungsrelevanten Interessen vgl. auch Bekanntmachung Nr. 124/2003, B.4, Anhang C 1.

Das Gesetz sieht aufgrund einer vom Wirtschaftsausschuss des Bundestags in letzter Minute im Rahmen der 6. GWB-Novelle 1998 vorgeschlagenen Änderung (dazu BT-Drs. 13/10633, 72) in Abs. 3 S. 2 eine **Beweislastumkehr** für das Merkmal des **sachlich gerechtfertigten Grundes** vor („... es sei denn ..."). Sie ist materiell kaum gerechtfertigt, weil der Verkauf unter Einstandspreis durchaus ein wettbewerblich zulässiges Instrument und daher nicht mit der Vermutung einer wettbewerblichen Unzulässigkeit verbunden ist. Zusätzlich gilt die **Beweiserleichterung des Abs. 4** auch für Abs. 3 S. 2. Die Beweisregeln gelten im Verwaltungsverfahren und Zivilprozess, **nicht im Bußgeldverfahren,** in dem der ganze S. 2 (einschließlich der auf S. 2 Nr. 2 bezogenen S. 3 und 4) keine Bedeutung hat (vgl. § 81 Abs. 2 Nr. 1, wo nur § 20 Abs. 3 S. 1 erwähnt ist). Insoweit weist das BKartA in der Bekanntmachung 124/2003 (Anhang C 1, unter A 3) zu Unrecht darauf hin, dass es sich – bei § 20 Abs. 3 **S. 2** – um ein „Bußgeld-bewehrtes Verbot" handle. Eine Ordnungswidrigkeit liegt nur vor, wenn auch unmittelbar die Voraussetzungen des § 20 Abs. 3 **S. 1** erfüllt sind (so wohl auch im Fall „Fotoarbeitstasche", BKartA WuW/E DE-V 911 (915 f.)). **39**

d) Angebot von Lebensmitteln unter Einstandspreis (S. 2 Nr. 1, S. 3 und 4). Die GWB-Novelle 2007 hat einen auf Lebensmittel bezogenen Sondertatbestand des Angebots unter Einstandspreis eingeführt. Politischer Anlass waren einmal die „Gammelfleisch"-Skandale der Jahre 2006/2007, zum anderen der – zulasten der kleineren Händler – „ruinöse" Wettbewerb im Lebensmitteleinzelhandel (Gesetzesbegründung BT-Drs. 16/5847, 10). S. 2 Nr. 1 weicht von S. 2 Nr. 2 dadurch ab, dass bei Lebensmitteln das Erfordernis des „nicht nur gelegentlichen" Angebots nicht gilt, sondern **jeder Verkauf unter Einstandspreis verboten** ist. Dieses generelle Verbot richtet sich aber, da S. 2 S. 1 beispielhaft konkretisiert, nur an „... Unternehmen mit gegenüber kleinen und mittleren Wettbewerbern überlegener Marktmacht (→ Rn. 29 f.). Das Angebot unter Einstandspreis ist zulässig, wenn es sachlich gerechtfertigt ist; insoweit obliegt die Beweislast ebenso wie nach Nr. 2 dem Anbieter (→ Rn. 39). S. 3 enthält eine spezielle sachliche Rechtfertigung für das Angebot unter Einstandspreis bei drohendem Verderb oder sonstiger Unverkäuflichkeit der Lebensmittel. S. 4 schließt den Grundtatbestand der unbilligen Behinderung des S. 1 aus (nimmt also nicht nur eine sachliche Rechtfertigung an) für den Fall, dass Lebensmittel an gemeinnützige Einrichtungen zur Verwendung im Rahmen ihrer Aufgaben abgegeben werden. Diese Neuregelung ist nicht nur wettbewerbspolitisch verfehlt, sondern auch in ihrer EU-rechtlichen Zulässigkeit zweifelhaft (dazu Säcker WuW 2007, 1195, der einen Verstoß gegen Art. 3 Abs. 2 S. 2 Kartellverfahrens-VO annimmt). **40**

Die Bestimmung gilt ausdrücklich nur für „**Lebensmittel** im Sinne des § 2 Abs. 2 des Lebensmittel- und Futtermittelgesetzbuches". Diese Bestimmung verweist auf die **Definition in der EG-Verordnung 178/2002** (ABl. 2002 L 31, 1). Dort sind Lebensmittel definiert als „alle Stoffe oder Erzeugnisse, die dazu bestimmt sind oder von denen nach vernünftigem Ermessen erwartet werden kann, dass sie in verarbeitetem, teilweise verarbeitetem oder unverarbeitetem Zustand von Menschen aufgenommen werden". Ausdrücklich zählen dazu auch „Getränke, Kaugummi sowie alle Stoffe – einschließlich Wasser –, die dem Lebensmittel bei seiner Herstellung oder Ver- oder Bearbeitung absichtlich zugesetzt werden". Nicht zu Lebensmitteln gehören Futtermittel, lebende Tiere, Pflanzen vor dem Ernten, Arzneimittel, kosmetische Mittel, Tabak und Tabakerzeugnisse, Betäubungsmittel sowie Rückstände und Kontaminanten. Diese Definition ist ausgerichtet an den auf die Lebensmittelsicherheit ausgerichteten Zielen der VO 178/2002. Jedenfalls iVm S. 2 Nr. 1 umfasst sie ausschließlich Erzeugnisse, die unmittelbar für den menschlichen Verzehr ohne weitere Be- oder Verarbeitung durch den Anbieter (wohl aber ggf. durch den privaten Abnehmer) angeboten werden. **41**

42 Ebenso wie der allgemeine Tatbestand des Verbots des Angebots unter Einstandspreis richtet sich das Verbot **nur an Einzelhandelsunternehmen,** die an Endverbraucher verkaufen, nicht an Großhändler oder Produzenten, die an industrielle Verarbeiter verkaufen (so auch Schulte/Just/Deister Rn. 73). Schärfer als bei dem allgemeinen Tatbestand der Nr. 2 stellt sich die Frage, ob Nr. 1 auch gilt für den **Verkauf an Großverbraucher** (Restaurants, Großküchen usw). Dafür könnte sprechen, dass S. 4 eine Ausnahme für das Angebot oder den Verkauf „an gemeinnützige Einrichtungen zur Verwendung im Rahmen ihrer Aufgaben" vorsieht, also offenbar davon ausgeht, dass das Angebot an Einrichtungen erfasst wird, die die Lebensmittel für den sich unmittelbar daran anschließenden menschlichen Verzehr be- oder verarbeiten. Die Einbeziehung des Angebots und Verkaufs an derartige Großverbraucher ist durch den wettbewerbspolitischen Zweck der Nr. 1 nicht gedeckt. Er bezieht sich durchweg auf den Fall, dass Lebensmittelhändler durch das Angebot von Untereinstandspreisen andere Lebensmittelhändler, die zu entsprechenden Angeboten finanziell nicht in der Lage sind, behindern. Die Einbeziehung des Verkaufs an Großabnehmer führt im Übrigen zu einer sachlich nicht nachvollziehbaren Ungleichbehandlung des Verkaufs durch die Hersteller und durch Händler: Die Hersteller sind durch Abs. 3 S. 2 Nr. 1 nicht gehindert, Lebensmittel auch unter ihren Kosten zu verkaufen, während die Händler bei Anwendung von Nr. 1a auf den Verkauf an Großverbraucher nicht unter ihrem Einstandspreis anbieten und verkaufen dürfen.

43 Anders als nach Nr. 2 ist nach dem Gesetzeswortlaut der Nr. 1 jedes Angebot (unter Einstandspreis), **ohne Ausnahme für das nur „gelegentliche" Anbieten,** verboten. Nach seinem Zweck ist aber auch bei Nr. 1 eine wettbewerbliche Auswirkung erforderlich. Sie liegt nur vor, wenn das Angebot zumindest geeignet ist, die wettbewerbliche Tätigkeit der geschützten kleineren und mittleren Wettbewerber zu beeinträchtigen. Nach S. 3 ist das durch Nr. 1 erfasste Anbieten von Lebensmitteln unter Einstandspreis **sachlich gerechtfertigt,** wenn es geeignet ist, „den Verderb oder die drohende Unverkäuflichkeit der Waren beim Händler durch rechtzeitigen Verkauf zu verhindern". Diese Bestimmung ist ein Anwendungsfall der generell für die Nr. 1–3 vorgesehenen Möglichkeit der sachlichen Rechtfertigung. Die sachliche Rechtfertigung des Verkaufs unter Einstandspreis kann sich also auch bei Lebensmitteln aus anderen Gründen als denen ergeben, die in S. 3 ausdrücklich erwähnt sind (→ Rn. 38). Nach der – von den **„Gammelfleisch"-Skandalen** beeinflussten – Begr. z. RegE (v. 25.4.2007, BT-Drs. 16/5847 zu Nr. 2) ist das Unterpreisangebot sachlich gerechtfertigt, wenn der Verkauf geeignet ist, „einen unmittelbar bevorstehenden physischen Verderb zu verhindern". Damit soll dem Anliegen Rechnung getragen werden, dass einerseits Lebensmittel nicht unnötig der Vernichtung zugeführt werden, und andererseits ein Verkauf auch so lange möglich sein soll, wie ein Verzehr unmittelbar nach dem Einkauf noch ohne Qualitätsminderung und ohne Gesundheitsgefährdung möglich ist. Für die Frage, ob ein Verderb des Lebensmittels droht, kann im Allgemeinen von den auf den Verpackungen aufgedruckten Haltbarkeitsdaten ausgegangen werden. Ein Angebot oder Verkauf unter Einstandspreis ist nicht erst nach Ablauf des **Haltbarkeitsdatums** zulässig, sondern auch unmittelbar davor. Maßstab für die Zulässigkeit ist die Eignung der Preissenkung für einen schnelleren Abverkauf noch vor Ablauf des Haltbarkeitsdatums.

44 Das Gesetz erwähnt auch **andere Fälle drohender Unverkäuflichkeit.** Diese Regelung betrifft insbes. Saisonartikel und speziell im Hinblick auf ein bestimmtes Ereignis hergestellte Artikel, wenn diese nach Ablauf der Saison bzw. Ende des Ereignisses (ohne Preisnachlass) unverkäuflich sind. Das betrifft insbes. den Verkauf von Weihnachts- und Oster-Süßwaren. Die Schokoladen-Nikoläuse und die Schokoladen-Osterhasen dürfen also nach Weihnachten bzw. Ostern unter Einstandspreis verkauft werden. Das Gesetz erwähnt außerdem „vergleichbar schwerwiegende

Fälle". Die Gesetzesbegründung (BT-Drs. 16/5847) nennt dafür **beschädigte oder Ausschuss-Ware.** Trotz des Hinweises, dass das Tatbestandsmerkmal der sachlichen Rechtfertigung eng auszulegen sei, ist dem durch das Gesetz verfolgten Interesse am Schutz kleinerer Wettbewerber gleichgewichtig das Interesse der an billigen Lebensmitteln interessierten Endverbraucher und – in Verbindung damit – dem Interesse, die Vernichtung von Lebensmitteln zu verhindern, Rechnung zu tragen. Die sachliche Rechtfertigung **begrenzt das Ausmaß des Angebots** unter Einstandspreis **nicht.** Ist der Verkauf unter Einstandspreis als solcher gerechtfertigt, darf er beliebig unterschritten werden. Das schließt freilich nicht aus, in Extremfällen eine entsprechende Angebotsstrategie eines Handelsunternehmens unmittelbar als Verstoß gegen S. 1 zu bewerten.

Nach S. 4 liegt eine unbillige Behinderung iSd S. 1 und 2 nicht vor, wenn Lebens- 45
mittel an **gemeinnützige Einrichtungen zur Verwendung im Rahmen ihrer Aufgaben** abgegeben werden. Leitmotiv dafür waren Fälle, dass Lebensmittelhändler – insbes. vor Schließungen über Wochenenden oder Feiertagen – größere Mengen leicht verderblicher Waren wie Backwaren, Obst und Gemüse, Fleisch- und Wurstwaren zu günstigen Preisen an soziale Einrichtungen abgeben, die diese Lebensmittel kurzfristig verarbeiten können. Zur Bedeutung dieser Bestimmung für die Frage, ob das Verbot des Angebots unter Einstandspreisen auch das Angebot an Großverbraucher erfasst → Rn. 42. Die Notwendigkeit, die Abgabe an gemeinnützige Einrichtungen gesondert zu regeln, ergibt sich auch daraus, dass es bei der Abgabe größerer Mengen durchaus möglich ist, dass im Einzelfall noch kein Verderb oder sonstige Unverkäuflichkeit der Ware droht. Es soll also die Möglichkeit bestehen, dass Lebensmittelhändler ohne genauere Einzelfallprüfung Sortimentsteile an gemeinnützige Einrichtungen abgeben, um sie anschließend insgesamt mit frischen Produkten zu ersetzen. S. 4 enthält im Hinblick auf den Händler keine sachliche Beschränkung der Abgabemöglichkeit an gemeinnützige Einrichtungen. Es muss also weder der Verderb noch die sonstige Unverkäuflichkeit feststehen. Der Begriff der „gemeinnützigen" Einrichtung ist nicht beschränkt auf Einrichtungen, deren Gemeinnützigkeit formell irgendwie anerkannt ist. Es reicht aus, wenn es sich um Einrichtungen handelt, die im materiellen Sinne gemeinnützige Aufgaben wahrnehmen, insbes. in der Kranken-, Jugend- und Altenpflege.

e) „Preis-Kosten-Schere" (S. 2 Nr. 3). § 20 Abs. 3 S. 2 enthält einen weiteren 46
Tatbestand, der ein Regelbeispiel für die durch Abs. 4 S. 1 erfasste unbillige Behinderung sein soll (zur EU-rechtlichen Beurteilung vgl. Frenz NZKart 2013, 60). Nach Nr. 3 ist es verboten, dass der Normadressat nach S. 1 von kleinen oder mittleren Unternehmen, mit denen er auf dem nachgelagerten Markt beim Vertrieb von Waren oder gewerblichen Leistungen im Wettbewerb steht, für deren Belieferung einen höheren Preis fordert, als er selbst auf diesem Markt anbietet. Diese Regelung zielt auf die Verhältnisse auf dem Mineralölmarkt, weil dort Mineralölhersteller von **freien Tankstellen** teilweise einen höheren Preis fordern, als sie an ihren konzerneigenen Tankstellen von privaten Endverbrauchern verlangen (vgl. dazu OLG Düsseldorf WuW/E DE-R 829 und BKartA WuW/E DE-V 289 – Freie Tankstellen).

Generell geht es um Fälle des **zweigleisigen Vertriebs** vertikal integrierter 47
Unternehmen an Endabnehmer, nämlich einerseits über eigene Niederlassungen und andererseits über Händler. Der Normadressat nach S. 1 ist zwar nicht generell gehalten, in diesem Fall dem Handel solche Konditionen zu bieten, dass er in der Lage ist, zu gleichen Preisen wie der Direktvertrieb des Herstellers zu verkaufen. Nr. 3 verpflichtet den Hersteller nur, dem Händler keinen höheren Preis abzuverlangen als den Preis, den er im **Direktvertrieb an Endverbraucher** anwendet. Geschützt werden insoweit aber nur vom Normadressaten belieferte **„kleine oder mittlere Unternehmen".** Dieser Begriff, der auch in Abs. 1 (→ Rn. 9 f.), in § 3

Nr. 2 (→ § 3 Rn. 11) und – bezogen auf Presseverlage – in § 36 Abs. 1 S. 2 Nr. 3 (→ § 36 Rn. 56) verwendet wird, muss unter Beachtung zweiter Kriterien interpretiert werden. Einmal kommt es auf eine absolute Größenordnung an; Unternehmen, die allein schon die Umsatzschwelle der Fusionskontrolle von 500 Mio. EUR (§ 35 Abs. 1 Nr. 1) erreichen, sind in keinem Fall „klein" oder mittelgroß. Zum anderen ist der Vergleich mit der Größe des Normadressaten relevant; ein Unternehmen ist nur dann „klein" oder mittelgroß, wenn es nach Umsatz deutlich kleiner ist als der Normadressat. Für den Vergleich der Preise beim Direktvertrieb und den an den Handel kommt es nur auf einen formalen Vergleich der Preise an, nicht auf eine Bewertung der Kosten. Ebenso wie in Fällen der Nr. 1 und 2 sind maßgeblich die Nettopreise nach Abzug aller dem Einzelgeschäft zuzuordnenden Nachlässe (→ Rn. 35). Verglichen wird nicht etwa der Abgabepreis des Herstellers an seine eigene Niederlassung, sondern der Preis, den die Niederlassung von Endverbrauchern verlangt, mit dem Abgabepreis des Herstellers an den Händler. Bei regionalen Preisdifferenzierungen kommt es auf die jeweiligen Abgabepreise in **entsprechenden Regionen** an; maßgeblich dafür ist, dass der zu einem möglicherweise überhöhten Preis belieferte Händler nur dann durch die niedrigere Preisstellung der direkt verkaufenden Niederlassung behindert wird, wenn konkrete Wettbewerbsbeziehungen zwischen beiden bestehen. Die Preis-Kosten-Schere kann auch außerhalb des Abs. 4 S. 2 Nr. 3 ein gegen § 19 Abs. 2 Nr. 1 und § 20 Abs. 1 verstoßender Behinderungsmissbrauch sein (vgl. zu einem entsprechenden Verfahren BKartA 6.8.2009 – MABEZ-Dienste).

48 Die durch Preisdifferenzierungen entstehende „Preis-Kosten-Schere" ist nur dann über Nr. 3 als unbillige Behinderung verboten, wenn sie **sachlich nicht gerechtfertigt** ist; die Beweislast dafür trägt der Hersteller (→ Rn. 39). Die sachliche Rechtfertigung kann sich insbes. daraus ergeben, dass der niedrigere Preis im Direktvertrieb des Herstellers durch Wettbewerb Dritter bedingt ist, der zeitlich versetzt möglicherweise erst später den belieferten Händler trifft. Der Hersteller kann sich grds. auch darauf berufen, dass der Händler die Waren oder gewerblichen Leistungen von Dritten zu günstigeren Preisen beziehen könnte. Das bedeutet in der Umkehrung, dass Nr. 3 nur anwendbar ist, wenn der Händler-Wettbewerber nach § 19 Abs. 2 Nr. 1 oder § 20 Abs. 1 einen Belieferungsanspruch gegen den Hersteller hat (vgl. dazu auch OLG Düsseldorf WuW/E DE-R 829 (833 f.) – Freie Tankstellen).

49 **f) Beweiserleichterung (Abs. 4).** Abs. 4 enthält eine nur für Abs. 3 relevante **Beweislastregel** zugunsten der behinderten Unternehmen. Wenn nur aufgrund bestimmter Tatsachen nach allgemeiner Erfahrung der **Anschein** besteht, dass eine unbillige Behinderung von kleinen oder mittleren Wettbewerbern vorliegt, muss dieser Anschein vom belasteten Unternehmen widerlegt werden. Fraglich ist, welche Tatsachen Grundlage für diese Vermutung sein können; die Preisunterbietung durch einen starken Wettbewerber kann nicht genügen. Allenfalls bei ruinösem Preiswettbewerb könnten die Voraussetzungen für die Vermutung vorliegen.

5. Maßnahmen gegen Tipping von Märkten (Abs. 3a)

49a Abs. 3a wurde durch die 10. GWB-Novelle 2021 eingefügt. Auch hier folgte der Gesetzgeber wieder den Empfehlungen des Missbrauchsberichts (RegE 10. GWB-Novelle 2021, 82 f.). Abs. 3a richtet sich gegen die **Behinderung von Wettbewerbern bei der eigenständigen Erzielung von Netzwerkeffekten durch Unternehmen mit überlegener Marktmacht auf Märkten nach § 18 Abs. 3a.** Nach dem RegE 10. GWB-Novelle 2021 soll die Vorschrift systematisch an Abs. 3 anknüpfen, der an überlegene Marktmacht anknüpft. Kartellbehördliches Eingreifen soll in ein „Tipping"-Prozess, also einem Umkippen eines Marktes zur Marktbeherrschung, in einem vergleichsweise frühen Zeitpunkt möglich werden (RegE 10. GWB-Novelle 2021, 82 f.). Dagegen soll **nicht** ermöglicht werden, **vor Errei-**

chen der überlegenen Marktmacht einzugreifen. Nach dem RegE 10. GWB-Novelle 2021 lässt sich unterhalb der Schwelle der überlegenen Marktmacht nicht prognostizieren, welches von mehreren in Betracht kommenden Unternehmen später von einem Tipping profitieren würde; außerdem würden Unternehmen unterhalb der überlegenen Marktmacht wahrscheinlich gar nicht in der Lage sein, ein Tipping überhaupt herbeizuführen.

Tipping ist nach dem Bericht Missbrauchsaufsicht (S. 13 f.) die **Transformation** eines durch starke positive Netzwerkeffekte geprägten Markes mit mehreren Anbietern zu einem monopolistischen bzw. hochkonzentrierten Markt. Entsteht die Marktmacht durch Mittel des Leistungswettbewerbs, so ist das wettbewerbsrechtlich nicht zu beanstanden. Tipping soll nur durch gezielte Behinderungsstrategien und durch nicht leistungswettbewerbliches Verhalten verhindert werden. Beispiel für Tipping ist der Markt für soziale Netzwerke, der nach Ansicht des BKartA Facebook als quasi Monopolisten durch Tipping hervorgebracht hat (BKartA B6–22/16 Rn. 387 – Facebook). Weiteres Beispiel: Der Betreiber einer Immobilien-Internet-Plattform behindert andere Vermittler durch seine Rabattgestaltung, die zu einer Quasi-Exklusivität führt: LG Berlin NZKart 2021, 463. 49b

Erforderlich ist zunächst die Behinderung **der eigenständigen Erzielung von starken Netzwerkeffekten** durch Wettbewerber. **Behinderungspraktiken** können **Verbote oder die Behinderung** der parallelen Nutzung mehrerer Plattformen **(Multihoming)** und die Erschwerung von **Plattformwechseln** sein. Nur die eigenständige Nutzung der Netzwerkeffekte durch ein Unternehmen wird durch Abs. 3a geschützt; die Verweigerung einer Zusammenschaltung und/oder Herstellung der Interoperabilität soll nicht unter Abs. 3a fallen (soll aber möglicherweise gegen § 19 Abs. 2 Nr. 4 verstoßen können, RegE 10. GWB-Novelle 2021, 83). 49c

Weitere **Voraussetzung** ist die **Einschränkung des Leistungswettbewerbs in nicht unerheblichem Maße.** Die Gefährdung soll ähnlich verstanden werden wie das Konzept der Marktstörung (BGH WRP 2004, 896 – 20 Minuten Köln). 49d

6. Aufnahme in Wirtschafts- und Berufsvereinigungen, Gütezeichengemeinschaften (Abs. 5)

a) Grundzüge. § 20 Abs. 5 tritt aufgrund der 8. GWB-Novelle 2012/2013 unverändert an die Stelle des § 20 Abs. 6 aF. Er entspricht § 27 idF bis zur 6. GWB-Novelle 1998. Anders als die alte Fassung enthält das Gesetz jetzt ein **unmittelbar geltendes Verbot** der Ablehnung der Aufnahme in eine der näher bezeichneten Vereinigungen. Aber auch die alte Fassung, die nur eine Anordnungsbefugnis der Kartellbehörde enthielt, war schon im Sinne eines auch zivilrechtlich durchsetzbaren Aufnahmeanspruchs interpretiert worden (BGHZ 29, 344 (349) = WuW/E 288 (290 f.) – Großhändlerverband II). 50

Während die §§ 1–3, 19–20 Abs. 4 durchweg unternehmerisches Verhalten betreffen, es ordnen, verbieten oder erlauben, hat § 20 Abs. 5 eine andere Zielrichtung. Sein Gegenstand ist die **berufspolitische Vertretung der Unternehmen** gegenüber der Öffentlichkeit, den Gesetzgebungsorganen und der öffentlichen Verwaltung. Vereinigungen, die diesen Zweck verfolgen, unterliegen einem grundsätzlichen Aufnahmezwang. Für ein Unternehmen kann es von wesentlicher Bedeutung sein, ob es Mitglied einer Wirtschafts- oder Berufsvereinigung ist und dadurch Einfluss nehmen kann auf die Willensbildung in den Vereinigungen, die die Interessen des Berufsstandes formulieren und vertreten (vgl. BGH WuW/E 2191 (2194) – Schwarzbuntzüchter). Weigert sich eine solche Wirtschafts- und Berufsvereinigung, ein Unternehmen aufzunehmen, so liegt darin unmittelbar kein wettbewerbsbeschränkendes Verhalten. Nur mittelbar besteht ein Bezug zu Inhalt und Zweck des GWB. Der Ausschluss aus einer Wirtschafts- und Berufsvereinigung kann **ungleiche Wettbewerbsvoraussetzungen** herbeiführen. Wirtschafts- und Berufsvereinigun- 51 gen können außerordentlich wichtige Informationsquellen über Marktverhältnisse, Gesetzgebungsvorhaben und andere Umstände sein, auf die sich Unternehmen einzurichten haben. Sind sie dazu nicht in der Lage, so kann das wettbewerbliche Nachteile zur Folge haben. Auf **ausländische Vereinigungen** kann § 20 Abs. 5 anwendbar sein, wenn sie (auch) im Inland als Vereinigung iSd Abs. 5 tätig sind (§ 130 Abs. 2, vgl. LG Köln WuW/E DE-R 2090 – Hundezuchtverband).

52 Wirtschafts- und Berufsvereinigungen können auch durch Herausgabe von Verzeichnissen, Katalogen, die Veranstaltung von Messen und Ausstellungen uÄ für ihre Mitglieder **werbend tätig** sein. Wer nicht Mitglied ist und daran nicht teilhat, kann dadurch Nachteile erleiden. Allerdings liegt ein Teil dieser Aktivitäten schon jenseits der typischen Tätigkeiten einer Wirtschafts- und Berufsvereinigung und ist **selbst unternehmerischer Natur.** Dann ist die Vereinigung insoweit selbst Unternehmen und kann dem Diskriminierungsverbot des **§ 19 Abs. 2 Nr. 1 und § 20 Abs. 1** unterliegen.

53 Abs. 5 fügt sich ein in die verfassungsrechtliche Garantie **(Art. 9 Abs. 3 GG),** „zur Wahrung und Förderung der Arbeits- und Wirtschaftsbedingungen Vereinigungen zu bilden". Neben der **positiven Koalitionsfreiheit** im Sinne eines subjektiven Rechts auf Gründung und Teilnahme an Wirtschafts- und Berufsvereinigungen ergibt sich daraus auch ihre **„institutionelle Garantie",** also die Anerkennung ihrer Funktion im Wirtschafts- und Sozialgefüge. Damit sind nicht nur Rechte, sondern auch Pflichten verbunden. Dem entspricht es, dass Wirtschafts- und Berufsvereinigungen bei der Aufnahme – und korrespondierend bei der Ausschließung – von Mitgliedern nicht willkürlich verfahren dürfen.

54 **b) Wirtschafts- und Berufsvereinigung.** Unter „Wirtschafts- und Berufsvereinigung" ist die Vereinigung von Unternehmen zu verstehen, die die wirtschaftlichen und/oder beruflichen Interessen ihrer Mitglieder als **wirtschafts- und berufspolitische Vereinigung** vertritt, und zwar als Repräsentant gegenüber der Öffentlichkeit, den Gesetzgebungsorganen, der Verwaltung und anderen Interessentengruppen. Verlangt wird grds. eine umfassende Interessenvertretung. Das bedeutet aber nicht, dass ein Unternehmen seine wirtschafts- und berufspolitischen Interessen jeweils nur durch eine Vereinigung vertreten lassen könnte (vgl. BGH WuW/E 1061 (1062) – Zeitschriftengroßhandel II; 1725 (1727) – Deutscher Landseer Club; 2191 (2194) – Schwarzbuntzüchter). Vielmehr bestimmt sich, was in diesem Sinne „umfassende Interessenvertretung" ist, nach der im Rahmen des Art. 9 Abs. 3 GG frei bestimmbaren Zielsetzung des Verbandes. Diese kann, solange sie wirtschafts- und berufspolitischer Natur bleibt, auch eng begrenzt sein. Das hat Gewicht in Fällen, in denen die Mitglieder heterogen sind und nur ein relativ kleines gemeinsames Spektrum haben, das durch die betreffende Vereinigung vertreten werden kann.

55 Eine Vereinigung ist keine Wirtschafts- und Berufsvereinigung, soweit sie **selbst eine unternehmerische Funktion** wahrnimmt oder ihre Mitglieder unternehmerische Funktionen auf sie verlagert haben (vgl. zB OLG Koblenz WuW/E DE-R 1695 – Petcycle). Deswegen sind zB Funktaxi-Zentralen oder Molkereigenossenschaften nicht als Wirtschaftsvereinigungen anerkannt worden (BGHZ 33, 259 (260) – Molkereigenossenschaft; BGH WuW/E 1707 (1708) – Taxi-Besitzervereinigung; dazu auch LG Magdeburg WuW/E DE-R 973 f. – Taxivermittlung); sie sind selbst gewerblich tätig. Haben die Mitglieder unternehmerische Funktionen, die sie prinzipiell auch selbst wahrnehmen könnten, zB aus Rationalisierungsgründen auf die Vereinigung übertragen, so handelt es sich nicht um eine Wirtschaftsvereinigung iSd Abs. 6. Sie unterliegen uU den Verpflichtungen und Beschränkungen nach § 20 Abs. 1 und 2.

56 **c) Arbeitgebervereinigungen und Unternehmensverbände. Arbeitgebervereinigungen und Unternehmensverbände,** die sozialpolitische Funktionen

wahrnehmen, sind nicht Wirtschafts- und Berufsvereinigungen. Ist eine wirtschafts- und berufspolitische Vereinigung **zugleich Arbeitgeberverband,** so kann über § 20 Abs. 5 ein Anspruch auf Aufnahme in diese einheitliche Vereinigung durchgesetzt werden. Dabei kann sich die Frage ergeben, ob ein Unternehmen, das an der Mitgliedschaft nur im Hinblick auf die wirtschafts- und berufspolitische Zielsetzung interessiert ist, auf diese Weise gezwungen werden kann, auch an den Arbeitgeberfunktionen teilzuhaben, und umgekehrt. Das ist im Hinblick auf die **negative Koalitionsfreiheit,** die durch Art. 9 Abs. 3 GG garantiert ist, verfassungsrechtlich problematisch. Es kann deswegen sinnvoll sein, Vereinigungen nach wirtschafts- und berufspolitischen Zielen einerseits und sozialpolitischen Zielen andererseits organisatorisch zu trennen. Ist eine wirtschafts- und berufspolitische Vereinigung zugleich auch unternehmerisch tätig, so kann eine Teilhabe an den Unternehmensfunktionen ggf. isoliert über § 19 Abs. 2 Nr. 1, § 20 Abs. 1 durchgesetzt werden. Dann ist im Einzelfall zu prüfen, ob die im Ausschluss von der Teilhabe liegende Ungleichbehandlung oder Behinderung sachlich gerechtfertigt ist, weil das Unternehmen nicht Mitglied der Vereinigung ist. Das lässt sich, wie stets beim Tatbestandsmerkmal der sachlichen Rechtfertigung oder Unbilligkeit, nicht generell beantworten.

d) Gütezeichengemeinschaft. Das Gesetz sieht in Abs. 5 auch die Einbeziehung von Gütezeichengemeinschaften vor. Gütezeichengemeinschaften haben **keine wirtschaftspolitische Zielsetzung.** Sie dienen auch nicht einer umfassenden Interessenvertretung. Gütezeichengemeinschaften definieren Qualitätsmerkmale für bestimmte Waren und verleihen ihren Mitgliedern bei Erfüllen dieser Merkmale das Recht, ein Gütezeichen zu führen (vgl. dazu auch BKartA WuW/E 1170 (1172); LG Köln WuW/E DE-R 2090 – Hundezuchtverband). **Kollektivmarken-Verbände** (§§ 97 ff. MarkenG) sind als solche keine Gütezeichengemeinschaften. Früher war das Gütezeichenwesen in der Gütezeichenverordnung von 1942 geregelt. Der „RAL" (Abkürzung für „Reichsausschuss für Lieferbedingungen und Gütesicherungen", selbst aber keine Gütezeichengemeinschaft) berät heute als selbstständiger Ausschuss des Deutschen Normenausschusses die Wirtschaft über die Schaffung von Gütezeichen und führt eine Gütezeichenliste. Alle Unternehmensvereinigungen, die ein derartiges **Gütezeichen** definiert haben und es **verleihen,** sind unabhängig von ihrer Rechtsform **Gütezeichengemeinschaften** iSd Gesetzes. Die Mitglieder der Gütezeichengemeinschaft können durch die Führung von Gütezeichen Wettbewerbsvorsprünge gegenüber Außenseitern haben, die entsprechende Waren in gleicher Qualität anbieten. Diese Wettbewerbsvorsprünge beruhen dann nicht auf einzelnen unternehmerischen Maßnahmen, sondern auf kollektiven Maßnahmen mehrerer Unternehmen (vgl. auch BKartA WuW/E 1170 (1172 f.)). Ausschluss und Aufnahmeverweigerung von Unternehmen aus Gütegemeinschaften können sich ähnlich auf die Wettbewerbsstellung auswirken wie der Ausschluss aus Wirtschafts- und Berufsvereinigungen (dazu OLG Düsseldorf WuW/E 4698 (4700) – Gütegemeinschaft Kachelöfen). Das ist der Grund für ihre Einbeziehung in § 20 Abs. 6. 57

Im Gesetzgebungsverfahren vor 1958 war auch die Einbeziehung von **„Werbegemeinschaften"** erörtert worden. Sie ist abgelehnt worden, weil Werbegemeinschaften unmittelbar tätig werden oder individuelle wirtschaftliche Interessen ihrer Mitglieder wahrnehmen. Werbegemeinschaften können legalisierungsbedürftige Kartelle sein und als solche oder wegen eigener unternehmerischer Funktion als Unternehmen dem Diskriminierungsverbot des § 20 Abs. 1, 2 unterliegen. 58

e) Aufnahmezwang. Voraussetzung für den Aufnahmeanspruch ist zunächst, dass die Ablehnung der Aufnahme eine **„sachlich nicht gerechtfertigte ungleiche Behandlung"** darstellt. Wichtigster Beurteilungsmaßstab hierfür ist die **Satzung** der Vereinigung. Erfüllt ein Bewerber die satzungsmäßigen Voraussetzungen für die Aufnahme, ist seine Ablehnung nicht nur eine Ungleichbehandlung (im 59

Verhältnis zu den Unternehmen, die in Anwendung der Satzung aufgenommen werden), sondern auch grds. nicht sachlich gerechtfertigt (vgl. BGHZ 63, 282 (285) = WuW/E 1347 – Rad- und Kraftfahrerbund Solidarität; KG WuW/E 4003 (4004) – Deutscher Pool-Billard-Bund). Steht seiner Aufnahme eine Satzungsbestimmung entgegen, kann diese nur beachtet werden, wenn sie ihrerseits, auch in Abhängigkeit von der Monopol- oder wirtschaftlichen und sozialen Machtstellung des Verbandes, sachlich gerechtfertigt ist. **Satzungsmäßige Aufnahmebeschränkungen,** die in diesem Sinne nicht gerechtfertigt sind, sind unwirksam oder jedenfalls nur beschränkt anwendbar (KG WuW/E 4003 – Deutscher Pool-Billard-Bund; BGHZ 63, 282 (285) = WuW/E 1347 (1348) – Rad- und Kraftfahrerbund Solidarität; WuW/E 1725 (1727) – Deutscher Landseer Club; 2191 (2193) – Schwarzbuntzüchter; 2269 f. – Verband für Deutsches Hundewesen; LG Köln WuW/E DE-R 2090 – Hundezuchtverband; OLG München WuW/E DE-R 2695 (2697) – Taekwondo; OLG München NZKart 2019, 288 (289)). Dabei kommt es auf den Zeitpunkt an, in dem über die Aufnahme entschieden wird, im Gerichtsverfahren also auf den Zeitpunkt der letzten Tatsachenverhandlung und zwar auch dann, wenn die Satzung aus Anlass des konkreten Aufnahmebegehrens geändert wurde (OLG Düsseldorf NZKart 2013, 125 (126) – = WuW/E DE-R 3841 – Großhandelsverband Haustechnik unter ausdrücklicher Aufgabe von OLG Düsseldorf WuW/E 4698 – Gütergemeinschaft Kachelöfen). Die Unternehmen haben das Recht, den **Zweck ihrer Vereinigung autonom** zu bestimmen und innerhalb dieser Zweckbestimmung Aufnahmevoraussetzungen festzulegen. Eine Vereinigung von Fachhändlern kann zB nicht dadurch denaturiert werden, dass auch Nicht-Fachhändler ihre Aufnahme durchsetzen. Handelsvereinigungen können festlegen, dass Händler nicht Mitglied werden können, die zugleich Hersteller sind (vgl. dazu auch BGH WuW/E 1061 (1062) – Zeitungsgroßhandel II). Es ist grds. zulässig, in der Satzung die Aufnahme auf solche Unternehmen zu beschränken, die ausschließlich die Funktion wahrnehmen, deren Interessenvertretung die Vereinigung dient. Ein Verband der stationären Fachgroßhändler kann reine oder schwerpunktmäßige Versandhändler satzungsmäßig ausschließen (OLG Düsseldorf NZKart 2013, 125 (126 f.) = WuW/E DE-R 3841 – Großhandelsverband Haustechnik).

60 Auch wenn ein Unternehmen die satzungsmäßigen Voraussetzungen für die Aufnahme erfüllt, kann diese abgelehnt werden, wenn **außerhalb der Satzung** sachliche Rechtfertigungsgründe vorliegen (so auch OLG Frankfurt a. M. WuW/E DE-R 2648 (2650)). Dafür ist eine Interessenabwägung erforderlich, nämlich der Interessen des Bewerbers an der Mitgliedschaft und die damit verbundenen Rechte und Vorteile und der Interessen des Vereins, die im Einzelfall dahin gehen können, den Bewerber von der Mitgliedschaft fernzuhalten (BGH WuW/E 2226 – Aikido-Verband). Unter Umständen muss die Vereinigung Ablehnungsgründe in die Satzung aufnehmen, da andernfalls eine diskriminierungsfreie Aufnahmepraxis nicht gewährleistet ist (vgl. BGH WuW/E 2226 (2230) – Aikido-Verband). Umgekehrt kann eine Aufnahmepflicht bestehen, wenn der Verband außerhalb der Satzung in gleichgelagerten Fällen andere Unternehmen aufgenommen hat (OLG Düsseldorf NZKart 2013, 125 (127) = WuW/E DE-R 3841 – Großhandelsverband Haustechnik); das schließt aber nicht von vornherein aus, dass alte Mitglieder aus Zeiten früherer Satzungsregelungen im Verband bleiben können, ohne Berufungsfall für neue Mitglieder zu sein.

61 Die sachlich ungerechtfertigte Behandlung und die unbillige **„Benachteiligung“** (Behinderung) **im Wettbewerb** stehen nicht alternativ, sondern kumulativ nebeneinander. Abs. 5 soll nachteilige Auswirkungen von Aufnahmeverweigerungen auf die Stellung des Unternehmens im Wettbewerb verhindern. In der Praxis hat das Merkmal der Benachteiligung kein großes Gewicht, weil sein Vorliegen bei sachlich ungerechtfertigten Aufnahmeverweigerungen im Grunde vermutet wird

(vgl. aber BKartA NJWE-WettbR 1997, 95 f. (96) – DMS International). Lediglich bei Wirtschafts- oder Berufsvereinigungen, die keine Monopolstellung haben, sondern mit anderen Vereinigungen gleicher Ausrichtung konkurrieren, bedarf die Benachteiligung des Bewerbers konkreten Nachweises (vgl. dazu auch BGH WuW/E 1625 (1627) – Anwaltsverein).

f) Durchsetzung. Abs. 5 enthält das an bestimmte Voraussetzungen geknüpfte Verbot der Ablehnung der Aufnahme in eine Vereinigung. Über § 32 Abs. 1 kann die **Kartellbehörde** die „Abstellung" der Aufnahmeverweigerung verfügen und über Abs. 2 die Aufnahme anordnen. Abs. 6 ist auch in den Fällen anwendbar, in denen ein Unternehmen aus der Vereinigung ausgeschlossen wird und wieder Aufnahme begehrt. Die Kartellbehörde kann in Fällen, in denen der Ausschluss nicht sofort wirksam wird, Wiederaufnahme für den Zeitpunkt des Wirksamwerdens anordnen, sodass praktisch die Mitgliedschaft nicht unterbrochen wird. Die Abstellungsverfügung kann von der Wirtschafts- oder Berufsvereinigung angefochten werden. Die Beschwerde hat keine aufschiebende Wirkung (vgl. § 64 Abs. 1). 62

Über § 33 Abs. 1 S. 1 hat das abgelehnte Unternehmen auch einen **zivilrechtlichen Aufnahmeanspruch** (Beseitigung des Gesetzesverstoßes). Wenn die Vereinigung die Aufnahme ablehnt, kann das Unternehmen anstelle des Antrags auf Einleitung eines Verwaltungsverfahrens unmittelbar einen kartell(zivil)rechtlichen Anspruch auf Aufnahme geltend machen, wenn die Ablehnung eine sachlich nicht gerechtfertigte ungleiche Behandlung darstellt und zu einer unbilligen Benachteiligung des Unternehmens im Wettbewerb führt. 63

Die **Darlegungs- und Beweislast** für die sachliche Rechtfertigung der Ablehnung trägt der Verband (wie hier zur alten Rechtslage Immenga/Mestmäcker/Markert, 2. Aufl. 1992, § 27 Rn. 50; zur neuen Rechtslage vgl. Immenga/Mestmäcker/Markert Rn. 336). Daneben wird von der Rspr. gegenüber Vereinigungen in Monopolstellung oder sonstiger wirtschaftlicher und sozialer Machtstellung auch über **§ 826 BGB** ein Aufnahmeanspruch gewährt, der dann nicht kartellrechtlicher Natur ist (so zB BGH WuW/E 1347 (1348 f.) – Rad- und Kraftfahrerverbund; vgl. auch BGH WuW/E 1625 – Anwaltsverein). Teilweise werden die Rechtsgrundlagen auch undifferenziert zusammengefasst (Aufnahmeanspruch „gemäß den §§ 826 BGB, 27 GWB" – = § 20 Abs. 5 –, vgl. BGH WuW/E 2226 – Aikido-Verband). Die Berufung auf einen Ausschließungsbeschluss ist nach § 242 BGB unzulässig, wenn das angeschlossene Unternehmen nach Abs. 5 einen Aufnahmeanspruch hätte (BGH WuW/E 1707 f. (1708) – Taxi-Besitzervereinigung); in dieser Konstellation ist allerdings zweifelhaft, ob der Ausschließungsbeschluss wirksam ist (dazu KG WuW/E 4560 systematische Selbstaufführungen). Abs. 5 kann **mit § 19 Abs. 2 und § 20 Abs. 1 konkurrieren,** wenn die Wirtschafts- und Berufsvereinigung zugleich Unternehmen und marktbeherrschend ist, oder die Voraussetzungen des § 20 Abs. 1 vorliegen (vgl. auch BGH WuW/E 1707 f. (1708) – Taxi-Besitzervereinigung). 64

Anders als nach § 27 aF ist die gegen Abs. 5 verstoßende Ablehnung der Aufnahme nach § 81 Abs. 2 Nr. 1 **ordnungswidrig.** Die Verwirklichung des Bußgeldtatbestands setzt einen Aufnahmeantrag voraus, der unter materiellem Verstoß gegen Abs. 5 abgelehnt wurde. Der Ausschluss eines Unternehmens, das nach Abs. 5 einen Aufnahmeanspruch hätte und der deswegen indirekt gegen Abs. 5 verstößt (→ Rn. 59 ff.), ist allein nicht ordnungswidrig. In diesem Fall liegt tatbestandlich keine „Ablehnung der Aufnahme" vor. 65

7. EU-Recht

a) Diskriminierung und Behinderung. Art. 101 und 102 AEUV enthalten keine den Abs. 1–5 entsprechenden besonderen Vorschriften über die Diskriminierung und Behinderungen durch marktstarke, aber nicht marktbeherrschende Unternehmen. Beide Bestimmungen enthalten aber als Beispiele unzulässiger Wettbe- 66 werbsbeschränkungen bzw. missbräuchlichen Verhaltens die „Anwendung **unterschiedlicher Bedingungen bei gleichwertigen Leistungen** gegenüber Handelspartnern, wodurch diese im Wettbewerb benachteiligt werden" (Art. 101 Abs. 1 lit. d AEUV; Art. 102 S. 2 lit. c AEUV). Da § 20 „einseitige" Maßnahmen betrifft, kann diese Bestimmung auch angewendet werden, wenn das Verhalten nicht gegen Art. 102 AEUV verstößt (Art. 3 Abs. 2 S. 2 Kartellverfahrens-VO). Soweit das Verhalten – bei Marktbeherrschung – auch in den potenziellen Anwendungsbereich des Art. 102 AEUV fällt, ist auch Art. 102 AEUV anzuwenden (Art. 3 Abs. 1 S. 2 Kartellverfahrens-VO).

67 **Art. 101 Abs. 1 AEUV** verbietet nach lit. d die Diskriminierung als Beispiel der abgestimmten oder vereinbarten Wettbewerbsbeschränkung. Er enthält damit aber **kein allgemeines Diskriminierungsverbot,** sondern nur das Verbot vereinbarter oder abgestimmter **kollektiver** Diskriminierung, zB die Preisdiskriminierung oder Lieferverweigerung gegenüber Dritten, die zwischen Unternehmen (Wettbewerber oder Hersteller und Händler) vereinbart wird. Besondere Bedeutung hat dieses spezielle Diskriminierungsverbot im Zusammenhang mit selektiven Vertriebssystemen. Soweit diese nach der Gruppenfreistellungs-VO (EU) 2022/720 (Vertikal-GVO) freigestellt sind, kann ihre Praktizierung nicht durch § 20 infrage gestellt werden (vgl. Bechtold/Bosch/Brinker Vertikal-GVO Art. 1 Rn. 45 und Bechtold NJW 2003, 3729). Das hat besondere Bedeutung für **quantitativ selektierende Vertriebssysteme,** zu deren Wesen es gehört, dass nicht alle qualitativ geeigneten Vertriebsmittler zugelassen werden, sondern nur so viele, wie der Hersteller („Lieferant") für erforderlich hält. Derjenige, der wegen der quantitativen Beschränkung nicht zugelassen wird, hat auch dann keinen Zulassungsanspruch, wenn er qualitativ genauso geeignet ist wie die zugelassenen Vertriebsmittler. Die **Unanwendbarkeit des § 20** in einem solchen Fall ergibt sich aus dem **Vorrang des Unionsrechts,** der mit der Freistellung nach Art. 101 Abs. 3 AEUV verbunden ist, jedenfalls aber auch aus der sachlichen Rechtfertigung der unterstellten Diskriminierung bzw. dem Fehlen der „Unbilligkeit" einer Behinderung.

68 In **Art. 102 AEUV** ist das in lit. c erwähnte Diskriminierungsverbot der wichtigste Anwendungsfall des Verbots der missbräuchlichen Ausnutzung einer marktbeherrschenden Stellung Es wird streng angewendet zB auf Preis- und Rabattdiskriminierungen (zB EuGH Slg. 1978, 207 (306) – United Brands) oder Diskriminierungen aus Gründen der Nationalität (zB EuGH Slg. 1983, 483 (509) – GVL). Die Diskriminierung wird auch unter dem Gesichtspunkt des Behinderungsmissbrauchs bewertet (vgl. EuGH Slg. 1975, 1663 (2020) – Zucker). Im Übrigen hat der Behinderungsmissbrauch selbstständige Bedeutung, insbes. in den Formen der Verdrängung (dazu EuGH EuZW 1992, 21 (25) AKZO), der Ausschließlichkeits- und Bezugsbindungen, Treuerabatt (EuGH NZKart 2017, 525 und EuG NZKart 2014, 267 – Intel; s. Bechtold/Bosch/Brinker AEUV Art. 102 Rn. 46) und der Kosten-Preis-Schere (dazu Frenz NZKart 2013, 60).

69 **b) Aufnahmezwang.** Art. 101 und 102 AEUV enthalten **keine dem Abs. 5 entsprechenden Regelungen.** Ein Aufnahmezwang kann über Art. 102 AEUV nur begründet werden, wenn die Vereinigung selbst Unternehmen ist, also selbst unternehmerische Zwecke verfolgt. Denkbar ist auch, dass ein Beschluss einer Vereinigung von Unternehmen, bestimmte Unternehmen nicht aufzunehmen, gegen Art. 101 Abs. 1 AEUV verstößt, wenn dadurch der Wettbewerb beschränkt wird; der Verstoß gegen Art. 101 Abs. 1 AEUV begründet aber noch nicht ohne Weiteres eine Aufnahmepflicht (Bechtold/Bosch/Brinker Vertikal-GVO Art. 1 Rn. 45).

§ 21 Boykottverbot, Verbot sonstigen wettbewerbsbeschränkenden Verhaltens

(1) **Unternehmen und Vereinigungen von Unternehmen dürfen nicht ein anderes Unternehmen oder Vereinigungen von Unternehmen in der**

Absicht, bestimmte Unternehmen unbillig zu beeinträchtigen, zu Liefersperren oder Bezugssperren auffordern.

(2) **Unternehmen und Vereinigungen von Unternehmen dürfen anderen Unternehmen keine Nachteile androhen oder zufügen und keine Vorteile versprechen oder gewähren, um sie zu einem Verhalten zu veranlassen, das nach folgenden Vorschriften nicht zum Gegenstand einer vertraglichen Bindung gemacht werden darf:**

1. **nach diesem Gesetz,**
2. **nach Artikel 101 oder 102 des Vertrages über die Arbeitsweise der Europäischen Union oder**
3. **nach einer Verfügung der Europäischen Kommission oder der Kartellbehörde, die auf Grund dieses Gesetzes oder auf Grund der Artikel 101 oder 102 des Vertrages über die Arbeitsweise der Europäischen Union ergangen ist.**

(3) **Unternehmen und Vereinigungen von Unternehmen dürfen andere Unternehmen nicht zwingen,**

1. **einer Vereinbarung oder einem Beschluss im Sinne der §§ 2, 3, 28 Absatz 1 oder § 30 Absatz 2a oder Absatz 2b beizutreten oder**
2. **sich mit anderen Unternehmen im Sinne des § 37 zusammenzuschließen oder**
3. **in der Absicht, den Wettbewerb zu beschränken, sich im Markt gleichförmig zu verhalten.**

(4) **Es ist verboten, einem Anderen wirtschaftlichen Nachteil zuzufügen, weil dieser ein Einschreiten der Kartellbehörde beantragt oder angeregt hat.**

Übersicht

1. Einführung

§ 21 fasst das Boykottverbot, das bis zur 6. GWB-Novelle 1998 in § 26 Abs. 1 aF **1**
geregelt war, und die bis dahin in § 25 Abs. 2–4 aF geregelten sonstigen Verbote des Veranlassens von Wettbewerbsbeschränkungen zusammen. Gemeinsames Kenn-

zeichen ist die **Einseitigkeit,** also der **nicht vereinbarte oder abgestimmte** Charakter der untersagten Maßnahme. § 21 Abs. 1 entspricht wörtlich § 26 Abs. 1 aF, § 21 Abs. 3 wörtlich dem § 25 Abs. 3 aF, § 21 Abs. 4 dem § 38 Abs. 1 Nr. 9 aF; dieser hatte ohne Verweis auf eine andere Regelung als ordnungswidrig definiert, was jetzt durch Abs. 4 verboten wird (unter Einbeziehung des niemals relevant gewordenen und daher jetzt aufgehobenen § 13b aF). Die 7. GWB-Novelle 2005 hat nur Abs. 3 Nr. 1 – ohne sachliche Änderung – an die neuen Regelungen angepasst. Die 8. GWB-Novelle 2012/2013 hat **§ 21 Abs. 2** neu gefasst und in das Verbot des Veranlassens zu einem unerlaubten Verhalten **auch das EU-Recht einbezogen.** Entgegen der Begr. z. RegE (BT-Drs. 17/9852, 24 unter Nr. 8) handelt es sich dabei nicht um eine bloße „Klarstellung", sondern um eine Erweiterung des Anwendungsbereichs.

2. Boykottverbot – objektiver Tatbestand (Abs. 1)

2 **a) Zivil- und wettbewerbsrechtliches Boykottverbot.** Abs. 1 dehnt das bereits durch **zivilrechtliche** (§ 826 BGB) und **wettbewerbsrechtliche** (§ 1 UWG) Regelungen anerkannte Boykottverbot auf das Kartellrecht aus. Er verbietet die Aufforderung zu Liefer- bzw. Bezugssperren durch Unternehmen und Vereinigungen von Unternehmen gegenüber Unternehmen und Vereinigungen von Unternehmen. Seit der 4. GWB-Novelle 1980 erfordert der Boykott nach Abs. 1 im Gegensatz zum Boykott nach § 4 Nr. 10 UWG (dazu Köhler/Bornkamm/Feddersen/Köhler UWG § 4 Rn. 4.122) kein Wettbewerbsverhältnis mehr. Anders als der Boykott nach § 826 BGB setzt Abs. 1 den Eintritt einer Schädigung nicht voraus; es genügt die bloße Aufforderung zur Liefer- bzw. Bezugssperre in (Schädigungs- bzw.) Beeinträchtigungsabsicht.

3 **b) Aufforderung zu Liefer- oder Bezugssperre.** „Boykott" ist definiert als Aufforderung zu Liefer- oder Bezugssperren durch ein Unternehmen in der Absicht, bestimmte Unternehmen unbillig zu beeinträchtigen. Bis zur 2. GWB-Novelle 1973 hieß es in § 26 Abs. 1 aF „veranlassen" anstelle von „auffordern". Früher war der Boykotttatbestand also ein „Erfolgsdelikt", heute **reicht die bloße uU nicht erfolgreiche, „Aufforderung"** aus. Boykott setzt drei Unternehmen (bzw. Unternehmensvereinigungen) voraus, nämlich den **„Verrufer",** der einen anderen zur Sperre auffordert, den **„Adressaten",** der die Sperre ausführt, und den **„Gesperrten",** gegen den sich diese Maßnahme richtet (vgl. BGH WuW/E DE-R 303 (304) – Taxi-Krankentransporte). Daran fehlt es, wenn unternehmensintern oder an weisungsabhängige Unternehmen die Anweisung erteilt wird, ein anderes Unternehmen zu sperren (BGH GRUR 1973, 273 – Registrierkassen; NJW 1982, 2775 (2776) – Stuttgarter Wochenblatt). Kein Boykott liegt vor, wenn die Aufforderung Teil einer unternehmens- oder konzerninternen Willensbildung ist. Der Boykott ist ein Unterfall einer wettbewerbsfeindlichen „Behinderung". Abs. 1 ahndet schon die bloße **„Aufforderung"** (zu diesem Begriff → § 19 Rn. 86). Die Durchführung der Liefer- oder Bezugssperren ist nicht erforderlich. Unter Aufforderung ist jeder Versuch zu verstehen, auf die freie Willensentscheidung des Adressaten Einfluss zu nehmen (vgl. BGH WuW/E 2370 (2372) – Importierte Fertigarzneimittel; OLG München WuW/E 4799 (4980) – Parfumdiscount; OLG Stuttgart WuW/E DE-R 256 (257) – Gerüstbau; BGH WuW/E DE-R 487 (490) – Zahnersatz aus Manila).

4 Nach dem Zweck des Gesetzes soll nicht nur der **Verkehr mit Waren,** sondern auch der **mit gewerblichen Leistungen** erfasst sein (vgl. BGH WuW/E 3006 (3008) – Handelsvertretersperre; WuW/E DE-R 303 (305) – Taxi-Krankentransporte: jede Tätigkeit im geschäftlichen Verkehr; DE-R 395, 397 Beteiligungsverbot für Schilderpräger; Immenga/Mestmäcker/Markert Rn. 22). Das ist im Hinblick auf die Begriffe „Liefer-" und „Bezugs"-Sperre zweifelhaft; uE sind deswegen **Handelsvertreter,** die als solche nicht „liefern" und „beziehen", keine möglichen

Adressaten eines Boykotts. Der äußere Tatbestand wird zB erfüllt, wenn ein Fachhändler oder eine Vereinigung von Fachhändlern einen Hersteller auffordert, künftig Nicht-Fachhändler nicht mehr zu beliefern (**Liefersperre;** BGH WuW/E 2562 (2563) – marktintern-Dienst). Ebenso ist es objektiv Boykott, wenn eine Fachhändlervereinigung ihre Mitglieder auffordert, nicht mehr von einem Hersteller zu beziehen, weil dieser auch Nicht-Fachhändler beliefert (**Bezugssperre;** Beispiel auch in KG WuW/E 5299 – Schnäppchenführer). Aufforderung zur Bezugssperre ist mehr als die – wenn auch mit unlauteren Mitteln erfolgende (BGH WuW/E DE-R 352 (354) – Kartenlesegerät) – Werbung für eigene Aufträge; kein Boykott liegt deswegen vor, wenn es dem Unternehmen nur um die Aufrechterhaltung und Förderung seines eigenen Umsatzes geht (BGH WuW/E 1786 f. – ARA) und nur die Vorzüge des eigenen Angebots herausgestellt werden (BGH WuW/E DE-R 352 (354) – Kartenlesegerät). Anders kann es sein, wenn die Erklärung nach ihrer dem Erklärungsadressaten erkennbaren Zielrichtung gegen ein bestimmtes Unternehmen gerichtet ist (BGH WuW/E DE-R 352 (354) – Kartenlesegerät; so auch WuW/E DE-R 487 (490) – Zahnersatz aus Manila).

Die Aufforderung bedarf keiner bestimmten Form und keiner Öffentlichkeit. Sie kann im Zwiegespräch ebenso wie durch öffentlichen Aufruf erfolgen. Sie ist nur verboten, soweit sie sich **an Unternehmen richtet.** Werden private Endverbraucher aufgefordert, Waren eines bestimmten Unternehmens nicht mehr zu kaufen, so kann dadurch der wettbewerbsrechtliche Tatbestand des Boykotts erfüllt werden, nicht aber der kartellrechtliche. Der Boykott-Tatbestand umfasst alle Handlungsweisen, die den Versuch darstellen, auf die **freie Willensentscheidung der Adressaten,** mit Dritten Liefer- und Bezugsbeziehungen aufzunehmen oder aufrechtzuerhalten, Einfluss zu nehmen. Ausreichend ist zB die Bitte einer Krankenkasse an Ärzte, Patienten nur an die mit ihr verbundenen Taxiunternehmen zu verweisen (BGH WuW/E DE-R 303 (305) – Taxi-Krankentransporte). Der Versuch muss auf Aufhebung oder Verhinderung solcher Beziehungen abzielen und dazu auch geeignet sein (BGH WuW/E 575 (578) – Möbelhersteller-Genossenschaft; 1666 (1668) – Denkzettel-Aktion; GRUR 1984, 214 (215) – Copy-Charge; 461 (462) – Kundenboykott; WuW/E 2137 (2138) – marktintern/Sanitär-Installation; OLG München WuW/E 5711 f. – Boykott Postwettannahmestelle). Die bloße Mitteilung von Tatsachen, aus denen die Angesprochenen unterschiedliche Schlüsse ziehen können, die ihnen vom Mitteilenden nicht nahe gelegt werden, reicht nicht aus (KG WuW/E 5299 (5305) – Schnäppchenführer). Ob die Mitteilung vom Adressaten als Aufforderung iSd Abs. 1 oder als bloße Anregung verstanden wird, hängt maßgeblich von ihrem Inhalt und von der den Beteiligten bekannten Interessenlage ab. Fehlt es – zB wegen wirksamer vertraglicher Bindungen – am eigenen Entscheidungsspielraum des Adressaten, kommt die Annahme einer tatbestandsmäßigen Aufforderung mangels der dafür notwendigen Eignung zur Willensbeeinflussung nicht in Betracht (zu allem OLG Düsseldorf WuW/E DE-R 1453 – PPK-Entsorgung; OLG Stuttgart WuW/E DE-R 256 (257) – Gerüstbau). Der Adressat des Boykottaufrufs verstößt als solcher nicht gegen § 21 Abs. 1 (BGHZ 86, 324 (326) – Familienzeitschrift). 5

3. Boykottverbot – Absicht der unbilligen Beeinträchtigung (Abs. 1)

a) Bestimmte Unternehmen. Die 4. GWB-Novelle 1980 hat in § 26 Abs. 1 aF den Begriff „bestimmte Unternehmen“ an die Stelle der Worte „bestimmte **Wettbewerber**“ gesetzt. Die frühere Fassung verlangte, dass das Unternehmen, gegen das sich der Boykottaufruf richtete, Wettbewerber des „Verrufers“ sein musste. Das führte dazu, dass besonders Boykottaufrufe in **Presseerzeugnissen,** in Informationsdiensten der Wirtschaft oder in Mitteilungen oder Rundschreiben von Wirtschaftsverbänden an ihre Mitglieder kartellrechtlich nicht geahndet werden konnten, 6 weil deren Herausgeber nicht „Wettbewerber“ desjenigen waren, gegen den sich der Boykottaufruf richtete. Nach der jetzigen Fassung kommt es auf ein Wettbewerbsverhältnis zwischen Verrufer und Verrufenem nicht mehr an. Nach der Begründung der 4. GWB-Novelle kann die „unter Wettbewerbsgesichtspunkten notwendige Verfolgung von Behinderungen des Verrufenen in seiner wirtschaftlichen und wettbewerblichen Betätigungsfreiheit … nicht davon abhängen, ob die Behinderung durch einen Mitbewerber oder durch einen nicht konkurrierenden Dritten unternommen wird, weil sie den Verrufenen in beiden Fällen gleich schwer trifft“ (BT-Drs. 8/2136, 24). Damit kann auch ein Publikationsorgan, das nicht Wettbewerber des Gesperrten ist, gegen § 21 Abs. 1 verstoßen (vgl. zB BGH WuW/E 2137 (2139) – marktintern/Sanitär-Installation). Der Boykott richtet sich gegen **„bestimmte“** Unternehmen, wenn das Unternehmen entweder genannt ist oder jedenfalls aus der Sicht des Aufgeforderten hinreichend bestimmbar ist (OLG Celle WuW/E DE-R 1197 (1198) – Vermietungsverbot).

7 **b) Unbillig.** Der Verrufer muss in der Absicht handeln, den oder die bestimmten Wettbewerber „unbillig“ zu beeinträchtigen. Für die **Absicht** reicht es aus, wenn der Verrufer den Boykottzweck zusammen mit anderen Zwecken verfolgt und dieser gegenüber jenen nicht völlig zurücktritt (dazu BGH WuW/E 3067 (3072) – Fremdleasingboykott II; WuW/E DE-R 303 (307) – Taxi-Krankentransporte). Das Handeln in **Kenntnis der Umstände, die die Unbilligkeit begründen,** reicht aus (so auch BGH WuW/E DE-R 303 (307) – Taxi-Krankentransporte); es ist nicht erforderlich, dass der Handelnde die Unbilligkeit als solche erkennt oder eine entsprechende Wertung in der Laiensphäre vornimmt (BGH WuW/E DE-R 303 (307) – Taxi-Krankentransporte). Wie immer, wenn das Gesetz den Begriff „unbillig“ verwendet, findet eine **Interessenabwägung** statt: Ob eine Behinderung unbillig ist, muss unter Abwägung der Interessen der Beteiligten und der auf die Freiheit des Wettbewerbs gerichteten Zielsetzungen des GWB auf der Grundlage einer Gesamtwürdigung entschieden werden (BGH WuW/E 2562 (2563) = BB 1989, 931 – markt intern-Dienst; OLG Düsseldorf WuW/E DE-R 1381 (1384) – DSD; 1453 (1456) – PPK-Entsorgung; OLG Karlsruhe WuW/E DE-R 2650 (2652) – Freiburger Repetitor). Unbilligkeit liegt nicht vor, wenn der Verrufer berechtigte Interessen geltend machen kann und die Rechtslage zwar noch ungeklärt ist, aber doch mit guten Gründen für ihn spricht (OLG Düsseldorf WuW/E DE-R 1381 (1384) – DSD). Sie liegt auch nicht vor, wenn mit der Aufforderung lediglich ein **vertraglicher Anspruch geltend gemacht** wird (BGH GRUR 1963, 142 (149) – Original-Ersatzteile; in der Begründung anders OLG Stuttgart WuW/E DE-R 256 (257) – Gerüstbau, wonach in Fällen einer vertraglichen Verpflichtung des Adressaten bereits der eigene Entscheidungsspielraum fehle und deswegen bereits eine tatbestandsmäßige Aufforderung ausscheide). Hat ein Hersteller mit einem Großhändler eine Fachhandelsbindung vereinbart, so erfolgt seine Aufforderung an den Großhändler, die Belieferung von Nicht-Fachhändlern zu unterlassen, nicht in der Absicht, diese Unternehmen „unbillig“ zu beeinträchtigen (BGH WuW/E 2562 (2563) = BB 1989, 931 – markt intern-Dienst). Zu unterscheiden hiervon ist der Fall, dass die Boykotthandlung selbst als Vertrag ausgestaltet ist; dann verstößt ggf. der Vertrag gegen Abs. 1 (vgl. dazu BGH WuW/E DE-R 395 – Beteiligungsverbot für Schilderpräger; OLG Celle WuW/E DE-R 1197 (1198) – Vermietungsverbot). Abs. 1 erfasst nicht mittelbare Auswirkungen einer autonom getroffenen Nachfrage- oder Lieferentscheidung auf vor- oder nachgelagerte Stufen (BGH WuW/E 2370 (2373) – Importierte Fertigarzneimittel; WuW/E DE-R 352 (354) – Kartenlesegerät).

8 Es kann sich das Problem ergeben, ob eine Praktizierung von zulässigen, weil nicht gegen § 1 verstoßenden oder nach § 2 freigestellten (früher nach § 16 aF zulässigen) **Vertriebs- oder Ausschließlichkeitsbindungen** überhaupt den Tat-

bestand des Boykotts erfüllen kann. Hier kann die zu § 20 Abs. 1 entwickelte Formel hilfreich sein, dass die **„regelmäßigen Wirkungen" einer** solchen **Vertriebs- oder Ausschließlichkeitsbindung** nicht gegen § 20 verstoßen (vgl. BGH WuW/E DE-R 395 (396) – Beteiligungsverbot für Schilderpräger; 1006 (1010) – Fernwärme Börnsen). Diese restriktive Anwendung des Abs. 1 auf wettbewerbsbeschränkende Vereinbarungen im Vertikalverhältnis findet aber dort ihre Grenze, wo die Beschränkung eine gegen bestimmte Dritte gerichtete Zielsetzung aufweist und wo mit ihrer Hilfe bestimmte, individualisierbare Unternehmen getroffen oder sogar vom Markt verdrängt oder ferngehalten werden sollen (BGH WuW/E DE-R 395 (396) – Beteiligungsverbot für Schilderpräger). Liegt keine Vertriebsbindung vor, sondern versucht der Hersteller, Fachhandelstreue allein durch entsprechende Aufforderungen zu Liefersperren durchzusetzen, so kommt es darauf an, ob **eine entsprechende vertragliche Fachhandelsbindung zulässig wäre.** Für die „Billigkeit" eines Boykotts spricht, wenn das, was durch den Boykott erreicht werden soll, auch zulässigerweise Gegenstand einer vertraglichen Bindung sein könnte (in dieser Richtung BGH WuW/E 2852 (2862) – Fremdleasingboykott). Unbilligkeit ist immer anzunehmen, wenn eine solche Bindung gegen Art. 101 AEUV verstieße (BGH WuW/E 2852 (2862) – Fremdleasingboykott). In Ausnahmefällen kann ein **Abwehrboykott** gerechtfertigt sein, wenn die Inanspruchnahme gerichtlicher Hilfe nicht möglich ist (KG WuW/E 5103 (5105) – Dire Straits-European Tour; 1029 (1032)).

An der Unbilligkeit fehlt es, wenn sich der Boykottaufruf gegen die **Tätigkeit** 9
eines Unternehmens richtet, die **rechtswidrig** ist, und diese Rechtswidrigkeit in der Aufforderung als Grund für die Liefer- oder Bezugssperre angegeben wird (vgl. dazu auch OLG Düsseldorf WuW/E DE-R 1381 (1387) – DSD). Das kann von Bedeutung sein in Fällen, in denen das boykottierte Unternehmen ganz oder jedenfalls für die betroffenen Tätigkeiten gewerberechtliche oder sonstige öffentlich-rechtliche Zulassungsvoraussetzungen nicht erfüllt. Ist die Rechtslage insoweit zweifelhaft, fehlt die Unbilligkeit jedenfalls, sobald die Rechtslage zugunsten des Verrufers geklärt ist; das bedeutet, dass vor einer Anwendung des Abs. 1 ggf. die objektive Rechtslage geklärt werden muss. Aber auch dann, wenn die Rechtslage zweifelhaft bleibt oder zulasten des Verrufers geklärt ist, ist im Rahmen des Tatbestandsmerkmals der Unbilligkeit zu prüfen, ob die Rechtsauffassung des Verrufers seriös vertretbar war und er sie deswegen auch in einer an potenzielle Kunden gerichteten Mitteilung zum Ausdruck bringen durfte. Entsprechendes gilt, wenn der Verrufer meint, der Adressat sei ihm gegenüber zu einem bestimmten Verhalten verpflichtet. Dann ist er berechtigt, den für ihn günstigen Rechtsstandpunkt zu vertreten und die **gerichtliche Durchsetzung anzudrohen.** Wenn er darüber hinausgeht, in dem er zB auf außenstehende Dritte einwirkt, kann die Grenze der Unbilligkeit überschritten sein (vgl. BGH WuW/E 1474 (1479) – Architektenkammer; 2688 (2692 f.) – Warenproben in Apotheken; OLG Düsseldorf WuW/E DE-R 1453 (1457) – PPK-Entsorgung).

Ein Mitteilungsorgan kann sich gegenüber dem Vorwurf der unbilligen Beein- 10
trächtigung Dritter zu Zwecken des Wettbewerbs nicht unbeschränkt auf **Art. 5 GG** berufen. Eine **Presseberichterstattung** kann auch im Falle eines Boykottaufrufs durch Art. 5 Abs. 1 GG gedeckt sein, wenn die ihr zugrunde liegende Meinungsäußerung ein Mittel im geistigen Meinungskampf in einer die Öffentlichkeit wesentlich berührenden Frage ist (BVerfGE 62, 230 (244 f.)). Art. 5 Abs. 1 GG steht der Anwendung des Abs. 1 nicht entgegen, wenn diese Äußerungen über eine bestimmte Meinungskundgabe hinaus dazu dienen, „in den individuellen Bereich des wirtschaftlichen Wettbewerbs bestimmter Unternehmen einzugreifen, und wenn die Meinungsäußerungen lediglich als Mittel zum Zweck der Förderung privater Wettbewerbsinteressen eingesetzt werden" (BGH WuW/E 2137 (2139) – markt intern/Sanitär-Installation). An der Unbilligkeit kann es auch fehlen, wenn ein

Unternehmen in Wahrnehmung berechtigter Interessen handelt, so im Fall eines Verbots einer Universität an ein mit der Vermietung der Werbeflächen der Universität betrautes Unternehmen, diese Flächen nicht privaten Repetitorien zu vermieten. Da die Universität ein Interesse hat, den Studenten ein Lehrangebot zur Verfügung zu stellen, dass das Studium ohne weitere Hilfe Dritter erlaubt, muss es ihr möglich sein, die Werbung für gewerbliche Konkurrenzangebote zu beschränken (OLG Karlsruhe NJW 2009, 2143 (2145)).

11 **c) Rechtsfolgen.** Das Gesetz enthält ein **unmittelbar wirksames Verbot.** Eine Legalisierung ist nicht möglich. Die **zivilrechtliche Sanktion** der Nichtigkeit (§ 134 BGB) passt nicht, wenn es nicht um vertragliches Verhalten geht. Möglich sind Beseitigungs-, Unterlassungs- und Schadensersatzverpflichtungen nach § 33. Die Kartellbehörde kann nach § 32 die Abstellung eines gegen § 21 Abs. 1 verstoßenden Verhaltens verfügen. Derartige – **verwaltungsrechtliche** – Maßnahmen werden im Allgemeinen nur in Betracht kommen, wenn den Unternehmen für die Vergangenheit kein Schuldvorwurf gemacht werden kann und es rechtlich zweifelhaft ist, ob der Tatbestand des § 21 Abs. 1 erfüllt ist. Die ihrer Natur nach in die Zukunft wirkenden Abstellungsmaßnahmen haben daher für Boykottmaßnahmen nur wenig Sinn. Bisher sind alle Verfahren, die Verstöße gegen § 21 Abs. 1 zum Gegenstand hatten, als **Bußgeldverfahren** geführt worden. Eine Verletzung des Verbotes des § 21 Abs. 1 ist nach § 81 Abs. 2 Nr. 1 ordnungswidrig.

4. Verbot des Veranlassens zu unerlaubtem Verhalten (Abs. 2)

12 **a) Zweck des Verbots.** Abs. 2 ist durch die 8. GWB-Novelle 2012/2013 neu gefasst und **auf Verstöße die EU-Wettbewerbsregeln erweitert** worden. Es handelt sich insoweit um mehr als eine bloße „Klarstellung“ (so aber die Begr. z. RegE (BT-Drs. 17/9852, 24 unter Nr. 8)). Nach Abs. 2 darf kein Druck ausgeübt werden, um einen anderen zu kartellrechtlich unzulässigem Verhalten zu veranlassen. Diese Bestimmung dient der Aufrechterhaltung des Wettbewerbs, indem sie die unternehmerische Entscheidungsfreiheit gegen bestimmte Einflussnahmen anderer Unternehmen schützt und der **Gefahr vorbeugt,** dass **Verbote des GWB oder der Art. 101 und 102 AEUV durch Anwendung von Druck- oder Lockmitteln umgangen** werden (vgl. BGHZ 44, 279 (281) = WuW/E 690 – Brotkrieg II; BGH WuW/E 2377 – Abwasser Bauvorhaben Oberes Aartal; KG WuW/E 5053 (5058) – Einflussnahme auf die Preisgestaltung; BKartA 2.12.2019 – B1-233/17-2: Androhung einer Kündigung, wenn nicht mit einem Wettbewerber zusammengearbeitet wird). Sie richtet sich an Unternehmen und Unternehmensvereinigungen (→ § 1 Rn. 20); dieser Eigenschaft steht eine öffentlich-rechtliche Rechtsform nicht entgegen (vgl. auch OLG Düsseldorf WuW/E 4998 (5000) – Landesapothekerkammer). Das Verhalten, zu dem ein anderes Unternehmen nach § 21 Abs. 2 nicht veranlasst werden darf, muss nach dem GWB oder den AEUV-Wettbewerbsregeln verboten sein, dh, es darf nach Gesetz oder nach einer aufgrund Gesetzes ergangenen Verfügung der Europäischen Kommission oder Kartellbehörde nicht zum Gegenstand einer vertraglichen Bindung gemacht werden. Das Mittel der Vorteils- oder Nachteilzufügung usw braucht als solches nicht rechtswidrig zu sein; es genügt die **Verknüpfung mit dem unzulässigen Zweck** (vgl. BGH WuW/E 1474 (1478) – Architektenkammer; 1740, 1745 – Rote Liste). Deswegen kann auch die – als solche zulässige – Androhung oder Einleitung gerichtlicher Verfahren unzulässig sein (BGH WuW/E 2688 (2692) – Warenproben in Apotheken; KG WuW/E 4008 f. (4016) – Apothekenkammer Bremen). „Anderes“ Unternehmen ist nicht ein mit dem Veranlasser nach § 36 Abs. 2 verbundenes Unternehmen, kann aber auch dasjenige sein, das an der Beschlussfassung über die Wettbewerbsbeschränkung beteiligt ist (so KG WuW/E 4008 f.

(4016) – Apothekenkammer Bremen; BGH WuW/E 2326 (2328) – Guten Tag-Apotheke; vgl. auch Immenga/Mestmäcker/Markert Rn. 57).

b) Unzulässiger Gegenstand vertraglicher Bindung. Das Verhalten, zu dem veranlasst wird, muss ein kartellrechtlich unzulässiges Verhalten sein. Die 8. GWB-Novelle hat in die Unzulässigkeitsgründe ausdrücklich auch das EU-Recht einbezogen und, insoweit ohne sachliche Änderung gegenüber der Vorfassung, die Unzulässigkeitsgründe durch die Nr. 1–3 neu gegliedert. Das Verhalten, auf das hingewirkt wird, muss **entweder nach dem GWB oder nach Art. 101 AEUV oder Art. 102 AEUV unzulässig** sein. Insoweit ist keine behördliche Feststellung erforderlich; die Unzulässigkeit ergibt sich unmittelbar aus dem Gesetz. Die dritte Fallgruppe erfasst die **Verfügung** einer deutschen Kartellbehörde oder der Europäischen Kommission auf der Grundlage des GWB und/oder der Art. 101 und Art. 102 AEUV. Bei den Verfügungen handelt es sich um Abstellungsverfügungen, entweder auf der Grundlage des § 32 oder des Art. 7 Kartellverfahrens-VO. Die Verfügung muss in dem Zeitpunkt, in dem das veranlasste Verhalten stattfinden soll, **vollziehbar** sein. Das ist, wenn nicht durch die Behörde oder das Gericht die aufschiebende Wirkung der Beschwerde bzw. der Klage angeordnet wird, von Gesetzes wegen regelmäßig der Fall (vgl. § 64, Art. 278 AEUV). Gedacht ist zB an den Fall, dass ein Unternehmen veranlasst werden soll, an Preisabsprachen oder unzulässigen Werbebeschränkungen (vgl. BGH WuW/E 2327 (2328 f.) – Guten Tag Apotheke II) teilzunehmen oder – im Vertikalverhältnis – bestimmte Mindestpreise zu beachten (vgl. BGHZ 44, 279 = WuW/E 690 – Brotkrieg II; BGHZ 44, 358 = WuW/E 704 – Saba; OLG Stuttgart WuW/E 3981 f. – Trägerhose). Gleiches gilt für die Durchsetzung von unverbindlichen Preisempfehlungen durch Druckausübung (sehr weitgehend allerdings BKartA 25.9.2009 – B3 – 123/8 – Kontaktlinsen und BKartA 14.10.2009 – B3 – 69/08 – Hörgeräte). 13

c) Vorteil und Nachteil. Mittel einer Veranlassung muss die Androhung oder Zufügung eines Nachteils oder das Versprechen oder die Gewährung eines Vorteils sein. **Nachteil** ist ein vom Adressaten als solches empfundenes Übel, das bei objektiver Betrachtung geeignet ist, seinen Willen zu beeinflussen und ihn zu einem wettbewerbsbeschränkenden Verhalten zu bestimmen (vgl. BGH WuW/E 1474 (1478) – Architektenkammer; 2688 (2692) – Warenproben in Apotheken; BKartA WuW/E DE-V 85 (87) – Preisetiketten); ein solcher Nachteil kann auch in einer nicht zu geringfügigen systematischen Preisunterbietung liegen (dazu OLG Stuttgart NJWE-WettbR 1996, 94 f. – Kanalreiniger). Diese Wirkung kann auch von einer Begünstigung im Sinne eines **Vorteils** ausgehen. Vorteil ist mehr als der Ausgleich, den der Adressat für seine Leistung ohnehin erwarten kann (vgl. BGH WuW/E 2377 (2378) – Abwasserbauvorhaben Oberes Aartal; KG WuW/E 4398 (4399) – Bundesbahnbedienstete). Das bloße Angebot der ihrerseits von § 21 Abs. 2 erfassten Absprache ist kein Vorteil in diesem Sinne; es muss über das hinausgehen, was der Angebotsempfänger als Leistung aus der Absprache selbst erwarten könnte. Daher verletzt das Angebot zum Abschluss eines Submissionskartells mit dem sich daraus ergebenden Vorteilsversprechen nicht § 21 Abs. 2 (BGH WuW/E 2377 – Abwasserbauvorhaben Oberes Aartal). Die **Verweigerung und der Abbruch von Geschäftsbeziehungen** ist der häufigste Fall eines Nachteils (vgl. KG WuW/E 2205 – Jeans; 5053 (5059) – Einflussnahme auf die Preisgestaltung); die Drohung, man werde das Unternehmen nicht mehr beliefern, wenn es beim Weiterverkauf die Preise von Konkurrenten unterschreite, ist daher unzulässig. Dabei tendiert die Praxis dazu, jede Kritik an der Preisgestaltung des Händlers durch den Hersteller als unzulässige Druckausübung zu qualifizieren (vgl. BGH NZKart 2013, 84). Zulässig ist aber nach Abs. 2 die Liefersperre als solche, wenn sie nicht Mittel zum Zweck, sondern bloße Sanktion ist **(„Vergeltungssperre“);** die „Vergeltung“ im einen Fall kann aber auch den Zweck haben, für andere Fälle als Drohung zu wirken. Das Angebot, auf 14

Wettbewerb zu verzichten, wenn eine entsprechende Vergütung erfolgt, reicht aus (BGH NZKart 2020, 610 (611) – Bezirksschornsteinfeger).

15 Es kommt nicht darauf an, ob die Nachteilsandrohung oder Vorteilsankündigung, isoliert betrachtet, rechtswidrig ist. Deswegen kann auch die **Androhung eines an sich zulässigen gerichtlichen Verfahrens** eine Nachteilsandrohung sein (BGH WuW/E 2326 (2339) – Guten Tag-Apotheke II; 2688 (2692) – Warenproben in Apotheken); regelmäßig ist eine solche Androhung allerdings zulässig. Missbilligt wird durch Abs. 2 die Anwendung dieser Mittel zur Erreichung von Zwecken, die nach dem Gesetz in Vertragsform unzulässig sind. Ein für sich genommen nicht rechtswidriges Mittel kann also durch die **wettbewerbsbeschränkende Zielsetzung** im Rahmen des Abs. 2 rechtswidrig werden (vgl. BGH WuW/E 2688 (2693) – Warenproben in Apotheken). Nicht zu beanstanden ist, wenn durch Klageerhebung auf die Gegenseite dahin Druck ausgeübt wird, dass Wettbewerbsverstöße künftig unterlassen werden (dazu OLG Karlsruhe WuW/E DE-R 109 (111) – Kfz-Vermieter), und zwar auch dann, wenn sich später die mit vertretbaren Gründen erhobene Klage als unbegründet erweisen sollte. Der erstrebte Erfolg muss nicht erreicht werden. Es reicht aus, wenn die genannten Mittel zu einem bestimmten Zweck angewendet werden. Nach Ansicht des OLG Düsseldorf wird nicht gegen Abs. 2 verstoßen, wenn ein Hersteller einen Einzelhändler deswegen nicht mehr zu beliefert, weil er preisaggressiv am Markt auftritt, es sei denn, die Sperre ist nicht endgültig gemeint und soll den Händler nur zu Wohlverhalten veranlassen (OLG Düsseldorf NZKart 2020, 446 (448) – Vergeltungssperre).

16 **d) Rechtsfolgen und Sanktionen.** Sie entsprechen denen des Abs. 1 (→ Rn. 11). Unter Umständen kann in einer Verfügung nach § 32 auch die Einleitung und Beantragung von Gerichtsverfahren untersagt werden (BGH WuW/E 2688 (2695 f.) – Warenproben in Apotheken). Bei einem Verstoß gegen § 21 Abs. 2 kann der Betroffene nach § 33 Beseitigung, Unterlassung und Schadensersatz verlangen. Bei Liefersperren kann über § 33 uU auch Wiederaufnahme der Lieferung verlangt werden, die aber nur bei vertraglichem oder sich aus anderer Grundlage ergebendem Anspruch (§ 19 Abs. 1 und 2, § 20 Abs. 1) aufrechterhalten werden muss (vgl. dazu BGH WuW/E 690 (694) – Brotteig II; 755 f. (758 f.) – Flaschenbier; vgl. auch OLG Stuttgart WuW/E 4047 (4052) – Blaupunkt). Zu einer einstweiligen Verfügung auf der Grundlage des Abs. 2 vgl. KG WuW/E 4564 f.

5. Verbot der Zwangsausübung zu an sich erlaubtem Verhalten (Abs. 3)

17 Abs. 3 verbietet Zwang, wenn dadurch ein **Verhalten** erreicht werden soll, das zwar wettbewerbsbeschränkend, aber **legal** ist; anders als in Abs. 2 ist also nicht das bewirkte Verhalten rechtswidrig, sondern das zur Willensbeeinflussung eingesetzte Mittel (vgl. BGH WuW/E 1740 (1745) – Rote Liste).

18 **a) Fälle.** Niemand darf gezwungen werden, einem **Kartell** iSv § 1 beizutreten, auch wenn dieses nach §§ 2, 3 oder 28 Abs. 1 freigestellt ist. Früher waren im Katalog des Abs. 3 **Nr. 1** die durch Einzelakt legalisierten Kartelle der §§ 2–8 (ohne § 4 Abs. 2) und § 29 Abs. 1 aF ebenso wie die von Gesetzes wegen freigestellten Kartelle der § 4 Abs. 2, § 28 Abs. 1 und § 29 Abs. 2 aF erwähnt, nicht aber zB die nach § 15 aF ohne Weiteres zulässige Preisbindung für Zeitungen und Zeitschriften. **§ 2 erfasst als Freistellungsnorm sowohl horizontale als auch vertikale Kartelle.** § 3 ist seinem Wortlaut nach und § 28 Abs. 1 nach seinem bisherigen Verständnis auf horizontale Kartelle beschränkt (→ § 3 Rn. 6 und → § 28 Rn. 7). Obwohl in § 19 Abs. 3 S. 1 für die Anwendung des Behinderungs- und Diskriminierungsverbots auf Kartelle auch auf § 30 Abs. 2a (Branchenvereinbarungen für den Pressevertrieb) und § 31 Abs. 1 Nr. 1, 2 und 4 verwiesen wird, ist das in § 21 Abs. 3 nicht

der Fall. Eine entsprechende Anwendung des § 21 Abs. 3 auf diese Fälle scheitert an dessen Charakter als Bußgeldvorschrift. Das Schwergewicht des Abs. 3 liegt zweifellos auf dem Verbot, einen Beitritt zu einem an sich gegen § 1 verstoßenden horizontalen Kartell zu erzwingen, auch wenn dieses nach § 2 freigestellt sein sollte. Daneben kann Abs. 3 aber auch auf vertikale Wettbewerbsbeschränkungen angewendet werden. Es verstößt also gegen Abs. 3, wenn auf ein Unternehmen Zwang ausgeübt wird, **einer vertikalen Vertriebsbindung oder einem Vertriebssystem beizutreten.** Nicht anwendbar ist Abs. 3 (Nr. 1) auf die Unterwerfung unter eine nach § 30 zulässige Preisbindung für Zeitungen oder Zeitschriften. Die 9. GWB-Novelle 2017 stellt allerdings klar, dass Abs. 3 (Nr. 1) auf **Branchenvereinbarungen im Pressevertrieb** (§ 30 Abs. 2a) und **Vereinbarungen zwischen Presseunternehmen über die verlagswirtschaftliche Zusammenarbeit** (§ 30 Abs. 2b) Anwendung findet.

Nach Abs. 3 **Nr. 2** ist es verboten, auf Unternehmen Zwang auszuüben, sich mit anderen Unternehmen iSd § 37 **zusammenzuschließen.** Für den Begriff des Zusammenschlusses kommt es auf die Tatbestandsvoraussetzungen des § 37 Abs. 1 und 2 an. Liegt ein Anteilserwerb unter den Schwellen des § 37 Abs. 1 Nr. 3 oder 4, ist Nr. 3 nicht anwendbar; der Zwang, eine nicht von § 37 Abs. 1 erfasste Beteiligung zu erwerben oder zu akzeptieren, erfüllt nicht die Voraussetzungen der Nr. 3. Deren Erfüllung ist aber unabhängig davon, ob die Umsatzschwellen des § 35 oder der EU-Fusionskontrolle erreicht werden. Ob die Umsatzschwellen des § 35 erfüllt sind, ist also gleichgültig. Abs. 3 Nr. 2 ist auch anwendbar, wenn der Zusammenschluss der EU-Fusionskontrolle unterliegt; dann sind auch – weil sich der EU-rechtliche Zusammenschluss nach Art. 3 FKVO voll deckt mit dem nach § 37 Abs. 1 Nr. 1 und 2 – die Voraussetzungen des Zusammenschlussbegriffs nach § 37 Abs. 1 erfüllt. Nicht jeder Zusammenschluss iSd § 37 erfolgt für alle beteiligten Unternehmen freiwillig (Bsp.: BKartA 2.12.2019 – B1-233/17-2: Androhung einer Kündigung, wenn nicht ein Gemeinschaftsunternehmen mit einem Wettbewerber eingegangen wird). Ein Zusammenschluss wird auch dann verwirklicht, wenn ein Erwerber die Aktien eines anderen gegen dessen Widerstand an der Börse aufkauft und sich deswegen iSv § 37 Abs. 1 Nr. 2 oder 3 mit ihm zusammenschließt. Das ist durch Abs. 3 Nr. 2 nicht verboten. In derartigen Fällen liegt kein „Zwang" vor. Praktisch bedeutsam können auch Zwangsmaßnahmen sein, um Unternehmen zu **gleichförmigem** Verhalten zu veranlassen. Abs. 3 **Nr. 3** verbietet zB Zwangsmaßnahmen gegen Wettbewerber, um gleichförmiges Preisverhalten zu erreichen. Häufig wird in derartigen Fällen zugleich ein Verstoß gegen Abs. 2 vorliegen, weil Zwangsausübung auch Nachteilszufügung ist und das gleichförmige Verhalten nicht Gegenstand einer vertraglichen Bindung sein darf. 19

b) Zwang. Nicht jede Androhung oder Zufügung von Nachteilen (iSv Abs. 2) ist „Zwang" (iSv Abs. 3). Vielmehr ist unter Zwang nach der Rspr. des BGH (BGH WuW/E 1740 (1745) – Rote Liste) eine Beeinflussung zu verstehen, die eine Willensbetätigung des Betroffenen zwar nicht schlechthin ausschließt, aber so stark ist, dass ihm nach den Grundsätzen wirtschaftlicher Vernunft mit Rücksicht auf die Schwere der angedrohten oder zugefügten Nachteile **praktisch keine Alternative** zu dem geforderten Verhalten bleibt (ähnlich OLG Celle WuW/E DE-R 327 (333) – Unfallersatzwagen). Werden einem Unternehmen die Vorlieferungen, auf die es dringend angewiesen ist, gesperrt, um es zu veranlassen, sich an einem Gemeinschaftsunternehmen iSd § 37 zu beteiligen, und steht es deswegen vor der Alternative des Existenzverlustes, so ist Abs. 3 verwirklicht. 20

c) Rechtsfolgen. Die Rechtsfolgen eines Verstoßes gegen Abs. 3 entsprechen denen des Abs. 1 (→ Rn. 11). Derjenige, auf den Zwang ausgeübt wird, hat über § 33 einen Beseitigungs-, Unterlassungs- und Schadensersatzanspruch. 21

6. Verbot der Nachteilszufügung gegen Antragsteller (Abs. 4)

22 Diese Bestimmung entspricht dem § 38 Abs. 1 Nr. 9 idF bis zur 6. GWB-Novelle 1998, der als selbstständiger Bußgeldtatbestand ausgestaltet war (und auch das praktisch völlig bedeutungslose Gebrauchmachen der Rechte aus § 13 aF umfasste). Verboten ist hiernach, einem anderen einen wirtschaftlichen Nachteil zuzufügen, weil dieser ein **Einschreiten der Kartellbehörde beantragt oder angeregt** hat. Diese Vorschrift schützt die Freiheit, sich bei der Kartellbehörde über andere wegen vermuteter Kartellverstöße zu beschweren. Unter **Nachteil** ist dasselbe wie zu Abs. 2 zu verstehen (→ Rn. 14); er muss zugefügt werden, die bloße Androhung reicht nicht aus. Abs. 4 erfasst also nicht die Androhung von Nachteilen für den Fall, dass ein anderer sich bei der Kartellbehörde beschwert. Erforderlich sind die Beschwerde bei der Behörde und die danach erfolgte Nachteilszufügung. Kartellbehörde im Sinne dieser Bestimmung sind alle Kartellbehörden, die im Geltungsbereich des GWB tätig sind oder tätig werden können, also die in § 48 Abs. 1 genannten Behörden. **Die Europäische Kommission** ist von der Definition des § 48 Abs. 1 nicht erfasst. Abs. 4 kann insoweit nicht angewendet werden. Die Rechtsfolgen entsprechen denen des Abs. 1; praktisch relevant ist allein die Bußgelddrohung nach § 81 Abs. 2 Nr. 1.

7. EU-Recht

23 § 21 hat **keine Entsprechung im EU-Recht.** Derjenige, der Boykottaufrufe erlässt, Nachteile androht, Vorteile verspricht oder Zwang ausübt, begeht deswegen nur eine Ordnungswidrigkeit iSv Art. 23 Kartellverfahrens-VO, wenn das Verhalten, zu dem veranlasst werden sollte, seinerseits gegen Art. 101 AEUV oder Art. 102 AEUV verstößt. Das bedeutet für den Fall des § 21 Abs. 2, dass das Verhalten im Sinne einer Vereinbarung tatsächlich begangen werden muss. Die Fälle des § 21 Abs. 3 werden EU-rechtlich nur in der Alternative des Abs. 3 Nr. 3 erfasst werden können. Wenn ein Unternehmen zu einem gleichförmigen Verhalten gezwungen wird, können jedenfalls bei demjenigen, der Zwang ausübt, die objektiven und subjektiven Voraussetzungen des abgestimmten Verhaltens vorliegen. Auch die Fälle des Abs. 4 werden im EU-Recht nicht sanktioniert.

Kapitel 3. Anwendung des europäischen Wettbewerbsrechts

Vorbemerkung § 22

1 Kapitel 3 umfasst nur § 22. Im Referenten- und Regierungsentwurf zur 7. GWB-Novelle war noch ein **neuer § 23** vorgesehen mit der Überschrift „Europafreundliche Anwendung". In seiner letzten Fassung lautete er:

„Die Grundsätze des europäischen Wettbewerbsrechts sind bei der Anwendung der §§ 1–4 und 19 maßgeblich zugrunde zu legen, soweit hierzu nicht in diesem Gesetz besondere Regelungen enthalten sind."

2 Nach der **Begründung zum Regierungsentwurf** der 7. GWB-Novelle 2005 (BT-Drs. 15/3640, zu 4c, bb und B, zu § 23 = WuW-Sonderheft, 126 f. und 156) sollte diese Vorschrift im Ergebnis bewirken, dass sich die Auslegung der gesetzlichen Regelungen des deutschen Wettbewerbsrechts nach den gleichen Maßstäben richtet, wie sie im europäischen Wettbewerbsrecht durch die Entscheidungen des Europäischen Gerichtshofs bzw. des Europäischen Gerichts erster Instanz und die Beschlusspraxis der Kommission einschließlich Mitteilungen und Bekanntmachungen verbindlich sind. Es bedürfe aber im jeweiligen Einzelfall der Beurteilung, inwieweit die entsprechende Anwendung der europäischen Grundsätze nicht von einzelstaatlichen Besonderheiten überlagert werde. Soweit nicht einschlägige Grundsätze des Europäischen Wettbewerbsrechts entgegenstünden, stelle weiterhin die bisherige Verwaltungs- und Rechtsprechungspraxis der deutschen Kartellbehörden und Zivilgerichte eine wichtige Auslegungshilfe für die Vorschriften dieses Gesetzes dar. Der Bundesrat (BR-Drs. 441/04) hat am 9.7.2004 die Streichung des § 23 vorgeschlagen, insbes. im Hinblick darauf, dass damit auch eine **Bindung an die Leitlinien und Bekanntmachungen der Kommission** vorgegeben werde. Außerdem führe die Notwendigkeit, die Grundsätze des Europäischen Kartellrechts für jeden Einzelfall festzustellen, zu unangemessenem Verwaltungsaufwand. Die Bundesregierung hat sich in ihrer Gegenäußerung dazu für die Aufrechterhaltung des § 23 ausgesprochen. Dem hat sich der Wirtschaftsausschuss des Bundestages angeschlossen (BT-Drs. 15/5049). Der Vermittlungsausschuss hat in der Sitzung vom 15.6.2005 die Streichung vorgeschlagen. Dem sind Bundestag und Bundesrat in ihren Gesetzesbeschlüssen gefolgt. Eine Begründung für diesen Vorschlag wurde nicht mehr gegeben.

3 Die Diskussion über § 23 und dessen Streichung darf jedenfalls im Hinblick auf die §§ 1 und 2 nicht zu dem Missverständnis führen, dass für die Auslegung und Anwendung dieser Vorschriften die Grundsätze des europäischen Wettbewerbsrechts nicht zu beachten seien. Das Gegenteil ist richtig: §§ 1 und 2 müssen im Bereich **oberhalb der Zwischenstaatlichkeit exakt so angewendet werden wie das EU-Recht** (→ § 1 Rn. 4). Andernfalls würde sich nach Art. 3 Abs. 2 S. 1 Kartellverfahrens-VO das abweichende EU-Recht durchsetzen. Die Anwendung des EU-Rechts lässt sich nicht aufteilen nach „Grundsätzen" und der Anwendungspraxis durch die Kommission und die Gerichte. Vielmehr bedeutet Anwendung des EU-Rechts die Anwendung so, wie es sich aus diesem Recht unmittelbar ergibt. Soweit es für die Anwendung des EU-Rechts erforderlich ist, die **Leitlinien und Bekanntmachungen der Kommission** zu berücksichtigen, gilt das auch für die Anwendung und Auslegung des deutschen Rechts (vgl. dazu auch Bechtold FS Hirsch, 2008, 223). Zwar gilt das nicht unmittelbar für die Anwendung der §§ 1 und 2 auf Fälle **unterhalb der Zwischenstaatlichkeit.** Es ist aber eines der autonom vom deutschen Gesetzgeber festgelegten Ziele der 7. GWB-Novelle, im Bereich der §§ 1 und 2 gerade nicht zu differenzieren zwischen den Fällen, in denen die parallele

Anwendung des Art. 101 AEUV geboten ist, und den Fällen, in denen das wegen Nicht-Berührung des zwischenstaatlichen Handels nicht der Fall ist. Wenn der deutsche Rechtsanwender, nach welchen Maßstäben auch immer, zum Ergebnis kommt, dass Art. 101 Abs. 1 und 3 AEUV in einem bestimmten Sinne anzuwenden ist, muss das insgesamt – **ober- und unterhalb der Zwischenstaatlichkeit** – auch für §§ 1 und 2 gelten.

4 Im Bereich der **§§ 18–20** ist das differenzierter zu sehen. Insoweit gibt es nach Art. 3 Abs. 2 S. 2 Kartellverfahrens-VO keine Vorgaben für die Anwendung des nationalen Rechts. Das **nationale Recht** kann jedenfalls **strenger** angewendet werden als Art. 102 AEUV. Mildere Anwendungen des nationalen Rechts sind möglich, aber dadurch ausgeglichen, dass nach Art. 3 Abs. 1 S. 2 Kartellverfahrens-VO neben dem nationalen Recht auch EU-Recht angewendet werden muss. Wenn die Behörde oder das Gericht zum Ergebnis kommt, dass ein Verhalten zwar nach deutschem Recht nicht missbräuchlich ist, wohl aber nach EU-Recht, muss auch EU-Recht angewendet werden (→ § 22 Rn. 13). Unabhängig davon ist aber auch die Anwendung der §§ 18–20 jedenfalls in den Bereichen, in denen der Gesetzeswortlaut nicht eigenständige Lösungen gebietet, die Anwendung und Auslegung des Art. 102 AEUV zu berücksichtigen (für die Divergenzen beim Unternehmensbegriff → § 1 Rn. 7 ff. und → § 18 Rn. 3).

§ 22 Verhältnis dieses Gesetzes zu den Artikeln 101 und 102 des Vertrages über die Arbeitsweise der Europäischen Union

(1) [1]**Auf Vereinbarungen zwischen Unternehmen, Beschlüsse von Unternehmensvereinigungen und aufeinander abgestimmte Verhaltensweisen im Sinne des Artikels 101 Absatz 1 des Vertrages über die Arbeitsweise der Europäischen Union, die den Handel zwischen den Mitgliedstaaten der Europäischen Union im Sinne dieser Bestimmung beeinträchtigen können, können auch die Vorschriften dieses Gesetzes angewandt werden.** [2]**Ist dies der Fall, ist daneben gemäß Artikel 3 Absatz 1 Satz 1 der Verordnung (EG) Nr. 1/2003 des Rates vom 16. Dezember 2002 zur Durchführung der in den Artikeln 81 und 82 des Vertrages niedergelegten Wettbewerbsregeln (ABl. EG 2003 Nr. L 1 S. 1) auch Artikel 101 des Vertrages über die Arbeitsweise der Europäischen Union anzuwenden.**

(2) [1]**Die Anwendung der Vorschriften dieses Gesetzes darf gemäß Artikel 3 Absatz 2 Satz 1 der Verordnung (EG) Nr. 1/2003 nicht zum Verbot von Vereinbarungen zwischen Unternehmen, Beschlüssen von Unternehmensvereinigungen und aufeinander abgestimmten Verhaltensweisen führen, welche zwar den Handel zwischen den Mitgliedstaaten der Europäischen Union zu beeinträchtigen geeignet sind, aber**

1. **den Wettbewerb im Sinne des Artikels 101 Absatz 1 des Vertrages über die Arbeitsweise der Europäischen Union nicht beschränken oder**
2. **die Bedingungen des Artikels 101 Absatz 3 des Vertrages über die Arbeitsweise der Europäischen Union erfüllen oder**
3. **durch eine Verordnung zur Anwendung des Artikels 101 Absatz 3 des Vertrages über die Arbeitsweise der Europäischen Union erfasst sind.**

[2]**Die Vorschriften des Kapitels 2 bleiben unberührt.** [3]**In anderen Fällen richtet sich der Vorrang von Artikel 101 des Vertrages über die Arbeitsweise der Europäischen Union nach dem insoweit maßgeblichen Recht der Europäischen Union.**

(3) [1]**Auf Handlungen, die einen nach Artikel 102 des Vertrages über die Arbeitsweise der Europäischen Union verbotenen Missbrauch darstellen, können auch die Vorschriften dieses Gesetzes angewandt werden.** [2]**Ist dies**

der Fall, ist daneben gemäß Artikel 3 Absatz 1 Satz 2 der Verordnung (EG) Nr. 1/2003 auch Artikel 102 des Vertrages über die Arbeitsweise der Europäischen Union anzuwenden. [3]Die Anwendung weitergehender Vorschriften dieses Gesetzes bleibt unberührt.

(4) **[1]Die Absätze 1 bis 3 gelten unbeschadet des Rechts der Europäischen Union nicht, soweit die Vorschriften über die Zusammenschlusskontrolle angewandt werden. [2]Vorschriften, die überwiegend ein von den Artikeln 101 und 102 des Vertrages über die Arbeitsweise der Europäischen Union abweichendes Ziel verfolgen, bleiben von den Vorschriften dieses Abschnitts unberührt.**

1. Überblick

Die 8. GWB-Novelle 2012/2013 hat die Überschrift des § 22 und die Abs. 1–4 1
an den AEUV angepasst; sachliche Änderungen sind damit nicht verbunden. § 22 wiederholt im Wesentlichen die Vorschriften des **Art. 3 Kartellverfahrens-VO,** der aus der Sicht des EU-Rechts das „Verhältnis zwischen den Art. 81 und 82 des Vertrages (= Art. 101 und 102 AEUV) und dem einzelstaatlichen Wettbewerbsrecht" regelt. Er ist geprägt einerseits von der Möglichkeit der **parallelen Anwendung beider Rechtssysteme,** andererseits aber vom **Vorrang des Unionsrechts.** Dieser Vorrang wird deutlich weiter verstanden, als dies zur Zeit der Geltung der VO 17/62 – also bis 30.4.2004 – der Fall war. Nach der bis dahin geltenden Rechtslage waren nationales Recht und Gemeinschafts-Kartellrecht nebeneinander anwendbar; das jeweils strengste Recht setzte sich durch. Einen Vorrang des Gemeinschaftsrechts, der die Anwendung entgegenstehenden nationalen Rechts ausschloss, gab es nur, soweit die Kommission eine Maßnahme erlassen hatte, die positiver Ausdruck einer Gestaltung der gemeinschaftsrechtlichen Wettbewerbspolitik ist (EuGH Slg. 1969, 1 Rn. 5 – Walt Wilhelm). Das wurde allgemein so verstanden, dass der Vorrang jedenfalls Einzelfreistellungsentscheidungen, nach hM auch Gruppenfreistellungsentscheidungen zukam, nicht aber zB Negativattesten (vgl. dazu Bechtold/Bosch/Brinker VO 1/2003 Art. 3 Rn. 5).

2. Gesetzgebungsgeschichte

Die Referentenentwürfe zur 7. GWB-Novelle 2005, die dem Regierungsentwurf 2
vorangingen, enthielten noch einen anders formulierten § 22. Während des Gesetzgebungsverfahrens ist die Fassung des Regierungsentwurfes nicht mehr geändert worden. § 22 ist in der **Begründung des Regierungsentwurfes** (WuW-Sonderheft, 124 f.) charakterisiert worden als „Klarstellung der Verpflichtung zur parallelen Anwendung des europäischen Wettbewerbsrechts neben dem deutschen Wettbewerbsrecht bei allen Kartell- und Missbrauchsfällen mit Zwischenstaatlichkeitsbezug". Außerdem sollte der **Vorrang des europäischen Wettbewerbsrechts** im Bereich des Art. 101 AEUV bestätigt werden. In der Begründung zum Regierungsentwurf (WuW-Sonderheft, 124 f.) werden die einzelnen Bestimmungen durchweg als Wiedergabe und Sicherstellung dessen charakterisiert, was sich aus Art. 3 Kartellverfahrens-VO ergibt. Der einzige Bereich, in dem der deutsche Gesetzgeber von einer eigenen Gestaltungsmöglichkeit ausging, ist hiernach die durch die „deutsche Klausel" in Art. 3 Abs. 2 S. 2 Kartellverfahrens-VO eröffnete Möglichkeit, strengeres nationales Wettbewerbsrecht auf **einseitige Wettbewerbsbeschränkungen** anzuwenden, die im EU-Recht ausschließlich Art. 102 AEUV unterliegen. Dementsprechend sieht § 22 Abs. 2 S. 2 vor, dass „die Vorschriften des Zweiten Abschnitts … unberührt" bleiben, also die §§ 18–21. Während § 22 Abs. 2 S. 2 das aber nur im potenziellen Anwendungsbereich des Art. 101 AEUV regelt, sieht § 22 Abs. 3 S. 3 Entsprechendes für den potenziellen Anwendungsbereich des Art. 102 AEUV vor.

Art. 3 Abs. 4 entspricht Art. 3 Abs. 3 Kartellverfahrens-VO. Die GWB-Novelle 2007 hat in Abs. 4 S. 1 aus rein sprachlichen Gründen das Wort „angewendet" durch „angewandt" ersetzt. Die 8. GWB-Novelle 2012/2013 hat – ohne sachliche Änderung – Abs. 2 durch Untergliederung in drei Nummern übersichtlicher gegliedert.

3. Anwendung deutschen Rechts im potenziellen Anwendungsbereich des Art. 101 AEUV (Abs. 1 und 2)

3 **a) Anwendung des Art. 101 AEUV durch deutsche Gerichte und Behörden (Abs. 1).** Abs. 1 geht davon aus, dass die deutschen Gerichte und Behörden befugt sind, unmittelbar Art. 101 AEUV anzuwenden. Diese Befugnis ergibt sich für die **Gerichte** aus der unmittelbaren Geltung des Art. 101 Abs. 1–3 AEUV. Das wird bestätigt durch Art. 6 Kartellverfahrens-VO. Für die **Kartellbehörden** ergibt sich diese Befugnis aus Art. 5 Kartellverfahrens-VO. Sie wird in verschiedenen anderen Bestimmungen des GWB bestätigt, so in § 50 über die Regelung der behördlichen Zuständigkeit für die Anwendung des Art. 101 AEUV (und 102 AEUV) und – insbes. – durch § 81 Abs. 1 Nr. 1, der Verstöße gegen Art. 101 AEUV als nach deutschem Recht **ordnungswidrig** bewertet und von der Verfolgungszuständigkeit der deutschen Behörden und Gerichte ausgeht.

4 Abs. 1 sieht vor, dass auch **im potenziellen Anwendungsbereich des Art. 101 AEUV** deutsches Recht angewendet werden kann. Der deutsche Gesetzgeber hätte an sich die Möglichkeit gehabt, insoweit einen Anwendungsausschluss des deutschen Rechts vorzusehen. Von dieser Möglichkeit hat er keinen Gebrauch gemacht. Nach S. 2 müssen die deutsche Behörde und das deutsche Gericht aber dann, wenn sie im potenziellen Anwendungsbereich des Art. 101 AEUV **deutsches Recht** anwenden, **zugleich auch EU-Recht** anwenden. Das ergibt sich unmittelbar (auch) aus Art. 3 Abs. 1 S. 1 Kartellverfahrens-VO, auf den S. 2 ausdrücklich Bezug nimmt. In Übereinstimmung mit Art. 3 Abs. 2 S. 1 Kartellverfahrens-VO ordnet Abs. 2 an, dass die Anwendung des GWB im potenziellen Anwendungsbereich des Art. 101 AEUV nicht zum Verbot von Verhaltensweisen führen darf, die nach Art. 101 AEUV zulässig sind (→ Rn. 7).

5 Abs. 1 **verpflichtet** die deutschen Behörden und Gerichte **nicht, neben Art. 101 AEUV auch nationales Recht anzuwenden.** Der deutsche Rechtsanwender kann sich also damit begnügen, das entsprechende Verhalten nur nach Art. 101 AEUV zu beurteilen. Kommt er zum Ergebnis, dass Art. 101 AEUV nicht verletzt ist, obwohl der zwischenstaatliche Handel berührt ist, darf er **nationales Recht nicht mit widersprechendem Ergebnis** anwenden (vgl. dazu auch BGH WuW/E DE-R 2408 (2413, 2415) – Lottoblock). Kommt er zum Ergebnis, dass ein Verstoß gegen Art. 101 Abs. 1 AEUV vorliegt, der nach Abs. 3 nicht freigestellt ist, kann sich eine positivere Beurteilung nach nationalem Recht nicht auswirken. Die Bedeutung von Abs. 1 S. 2 liegt also gerade darin, dass – wenn der zwischenstaatliche Handel berührt ist – günstigere Beurteilungen nach nationalem Recht durch schärferes EU-Recht überspielt werden. Da die Rechtsfolgen eines Verstoßes gegen EU-Recht zivil-, verwaltungs- und bußgeldrechtlich identisch sind, hätte der Gesetzgeber für diese Fälle ohne Weiteres auch darauf verzichten können, parallele nationale Rechtsvorschriften vorzusehen.

6 Die Verpflichtung, neben nationalem Recht auch Art. 101 AEUV anzuwenden, hängt davon ab, dass die Vereinbarung, der Beschluss oder die abgestimmte Verhaltensweise „den Handel zwischen den Mitgliedstaaten der Europäischen Gemeinschaft … beeinträchtigen können". Damit ist Bezug genommen auf die **Zwischenstaatsklausel** des Art. 101 Abs. 1 AEUV, also die Eignung zur Beeinträchtigung des Handels zwischen Mitgliedstaaten (vgl. dazu Bechtold/Bosch/Brinker AEUV Art. 101 Rn. 110 ff.). Häufig ist nicht mit Sicherheit feststellbar, ob ihre Vorausset-

zungen vorliegen, insbes. im Hinblick auch auf deren Spürbarkeit (vgl. dazu zB OLG Düsseldorf WuW/E DE-R 1610 – Filigranbetondecken). Steht fest, dass eine Vereinbarung (usw) jedenfalls gegen § 1 verstößt, ist es an sich ein Vorteil der Parallelität von deutschem und EU-Recht, dass im Hinblick auf die Identität der Rechtsfolgen offen bleiben kann, ob die Voraussetzungen der Zwischenstaatsklausel erfüllt sind. Um aber dem Gebot des Abs. 1 S. 2 und – insbes. – der Verpflichtung nach Art. 3 Abs. 1 S. 1 Kartellverfahrens-VO zu genügen, muss **im Zweifel unterstellt** werden, dass die **Voraussetzungen der Zwischenstaatsklausel erfüllt** sind, und Art. 101 AEUV angewendet werden. Das hat gegenüber einer Verneinung der Voraussetzungen der Zwischenstaatsklausel zur Folge, dass nach Abs. 2 S. 1 § 1 nicht angewendet werden darf, wenn eine Wettbewerbsbeschränkung iSv Art. 101 Abs. 1 AEUV nicht vorliegt. Es würde dem Sinn eines identischen Kartellrechts für die Fälle oberhalb und unterhalb der Zwischenstaatsklausel widersprechen, wenn über Abs. 1 S. 1 die Notwendigkeit begründet würde, in jedem Einzelfall die Voraussetzungen der Zwischenstaatsklausel mit klarem Ergebnis zu prüfen. Es reicht aus, wenn die **Möglichkeit ihrer Erfüllung** besteht und deswegen auch Abs. 2 S. 1 angewendet wird.

b) Identität der Ergebnisse bei gleichzeitiger Anwendung deutschen und EU-Rechts (Abs. 2 S. 1). Nach Abs. 2 S. 1 dürfen im potenziellen Anwendungsbereich des Art. 101 AEUV – also bei Eignung zur Beeinträchtigung des zwischenstaatlichen Handels – § 1 und 2 nicht mit anderen Ergebnissen angewendet werden als Art. 101 Abs. 1 und 3 AEUV. **Im Zweifel ist die Eignung zur Beeinträchtigung des zwischenstaatlichen Handels zu unterstellen** (→ Rn. 6). Liegt in diesem Fall keine Wettbewerbsbeschränkung iSv Art. 101 Abs. 1 AEUV vor, darf das Verbot des § 1 nicht angewendet werden (S. 1 Nr. 1). Dieser Konflikt kann bei richtigem Verständnis des § 1 nicht eintreten, weil **§ 1 genauso zu interpretieren ist wie Art. 101 Abs. 1 AEUV** (→ § 1 Rn. 4 ff.). Liegen die Voraussetzungen des Art. 101 Abs. 1 und – direkt oder über eine Gruppenfreistellungsverordnung – des Abs. 3 AEUV vor, gilt im Hinblick auf § 2 Entsprechendes (S. 1 Nr. 3). Dann darf die Anwendung des § 2 nicht verneint werden. Auch hier gilt, dass der Konflikt nicht auftreten kann, wenn man richtigerweise § 2 Abs. 1 und 2 genauso interpretiert wie Art. 101 Abs. 3 AEUV. 7

c) Auswirkungen auf die Anwendung der §§ 18–21 (Abs. 2 S. 2). Nach Abs. 2 S. 2 bleiben „die Vorschriften des Zweiten Abschnitts" unberührt, also die §§ 18–21. Nach der Regierungsbegründung (WuW-Sonderheft, 155) ist S. 2 eine „Klarstellung", weil nach Art. 3 Abs. 2 S. 2 Kartellverfahrens-VO strengeres nationales Wettbewerbsrecht auf **einseitige Handlungen** angewendet werden darf. S. 2 steht also nur dann nicht im Widerspruch zu Art. 3 Kartellverfahrens-VO, wenn man ihn so interpretiert, dass auf „einseitige" Handlungen auch dann, wenn sie nach Art. 101 AEUV zulässig sind, die Verbote der §§ 18–21 angewendet werden dürfen. „Einseitige" Handlungen sind als solche weder Vereinbarung oder Beschluss noch aufeinander abgestimmtes Verhalten; maßgeblich ist das EU-rechtliche Verständnis dieser Begriffe (vgl. Immenga/Mestmäcker/Rehbinder/von Kalben Rn. 15; Bunte/Schneider Rn. 20). Bei diesem Verständnis wäre die „Klarstellung" in S. 2 ohne Substanz. Das, was nach §§ 19–21 relevant ist, könnte gar nicht gegen Art. 101 AEUV verstoßen. Offenbar hat die Klarstellung in S. 2 aber andere Fälle im Auge. **Missbräuchliches Verhalten wird häufig durch Verträge praktiziert.** Der Preismissbrauch realisiert sich in der Vereinbarung überhöhter Preise zB in Kauf- oder Dienstleistungsverträgen zugunsten marktbeherrschender Unternehmen. Auch Ausschließlichkeitsbindungen in Verträgen können zur Absicherung marktbeherrschender Stellungen führen. Dennoch muss auch insoweit von „einseitigen Handlungen" iSv Art. 3 Abs. 2 S. 2 Kartellverfahrens-VO gesprochen werden, weil die Forderung überhöhter Preise vom Markt- 8 beherrscher ausgeht und dem Vertragspartner angesichts der sich aus der Marktbeherrschung ergebenden Abhängigkeit nichts anderes übrig bleibt, als ihr in Vertragsform zuzustimmen. Damit verbunden sind allerdings **schwierige Abgrenzungsprobleme** zwischen einer so verstandenen „einseitigen Handlung" und der Vereinbarung, die von Art. 101 AEUV erfasst wird. Die „Einseitigkeit" der Handlung ist also nicht dadurch charakterisiert, dass sie nicht in Form einer Vereinbarung, eines Beschlusses oder einer abgestimmten Verhaltensweise realisiert wird, sondern dadurch, dass sie einseitig dem Interesse des Marktbeherrschers dient und von ihm auch kraft der Marktbeherrschung „einseitig" durchgesetzt werden kann. In diesem Verständnis bedeutet der Vorbehalt in S. 2, dass **allgemein die §§ 18–21** auch auf Verhalten **angewendet werden können,** die grds. dem Anwendungsbereich des Art. 101 AEUV unterfallen (so im Ergebnis auch Bechtold/Bosch/Brinker VO 1/2003 Art. 3 Rn. 13; differenzierend Bunte/Schneider Rn. 20; MüKoWettbR/Bardong VO 1/2003 Art. 3 Rn. 99).

9 **d) Sonstige Fälle des Vorrangs des Unionsrechts (Abs. 2 S. 3).** Nach Abs. 2 S. 3 richtet sich „in anderen Fällen … der Vorrang von Art. 101 … nach dem insoweit maßgeblichen Recht der europäischen Union". Diese Vorschrift soll dem Umstand Rechnung tragen, dass Art. 3 Abs. 2 Kartellverfahrens-VO ebenso wie die ihm entsprechende Regelung in § 22 Abs. 2 S. 1 nicht den **Vorrang strengeren europäischen Rechts gegenüber milderem nationalen Wettbewerbsrecht** erfasst (vgl. Begr. zum RegE WuW-Sonderheft, 155 f.). Die Begründung zum Regierungsentwurf weist darauf hin, dass nach der Rspr. des EuGH nationale Rechtsvorschriften, die einer Gemeinschaftsvorschrift entgegenstehen, von allen nationalen Gerichten und Organen einschließlich der Verwaltungsbehörden nicht angewendet werden dürfen (insoweit verweist die Reg.-Begründung auf EuGH WuW/E EU-R 727 – Consorzio Industrie Fiammiferi). Derartige Konflikte sind in dem Bereich, in dem das deutsche Recht voll dem EU-Recht angeglichen ist, nicht vorstellbar.

10 **Keine volle Angleichung des deutschen an das EU-Recht** ist in § 3 herbeigeführt worden, wenn dort für **Mittelstandskartelle** unter bestimmten Voraussetzungen die unwiderlegliche Vermutung vorgesehen ist, dass sie die Voraussetzungen des § 2 Abs. 1 erfüllen. Wenn sie geeignet sind, den zwischenstaatlichen Handel zu berühren und gegen Art. 101 Abs. 1 AEUV verstoßen und die Voraussetzungen des Abs. 3 nicht erfüllen, gilt insoweit der Vorrang des Gemeinschaftsrechts, und § 3 darf dann nicht angewendet werden (→ § 3 Rn. 4). Diesem Gesichtspunkt war in der Rechtslage bis 30.6.2009 in dem bis dahin geltenden § 3 Abs. 2 nur unvollkommen dadurch Rechnung getragen, dass die Entscheidung, auf die hiernach ein Anspruch bestand, in diesem Fall nicht ergehen durfte. Allerdings ergab sich aus Abs. 2 S. 3 aF nicht, dass die deutsche Kartellbehörde verpflichtet gewesen wäre, gegen ein solches Mittelstandskartell einzuschreiten. Sie durfte also andererseits die nach § 3 (Abs. 1) vorgegebene positive Beurteilung nicht anwenden.

11 Ein ähnlicher Konflikt könnte theoretisch bei § 30 entstehen, der die **Preisbindungen für Zeitungen und Zeitschriften** zulässt. Diese Zulassung widerspricht jedenfalls im Regelfall nicht Art. 101 AEUV, weil angesichts der Besonderheiten des Zeitungs- und Zeitschriftenvertriebs die Preisbindung nach Art. 101 Abs. 3 AEUV freigestellt ist (→ § 30 Rn. 60). Wären aber im Einzelfall die Freistellungsvoraussetzungen des Art. 101 Abs. 3 AEUV nicht erfüllt, dürfte § 30 mit der Zulassung der Preisbindung durch deutsche Behörden und Gerichte nicht angewendet werden. Das bedeutet freilich nicht, dass die nationalen Behörden und Gerichte verpflichtet wären, gegen eine hiernach ggf. unzulässige Preisbindung vorzugehen. Sie dürfen nur § 30 nicht mit einem dem insoweit strengeren Unionsrecht widersprechenden Ergebnis anwenden.

4. Anwendung deutschen Rechts im potenziellen Anwendungsbereich des Art. 102 AEUV (Abs. 3)

a) Anwendung des Art. 102 AEUV durch deutsche Gerichte und Behörden (S. 1 und 2). Abs. 3 entspricht für den Anwendungsbereich des Art. 102 AEUV dem Abs. 1, der sich nur auf den Anwendungsbereich des Art. 101 AEUV bezieht. Abs. 3 geht davon aus, dass die deutschen Gerichte und Behörden befugt sind, unmittelbar Art. 102 AEUV anzuwenden. Diese Befugnis ergibt sich für die **Gerichte** aus der unmittelbaren Geltung des Art. 102 AEUV. Das wird bestätigt durch Art. 6 Kartellverfahrens-VO. Für die **Kartellbehörden** ergibt sich diese Befugnis aus Art. 5 Kartellverfahrens-VO. Sie wird in verschiedenen anderen Bestimmungen des GWB bestätigt, so in § 50 über die Regelungen der behördlichen Zuständigkeit für die Anwendung des (Art. 101 AEUV und) 102 AEUV und – insbes. – durch § 81 Abs. 1 Nr. 2, der Verstöße gegen Art. 102 AEUV als nach deutschem Recht **ordnungswidrig** bewertet und von der Verfolgungszuständigkeit der deutschen Behörden und Gerichte ausgeht. 12

Abs. 3 sieht vor, dass auch **im potenziellen Anwendungsbereich des Art. 102 AEUV** deutsches Recht angewendet werden kann. Der deutsche Gesetzgeber hätte an sich die Möglichkeit gehabt, insoweit einen Anwendungsausschluss des deutschen Rechts vorzusehen. Von dieser Möglichkeit hat er keinen Gebrauch gemacht; das ist niemals auch nur in Erwägung gezogen worden. Nach S. 2 müssen die deutsche Behörde und das deutsche Gericht aber dann, wenn sie im potenziellen Anwendungsbereich des Art. 102 AEUV **deutsches Recht** anwenden, **zugleich auch EU-Recht** anwenden. Das ergibt sich unmittelbar auch aus Art. 3 Abs. 1 S. 2 Kartellverfahrens-VO, auf den S. 2 ausdrücklich Bezug nimmt. Anders als Abs. 2 für den Anwendungsbereich des Art. 101 Abs. 1 AEUV ordnet Abs. 3 aber nicht an, dass **deutsches Recht** nicht **auch gegen Verhaltensweisen** angewendet werden kann, die **mit Art. 102 AEUV vereinbar** sind (→ Rn. 16). 13

Abs. 3 **verpflichtet** die deutschen Behörden und Gerichte **nicht,** neben Art. 102 AEUV auch nationales Recht anzuwenden. Der deutsche Rechtsanwender kann sich also damit begnügen, das entsprechende Verhalten **nur nach Art. 102 AEUV zu beurteilen.** Kommt er zum Ergebnis, dass Art. 102 AEUV nicht verletzt ist, obwohl der zwischenstaatliche Handel berührt ist, darf er nationales Recht mit einem dem widersprechenden Ergebnis anwenden (→ Rn. 16). Kommt er zum Ergebnis, dass ein Verstoß gegen Art. 102 AEUV vorliegt, kann sich eine positivere Beurteilung nach nationalem Recht nicht auswirken (wobei das nicht heißt, dass dann eine beanstandende Entscheidung ergehen muss, da insoweit Einschreitensermessen bestehen dürfte). Die Bedeutung von Abs. 3 S. 2 liegt also gerade darin, dass – wenn der zwischenstaatliche Handel berührt ist – **günstigere Beurteilungen nach nationalem Recht durch schärferes EU-Recht überspielt** werden. Da die Rechtsfolgen eines Verstoßes gegen EU-Recht zivil-, verwaltungs- und bußgeldrechtlich identisch sind, hätte der Gesetzgeber für diese Fälle ohne Weiteres darauf verzichten können, parallele nationale Rechtsvorschriften vorzusehen. 14

Die Verpflichtung, neben nationalem Recht auch Art. 102 AEUV anzuwenden, hängt allein davon ab, ob das Verhalten gegen Art. 102 AEUV verstößt, also (auch) missbräuchlich ist. Im Unterschied zu Abs. 1 ist im potenziellen Anwendungsbereich des Art. 102 AEUV also **jeweils mit klarem Ergebnis festzustellen, ob das Verhalten gegen Art. 102 AEUV verstößt.** Ist das der Fall, kann nationales Recht nicht isoliert angewendet werden; dann muss auch Art. 102 AEUV angewendet werden. Will die **Behörde** im Verwaltungs- oder Bußgeldverfahren ein Verhalten, das nach nationalem Recht möglicherweise zulässig, nach Art. 102 AEUV aber unzulässig ist, nicht angreifen, hat sie nur die Möglichkeit, in diesem Fall auch von der Anwendung deutschen Rechts abzusehen, das **Verfahren also nicht durchzuführen.** Das wird durch Abs. 3 nicht ausgeschlossen. Will sie das Verfahren aber 15 durchführen, muss sie Art. 102 AEUV anwenden; auf eine günstigere Rechtslage nach deutschem Recht kommt es dann nicht mehr an. Die Rechtslage ist für **Gerichte** eine grds. andere. Im Regelfall haben sie kein Aufgreifermessen darin, ob sie auf ein ihrer Beurteilung unterliegendes Verhalten zwingendes Recht anwenden. Sie müssen dann, wenn ein Verhalten gegen Art. 102 AEUV verstößt, Art. 102 AEUV anwenden. Auf die isolierte Anwendung deutschen Rechts können sie sich nur dann beschränken, wenn entweder der zwischenstaatliche Handel nicht berührt ist oder deutsches Recht strenger ist als Art. 102 AEUV (→ Rn. 16).

16 **b) Anwendung weitergehender Vorschriften (S. 3).** § 22 Abs. 3 S. 1 und 2 sehen – anders als Abs. 2 für den potenziellen Anwendungsbereich des Art. 101 AEUV – nicht vor, dass deutsches Missbrauchsrecht oberhalb der Zwischenstaatlichkeit nur mit identischen Ergebnissen wie Art. 102 AEUV angewendet werden darf. Verstößt ein Verhalten gegen Art. 102 AEUV, darf **deutsches Recht daneben angewendet** werden; ist es milder, setzt es sich gegenüber dem Verbot des Art. 102 AEUV nicht durch. Ist es strenger, darf es nach S. 3 angewendet werden. Diese Vorschrift stimmt überein mit der **„deutschen Klausel" in Art. 3 Abs. 2 S. 2 Kartellverfahrens-VO.** Diese hat Bedeutung für die §§ 1–21, deren Anwendungsschwellen teilweise niedriger sind als die des Art. 102 AEUV, also insbes. teilweise auch anwendbar sind, wenn der Normadressat nicht marktbeherrschend ist.

5. Ausnahmen von den Anwendungs- und Vorrangregeln der Abs. 1–3 (Abs. 4)

17 **a) Allgemeines.** Abs. 4 entspricht Art. 3 Abs. 3 Kartellverfahrens-VO. Beide Vorschriften machen deutlich, dass die Verpflichtung zur parallelen Anwendung des europäischen und des deutschen Kartellrechts auf solche nationalen Vorschriften begrenzt ist, die überwiegend denselben Zweck verfolgen wie die Art. 101 und 102 AEUV. Vorschriften, die **überwiegend ein von den Art. 101 und 102 AEUV abweichendes Ziel verfolgen,** sind von der Verpflichtung zur parallelen Anwendung sowie vom Vorranggrundsatz des § 22 Abs. 2 S. 1 (Art. 3 Abs. 2 S. 1 Kartellverfahrens-VO) befreit. Ausdrücklich ergänzt wird die Ausnahme im ersten Teil des Abs. 4 für die Vorschriften über die **Zusammenschlusskontrolle,** also die §§ 35 ff. Das stimmt überein mit Art. 3 Abs. 3 Kartellverfahrens-VO. Dieser bezieht sich ebenso wie § 22 Abs. 4 auf die nationalen Fusionskontrollen. Für die EU-Fusionskontrolle findet sich in Art. 21 Abs. 1 FKVO eine entsprechende Regelung. Sie besagt, dass auf Zusammenschlüsse iSd Art. 3 FKVO die Kartellverfahrens-VO nicht anwendbar ist. Das wird aber eingeschränkt für **Gemeinschaftsunternehmen,** die (zwar möglicherweise die Voraussetzungen eines Zusammenschlusses nach Art. 3 FKVO erfüllen, aber) keine gemeinschaftsweite Bedeutung haben und die Koordinierung des Wettbewerbsverhaltens unabhängig bleibender Unternehmen bezwecken oder bewirken. Auf Gemeinschaftsunternehmen, die nicht „auf Dauer alle Funktionen einer selbstständigen wirtschaftlichen Einheit" erfüllen (vgl. Art. 3 Abs. 4 FKVO) und auf Gemeinschaftsunternehmen, die zwar in diesem Sinne solche mit „Vollfunktion" sind, aber nicht die Umsatzschwellen des Art. 1 FKVO erreichen, findet nach Art. 21 Abs. 1 die Kartellverfahrens-VO Anwendung. Dann gilt potenziell auch das Regime von Anwendungsausschlüssen und Vorrängen nach § 22 Abs. 1–3. Soweit sie allerdings den Vorschriften der Fusionskontrolle nach **§§ 35 ff.** unterliegen, gehen diese vor. Diese haben aber nach deutschem Verständnis **nicht per se eine Ausschlusswirkung** gegenüber der Anwendung der §§ 1–3, sodass potenziell sowohl diese Vorschriften als auch die Vorschriften über die deutsche Fusionskontrolle nebeneinander Anwendung finden können.

18 **b) Vorrang der Fusionskontrollvorschriften (S. 1).** Nach Abs. 4 S. 1 gelten die §§ 22 Abs. 1–3 nicht, „soweit die Vorschriften über die Zusammenschlusskontrolle

angewendet werden". Insoweit gilt also ein Vorrang der Fusionskontrollvorschriften. Allerdings gilt **in der deutschen Fusionskontrolle** – anders als partiell im Bereich der EU-Fusionskontrolle (vgl. Art. 21 Abs. 1 FKVO) – **kein grundsätzlicher Ausschluss der Anwendung des § 1** bei Erfüllung der Anwendungsvoraussetzungen der Fusionskontrolle. Vielmehr gilt zwar der Grundsatz, dass Zusammenschlüsse iSd § 37 Abs. 1 nicht als solche auch gegen das Kartellverbot verstoßen. Dennoch kann das im Einzelfall so sein, insbes. bei Gemeinschaftsunternehmen. Deren Gründung unterliegt bei Erwerb der gemeinsamen Kontrolle (§ 37 Abs. 1 Nr. 2) oder Erwerb mehrerer mindestens 25 %iger Beteiligungen (§ 37 Abs. 1 Nr. 3 insbes. iVm S. 3) unabhängig davon der Fusionskontrolle, ob es sich um ein Gemeinschaftsunternehmen mit Voll- oder Teilfunktionen oder um ein konzentratives oder ein kooperatives Gemeinschaftsunternehmen handelt (→ § 1 Rn. 85 ff. und → § 37 Rn. 32 ff.). Das „soweit"-Merkmal in S. 1 sollte, soweit ersichtlich, in Deutschland an der bisher praktizierten potenziellen **„Doppelkontrolle" von Gemeinschaftsunternehmen** nichts ändern. Er sieht eine Ausschluss- und Vorrangwirkung des Fusionskontrollrechts nur exakt für den Sachverhalt vor, an den die Fusionskontrolle anknüpft, also im Regelfall auf den Erwerbsakt. Soweit durch die Akte kartellrechtlich relevante Kooperationen begründet werden, ist dies weder formal noch materiell Gegenstand der Fusionskontrolle, sondern der insoweit eigenständigen Kartellkontrolle. Sie wird durch Abs. 4 nicht ausgeschlossen. Soweit sie stattfindet, gelten die Abs. 1–3 uneingeschränkt, also auch die Verpflichtung, Art. 101 und 102 AEUV neben der entsprechenden deutschen Vorschrift anzuwenden. Gelegentlich wird die Theorie vertreten, dass der **Erwerb einer Minderheitsbeteiligung,** der in Deutschland uU den Zusammenschlusstatbestand des § 37 Abs. 1 Nr. 3 lit. b erfüllt, auch gegen § 1 verstoßen kann. Richtigerweise erfüllt dieser Erwerb als solcher aber nicht den Tatbestand des § 1 (→ § 1 Rn. 87). Anderes gilt, wenn die durch eine Minderheitsbeteiligung, aber nicht konzernrechtlich verbundenen Unternehmen wettbewerbsbeschränkende Vereinbarungen iSd § 1 schließen oder entsprechende abgestimmte Verhaltensweisen praktizieren. Das ist ein von der Fusionskontrolle zu unterscheidender Vorgang, auf den § 1 angewendet werden kann und für den die Abs. 1–3 uneingeschränkt gelten.

c) Verfolgung sonstiger von Art. 101 und 102 AEUV abweichender Ziele 19
(S. 2). Nach S. 2 bleiben Vorschriften, die „überwiegend ein von den Art. 101 und 102 AEUV abweichendes Ziel verfolgen" unberührt. Diese Voraussetzung ist insbes. erfüllt bei Vorschriften über den Schutz des lauteren Wettbewerbs, insbes. also in Bezug auf das **UWG.** Während das UWG auf den Schutz der Marktteilnehmer gegen unlautere Wettbewerbshandlungen einzelner Unternehmen gerichtet ist, schützen das GWB und auch das EU-Kartellrecht den freien Wettbewerb als Koordinator der Marktbeziehungen vorwiegend unter wirtschaftspolitischen Gesichtspunkten gegen Beschränkungen. Diese beiden Ziele können in Einzelheiten deckungsgleich sein, insgesamt sind die Vorschriften jedoch auf unterschiedliche Schutzgegenstände ausgerichtet (Köhler/Bornkamm/Feddersen/Köhler UWG Einl. Rn. 6.11, insbes. Rn. 6.13). Die Konsequenz ist, dass die Vorschriften des UWG sowohl vom Vorranggrundsatz des Abs. 2 ausgenommen sind als auch von der Verpflichtung der mitgliedstaatlichen Wettbewerbsbehörden und -gerichte zur parallelen Anwendung der nationalen und europäischen Wettbewerbsordnungen nach Abs. 1 S. 2 und Abs. 3 S. 2. Die Reichweite der Ausnahmevorschrift des Abs. 4 beschränkt sich jedoch nicht darauf. Auch andere Gesetze, die dem Bereich des **gewerblichen Rechtsschutzes** zuzurechnen sind, wie zB das Patentgesetz, können sich auf die Ausnahmevorschrift in Abs. 4 berufen. Für diese Vorschriften gilt etwas Vergleichbares wie für das UWG (vgl. dazu auch Bechtold/Bosch/Brinker VO 1/2003 Art. 3 Rn. 28).

§ 23 (weggefallen)

Kapitel 4. Wettbewerbsregeln

Vorbemerkung §§ 24–27

1 Der Vierte Abschnitt des 1. Teil des Gesetzes enthält alle Bestimmungen über Wettbewerbsregeln (§§ 24–27). Wettbewerbsregeln sind eine Eigentümlichkeit des deutschen Rechts. Von kartellrechtlicher Relevanz sind sie, weil sie **wettbewerbliches Verhalten von Unternehmen** regeln. Auch wenn dies nicht notwendig mit Wettbewerbsbeschränkungen verbunden ist, hielt der Gesetzgeber die Einbeziehung der Wettbewerbsregeln in das GWB doch im Hinblick auf die Möglichkeit solcher Folgen für geboten. Daneben sollte das Gesetz auch eine „positive Handhabe für die Ausschließung eines **unlauteren Verhaltens** im Wettbewerb und insbesondere auch für die Anregung und Förderung des **Leistungswettbewerbs**" enthalten (vgl. Begr. z. RegE der 2. GWB-Novelle 1973 in BT-Drs. 6/2520).

2 Seit der **7. GWB-Novelle 2005** sind **Wettbewerbsregeln, die gegen § 1 verstoßen** und nicht nach § 2 freigestellt sind, **nicht anerkennungsfähig.** Früher hatte die Kartellbehörde in einem solchen Fall die Möglichkeit, die Anerkennung mit der Folge der Freistellung vom Kartellverbot auszusprechen. Im System der Legalausnahme ist eine solche rechtsgestaltende, zudem im Ermessen der Kartellbehörde stehende Freistellung nicht mehr möglich. Deswegen sieht § 26 Abs. 2 idF der 7. GWB-Novelle für Kartellverstöße (dh Verstoß gegen § 1 ohne Freistellung nach § 2) dasselbe vor wie bei Verstößen gegen andere Rechtsvorschriften; die Anerkennung ist in diesen Fällen nicht möglich. Die 7. GWB-Novelle 2005 hat weitere Änderungen in § 25 vorgesehen. Nach S. 2 ist, soweit **Interessen der Verbraucher** erheblich berührt werden, im Anerkennungsverfahren auch den Verbraucherzentralen und anderen Verbraucherverbänden Gelegenheit zur Stellungnahme zu geben. Nach dem neuen § 26 Abs. 1 S. 2 ist die Anerkennung eingefügt in das neue System der nicht mehr rechtsgestaltenden Entscheidungen der Kartellbehörde; sie hat ebenso wie die Entscheidung nach § 32c nur noch zum Inhalt, dass die Kartellbehörde von ihren Untersagungsbefugnissen keinen Gebrauch mehr machen wird. Die anderen Änderungen sind formaler Natur. Der BGH erkennt im Lichte der 7. GWB-Novelle den Wettbewerbsregeln nur noch eine „begrenzte Bedeutung" zu (BGH WuW/E DE-R 1779 (1781) – Probeabonnement; vgl. zu den Wettbewerbsregeln im Lichte der 7. GWB-Novelle und des neuen Lauterkeitsrechts Sosnitza FS Bechtold, 2006, 515). Dabei wird die Entscheidung des Gesetzgebers, das Institut der Wettbewerbsregeln zwar neu zu regeln, aber aufrecht zu erhalten, konterkariert (vgl. dazu Bechtold WRP 2006, 1162). Die mit der 7. GWB-Novelle eingeführte **Übergangsvorschrift** des § 131 Abs. 3 aF für bis zum 30.6.2005 freigestellte Wettbewerbsregelungen ist zum 31.12.2007 ausgelaufen und mit der 8. GWB-Novelle 2012/2013 aufgehoben worden.

§ 24 Begriff, Antrag auf Anerkennung

(1) **Wirtschafts- und Berufsvereinigungen können für ihren Bereich Wettbewerbsregeln aufstellen.**

(2) **Wettbewerbsregeln sind Bestimmungen, die das Verhalten von Unternehmen im Wettbewerb regeln zu dem Zweck, einem den Grundsätzen des lauteren oder der Wirksamkeit eines leistungsgerechten Wettbewerbs zuwiderlaufenden Verhalten im Wettbewerb entgegenzuwirken und ein diesen Grundsätzen entsprechendes Verhalten im Wettbewerb anzuregen.**

(3) **Wirtschafts- und Berufsvereinigungen können bei der Kartellbehörde die Anerkennung von Wettbewerbsregeln beantragen.**

(4) [1]**Der Antrag auf Anerkennung von Wettbewerbsregeln hat zu enthalten:**
1. **Name, Rechtsform und Anschrift der Wirtschafts- oder Berufsvereinigung;**
2. **Name und Anschrift der Person, die sie vertritt;**
3. **die Angabe des sachlichen und örtlichen Anwendungsbereichs der Wettbewerbsregeln;**
4. **den Wortlaut der Wettbewerbsregeln.**

[2]**Dem Antrag sind beizufügen:**
1. **die Satzung der Wirtschafts- oder Berufsvereinigung;**
2. **der Nachweis, dass die Wettbewerbsregeln satzungsmäßig aufgestellt sind;**
3. **eine Aufstellung von außenstehenden Wirtschafts- oder Berufsvereinigungen und Unternehmen der gleichen Wirtschaftsstufe sowie der Lieferanten- und Abnehmervereinigungen und der Bundesorganisationen der beteiligten Wirtschaftsstufen des betreffenden Wirtschaftszweiges.**

[3]**In dem Antrag dürfen keine unrichtigen oder unvollständigen Angaben gemacht oder benutzt werden, um für den Antragsteller oder einen anderen die Anerkennung einer Wettbewerbsregel zu erschleichen.**

(5) **Änderungen und Ergänzungen anerkannter Wettbewerbsregeln sind der Kartellbehörde mitzuteilen.**

1. Begriff der Wettbewerbsregeln

a) Zweck von Wettbewerbsregeln. Wettbewerbsregeln sind Teil eines von der Wirtschaft bzw. den Unternehmen einer Branche **selbst geschaffenen Rechtes.** Ihr Zweck ist auf Sicherung und Förderung eines lauteren oder leistungsgerechten Wettbewerbs beschränkt. Die §§ 24 ff. sind beeinflusst von amerikanischen Vorbildern. In den USA können Unternehmensvereinigungen **„trade practice rules"** aufstellen, die verbindliche Regeln über das Wettbewerbsverhalten enthalten können. Sie können für bestimmte Wirtschaftszweige über die Gesetze hinaus festlegen, was unlauteres Verhalten ist, lauteren Wettbewerb fördern und unerwünschte, wenn auch nicht ungesetzliche Wettbewerbspraktiken ausschließen. 1

Die gesetzgeberische Konzeption der Wettbewerbsregeln ist wettbewerbspolitisch **nicht unangefochten.** Ihr Sinn kann sich nicht darin erschöpfen, sowieso gesetzwidriges Verhalten zu definieren und ggf. zu untersagen. Gesetze gelten ohnehin und bedürfen nicht einer Wiederholung in privaten Regeln. Das Bedürfnis, Wettbewerbsregeln aufzustellen, ergibt sich aber daraus, dass die Anwendung der staatlichen Wettbewerbsgesetze, besonders des Gesetzes gegen unlauteren Wettbewerb (UWG), sehr oft unklar ist. Wettbewerbsregeln definieren, was in einer Branche als unlauter gelten soll, ggf. unter extensiver Auslegung und damit unter bewusster Ausnutzung der **„Grauzone"** gesetzlicher Bestimmungen, die es in deren Anwendung immer gibt. Je weiter man diese Grauzone, die der Konkretisierung durch Wettbewerbsregeln offen steht, ausdehnt, desto stärker schränkt man die Möglichkeit der Unternehmen ein, durch „aggressives" Wettbewerbsverhalten innerhalb dieser Grauzone wichtige Wettbewerbsimpulse zu geben. Deswegen können Wettbewerbsregeln als **„Richtschnur für das werbende Handeln"** der betroffenen Unternehmen (vgl. OLG Düsseldorf WuW/E DE-R 1545 (1548) – VDZ-Wettbewerbsregeln) im **„Schnittfeld von Kartell- und Lauterkeitsrecht"** (Sosnitza FS Bechtold, 2006, 515 (516)) durchaus erhebliche wettbewerbsbeschränkende Wirkungen haben. Sie lassen sich wettbewerbspolitisch nur insoweit rechtfertigen, wie man die Lauterkeit und Leistungsgerechtigkeit des Wettbewerbs höher bewertet als den genannten wett- 2 bewerbsbeschränkenden Effekt. Seit der 7. GWB-Novelle 2005 können wettbewerbsbeschränkende Wirkungen nur noch hingenommen werden, wenn der darauf beruhende Verstoß gegen § 1 nach § 2 freigestellt ist. Liegen die Freistellungsvoraussetzungen nicht vor, kann die Wettbewerbsregel nicht anerkannt werden und ist nach § 1 unzulässig.

3 **b) Lauterer und leistungsgerechter Wettbewerb.** In der ursprünglichen Fassung des § 28 aF waren die Wettbewerbsregeln nur als Instrumente zur Förderung und Sicherung der **Lauterkeit des Wettbewerbs** definiert. Die 2. GWB-Novelle 1973 fügte den Begriff des **„leistungsgerechten Wettbewerbs"** hinzu. Damit sollten die Zweifel geklärt werden, ob durch Wettbewerbsregeln auch ein Wettbewerb ausgeschlossen werden darf, der zwar nicht unlauter iSd Gesetzes gegen den unlauteren Wettbewerb, gleichwohl aber nicht leistungsgerecht ist. Der Begriff „leistungsgerechter Wettbewerb" sei ein wirtschaftspolitischer, „auf Institutionsschutz gerichteter Begriff". Mit ihm solle deutlich gemacht werden, dass der Wettbewerb seiner Aufgabe, „jeweils die beste Leistung zur Geltung zu bringen, … nur gerecht werden (könne), wenn seine Auslesefunktion nicht dadurch verfälscht wird, dass Unternehmen nicht leistungsgerechte Vorteile und Vorsprünge im Wettbewerb einsetzen" (Begr. z. RegE der 2. GWB-Novelle, BT-Drs. 6/2520, 34).

4 Wettbewerbsregeln können erhebliche Auswirkungen dadurch haben, dass sie die **wettbewerbsrechtliche Rspr.** bei der Auslegung der Generalklauseln des Gesetzes gegen den unlauteren Wettbewerb **beeinflussen.** Das ist deutlich nachvollziehbar bei den 1975 eingetragenen Wettbewerbsregeln des Markenverbandes (vgl. BKartA WuW/E 1633), die anschließend zum Teil wortgleich auch für einzelne Wirtschaftsbereiche eingetragen wurden. Sie haben der Rspr. zB in der Frage, wann Werbemaßnahmen iSv § 1 aF (heute §§ 3, 4 UWG) UWG unzulässige Behinderungen sind, wichtige Impulse gegeben (vgl. dazu zB BGH WuW/E 1466 (1467) = NJW 1977, 1242 – Eintrittsgeld). Wettbewerbsregeln müssen das Verhalten von Unternehmen regeln. Deswegen sind Motive und verhaltensunabhängige **Auslegungsgrundsätze,** wie häufig in Präambeln formuliert, an sich keine Wettbewerbsregeln. Sie werden aber meist von der Eintragungs- (früher) bzw. Anerkennungs- (jetzt) Entscheidung der Kartellbehörde mitumfasst, weil sie bei der „praktischen Anwendung" der Wettbewerbsregeln nützlich sein können (vgl. BKartA WuW/E 1633 (1635) – Markenverband).

2. Befugnis zur Aufstellung

5 Wettbewerbsregeln können von Wirtschafts- und Berufsvereinigungen aufgestellt werden. Der Begriff der **„Wirtschafts- und Berufsvereinigung"** ist identisch mit dem in § 20 Abs. 5 (→ § 20 Rn. 54 f.). Erfasst werden also nur Vereinigungen von Unternehmen, die wirtschafts- und berufspolitische Ziele ihrer Mitglieder verfolgen. Die Fähigkeit, „für ihren Bereich" Wettbewerbsregeln aufzustellen und damit Verhaltensmaßstäbe für eine Wirtschaftsbranche zu formulieren, korrespondiert mit einer grundsätzlichen Verpflichtung nach § 20 Abs. 5, Unternehmen dieser Branche aufzunehmen und am Entscheidungsprozess teilhaben zu lassen.

3. Inhalt von Wettbewerbsregeln

6 **a) Regeln gegen unlauteren, sittenwidrigen und irreführenden Wettbewerb.** Wettbewerbsregeln haben den Zweck, „einem den Grundsätzen des lauteren oder der Wirksamkeit eines leistungsgerechten Wettbewerbs zuwiderlaufenden Verhalten im Wettbewerb entgegenzuwirken und ein diesen Grundsätzen entsprechendes Verhalten im Wettbewerb anzuregen". Mit dem Begriff der **Lauterkeit** lehnt sich das Gesetz an den entsprechenden Begriff des Gesetzes gegen den unlauteren Wettbewerb (UWG) an. Nach § 3 UWG sind Wettbewerbshandlungen unlauter, „die geeignet

sind, den Wettbewerb zum Nachteil der Mitbewerber, der Verbraucher oder der sonstigen Marktteilnehmer nicht unerheblich zu beeinträchtigen". Die **irreführende Werbung** iSd § 5 ist ein Unterfall des unlauteren Wettbewerbs. Soweit Wettbewerbsregeln unlauterem Wettbewerb entgegenwirken wollen, versuchen sie, diese wettbewerbsrechtlichen Begriffe branchenspezifisch zu konkretisieren und damit auch eine wettbewerbsrechtliche **„Grauzone"** zu konkretisieren.

Wettbewerbsregeln können nach früherer Auffassung grds. auch **Bestimmungen über die Preisgestaltung** enthalten. Das BKartA ließ bisher Empfehlungen über die Kalkulation der Selbstkosten zu, zB auch für eine „seriöse" Preisgestaltung. Derartige preisrelevante Regelungen sind in besonderer Weise geeignet, als Teil eines Beschlusses von Unternehmen gegen das Kartellverbot des § 1 zu verstoßen, ohne dass die Freistellungsvoraussetzungen des § 2 vorliegen (→ § 26 Rn. 2). Die insoweit großzügigere Praxis des BKartA ist nach der 7. GWB-Novelle 2005, soweit erkennbar, nicht fortgesetzt worden. 7

b) Leistungsgerechter Wettbewerb. Das Kriterium des „leistungsgerechten" Wettbewerbs ist nicht in der gleichen Weise wie das der „Lauterkeit" durch Anlehnung an das UWG und Ausgestaltung der dort bestehenden „Grauzone" auszufüllen. Die „Leistungsgerechtigkeit" ist viel stärker **kartellrechtlich geprägt.** „Leistungswettbewerbsregeln" sollen dazu beitragen, die Funktion der „Leistung" in einem wirksamen Wettbewerb zu sichern, besonders zum Schutze kleinerer und mittlerer Unternehmen. Durch Wettbewerbsregeln kann der Versuch unternommen werden, machtbedingte Fehlentwicklungen des Wettbewerbs zu verhindern und leistungsbezogene Kriterien stärker zur Geltung zu bringen. Tendenziell können in Wettbewerbsregeln alle Verhaltensweisen ausgeschlossen werden, die Entwicklungen begünstigen würden, denen auch § 19 mit der Bekämpfung des **Missbrauchs von Marktmacht** entgegenwirken will (vgl. BT-Drs. 6/2520, 25; vgl. auch BKartA WuW/E 1633 (1635) – Markenverband). 8

Als nicht leistungsgerecht werden hauptsächlich **diskriminierende Praktiken** angesehen. Deswegen ist ein Hauptanwendungsgebiet von „Leistungswettbewerbsregeln" die Formulierung von Grundsätzen über ein angemessenes, nicht diskriminierendes Verhältnis von Leistung und Gegenleistung. Marktstärke soll nicht dazu verwendet werden können, um nichtleistungsbedingte Vorteile zu erlangen. Nicht leistungsgerecht kann auch ein Verdrängungswettbewerb sein, den ein Unternehmen, das die Möglichkeit zur Mischkalkulation hat, auf einem bestimmten Markt unter Einsatz seiner Gewinne aus anderweitiger Tätigkeit durchführt. Unter dem Gesichtspunkt der Leistungsgerechtigkeit spielen Regeln über das Preisverhalten, insbes. hinsichtlich der Führung mehrerer Preislisten und der Rabattgestaltung, eine wichtige Rolle. Wettbewerbsregeln können auch zur Eindämmung eines ausufernden **„Nebenleistungswettbewerbs"** dienen, der die Vergleichbarkeit der Hauptleistungen beeinträchtigt. 9

4. Anerkennung

Bis 1985 wurden Wettbewerbsregeln auf Antrag in das Register für Wettbewerbsregeln eingetragen. 1985 ist dieses **Eintragungsverfahren** durch ein **Anerkennungsverfahren** ersetzt worden (Gesetz zur Bereinigung wirtschaftlicher Vorschriften vom 27.2.1985, BGBl. 1985 I 457). Es gibt **kein Register mehr.** Auskünfte werden nicht mehr aus dem Register erteilt, sondern im Rahmen des § 27 (→ § 27 Rn. 3). 10

a) Sinn der Anerkennung. Für Wettbewerbsregeln können die sie aufstellenden Wirtschafts- und Berufsvereinigungen die „Anerkennung" bei der Kartellbehörde beantragen. Diese ist eine Verfügung iSv § 61. Sie ist nicht notwendige Voraussetzung der Aufstellung oder Praktizierung von Wettbewerbsregeln. Seit der 7. GWB- 11

Novelle 2005 kann die Anerkennung **keine konstitutive Freistellung** mehr bewirken. Vielmehr enthält sie nach § 26 Abs. 1 S. 2 nur noch die rechtlich verbindliche Erklärung, dass die Kartellbehörde von den ihr uU nach dem sechsten Abschnitt zustehenden Befugnissen keinen Gebrauch machen wird. Die Anerkennung ist dementsprechend auch nicht mehr geeignet, Zweifelsfragen darin, ob die Wettbewerbsregel gegen § 1 verstößt und, wenn das der Fall ist, nach § 2 freigestellt ist, verbindlich zu klären. Wenn nicht feststeht, dass die Wettbewerbsregel mit §§ 1 und 2 vereinbar ist, kann die Anerkennung nicht ausgesprochen werden. Diese seit 2005 geltende Rechtslage hat die Attraktivität von Anerkennungsverfahren vermindert. Ihren Hauptanwendungsbereich haben die Wettbewerbsregeln dann darin, dass sie **UWG-rechtliche Zweifelsfragen** in einer Weise beantworten, dass dadurch kartellrechtliche Probleme nicht ausgelöst werden.

12 **b) Anerkennungsantrag.** Für den Inhalt des Anerkennungsantrages schreibt Abs. 4 notwendige Bestandteile vor, insbes. die Vorlage des **Wortlauts** der Wettbewerbsregeln und – im Zusammenhang mit dem sachlichen und örtlichen Anwendungsbereich – die **Liste der Mitglieder,** deren Wettbewerb „geregelt" werden soll. Außer der Satzung und dem Nachweis der satzungsmäßigen Aufstellung ist auch eine Liste von **außenstehenden Vereinigungen und Unternehmen** beizufügen. Abs. 4 verlangt nicht ausdrücklich Schriftlichkeit des Antrags; bei Vorlage aller erforderlichen Informationen kann er auch zu Protokoll erklärt werden. In der Praxis sind vor Einreichung des Anerkennungsantrages informelle Vorgespräche mit der Kartellbehörde über den Inhalt und den Wortlaut der Wettbewerbsregeln unausweichlich, da kaum sicher prognostizierbar ist, ob konkrete Formulierungen nach Auffassung der Kartellbehörde die materiellen Bedingungen des Abs. 2 erfüllen oder nicht. Die sachliche Prüfung umfasst dementsprechend regelmäßig eine detaillierte Prüfung des Wortlauts der Regeln (vgl. zB BKartA WuW/E 1633 – Markenverband).

13 Der durch die 6. GWB-Novelle 1998 eingefügte S. 3 stellt klar, dass in dem Anerkennungsantrag **keine unrichtigen oder unvollständigen Angaben** benutzt werden dürfen, um für den Antragsteller oder einen anderen die Anerkennung einer Wettbewerbsregel zu erschleichen. Früher ergab sich dieses Verbot aus der Bußgeldvorschrift des § 38 Abs. 1 Nr. 7 aF; jetzt verweist die entsprechende Bußgeldvorschrift in § 81 Abs. 3 Nr. 3 (entsprach § 81 Abs. 1 Nr. 2 idF der 6. GWB-Novelle) auf § 24 Abs. 4 S. 3. Werden solche Angaben gemacht und wird deswegen die Anerkennung objektiv zu Unrecht erteilt, kann die Kartellbehörde die Anerkennung nach § 26 Abs. 4 zurücknehmen oder widerrufen.

14 **c) Änderungen und Ergänzungen.** Nach Abs. 5 sind „Änderungen und Ergänzungen anerkannter Wettbewerbsregeln" der Kartellbehörde mitzuteilen. Für sie soll also keine selbstständige Anerkennung erforderlich sein; die bloße **„Mitteilung"** soll ausreichen. In der früheren Rechtslage, in der die Anerkennung von Wettbewerbsregeln auch mit einer Freistellung vom Kartellverbot verbunden sein konnte, hatte die Regelung, wonach Änderungen und Ergänzungen anerkannter Wettbewerbsregeln der Kartellbehörde nur „mitzuteilen" waren, zu erheblichen Auslegungsschwierigkeiten geführt. Die bloße Mitteilung konnte nicht dazu führen, dass sie von der Anerkennungswirkung miterfasst wurden. Vielmehr war das nur erreichbar, wenn ein entsprechender neuer Anerkennungsantrag gestellt wurde (→ 3. Aufl. 2002, Rn. 15). Da in der jetzigen Rechtslage die Anerkennung nicht konstitutiv eine Freistellung bewirken kann, kommt dieser Frage keine größere praktische Bedeutung mehr zu. Die bloße Mitteilung bewirkt nicht, dass die Änderungen oder Ergänzungen Gegenstand der Anerkennung werden. Wenn die Unternehmen darauf Wert legen, insbes. auf die Selbstbindung der Kartellbehörde iSv § 26 Abs. 1 S. 2, müssen sie einen entsprechenden neuen Antrag stellen. Davon unberührt ist die Pflicht, Änderungen und Ergänzungen mitzuteilen. Sie werden nach § 27 Abs. 2 Nr. 3 bekannt gemacht. Damit soll eine Irreführung des Verkehrs

dadurch ausgeschlossen werden, dass die Wettbewerbsregeln, die früher anerkannt worden sind, aufgrund von in der Zwischenzeit erfolgten Änderungen oder Ergänzungen nicht mehr dem neuesten Stand entsprechen. Zur Anmeldung des **Außerkrafttretens** von Wettbewerbsregeln § 26 Abs. 3.

5. EU-Recht

Art. 101 AEUV enthält **keine besonderen Vorschriften** über Wettbewerbsregeln. Allerdings wird auf sie meist Art. 101 Abs. 1 AEUV unmittelbar anwendbar sein, wenn sie nach ihrem Inhalt Wettbewerbsbeschränkungen bezwecken oder bewirken. Fördern sie dadurch lauteren oder leistungsfähigen Wettbewerb, können die Freistellungsvoraussetzungen des Art. 101 Abs. 3 AEUV vorliegen. Nur dann sind sie EU-rechtlich zulässig. 15

§ 25 Stellungnahme Dritter

[1]Die Kartellbehörde hat nichtbeteiligten Unternehmen der gleichen Wirtschaftsstufe, Wirtschafts- und Berufsvereinigungen der durch die Wettbewerbsregeln betroffenen Lieferanten und Abnehmer sowie den Bundesorganisationen der beteiligten Wirtschaftsstufen Gelegenheit zur Stellungnahme zu geben. [2]Gleiches gilt für Verbraucherzentralen und andere Verbraucherverbände, die mit öffentlichen Mitteln gefördert werden, wenn die Interessen der Verbraucher erheblich berührt sind. [3]Die Kartellbehörde kann eine öffentliche mündliche Verhandlung über den Antrag auf Anerkennung durchführen, in der es jedermann freisteht, Einwendungen gegen die Anerkennung zu erheben.

§ 25 entsprach bis zur 7. GWB-Novelle 2005 wörtlich dem § 30 idF, die bis zur 6. GWB-Novelle 1998 galt. Durch die 7. GWB-Novelle ist **S. 2 neu** eingefügt worden; der bisherige S. 2 wurde S. 3. Nach dem neuen S. 2 sollen aufgrund der „oftmals erheblichen **verbraucherpolitischen Bedeutung** von Wettbewerbsregeln" auch Stellungnahmen der Verbraucherzentralen und anderer Verbraucherbände eingeholt werden. 1

1. Gelegenheit zur Stellungnahme

Da die Wettbewerbsregeln nach dem Willen ihrer Aufsteller im Allgemeinen branchenweite Geltung beanspruchen, sollen alle betroffenen Wirtschaftskreise Gelegenheit zur Stellungnahme erhalten. Die organisatorischen Voraussetzungen dafür werden durch die Verpflichtung geschaffen, dem Anerkennungsantrag eine Aufstellung der **betroffenen Verbände und Unternehmen** beizufügen (§ 24 Abs. 4 S. 2 Nr. 3). Seit der 7. GWB-Novelle 2005 ist die Kartellbehörde auch verpflichtet, **Verbraucherzentralen** und anderen Verbraucherverbänden, die mit öffentlichen Mitteln gefördert werden, Gelegenheit zur Stellungnahme zu geben, wenn die Interessen der Verbraucher erheblich berührt sind. Im Anerkennungsantrag sind diese Zentralen und Verbände nicht gesondert aufzuführen; vielmehr obliegt es der Kartellbehörde, die dafür in Betracht kommenden Organisationen auszusuchen. Unter Verbraucherverbänden werden ebenso wie bei den Verbraucherzentralen nur Verbände verstanden, denen direkt oder indirekt private Endverbraucher angehören; S. 2 bezieht sich also seiner gesetzgeberischen Motivation nach **nicht auf Verbände gewerblicher Verbraucher.** Die Kartellbehörde ist nicht gehalten, die betroffenen Verbände und Unternehmen einzeln zur Stellungnahme aufzufordern; die Bekanntmachung nach § 27 Abs. 2 Nr. 1 reicht insoweit aus. Im Allgemeinen wird sie das jedoch tun. Sie kann in der Einzelbenachrichtigung und in der Bekanntmachung 2 eine Frist für die Stellungnahme setzen. Die Stellungnahmen sind für die Behörde **unverbindlich;** eine Begründung ihrer Nichtberücksichtigung ist – über das allgemeine Begründungserfordernis des § 61 Abs. 1 S. 1 für Verfügungen hinaus – weder gegenüber den Antragstellern noch den Stellung nehmenden Verbänden oder Unternehmen geboten.

2. Öffentliche mündliche Verhandlung

3 Die in S. 3 vorgesehene öffentliche mündliche Verhandlung steht im **Ermessen** der Kartellbehörde (→ § 56 Rn. 3). In ihr kann „jedermann" Einwendungen gegen die Anerkennung erheben.

§ 26 Anerkennung

(1) [1]**Die Anerkennung erfolgt durch Verfügung der Kartellbehörde.** [2]**Sie hat zum Inhalt, dass die Kartellbehörde von den ihr nach Kapitel 6 zustehenden Befugnissen keinen Gebrauch machen wird.**

(2) **Soweit eine Wettbewerbsregel gegen das Verbot des § 1 verstößt und nicht nach den §§ 2 und 3 freigestellt ist oder andere Bestimmungen dieses Gesetzes, des Gesetzes gegen den unlauteren Wettbewerb oder eine andere Rechtsvorschrift verletzt, hat die Kartellbehörde den Antrag auf Anerkennung abzulehnen.**

(3) **Wirtschafts- und Berufsvereinigungen haben die Außerkraftsetzung von ihnen aufgestellter, anerkannter Wettbewerbsregeln der Kartellbehörde mitzuteilen.**

(4) **Die Kartellbehörde hat die Anerkennung zurückzunehmen oder zu widerrufen, wenn sie nachträglich feststellt, dass die Voraussetzungen für die Ablehnung der Anerkennung nach Absatz 2 vorliegen.**

1. Überblick

1 § 26 regelt die Verfügungen, die die Kartellbehörde im Zusammenhang mit Wettbewerbsregeln trifft. Abs. 1 enthält die Klarstellung, dass die Anerkennung durch Verfügung der Kartellbehörde erfolgt. Abs. 1 wurde durch die **7. GWB-Novelle 2005** durch S. 2 ergänzt, der die Verfügung inhaltlich dem neuen System anpasst, nämlich mit einem dem § 32c entsprechenden Inhalt. Abs. 2 ist durch die 7. GWB-Novelle neu gefasst worden. Nach der früheren Rechtslage konnte durch die Anerkennung einer Wettbewerbsregel ein Verstoß gegen § 1 freigestellt werden, und zwar aufgrund einer Ermessensentscheidung der Kartellbehörde ohne genauere gesetzliche Eingrenzungen. Nach der Neufassung des Abs. 2 kann die Anerkennung eine Freistellung nicht mehr konstitutiv bewirken. Vielmehr ist eine Anerkennung nur noch möglich, wenn ein mit der Wettbewerbsregel verbundener **Kartellverstoß nach § 2 freigestellt** ist. **Alt-Anerkennungen** aus der Zeit vor dem 1.7.2005, die von §§ 1, 22 freigestellt waren, galten nach der durch die 8. GWB-Novelle 2012/2013 aufgehobenen Übergangsvorschrift des § 131 Abs. 3 noch bis zum 31.12.2007 fort. Durch die 7. GWB-Novelle sind insoweit Rechtsverstöße gegen das Kartellrecht Verstößen gegen andere Gesetze angeglichen worden. Abs. 3 ist formal dadurch geändert worden, dass an die Stelle der hier vorgesehenen Anmeldung der Außerkraftsetzung eine bloße Mitteilung tritt.

2. Entscheidung über Anerkennung (Abs. 1, 2)

2 Wenn ein Antrag auf Anerkennung den Voraussetzungen des § 24 genügt, kommt es einmal darauf an, ob die Wettbewerbsregeln – ihre Vereinbarung, die Beschlussfas-

sung über sie oder ihre Praktizierung – **gegen das Kartellverbot des § 1 verstoßen** und ggf. nach §§ 2, 3 freigestellt sind. Zum anderen ist zu prüfen, ob die Wettbewerbsregeln formal oder inhaltlich gegen andere Bestimmungen des GWB oder des UWG oder gegen andere Rechtsvorschriften verstoßen. Liegen derartige Verstöße vor, muss die Kartellbehörde den Antrag auf Anerkennung ablehnen. Entgegen der früheren Rechtslage bis zur 7. GWB-Novelle 2005 kann die Kartellbehörde mit der Anerkennung **keine Freistellung** vom Kartellverbot bewirken. Verstößt die Wettbewerbsregel gegen das Kartellverbot, kommt es allein darauf an, ob sich die Freistellung aus den §§ 2, 3 ergibt. Die frühere unterschiedliche Behandlung zwischen Verstößen gegen das Kartellverbot und gegen andere gesetzliche Vorschriften ist aufgegeben worden. Wenn keine derartigen Verstöße vorliegen, stellt sich die Frage, ob die Kartellbehörde dann zur Anerkennung verpflichtet ist, oder ob sie insoweit einen Ermessensspielraum hat. Das Gesetz enthält keine Kriterien dafür, dass ein Anerkennungsantrag, der formal und materiell die gesetzlichen Voraussetzungen erfüllt, abgelehnt werden kann. Vielmehr ist dann – **ohne** Ermessensspielraum – von der **Pflicht** der Kartellbehörde auszugehen, die Anerkennung auszusprechen (ebenso für die frühere Rechtslage → 3. Aufl. 2002, Rn. 2).

Ist die Vereinbarkeit der Wettbewerbsregeln mit Kartellrecht, also den §§ 1–3, 3
zweifelhaft, gelten die **allgemeinen Beweislastregeln** (→ § 2 Rn. 6 ff.). Für den Verstoß gegen § 1 trägt die Kartellbehörde die Beweislast. Ist ein Zweifel nicht auszuräumen, ist von der Unanwendbarkeit des § 1 auszugehen. Steht die Anwendbarkeit des § 1 fest, müssen die Freistellungsvoraussetzungen der §§ 2, 3 von den Antragstellern nachgewiesen werden. Lassen sich diese nicht zweifelsfrei dartun, findet Abs. 2 Anwendung, und die Kartellbehörde hat den Anerkennungsantrag abzulehnen. Die grundsätzliche Anwendbarkeit des § 1 wird sich im Allgemeinen daraus ergeben, dass den Wettbewerbsregeln ein **Beschluss** einer Unternehmensvereinigung zugrunde liegt. Ein Verstoß gegen § 1 kann auch vorliegen, wenn mit diesem Beschluss nicht die Verpflichtung der beteiligten Unternehmen verbunden ist, die Wettbewerbsregeln einzuhalten. Die Unternehmen beschließen die Wettbewerbsregeln in der Erwartung, dass sie ggf. das wettbewerblich relevante Verhalten beeinflussen werden. In diesem Fall ist zumindest von **bewirkter Wettbewerbsbeschränkung** auszugehen. Für die Freistellungsvoraussetzungen des § 2 werden sich im Allgemeinen besondere Probleme daraus ergeben, dass zumindest die Effizienzvorteile zweifelhaft sind (Verbesserung der Warenerzeugung oder -verteilung oder Förderung des technischen oder wirtschaftlichen Fortschritts).

Bei den **Verstößen gegen andere Rechtsvorschriften** stellt sich die Frage der 4
der Kartellbehörde obliegenden **Prüfungsintensität.** Sie zielt nur auf die Verhinderung eindeutiger und offensichtlicher Verstöße. Es ist zu berücksichtigen, dass Wettbewerbsregeln gerade auch die rechtlich unsicheren Bereiche **(„Grauzonen")** regeln und ausfüllen sollen; das impliziert auch die Möglichkeit objektiver Rechtsverstöße. Dabei ist weiter zu differenzieren: Verstöße in **anderen wettbewerbsrechtlichen** Bereichen stehen nur dann einer Anerkennung entgegen, wenn sie offensichtlich sind und nicht mit vertretbaren Gründen auch verneint werden können. Insoweit gilt also der Grundsatz „in dubio für Anerkennung". Bei Verstößen gegen **nicht wettbewerbsrechtliche** Vorschriften gibt es keinen wettbewerbspolitischen Grund für Großzügigkeit. Insoweit kann schon die nicht ausgeräumte Möglichkeit eines Rechtsverstoßes zur Anwendung des S. 2 führen. Die Anerkennung von Wettbewerbsregeln kann nicht Instrument sein zur Förderung oder auch nur zur Hinnahme der Verletzung rechtlicher Vorschriften, die außerhalb des wettbewerblich orientierten Entscheidungsbereichs der Kartellbehörde liegen.

Nach dem (durch die 7. GWB-Novelle eingefügten) S. 2 hat die Anerkennung 5
zum Inhalt, dass die Kartellbehörde von den ihr nach dem Sechsten Abschnitt zustehenden **Befugnissen keinen Gebrauch** machen wird, also keine negativen Entscheidungen nach den §§ 32 ff. treffen wird. Damit bewirkt die Entscheidung

eine **Selbstbindung** der Kartellbehörde, die bei unveränderter Sachlage die Verabschiedung der Wettbewerbsregel nicht mehr als Kartellverstoß gegen § 1 verfolgen kann (vgl. BGH WuW/E DE-R 1779 (1782) – Probeabonnement). Der Inhalt dieser Entscheidung entspricht derjenigen nach § 32c, nämlich der Entscheidung, dass die Kartellbehörde keinen Anlass zum Tätigwerden sieht. Sie hat nach § 32c S. 2 zum Inhalt, dass die Kartellbehörde **„vorbehaltlich neuer Erkenntnisse"** von ihren Befugnissen nach den §§ 32 und 32a keinen Gebrauch machen wird, also keine Abstellungsentscheidung und keine negativen einstweiligen Maßnahmen treffen wird. In § 32c S. 3 ist ausdrücklich geregelt, dass diese Entscheidung keine Freistellung von einem Verbot nach den §§ 1 und 19–21 sowie nach Art. 101 Abs. 1 AEUV oder Art. 102 AEUV zum Inhalt hat (→ § 32c Rn. 5 f.). Diese Regelungen gelten sinngemäß auch im Rahmen des § 26 Abs. 1.

6 **Teilanerkennungen** und entsprechende Teilablehnungen sind möglich (und, wenn der Anerkennungsantrag nicht vorher geändert wurde, üblich). Die Anerkennungsentscheidung kann ebenso wie die Entscheidung nach § 32c **nicht mit Bedingungen oder Auflagen** versehen werden (so BGHZ 91, 178 = WuW/E 2095 – Wettbewerbsregeln gegen die frühere Praxis des BKartA, vgl. BGH WuW/E 1633 (1642) – Markenverband). § 59 ist keine selbstständige Ermächtigung für laufende Berichtsauflagen (BGH WuW/E 1633 (1642) – Markenverband); die Kartellbehörde ist ohne konkrete Anhaltspunkte für Rechtsverstöße nicht befugt, die Wirtschafts- und Berufsvereinigungen zu laufender Berichterstattung über die Praktizierung der Wettbewerbsregeln zu verpflichten.

3. Außerkraftsetzung von anerkannten Wettbewerbsregeln (Abs. 3)

7 Werden Wettbewerbsregeln von der Wirtschafts- und Berufsvereinigung, die sie aufgestellt und für sie die Anerkennung erreicht hat, außer Kraft gesetzt, muss das der Kartellbehörde **mitgeteilt** werden. Außerkraftsetzen meint Aufhebung durch einen dem Aufstellungsakt gleichwertigen Akt. Bloßes, allmähliches Nicht-mehr-Beachten der Wettbewerbsregeln löst keine Mitteilungspflicht aus. Die Mitteilung der Außerkraftsetzung bedarf keiner Form. Wird die Pflicht nicht erfüllt, ist das nicht ordnungswidrig. Die Kartellbehörde kann theoretisch die Erstattung der Mitteilung durch Anordnung der in §§ 6 ff. VwVfG vorgesehenen Zwangsmittel durchsetzen.

4. Rücknahme und Widerruf der Anerkennung (Abs. 4)

8 Wenn **nachträglich** festgestellt wird, dass die Voraussetzungen für eine Ablehnung der Anerkennung vorliegen, „hat" die Kartellbehörde die Anerkennung zurückzunehmen oder zu widerrufen. Eine Pflicht zu Rücknahme oder Widerruf besteht, wenn nachträglich festgestellt wird, dass Voraussetzungen vorliegen, unter denen die Kartellbehörde nach den Kriterien des Abs. 2 die Anerkennung hätte ablehnen müssen. Dabei ist zu unterscheiden zwischen der Rücknahme, die einen von Anfang an rechtswidrigen Verwaltungsakt betrifft, und dem Widerruf einer Anerkennung, die zunächst objektiv rechtmäßig war, aber aufgrund veränderter Umstände nachträglich rechtswidrig geworden ist. Insoweit sind die §§ 48, 49 VwVfG ergänzend heranzuziehen, insbes. auch unter dem Gesichtspunkt des **Vertrauensschutzes.** Die Beschwerde gegen die Verfügung nach Abs. 4 hat nach § 64 Abs. 1 Nr. 2 aufschiebende Wirkung.

5. Übergangsvorschriften (§ 131 Abs. 3 aF)

9 Nach dem bis zur 7. GWB-Novelle 2005 geltenden Recht konnten Wettbewerbsregeln auch dann anerkannt werden, wenn sie **gegen § 1 verstießen;** die Kartellbehörde hatte insoweit eine inhaltlich nicht begrenzte Ermessensbefugnis für eine

konstitutive Freistellungsentscheidung (→ 3. Aufl. 2002, Rn. 2). Nach § 131 Abs. 3 aF – durch die 8. GWB-Novelle 2012/2013 aufgehoben – wurden derartige freistellende Anerkennungen **am 31.12.2007** unwirksam. Das gilt uE aber nur für Anerkennungen, die eine derartige Freistellung vom Kartellverbot enthalten (so auch Immenga/Mestmäcker/F. Immenga Rn. 63). Schwierigkeiten in der Anwendung dieser Übergangsregel ergaben sich daraus, dass derartige freistellende Anerkennungen nicht ohne Weiteres identifizierbar waren. Die meisten Anerkennungen von Wettbewerbsregeln haben sich mit der Frage, ob sie gegen das Kartellverbot des § 1 verstoßen und deswegen einer Freistellung bedürfen, nicht auseinandergesetzt. Bei allen nach früherem Recht anerkannten Wettbewerbsregeln ist also zu prüfen, ob sie einen Verstoß gegen § 1 freigestellt haben. Es muss festgestellt werden, ob die Wettbewerbsregel iSd § 26 Abs. 2 gegen das Verbot des § 1 verstößt und nicht nach §§ 2, 3 freigestellt ist. Ist das der Fall, endete die Freistellung mit dem 31.12.2007.

§ 27 Veröffentlichung von Wettbewerbsregeln, Bekanntmachungen

(1) **Anerkannte Wettbewerbsregeln sind im Bundesanzeiger zu veröffentlichen.**

(2) **Im Bundesanzeiger sind bekannt zu machen**
1. **die Anträge nach § 24 Absatz 3;**
2. **die Anberaumung von Terminen zur mündlichen Verhandlung nach § 25 Satz 3;**
3. **die Anerkennung von Wettbewerbsregeln, ihrer Änderungen und Ergänzungen;**
4. **die Ablehnung der Anerkennung nach § 26 Absatz 2, die Rücknahme oder der Widerruf der Anerkennung von Wettbewerbsregeln nach § 26 Absatz 4.**

(3) **Mit der Bekanntmachung der Anträge nach Absatz 2 Nummer 1 ist darauf hinzuweisen, dass die Wettbewerbsregeln, deren Anerkennung beantragt ist, bei der Kartellbehörde zur öffentlichen Einsichtnahme ausgelegt sind.**

(4) **Soweit die Anträge nach Absatz 2 Nummer 1 zur Anerkennung führen, genügt für die Bekanntmachung der Anerkennung eine Bezugnahme auf die Bekanntmachung der Anträge.**

(5) **Die Kartellbehörde erteilt zu anerkannten Wettbewerbsregeln, die nicht nach Absatz 1 veröffentlicht worden sind, auf Anfrage Auskunft über die Angaben nach § 24 Absatz 4 Satz 1.**

1. Bekanntmachung (Abs. 1–3)

§ 27 ist in Abs. 1 und 2 durch die **7. GWB-Novelle 2005** geändert worden; 1
außerdem ist Abs. 5 hinzugefügt worden. Die frühere Rechtslage über die Bekanntmachungen und über Auskünfte über Wettbewerbsregeln war unnötig verkompliziert worden einerseits durch das bis 1985 bestehende Register für Wettbewerbsregeln und andererseits durch Auskunftspflichten der Kartellbehörden für bestehende Wettbewerbsregeln. Die neue Regelung baut darauf auf, dass anerkannte Wettbewerbsregeln in ihrem **vollen Wortlaut** im Bundesanzeiger **zu veröffentlichen** sind (Abs. 1) und dass vor der Anerkennung die Wettbewerbsregeln bei der Kartellbehörde zur öffentlichen Einsichtnahme ausgelegt sind (Abs. 3). Abs. 5 regelt den Fall, dass Wettbewerbsregeln nach früherem Recht anerkannt worden sind, und für die die Veröffentlichungspflicht nach Abs. 1 noch nicht galt. Für sie besteht eine Auskunftspflicht der Kartellbehörde. Die 7. GWB-Novelle hatte in Abs. 1 und 2 neben dem Bundesanzeiger alternativ auch den „elektronischen Bundesanzeiger" erwähnt;

die Erwähnung ist durch Gesetz vom 22.12.2011 gestrichen worden, weil ab 1.4.2012 (BGBl. 2012 I 3044) der – zunächst zweigeteilte – gedruckte und elektronische Bundesanzeiger zusammengeführt wurde und seither grds. nur noch elektronisch erscheint.

2 Nach Abs. 2 sind im Bundesanzeiger bekannt zu machen **Anerkennungsanträge** und ggf. die Anberaumung eines Termins zur mündlichen Verhandlung. Diese Bekanntmachungen sollen dazu dienen, interessierte Dritte, insbes. diejenigen Dritten, denen nach § 25 Gelegenheit zur Stellungnahme zu geben ist, über den Antrag und dessen Inhalt zu informieren. Die Bekanntmachungen nach Abs. 2 Nr. 1 und 2 umfassen **nicht den Wortlaut der Wettbewerbsregeln,** deren Anerkennung beantragt wird. Insoweit ist nach Abs. 3 der Hinweis vorgeschrieben, dass die Wettbewerbsregeln bei der Kartellbehörde „zur öffentlichen Einsichtnahme ausgelegt" sind. Abs. 3 ist die einzige Stelle im Gesetz, die die Auslegung der Wettbewerbsregeln zur öffentlichen Einsichtnahme regelt. Die Auslagepflicht besteht nur im Antragsverfahren. Ihr entspricht ein Einsichtsrecht von Jedermann, unabhängig von dem Nachweis eines qualifizierten Interesses. Ist das Antragsverfahren abgeschlossen, gibt es keine Auslage mehr. **Nach Anerkennung** sind die Wettbewerbsregeln **im Volltext** nach Abs. 1 im Bundesanzeiger bekannt zu machen. Ist die Anerkennung abgelehnt worden, ist die Ablehnung der Anerkennung ebenso wie die Rücknahme oder der Widerruf als solche im Bundesanzeiger bekannt zu machen (Abs. 2 Nr. 4). Von der Bekanntmachung der anerkannten Wettbewerbsregeln im Bundesanzeiger ist zu unterscheiden die Bekanntmachung der Anerkennung. Sie kann nach Abs. 4 dadurch erfolgen, dass auf die Bekanntmachung des Anerkennungsantrages Bezug genommen wird. Die Kartellbehörde wird jedoch sinnvoller Weise dann, wenn sie Wettbewerbsregeln anerkannt hat, die Mitteilung über die Anerkennung mit der Veröffentlichung der anerkannten Wettbewerbsregeln im Volltext nach Abs. 1 verbinden.

2. Auskunft über anerkannte Alt-Wettbewerbsregeln (Abs. 5)

3 Bis zur 7. GWB-Novelle 2005 waren anerkannte Wettbewerbsregeln nicht veröffentlichungspflichtig. Die Kartellbehörde war nach § 27 Abs. 1 aF verpflichtet, u.a. Auskünfte über den Inhalt der Wettbewerbsregeln zu erteilen. Diese Verpflichtung gilt nach Abs. 5 fort. Da anerkannte Wettbewerbsregeln, wenn sie nicht gegen § 1 verstoßen, von der Übergangsvorschrift des § 131 Abs. 3 nicht erfasst werden, und dementsprechend die Anerkennung auch über dieses Datum hinaus gilt, besteht ein praktisches Bedürfnis für diese **Auskunftspflicht.** Die Auskunftspflicht ist auf die Daten beschränkt, die nach § 24 Abs. 4 S. 1 notwendiger Inhalt des Anerkennungsantrages waren. Das schließt den Wortlaut der Wettbewerbsregeln ein. Das der Auskunftspflicht der Kartellbehörde entsprechende **Auskunftsrecht** steht jedermann zu. Der Auskunftsbegehrende kann eine natürliche oder juristische Person sein; auf die Unternehmenseigenschaft kommt es nicht an. Ein berechtigtes Interesse an der Auskunft oder ein sachliches Betroffensein muss nicht nachgewiesen werden. Es steht im Ermessen der Behörde, wie sie der Auskunftspflicht nachkommt; im Regelfall erfüllt sie die Pflicht durch Übersendung von Kopien.

Kapitel 5. Sonderregeln für bestimmte Wirtschaftsbereiche

Vorbemerkung §§ 28–31b

Übersicht

1. Überblick

1 Der Fünfte Abschnitt des 1. Teils des Gesetzes entspricht zwar in der Überschrift, inhaltlich aber nur noch mit § 28 dem Gesetz idF der **6. GWB-Novelle 1998.** Dort führte er einen Teil der sog. **„Ausnahmebereiche" der §§ 99 ff. aF** fort, und zwar nur noch für die Landwirtschaft, die Kredit- und Versicherungswirtschaft, die Urheberrechtsverwertungsgesellschaften und – damals – den Sport, nicht mehr für die Verkehrswirtschaft (§ 99 aF), die Forstwirtschaft (zT in § 100 aF), die staatlichen Monopole in Bundeshand, Kreditanstalt für Wiederaufbau, das Branntweinmonopol (§ 101 Nr. 1 und 2 aF) und die Versorgungsunternehmen (§ 103 aF). Die **7. GWB-Novelle 2005** hat von diesen Sonderregeln nur noch § 28 für die **Landwirtschaft** aufrechterhalten und alle anderen Regelungen ersatzlos gestrichen. Insoweit gelten allerdings teilweise aufgrund anderer Regelungen außerhalb des GWB Besonderheiten. Neu übernommen in den Fünften Abschnitt wurde als § 30 der bisherige § 15 über die **Preisbindung bei Zeitungen und Zeitschriften.** Die **GWB-Novelle 2007** hat mit § 29 eine besondere Vorschrift für den **Preismiss-**

brauch durch Unternehmen der **Strom- und Gas-Versorgungswirtschaft** eingefügt; ihre Geltung ist durch die 8. GWB-Novelle 2012/2013 von zunächst bis 31.12.2012 bis zum 31.12.2017 verlängert worden (§ 131 Abs. 1). Die 8. GWB-Novelle 2012/2013 hat die Preisbindungsregelung für Zeitungen und Zeitschriften um besondere Regelungen für Branchenvereinbarungen im Pressevertrieb ergänzt und – mit Modifikationen – die bisherige Übergangsvorschrift für **Wasser** in § 131 Abs. 6 aF in §§ 31–31b verselbstständigt.

2 Sonderregeln sind außerdem noch in § 130 für die **Deutsche Bundesbank,** die Kreditanstalt für Wiederaufbau (Abs. 1 S. 2) und das **Energiewirtschaftsrecht** (Abs. 3) enthalten. Die Aufhebung der (seit der 6. GWB-Novelle noch verbliebenen) „Bereichsausnahmen" war aufgrund der Angleichung des GWB an das EU-Recht erforderlich. Das europäische Kartellverbot kennt keine dem GWB bis zur 7. GWB-Novelle entsprechenden bereichsspezifischen gesetzlichen Ausnahmebereiche (vgl. dazu Begr. zum RegE, WuW-Sonderausgabe, 128). Im Folgenden wird die Rechtslage für die früheren Ausnahmebereiche sowie die Bereiche dargestellt, in denen aufgrund des GWB oder aufgrund gesetzlicher Regelungen außerhalb des GWB besondere kartellrechtlich relevante Vorschriften gelten.

2. Kredit- und Versicherungswirtschaft

3 **a) Frühere Rechtslage.** Das zwischen 1999 und 2005 geltende GWB enthielt in **§ 29** eine Sonderregelung für die Kredit- und Versicherungswirtschaft. Diese Bestimmung war an die Stelle des **§ 102 idF bis zur 6. GWB-Novelle 1998** getreten. Während § 102 aF Kreditinstitute und Versicherungsunternehmen noch weitgehend sowohl von den horizontalen als auch den vertikalen Kartell- und Empfehlungsverboten freigestellt und nur einer kartellrechtlichen Missbrauchsaufsicht unterworfen hatte, enthielt § 29 idF der 6. GWB-Novelle **keine umfassende Freistellung** mehr vom horizontalen Kartellverbot des § 1 aF. Vielmehr wurden grds. die allgemeinen Freistellungsvorschriften der §§ 2–8 aF für anwendbar erklärt, verbunden mit **verfahrensrechtlichen Erleichterungen.** Außerdem sah § 29 Abs. 2 bestimmte Freistellungen vom Verbot der Preis- und Konditionenbindungen des § 14 aF vor.

4 **b) Heute geltender Rechtsrahmen.** § 29 aF ist ersatzlos weggefallen. Die §§ 1 und 2 sind damit uneingeschränkt auch im Bereich der Kredit- und Versicherungswirtschaft anwendbar (vgl. dazu auch Lettl WM 2005, 1585). Etwas anderes gilt nur für Versicherungsbereiche, die spezialgesetzlich geregelt sind. Deswegen sind von der Anwendung des GWB ausgenommen **Träger der Sozialversicherung** (zur gesetzlichen Krankenversicherung vgl. §§ 69, 172a SGB V, Anhang B 2, und → Rn. 31); sie unterliegen – soweit sie Tätigkeiten nach den Vorschriften des Sozialgesetzbuches wahrnehmen – nicht dem GWB. Gleiches gilt für andere **öffentlich-rechtliche Versorgungs- und Unfallfürsorgeeinrichtungen** (vgl. dazu § 1 Abs. 3 VAG). Die Tatsache allein, dass Unternehmen der Kredit- und Versicherungswirtschaft einer besonderen Fachaufsicht der Bundesanstalt für Finanzdienstleistungsaufsicht (BAFin) unterliegen, schränkt die Geltung des GWB nicht ein.

5 Im Versicherungssektor galt – für den Anwendungsbereich des Art. 101 AEUV unmittelbar und für den Anwendungsbereich des § 1 über die Verweisung in § 2 Abs. 2 – für bestimmte Vereinbarungen, Beschlüsse und Verhaltensweisen die **Gruppenfreistellungsverordnung 267/2010** (→ § 2 Rn. 36), die zum 31.3.2017 ausgelaufen ist. Seither gelten die allgemeinen Vorschriften; die Wertungen der Gruppenfreistellungsverordnung 267/2010 haben für die Prüfung der Freistellung nach § 2 aber weiterhin Bedeutung.

3. Urheberrechtsverwertungsgesellschaften

a) Frühere Rechtslage. Das GWB idF der 6. GWB-Novelle, das zwischen dem 1.1.1999 und dem 30.6.2005 galt, enthielt in § 30 eine Ausnahmevorschrift für die **Bildung und Tätigkeit von Verwertungsgesellschaften.** Er ersetzte den **§ 102a aF,** der aufgrund des **Urheberrechtswahrnehmungsgesetzes** vom 9.9.1965 (WahrnG, BGBl. II/FNA 440–12) in das GWB eingefügt worden war. Das WahrnG regelt eingehend die Rechte und Pflichten der Verwertungsgesellschaften. Zum Ausgleich dafür hielt man es seinerzeit für richtig, diese Gesellschaften teilweise vom Kartellverbot freizustellen und nur einer Missbrauchsaufsicht durch das BKartA zu unterwerfen. Schon in der früheren Gesetzgebungsgeschichte ging man davon aus, dass die Bildung und die Tätigkeit der Verwertungsgesellschaften grds. mit **Art. 101 Abs. 1 AEUV** vereinbar ist. **6**

b) Heute geltender Rechtsrahmen. Die Zulässigkeit der Bildung und Tätigkeit von Verwertungsgesellschaften ergibt sich heute für das deutsche Recht aus dem Verwertungsgesellschaftsgesetz vom 24.5.2016 (BGBl. 2016 I 1190). Nach dessen § 77 Abs. 1 bedarf der Erlaubnis, „wer Nutzungsrechte, Einwilligungsrechte oder Vergütungsansprüche, die sich aus dem Urheberrechtsgesetz … ergeben, für Rechnung mehrerer Urheber oder Inhaber verwandter Schutzrechte zur gemeinsamen Auswertung wahrnimmt". **Erlaubnis- und Aufsichtsbehörde** ist das **Patentamt,** das über die Erlaubnis und den Widerruf der Erlaubnis im Einvernehmen mit dem BKartA entscheidet (§ 75 Abs. 1 Verwertungsgesellschaftsgesetz). Die Verwertungsgesellschaft unterliegt einem **Wahrnehmungszwang,** dh sie ist verpflichtet, die zu ihrem Tätigkeitsbereich gehörenden Rechte und Ansprüche auf Verlangen der Berechtigten zu angemessenen Bedingungen wahrzunehmen. Die Einnahmen hat sie nach festen Regeln aufzuteilen. **7**

Auch in der Zeit, in der § 30 aF eine Freistellung der Bildung und der Tätigkeit von Verwertungsgesellschaften enthielt, war zweifelhaft, ob überhaupt ein **Verstoß gegen § 1** vorliegt. Dafür sprechen die Unternehmenseigenschaft der Urheber und die mit der Bildung von Verwertungsgesellschaften verbundene Beschränkung in der eigenen Wahrnehmung der Urheberrechte. Gegen die Anwendung des § 1 spricht, dass der einzelne Urheber ohne die Bildung der Verwertungsgesellschaft gar nicht in der Lage wäre, seine Rechte wahrzunehmen (vgl. auch Immenga/Mestmäcker/Möschel, 3. Aufl. 2000, § 30 Rn. 5). Soweit eine **Freistellung nach § 2 bzw. Art. 101 Abs. 3 AEUV** erforderlich ist, gilt diese – wie früher nach § 30 aF – unter dem Gesichtspunkt der „Unerlässlichkeit" nur, soweit die wettbewerbsbeschränkenden Verträge oder Beschlüsse erforderlich sind, dh grds. nur für die Wahrnehmung von Urheberrechten zur gemeinsamen Auswertung. Derartige Verträge mussten früher dem Patentamt als Aufsichtsbehörde gemeldet werden; die Meldepflicht ist weggefallen. **8**

Soweit die Verwertungsgesellschaft – was regelmäßig der Fall ist – gegenüber den Nutzern von Urheberrechten **marktbeherrschend** ist, gilt § 19. **9**

4. Sport

a) Frühere Rechtslage. § 31 aF idF der 6. GWB-Novelle, der vom 1.1.1999 bis 30.6.2005 galt, hat **keine praktische Bedeutung** erlangt (vgl. dazu Schürnbrand ZWeR 2005, 396). Nach ihm sollte § 1 keine Anwendung finden „auf die zentrale Vermarktung von Rechten an der Fernsehübertragung satzungsgemäß durchgeführter sportlicher Wettbewerbe durch Sportverbände, die in Erfüllung ihrer gesellschaftspolitischen Verantwortung auch der Förderung des Jugend- und Amateursports verpflichtet sind und dieser Verpflichtung durch eine angemessene Teilhabe an den Einnahmen aus der zentralen Vermarktung dieser Fernsehrechte Rechnung tragen". Diese Bestimmung war eine Reaktion des Gesetzgebers auf den BGH- **10**

Beschluss vom 11.12.1997 über die **zentrale Vermarktung der Fernsehübertragungsrechte** für die Heimspiele der am **UEFA-Pokal** und am Pokal der europäischen Pokalsieger teilnehmenden deutschen Fußballvereine (BGH WuW/E DE-R 17 = WRP 1998, 188 – Europapokalheimspiele).

11 **b) Heute geltender Rechtsrahmen.** Es gibt **keinerlei Sondervorschriften** für die Anwendung des Kartellverbots des § 1 auf den Sport, soweit er Gegenstand wirtschaftlichen Wettbewerbs ist. Soweit Kartelle vor Inkrafttreten der 7. GWB-Novelle die Bereichsausnahme des § 31 aF in Anspruch genommen hatten, sind sie ohne Übergangsvorschrift verboten und unwirksam. Zum Sport „im Lichte des europäischen Wettbewerbsrechts" vgl. Schwarze/Hetzel Europarecht 2005, 581; Hellmann/Bruder EuZW 2006, 359; Heinemann ZEuP 2006, 337; Graf ZEuP 2006, 371; Enßlin ZEuP 2006, 380. Zur Erhebung und Durchsetzung einer Veranstalterabgabe durch einen Sportverband vgl. OLG Düsseldorf NZKart 2013, 253 – Triathlon.

5. Verkehrswirtschaft

12 **a) Frühere Bereichsausnahme.** Bis Ende 1998 gab es in **§ 99 aF** einen besonderen Ausnahmebereich der Verkehrswirtschaft. § 99 aF enthielt in der schon durch die 5. GWB-Novelle 1989 erheblich gestrafften und an das EG-Recht angepassten Fassung noch in Abs. 1 Freistellungen vom Kartellverbot des § 1 aF und dem Preisempfehlungsverbot des § 38 Abs. 1 Nr. 11 aF für **Verträge und Empfehlungen von Luftfahrtunternehmen** und Unternehmen der **Binnenschifffahrt** für Verkehr über die EU-Grenzen hinaus; für Verkehr innerhalb der Europäischen Union gelten sowieso besondere EU-Regeln. In § 99 Abs. 1 Nr. 2 und 3 aF waren Verträge und Empfehlungen für die **Personenbeförderungen im Inland** geregelt; diese Regelung ist durch Art. 2 Abs. 4 und 5 der 6. GWB-Novelle 1998 (BGBl. 1998 I 2521 (2544)) entsprechend den jeweiligen Anwendungsbereichen in das Personenbeförderungsgesetz und das allgemeine Eisenbahngesetz integriert worden. § 99 Abs. 2 aF stellte Preisempfehlungen von Speditionsverbänden für den Güterverkehr frei. Nach Auffassung des Gesetzgebers der 6. GWB-Novelle 1998 entsprach die Streichung des früheren § 99 „einerseits dem mit der Reform verbundenen Ziel einer möglichst weitgehenden Übereinstimmung zwischen nationalem und europäischem Recht. Andererseits dient die Abschaffung des Ausnahmebereichs Verkehr dem mit der Reform angestrebten Ziel der „Stärkung des Wettbewerbsprinzips" (BR-Drs. 852/97). Im Übrigen sei die Abschaffung Ausdruck der Tatsache, dass das deutsche Wettbewerbsrecht im Verkehrsbereich zunehmend durch die europäischen Regelungen verdrängt werde. Soweit für Fälle, die weiterhin nach deutschem Wettbewerbsrecht zu beurteilen seien, eine Freistellungsnotwendigkeit bestehe, seien die §§ 2 f. hierfür ausreichend (BR-Drs. 852/97, 39 f.).

13 **b) Heute geltender Rechtsrahmen für Kooperationen.** Im Bereich der Verkehrswirtschaft gelten seit der 6. GWB-Novelle kartellrechtliche Sonderregelungen im Bereich der **Personenbeförderung** und der **Eisenbahn.** Sie sind durch die Art. 2 Abs. 7 und 8 der 7. GWB-Novelle neu gefasst worden:

– § 8 Abs. 3b des Personenbeförderungsgesetzes idF der Bekanntmachung vom 8.8.1990 (BGBl. 1990 I 1690), zuletzt geändert durch Gesetz vom 14.12.2012 (BGBl. 2012 I 2598) und die 8. GWB-Novelle 2013, hat folgenden Wortlaut:

„[1]Für Vereinbarungen von Verkehrsunternehmen und für Beschlüsse und Empfehlungen von Vereinigungen dieser Unternehmen **gilt § 1 des Gesetzes gegen Wettbewerbsbeschränkungen nicht,** soweit sie dem Ziel dienen, für eine Integration der Nahverkehrsbedienung, insbesondere für Verkehrskooperationen, für die Abstimmung oder den Verbund der Beförderungsentgelte und für die Abstimmung der Fahrpläne, zu sorgen. [2]Sie bedürfen zu ihrer Wirksamkeit der Anmeldung bei der Genehmigungsbehörde. [3]Für Vereinigungen von Unternehmen, die Vereinbarungen, Beschlüsse und Empfehlungen im Sinne von Satz 1 treffen, **gilt § 19 Absatz 1** in Verbindung mit Absatz 2 Nummer 1 des Gesetzes gegen Wettbewerbsbeschränkungen **entsprechend.** [4]Verfügungen der Kartellbehörde, die solche Vereinbarungen, Beschlüsse oder Empfehlungen betreffen, ergehen im Benehmen mit der zuständigen Genehmigungsbehörde."

– § 12 Abs. 7 des Allgemeinen Eisenbahngesetzes (AEG) vom 27.12.1993 (BGBl. 1993 I 2378 (2396), berichtigt BGBl. 1994 I 2439) idF der 8. GWB-Novelle 2012/2013 hat folgenden Wortlaut:

„[1]Für **Vereinbarungen von Eisenbahnverkehrsunternehmen** und für Vereinbarungen von Eisenbahnverkehrsunternehmen mit anderen Unternehmen, die sich mit der **Beförderung von Personen** befassen, sowie für Beschlüsse und Empfehlungen von Vereinigungen dieser Unternehmen **gilt § 1 des Gesetzes gegen Wettbewerbsbeschränkungen** nicht, soweit sie im Interesse einer ausreichenden Bedienung der Bevölkerung mit Verkehrsleistungen im öffentlichen Personennahverkehr und einer wirtschaftlichen Verkehrsgestaltung erfolgen und einer Integration der Nahverkehrsbedienung, insbesondere durch Verkehrskooperationen, durch die Abstimmung und den Verbund von Beförderungsentgelten und durch die Abstimmung der Fahrpläne dienen. [2]Sie bedürfen zu ihrer Wirksamkeit der Anmeldung bei der Genehmigungsbehörde. [3]Für Vereinigungen von Unternehmen, die Vereinbarungen, Beschlüsse und Empfehlungen im Sinne von Satz 1 treffen, gilt **§ 19 Absatz 1 in Verbindung mit Absatz 2 Nummer 1 des Gesetzes gegen Wettbewerbsbeschränkungen entsprechend.** [4]Verfügungen der Kartellbehörde, die solche Vereinbarungen, Beschlüsse oder Empfehlungen betreffen, ergehen im Benehmen mit der zuständigen Genehmigungsbehörde."

Diese Regelungen im PersonenbeförderungsG und Allgemeinen EisenbahnG laufen darauf hinaus, dass die **Kooperationen,** die nach diesen Spezialgesetzen zulässig sind, auch kartellrechtlich **mit § 1 vereinbar** sind (vgl. dazu Lange ZWeR 2007, 445). Systematisch lässt sich das so rechtfertigen, dass sie die Voraussetzungen des § 2 Abs. 1 unwiderleglich erfüllen. Im Allgemeinen wird davon auszugehen sein, dass derartige nach deutschem Recht zulässige Vereinbarungen, Beschlüsse und Empfehlungen, wenn sie Art. 101 Abs. 1 AEUV verletzen, **nach Art. 101 Abs. 3 AEUV freigestellt** sind. Im EU-Recht gibt es derzeit keine Gruppenfreistellungsverordnungen für den Luft- und Landverkehr, wohl aber für Seeschifffahrtskonsortien (→ § 2 Rn. 30). Für den Eisenbahn-, Straßen- und Binnenschiffsverkehr enthält die Rats-VO 169/2009 bestimmte Sonderregeln, die auch die Anwendbarkeit des § 1 beschränken (→ § 2 Rn. 39). Trotz der Deutung als freigestelltes Kartell hat der Gesetzgeber die ursprünglich vorgesehene entsprechende Anwendung auch des § 19 Abs. 3 gestrichen. 14

c) Heute geltender Rechtsrahmen für Zusammenschlüsse. Auf Zusammenschlüsse im Bereich des Personennah- und Eisenbahnverkehrs findet die **Fusionskontrolle uneingeschränkt Anwendung.** Die Verkehrsunternehmen erbringen gewerbliche Leistungen iSd § 18 Abs. 1. Dass die Rechtsbeziehungen zwischen den nach Landesrecht zuständigen Genehmigungsbehörden und den Verkehrsunternehmen öffentlich-rechtlicher Natur sind, spielt für ihre Qualifikation als Marktteilnehmer keine Rolle. Die Tatsache, dass Kooperationen gesetzlich zugelassen und teilweise sogar vorgeschrieben werden, führt nicht zu einem Ausschluss der Fusionskontrollvorschriften (so ausdrücklich BGH WuW/E DE-R 1681 (1684 f.) = WM 15

2006, 735 (737 f.) in Bestätigung von OLG Düsseldorf WuW/E DE-R 1397; BGH WuW/E DE-R 1797 – Deutsche Bahn/KVS Saarlouis; Herdinger/Ruppelt WuW 2009, 155). Dementsprechend befasst sich das BKartA häufig mit Zusammenschlüssen im Nahverkehrsbereich (vgl. BKartA WuW/E DE-V 603 – Göttingen; 891 – Hannover; 937 – Saarland; 989 – Offenbach).

16 **d) Regulierung bei den Bahnnetzen.** Betreiber von **Eisenbahninfrastrukturen** sind nach § 13 AEG verpflichtet, angrenzenden Eisenbahnen mit Sitz in der Bundesrepublik den **Anschluss** an ihre Infrastruktur zu gestatten. Außerdem sind sie verpflichtet, die **diskriminierungsfreie Benutzung** der von ihnen betriebenen Eisenbahninfrastruktur und diskriminierungsfreie Erbringung der von ihnen angebotenen Leistungen zu gewähren (§ 14 AEG). Die Einhaltung dieser Vorschriften obliegt der Bundesnetzagentur als Regulierungsbehörde (§ 14b AEG). Nach § 14b Abs. 2 AEG bleiben die **Aufgaben und Zuständigkeiten der Kartellbehörden nach dem GWB unberührt** (vgl. dazu aber KG WuW/E DE-R 2817 – Entgelt für Nutzung von Bahnhöfen). Vorschriften, die die Befugnisse der Kartellbehörden gegenüber Eisenbahn- und Eisenbahnstrukturunternehmen einschränken, gibt es nicht (vgl. zu all dem auch Staebe WuW 2006, 492; Bremer/Höppner WuW 2009, 1271).

6. Landwirtschaft

17 Der bis zur 6. GWB-Novelle 1998 geltende Ausnahmebereich des § 100 aF für die Landwirtschaft, die Fischwirtschaft und die Forstwirtschaft ist – insoweit auch nicht durch die 7. GWB-Novelle 2005 geändert – in § 28 nur für die **Landwirtschaft** (einschl. der Fischerei) aufrechterhalten worden (→ § 28 Rn. 2). § 100 Abs. 3 aF enthielt eine Freistellung vom Preisbindungsverbot für **Saatgut** und für die **Tierzüchtung.** Die Freistellung für Saatgut ist aufgegeben (dazu BR-Drs. 852/97, 41), für die Tierzüchtung durch Änderung des Tierzuchtgesetzes beibehalten worden. In § 100 Abs. 7 aF waren besondere Regelungen für die **Forstwirtschaft** vorgesehen. Sie sind in das Bundeswaldgesetz überführt worden. Die 7. GWB-Novelle hat diese Vorschriften des Tierzucht- und des Bundeswaldgesetzes beibehalten, aber dem neuen System angepasst. § 46 Bundeswaldgesetz wurde am 27.1.2017 geändert.

18 Dementsprechend gelten im Bereich der Land- und Forstwirtschaft außer der – mit den Vorgaben des EU-Rechts übereinstimmenden (→ § 28 Rn. 3) – Freistellung in § 28 folgende **Spezialregelungen:**

– Für den Bereich der **Forstwirtschaft** § 40 und 46 des Bundeswaldgesetzes (v. 2.5.1975, BGBl. 1975 I 1037, FNA 790–18; zuletzt geändert durch Gesetz v. 17.1.2017 (BGBl. 2017 I 75):

„§ 40 Befreiung von Vorschriften des Gesetzes gegen Wettbewerbsbeschränkungen

(1) [1]§ 1 des Gesetzes gegen Wettbewerbsbeschränkungen findet keine Anwendung auf Beschlüsse von Vereinigungen forstwirtschaftlicher Erzeugerbetriebe, von anerkannten Forstbetriebsgemeinschaften, von Forstbetriebsverbänden und von forstwirtschaftlichen Vereinigungen, soweit sie die forstwirtschaftliche Erzeugung und den Absatz von Forsterzeugnissen betreffen. [2]Das gleiche gilt für die nach Landesrecht gebildeten öffentlich-rechtlichen Waldwirtschaftsgenossenschaften und ähnliche Zusammenschlüsse in der Forstwirtschaft, sofern sie einen wesentlichen Wettbewerb auf dem Holzmarkt bestehen lassen.

(2) Eine anerkannte Forstwirtschaftliche Vereinigung im Sinne dieses Gesetzes darf ihre Mitglieder bei der Preisbildung beraten und zu diesem Zweck gegenüber ihren Mitgliedern Preisempfehlungen aussprechen.

(3) Vorbehaltlich der Absätze 1 und 2 und des § 46 bleiben die Vorschriften des Gesetzes gegen Wettbewerbsbeschränkungen im Übrigen unberührt.

(4) Als Vereinigungen forstwirtschaftlicher Erzeugerbetriebe sind Waldwirtschaftsgemeinschaften, Waldwirtschaftsgenossenschaften, Forstverbände, Eigentumsgenossenschaften und ähnliche Vereinigungen anzusehen, deren Wirkungskreis nicht wesentlich über das Gebiet einer Gemarkung oder einer Gemeinde hinausgeht und die zur gemeinschaftlichen Durchführung forstbetrieblicher Maßnahmen gebildet werden oder gebildet worden sind.

§ 46 Weitere Vorschriften in besonderen Fällen

(1) [1]Für Beschlüsse und Vereinbarungen über die der Holzvermarktung nicht zuzurechnenden forstwirtschaftlichen Maßnahmen von nichtstaatlichen oder staatlichen Trägern oder von deren Kooperationen, soweit auf diese Beschlüsse und Vereinbarungen die Regelungen des Gesetzes gegen Wettbewerbsbeschränkungen anzuwenden sind, gelten die Voraussetzungen für eine Freistellung im Sinne des § 2 des Gesetzes gegen Wettbewerbsbeschränkungen als erfüllt. [2]Maßnahmen im Sinne des Satzes 1 umfassen die Bereiche der Planung und Ausführung waldbaulicher Maßnahmen, der Markierung, der Ernte und der Bereitstellung des Rohholzes bis einschließlich seiner Registrierung.

(2) [1]Soweit auf Beschlüsse und Vereinbarungen im Sinne des Absatzes 1 die Regelungen des Artikels 101 des Vertrages über die Arbeitsweise der Europäischen Union anzuwenden sind, wird vermutet, dass die Voraussetzungen für eine Freistellung im Sinne des Artikels 101 Absatz 3 des Vertrages über die Arbeitsweise der Europäischen Union erfüllt sind.

(3) [1]Das Bundesministerium für Ernährung und Landwirtschaft hat dem Deutschen Bundestag im Einvernehmen mit dem Bundesministerium für Wirtschaft und Energie bis spätestens 31. Dezember 2022 und danach jeweils im Abstand von drei Jahren zu berichten, ob und inwieweit die Regelungen in den Absätzen 1 und 2 weiterhin erforderlich sind, um ein flächendeckendes Angebot forstlicher Dienstleistungen zu angemessenen Bedingungen und den diskriminierungsfreien Zugang zu diesen Dienstleistungen für alle Waldbesitzer sicherzustellen. [2]Die Berichte sollen, unter besonderer Berücksichtigung der zu fördernden Entwicklung der Forstbetriebsgemeinschaften, Vorschläge für gegebenenfalls notwendige Anpassungen der Regelungen enthalten."

– Für die Preisbindung im Bereich der **Tierzüchtung** § 29 des Tierzuchtgesetzes vom 21.12.2006 (BGBl. 2006 I 3294):

„[1]Nach diesem Gesetz anerkannte **Zuchtorganisationen** dürfen Abnehmer von Tieren, die zur Vermehrung in einem mehrstufigen Zuchtverfahren bestimmt sind, rechtlich oder wirtschaftlich binden, bei der Weiterveräußerung bestimmte Preise zu vereinbaren oder ihren Abnehmern die gleiche Bindung bei der Weiterveräußerung aufzuerlegen. [2]**§ 1** des Gesetzes gegen Wettbewerbsbeschränkungen **gilt insoweit nicht.** [3]Im Übrigen bleiben die Vorschriften des Gesetzes gegen Wettbewerbsbeschränkungen **unberührt.**"

7. Energiewirtschaft

Die 6. GWB-Novelle 1998 und die Neuregelung des Energiewirtschaftsrechts **19**
haben zur Aufhebung des bisherigen Ausnahmebereichs der §§ 103, 103a für die **Versorgung mit Elektrizität und Gas** geführt (vgl. dazu auch Eickhoff/Kreikenbaum WuW 1998, 666). Für die **Versorgung mit Wasser** galten die §§ 103, 103a

und 105 aF bis zur 8. GWB-Novelle 2012/2013 fort (§ 131 Abs. 8 idF der 6. GWB-Novelle und § 131 Abs. 6 idF der 7. GWB-Novelle). Die 8. GWB-Novelle 2012/2013 hat diese Vorschriften aus den Übergangsvorschriften in die §§ 31–31b überführt.

20 **a) Frühere Bereichsausnahme.** Bis 1998 enthielt **§ 103 aF** für die leitungsgebundene Versorgung mit Elektrizität, Gas und Wasser eine weit gehende Freistellung von den horizontalen und vertikalen Kartellverboten. Die Freistellung galt nach § 103 Abs. 1 aF insbes. für **Demarkations- und ausschließliche Konzessionsverträge,** daneben auch für Höchstpreisbindungen und Verbundverträge. Allerdings war sie durch § 103a begrenzt auf Laufzeiten von 20 Jahren (vgl. dazu und zum Anspruch auf nachvertragliche Konzessionsabgabe BGH WuW/E DE-R 719 – Nachvertragliche Konzessionsabgabe II). Demarkations- und ausschließliche Konzessionsverträge und ihre Verlängerungen waren bei der Kartellbehörde anzumelden; die Anmeldung war Wirksamkeitsvoraussetzung. Mit der durch die Freistellung von den Kartellverboten verbundenen Privilegierung war über § 103 Abs. 5 aF allerdings eine **besondere Missbrauchsaufsicht** verbunden, die gerade in den letzten Jahren durch Kartellbehörden und Gerichte verschärft worden ist.

21 **b) Aufhebung der Bereichsausnahme.** Mit der Aufhebung der §§ 103 und 103a aF für Elektrizität und Gas schon durch Art. 2 des zum 25.4.1998 in Kraft getretenen Gesetzes zur Neuregelung des Energiewirtschaftsrechts (BGBl. 1998 I 730; dazu auch Kühne/Scholtka NJW 1998, 1902) ist – ohne Übergangsvorschrift – die **Freistellung** insbes. der Demarkations- und ausschließlichen Konzessionsverträge vom Kartellverbot des § 1 **aufgehoben** worden. § 46 des Energiewirtschaftsgesetzes enthält genauere Vorschriften über Inhalt und Grenzen von **Konzessionsverträgen (Wegnutzungsverträge);** § 46 Abs. 5 stellt klar, dass insoweit die Aufgaben und Zuständigkeiten der Kartellbehörden nach dem GWB unberührt bleiben.

22 **c) Verhältnis GWB – Energiewirtschaftsrecht.** Nach § 130 Abs. 3 idF, jetzt § 185 Abs. 3 der 6. GWB-Novelle 1998 stehen die Vorschriften des Energiewirtschaftsgesetzes der Anwendung der §§ 19 und 20 nicht entgegen. Das ist durch **§ 111 EnWG** eingeschränkt worden. Nach der Begr. zum RegE der 6. GWB-Novelle (BR-Drs. 852/97, 71) war Zweck des Abs. 3 (ohne Vorbehalt in Bezug auf § 111 EnWG) nur die Übernahme der Regelung des früheren § 104a. § 104a, der bis zum 31.12.1998 galt, war durch die 2. GWB-Novelle 1973 in das Gesetz eingefügt worden und enthielt die Klarstellung, dass die Geltung und Anwendung der §§ 22 und 26 Abs. 2 aF durch das Energiewirtschaftsgesetz und dazu ergangene Durchführungs- und Ausführungsvorschriften nicht eingeschränkt werden. Damit wurde eine frühere Streitfrage gesetzlich geklärt. Bei der Anwendung des GWB und des Energiewirtschaftsrechts können sich Überschneidungen ergeben, zB hinsichtlich der Verpflichtung zur Belieferung von Abnehmern, die über eigene Energieerzeugungsanlagen verfügen. Zwischen dem 1.1.1999 und dem 30.6.2005 gab es **keine Sondervorschriften mehr,** die die Anwendung des GWB auf Energieversorgungsunternehmen einschränken konnten. Die Anwendbarkeit der §§ 19 und 20 war im Energiewirtschaftsgesetz von 1998 (v. 24.4.1998, BGBl. 1998 I 730) in § 6 Abs. 1 S. 4 ausdrücklich vorgesehen; diese Vorschriften blieben hiernach „unberührt"; s. zum Ganzen Lange/Pries NZKart 2015, 116.

23 Das Erste Gesetz zur Änderung des Gesetzes zur **Neuregelung des Energiewirtschaftsrechts** v. 20.5.2003 (BGBl. 2003 I 686) sah eine Ergänzung des § 64 Abs. 1 Nr. 2 dahin vor, dass bei Missbrauchsverfügungen nach § 19 Abs. 4 in Bezug auf Elektrizitäts- oder Gasversorgungsnetze die Beschwerde keine aufschiebende Wirkung hat. Außerdem mussten nach § 6 Abs. 1 EnWG für Strom und dem neuen § 6a Abs. 2 EnWG für Gas die Durchleitungsbedingungen **„guter fachlicher Praxis**

entsprechen". Die Erfüllung der Bedingungen guter fachlicher Praxis sollte bei Einhaltung der **Verbändevereinbarungen** für Strom vom 13.12.2001 und für Erdgas vom 14.5.2002 bis zum 31.12.2003 (und nur bis zu diesem Datum, vgl. BGH WuW/E DE-R 1617 (1620) – Stromnetznutzungsentgelt I) vermutet werden. „Im Übrigen" sollten § 19 Abs. 4 und § 20 Abs. 1 und 2 aF „unberührt" bleiben. Das bedeutete, dass energiewirtschaftsrechtlich die Rechtmäßigkeit der Durchleitungsbedingungen bis zum 31.12.2003 vermutet wurde, wenn sie den Verbändevereinbarungen entsprachen. Durch die Worte „im Übrigen" wurde klargestellt, dass das auch für die kartellrechtliche Beurteilung der Frage galt, ob Durchleitungsbedingungen missbräuchlich iSv § 19 Abs. 4 oder diskriminierend oder behindernd iSv § 20 Abs. 1 und 2 sind. Die Gerichte und Kartellbehörden mussten bei der Anwendung des GWB nach den Verbändevereinbarungen ermittelte Durchleitungsbedingungen als rechtmäßig anerkennen (aA BGH WuW/E DE-R 1206 (1208 f.) – Strom und Telefon I; WRP 2006, 778 (771) – Stromnetznutzungsentgelt II); die Frage, ob und wie die Vermutung widerlegt werden kann, wurde nicht entschieden.

Nach der Neufassung des § 130 Abs. 3, jetzt § 185 Abs. 3, durch das **Zweite Gesetz zur Neuregelung des Energiewirtschaftsrechts v. 7.7.2005** 24 (→ Rn. 22) gelten die §§ 19 und 20 für Strom und Gas nur, soweit in **§ 111 des Energiewirtschaftsgesetzes** keine andere Regelung vorgesehen ist. Dort heißt es in Abs. 1, dass die §§ 19 und 20 (und seit 22.12.2007: § 29) **nicht anzuwenden** sind, soweit durch das Energiewirtschaftsgesetz oder auf seiner Grundlage erlassene Rechtsverordnungen **ausdrücklich abschließende Regelungen** getroffen werden. Derartige abschließende Regelungen sind für den Netzzugang die §§ 20–28a EnWG und die auf dieser Grundlage erlassenen Rechtsverordnungen. Dabei geht es um den Netzzugang zu Energieversorgungsnetzen, also „Elektrizitätsversorgungsnetze und Gasversorgungsnetze über eine oder mehrere Spannungsebenen oder Druckstufen" (§ 3 Nr. 16 EnWG). Das bedeutet, dass die **Netzzugangsbedingungen** und die Preise dafür dem **Anwendungsbereich der §§ 19, 20 und 29 entzogen** sind. Für sie gilt ausschließlich das Regulierungsrecht des EnWG (Kling ZHR 177 (2013), 90 (96 ff.)). Im Widerspruch dazu enthielt bis zur GWB-Novelle 2007 § 64 Abs. 1 Nr. 1 aF eine Regelung darüber, dass die Beschwerde gegen eine Verfügung, die nach § 32 iVm den §§ 19–21 getroffen ist, keine aufschiebende Wirkung hat, wenn es sich um eine Verfügung „nach § 32 iVm § 19 Abs. 4 (handelt), die die missbräuchliche Ausnutzung einer marktbeherrschenden Stellung bei Elektrizitäts- oder Gasversorgungsnetzen betreffen". Da derartige Verfügungen nach § 130 Abs. 3 auf der Grundlage des GWB nicht möglich waren, lief diese Bestimmung leer. In der Konsequenz der Unanwendbarkeit der §§ 19, 20 und 29 auf den Zugang zu Strom- und Gasnetzen liegt es, dass nach § 111 Abs. 3 EnWG in Verfahren der Kartellbehörde nach den §§ 19, 20 und 29, die die Preise von Energieversorgungsunternehmen für die Belieferung von Letztverbrauchern betreffen, die regulierten Netzzugangsentgelte zugrunde zu legen sind, wenn diese tatsächlicher oder kalkulatorischer Bestandteil dieser Preise sind (zur Anwendbarkeit des Art. 102 AEUV vgl. Kling ZHR 177 (2013), 90 (97 ff.)). Die Ausschließlichkeit des § 111 EnWG gilt aber nicht für die zivilrechtliche Entgeltkontrolle nach § 315 BGB (BGH NJW 2012, 3092 Rn. 19; aA offenbar LG Düsseldorf WuW/E DE-R 3563 (3568) – Stromnutzungsentgelte).

§ 185 Abs. 4, eingefügt durch das Gesetz zur Änderung des **Energiesicherungsgesetzes** vom 20.5.2022 (BGBl. 2022 I 730), bestimmt in S. 1, dass die Teile 1 bis 24a 3 des GWB auf **Treuhandverwaltungen, Kapitalmaßnahmen oder Enteignungen** nach § 17, 17a oder 18a des Energiesicherungsgesetzes nicht anwendbar sind. Hintergrund ist im Wesentlichen, dass die Maßnahmen nach §§ 17, 17a und 18 des Energiesicherungsgesetzes fusionskontrollpflichtig sein könnten, und deshalb die Regelungen der §§ 35 ff. GWB durch Abs. 4 auf derartige Maßnahmen nicht anwendbar sind.

25 **d) Missbrauchsaufsicht.** Das **Energiewirtschaftsgesetz 2005** (→ Rn. 24) enthält für die Strom- und Gaswirtschaft detaillierte Vorschriften über den Netzanschluss (§§ 17 ff.) und den Netzzugang (§§ 20 ff.). Die durch dieses Gesetz eingeführte Regulierung – die behördlich auf Bundesebene durch die Bundesnetzagentur (dazu Neveling ZNER 2005, 263) und auf Länderebene durch die Wirtschaftsministerien gestaltet wird – bezieht sich nur auf die Netze, nicht auf das Verhalten der Strom- und Gasanbieter im Übrigen. § 30 Abs. 1 S. 1 EnWG verbietet Betreibern von Energieversorgungsnetzen den **Missbrauch ihrer (Netz-)Marktstellung.** S. 2 definiert den Missbrauch in sechs Beispielen, die zT dem § 19 Abs. 2 Nr. 4 entsprechen (dazu Kling ZHR 177 (2013), 90 (110 ff.)). Die Regulierungsbehörde (Bundesnetzagentur) kann auf dieser Grundlage Missbrauchsverfahren durchführen (§ 31). Verletzungen dieser Vorschriften begründen Unterlassungs- und Schadensersatzansprüche (§ 32). § 33 sieht eine besondere Vorteilsabschöpfung durch die Regulierungsbehörde vor. Die Bundesnetzagentur hat mit den Kartellbehörden zusammen zu arbeiten; bestimmte Entscheidungen bedürfen des Einvernehmens mit dem BKartA (§ 58 Abs. 1 EnWG).

26 Außerhalb der energiewirtschaftlichen Missbrauchsaufsicht über die Netze ist die **kartellrechtliche Missbrauchsaufsicht** über Energiewirtschaftsunternehmen – nach Wegfall der Bereichsaufnahme, insbes. des scharfen Instruments des § 103 Abs. 5 S. 2 Nr. 2 aF (dazu insbes. BGHZ 129, 37 = NJW 1995, 1894 = WuW/E 2967 – Strompreis Schwäbisch Hall, dazu Bechtold WuW 1996, 14) – voll integriert in die allgemeine Marktbeherrschungs-Missbrauchsaufsicht des § 19. Das gilt insbes. für Missbräuche bei den **Strom- und Gaspreisen.** Seit 2007 gilt – nach der 8. GWB-Novelle 2012/2013 nunmehr befristet bis 31.12.2027 – zusätzlich das besondere Missbrauchsverbot des **§ 29** (→ § 29 Rn. 1 ff.). Soweit das GWB anwendbar ist, sind die §§ 19, 20 und 29 grds. unabhängig von der energiewirtschaftlichen Beurteilung anzuwenden; einseitige Preisbestimmungsrechte oder Preisänderungsvorbehalte unterliegen neben der Missbrauchsaufsicht nach §§ 19, 20 und 29 auch der Billigkeitskontrolle nach § 315 BGB (BGH RdE 2006, 81 (84) = NJW 2006, 684; dazu auch Säcker RdE 2006, 65; Kühne NJW 2006, 654; → § 19 Rn. 54 und → § 29 Rn. 40). Die kartellrechtliche Missbrauchsaufsicht wird nicht durch die vorangehende Tarifpreisaufsicht verdrängt (BKartA WuW/E DE-V 750 (751 f.) – RWE Net). Führt die Kartellbehörde (BKartA oder Landeskartellbehörde) im Bereich der leitungsgebundenen Versorgung mit Elektrizität und Gas Verfahren nach den §§ 19, 20 und 29 (insoweit nur in Bezug auf das Verhalten außerhalb der Netzinanspruchnahme) oder Art. 102 AEUV oder im Bereich der Fusionskontrolle ein Hauptprüfverfahren nach § 40 Abs. 2 durch, hat sie der Bundesnetzagentur „rechtzeitig vor Abschluss des Verfahrens Gelegenheit zur Stellungnahme" zu geben (§ 58 Abs. 2 EnWG). Nach § 58 Abs. 3 EnWG wirken Bundesnetzagentur und BKartA „auf eine einheitliche und den Zusammenhang mit dem Gesetz gegen Wettbewerbsbeschränkungen wahrende Auslegung" des EnWG hin.

8. Sonderregelungen für Wasser

27 Für die **öffentliche Versorgung** mit Wasser gelten seit der 8. GWB-Novelle 2012/2013 die §§ 31–31b, die im Wesentlichen die davor geltende Übergangsvorschrift des § 131 Abs. 6 aF fortführen (vgl. unten §§ 31, 31a, 31b).

9. Telekommunikation

28 § 2 Abs. 4 S. 1 des Telekommunikationsgesetzes (v. 23.6.2021 (BGBl. I 1858 – TKG) sieht ausdrücklich vor, dass die **Vorschriften des GWB anwendbar** bleiben, soweit nicht das TKG „ausdrücklich abschließende Regelungen" trifft. Eine solche ausdrückliche Regelung gibt es nicht; deswegen läuft der „Soweit"-Satz

leer. Aus dieser Gesetzessystematik ergibt sich, dass die **unmittelbar wirkenden Kartell- und Missbrauchsverbote** auf Telekommunikationsunternehmen **uneingeschränkt anwendbar** sind. Nach § 2 Abs. 4 S. 2 TKG bleiben „die Aufgaben und Zuständigkeiten der **Kartellbehörden** unberührt"; diese können also unabhängig von der Regulierungsbehörde (Bundesnetzagentur, dazu Neveling ZNER 2005, 263) im Telekommunikationsbereich tätig werden. Dem steht § 197 Abs. 1 TKG nicht entgegen, wonach die Bundesnetzagentur in bestimmten Fällen entweder im Einvernehmen mit dem BKartA oder nach Gelegenheit zur Stellungnahme zu entscheiden hat. Umgekehrt ist nach § 197 Abs. 4 TKG das BKartA, wenn es Verfahren nach den §§ 19 und 20, Art. 82 EG oder Fusionskontrollverfahren in der 2. Phase (Hauptprüfverfahren nach § 40 Abs. 2) im Bereich der Telekommunikation durchführt, verpflichtet, der Regulierungsbehörde vor Abschluss des Verfahrens Gelegenheit zur Stellungnahme zu geben. Regulierungsbehörde und BKartA sind nach § 197 Abs. 5 TKG verpflichtet, auf eine „**einheitliche** und den Zusammenhang mit dem Gesetz gegen Wettbewerbsbeschränkungen wahrende **Auslegung**" des TKG hinzuwirken; sie haben nach S. 5 einander „Beobachtungen und Feststellungen mitzuteilen, die für die Erfüllung der beiderseitigen Aufgaben von Bedeutung sein können".

Obwohl diese gesetzlichen Regelungen gerade Bestätigung der uneingeschränk- 29
ten Anwendbarkeit des GWB auch im Bereich der Telekommunikation sind und nur gegenseitige Unterrichtungen vorsehen, geht eine verbreitete Auffassung dahin, dass das **GWB** auf all das **nicht anwendbar** ist, was der Sache nach (wenn auch nicht nach dem Gesetzeswortlaut) im TKG abschließend geregelt ist, also auf die gesamte Entgeltregulierung. Das TKG sei das speziellere Gesetz; deswegen sei zB die allgemeine Preismissbrauchsaufsicht des GWB so weit unanwendbar, wie die Entgeltregulierung des TKG reiche (Nachweise bei Immenga/Mestmäcker/Emmerich § 185 Rn. 49). Das ist schon im Hinblick auf die zivilrechtlichen Sanktionen der GWB-Vorschriften nicht richtig (vgl. dazu ausf. Topel ZWeR 2006, 27 (46); Immenga/Mestmäcker/Emmerich § 130 Rn. 50).

10. Post

Nach § 32 des Postgesetzes (v. 22.12.1997 – PostG) unterliegen **Anbieter von** 30
Postdienstleistungen einer besonderen Missbrauchsaufsicht der Regulierungsbehörde. Ein Missbrauch liegt nach Abs. 1 S. 2 insbes. vor, wenn ein marktbeherrschender Anbieter von Postdienstleistungen beim Angebot von Teilleistungen (§ 28 PostG) und beim Zugang zu Postfachanlagen und Adressänderungen (§ 29 PostG) die Wettbewerbsmöglichkeiten anderer Anbieter von Postdienstleistungen ohne sachlich gerechtfertigten Grund beeinträchtigt. Nach § 2 Abs. 3 PostG bleibt das **Gesetz gegen Wettbewerbsbeschränkungen unberührt.** Die Befugnisse der Bundesnetzagentur als Regulierungsbehörde schränken die Zuständigkeit der Kartellbehörden nicht ein; die §§ 19, 20 sind uneingeschränkt anwendbar (vgl. TB 2011/2012, 109 ff.; OLG Düsseldorf WuW/E DE-R 1473 – Konsolidierer; vgl. dazu und allgemein zum „Postkartellrecht" Lagemann ZWeR 2006, 196).

11. Gesetzliche Krankenversicherungen

Für die gesetzlichen Krankenversicherungen galt aufgrund des § 69 SGB V in der 31
bis 2007 geltenden Fassung eine **Bereichsausnahme,** deren Umfang und Reichweite unklar war (Loewenheim/Meessen/Riesenkampff/Kersting/Meyer-Lindemann/Dicks § 87 Rn. 13 f.; Roth GRUR 2007, 645 (648); Baake/Kuchinke/Wey WuW 2010, 502). Die Bereichsausnahme rechtfertigte sich daraus, dass die Rechtsbeziehungen zwischen den Krankenkassen untereinander und im Verhältnis zu den Versicherten und den Leistungserbringern durch das SGB V **abschließend sozial-**

rechtlich geregelt und öffentlich-rechtlicher Natur sind (vgl. dazu auch OLG Düsseldorf WuW/E DE-R 1958 (1959); BSG NJW-RR 2002, 1691 (1693 f.)). Diese Bereichsausnahme ist seit 2007 schrittweise dadurch abgebaut worden, dass im SGB V teilweise sowohl für das materielle als auch das Kartellverfahrensrecht sowie für die Fusionskontrolle zwischen Krankenkassen die **„entsprechende" Anwendung der GWB-Vorschriften** vorgesehen ist (vgl. dazu die Gesetzestexte in Anhang B 1). Das GVK-Wettbewerbsstärkungsgesetz von 2007 (BGBl. 2007 I 378; dazu Stumpf WRP 2008, 286) sah in einem neuen § 69 S. 2 SGB V vor, dass auf die Leistungsbeziehungen zwischen Krankenkassen und Leistungserbringern die §§ 19–21 „entsprechend" anwendbar seien. Das Arzneimittelneuordnungsgesetz (AMNOG) vom 22.12.2010 (BGBl. 2010 I 2262) hat in einem neuen § 69 Abs. 2 SGB V die „entsprechende" Anwendung praktisch aller materiellen und Verfahrensvorschriften des GWB auf das Verhältnis zwischen Krankenkassen und den Leistungserbringern angeordnet. Das Gleiche sollte nach dem Regierungsentwurf für die 8. GWB-Novelle für das Verhältnis zwischen Krankenkassen untereinander und zu den Versicherten durch neue S. 2–4 in § 4 Abs. 3 SGB V gelten; dieses Vorhaben ist im Vermittlungsverfahren gescheitert (→ Einf. Rn. 48). Die 8. GWB-Novelle 2012/2013 hat die „entsprechende" Anwendung der Fusionskontrollvorschriften auf freiwillige Vereinigungen von Krankenkassen angeordnet (§ 158 SGB V). Im Vermittlungsverfahren ist dieses Vorhaben modifiziert worden (→ Einf. Rn. 44, → § 35 Rn. 28 und die Gesetzestexte in Anhang B 2).

12. Bundesbank und Kreditanstalt für Wiederaufbau

32 Nach § 101 Nr. 1 in der bis zur 6. GWB-Novelle 1998 geltenden Fassung **galt das Gesetz nicht für die Bundesbank** und die Kreditanstalt für Wiederaufbau. Diese Regelung ist in § 185 Abs. 1 S. 2 aufrechterhalten geblieben. Die Ausnahme vom Gesetz beruht im Wesentlichen darauf, dass die Bundesbank und die Kreditanstalt für Wiederaufbau größtenteils hoheitlich tätig sind; in diesem Bereich kommt die Anwendung des GWB sowieso nicht in Betracht (→ § 1 Rn. 14). Soweit sie sich als Unternehmen privatwirtschaftlich an Jedermann-Geschäften beteiligen, ist ihre Ausnahme vom GWB umstritten (→ § 185 Rn. 13 f.).

13. Branntweinmonopol

33 Die Sonderregelung für das Branntweinmonopol in § 101 Nr. 2 in der bis zur 6. GWB-Novelle geltenden Fassung ist durch die 6. GWB-Novelle aufgehoben worden, weil sie einerseits **ohne jede praktische Bedeutung** und andererseits auf den sowieso geltenden Vorrang von Spezialgesetzen begrenzt war (→ 1. Aufl. 1993, § 101 Rn. 4).

14. EGKS-Vertrag

34 § 101 Nr. 3 in der bis zur 6. GWB-Novelle geltenden Fassung enthielt eine Ausnahme auch für den Geltungsbereich des EGKS-Vertrags. Die Unanwendbarkeit des GWB ergab sich aus dessen Vorrang; die Aufhebung des § 101 Nr. 3 änderte also an der Unanwendbarkeit des GWB im EGKS-Bereich nichts, so lange, wie der EGKS-Vertrag noch galt. Er ist **mit dem 22.7.2002 außer Kraft getreten** (zu Nachwirkungen des Kartellverbots des EGKS-Vertrages vgl. Dreher EWS 2008, 219) mit der Folge, dass die von ihm geregelten Wirtschaftsbereiche nunmehr voll dem EG-Vertrag und dem GWB unterliegen (→ 3. Aufl. 2002, Vor § 130 Rn. 3).

§ 28 Landwirtschaft

(1) [1]**§ 1 gilt nicht für Vereinbarungen von landwirtschaftlichen Erzeugerbetrieben sowie für Vereinbarungen und Beschlüsse von Vereinigungen von**

landwirtschaftlichen Erzeugerbetrieben und Vereinigungen von solchen Erzeugervereinigungen über
1. die Erzeugung oder den Absatz landwirtschaftlicher Erzeugnisse oder
2. die Benutzung gemeinschaftlicher Einrichtungen für die Lagerung, Be- oder Verarbeitung landwirtschaftlicher Erzeugnisse,

sofern sie keine Preisbindung enthalten und den Wettbewerb nicht ausschließen. [2]Als landwirtschaftliche Erzeugerbetriebe gelten auch Pflanzen- und Tierzuchtbetriebe und die auf der Stufe dieser Betriebe tätigen Unternehmen.

(2) **Für vertikale Preisbindungen, die die Sortierung, Kennzeichnung oder Verpackung von landwirtschaftlichen Erzeugnissen betreffen, gilt § 1 nicht.**

(3) **Landwirtschaftliche Erzeugnisse sind die in Anhang I des Vertrages über die Arbeitsweise der Europäischen Union aufgeführten Erzeugnisse sowie die durch Be- oder Verarbeitung dieser Erzeugnisse gewonnenen Waren, deren Be- oder Verarbeitung durch landwirtschaftliche Erzeugerbetriebe oder ihre Vereinigungen durchgeführt zu werden pflegt.**

1. Überblick, Gesetzgebungsgeschichte

a) Überblick. Die 8. GWB-Novelle 2012/2013 hat in Abs. 3 den Verweis auf den AEUV aktualisiert. § 28 nimmt die Landwirtschaft von der Anwendung des § 1 aus. Der Begriff des landwirtschaftlichen Erzeugnisses ist in Abs. 3 definiert, unterschieden nach Urprodukten und Be- und Verarbeitungsprodukten: die ersteren fallen immer, die letzteren grds. unter die Bereichsausnahme. Die Besonderheiten der Landwirtschaft erlauben es nicht, sich an Veränderungen der Marktverhältnisse mit der erforderlichen Geschwindigkeit anzupassen (vgl. die Aufzählung bei GemK/Hootz Rn. 2). Die Landwirtschaft kann nicht bereits beim Anbau die Marktverhältnisse bei der Ernte einschätzen. Deshalb erlaubt § 28 Selbsthilfemaßnahmen der Landwirtschaft zur **Marktstabilisierung,** die an sich gegen § 1 verstoßen. Landwirtschaftlichen Kooperationen wird so ein weites Betätigungsfeld beim Vertrieb oder bei der Veredelung ihrer Produkte zum Nutzen ihrer Mitglieder ermöglicht (BKartA WuW/E DE-V 103 (105) – Rübenzucker). Die nationalen Marktordnungsgesetze, die vor 1958 erlassen worden waren, und später die EU-Marktordnungen (vgl. dazu jetzt VO 1234/2007 – Verordnung über die einheitliche Organisation der Agrarmärkte, ABl. 2007 L 299, 1) beruhen auf entsprechenden gesetzgeberischen Erwägungen. Die landwirtschaftlichen **Marktordnungsgesetze,** nämlich das Getreidegesetz, das Zuckergesetz, das Milch- und Fettgesetz sowie das Vieh- und Fleischgesetz mit ihren öffentlich-rechtlichen Wettbewerbsbeschränkungen **gehen dem GWB vor.** Was nach diesen Gesetzen erlaubt oder sogar geboten ist, ist – selbstverständlich – durch das GWB nicht verboten. Dieser – früher bis 1998 im Gesetz ausdrücklich klargestellte – Grundsatz findet entsprechende Anwendung auf **Wettbewerbsbeschränkungen, die nach EU-Marktordnungsrecht zulässig** sind (BGHZ 72, 371 (375) = WuW/E 1548 (1550 f.) – Butaris). Weitere Ausnahmen von § 1 ergeben sich aus dem Gesetz zur Weiterentwicklung der Marktstruktur im Agrarbereich (**Agrarmarktstrukturgesetz;** BGBl. 2013 I 917) für anerkannte Agrarorganisationen sowie Erzeugergemeinschaften (vgl. dazu Immenga/Mestmäcker/Schweizer Rn. 60). 1

b) Neufassung durch 6. GWB-Novelle. § 28 trat mit der 6. GWB-Novelle an die Stelle des früheren § 100. § 100 aF enthielt ausdrückliche Vorschriften nicht nur für landwirtschaftliche Erzeugnisse, sondern auch für die „durch **Fischerei**" gewonnenen Erzeugnisse (Abs. 5 Nr. 1) sowie die **Forstwirtschaft** (Abs. 7). Die gesonderte Erwähnung der Fischerei-Erzeugnisse ist im System des neuen § 29 nicht 2 mehr erforderlich, weil für die Definition der landwirtschaftlichen Erzeugnisse in Abs. 3 auf den Anhang I zum EG-Vertrag verwiesen wird, in dem auch die „Fische, Krebstiere und Weichtiere" ausdrücklich aufgeführt sind. Die früher in § 100 Abs. 7 aF enthaltene Regelung für die Forstwirtschaft ist ohne sachliche Änderung in § 40 des Bundeswaldgesetzes überführt worden. § 40 Bundeswaldgesetz stellt seit 2017 für die Holzvermarktung eine Bereichsausnahme auf (→ Vor § 28 Rn. 17 und Immenga/Mestmäcker/Schweizer Rn. 71). Darüber hinaus enthielt § 100 Abs. 3 aF die Zulassung von **Preisbindungen für Saatgut und Zuchttiere.** Die Zulassung der Preisbindung für Saatgut ist wegen ihrer Unvereinbarkeit mit Art. 101 Abs. 1 AEUV aufgegeben worden, die Freistellung vom Preisbindungsverbot für den Bereich Tierzüchtung ist in § 27 des Tierzuchtgesetzes 2019 überführt worden (→ Vor § 28 Rn. 18; Immenga/Mestmäcker/Schweizer Rn. 85). § 100 Abs. 4 aF enthielt die Unanwendbarkeit der früheren Missbrauchsnorm für Vertikalverträge des § 18 idF bis zur 6. GWB-Novelle bzw. des § 16 idF der 6. GWB-Novelle auf bestimmte Ausschließlichkeitsverträge für landwirtschaftliche Erzeugnisse. Für die Beibehaltung dieser Vorschrift sah der Gesetzgeber der 6. GWB-Novelle keinen Grund mehr, weil nach § 16 aF sowieso nur eine Missbrauchsaufsicht möglich war, deren Zweck zudem kein Individualschutz sei (vgl. Begr. z. RegE BR-Drs. 852/97, 42). § 100 Abs. 8 aF sah vor, dass das GWB auf Wettbewerbsbeschränkungen nicht anwendbar war, die durch das **Getreidegesetz,** das **Zuckergesetz,** das **Milch- und Fettgesetz** sowie das **Vieh- und Fleischgesetz** zugelassen sind. Die Begr. z. RegE (BR-Drs. 852/97, 42) sagt zu Recht, dass sich dieser Anwendungsausschluss schon aus allgemeinen Rechtsgrundsätzen ergibt. Es wird ausdrücklich darauf hingewiesen, dass der früher auf eine analoge Anwendung des § 100 Abs. 8 gestützte Vorrang auch der EU-Marktordnung sich aus dem allgemeinen Vorrang des EU-Rechts ergibt. Die 7. GWB-Novelle 2005 hat § 28 beibehalten und nur an das neue System angepasst.

2. Landwirtschaftliche Erzeugnisse, Erzeugerbetriebe (Abs. 3, Abs. 1 S. 2)

3 Nach Abs. 1 sind landwirtschaftliche Erzeugerbetriebe, Erzeugervereinigungen und Vereinigungen von Erzeugervereinigungen privilegiert. **Erzeugerbetriebe** sind (entsprechend der früheren Legaldefinition des § 100 Abs. 6 aF) Betriebe, die die in Abs. 3 definierten landwirtschaftlichen Erzeugnisse erzeugen und gewinnen. Die Rechtsform einer Kapital- bzw. Handelsgesellschaft steht dem nicht entgegen (KG WuW/E DE-R 816 (818) – Rübenzucker; so auch GemK/Hootz Rn. 9). Nach der Zusatzdefinition in Abs. 1 S. 2 sind Erzeugerbetriebe auch Pflanzen- und Tierzuchtbetriebe. Diesen gleichgestellt sind „die auf der Stufe dieser Betriebe tätigen Unternehmen"; damit sind Unternehmen gemeint, die, ohne landwirtschaftliche Betriebe zu sein, Pflanzen- und Tierzucht betreiben, insbes. Vermehrer-Organisationen und -Vertragsfirmen. Bei den **landwirtschaftlichen Erzeugnissen** unterschied § 100 Abs. 5 aF früher nach Urprodukten (Nr. 1) und Be- und Verarbeitungsprodukten (Nr. 2). Urprodukte wurden ohne Weiteres in die Freistellung einbezogen, auch wenn sie von industriellen Erzeugern hergestellt wurden; zu be- und verarbeitende Produkte waren nur privilegiert, wenn sie von Erzeugerbetrieben selbst oder von Vereinigungen der Erzeugerbetriebe durchgeführt zu werden pflegten und in einer besonderen Rechtsverordnung im Einzelnen benannt waren (BenennungsVO). Abs. 3 hat die Einbeziehung beider Produktarten fortgeführt, einmal durch Bezug auf die Definition des landwirtschaftlichen Erzeugnisses in Anhang I zum Vertrag über die Arbeitsweise der Europäischen Union (AEUV), zum anderen durch die ausdrückliche Erweiterung auf Be- und Verarbeitung. Damit ist die **Konkordanz mit der EG-VO 1184/2006 (früher: 26/62)** und zu den

Wettbewerbsvorschriften der VO 1308/2013 v. 17.12.2013 (ABl. 2013 L 347, 671, → Rn. 10) hergestellt.

Der **Anhang I zum AEUV** führt alle Produkte auf, die iSd des Art. 38 Abs. 1 AEUV (früher: Art. 32 Abs. 1 EG) landwirtschaftliche Erzeugnisse sind; er ist nach § 28 Abs. 3 auch maßgebend für den Anwendungsbereich des Abs. 1: 4

Nummer des Brüsseler Zolltarifschemas	**Warenbezeichnung**
Kapitel 1	Lebende Tiere
Kapitel 2	Fleisch und genießbarer Schlachtabfall
Kapitel 3	Fische, Krebstiere und Weichtiere
Kapitel 4	Milch und Milcherzeugnisse, Vogeleier; natürlicher Honig
Kapitel 5 05.04	Därme, Blasen und Mägen von anderen Tieren als Fischen, ganz oder geteilt
05.15	Waren tierischen Ursprungs, anderweit weder genannt noch inbegriffen; nicht lebende Tiere des Kapitels 1 oder 3, ungenießbar
Kapitel 6	Lebende Pflanzen und Waren des Blumenhandels
Kapitel 7	Gemüse, Pflanzen, Wurzeln und Knollen, die zu Ernährungszwecken verwendet werden
Kapitel 8	Genießbare Früchte, Schalen von Zitrusfrüchten oder von Melonen
Kapitel 9	Kaffee, Tee und Gewürze, ausgenommen Mate (Position 09.03)
Kapitel 10	Getreide
Kapitel 11	Müllereierzeugnisse, Malz; Stärke, Kleber, Inulin
Kapitel 12	Ölsaaten und ölhaltige Früchte; verschiedene Samen und Früchte; Pflanzen zum Gewerbe- oder Heilgebrauch, Stroh und Futter
Kapitel 13 ex 13.03	Pektin
Kapitel 15 15.01	Schweineschmalz; Geflügelfett, ausgepresst oder ausgeschmolzen
15.02	Talg von Rindern, Schafen oder Ziegen, roh oder ausgeschmolzen, einschließlich Premier Jus
15.03	Schmalzstearin; Oleostearin; Schmalzöl, Oleomargarine und Talgöl, weder emulgiert, vermischt noch anders verarbeitet
15.04	Fette und Öle von Fischen oder Meeressäugetieren, auch raffiniert
15.07	Fette pflanzliche Öle, flüssig oder fest, roh, gereinigt oder raffiniert
15.12	Tierische oder pflanzliche Fette und Öle, gehärtet, auch raffiniert, jedoch nicht weiter verarbeitet
15.13	Margarine, Kunstspeisefett und andere genießbare verarbeitete Fette
15.17	Rückstände aus der Verarbeitung von Fettstoffen oder von tierischen oder pflanzlichen Wachsen
Kapitel 16	Zubereitungen von Fleisch, Fischen, Krebstieren und Weichtieren
Kapitel 17 17.01	Rüben- und Rohrzucker, fest
17.02	Andere Zucker; Sirupe; Kunsthonig, auch mit natürlichem Honig vermischt; Zucker und Melassen, karamellisiert

Nummer des Brüsseler Zolltarifschemas	Warenbezeichnung
17.03	Melassen, auch entfärbt
17.05	Zucker, Sirupe und Melassen, aromatisiert oder gefärbt (einschließlich Vanille- und Vanillinzucker), ausgenommen Fruchtsäfte mit beliebigem Zusatz von Zucker
Kapitel 18 18.01	Kakaobohnen, auch Bruch, roh oder geröstet
18.02	Kakaoschalen, Kakaohäutchen und anderer Kakaoabfall
Kapitel 20	Zubereitungen von Gemüse, Küchenkräutern, Früchten und anderen Pflanzen oder Pflanzenteilen
Kapitel 22 22.04	Traubenmost, teilweise vergoren, auch ohne Alkohol stummgemacht
22.05	Wein aus frischen Weintrauben; mit Alkohol stummgemachter Most aus frischen Weintrauben
22.07	Apfelwein, Birnenwein, Met und andere gegorene Getränke
ex 22.08 ex 22.09	Äthylalkohol und Sprit, vergällt und unvergällt, mit einem beliebigen Äthylalkoholgehalt, hergestellt aus landwirtschaftlichen Erzeugnissen, die in Anhang I des Vertrags aufgeführt sind (ausgenommen Branntwein, Likör und andere alkoholische Getränke, zusammengesetzte alkoholische Zubereitungen – Essenzen – zur Herstellung von Getränken)
ex 22.10	Speiseessig
Kapitel 23	Rückstände und Abfälle der Lebensmittelindustrie; zubereitetes Futter
Kapitel 24 24.01	Tabak, unverarbeitet; Tabakabfälle
Kapitel 45 45.01	Naturkork, unbearbeitet, und Korkabfälle, Korkschrot, Korkmehl
Kapitel 54 54.01	Flachs, roh, geröstet, geschwungen, gehechelt oder anders bearbeitet, jedoch nicht versponnen; Werg und Abfälle (einschließlich Reißspinnstoff)
Kapitel 57 57.01	Hanf (Cannabis sativa), roh, geröstet, geschwungen, gehechelt oder anders bearbeitet, jedoch nicht versponnen; Werg und Abfälle (einschließlich Reißspinnstoff)

5 Ergänzend dazu sind nach § 28 Abs. 3 landwirtschaftliche Erzeugnisse auch die durch **„Be- oder Verarbeitung dieser Erzeugnisse gewonnenen Waren“,** wenn die „Be- oder Verarbeitung“ durch landwirtschaftliche Erzeugerbetriebe oder ihre Vereinigungen durchgeführt zu werden pflegt. Die „Be- oder Verarbeitung“ fällt also nur dann in den Freistellungsbereich des § 28, wenn die Be- oder Verarbeitung üblicherweise von Erzeugerbetrieben oder ihren Vereinigungen durchgeführt zu werden pflegt. Die Begr. z. RegE zur 6. GWB-Novelle (BT-Drs. 852/97, 54) erwähnt dafür als Beispiel Fruchtjoghurt. **Be- und verarbeitete Erzeugnisse,** die selbst **in Anhang I zum AEUV** aufgeführt sind, sind in jedem Falle landwirtschaftliche Erzeugnisse, auch wenn sie industriell hergestellt werden; dazu gehören zB Fleisch, Getreide, Margarine oder Zucker. Teilweise enthält der Anhang I auch be- oder verarbeitete Urprodukte, wie zB Müllereierzeugnisse oder Fleischzubereitung; sie sind auch dann, wenn sie industriell oder handwerklich vorgenommen werden, landwirtschaftliche Erzeugnisse. Der privilegierte Bereich ist also produktbezogen abgegrenzt (so auch Immenga/Mestmäcker/Schweizer Rn. 16 f.; GemK/Hootz Rn. 5).

3. Privilegierung von horizontalen Verträgen (Abs. 1)

a) Gegenstand der Freistellung. Nach Abs. 1 sind vom Kartellverbot des § 1 freigestellt Vereinbarungen und Beschlüsse von Erzeugerbetrieben, Vereinigungen von Erzeugerbetrieben und Vereinigungen von Erzeugervereinigungen **über die Erzeugung oder den Absatz landwirtschaftlicher Erzeugnisse** (Nr. 1) sowie die Benutzung gemeinschaftlicher Einrichtungen und für die Lagerung, Be- oder Verarbeitung landwirtschaftlicher Erzeugnisse (Nr. 2). Abs. 1 stellt auch abgestimmtes Verhalten frei, sofern es sich in seinem Rahmen hält (vgl. GemK/Hootz Rn. 12). Die **Erzeugung** ist betroffen zB bei Verträgen und Beschlüssen über die Begrenzung der Anbauflächen, Beschränkungen von Erzeugungsmengen, des Fischfangs oder die Verwendung eines bestimmten Saatguts. Gegenstand der Vereinbarung oder des Beschlusses muss eine Regelung sein, die Auswirkungen auf das Erzeugnis, insbes. seine Qualität, hat oder haben kann. Das kann der Fall sein bei Absprachen über die Verwendung bestimmter Dünge- oder Pflanzenschutzmittel, nicht aber über Bezugsverpflichtungen für bestimmte Betriebsmittel oder bestimmten Bezugsquellen (vgl. dazu auch GemK/Hootz Rn. 17; Immenga/Mestmäcker/Schweizer Rn. 34). Vereinbarungen und Beschlüsse über den **Absatz** sind insbes. solche über einen **Gemeinschaftsverkauf** (dazu KG WuW/E DE-R 816 (819) – Rübenzucker), gemeinsame Absatzorganisationen mit Andienungspflicht, Aufteilung der Vertriebsgebiete, einheitliche Lieferbedingungen usw (weitere Beispiele bei GemK/Hootz Rn. 18). Auch eine Verpflichtung, die Andienungspflicht für Milch bei Veräußerung des Betriebs auf einen Dritten zu übertragen, kann über § 28 freigestellt sein (BGH WuW 2018, 84 (87)). Die gemeinschaftliche **Lagerung** betrifft nur landwirtschaftliche Erzeugnisse. Die gemeinschaftliche **Be- oder Verarbeitung** wird von Abs. 1 nur erfasst, wenn das durch die Be- oder Verarbeitung gewonnene Produkt noch landwirtschaftliches Erzeugnis iSd Abs. 3 ist (vgl. auch Immenga/Mestmäcker/Schweizer Rn. 38). 6

b) Keine Preisbindung. In Verbindung mit Absatzregelungen sind Preisbindungen unzulässig. Damit ist die **„horizontale“** Preisbindung gemeint; eine Interpretation im Sinne einer „vertikalen“ Preisbindung wäre schon deswegen widersprüchlich (s. auch Abgrenzung zu Abs. 2), weil die hier betroffenen Vereinbarungen horizontaler Natur sind (im Ergebnis zu § 100 aF wie hier GemK/Hootz Rn. 33). Die beteiligten Unternehmen dürfen also nicht zur Einhaltung bestimmter Verkaufspreise verpflichtet werden. Unklar ist, ob dieses Verbot einer einheitlichen Preisgestaltung auch im Rahmen eines durch Abs. 1 erlaubten **Gemeinschaftsverkaufes** gilt; nach Sinn und Zweck dieser Freistellung muss das verneint werden (vgl. GemK/Hootz § 28 Rn. 37 f.; Immenga/Mestmäcker/Schweizer § 28 Rn. 47). Wird ein gemeinsamer Verkauf zugelassen, muss sich diese Zulassung auch auf einheitliche Verkaufspreise beziehen (so zu Recht auch KG WuW/E DE-R 816 (819) – Rübenzucker). 7

c) Kein Wettbewerbsausschluss. Die freigestellten Verträge und Beschlüsse dürfen „den **Wettbewerb nicht ausschließen**“. Dieser Begriff entspricht dem letzten Tatbestandsmerkmal in § 2 Abs. 1 und Art. 101 Abs. 3 AEUV. Der Wettbewerb ist ausgeschlossen, wenn er die ihm in der Marktwirtschaft obliegenden Funktionen nicht mehr erfüllt (BKartA WuW/E DE-V 103 (105) – Rübenzucker; KG WuW/E DE-R 816 (821) – Rübenzucker; vgl. dazu auch Pohlmann EWR 2002, 161). Dabei ist auf den relevanten Markt insgesamt abzustellen. Die durch die freigestellte Vereinbarung oder den Beschluss bewirkte Wettbewerbsbeschränkung ist hinzunehmen, wenn im Übrigen auf dem Markt noch ein nennenswerter Wettbewerb durch Außenseiter oder in dem Rahmen besteht, den die Kartellregelung noch für Wettbewerb offen hält. Wettbewerbsausschluss greift erst weit **oberhalb** der Linie ein, ab der nach **§ 19 Abs. 2 und 3 Marktbeherrschung** beginnen kann (so auch KG WuW/E DE-R 8

816 (821) – Rübenzucker). Es kommt darauf an, ob der Wettbewerb „ausgeschlossen" ist. Auch ein Außenseiterwettbewerb mit einem Marktanteil von unter 10 % oder sogar nur potenzieller Wettbewerb kann so wirksam sein, dass der **Verhaltensspielraum der Beteiligten wettbewerblich kontrolliert** ist, ein „Ausschluss" von Wettbewerb also nicht vorliegt. Auch in ansonsten wettbewerbsarmen, weil durch Marktordnungen regulierten Märkten sind unter dem Gesichtspunkt eines besonders zu schützenden „Restwettbewerbs" keine strengeren Anforderungen zu stellen, wenn kartellrechtliche Eingriffe den Restwettbewerb nur unbedeutend fördern können, für die betroffenen Unternehmen aber einschneidende Auswirkungen haben können (so zu Recht unter Berufung auf den Verhältnismäßigkeitsgrundsatz KG WuW/E DE-R 816 (821 f.) – Rübenzucker).

4. Privilegierung von „vertikalen" Preisbindungen (Abs. 2)

9 Abs. 2 stellt vertikale Preisbindungen vom **Verbot des § 1 frei,** soweit sie die **Sortierung, Kennzeichnung und Verpackung** landwirtschaftlicher Erzeugnisse betreffen. Derartige Vereinbarungen verstoßen als solche nicht gegen § 1, sondern nur, wenn sie Preisbindungen enthalten. Soweit sie zwischen Wettbewerbern abgeschlossen sind und alle Voraussetzungen des § 1 erfüllen, sind sie nicht nach Abs. 2, möglicherweise aber als Absatzregelung nach Abs. 1 freigestellt. Abs. 2 hat praktische Bedeutung für Vereinbarungen, die es kleineren landwirtschaftlichen Erzeugern ermöglichen, dem Letztverbraucher die Herkunft ihrer Produkte aufzuzeigen (dazu Begr. z. RegE zur 6. GWB-Novelle BT-Drs. 852/97, 54). Soweit die Preisbindung in nationalen und EU-rechtlichen Vorschriften für die Sortierung, Kennzeichnung oder Verpackung vorgeschrieben ist, ergibt sich die Freistellung vom Verbot des § 1 aus diesen Vorschriften, nicht erst aus § 28 Abs. 2. Derjenige, der die Preisbindung nach § 28 Abs. 2 praktiziert, unterliegt nach § 19 Abs. 3 dem Diskriminierungs- und Behinderungsverbot des § 19 Abs. 2 Nr. 1.

5. EU-Recht

10 Seit 1.1.2008 gelten für die Anwendung der Wettbewerbsregeln des AEUV auf landwirtschaftliche Produkte unterschiedliche Regelungen. Für die meisten Erzeugnisse enthält die **VO 1308/2013** (ABl. 2013 L 347, 671) in Art. 209 ff. besondere Wettbewerbsvorschriften. Danach gelten die Art. 101–106 AEUV auch für die landwirtschaftliche Produktion. Art. 209 VO 1308/2013 gewährt in ähnlichem Umfang Freistellung von Art. 101 Abs. 1 AEUV wie § 28 Abs. 1 von § 1.

§ 29 Energiewirtschaft

[1]Einem Unternehmen ist es verboten, als Anbieter von Elektrizität, Fernwärme oder leitungsgebundenem Gas (Versorgungsunternehmen) auf einem Markt, auf dem es allein oder zusammen mit anderen Versorgungsunternehmen eine marktbeherrschende Stellung hat, diese Stellung missbräuchlich auszunutzen, indem es

1. **Entgelte oder sonstige Geschäftsbedingungen fordert, die ungünstiger sind als diejenigen anderer Versorgungsunternehmen oder von Unternehmen auf vergleichbaren Märkten, es sei denn, das Versorgungsunternehmen weist nach, dass die Abweichung sachlich gerechtfertigt ist, wobei die Umkehr der Darlegungs- und Beweislast nur in Verfahren vor den Kartellbehörden gilt, oder**
2. **Entgelte fordert, die die Kosten in unangemessener Weise überschreiten.**

[2]Kosten, die sich ihrem Umfang nach im Wettbewerb nicht einstellen würden, dürfen bei der Feststellung eines Missbrauchs im Sinne des Satzes 1 nicht berücksichtigt werden. [3]Die §§ 19 und 20 bleiben unberührt.

Übersicht

1. Überblick

§ 29 wurde in das Gesetz durch die **GWB-Novelle von 2007** (→ Einf. Rn. 28) 1 eingefügt. Schon kurz nach dem Inkrafttreten der 7. GWB-Novelle (1.7.2005) wurde diskutiert, dass die Strom- und Gasversorgungsunternehmen einer strengeren Missbrauchsaufsicht unterworfen werden müssten. Die 9. GWB-Novelle 2017 bestimmt in § 186 Abs. 1 aF, dass § 29 nach dem 31.12.2022 nicht mehr anzuwenden ist. Das Gesetz zur Änderung des EnWG v. 19.7.2022 (BGBl. I S. 1214) regelt in § 187 Abs. 1 nunmehr, **dass § 29 nach dem 31.12.2027 nicht mehr anzuwenden ist.** Die Funktionsfähigkeit des Wettbewerbs auf verschiedenen Ebenen der Strom- und Gaswirtschaft wurde infrage gestellt, das Preisniveau in Deutschland im internationalen Vergleich als zu hoch kritisiert (vgl. dazu Ritter/Lücke WuW 2007, 698 (699 f.)). Das frühere Recht war – nach Aufhebung der §§ 103–104a durch das Gesetz zur Neuregelung des Energiewirtschaftsrechts (BGBl. 1998 I 730) mit Wirkung zum 25.4.1998 (→ Vor § 28 Rn. 19) – durch volle Integration der Missbrauchsaufsicht über Strom- und Gasversorger in das allgemeine Missbrauchsrecht geprägt. Anders als nach §§ 22, 103 idF des Gesetzes bis 1998 ist der Missbrauch seit der 6. GWB-Novelle 1998 durch Gesetz verboten und – ohne dass dem eine Verfügung der Kartellbehörde vorangehen müsste – bußgeldbewehrt. Beschwerden gegen Missbrauchsverfügungen der Kartellbehörden hatten aber aufschiebende Wirkung. Diese aufschiebende Wirkung ist auch durch die 7. GWB-Novelle 2005 in § 64 Abs. 1 Nr. 1 idF der 7. GWB-Novelle 2005 zunächst aufrechterhalten worden. Sofortvollzug war nur für Verfügungen vorgesehen, die die missbräuchliche Ausnutzung einer marktbeherrschenden Stellung bei Elektrizitäts- oder Gasversorgungsnetzen betreffen, also die Fälle, die seit 2004 in die Zuständigkeit der Bundesnetzagentur auf der Grundlage des Energiewirtschaftsrechts fallen; diese Ausnahme hatte deswegen keine praktische Bedeutung mehr. Die GWB-Novelle 2007 hat die **aufschiebende Wirkung** von Beschwerden gegen

Missbrauchsverfügungen durch Aufhebung des § 64 Abs. 1 Nr. 1aF **generell abgeschafft** (→ § 66 Rn. 1); das gilt auch für Verfügungen nach § 29.

2 Die **Integration in das allgemeine Missbrauchsrecht** wurde im Bereich der volkswirtschaftlich besonders bedeutsamen und für die Lebenshaltungskosten wichtigen Strom- und Gasversorger als **unzureichend** empfunden. Zwar hatte die Rspr. schon die Möglichkeit entwickelt, dass die Kartellbehörde auch bei Anwendung des allgemeinen Ausbeutungsmissbrauchs nach § 19 Abs. 4 Nr. 2 sich darauf beschränken kann, die untersuchten Entgelte und Geschäftsbedingungen mit denen eines einzigen Vergleichsunternehmens zu vergleichen. Die Kartellbehörde hatte die Beweislast dafür, dass das Verhalten dieses Vergleichsunternehmens den Wettbewerbspreis indiziert. Das mit dem Missbrauchsvorwurf belastete Unternehmen konnte aber geltend machen, dass die Abweichung seines Verhaltens von dem als wettbewerblich unterstellten Vergleichsverhalten **sachlich gerechtfertigt** sei (→ § 19 Rn. 56). Beim Vergleich mit dem Wettbewerbsunternehmen hat die Rspr. nicht nur verlangt, dass Unsicherheiten in der Ermittlung durch einen **Sicherheitszuschlag** zugunsten des angegriffenen Unternehmens ausgeglichen werden. Als missbräuchlich wurde außerdem nur eine **erhebliche Abweichung** von dem Vergleichsverhalten angesehen (→ § 19 Rn. 55, 61). In Verbindung mit der aufschiebenden Wirkung der Beschwerde hat sich gezeigt, dass die Kartellbehörden kaum in der Lage waren, Missbrauchsverfahren erfolgreich zu Ende zu führen.

3 Die Einfügung eines neuen § 29 mit einer auf Strom und Gas beschränkten verschärften Missbrauchsaufsicht war auf einen Vorschlag der Bundesregierung zurückzuführen (Kabinettsbeschluss v. 25.4.2007). Das Gesetz zur Änderung des EnWG v. 19.7.2022 (BGBl. I S. 1214) erweitert die Anwendung des § 29 auch auf **Fernwärme.**

4 Die Bundesregierung ist allerdings der Auffassung, dass der dem Gesetz zugrunde liegende **Generalverdacht missbräuchlicher Energiepreise** nur in einer **Übergangszeit** gerechtfertigt ist, bis die früheren Versorgungsmonopole in effektive Wettbewerbsmärkte überführt sind. Der Gesetzgeber hat deswegen zunächst in § 131 Abs. 7 aF ausdrücklich angeordnet, dass § 29 nach dem 31.12.2012 nicht mehr anzuwenden ist. Durch die 8. GWB-Novelle 2012/2013 (§ 131 Abs. 1) wurde diese Frist bis zum 31.12.2017 verlängert. Durch G v. 19.7.2022 (BGBl. I S. 1214) regelt § 187 Abs. 1 nunmehr, **dass § 29 nach dem 31.12.2027 nicht mehr anzuwenden ist.** Nach dem 31.12.2027 sind Missbräuche im Strom- und Gasbereich wieder ausschließlich auf der Grundlage des § 19 zu beurteilen. Im Hinblick darauf, dass § 29 als Höchstpreisregelung wirkt und den Absatz von EU-ausländischem Strom und Gas (und gegebenenfalls Fernwärme) beeinträchtigt, bestehen Zweifel an der **Vereinbarkeit mit den Warenverkehrsvorschriften nach Art. 34 AEUV** (bisher Art. 28 EG, so mit beachtlichen Gründen Ehricke EuZW 2007, 717; Müller-Graff FS Hirsch, 2008, 273; dagegen Markert ZNER 2007, 365).

2. Versorgungsunternehmen

5 § 29 ist anwendbar auf Unternehmen, die **Elektrizität, Fernwärme (**G v. 19.7.2022 (BGBl. I S. 1214) **oder leitungsgebundenes Gas** anbieten.

6 Der Begriff des Versorgungsunternehmens ist **nicht identisch mit dem energiewirtschaftsrechtlichen Begriff des „Energieversorgungsunternehmens“** (§ 3 Nr. 18 EnWG). Letzterer erfasst nicht nur natürliche oder juristische Personen, die „Energie an andere liefern“, sondern auch solche, die ein Energieversorgungsnetz betreiben oder an einem solchen Netz als Eigentümer Verfügungsbefugnis besitzen. Für die Normadressatenschaft nach § 29 kommt es allein darauf an, ob das Unternehmen Elektrizität oder Gas anbietet; die Frage, ob es dafür **Netze** unterhält, ist **irrelevant.** Das gilt auch für den Anbieter von **„leitungsgebundenem Gas“.** Damit soll nur das Produkt definiert werden, ohne eine Aussage über die Zuordnung

der Leitung zu treffen. § 29 richtet sich nur an Anbieter von Gas, das über Leitungen zum Endabnehmer transportiert wird, nicht von Tank- oder Flaschengas (vgl. dazu Ritter WuW 2008, 142 (144)). Wer ein Strom-, Fernwärme oder Gasnetz betreibt, ohne selbst Elektrizität oder Gas anzubieten, ist nicht Versorgungsunternehmen iSd § 29. Dementsprechend gilt § 29 **nicht für die Kontrolle von Netznutzungsentgelten.** § 29 enthält keine Einschränkung auf eine bestimmte Erzeugungs- oder Vertriebsstufe. Normadressaten sind sowohl Importeure und Hersteller, die Strom, Fernwärme und Gas im Inland verkaufen, als auch die Strom-, Fernwärme und und Gaslieferanten auf den nachfolgenden Verteilungsebenen. Abnehmer sind Weiterverteiler und alle Arten von Endverbrauchern. Differenzierungen nach Spannungsebenen oder Druckzonen sind nicht vorgesehen.

3. Marktbeherrschende Stellung

§ 29 ist nur anwendbar auf Energieversorgungsunternehmen in marktbeherr- 7
schender Stellung. Ob Marktbeherrschung vorliegt, richtet sich nach **§ 18** (zur Marktabgrenzung → § 18 Rn. 17 ff., → § 18 Rn. 29). In der Praxis wird von getrennten Strom- und Gasmärkten ausgegangen; dass angesichts der BGH-Rspr. zu § 315 BGB (BGH RdE 2007, 258 = NJW 2007, 2540, → Rn. 40) im Rahmen der §§ 29, 19 nicht von einem besonderen Gasmarkt für HuK-Endkunden, sondern einem umfassenden Wärmemarkt ausgegangen wird (so Kahlenberg/Haellmigk BB 2008, 174 (177); ähnlich auch OLG München WuW/E DE-R 1887 – Münchner Fernwärme, vom BGH WuW/E DE-R 2267 f. im Verfahren über die Zulassung der Revision ausdrücklich hinsichtlich der Marktabgrenzung als „unzutreffend" bezeichnet), ist nicht realistisch (vgl. dazu auch Becker/Zapfe ZWeR 2007, 419 (427 f.); Markert ZNER 2007, 365 (367)). Die **Marktbeherrschungsvermutungen** des § 18 Abs. 4 und 6 sind anwendbar, soweit § 29 im Verwaltungsverfahren oder im Zivilprozess angewendet wird, nicht aber im Bußgeldverfahren (→ § 18 Rn. 73). S. 1 stellt ausdrücklich klar, dass nicht nur die **Einzelmarktbeherrschung** iSv § 18 Abs. 1 gemeint ist, sondern auch die **gemeinsame (Oligopol-)Marktbeherrschung** iSv § 18 Abs. 5. Wird an die Oligopol-Marktbeherrschung angeknüpft, ist zwar nicht erforderlich, dass sich die im Oligopol marktbeherrschenden Unternehmen gleichförmig verhalten. Nach der insoweit auf § 29 übertragbaren Rspr. zu § 19 ist aber die zusätzliche Prüfung erforderlich, ob sich das Preisverhalten des angegriffenen Mitglieds ähnlich wie ein entsprechendes Verhalten aller Oligopolmitglieder auswirkt (vgl. BGH WuW/E 2195 – Abwehrblatt II; 2399 (2403) – Krankentransporte). Das muss tendenziell bejaht werden, wenn die Preisdifferenzen zwischen den Oligopolmitgliedern nicht zu zusätzlichem Binnenwettbewerb führen. S. 1 setzt voraus, dass das potenziell missbräuchliche Verhalten **auf dem Markt** stattfindet, auf dem die **Marktbeherrschung besteht.** Es reicht also nicht aus, dass ein Unternehmen auf einem Markt marktbeherrschend ist, sich aber auf einem anderen, auf dem es nicht marktbeherrschend ist, potenziell missbräuchlich verhält. Das gilt auch dann, wenn insoweit eine kausale Verknüpfung vorliegt; ggf. ist dieses Verhalten auf einem Drittmarkt nach § 19 zu beurteilen (→ § 19 Rn. 5).

4. Missbrauch durch ungünstigere Entgelte oder Geschäftsbedingungen (S. 1 Nr. 1)

a) Vergleich mit anderen Versorgungsunternehmen. Nr. 1 stellt für die 8
Beurteilung, ob Entgelte oder sonstige Geschäftsbedingungen missbräuchlich sind, in der **Alt. 1** auf einen Vergleich mit den Entgelten oder Geschäftsbedingungen „anderer Versorgungsunternehmen" ab. Der Begriff der Versorgungsunternehmen ist im ersten Satzteil von S. 1 definiert (→ Rn. 6). Es kommt also auf die Entgelte oder sonstigen Geschäftsbedingungen anderer „Anbieter von Elektrizität, Fern-

wärme oder leitungsgebundenem Gas“ an. Dieser Vergleich ist nicht abhängig davon, ob der andere Anbieter Wettbewerb ausgesetzt ist oder ebenfalls Marktbeherrscher ist. Er macht nur einen Sinn, wenn er beschränkt wird auf Aktivitäten anderer Versorgungsunternehmen auf dem **Markt, der sachlich und nach der Wirtschaftsstufe** dem entspricht, auf dem potenziell missbräuchlich gehandelt wird. Es ist also – selbstverständlich – im Rahmen dieser Alternative nicht möglich, etwa den Strom- mit dem Gaspreis anderer Unternehmen zu vergleichen. Wohl ist es aber möglich, das Verhalten des einen Unternehmens auf einem Strom-Endkundenmarkt (HuK-Kunden) in der Region A mit dem Verhalten des anderen auf dem Strom-Endkundenmarkt (HuK-Kunden) in der Region B zu vergleichen. **Verschiedene Markt- oder Wirtschaftsstufen können nicht miteinander vermengt werden;** in diesem Sinne ist eine „Funktionsgleichheit“ und eine „strukturelle Vergleichbarkeit“ erforderlich (dazu MüKoWettbR/Markert Rn. 35; Lohse FS Kreutz, 2010, 715 (722); auch Kölner Komm KartellR/Röhling Rn. 39 ff.). Es ist also nicht möglich, die Entgelte oder Geschäftsbedingungen des potenziell missbräuchlich handelnden Unternehmens auf einem Endkundenmarkt mit dem Verhalten eines anderen Versorgungsunternehmens auf dem Markt der Belieferung von Weiterverteilern zu vergleichen. Die Vergleichbarkeit kann im Rahmen dieser Alternative auch nicht dadurch hergestellt werden, dass rechnerische Zu- oder Abschläge gebildet werden.

9 Nach dem Wortlaut wird verglichen das Verhalten des potenziell missbräuchlich handelnden „einen“ Unternehmens mit dem „anderer“ Versorgungsunternehmen. Das wirft die Frage auf, ob stets ein **Vergleich mit mehreren Unternehmen** erforderlich ist, oder ob der Vergleich **mit einem anderen Unternehmen** ausreicht. Nach der Begründung des Regierungsentwurfes zur GWB-Novelle 2007 soll Letzteres der Fall sein. Dafür spricht die Rspr. zu § 19 Abs. 2 Nr. 2 (früher § 19 Abs. 4 Nr. 2 bzw. § 22 Abs. 4 S. 2 Nr. 2 aF), die einen Vergleich auch nur mit einem einzigen Unternehmen zulässt (vgl. insbes. BGH WuW/E DE-R 1513 (1517) – Stadtwerke Mainz: WuW/E 2967 – Weiterverteiler; 3140 – Gaspreise; → § 19 Rn. 57), und zwar uU auch mit einem Monopolunternehmen (BGHZ 129, 37 (47) = WuW/E 2967 (2971) – Strompreis Schwäbisch Hall; ebenso für Wasser BGH WRP 2010, 553 (556 f.) – Wasserpreise Wetzlar). Die Ausgangslage bei § 19 Abs. 2 Nr. 2 ist allerdings eine andere: Das Verhalten des Vergleichsunternehmens wird nicht automatisch zum Maßstab für die Missbräuchlichkeit, sondern einer Bewertung nach dem Als-Ob-Wettbewerb unterzogen, die es möglich macht, Defizite hinsichtlich der Vergleichbarkeit sowohl qualitativ als auch rechnerisch auszugleichen. Der Wortlaut des § 29 S. 1 lässt für eine derartige qualitative Prüfung der Vergleichbarkeit keinen Raum; vielmehr soll die Frage der Vergleichbarkeit im Rahmen der sachlichen Rechtfertigung zu prüfen sein (Begr. zum RegE BT-Drs. 16/5847, 12 zu der ähnlichen Vorschrift des § 103 Abs. 2 S. 2 Nr. 2 aF vgl. BGH WRP 2010, 553 (556 f.) – Wasserpreise Wetzlar).

10 Der Vergleich mit „anderen“ Versorgungsunternehmen soll hiernach nicht der Feststellung eines fiktiven Wettbewerbspreises, sondern ausschließlich dazu dienen, jedenfalls im Kartell-Verwaltungsverfahren die **Darlegungs- und Beweislast der Kartellbehörde möglichst gering** zu halten, um den potenziell missbräuchlich Handelnden zu zwingen, die Abweichung von dem „anderen“ Versorgungsunternehmen sachlich zu rechtfertigen. Die Monopolkommission (Sondergutachten 47, 12 f. Rn. 14) hält eine solche Interpretation zu Recht für verfassungsrechtlich nicht haltbar und mit „verwaltungsrechtlichen Grundsätzen“ nicht vereinbar. Die Vorschrift ist daher verfassungskonform so auszulegen, dass die Kartellbehörde eine **strukturelle Vergleichbarkeit nachzuweisen** hat, bevor auf den Missbrauch geschlossen werden kann und die vom Marktbeherrscher nachzuweisende sachliche Rechtfertigung eingreift. Erforderlich ist zumindest, dass eine „Funktionsgleichheit“ der zu vergleichenden Unternehmen vorliegt (so MüKoWettbR/Markert Rn. 35).

Diese strukturelle Vergleichbarkeit liegt zB nicht vor bei bundesweit tätigen Vertriebsunternehmen für private Strom- und Gaskunden und regionalen Gebietsversorgern, die einer Grundversorgungspflicht nach § 36 EnWG unterliegen. Da eine unterschiedliche Interpretation für die einzelnen Verfahrensarten nicht möglich ist, gelten diese Überlegungen nicht nur für das Verwaltungs- und (erst recht) das Bußgeldverfahren, sondern auch für die zivilrechtliche Anwendung. Insbesondere wenn der Vergleich mit **einem** anderen Versorgungsunternehmen ausreicht, kann das jedenfalls nicht bedeuten, dass jedes „beliebige“ (vgl. dazu auch Monopolkommission, Sondergutachten 47, 12 Rn. 11 in einer kritischen Beschreibung des Gesetzeswortlauts) andere Unternehmen ohne Weiteres zum Vergleich geeignet wäre. Unabhängig davon, wie viele Vergleichsunternehmen herangezogen werden, ist eine **strukturelle Vergleichbarkeit nach Größe, Gebiet, Kundenstruktur usw** umso aussagekräftiger, je deutlicher sich aus dem Vergleich ergibt, dass das potenziell missbräuchlich handelnde Unternehmen sich anders verhält als eine Mehrzahl von Vergleichsunternehmen. Wird der Vergleich auf **ein** Unternehmen beschränkt, sind umso höhere Anforderungen an die Darlegung und den Nachweis der strukturellen Vergleichbarkeit zu stellen. Soweit trotz fehlender Gleichartigkeit ein Vergleich als zulässig angesehen wird, müssen die Unterschiede bewertet werden, und zwar bei Entgelten und entgeltrelevanten Geschäftsbedingungen durch **rechnerische Zu- oder Abschläge.**

b) Vergleich mit Unternehmen auf vergleichbaren Märkten. In Alt. 2 lehnt 11
sich S. 1 Nr. 2 an den Wortlaut von § 19 Abs. 2 Nr. 2 Hs. 2 an. Angesichts der Alternativität der beiden Vergleiche ist die Alt. 2 **nicht anwendbar,** soweit die Vergleichsunternehmen **auf demselben sachlich relevanten Markt tätig** sind (das ist der Fall der Alt. 1). Es geht also um den Vergleich des Verhaltens des potenziell missbräuchlich handelnden Unternehmens auf dem von ihm beherrschten Markt mit dem **Verhalten anderer Unternehmens auf einem anderen sachlich relevanten Markt.** Ebenso wie in der Alt. 1 (→ Rn. 9) kann der Vergleich mit **einem** Unternehmen ausreichen. „Vergleichbar“ müssen hier aber nicht die Unternehmen, sondern die Märkte sein. Dafür kommen nicht nur Energiemärkte in Betracht; Vergleichsmärkte können auch solche außerhalb des Energiesektors sein, „soweit es sich ansonsten um einen vergleichbaren Markt handelt“ (Begr. z. RegE BT-Drs. 16/5847, 12 f.), insbes. Märkte mit Netzen oder Märkte mit Börsenpreisbildungen. Dieser Vergleich setzt eine qualitative und quantitative Bewertung voraus. Dabei ist, ebenso wie bei § 19 Abs. 2 Nr. 2 (→ § 19 Rn. 57 ff.) zu prüfen, ob die Struktur der verglichenen Unternehmen und Märkte sich in etwa entsprechen. Soweit sie sich nicht entsprechen, müssen die Unterschiede ebenso wie in der Alt. 1 (→ Rn. 11) bewertet werden, und zwar bei Entgelten und entgeltrelevanten Geschäftsbedingungen durch **rechnerische Zu- oder Abschläge.** Nach der Begr. z. RegE (BT-Drs. 16/5847, 13) soll keine Rolle spielen, ob es sich um Märkte mit oder ohne funktionierenden Wettbewerb handelt (vgl. dazu auch Faustmann/Raapke WRP 2008, 67 (68)). Allerdings ist ein Markt desto eher als Vergleichsmarkt geeignet, je wettbewerbsintensiver er ist. Die **Beweislast** für die Vergleichbarkeit trägt der Angreifer, im Verwaltungsverfahren also die Behörde (vgl. dazu auch Monopolkommission Sondergutachten 47, 12 Rn. 13).

Der Vergleich mit „Unternehmen auf vergleichbaren Märkten“ ist **nicht mög-** 12
lich im Hinblick auf das Verhalten **desselben Unternehmens** auf demselben Markt und auf einem anderen, wenn auch vergleichbaren Markt. Der Wortlaut des Gesetzes schließt es aus, das betroffene Unternehmen mit sich selbst zu vergleichen (so auch Immenga/Mestmäcker/Körber Rn. 98). Diese Interpretation wird bestätigt durch die Wortlaute des § 19 Abs. 2 Nr. 2 und 3. Soweit das Verhalten des potenziell missbräuchlich handelnden Unternehmens auf verschiedenen Märkten verglichen wird, ist nur § 19 Abs. 2 Nr. 3 anwendbar (→ § 19 Rn. 63 ff.), nicht auch die Nr. 2.

Hätte der Gesetzgeber den Vergleich des Unternehmens mit sich selbst als relevant angesehen, hätte er das ebenso wie bei § 19 im Wortlaut zum Ausdruck bringen müssen. Das bedeutet lediglich, dass die strenge Vorschrift des § 29 insoweit nicht anwendbar ist; selbstverständlich kann dieser besondere Fall des **Strukturmissbrauchs,** insbes. in Form der **„Preisspaltung“,** auch bei Versorgungsunternehmen nach § 19 Abs. 2 Nr. 3 missbräuchlich sein, dann aber unter Anwendung der dort geltenden Darlegungs- und Beweislastregeln.

13 **c) „Ungünstigere“ Entgelte oder Geschäftsbedingungen.** Der Gesetzeswortlaut definiert den Missbrauch durch das Fordern von Entgelten oder sonstigen Geschäftsbedingungen, die „ungünstiger“ sind als die Vergleichsalternativen. Der Begriff „ungünstiger“ knüpft an die Formulierung des § 103 Abs. 5 S. 2 Nr. 2 in der bis Ende 1998 geltenden Fassung an, der den Missbrauch entsprechend definierte. In der Lit. bis 1998 ist der Begriff wenig problematisiert worden. „Ungünstiger“ ist **weiter zu verstehen als „niedriger“.** Insbesondere die Tatsache, dass er sich auch auf die „Geschäftsbedingungen“ bezieht, zeigt, dass sich dieses Kriterium nicht in einem formalen Zahlenvergleich erschöpft.

14 Die Begriffe „Entgelte oder sonstige Geschäftsbedingungen“ entsprechen denen in § 19 Abs. 4 Nr. 2 und 3 (vgl. auch Faustmann/Raapke WRP 2008, 67 (68)). Angesichts des strengen und formalisierten Vergleichsmaßstabs und des Umstands, dass § 29 nicht – wie § 19 Abs. 4 – als Anwendungsbeispiel eines umfassenden Missbrauchsverbots ausgestaltet ist, kommt der Definition dieser Begriffe größere Bedeutung zu als in § 19. **„Entgelt“** meint einen in Euro bezifferten Preis (vgl. dazu BGH WuW/E DE-R 1513 (1516 f.) – Stadtwerke Mainz). Auf **Entgeltbestandteile** kann § 29 nicht angewendet werden. Im Referentenentwurf zu § 29 war noch ausdrücklich vorgesehen, dass auch „Entgeltbestandteile“ gesondert Gegenstand des Missbrauchs sein können; das ist in den Regierungsentwurf nicht übernommen worden. Die Auffassung, sie könnten dennoch iSv § 29 missbräuchlich sein, wenn sie – auf beiden Seiten des Vergleichs – einzeln ausgewiesen und „einer eigenen Preisbildung zugänglich“ seien, wie zB Messpreise (dazu Begr. z. RegE BT-Drs. 16/5847, 12), ist mit dem Gesetz gewordenen Wortlaut nicht vereinbar. Jedenfalls kann die Prüfung von Entgeltbestandteilen nicht dazu führen, dass sie als missbräuchlich angesehen werden, obwohl das Entgelt selbst nicht missbräuchlich ist (vgl. Monopolkommission Sondergutachten 47, 13 Rn. 17); ggf. muss also gesondert festgestellt werden, dass das (Gesamt-)Entgelt missbräuchlich ist. Der Entgelt-Vergleich verlangt die Gegenüberstellung von Preisen des betroffenen und des Vergleichsunternehmens, ggf. nach Vergleichbarkeitsrechnungen, die aber qualitative Bewertungen unberücksichtigt lassen.

15 Der Begriff der **„Geschäftsbedingungen“** bezieht sich im Wesentlichen auf all das, was außerhalb physischer oder physikalischer Vorgänge durch vertragliche Regelungen erfasst wird oder erfasst werden kann. Der Begriff bezieht sich sowohl auf „allgemeine“ als auch individuell vereinbarte Geschäftsbedingungen. Eine scharfe Trennung zwischen Entgelten und Geschäftsbedingungen ist nicht möglich. Wenn zB das eine Unternehmen auf sofortiger Fälligkeit seiner Forderungen besteht, während das Vergleichsunternehmen Zahlungsfristen von einem Monat einräumt, bedeutet das nicht automatisch, dass die Geschäftsbedingungen des ersten ungünstiger sind als die des anderen. Insoweit kann außerhalb der Wortlaute auch die tatsächliche Handhabung eine Rolle spielen. In jedem Falle ist eine **„Saldierung“ des Entgelts und der Geschäftsbedingungen** zum Zwecke der „Gesamtbetrachtung des Leistungsbündels“ (vgl. dazu BGH WuW/E 2103 (2105) – Favorit; aA für § 103 Abs. 5 S. 2 Nr. 2 aF BGH WuW/E DE-R 2841 = WRP 2010, 553 (557) – Wasserpreise Wetzlar) vorzunehmen. Eine reine Entgeltkontrolle kann nur vorgenommen werden, wenn die entgeltrelevanten Geschäftsbedingungen identisch sind, und umgekehrt.

Der Gesetzeswortlaut lässt zu, die **Gesamterlöse** des betroffenen Unternehmens auf einem bestimmten Markt mit den Vergleichsunternehmen zu vergleichen (so BGH WuW/E DE-R 1513 (1516 f.) – Stadtwerke Mainz) oder **einzelne, konkrete Bedarfsfälle,** also zB die Stromabnahme für einen Drei-Personen-Haushalt mit einem Jahresverbrauch von x kW und entsprechende typisierte Abnahmefälle. Daneben sind – sozusagen als Mittelweg – auch **Durchschnittsbildungen** möglich. Keinesfalls können die sich aus Preislisten ergebenden einzelnen Arbeits- und Leistungspreise miteinander verglichen werden. Gerade wegen des Zusammenspiels beider Preisbestandteile kann es nur darauf ankommen, wie sich die Addition beider Preiselemente für den Abnehmer auswirkt. Bei Zugrundelegung typisierter Abnahmefälle besteht die Möglichkeit, dass die nicht erfassten Abnahmefälle zu einem anderen Bild führen. Deswegen ist zumindest erforderlich, dass auch die **Typisierung** als solche die **Realität des gesamten Verhaltens** des potenziell missbräuchlich handelnden Unternehmens repräsentiert (vgl. MüKoWettbR/Markert Rn. 29: „repräsentative Abnahmefälle"). Im Rahmen der Günstigkeitsprüfung sind Unterschiede im Leistungsangebot und in der Qualität mit zu berücksichtigen. Höhere Arbeits- oder Leistungspreise allein indizieren keine Missbräuchlichkeit, wenn sie sich im Zusammenspiel mit dem jeweils anderen Preis günstiger darstellen. Entsprechendes gilt zB auch, wenn der eine Preis die Zählernutzung impliziert, während beim Vergleichsunternehmen die Zählernutzung gesondert berechnet wird. Besondere Schwierigkeiten ergeben sich, wenn die Entgelte für den laufenden Strom- oder Gasbezug insgesamt zwar höher sind, das Versorgungsunternehmen aber zB keine Hausanschlusskosten berechnet, während das beim Vergleichsunternehmen der Fall ist. In allen diesen Fällen müssen ggf. komplizierte **betriebswirtschaftliche Vergleichbarkeitsrechnungen** mit **Korrektur-Zu- und Abschlägen** angestellt werden. Davon geht auch die Begr. z. RegE (BT-Drs. 16/5847, 12) aus, wenn sie es unter Berufung auf das BGH-Urteil Stromnutzungsentgelt (BGH WuW/E DE-R 1617) für möglich hält, dass der „Ansatz insbesondere einer Mehrheit von Preisbildungsfaktoren ein Indiz dafür sein (könne), dass der so gewonnene Preis missbräuchlich überhöht ist". 16

Der Gesetzeswortlaut lässt an sich jede Abweichung des geforderten Entgelts bzw. der geforderten Geschäftsbedingungen vom Vergleichsunternehmen genügen. Im Referentenentwurf war noch ausdrücklich vorgesehen, dass die Abweichung „nicht erheblich" zu sein brauchte. Dieser Zusatz ist nicht in das Gesetz übernommen worden. Das spricht dafür, dass für § 29 Nr. 1 ebenso wie bei § 19 Abs. 2 Nr. 2 nur eine **„erhebliche" Abweichung** missbrauchsbegründend ist (aA MüKoWettbR/Markert Rn. 34; wie hier Kölner Komm KartellR/Röhling Rn. 59; Kahlenberg/Haellmigk BB 2008, 174 (178); → § 19 Rn. 55, → § 19 Rn. 61). Es gilt das, was die Rspr. auch zu § 19 entschieden hat: Der Missbrauch einer marktbeherrschenden Stellung enthält ein Unwerturteil, das einen erheblichen Abstand zu den Unternehmen erfordert, die dem Marktbeherrscher als Vorbild vorgehalten werden. Bei der Bewertung des **Erheblichkeitszuschlags** kann der Grad der Marktbeherrschung berücksichtigt werden; das mit dem Missbrauchsvorwurf verbundene Unwerturteil kann bei einer Monopolsituation schon bei einem geringeren Zuschlag begründet sein als dann, wenn die Marktgegenseite trotz der Marktbeherrschung auch Ausweichmöglichkeiten hat (vgl. BGH WuW/E DE-R 1513 (1519) – Stadtwerke Mainz). Vom Erheblichkeitszuschlag zu unterscheiden ist der auch im Rahmen des § 29 S. 1 Nr. 1 erforderliche **Sicherheitszuschlag.** Soweit die Vergleichbarkeit der Entgelte und Geschäftsbedingungen nur durch rechnerische **Zu- und Abschläge** hergestellt werden kann, erfordert der dem Angreifer obliegende Nachweis der ungünstigeren Entgelte oder Geschäftsbedingungen, dass Unsicherheiten in dieser Beurteilung durch Sicherheitszuschläge ausgeräumt werden. Insoweit gibt es also keinen Unterschied zur Rechtslage nach § 19 Abs. 2 Nr. 2 (→ § 19 Rn. 59 ff.). 17

18 **d) Nachweis der sachlichen Rechtfertigung.** Der durch die vorstehenden Tatbestandsmerkmale indizierte Missbrauch liegt nicht vor, wenn die „ungünstigeren" Entgelte und Geschäftsbedingungen in dem Maße, in dem sie von denjenigen des Vergleichsunternehmens abweichen, „sachlich gerechtfertigt" sind (vgl. dazu auch Lohse FS Kreutz, 2010, 415 (430)). Je strenger – so wie in S. 1 Nr. 1 – der objektive Tatbestand des Missbrauchs formuliert ist, desto größer ist die Bedeutung und die mögliche Reichweite der sachlichen Rechtfertigung. Dass Abweichungen des Verhaltens des potenziell missbräuchlich handelnden Unternehmens von dem – wie auch immer definierten – Vergleichsmaßstab den **Missbrauch nur indizieren,** ihn aber noch nicht abschließend belegen, ist auch in allen anderen heute noch geltenden Missbrauchsregelungen anerkannt worden; stets war der Missbrauchsvorwurf ausgeschlossen, wenn der potenzielle Missbrauch sachlich gerechtfertigt war. Das gilt selbst dann, wenn die Möglichkeit der sachlichen Rechtfertigung nicht ausdrücklich im Gesetz vorgesehen ist, wie bei § 19 Abs. 2 Nr. 2 (→ § 19 Rn. 56). In § 29 kann die Rechtfertigungsmöglichkeit über die des § 19 Abs. 2 Nr. 2 oder 3 (auf die Nr. 3 verweist die Begr. z. RegE BT-Drs. 16/5847, 13) hinausgehen, soweit sie sich auf die in § 19 nicht relevanten Fälle bezieht, dass ein nicht vergleichbares Unternehmen zum Beurteilungsmaßstab erhoben wird.

19 Die Möglichkeit der sachlichen Rechtfertigung ist **nicht begrenzt auf „strukturelle" Unterschiede,** also auf Gesichtspunkte, die auch für jedes andere Unternehmen relevant wären, das anstelle des potenziell missbräuchlich handelnden Unternehmens handelte (aA MüKoWettbR/Markert Rn. 38; so wohl auch Kölner Komm KartellR/Röhling Rn. 59). Die Begrenzung der sachlichen Rechtfertigung auf derartige strukturelle Gesichtspunkte im Unterschied zu den nicht für die Rechtfertigung geeigneten **unternehmensindividuellen Gesichtspunkten** war im alten § 103 Abs. 5 S. 2 Nr. 2 in der bis 1998 geltenden Fassung angelegt. Dort konnte die Abweichung vom Vergleichsunternehmen nur mit Umständen gerechtfertigt werden, die dem potenziell missbräuchlich handelnden Unternehmen „nicht zurechenbar" sind. Hätte der Gesetzgeber eine solche Einschränkung gewollt, hätte er auf diesen früheren Gesetzeswortlaut zurückgegriffen. Dennoch spielt die Unterscheidung in § 29 insoweit eine Rolle, als die Interessenabwägung sich an wettbewerblichen Strukturen zu orientieren hat (→ Rn. 21). Dem betroffenen Unternehmen kann nicht ein detaillierter Vergleich seiner Preisbildung mit dem oder den Vergleichsunternehmen abverlangt werden; es genügt seiner gesteigerten Mitwirkungspflicht (→ Rn. 22), wenn es die Höhe seines Entgelts rechtfertigt, indem es die maßgeblichen Umstände aus der eigenen Sphäre darlegt (so zu Recht Lohse FS Kreutz, 2010, 715 (731 f.)).

20 Für die sachliche Rechtfertigung ist, ebenso wie bei den entsprechenden Tatbestandsmerkmalen in § 19 Abs. 4 Nr. 1 und 3, § 20 Abs. 1, eine **umfassende Interessenabwägung** erforderlich. Dabei sind nicht nur die Interessen der **Marktgegenseite** des potenziell missbräuchlich handelnden Unternehmens zu berücksichtigen, sondern auch die **Interessen des Marktbeherrschers.** Die übliche Formel, dass dabei die auf Aufrechterhaltung freien Wettbewerbs gerichteten Ziele des GWB zu berücksichtigen seien, hilft nicht immer weiter. Die Bestimmung des § 29 ist nach der Vorstellung des Gesetzgebers gerichtet auf Märkte, in denen freier Wettbewerb nicht besteht, also auch nicht aufrechterhalten werden kann. Diese Zielsetzung wird man letztlich nur so verstehen können, dass als Maßstab auch die Marktergebnisse zu berücksichtigen sind, die sich bei Wettbewerb einstellen würden, was tendenziell allerdings auf Marktergebnisse hindeutet, die die Marktgegenseite begünstigen. Das kann zur **Beschränkung der Berücksichtigung unternehmensindividueller Umstände** führen. Sie ergibt sich auch aus S. 2, der auch im Rahmen der Interessenabwägung Anwendung findet, soweit sie sich auf die Kosten des potenziell missbräuchlich handelnden Unternehmens bezieht. Der Umstand, dass S. 2 nicht nur Nr. 2, sondern auch Nr. 1 zugeordnet ist, zeigt, dass Kosten grds. auch zur Rechtfer-

tigung im Rahmen der Nr. 1 geeignet sind, aber eben nur, soweit sie auch bei Wettbewerb entstünden (→ Rn. 30 ff.). Die **Vermeidung von Verlusten** ist deswegen nur insoweit zur Rechtfertigung geeignet, als die Verluste auch bei Wettbewerb entstehen würden (vgl. dazu auch BGH WuW/E DE-R 375 (377 f.) – Flugpreisspaltung).

21 Die **Darlegungs- und Beweislast** für die sachliche Rechtfertigung trägt „in Verfahren vor den Kartellbehörden" das potenziell missbräuchlich handelnde Unternehmen. Das gilt allerdings nur in **Verwaltungsverfahren, nicht auch in Bußgeldverfahren** (zu entsprechenden Fragen der Beweislast für die Freistellungsvoraussetzungen des § 2 Abs. 1 → § 2 Rn. 6 ff.). Im Verwaltungsverfahren ist die Behörde nach dem Amtsermittlungsgrundsatz verpflichtet, selbst auch die Umstände der sachlichen Rechtfertigung, die bei objektiver Prüfung in Betracht kommen, zu ermitteln und zu bewerten (strenger für § 103 Abs. 5 S. 2 Nr. 2 aF möglicherweise BGH WRP 2010, 553 (557) – Wasserpreise Wetzlar: volle Nachweispflicht beim betroffenen Unternehmen); insoweit ist aber von einer **gesteigerten Mitwirkungs- und Darlegungspflicht** des betroffenen Unternehmens auszugehen. Verweigert das Unternehmen die Mitwirkung an den Nachweis der sachlichen Rechtfertigung und führt die Ermittlung durch die Kartellbehörde – mit oder ohne diese Mitwirkung – nicht zur Feststellung, dass das potenzielle missbräuchliche Verhalten sachlich gerechtfertigt ist, ist vom Fehlen der Rechtfertigung auszugehen; im Zweifel ist dies anzunehmen. Diese Verteilung der formellen und materiellen Beweislast gilt nicht nur für das (Verwaltungs-)Verfahren vor den Kartellbehörden, sondern auch für das anschließende **Gerichts-Beschwerdeverfahren.** Die vom Gesetzeswortlaut (irreführend) nur für das Verfahren „vor den Kartellbehörden" vorgesehene Beweislastverteilung würde im Ergebnis in das Gegenteil verkehrt, wenn sie nicht auch für das anschließende Gerichtsverfahren gälte.

22 Die Beweislastumkehr gilt nach der erst im Gesetzgebungsverfahren eingefügten Klausel nur „in Verfahren vor den Kartellbehörden" (und dort nur im Verwaltungs- und nicht im Bußgeldverfahren), **nicht im Zivilprozess.** In zivilrechtlichen Auseinandersetzungen muss der Kläger also auch darlegen und nachweisen, dass die Abweichung sachlich nicht gerechtfertigt ist. Bleibt offen, ob eine solche Rechtfertigung möglich ist, ist von ihr auszugehen. Das beklagte Versorgungsunternehmen trifft nach dem klaren Gesetzeswortlaut für die potenziellen Rechtfertigungsgründe auch in seiner eigenen, dem Kläger nicht zugänglichen Sphäre **keine Darlegungslast.** Besteht nach dem gesamten Vortrag der Parteien noch ein vernünftiger Zweifel, ob die Abweichung sachlich zu rechtfertigen ist, muss das Gericht unabhängig von der Darlegung des Versorgungsunternehmens von der sachlichen Rechtfertigung ausgehen. Angesichts der ansonsten außerordentlich schwachen Indizwirkung der vom gesetzlichen Tatbestand geforderten Vergleichsbetrachtung ist dieses Ergebnis angemessen; die Nichtanwendung der Beweislastumkehr im Zivilprozess soll verhindern, dass die Versorgungsunternehmen dort „über Gebühr belastet" werden (vgl. Bericht des Ausschusses für Wirtschaft und Technologie, BT-Drs. 16/7156, 11; Ritter WuW 2008, 142 (144)).

5. Entgelte, die die Kosten in unangemessener Weise überschreiten (S. 1 Nr. 2)

23 **a) Allgemeines.** § 29 S. 1 definiert in Nr. 2 eine **im Verhältnis zur Nr. 1 alternative Missbrauchsform** dadurch, dass die vom Versorgungsunternehmen geforderten Entgelte die Kosten in unangemessener Weise überschreiten. Auf einen Vergleich mit anderen Unternehmen oder Märkten kommt es insoweit nicht an. Der Gesetzgeber hat die im EU-Recht zu Art. 102 AEUV anerkannten Konzepte der Kostenkontrolle und Gewinnbeschränkung übernommen **(Gewinnbegrenzungskonzept).** Die Begr. z. RegE (BT-Drs. 16/5847, 13) beruft sich ausdrücklich

auf das EuGH-Urteil United Brands (EuGH Slg. 1978, 207 = WuW/E EWG/MUV 425), das zu dem Tatbestandsmerkmal der „Erzwingung von unangemessenen … Verkaufspreisen" in Art. 82 lit. a EG erging. Nach dem Verständnis des EuGH geht es dabei um einen „überhöhten Preis …, der in keinem angemessenen Verhältnis zu dem wirtschaftlichen Wert der erbrachten Leistung" steht (EuGH WuW/E 438 f.). Für diese Unverhältnismäßigkeit sollte es in der ersten Stufe auf ein „**übertriebenes Missverhältnis** zwischen den tatsächlich entstandenen Kosten und dem tatsächlich verlangten Preis" ankommen. In der zweiten Stufe sollte zusätzlich geprüft werden, „ob ein Preis erzwungen wurde, der, sei es **absolut, sei es im Vergleich zu den Konkurrenzprodukten, unangemessen sei**". Diese Rspr. hat allerdings in der europäischen Rechtsanwendungspraxis bisher keine Rolle gespielt. Rechtspolitisch ist der Kostenvergleich überaus problematisch. Er veranlasst Unternehmen zum Kostenmachen und widerspricht den Erkenntnissen in der Strom-, Fernwärme- und Gas-Entgeltregulierung, in der man weg von der Kostenkontrolle zur Anreizregulierung übergegangen ist.

24 **b) Nur Entgelte, nicht Geschäftsbedingungen.** Nr. 2 betrifft nur Entgelte, nicht wie die Nr. 1 auch „sonstige Geschäftsbedingungen". Der Gesetzgeber geht davon aus, dass der Vergleich mit den Kosten nur hinsichtlich des Entgelts, nicht auch der sonstigen Geschäftsbedingungen möglich ist. Die Höhe des Entgelts und der Kosten kann aber auch durch den Inhalt der Geschäftsbedingungen beeinflusst sein. Nr. 2 hat deswegen für Geschäftsbedingungen, die nicht unmittelbar Entgelt sind, mittelbar jedenfalls dann Bedeutung, wenn sie **kostenrelevant** sind, zB im Hinblick auf Zahlungstermine, Haftungsrisiken usw Nr. 2 fordert also nicht eine scharfe Trennung zwischen Entgelt und sonstigen Geschäftsbedingungen. Entgeltbestandteile werden von Nr. 2 nicht erfasst; anders als in Nr. 1 (→ Rn. 15) waren sie auch im Referentenentwurf nicht erwähnt.

25 **c) Maßstab der Kosten.** Dieser Maßstab ist ein **Novum** im deutschen Kartellrecht. Bisher wurde immer vermieden, den Missbrauch im Preisverhalten allein durch die Abweichung von den Kosten zu definieren. Maßgeblich dafür waren einmal die Schwierigkeiten in der Ermittlung der Kosten und ihrer Zuordnung, zum anderen die kaum lösbare Frage, ab wann ein Preis wegen des Überschreitens der Kosten missbräuchlich ist. Nach der Begr. z. RegE (BT-Drs. 16/5847, 13) liegt dem Gesetz kein bestimmter Kostenbegriff („etwa im Sinne von Durchschnittskosten") zugrunde. Das führt in der Praxis zu kaum lösbaren Problemen. Die Monopolkommission hat diese Probleme so beschrieben (Sondergutachten 47, 14 Rn. 18):

„Durch die vage Formulierung des Kostenbegriffes bleibt ***unklar, welche Kosten*** *zu prüfen sind. Zielt das federführende Ministerium hierbei auf die Grenzkosten der letzten verkauften bzw. produzierten Gütereinheit ab, die auf einem Wettbewerbsmarkt den Preis bestimmen, oder denkt es an die Alleinerstellungskosten (Stand Alone Costs)? Alleinerstellungskosten sind die Kosten, die einem Unternehmen entstehen, wenn es lediglich die betrachtete Leistung und nichts anderes produziert. Stehen die Alleinerstellungskosten im Mittelpunkt, so läuft § 29 GWB-E ins Leere, da auf Energiemärkten jeder Preis unter den Alleinerstellungskosten liegen dürfte. Falls die Grenzkosten relevant sind, so müssten diese um einen Gemeinkostenzuschlag ergänzt werden. Das impliziert, dass zuvor die Frage der* ***Gemeinkostenschlüsselung*** *zu lösen wäre. Zu klären ist auch, ob beim Kostenbegriff in Anlehnung an § 21 Abs. 1 EnWG an die „Kosten einer Betriebsführung" gedacht ist, „die denen eines effizienten und strukturell vergleichbaren" Unternehmens entsprechen müssen. Neben der Klärung des Kostenbegriffes wäre der Betrachtungszeitraum für die Kostenanalyse festzulegen, da sich hierdurch die jeweiligen Kosten ebenfalls verändern. Die Kartellbehörden sind bei der Interpretation des Kostenbegriffes und der Festlegung des Betrachtungszeitraumes gänzlich auf sich allein gestellt, was die praktische Anwendung des § 29 S. 1 Nr. 2 GWB-E deutlich erschwert und für die Unternehmen unberechenbar macht."*

In der Energiewirtschaft hat sich eine **Entlastung der kartellbehördlichen Kostenkontrolle** dadurch ergeben, dass die **Netznutzungsentgelte** inzwischen der energierechtlichen Kontrolle durch die Regulierungsbehörden (Bundesnetzagentur, Landesregulierungsbehörden) unterliegen (→ Vor § 28 Rn. 24); zur Anwendung des § 19 auf Netznutzungsentgelte vor der Regulierung OLG Düsseldorf WuW/E DE-R 914 – Netznutzungsentgelt). Soweit es um die **netzbedingten Kosten** geht, sind die dafür **genehmigten Entgelte** zugrunde zu legen (vgl. Markert ZNER 2007, 365 (368): Sie bilden die „Obergrenze" für die Berücksichtigungsfähigkeit). Das gilt auch, wenn die Entgelte die tatsächlichen Kosten unter- oder überschreiten. Kostenzuordnungsprobleme bestehen deswegen insbes., soweit es um die Energielieferung als solche geht. Dabei sind nicht nur die Kosten des Energiebezugs oder der Energieerzeugung relevant, sondern auch und insbes. die Vertriebskosten. Auch insoweit können die Grundsätze der regulierungsrechtlichen Kostenberechnung (nach den Strom- und Gasnetz-Entgeltverordnungen) herangezogen werden (vgl. auch MüKoWettbR/Markert Rn. 51; vgl. dazu auch Lohse FS Kreutz, 2010, 715 (725)) Besondere Probleme ergeben sich bei der Berücksichtigung der konzerninternen Verrechnungspreise und der Gemeinkostenschlüsselung. Nach S. 2 dürfen nur Kosten berücksichtigt werden, soweit sie sich ihrem Umfang nach auch im Wettbewerb einstellen würden (→ Rn. 30 ff.). 26

d) Überschreitung in „unangemessener Weise". Die Frage, wann Entgelte die Kosten – ihre richtige Ermittlung und Zuordnung unterstellt – „unangemessen" überschreiten, ist kaum allgemeingültig zu beantworten. Nach der Begr. z. RegE (BT-Drs. 16/5847, 13) soll sich die Angemessenheitsprüfung an den „Ordnungsprinzipien einer Wettbewerbswirtschaft" und dem im EnWG normierten Ziel der „preisgünstigen Energieversorgung" orientieren. Die **im Wettbewerb erzielbare Spanne** ist nicht der einzige Maßstab dafür, zumal der theoretische Wettbewerbspreis allenfalls durch die Grenzkosten begrenzt ist (vgl. dazu auch Begr. z. RegE BT-Drs. 16/5847, 13). Allerdings sind Preise oberhalb der variablen Grenzkosten nicht per se missbräuchlich; auch in perfektem Wettbewerb müssen die Preise zB über den variablen Kosten des Grenzkraftwerks liegen, um eine Vollkostendeckung der Grenzkraftwerke zu ermöglichen. Relevant können insoweit auch Erfahrungswerte aus Wettbewerbsmärkten außerhalb der Energiewirtschaft sein, wenn die Strukturen einigermaßen vergleichbar sind. Die Angemessenheit wird auch dadurch beeinflusst, ob die Differenz zwischen Kosten und Erlös nur Gewinn ist, oder ob daraus auch die Investitionen und Abschreibungen bedient werden. Wenn ein Unternehmen auf der Basis hoher Differenzen zwischen Kosten und Entgelten arbeitet, aus der Differenz aber erhebliche und betriebswirtschaftlich als erforderlich belegbare Investitionen tätigt, ist das Urteil als „unangemessen" nicht möglich. 27

Die Begr. z. RegE (BT-Drs. 16/5847, 13) nennt als Beispiele für die Hinnahme eines hohen Preis-Kosten-Abstandes **„außerordentliche Effizienzsteigerungen"** oder den Umstand, dass „in die Folgeperiode **verschobene Investitionen** zu einer außerplanmäßigen Minderung der Aufwendungen in der betrachteten Periode geführt haben". Die Monopolkommission (Sondergutachten 47, 16 Rn. 25) hält „objektive Leitlinien zur Kosten- und Gewinnermittlung" für erforderlich, um die Nr. 2 praktisch umzusetzen. Sie gibt es nicht. Die Richtlinien, die im **öffentlichen Auftragswesen** für angemessene Aufschläge auf die Kosten entwickelt worden sind, sind nicht allgemeingültig, zumal sie in weiten Teilen auch durch die Besonderheiten des öffentlichen Auftragswesens und die Nachfragemacht der öffentlichen Hand bestimmt sind. Bei der im Rahmen der Angemessenheitsprüfung anzustellenden Abwägung sind darüber hinaus alle Gesichtspunkte relevant, die auch für die – im Rahmen der Nr. 2 nicht unmittelbar geltende – sachliche Rechtfertigung in Nr. 1 von Bedeutung sind (vgl. Ritter/Lücke WuW 2007, 698 (709); → Rn. 19). Die **Beweislast** für die Unangemessenheit trägt in allen Verfahrensarten (Verwaltungs- 28 und Bußgeldverfahren, Zivilprozess) – anders als bei der sachlichen Rechtfertigung nach Nr. 1 – der Angreifer (so auch Markert ZNER 2007, 365 (369)); das gilt auch, soweit sich die Angemessenheitsprüfung mit der sachlichen Rechtfertigung überschneidet.

6. Nichtberücksichtigung von wettbewerbsfremden Kosten (S. 2)

29 Nach S. 2 sind Kosten, die sich ihrem Umfang nach im Wettbewerb nicht einstellen würden, nicht berücksichtigungsfähig. Diese Vorschrift entspricht § 21 Abs. 2 S. 2 EnWG, dort allerdings unter Einbeziehung von „Kostenbestandteilen". S. 2 ist nicht einseitig S. 1 Nr. 2 zugeordnet, sondern bezieht sich nach der formalen Ordnung des Gesetzestextes **auf den S. 1 insgesamt,** also auch auf dessen Nr. 1. Dort ist allerdings von Kosten nicht die Rede. Dennoch ist S. 2 auch für Nr. 1 dann von Bedeutung, wenn dort – **im Zusammenhang mit der sachlichen Rechtfertigung** (→ Rn. 21) – Kostenargumente relevant sind (vgl. dazu auch Monopolkommission, Sondergutachten 47, 17 Rn. 27). Seine Hauptbedeutung hat S. 2 allerdings für S. 1 Nr. 2, der ausschließlich auf ein Missverhältnis zwischen Kosten und Entgelten abstellt.

30 Berücksichtigungsfähig sind nur Kosten, soweit sie sich auch im Wettbewerb einstellen würden. Übersteigen die Kosten diejenigen bei fiktivem Wettbewerb, dürfen sie mit dem übersteigenden Anteil nicht berücksichtigt werden. Soweit diese Kosten reguliert sind, müssen die **regulierten Kosten** zugrunde gelegt werden; andernfalls würden die Regulierungsergebnisse entwertet (vgl. zu dem Widerspruch zwischen Wettbewerbsanalogie und Regulierung auf der Basis der Kosten Lohse FS Kreutz, 2010, 415 (427)). Das Gesetz schließt die Berücksichtigung nicht wettbewerblicher Kosten nur für die **„Feststellung des Missbrauchs"** aus. Dabei wird davon ausgegangen, dass Kosten den Missbrauch ausschließen können; die Missbrauchsfeststellung beruht dann darauf, dass die Entgelthöhe erklärende Kosten entweder nicht vorliegen oder, weil sie bei Wettbewerb nicht entstünden, nicht berücksichtigt werden können. Dem Sinn und Zweck des S. 2 widerspräche es, ihn auch **zugunsten des potenziellen Missbrauchstäters** anzuwenden (so auch Begr. z. RegE BT-Drs. 16/5847, 13) und zuzulassen, dass Kosten auch über den tatsächlich entstandenen Betrag hinaus angesetzt werden können, soweit sie geringer sind als die, die sich bei Wettbewerb einstellen würden. Der Sache nach führt S. 2 dazu, dass – aber beschränkt auf den Gesichtspunkt der Kosten – die alte **Unterscheidung zwischen strukturbedingten und unternehmensindividuell bedingten Kosten** wieder eingeführt wird. Kosten des Versorgungsunternehmens, die strukturbedingt sind, sich also bei jedem anderen Unternehmen, das die Tätigkeit des potenziellen Missbrauchstäters übernehmen würde, einstellen würden, sind solche, die auch im Wettbewerb entstünden. Kosten, die auf eine besonders teure Unternehmensführung oder sonstige vermeidbare Tätigkeiten des potenziellen Missbrauchstäters zurückzuführen sind, sind im Allgemeinen solche, die im Wettbewerb nicht durchsetzbar wären.

31 S. 2 spricht nur von der Durchsetzbarkeit **„im Wettbewerb",** ohne Qualifizierung hinsichtlich der Wettbewerbsintensität. Die richtige Auslegung ergibt sich aus der Normadressateneigenschaft nach § 29: Er wendet sich an Marktbeherrscher, also Unternehmen, die – als Einzel- oder Oligopol-Marktbeherrscher – keinem wesentlichen Wettbewerb ausgesetzt sind. S. 2 spiegelt die Situation wider, die sich ohne diese Marktbeherrschung ergäbe, also die Situation, in der wesentlicher Wettbewerb besteht. Es reicht nicht aus, wenn ein Unternehmen die Kosten bei geringerem, nicht aber bei wesentlichem Wettbewerb durchsetzen könnte; Maßstab ist also der **wesentliche Als-ob-Wettbewerb.**

32 S. 2 ist nicht mit einer ausdrücklichen **Beweislast**regelung versehen. Das bedeutet, dass derjenige, der sich – zugunsten oder zulasten des potenziellen Missbrauchstä-

ters – auf die Kosten beruft, nur die Kosten einbeziehen darf, die auch bei wesentlichem Wettbewerb entstünden. Wird ein Verstoß gegen S. 1 Nr. 2 mit dem Argument behauptet, die Entgelte lägen über den Kosten, und beruft sich der potenzielle Missbrauchstäter darauf, dass sie voll seinen Kosten entsprächen, muss der Angreifer beweisen, dass die Kosten bei Wettbewerb niedriger wären. Beruft sich der potenzielle Missbrauchstäter im Rahmen der Nr. 1 darauf, dass seine Entgelte durch höhere Kosten gerechtfertigt seien, muss er im Rahmen der von ihm nachzuweisenden Rechtfertigung beweisen, dass diese Kosten auch bei Wettbewerb entstehen würden.

7. Rechtsfolgen

§ 29 ist als **gesetzliches Verbot** ausgestaltet. Insoweit entspricht die Regelung voll den §§ 1, 19 und 20. Seine Verbindlichkeit setzt keine Entscheidung der Kartellbehörde voraus. Deswegen ist er außer als Grundlage für eine Verwaltungsentscheidung auch als Bußgeldnorm und zivilrechtlich relevant. 33

a) Verwaltungsverfahren. Die Kartellbehörde kann § 29 im Verwaltungsverfahren durchsetzen; ob sie das tut, unterliegt ihrem **Aufgreifermessen** (vgl. dazu Begr. z. RegE BT-Drs. 16/5847, 9). Sie kann das Unternehmen **nach § 32 Abs. 1** verpflichten, den Verstoß gegen § 29 dadurch abzustellen, dass das Entgelt um einen bestimmten oder auf einen bestimmten Betrag reduziert wird oder beanstandete Geschäftsbedingungen nicht mehr vereinbart und praktiziert werden. Dazu kann sie nach § 32a auch eine **einstweilige Anordnung** erlassen und nach § 32b **Verpflichtungszusagen** entgegennehmen. § 29 wurde durch die GWB-Novelle 2007 auch in § 32c integriert; es ist also möglich, dass die Kartellbehörde auch für § 29 eine Verfügung trifft, nicht tätig zu werden. Nach § 22 Abs. 3 S. 2 (= Art. 3 Abs. 1 S. 2 Kartellverfahrens-VO) muss die Kartellbehörde, wenn das potenziell missbräuchliche Verhalten auch geeignet ist, den zwischenstaatlichen Handel zu beeinträchtigen, **auch Art. 102 AEUV anwenden.** Die Anwendung kann dazu führen, dass zwar ein Verstoß gegen § 29 vorliegt, nicht ein solcher nach Art. 102 AEUV; das ist nach Art. 3 Abs. 2 S. 2 Kartellverfahrens-VO und § 22 Abs. 3 S. 3 (→ § 22 Rn. 16) rechtlich zulässig. 34

Nach dem **Auslaufen der Regelung** (→ Rn. 4) kann § 29 nicht mehr mit Wirkung für die Zukunft angewendet werden. Davor erlassene Verfügungen nach §§ 32, 33a und 32b sind auf Antrag mit Wirkung ab 1.1.2028 aufzuheben, soweit sie auf § 29 gestützt sind. Eine Feststellungsverfügung nach § 32 Abs. 3 ist auf der Grundlage des § 29 nach dessen Auslaufen auch für die Vergangenheit nicht mehr möglich, da er nach § 131 Abs. 1 nach dem 31.12.2027 „nicht mehr anzuwenden" ist. 35

b) Bußgeldtatbestand. Nach § 81 Abs. 2 Nr. 1 ist die Zuwiderhandlung gegen die Vorschrift des § 29 S. 1 ordnungswidrig. Insoweit stellt sich die Frage, ob die Erwähnung nur des S. 1 Bedeutung im Hinblick auf die Anwendbarkeit des S. 2 in Bußgeldverfahren hat. Das ist indes nicht der Fall. Die **Verbotsnorm,** auf die § 81 Abs. 2 Nr. 1 auch in anderen Fällen Bezug nimmt, besteht **bei § 29 nur in S. 1.** S. 2 hat Bedeutung für die Auslegung, ist aber selbst keine Verbotsnorm. S. 2 ist auch in Bußgeldverfahren für die Auslegung des S. 1 relevant. Die Höhe der Geldbuße beträgt nach § 81c Abs. 2 bis zu 1 Mio. EUR, darüber hinaus bis zu 10 % des Umsatzes des Versorgungsunternehmens (→ § 81c Rn. 4 ff.). Die Beweislastregelung in S. 1 Nr. 1 hat – das ist vom Gesetzeswortlaut ausdrücklich klargestellt – keine Bedeutung im Bußgeldverfahren (→ Rn. 22). Ist ein Bußgeldverfahren, das ausschließlich auf der Grundlage des § 29 (nicht auch des § 19 und/oder des Art. 102 AEUV) geführt wird, am 31.12.2017 (→ Rn. 4) noch nicht abgeschlossen, kann nach § 4 Abs. 2 OWiG § 29 auch nicht mehr für die Vergangenheit angewendet werden. 36

37 **c) Zivilrechtliche Folgen.** § 29 ist eine **Verbotsvorschrift iSd § 134 BGB.** Die Vereinbarung eines hiernach überhöhten Entgeltes ist deswegen unwirksam. Die Frage, ob an die Stelle des unwirksam vereinbarten Entgelts das Entgelt tritt, das nicht missbräuchlich ist, ist nach allgemeinem Zivilrecht zu beantworten. Die Unwirksamkeit der Vereinbarung des überhöhten Entgelts kann auch Rückforderungsansprüche nach Bereicherungsrecht begründen. Ist die Berechtigung des Entgelts im Hinblick auf die Anwendbarkeit des § 29 streitig, kann das Versorgungsunternehmen die Belieferung des Kunden davon abhängig machen, dass dieser einem Entgelt zustimmt, das auch nach seiner Auffassung nicht missbräuchlich überhöht ist. Er muss der Forderung des Versorgungsunternehmens nach einer vertraglichen Regelung zustimmen, dass dieses die streitige Differenz nachfordern kann, soweit verbindlich festgestellt ist, dass das Entgelt nicht missbräuchlich überhöht war. Ein Verhalten bis zum Stichtag des 31.12.2017 (→ Rn. 4) kann auch danach noch nach § 29 beurteilt werden; dem steht das Anwendungsverbot des § 131 Abs. 1 nicht entgegen.

38 **d) „§§ 19 und 20 bleiben unberührt" (S. 3).** § 29 stellt einen verschärften Missbrauchstatbestand zulasten von Strom- und Gasversorgungsunternehmen dar. Er schließt die Anwendung der §§ 19 und 20 nicht aus. Das hat weniger Bedeutung für den dem § 29 am ehesten entsprechenden Tatbestand des **Ausbeutungsmissbrauchs** nach § 19 Abs. 2 Nr. 2, sondern eher für die davon klar zu trennenden Fälle des **Behinderungs- und Diskriminierungsmissbrauchs** nach § 19 Abs. 2 Nr. 1.

39 Unberührt bleibt auch eine mögliche **Anwendung des § 315 BGB** (vgl. dazu auch Säcker ZNER 2007, 114; Markert ZNER 2009, 193 (198); BGH WuW/E DE-R 3023 – Stromnutzungsentgelt IV; → § 19 Rn. 54); dessen Anwendung ist auch nicht durch § 111 EnWG ausgeschlossen (BGH NJW 2012, 3092 Rn. 19 ff.; vgl. zur Anwendung auf die Netzzugangsentgelte Kling ZHR 177 (2013), 90 (117 ff.)). In der breiteren Öffentlichkeit sind die Versuche beachtet worden, die Strom- und Gaspreise auch über eine direkte oder analoge Anwendung des § 315 BGB zu kontrollieren. Für die Netznutzungsentgelte hat der BGH bei einer vertraglichen Verweisung auf das jeweils geltende, vom Netzbetreiber erstellte Preisblatt ein dem § 315 BGB unterliegendes **Leistungsbestimmungsrecht** des Netzbetreibers angenommen. Der Begriff des billigen Ermessens nach § 315 Abs. 1 BGB hat sich einerseits an der sonstigen Praxis des Netzbetreibers und andererseits auch an den energiewirtschaftlichen Maßstäben zu orientieren (BGH WuW/E DE-R 1617 – Stromnutzungsentgelt I; 1730 (1732) – Stromnutzungsentgelt II). Ist allerdings der Anfangspreis zwischen den Parteien vereinbart worden und bezieht sich das Leistungsbestimmungsrecht nur auf die Erhöhung, wird nur die Erhöhung als solche überprüft. Der Anfangspreis kann nur dann aufgrund einer analogen Anwendung an § 315 BGB gemessen werden, wenn eine echte Monopolstellung des Versorgers, insbes. aufgrund eines Anschluss- und Benutzungszwangs, besteht; das wurde für die Gasversorgung vom 8. Zivilsenat des BGH aufgrund des „(Substitutions-)Wettbewerbs mit Anbietern konkurrierender Heizenergieträger wie Heizöl, Strom, Kohle und Fernwärme" verneint (BGH RdE 2007, 258 mAnm Markert; bejaht wurde die analoge Anwendung des § 315 BGB vom OLG Düsseldorf wegen einer marktbeherrschenden Stellung auf dem Markt für Flugdienstleistungen, vgl. OLG Düsseldorf WuW/E DE-R 1920 – Flughafen Köln/Bonn). Markert (Markert RdE 2007, 266) hält diese wettbewerbliche Beurteilung für nicht mit der Rspr. der Kartellgerichte vereinbar (vgl. BGH WuW/E DE-R 1006 (1009) – Fernwärme für Börnsen; vgl. aber auch OLG München WuW/E DE-R 1887 f. – Münchener Fernwärme). Die Anwendung des § 315 BGB ist unabhängig von einem möglichen Verstoß gegen § 19 (BGH WuW/E DE-R 1617 (1621) – Stromnutzungsentgelt I und BGH RdE 2007, 258 (260) gegen Vorinstanz LG Heilbronn WuW DE-R 1699 – Heilbronner Gasversorgung).

8. EU-Recht

Das EU-Recht enthält **keine Spezialvorschrift** für den Missbrauch marktbeherrschender Stellungen durch Versorgungsunternehmen. Es gilt das allgemeine Missbrauchsverbot des Art. 102 AEUV, dann, wenn der zwischenstaatliche Handel berührt ist, das von der Kartellbehörde im Verwaltungs- und Bußgeldverfahren und vom Gericht auch im Zivilprozess anzuwenden ist. Die Tatsache, dass ein gegen § 29 verstoßendes Verhalten nicht zugleich auch gegen Art. 102 AEUV verstößt, ist nach Art. 3 Abs. 2 S. 2 Kartellverfahrens-VO irrelevant. 40

§ 30 Presse

(1) [1]**§ 1 gilt nicht für vertikale Preisbindungen, durch die ein Unternehmen, das Zeitungen oder Zeitschriften herstellt, die Abnehmer dieser Erzeugnisse rechtlich oder wirtschaftlich bindet, bei der Weiterveräußerung bestimmte Preise zu vereinbaren oder ihren Abnehmern die gleiche Bindung bis zur Weiterveräußerung an den letzten Verbraucher aufzuerlegen. [2]Zu Zeitungen und Zeitschriften zählen auch Produkte, die Zeitungen oder Zeitschriften reproduzieren oder substituieren und bei Würdigung der Gesamtumstände als überwiegend verlagstypisch anzusehen sind, sowie kombinierte Produkte, bei denen eine Zeitung oder eine Zeitschrift im Vordergrund steht.**

(2) [1]**Vereinbarungen der in Absatz 1 bezeichneten Art sind, soweit sie Preise und Preisbestandteile betreffen, schriftlich abzufassen. [2]Es genügt, wenn die Beteiligten Urkunden unterzeichnen, die auf eine Preisliste oder auf Preismitteilungen Bezug nehmen. [3]§ 126 Absatz 2 des Bürgerlichen Gesetzbuchs findet keine Anwendung.**

(2a) [1]**§ 1 gilt nicht für Branchenvereinbarungen zwischen Vereinigungen von Unternehmen, die nach Absatz 1 Preise für Zeitungen oder Zeitschriften binden (Presseverlage), einerseits und Vereinigungen von deren Abnehmern, die im Preis gebundene Zeitungen und Zeitschriften mit Remissionsrecht beziehen und mit Remissionsrecht an Letztveräußerer verkaufen (Presse-Grossisten), andererseits für die von diesen Vereinigungen jeweils vertretenen Unternehmen, soweit in diesen Branchenvereinbarungen der flächendeckende und diskriminierungsfreie Vertrieb von Zeitungs- und Zeitschriftensortimenten durch die Presse-Grossisten, insbesondere dessen Voraussetzungen und dessen Vergütungen sowie die dadurch abgegoltenen Leistungen geregelt sind. [2]Insoweit sind die in Satz 1 genannten Vereinigungen und die von ihnen jeweils vertretenen Presseverlage und Presse-Grossisten zur Sicherstellung eines flächendeckenden und diskriminierungsfreien Vertriebs von Zeitungen und Zeitschriften im stationären Einzelhandel im Sinne von Artikel 106 Absatz 2 des Vertrages über die Arbeitsweise der Europäischen Union mit Dienstleistungen von allgemeinem wirtschaftlichem Interesse betraut. [3]Die §§ 19 und 20 bleiben unberührt.**

(2b) [1]**§ 1 gilt nicht für Vereinbarungen zwischen Zeitungs- oder Zeitschriftenverlagen über eine verlagswirtschaftliche Zusammenarbeit, soweit die Vereinbarung den Beteiligten ermöglicht, ihre wirtschaftliche Basis für den intermedialen Wettbewerb zu stärken. [2]Satz 1 gilt nicht für eine Zusammenarbeit im redaktionellen Bereich. [3]Die Unternehmen haben auf Antrag einen Anspruch auf eine Entscheidung der Kartellbehörde nach § 32c, wenn**

1. **bei einer Vereinbarung nach Satz 1 die Voraussetzungen für ein Verbot nach Artikel 101 Absatz 1 des Vertrages über die Arbeitsweise der Europäischen Union nach den der Kartellbehörde vorliegenden Erkenntnissen nicht gegeben sind und**

2. die Antragsteller ein erhebliches rechtliches und wirtschaftliches Interesse an dieser Entscheidung haben.
[4]Die §§ 19 und 20 bleiben unberührt.

(3) **[1]Das Bundeskartellamt kann von Amts wegen oder auf Antrag eines gebundenen Abnehmers die Preisbindung für unwirksam erklären und die Anwendung einer neuen gleichartigen Preisbindung verbieten, wenn**
1. die Preisbindung missbräuchlich gehandhabt wird oder
2. die Preisbindung oder ihre Verbindung mit anderen Wettbewerbsbeschränkungen geeignet ist, die gebundenen Waren zu verteuern oder ein Sinken ihrer Preise zu verhindern oder ihre Erzeugung oder ihren Absatz zu beschränken.
[2]Soweit eine Branchenvereinbarung nach Absatz 2a oder eine Vereinbarung nach Absatz 2b einen Missbrauch der Freistellung darstellt, kann das Bundeskartellamt diese ganz oder teilweise für unwirksam erklären.

(4) **Das Bundesministerium für Wirtschaft und Energie berichtet den gesetzgebenden Körperschaften nach Ablauf von fünf Jahren nach Inkrafttreten der Regelung in den Absätzen 2b und 3 Satz 2 über die Erfahrungen mit der Vorschrift.**

Übersicht

1. Vorbemerkung

§ 30 entspricht in seinen Absätzen 1 und 2 § 15 idF, die ihm durch das **„Gesetz zur Regelung der Preisbindung bei Verlagserzeugnissen"** gegeben wurde (vom 2.9.2002, BGBl. 2002 I 3448). Dieses Gesetz hat ein besonderes „Gesetz über die Preisbindung für Bücher **(Buchpreisbindungsgesetz)**" (Anhang B 2) eingeführt, das für Bücher außerhalb des GWB eine Preisbindungspflicht vorsieht. Es gab daher nur noch ein Bedürfnis, die vertragliche Preisbindung für Zeitungen und Zeitschriften (nicht mehr für Bücher) freizustellen. Die Möglichkeit, Preisbindungen für Zeitungen und Zeitschriften zu vereinbaren, ist nach wie vor politisch nicht umstritten (vgl. aber Klocker/Ost FS Bechtold, 2006, 229 (230)). **EU-rechtlich** ist davon auszugehen, dass die Preisbindung von Zeitungen und Zeitschriften zwar gegen Art. 101 Abs. 1 AEUV verstößt, aber wegen der besonderen Bedingungen des Vertriebs dieser Produkte die Freistellungsvoraussetzungen des **Art. 101 Abs. 3 AEUV** erfüllen kann (→ Rn. 60; vgl. auch Alexander GRUR-Int 2010, 810; aA OLG Düsseldorf WuW/E DE-R 4242 – Presse-Grosso II; dazu kritisch Haus WuW 2014, 830). 1

Durch die 8. GWB-Novelle 2012/2013 ist eine besondere Vorschrift für „Branchenvereinbarungen" für den Vertrieb von Zeitungen und Zeitschriften über den Groß- und stationären Einzelhandel eingefügt worden. Diese Gesetzesergänzung, die auf einem breiten politischen Konsens beruhte, soll sicherstellen, dass der Pressevertrieb über Groß- und Einzelhandel weiterhin so organisiert werden kann wie er sich in den vergangenen Jahrzehnten entwickelt hatte. Gefährdungen ergaben sich daraus, dass das Landgericht Köln (Landgericht Köln WuW/E DE-R 3532 – Presse-Grosso, bestätigt durch das OLG Düsseldorf NZKart 2014, 154) in auf die Klage der Bauer Vertriebs KG gegen den Bundesverband der Presse-Grossisten entschieden hatte, dass der Verband nicht berechtigt sei, für die Presse-Grossisten mit den Verlagen Vereinbarungen über einheitliche Grosso-Konditionen zu treffen. Diese Tätigkeit des Verbandes verstoße nicht nur gegen § 1, sondern auch gegen Art. 101 AEUV. Der BGH (NZKart 2016, 78 (79 f.) – Zentrales Verhandlungsmandat) entschied dagegen, dass § 30 Abs. 2a europarechtskonform ist, und hob damit das Urteil des OLG Düsseldorf gegen den Presse-Grosso auf. Der deutsche Gesetzgeber darf bestimmen, dass der flächendeckende und diskriminierungsfreie Vertrieb von Zeitungen und Zeitschriften eine Dienstleistung von allgemeinem wirtschaftlichem Interesse iSv Art. 106 Abs. 2 AEUV ist, und damit eine Betrauung nach Art. 106 Abs. 2 AEUV durch § 30 Abs. 2a aussprechen, sodass das Preisbindungssystem durchgeführt werden kann (s. auch Hennemann NZKart 2016, 160). 2

Durch die 9. GWB-Novelle 2017 wurde in Abs. 2b eine weitere Bereichsausnahme für die **Zusammenarbeit im Pressebereich** eingeführt, die letztlich auch eine Änderung der amtlichen Überschrift des § 30 von bisher „Preisbindung bei Zeitungen und Zeitschriften" zu „Presse" veranlasste. 3

2. Gesetzgebungsgeschichte, Zweck des Preisbindungsprivilegs

a) Privilegierung des Buchhandels. Das GWB in der bis 1973 geltenden Fassung hatte die Preisbindung außer für Verlagserzeugnisse auch für Markenwaren zugelassen, soweit diese „mit gleichartigen Waren anderer Hersteller oder Händler im Preiswettbewerb stehen". Die 2. GWB-Novelle 1973 hat die Preisbindung für Markenwaren aufgehoben. Maßgebend hierfür waren der Verbraucherschutz und rechtliche Erwägungen im Hinblick auf das EU-Kartellrecht, das vertikale Preisbindungen im Übergrenzhandel verbietet. Die Möglichkeit unverbindlicher Preisempfehlungen blieb für Markenwaren durch Einfügung des § 38a aF allerdings erhalten. Beibehalten wurde „unter **kulturpolitischen Gesichtspunkten**" die Preisbindung für Verlagserzeugnisse. Mit ihr sollte „das **System des festen Ladenpreises beim** 4

Buchhandel, wie es seit Jahrzehnten in Deutschland und mit gewissen Abweichungen auch in den meisten anderen Kulturstaaten eingeführt war, wegen seiner festen Verknüpfung mit dem für Autor, Verleger und Sortimenter gleichermaßen vorteilhaften Gesamtsystem des buchhändlerischen Vertriebs- und Abrechnungsvorganges als eine tragbare Ausnahme von dem Grundsatz des § 15 (aF = § 30) aufrechterhalten werden" (so schon BGHZ 46, 74 (82) = WuW/E 795 (804) = GRUR 1967, 158 – Schallplatten I; vgl. auch BGH GRUR 1979, 490 (491) – Sammelrevers 74; 1985, 933 (935) = WuW/E 2166 – Schulbuch-Preisbindung).

5 Durch **Gesetz zur Sicherung der nationalen Buchpreisbindung** vom 30.11.2000 (BGBl. 2000 I 1634) ist der bis dahin für die Preisbindung von Verlagserzeugnissen geltende § 15 Abs. 1, der nur aus einem Satz bestand, um drei weitere Sätze ergänzt worden, sodass er insgesamt dann folgenden Wortlaut hatte:

„(1) [1]§ 14 gilt nicht, soweit ein Unternehmen die Abnehmer seiner Verlagserzeugnisse rechtlich oder wirtschaftlich bindet, bei der Weiterveräußerung bestimmte Preise zu vereinbaren oder ihren Abnehmern die gleiche Bindung bis zur Weiterveräußerung an den letzten Verbraucher aufzuerlegen. [2]Die Bindung kann im grenzüberschreitenden Handel angewendet werden. [3]Für sich spürbar auf den grenzüberschreitenden Handel innerhalb der Europäischen Gemeinschaft auswirkende Vereinbarungen gilt Satz 2 im Verhältnis zu Abnehmern in Mitgliedstaaten der Europäischen Gemeinschaft jedoch nur, soweit hiermit der Schutz einer im Inland zulässigen Preisbindung gegen Umgehungen bezweckt ist. [4]Die Beachtung von Pflichten, die sich aus den Vorschriften des Vertrages zur Gründung der Europäischen Gemeinschaft ergeben, steht der Wirksamkeit und Durchsetzbarkeit der Preisbindung im Übrigen nicht entgegen."

6 Diese Gesetzesänderung war eine Reaktion auf die **Mitteilung der Kommission** nach Art. 19 Abs. 3 VO 17 (veröffentlicht in ABl. 2000 C 162, 25 f.), in der die Kommission anerkannte, dass die deutsche Preisbindung nach dem Buchhandels-Sammelrevers auf nach Deutschland reimportierte deutsche Verlagserzeugnisse anwendbar sei, „wenn sich aus objektiven Umständen ergibt, dass diese Verlagserzeugnisse allein zum Zweck ihrer Wiedereinfuhr ausgeführt worden sind, um die Preisbindung nach dem Sammelrevers zu umgehen". Darauf nahmen die S. 2 und 3 Bezug. Es blieb freilich zweifelhaft, ob die EU-rechtliche Beurteilung der deutschen Preisbindung durch diese Gesetzesvorschrift positiv beeinflusst werden konnte (vgl. dazu auch Bechtold AfP 2000, 436). Von rechtlich möglicherweise größerer Relevanz war der S. 4, der die Wirksamkeit und Durchsetzbarkeit einer Preisbindungsvereinbarung nicht mehr davon abhängig machte, dass das Preisbindungssystem auch unter Berücksichtigung der EU-kartellrechtlichen Anforderungen **gedanklich lückenlos** ist (→ Rn. 21 ff.).

7 Durch das **Buchpreisbindungsgesetz** vom 2.9.2002 (Anhang B 3, → Rn. 1) sind Bücher aus dem Geltungsbereich des damaligen § 15 (heute § 30) herausgenommen und in ein besonderes Regime überführt worden. Dieses Buchpreisbindungsgesetz ist auf Betreiben insbes. des Börsenvereins des Deutschen Buchhandels geschaffen worden, um die Buchpreisbindung EU-rechtlich zu immunisieren (vgl. dazu auch BGH WuW/E DE-R 1125 (1128 f.) – Buchpreisbindung; OLG Frankfurt a. M. WuW/E DE-R 1298 – ebay-Bücher; 1632 = GRUR 2005, 965 – Mängelexemplar). Sie **beruht nicht mehr auf Vertrag** zwischen Unternehmen, auf den potenziell das Kartellverbot des Art. 101 Abs. 1 AEUV anwendbar ist, sondern auf Gesetz. Der Gerichtshof hat schon im Jahre 1985 bei der Überprüfung des französischen Preisbindungsgesetzes in der Entscheidung Leclerc (EuGH Slg. 1985, 1 Rn. 26) die Vereinbarkeit nationaler Preisbindungsgesetze mit dem Grundsatz des freien Warenverkehrs nach Art. 34 AEUV (= Art. 28 EG) grds. bejaht. Diese Rspr. hat er mehrfach bestätigt. Der deutsche Gesetzgeber hat sich außerdem auf Art. 167 AEUV (= Art. 151 EG) berufen, wonach die Europäische Union auch die Aufgabe

hat, einen Beitrag zur Entfaltung des Kulturlebens in den Mitgliedstaaten zu leisten. Dazu gehört die Sicherung der Existenz leistungsfähiger nationaler Buchmärkte, für die die Preisbindung von grundlegender Bedeutung ist (vgl. zum Buchpreisbindungsgesetz Wallenfels/Russ, Buchpreisbindungsgesetz, 6. Aufl. 2012; Russ/Wallenfels WRP 2013, 24; Möschel WRP 2004, 857).

b) Pressevertrieb. Der Gesetzgeber hat ursprünglich die Preisbindung für Verlagserzeugnisse praktisch ausschließlich mit Gesichtspunkten begründet, die den Buchhandel betrafen. Im Zusammenhang mit der besonderen Regelung der Preisbindung für Bücher im Buchpreisbindungsgesetz wurde die Aufrechterhaltung des § 30 für Zeitungen und Zeitschriften damit begründet, dass sie im Rahmen des historisch gewachsenen Grosso-Systems geeignet ist, die **Überallerhältlichkeit der Presseerzeugnisse** sicherzustellen, die ihrerseits die Voraussetzung dafür ist, dass sich die Bürger in allen Teilen des Landes unter den gleichen Voraussetzungen eine eigene Meinung bilden können (BT-Drs. 14/9196, 14; BGH WuW/E DE-R 3446 (3453) – Grossisten-Kündigung). Dabei wurde auch auf die Rspr. des Bundesverfassungsgerichts Bezug genommen, das die Bedeutung des Grosso-Systems insbes. für neue, finanzschwache und minderheitenorientierte Presseunternehmen hervorgehoben hat, die zum Aufbau eines eigenen Vertriebsnetzes außer Stande sind und ihr Publikum allein durch Grossisten zu erreichen vermögen (BVerfGE 77, 346 (354 f.); BGH WuW/E DE-R 3446 (3453) – Grossisten-Kündigung). Anders als in der Buchpreisbindung (→ Rn. 7) ist der Verlag darin frei, ob er von dem Preisbindungsprivileg Gebrauch macht oder nicht; § 31 Abs. 1 normiert **kein gesetzliches Ge- oder Verbot** (OLG Düsseldorf NZKart 2013, 170 – Handelsblatt). 8

Der früher im Gesetz verwendete Begriff der **„Verlagserzeugnisse“** umfasste unstreitig immer auch **Zeitungen und Zeitschriften.** Wegen des andersartigen Vertriebs von Zeitungen und Zeitschriften hat die Preisbindung hier eine ganz andere Funktion als für Bücher, die hauptsächlich über den „klassischen“ Buchhandel vertrieben werden. Sie ist eine der wesentlichen Grundlagen insbes. des **Pressevertriebs über den stationären Einzelhandel,** der (mit Ausnahme des Bahnhofsbuchhandels) über den Presse-Großhandel (→ Rn. 33 ff.; vgl. auch BGH WuW/E DE-R 3446 = NJW 2012, 713 – Grossisten-Kündigung; LG Köln WuW/E DE-R 3532 – Presse-Grosso; Kloepfer, Presse-Grosso unter dem Schutz von Verfassungsrecht und Europarecht, 1999; Bechtold BB 1977, 1112) beliefert wird. Daneben stehen zwei andere Vertriebswege, nämlich über Abonnement (dazu BGH WuW/E DE-R 1779 – Probeabonnement; dazu Bechtold WRP 2006, 1162) und über Lesezirkel (dazu BGH WRP 2006, 81 – Lesezirkel II). Die Preisbindung sichert das Prinzip, dass in einem Gebiet jeweils nur ein Großhändler tätig ist, der die Einzelhändler jeweils mit dem gesamten Pressesortiment beliefert; dem Großhändler obliegt dabei das an den Prinzipien der Pressevielfalt und Neutralität orientierte **Dispositionsrecht** (vgl. dazu BGH WuW/E 1879 – Dispositionsrecht; dagegen MüKoWettbR/Bremer/Hackl/Klasse Rn. 21). Das Dispositionsrecht des Grossisten findet im Verhältnis zum Einzelhändler seine materielle Rechtfertigung darin, dass der Einzelhändler alle nicht verkauften Presseerzeugnisse zum vollen Einstandspreis zurückgeben kann; das Absatzrisiko trägt also die Vorstufe. Dieses System funktioniert nur, wenn Gleichpreisigkeit im Handel besteht und der Einzelhandel nicht in der Lage ist, durch Preiswettbewerb die Nachfrage zulasten einmal der Pressevielfalt und Überallerhältlichkeit der Presseerzeugnisse und zum anderen der ihn beliefernden Vorstufe, die das Risiko trägt, zu verändern. Der **Sicherung dieser Essentials des Pressevertriebs** über den Groß- und Einzelhandel dient außer der Zulassung der zweistufigen Preisbindung durch Abs. 1 die Zulassung entsprechender Branchenvereinbarungen durch Abs. 2a (→ Rn. 33 ff.). 9

3. Zeitungen und Zeitschriften

10 § 30 bezieht sich nur auf Zeitungen und Zeitschriften, nicht sonstige Verlagserzeugnisse. Früher verwandte das Gesetz den umfassenderen Begriff der „Verlagserzeugnisse", der im Wesentlichen außer den Zeitungen und Zeitschriften die Bücher umfasste. Er wurde nach der Rspr. des BGH (BGHZ 46, 74 = WuW/E 795 (801) – Schallplatten I; WuW/E 1463 (1465) – Briefmarkenalben) wesentlich im Hinblick auf das „geschichtlich überkommene Gesamtbild" des klassischen Buchhandels interpretiert, nämlich die buchhändlerische Tradition, den geistigen Inhalt im Sinne des Urheberrechts, die Herstellungsweise und die verlegerische Struktur des Herstellers. Diese Hervorhebung der buchhandelsspezifischen kulturpolitischen Zielsetzung ließ die Zeitungen und Zeitschriften im Wesentlichen unberücksichtigt. Dennoch war ihre Zuordnung zu den Verlagserzeugnissen immer unstreitig. „Zeitungen" und „Zeitschriften" gehören zu den sog. **periodischen Druckwerken** (vgl. dazu zB Definition in § 7 Abs. 4 des Landespressegesetzes Baden-Württemberg: „Druckwerke, die in ständiger, wenn auch unregelmäßiger Folge und im Abstand von nicht mehr als 6 Monaten erscheinen"). Ihr Unterscheidungsmerkmal ist – obwohl in der Praxis doch von Bedeutung – nicht die **äußere Aufmachung** oder die Häufigkeit des Erscheinens, sondern der Inhalt: Danach dienen Zeitungen der fortlaufenden Berichterstattung über Tagesereignisse, entweder auf allen Gebieten (wie Tageszeitungen, Sonntagszeitungen oder Wochenzeitungen) oder in Einzelbereichen (wie Börsen-, Sport-, Kultur- oder Kirchenzeitungen). Zeitschriften dienen dagegen der Behandlung von Fragen auf bestimmten Sachgebieten, zB Wissenschaft oder Technik. Im rechtlichen Sinne können danach zB Illustrierte, die ohne spezielle inhaltliche Ausrichtung der fortlaufenden Information und Unterhaltung dienen, zu den Zeitungen gehören. Die Grenze zwischen Zeitung und Zeitschrift ist **fließend** und ist für die Anwendung des § 30 so lange unerheblich, wie feststeht, dass das betreffende Objekt jedenfalls „Zeitung" oder „Zeitschrift" ist.

11 Das Buchpreisbindungsgesetz enthält keine **Definition des „Buches",** stellt in § 2 aber klar, dass Bücher im Sinne dieses Gesetzes u.a. auch Musiknoten und kartografische Produkte sind. Diese Definition zeigt, dass die äußere Aufmachung des Erzeugnisses nicht konstitutiv ist für den Begriff des „Buches". Es ist also möglich, dass rechtlich ein Erzeugnis, das als Zeitschrift aufgemacht ist, ein Buch ist, und umgekehrt. Das kann besondere Bedeutung haben für die sog. **RCR-Objekte** (Romanhefte, Comics, Rätselhefte), die typischerweise nicht im Buchhandel, sondern über das Presse-Grosso und den Zeitungs- und Zeitschriftenhandel vertrieben werden. Sie sind, wenn sie periodisch vertrieben werden, preisbindungsrechtlich Zeitschriften und nicht Bücher. Der periodische Vertrieb kann sich in fortlaufender Nummerierung, tatsächlich periodischen Erstverkaufstagen und entsprechender Verkaufswerbung erweisen. Unabhängig davon kann in Zweifelsfällen in Anlehnung an die frühere funktionale Auslegung des Begriffs „Verlagserzeugnis" die **vertriebliche Behandlung** den Ausschlag geben (vgl. zur Bedeutung des Vertriebswegs für die Einordnung als Buch oder Zeitschrift auch BGH WuW/E 3128 (3132 f.) – NJW auf CD-ROM; vgl. außerdem schon BGH WuW/E 1463 (1465) – Briefmarkenalben): Objekte, die herkömmlich wie Zeitungen oder Zeitschriften über den Pressehandel oder im Abonnement vertrieben werden, gelten als Zeitungen oder Zeitschriften; Objekte, die trotz einer gewissen Periodizität traditionell im Schwergewicht über den Buchhandel vertrieben werden, können uU allein deswegen als „Bücher" bewertet werden. Das gilt aber nur für objektivierbare Zweifelsfälle: so sind etwa periodisch erscheinende Fachzeitschriften, die nicht über den Zeitungs- und Zeitschriftenhandel, sondern (außer über das Abonnement) ausschließlich über den Buchhandel vertrieben werden, „Zeitschriften" und keine „Bücher". Als Zeitschrift kann deswegen auch ein Objekt gelten, das zeitschriftenähnlich und über mehrere Ausgaben hinweg einheitlich aufgemacht ist, wenn es

traditionell weniger über den Buchhandel als vielmehr über den Pressehandel vertrieben wird, auch wenn es nicht periodisch oder mit einer **längeren Periodizität als sechs Monate** erscheint.

§ 30 Abs. 1 S. 2 stellt klar, dass zu Zeitungen und Zeitschriften auch Produkte zählen, „die Zeitungen oder Zeitschriften **reproduzieren oder substituieren** und bei Würdigung der Gesamtumstände als überwiegend verlagstypisch anzusehen sind". Damit wird Bezug genommen auf die frühere Rspr., wonach der Begriff des Verlagserzeugnisses – also auch Zeitungen und Zeitschriften – nicht beschränkt war auf gedrucktes Papier. Er wurde als für neueste technische Entwicklungen offen ausgelegt und konnte deshalb auch CD-ROM-Produkte erfassen, wenn diese über den traditionellen Buchhandel vertrieben werden und durch sie herkömmliche Verlagserzeugnisse substituiert wurden (BGH WuW/E 3128 (3131) – NJW auf CD-ROM; dazu Ahrens-Jänich GRUR 1998, 599, Wiedemann KartellR-HdB/Kirchhoff § 12 Rn. 18). Unter dem Gesichtspunkt der Reproduktion oder Substitution sind auch **Online-Ausgaben von Zeitungen und Zeitschriften** jedenfalls dann preisbindungsfähig, wenn diese auch gedruckt erscheinen (so wohl auch Loewenheim/Meessen/Riesenkampff/Kersting/Meyer-Lindemann/Nordemann Rn. 32, weil die Remission insoweit keine Rolle spielt). 12

Abs. 1 S. 2 erwähnt ausdrücklich auch **kombinierte Produkte** unter der Voraussetzung, dass bei ihnen „eine Zeitung oder Zeitschrift im Vordergrund steht". Damit wird ebenfalls an die frühere Rspr. angeknüpft, nach der auf kombinierte Erzeugnisse § 15 (jetzt: § 30) angewendet wurde, falls das Verlagserzeugnis eindeutig im Vordergrund stand (KG WuW/E 1708 (1710 f.) – Briefmarkenalben) und die Nebenware den Informationswert des Verlagserzeugnisses ergänzte. Preisbindungsfähig sind deswegen insbes. Zeitschriften mit beigefügten (nicht reproduzierenden oder substituierenden) CD-ROMs und Übungskassetten. Es kommt nicht darauf an, ob die beigefügte Nebenware den Inhalt der Zeitschrift ergänzt; auch „branchenfremde Zugaben" sind zusammen mit der Zeitung oder Zeitschrift preisbindungsfähig, wenn sich das Produkt „nach Ankündigung, Aufmachung und Vertriebsweg aus Sicht des Verbrauchers **insgesamt noch als Presseerzeugnis** darstellt" (so BGH WuW/E DE-R 1604 (1607) – Zeitschrift mit Sonnenbrille; Freytag/Gerlinger WRP 2004, 537 (540)). Grundsätzlich nicht preisbindungsfähig sind gesondertes Zubehör zu Zeitungen oder Zeitschriften, ebenso wie damit verbundene Dienstleistungen. Die Preisbindungsfähigkeit von Einbanddeckeln für Zeitschriften kann aber wohl bejaht werden (dazu BGH WuW/E 1463 (1465) – Briefmarkenalben). 13

4. Umfang der möglichen Bindung

Abs. 1 erlaubt nicht nur die Bindung des ersten Käufers, sondern auch dessen Verpflichtung zur Weitergabe der Bindung an alle weiteren Wiederverkäufer; demgegenüber erlaubt das Buchpreisbindungsgesetz nur die Bindung des Endverkaufspreises, nicht auch die Abgabepreise der Zwischenbuchhändler. Mit dieser Zulassung der **Preisbindung für alle Handelsstufen** (also insbes. Bindung der Abgabepreise des Großhändlers an den Einzelhändler, und des Einzelhändlers an den Endabnehmer) stellt Abs. 1 nicht nur eine Preisbindung, sondern auch eine Konditionenbindung frei. Auf der ersten Stufe bindendes Unternehmen kann nur ein Unternehmen sein, das Verlagserzeugnisse herstellt; es reicht allerdings aus, wenn das preisbindende Unternehmen die Vertriebsgesellschaft des Verlages ist, der die Presseobjekte herstellt (dazu BGH WuW/E DE-R 3446 (3450) – Grossisten-Kündigung). Eine originäre, nicht vom Verleger abgeleitete Preisbindung durch einen Händler ist von § 30 nicht gedeckt. Händler sind nur berechtigt, die ihnen auferlegte Preisbindung an die nächsten Handelsstufen weiterzugeben. Bei Importen kommt es darauf an, ob der Importeur ermächtigt ist, die Preisbindung im Namen des Verlegers vorzunehmen 14 (so auch die Rechtslage bei der früheren Preisempfehlung nach § 23 aF, → 3. Aufl. 2002, § 23 Rn. 5).

15 Gebunden werden können der tatsächlich zu zahlende **Verkaufspreis und Preisnachlässe** (Rabatte) (BGH WuW/E 2166 = GRUR 1985, 933 (935) – Schulbuch-Preisbindung; WuW/E 2175 (2177) – Preisbindungstreuhänder-Empfehlung). Dem Gebundenen können Rabatte nicht nur vorgeschrieben werden, ihm können Rabatte auch verboten werden (vgl. BGHZ 36, 370 (372 f.) – Rollfilme). Auch die Gewährung eines Barzahlungsnachlasses kann durch den Preisbindungsvertrag ausgeschlossen werden. Der echte **Skonto,** dh der Zahlungsnachlass als Entgelt für Zahlung vor Fälligkeit, wird als Geschäftsbedingung angesehen, sodass eine Bindung nach § 30 nicht möglich ist (zum Meinungsstand GemK/Fikentscher/Krauß, 4. Aufl. 1987, § 16 Rn. 128; offen gelassen in BGHZ 36, 370 (373) – Rollfilme). Die Bindung muss sich auf einen **bestimmten** Preis beziehen. Daraus ergibt sich an sich die **Unzulässigkeit der Bindung von Höchst- oder Mindestpreisen.** Etwas anderes würde aber gelten, wenn Höchstpreisbindungen generell nach Art. 101 Abs. 1 AEUV zulässig wären (→ § 1 Rn. 67); dann bedürften sie keiner ausdrücklichen Erlaubnis nach § 30 oder § 2. Wenn man sie hingegen als Verstoß gegen Art. 101 Abs. 1 AEUV und damit auch als Verstoß gegen § 1 bewertet, sind sie nur zulässig, soweit sie die Freistellungsvoraussetzungen des § 2 erfüllen; das ist im Rahmen der Gruppenfreistellungsverordnung 2022/720 (Vertikal-GVO) der Fall (vgl. Art. 4 lit. a Vertikal-GVO). Greift § 2 mit oder ohne Gruppenfreistellung nicht ein, ist die Höchstpreisbindung – wenn sie ein Verstoß gegen Art. 101 Abs. 1 AEUV und damit auch § 1 ist – nicht freigestellt, weil Abs. 1 sich nach dem eindeutigen Wortlaut nur auf „bestimmte“ Preise bezieht.

5. Verhältnis zur Buchpreisbindung

16 § 30 gilt **nicht** für die **Preisbindung für Verlagserzeugnisse,** die **nicht Zeitungen und Zeitschriften** sind. Dafür gilt das Buchpreisbindungsgesetz, das die bisherige vertragliche Preisbindung durch eine gesetzliche ersetzt. Kennzeichen der vertraglichen Preisbindung ist nicht nur das Instrument (Vertrag), sondern auch die Freiwilligkeit der Bindung. Der Verleger von Zeitungen und Zeitschriften darf, muss aber nicht die Preise binden. Demgegenüber muss der Verleger von Büchern „verbindliche Preise beim Verkauf an Letztabnehmer“ festsetzen. Der gewerbs- oder geschäftsmäßige Verkäufer von Büchern an Letztabnehmer ist gesetzlich verpflichtet, den vom Verleger oder Importeur festgesetzten Preis einzuhalten. Tut er das nicht, setzt er sich Schadensersatz- und Unterlassungsansprüchen aus.

17 Das Buchpreisbindungsgesetz enthält eine Preisbindung **nur zulasten** des an Endabnehmer verkaufenden **(Einzel-)Händlers.** Eine Bindung des Zwischenbuchhandels für die Abgabepreise an den Einzelhandel ist nicht vorgesehen. Sie ist im Unterschied zur Rechtslage vor dem Buchpreisbindungsgesetz auch nicht mehr durch § 30 legitimiert; vielmehr verstößt sie im Regelfall gegen § 1. Es erscheint nicht möglich, die Begriffe Bücher nach § 2 des Buchpreisbindungsgesetzes und Zeitungen und Zeitschriften nach § 30 Abs. 1 so zu interpretieren, dass Überschneidungen möglich sind. Vielmehr ist das, was Buch iSd Preisbindungsgesetzes ist, von vornherein nicht Zeitung oder Zeitschrift, und umgekehrt (→ Rn. 10 ff.).

6. Schriftform (Abs. 2)

18 Die Preisbindungsvereinbarung unterliegt, soweit sie Preise und Preisbestandteile betrifft, der Schriftform. Die Regelung in Abs. 2 ersetzt für die Preisbindungsvereinbarung das Schriftformerfordernis, das bis zur 6. GWB-Novelle 1998 nach **§ 34 aF** für alle horizontalen und vertikalen Kartellverträge galt. Anders als § 34 aF gilt sie aber **nur für die Preisvereinbarung,** nicht für den Vereinbarungsinhalt darüber

hinaus. Der frühere, zu § 34 aF entwickelte Grundsatz, dass der gesamte Vertragsinhalt schriftlich abzufassen sei, auch soweit er an sich kartellrechtlich irrelevant ist, ist also nicht übernommen worden (zur früheren Rechtslage insoweit → 1. Aufl. 1993, § 34 Rn. 5). In der früheren vertraglichen Buchpreisbindung war ein von allen Verlagen über einen „Preisbindungstreuhänder" organisierter **„Sammelrevers"** üblich (dazu BGH WuW/E 2175 – Preisbindungstreuhänder-Empfehlung, → § 1 Rn. 112). Heute wird er noch für Fachzeitschriften verwendet, die über Buchhandlungen vertrieben werden (dazu Wallenfels/Russ, Buchpreisbindungsgesetz, 6. Aufl. 2012, Rn. 12).

Abs. 2 erleichtert die Schriftform gegenüber dem BGB dadurch, dass nur § 126 Abs. 1 BGB, nicht aber § 126 Abs. 2 BGB Anwendung findet. Erforderlich ist **eigenhändige Unterzeichnung** durch Namensunterschrift oder durch notariell beglaubigtes Handzeichen. **Faksimile-Unterschriften** reichen nicht aus (BGH NJW 1970, 1978). Ein Telegramm genügt der Schriftform trotz eigenhändiger Unterzeichnung des Aufgabetelegramms nicht (BGHZ 24, 298). Ebenfalls genügt nicht Übermittlung per Fernschreiben oder **Telefax** (BGHZ 121, 224; BGH NJW-RR 97, 685). Das Erfordernis der eigenhändigen Unterzeichnung gilt auch bei Massenverträgen. Daraus ergeben sich Abwicklungsprobleme, besonders bei Preisbindungssystemen. Sie werden in der Praxis oft durch Einschaltung von Treuhändern und die – zugelassene – Bezugnahme auf Preislisten gelöst. 19

Nichtanwendung des § 126 Abs. 2 BGB bedeutet, dass die Unterzeichnung der Parteien **nicht auf derselben Urkunde** erfolgen muss. Auch ein Briefwechsel zwischen den Parteien kann der Schriftform des Abs. 2 genügen (vgl. auch BGH GRUR 1968, 219 – Getränkebezug). Es reicht zB aus, wenn der Vertragstext in der von der einen Partei unterzeichneten Urkunde (Brief) enthalten ist und die andere Partei schriftlich bestätigt, dass sie mit diesem Inhalt einverstanden ist. Abs. 2 schließt nicht aus, dass der Vertrag auch nach § 151 BGB zustande kommen kann, wenn der Zugang der Annahmeerklärung nach der Verkehrssitte nicht zu erwarten ist oder der Antragende auf sie verzichtet hat (BGH WuW/E 2292 (2294) – Annahmeerklärung). 20

Nach Abs. 2 S. 2 genügt es zur Wahrung der Schriftform, auf Preislisten oder Preismitteilungen **Bezug zu nehmen.** Auch hierdurch wird das Schriftformerfordernis des § 126 Abs. 1 BGB erheblich gelockert: Danach ist Schriftform nur gegeben, wenn auf eine ergänzende Urkunde Bezug genommen wird und beide Schriftstücke mit Willen der Parteien durch körperliche Verbindung zu einer Urkunde zusammengefasst werden (BGHZ 40, 262; 50, 42). Abs. 2 S. 2 ermöglicht die Aufnahme des Inhalts einer anderen Urkunde durch Bezugnahme **ohne körperliche Verbindung;** die Bezugnahme auf einige besondere Urkunden ist also unabhängig davon zugelassen, ob sie mit der unterzeichneten Urkunde fest verbunden sind oder nicht. Nach richtiger Auffassung ist der Katalog in Abs. 2 S. 2 **nicht abschließend** (OLG Karlsruhe WuW/E 4158 (4160) – Nachtragsvertrag, zu § 34 aF). Es kann auf alle Urkunden verwiesen werden, die für eine größere Zahl von Fällen einheitlich gelten und für die zuständigen Behörden und Gerichte zweifelsfrei bestimmbar und ihrer Kenntnisnahme und Einbeziehung in die Überprüfung nicht entzogen sind (BGH WuW/E 2358 (2162) = NJW-RR 1986, 336 – Anschlussvertrag). Ob dem eine Provisionsstaffel genügt und „Preisliste" iSv S. 2 ist, hat der BGH offen gelassen (BGH WuW/E 2037 (2038) – Altstadt-Klause). Die Bezugnahme auf **Preisaufdrucke** auf den Presseerzeugnissen selbst ist ausreichend; sie werden ohne Weiteres vom Begriff der „Preismitteilung" erfasst (wie hier Bunte/Bahr Rn. 68; Immenga/Mestmäcker/Emmerich Rn. 63, 68 f.). 21

7. Lückenlosigkeit der Preisbindung

Die zulässig nach § 30 **gebundenen Unternehmer** sind aus dem Preisbindungsvertrag verpflichtet, die Preise einzuhalten. Dieser Verpflichtung steht die Pflicht 22 des **bindenden Unternehmens** gegenüber, die Preisbindung nicht zu untergraben und dafür zu sorgen, dass der Gebundene durch die Bindung nicht im Vertrieb der Ware behindert wird (BGHZ 38, 90 (93 f.) – Grote-Revers; 53, 76 (86) – Schallplatten II; vgl. auch BGH WuW/E DE-R 1779 – Probeabonnement). Dabei unterliegt er über § 19 Abs. 3 S. 2 dem Diskriminierungsverbot des § 19 Abs. 2 Nr. 1 (→ § 19 Rn. 93). Zivilrechtlich durchsetzbar ist die Preisbindung nur, wenn sich alle Beteiligten an sie halten, sie also lückenlos ist.

23 Dies bedeutet, dass das **bindende Unternehmen selbst an die Preisbindung gebunden** ist. Es darf nicht selbst unterhalb des gebundenen Preises vertreiben, es sei denn, dass im Preisbindungsvertrag Ausnahmen von der Preisbindung vorgesehen sind. Der BGH (BGH GRUR 1958, 247 (248) – Verlagserzeugnisse) war noch auf der Grundlage des Dekartellisierungsrechts der Ansicht, dass die Gewährung von Vorzugs- und Subskriptionspreisen bei Verlagserzeugnissen seit Langem üblich sei und deshalb der Inhalt der einzelnen Preisbindungsverträge solche generellen Ausnahmen voraussetze. Letztlich auf langer Übung beruht auch die grundsätzliche Ausnahme einer **Preisspaltung** zwischen Einzelverkaufs- und Abonnementspreis bei Zeitungen und Zeitschriften. Für Publikumszeitschriften mit speziellem Themenkreis hat das BKartA eine Differenz von bis zu 15 % zwischen beiden Vertriebsarten akzeptiert, weil bis zu dieser Größenordnung nicht mit Nachverschiebungen zulasten des teureren Einzelverkaufs zu rechnen sei (TB 1987/88, 94; vgl. dazu auch Loewenheim/Meessen/Riesenkampff/Kersting/Meyer-Lindemann/Nordemann Rn. 43). Der BGH scheint derartige Grenzen aber nicht mehr anzuerkennen; jedenfalls für Probeabonnements hielt er auch Preisnachlässe von 40 % für zulässig (BGH WuW/E DE-R 1779 – Probeabonnement; dazu Bechtold WRP 2006, 1162).

24 Weiter muss der Preisbinder dafür sorgen, dass alle **Vertreiber gleichmäßig gebunden** sind. Die Rspr. geht davon aus, dass der Preisbindungsvertrag für den Preisbinder die „echte vertragliche Pflicht" begründe, „für eine einheitliche Durchführung des Preisschutzsystems zu sorgen, es ernstlich gegen Verletzungen zu verteidigen und dabei nicht einseitig und willkürlich zu verfahren" (BGHZ 38, 90 (94 f.) – Grote-Revers; 53, 76 (86) – Schallplatten II). Damit wird auf die zur Inanspruchnahme des Außenseiters aus §§ 3, 4 Nr. 10 UWG (früher § 1 UWG aF) bzw. § 826 BGB geschaffene Rechtsfigur der **Lückenlosigkeit des Preisbindungssystems** zurückgegriffen. Dabei wurde unterschieden zwischen **gedanklicher (theoretischer) und praktischer Lückenlosigkeit** (s. RGZ 133, 226; wN bei GemK/Fikentscher/Krauß, 4. Aufl. 1987, § 16 Rn. 177; Huppertz GRUR 1998, 988 (991); vgl. auch von Gamm WuW 1992, 400 f., kritisch dazu im Anschluss an das Cartier-Urteil des EuGH Bechtold NJW 1994, 3211). Der BGH hat für Vertriebssysteme (→ § 2 Rn. 39 ff.) das Erfordernis der praktischen Lückenlosigkeit ausdrücklich aufgegeben (BGH WuW/E DE-R 493 (495, 496) – Außenseiteranspruch II). Im Preisbindungsrecht, das seit Jahrzehnten insoweit nicht mehr Gegenstand von Gerichtsurteilen war, gilt die alte Rechtslage zum Erfordernis der Lückenlosigkeit noch fort; sie muss theoretisch (gedanklich) und praktisch gegeben sein. **Theoretische Lückenlosigkeit** besteht, wenn nur Wiederverkäufer beliefert werden, die zur Preisbindung verpflichtet werden (zur Lückenlosigkeit bei Vertriebssystemen BGH GRUR 1989, 832 (834) = WuW/E 2653 (2655) – Schweizer Außenseiter). Weiter ist erforderlich, dass die Preisbindung auch **praktisch** durchgesetzt wird, also Verstöße verfolgt werden und sich auch der Preisbinder selbst an die Preisbindung hält. Der Preisbinder kann zur Wiederherstellung der Lückenlosigkeit gegen die gebundenen Unternehmen aus dem Preisbindungsvertrag vorgehen. Gegen den die Preisbindung unterlaufenden Außenseiter hat der Preisbinder bei praktischer und theoretischer Lückenlosigkeit Ansprüche aus §§ 3, 4 iVm 10 UWG bzw. § 826 BGB, wenn er die Ware durch Schleichbezug oder unter Ausnutzung fremden Vertragsbruchs erlangt und damit gegen § 3 UWG verstoßen hat. Die gebundenen Händler können ihrerseits aus

dem Preisbindungsvertrag gegen den Preisbinder vorgehen, wenn er selbst die Preisbindung bei seinem Direktvertrieb nicht einhält.

Ist die Preisbindung **nicht lückenlos,** kann das vom Preisbinder auf Einhalt der Preisbindung in Anspruch genommene Unternehmen **unzulässige Rechtsausübung** geltend machen (BGHZ 36, 370 (376) – Rollfilme; 40, 135 (139) – Trockenrasierer II; 53, 76 (86) – Schallplatten II; Bunte GRUR 1987, 90 (98)); teilweise wird auch **Wegfall der Geschäftsgrundlage** angenommen (zum Meinungsstand GemK/Fikentscher/Krauß, 4. Aufl. 1987, § 16 Rn. 188). Die Lücke im Preisbindungssystem führt also nicht zur Unwirksamkeit der einzelnen Preisbindungsvereinbarungen, sondern gefährdet seine Durchsetzbarkeit. 25

8. Missbrauch der Preisbindung (Abs. 3 S. 1)

a) Entwicklung. Bis **zur 6. GWB-Novelle 1998** war die Missbrauchsaufsicht über die nach § 16 aF zugelassene Preisbindung für Verlagserzeugnisse in § 17 geregelt; jetzt ist der alte § 17 aF in § 30 Abs. 3 integriert worden. Nach § 17 Abs. 1 aF konnte die Kartellbehörde die Preisbindung „mit sofortiger Wirkung oder zu einem von ihr zu bestimmenden künftigen Zeitpunkt" für unwirksam erklären; dieser Zusatz wurde gestrichen, weil der Kartellbehörde die Festlegung des Zeitpunktes sowieso freistehe. Außerdem wurde die früher in § 17 Abs. 1 Nr. 2 aF enthaltene Voraussetzung, wonach die Preisbindung nur dann verboten werden kann, wenn sie geeignet ist, „in einer durch die gesamtwirtschaftlichen Verhältnisse nicht gerechtfertigten Weise" die gebundenen **Waren zu verteuern,** gestrichen. Maßgebend waren die besonderen Umstände des Einzelfalles in ihrem gesamten wirtschaftlichen Zusammenhang. Aufgrund dieser Umstände war von der Kartellbehörde zu prüfen, ob sich die negativen Wirkungen der Preisbindung im Rahmen des mit der Zulassung der Preisbindung für Verlagserzeugnisse verfolgten Gesetzeszwecks hielten oder darüber hinausgingen. Diese Prüfung ist vom BKartA im Rahmen seines Ermessens ohnehin vorzunehmen; deswegen wurde diese Klausel in der 6. GWB-Novelle 1998 gestrichen (vgl. dazu auch Begr. z. RegE BR-Drs. 852/97, 51). 26

b) Missbräuchliche Handhabung (Nr. 1). Der wichtigste Fall des Missbrauchs ist die **Praktizierung einer lückenhaften Preisbindung.** Die Kartellbehörde kann nach § 30 Abs. 3 einschreiten, wenn die Preisbindung dem Schriftformerfordernis des Abs. 2 nicht genügt; wegen formnichtiger Preisbindung ist das Bindungssystem nicht durchsetzbar und damit gedanklich nicht lückenlos (BKartA WuW/E 1296). Die Lückenhaftigkeit im System kann sich auch ergeben durch das Unterlaufen der Preisbindung durch den Binder selbst. Erforderlich ist aber, dass die Erzeugnisse auf demselben Markt vertrieben werden. Bei Abonnements für Zeitschriften ist die Rechtslage unklar; in der Praxis werden hier Preisdifferenzierungen hingenommen. Missbräuchlichkeit kann sich auch aus **Verstößen gegen das Diskriminierungsverbot** aus § 19 Abs. 3 Nr. 1 iVm Abs. 2 Nr. 1 ergeben, dem der Preisbinder, auch wenn er nicht marktbeherrschend ist, unterliegt. Ein solcher Verstoß liegt zB vor, wenn die Preisbindungsbestimmungen sachlich nicht gerechtfertigt zwischen Vertriebswegen (BGHZ 53, 76 (78) – Schallplatten II), einzelnen Abnehmerkategorien oder regional differenzieren. Nicht gegen § 19 Abs. 3 iVm Abs. 2 Nr. 1 verstößt allerdings die Nichtbelieferung einer GmbH & Co. KG, deren Zweck allein darauf gerichtet ist, den Treugebern des Kommanditisten durch Gewinnausschüttungen preisgebundene Verlagserzeugnisse im Endeffekt billiger zu beschaffen (BGH GRUR 1979, 493 (494) – Bücherbeschaffung). 27

c) Missbrauch durch Verteuerungseignung (Nr. 2). Obwohl der Begriff „Missbrauch" nur in Abs. 3 Nr. 1 verwendet wird, ist auch der Tatbestand des Abs. 3 Nr. 2 ein Missbrauchsfall. Hiernach ist eine Preisbindung missbräuchlich, wenn die gebundenen Preise erheblich höher sind als die Preise, die sich ohne Preisbindung 28 im Wettbewerb herausbilden würden. Die Eignung, „die gebundenen Waren zu verteuern oder ein Sinken ihrer Preise zu verhindern", kann durch Vergleich mit einem hypothetischen Marktpreis festgestellt werden. Indizien dafür können insbes. **Handelsspannenvergleiche** sein. Ist die in den gebundenen Preis einkalkulierte Handelsspanne ohne sachlich gerechtfertigten Grund wesentlich höher als die für vergleichbare Produkte, so liegt die Annahme nahe, dass der Preis des Erzeugnisses ohne Preisbindung niedriger wäre. Daneben kann die Verteuerungswirkung auch mit zahlreichen und erheblichen **Unterbietungen** der Preise begründet werden. In diesen Fällen liegt aber auch praktische Lückenhaftigkeit vor, sodass die Missbrauchsverfügung auch auf Nr. 1 gegründet werden kann. Die Eignung, die Erzeugung der gebundenen Waren oder ihren Absatz zu beschränken, geht im Allgemeinen nicht von der Preisbindung als solcher aus, sondern von den mit ihr möglicherweise verbundenen „anderen Wettbewerbsbeschränkungen", von denen in Nr. 2 die Rede ist. Gedacht ist dabei an Vertriebsbindungen. Dieser Missbrauchstatbestand ist bisher nicht praktisch geworden.

29 **d) Missbrauchsverfügung.** Liegt ein Missbrauchsgrund nach Abs. 3 vor, so **„kann"** das BKartA – es ist nach dem Wortlaut des Abs. 3 allein zuständig (vgl. § 48 Abs. 2) – eine Missbrauchsverfügung erlassen. In § 17 Abs. 1 aF hieß es, dass das Amt auf Antrag eines gebundenen Abnehmers tätig werden „sollte"; das bedeutete, dass sein Handlungsermessen dahin beschränkt war, dass es bei einem solchen Antrag und Vorliegen der materiellen Missbrauchsvoraussetzungen von der Durchführung eines Verfahrens und dem Erlass einer Verfügung nur absehen durfte, wenn es dafür besondere sachlich gerechtfertigte Gründe gab. Diese Beschränkung des **Handlungsermessens** gilt heute nicht mehr. Auch ohne ausdrückliche Regelung soll das BKartA vor Erlass einer Verfügung das preisbindende Unternehmen **abmahnen,** dh auffordern, den beanstandeten Missbrauch abzustellen. Nach Streichung dieser Regelung in § 17 Abs. 2 aF ergibt sich das aus allgemeinen Grundsätzen. Von der Abmahnung kann das Amt absehen, wenn der Betroffene auf die Abmahnung verzichtet, weil er die Missbrauchsverfügung in jedem Fall anfechten will, nicht jedoch allein deshalb, weil weitere Verzögerungen nicht hinnehmbar erscheinen (vgl. KG WuW/E 1204).

30 **Inhalt** der Missbrauchsverfügung kann **nur** die **Unwirksamkeitserklärung** und das **Verbot der Preisbindung** sein, nicht das Verbot sonstigen Verhaltens, das die Missbräuchlichkeit begründet hat (also zB nicht das Verbot der Preisspaltung). Die Missbrauchsverfügung wirkt entweder ab sofort oder von dem Zeitpunkt an, der in ihr festgesetzt ist. Die Missbrauchsverfügung kann auch auf das Verbot gleichartiger zukünftiger Preisbindungen ausgedehnt werden (→ Rn. 32). Gegen sie ist die **Beschwerde** nach § 73 möglich; diese hat nach dem auch durch die GWB-Novelle 2007 insoweit nicht geänderten § 66 Abs. 1 Nr. 1 **aufschiebende Wirkung.** Nach Rechtskraft der Missbrauchsverfügung ist ein Verstoß gegen sie eine Ordnungswidrigkeit (§ 81 Abs. 2 Nr. 2). Dann darf die Preisbindung nicht mehr praktiziert werden. Die missbräuchliche Handhabung einer Preisbindung ist als solche **nicht wettbewerbswidrig.** Die Rechtsfolgen sind in Abs. 3 abschließend geregelt; gegen sie ist ein lauterkeitsrechtlicher Unterlassungsanspruch nach §§ 3, 4 Nr. 11 UWG nicht gegeben (BGH WuW/E DE-R 1779 (1781) – Probeabonnement).

31 Die Preisbindung bleibt bis zur Rechtskraft der Missbrauchsverfügung wirksam und zulässig. Danach ist sie unwirksam. Diese Unwirksamkeitserklärung wirkt **gegenüber allen Vertragspartnern** der beanstandeten Preisbindung. Allerdings kann der Tatbestand der Lückenhaftigkeit der Preisbindung schon vor Rechtskraft dazu führen, dass die Preisbindung trotz Vorliegens schriftlicher Preisbindungsreverse zivilrechtlich nicht mehr durchsetzbar ist, weil die Lückenlosigkeit Voraussetzung für ihre zivilrechtliche Durchsetzbarkeit ist. Ein außervertraglicher zivilrechtlicher **Anspruch auf Unterlassung des Missbrauchs** steht dem vertraglich Gebundenen

nicht zu (BGH WuW/E DE-R 1779 (1781) – Probeabonnement; OLG Frankfurt a. M. WuW/E 3609 = NJW-RR 1986, 262). Die Missbrauchsverfügung betrifft **nur die Preisbindungsbestimmung.** Früher – bis zur 6. GWB-Novelle 1998 – enthielt § 19 aF Regelungen über die Auswirkungen einer Unwirksamkeitserklärung nach § 15 (§ 17 aF) oder § 16 (§ 18 aF). In Abs. 1 war vorgesehen, dass sich die Gültigkeit der Übrigen mit der unwirksamen Bestimmung verbundenen Regelungen „nach den allgemeinen Vorschriften" richtete. Das gilt auch heute trotz Aufhebung des § 19 aF. Maßgeblich ist **§ 139 BGB,** der allerdings häufig durch eine salvatorische Klausel – zulässig – vertraglich abbedungen wird (→ § 1 Rn. 95). Nach § 19 Abs. 2 aF konnte die Kartellbehörde auf Antrag eines Vertragsbeteiligten anordnen, dass „die in der Verfügung ausgesprochene Unwirksamkeit die Gültigkeit der Übrigen vertraglichen Vereinbarungen nicht berührt". Damit sollte gewährleistet werden, dass sich die Unwirksamkeitserklärung nicht zulasten desjenigen Vertragspartners auswirkt, in dessen Interesse die Verfügung ergeht. Diese Regelung hat keine praktische Bedeutung erlangt; die Kartellbehörde hat heute keine entsprechende Befugnis mehr. § 19 Abs. 3 aF sah schließlich vor, dass im Vertrag Sanktionen (Rücktritts-, Kündigungs- oder Leistungserhöhungsrechte) zugunsten des bindenden Unternehmens für den Fall vorgesehen waren, dass die Kartellbehörde die Bindung aufhebt, dass diese Rechte nur mit Erlaubnis der Kartellbehörde wahrgenommen werden durften. Auch diese Befugnis der Kartellbehörde hat niemals praktische Bedeutung erlangt; sie besteht heute nicht mehr.

Wird auch die **Anwendung einer „neuen gleichartigen" Preisbindung** verboten, so kommt es für die Gleichartigkeit darauf an, ob die neue Preisbindung vom Standpunkt eines objektiven Beobachters noch der bisherigen entspricht, insbes. im Hinblick auf die Identität der betroffenen Erzeugnisse und die gebundenen Preise (BGH WuW/E 1283 (1285) – Asbach). 32

9. Branchenvereinbarungen für den Pressevertrieb (Abs. 2a, Abs. 3 S. 2)

a) Gesetzgebungsgeschichte. Der Pressevertrieb über den Groß- und stationären Einzelhandel ist dadurch gekennzeichnet, dass das Bundesgebiet in derzeit 69 Vertriebsgebiete aufgeteilt ist, in denen jeweils ein Presse-Grossist für den Vertrieb aller Zeitungen und Zeitschriften an den stationären Einzelhandel zuständig ist. Die Frage, wie diese Gebiete zustande gekommen sind und ob dem kartellrechtlich unzulässige Absprachen zwischen Verlagen und/oder Grossisten zugrunde liegen, ist nie verlässlich geklärt worden (vgl. dazu etwa auch BGH WuW/E 1527 (1528) – Zeitschriften-Grossisten). Das System wurde aber **wettbewerbs- und medienpolitisch stets als besonders schützenswert** angesehen. Deswegen hat zB das BKartA in der Zeit der Wiedervereinigung aktiv dazu beigetragen, dass dieses System auch in den neuen Bundesländern etabliert wurde (dazu TB 1989/90, 106 f.; 1991/92, 129; zur neuesten Praxis TB 2011/2012, 89 f.). Als in der Zeit nach 2000 sich Gefährdungen dadurch abzeichneten, dass Verlage unter Umgehung des Presse-Grosso Direktbelieferungen des Einzelhandels vornehmen wollten, ist mit aktiver Unterstützung der Bundesregierung am 19.8.2004 eine **„Gemeinsame Erklärung" der Verbände** der Zeitschriftenverleger, der Zeitungsverleger und der Presse-Grossisten verabschiedet worden, in der sich die drei Verbände zu den Besonderheiten des Pressevertriebs und zur Aufrechterhaltung des Systems bekannten (vgl. dazu BGH WuW/E DE-R 3446 insbes. Rn. 18 – Grossisten-Kündigung). Im Koalitionsvertrag der in der 17. Legislaturperiode die Bundesregierung tragenden Parteien heißt es ausdrücklich: **„Das Presse-Grosso bleibt ein unverzichtbarer Teil unserer Medienordnung".** Es besteht ein breiter Konsens aller Parteien, dass das Presse-Grosso einen wesentlichen Beitrag dazu leistet, dass der Pressevertrieb über den stationären Einzelhandel neutral und diskriminierungsfrei erfolgt, den 33

Marktzugang für neue Presseobjekte sichert und die Grundlage für die Überallerhältlichkeit aller Presseerzeugnisse ist. Wesentliches Kennzeichen ist, dass der Presse-Grossist in einem bestimmten Gebiet ein – an der voraussichtlichen Verkäuflichkeit orientiertes – Presse-Vollsortiment an den Einzelhandel liefert und dafür das **Dispositionsrecht** hat; dieses Dispositionsrecht, das eine eigenständige Auswahl des Einzelhändlers aus den Presseobjekten ausschließt, ist ihm zumutbar, weil er ein Remissionsrecht für alle nicht verkauften Objekte zum vollen Einstandspreis hat (dazu BGH WuW/E 1879 – Dispositionsrecht).

34 Die Konditionen (Handelsspannen) wurden bisher von dem Verband der Presse-Grossisten (Bundesverband Deutscher Buch-, Zeitungs- und Zeitschriften-Grossisten eV) mit den Verlagen ausgehandelt und in einer **bundesweit einheitlichen Handelsspannentabelle** zusammengeführt. In Verbindung damit gibt es umfangreiche Vereinbarungen und Kodizes über die von den Grossisten zu erbringenden Leistungen. Der Heinrich Bauer Verlag, der neben der Axel Springer AG das bestehende Presse-Vertriebssystem auf der Lieferantenseite wesentlich entwickelt und mitgestaltet hat, hat im Jahr 2011 die Verhandlungs- und Vereinbarungsbefugnis des Verbandes der Presse-Grossisten als Verstoß gegen die Kartellverbote des § 1 und Art. 101 Abs. 1 AEUV angegriffen. Die Gebietsfestlegungen seien kartellrechtlich unzulässig und nicht freistellbar. Die Grossisten seien deswegen zumindest potenzielle Wettbewerber, die sich über die von ihnen zu erbringenden Leistungen und die Vergütungen dafür nicht koordinieren dürften. Das Landgericht Köln hatte der entsprechenden Klage der Bauer Vertriebs KG durch Urteil vom 14.2.2012 stattgegeben (KG WuW/E DE-R 3532). Vorangegangen war ein Urteil des BGH, das die „gebietsbezogene Alleinauslieferung, die Grundlage des Grosso-Systems ist", als Wettbewerbsbeschränkung qualifizierte, die nur zulässig sei, wenn sie die Freistellungsvoraussetzungen des § 2 Abs. 1 erfüllt (BGH WuW/E DE-R 3446 Rn. 25 f. – Grossisten-Kündigung; dazu auch Gersdorf AfP 2012, 336; Bach NJW 2012, 728; Paschke AfP 2012, 431).

35 Der Gesetzgeber der **8. GWB-Novelle 2012/2013** wollte das Risiko ausschließen, dass im Zuge des anhängigen Gerichtsverfahrens eine rechtskräftige Entscheidung ergeht, die die Grundlagen des derzeitigen Grosso-Vertriebssystems beseitigt. Deswegen hat er die jetzt Gesetz gewordene Ergänzung des § 30 verabschiedet. Der Regierungsentwurf zur 8. GWB-Novelle hatte noch keine entsprechende Regelung enthalten. Sie wurde erst durch den Änderungsantrag der Fraktionen von CDU/CSU und FDP in einer späten Phase über den Wirtschaftsausschuss in das Gesetzgebungsverfahren eingebracht (Ausschussdrs. 17 (9) 937, Nr. 3). Die Begründung dafür lautet (Ausschussdrs. 17 (9) 937, Nr. 3 S. 7):

„Die Änderung soll das seit Jahrzehnten bewährte Presse-Grosso-Vertriebssystem, das wesentlich zur Überallerhältlichkeit von Pressetiteln und zu einem diskriminierungsfreien Zugang insbesondere auch von Titeln kleinerer Verlage und von Titeln mit kleineren Auflagen zum Lesermarkt beiträgt, kartellrechtlich absichern. Hintergrund ist ein zivilrechtliches Gerichtsverfahren, in dem das Verhandlungsmandat des Presse-Grosso-Verbandes über Handelsspannen mit den Verlagen für seine Mitglieder als kartellrechtlich unzulässig angesehen wurde. Da sich die Prozessparteien nicht auf eine außergerichtliche oder außergesetzliche Einigung verständigen konnten, wird der Weg einer gesetzlichen Absicherung von Branchenvereinbarungen der Presse-Grossisten und Verlage gewählt. Die Freistellung vom Kartellverbot hat zur Voraussetzung, dass die Branchenvereinbarungen Leistungen bzw. Gegenleistungen oder sonstige Voraussetzungen für einen flächendeckenden und diskriminierungsfreien Vertrieb an den Einzelhandel regeln. Dies dient der europarechtlichen Konformität. Die Verlage und Grossisten unterliegen zur Neutralitätssicherung wie bisher dem kartellrechtlichen Missbrauchs- und Diskriminierungsverbot. In Abs. 3 ist zudem vorgesehen, dass das Bundeskartellamt eine Branchenvereinbarung für unwirksam erklären kann, wenn sie einen Missbrauch der Freistellung darstellt."

b) Beteiligte der Branchenvereinbarung (S. 1). S. 1 enthält eine Freistellung vom Kartellverbot („§ 1 gilt nicht …") für Branchenvereinbarungen. Beteiligte an diesen Branchenvereinbarungen können Vereinigungen von Presseverlagen und Vereinigungen von Presse-Grossisten sein. Voraussetzung dafür ist, dass die Verlage für die Zeitungen oder Zeitschriften, auf die sich die Branchenvereinbarungen beziehen, nach Abs. 1 Preisbindungen vornehmen. Da Ziel der Freistellung die **Sicherstellung eines flächendeckenden und diskriminierungsfreien Vertriebes** der Presseobjekte ist, ist in jedem Falle erforderlich, dass sich die **Preisbindung** auf die **Endabgabepreise** bezieht. Durch die Preisbindung wird also bewirkt, dass jedes Presseobjekt überall den Endverbrauchern zu denselben Preisen angeboten wird. UE ist darüber hinaus erforderlich, dass auch die **Abgabepreise an den Einzelhandel** gebunden sind, also eine **zweistufige Preisbindung** praktiziert wird. Dadurch wird erreicht, dass jeder Letztveräußerer (Einzelhändler) überall für dasselbe Objekt denselben Preis bezahlen muss. Wären die Preise unterschiedlich, zu denen die Einzelhändler beliefert werden, kann das die angestrebte bundesweite Einheitlichkeit des Pressevertriebs in der gleichen Weise gefährden wie unterschiedliche Endabgabepreise. 36

Voraussetzung für die Legitimation des Verbandes der Presse-Grossisten als Partner der Branchenvereinbarungen ist, dass Presse-Grossisten die im Preis gebundenen Zeitungen „mit **Remissionsrecht** beziehen und mit Remissionsrecht an Letztveräußerer verkaufen". Diese Definition entspricht der allgemeinen Übung. Im Pressevertrieb über den Handel ist das Remissionsrecht des Handels an die jeweilige Vorstufe allgemein üblich (dazu auch BGH WuW/E 879 – Dispositionsrecht; vgl. auch BVerfG NJW 1988, 1833 (1834)). Der Einzelhändler kann also alle während der vorgegebenen Verkaufszeit nicht verkauften Presseerzeugnisse zum vollen Einstandspreis an den Grossisten zurückgeben; der Grossist kann die an ihn remittierten Exemplare ebenfalls zu seinem Einstandspreis an den Verlag remittieren. Dieses Remissionsrecht ist Voraussetzung dafür, dass die in den Pressevertrieb eingebundenen Händler vertraglich besonderen Verpflichtungen hinsichtlich des Umfangs und der Neutralität des von ihnen vertriebenen Sortiments unterworfen werden können (dazu BGH WuW/E 879 – Dispositionsrecht). Das Ziel eines flächendeckenden und diskriminierungsfreien Sortimentsvertriebs könnte ohne die Preisbindung und das Remissionsrecht nicht erreicht werden. 37

Partner der Branchenvereinbarungen sind **Vereinigungen.** Der Begriff der Unternehmensvereinigung wird im Gesetz an verschiedenen Stellen verwendet (zB §§ 1, 2, 19 Abs. 3, § 20 Abs. 1 und 2, § 21 Abs. 1, 2 und 3). Kennzeichen ist eine organisatorische Verbindung und die **Wahrnehmung von gemeinsamen Interessen der Unternehmens-Mitglieder.** Diese Voraussetzungen sind in Bezug auf den Pressevertrieb über den Groß- und stationären Einzelhandel derzeit erfüllt auf der Verlegerseite durch den Verband Deutscher Zeitschriftenverleger eV **(VDZ)** und den Bundesverband Deutscher Zeitungsverleger eV **(BDZV),** die sich ihrerseits auch mit dem Vertrieb über den Handel befassen. Andere Verlegerverbände wie zB der Bundesverband Deutscher Anzeigenblätter eV oder der Verband Deutscher Lokalzeitungen eV befassen sich nicht mit dem Vertrieb über den Groß- und Einzelhandel und Fragen, die Gegenstand von Branchenvereinbarungen sein könnten. Auf der Seite der Presse-Grossisten kommt nach der derzeitigen Verbandsstruktur als Partner von Branchenvereinbarungen nur der Bundesverband Deutscher Buch-, Zeitungs- und Zeitschriften-Grossisten eV **(Bundesverband Presse-Grosso)** in Betracht. Ihm gehören fast alle verlagsunabhängigen Presse-Grossisten an. In der Vergangenheit war der Bundesverband Presse-Grosso darüber hinaus aber auch stets aufgrund besonderer Vollmacht für alle anderen Presse-Grossisten tätig. 38

Die ausdrückliche Legitimation von Verleger- und Grossisten-Vereinigungen als Partner von Branchenvereinbarungen wirft die Frage auf, ob entsprechend **privilegierte Vereinbarungen** auch zwischen **einzelnen Verlagen** und dem Grosso- 39

Verband möglich sind. In der Zeit vor Inkrafttreten des § 30 Abs. 2a waren, was die finanziellen Konditionen (Handelsspannen) angeht, nur Vereinbarungen zwischen dem Bundesverband Presse-Grosso und einzelnen Verlagen üblich (und nach der seinerzeit hM zulässig). Die Einheitlichkeit der Vereinbarungsinhalte wurde dadurch sichergestellt, dass der Grosso-Verband die Verhandlungen mit dem Ziel führte, mit allen Verlagen zu jeweils identischen Verhandlungsergebnissen zu gelangen. Auf diese Weise ist 2011 eine bis 2018 geltende einheitliche, alle Zeitschriften betreffende Handelsspannentabelle zustande gekommen. Vereinbarungen des Grosso-Verbandes mit einzelnen Verlagen erfüllen an sich nicht unmittelbar die Voraussetzungen der „Branchenvereinbarung" nach Abs. 2a S. 1. Für ihre Zulässigkeit spricht zunächst ein „Erst recht"-Argument: Wenn der Grosso-Verband Vereinbarungen mit einem Verleger-Verband treffen darf, also mit einem Verband von Unternehmen, die untereinander Wettbewerber sind, darf er das „erst recht" mit einem einzelnen Unternehmen der Marktgegenseite. Hinzu kommt folgender Gesichtspunkt: Die Branchenvereinbarungen zwischen den Verbänden schreiben – zulässigerweise (→ Rn. 42) – für den Vertrieb der von ihnen betroffenen Zeitungen und Zeitschriften Gebietsgrenzen der Presse-Grossisten untereinander fest. Daraus ergibt sich, dass die **Grossisten untereinander weder aktuelle noch potenzielle Wettbewerber** sind. Dann verstößt die koordinierende Tätigkeit des Bundesverbandes Presse-Grosso nicht gegen die Kartellverbote des § 1 und Art. 101 Abs. 1 AEUV. Der insoweit abweichenden Auffassung des LG Köln (LG Köln WuW/E DE-R 3532 – Presse-Grosso) ist damit der Boden entzogen; es ging von der Unzulässigkeit der Gebietsgrenzen und damit einem potenziellen Wettbewerb der Grossisten aus.

40 Unabhängig davon erscheint es berechtigt, Vereinbarungen des Bundesverbandes Presse-Grosso mit einzelnen Verlagen dann auch unmittelbar am Privileg des Abs. 2a teilhaben zu lassen, wenn die mit einzelnen Verlagen verhandelten Vereinbarungen in für alle Verlage geltende Regelwerke einfließen und damit an der **Gewährleistung einer bundesweiten Einheitlichkeit und Diskriminierungsfreiheit des Pressevertriebs** teilhaben. Das Gleiche gilt, wenn die mit einem einzelnen Verlag geschlossene Vereinbarung den Vertrieb einer besonderen Zeitung oder Zeitschrift betrifft, für die es wegen der Besonderheiten keine Branchenübung gibt und geben kann; Voraussetzung ist aber insoweit, dass der Vertrieb der anderen Objekte und der Sortimentsvertrieb dadurch nicht in sachlich ungerechtfertigter Weise diskriminiert wird.

41 Abs. 2a S. 1 gibt den an den Branchenvereinbarungen beteiligten Vereinigungen keine öffentlich-rechtliche Vollmacht für den Abschluss von Branchenvereinbarungen und deren Verbindlichkeit für einzelne Verlage bzw. Grossisten. Erforderlich ist eine **vereinsrechtliche oder speziell erteilte Vollmacht** der Unternehmen, die auf der entsprechenden Wirtschaftsstufe tätig sind. Das bedeutet einerseits, dass die Vereinigungen auch für Unternehmen ihrer Wirtschaftsstufe tätig sein können, die nicht ihre Mitglieder sind (so der Bundesverband Presse-Grosso für die Presse-Grossisten mit Verlagsbeteiligungen), und andererseits, dass Mitglieder der Vereinigungen sich der Geltung der Branchenvereinbarungen für sie dadurch entziehen können, dass sie, soweit vereinsrechtlich zulässig, ihrer Vereinigung die entsprechende Vollmacht entziehen. Das Ziel der Einheitlichkeit und der Diskriminierungsfreiheit wird allerdings nur erreicht, wenn die beteiligten Vereinigungen für die „Branche" repräsentativ sind. Dafür ist im Regelfall erforderlich, dass sie jeweils für die Mehrheit der Verlage und des über den Groß- und Einzelhandel vertriebenen Volumens bzw. für die Mehrheit der Grossisten sprechen können.

42 **c) Inhalt der Branchenvereinbarungen (S. 1).** Nach Abs. 2a S. 1 besteht der von der Freistellung erfasste Inhalt der Branchenvereinbarungen im „flächendeckenden und diskriminierungsfreien Vertrieb von Zeitungs- und Zeitschriftensortimenten durch die Presse-Grossisten". Den Partnern der Branchenvereinbarungen bleibt über-

lassen, wie sie dieses Ziel erreichen. Die **Flächendeckung** wird erreicht, wenn die Grundsätze der vorhandenen Vertriebsstrukturen festgeschrieben werden, indem das Bundesgebiet in fest umrissene Grosso-Gebiete aufteilt wird, in denen jeweils ein Grossist für die Belieferung aller dort tätigen Einzelhandelsverkaufsstellen zuständig ist. Die Flächendeckung würde nicht erreicht, wenn es in der vereinbarten Gebietskarte „weiße Flecken" gäbe oder unklar bliebe, welcher Grossist für welches Gebiet zuständig ist. Die **Diskriminierungsfreiheit** des Vertriebs wird einerseits, entsprechend der heutigen Praxis des zwischen Verlagen und Grossisten angewendeten Regelwerkes, dadurch sichergestellt, dass überall dieselben Konditionen und Leistungsanforderungen gelten. Das bedeutet für die Handelsspannen insbes., dass abstrakt nach bestimmten Kriterien festgelegt wird, welche Handelsspanne für welches Objekt im Verhältnis zwischen Verlagen und Großhändlern gilt. Die Handelsspannen, die dem Einzelhandel gewährt werden, sind nicht Gegenstand der Branchenvereinbarungen; das ergibt sich schon daraus, dass an ihnen Einzelhandelsverbände nicht beteiligt sind. Andererseits betrifft das Merkmal der Diskriminierungsfreiheit die mengen- und titelbezogene Zusammenstellung des Sortiments – Diskriminierungsfreiheit im Verhältnis zu den Verlagen und Gleichbehandlung der Einzelhändler. Der Gesetzeswortlaut stellt klar, dass sich die Erfordernisse des flächendeckenden und diskriminierungsfreien Vertriebs durch Presse-Grossisten an Letztveräußerer auf **„Zeitungs- und Zeitschriftensortimente"** beziehen. Kennzeichen des nach dem Willen des Gesetzgebers zu sichernden Pressevertriebs über das Presse-Grosso ist, dass nicht isoliert einzelne Zeitungen oder Zeitschriften über den Einzelhandel vertrieben werden, sondern jeweils Sortimente, die diskriminierungsfrei zusammengesetzt werden. Der aus der Sicht des Gesetzgebers schützenswerte Pressevertrieb ist wesensmäßig ein Sortimentsvertrieb, der beim jeweils belieferten Einzelhändler alle Objekte in entsprechenden Stückzahlen umfasst, die aufgrund einer Verkäuflichkeitsprognose dort absetzbar sind; dabei müssen auch neue Titel einbezogen werden, auch wenn insoweit eine exaktere Verkäuflichkeitsprognose zunächst nicht möglich ist.

Das Gesetz umschreibt den Inhalt der Branchenvereinbarungen innerhalb dieser Zielvorgabe dadurch, dass sowohl die Voraussetzungen eines flächendeckenden und diskriminierungsfreien Vertriebes geregelt werden können als auch die Vergütungen (Handelsspannen) und die dadurch abgegoltenen Leistungen. Auch wenn man von einem **weiten Ermessensspielraum** der an der Branchenvereinbarung beteiligten Vereinigungen ausgeht, ergeben sich aus diesen Vorgaben bestimmte Mindestinhalte der Vereinbarungen. Wenn Vergütungen geregelt werden, müssen auch die Leistungen, die vergütet werden sollen, umschrieben sein; das setzt voraus, dass entsprechende Leistungskataloge vereinbart werden oder jedenfalls den Vergütungen zugrunde gelegt werden. In der Praxis des Pressevertriebs gibt es derartige Leistungskataloge, insbes. zum „Koordinierten Vertriebsmarketing" (KVM). 43

d) Rechtsfolgen nach deutschem Recht (S. 1). Für Branchenvereinbarungen, die die Voraussetzungen des S. 1 erfüllen, **gilt** nach dem Gesetzeswortlaut **§ 1 nicht.** Wenn er keine Anwendung findet, stellt sich nach der gesetzlichen Systematik nicht die Frage, ob die Branchenvereinbarungen überhaupt gegen § 1 verstoßen; es kann auch offen bleiben, ob sie, wenn sie gegen § 1 verstoßen, die Freistellungsvoraussetzungen des § 2 Abs. 1 erfüllen. Der Gesetzgeber hat sich darin, ob die Branchenvereinbarungen zulässig sind, weil sie entweder nicht gegen § 1 verstoßen oder jedenfalls nach § 2 Abs. 1 freigestellt sind, nicht festgelegt. Er wollte angesichts der Möglichkeit, dass auch höchstrichterlich die kartellrechtliche Unzulässigkeit derartiger Vereinbarungen bestätigt wird sicherstellen, dass sie dennoch zulässig sind. Für die unabhängig von Abs. 2a begründete **Freistellung der Branchenvereinbarungen nach § 2 Abs. 1** sprechen allerdings insbes. die Effizienz des heutigen Pressevertriebs, die Vorteile für den Verbraucher und die Förderung des Wettbewerbs der Verlage auf der Grundlage eines neutralen, für alle zugänglichen Pressevertriebs. 44

Außerdem sind der Anwendung eines strengen Kartellverbots verfassungsrechtliche Grenzen gesetzt, die schon dann überschritten sein könnten, wenn die Anwendung eines strengen Kartellrechts auch nur zur Gefährdung der Vorteile des Pressevertriebs führen könnte (dazu Gersdorf AfP 2012, 336; Paal AfP 2012, 1). Wenn § 1 auf Branchenvereinbarungen nicht anwendbar ist, greift das mit § 1 verbundene Sanktionssystem nicht. Die Branchenvereinbarungen sind zivilrechtlich wirksam; sie können nicht Gegenstand einer Abstellungsverfügung nach § 32 sein, und ihr Abschluss und ihre Praktizierung ist nicht nach § 81 Abs. 2 Nr. 1 ordnungswidrig.

45 **e) Rechtsfolgen nach EU-Recht (S. 2).** S. 2 trägt dem Umstand Rechnung, dass auf das deutsche Pressevertriebssystem grds. auch die **Wettbewerbsregeln des AEUV** anwendbar sind. Das ergibt sich einmal aus der Rspr. des Europäischen Gerichtshofes, nach der die Voraussetzungen der Zwischenstaatsklausel ohne Weiteres bei Vereinbarungen erfüllt sind, die den Vertrieb im Gesamtgebiet eines Mitgliedstaates regeln (vgl. schon EuGH Slg. 1972, 977 – Cementhandelaren; 2006, I-2263 Rn. 41 – Manfredi). Die Anwendung des europäischen Rechtes ergibt sich aber auch aus der Tatsache, dass die Tätigkeit der Presse-Grossisten sich auch auf den **Vertrieb der ausländischen Zeitungen und Zeitschriften** bezieht.

46 Art. 106 Abs. 2 AEUV setzt voraus, dass bestimmte oder jedenfalls identifizierbare Unternehmen mit der Dienstleistung betraut sind. Nach Abs. 2a S. 2 sind alle Unternehmen und Unternehmensvereinigungen in die Betrauung aufgenommen, die in die Organisation des Pressevertriebs eingebunden sind. Das sind neben den Grossisten die Verlage, nicht in ihrer Funktion als Lieferanten der Produkte, die die Presse-Grossisten vertreiben, sondern in ihrer als Dienstleistung zu qualifizierenden Funktion als (Mit-)Organisator und Betreiber des für alle Verlage offenstehenden Pressevertriebssystems. Art. 106 Abs. 2 AEUV spricht nur von „Unternehmen", die mit Dienstleistungen von allgemeinem wirtschaftlichem Interesse betraut sind, nicht auch von **Unternehmensvereinigungen.** Dennoch hat der Gesetzgeber auch die Vereinigungen, die Parteien der Branchenvereinbarungen sind, in die Betrauung einbezogen. Das ist europarechtlich möglich, insbes. im Hinblick darauf, dass eine Deckungsgleichheit zwischen Art. 106 Abs. 2 AEUV einerseits und dem Kartellverbot des Art. 101 Abs. 1 AEUV andererseits hergestellt werden muss, der ausdrücklich auch (Beschlüsse von) „Unternehmensvereinigungen" erfasst. Der BGH (NZKart 2016, 78 (79 f.) – Zentrales Verhandlungsmandat) hält Abs. 2a für europarechtskonform und hob damit das Urteil des OLG Düsseldorf (WuW/E DE-R 4242 (4250) – Presse-Grosso II) auf, das einen förmlichen Betrauungsakt verlangte. Nach Ansicht des BGH darf der deutsche Gesetzgeber bestimmen, dass der flächendeckende und diskriminierungsfreie Vertrieb von Zeitungen und Zeitschriften eine Dienstleistung von allgemeinem wirtschaftlichem Interesse iSv Art. 106 Abs. 2 AEUV ist, und damit eine Betrauung nach Art. 106 Abs. 2 AEUV durch Abs. 2a aussprechen, sodass das Preisbindungssystem durchgeführt werden kann (s. auch Hennemann NZKart 2016, 160; ebenso Schwarze NZKart 2013, 270; Kühling ZUM 2013, 18; dagegen Paschke AfP 2012, 501).

47/48 **f) §§ 19 und 20 bleiben unberührt (S. 3).** Der Gesetzgeber stellt durch S. 3 klar, dass die Freistellung von § 1 **keine Freistellung von den Verboten in §§ 19 und 20** bedeutet. Das hat insbes. Bedeutung dafür, dass die Presse-Grossisten, die in ihrem Gebiet im Allgemeinen Marktbeherrscher sind, dem Missbrauchsverbot des § 19 Abs. 1, insbes. dem Diskriminierungs- und Behinderungsverbot des § 19 Abs. 2 Nr. 1 unterliegen. Die Presseverlage unterliegen als Preisbinder, wenn sie nicht zugleich Marktbeherrscher sind, zwar nicht dem allgemeinen Missbrauchsverbot des § 19 Abs. 1, wohl aber über § 19 Abs. 3 S. 1 dem Behinderungs- und Diskriminierungsverbot des § 19 Abs. 2 Nr. 1 und dem besonderen Verbot des Nachfragemissbrauchs nach § 19 Abs. 2 Nr. 5. In Betracht kommt auch die Anwendung des

§ 20 Abs. 2 auf die an den Branchenvereinbarungen beteiligten Unternehmensvereinigungen, soweit von ihnen einzelne Unternehmen abhängig sind.

10. Ausnahmebereich für verlagswirtschaftliche Zusammenarbeit zwischen Zeitungs- und Zeitschriftenverlagen (Abs. 2b)

a) Gesetzgebungsgeschichte und Zweck. Der durch die 9. GWB Novelle 2017 neu eingeführte Abs. 2b S. 1 nimmt **wettbewerbsbeschränkende Vereinbarungen zwischen Zeitungs- und Zeitschriftenverlagen über eine verlagswirtschaftliche Zusammenarbeit** aus dem Anwendungsbereich des § 1 aus. Die Regelung ist bereits im Koalitionsvertrag 2013 angelegt (Koalitionsvertrag CDU, CSU, SPD, 18. Legislaturperiode, 2013, 13). Nach der Regierungsbegründung sollen hierdurch die Spielräume von Presseverlagen zur Stabilisierung ihrer wirtschaftlichen Basis durch Kooperationen erweitert werden (RegBegr BT-Drs. 18/10207, 54). Gerechtfertigt wird dies „vor dem Hintergrund der nach wie vor verschärften wirtschaftlichen Rahmenbedingungen für Presseverlage im Umbruch der Medienlandschaft und damit einhergehender struktureller Änderungen auch im Blick auf die schützenswerte Pressevielfalt". Die Privilegierung gilt allein für das Anzeigen- und Werbegeschäft, den Vertrieb, die Zustellung und die Herstellung von Zeitungen und anderen nicht redaktionellen Bereichen. S. 2 steht klar, dass die Ausnahme von § 1 **nicht für die redaktionelle Zusammenarbeit** gilt. Zudem regelt S. 3 einen Anspruch der kooperierenden Unternehmen auf eine Entscheidung der Kartellbehörde nach § 32c, also auf die Entscheidung, dass kein Anlass besteht, tätig zu werden, falls die Vereinbarung nicht gegen Art. 101 Abs. 1 AEUV verstößt und die Antragsteller ein erhebliches rechtliches und wirtschaftliches Interesse an der Entscheidung haben. 49

Die Bereichsausnahme bedeutet, dass benachbarte Zeitungen grds. **Vertriebsabgrenzungen, Preise für Anzeigen, aber auch Abonnementpreise** und **Belegungseinheiten sowie Zwangskombinationen** für **Anzeigen** vereinbaren dürfen. Umfangreiche Kooperationen auch im gleichen räumlichen Markt sind möglich (s. BKartA Pressemitteilung v. 28.1.2020 – Berliner Morgenpost/Tagesspiegel). 50

Ausweislich des § 186 Abs. 6 gilt die Privilegierung nur für Vereinbarungen, die nach Inkrafttreten der Vorschrift, also dem 9.6.2017, und vor dem 31.12.2027 wirksam geworden sind. Altvereinbarungen sind danach nicht von der Anwendung des § 1 ausgenommen. 51

b) Voraussetzungen der Bereichsausnahme. Die Zusammenarbeit ist zulässig, soweit sie der **Stärkung der wirtschaftlichen Basis für den intermedialen Wettbewerb** dient. Zunächst ist erforderlich, dass die Zusammenarbeit zu besseren wirtschaftlichen Ergebnissen führt, also durch **Ergebnisverbesserung** im Printbereich (entweder durch Hebung der Umsätze oder Senkung der Kosten). Die Stärkung der wirtschaftlichen Basis muss den Beteiligten ermöglichen, ihre wirtschaftliche Basis für den intermedialen Wettbewerb zu stärken. Damit ist gemeint, dass die Kooperation gerade darauf zielen muss, intermedialen Wettbewerb zu ermöglichen, also in der Lage sein, sich gegen Konkurrenz im Werbebereich, also Internet-, Rundfunk- und Fernsehwerbungsangeboten erfolgreich zu behaupten. Die Formulierung „wirtschaftliche Basis" deutet darauf hin, dass die wirtschaftlichen Vorteile der Zusammenarbeit jedenfalls zum Teil im Unternehmen zur Stärkung der Position im intermedialen Wettbewerb verbleiben müssen. Aus dem Wortlaut der Vorschrift folgt, dass allen Beteiligten der Vereinbarung wirtschaftliche Vorteile erwachsen müssen; es reicht also nicht aus, wenn nur die wirtschaftliche Basis einzelner Beteiligter gestärkt wird. Gewinnmaximierung im Printbereich soll für die Rechtfertigung der Zusammenarbeit nicht ausreichen (Kersting/Podszun 9. GWB-Novelle/Podszun Kap. 5 Rn. 28; anders wohl Bunte/Bahr Rn. 137). Damit stellt sich die Frage, 52 ob harte Kartellierungen, die allein den Gewinn maximieren, aber keine Effizienzen heben, in die Bereichsausnahme fallen. Die Abgrenzung wird im Einzelfall schwierig sein.

53 Die Privilegierung der Zusammenarbeit erfasst allein die **verlagswirtschaftliche Tätigkeit, nicht** aber die **Zusammenarbeit bei digitalen Medien;** derartige Zusammenarbeit ist nach §§ 1, 2 zu prüfen. Soweit die Gesetzesbegründung darauf abstellt, dass die „verlagswirtschaftliche Zusammenarbeit" sowohl den klassischen Printbereich als auch den „Bereich der Internetpresse" meinen soll (BRegEntw 9. GWB-Novelle 2017, 53), ist dies missverständlich (Kersting/Podszun 9. GWB-Novelle/Podszun Kap. 5 Rn. 18, wohl aA Bunte/Bahr Rn. 135). Gemeint ist damit wohl die Verbreitung von Printmedien ganz oder teilweise in Internetausgaben; diesbezüglich liegt verlagswirtschaftliche Tätigkeit iSd Vorschrift vor, sodass die Privilegierung Anwendung findet. Für reine Internetpresse gilt die Privilegierung nicht.

54 S. 2 klammert die **Zusammenarbeit im redaktionellen Bereich aus der Bereichsausnahme aus.** Redaktionelle Tätigkeit ist diejenige, die die Erstellung der Verlagsprodukte inhaltlich betrifft, also die journalistische Arbeit wie Recherche, Verfassen von Texten usw. Die redaktionelle Tätigkeit dürfte auch den Einkauf von redaktionellen Produkten von Presseagenturen und anderen Zeitschriften umfassen. Die Ausnahme von der Anwendbarkeit des § 1 gilt also nicht für den Bereich des inhaltlichen Wettbewerbs. Das bedeutet, dass **Mantelkooperationen** als redaktionelle Zusammenarbeit an § 1 zu messen sind, aber natürlich die Freistellungsvoraussetzungen des § 2 erfüllen können. **Gebietsabgrenzungen** können sich auf den redaktionellen Bereich beziehen, also die räumliche Abdeckung der Berichterstattung; ist dies Gegenstand der vereinbarten Abgrenzung, dürfte auch die redaktionelle Arbeit betroffen und damit § 1 anwendbar sein.

55 **c) Anspruch auf Entscheidung nach § 32c.** S. 3 gibt den beteiligten Unternehmen einen **Anspruch** gegenüber der Kartellbehörde auf **Entscheidung über das Nichttätigwerden nach § 32c.**

56 Voraussetzung des Anspruchs einer Entscheidung auf Nichttätigwerden ist nach Nr. 1, dass nach den der Kartellbehörde vorliegenden Erkenntnissen die Voraussetzungen für ein **Verbot nach Art. 101 Abs. 1 AEUV nicht gegeben** sind. Dies kann nur bedeuten, dass es an der Zwischenstaatlichkeit der Vereinbarung fehlt, ansonsten sind die Voraussetzungen des § 1 und Art. 101 Abs. 1 AEUV kongruent. Der Anspruch besteht also nur dann, wenn die Kartellbehörde glaubt, dass es sich um einen deutschen Binnenfall handelt. Weitere Voraussetzung ist nach Nr. 2 ein **erhebliches rechtliches und wirtschaftliches Interesse** der Antragsteller an der Entscheidung. Ein erhebliches rechtliches Risiko besteht, wenn bspw. Investitionen getroffen werden müssen, die durch die Entscheidung abgesichert werden sollen; zu den Zweifeln an der Rechtmäßigkeit der Norm wegen Vereinbarkeit mit der Kartellverfahrens-VO Kersting/Podszun 9. GWB-Novelle/Podszun Kap. 5 Rn. 36.

57 **d) §§ 19 und 20 bleiben unberührt (S. 3).** Der Gesetzgeber stellt durch S. 3 klar, dass die Freistellung von § 1 **keine Freistellung von den Verboten in §§ 19 und 20** bedeutet. Das hat insbes. Bedeutung dafür, dass die Presseunternehmen, die im Verbreitungsgebiet ihrer Printmedien oft Marktbeherrscher sind, dem Missbrauchsverbot des § 19 Abs. 1, insbes. dem Diskriminierungs- und Behinderungsverbot des § 19 Abs. 2 Nr. 1 unterliegen. Die Presseverlage unterliegen dann, wenn sie nicht zugleich Marktbeherrscher sind, zwar nicht dem allgemeinen Missbrauchsverbot des § 19 Abs. 1, wohl aber über § 19 Abs. 3 S. 1 dem Behinderungs- und Diskriminierungsverbot des § 19 Abs. 2 Nr. 1 und dem besonderen Verbot des Nachfragemissbrauchs nach § 19 Abs. 2 Nr. 5. Dadurch wird die Gefahr der Bereichsausnahme für den lokalen Wettbewerb jedenfalls über die Möglichkeit der Missbrauchskontrolle eingeschränkt.

11. Missbrauchsaufsicht (Abs. 3)

Die Missbrauchsaufsicht des Abs. 3, die sich bisher ausschließlich auf den Missbrauch der Preisbindung bezog, wurde durch die 8. GWB-Novelle 2012/2013 durch einen S. 2 dahin ergänzt, dass das BKartA Branchenvereinbarungen für unwirksam erklären kann, wenn sie einen Missbrauch der Freistellung nach Abs. 2a S. 2 darstellt; die 9. GWB-Novelle 2017 erweitert diese Missbrauchsaufsicht auf den neu eingeführten Abs. 2b. Ein solcher Missbrauch ist vorstellbar, wenn der **Freistellungsrahmen des Abs. 2a S. 1 überschritten** wird, also in Branchenvereinbarungen Dinge geregelt werden, die nichts zu tun haben mit dem Ziel des flächendeckenden und diskriminierungsfreien Vertriebs von Zeitungen- und Zeitschriftensortimenten, insbes. dessen Voraussetzungen und dessen Vergütungen sowie den dadurch abgegoltenen Leistungen. In einem solchen Fall stellt sich allerdings die Frage, ob dann nicht unmittelbar § 1 angewendet werden kann, weil der über Abs. 2a S. 1 hinausgehende Vereinbarungsinhalt nicht an der gesetzlichen Freistellung teilhat. Wenn insoweit aber Zweifel bestehen, ob § 1 unmittelbar angewendet werden kann oder eine Missbrauchsverfügung erforderlich ist, ist Letztere auch unter dem Gesichtspunkt des geringstmöglichen Eingriffs zulässig. Ein Missbrauch kann auch darin bestehen, dass in Branchenvereinbarungen Detailregelungen enthalten sind, die zu **sachlich nicht zu rechtfertigenden Ungleichbehandlungen** zwischen einzelnen Presseobjekten führen oder den **Marktzutritt neuer Presseobjekte unbillig behindern. Entsprechendes** gilt für einen Missbrauch der verlagswirtschaftlichen Zusammenarbeit zwischen Presseunternehmen. 58

Die Missbrauchsverfügung hat sich auf die Unwirksamkeitserklärung der entsprechenden Einzelregelung zu beschränken. Die Beschwerde gegen die Missbrauchsverfügung hat nach § 64 Abs. 1 Nr. 2 aufschiebende Wirkung. 59

12. Erfahrungsbericht (Abs. 4)

Das Bundesministerium für Wirtschaft und Energie soll den gesetzgebenden Körperschaften nach Ablauf von fünf Jahren nach Inkrafttreten der Regelung in den Abs. 2b und 3 S. 2 über die Erfahrungen mit der Vorschrift berichten. 60

13. EU-Recht

Das **Verbot vertikaler Preisbindungen in Art. 101 Abs. 1 AEUV** erfasst grds. auch Zeitungen und Zeitschriften. Allerdings kann wegen des geringen Übergrenzhandels von Zeitungen und Zeitschriften zweifelhaft sein, ob die deutsche Preisbindung geeignet ist, den **zwischenstaatlichen Handel** spürbar zu beeinträchtigen. Das ist jedenfalls dann nicht der Fall, wenn sich die Preisbindung ausschließlich im Inland auswirkt und den grenzüberschreitenden Handel mit den EU-Mitgliedstaaten nicht berührt. Das ist dann gewährleistet, wenn die gebundenen Unternehmen für den Vertrieb in das EU-Ausland nicht gebunden sind. Aber auch, wenn die Preisbindung gegen Art. 101 Abs. 1 AEUV verstößt, erfüllt jedenfalls die deutsche Pressepreisbindung die Freistellungsvoraussetzungen des Art. 101 Abs. 3 AEUV. Das hat die Kommission im Hinblick auf das belgische Pressevertriebssystem bejaht (vgl. XXIX. Wettbewerbsbericht 1999, 181; vgl. Alexander GRUR-Int 2010, 803; zum österreichischen Presse-Grosso Oberster Gerichtshof GRUR-Int 2010, 885). Die Voraussetzungen des Art. 101 Abs. 3 sind insbes. im Hinblick auf das im Pressevertrieb übliche **Remissionsrecht** erfüllt. Es führt dazu, dass der Verlag das Risiko des Nichtverkaufs der Presseerzeugnisse durch den Handel übernimmt; im Rahmen eines solchen Vertriebssystems ist es nach Auffassung der Kommission „wirtschaftlich zulässig, dass derjenige, der das Hauptrisiko trägt, auch den Verkaufspreis festlegt". Zu der europarechtlichen Beurteilung der in Abs. 2a geregelten Branchenvereinbarungen → Rn. 44 ff. 61

§ 31 Verträge der Wasserwirtschaft

(1) **Das Verbot wettbewerbsbeschränkender Vereinbarungen nach § 1 gilt nicht für Verträge von Unternehmen der öffentlichen Versorgung mit Wasser (Wasserversorgungsunternehmen) mit**
1. **anderen Wasserversorgungsunternehmen oder mit Gebietskörperschaften, soweit sich damit ein Vertragsbeteiligter verpflichtet, in einem bestimmten Gebiet eine öffentliche Wasserversorgung über feste Leitungswege zu unterlassen;**
2. **Gebietskörperschaften, soweit sich damit eine Gebietskörperschaft verpflichtet, die Verlegung und den Betrieb von Leitungen auf oder unter öffentlichen Wegen für eine bestehende oder beabsichtigte unmittelbare öffentliche Wasserversorgung von Letztverbrauchern im Gebiet der Gebietskörperschaft ausschließlich einem Versorgungsunternehmen zu gestatten;**
3. **Wasserversorgungsunternehmen der Verteilungsstufe, soweit sich damit ein Wasserversorgungsunternehmen der Verteilungsstufe verpflichtet, seine Abnehmer mit Wasser über feste Leitungswege nicht zu ungünstigeren Preisen oder Bedingungen zu versorgen, als sie das zuliefernde Wasserversorgungsunternehmen seinen vergleichbaren Abnehmern gewährt;**
4. **anderen Wasserversorgungsunternehmen, soweit sie zu dem Zweck abgeschlossen sind, bestimmte Versorgungsleistungen über feste Leitungswege einem oder mehreren Versorgungsunternehmen ausschließlich zur Durchführung der öffentlichen Versorgung zur Verfügung zu stellen.**

(2) **Verträge nach Absatz 1 sowie ihre Änderungen und Ergänzungen bedürfen der Schriftform.**

(3) **Durch Verträge nach Absatz 1 oder die Art ihrer Durchführung darf die durch die Freistellung von den Vorschriften dieses Gesetzes erlangte Stellung im Markt nicht missbraucht werden.**

(4) **Ein Missbrauch liegt insbesondere vor, wenn**
1. **das Marktverhalten eines Wasserversorgungsunternehmens den Grundsätzen zuwiderläuft, die für das Marktverhalten von Unternehmen bei wirksamem Wettbewerb bestimmend sind, oder**
2. **ein Wasserversorgungsunternehmen von seinen Abnehmern ungünstigere Preise oder Geschäftsbedingungen fordert als gleichartige Wasserversorgungsunternehmen, es sei denn, das Wasserversorgungsunternehmen weist nach, dass der Unterschied auf abweichenden Umständen beruht, die ihm nicht zurechenbar sind, oder**
3. **ein Wasserversorgungsunternehmen Entgelte fordert, die die Kosten in unangemessener Weise überschreiten; anzuerkennen sind die Kosten, die bei einer rationellen Betriebsführung anfallen.**

(5) **Ein Missbrauch liegt nicht vor, wenn ein Wasserversorgungsunternehmen sich insbesondere aus technischen oder hygienischen Gründen weigert, mit einem anderen Unternehmen Verträge über die Einspeisung von Wasser in sein Versorgungsnetz abzuschließen, und eine damit verbundene Entnahme (Durchleitung) verweigert.**

Übersicht

1. Gesetzgebungsgeschichte

a) Rechtslage bis zur 8. GWB-Novelle 2012/2013. Das GWB enthielt in seiner Ursprungsfassung eine **umfassende Bereichsausnahme** für Unternehmen der leitungsgebundenen Versorgung mit **Elektrizität, Gas und Wasser** (§ 103). § 103 Abs. 1 sah eine Freistellung der wettbewerbsbeschränkenden Demarkationsverträge, Konzessionsverträge, Höchstpreisbindungen und Verbundverträge vor vom Kartellverbot und den damals geltenden besonderen Vorschriften über Vertikalverträge. Zum Ausgleich für diese Freistellung unterlagen die Unternehmen einer besonderen Missbrauchsaufsicht (§ 103 Abs. 5). Die 4. GWB-Novelle 1980 hatte durch einen neuen § 103a eine zeitliche Begrenzung der Freistellung derartiger Verträge im Bereich der Elektrizität und Gas vorgesehen. Die Freistellungen und besonderen Regelungen für Elektrizität und Gas sind dann aber durch das Gesetz zur Neuregelung des Energiewirtschaftsrechts (BGBl. 1998 I 730) mit Wirkung vom 25.4.1998 aufgehoben worden. Für **Wasser** galten sie nach Art. 2 dieses Gesetzes fort. Diese Regelung ist in § 131 Abs. 8 idF der 6. GWB-Novelle 1998 aufgenommen worden und auch durch die 7. GWB-Novelle 2005 in § 131 Abs. 6 aF aufrechterhalten geblieben. Dieser § 131 Abs. 6 idF der 7. GWB-Novelle 2005 und die dadurch angeordnete **Fortgeltung des § 103 in der Ursprungsfassung für Wasser** hat erst in den letzten Jahren größere Bedeutung erlangt. Der BGH hat in seinem Grundsatzbeschluss vom 2.2.2010 (BGH WuW/E DE-R 2841 in Bestätigung der Vorinstanzen OLG Frankfurt a. M. WuW/E DE-R 2526 und LKB Hessen WuW/E DE-V 1487 – alle zur Wasserversorgung Wetzlar; zur bisherigen Praxis im Übrigen TB 2011/2012, 106 ff.) eine sehr strenge Auslegung der Missbrauchsvorschrift des § 103 Abs. 5 Nr. 2 aF auf Preise von Wasserversorgungsunternehmen gebilligt, insbes. eine weite Auslegung der „Gleichartigkeit" und – damit verbunden – eine umfassende Umkehr der Beweislast zulasten des betroffenen Unternehmens. Die Anwendung des § 103 aF war mit rechtstechnischen Schwierigkeiten behaftet, weil zugleich auch fortgalten die früheren Vorschriften, die auf die §§ 103, 103a und 105 1 verwiesen, sowie die Vorschrift, auf die diese Bestimmungen ihrerseits verwiesen. Im Übrigen ließ sich die Aufrechterhaltung als „Übergangsbestimmung" nicht mehr rechtfertigen, weil ein Alternativkonzept für eine andersartige „endgültige" Regelung des Wasserkartellrechts nicht erkennbar war.

2 **b) 8. GWB-Novelle 2012/2013.** Die 8. GWB-Novelle 2012/2013 hat die **Übergangsvorschrift des § 131 Abs. 6 aufgehoben** und ihren Inhalt in die neuen §§ 31, 31a und 31b überführt. Systematisch gehören diese neuen Bestimmungen zum 5. Abschnitt des 1. Teils des GWB „Sonderregeln für bestimmte Wirtschaftsbereiche". Allerdings ist die Reihenfolge der jetzigen Bestimmungen nicht sinnvoll. § 28 betrifft die Landwirtschaft, § 29 die besondere Missbrauchsaufsicht über Versorgungsunternehmen im Bereich der Elektrizität und des Gases, § 30 die Preisbindung für Presseerzeugnisse und den Pressevertrieb, und die §§ 31 ff. enthalten die Freistellungsnorm und die besondere Missbrauchsaufsicht über Wasserversorgungsunternehmen. Nach der Begr. z. RegE (BT-Drs. 17/9852, 25 zu Nr. 11) soll der **bisherige Rechtszustand materiell nicht geändert** werden. Der neue Gesetzestext berücksichtigt die notwendigen neuen Verweisungen und nimmt sprachliche Anpassungen vor. Auf Veranlassung des Wirtschaftsausschusses ist Abs. 4 – insoweit über die Wortlaute der früheren Regelungen hinausgehend – durch die Nr. 3 ergänzt worden (vgl. dazu Haellmigk/Pelka RdE 2013, 1). Im Vermittlungsverfahren wurde schließlich Abs. 5 angefügt.

2. Freistellungsvoraussetzungen (Abs. 1)

3 **a) Grundzüge.** Abs. 1 enthält die Freistellungsnorm für wettbewerbsbeschränkende Vereinbarungen im Bereich der Wasserwirtschaft. Abs. 1 definiert, welche wettbewerbsbeschränkenden Verträge im Bereich der Wasserwirtschaft vom Kartellverbot des § 1 freigestellt sind. In der **Theorie** liegt das Schwergewicht der Sonderregelungen in diesen Freistellungsvorschriften. In der **Praxis** kommt ihnen aus verschiedenen Gründen keine größere Bedeutung zu. Insbesondere ist das Missbrauchsverbot des Abs. 3 nicht davon abhängig, dass von der Freistellung des Abs. 1 tatsächlich Gebrauch gemacht wird, obwohl der Missbrauch in Abs. 3 gerade als Missbrauch dieser Freistellung charakterisiert wird. Aus § 31b Abs. 5 (→ § 31b Rn. 8) ergibt sich, dass die Missbrauchsvorschrift des Abs. 3 mit der Konkretisierung in Abs. 4 unabhängig von der Freistellung dann gilt, wenn das Wasserversorgungsunternehmen marktbeherrschend ist. Soweit Abs. 1 Verträge zwischen Wasserversorgungsunternehmen und Gebietskörperschaften erfasst (Nr. 1 und Nr. 2), liegt ein Verstoß gegen § 1, von dem freigestellt wird, nur vor, wenn das Wasserversorgungsunternehmen nicht zum Konzern der Gebietskörperschaft gehört, also nicht, wie das häufig der Fall ist, ein kommunales Wasserversorgungsunternehmen ist, an dem die Gebietskörperschaft eine Mehrheitsbeteiligung hält (zur Anwendbarkeit des § 1 auf konzerninterne Vereinbarungen → § 1 Rn. 29 f.).

4 **b) Wasserversorgungsunternehmen.** Abs. 1 setzt die Beteiligung eines „Wasserversorgungsunternehmens" voraus. Dieses ist im Gesetz definiert als „Unternehmen der öffentlichen Versorgung mit Wasser". Eine **„öffentliche" Versorgung** liegt nicht vor, wenn Wasser nur für die Eigenverwendung produziert und nicht an Dritte geliefert wird. Das wurde bezogen auf Strom und Gas für den entsprechenden Begriff in § 103 Abs. 1 aF aus § 2 Abs. 2 S. 1 Energiegesetz von 1935 abgeleitet, wonach der Begriff der öffentlichen Versorgung nur der Aussonderung der Eigenversorgung diente. Jedenfalls bezogen auf Wasser liegt eine „öffentliche" Versorgung nur vor, wenn ein Rechtsträger **Wasser an eine Vielzahl anderer Rechtsträger in einem bestimmten Gebiet über ein festes Leitungsnetz liefert,** nicht dagegen, wenn nur an einen anderen oder wenige andere geliefert wird, ohne für ein bestimmtes Gebiet allgemein mit der Wasserversorgung betraut zu sein (vgl. dazu FK-Kar-

tellR/Brand, Stand Mai 2009, § 131 Rn. 23; vgl. zu einer solchen Konstellation auch OLG Frankfurt a. M. WuW/E DE-R 3238 (3240) – Wasserversorgung O1). Das wird bestätigt durch den Begriff der „öffentlichen Wasserversorgung" in **§ 50 Abs. 1 Wasserhaushaltsgesetz,** der ausdrücklich als eine „der Allgemeinheit dienende Wasserversorgung" definiert ist. Eine „öffentliche" Versorgung liegt insbes. dann nicht vor, wenn ein Wasserproduzent, ohne selbst eine gebietsbezogene Wasserversorgung zu betreiben, Unternehmen beliefert, die ihrerseits in einem Gebiet eine Vielzahl von Abnehmern beliefern. Das gilt auch dann, wenn in einer Gemeinde ein gemeindlicher Eigenbetrieb das von ihm produzierte Wasser an einen anderen liefert, der das Wasser auf öffentlich-rechtlicher Grundlage vertreibt und dafür öffentlich-rechtliche Gebühren vereinnahmt. Dann betreibt der Vorlieferant keine öffentliche Wasserversorgung. Das gegenüber Endverbrauchern auf öffentlich-rechtlicher Grundlage tätige Wasserversorgungsunternehmen mag zwar als solches gegenüber der Kartellbehörde nach § 59 auskunftspflichtig sein (dazu BGH WuW/E DE-R 3497 (3499) = NJW 2012, 1150 (1151 f.) – Niederbarnimer Wasserverband; BGH BeckRS 2012, 15864 Rn. 1 – Nichtzulassungsbeschwerde; OLG Brandenburg WuW/E DE-R 3717 (3719 f.); aA OLG Düsseldorf WuW/E DE-R 3170), unterliegt aber wegen der öffentlich-rechtlichen Ausgestaltung seiner Tätigkeit nicht dem Missbrauchsverbot des § 31 (→ Rn. 31).

c) „Verträge". Freigestellt sind nach dem Wortlaut der Nr. 1 nur „Verträge". 5
Auf sie soll das „Verbot wettbewerbsbeschränkender Vereinbarungen" nach § 1 nicht anwendbar sein. Dieses Verbot betrifft nach § 1 nicht nur **Vereinbarungen,** sondern auch **„Beschlüsse"** und „aufeinander abgestimmte Verhaltensweisen". Die Freistellung kann sich dennoch auf keinen Fall auf **abgestimmte Verhaltensweisen** beziehen. Das ergibt sich aus der Formvorschrift des Abs. 2; abgestimmte Verhaltensweisen sind der Schriftform nicht zugänglich. Erfasst sind aber auch „Beschlüsse", die aber, soweit überhaupt relevant, auch in den denkbaren Anwendungsfällen als „Verträge" gedeutet werden können. Das wird bestätigt durch deren ausdrückliche Erwähnung in § 31b Abs. 1 Nr. 2 (→ § 31b Rn. 7).

d) Gebietsschutz- oder Demarkationsverträge (Nr. 1). Nr. 1 betrifft Ver- 6
träge zwischen Wasserversorgungsunternehmen untereinander oder zwischen Wasserversorgungsunternehmen und Gebietskörperschaften. Das Gesetz erwähnt die Verpflichtung, in einem bestimmten Gebiet „eine öffentliche Wasserversorgung über feste Leitungswege zu unterlassen". Das ist die Kehrseite des meist in den Verträgen geregelten Rechts eines Wasserversorgungsunternehmens zur **ausschließlichen Versorgung eines bestimmten Gebietes.** Nr. 1 findet angesichts seines weiten Wortlautes nicht nur Anwendung auf Demarkationsvereinbarungen, die gebietlich die Wasservollversorgung durch verschiedene Unternehmen abgrenzen, sondern auch auf differenziertere Formen der Marktaufteilung, zB durch **Grenzmengenabkommen,** durch das sich Wasserversorgungsunternehmen gegenüber sie beliefernden Unternehmen verpflichten, die Belieferung von Sonderabnehmern von einer bestimmten Bezugsmenge zugunsten des Lieferunternehmens zu unterlassen (dazu BGH WuW/E 1405 – Grenzmengenabkommen). Insoweit stellt sich die Frage, ob derartige Vereinbarungen, die noch mit dem Wortlaut der Nr. 1 vereinbar sind, einer besonderen Rechtfertigung dahingehend bedürfen, dass sie zur Gewährleistung der Voraussetzungen für eine preiswürdige und sichere Wasserversorgung zwischen den Parteien erforderlich sind (vgl. dazu BKartA TB 1981/82, 86). Da die Kartellbehörde nach Abs. 4 Nr. 1 unter den dort gegebenen Voraussetzungen eine entsprechende Demarkationsvereinbarung als missbräuchlich beanstanden kann, besteht kein Bedürfnis, derartige Vereinbarungen von vornherein aus der potenziellen Anwendung der Nr. 1 auszuschließen. Deswegen sind auch **beschränkte Demarkationen von Nr. 1 erfasst.** Die Demarkation kann kundenbezogen sein, wenn die Vertragspartner die Belieferung bestimmter Kunden regeln. Sie kann kapazitäts-

bezogen sein, wenn sich ein Vertragspartner zB verpflichtet, bestehende Kapazitäten nicht zu erweitern.

7 Die Freistellung in Nr. 1 hat praktische Bedeutung für **alle Horizontal- und Vertikalverträge,** die gegen § 1 verstoßen, allerdings sachlich begrenzt auf die Verpflichtung, in einem bestimmten Gebiet eine öffentliche Versorgung zu unterlassen. Nicht freigestellt sind Vereinbarungen, die sich nicht auf die öffentliche Versorgung beziehen, sondern sich auf die Eigenversorgung beschränken (BKartA TB 1981/82, 86). Preisabsprachen und Preisbindungen sind nicht freigestellt; sie gehören zum Regelungsbereich der Nr. 3.

8 **e) Konzessionsverträge (Nr. 2).** Nr. 2 erfasst **Verträge zwischen Gebietskörperschaften und Wasserversorgungsunternehmen,** durch die bestimmten Wasserversorgungsunternehmen ausschließlich die Verlegung und der Betrieb von Leitungen auf oder unter öffentlichen Wegen gestattet wird (Konzessionsverträge). Diese sind zivilrechtlicher Natur (OLG Schleswig WuW/E DE-R 3746 (3761) – Gemeindliche Konzessionsvergabe) und unterliegen damit auch dem GWB. Die ausschließliche Überlassung öffentlicher Verkehrsflächen muss der öffentlichen Wasserversorgung dienen. In der Praxis wird häufig nicht beachtet, dass Nr. 2 nicht eingreift, wenn eine Gemeinde eine entsprechende Vereinbarung mit einem von ihm abhängigen Wasserversorger trifft; dann liegt ein nicht gegen § 1 und deswegen nicht freistellungsbedürftiger konzerninterner Vertrag vor. Die Freistellungen nach Nr. 1 und 2 hängen nicht davon ab, ob ein **Anschluss- und Benutzungszwang** für die Wasserversorgung besteht, der auch bei privatrechtlicher Wasserversorgung möglich ist (BVerwGE 123, 159; vgl. dazu auch OLG Düsseldorf WuW/E DE-R 3170 – Wasserversorger).

9 **f) Höchstpreisbindung (Nr. 3).** Nr. 3 privilegiert Höchstpreisbindungen zwischen Wasserversorgungsunternehmen, wenn das eine ein anderes – weiterverteilendes – Wasserversorgungsunternehmen beliefert. Erfasst ist aber nur der Fall, dass **auch das liefernde Wasserversorgungsunternehmen eine öffentliche Wasserversorgung** in dem Sinne betreibt, dass eine Mehrzahl anderer Abnehmer beliefert (→ Rn. 4). Das belieferte Unternehmen der Verteilungsstufe darf sich verpflichten, seine Abnehmer mit Wasser über feste Leitungswege nicht zu ungünstigeren Preisen oder Bedingungen zu beliefern, als sie das zuliefernde Wasserversorgungsunternehmen seinen vergleichbaren Abnehmern gewährt. Dem belieferten Wasserversorgungsunternehmen muss die Freiheit gelassen werden, seine Abnehmer günstiger als das beliefernde Wasserversorgungsunternehmen zu beliefern. Dies ist bei einer sog. Gleichpreisigkeitsklausel nicht der Fall, die das belieferte Wasserversorgungsunternehmen zur Gewährung gleicher Preise und Bedingungen verpflichtet: Hier wird die Belieferung zu günstigeren Bedingungen verboten.

10 **g) Verbundverträge (Nr. 4).** Nr. 4 regelt Verbundverträge zwischen Wasserversorgungsunternehmen, durch die die öffentliche leitungsgebundene Versorgung entweder einem oder mehreren gemeinsam übertragen wird.

11 **h) Schriftform.** Abs. 2 spricht davon, dass die freigestellten Verträge sowie ihre Änderungen und Ergänzungen der „Schriftform" bedürfen. Nach der Begr. z. RegE (BT-Drs. 17/9852, zu Nr. 11 zu § 31) soll damit „das in § 105 GWB enthaltene Schriftformerfordernis" übernommen werden. § 105 aF verwies auf **§ 34 in der bis zur 6. GWB-Novelle 1998 geltenden Fassung,** der die Schriftform-Vorschrift des § 126 BGB einerseits einschränkte, andererseits aber nach seinem Wortlaut und in der Auslegung, die er durch die frühere Rspr. erfuhr, deutlich ausweitete. Angesichts der Tatsache, dass § 34 zwar indirekt in der RegBegr. erwähnt ist, aber nicht in den Gesetzeswortlaut aufgenommen wurde, stellt sich die Frage, ob das des Abs. 2 anders zu verstehen ist als das nach § 126 BGB. Der Gesetzeswortlaut des § 34 aF sah vor, dass nur § 126 Abs. 1 BGB Anwendung finden sollte, nicht aber § 126

Abs. 2 BGB, sodass nicht erforderlich war, dass die Unterzeichnung der Parteien auf derselben Urkunde erfolgen muss. In der Auslegung der Rspr. war die **Schriftform des § 34 aF,** insoweit klar über § 126 BGB hinausgehend, nur gewahrt, wenn der **gesamte Vertrag einschließlich aller Nebenabreden,** nicht nur etwa die einzelnen wettbewerbsbeschränkenden Abreden, schriftlich niedergelegt war; es konnte wirksam mündlich nicht mehr und nichts anderes vereinbart werden, als schriftlich niedergelegt. Bei untrennbarem wirtschaftlichen Zusammenhang zwischen mehreren Verträgen mussten alle in den schriftlichen Vertragstext einbezogen sein, unabhängig davon, ob sie kartellrechtlich relevant waren. Begründet wurde dies damit, dass die Kartellbehörden und Gerichte bei der kartellrechtlichen Prüfung der freigestellten Verträge sicher sein konnten, dass ihnen alles vorliegt, was zwischen den Parteien vereinbart ist (→ 1. Aufl. 1993, § 34 Rn. 2). Demgegenüber verlangt **§ 126 BGB** nur, dass die Schriftform zwar für das gesamte Rechtsgeschäft eingehalten wird, aber doch begrenzt auf alle dazu gehörigen **Essentialia** und **wesentlichen Vertragsbestimmungen** (aus der Rspr. u.a. BGH NJW 1999, 2592; BGHZ 71, 38 f.).

UE ergibt sich durch Abs. 2 folgende Rechtslage: Angesichts der für alle Gesetze geltenden Definitionen eines Schriftformerfordernisses in § 126 BGB ist § 31 Abs. 2 so zu verstehen, dass damit **allein auf § 126 BGB Bezug genommen** wird. Es gilt nicht mehr und nicht weniger als das, was nach § 126 Abs. 1–4 BGB für die Wahrung der Schriftform erforderlich ist. Allerdings kann das nicht bedeuten, dass die Verträge, die aufgrund der bis zum 31.12.2012 fortgeltenden §§ 103 und 105 aF der bis dahin geltenden Schriftform genügten, nicht mehr wirksam sind, weil sie zB nicht auf ein und derselben Urkunde abgefasst sind. Es gilt also insoweit ein **Bestandsschutz für alle bis zum 31.12.2012 geschlossenen Verträge, die der alten Schriftform genügten.** Verträge, die ab dem 1.1.2013 abgeschlossen, geändert oder ergänzt werden, bedürfen allerdings der Schriftform des § 126 BGB, müssen also insbes. auf derselben Urkunde unterzeichnet sein. 12

Die Verträge bedürfen außerdem zu ihrer Wirksamkeit der vollständigen **Anmeldung bei der Kartellbehörde** (§ 31a Abs. 1, → § 31a Rn. 1). 13

3. Missbrauch der Freistellung (Abs. 3, 4)

a) Grundzüge. Abs. 3 enthält ein allgemeines Missbrauchsverbot, bezogen auf die „durch die Freistellung von den Vorschriften dieses Gesetzes erlangte Stellung im Markt", also bezogen auf die Freistellung durch Abs. 1. Abs. 4 konkretisiert den Missbrauchsbegriff durch drei Fallgruppen, von denen die Nr. 2 von großer praktischer Bedeutung ist. Anders als der Wortlaut (auch im Unterschied zu § 103 Abs. 5 aF) nahelegt, gilt das Missbrauchsverbot der Abs. 3 und 4 **nicht von Gesetzes wegen,** sondern erst nach seiner Konkretisierung durch eine Verfügung nach § 31b Abs. 3. Das wird auch dadurch bestätigt, dass das Missbrauchsverbot des § 31 Abs. 3 und 4 nicht als Ordnungswidrigkeitentatbestand nach § 81 Abs. 2 Nr. 1 ausgestaltet ist; vielmehr handelt nach § 81 Abs. 2 Nr. 2 lit. a nur derjenige ordnungswidrig, der einer **vollziehbaren Anordnung nach § 31b Abs. 3** zuwider handelt. Die Beschwerde gegen die Missbrauchsverfügung der Kartellbehörde hat von Gesetzes wegen nach § 64 Abs. 1 Nr. 2 aufschiebende Wirkung; auch diese Integration des § 31b Abs. 3 in § 64 Abs. 1 Nr. 2 bestätigt, dass es sich um eine konstitutive Verfügung handelt, die das Verbot begründet und nicht etwa nur ein sowieso geltendes gesetzliches Verbot konkretisiert. Angesichts der Weite des Missbrauchsbegriffs und der Schwierigkeiten, im Einzelfall insbes. die Voraussetzungen des Abs. 4 Nr. 2 festzustellen, ist diese gesetzgeberische Konzeption berechtigt; es wäre allerdings konsequenter gewesen, ebenso wie in § 103 Abs. 5 aF die Missbrauchsnorm nicht als Verbotsnorm, sondern auch im Wortlaut als **bloße Ermächtigungsnorm** an die Kartellbehörde auszugestalten. All dies gilt 14 nicht für den Missbrauch nach § 19, der nach § 31b Abs. 6 „unberührt" bleibt. Der Missbrauch der marktbeherrschenden Stellung eines Wasserversorgungsunternehmens ist unter den dafür geltenden Voraussetzungen von Gesetzes wegen verboten, ohne dass es einer Verfügung der Kartellbehörde bedarf.

15 **b) Generalklausel (Abs. 3).** Abs. 3 führt den Wortlaut des § 103 Abs. 5 Nr. 1 aF fort. Dieser hatte im Obersatz noch hinzugefügt, dass die Kartellbehörde bei der Anwendung des Missbrauchstatbestandes „Sinn und Zweck der Freistellung, insbes. der **Zielsetzung einer möglichst sicheren und preiswürdigen Versorgung**" berücksichtigen müsse. Der Gesetzgeber hat dieses Tatbestandsmerkmal nicht übernommen, dem nach der früheren Rspr. sowieso nur Bedeutung für die Elektrizitätsversorgung zukam (vgl. dazu BGH WuW/E 655 (656 f.) – Zeitgleiche Summenmessung; 1221 (1223) – Stromtarif). Das Ziel der sicheren und preiswürdigen Versorgung ist die Grundlage der Freistellung durch Abs. 1 und bedarf deswegen nicht der ausdrücklichen Wiederholung. Die gesetzliche Formulierung der Freistellung „von den Vorschriften dieses Gesetzes" beruht auf § 103 Abs. 5 Nr. 1 aF, der auf § 103 Abs. 1 Bezug nahm, wo eine Freistellung nicht nur von § 1, sondern auch von den §§ 15, 18 aF vorgesehen war. Der Sache nach geht es im geltenden Recht von der **Freistellung nur vom Kartellverbot des § 1,** nicht auch von anderen Vorschriften des Gesetzes. Auch ansonsten kommt dem Tatbestandsmerkmal des Missbrauchs der Freistellung keine spezifische Bedeutung zu. Insbesondere ist nicht erforderlich, dass das potenziell missbräuchliche Verhalten kausal mit der Freistellung verbunden ist. Der Gesetzgeber geht davon aus, dass Wasserversorgungsunternehmen, die aufgrund der Freistellung keinem Wettbewerb unterliegen, einer „erhöhten Missbrauchsgefahr" ausgesetzt sind. Das entspreche der Situation, in der das Versorgungsunternehmen der wirksamen Kontrolle durch den Wettbewerb nicht als Folge von Konzessions- oder Demarkationsverträgen entzogen ist, sondern deswegen, weil ihm die Besonderheiten der leitungsgebundenen Versorgung auch ohne Ausnutzung der Freistellung eine marktbeherrschende Stellung ermöglicht haben (BGH WuW/E DE-R 2841 (2843) – Wasserpreise Wetzlar; vgl. auch BGHZ 128, 17 (29 f.) = WuW/E 2953 – Gasdurchleitungen). In der Wasserwirtschaft verfügt das Wasserversorgungsunternehmen in aller Regel unabhängig davon, ob es von der Freistellungsmöglichkeit nach Abs. 1 Gebrauch macht, über ein **„natürliches Monopol".** Wenn wegen Nichtinanspruchnahme der Freistellung kein „Freistellungsmissbrauch" vorliegt, kommt jedenfalls ein „Marktmachtmissbrauch" in Betracht, auf den über § 31b Abs. 5 § 31 Abs. 3 und 4 auch anwendbar ist (auch dazu BGH WuW/E DE-R 2841 (2843) – Wasserpreise Wetzlar).

16 Die Generalklausel des Abs. 3 wird in Abs. 4 durch drei Beispielsfälle („insbesondere") konkretisiert. Abs. 4 Nr. 1 entspricht § 102 Abs. 5 S. 2 Nr. 1 aF und Abs. 4 Nr. 2 der Nr. 2 aF. Gegenüber § 103 aF neu ist Abs. 3. Nicht übernommen wurde § 103 Abs. 4 S. 2 Nr. 3 und Nr. 4, weil diese Missbrauchsfälle auf Strom und Gas beschränkt waren. Abs. 5, der im Vermittlungsverfahren eingefügt wurde, schließt die Anwendung des Abs. 3 auf Fälle der Durchleitungsverweigerung unter Voraussetzungen, die immer vorliegen werden, ausdrücklich aus (→ Rn. 32).

17 **c) Allgemeiner Ausbeutungsmissbrauch (Abs. 4 Nr. 1).** Abs. 4 Nr. 1 enthält die Definition des Missbrauchs in Alternative des **Ausbeutungsmissbrauchs,** der sich aber nicht nur auf das Preisverhalten (wie Nr. 2), sondern allgemein auf das „Marktverhalten" des Wasserversorgungsunternehmens bezieht. Er entspricht insoweit § 19 Abs. 2 Nr. 2, obwohl die Formulierung abweicht. Maßstab für das Verhalten eines Versorgungsunternehmens sollen die **„Grundsätze"** sein, „die für das Marktverhalten von Unternehmen bei **wirksamem Wettbewerb** bestimmend sind". Ein Marktverhalten, das bei wirksamem Wettbewerb nicht möglich wäre, ist missbräuchlich. Für die Konkretisierung dieses Maßstabs des „Als-ob-Wettbewerbs" kommt räumlichen und sachlichen Vergleichsmärkten eine besondere Bedeutung

zu. In der Praxis hat die Nr. 1 bzw. die Vorgängernorm des § 103 Abs. 5 S. 2 Nr. 1 aF keine Bedeutung erlangt. Das hätte sich ändern können, nachdem der BGH, wenn auch auf der Grundlage des § 19, ausdrücklich auch eine **Kostenkontrolle** bzw. „Überprüfung der Preisbildungsfaktoren" als Methode anerkannt hat, um die Missbräuchlichkeit eines Wasserpreises festzustellen (BGH NZKart 2013, 34 (35) = WuW/E DE-R 3632 (3635 f.) – Wasserpreise Calw). Diese Methode, die im Rahmen der Nr. 1 hätte angewendet werden können, ist durch die Einfügung der Nr. 3 dort platziert (→ Rn. 25 ff.).

d) Ausbeutungsmissbrauch aufgrund des Vergleichs mit anderen Wasserversorgern (Abs. 4 Nr. 2). In der Praxis kommt dem besonderen Missbrauchstatbestand der Nr. 2 besondere Bedeutung zu. Er ist einerseits **materiell** dadurch gekennzeichnet, dass es allein darauf ankommt, ob das betroffene Wasserversorgungsunternehmen „**ungünstigere Preise** oder Geschäftsbedingungen" fordert als gleichartige Wasserversorgungsunternehmen, anderseits **verfahrensrechtlich** dadurch, dass eine **weitgehende Verschiebung der Darlegungs- und Beweislast** zulasten des betroffenen Unternehmens erfolgt. Auf dieser Grundlage hat die Landeskartellbehörde Hessen das grundlegende Präzedenzverfahren gegen das Wasserversorgungsunternehmen in Wetzlar geführt, das durch die BGH-Entscheidung vom 2.2.2010 (BGH WuW/E DE-R 2841 – Wasserpreise Wetzlar) abgeschlossen wurde; auch der Beschluss des BKartA gegen die Berliner Wasserbetriebe vom 4.6.2012 (B 8–40/10) gründet auf der Vorgängernorm des Abs. 4 Nr. 2. 18

Voraussetzung ist, dass das Wasserversorgungsunternehmen ungünstigere Preise oder Geschäftsbedingungen fordert „als gleichartige Wasserversorgungsunternehmen". Nach dem Wortlaut des Gesetzes ist an sich ein Preisvergleich mit mehreren Unternehmen erforderlich. Die Rspr. zu dem insoweit gleich liegenden § 19 Abs. 2 Nr. 2 lässt indes den **Vergleich auch mit einem Unternehmen** ausreichen (so schon BGH WuW/E 1445 (1452) – Valium; 2309 (2311) – Glockenheide; → § 19 Rn. 57). Steht nur ein Unternehmen zur Verfügung, bedarf allerdings die Vergleichbarkeit besonders genauer Prüfung. Da die Preise eines einzigen Vergleichsunternehmens nur eine schmale Vergleichsbasis bilden, muss die Vergleichsfähigkeit dieser Preise ausreichend sicher sein. Demzufolge dürfen zB keine zu starken Unterschiede bei den Marktstrukturen bestehen; außerdem muss gewährleistet sein, dass die Vergleichspreise nicht durch individuelle Besonderheiten niedrig gehalten werden konnten (BGH WuW/E 2309 (2311) – Glockenheide). All das neutralisiert sich, wenn die Kartellbehörde sich nicht nur auf ein, sondern auf mehrere Vergleichsunternehmen beruft. 19

Das Merkmal der **„Gleichartigkeit"** wird in der Rspr. außerordentlich **weit ausgelegt.** Die Auslegung ist beeinflusst worden durch das frühere Tatbestandsmerkmal in § 20 Abs. 1 aF, das für die unbillige Behinderung und die Diskriminierung auf einen Geschäftsverkehr abstellte, der „gleichartigen Unternehmen üblicherweise zugänglich ist" (→ § 19 Rn. 6). Dieses Tatbestandsmerkmal wurde insgesamt weit ausgelegt, wobei sich aber die Auslegung des Begriffs des „gleichartigen" Unternehmens nicht von dem ebenfalls weit auszulegenden „Geschäftsverkehr" trennen ließ. Dennoch ist davon auszugehen, dass das Tatbestandsmerkmal der Gleichartigkeit nur die Funktion hat, „eine grobe Sichtung" unter den als Vergleichsunternehmen in Betracht kommenden Versorgungsunternehmen zu ermöglichen (BGH WuW/E DE-R 2841 (2845) – Wasserpreise Wetzlar in Anschluss an BGHZ 129, 37 (46 f.) = WuW/E 2967 – Strompreis Schwäbisch Hall). Gleichartigkeit liegt hiernach nur dann **nicht** vor, wenn sich die Unternehmen **„schon auf erste Sicht signifikant" unterscheiden.** Sie liegt vor, wenn zwischen den zu vergleichenden Unternehmen „hinsichtlich der wirtschaftlichen Rahmenbedingungen keine wesentlichen Unterschiede bestehen, die aus der Sicht der Abnehmer gemäß der Zielsetzung einer möglichst sicheren und preiswürdigen 20

Versorgung mit Trinkwasser von vornherein eine deutlich unterschiedliche Beurteilung der Preisgestaltung rechtfertigt". Eine umfassende Feststellung aller maßgeblichen Strukturdaten ist nicht erforderlich. Anders als bei der Strom- und Gasversorgung, für die die Rspr. zunächst die Auslegungsmaßstäbe für die „Gleichartigkeit" entwickelt hatte (insbes. BGH WuW/E 2967 – Strompreis Schwäbisch Hall), hat im Bereich der Wasserversorgung die **Vertriebssituation** eine größere Bedeutung, weil die Vertriebskosten in der Wasserversorgung einen höheren Anteil an den Gesamtkosten ausmachen als in der Strom- und Gasversorgung (BGH WuW/E 2841 (2845) – Wasserpreise Wetzlar).

21 Die Rspr. ist geprägt von dem Bestreben, Abs. 4 Nr. 2 im Sinne einer **verschärften Missbrauchsaufsicht** durch die Umkehr der Beweislast auszulegen; nach ihrer Auffassung würde dieses Ziel verfehlt, wenn an die Gleichartigkeit zu hohe Anforderungen gestellt würden. Deswegen reicht es nach Auffassung des BGH aus, wesentliche Kennwerte der Kostenstrukturen zur Grundlage der Auswahl der zu vergleichenden Unternehmen zu machen, nämlich bezogen auf **Versorgungsdichte, Abnehmerdichte,** die Anzahl der versorgten Einwohner, die nutzbare Wasserabgabe, die **Abgabestruktur** und die Gesamterträge der Wassersparte. Insbesondere dann, wenn die Vergleichsunternehmen bei einer Mehrzahl dieser Kennwerte ungünstigere Werte ausweisen, ist die Bejahung der Gleichartigkeit nicht zu beanstanden. Der BGH lehnt es auch ausdrücklich ab, dass die in der Wasserwirtschaft besonders bedeutungsvollen topografischen und geologischen Verhältnisse schon bei der Gleichartigkeit berücksichtigt werden (BGH WuW/E 2841 (2846) – Wasserpreise Wetzlar). All dies geschieht im Hinblick darauf, dass dem betroffenen Wasserversorgungsunternehmen die Beweislast dafür auferlegt wird, dass ihm die sich daraus ergebenden Unterschiede für seinen Wasserpreis nicht zurechenbar sind (→ Rn. 23).

22 Nach der Rspr. des BGH ist es möglich, die Prüfung, ob **Preise** des betroffenen Wasserversorgungsunternehmens „ungünstiger" sind als die der Vergleichsunternehmen, auf Preise zu beschränken, ohne zugleich auch die (sonstigen) Geschäftsbedingungen zu berücksichtigen. Diese nur auf den Wortlaut („oder") gestützte Interpretation (vgl. BGH WuW/E 2967 (2973) – Strompreis Schwäbisch Hall) erscheint nicht sinnvoll. Bei einem Preisvergleich sind jedenfalls die **preisrelevanten Geschäftsbedingungen** zu berücksichtigen; umgekehrt ist auch bei einem Geschäftsbedingungs-Vergleich zu berücksichtigen, ob die Unterschiede der Geschäftsbedingungen durch Preisunterschiede ausgeglichen werden. Das hat Bedeutung insbes. für die Baukostenzuschüsse. Ein Wasserversorgungsunternehmen, das für die Herstellung von Hausanschlussleitungen in größerem Umfang Baukostenzuschüsse verlangt, wendet im Saldo höhere Preise an als ein Unternehmen, das bei nominal gleichen Preisen keine oder geringere Baukostenzuschüsse berechnet (aA BGH WuW/E 2841 (2847) – Wasserpreise Wetzlar).

23 Die wesentliche Verschärfung der Preismissbrauchsaufsicht nach Nr. 2 im Vergleich zu dem allgemeinen Ausbeutungsmissbrauch eines marktbeherrschenden Unternehmens nach § 19 Abs. 2 Nr. 2 ergibt sich aus der **Kombination der weiten Tatbestandsvoraussetzungen mit der Beweislastumkehr** in Hs. 2. Das Wasserversorgungsunternehmen muss nachweisen, dass der Unterschied in den Preisen oder Geschäftsbedingungen auf „**abweichenden Umständen** beruht, die ihm **nicht zurechenbar** sind". Das ist der Fall, wenn die Umstände auch vom Wettbewerber in der gleichen Weise berücksichtigt werden müssten. Zugunsten des betroffenen Unternehmens können alle objektiven Strukturmerkmale berücksichtigt werden, die „unabhängig von dem jeweiligen Betreiber bestehen und die sich daher auch bei wirksamem Wettbewerb Preis erhöhend auswirken" würden (BGH WuW/E 2309 (2312) – Glockenheide). Preisunterschiede, die jedes Unternehmen seiner Kalkulation zugrunde legen müsste, zB solche, die auf ungünstigeren strukturellen Gegebenheiten des Versorgungsgebiets beruhen, sind hinzunehmen. Individuelle,

allein auf eine unternehmerische Entschließung oder auf die Struktur des betroffenen Versorgungsunternehmens (nicht -gebiets) zurückgehende Umstände müssen hingegen außer Betracht bleiben (BGH WuW/E 2841 (2847) – Wasserpreise Wetzlar). Das betroffene Unternehmen muss die **kostenmäßigen Auswirkungen seiner besonderen Strukturmerkmale** sowie deren Unvermeidbarkeit durch eine rationelle Betriebsführung (BGH WuW/E 2841 Rn. 59, 62 jeweils aE – Wasserpreise Wetzlar) dartun und belegen. Sie sind durch Zu- und Abschläge bei den Vergleichspreisen zu berücksichtigen. Das gilt zB für die Unterschiede in den Wasserbeschaffungskosten oder in der Versorgungsdichte (gemessen anhand des Metermengenwerts), nicht aber zB für Unterschiede bei den Eigen- und Fremdkapitalkosten. Im Fall Wasserpreise Wetzlar hat der BGH es ausdrücklich abgelehnt, die (gegenüber den Vergleichsunternehmen) erhöhte Erneuerungs- und Instandhaltungsbedürftigkeit des Netzes zu berücksichtigen. Sie beruhe ggf. auf allein dem Unternehmen in der Vergangenheit zuzurechnenden individuellen Investitionspolitik. Gegebenenfalls müsste das Unternehmen nachweisen, dass es auch in langer Vergangenheit stets alle erforderlichen Investitionsvorhaben durchgeführt habe (BGH WuW/E 2841 (2849 f.) – Wasserpreise Wetzlar). Bei diesen Vergleichen sind nicht nur die strukturellen Besonderheiten des betroffenen Unternehmens, sondern auch der Vergleichsunternehmen zu berücksichtigen. Durch Zuschläge sind auch individuelle Besonderheiten bei Vergleichsunternehmen auszugleichen, zB wenn die Wasserpreise des Vergleichsunternehmens aus politischen Gründen unabhängig von den höheren Kosten niedrig gehalten werden (BGH WuW/E 2841 (2851) – Wasserpreise Wetzlar).

Die hiernach festgestellten strukturellen Unterschiede der Kosten des betroffenen 24 und der Vergleichsunternehmen sind durch **Zu- und Abschläge** auszugleichen. Dabei ist im Hinblick auf mit derartigen Berechnungen notwendigerweise verbundenen Unsicherheiten auch ein **Sicherheitszuschlag** anzusetzen (dazu BGH WuW/E DE-R 1513 (1517) – Stadtwerke Mainz). UE ist außerdem ein **Erheblichkeitszuschlag** vorzunehmen. Er ist im Rahmen des § 19 anerkannt, und zwar im Hinblick darauf, dass der Missbrauch einer marktbeherrschenden Stellung mit einem Unwerturteil verbunden ist, das nur bei einem größeren Abstand zwischen dem errechneten „richtigen" Preis und dem tatsächlich geforderten Preis in Betracht kommt (dazu insbes. BGH WuW/E DE-R 1513 (1519) – Stadtwerke Mainz; vgl. auch BGH NZKart 2013, 34 (36) = WuW/E DE-R 3632 (3637) – Wasserpreise Calw; zum Erheblichkeitszuschlag → § 29 Rn. 18). Für § 103 Abs. 5 S. 2 Nr. 2 aF hat der BGH (BGH WuW/E 2967 (2974) – Strompreis Schwäbisch Hall) einen solchen Erheblichkeitszuschlag ausdrücklich abgelehnt, und zwar im Hinblick auf die besonderen Ziele der verschärften Missbrauchsaufsicht über Energieversorgungsunternehmen im Rahmen der Freistellung. Das ändert aber nichts daran, dass der Gesetzgeber den Begriff des „Missbrauchs" verwendet, der notwendigerweise mit einem Unwerturteil verbunden ist, das ebenso wie bei § 19 nur bei einer erheblichen Überschreitung gerechtfertigt ist. Jedenfalls dann, wenn § 31 unabhängig von der Freistellung nach § 31b Abs. 5 aufgrund der Marktbeherrschung angewendet wird (wie im Regelfall), gibt es keinen Grund, ihn insoweit noch strenger anzuwenden als in der Missbrauchsaufsicht nach § 19 und insbes. § 29 (→ § 29 Rn. 18).

e) Ausbeutungsmissbrauch aufgrund einer Kostenkontrolle (Abs. 4 Nr. 3). Auf Antrag des Wirtschaftsausschusses ist in Abweichung vom Regierungsentwurf der 8. GWB-Novelle 2012/2013 der Katalog der speziellen Missbrauchstatbestände in Abs. 4 um die Nr. 3 ergänzt worden. Grundlage dafür war nach der Begründung des Antrags des Wirtschaftsausschusses (Ausschuss-Drs. 17(9) 937, 8) der Beschluss des BGH vom 15.5.2012 in Sachen **Wasserpreise Calw** (BGH NZKart 2013, 34 = WuW/E DE-R 3632). Dieser Beschluss ist zu § 19 Abs. 1 Nr. 2 ergangen, also zum Tatbestand des Ausbeutungsmissbrauchs, dessen Maßstab 25 das Verhalten bei „wirksamem Wettbewerb" ist. Wäre es beim Regierungsentwurf geblieben, hätten sich Unklarheiten daraus ergeben, ob und wo in Abs. 3 und 4 die jetzt in Abs. 4 Nr. 3 geregelte Kostenkontrolle anzusiedeln wäre. Das wäre wohl am ehesten bei Nr. 1 der Fall gewesen, der am ehesten § 19 Abs. 2 Nr. 2 entspricht (→ Rn. 17).

26 Nach dem BGH-Beschluss, der ausdrücklich Grundlage der Nr. 3 ist, ist von dem **Erfahrungssatz** auszugehen, dass das Wasserversorgungsunternehmen, „wäre es wirksamem Wettbewerb ausgesetzt, die Ausübung seines Preisgestaltungsspielraums maßgeblich davon abhängig machen würde, welchen Erlös es erzielen müsste, um die **bei Ausschöpfung von Rationalisierungsreserven** zu erwartenden Kosten zu decken und eine möglichst hohe Rendite zu erwirtschaften, andererseits aber zu verhindern, dass Kunden wegen zu hoher Preise zu einem Wettbewerber abwandern" (BGH WuW/E DE-R 3632 (3635 f.); vgl. auch BGHZ 163, 282 (291, 294) = WuW/E DE-R 1513 – Stadtwerke Mainz). Erforderlich ist, dass die Erlöse des Wasserversorgungsunternehmens die Kosten **„in unangemessener Weise"** überschreiten. Diese Vorschrift entspricht § 29 S. 1 Nr. 2 (→ § 29 Rn. 24 ff.). Die Überschreitung als solche ist nicht zu beanstanden, sondern betriebswirtschaftlich notwendig. Ob eine Überschreitung unangemessen ist, hängt auch davon ab, ob die Differenz zwischen Kosten und Erlös nur Gewinn ist, oder ob daraus auch die Investitionen und Abschreibungen bedient werden. Wenn ein Unternehmen auf der Basis hoher Differenzen zwischen Kosten und Entgelten arbeitet, aus der Differenz aber erhebliche und betriebswirtschaftlich als erforderlich belegbare Investitionen tätigt, ist das Urteil als „unangemessen" nicht möglich.

27 Während § 29 S. 2 für die Kosten darauf abstellt, ob sie sich auch im Wettbewerb einstellen würden – dann sind sie berücksichtigungsfähig –, stellt die Nr. 3 nur darauf ab, ob sie „bei einer **rationellen Betriebsführung** anfallen". Ein Maßstab für die hiernach erforderliche Prüfung kann die Frage sein, die sich auch bei Anwendung von Abs. 4 Nr. 2 stellt, nämlich ob die Kosten struktureller und damit nicht unternehmensindividueller Natur sind, weil sie auch jedem anderen Unternehmen anfallen würden und individuell nicht beeinflussbar sind, wie zB ungünstige strukturelle Gegebenheiten des Versorgungsgebietes; dann handelt es sich um Kostenfaktoren, die auch im Rahmen der Nr. 2 als nicht zurechenbar gewertet werden (dazu auch BGH WuW/E DE-R 2841 (2847 f.) – Wasserpreise Wetzlar). Der Gesichtspunkt der „rationellen Betriebsführung" weist auf einen methodisch anderen Prüfungsansatz hin, der aber dasselbe Ziel verfolgt: Wenn feststeht, dass ein Unternehmen **rationell** arbeitet, sind die **Kosten seiner Betriebsführung unvermeidbar.** Allerdings setzt eine derartige Aussage voraus, dass auch in der Vergangenheit Rationalisierungsmöglichkeiten ausgeschöpft worden sind. Wenn Kosten entstehen, die in der heutigen konkreten Situation des Wasserversorgungsunternehmens unvermeidbar sind, aber vermieden werden könnten, wenn früher alle Rationalisierungsreserven ausgeschöpft worden wären, sind diese nicht anzuerkennen. Allerdings kann insoweit kein Maßstab angewendet werden, der zeitlich unbegrenzt in die Vergangenheit zurückwirkt, wie das vom BGH im Falle Wasserpreise Wetzlar (BGH WuW/E DE-R 2841 Rn. 58 – Wasserpreise Wetzlar) gefordert wurde. Dort wurde von dem Wasserversorgungsunternehmen verlangt, dass für die Betriebsführung seit 1893 (!) nachgewiesen wird, dass alle erforderlichen Investitionen getätigt und nicht ineffektiv durchgeführt wurden, sodass die derzeitige Kostenstruktur nicht durch **„Altlasten"** belastet wird. Vernünftigerweise kann es hierbei nur um einen Zeitraum in der Größenordnung von bis zu zehn Jahren gehen, also einem Zeitraum, der aktuell noch aufklärbar ist.

28 Ebenso wie im Rahmen der Nr. 2 sind die Feststellungen über die anzuerkennenden Kosten nicht nur mit einem **Sicherheits**-, sondern auch mit einem **Erheblichkeitszuschlag** zu versehen (so ausdrücklich auch BGH NZKart 2013, 34 (36) = WuW/E DE-R 2632 (2637) – Wasserpreise Calw). Die **Beweislast** für die unange-

messene Überschreitung der Kosten durch die Erlöse trägt die Kartellbehörde. Dem Gesetzeswortlaut ist nicht zu entnehmen, dass das betroffene Unternehmen etwa nachweisen müsste, dass die Kosten bei einer rationellen Betriebsführung anfallen. Wenn die Kartellbehörde der Auffassung ist, dass die geltend gemachten Kosten bei rationeller Betriebsführung nicht anfielen, muss sie das nachweisen und beweiskräftig quantifizieren.

f) Kostendeckende Preise als Untergrenze. Das betroffene Wasserversorgungsunternehmen darf auf keiner Rechtsgrundlage verpflichtet werden, seine Preise unter die Kostendeckung zu senken (BGH WuW/E 2841 (2852) – Wasserpreise Wetzlar). Dieser Gesichtspunkt spielt bei Abs. 4 Nr. 3 keine eigenständige Rolle, weil dort schon nach dem Tatbestand die Kosten die Untergrenze des Missbrauchs darstellen. Allerdings ist erforderlich, dass das Unternehmen nachweist, dass es **sämtliche Rationalisierungsreserven ausgeschöpft** hat (BGH WuW/E 2841 (2852) – Wasserpreise Wetzlar). 29

g) Verfahren. Die Missbrauchsvorschriften der Abs. 3 und 4 können nur über eine Verfügung der Kartellbehörde nach § 31b realisiert werden. Sie begründen kein unmittelbares gesetzliches Verbot (→ Rn. 14, → § 31b Rn. 4). 30

4. Keine Missbrauchsaufsicht über öffentlich-rechtliche Gebühren

Die Wasserentgelte der weitaus meisten Wasserversorger sind öffentlich-rechtlich als Benutzungsgebühren auf der Grundlage kommunaler Gebührensatzungen ausgestaltet. Die größten deutschen Wasserversorger praktizieren allerdings auf der Grundlage von privatrechtlichen Versorgungsverträgen Preise (vgl. dazu Säcker NJW 2012, 1105). Nach dem durch die 8. GWB-Novelle 2012/2013 in der letzten Phase des Gesetzgebungsverfahrens neu in **§ 130 Abs. 1** eingefügten **S. 2** unterliegen generell öffentlich-rechtliche Gebühren nicht der kartellrechtlichen Missbrauchskontrolle. Zwar wird in S. 2 nur § 31b Abs. 5, nicht auch Abs. 3 erwähnt; es gibt aber keine Anhaltspunkte dafür, dass Gebühren im Rahmen des Freistellungsmissbrauchs nach Abs. 3 der Kartellkontrolle unterliegen sollen (→ § 185 Rn. 11). Diese Ergänzung geht auf einen Vorschlag des Bundesrates zurück (BT-Drs. 17/9852, 47). Die Bundesregierung ist dem in ihrer Gegenäußerung (BT-Drs. 17/9852, 53) nicht gefolgt. Schon in ihrer Stellungnahme zum 18. Hauptgutachten der Monopolkommission 2008/2009 hat sie sich kritisch zu den Versuchen geäußert, der kartellrechtlichen Missbrauchsaufsicht durch Einführung von Gebühren entgehen zu wollen (BT-Drs. 17/43/07, 4, 14). Für die Gesetzesfassung vor der 8. GWB-Novelle hatte sich in der Lit. eine hM herausgebildet, die die Anwendung der Missbrauchsvorschrift auf öffentlich-rechtliche Wassergebühren forderte (vgl. insbes. Säcker NJW 2012, 1105 mwN; Wolf BB 2011, 648; Wolf NZKart 2013, 17; Wolf WuW 2013, 246; dagegen Wolfers/Wollenschläger WuW 2013, 237). Wäre das Gesetz nicht entsprechend geändert worden und deswegen die Anwendung der kartellrechtlichen Missbrauchsvorschriften auf öffentlich-rechtliche Gebühren als möglich angesehen worden, hätte sich eine Fülle von bisher nicht gelösten Abgrenzungsproblemen ergeben zwischen öffentlich-rechtlichen Verwaltungsgebühren, die keine Entsprechung im privatwirtschaftlichen Bereich haben, und solchen, bei denen eine solche Entsprechung behauptet werden könnte. Im Bereich der Wasserwirtschaft würde sich auch die Frage gestellt haben, weshalb öffentlich-rechtliche Wassergebühren anders behandelt werden sollten als die durchweg öffentlich-rechtlich ausgestalteten Abwassergebühren. Nach der jetzt geltenden Rechtslage unterliegen öffentlich-rechtliche **Wasser- und Abwassergebühren in keinem Fall der kartellrechtlichen Missbrauchsaufsicht,** selbst wenn die Einführung von Gebühren anstelle von Wasserpreisen erklärtermaßen erfolgt, um derselben zu entgehen. Soweit die Gebühr nach öffentlichem Landes- oder Bundesrecht zulässig ist, wird mit ihrer Einführung von 31 der Gestaltungsfreiheit Gebrauch gemacht, die öffentlich-rechtlichen Körperschaften und Anstalten nach allgemeiner Auffassung zusteht (vgl. dazu auch OLG Frankfurt a. M. WuW/E DE-R 3170 – Wasserversorger; 3525 – Rekommunalisierung). Die Neuregelung schließt nicht aus, dass Wasserversorgungsunternehmen, die Wassergebühren fordern, als Unternehmen iSd § 59 angesehen werden und deswegen der Auskunftspflicht nach dieser Vorschrift unterliegen. Der BGH, der diese Auskunftspflicht bejaht, hat sie ausdrücklich nicht davon abhängig gemacht, ob das auskunftspflichtige Unternehmen angesichts seiner Gebührenregelung seinerseits der kartellrechtlichen Missbrauchskontrolle unterliegt (BGH WuW/E DE-R 3497 (3499) = NJW 2012, 1150 (1151 f.) – Niederbarnimer Wasserverband; BGH BeckRS 2012, 15864 –Nichtzulassungsbeschwerde). Er verneint ausdrücklich – außerhalb des § 59 (→ § 59 Rn. 5) – die Unternehmenseigenschaft eines öffentlich-rechtlichen Zweckverbandes, der seine Leistungsbeziehungen zu den Unternehmern öffentlich-rechtlich ausgestaltet hat (BGH WuW/E DE-R 3497 Rn. 10).

5. Kein Missbrauch durch Durchleitungsverweigerung (Abs. 5)

32 Abs. 5 enthält eine besondere Regelung für den Missbrauch durch Durchleitungsverweigerung für Wasser. Diese Bestimmung geht auf eine Forderung des Bundesrates zurück (BR-Drs. 641/1/12). Im Vermittlungsverfahren hat sich diese Forderung durchgesetzt. Es ist **zweifelhaft,** ob die Bestimmung **praktische Bedeutung** erlangen wird. Der Ausschluss des Missbrauches ist nicht auf die im Gesetz ausdrücklich erwähnten „technischen oder hygienischen Gründe" begrenzt, wie das Wort „insbesondere" zeigt. Die Erwähnung dieser Gründe macht nur Sinn, wenn man überhaupt eine Begründung verlangt. Das bedeutet, dass der Missbrauch nur dann ausgeschlossen ist, wenn die Durchleitungsverweigerung mit technischen oder hygienischen Gründen oder mit Gesichtspunkten begründet wird, die diesen gleichwertig sind. Es ist offen, was für Gründe insoweit noch in Betracht kommen. Abs. 5 kann nur zu Geltung kommen, wenn auch der **Anwendungsbereich des § 19 Abs. 2 Nr. 4** entsprechend eingeengt wird. In den meisten Fällen, in denen die Durchleitung theoretisch in Betracht kommt, ist der Anspruchsgegner mit dem Wassernetz marktbeherrschend, sodass in den Fällen des § 31 Abs. 5 regelmäßig auch § 19 Abs. 2 Nr. 4 anwendbar ist, von den Unterschieden in der Beweislast und in den Rechtsfolgen abgesehen (→ § 19 Rn. 83).

6. EU-Recht

33 Wenn ein Wasserversorger gebietlich in einem Bereich tätig ist, in dem seine Tätigkeit Bezüge zum Handel zwischen Mitgliedstaaten aufweist, kann, wenn er marktbeherrschend ist, das Missbrauchsverbot des Art. 102 AEUV anwendbar sein. Das ist allerdings angesichts der Regionalität und Ortsgebundenheit der Wasserversorgung im Allgemeinen nicht der Fall. Präjudizien zur Anwendung des Art. 102 AEUV auf Wasserpreise gibt es bisher nicht.

§ 31a Wasserwirtschaft, Meldepflicht

(1) [1]**Verträge nach § 31 Absatz 1 Nummer 1, 2 und 4 sowie ihre Änderungen und Ergänzungen bedürfen zu ihrer Wirksamkeit der vollständigen Anmeldung bei der Kartellbehörde.** [2]**Bei der Anmeldung sind für jedes beteiligte Unternehmen anzugeben:**
1. **Firma oder sonstige Bezeichnung,**
2. **Ort der Niederlassung oder Sitz,**
3. **Rechtsform und Anschrift sowie**
4. **Name und Anschrift des bestellten Vertreters oder des sonstigen Bevollmächtigten, bei juristischen Personen des gesetzlichen Vertreters.**

(2) **Die Beendigung oder Aufhebung der in § 31 Absatz 1 Nummer 1, 2 und 4 genannten Verträge ist der Kartellbehörde mitzuteilen.**

1 § 31a ist zusammen mit §§ 31, 31b durch die 8. GWB-Novelle 2012/2013 in das Gesetz aufgenommen worden. Verträge nach § 31 Abs. 1 Nr. 1 (Demarkationsverträge), Nr. 2 (Konzessionsverträge) und Nr. 4 (Verbundverträge) bedürfen zu ihrer Wirksamkeit der Anmeldung bei der Kartellbehörde. Die Höchstpreisbindung nach § 31 Abs. 1 Nr. 3 ist nicht anmeldepflichtig. Insoweit greift die Freistellung also von Gesetzes wegen, unabhängig von einer Anmeldung, ein. Die vollständige Anmeldung ist **Wirksamkeitsvoraussetzung.** Die Zuständigkeit der Kartellbehörde bestimmt sich nach § 48 Abs. 2. Das BKartA ist also nur zuständig, wenn die freigestellten Verträge über das Gebiet eines Landes hinausreichen. Für die Anmeldung gibt es keine Formvorschriften. Deswegen ist grds. auch eine mündliche Anmeldung zu Protokoll der Kartellbehörde möglich, aber unüblich. Das Gesetz enthält vier Angaben, die in jedem Falle gemacht werden müssen. Das Gesetz sieht zwar nicht ausdrücklich vor, dass die freigestellten **Verträge vorgelegt** werden müssen. Eine Anmeldung des Vertrags ohne seine Vorlage ist aber nicht denkbar. Nach S. 2 ist auch die Beendigung oder Aufhebung der angemeldeten Verträge der Kartellbehörde mitzuteilen. Das gilt auch dann, wenn die Beendigung des Vertrages sich aus dem angemeldeten Vertrag selbst ergibt. Wenn für die Beendigung oder Aufhebung besondere Verträge abgeschlossen werden, sind auch diese der Kartellbehörde vorzulegen.

2 Die Unterlassung der Anmeldung ist **nicht selbstständig sanktioniert.** Wird ein gegen § 1 verstoßender, von § 31 Abs. 1 Nr. 1, 2 und 4 erfasster Vertrag nicht angemeldet, ist aber sein Abschluss und seine Praktizierung nach § 81 Abs. 2 Nr. 1 ordnungswidrig, weil er gegen § 1 GWB verstößt (Immenga/Mestmäcker/Scholl Rn. 9), ansonsten kann er nicht unter die Privilegierung des § 31 Abs. 1 fallen. Die Ordnungswidrigkeit wird objektiv nicht begangen, wenn der Vertrag unverzüglich nach seinem Abschluss nach § 31a angemeldet wird. Die Anmeldung ist nach § 62 Abs. 1 Nr. 1 **gebührenpflichtig,** und zwar mit einer Höchstgebühr von 5.000 EUR.

§ 31b Wasserwirtschaft, Aufgaben und Befugnisse der Kartellbehörde, Sanktionen

(1) **Die Kartellbehörde erteilt zu den nach § 31 Absatz 1 Nummer 1, 2 und 4 freigestellten Verträgen auf Anfrage Auskunft über**

1. **Angaben nach § 31a und**
2. **den wesentlichen Inhalt der Verträge und Beschlüsse, insbesondere Angaben über den Zweck, über die beabsichtigten Maßnahmen und über Geltungsdauer, Kündigung, Rücktritt und Austritt.**

(2) **Die Kartellbehörde erlässt Verfügungen nach diesem Gesetz, die die öffentliche Versorgung mit Wasser über feste Leitungswege betreffen, im Benehmen mit der Fachaufsichtsbehörde.**

(3) **Die Kartellbehörde kann in Fällen des Missbrauchs nach § 31 Absatz 4**

1. **die beteiligten Unternehmen verpflichten, einen beanstandeten Missbrauch abzustellen,**
2. **die beteiligten Unternehmen verpflichten, die Verträge oder Beschlüsse zu ändern, oder**
3. **die Verträge und Beschlüsse für unwirksam erklären.**

(4) **Bei einer Entscheidung über eine Maßnahme nach Absatz 3 berücksichtigt die Kartellbehörde Sinn und Zweck der Freistellung und insbesondere das Ziel einer möglichst sicheren und preisgünstigen Versorgung.**

(5) **Absatz 3 gilt entsprechend, soweit ein Wasserversorgungsunternehmen eine marktbeherrschende Stellung innehat.**

(6) **§ 19 bleibt unberührt.**

1. Überblick

1 § 31b ist zusammen mit §§ 31, 31a durch die 8. GWB-Novelle 2012/2013 in das Gesetz aufgenommen worden. § 31b führt die verfahrensrechtlichen Vorschriften des § 103 Abs. 4, 6 und 7 aF fort. Er ist in **engem Zusammenhang mit der materiellen Vorschrift des § 31** über die Freistellung und die Missbrauchsaufsicht über Wasserversorgungsunternehmen zu sehen. Diese realisiert sich in den verfahrensrechtlichen Instrumenten des § 31b.

2. Auskunftspflicht der Kartellbehörde (Abs. 1)

2 Die Auskunftspflicht der Kartellbehörde nach Abs. 1 korrespondiert mit der Anmeldepflicht nach § 31a Abs. 1. Das, was bei der Kartellbehörde angemeldet werden muss, unterliegt der Auskunftspflicht. Sie hat, ebenso wie bei der Anmeldung, keine Bedeutung für die Höchstpreisbindungsverträge nach § 31 Abs. 1 Nr. 3. Die Auskunft ist **jedem zu gewähren;** berechtigte Interessen sind nicht erforderlich. Die Kartellbehörde ist aber nicht berechtigt, über die in Abs. 1 genannten Daten hinaus weitere Informationen über die Kartelle zu erteilen, insbes. auch nicht Einsicht in die Verträge zu gewähren. Die Auskunftserteilung ist nach § 62 Abs. 2 Nr. 4 **gebührenpflichtig;** die Höchstgebühr beträgt 5.000 EUR.

3. Missbrauchsverfügung (Abs. 3–6)

3 Abs. 3 regelt die Befugnisse, die die Kartellbehörde hat, wenn ein Missbrauch iSd § 31 Abs. 4 vorliegt; **Abs. 3 umfasst auch Abs. 4, der die Hauptanwendungsfälle des Abs. 3 definiert.** Die Befugnisse sind auf die Maßnahmen des Abs. 3 beschränkt. Die Behörde kann, soweit es materiell nur um den Missbrauch nach § 31 Abs. 4 geht, keine weiteren das Unternehmen belastende Verfügungen treffen.

4 **a) Abstellungsverfügung (Abs. 3 Nr. 1).** Die Kartellbehörde kann die beteiligten Unternehmen verpflichten, einen beanstandeten Missbrauch abzustellen. Insoweit ist die Nr. 1 identisch mit § 32 Abs. 1 (→ § 32 Rn. 8 ff.). Diese Abstellung setzt voraus, dass der **Missbrauch noch begangen** wird oder seine Begehung **unmittelbar bevorsteht** (→ § 32 Rn. 10). Ein abgeschlossener, nicht mehr aktueller Missbrauch kann nicht „abgestellt" werden. Die Abstellungsverfügung wirkt nur ex nunc; eine Rückwirkung auf vergangenes, abgeschlossenes Missbrauchsverhalten ist nicht möglich. Die Kartellbehörde kann das betroffene Unternehmen auch nicht verpflichten, für die Vergangenheit missbräuchliches Verhalten durch Rückzahlung von Differenzbeträgen auszugleichen. § 32 Abs. 2a findet keine Anwendung. Er setzt einen Verstoß gegen ein gesetzliches Verbot voraus. Daran fehlt es hier. § 31 Abs. 3 ist **kein gesetzliches Verbot,** sondern nur eine **Ermächtigungsgrundlage** für eine konstitutive, ex nunc wirkende Missbrauchsverfügung der Kartellbehörde (vgl. dazu BGH WuW/E DE-R 2841 (2852 f.) – Wasserpreise Wetzlar).

5 Die **Beschwerde** gegen eine Abstellungsverfügung nach § 31b Abs. 3 hat nach § 64 Abs. 1 Nr. 2 **aufschiebende Wirkung.** Das bedeutet, dass sie erst dann, wenn sie rechtskräftig ist oder über eine besondere Anordnung der Kartellbehörde über § 65 Abs. 1 sofort vollziehbar ist, Wirkung entfaltet. Nach **früherem Recht** (§ 131 Abs. 6 GWB 2005 iVm § 103 Abs. 6, § 37b Abs. 1 GWB 1990) hatte die Kartellbehörde die Möglichkeit, nach Rechtskraft der Verfügung eine **Mehrerlösabschöpfung für die Zeit ab Erlass der Verfügung** anzuordnen. Dadurch wurde mittelbar eine Quasi-Verbindlichkeit der Abstellungsverfügung ab ihrem Erlass bewirkt. Hielt

sich das Unternehmen in dieser Zeit bis zur Rechtskraft der Verfügung nicht an diese, handelte es zwar nicht ordnungswidrig, aber im Hinblick auf den wirtschaftlichen Vorteil auf eigenes Risiko. Die Kartellbehörde konnte nach Rechtskraft der Verfügung durch Androhung der Vorteilsabschöpfung auch erreichen, dass das betroffene Unternehmen die Differenzbeträge ab Erlass der Verfügung zurückerstattet. Nach **geltendem Recht** gibt es die Möglichkeit der der früheren Mehrerlösabschöpfung entsprechenden **Vorteilsabschöpfung (§ 34)** für die Zeit zwischen Erlass der Verfügung und deren Rechtskraft nicht (mehr). In § 34 Abs. 1 kommt es für die dort erwähnte Verfügung der Kartellbehörde ebenso wie in § 33 Abs. 1 (→ § 33 Rn. 9) auf deren Verbindlichkeit (Rechtskraft oder – bei Anordnung des Sofortvollzugs nach § 65 Abs. 1 – Vollziehbarkeit) an. Die Nichtbeachtung der Verfügung vor ihrer Verbindlichkeit ist kein „Verstoß" gegen die Verfügung iSd § 34 Abs. 1 (aA Bunte/Bornkamm/Tolkmitt § 34 Rn. 7: der Verfügungsadressat soll das Risiko für das Verhalten nach der Untersagungsverfügung tragen; Loewenheim/Meessen/Riesenkampff/Kersting/Meyer-Lindemann/Funke § 34 Rn. 2; → § 34 Rn. 3).

Auch wenn die Verfügung nach § 31b Abs. 3 Nr. 1 sich keinesfalls auf die **Zeit vor Erlass der Verfügung** beziehen kann (BGH WuW/E DE-R 2841 (2852) – Wasserpreise Wetzlar) ist die Landeskartellbehörde Hessen der Auffassung, dass sie die davor liegenden Zeiträume erfassen kann, soweit sie zum Zustellungszeitpunkt „**noch nicht abgerechnet** waren" (Verfügung v. 23.12.2010, 2. Verfügung Wasserpreise Wetzlar). Sie beruft sich insoweit auf einen nicht veröffentlichten Beschluss des BGH vom 13.12.1983 (BGH 13.12.1983 – KVR 1/83 – Glockenheide I). UE ist der Beschluss nicht auf Wasserlieferverträge übertragbar. Er betraf Fernwärmelieferungsverträge, bei denen die Preise für die Verbrauchseinheiten erst bei Abschluss der Abrechnungsperiode feststanden. Demgegenüber geht es im Allgemeinen in den von den Missbrauchsverfahren erfassten Fällen um von vornherein feststehende Wassergrund- und Arbeitspreise, auf deren Grundlage der Abrechnungspreis durch einen einfachen Rechenvorgang ermittelt wird. 6

b) Änderung von Verträgen oder Beschlüssen, Unwirksamkeitserklärung (Abs. 3 Nr. 2 und 3). Die Nr. 2 und 3 entsprechen § 103 Abs. 6 Nr. 2 und 3. Im Rahmen der Missbrauchsaufsicht auf der Grundlage des § 31 Abs. 3 kam ihnen bisher keine praktische Bedeutung zu. Der nicht der Freistellungsnorm des § 31 Abs. 1 entsprechende, wohl aber darauf bezogene Wortlaut „Verträge und Beschlüsse" deutet darauf hin, dass nur gemeint sind die **freigestellten Verträge** (und Beschlüsse), nicht die Verträge des betroffenen Wasserversorgungsunternehmens mit Dritten. Insoweit besteht auch kein Bedürfnis für eine besondere Regelung, weil zB missbräuchliche Geschäftsbedingungen auf der Grundlage des Abs. 3 Nr. 1 angegriffen werden können, indem die Unternehmen verpflichtet werden, den durch sie begangenen Missbrauch „abzustellen". 7

c) Missbrauchsverfügung aufgrund der Marktbeherrschung (Abs. 5). Nach Abs. 5 gilt Abs. 3 „entsprechend, soweit ein Wasserversorgungsunternehmen eine marktbeherrschende Stellung hat". Das bezieht sich nicht nur verfahrensmäßig auf die Möglichkeit, eine Verfügung nach § 31b Abs. 3 zu erlassen, sondern schließt – ebenso wie § 103 Abs. 7 aF – die materielle Norm des § 31 Abs. 3 und insbes. auch des Abs. 4 Nr. 2 und 3 ein (vgl. dazu Begr. z. RegE BT-Drs. 17/9852, 25 f. zu § 31b). Für die frühere Rechtslage hat der BGH ausdrücklich entschieden, dass marktbeherrschende Wasserversorgungsunternehmen, die von der Freistellungsmöglichkeit des § 103 Abs. 1 aF keinen Gebrauch machen, und marktbeherrschende Wasserversorgungsunternehmen **gleich zu behandeln** sind. Der Gesetzgeber habe die Beweiserleichterungen für die Kartellbehörde aus § 103 Abs. 5 aF nicht nur auf den „Freistellungsmissbrauch" beschränkt, sondern in § 103 Abs. 7 aF auch auf den „Marktmachtmissbrauch" erstreckt. Ein Wasserversorgungsunternehmen solle nicht 8 deshalb besser stehen, weil es von den Freistellungsmöglichkeiten des § 103 Abs. 1 aF keinen Gebrauch gemacht habe (BGH WuW/E DE-R 2841 (2843 f.) – Wasserpreise Wetzlar). In der Praxis bedeutet das, dass für die Anwendung der Missbrauchsvorschriften der § 31 Abs. 3 und 4, § 31b Abs. 3 es im Allgemeinen gar nicht darauf ankommt, ob freigestellte Verträge vorliegen, weil die im Allgemeinen ohne Weiteres zu treffende Feststellung der Marktbeherrschung als Anwendungsvoraussetzung ausreicht. Abs. 5 ist nach § 130 Abs. 1 S. 2 nicht auf öffentlich-rechtliche Gebühren und Beiträge anwendbar (→ § 31 Rn. 31 und → § 185 Rn. 11).

9 **d) § 19 bleibt unberührt (Abs. 6).** Abs. 6 stellt klar, dass auf Wasserversorgungsunternehmen **uneingeschränkt auch § 19 anwendbar** ist. Angesichts der Unterschiede in den Tatbestandsmerkmalen, der Beweislastverteilung und den Rechtsfolgen kommt beiden Regelungsbereichen jeweils eine selbstständige Bedeutung zu (BGH WuW/E DE-R 2841 (2844) – Wasserpreise Wetzlar). Im Rahmen des insoweit relevanten § 19 Abs. 2 Nr. 2 findet keine Beweislastumkehr statt. Die Behörde muss also bei dem auch insoweit möglichen Vergleich mit einem oder mehreren Vergleichsunternehmen insbes. nachweisen, dass höhere Preise und Kosten nicht auf strukturellen, dem Unternehmen nicht zurechenbaren Umständen beruhen (vgl. → § 19 Rn. 59). Die **Rechtsfolgen der Anwendung des § 19 sind allerdings schärfer:** Es gilt unmittelbar das gesetzliche Missbrauchsverbot. Die Abstellungsverfügung kann auch mit einer Rückerstattungsanordnung nach § 32 Abs. 2a verbunden werden (→ § 32 Rn. 19 ff.). Die **Beschwerde** gegen eine Verfügung nach §§ 32, 19 hat **keine aufschiebende Wirkung;** die Verfügung ist also sofort vollziehbar, wenn nicht die Kartellbehörde oder das Beschwerdegericht die aufschiebende Wirkung nach § 64 Abs. 3 S. 1 oder 2 herstellt.

4. Benehmen mit der Fachaufsichtsbehörde (Abs. 2)

10 Nach Abs. 2 müssen alle Verfügungen, die die öffentliche Versorgung mit Wasser über feste Leitungswege betreffen, im Benehmen mit der Fachaufsichtsbehörde erlassen werden. Das betrifft nicht nur die das Verfahren abschließenden Verfügungen nach § 31b Abs. 3 oder § 32 Abs. 1, § 19, sondern auch alle Zwischenverfügungen, insbes. auch gegen das betroffene Wasserversorgungsunternehmen oder Dritte erlassene Auskunftsverfügungen nach § 59. Die für die Wasserversorgung zuständige Fachaufsichtsbehörde bestimmt sich nach **Landesrecht.** Ist ein Wasserversorgungsunternehmen im Gebiet mehrerer Bundesländer tätig, sind ggf. Fachaufsichtsbehörden mehrerer Länder zuständig. Das Gesetz sieht das „Benehmen" mit der Fachaufsichtsbehörde vor. Das bedeutet nur **Anhörung der Fachaufsichtsbehörde;** die Kartellbehörde ist nicht an die Meinung der anderen Behörde gebunden. Ist die Anhörung unterblieben, kann sie bis zum Abschluss der letzten Tatsacheninstanz des Beschwerdeverfahrens nachgeholt werden (vgl. § 45 Abs. 1 Nr. 5 und Abs. 2 VwVfG).

Kapitel 6. Befugnisse der Kartellbehörden, Schadensersatz und Vorteilsabschöpfung

Abschnitt 1. Befugnisse der Kartellbehörden

Vorbemerkung §§ 32–34a

1 Der sechste Abschnitt des ersten Teils des Gesetzes war früher nur mit „Sanktionen" überschrieben. Durch die 7. GWB-Novelle 2005 wurde er **umbenannt** in „Befugnisse der Kartellbehörden, Sanktionen". Er enthält nunmehr neun Vorschriften (gegenüber den bisherigen drei Bestimmungen über Untersagung (§ 32), Schadensersatzpflicht, Unterlassungsanspruch (§ 33), Mehrerlösabschöpfung (§ 34 aF)). Er regelt – im Vergleich zur früheren Rechtslage sehr viel differenzierter – in den §§ 32–32e die **Befugnisse** der Kartellbehörden im **Verwaltungsverfahren,** in § 33 – ausführlicher und eigenständiger als der frühere § 33 – den Unterlassungsanspruch und die **Schadensersatzpflicht** sowie in §§ 34 und 34a die Vorteilsabschöpfung bei Kartellverstößen durch die Kartellbehörde und durch Verbände. Diese Vorteilsabschöpfung ist nicht vergleichbar mit der früheren Mehrerlösabschöpfung, die nur für den Zeitraum zwischen Zustellung einer behördlichen Verfügung und deren Unanfechtbarkeit galt. Der sechste Abschnitt enthält allerdings nur einen Teil der Sanktionen, die mit einem Verstoß gegen kartellrechtliche Vorschriften verbunden sein können, nämlich nicht die **zivilrechtliche Nichtigkeit,** die sich im Allgemeinen erst aus der Verbindung mit § 134 BGB (Verstoß gegen ein gesetzliches Verbot) ergibt, und nicht die **Bußgeldsanktionen,** die in den dritten Teil des Gesetzes „Verfahren", und dort in den zweiten Abschnitt über das „Bußgeldverfahren" (§§ 81 ff.) integriert sind.

2 Die Neufassung des sechsten Abschnitts war ein zentrales Anliegen der 7. GWB-Novelle, teils veranlasst durch die Angleichung an das EU-Recht (so insbes. die §§ 32–32e), teils eigenständig motiviert durch das Bestreben, das **private enforcement** des Kartellrechts durch ausgeweitete Schadensersatz- und Unterlassungsansprüche zu stärken. Im Hinblick auf Art. 101 und 102 AEUV war auch diese zweite Zielsetzung mit motiviert durch EU-rechtliche Erfordernisse, nämlich das **Urteil des EuGH** vom 20.6.2001 (EuGH Slg. 2001, I-6297 = WuW/E EU-R 47 Rn. 26 – **Courage**). Nach diesem Urteil kann grds. „Jedermann" Ersatz des Schadens verlangen, der ihm durch einen Verstoß gegen Art. 101 AEUV entsteht (vgl. dazu auch Roth FS Huber, 2006, 113 (134)). Mit diesen EU-rechtlichen Erfordernissen war ein Schadensersatzsystem nicht mehr vereinbar, das nur dem einen Schadensersatzanspruch gewährte, gegen den sich eine Kartellabsprache gezielt richtet; auch andere Erschwernisse des deutschen Schadensersatzrechts im Hinblick auf die Höhe des Schadens, die Vorteilsausgleichung und die sog. passing on defense bedurften insoweit einer Überprüfung. Die Kommission arbeitet weiterhin daran, die Durchsetzbarkeit von Schadensersatzansprüchen wegen Verletzung des EU-Kartellrechts zu intensivieren. An das **Grünbuch** v. 19.12.2005 (SEK(2005) 1732) schloss sich im April 2008 ein **Weißbuch** der Kommission an (KOM(2008) 165 endg.). Ein Jahr später ist der Entwurf einer Richtlinie für Schadensersatzklagen bei Verstößen gegen Art. 81 und 82 EG (= Art. 101 und 102 AEUV) bekannt geworden, der nach Änderungen vom 11.6.2013 offiziell vorgelegt wurde (COM(2013) 404 endg.; Brinker NZKart 2013, 221).

3 Die **8. GWB-Novelle 2012/2013** hat neben formalen Änderungen – Verweise nicht mehr auf EG, sondern AEUV – insbes. § 32 durch die Möglichkeit, bei

Kartellverstößen strukturelle Abhilfemaßnahmen und die Rückerstattung von Vorteilen anzuordnen, und § 33 durch Erweiterung der Verbandslegitimation und durch Klarstellung hinsichtlich der Bindungswirkung und Verjährung geändert. Die **9. GWB-Novelle 2017** reformierte das Schadensersatzrecht nach den Vorgaben der Kartellschadensersatz-Richtlinie, die bis zum 27.12.2016 in nationales Recht umzusetzen war. Das neue Kartellschadensersatzrecht wird in den §§ 33–33h geregelt.

§ 32 Abstellung und nachträgliche Feststellung von Zuwiderhandlungen

(1) **Die Kartellbehörde kann Unternehmen oder Vereinigungen von Unternehmen verpflichten, eine Zuwiderhandlung gegen eine Vorschrift dieses Teils oder gegen Artikel 101 oder 102 des Vertrages über die Arbeitsweise der Europäischen Union abzustellen.**

(2) **[1]Sie kann ihnen hierzu alle erforderlichen Abhilfemaßnahmen verhaltensorientierter oder struktureller Art vorschreiben, die gegenüber der festgestellten Zuwiderhandlung verhältnismäßig und für eine wirksame Abstellung der Zuwiderhandlung erforderlich sind. [2]Abhilfemaßnahmen struktureller Art können nur in Ermangelung einer verhaltensorientierten Abhilfemaßnahme von gleicher Wirksamkeit festgelegt werden, oder wenn letztere im Vergleich zu Abhilfemaßnahmen struktureller Art mit einer größeren Belastung für die beteiligten Unternehmen verbunden wäre.**

(2a) **[1]In der Abstellungsverfügung kann die Kartellbehörde eine Rückerstattung der aus dem kartellrechtswidrigen Verhalten erwirtschafteten Vorteile anordnen. [2]Die in den erwirtschafteten Vorteilen enthaltenen Zinsvorteile können geschätzt werden. [3]Nach Ablauf der in der Abstellungsverfügung bestimmten Frist für die Rückerstattung sind die bis zu diesem Zeitpunkt erwirtschafteten Vorteile entsprechend § 288 Absatz 1 Satz 2 und § 289 Satz 1 des Bürgerlichen Gesetzbuchs zu verzinsen.**

(3) **Soweit ein berechtigtes Interesse besteht, kann die Kartellbehörde auch eine Zuwiderhandlung feststellen, nachdem diese beendet ist.**

Übersicht

1. Einführung

Der durch die **7. GWB-Novelle 2005** neu gefasste § 32 ersetzt die durch die 6. GWB-Novelle 1998 eingeführte umfassende Untersagungsbefugnis der Kartellbehörde in § 32 aF; hiernach konnte die Kartellbehörde „Unternehmen und Vereinigungen von Unternehmen ein Verhalten untersagen, das nach diesem Gesetz verboten ist". § 32 galt für alle Verbotstatbestände des Gesetzes, insbes. auch für den erst durch die 6. GWB-Novelle von Gesetzes wegen verbotenen Missbrauch einer marktbeherrschenden Stellung nach § 19. Bis zur 6. GWB-Novelle sah § 37a aF eine auf einzelne Verhaltensweisen beschränkte Untersagungsbefugnis vor. Vor Einführung des § 37a aF durch die 2. GWB-Novelle 1973 hatten die Kartellbehörden nicht die Möglichkeit, Kartellverstöße durch verpflichtende Untersagungsverfügungen zu ahnden. Sie waren darauf angewiesen, Bußgeldverfahren durchzuführen. Das war besonders in den Fällen unbefriedigend, in denen rechtliche Zweifelsfragen einer gerichtlichen Klärung bedurften. 1

Der **frühere § 32** war in der Praxis dadurch belastet, dass nur ein **bestimmtes Verhalten untersagt** und nicht konkret vorgegeben werden konnte, wie die betroffenen Unternehmen oder Unternehmensvereinigungen sich positiv zu verhalten hatten. Für eine Gebotsverfügung fehlte die notwendige gesetzliche Ermächtigung (dazu BGH WuW/E 1345 – Polyester-Grundstoffe). Sie wurde ausnahmsweise zugelassen, wenn die gebotene Handlung die einzige tatsächliche und rechtliche Möglichkeit war, um den Gesetzesverstoß zu beseitigen; insoweit wurde dem **Bestimmtheitsgebot** des § 37 VwVfG große Bedeutung beigemessen (vgl. BGH WuW/E 2953 (2957) – Gasdurchleitung; 3009 (3012) – Stadtgaspreis Potsdam; 2967 (2968 f.) – Strompreis Schwäbisch Hall; WuW/E DE-R 195 = WRP 1999, 200 – Beanstandung durch Apothekenkammer). Die Konkretisierung dessen, was geboten war, musste in der Verfügung selbst erfolgen und durfte nicht der Vollstreckung überlassen bleiben (→ 3. Aufl. 2002, Rn. 3). 2

§ 32 lehnt sich an **Art. 7 Kartellverfahrens-VO** an. Nach Abs. 1 S. 1 kann die Kommission die beteiligten Unternehmen und Unternehmensvereinigungen durch Entscheidung verpflichten, die festgestellte Zuwiderhandlung abzustellen. Nach Abs. 1 S. 2 Kartellverfahrens-VO kann sie ihnen „hierzu alle erforderlichen **Abhilfemaßnahmen verhaltensorientierter oder struktureller Art** vorschreiben, die gegenüber der festgestellten Zuwiderhandlung verhältnismäßig und für eine wirksame Abstellung der Zuwiderhandlung erforderlich sind". Nach S. 4 kann die Kommission, wenn sie ein berechtigtes Interesse hat, auch eine Zuwiderhandlung feststellen, nachdem diese beendet ist. Bis zur **8. GWB-Novelle 2012/2013** enthielt § 32 Abs. 2 keine ausdrückliche Ermächtigung auch für Abhilfemaßnahmen struktureller Art. Für die 7. GWB-Novelle war eine solche Regelung noch ausdrücklich abgelehnt worden. Im Referentenentwurf für die „Entflechtungsnovelle" vom Januar 2010 war schon eine Neufassung des Abs. 2 zur vollen Angleichung an das Unionsrecht vorgesehen (vgl. dazu Bechtold BB 2010, 451); diese Entflechtungsnovelle ist aber nicht Gesetz geworden. Die 8. GWB-Novelle hat außerdem einen neuen Abs. 2a eingeführt, der die Möglichkeit vorsieht, dass in der Abstellungsverfügung auch eine **Rückerstattung** der aus dem kartellrechtswidrigen Verhalten erwirtschafteten Vorteile angeordnet werden kann; damit wurde die im Vorgriff dazu ergangene umstrittene Rspr. des BGH (BGH WuW/E DE-R 2538 (2540) – Stadtwerke Uelzen) gesetzlich fixiert. 3

2. Anlass des Tätigwerdens der Kartellbehörde

a) Grundsatz. § 32 Abs. 1 lässt offen, aus welchem Anlass die Kartellbehörde tätig wird. Anders als Art. 7 Kartellverfahrens-VO sieht er nicht ausdrücklich vor, dass die Kartellbehörde „auf eine Beschwerde hin oder von Amts wegen" tätig 4 werden kann. Gemessen am früheren Rechtszustand ist das selbstverständlich. Wenn ein Rechtsverstoß vorliegt oder zumindest ein entsprechender Anfangsverdacht besteht, kann die Kartellbehörde tätig werden, unabhängig davon, ob dieses Tätigwerden intern oder extern veranlasst ist. Insoweit hat sie ein **weites Aufgreifermessen.** Im Allgemeinen ergibt sich das öffentliche Interesse an der Durchführung eines Verfahrens wegen eines Kartellverstoßes aus diesem Verstoß selbst. Es gilt ein **Opportunitätsprinzip.** Die Kartellbehörde ist grds. nicht verpflichtet, einen Kartellverstoß im Verwaltungs- oder Bußgeldverfahren aufzugreifen; sie kann ihn **„dulden";** eine solche Duldung kann – wird sie kommuniziert – Vertrauensschutz schaffen, der jedenfalls dazu führen kann, dass die Kartellbehörde vor einer Beanstandung eine Anpassungsfrist einräumen muss (vgl. dazu Immenga/Mestmäcker/Emmerich Rn. 18; anders → 7. Aufl. 2013, Vor § 81 Rn. 4). Im Allgemeinen steht die Mitteilung der Kartellbehörde, sie sehe keinen Anlass zu kartellrechtlichen Beanstandungen, unter dem Vorbehalt der Änderung der Rechtsauffassung (vgl. BGH WuW/E DE-R 2408 (2420) – Lottoblock).

5 **b) Tätigkeit von Amts wegen.** Die Kartellbehörde kann wegen eines Kartellverstoßes von Amts wegen tätig werden, ohne dass es eines Anstoßes von außen bedarf. Die Kartellbehörde hat dabei ein gerichtlich nur beschränkt überprüfbares **Ermessen, ob und in welchem Umfang sie tätig wird.** In besonderen Fällen kann eine Ermessensreduzierung auf Null erfolgen, sodass eine Pflicht der Kartellbehörde zum Erlass einer Verfügung besteht. Sie ergibt sich aber nicht allein aus der Begehungsgefahr, weil auch bei schon begonnener Begehung keine Pflicht besteht (unklar insoweit OLG Düsseldorf WuW/E DE-R 2755 (2759 f.) – DFL-Vermarktungsrechte). In der Entscheidung soll die **Ausübung des Ermessens begründet** werden (vgl. dazu BGH WuW/DE-R 375 (380) – Flugpreisspaltung einerseits, andererseits aber zB BKartA WuW/E DE-V 1147 (1160) – E.ON Ruhrgas). Der Grund, ein Verfahren einzuleiten, kann sich ebenso aus allgemein zugänglichen Informationen wie auch aus vertraulichen Mitteilungen ergeben. Es gibt grds. auch keine Hinderungsgründe, dass die Kartellbehörde Informationen, die sie aus Anlass anderer Ermittlungen erlangt hat, verwendet, um ein von diesem Vor- oder Parallelverfahren getrenntes Verfahren einzuleiten. Der Anlass zum Tätigwerden kann sich auch aus Informationen oder Anregungen ergeben, die die Kartellbehörde im Rahmen des ECN oder sonstiger Zusammenarbeit mit der Kommission oder anderen Mitgliedstaaten erlangt. Informationen, die die Kartellbehörde aus nicht kartellrechtlichen Verfahren, zB aus Steuerstrafverfahren, erlangt, können nur dann Anlass für die Einleitung eines kartellrechtlichen Verfahrens sein, wenn dem kein aus dem anderen Rechtsgebiet sich ergebendes Verwertungsverbot entgegensteht.

6 **c) Beschwerden natürlicher oder juristischer Personen.** Jedermann kann sich bei der Kartellbehörde über Kartellverstöße von Unternehmen oder Unternehmensvereinigungen beschweren. Dafür gibt es im deutschen Recht **keine formellen oder materiellen Voraussetzungen** oder Begrenzungen. Insbesondere ist es nicht iSv Art. 7 Abs. 2 Kartellverfahrens-VO erforderlich, dass die sich beschwerenden Personen ein „berechtigtes Interesse" darlegen. Selbst wenn man der Auffassung wäre, dass ein solches Interesse erforderlich ist, könnten Beschwerden von Personen, die ein solches Interesse nicht darlegen können, die Kartellbehörde nicht daran hindern, auch von Amts wegen ein Verfahren einzuleiten und durchzuführen. Im EU-Recht gibt es für Beschwerden ein besonderes Formblatt (vgl. Art. 5–9 VO 773/2004 mit Formblatt C). Die Kommission ist verpflichtet, Beschwerden zu prüfen; es gibt darüber hinaus aber keinen Anspruch des Beschwerdeführers auf Durchführung eines Verfahrens gegen Dritte (vgl. dazu ausf. Bechtold/Bosch/Brinker VO 1/2003 Art. 7 Rn. 18). Im deutschen Recht gibt es **keinerlei Formvorschriften** für Beschwerden. Die Behörde ist grds. auch nicht verpflichtet, einer Beschwerde nachzugehen; es gibt also – ebenso wie im EU-Recht – **keinen**

Anspruch auf Tätigwerden der Behörde (vgl. dazu auch Bunte/Bornkamm/Tolkmitt Rn. 9; Loewenheim/Meessen/Riesenkampff/Kersting/Meyer-Lindemann/Otto Rn. 8; vgl. auch BGH WuW/E 3113 (3114) – Rechtsschutz gegen Berufsordnung; 2058 (2060) – Internord). Eine Unterlassungsbeschwerde gegen die Untätigkeit der Kartellbehörde ist nach § 73 Abs. 3 nur zulässig, wenn der „Antragsteller" ein Recht auf Vornahme einer bestimmten Handlung durch die Kartellbehörde zu haben behauptet; das ist im Falle von Drittbeschwerden allenfalls bei einer „Ermessensreduzierung auf Null" denkbar, bei der häufig der Dritte aber auch auf den Zivilrechtsweg verwiesen werden kann (vgl. dazu BGH WuW/E 2058 (2060) – Internord; OLG Düsseldorf WuW/E DE-R 545 (547) – Herzklinik; Bunte/Bornkamm/Tolkmitt Rn. 9; Immenga/Mestmäcker/Emmerich Rn. 15; → § 73 Rn. 12).

Der Beschwerdeführer hat, auch wenn die Behörde der Beschwerde entsprechend ein Verfahren durchführt, **keine besonderen Beteiligungsrechte.** Nach § 54 Abs. 2 Nr. 1 ist am Kartellverwaltungsverfahren zwar beteiligt, „wer die Einleitung eines Verfahrens beantragt hat". Diese Vorschrift wird so ausgelegt, dass sie nicht Beschwerdeführer erfasst, sondern nur Personen, die ein im Gesetz vorgesehenen Antrag auf Einleitung eines Verfahrens gestellt haben (→ § 54 Rn. 3). Im neuen System des Kartellrechts ist das außerhalb der Fusionskontrolle nur noch selten der Fall, nämlich beim Antrag auf Anerkennung von Wettbewerbsregeln (§ 24) und beim Antrag eines gebundenen Abnehmers auf Unwirksamkeitserklärung der Preisbindung bei Zeitungen und Zeitschriften (§ 30 Abs. 3 S. 1). 7

3. Abstellungsverfügung (Abs. 1)

a) Allgemeines. Die Befugnis der Kartellbehörde, Unternehmen oder Unternehmensvereinigungen zu verpflichten, eine kartellrechtliche Zuwiderhandlung „abzustellen", entspricht der Befugnis der Kommission nach Art. 7 Abs. 1 S. 1 Kartellverfahrens-VO. Sie trägt anders als die frühere Untersagungsbefugnis der **deklaratorischen Natur** einer negativen Verwaltungsentscheidung der Kartellbehörde besser Rechnung. Wenn ein bestimmtes Verhalten gegen § 1 oder §§ 19–21 verstößt, ist es von Gesetzes wegen untersagt. Dann macht eine zusätzliche behördliche Untersagung an sich keinen Sinn; deswegen spricht das Gesetz nicht (mehr) von Untersagung, sondern von „Abstellung" der Zuwiderhandlung. Die Abstellungsverfügung kann im Wege des **Verwaltungszwangs** durchgesetzt werden. Das gilt auch, wenn sie noch nicht rechtskräftig ist; die Beschwerde hat nach § 66 Abs. 1 keine aufschiebende Wirkung (→ § 66 Rn. 2). Ein Verstoß gegen eine Abstellungsverfügung ist nach § 81 Abs. 2 Nr. 2 lit. a **ordnungswidrig.** Etwas anderes gilt nur, wenn der Sofortvollzug nach § 67 Abs. 3 S. 2–4 durch die Behörde oder das Beschwerdegericht ausgesetzt ist (→ § 67 Rn. 6 ff.). 8

b) Feststellung der Zuwiderhandlung. Die Abstellungsverfügung setzt eine Zuwiderhandlung gegen ein Gesetz voraus. Diese Zuwiderhandlung muss zwar nicht im Tenor, aber der Sache nach durch die Verfügung festgestellt werden. Anders als im EU-Recht spricht § 32 Abs. 1 nicht davon, dass die Unternehmen verpflichtet werden, „die festgestellte Zuwiderhandlung abzustellen"; vielmehr wird nur davon gesprochen, dass Gegenstand der Abstellungsverfügung eine **Zuwiderhandlung** gegen eine Vorschrift dieses Gesetzes oder gegen Art. 101 AEUV oder Art. 102 AEUV ist. Die Kommission stellt die Zuwiderhandlung im **Tenor** einer Abstellungsentscheidung fest. Das ist in § 32 Abs. 1 im Gegensatz zur beendeten Zuwiderhandlung nach Abs. 3 nicht vorgesehen. Die Zuwiderhandlung, deren Abstellung gefordert wird, muss sich aber zumindest aus den **Entscheidungsgründen** ergeben. 9

Das Wesen der Abstellungsverfügung nach Abs. 1 liegt darin, die Unternehmen zur Beendigung einer (sich aus der Entscheidung ergebenden) Zuwiderhandlung zu veranlassen. Das setzt voraus, dass die Zuwiderhandlung **noch begangen** wird. 10

Nach dem Gesetzeswortlaut reicht ein **bevorstehender Verstoß** nicht aus, um Gegenstand einer Abstellungsverfügung nach Abs. 1 zu sein; ein solcher noch nicht begangener Verstoß kann nicht „abgestellt" werden. Dennoch gibt es insoweit ein Bedürfnis, freilich nur unter engen Voraussetzungen. Die Anwendung des § 32 kommt in Betracht, wenn der Verstoß unmittelbar bevorsteht, also konkrete **(Erst-)Begehungs- oder Wiederholungsgefahr** besteht (vgl. dazu BGH WuW/E DE-R 2408 (2417) – Lottoblock; OLG München WuW/E DE-R 790 (800) – Bad Tölz; OLG Düsseldorf WuW/E DE-R 2755 (2759) – DFL-Vermarktungsrechte; Bunte/Bornkamm/Tolkmitt Rn. 15; Immenga/Mestmäcker/Emmerich Rn. 9) und die Abstellungsverfügung geeignet ist, ihn zu verhindern. Ist der Verstoß beendet und droht auch keine Wiederaufnahme des Verstoßes, kommt eine Verfügung nach Abs. 1 nicht in Betracht (BGH WuW/E DE-R 2408 (2417) – Lottoblock); dann kann nur nach Abs. 3 unter den dort genannten Voraussetzungen vorgegangen werden (BKartA 3.7.2014 – B2–58/09 Rn. 71 – EDEKA zur Wiederholungsgefahr).

11 Materiell kann Gegenstand einer Verfügung nach Abs. 1 jedes Verhalten sein, das gegen ein gesetzliches **Verbot des GWB** oder **gegen Art. 101 und 102 AEUV** verstößt. Die Abstellungsverfügung ist nicht gestaltender, sondern nur **verpflichtender** Natur; inzident stellt sie die Kartellrechtswidrigkeit eines Zustandes fest. Deswegen kommen gestaltende Eingriffe, die die Rechtswidrigkeit einer Verhaltensweise erst begründen, auf der Grundlage des § 32 nicht in Betracht (zB Missbrauchsverfügung gegen eine Preisbindung für Zeitungen oder Zeitschriften nach § 30 Abs. 3 oder gegen Wasserversorgungsunternehmen nach § 31 Abs. 3, § 31b Abs. 3). Der Verstoß muss im Einzelnen – im Tenor oder jedenfalls in den Entscheidungsgründen – genau dargelegt werden. Aus den Gründen muss sich ergeben, dass das Verhalten gegen das GWB oder Art. 101 AEUV oder Art. 102 AEUV verstößt. Für eine Verfügung wegen eines Verstoßes gegen Art. 101 und 102 AEUV sind nach § 50 Abs. 1 sowohl das BKartA als auch die Landeskartellbehörden zuständig. Die Erwähnung der Art. 101 und 102 AEUV hat besondere Bedeutung für die (Regel-)Fälle, in denen die Kartellbehörde nach § 22 Abs. 1 S. 2 (→ § 22 Rn. 4, → § 22 Rn. 13) außer deutschem Recht auch EU-Recht anzuwenden hat. Die Kartellbehörde kann aber auch Verstöße **allein auf der Grundlage des EU-Rechts** zum Gegenstand einer Abstellungsverfügung machen. Wenn die Zuständigkeit der Wettbewerbsbehörden der Mitgliedstaaten durch Einleitung eines Kommissionsverfahrens nach Art. 11 Abs. 6 Kartellverfahrens-VO entfallen ist, darf die deutsche Kartellbehörde wegen desselben Sachverhalts keine ausschließlich auf deutsches Recht gestützte Verfügung erlassen; sie könnte dann auch ihrer Verpflichtung, zugleich Art. 101 AEUV oder Art. 102 AEUV anzuwenden, nicht genügen.

12 c) **Verpflichtung zur Abstellung der Zuwiderhandlung.** Die Kartellbehörde verpflichtet durch den Tenor der Entscheidung die beteiligten Unternehmen oder Unternehmensvereinigungen zur „Abstellung" der Zuwiderhandlung. Diese Abstellungsentscheidung enthält das Verbot, die zuvor **definierte Zuwiderhandlung nicht (mehr) fortzuführen.** Die Abstellungsverfügung beschränkt sich darauf, die Fortsetzung (oder die Aufnahme) einer Zuwiderhandlung zu untersagen; sie umfasst nicht auch ein Verbot, in Zukunft neue Vereinbarungen gleicher Art abzuschließen (vgl. zum Parallelproblem in Art. 7 Kartellverfahrens-VO Bechtold/Bosch/Brinker VO 1/2003 Art. 7 Rn. 14). Die Kartellbehörde ist – unabhängig von Abs. 2 (→ Rn. 14) – befugt, den Umfang der Verpflichtung festzulegen, die den beteiligten Unternehmen zur Abstellung dieser Zuwiderhandlung auferlegt werden. Solche den Unternehmen auferlegte Verpflichtungen dürfen jedoch nicht die Grenzen dessen überschreiten, was zur Erreichung des angestrebten Ziels angemessen und erforderlich ist. Reicht bei einem noch andauernden Verstoß (zum abgeschlossenen Verstoß vgl. Abs. 3, → Rn. 23) die Feststellung des Versto-

ßes aus, weil seine Abstellung gesichert ist, ist die bloße Feststellung auch im Falle des Abs. 1 möglich (so auch Immenga/Mestmäcker/Emmerich Rn. 52). Allerdings ist dann die Bußgeldvorschrift des § 81 Abs. 2 Nr. 2a nicht anwendbar, weil sie eine „Anordnung", keine bloße Feststellung voraussetzt.

Ebenso wie in der Untersagungsverfügung nach § 32 aF muss die Verfügung eine hinreichend **bestimmte Umschreibung des konkreten Verletzungstatbestands** im Einzelnen enthalten (BGH WuW/E 1474 (1481) – Architektenkammer; KG WuW/E 2190 – Filderland; 4468 (4469 f.) – Mustermietvertrag). Ergreift das gesetzliche Verbot nur Teile einer bestimmten Maßnahme (Vereinbarung, Beschluss, sonstiges Verhalten), so ist die Befugnis, die Unternehmen zur Abstellung zu verpflichten, auf diese Teile beschränkt (BGH WuW/E 2247 (2253) – Wegenutzungsrecht; KG WuW/E 4468 (4469 f.) – Mustermietvertrag). Das Bestimmtheitsgebot (vgl. dazu § 37 VwVfG; Immenga/Mestmäcker/Emmerich Rn. 46) verlangt, dass der Adressat erkennen kann, was von ihm verlangt wird (vgl. OLG Düsseldorf WuW/E DE-R 569 – Puttgarden II; BGH WuW/E 2953 (2957) – Gasdurchleitung; 3009 (3012) – Stadtgaspreis Potsdam; 2967 (2968 f.) – Strompreis Schwäbisch Hall; WuW/E DE-R 195 = WRP 1999, 200 – Beanstandung durch Architektenkammer; OLG Koblenz WuW/E DE-R 1905 (1907) – Gemeindewerk zu Rheinland-Pfalz). Die **Konkretisierung** dessen, was abzustellen ist, muss in der Verfügung selbst erfolgen und **darf nicht der Vollstreckung überlassen werden** (BGH WuW/E DE-R 195 (196) – Beanstandung durch Apothekenkammer). Die Abstellungsverfügung kann nur Bestand haben, wenn sie nach der zum Zeitpunkt der gerichtlichen Entscheidung geltenden Rechtslage zu Recht ergangen ist (BGH WuW/E DE-R 668 (670) – Werra Rundschau). Eine rechtswidrige Abstellungsverfügung kann unter besonderen Voraussetzungen eine zum Schadensersatz verpflichtende Amtspflichtverletzung sein (vgl. zu einer rechtswidrigen Fusionskontroll-Untersagung LG Köln NZKart 2013, 170 – Hörgeräte). 13

4. Aufgabe von Abhilfemaßnahmen (Abs. 2)

a) Erforderlichkeit. Die Kartellbehörde muss sich nicht mit der Abstellungsverfügung nach Abs. 1 begnügen. Vielmehr kann sie nach Abs. 2 den Unternehmen auch **positiv Maßnahmen** aufgeben, die „für eine wirksame Abstellung der Zuwiderhandlung erforderlich" sind. Damit wird der frühere Grundsatz, dass § 32 nur eine – negative – Untersagung rechtfertigt, nicht aber eine – positive – Verpflichtung zu einem bestimmten Verhalten, aufgegeben (vgl. zur früheren Rechtslage u.a. BGH WuW/E 2967 (2968, 2976) – Strompreis Schwäbisch Hall; OLG Düsseldorf WuW/E DE-R 1439 (1440 f.) – Stadtwerke Mainz). Freilich sind insoweit Eingrenzungen erforderlich. Diese ergeben sich einmal aus dem in Abs. 2 S. 1 ausdrücklich erwähnten Verhältnismäßigkeitsgrundsatz, aber auch daraus, dass Unternehmen zwar keine Kartellverstöße begehen dürfen, aber in der **positiven Gestaltung ihres Verhaltens so lange frei sind, wie dieses nicht gegen Kartellrecht verstößt.** Zulässig ist deswegen nur die Vorgabe eines bestimmten Verhaltens, soweit dies „für eine wirksame Abstellung der Zuwiderhandlung **erforderlich**" ist; diese Formulierung ist Art. 7 Abs. 1 S. 2 Kartellverfahrens-VO entnommen. Das Kriterium der „Erforderlichkeit" ist enger als das der „Eignung". Sind mehrere Abhilfemaßnahmen geeignet, die Abstellung herbeizuführen, hat die Kartellbehörde insoweit keine Auswahlfreiheit. Entweder muss sie dann auf eine Inanspruchnahme des Abs. 2 verzichten oder mehrere gleichermaßen geeignete Maßnahmen alternativ aufgeben. Anders als möglicherweise im EU-Recht (dazu Bechtold/Bosch/Brinker Kartellverfahrens-VO 1/2003 Art. 7 Rn. 17) hat die Behörde insoweit keinen Ermessensspielraum. Sie darf nur das positiv anordnen, was erforderlich ist, also zB keine größere oder länger dauernde Preissenkung vorgeben, wenn schon weniger ausreicht, um den Verstoß zu beseitigen (vgl. dazu auch OLG Düsseldorf WuW/E DE-R 1239 14

(1242) – TEAG). Die auf § 19 gestützte Verfügung kann eine Missbrauchsgrenze festlegen, die sämtliche oberhalb dieser Grenze liegenden Preisgestaltungen erfasst (BGH WuW/E DE-R 1513 (1515) – Stadtwerke Mainz). Es ist möglich, genaue Vorgaben für künftige Vertragsabschlüsse zu machen (Verträge mit Bedarfsdeckung von 80 % für eine Dauer von nicht mehr als zwei Jahren und einer Bedarfsdeckung von 50–80 % für eine Dauer von nicht mehr als vier Jahren; dazu OLG Düsseldorf WuW/E DE-R 219 in Bestätigung der Verfügung des BKartA WuW/E DE-V 1147 – E.ON Ruhrgas, dazu kritisch Dreher/Thomas NJW 2008, 1557). Im Rahmen des § 32 sind Verpflichtungen zur Beseitigung schon eingetretener Schäden nur unter den Voraussetzungen des Abs. 2a möglich (→ Rn. 19 ff.).

15 **b) Verhältnismäßigkeit im engeren Sinne.** Abs. 2 S. 1 sieht außer der Erforderlichkeit der Abhilfemaßnahme auch vor, dass sie „…gegenüber dem festgestellten Verstoß „verhältnismäßig" ist. Der Verhältnismäßigkeitsgrundsatz (im engeren Sinne) schränkt die Befugnis zur Abstellungsverfügung nach Abs. 1 nicht ein, sondern nur die Befugnis der Kartellbehörde, eine Maßnahme positiv vorzuschreiben. Die Belastungen, die dem Unternehmen auferlegt werden, dürfen nicht die Grenzen dessen überschreiten, was zur Erreichung des angestrebten Ziels angemessen und erforderlich ist (OLG Düsseldorf WuW/E DE-R 2081 (2085 f.) – Kalksandsteinwerk). Eine Abstellungsverfügung kann auch dann unverhältnismäßig sein, wenn die Anwendung des Abs. 2 ergibt, dass eine verhältnismäßige Abhilfemaßnahme nicht möglich ist. Dabei bezieht sich der Verhältnismäßigkeitsgrundsatz nach dem klaren Wortlaut des Abs. 2 nicht nur darauf, dass die Abhilfemaßnahme im Vergleich zu möglichen anderen dem **Grundsatz des geringstmöglichen Eingriffs** (es steht also kein milderes Mittel zur Verfügung, dazu OLG Düsseldorf WuW/E DE-R 2081 (2086) – Kalksandsteinwerk) genügen muss, sondern auch darauf, dass eine **Abwägung mit dem festgestellten Verstoß** stattzufinden hat. Wenn sich in Extremfällen ergibt, dass eine konkrete Abhilfemaßnahme deswegen nicht aufgegeben werden kann, weil sie im Vergleich zu dem Verstoß unverhältnismäßig wäre, kann das bedeuten, dass auch die Abstellungsverfügung nach Abs. 1 mit dem Grundsatz der Verhältnismäßigkeit nicht vereinbar ist.

16 **c) Abhilfemaßnahmen verhaltensorientierter oder struktureller Art.** Bis zur 8. GWB-Novelle 2012/2013 enthielt das Gesetz keine ausdrückliche Regelung darüber, dass Abhilfemaßnahmen unter besonderen Voraussetzungen auch „struktureller Art" sein können. Das ist, gerade auch aufgrund des Vergleiches mit Art. 7 Abs. 1 Kartellverfahrens-VO im Allgemeinen so interpretiert worden, dass behördlich angeordnete strukturelle Abhilfemaßnahmen unzulässig sind

17 Abs. 2 geht, wie sich insbes. auch aus S. 2 ergibt, davon aus, dass die angeordnete Abhilfemaßnahme **grds. verhaltensorientierter Natur** sein soll. Das bedeutet, dass der in einem Verhalten bestehende Kartellverstoß dadurch beseitigt werden soll, dass eben dieses Verhalten abgestellt wird. Wenn allerdings der **Kartellverstoß selbst auch struktureller Natur** ist, kommt in erster Linie auch eine strukturelle Abhilfemaßnahme in Betracht. Das ist der Fall, wenn ein Gemeinschaftsunternehmen als solches gegen § 1 bzw. Art. 101 AEUV verstößt, und dieser Verstoß nur dadurch beseitigt werden kann, dass die Gemeinsamkeit der Beteiligungen an dem Gemeinschaftsunternehmen aufgegeben wird (vgl. dazu OLG Düsseldorf WuW/E DE-R 2146 und BGH WuW/E DE-R 2361 – beide zu Nord-KS/Xella; K. Schmidt FS Säcker, 2011, 949; Immenga/Mestmäcker/Emmerich Rn. 34). Aber auch in diesem Fall ist zu prüfen, ob der Verstoß gegen § 1 bzw. Art. 101 AEUV nicht dadurch beseitigt werden kann, dass die Unternehmen bestimmte Verhaltens-Verpflichtungen eingehen, die dann ggf. auch als Verpflichtungszusagen nach § 32b verbindlich gemacht werden können.

18 Im Übrigen sind Abhilfemaßnahmen struktureller Art in Konkretisierung des in S. 1 festgelegten **Erforderlichkeitsgrundsatzes** und des **Grundsatzes des**

geringstmöglichen Eingriffs nur zulässig, wenn verhaltensorientierte Abhilfemaßnahmen von gleicher Wirksamkeit nicht möglich sind, oder wenn verhaltensorientierte Abhilfemaßnahme zu einer größeren Belastung für die beteiligten Unternehmen führen würden als eine geeignete strukturelle Abhilfemaßnahme. Die Kartellbehörde wird diesen Anforderungen nur in **Kooperation mit dem betroffenen Unternehmen** genügen können. Sie wird, wenn sie die Anordnung struktureller Abhilfemaßnahmen erwägt, dem betroffenen Unternehmen Gelegenheit geben müssen, ggf. aus seiner Sicht „mildere" verhaltensorientierte Abhilfemaßnahmen vorzuschlagen, die den Anforderungen des Abs. 2 S. 1 und 2 genügen. Unter Umständen reicht eine Abstellungsverfügung aus, die sich auf eine Abstellung des kartellrechtswidrigen Verhaltens beschränkt. Den betroffenen Unternehmen bleibt es dann überlassen, der Verfügung entweder dadurch nachzukommen, dass das Verhalten insgesamt aufgegeben wird, oder den Sachverhalt so umzugestalten, dass er kartellrechtlich zulässig ist, zB durch Umgestaltung eines gegen § 1 verstoßenden kooperativen in ein danach zulässiges konzentratives Gemeinschaftsunternehmen (vgl. dazu OLG Düsseldorf WuW/E DE-R 2146 (2152 f.) – Nord-KS/Xella; dazu auch Beschluss über die Nichtzulassung der Rechtsbeschwerde BGH WuW/E DE-R 2361 (2363); vgl. dazu auch Lohse FS Säcker, 2011, 827).

5. Rückerstattung der Vorteile (Abs. 2a)

Die **8. GWB-Novelle 2012/2013** hat Abs. 2a neu eingefügt. Er bestätigt die 19
zum alten Recht ergangene Rspr., wonach die Kartellbehörde schon im Rahmen des früheren § 32 Abs. 1 und 2 die Verpflichtung begründen konnte, die „durch den Kartellverstoß erwirtschafteten Vorteile an die Kunden zurückzuerstatten" (so BGH in einem obiter dictum WuW/E DE-R 2538 (2540) – Stadtwerke Uelzen). Diese Möglichkeit ging uE über den Wortlaut des Gesetzes deutlich hinaus. Wenn von „Abstellung" der Zuwiderhandlung gesprochen wird, bedeutet das Abstellung für die Zukunft; die Abstellungsverfügung ist ihrer Natur nach darauf gerichtet, Schädigungen in der Zukunft zu vermeiden, nicht Vergangenheitsschäden zu vermeiden (→ Rn. 10; ausf. auch Fuchs ZWeR 2009, 176; Reher/Haellmigk WuW 2010, 513). Diese Bedenken gibt es angesichts der ausdrücklichen Regelung im Gesetz nicht mehr. Die Kartellbehörde hat im Rahmen ihres pflichtgemäßen Ermessens die Wahl, Rückerstattung nach Abs. 2a oder Vorteilsabschöpfung anzuordnen (BGH NZKart 2023, 369 (371) – Wasserpreise Gießen).

Nach S. 1 kann die Kartellbehörde eine **„Rückerstattung"** der aus dem kartell- 20
rechtswidrigen Verhalten erwirtschafteten **Vorteile** anordnen. In der der Gesetzesänderung vorangegangenen Entscheidung des BGH (BGH WuW/E DE-R 2538 (2540) – Stadtwerke Uelzen) hatte diese allgemein von der Möglichkeit gesprochen, „Maßnahmen anzuordnen, die der Beseitigung einer geschehenen, aber noch gegenwärtigen Beeinträchtigung dienen". Dazu gehöre die Anordnung, die durch das missbräuchliche Verhalten erwirtschafteten Vorteile zurückzuerstatten. Das Gesetz stellt nicht mehr allgemein auf die Beseitigung der Beeinträchtigung ab, sondern nur auf die Rückerstattung der Vorteile. Durch diese spezifische Anordnung ist klargestellt, dass eine **darüber hinausgehende Anordnung zur Beseitigung einer Beeinträchtigung nicht zulässig** ist. Es muss also festgestellt werden, ob und welche „Vorteile" das betroffene Unternehmen aus dem abzustellenden Kartellverstoß erzielt hat und noch erzielt. Dabei kann es, wie auch aus dem Begriff der „Rückerstattung" deutlich wird, nur um **geldwerte Vorteile** gehen. Nicht jeder Kartellverstoß führt zu derartigen Vorteilen, sodass Abs. 2a keineswegs in jedem Fall der Abstellungsverfügung anwendbar ist. Vorteile sind ohne Weiteres anzunehmen bei Preismissbräuchen oder horizontalen Preiskartellen, im Regelfall aber nicht bei vertikalen Kartellverstößen. Die Höhe der Vorteile muss von der Kartellbehörde **exakt festgestellt** werden; Beweiserleichterungen sieht das Gesetz insoweit nicht

vor. Die Schätzungsmöglichkeit ist in S. 2 ausdrücklich nur für die „in den erwirtschafteten Vorteilen enthaltenen Zinsvorteile“ vorgesehen. Soweit die Vorteile nur in einem möglichen Zinsvorteil bestehen, können sie insgesamt geschätzt werden. Das gilt also im Gegenschluss nicht für die Vorteile, die nicht als Zinsvorteile identifiziert werden können.

21 Nach **S. 3** sind die nach Ablauf der in der Abstellungsverfügung bestimmten Frist für die Rückerstattung bis dahin erwirtschafteten Vorteile entsprechend § 288 Abs. 1 S. 2 BGB, § 289 S. 1 BGB zu verzinsen. Diese Vorschrift hat nach der Begründung zum RegE (BT-Drs. 17/9852, 27) folgenden Hintergrund: Die **Beschwerde** gegen eine Rückerstattungsverfügung nach § 32 Abs. 2a S. 1 hat nach dem (durch die 8. GWB-Novelle 2012/2013 ebenfalls neu gefassten) § 64 Abs. 1 Nr. 2 **aufschiebende Wirkung.** Das bedeutet, dass der Rückzahlungsanordnung erst nachgekommen werden muss, wenn die Verfügung rechtskräftig ist. Dadurch erlangt das betroffene Unternehmen uU Zinsvorteile, die unabhängig davon, dass die zurück zu erstattenden Vorteile teilweise auch Zinsvorteile erfassen können, zu verzinsen sind. S. 3 bezieht sich auf den Zeitraum zwischen dem Ablauf der in der Abstellungsverfügung bestimmten Frist bis zur tatsächlichen Rückerstattung. Die Kartellbehörde ist nicht gehalten, bei der Bestimmung der Frist für die Rückerstattung die Möglichkeit der Beschwerdeeinlegung und deren aufschiebende Wirkung zu berücksichtigen; vielmehr kann die Frist so bemessen werden, dass die Zahlung binnen zB zwei Wochen nach Zustellung der Verfügung zu erfolgen hat. Die Regelungen der §§ 288 Abs. 1 S. 2 und 289 S. 1 BGB betreffen Verzugszinsen. Der Zinssatz, der nach § 32 Abs. 2a S. 3 anzuwenden ist, beträgt hiernach 5 % über dem Basiszinssatz; die hiernach auflaufenden Zinsen sind aber ihrerseits nicht noch einmal zu verzinsen (das scheint Sinn der Verweisung auf § 289 S. 1 BGB zu sein). Die Begr. z. RegE (BT-Drs. 17/9852, 27) spricht davon, dass Abs. 2 S. 3 „eine Pauschalierung wie im Falle des Verzugs mit Verbraucherbeteiligung“ vorsehe. Dadurch würden die „Rückerstattungsbegünstigten auch bei Massensachverhalten, um die es sich hier nach den bisherigen Erfahrungen meist handelt, zumindest im Wesentlichen so gestellt, als ob sie selbst als Verbraucher die Rückerstattung gefordert hätten“.

22 Abs. 2a enthält keine Regelung darüber, wie die Rückerstattung im Einzelnen zu erfolgen hat. Die **Rückerstattungsanordnung** setzt voraus, dass in vollstreckbarer Weise angeordnet wird, an wen nach welchen Verteilungsmaßstäben die Rückerstattung zu erfolgen hat. Das ist in Fällen, in denen zB missbräuchlich überhöhte Preise von auch nachträglich identifizierbaren Abnehmern verlangt worden sind, möglich. Es reicht dann aus, wenn in der Verfügung der auf die einzelnen Abnehmer entfallende Überhöhungsbetrag (zB in Prozentsätzen) angegeben wird und aufgrund einer generellen Umschreibung der begünstigten Rückerstattungsempfänger auch vollstreckungsrechtlich genau festgestellt werden kann, an wen die Rückerstattung zu erfolgen hat. Die Pflicht zur Rückerstattung der Vorteile setzt nicht voraus, dass die Rückerstattungsempfänger selbst einen entsprechenden Schaden erlitten haben. Das hat insbes. Bedeutung für die Massengeschäfte, zB bei überhöhten Preisen für Konsumartikel, die über den Handel an Endverbraucher vertrieben wurden. Der Handel hat möglicherweise wirtschaftlich keinen Schaden erlitten, weil er ohne Weiteres in der Lage war, die überhöhten Preise an die Verbraucher weitergeben. Das einzelne Handelsunternehmen kann Rückerstattungsempfänger sein, auch wenn es nicht verpflichtet und möglicherweise auch nicht in der Lage ist, den Vorteil an den eigentlich geschädigten Endverbraucher weiterzugeben. Wahrscheinlich wird man dies bezüglich der Beweislastverteilung des § 33 Abs. 3 S. 2 zur passing-on-defense berücksichtigen müssen.

6. Feststellung einer beendeten Zuwiderhandlung (Abs. 3)

23 **a) Allgemeines.** Abs. 3 entspricht **Art. 7 Abs. 1 S. 4 Kartellverfahrens-VO.** Dort wird allerdings nicht allgemein davon gesprochen, dass ein „berechtigtes Inte-

resse besteht“, sondern davon, dass „die **Kommission ein berechtigtes Interesse**“ haben muss. Diese Personifizierung des berechtigten Interesses ist im deutschen Recht nicht vorgesehen. Daraus ergeben sich aber keine größeren Unterschiede, weil berechtigte Interessen anderer zugleich auch berechtigte Interessen der Behörde sein können. Die Feststellung setzt voraus, dass die Zuwiderhandlung **beendet** ist und deswegen eine Verfügung nach Abs. 1 nicht (mehr) möglich ist. Auch die ernsthafte Begehungs- und Wiederholungsgefahr ist ein Fall des Abs. 1 (→ Rn. 10); Maßnahmen nach Abs. 3 kommen insoweit auch nicht in Betracht, wenn diese Gefahr von Dritten ausgeht, weil es sich dann um eine andere Zuwiderhandlung handelt, als die, die iSv Abs. 3 „beendet“ ist (aA BGH WuW/E DE-R 2408 (2413) – Lottoblock; dazu auch Westermann ZWeR 2010, 81 (87); wie hier MüKoWettbR/Spiecker Rn. 81). Zur Feststellung einer noch andauernden oder bevorstehenden Zuwiderhandlung → Rn. 10. Festgestellt werden kann nur eine Zuwiderhandlung von Unternehmen, nicht der Verstoß von Landesgesetzen gegen Art. 101 AEUV (BGH WuW/E DE-R 2408 (2419) – Lottoblock; aA Westermann ZWeR 2010, 81 (88)).

b) Berechtigte Interessen. Ein berechtigtes Interesse an einer Feststellungsverfügung nach Abs. 3 besteht insbes. dann, wenn die Gefahr besteht, dass die beteiligten Unternehmen die beanstandete Praxis wieder aufnehmen und die Feststellungsverfügung auch der **Klarstellung der Rechtslage** dient. Allerdings bewirkt die Feststellungsentscheidung nach § 32 Abs. 3 nicht, dass ein erneuter Verstoß dagegen ohne Weiteres ordnungswidrig ist. Zu Recht sieht § 81 Abs. 2 Nr. 2 lit. a nur vor, dass der Verstoß gegen eine Anordnung nach § 32 Abs. 1 ordnungswidrig ist, nicht auch ein solcher gegen den Inhalt einer Feststellungsentscheidung nach Abs. 3. Ein möglicherweise ähnlich wirksamer Sanktionsmechanismus ergibt sich aber daraus, dass die bestandskräftige Feststellungsentscheidung nach Abs. 3 die Realisierung eines Schadensersatzanspruches aufgrund der Bindungswirkung der Entscheidung nach § 33 Abs. 4 wesentlich erleichtert. Im Hinblick insbes. auf diese Bindungswirkung kann sich das berechtigte Interesse auch daraus ergeben, dass **Dritte Schadensersatzansprüche** geltend machen können (vgl. Bunte/Bornkamm/Tolkmitt Rn. 64; aA Loewenheim/Meessen/Riesenkampff/Kersting/Meyer-Lindemann/Otto Rn. 22). Eine Kartellbehörde handelt grds. nicht ermessenswidrig, wenn sie das berechtigte Interesse an der Feststellung allein mit den möglichen Schadensersatzansprüchen Dritter begründet. Dabei ist nicht erforderlich, dass sich schon konkret Anspruchsteller gemeldet haben; die Feststellungsentscheidung kann auch den Zweck verfolgen, dass durch sie Dritte motiviert werden, Schadensersatzansprüche geltend zu machen. 24

7. Verfahren

Für das Verfahren gelten die allgemeinen Regeln. Vor Erlass der das betroffene Unternehmen belastenden Verfügung ist diesem mit einer **„Abmahnung“** rechtliches Gehör zu gewähren (→ § 56 Rn. 2). Die Abstellungsverfügung und die Feststellungsverfügung sind mit der Beschwerde nach § 73 Abs. 1 anfechtbar. Die Beschwerde gegen die Verfügung nach Abs. 1 und 2 hat **keine aufschiebende Wirkung,** wohl aber die Beschwerde gegen die Rückerstattungsanordnung nach Abs. 2a (→ Rn. 21). Die Beschwerde gegen die Feststellungsverfügung nach Abs. 3 hat ebenfalls keine aufschiebende Wirkung. Allerdings ist kaum eine Konstellation denkbar, in der die Wiederherstellung der aufschiebenden Wirkung bei der Feststellungsverfügung Sinn machen dürfte; die Bindungswirkung nach § 33 Abs. 4 ist an die „Bestandskraft“ der Verfügung geknüpft, die sich nicht aus der sofortigen Vollziehbarkeit, sondern nur aus der Erschöpfung der Rechtsmittel ergibt. Soweit die Beschwerde keine aufschiebende Wirkung hat, kann die Kartellbehörde nach § 65 Abs. 3 S. 2 die Vollziehung aussetzen; die gleiche Befugnis hat das Beschwerde- 25 gericht nach § 65 Abs. 3 S. 1. Unberührt davon, ob eine aufschiebende Wirkung besteht oder nicht, ist die **unmittelbare Geltung der zugrunde liegenden Verbotsvorschrift,** die sich auch in einem Bußgeld oder in einer Schadensersatzverpflichtung nach § 33 Abs. 1 konkretisieren kann.

§ 32a Einstweilige Maßnahmen

(1) [1]**Die Kartellbehörde kann von Amts wegen einstweilige Maßnahmen anordnen, wenn eine Zuwiderhandlung im Sinne des § 32 Absatz 1 überwiegend wahrscheinlich erscheint und die einstweilige Maßnahme zum Schutz des Wettbewerbs oder aufgrund einer unmittelbar drohenden, schwerwiegenden Beeinträchtigung eines anderen Unternehmens geboten ist.** [2]**Dies gilt nicht, sofern das betroffene Unternehmen Tatsachen glaubhaft macht, nach denen die Anordnung eine unbillige, nicht durch überwiegende öffentliche Interessen gebotene Härte zur Folge hätte.**

(2) [1]**Die Anordnung gemäß Absatz 1 ist zu befristen.** [2]**Die Frist kann verlängert werden.** [3]**Sie soll insgesamt ein Jahr nicht überschreiten.**

1. Zweck der Regelung

1 § 32a ist durch die 7. GWB-Novelle 2005 in das Gesetz eingefügt worden. Er entsprach **Art. 8 Kartellverfahrens-VO.** Dort ist der Wortlaut des Abs. 1 ergänzt durch die Worte „wegen auf der Grundlage einer prima facie festgestellten Zuwiderhandlung".

2 Die 10. GWB Novelle 2021 hat Abs. 1 neu gefasst. Nach dem RegE 10. GWB-Novelle 2021 (S. 83 f.) sind die Anforderungen des bisherigen Abs. 1 und des Art. 8 Kartellverfahrens-VO zu hoch, sodass die bisherige Regelung nicht praxistauglich war. Eine Kollision mit der ECN+-Richtlinie wird nicht gesehen, obwohl sich diese wiederum am Wortlaut des Art. 8 Kartellverfahrens-VO orientiert, weil insofern lediglich der Mindeststandard gesetzt wird und es ist nach Erwägungsgrund 38 ECN+-Richtlinie jedem Mitgliedsstaat freisteht, die nationalen Wettbewerbsbehörden mit umfassenderen Befugnissen auszustatten.

2. Voraussetzungen

3 Die **einstweilige Anordnung** kann **nur bei Zuwiderhandlungen nach § 32 Abs. 1,** also gegen Vorschriften des materiellen Kartellrechts sowie Art. 101 und 102 AEUV erlassen werden. **Formelle** Voraussetzung ist ein Verfahren nach § 54 mit dem Ziel einer Verfügung nach § 32 Abs. 1 (Bunte/Bornkamm/Tolkmitt Rn. 4; MüKoWettbR/Spiecker Rn. 4). Abs. 1nF senkt die Eingriffsvoraussetzungen gegenüber Abs. 1 aF. Bisher war der Erlass der einstweiligen Anordnung nur in dringenden Fällen und bei Gefahr eines ernsten, nicht wiedergutzumachenden Schadens möglich. Nunmehr reicht es aus, dass eine **Zuwiderhandlung gegen § 32 überwiegend wahrscheinlich** erscheint und die einstweilige **Maßnahme zum Schutz des Wettbewerbs** oder **aufgrund einer unmittelbar drohenden, schwerwiegenden Beeinträchtigung eines anderen Unternehmens geboten** ist.

4 Nach der BRegEntw 10. GWB-Novelle 2021 (S. 83 f.) bedeutet **überwiegend wahrscheinlich,** dass **absolute Sicherheit für das Vorliegen einer Zuwiderhandlung nicht erforderlich ist;** ausreichend ist, dass im Erlasszeitpunkt der einstweiligen Maßnahme nach vorläufiger Prüfung es wahrscheinlicher ist, dass ein Verstoß auch im Hauptverfahren festgestellt wird, als dass dies nicht der Fall ist („more likely than not"; dies ist letztlich das Beweismaß nach § 287 ZPO: Podszun/Deuschle WuW 2020, 613 (617)). Die bisherige Anforderung einer prima facie festge-

stellten Zuwiderhandlung soll nach dem Willen des Gesetzgebers aufgegeben und herabgesetzt werden.

3. Schutz des Wettbewerbs oder schwerwiegende Beeinträchtigung eines anderen Unternehmens

a) Schutz des Wettbewerbs. Nach Abs. 1 nF kann die einstweilige Maßnahme **zum Schutz des Wettbewerbs** erlassen werden. Dies setzt richtigerweise ein marktstrukturelles Element voraus. Ein einfacher Verstoß gegen die in § 32 Abs. 1 genannten Regelungen reicht dazu nicht aus; man wird vielmehr eine Zuwiderhandlung verlangen, die die Marktstruktur negativ verändert oder auf andere Weise stark in den Wettbewerb eingreift (dazu Podszun/Deuschle WuW 2019, 613 (617)). 5

b) Schwerwiegende Beeinträchtigung eines anderen Unternehmens. Eine einstweilige Anordnung kann auch erlassen werden, wenn dies **aufgrund einer unmittelbar drohenden schwerwiegenden Beeinträchtigung eines anderen Unternehmens geboten** ist (dazu BRegEntw 10. GWB-Novelle 2021, 84). Die Anforderungen an den Erlass der einstweiligen Anordnungen sind damit höher als im Falle einer einstweiligen Anordnung zum Schutz des Wettbewerbs. Voraussetzung einer einstweiligen Anordnung ist in diesem Fall, dass die **Beeinträchtigung bereits andauert oder in nächster Zukunft zu erwarten** ist. Hinreichend **schwerwiegend soll die Beeinträchtigung dann sein, wenn die Wettbewerbsposition des betroffenen Unternehmens nachhaltig beschädigt** werden kann, oder gar befürchtet werden muss, dass das Unternehmen aus dem Markt ausscheidet. Letztlich läuft dies darauf hinaus, dass die Behörde prüfen muss, ob gerade die **Eilmaßnahme erforderlich** und **im Hinblick auf die wettbewerblichen Interessen des betroffenen Unternehmens verhältnismäßig** ist (BRegEntw 10. GWB-Novelle 2021, 84). 6

4. Unbillige Härte (Abs. 1 S. 2)

Nach Abs. 1 S. 2 kann das betroffene Unternehmen den Erlass der einstweiligen Anordnung abwehren, wenn es Tatsachen glaubhaft macht, nach denen die Anordnung eine **unbillige, nicht durch überwiegende öffentliche Interessen gebotene Härte** zur Folge hat. Letztlich bedeutet dies eine teilweise Umkehr der Darlegungs- und Beweislast zulasten des Unternehmens, gegen das die einstweilige Anordnung ergeht. Die **Glaubhaftmachung** setzt **substantiierten Vortrag** zu den Umständen voraus, die die besondere Härte begründen. 7

5. Inhalt der Entscheidung

a) Begrenzung durch den Gegenstand einer möglichen Hauptsacheentscheidung nach § 32. Die einstweilige Maßnahme muss sich im Rahmen dessen halten, was auch Ergebnis eines Hauptsacheverfahrens nach § 32 sein kann (vgl. dazu auch Bunte/Bornkamm/Tolkmitt Rn. 9; Immenga/Mestmäcker/Bach Rn. 27). Es dürfen mit ihr insbes. keine Zwecke verfolgt werden, die nichts mit dem Zweck des Hauptsacheverfahrens zu tun haben. Da dieses aber noch nicht abgeschlossen ist, dürfen an eine Konkretisierung dieser Zwecke und das Vorliegen der Voraussetzungen des Erlasses einer entsprechenden Hauptsacheentscheidung **keine zu strengen Anforderungen** gestellt werden. Es muss ausreichen, dass das aufgegebene Verhalten nach dem bisherigen Sachstand rechtmäßig erscheint oder zumindest hinsichtlich seiner Berechtigung keine ernstlichen Zweifel bestehen. Bestehen – umgekehrt – erhebliche Zweifel, ob die Entscheidung auch in der Hauptsache nach § 32 ergehen könnte, darf die einstweilige Maßnahme nicht erlassen werden (vgl. dazu 8 auch KG WuW/E 5151 (5160) – Ernstliche Untersagungszweifel und → § 60 Rn. 7).

9 **b) Vorläufige und sichernde Natur der einstweiligen Maßnahme.** Die einstweilige Maßnahme darf nur vorläufiger und sichernder Art sein und muss auf das nach der gegebenen Sachlage Notwendige beschränkt bleiben. Die einstweilige Maßnahme kann über die Anordnung, ein bestimmtes Verhalten abzustellen, hinaus auch **vorläufige und sichernde Maßnahmen** aufgeben, die im Rahmen des Hauptsacheverfahrens nach § 32 Abs. 2 möglich sind; keinesfalls dürfen sie aber darüber hinausgehen. Grundsätzlich darf die Anordnung auch **nicht die Hauptsache vorwegnehmen;** insoweit sind aber Ausnahmen – ähnlich wie im Recht der einstweiligen Verfügung nach § 929 ZPO – denkbar (vgl. dazu Immenga/Mestmäcker/Bach Rn. 29; Loewenheim/Meessen/Riesenkampff/Kersting/Meyer-Lindemann/Otto Rn. 11; vgl. auch Bunte/Bornkamm/Tolkmitt Rn. 5: Hauptsache darf nicht „präjudiziert" werden). Wenn das Unternehmen nach einer entsprechenden Abmahnung eine **Zusage** gibt, dass das Verhalten und der Schaden für den Wettbewerb abgestellt werden, besteht iSd Abs. 1 keine Gefahr eines ernsten, nicht wieder gut zu machenden Schadens für den Wettbewerb. Allerdings kann die Kartellbehörde geeignete **Sicherheiten** verlangen, die diese Gefahr ausschließen. Werden diese Sicherheiten nicht beigebracht und bestehen trotz Zusage des Unternehmens Anhaltspunkte dafür, dass das Verhalten und die Schädigung fortgesetzt werden, können auf die Fortsetzung beschränkte einstweilige Maßnahmen verhängt werden.

6. Befristung (Abs. 2)

10 Abs. 2 sieht vor, dass die Anordnung zu befristen ist. Die Notwendigkeit der Befristung, die auch in Art. 8 Abs. 2 Kartellverfahrens-VO – dort allerdings ohne die Höchstgrenze von einem Jahr – vorgesehen ist, entspricht der „Einstweiligkeit" der Maßnahme. Endgültige Maßnahmen können nur im Rahmen des § 32 getroffen werden. Die Befristung ist **verlängerbar,** nach S. 3 aber insgesamt grds. auf **nicht mehr als ein Jahr.** Dem liegt die Überlegung zugrunde, dass es der Kartellbehörde möglich sein muss, bei Fortbestehen der Gefahr des Schadens für den Wettbewerb binnen eines Jahres eine **Hauptsacheverfügung** nach § 32 zu erlassen. Gelingt ihr das nicht, ist eine einstweilige Maßnahme grds. nicht berechtigt. Allerdings ist die Höchstbefristung auf ein Jahr nur in einer Soll-Vorschrift enthalten. Das bedeutet, dass eine Verlängerung auf insgesamt **mehr als ein Jahr** nur möglich ist, wenn dafür **außergewöhnliche Umstände** vorliegen, die sich nicht nur auf den Fortbestand der Gefährdung beziehen, sondern insbes. auch darauf, dass es noch nicht möglich war, eine Entscheidung nach § 32 zu erlassen. Steht fest, dass eine Entscheidung nach § 32 aus formalen oder materiellen Gründen nicht möglich ist, kann die einstweilige Maßnahme nicht aufrechterhalten bleiben. Die Kartellbehörde ist, auch innerhalb der von ihr festgesetzten Fristen, verpflichtet, die einstweilige Maßnahme **aufzuheben,** wenn die Gefahr für den Wettbewerb endgültig beseitigt ist und deswegen keine Gefahr mehr für den Wettbewerb besteht.

7. Verfahren

11 **a) Verwaltungsverfahren.** Die Kartellbehörde kann die einstweilige Maßnahme **von Amts wegen** erlassen. Voraussetzung ist ein bereits auf eine Verfügung nach § 32 Abs. 1 gerichtetes Verwaltungsverfahren (Bunte/Bornkamm/Tolkmitt Rn. 4; MüKoWettbR/Spiecker Rn. 4). Das schließt ebenso wie in den Fällen des § 32 nicht aus, dass die Kartellbehörde auf Antrag eines Unternehmens tätig wird, das durch das angegriffene Verhalten geschädigt wurde oder geschädigt zu werden droht. Der Beschwerdeführer hat aber **keinen Anspruch** auf ein Tätigwerden der Kartellbehörde (vgl. zur Rechtslage im EU-Recht Bechtold/Bosch/Brinker VO 1/2003

Art. 8 Rn. 7). § 32a aber soll nicht den Eilrechtschutz auf dem Zivilrechtsweg ersetzen.

Ebenso wie im EU-Recht ist die Kartellbehörde verpflichtet, dem durch die einstweilige Maßnahme benachteiligten Unternehmen **rechtliches Gehör** zu gewähren. Bei besonders hoher Gefährdung für den Wettbewerb ist es zwar nicht ausgeschlossen, dass die Kartellbehörde die einstweilige Maßnahme ohne vorherige Anhörung des betroffenen Unternehmens verfügt; sie muss ihm dann aber unverzüglich nach Erlass rechtliches Gehör einräumen. Führt die Stellungnahme des Unternehmens dazu, dass die Kartellbehörde die einstweilige Maßnahme nicht mehr erlassen würde, ist sie aufzuheben. **11a**

b) Rechtsschutz. Gegen die einstweilige Maßnahme ist **Beschwerde** desjenigen Unternehmens zulässig, gegen das sich die Maßnahme richtet. Die Beschwerde hat **keine aufschiebende Wirkung.** Das Beschwerdegericht kann die Vollziehung der einstweiligen Maßnahme aussetzen. Die Aussetzung soll nach § 67 Abs. 3 S. 2 erfolgen, wenn die Vollziehung für den Betroffenen eine unbillige, nicht durch überwiegende öffentliche Interessen gebotene Härte zur Folge hätte. Gegen die Entscheidung des Beschwerdegerichts ist die **Rechtsbeschwerde** zulässig, wenn das OLG die Rechtsbeschwerde zugelassen hat. **12**

§ 32b Verpflichtungszusagen

(1) [1]**Bieten Unternehmen im Rahmen eines Verfahrens nach § 30 Absatz 3, § 31b Absatz 3 oder § 32 an, Verpflichtungen einzugehen, die geeignet sind, die ihnen von der Kartellbehörde nach vorläufiger Beurteilung mitgeteilten Bedenken auszuräumen, so kann die Kartellbehörde für diese Unternehmen die Verpflichtungszusagen durch Verfügung für bindend erklären.** [2]**Die Verfügung hat zum Inhalt, dass die Kartellbehörde vorbehaltlich des Absatzes 2 von ihren Befugnissen nach den § 30 Absatz 3, § 31b Absatz 3, §§ 32 und 32a keinen Gebrauch machen wird.** [3]**Sie kann befristet werden.**

(2) **Die Kartellbehörde kann die Verfügung nach Absatz 1 aufheben und das Verfahren wieder aufnehmen, wenn**
1. **sich die tatsächlichen Verhältnisse in einem für die Verfügung wesentlichen Punkt nachträglich geändert haben,**
2. **die beteiligten Unternehmen ihre Verpflichtungen nicht einhalten oder**
3. **die Verfügung auf unvollständigen, unrichtigen oder irreführenden Angaben der Parteien beruht.**

1. Zweck der gesetzlichen Regelung

§ 32b, der durch die 7. GWB-Novelle 2005 eingeführt wurde, entspricht **Art. 9 Kartellverfahrens-VO** (Kahlenberg/Neuhaus EuZW 2005, 620). Im System der unmittelbaren Anwendung des Art. 101 Abs. 3 AEUV gibt es keine Freistellungsentscheidungen der Kartellbehörde. Der Gesetzgeber wollte – ebenso wie der Verordnungsgeber der Kartellverfahrens-VO – auch die Möglichkeit formeller Negativatteste ausschließen, weil dadurch gegen die Ziele der **„Selbstveranlagung"** durch die Unternehmen ein Druck entstanden wäre, Einzelfälle vorab zu klären und für die Unternehmen positiv zu entscheiden. § 32b geht von einem Verfahren aus, das von der Kartellbehörde mit dem **Ziel einer Abstellungsverfügung nach § 32** betrieben wird. Diese kann vermieden werden, wenn eine von der Kartellbehörde **für möglich gehaltene Zuwiderhandlung** durch eine Zusage der betroffenen Unternehmen ausgeschlossen wird. Für diesen Fall besteht die Notwendigkeit, nicht die Aussage der Kartellbehörde, sondern die Zusage für verbindlich zu **1** erklären. § 32b hat also die Funktion, die **Zusagen** von Unternehmen **verbindlich zu machen.** Die Entscheidung der Kartellbehörde enthält **keine verbindliche Aussage über die Rechtmäßigkeit** oder Rechtswidrigkeit des die Entscheidung auslösenden Verhaltens. Als Grundlage der Entscheidung reicht eine **„vorläufige Beurteilung"** dahingehend aus, dass die Behörde einerseits Zweifel an der Rechtmäßigkeit des Verhaltens hat, andererseits sich aber sicher darin ist, dass dieses Verhalten jedenfalls dann rechtmäßig ist, wenn das Unternehmen die erteilte Zusage einhält. Die 8. GWB-Novelle 2012/2013 hat den Anwendungsbereich des § 32b ausgeweitet auf Missbrauchsverfahren gegen Preisbindungen und Branchenvereinbarungen im Pressebereich (§ 30 Abs. 3) und Wasserversorgungsunternehmen (§ 31b Abs. 3). Bei ihnen handelt es sich um Verfahren, die anders als die nach § 32 konstitutiv zu Verfügungen führen. Prominente Beispiele sind die Verpflichtungszusagen zur kollektiven Vermarktung der Medienrechte der Bundesliga (BKartA WuW 2016, 384; BKartA Fallbericht vom 9.12.2020 B6-28/19)) und die Sonderbedingungen der deutschen Kreditwirtschaft zu Online-Bezahldiensten (BKartA WuW 2016, 548).

2. Voraussetzungen für die Annahme einer Verpflichtungszusage

2 **a) Grundsatz.** § 32b Abs. 1 sieht als Rechtsfolge vor, dass die Kartellbehörde Verpflichtungszusagen im Wege einer Verfügung für bindend für die Unternehmen erklären kann. Abs. 1 geht davon aus, dass die Kartellbehörde ein Verfahren mit dem Ziel durchführt, eine **Entscheidung zur Abstellung** einer Zuwiderhandlung gegen die §§ 1, 19–21 und/oder Art. 101 AEUV oder Art. 102 AEUV oder eine Missbrauchsverfügung nach § 30 Abs. 3 oder § 31b Abs. 3 zu erlassen. Die Kartellbehörde muss diese Absicht den Unternehmen kommuniziert haben. Dabei reicht es aus, dass die Kartellbehörde zu der **vorläufigen Beurteilung** gelangt ist, dass ein bestimmtes Verhalten gegen die genannten Vorschriften verstoßen kann. Das betroffene Unternehmen kann **dann zur Abwendung einer Entscheidung Verpflichtungen** anbieten. Diese müssen geeignet sein, die von der Kommission mitgeteilten Bedenken auszuräumen.

3 **b) Verfahren mit dem Ziel einer Abstellungsverfügung.** Die Kartellbehörde muss zunächst im Rahmen eines entweder **von Amts wegen** oder aufgrund einer **Beschwerde** eingeleiteten Verfahrens einen konkreten Sachverhalt ermitteln und diesen einer genauen Prüfung unterziehen. Insoweit entspricht das Vorgehen der Kartellbehörde demjenigen wie bei jedem anderen Ermittlungsverfahren auch. Die Kartellbehörde ist verpflichtet, aber auch berechtigt, den relevanten **Sachverhalt so weit wie möglich aufzuklären.** Dabei kann sie von ihren Ermittlungsbefugnissen nach §§ 57–59 Gebrauch machen. Die Kartellbehörde muss den Entscheidungsprozess, der dem Erlass einer Abstellungsverfügung vorangeht, aber nicht zu Ende führen. Vielmehr kann sie den Sachverhalt einer **vorläufigen Beurteilung** unterziehen. Die Kartellbehörde muss in sich schlüssige Überlegungen anstellen, dass eine Vereinbarung oder Maßnahme gegen die §§ 1, 19–21 und/oder Art. 101 AEUV oder Art. 102 AEUV verstößt oder missbräuchlich iSv § 30 Abs. 3 oder § 31b Abs. 3 ist. In der Fusionskontrolle (§§ 35 ff.) ist § 32b nicht anwendbar. Eine endgültige, sämtliche Aspekte in Betracht ziehende Abwägung aller sachverhaltsrelevanten Fakten ist nicht erforderlich; sie soll nach dem Zweck des § 32b gerade unterbleiben können. Die Erkenntnisse der Behörde müssen **mehr als die Qualität eines bloßen „Anfangsverdachts"** iSv § 59 erreicht haben (→ § 59 Rn. 7), brauchen aber noch nicht die Anforderungen einer Verfügung nach § 32 zu erfüllen.

4 Die Kartellbehörde muss den Unternehmen ihre vorläufige Beurteilung klar und deutlich **mitteilen.** Es ist nicht erforderlich, dass dies schon im Wege einer förmlichen und alle Aspekte berücksichtigenden „Abmahnung" erfolgt (vgl. dazu

auch Bunte/Bornkamm/Tolkmitt Rn. 6; zweifelnd Immenga/Mestmäcker/Bach Rn. 10; zum Parallelproblem, ob förmliche Beschwerdepunkte erforderlich sind Bechtold/Bosch/Brinker VO 1/2003 Art. 9 Rn. 7). Die Unternehmen müssen in zumutbarer Weise von der Beurteilung und den einzelnen Feststellungen der Kartellbehörde Kenntnis nehmen können. Die Kartellbehörde muss ihre **Absicht** kundtun, aufgrund des bisher ermittelten Sachverhalts das Verfahren mit dem Ziel einer **Abstellungsverfügung** nach § 32 weiterbetreiben zu wollen. Es obliegt dem **Ermessen** der Kartellbehörde, ob sie den Unternehmen so frühzeitig ihre vorläufige Beurteilung mitteilt, damit diese Gelegenheit haben, durch Verpflichtungszusagen den weiteren Gang der Prüfung abzubrechen, oder ob sie das Verfahren von vornherein mit dem Ziel betreibt, eine Abstellungsverfügung nach § 32 zu erlassen. Die Gleichzeitigkeit eines Bußgeldverfahrens (für die Vergangenheit) und eines Verfahrens und einer Entscheidung nach § 32b ist theoretisch zwar vorstellbar, aber kaum sinnvoll, weil die Behörde sich im Bußgeldverfahren gerade nicht mit einer nur „vorläufigen Beurteilung" begnügen darf (vgl. dazu Bornkamm FS Bechtold, 2006, 45 (48 f.)).

c) Angebot der Unternehmen zum Eingehen von Verpflichtungen. 5
Sobald die Kartellbehörde den beteiligten Unternehmen ihre vorläufige Beurteilung mitgeteilt hat, können die betroffenen Unternehmen Verpflichtungszusagen anbieten. Diese Möglichkeit haben sie allerdings auch, wenn die Kartellbehörde schon vor dem Abschluss des Verfahrens steht und den Unternehmen durch eine „Abmahnung" die Absicht mitgeteilt hat, eine Entscheidung nach § 32 (oder § 30 Abs. 3 oder § 31b Abs. 3) zu erlassen. Die Verpflichtungszusagen müssen **geeignet** sein, die nach vorläufiger oder endgültiger Beurteilung mitgeteilten **Bedenken der Kartellbehörde voll auszuräumen.** Insoweit entsprechen die Verpflichtungszusagen nach § 32b weitgehend den Zusagen, die an einem Zusammenschluss beteiligte Unternehmen abgeben können, um eine Untersagung des Zusammenschlusses dadurch abzuwenden, dass eine Freigabe mit Bedingungen und Auflagen nach § 40 Abs. 3 vorgenommen wird (→ § 40 Rn. 29 f.). Anders als im Fusionskontrollverfahren (→ § 36 Rn. 60 und → § 40 Rn. 29) ist die Kontrollbehörde nicht verpflichtet, bei an sich geeigneten Verpflichtungszusagen den Weg des § 32b zu gehen; vielmehr obliegt das dem **Ermessen** der Behörde (Immenga/Mestmäcker/Bach Rn. 22). Die Ablehnung von „Vergleichsvorschlägen" erfolgt ggf. in der Abstellungsverfügung nach § 32 oder Missbrauchsverfügung nach § 30 Abs. 2 oder § 31b Abs. 3 (vgl. dazu BKartA WuW/E DE-V 1177 (1190) – Soda-Club); die Behörde ist nicht zum Erlass einer Ablehnungsverfügung verpflichtet. **Inhaltlich** enthält das Gesetz keine Konkretisierung, was möglicher Inhalt der Verpflichtungszusage und Gegenstand der Bindungserklärung ist. Insbesondere gibt es keine Vorgaben darüber, ob und in welchem Umfang **Verhaltens- und Strukturzusagen** möglich sind. Inhalt kann alles sein, was zum Inhalt einer Abstellungs- oder Missbrauchsverfügung gemacht werden kann und geeignet ist, eine wirksame Abstellung der Zuwiderhandlung zu erreichen. Die nach § 32 Abs. 2 erforderliche Prüfung unter den Gesichtspunkten der **Erforderlichkeit und Verhältnismäßigkeit** kann unterbleiben, wenn die vom Unternehmen „freiwillig" angebotene Zusage jedenfalls **geeignet** ist, den Verstoß auszuräumen. Da die Entscheidung nach § 32b im Ermessen der Behörde steht, kann sie auch ergehen, wenn zwar nicht alle Bedenken ausgeräumt sind, aber aus der Sicht der Kartellbehörde kein Anlass zum Einschreiten mehr besteht (vgl. Bornkamm FS Bechtold, 2006, 45 (53)).

3. Inhalt der Verfügung

a) Selbstbindung der Kartellbehörde. Hält die Kartellbehörde die von den 6
Unternehmen angebotenen Verpflichtungen für ausreichend, um die von ihr in der vorläufigen Beurteilung mitgeteilten Bedenken auszuräumen, kann die Kartell-

behörde die Verpflichtungszusagen akzeptieren und im Wege einer Verfügung für die Unternehmen **für bindend** erklären. Nach Abs. 1 S. 2 hat die Verfügung zum Inhalt, „dass die Kartellbehörde … **von ihren Befugnissen nach § 30 Abs. 3, § 31b Abs. 3, § 32 und § 32a keinen Gebrauch** machen wird". Die Verfügung ist so zu tenorieren, dass die im Einzelnen beschriebenen Verpflichtungserklärungen für bindend erklärt werden und dass die Kartellbehörde von ihrer Befugnis, gegen das Verhalten durch Abstellungs- oder Missbrauchsverfügung vorzugehen, keinen Gebrauch machen wird. Nach S. 3 kann die Verfügung **befristet** werden. Diese Befristung bezieht sich sowohl auf die Bindungserklärung als auch den Verzicht auf die Befugnisse nach § 30 Abs. 3, § 31b Abs. 3 bzw. §§ 32 und 32a; insoweit kann nicht getrennt werden. **Nach Ablauf der Befristung** kann die Behörde das Verfahren **erneut aufgreifen,** wenn es sich nicht anderweitig erledigt hat. Greift sie das Verfahren neu auf, kann es wiederum über § 32b erledigt werden. Die Verfügung der Kontrollbehörde hat **keine Bindungswirkung** für andere zuständige Kartellbehörden und für **zivilrechtliche Auseinandersetzungen,** weder positiv für das betroffene Unternehmen noch negativ im Hinblick auf § 33b (dazu auch Bunte/Bornkamm/Tolkmitt Rn. 25, aber differenzierend; Bornkamm FS Bechtold, 2006, 45 (55); Loewenheim/Meessen/Riesenkampff/Kersting/Meyer-Lindemann/Otto Rn. 16); sie enthält keine Feststellung eines Verstoßes iSd § 33b (BGH WuW/E DE-R 4883 Rn. 22 – Wasserpreise). Eine andere Frage ist aber, ob der Begünstigte zivilrechtlich über § 33a einen Anspruch geltend machen kann (dazu Bunte/Bornkamm Rn. 21; Immenga/Mestmäcker/Bach Rn. 28; OLG Celle NZKart 2023, 34).

7 **b) Rechtsfolgen.** Verwaltungsrechtliche Folge der Bindungserklärung ist, dass die **Einhaltung der Zusage** im Wege des **Verwaltungszwangs** durchgesetzt werden kann. Der Verstoß gegen die Verpflichtungszusage ist nach § 81 Abs. 2 Nr. 2 lit. a **ordnungswidrig.**

8 Grundsätzlich ist die Verfügung der Kartellbehörde für das **verpflichtete Unternehmen nicht anfechtbar** (vgl. dazu auch Bunte/Bornkamm/Tolkmitt Rn. 38; Immenga/Mestmäcker/Bach Rn. 36). Es hat durch die Zusage auf eine verbindliche Entscheidung über den Kartellverstoß verzichtet und die Zusage gerade mit dem Ziel abgegeben, die Auseinandersetzung durch die mit ihm abgestimmte Entscheidung zu beenden. Eine Beschwerde hat keine aufschiebende Wirkung. Insoweit gilt anderes als bei Bedingungen und Auflagen in der Fusionskontrolle, die auf Zusagen der beteiligten Unternehmen beruhen (→ § 40 Rn. 34 ff.). Dort geht es um die Abwendung einer Untersagung, die das BKartA, wenn seine Beurteilung richtig ist, erlassen muss. Bei § 32b geht es um die Abwendung einer Entscheidung nach vorläufiger Beurteilung, die im Ermessen der Behörde steht; **materiell handelt es sich um einen Vergleich,** der die Rechtslage letztlich offen lässt und dem das Unternehmen, wenn es eine Klärung der Rechtslage anstrebt, nicht durch die Zusagen zustimmen darf. Das betroffene Unternehmen kann aber Beschwerde einlegen, wenn es zB die Verbindlichkeit der Zusage oder deren Auslegung durch die Behörde bestreitet (vgl. dazu auch Bornkamm FS Bechtold, 2006, 45 (56 f.)). Verfahrensbeteiligte **Dritte** (Beigeladene), die mit der Hinnahme des Kartellverstoßes durch die Behörde nicht einverstanden sind, können im Regelfall eine materielle Beschwer nicht geltend machen, da eine Ermessensentscheidung der Kartellbehörde vorliegt und diese nicht verpflichtet ist, eine Entscheidung nach § 30 Abs. 3, § 31b Abs. 3 oder § 32 zu treffen (auch dazu Bornkamm FS Bechtold, 2006, 45 (57 f.); Bunte/Bornkamm/Tolkmitt Rn. 40 ff.; Immenga/Mestmäcker/Bach Rn. 37). Anderes gilt für Dritte, die **durch die Zusage** tatsächlich oder rechtlich betroffen sind (vgl. zu einem solchen Fall EuG WuW/E EU-R 1283 Rn. 38–41 – Alrosa; Immenga/Mestmäcker/Bach Rn. 38).

4. Wiederaufnahme des Verfahrens (Abs. 2)

Die Kartellbehörde kann die Verfügung nach Abs. 1 jederzeit im Einvernehmen mit dem betroffenen Unternehmen aufheben. Abs. 2 regelt nicht die **einvernehmliche Aufhebung,** sondern die Aufhebung mit dem Ziel, die **Selbstbindung** (→ Rn. 6) **zu beseitigen.** Die Aufhebung der Verfügung nach Abs. 1 und die Wiederaufnahme des Verfahrens erfolgt durch Verfügung, gegen die die Beschwerde möglich ist. Die Beschwerde hat aber keine aufschiebende Wirkung, sodass, wenn nicht die aufschiebende Wirkung nach § 65 Abs. 3 S. 3 angeordnet wird, mit der Aufhebungsverfügung die Kartellbehörde sofort in die Lage versetzt wird, das **Verfahren nach § 30 Abs. 3, § 31b Abs. 3 oder § 32 wieder aufzunehmen.** Wird im Beschwerdeverfahren die Aufhebungsverfügung ihrerseits aufgehoben, begründet das die Rechtswidrigkeit auch der erneuten, im Widerspruch zur ursprünglichen Verfügung nach § 32b erlassenen Abstellungsverfügung. Diese Rechtswidrigkeit kann aber nur geltend gemacht werden, wenn auch gegen sie Beschwerde eingelegt und ihre Bestandskraft damit verhindert wurde. 9

a) Grundsätze. Die Verfügung nach Abs. 1 begünstigt das betroffene Unternehmen, weil sie die Kartellbehörde dadurch hindert, eine Abstellungs- oder Missbrauchsverfügung zu erlassen. Das gilt aber nicht unbedingt **auf Dauer.** Einmal kann sich das aus der **Befristung** ergeben (→ Rn. 6). Zum anderen kann die Kartellbehörde unter bestimmten Voraussetzungen, die in Abs. 2 geregelt sind, das **Verfahren** entweder von Amts wegen oder auf Antrag **wiederaufnehmen.** Diese Regelung entspricht Art. 9 Abs. 2 Kartellverfahrens-VO. Abs. 2 nennt drei Fallgruppen, bei deren Vorliegen die Wiederaufnahme zulässig ist. Es handelt sich dabei um einen **numerus clausus,** der zulasten des verpflichteten Unternehmens nicht erweitert werden kann; zugunsten des verpflichteten Unternehmens ist eine Wiederaufnahme jederzeit möglich (so zu Recht Immenga/Mestmäcker/Bach Rn. 30). Abs. 2 geht als **spezielle Regelung** den allgemeinen Regeln über die Aufhebung von Verwaltungsakten nach den §§ 48 f. VwVfG vor (so ausdrücklich auch Begr. z. RegE, WuW-Sonderheft, 166). Unabhängig davon kann die Wiederaufnahme mit dem Ziel betrieben werden, dass **zugunsten der beteiligten Unternehmen** die Verpflichtungszusagen nicht mehr bindend sind, weil die Grundlagen für die Bedenken weggefallen sind, aufgrund derer die Unternehmen die Verpflichtungszusagen abgegeben haben. Darauf hat das Unternehmen ggf. einen Anspruch, der sich insbes. aus Art. 12, 14, 2 GG ergeben kann. Demgegenüber ist es außerhalb des Abs. 2 (und vor Ablauf der Befristung) nicht möglich, **zulasten der beteiligten Unternehmen** das Verfahren wieder aufzunehmen, wenn sich die Verpflichtungszusagen der Unternehmen als nicht ausreichend erweisen, um die fortbestehenden Bedenken der Kartellbehörde auszuräumen. 10

b) Änderung der tatsächlichen Verhältnisse (Nr. 1). Die Kartellbehörde kann das Verfahren wieder aufnehmen, wenn sich die tatsächlichen Verhältnisse in **einem für die Verfügung wesentlichen Punkt** nachträglich geändert haben. Diese Änderung kann sich auf die Gründe beziehen, die die Bedenken der Kartellbehörde iSv Abs. 1 ausgelöst haben; sie können sich aber auch darauf beziehen, dass die Zusagen sich als nicht ausreichend erweisen, um die Bedenken auszuräumen. Allerdings kann sich die Änderung der tatsächlichen Verhältnisse nicht allein daraus ergeben, dass die Zusagen sich aufgrund der mit ihnen gemachten praktischen Erfahrungen nicht als ausreichend oder geeignet erweisen, um die Bedenken auszuräumen. Das allein indiziert keine Veränderung der tatsächlichen Verhältnisse, sondern eine frühere Fehleinschätzung, die über Nr. 1 nicht korrigiert werden kann. Nach Ansicht des BGH ist eine Änderung der Sachlage dann nicht gegeben, wenn die Behörde **nachträglich von Tatsachen Kenntnis** erhält, die zum Zeitpunkt der Entscheidung schon vorgelegen haben; die Grundsätze des § 49 Abs. 2 S. 1 Nr. 3 11

VwVfG sollen entsprechend gelten (BGH NZKart 2018, 368 – Holzvermarktung Baden-Württemberg; aA OLG Düsseldorf NZKart 2017, 247 (248)). Eine **Änderung der Rspr.** ist keine Änderung der tatsächlichen Verhältnisse (so auch Immenga/Mestmäcker/Bach Rn. 31).

12 **c) Nichteinhaltung von Verpflichtungszusagen (Nr. 2).** Die Kartellbehörde ist berechtigt, erneut in das Verfahren einzusteigen, wenn die Unternehmen sich nicht an ihre abgegebenen Verpflichtungszusagen halten. Die Kartellbehörde ist grds. **nicht verpflichtet,** zunächst die Durchsetzung der Verpflichtungen im **Verwaltungszwang** zu versuchen oder die Nichteinhaltung als Ordnungswidrigkeit zu verfolgen. Sie ist aber gehalten, die Nichteinhaltung **abzumahnen;** nur wenn diese keinen Erfolg hat, kann sie nach Nr. 2 vorgehen. Weichen die Unternehmen von den Zusagen ab und erfüllen sie diese nicht, fällt eine wesentliche Grundlage für die Einstellung des Verfahrens durch die Kartellbehörde weg. Es gibt dann keinen Grund mehr, weshalb die Kartellbehörde daran gehindert sein sollte, das Verfahren weiter zu betreiben oder erneut in dieses einzusteigen. Sie hat dann die Möglichkeit, ihre ursprüngliche Absicht weiter zu verfolgen und eine Abstellungsverfügung zu erlassen. Sie ist nicht verpflichtet, dieses wieder eingeleitete Verfahren aufgrund neuer Verpflichtungszusagen nach § 32b zu erledigen; sie kann dann gerade im Lichte nicht eingehaltener Zusagen eine Verfahrenserledigung nach § 32b Abs. 1 ablehnen und eine **Abstellungsverfügung nach § 32 oder Missbrauchsverfügung nach § 30 Abs. 3 oder § 31b Abs. 3** erlassen.

13 **d) Unvollständige, unrichtige oder irreführende Angaben der Parteien (Nr. 3).** Nr. 3 ermächtigt die Kartellbehörde, die Verfügung nach Abs. 1 aufzuheben und das Verfahren wieder neu aufzunehmen, wenn die Verfügung nach Abs. 1 auf einem den Parteien vorwerfbaren Verhalten beruht. Es ist eine **Kausalität** erforderlich zwischen den Angaben der Parteien einerseits und der Hinnahme der Verpflichtungszusage und der Verfahrenseinstellung nach § 32b durch die Kartellbehörde andererseits. Die Mängel in den Angaben der Parteien können sich entweder auf die Beurteilung der Zuwiderhandlung durch die Kartellbehörde oder auf den Inhalt oder die Eignung der Verpflichtungszusage der Unternehmen beziehen. Erforderlich sind insoweit unvollständige, unrichtige oder irreführende Angaben. Eine scharfe Abgrenzung dieser Begriffe ist nicht möglich, insbes. auch im Hinblick auf das Kriterium der **„Unvollständigkeit".** Dieses Merkmal wird ansonsten in den Fällen verwendet, in denen das Gesetz Vorgaben über bestimmte, zu erteilende Angaben macht, die nicht eingehalten werden, weshalb die Angaben als unvollständig anzusehen sind. Derartige Vorgaben ergeben sich nicht unmittelbar aus dem Gesetz. Sie können sich aber daraus ergeben, dass Fragen, die die Kartellbehörde im Rahmen eines **Auskunftsverlangens** nach § 59 stellt, nicht vollständig beantwortet werden. Bezieht sich die potenzielle Unvollständigkeit auf Angaben, die nicht unmittelbar in Erfüllung einer gesetzlichen Pflicht oder eines Auskunftsverlangens gemacht werden, muss sich daraus eine bewusste Irreführung ergeben. Die Behörde muss angesichts des in jedem Falle gegebenen Kausalitätserfordernisses veranlasst worden sein, die Verfügung nach Abs. 1 zu erlassen, die sie bei voller Kenntnis des Sachverhalts nicht erlassen hätte. Das Kriterium der **Unrichtigkeit** ist erfüllt, wenn die Angabe **nicht den Tatsachen entspricht;** insoweit kommt es nicht darauf an, ob die Angabe gesetzlich oder durch ein Auskunftsverlangen angefordert wurde. Ist sie erfolgt, und war sie für den Verfahrensabschluss nach § 32b Abs. 1 wesentlich, rechtfertigt ihre Unrichtigkeit die Maßnahme nach Abs. 2.

§ 32c Kein Anlass zum Tätigwerden

(1) [1]**Sind die Voraussetzungen für ein Verbot nach den §§ 1, 19 bis 21 und 29, nach Artikel 101 Absatz 1 oder Artikel 102 des Vertrages über die**

Arbeitsweise der Europäischen Union nach den der Kartellbehörde vorliegenden Erkenntnissen nicht gegeben, so kann sie entscheiden, dass für sie kein Anlass besteht, tätig zu werden. [2]Die Entscheidung hat zum Inhalt, dass die Kartellbehörde vorbehaltlich neuer Erkenntnisse von ihren Befugnissen nach den §§ 32 und 32a keinen Gebrauch machen wird. [3]Sie hat keine Freistellung von einem Verbot im Sinne des Satzes 1 zum Inhalt.

(2) **Unabhängig von den Voraussetzungen nach Absatz 1 kann die Kartellbehörde auch mitteilen, dass sie im Rahmen ihres Aufgreifermessens von der Einleitung eines Verfahrens absieht.**

(3) **Das Bundeskartellamt kann allgemeine Verwaltungsgrundsätze über die Ausübung seines nach Absatz 1 und 2 bestehenden Ermessens festlegen.**

(4) **[1]Unternehmen oder Unternehmensvereinigungen haben auf Antrag gegenüber dem Bundeskartellamt einen Anspruch auf eine Entscheidung nach Absatz 1, wenn im Hinblick auf eine Zusammenarbeit mit Wettbewerbern ein erhebliches rechtliches und wirtschaftliches Interesse an einer solchen Entscheidung besteht. [2]Das Bundeskartellamt soll innerhalb von sechs Monaten über einen Antrag nach Satz 1 entscheiden.**

1. Zweck der Regelung

1 § 32c wurde durch die 7. GWB-Novelle 2005 eingeführt. Durch die GWB-Novelle 2007 wurde S. 1 so geändert, dass er auch für das Verbot nach § 29 gilt (→ § 29 Rn. 35). Die 8. GWB-Novelle 2012/2013 hat den früheren Verweis auf den EG-Vertrag durch den auf den AEUV ersetzt. § 32c entspricht insoweit **Art. 5 S. 3 Kartellverfahrens-VO,** als dort im Hinblick auf die Anwendung der Art. 101 und 102 AEUV ausdrücklich die Befugnis der Wettbewerbsbehörden der Mitgliedstaaten vorgesehen ist, zu entscheiden, dass für sie kein Anlass besteht, tätig zu werden, wenn nach ihrer Auffassung die Voraussetzungen für ein Verbot nach Art. 101 AEUV oder Art. 102 AEUV nicht vorliegen. Er geht allerdings nicht so weit wie **Art. 10 Kartellverfahrens-VO,** der der Kommission – nicht aber den Wettbewerbsbehörden der Mitgliedstaaten – die Befugnis zuspricht, durch Entscheidung festzustellen, dass Art. 101 AEUV oder Art. 102 AEUV auf ein bestimmtes Verhalten keine Anwendung findet. Diese Befugnis ist begrenzt auf Fälle, in denen eine entsprechende Entscheidung der Kommission „aus Gründen des öffentlichen Interesses der Gemeinschaft … erforderlich" ist (vgl. dazu auch Bunte/Bornkamm/Tolkmitt Rn. 4). Diese Entscheidung der Kommission hat zwar nur deklaratorische Bedeutung. Im System der Legalausnahme kann es keine konstitutiven Entscheidungen geben, und zwar weder im Bereich des Art. 101 (einschl. Abs. 3) noch im Bereich des Art. 102 AEUV. Die besondere Bedeutung der **Entscheidung der Kommission** liegt darin, dass über Art. 16 Kartellverfahrens-VO die Gerichte und die Wettbewerbsbehörden der Mitgliedstaaten an diese Entscheidung **gebunden** sind. Sie können also in dem von der Entscheidung geregelten Fall nicht zu einer abweichenden Beurteilung gelangen. In Abs. 2 kodifiziert das **„Vorsitzendenschreiben"**, dass das BKartA in der Anwendungspraxis entwickelt hat.

2 Demgegenüber hat die Verfügung der Kartellbehörde nach § 32c **keinerlei rechtliche Außenwirkung;** sie bewirkt lediglich eine **Selbstbindung** der Kartellbehörde in dem Sinne, dass sie, solange die Verfügung wirksam ist, nicht durch eine Verfügung nach § 32 oder 32a gegen die betroffenen Unternehmen tätig werden kann. **Faktisch** geht die Wirkung einer Entscheidung nach § 32c allerdings darüber hinaus, weil sie in hohem Maße geeignet sein wird, andere Kartellbehörden und Gerichte in ihrer Beurteilung desselben Verhaltens zu **beeinflussen.** Insoweit kann der Begründung der Verfügung besondere Bedeutung zukommen. Begründet zB das BKartA eine Entscheidung nach § 32c damit, dass ein Verhalten zwar gegen § 1

verstößt, aber die Freistellungsvoraussetzungen des § 2 erfüllt, so verbessert allein die Tatsache dieser Begründung als auch ihr Inhalt die Position der Parteien erheblich.

3 Ob die Kartellbehörde eine Entscheidung nach § 32c erlässt, obliegt voll ihrem pflichtgemäßen **Ermessen** (so auch Bunte/Bornkamm/Tolkmitt Rn. 8; Wiedemann FS Bechtold, 2006, 627 (638); Immenga/Mestmäcker/Bach Rn. 14; Engelhoven/Meinhold-Heerlein WuW 2014, 575); die Unternehmen haben **keinen Anspruch** auf eine Entscheidung (vgl. dazu auch BKartA WuW/E DE-V 1135 (1141) – MS V). Eine **Ermessensreduzierung auf Null** kann jedoch in extremen Fällen in Frage kommen (Immenga/Mestmäcker/Bach Rn. 16). Das entspricht dem Grundgedanken der Legalausnahme. Die Kartellbehörde kann auch durch einfachen Brief, der nicht den Charakter einer Verfügung (Entscheidung) iSv §§ 32c, 61 Abs. 1 hat, mitteilen, dass sie nicht beabsichtigt, gegen ein Kartell oder eine sonstige Maßnahme vorzugehen. Auch eine solche Mitteilung kann eine Selbstbindung bewirken, die aber keinesfalls weiter geht als die nach § 32c. Eine Ausnahme, also ein Anspruch auf Entscheidung nach § 32c, ergibt sich aus **§ 30 Abs. 2b S. 3 für Vereinbarungen zwischen Zeitungs- oder Zeitschriftenverlagen** über eine verlagswirtschaftliche Zusammenarbeit.

2. Inhalt und Rechtsfolge der Entscheidung

4 Nach Abs. 1 S. 1 entscheidet die Kartellbehörde, „dass für sie **kein Anlass** besteht, **tätig zu werden**". Nach Abs. 1 S. 2 hat diese Entscheidung zum Inhalt, dass die Kartellbehörde „**vorbehaltlich neuer Erkenntnisse** von ihren Befugnissen nach den §§ 32 und 32a keinen Gebrauch machen wird". Die Regelung eines Einzelfalls, der die Entscheidung zu einer Verfügung macht, besteht in der Selbstbindung, dass die Behörde auf ihre Befugnisse nach §§ 32 und 32a verzichtet. Das setzt voraus, dass zumindest in der Begründung der Verfügung das **Verhalten,** auf das sie sich bezieht, **genau definiert** ist. Der Grund dafür, dass die Kartellbehörde keinen Anlass sieht, tätig zu werden, kann sich einmal aus der **rechtlichen Zulässigkeit des Verhaltens** ergeben, also aus dem Nicht-Vorliegen der Voraussetzungen des § 1 (oder Art. 101 Abs. 1 AEUV), oder dem Eingreifen der Freistellungsvoraussetzungen des § 2 (Art. 101 Abs. 3 AEUV) oder dem Nicht-Vorliegen der Voraussetzungen der §§ 19–21, 29 (oder des Art. 102 AEUV). Zum anderen ist es möglich, dass die Kartellbehörde die **rechtliche Beurteilung offen lässt** (anders Loewenheim/Meessen/Riesenkampff/Kersting/Meyer-Lindemann/Otto Rn. 3), aber auch für den Fall der Rechtswidrigkeit zum Ergebnis kommt, dass sie keinen Anlass hat, tätig zu werden, und sich dementsprechend verpflichtet, keine Maßnahmen nach §§ 32, 32a zu ergreifen. Letzteres ist insbes. in den gerade im Kartellrecht häufigen Fällen sinnvoll, in denen zwar ein Verstoß gegen § 1 vorliegt, aber aus besonderen Gründen **ein Interesse an der Verfolgung nicht besteht** oder – noch weitergehend – die objektiv unzulässige Tätigkeit im öffentlichen Interesse liegt. § 32c erweist sich damit als eine angemessene und sinnvolle Regelung für Fälle, die früher durch zugesagte Duldungen durch die Kartellbehörde erledigt wurden, so zB in der Anfangszeit der Tätigkeit der DSD AG (Grüner Punkt; dazu TB 1991/92, 131 f.) oder der Kartelle, die die Legalisierungsvoraussetzungen der §§ 2 aF nicht erfüllten, materiell aber sinnvoll und wünschenswert waren (zB eine Kartellvereinbarung über die Einführung von Kindersicherungen bei der Wohnungs-Stromversorgung). UE setzt eine Entscheidung nach § 32c nicht voraus, dass die Sachlage so umfangreich aufgeklärt wird wie für eine Verfügung nach § 32; es kann im Einzelfall auch eine verkürzte oder summarische Prüfung ausreichend sein, wohl aber **nicht für die Rechtslage** (Immenga/Mestmäcker/Bach Rn. 11 ff.).

5 S. 3 stellt ausdrücklich klar, dass die Verfügung nach Abs. 1 und 2 **keine Freistellung von einem Verbot** der §§ 1, 19–21 oder Art. 101 und 102 AEUV enthält.

Zu einer solchen Freistellung sind die Kartellbehörden nicht befugt. Sie sind nur befugt, von der Einleitung von Verfahren abzusehen, die sowieso in ihrem Ermessen liegt. § 32c stimmt weitgehend mit der Regelung des § 38 Abs. 1 S. 1 Alt. 2 VwVfG überein. Nach dieser Vorschrift kann eine Verwaltungsbehörde das Unterlassen eines Verwaltungsakts zum Gegenstand einer Zusicherung machen. Die Entscheidung nach § 32c enthält in diesem Sinne die Zusicherung, dass die Kartellbehörde nach dem festgestellten Sachverhalt keine Verfügungen nach den §§ 32 und 32a mehr erlassen wird. Die Verfügung der Kartellbehörde ist dabei **für Dritte und den Zivilrichter nicht bindend.** Dritten steht offen, gegen den Gegenstand der Verfügung den Zivilrechtsweg einzuschlagen. Das Gericht kann aber die Verfügung nach § 32c bei der wettbewerblichen Beurteilung des Falls berücksichtigen (so ausdrücklich auch RegBegr., BT-Drs. 15/3640 zu B Nr. 9 = WuW-Sonderheft, 166).

Leitet die Kartellbehörde **trotz Vorliegens einer Verfügung nach § 32c** ein 6
Verfahren nach §§ 32, 32a ein, so ist, solange die Verfügung nach § 32c wirksam ist, diese Verfahrenseinleitung rechtswidrig. Dasselbe gilt auch für die Entscheidungen nach §§ 32, 32a. Solange die Verfügung nach § 32c wirksam ist, darf ein **Verfahren** nach §§ 32, 32a **nicht eingeleitet** und **keine Verfügung** auf dieser Grundlage erlassen werden. Dennoch erlassene Verfügungen nach § 32 oder § 32a sind unter diesem Gesichtspunkt nur rechtmäßig, wenn zuvor die Verfügung nach § 32c aufgehoben wurde (→ Rn. 7).

3. Aufhebung der Verfügung nach § 32c

§ 32c enthält keine Regelung darüber, unter welchen Voraussetzungen die Verfü- 7
gung aufgehoben werden kann. Die Verfügung hat die Wirkung, dass die Kartellbehörde **„vorbehaltlich neuer Erkenntnisse"** nach §§ 32 und 32a nicht tätig werden darf. Liegen solche neuen Erkenntnisse vor, verliert die Verfügung nach § 32c nicht automatisch ihre Wirkung; das ist erst der Fall, wenn sie aufgehoben ist. Diesem Vorbehalt kann entnommen werden, dass eine solche Aufhebung jedenfalls dann zulässig ist, wenn die neuen Erkenntnisse vorliegen. In Betracht kommt auch eine entsprechende Anwendung des § 32b Abs. 2 Nr. 1 und 3. Allerdings wird in diesen Fällen stets auch die Voraussetzung der „neuen Erkenntnisse" vorliegen. Ein Rückgriff auf Aufhebungs- oder Widerrufsgründe des allgemeinen Verwaltungsrechts erübrigt sich auch im Hinblick auf die beschränkte Wirkung der Entscheidung nach § 32c. Alle Fälle, in denen ein Bedürfnis für die Aufhebung der Verfügung nach § 32c besteht, sind durch den Vorbehalt der neuen Erkenntnisse abgedeckt. Die neuen Erkenntnisse brauchen nicht auf neuen **Tatsachen** zu beruhen, sondern können auch auf eine **neue rechtliche Beurteilung** zurückzuführen sein, zB im Hinblick auf eine inzwischen eingetretene Änderung der Rspr. (aA Loewenheim/Meessen/Riesenkampff/Kersting/Meyer-Lindemann/Otto Rn. 11).

4. Vorsitzendenschreiben (Abs. 2)

Abs. 2 regelt nunmehr die bisherige Praxis des Bundeskartellamts des „Vorsitzen- 8
denschreibens". Der Vorsitzende der zuständigen Beschlussabteilung teilt in einem solchen Schreiben die Einschätzung für den konkreten Fall mit und erklärt, dass auf dieser Grundlage nicht eingeschritten wird. Letztlich wird mit diesem Vorsitzendenschreiben nur mitgeteilt, dass das Bundeskartellamt sein Aufgreifermessen auf Basis des geschilderten Sachverhalts nicht ausübt. Die Bindungswirkung des Schreibens dürfte entsprechend niedrig sein, allerdings dürfte eine Selbstbindung der Behörde insoweit eintreten, dass ohne vorherige Beanstandung des Verhaltens jedenfalls keine Geldbußen verhängt werden dürften.

5. Verwaltungsgrundsätze (Abs. 3)

9 Das Bundeskartellamt wird mit dem durch die 10. GWB Novelle 2021 neu eingeführten Abs. 3 ermächtigt, allgemeine Verwaltungsgrundsätze zu veröffentlichen. Durch die Veröffentlichung von Verwaltungsgrundsätzen sollen Unsicherheiten über die Ermessensausübung des Bundeskartellamts beseitigt werden können (RegE 10. GWB-Novelle 2021, 86). Die Veröffentlichung solcher allgemeinen Grundsätze soll ermöglichen, dass das Bundeskartellamt seine Erfahrung aus Einzelfällen publiziert, um entsprechende Rechtssicherheit bezüglich seiner Ausübung des Aufgreifermessens zu geben.

6. Anspruch auf Entscheidung (Abs. 4)

10 Der durch die 10. GWB Novelle 2021 eingeführte Abs. 4 regelt einen **Anspruch auf Entscheidung** des BKartA nach Abs. 1, wenn die Voraussetzung des Abs. 1 gegeben sind und ein besonderes rechtliches und wirtschaftliches Interesse besteht. Dieser Anspruch ist auf die Fälle des Nichteinschreitens gegen **horizontale Kooperationen** begrenzt. Nach RegE 10. GWB-Novelle 2021 (S. 87) soll dieser Anspruch auf Entscheidung zB bei Kooperationen zur Realisierung von Netzwerkeffekten aus der gemeinsamen Nutzung von Daten oder dem Aufbau von Plattformen im Bereich der Industrie 4.0 bestehen.

11 Der Anspruch auf Entscheidung setzt ein **besonderes rechtliches und wirtschaftliches Interesse** voraus. In Frage kommen komplexe neue Rechtsfragen und außergewöhnlich hohe Investitionsvolumina und Aufwände. Der Antrag kann vom Bundeskartellamt abgelehnt werden, wenn aufgrund der ihm vorliegenden Erkenntnissen nicht mit hinreichender Wahrscheinlichkeit abzusehen ist, dass kein Anlass zum Tätigwerden besteht.

12 Abs. 4 S. 2 setzt dem Bundeskartellamt eine Entscheidungsfrist über den Antrag nach Abs. 4 S. 1 von sechs Monaten. Die möglichen Entscheidungen innerhalb der Frist sind entweder die Entscheidung nach Abs. 1 oder die Ablehnung der Entscheidung mit der Begründung, dass die Voraussetzung nach Abs. 4 S. 2 entweder nicht vorliegen oder Bedenken bestehen, die nicht mit hinreichender Sicherheit ausgeräumt werden können, um eine Entscheidung über das Nichtausüben des Einschreitenermessens nach Abs. 1 zu treffen.

§ 32d Entzug der Freistellung

Haben Vereinbarungen, Beschlüsse von Unternehmensvereinigungen oder aufeinander abgestimmte Verhaltensweisen, die unter eine Gruppenfreistellungsverordnung fallen, in einem Einzelfall Wirkungen, die mit § 2 Absatz 1 oder mit Artikel 101 Absatz 3 des Vertrages über die Arbeitsweise der Europäischen Union unvereinbar sind und auf einem Gebiet im Inland auftreten, das alle Merkmale eines gesonderten räumlichen Marktes aufweist, so kann die Kartellbehörde den Rechtsvorteil der Gruppenfreistellung in diesem Gebiet entziehen.

1. Zweck der Regelung

1 § 32d wurde durch die 7. GWB-Novelle 2005 in das Gesetz eingeführt. Die 8. GWB-Novelle 2012/2013 hat den früheren Verweis auf den EG-Vertrag durch den auf den AEUV ersetzt. § 32d entspricht **Art. 29 Abs. 2 Kartellverfahrens-VO.** Nach Art. 29 Abs. 1 Kartellverfahrens-VO hat die **Kommission** die Befugnis, die durch einzelne Gruppenfreistellungsverordnungen gewährte Freistellung vom Verbot des Art. 101 Abs. 1 AEUV zu entziehen, „wenn sie in einem bestimmten

Fall feststellt, dass eine Vereinbarung …, für die die Gruppenfreistellungsverordnung gilt, Wirkungen hat, die mit Art. 81 Abs. 3 (= 101 Abs. 3) des Vertrages unvereinbar sind". Nach § 29 Abs. 2 Kartellverfahrens-VO haben die **Behörden der Mitgliedstaaten** die entsprechende Befugnis, wenn die in Abs. 1 genannten Wirkungen im Gebiet eines Mitgliedstaats oder in einem Teilgebiet dieses Mitgliedstaats, das alle Merkmale eines gesonderten räumlichen Marktes aufweist, auftreten. Diese Befugnis, die die Befugnis der Kommission nach Art. 29 Abs. 1 Kartellverfahrens-VO nicht einschränkt (vgl. dazu Bechtold/Bosch/Brinker Kartellverfahrens-VO Art. 29 Rn. 13), wird in Deutschland idR durch das **BKartA** wahrgenommen (→ Rn. 4). Über Art. 29 Kartellverfahrens-VO hinaus hat § 32d eine **eigenständige Bedeutung,** soweit die **Gruppenfreistellungsverordnungen** über § 2 Abs. 2 auch **unterhalb der Zwischenstaatsklausel,** also unterhalb des Anwendungsbereichs des Art. 101 Abs. 1 AEUV, in Deutschland anwendbar sind.

2. Materielle Entzugsvoraussetzungen

a) Unvereinbarkeit mit Art. 101 Abs. 3 AEUV. Voraussetzung für den Entzug 2 sind Wirkungen einer an sich durch eine Gruppenfreistellungsverordnung freigestellten Vereinbarung, „die mit § 2 Abs. 1 oder mit Art. 81 Abs. 3 EG … unvereinbar sind". **§ 2 Abs. 1 und Art. 101 Abs. 3 AEUV** enthalten **vier Voraussetzungen,** die kumulativ erfüllt sein müssen, damit eine Vereinbarung vom Verbot des Art. 101 Abs. 1 AEUV freigestellt ist. Die durch eine Gruppenfreistellung vorgesehene Freistellung beruht auf der Annahme, dass die Vereinbarung typischerweise alle diese vier Voraussetzungen erfüllt. Tut sie das im Einzelfall nicht, berührt das die Gruppenfreistellung und die Freistellungswirkung für die einzelnen Vereinbarungen zunächst nicht. Vielmehr kann die Freistellung nur in Verfahren des Art. 29 Kartellverfahrens-VO bzw. des § 32d entzogen werden. Das setzt den **Nachweis im Einzelfall** voraus, dass **zumindest eine** der vier **Freistellungsvoraussetzungen** im konkreten Fall nicht erfüllt ist. Die **Beweislast** liegt insoweit voll bei der Kartellbehörde (so auch Immenga/Mestmäcker/Bach Rn. 15).

b) Wirkungen im Inland. Voraussetzungen für eine Maßnahme des BKartA 3 sind nach Art. 29 Abs. 2 Kartellverfahrens-VO, dem § 32d entspricht, Wirkungen entweder im **gesamten Gebiet des Inlands** oder in einem **Teilgebiet,** „das alle Merkmale eines **gesonderten räumlichen Marktes** aufweist". Dieser Relativsatz in Art. 29 Abs. 2 Kartellverfahrens-VO bezieht sich – ebenso wie in § 32d – nicht nur auf den Teil eines Mitgliedstaats, sondern auch auf den Mitgliedstaat als solchen. Es würde keinen Sinn machen, für den Teil eines Mitgliedstaates die Voraussetzungen des „gesonderten räumlichen Marktes" aufzustellen, nicht aber für den Mitgliedstaat als solchen, also auch für Deutschland (vgl. dazu auch Bechtold/Bosch/Brinker Kartellverfahrens-VO Art. 29 Rn. 13). § 32d und Art. 29 Abs. 2 Kartellverfahrens-VO finden also **keine Anwendung,** wenn es um **Wirkungen** geht, die **auch außerhalb Deutschlands** vorhanden sind, und Deutschland oder das Teilgebiet Deutschlands, bezogen auf den relevanten Produktmarkt, keinen eigenständigen räumlich relevanten Markt bilden. Das Inland oder ein Teilgebiet davon muss der räumlich relevante Markt sein (vgl. dazu auch Loewenheim/Meessen/Riesenkampff/Kersting/Meyer-Lindemann/Otto Rn. 6). Zeigt eine Vereinbarung mit § 2 oder Art. 101 Abs. 3 AEUV unvereinbare Wirkungen und treten diese Wirkungen auf einem Markt auf, der über das Gebiet Deutschlands hinausreicht, sind § 32d und Art. 29 Abs. 2 Kartellverfahrens-VO nicht anwendbar. In diesem Fall besteht nur die Möglichkeit des Entzugs der Freistellung durch die Kommission nach Art. 29 Abs. 1 Kartellverfahrens-VO. Erreichen die Wirkungen einer Vereinbarung mehrere Mitgliedstaaten, bilden diese aber bezogen auf die relevanten Märkte getrennte räumliche Märkte, so sind § 32d und Art. 29 Abs. 2 Kartellverfahrens-VO anwendbar. Hat die **Kommission** auf der Grundlage des Art. 29 Abs. 1 Kartellverfahrens-

VO ein **Verfahren eingeleitet,** das auf die Wirkungen der betroffenen Vereinbarungen auch in Deutschland oder einem Teil Deutschlands gestützt ist, kann das BKartA ein Verfahren nach § 32d nicht mehr durchführen (Art. 11 Abs. 6 Kartellverfahrens-VO).

3. Entzugsverfahren

4 Zuständig für den Entzug ist idR das **BKartA.** Im Allgemeinen wird die freigestellte Wettbewerbsbeschränkung über das Gebiet eines Landes hinausreichen (§ 48 Abs. 2 S. 1); ist das nicht der Fall, kann auch eine Landeskartellbehörde zuständig sein (§ 48 Abs. 2 S. 2). Es gibt keine Regelungen darüber, auf wessen Initiative das BKartA tätig werden kann. Es ist nicht verpflichtet, ein Entzugsverfahren einzuleiten; entsprechende Anregungen, Anträge oder Beschwerden Dritter kann es aus **Ermessensgründen** zurückweisen (so auch Immenga/Mestmäcker/Bach Rn. 18). Die Kommission ist nicht berechtigt, Deutschland zu einem Verfahren zu verpflichten; sie kann es selbst durchführen. Die Wirkung des Entzugs ist **auf das Gebiet beschränkt,** das in der Verfügung des BKartA als betroffen ausgewiesen ist. In diesem Gebiet können sich die Unternehmen nach Entzug der Freistellung nicht mehr auf die Freistellungswirkung der Gruppenfreistellungsverordnung berufen. Die Zivilgerichte sind an die Entzugsentscheidung gebunden; den betroffenen Unternehmen verbleibt aber die Möglichkeit, sich auf die unmittelbare Anwendung des § 2 Abs. 1 bzw. des Art. 101 Abs. 3 AEUV zu berufen. Die **Beschwerde** gegen die Entzugsentscheidung des BKartA hat nach § 64 Abs. 1 keine aufschiebende Wirkung. Insoweit besteht Gleichklang mit den Rechtswirkungen einer Entzugsentscheidung durch die Kommission.

§ 32e Untersuchungen einzelner Wirtschaftszweige und einzelner Arten von Vereinbarungen

(1) **Lassen Umstände vermuten, dass der Wettbewerb im Inland möglicherweise eingeschränkt oder verfälscht ist, können das Bundeskartellamt und die obersten Landesbehörden die Untersuchung eines bestimmten Wirtschaftszweiges oder – Sektor übergreifend – einer bestimmten Art von Vereinbarungen oder Verhaltensweisen durchführen (Sektoruntersuchung).**

(2) [1]**Im Rahmen der Sektoruntersuchung können das Bundeskartellamt und die obersten Landesbehörden die zur Anwendung der Vorschriften dieses Teils oder des Artikels 101 oder 102 des Vertrages über die Arbeitsweise der Europäischen Union erforderlichen Ermittlungen durchführen.** [2]**Sie können dabei von den betreffenden Unternehmen und Vereinigungen Auskünfte verlangen, insbesondere die Unterrichtung über sämtliche Vereinbarungen, Beschlüsse und aufeinander abgestimmte Verhaltensweisen.**

(3) **Das Bundeskartellamt soll die Sektoruntersuchung innerhalb von 18 Monaten nach der Einleitung abschließen.**

(4) [1]**Das Bundeskartellamt veröffentlicht einen Bericht über die Ergebnisse der Sektoruntersuchung, die obersten Landesbehörden können einen solchen Bericht veröffentlichen.** [2]**Das Bundeskartellamt und die obersten Landesbehörden können Dritte um Stellungnahme bitten.** [3]**Das Bundeskartellamt kann in dem Bericht nach Satz 1 wettbewerbspolitische Empfehlungen aussprechen; es leitet in diesem Fall den Bericht der Bundesregierung zu.**

(5) **§ 49 Absatz 1 sowie die §§ 57 bis 59b und 61 gelten entsprechend.**

(6) [1]**Die Absätze 1 bis 4 Satz 1 und 2 und Absatz 5 gelten entsprechend bei begründetem Verdacht des Bundeskartellamts auf erhebliche, dauer-**

hafte oder wiederholte Verstöße gegen verbraucherrechtliche Vorschriften, die nach ihrer Art oder ihrem Umfang die Interessen einer Vielzahl von Verbraucherinnen und Verbrauchern beeinträchtigen. [2]Dies gilt nicht, wenn die Durchsetzung der Vorschriften nach Satz 1 in die Zuständigkeit anderer Bundesbehörden fällt. [3]Absatz 5 gilt mit der Maßgabe, dass die Regelungen zum Betreten von Räumlichkeiten der Betroffenen zum Zweck der Einsichtnahme und Prüfung von Unterlagen gemäß § 59a sowie die Regelungen zur Beschlagnahme nach § 58, zu Durchsuchungen nach § 59b keine Anwendung finden.

(7) **Der Anspruch auf Ersatz der Aufwendungen einer Abmahnung nach § 13 Absatz 3 des Gesetzes gegen den unlauteren Wettbewerb ist ab der Veröffentlichung eines Abschlussberichts über eine Sektoruntersuchung nach Absatz 6 für vier Monate ausgeschlossen.**

1. Überblick

§ 32e, der durch die 7. GWB-Novelle 2005 eingeführt wurde, entspricht **Art. 17 Kartellverfahrens-VO.** Die 8. GWB-Novelle 2012/2013 hat den bisherigen Verweis auf den EG-Vertrag durch den auf den AEUV ersetzt; außerdem wurde in Abs. 5 die Verweisungskette geändert (→ Rn. 8 ff.). Der Regierungsentwurf zur 7. GWB-Novelle sah **nur die Zuständigkeit des BKartA** vor. Die Möglichkeit, dass auch die **obersten Landesbehörden** (Landeskartellbehörden) derartige allgemeine Untersuchungen durchführen, ist erst in der letzten Phase des Gesetzgebungsverfahrens ins Gesetz aufgenommen worden, und zwar aufgrund des Beschlusses des Vermittlungsausschusses (vgl. BT-Drs. 15/2735, zu Art. 1 Nr. 9, WuW-Sonderheft, 292 f.). Sinnvoll kann die Anwendung des § 32e durch Landeskartellbehörden nur in Bereichen sein, in denen landestypische Besonderheiten gelten, die außerhalb des jeweiligen Bundeslandes nicht oder nicht von entsprechender Bedeutung sind. Die Abs. 6 und 7, die die Befugnisse des BKartA auf Untersuchungen zu Verstößen gegen verbraucherrechtliche Vorschriften erweitern, wurden durch die 9. GWB-Novelle 2017 eingefügt. Die 10. GWB-Novelle 2021 hat die Verweise auf die Ermittlungsbefugnisse in Abs. 4 und Abs. 5 an die neuen Verfahrensregelungen angepasst. Durch die Einführung der Befugnisse des BKartA nach durchgeführter Sektoruntersuchung zur Verschärfung der **Fusionskontrolle** (§ 32f Abs. 2, vormals § 39a) sowie zum Erlass von Abstellungsmaßnahmen bis hin zu eigentumsrechtlichen Entflechtungen haben die 10. GWB-Novelle 2021 und die 11. GWB-Novelle 2023 das Instrument der Sektoruntersuchung erheblich aufgewertet. Die 11. GWB-Novelle 2023 führte auch den Soll-Untersuchungszeitraum von 18 Monaten (Abs. 3) und die Verpflichtung des BKartA zur Veröffentlichung eines Abschlussberichts ein (Abs. 4 S. 1). 1

§ 32e gibt dem BKartA und den obersten Landesbehörden die gleichen Möglichkeiten für **Sektorenuntersuchungen** und die Untersuchung einzelner Arten von Vereinbarungen, wie sie die Kommission nach Art. 17 Kartellverfahrens-VO hat (vgl. dazu de Bronett WuW 2010, 258). Art. 17 Kartellverfahrens-VO schließt sich an Art. 12 VO 17/62 an. Dieser war allerdings beschränkt auf „allgemeine Untersuchungen" **bestimmter Wirtschaftszweige** und enthielt noch nicht die Möglichkeit, auch **einzelne Arten von Vereinbarungen** zu untersuchen. Das BKartA hat inzwischen eine Mehrzahl von Verfahren zur Untersuchung bestimmter Wirtschaftszweige durchgeführt bzw. eingeleitet, aber noch keine Untersuchung, die sich auf einzelne Arten von Vereinbarungen bezieht. 2

2. Gegenstand der Untersuchung (Abs. 1)

a) Bestimmter Wirtschaftszweig. In Abs. 1 Alt. 1 ist Gegenstand der Untersuchung „ein bestimmter Wirtschaftszweig". Insoweit stimmt § 32e mit Art. 17 Kar- 3 tellverfahrens-VO und Art. 12 Abs. 1 VO 17/62 überein. Offenbar synonym mit dem Begriff des Wirtschaftszweigs wird zur Abgrenzung der auch ermöglichten Untersuchung „bestimmter Arten von Vereinbarungen" der Begriff **„Sektor"** verwendet (daher auch die übliche Charakterisierung der entsprechenden Untersuchung der Kommission als „Sektoruntersuchung" **(sector inquiry)**). Üblicherweise ist der Wirtschafts-„Zweig" dadurch gekennzeichnet, dass es nicht um einzelne Märkte, sondern um ein **Bündel von Märkten** geht, auf denen typischerweise eine Mehrzahl von Unternehmen gleichermaßen tätig ist. Der Wirtschaftszweig kann außerdem durch die **Funktion,** die Unternehmen in ihm wahrnehmen, eingegrenzt werden, also insbes. in der Differenzierung nach Herstellung oder Handel. Somit ist es möglich, dass die Kartellbehörde als Gegenstand einer Untersuchung Herstellung und Handel mit bestimmten Produkten definiert, möglicherweise aber auch nur die Herstellung oder nur den Handel mit diesen Produkten. Anhaltspunkt für die Konkretisierung kann die Klassifikation der Wirtschaftszweige des Statistischen Bundesamts (WZ 2008) bieten (→ § 32f Rn. 9). § 32e enthält keine Vorgabe für die **räumliche Eingrenzung** des Wirtschaftszweiges; typischerweise handelt es sich aber um Wirtschaftszweige auf Märkten, die auch im ökonomischen Sinne national oder – bezogen auf die entsprechende Kompetenz der obersten Landesbehörden – subnational abzugrenzen sind. Da die **Zuständigkeit der Kommission** an den „Handel zwischen Mitgliedstaaten" und den „Wettbewerb im Gemeinsamen Markt" anknüpft ist für deren Untersuchung erforderlich, dass der Wirtschaftszweig **für mehrere Mitgliedstaaten** Relevanz hat, und zwar in einem Umfang, der über das Merkmal des „wesentlichen Teils" (des Binnenmarkts in Art. 102 AEUV) hinausgeht (vgl. dazu Bechtold/Bosch/Brinker VO 1/2003 Art. 17 Rn. 3). Aus einem Vergleich zwischen § 32e und Art. 17 Kartellverfahrens-VO ergibt sich die Frage, ob die Zuständigkeit der nationalen Behörden ausgeschlossen ist, wenn der oder die Märkte, die Gegenstand der Untersuchung sind, **größer als national** abzugrenzen sind. UE wäre es nicht sinnvoll, dem BKartA oder gar den obersten Landesbehörden Zuständigkeiten für eine Sektorenuntersuchung zu geben, wenn die Erfassung dieses Sektors auch die Ermittlung ausländischer Gegebenheiten erforderlich macht, wie das regelmäßig der Fall ist, wenn der Markt, der Gegenstand der Untersuchung ist, nicht an den nationalen Grenzen Halt macht.

4 **b) Bestimmte Arten von Vereinbarungen.** Abs. 1 hat ebenso wie Art. 17 Kartellverfahrens-VO die Möglichkeit begründet, dass die Kartellbehörde auch Untersuchungen über sektorübergreifende bestimmte Arten von Vereinbarungen durchführen kann. Der Begriff der **„Vereinbarungen"** umfasst auch die in § 1 und Art. 101 Abs. 1 AEUV erwähnten **Beschlüsse** und **abgestimmten Verhaltensweisen;** das wird durch deren Aufzählung in Abs. 2 bestätigt. Es wäre nicht sinnvoll, die Untersuchungsbefugnisse der Kartellbehörde davon abhängig zu machen, wie die Verhaltensweisen, die Gegenstand der Untersuchung sind, formal ausgestaltet sind. Wenn es nur um bestimmte Arten von Vereinbarungen in einem Wirtschaftszweig (zB Bierlieferverträge, dazu Bericht über die entsprechende Untersuchung der Kommission im 1. Wettbewerbsbericht 1972, 114 f., Nr. 124) geht, handelt es sich um die Untersuchung eines Wirtschaftsbereiches, nicht um eine solche von „bestimmten Arten von Vereinbarungen". Diese Vereinbarungen können gekennzeichnet sein entweder durch **übereinstimmende rechtliche Merkmale** (zB Alleinvertrieb, Wettbewerbsverbote, Ausschließlichkeitsbindungen) oder durch **unternehmens- oder marktbezogene Kriterien** (zB Vertriebsverträge kleinerer oder mittlerer Unternehmen, Zuliefervereinbarungen in der Konsumgüterindustrie usw). Auch bei den „bestimmten Arten von Vereinbarungen" ist uE erforderlich, dass es sich um Vereinbarungen handelt, die typischerweise auf nationalen oder – sofern es um die Zuständigkeit der Landeskartellbehörden geht – subnationalen Märkten von Bedeutung sind.

c) „Anfangsverdacht“. Die Untersuchung ist nur zulässig, wenn die Vermutung besteht, dass „der **Wettbewerb** im Inland **möglicherweise eingeschränkt** oder verfälscht ist“. Die Vermutung für die Wettbewerbsbeschränkung muss aufgrund **konkreter Umstände** begründet sein (vgl. dazu OLG Düsseldorf WuW/E DE-R 1993 (1996f.) – Außenwerbeflächen; dazu Gildhoff WuW 2014, 716 (718)). Es muss sich um Umstände handeln, die den Verdacht nahe legen, dass der Wettbewerb in Bezug auf Märkte, die Teil des betreffenden Sektors sind, oder die zu prüfenden Vereinbarungen beschränkt oder verfälscht ist; dafür ist mangelnder Preiswettbewerb ein wesentlicher Gesichtspunkt. 5

3. Verfahren und Ermittlungsbefugnisse (Abs. 2, 5)

a) Zuständigkeit. Die Befugnisse nach § 32e sind nach dem Gesetzeswortlaut dem BKartA und – insoweit ergänzt auf Beschluss des Wirtschaftsausschusses vom 15.6.2005 (→ Rn. 1) – den obersten Landesbehörden gegeben. Für die Zuständigkeit gelten angesichts der eigenständigen Zuständigkeitsregelung in Abs. 1 und 2 nicht die §§ 48ff. (so Begr. z. RegE BT-Drs. 17/9852, 27). Demnach kann das **BKartA** zuständig sein, auch wenn die Wirkung der Wettbewerbsbeschränkung, die Gegenstand der Untersuchung ist, nicht über das Gebiet eines Landes hinausreicht (vgl. § 48 Abs. 2 S. 1). Die **Zuständigkeit der Landeskartellbehörde** ist nur begründet, wenn der oder die Märkte, um die es geht, **auf das Gebiet des Landes beschränkt** ist bzw. sind. Selbst wenn eine solche Beschränkung vorliegt, kann die Wirkung des wettbewerbsbeschränkenden Verhaltens über das Gebiet eines Landes hinausgehen, insbes. bei gebietlichen Überschneidungen einer Mehrzahl räumlich nebeneinander liegender Märkte. Der Gesetzgeber der 8. GWB-Novelle wollte durch die in Abs. 4 angeordnete entsprechende Anwendung des § 49 Abs. 1 sicherstellen, dass sich die Kartellbehörden über ihre Zuständigkeit abstimmen (→ § 49 Rn. 2). 6

b) Formeller Einleitungsbeschluss. Die Ermittlungsbefugnisse der Kartellbehörde setzen voraus, dass sie ein Verfahren nach § 32e **formell eingeleitet** hat. Anders als in Verfahren gegen einzelne Unternehmen, kann die Verfahrenseinleitung auch nicht inzidenter zB dadurch erfolgen, dass ein Auskunftsbeschluss ergeht. Vielmehr ist – gegen die Praxis des BKartA, die vom OLG Düsseldorf als zulässig bewertet wird (s. nun auch (RegE 11. GWB-Novelle 2023, S. 25) – uE ein **Einleitungsbeschluss** erforderlich, der im Hinblick auf die nachfolgenden Ermittlungsmaßnahmen deutlich macht, dass ein Verfahren nach § 32e läuft (so auch Immenga/Mestmäcker/Bach Rn. 32ff.; aA OLG Düsseldorf WuW/E DE-R 1993 (1994) – Außenwerbeflächen und Bunte/Bornkamm/Tolkmitt Rn. 7). Dieser Rechtslage entspricht die nach EU-Recht (vgl. dazu Bechtold/Bosch/Brinker VO 1/2003 Art. 17 Rn. 6). Ohne die geforderte Formalisierung der Verfahrenseröffnung gibt es keine klare Festlegung, dass die Untersuchungsvoraussetzungen des Abs. 1 vorliegen und welchem Zweck die Untersuchung dient. Das ist auch deshalb erforderlich, weil die Ermittlungsmaßnahmen uU erheblichen Aufwand für die betroffenen Unternehmen bedeuten und bezogen auf den Zweck verhältnismäßig sein müssen (s. § 59 Abs. 3 S. 1; § 59a Abs. 1). Die **Verfahrenseinleitung** nach § 32e ist eine **Verfügung iSd § 61 Abs. 1.** Trotz der Verweisung in Abs. 5 auf § 61 ist sie nicht zuzustellen, zumal es die „Beteiligten“ iSv § 61 Abs. 1 (noch) nicht gibt. Jedenfalls wird die Verfahrenseröffnung auf der Internetseite des Bundeskartellamts veröffentlicht (RegE 11. GWB-Novelle 2023, S. 25). Die Verfahrenseinleitung ist mangels individualisierbarer Verfahrensbeteiligter auch nicht anfechtbar (so auch Bunte/Bornkamm/Tolkmitt Rn. 8; Immenga/Mestmäcker/Bach Rn. 37; Gildhoff WuW 2014, 716 (719)). **Anderes** kann aber für Verfahrenseinleitung im Vorfeld von **Maßnahmen nach § 32f** der Fall sein (Immenga/Mestmäcker/Bach § 38ff.). 7

8 **c) Ermittlungsbefugnisse.** Abs. 5 sieht die entsprechende **Anwendung des § 49 Abs. 1 sowie der §§ 57, 58, 59, 59a, 59b und 61** vor. Der Verweis auf § 49 Abs. 1 soll nach der Begr. z. RegE der 8. GWB-Novelle (BT-Drs. 17/9852, 27) sicherstellen, dass „die Kartellbehörden abgestimmt Sektorenuntersuchungen einleiten können". Die Kartellbehörde hat wie in allen anderen Verfahren die Möglichkeit, Ermittlungen insbes. durch Augenschein, Zeugen und Sachverständige durchzuführen (§ 57 Abs. 2). Am wichtigsten sind, wie auch ansonsten, die **Auskunftsverlangen** auf der Grundlage des § 59. Die Kartellbehörde kann auch die **Herausgabe von Unterlagen** verlangen, einschließlich von „allgemeinen Marktstudien, die der Einschätzung oder Analyse der Wettbewerbsbedingungen oder der Marktlage dienen und sich im Besitz des Unternehmens oder der Unternehmensvereinigung befinden". Die Kartellbehörde hat auch die Möglichkeit, **Nachprüfungen** bei den Unternehmen vorzunehmen und in diesem Rahmen auch die Unternehmensräume zu betreten (§ 59a und § 59b). Nach §§ 58, 59b sollen auch **Durchsuchungen** und (seit der 11. GWB-Novelle 2023) **Beschlagnahmen** möglich sein. Anders als im Verfahren der Kommission nach Art. 17 Kartellverfahrens-VO können auch Durchsuchungen außerhalb von Geschäftsräumen durchgeführt werden (vgl. dazu Bechtold/Bosch/Brinker VO 1/2003 Art. 17 Rn. 7). Die Durchsuchung von Privaträumen erscheint allerdings im Rahmen eines Verfahrens nach § 32e grds. unverhältnismäßig.

4. Untersuchungszeitraum (Abs. 3)

9 Das BKartA (nicht die Landesbehörden) soll Sektoruntersuchungen innerhalb von 18 Monaten nach der Einleitung abschließen. Der Gesetzgeber der 11. GWB-Novelle 2023 wollte damit bewirken, dass sich die vormals langen Bearbeitungszeiten verkürzen, damit die Relevanz der Untersuchung nicht dadurch beeinträchtigt werden kann, dass sich die Märkte bei Abschluss schon weiterentwickelt haben; auch der Gesetzgeber soll nötigenfalls schneller reagieren können (RegE 11. GWB-Novelle 2023, S. 15, 25). Von der Regeldauer soll nur in Ausnahmefällen abgewichen werden. Mit einem Verstoß gegen die Regeldauer sind keine Rechtsfolgen verbunden. Im Falle einer längeren Verfahrensdauer oder einer Einstellung ohne Ergebnis gibt das BKartA die Gründe hierfür bekannt (ebd.).

5. Veröffentlichung eines Abschlussberichts (Abs. 4), weiteres Verfahren

10 Abs. 4 sieht ebenso wie Art. 17 Abs. 1 UAbs. 3 Kartellverfahrens-VO vor, dass die Kartellbehörden die **Ergebnisse ihrer Untersuchung veröffentlichen.** Für die Landeskartellbehörden ist das fakultativ für das BKartA seit der 11. GWB-Novelle 2023 verpflichtend. Abs. 4 enthält keine Vorschrift darüber, wie das Ergebnis zu veröffentlichen ist. Die Kartellbehörde ist frei in der Festlegung von Umfang und Art der Veröffentlichung. Auch die Gründe für die Einstellung ohne Abschlussbericht sollen bekannt gegeben werden (RegE 11. GWB-Novelle 2023, S. 26). Die Kartellbehörden können **Dritte,** also alle interessierten Parteien, **um Stellungnahmen bitten** (S. 2). Auch Stellungnamen Dritter werden in der Regel im Internet veröffentlicht, wenn sie nicht auf Antrag des betreffenden Unternehmens vertraulich behandelt werden (RegE 11. GWB-Novelle 2023, S. 26). Sofern das Bundeskartellamt wettbewerbspolitische Empfehlungen ausspricht, muss es den Bericht der Bundesregierung zuleiten (S. 3).

11 Die Kartellbehörde kann die Ergebnisse der Untersuchung zur Grundlage von Verfahren gegen bestimmte Adressaten machen. Es können auch Ordnungswidrigkeitenverfahren eingeleitet werden. Gegenüber natürlichen Personen gelten die Beschränkungen nach § 59 Abs. 3 S. 4, § 59b Abs. 3 S. 3. Die Feststellungen in

Zwischen- oder Abschlussberichten sind mangels Regelungswirkung keine Verfügungen. Sie können im Grundsatz nicht isoliert angefochten werden (so RegE 11. GWB-Novelle 2023, S. 26). Eine individuelle Beschwer wird meist fehlen, kann aber bei zB unwahren Tatsachenbehauptungen möglich sein; denkbar ist dann eine allgemeine Leistungsbeschwerde mit dem Ziel der Unterlassung oder Richtigstellung (Gildhoff WuW 2014, 716 (724)). Im Übrigen sind Rechtsmittel nur gegen die Ermittlungsmaßnahmen oder im Rahmen der Rechtsmittel gegen Anschlussverfahren möglich.

6. Sektoruntersuchung Verbraucherrecht (Abs. 6)

Der durch die 9. GWB-Novelle 2017 neu eingefügte Abs. 6 erlaubt **Sektoruntersuchungen auf dem Gebiet des Verbraucherschutzrechts.** Die „verbraucherrechtlichen Vorschriften" sind im Wesentlichen diejenigen **des UWG** sowie die Verbraucherschutzgesetze iSd § 2 Abs. 2 UKlaG, also die Regeln im BGB über **allgemeine Geschäftsbedingungen** und andere **verbraucherrechtliche Schutzregelungen** (Kersting/Podszun 9. GWB-Novelle/Podszun/Schmieder Kap. 6 Rn. 28), die den Verbraucher nach § 13 BGB schützen (Alexander NZKart 2017, 391 (392)). § 2 Abs. 2 S. 1 UKlaG nennt Beispiele verbraucherschützender Vorschriften (Alexander NZKart 2017, 391 (392)). Wichtig ist in diesem Zusammenhang § 3a UWG; danach handelt unlauter, wer eine gesetzliche Vorschrift verletzt, die auch dazu bestimmt ist, **das Marktverhalten** im Interesse der Marktteilnehmer zu regeln, wenn der Verstoß geeignet ist, die Interessen von Verbrauchern spürbar zu beeinträchtigen. § 3a UWG kann Regelungen aus dem Bereich der Personenbeförderung, der Produktsicherheit usw erfassen (im Einzelnen Kersting/Podszun 9. GWB-Novelle/Podszun/Schmieder Kap. 6 Rn. 39). **12**

Nach S. 1 setzt die Sektoruntersuchung den **begründeten Verdacht** auf **„erhebliche, dauerhafte oder wiederholte"** Verstöße gegen verbraucherrechtliche Vorschriften voraus. Ein **begründeter Verdacht** setzt wohl keinen konkreten Verdacht gegen ein bestimmtes Unternehmen voraus; Beschwerden, Hinweise oder anderweitige Verdachtsmomente reichen aus. Nur eine Untersuchung ins Blaue hinein soll ausgeschlossen sein (BEWiA 9. GWB-Novelle 2017, 27; Kersting/Podszun 9. GWB-Novelle/Podszun/Schmieder Kap. 6 Rn. 46). Außerdem ist erforderlich, dass eine **Vielzahl von Fällen** betroffen ist, dh Hunderte von Verbrauchern (Kersting/Podszun 9. GWB-Novelle/Podszun/Schmieder Kap. 6 Rn. 53). **13**

Nach S. 2 ist die Sektoruntersuchung durch das BKartA das **subsidiäre** Mittel, wenn die Durchsetzung der verbraucherrechtlichen Vorschriften **in die Zuständigkeit anderer Bundesbehörden** fällt. Beispiele sind die Zuständigkeit der Bundesnetzagentur zur Verfolgung unerlaubter Telefonwerbung nach § 20 UWG (s. dazu auch Kersting/Podszun 9. GWB-Novelle/Podszun/Schmieder Kap. 6 Rn. 57). Gerade auch im Bereich der Zuwiderhandlungen gegen § 3a UWG kann S. 2 als Korrektiv für eine zu weitgehende Zuständigkeit des BKartA für verbraucherrechtliche Sektoruntersuchungen angesehen werden (Kersting/Podszun 9. GWB-Novelle/Podszun/Schmieder Kap. 6 Rn. 40). **14**

Die **Eingriffsbefugnisse** für Sektoruntersuchung nach Abs. 6 sind durch den eingeschränkten Verweis auf die Eingriffsbefugnisse nach Abs. 5 in S. 3 beschränkt. Aus den Verweisen in S. 3 auf Abs. 4 ergibt sich, dass die Befugnisse für verbraucherrechtliche Sektoruntersuchungen gegenüber der kartellrechtlichen Sektoruntersuchung erheblich abgeschwächt sind. So finden die Regelungen zum Betreten von Räumlichkeiten der Betroffenen zum Zweck der Einsichtnahme und Prüfung sowie Beschlagnahme von Unterlagen gem. §§ 58, 59a und § 59b, also gerade die Regelungen über Durchsuchungen, **keine Anwendung.** § 49 Abs. 1 sowie die §§ 57, 59 und 61 gelten aber uneingeschränkt. Damit beschränkt sich das Arsenal der Möglich- **15** keiten für die verbraucherrechtliche Sektoruntersuchung im Wesentlichen auf Auskunftsverlangen.

16 Abs. 7 stellt sicher, dass die von einer Sektoruntersuchung nach Abs. 6 betroffenen Unternehmen davor geschützt werden, von Dritten wegen eines Verstoßes, der Gegenstand der Sektoruntersuchung ist, abgemahnt und auf **Aufwendungsersatz** in Anspruch genommen zu werden (BEWiA 9. GWB-Novelle 2017, 27; dazu Alexander NZKart 2017, 391 (395)); deshalb schließt die Regelung Aufwendungsersatzansprüche nach § 12 Abs. 1 S. 2 UWG für Abmahnungen aus, die in den vier auf die Veröffentlichung eines Abschlussberichts der Sektoruntersuchung folgenden Monaten ausgesprochen werden. Abs. 7 **schließt** aber **nur** den Aufwendungsersatz **aus;** eine Abmahnung des Wettbewerbsverstoßes bleibt in dieser Karenzpflicht möglich, ebenfalls eine Klage oder ggf. ein Antrag auf Erlass einer einstweiligen Verfügung.

§ 32f Maßnahmen nach einer Sektoruntersuchung

(1) **[1]Nach der Veröffentlichung eines Berichts nach § 32e Absatz 4 zu einer Sektoruntersuchung nach § 32e Absatz 1 hat das Bundeskartellamt unbeschadet seiner sonstigen Befugnisse die weiteren Befugnisse gemäß den Absätzen 2 bis 4. [2]Dies gilt nicht in Fällen des § 32e Absatz 6.**

(2) **[1]Wenn objektiv nachvollziehbare Anhaltspunkte dafür bestehen, dass durch künftige Zusammenschlüsse der wirksame Wettbewerb im Inland in einem oder mehreren der in dem Bericht nach § 32e Absatz 4 untersuchten Wirtschaftszweige im Sinne von § 36 Absatz 1 erheblich behindert werden könnte, kann das Bundeskartellamt Unternehmen durch Verfügung verpflichten, innerhalb eines Zeitraums von drei Jahren ab Zustellung der Verfügung jeden Zusammenschluss im Sinne von § 37 in einem oder mehreren dieser Wirtschaftszweige nach § 39 anzumelden. [2]Die Anmeldepflicht nach Satz 1 gilt nur für Zusammenschlüsse, bei denen der Erwerber im letzten Geschäftsjahr Umsatzerlöse im Inland von mehr als 50 Millionen Euro und das zu erwerbende Unternehmen im letzten Geschäftsjahr Umsatzerlöse im Inland von mehr als 1 Million Euro erzielt hat. [3]§ 36 Absatz 1 Satz 2 Nummer 2 ist auf von dem Unternehmen in den untersuchten Wirtschaftszweigen angemeldete Zusammenschlüsse nicht anzuwenden. [4]Im Übrigen gelten die auf Zusammenschlüsse im Sinne des Kapitels 7 anwendbaren Vorschriften dieses Gesetzes. [5]Sofern die Voraussetzungen nach Satz 1 nach Ablauf des Zeitraums von drei Jahren fortbestehen, kann das Bundeskartellamt die Anmeldeverpflichtung um drei Jahre verlängern; wiederholte Verlängerungen um jeweils drei Jahre sind bis zu dreimal zulässig.**

(3) **[1]Das Bundeskartellamt kann durch Verfügung feststellen, dass eine erhebliche und fortwährende Störung des Wettbewerbs auf mindestens einem mindestens bundesweiten Markt, mehreren einzelnen Märkten oder marktübergreifend vorliegt, soweit die Anwendung der sonstigen Befugnisse nach Teil 1 nach den im Zeitpunkt der Entscheidung beim Bundeskartellamt vorliegenden Erkenntnissen voraussichtlich nicht ausreichend erscheint, um die Störung des Wettbewerbs wirksam und dauerhaft zu beseitigen. [2]Die Verfügung nach Satz 1 ergeht gegenüber einem oder mehreren Unternehmen, die als Adressaten von Maßnahmen nach Satz 6 oder Absatz 4 in Betracht kommen. [3]Adressaten von Maßnahmen können Unternehmen sein, die durch ihr Verhalten und ihre Bedeutung für die Marktstruktur zur Störung des Wettbewerbs wesentlich beitragen. [4]Bei der Auswahl der Adressaten und der Abhilfemaßnahmen ist insbesondere auch die Marktstellung des Unternehmens zu berücksichtigen. [5]Das Bundeskartell-**

amt kann die Verfügung nach Satz 1 durch Beschluss zu einem späteren Zeitpunkt auf weitere Unternehmen im Sinne der Sätze 2 und 3 ausdehnen. [6]Das Bundeskartellamt kann im Falle einer Feststellung nach Satz 1 den betroffenen Unternehmen alle Abhilfemaßnahmen verhaltensorientierter oder struktureller Art vorschreiben, die zur Beseitigung oder Verringerung der Störung des Wettbewerbs erforderlich sind. [7]Die Abhilfemaßnahmen können insbesondere Folgendes zum Gegenstand haben:

1. die Gewährung des Zugangs zu Daten, Schnittstellen, Netzen oder sonstigen Einrichtungen,
2. Vorgaben zu den Geschäftsbeziehungen zwischen Unternehmen auf den untersuchten Märkten und auf verschiedenen Marktstufen,
3. Verpflichtung zur Etablierung transparenter, diskriminierungsfreier und offener Normen und Standards durch Unternehmen,
4. Vorgaben zu bestimmten Vertragsformen oder Vertragsgestaltungen einschließlich vertraglicher Regelungen zur Informationsoffenlegung,
5. das Verbot der einseitigen Offenlegung von Informationen, die ein Parallelverhalten von Unternehmen begünstigen,
6. die buchhalterische oder organisatorische Trennung von Unternehmens- oder Geschäftsbereichen.

[8]§ 32 Absatz 2 gilt entsprechend.

(4) [1]Das Bundeskartellamt kann unter den Voraussetzungen des Absatzes 3 marktbeherrschende Unternehmen sowie Unternehmen mit einer überragenden marktübergreifenden Bedeutung für den Wettbewerb nach § 19a Absatz 1 durch Verfügung dazu verpflichten, Unternehmensanteile oder Vermögen zu veräußern, wenn zu erwarten ist, dass durch diese Maßnahme die erhebliche und fortwährende Störung des Wettbewerbs beseitigt oder erheblich verringert wird. [2]Abhilfemaßnahmen nach Satz 1 dürfen nur angeordnet werden, wenn Abhilfemaßnahmen nach Absatz 3 Satz 6 nicht möglich sind, nicht von gleicher Wirksamkeit oder im Vergleich zu Abhilfemaßnahmen nach Satz 1 mit einer größeren Belastung für das Unternehmen verbunden wären. [3]Vor Erlass der Verfügung ist der Monopolkommission und den nach § 48 Absatz 1 zuständigen obersten Landesbehörden, in deren Gebiet das Unternehmen seinen Sitz hat, Gelegenheit zur Stellungnahme zu geben. [4]Die Verfügung nach Satz 1 ist im Bundesanzeiger bekannt zu machen. [5]§ 43 Absatz 3 ist entsprechend anzuwenden mit der Maßgabe, dass nur die Angaben nach § 39 Absatz 3 Satz 2 Nummer 1 und 2 bekannt zu machen sind. [6]Die Verfügung kann mit Nebenbestimmungen verbunden werden. [7]§ 41 Absatz 3 Satz 2 und Absatz 4 gilt entsprechend. [8]Der Vermögensteil muss nur veräußert werden, wenn der Erlös mindestens 50 Prozent desjenigen Wertes beträgt, den ein vom Bundeskartellamt beauftragter Wirtschaftsprüfer für den Zeitpunkt des der Entflechtungsanordnung nach Satz 1 vorangegangenen Jahresabschlusses festgestellt hat. [9]Soweit der tatsächliche Verkaufserlös den vom beauftragten Wirtschaftsprüfer festgestellten Wert unterschreitet, erhält das veräußernde Unternehmen eine zusätzliche Zahlung in Höhe der Hälfte der Differenz zwischen dem festgestellten Wert und dem tatsächlichen Verkaufserlös. [10]Erstreckt sich die Verfügung auf Vermögensteile, die vor der Einleitung eines Verfahrens nach diesem Absatz Gegenstand einer bestandskräftigen Freigabe eines Zusammenschlusses durch das Bundeskartellamt oder die Europäische Kommission waren oder nach der Erteilung einer bestandskräftigen Ministererlaubnis erworben wurden, so ist die Verfügung nur zulässig, wenn der Zeitraum zwischen ihrer Zustellung und der Zustellung der fusionskontrollrechtlichen Verfügung größer als zehn Jahre ist. [11]Ist kein

Hauptprüfverfahren eingeleitet worden, so tritt an die Stelle der Zustellung der Verfügung der Ablauf der Frist nach § 40 Absatz 1 Satz 1. [12]Teile des Vermögens, die ein Unternehmen aufgrund einer Verpflichtung nach diesem Absatz oder aufgrund einer Verpflichtungszusage nach Absatz 6 veräußert hat, darf das Unternehmen innerhalb von fünf Jahren nach der Veräußerung nicht zurückerwerben, es sei denn, es weist nach, dass sich die Marktverhältnisse so geändert haben, dass eine erhebliche und fortwährende Störung des Wettbewerbs nicht mehr vorliegt.

(5) [1]Eine Störung des Wettbewerbs kann insbesondere in folgenden Fällen vorliegen:
1. unilaterale Angebots- oder Nachfragemacht,
2. Beschränkungen des Marktzutritts, des Marktaustritts oder der Kapazitäten von Unternehmen oder des Wechsels zu einem anderen Anbieter oder Nachfrager,
3. gleichförmiges oder koordiniertes Verhalten oder
4. Abschottung von Einsatzfaktoren oder Kunden durch vertikale Beziehungen.

[2]Bei der Prüfung, ob eine Störung des Wettbewerbs vorliegt, soll insbesondere Folgendes berücksichtigt werden:
1. Anzahl, Größe, Finanzkraft und Umsätze der auf den betroffenen Märkten oder marktübergreifend tätigen Unternehmen, die Marktanteilsverhältnisse sowie der Grad der Unternehmenskonzentration,
2. Verflechtungen der Unternehmen auf den betroffenen, den vor- und nachgelagerten oder in sonstiger Weise miteinander verbundenen Märkten,
3. Preise, Mengen, Auswahl und Qualität der angebotenen Produkte oder Dienstleistungen auf den betroffenen Märkten,
4. Transparenz und Homogenität der Güter auf den betroffenen Märkten,
5. Verträge und Vereinbarungen zwischen Unternehmen auf den betroffenen Märkten,
6. Grad der Dynamik auf den betroffenen Märkten sowie
7. dargelegte Effizienzvorteile, insbesondere Kosteneinsparungen oder Innovationen, bei angemessener Beteiligung der Verbraucher.

[3]Eine Störung des Wettbewerbs ist fortwährend, wenn diese über einen Zeitraum von drei Jahren dauerhaft vorgelegen hat oder wiederholt aufgetreten ist und zum Zeitpunkt der Verfügung nach Absatz 3 keine Anhaltspunkte bestehen, dass die Störung innerhalb von zwei Jahren mit überwiegender Wahrscheinlichkeit entfallen wird.

(6) § 32b gilt für Verfahren nach den Absätzen 3 und 4 entsprechend.

(7) Verfügungen nach den Absätzen 2 bis 4 sollen innerhalb von 18 Monaten nach der Veröffentlichung des Abschlussberichts nach § 32e Absatz 4 ergehen.

(8) [1]Auf Märkten in den von der Bundesnetzagentur regulierten Sektoren Eisenbahn, Post und Telekommunikation, für die sektorspezifisches Wettbewerbsrecht gilt, sowie den regulierten Elektrizitäts- und Gasversorgungsnetzen gemäß dem Energiewirtschaftsgesetz bedarf das Bundeskartellamt zur Ergreifung von Abhilfemaßnahmen nach den Absätzen 3 und 4 des Einvernehmens der Bundesnetzagentur; die Bundesnetzagentur veröffentlicht hierzu jeweils eine Stellungnahme. [2]Mögliche Abhilfemaßnahmen nach den Absätzen 3 und 4 sind bei der Prüfung im Rahmen der Marktanalyse nach § 37 Absatz 2 Nummer 3 des Postgesetzes und § 11 Absatz 2 Nummer 3 des Telekommunikationsgesetzes nicht zu berücksichtigen.

(9) **Das Bundesministerium für Wirtschaft und Klimaschutz berichtet den gesetzgebenden Körperschaften nach Ablauf von zehn Jahren nach Inkrafttreten der Regelungen in den Absätzen 1 bis 8 über die Erfahrungen mit der Vorschrift.**

Übersicht

1. Überblick

1 Die durch die 11. GWB-Novelle 2023 eingeführte Vorschrift regelt Kompetenzen des BKartA, die im Anschluss an Sektoruntersuchungen nach § 32e GWB ausgeübt werden können. Es kann unter den Voraussetzungen des Abs. 2 verfügen, dass bestimmte **nicht nach § 35 anzumeldende Zusammenschlüsse angemeldet** werden müssen. Diese Kompetenz entspricht inhaltlich mit einigen Modifikationen dem zuvor noch ungenutzt gebliebenen und durch die Novelle gestrichenen § 39a. Außerdem kann das BKartA eine erhebliche und fortwährende **Störung des Wettbewerbs** feststellen, soweit die sonstigen Befugnisse nach Teil 1 des GWB zur Beseitigung der Störung nicht ausreichend erscheinen (Abs. 3 S. 1, Abs. 5), und dazu wesentlich beitragenden Unternehmen (Abs. 3 S. 3, 4) alle verhältnismäßigen Abhilfemaßnahmen auferlegen (Abs. 3 S. 6–8). Marktbeherrschende Unternehmen und Unternehmen nach § 19a Abs. 1 können als ultima ratio verpflichtet werden, **Unternehmensteile oder Vermögen zu veräußern** (Abs. 4). Das BKartA kann von betroffenen Unternehmen angebotene Verpflichtungszusagen für verbindlich erklären (Abs. 6). Maßnahmen nach der Vorschrift sollen innerhalb von 18 Monaten nach der Veröffentlichung des Abschlussberichts zur Sektoruntersuchung ergehen

(Abs. 7). In den regulierten Sektoren Eisenbahn, Post und Telekommunikation sowie den regulierten Elektrizitäts- und Gasversorgungsnetzen gelten zusätzliche Voraussetzungen (Abs. 8).

2 Anknüpfungspunkt für die **Adressateneigenschaft** ist nicht ein rechtswidriges Verhalten, sondern lediglich die festgestellte qualifizierte Störung des Wettbewerbs und der wesentliche Beitrag des Unternehmens dazu (Abs. 3 S. 2–4). Diese Kompetenz zur Gestaltung von Wettbewerbsbedingungen durch die Kartellbehörden, ohne dass ein Rechtsverstoß vorliegt, war im Gesetzgebungsverfahren sehr umstritten. Vor allem verfassungsrechtlichen Bedenken wurde durch Aufnahme einer Entschädigungspflicht bei strukturellen Maßnahmen begegnet. Die Änderungen der Gesetzesfassung gegenüber dem RefE adressieren die Kritik aber nur teilweise, so dass die Vereinbarkeit mit höherrangigem Recht umstritten bleibt (verfassungsrechtliche Bedenken s. zum RefE Ackermann ZWeR 2023, 1 (18); Grzeszick NZKart 2023, 55 (volle Entschädigung bei Abs. 3 und 4 nötig); Paal/Kieß NZKart 2022, 678 (681 f.); Zweifel auch bei Immenga/Mestmäcker/Kühling/Engelbracht Rn. 6; aA Kühling/Engelbracht/Welsch WuW 2023, 250 (255 f.); Weck NZKart 223, 391 (394); zur Gesetzgebungskompetenz im Verhältnis zu Art. 3 Abs. 1 lit. b AEUV s. Ackermann ZWeR 2023, 1 (9 ff.); Kruse/Maturana EuZW 2022, 798 (801); Paal/Kieß NZKart 2022, 678 (682 f. mN); Thomas ZWeR 2022, 333 (351)). Zudem wird ein praktisches Bedürfnis für die zusätzliche Befugnis des BKartA angezweifelt (s. Inderst/Thomas NZKart 2022, 657 f.; Thomas ZWeR 2022, 333).

3 Die Vorschrift bezweckt, dass Wettbewerbsstörungen aufgegriffen werden können, die nicht im Rahmen der Fusionskontrolle aufgegriffen werden konnten oder deren wettbewerbsbeschränkender Charakter sich nicht aus wettbewerbsbeschränkenden Vereinbarungen bzw abgestimmten Verhaltensweisen oder Marktmachtmissbrauch ergibt (RegE 11. GWB-Novelle 2023, S. 29). Solche Störungen können nach der Gesetzesbegründung durch Marktmachtkonzentration infolge internen Wachstums, fusionskontrollfreies externes Wachstum (in regionalen Märkten), Marktaustritte entstehen und gesamtwirtschaftliche Schäden hohen Ausmaßes verursachen, wenn Preise durch koordiniertes Verhalten erhöht sind, ohne dass ein Preis-/Konditionenmissbrauch vorliegt. Dies könne zu Nachteilen für die Verbraucher und volkswirtschaftlich nachteilhaften Fehlallokationen von natürlichen Ressourcen, Arbeitskräften und Investitionen führen; wirtschaftliche Transformationsprozesse können gestört werden (ebd. S. 29 f.; s. im Kontext des EU Rechts Motta/Peitz, Intervention triggers and underlying theories of harm, 2020; kritisch mit guten Gründen Thomas ZWeR 2022, 333).

4 Die als „neues Instrument im Kartellrecht" bezeichnete Befugnis hat ihr Vorbild v.a. im Vereinigten Königreich (dazu Wagner-von Papp WuW 2022, 642 (643 ff.); Whish, New Competition Tool: Legal comparative study, 2020).

2. Verhältnis zum europäischen Recht bei grenzüberschreitenden Sachverhalten

5 § 32f liegt nicht im Regelungsbereich von **Art. 101 AEUV**, da die Norm nur Störungen des Wettbewerbs struktureller oder verhaltensbedingter Natur erfasst und nicht Vereinbarungen, Beschlüsse und abgestimmte Verhaltensweisen von Unternehmen oder Unternehmensvereinigungen. Bei Verstößen gegen Art. 101 AEUV ist § 32f nicht anwendbar (RegE 11. GWB-Novelle 2023, S. 30). Eine Sperrwirkung für mitgliedstaatliche Gesetzgeber kann sich nach Art. 101 AEUV auch für stillschweigende Koordinierung ergeben (Bechtold/Bosch/Brinker Art. 3 Kartellverfahrens-VO Rn. 19; Thomas ZWeR 2022, 333 (351); aA Wagner-von Papp WuW 2022, 642 (647)) oder aus **Art. 102 AEUV** iVm Art. 3 Abs. 2 S. 2 Kartellverfahrens-VO, da das reine Bestehen einer marktbeherrschenden Stellung unionsrechtlich erlaubt ist (W.-H. Roth FS Möschel 2011, 503 (511 f.) zum RefE 2010; Immenga/

Mestmäcker/Kühling/Engelbracht Rn. 11 ff.; Thomas ZWeR 2022, 333 (351)). Das Verhältnis zur **EU-Fusionskontrolle** regelt Art. 21 VO (EG) Nr. 139/2004. Ob der Abstand zwischen Freigaben der Kommission und einer Veräußerungsanordnung von zehn Jahren ausreichend ist (Abs. 4 S. 10), ist nach EU Recht zu bestimmen (für eine Sperrwirkung der FKVO Ackermann ZWeR 2023, 1 (13); W.-H. Roth FS Möschel, 2011, 503 (506 f.) zum RefE 2010 (wesentliche Änderung der Wettbewerbsverhältnisse seit Freigabe nachzuweisen); Thomas ZWeR 2022, 333 (352); aA Weck NZKart 223, 391 (394)). Das Rückerwerbsverbot nach Abs. 4 S. 12 kann mit Art. 21 VO (EG) Nr. 139/2004 kollidieren, sofern der Rückerwerb gemeinschaftsweite Bedeutung hat (Ackermann ZWeR 2023, 1 (13); Kruse/Maturana EuZW 2022, 798 (799 f.); Paal/Kieß NZKart 2022, 678 (683); W.-H. Roth FS Möschel, 2011, 503 (507 f.) zum RefE 2010). Denkbar ist auch eine Kollision mit der Niederlassungsfreiheit (s. W.-H. Roth FS Möschel, 2011, 503 (512 ff.) zum RefE 2010). Für Torwächter im Sinne von Art. 3 **DMA** ist die Anwendung von § 32f gesperrt (Ackermann ZWeR 2023, 1 (12); Paal/Kieß NZKart 2022, 678 (683); Kruse/Maturana EuZW 2022, 798 (801) (zur missbrauchsunabhängigen Entflechtung); aA Weck NZKart 223, 391 (394); differenzierend Immenga/Mestmäcker/Kühling/Engelbracht Rn. 15 f.). Schließlich könnten die Kompetenzen des BKartA nach § 32f mit der auf EU-Richtlinien beruhenden sektorspezifischen Regulierung kollidieren (s. im einzelnen Ackermann ZWeR 2023, 1 (15 f.)).

3. Verpflichtung zur Anmeldung bestimmter Zusammenschlüsse (Abs. 2)

a) Überblick. Die durch die 10. GWB Novelle 2021 zunächst als § 39a eingeführte (zu verfassungsrechtlichen Bedenken s. Bechtold NZKart 2020, 47 (49); zur Entstehungsgeschichte Brinker/Haag BB 2021, 1987 (1988)) und durch die 11. GWB-Novelle 2023 modifiziert in Abs. 2 überführte Vorschrift erlaubt im Anschluss an eine Sektoruntersuchung eine Ausweitung der Fusionskontrolle durch Verfügung des BKartA gegenüber bestimmten Unternehmen. Das Umsatzgrößenkriterium von EUR 500 Mio. und die bundesweite Mindestgröße in den betroffenen Wirtschaftszweigen (15 % von Angebot oder Nachfrage) als Voraussetzung für die Adressateneigenschaft sind entfallen (Abs. 2 S. 1). Anzumelden sind nur Zusammenschlüsse, wenn der Erwerber im Inland mehr als EUR 50 Mio. (vorher ohne Umsatzschwelle für Erwerber abgesehen vom Umsatzgrößenkriterium) und das zu erwerbende Unternehmen im Inland mehr als EUR 1 Mio. (vorher EUR 2 Mio. und davon zwei Drittel im Inland) Umsatz erwirtschaftet haben (Abs. 2 S. 2). Der Gesetzgeber hat nun klargestellt, dass auf die Anmeldungen die Vorschriften über die Fusionskontrolle unter ausdrücklichem Ausschluss der Bagatellmarktklausel anwendbar sind (Abs. 2 S. 3, 4). Diese Änderungen gegenüber § 39a wurden vorgenommen, um auch Konzentrationstendenzen auf vermachteten kleineren regionalen Märkten besser adressieren zu können (RegE 11. GWB-Novelle 2023, S. 17, 28). Die Anmeldepflicht ist auf drei Jahre befristet und kann, sofern die Voraussetzungen weiter vorliegen, bis zu dreimal um jeweils drei Jahre verlängert werden und so bis zu zwölf Jahre gelten (Abs. 2 S. 1, 5). 6

Nach dem RegE 10. GWB-Novelle 2021 (S. 94 f.) sollte ein Aufgreifinstrument eingeführt werden, das das BKartA in die Lage versetzt, eine marktbeherrschende Stellung großer Unternehmen für bestimmte Märkte zu verhindern. Mit der Vorschrift soll ermöglicht werden, Erwerbsstrategien bereits marktmächtiger Unternehmen kontrollieren zu können, die Unternehmen unterhalb der zweiten Inlandsumsatzschwelle erwerben (sog. **„stealth consolidations"**, Becker in Bien/Käseberg/Klumpe/Körber/Ost 10. GWB-Novelle Kap. 5 Rn. 37). Anders als Teilerwerbe zur Umgehung der Fusionskontrolle, die über § 38 Abs. 5 S. 3 erfasst werden, sind solche Strategien im Grundsatz nicht fusionskontrollpflichtig. 7

8 **b) Gefahr der erheblichen Behinderung des Wettbewerbs durch zukünftige Zusammenschlüsse in Wirtschaftszweigen (Abs. 2 S. 1).** Scheinbar einzige Voraussetzung für die Verfügung einer Anmeldepflicht ist, dass objektiv nachvollziehbare Anhaltspunkte dafür bestehen, dass weitere Zusammenschlüsse in einem bestimmten im Bericht zur Sektoruntersuchung untersuchten Wirtschaftszweig den Wettbewerb iSv § 36 Abs. 1 erheblich behindern können. Diese Anhaltspunkte müssen im Rahmen der Sektoruntersuchung ermittelt worden sein. Sie sollen sich daraus ergeben können, dass „ein bereits marktmächtiges Unternehmen schrittweise kleine Wettbewerber übernimmt oder ein Unternehmen in einem bestimmten Wirtschaftsbereich oder einem bereits konzentrierten Markt die für seine Marktposition potenziell gefährlichen Newcomer aufkauft" (RegE 10. GWB-Novelle 2021, S. 95). Anhaltspunkte sollen sich auch aus Beschwerden von Wettbewerbern und Verbrauchern ergeben können (ebd.), die allerdings nur Ausgangspunkt weiterer Ermittlungen sein können, um Anhaltspunkte festzustellen, nicht aber der Anhaltspunkt selbst (wie hier FK-KartellR/Kuhn § 39a Rn. 26; MüKoWettbR/Bach § 39a Rn. 55). Die reine Möglichkeit einer Wettbewerbsbehinderung genügt nicht, es ist eine gewisse Wahrscheinlichkeit zu fordern (ebenso Brinker/Haag BB 2021, 1987 (1990 f.); weiter Bunte/Kallfaß § 39a Rn. 4: hinreichende Wahrscheinlichkeit für Notwendigkeit einer vertieften Prüfung).

9 Die Vorschrift zielt auf Zusammenschlüsse, die den Wettbewerb in einem bestimmten Wirtschaftszweig iSv § 36 Abs. 1 erheblich behindern können. Nach RegE 10. GWB-Novelle 2021 (S. 95) kann für die „Konkretisierung" der Wirtschaftszweige auf die Klassifikation der Wirtschaftszweige des Statistischen Bundesamts (WZ 2008) zurückgegriffen werden. Die Beziehung zwischen Wirtschaftszweig und Wettbewerbsbehinderung ist unklar. Wirtschaftszweige sind keine Märkte. Märkte beschreiben das Zusammentreffen von Angebot und Nachfrage bezogen auf austauschbare Produkte oder Dienstleistungen, die bestimmten Wirtschaftszweigen zugeordnet werden können. Die erhebliche Behinderung des Wettbewerbs nach § 36 Abs. 1 stellt aber auf einen Markt ab, nicht in einem bestimmten Wirtschaftszweig. Abs. 2 S. 1 kann nur so verstanden werden, dass objektiv nachvollziehbare Anhaltspunkte erforderlich sind, dass weitere Zusammenschlüsse in einem bestimmten Wirtschaftszweig den Wettbewerb auf Märkten, die diesen bestimmten Wirtschaftszweigen zuzuordnen sind, erheblich behindern. Dies macht es erforderlich, dass die Märkte, für die in einem Wirtschaftszweig die Gefahr der erheblichen Behinderung befürchtet wird, in der Sektoruntersuchung untersucht wurden und die Verfügung des BKartA sie benennt. Das BKartA kann die Anmeldepflicht in seiner Verfügung in räumlicher Hinsicht (nur in bestimmten Kommunen, Ländern, Marktgebieten) oder in sachlicher Hinsicht (nur bestimmte Produkte, Leistungen) einschränken (RegE 11. GWB-Novelle 2023, S. 17) und muss dies unter dem Gesichtspunkt der Verhältnismäßigkeit auch tun. Das Ermessen des BKartA bei der Definition des Wirtschaftszweigs ist durch die festgestellten bzw antizipierten wettbewerblichen Problemlagen begrenzt. Eine Anmeldepflicht kann nicht für „das Baugewerbe" (WZ Code F) verfügt werden, wenn das Problem auf „Abbrucharbeiten" (WZ Code F.43.11.0) beschränkt ist (ähnlich Brinker/Haag BB 2021, 1987 (1989)), oder über den Gegenstand der Sektoruntersuchung hinaus (MüKoWettbR/Bach Rn. 29, aA Bunte/Kallfaß § 39a Rn. 8).

10 **c) Adressateneigenschaft.** Abs. 2 regelt nicht ausdrücklich, wer Adressat der Verfügung nach S. 1 sein kann. Das dem BKartA eingeräumte Ermessen ist gleichwohl begrenzt durch den Zweck der Vorschrift. Adressat kann nur ein Unternehmen sein, von dem zu erwarten ist, dass es durch seine Präsenz in den relevanten Wirtschaftszweigen und von ihm angestrebte Zusammenschlüsse zu den identifizierten prognostischen Wettbewerbsbeeinträchtigungen wesentlich beiträgt. Wichtige Anhaltspunkte sind aktuelle Marktmacht auf den sachlichen und räumlichen Märk-

ten, die Teil der identifizierten Wirtschaftszweige sind, eine Historie expansiven externen Unternehmenswachstums und Entwicklungen in der Vergangenheit auf angrenzenden räumlichen Märkten. Es muss eine deutliche Beziehung zu aktuellen Aktivitäten in den relevanten Wirtschaftszweigen bestehen.

d) Erfasste Zusammenschlüsse. Auch wenn eine Verfügung nach Abs. 2 S. 1 ergangen ist, fallen Zusammenschlüsse nicht unter die Anmeldepflicht, bei denen der Inlandsumsatz des Erwerbers bei 50 Mio. EUR oder weniger oder des Zielunternehmens bei 1 Mio. EUR oder weniger im letzten Geschäftsjahr vor dem Zusammenschluss lag. Die Formulierung „das zu erwerbende Unternehmen" erfasst alle Formen des Zusammenschlusses (also auch die Gründung eines Gemeinschaftsunternehmens, RegE 10. GWB-Novelle 2021, S. 95). Nach dem Wortlaut gälte die Anmeldepflicht auch, wenn der Adressat der Verfügung nach S. 1 der Veräußerer ist. Aus dem Zweck der Vorschrift ergibt sich, dass Dekonzentration beim Verfügungsadressaten nicht anzumelden ist. Etwas anderes kann nur gelten, wenn der Veräußerer an dem Zielunternehmen beteiligt bleibt, etwa bei der Gründung von Gemeinschaftsunternehmen oder der Veräußerung von (Minderheits-)Anteilen. 11

e) Materielle Prüfung angemeldeter Zusammenschlüsse. Wird der Zusammenschluss angemeldet, kann das BKartA nur unter den Voraussetzungen des § 36 Abs. 1 einschreiten. Die Bagatellmarktklausel (§ 36 Abs. 1 S. 2 Nr. 2) gilt nicht (Immenga/Mestmäcker/Kühling/Engelbracht Rn. 21). Die materielle Prüfung beschränkt sich auf Märkte, die Teil der bestimmten Wirtschaftszweige sind (Immenga/Mestmäcker/Kühling/Engelbracht Rn. 20; Bien/Käseberg/Klumpe/Körber/Ost/Becker 10. GWB-Novelle Kap. 5 Rn. 74; Brinker/Haag BB 2021, 1987 (1994); aA MüKoWettbR/Bach Rn. 33). 12

f) Verfahren. Nach Abs. 2 S. 4 gelten die Vorschriften zur Anmeldung und zum Verfahren aus Kapitel 7 (§§ 35–43a). Zur Anmeldung verpflichtet ist aber nur der Verfügungsadressat, nie sonstige beteiligte Unternehmen, da eine Bekanntmachung der Verfügung nicht vorgesehen ist und sie folglich keine Kenntnis von der administrativ begründeten Anmeldepflicht haben müssen. Bei Verstößen gegen die Anmeldepflicht oder das Vollzugsverbot sind allerdings nicht die auf Vorschriften aus Kapitel 7 verweisenden Bußgeldtatbestände anwendbar (aA von Schreitter/Sura DB 2022, 2715 (2718)). § 32f schweigt zur entsprechenden Anwendung der Bußgeldvorschriften. Für die Zwecke der Ahndung von Verstößen mit den Mitteln des Ordnungswidrigkeitenrechts genügt dies nicht, um klar zum Ausdruck zu bringen, dass eine auf gesetzlicher Grundlage bestehende Anmeldepflicht genauso wie eine behördlich angeordnete behandelt werden soll. Eine analoge Anwendung kommt nicht in Betracht (§ 3 OWiG). Das verwaltungsrechtliche Instrumentarium steht uneingeschränkt zur Verfügung (insbesondere Entflechtung nach § 41 Abs. 3). 13

g) Verfügung, Befristung, Rechtsschutz. Die Anmeldepflicht gilt ab Zustellung der Verfügung zunächst für drei Jahre. Gegen die Verfügung ist die Beschwerde statthaft, die aber keine aufschiebende Wirkung hat; die Anordnung der aufschiebenden Wirkung der Beschwerde ist gem. § 67 Abs. 3 S. 3 durch das Gericht der Hauptsache möglich. Fraglich ist, ob in Fällen der angeordneten aufschiebenden Wirkung bei späterer Bestandskraft der Verfügung inzwischen vollzogene Zusammenschlüsse entflochten werden können (dafür MüKoWettbR/Bach § 39a Rn. 66; Steinvorth/Gasser WuW 2021, 155 (160)). Bei rechtsgestaltenden Verwaltungsakten liegt es näher, der Anordnung der aufschiebenden Wirkung entgegen der h.M. nicht nur eine Vollziehbarkeitshemmung, sondern eine Wirksamkeitshemmung zuzumessen (s. Schoch/Schneider/Schoch, Stand März 2023, VwGO § 80 Rn. 89 ff.). Dem Rechtsschutzinteresse des betroffenen Unternehmens, die Wirksamkeit der Verfügung aufzuschieben, wird durch eine bloße Hemmung der Vollziehbarkeit nicht entsprochen. Eine Vollziehbarkeitshemmung bewirkte einen stark eingeschränkten Rechtsschutz, 14 denn trotz ernstlicher Zweifel an der Rechtmäßigkeit oder unbilliger Härte muss mit einschneidenden Maßnahmen im Nachhinein gerechnet werden, so dass der durch die Anordnung der aufschiebenden Wirkung geschaffene Handlungsspielraum wegen der Risiken womöglich nicht genutzt werden kann.

15 Die Verfügung darf nicht zu lange nach der zugrundeliegenden Sektoruntersuchung erlassen werden (s. Abs. 7, → Rn. 37). Zur Übergangsregelung s. § 187 Abs. 11. Die Anmeldepflicht kann durch Verfügung bis zu dreimal um jeweils drei Jahre verlängert werden (Abs. 2 S. 1), sofern die Voraussetzungen fortbestehen. Auch gegen diese Verfügungen ist die Beschwerde statthaft.

4. Feststellung erheblicher und fortwährender Störung des Wettbewerbs (Abs. 3, S. 1, Abs. 5)

16 Das Verfahren ist zweistufig ausgestaltet. Nach Abs. 3 S. 1 stellt das BKartA eine erhebliche und fortwährende Störung des Wettbewerbs gegenüber Unternehmen fest, die Adressaten von Abhilfemaßnahmen nach Abs. 3 S. 6, Abs. 4 sein können. Abhilfemaßnahmen ergehen als eigene Verfügungen. Eine ausdrückliche Regelung wie in § 19a Abs. 2 S. 5, dass die Feststellungs- mit der Abhilfeverfügung verbunden werden kann, fehlt bei § 32 f. Die Verbindung dürfte aber nach allgemeinen Grundsätzen zulässig sein. Für den Rechtsschutz ergeben sich daraus keine Nachteile (→ Rn. 35).

17 **a) Innere und äußere Verknüpfung mit einer Sektoruntersuchung.** Die Verfügungen müssen der Sektoruntersuchung nicht nur zeitlich nachfolgen, sondern auch ein Zusammenhang mit deren Gegenstand und Ergebnissen bestehen. Maßnahmen nach § 32f Abs. 3, 4 GWB müssen auf die Beseitigung oder Verringerung von Wettbewerbsstörungen gerichtet sein, die auf Märkten des untersuchten Wirtschaftszweigs bzw marktübergreifend im Hinblick auf die untersuchten Arten von Vereinbarungen oder Verhaltensweisen festgestellt wurden. Die für die Wettbewerbsstörung relevanten Schadenstheorien und die Tatsachen müssen den Ergebnissen der Sektoruntersuchung zu entnehmen sein (so auch Ackermann ZWeR 2023, 1 (19 f.)).

18 **b) Erhebliche und fortwährende Störung des Wettbewerbs.** Abs. 5 S. 1 beschreibt nicht abschließend typische Situationen für Wettbewerbsstörungen. **Nr. 1** betrifft unilaterale Angebots- oder Nachfragemacht, die nicht notwendig mit einer marktbeherrschenden Stellung einhergehen muss. In wettbewerbsarmen Oligopolen können mehrere Unternehmen über unilaterale Marktmacht verfügen. Der RegE 11. GWB-Novelle 2023, S. 32 nennt beispielhaft die Nachfragemacht von Einzelhandelsketten im Verhältnis zu kleinen Lieferanten und (stark spezialisierte) digitale Plattformen, die sehr hohe Provisionen fordern können. **Nr. 2** betrifft v.a. technische, regulatorische/administrative, vertragliche und sonstige Marktzutrittsschranken, die aufgrund von Standards, notwendiger Informationen, notwendigem Schnittstellenzugang, behördlichen Genehmigungen/Zulassungen, Netzen von vertraglichen Verpflichtungen (zB langfristige Verträge), vorherrschenden Kostenstrukturen in einem Markt (zB hohe irreversible Fixkosten), Skalen- oder Netzwerkeffekten bestehen können. Genannt werden auch weitaus weniger praktisch relevante Marktaustrittsschranken mit wettbewerbsbeeinträchtigenden Wirkungen. Von wesentlicher Bedeutung sind Beschränkungen des Wechsels zu anderen Anbietern oder Nachfragern, die durch mangelnde Interoperabilität, spezifische Investitionen oder Vertragsgestaltung (erschwerte Kündigung) entstehen und die Anzahl alternativer Anbieter beschränken können (s. dazu RegE 11. GWB-Novelle 2023, S. 33). **Nr. 3** betrifft gleichförmiges oder stillschweigend koordiniertes Marktverhalten (ohne explizite Absprachen oder abgestimmte Verhaltensweisen), sofern es „ein gesamtwirtschaftlich ineffizientes Ergebnis“ erzeugt (RegE 11. GWB-Novelle 2023, S. 33). Dies kann auch ohne gemeinsame marktbeherrschende Stellungen gegeben

sein. Der Zustand der Oligopolmarktbeherrschung (→ § 18 Rn. 59ff.) an sich rechtfertigt kein Eingreifen nach Art. 102 AEUV, § 19 GWB. Nur Handlungen, durch die diejenigen Bedingungen künstlich herbeigeführt oder verstärkt werden, die das koordinierte Verhalten ermöglichen oder erleichtern (Vergrößerung der Markttransparenz oder Produkthomogenität), können missbräuchlich sein (s. Immenga/Mestmäcker/Fuchs § 19 Rn. 68). Der RegE verweist auf einseitige Maßnahmen, die als sog. „facilitating practices" eine implizite Koordination ermöglichen und ein kollusives Ergebnis stabilisieren können, inklusive der Verwendung von Algorithmen oder von leicht nachvollziehbaren Preisschemata (RegE 11. GWB-Novelle 2023, S. 33f.). Allerdings wären das mindestens einseitige Verhaltensweisen, gegen die auch nach den Missbrauchsverboten eingeschritten werden könnte. Nur wenn keine gemeinsame Marktbeherrschung besteht, könnte Raum für § 32f bestehen. Dann wäre aber genau zu prüfen, ob das beanstandete Verhalten tatsächlich „ein gesamtwirtschaftlich ineffizientes Ergebnis" erzeugt. Dass die Feststellung einer kollektiven Marktbeherrschung mit Schwierigkeiten verbunden sein kann, kann angesichts der im Gesetzgebungsverfahren noch stärker betonten Subsidiarität ein Einschreiten nach § 32f allerdings nicht rechtfertigen (insoweit noch zu weitgehend RegE 11. GWB-Novelle 2023, S. 33). § 32f kann dagegen zur Änderung der das koordinierte Verhalten ermöglichenden (strukturellen) Bedingungen angewendet werden. Eine Abschottung von Kunden oder Einsatzfaktoren nach **Nr. 4** kann durch vertikale Verflechtungen oder (langfristige) Verträge bestehen, wobei auch ohne komplette Abschottung eine Wettbewerbsstörung bei einer wesentlichen Erhöhung der Kosten der Wettbewerber bestehen können soll (RegE 11. GWB-Novelle 2023, S. 34). Auch ein Netz vertikaler Verflechtungen oder Verträge kann aufgrund von Abhängigkeiten und Rücksichtnahmen wettbewerbsdämpfende Effekte haben, wobei auch indirekte Horizontalverflechtungen durch institutionelle Investoren (sog. common ownership) relevant sein können (ebd., S. 34f.). Auch hier ist für § 32f nur Raum, soweit es um strukturelle Anpassungen geht. Einseitiges Verhalten oder Verträge, die eine Wettbewerbsstörung verursachen, werden in aller Regel nach den allgemeinen Vorschriften adressiert werden können.

Abs. 5 S. 2 zählt nicht abschließend bei der Prüfung insbesondere **zu berücksichtigende Faktoren** auf, die für aber auch gegen eine Störung des Wettbewerbs sprechen können. Auch die Kriterien nach § 18 Abs. 3–3b, § 19a Abs. 1 S. 2 können relevant sein (zB Zugang zu Daten, Netzwerkeffekte). Entscheidend ist eine Einzelfallbetrachtung, bei der die jeweils relevanten Faktoren und ihr Zusammenspiel im Rahmen der Sektoruntersuchung analysiert werden müssen (RegE 11. GWB-Novelle 2023, S. 34). Nach Abs. 5 S. 2 Nr. 3 sind auch Marktergebnisse wie Preise, Preisentwicklungen, Preismuster, mangelnde Qualität und Verfügbarkeit von Produkten zentrale Prüfungsparameter (ebd. S. 35). Nach Abs. 5 S. 2 Nr. 7 sollen durch die Wettbewerbsstörung erzeugte Effizienzen (infolge von Größen- und Verbundvorteilen und Innovation) qualitativ berücksichtigt werden. Eine quantitative Abwägung soll nicht notwendig sein (RegE 11. GWB-Novelle 2023, S. 36). Sie können aber nur berücksichtigt werden, wenn sie in angemessenem Umfang auch den Verbrauchern zu Gute kommen (ebd.). 19

Erheblich ist eine Wettbewerbsstörung, sofern sie mehr als nur geringfügig negative Effekte auf den Wettbewerb auf mindestens einem mindestens bundesweiten Markt, mehreren einzelnen Märkten oder marktübergreifend hat (RegE 11. GWB-Novelle 2023, S. 31). Die Wettbewerbsstörung ist **fortwährend** (Abs. 5 S. 3), wenn sie über einen Zeitraum von drei Jahren zumindest wiederholt, nicht aber nur gelegentlich aufgetreten ist, und mit überwiegender Wahrscheinlichkeit ein Entfall nicht innerhalb von zwei Jahren zu erwarten ist. Maßgeblich sind Anhaltspunkte für Änderungen derjenigen Sachverhalte, die die Wettbewerbsstörung begründen. Denkbare Anhaltspunkte sind etwa eine zu erwartende Zugangsregulierung in Abschottungssachverhalten, Reaktionen von anderen Marktteilnehmern (zB Markt- 20 zutritt eines „Mavericks“ bei stillschweigend koordiniertem Verhalten) oder bevorstehende Marktmacht nivellierende Innovationen. Start-ups, insbesondere wenn sie infolge von Innovation zeitlich begrenzte first mover-Vorteile erreicht haben, sollen durch die Norm nicht adressiert werden (RegE 11. GWB-Novelle 2023, S. 36).

21 **c) Subsidiarität gegenüber sonstigen Befugnissen nach Teil 1 des GWB.** Die Feststellungsverfügung darf nur ergehen, wenn die Anwendung der Befugnisse nach Teil 1 des GWB für eine wirksame und dauerhafte Beseitigung der Störung des Wettbewerbs nicht ausreichend erscheint. Diese Beurteilung hat ein Prognoseelement und auf Grundlage der dem BKartA zum Zeitpunkt der Entscheidung vorliegenden Erkenntnisse zu erfolgen (Beschlussempfehlung Wirtschaftsausschuss, BT-Drs. 20/7625, 27). Die Verschärfung des Subsidiaritätserfordernisses in den Ausschussberatungen zeigt, dass dieses Merkmal dem Gesetzgeber ein besonderes Anliegen war. Es muss daher bei allen Prognoseunsicherheiten ernst genommen werden. Die hier relevanten vorrangigen Befugnisse ergeben sich insbesondere aus §§ 32 ff. iVm § 1 ff., § 19a, § 32f Abs. 2, § 36, § 40 f. Die präventive Fusionskontrolle wird idR nicht zur Beseitigung eingetretener Störungen geeignet sein. Bei den anderen Befugnissen, insbesondere auf Grundlage von § 32 GWB iVm §§ 1, 19, 20 kann dem in den Ausschussberatungen verschärften Subsidiaritätserfordernis nur in zwei Fällen genügt sein: aa) Es liegt kein rechtswidriges Verhalten vor. Rechtsunsicherheit, das allgemeine Verfahrensrisiko, die zu erwartende Verfahrensdauer (bestehen alle auch bei § 32f) oder innerbehördliche Gegebenheiten (mangelnde Kapazitäten zur Ermittlung von Verstößen) können nicht genügen, um weitreichendere Befugnisse zu begründen. Das BKartA soll auf die zum Zeitpunkt der Feststellung vorliegenden Erkenntnisse zurückgreifen können und keine weiteren Ermittlungen anstellen müssen (RegE 11. GWB-Novelle 2023, S. 32). Die tatsächlichen Grundlagen für die Subsidiaritätsprüfung müssen aber spätestens in der Sektoruntersuchung betrachtet worden sein. Offensichtlich unzureichende Ermittlungen zum Vorliegen von Kartellrechtsverstößen können sie nicht begründen. bb) Ein Verstoß gegen Vorschriften von Teil 1 liegt vor, aber die wirksamen Abhilfemaßnahmen sind nur nach den gesetzlichen Regelungen des § 32f Abs. 3 (erweiterter Adressatenkreis), 4 (Kompensation) verfassungsrechtlich zulässig. In allen anderen Fällen können zur Abstellung ohnehin alle erforderlichen Abhilfemaßnahmen bis hin zu strukturellen Maßnahmen nach § 32 Abs. 2 verfügt werden.

22 **d) Adressatenkreis (Abs. 3 S. 2–5). Adressaten** von Verfügungen nach Abs. 3 S. 1 (Feststellung), Abs. 3 S. 6 und Abs. 4 (Abhilfemaßnahmen) können nur **Unternehmen** sein, die durch ihr Verhalten und ihre Bedeutung für die Marktstruktur **zur Störung des Wettbewerbs wesentlich beitragen**, wobei insbesondere die Marktstellung zu berücksichtigen sei. Der wesentliche Beitrag muss kumulativ durch Verhalten und Bedeutung für die Marktstruktur erzeugt werden (Beschlussempfehlung Wirtschaftsausschuss, BT-Drs. 20/7625, 27). **Wesentlich** ist ein Beitrag durch Verhalten, wenn dieses am Markt spürbar ist. Das Kriterium soll Unternehmen ausschließen, die offensichtlich keinen oder nur einen ganz entfernten oder geringfügigen Beitrag zu der Wettbewerbsstörung „geleistet haben“ (RegE 11. GWB-Novelle 2023, S. 32; Immenga/Mestmäcker/Kühling/Engelbracht Rn. 41). Durch das erst in den Ausschussberatungen eingefügte Merkmal soll der Adressatenkreis eingeschränkt werden (so auch Heinichen/Laitenberger DB 2023, 2549 (2551)). Ein lediglich am Markt spürbares Verhalten soll nicht ausreichen (so noch im RegE, ebd.). Bedeutung für die Marktstruktur kann sich quantitativ aus der Unternehmensgröße und Marktanteilen, aber auch qualitativ aus Tätigkeiten auf vor-, nachgelagerten oder benachbarten Märkten ergeben, wenn dies Einfluss auf das Bestehen der Wettbewerbsstörung hat (Abs. 5 S. 1 Nr. 4). Der wesentliche Beitrag muss festgestellt und begründet werden. Er kann jedenfalls nicht erst in Zukunft zu erwarten sein.

Diese Grundsätze gelten auch, wenn das BKartA die Feststellungsverfügung später auf andere Unternehmen ausdehnt (Abs. 3 S. 5).

Nach Abs. 3 S. 4 ist die Marktstellung des jeweiligen Unternehmens bei der Auswahl der Adressaten und der Abhilfemaßnahmen inklusive ihrer Eingriffsintensität zu berücksichtigen. Dies konkretisiert das Verhältnismäßigkeitsprinzip. Je stärker die Stellung des adressierten Unternehmens auf dem betroffenen Markt, desto eingriffsintensivere Abhilfemaßnahmen kann das BKartA anordnen (RegE 11. GWB-Novelle 2023, S. 32). 23

e) Eingriffsmöglichkeiten (Abs. 3 S. 6, 7, Abs. 4). Die Eingriffsbefugnisse nach Abs. 3 sind vor eigentumsrechtlichen Entflechtungen nach Abs. 4 vorrangig (Abs. 4 S. 2; RegE 11. GWB-Novelle 2023, S. 31). Maßnahmen nach Abs. 3 müssen zur Beseitigung oder Verringerung der Störung des Wettbewerbs erforderlich sein. Die intensiveren Eingriffe nach Abs. 4 kommen nur bei marktbeherrschenden Unternehmen und Unternehmen nach § 19a GWB in Betracht. Sie müssen die Beseitigung oder **erhebliche** Verringerung der Wettbewerbsstörung erwarten lassen. 24

aa) Abhilfe nach Abs. 3 S. 6, 7

Abs. 3 S. 7 enthält eine nicht abschließende Aufzählung von Maßnahmen. Sie sollen Marktzutrittsschranken abbauen und den Wettbewerbsdruck auf den relevanten Märkten erhöhen. Beim Zugang zu personenbezogenen Daten sind die datenschutzrechtlichen Anforderungen zu beachten (RegE 11. GWB-Novelle 2023, S. 29). Bestimmte Lieferbeziehungen können untersagt oder ggf. mehrstufige Prozesse zur Schaffung von Standards angeordnet, Vertragslaufzeiten begrenzt werden (ebd. S. 29 f.). Es können Vorgaben zu Vertragsformen oder –gestaltungen gemacht werden, die etwa eine gewünschte Markttransparenz für Kunden erzeugen, ohne eine Koordinierung der Anbieter zu ermöglichen oder Wettbewerbsstörungen durch Einrichtung eines Beschwerdemanagements verringern (ebd. S. 30). In Fällen stillschweigender Koordinierung kann die Abhilfe in Maßnahmen bestehen, die die Faktoren für die Stabilität des kollusiven Gleichgewichts beeinflusst. Das gilt v.a. für die Markttransparenz, wenn etwa die einseitige Offenlegung von Informationen untersagt wird (so ebd. S. 30, wobei die Abgrenzung zu einem nach Art. 101 AEUV, § 1 verbotenen Signalling fraglich ist, das vorrangig zu verfolgen wäre). Unter Abs. 3 S. 6 soll auch die Anordnung einer buchhalterischen oder organisatorischen Trennung von Unternehmensteilen oder Geschäftsbereichen fallen können. Solche Maßnahmen können in ihrer Wirkung aber einer eigentumsrechtlichen Entflechtung recht nahekommen (so auch Ackermann ZWeR 2023, 1 (18)), etwa wenn sich der Unternehmenswert maßgeblich aus der Kombination dieser Bereiche ergibt. Daher sind hier eine besonders strenge Verhältnismäßigkeitsprüfung und die Beachtung verfassungsrechtlicher Schranken geboten. Bestimmte Maßnahmen könnten verfassungswidrig sein, wenn sie nur bei einer – allerdings gesetzlich nicht vorgesehenen – Kompensation eine rechtmäßige Inhalts- und Schrankenbestimmung des Eigentums wären (s. BVerfGE 58, 137; s. Grzeszick NZKart 2023, 55 (56 f., 60)). Hält man besonders eingreifende Maßnahmen dagegen an sich für rechtmäßig, sind im Einzelfall Kompensationsansprüche zu prüfen, wenn sich die weitgehende Entwertung des Unternehmens als Nebenfolge einer an sich rechtmäßigen Gestaltung der Wettbewerbsverhältnisse darstellt, und die Duldung nicht zumutbar ist (enteignender Eingriff, s. zB BGHZ 91, 20). 25

§ 32 Abs. 2 gilt entsprechend (Abs. 3 S. 8). Danach sind subsidiär auch strukturelle Maßnahmen möglich. Soweit diese aber die Veräußerung von Vermögen oder Unternehmensteilen einschließen sollen, gelten die strengeren zusätzlichen Voraussetzungen des Abs. 4. 26

bb) Eigentumsrechtliche Entflechtung (Abs. 4)

27 Die eigentumsrechtliche Entflechtung ohne vorausgegangenen Rechtsverstoß nach Abs. 4 ist **ultima ratio**. Sie kann nur gegenüber marktbeherrschenden Unternehmen oder Unternehmen nach § 19a GWB und unter strengeren Voraussetzungen angeordnet werden. Es gilt ein strenger Verhältnismäßigkeitsmaßstab.

28 **Vermögen** bezeichnet konkrete Vermögensgegenstände. Der Begriff muss nicht deckungsgleich mit dem in § 37 Abs. 1 Nr. 1 sein. Entscheidend ist nicht unbedingt, ob der Vermögensgegenstand eine Marktstellung vermittelt (→ § 37 Rn. 9), sondern primär, ob die Veräußerung die festgestellte Wettbewerbsstörung beseitigt oder erheblich verringert. Praktisch dürfte es nur wenige Fälle geben, in denen die Veräußerung von Vermögensgegenständen gegenüber der Einräumung eines Nutzungsrechts die erforderliche oder weniger belastende Maßnahme ist.

29 Ein **Unternehmensteil** ist eine Gesamtheit von Vermögensgegenständen, Rechten und Humanressourcen mit oder ohne Rechtspersönlichkeit. Die Anordnung darf nur diejenigen Teile umfassen, deren Entflechtung zur Beseitigung oder erheblichen Verringerung der Wettbewerbsstörung erforderlich ist. Auch hier sind Nutzungsrechte (zB Betriebspacht) als mildere Mittel zu erwägen.

30 Die Verpflichtung zur Veräußerung besteht nur, wenn mindestens 50 % des Werts des zu veräußernden Vermögens oder Unternehmensteils erlöst werden können, den ein vom BKartA auf Kosten des Bundes (RegE 11. GWB-Novelle 2023, S. 31) beauftragter Wirtschaftsprüfer für den Zeitpunkt des der Anordnung vorangegangenen Jahresabschlusses festgestellt hat (Abs. 4 S. 8). Dabei stellen sich komplexe Bewertungsfragen, die letztlich die Gerichte im Vollstreckungsverfahren zu entscheiden haben werden. Fraglich ist zB, ob der Wert zugrunde zu legen ist, den das Vermögen als Teil des Veräußerers hat oder der Wert des Vermögens als Veräußerungsobjekt. Im ersten Fall könnte eine zugunsten des Adressaten wirkende Wettbewerbsstörung werterhöhend sein. Es ist nicht von vornherein von der Hand zu weisen, diesen Wert einer Kompensation für einen Eingriff in das Eigentum für maßgeblich zu halten, da es sich um einen legal erlangten wertbestimmenden wirtschaftlichen Vorteil handelt. Das Bestehen der Wettbewerbsstörung kann eine erhöhte Sozialpflichtigkeit des Eigentums begründen, rechtfertigt aber gerade kein Unwerturteil zulasten des Adressaten der Maßnahme (zweifelhaft daher RegE 11. GWB-Novelle 2023, S. 31; MK, SG 56, Tz. 61). Bleibt der Veräußerungserlös hinter dem Wertgutachten zurück, wird aus Bundesmitteln ein Ausgleich in Höhe der Hälfte der Differenz zwischen Erlös und Wertgutachten gezahlt (Abs. 4 S. 9), so dass immer mindestens 75 % des festgestellten Wertes kompensiert werden (RegE 11. GWB-Novelle 2023, S. 31).

31 Vermögensgegenstände, die im Rahmen von durch BKartA, Europäische Kommission oder nach § 42 freigegebene Zusammenschlüsse erworben wurden, können nur Gegenstand einer Entflechtungsverfügung sein, wenn seit der Freigabe mindestens 10 Jahre vergangen sind (Abs. 4 S. 10, 11; zur möglichen Sperrwirkung bei Freigaben nach der FKVO → Rn. 5; Immenga/Mestmäcker/Kühling/Engelbracht Rn. 57).

32 Ein Rückerwerb innerhalb von fünf Jahren nach Veräußerung ist nur zulässig, wenn die Wettbewerbsstörung nicht mehr besteht. Die Beweislast soll das betroffene Unternehmen tragen, was das BKartA jedoch nicht von der Verpflichtung zur Amtsermittlung entbindet (→ § 57 Rn. 3).

33 Vor Erlass der Verfügung ist Monopolkommission und zuständigen obersten Landesbehörden Gelegenheit zur Stellungnahme zu geben (Abs. 4 S. 3). Die Stellungnahmen binden das BKartA nicht (RegE 11. GWB-Novelle 2023, S. 31). Die Verfügung kann mit Nebenbestimmungen verbunden werden (Abs. 4 S. 6). Das BKartA kann wie in der Fusionskontrolle die zur Entflechtung erforderlichen Anordnungen treffen (Abs. 4 S. 7; § 41 Abs. 3 S. 2, Abs. 4) inklusive Beschränkungen bei der Stimmrechtsausübung oder Einsetzung eines Treuhänders auf Kosten des Bundes

(RegE 11. GWB-Novelle 2023, S. 31). Die Verfügung ist im Bundesanzeiger bekannt zu machen (Abs. 4 S. 4, 5).

f) Eingriffe auf regulierten Märkten (Abs. 8). Nach Abs. 8 S. 1 dürfen Eingriffe nach § 32f in den aufgezählten regulierten Märkten nur im Einvernehmen mit der BNetzA verfügt werden. Einvernehmen bedeutet Zustimmung. Die BNetzA muss die Entscheidung inhaltlich mittragen (vgl. BVerwG NVwZ-RR 2004, 855 (856)). Sie soll einen bestimmenden Einfluss auf die Entscheidung haben. Die in der vorgesehenen Stellungnahme darzulegenden Gründe müssen Rückbindung an die gesetzlichen Aufgaben der BNetzA in den jeweiligen Märkten haben. Abs. 8 S. 2 stellt klar, dass die Möglichkeit von Anordnungen nach § 32f keinen Einfluss auf die Begründung der Regulierungsbedürftigkeit eines Post- oder Telekommunikationsmarktes hat. Nach § 11 Abs. 2 Nr. 3 TKG muss zur Begründung der Regulierungsbedürftigkeit eines Telekommunikationsmarktes weiterhin lediglich die Anwendung des allgemeinen Wettbewerbsrechts nicht ausreichend sein, um Marktversagen angemessen entgegen wirken zu können. Zu möglichen Kollisionen mit zugrundeliegendem EU-Recht s. Ackermann ZWeR 2023, 1 (15 f.) **34**

g) Rechtsschutz. Verfügungen nach Abs. 3 S. 1, 6 und Abs. 4 können mit der Beschwerde angefochten werden. Aufgrund des gestaltenden Charakters und der möglichen Tiefe der Eingriffe (Beschlussempfehlung Wirtschaftsausschuss, BT-Drs. 20/7625, 28) hat sie bei Verfügungen nach Abs. 3 S. 6 und Abs. 4 (nicht aber bei der Feststellungsverfügung nach Abs. 3 S. 1) nach § 66 Abs. 1 Nr. 1 aufschiebende Wirkung. Die Feststellungsverfügung ist jedenfalls durch die Adressaten mit der Beschwerde anfechtbar, da mit ihr durch die Möglichkeit zum Erlass von Abstellungsmaßnahmen eine hinreichende Beschwer verbunden ist (anders wohl Paal/Kieß NZKart 2022, 678 (682)). Die Feststellungsverfügung kann mit der Verfügung von Abhilfemaßnahmen verbunden werden. **35**

h) Verfahren (Abs. 6, 7). Die Einhaltung von Verfahrensvorschriften hat bei potenziell sehr belastenden Maßnahmen eine große Bedeutung. Der Gesetzgeber betont das rechtliche Gehör und empfiehlt Anhörungen der berührten Wirtschaftskreise inklusive der Verbraucher und Arbeitnehmer, Behörden und wissenschaftlicher Institute nach § 56 Abs. 2 (RegE 11. GWB-Novelle 2023, S. 30 f.). Eine mündliche Verhandlung in den Verfahren nach Abs. 3 S. 6 und Abs. 4 ist vorgeschrieben, die Beteiligten können darauf verzichten (§ 56 Abs. 7 S. 3, 5). Beiladungen erfolgen nach den allgemeinen Vorschriften und können bei Eingriffen in Verträge notwendig sein (→ § 54 Rn. 6 ff.). **36**

Abs. 7 sieht für Verfahren nach § 32f Abs. 2–4 eine Regelverfahrensdauer vor. Verfügungen nach den Absätzen 2–4 „sollen" spätestens 18 Monate nach Veröffentlichung des Berichts zum Abschluss der Sektoruntersuchung nach § 32e ergehen. Dies soll der Verfahrensbeschleunigung und effektiver und zeitiger Abhilfe bei Störungen des Wettbewerbs dienen. Mit einem Verstoß sollen aber keine Rechtsfolgen verbunden sein (RegE 11. GWB-Novelle 2023, S. 36). Abhilfe ist aber auch dann nur gegen die in der Sektoruntersuchung festgestellten Störungen möglich. Je länger der zeitliche Abstand umso eher kann die Notwendigkeit zu weiteren Ermittlungen zur Fortdauer der ursprünglich festgestellten Störungen bestehen. **37**

Normadressaten der Abs. 3 und 4 können Verpflichtungszusagen anbieten (Abs. 6), die verbindlich erklärt werden können (§ 32b). **38**

§ 32g Untersuchung von möglichen Verstößen gegen den DMA

(1) **Das Bundeskartellamt kann eine Untersuchung bei einer möglichen Nichteinhaltung der Artikel 5, 6 oder 7 der Verordnung (EU) 2022/1925 des Europäischen Parlaments und des Rates vom 14. September 2022 über**

bestreitbare und faire Märkte im digitalen Sektor und zur Änderung der Richtlinien (EU) 2019/1937 und (EU) 2020/1828 (Gesetz über digitale Märkte) (ABl. L 265 vom 12.10.2022, S. 1) durch ein nach Artikel 3 der Verordnung benanntes Unternehmen durchführen.

(2) [1]**Das Bundeskartellamt kann alle für die Untersuchung nach Absatz 1 erforderlichen Ermittlungen durchführen.** [2]**Die §§ 57 bis 59b und 61 gelten entsprechend.** [3]**Sofern die Ermittlungen einen möglichen Verstoß gegen Artikel 7 der Verordnung (EU) 2022/1925 zum Gegenstand haben, gibt das Bundeskartellamt der Bundesnetzagentur die Möglichkeit zur Stellungnahme.**

(3) [1]**Das Bundeskartellamt erstattet der Europäischen Kommission Bericht über die Ergebnisse der Untersuchung nach Absatz 1.** [2]**Es kann einen Bericht über die Ergebnisse der Untersuchung veröffentlichen.**

1 Der mit der 11. GWB-Novelle eingeführte § 33g regelt die Modalitäten der Unterstützung der Europäischen Kommission durch das BKartA bei der öffentlichen Durchsetzung des Digital Markets Act (DMA, VO (EU) 2022/1925) gegenüber benannten Torwächtern. Dem BKartA (in § 50 Abs. 2 als zuständige Behörde benannt) wird die Zuständigkeit eingeräumt, nach Art. 38 Abs. 7 DMA Verwaltungsverfahren zur Ermittlung einer möglichen Nichteinhaltung der Art. 5–7 DMA durchzuführen (Abs. 1), wenn sich das beanstandete Verhalten im Bundesgebiet auswirkt (§ 185 Abs. 2; RegE 11. GWB-Novelle 2023, S. 37). Zu diesem Zweck erhält das BKartA Ermittlungsbefugnisse nach §§ 57–59b und 61 einschließlich Auskunftsverlangen, Prüfung geschäftlicher Unterlagen, Durchsuchung und Beschlagnahme (Abs. 2). Für Verfahren und Rechtsschutz bestehen keine Besonderheiten. Das BKartA muss der Kommission Bericht erstatten (Art. 38 Abs. 7 UAbs. 2 S. 1 DMA) und kann einen Bericht über die Ergebnisse seiner Untersuchungen veröffentlichen (Abs. 3). Betroffenen Unternehmen ist vor Veröffentlichung rechtliches Gehör zu gewähren. Zur Wahrung der Kompetenzordnung des DMA sollen die Ermittlungsergebnisse als vorläufig bezeichnet werden (RegE 11. GWB-Novelle 2023, S. 37 f.). Vor Durchführung förmlicher Untersuchungsmaßnahmen (d.h. durch Verwaltungsakt, Durchsuchung aufgrund gerichtlichen Beschlusses), muss die Kommission schriftlich unterrichtet werden (Art. 38 Abs. 7 UAbs. 1 S. 2 DMA).

2 Das BKartA hat nur Ermittlungsbefugnisse, aber keine Kompetenzen, die Einhaltung der Vorgaben des DMA zu erzwingen oder Verstöße zu ahnden, denn die Europäische Kommission ist die einzige Durchsetzungsbehörde (Erwgr. 91 DMA; s. auch HK-DMA/Gappa/Käseberg Art. 38 Rn. 22 ff.). Die Zuständigkeit des BKartA ist ausgeschlossen, wenn die Kommission bereits ein Verfahren nach Art. 20 DMA (Einleitungsbeschluss) eröffnet hat. Durch einen späteren Erlass eines Einleitungsbeschlusses nach Art. 20 DMA, der den Gegenstand des nationalen Verfahrens umfasst, wird das nationale Verfahren beendet (Art. 38 Abs. 7 UAbs. 2 S. 1 DMA).

3 § 32g betrifft ausschließlich die Unterstützung der Kommission bei deren Durchsetzung des DMA, nicht dagegen die Frage, in welchem Umfang Art. 101, 102 AEUV und nationales Kartellrecht (so kann das BKartA parallel nach § 19a ermitteln: Immenga/Mestmäcker/Wirtz Rn. 2) auf Torwächter angewendet werden können. Dies ergibt sich aus Art. 1 Abs. 6, 37, 38 Abs. 1–6 DMA (→ Einführung Rn. 41n, § 19a Rn. 36; HK-DMA/Gappa/Käseberg Art. 1 Rn. 21 ff.).

Abschnitt 2. Schadensersatz und Vorteilsabschöpfung

§ 33 Beseitigungs- und Unterlassungsanspruch

(1) **Wer gegen eine Vorschrift dieses Teils oder gegen Artikel 101 oder 102 des Vertrages über die Arbeitsweise der Europäischen Union oder gegen die Artikel 5, 6 oder 7 der Verordnung (EU) 2022/1925 verstößt (Rechtsver-**

letzer) oder wer gegen eine Verfügung der Kartellbehörde verstößt, ist gegenüber dem Betroffenen zur Beseitigung der Beeinträchtigung und bei Wiederholungsgefahr zur Unterlassung verpflichtet.

(2) **Der Unterlassungsanspruch besteht bereits dann, wenn eine Zuwiderhandlung droht.**

(3) **Betroffen ist, wer als Mitbewerber oder sonstiger Marktbeteiligter durch den Verstoß beeinträchtigt ist.**

(4) **Die Ansprüche aus Absatz 1 können auch geltend gemacht werden von**

1. **rechtsfähigen Verbänden zur Förderung gewerblicher oder selbstständiger beruflicher Interessen, wenn**
   a) **ihnen eine erhebliche Anzahl betroffener Unternehmen im Sinne des Absatzes 3 angehört und**
   b) **sie insbesondere nach ihrer personellen, sachlichen und finanziellen Ausstattung imstande sind, ihre satzungsmäßigen Aufgaben der Verfolgung gewerblicher oder selbstständiger beruflicher Interessen tatsächlich wahrzunehmen;**
2. **qualifizierten Verbraucherverbänden, die in der Liste nach § 4 des Unterlassungsklagengesetzes eingetragen sind, und qualifizierten Einrichtungen aus anderen Mitgliedstaaten der Europäischen Union, die in dem Verzeichnis der Europäischen Kommission nach Artikel 5 Absatz 1 Satz 4 der Richtlinie (EU) 2020/1828 des Europäischen Parlaments und des Rates vom 25. November 2020 über Verbandsklagen zum Schutz der Kollektivinteressen der Verbraucher und zur Aufhebung der Richtlinie 2009/22/EG (ABl. L 409 vom 4.12.2020, S. 1) eingetragen sind.**

§ 33 aF Abs. 3, 4 und 5 (anwendbar nur noch für Ansprüche, die bis zum 27.12.2016 entstanden sind)

(3) aF [1]Wer einen Verstoß nach Absatz 1 vorsätzlich oder fahrlässig begeht, ist zum Ersatz des daraus entstehenden Schadens verpflichtet. [2]Wird eine Ware oder Dienstleistung zu einem überteuerten Preis bezogen, so ist der Schaden nicht deshalb ausgeschlossen, weil die Ware oder Dienstleistung weiterveräußert wurde. [3]Bei der Entscheidung über den Umfang des Schadens nach § 287 der Zivilprozessordnung kann insbesondere der anteilige Gewinn, den das Unternehmen durch den Verstoß erlangt hat, berücksichtigt werden. [4]Geldschulden nach Satz 1 hat das Unternehmen ab Eintritt des Schadens zu verzinsen. [5]Die §§ 288 und 289 Satz 1 des Bürgerlichen Gesetzbuchs finden entsprechende Anwendung.

(4) aF [1]Wird wegen eines Verstoßes gegen eine Vorschrift dieses Gesetzes oder gegen Artikel 101 oder 102 des Vertrages über die Arbeitsweise der Europäischen Union Schadensersatz gefordert, ist das Gericht an die Feststellung des Verstoßes gebunden, wie sie in einer bestandskräftigen Entscheidung der Kartellbehörde, der Europäischen Kommission oder der Wettbewerbsbehörde oder des als solche handelnden Gerichts in einem anderen Mitgliedstaat der Europäischen Union getroffen wurde. [2]Das Gleiche gilt für entsprechende Feststellungen in rechtskräftigen Gerichtsentscheidungen, die infolge der Anfechtung von Entscheidungen nach Satz 1 ergangen sind. [3]Entsprechend Artikel 16 Absatz 1 Satz 4 der Verordnung (EG) Nr. 1/2003 gilt diese Verpflichtung unbeschadet der Rechte und Pflichten nach Artikel 267 des Vertrages über die Arbeitsweise der Europäischen Union.

(5) aF [1]Die Verjährung eines Schadensersatzanspruchs nach Absatz 3 wird gehemmt, wenn ein Verfahren eingeleitet wird

1. *von der Kartellbehörde wegen eines Verstoßes im Sinne des Absatzes 1 oder*
2. *von der Europäischen Kommission oder der Wettbewerbsbehörde eines anderen Mitgliedstaats der Europäischen Union wegen eines Verstoßes gegen Artikel 101 oder 102 des Vertrages über die Arbeitsweise der Europäischen Union.*

[2]§ 204 Absatz 2 des Bürgerlichen Gesetzbuchs gilt entsprechend.

Übersicht

1. Überblick

1 § 33 aF wurde durch die **7. GWB-Novelle 2005** neu gefasst. Die bis zur 7. GWB-Novelle 2005 geltende Vorgängerregelung bestand nur aus einem Absatz. Sie gewährte den Schadensersatz- und Unterlassungsanspruch aufgrund von Verstößen gegen das GWB und eine Verfügung der Kartellbehörde nur dann, wenn die Vorschrift oder die Verfügung **„den Schutz eines anderen bezweckt".** Diese Rechtslage, die dem § 823 Abs. 2 BGB nachgebildet war, führte iVm einem sehr engen Schutzbereich und zu einer weitgehenden Ineffizienz des kartellrechtlichen Schadensersatzrechts. Die **8. GWB-Novelle 2012/2013** hat neben den Anpassungen vom EG-Vertrag zum AEUV die Aktivlegitimation der Verbände in Abs. 2 erweitert sowie die Bindungswirkung in Abs. 4 S. 1 und die Verjährungsregelung in Abs. 5 S. 1 präzisiert. Die **9. GWB-Novelle 2017** hat § 33 neu gefasst, wobei die neu gefassten Abs. 1–4 nur die bisherigen § 33 Abs. 1 und 2 auf vier Absätze verteilen. Außerdem wurde in Abs. 1 der Verstoß gegen eine Vorschrift „dieses Gesetzes" durch den Verstoß gegen eine Vorschrift „dieses Teils" ersetzt; damit wird nur klargestellt, dass § 33 **nur für Verletzungen materiellen Rechts** des GWB **gilt,** nicht für die Verfahrensvorschriften und das Vergaberecht (RegE 9. GWB-Novelle 2017, S. 55). Eine materielle Änderung ist damit nicht verbunden. § 33

Abs. 3–5 aF, also die Regelungen zum Schadensersatz, sind nunmehr auf §§ 33a, 33b und 33h verteilt. Mit der **11. GWB-Novelle 2023** wurde die Anwendbarkeit des Abs. 1 auf Vorschriften des DMA erstreckt. Das VRUG (Verbandsklagenrichtlinienumsetzungsgesetz, BGBl. 2023 I, Nr. 272) hat § 33 Abs. 4 Nr. 2 an § 3 Abs. 1 S. 1 Nr. 1 UKlaG und damit an die Vorgaben der Verbandsklagen-Richtlinie angepasst. Dies war wegen Art. 42 DMA erforderlich (Immenga/Mestmäcker/Franck § 33 Rn. 3b).

Für die Anwendung der durch die 9. GWB-Novelle 2017 eingefügten Regelungen sind allerdings die **Übergangsvorschriften des § 187 Abs. 3** und **Abs. 4** zu beachten: Mit Ausnahme der Verjährungsfrist des § 33c Abs. 5 sind die §§ 33a–33f nur auf Schadensersatzansprüche anwendbar, die nach Ablauf der Umsetzungsfrist nach Art. 21 Kartellschadensersatz-Richtlinie, also **nach dem 26.12.2016 entstanden** sind. Für Ansprüche, die vorher entstanden sind, gilt § 33 Abs. 3–5 aF weiter mit der Maßgabe, dass nach **§ 187** Abs. 3 S. 1, 2 die neue Verjährungsfrist des § 33h Abs. 1 für solche Ansprüche gilt, die bei Inkrafttreten der 9. GWB-Novelle 2017, also am 9.6.2017, noch nicht verjährt waren. **Die Kommentierung trägt dieser nicht einfachen intertemporalen Rechtslage dadurch Rechnung, dass § 33 Abs. 3–5 aF als das bis zum 27.12.2017 anwendbare Recht zuerst kommentiert werden und in der Kommentierung der neuen Vorschriften auf die unveränderten Regelungselemente verwiesen wird. Dies rechtfertigt sich auch damit, dass die bisher ergangene Rechtsprechung immer noch bis auf ganz wenige Ausnahmen zur alten Rechtslage ergangen ist.** 2

Die **Übergangsvorschrift des § 131 idF der 7. GWB-Novelle** enthielt keine Regelung für Altfälle. Auf Schadensersatzansprüche für Schäden, die vor Inkrafttreten der 7. GWB-Novelle entstanden sind, war dementsprechend altes Recht anzuwenden (BGH WuW/E DE-R 3431 Rn. 13 – ORWI; vgl. auch zB OLG Düsseldorf WuW/E DE-R 2109 (2111) – DARED; 2763 (2764 f.); KG WuW/E DE-R 2773 (2774 f.) – Berliner Transportbetonkartell; Harms/Schmidt WuW 2014, 364; vgl. aber zur Hemmung der Verjährung Abs. 5 → Rn. 41 mwN, str.). Das ist für Verstöße gegen deutsches Kartellrecht § 33 idF bis zur 7. GWB-Novelle, für Verstöße gegen Art. 101, 102 AEUV § 823 Abs. 2 BGB (BGH WuW/E DE-R 3431 Rn. 13 – ORWI). 3

2. Beseitigungs-, Unterlassungs- und Schadensersatzanspruch (Abs. 1 aF, Abs. 1 und 2 nF)

Nach Abs. 1 verpflichtet der Verstoß gegen eine Vorschrift des Teils 1 des GWB, gegen Art. 101 AEUV oder Art. 102 AEUV oder gegen eine Verfügung der Kartellbehörde zur **Beseitigung** und ggf. zur **Unterlassung.** Die **9. GWB-Novelle 2017** hat in Abs. 1 den Verstoß gegen eine Vorschrift „dieses Gesetzes" durch den Verstoß gegen eine Vorschrift „dieses Teils" ersetzt; damit soll nur klargestellt sein, dass § 33 nur für Verletzungen materiellen Rechts des GWB gilt, nicht für die Verfahrensvorschriften und das Vergaberecht (RegE 9. GWB-Novelle 2017, 55). Der in der Praxis wichtigere **Schadensersatzanspruch** baut in Abs. 3 aF auf der Regelung in Abs. 1 auf. 4

a) Verstoß gegen eine kartellrechtliche Rechtsvorschrift. Abs. 1 macht die zivilrechtlichen Sanktionen bei Verstößen gegen Vorschriften des GWB oder Art. 101 AEUV oder Art. 102 AEUV nicht davon abhängig, dass die Vorschrift „den Schutz eines anderen bezweckt". Einzige Voraussetzung dafür, dass ein Verstoß gegen eine solche Vorschrift zur Beseitigung oder Unterlassung verpflichtet, ist, dass es einen **„Betroffenen"** gibt; der Betroffene ist in Abs. 1 S. 3 aF, Abs. 3 nF legaldefiniert. Als Gesetzesverstoß kommen insbes. Verstöße gegen **§ 1** und **Art. 101 Abs. 1 AEUV** in Betracht. Sind diese Verstöße objektiv **nach § 2 bzw. Art. 101** 5

Abs. 3 AEUV freigestellt, liegt im Ergebnis kein Verstoß vor; dann greifen die Sanktionen nicht ein. Insoweit gilt – auch für das deutsche Recht (→ § 2 Rn. 6, 8) – die Beweislastregel des Art. 2 Kartellverfahrens-VO. Kann der auf Beseitigung oder Unterlassung in Anspruch Genommene nicht nachweisen, dass die Freistellungsvoraussetzungen des § 2 bzw. Art. 101 Abs. 3 AEUV vorliegen oder verbleiben insoweit jedenfalls Zweifel, ist vom Verstoß gegen § 1 bzw. Art. 101 Abs. 1 AEUV auszugehen. Allerdings kann in den Fällen, in denen das Vorliegen der **Freistellungsvoraussetzungen zweifelhaft** ist, unter weiteren Voraussetzungen das für den Schadensersatzanspruch erforderliche **Verschulden** ausgeschlossen sein (→ Rn. 24). Rechtlich gleich zu behandeln sind die Verstöße gegen **§§ 19–21, 29** und **Art. 102** AEUV; die im Rahmen der §§ 1, 2 und Art. 101 AEUV uU erfolgende Interessenabwägung findet bei §§ 19–21, 29 und Art. 102 AEUV im Rahmen der dort zu prüfenden unbestimmten Rechtsbegriffe wie Missbrauch, fehlende sachliche Rechtfertigung oder Unbilligkeit statt. Als Rechtsverstoß kommt auch ein Verstoß gegen das fusionskontrollrechtliche **Vollzugsverbot nach § 41** in Betracht (insoweit differenzierend Kühnen/Kizil ZWeR 2010, 268). Da das Gesetz insoweit keine entsprechende Vorschrift des EU-Rechts erwähnt, gilt § 33 **nicht für die Verletzung des Vollzugsverbots der EU-Fusionskontrolle** nach Art. 7 FKVO. Das schließt nicht aus, dass in besonderen Fällen insoweit § 823 Abs. 2 BGB iVm Art. 7 FKVO anwendbar ist.

6 **Nicht erfasst** von den Gesetzesverstößen nach § 33 sind (Missbrauchs-)Tatbestände, die lediglich ein Eingreifen der Kartellbehörde ermöglichen (vgl. BGH WuW/E DE-R 1779 – Probeabonnement; Bunte/Bornkamm Rn. 27; → § 31 Rn. 14), sowie **alle Formalverstöße,** also Verpflichtungen der Unternehmen zu Auskünften an die Kartellbehörden oder zur Erstattung von Anzeigen (wie nach § 39 Abs. 6). Es gibt keine Anzeichen dafür, dass die Aufgabe des Erfordernisses des Schutzgesetzes in § 33 aF konturenlos auch auf alle kartellrechtlichen Formalverstöße ausgeweitet werden sollte. Die Klarstellung durch **9. GWB-Novelle 2017** in Abs. 1 (→ Rn. 5), die den Verstoß gegen eine Vorschrift „dieses Gesetzes" durch den Verstoß gegen eine Vorschrift „dieses Teils" ersetzt, bestätigt, dass **ausschließlich materielle Gesetzesverstöße** erfasst sind, die zwar nicht unbedingt den Schutz eines anderen bezwecken, aber doch unmittelbar unter dem Gesichtspunkt der Freiheit des Wettbewerbs von Bedeutung sind. Diese Auslegung wird bestätigt durch die Definition des allein zur Geltendmachung der Ansprüche Legitimierten, nämlich des „Betroffenen", der durch den Kartellverstoß „beeinträchtigt" ist (Abs. 3). Das ist bei den genannten Formalverstößen kaum vorstellbar.

7 **b) Passivlegitimation: „Rechtsverletzer".** Abs. 1 definiert denjenigen, der gegen eine Vorschrift nach Abs. 1 verstößt, als Rechtsverletzer. Rechtsverletzer ist **die juristische Person, nicht das Unternehmen iSd wirtschaftlichen Einheit.** Dies war **umstritten:** aA Kersting/Podszun 9. GWB-Novelle/Kersting Kap. 7 Rn. 25 ff. mwN unter Berufung auf den europäischen Unternehmensbegriff, Art. 1 Abs. 1 Kartellschadensersatz-Richtlinie und eine Außen-Gesellschaft bürgerlichen Rechts des Konzerns (Kersting/Podszun 9. GWB-Novelle/Kersting Kap. 7 Rn. 34 ff.), was letztlich zu einer gesamtschuldnerischen Haftung aller Konzernunternehmen führt; dazu auch Wachs WuW 2017, 2. Der Gesetzgeber hat in der **9. GWB-Novelle 2017** keine Konzernhaftung oder Muttergesellschaftshaftung für das Kartellzivilrecht angeordnet. Dieser Meinungsstreit ist aber überholt: Der EuGH (NJW 2021, 3583– Sumal) entschied, dass Art. 101 Abs. 1 AEUV dahin auszulegen ist, dass das Opfer einer wettbewerbswidrigen Verhaltensweise eines Unternehmens eine Schadensersatzklage sowohl gegen eine Muttergesellschaft, die Adressatin der Geldbußenentscheidung der Kommission ist, als auch gegen eine Tochtergesellschaft dieser Gesellschaft erheben kann, sofern sie zusammen eine wirtschaftliche Einheit bilden. Die betreffende Tochtergesellschaft muss ihre Verteidigungsrechte sachdien-

lich ausüben können, um nachzuweisen, dass sie nicht zu diesem Unternehmen gehört, und ist, wenn die Kommission keinen Beschluss nach Art. 101 AEUV gegen die Tochtergesellschaft erlassen hat, auch berechtigt, das Vorliegen der behaupteten Zuwiderhandlung selbst zu bestreiten. Der EuGH stützt sich dabei auch auf Sinn und Zweck der Kartellschadensersatz-Richtlinie. Damit wird man auch für das nationale Recht von einer Haftung der Tochtergesellschaft ausgehen müssen. Der EuGH geht aber davon aus, dass die Tochtergesellschaft dann nicht haftet, wenn sie mit dem Unternehmensbereich, in dem der Kartellverstoß stattgefunden hat, nichts zu tun hatte. Davor nahm der EuGH für den Fall einer Übertragung des Geschäftsbetriebs bereits eine Haftungserstreckung auf das übernehmende Unternehmen an: EuGH ECLI:EU:C:2019:204 Rn. 47 – Vantaan kaupunki: „Daraus folgt, dass der Begriff ‚Unternehmen' im Sinne des Art. 101 AEUV, der einen autonomen Begriff des Unionsrechts darstellt, im Zusammenhang mit der Verhängung von Geldbußen durch die Kommission nach Art. 23 Abs. 2 der Verordnung Nr. 1/2003 keine andere Bedeutung als bei Schadensersatzansprüchen wegen Verstoßes gegen die Wettbewerbsregeln der Union haben kann".

c) Verstoß gegen eine Verfügung der Kartellbehörde. Abs. 1 bezieht in die Definition der zivilrechtlich sanktionierten Handlung den Verstoß gegen eine Verfügung der Kartellbehörde ein. „Kartellbehörde" sind nach § 48 Abs. 1 das BKartA, das Bundeswirtschaftsministerium und die nach Landesrecht zuständigen obersten Landesbehörden, **nicht aber die Europäische Kommission.** Das hat praktische Bedeutung für die Fälle, in denen die Kommission auf der Grundlage des Art. 7 Kartellverfahrens-VO eine Abstellungsentscheidung erlässt, also die beteiligten Unternehmen verpflichtet, die festgestellte Zuwiderhandlung abzustellen. Zwar liegt dem notwendigerweise ein Verstoß gegen Art. 101 AEUV oder Art. 102 AEUV zugrunde, auf den im Rahmen des § 33 auch unmittelbar rekurriert werden kann. Wenn von den in Anspruch genommenen Unternehmen der Verstoß gegen Art. 101 AEUV oder Art. 102 AEUV bestritten wird, muss im Rahmen des § 33 dieser Verstoß ohne eigene Nachprüfung unterstellt werden. Das ergibt sich unabhängig von der Rechtskraft der Entscheidung der Kommission aus Art. 16 Kartellverfahrens-VO, der die Behörden und Gerichte der Mitgliedstaaten verpflichtet, keine einer Entscheidung der Kommission zuwiderlaufende Entscheidung zu treffen; für die Zeit nach Rechtskraft gilt zusätzlich die Bindungswirkung des Abs. 3. Aus alldem ergibt sich, dass **Verfügungen der Europäischen Kommission** jedenfalls im praktischen Ergebnis den Verfügungen deutscher Kartellbehörden gleichstehen. Entsprechendes gilt aber nicht für ausländische Kartellbehörden, auch solche anderer EU-Mitgliedstaaten. 8

Abs. 1 enthält keine Aussage darüber, ob die Verfügung **bestandskräftig** sein muss. Entscheidend ist allein, ob sie **verbindlich** ist. Soweit gegen die Verfügung Beschwerde eingelegt worden ist und die Beschwerde von Gesetzes wegen oder aufgrund einer Entscheidung des Beschwerdegerichts aufschiebende Wirkung hat, ist ein Verstoß gegen die Verfügung nicht rechtswidrig; dann kann er auch nicht Gegenstand eines Beseitigungs-, Unterlassungs- oder Schadensersatzanspruches sein. Ist die Verfügung zwar, wenn die Beschwerde keine aufschiebende Wirkung hat, zunächst verbindlich, wird sie **nachträglich aber aufgehoben,** steht nachträglich fest, dass sie keine Ansprüche aus § 33 begründen kann. Vorher geltend gemachte **Beseitigungs- oder Unterlassungsansprüche erledigen** sich damit. Fraglich sind aber die Auswirkungen einer zunächst verbindlichen, nachträglich aber aufgehobenen Verfügung auf **Schadensersatzansprüche.** UE ist insoweit danach zu differenzieren, ob durch die Aufhebung auch der materielle Rechtsverstoß als von Anfang an nicht bestehend beurteilt wird oder ob die Aufhebung zB darauf beruht, dass der Sachverhalt oder die Rechtsgrundlagen sich nach Erlass der Verfügung geändert haben. Bei Schadensersatzansprüchen wegen Verletzung des fusionskontrollrechtli- 9 chen Vollzugsverbots ist ein Schaden denkbar, der allein aufgrund des vorzeitigen Vollzuges entstanden ist und der auch rückwirkend dadurch entfällt, dass der Zusammenschluss nachträglich nach Abschluss des Fusionskontrollverfahrens freigegeben wird. Bei **Kommissionsentscheidungen** gilt Entsprechendes: Wird eine solche im Gerichtsverfahren auf eine Klage des betroffenen Unternehmens für nichtig erklärt, kann sie von da an nicht mehr Grundlage irgendwelcher Ansprüche des § 33 sein; auch insoweit bleibt je nach Aufhebungsgrund die Möglichkeit, dass der der Kommissionsentscheidung zugrunde liegende Rechtsverstoß gegen Art. 101 AEUV oder Art. 102 AEUV nicht beseitigt wird.

10 **d) Aktivlegitimation: „Betroffener" (Abs. 1 S. 3 aF, Abs. 3 nF).** Abs. 1 grenzt die Aktivlegitimation für den Beseitigungs- und Unterlassungsanspruch auf den „Betroffenen" ein. Er ist in Abs. 3 als derjenige definiert, der „als Mitbewerber oder sonstiger Marktbeteiligter **durch den Verstoß beeinträchtigt ist**". Damit beseitigt das Gesetz bestimmte Beschränkungen der Anspruchsberechtigung, die früher aus dem Schutzgesetzerfordernis abgeleitet wurden. Die frühere Rspr., wonach die Marktgegenseite nur dann in den Schutzbereich des Kartellverbots nach § 1 fiel, wenn sich die Vereinbarung oder ein abgestimmtes Verhalten **gezielt gegen bestimmte Abnehmer** oder Lieferanten richtete (so insbes. BGHZ 86, 324 (330) – Familienzeitschrift, und ihm folgend der größte Teil der Instanzgerichte OLG Karlsruhe WuW/E DE-R 1229 – Vitaminpreise; LG Berlin WuW/E DE-R 1325 – Berliner Transportbeton II; LG Mainz WuW/E DE-R 1349 – Vitaminpreise Mainz; aA LG Dortmund WuW/E DE-R 1352 – Vitaminpreise Dortmund), ist **nicht mehr maßgeblich.** § 33 findet damit aber keine Anwendung auf das Verhältnis zwischen dem Manager, der für ein Unternehmen kartellrechtswidrig handelt, und dem Unternehmen; insoweit liegt keine Betroffenheit als Marktteilnehmer vor (Stancke NZKart 2017, 636 (641); vgl. zur **Managerhaftung** aus § 43 Abs. 2 GmbHG oder § 93 Abs. 2 AktG für Kartellverstöße Fabisch ZWeR 2013, 91, zu arbeitsvertraglichen und aktienrechtlichen Anspruchsgrundlagen, s. auch LG Saarbrücken NZKart 2021, 64; OLG Düsseldorf NZKart 2023, 489 (492) – Edelstahlkartell: Eine von der Kommission oder dem BKartA verhängte Geldbuße soll nicht im Wege des Schadensersatzes von den Organmitgliedern des Unternehmens, gegen das das Bußgeld verhängt wurde, erstattet verlangt werden können, Anwaltskosten eines Auskunftsersuchens dagegen schon; Geldbußen sollen aber nicht regressierbar sein, weil dadurch der nützliche Effekt (effet utile) der Art. 101, 105 AEUV verletzt würde; dagegen zB LG Dortmund NZKart 2023, 496 in einem Hinweisbeschluss).

11 Von einem Verstoß gegen § 1 können **unmittelbare** und **mittelbare** Abnehmer (BGHZ 190, 145 Rn. 26 – ORWI) betroffen sein. Die in den Vorauflagen vertretene Ansicht zur Betroffenheit mittelbarer Abnehmer ist damit überholt. Auch Marktteilnehmer, die von nicht kartellbeteiligten Unternehmen bezogen haben, die aber vom Kartellverstoß beeinflusste höhere Preise bezahlt haben, können als **„Umbrella- oder Preisschirmgeschädigte"** betroffen sein (EuGH 5.6.2014 – C-557/12 – KONE; s. dazu auch Stancke NZKart 2017, 636).

12 Dennoch ist der **Kreis der Betroffenen nicht schrankenlos:** Voraussetzung für die Haftung ist, dass gerade der Anspruchsteller durch den behaupteten Kartellrechtsverstoß „betroffen", dh beeinträchtigt ist (OLG München 21.2.2013 – U 5006/11 Kart Rn. 87 f.); dazu gehört gerade auch der Bezug der kartellbetroffenen Ware: Auch nach RegE 9. GWB-Novelle 2017 (S. 57) trägt „…[der] Anspruchsteller … auch weiterhin die Darlegungs- und Beweislast dafür, dass er Waren oder Dienstleistungen abgenommen oder geliefert hat, auf die – gegebenenfalls auch als Vorprodukt – sich der Verstoß bezogen hat". Für die Frage, ob der Anspruchssteller vom Kartellverstoß betroffen ist, soll grds. das Beweismaß des Vollbeweises nach § 286 ZPO (BGH NZKart 2016, 436 (438) – Lottoblock II) gelten.

Zunächst wurde in der Rechtsprechung verlangt, dass in Bezug auf jeden „konkreten“ Beschaffungsvorgang das Vorliegen einer „konkreten“, kausalen Vereinbarung dargelegt wird (LG Stuttgart 25.2.2013 – 11 O 225/12, S. 7). Nach Ansicht des BGH soll dagegen ausreichen, dass ein **wettbewerbsbeschränkendes Verhalten geeignet ist, ein Schaden des Anspruchsstellers unmittelbar oder mittelbar zu begründen** (BGH NZKart 2021, 117 (119) – Lkw-Kartell). Das soll bereits der Fall sein, wenn die betroffenen Produkte von den Kartellabsprachen umfasst und diese geeignet waren, sich auf die individuellen Transaktionspreise auszuwirken. Für die **haftungsbegründende Kausalität** eines Kartellverstoßes soll es also **nicht auf die konkrete Kartellbetroffenheit** ankommen, sodass nicht festgestellt werden müsse, ob der Beschaffungsvorgang tatsächlich von dem Kartellverstoß beeinflusst war und das Geschäft damit „kartellbefangen“ oder „kartellbetroffen“ war (BGH NZKart 2020, 384 (386) – Schienenkartell II; dazu Petzold/Steinle NZKart 2020, 177). Mit dem Beweismaß des § 286 ZPO muss damit nur der Verstoß und seine Reichweite festgestellt werden; die Kartellbetroffenheit soll bereits bestehen, wenn dem Anspruchsgegner ein Verhalten anzulasten ist, dass **geeignet** ist, einen Schaden des Anspruchstellers zu begründen (s. auch EuGH 12.12.2019 – C-435/18, – Otis). Die Frage, ob tatsächlich ein Schaden entstanden ist, ist danach Teil der haftungsausfüllenden Kausalität und damit der Schadensfeststellung, die nach den Maßstäben des § 287 ZPO zu erfolgen hat (→ Rn. 31). Zur Schadensfeststellung → Rn. 31; **für nach dem 26.12.2017 entstandene Ansprüche** → § 33a Rn. 6. 13

e) Beseitigungsanspruch (Abs. 1 S. 1 aF und nF). Abs. 1 räumt dem „Betroffenen“ primär einen Beseitigungsanspruch ein (vgl. dazu Roth FS H.-P. Westermann, 2008, 1355; Fritzsche WRP 2006, 42). Vom Unterlassungsanspruch unterscheidet sich der Beseitigungsanspruch dadurch, dass er nicht **nur aktuelles und zukünftiges Verhalten** erfasst, sondern **auch vergangenes.** Vom Schadensersatzanspruch unterscheidet er sich dadurch, dass er **auf die Beseitigung einer aktuell bestehenden, rechtswidrigen Beeinträchtigung gerichtet** ist; er ist Ausfluss eines allgemeinen Gerechtigkeitsgedankens, wonach eine fortdauernde widerrechtliche Beeinträchtigung ohne Rücksicht auf die Schuldfrage von dem Verursacher zu beseitigen ist (vgl. dazu Grüneberg/Sprau BGB Vor § 823 Rn. 23). Deswegen ist er – ebenso wie der Unterlassungsanspruch – **nicht vom Verschulden** abhängig. 14

Der Beseitigungsanspruch entspricht im Wesentlichen dem, der nach **§ 8 Abs. 1 UWG** bei Zuwiderhandlung gegen § 3 UWG gegeben ist. Er ist darauf gerichtet, bereits eingetretene Beeinträchtigungen zu beseitigen. Wer durch eine Zuwiderhandlung einen fortdauernden Störungszustand geschaffen hat, stört auch in Zukunft, solange er die von ihm geschaffene Störungsquelle nicht beseitigt hat (vgl. dazu Köhler/Bornkamm/Feddersen/Bornkamm UWG § 8 Rn. 1.102). Er setzt die **Fortdauer des Störungszustandes** voraus. Beruht die rechtswidrige Störung zB auf der Weigerung, einen Abnehmer zu beliefern, ist der Beseitigungsanspruch auf Aufnahme der Belieferung gerichtet (vgl. dazu Immenga/Mestmäcker/Franck Rn. 30; → Rn. 15). Besteht sie in der Aufrechterhaltung eines missbräuchlichen Preises, ist er auf Preisreduzierung auf das Niveau unmittelbar unter der Missbrauchsgrenze gerichtet. Der Beseitigungsanspruch kann ebenso wie der Schadensersatzanspruch **auch auf Geldzahlung** gerichtet sein, wenn die Vorenthaltung einer angemessenen Vergütung im Sinne der materiellen kartellrechtlichen Anspruchsgrundlage auf einem fortdauernden Kartellverstoß beruht, insbes. einer gegen § 19 Abs. 2 Nr. 1 verstoßenden unbilligen Behinderung (dazu BGH WuW/E 2805 (2811 f.) – Stromeinspeisung; 2999 (3000) – Stromeinspeisungsvergütung; vgl. dazu auch Roth FS Huber, 2006, 1133 (1143)). Er ist nur dann auf eine bestimmte Handlung gerichtet, wenn diese die einzige Maßnahme ist, um den 15 rechtswidrigen Störungszustand zu beseitigen; uU kann das auch die Aufnahme einer Lieferbeziehung sein (dazu Bechtold BB 2011, 1610 (1611)).

16 **f) Unterlassungsanspruch (Abs. 1 S. 1 und S. 2 aF, Abs. 1, Abs. 2 nF).** Der Unterlassungsanspruch, der dem Beeinträchtigten durch das Gesetz erst in zweiter Linie neben dem Beseitigungsanspruch gewährt wird, steht in der Praxis im Vordergrund. Er gibt dem Beeinträchtigten die Möglichkeit, die Beeinträchtigung schon **vorbeugend** – und dann, ebenso wie der Beseitigungsanspruch (→ Rn. 14), **unabhängig vom Verschulden** (vgl. dazu schon BGHZ 14, 163 (169 f.) – Constanze II) abzuwenden. Im allgemeinen Zivilrecht geschieht das auf der Grundlage des § 1004 BGB, der insoweit die Schadensersatzvorschrift des § 823 BGB ergänzt. Der Unterlassungsanspruch unterscheidet sich dadurch vom Beseitigungsanspruch, dass er **ausschließlich auf die Zukunft gerichtet** ist. Das Gesetz bringt das dadurch zum Ausdruck, dass er den Unterlassungsanspruch in Abs. 1 für den Regelfall von der Wiederholungsgefahr abhängig macht, in Abs. 2 aber schon dann gewährt, „wenn eine Zuwiderhandlung droht". Die **Wiederholungsgefahr** steht im Vordergrund; am häufigsten richtet sich der Unterlassungsanspruch gegen denjenigen, der einen Kartellverstoß begangen hat und bei dem deswegen eine tatsächliche Vermutung begründet ist, dass er ihn wieder begeht. Diese Vermutung kann aber widerlegt sein, wenn sich aus der Natur des Kartellverstoßes oder sonstigen zusätzlichen Umständen – auch einer strafbewehrten Unterlassungserklärung nach Abmahnung – ergibt, dass die Wiederholung nicht droht. In diesem Fall kommt allenfalls ein Beseitigungsanspruch im Hinblick auf etwa noch bestehende Beeinträchtigungen in Betracht. Die Gefahr eines drohenden Kartellverstoßes – die „Begehungsgefahr" – kann sich außer aus der früheren Begehung auch aus sonstigen Umständen ergeben, insbes. aus entsprechenden **Ankündigungen des Verstoßenden (Berühmung).** Insoweit gelten ähnliche Anforderungen wie im Wettbewerbsrecht (vgl. dazu Köhler/Bornkamm/Feddersen/Bornkamm UWG § 8 Rn. 1.19). Der Unterlassungsanspruch ist auf die Unterlassung der Zuwiderhandlung gerichtet; er hängt also in seiner Definition von den näheren Umständen ab, aus denen sich die Wiederholungsgefahr ergibt.

17 Besondere Bedeutung hat der Unterlassungsanspruch nach Abs. 2 bei gegen § 19 Abs. 2 Nr. 1 und § 20 Abs. 1 verstoßenden **Lieferverweigerungen.** Der von der Lieferung Gesperrte braucht sich nicht darauf verweisen zu lassen, dass er für die Zeit des rechtswidrigen Verhaltens (nachträglich) einen Schadenersatzanspruch geltend machen kann. Er kann vielmehr von dem Diskriminierenden verlangen, dass er sein rechtswidriges Verhalten in der Zukunft unterlässt, mithin – Lieferpflicht unterstellt – ihn beliefert (vgl. dazu BGH WuW/E DE-R 206 (208 f.) – Depotkosmetik). Der Belieferungsanspruch auf der Grundlage des § 19 Abs. 2 Nr. 1 und § 20 Abs. 1 ist also seiner Rechtsnatur nach ein Unterlassungsanspruch, nämlich auf Unterlassung des diskriminierenden Verhaltens; das kartellrechtswidrige Verhalten kann nicht auf andere Weise als durch Belieferung vermieden werden (vgl. dazu auch BGH WRP 2006, 902 (904), Hinweis auf konkurrierende Schilderpräger; → § 19 Rn. 97). Der Anspruch richtet sich grds. auf Belieferung zu den vom verpflichteten Unternehmen gegenüber gleichartigen Unternehmen angewendeten Konditionen. Ein solcher Anspruch kann nur ausnahmsweise im **einstweiligen Verfügungsverfahren** geltend gemacht werden, weil er meist nicht nur der Sicherung des Anspruchs dient, sondern die Hauptsache vorwegnimmt (vgl. dazu OLG München WuW/E DE-R 906 (908) – Nordbayerische Stromdurchleitung; vgl. dazu auch OLG Düsseldorf WuW/E DE-R 2947 (2953 f.) – TNT Post/First Mail); dem Verfügungskläger müssen, wenn er nicht sofort eine gerichtliche Entscheidung erhält, nicht unerhebliche Wettbewerbsnachteile drohen (OLG Hamburg NJWE-WettbR 1997, 286 = WuW/E 5703 (5705 f.) – fachdental Nord II; zu den Anforderungen vgl. auch LG Dortmund WuW/E DE-R 565 (567) – Gashandel).

3. Beseitigungs- und Unterlassungsansprüche von Verbänden (Abs. 2 aF, Abs. 4 nF)

Abs. 4 ist, damals als Abs. 2, **durch die 8. GWB-Novelle 2012/2013 neu gefasst** und durch die **9. GWB-Novelle 2017** redaktionell überarbeitet worden. Gegenüber der Fassung durch die 7. GWB-Novelle 2005 ist die Aktivlegitimation der Verbände zur Förderung gewerblicher Interessen von **Verbänden von Wettbewerbern** auf Verbände von **Unternehmen der vor- oder nachgelagerten Stufe** ausgeweitet worden. Mit der 8. GWB-Novelle ist auch die Aktivlegitimation der **Verbraucherverbände** eingeführt worden. Eine entsprechende Regelung war schon im Regierungsentwurf für die 7. GWB-Novelle vorgesehen, ist dann aber in der Beschlussempfehlung des Vermittlungsausschusses gestrichen worden. Die Wiederaufnahme in das Gesetzgebungsverfahren war bei der 8. GWB-Novelle nicht mehr umstritten. 18

a) Verbände zur Förderung gewerblicher oder selbstständiger beruflicher Interessen (Nr. 1). Die Regelung des Abs. 4 Nr. 1 entspricht wörtlich der in § 8 Abs. 3 Nr. 2 UWG (dazu Köhler/Bornkamm/Feddersen/Köhler/Feddersen UWG § 8 Rn. 3.30). Es muss sich um einen **rechtsfähigen Verband** handeln, also eine juristische Person des Privat- oder öffentlichen Rechts. Der Verband muss jedenfalls auch den Zweck haben, **gewerbliche oder selbstständige berufliche Interessen zu fördern.** Dieser Förderungszweck muss sich aus der Satzung ergeben, weil das Gesetz ausdrücklich verlangt, dass der Verband im Stande ist, seine „satzungsmäßigen Aufgaben der Verfolgung gewerblicher oder selbstständiger beruflicher Interessen" wahrzunehmen. Dem Verband müssen Unternehmen angehören, die iSd Abs. 1 S. 3 **„Betroffene"** sind (→ Rn. 10 ff.). Damit sind einerseits Verbände erfasst, deren Mitgliedsunternehmen auf demselben Markt tätig sind wie der Verletzer, also dessen **Wettbewerber** sind (vgl. zur Auslegung des entsprechenden Tatbestandsmerkmals in § 8 UWG Köhler/Bornkamm/Feddersen/Köhler/Feddersen UWG § 8 Rn. 3.36). Außerdem sind jetzt auch, insoweit über § 8 Abs. 3 Nr. 2 UWG hinausgehend, **Verbände erfasst, die die Marktgegenseite repräsentieren,** also Unternehmen der vor- und nachgelagerten Stufe **(Zulieferer, Abnehmer)** (kritisch für das UWG auch Köhler/Bornkamm/Feddersen/Köhler/Feddersen UWG § 8 Rn. 3.39). 19

Erforderlich ist, dass diesem Verband eine **„erhebliche" Anzahl** von „betroffenen" Unternehmen angehört. Dieser Begriff setzt keine absolute Mindestanzahl voraus. **Erheblich** ist eine Mitgliederzahl dann, wenn der Verband aufgrund der Zahl seiner Mitglieder für sich beanspruchen kann, für die Tätigkeit der betroffenen Unternehmen repräsentativ zu sein. Eine **mittelbare Verbandszugehörigkeit** der Unternehmen reicht aus; die Voraussetzungen des Abs. 4 Nr. 1 können also auch von Verbänden erfüllt werden, deren Mitglieder Verbände sind, die ihrerseits aber die Voraussetzungen des Abs. 2 erfüllen. Es ist nicht erforderlich, dass dem Verband ausschließlich Unternehmen angehören; die Mitgliedschaft von Verbrauchern oder Verbraucherverbänden behindert also nicht die Anwendung der Nr. 1. Schließlich muss der Verband personell, sachlich und finanziell so ausgestattet sein, dass er die gewerblichen und selbstständigen beruflichen Interessen seiner Mitglieder auch tatsächlich wahrnehmen kann (vgl. zu diesen Merkmalen ebenfalls Köhler/Bornkamm/Feddersen/Köhler/Feddersen UWG § 8 Rn. 3.45). 20

b) Verbraucherverbände. Die Aktivlegitimation der Verbraucherverbände ist durch die 8. GWB-Novelle 2012/2013 neu in das Gesetz eingeführt worden (→ Rn. 18). Diese Regelung entspricht § 8 Abs. 3 Nr. 3 UWG. Nr. 2 lit. a verweist auf die **„Liste qualifizierter Einrichtungen"** nach § 4 UKlaG. Nr. 2 wurde durch das VRUG neu gefasst und berechtigt qualifizierte Verbraucherschutzverbände, die in der Liste nach § 4 UKlaG eingetragen sind. Diese Liste wird beim Bundesamt für Justiz geführt und mit dem Stand zum 1.1. eines jeden Jahres im Bundesanzeiger 21 bekannt gemacht. In sie werden auf Antrag rechtsfähige Verbände eingetragen, zu deren satzungsmäßigen Aufgaben es gehört, die Interessen der Verbraucher durch Aufklärung und Beratung nicht gewerbsmäßig und nicht nur vorübergehend wahrzunehmen, wenn sie in diesem Aufgabenbereich tätige Verbände oder mindestens 75 natürliche Personen als Mitglieder haben, seit mindestens einem Jahr bestehen und aufgrund ihrer bisherigen Tätigkeit Gewähr für eine sachgerechte Aufgabenerfüllung bieten (vgl. § 4 Abs. 2 UKlaG idF v. 27.8.2002, BGBl. 2002 I 3422, zuletzt geändert durch Gesetz vom 1.3.2011, BGBl. 2011 I 288). Außerdem werden qualifizierte Einrichtungen aus anderen EU-Mitgliedstaaten berechtigt, sofern sie im Verzeichnis nach Art. 5 Abs. 1 S. 4 Richtlinie (EU) gelistet sind.

4. Regelung des Schadensersatzanspruchs für Ansprüche, die vor dem 27.12.2017 entstanden sind (Abs. 3, 5 aF)

22 Die **9. GWB-Novelle 2017** hat die Abs. 3–5 in Umsetzung der Kartellschadensersatz-Richtlinie durch die § 33a, § 33b und § 33h ersetzt. Dabei sind die **Übergangsvorschriften des § 186 Abs. 3** zu beachten: Mit Ausnahme des § 33c Abs. 5 sind die §§ 33a–33f nur auf Schadensersatzansprüche anwendbar, die nach dem 26.12.2016 entstanden sind, also nach Ablauf der Umsetzungsfrist nach Art. 21 Kartellschadensersatz-Richtlinie. Für Ansprüche, die vorher entstanden sind, gilt § 33 Abs. 3–5 aF weiter mit der Maßgabe, dass nach § 186 Abs. 3 S. 1 die neue Verjährungsfrist des § 33h Abs. 1 nur für solche Ansprüche gilt, die bei Inkrafttreten der 9. GWB-Novelle 2017, also am 9.6.2017, noch nicht verjährt waren (→ § 33g Rn. 1).

23 Die Schadensersatzregelung in Abs. 3 aF nimmt Bezug auf den in Abs. 1 definierten Verstoß. Es ist also erforderlich, dass der potenziell zum Schadensersatz Verpflichtete einen Verstoß gegen eine Vorschrift dieses Gesetzes oder gegen Art. 101 AEUV oder Art. 102 AEUV oder eine Verfügung der Kartellbehörde begangen hat. Potenziell schadensersatzberechtigt ist der **„Betroffene", also der unmittelbar oder mittelbar Geschädigte** (→ Rn. 10 ff.). Der Schadensersatzanspruch richtet sich seiner Natur nach auf vergangenes Verhalten. Ob sich aus ihm auch ein Beseitigungsanspruch im Hinblick auf noch andauernde Beeinträchtigungen des Betroffenen ergibt (dazu BGH WuW/E 3074 – Kraft-Wärme-Kopplung), kann angesichts der besonderen Regelung des Beseitigungsanspruches in Abs. 1 offenbleiben. Der Schadensersatzanspruch ist nach § 249 BGB primär auf **Naturalrestitution,** sekundär auf **Geldersatz** und **entgangenen Gewinn** gerichtet. Besteht der Kartellverstoß in der unberechtigten Weigerung, einen (Liefer- und Nutzungs-)Vertrag abzuschließen, ist der Schadensersatzanspruch auf Abschluss eines solchen Vertrages gerichtet (**Kontrahierungszwang,** vgl. OLG München WuW/E DE-R 906 (908) – Nordbayerische Stromdurchleitung); dies gilt aber nur, wenn der kartellrechtswidrige Zustand auf andere Weise nicht beseitigt werden kann, ansonsten bleibt es beim Anspruch auf Unterlassung oder Beseitigung (KG NZKart 2019, 383 (385)). Diese Grundsätze gelten sicher bei Verstößen gegen § 19; die frühere Rspr. des BGH lehnt das für Verstöße gegen § 1 ab (BGH WuW/E DE-R 206 (208 f.) – Depotkosmetik, vgl. dazu Liesegang NZKart 2013, 233 (235 f.)). Eine Lieferpflicht kann sich auch aus dem Beseitigungsanspruch ergeben (→ Rn. 15). Der Schadensersatzanspruch ist quasi-deliktisch; mit ihm kann wegen § 393 BGB nicht aufgerechnet werden (Franck BB 2009, 1935 (1937)).

24 **a) Schuldhafter Verstoß (Abs. 3 S. 1).** Zum Schadensersatz ist nur verpflichtet, wer **„vorsätzlich oder fahrlässig"** gehandelt hat. Ebenso wie im allgemeinen Zivilrecht (vgl. §§ 276, 823 Abs. 1 BGB) stehen die Begriffe „Fahrlässigkeit" und „Vorsatz" allgemein für „Verschulden". Dafür ist auch die Zurechnungsfähigkeit und das Fehlen von Schuldausschließungsgründen erforderlich (vgl. dazu Grüneberg/

Heinrichs BGB § 276 Rn. 6 und 7). Der zivilrechtliche Vorsatzbegriff umfasst auch das **Bewusstsein der Rechtswidrigkeit.** Der Vorsatz ist gleichermaßen ausgeschlossen, wenn der Handelnde über tatsächliche Umstände irrt, die die Rechtswidrigkeit begründen, oder wenn der Handelnde sich im Rechtsirrtum befindet. Entfällt der Vorsatz infolge eines solchen Irrtums, besteht allerdings vielfach Haftung wegen Fahrlässigkeit (vgl. dazu Grüneberg/Heinrichs BGB § 276 Rn. 11). Nach OLG Frankfurt a. M. (OLG Frankfurt a. M. WuW/E DE-R 2860 (2863) – Entega) sollen dem abhängigen Unternehmen die Kenntnisse seiner Mutter- und Schwestergesellschaft zuzurechnen sein. Angesichts der Ausweitung der Haftung auf die wirtschaftliche Einheit (→ Rn. 10 ff.) ist das zwar nach deutschem Zivilrecht befremdlich, dürfte aber der derzeitigen Praxis entsprechen.

Vorsatz ist Wissen und Wollen der Tat und des rechtswidrigen Erfolges. Er kann durch **Rechtsirrtum** ausgeschlossen sein, wenn der Irrende bei Anwendung der im Verkehr erforderlichen Sorgfalt mit einer anderen Beurteilung durch die Gerichte nicht zu rechnen brauchte (BGH WuW/E 2341 (2345) – Taxizentrale Essen; OLG München WuW/E 4977 (981) – Parfum-Discount). Wenn die Rechtsfrage höchstrichterlich noch nicht entschieden ist, reicht es nicht aus, wenn der fehlerhafte Rechtsstandpunkt ernsthaft vertreten werden kann (BGH WuW/E 2341 (2345); 2603 (2607 f.) – Neugeborenentransporte). Der Handelnde trägt das **Risiko der zweifelhaften Rechtslage** (BGH WuW/E 2341 (2345); 2603 (2607 f.) – Neugeborenentransporte; NJW 1974, 1903 (1904); OLG Düsseldorf WuW/E DE-R 2109 (2117) – DARED; aus dem allgemeinen Zivilrecht auch BGH NJW 1983, 2318 (2321)); bei zweifelhafter Rechtslage darf der Handelnde sich nicht einfach auf die ihm günstigste Auffassung stützen (BGH WuW/E 3121 = NJWE-WettbR 1997, 211 (213) – Bedside-Testkarten mwN; OLG Düsseldorf WuW/E DE-R 2763 (2768) – Post-Konsolidierer). Der im Amtshaftpflichtrecht entwickelte Grundsatz, dass ein Schuldvorwurf nicht zu machen ist, wenn der fehlerhafte Rechtsstandpunkt von einem Kollegialgericht gebilligt wurde (BGHZ 73, 161 (164 f.)), gilt hier nicht (BGH WuW/E 2341 (2345) – Taxizentrale Essen; NJW 1974, 1903 (1904 f.)). Ein Rechtsirrtum ist **entschuldigt,** wenn der Handelnde die Rechtsunsicherheit trotz sorgfältiger Prüfung nicht erkennt oder wenn ihm bei Erkenntnis dieser Unsicherheit auch unter Berücksichtigung der schutzwürdigen Interessen des anderen Teils nicht zugemutet werden kann, eine (weitere) Klärung der Rechtsfrage herbeizuführen oder abzuwarten, ehe er seine Interessen durchzusetzen versucht (BGH WuW/E 2341 (2345) – Taxizentrale Essen; OLG Düsseldorf WuW/E DE-R 2763 (2768) – Post-Konsolidierer). Zur irrtümlichen Annahme einer Freistellung nach Art. 1 Abs. 3 AEUV, § 2 GWB: EuGH 18.6.2013 – C-681/11 Rn. 41 – Schenker). 25

Fahrlässig handelt nach § 276 Abs. 2 BGB, „wer die im Verkehr erforderliche Sorgfalt außer Acht lässt". Fahrlässigkeit setzt Vorhersehbarkeit und Vermeidbarkeit des pflichtwidrigen rechtswidrigen Erfolges voraus. Es wird unterschieden zwischen bewusster und unbewusster Fahrlässigkeit sowie zwischen grober und einfacher Fahrlässigkeit (vgl. auch dazu Grüneberg/Heinrichs BGB § 276 Rn. 13); die Rechtsfolgen sind identisch. Bei einem Irrtum über die Rechtswidrigkeit ist die Fahrlässigkeit ausgeschlossen, wenn der Handelnde auch bei Anwendung der erforderlichen und ihm zumutbaren Sorgfalt nicht hat erkennen können, dass das Handeln rechtswidrig ist. 26

b) Aktiv- und Passivlegitimation. Aktiv legitimiert ist der **„Betroffene"**, der einen **Schaden erlitten** hat. Passiv legitimiert ist der **Rechtsverletzer,** der den **Verstoß nach Abs. 1 begeht** (→ Rn. 7). 27

Sind mehrere an diesem Verstoß beteiligt, ist nach § 830 BGB jeder für den Schaden voll verantwortlich; mehrere Verantwortliche haften nach § 840 Abs. 1 BGB als **Gesamtschuldner.** Der interne Schadensausgleich zwischen den Schädigern richtet sich nach § 426 Abs. 1 und 2 BGB (vgl. dazu aus der Rspr. OLG 28

München WuW/E DE-R 3835 – Calciumcarbid und LG München WuW/E DE-R 3247 – Gesamtschuldnerinnenausgleich; BGH NZKart 2015, 101 – Calciumkarbid II und dazu OLG München NZKart 2019, 432; aus der Lit. Dreher FS Möschel 2011, 149; Krieger WuW 2012, 6; s. auch Napel/Oldehaver NZKart 2015, 135; Bodenstein NZKart 2015, 141; Gänswein NZKart 2016, 50; Kersting NZKart 2016, 147); zur künftigen Regelung, insbes. zur Privilegierung des Kronzeugen und kleiner und mittlerer Unternehmen nach neuem Recht → § 33d Rn. 6 ff., → § 33e Rn. 2 ff.

29 Besondere Probleme ergeben sich, wenn sich der Kartellverstoß auf mehreren Vertriebsstufen auswirkt (→ Rn. 11, 33 ff.). Im Hinblick auf die Erschwerung der passing-on defense nach S. 2 kann es dann mehrere Betroffene geben, die (aus der Sicht des Schädigers) „denselben" Schaden erlitten haben. Wenn der Abnehmer B dem am Kartell Beteiligten A einen auf einem Kartell beruhenden überhöhten Preis bezahlt hat, hat er den Schadensersatzanspruch auch dann, wenn er den überhöhten Preis ohne Weiteres an seinen Abnehmer C weitergeben konnte. C ist also letztlich der durch das Kartell Geschädigte und könnte, wenn der Begriff des „Betroffenen" insoweit keine Einschränkung enthielte, ebenfalls einen Schadensersatzanspruch gegen A geltend machen. Würde man B und C gleichermaßen unabhängig voneinander für aktivlegitimiert halten, müsste A „denselben" Schaden zweimal ausgleichen; das ist bei einer **verlängerten Lieferkette** mehrfach wiederholbar. Es wäre denkbar, Gläubiger B und C als **Gesamtgläubiger** anzusehen, die zwar jeweils den gesamten Schadensersatz fordern könnten, denen der Schuldner aber nur einmal zur Leistung verpflichtet ist (§ 428 BGB; so auch KG WuW/E DE-R 2773 (2785 f.) – Berliner Transportbeton; Bornkamm GRUR 2010, 501 (505 f.)). Diese Ansicht ist aber durch die Rspr. des BGH (BGHZ 190, 145 Rn. 55 – ORWI; BGH NZKart 2014, 459 (460) – Stromnetzentgelt VI), die Schadensersatz-RL und die **9. GWB-Novelle 2017** überholt. Sowohl der unmittelbar als auch der mittelbar Geschädigte können nur den jeweils selbst erlittenen Schaden geltend machen; damit fehlt es an einer „einheitlichen Leistung", die für die Annahme einer Gesamtgläubigerschaft aber Voraussetzung ist.

30 **c) Schaden: Grundsatz.** Ein Schadensersatzanspruch setzt voraus, dass der Gläubiger vom Kartellverstoß betroffen ist und einen „Schaden" erlitten hat. Das ist der Fall, wenn ein kausaler Zusammenhang zwischen dem Verstoß nach Abs. 1 und dem wirtschaftlichen Nachteil des Gläubigers besteht. Für die hiernach erforderliche **Kausalität** reicht die Mitursächlichkeit aus. Der Verstoß muss zu dem Nachteil geführt haben; er muss aber nicht die einzige Ursache sein. Die (Mit-)Ursächlichkeit liegt nicht vor, wenn der Nachteil auch eingetreten wäre, wenn es den Verstoß nicht gegeben hätte.

31 Fraglich ist, ob bei feststehendem Kartellverstoß und Betroffenheit vom Kartellverstoß (→ Rn. 13) nach § 1 eine **Schadensvermutung** oder ein **Anscheinsbeweis** besteht. Nach Art. 17 Abs. 2 Schadensersatz-RL und Abs. 2 wird vermutet, dass Kartelle einen Schaden verursachen (→ § 33a Rn. 4 ff.). Für die Feststellung eines Schadens nach den Beweisgrundsätzen des § 287 Abs. 1 ZPO soll eine **deutlich überwiegende, auf gesicherter Grundlage beruhende Wahrscheinlichkeit** ausreichen, dass ein Schaden entstanden ist (BGH NZKart 2020, 384 (387) – Schienenkartell II). Beim Quoten- oder Kundenschutzkartell wie im Schienenkartell soll dem Erfahrungssatz starke Indizwirkung zukommen, dass das Preisniveau von der Kartellabsprache beeinflusst wurde (BGH NZKart 2020, 384 (388) – Schienenkartell II). Dies gilt nach Ansicht des OLG Nürnberg auch für einen Informationsaustausch ohne konkreten Produktbezug (NZKart 2020, 38 (39 f.) – HEMA-Vertriebskreis II). Für die Frage, ob für die Verursachung eines Schadens im Sinne der **haftungsausfüllenden Kausalität** ein **Anscheinsbeweis** oder eine **tatsächliche Vermutung** streitet: LG Leipzig (NZKart 2019, 614 (615) – Schienenfreunde: bei umfassenden, nicht auf einzelne Beschaffungsvorgänge ausgelegten Quoten- um Kundenschutzkartells keinen Anscheinsbeweis für die Kartellbefangenheit. LG Stuttgart NZKart 2019, 177 (178): Vermutung für einen Schaden aus wirtschaftlicher Erfahrung; OLG Stuttgart 2019, 345 (346): kein Anscheinsbeweis, aber tatsächliche Vermutung; s. auch LG Kiel NZKart 2019, 440: tatsächliche Vermutung fehlt bei einem Quoten- und Kundenschutzkartell wie im Schienenkartell. Bei einem Informationsaustausch soll es keinen Anscheinsbeweis für den Eintritt eines Schadens geben (LG Nürnberg-Fürth NZKart 2021, 124 (125 ff.)), jedenfalls nicht bei geringem Detaillierungsgrad der ausgetauschten Informationen. Allerdings soll eine **tatsächliche Vermutung** für einen Anstieg des Marktpreisniveaus im Sinne eines Erfahrungssatzes sprechen, auch nur bei einer Verständigung über Listenpreise (BGH NZKart 2021, 117 Rn. 39 – Lkw-Kartell; BGH NZKart 2023 (26) – Drogeriekartell). Letztlich wird man sagen können, dass ein Anscheinsbeweis für den Schadenseintritt in der Regel ausscheidet, aber je nach Art der festgestellten Zuwiderhandlung tatsächliche Vermutung für die Befangenheit der konkreten Transaktion und einer Preisauswirkung sprechen kann. Zur Schadensfeststellung → Rn. 36 ff.

Zur AGB-rechtlichen Zulässigkeit eines **pauschalierten Schadensersatzanspruchs** in Vergabebedingungen OLG Karlsruhe NZKart 2014, 366; LG Potsdam WuW/E DE-R 4557 (4558), ebenso LG Potsdam NZKart 2016, 240; BGH NKartZ 2021, 350 – Schienenkartell VI: Pauschalierung von bis zu 15 % der Auftragssumme könne noch angemessen sein; s. auch Wilde/Anders WuW 2015, 246. Der Schadensersatzanspruch geht, ebenso wie nach § 249 BGB, grds. auf Naturalrestitution, also Wiederherstellung des wirtschaftlichen Zustandes, der ohne das schädigende Ereignis bestehen würde (vgl. OLG Düsseldorf WuW/E 5105 (5112) – Garantierückabwicklung). Ist die Naturalrestitution nicht oder nur mit unverhältnismäßigem Aufwand möglich, geht der Schadensersatzanspruch nach § 251 BGB auf Geldersatz. 32

d) Passing on defense (Abs. 3 S. 2 aF). Die Regelung der **passing on defense** in S. 2 war zwar im Referentenentwurf zur 7. GWB-Novelle enthalten, ist dann aber nicht in den Regierungsentwurf übernommen worden. In der Begründung zum Regierungsentwurf (BT-Drs. 15/3640, zu B § 33 Abs. 3, WuW-Sonderheft, 170) heißt es dazu, eine gesetzliche Klarstellung sei nicht notwendig. Im deutschen Recht sei anerkannt, dass eine **Vorteilsausgleichung** nur unter engen Voraussetzungen gerechtfertigt sei. Sie setze voraus, dass zwischen dem schädigenden Ereignis und dem Vorteil beim zunächst Geschädigten ein adäquater Kausalzusammenhang bestehe, die Anrechnung dem Zweck des Schadensersatzes entspreche und den Schädiger nicht unbillig entlaste (dazu BGHZ 190, 145 (162) – ORWI). Der Regierungsentwurf meinte deswegen, es könne darauf vertraut werden, „dass die Rechtsprechung dieses Problem befriedigend lösen wird“. Der Wirtschaftsausschuss hat dann aber am 9.3.2005 empfohlen, die jetzt Gesetz gewordene Bestimmung wieder aufzunehmen (vgl. dazu Bericht des Wirtschaftsausschusses, BT-Drs. 15, 5049, zu Nr. 11, WuW-Sonderheft, 247). In der Begründung dazu heißt es (BT-Drs. 15, 5049, zu Nr. 11, WuW-Sonderheft, 251), dieser Satz schaffe „Rechtsklarheit“ und sorge dafür, „dass der Geschädigte den vollen Umfang des Schadens auch tatsächlich einklagen kann“. Der Ausschuss vertraute nicht auf die in der Begründung zum Regierungsentwurf hervorgehobene hM zum allgemeinen Zivilrecht. 33

Ein Ausschluss der passing on defense (Verteidigung des Schädigers, dass der Anspruchsteller gar keinen Schaden erlitten habe, weil er diesen an seinen Abnehmer zu einem entsprechend erhöhten Preis weitergegeben hat, ohne dass ihm selbst ein Kartellverstoß vorwerfbar wäre, s. Zwade/Konrad WuW 2020, 114; Ikisay WuW 2020, 650) würde die Anwendung der allgemeinen zivilrechtlichen Grundsätze der **Differenzhypothese** modifizieren (BGHZ 190, 145 (162) – ORWI; vgl. auch OLG Karlsruhe WuW/E DE-R 1229 (1230) und LG Mannheim GRUR 2004, 182 (184) – beide im Falle Vitaminpreise; dazu Beninca WuW 2004, 604; Bulst 34

NJW 2004, 2201; Köhler GRUR 2004, 99; Raum FS Hirsch, 2008, 301 (304 f.)) und das Prinzip der Vorteilsausgleichung (vgl. dazu u.a. Grüneberg/Grüneberg BGB Vor § 249 Rn. 67) ausschließen. Erforderlich ist nach S. 2 nur, dass der Anspruchsteller die Ware oder Dienstleistung zu einem – kartellbedingt – überhöhten Preis bezogen hat. Der Gesetzeswortlaut könnte so zu verstehen sein, dass er in jedem Fall den Schadensersatzanspruch auch dann behält, wenn er den **überhöhten Preis voll weitergegeben** hat. Abgestellt wird in dieser Betrachtung ausschließlich auf den Zeitpunkt, in dem er den Vertrag über die Ware oder Dienstleistung geschlossen hat; ob der Schaden bei ihm geblieben ist oder weitergegeben werden konnte, spielt dann keine Rolle. Die **zivilrechtliche Sanktionierung des Kartellverstoßes** wäre bei dieser Auslegung **immer wichtiger als der Schadensausgleich;** dies ist allerdings mit dem deutschen Zivilrecht, das beim Schadensersatz gerade keine Strafkomponente anerkennt, nicht vereinbar (anders aber Weller ZWeR 2008, 170 (176)). Ein **Ausschluss der Vorteilsausgleichung** ist deshalb **nicht gerechtfertigt;** vielmehr sind die Grundsätze der Vorteilsausgleichung voll anwendbar (so formal noch für die alte Rechtslage, aber wohl auch und gerade im Hinblick auf die derzeitige BGHZ 190, 145 (162) – ORWI; NZKart 2014, 459 (460) – Stromnetzentgelt VI; Weitbrecht NJW 2012, 881; Lübbig/Mallmann WRP 2012, 166; Schiemann FS Möschel, 2011, 547; Franck WRP 2011, 843). Wenn der unmittelbare Geschäftspartner des Kartelltäters den Schaden tatsächlich voll weitergewälzt hat, hierdurch kein Umsatzrückgang entstanden ist und dies für den Geschäftspartner weder ein Risiko darstellte noch mit unzumutbarem Aufwand verbunden war, liegt kein Schaden vor (Diskussionspapier des BKartA „Private Kartellrechtsdurchsetzung – Stand, Probleme, Perspektiven", September 2005, 12; vgl. zu alldem auch KG WuW/E DE-R 2773 (2785) – Berliner Transportbeton; Roth FS Huber, 2006, 1133 (1157)). Anderes gilt, wenn es ausschließlich von den Absatzbemühungen, der Kalkulation und vom geschäftlichen Erfolg des Geschädigten abhängt, ob und zu welchem Grad der gezahlte überhöhte Preis kompensiert werden konnte (dazu OLG Düsseldorf WuW/E DE-R 2109 (2118) – DARED, dazu Soyez WuW 2009, 1233).

35 Der BGH hat, ausdrücklich auch im Hinblick auf § 33 Abs. 3 S. 2, folgende Überlegungen für die **Darlegungs- und Beweislast im Zusammenhang mit der Vorteilsausgleichung** angestellt (BGH WuW/E DE-R 3431 (3443 f.) – ORWI): Der Kartellteilnehmer, der den Schaden des Anspruchstellers unter dem Gesichtspunkt der Vorteilsausgleichung bestreitet, muss zunächst anhand der allgemeinen Marktverhältnisse „plausibel vortragen", dass eine Weiterwälzung der kartellbedingten Preiserhöhung „zumindest ernsthaft in Betracht kommt". Weiter ist darzutun und ggf. nachzuweisen, dass der Weiterwälzung keine Nachteile des Abnehmers gegenüberstehen, insbes. kein Nachfragerückgang, durch den die Preiserhöhung ganz oder teilweise kompensiert worden ist. Der Kartellteilnehmer hat auch darzulegen, wie sich ggf. eigene Wertschöpfungsanteile des weiterverkaufenden Abnehmers auf den Vorteilsausgleich auswirken. Gegen die Gefahr der Mehrfachinanspruchnahme kann sich der Kartellteilnehmer durch eine Streitverkündung an möglicherweise anspruchsberechtigte Marktteilnehmer der nachfolgenden Absatzstufe schützen. Wenn Anspruchsteller der nachfolgenden Marktstufe nicht bekannt sind oder es sich – wie insbes. bei privaten Endabnehmern – um einen unüberschaubar großen Personenkreis handelt (Streuschäden), kann dies dafür sprechen, dass „eine Weiterwälzung kartellbedingter Preiserhöhungen auf nachfolgende Absatzstufen entweder nicht oder in derart geringem Umfang oder so fragmentiert stattgefunden hat, dass ein Nachweis der Weiterwälzung praktisch nicht in Betracht kommt" (BGH WuW/E DE-R 3431 (3444) – ORWI). Bei **konzerninterner Weiterveräußerung** zum Einkaufspreis kann vermutet werden, dass der Schaden auf das Konzernunternehmen weitergewälzt wurde (LG Frankfurt a. M. NZKart 2018, 490 (491) – Schlecker Insolvenz). Zum Vorteilsausgleich, wenn die kartellbefangenen Waren von Dritten finanziert werden BGH NZKart 2020, 539 (542, 543) – Schienenkartell IV: **Vorteilsausgleichung** kommt in Betracht, weil dem Geschädigten **Zuwendungen eines öffentlich-rechtlichen Aufgabenträgers** zufließen und diese Zuwendungen in einem **ursächlichen Zusammenhang mit dem Schadensereignis** stehen, und die Zuwendungen in Abhängigkeit von einzelnen Beschaffungsvorgängen gewährt wurden. Auf diese Weise wird dem Zuwendungsgeber selbst ermöglicht, seinen Schadensersatzanspruch durchzusetzen; hieraus ergibt sich keine unangemessene Entlastung des Kartellbeteiligten. Bei Streuschäden, also der Weitergabe des Schadens an eine Vielzahl von Geschädigten, die die Schäden nicht geltend machen, droht zwar eine Überkompensation des unmittelbar Geschädigten. Der BGH **schränkt den passing-on-Einwand** ein, **wenn** nach der Sachlage **nicht zu erwarten** ist, dass die **mittelbar Geschädigten ihre Ersatzansprüche** geltend machen (BGH NZKart 2021, 44 (48) – Schienenkartell V; dazu Weitbrecht WuW 2021, 86; s. auch OLG Celle NZKart 2021, 581). Die Vorteilsausgleichung beruhe auf dem Gedanken des § 242 BGB, und es wäre nach Ansicht des BGH unbillig, dass der Schädiger in seiner Ersatzpflicht deswegen entlastet würde, weil die mittelbaren Abnehmer ihre Schäden nicht geltend machen können. Auch in Missbrauchsfällen sollen zugeflossene Vorteile nicht schadenmindernd wirken, wenn dadurch der Schädiger unangemessen entlastet wird (BGH NZKart 2022, 280 (282)).

e) Schadensschätzung und Berücksichtigung des anteiligen Gewinns (Abs. 3 S. 3). Im Kartellrecht bereitet häufig die Feststellung der genauen Schadenshöhe große Schwierigkeiten. Bei Schadensersatzansprüchen aufgrund horizontaler Kartellabsprachen nach § 1 und Art. 101 Abs. 1 AEUV oder wegen bestimmter Missbräuche marktbeherrschender Stellungen nach § 19 oder Art. 102 AEUV ist ein Vergleich zwischen der **Entwicklung aufgrund des Kartellverstoßes** und der **hypothetischen Entwicklung** ohne diesen erforderlich (dazu auch Rauh/Zuchandke/Reddemann WRP 2012, 173). Die Schadenshöhe beim Bezug von Waren ergibt sich zunächst aus der Differenz zwischen dem tatsächlich gezahlten Preis und demjenigen, der sich bei ungestörtem Wettbewerb eingestellt hätte (**hypothetischer Wettbewerbspreis** oder „but for"-Preis). Meistens sind exakte Feststellungen darüber, wie sich der Preis ohne Kartell oder ohne Missbrauch entwickelt hätte, kaum möglich; die Ökonomie hält zur Ermittlung eine Vielzahl von Methoden bereit (MüKoWettbR/Lübbig § 33a Rn. 41). Insoweit wird – wie zur früheren Mehrerlös-Kartellbuße (dazu BGH WuW/E DE-R 1567 (1569) – Berliner Transportbeton I) – mit der Lebenserfahrung gearbeitet, dass Kartelle zu überhöhten Preisen führen; die Lebenserfahrung gibt aber wenig Anhaltspunkte für das Ausmaß der Überhöhung. Dabei hilft im Zivilrecht die Möglichkeit der **Schadensschätzung nach § 287 ZPO** (vgl. dazu KG WuW/E DE-R 2773 (2777) – Berliner Transportbeton; Rauh NZKart 2013, 222 – zur bußgeldrechtlichen Schätzung des Mehrerlöses vgl. BGH WuW/E DE-R 1567 (1569 f.) – Berliner Transportbeton I). Die Feststellung des Schadens nach § 287 ZPO wird in der Regel **nicht ohne ökonomischen Sachverstand durch einen gerichtlich bestellten Sachverständigen** erfolgen können (aA LG Dortmund NZKart 2020, 612 ff. – Schienenkartell, dazu Thole NZKart 2021, 5; Rinnen/Wandschneider NZKart 2021, 11; zur Bestimmung des Schadens nach § 287 ZPO auch LG Mannheim NZKart 2023, 572 (574 ff.) – Zuckerkartell; OLG Schleswig NZKart 2023, 625 (626 ff.) – KWR-Produkte; LG Berlin NZKart 2023, 634 – Fahrtreppenkartell). Das verringerte Beweismaß des § 287 ZPO verlangt nicht volle richterliche Überzeugung, sondern erlaubt Zuspruch des Schadens auf Basis der überwiegenden Wahrscheinlichkeit (dazu Scheuch WuW 2021, 91). Schaden ist auch der Nachteil, der durch Einkäufe bei nicht kartellbeteiligten Unternehmen eingetreten ist, weil diese einen höheren als den Wettbewerbspreis aufgrund des Kartellverstoßes erzielen konnten (**Schirm- oder Umbrellaeffekte,** EuGH WuW/E EU-R 3030 – Kone; dazu Fritzsche 36

NZKart 2014, 428; Lettl WuW 2014, 1032; Beth/Pinter WuW 2013, 228; Inderst/Maier-Rigaud/Schwalbe WuW 2014, 1043; Pauer WuW 2015, 14). Der Schaden kann sich auch aus Preiserhöhungen bei nicht direkt kartellbefangenen Produkten der kartellbeteiligten Unternehmen ergeben, wenn die Preisbildung dieser Produkte durch diejenige der kartellbefangenen Produkte beeinflusst wird (OLG Stuttgart NZKart 2022, 418 (419)). Abs. 3 S. 3 lässt in diesem Rahmen auch die Betrachtung zu, ob und in welcher Höhe das Kartell aufseiten des Schädigers zu Mehr-Gewinnen geführt hat; es wird die gesetzliche – aber widerlegbare – **Vermutung** begründet, dass der anteilige **Gewinn** des Verletzers dem **Schaden** des Geschädigten entspricht (vgl. dazu auch Ellger FS Möschel 2011, 191; kritisch Rauh NZKart 2013, 222 (223 ff.)); diese Vermutung darf aber nicht so verstanden werden, dass sich der Anspruch auf den Kartellgewinn richtet, der Kartellgewinn soll vielmehr als Anhaltspunkt dafür genutzt werden, ob und welcher Kartellschaden entstanden ist. Das bedeutet aber nicht, dass der Geschädigte einen Anspruch auf Herausgabe des anteiligen Gewinns hat, wie das insbes. bei Verletzung gewerblicher Schutzrechte der Fall sein kann (vgl. dazu den Überblick bei Köhler/Bornkamm/Feddersen/Köhler UWG § 9 Rn. 1.38 und 1.42 zur Lizenzanalogie). Der Verletzte hat auch **kein Wahlrecht** in dem Sinne, dass er anstelle des tatsächlichen Schadens den (hohen) Gewinn herausverlangen kann. Vielmehr ist der Gewinn aufseiten des Schädigers einer von mehreren möglichen Anhaltspunkten für die Bemessung der Höhe des Schadens. Nach der Begründung zum RegE (BT-Drs. 15/3640, B zu § 33 Abs. 3, WuW-Sonderheft, 169) soll damit die **Anspruchsdurchsetzung** in den Fällen **erleichtert** werden, in denen die Ermittlung des hypothetischen Marktpreises als Grundlage einer Schadensberechnung nach der Differenzmethode mit großen Schwierigkeiten verbunden ist. Ein Anhaltspunkt für die geschätzte Schadenshöhe kann sich aus dem **„Gewinn- und Schadenspotential"** in Höhe von 10 % des tatbezogenen Umsatzes ergeben, von dem das BKartA für die Bußgeldzumessung in den neuen Bußgeldleitlinien vom 25.6.2013 (Anhang C 3, Rn. 10) ausgeht.

37 Für die Schätzung des **anteiligen Gewinns,** den der Kartelltäter durch den Verstoß erzielt hat, ist von den Umsatzerlösen mit und ohne Kartellverstoß auszugehen, abzüglich der Herstellungskosten der erbrachten Leistungen sowie abzüglich angefallener Betriebskosten. Gemeinkosten oder sonstige betriebliche Aufwendungen, die auch ohne das kartellwidrige Verhalten angefallen wären, sollen nicht abzugsfähig sein (MüKoWettbR/Lübbig § 33a Rn. 47; Begr. z. RegE BT-Drs. 15/3640; dafür gibt das Gesetz keine Grundlage). Im Falle mehrerer Geschädigter kann nur der anteilige Gewinn berücksichtigt werden. Die Höhe dieses Anteils bestimmt sich im Regelfall aus dem anteiligen Umsatz, den der Schädiger mit dem Geschädigten erzielt hat. Von der Berücksichtigung des anteiligen Gewinns des Schädigers im Rahmen der Schadensschätzung nach § 287 ZPO ist zu unterscheiden die Möglichkeit, dass der Geschädigte nach **§ 252 S. 1 BGB** den ihm **entgangenen Gewinn** ersetzt verlangen kann, zu dessen Ermittlung § 252 S. 2 BGB und die Möglichkeit einer richterlichen Schätzung herangezogen werden können (BGH WuW/E DE-R 352 (356) – Kartenlesegerät).

38 **f) Verzinsung (Abs. 3 S. 4 und 5 aF).** Nach Abs. 3 S. 4 sind Geldschulden nach S. 1 ab Eintritt des Schadens zu verzinsen. Für die Höhe der Zinsen verweist S. 5 auf § 288 BGB (Höhe der Verzugszinsen) und § 289 S. 1 BGB (keine Zinsen auf Verzugszinsen). Während im allgemeinen Zivilrecht eine Forderung erst zu verzinsen ist, wenn der Schuldner in Verzug ist, besteht im Kartellrecht aufgrund des S. 4 eine **Verzinsungspflicht schon ab Schadenseintritt.** Damit soll dem Umstand Rechnung getragen werden, dass der Geschädigte häufig erst lange nach dem Kartellverstoß seinen Anspruch geltend machen und erst dadurch eine Zinspflicht nach den allgemeinen Regeln auslösen kann. Nach der Begründung zum Regierungsentwurf der 7. GWB-Novelle (BT-Drs. 15/3640, WuW-Sonderheft,

170) soll der Geschädigte keinen Nachteil dadurch haben, dass er häufig erst das Verfahren der Kartellbehörde abwarten muss. Außer dem Ziel des Schadensausgleichs durch die Verzinsung ab Schadenseintritt soll damit zugleich auch sichergestellt werden, dass der Schädiger durch die zT lange Dauer von kartellbehördlichen Ermittlungen keinen Vorteil erlangt. Die Verzinsungspflicht nach Abs. 3 S. 4 und 5 gilt nach der hier vertretenen Ansicht mangels einer ausdrücklichen anderweitigen Regelung **nicht für Altfälle;** sie setzt voraus, dass der Schadensersatzanspruch auf § 33 Abs. 3 gegründet ist (s. OLG Karlsruhe WuW/E DE-R 4357 (4375) – VBL-modifiziertes Erstattungsmodell); s. aber die Parallele zur Anwendung der Hemmungsregelung des § 33 Abs. 5 → Rn. 41, str.

Die Verweisung auf § 288 BGB ist eine reine **Rechtsfolgenverweisung.** Sie besagt, dass der Zinssatz für das Jahr **5 Prozentpunkte über dem Basiszinssatz** liegt. Der Basiszinssatz ist in § 247 BGB definiert; er entspricht dem früheren Bundesbank-Diskontsatz. Nach dem Gesetzeswortlaut (§ 247 Abs. 1 S. 1 BGB) beträgt er zwar 3,62 %; er wird aber halbjährlich angepasst und betrug zB ab 1.1.2012 0,12 %. Der erhöhte Zinssatz von 8 Prozentpunkten über dem Basiszinssatz nach § 288 Abs. 2 BGB für Rechtsgeschäfte, an denen ein Verbraucher nicht beteiligt ist, findet im Rahmen des Schadensersatzrechtes nach § 33 keine Anwendung; es handelt sich nicht um „Rechtsgeschäfte“. Allerdings gelten auch **§ 288 Abs. 3 und 4 BGB,** wonach der Gläubiger aus einem anderen Rechtsgrund höhere Zinsen verlangen kann und die Geltendmachung eines weiteren Schadens nicht ausgeschlossen ist. S. 4 sieht nur die entsprechende Anwendung des § 289 S. 1 BGB vor. Nach § 289 S. 2 BGB lässt das Verbot der Zinseszinsen das Recht des Gläubigers auf Ersatz des durch den Verzug entstandenen Schadens unberührt. Die entsprechende Anwendung im Rahmen des § 33 hat nur Bedeutung insoweit, als die Geltendmachung eines weiteren Schadens nicht ausgeschlossen ist; das ergibt sich aber schon aus der Verweisung auf § 288 Abs. 4 BGB. 39

g) Verjährung und deren Hemmung (Abs. 5 aF). Abs. 5 ist durch die 8. GWB-Novelle 2012/2013 neu gefasst worden. Er wurde an den AEUV angepasst und neu gegliedert. Sachlich hat sich nichts geändert. Das GWB enthält keine besonderen Verjährungsvorschriften für Ansprüche nach § 33. Es gilt die regelmäßige **Verjährungsfrist von drei Jahren nach § 195 BGB** (zur Verjährungsfrist von fünf Jahren → § 33h Rn. 1). Für weitere Einzelheiten gelten ebenfalls die BGB-Vorschriften, insbes. auch für den Beginn der Frist nach § 199 Abs. 1 BGB (zur Verjährung von Ansprüchen, die vor dem 31.12.2001 entstanden sind, s. OLG Düsseldorf WuW/E DE-R 4477 (4481); Pohlmann WuW 2013, 357; Harms NZKart 2014, 175). Die dreijährige Verjährungsfrist beginnt hiernach mit dem Schluss des Jahres, in dem der Anspruch entstanden ist und der Gläubiger „von den den Anspruch begründenden Umständen und der Person des Schuldners **Kenntnis erlangt** oder **ohne grobe Fahrlässigkeit erlangen müsste**“ (vgl. dazu Soyez ZWeR 2011, 407; s. auch Bürger/Aran NZKart 2014, 423 (427)). Grundsätzlich ist hiernach positive Kenntnis erforderlich, und zwar hinsichtlich der anspruchsbegründenden Umstände. Es genügt, dass der Gläubiger aufgrund der ihm bekannten oder erkennbaren Tatsachen eine hinreichend aussichtsreiche, wenn auch nicht risikolose Feststellungsklage erheben kann (stRspr, vgl. BGHZ 102, 246; 122, 317; BGH NJW 2004, 510; Grüneberg/Ellenberger BGB § 199 Rn. 28). Häufig ergibt sich die **Kenntnis aus dem Bekanntwerden eines Verfahrens der Kartellbehörde;** der potenziell Geschädigte muss außer der Kenntnis von dem Verfahren und dem durch das Verfahren verfolgten Kartellverstoß auch die für eine Klageerhebung erforderliche Wahrscheinlichkeit entnehmen können, dass er von diesem Kartellverstoß betroffen ist und einen Schaden erlitten hat; die Pressemitteilung des BKartA über die Verhängung des Bußgelds soll ausreichen (OLG Düsseldorf NZKart 2015, 201 (202) – Zement). Auch nach Verjährung des Anspruchs aus § 33 Abs. 3 sind 40

Ansprüche nach § 852 BGB denkbar (s. Bernhard NZKart 2014, 432 und OLG Düsseldorf NZKart 2015, 201 (203) – Zement, dagegen Petzold NZKart 2018, 113 ff.).

41 Die **Hemmungsvorschrift** des Abs. 5 gilt nach Ansicht des BGH (NZKart 2018, 315 (319 f.)) auch, wenn der Anspruch sich auf § 33 Abs. 3, also nicht ausschließlich auf das früher geltende Recht stützt (str.: anders OLG Karlsruhe NZKart 2016, 595 (598 f.) – Grauzementkartell; LG Mannheim NZKart 2017, 137 (138 f.); LG Düsseldorf 37 O 200/09 [Kart]; für die Verzinsung nach § 33 Abs. 4 stellt das OLG Karlsruhe WuW/E DE-R 4357 (4376) VBL-modifiziertes Erstattungsmodell ebenfalls auf den Zeitpunkt der Einführung des § 33 Abs. 3 ab; wie BGH: OLG Jena WuW 2017, 43; Bunte/Bornkamm/Tolkmitt § 33h Rn. 34; Wagner/v. Olshausen ZWeR 2013, 121; Pohlmann WuW 2013, 357 (361 ff.); OLG Düsseldorf NZKart 2015, 201 (205); LG Berlin 16.12.2014 – 16 O 384/13 Kart; Bürger/Aran NZKart 2014, 423 (426)). Das Wesen der Hemmung besteht nach § 209 BGB darin, dass der Zeitraum, während dessen die Verjährung gehemmt ist, in die Verjährungsfrist nicht eingerechnet ist. Darauf nimmt Abs. 5 Bezug. Danach bewirkt die Verfahrenseinleitung durch die Kartellbehörde oder die Europäische Kommission die Hemmung der Verjährung, und zwar für den Zeitraum, in dem das Verfahren andauert. Wird das Verfahren eingestellt oder durch Entscheidung abgeschlossen, läuft die ursprünglich begonnene Verjährung weiter. Mit dem Verweis auf § 204 S. 2 BGB verlängert Abs. 5 die Hemmung um eine Sechsmonatsfrist nach dem Abschluss des Verfahrens. Dazu folgendes Beispiel: Der Anspruch aus dem Kartellverstoß ist irgendwann im Jahre 2008 entstanden. Der Gläubiger hat von ihm im Juli 2010 Kenntnis erlangt. Damit beginnt die dreijährige Verjährung nach § 199 Abs. 1 BGB am Schluss des Jahres 2010. Die Kartellbehörde hat am 1.2.2011 ein Verfahren eingeleitet und dieses am 1.5.2011 eingestellt. Daraus errechnet sich ein Hemmungszeitraum von drei Monaten. Hinzu kommt die Sechsmonatsfrist des § 204 Abs. 2 S. 1 BGB, sodass die Hemmung weitere sechs Monate dauert. Damit tritt Verjährung am 30.9.2014 ein. Die Dreimonatsfrist des § 203 S. 2 BGB spielt insoweit keine Rolle. Auf die Frage, ob und wann der Gläubiger (oder der Schuldner) von dem Verfahren Kenntnis erlangt hat, kommt es nicht an.

42 Abs. 5 erwähnt, ebenso wie Abs. 4, alternativ mehrere Verfahren. Entweder geht es – in Nr. 1 – um **Verfahren des BKartA oder einer Landeskartellbehörde** wegen eines Verstoßes gegen Vorschriften dieses Gesetzes oder Art. 101 AEUV oder Art. 102 AEUV oder – in Nr. 2 – um **Verfahren der Kommission** oder einer **Wettbewerbsbehörde eines anderen Mitgliedstaates der EU** wegen eines Verstoßes gegen Art. 101 AEUV oder Art. 102 AEUV. Ermittlungsmaßnahmen der Kommission reichen aus; die Einleitung des förmlichen Verfahrens ist nicht erforderlich (BGH NZKart 2021, 117 (122) – Lkw-Kartell). Sektorenuntersuchungen oder Vorermittlungen sind keine Verfahren, die die Hemmungswirkung nach Abs. 5 auslösen (Soyez WuW 2014, 937 (941)). Das Verfahren muss sich auf den in Abs. 1 erwähnten Verstoß beziehen und potenziell geeignet sein, eine Bindungswirkung nach Abs. 4 zu bewirken (→ Rn. 42). Maßgeblich sind nach dem Wortlaut des Abs. 5 **nur Behördenverfahren,** nicht auch Gerichtsverfahren. Aus der in S. 2 ausdrücklich vorgesehenen Verbindung mit § 204 Abs. 2 BGB (die für S. 1 Nr. 1 und 2 gilt) ergibt sich aber, dass in den Fällen, in denen eine Entscheidung dieser Behörden zu Gerichtsverfahren führt, die Rechtskraft aufgrund des Gerichtsverfahrens maßgeblich ist. Der Begriff der Wettbewerbsbehörden der Mitgliedstaaten wird in Art. 5 Kartellverfahrens-VO verwendet. Maßgeblich ist die für diese Bestimmung entwickelte Definition (dazu Bechtold/Bosch/Brinker VO 1/2003 Art. 5 Rn. 4).

5. Konkurrenzen

43 § 33 enthält eine **abschließende Regelung** der deliktsrechtlichen Beseitigungs-, Unterlassungs- und Schadensersatz-Ansprüche, die „Betroffene“, dh nach Abs. 1 S. 3 Mitbewerber und sonstige Marktbeteiligte, aufgrund von Kartellverstößen gel-

tend machen können (vgl. BGH WuW/E DE-R 1779 (1780) – Probeabonnement, dort aber zu eng auf Mitbewerber und Wirtschaftsverbände begrenzt.; aA die frühere Rspr., vgl. BGH WuW/E 1519 – „4 zum Preis von 3"; 2819 – Zinssubvention). Im zeitlichen Anwendungsbereich des § 33 (→ Rn. 1 f.) kann also § 823 BGB nicht zusätzlich oder parallel angewendet werden. Nicht ausgeschlossen sind vertragliche Ansprüche – zB nach Anfechtung wegen Täuschung (dazu BGH 28.1.2010 – VII ZR 50/09) – und Ansprüche aus culpa in contrahendo (dazu Dück/Schultes NZKart 2013, 228).

6. Bindung an Entscheidungen anderer Behörden und Gerichte (Abs. 4 aF); Zugang zu Akten

Abs. 4, der durch die 8. GWB-Novelle an den AEUV – ohne sachliche Änderungen – angepasst wurde, hat nach der Vorstellung des Gesetzgebers der 7. GWB-Novelle eine **Feststellungswirkung für sog. „Follow-on"-Klagen** eingeführt. Dabei soll sich die Feststellungswirkung allein auf die Feststellung eines Kartellrechtsverstoßes beziehen; alle weiteren Fragen, insbes. zur Schadenskausalität und zur Schadensbezifferung sollen durch Abs. 4 nicht präjudiziert sein, sondern der freien Beweiswürdigung des Gerichts unterliegen (vgl. Begr. z. RegE, BT-Drs. 15/3640, B zu § 33 Abs. 4; s. zum Umfang der Bindungswirkung hinsichtlich der „Befolgung" der kartellrechtswidrigen Absprache: OLG Düsseldorf WuW/E DE-R 4394 (4399)). Die Bindung wirkt **nur für Schadensersatzklagen** auf der Grundlage des Abs. 3 und die **Vorteilsabschöpfung durch Verbände** nach § 34a (§ 34a Abs. 5 und → § 34a Rn. 15), **nicht** für **Beseitigungs- und Unterlassungsansprüche** nach Abs. 1 oder 2 oder die **Vorteilsabschöpfung durch die Kartellbehörde** nach § 34. Sie bezieht sich auch nicht auf andere Zivilverfahren, in denen zB über die Wirksamkeit des betroffenen Kartellvertrages gestritten wird (vgl. Immenga/Mestmäcker/Franck § 33b Rn. 25). **Zeitlich** kann die Bindungswirkung nur für Entscheidungen infrage kommen, die nach Inkrafttreten der 7. GWB-Novelle rechtskräftig geworden sind, also nach dem 30.6.2005 (OLG Karlsruhe NZKart 2016, 595 (596 f.) – Grauzementkartell; OLG Düsseldorf WuW/E DE-R 2763 (2765 f.) – Post-Konsolidierer, noch offengelassen in OLG Düsseldorf WuW/E DE-R 1755 (1757) – Zementkartell), auch wenn das kartellwidrige Verhalten in der Zeit davor stattfand (dazu LG Mannheim WuW/E DE-R 3584 (3587 f.) – Feuerwehrfahrzeuge; LG Dortmund NZKart 2017, 440 (441.) – Schienenkartell). 44

Für Klagen, die vor dem 27.12.2017 erhoben wurden, gelten die bisherigen Grundsätze zur Akteneinsicht, für Klagen die nach dem 26.12.2017 erhoben wurden, wie § 89c Abs. 5, der die strafprozessuale Akteneinsicht für den Geschädigten einschränkt und auf das Verfahren nach § 89c verweist. Die 10. GWB-Novelle 2021 stellt in § 186 Abs. 4 klar, dass § 33g auf alle nach dem 26.12.2016 erhobenen Klagen Anwendung findet, unabhängig davon, wann der Schadensersatzanspruch entstanden ist; die Ansicht des OLG Düsseldorf (NZKart 2018, 228 – Herausgabe von Beweismitteln; dazu auch OLG Düsseldorf NZKart 2018, 275 – Herausgabe von Beweismittel II) ist damit überholt. Für Klagen, die vor dem 27.12.2017 erhoben wurden, beurteilt sich die Frage, ob und in welchem Umfang ein Akteneinsichtsrecht in die Akten des Bußgeldverfahrens, insbes. in die Entscheidung und eventuelle Kronzeugenanträge, besteht (vgl. dazu → Rn. 22 der Bonusregelung des BKartA, Anhang C 4; Mäger/Zimmer/Milde WuW 2009, 885; zur Frage der Notwendigkeit einer gesetzlichen Regelung, die Zugang zu Entscheidungen sicherstellt, Dreher ZWeR 2008, 325), nach altem Recht: In jedem Falle hat der Geschädigte ein besonderes Interesse an der Akteneinsicht, die sich im deutschen Recht nach § 406e StPO richtet. Die Einsicht in Kronzeugenanträge wird von den Behörden im Allgemeinen nicht gewährt, um das Institut der Kronzeugenanträge nicht zu gefährden. Nach der Rspr. des Gerichtshofes (EuGH WuW/E EU-R 1975 – Pfleiderer) ist 45 das grds. rechtmäßig. Gefordert wird im Einzelfall eine Interessenabwägung einerseits am Schutz der Kronzeugenprogramme und deren Bedeutung für die Kartellverfolgung und andererseits des Interesses des Geschädigten an einer effizienten Durchsetzung seiner Schadensersatzansprüche. Im Allgemeinen wird es ausreichen, dem Geschädigten Einsicht in die ggf. um Geschäftsgeheimnisse bereinigte Entscheidung und die wichtigsten Beweisdokumente zu geben, ohne den Wortlaut der Kronzeugenerklärungen offenzulegen (vgl. dazu OLG Düsseldorf NZKart 2013, 38 (39 ff.) = WuW/E DE-R 3662 (3668 f.) – Kaffeeröster; AG Bonn WuW/E DE-R 3499 – Pfleiderer II; Hauger/Palzer EWS 2012, 124; Bosch NJW 2013, 1857 (1861 f.); Wessing/Hiéramente WuW 2015, 220). Nach Ansicht des OLG Hamm (OLG Hamm 26.11.2013 – 1 VAs 116/13–120/13 und 122/13 – Einsicht in Strafakten; dazu auch Yomere/Kresken WuW 2014, 481) sind Kronzeugenanträge und sonstige Kooperationsbeiträge in der staatsanwaltschaftlichen Akte dem Zivilgericht im Schadensersatzverfahren zugänglich. Die Gewährung von Einsicht in die bei der Staatsanwaltschaft geführten Ermittlungsakten richte sich nach den § 474 Abs. 1 StPO, § 477 Abs. 2 und 4 StPO, § 478 StPO. Die Feststellungswirkung des § 33 Abs. 4 S. 1 mache das Akteneinsichtsgesuch des Zivilrechts nicht „nicht erforderlich“ iSd § 474 Abs. 1 StPO. Auch seien die Kooperationsbeiträge keine „ungewöhnliche Art von Daten“ iSv § 477 Abs. 4 S. 2 StPO. Aus Art. 12 GG und Art. 14 GG ergebe sich kein weitergehender Schutz. Auch eine Gefährdung des Untersuchungszwecks scheide nach Abschluss der staatsanwaltschaftlichen Untersuchungen aus. Die theoretische und abstrakte Möglichkeit, dass durch die Übermittlung des Kronzeugenantrags die zukünftige Kooperationsbereitschaft potenzieller Kartellanten herabgesetzt würde, wird als nicht ausreichend angesehen. Das BVerfG (BVerfG WuW/E DE-R 4213) hat die eingelegte Verfassungsbeschwerde nicht zur Entscheidung angenommen. Die Möglichkeit einer Akteneinsichtsgewährung zwecks Prüfung der Geltendmachung von Schadensersatzansprüchen sieht das OLG Frankfurt a. M. (OLG Frankfurt a. M. WuW/E DE-R 4505 (4507)) über § 40 VwVfG; zum neuen Recht → § 89c Rn. 1 ff.

46 a) **Feststellung des Verstoßes, Umfang der Bindungswirkung.** S. 1 ordnet eine Bindungswirkung an für die „Feststellung des Verstoßes“ durch andere Behörden und Gerichte. Dabei geht es nur um die bestandskräftige Feststellung des Kartellrechtsverstoßes, nicht um die Auswirkung auf den den Anspruch erhebenden Gläubiger oder die Höhe seines Schadens. Keine Rolle spielt, in welchem Verfahren der Verstoß festgestellt wird. Die Bindungswirkung kommt also sowohl bestandskräftigen **Verwaltungsentscheidungen** nach § 32 (vgl. dazu Meyer GRUR 2006, 27) als auch in Rechtskraft erwachsenen **Bußgeldentscheidungen** nach § 81 zu. Auch eine Abstellungsverfügung entfaltet Bindungswirkung nach Abs. 4 (OLG Düsseldorf NZKart 2019, 331 (332) – Verkürzter Versorgungsweg), und zwar auch dann, wenn sie sich zwar wegen Aufgabe des beanstandeten Verhaltens erledigt habe. Es muss sich allerdings um **Hauptsacheverfahren,** nicht um Verfahren mit nur vorläufigen oder auf Anfangsverdacht basierenden Ergebnissen handeln. Deswegen kommt den Entscheidungen nach §§ 32a, 32b oder § 32c sowie Entscheidungen im Ermittlungsverfahren nach § 57 keine Bindungswirkung zu (so auch Berg/Mäsch/Mäsch § 33b Rn. 2). Die **Beschränkung auf die „Feststellung des Verstoßes“,** ohne Einbeziehung der Feststellungen zum Schaden (so auch Bunte/Bornkamm/Tolkmitt Rn. 17), die auch in der Begründung zum Regierungsentwurf der 7. GWB-Novelle (BT-Drs. 15/3640, B zu § 33 Abs. 4, WuW-Sonderheft, 171) hervorgehoben wird, ergibt sich im Gesetzeswortlaut aus dem Wort „insoweit“; damit erfasst die Bindungswirkung letztlich die unter den Verbotstatbestand subsumierten tatsächlichen Feststellungen sowie das Subsumtionsergebnis selbst (MüKoWettbR/Lübbig § 33b Rn. 8; s. auch BGH NZKart 2021, 117 (118) – Lkw-Kartell: Die Bindungswirkung erstreckt sich auf alle Feststellungen tatsächlicher und rechtlicher Natur, mit denen

die Wettbewerbsbehörde ein Verstoß gegen materielles Wettbewerbsrecht begründet) Erfasst sind nicht weitere Voraussetzungen eines Schadensersatzanspruchs (OLG München NZKart 2013, 162 f. – Fernsehvermarktung). Dabei ist zu beachten, dass die **Bindungswirkung** sich nach Art der Entscheidung **unterscheidet.** Bei einer Bußgeldentscheidung wird die Dauer des Verstoßes regelmäßig festgestellt werden, sodass die Dauer hier in Bindungswirkung erwächst. Bei Entscheidungen im Kartellverwaltungsverfahren ist dagegen der Zeitraum des Verstoßes nicht notwendig zu bestimmen; eine Abstellungsverfügung setzt lediglich Begehungsgefahr heraus, sodass die Dauer des Verstoßes dabei nicht unbedingt festgestellt ist (BGH NZKart 2016, 436 (437) – Lottoblock II). „Feststellung" des Verstoßes umfasst sachlich sowohl die **Tatsachen** als auch deren **rechtliche Beurteilung** als Verstoß gegen das deutsche oder EU-Kartellrecht. Die Bindungswirkung beschränkt sich also nicht nur auf den Tenor der Entscheidung, sondern auch auf **die tragenden Gründe** (BGH NZKart 2016, 436 (437) – Lottoblock II), nicht nur bei Gelegenheit der Entscheidung gemachte Ausführungen (obiter dicta, Berg/Mäsch/Mäsch § 33b Rn. 6). Tragend sind solche Gründe, die den Ausspruch der Verwaltungs- oder Bußgeldentscheidung stützen, nicht solche, die nur für den Schadensersatzanspruch von Bedeutung sind. Haftungsbegründende Kausalität kann, haftungsausfüllende Kausalität kann dagegen nie Teil der Bindungswirkung sein, es sei denn in Fällen der Mehrerlös- oder Gewinnabschöpfung nach § 81 Abs. 5. Wird der Verstoß nicht festgestellt, sondern der potenzielle Schädiger **freigesprochen,** oder das **Verfahren eingestellt,** geht davon **keine Bindung** aus; faktisch hilft ein Freispruch oder eine Einstellung dem potenziellen Schädiger allerdings trotzdem, anders aber bei einer Einstellung unter Verpflichtungszusagen nach § 32b.

Der Kronzeuge wird von der Bindungswirkung nur erfasst, wenn er Adressat der Geldbußenentscheidung ist (MüKoWettbR/Lübbig § 33b Rn. 9; s. auch LG Nürnberg-Fürth NZKart 2021, 124 (125)). Die Hilfestellung für Kläger, die das Gesetz mit der Bindungswirkung von Bußgeldentscheidungen in § 33 Abs. 4 bezweckt hat, wirkt damit im Hinblick auf den ersten **Kronzeugen** nur im EU-Recht, da die Entscheidungen der Kommission immer auch an den geldbußenfreien Kronzeugen adressiert sind. Nach deutschem Recht ergeht gegen den Kronzeugen dagegen kein Bußgeldbescheid (dazu Bien/Käseberg/Klumpe/Körber/Ost 10. GWB-Novelle/Roesen Kap. 3 Rn. 236). **47**

Die Feststellung des Verstoßes muss sich im **Rahmen der Zuständigkeit** der Behörde oder des Gerichts halten, an dessen Entscheidung die Bindung bestehen soll; deshalb ist die Bindungswirkung auf die Jurisdiktion der Behörde beschränkt. In der Begründung zum Regierungsentwurf (BT-Drs. 15/3640) heißt es dementsprechend, die Feststellungswirkung reiche nur so weit wie die Wirkung der Entscheidung der Wettbewerbsbehörde, insbes. in **räumlicher** Hinsicht. Deswegen erfasse die Bindungswirkung jeweils nur „Wettbewerbsbeschränkungen, die **Auswirkungen im Gebiet der Wettbewerbsbehörde** haben". Am weitesten geht insoweit, auch unabhängig von Art. 16 Kartellverfahrens-VO (→ Rn. 48), die **Bindungswirkung von Entscheidungen der Kommission.** Sie können das gesamte Gebiet der EU und des EWR decken. Bei der Kommission kommt eine mögliche Bindungswirkung nach Art. 16 Kartellverfahrens-VO hinzu (dazu Bechtold/Bosch/Brinker VO 1/2003 Art. 16). Diese ist nicht notwendigerweise beschränkt auf die „Feststellung des Verstoßes", sondern kann auch darüber hinausgehen. Wichtig ist nach dieser Bestimmung allein, dass es nicht zu einer nationalen Entscheidung kommt, die einer Entscheidung der Kommission zuwiderläuft. Insoweit kommt es möglicherweise nicht nur auf die Feststellung des Verstoßes an, sondern auch auf dessen Umfang und Folgen, soweit das Gegenstand der Entscheidung der Kommission ist. **48**

Entscheidungen nationaler Behörden oder Gerichte können eine Bindungswirkung **nur für den Kartellverstoß in deren Gebiet** entfalten (so auch Berg/ **49**

Mäsch/Mäsch § 33b Rn. 7; MüKoWettbR/Lübbig § 33b Rn. 10; weitergehend vgl. dazu auch Immenga/Mestmäcker/Franck § 33b Rn. 22). Wird ein Schadensersatzanspruch wegen eines internationalen Kartells erhoben und stellt die Kartellbehörde des Mitgliedstaats A die Internationalität dieses Kartells fest, so erfasst die Bindungswirkung nur die Tatsache, dass dieses Kartell (auch) im Mitgliedstaat A stattgefunden und sich ausgewirkt hat. Die Bindungswirkung für A wirkt sich also für den Schadensersatzanspruch aus, der für den Kartellverstoß gerade auch im Lande A geltend gemacht wird, nicht darüber hinaus. Diese Grundsätze gelten auch für Entscheidungen der **Landeskartellbehörden.** Sie sind nach § 48 Abs. 2 nur zuständig, wenn die Wirkung des wettbewerbsbeschränkenden oder diskriminierenden Verhaltens nicht über das Gebiet des jeweiligen Landes hinausreicht. Trifft eine Landeskartellbehörde eine Entscheidung über einen solchen, nur das jeweilige Land betreffenden und nicht darüber hinausgehenden Kartellverstoß, so begrenzt das auch die Bindungswirkung, und zwar auch dann, wenn die Landeskartellbehörde die Begrenzung auf das Land zu Unrecht angenommen hat und deswegen an sich gar nicht zuständig gewesen wäre.

50 Die Bindungswirkung kann sich **personell** nur zulasten eines Schadensersatz-**Schuldners** auswirken, der **an dem Verfahren, das zu der bindenden Entscheidung führt, beteiligt war** und die Möglichkeit gehabt hat, sich in dem Verfahren zu äußern und eine Behördenentscheidung ggf. gerichtlich anzugreifen (so auch Bunte/Bornkamm/Tolkmitt Rn. 20; Immenga/Mestmäcker/Franck § 33b Rn. 20). Die Bindungswirkung erstreckt sich nicht auf Unternehmen, die nicht kartellbeteiligt sind (so insbesondere Händler: LG Hannover NZKart 2019, 175). Hat er mangels Beschwer nicht die Möglichkeit, eine Entscheidung der Europäischen Kommission gerichtlich anzufechten (→ Rn. 50), ändert das nichts an der Bindungswirkung der Entscheidung zu seinen Lasten. Er war jedenfalls am Verfahren beteiligt und hat durch sein Verhalten den Inhalt der Entscheidung beeinflusst. War der **Schuldner am Verfahren nicht beteiligt,** kann ihm die gegen Dritte erlassene Entscheidung nicht im Sinne einer Bindungswirkung entgegengehalten werden; das schließt eine indizielle und faktische Vorgreiflichkeit nicht aus. Das kann praktische Relevanz in Fällen haben, in denen Entscheidungen nur gegen größere Unternehmen erlassen werden, während die Beteiligung der kleineren Unternehmen zwar festgestellt wird, ohne dass die Entscheidung gegen diese Unternehmen aber erlassen wird. Da die kleineren Unternehmen in diesem Fall keine Möglichkeit hatten, sich zu dem entsprechenden Vorwurf zu äußern, kann von der Entscheidung keine Bindungswirkung zu ihren Lasten ausgehen.

51 **b) Behörden und Gerichte.** Abs. 4 geht davon aus, dass das **Gericht,** das über den Schadensersatzanspruch zu entscheiden hat, an Entscheidungen anderer Behörden oder Gerichte gebunden ist (vgl. zu Bedenken im Hinblick auf die richterliche Unabhängigkeit des an eine Verwaltungsentscheidung gebundenen Richters Meyer GRUR 2006, 27 (29)). Abs. 4 sieht also **keine Bindung zulasten anderer Behörden** vor, selbst wenn deren Entscheidungen über Abs. 4 als Gegenstand einer Bindung relevant werden könnten. Die Bindungswirkung kann zunächst ausgehen von einer **Entscheidung der Kommission.** Gegenstand einer solchen Entscheidung kann nur ein Verstoß nach Art. 101 AEUV oder Art. 102 AEUV sein, nicht auch ein Verstoß gegen nationale Kartellrechte. Die Bindungswirkung bezieht sich dann auch nur auf diesen Verstoß, also die tatsächlichen Feststellungen und ihre rechtliche Beurteilung nach EU-Recht. Allerdings kann sich aus Rechtsgründen aus einem solchen Verstoß auch ein Verstoß gegen § 1 ergeben, zumal dieser im potenziellen Anwendungsbereich des Art. 101 Abs. 1 AEUV nach Art. 3 Abs. 1 Kartellverfahrens-VO nicht mit einem anderen Ergebnis angewendet werden darf als Art. 101 AEUV. Stellt die Kommission einen Verstoß gegen Art. 102 AEUV fest, beschränkt sich die Bindungswirkung auf diesen Verstoß; die Beurteilung nach §§ 19, 20 kann

davon abweichen. Die Entscheidung der Kommission muss, um eine Bindungswirkung zu entfalten, **„bestandskräftig"** sein. Das ist sie nur, wenn gegen sie nicht beim Gericht der Europäischen Union geklagt wurde oder das Gerichtsverfahren beendet ist. Ist es zu einem Gerichtsverfahren gekommen, geht die Bindungswirkung nach S. 2 von der Gerichtsentscheidung aus. Soweit die Gerichtsentscheidung die Entscheidung der Kommission bestätigt, gibt es keine Divergenz. Soweit die Gerichtsentscheidung von der Entscheidung der Kommission abweicht, **geht die Gerichtsentscheidung vor.** Soweit die Gerichtsentscheidung, zB zur Feststellung des Kartellverstoßes, nicht selbst Stellung bezieht, bleibt es bei der Bindungswirkung der Kommissionsentscheidung.

Die Bindungswirkung kommt auch Entscheidungen einer **deutschen Kartellbehörde** zu, also des BKartA oder einer Landeskartellbehörde. Zwar ist iSd § 48 Abs. 1 außer dem BKartA und den Landeskartellbehörden (oberste Landesbehörden) auch das Bundesministerium für Wirtschaft Kartellbehörde. Da es aber nur im Rahmen der fusionskontrollrechtlichen Ministererlaubnis nach § 42 eine Zuständigkeit hat, ist kaum vorstellbar, dass eine Entscheidung des Bundeswirtschaftsministeriums Grundlage für einen Schadensersatzanspruch nach § 33 Abs. 3 ist. Wird eine Entscheidung des BKartA oder einer Landeskartellbehörde bestandskräftig, ist sie potenziell Grundlage der Bindungswirkung. Wird sie angefochten, geht im Rahmen der Anfechtung die Bindungswirkung auf die das Gerichtsverfahren **abschließende Gerichtsentscheidung** über. Bestätigt das Gericht die Feststellung des Kartellverstoßes durch die Kartellbehörde, kommt die Bindungswirkung sowohl der Entscheidung der Kartellbehörde als auch der Gerichtsentscheidung zu. Bei Abweichungen geht die Gerichtsentscheidung vor. 52

Für **andere EU-Mitgliedstaaten** kommt es auf die in dem jeweiligen Land zuständige Wettbewerbsbehörde an. Wenn – wie zB in Österreich – die Wettbewerbsbehörde keine Entscheidungskompetenz hat, tritt an ihre Stelle das „als Wettbewerbsbehörde handelnde Gericht". 53

c) Vorabentscheidung des EuGH nach Art. 267 AEUV (S. 3). S. 3 stellt mit der in einem Gesetzestext an sich unüblichen Formulierung „entsprechend Art. 16 Abs. 1 S. 4 VO 1/2003" klar, dass das Gericht, das über den Schadensersatzanspruch zu befinden hat, berechtigt und ggf. – als letztinstanzlich entscheidendes Gericht – verpflichtet ist, ein Vorabentscheidungsverfahren nach Art. 267 AEUV (= früher Art. 234 EG) durchzuführen (vgl. zu Art. 16 Kartellverfahrens-VO Bechtold/Bosch/Brinker VO 1/2003 Art. 16 Rn. 5 ff.). Dieses Vorabentscheidungsersuchen kann sich sowohl auf den Umfang der Bindungswirkung nach Art. 16 Kartellverfahrens-VO als auch auf weitere EU-rechtliche Vorfragen beziehen (EuGH NZKart 2922, 515 – Daimler). Die Entscheidung des EuGH hat Vorrang vor der Bindung nach Abs. 4 oder Art. 16 Kartellverfahrens-VO. 54

§ 33a Schadensersatzpflicht

(1) **Wer einen Verstoß nach § 33 Absatz 1 vorsätzlich oder fahrlässig begeht, ist zum Ersatz des daraus entstehenden Schadens verpflichtet.**

(2) **[1]Es wird widerleglich vermutet, dass ein Kartell einen Schaden verursacht. [2]Ein Kartell im Sinne dieses Abschnitts ist eine Absprache oder abgestimmte Verhaltensweise zwischen zwei oder mehr Wettbewerbern zwecks Abstimmung ihres Wettbewerbsverhaltens auf dem Markt oder Beeinflussung der relevanten Wettbewerbsparameter. [3]Zu solchen Absprachen oder Verhaltensweisen gehören unter anderem**

1. **die Festsetzung oder Koordinierung der An- oder Verkaufspreise oder sonstiger Geschäftsbedingungen,**
2. **die Aufteilung von Produktions- oder Absatzquoten,**

3. die Aufteilung von Märkten und Kunden einschließlich Angebotsabsprachen, Einfuhr- und Ausfuhrbeschränkungen oder
4. gegen andere Wettbewerber gerichtete wettbewerbsschädigende Maßnahmen.

[4]Es wird widerleglich vermutet, dass Rechtsgeschäfte über Waren oder Dienstleistungen mit kartellbeteiligten Unternehmen, die sachlich, zeitlich und räumlich in den Bereich eines Kartells fallen, von diesem Kartell erfasst waren.

(3) **[1]Für die Bemessung des Schadens gilt § 287 der Zivilprozessordnung. [2]Dabei kann insbesondere der anteilige Gewinn, den der Rechtsverletzer durch den Verstoß gegen Absatz 1 erlangt hat, berücksichtigt werden.**

(4) **[1]Geldschulden nach Absatz 1 hat der Schuldner ab Eintritt des Schadens zu verzinsen. [2]Die §§ 288 und 289 Satz 1 des Bürgerlichen Gesetzbuchs finden entsprechende Anwendung.**

1. Überblick

1 Die **9. GWB-Novelle 2017** hat mit § 33a die Grundnorm der Schadensersatzverpflichtung neu gefasst. Abs. 1 übernimmt § 33 Abs. 3 S. 1 aF. Abs. 2 regelt die widerlegliche Vermutung, dass ein Kartell einen Schaden verursacht, die in Art. 17 Abs. 2 Kartellschadensersatz-Richtlinie niedergelegt ist. Abs. 3 verweist bezüglich der Schätzung Schadenshöhe auf § 287 ZPO und setzt insofern Art. 17 Abs. 1 Kartellschadensersatz-Richtlinie um. Abs. 4 übernimmt die Verzinsungsregelung des § 33 Abs. 3 S. 4 und 5 aF. Die folgende Kommentierung verweist in weiten Teilen auf die Kommentierung zu § 33 aF, die für die bis zum 27.12.2017 entstandenen Ansprüche gilt und deshalb immer noch praxisrelevanter ist als die Neuregelung.

2. Zeitlicher Anwendungsbereich

2 Nach **§ 187 Abs. 3** ist § 33a nur auf Schadensersatzansprüche anwendbar, die nach dem 26.12.2016 entstanden sind, also nach Ablauf der Umsetzungsfrist nach Art. 21 Kartellschadensersatz-Richtlinie. Für Ansprüche, die vorher entstanden sind, gilt § 33 Abs. 3 weiter. Für Ansprüche, die vor Inkrafttreten der 7. GWB-Novelle 2005 entstanden sind, ergibt sich der Zinsanspruch aus § 849 BGB (BGH NZKart 2018, 315 (318)).

3. Schadensersatzpflicht (Abs. 1)

3 Die Schadensersatzregelung in Abs. 1 nimmt Bezug auf den in § 33 Abs. 1 definierten Verstoß. Auf die Kommentierung zu § 33 Abs. 3 S. 1 aF wird verwiesen (→ § 33 Rn. 5 f.). Die **9. GWB-Novelle 2017** hat bezüglich der Anspruchsvoraussetzungen keine Änderungen vorgenommen. Es wurde lediglich klargestellt, dass § 33a nur für Ansprüche aus einem Verstoß gegen eine Vorschrift „dieses Teils" gilt; damit soll nur klargestellt sein, dass § 33a nur für Verletzungen materiellen Rechts des GWB gilt, nicht für die Verfahrensvorschriften und das Vergaberecht (RegE 9. GWB-Novelle 2017, 55).

4. Vermutung des Schadenseintritts bei Kartellen (Abs. 2)

4 Nach Abs. 2 S. 1 wird **vermutet,** dass **Kartelle** einen Schaden verursachen. Abs. 2 S. 2 enthält eine **Legaldefinition** für „Kartell" entsprechend Art. 2 Nr. 14 Kartellschadensersatz-Richtlinie. Zu Kartellen sollen nach Abs. 2 S. 3 die Festsetzung von Verkaufspreisen und Geschäftsbedingungen, die Aufteilung von Produktions- oder Absatzquoten, die Aufteilung von Märkten und Kunden sowie gegen

andere Wettbewerber gerichtete wettbewerbsschädigende Maßnahmen gehören; diese Aufzählung ist nicht abschließend. Damit greift die **Schadensvermutung nur für horizontale Absprachen und abgestimmte Verhaltensweisen zwischen Wettbewerbern** ein, nicht dagegen für vertikale Verstöße gegen § 1 oder Verstöße gegen §§ 19 ff. Beschlüsse von Unternehmensvereinigungen sind nicht in die Definition aufgenommen worden, woraus teilweise geschlossen wird, dass für Beschlüsse von Unternehmensvereinigungen keine Schadensvermutung gilt (Kersting/Podszun 9. GWB-Novelle/Kersting Kap. 7 Rn. 53).

Hinsichtlich der **Definition des Kartells** muss die Frage gestellt werden, ob die Regelung so verstanden werden muss, dass jede bezweckte Wettbewerbsbeschränkung bereits die Schadensvermutung auslöst, oder ob nicht zumindest eine Praktizierung in irgendeiner Form nachgewiesen werden muss, um die Schadensvermutung zu rechtfertigen. Die Begehungsform der bezweckten Wettbewerbsbeschränkung ist ohne Praktizierung ein abstraktes Gefährdungsdelikt (s. zum Ganzen zu Recht kritisch Fritzsche NZKart 2017, 581 (582)). 5

Vermutet werden kann nur der **Schaden,** der **plausibel** ist, also bspw. ein kartellbedingt überhöhter Verkaufspreis; Preisschirmeffekte würden nach dem Wortlaut auch unter die Vermutung fallen. Hierfür ist aber erforderlich, dass die Kartellaußenseiter tatsächlich mit ihren Preisen nachziehen konnten und deshalb kartellbedingt eine Preisüberhöhung eingetreten ist; da dieser Effekt nicht zwangsläufig ist, ist fraglich, ob die Vermutung so weitgehend zu interpretieren ist (Fritzsche NZKart 2017, 581 (583); wohl anders Kersting/Podszun 9. GWB-Novelle/Kersting Kap. 7 Rn. 41; Berg/Mäsch/Mäsch Rn. 19; gegen einen Anscheinsbeweis oder eine Vermutung OLG Düsseldorf NZKart 2019, 354 (355)). Der neu eingefügte Abs. 2 S. 4 stellt auch eine **widerlegliche Vermutung bezüglich der Betroffenheit der unmittelbaren Lieferanten oder Abnehmer eines Kartells** bei Rechtsgeschäften mit kartellbeteiligten Unternehmen auf. Nach RegE 10. GWB-Novelle 2021 (S. 88 f.) haben sich seit Inkrafttreten der 9. GWB Novelle Zweifel ergeben, ob Schadensersatzansprüche ohne Erstreckung einer Vermutung auch auf die Betroffenheit wirksam durchgesetzt werden können, s. dazu BGH WuW 2019, 91– Schienenkartell I, BGH NZKart 2020, 202 Rn. 25 – Schienenkartell II: Für die Kartellbetroffenheit bzw. die Kartellbefangenheit eines Beschaffungsvorgangs ist die erforderliche Typizität des Geschehensablaufs zu prüfen. 6

Die Vermutung muss vom Schädiger mit dem Beweis **widerlegt** werden, dass kein Schaden eingetreten ist; er muss also den Beweis dafür erbringen, dass es entweder keinen Schaden gegeben hat oder der Schaden nicht messbar ist. Nur dann ist der Anspruch mangels Schaden ausgeschlossen. Möglich ist auch, die Vermutung dadurch zu widerlegen, dass die Preiserhöhung an den Abnehmer weitergegeben worden ist (RegE 9. GWB-Novelle 2017, 57; Fritzsche NZKart 2017, 581 (584)). 7

In der bisherigen Rspr. (→ § 33 Rn. 31) wird bisher schon bei einem langjährigen Kartell eine tatsächliche Vermutung zugunsten eines eingetretenen Schadens für möglich gehalten. 8

Zur AGB-rechtlichen Zulässigkeit eines **pauschalierten Schadensersatzanspruchs** in Vergabebedingungen OLG Karlsruhe NZKart 2014, 366; LG Potsdam WuW/E DE-R 4557 (4558), ebenso LG Potsdam NZKart 2016, 240; OLG Jena NZKart 2017, 540; BGH NZKart 2021, 250 – Schienenkartell VI; s. auch Wilde/Anders WuW 2015, 246. Der Schadensersatzanspruch geht, ebenso wie nach § 249 BGB, grds. auf Naturalrestitution, also Wiederherstellung des wirtschaftlichen Zustandes, der ohne das schädigende Ereignis bestehen würde (vgl. OLG Düsseldorf WuW/E 5105 (5112) – Garantierückabwicklung). Ist die Naturalrestitution nicht oder nur mit unverhältnismäßigem Aufwand möglich, geht der Schadensersatzanspruch nach § 251 BGB auf Geldersatz. 9

5. Schadenshöhe, -schätzung und Berücksichtigung des anteiligen Gewinns (Abs. 3)

10 Die Schadensvermutung des Abs. 2 erstreckt sich nicht auf die Höhe, für die aber das Beweismaß des § 287 ZPO gilt. Auf die Kommentierung zu § 33 Abs. 3 S. 3 aF wird verwiesen (→ § 33 Rn. 36 f.).

6. Verzinsung (Abs. 4)

11 Auf die Kommentierung zu § 33 Abs. 3 S. 4 aF wird verwiesen (→ § 33 Rn. 38).

§ 33b Bindungswirkung von Entscheidungen einer Wettbewerbsbehörde

[1]Wird wegen eines Verstoßes gegen eine Vorschrift dieses Teils oder gegen Artikel 101 oder 102 des Vertrages über die Arbeitsweise der Europäischen Union oder wegen eines Verstoßes gegen die Artikel 5, 6 oder 7 der Verordnung (EU) 2022/1925 Schadensersatz gefordert, so ist das Gericht an den bestandskräftigen Benennungsbeschluss der Europäischen Kommission nach Artikel 3 der Verordnung (EU) Nr. 2022/1925 und an die Feststellung des Verstoßes gebunden, wie sie in einer bestandskräftigen Entscheidung der Kartellbehörde, der Europäischen Kommission oder der Wettbewerbsbehörde oder des als solche handelnden Gerichts in einem anderen Mitgliedstaat der Europäischen Union getroffen wurde. [2]Das Gleiche gilt für entsprechende Feststellungen in rechtskräftigen Gerichtsentscheidungen, die infolge der Anfechtung von Entscheidungen nach Satz 1 ergangen sind. [3]Diese Verpflichtung gilt unbeschadet der Rechte und Pflichten nach Artikel 267 des Vertrages über die Arbeitsweise der Europäischen Union.

1 § 33b entspricht § 33 Abs. 4 aF, der eine **Feststellungswirkung für sog. „Follow-on"-Klagen** einführte. Nach **§ 186 Abs. 3** ist § 33a nur auf Schadensersatzansprüche anwendbar, die nach dem 26.12.2016 entstanden sind, also nach Ablauf der Umsetzungsfrist nach Art. 21 Kartellschadensersatz-Richtlinie. Für Ansprüche, die vorher entstanden sind, gilt § 33 Abs. 4 weiter. Auf die Kommentierung zu § 33 Abs. 4 aF wird verwiesen (→ § 33 Rn. 44 ff.). Durch die **11. GWB-Novelle 2023** wurde die Bindungswirkung auch auf den bestandskräftigen Benennungsbeschluss nach dem DMA, mit dem die Gatekeeper-Eigenschaft festgestellt wird, erstreckt; der Verstoß gegen die Verhaltensnorm wird durch den Benennungsbeschluss aber nicht festgestellt, sodass insoweit keine Bindungswirkung besteht.

§ 33c Schadensabwälzung

(1) **[1]Wird eine Ware oder Dienstleistung zu einem überteuerten Preis bezogen (Preisaufschlag), so ist der Schaden nicht deshalb ausgeschlossen, weil die Ware oder Dienstleistung weiterveräußert wurde. [2]Der Schaden des Abnehmers ist ausgeglichen, soweit der Abnehmer einen Preisaufschlag, der durch einen Verstoß nach § 33 Absatz 1 verursacht worden ist, an seine Abnehmer (mittelbare Abnehmer) weitergegeben hat (Schadensabwälzung). [3]Davon unberührt bleibt der Anspruch des Geschädigten auf Ersatz seines entgangenen Gewinns nach § 252 des Bürgerlichen Gesetzbuchs, soweit der entgangene Gewinn durch die Weitergabe des Preisaufschlags verursacht worden ist.**

(2) **Dem Grunde nach wird zugunsten eines mittelbaren Abnehmers vermutet, dass der Preisaufschlag auf ihn abgewälzt wurde, wenn**

1. **der Rechtsverletzer einen Verstoß gegen § 1 oder 19 oder Artikel 101 oder 102 des Vertrages über die Arbeitsweise der Europäischen Union begangen hat,**
2. **der Verstoß einen Preisaufschlag für den unmittelbaren Abnehmer des Rechtsverletzers zur Folge hatte und**
3. **der mittelbare Abnehmer Waren oder Dienstleistungen erworben hat, die**
   a) **Gegenstand des Verstoßes waren,**
   b) **aus Waren oder Dienstleistungen hervorgegangen sind, die Gegenstand des Verstoßes waren, oder**
   c) **Waren oder Dienstleistungen enthalten haben, die Gegenstand des Verstoßes waren.**

(3) [1]**Die Vermutung einer Schadensabwälzung nach Absatz 2 findet keine Anwendung, wenn glaubhaft gemacht wird, dass der Preisaufschlag nicht oder nicht vollständig an den mittelbaren Abnehmer weitergegeben wurde.** [2]**Für mittelbare Abnehmer gilt § 33a Absatz 2 Satz 4 in Bezug auf Waren oder Dienstleistungen nach Absatz 2 Satz 1 Nummer 3 entsprechend.**

(4) **Die Absätze 1 bis 3 finden entsprechende Anwendung für den Fall, dass der Verstoß gegen § 1 oder 19 oder Artikel 101 oder 102 des Vertrages über die Arbeitsweise der Europäischen Union die Belieferung des Rechtsverletzers betrifft.**

(5) **Bei der Entscheidung über den Umfang der Schadensabwälzung findet § 287 der Zivilprozessordnung entsprechende Anwendung.**

1. Überblick

1 Der durch die **9. GWB-Novelle 2017** eingefügte § 33c setzt die Art. 12–15 Kartellschadensersatz-Richtlinie um und regelt den Einwand der Schadensabwälzung durch den zunächst Geschädigten auf die nachfolgende Marktstufe (auch **passing-on defense**). Nach **§ 187 Abs. 3 S. 1** ist § 33c **mit Ausnahme von § 33c Abs. 5** nur auf Schadensersatzansprüche anwendbar, die nach dem 26.12.2016 entstanden sind, also nach Ablauf der Umsetzungsfrist nach Art. 21 Kartellschadensersatz-Richtlinie. Für Ansprüche, die vorher entstanden sind, gilt § 33 Abs. 3 S. 2 aF. Auf die Kommentierung zu § 33 Abs. 3 S. 2 aF wird verwiesen (→ § 33 Rn. 33 ff.).

2 Die jetzige Fassung baut auf der Formulierung des § 33 Abs. 3 S. 2 aF auf, dass die Weiterveräußerung als solche den Schadenseintritt nicht ausschließt. Der BGH hat dies zu Recht nicht als einen Ausschluss der passing-on defense verstanden, sondern als Regelung für die **Darlegungs- und Beweislast im Zusammenhang mit der Vorteilsausgleichung** (BGH WuW/E DE-R 3431 (3443 f.) – ORWI): Der Kartellteilnehmer, der den Schaden des Anspruchstellers unter dem Gesichtspunkt der Vorteilsausgleichung bestreitet, muss zunächst anhand der allgemeinen Marktverhältnisse „plausibel vortragen", dass eine Weiterwälzung der kartellbedingten Preiserhöhung „zumindest ernsthaft in Betracht kommt". Weiter ist darzutun und ggf. nachzuweisen, dass der Weiterwälzung keine Nachteile des Abnehmers gegenüberstehen, insbes. kein Nachfragerückgang, durch den die Preiserhöhung ganz oder teilweise kompensiert worden ist.

2. Grundlagen der Schadensabwälzung

3 Nach Abs. 1 S. 1 ist es nicht ausgeschlossen, einen **Preisaufschlag** (in Abs. 1 S. 1 legaldefiniert als der Bezug der Ware oder Dienstleistung zu einem überteuerten Preis) geltend zu machen, weil der unmittelbar Geschädigte die Ware oder Dienstleistung weiterveräußert hat. Allerdings ist der Schaden des Abnehmers nach Abs. 1 S. 2 ausgeglichen, soweit der Abnehmer einen Preisaufschlag, der durch den Verstoß

gegen § 33 Abs. 1 verursacht wurde, an seine Abnehmer (Legaldefinition: **mittelbare Abnehmer**) weitergegeben hat. Diese anspruchsausschließende Weitergabe des Schadens wird als **Schadensabwälzung** legaldefiniert. Die Schadensabwälzung kann sowohl gegenüber dem Anspruchsteller geltend gemacht werden, der direkter Abnehmer ist, als auch gegenüber demjenigen, der mittelbarer Abnehmer ist.

4 Der **Schaden ist ausgeschlossen,** wenn der Preisaufschlag in vollem Umfang in den vom mittelbaren Abnehmer erhaltenen Kaufpreis eingeflossen ist. Ist dies der Fall, kann sich ein Schaden nur noch unter dem Gesichtspunkt des entgangenen Gewinns nach Abs. 1 S. 3 ergeben. In Abs. 1 S. 3 wird klargestellt, dass der Geschädigte natürlich den entgangenen Gewinn nach § 252 BGB verlangen kann, wenn der entgangene Gewinn durch die Weitergabe des Preisaufschlags verursacht wurde (Mengeneffekt), was der Fall ist, wenn wegen des höheren Preises eine geringere Menge der Ware abgesetzt wird und deshalb weniger Gewinn erzielt wurde. Die Schadensabwälzung führt zu einem Ausschluss des Schadens **nur in Höhe der tatsächlichen Abwälzung,** die der Rechtsverletzer darzulegen und zu beweisen hat. Zum Vorteilsausgleich, wenn die kartellbefangenen Waren von Dritten finanziert werden BGH NZKart 2020, 539 (542 f.) – Schienenkartell IV: **Vorteilsausgleichung** kommt in Betracht, weil dem Geschädigten **Zuwendungen eines öffentlich-rechtlichen Aufgabenträgers** zufließen, diese Zuwendungen in einem **ursächlichen Zusammenhang mit dem Schadensereignis** stehen und die Zuwendungen in Abhängigkeit von einzelnen Beschaffungsvorgängen gewährt wurden. Auf diese Weise wird dem Zuwendungsgeber selbst ermöglicht, seinen Schadensersatzanspruch durchzusetzen; hieraus ergibt sich keine unangemessene Entlastung des Kartellbeteiligten. Bei **konzerninterner Weiterveräußerung** zum Einkaufspreis kann vermutet werden, dass der Schaden auf das Konzernunternehmen weitergewälzt wurde (LG Frankfurt a. M. NZKart 2018, 490 (491) – Schlecker Insolvenz).

5 Die Rechtsprechung zu § 33 Abs. 3 S. 2 aF, die auf Abs. 1 voll übertragbar ist, schränkt den Einwand der Schadensabwälzung bei **Streuschäden** ein: Wenn Anspruchsteller der nachfolgenden Marktstufe nicht bekannt sind oder es sich – wie insbes. bei privaten Endabnehmern – um einen unüberschaubar großen Personenkreis handelt (Streuschäden), kann dies dafür sprechen, dass „eine Weiterwälzung kartellbedingter Preiserhöhungen auf nachfolgende Absatzstufen entweder nicht oder in derart geringem Umfang oder so fragmentiert stattgefunden hat, dass ein Nachweis der Weiterwälzung praktisch nicht in Betracht kommt" (BGH WuW/E DE-R 3431 (3444) – ORWI). Der BGH **schränkt den passing-on-Einwand** ein, **wenn** nach der Sachlage **nicht zu erwarten** ist, dass die **mittelbar Geschädigten ihre Ersatzansprüche** geltend machen (BGH NZKart 2021, 44 (48) – Schienenkartell V; dazu Weitbrecht WuW 2021, 86; s. auch OLG Celle NZKart 2021, 581). Die Vorteilsausgleichung beruhe auf dem Gedanken des § 242 BGB, und es wäre nach Ansicht des BGH unbillig, dass der Schädiger in seiner Ersatzpflicht deswegen entlastet würde, weil die mittelbaren Abnehmer ihre Schäden nicht geltend machen können. Auch in **Missbrauchsfällen** sollen zugeflossene Vorteile nicht schadenmindernd wirken, wenn dadurch der Schädiger unangemessen entlastet wird (BGH NZKart 2022, 280 (282).

6 Der **entgangene Gewinn** nach § 252 BGB durch Mengeneffekt, der deswegen entgangen ist, weil aufgrund des kartellerhöhten und überwälzten Einstandspreises weniger Ware abgesetzt werden konnte, ist ersatzfähig und durch § 33c nicht tangiert (Abs. 1 S. 3; RegE 9. GWB-Novelle 2017, 56). Daraus kann der Umkehrschluss gezogen werden, dass die strenge Auffassung des BGH (→ Rn. 2), dass der Schädiger nachweisen muss, dass die Vorteilsausgleichung ernstlich in Betracht kommt und keine anderweitigen Nachteile entstanden sind, für den Einwand der Weiterwälzung nicht mehr erforderlich ist; vielmehr mindert der durch einen Mengeneffekt entgangene Gewinn den Umfang der Weiterwälzung (Fritzsche NZKart 2017, 630 (631)).

Nach Art. 15 Kartellschadensersatz-Richtlinie soll in ihrer Umsetzung in das nationale Recht verhindert werden, dass der Rechtsverletzer überschießend in Anspruch genommen wird. Die Vermutungen, die der deutsche Gesetzgeber in Abs. 2 und 3 normiert hat, helfen dabei nicht. Der Rechtsverletzer kann sich vor doppelter Inanspruchnahme wegen unterschiedlicher Schadensfeststellung in verschiedenen Rechtsstreitigkeiten nur insoweit schützen, als er versucht, die Feststellungen in einem Rechtsstreit auf einen anderen Rechtstreit, in dem er in Anspruch genommen wird, zu erstrecken; das einzige Mittel hierzu bietet im deutschen Zivilprozess die Streitverkündung (s. dazu Stompen WuW 2016, 410 ff.; Weitbrecht NZKart 2018, 106 (111)). 7

3. Vermutung der Schadensabwälzung zugunsten des mittelbaren Abnehmers (Abs. 2)

§ 33c Abs. 2 statuiert **zugunsten des mittelbaren Abnehmers** eine Vermutung, 8 dass der Preisaufschlag auf ihn abgewälzt wurde, wenn die Voraussetzungen der Nr. 1–3 erfüllt sind, nämlich der Rechtsverletzer einem Kartellverstoß begangen hat, der Kartellverstoß einen Preisaufschlag für den unmittelbaren Abnehmer des Rechtsverletzers zur Folge hatte und der Abnehmer Waren oder Dienstleistungen erworben hat, die Gegenstand des Verstoßes waren, aus Waren oder Dienstleistungen hervorgegangen sind, die Gegenstand des Verstoßes waren oder Waren oder Dienstleistungen enthalten haben, die Gegenstand des Verstoßes waren. Damit gilt die Vermutung nicht für sämtliche Kartellrechtsverstöße des 1. Teils des GWB, sondern nur für den Verstoß gegen §§ 1, 19 sowie Art. 101 und 102 AEUV (Fritzsche NZKart 2017, 630 (632)).

Diese Vermutung gegen die Schadensabwälzung wirkt **nur zugunsten des mittel-** 9 **baren Abnehmers** und **nicht zugunsten des Rechtsverletzers** (RegE 9. GWB-Novelle 2017, 50; Kersting/Podszun 9. GWB-Novelle/Kersting Kap. 7 Rn. 106). Der mittelbare Abnehmer muss also zunächst den Preisaufschlag des Rechtsverletzers gegenüber dem direkten Abnehmer behaupten und beweisen. Der Schaden des unmittelbaren Abnehmers wird über § 33a Abs. 2 vermutet; auf diese Vermutung kann sich auch der mittelbare Abnehmer stützen (Fritzsche NZKart 2017, 630 (631)). Der Schädiger kann dagegen Ansprüchen des direkten Abnehmers nicht die Vermutung des Schadenseintritts beim mittelbaren Abnehmer entgegensetzen.

4. Widerlegung der Vermutung (Abs. 3)

Nach Abs. 3 **gilt** diese **Vermutung** der Schadensabwälzung auf den mittelbaren 10 Abnehmer **nicht,** wenn glaubhaft gemacht wird, dass der Preisaufschlag nicht oder nicht vollständig an den mittelbaren Abnehmer weitergegeben wurde. Glaubhaftmachung ist hier ein geringeres Beweismaß als die Widerlegung nach § 292 ZPO; der Beklagte muss darlegen und beweisen, dass eine überwiegende Wahrscheinlichkeit dafür besteht, dass keine oder nur eine teilweise Abwälzung stattgefunden hat (Fritzsche NZKart 2017, 630 (632)). Allerdings wird man nicht davon ausgehen müssen, dass die Glaubhaftmachung allein mit präsenten Beweismitteln iSd § 294 ZPO geführt werden kann. Die 10. GWB Novelle 2021 hat in Abs. 3 einen neuen S. 2 eingefügt, der den Schaden **zugunsten der mittelbaren Abnehmer** entsprechend **widerleglich vermutet.** Diese Regelung soll verhindern, dass der mittelbare Abnehmer eine höhere Darlegungs- und Beweislast für seinen Schaden hat als der unmittelbare.

5. Entsprechende Anwendung in Bezugsverhältnissen (Abs. 4)

Abs. 4 erklärt Abs. 1–3 für entsprechend anwendbar, wenn nicht das Absatzver- 11 hältnis, sondern das Bezugsverhältnis von dem Kartellrechtsverstoß betroffen war, also im Falle eines Einkaufskartells.

6. Schätzung des Umfangs der Schadensabwälzung (Abs. 5)

12 Abs. 5 stellt klar, dass der **Umfang** der Schadensabwälzung über § 287 ZPO **geschätzt** werden kann. Der Umfang der Schadensabwälzung ist nicht Gegenstand der Vermutungen (Fritzsche NZKart 2017, 630 (631)). Nach **§ 187 Abs. 4** gilt Abs. 5 nur für Rechtsstreite, in denen vor dem 27.12.2016 Klage erhoben wurde, unabhängig vom Zeitpunkt des Entstehens des Anspruchs.

§ 33d Gesamtschuldnerische Haftung

(1) [1]**Begehen mehrere gemeinschaftlich einen Verstoß im Sinne des § 33a Absatz 1, sind sie als Gesamtschuldner zum Ersatz des daraus entstehenden Schadens verpflichtet.** [2]**Im Übrigen finden die §§ 830 und 840 Absatz 1 des Bürgerlichen Gesetzbuchs Anwendung.**

(2) [1]**Das Verhältnis, in dem die Gesamtschuldner untereinander für die Verpflichtung zum Ersatz und den Umfang des zu leistenden Ersatzes haften, hängt von den Umständen ab, insbesondere davon, in welchem Maß sie den Schaden verursacht haben.** [2]**Im Übrigen finden die §§ 421 bis 425 sowie 426 Absatz 1 Satz 2 und Absatz 2 des Bürgerlichen Gesetzbuchs Anwendung.**

(3) [1]**Verstoßen mehrere Unternehmen gegen § 1 oder 19 oder gegen Artikel 101 oder 102 des Vertrages über die Arbeitsweise der Europäischen Union, so ist die Verpflichtung eines kleinen oder mittleren Unternehmens im Sinne der Empfehlung 2003/361/EG der Kommission vom 6. Mai 2003 betreffend die Definition der Kleinstunternehmen sowie der kleinen und mittleren Unternehmen (ABl. L 124 vom 20.5.2003, S. 36) zum Schadensersatz nach § 33a Absatz 1 auf den Ersatz des Schadens beschränkt, der seinen unmittelbaren und mittelbaren Abnehmern oder Lieferanten aus dem Verstoß entsteht, wenn**
1. **sein Anteil an dem relevanten Markt während des Zeitraums, in dem der Verstoß begangen wurde, stets weniger als 5 Prozent betrug und**
2. **die regelmäßige Ersatzpflicht nach Absatz 1 seine wirtschaftliche Lebensfähigkeit unwiederbringlich gefährden und seine Aktiva jeden Werts berauben würde.**

[2]**Anderen Geschädigten ist das kleine oder mittlere Unternehmen nur zum Ersatz des aus dem Verstoß gemäß § 33a Absatz 1 entstehenden Schadens verpflichtet, wenn sie von den übrigen Rechtsverletzern mit Ausnahme des Kronzeugen keinen vollständigen Ersatz erlangen konnten.** [3]**§ 33e Absatz 2 findet entsprechende Anwendung.**

(4) [1]**Die übrigen Rechtsverletzer können von dem kleinen oder mittleren Unternehmen im Sinne von Absatz 3 Satz 1 Ausgleichung nach Absatz 2 nur bis zur Höhe des Schadens verlangen, den dieses seinen unmittelbaren und mittelbaren Abnehmern oder Lieferanten verursacht hat.** [2]**Satz 1 gilt nicht für die Ausgleichung von Schäden, die anderen als den unmittelbaren oder mittelbaren Abnehmern oder Lieferanten der beteiligten Rechtsverletzer aus dem Verstoß entstehen.**

(5) **Die Beschränkung der Haftung nach den Absätzen 3 und 4 ist ausgeschlossen, wenn**
1. **das kleine oder mittlere Unternehmen den Verstoß organisiert oder**
2. **das kleine oder mittlere Unternehmen die anderen Rechtsverletzer zur Teilnahme an dem Verstoß gezwungen hat oder**
3. **in der Vergangenheit bereits die Beteiligung des kleinen oder mittleren Unternehmens an einem sonstigen Verstoß gegen § 1 oder 19 oder Arti-**

kel 101 oder 102 des Vertrages über die Arbeitsweise der Europäischen Union oder gegen Wettbewerbsrecht im Sinne des § 89e Absatz 2 behördlich oder gerichtlich festgestellt worden ist.

1. Überblick

Der durch die **9. GWB-Novelle 2017** eingefügte § 33d setzt die Art. 11 Kartellschadensersatz-Richtlinie um und regelt Einzelheiten zur gesamtschuldnerischen Haftung. Nach **§ 187 Abs. 3** ist § 33d nur auf Schadensersatzansprüche anwendbar, die nach dem 26.12.2016 entstanden sind, also nach Ablauf der Umsetzungsfrist nach Art. 21 Kartellschadensersatz-Richtlinie. Für Ansprüche, die vorher entstanden sind, gilt das alte Recht (→ § 33 Rn. 28). 1

Abs. 1 regelt nur eine deliktsrechtliche Selbstverständlichkeit: Sind mehrere an diesem Verstoß beteiligt, ist nach § 830 BGB jeder für den Schaden voll verantwortlich; mehrere Verantwortliche haften nach § 840 Abs. 1 BGB als **Gesamtschuldner.** Der interne Schadensausgleich zwischen den Schädigern richtet sich nach § 426 Abs. 1 und 2 BGB (vgl. dazu aus der Rspr. BGHZ 190, 145 (172) – ORWI; OLG München WuW/E DE-R 3835 – Calciumcarbid und LG München WuW/E DE-R 3247 – Gesamtschuldnerinnenausgleich; BGH NZKart 2015, 101 – Calciumkarbid II; aus der Lit. Dreher FS Möschel, 2011, 149; Krieger WuW 2012, 6; s. auch Napel/Oldehaver NZKart 2015, 135; Bodenstein NZKart 2015, 141; Gänswein NZKart 2016, 50; Kersting NZKart 2016, 147). Abs. 1 hat deshalb nur klarstellende Bedeutung. 2

2. Gesamtschuldnerinnenausgleich (Abs. 2)

Der Gesamtschuldnerausgleich erfolgt nach Abs. 2 S. 1 nach **Verursachungsbeiträgen.** Dies ergibt sich daraus, dass Abs. 2 S. 2 nicht auf § 426 Abs. 1 S. 1 verweist, der im Zweifel eine Teilung des Schadens nach Kopfteilen vorsehen würde; die Innenverteilung des Schadens nach Kopfteilen ist also gerade ausgeschlossen (MüKoWettbR/Lübbig Rn. 28). Fraglich ist allerdings, was dies bei Kartellschäden genau bedeutet. Art. 11 Abs. 5 Kartellschadensersatz-Richtlinie bestimmt, dass sich die Höhe des Innenausgleichs der Gesamtschuldner „… anhand ihrer relativen Verantwortung für den durch die Zuwiderhandlung gegen das Wettbewerbsrecht verursachten Schaden bestimmt". In Erwägungsgrund 37 Kartellschadensersatz-Richtlinie wird auf Kriterien wie Umsatz, Marktanteil und die Rolle im Kartell verwiesen (s. Kersting/Podszun 9. GWB-Novelle/Mackenrodt Kap. 8 Rn. 16; ausf. MüKoWettbR/Lübbig Rn. 14 ff.; Immenga/Mestmäcker/Franck Rn. 8 ff.). Nach RegE 9. GWB-Novelle 2017 (S. 58) soll Abs. 2 S. 1 den in der Rspr. des BGH zur Verteilung der Haftung unter Gesamtschuldnern folgen, die sich an § 254 Abs. 1 S. 1 BGB orientieren. Entscheidend soll das Maß der Verursachung sein; auf das Verschulden komme es erst in zweiter Linie an. Daneben sollen auch Kriterien wie Umsatz, Mehrerlöse und die Rolle des betreffenden Schädigers im Kartell für die Bestimmung des Haftanteils berücksichtigt werden. Nach RegE 9. GWB-Novelle 2017 (S. 58) soll die Rspr. diesen Kriterien bei der Bemessung der Verantwortung der einzelnen am Kartell Beteiligten hinreichend Rechnung tragen. 3

Praktisch bedeutet dies, dass der **Gesamtschuldnerausgleich für jeden Anspruchsteller und jeden seiner Ansprüche gesondert** bestimmt werden muss. Eine pauschale, über die Gesamtwirkung des Kartells begründete Haftungsaufteilung wird nicht möglich sein. Dies ergibt sich auch und gerade aus dem Verweis auf § 426 Abs. 1 S. 2 und Abs. 2 BGB; die cessio legis des § 426 Abs. 2 BGB belegt die Notwendigkeit einer individuell anspruchsbezogenen Haftungsverteilung. Bezogen auf den einzelnen Anspruch wird das tatsächlich bestehende Lieferverhältnis eine Rolle spielen müssen, also der zugeflossene Preisüberhöhungsschaden und der 4 dem Schädiger jeweils zugeflossene Vorteil. Andere Parameter wie Marktanteil, Beitrag zum Verstoß usw werden bezogen auf den Ausgleich eher eine sekundäre Rolle spielen müssen.

5 Im Übrigen gelten die **allgemeinen Regeln der Gesamtschuld:** Abs. 2 S. 2 verweist für die gesamtschuldnerische Haftung auf die **entsprechende Anwendung** der §§ 421–425 BGB sowie auf die Ausgleichsansprüche nach § 426 Abs. 1 S. 2 und Abs. 2 BGB.

3. Haftung von kleinen und mittleren Unternehmen (Abs. 3–5)

6 Abs. 3–5 setzen Art. 11 Abs. 2 und 3 Kartellschadensersatz-Richtlinie um. Wie die Kartellschadensersatz-Richtlinie klarstellt, soll diese **Privilegierung kleiner und mittlerer Unternehmen** im Innenausgleich der Gesamtschuldner das Recht auf vollständigen Schadensersatz der Geschädigten nicht beeinträchtigen.

7 **Kleine und mittlere Unternehmen** sind in der Empfehlung 2003/361/EG **definiert.** Nach Art. 2 des Anhangs zur Empfehlung setzt sich die Größenklasse der Kleinstunternehmen sowie der kleinen und mittleren Unternehmen („KMU") aus Unternehmen zusammen, die **weniger als 250 Personen** beschäftigen **und** die entweder einen **Jahresumsatz** von **höchstens 50.000.000 EUR** oder eine **Jahresbilanzsumme von höchstens 43.000.000 EUR** erreichen. Die Privilegierung ist allerdings nur dann anwendbar, wenn nach Abs. 1 Nr. 1 der Anteil an dem relevanten Markt des KMU stets weniger als 5 % betrug und nach Abs. 1 Nr. 2 die regelmäßige Ersatzpflicht die wirtschaftliche Lebensfähigkeit des KMU unwiederbringlich gefährden und seine Aktiva jeden Werts berauben würde.

8 Die Privilegierung des KMU setzt nach Nr. 2 weiter voraus, dass die unbeschränkte Haftung die **unwiederbringliche Gefährdung der wirtschaftlichen Lebensfähigkeit** des KMU und die vollständige Entwertung seiner Aktiva zur Folge hätte. Nach RegE 9. GWB-Novelle 2017 (S. 59) reicht die Gefahr einer Insolvenz nicht aus; ein Insolvenzverfahren kann auch zum Überleben des Unternehmens in anderer Hand führen. Dies bedeutet, dass die Privilegierung in der Praxis kaum relevant sein wird (s. dazu Berg/Mäsch/Mäsch Rn. 8).

9 Die Privilegierung der nach dieser Definition kleinen und mittleren Unternehmen geschieht in der Weise, dass sie ausweislich RegE 9. GWB-Novelle 2017 (S. 58) **nicht** für die Schäden haften, die **anderen als ihren unmittelbaren oder mittelbaren Abnehmern** entstehen. **Entgegen der Richtlinie umfasst die Privilegierung nicht nur Lieferbeziehungen auf der Absatzseite, sondern auch auf der Einkaufsseite** („**… unmittelbaren und mittelbaren Abnehmern und Lieferanten …**", Kersting/Podszun 9. GWB-Novelle/Mackenrodt Kap. 8 Rn. 99).

10 Der **Abnehmer** definiert sich aus der konkreten Lieferbeziehung. Bezieht ein Geschädigter von einem am Kartell beteiligten Unternehmen, so ist er nur **bezogen auf die konkret vom kartellbeteiligten Unternehmen gelieferten Waren oder bezogenen Dienstleistungen** Abnehmer des kartellbeteiligten Unternehmens. Bezieht er auch von Dritten, ist er bezogen auf diese von Dritten bezogenen Waren nicht Abnehmer (so auch Kersting/Podszun 9. GWB-Novelle/Mackenrodt Kap. 8 Rn. 105).

11 Die **Privilegierung** wirkt sich so aus: KMU **haften** damit zunächst überhaupt **nicht für Schäden,** die **anderen als ihren direkten oder indirekten Abnehmern oder Lieferanten entstehen.** Nimmt also Unternehmen A die am Kartell beteiligten Unternehmen als Gesamtschuldner in Anspruch, und befindet sich unter den am Kartell beteiligten Unternehmen ein KMU, so ist die Klage gegen das KMU nur begründet, wenn das KMU Unternehmen A direkt oder indirekt beliefert hat. Das KMU **haftet** dann aber **gesamtschuldnerisch** für den gesamten Schaden, der dem von ihm belieferten direkten oder indirekten Abnehmer entstanden ist; aus der Formulierung „aus dem Verstoß" folgt, dass der KMU für den gesamten Schaden

seiner unmittelbaren Abnehmer aus dem Kartellverstoß haftet, also im Außenverhältnis nicht nur entsprechend seinem Verursachungsanteil (Kersting/Podszun 9. GWB-Novelle/Mackenrodt Kap. 8 Rn. 103; anders Lettl WuW 2015, 692 (698): Haftung nur auf den selbst verursachten Schaden). Der Unterschied zur normalen gesamtschuldnerischen Haftung besteht darin, dass das KMU für Abnehmer gar nicht haftet, die nicht vom KMU bezogen haben

Die **Privilegierung gilt** nach Abs. 3 S. 2 dann **nicht,** wenn von den übrigen Rechtsverletzern **mit Ausnahme des Kronzeugen kein vollständiger Ersatz** erlangt werden kann. Das KMU haftet also, wenn die anderen Geschädigten außer dem Kronzeugen nicht vollständig leisten können. Diese Nachhaftung ist aber nachrangig, so bei Insolvenz, aber auch dann, wenn die Zwangsvollstreckung nicht erfolgreich war; Zwangsvollstreckungsversuche sind jedoch zumutbar. In diesem Fall gilt nach Abs. 2 S. 3 § 33e Abs. 2 entsprechend, wonach aber keine Schadensersatzpflicht besteht, soweit die **Schadensersatzansprüche gegen die übrigen Rechtsverletzer bereits verjährt** sind. Die Ausfallhaftung entsteht also nicht für Ansprüche, die gegenüber den anderen Rechtsverletzern bereits verjährt sind. Die Ausfallhaftung ist also weniger privilegiert als beim Kronzeugen (kritisch dazu Kersting/Podszun 9. GWB-Novelle/Mackenrodt Kap. 8 Rn. 114 f.). 12

Die Privilegierung des kleinen oder mittleren Unternehmens setzt sich im **Innenausgleich** fort. Die übrigen Rechtsverletzer können von dem KMU Innenausgleich nur bis zur Höhe des Schadens verlangen, den dieses seinen unmittelbaren oder mittelbaren Abnehmern oder Lieferanten zugefügt hat, Abs. 4 S. 1. Dies entspricht dem Haftungsanteil des KMU nach Abs. 2. Diese Privilegierung im Innenverhältnis weicht von der Kartellschadensersatz-Richtlinie ab, ist aber im Regierungsentwurf bewusst in Kauf genommen worden (RegE 9. GWB-Novelle 2017, 58; Kersting/Podszun 9. GWB-Novelle/Mackenrodt Kap. 8 Rn. 118). 13

Die **Privilegierung im Innenausgleich** gilt nach Abs. 4 S. 2 aber **nicht** für **Preisschirmschäden,** also Schäden, die anderen als den unmittelbaren oder mittelbaren Abnehmern der am Kartell beteiligten Unternehmen durch Drittbezüge oder Drittverkäufe entstehen, die durch das Kartellpreisniveau beeinflusst wurden. Dies führt zu dem seltsamen Ergebnis, dass das KMU im Außenverhältnis gegenüber einem Preisschirmgeschädigten nicht haftet, wohl aber auf Innenausgleich in Anspruch genommen werden kann, wenn die anderen gesamtschuldnerisch haftenden Rechtsverletzer für Preisschirmschäden in Anspruch genommen werden (s. auch Kersting/Podszun 9. GWB-Novelle/Mackenrodt Kap. 8 Rn. 123). 14

Abs. 5 **hebt die Privilegierung des KMU** entsprechend Art. 11 Abs. 3 Kartellschadensersatz-Richtlinie auf, wenn das kleine oder mittlere Unternehmen den Verstoß organisiert hat (Nr. 1), andere Rechtsverletzer zur Teilnahme am Verstoß gezwungen hat (Nr. 2) oder nach Nr. 3 in der Vergangenheit bereits einen Verstoß gegen die §§ 1, 19 oder Art. 101, 102 AEUV begangen hat und dies behördlich oder gerichtlich gem. § 89e Abs. 2 festgestellt wurde. 15

§ 33e Kronzeuge

(1) [1]**Abweichend von § 33a Absatz 1 ist ein an einem Kartell beteiligtes Unternehmen oder eine an dem Kartell beteiligte natürliche Person, dem oder der im Rahmen eines Kronzeugenprogramms der vollständige Erlass der Geldbuße gewährt wurde (Kronzeuge), nur zum Ersatz des Schadens verpflichtet, der seinen oder ihren unmittelbaren und mittelbaren Abnehmern oder Lieferanten aus dem Verstoß entsteht.** [2]**Anderen Geschädigten ist der Kronzeuge nur zum Ersatz des aus dem Verstoß gemäß § 33a Absatz 1 entstehenden Schadens verpflichtet, wenn sie von den übrigen Rechtsverletzern keinen vollständigen Ersatz erlangen konnten.**

(2) **In Fällen nach Absatz 1 Satz 2 ist der Kronzeuge nicht zum Ersatz des Schadens verpflichtet, soweit die Schadensersatzansprüche gegen die übrigen Rechtsverletzer bereits verjährt sind.**

(3) [1]**Die übrigen Rechtsverletzer können von dem Kronzeugen Ausgleichung nach § 33d Absatz 2 nur bis zur Höhe des Schadens verlangen, den dieser seinen unmittelbaren und mittelbaren Abnehmern oder Lieferanten verursacht hat.** [2]**Diese Beschränkung gilt nicht für die Ausgleichung von Schäden, die anderen als den unmittelbaren oder mittelbaren Abnehmern oder Lieferanten der an dem Kartell beteiligten Unternehmen aus dem Verstoß entstehen.**

1. Überblick

1 Der durch die **9. GWB-Novelle 2017** eingefügte § 33e setzt Art. 11 Abs. 4 Kartellschadensersatz-Richtlinie um und regelt Einzelheiten zur gesamtschuldnerischen Haftung. Nach **§ 187 Abs. 3** ist § 33e nur auf Schadensersatzansprüche anwendbar, die nach dem 26.12.2016 entstanden sind, also nach Ablauf der Umsetzungsfrist nach Art. 21 Kartellschadensersatz-Richtlinie. Für Ansprüche, die vorher entstanden sind, gilt das alte Recht und damit unbeschränkte Haftung.

2. Privilegierung

2 Abs. 1 privilegiert den Kronzeugen in der Außenhaftung. Diese Privilegierung ist ähnlich ausgestaltet wie diejenige für KMU nach § 33d Abs. 3–5. Der **Kronzeuge haftet gesamtschuldnerisch nur für den Schaden, der seinen unmittelbaren und mittelbaren Abnehmern oder Lieferanten aus dem Verstoß entstanden** ist. Aus der Formulierung „aus dem Verstoß" folgt, dass der Kronzeuge für den gesamten Schaden seiner unmittelbaren und mittelbaren Abnehmer aus dem Kartellverstoß haftet, also im Außenverhältnis nicht nur auf seinen Verursachungsanteil.

3 Der **Kronzeuge** ist in Art. 2 Nr. 19 Kartellschadensersatz-Richtlinie definiert als „ein Unternehmen, dem oder eine natürliche Person, der im Rahmen eines Kronzeugenprogramms ein Erlass der Geldbuße einer Wettbewerbsbehörde gewährt wurde". „Kronzeugenprogramm" ist nach Art. 2 Nr. 15 Kartellschadensersatz-Richtlinie „ein Programm für die Anwendung des Art. 101 AEUV oder einer entsprechenden Bestimmung des nationalen Rechts, in dessen Rahmen ein an einem geheimen Kartell Beteiligter unabhängig von den übrigen Kartellbeteiligten an einer Untersuchung der Wettbewerbsbehörde mitwirkt, in dem der Beteiligte freiwillig seine Kenntnis von dem Kartell und seine Beteiligung daran darlegt und ihm dafür im Gegenzug durch Beschluss oder Einstellung des Verfahrens die wegen seiner Beteiligung am Kartell zu verhängender Geldbuße erlassen oder ermäßigt wird". **Nur bei vollständigem Erlass** greift die Privilegierung.

4 Der **Abnehmer** kann sich wie in § 33d nur aus der konkreten Lieferbeziehung definieren, → § 33d Rn. 4. Bezieht ein Geschädigter von einem am Kartell beteiligten Unternehmen, so ist er nur bezogen auf die konkret vom am Kartell beteiligten Unternehmen gelieferten Waren oder bezogenen Dienstleistungen Abnehmer des am Kartell beteiligten Unternehmens. Bezieht er auch von Dritten, ist er bezogen auf diese von Dritten bezogenen Waren nicht Abnehmer des Geschädigten.

5 Die **Privilegierung** wirkt sich so aus: Der Kronzeuge haftet zunächst überhaupt nicht gesamtschuldnerisch für Schäden, die anderen als seinen direkten oder indirekten Abnehmern entstehen. Nimmt also Unternehmen A die am Kartell beteiligten Unternehmen als Gesamtschuldner in Anspruch, so ist die Klage gegen den Kronzeugen begründet, wenn der Kronzeuge Unternehmen A direkt oder indirekt beliefert hat. Der Kronzeuge haftet dann aber gesamtschuldnerisch für den gesamten

Schaden, der dem gelieferten direkten oder indirekten Abnehmer entstanden ist. Der Unterschied zur normalen gesamtschuldnerischen Haftung besteht darin, dass der Kronzeuge für Abnehmer gar nicht haftet, die nicht vom Kronzeugen bezogen haben.

Die Privilegierung gilt nach Abs. 1 S. 2 dann nicht, wenn von den übrigen Rechtsverletzern **kein vollständiger Ersatz** erlangt werden kann. Das schließt die KMU ein. Die Haftung des Kronzeugen ist auch gegenüber der Haftung der KMU privilegiert. 6

Nach Abs. 2 besteht keine Schadensersatzpflicht, soweit die Schadensersatzansprüche gegen die übrigen Rechtsverletzer bereits verjährt sind. Die Ausfallhaftung entsteht also nicht für Ansprüche, die gegenüber den anderen Rechtsverletzern bereits verjährt sind. 7

Die Privilegierung des Kronzeugen setzt sich im **Innenausgleich** der Gesamtschuld fort. Die übrigen Rechtsverletzer können vom Kronzeugen Innenausgleich nur bis zur Höhe des Schadens verlangen, den dieser seinen unmittelbaren oder mittelbaren Abnehmern oder Lieferanten zugefügt hat (Abs. 3 S. 1). Dies entspricht dem Haftungsanteil des Kronzeugen nach § 33d Abs. 2. 8

Die Privilegierung im Innenausgleich gilt nach Abs. 3 S. 2 aber nicht für **Preisschirmschäden,** also Schäden, die anderen als den unmittelbaren oder mittelbaren Abnehmern der am Kartell beteiligten Unternehmen durch Drittbezüge oder Drittverkäufe entstehen, die durch das Kartellpreisniveau beeinflusst wurden. Dies führt zu dem seltsamen Ergebnis, dass der Kronzeuge im Außenverhältnis gegenüber einem Preisschirmgeschädigten nicht haftet, wohl aber auf Innenausgleich in Anspruch genommen werden kann, wenn die anderen gesamtschuldnerisch haftenden Rechtsverletzer für Preisschirmschäden in Anspruch genommen werden (s. auch Kersting/Podszun 9. GWB-Novelle/Mackenrodt Kap. 8 Rn. 123). 9

Im Außenverhältnis haftet der Kronzeuge nach Abs. 1 S. 2 dann nicht privilegiert, wenn die anderen Geschädigten von den übrigen Rechtsverletzungen keinen vollständigen Ersatz erlangen konnten. Diese Nachhaftung ist aber nachrangig, so bei Insolvenz, aber auch dann, wenn die Zwangsvollstreckung nicht erfolgreich war; Zwangsvollstreckungsversuche sind jedoch zumutbar. 10

Abs. 2 regelt, dass nach Abs. 1 S. 2 insofern keine Ersatzhaftung entsteht, als die Schadensersatzansprüche gegen die übrigen Rechtsverletzer bereits verjährt sind. 11

§ 33f Wirkungen des Vergleichs

(1) [1]**Wenn nicht anders vereinbart, wird im Falle einer durch einvernehmliche Streitbeilegung erzielten Einigung (Vergleich) über einen Schadensersatzanspruch nach § 33a Absatz 1 der sich vergleichende Gesamtschuldner in Höhe seines Anteils an dem Schaden von seiner Haftung gegenüber dem sich vergleichenden Geschädigten befreit.** [2]**Die übrigen Gesamtschuldner sind nur zum Ersatz des Schadens verpflichtet, der nach Abzug des Anteils des sich vergleichenden Gesamtschuldners verbleibt.** [3]**Den Ersatz des verbliebenen Schadens kann der sich vergleichende Geschädigte von dem sich vergleichenden Gesamtschuldner nur verlangen, wenn der sich vergleichende Geschädigte von den übrigen Gesamtschuldnern insoweit keinen vollständigen Ersatz erlangen konnte.** [4]**Satz 3 findet keine Anwendung, wenn die Vergleichsparteien dies in dem Vergleich ausgeschlossen haben.**

(2) **Gesamtschuldner, die nicht an dem Vergleich nach Absatz 1 beteiligt sind, können von dem sich vergleichenden Gesamtschuldner keine Ausgleichung nach § 33d Absatz 2 für den Ersatz des Schadens des sich vergleichenden Geschädigten verlangen, der nach Abzug des Anteils des sich vergleichenden Gesamtschuldners verblieben ist.**

1. Überblick

1 Der durch die **9. GWB-Novelle 2017** eingefügte § 33f setzt die Art. 19 Abs. 1–3 Kartellschadensersatz-Richtlinie um und regelt die Wirkung des Vergleichs. Nach **§ 187 Abs. 3** ist § 33d nur auf Schadensersatzansprüche anwendbar, die nach dem 26.12.2016 entstanden sind, also nach Ablauf der Umsetzungsfrist nach Art. 21 Kartellschadensersatz-Richtlinie. Für Ansprüche, die vorher entstanden sind, gilt das alte Recht.

2. Wirkungen des Vergleichs

2 Vergleicht sich einer der gesamtschuldnerisch haftenden Schädiger, so hat nach S. 1 der Vergleich im Außenverhältnis die Wirkung, dass **nicht nur der Gesamtschaden um den Vergleichsbetrag vermindert** wird, **sondern insgesamt** die Schadensersatzforderung des sich vergleichenden Geschädigten gegen den sich vergleichenden Schädiger erlischt und damit der Gesamtschadensersatzanspruch des Geschädigten um den Haftungsbeitrag des sich vergleichenden Schädigers gemindert wird. Im Ergebnis regelt Abs. 1 damit die **beschränkte Gesamtwirkung des Vergleichs** auch für die anderen Gesamtschuldner. Aus der Formulierung „Höhe seines Anteils an dem Schaden von seiner Haftung gegenüber dem sich vergleichenden Geschädigten" ergibt sich, dass die Befreiung auch für Preisschirmschäden gilt, die der Geschädigte durch Bezug von Dritten erlitten hat.

3 S. 2 stellt klar, dass die übrigen Gesamtschuldner nur zum Ersatz des Schadens verpflichtet sind, der nach Abzug des Haftungsanteils des sich vergleichenden Gesamtschuldners übrig bleibt. S. 3 bestimmt, dass der dem Geschädigten verbliebene Schaden von dem sich vergleichenden Gesamtschuldner nur verlangt werden kann, wenn der Geschädigte von den übrigen Gesamtschuldnern insofern keinen vollständigen Ersatz erlangen konnte (→ § 33d Rn. 12). Dies kann der sich vergleichende Schädiger aber nach S. 4 dadurch verhindern, dass er gerade diese **Ersatzhaftung** im Vergleich **ausschließt.**

4 Selbstverständlich kann in einem Vergleich **vollständige Gesamtwirkung** herbeigeführt werden, indem der den Vergleich schließende Gesamtschuldner mit Wirkung zugunsten Dritter den gesamten Schaden ausgleicht; dies kann zB dann vorkommen, wenn nur Lieferbeziehungen zu einem am Kartell beteiligten Unternehmen bestanden.

5 Abs. 2 setzt Art. 19 Abs. 2 S. 2 Kartellschadensersatz-Richtlinie um. Der sich vergleichende Gesamtschuldner ist insoweit keinen Innenausgleichsansprüchen ausgesetzt, als diese Schäden betreffen, die nach Abzug seines Anteils am Schaden beim sich vergleichenden Geschädigten verbleiben.

§ 33g Anspruch auf Herausgabe von Beweismitteln und Erteilung von Auskünften

(1) **Wer im Besitz von Beweismitteln ist, die für die Erhebung eines auf Schadensersatz gerichteten Anspruchs nach § 33a Absatz 1 erforderlich sind, ist verpflichtet, sie demjenigen herauszugeben, der glaubhaft macht, einen solchen Schadensersatzanspruch zu haben, wenn dieser die Beweismittel so genau bezeichnet, wie dies auf Grundlage der mit zumutbarem Aufwand zugänglichen Tatsachen möglich ist.**

(2) [1]**Wer im Besitz von Beweismitteln ist, die für die Verteidigung gegen einen auf Schadensersatz gerichteten Anspruch nach § 33a Absatz 1 erforderlich sind, ist verpflichtet, sie demjenigen herauszugeben, gegen den ein Rechtsstreit über den Anspruch nach Absatz 1 oder den Anspruch auf Schadensersatz nach § 33a Absatz 1 rechtshängig ist, wenn dieser die Beweismit-**

tel so genau bezeichnet, wie dies auf Grundlage der mit zumutbarem Aufwand zugänglichen Tatsachen möglich ist. [2]Der Anspruch nach Satz 1 besteht auch, wenn jemand Klage auf Feststellung erhoben hat, dass ein anderer keinen Anspruch nach § 33a Absatz 1 gegen ihn hat, und er den der Klage zugrunde liegenden Verstoß im Sinne des § 33a Absatz 1 nicht bestreitet.

(3) **[1]Die Herausgabe von Beweismitteln nach den Absätzen 1 und 2 ist ausgeschlossen, soweit sie unter Berücksichtigung der berechtigten Interessen der Beteiligten unverhältnismäßig ist. [2]Bei der Abwägung sind insbesondere zu berücksichtigen:**
1. **in welchem Umfang der Antrag auf zugängliche Informationen und Beweismittel gestützt wird,**
2. **der Umfang der Beweismittel und die Kosten der Herausgabe, insbesondere, wenn die Beweismittel von einem Dritten verlangt werden,**
3. **der Ausschluss der Ausforschung von Tatsachen, die für den Anspruch nach § 33a Absatz 1 oder für die Verteidigung gegen diesen Anspruch nicht erheblich sind,**
4. **die Bindungswirkung von Entscheidungen nach § 33b,**
5. **die Wirksamkeit der öffentlichen Durchsetzung des Kartellrechts und**
6. **der Schutz von Betriebs- und Geschäftsgeheimnissen und sonstiger vertraulicher Informationen und welche Vorkehrungen zu deren Schutz bestehen.**

[3]Das Interesse desjenigen, gegen den der Anspruch nach § 33a Absatz 1 geltend gemacht wird, die Durchsetzung des Anspruchs zu vermeiden, ist nicht zu berücksichtigen.

(4) **[1]Ausgeschlossen ist die Herausgabe eines Dokuments oder einer Aufzeichnung, auch über den Inhalt einer Vernehmung im wettbewerbsbehördlichen Verfahren, wenn und soweit darin eine freiwillige Erklärung seitens oder im Namen eines Unternehmens oder einer natürlichen Person gegenüber einer Wettbewerbshörde enthalten ist,**
1. **in der das Unternehmen oder die natürliche Person die Kenntnis von einem Kartell und seine beziehungsweise ihre Beteiligung daran darlegt und die eigens zu dem Zweck formuliert wurde, im Rahmen eines Kronzeugenprogramms bei der Wettbewerbsbehörde den Erlass oder die Ermäßigung der Geldbuße zu erwirken (Kronzeugenerklärung) oder**
2. **die ein Anerkenntnis oder den Verzicht auf das Bestreiten seiner Beteiligung an einer Zuwiderhandlung gegen das Kartellrecht und seiner Verantwortung für diese Zuwiderhandlung enthält und die eigens für den Zweck formuliert wurde, der Wettbewerbsbehörde die Anwendung eines vereinfachten oder beschleunigten Verfahrens zu ermöglichen (Vergleichsausführungen).**

[2]Nicht von der Kronzeugenerklärung umfasst sind Beweismittel, die unabhängig von einem wettbewerbsbehördlichen Verfahren vorliegen, unabhängig davon, ob diese Informationen in den Akten einer Wettbewerbsbehörde enthalten sind oder nicht. [3]Behauptet ein Verpflichteter, ein Beweismittel oder Teile davon seien nach Satz 1 von der Herausgabe ausgeschlossen, kann der Anspruchsteller insoweit die Herausgabe an das zuständige Gericht nach § 89b Absatz 8 allein zum Zweck der Prüfung verlangen.

(5) **Bis zum vollständigen Abschluss des wettbewerbsbehördlichen Verfahrens oder des Verfahrens zur Durchsetzung der Verordnung (EU) 2022/1925 gegen alle Beteiligten ist die Herausgabe von Beweismitteln ausgeschlossen, soweit sie Folgendes enthalten:**

1. Informationen, die von einer natürlichen oder juristischen Person oder Personenvereinigung eigens für das wettbewerbsbehördliche Verfahren erstellt wurden,
2. Mitteilungen der Wettbewerbsbehörde an die Beteiligten in dem Verfahren oder
3. Vergleichsausführungen, die zurückgezogen wurden.

(6) **[1]Die Herausgabe von Beweismitteln nach den Absätzen 1 und 2 kann verweigert werden, soweit der Besitzer in einem Rechtsstreit über einen Anspruch nach § 33a Absatz 1 dieses Gesetzes gemäß § 383 Absatz 1 Nummer 4 bis 6 oder gemäß § 384 Nummer 3 der Zivilprozessordnung zur Zeugnisverweigerung berechtigt wäre. [2]In diesem Fall kann der Anspruchsteller die Herausgabe der Beweismittel an das zuständige Gericht zur Entscheidung nach § 89b Absatz 6 verlangen. [3]Satz 2 ist nicht anzuwenden auf**
1. Personen im Sinne des § 383 Absatz 1 Nummer 4 und 5 der Zivilprozessordnung, soweit sie nach dieser Vorschrift zur Zeugnisverweigerung berechtigt wären, und
2. Personen im Sinne des § 203 Absatz 1 Nummer 1 bis 5, Absatz 2 und 3 des Strafgesetzbuchs, soweit sie nach § 383 Absatz 1 Nummer 6 der Zivilprozessordnung zur Zeugnisverweigerung berechtigt wären.

[4]Geistlichen stehen ihre berufsmäßig tätigen Gehilfen und die Personen gleich, die bei ihnen zur Vorbereitung auf den Beruf tätig sind.

(7) **Macht der nach Absatz 1 oder Absatz 2 Verpflichtete zu der Herausgabe der Beweismittel Aufwendungen, die er den Umständen nach für erforderlich halten darf, kann er von dem anderen Teil den Ersatz dieser Aufwendungen verlangen.**

(8) **Erteilt der Verpflichtete nach Absatz 1 oder 2 die Auskunft vorsätzlich oder grob fahrlässig falsch, unvollständig oder gar nicht oder gibt er Beweismittel vorsätzlich oder grob fahrlässig fehlerhaft, unvollständig oder gar nicht heraus, ist er dem Anspruchsteller zum Ersatz des daraus entstehenden Schadens verpflichtet.**

(9) **[1]Die von dem Verpflichteten nach den Absätzen 1 und 2 erteilten Auskünfte oder herausgegebenen Beweismittel dürfen in einem Strafverfahren oder in einem Verfahren nach dem Gesetz über Ordnungswidrigkeiten wegen einer vor der Erteilung der Auskunft oder der Herausgabe eines Beweismittels begangenen Tat gegen den Verpflichteten oder gegen einen in § 52 Absatz 1 der Strafprozessordnung bezeichneten Angehörigen nur mit Zustimmung des Verpflichteten verwertet werden. [2]Dies gilt auch, wenn die Auskunft im Rahmen einer Zeugen- oder Parteivernehmung erteilt oder wiederholt wird. [3]Die Sätze 1 und 2 finden keine Anwendung in Verfahren gegen Unternehmen.**

(10) **Die Absätze 1 bis 9 sowie die §§ 89b bis 89d über die Herausgabe von Beweismitteln gelten für die Erteilung von Auskünften entsprechend.**

Übersicht

1. Überblick

Der durch die **9. GWB-Novelle 2017** eingefügte § 33g setzt Art. 5 Abs. 1, 2 und Art. 14 Kartellschadensersatz-Richtlinie um. Nach **§ 187 Abs. 4** ist § 33g auf Schadensersatzansprüche anwendbar, über die nach dem 26.12.2016 Klage erhoben wurde, also nach Ablauf der Umsetzungsfrist nach Art. 21 Kartellschadensersatz-Richtlinie, und zwar unabhängig davon, wann der Anspruch entstanden ist. Für Ansprüche, für die zuvor Klage erhoben wurde, gilt das alte Recht (→ § 33 Rn. 45). Die Ansicht des OLG Düsseldorf (NZKart 2018, 228 3.4.2018 – VI-W (Kart) 2/18), wonach § 33g nur für Ansprüche gelten soll, die nach dem Inkrafttreten der **9. GWB-Novelle 2017** am 9.6.2017 entstanden sind, ist durch die Klarstellung in § 186 Abs. 4 überholt. Die **11. GWB-Novelle 2023** hat die Anwendung des Abs. 5 auf Verfahren zur Durchsetzung des DMA ausgeweitet. 1

§ 33g regelt zivilrechtliche Ansprüche auf Herausgabe von Beweismitteln und auf **Erteilung von Auskünften,** die an den Besitz von für den Schadensersatzanspruch relevanten Beweismitteln und Informationen anknüpfen. 2

Die Regelungstechnik ist gewöhnungsbedürftig: Die Abs. 1–7 regeln den Anspruch auf Herausgabe von Beweismitteln. Der Anspruch des Anspruchstellers ist in Abs. 1, derjenige des Anspruchsgegners ist in Abs. 2 geregelt. Abs. 10 erklärt Abs. 1–9 als für die Erteilung von Auskünften entsprechend anwendbar. Abs. 8 und 9 adressieren aber bereits die Erteilung von Auskünften, sodass für die Abs. 8 und 9 die Anordnung der entsprechenden Anwendung der Regelungen über die Herausgabe von Beweismitteln in Abs. 10 nicht notwendig gewesen wäre. Die Voraussetzungen des Anspruchs sind in Abs. 3–6 geregelt. Abs. 4 schließt den Anspruch auf die Herausgabe von Kronzeugenerklärungen und Vergleichsausführungen aus. Abs. 5 begrenzt den Zugang zur Akte im kartellbehördlichen Verfahren vor dessen vollständigem Abschluss. Abs. 6 nimmt Beweismittel, die sich bei zur Zeugnisverweigerung berechtigten Personen befinden, von der Herausgabepflicht aus. Abs. 7 regelt den Aufwendungsersatzanspruch zugunsten dessen, der Beweismittel herausgeben muss. Abs. 9 schließlich stellt ein Beweisverwertungsverbot auf: Die vom Verpflichteten herausgegebenen Beweismittel oder erteilten Auskünfte dürfen in einem Strafverfahren oder in einem Ordnungswidrigkeitenverfahren nur mit Zustimmung des Verpflichteten verwertet werden. Diese Beschränkungen finden nach Abs. 9 S. 3 aber keine Anwendung auf Verfahren, die sich gegen Unternehmen richten. 3

Für das Verständnis und die Durchsetzung des § 33g sind § 89b und § 89bc essenziell, die die Einzelheiten der Durchsetzung der Ansprüche nach § 33g regeln. Nach Maßgabe des § 33g können die Ansprüche auf Herausgabe/Auskunft seitens des Geschädigten mit Klage jederzeit bei Vorliegen der Voraussetzungen, seitens des Schädigers mit Klage bei Rechtshängigkeit eines Schadensersatzanspruchs nach § 33a Abs. 1 oder eines Auskunfts-/Herausgabeanspruchs geltend gemacht werden, und zwar gegen den Geschädigten, den Schädiger und gegen Dritte **(selbstständige Geltendmachung).** Im anhängigen Schadensersatzprozess kann alternativ eine gerichtliche Anordnung der Herausgabe/Auskunft nach § 89b Abs. 1, § 142 ZPO erfolgen. 4

2. Passiv- und Aktivlegitimation

5 Die Herausgabe- und Auskunftsansprüche können vom Kartellgeschädigten sowohl vorprozessual als auch im Schadensersatzverfahren **gegenüber jedermann** – mit Ausnahme der Wettbewerbsbehörden – geltend gemacht werden; dass der Anspruch nicht gegen die Wettbewerbsbehörden geltend gemacht werden kann, ergibt sich im Gegenschluss aus § 89c Abs. 5 S. 3. Passivlegitimiert sind folglich auch unbeteiligte Dritte, wenn sie im Besitz von Beweismitteln oder Informationen sind, die für die Geltendmachung eines auf Schadensersatz gerichteten Anspruchs erforderlich sind (Abs. 1).

3. Voraussetzungen für den Anspruchsteller (Abs. 1)

6 Nach Abs. 1 bestehen Herausgabe- und Auskunftsansprüche für denjenigen, der **glaubhaft** macht, einen Schadensanspruch zu haben. Hierfür muss der Anspruchsteller seinen Anspruch mithilfe der ihm zugänglichen Tatsachen derart substantiiert darlegen, dass dieser hinreichend wahrscheinlich erscheint.

7 **Glaubhaftmachen** im Sinne dieser Vorschrift kann nicht vollständig mit der Glaubhaftmachung in § 294 ZPO gleichgesetzt werden. Nach richtiger Ansicht muss der Glaubhaftmachung in § 33g eigenständig ausgelegt werden. Nach Ansicht des BGH reicht es aus, wenn geltend gemacht wird, dass „… aufgrund konkreter Anhaltspunkte eine gewisse Wahrscheinlichkeit dafür besteht …", dass der Kläger einen Anspruch hat (BGH NZKart 2023, 362 (364) – Vertriebskooperation im SPNV; anders noch Vorauflage, wo entsprechend § 294 ZPO überwiegende Wahrscheinlichkeit für notwendig gehalten wurde).

8 Zunächst ist für die Glaubhaftmachung erforderlich, dass der Schadensersatzanspruch **schlüssig** vorgetragen wird. Dies ist überhaupt Voraussetzung für den Herausgabeanspruch. Schlüssig ist nur vorgetragen, wenn sich aus dem Vortrag die Voraussetzungen für den Anspruch auf Schadensersatz subsumieren lassen (Bunte/Bornkamm/Tolkmitt Rn. 11).

9 Im zweiten Schritt muss der Kläger eine substantiierte Begründung abgeben, die mit zumutbarem Aufwand zugängliche Tatsachen und Beweismittel enthält, „… die die Plausibilität seines Schadensersatzanspruchs ausreichend stützen" (BGH NZKart 2023, 362 (364) – Vertriebskooperation im SPNV). Einem Verpflichtungszusagenbeschluss, der in einem vorangegangenen Verfahren ergangen ist, um das beanstandete Verhalten abzustellen, kann nach § 32b im Rahmen der Glaubhaftmachung indizielle Bedeutung zukommen (BGH NZKart 2023, 362 (366) – Vertriebskooperation im SPNV).

10 **Erforderlich** sind nur zum Beweis geeignete Beweismittel, also solche, die der Anspruchsteller braucht, um die anspruchsbegründenden Tatsachen beweisen zu können. Verfügt er bereits über adäquate Beweismittel, besteht der Herausgabeanspruch nicht. Fraglich ist, ob der Anspruch auf Herausgabe dann scheitert, wenn der Anspruchsteller das benötigte Beweismittel auf andere Weise als vom Besitzer des Beweismittels erlangen kann, also bspw. indem er auf ein anderes, leichter verfügbares Beweismittel ausweicht (s. Kersting/Podszun 9. GWB-Novelle/Preuß Kap. 10 Rn. 28). Nach LG München (NZKart 2020, 269 (270)) sind nach § 33g **nur solche Informationen** herauszugeben, **die aufgrund des beim Anspruchssteller bestehenden Informationsdefizits zur Durchsetzung der Ansprüche notwendig** sind.

11 Das **Beweismittel** muss so **bezeichnet** werden, dass der beantragte Ausspruch vollstreckungsfähig ist, hier gem. § 883 ZPO. In vielen Fällen wird es nur möglich sein, stufenweise vorzugehen und zunächst Auskunft zu verlangen, um überhaupt die Beweismittel identifizieren zu können. Für den Auskunftsanspruch gelten die

Voraussetzungen der Glaubhaftmachung eines Anspruchs und der Spezifizierung der Auskunft entsprechend (Abs. 10).

4. Voraussetzungen für den Anspruchsgegner (Abs. 2)

Der Anspruchsgegner hat aus Gründen der Waffengleichheit einen Gegenanspruch auf Herausgabe von Beweismitteln, aber **erst dann,** wenn entweder der **Auskunftsanspruch nach Abs. 1 oder ein Schadensersatzanspruch nach § 33 Abs. 1 rechtshängig** ist. Die Anspruchsvoraussetzungen für den Anspruchsgegner entsprechen denjenigen des Anspruchstellers. Der Anspruch richtet sich auf Beweismittel, die „für die Verteidigung gegen einen auf Schadensersatz gerichteten Anspruch nach § 33a Absatz 1 erforderlich sind". Daraus könnte gefolgert werden, dass es nur um Beweismittel gegen den Anspruch selbst geht, nicht auch um Beweismittel, die zB für den Vortrag gegen die Zulässigkeit der Klage erforderlich sind (Berg/Mäsch/Mäsch Rn. 18; Kersting/Podszun 9. GWB-Novelle/Preuß Kap. 10 Rn. 41). Praktisch dürfte dies kaum eine Rolle spielen. 12

Der Schuldner des Schadensersatzanspruchs kann anlässlich einer von ihm erhobenen **negativen Feststellungsklage** nach Abs. 2 S. 2 sowie Abs. 10 ebenfalls Herausgabe- oder Auskunftsansprüche geltend machen; allerdings sollen die Herausgabe- oder Auskunftsansprüche nicht bestehen, wenn der Schädiger den Kartellverstoß als solchen in Zweifel zieht. Damit können diese Auskunftsansprüche eigentlich nur für Ansprüche außerhalb der Rechtsverletzung bestehen, also bspw. für die Frage der Kartellbetroffenheit oder zur Schadenshöhe einschließlich der passing-on defense (dazu Berg/Mäsch/Mäsch Rn. 19). 13

5. Ausschluss des Anspruchs auf Herausgabe von Beweismitteln wegen Unverhältnismäßigkeit (Abs. 3)

Nach Abs. 3 sind sämtliche Ansprüche auf die Herausgabe von Beweismittel und die Erteilung von Auskünften ausgeschlossen, soweit diese unter Berücksichtigung der berechtigten Interessen der Beteiligten unverhältnismäßig sind. Der Umfang der zu erteilenden Auskunft oder der herauszugebenden Beweismittel ist im Einzelfall anhand einer **Interessenabwägung** unter Berücksichtigung des Verhältnismäßigkeitsgrundsatzes zu bestimmen. Die in diesem Zusammenhang erheblichen widerstreitenden Interessen sind in Abs. 3 S. 2 geregelt. Nach S. 2 Nr. 6 sind **Betriebs- und Geschäftsgeheimnisse** besonders zu berücksichtigen; die in Nr. 3 gelisteten Interessen sind dagegen eher gering zu gewichten (wenn Ausforschung oder mangelnde Erheblichkeit eingewandt werden kann, dürfte es in den meisten Fällen schon an der Erforderlichkeit nach Abs. 1 fehlen, MüKoWettbR/Makatsch/Kacholdt Rn. 83 f.); Ähnliches gilt für Nr. 5 (der Schutz des laufenden Verfahrens wird durch Abs. 5 und der der Kronzeugenerklärung unter Vergleichsausführung durch Abs. 4 geschützt). 14

Bei **Dritten** ist eine besonders gründliche Prüfung der Verhältnismäßigkeit erforderlich, insbes. hinsichtlich des Umfangs des Anspruchs. Insbesondere in Fällen, in denen der Geschädigte nur allgemeine und grundlegende Informationen begehrt, genügt dem Informationsbedarf in der Regel die Auskunftserteilung als milderes Mittel vor der Herausgabe von Beweismitteln (RegE 9. GWB-Novelle 2017, 62). 15

6. Schutz von Kronzeugenerklärungen und Vergleichsausführungen (Abs. 4)

Nach Abs. 4 sind **Kronzeugenerklärungen** und **Vergleichsausführungen** nicht dem Auskunfts- und Herausgabeanspruch zugänglich. Damit wird das Kronzeugenverfahren als solches geschützt, um die öffentliche Kartellrechtsdurchsetzung 16 durch Schadensersatzklagen nicht zu torpedieren. Zu den **Kronzeugenerklärungen** gehören jedoch nicht solche Informationen, die nicht Teil der Kronzeugenerklärungen sind, also zB die Beweismittel, die dem Antrag beigelegt werden. Diese Unterlagen, die zur Stützung des Kronzeugenantrags beigelegt sind, sind der Herausgabe/der Auskunft zugänglich (s. dazu auch Art. 2 Nr. 17 Kartellschadensersatz-Richtlinie; Berg/Mäsch/Mäsch Rn. 26).

17 **Vergleichsausführungen** sind letztlich der reine Vergleichsantrag, die Schilderung des Sachverhalts des sich über das Verfahren vergleichenden Betroffenen der Kartellbehörde mit dem Eingeständnis der Schuld sowie der Bereitschaft, eine bestimmte Geldbuße zu akzeptieren.

18 Besteht **Zweifel** daran, ob die verlangten Beweismittel/Auskünfte nach Abs. 4 privilegiert sind, bestimmt Abs. 4 S. 3, dass der Anspruchssteller die **Herausgabe der Unterlagen an das zuständige Gericht** im Verfahren nach § 89b Abs. 8 verlangen kann, damit eine Prüfung der Unterlagen stattfindet. Dies ist allerdings nur im anhängigen Rechtsstreit über den Anspruch möglich (§ 89b Abs. 1 S. 1).

7. Beschränkung in laufenden Verfahren (Abs. 5)

19 Für Beweismittel, **die Informationen** enthalten, **die eigens für kartellbehördliche Verfahren erstellt** wurden (Nr. 1), bestehen die Ansprüche aus § 33g bis zum **vollständigen Abschluss des Verfahrens der Kartellbehörde** nicht; Gleiches gilt für **Mitteilungen der Kartellbehörde** an die Verfahrensbeteiligten (Nr. 2) und **zurückgezogene Vergleichsausführungen** (Nr. 3). Diese Einschränkungen dienen dazu, das laufende kartellbehördliche Verfahren nicht durch Herausgabe- und Auskunftsansprüche zu stören. Für die in Nr. 2 und Nr. 3 genannten Gegenstände ergibt sich der Zusammenhang zu laufenden kartellbehördlichen Verfahren ohne Weiteres. Bezüglich der Informationen nach Nr. 1 ist entscheidend, dass sie eigens für das Verfahren erstellt wurden und nicht unabhängig vom Verfahren vorliegen. Dies wirft **Abgrenzungsfragen** auf: Ein Schriftsatz im kartellbehördlichen Verfahren ist danach für die Dauer des kartellbehördlichen Verfahrens wohl nicht herauszugeben, aber möglicherweise als Beweismittel vorgelegte unternehmensinterne Dokumente, zB E-Mails. Allerdings dürfte dieser Ausschlussgrund insoweit kaum praktisch werden, da es dem Anspruchsteller kaum gelingen wird, die Informationen genau genug zu benennen (→ Rn. 11).

8. Zeugnisverweigerungsrechte (Abs. 6)

20 Abs. 6 synchronisiert die Herausgabe und Auskunftsansprüche mit den üblichen **Zeugnisverweigerungsrechten** nach der ZPO. Soweit Zeugnisverweigerungsrechte bestehen, gibt es keinen Herausgabe- oder Auskunftsanspruch.

9. Aufwendungsersatz (Abs. 7)

21 Hinsichtlich der durch die Auskunft oder Herausgabe entstehenden **Aufwendungen** hat der Verpflichtete einen **Erstattungsanspruch** gegen den die Auskunft Begehrenden (Abs. 7 S. 2 Nr. 2; s. dazu und zur Geltendmachung Fiedler/Niermann NZKart 2017, 497).

22 Der Aufwendungsersatzanspruch orientiert sich an **§ 670 BGB** (Berg/Mäsch/Mäsch Rn. 39) und entsteht erst bei der Erfüllung des Anspruchs (RegE 9. GWB-Novelle 2017, 65), sodass der Kostenerstattungsanspruch dem Herausgabe- und Auskunftsanspruch nicht einredeweise entgegengehalten werden kann.

10. Schadensersatz (Abs. 8)

23 Abs. 8 stellt einen **Schadensersatzanspruch** gegen den Herausgabe- oder Auskunftsverpflichteten auf für die Fälle der Nicht- oder Schlechterfüllung, wobei aller-

dings nur **grobe Fahrlässigkeit und Vorsatz** zu vertreten sind. Die praktische Relevanz dieses Anspruchs bleibt abzuwarten, da der Schaden einer falschen oder unvollständigen Herausgabe bzw. Auskunft wohl nur schwer zu beziffern sein wird. Theoretisch könnte dieser Anspruch dem Kartellschadensersatzanspruch entsprechen.

11. Verwertungsverbot (Abs. 9)

Abs. 9 bestimmt, dass die Auskünfte bzw. herausgegebenen Beweismittel in einem Strafverfahren oder Ordnungswidrigkeitenverfahren wegen einer vor der Erteilung der Auskunft oder der Herausgabe der Beweismittel begangenen Tat nur mit der Zustimmung des Verpflichteten verwertet werden dürfen. Nach dem RegE 9. GWB-Novelle 2017 (S. 65) soll dadurch sichergestellt werden, dass die Auskunfts- und Herausgabeansprüche im Zivilverfahren nicht die strafprozessualen Rechte des Kartelltäters beeinträchtigen, insbes. den Nemo-tenetur-Grundsatz einhalten (Berg/Mäsch/Mäsch Rn. 41). 24

S. 2 erweitert diese Verwertungsverbote auch auf Auskünfte im Rahmen einer Zeugen- oder Parteivernehmung. Allerdings gelten diese Beschränkungen nach S. 3 nur im Verfahren gegen natürliche Personen, nicht gegen Unternehmen. 25

§ 33h Verjährung

(1) **Ansprüche aus § 33 Absatz 1 und § 33a Absatz 1 verjähren in fünf Jahren.**

(2) **Die Verjährungsfrist beginnt mit dem Schluss des Jahres, in dem**
1. **der Anspruch entstanden ist,**
2. **der Anspruchsberechtigte Kenntnis erlangt hat oder ohne grobe Fahrlässigkeit hätte erlangen müssen**
   a) **von den Umständen, die den Anspruch begründen, und davon, dass sich daraus ein Verstoß nach § 33 Absatz 1 ergibt, sowie**
   b) **von der Identität des Rechtsverletzers und**
3. **der den Anspruch begründende Verstoß nach § 33 Absatz 1 beendet worden ist.**

(3) **Ansprüche aus § 33 Absatz 1 und § 33a Absatz 1 verjähren ohne Rücksicht auf die Kenntnis oder grob fahrlässige Unkenntnis von den Umständen nach Absatz 2 Nummer 2 in zehn Jahren von dem Zeitpunkt an, in dem**
1. **der Anspruch entstanden ist und**
2. **der Verstoß nach § 33 Absatz 1 beendet wurde.**

(4) **Im Übrigen verjähren die Ansprüche in 30 Jahren nach dem Verstoß nach § 33 Absatz 1, der den Schaden ausgelöst hat.**

(5) **Verjährung tritt ein, wenn eine der Fristen nach den Absätzen 1, 3 oder 4 abgelaufen ist.**

(6) [1]**Die Verjährung eines Anspruchs nach § 33 Absatz 1 oder nach § 33a Absatz 1 wird gehemmt, wenn**
1. **eine Kartellbehörde Maßnahmen im Hinblick auf eine Untersuchung oder auf ihr Verfahren wegen eines Verstoßes im Sinne des § 33 Absatz 1 trifft;**
2. **die Europäische Kommission oder eine Wettbewerbsbehörde eines anderen Mitgliedstaates der Europäischen Union oder das als solche handelnde Gericht Maßnahmen im Hinblick auf eine Untersuchung oder auf ihr Verfahren wegen eines Verstoßes gegen Artikel 101 oder 102 des Vertrages über die Arbeitsweise der Europäischen Union oder gegen eine**

Bestimmung des nationalen Wettbewerbsrechts eines anderen Mitgliedstaates der Europäischen Union im Sinne des § 89e Absatz 2 trifft;
3. **die Europäische Kommission oder eine Behörde, die die in Artikel 1 Absatz 6 der Verordnung (EU) 2022/1925 genannten Vorschriften anwendet, Maßnahmen im Hinblick auf eine Untersuchung oder auf ihr Verfahren wegen eines Verstoßes gegen die Artikel 5, 6 oder 7 der Verordnung (EU) Nr. 2022/1925 trifft, oder**
4. **der Anspruchsberechtigte gegen den Rechtsverletzer Klage auf Auskunft oder Herausgabe von Beweismitteln nach § 33g erhoben hat.**

[2]Die Hemmung endet ein Jahr nach der bestands- und rechtskräftigen Entscheidung oder der anderweitigen Erledigung des Verfahrens. [3]§ 204 Absatz 2 Satz 2 und 3 des Bürgerlichen Gesetzbuchs findet entsprechende Anwendung.

(7) **Die Verjährungsfrist eines Anspruchs auf Ausgleichung nach § 33d Absatz 2 wegen der Befriedigung eines Schadensersatzanspruchs nach § 33a Absatz 1 beginnt mit der Befriedigung dieses Schadensersatzanspruchs.**

(8) **[1]Abweichend von Absatz 2 beginnt die Verjährungsfrist des Schadensersatzanspruchs nach § 33a Absatz 1 von Geschädigten,**
1. **die nicht unmittelbare oder mittelbare Abnehmer oder Lieferanten des Kronzeugen sind, gegen den Kronzeugen mit dem Schluss des Jahres, in dem der Geschädigte von den übrigen Rechtsverletzern keinen vollständigen Ersatz seines aus dem Verstoß entstehenden Schadens erlangen konnte;**
2. **die nicht unmittelbare oder mittelbare Abnehmer oder Lieferanten eines kleinen oder mittleren Unternehmens nach § 33d Absatz 3 Satz 1 sind, gegen dieses Unternehmen mit dem Schluss des Jahres, in dem der Geschädigte nach § 33d Absatz 3 Satz 2 von den übrigen Rechtsverletzern mit Ausnahme des Kronzeugen keinen vollständigen Ersatz seines aus dem Verstoß entstehenden Schadens erlangen konnte.**

[2]Absatz 3 findet keine Anwendung auf Schadensersatzansprüche, deren Verjährungsfrist nach Maßgabe dieses Absatzes beginnt.

1. Überblick

1 Die **9. GWB-Novelle 2017** setzt in § 33h Art. 10 Kartellschadensersatz-Richtlinie um. Die letztlich wichtigste Änderung gegenüber der bisherigen Regelung ist die Anhebung der Verjährungsfrist von drei auf fünf Jahre. Außerdem wird der Verjährungsbeginn nach § 33h Abs. 2 auch an die rechtliche Einschätzung geknüpft, dass sich aus den anspruchsbegründenden Umständen ein Verstoß gegen § 33 Abs. 1 ergibt, indem diese in die den Verjährungsbeginn auslösende Kenntnis bzw. grob fahrlässige Unkenntnis aufgenommen wird. Nach § 187 Abs. 3 S. 2 findet § 33 auch auf vor dem 27.12.2016 entstandene Ansprüche Anwendung, sofern diese nicht am Tag des Inkrafttretens des § 33a, also der Verkündung im Bundesgesetzblatt am 9.6.2017, verjährt waren. § 187 Abs. 3 bestimmt weiter, dass sich Beginn, Hemmung und Ablaufhemmung sowie der Neubeginn der Verjährung der vor dem 27.12.2016 entstandenen Ansprüche bis zur Verkündung der 9. GWB-Novelle am 8.6.2017 nach den alten Regelungen richten (s. dazu Bunte/Bornkamm/Tolkmitt Rn. 4). Das bedeutet letztlich, dass das neue Verjährungsrecht für alle Ansprüche, die die am 8.6.2017 nicht verjährt waren, gilt, und zwar auch in Bezug auf Beginn, Hemmung und Ablaufhemmung sowie der Neubeginn der Verjährung. Nach dem Urteil des EuGH v. 18.4.2024, (C-605/21 – Heureka/Google) erfordert allerdings der Effizienzgrundsatz, dass die Verjährung nicht beginnen darf, bevor der Geschädigte Kenntnis davon erlangt habe, dass das betreffende Verhalten eine Zuwiderhandlung gegen das Kartellrecht darstelle, und bevor die Zuwiderhandlung beendet wurde (C-605/21 – Heureka/Google

Rn. 53 ff.). Die Kenntnis von der Zuwiderhandlung, die die Verjährung auslöst, soll spätestens durch die Veröffentlichung der Zusammenfassung des (noch nicht bestandskräftigen) Beschlusses der Kommission im Amtsblatt begonnen haben (C-605/21 – Heureka/Google Rn. 64). Damit wird man davon ausgehen müssen, dass der Beginn der Verjährung wegen mangelnder Kenntnis der Zuwiderhandlung oder Fortdauer der Zuwiderhandlung auch vor der Umsetzung der 9. GWB-Novelle 2017 entsprechend der Anforderungen des EuGH bestimmt werden muss.

2. Verjährungsfrist (Abs. 1)

Abs. 1 statuiert eine kenntnisabhängige Verjährung von fünf Jahren. 2

3. Verjährungsbeginn (Abs. 2)

Nach Abs. 2 Nr. 1 beginnt die Verjährung am Ende des Jahres, in dem die Voraussetzungen nach Abs. 2 eingetreten sind, also der **Anspruch entstanden** ist (Abs. 2 Nr. 1), **Kenntnis bzw. Kennenmüssen** bezüglich der anspruchsbegründenden Umstände und der **Einordnung als rechtlicher Verstoß nach § 33 Abs. 1 erlangt** worden ist **und der Verstoß nach § 33 Abs. 1 beendet** worden ist. 3

Der **Anspruch entsteht** iSv § 199 Abs. 1 BGB dann, wenn alle Anspruchsvoraussetzungen gegeben sind, also Feststellungsklage erhoben werden könnte. Der Anspruch entsteht einheitlich, also auch für erst künftig eintretende Schäden (BGH NJW 2015, 1007 Rn. 12; Bunte/Bornkamm/Tolkmitt Rn. 7). 4

Kenntnis bedeutet **positive Kenntnis** von den Umständen, die den Anspruch begründen, Kenntnis der Einordnung als Verstoß gegen § 33 Abs. 1 sowie der Identität des Rechtsverletzers. **Grob fahrlässige Unkenntnis** liegt dann vor, wenn der Gläubiger deshalb keine Kenntnis hat, weil er sich aufgrund grober Pflichtverletzung gegen sich selbst der vorhandenen Erkenntnismöglichkeiten nicht bedient. § 10 Abs. 2 Kartellschadensersatz-Richtlinie hätte bereits die fahrlässige Unkenntnis ausreichen lassen, um die Verjährung beginnen zu lassen; strengere Regeln für die Verjährungsauslösung verletzen die Richtlinie aber nicht (Bunte/Bornkamm/Tolkmitt Rn. 9). Der Erlass des Bußgeldbescheids dürfte in jedem Fall zumindest für grob fahrlässige Unkenntnis ausreichen (OLG Düsseldorf WuW 2015, 505 (510)); unklar ist, ob bereits die Pressemitteilung des BKartA oder der europäischen Kommission ausreicht (OLG Karlsruhe WuW 2017, 43 (46)). Wahrscheinlich wird eine Berichterstattung über kartellbehördliche Ermittlungshandlungen noch nicht ausreichen, um die Verjährung auszulösen (Bunte/Bornkamm/Tolkmitt Rn. 10). 5

Nach Abs. 2 Nr. 1a muss der Anspruchsteller Kenntnis von den anspruchsbegründenden Tatsachen haben; außerdem muss er von der **Identität des Rechtsverletzers** Kenntnis oder zumindest fahrlässige Unkenntnis haben (Abs. 2 Nr. 2b). Der Terminus „Identität des Rechtsverletzers" stammt aus Art. 10 Abs. 2 Kartellschadensersatz-Richtlinie. Da Art. 2 Nr. 2 Kartellschadensersatz-Richtlinie den Rechtsverletzer unter Bezugnahme auf die wirtschaftliche Einheit definiert, ist fraglich, was zur Verjährungsauslösung bekannt sein muss. Dabei wird ausreichen, dass der direkte Verletzer bekannt ist; die Konzernobergesellschaft muss nicht bekannt sein, da sie nach der hier vertretenen Ansicht nicht auf Schadensersatz haftet (wie hier Bunte/Bornkamm/Tolkmitt Rn. 15). 6

Abs. 2 Nr. 1 verlangt als weitere Voraussetzung der Verjährungsauslösung, dass auch **Kenntnis oder grob fahrlässige Unkenntnis** vorliegt, dass sich aus den anspruchsbegründenden Tatsachen **ein Verstoß** gegen § 33 Abs. 1 ergibt. Dies hat nur dann Bedeutung, wenn ein Anspruch nach § 33 Abs. 1 auf einen Verstoß gestützt wird, der nicht von einer Kartellbehörde festgestellt wurde; hat die Kartellbehörde den Verstoß festgestellt und dies publiziert, so steht die Kenntnis über den Verstoß fest. Teilweise wird vertreten, dass Kenntnis oder grob fahrlässige Unkenntnis über 7 das Vorliegen des Verstoßes erst besteht, wenn es eine bestandskräftige Entscheidung einer Wettbewerbsbehörde oder ein rechtskräftiges Urteil über den Verstoß gibt (s. dazu Bunte/Bornkamm/Tolkmitt Rn. 12; ebenfalls für strenge Maßstäbe Soyez WuW 2017, 240 (241)).

8 Die Verjährungsfrist **beginnt** so lange **nicht** zu laufen, wie der **Kartellverstoß nicht beendet** ist. Dabei geht es aber nicht um die Auswirkungen, sondern um die **Beendigung der Grundabsprache;** solange die Bewertungseinheit fortbesteht, ist der Verstoß nicht beendet. **Damit ändert die 9. GWB-Novelle 2017 die Rechtslage insbes. bezogen auf die kenntnisunabhängige Verjährung:** Während nach **altem Recht die Anspruchsentstehung den Verjährungsbeginn auslöst,** also die konkrete Schädigung zB durch den Erwerb der Ware zu einem kartellerhöhten Preis (s. noch BGH NZKart 2021, 117), beginnt nach neuem Recht die Verjährungsfrist **erst mit der Beendigung des Kartellverstoßes** an sich (dazu Hoffmann/Schneider WuW 2016, 102 (103); Soyez WuW 2017, 240 (241)). Bei einem Submissionskartell soll die Verjährung erst mit der vollständigen Vertragsabwicklung des von der Submissionsabsprache betroffenen Vertrags beginnen (BGH NZKart 2020, 53 (534)), weil selbst die Erstellung der Schlussrechnung Tathandlung ist.

4. Kenntnisunabhängige und absolute Verjährung (Abs. 3, 4)

9 Nach Abs. 3 verjährt der Schadensersatzanspruch **kenntnisunabhängig** in **zehn Jahren** nach der Entstehung des Anspruchs und der Beendigung des Verstoßes. Diese kenntnisunabhängige Verjährungsfrist findet nach Abs. 7 keine Anwendung auf die Ausfallhaftung des Kronzeugen nach § 33e Abs. 1 S. 2 sowie eines KMU nach § 33d Abs. 3 S. 2. Nach Abs. 4 verjähren alle Ansprüche spätestens 30 Jahre nach dem Verstoß, der den Schaden ausgelöst hat. Allerdings scheint der EuGH wegen des **Effektivitätsgrundsatzes** Kenntnis für den Beginn der Verjährung immer für erforderlich halten (EuGH EuZW 2024, 521 (523) mit Anm. Bosch, allerdings zur Verjährung nach tschechischem Recht und nicht für die 10-jährige Verjährung).

5. Hemmung (Abs. 6)

10 Die Hemmungsregelung in Abs. 6 stellt sicher, dass auch während langwieriger kartellbehördlicher Verfahren keine Verjährung eintritt. Sie endet nach S. 2 ein Jahr nach der Entscheidung der Behörde in Bestandskraft oder anderweitiger endgültiger Erledigung des Verfahrens. Die Hemmung beginnt mit jeglicher Ermittlungsmaßnahme und Untersuchung auch im Vorfeld eines Verfahrens (BT-Drs. 18/11446, 29). Ermittlungsmaßnahmen der Kommission reichen aus; die Einleitung des förmlichen Verfahrens ist nicht erforderlich (BGH NZKart 2021, 117 (122) – Lkw-Kartell). Durch die **11. GWB-Novelle 2023** wurde die Hemmung auch auf Verfahren nach dem DMA ausgedehnt. Die Hemmungswirkung erstreckt sich nunmehr auch auf den Unterlassungs- und Beseitigungsanspruch (anders als § 33 Abs. 5 aF). Zur Hemmung → § 33 Rn. 40 ff.

6. Verjährung und Gesamtschuldnerausgleich (Abs. 3, 4)

11 Abs. 7 ist bedeutsam für den **Gesamtschuldnerausgleich.** Die Verjährungsfrist nach § 195 BGB beginnt für den Regressanspruch nach § 426 Abs. 1 BGB erst mit der Befriedigung des Geschädigten, also nicht bereits ab seiner Entstehung als Freistellungsanspruch. Dies soll die bisherige Situation verhindern, dass Ausgleichsansprüche nach § 426 Abs. 1 BGB bereits mit dem Schadensersatzanspruch entstehen, aber oft verjähren, bevor der Schadensersatzanspruch überhaupt geltend gemacht wird (RegE 9. GWB-Novelle 2017, 66). Abs. 8 sieht vor, dass sowohl die

Ausfallhaftung des Kronzeugen nach § 33e Abs. 1 S. 2 als auch des KMU nach § 33bAbs. 3 S. 2 erst mit dem Schluss des Jahres beginnt, in dem feststeht, dass der geschädigte Gläubiger von den nicht privilegierten Gesamtschuldnern keinen vollständigen Ersatz verlangen kann. Dies soll verhindern, dass die Ausfallhaftung sonst bedeutungslos wird (Bunte/Bornkamm/Tolkmitt Rn. 27).

§ 34 Vorteilsabschöpfung durch die Kartellbehörde

(1) **Hat ein Unternehmen vorsätzlich oder fahrlässig gegen eine Vorschrift dieses Teils, gegen Artikel 101 oder 102 des Vertrages über die Arbeitsweise der Europäischen Union oder eine Verfügung der Kartellbehörde verstoßen und dadurch einen wirtschaftlichen Vorteil erlangt, kann die Kartellbehörde die Abschöpfung des wirtschaftlichen Vorteils anordnen und dem Unternehmen die Zahlung eines entsprechenden Geldbetrags auferlegen.**

(2) **[1]Absatz 1 gilt nicht, soweit der wirtschaftliche Vorteil abgeschöpft ist durch**
1. Schadensersatzleistungen,
2. Festsetzung der Geldbuße,
3. Anordnung der Einziehung von Taterträgen oder
4. Rückerstattung.
[2]Soweit das Unternehmen Leistungen nach Satz 1 erst nach der Vorteilsabschöpfung erbringt, ist der abgeführte Geldbetrag in Höhe der nachgewiesenen Zahlungen an das Unternehmen zurückzuerstatten.

(3) **[1]Wäre die Durchführung der Vorteilsabschöpfung eine unbillige Härte, soll die Anordnung auf einen angemessenen Geldbetrag beschränkt werden oder ganz unterbleiben. [2]Sie soll auch unterbleiben, wenn der wirtschaftliche Vorteil gering ist.**

(4) **[1]Es wird vermutet, dass ein Verstoß gegen Vorschriften der Kapitel 1, 2 oder 5 dieses Teils, gegen Artikel 101 oder 102 des Vertrages über die Arbeitsweise der Europäischen Union oder gegen eine Verfügung der Kartellbehörde nach § 19a oder nach Kapitel 6 dieses Teils einen wirtschaftlichen Vorteil verursacht hat. [2]Die Höhe des wirtschaftlichen Vorteils kann geschätzt werden. [3]Für die Schätzung der Vorteilshöhe gilt § 287 der Zivilprozessordnung entsprechend mit der Maßgabe, dass eine überwiegende Wahrscheinlichkeit genügt. [4]Es wird vermutet, dass der wirtschaftliche Vorteil nach Satz 1 mindestens 1 Prozent der Umsätze beträgt, die im Inland mit den Produkten oder Dienstleistungen, die mit der Zuwiderhandlung in Zusammenhang stehen, erzielt wurden. [5]Die Vermutung nach Satz 4 ist der Abschöpfungszeitraum nach Absatz 5 Satz 1 zugrunde zu legen. [6]Gegen die Vermutung nach Satz 1 in Verbindung mit Satz 4 kann nicht vorgebracht werden, dass kein wirtschaftlicher Vorteil oder ein Vorteil in nur geringer Höhe angefallen ist. [7]Sie kann nur widerlegt werden, soweit das Unternehmen nachweist, dass weder die am Verstoß unmittelbar beteiligte juristische Personen oder Personenvereinigung noch das Unternehmen im Abschöpfungszeitraum einen Gewinn in entsprechender Höhe erzielt hat. [8]Bei der Ermittlung des Gewinns des Unternehmens nach Satz 7 ist der weltweite Gewinn aller natürlichen und juristischen Personen sowie Personenvereinigungen zugrunde zu legen, die als wirtschaftliche Einheit operieren. [9]Die Vermutung nach Satz 1 in Verbindung mit Satz 4 gilt nicht, wenn die Erlangung eines Vorteils aufgrund der besonderen Natur des Verstoßes ausgeschlossen ist. [10]Der abzuführende Geldbetrag ist zahlenmäßig zu bestimmen und darf 10 Prozent des Gesamtumsatzes des Unternehmens oder der Unternehmensvereinigung, der in dem der Behör-**

denentscheidung vorausgegangenen Geschäftsjahr erzielt worden ist, nicht übersteigen.

(5) [1]**Die Vorteilsabschöpfung kann nur innerhalb einer Frist von bis zu sieben Jahren seit Beendigung der Zuwiderhandlung und längstens für einen Zeitraum von fünf Jahren (Abschöpfungszeitraum) angeordnet werden.** [2]**§ 33h Absatz 6 gilt entsprechend.** [3]**Im Falle einer bestandskräftigen Entscheidung im Sinne des § 33b Satz 1 oder einer rechtskräftigen Gerichtsentscheidung im Sinne des § 33b Satz 2 beginnt die Frist nach Satz 1 erneut.**

1. Überblick

1 § 34 ist durch **die 7. GWB-Novelle** 2005 in das Gesetz eingeführt worden. Er ist durch die **8. GWB-Novelle 2012/2013** an den AEUV angepasst worden. Abs. 2 S. 1 wurde neu gegliedert und im Hinblick auf den neuen § 32 Abs. 2a ergänzt. In Abs. 5 wurde statt bisher auf § 81 Abs. 9 auf § 33 Abs. 5 verwiesen (→ Rn. 8). § 34 **ersetzt** die früher in § 34 vorgesehene **Mehrerlösabschöpfung.** Sie war durch die 6. GWB-Novelle 1998 eingeführt worden. Ihr war vorangegangen § 37b aF, der durch die 4. GWB-Novelle 1980 eingeführt worden war und sich nur auf Missbrauchsverfügungen gegen marktbeherrschende Unternehmen (§ 22 Nr. 5 aF) oder Energieversorgungsunternehmen (§ 103 Abs. 6 aF) bezog. Durch § 34 aF wurde die Möglichkeit der Mehrerlösabschöpfung durch die Kartellbehörde auf alle Verhaltensweisen ausgedehnt, die die Kartellbehörde mit einer Verfügung nach § 32 aF untersagt hatte. Die Kartellbehörde hatte hiernach die Möglichkeit, den Mehrerlös abzuschöpfen, den das Unternehmen vom Zeitpunkt der Zustellung der Verfügung nach § 32 aF an erlangt, wenn es die Verfügung, unabhängig von einem Beschwerdeverfahren, nicht beachtet. Voraussetzung war, dass die Verfügung unanfechtbar war, bei gerichtlicher Anfechtung also rechtskräftig bestätigt wurde. Diese Regelung betraf in erster Linie den Zeitraum eines Gerichtsverfahrens, das sich an die Zustellung der Verfügung anschloss. Da die Verfügung im Regelfall nicht sofort vollziehbar war, war das Unternehmen verwaltungsrechtlich bis zum Ende des Gerichtsverfahrens an sie nicht gebunden. Wurde sie im Gerichtsverfahren bestätigt, so waren die wirtschaftlichen Vorteile, die das Unternehmen in der Zwischenzeit durch Nichtbeachtung der Verfügung erlangt hatte, materiell ungerechtfertigt. Zu § 34 aF sind ebenso wie zu der Vorgängervorschrift des § 37b idF der 4. GWB-Novelle 1980 keine Entscheidungen ergangen.

2 Der jetzt geltende § 34 ist in der Begründung zum Regierungsentwurf (BT-Drs. 15/3640, B zu § 34, WuW-Sonderheft, 171 f.) als „Instrument zur Abschöpfung des gesamten, durch den Kartellrechtsverstoß erlangten wirtschaftlichen Vorteils" charakterisiert. Die **Vorteilsabschöpfung** kann **in allen Fällen** stattfinden, in denen eine **Schadensersatzpflicht** nach § 33 Abs. 3 in Betracht kommt, allerdings ohne Bezug auf einen konkret Geschädigten. Maßstab ist nicht der Schaden, den andere erlitten haben, sondern der wirtschaftliche Vorteil der Kartelltäter. § 34 setzt ebenso wie § 33 Abs. 3 **Verschulden** voraus (→ § 33 Rn. 24 ff.). Trotz des offensichtlichen Sanktionscharakters handelt es sich nach der ausdrücklichen Feststellung in der Begründung zum Regierungsentwurf (BT-Drs. 15/3640) nicht um ein straf- oder bußgeldrechtliches Instrument, sondern um ein rein verwaltungsrechtliches. Die **Bindungswirkung** des § 33 Abs. 4 **gilt nicht,** auch wenn das Verfahren von einer anderen Behörde als derjenigen durchgeführt wird, die den Verstoß festgestellt hat. Nach § 131 Abs. 4 ist § 34 idF der 7. GWB-Novelle 2005 erst auf Verstöße anzuwenden, die **nach dem 30.6.2005 begangen** worden sind. Diese Vorschrift ist zwar durch die 8. GWB-Novelle 2012/2013 aufgehoben worden; die Rechtslage sollte sich dadurch aber nicht ändern. Abs. 4 wurde durch die 11. GWB-Novelle 2023 in eine zum Teil unwiderlegliche Vermutung dahingehend erweitert, dass ein

abschöpfbarer Vorteil vorliegt. Ziel ist einmal mehr, die effektive Durchsetzung des Kartellrechts sicherzustellen.

2. Schuldhafter Kartellverstoß (Abs. 1)

Die Vorteilsabschöpfung kommt nach Abs. 1 nur in Betracht bei einem schuldhaften Kartellverstoß, der nach § 33 Abs. 1 dem Betroffenen auch Beseitigungs- und Unterlassungsansprüche gewährt. Es wird unterschieden zwischen Verstößen gegen Rechtsnormen, also **Verstößen gegen das GWB und gegen Art. 101 AEUV oder Art. 102 AEUV** sowie Verstößen gegen eine **Verfügung der Kartellbehörde** (→ § 33 Rn. 5 f., → § 33 Rn. 8 f.). Die Verfügung muss, ebenso wie nach § 33 Abs. 1 (→ § 33 Rn. 9) **verbindlich** sein, um Grundlage einer Vorteilsabschöpfung zu sein. Bei den gestaltenden Verfügungen, bei denen die Beschwerde nach § 64 Abs. 1 Nr. 2 aufschiebende Wirkung hat, tritt die Verbindlichkeit erst mit Rechtskraft ein (es sei denn, die Kartellbehörde hat nach § 65 Abs. 1 die sofortige Vollziehung angeordnet). Deswegen kann der Vorteil für die Zeit zwischen ihrem Erlass und der Rechtskraft nicht abgeschöpft werden (→ § 31b Rn. 5); ein anderes Ergebnis würde angesichts des Sanktionscharakters der Vorteilsabschöpfung eine eindeutige gesetzliche Regelung voraussetzen, wie sie vor der 8. GWB-Novelle 2012/2013 bestand (→ Rn. 1). Während der Schadensersatzanspruch nach § 33 Abs. 1 im Ergebnis auch bei Verstößen gegen eine Verfügung der Kommission besteht (→ § 33 Rn. 8), ist das bei der Vorteilsabschöpfung nach § 34 nicht der Fall; die Kommission ist nicht „Kartellbehörde" iSv Abs. 1 (→ § 48 Rn. 2). Einem Verfahren nach § 34 geht im Allgemeinen (wenn auch nicht notwendigerweise) ein Verfahren wegen des Kartellverstoßes voraus. Er ergänzt das behördliche Sanktionssystem, das aus der Möglichkeit einer Abstellungsentscheidung oder einer einstweiligen Anordnung nach §§ 32, 32a und der Möglichkeit einer Bußgeldentscheidung nach § 81 besteht, durch die Möglichkeit, dass die Kartellbehörde auch den Vorteil abschöpft, den der Verletzer erlangt hat. Ob die Kartellbehörde Vorteilsabschöpfung oder eine Rückerstattung nach § 32 Abs. 2a anordnet, steht im pflichtgemäßen Ermessen (BGH NZKart 2023, 369 (371) – Wasserpreise Gießen); Abs. 2 Nr. 4 verhindert die doppelte Abschöpfung. Bei Verstößen gegen Vorschriften des GWB und Art. 101 und 102 AEUV wird das Verfahren nach § 34 von der Behörde durchgeführt, die auch das Verfahren wegen des Verstoßes selbst durchgeführt hat (als Verwaltungs- und Bußgeldverfahren). Davon geht das Gesetz offenbar als selbstverständlich aus, wenn es – anders als nach § 34a Abs. 5 – für die **behördliche Vorteilsabschöpfung keine Bindungswirkung** nach § 33 Abs. 4 vorsieht. Noch viel mehr kann die Vorteilsabschöpfung wegen eines Verstoßes gegen eine Verfügung der Kartellbehörde nur durch die Behörde geltend gemacht werden, die die Verfügung erlassen hat; andernfalls würde ein Kompetenzwirrwarr entstehen. Verstöße gegen Verfügungen der Kommission können zwar zur Grundlage eines Schadensersatzanspruches gemacht werden, nicht aber zur Grundlage einer Vorteilsabschöpfung; der Vorteil kann insoweit nur abgeschöpft werden, wenn zugleich auch ein Verstoß gegen Art. 101 und 102 AEUV feststeht. Liegt dazu eine Entscheidung der Kommission vor, muss die deutsche Kartellbehörde über Art. 16 Kartellverfahrens-VO von dem Verstoß gegen Art. 101 AEUV oder Art. 102 AEUV ausgehen. Die Nichteinbeziehung der Kommissionsentscheidung in die Vorteilsabschöpfung nach § 34 hat also praktisch keine erheblichen Auswirkungen. 3

3. Wirtschaftlicher Vorteil (Abs. 1, 4)

a) Allgemeines. Das Gesetz verwendet erstmals den Begriff des „wirtschaftlichen Vorteils". Er ist nicht identisch mit dem des Mehrerlöses, der bis zur 7. GWB-Novelle 2005 sowohl bei der verwaltungsrechtlichen Mehrerlösabschöpfung des § 34 4 aF als auch bei der Bußgeldsanktionierung nach § 81 Abs. 2 aF verwendet worden war. Unter „Mehrerlös" wurde der Mehr-Umsatz verstanden, den das Unternehmen aufgrund des Kartellverstoßes erlangt hatte; eine Saldierung mit kartellbedingten Nachteilen fand nicht statt (vgl. dazu insbes. BGH WuW/E 2718 – Bußgeldbemessung; → 3. Aufl. 2002, Rn. 3). Der Begriff des „wirtschaftlichen Vorteils" ist **§ 17 Abs. 4 OWiG entnommen** worden. Deswegen sollen nach der Begründung zum Regierungsentwurf die dafür entwickelten Rechtsgrundsätze entsprechend heranzuziehen sein (BT-Drs. 15/3640, B, zu § 34a Abs. 1, WuW-Sonderheft, 172). Er umfasst nicht nur **Nettogewinne,** die auf einen Kartellverstoß zurückzuführen sind, sondern **alle sonstigen wirtschaftlichen Vorteile,** wie zB die Verbesserung der Marktposition des Täters durch die Ausschaltung oder das Zurückdrängen von Wettbewerbern (vgl. dazu BayObLG wistra 1998, 199; Göhler/König OWiG § 17 Rn. 40). Der wirtschaftliche Vorteil ist also kontrafaktisch, also im Vergleich zur vermögensrechtlichen Gesamtsituation des Betroffenen zu errechnen, wie sie sich durch die Zuwiderhandlung ergeben hat und ohne diese eingetreten wäre (RegE 11. GWB 2023, S. 38. Es gilt, wie auch ausdrücklich in der Begründung zum Regierungsentwurf hervorgehoben wird, ein **„Saldierungsgrundsatz"** (vgl. dazu auch Bunte/Bornkamm Rn. 12). Aufwendungen und Steuern können also abgezogen werden, ggf. auch Schadensersatzleistungen (→ Rn. 6). Angesichts der Möglichkeit, dass der wirtschaftliche Vorteil nicht exakt in einem von vornherein zahlenmäßig zu bestimmenden Mehrbetrag besteht, sieht das Gesetz ausdrücklich vor, dass die Kartellbehörde die Zahlung eines Geldbetrages auferlegen kann, der dem wirtschaftlichen Vorteil entspricht.

5 **b) Höhe des Vorteils (Abs. 4).** Abs. 4 aF sah vor, dass die Höhe des wirtschaftlichen Vorteils geschätzt werden kann. Die Schätzung bezog sich auf **alle Elemente,** die in die **Saldierung** einzubeziehen sind, also nicht nur auf die Höhe eines möglichen Gewinns, sondern auch auf die Höhe der möglichen Abzugsposten.

5a Die 11. GWB-Novelle 2023 hat Abs. 4 in eine **zum Teil unwiderlegliche Vorteilsvermutung** umgeschrieben, um die Kartellrechtsdurchsetzung effektiver zu machen (RegE 11. GWB 2023 S. 38 ff.). Nach Abs. 4 S. 1 wird zunächst vermutet, dass durch den Kartellverstoß ein Vorteil erzielt wurde. Der Vorteil selbst kann nach Abs. 4 S. 2 und 3 mit dem Maßstab des § 287 ZPO geschätzt werden, wobei klargestellt wird, dass die Überzeugungsbildung auf Basis einer überwiegenden Wahrscheinlichkeit stattfindet. Bei der **Feststellung der Höhe** des wirtschaftlichen Vorteils kommt es auf den einen **wahrscheinlichsten Wert** an; Unsicherheiten bei der Schätzung sollen zu Lasten der Unternehmen gehen, die für den Kartellverstoß verantwortlich sind (RegE 11. GWB 2023, S. 38).

5b Abs. 1 S. 4 verschärft die Regelung durch die **Vermutung eines Mindestschadens in Höhe von einem Prozent der Umsätze im Inland,** die mit der Zuwiderhandlung im Zusammenhang stehen. Diese **Vermutung** gilt **für den Abschöpfungszeitraum** nach Abs. 5 S. 1, also diejenigen Geschäftsjahre, in denen der Verstoß bereits begonnen hat oder noch nicht beendet war; die Höhe von nach Beendigung des Kartellverstoßes anfallenden Vorteilen soll nach Abs. 4 S. 2 und 3 geschätzt werden können (RegE 11. GWB 2023, S. 39).

5c Hinsichtlich der **Widerlegung der Vermutung** ist zu unterscheiden: Gegen die **Vermutung nach Abs. 4 S. 1 iVm Abs. 4 S. 4** kann nicht eingewandt werden, dass kein Vorteil eingetreten ist. Die Vermutung soll nur dadurch möglich sein, dass nach Abs. 4 S. 7 nachgewiesen wird, dass weder die am Verstoß beteiligte juristische Person oder Personenvereinigung noch die entsprechende wirtschaftliche Einheit einen Gewinn in entsprechender Höhe erzielt hat. Dabei soll bei der Ermittlung des Gewinns die wirtschaftliche Einheit, und zwar weltweit, zugrunde gelegt werden; Grund dafür ist letztlich, Ergebnisverschiebungen im Konzern auszublenden. Davon ist aber die Widerlegung der **Vermutung nach Abs. 4 S. 1** zu unterscheiden: Der über den Mindestvorteil des Abs. 4 S. 4 hinausgehende Vorteil kann selbstverständlich mit dem Maßstab des § 287 ZPO widerlegt werden.

Nach Abs. 4 S. 9 soll die Vermutung des Mindestvorteils nach Abs. 4 S. 1 iVm Abs. 4 S. 4 dann nicht gelten, wenn die **Erlangung eines Vorteils aufgrund der besonderen Natur des Verstoßes ausgeschlossen** ist. Das soll zB der Fall sein, wenn die Fortsetzung eines Vergabeverfahrens wegen einer wettbewerbswidrigen Ausschreibung untersagt wird und aus der hierdurch verursachten Verfahrensverlängerung keine Vorteile resultieren (RegE 11. GWB 2023, S. 39). **5d**

Abs. 4 S. 10 enthält eine Kappungsgrenze, wonach der abzuführende Geldbetrag 10 Prozent des Gesamtumsatzes des Unternehmens oder der Unternehmensvereinigung im vorangegangenen Geschäftsjahr nicht übersteigen darf; diese Grenze bezieht sich wie in § 81c Abs. 2 S. 2 auf den Konzernumsatz der wirtschaftlichen Einheit (RegE 11. GWB 2023, S. 41). **5e**

4. Verhältnis zu Schadensersatz und Geldbuße (Abs. 2)

Auf den abzuführenden wirtschaftlichen Vorteil sind nach Abs. 2 Zahlungen anzurechnen, die als Schadensersatz, Geldbuße oder aufgrund der Anordnung des Verfalls oder einer Rückerstattungsanordnung nach § 32 Abs. 2a schon abgeschöpft sind. Die Anordnung des Verfalls kann auf der Grundlage des § 29a OWiG vorgenommen werden; sie ist auch im Kartellbußgeldverfahren möglich und deswegen auch in § 82a Abs. 2 ausdrücklich erwähnt. Aus Abs. 2 ergibt sich, dass die Vorteilsabschöpfung immer hinter zivilrechtlichen **Schadensersatzleistungen** des Unternehmens (S. 1 Nr. 1) zurückzustehen hat. Ist die Geltendmachung von Schadensersatz zu erwarten, wird die Kartellbehörde zweckmäßigerweise von der Anordnung der Abschöpfung bis zur rechtlichen Klärung der Schadensersatzansprüche absehen (vgl. dazu auch für Mehrerlösabschöpfung nach der 4. GWB-Novelle Begr. z. RegE der 4. GWB-Novelle, BT-Drs. 8/2136, 26). Wird das Unternehmen nach Abführung des wirtschaftlichen Vorteils an die Kartellbehörde wegen desselben Sachverhalts zu Schadensersatz verurteilt, so darf die Vorteilsabschöpfung insoweit nicht mehr vollstreckt werden. Ist das schon geschehen, hat das Unternehmen gegen die Kartellbehörde nach S. 2 einen Erstattungsanspruch in Höhe der nachgewiesenen Schadensersatzleistung. Für **Geldbußen** (S. 1 Nr. 2) gilt das Gleiche, aber nur, soweit durch sie der wirtschaftliche Vorteil abgeschöpft ist. Das setzt voraus, dass die Kartellbehörde von ihrem Wahlrecht nach § 81d Abs. 3 Gebrauch macht (→ § 81d Rn. 11). Tut sie das nicht, hat die Geldbuße **nur Ahndungscharakter;** dann findet Abs. 2 **keine Anwendung** (vgl. dazu auch kritisch Göhler/König OWiG § 17 Rn. 48a). Mit der **„Anordnung des Verfalls“** (Abs. 1 Nr. 3) wird Bezug genommen auf § 29a OWiG, wonach dann, wenn nach Begehung einer Ordnungswidrigkeit keine Geldbuße festgesetzt wird, „der **Verfall** eines Geldbetrages bis zu der Höhe angeordnet werden (kann), die dem Wert des Erlangten entspricht“. Mit der **„Rückerstattung“** (Abs. 1 Nr. 4) wird Bezug genommen auf den durch die 8. GWB-Novelle eingeführten § 32 Abs. 2a (→ § 32 Rn. 19 ff.), wonach in einer Abstellungsverfügung die Kartellbehörde „eine Rückerstattung der aus dem kartellrechtswidrigen Verhalten erwirtschafteten Vorteile anordnen“ kann. **6**

5. Begrenzung der Abschöpfung (Abs. 3, 5)

a) Ermessensentscheidung. Die Abschöpfung des wirtschaftlichen Vorteils steht im Ermessen der Behörde, wie das Wort „kann“ in Abs. 1 zeigt. Neben den allgemeinen Kriterien der Ermessensausübung, die nach § 71 Abs. 5 der gerichtlichen Nachprüfung unterliegt, sieht Abs. 3 vor, dass die Vorteilsabschöpfung unterbleiben soll, soweit ihre Anordnung eine **unbillige Härte** darstellt oder der wirtschaftliche Vorteil **gering** ist. Eine unbillige Härte liegt insbes. vor, wenn die **7**

Existenz des betroffenen Unternehmens durch die Abschöpfung gefährdet wäre (vgl. Begr. z. RegE der 4. GWB-Novelle, BT-Drs. 8/2136, 26). Insoweit muss die **Obergrenze von 10 %** nach § 81c Abs. 2 S. 2 berücksichtigt werden, zumal diese auch auf die bußgeldrechtliche Vorteilsabschöpfung anwendbar ist (→ § 81c Rn. 4).

8 **b) Zeitliche Begrenzung (Abs. 5).** Nach Abs. 5 kann die Vorteilsabschöpfung nur für einen Zeitraum von bis zu sieben Jahren seit Beendigung der Zuwiderhandlung und längstens für einen Zeitraum von fünf Jahren angeordnet werden. Der zuerst genannte Fünfjahres-Zeitraum ist **verfahrensrechtlicher Natur.** Die **Verfügung** nach § 34 Abs. 1 kann nur **innerhalb von sieben Jahren seit Beendigung der Zuwiderhandlung** erlassen werden. Bis zu 8. GWB-Novelle 2012/2013 sah das Gesetz die entsprechende Anwendung des § 81 Abs. 9 vor. Das bedeutete, dass die Frist nur durch Verfahren der Europäischen Kommission oder der Wettbewerbsbehörden anderer Mitgliedstaaten unterbrochen werden konnte, nicht aber durch Verfahren der (deutschen) Kartellbehörden. Diese Regelung wurde als unangemessen bewertet, weil die Vorteilsabschöpfung regelmäßig erst nach rechtskräftigem Abschluss eines Kartellbußgeldverfahrens zweckmäßig ist, und bis dahin die Frist zur Vorteilsabschöfung abgelaufen sein kann. Deswegen ist nunmehr eine Verweisung auf **§ 33h Abs. 6** vorgesehen. Das bedeutet, dass die **Frist gehemmt** ist, solange eine deutsche Kartellbehörde, die Europäische Kommission oder eine Wettbewerbsbehörde eines anderen EU-Mitgliedstaates ein Verfahren durchführt. Aufgrund der Weiterverweisung in § 33h Abs. 6 S. 3 auf § 204 Abs. 2 BGB endet die Hemmung sechs Monate nach der rechtskräftigen Entscheidung oder anderweitigen Beendigung des eingeleiteten Verfahrens.

9 Die zweite Fünfjahresfrist in Abs. 5 S. 1 ist **materieller Natur.** Sie legt den Höchstzeitraum fest, für den der Vorteil abgeschöpft werden kann. Er ist grds. „von hinten" an zu berechnen, beginnt aber nicht unbedingt mit der Beendigung der Zuwiderhandlung, sondern mit **der Beendigung des Zeitraums, in dem die Zuwiderhandlung noch zu wirtschaftlichen Vorteilen geführt hat.** Steht fest, wann die Zuwiderhandlung aufgehört hat, wirtschaftliche Vorteile des betroffenen Unternehmens zu begründen, kann für den davor liegenden Fünfjahreszeitraum der wirtschaftliche Vorteil abgeschöpft werden. Die Behörde ist nicht frei darin, einen Fünfjahreszeitraum innerhalb des Kartellzeitraums bzw. seiner zu wirtschaftlichen Vorteilen führenden Auswirkung festzulegen, sondern muss den **letzten Fünfjahreszeitraum** anwenden. Für diese Fünfjahresfrist hat der Verweis auf § 33h Abs. 6 keine Bedeutung. Dieser Fünfjahreszeitraum wird weder durch Unterbrechungen noch durch Hemmungen verändert.

6. Verfahren, Verfügung

10 Die Entscheidung über die Vorteilsabschöpfung ist eine Ermessensentscheidung. Die Kartellbehörde ist auch dann nicht verpflichtet, eine Vorteilsabschöpfung anzuordnen, wenn ihre Durchführung keine „unbillige Härte" iSv Abs. 3 wäre. Das Verfahren über die Vorteilsabschöpfung ist kein Bußgeldverfahren, sondern **Verwaltungsverfahren.** Für die Verfügung gilt § 61, für ihre Anfechtung die §§ 73 ff. In der Verfügung ist der abzuführende Geldbetrag zahlenmäßig zu bestimmen (Abs. 4 S. 2). Die Beschwerde gegen die Verfügung über die Vorteilsabschöpfung hat nach § 64 Abs. 1 Nr. 2 aufschiebende Wirkung.

§ 34a Vorteilsabschöpfung durch Verbände

(1) **Wer einen Verstoß im Sinne des § 34 Absatz 1 vorsätzlich begeht und hierdurch zu Lasten einer Vielzahl von Abnehmern oder Anbietern einen wirtschaftlichen Vorteil erlangt, kann von den gemäß § 33 Absatz 4 zur**

Geltendmachung eines Unterlassungsanspruchs Berechtigten auf Herausgabe dieses wirtschaftlichen Vorteils an den Bundeshaushalt in Anspruch genommen werden, soweit nicht die Kartellbehörde die Abschöpfung des wirtschaftlichen Vorteils durch Verhängung einer Geldbuße, durch Einziehung von Taterträgen, durch Rückerstattung oder nach § 34 Absatz 1 anordnet.

(2) [1]**Auf den Anspruch sind Leistungen anzurechnen, die das Unternehmen auf Grund des Verstoßes erbracht hat.** [2]**§ 34 Absatz 2 Satz 2 gilt entsprechend.**

(3) **Beanspruchen mehrere Gläubiger die Vorteilsabschöpfung, gelten die §§ 428 bis 430 des Bürgerlichen Gesetzbuchs entsprechend.**

(4) [1]**Die Gläubiger haben dem Bundeskartellamt über die Geltendmachung von Ansprüchen nach Absatz 1 Auskunft zu erteilen.** [2]**Sie können vom Bundeskartellamt Erstattung der für die Geltendmachung des Anspruchs erforderlichen Aufwendungen verlangen, soweit sie vom Schuldner keinen Ausgleich erlangen können.** [3]**Der Erstattungsanspruch ist auf die Höhe des an den Bundeshaushalt abgeführten wirtschaftlichen Vorteils beschränkt.**

(5) [1]**Ansprüche nach Absatz 1 verjähren in fünf Jahren.** [2]**Die §§ 33b und 33h Absatz 6 gelten entsprechend.**

1. Überblick

§ 34a wurde zusammen mit § 34 durch die 7. GWB-Novelle 2005 in das Gesetz eingeführt. Er ist durch die 8. GWB-Novelle 2012/2013 in Abs. 1 durch die Worte „durch Rückerstattung" ergänzt worden. § 34a ergänzt die in § 34 vorgesehene Möglichkeit der Vorteilsabschöpfung durch die Kartellbehörde. Anders als § 34 ist § 34a **begrenzt auf vorsätzlich begangene Kartellverstöße** und auf Fälle, in denen durch den Kartellverstoß eine **Vielzahl von Abnehmern oder Anbietern** geschädigt worden ist, die im Allgemeinen nicht von sich aus Schadensersatzansprüche und andere Ansprüche nach § 33 geltend machen. Die Vorteilsabschöpfung durch Verbände nach § 34a ist gegenüber anderen verwaltungsrechtlichen, bußgeldrechtlichen und zivilrechtlichen Ansprüchen von Behörden und Geschädigten **subsidiär.** Von der Möglichkeit, dass Verbände nach § 34a die Vorteilsabschöpfung geltend machen, geht mittelbar auch ein Druck auf die Kartellbehörde aus, ihrerseits nach § 34 vorzugehen. § 34a ist § 10 UWG nachgebildet. Ursprünglich war im Regierungsentwurf des § 33 Abs. 2 und des § 34a vorgesehen, dass die Anspruchsverfolgung nach § 33 Abs. 2 und § 34a nicht nur den Verbänden zur Förderung gewerblicher Interessen zustehen sollte, sondern auch **qualifizierten Einrichtungen** nach § 4 UKlaG (→ § 33 Rn. 21). Die Anspruchsberechtigung der qualifizierten Einrichtungen ist erst im Vermittlungsverfahren unmittelbar vor Verabschiedung des Gesetzes gestrichen worden, aber durch die Änderung des § 33 Abs. 2, auf den Bezug genommen wird, in der 8. GWB-Novelle 2012/2013 wieder vorgesehen. Nach § 131 Abs. 4 idF der 7. GWB-Novelle 2005 war § 34a erst auf Verstöße anzuwenden, die **nach dem 30.6.2005 begangen** worden sind. Durch die Streichung des § 131 Abs. 4 aF durch die 8. GWB-Novelle 2012/2013 sollte das aber nicht geändert werden. Mit der 10. GWB-Novelle 2021 wurde die Fehlverweisung in Abs. 1 auf § 33 Abs. 2 jetzt auf § 33 Abs. 4 berichtigt. 1

2. Anspruchsvoraussetzungen

a) Verband. Aktiv legitimiert sind außerdem die in § 33 Abs. 2 Nr. 1 genannten 2
„rechtsfähigen **Verbände zur Förderung gewerblicher oder selbstständiger**

beruflicher Interessen“ aufgrund der Änderung des § 33 Abs. 2 durch die 8. GWB-Novelle auch die **qualifizierten Verbraucherschutz-Einrichtungen** (§ 33 Abs. 2 Nr. 2, → § 33 Rn. 21). Der Anspruch auf Vorteilsabschöpfung geht nur auf **„Herausgabe“** des Vorteils **an den Bundeshaushalt,** nicht etwa an die Verbandskasse. Der Verband soll kein eigenes wirtschaftliches Interesse an der Geltendmachung der Vorteilsabschöpfung haben. Er erhält nach Abs. 4 einen Aufwendungsersatz.

3 **b) Kartellverstoß und Vorsatz.** Voraussetzung der Vorteilsabschöpfung durch Verbände ist ein Verstoß iSd § 34 Abs. 1, also ein Verstoß gegen eine Vorschrift dieses Gesetzes, gegen Art. 101 AEUV oder Art. 102 AEUV oder eine Verfügung der Kartellbehörde (→ § 34 Rn. 3). Anders als nach § 34 Abs. 1 ist Voraussetzung der Vorteilsabschöpfung durch Verbände der **vorsätzliche Verstoß.** Es gilt der zivilrechtliche Vorsatzbegriff, der auch das Bewusstsein der Rechtswidrigkeit umfasst (→ § 33 Rn. 24 f.). Der Kartelltäter, der die den Verstoß begründende Handlung zwar wissentlich und willentlich begeht, sich aber der Rechtswidrigkeit dieses Tuns nicht bewusst ist, handelt nicht vorsätzlich.

4 **c) Belastung einer Vielzahl von Abnehmern oder Anbietern.** Die Vorteilsabschöpfung durch Verbände kommt nur in Betracht, wenn durch den Kartellverstoß eine Vielzahl von Abnehmern oder Anbietern belastet worden ist. Die Begründung zum Regierungsentwurf (BT-Drs. 15/3640, B, zu § 34a Abs. 1, WuW-Sonderheft, 173) spricht insoweit von **„Streuschäden mit Breitenwirkung“.** Diese Breitenwirkung liegt nur vor, wenn nach praktischer Lebenserfahrung davon auszugehen ist, dass die geschädigten Abnehmer oder Anbieter einschließlich der privaten Endverbraucher (dazu Begr. Z. RegE BT-Drs. 15/3640, B, zu § 34a Abs. 1, WuW-Sonderheft, 173) nicht oder nur zu einem nicht repräsentativen Teil bereit oder in der Lage sind, eigene Ansprüche nach § 33 geltend zu machen. Allerdings schließt § 34a nicht aus, dass wegen des betroffenen Kartellverstoßes auch individuelle Schadensersatzansprüche geltend gemacht und durchgesetzt worden sind; deswegen sieht Abs. 2 eine Subsidiarität der Vorteilsabschöpfung durch Verbände auch im Verhältnis zu Schadensersatzansprüchen vor. In jedem Falle ist erforderlich, dass neben solchen individualisierbaren Anspruchsstellern **eine größere Anzahl von nicht individualisierbaren Geschädigten** vorhanden ist, die ihre Ansprüche selbst nicht durchsetzen.

3. Subsidiarität des Anspruchs

5 Eine Vorteilsabschöpfung nach § 34a ist ausgeschlossen, soweit die **Kartellbehörde** die Abschöpfung des wirtschaftlichen Vorteils durch Verhängung einer Geldbuße, durch Verfall oder nach § 34 Abs. 1 anordnet (Abs. 1, letzter Teil) oder das Unternehmen **Schadensersatzleistungen** erbracht hat (Abs. 2).

6 Kartellverstöße können von der **Kartellbehörde** durch Verhängung einer Geldbuße nach § 81, durch Anordnung des Verfalls nach § 29a OWiG oder durch Vorteilsabschöpfung nach § 34 Abs. 1 geahndet werden. Alle diese Ahndungsmöglichkeiten haben **Vorrang vor der Vorteilsabschöpfung durch Verbände.** Das gilt aber nur in dem Umfang, „soweit“ durch die anderen Sanktionsmöglichkeiten der wirtschaftliche Vorteil abgeschöpft worden ist. Unter Umständen ist also auch bei Durchführung der zuerst genannten Sanktionen noch eine Verbandsabschöpfung nach § 34a in dem Umfang möglich, in dem der Vorteil noch nicht abgeschöpft ist. Für das **Verhältnis** der Vorteilsabschöpfung durch Verbände **zu Schadensersatz, Geldbuße, Anordnung des Verfalls oder Rückerstattung** (§ 32 Abs. 2a) gilt im Rahmen des § 34a dasselbe wie zu § 34 (→ § 34 Rn. 6). Gegenüber der **Vorteilsabschöpfung durch die Kartellbehörde** ist die Vorteilsabschöpfung durch Verbände **ebenfalls subsidiär.** Solange keine vollziehbare

Anordnung der Kartellbehörde nach § 34 Abs. 1 vorliegt, ist der Anspruch des Verbands nach § 34a nicht eingeschränkt. Wird vor rechtskräftiger Entscheidung über die Verbands-Vorteilsabschöpfung ein Verfahren der Kartellbehörde nach § 34 eingeleitet, muss dieses bis zur Entscheidung der Kartellbehörde über die Vorteilsabschöpfung unterbrochen werden. Nur dann, wenn die Vorteilsabschöpfung durch Verbände nach § 34a rechtskräftig abgeschlossen ist, dreht sich das Subsidiaritätsverhältnis um; dann kann in diesem Umfang eine Vorteilsabschöpfung durch die Kartellbehörde nicht mehr stattfinden.

4. Geltendmachung durch mehrere Gläubiger (Abs. 3)

Nach Abs. 3 gelten die §§ 428–430 BGB entsprechend, wenn mehrere Gläubiger die Vorteilsabschöpfung beanspruchen. Abs. 3 bezieht sich nur auf die **parallele Abschöpfung nach § 34a,** nicht etwa auch auf das Verhältnis zwischen der behördlichen Vorteilsabschöpfung nach § 34 und der durch Verbände nach § 34a. Gegenüber der Vorteilsabschöpfung durch die Kartellbehörde ist die nach § 34a subsidiär (→ Rn. 6), während bei der **Vorteilsabschöpfung durch mehrere Verbände Gleichrangigkeit** besteht. Allerdings ist derselbe Vorteil nicht mehrfach abschöpfbar. Liegt schon eine rechtskräftige Abschöpfung durch einen Verband vor, kann ein anderer im Umfang dieser ersten Abschöpfung keine weitere Abschöpfung mehr geltend machen. Die Gesamtgläubigerschaft kann also nur bestehen, soweit mehrere Verbände nebeneinander tätig sind, und keines der Verfahren bisher abgeschlossen ist. Der Anspruch nach § 34a kann durch einen weiteren Verband nicht allein zu dem Zweck geltend gemacht werden, dass ein zusätzlicher Gläubiger geschaffen wird. Dem steht auch § 428 S. 2 BGB nicht entgegen, der an sich von der Möglichkeit ausgeht, dass ein Gesamtgläubiger-Anspruch auch noch geltend gemacht werden kann, wenn einer der Gläubiger bereits Klage auf die Leistung erhoben hat (und über diese schon rechtskräftig entschieden ist). Der Schutzzweck des § 34a schließt es aus, dass mehrere Gläubiger nach Entscheidung zugunsten des einen weitere Gesamtgläubiger-Ansprüche geltend machen. 7

Das zeigt, dass die durch Abs. 3 angeordnete entsprechende Anwendung der §§ 428 ff. BGB nicht voll berücksichtigt, dass alle Gläubiger nur **Leistung an den Bundeshaushalt** beanspruchen können. Jeder der Gesamtgläubiger kann nur die Leistung an den Bundeshaushalt verlangen; der Schuldner hat gegenüber allen Gesamtgläubigern diesen Anspruch erfüllt, soweit er an den Bundeshaushalt geleistet hat. Praktische Anwendungsfälle für die entsprechende Anwendung der §§ 429, 430 BGB sind kaum vorstellbar. Das gilt insbes. auch für § 430 BGB, der für das Innenverhältnis der Gesamtgläubiger eine Ausgleichungspflicht anordnet. Da alle Gesamtgläubiger nur Leistung an den Bundeshaushalt verlangen können, stellt sich die Frage der Ausgleichungspflicht im Innenverhältnis nicht. Das gilt auch für den Aufwendungsersatzanspruch nach Abs. 4 (→ Rn. 13 f.). Soweit ein Verband erfolgreich einen Anspruch geltend macht, hat er einen **vollen Aufwendungsersatzanspruch,** der unter den Voraussetzungen des Abs. 4 aus den Leistungen an den Bundeshaushalt zu erfüllen ist (vgl. dazu auch Köhler/Bornkamm/Feddersen/Köhler UWG § 10 Rn. 23). 8

5. Rechtsfolgen, Verfahren

a) Zivilrechtlicher Anspruch. § 34a gewährt den Verbänden einen zivilrechtlichen Anspruch, der als solcher geltend zu machen ist. Da bei Erfolg der Erlös dem Bundeshaushalt zukommt, handeln die Verbände insoweit als **Quasi-Treuhänder des Bundes.** Ein eigenes Risiko gehen sie nur insoweit ein, als sie bei erfolgloser Geltendmachung des Anspruches keinen Aufwendungsersatzanspruch nach Abs. 4 haben (→ Rn. 13 f.). Bei streitiger Auseinandersetzung handelt es sich um eine 9 bürgerliche Rechtsstreitigkeit iSd §§ 87 ff. BGB, für die ausschließlich die Landgerichte zuständig sind. Die örtliche Zuständigkeit richtet sich nach den allgemeinen Vorschriften. Obwohl es sich nicht um einen Anspruch aus unerlaubter Handlung iSd **§ 32 ZPO** handelt, kommt wegen des Sachzusammenhangs mit dem Kartellverstoß, der iSd § 32 ZPO eine unerlaubte Handlung ist, eine entsprechende Anwendung des § 32 ZPO in Betracht.

10 Nach Abs. 2 sind auf den Anspruch auf Herausgabe des wirtschaftlichen Vorteils an den Bundeshaushalt **Leistungen anzurechnen,** die das Unternehmen aufgrund des Verstoßes erbracht hat. Damit sind Leistungen gemeint, die bei der Vorteilsabschöpfung durch die Kartellbehörde nach § 34 Abs. 2 S. 1 zur Verminderung der Vorteilsabschöpfung führen, also Schadensersatzleistungen, Geldbuße, Rückerstattung oder Anordnung des Verfalls (→ § 34 Rn. 6). An sich hätte es ausgereicht, auch in Abs. 2 S. 1 die entsprechende Anwendung des § 34 Abs. 2 S. 1 vorzusehen. Allerdings erweckt die Begr. z. RegE (BT-Drs. 15/3640, zu B, § 34a Abs. 2, WuW-Sonderheft, 174) den Eindruck, dass sich Abs. 2 nur auf „individuelle Ersatzansprüche" beziehe. Abs. 2 S. 1 hat aber auch insoweit Bedeutung für den Fall, dass Anordnungen iSv Abs. 1 schon erfolgt sind, und das Unternehmen die Leistungen tatsächlich erbracht hat. Unabhängig davon sieht S. 2 die entsprechende Anwendung des § 34 Abs. 2 S. 2 vor, dass **Rückerstattungen** zu erfolgen haben, soweit das Unternehmen Zahlungen erbracht hat. Das macht nicht nur Sinn im Hinblick auf Schadensersatzleistungen, sondern auch im Hinblick auf eine Geldbuße, eine nach § 32 Abs. 2a angeordnete Rückerstattung oder den Verfall des wirtschaftlichen Vorteils. Da die zeitliche Reihenfolge nicht absehbar ist, hat Abs. 2 seine Bedeutung gerade in der **nachträglichen Sicherung der Subsidiarität der Vorteilsabschöpfung** durch Verbände im Hinblick auf andere zivil-, verwaltungs- und ordnungsrechtliche Sanktionen.

11 **b) Herausgabe an den Bundeshaushalt.** Der Anspruch geht in keinem Falle auf Leistung an den Gläubiger, sondern auf Leistung an den Bundeshaushalt. Das gilt auch, soweit Gegenstand des Anspruches ein Kartellverstoß ist, für dessen Verfolgung nach § 48 Abs. 2 an sich die **Landeskartellbehörde** zuständig wäre, und insbes. auch für die Vorteilsabschöpfung bei Verstoß gegen die Verfügung einer Landeskartellbehörde. § 34a ist auch insoweit § 10 Abs. 1 UWG nachgebildet, der die Abführung an den Bundeshaushalt auch unabhängig davon vorsieht, ob der Bund materiell eine Zuständigkeit im Zusammenhang mit der Verfolgung des zugrunde liegenden Wettbewerbsverstoßes hat. § 34a sieht anders als § 10 Abs. 5 S. 1 UWG keine ausdrückliche Regelung vor, welche Bundesbehörde für den Empfang der Zahlung zuständig ist. Aus Abs. 4 ergibt sich aber, dass das **BKartA** außer den dort ausdrücklich vorgesehenen Zuständigkeiten die Behörde ist, die im Rahmen des § 10 UWG-Verfahrens das Bundesverwaltungsamt ist.

12 **c) Auskunftspflicht (Abs. 4 S. 1).** Nach Abs. 4 S. 1 haben die Gläubiger dem BKartA über die Geltendmachung von Ansprüchen nach Abs. 1 Auskunft zu erteilen. Auch diese Bestimmung entspricht § 10 Abs. 4 S. 1 UWG. Diese Regelung ist nur insoweit eindeutig, als die Auskunft jedenfalls zu erteilen ist, wenn das BKartA Entsprechendes verlangt. Fraglich ist, ob der Verband, der den Anspruch geltend macht, über die Geltendmachung das **BKartA von vornherein zu informieren** hat. Im Hinblick darauf, dass der Anspruch auch gegenüber der Vorteilsabschöpfung durch die Kartellbehörde nach § 34 subsidiär ist, spricht Vieles dafür, der Auskunftspflicht nach S. 1 auch eine **Informationsverpflichtung aus eigener Initiative** zu entnehmen. UE ist also der Verband verpflichtet, das BKartA zu informieren, sobald er einen Anspruch auf der Grundlage des § 34a erhebt, und zwar auch schon im vorgerichtlichen Stadium. Der Umfang der Auskunftspflicht richtet sich nach den Informationsbedürfnissen des BKartA. Er ist begrenzt dadurch, dass der Anspruch zu Zahlungen an den Bundeshaushalt führen kann, und dass sich daraus Verpflich-

tungen des Bundes im Hinblick auf den Aufwendungsersatz nach S. 2 und die Möglichkeit ergeben, dass der Bund nach Abs. 2 S. 2 iVm § 34 Abs. 2 S. 2 Zahlungen zurückzuerstatten hat. Eine Auskunftspflicht über die Begründung des Anspruchs besteht an sich nicht. Soweit der Anspruch gerichtlich geltend gemacht wird, hat das BKartA allerdings über seine Beteiligung nach § 90 entsprechende Informations- und Einwirkungsmöglichkeiten.

d) Aufwendungsersatz (Abs. 4 S. 2 und 3). Nach Abs. 4 S. 2 können die Verbände, die die Vorteilsabschöpfung zugunsten des Bundeshaushalts geltend machen, die Erstattung ihrer Aufwendungen verlangen. Auch diese Vorschrift entspricht § 10 Abs. 4 S. 2 UWG (dazu Köhler/Bornkamm/Feddersen/Köhler UWG § 10 Rn. 23). Da der Aufwendungsersatzanspruch auf die Höhe des an den Bundeshaushalt abgeführten wirtschaftlichen Vorteils beschränkt ist, besteht er nur, **wenn der Anspruch mit Erfolg durchgesetzt wird.** Ein Aufwendungsersatzanspruch besteht also nicht, wenn ein Verband einen Anspruch auf Vorteilsabschöpfung zwar geltend macht, damit aber nicht erfolgreich ist, entweder wegen tatsächlicher oder rechtlicher Unbegründetheit oder wegen Scheiterns der Vollstreckung. Insoweit handelt der Verband also auf eigenes Risiko. Wird der Anspruch gerichtlich erfolgreich durchgesetzt, kann kein Aufwendungsersatz in Höhe der Anwaltskosten geltend gemacht werden, soweit die Anwaltskosten ersetzt werden. Es bleibt aber ein Aufwendungsersatzanspruch für die Aufwendungen, die außerhalb der Anwaltskosten insbes. durch die eigene Tätigkeit entstehen. 13

Machen **mehrere Gläubiger** den Anspruch geltend, so können sie Aufwendungsersatz in dem Umfang geltend machen, in dem ihre Tätigkeit kausal war für die Abführung eines wirtschaftlichen Vorteils an den Bundeshaushalt. Besteht diese Kausalität nicht, weil zB der wirtschaftliche Vorteil aufgrund der zeitlich vorangehenden Tätigkeit eines Gläubigers schon voll abgeschöpft ist, gibt es keinen Aufwendungsersatzanspruch. Ist die Tätigkeit mehrerer Gläubiger gleichermaßen kausal für die erfolgreiche Durchsetzung des Anspruchs auf Vorteilsabschöpfung und reicht der an den Bundeshaushalt abgeführte Betrag nicht aus, um alle Aufwendungsersatzansprüche zu befriedigen, soll § 430 BGB entsprechend anwendbar sein (so auch für § 10 UWG Köhler/Bornkamm/Feddersen/Köhler UWG § 10 Rn. 24); demgemäß sind dann die mehreren Gläubiger zu gleichen Anteilen zu befriedigen. 14

e) Bindungswirkung an Vorentscheidung (Abs. 5 S. 2 iVm § 33b). Nach der in Abs. 5 S. 2 angeordneten entsprechenden Anwendung des § 33b ist das Gericht, das über einen Anspruch auf Vorteilsabschöpfung durch Verbände entscheidet, ebenso wie bei einem Schadensersatzanspruch an die **bestandskräftige Vorentscheidung über den Kartellverstoß gebunden** (→ § 33 Rn. 41 ff.). Das gilt auch für eine Entscheidung der Kommission oder des Europäischen Gerichtshofes, soweit die Vorteilsabschöpfung auf einem Verstoß gegen Art. 101 AEUV oder Art. 102 AEUV beruht (zum Verstoß gegen eine Entscheidung der Kommission → § 33 Rn. 8). 15

f) Verjährung (Abs. 5 S. 1 und 2). Abs. 5 S. 1 regelt eine fünfjährige Verjährung. Für die Hemmung gilt nach Abs. 5 S. 2 § 33h Abs. 6 entsprechend. 16

Kapitel 7. Zusammenschlusskontrolle

Vorbemerkung §§ 35–43a

1. Überblick zu Kapitel 7

1 **a) 6. GWB-Novelle 1998.** Die 6. GWB-Novelle 1998 hat erstmals einen besonderen Abschnitt (jetzt: Kapitel) gebildet, in dem **alle Vorschriften über die Zusammenschlusskontrolle** enthalten sind. Vorher waren die Fusionskontrollvorschriften mit denen über die Marktbeherrschung und deren Missbrauch (§ 22 aF) und die Monopolkommission (§§ 24b, 24c aF) zusammengefasst. Im ursprünglichen System des GWB standen dafür insgesamt nur drei Paragrafen zur Verfügung (§§ 22, 23, 24 aF). Die Einführung der Fusionskontrolle durch die 2. GWB-Novelle 1973 und deren Ergänzung durch die weiteren Novellen bis zur 5. GWB-Novelle 1989 führte dazu, dass nicht nur neue Paragrafen geschaffen (§§ 23a, 24a–24c aF), sondern die einzelnen Paragrafen mit einer Vielzahl von Absätzen und Sätzen überladen wurden. Das brachte eine beispiellose Unübersichtlichkeit und Verständnisprobleme mit sich. Im Lichte dieser Erfahrung ist die Bildung eines besonderen Abschnittes „Zusammenschlusskontrolle" ausschließlich für die formelle und materielle Fusionskontrolle ohne die Vorschriften über die Monopolkommission, die nunmehr im 8. Abschnitt zusammengefasst sind (§§ 44–47), gesetzgebungstechnisch ein großer Fortschritt. Das ändert nichts daran, dass weiterhin eine enge materielle Verbindung zwischen der insbes. in § 36 geregelten materiellen Fusionskontrolle mit der Definition der Marktbeherrschung in § 19 Abs. 2 und den Marktbeherrschungsvermutungen in § 19 Abs. 3 besteht.

2 **b) 7. GWB-Novelle 2005.** Die 7. GWB-Novelle 2005 hat in der Fusionskontrolle (§§ 35–43) nur wenig geändert. Im Wesentlichen handelt es sich um **verfahrensrechtliche Klarstellungen.** Materielle Änderungen hat es nicht gegeben. Insoweit war während des Gesetzgebungsverfahrens insbes. diskutiert worden, ob § 36 durch zusätzliche Abs. 1a und 1b ergänzt werden soll, die unter bestimmten Voraussetzungen **Zusammenschlüsse zwischen Zeitungsverlegern** privilegieren sollten (vgl. dazu Nr. 21 des RegE v. 26.5.2004, BT-Drs. 15/3640). Die Formulierungsvorschläge dazu sind während des Gesetzgebungsverfahrens mehrfach verändert worden; ein politischer Konsens kam nicht zustande. Der Wirtschaftsausschuss hat in seiner Sitzung vom 9.3.2005 zwar eine Erleichterung für **verlagswirtschaftliche Kooperationen,** die uU auch mit Zusammenschlüssen verbunden sein konnten, empfohlen (§ 31 neu), eine Änderung des § 36 aber abgelehnt (vgl. dazu BT-Drs. 15/5049, Beschlussempfehlung zu Ziffern 10 und 12, WuW-Sonderheft, 246 f.). Der Vermittlungsausschuss hat in seiner entscheidenden Sitzung vom 15.6.2005 (BT-Drs. 15/5735, zu Nr. 7) beschlossen, auch die Privilegierung verlagswirtschaftlicher Kooperationen zu streichen. Das gleiche Schicksal ereilte auch die isoliert nicht umstrittenen Vorschläge zur Änderung der Aufgreifschwellen im Pressebereich. Es war eine Halbierung des Umsatzberechnungsfaktors in § 38 Abs. 3 auf das 10-fache vorgesehen; außerdem sollte die Bagatellklausel des § 35 Abs. 2 Nr. 1 bis zu einer Schwelle von 2 Mio. EUR im Pressebereich erweitert werden.

3 **c) 8. GWB-Novelle 2012/2013.** Schon während des Gesetzgebungsverfahrens für die 7. GWB-Novelle ist diskutiert worden, ob das materielle Untersagungskriterium der Begründung oder Verstärkung einer marktbeherrschenden Stellung in § 36 Abs. 1 an das zum 1.5.2004 geänderte Kriterium der **wesentlichen Wettbewerbsbehinderung in der EU-Fusionskontrolle** angeglichen werden soll. Nach Art. 2 Abs. 2 und 3 FKVO sind Zusammenschlüsse nicht nur dann zu untersagen, wenn sie

zur Begründung oder Verstärkung einer beherrschenden Stellung führen, sondern (schon) dann, wenn durch sie wirksamer Wettbewerb im gemeinsamen Markt oder in einem wesentlichen Teil desselben erheblich behindert wird. Das Bundeswirtschaftsministerium hat sich während des Verfahrens zur 7. GWB-Novelle, aber auch danach der Auffassung angeschlossen, dass die **weitere Entwicklung des EU-Rechts abzuwarten** sei, bevor der deutsche Gesetzestext geändert wird (vgl. dazu auch Baron FS Bechtold, 2006, 9; Schwalbe FS Bechtold, 2006, 465 (479 f.)). Obwohl die weitere Entwicklung keine wesentlichen neuen Erkenntnisse zu dieser Frage erbracht hat, ist im Gesetzgebungsverfahren der 8. GWB-Novelle der Vorschlag des Bundeswirtschaftsministeriums im Referentenentwurf und der Bundesregierung im Regierungsentwurf ohne vertiefte Diskussion angenommen worden. Der Regierungsentwurf (BT-Drs. 17/9852, 28) spricht in der Begründung von der „Erwartung, dass dadurch eine **weitgehend gleichlaufende Beurteilung** von Fusionsvorhaben auf deutscher und europäischer Ebene erleichtert wird“. Zugleich geht man aber davon aus, dass Untersagungen „voraussichtlich auch in Zukunft überwiegend“ anhand des Marktbeherrschungs-Kriteriums erfolgen werden. Deswegen werde es auch keine Rechtsunsicherheit geben.

In der letzten Phase des Gesetzgebungsverfahrens ist aufgrund eines Änderungsantrags der CDU/CSU- und FDP-Fraktionen § 36 Abs. 1 durch Nr. 3 ergänzt worden, die unter bestimmten Voraussetzungen **Zusammenschlüsse zwischen Zeitungs- oder Zeitschriftenverlagen** privilegiert. Die 8. GWB-Novelle hat darüber hinaus im Grenzbereich zwischen formeller und materieller Fusionskontrolle die **Aufgreifschwelle für Pressezusammenschlüsse** erhöht, indem der Multiplikator in § 38 Abs. 3 von 20 auf 8 gesenkt wurde. Auf Initiative des Bundesrats ist im Vermittlungsverfahren in § 35 Abs. 2 S. 2 eine Ausnahme der Fusionskontrolle für Zusammenschlüsse im Zuge einer kommunalen Gebietsreform eingeführt worden, außerdem in § 172a SGB V eine modifizierte Einbeziehung der Krankenkassen in die Fusionskontrolle. Die Bagatellmarktklausel des früheren § 35 Abs. 2 Nr. 2 wurde aus dem Bereich der Anwendungsvoraussetzungen zu Recht in den Bereich der materiellen Fusionskontrolle in § 36 Abs. 1 Nr. 2 (neu) verschoben. Weitere Änderungen wurden **im Verfahrensrecht** zur **Angleichung an die EU-Fusionskontrolle** durchgeführt. Weiterhin unbefriedigend bleibt die Regelung über die nachträgliche Kontrolle von Zusammenschlüssen, die objektiv unter Verstoß gegen das Vollzugsverbot vollzogen worden sind. Immerhin wurde in § 41 Abs. 1 S. 3 durch eine neue Nr. 3 klargestellt, dass nachträglich geprüfte Zusammenschlüsse auch zivilrechtlich wirksam sind, wenn ein gegen sie eingeleitetes „Entflechtungsverfahren“ eingestellt wurde. 4

d) 9. GWB-Novelle 2017. Die 9. GWB Novelle 2017 fügte mit Abs. 1a eine **gegenleistungsbasierte Aufgreifschwelle** für Zusammenschlüsse ein, die bisher nicht von den Inlandsumsatzschwellen des Abs. 1 erfasst wurden. Diese gegenleistungsbasierte Aufgreifschwelle führt zu Folgeänderungen in § 38 Abs. 4a. § 36 Abs. 1 Nr. 2 ergänzt die Fusionskontrolle in Bagatellmärkten um eine Ausnahme, die die Neuregelung in § 18 Abs. 2a (Märkte, auf denen Leistungen unentgeltlich erbracht werden) sowie die neue Aufgreifschwelle des § 35 Abs. 1a berücksichtigt. Abs. 2 wurde um eine Ausnahme für kreditwirtschaftliche Verbundgruppen ergänzt. Diese Regelung soll Zusammenschlüsse innerhalb kreditwirtschaftlicher Verbundgruppen bezogen auf Dienstleistungen, die bankenintern erbracht werden (Back Office Leistungen), privilegieren. Diese Regelung wurde vor dem Hintergrund der Niedrigzinsphase und der damit schlechten Ertragslage und traditionellen Kreditgeschäft als angebracht angesehen (RegE 9. GWB-Novelle 2017, 29). 5

e) 10. GWB-Novelle 2021. Die 10. GWB Novelle 2021 änderte zunächst einmal die Aufgreifschwellen in § 35 Abs. 1 Nr. 2 dahingehend, dass die Mindestgröße für zwei beteiligte Unternehmen nunmehr bei 50 Mio. EUR Umsatz bzw. 5a

17,5 Mio. EUR liegen muss. In der Folge wurden auch in Abs. 1a Nr. 2 lit. b die Umsatzgrenzen erhöht. Aufgrund der Umsatzgrenzenerhöhung wurde auf die bisherige Anschlussklausel in § 35 Abs. 2 S. 1 verzichtet. In § 36 wurde die Bagatellmarktgrenze in § 36 Abs. 1 S. 2 Nr. 2 neu gefasst. In § 38 wurde klargestellt, dass bei Unternehmen auch international anerkannte Rechnungslegungsstandards für die Ermittlung der Umsatzerlöse maßgeblich sind. Die Pressefusionskontrolle gem. § 38 Abs. 3 wurde dahingehend entschärft, dass der Umsatzfaktor auf 4 ermäßigt wird. Schließlich wurde dem Bundeskartellamt nach § 39a die Möglichkeit eröffnet, Unternehmen durch Verfügung zu verpflichten, Zusammenschlüsse anzumelden, auch wenn sie nach § 35 nicht anmeldepflichtig wären. Die umfangreichen Änderungen, die für die Ministererlaubnis noch im Regierungsentwurf enthalten waren, wurden „in letzter Minute" aus dem Gesetzgebungsverfahren genommen.

5b **f) 11. GWB-Novelle 2023.** Die 11. GWB-Novelle 2023 verlagert § 39a in § 32f Abs. 2. Ansonsten regelt die 11. GWB-Novelle die Einreichung der Anmeldung in § 39 neu.

6 **g) Aufbau des Gesetzes.** Über die Sinnhaftigkeit der **Untergliederung des Kapitels 7** sind Zweifel angebracht. Richtiger wäre es gewesen, an die Regelung des Geltungsbereiches der Zusammenschlusskontrolle (§ 35) die über die Zusammenschlusstatbestände (§ 37) anzuschließen und dann erst die Grundlage über die materielle Fusionskontrolle (§ 36) folgen zu lassen. Offenbar hat sich der deutsche Gesetzgeber aber an die **Systematik der FKVO** (früher – insoweit identisch – 4064/89, Anhang A 3) angelehnt, die in den Art. 1–3 entsprechend aufgebaut ist. Für die Frage, ob ein Zusammenschluss der deutschen Fusionskontrolle unterliegt, sind nicht nur die Umsatzschwellen des § 35 und der Ausschluss der EG-Fusionskontrolle nach § 35 Abs. 3 zu prüfen, sondern auch das Vorliegen eines Zusammenschlusstatbestandes iSd § 37. Erst wenn sich aus §§ 35 und 37 ergibt, dass ein Zusammenschluss iSd § 37 vorliegt, der die Umsatzschwellen des § 35 Abs. 1 erfüllt, nicht von den Ausnahmen des § 35 Abs. 2 erfasst wird und nicht der EU-Fusionskontrolle unterliegt (§ 35 Abs. 3), kommt man zu den in § 36 geregelten „Grundsätzen für die Beurteilung von Zusammenschlüssen". § 38 enthält Ergänzungs- und Berechnungsvorschriften insbes. zu § 35. Die §§ 39–41 regeln das Fusionskontrollverfahren und die Rechtsfolgen, die sich aus Entscheidungen, dem Ablauf von Fristen und Verstößen gegen Ge- und Verbote der Fusionskontrolle ergeben können. § 42 regelt die Ministererlaubnis und deren Verfahren, § 43 die im Verfahren erfolgenden Bekanntmachungen. Soweit die §§ 35–43 keine besonderen Regelungen enthalten, gelten die übrigen Vorschriften des Gesetzes. Das hat Bedeutung insbes. für das Verfahren vor dem BKartA und das sich uU anschließende Beschwerde- und Rechtsbeschwerdeverfahren. Für das Gerichtsverfahren gibt es keine Sondervorschriften.

2. Verhältnis zum EU-Recht

7 Für die Zusammenschlüsse, die der **EU-Fusionskontrolle nach der FKVO** (v. 20.1.2004, ABl. 2004 L 24, 1, Anhang A 3) unterliegen, gilt ein **völliger Ausschluss des deutschen Rechtes** (Art. 21 Abs. 2 FKVO). Derartige Zusammenschlüsse unterliegen nur der „Anmeldepflicht" und dem Vollzugsverbot nach EU-Recht, nicht des deutschen Rechts; das BKartA hat grds. keine Untersagungs- und Nachprüfungsbefugnisse. Voraussetzung dafür ist, dass es sich um einen **Zusammenschluss iSv Art. 3 FKVO** handelt und dass er von **„gemeinschaftsweiter Bedeutung" iSv Art. 1 FKVO** ist. Sind beide Voraussetzungen erfüllt, kann sich eine Zuständigkeit des BKartA nur ergeben, wenn die Kommission den Fall nach Art. 4 Abs. 4 FKVO oder Art. 9 Abs. 3 lit. b FKVO an das BKartA verweist. Umgekehrt kann trotz zunächst ausschließlicher Zuständigkeit des BKartA die Zuständigkeit der

Kommission begründet werden, wenn die Kommission den Fall auf Antrag des BKartA (und ggf. weiterer nationaler Wettbewerbsbehörden) nach Art. 22 Abs. 1 FKVO oder der beteiligten Unternehmen nach Art. 4 Abs. 5 FKVO den Fall übernimmt (vgl. dazu auch die Gemeinsamen Grundsätze der European Competition Authorities „für die Anwendung von Artikel 4 Absatz 5 und Artikel 22 der Europäischen Fusionskontrollverordnung durch die nationalen Wettbewerbsbehörden der ECA"). Das GWB sieht seit der 6. GWB-Novelle 1998 in § 35 Abs. 3 ausdrücklich vor, dass die Vorschriften der deutschen Fusionskontrolle keine Anwendung finden, soweit die FKVO gilt (→ § 35 Rn. 3 ff.).

Entgegen vieler Prognosen ist die **deutsche Fusionskontrolle** weiterhin von 8 **großer Bedeutung.** Sie wird auch in Fällen internationaler Relevanz keineswegs regelmäßig durch die EU-Fusionskontrolle ausgeschlossen. Die Einführung der EU-Fusionskontrollverordnung zum 21.9.1990 hat sich in der Anzahl der deutschen Fusionskontrollverfahren überhaupt nicht ausgewirkt. In den Jahren 1990 bis 2010, also in dem Zeitraum, in dem die EU-Fusionskontrolle gilt, sind beim BKartA insgesamt 30.942 Zusammenschlüsse angemeldet worden, durchschnittlich also knapp 1.500 Zusammenschlüsse pro Jahr. Die Zahl der Anmeldungen bei der Europäischen Kommission in Brüssel liegt durchschnittlich zwischen 200 und 300 pro Jahr Obwohl in der Aufgabenverteilung zwischen der europäischen und den nationalen Fusionskontrollen wegen der höheren Aufgreifschwellen die größeren und häufig materiell problematischeren Zusammenschlüsse der Europäischen Kommission, nicht bei den nationalen Behörden angemeldet werden, ist die **Untersagungshäufigkeit beim BKartA höher** als bei der Kommission. Allerdings wird das Bild etwas relativiert durch den Umstand, dass die Kommission in größerem Umfang Untersagungen durch Entgegennahme von Zusagen löst, die über Auflagen und Bedingungen verbindlich gemacht werden.

§ 35 Geltungsbereich der Zusammenschlusskontrolle

(1) **Die Vorschriften über die Zusammenschlusskontrolle finden Anwendung, wenn im letzten Geschäftsjahr vor dem Zusammenschluss**
1. **die beteiligten Unternehmen insgesamt weltweit Umsatzerlöse von mehr als 500 Millionen Euro und**
2. **im Inland mindestens ein beteiligtes Unternehmen Umsatzerlöse von mehr als 50 Millionen Euro und ein anderes beteiligtes Unternehmen Umsatzerlöse von mehr als 17,5 Millionen Euro**

erzielt haben.

(1a) **Die Vorschriften über die Zusammenschlusskontrolle finden auch Anwendung, wenn**
1. **die Voraussetzungen des Absatzes 1 Nummer 1 erfüllt sind,**
2. **im Inland im letzten Geschäftsjahr vor dem Zusammenschluss**
   a) **ein beteiligtes Unternehmen Umsatzerlöse von mehr als 50 Millionen Euro erzielt hat und**
   b) **weder das zu erwerbende Unternehmen noch ein anderes beteiligtes Unternehmen Umsatzerlöse von jeweils mehr als 17,5 Millionen Euro erzielt haben,**
3. **der Wert der Gegenleistung für den Zusammenschluss mehr als 400 Millionen Euro beträgt und**
4. **das zu erwerbende Unternehmen nach Nummer 2 in erheblichem Umfang im Inland tätig ist.**

(2) [1]**Absatz 1 gilt nicht für Zusammenschlüsse durch die Zusammenlegung öffentlicher Einrichtungen und Betriebe, die mit einer kommunalen**

Gebietsreform einhergehen. [2]Die Absätze 1 und 1a gelten nicht, wenn alle am Zusammenschluss beteiligten Unternehmen
1. Mitglied einer kreditwirtschaftlichen Verbundgruppe im Sinne des § 8b Absatz 4 Satz 8 des Körperschaftsteuergesetzes sind,
2. im Wesentlichen für die Unternehmen der kreditwirtschaftlichen Verbundgruppe, deren Mitglied sie sind, Dienstleistungen erbringen und
3. bei der Tätigkeit nach Nummer 2 keine eigenen vertraglichen Endkundenbeziehungen unterhalten.
[3]Satz 2 gilt nicht für Zusammenschlüsse von Zentralbanken und Girozentralen im Sinne des § 21 Absatz 2 Nummer 2 des Kreditwesengesetzes.

(3) **Die Vorschriften dieses Gesetzes finden keine Anwendung, soweit die Europäische Kommission nach der Verordnung (EG) Nr. 139/2004 des Rates vom 20. Januar 2004 über die Kontrolle von Unternehmenszusammenschlüssen in ihrer jeweils geltenden Fassung ausschließlich zuständig ist.**

Übersicht

1. Allgemeines

1 § 35 regelt in Abs. 1 die **Umsatzschwellen,** bei deren Erreichen die Fusionskontrolle (der Begriff wird hier identisch verwendet mit dem gesetzlichen Begriff der Zusammenschlusskontrolle) eingreift. Abs. 2 enthält mit der sog. **„Bagatell"- oder „Anschlussklausel"** eine unternehmensbezogene Bagatellschwelle und Abs. 3 den

Grundsatz, dass die deutsche Fusionskontrolle nur gilt, soweit die **EU-Fusionskontrolle nicht eingreift.** Mit dieser Systematik werden, verglichen mit dem Recht vor der 6. GWB-Novelle 1998, früher verstreute, sachlich aber zusammengehörende Bereiche zusammengefasst. Die Umsatzschwellen waren früher in § 23 Abs. 1 S. 1 und § 24 Abs. 8 Nr. 1 aF geregelt, die Bagatellklausel in § 24 Abs. 8 Nr. 2 aF. Wichtiger als diese formalen Umgestaltungen waren die mit ihnen verbundenen materiellen Änderungen. Früher griff die deutsche Fusionskontrolle ein, wenn die beteiligten Unternehmen zusammen einen Umsatz von mindestens 500 Mio. DM hatten (§ 23 Abs. 1 S. 1, § 24 Abs. 8 Nr. 1 aF); an die Stelle der 500 Mio. DM-Umsatzschwelle trat mit der 6. GWB-Novelle 1998 die von 1 Mrd. DM bzw. 500 Mio. EUR (Abs. 1 Nr. 1). Eingeführt mit der 6. GWB-Novelle wurde auch das Erfordernis in § 35 Abs. 1 Nr. 2, wonach mindestens ein beteiligtes Unternehmen im Inland Umsatzerlöse von mehr als 50 Mio. DM bzw. 25 Mio. EUR haben musste. Auch die Umsatzschwelle der Bagatellklausel in Abs. 2 ist erhöht worden: An die Stelle des Umsatzes des erworbenen Unternehmens von 4 Mio. DM trat durch Abs. 2 Nr. 1 ein Umsatz von 20 Mio. DM bzw. 10 Mio. EUR. Durch das am 1.1.2002 in Kraft getretene 9. Euro-Einführungsgesetz (Art. 7 Nr. 1; BGBl. 2001 I 2992) wurden die Beträge in DM durch solche in Euro ersetzt.

Die 7. GWB-Novelle 2005 hat § 35 nicht geändert. Durch das 3. Mittelstandsentlastungsgesetz vom 17.3.2009 wurde Abs. 1 Nr. 2 so geändert, dass zusätzlich zu der bisherigen 25 Mio. EUR-Schwelle eine **zweite Inlandsumsatzschwelle** von 5 Mio. EUR eingeführt wurde. Die **8. GWB-Novelle 2012/2013** hat die „Bagatellmarktklausel" des § 35 Abs. 2 S. 1 Nr. 2, die auf § 24 Abs. 8 Nr. 3 idF bis zur 6. GWB-Novelle zurückging, entsprechend deren systematischer Stellung wieder in den Bereich der materiellen Fusionskontrolle verschoben (jetzt § 36 Abs. 1 S. 2 Nr. 2). Das bedeutet, dass ein Zusammenschluss, der einen Bagatellmarkt (bundesweit weniger als 15 Mio. EUR Jahresumsatz) betrifft, zwar angemeldet werden muss und dem Vollzugsverbot unterliegt, aber insoweit nicht untersagt werden kann. Die 8. GWB-Novelle hat außerdem § 35 Abs. 2 durch S. 2 ergänzt. Die 9. GWB-Novelle 2017 hat in Abs. 1a eine gegenleistungsbasierte Aufgreifschwelle eingeführt. Die 10. GWB-Novelle 2021 erhöht die Inlandsumsatzschwellen in Abs. 1 von 25 Mio. EUR auf 50 Mio. EUR und die zweite Inlandsschwelle von 5 Mio. EUR auf 17,5 Mio. EUR. Dadurch soll eine weitere Einschränkung der Fusionskontrolle auf Fälle bewirkt werden, die gesamtwirtschaftlich bedeutsam sind. Folgerichtig wurde die **Anschlussklausel in Abs. 2 S. 1 aF gestrichen.** Durch diese Änderung ist nur noch die Mindestumsatzschwelle von 17,5 Mio. EUR für die Bestimmung der Fusionskontrollpflicht relevant, es sei denn, es liegt ein Fall der gegenleistungsabhängigen Fusionskontrollpflichtigkeit nach Abs. 1a vor. 2

2. Keine Anwendung der EU-Fusionskontrolle (Abs. 3)

a) Grundsatz. Abs. 3 steht im **Einklang mit Art. 21 Abs. 3 FKVO** (Anhang A 3). Nach dessen UAbs. 1 wenden die Mitgliedstaaten „ihr innerstaatliches Wettbewerbsrecht nicht auf Zusammenschlüsse von gemeinschaftsweiter Bedeutung an". In UAbs. 2 wird klargestellt, dass dadurch nicht die Befugnis der Mitgliedstaaten berührt wird, die zur Anwendung der Verweisungsverfahren nach Art. 4 Abs. 4 und Art. 9 Abs. 2 FKVO erforderlichen Ermittlungen vorzunehmen und nach einer Verweisung „die in Anwendung des Art. 9 Abs. 8 unbedingt erforderlichen Maßnahmen zu ergreifen". § 35 Abs. 3 ist das **deutsch-rechtliche Spiegelbild dieser EU-rechtlichen Regelung.** Damit wird einerseits der Vorrang der EU-Fusionskontrolle anerkannt, andererseits aber auch zum Ausdruck gebracht, dass das deutsche Recht überall dort, wo es EU-rechtlich zulässig ist, voll angewendet werden kann (vgl. dazu auch BGH WuW/E 3026 (3034 f.) – Backofenmarkt), insbes. im Rahmen der Verweisungsverfahren nach Art. 4 Abs. 4 FKVO und Art. 9 FKVO. Die Begr. z. 3

RegE zur 6. GWB-Novelle (BR-Drs. 852/97, 57) stellt klar, dass die Unanwendbarkeit des GWB aufgrund der EU-Fusionskontrolle das GWB insgesamt betrifft, also auch die Unanwendbarkeit des § 1, soweit die FKVO Fälle erfasst, die Probleme nach § 1 aufwerfen könnten (→ § 1 Rn. 84 ff. und → Rn. 23 f.). Die EU-Kommission ist nach der FKVO für einen Zusammenschluss unter zwei Voraussetzungen ausschließlich zuständig: Einmal muss es sich aufgrund der Umsätze der beteiligten Unternehmen um einen **Zusammenschluss von gemeinschaftsweiter Bedeutung** iSv Art. 1 Abs. 2 und 3 FKVO handeln (→ Rn. 4 ff.); außerdem muss der Zusammenschluss die Voraussetzungen eines **Zusammenschlusstatbestandes** nach Art. 3 erfüllen (→ Rn. 8 ff.).

4 **b) Umsatzschwellen der EU-Fusionskontrolle.** Die EU-Fusionskontrolle greift nur ein, wenn der Zusammenschluss von **„gemeinschaftsweiter Bedeutung"** ist (Art. 1 Abs. 1 FKVO). Das ist nach Abs. 2 **Alt. 1** der Fall, wenn kumulativ drei Schwellenwerte erreicht werden:
- Der weltweite Gesamtumsatz aller beteiligten Unternehmen muss mehr als 5 Mrd. EUR betragen, und
- der gemeinschaftsweite Umsatz von mindestens zwei der am Zusammenschluss beteiligten Unternehmen muss jeweils mehr als 250 Mio. EUR betragen, und
- die am Zusammenschluss beteiligten Unternehmen dürfen nicht jeweils mehr als 2/3 ihres gemeinschaftsweiten Gesamtumsatzes in ein und demselben Mitgliedstaat erzielen.

5 Seit dem 1.3.1998 gilt aufgrund des Abs. 3 **alternativ** dazu eine andere, noch kompliziertere Schwellenwert-Regelung. Dafür sind kumulativ fünf Voraussetzungen erforderlich:
- Der weltweite Gesamtumsatz aller beteiligten Unternehmen muss mehr als 2,5 Mrd. EUR betragen, und
- der Gesamtumsatz aller beteiligten Unternehmen muss in mindestens drei Mitgliedstaaten jeweils 100 Mio. EUR übersteigen, und
- in jedem von mindestens drei von der vorgenannten Voraussetzung erfassten Mitgliedstaaten muss der Gesamtumsatz von mindestens zwei beteiligten Unternehmen jeweils mehr als 25 Mio. EUR betragen, und
- der gemeinschaftsweite Gesamtumsatz von mindestens zwei beteiligten Unternehmen muss jeweils 100 Mio. EUR übersteigen, und
- die am Zusammenschluss beteiligten Unternehmen dürfen nicht jeweils mehr als 2/3 ihres gemeinschaftsweiten Gesamtumsatzes in ein und demselben Mitgliedstaat erzielen.

6 Insbesondere die **Alt. 2** wirft Verständnisprobleme auf, die nur durch exakte, am Wortlaut orientierte Berechnung gelöst werden können. Diese Alt. 2 hat praktische Bedeutung insbes. in Fällen, in denen ein Großunternehmen ein anderes Unternehmen erwirbt, das weniger als 250 Mio. EUR, wohl aber mindestens 100 Mio. EUR gemeinschaftsweiten Umsatz hat. Für dieses Unternehmen ist zu prüfen, ob es in mindestens drei EU-Mitgliedstaaten einen Umsatz von mindestens je 25 Mio. EUR hat. In mindestens drei Ländern, in denen das der Fall ist, muss auch ein anderes Unternehmen einen Umsatz von 25 Mio. EUR erreichen und der Gesamtumsatz der beteiligten Unternehmen je mindestens 100 Mio. EUR betragen. In beiden Alternativen gilt die **2/3-Klausel,** die zur Unanwendbarkeit der EU-Fusionskontrolle führt, wenn – was gerade in Deutschland häufiger der Fall ist – die beteiligten Unternehmen jeweils $^2/0_3$ ihres gemeinschaftsweiten Umsatzes in Deutschland machen (vgl. dazu auch Fuchs WuW 2006, 355).

7 Art. 5 VO 4064/89 enthält, ebenso wie § 38, genauere Regelungen darüber, wie der **Umsatz** der Schwellen des Art. 1 Abs. 2 und 3 **zu berechnen** ist. Ähnlich wie nach § 38 Abs. 1 werden in die Berechnung des Gesamtumsatzes auch **Konzernumsätze der beteiligten Unternehmen** einbezogen. Neben den am Zusammen-

schluss direkt beteiligten Unternehmen sind die Tochterunternehmen, übergeordnete Unternehmen sowie die weiteren von den übergeordneten Unternehmen abhängigen Tochterunternehmen einzubeziehen (Art. 5 Abs. 4 FKVO). Der Fall, dass ein beteiligtes Unternehmen gemeinsam mit einem Dritten ein anderes Unternehmen beherrscht, ist nicht ausdrücklich geregelt. Anders als im deutschen Recht sind die **Umsätze des Gemeinschaftsunternehmens** nur **„quotal“** (anteilig nach „Köpfen“) dem jeweils mitbeherrschenden Unternehmen zuzurechnen (vgl. dazu Bechtold/Bosch/Brinker VO 139/2004 Art. 5 Rn. 23). Beim Erwerb von Teilen eines Unternehmens ist wie nach § 38 Abs. 5 in Art. 5 Abs. 2 FKVO bei der Umsatzberechnung nur der Umsatz des erworbenen Teils zu berücksichtigen. Nicht einzubeziehen sind Innenumsätze, Erlösschmälerungen, Mehrwertsteuer und andere indirekte Steuern. Für die **regionale Aufteilung der Umsätze** auf die Gemeinschaft oder einzelne Mitgliedsländer, die für die Umsatzverteilungsklausel in Art. 1 Abs. 2 und 3 FKVO erforderlich ist, kommt es darauf an, wo die Abnehmer sitzen, an die Waren geliefert oder Dienstleistungen erbracht werden (Art. 5 Abs. 1 UAbs. 2 FKVO). Ebenso wie nach § 38 Abs. 4 treten bei Kredit- und sonstigen Finanzinstituten grds. die Zins- und sonstigen banktypischen Erträge und bei Versicherungsunternehmen die Summe der Bruttoprämien an die Stelle der Umsätze (Art. 5 Abs. 3 lit. a und b FKVO). Die FKVO enthält **keine Privilegierung der reinen Handelsumsätze** und **keinen besonderen Berechnungsschlüssel für Rundfunk- und Presseumsätze.** Die Kommission hat verschiedene Mitteilungen veröffentlicht, die auf der Basis ihrer Entscheidungspraxis Auslegungsprobleme zu lösen helfen, so u.a. die „Konsolidierte Mitteilung der Kommission zu Zuständigkeitsfragen“ (ABl. 2009 C 43, 10).

c) Kontrollerwerb nach EU-Fusionskontrolle. Art. 3 FKVO (Anhang A 3) 8
definiert die erfassten **Zusammenschlüsse.** Vom Fall des Gemeinschaftsunternehmens abgesehen, bezieht sich die FKVO ausschließlich auf Zusammenschlusstatbestände, die zum Verlust (mindestens) der wirtschaftlichen Selbständigkeit eines der beteiligten Unternehmen führen. Als Zusammenschluss gilt zum einen die **Fusion** (Art. 3 Abs. 1 lit. a FKVO), zum anderen die Erlangung der **Kontrolle** über ein Unternehmen (Art. 3 Abs. 1 lit. b FKVO). Die **Minderheitsbeteiligung** erfüllt als solche **keinen Zusammenschlusstatbestand.** Ein fusionskontrollpflichtiger Zusammenschluss liegt nicht vor bei bestimmten Erwerbsvorgängen durch Banken oder Versicherungen (Art. 3 Abs. 5 lit. a FKVO), öffentliche Mandatsträger wie insbes. Konkursverwalter (Art. 3 Abs. 5 lit. b FKVO) und Beteiligungsgesellschaften (Art. 3 Abs. 5 lit. c FKVO).

Der erste Zusammenschlusstatbestand nach Art. 3 Abs. 1 lit. a FKVO ist der der 9
Fusion „bisher voneinander unabhängiger Unternehmen“. Mit dem Begriff der Fusion sind – aber nicht abschließend – die Fälle in Art. 3 und 4 der – durch das Verschmelzungsrichtliniengesetz vom 25.10.1982 (BGBl. 1982 I 1425) in nationales Recht transformierten – 3. Fusionsrichtlinie (78/855 EWG, ABl. 1978 L 295, 37) gemeint, also die Verschmelzung durch Aufnahme und die Verschmelzung durch Gründung einer neuen Gesellschaft. Das Erfordernis „bisher voneinander unabhängig“ bedeutet, dass die Fusion von Unternehmen, die schon ein und demselben Konzern angehören und deswegen im Verhältnis zueinander nicht mehr selbstständig sind, keinen Zusammenschlusstatbestand erfüllt.

Der zweite Zusammenschlusstatbestand ist in Art. 3 Abs. 2 lit. b FKVO definiert 10
als der **Erwerb der „unmittelbaren oder mittelbaren Kontrolle** über die Gesamtheit oder Teile eines oder mehrerer anderer Unternehmen“. Nach Art. 3 Abs. 2 FKVO ist unter „Kontrolle“ die Möglichkeit zu verstehen, einen bestimmenden Einfluss auf die Tätigkeit eines anderen Unternehmens auszuüben; verlangt wird also die **Möglichkeit** der Kontrolle, nicht deren tatsächliche Ausübung. Nach Art. 3 Abs. 1 lit. b FKVO ist der Kontrollerwerb durch Erwerb von Anteilsrechten

oder Vermögenswerten, durch Vertrag oder in sonstiger Weise möglich. Der Zusammenschlusstatbestand erfasst also in der Terminologie der deutschen Fusionskontrolle den **Vermögenserwerb** des § 37 Abs. 1 Nr. 1 und den Erwerb der unmittelbaren oder mittelbaren Kontrolle iSd § 37 Abs. 1 Nr. 2, grds. aber **nicht** den Erwerb einer 50 %igen oder **zwischen 25 % und 50 % liegenden Beteiligung** iSv § 37 Abs. 3 und nicht den Erwerb eines wettbewerblich erheblichen Einflusses iSv § 37 Abs. 1 Nr. 4.

11 Der nicht abschließende Katalog in Art. 3 Abs. 2 FKVO erwähnt als **Mittel der Kontrolle** insbes. „Eigentums- oder Nutzungsrechte an der Gesamtheit oder an Teilen des Vermögens eines Unternehmens" und „Rechte oder Verträge, die einen bestimmten Einfluss auf die Bestellung, die Entscheidungen oder Beschlüsse der Organe eines Unternehmens gewähren". Es kommt nicht darauf an, wie die Kontrolle begründet wird, ob „durch Rechte, Verträge oder andere Mittel"; sie sind „einzeln oder zusammen unter Berücksichtigung aller tatsächlichen und rechtlichen Umstände" darauf zu prüfen, ob sie die genannte Möglichkeit gewähren (vgl. zu all dem auch die Konsolidierte Mitteilung).

12 **d) Gemeinschaftsunternehmen.** Die FKVO enthält keine Definition des Gemeinschaftsunternehmens. Gemeint ist offenbar ein Unternehmen, über das **mehrere Unternehmen gemeinsam die Kontrolle** ausüben. Art. 3 Abs. 4 FKVO erfasst die „Gründung" eines solchen Gemeinschaftsunternehmens. Sie kann einmal darin bestehen, dass zwei oder mehr Unternehmen vereinbaren, ein Unternehmen gemeinsam zu gründen, ggf. unter Einbringung bestehender Unternehmen oder unternehmerischer Vermögenswerte. Daneben kann die „Gründung" auch darin bestehen, dass sich nachträglich ein Dritter an einem Unternehmen beteiligt, das bisher von einem anderen allein kontrolliert wurde. Der Zusammenschlusstatbestand des Art. 3 Abs. 1 lit. b FKVO erfasst also auch den **„Nacheinander-Erwerb"** von Beteiligungen, wenn sich daraus eine gemeinsame Kontrolle ergibt. Zur Erweiterung des Tätigkeitsgebietes eines fusionskontrollrechtlich freigegebenen Gemeinschaftsunternehmens → § 37 Rn. 34.

13 Während die VO 4064/89 in ihrer bis zum 28.2.1998 geltenden Fassung nur **„konzentrative"** Gemeinschaftsunternehmen erfasste, ist seither die EU-Fusionskontrolle generell auf alle Gemeinschaftsunternehmen anwendbar, die „auf Dauer alle Funktionen einer selbständigen wirtschaftlichen Einheit" (Art. 3 Abs. 4 FKVO) erfüllen, also auf alle **Vollfunktions-Gemeinschaftsunternehmen.** Das frühere Erfordernis, dass die Gründung des Gemeinschaftsunternehmens „keine Koordinierung des Wettbewerbsverhaltens der Gründerunternehmen im Verhältnis zueinander oder im Verhältnis zu den Gemeinschaftsunternehmen mit sich bringt", gilt nicht mehr. Ein „Vollfunktions"-Unternehmen muss nicht unbedingt alle **Unternehmensfunktionen von der Entwicklung bis zum Vertrieb** erfüllen. Vielmehr kommt es darauf an, welche Funktionen die Unternehmen üblicherweise wahrnehmen, die als Wettbewerber des Gemeinschaftsunternehmens auf dem Markt tätig sind. Ein Handelsunternehmen kann deswegen ein Vollfunktions-Unternehmen sein, wenn es alle Funktionen wahrnimmt, die üblicherweise ein Unternehmen im Vertrieb von nicht selbst hergestellten Produkten durchführt. Wichtig ist, dass diese Funktionen **unabhängig von den Muttergesellschaften** wahrgenommen werden. Deswegen muss das Gemeinschaftsunternehmen in jedem Falle „über ein sich dem Tagesgeschäft widmendes Management und ausreichende Ressourcen wie finanzielle Mittel, Personal, materielle und immaterielle Vermögenswerte" verfügen, „um im Rahmen der dem Gemeinschaftsunternehmen zugrunde liegenden Vereinbarungen langfristig seine Tätigkeiten ausüben zu können" (vgl. dazu Konsolidierte Mitteilung).

14 **e) Klärung von Zweifelsfällen.** Im Einzelfall kann zweifelhaft sein, ob ein Zusammenschluss der EU-Fusionskontrolle unterliegt oder nicht, und zwar insbes.

im Hinblick auf Schwierigkeiten der Umsatzberechnung und der Umsatzverteilung auf die einzelnen Länder, der Feststellung, ob ein Kontrollerwerb vorliegt oder ob es sich um ein Vollfunktions-Gemeinschaftsunternehmen handelt (vgl. dazu u.a. OLG Düsseldorf WuW/E DE-R 885 (891) – E.ON/Ruhrgas). Wenn die Alternative darin besteht, dass auf den Zusammenschluss dann die deutsche Fusionskontrolle Anwendung findet, weil sowohl deren Umsatzschwellen (Abs. 1 und 2) als auch ein Zusammenschlusstatbestand nach § 37 erfüllt sind, muss verbindlich festgestellt werden, ob der Anwendungsausschluss nach Abs. 3 eingreift oder nicht. Sowohl aus theoretischen als auch aus praktischen Gründen ist hier von einem **Entscheidungsvorrang der EU-Kommission** auszugehen. § 35 Abs. 3 macht den Anwendungsausschluss des deutschen Rechtes davon abhängig, dass die Kommission „ausschließlich zuständig ist". Diese ausschließliche Zuständigkeit kann nur angenommen werden, wenn sie auch von der Kommission bejaht wird. Dafür ist **keine förmliche Entscheidung der Kommission** erforderlich. Insbesondere in den Fällen, in denen die Kommission die Anwendungsvoraussetzungen der FKVO ablehnt, könnte es nur aufgrund einer Anmeldung, die durch Entscheidung nach Art. 6 Abs. 1 lit. a FKVO zurückgewiesen wird, zu einer verbindlichen Entscheidung der Kommission kommen. In der Praxis wird die Kommission schriftlich oder mündlich nach Prüfung der ihr unterbreiteten Unterlagen zu ihrer Zuständigkeit Stellung nehmen. Verneint sie sie, ist eine solche Äußerung im Allgemeinen eine ausreichende Basis dafür, dass das BKartA seine Zuständigkeit bejaht. Es ist dann nicht erforderlich, dass das BKartA selbst – etwa unter Anwendung eigener Auslegungsmaßstäbe – die Voraussetzungen der FKVO prüft. Kommt das Amt aufgrund eigener Prüfung zum Ergebnis, dass der Zusammenschluss der EU-Fusionskontrolle unterliegt, muss es entweder die Unternehmen veranlassen, eine Stellungnahme der Kommission herbeizuführen, oder dies selbst tun. Für den Fall, dass sich dann ergibt, dass die Voraussetzungen der FKVO nicht vorliegen und deswegen der Zusammenschluss der deutschen Fusionskontrolle unterliegt, bewirkt diese Zwischenprüfung allerdings **keine Hemmung der Prüfungs- und Untersagungsfristen** des § 40. Halten Unternehmen in Fällen, in denen das Amt im Einvernehmen mit der EU-Kommission die Anwendbarkeit der deutschen Fusionskontrolle verneint, die Anmeldung aufrecht, ist diese nach deutschem Recht wirkungslos. Ergibt sich allerdings nachträglich, dass objektiv deutsches Recht doch anwendbar ist, ist der Zusammenschluss bei Ablauf der Vorprüfungsfrist nach § 40 Abs. 1 objektiv freigegeben; das Amt hat dann keine Prüfungs- und Untersagungsmöglichkeiten mehr (problematisch insoweit die Untersagungsverfügungen des BKartA WuW/E DE-V 53 – Premiere).

f) Geltung des GWB bei Verweisung der Kommission an das BKartA. 15
Nach **Art. 4 Abs. 4 FKVO und Art. 9 FKVO** ist in bestimmten Fällen eine **Verweisung** an die zuständigen Behörden der Mitgliedstaaten – in Deutschland an das BKartA – möglich. Eine solche Verweisung hat zur Folge, dass das BKartA das GWB auf den Zusammenschluss anwenden kann, obwohl er die Voraussetzungen des Art. 1 und 3 FKVO erfüllt.

Die **Verweisung nach Art. 4 Abs. 4 FKVO** (dazu TB 2011/2012, 47 f.), die 16
erst durch die FKVO zum 1.5.2004 eingeführt wurde, setzt voraus, dass die Unternehmen der Kommission vor Anmeldung in einem begründeten Antrag (auf Formblatt RS, dazu Bechtold/Bosch/Brinker FKVO Art. 4 Rn. 13) mitteilen, dass „der Zusammenschluss den Wettbewerb in einem Markt innerhalb eines Mitgliedstaats, der alle Merkmale eines gesonderten Marktes aufweist, erheblich beeinträchtigen könnte und deshalb ganz oder teilweise von diesem Mitgliedstaat geprüft werden sollte". Wenn der betroffene Mitgliedstaat der Verweisung nicht widerspricht, kann die Kommission den gesamten Fall oder einen Teil des Falles an die zuständigen Behörden dieses Mitgliedstaats verweisen.

17 Die **Verweisung nach Art. 9 FKVO** (dazu TB 2011/2012, 48) setzt eine förmliche Mitteilung des Mitgliedstaates an die Kommission binnen einer Frist von 15 Arbeitstagen nach Erhalt der Kopie der Anmeldung voraus. Inhalt der Mitteilung muss entweder sein, dass der Zusammenschluss zur Begründung oder Verstärkung einer beherrschenden Stellung führen wird, durch die wirksamer Wettbewerb auf einem Markt in diesem Mitgliedstaat wesentlich behindert wird; dieser Markt muss alle Charakteristika eines gesonderten Marktes aufweisen (Art. 9 Abs. 2 lit. a FKVO). Daneben besteht die Möglichkeit, dass der Mitgliedstaat eine Behinderung des Wettbewerbs auf einem „gesonderten" Markt in diesem Mitgliedstaat behauptet und zugleich geltend macht, dass dieser Markt keinen wesentlichen Teil des Gemeinsamen Marktes darstellt. Wenn die Kommission diese Auffassung teilt, kann sie entweder selbst das Verfahren nach der FKVO mit dem Ziel durchführen, wirksamen Wettbewerb auf dem betreffenden Markt aufrechtzuerhalten oder wiederherzustellen, oder den Fall **ganz oder teilweise** an die zuständige Behörde des Mitgliedstaates verweisen, damit diese ihr nationales Recht anwendet **(„Verweisungsentscheidung")**. Da die Kommission für unwesentliche Teile des Gemeinsamen Marktes keine Kompetenz hat, muss sie bei Auswirkungen in derartigen kleinen „Referenzmärkten" an den Mitgliedstaat verweisen (vgl. Art. 9 Abs. 3 letzter UAbs. FKVO). Stimmt die Kommission hingegen der Mitteilung nicht zu, lehnt sie die Verweisung durch eine an den Mitgliedstaat gerichtete Entscheidung ab (Art. 9 Abs. 3 UAbs. 2 FKVO).

18 Hat die Kommission auf einem der beiden Wege den Fall an die nationale Kartellbehörde verwiesen, richtet sich deren **Verfahren nach nationalem Recht.** Die FKVO enthält lediglich zwei Vorgaben: Nach Art. 9 Abs. 6 FKVO, auf den auch im Falle des Art. 4 Abs. 4 FKVO verwiesen wird (Art. 4 Abs. 4 letzter S. FKVO), muss im nationalen Verfahren innerhalb von 45 Arbeitstagen nach der Verweisung das **Ergebnis der vorläufigen Prüfung** mitgeteilt werden. Diese Mitteilung ersetzt nicht andere nach nationalem Recht erforderliche Schritte. Nach Art. 9 Abs. 8 FKVO ist der Mitgliedstaat nur berechtigt, solche Maßnahmen zu ergreifen, die unbedingt erforderlich sind, um den **Wettbewerb auf dem betroffenen Markt** aufrechtzuerhalten oder wiederherzustellen. Für das deutsche Recht bedeutet das, dass das BKartA § 36 Abs. 1 anwenden kann, aber nur in Bezug auf den oder die Märkte, wegen derer die Verweisung erfolgte. Das schließt die Anwendung der Abwägungsklausel in § 36 Abs. 1 (→ § 36 Rn. 36 ff.) ein, sodass Verschlechterungen auf den Verweisungsmärkten auch durch Verbesserungen auf anderen Märkten überwogen werden können (zweifelnd insoweit BKartA WuW/E DE-V 1357 – RWE/ Saar Ferngas, S. 51 der Beschlussausfertigung, in WuW nicht abgedruckt). Anderes gilt wohl für die **Ministererlaubnis** nach § 42; sie überschreitet die ausschließlich wettbewerbsbezogene Prüfungsermächtigung in Art. 9 Abs. 8 FKVO (ebenso MüKoWettbR/Schild FKVO Art. 9 Rn. 128). Bei Verweisung nur eines **Teils des Zusammenschlusses** ist nur der verwiesene Teil Gegenstand des Verfahrens und ggf. einer Untersagung. Eine Anmeldepflicht der betroffenen Unter nehmen wird durch die Verweisung nicht ausgelöst, weil sie nur dem Mitgliedstaat das Recht gibt, sein nationales Wettbewerbsrecht wieder anzuwenden, nicht aber zulasten der betroffenen Unternehmen gesetzliche Pflichten insoweit wieder aufleben lässt (→ § 39 Rn. 34).

19 **g) Verweisung vom BKartA an die Kommission.** Die FKVO enthält auch für die Verweisung von den nationalen Kartellbehörden an die Kommission **zwei Alternativen.** Gegenstand der Verweisung sind Zusammenschlussvorhaben, die nicht iSv Art. 1 FKVO von gemeinschaftsweiter Bedeutung sind, wohl aber die **Voraussetzungen des Zusammenschlussbegriffes nach Art. 3 FKVO erfüllen.**

Nach **Art. 4 Abs. 5 FKVO** können Unternehmen für einen Zusammenschluss, der nicht von gemeinschaftsweiter Bedeutung ist, aber in mindestens drei Mitgliedstaaten angemeldet werden müsste, bei der Kommission beantragen, dass der Zusammenschluss von der Kommission geprüft werden sollte. Eine Verweisung ist nicht möglich, wenn mindestens ein Mitgliedstaat, bei dem der Zusammenschluss an sich anzumelden wäre, der Verweisung widerspricht. Hat kein Mitgliedstaat die beantragte Verweisung abgelehnt, so wird die gemeinschaftsweite Bedeutung des Zusammenschlusses vermutet; dann ist er bei der Kommission anzumelden (Art. 4 Abs. 5 letzter UAbs. FKVO). 20

Daneben sieht **Art. 22 FKVO** die Möglichkeit vor, dass ein oder mehrere Mitgliedstaaten eine Verweisung an die Kommission beantragen (zB KOMM M.10188 – Illumina/GRAIL). Hiernach können Mitgliedstaaten für **Zusammenschlüsse, die an sich nicht von der FKVO erfasst werden,** den Antrag stellen, dass die Kommission ein Verfahren nach der FKVO durchführt, und zwar im Hinblick auf Marktbeherrschungseffekte in diesen Mitgliedstaaten **(„holländische Klausel“).** Art. 22 Abs. 3–5 FKVO enthält konkretisierende Vorschriften über das dann durchzuführende Verfahren und den Entscheidungsumfang der Kommission. Er enthält aber keine weiteren Regelungen über **Voraussetzungen und Inhalt des Antrages.** Dem Sinn und Zweck dieser Verweisungsmöglichkeit an die Kommission ist zu entnehmen, dass der Mitgliedstaat substantiiert die Annahme darlegen muss, dass der Zusammenschluss, der die Voraussetzungen des Art. 3 FKVO (nicht aber des Art. 1 FKVO) erfüllen muss, zur Begründung oder Verstärkung von erheblichen Wettbewerbsbehinderungen im Gebiet des Mitgliedstaats führen kann. Ein entsprechender Nachweis kann nicht verlangt werden; er ist Gegenstand des sich dann anschließenden Kommissionsverfahrens. 21

Die Verweisung nach Art. 22 FKVO ist – anders als die auf der Grundlage des Art. 4 Abs. 5 FKVO – EU-rechtlich **nicht davon abhängig,** dass der Zusammenschluss **von den nationalen Zusammenschlussvorschriften erfasst** wird; Art. 22 FKVO ist gerade im Hinblick auf Länder eingeführt worden, die keine Zusammenschlusskontrolle haben oder hatten (deswegen wird diese Klausel im Hinblick auf die frühere Rechtslage in den Niederlanden als holländische Klausel bezeichnet; dazu EuG NZKart 2022, 450 (451 ff.) – Illumina/GRAIL). Für das **deutsche Recht** ist den Regelungen der §§ 35 ff. allerdings zu entnehmen, dass Deutschland einen solchen Antrag nur stellen kann, wenn die **Anwendungsvoraussetzungen der deutschen Fusionskontrolle gegeben** sind, also nicht für Fälle, die unterhalb der Anwendungs-Schwellen der §§ 35, 37 liegen. Der Grund für einen Antrag liegt nicht in der Unangreifbarkeit des Falles nach deutschem Recht, sondern in der im konkreten Fall gegebenen besseren Eignung der Kommission zu seiner Entscheidung (zB im Hinblick auf Parallelverfahren, frühere Entscheidungen, entsprechende Anträge anderer Mitgliedstaaten). Bei einem **gemeinsamen Antrag** mehrerer Mitgliedstaaten ist das Verfahren der Kommission, das sich an die Anträge anschließt, auf **Marktbeherrschungseffekte in den antragstellenden Mitgliedstaaten beschränkt.** Es ist weder möglich, EU-weite Märkte zu prüfen, noch Märkte in Mitgliedstaaten, die den Antrag nicht gestellt haben (vgl. dazu Bechtold/Bosch/Brinker FKVO Art. 22 Rn. 13). 22

h) Anwendungsausschluss für § 1. Der Anwendungsausschluss nach § 35 Abs. 3 gilt **für das GWB insgesamt,** also insbes. auch das **Kartellverbot** des § 1 (vgl. dazu auch Begr. z. RegE BR-Drs. 852/97, 57). Das hat Bedeutung insbes. für die Fälle der kooperativen **Vollfunktions-Gemeinschaftsunternehmen.** Art. 2 Abs. 4 FKVO sieht für diesen Fall ausdrücklich vor, dass die mit kooperativen Vollfunktions-Gemeinschaftsunternehmen verbundene Koordinierung des Wettbewerbsverhaltens der Muttergesellschaften „nach den Kriterien des Art. 81 Abs. 1 und 3 EG“ beurteilt wird. Die abschließende Entscheidung der Kommission deckt 23 in diesen Fällen also auch Art. 101 Abs. 1, Abs. 3 AEUV. Dementsprechend gilt die Kartellverfahrens-VO für diese Gemeinschaftsunternehmen nicht. In diesem Umfang kann § 1 auf solche Gemeinschaftsunternehmen nicht angewendet werden. Dieser Anwendungsausschluss gilt nicht nur für Verwaltungsmaßnahmen des BKartA, sondern **generell für das Gesetz.** Insbesondere kann das Verbot des § 1 auf sie weder – iVm § 134 BGB – zivilrechtlich angewendet werden, noch ist insoweit ein Ordnungswidrigkeitentatbestand nach § 81 erfüllt.

24 Mit dieser gesetzlichen Freistellung von Vollfunktions-Gemeinschaftsunternehmen verbindet sich eine Fülle von nur unbefriedigend lösbaren **Folgeproblemen.** Die Unanwendbarkeit des § 1 gilt nur für Vollfunktions-Gemeinschaftsunternehmen, die die Schwellenwerte des Art. 1 Abs. 2 und 3 FKVO erfüllen. Soweit das nicht der Fall ist, gilt auch EU-rechtlich die Kartellverfahrens-VO, sodass auch die gesonderte Anwendung des Art. 101 Abs. 1 und 3 AEUV möglich ist. In diesen Fällen kann § 1 angewendet werden. Die sich daraus ergebende **Ungleichbehandlung** der größeren, von der FKVO erfassten Vollfunktions-Gemeinschaftsunternehmen und der kleineren ist kaum nachvollziehbar. Unklar ist außerdem, ob die Prüfung der Vollfunktions-Gemeinschaftsunternehmen nach den Kriterien des Art. 101 Abs. 1 und 3 AEUV (im Rahmen des Art. 2 Abs. 4 FKVO) sich auf **alle Vereinbarungen** erstreckt, die die Unternehmen im Zusammenhang und aus Anlass der Gründung des Gemeinschaftsunternehmens getroffen haben, oder nur auf das von Vertragswortlauten unabhängige **Prinzip der Vergemeinschaftung** eines Teils der Tätigkeit der Muttergesellschaften im Gemeinschaftsunternehmen. In dem Umfang, in dem EU-rechtlich die Anwendung der Kartellverfahrens-VO und des Art. 101 Abs. 1 und 3 AEUV auf Vereinbarungen möglich ist, die im Zusammenhang mit Vollfunktions-Gemeinschaftsunternehmen getroffen werden, deren Gründung der FKVO unterliegt, greift auch der Anwendungsausschluss des § 35 Abs. 3 nicht ein. Insoweit kann **§ 1** also auf die Vereinbarung über das Gemeinschaftsunternehmen anwendbar sein, allerdings nicht mit der Folge, dass das in der EU-Fusionskontrolle genehmigte Gemeinschaftsunternehmen als solches verboten ist, sondern **nur darüberhinausgehende Vereinbarungen** oder Abstimmungen.

3. Unternehmensbegriff in der Fusionskontrolle

25 **a) Handelsgesellschaften.** Eine Handelsgesellschaft (AG, GmbH OHG, KG) ist immer Unternehmen (dazu KG WuW/E OLG 2601 (2602 f.)). Das gilt auch für reine Holdinggesellschaften und Mantelgesellschaften (dazu Immenga/Immenga DB 2009, 7; anders wohl das EU-Recht, dazu Schlussanträge Kokott NZKart 2013, 28). Auch rechtlich unselbstständige Holdinggesellschaften, einschließlich **BGB-Gesellschaften,** die uU aus steuerlichen Gründen formell als Inhaber von Beteiligungen eingesetzt werden, können Unternehmen sein. Andererseits ist nicht jede BGB-Gesellschaft als solche selbst Unternehmen (getrennt von den Gesellschafter-Unternehmen). Erforderlich ist – jedenfalls außerhalb der Holding-Gesellschaft – eine organisatorische Verselbstständigung, die es der Gesellschaft erlaubt, als solche aktiv am Wirtschaftsleben teilzunehmen. Fehlen im Einzelfall die Merkmale des allgemeinen Unternehmensbegriffs, so kann die Unternehmensfiktion des § 36 Abs. 3 eingreifen, wonach eine Personenvereinigung, die nicht Unternehmen ist, für die Zwecke des GWB als Unternehmen gilt, wenn ihr die Mehrheitsbeteiligung an einem Unternehmen zusteht. Auf die Rechts- oder Gesellschaftsform kommt es dabei nicht an. Eine **Stille Gesellschaft** ist als solche nicht Unternehmen. Sie kann Instrument für eine Unternehmensbeteiligung und die Ausübung unternehmerischen Einflusses auf ein (anderes) Unternehmen sein, auf das sie sich bezieht. Dann kann der durch sie vermittelte Einfluss fusionskontrollrechtlich relevant sein.

26 **b) Natürliche Personen.** Eine natürliche Person ist Unternehmen, soweit sie Einzelkaufmann ist oder sonst unternehmerische Tätigkeiten ausübt (→ § 1 Rn. 7).

Auch eine **Familie** oder ein Gesellschafterstamm kann Unternehmen sein, insbes. als herrschendes Unternehmen, von dem ein anderes abhängig ist (BGH WuW/E 1608 (1610, 1611) – WAZ). Das Gesetz enthält in § 36 Abs. 3 eine Unternehmensfiktion für Privatpersonen, die mehrheitlich an einem Unternehmen beteiligt sind (sog. **„Flick-Klausel"**, → § 36 Rn. 71 ff.). Unabhängig von dieser Klausel kann sich die Unternehmenseigenschaft einer natürlichen Person sowohl aktien- als auch kartellrechtlich daraus ergeben, dass eine Person, die an einem Unternehmen (mehrheitlich oder minderheitlich) beteiligt ist, über die normale Verwaltung der Beteiligung hinaus wirtschaftlich planend und lenkend Einfluss auf die Leitung des Unternehmens nimmt.

c) Öffentlich-rechtliche Körperschaften. Bund, Länder und sonstige öffentlich-rechtliche Körperschaften sind regelmäßig sowohl nach der Flick-Klausel des Abs. 3, aber im Allgemeinen auch unabhängig davon, Unternehmen. Das hat insbes. Bedeutung für Beherrschungs- und Abhängigkeitsverhältnisse (zur Deutung des Bundes als „herrschendes Unternehmen" vgl. BGHZ 69, 334 – Veba/Gelsenberg). Öffentlich-rechtliche Körperschaften sind aber regelmäßig nicht mit allen ihren Funktionen Unternehmen. Eine Aufspaltung nach unternehmerischen und nicht unternehmerischen (hoheitlichen) Funktionen, die für § 1 möglicherweise vorgenommen werden muss, ist fusionskontrollrechtlich allenfalls für die Erfassung der unternehmerischen Umsätze nötig. Für die Anwendung der Fusionskontrolle soll es nach dem derzeit herrschenden Verständnis ausreichen, wenn die öffentlich-rechtliche Körperschaft auch Unternehmen ist. In der Fusionskontrolle muss das rein **funktionale Verständnis** des Unternehmens (→ § 1 Rn. 7) auf Grenzen stoßen. Denn hier geht es nicht um bestimmte Tätigkeiten, sondern um das Unternehmen **insgesamt** als Institution. Das ist besonders deutlich bei öffentlich-rechtlichen Körperschaften, die hinsichtlich ihrer fiskalischen Hilfs- oder Nebengeschäfte – insbes. in ihrer Nachfragetätigkeit – tendenziell als Unternehmen angesehen werden. Jedoch führt es noch nicht zur vollständigen Anwendung des Fusionskontrollrechts, wenn sich zwei Körperschaften, die in diesem Umfang unternehmerisch tätig sind, aufgrund Landesgesetzes oder öffentlich-rechtlichen Vertrags zusammenschließen (zB Zusammenschluss von Gemeinden). Andernfalls würde dieses Recht das gesamte staatliche Organisationsrecht überlagern (vgl. dazu auch OLG Düsseldorf WuW/E DE-R 2436 (2442) – Lotto Rheinland-Pfalz). Zu sinnvollen Ergebnissen kommt man nur, wenn man jedenfalls für die formelle Fusionskontrolle (Anmeldung, Vollzugsverbot) verlangt, dass die an einem Zusammenschluss beteiligten Einheiten in ihrer **Hauptfunktion** Unternehmen sind. Das kann auch bei öffentlich-rechtlichen Körperschaften oder Anstalten der Fall sein, zB bei Sparkassen, die als solche Unternehmen sind. Sie erbringen ihre Tätigkeit in privatrechtlicher Form, die sich nicht grds. von derjenigen privater Kreditinstitute unterscheidet. Auch gemeindliche Eigenbetriebe sind als solche Unternehmen; teilweise werden sie aber auch ihren Rechtsträgern zugeordnet und diese insoweit als Unternehmen behandelt. Das schließt allerdings nicht aus, auf Zusammenschlüsse von Körperschaften oder Anstalten, die in ihrer **Nebenfunktion** auch Unternehmen sind, dann das materielle Fusionskontrollrecht anzuwenden, wenn die Umsatzschwellen des § 35 überschritten sind. Das setzt aber voraus, dass diese Nebenfunktion von der (fusionskontrollrechtlich irrelevanten) nicht unternehmerischen Hauptfunktion zu trennen ist. Für Unternehmenszusammenschlüsse im Zuge von kommunalen Gebietsreformen vgl. Abs. 2 S. 2 und → Rn. 49 f. Bei der Einkaufstätigkeit für nicht unternehmerische öffentliche Zwecke ist das, soweit sie überhaupt als unternehmerisch angesehen wird (→ § 1 Rn. 13), nicht der Fall, wohl aber zB bei einem tatsächlich verselbstständigten Eigenbetrieb. Die damit verbundenen Probleme sind weitgehend ungeklärt. 27

d) Krankenkassen. Besondere Probleme haben sich vor der 8. GWB-Novelle 2012/2013 bei der Frage ergeben, ob die gesetzlichen Krankenkassen im fusions- 28 kontrollrechtlichen Sinne Unternehmen sind. Für den Anwendungsbereich des Kartellverbotes des § 1 muss das auf der Grundlage der **EuGH-Rspr.** verneint werden (→ § 1 Rn. 8 ff.). Das bedeutete an sich nicht zwingend, dass die Krankenkassen damit auch dem Anwendungsbereich der Fusionskontrolle entzogen sind, zumal insoweit auch keine Bindungswirkung des europäischen Rechtes besteht (zu dieser Bindungswirkung im Rahmen des § 1 → § 1 Rn. 13). Gegen die Einbeziehung der Krankenkassen als „Unternehmen" in die Fusionskontrolle spricht allerdings, dass ihre Rechtsbeziehungen zu ihren Mitgliedern, zu den Leistungserbringern und im Verhältnis untereinander im SGB V **sozialrechtlich und damit öffentlich-rechtlich ausgestaltet** sind. Für privatwirtschaftlich-unternehmerische Tätigkeiten bleibt insoweit kein Raum, auch wenn die sozialrechtlich eingeräumten Handlungsspielräume partiellen Quasi-Wettbewerb ermöglichen. Die Sozialgerichte (vgl. insbes. LSG Hessen NZS 2012, 177 15.9.2011 – L 1 KR 89/10 KL; dazu auch TB 2011/2012, 76) haben dementsprechend die Auffassung begründet, dass die Krankenkassen auch im fusionskontrollrechtlichen Sinne keine Unternehmen sind. Das hat das BKartA am 21.11.2011 zu der Erklärung veranlasst, dass es künftig keine Fusionskontrollverfahren mehr bei Zusammenschlüssen von gesetzlichen Krankenkassen durchführen werde; zugleich wurde der Gesetzgeber aufgefordert, in der 8. GWB-Novelle die nunmehr entdeckte Gesetzeslücke zu schließen. Das hat der Gesetzgeber in Art. 3 der 8. GWB-Novelle getan, indem er einen – im Vermittlungsverfahren umstrittenen, dann modifizierten – neuen **§ 172a SGB V,** jetzt § 158 SGB V eingeführt hat (vgl. dazu Anhang B 2). Hiernach finden alle Vorschriften der Fusionskontrolle auf die „freiwillige Vereinigung von Krankenkassen" **„entsprechende" Anwendung.** Wenn die Vorschriften der Fusionskontrolle „entsprechend" anzuwenden sind, ändert das nach dem Gesetzeswortlaut nichts an ihrer umfassenden Anwendbarkeit. Dabei ist zu unterstellen, dass die Krankenkassen „Unternehmen" im fusionskontrollrechtlichen Sinne sind. Allerdings setzt die entsprechende Anwendung der Fusionskontrolle die **„Freiwilligkeit"** des Zusammenschlusses voraus. Bei der Frage, ob durch einen Zusammenschluss Wettbewerb zwischen den Krankenkassen in dem nach § 36 Abs. 1 erforderlichen Umfang beeinträchtigt wird, ist die sozial- bzw. öffentlich-rechtliche Natur der Beziehungen zu den anderen Krankenkassen, zu den Leistungserbringern und den Mitgliedern wie eine privatwirtschaftliche zu bewerten (→ § 36 Rn. 8). Zu den verfahrensrechtlichen Besonderheiten → § 40 Rn. 10, → § 40 Rn. 49. Zusammenschlüsse zwischen Krankenkassen, die vor dem Inkrafttreten der 8. GWB-Novelle vollzogen worden sind, sind auch im Hinblick auf die Erklärung des BKartA vom 21.11.2011 fusionskontrollfrei. **Fusionen zwischen Leistungserbringern** iSv § 69 Abs. 1 SGB V – also insbes. Fusionen zwischen Krankenhäusern – unterliegen voll der Fusionskontrolle, auch soweit ihre Beziehungen zu der Marktgegenseite – den Krankenkassen – sozialrechtlich und damit öffentlich-rechtlich ausgestaltet sind. Entscheidend ist nach der Rspr. der tatsächlich bestehende Wettbewerb, unabhängig davon, in welcher Rechtsform er sich abspielt (BGH WuW/E DE-R 2327 – Kreiskrankenhaus Bad Neustadt).

28a **e) Begünstige Zusammenschlüsse im Krankenhaussektor (§ 186 Abs. 9).** Der mit der 10. GWB-Novelle 2021 eingefügte § 186 Abs. 9 enthält Ausnahmen für Zusammenschlüsse im Krankenhaussektor. Diese Ausnahme gilt allerdings nur für bis zum 31.12.2025 vollzogene **begünstigte Vorhaben.** Dies betrifft standardübergreifende Konzentrationen akut stationärer Versorgungseinrichtungen aus Mitteln des Strukturfonds nach § 11 Abs. 1 Nr. 2 Krankenhausstrukturfonds-Verordnung. Da diese Förderung nur gewährt werden kann, wenn das Vorhaben wettbewerbsrechtlich zulässig ist, wurde die Fusionskontrollausnahme nach § 186 Abs. 9 für solche förderungswürdigenden Zusammenlegungen geregelt.

4. Umsatzschwellen (Abs. 1)

a) Grundsatz. Die Vorschriften über die Fusionskontrolle (dh die §§ 35–43) gelten nur, wenn die Umsatzschwellen des Abs. 1 Nr. 1 und 2 erfüllt sind und die Ausnahmebestimmung des Abs. 2 nicht eingreift. Die beteiligten Unternehmen müssen insgesamt weltweit Umsatzerlöse **von mehr als 500 Mio. EUR** erzielen. Außerdem muss nach den Änderungen der 10. GWB-Novelle 2021 **im Inland mindestens ein beteiligtes Unternehmen Umsatzerlöse von mehr als 50 Mio. EUR (vorher: 25 Mio. EUR) und ein weiteres von mehr als 17,5 Mio. EUR (vorher: 5 Mio. EUR)** erzielt haben. Maßgeblich dafür ist das „letzte Geschäftsjahr". Für die Umsatzberechnung gilt im Übrigen § 38. In die Umsatzberechnung sind die „beteiligten" Unternehmen einzubeziehen. Das Gesetz enthält dazu keine Definition und – anders als bis zurzeit vor der 6. GWB-Novelle – auch keine Fiktionen. Für den relevanten Zeitpunkt im Hinblick auf die einzubeziehenden Unternehmen → § 36 Rn. 67. 29

b) „Beteiligte" Unternehmen. Die Fusionskontrolle greift nur ein, wenn an dem Zusammenschluss **mehrere Unternehmen** oder Unternehmensteile beteiligt sind. Der Erwerb eines Unternehmens durch ein Nicht-Unternehmen ist nicht fusionskontrollpflichtig (vgl. dazu OLG Düsseldorf WuW/E DE-R 2436 (2442 f.) – Lotto Rheinland-Pfalz für den Erwerb der Lotto GmbH durch das Land, das insoweit nicht als Unternehmen gehandelt hat). Bei **Treuhandverhältnissen** kommt es für die fusionskontrollrechtliche Beurteilung und Zurechnung auf den Treugeber an, wenn er die mit der Tätigkeit und Stellung des Treuhänders verbundenen **wirtschaftlichen Risiken** trägt (so die hM, BGH WuW/E DE-R 613 – Treuhanderwerb; 451 (453) – Herlitz/Landré; OLG Düsseldorf WuW/E DE-R 1361 (1365) – Tagesspiegel/Berliner Zeitung II; KG WuW/E DE-R 336 (337) – WAZ/IKZ; BKartA WuW/E DE-V 40 (41) – WAZ/IKZ; Bunte/Kallfaß § 37 Rn. 40 f.; Monopolkommission, Hauptgutachten 1980/81, Rn. 549; aA Kleinmann/Bechtold § 23 Rn. 114); auf die **Stimmrechtsverteilung** kommt es dann idR nicht an. Entscheidend ist eine Gesamtbetrachtung aller rechtlichen und tatsächlichen Umstände (dazu OLG Düsseldorf WuW/E DE-R 1361 (1365) – Tagesspiegel/Berliner Zeitung II). In diese Gesamtbetrachtung fließt auch die tatsächliche Vermutung ein, dass derjenige, der das wirtschaftliche Risiko einer Beteiligung trägt, auch die Entscheidung über die Ausübung der Stimmrechte hat (BGH WuW/E DE-R 613 (617) – Treuhanderwerb; → § 37 Rn. 33). 30

Soweit das Gesetz von den „beteiligten" Unternehmen spricht, ist **nach Zusammenschlussformen zu differenzieren;** von diesem materiell-rechtlichen Beteiligtenbegriff ist der verfahrensrechtliche Begriff zu unterscheiden (dazu § 54 Abs. 2, → § 54 Rn. 4). Bei dem **Vermögenserwerb** nach § 37 Abs. 1 Nr. 1 sind beteiligt das erwerbende Unternehmen und in – erweiternder, aber jedenfalls im früheren Recht unstreitiger – Anwendung des § 38 Abs. 5 der veräußerte Vermögensteil, nicht aber der Veräußerer (vgl. dazu insbes. BGH WuW/E 1570 (1571) – Kettenstichnähmaschinen). Hiernach ist das veräußerte Vermögen oder der veräußerte Vermögensteil gedanklich wie ein selbstständiges Unternehmen zu bewerten, also – im Rahmen des § 38 – mit den anteiligen Umsätzen und Marktanteilen einzubeziehen. Da er als solcher nicht handlungsfähig ist, treffen die verfahrensrechtlichen Pflichten, die mit der materiell-rechtlichen Beteiligung verbunden sind, den Veräußerer als solchen. Beim **Kontrollerwerb** des § 37 Abs. 1 Nr. 2 sind beteiligt diejenigen, die an der Kontrolle teilhaben, also bei Alleinkontrolle das allein kontrollierende Unternehmen sowie das Unternehmen, das kontrolliert wird. Wird eine bisherige Alleinkontrolle in eine Mitkontrolle umgewandelt oder der Kreis der an der gemeinsamen Kontrolle teilhabenden Unternehmen erweitert, sind beteiligt auch die schon bisher allein oder mitkontrollierenden Unternehmen. Beim **Anteilserwerb** des § 37 31

Abs. 1 Nr. 3 sind beteiligt der Erwerber und das Unternehmen, an dem Anteile erworben werden, nicht der Veräußerer. In dem in § 37 Abs. 1 Nr. 3 S. 3 vorgesehenen Fall des **Gemeinschaftsunternehmens** gelten – ebenso wie in den Fällen der Mitkontrolle, hier aber unabhängig von der Intensität des mit der Beteiligung ab 25 % verbundenen Einflusses – die (mit mindestens 25 %) beteiligten Unternehmen ebenfalls als beteiligt. Bei **sonstigen Unternehmensverbindungen** iSv § 37 Abs. 1 Nr. 4 sind die Fälle des alleinigen und des gemeinsamen wettbewerblich erheblichen Einflusses zu unterscheiden. Bei wettbewerblich erheblichem Einfluss eines Unternehmens sind dieses und das beeinflusste Unternehmen beteiligt. Bei wettbewerblich erheblichem Einfluss durch mehrere Unternehmen liegen rechtlich verschiedene („Vertikal"-)Zusammenschlüsse vor, an denen jeweils ein den Einfluss nehmendes und das beeinflusste Unternehmen beteiligt sind; anders als im Falle des § 37 Abs. 1 Nr. 3 S. 3 ist kein „Horizontal-Zusammenschluss" der Muttergesellschaften untereinander anzunehmen, und damit keine entsprechende Ausweitung des Beteiligtenbegriffes. **Nicht beteiligt** sind Unternehmen, die beteiligte Unternehmen beherrschen, sowie diejenigen Unternehmen, von denen die herrschenden Unternehmen abhängig sind. Allerdings werden nach § 36 Abs. 2, § 38 Abs. 1 ihre Umsätze den beteiligten Unternehmen zugerechnet (→ § 38 Rn. 3).

32 **c) 500 Mio./50 Mio./17,5 Mio. EUR Umsatz.** Nach Abs. 1 Nr. 1 ist für die Anwendbarkeit der Fusionskontrollvorschriften erforderlich, dass die beteiligten Unternehmen insgesamt Umsatzerlöse von **mehr als 500 Mio. EUR** erzielt haben. Dabei kommt es auf die Umsätze aller am Zusammenschluss beteiligten Unternehmen (→ Rn. 30 f.) an, unter Einbeziehung der mit ihnen verbundenen Unternehmen (§ 36 Abs. 2, § 38 Abs. 1, → § 36 Rn. 64). Zu berücksichtigen sind die Umsatzerlöse **aus allen sachlichen und räumlichen (weltweiten) Tätigkeitsgebieten;** es findet keine Beschränkung auf die vom Zusammenschluss betroffenen Gebiete statt. Zeitlich kommt es für die Umsatzberechnung auf das **letzte abgeschlossene Geschäftsjahr** an. Maßgeblich ist dafür der Zeitpunkt der Anmeldung; ist der Zusammenschluss ohne Fusionskontrollverfahren schon vollzogen, so ist allein entscheidend das letzte Geschäftsjahr vor dem Zusammenschluss. Sind die Geschäftsjahre der beteiligten Unternehmen verschieden, so ist bei jedem Unternehmen das für dieses letzte Geschäftsjahr festzustellen. Umfasst das letzte Geschäftsjahr wegen der Umstellung des Geschäftsjahres nicht volle zwölf Monate, ist der für das Geschäftsjahr ermittelte Umsatz durch die Zahl der Monate zu teilen und mit zwölf zu multiplizieren (aA Schulte/Just/Schulte Rn. 8, anders aber Schulte/Just/Künstner § 81 Rn. 12 für das Parallelproblem in § 81 Abs. 4). Als verbundene Unternehmen sind nur die Unternehmen einzubeziehen, die **im Zeitpunkt der Anmeldung und des beabsichtigten Vollzuges noch verbunden** sind (wohl nur auf den Zeitpunkt der Anmeldung abstellend: Merkblatt des BKartA zur deutschen Fusionskontrolle von 2005, Anhang C 6, unter Nr. 5.1). Es kommt letztlich darauf an, dass im Zeitpunkt des Vollzuges die Umsatzschwellen des Abs. 1 erfüllt sind. Waren sie es im Zeitpunkt der (ggf. hypothetischen) Anmeldung nicht, sind sie es aber im Zeitpunkt des Vollzuges, gilt das sich aus § 39 Abs. 1 ergebende Vollzugsverbot. Umgekehrt gilt dieses Vollzugsverbot nicht, wenn die Umsatzschwellen zwar im Zeitpunkt der Anmeldung erfüllt waren, nicht aber mehr im Zeitpunkt des Vollzuges. Nach dem durch die 8. GWB-Novelle 2012/2013 eingefügten § 38 Abs. 5 S. 3 sind **zwei oder mehr Erwerbsvorgänge,** die innerhalb von zwei Jahren zwischen denselben Personen oder Unternehmen getätigt werden, als einziger Zusammenschluss zu behandeln, wenn dadurch erstmals die Umsatzschwellen des § 35 erreicht werden. Das bedeutet, dass frühere Zusammenschlüsse, die fusionskontrollfrei waren, unter den Voraussetzungen dieser Bestimmung nachträglich fusionskontrollpflichtig werden.

Durch die 6. GWB-Novelle 1998 neu eingeführt wurde die Umsatzschwelle in S. 1 Nr. 2, dem zufolge mindestens ein **beteiligtes Unternehmen im Inland** Umsatzerlöse von **mehr als 25 Mio. EUR** erzielt haben muss. Nach der Gesetzesbegründung sollen damit „Zusammenschlüsse mit nur marginalen wettbewerblichen Auswirkungen im Inland von der Zusammenschlusskontrolle ausgeschlossen werden". Gedacht war insbes. an Fälle, in denen ein deutsches Unternehmen durch ein ausländisches Unternehmen übernommen wird oder sich ausländische Unternehmen zusammenschließen, die im Inland nur geringfügig tätig sind (Begr. z. RegE BR-Drs. 852/97, 56). Tatsächlich führt diese Vorschrift nicht zu einer Begrenzung der Zuständigkeit des BKartA bei Auslandszusammenschlüssen. Durch das 3. Mittelstandsentlastungsgesetz von 2009 wurde eine zweite **Inlandsumsatzschwelle von 5 Mio. EUR** eingeführt (vgl. Podszun GWR 2009, 5; zu entsprechenden Überlegungen in der Zeit davor Klocker/Ost FS Bechtold, 2006, 229 (234 f.)). **Diese Schwellen wurden durch die 10. GWB-Novelle 2021 auf 50 Mio. EUR bzw. 17,5 Mio. EUR heraufgesetzt.** Diese Inlandsumsatzschwellen enthalten **keine fusionskontrollspezifische** allgemeine **Präzisierung des Auswirkungsprinzips** des § 185 Abs. 2 (→ § 185 Rn. 15 ff.). Es kann einerseits sein, dass Zusammenschlüsse, die die Voraussetzungen der Nr. 1 erfüllen und die sich spürbar im Inland auswirken, aufgrund der Nr. 2 nicht fusionskontrollpflichtig sind; andererseits ist es möglich, dass ein Zusammenschluss, der die quantitativen Voraussetzungen der Nr. 1 und 2 erfüllt, sich nicht spürbar im Inland auswirkt (Beispiel: Zwei deutsche Unternehmen erwerben gemeinsam die Kontrolle über ein ausschließlich im Ausland tätiges Gemeinschaftsunternehmen). Nr. 2 setzt eine **Trennung von in- und ausländischen Umsätzen** voraus. Es bietet sich an, dafür Art. 5 Abs. 1 UAbs. 2 FKVO entsprechend anzuwenden, sodass es darauf ankommt, ob der Umsatz für Unternehmen oder Verbraucher im Inland erzielt wird. Danach ist der Umsatz dem Standort des Kunden zuzurechnen; die räumliche Trennung hängt also nicht davon ab, wo die Ware verkauft wird oder wo eine Dienstleistung erbracht wird (vgl. Bosch NJW 2013, 1857 (1859) mwN, außerdem Konsolidierte Mitteilung). Bei Bestellung aus dem Ausland an eine inländische Lieferadresse gilt der Umsatz bezüglich der Warenlieferung als Inlandsumsatz (BGH WuW/E DE-R 4135 (4137) = NZKart 2014, 149 (150) – Viskosefasern II). 33

S. 1 Nr. 2 führte in der Praxis kaum dazu, dass **sich schwergewichtig im Ausland abspielende Zusammenschlüsse,** die sich im Inland auswirken (§ 185 Abs. 2; → § 185 Rn. 21 f.), nicht der deutschen Fusionskontrolle unterliegen. Einige vom BKartA untersagte Fälle waren dadurch gekennzeichnet, dass sich ausschließlich – nicht von deutschen Unternehmen abhängige – ausländische Unternehmen zusammenschließen, die nur einen kleinen Teil ihrer weltweiten Aktivitäten in Deutschland erbringen. Damit verbindet sich die Frage, ob die bloße Inlandsauswirkung (§ 130 Abs. 2) als Legitimation ausreicht, den Zusammenschluss, dessen inländische Teile nicht von dem ausländischen Vorgang zu trennen sind, insgesamt zu untersagen. Im Falle Phonak/GN ReSound (BKartA WuW/E DE-V 1365; OLG Düsseldorf WuW/E DE-R 2477 (2482); vgl. auch zum Verfahren über die Aufhebung des Vollzugsverbots OLG Düsseldorf WuW/E DE-R 1931 und BGH WuW/E DE-R 2133) tätigten beide Unternehmen nur ca. 8 % bzw. 6 % ihrer Weltumsätze in Deutschland; im Inland waren sie nur über Vertriebsgesellschaften für die im Ausland entwickelten und produzierten Erzeugnisse tätig. Noch deutlicher ist das Problem der völkerrechtlichen Untersagungskompetenz des BKartA im Falle Sulzer/Kelmix (BKartA WuW/E DE-V 1340). Die schweizerische Firma Sulzer hat die schweizerisch-liechtensteinische Unternehmensgruppe Kelmix/Werfo erworben, die in Deutschland – ohne inländische Tochtergesellschaften – nur Vertriebsaktivitäten unterhielt. Der Anteil des deutschen Umsatzes des Erwerbsobjekts lag unter 15 %. Dennoch hat das BKartA – mit Billigung des OLG Düsseldorf (OLG Düsseldorf WuW/E DE-R 2477 (2482) – Phonak/ReSound, aus anderen Gründen 34 vom BGH aufgehoben, BGH WuW/E DE-R 2905) – ohne jede Einschränkung seine Untersagungskompetenz für den weltweiten Zusammenschluss bejaht. Völkerrechtliche Argumente über die Begrenzung seiner Untersagungskompetenz wurden pauschal zurückgewiesen.

35 Die neue 17,5 Mio. EUR-Umsatzschwelle ist nunmehr nach **Wegfall der der Anschlussklausel** des durch die 10. GWB-Novelle 2021 aufgehobenen Abs. 2 S. 1 die einzig relevante Mindestumsatzschwelle (**Ausnahme** bei entsprechender Gegenleistung: Abs. 1a, → Rn. 39 ff.). Ein Großunternehmen kann ohne jede Einschränkung ein Unternehmen erwerben, das im Inland einen Umsatz von bis zu 17,5 Mio. EUR erzielt. Davon erfasst wird insbes. auch das Kleinunternehmen, das ausschließlich im Inland tätig ist und dort die Umsatzschwelle von 17,5 Mio. EUR nicht überschreitet, oder ein größeres Unternehmen, das insgesamt einen höheren Umsatz hat, aber im Inland die 17,5 Mio. EUR-Grenze nicht überschreitet. Darauf, ob dieses Unternehmen vor der Veräußerung konzerngebunden ist, kommt es nicht an. Es ist also möglich, dass ein Großunternehmen derartige Unternehmen aufkauft, und zwar unabhängig davon, ob die erworbenen Unternehmen bisher konzerngebunden waren oder nicht. Die **mehrfache Inanspruchnahme** der 17,5 Mio. EUR-Umsatzschwelle ist (ebenso wie bei der Anschlussklausel) auch in einem engen Zeitraum möglich, wenn es sich jeweils um voneinander unabhängige Zusammenschlüsse handelt; etwas anderes gilt unter den Voraussetzungen des § 38 Abs. 5 S. 3 (→ § 38 Rn. 18 ff.).

36 Die 17,5 Mio. EUR-Umsatzschwelle in Abs. 1 Nr. 2 kann zur Fusionskontrollfreiheit von Zusammenschlüssen mit **Holdinggesellschaften** (zur Unternehmenseigenschaft → Rn. 25) führen, die ihrerseits nur minderheitlich an anderen Unternehmen beteiligt sind. Dazu folgendes Beispiel: Das Unternehmen A mit einem Umsatz von über 500 Mio. EUR erwirbt die Holdinggesellschaft B, die ausschließlich minderheitlich – ohne beherrschenden oder mitbeherrschenden Einfluss – an den Unternehmen C, D, E mit größeren Umsätzen beteiligt ist. An dem Zusammenschluss (Kontrollerwerb von A über B, § 37 Abs. 1 Nr. 2) sind beteiligt A und B. B hat als reine Holdinggesellschaft keine Umsätze, sondern allenfalls Beteiligungserträge, die nicht Umsätze iSd § 38 Abs. 1 iVm § 277 Abs. 1 HGB sind. Die Umsätze der Unternehmen C, D und E, an denen B minderheitlich beteiligt ist, sind B nicht zuzurechnen. Eine solche Zurechnung setzt nach § 36 Abs. 2 iVm §§ 17, 18 AktG voraus, dass die Beteiligungsunternehmen „abhängig" sind, was im Regelfall bei **Minderheitsbeteiligungen** nicht der Fall ist. Da B keinen Umsatz oder jedenfalls einen Umsatz von weniger als 17,5 Mio. EUR hat, ist der Erwerb durch A fusionskontrollfrei. Dieses Ergebnis überrascht, weil der unmittelbare Erwerb der Minderheitsbeteiligungen durch A, wenn die Schwellen des § 37 Abs. 1 Nr. 3 (25 %) oder Nr. 4 (wettbewerblich erheblicher Einfluss) erreicht sind, fusionskontrollpflichtig wäre. Die Ungleichbehandlung wirtschaftlich identischer Sachverhalte ist Ergebnis konsequenter Anwendung des Gesetzeswortlauts. Im Hinblick auf die Notwendigkeit, dass die Aufgreifkriterien der Fusionskontrolle „**ohne große Schwierigkeiten zuverlässig ermittelt** werden können" (dazu BGH WuW/E DE-R 2133 (2138) – Sulzer/Kelmix im Hinblick auf die Voraussetzungen der Bagatellmarktklausel), ist das Ergebnis aber hinzunehmen. Dieses Ergebnis kann nicht ohne Weiteres gelten, wenn die Holdingstruktur nur zu dem Zweck eingeführt wird, die Fusionskontrollfreiheit des Erwerbs zu erreichen. Dann liegt der **Umgehungseinwand** nahe. Aber auch insoweit stellt sich die Frage, ob die Eindeutigkeit des Gesetzeswortlauts sich nicht zugunsten der betroffenen Unternehmen auswirken muss.

37 Ein anderer Einwand macht sich die Kunstfigur des **„mittelbaren Anteilserwerbs"** zunutze und führt zu der Argumentation, dass A unmittelbar die Mehrheit an B erwirbt, mittelbar aber auch die Minderheitsbeteiligungen an den Beteiligungsunternehmen von B (C, D, E), die jeweils die Voraussetzungen des § 37 Abs. 1 Nr. 3 oder 4 erfüllen. Diese Figur des mittelbaren Anteilserwerbs hat in der

Praxis bisher keine klare Rolle gespielt. Aus der Praxis des BKartA sind zwei Fälle bekannt, in denen mittelbare Anteilserwerbe angenommen wurden, ohne dass dies letztlich entscheidungserheblich war (BKartA WuW/E DE-V 511 (513) – E.ON/Ruhrgas und 30.11.2009 – B8 – 107/09, Rn. 21 und 22 – Integra/Thüga). In der Rspr. hat sich bisher nur das Kammergericht mit der Frage befasst und einer **Ausweitung der formellen Fusionskontrolle über die Figur des mittelbaren Anteilserwerbs** eine klare Absage erteilt (KG WuW/E OLG 2113 (2114 f.) – Steinkohlestromerzeuger). Die hM in der Lit. hat sich dem angeschlossen (MüKo-WettbR/Bach § 37 Rn. 88; Kleinmann/Bechtold § 23 Rn. 118; → § 37 Rn. 6; aA Bunte/Kallfaß § 37 Rn. 42; differenzierend, wenn die Zwischengesellschaft eine reine Holding ist: Immenga/Mestmäcker/Thomas Rn. 68 ff.). Der mittelbare Anteilserwerb wäre geeignet, das exakte Zurechnungssystem des § 36 Abs. 2 auszuhebeln. Das hat große praktische Bedeutung für die Umsatzberechnung nach § 35 Abs. 1, wie an folgendem Beispiel deutlich wird: Der Erwerber A hat einen Umsatz von 300 Mio. EUR, das erworbene Unternehmen B von 100 Mio. EUR. Dieser Vorgang erreicht nicht die Umsatzschwelle des Abs. 1 Nr. 1. Wenn B an C (250 Mio. EUR) minderheitlich beteiligt ist, kommt es nach § 36 Abs. 2 auf den Umsatz von C nicht an. Wäre der „mittelbare" Anteilserwerb von A an C relevant, unterläge dieser der Fusionskontrolle, was im praktischen Ergebnis darauf hinausliefe, dass jedenfalls in den Grenzfällen die Umsätze der nicht abhängigen Unternehmen in die Berechnung der Schwellen nach § 35 Abs. 1 Nr. 1 einbezogen würden. Würde man insoweit die These der Fusionskontrollpflichtigkeit auch des mittelbaren Anteilserwerbs verfechten, müsste man auch andere Konstellationen in die Betrachtung einbeziehen. Das würde zu einer offensichtlich nicht mehr hinnehmbaren Ausweitung des formellen Fusionskontrollrechts führen.

Schließlich kommt auch nicht in Betracht, auf diese Fälle den **Auffangtatbestand des § 37 Abs. 1 Nr. 4** mit dem Argument anzuwenden, der Erwerber erlange durch den Erwerb der Holdinggesellschaft mittelbar einen wettbewerblich erheblichen Einfluss (→ § 37 Rn. 44; aA insoweit offenbar Immenga/Mestmäcker/Mestmäcker/Veelken § 36 Rn. 173 aE). Der Auffangtatbestand der Nr. 4 leitet sich historisch ab aus dem Erwerb eines Anteils von unter 25 %. In Betracht gezogen werden insoweit ebenso wie bei Nr. 3 nur die unmittelbar am Erwerb beteiligten Unternehmen, also der Erwerber (A) und das Unternehmen (B), an dem unmittelbar eine gesellschaftsrechtliche Verbindung begründet wird. Dem steht auch nicht entgegen, dass anders als beim Anteilserwerb in Nr. 4 die Worte „unmittelbar oder mittelbar" im Gesetzeswortlaut stehen. Damit ist ebenso wie beim Kontrollerwerb der Nr. 2 („Erwerb der unmittelbaren oder mittelbaren Kontrolle") nur gemeint die Summe der Einflussmöglichkeiten, die sich teils unmittelbar aus der gesellschaftsrechtlichen Verbindung und teils mittelbar aus sonstigen Umständen wie Lieferbeziehungen, persönlichen Beziehungen usw ergeben können. **38**

d) Weitere Aufgreifschwelle der Gegenleistung (Abs. 1a). Die 9. GWB-Novelle 2017 führt für Zusammenschlüsse, die die bisherigen Umsatzschwellen nicht erreichen, mit Abs. 1a eine **Vermögensschwelle** ein. Vermögensschwellen als Aufgreifkriterien gibt es auch in anderen Rechtsordnungen, zB den USA und Mexiko. Die Einführung der neuen Aufgreifschwelle wurde durch Zusammenschlüsse wie Facebook/WhatsApp beschleunigt. Dieser Zusammenschluss konnte in Deutschland mit den bisherigen Aufgreifkriterien nicht geprüft werden, weil WhatsApp die Inlandsumsatzschwelle der Nr. 2 nicht überschritt. **39**

Das neue **Kriterium der Gegenleistung** ist nur in den Fällen von Bedeutung, in denen die Voraussetzung eines inländischen Umsatzes in Höhe von nach der 10. GWB-Novelle 2021 mehr als 17,5 Mio. EUR (vorher: 5 Mio. EUR) nicht erreicht wird. Positiv gesprochen können zukünftig Zusammenschlüsse geprüft werden, wenn ein inländischer Umsatz beim Kaufobjekt von 17,5 Mio. EUR nicht **40** erreicht wird, der Kaufpreis aber mehr als 400 Mio. EUR beträgt und ein die völkerrechtliche Anwendbarkeit des deutschen Fusionskontrollrecht nach § 186 Abs. 2 begründender inländischer Bezug vorliegt.

41 Die Bestimmung des **Wertes der Gegenleistung** ist schwierig. Die Gegenleistung umfasst alle Vermögensgegenstände und sonstigen geldwerten Leistungen, die der Veräußerer in Zusammenhang mit dem Zusammenschluss erhält (Leitfaden Transaktions-Schwellen 2022 Rn. 11). Dazu gehören der Kaufpreis, aber auch die Übernahme von Verbindlichkeiten und andere dem Veräußerer zufließende Vorteile. Eigentliche Probleme stellen sich nur bei Tauschtransaktionen, bei denen der Wert des Tauschobjekts streitig sein kann (s. Kersting/Podszun 9. GWB-Novelle/Meyer-Lindemann Kap. 12 Rn. 34).

42 Die neue Aufgreifschwelle erfordert eine **erhebliche Inlandsauswirkung** der Transaktion, die marktbezogen sein muss. Diese Prüfung sollte nach der Regierungsbegründung zu 9. GWB-Novelle weitgehend mit derjenigen nach § 185 Abs. 2 identisch (RegE 9. GWB-Novelle 2017, 76) sein. Nach dem **Leitfaden Transaktions-Schwellen** für die Anmeldepflicht von Zusammenschlussvorhaben des BKartA und der österreichischen Wettbewerbsbehörde vom Januar 2022 soll sich die **Inlandstätigkeit** nach **verschiedenen Kriterien** feststellen lassen. Im Zeitpunkt des Vollzugs der Transaktion muss es sich um eine **aktuelle** Tätigkeit handeln (Leitfaden Transaktions-Schwellen 2022 Rn. 70). Weiter ist ein **Marktbezug** erforderlich: Dieser ist beim Angebot einer entgeltlichen Leistung durch das Zielunternehmen auf einem bestehenden Markt gegeben. Der Marktbezug kann sich aber auch daraus ergeben, dass die Leistung anders als durch Geld entgolten wird, die Leistung zwar unentgeltlich angeboten wird, aber auf andere Weise, etwa durch Werbung, monetarisiert wird. Marktbezug kann auch in der Forschung und Entwicklung von Produkten oder Dienstleistungen bestehen (Leitfaden Transaktions-Schwellen 2022 Rn. 76). Bei der Erheblichkeit ist zu unterscheiden: **Erheblich** ist die Tätigkeit, wenn die Umsatzerlöse in Deutschland über der zweiten Inlandsumsatzschwelle von 17,5 Mio. EUR liegen, dadurch aber die Marktposition und das wettbewerbliche Potenzial nicht angemessen widergespiegelt wird. Wenn das Unternehmen mit seinen Produkten bereits im Ausland erhebliche Umsätze erzielt, nicht aber in Deutschland, weil hier noch keine Vertriebsstruktur aufgebaut wurde, soll die Schwelle nach § 35 Abs. 1 Nr. 2 relevant bleiben (Leitfaden Transaktions-Schwellen Rn. 82). Anders ist es nur, wenn die Inlandsumsätze kein angemessener Gradmesser sind, weil das Unternehmen auf einem Markt tätig ist, der (noch) nicht durch Umsätze geprägt ist, oder weil ein Produkt angeboten wird, das erst seit kurzem auf dem Markt gekommen ist, sodass die Umsätze nicht das wettbewerbliche Potenzial zeigen (Leitfaden Transaktions-Schwellen 2022 Rn. 82, 65 ff.; BKartA 9.12.2021 – B6-37/21, BeckRS 2021, 51840 Rn. 37 ff. – Meta/Kustomer). Im digitalen Bereich können die Nutzerzahlen oder die Zugriffshäufigkeit einer Website als Indikatoren herangezogen werden (Leitfaden Transaktions-Schwellen 2022 Rn. 67).

5. Zusammenschlüsse aufgrund kommunaler Gebietsreform (Abs. 2 S. 1)

43 Im Vermittlungsverfahren im Zuge der 8. GWB-Novelle hat der Bundesrat eine **„Klarstellung“** in den Fusionskontrollvorschriften verlangt, wonach die Fusionskontrolle keine Anwendung findet auf Unternehmenszusammenschlüsse, „die mit einer kommunalen Gebietsreform einhergehen“. Aktuelle Fälle, die zu der entsprechenden Gesetzgebungsinitiative führten, sind nicht bekannt. Früher hat sich allerdings immer wieder die Frage gestellt, ob die Fusionskontrollvorschriften voll auf Unternehmenszusammenschlüsse anwendbar sind, die durch kommunale Gebietsreformen veranlasst sind. Das hatte und hat praktische Bedeutung insbes. für **kommunale Sparkassen** (dazu TB 1981/1982, 80 f.; 2007/2008, 137) **und Verkehrsbe-**

triebe, allerdings im Hinblick auf die Umsatzschwellen des Abs. 1 nur bei größeren Gemeinden und Gemeindebetrieben. Die Tatsache, dass kommunale Gebietsreformen im Allgemeinen auf der Basis von Landesgesetzen durchgeführt werden, schloss die Anwendung der Fusionskontrolle ebenso wenig aus (→ § 37 Rn. 3) wie der Umstand, dass die in einer kommunalen Gebietsreform unmittelbar beteiligten Gemeinden in ihrer Hauptfunktion nicht Unternehmen sind (→ Rn. 27). Nicht geklärt war aber die Frage, ob kommunale Gebietsreformen, die auch zu Unternehmenszusammenschlüssen führen, uneingeschränkt der vorbeugenden Fusionskontrolle unterliegen, ebenso wenig wie die Frage, welchen Einfluss die Veranlassung durch die Gebietsreform auf die materielle Beurteilung des Zusammenschlusses nach § 36 Abs. 1 hat.

S. 2 erfasst Zusammenschlüsse „durch die **Zusammenlegung öffentlicher Einrichtungen und Betriebe**". Die Begriffe „Einrichtungen" und „Betriebe" haben keine eigenständige Bedeutung; erfasst sind alle rechtlich selbstständigen und rechtlich unselbstständigen Unternehmen und Unternehmensteile, an denen Gemeinden beteiligt sind. Nach dem Sinn der Vorschrift gibt es keinen Grund, nur solche Unternehmen zu erfassen, an denen Kommunen zu 100 % oder jedenfalls mehrheitlich beteiligt sind. Wenn die kommunale Gebietsreform dazu führt, dass Minderheitsbeteiligungen auf einen neuen Rechtsträger übergehen, ist auch das durch S. 2 erfasst. Erforderlich ist, dass der Zusammenschluss „mit einer kommunalen Gebietsreform **einhergeht**". Der – weite – Wortsinn von „einhergehen" ist, dass eine kausale Verbindung zu der Gebietsreform bestehen muss, nicht aber unbedingt, dass sich der Zusammenschluss notwendig aus der Gebietsreform ergibt. Erfasst sind also auch Fälle, in denen die kommunale Gebietsreform über die bloße Zusammenlegung von Kommunen, aber aus Anlass derselben, zu einer Neuordnung von unternehmerischen Aktivitäten der beteiligten Kommunen führt. Unter **„kommunaler Gebietsreform"** sind in erster Linie Zusammenlegungen von **Gemeinden** zu verstehen, darüber hinaus aber auch Zusammenlegungen von **Landkreisen.** Ob der Begriff darüber hinaus auch die Zusammenfassung von anderen öffentlich-rechtlichen Körperschaften oder Anstalten, insbes. auch von **Zweckverbänden,** umfasst, erscheint zweifelhaft. Erforderlich ist jedenfalls die Verbindung mit einer Zusammenfassung von kommunalen Verwaltungsfunktionen, die als solche nicht der Fusionskontrolle unterliegt. 44

Zusammenschlüsse, die von S. 2 erfasst werden, unterliegen **weder der formellen noch der materiellen Fusionskontrolle.** Sie sind also weder beim BKartA anzumelden, noch ist ihr Vollzug abhängig von einer Freigabe durch das BKartA. Erweist sich nach einer dennoch vorgenommenen Anmeldung, dass ein Zusammenschluss von S. 2 erfasst wird, ist er nach § 40 Abs. 1 oder 2 durch das BKartA freizugeben. 45

6. Zusammenschlüsse innerhalb einer kreditwirtschaftlichen Verbundgruppe (Abs. 2 S. 3)

Die durch die 9. GWB-Novelle 2017 aufgenommene Sonderregelung für Zusammenschlüsse zwischen **Mitgliedern einer kreditwirtschaftlichen Verbundgruppe** soll nach BEWiA 9. GWB-Novelle 2017 (S. 29) Kreditinstituten, die einer kreditwirtschaftlichen Verbundgruppe zugehören, aufgrund der Herausforderung der Niedrigzinsphase und sonstiger Ertragsschwierigkeiten Erleichterungen bei der Zusammenlegung von Back Office Leistungen ermöglichen. Hintergrund sind die Schwierigkeiten des Zusammenschlusses der Sparkassen-Marktservice GmbH mit der DSGV Deutsche Servicegesellschaft für Finanzdienstleister mbH (Bundeskartellamt 30.6.2016 – B4–74/15). Privilegiert sind letztlich einerseits die Verbundgruppe der Sparkassen und andererseits die der Volks- und Raiffeisenbanken; diese Gruppen sind jeweils Verbundgruppen nach § 8b Abs. 4 S. 8 KStG. 46

47 Privilegiert sind allerdings nur Zusammenschlüsse, die **nicht endkundenbezogen** sind. Zusammenschlüsse von endkundenbezogenen Aktivitäten unterliegen weiterhin der Fusionskontrolle. Damit beschränkt sich die Privilegierung auf sog. Back-Office-Leistungen, wie im Fall der SGV/SMS im Bereich der Verarbeitung von Zahlungsverkehrsbelegen oder zB die Zusammenlegung von Rechenzentren.

7. EU-Recht

48 Die **Umsatzschwellen** der EU-Fusionskontrolle nach der FKVO sind in deren **Art. 1 Abs. 2 und 3 FKVO** geregelt (→ Rn. 4 f.). Sind diese Umsatzschwellen erreicht und liegt ein Kontrollerwerb iSv Art. 3 FKVO vor, unterliegt der Fall ausschließlich der EU-Fusionskontrolle mit den sich aus der Verweisungsmöglichkeiten nach Art. 4 Abs. 4 FKVO und Art. 9 FKVO ergebenden Einschränkungen (→ Rn. 15 f.). Sind die Anwendungsvoraussetzungen der EU-Fusionskontrolle nicht erfüllt, wohl aber die der deutschen Fusionskontrolle nach § 35 Abs. 1 und 2, findet die EU-Fusionskontrolle keine Anwendung. Die Kommission ist nach Art. 21 Abs. 1 FKVO auch nicht befugt, Art. 101 und 102 AEUV iVm Kartellverfahrens-VO auf Zusammenschlüsse iSv Art. 3 FKVO anzuwenden. Sie hat allerdings die Möglichkeit, diese Bestimmungen auf Zusammenschlüsse anzuwenden, die nicht die Voraussetzungen des Art. 3 FKVO erfüllen, insbes. reine Minderheitsbeteiligungen. Außerdem ist durch Art. 21 Abs. 1 FKVO klargestellt, dass Art. 101 und 102 AEUV auf Gemeinschaftsunternehmen anwendbar sind, die iSv Art. 1 Abs. 2 und 3 FKVO keine gemeinschaftsweite Bedeutung haben und die Koordinierung des Wettbewerbsverhaltens unabhängig bleibender Unternehmen bezwecken oder bewirken.

§ 36 Grundsätze für die Beurteilung von Zusammenschlüssen

(1) [1]**Ein Zusammenschluss, durch den wirksamer Wettbewerb erheblich behindert würde, insbesondere von dem zu erwarten ist, dass er eine marktbeherrschende Stellung begründet oder verstärkt, ist vom Bundeskartellamt zu untersagen.** [2]**Dies gilt nicht, wenn**

1. **die beteiligten Unternehmen nachweisen, dass durch den Zusammenschluss auch Verbesserungen der Wettbewerbsbedingungen eintreten und diese Verbesserungen die Behinderung des Wettbewerbs überwiegen, oder**
2. **die Untersagungsvoraussetzungen ausschließlich auf Märkten vorliegen, auf denen seit mindestens fünf Jahren Waren oder gewerbliche Leistungen angeboten werden und auf denen im letzten Kalenderjahr im Inland insgesamt weniger als 20 Millionen Euro umgesetzt wurden, es sei denn, es handelt sich um Märkte im Sinne des § 18 Absatz 2a oder einen Fall des § 35 Absatz 1a, oder**
3. **die marktbeherrschende Stellung eines Zeitungs- oder Zeitschriftenverlags verstärkt wird, der einen kleinen oder mittleren Zeitungs- oder Zeitschriftenverlag übernimmt, falls nachgewiesen wird, dass der übernommene Verlag in den letzten drei Jahren jeweils in der Gewinn- und Verlustrechnung nach § 275 des Handelsgesetzbuchs einen erheblichen Jahresfehlbetrag auszuweisen hatte und er ohne den Zusammenschluss in seiner Existenz gefährdet wäre. Ferner muss nachgewiesen werden, dass vor dem Zusammenschluss kein anderer Erwerber gefunden wurde, der eine wettbewerbskonformere Lösung sichergestellt hätte.**

(2) [1]**Ist ein beteiligtes Unternehmen ein abhängiges oder herrschendes Unternehmen im Sinne des § 17 des Aktiengesetzes oder ein Konzernunternehmen im Sinne des § 18 des Aktiengesetzes, sind die so verbundenen Unternehmen als einheitliches Unternehmen anzusehen.** [2]**Wirken mehrere**

Unternehmen derart zusammen, dass sie gemeinsam einen beherrschenden Einfluss auf ein anderes Unternehmen ausüben können, gilt jedes von ihnen als herrschendes.

(3) **Steht einer Person oder Personenvereinigung, die nicht Unternehmen ist, die Mehrheitsbeteiligung an einem Unternehmen zu, gilt sie als Unternehmen.**

Übersicht

1. Überblick

1 § 36 enthält in Abs. 1 die **Grundnorm der materiellen Fusionskontrolle,** nämlich die Voraussetzungen, unter denen ein Zusammenschluss vom BKartA zu untersagen ist. Er trat mit der 6. GWB-Novelle 1998 an die Stelle des § 24 Abs. 1 aF. Mit der **8. GWB-Novelle 2012/2013** wurde das materielle Untersagungskriterium an die europäische Fusionskontrolle (dort Art. 2 Abs. 2 und 3 FKVO) angeglichen. Die **Begründung oder Verstärkung einer marktbeherrschenden Stellung** ist nur noch das **Regelbeispiel** (s. BGH NZKart 2015, 56 (57) = WuW/E DE-R 4477 (4478)) der offenbar darüberhinausgehenden „erheblichen Behinderung wirksamen Wettbewerbs" (significant impediment to effective competition, sog. **SIEC-Test;** dazu Körber WuW 2014, 250 und Ewald WuW 2014, 261). Schon aus Anlass der 7. GWB-Novelle 2005 war diese Angleichung an das europäische Recht diskutiert worden. Man schob sie aber noch auf, um die weitere Entwicklung der Fusionskontrollpraxis der Europäischen Kommission abzuwarten; im europäischen Recht war der früher dort auch geltende Marktbeherrschungstest erst 2004 durch den SIEC-Test ersetzt worden. Der Gesetzgeber der 8. GWB-Novelle 2012/2013 misst der **Angleichung** als solcher **an das europäische Recht** und das Fusionskontrollrecht der meisten anderen Mitgliedstaaten besondere Bedeutung zu. Die Erweiterung der Untersagungsvoraussetzungen auf Fälle, die als wesentliche Wettbewerbsbehinderung qualifiziert werden können, ohne dass zugleich die Begründung oder Verstärkung einer marktbeherrschenden Stellung vorliegt, tritt demgegenüber in den Hintergrund. Die 8. GWB-Novelle hat darüber hinaus die **Bagatellmarktklausel** des früheren § 35 Abs. 2 Nr. 2 in den Abs. 1 S. 2 Nr. 2 verschoben. Für die materielle Fusionskontrolle bringt das, wenn man von der Einführung des SIEC-Tests absieht, keine Änderung mit sich; die Verschiebung bedeutet aber, dass Fälle, die von der Bagatellmarktklausel erfasst werden, zwar uneingeschränkt der formellen Fusionskontrolle unterliegen, aber – wie schon bisher – nicht untersagt werden können. Auf Veranlassung der CDU/CSU- und FDP-Fraktion ist in einer späten Phase des Gesetzgebungsverfahrens § 36 Abs. 1 S. 2 noch durch eine neue Nr. 3 ergänzt worden, der unter bestimmten Voraussetzungen **Zusammenschlüsse zwischen Zeitungs- oder Zeitschriftenverlagen** privilegiert. Die 9. GWB-Novelle 2017 hat in Abs. 2 eine Ausnahme für die Bagatellmarktregelung für die Märkte nach § 18 Abs. 2a und Zusammenschlüsse iSv § 35 Abs. 1a eingefügt. Die 10. GWB-Novelle 2021 hat die Bagatellmarktregelung neu konzipiert.

2. Schutz des Wettbewerbs, kein Individualschutz

2 Die Fusionskontrolle dient allein der Sicherung des Wettbewerbs und damit der **Wahrung gesamtwirtschaftlicher Belange.** Sie begründet **keine subjektiven Rechte** zugunsten von Wettbewerbern oder der Marktgegenseite (vgl. BGH WuW/E DE-R 1163 (1164) – HABET/Lekkerland; 1571 (1572) – Ampère; EWiR 2006, 439 – Eurovia; OLG Düsseldorf WuW/E DE-R 1462 (1463 f.) – Argenthaler Steinbruch; 1644 (1645) – Werhahn; 3723 (3726) – Untersagungsbegehren). Dritte haben **nur Beteiligungs- und (Anfechtungs-)Beschwerderechte** im Rahmen der § 54 Abs. 2 Nr. 3, § 73 Abs. 2; Verpflichtungsbeschwerden auf Untersagung sind unzulässig (→ § 40 Rn. 36). Das BKartA hat 2000 „Auslegungsgrundsätze zur Prüfung

von Marktbeherrschung in der Fusionskontrolle" veröffentlicht (abgedruckt in 4. Aufl. 2006, Anhang C 9, 841). 2012 hat das BKartA stattdessen einen „Leitfaden zur Marktbeherrschung in der Fusionskontrolle" herausgegeben (Anhang C 9).

3. Erhebliche Behinderung wirksamen Wettbewerbs – Auslegungsgrundsätze

a) Allgemein. Der Gesetzeswortlaut bedeutet, dass die erhebliche Wettbewerbsbehinderung im Verhältnis zur Begründung oder Verstärkung einer marktbeherrschenden Stellung der **Oberbegriff** ist. Auch wenn die Begründung oder Verstärkung einer marktbeherrschenden Stellung mit der Begründung zum Regierungsentwurf (BT-Drs. 17/9852, 19 und 28) als „Regelbeispiel" interpretiert wird, geht der Gesetzeswortlaut doch davon aus, dass es einen **zusätzlichen Anwendungsbereich** für die erhebliche Wettbewerbsbehinderung gibt. Ob diese Wortlautinterpretation richtig ist und der Praxis entspricht, erscheint aber nicht gesichert. Die FKVO, die den SIEC-Test erstmals einführte, war insoweit das Ergebnis eines politischen Kompromisses. Die Kommission hatte im Dezember 2001 ein Grünbuch und im Dezember 2002 ein Reformpaket vorgelegt, die sich primär mit dem Verhältnis der EU- und der nationalen Fusionskontrollen befassten. Zum materiellen Prüfungskriterium der Begründung und Verstärkung einer marktbeherrschenden Stellung in Art. 2 Abs. 2 und 3 VO 4064/89 wurde die Möglichkeit erörtert, es durch den **„SLC"-Test (substantial lessening of competition)** nach amerikanischem Vorbild zu ersetzen. Diese Möglichkeit wurde aber verworfen, zumal der Marktbeherrschungs- und der SLC-Test weitgehend zu gleichen Ergebnissen führten. Dennoch gab es im weiteren Gesetzgebungsverfahren Verfechter und Gegner der Einführung des SLC-Tests. Dieser Streit wurde schließlich dadurch aufgelöst, dass der bisherige Wortlaut in Art. 2 Abs. 2 und 3 VO 4064/89 „umgedreht" wurde. Die VO 4064/89 hatte den Marktbeherrschungstest (Begründung oder Verstärkung einer marktbeherrschenden Stellung) ergänzt durch das **zusätzliche Erfordernis,** dass dadurch „wirksamer Wettbewerb im Gemeinsamen Markt oder in einem wesentlichen Teil desselben **erheblich behindert** würde" (vgl. dazu Böge WuW 2004, 138 (143)). Diejenigen, die für die Einführung des SLC-Tests waren, interpretierten diese Änderung als Übernahme desselben; diejenigen, die dagegen waren, meinten, dass die „Umdrehung" des Wortlauts nicht notwendig mit einer sachlichen Änderung verbunden sei (vgl. zu all dem auch Bischke/Mäger EWS 2003, 97 (99, 104 f.); v. Hinten-Reed/Camesasca/Schedl RIW 2003, 321; Hoffmann/Terhechte AG 2003, 450; Staebe/Denzel EWS 2004, 194 (199)). Dem SIEC-Test liegt hiernach **kein klares ökonomisches Konzept** zugrunde. 3

Der Gesetzgeber der 8. GWB-Novelle (BT-Drs. 17/9852, 28 f.) geht davon aus, dass Untersagungen voraussichtlich **„auch in Zukunft überwiegend" anhand des Marktbeherrschungskriteriums** erfolgen werden. Der darüber hinausgehenden erheblichen Behinderung wirksamen Wettbewerbs werden Anwendungsbereiche „etwa für komplexe Oligopolsachverhalte oder für die Erfassung nicht koordinierten bzw. unilateralen Verhaltens einzelner Unternehmen (zB Preissetzungsmöglichkeiten eines Unternehmens nach einem Zusammenschluss, ohne dass es zugleich eine marktbeherrschende Position innehat)" zugeordnet. Das BKartA hat am 29.3.2012 einen „Leitfaden zur Marktbeherrschung in der Fusionskontrolle" (Anhang B 9) veröffentlicht und dabei im Hinblick auf die damals erwartete Änderung des § 36 Abs. 1 durch die 8. GWB-Novelle ausdrücklich in der begleitenden Presseveröffentlichung gesagt: „Die Begründung oder Verstärkung einer marktbeherrschenden Stellung ist jedoch auch im Rahmen des SIEC-Tests das maßgebliche Regelbeispiel. Der Leitfaden wird deshalb auch für den neuen Test von zentraler Bedeutung sein". Außerhalb der Marktbeherrschung werden sich die Konturen aber immer mehr auflösen: Letztlich könnte es nur noch um die Prognose 4 gehen, ob durch den Zusammenschluss letztlich ein Preisanstieg in erheblichem Umfang (upward pricing effect, „UPE") verursacht wird. Bereits daraus kann sich die erhebliche Wettbewerbsbehinderung ergeben. Zu Ende gedacht bedeutet das aber auch zunehmende Bedeutungslosigkeit der traditionellen Marktbetrachtung der Fusionskontrolle (dazu Zimmer WuW 2013, 928 (292 ff.)).

5 **b) Europäische Fusionskontrollpraxis als Leitbild.** Mit der Angleichung des materiellen Prüfungsmaßstabes der deutschen an den der EU-Fusionskontrolle verbindet der Gesetzgeber (BT-Drs. 17/9852, 19, 28) die Erwartung einer „weitgehend gleichlaufenden Beurteilung von Fusionsvorhaben auf deutscher und europäischer Ebene". Auch wenn das etwas nebulös mit der Hoffnung verbunden wird, dass „die deutsche Rechtsanwendungspraxis dadurch die Entwicklungen in der Fusionskontrolle innerhalb und außerhalb der Europäischen Union besser mitgestalten" könne (BT-Drs. 17/9852, 19; kritisch dazu Kühnen WuW 2012, 458 (462 f.)), bedeutet das doch in erster Linie, dass die Anwendungspraxis des BKartA sich **zumindest auch orientieren muss an den Grundsätzen,** die die **Kommission bei der Anwendung des identischen materiellen Prüfungsmaßstabes verfolgt**. Nach der Rspr. der EuGH ist die Vorschrift des Art. 267 AEUV über das Vorabentscheidungsverfahren auch anwendbar, wenn das Unionsrecht zwar den fraglichen Sachverhalt nicht unmittelbar regelt, aber der nationale Gesetzgeber beschlossen hat, rein innerstaatliche Sachverhalte und Sachverhalte, die unter das Unionsrecht fallen, gleich zu behandeln, und seine innerstaatlichen Rechtsvorschriften deshalb **an das Unionsrecht angepasst** hat (dazu auch Immenga/Mestmäcker/Thomas Rn. 44; FK-KartellR/Schroeder Rn. 41). Deswegen wurde – ohne Erfolg – angeregt, dass die Begründung zum Regierungsentwurf der 8. GWB-Novelle klar zum Ausdruck bringt, dass die Vorlagefähigkeit verneint wird; die Regierung ist dem nicht gefolgt. Das Problem ist umso relevanter, als Art. 267 AEUV nicht zwischen Vorlagefähigkeit und der in Abs. 3 geregelten **Vorlagepflicht** unterscheidet. Bejaht man die Vorlagefähigkeit, muss jedenfalls das letztinstanzliche Gericht unter den weiteren Voraussetzungen des Art. 267 AEUV vorlegen. All das gilt nicht, soweit der deutsche Gesetzgeber ausdrücklich Abweichungen von der europäischen Fusionskontrolle aufrechterhalten hat, also mit der Abwägungsklausel (→ Rn. 36 ff.) und der Bagatellmarktklausel (→ Rn. 45 ff.).

6 **c) Marktbezogenheit der Wettbewerbsbehinderung.** Für die Feststellung, ob durch einen Zusammenschluss wirksamer Wettbewerb behindert würde, ist die exakte Definition des betroffenen sachlich und räumlich relevanten Marktes erforderlich (→ § 18 Rn. 6 ff. und → § 18 Rn. 25 ff.). Der Gesetzeswortlaut ist insoweit eindeutig bei dem Regelbeispiel der Begründung oder Verstärkung einer **markt**beherrschenden Stellung. Aber auch dort, wo der Wettbewerb ohne ausdrückliche Bezugnahme auf einen „Markt" angesprochen wird, ist Wettbewerb auf einem Markt gemeint. Die Marktabgrenzung ist also immer der wichtigste Schritt der Prüfung nach Abs. 1 (Immenga/Mestmäcker/Thomas Rn. 18, 21; FK-KartellR/Schroeder Rn. 52). Auch § 1 geht davon aus, dass die Wettbewerbsbeschränkung auf einem bestimmten Markt stattfindet. Soweit bei § 1/Art. 101 Abs. 1 AEUV in bestimmten Fällen Tendenzen bestehen, auf eine exakte Marktabgrenzung zu verzichten, kann sich das nur auf das Verhältnis zwischen den an der Beschränkung des Wettbewerbs beteiligten Unternehmen beziehen, nicht auf die **Außenwirkung** (→ § 1 Rn. 41 ff., → § 1 Rn. 49). Bei § 36 geht es wesensmäßig nicht nur um das Verhältnis der am Zusammenschluss beteiligten Unternehmen und den Wettbewerb zwischen ihnen, sondern gerade auch um die Außenwirkung.

7 Die **Größe** und die **gesamtwirtschaftliche Bedeutung des Marktes** ist grds. **unbeachtlich** (Umkehrschluss aus § 36 Abs. 1 S. 2 Nr. 2). Es reicht für das Verbot eines Zusammenschlusses aus, wenn die Behinderungs- bzw. die Marktbeherrschungseffekte auf einem Markt eintreten, der gerade die Bagatellschwelle des § 36

Abs. 1 S. 2 Nr. 2 übersteigt, auch wenn dieser Markt im Gesamtspektrum der Tätigkeit der beteiligten Unternehmen eine untergeordnete Rolle spielt.

Besondere Schwierigkeiten ergeben sich in Märkten, die **öffentlich-rechtlich** 8 **reguliert** sind. So soll im Bereich des öffentlichen Personennahverkehrs (vgl. für die Bahn BGH WuW/E DE-R 1681 – DB regio/üstra; 1797 – Deutsche Bahn/KVS Saarlouis; dazu auch Opitz/Colbus ZWeR 2007, 89) und im Krankenhausbereich (vgl. für Krankenhäuser OLG Düsseldorf WuW/E DE-R 1958 – Rhön-Grabfeld; vgl. dazu auch die Ablehnung der Ministererlaubnis durch Verfügung vom 22.5.2006 und Gutachten der Monopolkommission WuW/E DE-V 1204; umfassend Bangard ZWeR 2007, 183; aus der Praxis des BKartA u.a. WuW/E DE-V 1407 – LBK Hamburg/Mariahilf. Zwischen 2003 und 2007 sind mehr als 70 Fusionskontrollverfahren im Krankenhausbereich durchgeführt worden; vier führten zu Untersagungen) die Anwendung der Fusionskontrolle nicht durch die Überlagerung des Wettbewerbs durch öffentlich-rechtliche Regulierung und Genehmigungserfordernisse ausgeschlossen oder auch nur eingeschränkt werden. Insoweit sind aber Differenzierungen angebracht. Die **Verkehrsleistungen** werden auf den **Fahrgastmärkten** in privatwirtschaftlicher und privatrechtlicher Form erbracht; die öffentlich-rechtlichen Regulierungen führen aber dazu, dass die Verkehrsunternehmen keine erheblichen wettbewerblichen Spielräume haben. Von diesen Fahrgastmärkten unterscheidet die Rspr. die **„Aufgabenträgermärkte“**, auf denen die Verkehrsbetriebe die Einrichtung, die Unterhaltung und den Betrieb von Verkehrsnetzen im öffentlichen Personennahverkehr anbieten. Die Bildung eines solchen Marktes ist nicht ohne Weiteres nachvollziehbar. Einmal ist unklar, welcher Leistungsaustausch auf ihm stattfindet; zum anderen ist für die Frage, ob sie im Einzelfall Bagatellmärkte iSv § 36 Abs. 1 S. 2 Nr. 2 sind, unklar, welche Umsätze ihnen zugeordnet werden. Auf den Aufgabenträgermärkten werden nach der Bewertung des OLG Düsseldorf (OLG Düsseldorf WuW/E DE-R 1397 (1402) – ÖPNV Hannover) auch öffentlich-rechtliche Verträge geschlossen; anders als das OLG (und wohl auch der BGH) meint, schließt das aber uE die Deutung als fusionskontrollrechtlich relevante Märkte aus (vgl. dazu auch Herdinger/Ruppelt WuW 2009, 155). Im **Krankenhauswesen** gibt es, soweit es um die über 90 % ausmachenden Kassenpatienten geht, keine den Fahrgastmärkten entsprechenden privatwirtschaftlichen Märkte. Dort sind die Leistungsaustauschbeziehungen zwischen Krankenhaus und Krankenkasse (und Krankenkasse und Kassenmitglied) sozialrechtlich und damit öffentlich-rechtlich ausgestaltet. Öffentlich-rechtliche Leistungsbeziehungen sind aber nicht Gegenstand fusionskontrollrechtlich relevanter Märkte. Im Verhältnis zwischen Krankenhaus und (Kassen-)Patient findet kein Leistungsaustausch statt, da der Patient nichts an das Krankenhaus bezahlt. Dennoch gehen BKartA (dazu TB 2011/2012, 76 ff.) und Rspr. insoweit von fusionskontrollrechtlich relevanten Märkten aus (BGH WuW/E DE-R 2327; OLG Düsseldorf WuW/E DE-R 1958 – Rhön-Grabfeld/Kreiskrankenhaus Bad Neustadt). Für die **gesetzlichen Krankenkassen** ist aufgrund des durch die 8. GWB-Novelle eingefügten § 172a SGB V (vgl. Anhang B 2 und → § 35 Rn. 28), der die „entsprechende Anwendung“ der Fusionskontrollvorschriften anordnet, zu fingieren, dass diese im Verhältnis zu den Versicherten und den Leistungserbringern auf privatwirtschaftlichen Märkten tätig sind.

d) Prognose. Wenn das Gesetz davon spricht, dass ein Zusammenschluss zu 9 untersagen ist, wenn durch ihn wirksamer Wettbewerb erheblich behindert „würde“, setzt das eine Prognose über die Auswirkungen des Zusammenschlusses für den Fall voraus, dass er vollzogen wird. Die neue Fassung des Gesetzes bringt insoweit keine Änderung gegenüber der früheren Fassung mit sich, in der es hieß, dass zu untersagen sei, wenn **„zu erwarten“** sei, dass – entsprechend dem früheren ausschließlichen Marktbeherrschungstest – durch den Zusammenschluss eine marktbeherrschende Stellung begründet oder verstärkt wird. Dabei können die inhaltlichen Schwergewichte der Prognose differieren. Beim Regelbeispiel der Begründung oder Verstärkung einer marktbeherrschenden Stellung kommt es – auch weiterhin – stärker auf die **Veränderungen der Marktstrukturen** und die damit verbundenen Gefährdungen der Wettbewerber an, während der SIEC-Test, soweit er überhaupt über den Marktbeherrschungstest hinausgeht, im Rahmen des mit ihm verbundenen **„effects based approach"** stärker auf konkrete Wettbewerbsauswirkungen, insbes. im Bereich der Preise ausgerichtet ist (kritisch dazu und zu der damit zusammenhängenden größeren Rolle der ökonomischen Gutachten Kühnen WuW 2012, 458 (461, 463)). Aber auch insoweit geht es darum, ob und weshalb aus vergangenen Verhaltensweisen die Prognose abgeleitet werden kann, dass der Zusammenschluss nach seinem Vollzug zu Wettbewerbsbehinderungen, etwa durch einen erheblichen Preisanstieg bei betroffenen Produkten, führen werde (→ Rn. 4).

10 Die Prognose erfordert in dem Falle einen **Vergleich der Wettbewerbsbedingungen vor dem Zusammenschluss und danach** unter Einbeziehung der zu erwartenden Entwicklung (vgl. zuletzt BGH WuW/E 2795 (2804) – Pinneberger Tageblatt). Der BGH (BGH WuW/E 1501 (1507) – Kfz-Kupplungen) hat eine Unterscheidung zwischen Wirkungen, die „mit" dem Zusammenschluss eintreten, und solchen, die sich „durch" ihn ergeben, entwickelt. Sie ist nicht nur schwer verständlich, sondern auch verfehlt (vgl. Kleinmann/Bechtold § 24 Rn. 9 f.). Die „mit" dem Zusammenschluss eintretenden Wirkungen sollen sich unmittelbar aus ihm ergeben und als solche sogleich erkennbar sein. Die Wirkungen, die sich „durch" den Zusammenschluss ergeben, sind offenbar solche, die erst später eintreten. Für sie fordert der BGH, dass sie **aufgrund „konkreter Umstände … alsbald und mit hoher Wahrscheinlichkeit"** eintreten. Für die zuerst genannten Wirkungen soll es ausreichen, wenn für die Veränderung der Wettbewerbsbedingungen „jedenfalls **einige** Wahrscheinlichkeit" spricht (so ausdrücklich BGH WuW/E DE-R 3995 (3998) = NZKart 2013, 36 Rn. 19 – Haller Tagblatt). Für die Berücksichtigung künftiger Veränderungen der Wettbewerbsbedingungen oder bevorstehenden Gesetzesänderungen ist demgegenüber die **hohe** Wahrscheinlichkeit erforderlich (BGH WuW/E DE-R 3995 (3998) = NZKart 2013, 36 Rn. 19 – Haller Tagblatt; vgl. auch BGHZ 136, 268 (276) = WuW/E DE-R 24 – Stromversorgung Aggertal). In der Praxis wird die Prüfung nach § 36 Abs. 1 beeinflusst durch einzelfallbezogene ökonomische Analysen (dazu u.a. Zimmer FS Bechtold, 2006, 677); dies wird sich im Rahmen des SIEC-Tests noch verstärken (dazu auch Begr. z. RegE der 8. GWB-Novelle BT-Drs. 17/9852, 28 f.). Die ökonomischen Analysen tragen nicht immer der notwendigen Generalisierung der anzuwendenden Grundsätze Rechnung. Die Funktionsfähigkeit der Fusionskontrolle ist nur gewährleistet, wenn auch mit ökonomisch fundierten **allgemeinen Erfahrungssätzen** argumentiert werden kann; dass sie im Einzelfall zu falschen Ergebnissen führen, ist ggf. von den betroffenen Unternehmen darzulegen und im Rahmen des Amtsermittlungsgrundsatzes zu überprüfen.

11 Die **Marktstruktur,** auf die der Marktbeherrschungstest ausgerichtet ist, und das Wettbewerbsverhalten, das im Rahmen des SIEC-Tests stärker berücksichtigt werden soll, sind nicht scharf zu trennen (dazu BGH WuW/E 1749 (1754) – Klöckner/Becorit). Soweit mit der Feststellung aktuellen wesentlichen Wettbewerbs gearbeitet wird, ist zu prüfen, ob er strukturell bedingt ist; je mehr das der Fall ist, desto stärker ist er in die stets erforderliche **„Gesamtbetrachtung der maßgeblichen Umstände"** einzubeziehen (stRspr; vgl. BGH WuW/E 3026 (3031) – Backofenmarkt). Außer negativen Auswirkungen auf dem relevanten Markt sind auch positive Auswirkungen auf demselben Markt zu berücksichtigen; es hat eine **Saldierung von positiven und negativen Wettbewerbseffekten** auf dem betroffenen Markt zu erfolgen (vgl. BKartA WuW/E DE-V 1113 (1124) – Railion/RBH). Positivere Auswirkungen auf anderen Märkten können nur im Rahmen der Abwägungsklausel (→ Rn. 36 ff.) berücksichtigt werden (insoweit falsch BKartA WuW/E DE-V 1127 Rn. 177 – CIE/ish, in diesem Teil aber nicht veröffentlicht). Hinsichtlich des **Prognosezeitraums** kommt es auf eine kurz-, höchstens mittelfristige Vorschau an, wenn der Zusammenschluss die Wettbewerbsbedingungen noch nicht unmittelbar verändert, aber mit solchen Änderungen „alsbald" zu rechnen ist (BGH WuW/E 1501 (1507 f.) – Kfz-Kupplungen; dazu auch KG WuW/E 5601 (5610) – Stromversorgung Aggertal). Wenn der Zusammenschluss unmittelbar die Marktstruktur verändert (insbes. durch Marktanteilsadditionen, aber auch durch Zuwachs an Finanzkraft), sind auch die längerfristigen Wirkungen dieser Veränderungen zu berücksichtigen. Dabei kommt es auf die Besonderheiten des betroffenen Marktes an. Sind dort Strukturveränderungen langfristig nicht zu erwarten, ist der Prognosezeitraum dementsprechend länger. Sind auch kurzfristige Veränderungen möglich, ist der Prognosezeitraum uU nicht länger als fünf Jahre (dazu auch KG WuW/E 5495 (5496) – Vorratsanmeldung). In der Praxis wird immer mehr mit der Formel gearbeitet, dass generell der **Prognosezeitraum drei bis fünf Jahre** (dazu BGH WuW/E 3965 (3701) = NZKart 2013, 36 Rn. 38 – Haller Tagblatt; Leitfaden des BKartA zur Fusionskontrolle Anhang C 9 Rn. 12 mit Fn. 11 und → § 39 Rn. 9) beträgt, „wenn nicht die Besonderheiten der betroffenen Märkte eine kürzere Zeitspanne nahelegen" (OLG Düsseldorf WuW/E DE-R 1835 (1836) – Deutsche Börse/London Stock Exchange; 3173 (3195) – Anzeigengemeinschaft; vgl. auch BKartA WuW/E DE-V 340 (345 f.) – DTAG/DSH). Die Dauer des Prognosezeitraums wirkt sich auch auf die **Geltungsdauer einer fusionskontrollrechtlichen Freigabe** aus (→ § 39 Rn. 9). Im Rahmen dieses Prognosezeitraums sind allerdings auch Umstände zu beachten, die sich voraussichtlich unabhängig vom Zusammenschluss ergeben, insbes. solche, die marktbeherrschende Stellungen ausschließen oder die Zusammenschlusswirkungen neutralisieren können.

e) Berücksichtigung nicht nur markt- und wettbewerbsbezogener Kriterien? 12 In der EU-Fusionskontrolle ist in Art. 2 Abs. 1 FKVO der Kommission eine Reihe von Kriterien vorgegeben, die sie bei der materiellen Prüfung eines Zusammenschlusses zu berücksichtigen hat. Neben eindeutig markt- und wettbewerbsbezogenen Kriterien sind dort auch die dem Art. 101 Abs. 3 AEUV entlehnten **„Interessen der Zwischen- und Endverbraucher"** (dazu Immenga/Mestmäcker/Thomas Rn. 36 ff.; FK-KartellR/Schroeder Rn. 52) und die **„Entwicklung des technischen und wirtschaftlichen Fortschritts"** erwähnt, freilich mit dem Vorbehalt, dass der Wettbewerb nicht behindert wird. Es ist nicht erkennbar, dass diese nicht markt- und wettbewerbsbezogenen Kriterien in der Entscheidungspraxis der Kommission eine besondere Rolle spielen. Umso weniger Anlass gibt es, sie in das deutsche Recht zu übernehmen.

Häufig entsteht der Eindruck, dass im Rahmen des SIEC-Tests mit dem Zusam- 13 menschluss verbundene **Effizienzgewinne** dazu führen können, dass die ansonsten gegebenen Untersagungsvoraussetzungen nicht eingreifen. Nach Erwägungsgrund 29 FKVO ist es möglich, dass „...die durch den Zusammenschluss bewirkten Effizienzvorteile die Auswirkungen des Zusammenschlusses auf den Wettbewerb, insbesondere den möglichen Schaden für den Verbraucher, ausgleichen, so dass durch den Zusammenschluss wirksamer Wettbewerb im Gemeinsamen Markt oder in einem wesentlichen Teil desselben, insbesondere durch Begründung oder Verstärkung einer marktbeherrschenden Stellung, nicht erheblich begründet würde". Grundsätzlich sind durch den Zusammenschluss bewirkte Effizienzvorteile bei **horizontalen** Zusammenschlüssen (→ Rn. 24; Lettl WuW 2013, 706 (711)) tendenziell eher geeignet, den zusammengeschlossenen Unternehmen besondere Wettbewerbsvorteile zu vermitteln und damit die sich aus anderen Gründen ergebende Wettbewerbsbehinderung bzw. den Marktbeherrschungseffekt zu verstärken. Bei **vertikalen** Zusammenschlüssen ist es eher denkbar, dass Effizienzen nachteilige Auswirkungen des Zusammenschlusses kompensieren können. Wenn ein Hersteller durch Erwerb seines Händlers in die Lage versetzt wird, seinen Vertrieb zu rationalisieren und dort Kosten einzusparen, ist es denkbar, dass er trotz der Verstärkungswirkung auf der einen Seite doch veranlasst bleibt, einen Teil dieser Effizienzvorteile auch an seine Abnehmer weiterzugeben. Effizienzvorteile können im deutschen Recht zudem bei horizontalen Zusammenschlüssen insbes. im Rahmen der Abwägungsklausel (→ Rn. 36 ff.) relevant sein, wenn der Zusammenschluss zwar auf dem einen möglicherweise behinderten oder beherrschten Markt nicht zu Effizienzvorteilen führt, wohl aber auf einem anderen Markt, der als Verbesserungsmarkt in Betracht kommt.

14 **f) Differenzierung nach Zusammenschlussformen.** Obwohl § 36 Abs. 1 allgemein vom „Zusammenschluss" spricht und damit alle Zusammenschlüsse nach § 37 grds. gleich behandelt, ist bei seiner Anwendung **nach Zusammenschlussformen zu differenzieren.** Es muss also eine „materielle Qualifizierung" des konkreten Zusammenschlusses stattfinden, insbes. danach, ob er eine **wirtschaftliche oder wettbewerbliche Einheit begründet.** Das bedeutet aber nicht, dass nur Zusammenschlüsse untersagt werden könnten, die zu einer solchen Einheit führen; Abs. 1 ist auch auf Zusammenschlüsse unterhalb dieser Einheit anwendbar. In jedem Einzelfall sind die konkreten Einflussmöglichkeiten des erwerbenden Unternehmens auf das erworbene zu prüfen (vgl. dazu zB BGH WuW/E 2112 (2114) – Gruner + Jahr/Zeit; KG WuW/E 2825 (2834) – Taschenbücher; Monopolkommission, 5. Hauptgutachten 1982/83, Rn. 449; ausf. Immenga/Mestmäcker/Thomas Rn. 47 ff.).

15 Beim **Erwerb des Vermögens** eines anderen Unternehmens (§ 37 Abs. 1 Nr. 1 und – im Falle des Kontrollerwerbs über einen Teil eines Unternehmens – Nr. 2) tritt zwischen dem Erwerber und dem erworbenen Vermögen oder Vermögensteil ohne Weiteres eine **wirtschaftliche Einheit** ein. Beim **Kontrollerwerb** (§ 37 Abs. 1 Nr. 2) ist zu differenzieren. Wird die **Alleinkontrolle** erworben, entsteht zwischen dem kontrollierenden und dem kontrollierten Unternehmen eine wirtschaftliche Einheit, die ohne Weiteres die Zusammenrechnung der wirtschaftlichen Positionen der beiden Unternehmen erlaubt. Erwerben mehrere Unternehmen **gemeinsam die Kontrolle** über ein anderes, kommt die Annahme wirtschaftlicher Einheiten nur jeweils zwischen dem einzelnen mitkontrollierenden Unternehmen und dem kontrollierten Unternehmen in Betracht, keinesfalls zwischen den mitkontrollierenden Unternehmen. Die Annahme einer wirtschaftlichen **Einheit zwischen jedem mitkontrollierenden und kontrollierten Unternehmen** ist allerdings nicht in allen Fällen berechtigt, und zwar desto weniger, je mehr die Mitkontrolle allein auf die Möglichkeit gestützt wird, Vetorechte auszuüben, ohne dass damit positive Einflussmöglichkeiten verbunden sind. Die Frage berührt sich mit der nach wie vor ungeklärten Rechtsfrage, ob und in welchem Umfang das Kartellverbot des § 1 (und des Art. 101 Abs. 1 AEUV) auf das Verhältnis zwischen dem einzelnen mitkontrollierenden Unternehmen und dem kontrollierten Unternehmen anzuwenden ist (→ § 1 Rn. 91). Ist es anwendbar, kann keinesfalls von einer wirtschaftlichen Einheit ausgegangen werden; entschließt man sich zur Unanwendbarkeit der Kartellverbote, spricht allein das für die wirtschaftliche Einheit. Andere Fragen stellen sich, wenn eine bisherige **gemeinsame Kontrolle in eine Alleinkontrolle umgewandelt** wird (→ § 37 Rn. 15 f.). Da die bisherige Mit-Kontrolle schon einen entscheidenden Einfluss vermittelte, der Wettbewerb zwischen dem kontrollierenden und dem kontrollierten Unternehmen ausschloss und auch rechtlich eine Einheit begründete (§ 36 Abs. 2), ist im Regelfall diese Umwandlung nicht marktrelevant. Die Praxis und Rspr., die das ablehnt, ist uE zu streng (vgl. BGH WuW/E DE-R 1925 (1930) – National Geographic II; Vorinstan-

zen: OLG Düsseldorf WuW/E DE-R 1501 – G+J/RBA und BKartA WuW/E DE-V 955).

Der Erwerb einer bloßen – nicht mitkontrollierenden – **Minderheitsbeteiligung** ist materiell anders zu beurteilen als ein Kontrollerwerb. Es kommt darauf an, welchen Einfluss sie tatsächlich vermittelt und wie sich die neue Unternehmensverbindung auf die Marktstellung der am Zusammenschluss beteiligten Unternehmen konkret auswirken kann (vgl. dazu BGH WuW/E BGH 2013 (2015) – VEW-Gelsenwasser). Dabei spielt das **Verhältnis der Tätigkeitsbereiche** der beteiligten Unternehmen eine wichtige Rolle. Marktbeherrschungseffekte liegen bei horizontalen Zusammenschlüssen durch Minderheitsbeteiligung näher als bei vertikalen oder gar konglomeraten Zusammenschlüssen. Steht – wie bei einer Beteiligung von 33 % an einer ausländischen Aktiengesellschaft, die von einem anderen Mehrheitsgesellschafter beherrscht wird, der den Zusammenschluss bekämpft (unfriendly takeover) – fest, dass die Beteiligung jedenfalls während des Prognosezeitraums nicht mit Einfluss verbunden sein wird, sind die rechnerischen Marktanteilsadditionen keine Grundlage für eine Untersagung (BKartA WuW/E DE-V 858 – Novartis/Roche). So hat das BKartA den Erwerb von 6,28 % der Anteile an der MVV Energie AG durch die EnBW AG und damit die Aufstockung der Beteiligung auf 28,76 % mit der Begründung freigeben, dass der Zusammenschluss trotz des erstmaligen Erwerbs einer aktienrechtlichen Sperrminorität der EnBW an MVV auf den betroffenen Märkten der Abfallverwertung und der Energieversorgung nicht zu einer erheblichen Behinderung wirksamen Wettbewerbs führt: Entscheidungserheblich war, ob durch den Erwerb der Minderheitsbeteiligung eine neue **wettbewerbliche Einheit** entstehen oder eine Marktbeherrschung durch die Unternehmensverflechtung mit einem Wettbewerber begründet würde, was verneint wurde (BKartA 13.12.2017 – B4 – 80/17 Rn. 264, 295 – EnBW/MVV). 16

Bei 50 %-Beteiligungen und **Gemeinschaftsunternehmen** sind die konkreten Ausgestaltungen zu prüfen. Die Fiktion des **§ 37 Abs. 1 Nr. 3 S. 3** hat keine Bedeutung für die materielle Kontrolle. Es geht also nicht an, materiell Muttergesellschaften und Gemeinschaftsunternehmen auf dessen Tätigkeitsgebiet ohne Weiteres als wirtschaftliche oder wettbewerbliche Einheit zu werten (so auch BGH WuW/E 1533 (1538) – Erdgas Schwaben; im Grundsatz zustimmend auch Bunte/Kallfaß § 37 Rn. 48). Auch beim Phänomen des **„Gruppeneffekts“** bedarf es der Prüfung, welche wettbewerbsbeschränkenden Auswirkungen konkret zu befürchten sind. Dabei ist zu prüfen und ggf. positiv festzustellen, ob, wie und in welchem Ausmaß eine die jeweils konkrete Vergemeinschaftung überschießende Wettbewerbsbeschränkung zwischen den Muttergesellschaften im Einzelfall tatsächlich stattfindet (BKartA WuW/E DE-V 473 (478) – Burgmann-Freudenberg Holding GmbH). Der Gruppeneffekt kann zu einer Wettbewerbsdämpfung führen, die schon bestehende marktbeherrschende Stellungen stärken kann (vgl. dazu BKartA WuW/E 2445 (2450) – Daimler-Benz/MAN-ENASA und dazu Monopolkommission, 9. Hauptgutachten 1991/92, S. 256 f. Nr. 548; ausf. Kleinmann/Bechtold § 24 Rn. 49). 17

Die **sonstigen Verbindungen iSv § 37 Abs. 1 Nr. 4** bedürfen ebenfalls einer der Prüfung der Marktauswirkungen vorgelagerten Feststellung ihrer konkreten Auswirkungen auf die beteiligten Unternehmen. Die Begründung eines nur wettbewerblich erheblichen Einflusses iSd Nr. 4 unterhalb der Schwellen des § 37 Abs. 1 Nr. 2 und 3 wird allenfalls bei horizontalen oder vertikalen Verbindungen geeignet sein, die Untersagungsvoraussetzungen zu begründen, nicht aber bei konglomeraten Verbindungen (soweit bei ihnen die Voraussetzungen dieses Zusammenschlussbegriffs überhaupt erfüllt sind, → § 37 Rn. 45). Der durch den Zusammenschluss begründete Einfluss ist im Allgemeinen gering; ist er stark, wird er im Allgemeinen schon die Voraussetzungen eines anderen Zusammenschlusstatbestandes erfüllen. 18

4. Begründung oder Verstärkung einer marktbeherrschenden Stellung als Regelbeispiel

19 **a) Allgemeines.** Das Gesetz verlangt einen **Kausalzusammenhang zwischen dem Zusammenschluss und der Veränderung der Marktstruktur.** Es kommt nicht allgemein darauf an, wie die Entwicklung nach dem Zusammenschluss, sondern wie sie durch ihn sein wird (BGH WuW/E 1655 (1660) – Zementmahlanlage II; 2743 (2747 f.) – Stormarner Tageblatt; vgl. KG WuW/E 4547 (4555) – Lübecker Nachrichten/Stormarner Tageblatt; ausf. Körber ZWeR 2014, 32). Die Zusammenschlusswirkungen sind also zu vergleichen mit der hypothetischen Entwicklung ohne ihn. Sie müssen bei einem Beteiligten oder mit diesem iSv Abs. 2 verbundenen Unternehmen eintreten. Bei **Sanierungsfusionen** entfällt die Kausalität, wenn der Zusammenschluss zu der gleichen oder jedenfalls nicht schlechteren Marktstruktur führt, die sich auch ohne ihn ergeben hätte. Nach der Praxis des BKartA ist im Rahmen der **„failing company defense"** nachzuweisen **erstens,** dass das sanierungsbedürftige Unternehmen ohne Zusammenschluss nicht überlebensfähig wäre, **zweitens,** dass es keine Alternative zu einer Übernahme durch das marktbeherrschende Unternehmen gibt, und **drittens,** dass das noch verbleibende Potenzial beim Ausscheiden des sanierungsbedürftigen erworbenen Unternehmens ohnehin dem erwerbenden Unternehmen – vollständig oder – nach der neuen Praxis – jedenfalls „im Wesentlichen" – zuwachsen würde (vgl. dazu Bosch NJW 2013, 1857 (1859)). Diese Voraussetzungen wurden zB im Falle FAZ/Frankfurter Rundschau angenommen (Freigabe vom 27.2.2013, vgl. Pressemitteilung vom selben Tag). Ist das erwerbende Unternehmen im Oligopol marktbeherrschend, reicht es aus, wenn das Potenzial ausschließlich den Unternehmen zufiele, die dem Oligopol angehören (so offenbar BKartA WuW/E DE-V 1226 (1234) – RTL/n-tv). Ein Erwerbswilliger, bei dem die Realisierung des Zusammenschlussvorhabens zu einer weniger starken Wettbewerbsbeeinträchtigung führen würde, darf nicht vorhanden sein; das Scheitern entsprechender Veräußerungsbemühungen muss nachgewiesen werden (vgl. dazu zB BKartA WuW/E DE-V 848 – Imitation/EMTEC). Auch außerhalb dieser strengen Anforderungen ist aber zu berücksichtigen, wenn in kurzer Zeit mit dem Marktaustritt des zu erwerbenden Unternehmens zu rechnen ist, seine Marktanteile sich auf die Oligopolmitglieder verteilen würden und die dadurch bewirkte Struktur nicht nach § 36 Abs. 1 „schlechter" wäre als die durch den Zusammenschluss herbeigeführte (vgl. dazu BKartA WuW/E DE-V 1017 (1022) – Schneider/Classen).

20 Fraglich ist, ob nach der Neufassung des Abs. 1 weiterhin vertreten werden kann, dass **Veränderungen bei Dritten** nicht zur Begründung einer Untersagung ausreichen (KG WuW/E 2259 (2261) – Siegerländer Transportbeton; Kleinmann/Bechtold § 24 Rn. 19 f. mwN; vgl. auch BGH WuW/E 1655 (1660) – Zementmahlanlage II; aA Kühnen WuW 2012, 458 (460)). Das BKartA scheint dies anzunehmen: Ein Unternehmenserwerb hätte zur Folge gehabt, dass eine Zertifizierung verloren gegangen wäre, sodass nur noch ein anderes, am Zusammenschluss beteiligtes Unternehmen eine Zertifizierung gehabt und damit durch den Zusammenschluss zum alleinigen Anbieter der zertifizierten Endgeräte geworden wäre (BKartA B7–31/17). Eine inzwischen wohl vorherrschende Mittelmeinung lässt Marktbeherrschungseffekte zwar nicht bei jedem dritten, wohl aber **bei Unternehmen** ausreichen, an denen beteiligte Unternehmen in **fusionskontrollrechtlich relevanter Weise** (dh iSv § 37 Abs. 1) **beteiligt** sind (OLG Düsseldorf WuW/E DE-R 2094 (2106 f.) – E.ON/Stadtwerke Eschwege; BKartA WuW/E DE-V 511 (519) – E.ON Ruhrgas; vgl. auch OLG Düsseldorf WuW/E DE-R 647 (656) – OTZ: „gesellschaftsrechtliche Verbundenheit"). Das Gleiche muss dann auch gelten für Unternehmen, die – umgekehrt – **an einem am Zusammenschluss beteiligten Unternehmen** (minderheitlich, mindesten iSv § 37 Abs. 1 Nr. 4) **beteiligt** sind (aA BKartA 30.3.2010 – B6–98/09 Rn. 40). Außerhalb der Marktbeherrschung sind

wettbewerbsbehindernde koordinierte und nicht koordinierte Effekte denkbar, die sich nicht aus einer Verstärkungswirkung bei den am Zusammenschluss beteiligten Unternehmen ergibt. Eine Begünstigung der am Zusammenschluss beteiligten Unternehmen ist dazu nicht erforderlich.

b) Begründung einer marktbeherrschenden Stellung. Die Alt. 1 setzt voraus, dass ohne den Zusammenschluss eine marktbeherrschende Stellung nicht besteht. Die Marktbeherrschung ist definiert in § 18; diese Bestimmung ist also mittelbar Bestandteil des § 36 Abs. 1. Im Vordergrund der Prüfung stehen die bereits erreichten Marktanteile (vgl. BGHZ 79, 62 (68) = WuW/E 1749 – Klöckner/Becorit; BB 1992, 1665 (1666) – Kaufhof/Saturn). Bei Verwandlung einer Monopol- in eine Oligopolmarktbeherrschung entsteht in dem Unternehmen, das durch den Zusammenschluss neu (Oligopol-)Marktbeherrscher wird, eine marktbeherrschende Stellung (BGH WuW/E 2433 f. (2441 f.) – Gruner + Jahr/Zeit II mAnm Bechtold DB 1987, 2559). Die **Marktbeherrschungsvermutungen des § 18 Abs. 4 und 6** gelten auch für § 36 Abs. 1. Sie sind nur aussagefähig für das Merkmal der „Begründung“ einer marktbeherrschenden Stellung, nicht auch für die Verstärkung. Alle Vermutungen sind auch bei § 36 Abs. 1 widerlegbar (→ § 18 Rn. 73, → § 18 Rn. 77). 21

c) Verstärkung einer marktbeherrschenden Stellung. Für das in Alt. 2 geltende Merkmal der „Verstärkung“ einer marktbeherrschenden Stellung ist ein Vergleich der Wettbewerbslage ohne Zusammenschluss und der wahrscheinlichen Entwicklung aufgrund des Zusammenschlusses anzustellen (vgl. BGH WuW/E DE-R 1925 = AG 2007, 490 Rn. 24 – National Geographic II). Das ist an den Kriterien zu messen, die nach § 19 Abs. 2 für Marktbeherrschung relevant sind. Verstärkung bedeutet Veränderung der die Marktmacht bestimmenden Größen dergestalt, dass die die Macht auf einem bestimmten Markt neutralisierende Wirkung des Wettbewerbs im Wege der Änderung markt- und unternehmensbezogener Strukturen in noch höherem Maße eingeschränkt wird, als dies vor dem Zusammenschluss der Fall war (vgl. dazu insbes. BGH WuW/E 1685 (1691) – Springer/Elbe Wochenblatt; aus der Praxis des BKartA WuW/E DE-V 195 (199) – Westfälische Ferngas). Der wichtigste Fall ist der **Zuwachs von Marktanteilen,** also durch Ausschluss aktuellen Wettbewerbs. Auch der Ausschluss potenziellen Wettbewerbs kann ausreichen oder allgemein die Sicherung einer marktbeherrschenden Stellung, nämlich „wenn die Fähigkeit zur Abwehr des nachstoßenden Wettbewerbs durch Minderung des von Wettbewerbern zu erwartenden Wettbewerbsdrucks verstärkt oder auch nur erhalten oder gesichert wird“ (BGH WuW/E 1854 (1860) – Zeitungsmarkt München; 2731 (2737) – Inlandstochter; KG WuW/E DE-R 270 (276) – AS V/Stilke; OLG Düsseldorf WuW/E DE-R 647 (657) – OTZ). Dafür sind konkrete Nachweise erforderlich. Bedenklich ist insoweit die Begründung der Verstärkung durch empirisch nicht bewiesene, nur auf eine angebliche allgemeine Lebenserfahrung gegründete mögliche **„Abschreckungs- und Entmutigungswirkungen“** des Zusammenschlusses aus der Sicht aktueller oder potenzieller Wettbewerber (so insbes. BGH WuW/E 2795 (2805) – Pinneberger Tageblatt; 2150 (2157) – Rheinmetall/WMF; 1501 (1507) – Kfz-Kupplungen; kritisch dazu inzwischen auch Bornkamm ZWeR 2010, 34 (37 f.)); sie müssen zumindest aufgrund konkreter Anhaltspunkte wahrscheinlich sein (so jetzt BGH WuW/E DE-R 3695 (3697) = NZKart 2013, 36 Rn. 17 f. – Haller Tagblatt). Kritisch werden auch Zuwächse an Synergie-Potenzialen bewertet (vgl. BGH WuW/E DE-R 1301 (1304) – Sanacorp/ANZAG). Die deutsche Fusionskontrolle hält im Gegensatz zu Tendenzen in der EG-Fusionskontrolle konsequent daran fest, dass **zusammenschlussbedingte efficiencies** untersagungsbegründend, nicht etwa -ausschließend wirken (also keine „efficiency defense“, sondern eher eine „efficiency offense“). In Bezug auf den potenziell beherrschten Markt sind positive und negative Auswirkungen in einer Gesamtbe- 22 trachtung zu saldieren (→ Rn. 11; zum Verhältnis zur „Verbesserung der Wettbewerbsbedingungen“ → Rn. 37).

23 **d) „Erhebliche“ Veränderungen.** In der bis zur 8. GWB-Novelle 2012/2013 geltenden Rechtslage war es nach der Verwaltungspraxis des BKartA und der Rspr. nicht erforderlich, dass die Verstärkung ein **bestimmtes Ausmaß** erreichte; es war nicht einmal erforderlich, dass sie „spürbar“ war (vgl. u.a. BGH WuW/E 1501 (1512) – Kfz-Kupplungen; 2783 (2793) – Warenzeichenerwerb; WuW/E DE-R 2451 (2460) – E.ON/Stadtwerke Eschwege). Dabei ist umstritten, ob die Einführung des SIEC-Tests und die Einordnung der Begründung und Verstärkung einer marktbeherrschenden Stellung als „Regelbeispiel“ die Rechtslage insoweit geändert hat. Der BGH (BGH 12.1.2021 – KVR 34/20 NZKart 2021, 359 Rn. 31 ff. – CTS Eventim/Four Artists; auch OLG Düsseldorf NZKart 2019, 53 (58) – Ticketvertrieb; OLG Düsseldorf NZKart 2020, 324 (325 f.) – Remondis/DSD) ist der Ansicht, dass in der **festgestellten Verstärkung einer marktbeherrschenden Stellung immer auch eine erhebliche Behinderungen wirksamen Wettbewerbs liegt.** Dabei ist aber zu beachten, dass der BGH auch klarstellt, dass die Verstärkung einer bestehenden marktbeherrschenden Stellung zwar keine gesonderte Erheblichkeitsprüfung verlangt, aber schon eine **Analyse,** ob es zu einer **tatsächlichen Verstärkungswirkung** kommt. Im vorliegenden Fall gab es zwar einen sehr geringen Marktanteilszuwachs von 1 %, in die Prüfung der Verstärkungswirkung floss aber ein, dass ein erheblicher Vorsprung vor allen Wettbewerbern besteht, bereits eine vertikale Integration existiert und außerdem wegen exklusiver Zusammenarbeit weitere Marktabschottungseffekte drohen (BGH 12.1.2021 – KVR 34/20 NZKart 2021, 359 Rn. 23 – CTS Eventim/Four Artists).

23a Die Ansicht des BGH ist aber abzulehnen, und sie widerspricht der Unionspraxis: Dass das Merkmal der **„erheblichen“ Behinderung wirksamen Wettbewerbs** auch für die Begründung und Verstärkung einer marktbeherrschenden Stellung Bedeutung hat, ergibt sich schon aus der früheren Fassung des Art. 2 Abs. 2 und 3 VO 4064/89, in der die „erhebliche“ Wettbewerbsbehinderung zu dem Marktbeherrschungseffekt hinzukam (→ Rn. 3). Insoweit hat niemand die „Umdrehung“ des Wortlauts mit einer sachlichen Änderung verbunden. Deswegen ist es falsch, wenn Abs. 1 so ausgelegt wird, dass das Regelbeispiel der Begründung oder Verstärkung einer marktbeherrschenden Stellung von vornherein auch die „Erheblichkeit“ einschließe. Während man davon ausgehen kann, dass in den Fällen der Begründung einer marktbeherrschenden Stellung, die dementsprechend vorher nicht bestand, immer eine „erhebliche“ Wettbewerbsbehinderung vorliegt, ist das bei der **Verstärkung einer marktbeherrschenden Stellung** nicht der Fall. Entsprechend auch der Praxis der Europäischen Kommission ist zB ein Marktanteilszuwachs von bisher mehr als 75 % oder von ca. 50 % jeweils um weniger als 5 % grds. unerheblich (vgl. M.1168 26.6.1998 Rn. 25 – Deutsche Post/DHL). Allerdings ist nicht ausgeschlossen, in den Anforderungen an die Erheblichkeit danach zu **differenzieren, wie stark wirksamer Wettbewerb schon derzeit behindert wird.** Liegt also eine besonders starke Marktbeherrschung vor, mag eine Verstärkung geringeren Ausmaßes ausreichen als in Fällen, in denen die Marktbeherrschung schwächer ist (vgl. zu früheren Fällen BGH WuW/E 1854 (1860) – Zeitungsmarkt München; WuW/E DE-R 24 (29) – Stromversorgung Ackertal, dazu auch Bornkamm ZWeR 2010, 34 (38); BGH WuW/E DE-R 1419 (1424) – Trans-o-flex). Auch wenn in diesem Fall der Restwettbewerb besonders schützenswert sein mag, muss er doch konkret nachweisbar sein (dazu BGH WuW/E DE-R 3695 (3699 f.) = NZKart 2013, 36 (37 f.) – Haller Tagblatt).

24 **e) Horizontale Zusammenschlüsse.** Wenn die beteiligten Unternehmen auf denselben Märkten tätig sind (horizontale Zusammenschlüsse), lassen sich Marktbeherrschungseffekte (Entstehung oder Verstärkung einer marktbeherrschenden Stel-

lung) am ehesten feststellen und messen. Führt der Zusammenschluss zu einer wirtschaftlichen Unternehmenseinheit, sind die Marktanteile der zusammengeschlossenen Unternehmen idR zu addieren und den Marktanteilen der übrigen Wettbewerber gegenüberzustellen. Dabei sind allerdings **„Abschmelzungseffekte“** aufgrund des Zusammenschlusses zu berücksichtigen; sie sind insbes. dort zu erwarten, wo die Marktgegenseite zur Vermeidung von Abhängigkeiten auf die Belieferung mehrerer Abnehmer oder den Bezug von mehreren Lieferanten Wert legt (vgl. dazu BKartA WuW/E DE-V 1065 (1070 f.) – Siemens/Möller; 1425 – KLA-Tencor/Therme-Wave). Die bloße Addition reicht aber nicht aus; es müssen auch andere Auswirkungen und mögliche Gegenwirkungen aus dem Markt berücksichtigt werden. Ein Marktanteilszuwachs ist nicht anzunehmen, wenn die Lieferbeziehung zwischen einem ausländischen Zusammenschlussbeteiligten und seinem einzigen inländischen Abnehmer gekündigt ist und diese Kündigung „derart strukturell gefestigt ist, dass eine Wiederaufnahme dieser Lieferbeziehung dauerhaft ausgeschlossen ist“ (BKartA WuW/E DE-V 905 (908) – Onex/Rostam). Bei horizontalen Zusammenschlüssen ergibt sich oft eine **Verstärkung** auch **durch größenbedingte Rationalisierungsvorteile.** Bei Zusammenschlüssen mit potenziellen Wettbewerbern, die wesensgemäß nicht zu (aktuellen) Marktanteilsadditionen führen, kann sich eine Verstärkung (selten auch die bloße Entstehung) einer marktbeherrschenden Stellung aus dem **Wegfall potenziellen Wettbewerbs** ergeben, der die Stellung des erwerbenden Unternehmens zu stärken geeignet ist (vgl. dazu grds. OLG Düsseldorf WuW/E DE-R 3171 (3192 f.) – Anzeigengemeinschaft). Bei Minderheitsbeteiligungen ist eine bloße Marktanteilsaddition nicht möglich. Hier können sich die Verstärkungseffekte insbes. aus der Verminderung des Wettbewerbs der so beteiligten Unternehmen ergeben; Gleiches gilt für Gemeinschaftsunternehmen.

f) Vertikale Zusammenschlüsse. Bei vertikalen Zusammenschlüssen (zB zwischen Zulieferer und Hersteller oder zwischen Hersteller und Händler) können sich Verstärkungseffekte insbes. im Hinblick auf das Tatbestandsmerkmal in § 18 Abs. 3 Nr. 3 „Zugang zu den Beschaffungs- oder Absatzmärkten“ ergeben. Von besonderer Bedeutung können insoweit **Ausschlusseffekte zulasten von Wettbewerbern** (dazu auch BKartA NJWE-WettbR 1997, 188 (191) – Merck/KMF Laborchemie) oder jedenfalls **Bezugs-** oder **Absatzpräferenzen** sein, die für Wettbewerber nicht erreichbar sind. Ausreichend kann die Aussicht des Marktbeherrschers sein, aufgrund des Zusammenschlusses andere Unternehmen langfristig zu beliefern (vgl. zur EU-rechtlichen Beurteilung v. Bonin WuW 2006, 466). Das spielt insbes. in der Energiewirtschaft eine Rolle. Die meisten Untersagungen in diesem Bereich beruhen auf der Annahme, dass durch den Zusammenschluss die **marktbeherrschende Stellung des erwerbenden Vorlieferanten verstärkt** werde (vgl. aus der umfangreichen Gerichts- und Verwaltungspraxis zu den Strom- und Gasmärkten BGH WuW/E DE-R 24 (29 f.) – Stromversorgung Aggertal; OLG Düsseldorf WuW/E DE-R 1639 (1642) – Mainova/Aschaffenburger Versorgungs GmbH; BKartA WuW/E DE-R 823 (826 f., 829 f.) – E.ON/Stadtwerke Eschwege; 837 (843 f.) – E.ON Stadtwerke Lübeck). Entsprechende Probleme können sich bei Zusammenschlüssen zwischen Energielieferanten und Netzgesellschaften ergeben (dazu Säcker ZNER 2005, 270), wobei die wettbewerbsschädigenden Auswirkungen durch die energiewirtschaftsrechtlichen Reglementierungen der Netztätigkeit besonderer Begründung bedürfen. Auch insoweit ist zwischen Zusammenschlüssen zu differenzieren, die eine wettbewerbliche Einheit begründen, und anderen. Gründen Oligopolmitglieder ein Gemeinschaftsunternehmen über die Produktion eines wichtigen Vorprodukts, kann die dadurch verursachte Beseitigung des Nachfragewettbewerbs der Oligopolmitglieder beim Einkauf dieses Produkts die Stellung des 25 marktbeherrschenden Oligopols verstärken (BKartA WuW/E 2143 (2145) – Glasfaserkabel).

26 **g) Konglomerate Zusammenschlüsse.** Bei konglomeraten (diagonalen, diversifizierenden) Zusammenschlüssen spielt u.a. die **Nähe der Tätigkeitsbereiche** der beteiligten Unternehmen eine Rolle. Liegen sie nahe beieinander, kann durch den Zusammenschluss Substitutions- oder potenzieller Wettbewerb gemindert werden. Das kann Sicherung der errungenen Marktstellung und damit ggf. Verstärkung einer marktbeherrschenden Stellung bedeuten (vgl. zB BGH WuW/E 2425 (2430) – Niederrheinische Anzeigenblätter; 1534 (1536 f.) – Erdgas Schwaben; BKartA WuW/E DE-V 669 (671) – Getinge/Heraeus). Auch wenn kein Substitutionsverhältnis besteht, führt die Nähe der betroffenen Märkte uU dazu, dass nunmehr ein Gesamtsortiment gebildet werden kann (**„Pakettheorie";** auch dazu BKartA WuW/E DE-V 669 (672) – Getinge/Heraeus). Dadurch kann der Zugang zu den Absatzmärkten oder die Möglichkeit zum Verlustausgleich verbessert werden. Auch im Medienbereich können „marktübergreifende" **(cross-mediale) Effekte** zur Verstärkung bestehender marktbeherrschender Stellungen auf verschiedenen Märkten führen, zwischen denen eine Randsubstitution besteht und auf denen koordinierte Strategien sinnvoll sein können (BGH WuW/E DE-R 3067 (3076) – Springer/ProSiebenSat.1; OLG Düsseldorf WuW/E DE-R 2593 (2560) – Springer/ProSiebenSat.1; BKartA WuW/E DE-V 1163 (1165, 1170 f.) – Springer/ProSieben Sat1; vgl. dazu auch Bohne WRP 2006, 540; Gounalkis/Zagouras AfP 2006, 93; Kuchinke/Schubert WuW 2006, 477; Steger WuW 2010, 282; Esser NZKart 2013, 135; Paal ZWeR 2012, 380; → Rn. 29 f.). Besonderheiten können gelten, wenn sich zwei Unternehmen zusammenschließen, die bisher auf sachlich identischen, aber räumlich getrennten Märkten tätig waren (zB benachbarte Energieversorgungsunternehmen). Die Vergrößerung eines rechtlich oder tatsächlich abgesicherten räumlichen Tätigkeitsgebietes bewirkt nicht ohne Weiteres eine Verstärkung; der häufig behauptete Ausschluss potenziellen Wettbewerbs bedarf konkreter Nachweise. Bei rein konglomeraten Zusammenschlüssen spielt die Verstärkung durch **Zuwachs an Finanzkraft** eine besondere Rolle. Nach der Rspr. sollen sich die wettbewerbsbeschränkenden Wirkungen aus der Abschreckung tatsächlicher oder potenzieller Wettbewerber ergeben können (vgl. zB BGH WuW/E 2795 (2805) – Pinneberger Tageblatt; 2150 (2157) – Rheinmetall/WMF; 1501 (1506 f.) – Kfz-Kupplungen; kritisch dazu Bornkamm ZWeR 2010, 34 (37 f.)).

27 **h) Ressourcenzuwachs.** BKartA und Gerichte haben früher bei **allen Arten** von Zusammenschlüssen dem **Zuwachs an „Ressourcen" und „Finanzkraft"** besondere Bedeutung beigemessen. Insoweit wurde weitgehend mit Theorien und Formeln gearbeitet, die einer differenzierten Prüfung nicht standhalten (vgl. dazu auch Bechtold/Schockenhoff DB 1990, 1549). Für die Beurteilung derartiger Ressourcenzuwächse sollte jedenfalls nach der früheren Rspr. die subjektive Sicht der Wettbewerber maßgeblich sein; es sollte primär auf die **Abschreckungswirkung** ankommen. Dabei sollte unerheblich sein, ob die Finanzkraft des erwerbenden Unternehmens im „marktnahen Bereich" oder im wettbewerblichen Umfeld des erworbenen Unternehmens zur Verfügung steht (so insbes. BGH WuW/E 2150 (2157) – Rheinmetall/WMF). Diese Betrachtungsweise spielt heute nicht mehr die gleiche Rolle wie früher. Wir halten eine pauschale Zurechnung der Finanzkraft ohne eingehende Prüfung der Umstände des konkreten Einzelfalles nicht für zulässig. Insbesondere kommt es darauf an, ob mit einem Einsatz der Finanzkraft überhaupt gerechnet werden kann. Je höher die Beteiligung ist, desto größer wird allerdings die Bereitschaft für eine finanzielle oder anderweitige Unterstützung des erworbenen Unternehmens eingeschätzt. Voraussetzung dafür ist aber, dass auf dem Markt des erworbenen Unternehmens mit zusätzlicher Finanzkraft wirklich etwas auszurichten ist. Der Ressourcenzuwachs führt praktisch nie zur „Entstehung" einer

marktbeherrschenden Stellung und auch ganz selten zu einer „erheblichen Verstärkung“.

i) Besonderheiten für Oligopol-Zusammenschlüsse. Besonderheiten gelten für Oligopol-Zusammenschlüsse. Marktbeherrschung im Oligopol ist gemeinsame Marktbeherrschung; eine Verstärkung der Marktbeherrschung liegt daher nur vor, wenn die gemeinsame Stellung des Oligopols verstärkt wird. Str. ist, ob die **Stärkung nur eines Oligopolmitglieds** zu einer Stärkung des Oligopols insgesamt führt (so BGH WuW/E 1763 (1765) – Bituminöses Mischgut; offen gelassen in BGH WuW/E 1824 (1828) – Blei- und Silberhütte Braubach; aA KG WuW/E 2234 (2238) – Blei- und Silberhütte Braubach). Jedenfalls für das Regelbeispiel der Entstehung oder Verstärkung gemeinsamer Marktbeherrschung ist das in Zweifel zu ziehen. Die Verstärkung nur eines Oligopolmitglieds kann durchaus zur Belebung des Innenwettbewerbs und damit zur Schwächung der marktbeherrschenden Stellung des Oligopols führen; dementsprechend sind **Aufholfusionen im Oligopol** häufig positiv zu bewerten (vgl. dazu auch Kleinmann/Bechtold § 24 Rn. 86). Wird ein früher **symmetrisches Oligopol** durch den Zusammenschluss asymmetrischer, spricht das gegen eine Verstärkung der Oligopol-Marktbeherrschung; führt der Zusammenschluss zu einer wesentlichen Verengung des Oligopols und einer größeren Symmetrie, ist regelmäßig von der Erhöhung der Reaktionsverbundenheit und damit einer Verstärkung auszugehen (vgl. OLG Düsseldorf WuW/E DE-R 2593 (2598) – Springer/ProSiebenSat.1; BKartA WuW/E DE-V 1365 = AG 2008, 43 – Phonak/GN ReSound, dazu Wertenbruch ZWeR 2008, 109; BKartA WuW/E DE-V 1163 (1165, 1168 f.) – Springer/ProSiebenSat.1; 923 (930) – Agrana/Atys; 618 (622) – Viterra/Brunata; → § 18 Rn. 65). Besondere Bedeutung hat die Beteiligung an oder die Gründung von Gemeinschaftsunternehmen durch Oligopolmitglieder. Der dann angenommene **Gruppeneffekt** kann dazu führen, dass der Binnenwettbewerb zwischen den Gründern weiter eingeschränkt und damit die marktbeherrschende Stellung des Oligopols im Außenverhältnis verstärkt wird (vgl. dazu BKartA WuW/E 2142 (2145) – Glasfaserkabel), zur Behinderung wirksamen Wettbewerbs außerhalb des Regelbeispiels → Rn. 33. 28

j) Besonderheiten bei Pressezusammenschlüssen. Bei Zusammenschlüssen mit Presseunternehmen gelten grds. keine **Besonderheiten,** von den Modifizierungen der quantitativen Aufgreifkriterien in § 38 Abs. 3 und in § 35 Abs. 2 abgesehen. Unmittelbar ohne Belang sind Erwägungen, die den **publizistischen Wettbewerb** oder die **Meinungsvielfalt** betreffen. Besondere Bedeutung hat die Verstärkung der marktbeherrschenden Stellung durch Beseitigung von bestehendem oder zu erwartendem **Substitutionswettbewerb** (dazu insbes. BGH WuW/E 2112 (2113) – Gruner + Jahr/Zeit I) oder potenziellem Wettbewerb (soweit er angenommen werden kann, dazu BGH WuW/E DE-R 3695 (3698 ff.) = NZKart 2013, 36 (37 f.) – Haller Tagblatt; OLG Düsseldorf WuW/E DE-R 3173 (3192 f.) – Anzeigengemeinschaft). Beim Ressourcenzuwachs geht es nicht nur um Zuwachs an Finanzkraft, sondern auch um die Erhöhung der personellen und redaktionellen Unterstützung, die Mehrfachnutzung journalistischer Tätigkeiten usw (dazu BGH WuW/E 2276 (2283) – Süddeutscher Verlag/Donau-Kurier). Ausnahmsweise kann auch die **Möglichkeit konzerninternen Wettbewerbs** mit der Folge beachtlich sein, dass die Zusammenfassung mehrerer Objekte bei einem Verlag nicht ohne Weiteres Marktbeherrschungseffekte auslöst: Die Struktur der Lesermärkte wird in erster Linie durch die Zahl der auf ihnen erscheinenden Blätter und deren Marktanteile geprägt, nicht dadurch, welchen Verlagsunternehmen die Blätter gehören. Die Beteiligungsverhältnisse an den Verlagen der einzelnen Presseerzeugnisse beeinflussen daher die Marktstruktur nicht in der Weise, dass die Zusammenfassung in einer Hand ohne Weiteres zu einer nach § 36 Abs. 1 erheblichen Veränderung der Marktstruktur führt (BGH WuW/E 2112 (2119) – Gruner + Jahr/Zeit I; dazu auch 29

Bechtold AfP 1985, 36 (37)). Die Verstärkung auf einem beherrschten Markt kann sich auch aus der neuen Verbindung zu einem anderen Medienmarkt ergeben (**cross-mediale Effekte,** dazu BGH WuW/E DE-R 3067 (3076) – Springer/ProSiebenSat.1; OLG Düsseldorf WuW/E DE-R 2593 (2600 f.) – Springer/ProSiebenSat.1; dazu auch Paal ZWeR 2012, 380; → Rn. 26, → § 18 Rn. 56 und → § 18 Rn. 58).

30 Da Presseunternehmen im Allgemeinen Leistungen auf zwei getrennten Märkten anbieten **(Leser- und Anzeigenmarkt),** kann der Untersagungstatbestand schon erfüllt sein, wenn die Entstehung oder Verstärkung einer marktbeherrschenden Stellung allein auf einem der beiden Märkte zu erwarten ist; insbes. können auch Marktbeherrschungseffekte auf Anzeigenmärkten ausreichen, ohne dass es auf Auswirkungen auf irgendwelchen Lesermärkten ankommt (BGH WuW/E 1685 (1693) – Springer/Elbe Wochenblatt). Allerdings bewirkt die Verstärkung der Position auf dem einen Markt regelmäßig auch die Verstärkung auf dem anderen; es kommt dann darauf an, auf welchem Markt schon Beherrschung besteht. Große Bedeutung hat die Fusionskontrolle für Zusammenschlüsse zwischen lokalen oder regionalen **Tageszeitungen und Anzeigenblättern.** Erwirbt eine marktbeherrschende Regionalzeitung ein in ihrem Verbreitungsgebiet erscheinendes Anzeigenblatt, deutet die Praxis das fast immer als Verstärkung der marktbeherrschenden Stellung auf dem Anzeigen- oder Lesermarkt (dazu OLG Düsseldorf WuW/E DE-R 1973 – SZ/Lokalzeitung; KG WuW/E 3875 (3883) – Südkurier/Singener Wochenblatt, bestätigt durch BGH WuW/E 2443). In der Rechtslage vor der 8. GWB-Novelle wurden Verstärkungswirkungen bei Zusammenschlüssen zwischen regionalen Tageszeitungen schon bei relativ kleinen Überschneidungen der sachlichen oder räumlichen Tätigkeitsbereiche der beteiligten Verlage angenommen (dazu KG WuW/E 4379 (4385) – Schleswig-Holsteinischer Zeitungsverlag), nach Auffassung des BKartA auch ohne Marktanteilszuwachs uU auch aufgrund eines bloßen „Abschreckungseffekts" (BKartA WuW/E DE-V 1191 (1195 f.) – SZ/Lokalzeitung) oder aufgrund des Ausschlusses **potenziellen Wettbewerbs** (zum potenziellen Wettbewerb vgl. BKartA WuW/E DE-V 1745 (1750 f.) – NPG/Detjen; in derselben Sache OLG Düsseldorf WuW/E DE-R 3173 – Anzeigengemeinschaft). Insoweit hat der BGH (BGH WuW/E DE-R 3695 (3698 ff.) = NZKart 2013, 36 Rn. 33 ff. – Haller Tagblatt; dazu auch Dohrn/Meyer WuW 2012, 355; Klumpp WuW 2013, 344 (352 ff.)) 2012 strengere Anforderungen formuliert. Unabhängig davon bestehen Zweifel, ob die früheren Bewertungen mit dem Kriterium der „erheblichen" Behinderung wirksamen Wettbewerbs vereinbar sind (→ Rn. 23).

5. Wettbewerbsbehinderung ohne Marktbeherrschung

31 **a) Allgemein.** Nach der Begründung zum RegE (BT-Drs. 17/9852, 28) gibt es über die Begründung und Verstärkung einer marktbeherrschenden Stellung hinaus jedenfalls in **seltenen Fällen** auch einen eigenständigen Anwendungsbereich:

„Das Untersagungskriterium der erheblichen Behinderung wirksamen Wettbewerbs ermöglicht eine zweifelsfreie, flexible und damit optimal Erfassung aller potenziell wettbewerblich kritischen Fälle. Das gilt etwa für komplexe Oligopolsachverhalte oder für die Erfassung nicht koordinierten bzw. unilateralen Verhaltens einzelner Unternehmen (zB Preissetzungsmöglichkeiten eines Unternehmens nach einem Zusammenschluss, ohne dass es zugleich eine marktbeherrschende Marktposition innehat). Die Einführung des SIEC-Tests erlaubt eine Untersagung auch in den wenigen wettbewerblich schädlichen Konstellationen, in denen die Voraussetzungen der Einzelmarktbeherrschung nicht erfüllt sind. Die Angleichung erleichtert die of schwierige Beurteilung vertikaler Integration oder konglomerater Zusammenschlüsse, bei denen eine Verschlechterung der Marktstruktur nicht unmittelbar mit dem Zusammenschluss eintritt, sondern erst infolge geänderter Möglichkeiten und Anreize zu einem wettbewerbsschäd-

lichen Verhalten der Unternehmen. Der SIEC-Test ist damit offener für eine Beurteilung von Unternehmenszusammenschlüssen auf Basis einer Analyse der wettbewerblichen Auswirkungen des Zusammenschlusses.“

Entsprechend der Praxis der Europäischen Kommission (vgl. dazu insbes. deren „Leitlinien zur Bewertung horizontaler Zusammenschlüsse von 2004“, ABl. 2004 C 31, 5, und „Leitlinien zur Bewertung nicht-horizontaler Zusammenschlüsse von 2008“, ABl. 2008 C 256, 6, abgedruckt bei Bechtold/Bosch/Brinker Anhang B 21 und B 22) wird unterschieden zwischen koordinierten und nicht koordinierten Wirkungen eines Zusammenschlusses. Die **koordinierten Wirkungen** werden im Rahmen des Marktbeherrschungstests grds. erfasst durch die **Oligopolmarktbeherrschung** und deren Verstärkung, die **nicht koordinierten Wirkungen** durch die **Einzelmarktbeherrschung** und deren Verstärkung 32

b) Koordinierte Effekte ohne Begründung oder Verstärkung einer Oligopolmarktbeherrschung. Die koordinierten Wirkungen sind auch in den Verlautbarungen und in der Praxis der Europäischen Kommission im Wesentlichen kongruent mit den Wirkungen, die im Rahmen des Marktbeherrschungstests als **Begründung oder Verstärkung einer Oligopolmarktbeherrschung** qualifiziert werden. Soweit angenommen wird, dass ein Zusammenschluss zwischen Oligopolunternehmen das Risiko erhöht, dass die Unternehmen ihr Verhalten stärker als bisher koordinieren können (koordinierte Effekte) und dadurch insbes. in die Lage versetzt werden, die Preise zu erhöhen, handelt es sich durchweg um Fälle, die schon bisher (und künftig) als Begründung oder Verstärkung einer Oligopolmarktbeherrschung gedeutet werden konnten. Die **Marktbeherrschungsvermutung des § 18 Abs. 6** setzt so tief an, dass sie bei einem Markt mit wenigen Wettbewerbern fast immer erfüllt ist. Ihre Widerlegung erfordert nach § 18 Abs. 7 Nr. 1 den Nachweis wesentlichen Wettbewerbs, was identisch ist mit dem Merkmal des „wirksamen“ Wettbewerbs. Kann nicht nachgewiesen werden, dass unter Anwendung der „Airtours-Kriterien“ (EuG Slg. 2002, II-2585 Rn. 62 – Airtours/First Choice, → § 18 Rn. 61 ff.) wirksamer Wettbewerb besteht, ist von einer Oligopol-Marktbeherrschung auszugehen. Soweit die Vermutung schon für die Verhältnisse vor dem Zusammenschluss nicht widerlegt ist, kommt es außerhalb der Vermutung (→ Rn. 22) darauf an, ob die schon bestehende Marktbeherrschung durch zusätzliche Kollusionsgefahren verstärkt wird. Insoweit dürften sich die Ergebnisse des Marktbeherrschungstests und des SIEC-Tests decken. Allerdings wird der Marktbeherrschungstest im Vergleich zur früheren Rechtslage dadurch gemildert, dass die Verstärkung die Erheblichkeitsschwelle übersteigen muss (→ Rn. 23). Hinweise für die Entstehung oder Verstärkung koordinierter Effekte sind der **Zusammenschluss großer Wettbewerber,** aber auch die **Übernahme eines Unternehmens, das durch eigenständiges Verhalten bisher für Wettbewerbsdruck** sorgte (Leitlinien horizontale Zusammenschlüsse Rn. 42). Beispiele aus jüngerer Zeit dafür, dass trotz entsprechender Marktstruktur eine Verringerung der Anzahl der großen Wettbewerber in einem Markt von vier auf drei die Gefahr koordinierten Verhaltens nicht erhöht, ist die Entscheidung der Kommission COMP/M.5907 – Votorantim/Fischer: Die Ermittlungen der Kommission ergaben unzureichende Preistransparenz und „störendes“ Verhalten eines der verbleibenden Wettbewerber. Koordinierte Effekte wurden im Fall IPIC/MAN Ferrostahl AG (Kommission 13.3.2009 – M.5406) gesehen. Dadurch, dass der Zusammenschluss die starke Marktposition von IPIC dadurch absicherte, dass über den Erwerb von MAN Ferrostahl AG Zugang zur Herstellungstechnologie für Melamin-Produktion eröffnet wurde, würden koordinierte Effekte zwischen IPIC und dem nächsten Wettbewerber wahrscheinlicher, da beide Unternehmen jeweils 20 % bis 30 % am Produktmarkt hätten, der Markt sehr transparent sei, eine sym- 33 metrische Wettbewerbssituation vorliege und der Markteintritt Dritter durch Einfluss über den Zugang zu Produktionstechnologie beschränkt würde (Kommission 13.3.2009 – M.5406 Rn. 54 ff.). Die **Ausschaltung potenziellen Wettbewerbs** durch Erwerb eines anderen Unternehmens kann Wettbewerb erheblich behindern. Wenn der potenzielle Wettbewerber bereits von den anderen am Markt tätigen Unternehmen als regulierender Faktor wahrgenommen wird, kann der Zusammenschluss mit solch einem potenziellen Wettbewerber zu nicht koordinierten oder koordinierten Effekten führen (Leitlinien Horizontale Zusammenschlüsse Rn. 59). Allerdings soll nach Ansicht der Kommission (Leitlinien Horizontale Zusammenschlüsse Rn. 60 unter Hinweis auf die bisherige Entscheidungspraxis) der Zusammenschluss mit einem potenziellen Wettbewerber nur dann spürbare beschränkende Wirkungen haben, wenn von dem potenziellen Wettbewerber bereits **spürbare, den Verhaltensspielraum begrenzende Wirkungen** ausgehen oder solche Auswirkungen wahrscheinlich sind. Außerdem dürfen keine weiteren potenziellen Wettbewerber vorhanden sein, die nach dem Zusammenschluss für hinreichenden Wettbewerbsdruck sorgen. Wettbewerbsbeschränkende Wirkungen eines Zusammenschlusses können sich auch daraus ergeben, dass die am Zusammenschluss beteiligten Unternehmen nach dem Zusammenschluss die **Nachfragemacht in vorgelagerten Märkten** begründen oder verstärken; darüber hinaus können sich auf **nachgelagerten Märkten** Effekte aus vertikaler Integration ergeben. Nachteilige Effekte können dadurch entstehen, dass die am Zusammenschluss beteiligten Unternehmen versuchen, die Preise auf dem vorgelagerten Markt zu drücken und selbst ihre Produktion zu senken, um die Preise der Endprodukte zu erhöhen. Gleichzeitig könnte versucht werden, Vorprodukte Wettbewerbern vorzuenthalten (**Abschottung;** Leitlinien Horizontale Zusammenschlüsse Rn. 61, 62). Einen solchen Abschottungseffekt beanstandete die Kommission im Zusammenschluss Air Liquide/BOC wegen der Kombination der Leitungsnetze beider Unternehmen (Kommission 18.1.2000 – M. 1630; weitere Beispiele bei Levy, A Guide to the Merger Control Regulation, 2012, § 11.05; zu den Anreizen für eine Abschottung Kommission 4.9.2012 – M.6314 Rn. 251 ff. – Telefonica UK/Vodafone UK/Everything Everywhere; zur Blockademöglichkeit für Marktzutritte durch Schutzrechte: Kommission 13.2.2012 – M.6381 Rn. 78 ff. – Google/Motorola). Gegen solche Abschottungseffekte spricht, dass sich die am Zusammenschluss beteiligten Schutzrechtsinhaber zu ihrer Verpflichtung zur diskriminierungsfreien Gewährung des Zugangs zu standardessenziellen Schutzrechten (FRAND) bekennen (Kommission 13.2.2012 – M.6381 Rn. 135 – Google/Motorola). Weitere Verstärkungseffekte können Zugang zu Technologie, Netzwerken im Telekommunikationsbereich oder größere **Finanzkraft** durch den Zusammenschluss sein (Levy, A Guide to the Merger Control Regulation, 2012, § 11.05). Zur Anwendung des SIEC-Tests auf konglomerate und crossmediale Effekte vgl. Esser NZKart 2013, 135 (141 f.).

34 **c) Nicht koordinierte (unilaterale) Effekte, die nicht Begründung oder Verstärkung einer Einzelmarktbeherrschung sind.** Unter dem Aspekt der nicht koordinierten (unilateralen) werden insbes. die Wirkungen erörtert, die sich aus dem **Wegfall des Wettbewerbs zwischen den sich zusammenschließenden Unternehmen** ergeben. Im Regelbeispiel der Begründung oder Verstärkung einer marktbeherrschenden Stellung kommt es – außerhalb der Oligopolmarktbeherrschung – darauf an, ob die fusionierten Unternehmen zusammen so stark sind, dass sie den Markt allein beherrschen. Sind sie das nicht, liegt bezogen auf den relevanten Markt keine erhebliche Wettbewerbsbehinderung vor. Gab es zwischen den fusionierten Unternehmen einen besonders intensiven Wettbewerb, weil die Produkte dieser Unternehmen aus Kundensicht im Unterschied zu denen anderer Unternehmen qualitativ gleichwertig sind oder die Kundenstrukturen sich weitgehend ent-

sprechen, stellt sich die Frage, ob der Markt nicht entsprechend enger abgegrenzt werden muss. Auch das in der Begr. z. RegE (BT-Drs. 17/9852, 28) erwähnte Beispiel der „Preissetzungsmöglichkeiten eines Unternehmens nach einem Zusammenschluss, ohne dass es zugleich eine marktbeherrschende Marktposition innehat" gehört in diese Kategorie. Es stellt sich die Frage, weshalb ein Unternehmen besondere Preissetzungsmöglichkeiten haben soll, wenn es sich nicht in einer marktbeherrschenden Position befindet. Wenn sie nur für bestimmte Produkte oder gegenüber bestimmten Kunden bestehen, in denen die Handlungsmöglichkeiten der Unternehmen nicht durch wirksamen Wettbewerb begrenzt werden, stellt sich die Frage, ob der Markt nicht entsprechend enger eingegrenzt werden muss.

Nach dem Erwägungsgrund 25 FKVO soll der Prüfungsmaßstab der erheblichen Behinderung des Wettbewerbs sich außer auf die Entstehung und Verstärkung einer marktbeherrschenden Stellung auf „diejenigen wettbewerbsschädigenden Auswirkungen eines Zusammenschlusses (erstrecken), die sich aus **nicht koordiniertem Verhalten von Unternehmen** ergeben, die auf dem jeweiligen Markt **keine beherrschende Stellung** haben würden". Als Beispiel dafür wird meistens das US-amerikanische Zusammenschlussvorhaben zwischen Heinz und Beechnut erwähnt, das 2001 untersagt wurde. Es betraf den Babynahrungs-Markt, auf dem Gerber Marktführer mit einem Marktanteil von um die 50 % war; die beiden zusammenschlusswilligen Unternehmen hatten zusammen Marktanteile von 30–40 %. Die Besonderheit dieses Marktes lag darin, dass der Lebensmittelhandel in jedem Falle Gerber-Produkte führte, und daneben entweder die von Heinz oder von Beechnut. Deswegen gab es einen besonders intensiven Preiswettbewerb gerade zwischen diesen beiden Unternehmen um die Position des Zweitplatzierten. Der Zusammenschluss wurde wegen wesentlicher Verringerung des Wettbewerbs untersagt. **Wesentliche Faktoren,** die – ohne alle gleichzeitig gegeben sein zu müssen (Leitlinien horizontale Zusammenschlüsse Rn. 26) – für nicht koordinierte wettbewerbsbeschränkende Wirkungen horizontaler Zusammenschlüsse sprechen, sind: **Hohe Marktanteile der Unternehmen** als Konsequenz des Zusammenschlusses (Leitlinien Horizontale Zusammenschlüsse Rn. 27), und insbes. **großer Marktanteilsabstand** zum nächsten Wettbewerber (Kommission 16.1.1996 – IV/M.623 – Kimberly-Clark/Scott; Kommission 18.1.2000 – M. 1630 – Air Liquide/BOC; Kommission 27.6.2007 – M.4439 – Ryanair/Aer Lingus), der Umstand, dass die am Zusammenschluss beteiligten Unternehmen **nächste Wettbewerber** (s. Musterbeispiele: Zusammenschluss der **„closest competitors":** Kommission 27.6.2007 – M. 4439 – Ryanair/Aer Lingus; Kommission 1.2.2012 – M. 6166 – Deutsche Börse/NYSE Euronext) sind und gerade dadurch schädliche Auswirkungen, insbes. Preiserhöhungen drohen (Leitlinien horizontale Zusammenschlüsse Rn. 28). Bei Derivaten wurden Deutsche Börse und NYSE als „nächste Wettbewerber" qualifiziert (s. Kommission 1.2.2012 – M.6166 Rn. 543 ff. – Deutsche Börse AG/NYSE Euronext). In der Untersagung des Zusammenschlusses UPS/TNT Express (Kommission 30.1.2013 – M.6570) kam die Kommission zum Ergebnis, dass bei Expresspaketdiensten die Zahl der großen Anbieter durch die Übernahme auf drei oder sogar auf zwei geschrumpft wäre. Ein weiteres Beispiel, den österreichischen Mobilfunkmarkt betreffend, ist der Zusammenschluss Hutchinson/Orange (Kommission 12.12.2012 – M.6497), der ebenfalls nur mit Nebenbestimmungen freigegeben wurde. Hier schlossen sich zwei **„nächste Wettbewerber"** zusammen, die aber nicht den Marktanteil des Marktführers erreichten. Weiter können Zusammenschlüsse gerade deswegen wettbewerbsschädlich sein, weil dadurch kleine, aber **aktive Wettbewerber („Mavericks")** aus dem Markt genommen werden und dadurch regulierender Wettbewerbsdruck beseitigt wird. Dies gilt besonders in hochkonzentrierten Märkten, und insbes. dann, wenn der durch innovative Unternehmen ausgeübte Wettbewerbsdruck durch den Zusammenschluss aus dem Markt genommen wird 35

(Leitlinien Horizontale Zusammenschlüsse, Anhang B 21 Rn. 37, 38). Die Kommission hat im Verfahren T-Mobile Austria/tele.ring (Kommission 26.4.2006 – M. 3916) eine mögliche erhebliche Behinderung wirksamen Wettbewerbs gerade darin gesehen, dass durch den Zusammenschluss zwischen T-Mobile Austria mit tele.ring ein Wettbewerber erworben würde, der als „maverick" für erheblichen Wettbewerbsdruck gesorgt hat (Kommission 26.4.2006 – M. 3916 Rn. 125). Der Zusammenschluss hat dabei lediglich den zweitgrößten Marktteilnehmer ergeben. Wettbewerbsbehinderungen können sich auch aus der **Beseitigung von Wettbewerbsdruck** ergeben, s. Kommission 12.11.2009 – M.5549 – EDF/Segebel: Weder EDF noch der belgische Stromversorger waren Marktführer; Marktführer war GDF Suez mit ihrer Tochter Electrabel. Die Kommission kam zum Ergebnis, dass EDF nach dem Zusammenschluss den Anreiz verlieren könnte, weitere Stromerzeugungskapazität in Belgien aufzubauen, und dadurch der Wettbewerbsdruck vermindert wird. Dieser mögliche „Wegfall von Wettbewerb" durch den Zusammenschluss, ohne dass Marktbeherrschung durch den Zusammenschluss zustande käme, könnte ein weiteres Beispiel dafür sein, dass mit dem SIEC-Test auch unilaterale Effekte außerhalb der Einzel- oder Oligopolmarktbeherrschung erfasst werden. EDF musste durch Veräußerung einer Projektgesellschaft, die ein Energieerzeugungsprojekt entwickeln sollte, die entsprechenden Bedenken der Kommission beseitigen (Kommission 12.11.2009 – M.5549 Rn. 206 ff.). Weitere für eine Wettbewerbsbehinderung sprechende Faktoren beziehen sich auf die **Möglichkeiten** der Kunden, den **Anbieter zu wechseln,** weil der Zusammenschluss die **Ausweichmöglichkeiten verringert** (Leitlinien horizontale Zusammenschlüsse Rn. 31); der Umstand, dass die **Erhöhung des Angebots durch die Wettbewerber bei Preiserhöhungen unwahrscheinlich** wird (Leitlinien horizontale Zusammenschlüsse Rn. 32: damit ist der Effekt gemeint, dass Wettbewerber entweder aufgrund der Marktverhältnisse kein Interesse oder mangels Kapazität keine Möglichkeiten haben, Preiserhöhungen zur Erhöhung des eigenen Angebots zu nutzen). Ein weiteres Kriterium für Wettbewerbsbehinderung ist, wenn die am Zusammenschluss beteiligen Unternehmen nach dem Zusammenschluss in der Lage sind, Wettbewerb durch andere Unternehmen zu verhindern, etwa durch **Zugriff auf Ressourcen oder Schutzrechte,** die die Wettbewerber benötigen (Leitlinien horizontale Zusammenschlüsse Rn. 36; geprüft, aber im Ergebnis für den Fall verneinend Kommission 21.1.2010 – M.5529 Rn. 620 ff. – Oracle/Sun Microsystems). Weiteres Beispiel für unilaterale Effekte könnte die **Schwächung des Innovationswettbewerbs** sein (Kommission 27.3.2017 – M.7932 Rn. 222 ff. – Dow/Dupont; Kommission 21.3.2018 – M.8084 Rn. 7555 ff. – Bayer/Monsanto; dazu ausf. FK-KartellR/Schroeder Rn. 188 ff.). Auch hier stellt sich die Frage, ob die wettbewerblichen Probleme dieses Falles nur durch den SIEC-Test identifiziert werden können (so wohl Lettl WRP 2012, 274 (279 f.); vgl. dazu auch Kühnen WuW 2012, 458 (461)) oder ob das nicht **auch im Rahmen der Oligopolmarktbeherrschung** möglich gewesen wäre. Die Untersagung eines Zusammenschlusses wegen Begründung oder Verstärkung der Oligopolmarktbeherrschung setzt nicht voraus, dass an dem Zusammenschluss das Unternehmen mit dem höchsten Marktanteil beteiligt ist, oder dass die am Zusammenschluss beteiligten Unternehmen durch den Zusammenschluss in die Position des (nach Marktanteilen) Marktführers aufrücken. Entscheidend ist, ob der **Wettbewerb im Oligopol insgesamt** vermindert wird.

35a An die **Feststellung solcher Effekte unterhalb der Marktbeherrschung sind jedoch hohe Anforderungen** zu stellen. Das EuG wendet die von der Kommission herangezogenen Kriterien restriktiv an (EuG ECLI:EU:T:2020:217 Rn. 69, 105 = NZKart 2020, 378 (379–381) – Hutchinson/Telefonica UK): Eine erhebliche Behinderung wirksamen Wettbewerbs verlangt danach die Beseitigung von bedeutendem Wegfall von Wettbewerb zwischen den sich zusammenschließenden Unternehmen („the elimination of important competitive restraints") und eine Verminderung des Wettbewerbsdrucks auf die Wettbewerber (EuG ECLI:EU:T:2020:217 Rn. 96 – Hutchinson/Telefonica UK). Die Nachweispflicht der Kommission ist dabei hoch, und der erforderliche Überzeugungsmaßstab ist strenger als „überwiegende Wahrscheinlichkeit", aber weniger streng als „ohne vernünftigen Zweifel" (EuG ECLI:EU:T:2020:217 Rn. 118 – Hutchinson/Telefonica UK).

6. Verbesserungen der Wettbewerbsbedingungen (Abs. 1 S. 2 Nr. 1)

a) Gesetzgebungsgeschichte. Die jetzt in S. 2 enthaltene sog. **Abwägungsklausel** ist eine seit Beginn bestehende Besonderheit der deutschen Fusionskontrolle. Das Gesetz geht davon aus, dass es keinen Anlass gibt, einen Zusammenschluss zu untersagen, wenn die durch ihn bewirkten wettbewerblichen Nachteile durch wettbewerbliche Vorteile überwogen werden, die ebenfalls kausal mit dem Zusammenschluss verbunden sind. Die **EU-Fusionskontrolle** nach der VO 4064/89 und der FKVO enthält keine solche Klausel, schließt aber entsprechende Abwägungen auch nicht aus (vgl. dazu Bechtold EuZW 1996, 389; Kleeman FS Lieberknecht, 1997, 379). Im Rahmen der 6. GWB-Novelle 1998 ist die Streichung zunächst vorgesehen gewesen, „weil geeignete Kriterien für die Abwägung von positiven und negativen wettbewerblichen Wirkungen eines Zusammenschlusses auf unterschiedlichen Märkten im Einzelfall schwierig zu ermitteln sein können" und der damit verbundene weite Beurteilungsspielraum des BKartA mit der nicht seinem Ermessen unterliegenden Untersagungspflicht kollidieren könne (vgl. Begr. z. RegE der 6. GWB-Novelle DR-Drs. 852/97, 57). Der Gesetzgeber ist dem Streichungsvorschlag nicht gefolgt. Im Rahmen der **8. GWB-Novelle 2012/2013** ist die Streichung zwar erörtert worden, weil das Untersagungskriterium der EU-Fusionskontrolle, an die das deutsche Recht angeglichen werden soll, keine entsprechende Vorschrift enthält. Die Abwägungsklausel habe sich in der deutschen Praxis aber „bisher grundsätzlich bewährt". Sie erlaube trotz Marktbeherrschung die Freigabe eines Zusammenschlusses, wenn durch ihn auch Verbesserungen der Wettbewerbsbedingungen eintreten, die die Nachteile überwiegen. Die Möglichkeit, alle wettbewerblichen Auswirkungen eines Zusammenschlusses berücksichtigen zu können, solle auch für das neue Untersagungskriterium gelten (BT-Drs. 17/9852, 19 f.). Die Möglichkeit, dass aufgrund der Abwägungsklausel ein Zusammenschluss freigegeben wird, der bei Anwendung des EU-Rechts untersagt werden müsste, wurde in Kauf genommen. 36

b) Grundsätze. Auch wenn feststeht, dass durch den Zusammenschluss wirksamer Wettbewerb erheblich behindert, insbes. dadurch eine marktbeherrschende Stellung begründet oder verstärkt wird, kann das BKartA ihn nicht untersagen, wenn die beteiligten Unternehmen nachweisen, dass durch den Zusammenschluss „auch Verbesserungen der Wettbewerbsbedingungen" eintreten und dass diese Verbesserungen die „Behinderung des Wettbewerbs überwiegen". Unter Wettbewerbsbedingungen sind die Umstände zu verstehen, die die **Marktstruktur** prägen. Es geht ebenso wie bei der Behinderung des Wettbewerbs und der Entstehung oder Verstärkung einer marktbeherrschenden Stellung um Strukturmerkmale. Ebenso wie dort ist eine Prognose erforderlich, dass es aufgrund konkreter Umstände mit hoher Wahrscheinlichkeit zu den Verbesserungen kommen werde; dabei kann eine allgemeine Erfahrung über wirtschaftlich rationales Verhalten von Unternehmen zugrunde gelegt werden (vgl. OLG Düsseldorf WuW/E DE-R 1845 (1853 f.) – SES/DPC). Die ungünstige Wertung der Marktstruktur durch die Marktbeherrschungseffekte kann nur durch **qualitativ gleichwertige Gesichtspunkte** überwogen werden. Berücksichtigungsfähig sind dementsprechend nur wettbewerbsbezogene Gesichtspunkte, 37 nicht gesamtwirtschaftliche Vorteile, Allgemeininteressen, Arbeitsplatzsicherung, der Erhalt des Unternehmens oder Effizienzgewinne. Bloße betriebswirtschaftliche Vorteile eines Zusammenschlusses sowie bessere Kapazitätsauslastung und Kosteneinsparungen führen nicht zu einer Verbesserung der Wettbewerbsbedingungen (BKartA WuW/E DE-V 145 (148) – Pfleiderer/Coswig). Bei der Gewichtung der Nachteile und der Verbesserungen ist die Größe der betroffenen Märkte zu beachten. Nachteile auf kleinen Märkten können uU durch geringe Verbesserungseffekte auf größeren Märkten aufgewogen oder überwogen werden (vgl. dazu zB BKartA WuW/E DE-V 1500 (1506) – trac-x).

38 Dass die Verbesserungen der Wettbewerbsbedingungen die Nachteile der Marktbeherrschung **„überwiegen"** und nicht nur **„aufwiegen"** müssen, ist materiell ungerechtfertigt und verfassungsrechtlich bedenklich (vgl. GemK/Schütz Rn. 152; Kleinmann/Bechtold § 24 Rn. 99; vgl. auch Bahntje WuW 1993, 825 (833 f.)). Eine **Gleichgewichtigkeit** von Nachteilen der Marktbeherrschung und Verbesserungen der Wettbewerbsbedingungen reicht also aus (aA Bunte/Kallfaß Rn. 156).

39 Die Verbesserungen der Wettbewerbsbedingungen müssen durch den Zusammenschluss eintreten (vgl. BKartA TB 1999/2000, 22; BKartA WuW/E DE-V 1039 (1045 f.) – SES/DPC). Für dieses **Kausalitätserfordernis** müssen die Marktstrukturen ohne und mit Zusammenschluss verglichen werden. Die Kausalität ist zu verneinen, wenn die Verbesserungen zwar die Folge des Zusammenschlusses sind, ohne diesen jedoch ebenfalls, wenn auch in anderer Weise, mit hoher Wahrscheinlichkeit zu erwarten gewesen wären. Die Rspr. legt das Kausalitätserfordernis allerdings **restriktiv** aus. Erforderlich ist, dass die Verbesserungen nur, dh ausschließlich durch den Zusammenschluss in dieser Form erreicht werden können (BGH WuW/E 1533 (1540) – Erdgas Schwaben; KG WuW/E 3767 (3778) – Niederrheinische Anzeigenblätter); ausreichend dafür ist eine „hohe Wahrscheinlichkeit" (BGH WuW/E 1533 (1540) – Erdgas Schwaben). Dieses strenge Kausalitätserfordernis führt zu unterschiedlichen Kausalitätsmaßstäben bei der Wettbewerbsbehinderung einerseits und den Verbesserungen der Wettbewerbsbedingungen andererseits (dazu kritisch Kleinmann/Bechtold § 24 Rn. 104 f.). UE können die Verbesserungen auch durch das **Angebot von Zusagen** herbeigeführt werden, die dann Gegenstand von Bedingungen und Auflagen nach § 40 Abs. 3 S. 1 werden (→ § 40 Rn. 29 ff.). Derartige Zusagen genügen im Allgemeinen nicht dem postulierten Kausalitätserfordernis. Die Praxis des BKartA ist insoweit uneinheitlich (vgl. dazu noch BKartA WuW/E DE-V 831 (835 f.) – RWE/Wuppertaler Stadtwerke; dazu schon zweifelnd BKartA WuW/E DE-V 837 (845) – E. ON Stadtwerke Lübeck; dann wieder BKartA 23.10.2007, 10 f. – RWE/Stadtwerke Krefeld Neuss; außerdem TB 1999/2000, 22). Richtig ist uE, dass es ausreicht, wenn eine Freigabe unter Bedingungen und Auflagen erfolgt, deren Erfüllung zur Verbesserung der Wettbewerbsbedingungen führt (vgl. BKartA WuW/E DE-V 195 (200) – Westfälische Ferngas). Zur Möglichkeit der Verbesserung der Wettbewerbsbedingungen durch Verpflichtungszusagen in einem dem Fusionskontrollverfahren vorgeschalteten Verfahren nach § 1 OLG Düsseldorf NZKart 2022, 157).

40 Der gesetzliche Wortlaut lässt keine Zweifel daran, dass **die Unternehmen die volle formelle und materielle Beweislast** für die Verbesserungen der Wettbewerbsbedingungen und dafür zu tragen haben, dass sie die Nachteile der Wettbewerbsbehinderung überwiegen; Gleiches gilt auch für die Kausalität (allgemeine Meinung, vgl. BGH WuW/E 1533 (1539 f.) – Erdgas Schwaben). Ihnen obliegt auch die entsprechende Darlegungslast.

41 **c) Verbesserung auf den behinderten und dritten Märkten.** Besondere Schwierigkeiten bereitet der Fall, dass auf **demselben Markt** der Zusammenschluss einerseits zu einer Behinderung des Wettbewerbs zugunsten des erwerbenden Unternehmens, zugleich aber zur Dekonzentration beim Veräußerer führt (Verbesserung

der Wettbewerbsbedingungen). Unter diesem Gesichtspunkt sind **Sanierungsfusionen** zu prüfen, wenn sie unter dem Gesichtspunkt der Kausalität die Untersagungsvoraussetzungen erfüllen (→ Rn. 19). Die Sanierung eines Unternehmens ist nicht per se eine Verbesserung der Wettbewerbsbedingungen. Bei horizontalen Zusammenschlüssen kann die durch den Zusammenschluss bewirkte Sanierung nicht als Verbesserung der Wettbewerbsbedingungen qualifiziert werden. Bei nicht horizontalen Zusammenschlüssen kann die Stärkung eines Unternehmens durch die Finanzkraft eines auf einem anderen Markt tätigen Unternehmens die Wettbewerbsbedingungen verbessern, wenn ohne den Zusammenschluss das Unternehmen wegfiele und dadurch die Wettbewerbskraft seiner Konkurrenten so gestärkt würde, dass die dann entstehende Marktstruktur ungünstiger wäre als bei einem Zusammenschluss (zur Sanierungsfusion → Rn. 19). Besondere Gesichtspunkte gelten bei Gründung eines **Gemeinschaftsunternehmens,** insbes. wenn dadurch ein neuer Markt überhaupt erst geschaffen wird; „Wettbewerbsbehinderung“ oder Marktbeherrschung auf einem neu geschaffenen Markt ist wettbewerbsdienlicher, als wenn er überhaupt nicht geschaffen würde (dazu Kleinmann/Bechtold § 24 Rn. 116). **Rationalisierungsvorteile (efficiencies)** sind im Allgemeinen keine Verbesserung der Wettbewerbsbedingungen; sie bewirken – im Gegenteil – häufig eine zusätzliche Wettbewerbsbehinderung bzw. Verstärkung einer marktbeherrschenden Stellung (→ Rn. 13). Nicht als Verbesserung der Wettbewerbsbedingungen einzuordnen ist die Abwägung, die der BGH im Falle Linde/Lansing unter dem Gesichtspunkt vorgenommen hat, dass die Aufrechterhaltung der Untersagungsverfügung Nachteile für die Freiheit des Wettbewerbs mit sich bringen würde (BGH WuW/E 2731 (2737 f.) – Inlandstochter). Hier wurde nur allgemein mit dem „Zweck“ der Fusionskontrolle argumentiert, statt auf den viel relevanteren Gesichtspunkt abzustellen, dass die Untersagung des Inlandsteils einer im Schwergewicht ausländischen Fusion gegen den verfassungsrechtlichen **Verhältnismäßigkeitsgrundsatz** verstieß. Außerhalb dieser besonderen Konstellationen sind positive Auswirkungen auf den beherrschten Märkten nicht erst im Rahmen der Abwägungsklausel, sondern schon bei der **Feststellung der Wettbewerbsbehinderung bzw. der Marktbeherrschungseffekte** zu berücksichtigen, wo eine Saldierung der positiven und negativen Effekte erforderlich ist (→ Rn. 11).

Von größerer praktischer Bedeutung sind die Fälle, in denen auf einem Markt 42
Wettbewerbsbehinderungen eintreten, zugleich **auf einem anderen** aber die Wettbewerbsbedingungen verbessert werden (Beispiel: Marktbeherrschungseffekte auf Strommärkten, Verbesserung der Wettbewerbsbedingungen auf dem Zementmarkt, vgl. BKartA WuW/E DE-V 685 (687 f.) – ZEAG). Dafür ist eine Gewichtung der Märkte und der jeweiligen Auswirkungen auf ihnen erforderlich; relativ geringe Verbesserungen auf gesamtwirtschaftlich wichtigeren Märkten können größere Wettbewerbsnachteile auf unbedeutenden Märkten überwiegen (vgl. dazu auch BGH WuW/E 1854 (1861) – Zeitungsmarkt München). Wenn zwischen dem Nachteils- und dem Verbesserungsmarkt **Substitutionsbeziehungen** bestehen, kann die Verstärkung auf dem einen Markt gerade wegen der Substitutionsbeziehungen die Wettbewerbsverhältnisse auf dem anderen Markt positiv beeinflussen (vgl. für die Energieversorgung BGH WuW/E 1533 (1538) – Erdgas Schwaben; KG WuW/E 3469 (3472) – Thüringer Gas/Westerland). Es ist nicht erforderlich, dass der **Verbesserungsmarkt von Dritten beherrscht** wird; auch nicht beherrschte Märkte können in ihren Strukturen so verbessert werden, dass die Verbesserung geringe Marktbeherrschungseffekte auf einem anderen Markt überwiegt (so ausdrücklich OLG Düsseldorf WuW/E DE-R 1845 (1848) – SES/DPC; vgl. dazu auch BGH WuW/E 1854 (1861) – Zeitungsmarkt München; Bechtold ZHR 149 (1985), 124 (126)).

Die Wettbewerbsstellung der beteiligten Unternehmen auf **Auslandsmärkten** 43
kann, wenn die Auswirkungen im Ausland anderen relevanten Märkten zuzuordnen

sind, in § 36 Abs. 1 als solche nicht berücksichtigt werden; Verbesserung der Wettbewerbsbedingungen sind also nur insoweit beachtlich, als sie – zumindest **auch** – **die inländische Wettbewerbsstruktur** betreffen (so auch KG WuW/E 5549 (5564) – Fresenius/Schiwa). Dem steht nicht entgegen, dass nach § 18 Abs. 3 Nr. 6 auch der aktuelle und potenzielle Wettbewerb aus dem Ausland zu berücksichtigen ist (→ § 18 Rn. 50 f.). Die Berücksichtigung hat bei der Marktbeherrschung zu erfolgen, nicht (erst) bei den Verbesserungen der Wettbewerbsbedingungen.

44 Auch im **Pressebereich** sind nur solche Verbesserungen der Wettbewerbsbedingungen beachtlich, die den **wirtschaftlichen Wettbewerb** betreffen; Erwägungen des publizistischen Wettbewerbs sind grds. unbeachtlich (BGH WuW/E 2899 (2902) – Anzeigenblätter II; vgl. dazu auch BKartA WuW/E DE-V 1163 – Springer/ProSiebenSat.1; Gounalkis/Zagouras AfP 2006, 93). Verbesserungen der Wettbewerbsbedingungen auf dem Markt, auf dem die Wettbewerbsbehinderung stattfindet, sind vor allem bei Sanierungssachverhalten vorstellbar, wenn der Zusammenschluss die einzige Möglichkeit ist, den Fortbestand des Presseobjektes zu sichern und so einen Anbieter am Markt zu erhalten. Verbesserungen auf anderen Märkten können sich dadurch ergeben, dass die Verstärkung auf dem Lesermarkt überwogen wird durch eine Verbesserung der Angebotsstruktur auf dem Anzeigenmarkt oder umgekehrt. Schließt sich zB eine Tageszeitung mit einem Anzeigenblatt zusammen mit der Begründung, andernfalls sei ihre Existenz gefährdet, können die Verschlechterungen der Wettbewerbsbedingungen auf dem Anzeigenmarkt aufgehoben werden durch Verbesserungen auf dem Lesermarkt (vgl. dazu BKartA WuW/E 1700 (1704) – Springer/Elbe Wochenblatt, im konkreten Fall verneinend). Günstiger fällt die Beurteilung aus, wenn es um die **Erhaltung der Zweitzeitung** geht. So hat das BKartA die gemeinsame Beteiligung einer Erst- und einer Zweitzeitung an einem konkurrierenden Anzeigenblatt nicht untersagt, weil durch die Aktivitäten des Anzeigenblattes und die Abwehrreaktionen der Erstzeitung die Existenz der Zweitzeitung ernsthaft gefährdet war (dazu TB 1984/85, 102; grds. ebenso KG WuW/E 3767 (3776) – Niederrheinische Anzeigenblätter; einschränkend aber BGH WuW/E 2899 (2902 f.) – Anzeigenblätter II: erforderlich ist eine ausreichende Wahrscheinlichkeit, dass die Zweitzeitung tatsächlich erhalten bleibt).

7. Bagatellmarktklausel (Abs. 1 S. 2 Nr. 2)

45 **a) Gesetzgebungsgeschichte.** Die deutsche Fusionskontrolle enthielt von Anfang an eine Ausnahmevorschrift für den Fall, dass durch den Zusammenschluss ein „Bagatellmarkt“ betroffen ist. Nach § 24 Abs. 8 Nr. 4 idF von 1974 hatte das BKartA keine Untersagungsbefugnis, soweit ein Markt betroffen war, der ein Volumen von weniger als 10 Mio. DM hatte. Diese Bestimmung wurde durch die 4. GWB-Novelle 1980 in § 24 Abs. 8 Nr. 3 durch das Erfordernis ergänzt, dass dieser Bagatellmarkt schon mindestens fünf Jahre lang bestanden hatte. Die Fusionskontrolle sollte sich nicht mit **gesamtwirtschaftlich unbedeutenden Märkten** befassen müssen. Das Fünfjahreserfordernis sollte ausschließen, dass Zusammenschlüsse auf neuen, noch expandierenden Märkten nur deswegen nicht der Fusionskontrolle unterliegen, weil die Marktvolumensgrenze noch nicht erreicht wird. Bis zur 6. GWB-Novelle begrenzte die Bagatellmarktklausel nur die Untersagungsbefugnis des BKartA, hatte aber keine Auswirkungen auf die Anmelde- bzw. Anzeigepflicht des Zusammenschlusses. Durch die 6. GWB-Novelle 1998 wurde die Bagatellmarktklausel in § 35 Abs. 2 Nr. 2 mit der Folge integriert, dass die Fusionskontrollvorschriften insgesamt nicht gelten sollten, soweit ein Bagatellmarkt betroffen war. Das führte dazu, dass ein Zusammenschluss nicht anmeldepflichtig war, wenn er sich ausschließlich auf einem solchen Bagatellmarkt auswirkte. Da die Voraussetzungen dafür häufig nicht eindeutig und zweifelsfrei festgestellt werden konnten, wirkten sich diese Zweifel auch bei der Frage aus, ob ein Zusammenschluss

überhaupt anmeldepflichtig ist (vgl. zur früheren Behandlung der Bagatellmarktklausel BGH WuW/E DE-R 2507 (2509) – Faber/Basalt; OLG Düsseldorf WuW/E 3703 (3708 ff.) – Negativattest). Die **8. GWB-Novelle 2012/2013** hat den früheren Rechtszustand insoweit wieder hergestellt, als die „Rückkehr" der Bagatellmarktklausel in die in § 36 Abs. 1 geregelte materielle Fusionskontrolle sicherstellt, dass das BKartA zwar keine Untersagungsbefugnis im Hinblick auf Bagatellmärkte hat, aber die Geltung der Anmeldepflicht bzw. des Vollzugsverbots davon nicht berührt wird. Im Referentenentwurf vom 4.11.2011 war zunächst vorgesehen, dass speziell für die Bagatellmarktklausel im **Pressebereich** weiterhin der Faktor 20 für die Umsatzberechnung (anstelle des neuen Faktors 8) gelten solle; das ist aber nicht in den Regierungsentwurf und das Gesetz übernommen worden. Im Pressebereich liegt die Umsatzgrenze also bei 1,875 Mio. EUR (→ Rn. 52). Die **9. GWB Novelle 2017** fügte eine Gegenausnahme für Märkte iSv § 18 Abs. 2a über die neue Aufgreifschwelle des § 35 Abs. 1a ein. Die 10. GWB-Novelle 2021 hat die Bagatellmarktregelung neu konzipiert, indem zum einen die **Umsatzschwelle auf 20 Mio. EUR angehoben,** zum anderen aber die **Bündelung von kleinen Märkten gesetzlich angeordnet** wurde.

b) Zweck. Nach der Bagatellmarktklausel waren solche Märkte von der Fusions- 46
kontrolle ausgenommen, auf denen **weniger als 15 Mio. EUR** im Jahr umgesetzt werden. Diese Ausnahme ändert die 10. GWB-Novelle 2021 dahingehend, dass sie nur noch greift, wenn die Untersagungsvoraussetzungen nur auf Märkten gegeben sind, auf denen im Inland insgesamt weniger als 20 Mio. EUR umgesetzt wurde. Die 10. GWB-Novelle erhöht zwar die Umsatzgrenze und stellt gleichzeitig klar, dass nur die Umsätze im Inland zu berücksichtigen sind, sie erlaubt aber die Zusammenrechnung mehrerer Märkte. Damit greift die Bagatellmarktausnahme nach ihrem Wortlaut nur noch, wenn **die Märkte, bezüglich derer die Untersagungsvoraussetzungen vorliegen, insgesamt im Inland unter 20 Mio. EUR** liegen.

Voraussetzung ist weiterhin, dass auf diesen Märkten schon **seit mindestens fünf** 47
Jahren Waren oder gewerbliche Leistungen angeboten werden. Es handelt sich idR um gesamtwirtschaftlich unbedeutende Märkte (vgl. BKartA WuW/E DE-V 203 (204) – Krautkrämer/Nutronik); wenn hier die Fusionskontrolle uneingeschränkt gälte, würde das gegen den Verhältnismäßigkeitsgrundsatz verstoßen (vgl. BGH WuW/E 3037 (3042) – Raiffeisen). Das Erfordernis, dass der Markt schon seit fünf Jahren bestehen muss, soll ausschließen, „dass Zusammenschlüsse auf neuen, noch expandierenden Märkten nur deswegen nicht der Zusammenschlusskontrolle unterliegen, weil die Marktvolumensgrenze noch nicht erreicht wird" (Begr. zum RegE der 4. GWB-Novelle, BT-Drs. 8/2136, 23).

c) Inlandsumsatz. Die 10. GWB-Novelle stellt klar, dass für die Bestimmung 48
der Bagatellmarktumsatzgrenze ausschließlich **die im Inland erzielten Umsätze maßgeblich** sind; dies entsprach schon bisher der vorherrschenden Meinung (so ausdrücklich OLG Düsseldorf WuW/E DE-R 1881 (1884) – Du Pont/Pedex; 1931, bestätigt vom BGH WuW/E DE-R 2133 = WRP 2008, 118 – Sulzer/Kelmix, dazu Lange/Pries ZWeR 2008, 237). Das **BKartA** war – nach anfänglicher Unsicherheit – insoweit **aA:** Es gelte ein einheitlicher Marktbegriff, und dieser müsse auch für die Bagatellmarktklausel zugrunde gelegt werden (so BKartA WuW/E DE-V 1247 (1250) – Du Pont/Pedex; 1340 – Sulzer/Kelmix; TB 2005/2006, 12).

d) Zusammenrechnung von Märkten. Nach der 10. GWB-Novelle 2021 49
greift die Bagatellmarktausnahme nur noch, wenn die Untersagungsvoraussetzungen ausschließlich auf Märkten erfüllt sind, auf denen im Inland insgesamt die Schwelle von 20 Mio. EUR unterschritten wurde. Schon bisher wurden in bestimmten Fällen mehrere Bagatellmärkte zusammengefasst und als ein Markt der Beurteilung nach Abs. 1 S. 2 Nr. 2 zugrunde gelegt hat („Marktbündelung", vgl. grds. BKartA TB

1999/2000, 18; beginnend mit BKartA WuW/E 1653, Babcock/Artos; gleicher Auffassung Monopolkommission, 9. Hauptgutachten 1990/91, S. 254 Nr. 540). Die Volumina dieser „gebündelten" Märkte wurden zusammengerechnet; entscheidend soll dann ihr addierter Umsatz sein. Diese **„Bündeltheorie"** war vom KG ausdrücklich abgelehnt worden (KG WuW/E 3917 (3921) – Coop/Wandmaker; WuW/E 3577 (3591) – Hussel/Mara; 4379 f. (4383) – Schleswig-Holsteinischer Zeitungsverlag; ebenso Kleinmann/Bechtold § 24 Rn. 188; GemK/Schütz § 35 Rn. 25 f.). Nach dieser Bündeltheorie sollte Nr. 2 keine Anwendung in Fällen finden, in denen sich der Zusammenschluss auf mehreren kleinen, sachlich eng benachbarten Märkten auswirkt, wenn sich Nachfrager und Wettbewerber einer einheitlichen Unternehmenspolitik der beteiligten Unternehmen gegenüberstehen, die Wettbewerbsbedingungen auf den betroffenen Märkten nicht unabhängig voneinander betrachtet werden können und die Märkte zusammengenommen eine gesamtwirtschaftliche Bedeutung erlangen (BKartA TB 1999/2000, 18).

50 Der BGH hat die Zulässigkeit der Bündelung zunächst für **örtlich nebeneinander liegende sachlich gleichartige Märkte** bestätigt (BGH WuW/E BGH 810 (812) – Transportbeton Saarland; 3037 (3042 f.) – Raiffeisen) und inzwischen auch auf vor- und nachgelagerte Märkte ausgeweitet. Nach der DB-Regio/KVS Saarlouis-Entscheidung (BGH WuW/E DE-R 1797 (1798 f.)) ist auch eine **„vertikale" Bündelung** möglich; die Auswirkungen auf einem als solchen unbeachtlichen Bagatellmarkt können die Untersagungsvoraussetzungen begründen, wenn sie von vor- oder nachgelagerten Nicht-Bagatellmärkten ausgehen. Umgekehrt kann wohl auch die marktbeherrschende Stellung der beteiligten Unternehmen auf einem Bagatellmarkt dazu führen, dass der Zusammenschluss die Begründung oder Verstärkung einer marktbeherrschenden Stellung auf einem vertikal mit dem Bagatellmarkt verbundenen Markt bewirkt. Das OLG Düsseldorf hat im Falle Sulzer/Kelmix auch eine **„Bündelung" sachlich benachbarter Märkte** grds. für möglich gehalten, ihre Voraussetzungen aber im entschiedenen Fall abgelehnt (OLG Düsseldorf WuW/E DE-R 1931 (1933); vom BGH im Rahmen der im Eilverfahren nur möglichen „eingeschränkten Überprüfungsmöglichkeiten" nicht beanstandet, BGH WuW/E DE-R 2133 (2137 f.)). Eine Bündelung kommt insbes. dann in Betracht, wenn benachbarte Märkte durch eine moderate **Angebotsumstellungsflexibilität** geprägt sind, die den Markt bestimmenden **Anbieter und Nachfrager im Wesentlichen identisch** sind und die Produkte über dieselben Vertriebswege abgesetzt und einheitlich vermarktet werden (BKartA WuW/E DE-V 527 (529) – Marzipanrohmasse). Ist aber die Angebotsumstellungsflexibilität gering und unterscheiden sich die Anbieterstrukturen erheblich, findet eine Zusammenfassung nicht statt (BKartA WuW/E DE-V 1078 (1079 f.) – Thermo/Kendro).

50a Die **Neuregelung der 10. GWB-Novelle 2021 erhebt diese Bündeltheorie zum Gesetz, allerdings ohne die bisherige Einschränkung, dass die Wettbewerbsbedingungen auf diesen gebündelten Märkten „nicht unabhängig voneinander betrachtet werden können".** Nach dem RegE 10. GWB-Novelle 2021 (S. 91 f.) soll die einzelmarktbezogene Fusionskontrollausnahme aufgegeben werden: Die bisherige Bagatellmarktklausel verfehle ihr Ziel, in denen Untersagungsgründe auf mehreren relativ großen Märkten vorliegen, die aber insgesamt eine gesamtwirtschaftliche Auswirkung haben. Damit verliert die Bagatellmarktklausel einen Teil ihrer bisherigen Bedeutung. Dies gilt insbesondere bei der räumlichen Marktabgrenzung. Wird beispielsweise an Portfolio von Krankenhäusern, lokalen Entsorgungsunternehmen oder Lokalzeitungen erworben, die in ihrem lokalen Markt jeweils eine starke Marktstellung haben, sodass dort die Voraussetzungen des § 36 Abs. 1 gegeben sind, lässt die Regelung eine Verklammerung der Märkte zu, sodass die Grenze von 20 Mio. EUR sehr schnell überschritten wird. Deshalb muss die Überlegung aus dem RegE 10. GWB-Novelle 2021 (S. 91 f.), dass wirklich nur Zusammenschlüsse mit gesamtwirtschaftlicher Bedeutung erfasst werden sollen, als

Korrektiv dieser Ausdehnung der Bagatellmarktklausel und Bündelung von Märkten verstanden werden. Nur dann, wenn die Bündelung von Bagatellmärkten aus gesamtwirtschaftlicher Sicht geboten ist, dürfen Märkte zusammengerechnet werden, ansonsten sind die Märkte isoliert zu betrachten. Es steht zu befürchten, dass sich diese Ansicht in der Praxis nicht durchsetzen wird.

e) Berechnung des Marktvolumens. Bei der **Umsatzberechnung** gelten aus der Natur der Sache heraus Besonderheiten: Die Umsatzberechnung betrifft ausschließlich den (regional höchstens Deutschland umfassenden, → Rn. 51) **Gesamtmarkt** und ist ausschließlich waren- bzw. leistungsbezogen vorzunehmen, also **nicht unternehmensbezogen.** Umsätze im Ausland sind in keinem Fall mitzuzählen, wohl aber Umsätze, die von ausländischen Unternehmen im örtlich relevanten inländischen Markt erzielt werden. Dazu zählen auch Umsätze, die zwar von Bestellungen durch eine im Ausland gelegene Einkaufsorganisation eines Unternehmens bestellte Ware betreffen, die aber vereinbarungsgemäß an einen Ort in Deutschland geliefert wurde (BGH WuW/E DE-R 4135 (4137) = NZKart 2014, 149 (150) – Viskosefasern II). Umsätze, die **verschiedene Wirtschaftsstufen** mit der gleichen Ware erzielen, dürfen nicht addiert, sondern müssen für die relevante Marktstufe konsolidiert werden. **Konzerninterne Umsätze** (captive use) sind nicht einzubeziehen; anderes kann gelten, wenn – wie bei Outsourcing-Fällen – durch den Zusammenschluss bisheriger interner künftig externer, marktrelevanter Umsatz wird. Die Bagatellmarktklausel gilt auch für **Pressemärkte,** allerdings in der besonderen Berechnungsform des § 38 Abs. 3 (also nur bei Presseumsätzen von weniger als 1,875 Mio. EUR). Für **Rundfunkmärkte** ist von einem Marktvolumen von höchstens 750.000 EUR auszugehen (Faktor 20). 51

f) Gegenausnahmen: Markt nach § 18 Abs. 2a oder Aufgreifschwellen des § 35 Abs. 1a. Um zu verhindern, dass die neue Aufgreifschwelle des § 35 Abs. 1a leerläuft, weil Unternehmen, die auf Märkten mit geringen Gesamtumsätzen selbst geringe Umsätze haben, kommen Zusammenschlüsse, die nur aufgrund der neuen Aufgreifschwelle fusionskontrollpflichtig sind, **nicht** in den Genuss der **Bagatellmarktausnahme** (RegE 9. GWB-Novelle 2017, 76). Die zweite Ausnahme von der Bagatellmarktklausel betrifft Märkte nach § 18 Abs. 2a, auf denen unentgeltliche Leistungen erbracht werden. Bietet eine Suchmaschine oder ein Chatdienst den Nutzern unentgeltliche Leistungen an, deren Erbringung das Angebot von zB Werbeleistungen möglich macht, würde die Fusionskontrolle leerlaufen, wenn lediglich die tatsächlich umsatzerzielenden Märkte geprüft werden könnten. Die Marktmacht resultiert in diesen Fällen möglicherweise gerade aus den unentgeltlich erbrachten Leistungen, sodass diese Ausnahme von der Bagatellmarktregelung nur konsequent ist (s. auch RegE 9. GWB-Novelle 2017, 76). 52

8. Privilegierung von Pressezusammenschlüssen (Abs. 1 S. 2 Nr. 3)

a) Gesetzgebungsgeschichte. Die **8. GWB-Novelle 2012/2013** hat § 36 Abs. 1 S. 2 um eine Nr. 3 ergänzt. Diese Ergänzung ist – anders als die Nr. 1 und 2 – neu. Sie war im Regierungsentwurf zur 8. GWB-Novelle noch nicht vorgesehen, sondern ist auf Vorschlag der CDU/CSU- und FDP-Fraktionen in der letzten Phase des Gesetzgebungsverfahrens in das Gesetz eingefügt worden. Es handelt sich hiernach um eine **„sektorspezifische Regelung für Sanierungsfusionen im Zeitungs- bzw. Zeitschriftenbereich“.** Ziel ist, dass die Anforderungen an den Nachweis eines Sanierungsfalls im Pressebereich nicht zu hoch angesetzt werden sollen (vgl. dazu Ausschuss-Drs. 17 (9) 937, 9). Schon der **Regierungsentwurf für die 7. GWB-Novelle** von 2004 sah durch in § 36 neu eingefügte Abs. 1a und 1b Erleichterungen für Fusionen von Zeitungsverlagen (nicht auch Zeitschriftenverla- 53 gen) vor. Voraussetzung sollte sein, dass der Zusammenschluss für die langfristige Sicherung der wirtschaftlichen Grundlage der erworbenen oder erwerbenden Zeitung mit ihren redaktionellen Ausgaben als eigenständige redaktionelle Einheit erforderlich ist. Deswegen war die Notwendigkeit von Vorkehrungen vorgesehen, „dass die erworbene Zeitung langfristig neben der erwerbenden mit ihren redaktionellen Ausgaben als eigenständige redaktionelle Einheit erhalten bleibt" (BT-Drs. 15/3640, Nr. 21; dazu auch Bechtold/Buntscheck NJW 2005, 2966 (2967); Möschel JZ 2004, 1060).

54 Die neue Vorschrift ist der Sache nach ebenso wie die im Jahre 2004 diskutierte Gesetzesänderung orientiert an Problemen im Bereich der **lokalen Tageszeitungen.** Dort, wo es in ein und demselben Gebiet noch mehrere lokale Tageszeitungen gibt, ist es häufig so, dass die Zweit- (und Dritt-)Zeitung anders als die Erstzeitung nachhaltige wirtschaftliche Probleme hat, und dass diese Probleme nur durch Zusammenschlüsse zwischen diesen Zeitungen gelöst werden können. Anders als die Initiative von 2004 enthält die neue Vorschrift keine Maßgabe darüber, dass nach dem Zusammenschluss die redaktionellen Einheiten als solche aufrecht erhalten bleiben müssen; häufig ergibt sich das aber aus den gewachsenen Leser-Blatt-Bindungen, die auch nach dem Zusammenschluss nutzbar gemacht werden müssen. Für den Zeitschriftenbereich gibt es keine klaren Präzedenzfälle, die durch die neue Vorschrift gelöst werden könnten. Nr. 3 erleichtert **Sanierungsfusionen** (→ Rn. 19), indem nicht gefordert wird, dass bei einem Ausscheiden der kleineren Zeitung oder Zeitschrift deren Marktstellung sowieso dem Erwerber voll oder jedenfalls im Wesentlichen zufällt (das wurde bei der Fusion FAZ/Frankfurter Rundschau angenommen, dazu Pressemitteilung des BKartA vom 27.2.2013).

55 **b) Erfasster Zusammenschluss.** Nr. 3 geht davon aus, dass ein **marktbeherrschender Zeitungs- oder Zeitschriftenverlag** einen kleinen oder mittleren Zeitungs- oder Zeitschriftenverlag **übernimmt.** Der Begriff der „Übernahme" wird im Gesetz ansonsten nicht verwendet. Er erfasst nicht alle Zusammenschlusstatbestände iSd § 37 Abs. 1, sondern nur diejenigen, die zur **Aufgabe der wirtschaftlichen Selbstständigkeit des übernommenen Verlages** dadurch führen, dass der oder die Übernehmer die Kontrolle erwerben. Das kann der Fall sein beim Zusammenschlusstatbestand des Vermögenserwerbs nach § 37 Abs. 1 Nr. 1. In diesem Fall ist der übernommene Zeitungsverlag rechtlich unselbstständig und wird als Vermögen oder Vermögensteil übernommen. Der Zusammenschlusstatbestand des Kontrollerwerbs nach § 37 Abs. 1 Nr. 2 erfüllt die Voraussetzungen des „Übernahme" nur, wenn die Kontrolle auf den Erwerber übergeht. Bei dem Erwerb der Mitkontrolle müssen die Erwerber die gemeinsame Kontrolle haben; die bisherigen Eigentümer des erworbenen Unternehmens dürfen an der Kontrolle nicht mehr beteiligt sein. Auch der Anteilserwerb nach § 37 Abs. 1 Nr. 3 kommt nur in Betracht, wenn er zum Kontrollübergang führt. Wenn ein Gemeinschaftsunternehmen iSv § 37 Abs. 1 Nr. 3 S. 3 gebildet wird, liegt eine Übernahme nur vor, wenn die bisherigen Gesellschafter an diesem Gemeinschaftsunternehmen nicht beteiligt sind. Nicht kontrollierende Minderheitsbeteiligungen von unter 25 % der Altgesellschafter stehen der „Übernahme" nicht entgegen.

56 Beteiligt an dem Zusammenschluss sind einerseits der übernehmende Zeitungs- oder Zeitschriftenverlag und andererseits ein zu **übernehmender „kleiner oder mittlerer Zeitungs- oder Zeitschriftenverlag"** (vgl. dazu auch Klumpp WuW 2013, 344 (349 f.)). Für den Begriff des kleinen oder mittleren Unternehmens helfen die Auslegungsmethoden zu den entsprechenden Begriffen in § 3 Nr. 2 (→ § 3 Rn. 11) und § 20 Abs. 3 S. 2 Nr. 3 (→ § 20 Rn. 9 f.) weiter, nicht aber die Ergebnisse. Es ist zu berücksichtigen, dass die Unternehmensgrößen bei Zeitungs- und Zeitschriftenverlagen, unabhängig davon, ob sie nur regional oder bundesweit tätig sind, im Durchschnitt wesentlich kleiner sind als in anderen Branchen. Das ist

auch einer der Gründe dafür, dass die Aufgreifschwellen der Fusionskontrolle bei Presseunternehmen nicht bei einem Gesamtumsatz von 500 Mio. EUR liegen, sondern aufgrund des Faktors 4 (§ 38 Abs. 3) bei 125 Mio. EUR. Im Regelfall ist ein Verlag mit einem Umsatz von 125 Mio. EUR oder mehr schon ein Großunternehmen. Daneben ist auch ein Größenvergleich erforderlich, nämlich der Vergleich zwischen dem übernehmenden Zeitungs- oder Zeitschriftenverlag und dem zu übernehmenden „kleinen oder mittleren" Zeitungsverlag. Das Gesetz sieht aber nicht vor, dass der übernehmende Zeitungs- oder Zeitschriftenverlag größer ist als der zu übernehmende Verlag, obwohl das wahrscheinlich dem Regelfall entsprechen soll.

Der Wortlaut der Nr. 3 erfasst nur den Untersagungsgrund der **Verstärkung einer marktbeherrschenden Stellung des übernehmenden Zeitungs- oder Zeitschriftenverlages.** Nicht erfasst ist der Fall, dass durch den Zusammenschluss erst eine marktbeherrschende Stellung begründet wird, ebenso wenig wie der Fall, dass zwar keine Begründung oder Verstärkung einer marktbeherrschenden Stellung vorliegt, wohl aber eine erhebliche Behinderung wirksamen Wettbewerbs. Gründe dafür, die Privilegierung von Pressezusammenschlüssen nur auf die eine Alternative der Untersagungsvoraussetzungen zu beschränken, sind nicht ersichtlich. Die Formulierung der Nr. 3 mag ein Anhalt dafür sein, dass der Gesetzgeber selbst den möglicherweise (→ Rn. 3) über die (Begründung und) Verstärkung einer marktbeherrschenden Stellung hinausgehenden Untersagungssachverhalt der **erheblichen Behinderung wirksamen Wettbewerbs** noch nicht verinnerlicht hat. Unabhängig davon hat er ganz offensichtlich mit der Nr. 3 den Fall im Auge, dass ein schon marktbeherrschender Zeitungsverlag einen konkurrierenden Zeitungsverlag übernehmen will, der gerade wegen der Marktbeherrschung des anderen sich in wirtschaftlichen Schwierigkeiten befindet. Aber auch dieses gesetzgeberische Leitbild ist kein Grund, den Anwendungsbereich der Nr. 3 auf die Verstärkung der marktbeherrschenden Stellung zu begrenzen, zumal der Gesetzgeber durch die Einbeziehung der Zeitschriftenverlage zum Ausdruck gebracht hat, dass auch andere Fälle als die des Leitbildes erfasst sein sollen. UE ist Nr. 3 deswegen auch anwendbar, wenn erst durch den Zusammenschluss die **marktbeherrschende Stellung begründet** wird. 57

Auch wenn der Gesetzgeber bei Einführung der Nr. 3 möglicherweise die Vorstellung hatte, dass der Erwerb des Not leidenden kleinen oder mittleren Zeitungs- oder Zeitschriftenverlages dazu führt, dass dessen Zeitungen oder Zeitschriften als **selbstständige redaktionelle Einheiten** fortgeführt werden, ist das keine Voraussetzung für die Anwendung der Nr. 3. Häufig wird es so sein, dass die Fortführung der Titel als selbstständige redaktionelle Einheiten sich aus den Umständen des Zusammenschlusses ergibt. Der Erwerber kann im Regelfall nur darauf verzichten, wenn er sich sicher sein kann, dass die Leser und Anzeigenkunden der erworbenen Titel bei deren Einstellung voll oder jedenfalls zu einem überwiegenden Teil auf ihn übergehen. Die Verpflichtung des übernehmenden Verlages, die übernommenen Titel als selbstständige redaktionelle Einheiten fortzuführen, könnte nicht nach § 40 Abs. 3 S. 1 Gegenstand von Bedingungen und Auflagen sein; es würde sich um nach S. 2 unzulässige Verhaltensauflagen handeln. 58

c) Sanierung. Nr. 3 setzt voraus, dass der übernommene Verlag in den letzten drei Jahren einen erheblichen **Jahresfehlbetrag iSd § 275 Abs. 2 Nr. 20 HGB** hatte. Damit wird Bezug genommen auf die in § 275 HGB geregelten Gliederung der Gewinn- und Verlustrechnung. Soweit der übernommene Verlag rechtlich nicht selbstständig ist, sondern Vermögensteil eines größeren Unternehmens ist, kommt es auf die – ggf. nachträglich vorgenommene – fiktive Gewinn und Verlustrechnung für diesen Vermögensteil an. Die Gewinn- und Verlustrechnung muss in den letzten drei Jahren vor dem Zusammenschluss einen **„erheblichen"** Jahresfehlbetrag ausweisen. 59

Es reicht also nicht der Verlust als solcher aus; vielmehr muss er in den letzten drei Jahren eine Größenordnung erreicht haben, die aus betriebswirtschaftlicher Sicht die Fortführung des Verlages nicht sinnvoll erscheinen lässt. Dieser Gesichtspunkt geht über in das weitere Erfordernis, dass der **übernommene Verlag „ohne den Zusammenschluss in seiner Existenz gefährdet** wäre". Für das Merkmal der Existenzgefährdung stellt sich die Frage, ob sie schon dann ausgeschlossen ist, wenn Eigentümer oder Gesellschafter des zu übernehmenden Verlages ein Unternehmen ist, das wirtschaftlich ohne Weiteres in der Lage ist, den Verlag trotz der nachhaltigen Verlustsituation fortzuführen, indem er die Verluste ausgleicht. UE kann die bloße Fähigkeit des Gesellschafters, das verlustreiche Unternehmen fortzuführen, dessen Existenzgefährdung nicht ausschließen. Allerdings muss in diesem Fall die Erklärung des Gesellschafters, dass er nicht mehr länger bereit ist, die Verluste zu übernehmen, objektivierbar und nachvollziehbar sein; das ist zB nicht der Fall, wenn sich aus der sonstigen Strategie dieses Gesellschafters ergibt, dass die Aufrechterhaltung auch der verlustreichen Zeitung oder Zeitschrift für ihn insgesamt vorteilhaft sein kann. Insoweit besonders strenge Maßstäbe anzuwenden, ist aber auch deswegen nicht angezeigt, weil das Gesetz ausdrücklich zusätzlich vorsieht, dass der Inhaber oder Gesellschafter des zu übernehmenden Verlages vergeblich den Versuch unternommen hat, einen anderen Erwerber zu finden, der eine **„wettbewerbskonformere" Lösung** sichergestellt hätte. Die wettbewerbskonformere Lösung setzt einen Vergleich zwischen dem konkreten Zusammenschlussvorhaben voraus, das Gegenstand der Prüfung ist, und der möglichen Alternativen. Erforderlich ist, dass die Alternative fusionskontrollrechtlich günstiger zu beurteilen wäre. Das ist einmal der Fall, wenn es überhaupt keine fusionskontrollrechtlichen Bedenken gibt, aber auch dann, wenn das Gewicht der Wettbewerbsbehinderung (ggf. saldiert mit Verbesserungen der Wettbewerbsbedingungen nach Nr. 1) in der Alternative geringer ist als bei dem zu prüfenden Zusammenschluss. Das kann in der Konsequenz auch bedeuten, dass der alternative Zusammenschluss fusionskontrollrechtlich freigegeben werden muss, obwohl auch für ihn die Untersagungsvoraussetzungen vorliegen. Er ist dann selbstständig nach den Kriterien der Nr. 3 zu prüfen und kann nur dann untersagt werden, wenn es auch zu ihm eine wettbewerblich günstigere Alternative gäbe.

60 Das Gesetz spricht für die zu erbringenden **Beweise** allgemein davon, dass die relevanten Tatsachen „nachgewiesen" werden müssen. Es gibt keinen Grund, insoweit von der klareren Aussage zur Beweislast in Nr. 1 abzuweichen. Die erforderlichen Nachweise müssen also von den **beteiligten Unternehmen** erbracht werden; gelingt ihnen das trotz eigener Aufklärungsbemühungen durch BKartA oder Gericht nicht, geht das zu ihren Lasten. Die Begründung zu § 36 Abs. 1 S. 2 Nr. 3 (Ausschuss-Drs. 17 (9) 937, 9 zu Nr. 9) spricht davon, dass kleine und mittlere Presseunternehmen die Möglichkeit zu einer Fusion mit stärkeren Marktpartnern haben müssten, „bevor sie gezwungen sind, einen Insolvenzantrag zu stellen und damit als Teil der Pressevielfalt und des publizistischen Wettbewerbs gänzlich aus dem Markt auszuscheiden". Der Nachweis der so definierten „Notwendigkeit einer Fusion" könne insbes. durch ein **Gutachten eines unabhängigen Wirtschaftsprüfers** iSv § 319 Abs. 3 HGB erbracht werden, „das die in § 36 Abs. 1 Nr. 3 genannten Kriterien belegt". Ein derartiges Gutachten kann sich nur auf die Jahresfehlbeträge und die sich daraus ergebende objektive Existenzgefährdung beziehen. Soweit die Existenz abhängt von der Bereitschaft des derzeitigen Inhabers oder Gesellschafters, die Jahresfehlbeträge auszugleichen, sind auch rechtliche Beurteilungen erforderlich, die nicht in der Kompetenz eines Wirtschaftsprüfers liegen. Dasselbe gilt auch für die Bewertung von Alternativen und deren „Wettbewerbskonformität".

9. Untersagungsabwendende Zusagen

61 Bis zur 6. GWB-Novelle sind zahlreiche Zusammenschlüsse, die die Untersagungsvoraussetzungen des § 24 Abs. 1 aF (jetzt § 36 Abs. 1) erfüllten, nicht unter-

sagt worden, weil die beteiligten Unternehmen in Form eines **öffentlich-rechtlichen Vertrages** Zusagen gegeben haben, durch deren Erfüllung die Untersagungsvoraussetzungen wegfallen sollten. Der Gesetzgeber der 6. GWB-Novelle kennzeichnete diese Zusagenpraxis als unbefriedigend. Da die Durchsetzbarkeit von Zusagenverträgen gerichtlich noch nicht geklärt sei, fehle dem BKartA zurzeit ein flexibles Instrument, das dem **Verhältnismäßigkeitsgrundsatz** im Rahmen der Zusammenschlusskontrolle Rechnung trage (Begr. z. RegE BR-Drs. 852/97, 61; vgl. dazu auch Fuchs FS Säcker, 2011, 649). Durch die Möglichkeit, dass eine **Freigabe mit Bedingungen und Auflagen verbunden** werden kann (§ 40 Abs. 3), sollte nach Auffassung des Gesetzgebers diese „Lücke" geschlossen werden. Werden Zusagen angeboten, deren Verbindlichkeit durch Bedingungen und/oder Auflagen einer Freigabeverfügung hergestellt werden kann und die sachlich die Untersagungsvoraussetzungen ausräumen, muss freigegeben werden; trotz des Wortlauts des § 40 Abs. 3 S. 1 hat das BKartA insoweit **kein Ermessen** (→ § 40 Rn. 29; aA offenbar BKartA WuW/E DE-V 1357 (1363) – RWE/Saar Ferngas; vgl. dazu auch Fuchs FS Säcker, 2011, 649). Insoweit muss an die frühere Rspr. angeknüpft werden, wonach das BKartA verpflichtet war, „glaubwürdige" Zusagen, die in der Form eines öffentlich-rechtlichen Vertrages angeboten wurden, entgegenzunehmen und bei der Prüfung zu berücksichtigen (KG WuW/E 1758 (1763) – Weichschaum II). Die Nebenbestimmungen müssen die wettbewerblichen Bedenken gegen den Zusammenschluss ausräumen: Das OLG Düsseldorf (OLG Düsseldorf WuW/E DE-R 4050 – Liberty/Kabel Baden-Württemberg) hat die Freigabe des Zusammenschlusses aufgehoben, weil die auflösenden Bedingungen und Auflagen, unter denen das BKartA den Zusammenschluss freigegeben hat, nach Einschätzung des OLG Düsseldorf nicht den Anforderungen des § 40 Abs. 3 S. 1 entsprachen. Das Gericht kam zu dem Ergebnis, dass die Nebenbestimmungen weder einzeln noch zusammen eine Strukturveränderung bewirken, die die nachteiligen Wirkungen des Zusammenschlusses beseitigen. Das BKartA hat im Mai 2017 einen **Leitfaden Zusagen in der Fusionskontrolle** veröffentlicht (Anh. C 8). In diesem Leitfaden wird die bisherige Behördenpraxis zusammengefasst.

Bedingungen und Auflagen einer Freigabeentscheidung sind **nur in Abstimmung mit den Unternehmen möglich.** Deswegen hat die 8. GWB-Novelle 2012/2013 § 40 Abs. 3 S. 1 so geändert, dass die Bedingungen und Auflagen den (alleinigen) Zweck haben sicherzustellen, dass die Unternehmen den **Verpflichtungen** nachkommen, die sie **gegenüber dem BKartA** eingegangen sind, um eine Untersagung abzuwenden. Es macht keinen Sinn, eine Zusammenschluss-Freigabe mit der Auflage zu verbinden, dass bestimmte Unternehmensteile veräußert werden müssen, wenn sich nicht aus dem Verfahren ergeben hat, dass die beteiligten Unternehmen dazu bereit sind. Den Bedingungen und Auflagen als Teil der Freigabeentscheidung müssen daher **entsprechende Zusagen der Unternehmen vorausgehen** (→ § 40 Rn. 30). Das BKartA ist in der Praxis schon vor der Gesetzesänderung entsprechend vorgegangen (vgl. zB BKartA WuW/E DE-V 483 (490) – Lufthansa/Eurowings). 62

Zusagen, die Gegenstand von Bedingungen und/oder Auflagen werden, dürfen nicht die Festlegung des unternehmerischen Verhaltens zum Gegenstand haben und schon gar nicht die Unternehmen einer laufenden **Verhaltenskontrolle** unterstellen (§ 40 Abs. 3 S. 2, → § 40 Rn. 31). Sie müssen sich auf die Erhaltung oder Gestaltung von Wettbewerbsbedingungen beziehen, also auf eine strukturelle Veränderung der Wettbewerbsverhältnisse gerichtet sein. Typisch dafür sind **Veräußerungszusagen,** zulässig auch unter bestimmten Voraussetzungen Know-how-Zusagen, Zusagen zur Einflussbegrenzung, sog. Öffnungszusagen, die Verpflichtung, künftig Anteile nicht zu erhöhen usw. Unzulässig sind Zusagen über Vertriebsregelungen und Lieferverpflichtungen. Die Zusage darf sich nur auf wettbewerbliche Sachverhalte beziehen. 63

Deshalb kann zB bei Pressezusammenschlüssen die Zusage, selbstständige Redaktionen aufrechtzuerhalten oder eine bestimmte Zeitung oder Zeitschrift weiterhin auf den Markt zu bringen, nicht berücksichtigt werden (vgl. KG WuW/E 3875 (3879) – Südkurier/Singener Wochenblatt; anders noch TB 1975, 42 f. – WAZ/NRZ).

10. Verbundklausel (Abs. 2 S. 1)

64 Ist ein beteiligtes Unternehmen ein abhängiges oder herrschendes iSd § 17 AktG oder ein Konzernunternehmen iSd § 18 AktG, so sind für die Berechnung der Umsatzerlöse (und der Marktanteile) nach der **„Verbundklausel"** des Abs. 2 S. 1 die so verbundenen Unternehmen als Einheit anzusehen. Diese Klausel hat nicht nur Bedeutung für die Fusionskontrolle, sondern **für den gesamten Anwendungsbereich des GWB** (BGH WuW/E DE-R 2739 (2741) = WRP 2009, 1402 = AG 2009, 742 = WM 2009, 1997 – Entega), also auch für § 1. Die miteinander verbundenen Unternehmen sind kartellrechtlich eine Einheit (vgl. dazu OLG Düsseldorf WuW/E DE-R 2146 – Nord-KS-Xella). Für die Auslegung gelten grds. die aktienrechtlichen Grundsätze; stattdessen schon bei den Tatbestandsvoraussetzungen auf das Kriterium der „wettbewerblichen Einheit" abzustellen (so KG WuW/E 4835 (4846) – Iserlohner Kreisanzeiger, aber aufgegeben in KG WuW/E 5364 (5374 f.) – HaGE Kiel), ist schon deswegen verfehlt, weil mithilfe der Klausel gerade festgestellt werden soll, ob eine solche Einheit vorliegt. Ein solches Verständnis ist daher weder mit dem Gesetzeswortlaut noch mit der erforderlichen Rechtssicherheit zu vereinen (so wohl auch BGH WuW/E 2882 (2886 f.) – Zurechnungsklausel). Entscheidend ist nicht, ob und wie die einheitlich stehende Leitungsmacht äußerlich institutionalisiert ist, sondern ob es sie effektiv gibt (KG WuW/E 5907 (5909 f.) – Rheinpfalz/Medien-Union). Die Beherrschung muss **gesellschaftsrechtlich bedingt oder vermittelt** sein; eine davon unabhängige Einflussmöglichkeit reicht nicht aus (BGH WuW/E 2882 (2886) – Zurechnungsklausel). Für die Beherrschung ist keine tatsächliche Ausübung des beherrschenden Einflusses erforderlich; es genügt die Möglichkeit dazu. Die **Beherrschungsmöglichkeit** wird nach – dem hier anwendbaren – § 17 Abs. 2 AktG **vermutet,** wenn ein Unternehmen an einem anderen mehrheitlich beteiligt ist; diese Vermutung ist widerlegbar. Ohne Mehrheitsbeteiligung kann sich die Beherrschungsmöglichkeit auch aus anderen rechtlichen (Beherrschungsvertrag) oder tatsächlichen Umständen (zB hohe Sperrminorität mit gesicherter Hauptversammlungsmehrheit) ergeben.

65 Der Verweis auf § 18 AktG hat praktische Bedeutung für den **Gleichordnungskonzern** nach § 18 Abs. 2 AktG, also auf durch einheitliche Leitung miteinander verbundene Unternehmen ohne Unterordnung (vgl. für den landwirtschaftlichen Genossenschaftsbereich, insbes. zum Verbund von Haupt- und Primärgenossenschaften KG WuW/E 5364 (5372) – HaGE Kiel). Anders als beim Unterordnungskonzern reicht hier eine nicht gesellschaftsrechtlich bedingte oder vermittelte Verbindung aus; die Gleichordnung muss auch nicht vertragsrechtlich vermittelt sein, wenn sie nur faktisch besteht (**faktischer Gleichordnungskonzern,** vgl. BGH WuW/E 2882 (2887) – Zurechnungsklausel; WuW/E DE-R 243 (244) – Pirmasenser Zeitung; vgl. dazu auch Buntscheck WuW 2004, 374). Entscheidend ist nicht, ob und wie die einheitlich steuernde Leitungsmacht äußerlich institutionalisiert ist, sondern ob es sie effektiv gibt (KG WuW/E 5907 (5909 f.) – Rheinpfalz/Medienunion, bestätigt durch BGH WuW/E DE-R 243 (244) – Pirmasenser Zeitung).

66 Gehören mehrere **Unternehmen der öffentlichen Hand** derselben öffentlich-rechtlichen Körperschaft oder ist eine solche Körperschaft Gewährträger für mehrere Unternehmen, so ist eine Konzernverbindung nur anzunehmen, wenn zusätzlich auch eine Koordination der Unternehmensleitungen stattfindet (so KG WuW/E 5151 (5163) – Ernstliche Untersagungszweifel). In die gleiche Richtung geht die Auffassung des OLG Düsseldorf (OLG Düsseldorf WuW/E DE-R 2347 (2349 f.) –

Universitätsklinikum Greifswald): Der Begriff der Mehrheitsbeteiligung ist nicht auf das Verhältnis zu öffentlich-rechtlichen Anstalten übertragbar. Deswegen gilt auch die an die Mehrheitsbeteiligung anknüpfende Beherrschungsvermutung nach § 17 Abs. 2 AktG nicht. Vielmehr muss die quasi-konzernrechtliche Verbindung außerhalb der Vermutung im Einzelnen nachgewiesen werden. Die Verbundklausel einschließlich ihrer Verweisungen auf §§ 17, 18 AktG ist ohne Einschränkungen auch auf **ausländische Unternehmen** anwendbar, auch auf ausländische Staaten als beherrschende „Unternehmen" (vgl. BKartA WuW/E DE-V 1081 – RVAG/MEN). Sie gilt nur für Unternehmen, nicht auch für natürliche Personen; allerdings gilt im Regelfall die Unternehmensfiktion des Abs. 3 (→ Rn. 71 f.). Sie erweitert nicht den Kreis der am Zusammenschluss beteiligten Unternehmen.

Relevanter Zeitpunkt für die Anwendung der Verbundklausel ist der des 67
Zusammenschlusses. Ändern sich bis dahin die Unternehmensverbindungen durch Abgabe oder Erwerb weiterer Unternehmen oder Unternehmensteile, kommt es für die Umsatzschwellen des § 35 Abs. 1 auf die **Struktur im Zeitpunkt des Zusammenschlusses** an. Teile, die bis dahin veräußert werden, sind also nicht zu berücksichtigen, Teile, die hinzukommen, sind zu berücksichtigen, und zwar auf der Basis der jeweils im letzten Geschäftsjahr (§ 35 Abs. 1 S. 1) auf sie entfallenden Umsätze. Für all das kann nicht auf den Zeitpunkt der Anmeldung abgestellt werden, sondern den des Vollzugs. Wäre eine relevante Umsatzschwelle im Zeitpunkt der Anmeldung nicht, aber im Zeitpunkt des Vollzugs erreicht, würde der Vollzug gegen § 41 Abs. 1 verstoßen.

Offen ist, ob außerhalb der Verbundklausel auch anders begründete Zurechnun- 68
gen möglich sind, insbes. aufgrund von (angeblichen) **Treuhandverhältnissen.** Stellt man insoweit mit der hM (→ § 35 Rn. 30) auf das wirtschaftliche Risiko, nicht auf die Leitungsbefugnisse ab, widerspricht das jedenfalls der allein auf Letzteres abstellenden Wertung des § 36 Abs. 2 (vgl. dazu auch Staebe FS Bechtold, 2006, 529).

11. Mehrmütterklausel (Abs. 2 S. 2)

Die Verbundklausel des Abs. 2 S. 1 wird ergänzt durch die **„Mehrmütterklau-** 69
sel" des S. 2. Wirken mehrere Unternehmen aufgrund einer Vereinbarung oder in sonstiger Weise derart zusammen, dass sie gemeinsam einen beherrschenden Einfluss ausüben können, so gilt jedes von ihnen als herrschendes Unternehmen. Erforderlich ist eine **gesicherte gemeinsame Beherrschungsmöglichkeit.** Dafür reicht das bloße Nebeneinander paritätischer Beteiligungen Mehrerer (50 : 50, 33 : 33 : 33) nicht aus (BGH WuW/E 1608 (1611) – WAZ; 2321 (2322) – Mischguthersteller; OLG Düsseldorf WuW/E DE-R 1413 (1415) – Radio TON Regional). Die gemeinsame Beherrschungsmöglichkeit wird im Regelfall durch Vereinbarung begründet. Es reicht aber auch ein tatsächliches Verhältnis bzw. die „Entwicklung von Verhaltensformen" aus, aufgrund dessen eine gesicherte einheitliche Einflussnahme mehrerer Unternehmen auf der Grundlage einer auf Dauer angelegten Interessengleichheit zu erwarten ist (vgl. zB BGH WuW/E 2810 (2811) – Transportbeton Sauerland; WuW/E DE-R 1890 (1892) – Radio TON). Es müssen zu dem bloßen Aufeinanderangewiesensein **„besondere Umstände"** wie übereinstimmende Interessen, ausgeglichenes Kräfteverhältnis der Gesellschafter untereinander, familiäre Bindungen usw hinzukommen (stRspr, vgl. schon BGH WuW/E 1608 (1611) – WAZ; 2321 (2322) – Mischguthersteller; OLG Düsseldorf WuW/E DE-R 1413 (1415) – Radio TON Regional). Keine gemeinsame Beherrschung liegt vor, wenn einem der beteiligten Unternehmen eine herausragende Stellung eingeräumt wird, die dessen Alleinbeherrschung begründet (BGH WuW/E 2337 (2339 f.) – Hussel/Mara). Der gemeinsamen Beherrschung steht nicht entgegen, dass für den Fall einer Meinungsverschiedenheit ein Stichentscheid eines unabhängigen

Dritten vorgesehen ist (BGH WuW/E DE-R 1890 (1892) – Radio TON). Es genügt nicht, wenn ein Unternehmen den beherrschenden Einfluss **gemeinsam mit einer Privatperson** ausübt; alle beherrschenden Personen müssen Unternehmen sein, wofür allerdings die Fiktion des § 36 Abs. 3 ausreicht (str., wie hier Kleinmann/Bechtold § 23 Rn. 376; aA Bunte/Kallfaß Rn. 1187).

70 **Dem abhängigen Unternehmen** sind die **Umsätze** (und Marktanteile) **aller herrschenden Unternehmen zuzurechnen.** Ist eine der gemeinsam herrschenden Mütter an einem Zusammenschluss beteiligt, sind dieser auch die Umsätze und die Marktanteile des mitbeherrschten Unternehmens zuzurechnen (vgl. dazu auch Kleinmann/Bechtold § 23 Rn. 378 mwN).

12. „Flick-Klausel" (Abs. 3)

71 Die Vorschriften der Fusionskontrolle gelten nur für Unternehmen (→ § 35 Rn. 25 ff.). Eine **natürliche Person** ist Unternehmen, soweit sie Einzelkaufmann ist oder sonst unternehmerische Tätigkeiten ausübt. Für die Abgrenzung von unternehmerischem und privatem Bereich kommt es auf die wirtschaftliche Interessenbindung an, die objektiv infolge der Inhaberschaft beim Einzelunternehmen besteht (vgl. BGH WuW/E 1608 (1610 f.) – WAZ). Auch eine **Familie** oder ein Gesellschafterstamm kann Unternehmen sein, insbes. als herrschendes Unternehmen, von dem ein anderes abhängig ist (BGH WuW/E 1608 (1610 f.) – WA, str.).

72 Nach Abs. 3 wird die Unternehmenseigenschaft eines Nicht-Unternehmens (Privatperson, öffentliche Hand) **unwiderlegbar fingiert,** wenn ihr die Mehrheitsbeteiligung an einem Unternehmen zusteht (sog. **„Flick-Klausel"**). Die Klausel gilt (seit der 4. GWB-Novelle 1980) nicht mehr nur für den Anteilserwerb, sondern für alle Zusammenschlusstatbestände. Nach der Begr. des RegE zur 6. GWB-Novelle (BR-Drs. 852/97, 58) soll sie, obwohl nur der Fusionskontrolle zugeordnet, **„für das GWB insgesamt"** gelten. Mehrheitsbeteiligung bedeutet entsprechend § 16 AktG und der Struktur des § 37 Abs. 1 Nr. 3 **Mehrheit nach Kapital oder nach Stimmen.** Sie muss im Zeitpunkt des Zusammenschlusses schon bestehen; die Begründung einer solchen Beteiligung fällt also nicht unter Abs. 3. Die gemeinsame Beherrschung eines Unternehmens reicht nicht aus, es sei denn, dem Nicht-Unternehmen stünde eine Mehrheitsbeteiligung zu, die keine Alleinbeherrschung vermittelt. Unabhängig von Abs. 3 kann sich die Unternehmenseigenschaft sowohl aktien- als auch kartellrechtlich daraus ergeben, dass eine Person, die an einem Unternehmen beteiligt ist, über die normale Verwaltung der Beteiligung hinaus wirtschaftlich planend und lenkend Einfluss auf die Leitung des Unternehmens nimmt (vgl. dazu Koch AktG § 15 Rn. 11).

§ 37 Zusammenschluss

(1) **Ein Zusammenschluss liegt in folgenden Fällen vor:**

1. **Erwerb des Vermögens eines anderen Unternehmens ganz oder zu einem wesentlichen Teil; das gilt auch, wenn ein im Inland tätiges Unternehmen, dessen Vermögen erworben wird, noch keine Umsatzerlöse erzielt hat;**
2. **Erwerb der unmittelbaren oder mittelbaren Kontrolle durch ein oder mehrere Unternehmen über die Gesamtheit oder Teile eines oder mehrerer anderer Unternehmen. Die Kontrolle wird durch Rechte, Verträge oder andere Mittel begründet, die einzeln oder zusammen unter Berücksichtigung aller tatsächlichen und rechtlichen Umstände die Möglichkeit gewähren, einen bestimmenden Einfluss auf die Tätigkeit eines Unternehmens auszuüben, insbesondere durch**

a) Eigentums- oder Nutzungsrechte an einer Gesamtheit oder an Teilen des Vermögens des Unternehmens,

b) Rechte oder Verträge, die einen bestimmenden Einfluss auf die Zusammensetzung, die Beratungen oder Beschlüsse der Organe des Unternehmens gewähren;

das gilt auch, wenn ein im Inland tätiges Unternehmen noch keine Umsatzerlöse erzielt hat;

3. Erwerb von Anteilen an einem anderen Unternehmen, wenn die Anteile allein oder zusammen mit sonstigen, dem Unternehmen bereits gehörenden Anteilen

a) 50 vom Hundert oder

b) 25 vom Hundert

des Kapitals oder der Stimmrechte des anderen Unternehmens erreichen. Zu den Anteilen, die dem Unternehmen gehören, rechnen auch die Anteile, die einem anderen für Rechnung dieses Unternehmens gehören und, wenn der Inhaber des Unternehmens ein Einzelkaufmann ist, auch die Anteile, die sonstiges Vermögen des Inhabers sind. Erwerben mehrere Unternehmen gleichzeitig oder nacheinander Anteile im vorbezeichneten Umfang an einem anderen Unternehmen, gilt dies hinsichtlich der Märkte, auf denen das andere Unternehmen tätig ist, auch als Zusammenschluss der sich beteiligenden Unternehmen untereinander;

4. jede sonstige Verbindung von Unternehmen, auf Grund deren ein oder mehrere Unternehmen unmittelbar oder mittelbar einen wettbewerblich erheblichen Einfluss auf ein anderes Unternehmen ausüben können.

(2) **Ein Zusammenschluss liegt auch dann vor, wenn die beteiligten Unternehmen bereits vorher zusammengeschlossen waren, es sei denn, der Zusammenschluss führt nicht zu einer wesentlichen Verstärkung der bestehenden Unternehmensverbindung.**

(3) [1]**Erwerben Kreditinstitute, Finanzinstitute oder Versicherungsunternehmen Anteile an einem anderen Unternehmen zum Zwecke der Veräußerung, gilt dies nicht als Zusammenschluss, solange sie das Stimmrecht aus den Anteilen nicht ausüben und sofern die Veräußerung innerhalb eines Jahres erfolgt.** [2]**Diese Frist kann vom Bundeskartellamt auf Antrag verlängert werden, wenn glaubhaft gemacht wird, dass die Veräußerung innerhalb der Frist unzumutbar war.**

Übersicht

1. Vorbemerkungen

1 **a) Gesetzesentwicklung.** § 37 enthält einen Teil der Regelungen, die früher in § 23 aF, insbes. in dessen Abs. 2 und 3 geregelt waren. Er regelt die Zusammenschlusstatbestände als zweite Eingriffsvoraussetzung – neben den Umsatzschwellen des § 35 – der deutschen Fusionskontrolle. Ebenso wie früher enthält er **Einzeltatbestände** und nicht, wie im Grundsatz das EU-Recht (Art. 3 FKVO), generalklauselartige Tatbestände der Fusion und des Kontrollerwerbs. Zwischen den Zusammenschlusstatbestand des Vermögenserwerbs in Abs. 1 Nr. 1 (früher § 23 Abs. 2 Nr. 1) und Anteilserwerbs in Nr. 3 (früher § 23 Abs. 2 Nr. 2 aF) ist in Nr. 2 der Kontrollerwerb mit Formulierungen eingeordnet worden, die weitgehend denen der FKVO bzw. früher der VO 4064/89 entsprechen. Die früheren Tatbestände der **Unternehmensverträge** (§ 23 Abs. 2 Nr. 3 aF) und der **Personenidentität** (§ 23 Abs. 2 Nr. 4 aF) sind aufgegeben worden, weil sie entweder durch den Kontrollerwerb erfasst oder nach den bisherigen Erfahrungen nicht von Bedeutung sind. Der frühere Auffangtatbestand der Erlangung eines beherrschenden Einflusses (§ 23 Abs. 2 Nr. 5 aF) ist aufgegeben worden, weil er neben dem Kontrollerwerb (jetzt Nr. 2) keine Funktion hat. Beibehalten wurde der erst durch die 5. GWB-Novelle 1989 eingefügte Tatbestand des **wettbewerblich erheblichen Einflusses** (Nr. 4, früher § 23 Abs. 2 Nr. 6 aF). Gerade dieser Tatbestand macht ebenso wie der Zusammenschlusstatbestand des Anteilserwerbs von 25 % in Abs. 1 Nr. 2b deutlich, dass durch die Übernahme des Kontrollbegriffs der FKVO (VO 4064/89) in Wahrheit **keine Anpassung an das EU-Recht** vorgenommen, sondern das sehr viel „tiefere“ Ansetzen der deutschen Fusionskontrolle im Vergleich zum EU-Recht aufrechterhalten wurde. Die 7. und 8. GWB-Novellen 2005/2012 haben § 37 nicht geändert. Die 9. GWB-Novelle 2017 hat Klarstellungen in Abs. 1 Nr. 1 und Nr. 2 S. 2 lit. b eingefügt.

b) Charakter der Zusammenschlusstatbestände. Die Zusammenschlusstatbestände des Abs. 1 Nr. 1–4 sind exakt umschriebene **Einzeltatbestände** und haben insofern **formalen Charakter;** über den Wortlaut hinausgehende Erweiterungen sind schon deswegen nicht möglich, weil § 37 Grundlage für die Bußgeldvorschrift des § 81 Abs. 2 Nr. 1 – iVm § 41 – und § 81 Abs. 2 Nr. 4 – iVm § 39 Abs. 6 – ist und im Verwaltungszwang durchgesetzt werden kann. Nicht die **Vereinbarung eines Zusammenschlusses** löst Rechtsfolgen aus, sondern sein **Vollzug.** Deswegen ist das bloße Verpflichtungsgeschäft fusionskontrollrechtlich irrelevant; es kommt auf den „dinglichen" Akt an, der den Einfluss vermittelt. Die Verknüpfung mehrerer Zusammenschlüsse in einem schuldrechtlichen Vertrag führt nicht ohne Weiteres zu einem einheitlichen Vorgang in der Fusionskontrolle, jedenfalls dann, wenn es jeweils unterschiedliche Beteiligte gibt oder die Beteiligten in unterschiedlichen Funktionen an den einzelnen Zusammenschlüssen beteiligt sind. Deshalb führt der **Tausch von Anteilen oder Vermögensteilen** zu mehreren Zusammenschlüssen, für die uU auch die Zuständigkeiten von BKartA und Kommission differieren (vgl. dazu → Rn. 149 der Konsolidierten Mitteilung der Kommission zu Zuständigkeitsfragen, ABl. 2009 C 43, 10). Unter Umständen reichen nach Nr. 2 und 4 (insoweit aber iVm einer gesellschaftsrechtlichen Stellung, → Rn. 40) bloße schuldrechtliche Verträge aus, die dann aber als solche schon das Verhältnis zwischen den beteiligten Unternehmen unmittelbar verändern. Bei **bedingten Rechtsgeschäften** ist zu unterscheiden: Aufschiebend bedingte Geschäfte werden wirksam mit dem Eintritt der Bedingung. Auflösend bedingte Rechtsgeschäfte sind schon mit ihrem Abschluss fusionskontrollpflichtig. Die Vereinbarung einer **Option** auf den Erwerb von Anteilen ist noch kein Vollzug des Anteilserwerbes; vollzogen wird erst durch den Erwerb nach Ausübung der Option. Allerdings kann eine **jederzeit ausübbare Option** schon **unmittelbare Einflussrechte** vermitteln (vgl. dazu BGH WuW/E 2276 (2283) – Süddeutscher Verlag/Donau-Kurier; hierzu auch Imgrund WuW 2010, 753; GemK/Schütz Rn. 2; → Rn. 24 f.). 2

Anders als Verträge und Beschlüsse im Anwendungsbereich des § 1 (→ § 1 Rn. 14) kann ein Zusammenschluss auch durch **öffentlich-rechtlichen Akt** begründet werden (Verwaltungsakt, öffentlich-rechtlicher Vertrag, Landesgesetz oder -verordnung). Das kommt häufiger im Bereich von Landesunternehmen vor. Steht der Zusammenschluss im Zusammenhang mit einer kommunalen Gebietsreform, greift seit der 8. GWB-Novelle 2012/2013 die Ausnahmevorschrift des § 35 Abs. 2 S. 2 ein (→ § 35 Rn. 44 ff.). Im GWB vor der 6. GWB-Novelle 1998 ergab sich das zumindest mittelbar aus § 24a Abs. 1 S. 2 Nr. 3 aF, der ausdrücklich auch **Zusammenschlüsse** erfasste, die **„nach Landesrecht durch Gesetz oder sonstigen Hoheitsakt"** bewirkt werden; Es ist nicht erkennbar, dass am Grundsatz der Anwendbarkeit der Fusionskontrolle auch auf öffentlich-rechtliche Vorgänge durch die Nicht-Übernahme dieser Regelung etwas geändert werden sollte. Werden Zusammenschlüsse durch Bundesgesetz bewirkt, unterliegen sie nach dem Grundsatz des Vorrangs des neueren und spezielleren Gesetzes nicht der GWB-Kontrolle. Soweit die **Deutsche Bundesbank** oder die **Kreditanstalt für Wiederaufbau** an einem Zusammenschluss beteiligt ist, gelten die Vorschriften der §§ 35 ff. nicht (§ 185 Abs. 1 S. 2, → § 185 Rn. 13 f.). 3

2. Vermögenserwerb (Abs. 1 Nr. 1)

a) Erwerb. Der Tatbestand des Vermögenserwerbs in Abs. 1 Nr. 1 entspricht § 23 Abs. 2 Nr. 1 aF. Allerdings waren dort als Unterfälle des Vermögenserwerbs auch die **Verschmelzung** oder **Umwandlung** erwähnt. Der Gesetzgeber hat mit der Streichung dieser Fälle keine materielle Änderung bezweckt, sodass sie weiterhin als Unterfälle des Vermögenserwerbs betrachtet werden können (→ Rn. 6). Der Erwerber muss Unternehmen sein. Bei dem Vermögenserwerb kann es sich um 4

Fälle der Gesamtrechtsnachfolge und solche der Einzelübertragung von Rechten handeln (vgl. zur weiten Auslegung des Erwerbsbegriffs BKartA WuW/E DE-V 195 (197) – Westfälische Ferngas). Vermögenserwerb setzt – anders als der Kontrollerwerb nach Nr. 2 – **Übergang des Vollrechts** voraus; der Erwerb obligatorischer oder beschränkt dinglicher Nutzungsrechte (Lizenz, Pfandrecht, Nießbrauch) reicht nicht aus (BGH WuW/E DE-R 1979 (1980) – National Geographic I; OLG Düsseldorf WuW/E DE-R 1504 – National Geographic; Bunte/Kallfaß Rn. 14). Umgekehrt liegt ein Vermögenserwerb vor, wenn zwar das Vollrecht übergeht, der Veräußerer sich aber ein beschränkt dingliches Recht vorbehält. Auch der **Erwerb von Todes wegen** fällt unter Abs. 1 Nr. 1 (allerdings nur, wenn der Erbe bereits „Unternehmen" war, vgl. dazu auch Bunte/Kallfaß Rn. 13; Kleinmann/Bechtold § 23 Rn. 38); auch sonst kommt es auf den rechtlichen Grund und die Motive, die dem Erwerb zugrunde liegen, nicht an.

5 Der Begriff des Vermögens erfasst alle geldwerten Güter eines Unternehmens ohne Rücksicht auf Art, Verwendung und Verwertbarkeit (KG WuW/E 4771 (4775) – Folien und Beutel), aber nur **unternehmerisch genutzte Vermögensgegenstände,** typischerweise Betriebs- und Unternehmensteile, die schon vor dem Erwerb unternehmerisch genutzt worden sind (Letzteres ist streitig, wie hier GemK/Schütz Rn. 10). Eine bloße, durch den Abschluss von Dienstleistungsverträgen bewirkte Funktionsübertragung ist keine Vermögensübertragung (OLG Düsseldorf WuW/E DE-R 1805 – MSV). Es reicht nicht aus, wenn der Veräußerer im Rahmen seines Geschäftsbetriebes Gegenstände oder Anlagen veräußert.

6 Relevant ist nur der **unmittelbare Erwerb, nicht auch der „mittelbare" Erwerb** durch einen Dritten, der an dem (unmittelbaren) Erwerber beteiligt ist (→ § 35 Rn. 37). Erwirbt A das Vermögen B (oder iSv Nr. 2 die Kontrolle oder Nr. 3 Anteile an B), ist das nicht auch gleichzeitig ein Erwerb durch C, der an A beteiligt ist. Ist C mit A iSv § 36 Abs. 2 verbunden, so sind A und C eine Einheit, sodass dem Gesichtspunkt des mittelbaren Erwerbs durch C keine Bedeutung zukommt. Ist C an A aber nur minderheitlich (unterhalb der Unternehmensverbindung nach § 36 Abs. 2) beteiligt, ist er nicht zusätzlich zu A Erwerber (aA ohne Auseinandersetzung mit den Problemen BKartA 30.11.2009 – B8 – 107/99, Rn. 21 – Integra/Thüga und BKartA WuW/E DE-V 511 (513) – E. ON/Ruhrgas). Andernfalls würde das **exakte Zurechnungssystem des § 36 Abs. 2** ausgehebelt. Das hat große praktische Bedeutung für die Umsatzberechnung nach § 35 Abs. 1, was in Fortführung des obigen Beispiels deutlich wird: A hat einen Umsatz von 300 Mio. EUR, B von 100 Mio. EUR; dieser Vorgang erreicht also nicht die Umsatzschwelle des § 35 Abs. 1 Nr. 1. Wenn C an A nur minderheitlich unterhalb der Schwelle von § 36 Abs. 2 beteiligt ist, kommt es auf den Umsatz von C nicht an. Wäre der „mittelbare" Anteilserwerb durch C relevant und hätte C einen Umsatz von zB 500 Mio. EUR, unterläge er der Fusionskontrolle. Der Unanwendbarkeit der Fusionskontrolle steht nicht entgegen, dass sie bei unmittelbarem Erwerb durch C anwendbar wäre und das Ergebnis bei Vermögens- und Kontrollerwerb wirtschaftlich gleichwertig wäre: Auch dann, wenn C als Minderheitsgesellschafter von A am Erwerb A/B nicht beteiligt ist, hat er künftig in der neuen Einheit A/B denselben Einfluss, den er bei unmittelbarem Erwerb an B nur nach Überwindung der Fusionskontrolle haben dürfte (→ § 35 Rn. 37 f. und → Rn. 46).

7 Die Neueinfügung des letzten Hs. in Nr. 1 durch die 9. GWB-Novelle 2017 stellt klar, dass der Vermögenserwerb **nicht** voraussetzt, dass das im **Inland** tätige Unternehmen, dessen Vermögen ganz oder zum wesentlichen Teil erworben wird, **Umsätze** erzielt hat. Diese Regelung soll „Konsistenz" zu den neuen Regelungen in § 18 Abs. 2a und § 35 Abs. 1a herstellen (RegE 9. GWB-Novelle 2017, 76). Der Zusammenschlusstatbestand wird unabhängig von einer durch Umsatzerlöse manifestierten Marktposition definiert. Die wettbewerbliche Position, die Gegen-

stand der Zusammenschlusskontrolle sein soll, wird allein daran festgemacht, dass das Unternehmen im Inland tätig ist und Leistungen anbietet.

b) Vermögen im Ganzen. Beim Erwerb des Vermögens eines Unternehmens im Ganzen kann es sich um die Übernahme des rechtlich unselbstständigen Unternehmens einer natürlichen oder juristischen Person handeln, die als solche nicht notwendig ein Unternehmen ist. Es kann sich aber auch um Fälle handeln, in denen der Rechtsträger des erworbenen Unternehmens voll im Erwerber aufgeht, also auch um alle Fälle einer wirtschaftlichen und rechtlichen (Voll-)**Fusion.** Das trifft insbes. zu für die im deutschen Recht geregelten Fälle der **Umwandlung und Verschmelzung und Vermögensübertragung** (dazu §§ 2, 174 UmwG) und vergleichbare Vorgänge in ausländischen Rechten. 8

c) Vermögen zum Teil. Die größten Auslegungsprobleme ergeben sich beim Merkmal **„ganz oder zu einem wesentlichen Teil".** Unstreitig werden davon Vermögensteile erfasst, die im Verhältnis zum Gesamtvermögen des Veräußerers **„quantitativ ausreichend hoch"** sind (vgl. BGH WuW/E 1377 (1379) – Zementmahlanlage I). Das dazu in einem Alternativverhältnis stehende Kriterium der „betrieblichen Teileinheit", die „qualitativ eigene Bedeutung" habe (so BGH WuW/E 1377 (1379) – Kettenstichnähmaschine und BGH WuW/E 1763 (1771) – Bituminöses Mischgut) ist aufgegeben worden. Stattdessen kommt es darauf an, ob der Vermögenswert **tragende Grundlage der Stellung des Veräußerers auf dem Markt** und geeignet ist, diese auf den Erwerber zu übertragen (BGH WuW/E 2783 (2786) – Warenzeichenerwerb). Diese Marktstellung des Veräußerers muss in dem Sinne auf den Erwerber übergehen, dass der Vermögensteil „die **Stellung des Erwerbers** auf dem Markt zu verändern in der Lage ist" (BGH WuW/E 2783 (2786) – Warenzeichenerwerb; KG WuW/E 4771 (4775 f.) – Folien und Beutel). Je geringer Umfang und Wert des übertragenen Vermögens sind, desto stärker kommt es darauf an, ob und wie der Erwerb die Stellung des Erwerbers auf dem Markt zu verändern geeignet ist. In jedem Falle muss aber **beim Veräußerer schon eine Marktstellung vorhanden gewesen sein;** eine bisher nicht genutzte Möglichkeit, eine solche Marktstellung aufzubauen, reicht nicht aus (BGH WuW/E DE-R 1979; OLG Düsseldorf WuW/E DE-R 1504 (1506) – National Geographic I). Entscheidend ist nicht die konkrete Auswirkung (sie ist bei § 36 Abs. 1 zu prüfen), sondern die abstrakte Eignung des Vermögensteils, die Stellung eines Erwerbers, der bereits auf dem relevanten Markt tätig ist, zu verändern (BGH WuW/E 2783 (2786) – Warenzeichenerwerb; BKartA WuW/E DE-V 227 (228) – Cisco/IBM); Umsatzerlöse müssen mit dem Vermögensteil nicht zwingend erzielt worden sein (→ Rn. 7). Beispiele für in diesem Sinne „wesentliche" Vermögensteile sind: Produktions- und Vertriebsprogramm für Industrienähmaschinen (BGH WuW/E 1570 (1574) – Kettenstichnähmaschinen); abgegrenzter Geschäftsbereich mit gesonderten Betriebseinrichtungen für organische Pigmente (KG WuW/E 1993 (1994) – Organische Pigmente, bestätigt durch BGH WuW/E 1613); Lebensmittel-Einzelhandelsfilialen (BKartA WuW/E 2114 (2115) und KG WuW/E 3591 (3594) – Coop Schleswig-Holstein/Deutscher Supermarkt); Zeitungs- und Zeitschriftentitel; Warenzeichen (dazu insbes. KG WuW/E 4771 – Folien und Beutel). 9

3. Kontrollerwerb (Abs. 1 Nr. 2)

a) Allein-Kontrolle. Der Tatbestand des Abs. 1 Nr. 2 entspricht im Wesentlichen dem Wortlaut des Art. 3 Abs. 1 lit. b und Abs. 3 FKVO. Im 1. Teil wird der Grundsachverhalt definiert, nämlich der unmittelbare oder mittelbare Kontrollerwerb durch ein oder mehrere Unternehmen **(Erwerbsvorgang)** über die Gesamtheit oder Teile eines oder mehrerer anderer Unternehmen **(Erwerbsgegenstand).** 10

S. 2 beschreibt die Erwerbsmittel, mit dem wichtigsten Merkmal, dass dabei „alle tatsächlichen und rechtlichen Umstände" zu berücksichtigen sind.

11 Unter **„Kontrolle"** ist nach S. 2 die Möglichkeit zu verstehen, „einen bestimmenden Einfluss auf die Tätigkeit eines Unternehmens auszuüben". Der Sache nach stimmt das überein mit dem in § 17 AktG verwendeten Begriff der **Möglichkeit eines beherrschenden Einflusses.** Dafür sind in jedem Falle erforderlich beständige und umfassende Einwirkungsmöglichkeiten des beherrschenden Unternehmens auf ein anderes (vgl. dazu Koch AktG § 17 Rn. 6); beständig heißt nicht, dass die Einwirkungsmöglichkeit von Dauer sein muss (Koch AktG § 17 Rn. 7). Entscheidend sind alle Umstände des Einzelfalles, die in eine Gesamtbetrachtung einzubeziehen sind. Die tatsächliche Ausübung des beherrschenden Einflusses ist nicht nötig; es genügt die Möglichkeit dazu (vgl. etwa BGH WuW/E 2321 (2323) – Mischwerke). Vom Fall der gemeinsamen Beherrschungsmöglichkeit abgesehen, scheidet eine „mehrfache" Abhängigkeit eines Unternehmens von mehreren, voneinander unabhängig handelnden Unternehmen aus. Für den Erwerbsbegriff gilt grds. dasselbe wie zu Nr. 1. Erwerbsgegenstand kann ein oder mehrere Unternehmen, aber auch ein **Unternehmensteil** und damit ein **Vermögensteil** sein. Damit überschneidet sich der Anwendungsbereich der Nr. 1 mit dem nach Nr. 2. Eine eigentumsrechtliche, **dingliche** oder unmittelbar gesellschaftsrechtliche **Verbindung** zwischen kontrollierenden und kontrollierten Unternehmen ist **nicht erforderlich.** Deshalb reicht im Hinblick auf einen wesentlichen Vermögensteil – im Unterschied zu Nr. 1 (→ Rn. 4) – grds. auch ein Lizenzerwerb aus (dazu BGH WuW/E DE-R 1979 und OLG Düsseldorf WuW/E DE-R 1504 (1505) – National Geographic). Der Übergang eines „Vollrechts" wie in Nr. 1 ist nicht erforderlich.

12 Der wichtigste Fall des Kontrollerwerbs ist der Erwerb einer **Mehrheitsbeteiligung.** Sie vermittelt im Regelfall die Alleinkontrolle über das Unternehmen, an dem die Mehrheitsbeteiligung besteht. Das deutsche Aktienrecht verbindet dementsprechend in § 17 Abs. 2 AktG mit der Mehrheitsbeteiligung die **Vermutung des beherrschenden Einflusses** des sich beteiligenden Unternehmens und der Abhängigkeit des Unternehmens, an dem die Beteiligung besteht. Der Erwerb der Mehrheitsbeteiligung ist nicht mehr wie nach altem Recht (dort § 23 Abs. 2 Nr. 2 lit. c aF) ein Unterfall des Anteilserwerbs, sondern nur noch des Kontrollerwerbs in Nr. 2. Für die Kontrolle ist aber nicht unbedingt eine formale Mehrheitsbeteiligung erforderlich. Häufig ergibt sich die Kontrolle iSd Beherrschungsmöglichkeit auch schon bei niedrigeren Beteiligungen, insbes. in den Fällen der breiten Streuung der restlichen Beteiligungen **(Streubesitz).** Deswegen kann auch die Erhöhung einer Beteiligung von zB 30 % auf 40 % neu einen Zusammenschlusstatbestand erfüllen, wenn die **gesicherte Hauptversammlungsmehrheit** mit zB 38 % erreicht wird. Dabei kommt es nicht allein darauf an, wie die Präsenz in der Vergangenheit war; vielmehr muss die Vergangenheitsbetrachtung verbunden werden mit der Prognose, wie sich die Präsenz aufgrund der Neuverteilung der Aktien nach dem Zusammenschluss entwickeln wird. So ist es ohne Weiteres möglich, dass durch den Aufkauf bisher nicht in der Hauptversammlung vertretener Aktien sich in der Zukunft die Präsenz erhöhen wird, sodass im Vergleich zur Vergangenheit erst ein höherer Prozentsatz die Hauptversammlungsmehrheit sichert.

13 Die Kontrolle muss nicht – wie nach früherem Recht die „sonstige Verbindung", aufgrund derer ein beherrschender Einfluss ausgeübt werden kann (§ 23 Abs. 2 Nr. 5 aF), und heute noch bei Nr. 4 (→ Rn. 40) – gesellschaftsrechtlichen Charakter haben. Vielmehr kann sie sich **auch ohne gesellschaftsrechtliche Verwurzelung** zB aus einem Bündel von Leistungsaustauschverträgen (zur Möglichkeit eines Kontrollerwerbs durch Kreditauflagen vgl. Hess ZIP 2010, 461) oder personellen Verbindungen ergeben. Auch die Fälle der **Betriebspacht** oder sonstigen **Betriebsüberlassung** gehören in diese Kategorie, zumal Gegenstand der Kontrolle nicht unbedingt ein Unternehmen insgesamt sein muss, sondern auch „Teil" eines anderen

Unternehmens sein kann. Handelt es sich nicht um gesellschaftsrechtliche Verbindungen, kommt allerdings dem sich nicht unmittelbar aus dem Gesetzeswortlaut, wohl aber aus der Sache ergebenden Erfordernis besondere Bedeutung zu, dass die Kontrolle oder Beherrschungsmöglichkeit **auf Dauer** angelegt sein muss. Nur vorübergehende Kontrollmöglichkeiten, zB aufgrund einer nicht auf Dauer angelegten und auch ansonsten nicht abgesicherten Personenidentität in Unternehmensorganen oder aufgrund bestimmter Aufträge, die für die Zeit der Auftragsdurchführung das beauftragte Unternehmen voll in Abhängigkeit vom Auftraggeber bringen, reichen nicht aus. Wer ein Unternehmen von vornherein nur vorübergehend oder aufgrund einer mehr oder weniger zufälligen Addition mehrerer Umstände „kontrolliert“, hat auch schon aktuell nicht wahrhaft die Kontrolle, weil mit diesem Begriff auch die Möglichkeit verbunden ist, das Verhalten und die Strategie des kontrollierten Unternehmens **langfristig** zu beeinflussen. Die Kontrolle kann **unmittelbar oder mittelbar** am Objekt begründet werden. Der Fall einer mittelbaren Kontrolle liegt zB vor, wenn der Erwerber im Zusammenhang mit einer nicht kontrollierenden Minderheitsbeteiligung an einer Zwischengesellschaft dort so viele Rechte über deren Tochtergesellschaft eingeräumt erhält, dass er diese kontrolliert. Der **Erwerb einer 100 %-Beteiligung anlässlich der Gründung eines Unternehmens** ist als interne Umstrukturierungsmaßnahme fusionskontrollfrei (vgl. BGH WuW/E DE-R 24 (26) – Stromversorgung Aggertal; → Rn. 51).

b) Gemeinsame Kontrolle. Abs. 1 Nr. 2 erfasst nicht nur die Kontrolle durch ein Unternehmen, sondern auch durch mehrere Unternehmen, also die **gemeinsame Kontrolle.** Die Gemeinsamkeit der Kontrolle eines Unternehmens durch mehrere ergibt sich nicht allein schon aus der Tatsache, dass die Einflussmöglichkeiten mehrerer Unternehmen in der Addition so viel bedeuten wie die Alleinkontrolle durch ein Unternehmen, insbes. also nicht aus der nur gemeinsamen Beteiligung mehrerer Unternehmen mit der sich nur aus der Addition ergebenden Mehrheit. Ebenso wie nach der „Mehrmütterklausel“ des § 36 Abs. 2 S. 2 (→ § 36 Rn. 69) und früher in dem Fall der Unternehmensverbindung mit einem gemeinsam beherrschenden Einfluss (§ 23 Abs. 2 Nr. 5 aF) muss sich die Gemeinsamkeit der Kontrolle aus **zusätzlichen Umständen** ergeben, entweder aufgrund einer Vereinbarung (zB einer Konsortialvereinbarung) oder aus tatsächlichen Umständen, die eine gesicherte gemeinsame Beherrschungsmöglichkeit ergeben. Das **bloße Nebeneinander von Beteiligungen reicht also nicht aus;** es müssen über die für Personengesellschaften typische gemeinsame Interessenlage und Leitungsmacht der Gesellschafter hinaus weitere Umstände vorliegen, die eine **gesicherte einheitliche Einflussnahme** einer Gruppe von beteiligten Unternehmen oder der Gesamtheit derselben auf der Grundlage einer auf Dauer angelegten Interessengleichheit erwarten lassen (BGH WuW/E 1810 (1811) – Transportbeton Sauerland). Erforderlich sind tatsächliche Umstände, die die Möglichkeit wechselnder Mehrheiten einschränken; gefordert wird ein aus besonderen Umständen abgeleiteter Zwang zur Einigung, der zu einer **auf Dauer angelegten Interessengleichheit** führt (dazu etwa BKartA WuW/E 2251 (2253) – Hamburger Wochenblatt/Schlei-Verlag; KG WuW/E 3577 (3852) – Hussel/Mara). Dabei kommt es darauf an, dass ein gemeinsamer Einfluss **auf das Wettbewerbspotenzial** des abhängigen Unternehmens in dem Sinne besteht, dass die gemeinsamen (mit-)kontrollierenden Unternehmen die Möglichkeit haben, die eigenen Wettbewerbsinteressen im Verhältnis zueinander und gegenüber dem abhängigen Unternehmen abzustimmen und durchzusetzen (vgl. insbes. BGH WuW/E 2337 (2339) – Hussel/Mara; 2620 (2622) – Springer/Kieler Zeitung, dazu auch KG WuW/E 4075 (4076)). Die gemeinsame Kontrolle wird im Regelfall durch Vereinbarung begründet; ausreichend sind aber auch tatsächliche Umstände, die eine einheitliche Leitungsmacht begründen (vgl. BGH WuW/E 1810 (1811) – Transportbeton Sauerland). Es genügt nicht, wenn ein Unternehmen den beherrschenden 14

Einfluss gemeinsam mit einer **Privatperson** ausübt (aA Bunte/Kallfaß § 36 Rn. 187). Das Gesetz geht in Nr. 2 ausdrücklich von einer Verbindung von (mehreren) „Unternehmen" aus. Es reicht aber aus, wenn die Unternehmenseigenschaft einer Privatperson nach § 36 Abs. 3 fingiert wird (→ § 36 Rn. 71 f.).

15 **c) Umwandlung von Allein-Kontrolle in gemeinsame Kontrolle und umgekehrt.** Ebenso wie im EU-Recht erfasst Abs. 1 Nr. 2 auch die Umwandlung von alleiniger Kontrolle in gemeinsame Kontrolle und umgekehrt. Gleiches gilt, wenn zu dem Kreis schon gemeinsam kontrollierender Unternehmen ein weiteres Unternehmen hinzutritt, der Kreis der kontrollierenden Unternehmen also **ausgeweitet** wird. In allen Fällen ändert sich die Struktur der Unternehmensverbindung, die Gegenstand der Fusionskontrolle sein soll. Bei Umwandlung von Alleinkontrolle in gemeinsame Kontrolle oder Erweiterung der gemeinsamen Kontrolle liegt das neue Strukturmerkmal in der Einbeziehung eines weiteren mitkontrollierenden Unternehmens, also der neu entstehenden Verbindung zwischen diesem neu mitkontrollierenden Unternehmen und dem kontrollierten. Bei **Verengung** des Kreises der mitkontrollierenden Unternehmen kann das Neue in der Verengung und der damit möglicherweise verbundenen Erhöhung der Einflussmöglichkeit der in der Kontrolle verbleibenden Unternehmen liegen.

16 In jedem Falle wird die Nr. 2 verwirklicht, wenn eine bisherige **gemeinsame Kontrolle in eine Alleinkontrolle** (bei Ausscheiden des oder der anderen Gesellschafter oder Reduzierung des Einflusses unterhalb der Kontrollschwelle) umgewandelt wird (vgl. dazu zB BGH WuW/E DE-R 1925 – National Geographic II; Merkblatt Anhang C 6 unter V 4 und für das EG-Recht Konsolidierte Mitteilung). Bei der **Reduzierung der an der gemeinsamen Kontrolle teilnehmenden Unternehmen** besteht eine gewisse Rechtsunsicherheit. Das BKartA qualifiziert in seinem Merkblatt (Anhang C 6 unter V 4) den „Übergang von der Kontrolle durch drei Unternehmen zu einer Kontrolle durch zwei Unternehmen" als Fall der Nr. 2, während die Kommission (Konsolidierte Mitteilung Rn. 83, insbes. auch Rn. 89) diesen Fall ebenso wie alle – vom BKartA nicht angesprochenen – anderen Fälle der Reduzierung der Kontrollbeteiligten bei Aufrechterhaltung einer gemeinsamen Kontrolle grds. als den Zusammenschlusstatbestand nicht erfüllend bewertet (vgl. auch Bechtold/Bosch/Brinker FKVO Art. 3 Rn. 20). UE besteht für eine solche Ausweitung des Kontrollerwerbs auf bloße Verengungen oder Umstrukturierungen bestehender gemeinsamer Kontrolle kein Anlass. Es gilt also der Grundsatz, dass die Verengung nur dann relevant ist, wenn sie zur **Umwandlung einer gemeinsamen in eine Alleinkontrolle** führt. Alle diese Fragen sind unabhängig davon zu entscheiden, ob sich materiell nach § 36 Abs. 1 durch die Umstrukturierung Bedenken ergeben; meistens wird das nicht der Fall sein (vgl. aber BGH WuW/E DE-R 1925 (1930); OLG Düsseldorf WuW/E DE-R 1501 – National Geographic II).

17 **d) „Beteiligte" Unternehmen bei gemeinsamer Kontrolle.** Anders als beim Anteilserwerb nach Nr. 3 S. 3 enthält Nr. 2 für den Fall der gemeinsamen Kontrolle keine Vorschrift darüber, wie das Verhältnis der mitkontrollierenden Unternehmen fusionskontrollrechtlich zu deuten ist und welche Unternehmen in diesen Fällen **beteiligt** sind. Das kann für das Erreichen der Umsatzschwellen des § 35 Abs. 1 von entscheidender Bedeutung sein. Der Gesetzeswortlaut und das Fehlen einer der Nr. 3 S. 3 entsprechenden Bestimmung in Nr. 2 spricht an sich dafür, jeweils nur auf das Verhältnis der einzelnen (mit-)kontrollierenden Unternehmen und des kontrollierten Unternehmens abzustellen, nicht aber auf die Gesamtheit der mitkontrollierenden Unternehmen. Wenn A und B mit je 200 Mio. EUR Umsatz gemeinsam die Kontrolle über C mit ebenfalls 200 Mio. EUR Umsatz erwerben, unterliegt der Vorgang nach § 35 Abs. 1 Nr. 1 nur dann der Fusionskontrolle, wenn die Umsätze von A, B und C zusammenzurechnen sind. Stellt man jeweils isoliert auf den Erwerb

der Mitkontrolle von A an C und B an C ab, würden die Umsatzschwellen nur erreicht, wenn man die jeweils andere Muttergesellschaft (B bzw. A) C zuzurechnen hätte. Letzteres kann, muss aber nicht nach der Mehrmütterklausel des § 36 Abs. 2 S. 2 der Fall sein. Da es im Bereich der Anwendungsvoraussetzungen der Fusionskontrolle auch um eine sinnvolle Abgrenzung zur EU-Fusionskontrolle „nach oben und unten" gehen muss, erscheint es erforderlich, in dieser Frage die gleichen Maßstäbe anzuwenden, die sich dazu im EU-Recht entwickelt haben.

Die Kommission hat in ihrer Konsolidierten Mitteilung zu Zuständigkeitsfragen **18** (ABl. 2009 C 43, 10 Rn. 139 ff., insbes. 143, vgl. Bechtold/Bosch/Brinker Anhang B 20) in Übereinstimmung mit ihrer sonstigen Entscheidungspraxis klargestellt, dass in allen Fällen des Erwerbs einer gemeinsamen Kontrolle oder der Veränderung im Bestand der gemeinsam kontrollierenden Unternehmen **alle Unternehmen als beteiligt gelten, die an der Kontrolle teilnehmen** (vgl. Bechtold/Bosch/Brinker FKVO Art. 1 Rn. 14), und zwar nach dem Stand des jeweils zu beurteilenden Sachverhalts. Wenn A und B gemeinsam die Kontrolle an C erwerben, sind also A und B als gemeinsam kontrollierende Unternehmen, C als kontrolliertes Unternehmen beteiligt. Erwirbt aufgrund eines besonderen Vorganges D zusätzlich zu der gemeinsamen Kontrolle durch A und B die Mitkontrolle, sodass C künftig von A, B und D gemeinsam kontrolliert wird, sind auch an diesem Zusammenschlussvorgang A und B als (schon) mitkontrollierende Unternehmen beteiligt; ihr Umsatz ist also in die Berechnung nach § 35 Abs. 1 Nr. 1 einzubeziehen. Wird die gemeinsame Kontrolle von A und B über C in eine Alleinkontrolle durch A umgewandelt, indem B die Beteiligung aufgibt, sind an diesem Vorgang nur A und C beteiligt, nicht aber B, der insoweit nur die Funktion eines (grds. nicht beteiligten) Veräußerers hat. Die Gemeinsamkeit der Kontrolle ist dadurch gekennzeichnet, dass sich die Einflussmöglichkeiten der kontrollierenden Unternehmen gegenseitig beeinflussen. Deswegen wird der relevante Lebenssachverhalt nicht voll erfasst, wenn die einzelne Mitkontrolle isoliert beurteilt wird. Aus unserer Sicht ist deswegen Abs. 2 Nr. 3 S. 3 auf die Fälle der gemeinsamen Kontrolle entsprechend anwendbar (im Ergebnis ebenso, aber teilweise unter Ablehnung der Analogie Bunte/Kallfaß Rn. 36; MüKoWettbR/Mäger § 39 Rn. 16). In die gleiche Richtung wirkt der durch die 8. GWB-Novelle 2012/2013 eingeführte § 38 Abs. 5 S. 2, der für den Umsatz (und den Marktanteil) für den Kontrollerwerb die Einbeziehung des Veräußerers vorsieht, wenn er eine (allein- oder mit-)kontrollierende Stellung behält oder mit mindestens 25 % am Erwerbsobjekt beteiligt bleibt, letzteres zwar unabhängig davon, ob diese mindestens 25 %ige Beteiligung noch mit einem mitkontrollierenden Einfluss verbunden ist. Ist der Veräußerer weiterhin an der Mitkontrolle beteiligt, ergibt sich seine formelle Beteiligung am Zusammenschluss aus dieser Mitkontrolle. Vermittelt die mindestens 25 %ige Beteiligung keine Mitkontrolle (mehr), ergibt sich aus der neuen Vorschrift des § 38 Abs. 5 S. 2 (→ § 38 Rn. 17) jedenfalls, dass seine Umsätze (und Marktanteile) wie bei einem beteiligten Unternehmen zu berücksichtigen sind.

e) Kontrolle über Teile oder mehrere Unternehmen. Ebenso wie Art. 3 **19** Abs. 1 FKVO erfasst Abs. 1 Nr. 2 auch den Erwerb der Kontrolle über „die Gesamtheit oder Teile eines oder mehrerer anderer Unternehmen". Der Begriff des **Unternehmensteils** entspricht dem des „wesentlichen Teils" des Vermögens in Nr. 1 (OLG Düsseldorf WuW/E DE-R 1504 (1505) – National Geographic, bestätigt durch BGH WuW/E DE-R 1979 (1980) – National Geographic I; Bunte/Kallfaß Rn. 19). Es kommt also darauf an, ob durch das Vermögen eine Stellung des Veräußerers auf dem Markt begründet wurde, die dann auf den Erwerber übergeht. Das kann auch – anders als nach § 37 Abs. 1 Nr. 1 (→ Rn. 4) – ohne Übergang des Vollrechts durch bloße Lizenzierung oder Gebrauchsüberlassung geschehen. Dieser Tatbestand kann insbes. in den Fällen der **Betriebspacht oder -überlassung** erfüllt sein (dazu auch Bunte/Kallfaß Rn. 20; Immenga/Mestmäcker/Thomas Rn. 109).

Anders als in den Fällen des § 292 Abs. 1 Nr. 3 AktG kann sich die Betriebsüberlassung auch auf einen Betriebsteil beziehen, aber nur dann, wenn dieser wirtschaftlich selbstständig ist oder sein kann und dementsprechend auch überlassungsfähig ist. Erfasst werden können auch **Betriebsführungs- und Managementverträge,** wenn das auftraggebende Unternehmen selbst noch Einfluss auf die Geschäftsführung hat; uU liegt dann gemeinsame Kontrolle vor (zu der insoweit abweichenden Beurteilung nach alter Rechtslage → 1. Aufl. 1993, § 23 Rn. 23). Erforderlich ist in jedem Falle, dass der Erwerber durch die Vereinbarung in eine bereits vorhandene aktuelle Marktposition des Veräußerers einrückt (BGH WuW/E DE-R 1979 – National Geographic I).

20 Der Tatbestand des **Kontrollerwerbs über mehrere Unternehmen** setzt voraus, dass die kontrollierten mehreren Unternehmen aufgrund besonderer Umstände zusammenzufassen sind. Die bloße Gleichzeitigkeit reicht dafür nicht aus. Erwirbt A zugleich von V1 das Unternehmen B und von V2 das Unternehmen C, handelt es sich grds. um zwei getrennte Zusammenschlussvorgänge A–B und A–C. Eine Zusammenfassung ist nur angezeigt, wenn die **erworbenen Unternehmen im Zeitpunkt des Erwerbsvorgangs** schon eine **rechtliche oder wirtschaftliche Einheit** bilden, zB dadurch, dass in einem einheitlichen Lebensvorgang mehrere, wirtschaftlich zusammengehörende Tochtergesellschaften erworben werden. Entsteht die Verbindung zwischen den erworbenen Unternehmen erst durch die Zusammenfassung beim Erwerber, handelt es sich um getrennte Vorgänge. Erforderlich ist also, dass die Verbindung zwischen den erworbenen Unternehmen schon vor dem Kontrollerwerb bestand.

21 **f) Verstärkung vorhandener Kontrolle.** Wird eine schon vorhandene Kontrolle rechtlich oder faktisch verstärkt, begründet das **keinen neuen Kontrollerwerb.** Etwas anderes gilt nur bei der Umwandlung gemeinsamer Kontrolle in Alleinkontrolle, die durch den Wortlaut des Gesetzes wohl gesondert erfasst wird (Erwerb „durch ein oder mehrere Unternehmen") und der Ausweitung der Kontrolle auf zusätzliche Gesellschaften, nach unserer Auffassung aber grds. nicht bei der bloßen Verengung einer – als solche bestehen bleibenden – gemeinsamen Kontrolle (→ Rn. 14 f.).

22 **g) Umsatzlose Unternehmen.** Die Neueinfügung des letzten Hs. in Nr. 2 durch die 9. GWB-Novelle 2017 stellt klar, dass der Kontrollerwerb **nicht** voraussetzt, dass das im Inland tätige Unternehmen, über das Kontrolle erworben wird, **Umsätze erzielt** hat. Diese Regelung soll „Konsistenz" zu den neuen Regelungen in § 18 Abs. 2a und § 35 Abs. 1a herstellen (RegE 9. GWB-Novelle 2017, 76). Der Zusammenschlusstatbestand wird unabhängig von einer durch Umsatzerlöse manifestierten Marktposition definiert. Die wettbewerbliche Position, die Gegenstand der Zusammenschlusskontrolle sein soll, wird allein daran festgemacht, dass das Unternehmen im Inland tätig ist und Leistungen anbietet.

4. Anteilserwerb (Abs. 1 Nr. 3 S. 1 und 2)

23 **a) Begriff des Anteils.** Abs. 1 Nr. 3 regelt den Anteilserwerb. Anders als § 23 Abs. 2 Nr. 2 aF umfasst er nicht mehr drei, sondern nur noch **zwei Stufen.** Die Mehrheitsbeteiligung ist durch Nr. 2 absorbiert. Dadurch hat sich gegenüber der Rechtslage vor der 6. GWB-Novelle 1998 die faktische Bedeutung des Anteilserwerbs als Zusammenschlusstatbestand erheblich reduziert. Er erfasst nur noch den Erwerb einer 25 %igen und einer 50 %igen Beteiligung.

24 Bis zur 5. GWB-Novelle 1989 wurde differenziert nach dem Erwerb von **Stimmrechten** und **Kapitalanteilen;** unterhalb der Mehrheitsbeteiligung kam es ausschließlich auf die Stimmrechte an, bei der Mehrheitsbeteiligung standen die Beteiligungen nach Kapital und Stimmrechten gleichberechtigt nebeneinander.

Seit der 5. GWB-Novelle erfüllt auch der Erwerb einer 25 %igen oder 50 %igen Kapitalbeteiligung Zusammenschlusstatbestände unabhängig davon, welche Stimmrechte damit verbunden sind. Umgekehrt werden auch reine Stimmrechtsbeteiligungen ohne (oder geringen) Kapitalbeteiligungen erfasst. All das kann bei **atypischen Beteiligungen wie stillen oder Treuhandbeteiligungen** von Bedeutung sein; sie sind auf ihren wirtschaftlichen Kern zu reduzieren.

Abs. 1 Nr. 3 erfasst **Anteile jeder Art** an Personenvereinigungen, insbes. Gesell- 25
schaften, nicht aber an Einzelunternehmen. **Personen- und Kapitalgesellschaften** werden gleich behandelt; im fusionskontrollrechtlichen Sinne können also „Anteile" auch an einer KG oder OHG erworben werden. Bei der BGB-Gesellschaft kommt es darauf an, ob diese Unternehmen ist, was im Allgemeinen nicht der Fall ist. Seit der 5. GWB-Novelle 1989 stehen Kapital- und Stimmbeteiligungen gleichberechtigt nebeneinander. Es genügt also auch der Erwerb von **Stimmrechten ohne jede Kapitalbeteiligung,** was insbes. bei Treuhandverhältnissen der Fall sein kann. Hier kommt es darauf an, ob der erwerbende Treuhänder in der Ausübung der Verwaltungs- und Stimmrechte den Weisungen des Treugebers unterliegt; ob der Treugeber mittelbar auch am Kapital beteiligt ist, ist gleichgültig (vgl. dazu Kleinmann/Bechtold § 23 Anm. 55 mwN; Bunte/Kallfaß Rn. 40 f.; FK-KartellR/Paschke Rn. 72). Zum Treuhänder, der unabhängig vom Stimmrechtseinfluss ganz auf Rechnung und Risiko des Treugebers handelt, → § 35 Rn. 30. Keine Anteile sind grds. **Optionsrechte,** Genussscheine oder andere Rechte, die sich auf den künftigen Erwerb von Anteilen beziehen, die uU auch erst im Zeitpunkt der (Options-)Ausübung entstehen. Etwas anderes kann gelten, wenn sie dennoch schon aktuelle Rechtsstellungen vermitteln, wirtschaftlich also den Anteilen voll entsprechen (→ Rn. 26).

b) Erwerbsbegriff. Der Erwerbsbegriff in Nr. 3 entspricht dem in Nr. 1 26
(→ Rn. 4). Er ist ebenso wie dieser funktional und weit auszulegen (vgl. dazu auch BKartA WuW/E DE-V 195 (197) – Westfälische Ferngas). Nicht relevant ist der **„mittelbare" Erwerb** (→ Rn. 6). Nr. 3 ist auch auf den **originären Erwerb** anwendbar, insbes. auf den Anteilserwerb bei Gründung einer Gesellschaft oder die Übernahme von Anteilen bei einer Kapitalerhöhung. Das gilt aber nicht bei dem Erwerb einer 100 %igen Beteiligung an einem neu gegründeten Unternehmen, es sei denn, es handelt sich um den ersten Teil einer einem Gesamtplan entsprechenden Gemeinschaftsgründung durch mehrere (dazu BGH WuW/E DE-R 24 (26) – Stromversorgung Aggertal). Erforderlich ist der **Erwerb des Vollrechts** am Anteil; der Erwerb des Nießbrauchs am Anteil reicht nicht aus (ebenso Bunte/Kallfaß Rn. 39; Immenga/Mestmäcker/Thomas Rn. 213; im Übrigen zu den Problemen beim Erwerb des Nießbrauchs Kleinmann/Bechtold § 23 Rn. 70). Ein Erwerb entfällt nicht schon deshalb, weil sich der Veräußerer den Nießbrauch an der Beteiligung vorbehält. Für den dem Anteilserwerb gleichgestellten Stimmrechtserwerb genügt jede Rechtsposition, die es dem Berechtigten ermöglicht, das Stimmrecht nach seiner Entscheidung auszuüben oder ausüben zu lassen, insbes. auch ein **Stimmbindungsvertrag,** der dem „Erwerber" die Ausübung der Stimmrechte eines Mitgesellschafters sichert. Nicht ausreichend ist eine Stimmbindung nur für bestimmte Einzelfälle; sie muss sich auf das mit der Gesellschafterposition verbundene Stimmrecht insgesamt beziehen. Der **Erwerber muss „Unternehmen" sein;** Abs. 1 Nr. 3 erfasst also nicht den Anteilserwerb durch Privatpersonen, soweit deren Unternehmenseigenschaft nicht durch § 36 Abs. 3 fingiert wird. Der **Erwerb einer Option** ist noch kein Zusammenschluss (vgl. BGH WuW/E 2276 (2283) – Süddeutscher Verlag/Donau-Kurier; Imgrund WuW 2010, 753; vgl. auch Burrichter FS Hoffmann-Becking, 2013, 191 (201 f.)); anderes gilt möglicherweise bei einer jederzeit durch einseitige Erklärung ausübbaren Option (vgl. dazu BKartA WuW/E 2087 (2089) – Klöckner/Seitz).

27 **Jede der Stufen** in Abs. 1 Nr. 3 (25 %, 50 %) stellt einen **selbstständigen** Zusammenschlusstatbestand dar. Werden die zwei gesetzlichen Stufen nacheinander verwirklicht, so ist jede Aufstockung ein weiterer Zusammenschluss, uU „unterbrochen" oder gefolgt vom Erwerb der Kontrolle nach Abs. 1 Nr. 2. Das gilt aber nicht bei Erhöhungen innerhalb der 1. Stufe, zB von 25 % auf 35 % oder auch 49 %, es sei denn, eine solche Erhöhung führe zum Kontrollerwerb nach Nr. 2.

28 **c) Stufensystem.** Die **zweite** (der Sache nach aber die erste) **Stufe** des Anteils- und Stimmrechtserwerbs (Nr. 3b) beginnt bei 25 % und endet bei 49,99 % des „stimmberechtigten Kapitals", des „Kapitals" oder der „Stimmrechte". Die Zahlengrenzen sind ganz formal zu verstehen, **ohne materielle Prüfung der Einflussmöglichkeiten;** deshalb stellt auch die Aufstockung einer 24,99 %-Beteiligung um 0,01 % auf 25 % in jedem Fall einen Zusammenschluss dar (dazu BGH WuW/E 2013 (2015) – VEW/Gelsenwasser; unklar in dieser Beziehung BKartA WuW/E DE-V 858 – Novartis/Roche). Seit der 5. GWB-Novelle 1989 kommt es nicht darauf an, ob sich Stimmrecht und Kapitalanteil decken; Nr. 3b ist erfüllt, wenn eines von beiden die 25 %-Grenze erreicht. Ist sie einmal erreicht (nach Stimmen oder Kapital), kann sie durch „Nachziehen" des anderen Parameters nicht noch einmal erreicht werden.

29 Anders als das bis zur 6. GWB-Novelle 1998 geltende Gesetz (§ 23 Abs. 2 Nr. 2 S. 4 aF) enthält § 37 Abs. 1 Nr. 3 **keinen Umgehungstatbestand mehr** im Hinblick auf die 25 %-Schwelle. Früher stand dem Erwerb einer 25 %igen Beteiligung gleich der Erwerb einer niedrigeren Beteiligung, „soweit dem Erwerber durch Vertrag, Satzung, Gesellschaftsvertrag oder Beschluss eine Rechtsstellung verschafft ist, die bei der Aktiengesellschaft ein Aktionär mit mehr als 25 % des stimmberechtigten Kapitals innehat". Der Gesetzgeber hat bewusst auf diese Bestimmung verzichtet, weil die von ihr erfassten Fälle jetzt entweder von Nr. 2 oder Nr. 4 erfasst werden (vgl. Begr. z. RegE der 6. GWB-Novelle, BR-Drs. 852/97, 58). Es gibt hiernach keinen Anlass, entsprechend ähnlichen Versuchen vor Inkrafttreten der 4. GWB-Novelle 1980 die 25 %-Schwelle **extensiv auch auf Beteiligungen von unter 25 %** anzuwenden, wenn die Rechtsstellung des Minderheitsgesellschafters derjenigen eines 25 %-Gesellschafters gleichkam. Für die Anwendung der 25 %-Schwelle des Abs. 1 Nr. 3 kommt es also ganz **formal** darauf an, ob die Beteiligung 25 % der Stimmen oder des Kapitals erreicht. Das ist auch dann nicht der Fall, wenn die darunter liegende Beteiligung mit Zusatzrechten versehen ist oder wenn die Entscheidungen in der Gesellschaft nur einstimmig getroffen werden können. Ist die Beteiligung eines Gesellschafters mit unter 25 % aus rechtlichen oder tatsächlichen Gründen stärker, als es dem Prozentsatz normalerweise entspricht, kommt entweder – bei Kontrolle oder Mit-Kontrolle – die Anwendung der Nr. 2 oder – bei wettbewerblich erheblichem Einfluss – die Anwendung der Nr. 4 in Betracht.

30 Im Hinblick auf die frühere Rechtslage kann sich die Frage stellen, ob eine **Altbeteiligung von unter 25 %,** die früher die Voraussetzungen des § 23 Abs. 2 Nr. 2 S. 4 aF erfüllte, **bei einer Erhöhung auf 25 %** oder mehr neu fusionskontrollpflichtig ist oder ob die bis zum 31.12.1998 geltende Gleichwertigkeit dazu führt, dass die Altbeteiligung so bewertet wird, als ob sie schon die 25 %-Grenze erreicht hätte. Nach früherem Fusionskontrollrecht war diese Beteiligung fusionskontrollpflichtig. Der 6. GWB-Novelle 1998 ist nicht zu entnehmen, dass durch die Gesetzesänderung die fusionskontrollrechtliche Bewertung dieser Beteiligung abgestuft werden sollte mit der Folge, dass ihre Erhöhung auf 25 % oder mehr neu fusionskontrollpflichtig sein sollte. Allerdings setzt diese Auffassung voraus, dass man § 23 Abs. 2 Nr. 2 S. 4 aF nach bisherigem Recht nicht als selbstständigen Zusammenschlusstatbestand behandelt hat, sondern als Unterfall des Erwerbs einer 25 %igen Beteiligung (streitig, einerseits → 1. Aufl. 1993, § 23 Rn. 11 und Kleinmann/Bechtold § 23

Rn. 81; andererseits KG WuW/E 3875 (3878) – Südkurier/Singener Wochenblatt; ausdr. offen gelassen von BGH WuW/E 2443 (2451) – Südkurier/Singener Wochenblatt und BGH WuW/E 2882 (2890) – Zurechnungsklausel).

Die **50 %-Stufe der Nr. 3a** hat insbes. **Bedeutung für Gemeinschaftsunternehmen.** Sie erfasst nicht nur den Erwerb oder das Erreichen einer Beteiligung von exakt 50 %, sondern nach dem Gesetzeswortlaut auch den **Erwerb von über 50 %.** Insoweit gilt aber idR ein **Vorrang der Nr. 2 (Kontrollerwerb)** (offen gelassen von KG WuW/E DE-R 451 (454) – Herlitz/Laudré). Das BKartA scheint auch auf die Mehrheitsbeteiligung die Nr. 3 anzuwenden und keinen Vorrang des Kontrollerwerbs nach Nr. 2 anzuerkennen; s. dazu Grünwald/Hackl NZKart 2014, 96 (97) für den Fall, dass der Kontrollerwerb durch Beteiligung unter 50 % bereits durch die Kommission freigegeben wurde und danach erst die Beteiligungsschwelle von 50 % überschritten wird. 31

d) Zurechnungsklausel (Nr. 3 S. 2). Bei der Berechnung von Beteiligungshöhen behandelt das Gesetz Anteile, die dem Erwerber gehören, und solche, die er erwirbt, gleich (vgl. KG WuW/E DE-R 336 (337) – WAZ/IKZ). Die Zurechnungsklausel in Nr. 3 S. 2 erfasst der Sache nach **auch die Verbundklausel** des § 36 Abs. 2 (vgl. dazu Begr. z. RegE der 6. GWB-Novelle BR-Drs. 852/97, 58), sodass auch Anteile der verbundenen Unternehmen zuzurechnen sind. Die Zurechnungsklausel kann sich **zulasten der beteiligten Unternehmen** auswirken, weil sie zum „früheren" Erreichen einer der Schwellen der Nr. 3 führen kann, **aber auch zugunsten des erwerbenden Unternehmens,** wenn wegen bereits bestehender Unternehmensverbindungen die Schwellenwerte nicht (mehr) erreicht werden (vgl. dazu Kleinmann/Bechtold § 23 Rn. 113 mwN). Demgegenüber ist der **BGH** der Auffassung, dass die Zurechnungsklausel den Zusammenschlusstatbestand des Abs. 2 Nr. 2 S. 1 erweitert und daher nur zuungunsten des Erwerbers wirken könne (BGH WuW/E 2882 (2891 f.) – Zurechnungsklausel; ebenso schon Vorinstanz KG WuW/E 4835 (4853) – Iserlohner Kreisanzeiger). Diese Auffassung ist mit dem Gesetzeswortlaut, auf den es im Formalbereich der Fusionskontrolle entscheidend ankommen muss, kaum vereinbar. Die Zurechnungsklausel knüpft an den Wortlaut des Abs. 1 Nr. 3 S. 1 an und erläutert, was zusätzlich als dem (erwerbenden) Unternehmen gehörend anzusehen ist. Da die Zusammenrechnung mit bereits gehörenden Anteilen den Zusammenschlusstatbestand – unbestritten – sowohl begründen als auch ausschließen kann, ist nicht nachvollziehbar, weshalb die darauf Bezug nehmende Zurechnungsklausel nur im Sinne der Zusammenschluss-Begründung angewendet werden soll. Das gilt umso mehr, als der BGH sich mit den eigentlich kritischen Fällen der Verbindung aufgrund gemeinsamer Beherrschung nicht befasst. 32

Dem Erwerber sind auch die Anteile zuzurechnen, die ein **Dritter für seine Rechnung** oder eines mit ihm verbundenen Unternehmens hält oder durch den Zusammenschluss für Rechnung eines Unternehmens erwirbt (BKartA TB 1999/2000, 19). Str. ist, ob dafür **Weisungsbefugnisse** des dahinter stehenden Unternehmens erforderlich sind oder ob die **finanzielle Risikoverteilung** ausreicht (für Weisungsbefugnis Kleinmann/Bechtold § 23 Rn. 114; für Risikoverteilung BKartA WuW/E 2088 f. – Klöckner/Seitz; WuW/E DE-V 40 – WAZ/IKZ; dazu BGH WuW/E DE-R 613 (617) – Treuhanderwerb; Bunte/Kallfaß Rn. 40 f.; → § 35 Rn. 30). Eine rechtliche Absicherung der Weisungsbefugnis ist nicht erforderlich; BGH (BGH WuW/E DE-R 613 (617) und KG (KG WuW/E DE-R 451 (454); ebenso schon in KG WuW/E DE-R 336 – WAZ/IKZ) gehen davon aus, dass derjenige, der das wirtschaftliche Risiko der Beteiligung trägt, auch tatsächlich in der Lage ist, Einfluss auf die Ausübung der mit der Beteiligung verbundenen Stimmrechte zu nehmen. Dem Treugeber zuzurechnen sind hiernach insbes. Anteile, die ein **Treuhänder für den Treugeber** hält (vgl. zu Treuhandverhältnissen in der 33

Fusionskontrolle Staebe FS Bechtold, 2006, 529). Ist Inhaber des erwerbenden Unternehmens ein Einzelkaufmann, so sind ihm nach S. 2 auch die Anteile zuzurechnen, die in seinem „sonstigen" Vermögen stehen.

5. Gemeinschaftsunternehmen (Abs. 1 Nr. 3 S. 3)

34 Nr. 3 S. 3 entspricht wörtlich § 23 Abs. 2 Nr. 2 S. 3 aF. Allerdings ist der damalige Zusatz „(Gemeinschaftsunternehmen)" weggelassen worden. Das ändert aber nichts daran, dass Nr. 3 S. 3 eine **Legaldefinition des Gemeinschaftsunternehmens** ist. Das Gesetz integriert das Gemeinschaftsunternehmen in den Anteilserwerb, fingiert aber einen **zusätzlichen Zusammenschlusstatbestand** der Mütter auf den Märkten des Gemeinschaftsunternehmens (vgl. BKartA WuW/E DE-V 473 (475 und 478) – Burgmann-Freudenberg Holding GmbH): Erwerben mehrere Unternehmen gleichzeitig oder nacheinander Anteile an einem anderen Unternehmen in Höhe von je 25 % oder mehr **(„Vertikalzusammenschlüsse"),** so gelten diese Erwerbe hinsichtlich der Märkte, auf denen das andere Unternehmen tätig ist, auch als Zusammenschluss der sich beteiligenden Unternehmen untereinander **(„Horizontalzusammenschluss").** Es müssen mindestens zwei Gesellschafter mit 25 % oder mehr beteiligt sein. Auf den Zeitpunkt des Anteilserwerbs kommt es nicht an. Zum Begriff des Gemeinschaftsunternehmens in Abs. 1 Nr. 3 S. 3 reicht die bloße gleichzeitige Beteiligung aus; es ist keine besondere Interessengleichrichtung oder Koordinierung zwischen den Gesellschaftern erforderlich. Die Einbeziehung der Gemeinschaftsunternehmen in den Zusammenschlusstatbestand soll ermöglichen, die Auswirkungen einer im Einzelfall besonders festzustellenden Koordinierung der Mütter auf den Märkten des Gemeinschaftsunternehmens zu bewerten (vgl. BKartA WuW/E DE-V 473 (478) – Burgmann/Freudenberg Holding GmbH). Die **Erweiterung des Tätigkeitsgebiets** eines bestehenden Gemeinschaftsunternehmens als solche erfüllt keinen Zusammenschlusstatbestand; etwas anderes gilt, wenn zu diesem Zweck Vermögensgegenstände iSv Abs. 1 Nr. 1 übertragen werden (vgl. dazu OLG Düsseldorf WuW/E DE-R 1805 (1808) – MS V; zur EU-rechtlichen Behandlung vgl. → Rn. 106 der „Konsolidierten Mitteilung", ABl. 2009 C 43, 10, abgedruckt bei Bechtold/Bosch/Brinker Anhang B. III. 20; LG Köln WuW/E DE-R 2868 (2872 ff.) – EPG; v. Graevenitz BB 2010, 1172; → § 35 Rn. 12). Auch die Verlängerung befristeter Verträge von Gemeinschaftsunternehmen erfüllt selbst dann keinen Zusammenschlusstatbestand, wenn die Auflösung bei Ablauf der Frist dem BKartA zugesagt wurde (dazu Dreher/Thomas ZWeR 2013, 1).

35 Aus Abs. 1 Nr. 3 S. 3 ergibt sich, dass ein **einheitlicher Lebensvorgang** rechtlich mehrere Zusammenschlüsse enthalten kann, nämlich die Vertikalzusammenschlüsse zwischen den Muttergesellschaften und dem Gemeinschaftsunternehmen und den Horizontalzusammenschluss zwischen den Müttern untereinander. Das hat insbes. Bedeutung für die **Feststellung der quantitativen Voraussetzungen** nach § 35 Abs. 1. Es müssen also die Umsatzerlöse aller Muttergesellschaften zusammengezählt werden, wobei es auf die Gesamtumsätze der Mütter ankommt, nicht etwa nur die Umsätze, die die Mütter auf dem Tätigkeitsgebiet des Gemeinschaftsunternehmens erzielen (inzwischen allg. Meinung, vgl. Bunte/Kallfaß Rn. 48; Immenga/Mestmäcker/Thomas Rn. 221; Kleinmann/Bechtold § 23 Rn. 133). Zur entsprechenden Anwendung auf den Kontrollerwerb der Nr. 2 → Rn. 17.

36 Die Fiktion des partiellen (Horizontal-)Zusammenschlusses der Mütter auf dem Tätigkeitsgebiet des Gemeinschaftsunternehmens gilt nur für den Bereich der **formellen Fusionskontrolle.** Bei der materiellen Fusionskontrolle nach § 36 Abs. 1 können deshalb die Mütter auf dem Markt der Tochter nicht automatisch als wirtschaftliche oder wettbewerbliche Einheit angesehen werden (→ § 36 Rn. 17).

6. Herbeiführung sonstiger Verbindungen mit wettbewerblich erheblichem Einfluss (Abs. 1 Nr. 4)

37 **a) Gesetzgebungsgeschichte.** Der Zusammenschlusstatbestand des § 37 Abs. 1 Nr. 4 entspricht § 23 Abs. 2 Nr. 6 aF. Er war der **wettbewerbspolitisch und rechtlich problematischste Teil der 5. GWB-Novelle 1989,** soweit sie sich auf die Fusionskontrolle bezog. Er ist als Alternative zu der zunächst beabsichtigten Absenkung der untersten Schwelle des Anteilserwerbs von 25 % auf 10 % entstanden und sollte die Fusionskontrolle im Bereich der „24,9 %-Lösungen" dichter machen. Durch die 4. GWB-Novelle 1980 war schon der Zusammenschlusstatbestand des Anteilserwerbs ab 25 % in § 23 Abs. 2 Nr. 2 aF durch einen S. 4 ergänzt worden. Danach galt als Zusammenschluss auch „… der Erwerb von Anteilen, soweit dem Erwerber durch Vertrag, Satzung, Gesellschaftsvertrag oder Beschluss eine Rechtsstellung verschafft ist, die bei der Aktiengesellschaft ein Aktionär mit mehr als 25 vom Hundert des stimmberechtigten Kapitals innehat. Anteilen an einem Unternehmen stehen Stimmrechte gleich". Im Gegensatz zu all dem setzte die zugleich mit der 5. GWB-Novelle verabschiedete EG-Fusionskontrollverordnung 4064/89 – ebenso wie die FKVO (Anhang A 3) – erst beim Erwerb der Kontrolle bzw. des bestimmenden Einflusses an (vgl. Art. 3 Abs. 1 und 3 FKVO; BGH WuW/E DE-R 613 (617)), erfasste also im Grundsatz Zusammenschlüsse unterhalb der Mehrheitsbeteiligung überhaupt nicht. Versuche, das Merkmal des „wettbewerblich erheblichen Einflusses" konform mit der „Kontrolle" bzw. des „bestimmenden Einflusses" im Sinne dieser Verordnung zu interpretieren, sind angesichts des Wortlautes der neuen Bestimmung, ihrer Vorgeschichte und der Gesetzesbegründung von vornherein zum Scheitern verurteilt (dazu auch Gerlach WRP 1989, 289 (296)).

38 **Bis Ende 1998** war die dem § 37 Abs. 1 Nr. 4 entsprechende Vorschrift des § 23 Abs. 2 Nr. 6 aF in der formellen Fusionskontrolle zivil- und ordnungswidrigkeitsrechtlich **sanktionslos.** Zusammenschlüsse nach diesem Tatbestand unterlagen nicht der zwingend vorbeugenden Fusionskontrolle, auch nicht in den Fällen, in denen die dafür früher geltenden besonderen Umsatzschwellen überschritten waren. Die Verletzung der Anzeigepflicht war nicht ordnungswidrig. Die einzige Sanktion, die mit diesem Zusammenschlusstatbestand verbunden war, bestand in der materiellen Fusionskontrolle, also in dem Untersagungsrisiko. Das war zwar inkonsequent, trug aber dem Umstand Rechnung, dass mit diesem Zusammenschluss **besondere Auslegungsprobleme und Rechtsunsicherheiten** verbunden sind. Es lässt sich im Einzelfall kaum sicher sagen, wann eine neu entstandene Unternehmensverbindung mit einem „wettbewerblich erheblichen Einfluss" verbunden ist (kritisch insbes. Henschen/Koch WuW 2009, 1127). Deswegen ist es unangemessen, einen Verstoß gegen die damit verbundenen fusionskontrollrechtlichen Verpflichtungen mit zivilrechtlichen und ordnungswidrigkeitsrechtlichen Sanktionen zu verbinden. Die **volle Integration in die formelle und materielle Fusionskontrolle** führt dazu, dass sich die Anwendung der Nr. 4 immer weiter „nach vorne" verlagert, weil die Unternehmen im Hinblick auf die Sanktionsrisiken im Zweifel den Zusammenschluss beim BKartA anmelden müssen. Der Aufwand und die Rechtsunsicherheit, die damit verbunden sind, sind durch die Möglichkeit, Schädigungen der Marktstruktur durch von der Nr. 4 erfasste Zusammenschlüsse zu verhindern, nicht gerechtfertigt. Im Allgemeinen sind die Fälle, die von der Nr. 4 erfasst werden, von so geringer wettbewerblicher Auswirkung, dass dafür Maßnahmen der materiellen Fusionskontrolle nicht gerechtfertigt sind, insbes. auch im Hinblick darauf, dass der Ausbau des Einflusses über die Nr. 2 und 3 sowie fusionskontrollrechtlich kontrolliert werden kann (vgl. zur Gesetzgebungsgeschichte auch Zigelski WuW 2009, 1261).

39 **b) Anwendbarkeit auf Anteilserwerb, gesellschaftsrechtliche Absicherung.** Nr. 4 war früher so formuliert, dass sie nur Unternehmensverbindungen

erfasste, die grds., wenn auch nicht der Höhe nach, den früheren Zusammenschlusstatbeständen des Anteilserwerbs (§ 23 Abs. 2 Nr. 2 aF), der personellen Verflechtungen (Nr. 4) oder der sonstigen Verbindung (Nr. 5) entsprachen. Der Gesetzgeber hat diese „Subsidiaritätsklausel" nicht in das Gesetz aufgenommen, da „die äußerst komplizierte Regelung in der Praxis keine wesentliche Bedeutung erlangt hat" (Begr. z. RegE BT-Drs. 13/9720, 57). Er hat vielmehr die Formulierung aus § 23 Abs. 2 Nr. 5 aF übernommen, die im Hinblick auf das **„sonstige"** so interpretiert wurde, dass die Verbindung ihrer Art nach nicht durch die anderen Zusammenschlusstatbestände erfasst war (→ 1. Aufl. 1993, § 23 Rn. 27 mwN). Das würde bedeuten, dass Nr. 4 insbes. nicht auf den **Anteilserwerb** iSd Nr. 3 anwendbar wäre, und zwar gerade auch nicht bei Beteiligungen unter 25 %. Eine solche Auslegung entspräche allerdings nicht den Intentionen des Gesetzes. Ihm geht es der Sache nach gerade um Unternehmensverbindungen, die **unterhalb einer mindestens 25 %igen Beteiligung und der Kontrolle** einen „wettbewerblich erheblichen Einfluss" zulassen. Das ist nicht der Fall in den Fällen des Vermögenserwerbs (Nr. 1), die einen uneingeschränkten Einfluss auf das erworbene Vermögen bedingen.

40 Die Begr. z. RegE der 6. GWB-Novelle (Begr. z. RegE BT-Drs. 13/9720, 57) wiederholt aus der Begr. zur 5. GWB-Novelle, dass die Nr. 4 nur solche Fälle erfassen solle, „in denen der wettbewerbliche Einfluss auf **gesellschaftsrechtlich vermittelten Unternehmensverbindungen** beruht" (so auch BGH WuW/E DE-R 607 (608 f.) – Minderheitsbeteiligung im Zeitschriftenhandel; 1419 (1420) – Trans-o-flex; OLG Düsseldorf WuW/E 1390 (1395) – KG Wochenkurier; KG WuW/E DE-R 270 (272) – ASV/Stilke). Für diese gesellschaftsrechtliche Vermittlung soll die Rspr. zur Beherrschung nach § 17 AktG maßgeblich sein (BGHZ 90, 381 (394)), die die Beherrschung auf „Fälle gesellschaftsrechtlich vermittelter Unternehmensverbindungen" eingrenzt; nicht ausreichend seien rein wirtschaftliche Abhängigkeiten. In BGHZ 90, 381 werden „rein wirtschaftliche, gesellschaftsrechtlich nicht abgesicherte Abhängigkeiten" ausgeschlossen, „die allein durch externe Austauschbeziehungen, wie etwa durch Liefer-, Lizenz- oder Kreditverträge, begründet sind und einem Partner einen durch die Marktlage bedingten Einfluss auf das geschäftliche Verhalten der Gesellschaft sichern" (BGHZ 90, 381 (395)). Das bedeutet, dass eine **„gesellschaftsinterne" Basis der Einflussnahme** erforderlich ist; sie kann ggf. durch externe Austauschbeziehungen in ihrer Wirkung erhöht werden. Im Allgemeinen ist also ein **unmittelbarer Einfluss in den Gesellschaftsorganen** erforderlich, entweder durch Stimmrechte, Stimmbindungen oder sonstige auf das Abstimmverhalten in den Gesellschaftsorganen gerichtete Vereinbarungen oder durch personelle Verbindungen. Der Einfluss muss aber nicht ausschließlich auf der gesellschaftsrechtlichen Basis beruhen; hierfür können weitere – nicht gesellschaftsrechtlich vermittelte – rechtliche oder faktische Einflussmöglichkeiten herangezogen werden (OLG Düsseldorf WuW/E DE-R 1390 (1395) – KG Wochenkurier).

41 Auch im Lichte dieser Rspr. ist der **wichtigste Anwendungsfall der des Anteilserwerbs unter 25 %.** Dabei werden insbes. solche Fälle erfasst, in denen Anteile mit **Zusatzrechten** verbunden sind, die die geringere Beteiligung der mit 25 % oder mehr gleichwertig erscheinen lassen (vgl. dazu zB OLG Düsseldorf WuW/E DE-R 1149 – Trans-o-flex; 1390 (1391) – KG Wochenkurier; 2462 (2466 f.) – A-TEC/Norddeutsche Affinerie, dazu Henschen/Koch WuW 2009, 1127; Zigelski WuW 2009, 1261 (1263), die in jedem Falle solche Zusatzrechte für erforderlich hält; → Rn. 44). Eine **Untergrenze** enthält Nr. 4 nicht. Grundsätzlich kann also auch der Erwerb einer 1 %igen Beteiligung erfasst sein; eine Berufung darauf, dass der Gesetzgeber ursprünglich eine 10 %-Schwelle einführen wollte, erscheint nicht möglich. Ob der Zusammenschlusstatbestand erfüllt ist, hängt in diesen Fällen allein davon ab, ob die Verbindung einen „wettbewerblich erheblichen Einfluss" vermittelt. Das ist freilich im Regelfall nicht schon bei 1 % oder 10 % oder

auch nur bei besonderen Umständen vielleicht ab 20 % der Fall. Die Entscheidungspraxis des BKartA ist insoweit uneinheitlich. Bei **horizontalen und vertikalen Zusammenschlüssen** (dazu insbes. BGH WuW/E DE-R 607 (608 f.) – Minderheitsbeteiligung im Zeitschriftenhandel) wird teilweise eine Beteiligungsgrenze bei 20 % angenommen (vgl. BKartA WuW/E DE-V 599 (601) – Radio L 12), teilweise auch bei 15 %, soweit keine Zusatzrechte vereinbart sind. Jedenfalls bei Zusatzrechten kann auch eine Beteiligung von unter 15 % relevant sein (OLG Düsseldorf WuW/E DE-R 2462 (2466 f.) – A-TEC/Norddeutsche Affinerie). Bei **gegenseitigen Beteiligungen zwischen Wettbewerbern** kann die Grenze niedriger liegen, Beteiligungen von unter 10 % reichen aber wohl nur aus, wenn gesellschaftsrechtlich abgesicherte Zusatzrechte vorliegen (vgl. dazu BKartA 6.11.2009 – B9–56/09 – Air Berlin/TUI fly; vgl. auch – wenn auch unklar – zu wechselseitigen Ergebnisbeteiligungen in Höhe von 9,015 % BKartA WuW/E DE-V 968, unter anderen Gesichtspunkten aber aufgehoben durch OLG Düsseldorf WuW/E DE-R 1581 – Bonner Zeitungsdruckerei).

c) Wettbewerblich erheblicher Einfluss. Hinsichtlich des „wettbewerblich erheblichen Einflusses“ fordert das Gesetz nicht den Einfluss als solchen, sondern nur die **Möglichkeit** dazu („… ausüben können“; dazu BKartA TB 1999/2000, 19; vgl. KG WuW/E DE-R 270 (274) – AS V/Stilke; BGH WuW/E DE-R 607 (608 f.) – Minderheitsbeteiligung im Zeitschriftenhandel). Der wettbewerblich erhebliche Einfluss muss deswegen nicht tatsächlich ausgeübt werden. Darin unterscheidet sich Nr. 4 von der Ausübung **„maßgeblichen Einflusses“** als Voraussetzung der Unternehmens-Assoziierung nach § 311 HGB. Nach der Begründung zum Regierungsentwurf der 5. GWB-Novelle (BT-Drs. 11/4610, 20) vermittelt eine Unternehmensverbindung einen wettbewerblich erheblichen Einfluss immer, „wenn aufgrund des zwischen den Unternehmen bestehenden gesamten Beziehungsgeflechts zu erwarten ist, dass der Wettbewerb zwischen den beteiligten Unternehmen so wesentlich eingeschränkt wird, dass die Unternehmen **nicht mehr unabhängig am Markt auftreten**“. Schon diese Definition zeigt, dass es keinen Automatismus gibt, etwa in dem Sinne, dass Minderheitsbeteiligungen von unter 25 % an Wettbewerbern grds. der Nr. 4 unterfallen. Die Begründung spricht für diesen Fall davon, dass die Beteiligung „Grundlage für einen wechselseitigen Interessenausgleich“ sein könne. Nach der Rspr. ist der Einfluss erheblich, wenn nach Art der Vertragsgestaltung und der wirtschaftlichen Verhältnisse zu erwarten ist, dass der Mehrheitsgesellschafter auf die Vorstellungen des Erwerbers Rücksicht nimmt oder diesem Raum lässt, auch wenn dies nur geschieht, soweit es seinen eigenen Interessen nicht zuwider läuft (BGH WuW/E DE-R 607 – Minderheitsbeteiligung im Zeitschriftenhandel; 1419 (1420 f.) – Trans-o-flex; OLG Düsseldorf WuW/E DE-R 1581 (1582) – Bonner Zeitungsdruckerei; 1639 (1640 f.) – Mainova/Aschaffenburger Versorgungs GmbH). Dem beteiligten Unternehmen muss es insbes. möglich sein, bei der Entscheidung über den Einsatz der Ressourcen des anderen Unternehmens die eigenen Wettbewerbsinteressen zur Geltung zu bringen (OLG Düsseldorf WuW/E DE-R 1390 (1394) – KG Wochenkurier; 1581 (1582) – Bonner Zeitungsdruckerei). Das liegt nahe, wenn das beteiligte Unternehmen als einziger Gesellschafter eine „überlegene Markt- und Branchenkenntnis“ hat (OLG Düsseldorf WuW/E DE-R 2462 (2466 f.) – A-TEC/Norddeutsche Affinerie). Von besonderem Gewicht ist auch das Verhältnis zu den anderen Gesellschaftern. Wird die **Beteiligung von einem Gesellschafter erworben, der im Unternehmen mit Anteilen bleibt,** die zusammen die Mehrheit ausmachen, und werden mit diesem Vorgang von beiden Seiten unternehmerische Interessen verfolgt, spricht das in der Praxis für den wettbewerblich erheblichen Einfluss des Erwerbers. 42

Die Auslegung hat davon auszugehen, dass das Merkmal „wettbewerblich erheblicher Einfluss“ zwei Elemente enthält: Erforderlich ist zunächst **„Einfluss“;** hinzu- 43 kommen muss seine „wettbewerbliche Erheblichkeit". Einfluss verlangt **mehr als bloße Information** (vgl. aber KG WuW/E DE-R 270 (273) – AS V/Stilke: Informationsrechte, die eine kontinuierliche und schnelle Unterrichtung über die Verkaufsentwicklung sämtlicher Produkte des Unternehmens gestatten und zu einer Analyse des Marktgeschehens führen, sind als Einflussmöglichkeit iSd Nr. 4 zu werten, weil damit die Ressourcen des dem Einfluss unterworfenen Unternehmens zur Gestaltung des eigenen Wettbewerbsverhaltens genutzt werden) und **weniger als Beherrschung.** Erforderlich ist die Möglichkeit, an der Entscheidungsbildung des dem Einfluss unterworfenen Unternehmens mitzuwirken.

44 Die Mitwirkungsbefugnisse, die sich aus der Beteiligung als solcher ergeben, nämlich die Möglichkeit, an den Abstimmungen in der Gesellschafterversammlung mitzuwirken, reichen nicht aus. Hinzukommen müssen **„Plusfaktoren".** Die Regierungsbegründung erwähnt insoweit **„Informations-, Mitsprache- und Kontrollmöglichkeiten"**, die sich entweder aus den Verträgen oder aus sonstigen Umständen ergeben können (dazu OLG Düsseldorf WuW/E DE-R 1581 (1583) – Bonner Zeitungsindustrie). Dabei ist nicht unbedingt eine rechtliche Absicherung erforderlich; es kann ausreichen, wenn die Erwartung besteht, dass der Gesellschafter mindestens einen Sitz im Aufsichtsrat erlangen kann (dazu OLG Düsseldorf WuW/E DE-R 2462 (2466 f.)). Von besonderer Bedeutung ist die Frage, ob bei einer unter 25 %igen Beteiligung der Umstand ausreicht, dass sie faktisch Sperr-Rechte vermittelt, insbes. bei einer Aktiengesellschaft mit Streubesitz und dementsprechend geringer Hauptversammlungspräsenz. Diese Frage ist zu bejahen. Das gilt insbes. auch im Hinblick darauf, dass die 6. GWB-Novelle 1998 die **alte Regelung des § 23 Abs. 2 Nr. 2 S. 4 aF** (→ Rn. 29) nicht übernommen hat, und zwar gerade im Hinblick darauf, dass die von ihr erfassten Fälle stets auch solche der neuen Nr. 4 seien. Daraus ergibt sich als „Daumenformel", dass jedenfalls alle – horizontalen und vertikalen (→ Rn. 44) – Zusammenschlüsse, die im **Einfluss der 25 %-Beteiligung gleichwertig** sind und deswegen früher dem § 23 Abs. 2 Nr. 2 S. 4 aF unterlagen, heute Fälle der Nr. 4 sind (vgl. dazu BGH WuW/E DE-R 32 (32 f.) = BB 1998, 123 f. – Stadtwerke Garbsen; WuW/E 2795 – Pinneberger Tageblatt; BGHZ 102, 185 f. – Singener Wochenblatt; OLG Düsseldorf WuW/E DE-R 1149 (1151) – Trans-o-flex). Im Unterschied zu früher müssen diese „Plusfaktoren" (bei einer Beteiligung von unter 25 %) aber nicht unbedingt rechtlich abgesichert sein; es reicht aus, wenn sie dauerhaft tatsächlich Einfluss vermitteln. Bei personellen Verbindungen kann sich der Einfluss insbes. aus den Funktionen der Organe ergeben, in denen die Doppelmitgliedschaft besteht. Er muss aber, um als Unternehmensverbindung qualifiziert werden zu können, einem Unternehmen, nicht nur einem ad personam handelnden Vertreter, zuzurechnen sein. Je dichter die Beteiligung an die 25 %-Grenze kommt, desto geringere Anforderungen sind an das Ausmaß der „Plusfaktoren" zu stellen (dazu zB BKartA 23.10.2007 – RWE/Stadtwerke Krefeld Neuss). Bei einem Geschäftsanteil von 9,15 % des Stammkapitals ist die Erlangung eines einzigen von insgesamt 20 Aufsichtsratsmandaten kein ausreichender Plusfaktor für wettbewerblich erheblichen Einfluss (OLG Düsseldorf NZKart 2019, 562).

45 Der Einfluss allein genügt nicht; er muss **„wettbewerblich erheblich"** sein. Das kommt in der Praxis nur in Betracht bei **horizontalen Zusammenschlüssen** (zwischen Wettbewerbern, so zB im Falle Bonner Zeitungsdruckerei OLG Düsseldorf WuW/E DE-R 1581) und **vertikalen Zusammenschlüssen** (insbes. zwischen Lieferanten und Abnehmern, so zB im Fall Mainova/Aschaffenburger Versorgungs GmbH OLG Düsseldorf WuW/E DE-R 1639), grds. aber nicht bei **konglomeraten** (so auch Schulte/Just/Schulte Rn. 52). Sowohl der Wortlaut als auch die Motive sprechen dafür, dass die „wettbewerbliche Erheblichkeit" keinesfalls im Verhältnis von Unternehmen vorliegen kann, die am Markte keine Berührungen aufweisen. Das bedeutet, dass im Regelfall die Nr. 4 nur auf horizontale und verti-

kale, nicht aber rein konglomerate Zusammenschlüsse anwendbar ist. Auf die Beziehungen der beteiligten Unternehmen als Wettbewerber oder als Lieferant und Abnehmer ist die Formel abgestellt, entscheidend sei, ob der Anteilserwerb (unter 25 %) eine Einflussnahme auf die Willensbildung und damit auf das Marktverhalten des Beteiligungsunternehmens ermöglicht und den Erwerber in die Lage versetzt, **eigene Wettbewerbsinteressen zur Geltung zu bringen** (vgl. OLG Düsseldorf WuW/E DE-R 1581 (1582) – Bonner Zeitungsdruckerei). Die Begründung zum Regierungsentwurf könnte den Eindruck erwecken, als ob die wettbewerbliche Erheblichkeit nur vorliege, wenn die verbundenen Unternehmen aufgrund der Verbindung eine „wettbewerbliche Einheit“ bilden. Das ist sicher nicht erforderlich, ebenso wenig wie zB bei einer Minderheitsbeteiligung iSv Abs. 1 Nr. 3. Andererseits muss der Wettbewerb zwischen den beteiligten Unternehmen so wesentlich eingeschränkt sein, „dass die **Unternehmen nicht mehr unabhängig am Markt** auftreten“ (Begr. z. RegE der 5. GWB-Novelle, BR-Drs. 123/89, 52). Da auch Nr. 4 Teil einer Struktur- und nicht einer Verhaltenskontrolle ist, kann es insoweit nicht darauf ankommen, ob tatsächlich eine Verhaltensabstimmung der Unternehmen stattfindet. Erforderlich ist aber, dass die Verbindung die **Grundlage für Verhaltensweisen** sein kann, die ohne sie gegen § 1 verstießen. Dafür kann ein Konsortialvertrag oder jede andere Vereinbarung über eine partnerschaftliche Zusammenarbeit von Bedeutung sein (dazu BGH WuW/E DE-R 1419 (1421 f.) – Trans-o-flex). Die durch die Beteiligung vermittelte Einflussmöglichkeit muss sich **nicht auf das gesamte Wettbewerbspotenzial** des Zielunternehmens beziehen; es genügt die Einflussmöglichkeit in dem Bereich, in dem sich Erwerber und Zielunternehmen wettbewerblich – horizontal oder vertikal – überschneiden (vgl. auch OLG Düsseldorf WuW/E DE-R 2462 (2466 f.) – A-TEC/Norddeutsche Affinerie; Zigelski WuW 2009, 1261 (1263)). In jedem Falle ist eine **Gesamtschau** unter Einbeziehung der Interessenlagen der Gesellschafter erforderlich; die gesellschaftsvertraglichen Regelungen können uU das Einflusselement so reduzieren, dass sich die Frage nach seiner wettbewerblichen Erheblichkeit nicht mehr stellt (dazu zB OLG Düsseldorf WuW/E DE-R 1581 – Bonner Zeitungsdruckerei).

Der Einfluss kann unmittelbar oder **mittelbar** gegeben sein. Dieses Tatbestands- **46**
merkmal bezieht sich aber nur auf den „Einfluss“, nicht auf die „Verbindung“. Deswegen reicht es nicht aus, wenn die Unternehmensverbindung ausschließlich über dritte Unternehmen besteht, deren Begründung entweder keinen Zusammenschlusstatbestand erfüllt oder wegen Nicht-Erreichens der Umsatzschwellen des § 35 nicht fusionskontrollpflichtig ist (Beispiel: A erwirbt eine Mehrheitsbeteiligung an B. A und B haben zusammen einen Umsatz von weniger als 500 Mio. EUR. B ist mit 20 % an C beteiligt. Auf die neue Verbindung A [über B] mit C ist Nr. 4 nicht anwendbar; aA offenbar BKartA WuW/E DE-V 511 (513) – E. ON/Ruhrgas, → § 35 Rn. 38). Wird ein **schon vorhandener Einfluss,** der den Voraussetzungen der Nr. 4 genügt, **verstärkt,** so wird dadurch die Nr. 4 nicht (noch einmal) verwirklicht (vgl. KG WuW/E 5151 (5163) – Ernstliche Untersagungszweifel; aA offenbar OLG Düsseldorf WuW/E DE-R 2462 (2464, 2468) – A-TEC/Norddeutsche Affinerie). Anderes gilt, wenn der Anteilserwerb mangels „Plusfaktoren“ zunächst nicht die Voraussetzungen der Nr. 4 erfüllte, die – zur Überschreitung der Schwelle der Nr. 4 führenden – **„Plusfaktoren“** aber **nachträglich begründet** werden. Dann kann diese Begründung der Nr. 4 unterliegen. Praktische Schwierigkeiten ergeben sich, wenn diese Begründung nicht an einem konkreten Vollzugsakt festzumachen ist, sondern nur nach und nach „schleichend“ begründet wird.

d) Einflussmöglichkeit durch mehrere. Nr. 4 ist auch anwendbar, wenn der **47**
beherrschende bzw. wettbewerblich erhebliche Einfluss nicht durch einen, sondern durch **mehrere Unternehmen** ausgeübt werden kann. Dieses Merkmal ist nicht in all den Fällen erfüllt, in denen der Einfluss des Erwerbers der Beteiligung nach

Nr. 4 auf dem Zusammenwirken mit einem in der Gesellschaft verbleibenden (nicht Mehrheits-)Gesellschafter beruht. Gemeinsamkeit des Einflusses setzt eine **gemeinsame Interessenlage** voraus, die über die gemeinsame Beteiligung als solche hinausgeht; sie ist in den Fällen nicht gegeben, in denen das Einvernehmen mit dem anderen Gesellschafter die Grundlage dafür ist, dass der Erwerber seine eigenen Interessen zur Geltung bringen kann. Für das Merkmal des „gemeinsamen" Einflusses gelten dieselben Grundsätze wie zur gemeinsamen Kontrolle in Nr. 2 (→ Rn. 14 f.). Es muss also ein Zusammenwirken aufgrund einer Vereinbarung oder in sonstiger Weise vorliegen, das eine **gesicherte gemeinsame Einflussmöglichkeit** vermittelt (OLG Düsseldorf WuW/E DE-R 647 (654) – OTZ). Dafür sind nicht unbedingt rechtliche Bindungen der beteiligten Unternehmen erforderlich; es können auch tatsächliche Umstände ausreichen, um die einheitliche Einflussmöglichkeit zu begründen (dazu BGH WuW/E 1810 (1811) – Transportbeton Sauerland). Keinesfalls reicht das bloße Nebeneinander von Verbindungen zur Annahme gemeinsamer Einflussmöglichkeiten aus. Die Gemeinsamkeit des Einflusses muss unter der der gemeinsamen Kontrolle liegen; wenn die Kontrollschwelle überschritten wird, ist § 37 Abs. 1 Nr. 2 anwendbar.

7. Konzerninterne Umstrukturierungen (Abs. 2)

48 **a) Allgemeiner Rechtsgrundsatz.** Nach Abs. 2, der § 23 Abs. 3 S. 1 aF entspricht, ist auch bei Unternehmen, die schon iSd Abs. 1 zusammengeschlossen sind, ein weiterer Zusammenschluss denkbar (zB A ist an B mit 25 % beteiligt und erhöht diese Beteiligung auf 50 % = Zusammenschluss nach Abs. 1 Nr. 3a). Im Ergebnis schränkt Abs. 2 die Fusionskontrolle ein: Trotz Vorliegens eines formalen Zusammenschlusstatbestandes ist ein **erneuter Zusammenschluss zu verneinen,** wenn die bereits bestehende **Unternehmensverbindung nicht wesentlich verstärkt wird** (dabei kommt es nur auf die „interne" Verbindung zwischen den Unternehmen an, nicht etwa auf deren Marktstellung). Das ist Ausfluss eines allgemeinen Rechtsgedankens, wonach **konzerninterne Umstrukturierungen fusionskontrollfrei** sind (vgl. OLG Düsseldorf WuW/E DE-R 647 (648 f.) – OTZ). Die Vorschrift gilt auch für die öffentliche Hand (dazu Kleinmann/Bechtold § 23 Rn. 207 mwN) und für Beteiligte, die keine Unternehmenseigenschaft haben.

49 **b) Erst- und Zweitzusammenschluss.** Abs. 2 setzt einen **„Erstzusammenschluss"** (iSd Abs. 1, vgl. BGH WuW/E 2795 (2802) – Pinneberger Tageblatt; 2882 f. – Zurechnungsklausel) voraus, an den sich ein **„Zweitzusammenschluss"** (ebenfalls iSd Abs. 1) anschließt. Der Zweitzusammenschluss muss, damit Abs. 2 überhaupt relevant ist, erstmals einen der Tatbestände des § 37 Abs. 1 erfüllen. Dafür reicht die Erhöhung der Kontrollmöglichkeit bei schon bestehender Kontrolle iSd Abs. 1 Nr. 2 (zur Veränderung der gemeinsamen Kontrolle und Umwandlung der gemeinsamen Kontrolle → Rn. 15 f.) ebenso wenig aus wie die Verstärkung eines schon iSd Abs. 1 Nr. 4 bestehenden wettbewerblichen Einflusses (aA offenbar OLG Düsseldorf WuW/E DE-R 2462 (2464, 2468) – A-TEC/Norddeutsche Affinerie). Ein Zusammenschluss liegt im Falle des Anteilserwerbs nach Nr. 3 nicht vor, wenn bei Einbeziehung des Anteilsbesitzes verbundener Unternehmen die relevanten Schwellen schon vorher überschritten sind (zur Zurechnungsklausel → Rn. 32). Der Zweitzusammenschluss, der einen Tatbestand nach Abs. 1 erfüllt, ist nur dann ein Zusammenschluss, wenn er zu einer „wesentlichen Verstärkung" der durch den Erstzusammenschluss begründeten Unternehmensverbindung führt. Dabei sind die tatsächlichen und rechtlichen Verhältnisse unmittelbar vor und nach dem Zweitzusammenschluss konkret zu vergleichen (vgl. BKartA TB 1974, 32). Es ist gleichgültig, wie sich die Verstärkung der Unternehmensverbindung auf die Marktverhältnisse und den Wettbewerb auswirkt; diese Auswirkungen spielen nur für die Beurteilung nach § 36 Abs. 1 eine Rolle (aA offenbar BGH WuW/E 2276 (2282) – Süddeutscher

Verlag/Donau-Kurier). Die Auffassung, bei Erreichen einer der Schwellen des Abs. 2 Nr. 3 liege stets eine wesentliche Verstärkung vor, widerspricht dem Wortlaut und Zweck des Abs. 2 (Immenga/Mestmäcker/Thomas Rn. 285).

Die materielle **Beweislast** dafür, dass der Zweitzusammenschluss nicht zu einer „wesentlichen Verstärkung" der Unternehmensverbindung führt, liegt bei den Unternehmen (hM: BGH WuW/E 2276 (2282) – Süddeutscher Verlag/Donau-Kurier; Immenga/Mestmäcker/Thomas Rn. 279). Das BKartA trägt jedoch die formelle Beweislast und hat von Amts wegen alles zu ermitteln, was für die Beurteilung erforderlich ist, auch zugunsten der Unternehmen (vgl. Kleinmann/Bechtold § 23 Rn. 213; Immenga/Mestmäcker/Thomas Rn. 279). 50

c) Einzelfälle. Im Verhältnis zwischen **Mutter und 100 %iger Tochtergesellschaft** ist eine wesentliche Verstärkung der schon bestehenden Unternehmensverbindung nicht denkbar, etwa durch einen Beherrschungsvertrag oder eine Verschmelzung (hM; Immenga/Mestmäcker/Thomas Rn. 280; Kleinmann/Bechtold § 23 Rn. 215 mwN). Die **Gründung einer 100 %igen Tochtergesellschaft** ist eine unternehmensinterne organisatorische Maßnahme, kein Zusammenschluss (vgl. BGH WuW/E DE-R 24 (26) – Stromversorgung Aggertal); ein Rückgriff auf Abs. 2 ist daher nicht nötig. Etwas anderes gilt, wenn die Gründung nur der erste Teil eines Gesamtplans für eine Gründung durch mehrere ist (dazu BGH WuW/E DE-R 24 (26) – Stromversorgung Aggertal), aber nur, wenn mindestens zwei Gründer Anteile in einem kontrollpflichtigen Umfang erwerben. **Übertragungen von Beteiligungen unter Konzerngesellschaften** verändern bei wirtschaftlicher Betrachtung die bestehende Unternehmensverbindung nicht; deswegen liegt nach Abs. 2 kein Zusammenschluss vor, wenn überhaupt im Hinblick auf die Zurechnungsklausel des Abs. 1 Nr. 3 S. 2 ein Zusammenschlusstatbestand erfüllt ist. Ob die **Erhöhung einer Beteiligung von über 25 % auf 50 %** oder die Kontrolle die bestehende Unternehmensverbindung wesentlich verstärkt, hängt von den konkreten Umständen des Einzelfalles ab (vgl. BGH WuW/E 2276 (2280) – Süddeutscher Verlag/Donau-Kurier). 51

8. „Bankenklausel" (Abs. 3)

Nach Abs. 3 ist der Anteilserwerb durch Kreditinstitute, Finanzinstitute und Versicherungsunternehmen unter engen Voraussetzungen fusionskontrollfrei; es liegt dann **kein Zusammenschluss** vor. Diese Bestimmung entspricht der früheren Bankenklausel in § 23 Abs. 3 aF; sie ist aber erweitert worden auf sonstige Finanzinstitute und Versicherungsunternehmen. Außerdem enthält sie neu in S. 2 die Möglichkeit der Verlängerung der Jahresfrist. Schließlich ist nicht mehr erforderlich, dass die Veräußerung „auf dem Markt" erfolgt. Während Abs. 3 unter den dort genannten engen Voraussetzungen keinen Zusammenschluss annimmt, sieht der nun durch die 8. GWB-Novelle 2012/2013 eingeführte § 41 Abs. 1a für bestimmte Erwerbe über die Börse eine befristete Ausnahme vom Vollzugsverbot vor. 52

a) Begriffe. Der Begriff des **Kreditinstituts** deckt sich mit dem in § 1 KWG verwendeten; danach sind auch Bausparkassen Kreditinstitute (aA → 6. Aufl. 2010, Rn. 52; → § 38 Rn. 9). Der Begriff der **„Finanzinstitute"** (Finanzdienstleistungsinstitute nach § 1 Abs. 1a KWG) erweitert den Anwendungsbereich der Klausel so, dass sie auf alle Unternehmen anwendbar ist, die die Finanzierung und das befristete Halten von Unternehmensbeteiligungen zu ihrem (Haupt-)Geschäftsgegenstand rechnen. Der Begriff der Versicherungsunternehmen deckt sich mit dem in § 1 VAG. 100 %ige Beteiligungsgesellschaften der privilegierten Unternehmen werden wie diese selbst behandelt (dazu Kleinmann/Bechtold § 23 Rn. 229). Die Bankenklausel gilt **nur für den Anteilserwerb** (einschließlich des Kontrollerwerbs iSd Abs. 1 Nr. 2, soweit er durch den Erwerb von Anteilen erfolgt), nicht für den 53

Vermögenserwerb und andere Zusammenschlussformen (hM, vgl. Immenga/Mestmäcker/Thomas Rn. 304; Kleinmann/Bechtold § 23 Rn. 239). Eine Beschränkung der Anwendbarkeit auf Aktiengesellschaften und Kommanditgesellschaften auf Aktien lässt sich dem Gesetz nicht entnehmen (Immenga/Mestmäcker/Thomas Rn. 305). Die Bankenklausel ist aber anwendbar, wenn die beteiligten Unternehmen bzw. Unternehmensteile vor dem Erwerb so umstrukturiert werden, dass nunmehr Anteile erworben werden können. Da die **Beschränkung auf den Anteilserwerb rechtstechnisch bedingt** ist, liegt in diesem Falle keine unzulässige Umgehung vor.

54 Der Anteilserwerb muss in Zusammenhang mit der üblichen Tätigkeit des Erwerbers (Sanierung, Veräußerungsauftrag usw) stehen. Der Erwerb muss **„zum Zwecke der Veräußerung"** erfolgen. Schon bei Erwerb muss die feste Absicht bestehen, die Anteile wieder zu veräußern. Früher verlangte die Bankenklausel, dass die Veräußerung **„auf dem Markt"** erfolgte. Die Voraussetzung war nicht erfüllt, wenn der Letzterwerber im Zeitpunkt des Erwerbs schon feststand; insbes. waren nicht privilegiert Erwerbe im Auftrag eines bestimmten Letzterwerbers. Diese Voraussetzung gilt nicht mehr. Die Klausel gilt also auch, wenn der Zwischenerwerb im Hinblick auf die **Veräußerung an einen bestimmten Dritten** erfolgt. Geschieht dies aber voll auf dessen Risiko, liegt in Wahrheit ein **treuhänderischer Erwerb** für diesen Dritten vor, der fusionskontrollrechtlich von vornherein als Erwerb dieses Dritten zu behandeln ist.

55 **b) Verbot der Stimmrechtsausübung.** Das Kreditinstitut darf das **Stimmrecht** aus den Anteilen **nicht ausüben.** Tut es das dennoch, gilt der Erwerb als Zusammenschluss, und zwar mit Wirkung ex nunc; ggf. liegt dann ein Verstoß gegen das Vollzugsverbot des § 41 Abs. 1 vor. Die Anteile müssen **innerhalb eines Jahres** weiterveräußert werden. Tut das Kreditinstitut usw das nicht, gilt der (Erst-)Erwerb ebenfalls als Zusammenschluss ex nunc; in diesem Fall liegt aber kein Verstoß gegen das Vollzugsverbot vor, da § 41 Abs. 1 ein aktives Tun voraussetzt, das bei der Nichtveräußerung gerade nicht vorliegt. Hält das Kreditinstitut usw die Anteile, muss es den Erwerb mit Ablauf der Jahresfrist anmelden; während der Dauer des Anmeldeverfahrens darf nach Auffassung des BKartA das Stimmrecht nicht ausgeübt werden (TB 1977, 71 – Westdeutsche Landesbank; ebenso Immenga/Mestmäcker/Thomas Rn. 312; Bunte/Kallfaß Rn. 73; einschränkend Kleinmann/Bechtold § 23 Rn. 235).

56 **c) Verlängerung der Jahresfrist.** Nach dem – durch die 6. GWB-Novelle 1998 neu eingeführten – S. 2 kann die **Jahresfrist** vom BKartA **verlängert** werden. Diese Bestimmung ist angelehnt an Art. 3 Abs. 5 lit. a Hs. 2 FKVO. Erforderlich ist ein Antrag, in dem glaubhaft zu machen ist, dass die Veräußerung innerhalb der Frist unzumutbar war. Die Formulierung „war" deutet darauf hin, dass der Antrag auf Fristverlängerung **auch nach Ablauf der Frist** gestellt werden kann. Der Begriff „Glaubhaftmachung" ist nicht iSv § 294 ZPO zu verstehen, also auf sofort verfügbare Beweismittel einschl. der Versicherung an Eides Statt beschränkt. Dem Unternehmen wird nur auferlegt, dem BKartA argumentativ nahe zu bringen, dass die Frist nicht ausreicht. Zweckmäßigerweise werden dafür die bisherigen oder geplanten Veräußerungsbemühungen und die dabei aufgetretenen oder zu erwartenden Schwierigkeiten geschildert und ggf. durch die vorliegende Korrespondenz nachgewiesen. Das BKartA entscheidet durch Verfügung nach § 61. Die Beschwerde dagegen hat nach § 64 Abs. 1 keine aufschiebende Wirkung. Wird die Verlängerung gewährt, wird – ggf. rückwirkend – die Überschreitung der Jahresfrist geheilt.

9. EU-Recht

57 Die FKVO definiert in Art. 3 Abs. 1 FKVO den Zusammenschluss einmal durch die **Fusion** von zwei oder mehr bisher voneinander unabhängigen Unternehmen

(Art. 3 Abs. 1 lit. a FKVO) oder durch den **Kontrollerwerb** (Art. 3 Abs. 1 lit. b FKVO). Die Fusion zwischen Unternehmen wird im deutschen Recht durch § 37 Abs. 1 Nr. 1 erfasst, der Kontrollerwerb durch § 37 Abs. 1 Nr. 2. Der Erwerb von Minderheitsbeteiligungen oder die Begründung einer Verbindung mit einem wettbewerblich erheblichen Einfluss sind als solche im EU-Recht nicht fusionskontrollpflichtig. Art. 3 Abs. 4 FKVO enthält eine besondere Regelung für **Gemeinschaftsunternehmen.** Sie unterliegen der EU-Fusionskontrolle nur, wenn sie „auf Dauer alle Funktionen einer selbständigen wirtschaftlichen Einheit" erfüllen (Vollfunktions-Gemeinschaftsunternehmen); auf die frühere Unterscheidung zwischen kooperativ und konzentrativ kommt es für die Anwendungsvoraussetzungen der FKVO nicht mehr an. Eine dem § 37 Abs. 2 entsprechende Regelung für bereits vorher zusammengeschlossene Unternehmen enthält die FKVO nicht. Das ergibt sich im Wesentlichen daraus, dass die FKVO anders als § 37 **kein System abgestufter und deswegen nacheinander stattfindender Zusammenschlüsse** enthält. Dennoch ergibt sich ein Parallelproblem bei der Umwandlung einer Mitkontrolle in die Alleinkontrolle. Hier lässt sich EU-rechtlich das Vorliegen eines Zusammenschlusstatbestandes nicht leugnen; häufig werden sich wegen des schon bisher vorhandenen mitkontrollierenden Einflusses des künftigen allein kontrollierenden Unternehmens aber keine materiellen Bedenken nach Art. 2 FKVO ergeben. Bei der Umwandlung der Alleinkontrolle in eine Mitkontrolle oder der Erweiterung der mitkontrollierenden Unternehmen liegt an sich kein dem § 37 Abs. 2 entsprechender Fall vor, weil jedenfalls ein neuer Zusammenschluss zwischen dem neu mitkontrollierenden Unternehmen und dem kontrollierten Unternehmen stattfindet. Art. 3 Abs. 5 FKVO enthält eine der **Bankenklausel** des § 37 Abs. 3 entsprechende Regelung. Sie privilegiert auch **Kontrollerwerbe durch „Träger eines öffentlichen Mandats"** und Erwerbe durch bestimmte **Beteiligungsgesellschaften.**

§ 38 Berechnung der Umsatzerlöse, der Marktanteile und des Wertes der Gegenleistung

(1) [1]**Für die Ermittlung der Umsatzerlöse gilt § 277 Absatz 1 des Handelsgesetzbuchs.** [2]**Verwendet ein Unternehmen für seine regelmäßige Rechnungslegung ausschließlich einen anderen international anerkannten Rechnungslegungsstandard, so ist für die Ermittlung der Umsatzerlöse dieser Standard maßgeblich.** [3]**Umsatzerlöse aus Lieferungen und Leistungen zwischen verbundenen Unternehmen (Innenumsatzerlöse) sowie Verbrauchsteuern bleiben außer Betracht.**

(2) **Für den Handel mit Waren sind nur drei Viertel der Umsatzerlöse in Ansatz zu bringen.**

(3) **Für den Verlag, die Herstellung und den Vertrieb von Zeitungen, Zeitschriften und deren Bestandteilen ist das Vierfache der Umsatzerlöse und für die Herstellung, den Vertrieb und die Veranstaltung von Rundfunkprogrammen und den Absatz von Rundfunkwerbezeiten ist das Achtfache der Umsatzerlöse in Ansatz zu bringen.**

(4) [1]**An die Stelle der Umsatzerlöse tritt bei Kreditinstituten, Finanzinstituten, Bausparkassen sowie bei externen Kapitalverwaltungsgesellschaften im Sinne des § 17 Absatz 2 Nummer 1 des Kapitalanlagegesetzbuchs der Gesamtbetrag der in § 34 Absatz 2 Satz 1 Nummer 1 Buchstabe a bis e der Kreditinstituts-Rechnungslegungsverordnung in der jeweils geltenden Fassung genannten Erträge abzüglich der Umsatzsteuer und sonstiger direkt auf diese Erträge erhobener Steuern.** [2]**Bei Versicherungsunternehmen sind die Prämieneinnahmen des letzten abgeschlossenen Geschäftsjahres maß-**

gebend. [3]Prämieneinnahmen sind die Einnahmen aus dem Erst- und Rückversicherungsgeschäft einschließlich der in Rückdeckung gegebenen Anteile.

(4a) **Die Gegenleistung nach § 35 Absatz 1a umfasst**

1. **alle Vermögensgegenstände und sonstigen geldwerten Leistungen, die der Veräußerer vom Erwerber im Zusammenhang mit dem Zusammenschluss nach § 37 Absatz 1 erhält, (Kaufpreis) und**
2. **den Wert etwaiger vom Erwerber übernommener Verbindlichkeiten.**

(5) **[1]Wird ein Zusammenschluss durch den Erwerb von Teilen eines oder mehrerer Unternehmen bewirkt, so ist unabhängig davon, ob diese Teile eigene Rechtspersönlichkeit besitzen, auf Seiten des Veräußerers nur der Umsatz oder der Marktanteil zu berücksichtigen, der auf die veräußerten Teile entfällt. [2]Dies gilt nicht, sofern beim Veräußerer die Kontrolle im Sinne des § 37 Absatz 1 Nummer 2 oder 25 Prozent oder mehr der Anteile verbleiben. [3]Zwei oder mehr Erwerbsvorgänge im Sinne von Satz 1, die innerhalb von zwei Jahren zwischen denselben Personen oder Unternehmen getätigt werden, werden als ein einziger Zusammenschluss behandelt, wenn dadurch die Umsatzschwellen des § 35 Absatz 1 erreicht oder die Voraussetzungen des § 35 Absatz 1a erfüllt werden; als Zeitpunkt des Zusammenschlusses gilt der letzte Erwerbsvorgang.**

Übersicht

1. Vorbemerkungen

1 § 38 trat mit der 6. GWB-Novelle 1998 an die Stelle der S. 3–8 des früheren § 23 Abs. 1. Soweit frühere Regelungen weggelassen sind, ergeben sich daraus keine sachlichen Änderungen. Gegenüber der früheren Rechtslage enthält § 38 Abs. 3 allerdings auch eine **besondere Berechnungsformel** für die Umsätze bei der Veranstaltung von **Rundfunkprogrammen** und dem Absatz von **Rundfunkwerbezeiten.** Außerdem ist die frühere Regelung des § 23 Abs. 1 S. 4, wonach bei Banken und Bausparkassen an die Stelle des Umsatzes ein Zehntel der Bilanzsumme trat, ersetzt worden durch die an das EG-Recht angeglichene Regel, dass Bank-„Umsätze“ im Wesentlichen die Zinseinnahmen sind. Abs. 4, der das regelt, ist durch das Bilanzrechtsmodernisierungsgesetz (BilMoG) vom 25.5.2009 (BGBl. 2009 I 1102) um die Kapitalanlagegesellschaften erweitert worden. Die **8. GWB-Novelle 2012/2013** hat in Abs. 3 den für die Presse relevanten Faktor von bisher 20 auf 8 gesenkt; der Faktor von 20 wurde für den Rundfunkbereich aufrechterhalten. Neu formuliert wurde der Abs. 5, der zusätzlich zu der Regelung über den Veräußerer (S. 1 und 2) in Angleichung an die EU-Fusionskontrolle um eine Regelung erweitert wurde, aufgrund derer unter bestimmten Voraussetzungen mehrere Zusammenschlüsse als ein einziger Zusammenschluss zu behandeln sind. Die **9. GWB-Novelle 2017** glich den Faktor für die Berechnung der Umsätze im Bereich Rundfunk demjenigen für den Bereich Presse an und fügte in Abs. 4a eine Definition der Gegenleistung für die ebenfalls neu in das Gesetz aufgenommene gegenleistungsabhängige Aufgreifschwelle des § 35 Abs. 1a ein. Die **10. GWB-Novelle 2021** änderte Abs. 1, sodass der Umsatz nach den vom Unternehmen ausschließlich verwendeten Rechnungslegungsstandard zugrunde gelegt werden kann, senkte den Faktor für die Berechnung der Umsätze im Bereich für den Bereich Presse in Abs. 3 ab und änderte die Regelung für Folgezusammenschlüsse in Abs. 5 S. 3.

Irreführend ist die Überschrift des § 38 mit „Berechnung der Umsatzerlöse und der Marktanteile", weil die Abs. 1–4 **nichts über die Marktanteile** aussagen und auch keine sinnvoll verwertbaren Hinweise auf die Ermittlung von Marktanteilen ergeben. Es gibt im Gesetz keine genaueren Vorschriften über die **Ermittlung von Marktanteilen.** Selbst wenn die auf die Marktstellung bezogenen Daten der beteiligten Unternehmen feststehen, ergeben sich häufig aus den beschränkten Ermittlungsmöglichkeiten für die Marktvolumina ganz differenzierte Vorgaben dafür, welche Unternehmensdaten verwendet werden. Wenn ein Marktvolumen nur nach Stück zur Verfügung steht, nützen Wertangaben von Seiten der Unternehmen nichts; dann sind auch für die Unternehmen entsprechende Stückangaben anzusetzen. Für die Berechnung von Marktanteilen enthält allein Abs. 5 S. 1 eine Regelung, aber nur bezogen auf den besonderen Fall des Zusammenschlusstatbestandes des Vermögenserwerbes (§ 37 Abs. 1 Nr. 1); in diesem Fall sind nur Daten des erworbenen Vermögens, nicht auch etwa des Veräußerers anzusetzen. § 38 enthält eine Regelung für die **Berechnung der Umsatzerlöse,** die für die Bestimmung der Umsatzschwellen des § 35 Abs. 1 relevant sind. 2

2. Berechnung der Umsätze (Abs. 1, 2)

a) Unternehmensumsätze, Marktvolumen. Das Gesetz stellt in § 35 Abs. 1 und 2 Nr. 1 auf **Umsatzerlöse** der beteiligten Unternehmen ab. Dafür enthält § 38 Berechnungsregeln. Sie beziehen sich nur teilweise auch auf die Bagatellmarktklausel des § 36 Abs. 1 S. 2 Nr. 2, weil diese sich nicht auf den Umsatz der beteiligten Unternehmen bezieht, sondern auf den Umsatz auf einem Markt insgesamt. Hier ist der Umsatz also markt- und nicht unternehmensbezogen zu berechnen. Im Übrigen sind aber in die Umsatzberechnung die Umsätze der beteiligten Unternehmen **einschließlich der mit ihnen nach § 36 Abs. 2 verbundenen Unternehmen aus allen sachlichen und räumlichen Tätigkeitsgebieten** zu berücksichtigen; es findet keine Beschränkung auf die vom Zusammenschluss betroffenen Bereiche statt. Für die Ermittlung der Umsatzerlöse gilt § 277 Abs. 1 HGB, und zwar nicht nur für Kapitalgesellschaften, sondern für alle Unternehmen (vgl. GemK/Bosch § 1 Rn. 2). Der durch die 10. GWB-Novelle eingefügte Abs. 1 S. 2 ermöglicht die Prüfung auf Basis der Umsätze nach einem anderen Rechnungslegungsstandard (also zB IFRS), allerdings nur dann, wenn nicht parallel ein Abschluss nach HGB aufgestellt wird; auf diese Weise wird klargestellt, dass für die Zwecke der deutschen Fusionskontrolle nicht zusätzlich ein HGB-Abschluss aufgestellt werden muss. Auszugehen ist von der **tatsächlichen typischen Tätigkeit** des Unternehmens; das spielt insbes. für Einkünfte aus Vermietung und Verpachtung, Hilfs- und Nebenbetrieben sowie Veräußerungs- und Lizenzverträgen über gewerbliche Schutzrechte eine Rolle (dazu Kleinmann/Bechtold § 23 Rn. 314), die nur dann 3

Umsätze iSd § 38 sind, wenn sie Teil der typischen Tätigkeit des Unternehmens sind.

4 Auch **öffentlich-rechtliche Gebühren** können Umsatz sein (so für Rundfunkgebühren KG WuW/E 4811 (4824 f.) – Radio WDR); Voraussetzung ist aber, dass es sich um Entgelte für wirtschaftliche Leistungen handelt. **Erträge aus Arbeitsgemeinschaften** sind nicht mitzurechnen; anderes gilt, soweit das Unternehmen selbst Leistungen für die Gemeinschaft erbracht und dadurch Umsätze erzielt hat. Die in der Bauwirtschaft übliche Kategorie der **Bauleistung** schließt die anteiligen Arbeitsgemeinschafts-Umsätze ein und ist daher nicht mit dem handelsüblichen Umsatz gleichzusetzen. Erträge aus gewerblichen Leistungen sind Umsatz. Bei **Handelsvertretern** und Kommissionären kommt es nicht auf den mit den vertriebenen Waren erzielten Umsatz an, sondern auf die eingenommenen Provisionen. Bei **Lohnaufträgen** ist nur das Entgelt für die Dienstleistung des Auftragnehmers anzusetzen. Nicht zu den Umsatzerlösen gehören außerordentliche Erträge iSv § 277 Abs. 4 HGB. **Keine Umsätze sind Beteiligungserträge** (KG WuW/E 4835 (4845) – Iserlohner Kreisanzeiger). Abs. 1 S. 2 schließt **Innenumsätze** aus Lieferungen und Leistungen zwischen verbundenen Unternehmen aus. Bei Umsätzen zwischen den am Zusammenschluss beteiligten Unternehmen ist zu differenzieren: Führt der Zusammenschluss zu einem Konzern, sind die Innenumsätze abzuziehen (ebenso Loewenheim/Meessen/Riesenkampff/Kersting/Meyer-Lindemann/Neuhaus Rn. 16; differenzierend Bunte/Kallfaß Rn. 7), andernfalls (zB beim Erwerb einer Minderheitsbeteiligung) nicht. Wird durch den Zusammenschluss – wie in **outsourcing-Fällen** – bisheriger Innenumsatz externer, marktrelevanter Umsatz, ist er als solcher zu berücksichtigen. Maßgeblich sind die **Netto-Umsätze,** insbes. ohne Umsatzsteuer, Verbrauchsteuer und Erlösschmälerungen (vgl. § 277 Abs. 1 HGB). Bei der Umsatzberechnung einer **Lotteriegesellschaft** stellt sich die Frage, ob die – der Höhe nach von vornherein festgelegten – ausgeschütteten Gewinne in die Umsatzberechnung einzubeziehen oder von vornherein als Erlösschmälerungen abzusetzen sind (dafür OLG Düsseldorf WuW/E DE-R 2347 (2351 f.) – Universitätsklinikum Greifswald; aA in diesem Verfahren BKartA; offen gelassen vom BGH WuW/E DE-R 3465 (3466) – Universitätsklinikum Greifswald).

5 **b) Auslandsumsätze.** Das BKartA und die Rspr. beziehen ohne Unterschied **in- und ausländische Umsätze** in die Umsatzberechnung ein. Früher war in § 23 Abs. 1 S. 3 Hs. 3 aF ausdrücklich geregelt, dass Umsätze in fremder Währung „nach dem amtlichen Kurs" in DM umzurechnen seien. Der Gesetzgeber der 6. GWB-Novelle hat die Aufrechterhaltung dieser Bestimmung nicht für erforderlich gehalten. Maßgeblich für die Umrechnung ist der **Jahresmittelkurs der Europäischen Zentralbank** (vgl. dazu auch Merkblatt des BKartA zur deutschen Fusionskontrolle, Anhang C 6, unter Nr. 5.1.). Meistens kommt es auf diese Feinheiten der Umrechnung nicht an; sie sind aber maßgeblich, wenn das Erreichen bestimmter Schwellenwerte zweifelhaft ist.

6 **c) Handelsumsätze (Abs. 2).** Das sind Umsätze von Unternehmen, deren Geschäftsbetrieb ganz oder teilweise im Vertrieb von Waren besteht. Sie sind insoweit nach Abs. 2 **nur zu** $^{3}/0_{4}$ anzusetzen (vgl. zB BGH WuW/E 2337 (2338) – Hussel/Mara). „Handel mit Waren" setzt voraus, dass das Unternehmen die Erzeugnisse nicht ver- oder bearbeitet; bloße Verpackung oder eine im Verhältnis zum Wert ganz untergeordnete Bearbeitung ist unschädlich. Die hM sieht in der Verteilung von **Elektrizität und Gas** wegen der häufigen Umformungen keinen „Handel mit Waren" bzw. in der früheren Gesetzesterminologie „Vertrieb von Waren" (BKartA WuW/E 3469 (3470) – Thüringer Gas/Westerland; vgl. dazu auch Bunte/Kallfaß Rn. 9; aA richtigerweise Immenga/Mestmäcker/Thomas Rn. 36). Umsätze aus reinem **Stromhandel** sind dagegen Handelsumsätze nach Abs. 2 (Bunte/Kallfaß Rn. 9; Immenga/Mestmäcker/Thomas Rn. 36).

3. Branchenspezifische Umsatzberechnung (Abs. 3, 4)

a) Presse. Umsätze im Pressebereich sind nach Abs. 3 mit 8 zu multiplizieren. 7
Dieser Faktor wurde durch die 8. GWB-Novelle 2012/2013 von bisher 20 auf 8 (dazu auch Klumpp WuW 2013, 344 (347 f.)). Die in dem Faktor liegende Sonderregelung für Presseunternehmen ist verfassungsrechtlich unbedenklich (vgl. BVerfG WuW/E VG 307 f.) und mit der 10. GWB-Novelle auf 4 gesenkt. Nach dem Gesetz kommt es darauf an, ob die Umsätze mit **„Zeitungen"** und **„Zeitschriften"** oder deren Bestandteilen erzielt werden. Es muss sich also um periodische Druckwerke handeln; die Unterscheidung zwischen Zeitungen und Zeitschriften spielt angesichts ihrer Gleichbehandlung keine Rolle. Umsätze mit **E-Papers,** die digitale Ausgaben gedruckter Zeitungen sind, sollen Presseumsätze sein (Bunte/Kallfaß Rn. 12). Nicht geklärt ist die Behandlung von reinen Online-Angeboten (Bunte/Kallfaß Rn. 11). Anzeigenblätter „mit einem nicht ganz nebensächlichen redaktionellen Teil" sind unabhängig von ihrer presserechtlichen Beurteilung Zeitungen (stRspr, vgl. BGH WuW/E 2443 (2449) – Südkurier/Singener Wochenblatt; kritisch Bechtold AfP 1978, 119 (120 f.); 1980, 88 (89)). Offertenblätter ohne redaktionellen Teil sind keine Zeitungen (vgl. BGH WuW/E 2443 (2449) – Südkurier/Singener Wochenblatt; Bunte/Kallfaß Rn. 11; Immenga/Mestmäcker/Thomas Rn. 41); das gilt unabhängig davon, ob sie verkauft oder unentgeltlich verteilt werden. Umsätze mit **Beilagen** sind ebenfalls keine Presseumsätze. Unter **„Bestandteilen"** sind Teile der fertigen Zeitung oder Zeitschrift, zB Beilagen zu Zeitungen, nicht die Vormaterialien zu verstehen. Unter Herstellung fällt insbes. der Zeitungs- und Zeitschriften-Druck. Leistungen der **Presseagenturen** sind weder „Bestandteile" noch „Herstellung", also nicht zu multiplizieren; das BKartA ist aA (BKartA 22.7.2010 – B6–48/10 – ddp/AP; wohl ebenso Loewenheim/Meessen/Riesenkampff/Kersting/Meyer-Lindemann/Neuhaus Rn. 20; differenzierend Kleinmann/Bechtold § 23 Rn. 331). Umsätze im reinen **Pressevertrieb** sind uE nach Abs. 3 iVm Abs. 2 mit 3 zu multiplizieren (¾ von 4). Zwar heißt es in der Begr. z. RegE zur 6. GWB-Novelle (BR-Drs. 852/97, 59), die das klarstellende Klausel in § 23 Abs. 1 S. 7 Hs. 2 aF („S. 6" – der dem heutigen Abs. 2 entspricht – „bleibt unberührt") habe keine praktische Bedeutung erlangt; ob sie allein deswegen gestrichen wurde, blieb aber offen. Das BKartA wendet auch bei reinen Pressevertriebsumsätzen den vollen Faktor an (Beschluss des BKartA v. 26.2.1999 zur Gesch.Nr. B6–51478-U-8/99; das KG hat im – rechtskräftigen – Beschwerdebeschluss dazu nicht Stellung genommen; wie BKartA auch Bunte/Kallfaß Rn. 11; Immenga/Mestmäcker/Thomas Rn. 42; vgl. dazu auch Bechtold AfP 2000, 156 f.). Der Referentenentwurf der 8. GWB-Novelle hatte noch vorgesehen, dass der Faktor 20 weiterhin für die **Bagatellmarktklausel** des § 36 Abs. 1 S. 2 Nr. 2 gilt. Das ist nicht Gesetz geworden. Vielmehr gilt auch für die Bagatellmarktklausel der Faktor 4; die Volumensgrenze liegt also bei 5 Mio. EUR (→ § 36 Rn. 45); wegen der Möglichkeit der Bündelung von Märkten nach § 36 Abs. 1 S. 2 Nr. 2 idF der 10. GWB-Novelle relativiert sich der Vorteil der Faktorabsenkung aber erheblich.

b) Rundfunk. Die 6. GWB-Novelle hat in § 38 Abs. 3 eingefügt, dass die presse- 8
spezifische Umsatzberechnungsformel auch gilt für „die Herstellung, den Vertrieb und die Veranstaltung von **Rundfunkprogrammen** und den Absatz von **Rundfunkwerbezeiten**". Die 8. GWB-Novelle 2012/2013 hatte insoweit den Faktor 20 beibehalten, ihn also nicht wie für den Pressebereich auf 8 gesenkt; dies ist aber durch die 9. GWB-Novelle 2017 nachgeholt worden. Dies wurde auch damit begründet, dass die Konkurrenz im Rundfunkbereich durch internetbasierte Werbungen unter stark geändertem Mediennutzungsverhalten ausreichend Wettbewerbsdruck erzeugt, sodass die Fusionskontrollschwellen angehoben werden konnten (RegE 9. GWB-Novelle 2017, 77). Unter „Rundfunk" ist **Fernsehen und**

Hörfunk zu verstehen. Der Gesetzgeber hielt die Erweiterung der pressespezifischen Regeln der Fusionskontrolle auch auf den Rundfunk wegen der „veränderten Marktverhältnisse" für erforderlich. Wegen der Regionalisierung und Lokalisierung von Rundfunkmärkten seien die Ziele der Fusionskontrolle, wettbewerbliche Marktstrukturen zu sichern, mit den allgemeinen Umsatzgrenzen der Fusionskontrolle ähnlich wie im Pressebereich nicht oder nur eingeschränkt zu erreichen (Begr. z. RegE zur 6. GWB-Novelle BR-Drs. 852/97, 59). Damit müssen sich Unternehmen, die in der Herstellung, dem Vertrieb oder in der Veranstaltung von Rundfunkprogrammen und im Absatz von Rundfunkwerbezeiten tätig sind, die darauf bezogenen Umsätze mit dem 20-fachen anrechnen lassen. Soweit die Veranstaltung von Rundfunkprogrammen ausschließlich aus der Werbung finanziert wird, hat diese Regelung nur Bedeutung für diese Werbeeinnahmen. Soweit sich der **öffentlich-rechtliche Rundfunk** aus Gebühren finanziert, die der Sache nach ein Entgelt für das Empfangen der Rundfunkprogramme sind, sind diese **Gebühren als Umsatzerlöse** zu bewerten (vgl. dazu auch KG WuW/E 4811 (4824 f.) – Radio WDR). Das Gleiche gilt selbstverständlich für privatrechtliche Entgelte für das Empfangen von Rundfunkprogrammen (also insbes. das Entgelt im Pay-TV). Abs. 3 stellt neben die Herstellung und die Veranstaltung von Rundfunkprogrammen auch den **„Vertrieb" von Rundfunkprogrammen.** Damit ist anders als bei Presseprodukten nicht unbedingt der Vertrieb dessen gemeint, was andere herstellen oder veranstalten. Vielmehr umfasst die Klausel insbes. Rahmenprogramm-Anbieter. Diese bieten zB lokalen Hörfunkveranstaltern, die aus wirtschaftlichen Gründen ein Vollprogramm nicht selbst herstellen können, gegen Entgelt oder gegen Nutzung von Hörfunkwerbezeiten eigenveranstaltete oder eigens für andere Hörfunkveranstalter produzierte Programme oder Programmteile an und nehmen auf diese Weise auf die Struktur der regionalen und lokalen Märkte im Hörfunkbereich Einfluss (Begr. z. RegE zur 6. GWB-Novelle BR-Drs. 852/97).

9 **c) Banken.** Abs. 4 sieht eine besondere Umsatzberechnung für Kreditinstitute, Finanzinstitute und Bausparkassen vor. Der Begriff des **Kreditinstituts** ist in § 1 Abs. 1 KWG definiert. Kreditinstitute sind hiernach „Unternehmen, die Bankgeschäfte gewerbsmäßig oder in einem Umfang betreiben, der einen in kaufmännischer Weise eingerichteten Geschäftsbetrieb erfordert". Der Begriff des **„Finanzinstituts"** entspricht dem des „Finanzdienstleistungsinstituts" iSv § 1 Abs. 1a KWG. Es handelt sich um Unternehmen, „die Finanzdienstleistungen für andere gewerbsmäßig oder in einem Umfang erbringen, die einen in kaufmännischer Weise eingerichteten Geschäftsbetrieb erfordert, und die keine Kreditinstitute sind". **Bausparkassen** sind in § 1 Abs. 1 des Gesetzes über Bausparkassen definiert als „Kreditinstitute, deren Geschäftsbetrieb darauf gerichtet ist, Einlagen von Bausparern entgegenzunehmen und aus den angesammelten Beträgen den Bausparern für wohnungswirtschaftliche Maßnahmen Gelddarlehen zu gewähren". Durch das Bilanzrechtsmodernisierungsgesetz vom 25.5.2009 (BilMoG, BGBl. 2009 I 1102) sind den Banken gleichgestellt worden **Kapitalanlagegesellschaften** iSv § 2 Abs. 6 des Investmentgesetzes (v. 15.12.2003, BGBl. 2003 I 2676, zul. geändert durch das BilMoG). Dort sind sie definiert als „Unternehmen, deren Hauptzweck in der Verwaltung von inländischen Investmentvermögen im Sinne des § 1 S. 1 Nr. 1" (Investmentfonds oder Investmentaktiengesellschaften) mit oder ohne individuelle Vermögensverwaltung besteht.

10 Bis zur 6. GWB-Novelle sah § 23 Abs. 1 S. 4 aF für Kreditinstitute und Bausparkassen vor, dass an die Stelle der Umsatzerlöse ein **Zehntel der Bilanzsumme** zu treten habe. Diese Regelung war Art. 5 Abs. 3 lit. a VO 4064/89 für „Kredit- und sonstige Finanzinstitute" gefolgt. Mit der Änderung der (Fusionskontroll-)VO 4064/89 durch die VO 1310/97 vom 30.6.1997 (ABl. 1997 L 180, 1), trat dort mit Wirkung vom 1.3.1998 eine Änderung in Kraft, die durch Bezugnahme auf die

Richtlinie 86/635/EWG des Rates vom 8.12.1986 über den Jahresabschluss und den konsolidierten Abschluss von Banken und anderen Finanzinstituten der jetzigen Neuregelung in § 38 Abs. 3 sachlich entspricht. Diese Änderung ist in den jetzt geltenden Art. 5 Abs. 3 FKVO übernommen worden (vgl. dazu auch Bechtold/Bosch/Brinker FKVO Art. 5 Rn. 15). Seit der Änderung des Abs. 4 durch das BilMoG (→ Rn. 9) wird verwiesen auf die „Kreditinstituts-Rechnungslegungsverordnung“ in der jeweiligen Fassung. Gemeint ist damit die Verordnung über die Rechnungslegung der Kreditinstitute und Finanzdienstleistungsinstitute vom 10.2.1992 (idF v. 11.12.1998, BGBl. 1998 I 3658, zuletzt geändert durch VO vom 9.6.2011, BGBl. 2011 I 1041). Sie dient der Umsetzung der Richtlinie 86/635/EWG. Aufgrund der Verweisung auf ihren § 34 Abs. 2 S. 1 Nr. 1 lit. a–e sind als **Umsatzerlöse anzusetzen:**

- Zinserträge
- laufende Erträge aus Aktien und anderen nicht fest verzinslichen Wertpapieren, Beteiligungen, Anteilen an verbundenen Unternehmen
- Provisionserträge
- Nettoerträge des Handelsbestands
- sonstige betriebliche Erträge.

Obwohl die Leistungen der Kreditinstitute idR steuerfrei sind, bestand doch Veranlassung, den **Abzug der Umsatzsteuer** vorzusehen, weil die Kreditinstitute eine Optionsmöglichkeit auf die Umsatzsteuerpflicht haben. Auch andere direkt auf diese Beträge erhobene Steuern sind abzusetzen. Ist ein Unternehmen oder eine Unternehmensgruppe nur **teilweise** als Kreditinstitut, Finanzinstitut, Bausparkasse oder Kapitalanlagegesellschaft tätig, teilweise aber auch in anderen Wirtschaftsbereichen, sind die Umsatzberechnungen nach Abs. 1 und Abs. 4 für die jeweiligen Tätigkeitsgebiete miteinander zu verbinden; es gelten insoweit die handelsrechtlichen Grundsätze für entsprechende Fälle. 11

d) Versicherungen. Abs. 4 S. 2 sieht für Versicherungsunternehmen vor, dass als Umsatzerlöse die **Prämieneinnahmen** anzusetzen sind. Versicherungsunternehmen sind private und öffentlich-rechtliche Versicherungsunternehmen im Rahmen des § 1 VAG. Erfasst sind auch Rückversicherungsunternehmen. Soweit Träger der **Sozialversicherung** der Fusionskontrolle unterliegen (→ § 35 Rn. 28), kann ihr Umsatz ebenfalls nur anhand der **Beitragseinnahmen** festgestellt werden; sie sind also iSd Abs. 4 S. 2 Versicherungsunternehmen, und die von ihnen eingenommenen Versicherungsbeiträge sind iSd S. 3 „Prämieneinnahmen“. 12

Für diese Versicherungsunternehmen sieht Abs. 4 S. 2 und 3 vor, dass an die Stelle der Umsätze die Prämieneinnahmen des letzten abgeschlossenen Geschäftsjahres anzusetzen sind. Diese sind definiert als **„Einnahmen aus dem Erst- und Rückversicherungsgeschäft** einschließlich der in Rückdeckung gegebenen Anteile“. Auch diese Regelung stimmt der Sache nach mit Art. 3 Abs. 5 lit. b FKVO überein. Dort heißt es, dass abzustellen sei auf die Summe der Bruttoprämien; diese Summe umfasse „alle vereinnahmten sowie alle noch zu vereinnahmenden Prämien aufgrund von Versicherungsverträgen, die von diesen Unternehmen oder für ihre Rechnung abgeschlossen worden sind, einschl. etwaiger Rückversicherungsprämien und abzüglich der aufgrund des Betrages der Prämie oder des gesamten Prämienvolumens berechneten Steuern und sonstigen Abgaben“. Soweit ein Unternehmen oder eine Gruppe von Unternehmen neben anderen Tätigkeiten auch Tätigkeiten als Versicherungsunternehmen durchführt, sind für die jeweiligen Geschäftsbereiche die anteiligen Umsätze bzw. Umsatzäquivalente anzusetzen. 13

4. Berechnung der Gegenleistung (Abs. 4a)

Der neu eingefügte Abs. 4a definiert die **Gegenleistung** für die neue Aufgreifschwelle des § 35 Abs. 1a. Während die Umsatzschwellen die existierende Geschäfts- 14 tätigkeit eines Unternehmens abbilden, soll die gegenleistungsbasierte Aufgreifschwelle das durch die Gegenleistung abgebildete wettbewerbliche Potenzial des zu erwerbenden Unternehmens erfassen, das bisher noch nicht durch Umsatzerlöse manifestiert ist. Die Gegenleistung besteht nach Nr. 1 zunächst aus dem **Kaufpreis,** der sich aus allen Vermögensgegenständen und sonstigen geldwerten Leistungen zusammensetzt, die der Veräußerer vom Erwerber erhält. Nach der GWB-Novelle 2017 (S. 77) sind Vermögensgegenstände Geldzahlungen, Übertragung von Rechten, Anlagen und Umlaufvermögen, sowie immaterielle Vermögensgegenstände. Auch Leistungen, die an den Eintritt bestimmter Bedingungen geknüpft sind, wie sog. Earn-out-Klauseln, die an Umsatz- oder Gewinnerwartung geknüpft sind, sollen in die Berechnung der Gegenleistung einfließen. Problematisch wird die Wertbestimmung bei Transaktionen sein, bei denen Vermögenswerte Teil der Gegenleistung sind. Dies gilt zB dann, wenn Unternehmen oder Unternehmensteile getauscht werden. Diese Vermögenswerte müssen selbstständig bewertet werden; dabei ist entscheidend, welcher Wert von den Vertragspartnern angesetzt wurde. Nach der RegBegr. (S. 77) sollen Unternehmensteile nicht nach Liquidationswerten bewertet werden dürfen. Dem kann nicht pauschal zugestimmt werden: Wenn die Vermögensgegenstände nicht Teil eines funktionierenden Unternehmens sind, also nicht auf Basis der Fortführungswerte in die Bewertung eingeflossen sind, sondern lediglich auf Basis der Liquidationswerte, dann ist auch der von den Vertragspartnern zugemessene Liquidationswert anzusetzen.

15 Nach Nr. 2 sind auch **Verbindlichkeiten,** die der Erwerber **übernimmt,** in die **Gegenleistung** einzubeziehen.

5. Umsatzberechnung beim Erwerb von Unternehmensteilen (Abs. 5 S. 1 und 2)

16 Abs. 5 ist durch die 8. GWB-Novelle 2012/2013 neu formuliert worden. **S. 1** entspricht dem alten Abs. 5, ist aber in Angleichung an Art. 5 Abs. 2 UAbs. 1 FKVO auf alle Zusammenschlusstatbestände des § 37 Abs. 1 erweitert worden. Bis dahin galt Abs. 5, der nur einen Satz umfasste, nur für den Zusammenschlusstatbestand des Vermögenserwerbs in § 37 Abs. 1 Nr. 1. S. 1 ist Ausfluss des Prinzips, dass bei allen Zusammenschlusstatbeständen, die einen Veräußerungsvorgang umfassen, der **Veräußerer** für die Berechnung der Umsätze und der Marktanteile **nicht einzubeziehen** ist. Bis zur 4. GWB-Novelle 1980 war es streitig gewesen, ob bei der Vermögensveräußerung auch der **Umsatz des Veräußerers** einzubeziehen sei (vgl. zur früheren Rechtslage insbes. BGH WuW/E 1570 (1571) – Kettenstichnähmaschinen). Beim Vermögenserwerb durch Verschmelzung oder Umwandlung sind Beteiligte die übertragenden und übernehmenden Gesellschaften. Beim Vermögenserwerb in sonstiger Weise ist beteiligt der Erwerber und der veräußerte Vermögensteil, nicht aber der Veräußerer. Wenn man von dem Grundsatz ausgeht, dass der Veräußerer nicht an den Zusammenschluss zwischen dem Erwerber und dem, was auf ihn übergeht, beteiligt ist, ist der zusätzliche Regelungsinhalt des Abs. 5 S. 1 selbstverständlich: Der Veräußerer wird in die Berechnung der Umsätze und der Marktanteile nicht einbezogen, unabhängig davon, ob der Veräußerungsgegenstand rechtlich verselbstständigt ist oder nicht. Gerade weil das so ist, sieht § 54 Abs. 2 Nr. 4 vor, dass der (materiell am Zusammenschluss nicht beteiligte) Veräußerer am Fusionskontroll**verfahren** beteiligt ist. Die dort vorgenommene Eingrenzung auf den Vermögenserwerb des § 37 Abs. 1 Nr. 1 und den Anteilserwerb des § 37 Abs. 1 Nr. 3 ist zu eng; diese Vorschrift findet auch Anwendung, soweit der Kontrollerwerb des § 37 Abs. 1 Nr. 2 und der Erwerb eines wettbewerblich erheblichen Einflusses nach § 37 Abs. 1 Nr. 4 ein Anteilserwerb ist, bei dem es einen Veräußerer gibt (→ § 54 Rn. 4). S. 1 sieht eine Zusammenrechnung nicht nur der Umsätze, sondern auch der **Marktanteile** vor. Die Erwähnung der Marktanteile hat ebenso wie die der Umsätze nur

Bedeutung für die formelle Fusionskontrolle. Diese spielen nur für den Inhalt der Anmeldung in § 39 Abs. 3 Nr. 4 eine Rolle, nach dem für die „beteiligten" Unternehmen Marktanteile ab 20 % genannt werden müssen.

17 Die 8. GWB-Novelle 2012/2013 hat Abs. 5 durch einen **S. 2** ergänzt. Danach sind trotz der Regelung in S. 1 die Umsätze (und Marktanteile) des Veräußerers zu berücksichtigen, wenn er an dem Veräußerungsobjekt **alleinige oder Mitkontrolle behält oder mit mindestens 25 % beteiligt bleibt.** Die Auslegung dieser neuen Vorschrift bereitet Schwierigkeiten, die auch nicht durch die Gesetzesmaterialien (Begr. z. RegE BT-Drs. 17/9852, 29 zu Nr. 21b) gelöst werden können. Der Sache nach wird die allein für den Anteilserwerb geltende Vorschrift des § 37 Abs. 1 Nr. 3 S. 3 auf die anderen Zusammenschlusstatbestände ausgeweitet, ohne dass aber eine Beteiligtenfiktion für den Veräußerer begründet wird. S. 2 geht nicht so weit wie § 37 Abs. 1 Nr. 3 S. 3, der – ausschließlich für den Fall des Anteilserwerbs – dann, wenn der Erwerber mindestens 25 % der Anteile erwirbt und der Veräußerer mit mindestens 25 % beteiligt bleibt, im Rahmen der Fiktion des Gemeinschaftsunternehmens mehrere „Horizontal-" und „Vertikal-Zusammenschlüsse" annimmt (→ § 37 Rn. 34). S. 2 schließt aber nicht aus, die Fiktion des Gemeinschaftsunternehmens in § 37 Abs. 1 Nr. 3 S. 3 analog auch auf die Fälle des Kontrollerwerbes anzuwenden (zur früheren Rechtslage → 6. Aufl. 2010, § 37 Rn. 17 f.). Die Regelung führt allerdings dazu, dass in die Umsatzberechnung der Veräußerer unter bestimmten Voraussetzungen einzubeziehen ist, ohne dass ein zusätzlicher Zusammenschlusstatbestand oder eine Beteiligung fingiert wird. Erwirbt E die Alleinkontrolle über A, bleibt aber der Veräußerer V mit 25 % an A beteiligt, sind für die Umsatzschwellen nach § 35 die Umsätze von E als Erwerber, von A als Zusammenschlussobjekt und V als Veräußerer zusammenzurechnen. Erwirbt E von dem bisher allein kontrollierenden B die Mitkontrolle an A und behält B die Mitkontrolle, sind in die Umsatzberechnung außer A E als Erwerber und B als weiter mitkontrollierendes Unternehmen einzubeziehen. S. 2 hat ebenso wie S. 1 **nur Bedeutung für die formelle Fusionskontrolle,** nicht für die materielle Fusionskontrolle. Ob die Zusammenrechnung der Marktanteile überhaupt irgendwelche Auswirkungen hat, ist zweifelhaft. § 39 Abs. 3 Nr. 4, der für den Inhalt der Anmeldung eine Marktanteilsschwelle von 20 % „für die beteiligten Unternehmen" vorsieht, spricht von den „beteiligten Unternehmen"; S. 2 weitet aber den Beteiligtenbegriff gerade nicht aus.

6. Zusammenrechnung mehrerer Zusammenschlüsse (Abs. 5 S. 3)

18 Die **8. GWB-Novelle 2012/2013** hat § 38 Abs. 5 durch einen neuen S. 3 ergänzt. Er entspricht Art. 5 Abs. 2 UAbs. 2 FKVO. Da diese Vorschrift auch Auswirkungen auf die Zuständigkeitsverteilung zwischen Europäischer Kommission und BKartA haben kann, ist es unabhängig von ihrem materiellen Regelungsgehalt sinnvoll, dass das GWB eine gleichlautende Vorschrift enthält. Die **9. GWB-Novelle 2017** erweitert die Regelung auch auf die neue gegenleistungsabhängige Aufgreifschwelle des § 35 Abs. 1a. Die **10. GWB-Novelle 2021** strich das Wort „erstmals", um eine Umgehungsmöglichkeit zu schließen.

19 Wenn mehrere Zusammenschlüsse zeitlich und/oder wirtschaftlich in irgendeiner Weise verbunden sind, stellt sich die Frage, ob sie zu einer Einheit zusammenzufassen sind. Das kann erhebliche Auswirkungen haben auf die Frage, ob die **Umsatzschwellen** des § 35 Abs. 1 und 2 oder des Art. 1 Abs. 2 und/oder 3 FKVO bzw. die **Schwelle der Gegenleistung** nach § 35 Abs. 1a erreicht sind; auch für die **materielle Beurteilung** kann das eine wesentliche Rolle spielen. § 37 Abs. 1 Nr. 2 geht für den Fall, dass mehrere Unternehmen unmittelbar oder mittelbar die Kontrolle über eine Gesamtheit mehrerer Unternehmen erwerben, von einem einheitlichen Zusammenschluss aus; das kann aber nur dann gelten, wenn dieser

Zusammenschluss durch einen zumindest **wirtschaftlich einheitlichen Vorgang** bewirkt wird (→ § 37 Rn. 14). Abs. 5 S. 3 geht darüber hinaus. Er fasst Zusammenschlüsse, die unabhängig voneinander vereinbart und vollzogen werden, zu einem „einzigen“ Zusammenschluss zusammen, wenn und soweit sie innerhalb von **zwei Jahren zwischen denselben Personen oder Unternehmen getätigt** werden. Allerdings soll das nach dem Wortlaut des S. 3 nur für „zwei oder mehr Erwerbsvorgänge iSv S. 1“ gelten. Das setzt voraus, dass es jeweils um den Erwerb von „Teilen eines oder mehrerer Unternehmen“ geht. Dem kommt keine selbstständige Bedeutung zu (vgl. dazu auch Nr. 50 der konsolidierten Mitteilung der Kommission zu Zuständigkeitsfragen, → § 35 Rn. 7). Vielmehr findet die Zusammenrechnung nach S. 3 immer statt, wenn **Identität sowohl auf der Erwerberseite als auch auf der Veräußererseite** (unter Einbeziehung der mit ihnen jeweils nach § 36 Abs. 2 verbundenen Unternehmen) besteht; die Erwerbsgegenstände, für die nacheinander ein im Hinblick auf die Beteiligten identischer Kontrollwechsel stattfindet, sind dann iSv S. 1 „Teile eines oder mehrerer Unternehmen“. Die Zweijahresfrist beginnt mit dem Vollzug des ersten Zusammenschlusses; sie bezieht alle Zusammenschlüsse ein, die während der Frist von zwei Jahren entweder vollzogen oder bei der Kommission angemeldet werden. Für den letzten Zusammenschluss kann es, wenn er noch nicht vollzogen ist, nicht auf das (künftige) Vollzugsdatum ankommen, sondern nur darauf, wann nach Anmeldung die fusionskontrollrechtliche Prüfung beginnt.

20 Die Streichung des Wortes „erstmals“ durch die 10. GWB-Novelle 2021 **verhindert** die **Umgehungsmöglichkeit der Aufspaltung** der nach Abs. 5 S. 3 **einheitlich zu beurteilenden Transaktion** in einen größeren „unproblematischen“, aber anmeldepflichtigen Fall, und einen zweiten „problematischen“ Fall, der unterhalb der Schwellen liegt. Nach der bisherigen Rechtslage wäre Abs. 5 S. 3 nicht anwendbar und damit eine Betrachtung des wirtschaftlich einheitlichen Zusammenschlusses nicht möglich gewesen, weil die Schwellen schon beim ersten Zusammenschluss überschritten gewesen wären, also beim zweiten Zusammenschluss keine „erstmalige“ Überschreitung der Schwellen stattgefunden hätte. Die Neufassung führt also dazu, dass die nachfolgende Transaktion immer fusionskontrollpflichtig ist, wenn sie zusammen mit der ersten über den Schwellen liegt.

21 Die Zusammenrechnung nach S. 3 führt dazu, dass **nachträglich ein einheitlicher Zusammenschluss** anzunehmen ist, auf den sowohl die formellen als auch die materiellen Fusionskontrollvorschriften Anwendung finden. Die Zusammenrechnung kann dazu führen, dass Zusammenschlussteile, die zunächst der deutschen Fusionskontrolle und als solche nicht der EU-Fusionskontrolle unterlagen, aufgrund der Zusammenrechnung in den Anwendungsbereich der FKVO kommen, weil erstmals die Umsatzschwellen des Art. 1 Abs. 2 oder 3 FKVO überschritten werden. Die Zusammenrechnung kann aber auch – was selten der Fall sein wird – dazu führen, dass, obwohl der erste Zusammenschluss der EU-Fusionskontrolle unterlag, diese nachträglich insgesamt keine Anwendung findet, weil erst durch die Zusammenrechnung die Voraussetzungen der 2/3-Klausel in Art. 1 Abs. 2 oder 3 FKVO erfüllt sind. Im Regelfall findet aber die EU-Fusionskontrolle Anwendung, wenn ihr die ersten Zusammenschlussteile unterlagen. Dann unterliegt auch der letzte Teil des als Einheit fingierten Zusammenschlusses der EU-Fusionskontrolle, obwohl er selbstständig nicht von gemeinschaftsweiter Bedeutung iSv Art. 1 Abs. 2 oder 3 ist.

22 Die Zusammenrechnung führt dazu, dass **frühere Entscheidungen** der Kommission oder des BKartA, unabhängig davon, ob es sich um Untersagungen oder Freigaben handelt, wirkungslos werden. Ist zuvor von der Unanwendbarkeit der EU-Fusionskontrolle und der Anwendbarkeit der deutschen Fusionskontrolle ausgegangen worden, kann sich nachträglich ergeben, dass eine Kompetenz des BKartA nicht vorlag. War für die früheren Zusammenschlussteile die Europäische Kommission zuständig, sind die zuvor geprüften (und freigegebenen) Teile materiell in das

durch den letzten Zusammenschlussteil ausgelöste einheitliche Fusionskontrollverfahren einzubeziehen. Ungeklärt ist die Frage, wie sich diese nachträgliche Veränderung des rechtlich relevanten Sachverhalts und der Zuständigkeit der Behörden formal auf die **Wirksamkeit früherer, bestandskräftig gewordener Entscheidungen** der Kommission oder des BKartA auswirkt. Im Hinblick auf die Entscheidungen des BKartA ist aufgrund des Vorrangs des Unionsrechts davon auszugehen, dass diese Entscheidungen nicht als existent zu betrachten sind. Im Hinblick auf frühere, jetzt nicht mehr in ihrer Zuständigkeit liegende Entscheidungen der Kommission muss ebenfalls von einem automatischen Wegfall ausgegangen werden, weil anderenfalls der Regelung in Art. 5 Abs. 2 UAbs. 2 FKVO und § 37 Abs. 5 S. 3 keine Geltung verschafft werden kann.

7. EU-Recht

§ 38 hat die Vorschriften über die Berechnung der Umsatz erlöse **weitgehend an die der EU-Fusionskontrolle angeglichen;** dort sind sie in Art. 5 FKVO enthalten. Anders als das deutsche Recht enthält die EU-Fusionskontrolle aber keine besonderen Vorschriften für Handelsumsätze sowie Umsätze mit Presseerzeugnissen und Rundfunkprogrammen. 23

§ 39 Anmelde- und Anzeigepflicht

(1) [1]**Zusammenschlüsse sind vor dem Vollzug beim Bundeskartellamt gemäß den Absätzen 2 und 3 anzumelden.** [2]**Elektronische Anmeldungen sind zulässig über:**
1. **die vom Bundeskartellamt eingerichtete zentrale De-Mail-Adresse im Sinne des De-Mail-Gesetzes,**
2. **die vom Bundeskartellamt eingerichtete zentrale E-Mail-Adresse für Dokumente mit qualifizierter elektronischer Signatur,**
3. **das besondere elektronische Behördenpostfach gegen ein elektronisches oder ein mit Datum und Unterschrift versehenes schriftliches Empfangsbekenntnis sowie**
4. **eine hierfür bestimmte Internetplattform.**

(2) **Zur Anmeldung sind verpflichtet:**
1. **die am Zusammenschluss beteiligten Unternehmen,**
2. **in den Fällen des § 37 Absatz 1 Nummer 1 und 3 auch der Veräußerer.**

(3) [1]**In der Anmeldung ist die Form des Zusammenschlusses anzugeben.** [2]**Die Anmeldung muss ferner über jedes beteiligte Unternehmen folgende Angaben enthalten:**
1. **die Firma oder sonstige Bezeichnung und den Ort der Niederlassung oder den Sitz;**
2. **die Art des Geschäftsbetriebes;**
3. **die Umsatzerlöse im Inland, in der Europäischen Union und weltweit; anstelle der Umsatzerlöse sind bei Kreditinstituten, Finanzinstituten, Bausparkassen sowie bei externen Kapitalverwaltungsgesellschaften im Sinne des § 17 Absatz 2 Nummer 1 des Kapitalanlagegesetzbuchs der Gesamtbetrag der Erträge gemäß § 38 Absatz 4, bei Versicherungsunternehmen die Prämieneinnahmen anzugeben; im Fall des § 35 Absatz 1a ist zusätzlich auch der Wert der Gegenleistung für den Zusammenschluss nach § 38 Absatz 4a, einschließlich der Grundlagen für seine Berechnung, anzugeben;**

3a. **im Fall des § 35 Absatz 1a Angaben zu Art und Umfang der Tätigkeit im Inland;**

4. die Marktanteile einschließlich der Grundlagen für ihre Berechnung oder Schätzung, wenn diese im Geltungsbereich dieses Gesetzes oder in einem wesentlichen Teil desselben für die beteiligten Unternehmen zusammen mindestens 20 vom Hundert erreichen;
5. beim Erwerb von Anteilen an einem anderen Unternehmen die Höhe der erworbenen und der insgesamt gehaltenen Beteiligung;
6. eine zustellungsbevollmächtigte Person im Inland, sofern sich der Sitz des Unternehmens nicht im Geltungsbereich dieses Gesetzes befindet.

[3]In den Fällen des § 37 Absatz 1 Nummer 1 oder 3 sind die Angaben nach Satz 2 Nummer 1 und 6 auch für den Veräußerer zu machen. [4]Ist ein beteiligtes Unternehmen ein verbundenes Unternehmen, sind die Angaben nach Satz 2 Nummer 1 und 2 auch über die verbundenen Unternehmen und die Angaben nach Satz 2 Nummer 3 und Nummer 4 über jedes am Zusammenschluss beteiligte Unternehmen und die mit ihm verbundenen Unternehmen insgesamt zu machen sowie die Konzernbeziehungen, Abhängigkeits- und Beteiligungsverhältnisse zwischen den verbundenen Unternehmen mitzuteilen. [5]In der Anmeldung dürfen keine unrichtigen oder unvollständigen Angaben gemacht oder benutzt werden, um die Kartellbehörde zu veranlassen, eine Untersagung nach § 36 Absatz 1 oder eine Mitteilung nach § 40 Absatz 1 zu unterlassen.

(4) **[1]Eine Anmeldung ist nicht erforderlich, wenn die Europäische Kommission einen Zusammenschluss an das Bundeskartellamt verwiesen hat und dem Bundeskartellamt die nach Absatz 3 erforderlichen Angaben in deutscher Sprache vorliegen. [2]Das Bundeskartellamt teilt den beteiligten Unternehmen unverzüglich den Zeitpunkt des Eingangs der Verweisungsentscheidung mit und unterrichtet sie zugleich darüber, inwieweit die nach Absatz 3 erforderlichen Angaben in deutscher Sprache vorliegen.**

(5) **Das Bundeskartellamt kann von jedem beteiligten Unternehmen Auskunft über Marktanteile einschließlich der Grundlagen für die Berechnung oder Schätzung sowie über den Umsatzerlös bei einer bestimmten Art von Waren oder gewerblichen Leistungen, den das Unternehmen im letzten Geschäftsjahr vor dem Zusammenschluss erzielt hat, sowie über die Tätigkeit eines Unternehmens im Inland einschließlich von Angaben zu Zahlen und Standorten seiner Kunden sowie der Orte, an denen seine Angebote erbracht und bestimmungsgemäß genutzt werden, verlangen.**

(6) **[1]Anmeldepflichtige Zusammenschlüsse, die entgegen Absatz 1 Satz 1 nicht vor dem Vollzug angemeldet wurden, sind von den beteiligten Unternehmen unverzüglich beim Bundeskartellamt anzuzeigen. [2]§ 41 bleibt unberührt.**

Übersicht

1. Vorbemerkungen

§ 39 trat mit der **6. GWB-Novelle 1998** an die Stelle von Teilen des § 23 und des § 24a aF. Davor unterschied das Gesetz die der Fusionskontrolle unterliegenden Zusammenschlüsse danach, ob sie nur der **nachträglichen Fusionskontrolle** unterlagen und deswegen auch nur nachträglich anzuzeigen waren oder ob sie der **zwingenden vorherigen Fusionskontrolle** unterlagen und deswegen erst nach positivem Abschluss des Fusionskontrollverfahrens vollzogen werden durften. Zusammenschlüsse, die nur der nachträglichen Fusionskontrolle unterlagen, konnten aber „freiwillig" auch zur vorherigen Fusionskontrolle angemeldet werden; sie konnten dann nachträglich nach Anzeige nicht mehr untersagt werden. Jetzt sieht das Gesetz vor, dass **alle Zusammenschlüsse,** die – nach §§ 35 und 37 – der Fusionskontrolle unterliegen, **vor ihrem Vollzug anzumelden sind;** es darf also kein fusionskontrollpflichtiger Zusammenschluss mehr ohne vorherige Durchführung eines Fusionskontrollverfahrens vollzogen werden. Die Anmeldung ist materiell der Genehmigungsantrag, der vor Vollzug des Zusammenschlusses zu stellen ist. Die Anzeige ist nur noch die nachträgliche Information des BKartA, dass der – zuvor angemeldete und in der Fusionskontrolle geprüfte – Zusammenschluss auch tatsächlich vollzogen wurde. 1

Trotz dieses gesetzlichen Leitbildes kann es vorkommen, dass Zusammenschlüsse, die hätten angemeldet werden müssen, **tatsächlich ohne Anmeldung** und Freigabe durch das BKartA **vollzogen** worden sind. Ob auch ein schon vollzogener Zusammenschluss noch nachträglich nach Abs. 1, 2 angemeldet oder nur nach Abs. 6 angezeigt werden kann, und welche Wirkungen eine solche nachträgliche Maßnahme hat, war bis zur **8. GWB-Novelle 2012/2013** im Gesetz nicht ausdrücklich geregelt. Seit der 8. GWB-Novelle gilt § 41 Abs. 1 S. 3 Nr. 3, der von der nachträglichen „Anzeige" spricht und eine Beseitigung der zivilrechtlichen Unwirksamkeit bei Einstellung des „Entflechtungsverfahrens" vorsieht (→ § 41 Rn. 14). Das Gesetz sieht in § 41 Abs. 3 die Möglichkeit vor, dass ein Zusammenschluss, der schon vollzogen ist, im „Entflechtungsverfahren" nachträglich untersagt wird. Es enthält aber, anders als nach § 24 Abs. 2 S. 2 Hs. 2 aF, keine Vorschriften mehr über Fristen, die durch eine Anzeige ausgelöst werden und innerhalb derer das Amt nur untersagen darf (→ Rn. 29 f.). 2

Die 8. GWB-Novelle 2012/2013 hat Abs. 1 durch die S. 2 und 3 ergänzt, die Details der **elektronischen Anmeldung** regeln. In Abs. 4 S. 1 wurde die Bezeichnung der Kommission an den Vertrag von Lissabon angepasst. Zuvor wurde durch das Gesetz zur Modernisierung des Bilanzrechts (BilMoG) vom 25.5.2009 (BGBl. 2009 I 1102) § 39 Abs. 3 Nr. 3 an die geänderte Vorschrift des § 38 Abs. 4 S. 1 angepasst (→ § 38 Rn. 9). 3

Die 8. GWB-Novelle 2017 hat Abs. 3 hinsichtlich der **neuen gegenleistungsbezogenen Aufgreifschwelle des § 35 Abs. 1a** ergänzt und Abs. 3a hinsichtlich der Inlandstätigkeit des zu erwerbenden Unternehmens eingefügt; in Abs. 5 wurden die Auskunftsbefugnisse bezogen auf die Inlandstätigkeit des zu erwerbenden Unternehmens entsprechend erweitert. 4

4a Die 10. GWB-Novelle 2021 hat die Möglichkeit der Anmeldung auf elektronischem Weg neu gefasst. Außerdem wurde die bisher erforderliche **Anzeige des Vollzugs** des angemeldeten Zusammenschlusses in Abs. 6 abgeschafft. Dafür wurde in Abs. 6 die Pflicht eingeführt, einen **nicht angemeldeten, aber vollzogenen Zusammenschluss unverzüglich anzuzeigen.** Mit der **11. GWB-Novelle 2023** wurde in Abs. 1 S. 1 Nr. 3 das zusätzliche Erfordernis eines Empfangsbekenntnisses bei der Anmeldung über das besondere elektronische Behördenpostfach eingefügt.

2. Anmeldepflicht (Abs. 1 S. 1)

5 **a) Anmeldepflicht und Vollzugsverbot.** Nach Abs. 1 S. 1 sind alle – von §§ 35, 37 erfassten – Zusammenschlüsse **vor dem Vollzug** beim BKartA **anzumelden.** Die frühere Unterscheidung zwischen zwar fusionskontrollpflichtigen, aber nicht unbedingt vorher anmeldepflichtigen Zusammenschlüssen und solchen, die in jedem Falle vorher anzumelden waren, ist damit aufgegeben worden. An sich kann nur ein Zusammenschlussvorhaben, also ein noch nicht vollzogener Zusammenschluss, angemeldet werden. Dennoch kommt es vor, dass Zusammenschlüsse ohne vorherige Anmeldung und Freigabe durch das BKartA vollzogen worden sind und deswegen **nachträglich der Fusionskontrolle** unterworfen werden müssen. In derartigen Fällen ist **keine Anmeldung** vorzunehmen, sondern eine **Anzeige** iSv Abs. 6 (→ Rn. 29; vgl. auch ausf. Hahn WuW 2007, 1084; Klocker/Ost FS Bechtold, 2006, 229 (235 f.)).

6 Entgegen dem Wortlaut des Abs. 1 und der früheren (durch die 7. GWB-Novelle 2005 zu Recht geänderten) Bußgeldvorschrift des § 81 Abs. 1 Nr. 7 aF gibt es **keine als solche sanktionierte „Anmeldepflicht“** (vgl. dazu auch Wiedemann KartellR-HdB/Steinvorth § 21 Rn. 3; GemK/Bosch Rn. 3). Solange Unternehmen einen Zusammenschluss nicht angemeldet haben (und er nicht vom BKartA freigegeben ist), dürfen sie ihn nach § 41 Abs. 1 nicht vollziehen. Wann sie ihn anmelden, bleibt ihnen überlassen; sie sind – sinnvollerweise – kartellrechtlich nicht gehalten, einen Zusammenschluss anzumelden, zumal dann völlig offen wäre, wann sie das tun müssten. Kartellrechtlich ist ihnen lediglich verboten, den Zusammenschluss ohne vorherige Anmeldung und Freigabe durch das BKartA zu vollziehen. Die Unterlassung einer Anmeldung ist als solche folgenlos (→ § 81 Rn. 19). Rechtsfolgen verbinden sich nur mit dem Vollzug eines nicht angemeldeten und nicht vom BKartA freigegebenen Zusammenschlusses. Damit wird gegen das **Vollzugsverbot** des § 41 Abs. 1 verstoßen; dieser Verstoß ist nach § 81 Abs. 2 Nr. 1 ordnungswidrig. Ist dieser Verstoß begangen worden, muss dennoch nachträglich angezeigt werden (→ Rn. 30). Wird diese Anzeigepflicht nicht erfüllt, verstößt das Unternehmen gegen § 39 Abs. 6; dieser Verstoß ist nach § 81 Abs. 2 Nr. 4 selbstständig ordnungswidrig. In dieser Sicht erweist sich die Anmelde-„Pflicht“ als eine **Obliegenheit** der Unternehmen. Auch dann, wenn das Gesetz wie in Abs. 2 ausdrücklich von der Verpflichtung zur Anmeldung spricht, ist nur eine Obliegenheit gemeint, deren Verletzung nicht als solche geahndet wird, sondern nur dazu führt, dass gegen das Vollzugsverbot des § 41 Abs. 1 verstoßen wird. Das, was gemeinhin als Anmeldepflicht bezeichnet wird, erweist sich also nur als die Pflicht, nicht ohne vorherige Anmeldung und Freigabe durch das BKartA einen Zusammenschluss zu vollziehen. Die Anmeldung kann jederzeit ohne Weiteres zurückgenommen werden; insoweit gilt die **Dispositionsmaxime** (BGH WuW/E 2905 Rn. 24 – Phonak/GNStore).

7 **b) Anmeldefähigkeit.** Die Anmeldung bezieht sich auf das **Vorhaben eines** Zusammenschlusses (zu dem Fall der nachträglichen Anmeldung eines schon vollzogenen Zusammenschlusses → Rn. 4 und → Rn. 28 f.). Sie ist möglich, solange der Zusammenschluss noch nicht vollzogen ist; zumindest ein Vollzugsakt muss noch ausstehen. Dieser kann mit dem Abschluss des Fusionskontrollverfahrens verknüpft sein, insbes. im Falle der **aufschiebenden Bedingung,** wonach die Wirkungen

des Zusammenschlusses eintreten, sobald das BKartA das Verfahren positiv abgeschlossen hat. Da der Zusammenschluss vor seinem Vollzug anzumelden ist, stellt sich die Frage, ab wann angemeldet werden kann, welche Art von Verbindlichkeit und Konkretisierung also für die Anmeldung erforderlich ist. Es ist einerseits eine konkrete Absicht eines beteiligten Unternehmens erforderlich, den Zusammenschluss durchzuführen und, ggf. im Zusammenwirken mit anderen, die Voraussetzungen dafür zu schaffen. Andererseits ist aber noch **kein verbindlicher Vertrag erforderlich.** Anmeldefähig ist zB schon die Absicht eines Unternehmens, durch Zukauf von Aktien über die Börse die Beteiligung auf eine der Schwellen des § 37 Abs. 1 zu erhöhen. Die **Realisierbarkeit des Vorhabens** ist vom BKartA nicht zu prüfen. Erweist sich ein Vorhaben zunächst als nicht mehr realisierbar, steht aber auch nicht fest, ob es endgültig aufgegeben ist, ist es weiterhin anmeldefähig (vgl. BKartA WuW/E DE-V 1105 – Deutsche Börse/London Stock Exchange). Das BKartA würde, wenn es die Anmeldung als nicht (mehr) wirksam ansähe, das Risiko eingehen, dass ohne materielle Prüfung die Freigabewirkung aufgrund Fristablaufs nach § 40 Abs. 1 oder 2 einträte. Da in der Anmeldung nach Abs. 3 S. 1 auch die **„Form des Zusammenschlusses“** anzugeben ist, muss grds. auch diese Form feststehen. Es sind Aussagen darüber erforderlich, welcher Zusammenschlusstatbestand iSv § 37 Abs. 1 verwirklicht wird.

Das schließt aber nicht aus, insoweit **alternativ** vorzugehen, zB Erwerb einer 25 %igen Beteiligung oder – nach Möglichkeit – einer 50 %igen oder kontrollierenden Beteiligung. Wenn die materielle Beurteilung davon abhängig ist (was im Regelfall nicht der Fall ist), ist ggf. **differenziert zu entscheiden,** also Freigabe des einen alternativen Zusammenschlusses und Untersagung des anderen. Betreffen die Alternativen **zwei verschiedene Zusammenschlüsse** zwischen unterschiedlichen Parteien, die sich objektiv oder nach dem Willen und der Interessenlage des Anmelders ausschließen, ist offen, ob beide Alternativen angemeldet werden können. In diesem Falle würde es sich um zwei unterschiedliche Vorhaben handeln, die getrennt angemeldet werden müssen und deren Vollzug im Entweder-Oder-Verhältnis steht. Gegen die Zulässigkeit von zwei Anmeldungen sich gegenseitig ausschließender Zusammenschlussvorhaben bestehen dann Bedenken, wenn mit ihnen materielle Probleme verbunden sind, die unterschiedliche Ermittlungsmaßnahmen auch bei unbeteiligten Dritten erforderlich machen. Diesen sind die damit verbundenen Belastungen kaum zumutbar, wenn von vornherein feststeht, dass eines der beiden alternativ angemeldeten Vorhaben nicht realisiert wird. Gegebenenfalls ist der Anmelder dann darauf zu verweisen, dass er zunächst nur das Vorhaben anmeldet, dessen Realisierung nach seiner Beurteilung wahrscheinlicher als die Realisierung des anderen ist. 8

Es ist nicht erforderlich, dass der **Zeitpunkt** des Zusammenschlusses feststeht. Das hat insbes. Bedeutung bei der Anmeldung von **Stufenplänen** (Erwerb von 25 %, später 50 % oder der Kontrolle). BKartA und Rspr. vertreten allerdings die Auffassung, dass ein Vorhaben nur anmeldefähig ist, wenn der Vollzug noch innerhalb des **„Prognosezeitraums“** beabsichtigt ist, dh im Regelfall innerhalb eines Zeitraums von drei bis fünf Jahren (dazu BGH WuW/E 3695 (3701) = NZKart 2013, 36 Rn. 38 – Haller Tagblatt; Leitfaden des BKartA zur Fusionskontrolle Anhang C 9 Rn. 12 mit Fn. 11 und → § 36 Rn. 11); aus Besonderheiten der betroffenen Märkte könne sich auch ein Zeitraum von weniger als drei Jahren ergeben (OLG Düsseldorf WuW/E DE-R 1835 (1836) – Deutsche Börse/London Stock Exchange; KG WuW/E OLG 5495 – Vorratsanmeldung). Ein kontrollfähiges Vorhaben liege nur vor, wenn der Vollzug des Zusammenschlusses „in absehbarer Zeit“ vorgesehen sei. Ob die Zeitspanne bis zum Vollzug „absehbar“ sei, könne von den Besonderheiten des betroffenen Marktes abhängen. Das KG sah es als nicht unbedenklich an, generell von einer Fünfjahresspanne auszugehen, dieser Zeitraum könne nach seiner Auffassung wohl nur in Märkten überschritten werden, in denen 9 aus strukturellen Gründen nur mit wenigen Veränderungen zu rechnen ist. Diese Auffassung hat zur Folge, dass eine **Anmeldung,** wenn sie sich erkennbar auf einen Zusammenschluss in einem nicht mehr „absehbaren" Zeitraum bezieht, **unwirksam** ist. Ist der Zeitpunkt des Vollzuges offen und jedenfalls möglicherweise innerhalb des Prognosezeitraums, verliert die auf der Grundlage dieser Anmeldung eingegangene Freigabe auf der Basis dieser Auffassung nach Ablauf des Prognosezeitraums ihre Wirkung. Dann verstößt der Vollzug ohne erneute Anmeldung und Freigabe gegen das Vollzugsverbot des § 41 Abs. 1.

3. Anmeldepflichtige Unternehmen (Abs. 2)

10 Das Gesetz sah früher in § 24a Abs. 1 S. 3 und § 23 Abs. 4 aF vor, dass die Anmeldung und Anzeige von bestimmten natürlichen Personen zu erstatten war, also den Inhabern oder Vertretern von Unternehmen. Die sich daraus ergebende grundsätzliche Anmeldepflicht nur von natürlichen Personen hatte einen bußgeldrechtlichen Hintergrund, der aber keineswegs zwingend war (→ 1. Aufl. 1993, § 23 Rn. 62). Der Gesetzgeber der 6. GWB-Novelle 1998 hat sich „aus Gründen der Vereinfachung" entschlossen, den **Unternehmen als solchen** die Anmeldepflicht aufzuerlegen. In den Fällen des Anteils- und Kontrollerwerbs kann der **Veräußerer** aber auch eine natürliche Person sein; dann ist diese anmeldepflichtig. Soweit Unternehmen anmeldepflichtig sind, obliegt die Erfüllung den nach Gesetz oder Satzung zur Vertretung berufenen Personen. Die Verletzung der Anmeldepflicht ist als solche nicht sanktioniert (→ Rn. 5), vielmehr nur die Verletzung des Vollzugsverbots des § 41 Abs. 1.

11 Anmeldepflichtig sind nach Abs. 2 Nr. 1 und 2 **die am Zusammenschluss (materiell) beteiligten Unternehmen** (→ § 35 Rn. 30 f.) und – in den Fällen des Vermögens- und Anteilserwerbs – auch der **Veräußerer.** Für den Fall des Kontrollerwerbs nach § 37 Abs. 1 Nr. 2 sieht das Gesetz keine Anmeldepflicht des Veräußerers vor. Es gibt Fälle, in denen der Kontrollerwerb nicht auf einem Veräußerungsvorgang beruht. Im Regelfall gibt es aber auch beim Kontrollerwerb einen Veräußerer, insbes. beim Erwerb von Anteilen in einer Größenordnung, die zur Übernahme der Kontrolle führt. Es macht keinen Sinn, in diesem Fall den Veräußerer nicht als anmeldepflichtig anzusehen. Deswegen ist jedenfalls in den Fällen, in denen der **Kontrollerwerb durch Anteilserwerb** erfolgt, ebenso wie im Falle der Nr. 3 von einer Anmeldepflicht auch des **Veräußerers** auszugehen (zum Parallelproblem der Verfahrensbeteiligung des Veräußerers → § 54 Rn. 4). Entsprechendes gilt, wenn die Kontrolle iSd § 37 Abs. 1 Nr. 2 nicht über ein Unternehmen, sondern einen – rechtlich unselbstständigen – Unternehmensteil erworben wird (→ § 37 Rn. 3 ff.). Fraglich ist, ob sich an dieser Rechtslage durch § 38 Abs. 5 S. 2 etwas geändert hat, der durch die 8. GWB-Novelle 2012/2013 in das Gesetz eingefügt wurde. Diese Regelung spricht dafür, den Veräußerer jedenfalls dann (auch) als anmeldepflichtig anzusehen, wenn er mit mindestens 25 % am Veräußerungsgegenstand beteiligt bleibt. Die Differenzierung danach, ob und in welchem Umfang er bei dem Zusammenschluss nach § 37 Abs. 1 Nr. 2 beteiligt bleibt, macht für die Anmeldepflicht keinen Sinn. Der Veräußerer ist, wenn es ihn bei einem Zusammenschluss gibt, also stets und **bei allen Zusammenschlussformen anmeldepflichtig.**

12 Nach dem Gesetzeswortlaut sind alle anmeldepflichtigen Unternehmen (Personen) nebeneinander zur Anmeldung verpflichtet. Dem Gesetz ist aber Genüge getan, wenn dem BKartA alle nach Abs. 3 anzugebenden Informationen vorliegen, unabhängig davon, von welchem Verantwortlichen sie stammen. In diesem Sinne liegt eine **„Gesamtschuld"** aller zur Anmeldung verpflichteten Personen vor (differenzierend, aber im Ergebnis ähnlich Bunte/Kallfaß Rn. 10; Immenga/Mestmäcker/Thomas Rn. 54 f.). Es reicht also aus, wenn ein nach Abs. 2 verpflichtetes Unterneh-

men oder der Veräußerer anmeldet. Es ist rechtlich auch nicht erforderlich, dass er dies im Namen aller anmeldepflichtigen oder am Zusammenschluss beteiligten Unternehmen tut; unabhängig davon wirkt die Anmeldung auch für diese. Das OLG Düsseldorf ist insoweit aA: Hiernach soll die Anmeldepflicht jedes an einem Zusammenschluss beteiligte Unternehmens treffen, ohne Rücksicht auf etwaige Anmeldungen oder Angaben Dritter (OLG Düsseldorf WuW/E DE-R 1881 (1882 f.) – E. I. du Pont/Pedex; dazu auch Wagner WuW 2010, 38 (45)). Dem liegt uE ein sachlich nicht nachvollziehbarer Formalismus zugrunde, der auch nicht der Praxis entspricht.

4. Form und Inhalt der Anmeldung (Abs. 1 S. 2, Abs. 3)

a) Form der Anmeldung. Die Anmeldung ist an keine Form gebunden (vgl. OLG Düsseldorf WuW/E DE-R 1845 (1847) – SES/DPC). Sie kann grds. auch mündlich erfolgen, wenn das BKartA zur Entgegennahme einer solchen mündlichen Anmeldung bereit ist und auf ihrer Grundlage eine Akte anlegt; verpflichtet ist es dazu nicht. Anmeldung per Fax reicht aus. Für **Anmeldungen per E-Mail** sieht das Gesetz in Abs. 1 S. 2 und 3, die durch die 8. GWB-Novelle 2012/2013 in das Gesetzt eingefügt wurden, Besonderheiten vor. Die 10. GWB-Novelle 2021 hat die Möglichkeit der elektronischen Anmeldung neu gefasst. Mit der **11. GWB-Novelle 2023** wurde in Abs. 1 S. 1 Nr. 3 das zusätzliche Erfordernis eines Empfangsbekenntnisses bei der Anmeldung über das besondere elektronische Behördenpostfach eingefügt. Wird die Anmeldung durch einen Rechtsanwalt vorgenommen, ist der Nachweis der **Vollmacht** keine Voraussetzung der Wirksamkeit der Anmeldung. Das BKartA kann den Nachweis verlangen, sollte dies aber nur tun, wenn Zweifel an der vom Rechtsanwalt – dann unter Verletzung seiner Berufspflichten – behaupteten Vollmacht bestehen. Das BKartA hat ein **Formular zur Anmeldung** veröffentlicht (abgedruckt in 7. Aufl. 2013 unter Anhang C 8), für dessen Verwendung keine Pflicht besteht und das sich in der Praxis nicht durchgesetzt hat. Die Erfordernisse für den Inhalt der Anmeldung ergeben sich abschließend aus § 39 Abs. 3. Häufig wird ausdrücklich oder stillschweigend auf bestimmte Angaben verzichtet. Wird das Verfahren vom BKartA auf der Basis einer objektiv unvollständigen Anmeldung ohne Beanstandung betrieben und in der ersten Phase (Vorprüfung) durch Freigabe oder Verfahrenseinleitung abgeschlossen, ergeben sich aus der Unvollständigkeit keine Rechtsfolgen mehr. 13

b) Form des Zusammenschlusses. In der Anmeldung ist nach S. 1 die „Form des Zusammenschlusses" anzugeben. Dazu gehört alles, was einen gesetzlichen Tatbestand des § 37 Abs. 1 begründet. Es reichen **zusammenfassende Beschreibungen** aus. Beim Vermögenserwerb müssen die Art und der Umfang des Vermögens beschrieben werden, beim Kontrollerwerb auch die Mittel, mit denen die Kontrolle ausgeübt werden kann. Beim Anteilserwerb muss die Höhe der erworbenen und der insgesamt gehaltenen Beteiligung genannt werden (Abs. 3 S. 2 Nr. 5). Eine Anmeldung, der nicht zweifelsfrei zu entnehmen ist, ob ein Anteils- oder Vermögenserwerb beabsichtigt ist, genügt diesen Anforderungen nicht (vgl. BKartA WuW/E DE-V 618 – Viterra/Brunata). UE ist es aber möglich, insoweit die Alternative des Anteils- oder Vermögenserwerbs anzugeben, freilich dann mit allen Angaben, die für beide Formen erforderlich sind (Höhe des gehaltenen und zu erwerbenden Anteils, Beschreibung des zu erwerbenden Vermögens). Soll ein wirtschaftlich einheitlicher Zusammenschluss zeitlich versetzt in mehreren Stufen vollzogen werden, die jeweils getrennte Zusammenschlusstatbestände verwirklichen, können diese Stufen in einer **„Stufenanmeldung"** angemeldet werden; Voraussetzung ist, dass die Realisierung dieser Stufen in einem Zeitraum vorgesehen oder jedenfalls möglich ist, der noch innerhalb des Prognosezeitraums (→ § 36 Rn. 11, → Rn. 9) liegt. 14

Die **Vorlage von Verträgen ist nicht vorgeschrieben** und deshalb auch weithin unüblich. Der Zeitpunkt des Vollzugs muss nicht angegeben werden.

15 **c) Angaben über die beteiligten Unternehmen.** Erforderlich sind in der Anmeldung Angaben über die „beteiligten Unternehmen", also über die unmittelbar am Zusammenschluss beteiligten und die Unternehmen, deren Beteiligung gesetzlich fingiert wird (für die Angaben über den Veräußerer → Rn. 21). Für jedes einzelne beteiligte Unternehmen und für jedes einzelne mit dem beteiligten Unternehmen iSv § 36 Abs. 2 verbundene Unternehmen (dazu OLG Düsseldorf WuW/E DE-R 1033 (1034 f.) – Sanacorp/ANZAG) sind anzugeben (Abs. 3 S. 2 **Nr. 1 und 2) Firma, Sitz und Art des Geschäftsbetriebes.** Bei der „Art des Geschäftsbetriebes" kommt es auf die tatsächliche Tätigkeit, nicht auf die (meist weitergehende) Beschreibung des Unternehmenszwecks in der Satzung oder dem Gesellschaftsvertrag an. Bei verbundenen Unternehmen sind die **Konzernbeziehungen** und die Abhängigkeits- und Beteiligungsverhältnisse zwischen den beteiligten Unternehmen mitzuteilen (Abs. 3 S. 4). Das gilt auch für ausländische Unternehmen.

16 Für jedes beteiligte Unternehmen unter Einbeziehung der mit ihm iSv § 36 Abs. 2 verbundenen Unternehmen sind nach **Nr. 3 und 4** anzugeben die **Umsatzerlöse** (bzw. die Umsatzsurrogate nach § 38 Abs. 4, → § 38 Rn. 9 ff.) und die **Marktanteile,** soweit sie 20 % erreichen. Insoweit ist also nicht zwischen Unternehmen, die einem Konzern angehören, zu differenzieren. Umsatzerlöse sind nach § 38 zu berechnen. Regional ist zu differenzieren nach Inland, Europäische Union (einschl. Inland, ohne die EFTA-Staaten Norwegen, Island und Liechtenstein) und weltweit. Die 20 %-Schwelle, von der an Marktanteile zu nennen sind, gilt nur für den **Geltungsbereich des GWB** oder einen **„wesentlichen Teil"** desselben. Marktanteile auf kleineren regionalen Märkten sind also in der Anmeldung nicht zu nennen, selbst wenn sie von vornherein erkennbar materiell von Bedeutung sein könnten; das BKartA kann sie aber nach Abs. 5 erfragen. Zu Märkten und Marktanteilen, die über das Bundesgebiet hinausreichen, → Rn. 17. Auf einen Teil des Geltungsbereiches des GWB kann nur abgestellt werden, wenn dieser Teil für den konkreten Zusammenschluss örtlich relevant ist (zum örtlich relevanten Markt → § 18 Rn. 25 ff.). Für die **Wesentlichkeit eines Gebietes** hatte die Begründung zum Regierungsentwurf der 2. GWB-Novelle (BT-Drs. 6/2520, 32 für § 24 Abs. 8 Nr. 3 aF) die „Größenordnung von Bundesländern, soweit sie Flächenstaaten sind" als Maßstab genommen. Der BGH hält in der neueren Rspr. ein Gebiet schon für wesentlich, „wenn sich in einem bestimmten Wirtschaftsbereich die entscheidenden Wettbewerbsvorgänge wegen der in diesem Bereich herrschenden Markt- oder Unternehmensstrukturen wesentlich auf regionalen Märkten abspielen"; dann soll es ankommen auf die „Bedeutung des regionalen Marktes für den Bestand des Wettbewerbs in diesem Wirtschaftsbereich" (BGH WuW/E 1685 (1686) – Springer/Elbe-Wochenblatt für den Raum Hamburg bei Pressemärkten); früher wurden die Größenverhältnisse des Saarlandes zum Maßstab genommen (vgl. zB BKartA WuW/E 1647 (1648) – Erdgas Schwaben). Die Marktanteile müssen **unabhängig** davon angegeben werden, ob die **Märkte durch den Zusammenschluss betroffen sind.** Unter Umständen müssen also Anteile auf einer Vielzahl von Märkten genannt werden.

17 Die Marktanteilsschwelle von 20 % bezieht sich auch dann (höchstens) auf das Bundesgebiet, wenn der **räumlich relevante Markt größer als das Bundesgebiet** ist. Zwar kann nach der Klarstellung in § 18 Abs. 2 der räumlich relevante Markt im Sinne dieses Gesetzes weiter sein als der Geltungsbereich des Gesetzes. Abs. 3 Nr. 4 verlangt aber nicht, dass auch Marktanteile auf größeren räumlich relevanten Märkten angegeben werden. Ist der räumlich relevante Markt größer als das Bundesgebiet, ist dennoch der sich **rechnerisch für das Bundesgebiet ergebende Anteil**

anzugeben (also auf der Basis der Gesamtnachfrage und des Absatzes der beteiligten Unternehmen im Bundesgebiet). Selbstverständlich ist es sinnvoll, in diesem Fall anzugeben, dass der räumlich relevante Markt größer als das Bundesgebiet ist, und ggf. auch die Marktanteile für diesen größeren Markt anzugeben. Aus dieser Begrenzung des Marktanteils auf das Bundesgebiet auch in den Fällen, in denen der räumlich relevante Markt größer ist, kann nicht geschlossen werden, dass Entsprechendes auch für wesentliche Teile des Bundesgebietes gilt. Für diese Teilgebiete sind Marktanteile nur anzugeben, wenn sie auch räumlich relevant sind.

Die Marktanteile und Umsätze müssen dem **Zeitpunkt** entsprechen, der für die Begründung der Fusionskontrollpflichtigkeit nach § 35 Abs. 1 maßgeblich ist. Als verbundene Unternehmen einzubeziehen sind die Unternehmen, die zum Zeitpunkt der **Anmeldung** oder – wenn die künftige Veränderung feststeht – des **künftigen Vollzugs** beteiligt oder mit einem beteiligten Unternehmen verbunden sind, mit dem Tätigkeitsumfang in diesem Zeitpunkt (→ § 36 Rn. 11). Bei den **Marktanteilen** sind die neuesten verfügbaren Daten anzugeben; eine genaue zeitliche Fixierung gibt es dafür nicht. Bei Marktanteilen müssen außerdem auch die **Grundlagen für die Berechnung oder Schätzung** genannt werden; im Regelfall sind insoweit anzugeben das berechnete oder ggf. geschätzte Gesamtmarktvolumen (idR gebildet aus Inlandsproduktion zuzüglich Import abzüglich Export, mit Quellenangaben), der Inlandsabsatz der beteiligten Unternehmen und der sich daraus ergebende Prozentanteil der beteiligten Unternehmen. Zur Frage, ob Marktanteile nach **Mengen** oder **Wert** zu berechnen oder schätzen sind, → § 18 Rn. 36. **18**

Abs. 3 Nr. 3 wurde durch die 9. GWB-Novelle 2017 ergänzt: So sind im Hinblick auf die gegenleistungsbasierte Umsatzschwelle des § 35 Abs. 1a auch Angaben über die **Gegenleistung** nach Abs. 4a zu machen. Abs. 3 Nr. 3a ergibt sich ebenfalls aus der Einführung der gegenleistungsabhängigen Aufgreifschwelle des § 35 Abs. 1a. Nach dem RegE 9. GWB-Novelle 2017 (S. 78 f.) kann es sich bei den Angaben zur **Inlandstätigkeit** um Informationen dazu handeln, inwieweit Nutzer im Inland Angebote des Unternehmens in Anspruch nehmen oder Forschungsprojekte durchgeführt werden, Mitarbeiter oder Standorte vorhanden sind oder in welchem Umfang bereits jetzt schon Umsatz erzielt wird. **19**

d) Inlandsvertreter. § 39 Abs. 3 S. 2 Nr. 6 sieht vor, dass für beteiligte Unternehmen eine zustellungsbevollmächtigte Person im Inland zu benennen ist, „sofern sich der **Sitz des Unternehmens nicht im Geltungsbereich dieses Gesetzes** befindet". Mit dieser Verpflichtung ist in § 40 Abs. 2 S. 3 Nr. 3 die Rechtsfolge verbunden, dass das BKartA auch nach Fristablauf noch eine Untersagung vornehmen kann, wenn „eine zustellungsbevollmächtigte Person im Inland entgegen § 39 Abs. 3 S. 2 Nr. 6 nicht mehr benannt ist". Im Hinblick auf diese Rechtsfolge wäre an sich nur erforderlich, dass anmeldende Unternehmen, wenn sie ihren Sitz im Ausland haben, einen Inlandsvertreter bestellen müssten. Nur an sie sind Zustellungen (des Monatsbriefs nach § 40 Abs. 1 und der Untersagungsverfügung nach § 40 Abs. 2) erforderlich, die den gesetzlichen Fristablauf hindern. Der Gesetzgeber hat aber offenbar das Ziel verfolgt, dass Zustellungen an alle, ggf. auch ausländische, Verfahrensbeteiligte möglich sind. Insoweit ist die gesetzliche Regelung aber nicht konsequent. Zwar ist durch die **7. GWB-Novelle** sichergestellt worden, dass auch der nach § 54 Abs. 4 Nr. 2 am Verfahren beteiligte **Veräußerer,** wenn er seinen Sitz im Ausland hat, einen inländischen Zustellungsbevollmächtigten benennen muss (S. 3, → Rn. 21). Entsprechendes gilt aber **nicht** für die ebenfalls am Verfahren beteiligten **beigeladenen Unternehmen** (§ 54 Abs. 2 Nr. 3); insoweit ergibt sich aber in der Praxis regelmäßig die inländische Zustellungsmöglichkeit aus dem Beiladungsvorgang als solchem. Probleme ergeben sich aus dieser Regelung insbes. im Hinblick auf ausländische Unternehmen, die iSv § 36 Abs. 2 mit inländischen Unternehmen verbunden sind. In Zweifelsfällen ist es ratsam, eines dieser inländi- **20**

schen Unternehmen als zustellungsbevollmächtigt anzugeben. Unabhängig davon kann **bei verbundenen Unternehmen** davon ausgegangen werden, dass das Unternehmen des jeweiligen Konzernverbundes, das aktiv am Verfahren teilnimmt, dies für alle Unternehmen des Verbundes tut. Meldet also ein Unternehmen des Konzernverbundes an, so ist für dieses Unternehmen, wenn es im Ausland sitzt, eine zustellungsbevollmächtigte Person zu benennen; sitzt es im Inland, reicht eine Zustellung an dieses Unternehmen auch mit Wirkung für die anderen, ggf. ausländischen Unternehmen des Konzernverbundes aus. Als zustellungsbevollmächtigte „Person" kann auch eine juristische Person benannt werden; unter Person ist also nicht nur die „natürliche" Person zu verstehen.

21 **e) Angaben über den Veräußerer (Abs. 3 S. 3).** Nach dem durch die 7. GWB-Novelle 2005 neu eingefügten S. 3 sind, wenn die Zusammenschlusstatbestände des **Vermögenserwerbs** (§ 37 Abs. 1 Nr. 1) oder des **Anteilserwerbs** (§ 37 Abs. 1 Nr. 3) verwirklicht werden, auch bestimmte Angaben über den Veräußerer zu machen. Ebenso wie bei der Regelung der Anmeldepflicht nach § 39 Abs. 2 Nr. 2 und der Verfahrensbeteiligung nach § 54 Abs. 2 Nr. 4 ist die Beschränkung der Angabepflicht für Veräußerer auf die Fälle des Vermögens- und Anteilserwerbs unter Außerachtlassung des Kontrollerwerbs nach § 37 Abs. 1 Nr. 2 nicht verständlich. In den Fällen, in denen die **Kontrolle durch den Erwerb von Anteilen** erworben wird, gilt die Notwendigkeit, Angaben über den Veräußerer zu machen, auch für den Kontrollerwerb (→ § 54 Rn. 4). Dieses Erfordernis auf den seit der 8. GWB-Novelle 2012/2013 in § 38 Abs. 5 S. 2 geregelten Fall einzugrenzen, dass der Veräußerer mit mindestens 25 % beteiligt bleibt, erscheint nicht sachgerecht (→ § 38 Rn. 17). Über den Veräußerer sind die Angaben nach Nr. 1 zu machen, also über Firma, sonstige Bezeichnung und den Ort der Niederlassung oder des Sitzes. Die Angaben nach Nr. 2–5 sind nicht zu machen, also insbes. auch keine Angaben über die Art des Geschäftsbetriebes, den Umsatz und die Marktanteile. Auch für den Veräußerer nach Nr. 6 ist eine **zustellungsbevollmächtigte Person im Inland** zu nennen, sofern sich der Sitz des Veräußerer-Unternehmens nicht im Bundesgebiet befindet (→ Rn. 20).

22 **f) Richtigkeits- und Vollständigkeitsgebot.** Das Gesetz sieht in § 39 Abs. 3 S. 5 vor, dass in der Anmeldung keine unrichtigen oder unvollständigen Angaben gemacht oder benutzt werden dürfen, **um die Kartellbehörde zu veranlassen,** eine Untersagung nach § 36 Abs. 1 oder eine Mitteilung nach § 40 Abs. 1 zu unterlassen. Früher sah das Gesetz in § 24a Abs. 2 S. 2 Nr. 5 aF nur die Möglichkeit vor, dass das Amt einen Zusammenschluss auch nach Fristablauf noch untersagen durfte, wenn es durch unrichtige oder unvollständige Angaben veranlasst worden ist, die fristgemäße Untersagung zu unterlassen. Unabhängig davon war es nach § 39 Abs. 1 Nr. 3 aF ordnungswidrig, wenn ein Unternehmen vorsätzlich oder fahrlässig bei der Anmeldung nach § 24a Abs. 1 S. 2 aF unrichtige oder unvollständige Angaben machte. Im jetzigen Recht entspricht der Regelung in Abs. 3 S. 5 die **Bußgeldvorschrift des § 81 Abs. 2 Nr. 3,** wonach ordnungswidrig handelt, wer „entgegen § 39 Abs. 1 … einen Zusammenschluss nicht richtig oder nicht vollständig anmeldet". Diese Bestimmung ist **synchron mit § 39 Abs. 3 S. 5** auszulegen (→ § 81 Rn. 19). Nach § 40 Abs. 2 S. 3 Nr. 2 kann das BKartA auch nach Fristablauf einen Zusammenschluss untersagen, wenn es u.a. „wegen unrichtiger Angaben" die Untersagung des Zusammenschlusses unterlassen hat.

23 Abs. 3 S. 5 setzt eine objektive und subjektive **Verknüpfung zwischen der Unrichtigkeit oder der Unvollständigkeit** der Angabe **und der Freigabe** des Zusammenschlusses durch die Kartellbehörde voraus. Die Unrichtigkeit oder Unvollständigkeit muss einen entscheidungserheblichen Umstand betreffen. S. 5 läuft von vornherein **ins Leere,** wenn der Zusammenschluss **objektiv unter keinen Umständen die Untersagungsvoraussetzungen des § 36 Abs. 1 erfüllt.** Erfüllt

er aber möglicherweise diese Voraussetzungen, ist erforderlich, dass die unrichtigen oder unvollständigen Angaben gemacht oder benutzt werden, um das BKartA zu einer positiven Entscheidung zu veranlassen. Liegt **ohne diese Absicht** eine unrichtige Angabe in der Anmeldung vor, gibt es nach § 40 Abs. 2 S. 4 Nr. 2 eine nachträgliche Untersagungsmöglichkeit. Diese bezieht sich nach dem Wortlaut nicht auf „unvollständige Angaben" (→ § 40 Rn. 18).

5. Ermittlungsbefugnisse des BKartA (Abs. 5)

Nach Abs. 5 hat das BKartA gegenüber beteiligten Unternehmen (nicht gegenüber Dritten, → § 59 Rn. 14) ein **besonderes Auskunftsrecht** in Bezug auf detaillierte Marktanteils- und Umsatzangaben; Abs. 5 entspricht § 23 Abs. 6 S. 1 aF. Früher war noch ausdrücklich vorgesehen, dass sich die Auskunftsbefugnis auch auf verbundene Unternehmen bezieht; das soll sich nach der RegBegr. z. RegE der 6. GWB-Novelle 1998 (BR-Drs. 852/97, 60) nunmehr unmittelbar aus § 36 Abs. 2 ergeben. Das gilt nach Vorstellung des Gesetzgebers offenbar in beiden Richtungen der Unternehmensverbindung. Deswegen könne in Bezug auf herrschende **Unternehmen mit Sitz im Ausland** die Auskunftspflicht gegenüber allen abhängigen Unternehmen mit Sitz im Inland geltend gemacht werden; der Gesetzgeber geht also offenbar davon aus, dass das abhängige inländische Unternehmen auch Auskünfte über das herrschende Unternehmen im Ausland geben muss. Dem stehen allerdings uU tatsächliche Hindernisse entgegen, weil das abhängige inländische Unternehmen möglicherweise nicht in der Lage ist, Auskünfte über das herrschende Unternehmen zu erteilen. Anderes gilt dann, wenn das herrschende Unternehmen im Inland sitzt; es ist auch verpflichtet, Auskünfte über die in- und ausländischen abhängigen Unternehmen zu erteilen. 24

Das besondere Auskunftsrecht geht in Bezug auf Marktanteile und Umsätze **über das hinaus,** was nach Abs. 3 S. 2 **notwendiger Inhalt der Anmeldung** ist, betrifft zB also auch Marktanteile unter der 25 %-Grenze des Abs. 3 Nr. 4. Die Auskunftsbefugnisse sind nicht wie die allgemeinen nach § 59 (→ § 59 Rn. 4 ff.) streng an Kriterien wie Erforderlichkeit oder Anfangsverdacht gebunden. Die verlangten Auskünfte müssen aber irgendwie nachvollziehbar relevant sein; es ist der **Verhältnismäßigkeitsgrundsatz** zu beachten (hierzu GemK/Bosch Rn. 17). Das Auskunftsverlangen richtet sich an Unternehmen, nicht an natürliche Personen. Es ist **kein förmlicher Beschluss erforderlich;** es reicht aus, wenn eine Person entscheidet, die nach der Zuständigkeitsverteilung im BKartA befugt ist (also auch ein Brief des Berichterstatters einer Beschlussabteilung) und dabei zum Ausdruck bringt, dass ein verbindliches Auskunftsverlangen vorliegt. Das Verlangen ist eine **Verfügung nach § 61,** kann also angefochten werden. In der Praxis wendet das BKartA sich oft formlos an das Unternehmen. Die Unterscheidung zwischen „Auskunftsverlangen" und formlosen und deswegen zunächst unverbindlichen Anfragen ist wichtig im Hinblick auf den Bußgeldtatbestand nach § 81 Abs. 2 Nr. 2. Das BKartA hat aufgrund des Abs. 5 **keine Befugnis, die Vorlage von Unterlagen zu verlangen** und Geschäftsräume der Unternehmen zu betreten. Betriebs- oder Geschäftsgeheimnisse sind nach § 203 Abs. 2 StGB zu beachten. Die Ergänzung von Abs. 5 durch die **9. GWB-Novelle 2017** nimmt Bezug auf die Erweiterung der Pflichtangaben in Abs. 3 Nr. 3a; eigenartig ist, dass das BKartA zur Höhe der Gegenleistung nach Abs. 4a nicht nach Abs. 5 Auskunft verlangen kann, diese Befugnis also nicht entsprechend erweitert wurde. Abs. 5 lässt aber das **allgemeine Auskunftsrecht des BKartA nach § 59 unberührt,** und zwar sowohl gegenüber den beteiligten als auch gegenüber dritten Unternehmen. Unter den dort genannten Voraussetzungen kann das BKartA auch in Fusionskontrollverfahren geschäftliche Unterlagen einsehen und prüfen und dazu Geschäftsräume betreten. 25

6. Anzeigepflicht (Abs. 6)

26 Bis zur 10. GWB-Novelle 2021 normierte Abs. 6 die Pflicht der am Zusammenschluss beteiligten Unternehmen, den Vollzug des Zusammenschlusses unverzüglich anzuzeigen. Die Funktion der Anzeige bestand darin, das BKartA, das den Zusammenschluss vor Vollzug (§ 39 Abs. 1) aufgrund einer Anmeldung geprüft hat, über den Vollzug zu informieren. Diese Anzeigepflicht wurde ersatzlos abgeschafft.

26a Abs. 6 in der Fassung der 10. GWB-Novelle 2021 regelt die Pflicht der am Zusammenschluss beteiligten Unternehmen, den **Vollzug eines an sich nach § 35 Abs. 1, Abs. 1a anmeldepflichtigen, aber nicht angemeldeten Zusammenschlusses unverzüglich anzuzeigen.** Diese Form der Anzeige als „nachträgliche Anmeldung“ ist schon bisher das in der Praxis übliche Mittel, eine übersehene Fusionskontrollpflicht und eine mögliche Heilung eines Verstoßes gegen das Vollzugsverbots einzuleiten (→ Rn. 30).

27 Die bisherige Rechtslage zum Adressatenkreis der verpflichteten Unternehmen bleibt unverändert: Nach der Gesetzesfassung vor der **7. GWB-Novelle 2005** traf die Anzeigepflicht die „beteiligten“ Unternehmen. Dabei blieb offen, ob nur die materiell am Zusammenschluss beteiligten Unternehmen anzeigepflichtig waren, oder alle Unternehmen, die am Verfahren beteiligt waren, also einschließlich des Veräußerers (§ 54 Abs. 2 Nr. 4). Durch die 7. GWB-Novelle ist klargestellt worden, dass die Anzeigepflicht nur die **am Zusammenschluss materiell beteiligten Unternehmen** trifft, also grds. nur den Erwerber und das Erwerbsobjekt (zum materiellen Beteiligtenbegriff → § 35 Rn. 30 f.). Der **Veräußerer** ist nur anzeigepflichtig, soweit er auch zur Anmeldung verpflichtet ist (§ 38 Abs. 5 S. 2, → Rn. 11). Auch bei der Anzeige wird weiterhin gelten, dass es ausreicht, wenn eines der beteiligten Unternehmen die Anzeige erstattet; damit wird eine **„Gesamtschuld“** aller nach dem Gesetz zur Anzeige verpflichteten Unternehmen erfüllt (so auch GemK/Bosch Rn. 19; aA wohl – bezogen auf die „Anmeldepflicht“ – OLG Düsseldorf WuW/E DE-R 1881 (1882 f.) – E. I. du Pont/Pedex; → Rn. 12).

28 Abs. 6 regelt weder Form noch Inhalt der Anzeige. Die Anzeige nach Abs. 6 aF bestand aus der Information, dass der Zusammenschluss vollzogen wurde. § 24a Abs. 3 aF und § 23 Abs. 5 aF sahen dagegen einst vor, dass die Anzeige die Angaben der Anmeldung enthalten bzw. darauf Bezug nehmen muss. Da das BKartA nach dem System des Abs. 6 aF aufgrund der Anzeige keine materielle Prüfung mehr durchzuführen hatte, reichte als **Inhalt** der Anzeige die bloße Mitteilung aus, dass der **Zusammenschluss vollzogen** worden ist. Es war **nicht erforderlich,** die bei der Anmeldung gemachten **Angaben zu aktualisieren** oder auch nur – was häufig geschieht – auf die Informationen und Unterlagen, die mit der Anmeldung vorgelegt wurden, Bezug zu nehmen; es war nicht einmal erforderlich, den Zeitpunkt des Zusammenschlusses anzugeben. Man wird mangels entsprechenden Verweises auf Abs. 3 aber davon ausgehen, dass die Anzeige weiterhin nur die Mitteilung des Vollzugs und der beteiligten Unternehmen erfordert.

28a Wird die Anzeige nicht erstattet, ist das nach **§ 81 Abs. 2 Nr. 4** nach wie vor ordnungswidrig. Das Gebot der **Rechtzeitigkeit** der Anzeige bezieht sich auf das in Abs. 6 enthaltene Erfordernis, die Anzeige **„unverzüglich“** zu erstatten. Der Begriff der „Unverzüglichkeit“ ist in § 121 Abs. 1 S. 1 BGB mit den Worten „ohne schuldhaftes Zögern“ definiert. Nach bisheriger Rechtspraxis zu Abs. 6 aF reichte es in der Regel aus, wenn der Vollzug des Zusammenschlusses dem BKartA innerhalb von sechs bis acht Wochen nach Vollzug mitgeteilt wurde. Da Abs. 6 jetzt gerade Fälle erfasst, die angemeldet hätten müssen, wird man die frühere Großzügigkeit bei der Auslegung des Unverzüglichkeit nicht mehr erwarten dürfen. Abs. 6 iVm § 81 Abs. 2 Nr. 4 dürfte aber deshalb rechtsstaatliche Fragen aufwerfen, da letztlich die Pflicht zur Anzeige eines Verstoßes gegen das Vollzugsverbot selbst mit einer

Bußgelddrohung belegt wird; mit dem Selbstbelastungsverbot ist dies nur schwer vereinbar.

Die Anzeige nach Abs. 6 heilt den Verstoß gegen das Vollzugsverbot nach § 41 nicht; Abs. 6 S. 2 stellt dies klar. Die Anzeige nach Abs. 6 ist **keine Grundlage für ein materielles Fusionskontrollverfahren.** Sie löst keine Fristen für die materielle Prüfung durch das BKartA aus. Das BKartA ist allerdings berechtigt, von Amts wegen eine solche Prüfung durchzuführen und ggf. auch eine Untersagung vorzunehmen (→ § 40 Rn. 44). Insbesondere in den Fällen, in denen eine Untersagung nach § 36 Abs. 1 nicht in Betracht kommt, haben die beteiligten Unternehmen ein Interesse daran, nachträglich eine fusionskontrollrechtliche Legalisierung zu erreichen. Sie wäre nicht möglich, wenn man das Prüfungsverfahren nach § 40 Abs. 1 und 2 auf die Fälle beschränkte, in denen Zusammenschlussvorhaben beim BKartA angemeldet werden. 29

Bis zur 8. GWB-Novelle 2012/2013 war streitig, auf welchem Wege eine **nachträgliche Legalisierung** von Zusammenschlüssen erreichbar ist, die objektiv unter Verstoß gegen das Vollzugsverbot ohne vorherige Anmeldung vollzogen worden sind. Die schon vorher begründete Praxis des BKartA ist in dem durch die 8. GWB-Novelle 2012/2013 neu eingefügten **§ 41 Abs. 1 S. 3 Nr. 3** gesetzlich bestätigt worden. Ohne vorheriges Fusionskontrollverfahren unter Verstoß gegen das Vollzugsverbot vollzogene Zusammenschlüsse können nicht mehr angemeldet, sondern können und müssen nur angezeigt werden. Das BKartA prüft dann ohne jede Fristbindung im **Entflechtungsverfahren** nach § 41 Abs. 3 (→ § 41 Rn. 29) den Zusammenschluss darauf, ob er die Untersagungsvoraussetzungen des § 36 Abs. 1 erfüllt. Erfüllt er sie nicht, wird das Verfahren eingestellt. Die zivilrechtliche Wirksamkeit des Zusammenschlusses ergibt sich dann aus § 41 Abs. 1 S. 3 Nr. 3. Erfüllt der Zusammenschluss die Untersagungsvoraussetzungen des § 36 Abs. 1, kann das BKartA eine Auflösung erzwingen; (→ § 41 Rn. 30). Wenn schuldhaft gegen das Vollzugsverbot verstoßen wurde, kann das BKartA ein Ordnungswidrigkeitenverfahren auf der Grundlage des § 81 Abs. 2 Nr. 1 durchführen. Im Übrigen gibt es durchaus Fälle, in denen ein solcher Verstoß gegen das Vollzugsverbot nicht vorwerfbar ist; in diesen Fällen ist das Bedürfnis nach einer nachträglichen Legalisierung unbestreitbar (vgl. dazu ausf. Hahn WuW 2007, 1084; Werner/Sachse WuW 2009, 1138; Klocker/Ost FS Bechtold, 2006, 229 (235 f.)). 30

7. Anmelde- und Anzeigepflicht bei ausländischen Zusammenschlüssen

§ 39 ist grds. auch auf Zusammenschlüsse anwendbar, an denen ausländische Unternehmen beteiligt sind. Voraussetzung ist zunächst **Inlandsauswirkung** iSv § 130 Abs. 2 S. 1. Nach der Rspr. des BGH kommt es darauf an, ob durch den Zusammenschluss der **Schutzbereich der §§ 36, 39** betroffen ist (vgl. zu diesem Schutzbereich-Gedanken BGH WuW/E 1613 – organische Pigmente). Die Verwaltungspraxis des BKartA bejaht Anmeldepflicht und Vollzugsverbot immer, wenn diese Inlandsauswirkung vorliegt; es soll insbes. nicht darauf ankommen, wo der Zusammenschluss vollzogen wird und wo die beteiligten Unternehmen ihren Sitz haben. In der Praxis unerträgliche Folgen im Hinblick auf den zeitlichen Ablauf sollen durch **schnelle Erledigung** entsprechend der allgemeinen Weisung des BWM vom 30.5.1980 gelöst werden (vgl. Merkblatt zur Inlandsauswirkung, Anhang C 7 unter III.; vgl. auch 1. Aufl. 1993, Anhang B 2). 31

Die Auffassung des BKartA ist zu undifferenziert. Zu der Inlandsauswirkung iSv § 130 Abs. 2 S. 1 muss eine **stärkere Beziehung zum Inland** hinzukommen. Uneingeschränkt gilt das Vollzugsverbot (die „Anmeldepflicht") bei allen Zusammenschlüssen, die **im Inland vollzogen** werden, zB Erwerb inländischer Gesellschaftsanteile durch Ausländer. Erwirbt ein deutsches Unternehmen – mit Inlands- 32 wirkung – ausländisches Vermögen oder eine ausländische Beteiligung, so kommt als Anknüpfung für das Vollzugsverbot die Inländereigenschaft des Erwerbers in Betracht; das gilt auch, wenn der unmittelbare Erwerber seinen Sitz im Ausland hat, aber von einem inländischen Unternehmen abhängig ist. Anderes gilt, wenn an im Ausland zu vollziehenden Zusammenschlüssen nur ausländische Unternehmen beteiligt sind. Dann ist der **Vollzug im Ausland uE grds. zulässig;** das BKartA geht, wohl bestätigt durch die Gerichte (OLG Düsseldorf WuW/E DE-R 2477 (2483 f.) – Phonak/ReSound) in seiner ständigen Praxis allerdings vom Gegenteil aus. Unzulässigkeit kommt allenfalls insoweit in Betracht, als der inländische Teil von dem ausländischen trennbar ist und dennoch vollzogen wird (vgl. dazu KG WuW/E 3051 (3059); Meessen, Kollisionsrecht der Zusammenschlusskontrolle, 1984, S. 67; Kleinmann/Bechtold § 24a Rn. 142 mwN). Die Sanktion der zivilrechtlichen Unwirksamkeit (§ 41 Abs. 1), die Verletzung des Vollzugsverbotes vorausgesetzt, greift bei Zusammenschlussvorgängen, die im Ausland stattfinden, sowieso nicht. Das Vollzugsverbot kann nach der hier vertretenen Auffassung aus **völkerrechtlichen Gründen** nicht durchgesetzt werden (aA OLG Düsseldorf WuW/E DE-R 2477 (2483 f.) – Phonak/ReSound; Zimmer/Logemann ZWeR 2008, 122). Deswegen sind Vollzug und Mitwirkung am Vollzug zulässig; eine Ordnungswidrigkeit nach § 81 Abs. 2 Nr. 1 liegt nicht vor.

33 Geht man von der hier vertretenen Auffassung aus, dass ausschließlich **im Ausland vollzogene Zusammenschlüsse grds. nicht der vorherigen Anmeldepflicht** des § 39 Abs. 1 unterliegen, bedeutet das nicht, dass diese Zusammenschlüsse generell von der Fusionskontrolle ausgenommen sind. Das Vollzugsverbot und die vorherige „Anmeldepflicht" gelten nur deswegen nicht, weil das Vollzugsverbot des § 41 Abs. 1 aus völkerrechtlichen Gründen nicht auf ausschließlich im Ausland vollzogene Zusammenschlüsse angewendet werden kann. Soweit der Zusammenschluss Auswirkungen im Inland hat, kann im Hinblick auf sie die materielle Kontrollvorschrift des § 36 Abs. 1 mit der Folge angewendet werden, dass der Zusammenschluss **im Hinblick auf seine Auswirkungen im Inland untersagt** wird und unter den Voraussetzungen des § 41 Abs. 3 auch aufzulösen ist.

8. Fälle der Verweisung durch die Kommission (Abs. 4)

34 Abs. 4 ist durch die 6. GWB-Novelle 1998 neu in das Gesetz eingefügt und durch die 7. GWB-Novelle 2005 geändert worden. Der Fall, dass die Kommission einen bei ihr angemeldeten Zusammenschluss nach **Art. 9 FKVO** an das BKartA verweist und das BKartA dann ein Verfahren durchführt, war früher nicht gesondert geregelt. Das **EU-Recht** enthält für das dadurch ausgelöste nationale Prüfungsverfahren nur **wenige Vorgaben.** Die Verweisung hat zur Folge, dass der Mitgliedstaat dann seine „Wettbewerbsvorschriften" anwendet, also nicht etwa die Vorschriften der FKVO. Das bedeutet insbes., dass auch in den Fällen der Verweisung das BKartA ein Fusionskontrollverfahren nur durchführen darf, wenn im Hinblick auf die Umsätze und einen Zusammenschlusstatbestand die **Voraussetzungen der §§ 35, 37** erfüllt sind. Untersagungen sind nur unter den Voraussetzungen des **§ 36** möglich. Dabei ist § 36 auch insoweit anzuwenden, als er – insbes. mit der Abwägungsklausel (→ § 36 Rn. 36 ff.) – sich nicht deckt mit den materiellen Untersagungsnormen des Art. 2 Abs. 2 und 3 FKVO (zweifelnd insoweit BKartA 12.3.2007 – B8 – U – 62/06 – RWE/Saar Ferngas, in WuW/E DE-R 1357 nicht mit abgedruckt). Die Verweisung kann sich auf **„die Gesamtheit oder einen Teil des Falles"** (Art. 9 Abs. 3 lit. b FKVO) beziehen. Die Beschränkung auf einen Teil des Falles hat keine Bedeutung für die Berechnung des Umsatzes nach § 35, möglicherweise aber für die Feststellung, ob ein Zusammenschlusstatbestand nach § 37 vorliegt. Jedenfalls können die Untersagungsbefugnisse des § 36 nur im Hinblick auf diesen Teil ausgeübt werden

(zu diesem Fall der „Teiluntersagung" vgl. BGH WuW/E DE-R 1163 (1169) – HABET/Lekkerland).

Abs. 4 gilt auch für die erst durch die FKVO eingeführte **Verweisung** eines Zusammenschlusses vor der Anmeldung **nach Art. 4 Abs. 4 FKVO.** Zwar verfügt die Kommission, wenn **nach Art. 9 FKVO** verwiesen wird, über alle Angaben, die für die Anmeldung auf dem **Formblatt CO** gefordert werden. Diese Angaben gehen im Allgemeinen weit über die durch § 39 für eine deutsche Anmeldung geforderten Angaben hinaus. Deswegen gilt für sie zu Recht die Regel des Abs. 4, wonach eine Anmeldung nicht erforderlich ist, sondern allenfalls ergänzt werden muss. Aber auch die **Verweisung nach Art. 4 Abs. 4 FKVO** setzt eine ausführliche Information der Kommission auf einem dafür gesondert geschaffenen **Formblatt RS** voraus (vgl. dazu VO 802/2004 mit Anhang III, ABl. 2004 L 133, 1). Das ausgefüllte Formblatt RS steht dem BKartA im Falle einer Verweisung nach Art. 4 Abs. 4 FKVO zur Verfügung. Es ist deswegen sachgerecht, dass ebenso wie im Falle des Formblatts CO von dem Erfordernis einer besonderen deutschen Anmeldung abgesehen wird. 35

Abs. 4 sagt über die **verfahrensmäßige Behandlung** eines verwiesenen Zusammenschlusses, dass eine gesonderte **Anmeldung** nach § 39 Abs. 1 und 2 **nicht erforderlich** ist, wenn „dem BKartA die nach Abs. 3 erforderlichen **Angaben in deutscher Sprache** vorliegen". Dabei kommt es nicht darauf an, ob die Angaben sich aus der Anmeldung auf Formblatt CO oder dem Verweisungsantrag auf Formblatt RS ergeben, die dem BKartA sowieso – unabhängig von einer Verweisung – unverzüglich nach Eingang bei der Kommission in Abschrift übersandt werden. Ergeben sie sich nicht aus diesen Unterlagen, ist es möglich, dass sie dem Amt **aus anderem Anlass** vorliegen oder ihm von den Unternehmen gesondert zur Verfügung gestellt werden. Nach (dem durch die 7. GWB-Novelle 2005 ergänzten) § 40 Abs. 5 beginnen die Fristen des deutschen Fusionskontrollverfahrens „in den Fällen des § 39 Abs. 4 S. 1, wenn die Verweisungsentscheidung beim BKartA eingegangen ist und die nach § 39 Abs. 3 erforderlichen Angaben in deutscher Sprache vorliegen". Die Verweisungsentscheidung ist für den Fristbeginn hiernach nur tauglich, wenn sich aus ihr oder aus anderem Anlass in diesem Zeitpunkt für das Amt schon die Angaben nach § 39 Abs. 3 ergeben. Da die Unternehmen darüber aber möglicherweise keine klare Kenntnis haben, verpflichtet Abs. 4 S. 2 das BKartA nicht nur, – wie bis zur 7. GWB-Novelle 2005 ausschließlich vorgesehen – den beteiligten Unternehmen unverzüglich den Zeitpunkt des Eingangs der Verweisungsentscheidung mitzuteilen, sondern – aufgrund der Ergänzung durch die 7. GWB-Novelle – auch, die beteiligten Unternehmen darüber **zu unterrichten, „inwieweit die nach Abs. 3 erforderlichen Angaben in deutscher Sprache vorliegen".** Liegen nach dieser Unterrichtung alle Angaben vor, gilt der Zusammenschluss als nach deutschem Recht angemeldet, und die darauf abstellenden Fristen beginnen zu laufen. Ist das nicht der Fall, sind die Unternehmen nach § 40 Abs. 5 gehalten, die noch offenen Angaben nach § 39 Abs. 3 nachzureichen; mit der vollständigen Nachreichung tritt die Anmeldefiktion ein. 36

9. EU-Recht

Zusammenschlüsse, die nach ihrer Art (Art. 3 FKVO) und ihrer Bedeutung (Art. 1 FKVO) unter die FKVO fallen, bedürfen der Anmeldung. Die bis zum 30.4.2004 geltende VO 4064/89 sah noch eine **echte Anmeldepflicht** vor, die auch gesondert sanktioniert war. Zwar spricht Art. 4 Abs. 1 FKVO immer noch davon, dass die von der VO erfassten Zusammenschlüsse anzumelden „sind". Durch Aufgabe des Bußgeldtatbestandes der unterlassenen Anmeldung nach Art. 14 Abs. 1 lit. a VO 4064/89 in der Nachfolge-VO ist aber klargestellt, dass nicht die Unterlassung der Anmeldung vorwerfbar ist, sondern nur der **Vollzug** des Zusammenschlusses **ohne** 37

vorherige Anmeldung und Freigabe durch die Kommission. Für die Anmeldung selbst sieht die VO 802/2004 zur Durchführung der FKVO ein besonderes **Formblatt CO** vor, dessen Ausfüllung im Regelfall wesentlich höheren Aufwand verursacht als die Anmeldung beim BKartA.

§ 39a (aufgehoben mWv 7.11.2023 durch G. v. 25.10.2023 (BGBl. 2023 I Nr. 294)

§ 39a wurde mit der 11. GWB-Novelle in § 32f Abs. 2 überführt.

§ 40 Verfahren der Zusammenschlusskontrolle

(1) [1]**Das Bundeskartellamt darf einen Zusammenschluss, der ihm angemeldet worden ist, nur untersagen, wenn es den anmeldenden Unternehmen innerhalb einer Frist von einem Monat seit Eingang der vollständigen Anmeldung mitteilt, dass es in die Prüfung des Zusammenschlusses (Hauptprüfverfahren) eingetreten ist.** [2]**Das Hauptprüfverfahren soll eingeleitet werden, wenn eine weitere Prüfung des Zusammenschlusses erforderlich ist.**

(2) [1]**Im Hauptprüfverfahren entscheidet das Bundeskartellamt durch Verfügung, ob der Zusammenschluss untersagt oder freigegeben wird.** [2]**Wird die Verfügung nicht innerhalb von fünf Monaten nach Eingang der vollständigen Anmeldung den anmeldenden Unternehmen zugestellt, gilt der Zusammenschluss als freigegeben.** [3]**Die Verfahrensbeteiligten sind unverzüglich über den Zeitpunkt der Zustellung der Verfügung zu unterrichten.** [4]**Dies gilt nicht, wenn**

1. **die anmeldenden Unternehmen einer Fristverlängerung zugestimmt haben,**
2. **das Bundeskartellamt wegen unrichtiger Angaben oder wegen einer nicht rechtzeitig erteilten Auskunft nach § 39 Absatz 5 oder § 59 die Mitteilung nach Absatz 1 oder die Untersagung des Zusammenschlusses unterlassen hat,**
3. **eine zustellungsbevollmächtigte Person im Inland entgegen § 39 Absatz 3 Satz 2 Nummer 6 nicht mehr benannt ist.**

[5]**Die Frist nach Satz 2 wird gehemmt, wenn das Bundeskartellamt von einem am Zusammenschluss beteiligten Unternehmen eine Auskunft nach § 59 erneut anfordern muss, weil das Unternehmen ein vorheriges Auskunftsverlangen nach § 59 aus Umständen, die von ihm zu vertreten sind, nicht rechtzeitig oder nicht vollständig beantwortet hat.** [6]**Die Hemmung endet, wenn das Unternehmen dem Bundeskartellamt die Auskunft vollständig übermittelt hat.** [7]**Die Frist verlängert sich um einen Monat, wenn ein anmeldendes Unternehmen in einem Verfahren dem Bundeskartellamt erstmals Vorschläge für Bedingungen oder Auflagen nach Absatz 3 unterbreitet.**

(3) [1]**Die Freigabe kann mit Bedingungen und Auflagen verbunden werden, um sicherzustellen, dass die beteiligten Unternehmen den Verpflichtungen nachkommen, die sie gegenüber dem Bundeskartellamt eingegangen sind, um eine Untersagung abzuwenden.** [2]**Die Bedingungen und Auflagen dürfen sich nicht darauf richten, die beteiligten Unternehmen einer laufenden Verhaltenskontrolle zu unterstellen.**

(3a) [1]**Die Freigabe kann widerrufen oder geändert werden, wenn sie auf unrichtigen Angaben beruht, arglistig herbeigeführt worden ist oder die**

beteiligten Unternehmen einer mit ihr verbundenen Auflage zuwiderhandeln. [2]Im Falle der Nichterfüllung einer Auflage gilt § 41 Absatz 4 entsprechend.

(4) **[1]Vor einer Untersagung ist den obersten Landesbehörden, in deren Gebiet die beteiligten Unternehmen ihren Sitz haben, Gelegenheit zur Stellungnahme zu geben. [2]In Verfahren nach § 172a des Fünften Buches Sozialgesetzbuch ist vor einer Untersagung das Benehmen mit den zuständigen Aufsichtsbehörden nach § 90 des Vierten Buches Sozialgesetzbuch herzustellen. [3]Vor einer Untersagung in Verfahren, die den Bereich der bundesweiten Verbreitung von Fernsehprogrammen durch private Veranstalter betreffen, ist das Benehmen mit der Kommission zur Ermittlung der Konzentration im Medienbereich herzustellen.**

(5) **Die Fristen nach den Absätzen 1 und 2 Satz 2 beginnen in den Fällen des § 39 Absatz 4 Satz 1, wenn die Verweisungsentscheidung beim Bundeskartellamt eingegangen ist und die nach § 39 Absatz 3 erforderlichen Angaben in deutscher Sprache vorliegen.**

(6) **Wird eine Freigabe des Bundeskartellamts durch gerichtlichen Beschluss rechtskräftig ganz oder teilweise aufgehoben, beginnt die Frist nach Absatz 2 Satz 2 mit Eintritt der Rechtskraft von Neuem.**

Übersicht

1. Überblick

1 § 40 trat mit der 6. GWB-Novelle 1998 an die Stelle des § 24a Abs. 2 aF. Er enthält im Vergleich zur Rechtslage bis 1998 **wesentliche Änderungen** des Fusionskontrollverfahrens. **Vor der 6. GWB-Novelle 1998** war danach zu unterscheiden, ob die materielle Prüfung eines Zusammenschlusses durch Anzeige des schon vollzogenen Zusammenschlusses ausgelöst wurde. Dann galt nach § 24 Abs. 2 S. 2 Hs. 2 aF eine Ein-Jahres-Frist, innerhalb derer das Amt untersagen konnte. Wurde ein Zusammenschlussvorhaben – freiwillig oder in Erfüllung der Anmelde-„Pflicht" des § 24 Abs. 1 S. 2 aF – angemeldet, fand nach § 24a Abs. 2 S. 1 aF ein höchstens viermonatiges Prüfungsverfahren statt. Wollte das Amt eine Prüfungsfrist von mehr als einem Monat in Anspruch nehmen, musste es den Unternehmen vor Ablauf einer Frist von einem Monat seit Eingang der Anmeldung mitteilen, dass es in die Prüfung des Zusammenschlusses eingetreten sei. Weder dieser Monatsbrief noch die in der Praxis immer erfolgenden **formlosen „Freigabe"-Mitteilungen,** dass die Untersagungsvoraussetzungen des § 24 Abs. 1 GWB aF nicht erfüllt seien, waren Verfügungen und somit insbes. auch für Dritte nicht anfechtbar. Eine Verfügung erging nur, wenn der Zusammenschluss untersagt wurde.

2 Die **6. GWB-Novelle 1998** hat eine schärfere Trennung zwischen von vornherein unbedenklichen Fällen vorgenommen und solchen, die, weil „schwieriger", einer vertieften Prüfung bedürfen. Die unbedenklichen Fälle sollen in dem neuen Konzept des § 40 **binnen eines Monats** abgeschlossen werden. Die Freigabe erfolgt in diesen Fällen weiterhin nach dem Gesetz durch Fristablauf, in der Praxis durch formlose Mitteilung, dass die Untersagungsvoraussetzungen des § 36 Abs. 1 nicht erfüllt seien. Kann ein Fall nicht binnen dieses Monats positiv abgeschlossen werden, erhält sich das Amt die **Prüfungsbefugnis für insgesamt vier Monate,** wenn es innerhalb einer Frist von einem Monat mitteilt, „dass es in die Prüfung des Zusammenschlusses", also in das **„Hauptprüfverfahren"** eingetreten ist. Diese Mitteilung – als **„Monatsbrief"** bezeichnet – ergeht formlos und stellt keine Verfügung dar; materielle Voraussetzung ist nur, dass eine „weitere Prüfung des Zusammenschlusses erforderlich ist". Das Hauptprüfverfahren endet, wenn die Anmeldung nicht zurückgenommen wird, immer mit einer Verfügung, entweder mit einer Freigabe-Verfügung, die mit Bedingungen und Auflagen verbunden werden kann, oder mit einer Untersagungsverfügung. Anders als nach der Rechtslage bis 1998 kann auch der positive Abschluss des Fusionskontrollverfahrens im Hauptprüfverfahren, also die **Freigabe-Verfügung, angefochten** werden. Angesichts der Tatsache, dass die Freigabe die beteiligten Unternehmen – von der Freigabe mit Bedingungen und Auflagen (→ Rn. 34 ff.) abgesehen – nicht belastet, bedeutet das in der Praxis, dass sie fast ausschließlich durch dritte Unternehmen mit Beschwerde angefochten wird. Ziel einer solchen Anfechtung kann allerdings nicht die Untersagung sein, sondern nur die Aufhebung der Freigabe. Im Hinblick darauf sieht Abs. 6 vor, dass bei einer solchen Aufhebung die Untersagungsfrist mit Eintritt der Rechtskraft von Neuem beginnt. Dann muss der Zusammenschluss neu geprüft werden.

3 Die **7. GWB-Novelle 2005** hat einige formale Änderungen vorgenommen. Früher musste eine Untersagungsverfügung innerhalb der Prüfungsfrist allen Beteiligten zugestellt werden (→ 7. Aufl. 2013, Rn. 8). Nach der Neufassung von Abs. 2 S. 2 kommt es nur noch auf die **Zustellung an die „anmeldenden Unternehmen"** an. Für die anderen Verfahrensbeteiligten reicht nach dem neuen S. 3 eine Unterrichtung über den Zeitpunkt der Zustellung der Verfügung aus. In Abs. 3 musste eine Verweisung auf den durch die 7. GWB-Novelle weggefallenen § 12 gestrichen werden; inhaltlich wurde die bisherige Regelung durch den neuen Abs. 3a ersetzt, wonach die Freigabe unter bestimmten Voraussetzungen widerrufen oder geändert werden kann. Schließlich wurde die Fristenregelung in Abs. 5 für den Fall einer Verweisung durch die Kommission an den neuen § 39 Abs. 4 S. 2 angepasst.

Die **8. GWB-Novelle 2012/2013** hat in Abs. 2 die Fristenregelung derjenigen des EU-Fusionskontrollverfahrens weiter angepasst. Nach den neuen S. 4 und 5 wird die Untersagungsfrist des Hauptprüfungsverfahrens **gehemmt,** wenn ein am Zusammenschluss beteiligtes Unternehmen eine nach § 59 angeforderte Auskunft nicht rechtzeitig oder nicht vollständig beantwortet. Nach dem neuen S. 6 verlängert sich die Prüfungsfrist, ebenfalls in Anpassung an das europäische Recht, wenn ein anmeldendes Unternehmen **Vorschläge für Bedingungen oder Auflagen** unterbreitet. Schließlich wurde in Abs. 3 S. 1 klargestellt, dass vom BKartA festgesetzte Bedingungen und Auflagen einer Freigabe nur den Zweck haben sicherzustellen, dass die beteiligten Unternehmen den Verpflichtungen nachkommen, die sie zur Abwendung einer Untersagung eingegangen sind. 4

Die **9. GWB-Novelle 2017** hat in Abs. 4 eingefügt, dass vor der Untersagung in Fusionskontrollverfahren im Bereich Fernsehen das Benehmen mit der KEK hergestellt werden muss. 5

Die **10. GWB-Novelle 2021** hat die Prüfungsfrist in Abs. 2 auf fünf Monate verlängert. 5a

2. Vorprüfverfahren (Abs. 1 S. 1)

a) „Monatsbrief". Nach Abs. 1 S. 1 darf das BKartA einen Zusammenschluss, der ihm angemeldet worden ist, nur untersagen, wenn es den anmeldenden Unternehmen innerhalb einer **Frist von einem Monat** seit Eingang der **vollständigen Anmeldung** mitteilt, dass es in die Prüfung des Zusammenschlusses eingetreten ist; diese „Prüfung" des Zusammenschlusses wird als „Hauptprüfverfahren" bezeichnet. Formvorschriften für diese Mitteilung gibt es nicht. Das BKartA nimmt diese Mitteilung immer schriftlich vor; sie wird als „Monatsbrief" bezeichnet. Die Auffassung des OLG Düsseldorf, es reiche jede formlose, ggf. auch telefonische Mitteilung aus, aus der sich ergebe, dass die kartellrechtliche Beurteilung nicht innerhalb der Monatsfrist abgeschlossen werden könne (OLG Düsseldorf WuW/E DE-R 2477 (2480) – Phonak/ReSound, im Rechtsbeschwerdebeschluss hat der BGH dazu keine Stellung bezogen, vgl. BGH WuW/E DE-R 2905 (2908)), genügt dem Bedürfnis nach Rechtssicherheit nicht. Aufgrund des „objektiv" zu verstehenden (dazu OLG Düsseldorf WuW/E DE-R 3173 (3177) – Anzeigengemeinschaft) Vollständigkeitserfordernisses müssen alle in § 39 Abs. 3 bezeichneten Angaben in der Anmeldung direkt oder indirekt (durch Verweisung) enthalten sein. Auf die Relevanz der Angaben für die materielle Beurteilung des Zusammenschlussvorhabens und die inhaltliche Richtigkeit der Anmeldung kommt es insoweit nicht an. Die Monatsfrist ist **nicht verlängerbar** (OLG Düsseldorf WuW/E DE-R 2477 (2480) – Phonak/ReSound, bestätigt durch BGH WuW/E DE-R 2905 (2908)). Der Effekt der Verlängerung kann aber dadurch erreicht werden, dass die Anmeldung **zurückgenommen** und – ggf. unverändert – wieder neu eingereicht wird. Die Rücknahme ist jederzeit ohne Weiteres möglich (BGH WuW/E 2905 (2907 f.) – Phonak/Resound). 6

Der **„Monatsbrief"** enthält nur die Mitteilung, dass das BKartA in die Prüfung des Zusammenschlusses eingetreten ist. Die Mitteilung ist **kein Verwaltungsakt;** sie hat nur den Zweck, dem Amt die volle fünfmonatige Prüfungsfrist im Hauptprüfverfahren zu erhalten. Mitzuteilen ist demjenigen, der die Anmeldung bewirkt hat, nicht allen am Zusammenschluss beteiligten Unternehmen. Die Mitteilung muss dem anmeldenden Unternehmen (→ Rn. 10) innerhalb der Frist von einem Monat seit Eingang der Anmeldung **zugegangen** sein. Eine Ersatzzustellung durch Bekanntmachung im Bundesanzeiger ist nicht möglich (streitig, vgl. dazu Kleinmann/Bechtold § 24a Rn. 80; wie hier GemK/Bosch Rn. 6). Die sich aus dieser Rechtslage insbes. für Zusammenschlüsse unter Beteiligung ausländischer Unternehmen ergebenden praktischen Probleme sind durch die 6. GWB-Novelle dadurch 7 behoben, dass ausländische anmeldende Unternehmen nach § 39 Abs. 3 Nr. 6 eine „zustellungsbevollmächtigte Person im Inland" benennen müssen, wenn das anmeldende Unternehmen seinen Sitz im Ausland hat. Die Monatsfrist ist eine **verfahrensrechtliche Ausschlussfrist,** deren Ablauf das Recht auf Untersagung erlöschen lässt (zur früheren Rechtslage stRspr, vgl. BGH WuW/E 1556 (1559) – Weichschaum III; KG WuW/E DE-R 641 (643) – tobaccoland; GemK/Bosch Rn. 3) mit der Folge, dass der Zusammenschluss **von Gesetzes wegen als freigegeben** gilt. Diese Fiktion ist in Abs. 1 für den Ablauf der Monatsfrist nicht ebenso klar wie in Abs. 2 S. 2 für den Ablauf der Fünfmonatsfrist formuliert; sie ist aber unstreitig und ergibt sich zumindest auch aus der Analogie zu Abs. 2 S. 2.

8 **b) „Freigabebescheid".** Bis zur 6. GWB-Novelle 1998 bewirkte der Monatsbrief keine wirkliche Trennung der Verfahren. Der Monatsbrief wurde geschrieben, wenn das Amt das Verfahren, aus welchen Gründen auch immer, noch nicht binnen eines Monats hatte abschließen können. Auch nach Erlass des Monatsbriefes war die Freigabe durch formloses Abschlussschreiben möglich und in der Praxis die Regel. Die 6. GWB-Novelle hat eine klare Trennung zwischen dem **Vorprüfverfahren** vor Erlass des Monatsbriefes und dem Hauptprüfverfahren nach dessen Erlass vorgenommen. Im Vorprüfverfahren ist eine **Untersagung des Zusammenschlusses ausgeschlossen.** Das Amt hat nur die Wahl, den Zusammenschluss durch formloses Abschlussschreiben oder Verstreichen der Monatsfrist für die Unternehmen positiv abzuschließen, den Zusammenschluss also freizugeben, oder durch den Monatsbrief das Hauptprüfverfahren einzuleiten. Ist es schon innerhalb des ersten Monates entschlossen und bereit, den Zusammenschluss zu untersagen, muss es vor Untersagung das Hauptprüfverfahren einleiten, denn nur in diesem hat es nach Abs. 2 S. 1 die Möglichkeit, den Zusammenschluss zu untersagen. Das Abschlussschreiben **(„Freigabebescheid")** vor Ablauf der Monatsfrist des Abs. 1 S. 1 hat den Inhalt, dass die Prüfung des Zusammenschlussvorhabens schon im **Vorprüfverfahren** ergeben hat, dass es die **Untersagungsvoraussetzungen des § 36 Abs. 1 nicht erfüllt;** für die kartellrechtliche Beurteilung nach § 1 besagt es nichts (dazu auch BGH WuW/E DE-R 115 (116) – Car-Partner; vgl. auch BKartA WuW/E DE-V 100 (102) – Stellenmarkt für Deutschland GmbH). Es ist **keine Verfügung** (aA KG WuW/E DE-R 644 (645) – tobaccoland). Der BGH geht davon aus, dass es sich „um eine im Grundsatz nicht anfechtbare Entscheidung" handele (BGH WuW/E DE-R 1571 f. = AG 2006, 159 f. (160) – Ampère; BGH BeckRS 2008, 32 13.11.2007 – KVZ 10/07 Rn. 5). Der Freigabebescheid ist als Mitteilung des BKartA zu interpretieren, dass die **Freigabe des Zusammenschlusses von Gesetzes wegen** durch Ablauf der Monatsfrist des § 40 Abs. 1 S. 1 eintreten werde oder schon eingetreten sei. Angesichts der ggf. dadurch bewirkten Selbstbindung des BKartA im Zeitraum zwischen Freigabebescheid und Ablauf der Monatsfrist kann in der Praxis davon ausgegangen werden, dass die Freigabewirkungen eintreten. Selbst wenn man diesen Wirkungseintritt für zweifelhaft halten sollte, ergibt er sich dann kurz danach aus dem gesetzlichen Fristablauf (vgl. dazu auch BGH WuW/E DE-R 1571 f. = AG 2006, 159 f. (160) – Ampère; OLG Düsseldorf WuW/E DE-R 1293 (1294) – TV Kofler; 1922 – Verweisungsverfahren). Das BKartA ist an die Mitteilung gebunden; es kann ihre Wirkungen und die Wirkung des Ablaufs der Monatsfrist allenfalls unter den Voraussetzungen des Abs. 2 S. 4 Nr. 2 beseitigen (→ Rn. 17 ff.). Hält man den Freigabebescheid für eine Verfügung, ist sie grds. anfechtbar, aA aber OLG Düsseldorf NZKart 2020, 680 (681): Die **Freigabe in der ersten Phase der Fusionskontrolle** ist keine anfechtbare Verfügung. Wegen des unmittelbar danach erfolgenden Ablaufs der Monatsfrist des § 40 Abs. 1 S. 1 fehlt für eine Beschwerde aber jedenfalls das Rechtsschutzbedürfnis (KG WuW/E DE-R 644 (645) – tobaccoland). Verfahrensrechtlich ist dieses System im Hinblick auf Art. 19 Abs. 4 GG nicht bedenklich;

dass ein Freigabebescheid in die subjektiv-öffentlichen Rechte eines Dritten eingreift, ist kaum vorstellbar (vgl. dazu BGH WuW/E DE-R 1571 f. – Ampère). Zur Dauer der Freigabewirkung → § 39 Rn. 9. Bei der fusionskontrollpflichtigen Vereinigung von Krankenkassen (→ § 35 Rn. 28) darf die aufsichtsrechtliche Genehmigung nach § 144 Abs. 3 SGB V (der in den Fällen der § 150 Abs. 2 SGB V, § 160 Abs. 1 SGB V und § 168a Abs. 5 SGB V entsprechend anwendbar ist) erst nach der Freigabe erfolgen.

3. Hauptprüfverfahren (Abs. 1 S. 2, Abs. 2)

a) Entscheidungskriterien für Monatsbrief. Das Hauptprüfverfahren, in dem 9
außer einer Freigabe des Zusammenschlusses auch eine Untersagung möglich ist, wird durch den Monatsbrief eingeleitet. Justitiable Voraussetzungen für den Monatsbrief gibt es nicht; nach Abs. 1 S. 2 „soll" er ergehen, wenn eine **weitere Prüfung des Zusammenschlusses erforderlich** ist. Das bedeutet, dass er immer dann ergehen kann und soll, wenn das Amt die Prüfung noch nicht abgeschlossen hat. Angesichts der kurzen Frist, in der über den Erlass eines Monatsbriefes zu entscheiden ist, macht es auch keinen Sinn, dem Gesetz enge Restriktionen darüber zu entnehmen, in welchem Zeitpunkt der Monatsbrief geschrieben werden darf. Grundsätzlich kann er auch unmittelbar nach Eingang der Anmeldung geschrieben werden; es ist also nicht erforderlich, dass das BKartA abwartet bis gegen Ende der Monatsfrist. Voraussetzung ist aber eine Prognose darüber, dass die Prüfung des Zusammenschlusses voraussichtlich innerhalb der Monatsfrist nicht abgeschlossen werden kann **und** dass eine Untersagung in Betracht kommt. Steht von vornherein – wie häufig – fest, dass eine **Untersagung unter allen Gesichtspunkten ausgeschlossen** ist, liegt die Voraussetzung nach Abs. 1 S. 2, dass „eine weitere Prüfung des Zusammenschlusses erforderlich ist", nicht vor. Die Einleitung des Hauptprüfverfahrens durch den Monatsbrief ist in diesen Fällen auch dann nicht möglich, wenn das Amt im Hinblick auf das Erfordernis, Freigaben im Hauptprüfverfahren durch Verfügung zu erlassen und zu begründen, an einer begründeten Freigabeentscheidung interessiert sein sollte.

b) Fristbindung. Nach Abs. 2 S. 2 muss das Hauptprüfverfahren gemäß der 10
Neufassung durch die 10. GWB-Novelle 2021 binnen fünf Monaten seit Eingang der **vollständigen Anmeldung** durch Untersagung oder Freigabe **abgeschlossen** werden. Für das Vollständigkeitserfordernis der Anmeldung → Rn. 6 und → § 39 Rn. 22 f. Auf die Richtigkeit der Anmeldung kommt es insoweit nicht an. Die Frist von fünf Monaten seit Eingang der vollständigen Anmeldung ist eine verfahrensrechtliche **Ausschlussfrist,** deren Ablauf (ebenso wie der Ablauf der Monatsfrist nach Abs. 1 S. 1) das Recht auf Untersagung erlöschen lässt (ausdrücklich zustimmend OLG Düsseldorf WuW/E DE-R 3173 (3177) – Anzeigengemeinschaft). Nach dem früheren Gesetzeswortlaut kam es darauf an, dass die Verfügung innerhalb einer Frist von vier Monaten „ergeht". Seit der 7. GWB-Novelle 2005 ist nur noch entscheidend, dass die Verfügung **innerhalb der Fünfmonatsfrist den anmeldenden Unternehmen zugestellt** wird. Gegenüber dem früheren Rechtszustand (→ 7. Aufl. 2013, Rn. 8) liegt der Unterschied darin, dass nicht mehr an alle Beteiligten innerhalb der Frist zugestellt werden muss, sondern nur noch an die anmeldenden Unternehmen. Die Nichteinhaltung der Frist gegenüber einem von mehreren anmeldenden Unternehmen begründet die Rechtswidrigkeit der Untersagung insgesamt (vgl. auch BGH WuW/E 2389 (2390) – Coop Schleswig-Holstein/Deutscher Supermarkt; KG WuW/E DE-R 94 (95) – Hochtief/Philipp Holzmann; dazu auch Wagner WuW 2010, 38 (48 f.)). Für die Berechnung der Fristen gelten §§ 187 ff. BGB, auf die § 31 VwVfG verweist. Fällt der letzte Tag der Frist auf einen Samstag, Sonntag oder Feiertag, läuft die Frist am nächsten Werktag ab (§ 193 BGB, § 31 Abs. 3 VwVfG).

11 Die **Fristbindung im Hauptprüfverfahren** bezieht sich nicht nur auf die Untersagung, sondern auch auf die **Freigabe durch Verfügung.** Hält das BKartA dafür – zB wegen fehlender oder fehlerhafter Zustellung – **die Fünfmonatsfrist nicht ein,** und wird die später erlassene Verfügung deswegen angefochten, gibt es hinsichtlich der Rechtsfolgen zwei Alternativen: Entweder ist wegen fehlender rechtzeitiger wirksamer Zustellung jedenfalls Fristablauf mit der Folge eingetreten, dass nach Abs. 2 S. 2 der Zusammenschluss als freigegeben gilt. Oder es wird auch auf diesen Fall § 40 Abs. 6 angewendet mit der Folge, dass bei Aufhebung der Freigabe wegen Zustellungsmangels die Frist nach Abs. 2 S. 2 mit Eintritt der Rechtskraft der Gerichtsentscheidung neu beginnt. Der Wortlaut des Gesetzes spricht für die Alt. 2. Sinn und Zweck der Regelung sprechen allerdings entscheidend dafür, die Rechtsfolgen des Fristablaufs nach Abs. 2 S. 2 eintreten zu lassen, also Freigabe ohne Verfügung durch Fristablauf. Die Freigabeverfügung kann diese von Gesetzes wegen eingetretene Rechtsfolge nicht infrage stellen, sodass auch eine Aufhebung der Freigabeverfügung wirkungslos sein muss.

12 Die Verfügung, durch die das Hauptprüfverfahren abgeschlossen wird, muss zwar innerhalb der Frist nicht auch allen Verfahrensbeteiligten, die nicht angemeldet haben, zugestellt werden. S. 3 sieht aber vor, dass diese **anderen Verfahrensbeteiligten** (§ 54 Abs. 2) „unverzüglich über den Zeitpunkt der Zustellung der Verfügung **zu unterrichten**" sind. Dass sie nicht nur über den Zeitpunkt der Zustellung zu unterrichten sind, sondern dass ihnen selbst auch die **Verfügung zugestellt** werden muss, ergibt sich aus § 61 Abs. 1 S. 1. S. 3 hat also nur die Funktion, die anderen Verfahrensbeteiligten darüber zu unterrichten, **wann** den anmeldenden Unternehmen die Verfügung zugestellt wurde. Sie können daraus entnehmen, ob die Fünfrmonatsfrist eingehalten worden ist, und wie die Beschwerdefrist für die anmeldenden Unternehmen berechnet wird. Die Beschwerdefrist für die Anfechtung durch die anderen Verfahrensbeteiligten beginnt mit der Zustellung an diese; insoweit ist die Zustellung an die anmeldenden Unternehmen irrelevant. Materiell ist sie allerdings rechtswidrig und auf Beschwerde aufzuheben, wenn sie den anmeldenden Unternehmen nicht innerhalb der gesetzlichen Frist zugestellt worden ist.

13 **c) Ausnahmen von der Fristbindung (Abs. 2 S. 4–7) – Allgemein.** Anders als nach § 24a Abs. 2 S. 1 und S. 2 aF leitet das Gesetz die Ausnahmen von der Fristbindung in Abs. 2 S. 4 nicht damit ein, dass das BKartA einen Zusammenschluss auch nach Ablauf von fünf Monaten unter bestimmten Voraussetzungen untersagen darf, sondern damit, dass die **Freigabefiktion** des Abs. 2 S. 2 und – im Falle der Nr. 2 – auch nach Abs. 1 S. 2 unter bestimmten Voraussetzungen **nicht gilt.** Gesetzestechnisch ist die Anknüpfung des S. 4 an den neuen S. 3 verunglückt. **S. 4** ist keine Ausnahme von der Unterrichtungspflicht nach S. 3, sondern eine **Ausnahme von der Fristbindung nach S. 2** (und des Abs. 1 S. 1, → Rn. 6 f.). Die 8. GWB-Novelle 2012/2013 hat den Katalog der Ausnahmen von der Fristbindung um zwei Fälle ergänzt. Nach **S. 5** wird die Fünfmonatsfrist des S. 2 gehemmt, wenn ein am Zusammenschluss beteiligtes Unternehmen eine vom BKartA nach § 59 angeforderte Auskunft nicht rechtzeitig oder nicht vollständig beantwortet; die Hemmung endet nach S. 6 mit der vollständigen Beantwortung. **S. 7** sieht eine Verlängerung der Fünfmonatsfrist um einen Monat vor, wenn dem BKartA Vorschläge für Bedingungen oder Auflagen gemacht werden.

14 Der Katalog der Ausnahmen von der Bindung an die Fünfmonatsfrist des S. 2 in den S. 3–7 ist **abschließend;** weitere Ausnahmen gibt es nicht. Früher war in § 24a Abs. 2 S. 2 Nr. 3 aF der Fall geregelt, dass der Vollzug des Zusammenschlusses von der Anmeldung abweicht **(„anders als angemeldet vollzogen").** Dabei handelt es sich nicht um eine Ausnahme von der Fristbindung, sondern um die Klarstellung, dass die Freigabe durch Fristablauf bzw. durch den Monatsbrief den Zusammenschluss betrifft, der in der Anmeldung beschrieben ist. Erfolgt die Frei-

gabe im Hauptprüfverfahren durch Beschluss, ergibt sich die Beschreibung des Zusammenschlusses aus diesem Beschluss. Weicht der Vollzug des Zusammenschlusses davon wesentlich ab, ist er nicht freigegeben; dann liegt ein Verstoß gegen das Vollzugsverbot vor, und das BKartA kann gegen ihn ein Entflechtungsverfahren durchführen (vgl. dazu auch Begr. z. RegE der 6. GWB-Novelle, BR-Drs. 852/97, 60/61). Der früher als Ausnahme von der Fristbindung geregelte Fall, dass sich die **Verhältnisse** seit Freigabe des Zusammenschlusses vor ihrem Vollzug **wesentlich geändert** haben (§ 24a Abs. 2 S. 2 Nr. 4 aF), ist ebenfalls keine Ausnahme von der Fristbindung. Hier geht es um die Frage, ob die Freigabe, die sich aus dem Fristablauf, dem Monatsbrief oder der Freigabeverfügung ergibt, noch gilt, wenn sich vor dem Vollzug die Verhältnisse wesentlich geändert haben. Die wesentliche Veränderung allein bewirkt nicht ohne Weiteres den Wegfall der Freigabewirkung. Sie fällt nicht ohne Weiteres deswegen weg, weil sich externe Umstände verändert haben, zumal diese Veränderungen möglicherweise auch erfolgt wären, wenn der Zusammenschluss sofort nach Freigabe vollzogen worden wäre. Entscheidend ist vielmehr, ob sich die Veränderungen der Verhältnisse innerhalb des Prognosezeitraums (→ § 39 Rn. 9) ergeben haben, von dem das BKartA in der Prüfung ausging, oder außerhalb; nur im letzteren Fall gibt es, weil die Freigabe den Zusammenschluss nicht mehr deckt, eine neue Untersagungsbefugnis, freilich auch eine neue Anmeldepflicht.

d) Zustimmung zur Fristverlängerung (Abs. 2 S. 4 Nr. 1). Die wichtigste Ausnahme von der Fristbindung ist der in S. 4 Nr. 1 geregelte Fall der Zustimmung zur Fristverlängerung. Die Fristverlängerung bezieht sich nur auf die **Fünfmonatsfrist** des Abs. 2 S. 2. Die **Monatsfrist ist nicht verlängerbar** (so auch OLG Düsseldorf WuW/E DE-R 2477 (2480) – Phonak/ReSound). Zuständig für die Fristverlängerung sind die **„anmeldenden" Unternehmen.** In § 24a Abs. 2 S. 2 Nr. 1 aF, der bis zum 31.12.1998 galt, war noch die Rede davon, dass „die am Zusammenschluss beteiligten Unternehmen" der Fristverlängerung zustimmen müssen. Dem entsprach noch die Formulierung des RegE z. 6. GWB-Novelle. Die gesetzliche Bestimmung ist erst während des Gesetzgebungsverfahrens durch Beschluss des Wirtschaftsausschusses des Bundestages geändert worden, weil kurz zuvor das KG im Falle Hochtief/Philip Holzmann (KG WuW DE-R 94, anders danach BGH WuW/E DE-R 420 (421 f.): Erledigte Beschwer) eine Untersagungsverfügung aufgehoben hatte, nachdem die Veräußerer der Verlängerung der Untersagungsfrist nicht zugestimmt hatten. Das KG vertrat hier die Auffassung, dass zu den beteiligten Unternehmen auch der Veräußerer gehöre. Um die sich daraus ergebenden Erschwernisse bei der Fristverlängerung und Rechtsunsicherheiten zu beseitigen, hat der Gesetzgeber – zu Recht – den Wortlaut so geändert, dass nur die „anmeldenden" Unternehmen zustimmen müssen. 15

Anmeldendes Unternehmen ist dasjenige, das die **Anmeldung selbst vorgenommen** hat. Wenn dieses Unternehmen, wie in der Praxis häufig, die Anmeldung **zugleich auch für andere** oder alle anderen am Zusammenschluss beteiligten Unternehmen vornimmt, gelten auch diese als Anmeldende (aA OLG Düsseldorf WuW/E DE-R 1881 (1882 f.) – E. I. du Pont/Pedex). Allerdings wird man im Regelfall davon ausgehen können, dass in diesen Fällen das **unmittelbar anmeldende Unternehmen auch die Zustimmung für die Unternehmen, für die es mit angemeldet hat, erteilen kann** und tatsächlich auch erteilt. Die Zustimmungserklärungen müssen **vor Ablauf der Frist** vorliegen; nachträgliche Zustimmung ist nicht möglich. Die Zustimmung muss sich auf einen **bestimmten Zeitraum** beziehen. Eine besondere **Form ist nicht erforderlich.** Mehrfache Verlängerung ist möglich. Das BKartA ist nicht verpflichtet, bei Vorliegen der Zustimmung zu einer Fristverlängerung diese auch tatsächlich vorzunehmen. Es braucht sich dazu auch nicht zu erklären; im Regelfall tut es das aber. Aufgrund 16 der Zustimmung zur Verlängerung der Untersagungsfrist wird das Amt für die Verlängerungsdauer in die gleiche Rechtsposition versetzt, in der es sich während der gesetzlichen Untersagungsfrist befindet. Es kann grds. für jeden von ihm bestimmten Zeitpunkt, soweit die weiteren Voraussetzungen vorliegen, das Verfahren durch Freigabe oder Untersagung abschließen. Die Auffassung Wagners (Wagner WuW 2010, 38), den anmeldenden Unternehmen seien die am Zusammenschlussverfahren „geborenen" Beteiligten – die am Zusammenschluss materiell Beteiligten und der Veräußerer (§ 54 Abs. 2 Nr. 2 und Nr. 4) – gleichzustellen, hat im geltenden Gesetzeswortlaut keine Grundlage.

17 **e) Unrichtige Angaben (Abs. 2 S. 4 Nr. 2).** Die Beschränkung auf die Fünfmonatsfrist gilt nach S. 4 Nr. 2 nicht bei unrichtigen Angaben, wenn die Unrichtigkeit **das BKartA veranlasst** hat, den Monatsbrief nicht zu schreiben oder innerhalb der Fünfmonatsfrist des Abs. 2 S. 2 keine Untersagung vorzunehmen. Das Gesetz verlangt also eine **Kausalität** zwischen den unrichtigen Angaben oder der nicht rechtzeitig erteilten Auskunft und der Freigabe des Zusammenschlusses. Die **Beweislast** dafür trägt das **BKartA** (vgl. dazu auch Begr. z. RegE der 8. GWB-Novelle, BT-Drs. 17/9852, 30). Weil das BKartA meist nicht in der Lage sein wird, den Nachweis zu führen, ist in S. 5 nunmehr eine von dieser Kausalität unabhängige Fristhemmung eingeführt, allerdings nur bezogen auf förmliche Auskunftsverlangen nach § 59.

18 Das Gesetz unterscheidet zwischen „unrichtigen Angaben" einerseits und „nicht rechtzeitig erteilter Auskunft nach § 39 Abs. 5 oder § 59" andererseits. Die **unrichtigen Angaben** können erfolgt sein in der Anmeldung selbst oder außerhalb der Anmeldung, aber in Bezug auf das konkrete Verfahren. Insoweit ist es auch möglich, dass derartige Angaben schon vor der Anmeldung erfolgt sind, wenn das im Hinblick auf den angemeldeten Zusammenschluss geschah. Da die Aufhebung der Freigabefiktion tief in die Freiheitsrechte der am Zusammenschluss beteiligten Unternehmen eingreift, muss die Unrichtigkeit der Angaben den beteiligten Unternehmen oder jedenfalls einem von ihnen zuzurechnen sein. Auch aus einer **Unvollständigkeit** kann sich die Unrichtigkeit ergeben, wenn auch nicht jede Unvollständigkeit mit Unrichtigkeit gleichzusetzen ist (anders offenbar Reg-Begr. z. E der 6. GWB-Novelle BR-Drs. 852/97, 60). Eine unvollständige Angabe ist nur unrichtig, wenn die Unvollständigkeit zu einem falschen Eindruck führt, und objektiv die Annahme begründet ist, dass die unterlassene Angabe hätte gemacht werden müssen. Auch diese Unterlassung muss den am Zusammenschluss beteiligten Unternehmen zurechenbar sein.

19 Für die **Auskunft nach § 39 Abs. 5 oder § 59** zielt das Gesetz nicht auf die Richtigkeit dieser Auskunft ab (insoweit findet der Tatbestand der „unrichtigen Angaben" Anwendung), sondern nur auf die **rechtzeitige Erteilung** der Auskunft. Die „Rechtzeitigkeit" ergibt sich aus der Frist, die in der Verfügung nach § 39 Abs. 5 oder § 59 für die Auskunftserteilung angeordnet wurde. Beantragen die auskunftspflichtigen Unternehmen eine Verlängerung, kommt es darauf an, ob sie gewährt wurde. Der nicht rechtzeitigen Erteilung der Auskunft steht die **Nicht-Erteilung** gleich. Die nicht rechtzeitige oder Nicht-Erteilung der Auskunft muss den beteiligten Unternehmen in der gleichen Weise wie bei den „unrichtigen Angaben" **zurechenbar** sein. Das ergibt sich bei der Auskunft nach § 39 Abs. 5 schon daraus, dass diese Bestimmung nur auf Auskünfte der beteiligten Unternehmen anwendbar ist. Anderes gilt aber bei § 59; das BKartA kann im Fusionskontrollverfahren die Auskunftsbefugnisse nach § 59 auch gegenüber Dritten wahrnehmen. Die nicht rechtzeitige oder Nicht-Erteilung einer Auskunft durch Dritte ist den beteiligten Unternehmen oder einem von ihnen nur zuzurechnen, soweit von ihnen auf den Dritten so eingewirkt wurde, dass die Auskunft nicht rechtzeitig oder nicht erteilt wird. Von der Zurechnung zu den beteiligten

Unternehmen zu unterscheiden ist die Frage, ob die Unrichtigkeit der Angaben oder die nicht rechtzeitige oder Nicht-Erteilung der Auskunft von den Angaben- oder Auskunftspflichtigen oder den beteiligten Unternehmen zu verschulden ist.

f) Kein Zustellungsbevollmächtigter (Abs. 2 S. 4 Nr. 3). Die Ausnahme von der Fristbindung nach Nr. 3 betrifft den speziellen Fall, dass die **in der Anmeldung** nach § 39 Abs. 3 Nr. 6 **zu benennende „zustellungsbevollmächtigte Person im Inland“** für beteiligte Unternehmen, die ihren Sitz im Ausland haben, „nicht mehr benannt ist“. Das Gesetz geht also davon aus, dass zwar ursprünglich eine solche Person benannt war, die Benennung aber nachträglich unwirksam geworden ist. Nr. 3 ist aber auch anwendbar, wenn in der Anmeldung fälschlicherweise eine solche Benennung nicht erfolgt ist, und das Amt sie zunächst nicht beanstandet hat. Das Gleiche gilt, wenn aufgrund besonderer Umstände, zB Sitzverlegung, nachträglich Unternehmen mit Sitz im Ausland keinen inländischen Zustellungsbevollmächtigten benannt haben. Zweck der Nr. 3 ist offensichtlich, sicherzustellen, dass **für alle ausländischen beteiligten Unternehmen Zustellungen im Inland** ohne Weiteres möglich sind (vgl. dazu auch Begr. z. RegE der 6. GWB-Novelle, BR-Drs. 852/97, 60). Die Unternehmen, die an einem schnellen Verfahrensablauf interessiert sind, müssen also sicherstellen, dass im Rahmen des § 39 Abs. 3 Nr. 6 zustellungsbevollmächtigte Personen vorhanden sind. Allerdings macht das Fehlen einer zustellungsbevollmächtigten Person nur Sinn im Hinblick auf die **Zustellung der Verfügung nach Abs. 2 S. 2 an die anmeldenden Unternehmen.** Richtigerweise gilt also die Ausnahme von der Fristbindung im Falle der Nr. 3 nur, wenn **anmeldende** Unternehmen keine zustellungsbevollmächtigte Person benannt oder nicht mehr benannt haben. 20

g) Hemmung der Frist wegen nicht ordnungsgemäßer Auskunftserteilung (Abs. 2 S. 5). Der durch die 8. GWB-Novelle 2012/2013 eingefügte S. 5 entspricht Art. 10 Abs. 4 FKVO. Er überschneidet sich teilweise mit S. 4 Nr. 2 (→ Rn. 17), sieht aber kein Kausalitätserfordernis zwischen der nicht ordnungsgemäßen Auskunftserteilung und der Fristüberschreitung vor. Die Fünfmonatsfrist des S. 2 wird unter den Voraussetzungen des S. 5 **„gehemmt“.** Der Begriff der Fristenhemmung ist in den Vorschriften des GWB über das Verwaltungsverfahren neu. Er wird aber in § 33 Abs. 5 für die Verjährung des Schadensersatzanspruches verwendet. Das Wesen der Hemmung besteht entsprechend § 209 BGB darin, dass der Zeitraum, während dessen die Hemmungsgründe vorliegen, in die Frist nicht eingerechnet wird. 21

S. 5 setzt voraus, dass das BKartA von einem am Zusammenschluss beteiligten Unternehmen eine Auskunft nach § 59 angefordert hat (**erstes** Auskunftsverlangen), und dass wegen nicht ordnungsgemäßer Beantwortung ein **zweites** Auskunftsverlangen ergangen ist. Geht das zweite Auskunftsverlangen inhaltlich über das erste hinaus, findet S. 5 nur insoweit Anwendung, wie sich die beiden Auskunftsverlangen überschneiden; im zweiten Auskunftsverlangen angeforderte zusätzliche Auskünfte reichen nicht aus. Erforderlich ist, dass beide Auskunftsverlangen **ausdrücklich auf § 59 gestützt** sind. Das wird bestätigt durch den Gegenschluss zu S. 4 Nr. 2, wo ausdrücklich neben § 59 auch das Auskunftsrecht nach § 39 Abs. 5 genannt wird. Anders als nach § 59 ist für das Auskunftsverlangen nach § 39 Abs. 5 kein förmlicher Beschluss der Beschlussabteilung erforderlich; es reicht auch eine formlose Anfrage des Berichterstatters aus, die allerdings die Voraussetzungen einer Verfügung nach § 61 erfüllen muss (→ § 39 Rn. 25). Das BKartA kann sich nicht auf die Hemmung nach S. 5 berufen, wenn nicht eindeutig feststeht, dass beide Auskunftsverlangen auf § 59 gestützt waren. 22

Erforderlich ist, dass das erste Auskunftsverlangen „nicht rechtzeitig oder nicht vollständig“ beantwortet wurde. Das Merkmal **„nicht rechtzeitig“** umfasst auch die **Nicht-Beantwortung.** Für die Rechtzeitigkeit ist die Fristsetzung des BKartA 23 maßgeblich. Wird eine Fristverlängerung beantragt und gewährt, gilt die verlängerte Frist. Wird die beantragte Verlängerung nicht gewährt, ist von der ursprünglichen Fristsetzung auszugehen. Wenn die Frist objektiv zu kurz und deswegen rechtswidrig ist, wird aus praktischen Gründen gerichtlicher Rechtsschutz nicht zu erreichen sein. Das Unternehmen muss auch dann in Kauf nehmen, dass die Hemmung aufgrund des zweiten Auskunftsverlangens eintritt. Wird die Auskunft zwar nicht innerhalb der gesetzten Frist, aber doch noch so erteilt, dass es nicht zur zweiten Auskunftsverfügung kommt, tritt die Fristenhemmung nicht ein.

24 Anders als S. 4 Nr. 2 erfasst S. 5 nicht den Fall der **unrichtigen** Beantwortung. Es geht außer um die Nicht-Beantwortung oder nicht rechtzeitige Beantwortung nur um die **fehlende Vollständigkeit** der Auskunftserteilung. Diese ist formal danach festzustellen, ob alle Fragen des Auskunftsverlangens beantwortet worden sind. Auch eine unrichtige Beantwortung kann vollständig sein. Die Unrichtigkeit einer Antwort kann die Voraussetzungen des S. 4 Nr. 2 und Abs. 3a erfüllen; sie ist ebenso wie die unvollständige Antwort nach § 81 Abs. 2 Nr. 6 ordnungswidrig (→ § 81 Rn. 19). Das Kriterium der Vollständigkeit ist auch maßgeblich für das Ende der Fristhemmung aufgrund des zweiten Auskunftsverlangens. Auch insoweit gilt, dass eine unrichtige Auskunft vollständig sein kann und dementsprechend das Ende der Fristhemmung bewirken kann.

25 S. 5 verlangt, dass die Nichtbeantwortung, die nicht rechtzeitige Beantwortung oder die nicht vollständige Beantwortung von den am Zusammenschluss beteiligten Unternehmen, an das das Auskunftsverlangen gerichtet ist und das dementsprechend zur Antwort verpflichtet ist, **„zu vertreten“** ist. Der Begriff des Vertreten-Müssens wird im GWB ansonsten nicht verwendet. Es geht nicht um eine zivilrechtliche Haftung, sodass die Zurechnungsvorschrift zB des § 278 BGB nicht ohne Weiteres anwendbar ist. Vielmehr liegt es nahe, insoweit auf die **ordnungswidrigkeitsrechtliche Beurteilung** nach § 81 Abs. 2 Nr. 6 zurückzugreifen, nach der die Nichterteilung, die nicht vollständige oder nicht rechtzeitige Erteilung einer nach § 59 Abs. 2 angeforderten Auskunft ordnungswidrig ist, wenn der Täter vorsätzlich oder fahrlässig gehandelt hat. Der Täter muss **dem Unternehmen zuzurechnen** sein. Das ist nach § 30 Abs. 1 OWiG der Fall, wenn das Mitglied eines vertretungsberechtigten Organs, eines Vorstands, ein vertretungsberechtigter Gesellschafter einer rechtskräftigen Personengesellschaft, ein Generalbevollmächtigter oder ein Prokurist oder Handlungsbevollmächtigter an leitender Stelle oder eine ansonsten „verantwortlich handelnde Person“ gehandelt hat. Im Allgemeinen werden die Voraussetzungen für eine derartige Zurechnung vorliegen.

26 **h) Fristverlängerung bei Vorschlägen für Bedingungen oder Auflagen (S. 7).** Nach S. 7 verlängert sich die Fünfmonatsfrist um einen Monat, wenn ein anmeldendes Unternehmen „erstmals Vorschläge für Bedingungen oder Auflagen nach Abs. 3 unterbreitet“. Der Grundsatz der Fristverlängerung für Vorschläge für Bedingungen und Auflagen entspricht den Regelungen in Art. 10 Abs. 1 UAbs. 2 FKVO (Fristverlängerung um zehn Arbeitstage) bzw. Art. 10 Abs. 3 UAbs. 2 FKVO (15 Arbeitstage). Sie korrespondiert mit dem ebenfalls durch die 8. GWB-Novelle 2012/2013 eingefügten neuen Abs. 3 S. 1, der – in Übereinstimmung mit der früheren Rechtslage – klarstellt, dass Bedingungen oder Auflagen in Freigabeentscheidungen nur den Zweck haben sicherzustellen, „dass die beteiligten Unternehmen den Verpflichtungen nachkommen, die sie gegenüber dem BKartA eingegangen sind, um eine Untersagung abzuwenden“ (→ Rn. 29 ff.). Während die FKVO davon spricht, dass die Unternehmen „anbieten“, bestimmte Verpflichtungen einzugehen, spricht S. 7 von **„erstmaligen Vorschlägen“.** Gerade im Hinblick auf die automatisch damit verbundene Fristverlängerung, bedürfen die Vorschläge einer gewissen **Formalisierung.** Das bedeutet, dass sie eindeutig als Gegenstand möglicher Bedingungen und Auflagen zur Abwendung einer Untersagung gekennzeichnet und mit einer

hinreichenden Verbindlichkeit zugesagt sein müssen. Eine volle Ausformulierung entsprechend den Mustertexten des BKartA für Nebenbestimmungen in Fusionskontrollverfahren (dazu Anhang C 10) ist nicht erforderlich. Die Vorschläge müssen aber so geartet sein, dass sie Gegenstand einer Grundsatzentscheidung des BKartA sein können, ob auf diese Weise die Untersagung abgewendet werden kann. Im Hinblick auf die mit dem Begriff des „Vorschlages" verbundene Rechtsunsicherheit ist unausweichlich, dass zwischen dem BKartA und dem Unternehmen, das die Vorschläge unterbreitet, eine Klarstellung über die Qualität erfolgt, verbunden mit der ausdrücklichen Erklärung des BKartA, dass die Fristverlängerungswirkung des Abs. 2 S. 7 eintritt bzw. eingetreten ist. Die Streichung des Verweises in S. 7 auf die Frist „nach S. 2" durch die 10. GWB-Novelle 2021 dient der Klarstellung: Die einmonatige Verlängerung, die durch die Vorlage der Zusagen ausgelöst wird, verlängert die jeweils geltende Frist und nicht nur auf die durch die Einleitung des Hauptverfahrens ausgelöste Fünfmonatsfrist nach S. 2. Haben die beteiligten Unternehmen also nach Abs. 2 S. 4 Nr. 1 einer Fristverlängerung zugestimmt und unterbreiten sie danach erstmals Vorschläge für Zusagen, so verlängert sich laufende Frist um einen Monat (RegE 10. GWB-Novelle 2021, 96 f.).

4. Freigabeverfügung (Abs. 3, 3a, 6)

a) Verfügung oder Freigabefiktion. Abs. 2 geht davon aus, dass nicht nur – wie bis zur 6. GWB-Novelle 1998 – die Untersagung durch Verfügung erfolgt, sondern – in Abweichung vom früheren Rechtszustand – auch die im Hauptprüfverfahren erfolgende Freigabe. Allerdings lässt das Gesetz die Möglichkeit zu, dass die **Freigabe durch Fristablauf** erfolgt; nach Abs. 2 S. 2 „gilt der Zusammenschluss als freigegeben", wenn die Verfügung nicht innerhalb „von vier Monaten nach Eingang der vollständigen Anmeldung den anmeldenden Unternehmen zugestellt" wird. Daraus ergibt sich die Frage, ob das BKartA ohne Rechtsverstoß anstelle einer Freigabeverfügung auch **bewusst die Frist verstreichen lassen** kann, um dann die gesetzliche Freigabefiktion eintreten zu lassen. Wird das bejaht, könnte das mit der weiteren Frage verbunden werden, ob das BKartA wie nach der früheren Rechtslage auch im Hauptprüfverfahren eine **formlose Freigabemitteilung** vornehmen kann, die die gesetzliche Fiktion entweder vorwegnimmt oder ihren Eintritt jedenfalls – mit Selbstbindung für das Amt – ankündigt. Der Gesetzgeber ging mit der Schaffung des § 40 offensichtlich davon aus, dass die im Hauptprüfverfahren ergehenden Freigaben durch Verfügung zu erfolgen haben, die dann auch für Dritte anfechtbar sind. Das BKartA würde also, wenn es die Freigabewirkung durch Fristablauf bewusst herbeiführte, gegen diese **gesetzgeberische Intention** handeln. Auch wenn man deswegen eine Verpflichtung des BKartA annimmt, im Hauptprüfverfahren in jedem Falle eine Verfügung zu erlassen, ändert das nichts daran, dass bei Unterlassung jeder Verfügung mit Fristablauf die gesetzliche Freigabefiktion eintritt. Da ihr gerade keine Verfügung zugrunde liegt, ist diese **Fiktion nicht anfechtbar** (Immenga/Mestmäcker/Thomas Rn. 9; Schulte/Just/Schulte § 40 Rn. 8). Die Freigabe erstreckt sich nur auf die Beurteilung nach § 36, nicht auch nach § 1 (dazu auch BGH WuW/E DE-R 115 (116) – Car-Partner; BKartA WuW/E DE-V 100 (102) – Stellenmarkt für Deutschland GmbH). Zur Dauer der Freigabewirkung → § 39 Rn. 9. Bei der fusionskontrollpflichtigen **Vereinigung von Krankenkassen** (→ § 35 Rn. 28) darf die aufsichtsrechtliche Genehmigung nach § 144 Abs. 3 SGB V erst nach der Freigabe erfolgen. 27

b) Zustellung. Die Freigabe im Hauptprüfverfahren ist eine **Verfügung** iSv § 61. Sie ist nach § 61 Abs. 1 S. 1 zu begründen und mit einer Rechtsmittelbelehrung den am Verfahren Beteiligten zuzustellen. Diese Zustellung hat **gegenüber allen anmeldenden Unternehmen innerhalb der Fünfmonatsfrist** des Abs. 2 S. 2 zu erfolgen (→ Rn. 16); für die anderen Verfahrensbeteiligten gilt diese Frist- 28 bindung seit der 7. GWB-Novelle 2005 nicht mehr. Ist die Zustellung nicht an alle anmeldenden Unternehmen innerhalb dieser Frist erfolgt, ergibt sich die Freigabe aus der gesetzlichen Fiktion. Dem steht nicht entgegen, dass **auch eine nicht rechtzeitig zugestellte Freigabeverfügung anfechtbar** ist und sich möglicherweise die nicht rechtzeitige Zustellung an alle anmeldenden Unternehmen erst im Beschwerdeverfahren ergibt. In diesem Falle beginnt nach Abs. 6 die Untersagungsfrist nicht neu zu laufen, weil sie aufgrund des Eintritts der gesetzlichen Fiktion endgültig abgelaufen ist und die Ausnahmen von dieser Fristbindung nach Abs. 2 S. 4–7 nicht vorliegen (→ Rn. 14).

29 **c) Bedingungen und Auflagen.** Ein wesentlicher Grund, jedenfalls für einen Teil der Freigabefälle die Freigabe durch Verfügung vorzusehen, war die als erforderlich angesehene Möglichkeit, die Freigabeverfügung dann mit Bedingungen und Auflagen zu versehen (vgl. dazu auch Krueger NZKart 2013, 130; kritisch Fischer WuW 2015, 144). Sind die Voraussetzungen für eine Freigabe durch – von den Unternehmen angebotene (→ Rn. 30) – Bedingungen oder Auflagen erreichbar, müssen sie festgesetzt werden; dann **darf nicht untersagt werden.** Ein Ermessen besteht insoweit nicht (so ausdrücklich BGH WuW/E DE-R 2905 (2920 f.); → § 36 Rn. 61; aA offenbar BKartA WuW/E DE-V 1357 (1363) – RWE/Saar Ferngas; vgl. auch Fuchs FS Säcker, 2011, 649). Das bezieht sich sowohl auf die Beseitigung der Marktbeherrschungseffekte als auch die – mit dem Zusammenschluss zusammenhängende – Verbesserung der Wettbewerbsbedingungen. Unter **„Bedingung“** ist eine Voraussetzung zu verstehen, von der die Wirksamkeit der Freigabeverfügung abhängig ist. Im Rahmen einer Bedingung kann die Freigabeverfügung auf bestimmte Teile des Zusammenschlusses beschränkt werden. Liegen die Untersagungsvoraussetzungen des § 36 Abs. 1 nur für bestimmte Teile eines – teilbaren – Zusammenschlusses vor, so sind die nicht untersagungsfähigen Teile des Zusammenschlusses unter der Bedingung freizugeben, dass die nicht freigegebenen Teile des Zusammenschlusses aus ihm herausgenommen werden, im Regelfall durch Veräußerung. Die Bedingung kann – so im Regelfall – **aufschiebend** aber auch **auflösend** sein (→ Rn. 32). Auch **„Auflage“** ist im verwaltungsrechtlichen Sinne zu verstehen; durch sie wird beteiligten Unternehmen ein bestimmtes Tun, Dulden oder Unterlassen vorgeschrieben. Sie ist **nicht integrierender Bestandteil der Freigabeverfügung,** sondern **selbst Verwaltungsakt,** der dementsprechend auch gesondert angefochten werden kann. Diese Nebenbestimmungen sind nur dann und nur insoweit festzusetzen, wenn der Zusammenschluss **andernfalls nach § 36 Abs. 1 zu untersagen** wäre (OLG Düsseldorf WuW/E DE-R 1159 (1162) – BASF/NEPG). Das BKartA hat ein Ermessen darin, welche Art von Nebenbestimmung es bei gleichem materiellem Inhalt anordnet. In der Praxis werden inzwischen aufschiebende Bedingungen präferiert; auflösende Bedingungen oder Auflagen werden nur akzeptiert, wenn an der tatsächlichen Erfüllung der Bedingung oder Auflage „keine vernünftigen Zweifel“ bestehen (vgl. OLG Düsseldorf WuW/E DE-R 2798 (2806) – Bau- und Heimwerkermarkt) und die Auswirkungen des Zusammenschlusses für die Übergangszeit bis zur Erfüllung der Auflage bzw. dem Ausfall der auflösenden Bedingungen toleriert werden kann (OLG Düsseldorf WuW/E DE-R 2496 (2498) – Globus/Distributa). Die Nebenbestimmungen müssen die **wettbewerblichen Bedenken gegen den Zusammenschluss ausräumen:** Das OLG Düsseldorf (OLG Düsseldorf WuW/E DE-R 4050 – Liberty/Kabel Baden-Württemberg) hat die Freigabe des Zusammenschlusses aufgehoben. Die auflösenden Bedingungen und Auflagen, unter denen das BKartA den Zusammenschluss freigegeben hat, haben nach Einschätzung des OLG Düsseldorf nicht den Anforderungen des § 40 Abs. 3 S. 1 entsprochen. Das Gericht kam zu dem Ergebnis, dass die Nebenbestimmungen – weder einzeln noch zusammen – eine Strukturveränderung bewirken, die die nachteiligen Wirkungen des Zusammenschlusses beseitigen.

Es ist nicht Aufgabe des BKartA, den Unternehmen vorzugeben, wie sie zur Ausräumung von Untersagungshindernissen den Zusammenschluss zu teilen haben. Auf diesem Hintergrund ist die Regelung in dem durch die 8. GWB-Novelle 2012/2013 geänderten Abs. 3 S. 1 entsprechend Art. 6 Abs. 2 UAbs. 2 FKVO und Art. 8 Abs. 2 UAbs. 2 FKVO sachgerecht, wonach Gegenstand der Bedingungen und Auflagen einer Freigabeentscheidung nur die **Sicherstellung** ist, „dass die **beteiligten Unternehmen den Verpflichtungen nachkommen,** die sie gegenüber dem BKartA eingegangen sind, um eine Untersagung abzuwenden". Das BKartA kann deswegen nur Bedingungen oder Auflagen vornehmen, die von den Unternehmen **vorgeschlagene Maßnahmen zur Beseitigung der Untersagungsvoraussetzungen sichern.** Schlagen die Unternehmen keine solchen Maßnahmen vor, ist das Amt weder verpflichtet noch berechtigt, den Zusammenschluss über Bedingungen und Auflagen in zu untersagende und freizugebende Teile zu trennen (vgl. dazu BGH WuW/E DE-R 1163 (1169) – HABET/Lekkerland; GemK/Bosch Rn. 34 f.). Gegebenenfalls müssen die Nebenbestimmungen im Hinblick auf ihre Wirksamkeit auch mit ausländischen Kartellbehörden abgestimmt werden (vgl. BKartA WuW/E DE-V 965 – General Electrik/Inksion Technologies). 30

Die Bedingungen und Auflagen dürfen sich nach Abs. 3 S. 2 nicht darauf richten, die beteiligten Unternehmen einer **laufenden Verhaltenskontrolle** zu unterwerfen (kritisch dazu Montag FS Hirsch, 2008, 261). Die Bedingung und Auflage muss in erster Linie den **Zusammenschluss als Strukturvorgang** betreffen (dazu OLG Düsseldorf WuW/E DE-R 1013 (1026) – E.ON Ruhrgas IV; KG WuW/E 1937 (1944) – Thyssen/Hüller; BKartA WuW/E DE-V 122 (126) – WITASS; GemK/Bosch Rn. 21). Dementsprechend müssen Bedingungen und Auflagen die Struktur des Zusammenschlusses ändern; es ist nicht möglich, die Unternehmen zu einem bestimmten laufenden Verhalten zu veranlassen. Der wichtigste Fall dafür sind **Veräußerungszusagen,** entweder zulasten des Erwerbers oder des Erwerbsobjekts. Verhaltensauflagen sind aber zulässig, wenn sie einmaliges Verhalten oder ein Verhalten in einem eng begrenzten Zeitraum betreffen, wofür keine „laufende" Verhaltenskontrolle erforderlich ist (vgl. dazu auch Krueger NZKart 2013, 130 (131)). Insoweit gibt es schwierige **Abgrenzungsprobleme.** Grundsätzlich möglich sind vertraglich abgesicherte **Einflussbegrenzungsauflagen** (vgl. dazu BKartA WuW/E DE-V 707 – Stadtwerke Eberswalde). **Lizenzierungsauflagen** begründen im Allgemeinen keine „laufende Verhaltenskontrolle"; sie sind im Wesentlichen struktureller Natur, weil sie geeignet sind, unmittelbar die Marktstruktur zu beeinflussen (vgl. BKartA WuW/E DE-V 861 – BASF/Bayer Crop Science). Gleiches kann für die Bedingung gelten, bestehende Patentstreitigkeiten einvernehmlich beizulegen (vgl. BKartA WuW/E DE-V 690 (696) – Getinge/Heraeus). Einen strukturellen Einschlag haben auch die früher vom BKartA im Gasbereich angeordneten **marktöffnenden Auflagen,** die den Unternehmen zB die Veröffentlichung der Netzzugangsbedingungen und -entgelte, die Veröffentlichung einer detaillierten Netzkarte oder die Erteilung einer Erlaubnis zur Herstellung von physischen Verbindungen zwischen ihren Gasnetzen und den Netzen anderer Netzbetreiber auferlegt haben (vgl. hierzu TB 1999/2000, 24). **„Organisationsauflagen"** oder „Investitionskontrollen" sollen demgegenüber unzulässige Verhaltensauflagen sein (OLG Düsseldorf WuW/E DE-R 1013 (1025) – E.ON/Ruhrgas IV). Das gilt uE viel eher für die **vertriebsbeschränkende Auflage,** bestimmte Produkte in den nächsten zehn Jahren nur über den Fachhandel und nicht direkt zu vertreiben, die vom BKartA hingenommen wurde (vgl. BKartA WuW/E DE-V 669 (676) – Getinge/Heraeus). Die Auflage, eine **Produktionsanlage stillzulegen,** ist nach Auffassung des BKartA keine unzulässige Verhaltensauflage, da sie nach Vollzug unmittelbar die Kapazität eines beteiligten Unternehmens so begrenzt, dass dieses nicht mehr alle Nachfragen befriedigen kann, also Marktanteile verlieren wird (vgl. BKartA WuW/E DE-V 853 (857 f.) – Lhoist). 31

32 Wenn eine **Bedingung nicht erfüllt** wird, ist das nicht gesondert sanktionsbedürftig. Rechtlich hat das zur Folge, dass die Wirkung der Freigabe nicht eintritt. Das begünstigte Unternehmen hat es bei einer **aufschiebenden Bedingung** in der Hand, die Freigabewirkung dadurch herbeizuführen, dass es die Bedingung erfüllt (dazu TB 1999/2000, 23). Bei einer **auflösenden Bedingung** entfällt bei deren Nichterfüllung die Freigabe nachträglich (vgl. dazu BKartA WuW/E DE-V 1055 (1063 f.) – Smiths/MedVestM; 891 f. – ÖPNV Hannover; 1313 (1324) – Telecash; 1349 (1356 f.) – Atlas Copco); die auflösend bedingte Freigabeentscheidung verwandelt sich aber nur dann in eine Untersagungsverfügung, wenn das tenoriert ist (vgl. dazu OLG Düsseldorf WuW/E DE-R 2894 (2895) – Bauen und Garten, wobei aber unklar ist, ob die Einschränkung hinsichtlich der Tenorierung gilt). Besondere Sanktionsbedürfnisse bestehen hinsichtlich der **Auflagen.** Insoweit greift seit der 7. GWB-Novelle 2005 der neue Abs. 3a ein (→ Rn. 40).

33 Das BKartA hat das **Verfahren** der Freigabe eines Zusammenschlusses mit Nebenbestimmungen – in Anpassung an die langjährige Praxis der Kommission (dazu Mitteilung über nach der FusionskontrollVO zulässige Abhilfemaßnahmen, ABl. 2001 C 68, 3 und Best Practice Guidelines: The Commission's Model Texts for Divestiture Commitments and the Trustee Mandate Under the EC Merger Regulation) – stark formalisiert. Es hat im Februar 2008 **Mustertexte für die Freigabe eines Zusammenschlussvorhabens mit Nebenbestimmungen** in den Alternativen Auflagen/aufschiebende Bedingungen/auflösende Bedingungen, die in den Tenor von Freigabeverfügungen aufgenommen werden (Anhang C 9), sowie das Muster eines Treuhändervertrages veröffentlicht. Diese Texte, die für die Einzelfälle allerdings nicht verbindlich sind, zeigen, dass die Erfüllung der Nebenbestimmungen einem strengen Regime unterliegt. Die **Mustertexte** sind auf die Veräußerung eines Unternehmens oder Unternehmensteils ausgerichtet. Es sind kurze Veräußerungsfristen vorgesehen. Als Erwerber kommen nur Unternehmen in Betracht, an denen die zur Veräußerung Verpflichteten nicht beteiligt sind oder allenfalls eine Beteiligung unterhalten, die unterhalb der Schwelle des § 37 Abs. 1 Nr. 4 liegt. Es sind genaue Bestimmungen vorgesehen, die die Wahrung der unternehmerischen Eigenständigkeit des Unternehmensgegenstandes in der Zeit vor der Veräußerung sicherstellen. Die Veräußerung muss so erfolgen, dass die Markt- und Wettbewerbsfähigkeit des Veräußerungsgegenstandes sichergestellt ist. Für die Zeit bis zur Veräußerung muss ein Sicherungstreuhänder eingesetzt werden; wenn die Veräußerung nicht innerhalb der vorgesehenen Frist erfolgt, kann auch ein Veräußerungstreuhänder eingesetzt werden. Für diese Treuhänder ist das Muster eines Treuhandvertrages entwickelt worden.

34 **d) Anfechtung durch Beschwerde.** Die Freigabeentscheidung kann durch Beschwerde angefochten werden (§§ 73 ff.). Für die am Zusammenschluss Beteiligten kommt im Allgemeinen eine Anfechtung der Freigabeentscheidung nicht in Betracht, da sie durch die Freigabeentscheidung im Allgemeinen weder formell noch materiell beschwert sind (s. OLG Düsseldorf WuW/E DE-R 4153 (4155) – Akutstationäre Krankenhausdienstleistungen; kritisch dazu Herrlinger WuW 2014, 698). In Betracht kommt allerdings die Anfechtung einer Freigabeentscheidung, die mit einer **Bedingung** versehen ist; auch wenn sich die Beschwer dann allein gegen die Bedingung richtet, muss die Freigabeentscheidung insgesamt angefochten werden. In Einzelfällen ist **die isolierte Anfechtung der Bedingung** möglich, nämlich dann, wenn die Freigabe mit der Veräußerung bestimmter Standorte bedingt wurde, und damit die Nebenbestimmung an sich nicht den ganzen Zusammenschluss betraf, sondern nur einen abtrennbaren Teil: OLG Düsseldorf NZKart 2022, 341 – Möbeleinzelhandel. Die **Auflage** ist nicht integrierender Bestandteil der Freigabeverfügung, sondern selbst Verwaltungsakt, der dementsprechend auch gesondert angefochten werden kann (OLG Düsseldorf WuW/E DE-R 1397

(1399 f.) – ÖPNV Hannover, bestätigt durch BGH WM 2006, 735 (737)). Auch wenn die Bedingungen und Auflagen vorher von den beteiligten Unternehmen abgegebenen Zusagen entsprechen (→ § 36 Rn. 61), können die Unternehmen, die die Zusage abgegeben haben, formell und materiell beschwert sein (Bedenken bei → 4. Aufl. 2006, Rn. 21 und bei GemK/Bosch Rn. 25). Das gilt jedenfalls dann, wenn die **Zusagen mit dem Vorbehalt** abgegeben werden, die materiellen Bedenken des BKartA würden nicht geteilt (OLG Düsseldorf WuW/E DE-R 2630 (2645 f.) – EDEKA/Plus; 1397 (1398), bestätigt durch BGH WM 2006, 735 (737) – ÖPNV Hannover; aA Schulte/Just/Schulte Rn. 71; → § 73 Rn. 7). Wichtiger ist die Möglichkeit der Anfechtung der Freigabeentscheidung **durch Dritte,** von der das Gesetz, wie § 40 Abs. 6 zeigt, auch ausgeht (vgl. auch OLG Düsseldorf WuW/E DE-R 759 (761 f.) – NetCologne; OLG Düsseldorf NZKart 2022, 157 – Telekom/EWE). In Betracht kommt nur die Anfechtungsbeschwerde nach § 73 Abs. 1, auf keinen Fall eine Verpflichtungsbeschwerde nach § 73 Abs. 3 auf Untersagung (vgl. BGH WuW/E DE-R 1571 f. = AG 2006, 159 f. (160) – Ampère; OLG Düsseldorf WuW/E DE-R 1462 (1463 f.) – Argenthaler Steinbruch). Nach § 73 Abs. 2 sind beschwerdeberechtigt aber nur die am Verfahren vor der Kartellbehörde Beteiligten (§ 54 Abs. 2). Dritte sind also nur anfechtungsberechtigt, wenn sie sich nach **§ 54 Abs. 2 Nr. 3** zu dem Verfahren haben **beiladen** lassen (dazu KG WuW/E DE-R 641 (644) – tobaccoland unter Ablehnung von Steinberger WuW 2000, 345 (352)).

Die Beschwerdeführer sind **formell** beschwert, wenn die angefochtene Verfügung ganz oder teilweise von dem im Verwaltungsverfahren erkennbar angestrebten Ergebnis abweicht. Da niemand, aber keinesfalls am Verfahren beteiligte Dritte, gehalten ist, im Verwaltungsverfahren sowie im Beschwerdeverfahren formell Anträge zu stellen, sind die Anforderungen an eine formelle Beschwer nicht streng. Hinzu kommt das Erfordernis einer **materiellen Beschwer,** deren Anforderungen im Falle der Drittanfechtung von Freigabeentscheidungen vom **Zweck der Fusionskontrolle** her zu bestimmen sind (vgl. nur OLG Düsseldorf WuW/E DE-R 759 (763) – NetCologne). Der Dritte muss durch die angefochtene Freigabe als Träger eigener Interessen oder eigener rechtlich geschützter Positionen bzw. in seinem eigenen unternehmerischen und wettbewerblichen Betätigungsfeld und Gestaltungsspielraum auf dem relevanten Markt betroffen sein; diese Betroffenheit muss sich aus der durch den Zusammenschluss drohenden Verschlechterung der Wettbewerbsbedingungen ergeben (vgl. BGH WuW/E DE-R 1163 – HABET/Lekkerland, dazu K. Schmidt DB 2004, 527; OLG Düsseldorf WuW/E DE-R 759 (763) – NetCologne; OLG Düsseldorf NZKart 2022, 157 – Telekom/EWE). Diese Beschwer ist **weitgehend identisch mit den Beiladungsvoraussetzungen** des § 54 Abs. 2 Nr. 3. Da eine **Beiladung nach Erlass der Untersagungsverfügung** jedenfalls bis zur Einlegung einer Beschwerde durch einen Dritten noch zulässig ist (vgl. KG WuW/E DE-R 641 (642) – tobaccoland; 644 – tobaccoland III; → § 54 Rn. 8), kann ein an der Anfechtung interessiertes drittes Unternehmen, das sich während des Verwaltungsverfahrens nicht beteiligt hat, noch danach zum Zwecke der Beschwerdeeinlegung vom BKartA beiladen lassen. Lehnt das BKartA nach seinem pflichtgemäßen Ermessen (→ § 54 Rn. 12 f.) die Beiladung aus verfahrensökonomischen Gründen ab, ist der Beiladungspetent nach der Rspr. des BGH (BGH WuW/E DE-R 1857 (1859) – pepcom) gegen den Wortlaut des § 73 Abs. 2 beschwerdebefugt (→ § 73 Rn. 5). Die einmal begründete Beschwerdebefugnis entfällt nicht, wenn der Grund der Verfahrensbeteiligung nach Erlass der anzufechtenden Verfügung wegfällt (dazu BGH WuW/E DE-R 2138 (2139) – Anteilsveräußerung; → § 73 Rn. 5). Zur materiellen Beschwer bei der Anfechtung von Nebenbestimmungen einer Freigabeverfügung durch Zusammenschlussbeteiligte vgl. OLG Düsseldorf WuW/E DE-R 2630 (2645 f.) – EDEKA/Plus; 4153 (4155) – Akutstationäre Krankenhausdienstleistungen; kritisch dazu Herrlinger WuW 2014, 698. 35

36 **Begründet** ist die Beschwerde gegen einen Freigabebeschluss bereits dann, wenn sich herausstellt, dass die Entscheidungsgrundlagen nicht tragfähig sind und nach dem Erkenntnisstand in der mündlichen Verhandlung eine **Untersagung ernsthaft in Betracht** kommt (vgl. KG WuW/E DE-R 688 (690) – Habet/Lekkerland). Die Untersagung selbst kann mit der Beschwerde gegen die Freigabeentscheidung nicht unmittelbar erreicht werden. Zeitlich entscheidend ist die **letzte mündliche Verhandlung in der Tatsacheninstanz.** Könnte in diesem Zeitpunkt nicht untersagt werden, ist die Beschwerde auch dann unbegründet, wenn die Freigabe ursprünglich rechtswidrig war. Hat die Beschwerde gegen die Freigabeentscheidung Erfolg, so beginnt nach Abs. 6 „die Frist nach Abs. 2 S. 2" mit Eintritt der Rechtskraft des die Freigabe aufhebenden Beschlusses neu zu laufen. Eine gesonderte **„Zurückverweisung" an das BKartA** ist nicht zu beantragen, da sie sich aus Abs. 6 ergibt (vgl. KG WuW/E DE-R 688 (692) – Habet/Lekkerland). Darin liegt eine Bestätigung dafür, dass **in keinem Falle eine Verpflichtungsbeschwerde** nach § 73 Abs. 3 auf Erlass einer Untersagungsverfügung zulässig ist (so auch GemK/Bosch Rn. 30); sie würde in jedem Falle daran scheitern, dass ein Individualanspruch auf Untersagung nicht besteht (so auch KG WuW/E 5849 (5850 f.) – Großverbraucher). Mit der Beschwerde gegen eine Freigabeverfügung kann also nur erreicht werden, dass das Untersagungsverfahren neu aufgenommen wird.

37 Dieses **neue Untersagungsverfahren** ist fristgebunden; der Verweis auf Abs. 2 S. 2 kann nur so verstanden werden, dass mit Rechtskraft des die Freigabeverfügung aufhebenden Gerichtsbeschlusses die Fünfmonatsfrist neu zu laufen beginnt. In diesem Falle gibt es also **nur ein Hauptprüfverfahren,** nicht zunächst ein Vorprüfungsverfahren. Das BKartA kann also das neue Verfahren grds. nur entweder durch eine **erneute Freigabeverfügung** oder durch eine **Untersagungsverfügung** abschließen. Diese neuen Verfügungen sind selbstverständlich wieder anfechtbar. Der Wortlaut des Abs. 6 betrifft nicht nur den Fall der gänzlichen Aufhebung einer Freigabeentscheidung, sondern auch der **„teilweisen" Aufhebung.** Da Abs. 6 seinen Sinn darin hat, dem BKartA eine erneute Untersagungsmöglichkeit einzuräumen, kann er sich nur auf einen gegen die Freigabe gerichteten Gerichtsbeschluss beziehen. Er erfasst also **nicht den Fall,** dass auf die Beschwerde eines beteiligten Unternehmens eine **selbstständig anfechtbare Auflage aufgehoben** wird, oder dass die Freigabeverfügung aufgehoben wird, weil die mit ihr verknüpfte Bedingung rechtswidrig war. In diesen Fällen gilt die Freigabe ohne Auflage oder unbedingt (skeptisch GemK/Bosch Rn. 26, der auf den Zusammenhang zwischen einer Zusage und der Prognoseentscheidung des BKartA verweist und eine isolierte Anfechtbarkeit verneint); dann gibt es keinen Anlass für die Wiedereröffnung des Untersagungsverfahrens. In dieser Auslegung bleibt allerdings offen, in welchem Fall auf Beschwerde eines Dritten, der die Freigabeverfügung bekämpft, diese Freigabeverfügung „teilweise" aufgehoben wird.

38 Die Beschwerde gegen eine Freigabeentscheidung hat nach § 66 Abs. 1 **keine aufschiebende Wirkung;** das gilt auch, wenn eine bedingte Freigabeentscheidung oder eine Auflage von beteiligten Unternehmen angefochten wird. Die Einlegung der Beschwerde bewirkt also nicht etwa, dass der Zusammenschluss, der vom BKartA freigegeben ist, nicht vollzogen werden dürfte. Das **Vollzugsverbot des § 41 Abs. 1 S. 1 gilt wegen der Freigabe nicht mehr.** Seit der 7. GWB-Novelle 2005 ist – gegen die frühere Rspr. des OLG Düsseldorf (OLG Düsseldorf WuW/E DE-R 665 – NetCologne; 681 – Trienekens) – die **Anordnung der aufschiebenden Wirkung** nur noch möglich, wenn der Beschwerdeführer geltend machen kann, durch die Freigabeverfügung nach § 40 Abs. 2 **in seinen Rechten verletzt** zu sein. Diese Rechtsverletzung kann im Allgemeinen nicht dargetan werden, sodass sich das in der → 3. Aufl. 2002, § 40 Rn. 23 ausführlich geschilderte Problem der Anordnung der aufschiebenden Wirkung und einer einstweiligen Anordnung gegen die Freigabeverfügung erledigt haben dürfte.

e) Widerruf oder Änderung der Freigabe (Abs. 3a). Abs. 3a ist durch die 7. GWB-Novelle 2005 neu in das Gesetz eingefügt worden. Er ersetzt weitgehend den früheren Abs. 3 S. 3, der auf § 12 Abs. 2 S. 1 Nr. 2 und 3 aF verwies. Die frühere Rechtslage entsprach der jetzigen nach Abs. 3a. Hiernach kann eine Freigabe widerrufen oder geändert werden, wenn sie auf **unrichtigen Angaben** beruht oder **arglistig herbeigeführt** worden ist. Die Unrichtigkeit der Angaben oder die arglistige Herbeiführung muss für die Freigabe **kausal** gewesen sein. Hätte das BKartA auch bei richtigen Angaben und ohne die Arglist den Zusammenschluss freigegeben, macht ein Widerruf oder Änderung keinen Sinn. **Widerruf** bedeutet **Aufhebung der Freigabe mit Wirkung ex nunc.** Sie hat also nicht zur Folge, dass etwa rückwirkend gegen das Vollzugsverbot des § 41 Abs. 1 verstoßen worden wäre; vielmehr ist der Vollzug auch nachträglich als zulässig und wirksam anzusehen. **Änderung** der Freigabe bedeutet einmal, dass sie unter den dafür geltenden Voraussetzungen mit Bedingungen oder Auflagen versehen wird; auch ist eine Beschränkung der Freigabe auf einen Teil des Zusammenschlusses möglich. Unklar ist, ob und in welchem Umfang neben Abs. 3a auch die §§ 48, 49 VwVfG anwendbar sind (dazu Wiedemann FS Hirsch, 2008, 341 (343)). 39

Ein Widerruf oder Änderung ist auch möglich, wenn die beteiligten Unternehmen einer mit der Freigabe verbundenen **Auflage zuwiderhandeln.** Abs. 3a wirft die Frage auf, ob es einen Unterschied gibt zwischen der in S. 1 angesprochenen **„Zuwiderhandlung“** gegen eine Auflage und der in S. 2 geregelten **„Nichterfüllung“ der Auflage.** UE ist dies nicht der Fall. Wird eine Auflage nicht erfüllt, ist das eine Zuwiderhandlung gegen sie. Das BKartA hat nach S. 1 die Möglichkeit des Widerrufs oder Änderung der Freigabe, nach S. 2 die Möglichkeit der Durchsetzung. Für den Fall der Nichterfüllung der Auflage sieht S. 2 die entsprechende Anwendung von § 41 Abs. 4 vor, der die Durchsetzung der Auflage ermöglicht; daneben kommt auch sonstiger Verwaltungszwang in Betracht. Der Widerruf der Freigabe wegen Nichterfüllung einer mit ihr verbundenen Auflage ist in diesem Gefüge ultima ratio. Nach dem **Verhältnismäßigkeitsgrundsatz,** der die Anwendung des Abs. 3a insgesamt bestimmt, kommt bei Nichterfüllung einer Auflage der Widerruf der Freigabe nur in Betracht, wenn die Erfüllung der Auflage aus tatsächlichen Gründen nicht erzwingbar ist und ohne die Auflage die Freigabe unter keinen Gesichtspunkten zu rechtfertigen wäre. 40

Wird die Freigabe widerrufen oder insoweit geändert, dass sie nur noch für einen Teil des Zusammenschlusses gilt, bedeutet das in der **Rechtsfolge** nicht, dass der Zusammenschluss insgesamt oder im Übrigen als untersagt gilt. Der Widerruf der Freigabe ist **nicht mit der Untersagung gleichzusetzen;** insoweit gilt dasselbe wie für den Fall, dass eine Freigabe im Beschwerdeverfahren aufgehoben wird (→ Rn. 36). Es ist durchaus möglich, dass das BKartA einen Zusammenschluss zwar aus Gründen freigegeben hat, die sich nachträglich als nicht richtig erweisen, dass aber dennoch **nicht ohne Weiteres die Untersagungsvoraussetzungen vorliegen.** So ist es denkbar, dass das Amt in der Freigabeentscheidung die Wettbewerbsbehinderung bzw. die Begründung oder Verstärkung einer marktbeherrschenden Stellung offen gelassen hat, weil es in jedem Falle davon ausgehen konnte, dass die unterstellten Marktbeherrschungseffekte durch Verbesserungen der Wettbewerbsbedingungen überwogen werden; wenn die Annahme, die Wettbewerbsbedingungen würden verbessert, auf einem Vorgehen der beteiligten Unternehmen beruhte, das zum Widerruf berechtigt, ergibt sich daraus nicht ohne Weiteres der in der Entscheidung offen gelassene Marktbeherrschungseffekt. Gleiches kann sich auch aus zeitlichen Gründen ergeben, weil möglicherweise im Zeitpunkt des Widerrufs aufgrund veränderter Marktverhältnisse die Untersagungsvoraussetzungen, die früher möglicherweise vorlagen, nicht mehr gegeben sind. Der hier vertretenen Auffassung widerspricht allerdings die bis zur 7. GWB-Novelle 2005 geltende Gesetzesfassung. Nach dem früheren § 41 Abs. 3 S. 1 knüpfte die Auflösungsverpflichtung u.a. an 41 dem Widerruf der Freigabe an. Richtigerweise hätte auch diese Bestimmung so wie die jetzt geltende Nachfolgeregelung (→ § 41 Rn. 31) so ausgelegt werden müssen, dass die **Auflösungsverpflichtung** auch beim Widerruf der Freigabe **erst eintritt,** wenn das Amt **untersagt** hat. Die richtige Lösung liegt in der **entsprechenden Anwendung des Abs. 6.** Das BKartA muss also nach Rechtskraft des Widerrufs ein neues Fusionskontrollverfahren durchführen, und zwar innerhalb der Frist nach Abs. 2 S. 2, die mit Eintritt der Rechtskraft des Widerrufs beginnt.

5. Untersagungsverfügung

42 **a) Kein Ermessen.** § 40 enthält für die Untersagungsverfügung in Abs. 2 S. 1 nur die Regelung, dass das Amt im Hauptprüfverfahren durch Verfügung entscheidet, ob der Zusammenschluss untersagt wird; außerdem besagt Abs. 4, dass vor einer Untersagung den obersten Landesbehörden Gelegenheit zur Stellungnahme zu geben ist. Die **materiellen Untersagungsvoraussetzungen** ergeben sich aus **§ 36 Abs. 1.** Liegen dessen Voraussetzungen vor, ist der Zusammenschluss zu untersagen. Für Ermessen ist nach dem Gesetz kein Raum (vgl. dazu KG WuW/E 3137 (3141) – Rheinmetall/WMF). Das BKartA hat hiernach auch **keinen** nicht oder nur beschränkt nachprüfbaren **rechtlichen Beurteilungsspielraum** (vgl. Wiedemann KartellR-HdB/Steinvorth § 21 Rn. 125). Das BKartA ist allerdings verpflichtet, Gesichtspunkte der **Verhältnismäßigkeit** auch in Abs. 1 zu berücksichtigen. § 36 Abs. 1 zwingt das BKartA aus verfassungsrechtlichen Gründen nicht, sondern verbietet ihm, einen Zusammenschluss zu untersagen, wenn dies aus besonderen Gründen offensichtlich unverhältnismäßig ist. In diesem Rahmen können auch wettbewerbliche Abwägungen außerhalb der Kriterien des § 36 Abs. 1 zulässig sein (vgl. dazu BGH WuW/E 2731 (2737) – Inlandstochter). Zur möglichen Amtshaftung bei rechtswidriger Untersagung vgl. LG Köln NZKart 2013, 170 ff. – Hörgeräte und Berufung OLG Düsseldorf NZKart 2014, 185, dazu Kliebisch WRP 2013, 742.

43 **b) Inhalt der Untersagung.** Das BKartA ist früher davon ausgegangen, dass es einen Zusammenschluss nur **insgesamt** freigeben oder untersagen könne (so schon BKartA WuW/E 1653 (1656 f.) – Babcock/Artos). BKartA und KG waren darüber hinaus auch der Meinung, dass eine einheitliche Untersagung auch dann erforderlich ist, wenn zwei an sich rechtlich selbstständige Zusammenschlüsse wirtschaftlich eine Einheit bilden (dazu KG WuW/E 4075 (4089) – Springer/Kieler Zeitung im Anschluss an BKartA WuW/E 2259; vgl. dazu auch BGH WuW/E 2731 (2734) – Inlandstochter). Bei **Auslandszusammenschlüssen** war auch nach der Rspr. des KG eine **Beschränkung auf den inlandswirksamen Teil** des Zusammenschlusses erforderlich, auch wenn die Untersagung der inlandswirksamen Teile des Zusammenschlusses materiell einer Untersagung des Zusammenschlusses insgesamt gleichkam (vgl. dazu KG WuW/E 3051 (3061) – Morris/Rothmans). Aufgrund der jetzt gegebenen Möglichkeit, Freigaben mit Bedingungen und Auflagen zu versehen, **gilt die These der Unteilbarkeit der Untersagungsverfügung nicht mehr** (skeptisch hierzu GemK/Bosch Rn. 34 f.). Allerdings bedeutet das nicht, dass die Untersagungsverfügung ausdrücklich auf die untersagungsfähigen Teile eines Zusammenschlusses zu beschränken sei, sondern umgekehrt, dass der Zusammenschluss **freizugeben** ist, wenn die **zu untersagenden Teile** des Zusammenschlusses **durch Bedingungen und Auflagen** verhindert werden können. Das setzt allerdings eine Mitwirkung der beteiligten Unternehmen voraus (→ Rn. 30); findet sie nicht statt, ist es nicht Aufgabe des BKartA, den Zusammenschluss zu teilen. Ihm bleibt dann nichts anderes übrig, als ihn doch insgesamt zu untersagen, ggf. unter Beschränkung auf seine inlandswirksamen Teile.

44 Gegenstand der Untersagung ist ein **konkretes Zusammenschlussvorhaben** oder ein konkreter (schon vollzogener) Zusammenschluss. Er muss in der Untersa-

gungsverfügung hinreichend genau definiert sein. Der Zusammenschluss ist durch den **Erwerber** und das Erwerbsobjekt identifiziert, nicht auch – entgegen der Auffassung des OLG Düsseldorf (OLG Düsseldorf WuW/E DE-R 1435 (1437) – Agrana/Atys) – auch durch den **Veräußerer.** Ist das Erwerbsobjekt in der Zwischenzeit an einen Dritten veräußert worden und will dieser nunmehr an den ursprünglichen Erwerber veräußern, soll nach Auffassung des OLG Düsseldorf das alte Verfahren (und ggf. die alte Untersagungsverfügung) nicht den neuen Erwerb erfassen; er müsste darum neu angemeldet werden. Das soll sich insbes. aus der verfahrensrechtlichen Position des Veräußerers ergeben (vgl. § 54 Abs. 2 Nr. 4). Der BGH hat der Auffassung des OLG Düsseldorf jedenfalls für den Fall widersprochen, dass der neue dritte Veräußerer über das Verfahren und die auf ihn übergegangene Veräußerungsverpflichtung voll informiert war und sie gebilligt hat (BGH WuW/E 1783 (1785 f.) – Call Option). Da der Zusammenschlussbegriff in § 36 Abs. 1 identisch ist mit dem in § 37 Abs. 1, muss die Untersagungsverfügung zumindest in den Gründen die **Subsumtion** des Zusammenschlusses **unter bestimmte Tatbestände des § 37 Abs. 1** erkennen lassen. Die Verfügung darf insbes. nicht allgemein einen Zusammenschluss zwischen zwei Unternehmen untersagen. In der Praxis beziehen sich Untersagungsverfügungen im Allgemeinen auf das Zusammenschlussvorhaben, wie es angemeldet worden ist; zumindest iVm der Anmeldung ergibt sich daraus die erforderliche Konkretisierung. Die Untersagungsverfügung **setzt aber keine Anmeldung voraus;** es muss aber eine vom Amt festgestellte Absicht als „Vorhaben des Zusammenschlusses" qualifizierbar sein. Das Vorhaben muss **anmeldefähig** sein (→ § 39 Rn. 7 ff.), insbes. muss die „Form des Zusammenschlusses" iSv § 39 Abs. 3 S. 1 zwischen bestimmten Unternehmen feststehen. Unter bestimmten Voraussetzungen kann die Untersagungsverfügung sich auf **mehrere Stufen** eines mehrstufigen Zusammenschlussvorhabens oder auf mehrere Alternativen eines Vorhabens beziehen (→ § 39 Rn. 9). Bei schon vollzogenen Zusammenschlüssen enthält die Verfügung keine Aussagen darüber, wie sie aufzulösen sind; dafür sind besondere Verfügungen nach § 41 Abs. 3 und 4 erforderlich.

c) Verfahrensvorschriften. Das Gesetz enthält außer der Regelung in Abs. 4 keine speziellen Vorschriften für das Untersagungsverfahren. Es gelten insoweit die **allgemeinen Vorschriften für belastende Verwaltungsakte,** was insbes. Folgendes bedeutet: 45

Das BKartA hat den Beteiligten – vor einer beabsichtigten Untersagung insbes. den am Zusammenschluss Beteiligten, vor einer beabsichtigten Freigabe insbes. den uU opponierenden Beigeladenen – vor Erlass einer Untersagungsverfügung **Gelegenheit zur Stellungnahme** zu geben und sie auf Antrag eines „Beteiligten" zu einer mündlichen Verhandlung zu laden (§ 56 Abs. 1). Auf Antrag ist den Beteiligten Zugang zu den Verfahrensunterlagen zu gewähren; ausgenommen hiervon sind Betriebs- und Geschäftsgeheimnisse. Wenn das BKartA eine Untersagung beabsichtigt, ergeht zuvor eine schriftliche (negative) **„Abmahnung".** In ihr sind die voraussichtlichen Untersagungsgründe dargelegt, zu denen sich die am Verfahren beteiligten Unternehmen vor Erlass äußern können. Entsprechendes gilt mit umgekehrten Vorzeichen bei einer beabsichtigten Freigabe soweit es opponierende Beigeladene gibt. Zu den Verfahrensbeteiligten gehören auch die Unternehmen, die nach § 54 Abs. 2 Nr. 3 beigeladen sind. Die Verfügung muss allen anmeldenden Unternehmen innerhalb der Frist des Abs. 2 S. 2 **zugestellt** werden; ist auch nur einem der Anmelder nicht wirksam zugestellt, ist die Verfügung rechtswidrig (→ Rn. 28). 46

Im Übrigen gelten für das Verfahren die **Verfahrensvorschriften des GWB** und des **VwVfG.** Das BKartA kann auf der Grundlage der § 39 Abs. 5 und § 59 Auskünfte einholen und nach den §§ 57, 58 sonstige Ermittlungen anstellen. Zur Zustellung → § 61 Rn. 6 ff. 47

48 **d) Oberste Landesbehörden/SGB-Aufsichtsbehörden/KEK.** Nach Abs. 4 S. 1 ist vor einer Untersagung – nicht auch einer beabsichtigten Freigabe – den **obersten Landesbehörden,** in deren Gebiet die beteiligten Unternehmen ihren Sitz haben, Gelegenheit zu einer Stellungnahme zu geben. Die Stellungnahme ist für das Amt in keiner Weise verbindlich. Unterlässt das BKartA die Unterrichtung und Einholung der Stellungnahme, bleibt das letztlich ohne Rechtsfolgen (dazu Kleinmann/Bechtold § 24 Rn. 234). Bei der – nach § 172a SGB IV fusionskontrollpflichtigen (→ § 35 Rn. 28) – „freiwilligen Vereinigung von Krankenkassen" ist nach dem durch die 8. GWB-Novelle in Abs. 4 angefügten S. 2 „das **Benehmen mit den zuständigen Aufsichtsbehörden**" nach § 90 SGB IV herzustellen. Eine identische Regelung findet sich in dem neuen § 172a Abs. 2 S. 3 SGB V (vgl. den Gesetzeswortlaut in Anhang B 2). „Benehmen" ist mehr als die bloße Einräumung der Gelegenheit zur Stellungnahme und weniger als „Einvernehmen" (dazu Kopp/Ramsauer, Verwaltungsverfahrensgesetz, 12. Aufl. 2011, VwVfG § 58 Rn. 16). Das BKartA ist gehalten, auf die zuständigen Aufsichtsbehörden aktiv zuzugehen und diese zu veranlassen, die beabsichtigte Untersagung und deren – vom BKartA zusammengefassten – Gründe zu prüfen. Eine Bindung an die Auffassung der zuständigen Aufsichtsbehörden besteht allerdings nicht. Zuständige Aufsichtsbehörden nach § 90 SGB IV sind in Bezug auf bundesunmittelbare Versicherungsträger das Bundesversicherungsamt, in Bezug auf landesunmittelbare Versicherungsträger die obersten Verwaltungsbehörden der Länder.

49 Durch die 9. GWB-Novelle 2017 wurde Abs. 4 für Zusammenschlüsse im Bereich der bundesweiten Verbreitung von Fernsehprogrammen durch private Veranstalter dahingehend ergänzt, dass vor der Untersagungsentscheidung das BKartA das **Benehmen** (zum Begriff des Benehmens → Rn. 48) mit der Kommission zur Ermittlung der Konzentration im Medienbereich **(KEK)** herstellen muss. Nach der Regierungsbegründung (RegE 9. GWB-Novelle 2017, 79) soll dieses Benehmen eine intensivere Verzahnung der Tätigkeitsbereiche der KEK und des BKartA erreichen. Das BKartA bleibt aber weiterhin an die Beurteilungsgrundsätze des § 36 sowie an die Fristen nach § 40 gebunden. Allerdings soll nach der RegBegr. das BKartA dann, wenn aus Sicht der KEK aus Meinungsvielfaltsgründen keine Bedenken gegen den Zusammenschluss bestehen, in seiner Entscheidung auf die Ansicht der KEK Bezug nehmen.

50 **e) Anfechtung durch Beschwerde.** Die Untersagungsverfügung kann durch Beschwerde angefochten werden (§§ 73 ff.). Die einmonatige **Beschwerdefrist** beginnt mit der Zustellung der Untersagungsverfügung. Nach § 66 Abs. 1 S. 3 aF sollte die Beschwerdefrist erst mit der Zustellung der Entscheidung des BWM nach § 42 Abs. 1 beginnen, wenn binnen eines Monats nach Erlass der Untersagungsverfügung beim BWM nach § 42 ein Erlaubnisantrag gestellt wurde. Diese Regelung wurde durch die 10. GWB-Novelle 2021 ersatzlos gestrichen, was nur als **Redaktionsversehen** gedeutet werden kann (→ § 76 Rn. 4). Rechtlich muss das **Nebeneinander der Fristen für Beschwerde und Erlaubnisantrag** so gedeutet werden: Die Zustellung der Untersagungsverfügung setzt sowohl die Beschwerdefrist als auch die Frist für den Erlaubnisantrag in Lauf. Die Unternehmen haben während dieser Frist die volle Wahlfreiheit. Sobald sie sich für eine der beiden Alternativen entscheiden, tritt eine Unterbrechung der für die andere Alternative geltenden Frist ein. Die Beschwerdefrist beginnt auch dann neu, wenn das Unternehmen den Ministererlaubnisantrag nach Ablauf der Beschwerdefrist zurücknimmt (dazu Kleinmann/Bechtold § 24 Rn. 264). Über den gesetzlichen Wortlaut hinaus beginnt die Beschwerdefrist neu, wenn der BWM seine Erlaubnis nach § 42 Abs. 2, § 40 Abs. 3 und Abs. 3a widerruft (auch dazu Kleinmann/Bechtold § 24 Rn. 262).

51 Aus § 42 Abs. 3 S. 2 ergibt sich, dass Ministererlaubnis und Beschwerde gegen die Untersagungsverfügung **parallel** möglich sind. Die Beschwerde gegen eine

Untersagungsverfügung ist nicht schon deswegen ausgeschlossen, weil eine Ministererlaubnis erteilt wurde; die Ministererlaubnis kann beispielsweise Auflagen enthalten, die nachteilig sind, sodass die Aufhebung der Untersagungsentscheidung weitergehenden Rechtsschutz bieten würde (BGH NZKart 2019, 280 (281) – EDEKA/Tengelmann).

Zur **Anfechtung einer Freigabeverfügung mit der Beschwerde** → Rn. 34 52

6. EU-Recht

Das Verfahren in der EU-Fusionskontrolle ist ähnlich wie das nach § 40 ausgestaltet. Es endet aber in jedem Falle mit **förmlichen Entscheidungen.** 53

a) Entscheidungen bis zur Verfahrenseröffnung. Die FKVO geht davon aus, dass nur angemeldete Zusammenschlussvorhaben Gegenstand der Prüfung sind. **Nach Eingang der Anmeldung** prüft die Kommission zunächst, ob der Zusammenschluss in den Anwendungsbereich der VO fällt (Art. 6 Abs. 1 FKVO). Dafür hat sie 25 Arbeitstage – in zwei Ausnahmefällen auch 35 Arbeitstage – Zeit; diese Frist beginnt einen Tag nach der Anmeldung (Art. 10 Abs. 1 FKVO). Die **Prüfung** kann zu zwei Ergebnissen führen: 54

- Entweder stellt die Kommission fest, dass der Zusammenschluss nicht in den Anwendungsbereich der FKVO fällt, weil die Voraussetzungen der Art. 1 oder 3 FKVO nicht erfüllt sind. Dann trifft die Kommission eine entsprechende Entscheidung (**„Unanwendbarkeitsentscheidung“,** Art. 6 Abs. 1 lit. a FKVO).
- Oder die Kommission stellt fest, dass der angemeldete Zusammenschluss in den Anwendungsbereich der Verordnung fällt. In diesem Falle ist die Tatsache der Anmeldung mit bestimmten Angaben zu **veröffentlichen** (Art. 4 Abs. 3 FKVO). Eine formelle Anwendbarkeitsentscheidung ist damit nicht verbunden.

Ergibt schon die erste Prüfung, dass keine ernsthaften Bedenken hinsichtlich der Vereinbarkeit des Zusammenschlusses mit dem Gemeinsamen Markt iSv Art. 2 bestehen, so beendet sie das Verfahren „…durch die Entscheidung, keine Einwände zu erheben und erklärt den Zusammenschluss für vereinbar mit dem „Gemeinsamen Markt“; trotz dieser Aufspaltung in „Entscheidung“ und „Erklärung“ handelt es sich um eine einheitliche Entscheidung nach Art. 2 Abs. 2 FKVO (Art. 6 Abs. 1 lit. b FKVO **„Vereinbarkeitsentscheidung ohne Verfahrenseröffnung“**). Ergeben sich in der Prüfung hingegen ernsthafte Bedenken, so trifft die Kommission die Entscheidung, „das Verfahren zu eröffnen“ (**„Eröffnungsentscheidung“,** Art. 6 Abs. 1 lit. c FKVO). Zur **Verweisungsentscheidung** nach Art. 4 Abs. 5 FKVO und Art. 9 FKVO → § 39 Rn. 34 ff. 55

b) Entscheidungen nach Eröffnung. Wenn das Verfahren durch Entscheidung nach Art. 6 Abs. 1 lit. c FKVO eröffnet worden ist, muss die Kommission **innerhalb von 90 Arbeitstagen nach der Einleitung des Verfahrens** prüfen, ob der Zusammenschluss mit dem Gemeinsamen Markt vereinbar ist (Art. 10 Abs. 2, 3 FKVO). Eine einvernehmliche Verlängerung der Frist ist nur einmalig und höchstens für 20 Arbeitstage möglich (Art. 10 Abs. 3 UAbs. 2 FKVO). Das Verfahren muss grds. durch eine Entscheidung abgeschlossen werden (Art. 8 Abs. 1 FKVO). Für den **Verfahrensabschluss** gibt es wiederum zwei Alternativen: 56

- Die Kommission stellt fest, dass der angemeldete Zusammenschluss die Voraussetzungen des Art. 2 Abs. 2 FKVO erfüllt, also mit dem Gemeinsamen Markt vereinbar ist (**„Vereinbarkeitsentscheidung nach Verfahrenseröffnung“,** Art. 8 Abs. 1 UAbs. 1 FKVO). Art. 8 Abs. 2 UAbs. 1 FKVO sieht ausdrücklich die Möglichkeit vor, dass die beteiligten Unternehmen durch „Zusagen“ (commitments, vgl. dazu Linsmeier FS Bechtold, 2006, 269) **Änderungen des Zusammenschlussvorhabens** vornehmen, um die Voraussetzungen der Vereinbarkeitsentscheidung zu erfüllen. Unabhängig davon kann die Kommission die Vereinbarkeitsentscheidung mit **Bedingungen und Auflagen** verbinden, um sicher zu stellen, dass die beteiligten Unternehmen die zur Änderung des Zusammenschlussvorhabens eingegangenen Verpflichtungen erfüllen (Art. 8 Abs. 2 UAbs. 2 FKVO). Die Kommission kann die Vereinbarkeitsentscheidung widerrufen, wenn unrichtige Angaben gemacht worden sind oder die beteiligten Unternehmen einer Auflage zuwiderhandeln (Art. 8 Abs. 5 FKVO). Erfolgt ein solcher Widerruf, gibt es keine zeitlichen Beschränkungen für die dann ggf. zu erlassende Unvereinbarkeitsentscheidung (Art. 8 Abs. 7 FKVO).

– Die Kommission stellt fest, dass der Zusammenschluss die Voraussetzung von Art. 2 Abs. 3 FKVO erfüllt. Dann erklärt sie ihn durch Entscheidung für unvereinbar mit dem Gemeinsamen Markt (**„Unvereinbarkeitsentscheidung“**, Art. 8 Abs. 3 FKVO). Soweit der Zusammenschluss bereits vollzogen ist, kann sie in dieser Entscheidung oder in einer gesonderten Entscheidung Entflechtungsmaßnahmen anordnen (Art. 8 Abs. 4 FKVO).

§ 41 Vollzugsverbot, Entflechtung

(1) [1]**Die Unternehmen dürfen einen Zusammenschluss, der vom Bundeskartellamt nicht freigegeben ist, nicht vor Ablauf der Fristen nach § 40 Absatz 1 Satz 1 und Absatz 2 Satz 2 vollziehen oder am Vollzug dieses Zusammenschlusses mitwirken.** [2]**Rechtsgeschäfte, die gegen dieses Verbot verstoßen, sind unwirksam.** [3]**Dies gilt nicht**

1. **für Verträge über Grundstücksgeschäfte, sobald sie durch Eintragung in das Grundbuch rechtswirksam geworden sind,**
2. **für Verträge über die Umwandlung, Eingliederung oder Gründung eines Unternehmens und für Unternehmensverträge im Sinne der §§ 291 und 292 des Aktiengesetzes, sobald sie durch Eintragung in das zuständige Register rechtswirksam geworden sind, sowie**
3. **für andere Rechtsgeschäfte, wenn der nicht angemeldete Zusammenschluss nach Vollzug angezeigt und das Entflechtungsverfahren nach Absatz 3 eingestellt wurde, weil die Untersagungsvoraussetzungen nicht vorlagen, oder die Wettbewerbsbeschränkung infolge einer Auflösungsanordnung nach Absatz 3 Satz 2 in Verbindung mit Satz 3 beseitigt wurde oder eine Ministererlaubnis nach § 42 erteilt worden ist.**

(1a) **Absatz 1 steht der Verwirklichung von Erwerbsvorgängen nicht entgegen, bei denen die Kontrolle, Anteile oder wettbewerblich erheblicher Einfluss im Sinne von § 37 Absatz 1 oder 2 von mehreren Veräußerern entweder im Wege eines öffentlichen Übernahmeangebots oder im Wege einer Reihe von Rechtsgeschäften mit Wertpapieren, einschließlich solchen, die in andere zum Handel an einer Börse oder an einem ähnlichen Markt zugelassene Wertpapiere konvertierbar sind, über eine Börse erworben werden, sofern der Zusammenschluss gemäß § 39 unverzüglich beim Bundeskartellamt angemeldet wird und der Erwerber die mit den Anteilen verbundenen Stimmrechte nicht oder nur zur Erhaltung des vollen Wertes seiner Investition auf Grund einer vom Bundeskartellamt nach Absatz 2 erteilten Befreiung ausübt.**

(2) [1]**Das Bundeskartellamt kann auf Antrag Befreiungen vom Vollzugsverbot erteilen, wenn die beteiligten Unternehmen hierfür wichtige Gründe geltend machen, insbesondere um schweren Schaden von einem beteiligten Unternehmen oder von Dritten abzuwenden.** [2]**Die Befreiung kann jederzeit, auch vor der Anmeldung, erteilt und mit Bedingungen und Auflagen verbunden werden.** [3]**§ 40 Absatz 3a gilt entsprechend.**

(3) [1]Ein vollzogener Zusammenschluss, der die Untersagungsvoraussetzungen nach § 36 Absatz 1 erfüllt, ist aufzulösen, wenn nicht die Bundesministerin oder der Bundesminister für Wirtschaft und Energie nach § 42 die Erlaubnis zu dem Zusammenschluss erteilt. [2]Das Bundeskartellamt ordnet die zur Auflösung des Zusammenschlusses erforderlichen Maßnahmen an. [3]Die Wettbewerbsbeschränkung kann auch auf andere Weise als durch Wiederherstellung des früheren Zustands beseitigt werden.

(4) Zur Durchsetzung seiner Anordnung kann das Bundeskartellamt insbesondere
1. (weggefallen)
2. die Ausübung des Stimmrechts aus Anteilen an einem beteiligten Unternehmen, die einem anderen beteiligten Unternehmen gehören oder ihm zuzurechnen sind, untersagen oder einschränken,
3. einen Treuhänder bestellen, der die Auflösung des Zusammenschlusses herbeiführt.

Übersicht

1. Überblick

§ 41 fasst die **verwaltungs- und zivilrechtlichen Sanktionen** zusammen, die sich mit der „Anmeldepflicht" bei noch nicht vollzogenen Zusammenschlüssen und aus einer Untersagungsverfügung bei schon vollzogenen Zusammenschlüssen ergeben. Damit entspricht er einerseits dem bis zur 6. GWB-Novelle 1998 geltenden § 24a Abs. 4 aF, andererseits § 24 Abs. 6 und 7 aF. Neu ist Abs. 2, der es dem Amt ermöglicht, Befreiungen vom gesetzlichen Vollzugsverbot des Abs. 1 zu erteilen. Die 7. GWB-Novelle 2005 hat einige kleinere Änderungen vorgenommen. Die **8. GWB-Novelle 2012/2013** hat Abs. 1 neu gegliedert. Die Nr. 1 und 2 entsprechen der bisherigen Fassung. Neu ist die Nr. 3, die erstmals seit der 6. GWB- 1

Novelle wieder den Fall ausdrücklich regelt, dass ein Zusammenschluss unter Verstoß gegen das Vollzugsverbot vollzogen worden ist; er stellt in Übereinstimmung mit der inzwischen entwickelten Praxis des BKartA klar, dass die **Legalisierung nur im Entflechtungsverfahren** erfolgen kann. Der neue Abs. 1a enthält eine Angleichung an Art. 7 Abs. 2 FKVO. Er enthält eine vorübergehende Befreiung vom Vollzugsverbot für Zusammenschlüsse, die im Wege eines **öffentlichen Übernahmeangebots** oder entsprechender Verfahren erfolgen. Voraussetzung für diese Befreiung ist die unverzügliche nachträgliche Anmeldung.

2. Vollzugsverbot (Abs. 1)

2 **a) Fusionskontrollpflichtiger Zusammenschluss.** Das Gesetz verbietet den **vorzeitigen Vollzug** von Zusammenschlüssen, die nach §§ 35, 37 fusionskontrollpflichtig und daher vor Vollzug anzumelden sind (vgl. dazu auch Bosch/Marquier EWS 2010, 113; Burrichter FS Hoffmann-Becking, 2013, 191 (202 f.)). Die gesetzliche Formulierung („Zusammenschluss, der vom Bundeskartellamt nicht freigegeben ist") deutet darauf hin, dass das Vollzugsverbot für einen anmeldepflichtigen Zusammenschluss so lange gilt, bis entweder ein **Freigabebescheid** oder eine **Freigabeverfügung** vorliegt oder die **Freigabewirkung von Gesetzes wegen** eintritt. Eine Untersagung als actus contrarius zur Freigabe führt zur Fortdauer des Vollzugsverbots. Nicht ausdrücklich geregelt ist die Frage, ob das Vollzugsverbot noch gilt, wenn die Untersagungsverfügung im Beschwerdeverfahren aufgehoben wurde, diese Aufhebung aber noch nicht rechtskräftig ist. Da die Aufhebung der Untersagung der Freigabe gleichkommt, gilt uE das Vollzugsverbot nicht mehr. Wird die Aufhebung der Untersagungsverfügung im Rechtsbeschwerdeverfahren ihrerseits wieder aufgehoben, gilt von da an wieder das Vollzugsverbot. Auf die **Rechtskraft der Aufhebung der Untersagungsverfügung** kommt es ebenso wenig an wie auf die Rechtskraft der Freigabe. Wird nämlich die Freigabeverfügung angefochten (→ § 40 Rn. 34), ändert das nichts daran, dass das Vollzugsverbot nicht mehr gilt. Die Aufhebung der Freigabe im Beschwerdeverfahren entfaltet nach § 40 Abs. 6 Wirkung erst ab Rechtskraft der Aufhebung. Dann wird das Fusionskontrollverfahren wieder in das Stadium des beim BKartA stattfindenden Hauptprüfverfahrens zurückversetzt. Dann wird man davon ausgehen müssen, dass auch das Vollzugsverbot wieder gilt. Die Rspr. ist demgegenüber der Auffassung, dass das **Vollzugsverbot erst dann endet, wenn die Untersagungsverfügung rechtskräftig** aufgehoben worden ist (BGH WuW/E DE-R 2507 (2509) – Faber/Basalt; OLG Düsseldorf WuW/E DE-R 3000 (3015 f.) – Tankstellenbetriebe Thüringen). Diese Auffassung wird mit dem Sinn und Zweck der präventiven Fusionskontrolle begründet, die es ausschließt, den Vollzug von Zusammenschlüssen zuzulassen, deren materielle Zulässigkeit noch nicht abschließend und rechtskräftig festgestellt ist (vgl. dazu auch OLG Düsseldorf WuW/E DE-R 2069 (2071 f.) – Phonak/ReSound).

3 Für objektiv **nicht fusionskontrollpflichtige Zusammenschlüsse gilt das Vollzugsverbot nicht,** auch wenn der Zusammenschluss untersagt wurde (so zu Recht OLG Düsseldorf WuW/E DE-R 2383 (2384, 2387) – Asphalt-Mischwerke Langenthal) oder – umso mehr – wenn er in falscher Beurteilung der Rechtslage oder aus Gründen der Rechtssicherheit angemeldet wurde. Der BGH (WuW/E DE-R 2507 (2509 f.) – Faber/Basalt) hält es demgegenüber für entscheidend, dass der Zusammenschluss **angemeldet** wurde. Dazu kann Anlass bestehen, wenn das Unternehmen der Auffassung ist, dass die Voraussetzungen der §§ 35, 37 nicht vorliegen. Wenn ein Unternehmen – wie das in der Praxis häufig geschieht – **vorsorglich anmeldet,** unterwirft es sich nicht freiwillig dem Fusionskontrollregime insgesamt, sondern strebt Rechtssicherheit durch Entscheidung des BKartA an. Das kann aber nicht dazu führen, dass sich seine Rechtsposition verschlechtert. Wenn es dennoch vollzieht, handelt es auf eigenes Risiko; der Vollzug ist aber nur

dann rechtswidrig, wenn die Voraussetzungen der Bagatellmarktklausel objektiv nicht vorliegen und der Fall deswegen objektiv der Fusionskontrolle unterliegt (so zu Recht Baron WuW 2009, 908 (911 f.); im Ergebnis ebenso Schulte/Just/Schulte Rn. 12). Das BKartA hat keine Zwangsmittel, um die Anmeldung eines Vorhabens gegen den Willen der Beteiligten durchzusetzen; die Sanktionen gegen einen Vollzug ohne Anmeldung reichen aus (zur Rechtslage vor der 7. GWB-Novelle 2005 → 3. Aufl. 2002, Rn. 2). Nach § 81 Abs. 2 Nr. 1 handelt **ordnungswidrig,** wer einem Verbot des § 41 Abs. 1 zuwiderhandelt. Die Ordnungswidrigkeit besteht darin, dass vollzogen wird, ohne dass die beteiligten Unternehmen vorher angemeldet und Freigabe durch das BKartA abgewartet haben.

b) Vollzugsmaßnahmen. Das Vollzugsverbot des Abs. 1 betrifft alle Maßnahmen, die den **Zusammenschluss** vollenden (so auch GemK/Bosch Rn. 2; ausf. Benedikt-Buckenleib/Haag NZKart 2021, 21 ff. (89 ff.)). Das Verbot, am Zusammenschluss mitzuwirken, trifft den Veräußerer, der am Zusammenschluss materiell nicht beteiligt ist, sowie die Fälle, in denen die Wirksamkeit der Vollendung des Zusammenschlusses von der Tätigkeit eines Dritten abhängt (zB Erteilung einer Genehmigung, Eintragung ins Handelsregister u.a.). Wenn die Vollendung des Zusammenschlusses vom Eintrag ins Handels- oder Genossenschaftsregister abhängt, untersagt das Mitwirkungsverbot es den Unternehmen, durch Registeranmeldung den Eintrag herbeizuführen. Dessen ungeachtet trifft auch das Registergericht eine selbstständige Prüfungspflicht (vgl. dazu auch Immenga/Mestmäcker/Mestmäcker/Veelken, 4. Aufl. 2007, Rn. 15). Der Verstoß gegen das Vollzugsverbot ist nach der Praxis des BKartA erst beendet, wenn der rechtswidrig herbeigeführte Zustand beseitigt oder legalisiert ist. 4

Aus der Fallpraxis zu beantragten Freistellungen vom Vollzugsverbot und der Lit. lassen sich folgende **Fallgruppen** ableiten: 5

- rechtlicher Vollzug,
- die vorzeitige Einwirkung auf die Unternehmensführung der Zielgesellschaft;
- faktische Vollzugsmaßnahmen; als faktische Vollzugsmaßnahmen werden die organisatorische Zusammenführung der einzelnen Unternehmen, die Aufnahme gemeinsamer Geschäftsaktivitäten, die Befolgung interner Weisungen des Erwerbers bzw. der zukünftigen Geschäftsführung/Anteilseigner, die Abstimmung und Anpassung von Produkten, die Abstimmung der beiderseitigen Marketing- und Absatzbemühungen, die Umbenennung und eine entsprechende Marketing-Kampagne sowie gemeinsamer Vertrieb, die Anwendung gleicher Preise oder Aufteilung von Kunden verstanden (vgl. dazu auch Bosch/Marquier EWS 2010, 113).

Von den Durchführungsmaßnahmen, die gegen das Vollzugsverbot verstoßen, müssen **Vorbereitungshandlungen** zu unterschieden werden (Linsmeier/Balssen BB 2008, 741 (747)), die nicht gegen das Vollzugsverbot verstoßen. 6

Da ein Verstoß gegen das Vollzugsverbot sanktionsbewehrt ist, müssen die **Voraussetzungen für einen Verstoß hinreichend bestimmt** sein. Für die Fallgruppe der faktischen Vollzugsmaßnahmen fehlen in der Rechtspraxis klare Kriterien, um dem Bestimmtheitsgebot zu genügen. Nach unserer Meinung lässt sich der Umfang des Vollzugsverbotes durch einen Rückgriff auf den Begriff des Zusammenschlusses in § 37 eindeutig bestimmen. Vollzug eines Zusammenschlusses bedeutet, dass ein Zusammenschlusstatbestand der § 37 Abs. 1 verwirklicht wird. Nur diese Zusammenschlusstatbestände sind genehmigungspflichtig; nichts anderes kann vom Vollzugsverbot umfasst sein. Handlungen, die die wirtschaftlichen Wirkungen des Zusammenschlusses vorwegnehmen, sind allerdings künftig Erwerb eines wettbewerblich erheblichen Einflusses nach § 37 Abs. 1 Nr. 4 oder der Erwerb faktischer Kontrolle nach § 37 Abs. 1 Nr. 2. 7

8 Der Verstoß gegen das Vollzugsverbot setzt nicht unbedingt den dinglichen **Vollzug des angemeldeten Zusammenschlusses** voraus. Wird zB vor dem angemeldeten Erwerb von Anteilen bereits ein Geschäftsführer oder ein Vorstand des Zielunternehmens ernannt und dadurch die Kontrolle faktisch übernommen, ist ein faktischer Kontrollerwerb verwirklicht. Ein vergleichbarer Fall ist gegeben, wenn durch Einräumung von vertraglich abgesicherten Vetorechten im Unternehmenskaufvertrag der Erwerber die Möglichkeit erwirbt, strategische Entscheidungen des Zielunternehmens zu blockieren – auch dann wird unter dem Gesichtspunkt des faktischen Kontrollerwerbs gegen das Vollzugsverbot verstoßen. Damit ist der Zusammenschluss in dem Moment vollzogen, in dem der Erwerber die Kontrolle, also die Möglichkeit, den bestimmenden Einfluss auf die Tätigkeit der Zielgesellschaft auszuüben, tatsächlich erhält. Hingegen stellen solche Maßnahmen, durch die der Erwerber nicht die Möglichkeit zu strategischen Unternehmensentscheidungen (also keine Kontrolle) oder wettbewerblich erheblichen Einfluss nach § 37 Abs. 1 Nr. 4 erhält, keinen Vollzug dar. In der Untersagungsentscheidung Edeka/Tengelmann hatte das BKartA **bestimmte Vollzugsmaßnahmen** ausdrücklich adressiert, so den Abschluss eines Rahmenvertrags über den Kauf von Waren sowie die Zentralregulierung von Warenlieferungen. Bereits während des Zusammenschlussvorhabens hatte das BKartA diese Maßnahmen per einstweiliger Anordnung untersagt. Das OLG Düsseldorf (NZKart 2017, 38 (39) – Vollzugsverbot III; dazu Beck NZKart 2017, 426) meinte, dass eine solche Anordnung zulässig ist, weil bei unterschiedlichen Auffassungen hinsichtlich der Anwendbarkeit des Vollzugsverbots des § 41 Abs. 1 ein rechtlich anerkennenswertes Interesse der Kartellbehörde besteht, bereits im Rahmen des Hauptprüfungsverfahrens die Reichweite des gesetzlichen Vollzugsverbots in Bezug auf bestimmte im Raum stehende Handlungen festzustellen. § 41 soll den Fusionsbeteiligten auch den faktischen Vollzug des Zusammenschlusses verbieten, bei dem durch tatsächliche Handlung die wirtschaftlichen Wirkungen des geplanten Zusammenschlusses ganz oder teilweise vorweggenommen werden. Solch faktische Vollzugshandlungen sollen auch dann verboten sein, wenn sie nach isolierter Betrachtung selbst keinen Zusammenschlusstatbestand iSv § 37 verwirklichen. Der BGH (NZKart 2018, 541 (543) – EDEKA/Kaiser's Tengelmann II) entschied in der Rechtsbeschwerde, dass bereits Maßnahmen gegen das Vollzugsverbot verstoßen können, durch die der Erwerber zwar noch keine Kontrolle oder wettbewerblichen Einfluss auf das Zielunternehmen erlangt, aber bereits Befugnisse erhält, die er nach dem beabsichtigten Zusammenschluss nur kraft seiner Position als Inhaber ausüben könnte, sowie Maßnahmen, die die durch den Zusammenschluss erstrebte Integration der beteiligten Unternehmen teilweise vorwegnehmen (ausdrücklich gegen die vertretene Meinung in → 8. Aufl. 2015, Rn. 8).

9 Unterhalb der Schwelle des Verstoßes gegen das Vollzugsverbot kann das Verhalten der am Zusammenschluss beteiligten Unternehmen nach § 1 relevant sein, also als Vereinbarung oder abgestimmte Verhaltensweise mit wettbewerbsbeschränkender Wirkung. Darunter kann auch ein zu weit gehender **Informationsaustausch** fallen. Dieser Fall ist allein nach § 1 bzw. Artikel 101 AEUV zu beurteilen. Während der Zeit, in der die Unternehmen noch unabhängig sind, können koordinierende Maßnahmen bei der Vorbereitung des Zusammenschlusses ein Verstoß gegen das Kartellverbot des Art. 101 AEUV oder § 1 sein. Allerdings gibt es einen weiten – im Einzelnen weitgehend ungeklärten – Bereich des zulässigen Informationsaustausches, soweit er erforderlich ist, um den Beteiligten die Entscheidung über das Ob und die Konditionen des Zusammenschlusses zu ermöglichen.

10 **c) Unwirksamkeit (Abs. 1 S. 2).** Nach Abs. 1 S. 2 sind Rechtsgeschäfte, die gegen das Vollzugsverbot der Nr. 1 verstoßen, unwirksam. Diese Sanktion greift nur, soweit einseitige oder mehrseitige Rechtsgeschäfte getätigt wurden, die gegen

das Vollzugsverbot verstoßen. S. 2 gilt nur für privatrechtliche Rechtsgeschäfte und ordnet für sie die „zivilrechtliche Unwirksamkeitsfolge" an, nicht für Zusammenschlüsse, die nach Landesrecht durch Hoheitsakt vollzogen worden sind (→ § 37 Rn. 3). Ist der Zusammenschluss durch Gesetz bewirkt, so kann sich dessen öffentlich-rechtliche Nichtigkeit aus dem Verstoß des Gesetzes gegen Bundesrecht ergeben. Bei Hoheitsakten ohne Gesetzesrang ergibt sich deren Nichtigkeit aus § 44 Abs. 1 oder Abs. 2 Nr. 5 VwVfG (so auch Kleinmann/Bechtold § 24a Rn. 121). Wenn die **Rechtsgeschäfte im Ausland** stattfanden, richtet sich die Unwirksamkeitsfolge danach, ob das ausländische Recht, nach dessen Regeln das Rechtsgeschäft abgewickelt wurde, das deutsche Vollzugsverbot und die im deutschen Recht angeordnete Unwirksamkeitsfolge als Teil des von ihnen zu beachtenden ordre public beachten. Im Regelfall wird das nicht so sein, wenn der Vollzug nach dem ausländischen Recht rechtmäßig ist.

Die Unwirksamkeit ist eine **schwebende;** die Wirksamkeit kann also hergestellt werden, wenn das die Unwirksamkeit begründende Ereignis wegfällt. Zweck der Unwirksamkeit ist nicht, die Verletzung des Vollzugsverbots endgültig zu sanktionieren, wohl aber, die Unternehmen zu veranlassen, durch ein nachträgliches Fusionskontrollverfahren die materielle Prüfung durch das BKartA durchführen zu lassen. In der Rechtslage bis zur 6. GWB-Novelle 1998 gab es ein durch Anzeige ausgelöstes fristgebundenes Fusionskontrollverfahren auch für schon vollzogene Zusammenschlüsse, und zwar unabhängig davon, ob der Vollzug rechtmäßig oder rechtswidrig war. In jedem Falle führte der positive Abschluss des nachträglichen Fusionskontrollverfahrens zur Heilung der Unwirksamkeit; das gegen das Vollzugsverbot verstoßende Rechtsgeschäft wurde mit dem positiven Abschluss des Fusionskontrollverfahrens wirksam, und zwar **mit Rückwirkung** (vgl. dazu BGH NZKart 2018, 51 (52) – ConsulTrust; OLG Düsseldorf WuW/E 833 (835 f.) – Bayer-Metzeler, wohl auch BGH WuW/E 1556 (1559) – Weichschaum III; ausf. dazu Lettl WuW 2009, 249). Durch den neuen Abs. 1 S. 3 Nr. 3 ist klargestellt, dass diese Rechtsfolge nur herbeigeführt werden kann, wenn der Zusammenschluss nach Vollzug beim BKartA **angezeigt** worden ist. Der Gesetzgeber geht davon aus, dass für die sich daran anschließende materielle Prüfung keine Fristen gelten, sondern dass das Amt dann ein **Entflechtungsverfahren** einzuleiten hat, das „in angemessener Zeit" abzuschließen ist. Auch hinsichtlich der Form des Abschlusses und der Art der Mitteilung gibt es keine Vorgaben (dazu Begr. z. RegE zur 8. GWB-Novelle, BT-Drs. 17/9852, 31). 11

d) Ausnahmen von der Unwirksamkeit (Abs. 1 S. 3). Nach S. 3 **Nr. 1** gilt die Unwirksamkeit nicht für **Grundstücksgeschäfte** nach deren durch Eintragung im Grundbuch bewirkten Wirksamkeit. Diese durch die 7. GWB-Novelle 2005 eingefügte Ergänzung hat keine Bedeutung für Anteils- und Kontrollerwerbe über rechtlich selbstständige Unternehmen, sondern nur für den Erwerb von **Vermögensteilen,** zu denen auch Grundstücke gehören. Die Unwirksamkeitsfolge gilt nach **Nr. 2** auch nicht für Verträge über die Umwandlung, Eingliederung oder Gründung eines Unternehmens und für **Unternehmensverträge** iSv §§ 291 und 292 AktG, sobald sie durch Eintragung in das Handelsregister oder in das Genossenschaftsregister rechtswirksam geworden sind (vgl. auch Kleinmann/Bechtold § 24 Rn. 386; GemK/Bosch Rn. 5); Gleiches gilt für die Eintragung einer Kapitalerhöhung bei einer Kapitalgesellschaft (BGH NZKart 2018, 51 (52) – ConsulTrust). 12

Die neue Regelung in S. 3 **Nr. 3** ist so formuliert, dass er als Ausnahme von der in S. 2 angeordneten Unwirksamkeitsfolge erscheint. Das ist nicht richtig. Er setzt – im Gegenteil – voraus, dass die Unwirksamkeitsfolge des S. 2 zunächst eingetreten ist. Es geht dann nur noch um die **Heilung** der Unwirksamkeitsfolge; damit ist er eine Bestätigung dafür, dass die Unwirksamkeitsfolge des S. 2 als schwebende Unwirksamkeit zu verstehen ist. Er betrifft die Fälle, in denen gegen das Vollzugsver- 13 bot verstoßen wurde und deswegen die diesen Vollzug bewirkenden Rechtsgeschäfte nach S. 2 zunächst unwirksam sind. Die Unwirksamkeit kann geheilt werden, wenn der – ohne Anmeldung und damit ohne vorheriges Fusionskontrollverfahren durchgeführte – Zusammenschluss beim BKartA **angezeigt wird.** Damit wird Bezug genommen auf die Anzeige nach **§ 39 Abs. 6,** die dort (auch) für den Fall vorgesehen ist, dass ein vorheriges Fusionskontrollverfahren durchgeführt worden ist, der Zusammenschluss freigegeben wurde und dann vollzogen wurde. Der Vollzug ist beim BKartA anzuzeigen. Für den Inhalt der Anzeige nach § 39 Abs. 6 genügt die Mitteilung, dass der Zusammenschluss vollzogen wurde; weitere Angaben sind nicht zu machen (→ § 39 Rn. 26). Weder dem Gesetzestext noch der Begründung zum Regierungsentwurf (BT-Drs. 17/9852, 30 f.) lässt sich entnehmen, dass für die Anzeige eines unter Verstoß gegen das Vollzugsverbot vollzogenen Zusammenschlusses zusätzliche **inhaltliche Anforderungen** gelten. Allerdings können die Unternehmen, „die sich freiwillig nachträglich durch eine Anzeige der Fusionskontrolle unterwerfen" (so Begr. z. RegE 31), das Ziel eines möglichst schnellen Abschlusses der materiellen Prüfung desto schneller erreichen, je umfassender sie bereit sind, dem BKartA die Daten zu liefern, die für die materielle Beurteilung von Bedeutung sind. Dabei kann es nicht darum gehen, ob alle Formalangaben nach § 39 Abs. 3 gemacht werden. Das BKartA kann jedenfalls nicht geltend machen, der Fall sei mangels solcher Angaben bisher nicht angezeigt worden, und deshalb werde keine materielle Prüfung durchgeführt.

14 Durch Nr. 3 ist klargestellt, dass die Prüfung im **Entflechtungsverfahren** nach § 41 Abs. 3 erfolgt. Die zivilrechtliche Wirksamkeit wird nachträglich mit Wirkung **ex tunc** herbeigeführt, wenn das Entflechtungsverfahren **eingestellt** wird. Der Gesetzgeber hat ausdrücklich offen gelassen, ob die Einstellung des Entflechtungsverfahrens förmlich durch Entscheidung oder formlos geschieht (dazu BT-Drs. 17/9852, 30). Jedenfalls reicht die schriftliche Mitteilung aus, dass das Entflechtungsverfahren eingestellt wurde. Zu einer förmlichen Entscheidung, die einer Freigabeentscheidung im Hauptprüfverfahren entspricht, ist das BKartA nicht verpflichtet, wohl aber befugt. Die Herbeiführung der zivilrechtlichen Wirksamkeit setzt aber keine in einer Einstellung des Entflechtungsverfahrens zum Ausdruck kommende positive Beurteilung des Zusammenschlusses voraus. Vielmehr wird sie auch herbeigeführt, wenn das BKartA der Auffassung ist, dass die **Untersagungsvoraussetzungen erfüllt** sind und deswegen eine Auflösungsanordnung nach § 41 Abs. 3 S. 2 ergeht. Dann ist zwar die zivilrechtliche Wirksamkeit hergestellt, aber zugleich festgestellt, dass der Zusammenschluss aufzulösen ist. Auch insoweit kann die zivilrechtliche Wirksamkeit erforderlich sein, um auch die Wirksamkeit einer vom BKartA angeordneten Veräußerung sicherzustellen. Die zivilrechtliche Wirksamkeit wird schließlich auch erreicht, wenn der Bundeswirtschaftsminister eine Erlaubnis nach § 42 erteilt. Die Erlaubnis bewirkt zugleich die Herstellung der zivilrechtlichen Wirksamkeit, und, wie in allen Fällen der Nr. 3, mit Rückwirkung.

3. Öffentliche Übernahmeangebote (Abs. 1a)

15 **a) Gesetzeszweck.** Die **8. GWB-Novelle 2012/2013** hat Abs. 1a in das Gesetz neu eingefügt. Diese Bestimmung entspricht weitgehend dem Art. 7 Abs. 2 FKVO, allerdings ohne die dort enthaltene, der FKVO gemäße Beschränkung auf den Kontrollerwerb. Der Gesetzgeber will dadurch den Unternehmen die Möglichkeit geben, die im Einzelnen geregelten öffentlichen Übernahmeangebote und ähnliche Erwerbsvorgänge nicht dadurch zu behindern, dass sie durch ein zuvor durchgeführtes Fusionskontrollverfahren vorzeitig bekannt werden. Abs. 1a enthält nur eine **beschränkte Ausnahme vom Vollzugsverbot;** ihre Zulassung ist auflösend bedingt dadurch, dass eine unverzügliche Anmeldung beim BKartA erfolgt und die Stimmrechte nicht ausgeübt werden.

b) Erfasste Vorgänge. Erfasst sind **Erwerbsvorgänge,** die einen Zusammenschlusstatbestand iSv § 37 Abs. 1 erfüllen. Es geht nicht nur – wie in Art. 7 Abs. 2 FKVO – um den Kontrollerwerb, sondern auch um Erwerbsvorgänge, die von § 37 Abs. 1 Nr. 3 und 4 erfasst werden. Deswegen spielt keine Rolle, dass der Kontrollbegriff in § 37 Abs. 1 Nr. 2 (→ § 37 Rn. 11) und der Kontrollbegriff des deutschen Wertpapiererwerbs- und Übernahmegesetzes (WpÜG vom 20.12.2001, BGBl. 2001 I 3822, danach mehrfach geändert) voneinander abweichen. Kontrolle iSd Übernahmerechts ist das Halten von mindestens 30 % der Stimmrechte an der Zielgesellschaft, unabhängig davon, ob – wie nach § 37 Abs. 1 Nr. 2 – damit tatsächlich eine Beherrschungsmöglichkeit verbunden ist. Das bedeutet aber auch, dass Abs. 1a Anwendung finden kann in Fällen, in denen schon die 30 %-Schwelle des Übernahmerechts überschritten wurde, aber noch nicht die Schwelle zum Kontrollerwerb iSd § 37 Abs. 1 Nr. 2. Wenn ein Erwerber, der bisher noch nicht mit 25 % der Stimmrechte am Zielunternehmen beteiligt war, die Schwelle von 30 % übersteigen will, wird in jedem Fall der Zusammenschlusstatbestand des § 37 Abs. 1 Nr. 3 lit. b verwirklicht. Das gilt aber nicht, wenn er **schon mit mindestens 25 % beteiligt** ist und die übernahmerechtliche Kontrollschwelle von 30 % übersteigen will, ohne – zB wegen des Vorhandenseins eines Mehrheitsaktionärs mit einer Beteiligung von über 50 % – das Ziel der fusionskontrollrechtlichen „Kontrolle" oder „gemeinsamen Kontrolle" anzustreben. Dann wird kein Zusammenschlusstatbestand verwirklicht, sodass kein Platz für die Anwendung des Abs. 1a ist. Zwar muss nach § 32 WpÜG ein Übernahmeangebot sich auf **alle Aktien der Zielgesellschaft** erstrecken. Wenn aber von vornherein feststeht, dass nur eine Aufstockung von bisher 25 % auf eine Beteiligung unterhalb der fusionskontrollrechtlichen Kontrollschwelle beabsichtigt ist und eine Überschreitung dieser Kontrollschwelle nicht möglich ist, wird kein Zusammenschlusstatbestand verwirklicht. 16

Abs. 1a erfasst nur Erwerbe über die **Börse,** betrifft also nur **Publikums-Aktiengesellschaften.** Der Regelfall ist das „öffentliche Übernahmeangebot", das, soweit es um eine deutsche Aktiengesellschaft geht, in §§ 29 ff. WpÜG geregelt ist. Dort wird unterschieden zwischen dem **freiwilligen Angebot** (§§ 29 ff. WpÜG) und dem **Pflichtangebot** (§§ 35 ff. WpÜG). Diese Bestimmungen entsprechen der europäischen Übernahmerichtlinie 2004/25/EG. Soweit es um Aktiengesellschaften außerhalb der EU geht, ist zu prüfen, ob die Erwerbsvorgänge in den Drittstaaten denen, die nach dem Modell des deutschen Rechts in Abs. 1a beschrieben sind, im Wesentlichen entsprechen. Außer dem öffentlichen Übernahmeangebot erfasst Abs. 1a auch den Fall, dass von mehreren Veräußerern „im Wege einer **Reihe von Rechtsgeschäften**" Aktien oder in Aktien konvertierbare Wertpapiere gekauft werden. Das zeigt, dass es nicht notwendigerweise auf die Modelle nach §§ 29 ff. WpÜG ankommt, sondern dass von Abs. 1a auch wirtschaftlich gleichwertige Vorgänge erfasst werden können. 17

c) Unverzügliche Anmeldung beim BKartA. Das öffentliche Übernahmeangebot als solches verstößt noch nicht gegen das Vollzugsverbot, sondern erst der **auf der Grundlage dieses Angebots vollzogene Erwerb,** sobald er zur Überschreitung einer der Schwellen des § 37 Abs. 1 Nr. 2–4 führt. Aber auch der Erwerb als solcher ist zulässig, wenn er „unverzüglich" beim BKartA angemeldet wird. Für die Bemessung des Zeitraumes der Unverzüglichkeit ist entscheidend, ab wann das Übernahmeangebot nach den dafür geltenden Regeln **bekannt werden darf.** Der Startpunkt für die „Unverzüglichkeit" ist die Veröffentlichung des Angebots. 18

d) Stimmrechtsausübungsverbot. Die Ausnahmevorschrift des Abs. 1a setzt weiter voraus, dass der Erwerber die mit den Anteilen verbundenen Stimmrechte nicht ausübt. Das Ausübungsverbot gilt bis zur Freigabe des Zusammenschlusses. Werden die Stimmrechte dennoch ausgeübt, ist der Anwendung des Abs. 1a der Boden entzogen, sodass von diesem Zeitpunkt an feststeht, dass gegen das Vollzugs- 19 verbot des Abs. 1 verstoßen wurde. Das Stimmrechtsausübungsverbot bezieht sich **nicht auf den Altbesitz,** also die Aktien, die der Erwerber schon vorher unabhängig von dem Übernahmeangebot besitzt und die dementsprechend nicht von diesem erfasst werden. Das wird dadurch bestätigt, dass bei einer späteren Untersagung der öffentlichen Übernahme dieser Altbesitz nicht berührt wird und auch nicht einer Entflechtung unterliegt. Etwas anderes gilt auch dann nicht, wenn die Stimmrechte aus dem Altbesitz wegen der vorübergehenden Stimmrechtslosigkeit der hinzuerworbenen Aktien so aufgewertet werden, dass mit ihnen vorübergehend ein Mehrheitseinfluss verbunden ist (aA Immenga/Mestmäcker/Körber FKVO Art. 7 Rn. 27). Mit der vorübergehenden Aufwertung der „Altanteile" werden Schwellen des § 37 Abs. 1 Nr. 2–4 schon deswegen nicht überschritten, weil sie nicht mit der hiernach erforderlichen Dauerhaftigkeit verbunden sind (→ § 37 Rn. 2).

20 Abs. 1a lässt als Gegenausnahme für die Nichtausübung der Stimmrechte die Möglichkeit zu, dass sie „nur **zur Erhaltung des vollen Wertes" der Investition** ausgeübt werden. Insoweit ist aber eine ausdrückliche Befreiung vom Vollzugsverbot nach Abs. 2 erforderlich (→ Rn. 23). Solange diese Befreiung nicht vorliegt, ist die Stimmrechtsausübung unzulässig; der Verstoß entzieht der Anwendung des Abs. 1a die Grundlage.

4. Befreiung vom Vollzugsverbot (Abs. 2)

21 **a) Vergleich mit früherer Rechtslage.** § 41 Abs. 2 sieht ausdrücklich die Möglichkeit vor, dass das BKartA eine Befreiung vom Vollzugsverbot des Abs. 1 S. 1 erteilt. Die Vorschrift entspricht im Wesentlichen der des **Art. 7 Abs. 3 FKVO.** Schon vor der 6. GWB-Novelle gab es theoretisch, ohne dass das Amt davon Gebrauch gemacht hätte, die Möglichkeit, dass das BKartA im Wege einer einstweiligen Anordnung nach § 56 Nr. 3 aF den vorläufigen Vollzug gestattet (→ 1. Aufl. 1993, § 24a Rn. 22 und Bechtold AfP 1985, 36; Bechtold BB 1987, 1558). § 60 Nr. 1 ist heute **für die Kartellbehörde** nicht mehr anwendbar; insoweit ist § 41 Abs. 2 **lex specialis** (vgl. dazu OLG Düsseldorf WuW/E DE-R 2069 – Phonak/GN ReSound). Für die Befugnis des Beschwerdegerichts, eine einstweilige Anordnung zur Befreiung vom Vollzugsverbot zu erlassen, gilt ausschließlich § 60 Abs. 3 S. 1 (→ § 60 Rn. 5; BGH WuW/E DE-R 2507 (2511) – Faber/Basalt; aA OLG Düsseldorf WuW/E DE-R 2069 – Phonak/GN ReSound).

22 **b) Wichtige Gründe.** Die Befreiung vom Vollzugsverbot setzt „wichtige Gründe" aufseiten der Unternehmen voraus, insbes. die Abwendung schweren Schadens von einem beteiligten Unternehmen oder von Dritten. Die Befreiung vom Vollzugsverbot kann nur eine **vorläufige** sein, nämlich **bis zum Abschluss des Verfahrens nach § 40.** Das macht deutlich, dass die wichtigen Gründe und der schwere Schaden, der einzutreten droht, sich gerade **auf die mit der Durchführung des Fusionskontrollverfahrens verbundene Belastung** beziehen muss, nicht auf die Belastung durch das Vollzugsverbot, das bei Erlass einer Untersagungsverfügung ohne zeitliche Befristung gelten würde. Deswegen kann eine Befreiung vom Vollzugsverbot nach Abs. 2 nicht erfolgen, wenn schon im Zeitpunkt des Antrages oder der Entscheidung feststeht, dass der Zusammenschluss insgesamt untersagt werden muss. Kann er nach der Prognose in diesem Zeitpunkt nur mit Bedingungen und Auflagen ergehen, kann die Befreiung nach Abs. 2 nur in einem Umfang ergehen, der sich im Rahmen der später zu erwartenden Bedingungen und Auflagen hält. Das Erfordernis, den **voraussichtlichen Ausgang des Fusionskontrollverfahrens** in die Entscheidung nach Abs. 2 einzubeziehen, bedeutet also, dass die Befreiung nach Abs. 2 **nicht weitergehen** kann als die nach der Prognose im Zeitpunkt der Befreiungsentscheidung zu erwartende **Hauptsacheentscheidung.** Das schließt freilich nicht aus, dass sich nachträglich ergeben kann, dass die Befreiung zu weit geht. Dann handelt es sich ggf. um einen (zulässigerweise) vollzogenen

Zusammenschluss, den das BKartA untersagt hat, und der dementsprechend nach Abs. 3 aufzulösen ist.

Wichtige Gründe, die eine Befreiung vom Vollzugsverbot rechtfertigen können, sind zB von den beteiligten Unternehmen nicht beeinflussbare externe **Termindrücke,** die den Vollzug eines Zusammenschlusses nur noch bis zu einem bestimmten Datum zulassen, bis zu dem das Fusionskontrollverfahren noch nicht abgeschlossen sein kann, oder **Erfordernisse ausländischer Rechtssysteme,** die den sofortigen Vollzug erforderlich machen. Denkbar sind auch Konstellationen, in denen mit dem baldigen Wegfall des Vollzugsverbotes außerhalb eines Fusionskontrollverfahrens zu rechnen ist, zB das zu erwartende Absinken des Umsatzes der beteiligten Unternehmen unter die Schwellen des § 35 Abs. 1. Unter Umständen kann **Befreiung auch für einzelne Vollzugsakte** erteilt werden, wenn sie als solche vom Vollzugsverbot des Abs. 1 erfasst werden. Dazu gehört der in Abs. 1a geregelte Fall, dass bei einem **öffentlichen Übernahmeangebot** die Stimmrechte aus den übernommenen Aktien ausgeübt werden müssen, um die „Erhaltung des vollen Werts" der Investition zu sichern (→ Rn. 20). In jedem Fall ist der **Verhältnismäßigkeitsgrundsatz** zu beachten, der eine Befreiung immer dann rechtfertigt, wenn die Belastungen des während des Verfahrens zunächst nur vorübergehend geltenden Vollzugsverbotes außer Verhältnis stehen zu den mehr generell-abstrakten Vorteilen, die mit der Beachtung des Verbotes verbunden sind. Da das Vollzugsverbot sicherstellen soll, dass untersagte Zusammenschlüsse nicht zustande kommen, ohne dass die besonderen Schwierigkeiten und Risiken eines Auflösungsverfahrens entstehen, kann die Befreiung vom Vollzugsverbot nach Abs. 2 großzügiger erteilt werden, wenn sichergestellt ist, dass bei einem nicht auszuschließenden negativen Ausgang des Fusionskontrollverfahrens ohne Weiteres und binnen kurzer Frist die Auflösung des dann untersagten Zusammenschlusses erfolgt, insbes. auch ohne die Notwendigkeit eines Auflösungs- und Durchsetzungsverfahrens nach Abs. 3 und 4. 23

c) Verfahren. Erforderlich ist ein Antrag. Antragsberechtigt sind die am Zusammenschluss beteiligten Unternehmen und der Veräußerer. Es ist nicht erforderlich, dass der Antrag von allen diesen Unternehmen gestellt wird; der **Antrag eines** antragsberechtigten Unternehmens reicht aus. Da nach Abs. 2 S. 1 eine Befreiung vom Vollzugsverbot auch erteilt werden kann, um schweren **Schaden von Dritten** abzuwenden, muss auch der Dritte, von dem Schaden abgewendet werden soll, antragsberechtigt sein. S. 2 stellt klar, dass die Befreiung auch schon **vor einer Anmeldung** beantragt werden kann. Im Zeitpunkt des Antrages muss allerdings trotz noch fehlender Anmeldung hinreichend sicher sein, dass die beteiligten Unternehmen den Zusammenschluss vollziehen wollen, er also zumindest anmeldefähig wäre (→ § 39 Rn. 6). Das BKartA hat ein **Ermessen** darin, ob es die Befreiung erteilt. Eine eigene Ermessensentscheidung ist dem Beschwerdegericht verwehrt; es kann nur bei Ermessensfehlern „die Sache zur Neubescheidung an die Kartellbehörde zurückgeben". Das gilt auch, wenn die Untersagungsverfügung des BKartA „begründeten rechtlichen Zweifeln begegnet". Allerdings können die Erfolgsaussichten bei der Rechtmäßigkeitsprüfung nicht gänzlich unberücksichtigt bleiben (BGH WuW/E DE-R 2433 (2424) – Lotto Rheinland-Pfalz). Die Befreiung kann befristet werden, sie gilt längstens **bis zum bestandskräftigen Abschluss des Fusionskontrollverfahrens.** Endet dieses mit Freigabe, erledigt sich die Befreiung durch diese, weil die Freigabe das Vollzugsverbot nach Abs. 1 beendet. Endet das Fusionskontrollverfahren mit Untersagung, wirkt die Befreiung nach Abs. 2 bis zur Bestandskraft dieser Untersagung, weil vorher nach Abs. 3 eine Auflösung des aufgrund der Befreiung vollzogenen Zusammenschlusses nicht möglich ist. 24

Wird das Fusionskontrollverfahren nach § 40 Abs. 3 durch Freigabeverfügung mit **Bedingungen** und **Auflagen** abgeschlossen, wirkt eine Befreiung, die mit diesen Bedingungen und Auflagen nicht vereinbar ist, ebenfalls bis zur Bestandskraft der 25

Freigabe mit einer Bedingung bzw. bis zur Bestandskraft der Auflage; erst danach ist der Zustand herzustellen, der ohne Befreiung bestünde. Die Bedingungen und Auflagen, mit denen die Befreiung nach S. 2 verbunden werden können, entsprechen im Wesentlichen inhaltlich den Bedingungen und Auflagen nach § 40 Abs. 3 S. 1 (→ § 40 Rn. 29 ff.). Allerdings können sich die Bedingungen und Auflagen auch darauf beziehen oder dadurch veranlasst sein, dass die Befreiung nur bis zum Zeitpunkt des Abschlusses des Fusionskontrollverfahrens gilt, und dass die Maßnahmen, die aufgrund der Befreiung durchgeführt werden, im Falle einer Untersagungsverfügung unabhängig davon rückgängig zu machen sind, ob die Untersagungsverfügung bestandskräftig ist oder nicht. S. 2 verweist für die Bedingungen und Auflagen nicht auf § 40 Abs. 3 S. 2. Angesichts der nur zeitlich beschränkt – bis zum Abschluss des Fusionskontrollverfahrens – geltenden Nebenbestimmungen und ihrer besonderen Zwecke sind auch **Verhaltensauflagen** grds. zulässig. Ebenso wie im Falle der Bedingungen und Auflagen einer Freigabeentscheidung nach § 40 Abs. 3 gilt für den Fall der Nichtbeachtung der Bedingungen und Auflagen § 40 Abs. 3a entsprechend (→ § 40 Rn. 39 ff.); das BKartA kann also die Befreiung unter den dort genannten Voraussetzungen widerrufen oder ändern.

5. Auflösungsverpflichtung und -verfahren (Abs. 3)

26 **a) Vorbemerkung.** Die in Abs. 3 S. 1 enthaltene Auflösungsverpflichtung war **bis zur 6. GWB-Novelle 1998** in § 24 Abs. 2 S. 5 vorgesehen. Dort hieß es, dass ein „vollzogener Zusammenschluss, den das Bundeskartellamt untersagt hat“, aufzulösen sei, „wenn nicht der Bundesminister für Wirtschaft die Erlaubnis zu dem Zusammenschluss erteilt“. Nach dem Wortlaut des § 40 Abs. 3 S. 1 idF der 6. GWB-Novelle 1998 bezog sich die Auflösungsverpflichtung auch auf einen vollzogenen Zusammenschluss, „den das Bundeskartellamt untersagt oder dessen Freigabe es widerrufen hat“ (wenn nicht der Bundesminister für Wirtschaft …). Durch die **7. GWB-Novelle 2005** ist S. 1 so formuliert worden, dass es nur darauf ankommt, ob der Zusammenschluss die Untersagungsvoraussetzungen nach § 36 Abs. 1 erfüllt. Alle diese Fassungen betrachten und bringen nicht genau das zum Ausdruck, was nach dem Sinn und Zweck des Gesetzes gilt. Abs. 3 (und Abs. 4) gilt nicht, wenn sich **gesetzliche Krankenkassen** unter Verstoß gegen das Vollzugsverbot des Abs. 1 zusammenschließen (§ 158 Abs. 2 S. 4 SGB V). Der Gesetzgeber hielt die Anwendung nicht für erforderlich, weil der Vollzug nur mit Zustimmung der Aufsichtsbehörde zulässig sei und die Vereinigung der gesetzlichen Krankenkassen nicht rückgängig gemacht werden könne (vgl. Begr. z. RegE BT-Drs. 17/9852, 88).

27 **b) Bestandskräftige Untersagung als Voraussetzung der Auflösungsverpflichtung?** Abs. 3 betrifft an sich einen Fall, den es regelmäßig nach dem Gesetz nicht geben dürfte. Nach dem Wortlaut des umfassenden Vollzugsverbotes nach Abs. 1 dürfen sämtliche Zusammenschlüsse, die überhaupt der Fusionskontrolle unterliegen, erst nach positivem Abschluss des Fusionskontrollverfahrens vollzogen werden. Die Auflösungsverpflichtung nach Abs. 3 betrifft demnach im Regelfall **Zusammenschlüsse, die unter Verstoß gegen das Vollzugsverbot des Abs. 1 vollzogen sind,** unabhängig davon, ob und in welchem Umfang nach Abs. 1 S. 2 die den Vollzug bewirkenden Rechtsgeschäfte zivilrechtlich wirksam sind oder nicht. Daneben richtet sich die Auflösungsverpflichtung aber auch gegen **Zusammenschlüsse, die zulässigerweise trotz des Vollzugsverbotes vollzogen worden sind,** also entweder aufgrund einer Befreiung nach Abs. 2 oder bei den ausschließlich im Ausland vollzogenen Zusammenschlüssen zwischen ausländischen Unternehmen, die nach unserer Auffassung von vornherein nicht vom Vollzugsverbot erfasst werden (→ § 39 Rn. 32 f.). Voraussetzungen und Rechtsfolgen der Auflösungsverpflichtung nach Abs. 3 sind also **unabhängig** davon, ob der Zusammen-

schluss, der untersagt wurde, **zulässigerweise oder unzulässigerweise vollzogen** wurde.

28 Nach dem bis Ende 1998 geltenden § 24 Abs. 6 S. 2 aF war eindeutig, dass eine **Auflösungsverfügung erst und nur ergehen** durfte, wenn die **Untersagungsverfügung rechtskräftig** geworden war und aufgrund des Fristablaufs oder rechtskräftiger Entscheidung des BWM feststand, dass eine Ministererlaubnis nicht erteilt würde. UE galt diese Rechtslage trotz der Änderung fort, die die 6. GWB-Novelle 1998 und die 7. GWB-Novelle 2005 vorgenommen haben.

29 Durch die Einfügung der Nr. 3 in Abs. 1 S. 3 durch die 8. GWB-Novelle 2012/2013 ist die Praxis des BKartA bestätigt worden. Bei vollzogenen Zusammenschlüssen findet **kein besonderes Untersagungsverfahren** statt, sondern unmittelbar ein **Entflechtungsverfahren;** dieser Begriff ist in Abs. 1 S. 3 Nr. 3 neu in das Gesetz eingeführt worden, um das Verfahren nach Abs. 3 zu kennzeichnen. Der Gesetzgeber geht davon aus, dass das Entflechtungsverfahren nach Eingang der Anzeige nach § 39 Abs. 6 (→ § 39 Rn. 30) eingeleitet und in angemessener Zeit abgeschlossen wird (vgl. dazu Begr. z. RegE der 8. GWB-Novelle, BT-Drs. 17/9852, 30 f.). Im Gesetz ist allerdings weder eine Pflicht zur Durchführung dieses Verfahrens noch eine Frist vorgesehen. Das BKartA kann das Entflechtungsverfahren auch ohne Anzeige einleiten. Nach dem Wortlaut des Hs. 2 von Abs. 3 S. 1 ist allerdings Voraussetzung für das Bestehen der Auflösungsverpflichtung, dass „nicht der Bundesminister für Wirtschaft und Technologie **nach § 42 die Erlaubnis** zu dem Zusammenschluss erteilt“. Aus dem insoweit neu gefassten § 42 Abs. 3 S. 1 ergibt sich, dass das Ministererlaubnisverfahren sich an das Entflechtungsverfahren anschließt; der Antrag auf Erteilung einer Ministererlaubnis setzt (neben dem Regelfall der Untersagung des noch nicht vollzogenen Zusammenschlusses) voraus, dass „eine Auflösungsanordnung nach § 41 Abs. 3 ohne vorherige Untersagung“ ergangen ist. Der Erlass dieser Auflösungsanordnung setzt die Frist für den Antrag auf Erteilung der Ministererlaubnis in Gang.

30 Gegenstand des Entflechtungsverfahrens ist ein **ohne vorheriges Fusionskontrollverfahren vollzogener Zusammenschluss.** Erfüllt er die Untersagungsvoraussetzungen des § 36 Abs. 1, wird in einer kombinierten Verfügung die Untersagung ausgesprochen und angeordnet, welche Maßnahmen zur Auflösung des Zusammenschlusses erforderlich sind. Die Beschwerde gegen diese Verfügung hat nach § 64 Abs. 1 keine aufschiebende Wirkung, sodass die Auflösung, wenn nicht die aufschiebende Wirkung durch das Gericht angeordnet wird, durchgesetzt werden kann, obwohl das Vorliegen der Untersagungsvoraussetzungen des § 36 Abs. 1 noch nicht gesondert rechtlich überprüft worden sind (vgl. dazu noch unter der alten Rechtslage BKartA WuW/E DE-V 1340 – Sulzer/Kelmix). Liegen nach Auffassung des BKartA die Untersagungsvoraussetzungen des § 36 Abs. 1 nicht vor, ist das Verfahren **einzustellen.** Die Einstellung hat nach § 41 Abs. 1 S. 3 Nr. 3 zur Folge, dass die Unwirksamkeitsfolge des § 41 Abs. 1 S. 2 nicht mehr gilt, sodass die den Zusammenschluss bewirkenden Rechtsgeschäfte nachträglich ex tunc wirksam werden (→ Rn. 7 f.).

31 **c) Auflösungsverpflichtung.** Abs. 3 S. 1 erweckt den Eindruck, als sei die dort vorgesehene Auflösungsverpflichtung unmittelbar gesetzliche Folge der Erfüllung der Untersagungsvoraussetzungen des § 36 Abs. 1, wenn nicht eine Erlaubnis erteilt wird. Aus S. 2 ergibt sich aber, dass die Auflösungsverpflichtung erst durch eine sie konkretisierende **besondere Auflösungsverfügung des BKartA** wirksam wird (ebenso BGH WuW/E 2211 (2217) – Morris/Rothmans; so auch GemK/Bosch Rn. 12). Dementsprechend ist auch die Nichtbefolgung der Auflösungsverpflichtung des Abs. 3 S. 1 keine Ordnungswidrigkeit und rechtfertigt als solche keine Maßnahmen des Verwaltungszwanges. Den Veräußerer trifft idR keine **öffentlich-rechtliche Rücknahmepflicht** (Immenga/Mestmäcker/Thomas Rn. 113 mN

auch zur Gegenansicht; Möschel, Die Auflösung vollzogener Unternehmenszusammenschlüsse nach dem GWB, 1982, S. 56); ebenso wenig hat er einen öffentlich-rechtlich gesicherten Anspruch auf Rückübertragung (KG WuW/E 1758 (1764) – Weichschaum).

32 **d) Auflösungsverfügung.** Zweck der Auflösungsverfügung ist die **Herstellung von Wettbewerbsstrukturen, die nicht mehr gegen § 36 Abs. 1 verstoßen** (vgl. dazu KG WuW/E 1989 (1993) – Zementmahlanlagen). Eine Auflösungsverfügung durch das BKartA ist nicht mehr erforderlich und damit unzulässig, wenn die Unternehmen entweder den untersagten Zusammenschluss aufgehoben oder so umgestaltet haben, dass die neue Unternehmensverbindung nicht mehr in den Anwendungsbereich des § 35 fällt, den untersagten Zusammenschlusstatbestand iSv § 37 Abs. 1 nicht mehr erfüllt, oder auf andere Weise einen Zustand herbeigeführt haben, der materiell nicht mehr gegen § 36 Abs. 1 verstößt (vgl. OLG Düsseldorf WuW/E 1370 (1371) – Professor von S.). Eine darüber hinausgehende Auflösungsverfügung zur Wiederherstellung des früheren Zustandes ist rechtswidrig (BGH WuW/E 2031 – Springer/Elbe Wochenblatt II). Nach Abs. 3 S. 3 kommt es **nicht auf die Wiederherstellung des früheren Zustandes** an, sondern auf die Beseitigung der „Wettbewerbsbeschränkung" (vgl. dazu auch KG WuW/E DE-R 181 f. (182) – TLZ). Darunter ist das negative Abwägungsergebnis des § 36 Abs. 1 zu verstehen. Beseitigt wird es einmal dadurch, dass dem Erwerber der Zuwachs an Marktmacht und Ressourcen entzogen wird, den er durch den Zusammenschluss erzielt hat (OLG Düsseldorf WuW/E DE-R 1370 (1371) – Professor von S.), zum anderen auch durch **Herbeiführung überwiegender Verbesserungen der Wettbewerbsbedingungen.** Letzteres gilt dann nicht, wenn man insoweit ein strenges Kausalitätserfordernis postuliert, das eine nachträgliche Herbeiführung von Verbesserungen ausschließt, da diese nicht kausal auf dem Zusammenschluss beruhen können (→ § 36 Rn. 39). Erforderlich ist eine Reduzierung der Auswirkungen des untersagten Zusammenschlusses auf ein Ausmaß, das (nach der Sach- und Rechtslage im Zeitpunkt der Auflösung) **nicht mehr untersagt werden könnte.** Das kann im Hinblick sowohl auf den Zusammenschlusstatbestand nach § 37 als auch auf die materiellen Auswirkungen nach § 36 Abs. 1 erfolgen.

33 Das BKartA ist bei der Auflösung an die verwaltungsrechtlichen Grundsätze der **Geeignetheit des Mittels** für den angestrebten Zweck, der **Erforderlichkeit** und **Verhältnismäßigkeit** gebunden (so auch GemK/Bosch Rn. 16). Dabei sind auch die Belange Dritter zu wahren. Das war bis zur 6. GWB-Novelle 1998 ausdrücklich in § 24 Abs. 6 S. 3 aF geregelt; auch nach Auffassung des Gesetzgebers der 6. GWB-Novelle ergibt sich das aber schon aus allgemeinen Rechtsgrundsätzen (dazu Begr. z. RegE BR-Drs. 852/97, 61). Das BKartA hat hinsichtlich des Inhalts der Auflösungsverfügung notwendig einen **weiten Ermessens- und Gestaltungsspielraum.** Die Verfügung muss bestimmt sein, um vollstreckbar zu sein (vgl. dazu BGH WuW/E 2211 (2217) – Morris/Rothmans). Unabhängig davon können die Unternehmen **„Austauschmittel"** anbieten, um die Wettbewerbsbeschränkung auf andere Weise zu beseitigen. Die Auflösungsverfügung richtet sich gegen die zur Auflösung des Zusammenschlusses Verpflichteten; dazu gehört beim Vermögens- und Anteilserwerb nicht der Veräußerer (str., wie hier Kleinmann/Bechtold § 24 Rn. 399). Stehen den Anordnungen des BKartA Rechte Dritter entgegen, muss das BKartA gegen sie uU Verpflichtungs- oder Duldungsanordnungen erlassen.

34 In Abs. 3 ist nicht ausdrücklich geregelt, ob und unter welchen Voraussetzungen die beteiligten Unternehmen die kombinierte Untersagungs- und Auflösungsverfügung dadurch abwenden können, dass die gegenüber dem BKartA Verpflichtungen eingehen, aufgrund derer im „normalen" (vorbeugenden) Fusionskontrollverfahren die Untersagung abgewendet und entsprechend § 40 Abs. 3 S. 1 (→ § 40 Rn. 29 ff.) eine Freigabe unter **Auflagen und Bedingungen** erteilt werden kann. Es gibt

keinen Grund, diese Möglichkeit nicht auch für das in Abs. 3 mitgeregelte nachträgliche Fusionskontrollverfahren vorzusehen. Allerdings muss es dann neben den vom Gesetzgeber vorgesehenen Alternativen für die Beendigung des Entflechtungsverfahrens – Auflösungsverfügung oder Einstellung des Entflechtungsverfahrens – auch die Möglichkeit geben, das Entflechtungsverfahren durch eine Freigabe des Zusammenschlusses unter Bedingungen oder Auflagen abzuschließen. Die Verpflichtungen, deren Einhaltung die Bedingungen und Auflagen nach § 40 Abs. 3 S. 1 sichern, können sich sowohl auf die Beseitigung der materiellen Untersagungsvoraussetzungen beziehen als auch auf Modalitäten der Auflösung. Für Letztere ist auch denkbar, dass das BKartA und die beteiligten Unternehmen einen **öffentlich-rechtlichen Vertrag** über die Auflösung des Zusammenschlusses schließen (Immenga/Mestmäcker/Thomas Rn. 127; Kleinmann/Bechtold § 24 Rn. 404). Angesichts der Schwierigkeiten, auf die eine Auflösung als rechtlich gebundene, einseitige Zwangsmaßnahme stoßen kann, können in der Praxis Vereinbarungen zwischen dem BKartA und den beteiligten Unternehmen durchaus sinnvoll sein (so zB im Falle Thyssen Hüller, dazu Monopolkommission, 4. Hauptgutachten 1980/81, Rn. 664).

6. Durchsetzungsverfügung (Abs. 4)

Nach Abs. 4 hat das BKartA besondere Instrumente zur Durchsetzung der Auflösungsverfügung **(Durchsetzungsverfügung);** daneben gelten die **allgemeinen Vorschriften des Verwaltungszwangs** (vgl. auch § 86a). Möglich ist nach § 86a, der mit der 7. GWB-Novelle 2005 an die Stelle der früheren **Nr. 1** getreten ist, die einmalige oder mehrfache Festsetzung von **Zwangsgeld** in Höhe von 1.000 bis 10 Mio. EUR, also wesentlich höher als nach § 11 VwVG. Nach § 13 VwVG ist eine vorherige Androhung erforderlich; nach § 15 Abs. 3 VwVG ist die Vollstreckung des Zwangsgeldes einzustellen, sobald der „Zweck erreicht" ist. Nach **Nr. 2** kann das BKartA die **Ausübung von Stimmrechten** untersagen oder einschränken. Die Anordnung hat nur vorläufigen Charakter. Nr. 2 unterscheidet nicht mehr wie § 24 Abs. 7 Nr. 2 aF zwischen dem generellen Verbot der Stimmrechtsausübung und der Verpflichtung, dazu eine Erlaubnis einzuholen; die Erlaubnispflicht kann aber als „Einschränkung" der Stimmrechtsausübung angeordnet werden. Am stärksten kann durch die Maßnahmen nach **Nr. 3** in die unternehmerische Freiheit eingegriffen werden, nämlich durch **Bestellung eines Treuhänders.** Treuhänder kann nicht nur eine natürliche, sondern auch eine juristische Person sein. Die Befugnisse des Treuhänders sind in der Verfügung des Amtes genau zu umschreiben. In diesem Umfang entspricht die rechtliche Stellung des Treuhänders der des Insolvenzverwalters (dazu Kleinmann/Bechtold § 24 Rn. 414; Immenga/Mestmäcker/Thomas Rn. 139). Abs. 4 gilt nicht bei der freiwilligen Verbindung von gesetzlichen Krankenkassen (→ Rn. 26). 35

7. EU-Recht

Die Regelung des § 41 entspricht im Wesentlichen **ähnlichen Vorschriften der FKVO.** Diese enthält in Art. 4 Abs. 1 FKVO eine Anmeldepflicht. Daneben regelt aber **Art. 7 Abs. 1 FKVO** ebenso wie § 41 Abs. 1 ein **Vollzugsverbot.** Der Befreiungsmöglichkeit vom Vollzugsverbot nach § 41 Abs. 2 entspricht Art. 7 Abs. 3 FKVO. Hinsichtlich der Auflösung eines schon vollzogenen Zusammenschlusses begnügt sich das EU-Recht mit der Regelung des Art. 8 Abs. 4 FKVO, wonach die Kommission entweder schon in der Untersagungsentscheidung oder in einer gesonderten Entscheidung die Rückgängigmachung des Zusammenschlusses oder die Veräußerung oder „andere geeignete Maßnahmen" anordnet, und zwar mit dem Ziel, den Zustand vor dem Zusammenschluss wiederherzustellen. Die Regelung der Auflösungs- und Durchsetzungsverfügungen in § 41 Abs. 3 und 4 ist also ausführlicher als im EU-Recht; Sinn und Zweck entsprechen sich aber. 36

§ 42 Ministererlaubnis

(1) [1]Die Bundesministerin oder der Bundesminister für Wirtschaft und Energie erteilt auf Antrag die Erlaubnis zu einem vom Bundeskartellamt untersagten Zusammenschluss, wenn im Einzelfall die Wettbewerbsbeschränkung von gesamtwirtschaftlichen Vorteilen des Zusammenschlusses aufgewogen wird oder der Zusammenschluss durch ein überragendes Interesse der Allgemeinheit gerechtfertigt ist. [2]Hierbei ist auch die Wettbewerbsfähigkeit der beteiligten Unternehmen auf Märkten außerhalb des Geltungsbereichs dieses Gesetzes zu berücksichtigen. [3]Die Erlaubnis darf nur erteilt werden, wenn durch das Ausmaß der Wettbewerbsbeschränkung die marktwirtschaftliche Ordnung nicht gefährdet wird. [4]Weicht die Entscheidung vom Votum der Stellungnahme ab, die die Monopolkommission nach Absatz 5 Satz 1 erstellt hat, ist dies in der Verfügung gesondert zu begründen.

(2) [1]Die Erlaubnis kann mit Bedingungen und Auflagen verbunden werden. [2]§ 40 Absatz 3 Satz 2 und Absatz 3a gilt entsprechend.

(3) [1]Der Antrag ist innerhalb einer Frist von einem Monat seit Zustellung der Untersagung oder einer Auflösungsanordnung nach § 41 Absatz 3 Satz 1 ohne vorherige Untersagung beim Bundesministerium für Wirtschaft und Energie schriftlich zu stellen. [2]Wird die Untersagung angefochten, beginnt die Frist in dem Zeitpunkt, in dem die Untersagung unanfechtbar wird. [3]Wird die Auflösungsanordnung nach § 41 Absatz 3 Satz 1 angefochten, beginnt die Frist zu dem Zeitpunkt, zu dem die Auflösungsanordnung unanfechtbar wird.

(4) [1]Die Bundesministerin oder der Bundesminister für Wirtschaft und Energie soll über den Antrag innerhalb von vier Monaten entscheiden. [2]Wird die Entscheidung nicht innerhalb dieser Frist getroffen, teilt das Bundesministerium für Wirtschaft und Energie die Gründe hierfür dem Deutschen Bundestag unverzüglich schriftlich mit. [3]Wird die Verfügung den antragstellenden Unternehmen nicht innerhalb von sechs Monaten nach Eingang des vollständigen Antrags zugestellt, gilt der Antrag auf die Ministererlaubnis als abgelehnt. [4]Das Bundesministerium für Wirtschaft und Energie kann die Frist nach Satz 3 auf Antrag der antragstellenden Unternehmen um bis zu zwei Monate verlängern. [5]In diesem Fall ist Satz 3 nicht anzuwenden und die Verfügung ist den antragstellenden Unternehmen innerhalb der Frist nach Satz 4 zuzustellen.

(5) [1]Vor der Entscheidung nach Absatz 4 Satz 1 ist eine Stellungnahme der Monopolkommission einzuholen und den obersten Landesbehörden, in deren Gebiet die beteiligten Unternehmen ihren Sitz haben, Gelegenheit zur Stellungnahme zu geben. [2]Im Fall eines Antrags auf Erlaubnis eines untersagten Zusammenschlusses im Bereich der bundesweiten Verbreitung von Fernsehprogrammen durch private Veranstalter ist zusätzlich eine Stellungnahme der Kommission zur Ermittlung der Konzentration im Medienbereich einzuholen. [3]Die Monopolkommission soll ihre Stellungnahme innerhalb von zwei Monaten nach Aufforderung durch das Bundesministerium für Wirtschaft und Energie abgeben.

(6) Das Bundesministerium für Wirtschaft und Energie erlässt Leitlinien über die Durchführung des Verfahrens.

Übersicht

1. Überblick

1 § 42 regelt die Ministererlaubnis. Während des Gesetzgebungsverfahrens der **6. GWB-Novelle 1998** war umstritten, ob die Ministererlaubnis beibehalten werden soll. Gegen die Beibehaltung sprach, dass das EU-Recht keine entsprechende Regelung kennt, obwohl die FKVO (davor VO 4064/89) insbes. im Hinblick auf ihren Art. 2 lit. b den Eindruck – nach den bisherigen praktischen Erfahrungen zu Unrecht – erwecken konnte, dass in der materiellen Entscheidungspraxis auch außerwettbewerbliche Gesichtspunkte berücksichtigt werden können (vgl. zum Verhältnis die Ministererlaubnis zum EU-Recht BWM DE-V 573 (576) – E. ON Ruhrgas). Wettbewerbspolitisch eröffnet die Ministererlaubnis viel stärker als der Kriterienkatalog des Art. 2 Abs. 1 lit. b FKVO die **Berücksichtigung außerwettbewerblicher Gesichtspunkte.** Es lässt sich kaum leugnen, dass in besonderen Fällen ein Bedürfnis bestehen kann, in der Abwägung zwischen Gründen des Allgemeininteresses und wettbewerblichen Gesichtspunkten ersteren den Vorrang einzuräumen. Die Begr. z. RegE zur 6. GWB-Novelle (BR-Drs. 852/97) bekennt sich dementsprechend dazu, dass sich die bisher geltende Regelung grds. bewährt habe. **Zielkonflikten** zwischen dem **Schutz des Wettbewerbs** und davon abweichenden **Gemeinwohlzielen** könne hierdurch in sachgerechter Weise Rechnung getragen werden.

2 Die **7. GWB-Novelle 2005** hat außerhalb des § 42 praktisch wichtige Änderungen des Verfahrens der Ministererlaubnis eingeführt (§ 56 Abs. 7 S. 3, § 67 Abs. 3 S. 4, → § 56 Rn. 9, → § 67 Rn. 2, 9). Die **8. GWB-Novelle 2012/2013** hat sich trotz der Angleichung des materiellen Prüfungsmaßstabes der Fusionskontrolle in § 36 Abs. 1 an die EU-Fusionskontrolle für die Beibehaltung der Ministererlaubnis entschieden: „Sie ermöglicht eine transparente Trennung zwischen der rein wettbewerblichen Prüfung durch das Bundeskartellamt und der Berücksichtigung anderer Allgemeinwohlgründe durch den Bundeswirtschaftsminister. Damit wird politischer Druck vom Bundeskartellamt ferngehalten und dessen unabhängige Rechtsanwendung gestärkt" (BT-Drs. 17/9852, 20). Die 8. GWB-Novelle hat in Abs. 2 und 3 Anpassungen an die Änderungen in §§ 40, 41 vorgenommen. In die Fristenregelungen des Abs. 3 ist ausdrücklich die Möglichkeit integriert worden, dass eine Ministererlaubnis auch in einem Entflechtungsverfahren erteilt wird.

3 Die **9. GWB-Novelle 2017 reformiert das Verfahrensrecht** durch Neuanfügung der Abs. 4–6 sowie die Regelungen zur Stärkung der Rolle der Monopolkommission in § 56 Abs. 2 S. 4, aber auch durch die Klarstellung, dass das VwVfG das Verfahren der Ministererlaubnis subsidiär regelt (§ 54 Abs. 1 S. 3). Schließlich wird die Beschwerdeberechtigung in § 63 Abs. 2 S. 2aF, jetzt § 73 Abs. 2 S. 2 neu geregelt. Der Gesetzgeber zieht damit Lehren aus dem Verfahren Edeka/Kaiser's Tengelmann. Im Gesetzgebungsverfahren zur 10. GWB-Novelle 2021 war erwogen worden, die Ministererlaubnis auf Fälle zu beschränken, in denen zumindest ein Verfahren des

einstweiligen Rechtsschutzes über die rechtliche Bewertung des BKartA durchgeführt wurde. Diese Änderungen wurden aber buchstäblich „in letzter Sekunde" verworfen.

4 Die **Zweistufigkeit des Verfahrens** (vor dem BKartA und dem BWM) trägt dazu bei, von vornherein eine klare **Trennung zwischen wettbewerblichen und außerwettbewerblichen Gesichtspunkten** vorzunehmen. Das BKartA hat sich ausschließlich mit den wettbewerblichen Gesichtspunkten zu befassen; davon nicht erfasste Gründe können nach dem System des Gesetzes nur im Ministererlaubnisverfahren zur Geltung gebracht werden (so auch GemK/Bosch Rn. 1). Im Rahmen der Ministererlaubnis können nur gesamtwirtschaftliche Vorteile und besondere Interessen der Allgemeinheit berücksichtigt werden. Es handelt sich „ganz wesentlich" um einen „**Akt politisch,** zumeist wirtschaftspolitisch **planender und lenkender Staatstätigkeit**" (OLG Düsseldorf WuW/E DE-R 926 (928 f.) – E.ON/Ruhrgas II). Es gibt daneben auch Gründe, die unter dem Gesichtspunkt der **Verhältnismäßigkeit** eine puristische Anwendung der Untersagungsnorm des § 36 Abs. 1 ausschließen können. Das gilt insbes. für eine Abwägung zwischen den wettbewerblichen Vorteilen einer Untersagung und den damit verbundenen Eingriffen in Grundrechte der beteiligten Unternehmen (→ § 40 Rn. 42). Diese Gesichtspunkte sind dann nicht im Verfahren nach § 42 zu berücksichtigen, sondern schon im Untersagungsverfahren nach § 36 Abs. 1. Zu der Frage, ob die Ministererlaubnis auch in einem Verfahren möglich ist, das von der Kommission an das BKartA verwiesen wurde, → § 35 Rn. 18.

2. Materielle Voraussetzungen der Erlaubnis (Abs. 1 und 2)

5 **a) Bindung an Feststellungen des BKartA.** Die Erlaubnis des BWM kommt nur in Betracht, wenn eine Untersagungsverfügung oder – nach § 41 Abs. 3 (→ § 41 Rn. 32) – eine Auflösungsverfügung des BKartA ergangen ist. Sie setzt nach S. 1 sachlich eine Abwägung mit der **„Wettbewerbsbeschränkung"** voraus, die zur Untersagung durch das BKartA geführt hat. Unter „Wettbewerbsbeschränkung" ist das **Abwägungsergebnis des § 36 Abs. 1** zu verstehen, also erhebliche Behinderung wirksamen Wettbewerbs, soweit sie nicht durch „Verbesserungen der Wettbewerbsbedingungen" überwogen wird (→ § 36 Rn. 36 ff.). Die erhebliche Behinderung wirksamen Wettbewerbs muss durch gesamtwirtschaftliche Vorteile „aufgewogen" oder durch Interessen der Allgemeinheit „überragt" werden.

6 Nach hM sind die tatsächlichen und rechtlichen **Feststellungen des BKartA** in der Untersagungs- oder Auflösungsverfügung nach § 36 Abs. 1 für den Minister **bindend** (vgl. insbes. KG WuW/E 1937 (1998) – Thyssen/Hüller; BWM 22.5.2006, S. 24 – Rhön-Grabfeld/Rhön-Klinikum; BWM WuW/E DE-V 573 (581) – E.ON/Ruhrgas; davor schon WuW/E 177 (178, 182) – IBH/WiBau; 191 (199) – Daimler-Benz/MBB; 207 (208) – MAN/Sulzer; 225 (226) – Kali + Salz/PCS; Immenga/Mestmäcker/Thomas Rn. 51 ff.; Bunte/Kallfaß § 42 Rn. 4; GemK/Bosch Rn. 12). Diese Auffassung ist bedenklich, weil sie uU dazu führt, dass der BWM als falsch erkannte Feststellungen des BKartA zur Marktbeherrschung ohne eigene Prüfung übernehmen muss. In jedem Falle muss sich der BWM ein **eigenes Bild** vom Gewicht der Wettbewerbsbeschränkungen machen (so auch KG WuW/E 1937 (1998) – Thyssen/Hüller; BWM 22.5.2006, S. 24 – Rhön-Grabfeld/Rhön-Klinikum; GemK/Bosch Rn. 12; restriktiv Monopolkommission WuW/E DE-V 631 (633) – Ergänzendes Sondergutachten E. ON/Ruhrgas). Das kann er nur, wenn er nicht nur in der Wertung, sondern auch in der Überprüfung der zugrunde liegenden tatsächlichen Feststellungen frei ist (vgl. zu dieser differenzierten Auffassung Kleinmann/Bechtold § 24 Rn. 292). Der BWM erkennt dementsprechend immerhin an, dass er an die Feststellungen des BKartA nicht gebunden wäre, wenn sie „**offensichtlich unplausibel,** spekulativ oder widersprüchlich wären" (so

BWM WuW/E 225 (226) – Kali + Salz/PCS; vgl. auch BWM WuW/E DE-V 573 (581) – E.ON/Ruhrgas; Immenga/Mestmäcker/Thomas Rn. 51). Außerdem sind **neue,** im Zeitpunkt der Entscheidung des BKartA noch nicht eingetretene oder noch nicht bekannte **Tatsachen** in die Wertung des Ministers einzubeziehen (BWM WuW/E DE-V 573 (581) – E.ON/Ruhrgas).

b) Gemeinwohlvorteile. Liegen die Voraussetzungen des Abs. 1 vor, besteht ein **Anspruch** auf Erteilung der Erlaubnis. Der BWM hat bei seiner Entscheidung – ebenso wie das BKartA bei der Untersagung – **kein Ermessen.** Allerdings sind die in Abs. 1 verwendeten Begriffe **unbestimmte Rechtsbegriffe,** bei deren Anwendung der Minister einen **Beurteilungsspielraum** hat (ebenso KG WuW/E 1937 (1938) – Thyssen/Hüller; Immenga/Mestmäcker/Thomas Rn. 131). 7

Eine für jeden Einzelfall eindeutige Abgrenzung der beiden Begriffe **„gesamtwirtschaftliche Vorteile"** und **„Interesse der Allgemeinheit"** ist kaum möglich (so auch GemK/Bosch Rn. 4). Die gesamtwirtschaftlichen Vorteile sind ein Unterfall der Interessen der Allgemeinheit. Vor der Abwägung sind zunächst alle positiven und negativen Auswirkungen des Zusammenschlusses unter den Gesichtspunkten der „gesamtwirtschaftlichen Vorteile" und des „Interesses der Allgemeinheit" festzustellen und dann zu prüfen, ob deren **Saldo positiv** ist (KG WuW/E 1937 (1939) – Thyssen/Hüller). Gemeinwohlvorteile, die sich auf **vergangene oder gegenwärtige Sachverhalte** beziehen, müssen durch konkrete Tatsachen belegbar sein. Beziehen sie sich auf **künftige Sachverhalte,** müssen zumindest plausible Prognosen möglich sein (BWM WuW/E DE-V 573 (584) – E.ON/Ruhrgas). „Verbesserungen der Wettbewerbsbedingungen", die vom BKartA nach Abs. 1 geprüft werden, können ebenfalls gesamtwirtschaftliche Vorteile begründen; bei den dafür erforderlichen Feststellungen ist der BWM keinesfalls an das BKartA gebunden. Das erforderliche Ausmaß der Vorteile bestimmt sich grds. nach dem Gewicht der Wettbewerbsbeschränkungen (vgl. dazu BWM WuW/E DE-V 1691 (1695 f.) – Universitätsklinikum Greifswald). Bei den gesamtwirtschaftlichen Vorteilen genügt eine relative „Gewichtung", aufgrund derer die Wettbewerbsbeschränkung aufgehoben wird (insbes. KG WuW/E 1937 (1939) – Thyssen/Hüller). Auch bei den Interessen der Allgemeinheit muss zur relativen Gewichtung nicht hinzukommen, dass sie auch absolut erheblich sind (aA insoweit noch → 4. Aufl. 2006, Rn. 6). 8

Der Zusammenschluss muss **kausal** für die gesamtwirtschaftlichen Vorteile oder die Interessen der Allgemeinheit sein (dazu BWM WuW/E 185 – VEW/Ruhrkohle; GemK/Bosch Rn. 6). Er muss „erforderlich" zur Erreichung der Gemeinwohlvorteile sein; das ist nicht der Fall, wenn ein alternativer Erwerber zur Verfügung steht, bei dem die Untersagungsvoraussetzungen des § 36 Abs. 1 nicht vorliegen (dazu BWM WuW/E DE-V 1691 Rn. 85 – Universitätsklinikum Greifswald). Umstände, die kurzfristigen Änderungen unterliegen, sind für Abs. 1 unbeachtlich; sie müssen **mindestens mittelfristig** gelten. Bei schon vollzogenen Zusammenschlüssen müssen die Rechtfertigungsgründe entweder beim Vollzug vorgelegen haben oder bei der Entscheidung vorliegen. Bei Zusammenschlussvorhaben ist zu prüfen, ob im Zeitpunkt der Entscheidung der Vollzug des Zusammenschlusses gerechtfertigt erscheint; insoweit müssen die gesamtwirtschaftlichen Vorteile mit „hinreichender Wahrscheinlichkeit" erwartet werden können und sie müssen „konkret nachweisbar" sein (BWM WuW/E 225 (226) – Kali + Salz/PCS; 185 (186) – VEW/Ruhrkohle). 9

Gesamtwirtschaftliche Vorteile können sein zB die **langfristige Sicherung der Energieversorgung** der Bundesrepublik Deutschland (BWM WuW/E DE-V 573 (584 f., 589) – E.ON/Ruhrgas) die Erhaltung eines volkswirtschaftlich besonders wertvollen **technischen Potenzials oder Know-hows,** die Lösung von **Strukturkrisen,** die **Sanierung** der beteiligten Unternehmen, die Sicherung gesamtwirtschaftlich notwendiger Wirtschaftsbereiche und die Stärkung der internationalen Wettbewerbsfähigkeit (zu letzterer → Rn. 11). Rationalisierungsvorteile 10 werden vom BWM und der Monopolkommission nur ganz ausnahmsweise berücksichtigt (dazu u.a. BWM WuW/E 191 (198 f.) – Daimler-Benz/MBB). Die Sicherung des Innovationspotenzials soll ebenfalls ausreichen können (BWM 19.8.2019 – Miba/Zollern, abrufbar unter https://www.bmwi.de/Redaktion/DE/Downloads/V/verfuegung-verwaltungsverfahren-miba-zollern.pdf?__blob=publicationFile&v=6). Als **Interessen der Allgemeinheit** außerhalb der gesamtwirtschaftlichen Vorteile können von Bedeutung sein zB sozialpolitische Gründe wie insbes. die **Sicherung der Arbeitsplätze** (dazu BWM WuW/E 225 (228) – Kali + Salz/PCS; 177 (181) – IBH/WiBau; BWM WuW/E DE-V 573 (592 f.) – E.ON/Ruhrgas; zuletzt BWM WuW/E DE-V 1691 – Universitätsklinikum Greifswald, teilweise nicht abgedruckt, S. 48 der Beschlussausfertigung; sehr zurückhaltend insoweit Monopolkommission, zuletzt in WuW/E DE-V 737 (745 f.) – Sondergutachten Tagesspiegel/Berliner Zeitung; BWM NZKart 2016, 193 (195 f.) – Edeka/Tengelmann; nach Ansicht des OLG Düsseldorf nicht aber die Absicherung bestehender kollektiver Arbeitnehmerrechte, OLG Düsseldorf NZKart 2016, 380 (386 f.) – Edeka/Tengelmann), **regional-, militär- und gesundheitspolitische Gründe** (zu letzterem BWM WuW/E DE-V 1691 (1700) – Universitätsklinikum Greifswald) oder Gründe des **Umwelt- und Klimaschutzes** (BWM WuW/E DE-V 573 (593) – E.ON/Ruhrgas). Auch die Sicherung der Pressevielfalt kann ein Interesse der Allgemeinheit sein (so grds. auch Monopolkommission WuW/E DE-V 737 (740) – Sondergutachten Tagesspiegel/Berliner Zeitung); allerdings sind hier hohe Anforderungen an den Nachweis von Eignung und Erforderlichkeit des Zusammenschlusses und die verfassungsrechtliche Legitimation einer fusionskontrollrechtlichen Erlaubnis zu stellen (Monopolkommission WuW/E DE-V 737 (740) – Sondergutachten Tagesspiegel/Berliner Zeitung; vgl. zur Ministererlaubnis für Zusammenschlüsse von Medienunternehmen Zagouras WRP 2007, 1429). Auch die **Privatisierung** von in Staatsbesitz befindlichen Unternehmen und allgemein die „Rückführung des staatlichen Einflusses auf die private Wirtschaft" liegt im Interesse der Allgemeinheit (dazu BWM WuW/E 225 (230) – Kali + Salz/PCS), ebenso wie der **Abbau der Subventionen** (dazu BWM WuW/E BWM 191 (198) – Daimler-Benz/MBB).

11 **c) Wettbewerbsfähigkeit auf ausländischen Märkten.** Nach Abs. 1 S. 2 ist bei den Erlaubnisvoraussetzungen auch die Wettbewerbsfähigkeit der beteiligten Unternehmen auf ausländischen Märkten zu berücksichtigen. Dabei geht es einmal um die **Erhaltung** einer schon bestehenden Wettbewerbsfähigkeit, aber auch um die Möglichkeit, durch vorstoßenden Wettbewerb auf ausländischen Märkten die Marktposition der beteiligten Unternehmen zu **verbessern.** In der Entscheidungspraxis des BWM werden dieses Tatbestandsmerkmal sehr restriktiv ausgelegt; der Zusammenschluss musste unerlässlich sein, um dauerhaft die internationale Wettbewerbsfähigkeit der Unternehmen zu sichern (vgl. BWM WuW/E 225 (227) – Kali + Salz/PCS; 213 (223) – BayWa AG/WLZ Raiffeisen AG; vgl. auch BWM WuW/E 177 (179 f.) – IBH/WiBau); zuletzt – in der E.ON/Ruhrgas-Erlaubnisverfügung von 2002 (BWM WuW/E DE-V 573 (587)) – scheint ein großzügigerer Maßstab angelegt worden zu sein. Die internationalen Wettbewerbsverhältnisse können von besonderem Gewicht sein, wenn die Wettbewerbsbeschränkung auf dem Inlandsmarkt verhältnismäßig gering ist, zB weil der Inlandsmarkt ein niedriges Volumen aufweist und sich tendenziell auch nicht mehr vergrößert (BWM WuW/E 177 (179) – IBH/WiBau).

12 Nach Abs. 1 S. 3 kann die Erlaubnis nur erteilt werden, wenn „durch das Ausmaß der Wettbewerbsbeschränkung die **marktwirtschaftliche Ordnung nicht gefährdet** wird". Gemeint ist damit die marktwirtschaftliche Gesamtordnung, nicht das marktwirtschaftliche Prinzip auf einzelnen Märkten (aA offenbar Emmerich AG 1976, 225 (231); vgl. im Übrigen dazu auch Monopolkommission, 2. Sondergutachten 1975, Rn. 31).

d) Bedingungen und Auflagen. Die Erlaubnis darf nur so weit gehen, wie sie durch die Voraussetzungen des Abs. 1 S. 1 gerechtfertigt ist. Soweit das nicht der Fall ist, kann der BWM Hindernisse durch „Bedingungen und Auflagen" ausräumen (dazu Braun/Rieske WM 2009, 1265). Soweit das möglich ist, muss der BWM von dieser Befugnis Gebrauch machen, weil er andernfalls gegen den Grundsatz verstoßen würde, dass die Erlaubnis zu erteilen ist, also keine Ermessensentscheidung ist; ein Zusammenschluss kann also durch entsprechende Bedingungen und Auflagen **erlaubnisfähig** werden. Durch Bedingungen und Auflagen dürfen die Untersagungsvoraussetzungen des § 36 Abs. 1 allerdings nicht völlig aufgehoben werden; Sinn der Auflagen kann es also nicht sein, die Untersagungsvoraussetzungen des § 36 Abs. 1 zu beseitigen und damit der Untersagung als solche die Grundlage zu entziehen (hierzu auch GemK/Bosch § 42 Rn. 14). Die Nebenbestimmungen müssen **geeignet und erforderlich** sein, das Gewicht der Wettbewerbsbeschränkung so zu mindern und das Gewicht der Gemeinwohlvorteile so zu erhöhen, dass die Erlaubnisvoraussetzungen des Abs. 1 S. 1 erfüllt sind (BWM WuW/E DE-V 473 (594) – E.ON/Ruhrgas). Der Gesetzgeber der 8. GWB-Novelle 2012/2013 hat bewusst aus der Verweisung in Abs. 2 auf § 40 Abs. 3 dessen S. 1 ausgenommen. Anders als bei Bedingungen und Auflagen in Freigabeentscheidungen haben diese bei der Ministererlaubnis nicht (oder jedenfalls nicht allein) die Funktion, die Einhaltung von Verpflichtungen der Unternehmen sicherzustellen (→ § 40 Rn. 30), sondern die Erlaubnisgründe herbeizuführen und zu sichern. Es ist also **nicht erforderlich,** dass den Bedingungen oder Auflagen „freiwillig" eingegangene **Verpflichtungen der beteiligten Unternehmen** zugrunde liegen. 13

Der Begriff der **„Bedingung"** entspricht dem des allgemeinen Verwaltungsrechtes. Die Bedingung ist integrierender Bestandteil der Erlaubnis und allein keine Verfügung. Sie kann **aufschiebend** oder **auflösend** sein; von ihr ist das Wirksamwerden der Erlaubnis abhängig. In § 24 Abs. 3 S. 3 idF bis zur 6. GWB-Novelle 1998 war anstelle des Begriffes der Bedingung der der **„Beschränkung"** verwendet worden. Obwohl beide Begriffe nicht identisch sind, sah sich der BWM auch früher als berechtigt an, auch Bedingungen vorzunehmen (vgl. dazu BWM WuW/E 191 – Daimler-Benz/MBB). Dennoch ist auch heute das, was seinerzeit mit der „Beschränkung" gemeint war, erreichbar. Der BWM kann seine Erlaubnis in dem Sinne beschränken, dass sie nur für einen Teil des Zusammenschlusses gilt. Dafür ist **Teilbarkeit** des Zusammenschlusses erforderlich. Es muss also wirtschaftlich sinnvoll und möglich sein, aus dem Wirkungsbereich der Untersagung einen „Teil" des Zusammenschlusses herauszunehmen, für den die Voraussetzungen des § 42 Abs. 1 vorliegen. **„Auflage"** ist im allgemeinen verwaltungsrechtlichen Sinne zu verstehen; durch sie wird beteiligten Unternehmen ein bestimmtes Tun, Dulden oder Unterlassen vorgeschrieben. Sie ist nicht integrierender Bestandteil der Erlaubnis, sondern **selbst Verwaltungsakt,** der dementsprechend auch gesondert angefochten werden kann. 14

Bedingungen und Auflagen dürfen sich nach der Verweisung auf § 40 Abs. 3 S. 2 **nicht darauf richten,** die beteiligten Unternehmen einer **laufenden „Verhaltenskontrolle"** zu unterstellen. Die Nebenbestimmung muss den Zusammenschluss **als Strukturvorgang** betreffen (ebenso KG WuW/E 1937 (1944) – Thyssen/Hüller). Ein wichtiger Indikator dafür ist, dass die Auflagen jeweils durch unmittelbar im Zusammenhang mit dem Vollzug des Zusammenschlussvorhabens stehende Handlungen erfüllt werden (dazu BWM WuW/E DE-V 573 (594) – E.ON/Ruhrgas). Die Bedingungen müssen **ausreichend bestimmt** sein (OLG Düsseldorf NZKart 2016, 380 (388) – Edeka/Tengelmann). Für die Rechtsfolgen einer Nichtbeachtung von Bedingungen und Auflagen vgl. § 40 Abs. 3a (→ § 40 Rn. 39). 15

e) Begründungsanforderungen zur Berücksichtigung der Stellungnahme der Monopolkommission. Der Wirtschaftsausschuss (BEWiA 9. GWB-Novelle 16

2017, 30) fügte Abs. 1 S. 4 ein, wonach sichergestellt werden muss, dass die Entscheidung des Bundesministers oder der Bundesministerin gesondert begründet, **wieso** vom **Votum der Monopolkommission abgewichen** wird. Hierdurch soll die Rolle der Monopolkommission gestärkt und die Anforderungen an die Begründung der Entscheidung konkretisiert werden.

3. Erlaubnisverfahren (Abs. 3–6)

17 **a) Antrag.** Die Erlaubnis setzt nach Abs. 3 S. 1 einen „Antrag" voraus. Antragsberechtigt sind alle Personen, gegen die sich die Untersagungsverfügung richtet, also die am Zusammenschluss **„beteiligten Unternehmen"** und – in den Fällen des § 37 Abs. 1 Nr. 1 und 3 – der Veräußerer. Nur beigeladene Unternehmen haben kein Antragsrecht. Es reicht aus, wenn eines der antragsberechtigten Unternehmen einen Erlaubnisantrag stellt. Der Antrag muss beim BWM **binnen einer Frist von einem Monat** eingereicht werden (Abs. 3 S. 1). Für den Fristbeginn gelten zwei Alternativen: Entweder beginnt sie mit der **Zustellung der Untersagungsverfügung** oder der Auflösungsanordnung (S. 1). Wird gegen die Untersagungsverfügung oder die Auflösungsanordnung Beschwerde eingelegt, beginnt sie erst in dem Zeitpunkt, in dem die **Untersagungsverfügung** oder die Auflösungsanordnung (S. 3) unanfechtbar wird (S. 2). Wird die Beschwerde zurückgenommen, so beginnt die Monatsfrist für den Erlaubnisantrag mit dem Zeitpunkt, in dem die Rücknahme wirksam wird. Der BWM ist – mit dem Gesetzeswortlaut kaum vereinbar – der Auffassung, dass der Erlaubnisantrag ohne Fristbindung jederzeit eingereicht werden kann, solange das Beschwerdeverfahren gegen die Untersagungsverfügung (oder die Auflösungsanordnung) läuft und – wenn das Beschwerdeverfahren rechtskräftig abgeschlossen ist – die mit diesem Abschluss beginnende Monatsfrist nicht abgelaufen ist (vgl. BWM WuW/E DE-V 1691 (1694 f.) – Universitätsklinikum Greifswald). Der Erlaubnisantrag muss **schriftlich** eingereicht werden (Abs. 3 S. 1). Er ist nach § 43 Abs. 1 im Bundesanzeiger bekannt zu machen.

18 Jedes beschwerde- und antragsberechtigte Unternehmen ist darin frei, ob es nach der Untersagungsverfügung bzw. der Auflösungsanordnung Beschwerde einlegt oder einen Erlaubnisantrag stellt (zu der Frage, ob ein und dasselbe Unternehmen gleichzeitig Beschwerde einlegen und Erlaubnisantrag stellen kann, → § 40 Rn. 50; in der Praxis wird davon ausgegangen, dass beide Verfahren parallel möglich sind). Derartige **parallel laufende Beschwerde- und Erlaubnisverfahren** sind dann deswegen voneinander abhängig, weil sich bei Aufhebung der Untersagungsverfügung das Erlaubnisverfahren erledigt und umgekehrt.

19 **b) Verfahren.** Zuständig für die Entscheidung – nicht die Durchführung des Verfahrens – ist die **Ministerin oder der Minister, nicht das Ministerium.** Ob er bei Verhinderung durch seinen nach der Geschäftsverteilung der Bundesregierung für die Vertretung zuständigen Kabinettskollegen oder den fachlich zuständigen beamteten Staatssekretär seines Ministeriums vertreten wird, ist streitig (dazu BWM 22.5.2006, S. 18 – Rhön-Grabfeld/Rhön-Klinikum; BWM WuW/E DE-V 573 (579); OLG Düsseldorf WuW/E DE-R 885 (887); 926 (933) – alle zu E.ON/Ruhrgas). Zur Befangenheit des Bundeswirtschaftsministers wegen sachwidriger Vorkontakte OLG Düsseldorf NZKart 2016, 380 (381 f.) – Edeka/Tengelmann.

20 Das Erlaubnisverfahren ist ein Kartellverwaltungsverfahren nach §§ 54 ff.; der BWM ist Kartellbehörde iSd § 48 Abs. 1. Nach § 54 Abs. 2 Nr. 3 ist eine **besondere Beiladung** möglich; Beiladungen zum BKartA-Verfahren erstrecken sich nicht „automatisch" auf das BWM-Verfahren. Die Entscheidung ergeht aufgrund **öffentlicher Verhandlung** (§ 56 Abs. 3 S. 3); die Verhandlung wird vom **Bundesministerium,** nicht vom Bundesminister durchgeführt (→ § 56 Rn. 9).

21 Der BWM soll über den Antrag **innerhalb von vier Monaten** entscheiden (Abs. 4 S. 1). Nach dem mit der **9. GWB-Novelle 2017** eingefügten Abs. 4 S. 2

muss unverzüglich begründet werden, wieso die Sollfrist nach Abs. 4 S. 1 von vier Monaten für die Entscheidung nicht ausreicht. Die Bedeutung der Soll-Vorschrift über die Entscheidungsfrist liegt darin, dass nach Ablauf der Vier-Monats-Frist gegen die Unterlassung der rechtzeitigen Entscheidung Unterlassungsbeschwerde eingelegt werden kann (§ 73 Abs. 3 S. 2); die Vier-Monats-Frist konkretisiert also den Begriff der „angemessenen" Frist iSd § 73 Abs. 3 S. 2 (dazu Kleinmann/Bechtold § 24 Rn. 350).

Abs. 4 S. 3 sieht in der Fassung der 9. GWB-Novelle 2017 vor, dass die Entscheidung über den Antrag auf Ministererlaubnis innerhalb von **sechs Monaten** nach Eingang des vollständigen Antrags zugestellt sein **muss.** Ansonsten **gilt** der Antrag als **abgelehnt.** Allerdings ist nach Abs. 4 S. 4 die Möglichkeit einer Fristverlängerung durch die antragstellenden Unternehmen vorgesehen (s. Bremer/Scheffczyk NZKart 2017, 464 (465)). 22

Nach § 42 Abs. 5 muss der BWM vor einer Entscheidung über den Antrag eine gutachtliche **Stellungnahme der Monopolkommission einholen** (vgl. zB Sondergutachten im Falle Universitätsklinikum Greifswald WuW/E DE-V 1595); nach Abs. 5 S. 3 wird eine Frist für die Abgabe der Stellungnahme der Monopolkommission von zwei Monaten nach Aufforderung durch das Bundesministerium für Wirtschaft festgelegt. Hier handelt es sich um eine Soll-Frist, von der aus wichtigen Gründen abgewichen werden kann (BEWiA 9. GWB-Novelle 2017, 30). Außerdem ist den **obersten Landesbehörden,** in deren Gebiet die beteiligten Unternehmen ihren Sitz haben, Gelegenheit zur Stellungnahme geben. Abs. 5 S. 2 bestimmt, dass vor der Entscheidung über einen Antrag auf Erteilung einer Ministererlaubnis im Bereich der bundesweiten Verbreitung von Fernsehprogrammen durch private Veranstalter muss die Stellungnahme der Kommission zur Ermittlung der Konzentration im Medienbereich (KEK) eingeholt werden. Findet das Verfahren über eine freiwillige Vereinigung von Krankenkassen statt, ist auch den Aufsichtsbehörden nach § 90 SGB IV Gelegenheit zur Stellungnahme zu geben; das ist bei unmittelbaren Versicherungsträgern das Bundesversicherungsamt, in Bezug auf landesunmittelbare Versicherungsträger die für die Krankenkassen zuständigen obersten Verwaltungsbehörden der Länder. Die Stellungnahmen sind nicht verbindlich. Die Entscheidung des Ministers ist im Bundesanzeiger oder elektronischen Bundesanzeiger bekannt zu machen (§ 43 Abs. 2 Nr. 2). 23

Der neue eingeführte Abs. 6 sieht vor, dass das Bundesministerium für Wirtschaft und Energie Leitlinien über die Durchführung des Verfahrens der Ministererlaubnis erlässt. Die Leitlinien sollen insbes. Vorschriften über den Verfahrensablauf, die Fristenregelung, die Einhaltung von Stellungnahmen verschiedener Institutionen, die Ermittlungsbefugnisse, die Verfahrensrechte der Beteiligten, die Aktenführung der Akteneinsicht usw regeln (BEWiA 9. GWB-Novelle 2017, 30). 24

c) Widerruf und Rücknahme. Widerruf und Rücknahme der Erlaubnis sind nicht mehr wie in § 24 Abs. 5 aF gesondert geregelt. Vielmehr ergibt sich über die Verweisung in Abs. 2 S. 2 auf § 40 Abs. 3a, dass insoweit dasselbe gilt wie für die Freigabeentscheidung des BKartA. 25

4. EU-Recht

Das EU-Recht kennt **keine besondere Ministererlaubnis** und damit keine Erlaubnis eines Zusammenschlusses, der nach Art. 2 Abs. 3 FKVO von der Kommission für mit dem Gemeinsamen Markt unvereinbar erklärt wurde. Die Monopolkommission vertritt die Auffassung, dass unter bestimmten Voraussetzungen die Erteilung einer Ministererlaubnis aus EU-rechtlichen Gründen unzulässig sein kann (Monopolkommission WuW/E DE-V 543 – E.ON/Ruhrgas). Zu der Frage, ob die Ministererlaubnis auch in einem Verfahren zulässig ist, das von der Kommission an das BKartA verwiesen wurde, → § 35 Rn. 18. 26

§ 43 Bekanntmachungen

(1) **Die Einleitung des Hauptprüfverfahrens durch das Bundeskartellamt nach § 40 Absatz 1 Satz 1 und der Antrag auf Erteilung einer Ministererlaubnis sind unverzüglich im Bundesanzeiger bekannt zu machen.**

(2) **Im Bundesanzeiger sind bekannt zu machen**
1. **die Verfügung des Bundeskartellamts nach § 40 Absatz 2,**
2. **die Ministererlaubnis, deren Widerruf, Änderung oder Ablehnung,**
3. **die Rücknahme, der Widerruf oder die Änderung der Freigabe des Bundeskartellamts,**
4. **die Auflösung eines Zusammenschlusses und die sonstigen Anordnungen des Bundeskartellamts nach § 41 Absatz 3 und 4.**

(3) **Bekannt zu machen nach Absatz 1 und 2 sind jeweils die Angaben nach § 39 Absatz 3 Satz 1 sowie Satz 2 Nummer 1 und 2.**

1. Bekanntmachungspflicht

1 § 43 fasst alle Vorschriften zusammen, die **Bekanntmachungen im Fusionskontrollverfahren** betreffen. § 43 ist durch die 7. GWB-Novelle 2005 neu gefasst worden. Wesentliche Änderungen ergaben sich daraus, dass als Bekanntmachungsorgan nicht nur der Bundesanzeiger, sondern auch der elektronische Bundesanzeiger vorgesehen war. Der Hinweis auf den elektronischen Bundesanzeiger in Abs. 1 und 2 ist durch Gesetz vom 22.12.2011 (BGBl. I 3044) gestrichen worden, weil ab 1.4.2012 der Bundesanzeiger nicht mehr zweigeteilt ist, sondern grds. nur noch elektronisch erscheint. Neu ist nach Abs. 1, dass im Fusionskontrollverfahren auch die **Einleitung des Hauptprüfverfahrens** nach § 40 Abs. 1 S. 1 bekannt zu machen ist. **Nicht** mehr bekannt gemacht werden muss die **Anzeige des Vollzugs** eines Zusammenschlusses nach § 39 Abs. 6. Dafür besteht nach der Begr. z. RegE (BT-Drs. 15/3640, B zu Nr. 27, WuW-Sonderheft, 181) kein Bedürfnis mehr. Die 8. GWB-Novelle 2012/2013 hat Abs. 2 Nr. 2 und 3 neu geordnet und in Nr. 3 ein redaktionelles Versehen der 7. GWB-Novelle korrigiert, indem auch die Änderung der Freigabe aufgenommen wurde.

2 **„Bekanntmachung"** bedeutet nicht Veröffentlichung des gesamten Vorgangs, sondern nur formale Bekanntmachung der Tatsache bestimmter Ereignisse, ggf. zusammen mit kurzen identifizierenden Erläuterungen. § 43 erlaubt **keine Gegenschlüsse;** ihm ist also nicht zu entnehmen, dass das BKartA und das BWM an der Veröffentlichung im Übrigen gehindert seien. Im Rahmen der allgemeinen Grundsätze für Verwaltungsbehörden gibt es keine Verpflichtung zur Geheimhaltung formeller Verfahren, wohl aber zur Beachtung von Geschäftsgeheimnissen. § 43 enthält keine Beschränkung der Öffentlichkeitsarbeit, sondern bestimmte **Mindestanforderungen.**

3 Nach **Abs. 1** ist die **Einleitung des Hauptprüfverfahrens** durch das BKartA nach § 40 Abs. 1 S. 1 und der **Antrag auf Erteilung einer Ministererlaubnis** nach § 42 Abs. 1 bekannt zu machen. Insoweit gilt das zeitliche Erfordernis der **„Unverzüglichkeit"** (= ohne schuldhaftes Zögern, vgl. § 121 Abs. 1 BGB). Damit soll gewährleistet werden, dass Unternehmen rechtzeitig von diesen Verfahren in Kenntnis gesetzt werden, um nicht nur Stellung nehmen, sondern ggf. auch eine Beiladung nach § 54 Abs. 2 Nr. 3 beantragen zu können. Auffallend ist, dass **keine Bekanntmachung der Anmeldungen** nach § 39 Abs. 3 vorgesehen ist; insoweit geht das Gesetz offenbar davon aus, dass den Mit- und Einwirkungsmöglichkeiten von Dritten ausreichend Rechnung getragen ist, wenn sie über die Einleitung eines Hauptprüfverfahrens informiert werden. Das BKartA hat allerdings die Praxis begründet, dass alle Fusionskontrollanmeldungen binnen weniger Tage auf der **Website des Amtes** bekannt gemacht werden.

Nach **Abs. 2 Nr. 1** sind **Freigabe- und Untersagungsverfügungen** des BKartA im Hauptprüfverfahren bekannt zu machen, nicht die formlosen Freigabebescheide, die nach § 40 Abs. 1 im Vorprüfverfahren ergehen. Nach **Nr. 2** ist die Entscheidung des BWM über einen Ministererlaubnisantrag durch Erlaubnis, deren Widerruf, Änderung oder Ablehnung im Bundesanzeiger bekanntzumachen. **Nr. 3** betrifft die Bekanntmachung von **Rücknahme-, Widerrufs- oder Änderungsentscheidungen** in Bezug auf Freigaben des BKartA nach § 40 Abs. 3 S. 3. **Nr. 4** ist missverständlich formuliert, soweit von der „Auflösung eines Zusammenschlusses" gesprochen wird. Gemeint ist nicht die Auflösung oder die Auflösungsverpflichtung des Zusammenschlusses, sondern die **Auflösungsverfügung** des BKartA nach § 41 Abs. 3 S. 2. Nur bei diesem Verständnis machen die damit verbundenen Worte „sonstigen Anordnungen" des BKartA Sinn; gemeint ist damit insbes. die Durchsetzungsverfügung nach § 41 Abs. 4. 4

Für den **Inhalt** der Bekanntmachung verweist Abs. 3 auf § 39 Abs. 3 S. 1 und S. 2 Nr. 1 und 2. In die Bekanntmachung sind also aufzunehmen die „Form des Zusammenschlusses" (→ § 39 Rn. 14) sowie Firma und Sitz der beteiligten Unternehmen mit Kurzbeschreibung von deren Geschäftstätigkeit. 5

2. Rechtsschutz

Die Kartellbehörde ist verpflichtet, die in § 43 Abs. 1 und 2 erwähnten Vorgänge mit dem Inhalt nach Abs. 3 bekannt zu machen. Sie hat **keinen Ermessensspielraum.** Deswegen ist sie grds. nicht berechtigt, Bekanntmachungen zu unterlassen oder inhaltlich anders vorzunehmen, als im Gesetz vorgesehen. Die Bekanntmachung bzw. die ihr zugrunde liegende Bekanntmachungsanordnung ist richtiger Auffassung nach ein **Verwaltungsakt** (Verfügung), der mit der Beschwerde nach § 73 anfechtbar ist (so für die früher vorgeschriebene Bekanntmachung der Zusammenschlussanzeige Rittner FS v. Caemmerer, 1978, 623 (640)). Sieht man mit der hM (insbes. KG WuW/E 1967 f. – WAZ; 4645 (4647) – Bayerische Landesbank; GemK/Bosch Rn. 4) in der Bekanntmachung nur ein **schlichtes Verwaltungshandeln,** ist dagegen, wenn eine Rechtsbeeinträchtigung möglich erscheint, eine **allgemeine Leistungsbeschwerde** zulässig. Sie ist auf Berichtigung der Bekanntmachung zu richten (so BGHZ 74, 359 (360); BGH WuW/E 2760 (2761) – Unterlassungsbeschwerde). Gegen einen vorher mitgeteilten Bekanntmachungsinhalt ist uE eine **vorbeugende Unterlassungsbeschwerde** zulässig. Das KG ließ sie nur zu, wenn ein qualifiziertes, gerade auf die Inanspruchnahme vorbeugenden Rechtsschutzes gerichtetes Interesse vorliegt (KG WuW/E 4645 (4647) – Bayerische Landesbank; Immenga/Mestmäcker/K. Schmidt § 63 Rn. 9); für eine juristische Person des öffentlichen Rechts soll dieses Interesse schon deswegen nicht vorliegen, weil diese nicht grundrechtsfähig sei (KG WuW/E 4645 (4647) – Bayerische Landesbank; aA insoweit BGH WuW/E 2760 (2762) – Unterlassungsbeschwerde). 6

3. EU-Recht

Im Fusionskontrollverfahren der EU-Kommission werden die Anmeldungen **im Amtsblatt C** bekannt gemacht, außerdem alle ein Verfahren abschließenden Entscheidungen und die Rücknahmen von Anmeldungen (Art. 4 Abs. 3 und Art. 20 FKVO, vgl. Bechtold/Bosch/Brinker FKVO Art. 4 Rn. 12 und Bechtold/Bosch/Brinker FKVO Art. 20 Rn. 2 ff.). Die Entscheidungen, die nach Verfahrenseröffnung ergehen werden mit dem wesentlichen Inhalt, nicht (mehr) im vollen Wortlaut – ohne Geschäftsgeheimnisse – durch Veröffentlichung im Amtsblatt L bekannt gemacht. 7

§ 43a Evaluierung

Das Bundesministerium für Wirtschaft und Energie berichtet den gesetzgebenden Körperschaften nach Ablauf von drei Jahren nach Inkrafttreten der Vorschrift über die Erfahrungen mit den Regelungen von § 35 Absatz 1a, § 37 Absatz 1 Nummer 1 und § 38 Absatz 4a.

1 Diese wie § 18 Abs. 8 durch die 9. GWB-Novelle 2017 eingefügte Vorschrift dient in erster Linie der Prüfung der Regelung über die gegenleistungsabhängige Aufgreifschwelle des neu eingefügten § 35 Abs. 1a. Dass die Änderung in § 37 Abs. 1 Nr. 1 der Evaluierung unterliegt, nicht aber die parallele Änderung in § 37 Abs. 1 Nr. 2, kann nur ein Redaktionsversehen sein.

Kapitel 8. Monopolkommission

§ 44 Aufgaben

(1) [1]**Die Monopolkommission erstellt alle zwei Jahre ein Gutachten, in dem sie den Stand und die absehbare Entwicklung der Unternehmenskonzentration in der Bundesrepublik Deutschland beurteilt, die Anwendung der wettbewerbsrechtlichen Vorschriften anhand abgeschlossener Verfahren würdigt, sowie zu sonstigen aktuellen wettbewerbspolitischen Fragen Stellung nimmt. [2]Das Gutachten soll bis zum 30. Juni des Jahres abgeschlossen sein, in dem das Gutachten zu erstellen ist. [3]Die Bundesregierung kann die Monopolkommission mit der Erstattung zusätzlicher Gutachten beauftragen. [4]Darüber hinaus kann die Monopolkommission nach ihrem Ermessen Gutachten oder andere Stellungnahmen erstellen. [5]Die Möglichkeit zur Stellungnahme nach § 75 Absatz 5 bleibt unberührt.**

(2) [1]**Die Monopolkommission ist nur an den durch dieses Gesetz begründeten Auftrag gebunden und in ihrer Tätigkeit unabhängig. [2]Vertritt eine Minderheit bei der Abfassung der Gutachten eine abweichende Auffassung, so kann sie diese in dem Gutachten zum Ausdruck bringen.**

(3) [1]**Die Monopolkommission leitet ihre Gutachten der Bundesregierung zu. [2]Die Bundesregierung legt Gutachten nach Absatz 1 den gesetzgebenden Körperschaften unverzüglich vor. [3]Die Bundesregierung nimmt zu den Gutachten nach Absatz 1 Satz 1 in angemessener Frist Stellung, zu sonstigen Gutachten nach Absatz 1 kann sie Stellung nehmen, wenn und soweit sie dies für angezeigt hält. [4]Die jeweiligen fachlich zuständigen Bundesministerien und die Monopolkommission tauschen sich auf Verlangen zu den Inhalten der Gutachten aus. [5]Die Gutachten werden von der Monopolkommission veröffentlicht. [6]Bei Gutachten nach Absatz 1 Satz 1 erfolgt dies zu dem Zeitpunkt, zu dem sie von der Bundesregierung der gesetzgebenden Körperschaft vorgelegt werden.**

(4) [1]**In ihren Gutachten kann die Monopolkommission Empfehlungen für die Durchführung von Sektoruntersuchungen nach § 32e Absatz 1 aussprechen. [2]Soweit das Bundeskartellamt der Empfehlung für eine Sektoruntersuchung nach § 32 Absatz 1 innerhalb von zwölf Monaten nach der Veröffentlichung des Gutachtens nicht gefolgt ist, nimmt es Stellung zu der Empfehlung.**

1 Die früher in den §§ 24b und 24c aF enthaltenen Bestimmungen über die Monopolkommission, die dort Annex zu den Fusionskontrollvorschriften waren, sind durch die 6. GWB-Novelle 1998 in einem besonderen Abschnitt zusammengefasst, getrennt nach Regeln über die Aufgaben (§ 44), die Mitglieder (§ 45), die Beschlussfassung (§ 46) sowie die Übermittlung statistischer Daten (§ 47). Sachlich hat sich gegenüber der früheren Rechtslage nur **wenig geändert.** Die 7. GWB-Novelle 2005 hat nur kleinere Änderungen in § 46 vorgenommen. Die Monopolkommission hat **entsprechende Aufgaben auch im Rahmen des Regulierungsrechts** (vgl. § 121 Abs. 2 TKG, § 44 PostG, § 62 EnWG, § 36 Eisenbahngesetz).

2 § 44 regelt die **Aufgaben** der Monopolkommission, nämlich die Erstellung von **Gutachten.** Im Vordergrund steht das alle zwei Jahre erscheinende sog. **„Hauptgutachten“**, in dem der Stand der Unternehmenskonzentration wirtschafts- und wettbewerbspolitisch beurteilt und rechtlich gewürdigt wird. Das Hauptgutachten der Monopolkommission und der Tätigkeitsbericht des BKartA (§ 53) wechseln sich jährlich ab. Während früher das Hauptgutachten der Monopolkommission als

Pflichtbestandteil auch die Anwendung des § 22 aF umfasste, also die Missbrauchsaufsicht über marktbeherrschende Unternehmen, ist das nicht mehr notwendiger Inhalt des Hauptgutachtens. Die Monopolkommission ist allerdings darin frei, nach ihrem Ermessen auch zu der Entscheidungspraxis des BKartA außerhalb der Fusionskontrolle Stellung zu nehmen (vgl. dazu auch Begr. z. RegE zur 6. GWB-Novelle BR-Drs. 852/97, 45). Die Bundesregierung kann die Monopolkommission mit der Erstattung zusätzlicher Gutachten beauftragen **(Auftragsgutachten);** schließlich kann die Kommission auch nach ihrem Ermessen Gutachten erstellen **(Ermessensgutachten).** In **Erlaubnisverfahren nach § 42** hat der BWM eine Stellungnahme der Monopolkommission einzuholen. Damit soll die Entscheidungsbildung des BWM durchsichtiger und kontrollierbar gemacht werden (zuletzt Sondergutachten vom April 2006 zum Zusammenschluss Rhön-Grabfeld, WuW/E DE-V 1204).

3 Durch die 10. GWB Novelle 2021 wird klargestellt, dass die Monopolkommission im Rahmen der Würdigung der Anwendung der wettbewerbsrechtlichen Vorschriften sowohl zur Zusammenschlusskontrolle als auch zur sonstigen Entscheidungspraxis der Kartellbehörden Stellung nehmen kann; die Monopolkommission ist auch berufen, eine ex-post-Analyse des behördlichen Tätigwerdens vorzunehmen. Mit der **11. GWB-Novelle 2023** wurde in Abs. 4 aufgenommen, dass die Monopolkommission Empfehlungen für die Durchführung von Sektoruntersuchungen an das BKartA aussprechen kann. Kommt das BKartA dieser Empfehlung innerhalb von 12 Monaten nicht nach, muss es zur Empfehlung Stellung nehmen. Außer einer gewissen Öffentlichkeitswirkung hat die Empfehlung der Monopolkommission damit keine Folgen.

§ 45 Mitglieder

(1) [1]**Die Monopolkommission besteht aus fünf Mitgliedern, die über besondere volkswirtschaftliche, betriebswirtschaftliche, sozialpolitische, technologische oder wirtschaftsrechtliche Kenntnisse und Erfahrungen verfügen müssen.** [2]**Die Monopolkommission wählt aus ihrer Mitte einen Vorsitzenden.**

(2) [1]**Die Mitglieder der Monopolkommission werden auf Vorschlag der Bundesregierung durch den Bundespräsidenten für die Dauer von vier Jahren berufen.** [2]**Wiederberufungen sind zulässig.** [3]**Die Bundesregierung hört die Mitglieder der Kommission an, bevor sie neue Mitglieder vorschlägt.** [4]**Die Mitglieder sind berechtigt, ihr Amt durch Erklärung gegenüber dem Bundespräsidenten niederzulegen.** [5]**Scheidet ein Mitglied vorzeitig aus, so wird ein neues Mitglied für die Dauer der Amtszeit des ausgeschiedenen Mitglieds berufen.**

(3) [1]**Die Mitglieder der Monopolkommission dürfen weder der Regierung oder einer gesetzgebenden Körperschaft des Bundes oder eines Landes noch dem öffentlichen Dienst des Bundes, eines Landes oder einer sonstigen juristischen Person des öffentlichen Rechts, es sei denn als Hochschullehrer oder als Mitarbeiter eines wissenschaftlichen Instituts, angehören.** [2]**Ferner dürfen sie weder einen Wirtschaftsverband noch eine Arbeitgeber- oder Arbeitnehmerorganisation repräsentieren oder zu diesen in einem ständigen Dienst- oder Geschäftsbesorgungsverhältnis stehen.** [3]**Sie dürfen auch nicht während des letzten Jahres vor der Berufung zum Mitglied der Monopolkommission eine derartige Stellung innegehabt haben.**

1 Der mit der 6. GWB-Novelle 1998 neu gefasste § 45 hat ohne sachliche Änderungen die organisationsrechtlichen Vorschriften des § 24b Abs. 1 S. 2, Abs. 2 und Abs. 6 aF übernommen. Die Monopolkommission besteht hiernach aus **fünf Mit-**

gliedern, die auf Vorschlag der Bundesregierung durch den Bundespräsidenten berufen werden.

§ 46 Beschlüsse, Organisation, Rechte und Pflichten der Mitglieder

(1) **Die Beschlüsse der Monopolkommission bedürfen der Zustimmung von mindestens drei Mitgliedern.**

(2) [1]**Die Monopolkommission hat eine Geschäftsordnung und verfügt über eine Geschäftsstelle.** [2]**Diese hat die Aufgabe, die Monopolkommission wissenschaftlich, administrativ und technisch zu unterstützen.**

(2a) [1]**Die Monopolkommission kann Einsicht in die von der Kartellbehörde geführten Akten einschließlich Betriebs- und Geschäftsgeheimnisse und personenbezogener Daten nehmen, soweit dies zur ordnungsgemäßen Erfüllung ihrer Aufgaben erforderlich ist.** [2]**Dies gilt auch für die Erstellung der Gutachten nach § 78 des Eisenbahnregulierungsgesetzes, § 62 des Energiewirtschaftsgesetzes, § 84 des Postgesetzes sowie nach § 195 Absatz 2 des Telekommunikationsgesetzes.**

(2b) [1]**Im Rahmen der Akteneinsicht kann die Monopolkommission bei der Kartellbehörde in elektronischer Form vorliegende Daten einschließlich Betriebs- und Geschäftsgeheimnissen und personenbezogener Daten selbstständig auswerten, soweit dies zur ordnungsgemäßen Erfüllung ihrer Aufgaben erforderlich ist.** [2]**Dies gilt auch für die Erstellung der Gutachten nach § 78 des Eisenbahnregulierungsgesetzes, § 62 des Energiewirtschaftsgesetzes, § 84 des Postgesetzes sowie nach § 195 Absatz 2 des Telekommunikationsgesetzes.**

(3) [1]**Die Mitglieder der Monopolkommission und die Angehörigen der Geschäftsstelle sind zur Verschwiegenheit über die Beratungen und die von der Monopolkommission als vertraulich bezeichneten Beratungsunterlagen verpflichtet.** [2]**Die Pflicht zur Verschwiegenheit bezieht sich auch auf Informationen und Daten, die der Monopolkommission gegeben und als vertraulich bezeichnet werden oder die gemäß Absatz 2a oder 2b erlangt worden sind.**

(4) [1]**Die Mitglieder der Monopolkommission erhalten eine pauschale Entschädigung sowie Ersatz ihrer Reisekosten.** [2]**Diese werden vom Bundesministerium für Wirtschaft und Energie festgesetzt.** [3]**Die Kosten der Monopolkommission trägt der Bund.**

Der mit der 6. GWB-Novelle 1998 eingefügte § 46 hat, nur mit Formulierungsänderungen, die Regelungen übernommen, die früher in den Abs. 7, 8, 9 und 10 des § 24b aF enthalten waren. Die Monopolkommission unterhält eine **Geschäftsstelle,** in der hauptamtliches Personal tätig ist. Die Geschäftsstelle wird von einem Generalsekretär geleitet. Die **7. GWB-Novelle 2005** hat einen neuen Abs. 2a eingefügt, der durch die 10. GWB-Novelle 2021 erweitert wurde. Hiernach kann die Monopolkommission Einsicht in die von der Kartellbehörde (dh BKartA, Bundeswirtschaftsministerium, uE auch der Landeskartellbehörden) geführten Akten Einsicht nehmen. In der Begr. zum RegE (BT-Drs. 15/3640, B zu Nr. 26, WuW-Sonderheft, 181 f.) wird dies als „ausdrückliche Klarstellung des derzeitigen Rechtszustands“ bezeichnet. Die Notwendigkeit der Akteneinsicht in nationalen Fusionskontrollverfahren ergebe sich insbes. aus dem Umstand, dass die Verfahren der ersten Phase nicht mit öffentlich zugänglichen Entscheidungen abgeschlossen werden. Möglichen datenschutzrechtlichen Anforderungen sei dadurch Rechnung getragen, dass das Akteneinsichtsrecht beschränkt sei auf die Fälle, in denen die Monopolkommission hierauf zur ordnungsgemäßen Erfüllung ihrer Aufgaben angewiesen sei. 1

Nach dem durch die 10. GWB-Novelle 2021 eingefügten Abs. 2b kann die Monopolkommission die bei der Kartellbehörde in elektronischer Form vorliegenden Daten einschließlich Betriebs- und Geschäftsgeheimnisse und personenbezogener Daten selbständig auswerten.

§ 47 Übermittlung statistischer Daten

(1) [1]Für die Begutachtung der Entwicklung der Unternehmenskonzentration werden der Monopolkommission vom Statistischen Bundesamt aus Wirtschaftsstatistiken (Statistik im produzierenden Gewerbe, Handwerksstatistik, Außenhandelsstatistik, Steuerstatistik, Verkehrsstatistik, Statistik im Handel und Gastgewerbe, Dienstleistungsstatistik) und dem Statistikregister zusammengefasste Einzelangaben über die Vomhundertanteile der größten Unternehmen, Betriebe oder fachlichen Teile von Unternehmen des jeweiligen Wirtschaftsbereichs
a) am Wert der zum Absatz bestimmten Güterproduktion,
b) am Umsatz,
c) an der Zahl der tätigen Personen,
d) an den Lohn- und Gehaltssummen,
e) an den Investitionen,
f) am Wert der gemieteten und gepachteten Sachanlagen,
g) an der Wertschöpfung oder dem Rohertrag,
h) an der Zahl der jeweiligen Einheiten
übermittelt. [2]Satz 1 gilt entsprechend für die Übermittlung von Angaben über die Vomhundertanteile der größten Unternehmensgruppen. [3]Für die Zuordnung der Angaben der Unternehmensgruppen übermittelt die Monopolkommission dem Statistischen Bundesamt Namen und Anschriften der Unternehmen, deren Zugehörigkeit zu einer Unternehmensgruppe sowie Kennzeichen zur Identifikation. [4]Die zusammengefassten Einzelangaben dürfen nicht weniger als drei Unternehmensgruppen, Unternehmen, Betriebe oder fachliche Teile von Unternehmen betreffen. [5]Durch Kombination oder zeitliche Nähe mit anderen übermittelten oder allgemein zugänglichen Angaben darf kein Rückschluss auf zusammengefasste Angaben von weniger als drei Unternehmensgruppen, Unternehmen, Betrieben oder fachlichen Teile von Unternehmen möglich sein. [6]Für die Berechnung von summarischen Konzentrationsmaßen, insbesondere Herfindahl-Indizes und Gini-Koeffizienten, gilt dies entsprechend. [7]Die statistischen Ämter der Länder stellen die hierfür erforderlichen Einzelangaben dem Statistischen Bundesamt zur Verfügung.

(2) [1]Personen, die zusammengefasste Einzelangaben nach Absatz 1 erhalten sollen, sind vor der Übermittlung zur Geheimhaltung besonders zu verpflichten, soweit sie nicht Amtsträger oder für den öffentlichen Dienst besonders Verpflichtete sind. [2]§ 1 Absatz 2, 3 und 4 Nummer 2 des Verpflichtungsgesetzes gilt entsprechend. [3]Personen, die nach Satz 1 besonders verpflichtet worden sind, stehen für die Anwendung der Vorschriften des Strafgesetzbuches über die Verletzung von Privatgeheimnissen (§ 203 Absatz 2, 5 und 6; §§ 204, 205) und des Dienstgeheimnisses (§ 353b Absatz 1) den für den öffentlichen Dienst besonders Verpflichteten gleich.

(3) [1]Die zusammengefassten Einzelangaben dürfen nur für die Zwecke verwendet werden, für die sie übermittelt wurden. [2]Sie sind zu löschen, sobald der in Absatz 1 genannte Zweck erfüllt ist.

(4) Bei der Monopolkommission muss durch organisatorische und technische Maßnahmen sichergestellt sein, dass nur Amtsträger, für den öffent-

lichen Dienst besonders Verpflichtete oder Verpflichtete nach Absatz 2 Satz 1 Empfänger von zusammengefassten Einzelangaben sind.

(5) [1]**Die Übermittlungen sind nach Maßgabe des § 16 Absatz 9 des Bundesstatistikgesetzes aufzuzeichnen.** [2]**Die Aufzeichnungen sind mindestens fünf Jahre aufzubewahren.**

(6) **Bei der Durchführung der Wirtschaftsstatistiken nach Absatz 1 sind die befragten Unternehmen schriftlich oder elektronisch zu unterrichten, dass die zusammengefassten Einzelangaben nach Absatz 1 der Monopolkommission übermittelt werden dürfen.**

§ 47, durch die 6. GWB-Novelle 1998 neu gefasst, entspricht im Wesentlichen **1**
§ 24c aF, der durch die 5. GWB-Novelle 1989 in das GWB eingefügt wurde, und zwar auf Veranlassung des Wirtschaftsausschusses des Bundestages. Er wurde in Abs. 1 durch das Gesetz zur Einführung einer Dienstleistungsstatistik und zur Änderung statistischer Rechtsvorschriften (vom 19.12.2000, BGBl. 2000 I 1765) geändert und erweitert. Die 7. GWB-Novelle 2005 hat § 47 nicht geändert. § 47 gibt der Monopolkommission die Möglichkeit, vom Statistischen Bundesamt und den Statistischen Ämtern der Länder bestimmte zusammengefasste Einzelangaben über die jeweils größten Unternehmen zu erhalten. § 47 enthält **keine Auskunftsbefugnisse** der Monopolkommission gegenüber Einzelunternehmen. Diesen bleibt es weiterhin unbenommen, Anfragen oder Auskunftsersuchen der Monopolkommission, aus welchem Grund auch immer, nicht zu beantworten.

Kapitel 9. Markttransparenzstellen für den Großhandel mit Strom und Gas und für Kraftstoffe

Vorbemerkung §§ 47a-47l

1 Der 9. Abschnitt mit den §§ 47a–47l ist durch das **„Gesetz zur Einrichtung einer Markttransparenzstelle für den Großhandel mit Strom und Gas“**, das vom Bundestag am 8.11.2012, drei Wochen nach der 8. GWB-Novelle, verabschiedet wurde, in das GWB eingefügt worden (Gesetz vom 5.12.2012, BGBl. 2012 I 2403). Dieses Gesetz hat – insoweit über die 8. GWB-Novelle hinausgehend – auch zu einer Anpassung der Bußgeldnorm des § 81 geführt. Außerdem wurden in das Energiewirtschaftsgesetz teilweise ebenfalls umfangreiche neue Vorschriften eingefügt, die sich aus der Aufgabenteilung zwischen BKartA und Bundesnetzagentur in der Überwachung der Großhandelsmärkte für Strom und Gas ergeben. Wesentliche Teile dieses Gesetzes sind veranlasst durch die und dienen der Durchführung der Verordnung (EU) Nr. 1227/2011 des Europäischen Parlaments und des Rates vom 25.10.2011 „über die Integrität und Transparenz des Energiegroßhandelsmarkts“ (ABl. 2011 L 326, 1, sog. **REMIT-Verordnung** = **R**egulation on wholesale **E**nergy **M**arket **I**ntegrity and **T**ransparency). Damit nichts zu tun hat die in § 47k gesondert geregelte Marktbeobachtung im Bereich der Kraftfahrzeug-Kraftstoffe, die wesentlich motiviert ist durch die Erfahrungen, die das BKartA in seiner Sektorenuntersuchung im Bereich der Kraftstoffe gemacht hat. Die Terminologie in §§ 47a ff. ist hinsichtlich der Begriffe „Gas“ und „Erdgas“ nicht einheitlich; gemeint ist – ebenso wie in der insoweit ganz einheitlichen REMIT-Verordnung – immer „Erdgas“.

2 Die §§ 47a–47l sehen die Einrichtung zweier unterschiedlicher Markttransparenzstellen vor. Die eine, zuständig für den Großhandel mit Strom und Gas, ist als besondere Organisationseinheit der Bundesnetzagentur ausgestaltet. Die neue Regelung tritt neben § 48 Abs. 3, der erst durch Gesetz vom 26.7.2011 in das GWB eingefügt wurde (→ § 48 Rn. 9). Die dort geregelte **Monitoring-Tätigkeit** überschneidet sich mit der Tätigkeit der Transparenzstelle nach §§ 47a–47j. § 47c Abs. 1 Nr. 1 regelt ausdrücklich, dass die von der Markttransparenzstelle erhobenen Daten dem BKartA für seine Monitoringtätigkeit zur Verfügung gestellt werden. Für die Kraftstoffe ist vorgesehen, dass eine besondere Markttransparenzstelle im BKartA eingerichtet wird. Die jeweilige Integration der Markttransparenzstellen in die Bundesnetzagentur bzw. in das BKartA wird durch den neu gefassten § 82 Abs. 1 bestätigt, der als Verwaltungsbehörde im Sinne des Ordnungswidrigkeitenrechts „die Bundesnetzagentur als Markttransparenzstelle für Strom und Gas“ bzw. „das Bundeskartellamt als Markttransparenzstelle für Kraftstoffe“ identifiziert.

3 Bezogen auf **Strom und Gas** ist Zweck der Tätigkeit der Markttransparenzstelle die laufende Beobachtung der Großhandelsmärkte mit dem Ziel, „das Vertrauen der Unternehmen, Bürger und nationalen Behörden in die Integrität der Energiegroßhandelsmärkte zu stärken und wettbewerbskonforme Großhandelspreise sicherzustellen“ (Begr. z. RegE, BT-Drs. 17/10060, 20; vgl. dazu auch Monopolkommission, Sondergutachten 49 Rn. 188, ff., 211 f.; Sondergutachten 54 Rn. 214; Sondergutachten 59 Rn. 640 ff.; Sondergutachten 63 Rn. 138 ff. und Zimmer, Schwerpunkte des Kartellrechts 2012, S. 15; Zimmer Die Erste Seite BB 2012 v. 10.12.2012; Abel, Schwerpunkte des Kartellrechts 2012, S. 1 ff.). Es sollen die in der REMIT-Verordnung 1227/2011 enthaltenen Verbote des Insiderhandels und der Marktmanipulation unabhängig davon, ob darin Verstöße gegen das Kartellrecht vorliegen, aufgedeckt und durch die Bundesnetzagentur sanktioniert werden. Zugleich sollen die Feststellungen der Markttransparenzstelle aber auch mögliche

Verstöße gegen das deutsche und europäische Kartellrecht offenlegen und Grundlage für entsprechende Verfahren des BKartA sein, die dann aber durch die zuständigen Beschlussabteilungen durchgeführt werden. Entsprechendes, ohne Zuständigkeit der Bundesnetzagentur und ohne EU-rechtliche Vorgaben, gilt für die Kfz-**Kraftstoffe.** Die Ergebnisse der Marktbeobachtung können nicht nur Anlass für sanktionierende Kartellverfahren sein, sondern auch in Fusionskontrollverfahren und Sektoruntersuchungen berücksichtigt werden.

Abschnitt 1. Markttransparenzstelle für den Großhandel im Bereich Strom und Gas

§ 47a Einrichtung, Zuständigkeit, Organisation

(1) [1]**Zur Sicherstellung einer wettbewerbskonformen Bildung der Großhandelspreise von Elektrizität und Gas wird eine Markttransparenzstelle bei der Bundesnetzagentur für Elektrizität, Gas, Telekommunikation, Post und Eisenbahnen (Bundesnetzagentur) eingerichtet.** [2]**Sie beobachtet laufend die Vermarktung und den Handel mit Elektrizität und Erdgas auf der Großhandelsstufe.**

(2) **Die Aufgaben der Markttransparenzstelle nehmen die Bundesnetzagentur und das Bundeskartellamt einvernehmlich wahr.**

(3) [1]**Die Einzelheiten der einvernehmlichen Zusammenarbeit werden in einer vom Bundesministerium für Wirtschaft und Energie zu genehmigenden Kooperationsvereinbarung zwischen dem Bundeskartellamt und der Bundesnetzagentur näher geregelt.** [2]**In der Vereinbarung ist insbesondere Folgendes zu regeln:**
1. **die Besetzung und Geschäftsverteilung sowie**
2. **eine Koordinierung der Datenerhebung und des Daten- und Informationsaustausches.**

(4) **Das Bundesministerium für Wirtschaft und Energie wird ermächtigt, durch Rechtsverordnung Vorgaben zur Ausgestaltung der Kooperationsvereinbarung zu erlassen.**

(5) [1]**Entscheidungen der Markttransparenzstelle trifft die Person, die sie leitet.** [2]**§ 51 Absatz 5 gilt für alle Mitarbeiterinnen und Mitarbeiter der Markttransparenzstelle entsprechend.**

Die §§ 47a–47j betreffen ausschließlich die **Tätigkeit der Markttransparenzstelle für Strom und Gas.** Sie wird – entgegen der ursprünglichen Konzeption nicht beim BKartA (dazu BT-Drs. 17/10080, 25), sondern – **bei der Bundesnetzagentur** eingerichtet (zu Zweifeln an der europarechtlichen Zulässigkeit der Einrichtung bei der Bundesnetzagentur und nicht beim BKartA → § 47d Rn. 3) und ist klar zu unterscheiden von der beim BKartA nach § 47k einzurichtenden Transparenzstelle für Kraftstoffe. Aufgabe der Markttransparenzstelle für Strom und Gas ist die laufende Beobachtung der „Vermarktung und des Handels mit Elektrizität und Erdgas auf der Großhandelsstufe“; Ziel der Tätigkeit ist die Sicherstellung einer wettbewerbskonformen Bildung der Großhandelspreise. Nach Abs. 5 werden Entscheidungen der Markttransparenzstelle von der Person getroffen, die sie leitet. Es ist also keine Entscheidungsstruktur vorgesehen wie die einer Beschlussabteilung im BKartA oder einer Beschlusskammer in der Bundesnetzagentur. Nach außen wirksame Entscheidungen der Transparenzstelle im Bereich der Datenerhebung werden aber **nur auf der Grundlage des § 47d, der auf § 59 verweist,** getroffen. Sachentscheidungen auf der Grundlage der §§ 1, 19, 20 oder 29 und Art. 101 AEUV 1 oder Art. 102 AEUV werden nicht von der Transparenzstelle, sondern vom BKartA getroffen; Entsprechendes gilt für die Sachentscheidungen, die in die Zuständigkeit der Bundesnetzagentur fallen. Trotz der Eingliederung der Markttransparenzstelle für Strom und Gas in die Bundesnetzagentur sollte es eine enge Verzahnung mit dem BKartA geben. Für die Einzelheiten der „einvernehmlichen Zusammenarbeit" sieht Abs. 3 eine **Kooperationsvereinbarung** vor, deren nähere Ausgestaltung in einer Rechtsverordnung nach Abs. 4 erfolgen kann; unabhängig davon ist die Kooperationsvereinbarung vom Bundeswirtschaftsministerium zu genehmigen.

§ 47b Aufgaben

(1) [1]**Die Markttransparenzstelle beobachtet laufend den gesamten Großhandel mit Elektrizität und Erdgas, unabhängig davon, ob er auf physikalische oder finanzielle Erfüllung gerichtet ist, um Auffälligkeiten bei der Preisbildung aufzudecken, die auf Missbrauch von Marktbeherrschung, Insiderinformationen oder auf Marktmanipulation beruhen können.** [2]**Die Markttransparenzstelle beobachtet zu diesem Zweck auch die Erzeugung, den Kraftwerkseinsatz und die Vermarktung von Elektrizität und Erdgas durch die Erzeugungsunternehmen sowie die Vermarktung von Elektrizität und Erdgas als Regelenergie.** [3]**Die Markttransparenzstelle kann Wechselwirkungen zwischen den Großhandelsmärkten für Elektrizität und Erdgas und dem Emissionshandelssystem berücksichtigen.**

(2) [1]**Die Markttransparenzstelle überwacht als nationale Marktüberwachungsstelle gemäß Artikel 7 Absatz 2 Absatz 2 der Verordnung (EU) Nr. 1227/2011 des Europäischen Parlaments und des Rates vom 25. Oktober 2011 über die Integrität und Transparenz des Energiegroßhandelsmarkts (ABl. L 326 vom 8.12.2011, S. 1) zusammen mit der Bundesnetzagentur den Großhandel mit Elektrizität und Erdgas.** [2]**Sie arbeitet dabei mit der Agentur für die Zusammenarbeit der Energieregulierungsbehörden nach Artikel 7 Absatz 2 und Artikel 10 der Verordnung (EU) Nr. 1227/2011 zusammen.**

(3) [1]**Die Markttransparenzstelle erhebt und sammelt die Daten und Informationen, die sie zur Erfüllung ihrer Aufgaben benötigt.** [2]**Dabei berücksichtigt sie Meldepflichten der Mitteilungsverpflichteten gegenüber den in § 47i genannten Behörden oder Aufsichtsstellen sowie Meldepflichten, die von der Europäischen Kommission nach Artikel 8 Absatz 2 und 6 der Verordnung (EU) Nr. 1227/2011 festzulegen sind.** [3]**Für die Datenerfassung sind nach Möglichkeit bestehende Quellen und Meldesysteme zu nutzen.**

(4) **Die Bundesnetzagentur kann die Markttransparenzstelle mit der Erhebung und Auswertung von Daten beauftragen, soweit dies zur Erfüllung ihrer Aufgaben nach der Verordnung (EU) Nr. 1227/2011 erforderlich ist.**

(5) [1]**Die Markttransparenzstelle gibt vor Erlass von Festlegungen nach § 47g in Verbindung mit der nach § 47f zu erlassenden Rechtsverordnung betroffenen Behörden, Interessenvertretern und Marktteilnehmern vorab Gelegenheit zur Stellungnahme innerhalb einer festgesetzten Frist.** [2]**Zur Vorbereitung dieser Konsultationen erstellt und ergänzt die Markttransparenzstelle bei Bedarf eine detaillierte Liste aller Daten und Kategorien von Daten, die ihr die in § 47e Absatz 1 genannten Mitteilungspflichtigen auf Grund der §§ 47e und 47g und der nach § 47f zu erlassenden Rechtsverordnung laufend mitzuteilen haben, einschließlich des Zeitpunkts, an dem die Daten zu übermitteln sind, des Datenformats und der einzuhaltenden Übertragungswege sowie möglicher alternativer Meldekanäle.** [3]**Die Markttransparenzstelle ist nicht an die Stellungnahmen gebunden.**

(6) **Die Markttransparenzstelle wertet die erhaltenen Daten und Informationen kontinuierlich aus, um insbesondere festzustellen, ob Anhaltspunkte für einen Verstoß gegen die §§ 1, 19, 20 oder 29 dieses Gesetzes, die Artikel 101 oder 102 des Vertrages über die Arbeitsweise der Europäischen Union, das Wertpapierhandelsgesetz, das Börsengesetz oder die Verbote nach den Artikeln 3 und 5 der Verordnung (EU) Nr. 1227/2011 vorliegen.**

(7) **[1]Gibt es Anhaltspunkte dafür, dass eine natürliche oder juristische Person gegen die in Absatz 6 genannten gesetzlichen Bestimmungen verstößt, muss die Markttransparenzstelle umgehend die zuständigen Behörden informieren und den Vorgang an sie abgeben. [2]Bei Verdacht eines Verstoßes gegen die §§ 1, 19, 20 und 29 dieses Gesetzes oder gegen die Artikel 101 und 102 des Vertrages über die Arbeitsweise der Europäischen Union informiert die Markttransparenzstelle die zuständige Beschlussabteilung im Bundeskartellamt. [3]Kommt die Prüfzuständigkeit mehrerer Behörden in Betracht, so informiert die Markttransparenzstelle jede dieser Behörden über den Verdachtsfall und über die Benachrichtigung der anderen Behörden. [4]Die Markttransparenzstelle leitet alle von den Behörden benötigten oder angeforderten Informationen und Daten unverzüglich an diese gemäß § 47i weiter.**

(8) **Die Absätze 1 bis 3 können auch Anwendung finden auf die Erzeugung und Vermarktung im Ausland und auf Handelsgeschäfte, die im Ausland stattfinden, sofern sie sich auf die Preisbildung von Elektrizität und Erdgas im Geltungsbereich dieses Gesetzes auswirken.**

§ 47b definiert im Einzelnen, wie die Markttransparenzstelle ihre Aufgabe der 1
laufenden Beobachtung des gesamten Großhandels mit Elektrizität und Erdgas zu erfüllen hat. Zu diesem Zweck wird nicht nur die Vermarktung und die Preisbildung beobachtet, sondern im Bereich der Elektrizität auch die Erzeugung und der Kraftwerkseinsatz sowie für Strom und Gas deren Vermarktung als Regelenergie. Dieses weite Beobachtungsspektrum der Markttransparenzstelle ist nach Auffassung des Gesetzgebers (vgl. BT-Drs. 17/10060, 25 f.) erforderlich, „damit sämtliche Verbindungen und Wechselwirkungen erfasst und auf Auffälligkeiten überprüft werden können, die für die Preisbildung auf den Großhandelsmärkten von Bedeutung sind". Abs. 2 verweist ausdrücklich auf die REMIT-Verordnung (→ Vor § 47a Rn. 1). Diese schreibt eine enge Zusammenarbeit der nationalen Regulierungsbehörde bei der Überwachung der Energiegroßhandelsmärkte untereinander und mit der durch die VO 713/2009 (ABl. 2009 L 211, 1) gegründeten europäischen **„Agentur für die Zusammenarbeit der Energieregulierungsbehörden"** vor.

Wenn die Markttransparenzstelle im Rahmen ihrer kontinuierlichen Marktbeob- 2
achtung Anhaltspunkte für **Verstöße gegen kartellrechtliche Verbote** (§§ 1, 19, 20 oder 29 oder Art. 101 AEUV oder Art. 102 AEUV) feststellt, hat sie die zuständige Beschlussabteilung des **BKartA zu informieren;** zugleich ist darüber nach § 47h Abs. 1 auch das Bundeswirtschaftsministerium zu unterrichten. Es obliegt dann ausschließlich der Beschlussabteilung, den materiellen Verstoß aufzuklären und dagegen im Verwaltungs- oder Bußgeldverfahren vorzugehen. Nach § 47d Abs. 3 kann die Markttransparenzstelle nach Abgabe einer solchen Information beim Bundekartellamt eine Mitteilung über den Abschluss der Untersuchung anfordern. Damit soll gewährleistet werden, dass die Information zu einer Untersuchung führt, die entweder in ein formelles Verfahren oder einer Einstellung münden kann.

§ 47c Datenverwendung

(1) **Die Markttransparenzstelle stellt die nach § 47b Absatz 3 erhaltenen Daten ferner folgenden Stellen zur Verfügung:**

1. dem Bundeskartellamt für die Durchführung des Monitorings nach § 48 Absatz 3,
2. der Bundesnetzagentur für die Durchführung des Monitorings nach § 35 des Energiewirtschaftsgesetzes,
3. der zuständigen Beschlussabteilung im Bundeskartellamt für Fusionskontrollverfahren nach den §§ 35 bis 41 und für Sektoruntersuchungen nach § 32e sowie
4. der Bundesnetzagentur zur Erfüllung ihrer weiteren Aufgaben nach dem Energiewirtschaftsgesetz, insbesondere zur Überwachung von Transparenzverpflichtungen nach den Anhängen der folgenden Verordnungen:
   a) Verordnung (EG) Nr. 714/2009 des Europäischen Parlaments und des Rates vom 13. Juli 2009 über die Netzzugangsbedingungen für den grenzüberschreitenden Stromhandel und zur Aufhebung der Verordnung (EG) Nr. 1228/2003 (ABl. L 211 vom 14.8.2009, S. 15),
   b) Verordnung (EG) Nr. 715/2009 des Europäischen Parlaments und des Rates vom 13. Juli 2009 über die Bedingungen für den Zugang zu den Erdgasfernleitungsnetzen und zur Aufhebung der Verordnung (EG) Nr. 1775/2005 (ABl. L 211 vom 14.8.2009, S. 36) und
   c) Verordnung (EU) Nr. 994/2010 des Europäischen Parlaments und des Rates vom 20. Oktober 2010 über Maßnahmen zur Gewährleistung der sicheren Erdgasversorgung und zur Aufhebung der Richtlinie 2004/67/EG des Rates (ABl. L 295 vom 12.11.2010, S. 1).

(2) **Die Markttransparenzstelle stellt die Daten ferner dem Bundesministerium für Wirtschaft und Energie und der Bundesnetzagentur zur Erfüllung ihrer Aufgaben nach § 54a des Energiewirtschaftsgesetzes zur Verfügung.**

(3) **Die Daten können dem Statistischen Bundesamt für dessen Aufgaben nach dem Energiestatistikgesetz und nach § 2 des Gesetzes über die Preisstatistik der Monopolkommission für deren Aufgaben nach diesem Gesetz und nach § 62 des Energiewirtschaftsgesetzes zur Verfügung gestellt werden.**

(4) **[1]Die Markttransparenzstelle darf die Daten in anonymisierter Form ferner Bundesministerien für eigene oder in deren Auftrag durchzuführende wissenschaftliche Studien zur Verfügung stellen, wenn die Daten zur Erreichung dieser Zwecke erforderlich sind. [2]Daten, die Betriebs- und Geschäftsgeheimnisse darstellen, dürfen von der Markttransparenzstelle nur herausgegeben werden, wenn ein Bezug zu einem Unternehmen nicht mehr hergestellt werden kann. [3]Die Bundesministerien dürfen die nach Satz 1 von der Markttransparenzstelle erhaltenen Daten auch Dritten zur Durchführung wissenschaftlicher Studien im Auftrag zur Verfügung stellen, wenn diese ihnen gegenüber die Fachkunde nachgewiesen und die vertrauliche Behandlung der Daten zugesichert haben.**

1 Die wichtigste Tätigkeit der Markttransparenzstelle besteht in der **Erhebung und Sammlung von Daten und Informationen** über den Großhandel mit Elektrizität und Erdgas. § 47c enthält einen über die Vorgaben der REMIT-Verordnung hinausgehenden, aber **abschließenden Katalog** der Behörden, denen die Daten und Informationen zur Verfügung gestellt werden. Das bedeutet insbes., dass die Markttransparenzstelle nicht befugt ist, die Daten unmittelbar der Öffentlichkeit oder Dritten zur Verfügung zu stellen. Soweit dafür ein Bedürfnis besteht, kann dies nur durch die Datenempfänger geschehen, die in § 47c aufgelistet sind.

2 Abs. 1 **Nr. 1 und 2** stellt die Verbindung zwischen der Tätigkeit der Markttransparenzstelle und der **Monitoring-Tätigkeit des BKartA** nach § 48 Abs. 3

(→ § 48 Rn. 9) **und der Bundesnetzagentur** nach § 35 des Energiewirtschaftsgesetzes her. Die Zurverfügungstellung von Daten und Informationen nach **Nr. 3** für Fusionskontrollverfahren und für Sektoruntersuchungen des BKartA nach § 32e zeigt, dass es nicht nur um eine laufende Überlassung von Daten geht, sondern auch um eine **anlassbezogene** für bestimmte Verfahren des BKartA. Das setzt voraus, dass die Markttransparenzstelle selbst eine Datenspeicherung vornimmt, um auf sie bei bestimmten Anlässen zurückzugreifen. Offen ist, ob sie im Rahmen ihrer gesetzlichen Befugnisse auch berechtigt ist, außerhalb ihrer laufenden Beobachtung des Großhandels mit Elektrizität und Erdgas (§ 47 Abs. 1) auch auf Anforderung des BKartA aus Anlass von **Einzelfällen besondere Erhebungen** durchzuführen. Soweit in Verfahren des BKartA derartige Auskünfte erforderlich sind, müssen diese vom BKartA, nicht von der Markttransparenzstelle erhoben werden. Anlassbezogene Erhebungen von Daten und Informationen sind also allenfalls in dem Umfang möglich, in dem sie einerseits von der allgemeinen Aufgabenstellung der Markttransparenzstelle erfasst sind und andererseits nicht nach außen die Inanspruchnahme der Auskunftsbefugnisse nach §§ 47d, 59 durch die Markttransparenzstelle voraussetzen. Die Zurverfügungstellung der Daten an die Bundesnetzagentur ist in **Nr. 4** umfassender definiert. Voraussetzung ist, dass die Daten der Erfüllung der Aufgaben der Bundesnetzagentur dienen, insbes. auch im Hinblick auf die EU-Verordnungen über die Netzzugangsbedingungen zu den Strom- und Erdgasfernleitungsnetzen. Nach **Abs. 2 und 3** sind potenzielle Datenempfänger auch das Bundeswirtschaftsministerium, das Statistische Bundesamt und die Monopolkommission, stets aber in unmittelbarer Beziehung zu deren Aufgaben nach dem GWB (dort bezogen auf den Großhandel mit Strom und Erdgas) und dem Energiewirtschaftsrecht.

Abs. 4 enthält nicht nur eine **Erweiterung des Adressatenkreises** der Daten und Informationen der Markttransparenzstelle, sondern auch eine **Erweiterung der Aufgaben.** Die Markttransparenzstelle darf die bei ihr vorhandenen Daten und Informationen auch anderen Bundesministerien als dem Bundeswirtschaftsministerium zur Verfügung stellen und kann zu diesem Zweck auch von dem betreffenden Bundesministerium zu **„wissenschaftlichen Studien"** beauftragt werden. Die Verwendung der Daten muss für diesen Zweck erforderlich sein; in jedem Falle dürfen sie nur in anonymisierter Form zur Verfügung gestellt werden. Die Differenzierung zwischen „anonymisierter Form" in S. 1 und dem Erfordernis in S. 2, dass Betriebs- und Geschäftsgeheimnisse nicht herausgegeben werden dürfen, wenn „ein Bezug zu einem Unternehmen nicht mehr hergestellt werden kann", zeigt, dass die anonymisierte Form nicht unbedingt so weit gehen muss, dass ein Rückschluss auf bestimmte Unternehmen nicht mehr möglich ist. Soweit aber Betriebs- und Geschäftsgeheimnisse betroffen sind, muss sichergestellt sein, dass ein Bezug zwischen den herausgegebenen Daten und bestimmten Unternehmen nicht mehr möglich ist. 3

§ 47d Befugnisse

(1) **[1]Zur Erfüllung ihrer Aufgaben hat die Markttransparenzstelle die Befugnisse nach §§ 59, 59a und 59b gegenüber natürlichen und juristischen Personen. [2]Sie kann nach Maßgabe des § 47f Festlegungen gegenüber einzelnen, einer Gruppe oder allen der in § 47e Absatz 1 genannten Personen und Unternehmen in den in § 47g genannten Festlegungsbereichen treffen zur Datenkategorie, zum Zeitpunkt und zur Form der Übermittlung. [3]Die Markttransparenzstelle ist nach Maßgabe des § 47f befugt, die Festlegung bei Bedarf zu ändern, soweit dies zur Erfüllung ihrer Aufgaben erforderlich ist. [4]Sie kann insbesondere vorgeben, dass eine Internetplattform zur Eingabe der angeforderten Auskünfte sowie der Mitteilungen verwendet werden muss. [5]Die Markttransparenzstelle kann nach Maßgabe des § 47f darü-**

ber hinaus vorgeben, dass Auskünfte und Daten an einen zur Datenerfassung beauftragten Dritten geliefert werden; Auswertung und Nutzung findet allein bei der Markttransparenzstelle statt. [6]Die §§ 48 und 49 des Verwaltungsverfahrensgesetzes bleiben unberührt. [7]Die §§ 50f, 54, 56 bis 58, 61 Absatz 1 und 2, die §§ 63, 64, 66, 67, 70, 73 bis 80, 82a, 83, 85, 91 und 92 gelten entsprechend. [8]Für Entscheidungen, die die Markttransparenzstelle durch Festlegungen trifft, kann die Zustellung nach § 61 durch eine öffentliche Bekanntgabe im Bundesanzeiger ersetzt werden. [9]Für Auskunftspflichten nach Satz 1 und Mitteilungspflichten nach § 47e gilt § 55 der Strafprozessordnung entsprechend.

(2) **[1]Die Markttransparenzstelle hat als nationale Marktüberwachungsstelle im Sinne des Artikels 7 Absatz 2 Absatz 2 der Verordnung (EU) Nr. 1227/2011 zudem die Rechte gemäß Artikel 7 Absatz 2 Absatz 1, Absatz 3 Absatz 2 Satz 2, Artikel 4 Absatz 2 Satz 2, Artikel 8 Absatz 5 Satz 1 und Artikel 16 der Verordnung (EU) Nr. 1227/2011. [2]Absatz 1 gilt entsprechend.**

(3) **Die Markttransparenzstelle kann bei der Behörde, an die sie einen Verdachtsfall nach § 47b Absatz 7 Satz 1 abgegeben hat, eine Mitteilung über den Abschluss der Untersuchung anfordern.**

1 Die Markttransparenzstelle hat nach § 47d **Abs. 1 S. 1** „zur Erfüllung ihrer Aufgaben" **Auskunftsbefugnisse nach §§ 59, 59a und 59b** gegenüber natürlichen und juristischen Personen. Die Auskunftspflicht obliegt also nicht nur, wie nach § 59 Unternehmen (→ § 59 Rn. 5), sondern unabhängig von der Unternehmenseigenschaft allen natürlichen und juristischen Personen, die zur Auskunft in der Lage sind. Die nicht ordnungsgemäße Erteilung der Auskunft erfüllt den Bußgeldtatbestand des § 81 Abs. 2 Nr. 6, in dem die bisherige Fassung „entgegen § 59 Abs. 2" im Hinblick auf das Markttransparenzstellengesetz durch die Worte „auch in Verbindung mit § 47d Abs. 1 S. 1 oder § 49k Abs. 7" ergänzt wurde. Angesichts der Eingliederung der Markttransparenzstelle in die Bundesnetzagentur stellt § 82 Abs. 1 Nr. 1 klar, dass Verwaltungsbehörde iSv § 36 Abs. 1 Nr. 1 OWiG im Hinblick auf diesen Ordnungswidrigkeitentatbestand „die Bundesnetzagentur als Markttransparenzstelle für Strom und Gas" ist.

2 Außerhalb der einzelfallbezogenen Auskunftsbefugnisse geben **Abs. 1 S. 2–9** das **Verfahren zur generellen Datenerhebung** vor, dem die Unternehmen nach § 47e unterliegen. Die Einzelheiten dazu ergeben sich aus § 47e und der auf der Grundlage des § 47f zu erlassenden Rechtsverordnung. Mit der 9. GWB-Novelle 2017 wurde der Verweis auf die Verfahrensvorschriften in S. 6 redaktionell korrigiert. In Verbindung mit der allgemeinen Datenerhebung sieht S. 7 ausdrücklich die entsprechende Anwendung der wesentlichen Bestimmungen des Verwaltungsverfahrens und anschließenden Gerichtsverfahrens vor. Insoweit hat die Markttransparenzstelle umfassende Ermittlungsbefugnisse nach § 57, die über § 81 Abs. 2 Nr. 2 lit. c und d bußgeldbewehrt sind; die Auskunftsbefugnisse nach § 59 sind für diesen Fall nicht vorgesehen. Soweit S. 7 die entsprechende Anwendung auch der Vorschriften über das **Beschwerdeverfahren** vorsieht, fällt auf, dass einzelne Vorschriften aus der entsprechenden Anwendung ausgenommen sind, insbes. also die Vorschrift über den Anwaltszwang, die mündliche Verhandlung und den Untersuchungsgrundsatz. Offenbar soll insoweit ein beschleunigtes Gerichtsverfahren stattfinden können, das auch daran orientiert ist, dass es möglicherweise zu einer Vielzahl gleichlautender Beschwerden kommen kann. Gegen die Entscheidung des Beschwerdegerichts ist nach den allgemeinen Vorschriften auch die Rechtsbeschwerde möglich.

Abs. 2 stellt klar, dass die Markttransparenzstelle die **„nationale Marktüberwachungsstelle" iSd REMIT-Verordnung** 1227/2011 (→ Vor § 47a Rn. 1) ist. Nach Art. 7 Abs. 2 UAbs. 2 VO 1227/2011, auf den § 47d Abs. 2 verweist, sieht allerdings vor, dass die Marktüberwachungsstelle bei der nationalen Wettbewerbsbehörde angesiedelt ist. Nach Art. 35 Abs. 1 Kartellverfahrens-VO bestimmen die Mitgliedstaaten, welche Behörde die nationale Wettbewerbsbehörde ist. Das hat der deutsche Gesetzgeber in § 50 Abs. 1 getan, indem das BKartA und die Landeskartellbehörden als nationale Wettbewerbsbehörden definiert wurden, nicht aber, auch nicht partiell, die Bundesnetzagentur. Soweit man daraus nicht auf die Europarechtswidrigkeit der Integration der Transparenzstelle bei der Bundesnetzagentur schließen will, ergeben sich daraus keine weiteren Probleme. Nach Art. 7 Abs. 2 UAbs. 2 S. 2 VO 1227/2011 soll die Marktüberwachungsstelle dieselben Rechte und Pflichten haben wie die Regulierungsbehörde. Das ist durch die Verweisungskette in § 47d Abs. 2 sichergestellt. 3

Nach **Abs. 3** kann die Markttransparenzstelle, wenn sie Anhaltspunkte für Verstöße gegen regulierungsrechtliche oder kartellrechtliche Vorschriften gefunden hat und die Bundesnetzagentur oder das BKartA darüber informiert hat, (nach geraumer Zeit) auffordern, sie über den **Abschluss der Untersuchung zu unterrichten.** Damit soll ein Druck auf die Ermittlungsbehörde ausgeübt werden, den von der Markttransparenzstelle mitgeteilten Anhaltspunkten nachzugehen. Das schließt freilich nicht aus, dass die von der Bundesnetzagentur bzw. vom BKartA durchgeführte Untersuchung zum Ergebnis führt, dass ein Gesetzesverstoß nicht vorliegt oder ihm ggf. aus Ermessensgründen nicht weiter nachgegangen wird. 4

§ 47e Mitteilungspflichten

(1) **Folgende Personen und Unternehmen unterliegen neben den in § 47g genannten Mitteilungspflichtigen der Mitteilungspflicht nach den Absätzen 2 bis 5:**

1. **Großhändler im Sinne des § 3 Nummer 21 des Energiewirtschaftsgesetzes,**
2. **Energieversorgungsunternehmen im Sinne des § 3 Nummer 18 des Energiewirtschaftsgesetzes,**
3. **Betreiber von Energieanlagen im Sinne des § 3 Nummer 15 des Energiewirtschaftsgesetzes, ausgenommen Betreiber von Verteileranlagen der Letztverbraucher oder bei der Gasversorgung Betreiber der letzten Absperrvorrichtungen von Verbrauchsanlagen,**
4. **Kunden im Sinne des § 3 Nummer 24 des Energiewirtschaftsgesetzes, ausgenommen Haushaltskunden im Sinne des § 3 Nummer 22 des Energiewirtschaftsgesetzes und**
5. **Handelsplattformen.**

(2) [1]**Die Mitteilungspflichtigen haben der Markttransparenzstelle die nach Maßgabe des § 47f in Verbindung mit § 47g konkretisierten Handels-, Transport-, Kapazitäts-, Erzeugungs- und Verbrauchsdaten aus den Märkten zu übermitteln, auf denen sie tätig sind.** [2]**Dazu gehören Angaben**

1. **zu den Transaktionen an den Großhandelsmärkten, an denen mit Elektrizität und Erdgas gehandelt wird, einschließlich der Handelsaufträge, mit genauen Angaben über die erworbenen und veräußerten Energiegroßhandelsprodukte, die vereinbarten Preise und Mengen, die Tage und Uhrzeiten der Ausführung, die Parteien und Begünstigten der Transaktionen,**
2. **zur Kapazität und Auslastung von Anlagen zur Erzeugung und Speicherung, zum Verbrauch oder zur Übertragung oder Fernleitung von Strom**

oder Erdgas oder über die Kapazität und Auslastung von Anlagen für verflüssigtes Erdgas (LNG-Anlagen), einschließlich der geplanten oder ungeplanten Nichtverfügbarkeit dieser Anlagen oder eines Minderverbrauchs,
3. **im Bereich der Elektrizitätserzeugung, die eine Identifikation einzelner Erzeugungseinheiten ermöglichen,**
4. **zu Kosten, die im Zusammenhang mit dem Betrieb der meldepflichtigen Erzeugungseinheiten entstehen, insbesondere zu Grenzkosten, Brennstoffkosten, $CO0_2$-Kosten, Opportunitätskosten und Anfahrkosten,**
5. **zu technischen Informationen, die für den Betrieb der meldepflichtigen Erzeugungsanlagen relevant sind, insbesondere zu Mindeststillstandszeiten, Mindestlaufzeiten und zur Mindestproduktion,**
6. **zu geplanten Stilllegungen oder Kaltreserven,**
7. **zu Bezugsrechtsverträgen,**
8. **zu Investitionsvorhaben sowie**
9. **zu Importverträgen und zur Regelenergie im Bereich Erdgashandel.**

(3) [1]**Die Daten sind der Markttransparenzstelle nach Maßgabe der §§ 47f und 47g im Wege der Datenfernübertragung und, soweit angefordert, laufend zu übermitteln.** [2]**Stellt die Markttransparenzstelle Formularvorlagen bereit, sind die Daten in dieser Form elektronisch zu übermitteln.**

(4) **Die jeweilige Mitteilungspflicht gilt als erfüllt, wenn**
1. **Meldepflichtige nach Absatz 1 die zu meldenden oder angeforderten Informationen entsprechend Artikel 8 der Verordnung (EU) Nr. 1227/2011 gemeldet haben und ein zeitnaher Datenzugriff durch die Markttransparenzstelle gesichert ist oder**
2. **Dritte die zu meldenden oder angeforderten Informationen im Namen eines Meldepflichtigen nach Absatz 1 auch in Verbindung mit § 47f Nummer 3 und 4 übermittelt haben und dies der Markttransparenzstelle mitgeteilt wird oder**
3. **Meldepflichtige nach Absatz 1 auch in Verbindung mit § 47f Nummer 3 und 4 die zu meldenden oder angeforderten Informationen an einen nach § 47d Absatz 1 Satz 5 in Verbindung mit § 47f Nummer 2 beauftragten Dritten übermittelt haben oder**
4. **Meldepflichtige nach Absatz 1 Nummer 3 in Verbindung mit § 47g Absatz 6 die zu meldenden oder angeforderten Informationen entsprechend den Anforderungen des Erneuerbare-Energien-Gesetzes oder einer auf dieses Gesetz gestützten Rechtsverordnung an den Netzbetreiber gemeldet haben, dies der Markttransparenzstelle mitgeteilt wird und ein zeitnaher Datenzugriff durch die Markttransparenzstelle gesichert ist.**

(5) [1]**Die Verpflichtungen nach den Absätzen 1 bis 4 gelten für Unternehmen, wenn sie an einer inländischen Börse zur Teilnahme am Handel zugelassen sind oder wenn sich ihre Tätigkeiten im Geltungsbereich dieses Gesetzes auswirken.** [2]**Übermittelt ein Unternehmen mit Sitz außerhalb des Geltungsbereichs dieses Gesetzes die verlangten Informationen nicht, so kann die Markttransparenzstelle zudem die zuständige Behörde des Sitzstaates ersuchen, geeignete Maßnahmen zur Verbesserung des Zugangs zu diesen Informationen zu treffen.**

1 § 47e begründet die **gesetzlichen Mitteilungspflichten** von Großhändlern, Energieversorgungsunternehmen, Betreibern von Energieanlagen und Kunden- und Handelsplattformen; insoweit wird jeweils auf die Definition nach dem EnWG

Bezug genommen. Für den Kundenbegriff wird verwiesen auf § 3 Nr. 24 EnWG. Die dort auch erwähnten **„Letztverbraucher"** – also natürliche oder juristische Personen, die Energie für den eigenen Verbrauch kaufen (vgl. § 3 Nr. 25 EnWG) – sind aber ausdrücklich von der Mitteilungspflicht ausgenommen. Abs. 2 umschreibt den Gegenstand der Mitteilungspflicht, der in der nach § 47f zu erlassenden Rechtsverordnung weiter konkretisiert wird. Abs. 3 regelt, ebenfalls unter Bezugnahme auf die Rechtsverordnung, die Art der Übermittlung, Abs. 4 die Erfüllung der Mitteilungspflicht, mit der auch Dritte beauftragt werden können. Das ergibt sich auch aus Art. 8 VO 1227/2011, auf die Abs. 4 Nr. 1 verweist. Deren Abs. 4 sieht ausdrücklich auch vor, dass die der Markttransparenzstelle zu erteilenden Informationen von einem Dritten im Namen des Marktteilnehmers erstattet werden können. Abs. 5 konkretisiert das **Auswirkungsprinzip** des § 130 Abs. 2, der grds. auch für die §§ 47a ff. gilt. Der Mitteilungspflicht unterliegen hiernach auch ausländische Unternehmen, falls sich ihre Tätigkeit im Geltungsbereich des GWB auswirkt.

§ 47f Verordnungsermächtigung

Das Bundesministerium für Wirtschaft und Energie wird ermächtigt, im Wege der Rechtsverordnung, die nicht der Zustimmung des Bundesrates bedarf, im Einvernehmen mit dem Bundesministerium der Finanzen unter Berücksichtigung der Anforderungen von Durchführungsrechtsakten nach Artikel 8 Absatz 2 oder Absatz 6 der Verordnung (EU) Nr. 1227/2011
1. **nähere Bestimmungen zu Art, Inhalt und Umfang derjenigen Daten und Informationen, die die Markttransparenzstelle nach § 47d Absatz 1 Satz 2 durch Festlegungen von den zur Mitteilung Verpflichteten anfordern kann, zu erlassen sowie zum Zeitpunkt und zur Form der Übermittlung dieser Daten,**
2. **nähere Bestimmungen zu Art, Inhalt und Umfang derjenigen Daten und Informationen, die nach § 47d Absatz 1 Satz 5 an beauftragte Dritte geliefert werden sollen, zu erlassen sowie zum Zeitpunkt und zur Form der Übermittlung und zu den Adressaten dieser Daten,**
3. **vorzusehen, dass folgende Stellen der Markttransparenzstelle laufend Aufzeichnungen der Energiegroßhandelstransaktionen übermitteln:**
   a) **organisierte Märkte,**
   b) **Systeme zur Zusammenführung von Kauf- und Verkaufsaufträgen oder Meldesysteme,**
   c) **Handelsüberwachungsstellen an Börsen, an denen mit Strom und Gas gehandelt wird, sowie**
   d) **die in § 47i genannten Behörden,**
4. **vorzusehen, dass eine Börse oder ein geeigneter Dritter die Angaben nach § 47e Absatz 2 in Verbindung mit § 47g auf Kosten der Mitteilungsverpflichteten übermitteln darf oder zu übermitteln hat, und die Einzelheiten hierzu festzulegen oder die Markttransparenzstelle zu entsprechenden Festlegungen zu ermächtigen,**
5. **angemessene Bagatellgrenzen für die Meldung von Transaktionen und Daten festzulegen und Übergangsfristen für den Beginn der Mitteilungspflichten vorzusehen sowie**
6. **eine Registrierungspflicht für die Meldepflichtigen vorzusehen und die Markttransparenzstelle zu ermächtigen, den Meldepflichtigen hierfür ein zu nutzendes Registrierungsportal vorzugeben und die inhaltlichen und technischen Details der Registrierung festzulegen.**

§ 47f enthält eine Verordnungsermächtigung. Derzeit gibt es diese Verordnung 1
noch nicht, auch nicht in Entwurfsfassung. Die Verordnung ist vom **Bundesmi-**

nisterium für Wirtschaft und Energie im Einvernehmen mit dem Bundesministerium der Finanzen zu erlassen. In ihr werden der Inhalt der Mitteilungspflichten nach § 47d Abs. 1 S. 2 und 5 geregelt (Nr. 1 und 2) sowie Übermittlungspflichten von organisierten Märkten, Börsen und Behörden vorgesehen (Nr. 3 und 4). Nach Nr. 5 kann die Verordnung „angemessene **Bagatellgrenzen**" für die Meldung von Transaktionen und Daten festlegen. Damit soll eine übermäßige Belastung sowohl der Markttransparenzstelle als auch der ansonsten meldepflichtigen Personen vermieden werden. In der Verordnung sind auch „Durchführungsrechtsakte" nach Art. 8 Abs. 2 oder 5 VO 1227/2011 (→ Vor § 47a Rn. 1) zu berücksichtigen. In Art. 8 Abs. 2 lit. a VO 1227/2011 ist ausdrücklich auch vorgesehen, dass „angemessene Bagatellgrenzen" festgelegt werden. Mit der 9. GWB-Novelle 2017 wurde die Verordnungsermächtigung in Nr. 6 noch um die Einführung einer Registrierungspflicht erweitert.

§ 47g Festlegungsbereiche

(1) **Die Markttransparenzstelle entscheidet nach Maßgabe von § 47d Absatz 1 und § 47e sowie der nach § 47f zu erlassenden Rechtsverordnung durch Festlegungen zu den in den Absätzen 2 bis 12 genannten Bereichen, welche Daten und Kategorien von Daten wie zu übermitteln sind.**

(2) **(aufgehoben)**

(3) **Die Markttransparenzstelle kann festlegen, dass Betreiber von Erzeugungseinheiten mit mehr als 1 Megawatt und bis zu 10 Megawatt installierter Erzeugungskapazität je Einheit jährlich die Gesamtsumme der installierten Erzeugungskapazität aller Erzeugungseinheiten in der jeweiligen Regelzone, getrennt nach Erzeugungsart, angeben.**

(4) **Die Markttransparenzstelle kann festlegen, dass Betreiber von Verbrauchseinheiten von Elektrizität Angaben zu den folgenden Daten und Kategorien von Daten übermitteln:**

1. der geplante und ungeplante Minderverbrauch bei Verbrauchseinheiten mit mehr als 25 Megawatt maximaler Verbrauchskapazität je Verbrauchseinheit und

2. die Vorhaltung und Einspeisung von Regelenergie.

(5) **Die Markttransparenzstelle kann festlegen, dass Betreiber von Übertragungsnetzen im Sinne des § 3 Nummer 10 des Energiewirtschaftsgesetzes Angaben zu den folgenden Daten und Kategorien von Daten übermitteln:**

1. die Übertragungskapazität an Grenzkuppelstellen auf stündlicher Basis,

2. die Im- und Exportdaten auf stündlicher Basis,

3. die prognostizierte und die tatsächliche Einspeisung von Anlagen, die nach dem Erneuerbare-Energien-Gesetz vergütet werden, auf stündlicher Basis,

4. die Verkaufsangebote, die im Rahmen der Verordnung zur Weiterentwicklung des bundesweiten Ausgleichsmechanismus getätigt wurden, auf stündlicher Basis und

5. die Angebote und Ergebnisse der Regelenergieauktionen.

(6) **Die Markttransparenzstelle kann festlegen, dass Betreiber von Anlagen zur Erzeugung von Strom aus erneuerbaren Energien mit mehr als 10 Megawatt installierter Erzeugungskapazität Angaben zu den folgenden Daten und Kategorien von Daten übermitteln:**

1. die erzeugten Mengen nach Anlagentyp und

2. die Wahl der Veräußerungsform im Sinne des § 21b Absatz 1 des Erneuerbare-Energien-Gesetzes und die auf die jeweilige Veräußerungsform entfallenden Mengen.

(7) Die Markttransparenzstelle kann festlegen, dass Handelsplattformen für den Handel mit Strom und Erdgas Angaben zu den folgenden Daten und Kategorien von Daten übermitteln:
1. die Angebote, die auf den Plattformen getätigt wurden,
2. die Handelsergebnisse und
3. die außerbörslichen, nicht standardisierten Handelsgeschäfte, bei denen die Vertragspartner individuell bilaterale Geschäfte aushandeln (OTC-Geschäfte), deren geld- und warenmäßige Besicherung (Clearing) über die Handelsplattform erfolgt.

(8) [1]Die Markttransparenzstelle kann festlegen, dass Großhändler im Sinne des § 3 Nummer 21 des Energiewirtschaftsgesetzes, die mit Strom handeln, Angaben zu den in § 47e Absatz 2 Nummer 1 genannten Transaktionen übermitteln, soweit diese Transaktionen nicht von Absatz 7 erfasst sind. [2]Beim Handel mit Strom aus erneuerbaren Energien kann die Markttransparenzstelle auch festlegen, dass Großhändler nach Satz 1 Angaben zur Form der Direktvermarktung im Sinne des § 3 Nummer 16 des Erneuerbare-Energien-Gesetzes sowie zu den danach gehandelten Strommengen übermitteln.

(9) Die Markttransparenzstelle kann festlegen, dass Großhändler im Sinne des § 3 Nummer 21 des Energiewirtschaftsgesetzes, die mit Erdgas handeln, Angaben zu den folgenden Daten und Kategorien von Daten übermitteln:
1. die Grenzübergangsmengen und -preise und einen Abgleich von Import- und Exportmengen,
2. die im Inland geförderten Gasmengen und ihre Erstabsatzpreise,
3. die Importverträge (Grenzübergangsverträge),
4. die Liefermengen getrennt nach Distributionsstufe im Bereich der Verteilung,
5. die getätigten Transaktionen mit Großhandelskunden und Fernleitungsnetzbetreibern sowie mit Betreibern von Speicheranlagen und Anlagen für verflüssigtes Erdgas (LNG-Anlagen) im Rahmen von Gasversorgungsverträgen und Energiederivate nach § 3 Nummer 15a des Energiewirtschaftsgesetzes, die auf Gas bezogen sind, einschließlich Laufzeit, Menge, Datum und Uhrzeit der Ausführung, Laufzeit-, Liefer- und Abrechnungsbestimmungen und Transaktionspreisen,
6. die Angebote und Ergebnisse eigener Erdgasauktionen,
7. die bestehenden Gasbezugs- und Gaslieferverträge und
8. die sonstigen Gashandelsaktivitäten, die als OTC-Geschäfte durchgeführt werden.

(10) Die Markttransparenzstelle kann festlegen, dass Betreiber von Fernleitungsnetzen im Sinne des § 3 Nummer 5 des Energiewirtschaftsgesetzes Angaben zu folgenden Daten und Kategorien von Daten übermitteln:
1. die bestehenden Kapazitätsverträge,
2. die vertraglichen Vereinbarungen mit Dritten über Lastflusszusagen und
3. die Angebote und Ergebnisse von Ausschreibungen über Lastflusszusagen.

(11) Die Markttransparenzstelle kann festlegen, dass Marktgebietsverantwortliche im Sinne des § 3 Nummer 26a des Energiewirtschaftsgesetzes Angaben zu folgenden Daten und Kategorien von Daten übermitteln:
1. die bestehenden Regelenergieverträge,

2. die Angebote und Ergebnisse von Regelenergieauktionen und -ausschreibungen,
3. die getätigten Transaktionen an Handelsplattformen und
4. die sonstigen Gashandelsaktivitäten, die als OTC-Geschäfte durchgeführt werden.

(12) **Die Markttransparenzstelle kann festlegen, dass im Bereich der Regelenergie und von Biogas Angaben über die Beschaffung externer Regelenergie, über Ausschreibungsergebnisse sowie über die Einspeisung und Vermarktung von Biogas übermittelt werden.**

1 § 47g sieht vor, dass die Markttransparenzstelle im Einzelnen bestimmt, welche Angaben von den einzelnen mitteilungspflichtigen Unternehmen zu erstatten sind. **Abs. 1** konkretisiert die Auskunftsbefugnisse der Markttransparenzstelle nach § 47d und die Mitteilungspflichten der vom Strom- und Gas-Großhandel betroffenen und an ihm beteiligten Personen und Unternehmen durch bestimmte „Festlegungen". **Abs. 2** betrifft Betreiber von Stromerzeugungseinheiten und Speichereinheiten mit jeweils mehr als 10 Megawatt installierter Erzeugungs- oder Speicherkapazität (die 9. GWB-Novelle 2017 hat die ursprüngliche Befristung dieser Vorschrift aufgehoben), **Abs. 3** Betreiber von Erzeugungseinheiten mit mehr als 1 Megawatt bis zu 10 Megawatt installierter Erzeugungskapazität. **Abs. 4** betrifft Betreiber von Strom-Verbrauchseinheiten, **Abs. 5** Betreiber von Übertragungsnetzen, **Abs. 6** Betreiber von Stromerzeugungsanlagen aus erneuerbaren Energien, **Abs. 7** Handelsplattformen für Strom und Gas, **Abs. 8 und 9** Strom- und Gasgroßhändler, die nicht zugleich Netzbetreiber sind, **Abs. 10** Betreiber von Fernleitungsnetzen, **Abs. 11** die Marktgebietsverantwortlichen für die Gas-Marktgebiete und **Abs. 12** die für die Regelenergie bzw. das Biogas zuständigen Unternehmen.

2 § 47g verwendet insoweit die Begriffe **„Festlegungsbereich"** und **„Festlegung"**. Diese Begriffe werden auch in § 47d S. 2, 3 und 8 verwendet. Mit „Festlegung" ist die generelle Regelung von Details der Mitteilungspflichten gemeint. Nach § 47d S. 2 werden sie „gegenüber Einzelnen, einer Gruppe oder alle der in § 47e Abs. 1 genannten Personen und Unternehmen" getroffen. Es handelt sich, soweit nicht an eine einzelne Person gerichtet, verwaltungsrechtlich um **Allgemeinverfügungen.** Mit dem Begriff der Festlegungsbereiche sind die Bereiche gemeint, die in § 47g Abs. 2–12 genannt sind. Die Entwürfe für diese Festlegungen sind nach § 47b Abs. 5 betroffenen Behörden, Interessenvertretern und Marktteilnehmern zur Stellungnahme zuzuleiten; außerdem sind sie nach § 47h Abs. 3 auf der Internetseite der Markttransparenzstelle zu veröffentlichen.

§ 47h Berichtspflichten, Veröffentlichungen

(1) **Die Markttransparenzstelle unterrichtet das Bundesministerium für Wirtschaft und Energie über die Übermittlung von Informationen nach § 47b Absatz 7 Satz 1.**

(2) **[1]Die Markttransparenzstelle erstellt alle zwei Jahre einen Bericht über ihre Tätigkeit. [2]Soweit der Großhandel mit Elektrizität und Erdgas betroffen ist, erstellt sie ihn im Einvernehmen mit dem Bundeskartellamt. [3]Geschäftsgeheimnisse, von denen die Markttransparenzstelle bei der Durchführung ihrer Aufgaben Kenntnis erhalten hat, werden aus dem Bericht entfernt. [4]Der Bericht wird auf der Internetseite der Markttransparenzstelle veröffentlicht. [5]Der Bericht kann zeitgleich mit dem Bericht des Bundeskartellamts nach § 53 Absatz 3 erfolgen und mit diesem verbunden werden.**

(3) **Die Markttransparenzstelle veröffentlicht die nach § 47b Absatz 5 erstellten Listen und deren Entwürfe auf ihrer Internetseite.**

(4) [1]**Die Markttransparenzstelle kann im Einvernehmen mit dem Bundeskartellamt zur Verbesserung der Transparenz im Großhandel diejenigen Erzeugungs- und Verbrauchsdaten veröffentlichen, die bisher auf der Transparenzplattform der European Energy Exchange AG und der Übertragungsnetzbetreiber veröffentlicht werden, sobald diese Veröffentlichung eingestellt wird. [2]Die nach dem Energiewirtschaftsgesetz und darauf basierenden Rechtsverordnungen sowie die nach europäischem Recht bestehenden Veröffentlichungspflichten der Marktteilnehmer zur Verbesserung der Transparenz auf den Strom- und Gasmärkten bleiben unberührt.**

§ 47h regelt die Berichtspflichten und Veröffentlichungstätigkeit der Markttransparenzstelle. Die 9. GWB-Novelle 2017 ersetzte das Einvernehmen mit der Bundesnetzagentur durch das Einvernehmen mit dem BKartA. Nach Abs. 1 hat sie das Bundeswirtschaftsministerium zu informieren, wenn sie nach § 47g Abs. 7 S. 1 die Bundesnetzagentur oder das BKartA über Anhaltspunkte für Gesetzverstöße informiert. Nach Abs. 2 erstellt die Markttransparenzstelle alle zwei Jahre einen **Bericht über ihre Tätigkeit.** Er kann zeitgleich mit dem Bericht des BKartA nach § 53 Abs. 3 erfolgen. Es ist deswegen damit zu rechnen, dass er sich an den Jahresrhythmus des BKartA anpasst (der nächste Bericht ist für 2011/2012 zu erwarten). Abs. 3 sieht vor, dass die nach § 47b Abs. 5 zu erstellenden **Entwürfe der Festlegungen** nach § 47g zu veröffentlichen sind. Abs. 4 verpflichtet die Markttransparenzstelle, im Einvernehmen mit dem BKartA die Veröffentlichungspraxis der Transparenzplattform der European Energy Exchange AG (EEEX) und der Übertragungsnetzbetreiber fortzuführen, sobald diese Veröffentlichung eingestellt wird. 1

§ 47i Zusammenarbeit mit anderen Behörden und Aufsichtsstellen

(1) [1]**Das Bundeskartellamt und die Bundesnetzagentur arbeiten bei der Wahrnehmung der Aufgaben der Markttransparenzstelle nach § 47b mit folgenden Stellen zusammen:**
1. **der Bundesanstalt für Finanzdienstleistungsaufsicht,**
2. **den Börsenaufsichtsbehörden sowie Handelsüberwachungsstellen derjenigen Börsen, an denen Elektrizität und Gas sowie Energiederivate im Sinne des § 3 Nummer 15a des Energiewirtschaftsgesetzes gehandelt werden,**
3. **der Agentur für die Zusammenarbeit der Energieregulierungsbehörden und der Europäischen Kommission, soweit diese Aufgaben nach der Verordnung (EU) Nr. 1227/2011 wahrnehmen, und**
4. **den Regulierungsbehörden anderer Mitgliedstaaten.**

[2]**Diese Stellen können unabhängig von der jeweils gewählten Verfahrensart untereinander Informationen einschließlich personenbezogener Daten und Betriebs- und Geschäftsgeheimnisse austauschen, soweit dies zur Erfüllung ihrer jeweiligen Aufgaben erforderlich ist. [3]Sie können diese Informationen in ihren Verfahren verwerten. [4]Beweisverwertungsverbote bleiben unberührt. [5]Die Regelungen über die Rechtshilfe in Strafsachen sowie Amts- und Rechtshilfeabkommen bleiben unberührt.**

(2) **Die Markttransparenzstelle kann mit Zustimmung des Bundesministeriums für Wirtschaft und Energie Kooperationsvereinbarungen mit der Bundesanstalt für Finanzdienstleistungsaufsicht, den Börsenaufsichtsbehörden sowie Handelsüberwachungsstellen derjenigen Börsen, an denen Elektrizität und Gas sowie Energiederivate im Sinne des § 3 Nummer 15a des Energiewirtschaftsgesetzes gehandelt werden, und der Agentur für die Zusammenarbeit der Energieregulierungsbehörden schließen.**

1 § 47i regelt die Zusammenarbeit der Markttransparenzstelle mit anderen Behörden als dem BKartA und der Bundesnetzagentur; sie entspricht im Wesentlichen der allgemeinen Regelung in § 50c. Die Zusammenarbeit bzw. die Integration der Markttransparenzstelle in die Bundesnetzagentur und das BKartA ist in § 47a geregelt; dort ist insbes. der Abschluss einer Kooperationsvereinbarung zwischen den beiden Behörden vorgesehen. Soweit für die Arbeit der Markttransparenzstelle erforderlich, hat diese auch mit der **BaFin,** den **Börsenaufsichtsbehörden** und der Europäischen Agentur für die Zusammenarbeit der europäischen Energieregulierungsbehörden und der Europäischen Kommission sowie mit den Regulierungsbehörden anderer Mitgliedstaaten zusammenzuarbeiten. Mit Abs. 1 Nr. 3 kommt das Gesetz der Verpflichtung nach Art. 7 VO 1227/2011 nach, wonach die nationalen Regulierungsbehörden und die nationalen Markttransparenzstellen mit der Europäischen Agentur zusammenzuarbeiten haben. Die S. 2–5 legitimieren den Informations- und Datenaustausch zwischen den Behörden auf nationaler und internationaler Ebene. Abs. 2 sieht die Möglichkeit vor, dass die Markttransparenzstelle **Kooperationsvereinbarungen** mit der BaFin, den Börsenaufsichtsbehörden und den Handelsüberwachungsstellen und der Europäischen Agentur schließt. Diese Kooperationsvereinbarungen sind nicht in der gleichen Weise verpflichtend wie die in § 47a vorgesehene zwingende Kooperationsvereinbarung zwischen der Bundesnetzagentur und dem BKartA, in der die Einzelheiten der Zusammenarbeit festzulegen sind.

§ 47j Vertrauliche Informationen, operationelle Zuverlässigkeit, Datenschutz

(1) [1]**Informationen, die die Markttransparenzstelle bei ihrer Aufgabenerfüllung im gewöhnlichen Geschäftsverkehr erlangt oder erstellt hat, unterliegen der Vertraulichkeit.** [2]**Die Beschäftigten bei der Markttransparenzstelle sind zur Verschwiegenheit über die vertraulichen Informationen im Sinne des Satzes 1 verpflichtet.** [3]**Andere Personen, die vertrauliche Informationen erhalten sollen, sind vor der Übermittlung besonders zur Geheimhaltung zu verpflichten, soweit sie nicht Amtsträger oder für den öffentlichen Dienst besonders Verpflichtete sind.** [4]**§ 1 Absatz 2, 3 und 4 Nummer 2 des Verpflichtungsgesetzes gilt entsprechend.**

(2) [1]**Die Markttransparenzstelle stellt zusammen mit der Bundesnetzagentur die operationelle Zuverlässigkeit der Datenbeobachtung sicher und gewährleistet Vertraulichkeit, Integrität und Schutz der eingehenden Informationen.** [2]**Die Markttransparenzstelle ist dabei an dasselbe Maß an Vertraulichkeit gebunden wie die übermittelnde Stelle oder die Stelle, welche die Informationen erhoben hat.** [3]**Die Markttransparenzstelle ergreift alle erforderlichen Maßnahmen, um den Missbrauch der in ihren Systemen verwalteten Informationen und den nicht autorisierten Zugang zu ihnen zu verhindern.** [4]**Die Markttransparenzstelle ermittelt Quellen betriebstechnischer Risiken und minimiert diese Risiken durch die Entwicklung geeigneter Systeme, Kontrollen und Verfahren.**

(3) **Für Personen, die Daten nach § 47d Absatz 1 Satz 5 erhalten sollen oder die nach § 47c Absatz 4 Daten erhalten, gilt Absatz 1 entsprechend.**

(4) **Die Markttransparenzstelle darf personenbezogene Daten, die ihr zur Erfüllung ihrer Aufgaben nach § 47b mitgeteilt werden, nur speichern, verändern und nutzen, soweit dies zur Erfüllung der in ihrer Zuständigkeit liegenden Aufgaben und für die Zwecke der Zusammenarbeit nach Artikel 7 Absatz 2 und Artikel 16 der Verordnung (EU) Nr. 1227/2011 erforderlich ist.**

(5) **Die Akteneinsicht der von den Entscheidungen der Markttransparenzstelle nach § 47b Absatz 5 und 7, § 47d Absatz 1 und 2, den §§ 47e und 47g sowie nach § 81 Absatz 2 Nummer 2 Buchstabe c und d, Nummer 5a und 6 in eigenen Rechten Betroffenen ist beschränkt auf die Unterlagen, die allein dem Rechtsverhältnis zwischen dem Betroffenen und der Markttransparenzstelle zuzuordnen sind.**

§ 47j sichert in erster Linie die Vertraulichkeit der Informationen, über die die 1
Markttransparenzstelle verfügt. Zu diesem Zweck ist ausdrücklich vorgesehen, dass die bei der Markttransparenzstelle beschäftigten Personen zur Verschwiegenheit verpflichtet sind; andere Personen, die nicht bei ihr beschäftigt sind, aber mit ihr zulässigerweise zusammenarbeiten, sind zur **Vertraulichkeit** besonders zu verpflichten. Insoweit wird in S. 4 auf einzelne Bestimmungen des Verpflichtungsgesetzes verwiesen (Gesetz über die förmliche Verpflichtung nicht beamteter Personen vom 2.3.1974, BGBl. 1974 I 469 (547)). Nach Abs. 2 stellt die Markttransparenzstelle zusammen mit der Bundesnetzagentur die **„operationelle Zuverlässigkeit der Datenbeobachtung"** sicher und gewährleistet die Vertraulichkeit, Integrität und Schutz der eingehenden Informationen. In Abs. 4 wird die datenschutzrechtliche Behandlung der Daten klargestellt. Personenbezogene Daten dürfen nur in dem Umfang gespeichert, verändert und genutzt werden, der zur Erfüllung der Aufgaben der Markttransparenzstelle und für die Zwecke der Zusammenarbeit nach Art. 7 Abs. 2 VO 1227/2011 und Art. 16 VO 1227/2011 erforderlich ist. Auf dieser Grundlage ist auch ein Datenaustausch mit der Europäischen Agentur und den nationalen Regulierungsbehörden anderer Mitgliedstaaten zulässig.

Abs. 5 enhält eine **Spezialregelung der Einsicht in die Akten** der Markttrans- 2
parenzstelle. Dabei wird allgemein von „Entscheidungen" der Markttransparenzstelle gesprochen, obwohl nicht in allen Fällen, auf die verwiesen wird, solche Entscheidung ergehen. Der Verweis auch auf § 81 – in der durch das Gesetz vom 6.6.2013 (BGBl. 2013 I 1482) ab 1.9.2013 gültigen Fassung – zeigt, dass Abs. 5 die **Akteneinsicht sowohl in Verwaltungs- als auch in Bußgeldverfahren** regelt. Entscheidungen ergehen auf der Grundlage des § 47d Abs. 1 und 2 (insbes. Auskunftsverfügungen) und des § 47g (Festlegungen über die zu übermittelnden Daten und Datenkategorien) sowie als Bußgeldentscheidungen der Bundesnetzagentur auf der Grundlage des § 81 Abs. 2 Nr. 5a und 6 (§ 81 Abs. 2 Nr. 1, → § 82 Rn. 4), nicht aber auf der Grundlage des § 47b Abs. 5 und 7 sowie des § 47e. Dennoch können die Akten, die im Zusammenhang mit der Tätigkeit der Markttransparenzstelle auf den genannten Rechtsgrundlagen entstehen, relevant sein für Verwaltungs- und Bußgeldverfahren gegen betroffene Unternehmen. In allen genannten Fällen beschränkt sich die Akteneinsicht auf die Unterlagen, „die allein dem Rechtsverhältnis zwischen den Betroffenen und der Markttransparenzstelle zuzuordnen sind".

Abschnitt 2. Markttransparenzstelle für Kraftstoffe

§ 47k Marktbeobachtung im Bereich Kraftstoffe

(1) **[1]Beim Bundeskartellamt wird eine Markttransparenzstelle für Kraftstoffe eingerichtet. [2]Sie beobachtet die Wertschöpfungsstufen der Herstellung von und des Handels mit Kraftstoffen, um den Kartellbehörden die Aufdeckung und Sanktionierung von Verstößen gegen die §§ 1, 19 und 20 dieses Gesetzes und die Artikel 101 und 102 des Vertrages über die Arbeitsweise der Europäischen Union zu erleichtern. [3]Sie nimmt ihre Aufgaben nach Maßgabe der Absätze 2 bis 9 wahr.**

(2) [1]**Betreiber von öffentlichen Tankstellen, die Letztverbrauchern Kraftstoffe zu selbst festgesetzten Preisen anbieten, sind verpflichtet, nach Maßgabe der Rechtsverordnung nach Absatz 8**
1. **bei jeder Änderung ihrer Kraftstoffpreise diese in Echtzeit und unterschieden nach der jeweiligen Kraftstoffsorte sowie**
2. **die im Laufe eines bestimmten Zeitraums abgegebenen Kraftstoffmengen unterschieden nach der jeweiligen Kraftstoffsorte**

an die Markttransparenzstelle für Kraftstoffe zu übermitteln. [2]**Werden dem Betreiber die Verkaufspreise von einem anderen Unternehmen vorgegeben, so ist das Unternehmen, das über die Preissetzungshoheit verfügt, zur Übermittlung verpflichtet.**

(3) [1]**Kraftstoffe im Sinne dieser Vorschrift sind Ottokraftstoffe und Dieselkraftstoffe.** [2]**Öffentliche Tankstellen sind Tankstellen, die sich an öffentlich zugänglichen Orten befinden und die ohne Beschränkung des Personenkreises aufgesucht werden können.**

(4) [1]**Bestehen Anhaltspunkte dafür, dass ein Unternehmen gegen die in Absatz 1 genannten gesetzlichen Bestimmungen verstößt, muss die Markttransparenzstelle für Kraftstoffe umgehend die zuständige Kartellbehörde informieren und den Vorgang an sie abgeben.** [2]**Hierzu oder auf Anfrage einer Kartellbehörde leitet sie alle von dieser für deren Aufgaben nach diesem Gesetz benötigten oder angeforderten Informationen und Daten unverzüglich an diese weiter.** [3]**Die Markttransparenzstelle für Kraftstoffe stellt die von ihr nach Absatz 2 erhobenen Daten ferner den folgenden Behörden und Stellen zur Verfügung:**
1. **dem Bundesministerium für Wirtschaft und Energie für statistische Zwecke und zu Evaluierungszwecken sowie**
2. **der Monopolkommission für deren Aufgaben nach diesem Gesetz.**

[4]**Standortinformationen, aggregierte oder ältere Daten kann die Markttransparenzstelle für Kraftstoffe auch an weitere Behörden und Stellen der unmittelbaren Bundes- und Landesverwaltung für deren gesetzliche Aufgaben weitergeben, Mengendaten jedoch nur derart aggregiert, dass die Betriebs- und Geschäftsgeheimnisse der einzelnen Betreiber gewahrt bleiben.**

(5) [1]**Die Markttransparenzstelle für Kraftstoffe wird nach Maßgabe der Rechtsverordnung nach Absatz 8 ermächtigt, die nach Absatz 2 erhobenen Preisdaten elektronisch an Anbieter von Verbraucher-Informationsdiensten zum Zweck der Verbraucherinformation weiterzugeben.** [2]**Bei der Veröffentlichung oder Weitergabe dieser Preisdaten an Verbraucherinnen und Verbraucher müssen die Anbieter von Verbraucher-Informationsdiensten die in der Rechtsverordnung nach Absatz 8 Nummer 5 näher geregelten Vorgaben einhalten.** [3]**Die Markttransparenzstelle für Kraftstoffe ist befugt, bei Nichteinhaltung dieser Vorgaben von einer Weitergabe der Daten abzusehen.**

(6) **Die Markttransparenzstelle für Kraftstoffe stellt die operationelle Zuverlässigkeit der Datenbeobachtung sicher und gewährleistet Vertraulichkeit, Integrität und Schutz der eingehenden Informationen.**

(7) **Zur Erfüllung ihrer Aufgaben hat die Markttransparenzstelle für Kraftstoffe die Befugnisse nach §§ 59, 59a und 59b.**

(8) [1]**Das Bundesministerium für Wirtschaft und Energie wird ermächtigt, im Wege der Rechtsverordnung, die nicht der Zustimmung des Bundesrates bedarf, Vorgaben zu den Meldepflichten nach Absatz 2 und zur Weitergabe der Preisdaten nach Absatz 5 zu erlassen, insbesondere**

1. nähere Bestimmungen zum genauen Zeitpunkt oder Zeitraum sowie zur Art und Form der Übermittlung der Daten nach Absatz 2 zu erlassen,
2. angemessene Bagatellgrenzen für die Meldepflicht nach Absatz 2 vorzusehen und unterhalb dieser Schwelle für den Fall einer freiwilligen Unterwerfung unter die Meldepflichten nach Absatz 2 nähere Bestimmungen zu erlassen,
3. nähere Bestimmungen zu den Anforderungen an die Anbieter von Verbraucher-Informationsdiensten nach Absatz 5 zu erlassen,
4. nähere Bestimmungen zu Inhalt, Art, Form und Umfang der Weitergabe der Preisdaten durch die Markttransparenzstelle für Kraftstoffe an die Anbieter nach Absatz 5 zu erlassen sowie
5. nähere Bestimmungen zu Inhalt, Art, Form und Umfang der Veröffentlichung oder Weitergabe der Preisdaten an Verbraucherinnen und Verbraucher durch die Anbieter von Verbraucher-Informationsdiensten nach Absatz 5 zu erlassen.

[2]Die Rechtsverordnung ist dem Bundestag vom Bundesministerium für Wirtschaft und Energie zuzuleiten. [3]Sie kann durch Beschluss des Bundestages geändert oder abgelehnt werden. [4]Änderungen oder die Ablehnung sind dem Bundesministerium für Wirtschaft und Energie vom Bundestag zuzuleiten. [5]Hat sich der Bundestag nach Ablauf von drei Sitzungswochen nach Eingang der Rechtsverordnung nicht mit ihr befasst, gilt die Zustimmung des Bundestages als erteilt.

(9) **[1]Entscheidungen der Markttransparenzstelle für Kraftstoffe trifft die Person, die sie leitet. [2]§ 51 Absatz 5 gilt für alle Mitarbeiterinnen und Mitarbeiter der Markttransparenzstelle für Kraftstoffe entsprechend.**

§ 47k regelt die Tätigkeit der Markttransparenzstelle für Kraftstoffe. Die Regelung wurde durch die 11. GWB-Novelle erweitert, **zur Anwendbarkeit § 186**. Die Markttransparenzstelle für Kraftstoffe hat **nichts zu tun mit der Markttransparenzstelle Strom und Gas,** die in den §§ 47a–47j unter weitgehender EU-rechtlicher Vorbestimmung geregelt ist. Für die Marktbeobachtung im Bereich der Kraftstoffe gibt es keine EU-rechtlichen Vorgaben. Es gibt auch keine direkte oder indirekte Zuständigkeit der Bundesnetzagentur. Deswegen ist die Markttransparenzstelle für Kraftstoffe **ausschließlich beim BKartA** eingerichtet. Sie ist eine Abteilung des BKartA außerhalb der Beschlussabteilungsorganisation. § 47k Abs. 9 spricht von der Person, die die Markttransparenzstelle leitet. Da die Beamten und Angestellten der Markttransparenzstelle für Kraftstoffe „Mitglieder" des BKartA sind, wäre an sich § 51 Abs. 5 unmittelbar anwendbar; § 47k Abs. 9 S. 2 hält dennoch die Regelung für erforderlich, dass diese Bestimmung für alle Mitarbeiterinnen und Mitarbeiter der Markttransparenzstelle „entsprechend" gilt. Daraus ergibt sich, dass sie weder ein Unternehmen innehaben noch leiten dürfen, noch dürfen sie Mitglied des Vorstandes oder des Aufsichtsrates eines Unternehmens, eines Kartells oder einer Wirtschafts- oder Berufsvereinbarung sein. 1

Aufgabe der Markttransparenzstelle für Kraftstoffe ist die Beobachtung des Handels mit Kraftstoffen, um **mögliche Verstöße gegen das Kartellverbot und die Missbrauchsverbote der §§ 1, 19 und 20 sowie der Art. 101 und 102 AEUV** festzustellen. Die Verfahren, die bei dem Verdacht solcher Verstöße durchzuführen sind und die Entscheidungen, die sich daran anschließen, sind ausschließlich Aufgabe der zuständigen Beschlussabteilung des BKartA, nicht der Markttransparenzstelle selbst. 2

Abs. 2 sieht umfangreiche **Meldepflichten** über **Kraftstoffpreise nach -sorten**, deren Änderungen und nach der 11. GWB-Novelle den im jeweiligen Preiszeitraum abgesetzten **Mengen** für Betreiber von öffentlichen Tankstellen vor. Auf- 3 grund der Erkenntnisse aus einem Bericht des Bundesministeriums für Wirtschaft und Energie wurde durch die **11. GWB-Novelle** in Abs. 2 eine Ermächtigung zur Erhebung von **Mengendaten** eingefügt, um die Auswirkungen auf den Wettbewerb besser beurteilen zu können. Die nach Abs. 8 erlassene **Verordnung zur Markttransparenzstelle** für Kraftstoffe vom 22.3.2013 (MTS-Kraftstoff-Verordnung, BGBl. 2013 I 595, Anhang B 5) regelt die Details der Vorgaben zur Meldepflicht nach Abs. 2 und zur Weitergabe der Daten nach Abs. 5 an Anbieter von Verbraucherdienstinformationen. Sie sieht in § 3 **„angemessene Bagatellschwellen"** für die Meldepflichten vor.

4 Wenn die Markttransparenzstelle für Kraftstoffe Anhaltspunkte für Kartellverstöße erlangt, ist sie nach Abs. 4 S. 1, 2 verpflichtet, diese Informationen an die **zuständige Kartellbehörde** weiterzugeben. Als zuständige Kartellbehörden im Wirkungsbereich der Markttransparenzstelle für Kraftstoffe kommen das BKartA und die Landeskartellbehörden in Betracht. Eine Informationspflicht gegenüber der EU-Kommission ist allenfalls dann gegeben, wenn Anhaltspunkte für Rechtsverstöße vorliegen, die sich ausschließlich außerhalb der Bundesrepublik Deutschland auswirken. Wenn bei Auswirkungen in der Bundesrepublik Deutschland auch Verstöße gegen Art. 101 und Art. 102 AEUV in Betracht kommen, genügt die Information einer deutschen Kartellbehörde.

5 Außerdem stellt die Markttransparenzstelle für Kraftstoffe die nach Abs. 2 gemeldeten Daten nach **Abs. 4 S. 3 Nr. 1 dem Bundesministerium für Wirtschaft und Energie** für statistische Zwecke und Evaluierungszwecke und nach **Abs. 4 S. 3 Nr. 2 der Monopolkommission** für ihre gesetzlichen Aufgaben (Gutachtertätigkeit) zur Verfügung. **Andere Behörden** und Stellen der unmittelbaren Bundes- und Landesverwaltung können nach Abs. 4 S. 3 Standortinformationen, aggregierte oder ältere Daten kann die Markttransparenzstelle für Kraftstoffe zur Verfügung gestellt bekommen, Mengendaten nach Neufassung von Abs. 4 S. 4 durch die 11. GWB-Novelle aber nur so aggregiert weitergegeben, dass die Betriebs- und Geschäftsgeheimnisse der einzelnen Betreiber gewahrt bleiben.

6 Die Markttransparenzstelle ist nach Abs. 5 ermächtigt, die nach Abs. 2 erhobenen Informationen **an Anbieter von Verbraucherinformationsdiensten weiterzugeben.** Ziel der dadurch bewirkten Veröffentlichung der Daten ist, dem Verbraucher die Möglichkeit zu geben, von den jeweils günstigen Angeboten Gebrauch zu machen und dadurch die Wettbewerbsintensität zu fördern.

Abschnitt 3. Evaluierung

§ 47l Evaluierung der Markttransparenzstellen

[1]Das Bundesministerium für Wirtschaft und Energie berichtet den gesetzgebenden Körperschaften über die Ergebnisse der Arbeit der Markttransparenzstellen und die hieraus gewonnenen Erfahrungen. [2]Die Berichterstattung für den Großhandel mit Strom und Gas erfolgt fünf Jahre nach Beginn der Mitteilungspflichten nach § 47e Absatz 2 bis 5 in Verbindung mit der Rechtsverordnung nach § 47 f. [3]Die Berichterstattung für den Kraftstoffbereich erfolgt drei Jahre nach Beginn der Meldepflicht nach § 47k Absatz 2 in Verbindung mit der Rechtsverordnung nach § 47k Absatz 8 und soll insbesondere auf die Preisentwicklung und die Situation der mittelständischen Mineralölwirtschaft eingehen.

1 § 47l verpflichtet das Bundeswirtschaftsministerium zu **Evaluierungsberichten** über die Erfahrungen mit der Tätigkeit der Markttransparenzstellen. Diese sind den gesetzgebenden Körperschaften (Bundestag, Bundesrat) zuzuleiten. Für die Bericht-

erstattung für den Großhandel mit Strom und Gas ist eine Frist von **fünf Jahren** nach Beginn der Mitteilungspflichten nach § 47e Abs. 2–5 vorgesehen. Der Beginn der Mitteilungspflichten setzt den Erlass der Rechtsverordnung voraus, sodass das Ende der Fünfjahresfrist noch nicht feststeht. Für die Berichterstattung für den Kraftstoffbereich ist eine Frist von **drei Jahren** vorgesehen. Der Zweck der Evaluierung ist einerseits die Bewertung der wettbewerblichen Entwicklung der betroffenen Märkte, andererseits aber auch, den Gesetzgeber zu veranlassen, die gesetzlichen Regelungen aufgrund der gewonnenen Erfahrungen zu ändern, zu verschärfen oder entschärfen.

Teil 2. Kartellbehörden

Vorbemerkung §§ 48–53

1 Der Zweite Teil des Gesetzes mit der Überschrift „Kartellbehörden" entspricht im Wesentlichen dem früheren Dritten Teil „Behörden" des GWB in der bis zur 6. GWB-Novelle 1998 geltenden Fassung (§§ 44 ff. aF). Der Erste Abschnitt befasst sich mit den Zuständigkeiten allgemein, der Zweite Abschnitt mit dem BKartA. Die 7. GWB-Novelle 2005 hat §§ 49 und 50 wesentlich geändert und §§ 50a–50c neu eingeführt. Die 8. GWB-Novelle 2013 brachte eine Änderung des § 50a Abs. 1 sowie redaktionelle Änderungen der §§ 50b und 50c. Die **9. GWB-Novelle 2017** erweiterte die Behördenzusammenarbeit in § 50c auf Datenschutzbehörden und die Kommission zur Ermittlung der Konzentration im Medienbereich (KEK).

2 Die 10. GWB-Novelle 2021 harmonisiert die Zusammenarbeit der europäischen Wettbewerbsbehörden in **Umsetzung der ECN+-Richtlinie.** Zudem wird die Durchsetzung des EU-Kartellrechts – darin besteht eine wesentliche Änderung zur bisherigen Rechtslage – ausschließlich auf das Bundeskartellamt übertragen. Die **11. GWB-Novelle 2023** erweitert die Zuständigkeit des BKartA auf Maßnahmen nach dem DMA.

Kapitel 1. Allgemeine Vorschriften

§ 48 Zuständigkeit

(1) **Kartellbehörden sind das Bundeskartellamt, das Bundesministerium für Wirtschaft und Energie und die nach Landesrecht zuständigen obersten Landesbehörden.**

(2) [1]**Weist eine Vorschrift dieses Gesetzes eine Zuständigkeit nicht einer bestimmten Kartellbehörde zu, so nimmt das Bundeskartellamt die in diesem Gesetz der Kartellbehörde übertragenen Aufgaben und Befugnisse wahr, wenn die Wirkung des wettbewerbsbeschränkenden oder diskriminierenden Verhaltens oder einer Wettbewerbsregel über das Gebiet eines Landes hinausreicht.** [2]**In allen übrigen Fällen nimmt diese Aufgaben und Befugnisse die nach Landesrecht zuständige oberste Landesbehörde wahr.**

(3) [1]**Das Bundeskartellamt führt ein Monitoring durch über den Grad der Transparenz, auch der Großhandelspreise, sowie den Grad und die Wirksamkeit der Marktöffnung und den Umfang des Wettbewerbs auf Großhandels- und Endkundenebene auf den Strom- und Gasmärkten sowie an Elektrizitäts- und Gasbörsen.** [2]**Das Bundeskartellamt wird die beim Monitoring gewonnenen Daten der Bundesnetzagentur unverzüglich zur Verfügung stellen.**

1. Überblick

1 § 48 Abs. 1 und 2 entsprechen im Wesentlichen § 44 Abs. 1 idF bis zur 6. GWB-Novelle 1998 der allerdings die Zuständigkeiten nach einem Enumerationsprinzip aufführte. **Ohne sachliche Änderung gegenüber dem früheren Rechtszustand** geht § 48 Abs. 2 davon aus, dass im Regelfall, wenn es im Zusammenhang mit den Einzelvorschriften keine Spezialzuweisung gibt, das BKartA für die Wettbewerbsbe-

schränkungen zuständig ist, die über das Gebiet eines Landes hinausreichen, im Übrigen die Landeskartellbehörden. Abs. 3 ist zusammen mit § 53 Abs. 3 durch das Gesetz zur Neuregelung energiewirtschaftsrechtlicher Vorschriften vom 26.7.2011 (BGBl. 2011 I 1554) eingefügt worden.

2 § 48 Abs. 1 zählt die **Kartellbehörden** auf, nämlich das BKartA, das Bundesministerium für Wirtschaft und Technologie (BWM) und die nach Landesrecht zuständigen Obersten Landesbehörden. Die näheren Vorschriften über das **BKartA** sind in den §§ 51–53 enthalten. Das Gesetz enthält keine näheren Vorschriften über das **Bundesministerium für Wirtschaft und Technologie** als Kartellbehörde (die Änderung der Bezeichnung in „und Technologie" wurde durch die 9. ZuständigkeitsanpassungsVO und die GWB-Novelle 2007 vorgenommen). Das Gesetz verwendet in § 42 nicht das Wort „Bundesministerium", sondern „Bundesminister". Rechtlich ergeben sich daraus aber keine Unterschiede. Vielmehr soll die personenbezogene Formulierung lediglich die persönliche politische Verantwortung des Ministers unterstreichen (dazu Begr. z. RegE der 6. GWB-Novelle BR-Drs. 852/97, 62). Die nach Landesrecht zuständigen **Obersten Landesbehörden** werden üblicherweise als **„Landeskartellbehörden"** bezeichnet. Diese sind nicht in der gleichen Weise wie das BKartA verselbstständigt. Vielmehr sind sie voll in die Ministerialbürokratie integriert. Es wird also nicht ein „Landeskartellamt" tätig, sondern das Ministerium oder der Senator für Wirtschaft als „Landeskartellbehörde". Die Europäische Kommission ist nicht „Kartellbehörde" iSv Abs. 1 und iSd GWB insgesamt.

3 Wird eine Verfügung durch eine **unzuständige Behörde** erlassen (zB Landeskartellbehörde anstatt BKartA), so berührt das grds. nicht deren Wirksamkeit. In **Verwaltungs-Beschwerdeverfahren** kann die Unzuständigkeit nur gerügt werden, wenn sie vorher schon gegenüber der Kartellbehörde beanstandet worden war (§ 55 Abs. 2; dazu KG WuW/E 2148 – Sonntag Aktuell); ist sie rechtzeitig gerügt worden, ist die Verfügung aufzuheben. Im **Bußgeldverfahren** soll die Unzuständigkeit grds. unbeachtlich sein und daher im gerichtlichen Einspruchsverfahren nicht zum Freispruch führen (dazu BGH WuW/E 1489 – Brotindustrie); das ist jedenfalls dann, wenn das Einspruchsgericht ein anderes ist als das, das bei einem Bußgeldbescheid der zuständigen Behörde zuständig wäre, im Hinblick auf die Garantie des gesetzlichen Richters (Art. 101 Abs. 1 S. 2 GG) bedenklich.

2. Zuständigkeit des BKartA

4 **a) Ausdrückliche Zuständigkeitsregeln.** Das BKartA ist kraft ausdrücklicher Regelung ausschließlich zuständig für die Missbrauchsaufsicht über Preisbindung bei Zeitungen und Zeitschriften (§ 30 Abs. 3) und die Fusionskontrolle (§§ 35, 36 Abs. 1). Diese Zuständigkeit gilt nicht nur für Verwaltungsmaßnahmen, sondern grds. auch für Bußgeldverfahren. Nach dem Gesetzeswortlaut ist unklar, ob diese ausschließliche Zuständigkeit auch für **Bußgeldverfahren** wegen – nach § 81 Abs. 2 Nr. 2a ordnungswidrigen – Verstößen gegen eine Verfügung des BKartA wegen Missbrauchs der **Preisbindung für Zeitungen und Zeitschriften** nach § 30 Abs. 3 gilt. UE ist auch in diesem Fall ausschließlich das BKartA zuständig. Gründet sich der Ordnungswidrigkeitenvorwurf unmittelbar auf § 81 Abs. 2 Nr. 1 mit der Behauptung, eine Preisbindung für Zeitungen oder Zeitschriften sei nicht durch § 30 freigestellt, so gilt die allgemeine Zuständigkeitsvorschrift des § 48 Abs. 2. Es kommt dann darauf an, ob sich das Verhalten über das Gebiet eines Landes hinaus auswirkt.

5 Das BKartA ist ausschließlich zuständig für **alle Maßnahmen der Fusionskontrolle** – auch bei der freiwilligen Vereinigung von Krankenkassen (§ 158 Abs. 1 SGB V, → § 35 Rn. 29) –, mit Ausnahme der dem Bundeswirtschaftsminister vorbehaltenen Erlaubnis nach § 42. Die Landeskartellbehörden haben in der Fusionskontrolle keine

Befugnisse. Das gilt auch für Bußgeldverfahren wegen Nichtbeachtung von Verfügungen des BKartA und Verletzung spezieller fusionskontrollrechtlicher Verbote.

b) Generalklausel. Das BKartA ist außerdem zuständig in allen Fällen, in denen die „**Wirkung** des wettbewerbsbeschränkenden oder diskriminierenden Verhaltens oder einer Wettbewerbsregel **über das Gebiet eines Landes hinausreicht**“ (§ 48 Abs. 2 S. 1). Damit knüpft die Zuständigkeit des BKartA weder daran an, in welchem Bereich das von den Ermittlungen betroffene Unternehmen insgesamt wirtschaftlich tätig ist, noch ist entscheidend, wo es seinen **Sitz** unterhält oder in welchem räumlichen Umfang es marktbeherrschend ist. Ebenso wenig ist darauf abzustellen, wo das Unternehmen geschäftsansässig ist, das von dem Verhalten, welches sich den Verdacht einer Verletzung kartellrechtlicher Verbotsnormen zugezogen hat, betroffen ist. Maßgebend ist vielmehr, ob sich dieses Verhalten tatsächlich auf einen räumlich über das Gebiet eines Bundeslandes hinausreichenden sachlichen Markt bezieht und auf diesem Markt Auswirkungen hat (BGH WuW/E 2953 (2955) – Gasdurchleitung; OLG Düsseldorf WuW/E DE-R 1179 (1181) – Stromcontracting). Reicht die Wirkung zwar in das **Ausland,** im Inland aber nur in ein Bundesland, liegt diese Voraussetzung nicht vor; dann ist also die Kartellbehörde des einzig betroffenen deutschen Bundeslandes zuständig. Ist eine spezielle Zuständigkeitsvorschrift nicht ersichtlich, so muss geprüft werden, ob sich das Verhalten, das Gegenstand eines kartellrechtlichen Verfahrens ist, allein im Gebiet eines Bundeslandes auswirkt oder darüber hinausreicht. Nach der Rspr. des BGH kommt es dabei nicht darauf an, dass eine solche Auswirkung einen bestimmten Umfang erreicht. Vielmehr führt eine auch **„noch so geringe“ Auswirkung** über das Gebiet eines Bundeslandes hinaus dazu, dass nicht die Landeskartellbehörde, sondern des BKartA zuständig ist (BGH WuW/E 1489 (1490) – Brotindustrie; OLG Düsseldorf WuW/E DE-R 1179 (1181) – Stromcontracting; KG WuW/E 2284 (2285) – Stadtwerke Frankfurt; 2607 (2609) – Raffinerie-Abnahmepreise). Das gilt sowohl für Verwaltungs- als auch für Bußgeldverfahren. Im **Verfahren der einstweiligen Anordnung** soll es nach Auffassung des KG (KG WuW/E 4640 (4642)) ausreichen, wenn nach dem in der Sache vorliegenden Verdacht die Zuständigkeit der Behörde gegeben wäre, auch wenn das objektiv nicht der Fall ist. 6

Eine **Zuständigkeit kraft Sachzusammenhangs** gibt es nicht, sodass ein Sachverhalt fusionskontrollrechtlich uU von dem dafür allein zuständigen BKartA, kartellrechtlich (§ 1) jedoch von der Landeskartellbehörde zu beurteilen ist (so im Falle Transportbeton Sauerland KG WuW/E 2265 (2267 f.), bestätigt durch BGH WuW/E 1810 (1814) = NJW 1981, 2699; vgl. auch KG WuW/E 2284 (2286) – Stadtwerke Frankfurt). Ist das beanstandete Verhalten, das sich nur in einem Land auswirkt, aber Teil einer länderübergreifenden Strategie, soll das BKartA zuständig sein (so OLG Frankfurt a. M. WuW/E 5416 (5424) – Konzessionsvertrag Niedernhausen). Gleiches soll gelten, wenn das Verhalten, das Gegenstand des Verfahrens ist, Teil eines entsprechenden Verhaltens ist, das das ganze Bundesgebiet abdeckt (OLG Düsseldorf WuW/E DE-R 949 (950) – Transportbeton Sachsen). 7

Das Gesetz stellt nicht auf den Ort des Verhaltens (so zu Recht BGH WuW/E 2955 (2956) – Gasdurchleitung), sondern alternativ auf die **Wirkung** des wettbewerbsbeschränkenden oder diskriminierenden Verhaltens sowie der Wettbewerbsregel ab. Damit ist den unterschiedlichen materiellen Eingriffsnormen Rechnung getragen. Bis zur **7. GWB-Novelle 2005** enthielt die Aufzählung des § 48 Abs. 2 auch die (Wirkung der) „Marktbeeinflussung“. Damit war auf die bis zur 6. GWB-Novelle 1998 geltende Fassung des § 1 Bezug genommen. Die Aufrechterhaltung des Merkmals der „Marktbeeinflussung“ in § 38 Abs. 2 trotz seiner Streichung in § 1 durch die 6. GWB-Novelle ist vom Gesetzgeber der 7. GWB-Novelle zu Recht als „Redaktionsversehen“ gestrichen worden (vgl. BT-Drs. 15/3640, B zu Nr. 48, WuW-Sonderheft, 181). Teilweise wird nur darauf abgestellt, ob der von dem Verhal- 8 ten betroffene **räumlich relevante Markt** über die Grenzen eines Bundeslandes hinausreicht (so KG NJWE-WettbR 1998, 284 (285) – Tariftreueerklärung). UE ist das nicht richtig, da auch innerhalb eines größeren räumlichen Marktes kleinere räumliche Auswirkungen möglich sind. Für die Wirkung der Wettbewerbsbeschränkung (usw) ist also die Abgrenzung des **räumlich relevanten Marktes** grds. **unerheblich** (unklar insoweit OLG Düsseldorf WuW/E DE-R 1307 (1309) – GETEC-net; Immenga/Mestmäcker/Stockmann Rn. 18); auch in einem großen räumlichen Markt gibt es lokale und regionale Auswirkungen. Entsprechendes gilt bei Verstößen gegen das Diskriminierungs- und Behinderungsverbot nach § 20 Abs. 1. In der Praxis nehmen die Landeskartellbehörden ihre Zuständigkeit an, wenn das diskriminierte oder behinderte Unternehmen ausschließlich im Gebiet des betreffenden Landes tätig ist; entscheidend ist insoweit also, wo die durch die Wettbewerbsbeschränkung Betroffenen ihren Sitz haben (KG WuW/E 2284 (2285) – Stadtwerke Frankfurt). Auf den Sitz des diskriminierenden oder behindernden Unternehmens kommt es dabei nicht an (vgl. auch BGH WuW/E 2953 (2954) – Gasdurchleitung). Bei Wettbewerbsregeln iSd § 24 ist entscheidend, ob die Unternehmen, die der sie aufstellenden Wirtschafts- oder Berufsvereinigung angehören, ihren Wirkungsbereich nur im Gebiet eines Bundeslandes haben. Meistens ist das nicht der Fall, sodass fast immer die Zuständigkeit des BKartA gegeben ist.

9 **c) Monitoring über Strom- und Gasmärkte (Abs. 3).** § 48 Abs. 3 verpflichtet das BKartA zur Durchführung eines Monitorings in Bezug auf näher beschriebene Aspekte auf den Strom- und Gasmärkten. Diese Tätigkeit des BKartA ist eng verzahnt mit der der **Markttransparenzstelle** für Strom und Gas, die nach §§ 47a–47j bei der Bundesnetzagentur eingerichtet wird und deren Zusammenarbeit mit dem BKartA in einer besonderen Kooperationsvereinbarung gem. § 47a Abs. 2–4 festgelegt wird. Über § 63 Abs. 3 Energiewirtschaftsgesetz ist eine **enge Verzahnung mit der Bundesnetzagentur** sichergestellt. Die Bundesnetzagentur veröffentlicht hiernach jährlich einen Bericht über das Ergebnis ihrer Monitoring-Tätigkeiten im Bereich der Elektrizitäts- und Gaswirtschaft. Soweit dieser Bericht **„wettbewerbliche Aspekte"** betrifft, ist er im **Einvernehmen mit dem BKartA** zu erstellen. Unabhängig davon ist in dem Bericht der Bundesnetzagentur der vom BKartA erstellte Bericht über das Ergebnis seiner Monitoring-Tätigkeit aufzunehmen; aus § 63 Abs. 3 S. 2 EnWG und § 53 Abs. 3 (→ § 53 Rn. 4) ergibt sich, dass dieser Bericht des BKartA im Einvernehmen mit der Bundesnetzagentur zu erstellen ist, „soweit Aspekte der Regulierung der Leitungsnetze betroffen sind". Aus der Verzahnung der Monitoring-Tätigkeiten des BKartA und der Bundesnetzagentur ergibt sich, dass es sich um eine **fortlaufende Tätigkeit** des BKartA handelt, nicht nur um die Erstellung eines einmaligen Berichtes. Das BKartA ist zur jährlichen Berichterstattung verpflichtet. Die Monitoring-Tätigkeit des BKartA kann sich wesentlich stützen auf die Daten und Informationen, die ihr von der Markttransparenzstelle nach § 47c Abs. 1 lit. a fortlaufend und aus Anlass bestimmter Verfahren zur Verfügung gestellt werden. Da es bei der Monitoring-Tätigkeit des BKartA um eine dem BKartA durch das GWB übertragene Aufgabe handelt, hat das Amt die Befugnis, Ermittlungen über Auskunftsverlangen nach § 59 durchzuführen. UE hat es dazu jedenfalls im Regelfall unter dem Gesichtspunkt der Verhältnismäßigkeit nicht auch die tiefer greifenden Ermittlungsbefugnisse nach §§ 57 und 58.

3. Zuständigkeiten des Bundeswirtschaftsministers

10 Der Bundeswirtschaftsminister ist als „Kartellbehörde" zuständig für die **Ministererlaubnis** in der **Fusionskontrolle** nach § 42 und damit zusammenhängende Entscheidungen. Diese Zuständigkeit gilt nicht nur für Verwaltungsmaßnahmen, sondern auch für Bußgeldverfahren wegen Verstoßes gegen Verfügungen des Bundeswirtschaftsministers. Handelt ein Unternehmen zB einer Auflage zuwider, mit

der eine Erlaubnisverfügung nach § 42 Abs. 2 versehen wurde, so ist für das auf der Grundlage des § 81 Abs. 2 Nr. 5 eingeleitete Bußgeldverfahren der Bundeswirtschaftsminister ausschließlich zuständig.

4. Zuständigkeiten der Landeskartellbehörden

Die Landeskartellbehörden sind in allen anderen Fällen zuständig, dh immer, wenn nicht eine ausschließliche Zuständigkeit des BKartA oder des Bundeswirtschaftsministers gegeben ist. Eine Zuständigkeit kommt nur in Betracht, wenn sich das Verhalten, das Gegenstand des Verfahrens ist, **im Gebiet nur eines Landes** auswirkt. 11

5. EU-Recht

Für die Anwendung des EU-Kartellrechts einschließlich des EU-Fusionskontrollrechts ist die **Europäische Kommission grds. ausschließlich zuständig.** Solange die Kommission – außerhalb der Fusionskontrolle – kein Verfahren eingeleitet hat, bleiben auch die Behörden der Mitgliedstaaten zuständig, Art. 101 und Art. 102 AEUV anzuwenden (Art. 11 Abs. 6 Kartellverfahrens-VO). 12

§ 49 Bundeskartellamt und oberste Landesbehörde

(1) [1]**Leitet das Bundeskartellamt ein Verfahren ein oder führt es Ermittlungen durch, so benachrichtigt es gleichzeitig die oberste Landesbehörde, in deren Gebiet die betroffenen Unternehmen ihren Sitz haben.** [2]**Leitet eine oberste Landesbehörde ein Verfahren ein oder führt sie Ermittlungen durch, so benachrichtigt sie gleichzeitig das Bundeskartellamt.**

(2) [1]**Die oberste Landesbehörde hat eine Sache an das Bundeskartellamt abzugeben, wenn nach § 48 Absatz 2 Satz 1 oder nach § 50 Absatz 1 die Zuständigkeit des Bundeskartellamts begründet ist.** [2]**Das Bundeskartellamt hat eine Sache an die oberste Landesbehörde abzugeben, wenn nach § 48 Absatz 2 Satz 2 die Zuständigkeit der obersten Landesbehörde begründet ist.**

(3) [1]**Auf Antrag des Bundeskartellamts kann die oberste Landesbehörde eine Sache, für die nach § 48 Absatz 2 Satz 2 ihre Zuständigkeit begründet ist, an das Bundeskartellamt abgeben, wenn dies aufgrund der Umstände der Sache angezeigt ist.** [2]**Mit der Abgabe wird das Bundeskartellamt zuständige Kartellbehörde.**

(4) [1]**Auf Antrag der obersten Landesbehörde kann das Bundeskartellamt eine Sache, für die nach § 48 Absatz 2 Satz 1 seine Zuständigkeit begründet ist, an die oberste Landesbehörde abgeben, wenn dies aufgrund der Umstände der Sache angezeigt ist.** [2]**Mit der Abgabe wird die oberste Landesbehörde zuständige Kartellbehörde.** [3]**Vor der Abgabe benachrichtigt das Bundeskartellamt die übrigen betroffenen obersten Landesbehörden.** [4]**Die Abgabe erfolgt nicht, sofern ihr eine betroffene oberste Landesbehörde innerhalb einer vom Bundeskartellamt zu setzenden Frist widerspricht.**

1. Vorbemerkung

§ 49 Abs. 1 und 2 entspricht im Wesentlichen dem bis zur 6. GWB-Novelle 1998 geltenden § 45 Abs. 1–3 aF. Durch die **7. GWB-Novelle 2005** sind neu eingefügt worden die Abs. 3 und 4. Durch diese Bestimmungen ist erstmals die Möglichkeit begründet worden, dass eine Landeskartellbehörde einen Fall an das BKartA abgeben kann (Abs. 3) und das BKartA an eine Landeskartellbehörde (Abs. 4). Beide Bestim- 1 mungen sehen Detailregelungen in diesem bisher noch nicht praktizierten Bereich vor. § 49 gilt auch in Fusionskontrollverfahren über die freiwillige Vereinigung von Krankenkassen (§ 172a Abs. 1 SGB V, → § 35 Rn. 28). Durch die Einfügung der Bezugnahme auf § 50 Abs. 1 in Abs. 2, die durch die 10. GWB-Novelle 2021 ergänzt wurde, ist das BKartA ausschließlich für die Anwendung des EU-Kartellrechts zuständig. Daraus resultiert eine Pflicht zur Abgabe des Verfahrens an das BKartA, wenn sich im Verfahren vor der Landeskartellbehörde herausstellt, dass EU-Kartellrecht zur Anwendung kommt. Diese Pflicht zur Abgabe schafft Rechtsunsicherheit, denn in den allermeisten Fällen sind die Art. 101, 102 AEUV auf wettbewerbsbeschränkende Vereinbarungen bzw. Marktmissbrauch marktbeherrschender Stellung parallel anwendbar, weil Auswirkungen des untersuchten Verhaltens auf den Handel zwischen den Mitgliedsstaaten Auswirkungen haben können. Deshalb wird man die Regel so verstehen müssen, dass eine Pflicht zur Abgabe besteht, wenn die Landeskartellbehörde ausschließlich auf der Basis des EU-Kartellrechts vorgehen würde. Wenn die Landeskartellbehörde das Verfahrensziel auch auf Vorschriften des deutschen GWB stützen, besteht keine Pflicht zur Abgabe.

2. Unterrichtungs- und Abgabepflichten (Abs. 1, 2)

2 Nach Abs. 1 besteht im Verhältnis zwischen BKartA und Landeskartellbehörde eine **gegenseitige Unterrichtungspflicht** über **alle Verwaltungs- und Bußgeldverfahren.** Das BKartA hat immer die für den Sitz eines Unternehmens zuständige Landeskartellbehörde von Verwaltungs- und Bußgeldverfahren zu unterrichten (Abs. 1 S. 1). Die Landeskartellbehörden haben das Entsprechende gegenüber dem BKartA zu tun (Abs. 1 S. 2). Die Unterrichtungspflicht gegenüber dem BKartA dient auch dazu, die Beteiligung des BKartA an allen Verwaltungsverfahren der Landeskartellbehörden nach § 54 Abs. 3 sicherzustellen. Seit der 7. GWB-Novelle 2005 ist diese Unterrichtungspflicht auch die Grundlage für mögliche Verweisungsanträge nach Abs. 3 und 4. Stellt sich vor Einleitung eines förmlichen Verfahrens oder während des Verfahrens heraus, dass eine andere Kartellbehörde zuständig ist, so muss das Verfahren an die zuständige Behörde **abgegeben** werden (Abs. 2). Das gilt für Verwaltungs- und Bußgeldverfahren.

3. Abgabemöglichkeiten zwischen Kartellbehörden

3 **a) Landeskartellbehörde an BKartA (Abs. 3).** Nach Abs. 3 **kann** die an sich nach § 48 zuständige oberste Landesbehörde eine Sache an das BKartA abgeben. Formell ist Voraussetzung dafür ein **Antrag des BKartA,** materiell, dass die Abgabe „aufgrund der Umstände der Sache angezeigt ist". Die Landeskartellbehörde ist zur Abgabe nicht verpflichtet. Vielmehr ist „beiderseitiges Einvernehmen von Landeskartellbehörde und Bundeskartellamt" erforderlich (vgl. auch Begr. z. RegE BT-Drs. 15/3640, B zu Nr. 30, WuW-Sonderheft, 182). Das Einvernehmen wird einerseits durch den Antrag des BKartA, andererseits durch die Abgabe durch die Landeskartellbehörde hergestellt. Durch die Abgabemöglichkeit an das BKartA soll insbes. ermöglicht werden, dass Verfahren von grundsätzlicher Bedeutung, die wegen der Grundsätzlichkeit über das Gebiet eines Landes hinausreichen, vom BKartA durchgeführt werden können. Die Begr. z. RegE weist daneben auch auf die Möglichkeit hin, dass die Durchführung des Verfahrens durch eine Landeskartellbehörde deren Ressourcen übersteigen könnte. **Mit der Abgabe wird das BKartA zuständige Kartellbehörde;** das bedeutet zugleich, dass die Zuständigkeit der abgebenden Landeskartellbehörde erlischt. Die ursprüngliche Zuständigkeit der Landeskartellbehörde lebt erst wieder auf, wenn das Verfahren des BKartA beendet ist, entweder durch Einstellung oder durch Entscheidung. Abs. 3 gilt für Verwaltungs- und Bußgeldverfahren.

4 **b) BKartA an Landeskartellbehörde (Abs. 4).** Seit der 7. GWB-Novelle 2005 kann auf der Grundlage des Abs. 4 auch eine **Abgabe** vom an sich zuständigen BKartA **an eine Landeskartellbehörde** erfolgen. Ebenso wie nach Abs. 3 ist die Abgabe nur im allseitigen Einverständnis möglich. Es muss ein Antrag der übernahmewilligen Landeskartellbehörde vorliegen und das Einverständnis des BKartA, das durch die Abgabe dokumentiert wird. Allerdings ist bei der Abgabe an eine bestimmte Landeskartellbehörde möglich, dass andere Landeskartellbehörden sich als durch den Fall „betroffen" identifizieren und einer Abgabe an eine bestimmte Landeskartellbehörde widersprechen. In diesem Fall darf das BKartA die Sache nicht abgeben. Abs. 4 setzt voraus, dass **an sich die Zuständigkeit des BKartA** gegeben ist, weil der Fall über die Grenzen eines Landes hinauswirkt. „Betroffen" iSv S. 3 und 4 sind alle anderen Landeskartellbehörden, in deren Ländern ebenfalls Wirkungen des angegriffenen wettbewerbsbeschränkenden Verhaltens feststellbar sind. Dennoch kann das **Schwergewicht** eindeutig in einem **Bundesland** liegen, sodass weder ein besonderes Interesse des BKartA an der Durchführung des Verfahrens besteht, noch ein Interesse anderer betroffener Länder. Das Verfahren nach Abs. 4 stellt sicher, dass es bei der von Abs. 4 vorausgesetzten Abgabewilligkeit des BKartA keine Zuständigkeitsstreitigkeiten zwischen den Ländern gibt. Sind einzelne Länder nicht mit der Durchführung des Verfahrens durch ein bestimmtes anderes einverstanden, bleibt es bei der Zuständigkeit des BKartA. Abs. 4 gilt für Verwaltungs- und Bußgeldverfahren.

4. Rechtsfolgen

5 Die Verweisungen nach Abs. 3 und 4 haben nach den ausdrücklichen Regelungen in Abs. 3 S. 2 und Abs. 4 S. 2 zur Folge, dass die Kartellbehörde, an die verwiesen wird, **von Gesetzes wegen zuständig** ist, und zwar trotz des in diesem Falle vorliegenden Verstoßes gegen die Zuständigkeitsregeln des § 48. Die **Verweisung ist** ein verwaltungsinterner Vorgang, der **nicht selbstständig anfechtbar** ist (so auch KG WuW/E DE-R 2559 – GASAG). Das ergibt sich für das Verwaltungsverfahren jedenfalls daraus, dass das durch das Verfahren insgesamt betroffene Unternehmen durch die Verweisung als solche nicht materiell beschwert ist; es fehlt also die für die Zulässigkeit einer Beschwerde erforderliche materielle Beschwer. In Bußgeldverfahren käme allenfalls ein Rechtsbehelf nach § 62 OWiG in Betracht. Es handelt sich iSv § 62 Abs. 1 S. 2 OWiG um eine Maßnahme, die nur zur Vorbereitung der Entscheidung erfolgt und insoweit keine selbstständige Bedeutung hat.

6 Nach dem System der Zuständigkeit nach § 48 und den Abgabe- und Verweisungsmöglichkeiten nach § 49 ist an sich **auszuschließen,** dass **in ein und derselben Sache** sowohl BKartA als auch Landeskartellbehörden tätig sind. Liegt nach § 48 Abs. 1 die Zuständigkeit des BKartA vor, sind die Landeskartellbehörden unzuständig. Eine Verweisung vom BKartA nach § 49 Abs. 4 kommt **nur an eine Landeskartellbehörde** in Betracht; zuständig ist dann die Landeskartellbehörde, an die verwiesen wird. Eine Zuständigkeit der anderen Landeskartellbehörden ist in diesen Fällen nach § 48 Abs. 1 ausgeschlossen. Sind die Verfahren, die abgegeben oder verwiesen worden sind, abgeschlossen, gelten für eventuelle neue Verfahren die Zuständigkeitsregeln des § 48; Abgaben vom BKartA an eine Landeskartellbehörde oder von einer Landeskartellbehörde an das BKartA wirken insoweit nicht fort. Entscheidungen einer Landeskartellbehörde entfalten auch Wirkung außerhalb des betroffenen Landes; insbes. kann sich aus einem Verfahren einer Landeskartellbehörde ein Verfolgungshindernis für das BKartA und für andere Landeskartellbehörden ergeben, und zwar im Rahmen der verwaltungsrechtlichen Bestandkraft und im Bußgeldverfahren im Rahmen des verfassungsrechtlichen Grundsatzes, dass wegen derselben Tat niemand mehrmals bestraft werden darf (Art. 103 Abs. 3 GG, ne bis in idem).

5. EU-Recht

7 Im EU-Verwaltungsverfahren hat die Kommission die zuständigen **Behörden der Mitgliedstaaten zu informieren** und mit ihnen zusammenzuarbeiten (Art. 11 Kartellverfahrens-VO); für Deutschland ist das das BKartA (vgl. auch § 50 Abs. 3). Entsprechendes gilt für Fusionskontrollverfahren (Art. 19 FKVO); hier gibt es auch eine Verweisungsbefugnis der Kommission an die zuständige Behörde des betroffenen Mitgliedstaats (Art. 4 Abs. 4 FKVO und 9 Abs. 3 FKVO). Wendet das BKartA nach § 50 Abs. 1 EU-Recht an, ist die Kommission nach Art. 11 Abs. 3 Kartellverfahrens-VO zu informieren.

§ 50 Vollzug des europäischen Rechts

(1) **Abweichend von § 48 Absatz 2 ist das Bundeskartellamt für die Anwendung der Artikel 101 und 102 des Vertrages über die Arbeitsweise der Europäischen Union zuständige Wettbewerbsbehörde im Sinne des Artikels 35 Absatz 1 der Verordnung (EG) Nr. 1/2003.**

(2) [1]**Zuständige Wettbewerbsbehörde für die Mitwirkung an Verfahren der Europäischen Kommission oder der Wettbewerbsbehörden der anderen Mitgliedstaaten der Europäischen Union zur Anwendung der Artikel 101 und 102 des Vertrages über die Arbeitsweise der Europäischen Union sowie für die Mitwirkung bei der Anwendung der Verordnung (EU) 2022/1925 durch die Europäische Kommission ist das Bundeskartellamt.** [2]**Es gelten die bei der Anwendung dieses Gesetzes maßgeblichen Verfahrensvorschriften.**

(3) **Die Bediensteten der Wettbewerbsbehörde eines Mitgliedstaates der Europäischen Union und andere von dieser Wettbewerbsbehörde ermächtigte oder benannte Begleitpersonen sind befugt, an Durchsuchungen und Vernehmungen mitzuwirken, die das Bundeskartellamt im Namen und für Rechnung dieser Wettbewerbsbehörde nach Artikel 22 Absatz 1 der Verordnung (EG) Nr. 1/2003 durchführt.**

(4) [1]**In anderen als in den Absätzen 1 bis 3 bezeichneten Fällen nimmt das Bundeskartellamt die Aufgaben wahr, die den Behörden der Mitgliedstaaten der Europäischen Union in den Artikeln 104 und 105 des Vertrages über die Arbeitsweise der Europäischen Union sowie in Verordnungen nach Artikel 103 des Vertrages über die Arbeitsweise der Europäischen Union, auch in Verbindung mit Artikel 43 Absatz 2, Artikel 100 Absatz 2, Artikel 105 Absatz 3 und Artikel 352 Absatz 1 des Vertrages über die Arbeitsweise der Europäischen Union, übertragen sind.** [2]**Im Beratenden Ausschuss für die Kontrolle von Unternehmenszusammenschlüssen nach Artikel 19 der Verordnung (EG) Nr. 139/2004 wird die Bundesrepublik Deutschland durch das Bundesministerium für Wirtschaft und Energie oder das Bundeskartellamt vertreten.** [3]**Absatz 2 Satz 2 gilt entsprechend.**

1. Überblick

1 § 50 wurde durch die **7. GWB-Novelle 2005** völlig neu gefasst und durch die **8. GWB-Novelle 2012/2013** an den Vertrag von Lissabon angepasst. Während nach der früheren Rechtslage **bis zur 7. GWB-Novelle das BKartA** alle Aufgaben wahrgenommen hatte, die durch Art. 104 und 105 AEUV den Behörden der Mitgliedstaaten übertragen worden waren, regelte die 7. GWB-Novelle in § 50 auch die Verpflichtung und die Möglichkeit der Landeskartellbehörden, EU-Recht anzuwenden. Die **10. GWB-Novelle 2021** konzentriert die Zuständigkeit für die Durchsetzung EU-Kartellrechts wieder beim BKartA; konsequenterweise wurde

Abs. 2 aF, der die damit Zusammenarbeit mit den Landeskartellbehörden im Bereich des EU-Rechts regelte, gestrichen. Grund für die Konzentration der Zuständigkeit beim BKartA sind die umfangreichen Mindeststandards der ECN+-Richtlinie, deren Umsetzung aus Sicht des Gesetzgebers nur durch diese Zuständigkeitskonzentration gewährleistet werden kann. Die **11. GWB-Novelle 2023** bestimmt das BKartA als zuständige Behörde für die Mitwirkung an Maßnahmen nach dem DMA.

2. Zuständigkeit von BKartA für Art. 101 und 102 AEUV (Abs. 1)

Abs. 1 sieht – in Abweichung vom bisherigen Rechtszustand – ausdrücklich vor, dass nur noch das BKartA für die Anwendung der Art. 101 und 102 AEUV zuständig ist. Damit genügt Abs. 1 der Verpflichtung der Mitgliedstaaten nach **Art. 35 Abs. 1 Kartellverfahrens-VO.** Grund ist, dass die ECN+-Richtlinie umfangreiche Mindeststandards für Kartellbehörden vorschreibt, soweit EU-Kartellrecht durchgesetzt wird, und die Umsätze durch die obersten Landesbehörden zu einem erheblichen Änderungsbedarf im deutschen Recht führen soll (RegE 10. GWB-Novelle 2021, 102). 2

3. Mitwirkung des BKartA bei Verfahren der Kommission oder ausländischer Wettbewerbsbehörden (Abs. 2)

Abs. 2 sieht vor, dass die Mitwirkung an Verfahren der Kommission, soweit diese für Behörden der Mitgliedstaaten in der Kartellverfahrens-VO vorgesehen ist, **ausschließlich dem BKartA** obliegt. Die gilt aufgrund der entsprechenden Einfügung in Abs. 2 durch die **11. GWB-Novelle 2023** auch für den DMA. 3

Außer bei Verfahren der Kommission gilt die Alleinzuständigkeit des BKartA auch für die **Mitwirkung an Verfahren der Wettbewerbsbehörden der anderen Mitgliedstaaten.** Insoweit geht es um die Durchführung von „Nachprüfungen und sonstigen Maßnahmen zur Sachverhaltsaufklärung" für Wettbewerbsbehörden anderer Mitgliedstaaten nach Art. 22 Abs. 1 Kartellverfahrens-VO. 4

Nach S. 2 gelten für die Tätigkeit des BKartA im Rahmen der Zuständigkeit nach Abs. 3 die **Verfahrensvorschriften des GWB.** Die Kartellverfahrens-VO enthält keine unmittelbar anwendbaren Vorschriften für das Verfahren der Behörden der Mitgliedstaaten; vielmehr geht sie davon aus, dass die jeweiligen nationalen Rechtsvorschriften die Tätigkeit regeln. Soweit das BKartA an Maßnahmen der Kommission oder ausländischer Wettbewerbsbehörden gegenüber Unternehmen mitwirkt, kann sich die Rechtsgrundlage für derartige Maßnahmen und die Eingriffe in Rechtspositionen der Unternehmen nicht aus Abs. 3 ergeben. Insoweit ist nach nationalem Recht danach zu differenzieren, ob die Mitwirkung im Rahmen eines Verwaltungsverfahrens oder eines Bußgeldverfahrens erfolgt. 5

4. Mitwirkung bei Durchsuchungen ausländischer Wettbewerbsbehörden (Abs. 3)

Abs. 4 aF regelte für den in Art. 22 Abs. 1 Kartellverfahrens-VO geregelten Fall, dass die Wettbewerbsbehörde eines anderen Mitgliedstaats in Deutschland „Nachprüfungen und sonstige Maßnahmen zur Sachverhaltsaufklärung" durchführt, dass den ausländischen Bediensteten und Begleitpersonen gestattet werden kann, „an Durchsuchungen und Vernehmungen nach Art. 22 Abs. 1 VO 1/2003 mitzuwirken". Abs. 3 in der Fassung der 10. GWB Novelle 2021 setzt Art. 24 Abs. 1 ECN+-Richtlinie um und bestimmt, dass die Mitwirkung von Bediensteten der Wettbewerbsbehörde, die das Bundeskartellamt ersucht hat, nunmehr **zwingend** erfolgen muss. 6

5. Mitwirkung des BKartA beim Vollzug von EU-Recht außerhalb der Kartellverfahrens-VO (Abs. 4)

7 Abs. 4 regelt die Fälle, in denen EU-Recht nicht über die Kartellverfahrens-VO vollzogen wird, sondern außerhalb. Das ist nach Art. 104 und 105 AEUV von Bedeutung in den Bereichen, in denen die dort vorgesehenen Durchführungsvorschriften bis heute nicht ergangen sind. Das betrifft in erster Linie den **Seeverkehr.** Die frühere Bedeutung der Art. 104 und 105 AEUV für den Luftverkehr ist inzwischen beseitigt worden. Abs. 4 regelt auch die Zuständigkeit des BKartA in **Fusionskontrollverfahren.** Die dafür maßgebliche FKVO ist auf der Grundlage der Art. 105 Abs. 3 AEUV (= Art. 83 EG) und Art. 352 Abs. 1 AEUV (= Art. 308 EG) erlassen worden. Bei der in Art. 20 FKVO angesprochenen „zuständigen" Behörde des Mitgliedstaats Deutschland handelt es sich nach § 50 Abs. 5 um das BKartA. Soweit das BKartA im Rahmen des Abs. 4 tätig wird, hat es ebenso wie im Falle des Abs. 3 die maßgeblichen deutschen Verfahrensvorschriften zu beachten (Verweis in Abs. 5 S. 2 auf Abs. 3 S. 2).

8 Der durch die 10. GWB-Novelle neu eingefügte Abs. 4 S. 3 stellt klar, dass die **Vertretung der Bundesrepublik** im **Beratenden Ausschuss nach der FKVO** in die Zuständigkeit des Bundesministeriums für Wirtschaft und Energie fällt.

Kapitel 2. Behördenzusammenarbeit

§ 50a Ermittlungen im Netzwerk der europäischen Wettbewerbsbehörden

(1) [1]Das Bundeskartellamt darf im Namen und für Rechnung der Wettbewerbsbehörde eines anderen Mitgliedstaates der Europäischen Union und nach Maßgabe des innerstaatlichen Rechts Durchsuchungen und sonstige Maßnahmen zur Sachverhaltsaufklärung durchführen, um festzustellen, ob Unternehmen oder Unternehmensvereinigungen im Rahmen von Verfahren zur Durchsetzung von Artikel 101 oder 102 des Vertrages über die Arbeitsweise der Europäischen Union die ihnen bei Ermittlungsmaßnahmen obliegenden Pflichten verletzt oder Entscheidungen der ersuchenden Behörde nicht befolgt haben. [2]Das Bundeskartellamt kann von der ersuchenden Behörde die Erstattung aller im Zusammenhang mit diesen Ermittlungsmaßnahmen entstandenen vertretbaren Kosten, einschließlich Übersetzungs-, Personal- und Verwaltungskosten, verlangen, sofern nicht im Rahmen der Gegenseitigkeit auf eine Erstattung verzichtet wurde.

(2) [1]Das Bundeskartellamt kann die Wettbewerbsbehörde eines anderen Mitgliedstaates der Europäischen Union ersuchen, Ermittlungsmaßnahmen nach Absatz 1 durchzuführen. [2]Alle im Zusammenhang mit diesen Ermittlungsmaßnahmen entstandenen vertretbaren zusätzlichen Kosten, einschließlich Übersetzungs-, Personal- und Verwaltungskosten, werden auf Antrag der ersuchten Behörde vom Bundeskartellamt erstattet, sofern nicht im Rahmen der Gegenseitigkeit auf eine Erstattung verzichtet wurde.

(3) Die erhobenen Informationen werden in entsprechender Anwendung des § 50d ausgetauscht und verwendet.

1. Befugnis des BKartA als ersuchte Behörde (Abs. 1)

1 Abs. 1 in der Fassung der **10. GWB-Novelle 2021** setzt Art. 24 Abs. 2 S. 1 ECN+-Richtlinie um und ergänzt die Regeln über die Zusammenarbeit der europäischen Wettbewerbsbehörden bei Ermittlungen gem. Art. 22 Kartellverfahrens-VO. Abs. 1 regelt, dass das BKartA für andere EU-Wettbewerbsbehörden Ermittlungsmaßnahmen durchführen kann; nach Abs. 1 S. 2 kann das BKartA Kosten der Ermittlungsmaßnahmen von der ersuchenden Behörde verlangen, sofern nicht vorab im Rahmen der Gegenseitigkeit darauf verzichtet wurde.

2. Befugnis des BKartA als ersuchende Behörde (Abs. 2)

2 Auf Basis der in Art. 24 ECN+-Richtlinie und Art. 22 Kartellverfahrens-VO vorausgesetzten Befugnis kann das BKartA nach Abs. 2 andere europäische Wettbewerbsbehörden ersuchen, Ermittlungsmaßnahmen im Namen und für Rechnung des Bundeskartellamts durchzuführen. In diesem Fall ist das Bundeskartellamt zur Erstattung der Kosten verpflichtet, es sei denn, dass eine Erstattung wegen eines Verzichts auf Basis von Gegenseitigkeit nicht erfolgt.

3. Verwendung von Informationen (Abs. 3)

3 Nach Abs. 3, der Art. 24 Abs. 2 S. 2 ECN+-Richtlinie umsetzt, können die im Amtshilfeverfahren nach § 50a erhobenen Informationen auch zum Nachweis eines Verstoßes des Unternehmens gegen Pflichten im Rahmen der Ermittlung oder der

Nichtbefolgung einer Entscheidung der Kartellbehörde verwendet werden, soweit Art. 12 Kartellverfahrens-VO dies nicht einschränkt.

§ 50b Zustellung im Netzwerk der europäischen Wettbewerbsbehörden

(1) **Auf Ersuchen der Wettbewerbsbehörde eines anderen Mitgliedstaates der Europäischen Union stellt das Bundeskartellamt in deren Namen einem Unternehmen, einer Unternehmensvereinigung oder einer natürlichen Person im Inland folgende Unterlagen zu:**
1. **jede Art vorläufiger Beschwerdepunkte zu mutmaßlichen Verstößen gegen Artikel 101 oder 102 des Vertrages über die Arbeitsweise der Europäischen Union;**
2. **Entscheidungen, die Artikel 101 oder 102 des Vertrages über die Arbeitsweise der Europäischen Union zur Anwendung bringen;**
3. **sonstige Verfahrensakte, die in Verfahren zur Durchsetzung der Artikel 101 oder 102 des Vertrages über die Arbeitsweise der Europäischen Union erlassen wurden und nach den Vorschriften des nationalen Rechts zuzustellen sind sowie**
4. **sonstige Unterlagen, die mit der Anwendung der Artikel 101 oder 102 des Vertrages über die Arbeitsweise der Europäischen Union, einschließlich der Vollstreckung von verhängten Geldbußen oder Zwangsgeldern, in Zusammenhang stehen.**

(2) [1]**Das Ersuchen um Zustellung von Unterlagen nach Absatz 1 an einen Empfänger, der im Anwendungsbereich dieses Gesetzes ansässig ist, erfolgt durch Übermittlung eines einheitlichen Titels in deutscher Sprache, dem die zuzustellende Unterlage beizufügen ist.** [2]**Der einheitliche Titel enthält:**
1. **den Namen und die Anschrift sowie gegebenenfalls weitere Informationen, durch die der Empfänger identifiziert werden kann,**
2. **eine Zusammenfassung der relevanten Fakten und Umstände,**
3. **eine Zusammenfassung des Inhalts der zuzustellenden Unterlage,**
4. **Name, Anschrift und sonstige Kontaktinformationen der ersuchten Behörde und**
5. **die Zeitspanne, innerhalb derer die Zustellung erfolgen sollte, beispielsweise gesetzliche Fristen oder Verjährungsfristen.**

(3) [1]**Das Bundeskartellamt kann die Zustellung verweigern, wenn das Ersuchen den Anforderungen nach Absatz 2 nicht entspricht oder die Durchführung der Zustellung der öffentlichen Ordnung offensichtlich widersprechen würde.** [2]**Will das Bundeskartellamt die Zustellung verweigern oder werden weitere Informationen benötigt, informiert es die ersuchende Behörde hierüber.** [3]**Anderenfalls stellt es die entsprechenden Unterlagen unverzüglich zu.**

(4) **Die Zustellung richtet sich nach den Vorschriften des Verwaltungszustellungsgesetzes. § 5 Absatz 4 des Verwaltungszustellungsgesetzes sowie § 178 Absatz 1 Nummer 2 der Zivilprozessordnung sind auf die Zustellung an Unternehmen und Vereinigungen von Unternehmen entsprechend anzuwenden.**

(5) [1]**Das Bundeskartellamt ist befugt, die Zustellung seiner Entscheidungen und sonstiger Unterlagen im Sinne des Absatzes 1 durch die Wettbewerbsbehörde eines anderen Mitgliedstaates in seinem Namen zu bewirken.** [2]**Das Ersuchen um Zustellung ist in Form eines einheitlichen Titels entsprechend Absatz 2 nebst einer Übersetzung dieses einheitlichen Titels in die Amtssprache oder eine der Amtssprachen des ersuchten Mitgliedstaates unter Beifügung der zuzustellenden Unterlage an die dort zuständige Wett-**

bewerbsbehörde zu richten. [3]Eine Übersetzung der zuzustellenden Unterlage in die Amtssprache oder in eine der Amtssprachen des Mitgliedstaates der ersuchten Behörde ist nur dann erforderlich, wenn das nationale Recht des ersuchten Mitgliedstaates dies vorschreibt. [4]Zum Nachweis der Zustellung genügt das Zeugnis der ersuchten Behörde.

(6) **[1]Auf Verlangen der ersuchten Behörde erstattet das Bundeskartellamt die der ersuchten Behörde infolge der Zustellung entstandenen Kosten, insbesondere für benötigte Übersetzungen oder Personal- und Verwaltungsaufwand, soweit diese Kosten vertretbar sind. [2]Das Bundeskartellamt kann ein entsprechendes Verlangen an eine ersuchende Behörde stellen, wenn dem Bundeskartellamt bei der Zustellung für die ersuchende Behörde solche Kosten entstanden sind.**

(7) **[1]Über Streitigkeiten in Bezug auf die Rechtmäßigkeit einer durch das Bundeskartellamt erstellten und im Hoheitsgebiet einer anderen Wettbewerbsbehörde zuzustellenden Unterlage sowie über Streitigkeiten in Bezug auf die Wirksamkeit einer Zustellung, die das Bundeskartellamt im Namen der Wettbewerbsbehörde eines anderen Mitgliedstaates übernimmt, entscheidet das nach diesem Gesetz zuständige Gericht. [2]Es gilt deutsches Recht.**

1. Überblick

Die Vorschrift wurde durch die 10. GWB-Novelle 2011 in Umsetzung von Art. 25 ECN+-Richtlinie eingefügt und regelt die Amtshilfe bei der Zustellung wichtiger Verfahrensunterlagen. **1**

2. Amtshilfe bei Zustellung (Abs. 1)

Abs. 1 regelt die Pflichten nationaler Wettbewerbsbehörden zur **Amtshilfe bei der Zustellung bestimmter Unterlagen in Ermittlungsverfahren** nach Art. 101, 102 AEUV in Umsetzung von Art. 25 ECN+-Richtlinie. Die **Verpflichtung zur Zustellung ist zwingend** (RegE 10. GWB-Novelle 2021, 104). Die Einschaltung weiterer staatlicher Behörden für solche Ersuchen ist nicht geregelt; zuständig sind allein die Wettbewerbsbehörden. **2**

3. Einheitlicher Titel (Abs. 2)

Abs. 2 regelt den Antrag auf Zustellung von Unterlagen in Deutschland auf Antrag einer anderen europäischen Wettbewerbsbehörde. Zuständige Behörde ist das Bundeskartellamt. Abs. 2 S. 1 verlangt für die Amtshilfe bei der Zustellung die Übermittlung eines **„einheitlichen Titels“** in deutscher Sprache. Nach der ECN+-Richtlinie ist der „einheitliche Titel“ ein für alle Mitgliedsstaaten einheitlicher Mindestbestand von Informationen, der für ein Ersuchen übermittelt werden muss. Die eigentlich **zuzustellende Unterlage** ist **Beilage** zum einheitlichen Titel; sie muss nicht in deutscher Sprache vorliegen, wenn sich ihr Inhalt jedenfalls in Zusammenfassung aus dem einheitlichen Titel ergibt (s. dazu BGH NJW 2007, 775 Rn. 27; RegE 10. GWB-Novelle 2021, 104). **3**

4. Verweigerung der Zustellung (Abs. 3)

Abs. 3 regelt die Voraussetzungen für die Verweigerung der Zustellung durch das BKartA und das dazu einzuhaltende Verfahren in Umsetzung von Art. 27 Abs. 6 ECN+-Richtlinie. Das BKartA muss die ersuchende Behörde darüber informieren, dass es beabsichtigt, die Zustellung abzulehnen, oder dass weitere Informationen **4** benötigt werden (S. 2). Liegen keine Ablehnungsgründe vor und werden keine weiteren Informationen benötigt, muss das BKartA unverzüglich zustellen.

5. Auf die Zustellung anwendbares Recht (Abs. 4)

5 Abs. 4 regelt synchron mit § 61 Abs. 1 S. 1 und 2 das bei der Zustellung anzuwendende Recht. Dabei wird klargestellt, dass die Zustellung auch gegenüber Unternehmen und Unternehmensvereinigungen gegen Empfangsbekenntnis sowie in den Geschäftsräumen des Zustellungsempfängers durch Übergabe erfolgen kann, und zwar sowohl im Fall des § 61 als auch im Fall des § 50b.

6. Zustellungen in anderen Mitgliedsstaaten (Abs. 5)

6 Abs. 5 erlaubt dem Bundeskartellamt, eigene Entscheidungen und Unterlagen durch die zuständige ausländische Wettbewerbsbehörde in einem anderen EU-Mitgliedsstaat zustellen zu lassen. Nach der RegE 10. GWB-Novelle 2021 (S. 105 f.) wird insoweit von der ECN+-Richtlinie abgewichen, weil der einheitliche Titel in deutscher Sprache nebst einer Übersetzung in die Amtssprache der ersuchten Behörde entsprechend § 8b Abs. 1 VwVfG zugestellt werden muss. Zum Nachweis der Zustellung reicht nach S. 4 das Zeugnis der ersuchten Behörde.

7. Kostenerstattung (Abs. 6)

7 Abs. 6 setzt Art. 27 Abs. 7 ECN+-Richtlinie um und dient als Rechtsgrundlage für einen Kostenerstattungsanspruch im Rahmen der Amtshilfe nach § 8c VwVfG.

8. Gerichtliche Zuständigkeit (Abs. 7)

8 Nach Art. 28 ECN+-Richtlinie muss eindeutig festgelegt sein, welche Gerichte für Streitfälle im Rahmen der Amtshilfe und behördlichen Zusammenarbeit bestehen. Diese Regelung setzt Abs. 7 um: Streitigkeiten in Bezug auf die Rechtsmäßigkeit der zuzustellenden Unterlage fallen in die Zuständigkeit der einschlägigen Instanzen des Mitgliedsstaates der ersuchenden Wettbewerbsbehörde; anwendbar ist das nationale Recht der ersuchenden Wettbewerbsbehörde. Streitigkeiten in Bezug auf die Wirksamkeit der Zustellung durch die ersuchte Behörde werden im Mitgliedsstaat der ersuchten Behörde entschieden, und zwar nach dem nationalen Recht der ersuchten Behörde.

§ 50c Vollstreckung im Netzwerk der europäischen Wettbewerbsbehörden

(1) **Auf Ersuchen der Wettbewerbsbehörde eines anderen Mitgliedstaates der Europäischen Union vollstreckt das Bundeskartellamt Entscheidungen, durch die in Verfahren zur Anwendung von Artikel 101 oder 102 des Vertrages über die Arbeitsweise der Europäischen Union Geldbußen oder Zwangsgelder festgesetzt werden, sofern die zu vollstreckende Entscheidung bestandskräftig ist und die ersuchende Behörde aufgrund hinreichender Bemühungen, die Entscheidung in ihrem Hoheitsgebiet zu vollstrecken, mit Sicherheit feststellen konnte, dass das Unternehmen oder die Unternehmensvereinigung dort über keine zur Einziehung der Geldbuße bzw. des Zwangsgeldes ausreichenden Vermögenswerte verfügt.**

(2) [1]**Auf Ersuchen der Wettbewerbsbehörde eines anderen Mitgliedstaates der Europäischen Union kann das Bundeskartellamt auch in anderen, von Absatz 1 nicht erfassten Fällen bestandskräftige Entscheidungen, durch die**

in Verfahren zur Anwendung von Artikel 101 oder 102 des Vertrages über die Arbeitsweise der Europäischen Union Geldbußen oder Zwangsgelder festgesetzt werden, vollstrecken. [2]Dies gilt insbesondere, wenn das Unternehmen oder die Vereinigung von Unternehmen, gegen die die Entscheidung vollstreckbar ist, über keine Niederlassung im Mitgliedstaat der ersuchenden Wettbewerbsbehörde verfügt.

(3) **[1]Für das Ersuchen nach Absatz 1 oder Absatz 2 gilt § 50b Absatz 2 mit der Maßgabe, dass die Unterlage, aus der die Vollstreckung begehrt wird, an die Stelle der zuzustellenden Unterlage tritt. [2]Der einheitliche Titel umfasst neben den in § 50b Absatz 2 Satz 2 genannten Inhalten:**
1. **Informationen über die Entscheidung, die die Vollstreckung im Mitgliedstaat der ersuchenden Behörde erlaubt, sofern diese nicht bereits im Rahmen des § 50b Absatz 2 Nummer 3 vorgelegt wurden,**
2. **den Zeitpunkt, zu dem die Entscheidung bestandskräftig wurde,**
3. **die Höhe der Geldbuße oder des Zwangsgeldes, sowie**
4. **im Fall des Absatzes 1 Nachweise, dass die ersuchende Behörde ausreichende Anstrengungen unternommen hat, die Forderung in ihrem Hoheitsgebiet zu vollstrecken.**

[3]Die Vollstreckung erfolgt auf Grundlage des einheitlichen Titels, der zur Vollstreckung im ersuchten Mitgliedstaat ermächtigt, ohne dass es eines Anerkennungsaktes bedarf.

(4) **[1]Das Bundeskartellamt kann die Vollstreckung im Fall des Absatzes 1 nur verweigern, wenn das Ersuchen den Anforderungen nach Absatz 3 nicht entspricht oder die Durchführung der Vollstreckung der öffentlichen Ordnung offensichtlich widersprechen würde. [2]Will das Bundeskartellamt die Vollstreckung verweigern oder benötigt es weitere Informationen, informiert es die ersuchende Behörde hierüber. [3]Anderenfalls leitet es unverzüglich die Vollstreckung ein.**

(5) **[1]Soweit dieses Gesetz keine abweichenden Regelungen trifft, richtet sich die Vollstreckung von Bußgeldern nach §§ 89 ff. des Gesetzes über Ordnungswidrigkeiten und die Vollstreckung von Zwangsgeldern nach den Vorschriften des Verwaltungsvollstreckungsgesetzes. [2]Geldbußen oder Zwangsgelder, die in einer anderen Währung verhängt wurden, werden vom Bundeskartellamt nach dem im Zeitpunkt der ausländischen Entscheidung maßgeblichen Kurswert in Euro umgerechnet. [3]Der Erlös aus der Vollstreckung fließt der Bundeskasse zu.**

(6) **[1]Das Bundeskartellamt macht die im Zusammenhang mit der Vollstreckung nach dieser Vorschrift entstandenen Kosten gemeinsam mit dem Buß- oder Zwangsgeld bei dem Unternehmen beziehungsweise der Unternehmensvereinigung geltend, gegen das oder gegen die die Entscheidung vollstreckbar ist. [2]Reicht der Vollstreckungserlös nicht aus, um die im Zusammenhang mit der Vollstreckung entstandenen Kosten zu decken, so kann das Bundeskartellamt von der ersuchenden Behörde verlangen, die nach Abzug des Vollstreckungserlöses verbleibenden Kosten zu tragen.**

(7) **[1]Das Bundeskartellamt ist befugt, die Wettbewerbsbehörde eines anderen Mitgliedstaates der Europäischen Union um die Vollstreckung von Entscheidungen, durch die in Verfahren zur Anwendung von Artikel 101 oder 102 des Vertrages über die Arbeitsweise der Europäischen Union Geldbußen oder Zwangsgelder festgesetzt werden, zu ersuchen. [2]§ 50b Absatz 5 Satz 2 und 3 gilt entsprechend. [3]Für den Inhalt des einheitlichen Titels gilt darüber hinaus Absatz 3 Satz 2. [4]Gelingt es der ersuchten Behörde nicht, die ihr im Zusammenhang mit der Vollstreckung entstandenen Kosten,**

einschließlich Übersetzungs-, Personal- und Verwaltungskosten, aus den beigetriebenen Buß- oder Zwangsgeldern zu decken, so werden diese Kosten auf Antrag der ersuchten Behörde vom Bundeskartellamt erstattet.

(8) [1]**Über Streitigkeiten in Bezug auf die Rechtmäßigkeit einer durch das Bundeskartellamt erlassenen und im Hoheitsgebiet einer anderen Wettbewerbsbehörde zu vollstreckenden Entscheidung sowie über die Rechtmäßigkeit des einheitlichen Titels, der zur Vollstreckung einer Entscheidung in einem anderen Mitgliedstaat berechtigt, entscheidet das nach diesem Gesetz zuständige Gericht.** [2]**Es gilt deutsches Recht.** [3]**Gleiches gilt für Streitigkeiten in Bezug auf die Durchführung einer Vollstreckung, die das Bundeskartellamt für die Wettbewerbsbehörde eines anderen Mitgliedstaates vornimmt.**

1. Überblick

1 Die Vorschrift wurde durch die 10. GWB-Novelle 2021 in Umsetzung von Art. 26 Abs. 1 ECN+-Richtlinie eingefügt und regelt die Amtshilfe bei der Vollstreckung von Buß- oder Zwangsgeldern.

2. Vollstreckung der Entscheidung anderer Wettbewerbsbehörden im Inland (Abs. 1)

2 Abs. 1 regeln in Umsetzung von Art. 26 Abs. 1, 3 ECN+-Richtlinie die Vollstreckung einer Buß- oder Zwangsgeldentscheidung einer anderen EU-Wettbewerbsbehörde in der Bundesrepublik. Nach Abs. 1 ist das BKartA zur Übernahme der Vollstreckung **verpflichtet,** sofern ein den Abs. 1 und 3 entsprechendes Ersuchen vorliegt. Erforderlich ist der Nachweis, dass die ersuchende Behörde **hinreichende Bemühungen** angestellt hat, die Entscheidung im eigenen Hoheitsgebiet zu vollstrecken; dabei muss sie zur sicheren Feststellung gelangt sein, dass das Unternehmen oder die Unternehmensvereinigung im Inland der ersuchenden Behörde keine zur Einziehung der Geldbuße bzw. des Zwangsgelds ausreichenden Vermögenswerte hat. Nach der Regierungsbegründung reicht ein erfolgloser Vollstreckungsversuch für diesen Nachweis nicht aus; es ist vielmehr erforderlich, dass die im jeweiligen nationalen Recht vorgesehenen Möglichkeiten ausgeschöpft wurden, dass Buß- oder Zwangsgeld einzutreiben (RegE 10. GWB-Novelle 2021, 105). Damit ist die **Auslandsvollstreckung** also **auf die Fälle beschränkt,** in denen der **Vollstreckungsversuch** im Inland **am im Inland vorhandenen Vermögen** des Vollstreckungsschuldners ganz oder teilweise **scheitert.**

3. Vollstreckung der Entscheidung anderer Wettbewerbsbehörden im Inland (Ermessen) (Abs. 2)

3 Abs. 2 erlaubt dem Bundeskartellamt, die Vollstreckung im Inland für die Wettbewerbsbehörde eines anderen EU-Mitgliedsstaats zu übernehmen, auch wenn die Voraussetzungen des Abs. 1 nicht gegeben sind, weil etwa die Vollstreckung im Mitgliedsstaat der ersuchenden Behörde noch nicht gescheitert sind; im Gegensatz zu Abs. 1 liegt die Übernahme der Vollstreckung hier aber **im Ermessen** des BKartA. S. 2 nennt den Beispielsfall, dass das Unternehmen oder die Unternehmensvereinigung, gegen die vollstreckt werden soll, im Mitgliedsstaat der ersuchenden Behörde keine Niederlassung hat.

4. Durchführung der Vollstreckung (Abs. 3)

4 Abs. 3 regelt die **Anforderungen** an das **Ersuchen** um Vollstreckung in einem anderen Mitgliedsstaat. § 50b Abs. 2 gilt entsprechend. Zuständige Behörde für die

Vollstreckung in Deutschland ist das Bundeskartellamt nach § 50 Abs. 3. Abs. 3 S. 2 regelt den **einheitlichen Titel** für die Vollstreckung **entsprechend § 50b Abs. 2.** Die zu vollstreckende Entscheidung wird ohne jeden weiteren Anerkennungsakt nur auf Grundlage des einheitlichen Titels vollstreckt (Umsetzung von Art. 27 Abs. 4 ECN+-Richtlinie).

5. Verweigerung der Vollstreckung (Abs. 4)

Nach Abs. 4 S. 1 ist die Durchführung der Vollstreckung für das Bundeskartellamt verpflichtend, wenn die Voraussetzungen des Abs. 1 und des Abs. 3 nicht vorliegen. Die Vollstreckung kann bei Vorliegen dieser Voraussetzungen nur versagt werden, wenn die Vollstreckung offensichtlich der **öffentlichen Ordnung** in Deutschland widersprechen würde. Dies wird nur der Fall sein, wenn der ausländische Titel aus Sicht des deutschen Rechts schwerwiegende Fehler im materiellen Recht oder Verfahrensrecht aufweist, die zudem offensichtlich sein müssen (dazu RegE 10. GWB-Novelle 2021, 106). Nach S. 2 muss die ersuchende Behörde von der Verweigerung informiert werden. Liegen die Voraussetzungen für die Vollstreckung vor, muss sie unverzüglich erfolgen (S. 3). 5

6. Anwendbare Vorschriften (Abs. 5)

Die Vorschrift regelt die bei einer Vollstreckung in Deutschland anzuwendenden Vorschriften die Umsetzung von Art. 27 Abs. 1 ECN+-Richtlinie. Bußgelder werden nach §§ 89 ff. OWiG, Zwangsgelder nach dem Verwaltungsvollstreckungsgesetz vollstreckt; das Gesetz über die internationale Rechtshilfe in Strafsachen (IRG) findet keine Anwendung (RegE 10. GWB-Novelle 2021, 107). Die durch das BKartA vollstreckten Vermögenswerte fließen in die Bundeskasse (S. 3), werden also nicht an die ersuchte Behörde ausgekehrt. 6

7. Kostenerstattung (Abs. 6)

Abs. 6 regelt den Kostenerstattungsanspruch gegen die ersuchende Behörde in Umsetzung von Art. 27 Abs. 8 ECN+-Richtlinie. Nach S. 1 können die durch die Übernahme der Vollstreckung entstandenen Kosten gemeinsam mit der Geldbuße oder dem Zwangsgeld beigetrieben werden; hiernach ist nach deutschem Recht entsprechend § 5 Abs. 1 VwVG iVm § 254 Abs. 2 AO kein gesonderter Titel erforderlich; die Kostenrechnung der Vollstreckungsbehörde reicht aus (RegE 10. GWB-Novelle 2021, 107 (108)). Reicht das Ergebnis der Vollstreckung nicht aus, die Vollstreckungskosten zu decken, kann Kostenerstattung von der ersuchenden Behörde verlangt werden. 7

8. Vollstreckungsantrag (Abs. 7)

Abs. 7 regelt die Vorgaben für einen Antrag des BKartA bei Vollstreckung einer Entscheidung des BKartA in einem anderen EU-Mitgliedsstaat. 8

9. Gerichtliche Zuständigkeit (Abs. 8)

Abs. 8 setzt Art. 28 Abs. 1b und Abs. 2 ECN+-Richtlinie um und regelt die gerichtliche Zuständigkeit. Streitigkeiten in Bezug auf die Rechtsmäßigkeit einer zu vollstreckenden Entscheidung und des einheitlichen Titels fallen in die Zuständigkeit des Mitgliedsstaats der ersuchenden Wettbewerbsbehörde. 9

§ 50d Informationsaustausch im Netzwerk der europäischen Wettbewerbsbehörden

(1) Das Bundeskartellamt ist nach Artikel 12 Absatz 1 der Verordnung (EG) Nr. 1/2003 befugt, der Europäischen Kommission und den Wettbewerbsbehörden der anderen Mitgliedstaaten der Europäischen Union zum Zweck der Anwendung der Artikel 101 und 102 des Vertrages über die Arbeitsweise der Europäischen Union und vorbehaltlich Absatz 2

1. tatsächliche und rechtliche Umstände, einschließlich vertraulicher Angaben, insbesondere Betriebs- und Geschäftsgeheimnisse, mitzuteilen und entsprechende Dokumente und Daten zu übermitteln sowie

2. diese Wettbewerbsbehörden um die Übermittlung von Informationen nach Nummer 1 zu ersuchen, diese zu empfangen und als Beweismittel zu verwenden.

(2) Kronzeugenerklärungen dürfen der Wettbewerbsbehörde eines anderen Mitgliedstaates der Europäischen Union nur übermittelt werden, wenn

1. der Steller eines Antrags auf Kronzeugenbehandlung der Übermittlung seiner Kronzeugenerklärung an die andere Wettbewerbsbehörde zustimmt oder

2. bei der anderen Wettbewerbsbehörde von demselben Antragsteller ein Antrag auf Kronzeugenbehandlung eingegangen ist und dieser sich auf ein und dieselbe Zuwiderhandlung bezieht, sofern es dem Antragsteller zu dem Zeitpunkt, zu dem die Kronzeugenerklärung weitergeleitet wird, nicht freisteht, die der anderen Wettbewerbsbehörde vorgelegten Informationen zurückzuziehen.

(3) [1]Das Bundeskartellamt darf die empfangenen Informationen nur zum Zweck der Anwendung von Artikel 101 oder 102 des Vertrages über die Arbeitsweise der Europäischen Union sowie in Bezug auf den Untersuchungsgegenstand als Beweismittel verwenden, für den sie von der übermittelnden Behörde erhoben wurden. [2]Werden Vorschriften dieses Gesetzes jedoch nach Maßgabe des Artikels 12 Absatz 2 Satz 2 der Verordnung (EG) Nr. 1/2003 angewandt, so können nach Absatz 1 ausgetauschte Informationen auch für die Anwendung dieses Gesetzes verwendet werden.

(4) [1]Informationen, die das Bundeskartellamt nach Absatz 1 erhalten hat, können zum Zweck der Verhängung von Sanktionen gegen natürliche Personen nur als Beweismittel verwendet werden, wenn das Recht der übermittelnden Behörde ähnlich geartete Sanktionen in Bezug auf Verstöße gegen Artikel 101 oder 102 des Vertrages über die Arbeitsweise der Europäischen Union vorsieht. [2]Falls die Voraussetzungen des Satzes 1 nicht erfüllt sind, ist eine Verwendung als Beweismittel auch dann möglich, wenn die Informationen in einer Weise erhoben worden sind, die hinsichtlich der Wahrung der Verteidigungsrechte natürlicher Personen das gleiche Schutzniveau wie nach dem für das Bundeskartellamt geltenden Recht gewährleistet. [3]Das Beweisverwertungsverbot nach Satz 1 steht einer Verwendung der Beweise gegen juristische Personen oder Personenvereinigungen nicht entgegen. [4]Die Beachtung verfassungsrechtlich begründeter Verwertungsverbote bleibt unberührt.

1. Überblick

1 Der durch die 10. GWB-Novelle 2021 eingefügte § 50d entspricht in Abs. 1 § 50a Abs. 1 aF und in Abs. 3 und 4 § 50a Abs. 2 und 3 aF. Diese Vorschriften wurden durch die 7. GWB-Novelle 2005 eingeführt. Sie regeln die Wahrnehmung der Rechte und Pflichten der Kartellbehörde bei der Zusammenarbeit mit der Kom-

mission und den Wettbewerbsbehörden der anderen Mitgliedstaaten. Grundlage für diese Zusammenarbeit ist Art. 12 Kartellverfahrens-VO und die ECN-Bekanntmachung der Kommission (Bekanntmachung der Kommission über die Zusammenarbeit innerhalb des Netzes der Wettbewerbsbehörden, ABl. 2004 C 101, 43; vgl. zur praktischen Zusammenarbeit TB 2011/2013, 44 ff.). Regelungsbedürftig ist insoweit die **Befugnis zur Übermittlung von Informationen an die Kommission und ausländische Wettbewerbsbehörden** (Abs. 1) sowie die **Verwertung der empfangenen Informationen** für nationale Verfahren (Abs. 2 und 4). Die 8. GWB-Novelle 2012/2013 hat die Regelungen an den Vertrag von Lissabon angepasst und – auch insoweit ohne sachliche Änderung – Abs. 1 neu gegliedert. Inhaltliche Ergänzung zu § 50a aF ist die Regelung für den Austausch von Kronzeugenerklärungen in Abs. 2.

2. Grundzüge der Zusammenarbeit im Netzwerk der europäischen Wettbewerbsbehörden (Art. 12 Kartellverfahrens-VO)

Während Art. 11 Kartellverfahrens-VO die **„vertikale" Zusammenarbeit** 2 zwischen der Kommission und den Behörden der Mitgliedstaaten regelt, befasst sich Art. 12 Kartellverfahrens-VO mit der **„horizontalen" Zusammenarbeit** zwischen der Kommission und den Wettbewerbsbehörden der Mitgliedstaaten. Art. 12 Kartellverfahrens-VO enthält eine von einzelnen Verfahren losgelöste Ermächtigung (keine Verpflichtung) zum Informationsaustausch. Dabei war fraglich, ob Art. 12 Kartellverfahrens-VO unmittelbar außer für die Kommission auch für die Wettbewerbsbehörden der Mitgliedstaaten gilt, oder ob er nicht einer Umsetzung in das nationale Recht bedürfte. § 50d ist eine solche Umsetzung.

Art. 12 Abs. 1 Kartellverfahrens-VO berechtigt alle beteiligten Behörden (Kom- 3 mission und nationale Wettbewerbsbehörden) zum **gegenseitigen Informationsaustausch.** Rechtlich hat er seine besondere Bedeutung darin, dass nationale Vorschriften, die eine nationale Behörde daran hindern könnten, am Informationsaustausch teilzunehmen, nicht mit widersprechendem Ergebnis angewendet werden können. Das gilt insbes. im Hinblick darauf, dass der Informationsaustausch **auch vertrauliche Angaben** umfassen darf. Die VO 17/62 regelte nicht die Verwendung von Informationen, die von der Kommission ausgingen, durch die Behörden der Mitgliedstaaten. Nach der Rspr. des Gerichtshofes durften Informationen, die die nationalen Behörden im Zusammenhang mit den ihnen nach der VO 17/62 zugewiesenen Funktionen erhalten hatten, nicht für andere Verfahren verwendet werden, und zwar auch nicht für Verfahren auf der Grundlage nationaler Kartellvorschriften (EuGH Slg. 1992, I-4820 – Spanischer Bankenverband mAnm Bechtold EuZW 1992, 675; vgl. auch Bechtold/Bosch/Brinker VO 1/2003 Art. 12 Rn. 3). Diese Rechtslage hat sich durch die Verpflichtung der nationalen Behörden nach Art. 3 Abs. 1 Kartellverfahrens-VO, in Fällen „oberhalb" der Zwischenstaatsklausel neben dem nationalen Recht auch EU-Recht anzuwenden, geändert. Dem trägt Art. 12 Abs. 2 Kartellverfahrens-VO dadurch Rechnung, dass die erlangten Informationen zwar **nur für die Anwendung der Art. 101 und 102 AEUV** verwendet werden dürfen, bei paralleler Anwendung des nationalen Wettbewerbsrechts aber auch für diesen Zweck.

Nach dem System der Kartellverfahrens-VO kann die Kommission bei Verstößen 4 gegen Art. 101 AEUV oder Art. 102 AEUV **nur Unternehmen** verwaltungsrechtlich oder bußgeldrechtlich sanktionieren, **nicht natürliche Personen.** Im deutschen Recht gilt anderes für Geldbußen. Art. 12 Abs. 3 Kartellverfahrens-VO enthält Vorkehrungen dagegen, dass Informationen, die Unternehmen belasten, ohne Weiteres auch gegen natürliche Personen verwendet werden (vgl. dazu auch Bechtold/Bosch/Brinker VO 1/2003 Art. 12 Rn. 5).

3. Befugnis zur Informationsweitergabe durch die deutsche Kartellbehörde (Abs. 1)

5 Abs. 1 wiederholt die in Art. 12 Abs. 1 Kartellverfahrens-VO vorgesehene Befugnis von Kommission und nationalen Wettbewerbsbehörden, einander „tatsächliche Umstände **einschließlich vertraulicher Angaben** mitzuteilen und diese Informationen als Beweismittel zu verwenden". Über diesen Wortlaut hinaus wird in Abs. 1 Nr. 1 das Merkmal der „vertraulichen Angaben" so definiert, dass davon insbes. auch **„Betriebs- und Geschäftsgeheimnisse"** erfasst werden. Die Befugnis zur Mitteilung umfasst auch die Übermittlung „entsprechender Dokumente und Daten". Da Art. 12 Abs. 1 Kartellverfahrens-VO für den gegenseitigen Verkehr zwischen Kommission und den Behörden der Mitgliedstaaten formuliert ist, verlangt die Übertragung in das deutsche Recht in Abs. 1, dass sowohl die Rolle der aktiven Informationsübermittlung als auch die der passiven Informations-Entgegennahme geregelt wird. Zur Entgegennahme gehört auch die in Nr. 2 vorgesehene Befugnis, diese von anderen Behörden erlangten **Informationen als Beweismittel zu verwenden, vorbehaltlich der Sonderregelung für Kronzeugenerklärungen in Abs. 2.** Die Verwendungsmöglichkeit als Beweismittel ist durch Abs. 4 in Verfahren gegen natürliche Personen eingeschränkt. Sie setzt im Übrigen nicht voraus, dass die Beweismittel im Rahmen von Ermittlungsverfahren nach deutschem Recht erlangt worden sind. Die einzige Grenze in der Verwertung für deutsche Verfahren ergibt sich daraus, dass ihre Erlangung nach EU-Recht oder nach dem nationalen Recht der anderen Mitgliedstaaten nicht zu einem Beweisverwertungsverbot geführt hat.

4. Eingeschränkte Verwertung von Kronzeugenerklärungen (Abs. 2)

6 Abs. 2 setzt Art. 31 Abs. 6 ECN+-Richtlinie um, wonach **Kronzeugenerklärungen** nach § 33g Abs. 4 S. 1 Nr. 1 **besonders geschützt** sind. Der Austausch ist nur zulässig, wenn der Antragsteller für die Kronzeugenbehandlung zustimmt (Nr. 1) oder bei der anderen Wettbewerbsbehörde ein bezogen auf die Zuwiderhandlung identischer Kronzeugenantrag vorliegt und es dem Antragsteller nicht mehr freisteht, die vorgelegten Informationen zurückzuziehen (Nr. 2).

7 Die Regelung erfasst nur den Austausch von Kronzeugenerklärungen zwischen den Mitgliedsstaaten, nicht zwischen der Kommission und dem BKartA. Nach Rn. 40 der Bekanntmachung der Europäischen Kommission über die Zusammenarbeit innerhalb des Netzes von Wettbewerbsbehörden findet die Regelung aber entsprechende Anwendung beim Austausch von Kronzeugenerklärungen mit der Kommission (RegE 10. GWB-Novelle 2021, 108).

5. Verwertungsverbot für andere Verfahren (Abs. 3)

8 Abs. 3 entspricht **Art. 12 Abs. 2 Kartellverfahrens-VO.** Nach S. 1 dürfen die von der deutschen Kartellbehörde empfangenen Informationen nur „zum Zweck der Anwendung von Art. 101 oder 102" AEUV angewendet werden, und nur in Bezug „auf den Untersuchungsgegenstand", für den sie von der ermittelnden Behörde erhoben worden sind. Dieses Verwertungsverbot gilt **nicht** für die **Anwendung nationaler Wettbewerbsvorschriften,** soweit ihre Anwendung nach Art. 3 Abs. 1 und 2 Kartellverfahrens-VO die parallele Anwendung der Art. 101 und 102 AEUV voraussetzt. Das ist durch S. 2 ausdrücklich klargestellt. Der in ihm enthaltene Verweis auf Art. 12 Abs. 2 S. 2 Kartellverfahrens-VO betrifft den Fall, dass einzelstaatliches Wettbewerbsrecht im gleichen Fall und parallel zum gemeinschaftlichen Wettbewerbsrecht angewendet wird und nicht zu anderen

Ergebnissen führt. Das macht deutlich, dass die Informationen nicht verwendet werden dürfen für die Bereiche, in denen nationales Kartellrecht originär und ohne Beschränkung durch das EU-Recht angewendet werden darf, insbes. im Bereich unterhalb der Zwischenstaatsklausel (→ § 22 Rn. 6). Die Informationen dürfen auch im **Bereich des Art. 102 AEUV** für entsprechendes nationales Recht nur angewendet werden, wenn nationales Recht und Art. 102 AEUV zu identischen Ergebnissen führen. Liegt der Fall des Art. 3 Abs. 2 S. 2 Kartellverfahrens-VO (= § 22 Abs. 3 S. 3) vor, dürfen die Informationen nur dann auch im Bereich des nationalen Rechts angewendet werden, wenn die **Ergebnisse identisch** sind; andernfalls dürfen sie nur für Art. 102 AEUV, nicht auch für – weitergehendes – nationales Recht verwertet werden. Das Verwertungsverbot des Abs. 2 gilt auch für andere Verfahren. Es setzt voraus, dass die übermittelten Informationen von der Kommission oder ausländischen Wettbewerbsbehörden im Rahmen bestimmter Verfahren erhoben worden sind. Ist das der Fall, ist eine Verwendung außerhalb des identischen Verfahrensgegenstandes in deutsche Verfahren ausgeschlossen. Ist die Information außerhalb eines konkreten Verfahrens entstanden, gilt das Verwertungsverbot insoweit nicht.

6. Verwertungsverbot für Verfahren gegen natürliche Personen (Abs. 4)

Abs. 4 setzt die entsprechende Regelung in **Art. 12 Abs. 3 Kartellverfahrens-VO** um. Er trägt dem Umstand Rechnung, dass EU-Verfahren sowohl im Hinblick auf verwaltungsrechtliche als auch bußgeldrechtliche Ziele im Regelfall nur gegen juristische Personen durchgeführt werden, nicht gegen natürliche Personen. Aus der Sicht des EU-Rechts gibt es kein Bedürfnis, auch natürliche Personen zu sanktionieren; deswegen dürfen die über das EU-Recht an die deutschen Behörden gelangten Informationen nicht gegen natürliche Personen eingesetzt werden. Allerdings ist der Unternehmensbegriff nicht davon abhängig, dass der **Unternehmensträger** eine juristische Person ist; auch **natürliche Personen** können Unternehmen sein (→ § 1 Rn. 11). Da in diesem Falle auch nach Art. 101 AEUV oder Art. 102 AEUV Sanktionen gegen natürliche Personen möglich sind, greift das Beweisverwertungsverbot nach Abs. 3 S. 1 nicht ein. S. 3 trägt der Besonderheit des deutschen Rechts Rechnung, dass Bußgeldverfahren primär gegen natürliche Personen geführt werden, und die Unternehmensbuße nach § 30 OWiG bloße Nebenfolge der Ahndung der natürlichen Person ist. Um in diesen Fällen die Sanktionierung des Unternehmens nicht leer laufen zu lassen, ist die Verwertung zulasten des Unternehmens zulässig. 9

Nach S. 2 gilt das Verwertungsverbot des S. 1 außer im Falle der Identität von natürlicher Person und Unternehmen auch dann nicht, „wenn die Informationen in einer Weise erhoben worden sind, die hinsichtlich der Wahrung der Verteidigungsrechte natürlichen Personen das gleiche Schutzniveau wie nach dem für die Kartellbehörde geltenden Recht gewährleistet“. Diese Regelung entspricht Art. 12 Abs. 3 zweiter Spiegelstrich Kartellverfahrens-VO. Der dort zusätzlich geregelte Ausschluss der Verwertung von Informationen, um Haftstrafen zu verhängen, spielt in Deutschland keine Rolle, weil derartige Haftstrafen wegen Kartellverstößen nicht möglich sind. Beim Vergleich der Schutzniveaus der Rechtsordnungen der informierenden Seite mit dem deutschen Schutzniveau kommt es insbes. auf die Verteidigungsrechte an. 10

§ 50e Sonstige Zusammenarbeit mit ausländischen Wettbewerbsbehörden

(1) **Das Bundeskartellamt hat die in § 50d Absatz 1 genannten Befugnisse auch in anderen Fällen, in denen es zum Zweck der Anwendung kartell-**

rechtlicher Vorschriften mit der Europäischen Kommission oder den Wettbewerbsbehörden anderer Staaten zusammenarbeitet.

(2) [1]**Das Bundeskartellamt darf Informationen nach § 50d Absatz 1 nur unter dem Vorbehalt übermitteln, dass die empfangende Wettbewerbsbehörde**

1. **die Informationen nur zum Zweck der Anwendung kartellrechtlicher Vorschriften sowie in Bezug auf den Untersuchungsgegenstand als Beweismittel verwendet, für den sie das Bundeskartellamt erhoben hat, und**
2. **den Schutz vertraulicher Informationen wahrt und diese nur an Dritte übermittelt, wenn das Bundeskartellamt der Übermittlung zustimmt; das gilt auch für die Offenlegung von vertraulichen Informationen in Gerichts- oder Verwaltungsverfahren.**

[2]**Vertrauliche Angaben, einschließlich Betriebs- und Geschäftsgeheimnisse, aus Verfahren der Zusammenschlusskontrolle dürfen durch das Bundeskartellamt nur mit Zustimmung des Unternehmens übermittelt werden, das diese Angaben vorgelegt hat.**

(3) **Die Regelungen über die Rechtshilfe in Strafsachen sowie Amts- und Rechtshilfeabkommen bleiben unberührt**

1. Grundzüge

1 Die Vorschrift entspricht im Wesentlichen § 50b aF und regelt die Zusammenarbeit mit Kartellbehörden außerhalb der EU.

2. Befugnisse (Abs. 1)

2 Abs. 1 legitimiert in den Fällen, die **nicht durch die Kartellverfahrens-VO erfasst** werden, die Zusammenarbeit des BKartA mit der Kommission und mit ausländischen Wettbewerbsbehörden. Letzteres ist nicht beschränkt auf die Mitgliedstaaten der EU, sondern räumlich nicht begrenzt. Sachlich ergibt sich eine Eingrenzung nur aus dem „Zweck der Anwendung kartellrechtlicher Vorschriften". Darunter sind nicht nur die Kartellverbote und das Missbrauchsverbot für marktbeherrschende Unternehmen entsprechend Art. 101 und 102 AEUV oder §§ 1, 19, 20 zu verstehen, sondern auch die Fusionskontrollregime; das wird auch durch die Begr. z. RegE der 7. GWB-Novelle bestätigt (BT-Drs. 15/3640, B zu § 50b, zu Abs. 1, WuW-Sonderheft, 186).

3 Es ist offen, ob die Zusammenarbeit einer **zusätzlichen völkerrechtlichen Legitimation** bedarf, oder ob für das innerdeutsche Recht § 50e die Zulässigkeit der Zusammenarbeit begründet (so offenbar Immenga/Mestmäcker/Rehbinder/Picht § 50 Rn. 1). Außerhalb der Kartellverfahrens-VO ergibt sich für die **EU-Fusionskontrolle** die Zulässigkeit der Zusammenarbeit direkt und indirekt aus der FKVO. Sie setzt nicht nur die „vertikale" Zusammenarbeit zwischen Kommission und den Wettbewerbsbehörden der Mitgliedstaaten voraus, sondern auch „horizontal" eine Zusammenarbeit zwischen den Wettbewerbsbehörden der Mitgliedstaaten (vgl. etwa Art. 4 Abs. 5 Kartellverfahrens-VO und Art. 22 Kartellverfahrens-VO). Für **Länder außerhalb der EU** können sich zumindest Verpflichtungen des BKartA aus Kooperationsabkommen mit den Wettbewerbsbehörden anderer Mitgliedstaaten ergeben, wie das derzeit aufgrund des Regierungsabkommens Deutschland/USA bezüglich restriktiver Geschäftspraktiken (BGBl. 1976 II 1712) der Fall ist. Die Abkommen der EU mit Drittstaaten (dazu Bechtold/Bosch/Brinker Einl. Rn. 22, 23) sind insoweit nicht unmittelbar relevant. Dennoch kann man dem § 50e die Berechtigung entnehmen, derartige Kooperationen auch innerstaatlich durchzusetzen.

Aufgrund des Verweises auf § 50d Abs. 1 ergibt sich, dass das BKartA – außerhalb des Anwendungsbereichs der Kartellverfahrens-VO – sowohl der Kommission als auch den Wettbewerbsbehörden der anderen Mitgliedstaaten die in § 50d Abs. 1 genannten **Informationen übermitteln** darf. Gleiches soll nach den Motiven des § 50b aF auch für Wettbewerbsbehörden in Drittstaaten gelten. Das BKartA ist also auch zur Übermittlung **vertraulicher** Informationen an derartige Wettbewerbsbehörden befugt (→ § 50d Rn. 3). Allerdings ergibt sich aus Abs. 2, dass das BKartA sicherstellen muss, dass die Informationen nur für den Zweck der Anwendung kartellrechtlicher Vorschriften verwendet werden, für die sie übermittelt worden sind. Ob und in welchem Umfang das BKartA von seinen Befugnissen Gebrauch macht, unterliegt, wenn es keine entsprechenden internationalen Abkommen gibt und § 50e im Sinne einer selbstständigen Legitimation interpretiert wird, dem **Ermessen** des BKartA (vgl. Bunte/Schneider Rn. 15). 4

3. Verwertungsverbote außerhalb des Übersendungszwecks (Abs. 2)

Die Informationen, die das BKartA – außerhalb des Anwendungsbereichs der Kartellverfahrens-VO – der Kommission und den Wettbewerbsbehörden der Mitgliedstaaten und von Drittstaaten übermittelt werden, dürfen nur für den **„Zweck der Anwendung kartellrechtlicher Vorschriften"** verwendet werden. Außerdem muss die Verwendung zusammen hängen mit dem „Untersuchungsgegenstand", für den das BKartA die Informationen erhoben hat. Letzteres macht nur Sinn im Hinblick auf Informationen, die entweder vom BKartA zwangsweise erhoben worden sind oder von den Unternehmen im Hinblick darauf zur Verfügung gestellt worden sind, dass sie auch zwangsweise erhoben werden könnten; die Eingrenzung macht keinen Sinn für Informationen, die auch ohne Einsatz der Ermittlungsbefugnisse der Kartellbehörden ohne Weiteres verfügbar sind. 5

Nr. 2 sichert den **Schutz vertraulicher Informationen.** Zwar ergibt sich sowohl aus § 50d Abs. 1, auf den Abs. 1 verweist, als auch aus Abs. 2 Nr. 2, dass auch vertrauliche Informationen übermittelt werden dürfen. Das BKartA muss aber durch entsprechende Vorbehalte sicherstellen, dass die Vertraulichkeit auch von der empfangenen Behörde gewahrt wird. Abs. 2 S. 2 sieht für vertrauliche Angaben, die in Fusionskontrollverfahren (§§ 35 ff.) erhoben worden sind, die Einschränkung vor, dass diese Daten nur mit **Zustimmung der Unternehmen,** die sie vorgelegt haben, übermittelt werden dürfen. Die Zustimmung wird von den Unternehmen häufig erteilt, insbes. auch in parallel laufenden Fusionskontrollverfahren in Drittstaaten, in denen nicht nur ein Informationsaustausch zwischen dem BKartA und den Drittstaaten-Fusionskontrollbehörden stattfindet, sondern auch Versuche erfolgen, die Verfahrensabläufe und die Verfahrensergebnisse zu koordinieren. Für die Zustimmung des Unternehmens, das die Informationen ermittelt hat, sieht S. 2 keine Formvorschriften vor; sie kann auch formlos erteilt werden. 6

4. Amts- und Rechtshilfeabkommen (Abs. 3)

Abs. 3 lässt die Regelungen über die Rechtshilfe in Strafsachen und Amts- und Rechtshilfeabkommen **„unberührt".** Die Begr. zum RegE (BT-Drs. 15/3640, B zu § 50b, zu Abs. 3, WuW-Sonderheft, 186 f.) interpretiert das Wort „unberührt" so, dass die Regelungen, auf die verwiesen wird, eine **„alternative Rechtsgrundlage"** seien. Abs. 3 soll also die Befugnisse des BKartA erweitern. Er schließt aber nicht aus, dass an seiner Stelle auch unmittelbar das Gesetz über die internationale Rechtshilfe in Strafsachen (IRG idF der Bekanntmachung v. 27.6.1994, BGBl. 1994 I 1537, danach mehrfach geändert) sowie Amts- und 7

Rechtshilfeabkommen angewendet werden können; Maßnahmen aufgrund dieser Regelung bedürfen keiner zusätzlichen Legitimation im Rahmen des § 50e.

§ 50f Zusammenarbeit mit anderen Behörden

(1) [1]**Die Kartellbehörden, Regulierungsbehörden, die oder der Bundesbeauftragte für den Datenschutz und die Informationsfreiheit und die Landesbeauftragten für Datenschutz sowie die zuständigen Behörden im Sinne des § 2 des EU-Verbraucherschutzdurchführungsgesetzes können unabhängig von der jeweils gewählten Verfahrensart untereinander Informationen einschließlich personenbezogener Daten und Betriebs- und Geschäftsgeheimnisse austauschen, soweit dies zur Erfüllung ihrer jeweiligen Aufgaben erforderlich ist, sowie diese in ihren Verfahren verwerten.** [2]**Beweisverwertungsverbote bleiben unberührt.**

(2) [1]**Die Kartellbehörden arbeiten im Rahmen der Erfüllung ihrer Aufgaben mit der Bundesanstalt für Finanzdienstleistungsaufsicht, der Deutschen Bundesbank, den zuständigen Aufsichtsbehörden nach § 90 des Vierten Buches Sozialgesetzbuch und den Landesmedienanstalten sowie der Kommission zur Ermittlung der Konzentration im Medienbereich zusammen.** [2]**Die Kartellbehörden tauschen mit den Landesmedienanstalten und der Kommission zur Ermittlung der Konzentration im Medienbereich gegenseitig Erkenntnisse aus, soweit dies für die Erfüllung ihrer jeweiligen Aufgaben erforderlich ist; mit den übrigen in Satz 1 genannten Behörden können sie entsprechend auf Anfrage Erkenntnisse austauschen.** [3]**Dies gilt nicht**
1. **für vertrauliche Informationen, insbesondere Betriebs- und Geschäftsgeheimnisse, sowie**
2. **für Informationen, die nach § 50d dieses Gesetzes, nach der Verordnung (EU) 2022/1925 oder nach Artikel 12 der Verordnung (EG) Nr. 1/2003 erlangt worden sind.**

[4]**Die Sätze 2 und 3 Nummer 1 lassen die Regelungen des Wertpapiererwerbs- und Übernahmegesetzes sowie des Gesetzes über den Wertpapierhandel über die Zusammenarbeit mit anderen Behörden unberührt.**

(3) [1]**Das Bundeskartellamt kann Angaben der an einem Zusammenschluss beteiligten Unternehmen, die ihm nach § 39 Absatz 3 gemacht worden sind, an andere Behörden übermitteln, soweit dies zur Verfolgung der in § 4 Absatz 1 Nummer 1 bzw. Nummern 4, 4a und § 5 Absatz 2, 3 des Außenwirtschaftsgesetzes genannten Zwecke erforderlich ist.** [2]**Bei Zusammenschlüssen mit gemeinschaftsweiter Bedeutung im Sinne des Artikels 1 Absatz 1 der Verordnung (EG) Nr. 139/2004 des Rates vom 20. Januar 2004 über die Kontrolle von Unternehmenszusammenschlüssen in ihrer jeweils geltenden Fassung steht dem Bundeskartellamt die Befugnis nach Satz 1 nur hinsichtlich solcher Angaben zu, welche von der Europäischen Kommission nach Artikel 4 Absatz 3 dieser Verordnung veröffentlicht worden sind.**

1. Überblick

1 § 50c Abs. 1 und 2 aF, jetzt § 50f, ist durch die **7. GWB-Novelle 2005** neu in das Gesetz eingefügt worden. Er ist durch das Gesetz über die Durchsetzung der Verbraucherschutzgesetze bei innergemeinschaftlichen Verstößen (v. 21.12.2006, BGBl. 2006 I 3367) geändert und außer auf die Regulierungsbehörden auch auf die Verbraucherschutzbehörden ausgedehnt worden. Abs. 1 und Abs. 2 wurden durch die **9. GWB-Novelle 2017** auf Datenschutzbehörden erweitert; zudem

wurde die Zusammenarbeit mit der Kommission zur Ermittlung der Konzentration im Medienbereich (KEK) eingefügt. Die Vorschrift regelt die **Zusammenarbeit der Kartellbehörden mit anderen deutschen Behörden,** die in Bereichen tätig sind, die an diejenigen des Kartellrechts angrenzen, insbes. also den **Regulierungsbehörden,** der Bundesanstalt für Finanzdienstleistungsaufsicht und den Landesmedienanstalten. Für die Markttransparenzstelle für Strom und Gas gibt es in § 47i eine spezielle Vorschrift über die Zusammenarbeit mit anderen Behörden und Aufsichtsstellen. § 50f **legitimiert nur die behördeninterne Zusammenarbeit** und gibt den Kartellbehörden und den von § 50f erfassten Drittbehörden **keine zusätzlichen Befugnisse nach außen.** § 50f erfasst alle Arten von Verfahren, also Verwaltungsverfahren, Fusionskontrollverfahren und Bußgeldverfahren. Er hat keine Bedeutung für Gerichtsverfahren, also weder für Kartellzivilverfahren noch für Beschwerdeverfahren in Kartellverwaltungssachen; Beschwerdegerichte sind nicht zur Zusammenarbeit mit anderen Behörden verpflichtet und müssen eine möglicherweise unterlassene Zusammenarbeit der Kartellbehörde mit einer von § 50f erfassten Behörde auch nicht nachholen. **Abs. 3** ist durch das 13. **Gesetz zur Änderung des Außenwirtschaftsgesetzes** (AWG) vom 18.4.2009 (BGBl. 2009 I 770) eingefügt worden. Die 8. GWB-Novelle 2012/2013 hat den Katalog der Behörden, mit denen die Kartellbehörden nach Abs. 2 zusammenarbeiten, durch die Krankenkassen-Aufsichtsbehörden ergänzt; darauf nimmt § 172a Abs. 1 SGB V für Fusionskontrollverfahren über die freiwillige Vereinigung von Krankenkassen (→ § 35 Rn. 28) Bezug. Aufgrund der Ausweitung auf Verfahren nach dem DMA durch die **11. GWB-Novelle 2023** nimmt Abs. 2 S. 3 Nr. 2 Informationen aus Verfahren nach dem DMA vom Austausch aus.

2. Informationsaustausch mit Regulierungs- und Verbraucherschutzbehörden (Abs. 1)

Abs. 1 betrifft die Zusammenarbeit zwischen Kartellbehörden (dazu § 48 Abs. 1) 2
und den Regulierungsbehörden sowie den Bundes- und Landesdatenschutzbeauftragten. Unter „Regulierungsbehörden" sind ausschließlich die Behörden zu verstehen, die in den jeweiligen Gesetzen **ausdrücklich mit Regulierungsaufgaben betraut** worden sind. Das ist in erster Linie die Bundesnetzagentur für Elektrizität, Gas, Telekommunikation, Post und Eisenbahnen **(Bundesnetzagentur),** die nach § 116 TKG Regulierungsbehörde iSd TKG, nach § 44 PostG Regulierungsbehörde für das Postwesen, nach § 54 Abs. 1 EnWG Regulierungsbehörde für Elektrizität und Gas und nach § 4 Bundeseisenbahnverkehrsverwaltungsgesetz (BEVVG) Regulierungsbehörde für den Zugang zur Eisenbahninfrastruktur ist. Im Bereich des EnWG gibt es auch **Landesregulierungsbehörden,** die mit Regulierungsaufgaben gegenüber kleineren Unternehmen unter der Voraussetzung betraut sind, dass das betroffene Elektrizitäts- oder Gasverteilernetz nicht über das Gebiet eines Landes hinausreicht.

Die Regulierungsbehörden sind durch die jeweiligen Spezialgesetze **auch ihrerseits verpflichtet, mit den Kartellbehörden zusammenzuarbeiten. § 123 Abs. 1 S. 1 TKG** verpflichtet die Telekommunikations-Regulierungsbehörde (Bundesnetzagentur), bestimmte Entscheidungen im Einvernehmen mit dem BKartA zu treffen; bei anderen Entscheidungen ist dem BKartA rechtzeitig vor Abschluss des Verfahrens Gelegenheit zur Stellungnahme zu geben (S. 2). Nach § 123 Abs. 1 S. 3 ist das BKartA – nicht aber die Landeskartellbehörde – verpflichtet, bei bestimmten Verfahren im Telekommunikationsbereich der Regulierungsbehörde Gelegenheit zur Stellungnahme zu geben. Entsprechende Regelungen enthalten **§ 48 PostG** und **§ 58 EnWG.** Nach Abs. 1 S. 1 entscheidet die Bundesnetzagentur in bestimmten Fällen im Einvernehmen mit dem BKartA. In anderen Fällen ist sie verpflichtet, dem BKartA und der nach Landesrecht zuständigen Behörde Gelegen- 3 heit zur Stellungnahme zu geben (S. 2). Führt die Kartellbehörde (BKartA oder Landeskartellbehörde) bestimmte Verfahren durch, muss sie nach § 58 Abs. 2 EnWG der Bundesnetzagentur (nicht aber der Landesregulierungsbehörde) Gelegenheit zur Stellungnahme geben. Ähnliche Regelungen enthält **§ 14b Allgemeines Eisenbahngesetz** (AEG).

4 Aufgrund des **Verbraucherschutzdurchsetzungsgesetzes** vom 21.12.2006 (BGBl. 2006 I 3367) gilt § 50f Abs. 1 außer für die Kartell- und Regulierungsbehörden auch für die in § 2 EG-Verbraucherschutzdurchsetzungsgesetz (EU-VSchDG) genannten Behörden. Das sind neben uU nach Landesrecht zuständigen Behörden auf Bundesebene

- das Bundesamt für Verbraucherschutz und Lebensmittelsicherheit sowie die entsprechenden Landesbehörden,
- die Bundesanstalt für Finanzdienstleistungsaufsicht (BaFin) und
- das Luftfahrt-Bundesamt,

jeweils beim Verdacht gegen „innergemeinschaftliche Verstöße" gegen bestimmte, im Einzelnen genannte Rechtsvorschriften im Zuständigkeitsbereich dieser Behörden. Abs. 1 legitimiert auch den **Informationsaustausch zwischen Regulierungsbehörden und den Verbraucherschutzbehörden,** auch wenn insoweit kein Bezug zum GWB besteht. Der Informationsaustausch mit der BaFin, die auch in Abs. 2 erwähnt ist, geht auf der Grundlage des Abs. 1 weiter als nach Abs. 2; sie ist nach Abs. 1 aber auf den Verdacht eines innergemeinschaftlichen Verstoßes gegen einzelne Vorschriften des Versicherungsaufsichtsgesetzes und des Kreditwesengesetzes beschränkt.

5 Alle in Abs. 1 genannten Behörden sind ebenso wie die Kartellbehörden sowohl in **Verwaltungsverfahren** als auch in **Bußgeldverfahren** tätig. Abs. 1 legitimiert den Austausch von Informationen, die zur Erfüllung ihrer jeweiligen Aufgaben erforderlich sind, und die Verwertung dieser Informationen. Bis zur Änderung des Abs. 1 durch das EG-Verbraucherschutzdurchsetzungsgesetz war der Wortlaut des Abs. 1 beschränkt auf die „wettbewerblichen" Aufgaben. Für das Verhältnis zwischen Kartell- und Regelungsbehörden ergibt sich daraus keine Änderung. Auch im Verhältnis zu den Verbraucherschutzbehörden kommt es nur darauf an, ob es sich um gesetzlich geregelte Aufgaben handelt; eine Prüfung auf ihre wettbewerbliche Relevanz ist nicht erforderlich. Der Austausch schließt ausdrücklich auch personenbezogene Daten und Betriebs- und Geschäftsgeheimnisse ein. Diese Daten müssen von den beteiligten Behörden im Rahmen der für sie geltenden Vorschriften gegen die Verwendung und Verwertung außerhalb der begünstigten Zwecke geschützt werden. Insoweit enthält das GWB keine ausdrücklichen Vorschriften über den Schutz von Geschäftsgeheimnissen durch die Behörde. § 70 Abs. 2 S. 2 macht aber deutlich, dass die Kartellbehörde selbst im gerichtlichen Verfahren grds. **Betriebs- und Geschäftsgeheimnisse vertraulich behandeln** muss. Insoweit gelten auch die allgemeinen ordnungswidrigkeiten- und strafrechtlichen Schutzbestimmungen für Betriebs- und Geschäftsgeheimnisse. Nach der RegBegr. (BT-Drs. 15/3640, B zu § 50c, WuW-Sonderheft, 187) legitimiert Abs. 1 ausdrücklich auch den Austausch von Informationen im Verwaltungsverfahren für Zwecke des Bußgeldverfahrens und umgekehrt. Allerdings können sich Beweisverwertungsverbote in den Fällen ergeben, in denen Informationen aufgrund von Informationsverpflichtungen im Verwaltungsverfahren für Bußgeldzwecke verwendet werden, bei denen es grds. keine Verpflichtung der betroffenen Unternehmen gibt, Informationen zu liefern.

6 Nach Abs. 1 S. 2 bleiben **Beweisverwertungsverbote unberührt.** Gemeint sind in erster Linie Verwertungsverbote, die sich aus dem Recht ergeben, das für die die Informationen liefernde Behörde gilt. S. 2 muss aber auch dann gelten, wenn die Kartellbehörde aufgrund der für sie maßgeblichen Vorschrift die Information nicht verwerten dürfte, wenn sie von ihr selbst erlangt worden wäre. Die Behörden sollen insgesamt durch die Regelung des Abs. 1 nicht schlechter gestellt werden, als

sie stünden, wenn sie die Informationen selbst erhoben hätten. Der Informationsaustausch zwischen den Behörden soll aber auch nicht dazu führen, dass die betroffenen Unternehmen aufgrund unterschiedlicher Maßstäbe in der Beweisverwertung schlechter gestellt werden.

3. Zusammenarbeit mit branchenspezifischen Nicht-Regulierungsbehörden (Abs. 2)

Abs. 2 regelt die Zusammenarbeit mit **Behörden außerhalb der Netzregulierung,** die sich aber ebenso wie diese mit Grenzbereichen der Wettbewerbsaufsicht befassen. Das gilt einmal und insbes. für die Bundesanstalt für Finanzdienstleistungsaufsicht **(BaFin).** Dieser obliegt nach § 6 Kreditwesengesetz (KWG idF der Bekanntmachung v. 9.9.1998, BGBl. 1998 I 2776, danach mehrfach geändert) die **Aufsicht über Kreditinstitute,** teilweise in Zusammenarbeit mit der Deutschen Bundesbank. Entsprechendes gilt für die Versicherungsaufsicht nach dem Versicherungsaufsichtsgesetz (VAG v. 17.12.1992, BGBl. 1993 I 2, mehrfach geändert). Die BaFin hat aber darüber hinaus auch wichtige Funktionen im Bereich des **Wertpapierhandels** (§ 4 Wertpapierhandelsgesetz, WpHG, idF der Bekanntmachung v. 9.9.1998, BGBl. 1998 I 2708, danach mehrfach geändert) und des **Übernahmerechts** (§ 4 Wertpapiererwerbs- und Übernahmegesetz, WpÜG, vom 20.12.2011, BGBl. 2011 I 3822, danach mehrfach geändert). In allen diesen Funktionen ist die BaFin auch verpflichtet, mit dem BKartA zusammen zu arbeiten und Informationen auszutauschen (vgl. zB § 6 Abs. 2 WpHG, § 7 Abs. 1 WpÜG). Für die in Abs. 2 S. 1 ebenfalls erwähnte **Bundesbank** enthält das Bundesbankgesetz keine entsprechenden Vorschriften. Die 8. GWB-Novelle 2012/2013 hat die **Aufsichtsbehörden über die gesetzlichen Krankenkassen** nach § 90 SGB IV aufgenommen; das sind das **Bundesversicherungsamt** und die für die Krankenkassenaufsicht zuständigen Landesbehörden. Hiernach sind die Landesmedienanstalten verpflichtet, im Rahmen der Erfüllung ihrer Aufgaben nicht nur mit der Bundesnetzagentur, sondern auch mit dem BKartA und den Landeskartellbehörden zusammen zu arbeiten. Sie haben auf Anfrage der Kartellbehörde Erkenntnisse zu übermitteln, die für die Erfüllung von deren Aufgaben erforderlich sind. Die 9. GWB-Novelle 2017 bezieht auch noch die Zusammenarbeit mit der Kommission zur Ermittlung der Konzentration im Medienbereich (KEK) ein. 7

Abs. 2 S. 2 verpflichtet die Kartellbehörden, mit den in Abs. 1 genannten Behörden „**gegenseitig Erkenntnisse auszutauschen,** soweit dies für die Erfüllung ihrer jeweiligen Aufgaben erforderlich ist". Anders als für die in Abs. 1 geregelte Zusammenarbeit mit den Netz-Regulierungsbehörden gilt der Informationsaustausch jedenfalls für die Kartellbehörden nicht. Soweit es um vertrauliche Informationen, insbes. Betriebs- und Geschäftsgeheimnisse geht, und um Informationen, die zwischen deutschen und europäischen Kartellbehörden im Rahmen des DMA, § 50a und des Art. 12 Kartellverfahrens-VO ausgetauscht worden sind, lassen S. 2 und S. 3 Nr. 1 die Regelungen des Wertpapiererwerbs- und Übernahmegesetzes sowie des Gesetzes über den Wertpapierhandel über die Zusammenarbeit mit anderen Behörden unberührt. Das bedeutet, dass die in diesen Gesetzen enthaltenen Spezialregelungen durch Abs. 2 nicht eingeschränkt werden. 8

4. Weitergabe von Fusionskontrolldaten im Rahmen des Außenwirtschaftsrechts (Abs. 3)

Abs. 3 ist eingefügt worden durch das 13. Gesetz zur Änderung des Außenwirtschaftsgesetzes vom 18.4.2009 (BGBl. 2009 I 770). Das Außenwirtschaftsgesetz sieht in der ab 1.9.2013 gültigen Fassung (BGBl. 2013 I 1482) in § 4 Abs. 1 Nr. 1 AWG und § 5 Abs. 2 und 3 AWG die Möglichkeit vor, dass Rechtsgeschäfte und Handlun- 9 gen im Außenwirtschaftsverkehr beschränkt werden, um „die wesentlichen **Sicherheitsinteressen der Bundesrepublik** Deutschland zu gewährleisten" (§ 4 Abs. 1 Nr. 1 AWG). Zu diesem Zweck können insbes. „Rechtsgeschäfte über den Erwerb gebietsansässiger Unternehmen oder von Anteilen an solchen Unternehmen durch einen gemeinschaftsfremden Erwerber" beschränkt werden, wenn infolge des Erwerbs die öffentliche Ordnung oder Sicherheit der Bundesrepublik Deutschland iSv Art. 46 und 58 Abs. 1 EG gefährdet ist (§ 5 Abs. 2 AWG). Auf dieser Grundlage ist in § 59 Außenwirtschaftsverordnung (AWV) vom 2.8.2013 (BGBl. 2013 I 2865), zuletzt geändert durch Artikel 1 der Verordnung vom 27.4.2021 (BAnz. AT 30.4.2021 V1) die **Untersagungsmöglichkeit** eines solchen Erwerbs vorgesehen (vgl. dazu Stork EWS 2009, 454; Besen/Slobodenjuk BB 2012, 2390). Das Bundesministerium für Wirtschaft und Technologie kann ein Prüfungsverfahren einleiten.

10 Im Rahmen der Prüfung nach § 4 Abs. 1 Nr. 1 AWG und § 5 Abs. 2 AWG kann das BKartA Angaben der an einem Zusammenschluss beteiligten Unternehmen, die nach § 39 Abs. 3 gemacht worden sind, an andere Behörden übermitteln. Da die Prüfung nach Außenwirtschaftsrecht ausschließlich dem Bundesministerium für Wirtschaft und Technologie obliegt, kommt auf der Grundlage des Abs. 3 **nur eine Übermittlung an das Ministerium** in Betracht. Die Übermittlungsbefugnis des BKartA bezieht sich auf die im Rahmen des § 39 Abs. 3 gemachten Informationen. Dabei ist nicht erforderlich, dass es sich um Informationen handelt, die im Zusammenhang mit dem vom Bundeswirtschaftsministerium geprüften Erwerb stehen, zumal dieser Erwerb möglicherweise – wegen Nichterreichens der Umsatzschwellen oder bei einer Beteiligung von unter 25 % – nicht der Fusionskontrolle unterliegt. Weitergabefähig sind aber nur Informationen über das an dem vom Bundeswirtschaftsministerium geprüften Erwerb beteiligte Unternehmen, nicht auch anderer Unternehmen. Darauf, ob die weitergegebenen Angaben **Geschäftsgeheimnisse** enthalten, kommt es nicht an; ggf. ist auch das Bundeswirtschaftsministerium zur Wahrung der Geschäftsgeheimnisse verpflichtet. Die Ermächtigung des BKartA, Informationen aus Fusionskontrollverfahren an den Bundeswirtschaftsminister weiterzugeben, bezieht auch Informationen ein, die das BKartA im Rahmen von Fusionskontrollverfahren der Kommission nach der FKVO erhalten hat, allerdings begrenzt nach Art. 4 Abs. 3 FKVO auf die Angaben, die im Amtsblatt C aus Anlass der Anmeldung veröffentlicht werden. Diese veröffentlichten Angaben enthalten keine Geschäftsgeheimnisse. Die Ermächtigung des BKartA ist auf die in Abs. 3 genannten Angaben beschränkt. Das BKartA ist also nicht befugt, weitere Angaben aus seinen oder Kommissions-Fusionskontrollverfahren an das Bundeswirtschaftsministerium weiterzugeben, insbes. nicht auch dem Ministerium die Akten insgesamt zu überlassen.

Kapitel 3. Bundeskartellamt

§ 51 Sitz, Organisation

(1) **[1]Das Bundeskartellamt ist eine selbstständige Bundesoberbehörde mit dem Sitz in Bonn. [2]Es gehört zum Geschäftsbereich des Bundesministeriums für Wirtschaft und Energie.**

(2) **[1]Die Entscheidungen des Bundeskartellamts werden von den Beschlussabteilungen getroffen, die nach Bestimmung des Bundesministeriums für Wirtschaft und Energie gebildet werden. [2]Im Übrigen regelt der Präsident die Verteilung und den Gang der Geschäfte des Bundeskartellamts durch eine Geschäftsordnung; sie bedarf der Bestätigung durch das Bundesministerium für Wirtschaft und Energie.**

(3) **Die Beschlussabteilungen entscheiden in der Besetzung mit einem oder einer Vorsitzenden und zwei Beisitzenden.**

(4) **Vorsitzende und Beisitzende der Beschlussabteilungen müssen Beamte auf Lebenszeit sein und die Befähigung zum Richteramt oder zum höheren Verwaltungsdienst haben.**

(5) **Die Mitglieder des Bundeskartellamts dürfen weder ein Unternehmen innehaben oder leiten noch dürfen sie Mitglied des Vorstandes oder des Aufsichtsrates eines Unternehmens, eines Kartells oder einer Wirtschafts- oder Berufsvereinigung sein.**

1. Grundzüge

§ 51 **entspricht § 48** idF vor der 6. GWB-Novelle 1998, aber mit zwei danach, **1**
noch vor der 7. GWB-Novelle 2005 wirksam gewordenen **Änderungen:** Sitz des BKartA ist nicht mehr wie bis 1999 Berlin, sondern Bonn. Außerdem ist in Abs. 4 nicht mehr angegeben, dass die Vorsitzenden der Beschlussabteilungen „in der Regel" die Befähigung zum Richteramt haben sollen; nach dem neuen Abs. 4 müssen sowohl Vorsitzende als auch Beisitzende entweder die Befähigung zum Richteramt oder zum höheren Verwaltungsdienst haben. In § 48 aF ist noch der Begriff des „Beisitzers" verwendet worden. Im Gesetz wird nunmehr von „Beisitzenden" gesprochen, offensichtlich, um die männlichen und weiblichen Beisitzenden sprachlich zu integrieren; für das Vergaberecht spricht das Gesetz in § 105 Abs. 2 aber weiterhin von „Beisitzern". Die 7. GWB-Novelle 2005 und die 8. GWB-Novelle 2012/2013 haben § 51 nicht geändert. Die 9. ZuständigkeitsanpassungsVO und die GWB-Novelle 2007 haben die Bezeichnung des Bundesministeriums für Wirtschaft in Abs. 1 S. 2 und Abs. 2 S. 1 und 2 angepasst.

Das BKartA ist eine **„selbständige Bundesoberbehörde"** iSv Art. 87 Abs. 3 **2**
GG; hiernach kann der Bund für Angelegenheiten, für die dem Bund die Gesetzgebung zusteht, selbstständige Bundesoberbehörden errichten. Das BKartA gehört zum Geschäftsbereich des Bundesministers für Wirtschaft; zur Weisungsbefugnis des BWM gegenüber dem BKartA und des Präsidenten gegenüber den Beschlussabteilungen → § 52 Rn. 2f. Die Entscheidungen werden von **Beschlussabteilungen** getroffen. Außerhalb der Beschlussabteilungen hat der Leiter der Markttransparenzstelle für Kraftstoffe nach § 47k Abs. 9 Entscheidungsbefugnisse, aber nur für die Erhebung von Daten, nicht für materielle Entscheidungen. Derzeit bestehen zwölf derartige Beschlussabteilungen, und zwar je aus einem Vorsitzenden und regelmäßig fünf bis sechs Beisitzenden; ebenso wie die Vergabekammer kann auch die Beschlussabteilung aus mehr als drei Mitgliedern bestehen. An Entscheidungen wirken jedoch nur der Vorsitzende und zwei Beisitzende mit, die vom Vorsitzenden bestimmt

werden. Die Unparteilichkeit ihrer Amtsführung wird gesichert durch **berufliche Inkompatibilitäten** nach Abs. 5 (dazu KG WuW/E 4589 (4591) = NJW-RR 1991, 1069 (1070) – Blockheizkraftwerk). § 47a Abs. 5 und § 47k Abs. 9 sehen die entsprechende Anwendung des Abs. 5 für alle Mitarbeiter und Mitarbeiterinnen der Markttransparenzstellen für Strom und Gas bzw. für Kraftstoffe vor.

3 Die **Zuständigkeit der Beschlussabteilungen** ist in einer vom Präsidenten des BKartA erlassenen und vom BWM bestätigten Geschäftsordnung festgelegt (gültig ist die **Geschäftsordnung** des BKartA, nicht veröffentlicht). Jede Beschlussabteilung ist grds. für bestimmte Wirtschaftsbereiche zuständig; außerdem gibt es einige nach Rechtsmaterie festgelegte Zentralzuständigkeiten (zB Patente und Lizenzen, Verfolgung von Ordnungswidrigkeiten). Es besteht keine Notwendigkeit, die interne Geschäftsverteilung in den Beschlussabteilungen durch Geschäftsordnung zu regeln (KG WuW/E 4627 – Hamburger Benzinpreise); sie wird vielmehr vom Vorsitzenden festgelegt. Es besteht deswegen **kein Anspruch** der beteiligten Unternehmen darauf, dass aus dem Kreis der **Beisitzenden** von vornherein **abstrakt festgelegt** ist, welcher der Beisitzenden den Fall als Berichterstatter zu bearbeiten hat und mit welchen Beisitzenden der Vorsitzende der Beschlussabteilung die Entscheidungen trifft.

2. Sitz in Bonn

4 § 48 Abs. 1 S. 1 aF ist schon durch das Gesetz vom 26.4.1994 (BGBl. 1993 I 918) so geändert worden, dass der Sitz des BKartA nicht mehr Berlin, sondern Bonn war. Nach § 7 Abs. 4 dieses Gesetzes war der Vollzug der Sitzverlegung davon abhängig, dass die Bundesregierung nach § 3 Abs. 2 dieses Gesetzes „den Vollzug der Sitzentscheidung in zeitlicher Abstimmung mit dem Vollzug der Sitzentscheidung des Deutschen Bundestages“ vornahm. Diese ist mit **Wirkung vom 1.10.1999** erfolgt. Die Gerichtszuständigkeit richtet sich nach dem rechtlichen Sitz der BKartA (→ § 92 Rn. 1).

3. EU-Recht

5 Die einzige (europäische Verwaltungs-)Behörde zum Vollzug des EU-Kartellrechts ist die **Europäische Kommission.** In der (nicht veröffentlichten) Geschäftsordnung der Kommission ist die Zuständigkeit der einzelnen Kommissare festgelegt und genau geregelt, welche Entscheidungen der Zustimmung der Gesamt-Kommission bedürfen und welche durch den jeweils zuständigen Kommissar bzw. den ihm unterstellten Generaldirektor für Wettbewerb getroffen werden dürfen. Im Übrigen obliegen die Vorbereitungen der Entscheidungen und die Durchführung der sonstigen Verwaltungsaufgaben im Bereich der Wettbewerbsregeln der EU der Generaldirektion Wettbewerb. Sie ist innerhalb der Hierarchie der Kommission voll weisungsgebunden.

§ 52 Veröffentlichung allgemeiner Weisungen

Soweit das Bundesministerium für Wirtschaft und Energie dem Bundeskartellamt allgemeine Weisungen für den Erlass oder die Unterlassung von Verfügungen nach diesem Gesetz erteilt, sind diese Weisungen im Bundesanzeiger zu veröffentlichen.

1 § 52 entspricht sachlich dem § 49 in der bis zur 6. GWB-Novelle geltenden Fassung. Die 9. ZuständigkeitsanpassungsVO und die GWB-Novelle 2007 haben die Bezeichnung des Bundeswirtschaftsministeriums angepasst.

1. Weisungen gegenüber dem BKartA

Trotz genauer gesetzlicher Regelung des Aufbaus und der Entscheidungszuständigkeit im BKartA sind weder das Amt als solches noch die Beschlussabteilungen unabhängig und weisungsfrei. Das BWM ist zu **Einzelweisungen** und zu **allgemeinen Weisungen** befugt. Letztere müssen nach § 52 im Bundesanzeiger veröffentlicht werden. Der Minister macht von dieser Weisungsbefugnis nur ganz selten Gebrauch. Das entspricht der gesetzlichen Intention. 2

Die Auffassung, das BWM sei zu **Einzelweisungen** nicht befugt (Bunte/Schneider Rn. 1; Loewenheim/Meessen/Riesenkampff/Kersting/Meyer-Lindemann/Quellmalz Rn. 2 f.; Immenga/Mestmäcker/Stockmann/Picht Rn. 1), ist nicht richtig; § 52 erlaubt keinen entsprechenden Gegenschluss (so auch Schulte/Just/Staebe Rn. 2). Das BKartA ist in den allgemeinen Verwaltungsaufbau integriert. Es ist kein Gericht. Die Ausübung der Kartellbefugnisse durch das BKartA unterscheidet sich nicht grds. von derjenigen durch die Landeskartellbehörden, an deren Weisungsabhängigkeit innerhalb ihrer Ministerien kein Zweifel bestehen kann. Einzelweisungen sind nicht zu veröffentlichen. 3

2. Weisungen innerhalb des BKartA

Keine Weisungsabhängigkeit besteht **zwischen den Beschlussabteilungen und dem Präsidenten des BKartA.** Insoweit enthält das Gesetz eine eindeutige Verteilung der Entscheidungsbefugnisse. Der Präsident des BKartA kann also nicht aus eigener Zuständigkeit eine Beschlussabteilung anweisen, eine bestimmte Entscheidung zu treffen oder zu unterlassen. Entsprechendes gilt für das Verhältnis zwischen Vorsitzendem der Beschlussabteilung und den Beisitzenden, soweit diese im Rahmen des § 51 Abs. 3 an Entscheidungen der Beschlussabteilung beteiligt sind (im Wesentlichen ebenso Bunte/Schneider § 51 Rn. 16). Unberührt davon bleibt im Hinblick auf Einzelfälle die Möglichkeit des Präsidenten, die **Geschäftsordnung** (§ 51 Abs. 2) zu ändern, und des Vorsitzenden, die Zuständigkeit eines Beisitzenden aufzuheben; die Garantie des gesetzlichen „Richters" gilt nicht, auch nicht analog. 4

3. EU-Recht

Da es zum Vollzug des EU-Rechts nicht mehrere EU-Behörden gibt, stellt sich das Problem von Weisungsbefugnissen zwischen EU-Behörden nicht. Innerhalb der Europäischen Kommission gelten für den Vollzug der Wettbewerbsregeln des AEUV keine Besonderheiten. Die **Kommission** hat **keine Weisungsbefugnisse gegenüber den nationalen Kartellbehörden.** Diese sind allerdings in den durch die Kartellverfahrens-VO (vgl. insbes. Art. 11, 16 Kartellverfahrens-VO) und die FKVO (vgl. insbes. Art. 9, 19 FKVO) vorgeschriebenen Fällen zu bestimmten Handlungen auf Veranlassung der Kommission verpflichtet. 5

§ 53 Tätigkeitsbericht und Monitoringberichte

(1) [1]**Das Bundeskartellamt veröffentlicht alle zwei Jahre einen Bericht über seine Tätigkeit sowie über die Lage und Entwicklung auf seinem Aufgabengebiet.** [2]**In den Bericht sind die allgemeinen Weisungen des Bundesministeriums für Wirtschaft und Energie nach § 52 aufzunehmen.** [3]**Es veröffentlicht ferner fortlaufend seine Verwaltungsgrundsätze.**

(2) **Die Bundesregierung leitet den Bericht des Bundeskartellamts dem Bundestag unverzüglich mit ihrer Stellungnahme zu.**

(3) [1]**Das Bundeskartellamt erstellt einen Bericht über seine Monitoringtätigkeit nach § 48 Absatz 3 Satz 1 im Einvernehmen mit der Bundesnetz-**

agentur, soweit Aspekte der Regulierung der Leitungsnetze betroffen sind, und leitet ihn der Bundesnetzagentur zu. [2]Das Bundeskartellamt erstellt als Teil des Monitorings nach § 48 Absatz 3 Satz 1 mindestens alle zwei Jahre einen Bericht über seine Monitoringergebnisse zu den Wettbewerbsverhältnissen im Bereich der Erzeugung elektrischer Energie. [3]Das Bundeskartellamt kann den Bericht unabhängig von dem Monitoringbericht nach Satz 1 veröffentlichen.

(4) **Das Bundeskartellamt kann der Öffentlichkeit auch fortlaufend über seine Tätigkeit sowie über die Lage und Entwicklung auf seinem Aufgabengebiet berichten.**

(5) **[1]Das Bundeskartellamt soll jede Bußgeldentscheidung wegen eines Verstoßes gegen § 1 oder 19 bis 21 oder Artikel 101 oder 102 des Vertrages über die Arbeitsweise der Europäischen Union spätestens nach Abschluss des behördlichen Bußgeldverfahrens auf seiner Internetseite mitteilen. [2]Die Mitteilung soll mindestens Folgendes enthalten:**
1. **Angaben zu dem in der Bußgeldentscheidung festgestellten Sachverhalt,**
2. **Angaben zu der Art des Verstoßes und dem Zeitraum, in dem der Verstoß begangen wurde,**
3. **Angaben zu den Unternehmen, gegen die Geldbußen festgesetzt oder Geldbußen im Rahmen eines Kronzeugenprogramms vollständig erlassen wurden,**
4. **Angaben zu den betroffenen Waren und Dienstleistungen,**
5. **den Hinweis, dass Personen, denen aus dem Verstoß ein Schaden entstanden ist, den Ersatz dieses Schadens verlangen können, sowie,**
6. **wenn die Bußgeldentscheidung bereits rechtskräftig ist, den Hinweis auf die Bindungswirkung von Entscheidungen einer Wettbewerbsbehörde nach § 33b.**

1 § 53 Abs. 1 und 2 entspricht im Wesentlichen § 50 in der bis zur 6. GWB-Novelle 1998 geltenden Fassung. Die 9. ZuständigkeitsanpassungsVO und die GWB-Novelle 2007 haben in Abs. 1 S. 2 die Bezeichnung des Ministeriums aktualisiert. Abs. 3 ist – zusammen mit § 48 Abs. 3 – durch das Gesetz zur Neuregelung energiewirtschaftlicher Vorschriften vom 26.7.2011 (BGBl. 2011 I 1554) eingefügt worden. Abs. 4 und Abs. 5 wurden durch die 9. GWB-Novelle 2017 eingefügt. In Abs. 5 Nr. 3 wurde durch die 10. GWB-Novelle 2021 eingefügt, dass nicht nur die Unternehmen, gegen die Geldbußen festgesetzt wurden, veröffentlicht werden, sondern auch die Unternehmen, denen als Kronzeugen Geldbußen erlassen wurden.

1. Grundzüge

2 Das BKartA veröffentlicht alle zwei Jahre einen **Tätigkeitsbericht.** Bis zur 4. GWB-Novelle 1980 erschien dieser Bericht jährlich (zuletzt für 1978). Seitdem erscheint abwechselnd in einem Jahr das **Hauptgutachten der Monopolkommission** (§ 44 Abs. 1), im anderen der Tätigkeitsbericht des BKartA. Die Tätigkeitsberichte sind – neben den Entscheidungen und den unregelmäßig erscheinenden „Fallberichten" – wichtige Erkenntnisquellen für die Kartellrechtspraxis. In ihnen wird über viele Verfahren berichtet, die nicht zu förmlichen Entscheidungen gelangt sind. Gerade in der Fusionskontrolle, in der nicht in allen Fällen Entscheidungen ergehen, sind die in den Tätigkeitsberichten ausführlich geschilderten Erwägungen von großer Bedeutung, die das Amt veranlasst haben, bestimmte Zusammenschlüsse nicht zu untersagen. In den Tätigkeitsberichten sind regelmäßig ausführliche Statistiken über Unternehmenszusammenschlüsse, Kartelle usw enthalten. Die Tätigkeitsberichte des BKartA werden ebenso wie – seit der

4. GWB-Novelle 1980 – die Hauptgutachten der Monopolkommission als Bundestagsdrucksachen veröffentlicht.

Das BKartA veröffentlicht außerdem in unregelmäßiger Folge **Verwaltungsgrundsätze** zu einzelnen Vorschriften des GWB, meistens als „Merkblatt“, „Bekanntmachung“ oder „Informationsblatt“ bezeichnet (unten Anhänge C). Diese Verwaltungsgrundsätze und Bekanntmachungen entfalten **keine Bindungswirkungen** gegenüber nachgeordneten Behörden, insbes. nicht im Verhältnis zwischen BKartA und Landeskartellbehörden, und in keinem Falle gegenüber den Gerichten. Sie **binden aber die sie erlassende Behörde;** außerdem schließen sie im Regelfall das Verschulden für Handlungen aus, die trotz positiver Beurteilung in derartigen Verwaltungsgrundsätzen objektiv als Verstoß gegen Vorschriften des GWB beurteilt werden. 3

Abs. 3 ergänzt § 48 Abs. 3, der das BKartA zur Durchführung eines Monitorings über bestimmte Aspekte der Strom- und Gasmärkte verpflichtet. Das BKartA hat darüber jährlich einen Bericht zu erstellen, für den ein Einvernehmen mit der Bundesnetzagentur erforderlich ist, soweit „Aspekte der **Regulierung der Leitungsnetze**“ betroffen sind. Dieser Bericht ist in den jährlichen Tätigkeitsbericht der Bundesnetzagentur nach § 63 Abs. 2 EnWG aufzunehmen; der erste gemeinsame Bericht ist im November 2012 vorgelegt worden. 4

Der durch die 9. GWB-Novelle 2017 eingefügte Abs. 4 schafft die **ausdrückliche Rechtsgrundlage für die Veröffentlichung** von Berichten über Verfahren sowie über die Lage und Entwicklung auf dem Aufgabengebiet des BKartA. Der RegE 9. GWB-Novelle 2017 (S. 82) hebt dabei hervor, dass die Pressearbeit des BKartA nicht durch Abs. 4 geregelt wird. Nach der Rspr. des OLG Düsseldorf (NZKart 2015, 57) ist das BKartA grds. befugt, über die Öffentlichkeit interessierende Vorgänge aus dem ihm zugewiesenen Tätigkeitsbereich durch Presseerklärung zu berichten, soweit die mitgeteilten Tatsachen zutreffend wiedergegeben werden und nicht den sachlich gebotenen Rahmen überschreiten. Nach Ansicht des OLG Düsseldorf ist für diese allgemeine Pressetätigkeit keine gesetzliche Ermächtigung erforderlich. 5

Nach **Abs. 5** soll das BKartA auf seiner Internetseite spätestens dann Bußgeldentscheidungen mitteilen, wenn gegen sämtliche Betroffenen und Nebenbetroffenen eines Bußgeldverfahrens entweder eine Einstellung erfolgte oder ein Bußgeldbescheid oder eine sonstige abschließende Entscheidung ergangen ist. Der Inhalt der Mitteilung soll mögliche Geschädigte in die Lage versetzen, Schadensersatzansprüche gegen Unternehmen zu prüfen. Nach Nr. 1 müssen deshalb **Angaben zum festgestellten Sachverhalt,** nach Nr. 2 **Angaben zum Verstoß und seiner Dauer,** nach Nr. 3 **Angaben zu den beteiligten Unternehmen** (nicht nur die Unternehmen, gegen die Geldbußen festgesetzt wurden, sondern auch die Unternehmen, denen als Kronzeugen Geldbußen erlassen wurden) und nach Nr. 4 **Angaben zu den betroffenen Waren und Dienstleistungen** gemacht werden. Nr. 5 soll sicherstellen, dass Geschädigte auf ihr Recht auf Ersatz des Schadens aufmerksam gemacht werden. Bei rechtskräftiger Bußgeldentscheidung muss das BKartA auf die Feststellungswirkung nach § 33b hinweisen (Nr. 6). Spiegelbildlich muss davon ausgegangen werden, dass mit der Mitteilung **Kenntnis** nach § 33h Abs. 2 Nr. 2 ausgelöst wird und damit die kenntnisabhängige **Verjährung** beginnt. Zum Streit über die **Veröffentlichung eines Fallberichts** durch das BKartA OLG Düsseldorf NZKart 2020, 261 (262): Selbst wenn ein Eingriff in das Unternehmenspersönlichkeitsrecht vorliegt, kann dieser Eingriff durch die in § 53 Abs. 5 S. 2 normierte Pflicht der Kartellbehörde gerechtfertigt sein, die Öffentlichkeit über den Abschluss eines kartellbehördlichen Verfahrens zu informieren und gem. § 53 Abs. 5 S. 2 Nr. 3 und Nr. 4 Angaben zu den beteiligten Unternehmen und den kartellbetroffenen Waren und Dienstleistungen in den Bericht aufzunehmen. 6

2. EU-Recht

7 Die Kommission veröffentlicht jährlich im Zusammenhang mit dem jährlichen Gesamtbericht über die Tätigkeit der Europäischen Gemeinschaft einen **„Bericht über die Wettbewerbspolitik“** (Wettbewerbsbericht), der ähnlich wie der Tätigkeitsbericht des BKartA Aufschluss über die Einzelfallpraxis der Kommission bei der Anwendung der Wettbewerbsregeln (einschließlich der Beihilfevorschriften) gibt. Die Kommission erlässt in großem Umfang ohne konkrete Rechtsgrundlage Bekanntmachungen, Mitteilungen und Leitlinien, die in der Praxis von großer Bedeutung sind (dazu Bechtold EWS 2001, 49 (53); zur Verbindlichkeit Bechtold FS Hirsch, 2008, 223).

Teil 3. Verfahren

Kapitel 1. Verwaltungssachen

Vorbemerkung §§ 54–80

In Teil 3 des Gesetzes (§§ 54 ff.) ist das „Verfahren" geregelt. In Umsetzung der ECN+-Richtlinie wurden die Verfahrensvorschriften umfassend geändert. Der bisherige Abschnitt 2 (Beschwerdeverfahren) wird nunmehr Abschnitt 3. Abschnitt 4 regelt die Rechtsbeschwerde und die Nichtzulassungsbeschwerde. Der bisherige Abschnitt 4 wurde aufgelöst, die Regelungen für das kartellbehördliche Verfahren in den Abschnitt 1 und die Regelung zum gerichtlichen Verfahren in den neuen Abschnitt 2 überführt. Abschnitt 1 regelt vor allen Dingen neue Ermittlungsbefugnisse der Kartellbehörden, insbesondere das Auskunftsverlangen (§ 59), die Prüfung von geschäftlichen Unterlagen (§ 59a) und Durchsuchungen (§ 59b). 1

Das **Kartellverwaltungsverfahren** ist im Vergleich zu manchen anderen Verwaltungsverfahren förmlicher und **„justizähnlich"** ausgestaltet (vgl. KG WuW/E 2140 (2141) – Einbauküchen; NJW-RR 1991, 1069 (1070)). Das unterstreicht die Bedeutung der verfahrensrechtlichen Vorschriften des GWB, die, soweit sie bestimmte Fragen nicht abschließend regeln, **durch das Verwaltungsverfahrensgesetz (VwVfG) ergänzt** werden, zB über die Akteneinsicht (§ 29 VwVfG, dazu OLG Düsseldorf WuW/E DE-R 1070 (1071 f.) – Energie AG Mitteldeutschland), die Folgen von Verfahrens- oder Formfehlern (§ 46 VwVfG, dazu OLG Düsseldorf WuW/E DE-R 953 (954) – Lufthansa/Eurowings), die Umdeutung einer Verfügung (§ 47 VwVfG, dazu BGH WuW/E DE-R 1119 (1122) – Verbundnetz II) oder das Wiederaufgreifen des Verfahrens (§ 51 VwVfG, BKartA 14.2.2008 – B1–165/01); dies wurde durch die Einfügung des § 54 Abs. 1 S. 3 durch die 9. GWB-Novelle 2017 ausdrücklich im Gesetz verankert. 2

Abschnitt 1. Verfahren vor den Kartellbehörden

§ 54 Einleitung des Verfahrens, Beteiligte, Beteiligtenfähigkeit

(1) [1]**Die Kartellbehörde leitet ein Verfahren von Amts wegen oder auf Antrag ein.** [2]**Die Kartellbehörde kann auf entsprechendes Ersuchen zum Schutz eines Beschwerdeführers ein Verfahren von Amts wegen einleiten.** [3]**Soweit sich nicht aus den besonderen Bestimmungen dieses Gesetzes Abweichungen ergeben, sind für das Verfahren die allgemeinen Vorschriften der Verwaltungsverfahrensgesetze anzuwenden.**

(2) **An dem Verfahren vor der Kartellbehörde ist oder sind beteiligt:**
1. **wer die Einleitung eines Verfahrens beantragt hat;**
2. **Kartelle, Unternehmen, Wirtschafts- oder Berufsvereinigungen, gegen die sich das Verfahren richtet;**
3. **Personen und Personenvereinigungen, deren Interessen durch die Entscheidung erheblich berührt werden und die die Kartellbehörde auf ihren Antrag zu dem Verfahren beigeladen hat; Interessen der Verbraucherzentralen und anderer Verbraucherverbände, die mit öffentlichen Mitteln gefördert werden, werden auch dann erheblich berührt, wenn sich**

die Entscheidung auf eine Vielzahl von Verbrauchern auswirkt und dadurch die Interessen der Verbraucher insgesamt erheblich berührt werden;

4. in den Fällen des § 37 Absatz 1 Nummer 1 oder 3 auch der Veräußerer.

(3) **An Verfahren vor obersten Landesbehörden ist auch das Bundeskartellamt beteiligt.**

(4) **Fähig, am Verfahren vor der Kartellbehörde beteiligt zu sein, sind außer natürlichen und juristischen Personen auch nichtrechtsfähige Personenvereinigungen.**

1 § 54 entspricht § 51 idF vor der 6. GWB-Novelle 1998. Durch die **6. GWB-Novelle** wurde Abs. 1 S. 2 eingeführt und § 51 Abs. 2 Nr. 3 aF gestrichen, der auf inzwischen aufgehobene Bestimmungen Bezug nahm. Die **7. GWB-Novelle** 2005 hat Abs. 2 Nr. 3 im Hinblick auf die Verbraucherzentralen und -verbände ergänzt. § 54 gilt nach dem durch die **8. GWB-Novelle 2012/2013** eingefügten § 172a SGB V ausdrücklich auch für Fusionskontrollverfahren über die freiwillige Vereinigung von Krankenkassen (→ § 35 Rn. 28). Die 9. GWB-Novelle 2017 stellt durch die Einfügung des § 54 Abs. 1 S. 3 die subsidiäre Geltung der Verwaltungsverfahrensgesetze des Bundes (für das BKartA) und der Länder (für die Landeskartellbehörden) klar. Die 10. GWB-Novelle 2021 stellt durch Einfügung des neuen Abs. 4 klar, dass auch **nicht rechtsfähige Vereinigungen** am Verfahren beteiligt werden können.

1. Verfahrenseinleitung (Abs. 1)

2 Verwaltungsverfahren werden entweder von Amts wegen oder auf Antrag eingeleitet (Abs. 1). Im Grundsatz können alle Verfahren, die zu belastenden Verfügungen führen, **von Amts wegen** eingeleitet werden. Verfahren, durch die die Unternehmen einen positiven Akt erstreben, setzen einen **Antrag** voraus. Der Begriff des Antrages umfasst auch formelle Anmeldungen. Da die Kartellbehörde immer auch von Amts wegen tätig werden kann und im Allgemeinen nicht auf Veranlassung Dritter tätig werden muss, sind an den Begriff des „Antrags" iSv Abs. 1 S. 1 keine besonderen Anforderungen zu stellen (zu Abs. 2 Nr. 1 aber → Rn. 3). Wird bei der Kartellbehörde „angeregt", ein Verfahren gegen Dritte einzuleiten, steht es im **Ermessen** der Behörde, ob sie das Verfahren „von Amts wegen" einleitet. Dieser Sachverhalt ist durch die 6. GWB-Novelle in Abs. 1 S. 2 „klargestellt" worden (Begr. z. RegE 65); das Gesetz spricht von einem entsprechenden „Ersuchen" eines (geheim bleibenden) Beschwerdeführers. Die Kartellbehörde kann Verfahren einleiten, ohne dass der Name des Beschwerdeführers schon zu Beginn in den Verfahrensakten erscheint (zur damit bezweckten Abmilderung der **„Ross- und Reiter-Problematik"** vgl. BKartA TB 1997/1998, 31; → § 70 Rn. 10; vgl. zum Informantenschutz auch im Bußgeldverfahren Saller BB 2013, 1160). Die Kartellbehörde ist nicht verpflichtet, den Willen, ein Verfahren zu führen, nach außen hin zu dokumentieren; „eingeleitet" ist es aber erst, wenn es **nach außen wirkt,** dh Rechte Dritter berührt oder sich darauf auswirkt (vgl. § 9 VwVfG). Die Grenzen zwischen formloser „Vorermittlung" und Durchführung eines förmlichen Verwaltungsverfahrens sind fließend. Eine Verfahrenseinleitung liegt zB vor, wenn die Kartellbehörde den betroffenen Unternehmen mitteilt, sie überprüfe einen bestimmten Sachverhalt. Der durch die 9. GWB-Novelle 2017 eingefügte S. 3 reagiert auf Zweifel des OLG Düsseldorf (NZKart 2016, 3812.7.2016 – VI-Kart 3/16 (V)), welches Verfahrensleitbild dem Ministererlaubnisverfahren zugrunde liegt. Es wird klargestellt, dass die Verwaltungsverfahrensgesetze und nicht etwa die ZPO **Leitbild** für alle Verfahren nach dem GWB sind (BEWiA 9. GWB-Novelle 2017, 31; dazu auch Bremer/Scheffczyk NZKart 2017, 464), dass also die Verwaltungsverfahrensgesetze des Bundes (für das BKartA) und der Länder (für die Landeskartellbehörden) subsidiär gelten.

2. Beteiligte am Verfahren (Abs. 2 Nr. 1, 2, 4)

Das Gesetz regelt in Abs. 2, wer am Verfahren beteiligt ist. Es kann zwischen den **„geborenen" Beteiligten** des § 54 Abs. 2 Nr. 1–2, 4 und den **„gekorenen" Beteiligten** gem. § 54 Abs. 2 Nr. 3 unterschieden werden (Immenga/Mestmäcker/Bach Rn. 18). Ipso iure am Verfahren beteiligt ist einmal der Antragsteller. **Antragsteller** iSd Abs. 2 Nr. 1 ist nur derjenige, dessen Antrag entweder Voraussetzung des Verfahrens ist, also in den Fällen der § 24 oder § 54 Abs. 1 Nr. 3, oder derjenige, der einen im Gesetz ausdrücklich als solchen bezeichneten Antrag stellt (wie im Falle des § 30 Abs. 3), nicht aber ein Beschwerdeführer oder jemand, der bei der Kartellbehörde die Einleitung eines Verfahrens gegen einen Dritten „beantragt". Dem Antrag steht die **Anmeldung** und – bei ohne Anmeldung vollzogenen Zusammenschlüssen (→ § 41 Rn. 26 ff.) – die Anzeige im Fusionskontrollverfahren gleich. Antragsteller ist darüber hinaus auch derjenige, der eine ihn begünstigende Entscheidung anregt, wenn ohne die Anregung das Verfahren nicht stattfände, insbes. in den Fällen des § 32b und § 32c. Diese Voraussetzung liegt nicht vor beim Beschwerdeführer, der die Einleitung eines Verfahrens „beantragt", das die Kartellbehörde auch von Amts wegen durchführen könnte (differenzierend insoweit Loewenheim/Meessen/Riesenkampff/Kersting/Meyer-Lindemann/Quellmalz Rn. 7). Beteiligt sind weiter „Kartelle, Unternehmen, Wirtschafts- oder Berufsvereinigungen, **gegen die sich das Verfahren richtet**". Damit sind alle Unternehmen und Vereinigungen gemeint, die unmittelbar durch eine das Verfahren abschließende Verfügung belastet werden können. Die 10. GWB-Novelle 2021 stellt durch Einfügung des neuen Abs. 4 klar, dass auch **nicht rechtsfähige Vereinigungen** am Verfahren beteiligt werden können. 3

In **Fusionskontrollverfahren** sind die materiell am Zusammenschluss „beteiligten" Unternehmen auch am Verfahren beteiligt (→ § 35 Rn. 30 ff.); gegen sie „richtet" sich das Verfahren iSv Abs. 2 Nr. 2 (vgl. dazu BGH WuW/E DE-R 2138 – Anteilsveräußerung; Bunte/Schneider Rn. 14; Immenga/Mestmäcker/Bach Rn. 26). Nicht verfahrensbeteiligt ist ein Unternehmen, das ein anderes, am Zusammenschluss beteiligtes Unternehmen beherrscht; ggf. muss es seine Beiladung beantragen (BGH WuW/E 2150 (2151 f.) – Edelstahlbestecke). Entsprechendes gilt für Tochtergesellschaften beteiligter Unternehmen (KG WuW/E 5621 (5634) – Stadtwerke Garbsen). Beim Anteils- und Vermögenserwerb ist nach Nr. 4 auch der **Veräußerer** am Verfahren beteiligt, auch wenn er materiell nicht am Zusammenschluss „beteiligt" ist. Diese Bestimmung muss auch auf den Veräußerer eines Unternehmens oder Unternehmensteils angewendet werden, über die nach § 37 Abs. 1 Nr. 2 die Kontrolle erworben wird, also denjenigen, der die Kontrolle abgibt, im Regelfall den Veräußerer von Anteilen (vgl. dazu auch Loewenheim/Meessen/Riesenkampff/Kersting/Meyer-Lindemann/Quellmalz Rn. 12). Dasselbe gilt auch für den Fall des § 37 Abs. 1 Nr. 4 (→ § 38 Rn. 16). 4

An allen Verfahren der **Landeskartellbehörden** ist auch das BKartA beteiligt (Abs. 3). Damit soll eine einheitliche Praxis der Kartellbehörden erreicht werden. Die Koordinierung der Verwaltungspraxis ist auch Ziel regelmäßiger Kontakte der Kartellbehörden, besonders der Tagungen der Kartellreferenten der Landeskartellbehörden mit Vertretern des BKartA. 5

3. Beiladung zum Verfahren (Abs. 2 Nr. 3)

a) Verfahrensarten und Zeitraum für Beiladung. Von erheblicher Bedeutung ist die Beteiligung kraft Beiladung nach Abs. 2 Nr. 3. Hiernach können „Personen und Personenvereinigungen, deren **Interessen durch die Entscheidung erheblich berührt** werden", auf Antrag zu dem Verfahren beigeladen werden. Eine solche Beiladung kommt zB in Betracht in Diskriminierungs- und Behinderungsver- 6 fahren für das diskriminierte bzw. behinderte Unternehmen, in Missbrauchsverfahren für die von dem angeblichen Missbrauch Betroffenen, in Fusionskontrollverfahren für die von dem Zusammenschluss berührten Wettbewerber, Unternehmen der vor- oder nachgelagerten Wirtschaftsstufen sowie uU für Unternehmen, die unmittelbar beteiligte Unternehmen beherrschen (dazu BGH WuW/E 2150 (2152) – Edelstahlbestecke).

7 Nicht möglich ist die Beiladung in einem **Nebenverfahren** (zB Beiladung des Betroffenen im Hauptverfahren zum Auskunftsverfahren gegen Dritte, vgl. KG WuW/E 3730; so auch Loewenheim/Meessen/Riesenkampff/Kersting/Meyer-Lindemann/Quellmalz Rn. 22). Davon zu trennen ist die Frage, ob die Beiladung zum Hauptverfahren sich auch auf Nebenverfahren erstreckt, für die es keine selbstständige Beiladung gibt. Nach Auffassung des KG ist der Adressat eines Hauptverfahrens nicht in einem damit in Zusammenhang stehenden Auskunftsverfahren gegen Dritte beteiligt und kann wegen der nur entfernten Betroffenheit (und weil es sich nur um ein Nebenverfahren handelt) nicht durch Beiladung daran beteiligt werden (KG WuW/E 3730 (3731)). Das OLG Düsseldorf hat sich nach einer Übergangszeit dieser Auffassung nicht angeschlossen und sieht alle am Hauptverfahren Beteiligten auch als an den Nebenverfahren beteiligt an. Für **Zwischenverfahren,** insbes. für Verfahren der einstweiligen Anordnung, ist eine Beiladung möglich; die Beiladung zum Hauptverfahren erstreckt sich im Regelfall auch auf ein solches Zwischenverfahren und umgekehrt (dazu KG WuW/E 1548 f. – SABA; WuW/E 3730 (3731)).

8 Die Beiladung durch die Kartellbehörde kann nur **bis zur Unanfechtbarkeit der Verwaltungsentscheidung** bzw. sonstigem nicht mehr anfechtbaren Verfahrensabschluss erfolgen (vgl. für die Nicht-Untersagung in Fusionskontrollverfahren OLG Düsseldorf WuW/E DE-R 1293 (1294) – TV Kofler; KG WuW/E 3217 – Kreuzlinger Verträge). Sie muss vor Erlass der abschließenden Verwaltungsentscheidung **beantragt** worden sein (BGH WuW/E DE-R 2728 (2729 f.) – Versicherergemeinschaft; 2725 (2726) – Universitätsklinikum Greifswald; OLG Düsseldorf WuW/E DE-R 2283 – Wirtschaftsprüferhaftpflicht; dazu auch Bien WuW 2009, 166; Stancke WuW 2010, 642). Anderes gilt, wenn ein Fall der notwendigen Beiladung (→ Rn. 13) vorliegt oder der Beiladungspetent den Beiladungsantrag deshalb nicht stellen konnte, weil die Behörde den Bescheid erlassen hat, ohne dass das Verfahren in der Öffentlichkeit bekannt geworden ist (BGH WuW/E DE-R 2728 (2730 f.) – Versicherergemeinschaft; 2535 Rn. 16 – citiworks, dazu Bien RdE 2009, 314; BGH WuW/E DE-R 2725 (2727) – Universitätsklinikum Greifswald). **Während des Rechtsmittelverfahrens** kann die Beiladung durch die Kartellbehörde nur noch nachgeholt werden, wenn das Verwaltungsverfahren noch nicht unanfechtbar beendet ist und der Beiladungsantrag rechtzeitig – also noch vor Erlass der abschließenden Verwaltungsentscheidung – gestellt wurde (offen gelassen von BGH WuW/E DE-R 1544 – Zeiss/Leica). Auch im Falle der notwendigen Beiladung gilt nichts anderes (ebenfalls offen gelassen in BGH WuW/E DE-R 1544 (1545) – Zeiss/Leica). Die Beiladung ist im Gesetz als eine solche zum Verwaltungsverfahren, nicht zum (gerichtlichen) Beschwerdeverfahren konstruiert. Deswegen kann sie von der Kartellbehörde nicht mehr vorgenommen werden, wenn das Verwaltungsverfahren unanfechtbar beendet ist, im Regelfall also nach Ablauf der Beschwerdefrist (so auch Bunte/Schneider Rn. 32; Immenga/Mestmäcker/Bach Rn. 48, anders nur im Falle der unterlassenen notwendigen Beiladung). Deswegen ist nach Ablauf der Beschwerdefrist eine Beiladung auch dann nicht mehr möglich, wenn der Beiladungsantrag zeitlich noch vor Ablauf der Frist gestellt wurde (aA KG WuW/E 4363 – Wieland/Langenberg). Keinesfalls kann das Gericht selbst eine Beiladung aussprechen (vgl. auch KG WuW/E 4363 (4364) – Wieland/Langenberg; aA Deichfuß WRP 2006, 862; → § 73 Rn. 6). Der Antrag auf Beiladung kann nach bestandskräftiger Beiladung nicht mehr **zurückgenommen** werden (OLG Düsseldorf NZKart 2016, 333 (334)).

Die Beiladung während des Verwaltungsverfahrens erstreckt sich ohne Weiteres auf das **anschließende gerichtliche Beschwerdeverfahren** und das Rechtsbeschwerdeverfahren (§ 63 Abs. 1 Nr. 3). Wurde die Beiladung während des Verwaltungsverfahrens nicht beantragt und nicht verfügt, gibt es keine Möglichkeit für sonst am Verfahren nicht beteiligte Personen oder Unternehmen, am Rechtsmittelverfahren teilzunehmen. Wenn die Beiladung rechtzeitig beantragt und von der Kartellbehörde aus verfahrensökonomische Gründen abgelehnt wurde, ist das nicht beigeladene Unternehmen nach der neueren Rspr. beschwerdebefugt (→ § 73 Rn. 5), aber wohl nicht – ohne eigene Beschwerdeeinlegung – am Beschwerdeverfahren Dritter beteiligt (→ § 73 Rn. 5). 9

b) Erhebliche Interessenberührung. Erforderlich ist eine erhebliche Interessenberührung. **Wirtschaftliche Interessen reichen aus** (OLG Düsseldorf WuW/E DE-R 1029 – E. ON/Ruhrgas: Greenpeace; KG WuW/E 2686 (2687); vgl. auch BGHZ 41, 61 (64) – Zigaretten; BGH WuW/E 2077 (2081) – Coop/Supermagazin; OLG Düsseldorf WuW/E DE-R 523 (525) – SPNV). Insoweit ist Abs. 2 Nr. 3 weiter gefasst als die entsprechende Regelung in § 13 Abs. 2 S. 1 VwVfG. Der Beigeladene muss in seinen Interessen durch den Verfahrensausgang – positiv oder negativ, unmittelbar oder mittelbar – **betroffen** sein. Die **Erheblichkeitsgrenze** (dazu OLG Düsseldorf WuW/E DE-R 523 (527) – SPNV) ist nicht erreicht, wenn das Unternehmen vom Ausgang des Verfahrens nur entfernt betroffen ist; erheblich ist die Betroffenheit, wenn ein in Betracht kommendes Verfahrensergebnis die Wettbewerbslage (zu damit verbundenen Feststellungen OLG Düsseldorf WuW/E DE-R 523 (525 f.) – SPNV) des beiladungswilligen Unternehmens (oder mit ihm verbundener Unternehmen) spürbar verschlechtert und wirtschaftliche Reaktionen erforderlich macht (KG WuW/E 3211 – WZ-WAZ; 3730 (3731); 5355 (5357) – Beiladung RTL 2; 5849 (5851 f.) – Großverbraucher). Nur mittelbare Betroffenheit kann aber ausreichen, wenn sie erheblich ist (KG WuW/E 3730 (3731); OLG Düsseldorf WuW/E DE-R 523 (525) – SPNV); mittelbare Betroffenheit liegt zB vor, wenn die Interessen nicht denselben Markt betreffen, der Gegenstand des Verfahrens ist, sondern einen benachbarten Markt (vgl. OLG Düsseldorf WuW/E DE-R 1545 (1547) – VDZ-Wettbewerbsregeln). Die betroffenen Interessen müssen eine „Nähe zum Entscheidungsgegenstand" haben, also irgendwie **kartellrechtlich zumindest potenziell relevant** sein (vgl. BGH WuW/E DE-R 523 (525) – SPNV; OLG Düsseldorf WuW/E DE-R 1607 (1608) – Breitbandkabelnetz); das ist in der Fusionskontrolle in Bezug auf Umwelt- und Klimaschutz nicht der Fall (OLG Düsseldorf WuW/E DE-R 1029 f. – E.ON/Ruhrgas: Greenpeace). Nicht ausreichend ist das Interesse an einer **Vorfrage** einer Entscheidung, zB wenn die Kartellbehörde den Antragsteller in einem Verfahren gegen Dritte als Mitglied eines marktbeherrschenden Oligopols erwähnt (KG WuW/E 2970 (2971) – Coop/Supermagazin; BKartA WuW/E 2221 (2222) – Linde/Agefko; in einem solchen Fall kann sich die Interessenberührung aber unmittelbar aus der Betroffenheit als Wettbewerber ergeben). 10

Durch die 7. GWB-Novelle 2005 ist Nr. 3 dadurch ergänzt worden, dass auch **Verbraucherverbände** (Verbraucherzentralen und andere Verbraucherverbände, die mit öffentlichen Mitteln gefördert werden) beigeladen werden können, wenn die Interessen des Verbandes bzw. der von ihm vertretenen Verbraucher erheblich berührt sind. Das ist nach der gesetzlichen Klarstellung nicht nur der Fall, wenn die Interessenberührung einzelner Verbraucher erheblich ist, sondern auch, wenn sich die Entscheidung auf eine Vielzahl von Verbrauchern möglicherweise nicht erheblich auswirkt, wegen der Vielzahl aber die **Interessen der Verbraucher „insgesamt"** erheblich berührt werden. Die Begr. z. RegE (BT-Drs. 15/3640, B zu § 54 Abs. 2 Nr. 3, WuW-Sonderheft, 188) macht deutlich, dass insoweit die Rspr. des OLG Düsseldorf (nicht veröffentlicht) korrigiert werden soll, nach der die Beiladung 11 eines Verbraucherverbandes dann nicht in Betracht kommen sollte, wenn der einzelne Verbraucher nur geringfügig beeinträchtigt war; entscheidend soll sein, ob insgesamt die Interessen der Verbraucher beeinträchtigt sind. Dann soll sich die Erheblichkeit eben nicht aus der Berührung des einzelnen Verbrauchers, sondern aus der Summe der Interessenberührungen einer Vielzahl von Verbrauchern ergeben. Wenn bei **Verbänden** nicht eigene Interessen berührt sind, kommt es auf die **Interessenberührung der Mitglieder** an; der Verband muss befugt sein, die Interessen der Mitglieder zu vertreten (dazu OLG Düsseldorf NZKart 2014, 463 (464) – Radiusklausel). Es müssen nicht Interessen aller Mitglieder betroffen sein. Vielmehr reicht es aus, wenn die Interessen eines Teils der Verbandsmitglieder betroffen sind (aA KG WuW/E 1071 (1073) – Triest-Klausel). Nach der Rspr. des BGH reicht diese Interessenberührung der Mitglieder aber nicht für die materielle Beschwer des Verbandes aus, die für die Zulässigkeit der Beschwerde erforderlich ist (BGH WuW/E DE-R 3284 (3285 f.) – Presse-Grossisten; → § 73 Rn. 8).

12 **c) Ermessensentscheidung.** Die Beiladung steht im pflichtgemäßen Ermessen der Kartellbehörde (vgl. zB BGH WuW/E DE-R 1857 (1858 f.) – pepcom; OLG Düsseldorf WuW/E DE-R 1705 – Springer/ProSiebenSat.1). Dabei sind abzuwägen die Interessen der Beteiligten, des Antragstellers und die **Verfahrensökonomie,** dh das Interesse an einer Konzentration und Beschleunigung des Verwaltungsverfahrens (OLG Düsseldorf WuW/E DE-R 1545 f.). Dem Gesichtspunkt der Verfahrensökonomie kommt in fristgebundenen Fusionskontrollverfahren größere Bedeutung zu als in nicht fristgebundenen Verfahren (vgl. zB BKartA 16.7.2007 – B6–31/07). Im Allgemeinen ist die Kartellbehörde verpflichtet, einzelnen Beiladungsanträgen stattzugeben, die die gesetzlichen Voraussetzungen erfüllen, und wenn zu erwarten ist, dass der Beigeladene einen Beitrag zur Sachaufklärung leisten kann. Liegen **mehrere Anträge** vor, die dieselben Interessen berühren, kann von der Kartellbehörde ausgewählt werden (KG WuW/E 2356 (2359) – Sonntag Aktuell; OLG Düsseldorf WuW/E DE-R 1545 f.); dabei ist bei entsprechenden Beiladungsanträgen vom Grundsatz auszugehen, dass je ein Vertreter der im Verfahren sich gegenüberstehenden Interessen beizuladen ist (KG WuW/E 2021 (2022) – Bahnhofsbuchhandel). Bei der **Auswahl unter mehreren „Beiladungsprätendenten“** ist zu prüfen, ob und in welchem Maße sich die wirtschaftliche Betroffenheit der einzelnen Unternehmen unterscheidet und ob es Unterschiede in der Fähigkeit gibt, das Verfahren zu unterstützen. Gibt es insoweit keine Unterschiede, kann frei ausgewählt werden; im Zweifel ist dem früheren Antrag der Vorrang vor dem späteren zu geben (vgl. dazu auch OLG Düsseldorf WuW/E DE-R 1705 (1707 f.) – Springer/ProSiebenSat.1). Dabei ist abzustellen allein auf die kartellrechtlich relevanten Belange, dh auf diejenigen Interessen, die mit der Freiheit des Wettbewerbs oder der Wettbewerbsstruktur im relevanten Markt zusammenhängen (BGH WuW/E DE-R 523 (525) – SPNV). Im Rahmen seiner Ermessensentscheidung darf die Kartellbehörde überdies berücksichtigen, inwieweit der Beiladungsprätendent in der Lage ist, seinen Standpunkt im Kartellverwaltungsverfahren anderweitig – namentlich im Rahmen einer Anhörung nach § 56 Abs. 2 – vorzutragen (OLG Düsseldorf WuW/E DE-R 1607 (1608) – Breitbandkabelnetz). Der Gesichtspunkt der **Wahrung der Geschäftsgeheimnisse** der anderen am Verfahren Beteiligten spricht nicht gegen die Beiladung, da die Kartellbehörde die Pflicht hat, sie auch den Beigeladenen nicht zu offenbaren. Zur Beschwerdebefugnis des aus Gründen der Verfahrensökonomie nicht beigeladenen Antragstellers in der Hauptsache → § 73 Rn. 5.

13 Werden bei der Ablehnung einer Beiladung Ermessensfehler geltend gemacht, kann mit Anfechtungsbeschwerde Aufhebung der Ablehnung und die **Verpflichtung zur Neuentscheidung** unter Beachtung der Rechtsauffassung des Beschwerdegerichts erreicht werden (vgl. OLG Düsseldorf WuW/E DE-R 2052 – Datenabfrage). Eine Beiladungspflicht und damit ein entsprechender, mit Verpflich-

tungsbeschwerde geltendzumachender Anspruch auf Beiladung kann sich in den Fällen der **Ermessensreduzierung auf Null** ergeben, in denen die Ablehnung unter allen Gesichtspunkten ermessenswidrig ist (zu einem solchen Fall vgl. OLG Düsseldorf WuW/E DE-R 1545 – VDZ-Wettbewerbsregeln). Kann der Verfahrensausgang für Dritte **rechtsgestaltende Wirkung** haben, besteht in entsprechender Anwendung von § 13 Abs. 2 S. 2 VwVfG ein **Beiladungsanspruch** (KG WuW/E 2193 – Basalt-Union; 2247 (2257) – Parallellieferteile; 3217 (3219); 4753 (4759) – VW-Leasing); besteht ein solcher Beiladungsanspruch, muss der Betroffene von der Kartellbehörde **benachrichtigt** werden (vgl. insbes. KG WuW/E 4753 (4759) – VW-Leasing). Obwohl es sich dabei um Fälle der **notwendigen Beiladung** handelt (Dritte sind an dem streitigen Rechtsverhältnis in der Weise beteiligt, dass die Entscheidung auch ihnen gegenüber nur einheitlich ergehen kann; § 76 Abs. 1 S. 4 und → § 76 Rn. 5 sowie § 65 Abs. 2 VwGO, dazu BGH WuW/E DE-R 2728 (2731) – Versicherergemeinschaft), erfolgt eine Beiladung nur auf Antrag. Erfolgt dieser trotz Benachrichtigung nicht, hindert das den Fortgang des Verfahrens nicht.

Die **Beiladungsverfügung** kann von den anderen Verfahrensbeteiligten nach § 73 **angefochten** werden (vgl. dazu OLG Düsseldorf WuW/E 1981 – Anzeigenpreise; KG WuW/E 2021 – Bahnhofsbuchhandel; 2356 – Sonntag Aktuell). 14

Auch ohne Beiladung kann die Kartellbehörde Unternehmen und natürliche Personen am Verfahren **faktisch beteiligen;** daraus ergibt sich aber keine besondere Rechtsposition und insbes. keine dem Beigeladenen entsprechende Beschwerdebefugnis (differenzierend Immenga/Mestmäcker/Bach Rn. 55; vgl. dazu auch KG WuW/E OLG 3137 (3138) – Rheinmetall-WMF; BGH WuW/E BGH 2150 (2151) – Edelstahlbestecke; KG WuW/E OLG 4811 (4819) – Radio NRW; WuW/E DE-R 816, insoweit nicht veröffentlicht). 15

4. EU-Recht

Im Verwaltungsverfahren nach Kartellverfahrens-VO und FKVO gibt es keine formelle Beiladung Dritter. Nach Art. 27 Abs. 3 Kartellverfahrens-VO und Art. 18 Abs. 4 FKVO kann die Kommission in Kartellverfahren andere Personen der Personenvereinigungen **anhören;** einem Anhörungsantrag solcher Personen ist stattzugeben, wenn sie ein **„ausreichendes" bzw. ein „hinreichendes Interesse"** glaubhaft machen. In Fällen, in denen es zu einer förmlichen Anhörung kommt, wird eine Beteiligungsmöglichkeit solcher „interested third parties" gewährt, einschließlich Einsicht in bestimmte Unterlagen und Vortrag im Termin der Anhörung. Im Gerichtsverfahren ist eine **„Streithilfe"** Dritter möglich (Art. 40 EuGH-Satzung; Art. 129 ff. der Verfahrensordnung des Gerichtshofes von 2012, ABl. 2012 L 265, 1; Art. 115, 116 der Verfahrensordnung des Gerichts). 16

§ 55 Vorabentscheidung über Zuständigkeit

(1) [1]**Macht ein Beteiligter die örtliche oder sachliche Unzuständigkeit der Kartellbehörde geltend, so kann die Kartellbehörde über die Zuständigkeit vorab entscheiden.** [2]**Die Verfügung kann selbstständig mit der Beschwerde angefochten werden; die Beschwerde hat aufschiebende Wirkung.**

(2) **Hat ein Beteiligter die örtliche oder sachliche Unzuständigkeit der Kartellbehörde nicht geltend gemacht, so kann eine Beschwerde nicht darauf gestützt werden, dass die Kartellbehörde ihre Zuständigkeit zu Unrecht angenommen hat.**

1. Grundzüge

1 § 55 entspricht wörtlich § 52 idF bis zur 6. GWB-Novelle 1998. Die **7. GWB-Novelle 2005** hat in Abs. 2 nur eine sprachliche Richtigstellung vorgenommen. Früher hieß es dort „mit Unrecht".

2 § 55 gilt – als Teil des Abschnitt 1 (§§ 54 ff.) „Verwaltungssachen" – nur im **Verwaltungs-, nicht im Bußgeldverfahren.** Ist ein Beteiligter (vgl. § 54) der Auffassung, dass die Kartellbehörde örtlich oder sachlich unzuständig ist, muss er das rügen. Eine Form für die Rüge ist nicht vorgeschrieben; sie kann auch mündlich erfolgen. Wird die Rüge nicht vor Verfahrensabschluss erhoben, kann die Beschwerde nicht auf die Unzuständigkeit gestützt werden. Das Gericht hat dann also grds. von der Zuständigkeit der Behörde, deren Entscheidung angefochten wird, auszugehen (vgl. zB KG WuW/E 2148 f. – Sonntag Aktuell I für ein einstweiliges Anordnungs-Verfahren; WuW/E 2446 (2449) – Heizölhandel). Etwas anderes gilt, wenn die Unzuständigkeit der Behörde „evident" und damit die angefochtene Entscheidung nichtig ist. Der Rügeverlust tritt unabhängig davon ein, ob die Kartellbehörde auf die Rüge hin **vorab über ihre Zuständigkeit entscheidet.** Ob sie das tut, steht in ihrem pflichtgemäßen Ermessen (vgl. auch BKartA WuW/E 2313 (2315) – Golden Toast). Bei ihrer Ermessensentscheidung hat sie die Verzögerung, die durch den Zwischenstreit entsteht, abzuwägen mit dem Risiko, dass die spätere Sachentscheidung vom Beschwerdegericht allein wegen fehlender Zuständigkeit der Kartellbehörde aufgehoben und ein neues Verfahren erforderlich wird. Die **Beschwerde** gegen die **(Zwischen-)Entscheidung** hat nach Abs. 1 S. 2 Hs. 2 **aufschiebende Wirkung.** Die Kartellbehörde kann sie nicht durch Anordnung des Sofortvollzugs beseitigen; § 65 Abs. 1 ist auf den Fall des § 55 Abs. 1 S. 2 nicht anwendbar. In ihrer Ermessenserwägung darüber, ob sie eine Vorabentscheidung trifft, muss die Kartellbehörde deshalb auch einbeziehen, dass das Hauptverfahren bis zur rechtskräftigen Entscheidung des Zwischenstreits nicht weiter betrieben werden kann.

2. EU-Recht

3 Das EU-Recht enthält keine entsprechende Regelung, zumal Art. 15 Kartellverfahrens-VO auch im Verhältnis zu den nationalen Behörden bei der Anwendung des EU-Kartellrechts einen **Vorrang der Zuständigkeit der Kommission** vorsieht. In der EU-Fusionskontrolle kann es keine Zuständigkeitsprobleme in diesem Sinne geben, weil die Regelungen der FKVO ausschließlich von der Kommission angewendet werden. Es kann hier allenfalls darum gehen, ob die Anwendungsvoraussetzungen der Art. 1 und 3 FKVO vorliegen: Liegen sie vor, wendet allein die Kommission die FKVO an; liegen sie nicht vor, können die Regeln der FKVO nicht angewendet werden (vom Ausnahmefall des Art. 22 Abs. 3 FKVO abgesehen; aber auch hier entscheidet allein die Kommission). In keinem Falle ist § 55 anwendbar bei „Zuständigkeitskonkurrenzen" zwischen BKartA und Kommission (vgl. BKartA WuW/E 2313 (2315) – Golden Toast).

§ 56 Anhörung, Akteneinsicht, mündliche Verhandlung

(1) [1]**Die Kartellbehörde hat den Beteiligten Gelegenheit zur Stellungnahme zu geben.** [2]**Über die Form der Anhörung entscheidet die Kartellbehörde nach pflichtgemäßem Ermessen.** [3]**Die Kartellbehörde kann die Anhörung auch mündlich durchführen, wenn die besonderen Umstände des Falles dies erfordern.**

(2) **Vertretern der von dem Verfahren berührten Wirtschaftskreise kann die Kartellbehörde in geeigneten Fällen Gelegenheit zur Stellungnahme geben.**

(3) [1]**Die Beteiligten können bei der Kartellbehörde die das Verfahren betreffenden Akten einsehen, soweit deren Kenntnis zur Geltendmachung oder Verteidigung ihrer rechtlichen Interessen erforderlich ist. [2]Die Einsicht erfolgt durch Übersendung von Kopien aus der Verfahrensakte, durch Ausdruck der betreffenden Teile der Verfahrensakte oder durch Übersendung entsprechender elektronischer Dokumente an den Beteiligten auf seine Kosten.**

(4) [1]**Die Behörde hat die Einsicht in die Unterlagen zu versagen, soweit dies aus wichtigen Gründen, insbesondere zur Sicherstellung der ordnungsgemäßen Erfüllung der Aufgaben der Behörde sowie zur Wahrung des Geheimschutzes oder von Betriebs- oder Geschäftsgeheimnissen oder sonstigen schutzwürdigen Interessen des Betroffenen, geboten ist. [2]In Entwürfe zu Entscheidungen, die Arbeiten zu ihrer Vorbereitung und die Dokumente, die Abstimmungen betreffen, wird Akteneinsicht nicht gewährt.**

(5) [1]**Die Kartellbehörde kann Dritten Auskünfte aus den ein Verfahren betreffenden Akten erteilen oder Einsicht in diese gewähren, soweit diese hierfür ein berechtigtes Interesse darlegen. [2]Absatz 4 gilt entsprechend. [3]Soweit die Akteneinsicht oder die Auskunft der Erhebung eines Schadensersatzanspruchs wegen eines Verstoßes nach § 33 Absatz 1 oder der Vorbereitung dieser Erhebung dienen soll, ist sie auf Einsicht in Entscheidungen nach den §§ 32 bis 32d sowie 60 begrenzt.**

(6) [1]**Die Kartellbehörde kann von den Beteiligten sowie von Dritten verlangen, mit der Übersendung von Anmeldungen, Stellungnahmen, Unterlagen oder sonstigen Auskünften oder im Anschluss an die Übersendung auf die in Absatz 4 genannten Geheimnisse hinzuweisen und diese in den Unterlagen entsprechend kenntlich zu machen. [2]Erfolgt dies trotz entsprechenden Verlangens nicht, darf die Kartellbehörde von der Zustimmung zur Offenlegung im Rahmen der Gewährung von Akteneinsicht ausgehen.**

(7) [1]**Auf Antrag eines Beteiligten oder von Amts wegen kann die Kartellbehörde eine öffentliche mündliche Verhandlung durchführen. [2]Für die Verhandlung oder für einen Teil davon ist die Öffentlichkeit auszuschließen, wenn sie eine Gefährdung der öffentlichen Ordnung, insbesondere des Wohls des Bundes oder eines Landes, oder eine Gefährdung eines wichtigen Betriebs- oder Geschäftsgeheimnisses besorgen lässt. [3]In den Fällen des § 32f Absatz 3 Satz 6 und Absatz 4 hat das Bundeskartellamt nach Einleitung des Verfahrens eine öffentliche mündliche Verhandlung durchzuführen. [4]In den Fällen des § 42 hat das Bundesministerium für Wirtschaft und Klimaschutz eine öffentliche mündliche Verhandlung durchzuführen. [5]Mit Einverständnis der Beteiligten kann in den Fällen des § 32f Absatz 3 Satz 6 und Absatz 4 sowie des § 42 ohne mündliche Verhandlung entschieden werden. [6]In der öffentlichen mündlichen Verhandlung hat die Monopolkommission in den Fällen des § 32f Absatz 3 Satz 6 und Absatz 4 sowie des § 42 das Recht, gehört zu werden; in den Fällen des § 42 hat sie das Recht, die Stellungnahme, die sie nach § 42 Absatz 5 erstellt hat, zu erläutern.**

(8) **Die §§ 45 und 46 des Verwaltungsverfahrensgesetzes sind anzuwenden.**

1. Überblick

§ 56 entspricht § 53 idF bis zur 6. GWB-Novelle 1998. Damals wurde lediglich Abs. 3 geringfügig redaktionell angepasst. Die **7. GWB-Novelle 2005** hat die früher auch in Abs. 1 erwähnte mündliche Verhandlung ganz dem Abs. 3 zugeordnet. Die öffentliche mündliche Verhandlung ist nach Abs. 3 nur noch in den Fällen des Ministererlaubnisverfahrens nach § 42 vorgeschrieben (dazu OLG Düsseldorf 1

WuW/E DE-R 885 (887, 926, 933) – E. ON/Ruhrgas), nicht mehr auch – wie früher – in allen Fällen des § 19. Die 9. ZuständigkeitsanpassungsVO und die GWB-Novelle 2007 haben in Abs. 3 S. 3 die Bezeichnung des Ministeriums aktualisiert. Die **9. GWB-Novelle 2017** hat Abs. 3 um das Anhörungsrecht für die Monopolkommission ergänzt. Die 10. GWB-Novelle 2021 konkretisiert den Anspruch auf rechtliches Gehör durch ausdrückliche Regelungen zur **mündlichen Anhörung** in Abs. 1 S. 2 sowie zur **Akteneinsicht** in Abs. 2–6. Mit der **11. GWB-Novelle 2023** wurde Abs. 7 dahingehend ergänzt, dass auch in den Fällen des § 32f Abs. 3 S. 6 und Abs. 4, also in Verfahren mit dort vorgesehenen Abhilfe- und Entflechtungsmaßnahmen nach einer Beanstandung in der Sektoruntersuchung, eine öffentliche mündliche Verhandlung durchgeführt werden muss.

2. Rechtliches Gehör, Form der Anhörung (Abs. 1, 2)

2 Die am Verfahren Beteiligten haben Anspruch auf rechtliches Gehör. Ihnen ist Gelegenheit zur Stellungnahme zu geben (Abs. 1), und zwar zu allen für die **belastende Verfügung** maßgeblichen Tatsachen und den damit untrennbar in Verbindung stehenden Rechtsfragen. Das setzt eine entsprechende Unterrichtung durch die Kartellbehörde voraus (vgl. KG WuW/E 2411 (2414) – Bayer/Firestone). Im Allgemeinen geschieht das vor Erlass einer belastenden Verfügung durch Zusendung eines Anhörungsschreibens **(„Abmahnung“)** mit Mitteilung der voraussichtlichen Entscheidungsgründe. In Verfahren mit mehreren Beteiligten und unterschiedlichen Interessen am Verfahrensausgang ist die Begünstigung des einen zugleich Belastung des anderen, dem dann rechtliches Gehör zu gewähren ist. Es reicht aber aus, wenn die Beteiligten während des Verfahrens laufend informiert werden und Gelegenheit zur Stellungnahme erhalten und wenn vor Abschluss noch einmal – dann uU binnen kurzer Frist – Gelegenheit zur ergänzenden Stellungnahme gegeben wird (vgl. BGH WuW/E 2150 (2152 f.) – Edelstahlbestecke). Die Umstände und die Art des rechtlichen Gehörs können je nach **Komplexität und Eilbedürftigkeit des Falles** differieren. Unter Umständen hat die Kartellbehörde die Fertigstellung eines Sachverständigengutachtens und dessen mündliche Erläuterung abzuwarten (OLG Düsseldorf WuW/E DE-R 1239 (1241) – TEAG). Die Anhörung der Beteiligten vor Erlass der Verfügung – insbes. einer einstweiligen Anordnung nach § 60 – kann ausnahmsweise unterbleiben, wenn eine sofortige Maßnahme wegen Gefahr im Verzug oder im öffentlichen Interesse notwendig erscheint oder wenn von den tatsächlichen Angaben eines Beteiligten nicht zu seinen Ungunsten abgewichen werden soll (vgl. § 28 Abs. 2 VwVfG; KG WuW/E 5151 (5159) – Ernstliche Untersagungszweifel).

3 Der neu eingefügte Abs. 1 S. 2 regelt, dass die Kartellbehörde nach pflichtgemäßem Ermessen über die Form der **Anhörung** beschließen kann, die Anhörung also entweder **schriftlich, mündlich** oder **„hybrid“** durchzuführen. Abs. 1 S. 3 stellt klar, dass insoweit Auswahlermessen besteht. Die mündliche Anhörung dient der Verfahrensbeschleunigung, um das schriftliche Abfassen eines Anhörungsschreibens disponibel zu machen; einen Anspruch auf mündliche Anhörung gibt es allerdings nicht (RegE 10. GWB-Novelle 2021, 110). Die Regelung zur Form der Anhörung deckt sich mit Art. 3 Abs. 3 ECN+-Richtlinie, woraus sich ergibt, dass die nationalen Wettbewerbsbehörden vor einer Entscheidung eine Mitteilung der Beschwerdepunkte veranlassen müssen, um rechtliches Gehör zu gewährleisten.

4 Behauptet ein Verfahrensbeteiligter, dass eine Vereinbarung, ein Beschluss oder eine abgestimmte Verhaltensweise die Freistellungsvoraussetzungen des § 2 erfüllt, ist er im Verwaltungsverfahren insoweit darlegungs- und beweispflichtig (→ § 2 Rn. 6). Die **Beweislastregel des Art. 2 Kartellverfahrens-VO** gilt nicht nur in Verfahren zur Anwendung der Art. 101 und 102 AEUV, sondern der Sache nach auch in rein deutschen Verfahren. In diesen Fällen obliegt es also dem Verfahrensbe-

teiligten, die Gründe vorzutragen, die für eine Freistellung sprechen; er braucht vor einer Ablehnung dazu nicht unbedingt aufgefordert zu werden (zur alten Rechtslage KG WuW/E 5565 (5580) – Fernsehübertragungsrechte). Entsprechendes gilt zB auch für die von den beteiligten Unternehmen vorzutragenden und nachzuweisenden **Verbesserungen der Wettbewerbsbedingungen iSv § 36 Abs. 1** (→ § 36 Rn. 40).

3. Akteneinsicht für Beteiligte (Abs. 3, 4)

Nach der Rechtslage bis zu 10. GWB-Novelle 2021 hatten die Beteiligten ein **grundsätzliches Akteneinsichtsrecht** über § 29 VwVfG. Die 10. GWB-Novelle 2021 regelt die Akteneinsicht in Abs. 3 und 4 neu. Abs. 3 regelt die Auskunfts- und Akteneinsichtsrechte für das Verwaltungsverfahren nach dem GWB. Diese Neuregelung war auch geboten, um das Recht der Akteneinsicht in kartellbehördlichen Verfahren zu vereinheitlichen. So ergibt sich über den mit der 9. GWB Novelle 2017 eingefügten § 89c die Möglichkeit, unabhängig von der Verfahrensart umfassende Akteneinsicht in den Verfahren von den Kartellbehörden zu bekommen. In Kartellordnungswidrigkeitenverfahren finden die strafprozessualen Auskunfts- und Akteneinsichtsrechte neben den Regelungen in § 89c Abs. 1–3 keine Anwendung (§ 89c Abs. 5), soweit die begehrte Akteneinsicht über die Einsicht in die Bußgeldbescheide hinausgeht. Diese Regelungen werden letztlich jetzt auch für Entscheidungen im Kartellverwaltungsverfahren angewandt, um auch der Behörde zu ermöglichen, von einer Verfahrensart in die andere Verfahrensart, also beispielsweise aus dem Verwaltungsverfahren in das Ordnungswidrigkeitenverfahren, zu wechseln. Voraussetzung für die Akteneinsicht ist, dass sie **zur Durchsetzung der rechtlichen Interessen** des jeweiligen Beteiligten erforderlich sein muss. Diese rechtlichen Interessen müssen sich auf einen Anspruch innerhalb des Verwaltungsverfahrens beziehen, es braucht also einen konkreten Zusammenhang der Akteneinsicht zum Verwaltungsverfahren (OLG Frankfurt a. M. WuW 2015, 171 (172)). 5

Abs. 3 S. 2 erlaubt, Akteneinsicht durch Einsicht in **Kopien** oder **elektronische Dokumente** zu gewähren. Der Ausdruck der Verfahrensakte bzw. Übersendung der elektronischen Dokumente beziehen sich nach RegE 10. GWB-Novelle 2021 (S. 111 f.) auf die Zeit nach Einführung einer elektronischen Akte (§ 8 Nr. 1, Nr. 3 EGovG und § 3 VwVfG). Zum Zugang zu amtlichen Informationen vgl. auch das **Informationsfreiheitsgesetz** v. 5.9.2005 (BGBl. 2005 I 2722) und Leopold WuW 2006, 592. 6

Anders als die Beteiligten haben die **„von dem Verfahren berührten Wirtschaftskreise“** (dh betroffene Unternehmen und Verbände) keinen Anspruch auf rechtliches Gehör, es sei denn, sie sind nach § 54 Abs. 2 Nr. 3 beigeladen. Ihnen „kann“ die Behörde nach Abs. 2 Gelegenheit zur Stellungnahme geben, was häufig – zum Verfahrensgegenstand insgesamt oder zu einzelnen Teilaspekten – geschieht. 6a

Die **Verweigerung** der Auskunft- oder Akteneinsicht ist in Abs. 4 S. 1 geregelt. Die **wichtigen** Gründe sind die ordnungsgemäße Erfüllung der Aufgaben der Behörde und sonst schutzwürdige Interessen der Betroffenen, wie etwa Schutz von Informanden, die Kontroll- und Aufsichtsaufgaben der Wettbewerbsbehörden sowie der Schutz der Beratungsprozesse innerhalb der als Kollegialorgan zusammengesetzten Beschlussabteilung. Wahrscheinlich wird der Schutz der Unterlagen nach § 89c Abs. 4 auch wichtiger Grund sein, die Akteneinsicht zu verweigern (RegE 10. GWB-Novelle 2021, 112). Nach Abs. 4 S. 2 sind die **vorbereitenden Voten und der Beratungsprozess** in der Behörde der Akteneinsicht **nicht zugänglich.** 6b

4. Akteneinsicht und Auskunftsanspruch für Dritte (Abs. 5)

Abs. 5 regelt die **Auskunfts- und Akteneinsichtsrechte Dritter.** Dritte sind **nicht** am Verfahren Beteiligte, aber auch **nicht mehr** am Verfahren **Beteiligte,** 7 wenn das Verfahren zum Zeitpunkt der Entscheidung über das Zugangsbegehren bereits abgeschlossen ist. Auskünfte und Akteneinsicht sind zu gewähren, wenn ein berechtigtes Interesse des Dritten besteht, entsprechend der bisherigen Rechtsprechung des BGH (BGH WuW 2015, 237 – Trinkwasserpreise, s. auch RegE 10. GWB-Novelle 2021, 112). Nach Abs. 5 S. 2 gelten die Ausschlussgründe des Abs. 4 für Akteneinsichtsersuchen Dritter sinngemäß. Abs. 5 S. 3 beschränkt den Zugangsanspruch von Schadensersatzklägern auf Entscheidung nach § 32–32d sowie § 60 im Einklang mit §§ 33g, 89c.

5. Kennzeichnung von Geschäftsgeheimnissen (Abs. 6)

8 Die Kartellbehörde hat die Möglichkeit, Beteiligte und Dritte, bei denen Ermittlungen durchgeführt wurden, zur Kennzeichnung von Geschäftsgeheimnissen aufzufordern. Machen die Beteiligten bzw. Dritten von der Möglichkeit der Kennzeichnung von Geschäftsgeheimnissen keinen Gebrauch, so soll nach RegE 10. GWB-Novelle 2021, 112 davon ausgegangen werden, dass die Zustimmung der Offenlegung der entsprechenden Information vorliegt. Die Kartellbehörde soll aber von sich aus prüfen, ob der Offenlegung sonstige Hinderungsgründe nach Abs. 4 entgegenstehen. Die Regelung orientiert sich an § 165 Abs. 3 im Vergabeverfahren; anders als dort sind Geschäftsgeheimnisse aber nur auf Aufforderung durch Kartellbehörden zu kennzeichnen, nicht bereits bei der Verfügungstellung der Unterlagen.

6. Öffentliche mündliche Verhandlung (Abs. 7)

9 Anders als bis zur 7. GWB-Novelle 2005 ist im Gesetz nur noch die öffentliche mündliche Verhandlung geregelt, nicht allgemein die „mündliche Verhandlung“. Sie ist nicht identisch mit den „Besprechungen“, die regelmäßig formlos – oft getrennt für verschiedene Beteiligte – mit der Kartellbehörde stattfinden. Die Kartellbehörde kann auch wie bisher **nicht öffentliche mündliche Verhandlungen** anberaumen, zu denen alle am Verfahren Beteiligten geladen werden können, auch wenn nur einzelne Beteiligte sie beantragt haben. Die **öffentliche mündliche Verhandlung** ist in S. 3 vorgeschrieben für Maßnahmen nach in den Fällen des § 32f Abs. 3 S. 6 und Abs. 4 für das **Ministererlaubnisverfahren** nach § 42; im Einverständnis aller Beteiligten (dh auch der Beigeladenen) kann auch dort ohne mündliche Verhandlung entschieden werden. Sie ist außerdem in § 25 S. 3 im **Anerkennungsverfahren für Wettbewerbsregeln** erwähnt, aber dort in das Ermessen der Kartellbehörde gestellt (→ § 25 Rn. 3). Anders als bis zur 7. GWB-Novelle 2005 ist auch in Missbrauchsverfahren nach § 19 eine öffentliche mündliche Verhandlung nicht mehr erforderlich. Außer im Falle der Ministererlaubnis **kann** – auf Antrag eines am Verfahren Beteiligten oder von Amts wegen – die Kartellbehörde in allen anderen Fällen eine öffentliche mündliche Verhandlung anberaumen. Auch wenn ein entsprechender Antrag eines Beteiligten vorliegt, muss sie das aber nicht; vielmehr liegt die Anberaumung (außer im Falle der § 32f Abs. 3 S. 6 und Abs. 4 sowie des § 42) in ihrem Ermessen. Im **Ministererlaubnisverfahren** (dazu OLG Düsseldorf WuW/E DE-R 885 (887 f.); 926 (932) – beide E.ON/Ruhrgas) ist die öffentliche mündliche Verhandlung nicht von dem nach § 42 Abs. 1 allein zur Entscheidung befugten Bundeswirtschaftsminister zu leiten (aA zur alten Rechtslage OLG Düsseldorf WuW/E DE-R 885 (887); 926 (933) – beide E.ON/Ruhrgas); die 7. GWB-Novelle hat das Gesetz so geändert, dass jetzt klargestellt ist, dass die Verhandlung vom **Bundeswirtschaftsministerium** zu führen ist, ohne personelle Vorbestimmung.

10 Der durch die **9. GWB-Novelle 2017** eingefügte S. 3 ergänzt die Vorschrift um das **Anhörungs- und Erläuterungsrecht für die Monopolkommission** in der

öffentlichen Verhandlung. Dadurch soll die Rolle der Monopolkommission im Verfahren gestärkt werden; außerdem soll sichergestellt werden, dass alle für das Verfahren relevanten Aspekte auch Gegenstand der mündlichen Verhandlung sind (BEWiA 9. GWB-Novelle 2017, 31).

Die **Öffentlichkeit** der mündlichen Verhandlung kann ihren Zweck nur erfüllen, wenn sie von der Kartellbehörde entsprechend **bekannt gemacht** wird; dafür gibt es aber keine Formvorschriften. Ist öffentliche mündliche Verhandlung anberaumt, muss dafür Sorge getragen werden, dass jeder Interessierte auch tatsächlich Zutritt zur Verhandlung hat. Die **Öffentlichkeit** kann allerdings **ausgeschlossen** werden, wenn eine **Gefährdung der öffentlichen Ordnung** zu besorgen ist. Die 10. GWB-Novelle 2021 hat richtiggestellt, dass das **Wohl des Bundes oder Landes** hierfür ausreicht, also eine Gefährdung der Staatssicherheit nicht für den Ausschluss der Öffentlichkeit erforderlich ist. Weiterer Grund für den Ausschluss der Öffentlichkeit ist der Schutz wichtiger Betriebs- und Geschäftsgeheimnisse. Die Gründe für die Ausschließung der Öffentlichkeit entsprechen im Wesentlichen § 172 GVG für Gerichtsverfahren. Allerdings sind die Rechtsfolgen verschieden. Wird trotz Anberaumung einer öffentlichen mündlichen Verhandlung gegen die Vorschriften über die Öffentlichkeit verstoßen, hat das, wenn nicht zusätzliche Umstände vorliegen, keinen Einfluss auf die Rechtmäßigkeit der Entscheidung. Das ergibt sich schon daraus, dass die Behörde die Anordnung der Öffentlichkeit der Verhandlung jederzeit aufheben kann. Etwas anderes gilt im Verfahren nach § 32f Abs. 3 S. 6 und Abs. 4 und im Ministererlaubnisverfahren nach § 42: Hier ist die Öffentlichkeit Pflicht und kann nur ausnahmsweise eingeschränkt werden. Deshalb wird man in diesen Fällen bei einer unrechtmäßigen Einschränkung der Öffentlichkeit von der Rechtswidrigkeit der Entscheidung ausgehen müssen. 11

7. Verfahrens- und Formfehler (Abs. 8); Rechtsfolgen nicht ausreichenden rechtlichen Gehörs

Abs. 4 aF ist durch die 7. GWB-Novelle 2005 neu in das Gesetz eingefügt und unverändert durch die 10. GWB-Novelle 2021 in Abs. 8 verschoben worden. Auf die Heilung und die Folgen von Verfahrens- und Formfehlern sind die §§ 45 und 46 VwVfG anzuwenden. Damit ist eine im Ministererlaubnisverfahren E. ON/Ruhrgas aufgedeckte Rechtsunsicherheit beseitigt worden (vgl. dazu OLG Düsseldorf WuW/E DE-R 943 (944); 1013 – E.ON/Ruhrgas III und IV). Nach § 45 VwVfG sind Verfahrens- oder Formfehler **grds. unbeachtlich,** wenn die Fehler **nachträglich behoben** werden. Dafür reicht die Anhörung im gerichtlichen Verfahren nicht aus. Vielmehr muss sie von der Behörde in einer Weise durchgeführt werden, dass die Bereitschaft erkennbar ist, die Entscheidung ggf. aufzuheben oder zu ändern. Die bloße Kenntnisnahme des Vortrags im Gerichtsverfahren, in dem die Behörde ihre Entscheidung verteidigt, reicht nicht aus (vgl. OLG Düsseldorf WuW/E DE-R 1239 (1241) – TEAG). Ein Verfahrens- und Formfehler führt nach § 46 VwVfG nicht zur Rechtswidrigkeit des Verwaltungsaktes, wenn offensichtlich ist, dass die Verletzung die **Entscheidung in der Sache nicht beeinflusst** hat. Das bedeutet in der Umkehrung, dass bei Fehlen der Offensichtlichkeit der Verwaltungsakt rechtswidrig ist. Die durch Abs. 4 angeordnete Anwendung der §§ 45, 46 VwVfG schließt deren Anwendung auch außerhalb des Regelungsbereiches des § 56 nicht aus (dazu OLG Düsseldorf WuW/E DE-R 953 (954) – Lufthansa/Eurowings). Sie erlaubt **keinen Gegenschluss** im Hinblick auf die Anwendung anderer Vorschriften des VwVfG, insbes. auch von § 44 VwVfG. Insoweit ist aber jeweils eine Prüfung erforderlich, ob ihrer Anwendung besondere Vorschriften oder Zwecke des Kartellverfahrens entgegenstehen (→ Vor § 54 Rn. 2). 12

8. EU-Recht

13 Auch im EU-Kartellverfahren haben die Beteiligten Anspruch auf rechtliches Gehör. Sie müssen, wenn ihre Interessen durch eine Entscheidung „spürbar" berührt werden, Gelegenheit erhalten, ihren Standpunkt „gebührend darzulegen". Das setzt die **Mitteilung der Beschwerdepunkte** einschließlich des wesentlichen Inhalts von beabsichtigten Bedingungen und Auflagen voraus (vgl. Art. 27 Abs. 1 Kartellverfahrens-VO, Art. 18 Abs. 1 FKVO; EuGH Slg. 1973, 1063 (1080 f.) – Transocean Marine Paint Association). Die Verletzung des Grundsatzes des rechtlichen Gehörs führt aber nur dann zur Nichtigerklärung der Entscheidung, wenn das Verfahren ohne diese Verletzung zu einem anderen Ergebnis hätte führen können (EuGH Slg. 1990, I-307 (359) – zum Beihilferecht). Das Akteneinsichtsrecht ist grds. beschränkt auf die belastenden Dokumente; es umfasst **in keinem Falle den kommissionsinternen Schriftverkehr.** Die Beteiligten können – außerhalb informeller Besprechungen – eine mündliche „Anhörung" beantragen (Art. 12 VO 773/2004, im Fusionskontrollverfahren Art. 14 VO 802/2004); diese „Anhörungen" sind nicht öffentlich. Öffentliche mündliche Verhandlungen der Kommission gibt es im EU-Verfahren nicht.

§ 57 Ermittlungen, Beweiserhebung

(1) **Die Kartellbehörde kann alle Ermittlungen führen und alle Beweise erheben, die erforderlich sind.**

(2) **[1]Für den Beweis durch Augenschein, Zeugen und Sachverständige sind § 372 Absatz 1, die §§ 376, 377, 378, 380 bis 387, 390, 395 bis 397, 398 Absatz 1, und die §§ 401, 402, 404, 404a, 406 bis 409, 411 bis 414 der Zivilprozessordnung sinngemäß anzuwenden; Haft darf nicht verhängt werden. [2]Für die Entscheidung über die Beschwerde ist das Oberlandesgericht zuständig.**

(3) **[1]Über die Zeugenaussage soll eine Niederschrift aufgenommen werden, die von dem ermittelnden Mitglied der Kartellbehörde und, wenn ein Urkundsbeamter zugezogen ist, auch von diesem zu unterschreiben ist. [2]Die Niederschrift soll Ort und Tag der Verhandlung sowie die Namen der Mitwirkenden und Beteiligten ersehen lassen.**

(4) **[1]Die Niederschrift ist dem Zeugen zur Genehmigung vorzulesen oder zur eigenen Durchsicht vorzulegen. [2]Die erteilte Genehmigung ist zu vermerken und von dem Zeugen zu unterschreiben. [3]Unterbleibt die Unterschrift, so ist der Grund hierfür anzugeben.**

(5) **Bei der Vernehmung von Sachverständigen sind die Bestimmungen der Absätze 3 und 4 entsprechend anzuwenden.**

(6) **[1]Die Kartellbehörde kann das Amtsgericht um die Beeidigung von Zeugen ersuchen, wenn sie die Beeidigung zur Herbeiführung einer wahrheitsgemäßen Aussage für notwendig erachtet. [2]Über die Beeidigung entscheidet das Gericht.**

1 § 57 entspricht, von einer kleinen redaktionellen Änderung abgesehen, dem bis zur 6. GWB-Novelle 1998 geltenden § 54 aF.

1. Grundsätze

2 Nach Abs. 1 kann die Kartellbehörde in Verwaltungsverfahren „alle Ermittlungen führen und alle Beweise erheben, die erforderlich sind". In Kartellverwaltungsverfahren gilt der **„Amtsermittlungsgrundsatz"** oder **„Untersuchungsgrundsatz"**

(vgl. dazu auch Wiedemann KartellR-HdB/Klose § 53 Rn. 108), der dem Untersuchungsgrundsatz für das Beschwerdegericht nach § 75 entspricht (→ § 75 Rn. 2). Die Voraussetzungen einer die Unternehmen belastenden Verfügung müssen von der Kartellbehörde selbst ermittelt werden. Die Ermittlungen der Kartellbehörde dienen der Feststellung einer gesicherten Tatsachengrundlage für ihre Entscheidung. Die Ermittlungen richten sich auf Tatsachen, möglicherweise auf spezielle Erfahrungssätze und gegebenenfalls Rechtssätze (dazu Bunte/Schneider Rn. 6–11).

Der Untersuchungsgrundsatz verpflichtet die Kartellbehörde, den Sachverhalt so aufzuklären, dass sich die Kartellbehörde ein eigenes Bild vom Sachverhalt machen kann und auf dieser Grundlage eine Entscheidung zu treffen in der Lage ist. Dabei kann die Kartellbehörde die Beweise frei würdigen und den Sachverhalt auf der Basis einer überwiegenden Wahrscheinlichkeit feststellen (dazu Bunte/Schneider Rn. 14, 16). Das Vorbringen der Verfahrensbeteiligten ist dabei erst der Anfang; die Kartellbehörde muss erforschen, ob dieser Sachverhalt zutreffen kann. Es gibt, wenn nicht ausdrücklich etwas anderes in der anzuwendenden materiellen Vorschrift vorgegeben ist, keine formelle **Darlegungs- und Beweislast** der Verfahrensbeteiligten, gegen die sich das Verfahren richtet (vgl. dazu auch Immenga/Mestmäcker/Bach Rn. 12). Abweichungen hiervon können sich nur aus ausdrücklichen gesetzlichen Beweislastregeln ergeben, wie zB im Fusionskontrollrecht (zB braucht die Kartellbehörde keine Ermittlungen anzustellen zum Merkmal der „Verbesserung der Wettbewerbsbedingungen" in § 36 Abs. 1. Die Unternehmen haben bei von ihnen beantragten, sie begünstigenden Verfügungen eine Darlegungslast. Sie müssen in Verfahren, in denen sie eine sie begünstigende Verfügung erstreben, die Tatsachen angeben, die den Erlass der beantragten Verfügung rechtfertigen. Dies bedeutet aber nicht, dass die Kartellbehörde ihre eigenen Ermittlungen auf den Umfang der eigenen Darlegungs- und Beweislast beschränken kann. 3

§ 57 enthält **keinen abschließenden Katalog** der Ermittlungsmöglichkeiten. 4 Die Kartellbehörde ist befugt, Auskünfte jeder Art einzuholen, Urkunden und Akten von anderen Behörden oder Gerichten beizuziehen, selbst an Ort und Stelle Feststellungen zu treffen usw. Dementsprechend stehen in der Praxis formlose Ermittlungen durch einfachen Briefwechsel, Telefongespräche oder über das Internet im Vordergrund. Nur dort, wo die Behörde die Mitwirkung anderer erzwingen oder sonst in Rechte Dritter eingreifen will, ist eine gesetzliche Eingriffsnorm erforderlich.

2. Beweis durch Augenschein, Zeugen und Sachverständigen

Für den förmlichen Beweis durch Augenschein, Zeugen und Sachverständige 5 verweist das Gesetz in Abs. 2 weitgehend auf die **Vorschriften der ZPO.** Das hat Bedeutung auch im Hinblick auf die dort dem Gericht gegebenen Zwangsbefugnisse. Die Kartellbehörde kann Zeugen laden und das Erscheinen der Zeugen durch Ordnungsgeld und Vorführung erzwingen. Dem Zeugen stehen die generellen Zeugnisverweigerungsrechte aus persönlichen (§ 383 ZPO, zB bei Verwandtschaft) und – auf einzelne Fragen – aus sachlichen Gründen zu (§ 384 ZPO, zB auf Fragen, deren Beantwortung dem Zeugen die Gefahr zuziehen würde, wegen einer Straftat oder einer Ordnungswidrigkeit verfolgt zu werden). Für die gerichtliche Entscheidung aufgrund von Maßnahmen der Kartellbehörde gegenüber Zeugen ist nach Abs. 2 S. 1 das OLG zuständig, in dessen Bezirk die Kartellbehörde ihren Sitz hat (für das BKartA das OLG Düsseldorf).

Die Kartellbehörde kann sich uU auch mit einer **eidesstattlichen Versicherung** 6 von Zeugen begnügen (KG WuW/E 1593 (1596) – Haushaltsmargarine; 2140 (2141 f.) – Einbauküchen). Nach § 377 Abs. 3 ZPO kommt das besonders in Betracht, wenn der Zeuge eine Aussage nur anhand von Akten und Aufzeichnungen machen kann, oder – nach § 377 Abs. 4 ZPO – in Fällen, in denen eine schriftliche

Erklärung für ausreichend erachtet wird. Die Abgabe einer **falschen Versicherung an Eides statt** ist nach § 156 StGB strafbar, eine **falsche mündliche Aussage eines Zeugen** vor der Kartellbehörde hingegen nicht. § 153 StGB setzt eine falsche uneidliche Aussage vor „Gericht oder einer anderen zur eidlichen Vernehmung von Zeugen oder Sachverständigen zuständigen Stelle" voraus. Das ist die Kartellbehörde nicht. Wenn sie Wert auf eine strafrechtlich sanktionierte Wahrheitspflicht des Zeugen legt, kann sie nach Abs. 6 das Amtsgericht um die Beeidigung von Zeugen ersuchen. Das Amtsgericht ist aber nicht zur Vernehmung, sondern nur zur Beeidigung auf die vor der Kartellbehörde gemachten Aussage befugt. Die Kartellbehörde hat im Verwaltungsverfahren, anders als im Bußgeldverfahren, **keine Möglichkeit, Zeugen richterlich vernehmen zu lassen.** Die Vorschrift des § 375 ZPO, die das ermöglichen könnte, ist in den Katalog des Abs. 2 nicht aufgenommen worden.

3. EU-Recht

7 Die Kommission hatte bis zum Inkrafttreten der Kartellverfahrens-VO (1.5.2004) außerhalb der Ermittlungsbefugnisse durch Auskunftsverlangen, Auskunftsentscheidungen und Nachprüfungen keine Befugnis, **natürliche oder juristische Personen zu befragen.** Eine solche Befugnis ist durch **Art. 19 Kartellverfahrens-VO** eingeführt worden. Allerdings sind die Personen, deren Befragung angestrebt wird, nicht zur Aussage verpflichtet; Sanktionsbefugnisse sind mit Art. 19 Kartellverfahrens-VO nicht verbunden (vgl. dazu Bechtold/Bosch/Brinker Kartellverfahrens-VO Art. 19 Rn. 1). Im Fusionskontrollverfahren gibt es keine entsprechende Befragungsbefugnis der Kommission.

§ 58 Beschlagnahme

(1) [1]**Die Bediensteten der Kartellbehörde können Gegenstände, die als Beweismittel für die Ermittlung von Bedeutung sein können, beschlagnahmen.** [2]**Die Beschlagnahme ist dem davon Betroffenen unverzüglich bekannt zu machen.**

(2) **Die Kartellbehörde soll binnen drei Tagen die gerichtliche Bestätigung bei dem Amtsgericht, in dessen Bezirk sie ihren Sitz hat, beantragen, wenn bei der Beschlagnahme weder der davon Betroffene noch ein erwachsener Angehöriger anwesend war oder wenn der Betroffene und im Fall seiner Abwesenheit ein erwachsener Angehöriger des Betroffenen gegen die Beschlagnahme ausdrücklich Widerspruch erhoben hat.**

(3) [1]**Der Betroffene kann gegen die Beschlagnahme jederzeit die richterliche Entscheidung nachsuchen.** [2]**Hierüber ist er zu belehren.** [3]**Über den Antrag entscheidet das nach Absatz 2 zuständige Gericht.**

(4) [1]**Gegen die richterliche Entscheidung ist die Beschwerde zulässig.** [2]**Die §§ 306 bis 310 und 311a der Strafprozessordnung gelten entsprechend.**

1. Grundzüge

1 § 58 entspricht wörtlich dem bis zur 6. GWB-Novelle 1998 geltenden § 55 aF. Die 8. GWB-Novelle 2012/2013 hat Abs. 2 geändert. Die Drei-Tagesfrist ist nicht mehr zwingend, sondern eine Soll-Frist. Außerdem wurde für die richterliche Bestätigung die zentrale Zuständigkeit des Amtsgerichts am Sitz der Kartellbehörde (beim BKartA das Amtsgericht Bonn) vorgesehen. Die 10. GWB-Novelle 2021 hat Abs. 1 dahingehend geändert, dass die Beschlagnahme auch durch einzelne Bedienstete der Kartellbehörde stattfinden kann, also kein Beschluss nach der Behörde nach § 51 Abs. 2 notwendig ist.

Die Kartellbehörde hat in Verwaltungsverfahren die Möglichkeit, Gegenstände, die als Beweismittel von Bedeutung sein könnten, zu beschlagnahmen. Die **potenzielle Beweisbedeutung** ist konkret festzustellen. Eine Grobdurchsicht, dass sich unter den Unterlagen auch beschlagnahmefähige Unterlagen befinden, reicht nicht aus. Das hat besondere Bedeutung für **elektronische Datenträger.** Die potenziell beweisbedeutsamen Datensätze sind herauszufiltern; danach ist der Datenträger herauszugeben (so zu § 110 StPO LG Bonn WuW/E DE-R 1447 f. – Abgespeicherte E-Mail). 2

Eine **(vorherige) richterliche Anordnung** ist für die Beschlagnahme nicht erforderlich, es sei denn, dass zum Zwecke der Beschlagnahme eine **Durchsuchung** erfolgen muss. Diese ist nach § 59b Abs. 2 nur auf Anordnung des Amtsrichters möglich. Außerhalb von Durchsuchungen kommt die Beschlagnahme für Unterlagen in Betracht, die der Kartellbehörde freiwillig überlassen wurden oder die ihr im Rahmen einer Prüfung nach § 59vorgelegt worden sind. Da die Neufassung des Abs. 1 durch die 10. GWB-Novelle 2021 die **Beschlagnahme auch durch einzelne Bedienstete der Kartellbehörde** erlaubt, also kein Beschluss nach der Behörde nach § 51 Abs. 2 notwendig ist, hat sich der bisherige Streit über die Form der Entscheidung erledigt (→ 9. Aufl. 2018, § 58 Rn. 3). Nach dem bis zur 8. GWB-Novelle 2012/2013 geltenden Wortlaut war die Kartellbehörde unter den (unverändert gebliebenen) im Einzelnen geregelten Voraussetzungen verpflichtet, **binnen drei Tagen** die richterliche Bestätigung einzuholen. Der Gesetzgeber verweist auf die Erfahrung, dass diese Frist oft nicht eingehalten werden konnte, weil die Asservate nicht immer innerhalb von drei Tagen von der Kartellbehörde dem Amtsgericht vorgelegt werden konnten (vgl. Begr. z. RegE BT-Drs. 17/9852, 32). Die Formulierung ist dem § 98 Abs. 2 S. 1 StPO angeglichen. Sie ist ebenso wie diese insofern missverständlich, als das bloße „Soll"-Erfordernis sich nur auf die Drei-Tagesfrist bezieht, nicht darauf, dass die richterliche Bestätigung eingeholt werden muss. Unabhängig davon bleibt die Möglichkeit der Betroffenen, nach § 58 Abs. 3 jederzeit Rechtsmittel gegen die Beschlagnahme einzulegen, unberührt. Zuständig ist das **Amtsgericht am Sitz der Kartellbehörde,** beim BKartA also das Amtsgerichts Bonn. Gegen die Entscheidung des Amtsgerichts ist die Beschwerde zum Landgericht möglich; dafür gelten nach Abs. 4 S. 2 die §§ 306–310 und 311a StPO entsprechend. 3

2. EU-Recht

Die Kommission hat **keine eigentlichen Beschlagnahmerechte.** Sie kann lediglich bei Nachprüfungen auf der Grundlage des Art. 20 Kartellverfahrens-VO bzw. Art. 13 FKVO die Vorlage von Unterlagen verlangen, von denen sie „Abschriften" fertigen kann. 4

§ 59 Auskunftsverlangen

(1) [1]**Soweit es zur Erfüllung der in diesem Gesetz der Kartellbehörde übertragenen Aufgaben erforderlich ist, kann die Kartellbehörde bis zum Eintritt der Bestandskraft ihrer Entscheidung von Unternehmen und Unternehmensvereinigungen die Erteilung von Auskünften sowie die Herausgabe von Unterlagen verlangen.** [2]**Die Unternehmen und Unternehmensvereinigungen sind verpflichtet, diese innerhalb einer angemessenen Frist zu erteilen oder herauszugeben.** [3]**Die Verpflichtung erstreckt sich auf alle Informationen und Unterlagen, die dem Unternehmen oder der Unternehmensvereinigung zugänglich sind.** [4]**Dies umfasst auch allgemeine Marktstudien, die der Einschätzung oder Analyse der Wettbewerbsbedingungen oder der Marktlage dienen und sich im Besitz des Unternehmens oder der Unternehmensverei-**

nigung befinden. [5]Die Verpflichtung gilt auch für die näheren Umstände des Postverkehrs. [6]Das Postgeheimnis nach Artikel 10 des Grundgesetzes wird insoweit eingeschränkt. [7]Die Kartellbehörde kann vorgeben, in welcher Form die Auskünfte zu erteilen sind; insbesondere kann sie vorgeben, dass eine Internetplattform zur Eingabe der Informationen verwendet werden muss. [8]Vertreter des Unternehmens oder der Unternehmensvereinigung können von der Kartellbehörde zu einer Befragung bestellt werden. [9]Gegenüber juristischen Personen sowie Personenvereinigungen, die keine Unternehmen oder Unternehmensvereinigungen sind, gelten die Sätze 1 bis 8 entsprechend.

(2) **[1]Die Inhaber der Unternehmen und ihre Vertretung sowie bei juristischen Personen und Personenvereinigungen auch die zur Vertretung berufenen Personen sind verpflichtet, die verlangten Auskünfte im Namen des Unternehmens, der Unternehmensvereinigung oder der juristischen Person oder Personenvereinigung zu erteilen und die verlangten Unterlagen herauszugeben. [2]Gegenüber der Kartellbehörde ist eine für die Erteilung der Auskünfte verantwortliche Leitungsperson zu benennen.**

(3) **[1]Das Auskunftsverlangen muss verhältnismäßig sein. [2]Es darf den Adressaten nicht zum Geständnis einer Straftat, einer Ordnungswidrigkeit oder einer Zuwiderhandlung gegen eine Vorschrift dieses Gesetzes oder gegen Artikel 101 oder 102 des Vertrages über die Arbeitsweise der Europäischen Union zwingen. [3]Soweit natürliche Personen aufgrund von Auskunftsverlangen nach den Absätzen 1 und 2 zur Mitwirkung in Form der Erteilung von Auskünften oder der Herausgabe von Unterlagen verpflichtet sind, müssen sie, falls die Informationserlangung auf andere Weise wesentlich erschwert oder nicht zu erwarten ist, auch Tatsachen offenbaren, die geeignet sind, eine Verfolgung wegen einer Straftat oder einer Ordnungswidrigkeit herbeizuführen. [4]Jedoch darf eine Auskunft, die die natürliche Person infolge ihrer Verpflichtung nach Absatz 1 und 2 erteilt, in einem Strafverfahren oder in einem Verfahren nach diesem Gesetz oder dem Gesetz über Ordnungswidrigkeiten nur mit Zustimmung der betreffenden natürlichen Person gegen diese oder einen in § 52 Absatz 1 der Strafprozessordnung bezeichneten Angehörigen verwendet werden.**

(4) **[1]Absatz 1 Satz 1 bis 6 und Absatz 3 Satz 1 gelten entsprechend für Auskunftsverlangen, die an natürliche Personen gerichtet werden. [2]Insoweit ist § 55 der Strafprozessordnung entsprechend anzuwenden, es sei denn, dass die Auskunft nur die Gefahr der Verfolgung im kartellbehördlichen Bußgeldverfahren begründet und die Kartellbehörde der natürlichen Person im Rahmen ihres pflichtgemäßen Ermessens eine Nichtverfolgungszusage erteilt hat.**

(5) **[1]Das Bundesministerium für Wirtschaft und Energie oder die oberste Landesbehörde fordert die Auskunft durch schriftliche Einzelverfügung, das Bundeskartellamt fordert sie durch Beschluss an. [2]Darin sind die Rechtsgrundlage, der Gegenstand und der Zweck des Auskunftsverlangens anzugeben und eine angemessene Frist zur Erteilung der Auskunft ist zu bestimmen.**

Übersicht

1. Überblick

1 Die 10. GWB-Novelle 2021 hat die Vorschriften über Auskunftsverlangen, Durchsuchungen und Einsicht in geschäftliche Unterlagen neu geregelt und auf §§ 59, 59a und 59b aufgeteilt. Die Änderungen in § 59 setzen Art. 8 und 9 ECN+-Richtlinie um. Das Auskunftsverlangen, genauer: das Verlangen auf Erteilung von Auskünften oder die Herausgabe von Unterlagen, wird umfassend in § 59 geregelt, und zwar letztlich für das Verwaltungs- und wegen des Verweises in § 82b auch für das Bußgeldverfahren. Die Prüfung von geschäftlichen Unterlagen und Durchsuchungen finden sich jetzt in § 59a und § 59b aufgeteilt. Weil nach Art. 8 S. 3 ECN+-Richtlinie der Unternehmensbegriff der wirtschaftlichen Einheit zugrunde gelegt wird, konnten die Regelungen in § 59 Abs. 1 S. 1 Nr. 2 aF zu verbundenen Unternehmen entfallen (RegE 10. GWB-Novelle 2021, 113 f.). Mit der **11. GWB-Novelle 2023** wurden in Abs. 1 die Sätze 5 und 6 eingefügt, die Verfahren im Postsektor betreffen. Kenntnisse über Tatsachen, die dem Postgeheimnis unterliegen, können von Postdienstleistern nach § 39 Abs. 3 PostG nur für die Erbringung von Postdiensten verwendet werden. Abs. 1 S. 5 erlaubt nunmehr, dass Auskünfte von Erbringern von Postdiensten verlangt werden können, die unter das Postgeheimnis fallen würden. Satz 6 stellt die Einhaltung des Zitiergebots nach Art. 19 GG sicher (Begründung RegE 11. GWB-Novelle 2003 BT-Drs. 20/6824, 33/44).

2 **a) Geltung für Verwaltungs- und Bußgeldverfahren.** § 59 aF galt ausschließlich in Verwaltungssachen; dies ändert die 10. GWB-Novelle 2021 grundlegend, indem § 82b für das Bußgeldverfahren auf § 59 verweist. Damit werden die Eingriffsbefugnisse in beiden Verfahrensarten synchronisiert. Damit dürften sich die Probleme nach der alten Rechtslage, die sich daraus ergaben, dass die Kartellbehörde oft zu Beginn eines Verfahrens noch nicht weiß, ob sie es als **Bußgeld- oder Verwaltungsverfahren** zu Ende führen wird (vgl. dazu KG WuW/E 2441 (2444) – Schulbuchvertrieb), weitgehend erledigt haben. Allerdings gab es schon nach altem Recht wohl keine **Verwertungsverbote** für Erkenntnisse, die in einer anderen Verfahrensart gewonnen wurden (vgl. dazu auch KG WuW/E 2767 (2768): Verwertungsverbot nur bei ausdrücklicher gesetzlicher Regelung); Abs. 3 und 4 regeln jetzt den – gegenüber der alten Fassung wahrscheinlich deutlich schwächeren – **Selbstbelastungsschutz.**

3 **b) Gleichrangigkeit der Maßnahmen.** § 59 regelt das Auskunftsverlangen, § 59a die Einsicht und Prüfung von Geschäftsunterlagen und § 59b Durchsuchungen. Diese Nachprüfungsmaßnahmen **nach §§ 59, 59a und 59b sind grds. gleichrangig.** Die Kartellbehörde ist also nicht gehalten, zuerst Auskunftsbeschlüsse zu erlassen und erst dann Nachprüfungen durchzuführen (KG WuW/E 2433 (2434) – Metro-Kaufhof). Es steht auch im Ermessen der Behörde, ob sie sich sofort an Dritte oder zunächst nur an den Verdächtigen wendet (KG WuW/E 2515 (2516); 2613 – Olga Tschechowa; vgl. auch OLG Düsseldorf WuW/E 1068 (1069) – Stromnetz Darmstadt). In allen Fällen gilt aber der **Grundsatz der Verhältnismäßigkeit;** hiernach kann es geboten sein, zunächst das mildeste Mittel des Auskunftsbeschlusses gegen den unmittelbar Betroffenen zu wählen (vgl. dazu auch KG WuW/E 2607

(2610) – Raffinerie-Abnahmepreise). Der Grundsatz der Verhältnismäßigkeit begrenzt die Ermittlungsbefugnisse der Kartellbehörde generell; so darf eine Maßnahme, auch wenn sie erforderlich erscheint, nicht durchgeführt werden, wenn sie für den Betroffenen mit einem unverhältnismäßigen Aufwand verbunden ist (vgl. KG WuW/E 2607 (2610); 2955 (2966); BGH WRP 2007, 1224 (1229 f.) – Auskunftsverlangen).

2. Allgemeine Voraussetzungen

4 Das Auskunfts- und Herausgabeverlangen kann gestellt werden, „soweit es zur Erfüllung der in diesem Gesetz der Kartellbehörde übertragenen Aufgaben **erforderlich** ist". Das Merkmal der Erforderlichkeit wird weit ausgelegt; es ist bereits dann erfüllt, wenn die Maßnahme oder abgefragten Daten – aus der maßgeblichen Ex-ante-Sicht – zur Aufgabenerfüllung beitragen können (BGH WRP 2007, 1224 (1229 f.) – Auskunftsverlangen; KG WuW/E 3721 (3726)). Die Aufgaben der Kartellbehörde ergeben sich aus den materiellen und Verfahrens-Vorschriften außerhalb des § 59. Im Wesentlichen geht es um die Anwendung der §§ 32 ff. iVm §§ 1–21, 29 und 31 sowie Art. 101 und 102 AEUV, außerdem die Verfahren zur Anerkennung von Wettbewerbsregeln und die Missbrauchsaufsicht des BKartA über Preisbindungen bei Zeitungen und Zeitschriften und Branchenvereinbarungen im Pressevertrieb nach § 30 sowie das Fusionskontrollverfahren nach §§ 35 ff. Außerhalb konkreter Verfahren, die gegen bestimmte einzelne Unternehmen gerichtet sind oder gerichtet werden sollen, kann die Kartellbehörde § 59 auch anwenden iVm der in **§ 32e** geregelten Sektoruntersuchung, also **generellen Untersuchungen einzelner Wirtschaftszweige** und einzelner Arten von Vereinbarungen. Die frühere Aussage, dass die Kartellbehörde auf der Grundlage des § 59 keine allgemeinen, durch einen Einzelfall nicht veranlassten Untersuchungen durchführen dürfe und sie kein allgemeines Enquête-Recht habe (dazu KG WuW/E 2433 (2435) – Metro-Kaufhof), gilt also im Hinblick auf § 32e nicht mehr uneingeschränkt.

5 Adressaten der Auskunfts- und Nachprüfungsbefugnisse des Abs. 1 sind ausschließlich **Unternehmen,** nicht Privatpersonen. Der Unternehmensbegriff nach § 59 Abs. 1 erfasst auch Körperschaften des öffentlichen Rechts jedenfalls dann, wenn sie zwar ihre Leistungsbeziehungen zu Abnehmern öffentlich-rechtlich ausgestaltet haben, diese aber – wie im Bereich der Wasserversorgung – mit privatrechtlichen Leistungsbeziehungen weitgehend austauschbar sind (BGH WuW/E DE-R 3497 – Niederbarnimer Wasserverband, gegen OLG Frankfurt a. M. WuW/E DE-R 3170 – Wasserversorger; OLG Brandenburg WuW/E DE-R 3717 (3719) – Wasser- und Abwasserzweckverband). In diesem Sinne gilt ein **„gespaltener Unternehmensbegriff"** für die Auskunftspflicht und für das materielle Kartellrecht (→ § 31 Rn. 31). Gegenüber der Markttransparenzstelle für Strom und Gas können auch Nicht-Unternehmen auskunftspflichtig sein (→ § 47d Rn. 1).

6 Die Behörde kann § 59 nicht für einen außerkartellrechtlichen Zweck in Anspruch nehmen. Der Sachverhalt, im Hinblick auf den ermittelt wird, muss in irgendeiner Weise **kartellrechtlich relevant** sein, und zwar für die aktuelle Anwendung von Vorschriften des GWB oder der Art. 101 und 102 AEUV; vergangene Tatsachen, die für die Anwendung des GWB nicht mehr von Bedeutung sind, können nicht Gegenstand von Ermittlungen sein (dazu OLG München WuW/E 5859 f. – Gaspreisermittlungen). Vorschriften des GWB, die nicht in eine Entscheidung der Kartellbehörde münden, können – außerhalb des § 32e (→ § 32e Rn. 8) – nicht alleiniger Auslöser und Hintergrund einer Ermittlungsmaßnahme sein, wohl aber die Erfüllung von Mitwirkungsrechten und -pflichten der Kartellbehörde (vgl. KG WuW/E 2767 (2769)). Bei einem Beschluss über die Anerkennung von Wettbewerbsregeln ist § 59 **keine Grundlage für Auflagen zu laufender Berichterstattung** (BGHZ 91, 178 = WuW/E 2095 (2098 f.) = NJW 1984, 2607). Das BKartA

hat uU die Befugnisse des § 59 im Zusammenhang mit Wettbewerbsstörungen im Bereich der Postdienste (vgl. § 36 Abs. 4 PostverwaltungsG); obwohl das Amt hierbei keine über § 59 hinausgehende kartellrechtlichen Befugnisse hat, richten sich Voraussetzungen, Rechtsfolgen und Rechtsmittel nach dem GWB. Die Kartellbehörde hat bei Ausgestaltung ihrer Ermittlungen einen **weiten Ermessensspielraum** (vgl. OLG Düsseldorf WuW/E DE-R 3799 (3800) – Auskunftsbefugnis), in den das im Ermittlungsverfahren eingeschaltete Beschwerdegericht nicht positiv eingreifen kann; das Gericht kann der Behörde grds. nicht verbindlich vorschreiben, welche Ermittlungen sie anzustellen und welche sie zu unterlassen hat (vgl. OLG Düsseldorf WuW/E DE-R 1179 (1180 f.) – Stromcontracting; 1067 (1068) – Stromnetz Darmstadt; 914 (915) – Netznutzungsentgelt; 677 (678) – Müllverbrennungsanlage). Begrenzungen ergeben sich aus dem Ermittlungsziel und der **Erforderlichkeit** (dazu OLG Düsseldorf WuW/E DE-R 1179 (1180) – Stromcontracting).

Voraussetzung ist ein **„Anfangsverdacht"**, dh ein „mit vertretbaren Argumenten belegter, auf konkrete tatsächliche Umstände gestützter Verdacht, ein bestimmter kartellrechtlicher Tatbestand sei möglicherweise verwirklicht" (KG WuW/E 2517 (2518) – Metro-Kaufhof; 1961 (1962) – Flug-Union; OLG Düsseldorf WuW/E DE-R 1179 (1180) – Stromcontracting; vgl. auch BGHZ 91, 178 = NJW 1984, 2607 = WuW/E 2095 (2098 f.)). Bei der **Enquête-Befugnis nach § 32e** muss sich der Anfangsverdacht auf die Voraussetzungen des § 32e Abs. 1 beziehen, also die Vermutung, dass der Wettbewerb im Inland möglicherweise eingeschränkt oder verfälscht ist. Im Übrigen muss „ein **schlüssiges Verfolgungskonzept**" (KG WuW/E 2620 (2621) – Vergaserkraftstoffe), ein „vertretbares Verfolgungskonzept" mit tatsächlichen Verdachtsmomenten (KG WuW/E DE-R 181 f. (182) – TLZ; 386 (387) – Abo- und Tageszeitungen) oder ein „vertretbares Ermittlungskonzept" (OLG Düsseldorf WuW/E DE-R 1861 (1863) – Kalksandstein; 3799 (3801) – Auskunftsverlangen) vorliegen. Es muss also nach vernünftiger und normaler wirtschaftlicher Betrachtungsweise ein Geschehensablauf zumindest möglich sein, der bei Hinzufügung weiterer zu ermittelnder Tatsachen **„schlüssig"** zur Erfüllung der tatbestandlichen Voraussetzungen der Norm führt (KG WuW/E 1160 – Haushaltspanels; 1961 – Flug-Union; OLG München WuW/E 3949 – Kathreiner). Die Verdachtsmomente müssen sich auf alle Merkmale der in Betracht kommenden Norm erstrecken (KG WuW/E 2617 (2618) – Tankstellenpreise). Steht von vornherein fest, dass ein notwendiges Tatbestandsmerkmal nicht erfüllt ist, oder stellt sich das im Laufe der Ermittlungen heraus, so können auf der Grundlage des § 59 keine weiteren Ermittlungen mehr geführt werden (vgl. KG WuW/E 2517 (2518) – Metro). 7

Andererseits ist vor Erlass der Maßnahme nach § 59 noch **kein vollständiges materiell-rechtliches Konzept** und noch **keine „abschließende Beweiswürdigung"** erforderlich (KG WuW/E 2515 (2516)); weder an die tatsächliche Würdigung noch an die rechtliche Einordnung sind die gleich strengen Anforderungen zu stellen wie an die abschließende Sachentscheidung (OLG Düsseldorf WuW/E DE-R 1179 (1180) – Stromcontracting). Die Kartellbehörde kann **mehrstufig vorgehen** und die Prüfung zunächst auf ein Tatbestandsmerkmal beschränken, wenn auch für andere Merkmale Anfangsverdacht besteht. Anderes gilt, wenn die Tatbestandsmerkmale nicht gleichrangig sind, sondern das eine dem anderen vorgelagert ist (KG WuW/E 2446 (2449) – Heizölhandel). Die von der Kartellbehörde zugrunde gelegte Rechtsauffassung muss jedenfalls **„vertretbar"** sein; das ist sie nicht, wenn sie nicht in der Lage ist, ein „gewisses Maß an Überzeugungskraft zu entfalten, wofür im Einzelfall eine positive Resonanz im Schrifttum sprechen kann" (KG WuW/E 2433 (2436); 2517 (2518) – beide im Fall Metro-Kaufhof; vgl. nach KG WuW/E 2446 (2450) – Heizölhandel; vgl. auch OLG Hamburg WuW/E 4586 (4588) – Gloria-Filmtheater). 8

9 Die Kartellbehörde hat die Befugnisse der §§ 59, 59a und 59b auch nach Abschluss ihres Verwaltungsverfahrens, aber noch **während des laufenden Beschwerde- und Rechtsbeschwerdeverfahrens.** Die frühere Unklarheit (dazu KG WuW/E 2767 (2769); 2515; OLG Düsseldorf WuW/E DE-R 723 (724) – Blitz-Tip; BGH WuW/E DE-R 1163 (1167) – HABET/Lekkerland) ist durch die 7. GWB-Novelle 2005 in S. 1 durch die Worte „**bis zum Eintritt der Bestandskraft** ihrer Entscheidung" beseitigt worden. Die Kartellbehörde kann also während des gesamten Beschwerde- und Rechtsbeschwerdeverfahrens Ermittlungen nach §§ 59, 59a und 59b anstellen. Insoweit wird aber der Ermittlungszweck durch das Rechtsmittelverfahren konkretisiert; erforderlich ist also nur das, was nach dem – freilich schwer kontrollierbaren – Ermessen der Kartellbehörde für das Rechtsmittelverfahren relevant sein kann. Diese gesetzliche Regelung durchbricht den Grundsatz der prozessualen „Waffengleichheit" im Rechtsmittelverfahren (zu ihm KG WuW/E 2140 (2141) – Einbauküchen). Die Kartellbehörde hat insbes. die Möglichkeit, Mängel der angefochtenen Entscheidung durch nachträgliche Ermittlungen zu beseitigen. Da das Beschwerdeverfahren aber kein reines Kassationsverfahren ist, sondern das Beschwerdegericht im Rahmen des Streitgegenstandes verpflichtet, den Sachverhalt tatsächlich und rechtlich voll aufzubereiten, trägt die Ermittlungsbefugnis der im Gerichtsverfahren beklagten Kartellbehörde dazu bei, die materielle Richtigkeit der Entscheidungsfindung zu sichern und das Gericht zu entlasten.

3. Auskunftsverlangen (Abs. 1, Abs. 2)

10 **a) Wirtschaftliche Verhältnisse.** Gegenstand des Auskunfts- bzw. Herausgabeverlangens sind alle **erforderlichen** Auskünfte oder Unterlagen (zur **Erforderlichkeit** → Rn. 4).

11 Durch die Neufassung der Vorschrift durch die 10. GWB-Novelle 2021 wird klargestellt, dass sich das Auskunfts- und Herausgabeverlangen **nicht mehr nur auf die wirtschaftlichen Verhältnisse** beschränkt. Auch **Angaben zu den tatsächlichen Umständen eines Verstoßes können Gegenstand des Auskunfts- oder Herausgabeverlangens** sein. Nach S. 3 müssen auch **allgemeine Marktstudien** herausgegeben werden, die sich im Besitz des Unternehmens befinden.

12 Nach Abs. 1 S. 3 erstreckt sich die Auskunfts- bzw. Herausgabepflicht auf **alle dem Unternehmen bzw. der Unternehmensvereinigung zugänglichen Informationen und Unterlagen.** Das Unternehmen soll hier wiederum die wirtschaftliche Einheit im Sinne des EU-Kartellrechts sein. Nach RegE 10. GWB-Novelle 2021 (S. 113) sind alle Unternehmen der wirtschaftlichen Einheit zur Beibringung der Unterlagen verantwortlich, und dementsprechend wird der Begriff der Zugänglichkeit so verstanden, dass auch Informationen von Mutter-, Tochter und Schwestergesellschaften zugänglich sein müssen. Abs. 1 S. 1 Nr. 2 aF erstreckte die Auskunftspflicht von Unternehmen auch auf **Informationen** über die mit den befragten Unternehmen **verbundenen Unternehmen.** Nach RegE 10. GWB-Novelle 2021 (S. 113) ist nicht mehr darauf abzustellen, ob das in die Informationen angegangene Unternehmen rechtlich befugt ist, die Informationen abzufragen.

13 **b) Verfahren.** Im Allgemeinen erlässt die Kartellbehörde zunächst keine förmliche Auskunftsentscheidung (die beim BKartA nach § 51 Abs. 3 vom Vorsitzenden einer Beschlussabteilung zusammen mit zwei Beisitzenden getroffen werden müsste), sondern fordert die Auskünfte **„formlos"** an. Durch derartige Anforderungen werden weder eine Auskunftspflicht noch die Bußgeldsanktion nach § 81 Abs. 2 Nr. 6 ausgelöst. Reagieren die Unternehmen oder Unternehmensvereinigungen nicht oder hat die Kartellbehörde den Eindruck, dass die erteilte Auskunft unrichtig und unvollständig ist, so kann sie einen **förmlichen Auskunftsbeschluss** erlassen. Der Inhalt muss so **bestimmt** sein, dass der Adressat in die Lage versetzt wird zu erkennen, was von ihm gefordert wird (u.a. BGHZ 129, 37 (40) – Weiterverteiler; BGH

WuW/E DE-R 195 (196) – Beanstandung durch Apothekerkammer; RdE 2007, 349 (353)). Das als Verfügung (§ 61 Abs. 1) bzw. beim BKartA (vgl. § 59 Abs. 5) in Beschlussform ergehende Auskunftsverlangen löst die Verpflichtung zur Erteilung der Auskunft aus, und zwar durch die Unternehmensinhaber oder deren Vertreter, bei Gesellschaften und Vereinen durch die nach Gesetz oder Satzung vertretungsberechtigten Personen. Die Verletzung dieser Pflicht ist nach § 81 Abs. 2 Nr. 6 mit Geldbuße bedroht, über § 30 OWiG auch zulasten der Unternehmen. **Geschäftsgeheimnisse müssen grds. offengelegt werden** (vgl. dazu Lieberknecht WuW 1988, 833 (838)). Der Schutz der Geschäftsgeheimnisse ist aufgrund der Geheimhaltungsverpflichtung der Behörde gewährleistet (§ 70 Abs. 2 S. 2, § 56 Abs. 4 S. 1, § 203 Abs. 2 und 3 StGB, § 204 StGB, dazu KG WuW/E 3542 – Aldi; 3725 – Coop/Wandmaker)

Das Auskunftsverlangen kann sich – anders als das Auskunftsverlangen nach § 39 Abs. 5 (→ § 39 Rn. 24) – **auch an Dritte,** am Verfahren nicht beteiligte Unternehmen und Unternehmensvereinigungen richten. Auf dieser Grundlage sind zB Unternehmen auch verpflichtet, ihre Umsätze oder Grundlagen für Marktanteilsberechnungen der Kartellbehörde mitzuteilen. Grundsätzlich steht es im Ermessen der Behörde, ob sie sich sofort an Dritte oder zunächst nur an den Beteiligten wendet; dabei ist die Verhältnismäßigkeit zu beachten (KG WuW/E 2515 f. (2516); 2613 – Olga Tschechowa; 2522). Auskünfte, die von der Kartellbehörde nach § 59 eingeholt werden, sind **als solche im Gerichtsverfahren keine Beweismittel.** Soweit die Behörde die Ergebnisse einer Befragung in das Gerichtsverfahren einführt, legt sie damit nicht Beweise vor, sondern unterbreitet einen Tatsachenvortrag, dem – sofern er bestritten werden sollte – das Beschwerdegericht mit eigener Beweiserhebung nachzugehen hat (KG WuW/E 2767 (2768); vgl. auch KG WuW/E 2140 (2141 f.) – Einbauküchen); zu den **Erleichterungen zur Einführung in die Hauptverhandlung § 82b Abs. 3.** 14

Das Auskunftsverlangen – nicht aber das formlose Auskunftsersuchen (→ Rn. 13) – ist Verfügung iSv § 61, gegen die nach § 73 (Anfechtungs-)Beschwerde eingelegt werden kann (BGH WRP 2007, 1224 (1227) – Auskunftsverlangen). Diese hat nach § 66 Abs. 1 **keine aufschiebende Wirkung.** Unter den Voraussetzungen des § 67 Abs. 3 S. 2 kann das Beschwerdegericht aber die aufschiebende Wirkung herstellen (dazu als Beispiele KG WuW/E DE-R 386 (387) – Abo- und Tageszeitungen; OLG Düsseldorf WuW/E DE-R 723 – Blitz-Tip). Nach der Rspr. des KG hat sich die Hauptsache des Beschwerdeverfahrens erledigt, wenn die verlangten Angaben gemacht worden sind (vgl. KG WuW/E OLG 3839 (3840)). Der BGH ist insoweit anderer Auffassung. Solange das Hauptsacheverfahren noch anhängig ist, entfaltet das Auskunftsersuchen noch Wirkungen und ist nicht gegenstandslos. Die Anfechtungsbeschwerde bleibt also zulässig (BGH WRP 2007, 1224 (1226 f.) = RdE 2007, 349 – Auskunftsverlangen, zum Energiewirtschaftsrecht, → § 76 Rn. 13). 15

Nach dem durch die 8. GWB-Novelle 2012/2013 eingefügten S. 3 aF, jetzt S. 4 kann die Kartellbehörde vorgeben, in welcher **Form** die Angaben nach den S. 1 und 2 zu machen sind; diese Vorschrift hat entgegen dem Wortlaut keine Bedeutung für S. 1 Nr. 3, der den Unternehmen keine Pflicht zu bestimmten Angaben auferlegt. Die „Form“ betrifft sowohl die formale inhaltliche Aufbereitung (Tabellen, Einhaltung bestimmter Gliederungen usw) als auch die Übersendung (elektronisch, Papier usw). Die Kartellbehörde kann in Verbindung mit der Vorgabe zur elektronischen Übermittlung auch die Verwendung einer bestimmten **Internetplattform** vorschreiben. 16

Nach den mit der 11. GWB-Novelle 2023 eingefügten Abs. 1 S. 5 und 6 können Kenntnisse über Tatsachen, die dem **Postgeheimnis** unterliegen, von Postdienstleistern verlangt werden, die unter das Postgeheimnis fallen würden; das Postgeheimnis wird entsprechend eingeschränkt. 16a

Nach Abs. 1 S. 7 können **Vertreter** des Unternehmens oder der Unternehmensvereinigung von der Kartellbehörde **zu einer Befragung bestellt** werden (s. Art. 9 ECN+-Richtlinie). Diese Regelung in Abs. 1 S. 7 ist erforderlich, damit nach § 81 Bußgelder gegen das Unternehmen verhängt werden können, wenn der Vertreter des Unternehmens nicht erscheint. Ob die Person aussagen muss, entscheidet sich nach den allgemeinen Regeln, im Bußgeldverfahren danach, ob sie als Zeugen oder Beschuldigte vernommen werden; werden Unternehmensvertreter als Zeugen vernommen, so haben sie die strafprozessualen Aussage- und Zeugnisverweigerungsrechte. Abs. 1 S. 8 lässt auch zu, das Auskunftsverlangen an juristische Personen und Personenvereinigungen, die keine Unternehmen sind, zu richten; dies setzt Art. 8 S. 4 ECN+-Richtlinie um.

17 Nach Abs. 2 sind die Adressaten des Auskunftsverlangens verpflichtet, die verlangten Auskünfte zu erteilen und die verlangten Unterlagen herauszugeben. Nach Abs. 2 S. 2 ist gegenüber der Kartellbehörde eine für die Erteilung der Auskünfte **verantwortliche Leitungsperson** zu benennen. Dadurch wird gegenüber § 59 Abs. 2 aF konkretisiert, wen die Auskunftspflicht rechtlich trifft. Die Nennung der verantwortlichen Leitungsperson führt für die Fälle der Nicht- bzw. Schlechtbeantwortung zu einem tauglichen Anknüpfungstäter nach §§ 9, 30 OWiG.

4. Schranken der Auskunfts- und Herausgabepflicht (Abs. 3)

18 Abs. 3 schränkt den Umfang des Auskunftsverlangens ein. Zum einen muss das Auskunftsverlangen verhältnismäßig sein. Zum anderen darf der Adressat nach Abs. 3 S. 2 darf nicht zum Geständnis einer Straftat, einer Ordnungswidrigkeit oder einer Zuwiderhandlung gegen das GWB oder Art. 101, 102 AEUV gezwungen werden. Damit wird **für Unternehmen** der Orkem-Standard in das deutsche Recht eingeführt (EuGH Slg. 1989, 3283 Rn. 34 – Orkem/Kommission). Der deutsche Gesetzgeber schränkt damit bewusst in Ordnungswidrigkeitenverfahren § 55 StPO ein, der ein umfassendes Auskunftsverweigerungsrecht bei Selbstbelastung vorsieht. Abs. 3 S. 2 schränkt das Auskunftsverlangen nur insofern ein, dass **nicht zu einem Geständnis einer straf- oder bußgeldbewehrten Handlung gezwungen** werden darf. Nach Abs. 3 S. 3 sollen aber natürliche Personen nur dann, falls die Informationserlangung auf andere Weise wesentlich erschwert oder nicht zu erwarten ist, Tatsachen offenbaren müssen, die geeignet sind, eine Verfolgung gegen sie wegen einer Straftat oder einer Ordnungswidrigkeit herbeizuführen. **Die Auskunft darf aber nach Abs. 3 S. 4 in einem Straf- oder Ordnungswidrigkeitenverfahren nicht gegen die natürliche Person verwendet werden.** Laut RegE 10. GWB-Novelle 2021 (S. 113) bestehen gegen solche Beweisverwendungsverbote keine verfassungsrechtlichen Bedenken. Dies ist allerdings zu bezweifeln.

5. Auskunftsverlangen gegen natürliche Personen (Abs. 4)

19 Für **Auskunftsverlangen,** die **an natürliche Personen** gerichtet werden, gelten Abs. 1 S. 1–6 und Abs. 3 S. 1 entsprechend. Nach S. 2 ist allerdings **§ 55 StPO** entsprechend anzuwenden, es sei denn, dass der natürlichen Person eine Nichtverfolgungszusage erteilt wurde.

6. EU-Recht

20 Die 10. GWB-Novelle 2021 hat das deutsche an das europäische Verfahrensrecht angeglichen: Das EU-Recht unterscheidet nicht zwischen Verwaltungs- und Bußgeldverfahren. Im **allgemeinen Kartellverfahren** gelten Art. 18 Kartellverfahrens-VO **(Auskunftsverlangen)** und Art. 20 Kartellverfahrens-VO **(Nachprüfungsbefugnisse)** gleichermaßen, unabhängig davon, ob Ziel des Verfahrens ein verwaltungsrechtliches Verbot oder eine Geldbuße ist. Das Auskunftsverfahren nach Art. 18

Kartellverfahrens-VO gibt der Kommission die Möglichkeit, entweder einfache Auskunftsverlangen oder Auskunftsentscheidungen zu erlassen; anders als noch nach der VO 17/62 (Art. 11 Abs. 2, Abs. 5 Kartellverfahrens-VO) ist die Kommission nicht gehalten, zunächst ein (als solches nicht verpflichtendes) formloses Auskunftsverlangen und nur bei dessen Erfolglosigkeit eine Auskunftsentscheidung zu erlassen; sie kann vielmehr auch mit einer Entscheidung beginnen (vgl. dazu Bechtold/Bosch/Brinker VO 1/2003 Art. 18 Rn. 12). Das Nachprüfungsverfahren nach Art. 20 Kartellverfahrens-VO unterscheidet ebenfalls zwischen Nachprüfungsauftrag und -entscheidung. Die Kommission hat hiernach **keine eigene Durchsuchungsbefugnis;** vielmehr kann sie die Räumlichkeiten der Unternehmen betreten und sich dann die angeforderten Unterlagen vorlegen lassen. Die Kommission kann Behörden der Mitgliedstaaten (in Deutschland das BKartA) gem. Art. 22 Kartellverfahrens-VO mit der Durchführung von Nachprüfungen beauftragen.

Im **Fusionskontrollverfahren** hat die Kommission ähnliche Befugnisse für Aus- 21
kunftsverlangen (Art. 11 FKVO) und Nachprüfungen (Art. 13 FKVO).

§ 59a Prüfung von geschäftlichen Unterlagen

(1) **Soweit es zur Erfüllung der in diesem Gesetz der Kartellbehörde übertragenen Aufgaben erforderlich ist, kann die Kartellbehörde bis zum Eintritt der Bestandskraft ihrer Entscheidung bei Unternehmen und Unternehmensvereinigungen innerhalb der üblichen Geschäftszeiten die geschäftlichen Unterlagen einsehen und prüfen.**

(2) **Die Inhaber der Unternehmen und ihre Vertretung sowie bei juristischen Personen und Personenvereinigungen auch die zur Vertretung berufenen Personen sind verpflichtet, die geschäftlichen Unterlagen zur Einsichtnahme und Prüfung vorzulegen und die Prüfung dieser geschäftlichen Unterlagen sowie das Betreten von Geschäftsräumen und -grundstücken zu dulden.**

(3) **Personen, die von der Kartellbehörde mit der Vornahme von Prüfungen beauftragt werden, dürfen die Räume der Unternehmen und Vereinigungen von Unternehmen betreten.**

(4) **Das Grundrecht des Artikels 13 des Grundgesetzes wird durch die Absätze 2 und 3 eingeschränkt.**

(5) [1]**Das Bundesministerium für Wirtschaft und Energie oder die oberste Landesbehörde ordnet die Prüfung durch schriftliche Einzelverfügung, das Bundeskartellamt ordnet sie durch Beschluss mit Zustimmung des Präsidenten an.** [2]**In der Anordnung sind Zeitpunkt, Rechtsgrundlage, Gegenstand und Zweck der Prüfung anzugeben.**

Voraussetzung für die Prüfung von Unterlagen ist, dass dies zur Erfüllung der 1
Aufgaben der Kartellbehörde erforderlich ist. Dazu muss ein **Anfangsverdacht** bestehen, dass gegen das GWB verstoßen wurde (→ § 59 Rn. 7).

Die Befugnis nach Abs. 1 zur Einsicht und Prüfung von Geschäftsunterlagen 2
erstreckt sich auf die Unterlagen über das **„gesamte Geschäftsgebaren"** (KG WuW/E 1961). Str. ist, ob sie beschränkt ist auf Unterlagen über die eigenen wirtschaftlichen Verhältnisse oder alle vorhandenen Unterlagen erfasst (offen gelassen in KG WuW/E 2433 (2438) – Metro-Kaufhof). Die Einsicht und Prüfung können in den Geschäftsräumen während der üblichen Geschäftszeit ausgeübt werden **(Nachprüfung).** Sie setzt **keinen Durchsuchungsbeschluss** nach Abs. 4 voraus. Das Recht, auch die Geschäftsräume zu betreten, ergibt sich unmittelbar aus Abs. 3. Allerdings muss eine Verfügung der Kartellbehörde vorliegen, beim BKartA ein Beschluss der Beschlussabteilung (Vorsitzender und zwei Beisitzende); nach Abs. 5

ist zusätzlich die Zustimmung des Präsidenten erforderlich und nachzuweisen. Da die Nachprüfung uU das Grundrecht der Unverletzlichkeit der Wohnung nach Art. 13 GG verletzt, ist entsprechend Art. 19 Abs. 1 S. 2 GG die Einschränkung dieses Grundrechts ausdrücklich vorgesehen. Die Unternehmensinhaber bzw. -vertreter (Abs. 2) sind verpflichtet, die angeforderten Unterlagen vorzulegen und ihre Prüfung in den Geschäftsräumen zu dulden. Eine **Durchsuchungsbefugnis** ist damit **nicht verbunden.**

3 Nach wohl hM umfasst die Vorlagepflicht auch die beim Unternehmen vorhandene **Korrespondenz mit seinem Anwalt, nicht aber die beim Anwalt selbst aufbewahrte.** Unter den gleichen Voraussetzungen soll auch eine Beschlagnahme der Anwaltskorrespondenz zulässig sein (vgl. für das Ordnungswidrigkeitenverfahren LG Bonn WuW/E DE-R 917 f. – DSD). UE müsste das **„legal privilege“** der Anwaltskorrespondenz weitergehen, insbesondere nachdem die Befugnisse denjenigen des EU-Rechts angeglichen wurden. **Anwaltskorrespondenz müsste ebenso wie im EU-Recht immer vorlage- und beschlagnahmefrei sein,** unabhängig davon, wo sie aufgefunden wird (vgl. EuGH Slg. 1982, 1575 (1611) – AM & S; vgl. dazu auch Bechtold/Bosch/Brinker Kartellverfahrens-VO Art. 18 Rn. 14). Der Gesetzgeber hätte im Zuge der Umsetzung der ECN+-Richtlinie nicht nur die Ermittlungsbefugnisse an den vorgegebenen EU-rechtlichen Standard anpassen müssen, sondern auch den Schutz der Anwaltskorrespondenz nach EU-Standard.

4 Die Anordnung der Nachprüfung ist anfechtbare Verfügung iSv § 61, gegen die nach § 73 (Aufhebungs-)Beschwerde eingelegt werden kann. Im Beschwerdeverfahren stehen der Kartellbehörde die **Beweiserleichterungen des § 75 Abs. 4** zur Verfügung (→ § 75 Rn. 9 ff.).

§ 59b Durchsuchungen

(1) [1]**Zur Erfüllung der ihr in diesem Gesetz übertragenen Aufgaben kann die Kartellbehörde Geschäftsräume, Wohnungen, Grundstücke und Sachen durchsuchen, wenn zu vermuten ist, dass sich dort Unterlagen befinden, die die Kartellbehörde nach den §§ 59 und 59a einsehen, prüfen oder herausverlangen darf.** [2]**Das Grundrecht des Artikels 13 des Grundgesetzes wird insofern eingeschränkt.** [3]**§ 104 Absatz 1 und 3 der Strafprozessordnung gilt entsprechend.**

(2) [1]**Durchsuchungen können nur auf Anordnung des Amtsrichters des Gerichts, in dessen Bezirk die Kartellbehörde ihren Sitz hat, vorgenommen werden.** [2]**Auf die Anfechtung dieser Anordnung sind die §§ 306 bis 310 und 311a der Strafprozessordnung entsprechend anzuwenden.** [3]**Bei Gefahr im Verzuge können die von der Kartellbehörde mit der Durchsuchung beauftragten Personen während der Geschäftszeit die erforderlichen Durchsuchungen ohne richterliche Anordnung vornehmen.**

(3) [1]**Die Bediensteten der Kartellbehörde sowie von dieser ermächtigte oder benannte Personen sind insbesondere befugt,**
1. **sämtliche Bücher und Geschäftsunterlagen, unabhängig davon, in welcher Form sie vorhanden oder gespeichert sind, zu prüfen und Zugang zu allen Informationen zu erlangen, die für den von der Durchsuchung Betroffenen zugänglich sind,**
2. **betriebliche Räumlichkeiten, Bücher und Unterlagen jeder Art für die Dauer und in dem Ausmaß zu versiegeln, wie es für den Zweck der Durchsuchung erforderlich ist, und**
3. **bei der Durchsuchung von Unternehmen oder Unternehmensvereinigungen von allen Vertretern oder Mitarbeitern des Unternehmens oder der Unternehmensvereinigung Informationen, die den Zugang zu**

Beweismitteln ermöglichen könnten, sowie Erläuterungen zu Fakten oder Unterlagen, die mit dem Gegenstand und dem Zweck der Durchsuchung in Verbindung stehen könnten, zu verlangen und ihre Antworten zu Protokoll zu nehmen; das Verlangen muss unter ausdrücklichem Hinweis auf die Pflicht zur Mitwirkung erfolgen und ist in das Protokoll aufzunehmen.
[2]Soweit natürliche Personen nach Satz 1 Nummer 3 zur Mitwirkung in Form der Erteilung von Informationen verpflichtet sind, müssen sie, falls die Informationserlangung auf andere Weise wesentlich erschwert oder nicht zu erwarten ist, auch Tatsachen offenbaren, die geeignet sind, eine Verfolgung wegen einer Straftat oder einer Ordnungswidrigkeit herbeizuführen. [3]Jedoch darf eine Auskunft, die die natürliche Person infolge ihrer Verpflichtung nach Satz 1 Nummer 3 erteilt, in einem Strafverfahren oder in einem Verfahren nach diesem Gesetz oder dem Gesetz über Ordnungswidrigkeiten nur mit Zustimmung der betreffenden natürlichen Person gegen diese oder einen in § 52 Absatz 1 der Strafprozessordnung bezeichneten Angehörigen verwendet werden.

(4) **An Ort und Stelle ist eine Niederschrift über die Durchsuchung und ihr wesentliches Ergebnis aufzunehmen, aus der sich, falls keine richterliche Anordnung ergangen ist, auch die Tatsachen ergeben, die zur Annahme einer Gefahr im Verzuge geführt haben.**

(5) **[1]§ 108 Absatz 1 und § 110 der Strafprozessordnung gelten entsprechend. [2]Die Betroffenen haben die Durchsuchung zu dulden. [3]Die Duldung kann im Falle der Durchsuchung von Geschäftsräumen sowie geschäftlich genutzten Grundstücken und Sachen gegenüber Unternehmen und Unternehmensvereinigungen mit einem Zwangsgeld entsprechend § 86a durchgesetzt werden.**

1. Überblick

Der durch die 10. GWB-Novelle 2021 eingefügte § 59b installiert in Umsetzung der Art. 6, 7 ECN+-Richtlinie die Durchsuchung von Geschäfts- und Wohnräumen, Grundstücken und Sachen. Inhaltlich entspricht die Vorschrift im Wesentlichen § 58 Abs. 4 aF. 1

2. Voraussetzungen der Durchsuchung (Abs. 1)

Voraussetzung für die Anordnung einer Durchsuchung ist zunächst, dass diese zur Erfüllung der Aufgaben der Kartellbehörde erforderlich ist, also ein **Anfangsverdacht** besteht, dass gegen das GWB verstoßen wurde (→ § 59 Rn. 7). Weitere Voraussetzung ist, dass zu vermuten ist, dass sich in den Geschäftsräumen, Wohnungen, Grundstücken oder Sachen Unterlagen befinden, die die Kartellbehörde nach den §§ 59 und 59a einsehen, prüfen oder herausverlangen darf. Nach dem durch die GWB-Novelle 2007 neu eingefügten S. 2 muss in jedem Falle die Vermutung begründet sein, dass in den Räumen, die durchsucht werden, Unterlagen vorhanden sind, auf die sich die Ermittlungsbefugnisse des Abs. 1 beziehen. Anfangsverdacht besteht, wenn unter Berücksichtigung des Verfahrensstandes bei objektiver Beurteilung die Möglichkeit eines Zusammenhangs zwischen bestimmten Geschäftsunterlagen und dem Zweck und Gegenstand der Nachprüfung nicht ausgeschlossen werden kann (EuGH Slg. 1982, 1575 Rn. 16, 17 – AM & S; RegE 10. GWB-Novelle 2021, 117). Insofern wird nach Abs. 1 S. 2 Art. 13 GG eingeschränkt. 2

Nach dem **Grundsatz der Verhältnismäßigkeit** sind Durchsuchungen aber nur zulässig, wenn eine Nachprüfung nach Abs. 1 Nr. 3 und Abs. 3 nicht Erfolg versprechend ist oder trotz Durchführung der Verdacht besteht, dass Unterlagen 3 nicht vorgelegt wurden. Bei Durchsuchung von Privatwohnungen sind an die Verhältnismäßigkeitsprüfungen erhöhte Anforderungen zu stellen. Nach der Regierungsbegründung bedarf es aber keiner besonderen Begründung der Verhältnismäßigkeit nach der Rechtsprechung des Bundesverfassungsgerichts (NJW 2014, 2265 (2266)), allerdings muss die Verhältnismäßigkeit bei einem nur vagen Auffindeverdacht eingehend begründet werden. Werden Privatwohnungen durchsucht, muss im Rahmen der Verhältnismäßigkeitsprüfung allerdings besonders begründet werden, dass die Durchsuchung erforderlich und verhältnismäßig ist.

3. Richterliche Anordnung (Abs. 2)

4 Für die Durchsuchung ist grds. eine **Anordnung des Amtsrichters** erforderlich. Seit der 8. GWB-Novelle 2012/2013 ist nicht mehr der Amtsrichter zuständig, in dessen Bezirk die Durchsuchung erfolgen soll, sondern wie im Bußgeldverfahren nach § 46 OWiG, § 162 Abs. 1 StPO das **Amtsgericht am Sitz der Kartellbehörde.** Grundlage für die Anordnung des Amtsrichters ist Abs. 2 S. 1. Für die Anfechtung der Anordnung gelten aufgrund des S. 2 die strafprozessualen Vorschriften (§§ 306–310, 311a StPO). Die Beschwerde ist beim AG einzulegen; über sie entscheidet das LG, über eine weitere Beschwerde das OLG. Ein Rechtsmittel zum Kartell-OLG ist nicht gegeben (vgl. KG WuW/E 2433 (2440) – Metro-Kaufhof).

5 Bei der Durchsuchung aufgefundene Gegenstände, insbes. schriftliche Unterlagen, können auf der Grundlage des § 58 beschlagnahmt werden (→ § 58 Rn. 2 f.). Bei **„Gefahr im Verzug"** ist die Durchsuchung nach S. 2 auch ohne richterliche Anordnung möglich, und zwar durch die in Abs. 3 genannten Personen und während der üblichen Geschäftszeit. Gefahr im Verzug kann insbes. dann vorliegen, wenn das betroffene Unternehmen die Mitwirkung bei der Nachprüfung verweigert und der Verdacht besteht, dass Unterlagen beiseitegeschafft werden.

4. Befugnisse (Abs. 3)

6 Die Vorschrift regelt die Befugnisse der Bediensteten der Kartellbehörde bezogen auf Prüfung von Büchern und Geschäftsunterlagen (Nr. 1), Versiegelung (Nr. 2), Verlangen von Informationen und Erläuterungen zum Zwecke der Durchsuchung (Nr. 3). Zur Dokumentation müssen die Frage bzw. Aufforderung zur Mitwirkung in das Protokoll aufgenommen werden. Ohne ausdrückliches Verlangen besteht keine Verpflichtung zur Mitwirkung. Nach S. 3 darf die Auskunft, die die natürliche Person infolge ihrer Verpflichtung nach S. 1 Nr. 3 erteilt, in einem Straf- oder Ordnungswidrigkeitenverfahren nur mit ihrer Zustimmung gegen sie oder den in § 52 StPO definierten Personenkreis verwendet werden.

5. Niederschrift (Abs. 4)

7 § 59b Abs. 4 entspricht § 59 Abs. 4 S. 6 aF. Die Niederschrift dokumentiert den Ablauf und das Ergebnis der Durchsuchung. In ihr werden auch der Widerspruch gegen Beschlagnahmen, die Ausweitung der Durchsuchung und verlangte Mitwirkungshandlungen nach Abs. 3 Nr. 3 dokumentiert.

6. Zufallsfunde, Durchsicht von Papieren und elektronischen Medien, Duldungspflicht (Abs. 5)

8 Zufallsfunde können sich bei Durchsuchungen sowohl im Verwaltungsverfahren als auch im Bußgeldverfahren ergeben. Bei Gefahr in Verzug können auch ergänzende Durchsuchungen beschlossen werden, wenn Zufallsfunde auftreten, die weitere Verdachtsmomente begründen (RegE 10. GWB-Novelle 2021, 118). S. 2 setzt Art. 16 Abs. 2a ECN+-Richtlinie um. Die Duldung ist zwangsgeldbewehrt (§ 86a).

Außerdem besteht die Möglichkeit der Durchsetzung aufgrund unmittelbaren Zwangs.

§ 60 Einstweilige Anordnungen

Die Kartellbehörde kann bis zur endgültigen Entscheidung über
1. **eine Verfügung nach § 31b Absatz 3, § 40 Absatz 2, § 41 Absatz 3 oder einen Widerruf oder eine Änderung einer Freigabe nach § 40 Absatz 3a,**
2. **eine Erlaubnis nach § 42 Absatz 1, ihren Widerruf oder ihre Änderung nach § 42 Absatz 2 Satz 2 in Verbindung mit § 40 Absatz 3a,**
3. **eine Verfügung nach § 26 Absatz 4, § 30 Absatz 3 oder § 34 Absatz 1**

einstweilige Anordnungen zur Regelung eines einstweiligen Zustandes treffen.

1. Grundzüge

1 § 60 entsprach bis zur 6. GWB-Novelle 1998 im Wesentlichen § 56 aF. Durch die **7. GWB-Novelle 2005** ist § 60 dem neuen Kartellverfahrensrecht angepasst worden. Nr. 1 bezieht sich nicht mehr auf Freistellungsentscheidungen, sondern – unter Übernahme eines Teils der früheren Nr. 3 – nur noch auf Fusionskontrollverfahren, Nr. 2 weiterhin auf die Ministererlaubnis und Nr. 3 auf Verfügungen außerhalb der Fusionskontrolle. Materiell ist § 60 durch die 7. GWB-Novelle auch insoweit geändert worden, als er **keine Bedeutung** mehr haben soll im Hinblick auf **Verfügungen nach § 32.** Insoweit gilt **§ 32a als speziellere Vorschrift** (→ § 32a Rn. 2 und → Rn. 3). Mit der 10. GWB-Novelle 2021 wurde Nr. 2 um den Verweis auf § 40 Abs. 3a ergänzt.

2 **a) Zweck.** Die Kartellbehörde kann nach § 60 einstweilige Anordnungen erlassen. Sie kommen in Betracht in Fusionskontroll- und Ministererlaubnisverfahren, dem Missbrauchsverfahren gegen Wasserversorgungsunternehmen (§ 31b Abs. 3) sowie in Verfahren über die Anerkennung von Wettbewerbsregeln (§ 26 Abs. 4), der Missbrauchsaufsicht über Preisbindungen von Zeitungen und Zeitschriften und Branchenvereinbarungen über den Pressevertrieb (§ 30 Abs. 3) und im Rahmen der Vorteilsabschöpfung nach § 34 Abs. 1. Insoweit handelt es sich um einen **numerus clausus** (Bunte/Schneider Rn. 1, 2; Loewenheim/Meessen/Riesenkampff/Kersting/Meyer-Lindemann/Quellmalz Rn. 1; Immenga/Mestmäcker/Bach Rn. 5). Im Anwendungsbereich des § 32 gilt § 32a (→ Rn. 3). Zweck der einstweiligen Anordnung ist die **vorläufige Regelung eines Rechtszustandes.** Sie ist ihrem Wesen nach **befristet bis längstens zur endgültigen Entscheidung** im Rahmen des laufenden Verwaltungsverfahrens. Eine einstweilige Anordnung kann aber, wenn das Verwaltungsverfahren noch nicht förmlich abgeschlossen ist, über Jahre hinweg wirksam sein. Die Kartellbehörde kann in Fusionskontrollverfahren vor Erlass einer Untersagungsverfügung durch einstweilige Anordnung Maßnahmen der Unternehmen untersagen, die eine spätere Auflösung des Zusammenschlusses erschweren. Unter Umständen kann sie auch den Vollzug eines Zusammenschlusses vorläufig durch einstweilige Anordnung verbieten, entweder wenn dieser Vollzug gegen gesetzliche Vollzugsverbote verstößt oder mit hoher Wahrscheinlichkeit nach § 36 Abs. 1 untersagt werden muss.

3 **b) Verhältnis zu § 32a.** Die 7. GWB-Novelle hat im Zusammenhang mit der Regelung der „Befugnisse der Kartellbehörden" im Abschnitt 6 § 32a mit der Überschrift „Einstweilige Maßnahmen" neu in das Gesetz eingefügt. Der Sache nach handelt es sich bei § 32a trotz der unterschiedlichen Begriffe **„Maßnahmen"** und **„Anordnungen"** um dasselbe. § 32a ist aber nur anwendbar in Verfahren, die mit dem Ziel einer Verfügung nach § 32 geführt werden, während die Anordnungen nach § 60 in allen übrigen Verfahren – wenn auch mit einem numerus clausus – in

Betracht kommen. Allerdings ermöglicht **§ 32a** – anders als § 60 – keine positive Entscheidung, sondern **nur negative Maßnahmen** (→ § 32a Rn. 2). Anders als Maßnahmen nach § 32a sieht § 60 nicht ausdrücklich vor, dass eine einstweilige Anordnung zu befristen ist und insgesamt ein Jahr nicht überschreiten soll. Die Vorläufigkeit der Maßnahme ergibt sich daraus, dass sie gelten soll „bis zur endgültigen Entscheidung" in der Hauptsache.

4 **c) Verhältnis zu § 67.** § 60 und § 67 bilden eine Einheit. Bis zur 2. GWB-Novelle 1973 konnte die Kartellbehörde nur über eine einstweilige Anordnung den Sofortvollzug einer Verfügung erreichen, wenn die Beschwerde nach § 66 aufschiebende Wirkung hatte (vgl. aber KG WuW/E 803 (804) – Filtertüten) oder, wenn die Beschwerde nach § 66 keine aufschiebende Wirkung hatte, den Aufschub des sofortigen Vollzugs. Seit der 2. GWB-Novelle ist die Anordnung des Sofortvollzugs nach § 67 und dessen Aufhebung nach § 66 Abs. 3 möglich. § 60 enthält keine Regelung der materiellen Voraussetzung einer einstweiligen Anordnung; insoweit ist heute **für seine Auslegung § 67 Abs. 1 entsprechend anzuwenden,** und zwar, da es sich bei § 60 um eine Vorstufe vor den erst mit oder nach Erlass der Hauptsache-Verfügung möglichen Maßnahmen nach § 67 handelt, mit strengeren Anforderungen (KG WuW/E 1548 (1549) – SABA).

5 **d) Verhältnis zu § 41 Abs. 2.** Nach § 41 Abs. 2 kann das BKartA eine **Befreiung vom fusionskontrollrechtlichen Vollzugsverbot** vornehmen. Trotz der Erwähnung des § 40 Abs. 2 in § 60 Nr. 1 gilt § 60 dafür nicht (mehr); § 41 Abs. 2 ist insoweit lex specialis (→ § 41 Rn. 21). Anderes gilt aber für das Beschwerdegericht, das – über § 66 Abs. 3 S. 1 – durch einstweilige Anordnung nach Untersagung eines Zusammenschlusses eine Befreiung vom Vollzugsverbot aussprechen kann (→ § 66 Rn. 9; wie hier BGH WuW/E DE-R 2507 (2511) – Faber/Basalt; aA OLG Düsseldorf WuW/E DE-R 2069 – Phonak/GN ReSound).

2. Voraussetzungen

6 **a) Belastende und begünstigende Anordnungen.** Einstweilige Anordnungen sind nur in den Verfahren möglich, die in Nr. 1–3 ausdrücklich genannt sind; es gilt also ein **numerus clausus** (→ Rn. 2). Nr. 1–3 decken aber – neben § 32a – nicht alle in Betracht kommenden Anlässe für einstweilige Anordnungen ab, nämlich die Fusionskontrolle, den Bereich der Wettbewerbsregeln, die Preisbindung für Zeitungen und Zeitschriften und die Branchenregelungen für den Pressevertrieb und die Vorteilabschöpfung durch die Kartellbehörde. Der Vergleich mit § 66 Abs. 1 Nr. 2 zeigt, dass eine Ergänzung um § 31b Abs. 3 (Missbrauchsverfügung gegen Wasserversorgungsunternehmen) und § 32 Abs. 2a (Rückerstattungsanordnung für Kartellvorteile) hätte sachgerecht sein können; insoweit kann eine entsprechende Anwendung des § 60 in Betracht kommen. Erfasst sind nicht nur Verfahren, die mit dem **Ziel belastender Verfügungen** betrieben werden (KG WuW/E 2148 – Sonntag Aktuell), sondern auch solche, in denen **begünstigende Verfügungen** erstrebt werden. Dadurch ist das Ziel einer einstweiligen Anordnung aber nicht vorgegeben. Deswegen kann zB in der Fusionskontrolle auch eine vorläufige „Erlaubnis" ausgesprochen werden (vgl. KG WuW/E 2419 – Bayer/Firestone; 2571 – Gas-Feuerlöschanlagen). Erforderlich ist in jedem Falle ein anhängiges – und in der Verwaltungsinstanz noch nicht abgeschlossenes (vgl. KG WuW/E 803 (804) – Filtertüten) – **Hauptsacheverfahren,** das auf die in § 60 genannte „endgültige Entscheidung" gerichtet ist. Es kann auf Antrag oder von Amts wegen eingeleitet sein; die Einleitung kann von vornherein auch den Zweck umfassen, auch eine einstweilige Anordnung zu erlassen.

7 **b) Rahmen des Hauptsacheverfahrens.** Die einstweilige Anordnung muss sich im Rahmen dessen halten, was auch Ergebnis des Hauptsacheverfahrens sein kann. Es dürfen mit ihr insbes. keine Zwecke verfolgt werden, die nichts mit dem Zweck

des Hauptsacheverfahrens zu tun haben. Da dieses aber noch nicht abgeschlossen ist, dürfen an eine Konkretisierung dieser Zwecke und das Vorliegen der Voraussetzungen des Erlasses einer entsprechenden Hauptsacheverfügung **keine zu strengen Anforderungen** gestellt werden. Es muss ausreichen, dass das aufgegebene, untersagte oder erlaubte Verhalten nach dem bisherigen Sachstand rechtmäßig erscheint oder zumindest hinsichtlich seiner Berechtigung keine ernstlichen Zweifel bestehen (KG WuW/E 1548 (1549) – SABA). Bestehen – umgekehrt – erhebliche Zweifel, ob die Entscheidung in der Hauptsache ergehen kann, darf die Anordnung nicht erlassen werden (KG WuW/E 5151 (5160) – Ernstliche Untersagungszweifel).

c) Öffentliches oder überwiegendes Interesse eines Beteiligten. Obwohl gesetzlich nicht ausdrücklich geregelt, ergibt eine Analogie zu § 67 und § 123 Abs. 1 VwGO, § 32 BVerfGG und § 940 ZPO (dazu auch KG WuW/E 436 – Tobler; 803 – Filtertüten und KG WuW/E 877 (880) – Zigaretten-Einzelhandel), dass die Sofortmaßnahme **im öffentlichen Interesse** oder im **überwiegenden Interesse eines Beteiligten** – dann zur Abwendung von schweren oder zumindest wesentlichen Nachteilen (vgl. OLG München WuW/E 4990 (4992) – Herr der Gezeiten) – geboten sein muss. Das wird seit der 7. GWB-Novelle 2005 auch durch den neuen § 32a bestätigt, der – in klarer Abgrenzung des Anwendungsbereiches im Verhältnis zu § 60 (→ § 32a Rn. 7 und → Rn. 3) –, „einstweilige Maßnahmen nur bei **Gefahr eines ernsten, nicht wieder gutzumachenden Schadens für den Wettbewerb**" zulässt. Dabei sind strenge Anforderungen zu stellen (vgl. auch KG WuW/E 4640 (4642 f.) – Hamburger Benzinpreise II), insbes. strengere als nach § 67 Abs. 1, der ein vorangegangenes und insoweit abgeschlossenes Verfahren und den Erlass einer Entscheidung in der Hauptsache voraussetzt (KG WuW/E 1548 (1549) – SABA). Das **öffentliche Interesse** oder das überwiegende Interesse eines Beteiligten muss **über dasjenige hinausgehen, das die entsprechende Hauptsacheverfügung selbst rechtfertigt** (KG WuW/E 1467 (1468) – BP; 1767 (1774) – Kombinationstarif; 2145 (2146) – Sonntag Aktuell II). Insoweit kommt es zunächst auf eine Abwägung der die Maßnahme rechtfertigenden Interessen mit den entgegenstehenden Interessen desjenigen an, in dessen Rechtsposition durch die einstweilige Anordnung eingegriffen wird. Wird in diese Rechtsposition schwerwiegend und kaum reparabel eingegriffen, ist dessen Interessen grds. der Vorrang einzuräumen (vgl. KG WuW/E 803 (806) – Filtertüten). Daneben muss auch geprüft werden, ob und weshalb derzeit eine Hauptsacheverfügung noch nicht möglich ist und weshalb sie nicht abgewartet werden kann, zB wegen einer noch erforderlichen Markterhebung (OLG München WuW/E 4990 (4994) – Herr der Gezeiten). Es müssen also auch **besondere Interessen gerade für die sofortige Maßnahme** vorliegen. Im Rahmen der Interessenabwägung sollen auch die Interessen der Allgemeinheit an der Beseitigung einer Wettbewerbsbeschränkung „gebührend" zu berücksichtigen sein (so KG WuW/E 436 und KG WuW/E 803 (805) – Filtertüten). Das ist uE nicht richtig, weil dieses allgemeine Interesse der Anlass war, der Kartellbehörde das Instrument des § 60 an die Hand zu geben; dann kann dieser Gesichtspunkt nicht zusätzlich im Einzelfall berücksichtigt werden. 8

3. Inhalt

Die inhaltlichen Grenzen einer einstweiligen Anordnung werden durch die mögliche Hauptsacheentscheidung bestimmt. Die einstweilige Anordnung darf **keinesfalls über die mögliche Hauptsacheentscheidung hinausgehen,** also mehr verlangen oder gewähren als das, was durch eine Hauptsacheentscheidung verlangt oder gewährt werden könnte. Da sie die Hauptsacheentscheidung auch nicht vorwegnehmen soll, soll sie inhaltlich **grds. hinter ihr zurückbleiben,** also weniger verlangen oder gewähren (vgl. KG WuW/E 5151 (5164) – Ernstliche Untersagungszweifel). Lässt sich die **Vorwegnahme der Hauptsacheentscheidung** nicht vermeiden, ist 9 sie jedenfalls **zeitlich zu begrenzen** (KG WuW/E 3335 (3336) – Inter-Mailand). Es gelten die Grundsätze des geringstmöglichen Eingriffs und der Verhältnismäßigkeit. In der **Fusionskontrolle** ist eine einstweilige Anordnung zulässig zB zur **Sicherung des Vollzugsverbotes** (vgl. aber KG WuW/E 2145 (2146) – Sonntag Aktuell II) sowie zur Sicherung einer späteren Auflösungsmöglichkeit, wenn diese über das normale Maß hinausgehende Schwierigkeiten bereitet (vgl. KG WuW/E 5151 (5160) – Ernstliche Untersagungszweifel) oder im Fusionskontroll-Auflösungsverfahren zur Sicherstellung der endgültigen Auflösung (dazu OLG Düsseldorf WuW/E DE-R 2894 – Bauen und Garten). Zugunsten der beteiligten Unternehmen war früher eine Befreiung vom gesetzlichen Vollzugsverbot durch das BKartA möglich (BKartA KG WuW/E 2419 – synthetischer Kautschuk II; 2571 f. – Gaslöschanlagen); das hat seit der Einführung des § 41 Abs. 2 durch die 6. GWB-Novelle 1998 (→ § 41 Rn. 21) für eine Verfügung des BKartA vor Abschluss des Fusionskontrollverfahrens keine Bedeutung mehr. Möglich ist aber eine solche Befreiung durch den BWM im Ministererlaubnisverfahren und – über § 66 Abs. 3 – durch das Beschwerdegericht (BGH WuW/E DE-R 2507 (2511); aA OLG Düsseldorf WuW/E DE-R 2069 – Phonak/GN ReSound; → Rn. 4 und → § 66 Rn. 9).

4. EU-Recht

10 **Art. 8 Kartellverfahrens-VO** gibt der Kommission im Rahmen aller ihrer Entscheidungsmöglichkeiten außerhalb der Fusionskontrolle auch die Befugnis, einstweilige Maßnahmen zu treffen. Diese Vorschrift hatte in der Vorgänger-VO 17/62 noch keine Entsprechung. Vielmehr hat der Gerichtshof außerhalb der VO 17/62, aber auf der Grundlage ihres Art. 3 VO 17/62 der Kommission ausdrücklich die Kompetenz gegeben, einstweilige Anordnungen zu erlassen (Slg. 1980, 119 – Camera Care; vgl. dazu auch EuGH Slg. 1984, 1129 – Ford; Gericht 1. Instanz EuZW 1992, 221 – La Cinq S. A.). Art. 8 Kartellverfahrens-VO setzt voraus, dass die Gefahr eines ernsten, nicht wieder gut zu machenden Schadens für den Wettbewerb besteht. In der **Fusionskontrolle** hat die FKVO erstmals durch **Art. 8 Abs. 5 FKVO** eine Ermächtigung der Kommission zum **Erlass einstweiliger Maßnahmen** eingeführt; Rspr. wie im Bereich der Art. 101 und 102 AEUV gibt es dazu nicht. Art. 8 Abs. 5 FKVO führt drei Tatbestände auf, die durchweg Verstöße gegen das Vollzugsverbot betreffen.

§ 61 Verfahrensabschluss, Begründung der Verfügung, Zustellung

(1) [1]**Verügungen der Kartellbehörde sind zu begründen und mit einer Belehrung über das zulässige Rechtsmittel den Beteiligten nach den Vorschriften des Verwaltungszustellungsgesetzes zuzustellen.** [2]**§ 5 Absatz 4 des Verwaltungszustellungsgesetzes und § 178 Absatz 1 Nummer 2 der Zivilprozessordnung sind auf Unternehmen und Vereinigungen von Unternehmen sowie auf Auftraggeber im Sinne des § 98 entsprechend anzuwenden.** [3]**Verfügungen, die gegenüber einem Unternehmen mit Sitz außerhalb des Geltungsbereichs dieses Gesetzes ergehen, stellt die Kartellbehörde der im Inland ansässigen Person zu, die das Unternehmen dem Bundeskartellamt als zustellungsbevollmächtigt benannt hat.** [4]**Hat das Unternehmen keine zustellungsbevollmächtigte Person benannt und ist bei Unternehmen oder Vereinigungen von Unternehmen mit Sitz innerhalb der Europäischen Union keine Zustellung nach § 50b möglich oder verspricht diese keinen Erfolg, so stellt die Kartellbehörde die Verfügungen durch Bekanntmachung im Bundesanzeiger zu.**

(2) **Soweit ein Verfahren nicht mit einer Verfügung abgeschlossen wird, die den Beteiligten nach Absatz 1 zugestellt wird, ist seine Beendigung den Beteiligten schriftlich oder elektronisch mitzuteilen.**

(3) [1]**Verfügungen der Kartellbehörde nach § 30 Absatz 3, § 31b Absatz 3, den §§ 32 bis 32b und 32d sind im Bundesanzeiger bekannt zu machen.** [2]**Entscheidungen nach § 32c Absatz 1 können von der Kartellbehörde veröffentlicht werden.**

1 § 61 entspricht im Wesentlichen § 57 idF bis zur 6. GWB-Novelle 1998. Die 7. GWB-Novelle 2005 hat ihn nicht geändert. Abs. 1 S. 2 ist – mit Wirkung vom 1.2.2006 – durch Gesetz zur Novellierung des Verwaltungszustellungsrechts vom 12.8.2005 (BGBl. 2005 I 2354) eingefügt worden. Die 8. GWB-Novelle 2012/2013 hat in Abs. 1 S. 3 die Worte „im Inland ansässigen" eingefügt. Mit der 10. GWB-Novelle 2021 wurde in Abs. 1 S. 4 als weitere Voraussetzung für die öffentliche Zustellung aufgenommen, dass die Zustellung durch Amtshilfe in der EU nicht möglich war oder keinen Erfolg verspricht; außerdem wurde der bisherige § 62 in § 61 Abs. 3 verlagert.

1. Verfahrensabschluss durch Einstellung oder begründete Verfügung

2 Verwaltungsverfahren werden entweder durch **Einstellung** oder durch **Verfügung** abgeschlossen. Die Einstellung des Verfahrens ist den Beteiligten schriftlich mitzuteilen (Abs. 2). Verfügungen sind **Verwaltungsakte,** die einen Einzelfall „regeln" (vgl. BGHZ 55, 40 (41) – Feuerfeste Steine; BGH WRP 2007, 1229 – Auskunftsverlangen). Negativatteste und feststellende Verwaltungsakte sind im GWB nicht vorgesehen (vgl. KG NJW-RR 1991, 1069 (1070)). Die Hauptfälle verfahrensabschließender Verfügungen sind Abstellungsverfügungen nach § 32, einstweilige Maßnahmen oder Anordnungen nach §§ 32a, 60 sowie Untersagungs- und Freigabeverfügungen in der Fusionskontrolle. Sie sind **schriftlich** abzufassen; dazu gehört nach § 37 VwVfG die Unterschrift des oder der entscheidenden Beamten (OLG Stuttgart WuW/E 4211 f. – Druckrohre). Sie sind zu **begründen.** Die Behörde muss die ihre Verfügung nach ihrer Auffassung tragenden Gründe darlegen. Dafür genügt es nicht, dass sie nur die nach ihrer Auffassung die Verfügung rechtfertigenden Gründe nennt. Vielmehr müssen auch die wichtigsten entgegenstehenden Argumente der Betroffenen erörtert oder mögliche rechtliche Hindernisse behandelt werden (KG WuW/E 2411 (2417) – Bayer/Firestone). Auf die Richtigkeit der Begründung kommt es in diesem Zusammenhang nicht an (dazu auch OLG Stuttgart WuW/E 5231 (5237) – Strompreis Schwäbisch Hall). Der **Inhalt** der Verfügung wird nicht nur durch ihren **Tenor,** sondern auch durch die sie **tragenden Gründe** bestimmt (vgl. BGH WuW/E 2869 (2871) – Pauschalreisen-Vermittlung II; BGHZ 110, 371 (377) – Sportübertragungen; BGH WuW/E 2073 (2074) – Kaufmarkt). Die Verfügung wird erst dadurch existent, dass sie zumindest einem von mehreren Adressaten durch Zustellung bekannt gemacht wird (BGH WuW/E DE-R 2725 (2727) – Universitätsklinikum Greifswald).

3 Kartellrechtliche Verfügungen unterliegen dem Gebot hinreichender **Bestimmtheit** (vgl. für Auskunftsbeschlüsse u.a. BGHZ 129, 37 (40) – Weiterverteiler; BGH WuW/E DE-R 195 (196) – Beanstandung durch Apothekerkammer; RdE 2007, 349 (353)). Da die §§ 54–62 insoweit keine (eigenen) Regelungen enthalten, sind die Grundsätze maßgeblich, die allgemein für Verwaltungsakte gelten (§ 37 Abs. 1 VwVfG). Danach verlangt das Bestimmtheitsgebot, dass der Adressat einer kartellrechtlichen Verfügung in die Lage versetzt wird zu erkennen, was von ihm gefordert wird. Der Verwaltungsakt muss für den Adressaten so vollständig, klar und unzweideutig sein, dass er sich in seinem Verhalten danach richten kann. Die Konkretisierung dessen, was geboten ist, muss in dem anordnenden Verwaltungsakt erfolgen und darf

nicht der Vollstreckung überlassen bleiben. Nicht erforderlich ist freilich, dass der Entscheidungssatz der Verfügung selbst alle Punkte aus sich heraus verständlich darstellt. Es genügt vielmehr, dass sich der Regelungsgehalt aus der Verfügung insgesamt einschließlich ihrer Begründung ergibt (vgl. OLG Düsseldorf WuW/E DE-R 472 (473) – Puttgarden und DE-R 569 (572) – Puttgarden II; BGH WuW/E DE-R 195 (196) – Beanstandung durch Apothekenkammer).

4 **Verstöße gegen das Begründungserfordernis** nach Abs. 1 S. 1 machen die Verfügung fehlerhaft; der Mangel kann aber nach § 45 Abs. 1 Nr. 2 VwVfG geheilt werden, und zwar jedenfalls bis zur Einlegung der Beschwerde (hM, vgl. Immenga/Mestmäcker/Bach Rn. 153; Bunte/Schneider Rn. 10), nach Auffassung des OLG Düsseldorf auch noch in der Beschwerdeerwiderung der Behörde (OLG Düsseldorf WuW/E DE-R 1705 (1707) – Springer/ProSiebenSat.1; 1813 (1816) – Energiewirtschaftsverband; 1993 (1997) – Außenwerbeflächen). Kann die Verfügung nur binnen einer Frist ergehen, ist Heilung nur innerhalb dieser Frist möglich. Keinesfalls darf die nachgeholte Begründung die Verfügung in ihrem Wesen verändern (KG WuW/E 2433 (2438) – Metro; OLG Düsseldorf WuW/E DE-R 1705 (1707) – Springer/ProSiebenSat.1).

5 Die Verfügung muss mit einer **Rechtsmittelbelehrung** versehen sein. Fehlt sie, so läuft die Beschwerdefrist nicht (analog § 58 VwGO). Streitig ist, ob auch die Höchstbegrenzung auf ein Jahr nach § 58 Abs. 2 VwGO analog gilt (dafür OLG Celle WuW/E 1387 (1389) – Bauleitplan).

2. Zustellung der Verfügung

6 Der gesamte Text der Verfügung, also ihr Tenor und die Begründung, sind zusammen mit einer Rechtsmittelbelehrung den „Beteiligten" zuzustellen; zur Bezugnahme in der zugestellten Verfügung auf eine zuvor zugestellte Verfügung BGH NZKart 2016, 139. „Beteiligte" sind diejenigen Personen und Unternehmen, die nach § 54 am Verfahren beteiligt sind. Die Zustellung nach Abs. 1 ist **Voraussetzung für die innere und äußere Wirksamkeit** der Verfügung (KG WuW/E 2411 (2416) – Bayer/Firestone). Solange die Verfügung nicht zugestellt ist, ist sie nicht verbindlich. Ist sie, obwohl sie innerhalb einer bestimmten Frist einheitlich gegenüber mehreren Beteiligten ergehen muss, nur einem Teil der am Verfahren Beteiligten zugestellt, begründet die fehlende oder fehlerhafte Zustellung an andere Verfahrensbeteiligte die Aufhebbarkeit der Verfügung insgesamt (vgl. für die Fusionskontrolle Kleinmann/Bechtold § 24 Rn. 249; nach dem durch die 7. GWB-Novelle 2005 geänderten § 40 Abs. 2 S. 2 – → § 40 Rn. 10 – kommt es jetzt nur noch darauf an, dass die Untersagungsverfügung allen „anmeldenden", nicht mehr allen „beteiligten", Unternehmen zugestellt wird). Soweit sie rechtlich gegenüber mehreren Beteiligten getrennt ergehen kann, kommt es auf die Zustellung an den Einzelnen an (vgl. KG WuW/E 4784 (4792 f.) – Deutsche Krankenversicherungs AG).

7 Für die Zustellung gelten nach S. 1 die Vorschriften des **Verwaltungszustellungsgesetzes** (VwZG idF des Gesetzes vom 12.8.2005 (BGBl. 2005 I 2354), in Kraft getreten zum 1.2.2006). Sie ist dort definiert als „die Bekanntgabe eines schriftlichen oder elektronischen Dokuments" (§ 2 Abs. 1 VwZG) durch einen „Erbringer von Postdienstleistungen (Post) oder durch die Behörde" (§ 2 Abs. 2 S. 1 VwZG). Die Zustellung ist „auch auf andere Weise, auch elektronisch, gegen Empfangsbekenntnis" möglich; das gilt für Rechtsanwälte nach § 5 Abs. 4 VwZG unmittelbar, für Unternehmen, Unternehmensvereinigungen und Auftraggeber iSv § 98 aufgrund der Verweisung des S. 2 auf § 5 Abs. 4 VwZG. Letzterenfalls reicht die Übergabe in den Geschäftsräumen an eine dort beschäftigte Person aus (entsprechende Anwendung des § 178 Abs. 1 Nr. 2 ZPO). Zuzustellen ist die Urschrift des Dokuments oder einer „Ausfertigung". Wird eine Ausfertigung zugestellt, so muss das Schriftstück einen mit dem Dienstsiegel versehenen und vom Urkundsbeamten

unterzeichneten **Ausfertigungsvermerk** enthalten; fehlt der Ausfertigungsvermerk auf der Abschrift, so ist die Zustellung unwirksam (BGH WuW/E 2389 (2391) – Coop Schleswig-Holstein/Deutscher Supermarkt; OLG Stuttgart WuW/E 4211 (4212) – Druckrohre; für den Fall, dass in der Ausfertigung nur eine Schwarz-Weiß-Kopie der in der Originalfassung enthaltenen Farbwiedergabe enthalten ist vgl. OLG Düsseldorf WuW/E DE-R 3173 (3178) – Anzeigengemeinschaft). Ob das Fehlen eines Ausfertigungsvermerks nach § 8 VwZG geheilt werden kann, erscheint zweifelhaft, da der tatsächliche Zugang eines Dokuments, an dem dort angeknüpft wird, nichts über die Identität des Dokuments aussagt.

Nach § 7 Abs. 1 S. 3 VwZG ist dann, wenn ein **Vertreter gleichzeitig für mehrere Beteiligte** bestellt ist, die Zustellung eines Schriftstücks an ihn für alle Beteiligten ausreichend. Ist dieselbe Person gleichzeitig beteiligt und Vertreter einer anderen Beteiligten, genügt die Zustellung einer einzigen Ausfertigung der Untersagungsverfügung an diese Person (BGH WuW/E 2433 (2436) – Gruner + Jahr/Zeit II). Es muss aber ein entsprechender **Zustellungswille** der Behörde vorliegen (KG WuW/E 4784 (4793) – Deutsche Krankenversicherungs AG). Außer an die Beteiligten ist Zustellung auch an denjenigen erforderlich, der von der Verfügung betroffen ist (vgl. § 41 Abs. 1 VwVfG, KG WuW/E 2103 (2104) – Basalt-Union; dazu auch K. Schmidt BB 1981, 748). Muss die **Zustellung** – wie bei einer Untersagungsverfügung nach §§ 36, 40 – **binnen einer Frist an alle Beteiligten** erfolgen, so kann nach Ablauf der Frist die Zustellung nicht mehr nachgeholt werden, auch nicht an einzelne Beteiligte (KG WuW/E 2411 (2416) – Bayer/Firestone). Die Heilungsmöglichkeit nach § 8 VwZG betrifft jedenfalls bei fusionskontrollrechtlichen Untersagungsverfügungen nur Mängel des Zustellungsvorgangs, nicht Mängel, die der Verfügung selbst anhaften (BGH WuW/E 2389 (2391) – Coop Schleswig-Holstein/Deutscher Supermarkt). § 8 VwZG betrifft nur den Lauf der Rechtsmittelfrist, nicht die Heilung der sonstigen Zustellungsmängel (BGH WuW/E 2389 (2390) mwN). 8

Soweit Unternehmen beteiligt sind, die ihren **Sitz im Ausland** haben, erfolgt die Zustellung an ihren **inländischen Zustellungsbevollmächtigten** (Abs. 1 S. 3); dieser muss in der Fusionskontrolle für ausländische beteiligte Unternehmen benannt werden (→ § 39 Rn. 20). Ist ein solcher außerhalb der Fusionskontrolle nicht benannt, so erfolgt die Zustellung durch **Bekanntmachung im Bundesanzeiger** (Abs. 1 S. 4); mit der 10. GWB-Novelle 2021 wurde in Abs. 1 S. 4 als **weitere Voraussetzung** für die öffentliche Zustellung aufgenommen, dass die **Zustellung durch Amtshilfe in der EU nach § 50b nicht möglich war oder keinen Erfolg verspricht.** Die subsidiäre Zustellung durch Bekanntmachung im Bundesanzeiger wurde anstelle des § 9 VwZG im Hinblick auf die besondere öffentliche Bedeutung der kartellrechtlichen Verfügungen vorgesehen. Sie betrifft aber nur Unternehmen, nicht natürliche Personen. Sind natürliche Personen am Verfahren beteiligt, ist ihnen im Ausland nur nach § 9 VwZG zuzustellen, nicht durch Bekanntmachung im Bundesanzeiger (fehlerhaft für die frühere Rechtslage vor § 39 Abs. 3 Nr. 6 zB die Zustellung im Falle Wieland/Langenberg, vgl. BAnz. 1988 Nr. 160). 9

3. Bekanntmachungspflicht

Die 7. GWB-Novelle hat § 62 aF, den die 10. GWB-Novelle 2021 in § 61 Abs. 3 verlagert hat, durch die dem neuen Recht angepasste Aufzählung der bekanntmachungspflichtigen Verfügungen und durch die alternative Aufführung des elektronischen Bundesanzeigers als Bekanntmachungsmedium ergänzt. Abs. 3 sieht keine zusätzliche oder alternative Bekanntmachungsform für Verfügungen der Landeskartellbehörden vor. 10

Bekanntmachungspflichtig sind nur **Negativverfügungen,** nämlich Missbrauchsverfügungen im Hinblick auf die Preisbindung von Zeitungen und Zeitschriften und Branchenvereinbarungen für den Pressevertrieb nach § 30 Abs. 3, 11

Missbrauchsverfügungen gegen Wasserversorgungsunternehmen nach § 31b Abs. 3 (durch die 8. GWB-Novelle 2012/2013 eingefügt), Abstellungsverfügungen nach § 32 und einstweilige Maßnahmen nach § 32a, Verfügungen zur Verbindlichmachung von Verpflichtungszusagen nach § 32b und Verfügungen, durch die nach § 32d der Vorteil einer Gruppenfreistellung entzogen wird. Nicht bekanntmachungspflichtig sind einstweilige Anordnungen nach § 60. Verfügungen nach § 32c, durch die die Kartellbehörde entscheidet, dass für sie kein Anlass zum Tätigwerden besteht, müssen nicht, können aber von der Kartellbehörde bekannt gemacht werden (S. 2).

11a Die Kartellbehörde ist in den in Abs. 3 vorgesehenen Fällen zur Bekanntmachung verpflichtet. Sie hat außerhalb des S. 2 **keinen Ermessensspielraum.** Bekannt gemacht wird im Allgemeinen nur der Verfügungstenor, nicht auch die Begründung. Zur Bekanntmachung gehört auch die Nennung der betroffenen Unternehmen und Personen. Außerhalb der gesetzlich vorgeschriebenen Bekanntmachung werden Verwaltungsentscheidungen des BKartA zur Veröffentlichung in juristischen Fachzeitschriften freigegeben. Regelmäßig sind dabei die betroffenen Firmen und Personen anonymisiert. Das BKartA berichtet, oft mit Namensnennung, über die wichtigsten Verwaltungsverfahren auch in seinem Tätigkeitsbericht (→ § 53 Rn. 2 f.).

12 Die Bekanntmachung bzw. die ihr zugrundeliegende Bekanntmachungsanordnung ist nach richtiger Auffassung ein **Verwaltungsakt,** der mit der **Beschwerde** anfechtbar ist (so für die Zusammenschlussanzeige Rittner FS v. Caemmerer, 1978, 623 (640)). Sieht man mit der hM (insbes. KG WuW/E 1967 f. – WAZ; 4645 (4647) – Bayerische Landesbank; 5267 (5269 f.) – Bekanntmachungsbeschwerde) in der Bekanntmachung nur ein schlichtes Verwaltungshandeln, ist dagegen, wenn eine Rechtsbeeinträchtigung möglich erscheint, eine **allgemeine Leistungsbeschwerde** zulässig; sie ist auf Berichtigung der Bekanntmachung zu richten (so BGHZ 74, 359 (360); BGH WuW/E 2760 (2761) – Unterlassungsbeschwerde; KG WuW/E 5267 (5269 f.) – Bekanntmachungsbeschwerde). Regelmäßig verletzt allerdings eine unrichtige Bekanntmachung angesichts des bloßen Informationscharakters keine Rechte des Betroffenen (KG WuW/E 5267 (5269 f.)). Gegen einen vorher mitgeteilten Bekanntmachungsinhalt ist uE eine vorbeugende Unterlassungsbeschwerde zulässig. Das KG hat sie nur zugelassen, wenn ein qualifiziertes, gerade auf die Inanspruchnahme vorbeugenden Rechtsschutzes gerichtetes Interesse vorliegt (KG WuW/E 4645 (4647) – Bayerische Landesbank; Immenga/Mestmäcker/Bach Rn. 38); für eine juristische Person des öffentlichen Rechts soll dieses Interesse schon deswegen nicht vorliegen, weil diese nicht grundrechtsfähig sei (KG WuW/E 5267 (5269 f.); aA insoweit BGH WuW/E 2760 (2762) – Unterlassungsbeschwerde).

13 Nach Art. 30 Kartellverfahrens-VO und Art. 20 FKVO **veröffentlicht** die Kommission ihre **Entscheidungen in Kartell- und Fusionskontrollverfahren.** Die Veröffentlichung erfolgt unter Angabe der Beteiligten und des wesentlichen Inhalts der Entscheidung einschließlich der verhängten Sanktionen. Die frühere Praxis, die Entscheidungen im vollen Wortlaut im Amtsblatt L zu veröffentlichen, ist aufgegeben worden; es wird entsprechend den Regelungen in den Verordnungen tatsächlich nur noch der **„wesentliche“ Inhalt** veröffentlicht.

4. EU-Recht

14 Beschlüsse der Kommission sind nach ständiger Rspr. des Gerichtshofes zu **begründen;** dafür genügt, dass der Beschluss die tatsächlichen und rechtlichen Erwägungen darstellt, die für Sinn und Wesen des Beschlusses grundlegende Bedeutung haben. Die Beschlüsse werden den Parteien **auf dem Postweg zugestellt.** Für die Wirksamkeit kommt es aber nicht auf die formelle Zustellung an; ihre „Mitteilung“ reicht auch (vgl. Art. 297 Abs. 2 UAbs. 3 AEUV). Die Kommission stellt auch Unternehmen in Drittländern auf dem Postweg zu; uU gilt auch eine

Zustellung an eine Tochtergesellschaft in der EU als wirksame Zustellung an die Muttergesellschaft in einem Drittstaat.

Nach Art. 30 Kartellverfahrens-VO und Art. 20 FKVO **veröffentlicht** die Kommission ihre **Entscheidungen in Kartell- und Fusionskontrollverfahren.** Die Veröffentlichung erfolgt unter Angabe der Beteiligten und des wesentlichen Inhalts der Entscheidung einschließlich der verhängten Sanktionen. Die frühere Praxis, die Entscheidungen im vollen Wortlaut im Amtsblatt L zu veröffentlichen, ist aufgegeben worden; es wird entsprechend den Regelungen in den Verordnungen tatsächlich nur noch der **„wesentliche" Inhalt** veröffentlicht. 15

§ 62 Gebührenpflichtige Handlungen

(1) [1]Im Verfahren vor der Kartellbehörde werden Kosten (Gebühren und Auslagen) zur Deckung des Verwaltungsaufwandes erhoben. [2]Als individuell zurechenbare öffentliche Leistungen sind gebührenpflichtig (gebührenpflichtige Handlungen):

1. **Anmeldungen nach § 31a Absatz 1 und § 39 Absatz 1; bei von der Europäischen Kommission an das Bundeskartellamt verwiesenen Zusammenschlüssen steht der Verweisungsantrag an die Europäische Kommission oder die Anmeldung bei der Europäischen Kommission der Anmeldung nach § 39 Absatz 1 gleich;**
2. **Amtshandlungen aufgrund der §§ 19a, 26, 30 Absatz 3, des § 31b Absatz 1 und 3, der §§ 32 bis 32d, 34 – jeweils auch in Verbindung mit den §§ 50 bis 50f – und der §§ 36, 39, 40, 41, 42 und 60;**
3. **Einstellungen des Entflechtungsverfahrens nach § 41 Absatz 3;**
4. **Erteilung von beglaubigten Abschriften aus den Akten der Kartellbehörde;**
5. **Gewährung von Einsicht in kartellbehördliche Akten oder die Erteilung von Auskünften daraus nach § 56 Absatz 5 oder nach § 406e oder 475 der Strafprozessordnung.**

[3]Daneben werden als Auslagen die Kosten der Veröffentlichungen, der öffentlichen Bekanntmachungen und von weiteren Ausfertigungen, Kopien und Auszügen sowie die in entsprechender Anwendung des Justizvergütungs- und -entschädigungsgesetzes zu zahlenden Beträge erhoben. [4]Auf die Gebühr für die Freigabe oder Untersagung eines Zusammenschlusses nach § 36 Absatz 1 sind die Gebühren für die Anmeldung eines Zusammenschlusses nach § 39 Absatz 1 anzurechnen.

(2) [1]Die Höhe der Gebühren bestimmt sich nach dem personellen und sachlichen Aufwand der Kartellbehörde unter Berücksichtigung der wirtschaftlichen Bedeutung, die der Gegenstand der gebührenpflichtigen Handlung hat. [2]Die Gebührensätze dürfen jedoch nicht übersteigen

1. **50 000 Euro in den Fällen der §§ 36, 39, 40, 41 Absatz 3 und 4 und des § 42;**
2. **25 000 Euro in den Fällen der §§ 19a, 31b Absatz 3, der §§ 32 und 32b Absatz 1 sowie des § 32c Absatz 1 und der §§ 32d, 34 und 41 Absatz 2 Satz 1 und 2;**
3. **5 000 Euro in den Fällen der Gewährung von Einsicht in kartellbehördliche Akten oder die Erteilung von Auskünften daraus nach § 56 Absatz 5 oder nach § 406e oder 475 der Strafprozessordnung;**
4. **5 000 Euro in den Fällen des § 26 Absatz 1 und 2, des § 30 Absatz 3, des § 31a Absatz 1 und des § 31b Absatz 1;**
5. **17,50 Euro für die Erteilung beglaubigter Abschriften nach Absatz 1 Satz 2 Nummer 4; sowie**

6. folgende Beträge:
   a) in den Fällen des § 40 Absatz 3a auch in Verbindung mit § 41 Absatz 2 Satz 3 und § 42 Absatz 2 Satz 2 den Betrag für die Freigabe, Befreiung oder Erlaubnis,
   b) 250 Euro für Verfügungen in Bezug auf Vereinbarungen oder Beschlüsse der in § 28 Absatz 1 bezeichneten Art,
   c) im Fall des § 26 Absatz 4 den Betrag für die Entscheidung nach § 26 Absatz 1,
   d) in den Fällen der §§ 32a und 60 ein Fünftel der Gebühr in der Hauptsache.

³Ist der personelle oder sachliche Aufwand der Kartellbehörde unter Berücksichtigung des wirtschaftlichen Wertes der gebührenpflichtigen Handlung im Einzelfall außergewöhnlich hoch, kann die Gebühr bis auf das Doppelte erhöht werden. ⁴Aus Gründen der Billigkeit kann die unter Berücksichtigung der Sätze 1 bis 3 ermittelte Gebühr bis auf ein Zehntel ermäßigt werden.

(3) Zur Abgeltung mehrfacher gleichartiger Amtshandlungen oder gleichartiger Anmeldungen desselben Gebührenschuldners können Pauschgebührensätze, die den geringen Umfang des Verwaltungsaufwandes berücksichtigen, vorgesehen werden.

(4) ¹Gebühren dürfen nicht erhoben werden
1. für mündliche und schriftliche Auskünfte und Anregungen;
2. wenn sie bei richtiger Behandlung der Sache nicht entstanden wären;
3. in den Fällen des § 42, wenn die vorangegangene Verfügung des Bundeskartellamts nach § 36 Absatz 1 oder § 41 Absatz 3 aufgehoben worden ist.

²Nummer 1 findet keine Anwendung, soweit Auskünfte aus einer kartellbehördlichen Akte nach § 56 Absatz 5 oder nach § 406e oder 475 der Strafprozessordnung erteilt werden.

(5) ¹Wird ein Antrag zurückgenommen, bevor darüber entschieden ist, so ist die Hälfte der Gebühr zu entrichten. ²Das gilt auch, wenn die Anmeldung eines Zusammenschlusses zurückgenommen wird, bevor ein Hauptprüfverfahren eingeleitet wurde.

(6) ¹Kostenschuldner ist
1. in den Fällen des Absatzes 1 Satz 2 Nummer 1, wer eine Anmeldung oder einen Verweisungsantrag eingereicht hat;
2. in den Fällen des Absatzes 1 Satz 2 Nummer 2, wer durch einen Antrag oder eine Anmeldung die Tätigkeit der Kartellbehörde veranlasst hat, oder derjenige, gegen den eine Verfügung der Kartellbehörde ergangen ist;
3. in den Fällen des Absatzes 1 Satz 2 Nummer 3, wer nach § 39 Absatz 2 zur Anmeldung verpflichtet war;
4. in den Fällen des Absatzes 1 Satz 2 Nummer 4, wer die Herstellung der Abschriften veranlasst hat;
5. in den Fällen des Absatzes 1 Satz 2 Nummer 5, wer die Gewährung von Einsicht in kartellbehördliche Akten oder die Erteilung von Auskünften daraus nach § 56 Absatz 5 oder nach § 406e oder 475 der Strafprozessordnung beantragt hat.

²Kostenschuldner ist auch, wer die Zahlung der Kosten durch eine vor der Kartellbehörde abgegebene oder ihr mitgeteilte Erklärung übernommen hat oder wer für die Kostenschuld eines anderen kraft Gesetzes haftet. ³Mehrere Kostenschuldner haften als Gesamtschuldner.

(7) [1]**Der Anspruch auf Zahlung der Gebühren verjährt in vier Jahren nach der Gebührenfestsetzung.** [2]**Der Anspruch auf Erstattung der Auslagen verjährt in vier Jahren nach ihrer Entstehung.**

(8) [1]**Die Bundesregierung wird ermächtigt, durch Rechtsverordnung, die der Zustimmung des Bundesrates bedarf, die Gebührensätze und die Erhebung der Gebühren vom Kostenschuldner in Durchführung der Vorschriften der Absätze 1 bis 6 sowie die Erstattung von Auslagen nach Absatz 1 Satz 3 zu regeln.** [2]**Sie kann dabei auch Vorschriften über die Kostenbefreiung von juristischen Personen des öffentlichen Rechts, über die Verjährung sowie über die Kostenerhebung erlassen.**

(9) **Durch Rechtsverordnung der Bundesregierung, die der Zustimmung des Bundesrates bedarf, wird das Nähere über die Erstattung der durch das Verfahren vor der Kartellbehörde entstehenden Kosten nach den Grundsätzen des § 71 bestimmt.**

1. Überblick

§ 62 in der Fassung der 10. GWB-Novelle 2021 regelt das Gebührenrecht im GWB-Verfahren insgesamt. Die Regelung entspricht weitgehend § 80 aF. Wegen der Neufassung des § 56 zur Akteneinsicht wurden nunmehr auch Gebührentatbestände für die Akteneinsicht Dritter angepasst. § 80 aF, in der Fassung, der dem § 80 idF bis zur 6. GWB-Novelle 1998 entsprach, ist durch das **9. Euro-Einführungsgesetz** vom 10.11.2001 (BGBl. 2001 I 2992) nicht nur in den Geldbeträgen, sondern auch in davon unabhängigen Teilen geändert worden. Die 7. GWB-Novelle 2005 und die 8. GWB-Novelle 2012/2013 haben ihn dem jeweils neuen Verfahrensrecht angepasst. In dem durch die 8. GWB-Novelle in das SGB V eingefügten § 172a Abs. 1 wurde klargestellt, dass § 80 aF auch in Fusionskontrollverfahren über die freiwillige Vereinigung von Krankenkassen gilt. Die GWB-Novelle 2007 hat in Abs. 2 Nr. 6 lit. a ein Redaktionsversehen beseitigt, indem das Wort „Freistellung" durch die Worte „Freigabe, Befreiung oder Erlaubnis" ersetzt wurde. Die 9. GWB-Novelle 2017 fügte Gebührentatbestände für die **Gewährung von Einsicht in kartellbehördliche Akten oder die Erteilung von Auskünften** daraus nach § 406e StPO oder § 475 StPO ein. Die 10. GWB-Novelle 2021 hat in Abs. 1 S. 2 Nr. 5 und Abs. 2 S. 2 Nr. 3 die Akteneinsicht nach § 56 als Gebührengrund berücksichtigt. In Abs. 5 S. 2 wurde die Gebühr bei Rücknahme der Anmeldung in der Fusionskontrolle vor Beginn des Hauptprüfverfahrens neu geregelt. 1

§ 62 regelt die **Kosten (Gebühren und Auslagen) für das Tätigwerden** der Kartellbehörden. Von den Ermächtigungen in Abs. 8 und 9, die die bisherige Rechtslage fortführen, nämlich durch Rechtsverordnungen Durchführungsvorschriften für die Gebührensätze und die Erhebung der Gebühren sowie über die Erstattung der durch das Verfahren vor der Kartellbehörde entstehenden Kosten zu erlassen, ist durch Erlass der Verordnung über die Kosten der Kartellbehörden **(KartKostV)** vom 16.11.1970 Gebrauch gemacht worden (vgl. Anhang B 4). Die meisten praktisch relevanten Vorschriften über die Gebühren sind jedoch unmittelbar in § 62 enthalten, insbes. in den abschließenden Regelungen über die gebührenpflichtigen Handlungen in Abs. 2 und 5 sowie die Höhe der Gebühren in Abs. 3, 4 und 6. § 62 betrifft durchweg nur das **Verfahren und die Gebühren der Kartellbehörden,** erfasst also **nicht** das **Gerichtsverfahren.** 2

2. Gebührenpflichtige Handlungen (Abs. 1, 4)

a) Abschließender Katalog. Abs. 1 regelt abschließend, welche Handlungen gebührenpflichtig sind; dabei geht es nicht nur um Handlungen der Kartellbehörde, sondern auch um Handlungen der Unternehmen selbst. **Nr. 1** erfasst **Anmeldun-** 3

gen, nämlich die Anmeldung der freigestellten Kartellverträge in der Wasserversorgung nach § 31a Abs. 1 und von Zusammenschlussvorhaben nach § 39 Abs. 1. Letzteren gleichgestellt ist aufgrund der Änderung durch die 8. GWB-Novelle der Verweisungsantrag nach Art. 4 Abs. 4 FKVO oder die Anmeldung bei der Kommission – beides unter der Voraussetzung, dass der Zusammenschluss von der Kommission an das BKartA verwiesen wird. Nach Abs. 1 S. 4 sind im **Fusionskontrollverfahren** auf die Gebühr für die Untersagung eines Zusammenschlusses die Gebühren für die Anmeldung (ihr sind die anderen in Nr. 1 genannten Handlungen auch insoweit gleichgestellt) **anzurechnen;** das setzt voraus, dass die Gebührenbescheide für die Anmeldung vor dem Gebührenbescheid für die Untersagung erlassen worden sind oder zugleich mit ihm ergehen. **Nr. 2** enthält **Amtshandlungen der Kartellbehörden,** insbes. alle Abstellungsverfügungen, und zwar unabhängig davon, ob sie für oder gegen die gebührenschuldenden Unternehmen erlassen worden sind. Die durch die 8. GWB-Novelle 2012/2013 eingefügte neue **Nr. 3** hat die Einstellung des Entflechtungsverfahrens der von Nr. 2 erfassten fusionskontrollrechtlichen Freigabe gleichgestellt. **Nr. 4** regelt den Fall der Erteilung von Abschriften aus den Akten der Kartellbehörde. Schließlich regelt Abs. 1 S. 3 die Erhebung der **Kosten der Veröffentlichungen und öffentlichen Bekanntmachungen** – nach §§ 27, 43 und 61 Abs. 3 –, der Kosten für weitere Ausfertigungen, Kopien und Auszüge sowie für **Zeugen und Sachverständige** – neu eingeführt durch das Euro-UmstellungsG – als „Auslagen"; daraus ergibt sich zugleich, dass die Höhe der Auslagenerstattung durch die effektiven (ggf. anteiligen) Kosten der öffentlichen Bekanntmachung begrenzt ist. Die durch die 9. GWB-Novelle 2017 eingefügte und die 10. GWB-Novelle 2021 ergänzte neue **Nr. 5 regelt die Erhebung der Kosten** für die **Gewährung von Einsicht in kartellbehördliche Akten oder die Erteilung von Auskünften** daraus nach § 56 Abs. 5 oder § 406e StPO oder § 475 StPO.

4 **b) Gebührenfreiheit.** Abs. 4 sieht ausdrücklich Gebührenfreiheit vor **für mündliche und schriftliche Auskünfte der Kartellbehörden** und die Entgegennahme von Anregungen natürlicher oder juristischer Personen (Nr. 1); dadurch soll der Kontakt der Kartellbehörden mit nicht unmittelbar am Verfahren beteiligten Personen erleichtert werden. Gebührenfreiheit besteht nach Nr. 2, wenn die formal entstandenen Gebühren bei richtiger Behandlung der Sache nicht entstanden wären, insbes. also in den Fällen, in denen die an sich gebührenpflichtige Amtshandlung gerichtlich aufgehoben wird. Nr. 3 regelt die gebührenrechtliche Behandlung des Falles, in dem eine Entscheidung des Bundeswirtschaftsministers nach § 42 ergeht und danach die vorangegangene Fusionskontroll-Untersagungsverfügung des BKartA aufgehoben wird; in einem derartigen Falle läuft die Entscheidung des Bundeswirtschaftsministers materiell ins Leere, sodass dann dafür auch keine Gebühr erhoben werden soll. Der Aufhebung der Untersagungsverfügung durch das BKartA ist gleich zu behandeln die Rücknahme dieser Verfügung (so Begr. zum RegE zur 2. GWB-Novelle BT-Drs. 6/2520, 37).

3. Höhe der Gebühren (Abs. 2, 3, 5)

5 **a) Aufwand und wirtschaftliche Bedeutung.** Abs. 2 enthält für die Höhe der Gebühren den Grundsatz, dass sie sich nach dem **personellen und tatsächlichen Aufwand** der Kartellbehörde unter Berücksichtigung der **wirtschaftlichen Bedeutung** bemisst, die der Gegenstand der gebührenpflichtigen Handlung hat. Diese Kriterien sind maßgeblich für die Festsetzung der Gebühr bis zu den Höchstgebühren des S. 2 (vgl. zu den Kriterien und ihrer Auslegung OLG Düsseldorf WuW/E DE-R 514 (519) – Tequila). Auf ihrer Grundlage hat die Kartellbehörde einen **Ermessensspielraum** (OLG Düsseldorf WuW/E DE-R 514 (519); 1375 – Zusammenschluss von Entsorgungsunternehmen; 2495 f. – Solarenergieunternehmen; vgl. KG WuW/E 4143 (4147) – Objektgesellschaft; 5003 (5004) – Joint-

venture-Gebühr; 5259 – Kleinhammer; 5287 – Finanzbeteiligung Gebühr), bei dem sie u.a. auch den Gleichbehandlungsgrundsatz in dem Sinne zu berücksichtigen hat, dass gleichgewichtige Fälle mit entsprechenden Gebühren zu belegen sind (dazu KG WuW/E DE-R 34 f. – Bekleidungsfutterstoffe). Die gerichtliche Überprüfung ist demzufolge nur im Hinblick auf Ermessensfehler möglich. Für das Merkmal der „wirtschaftlichen Bedeutung" billigt die Rspr. der Kartellbehörde einen **Beurteilungsspielraum** zu (OLG Düsseldorf WuW/E DE 1375). All das läuft darauf hinaus, dass ein Kriterium der **„Vertretbarkeit"** der Argumente der Kartellbehörde gilt.

Nach der Praxis des BKartA und der Rspr. steht trotz der gesetzlichen Voranstellung des „personellen und sachlichen Aufwandes" der Kartellbehörde jedenfalls in **Fusionskontrollsachen** die „wirtschaftliche Tragweite" des Gegenstandes des kartellrechtlichen Verfahrens im Mittelpunkt der Bewertung (vgl. insbes. KG WuW/E 1784; 2106 – Straßenbaugeräte; 4764 (4765) – Kostenbeschluss). Dabei spielen die Umsätze, Beteiligungen (KG WuW/E 5287 f. – Finanzbeteiligung Gebühr), uU auch die Gewinnsituation der beteiligten Unternehmen eine Rolle (KG WuW/E 2007 (2009) – Kunststoffrohre). Bei der Fusionskontrolle über die Neugründung eines Gemeinschaftsunternehmens darf nicht allein auf dessen geplante Umsatzerlöse abgestellt werden; auch die Wirtschaftskraft der Gründer ist zu berücksichtigen (KG WuW/E 1545). Für die Gebührenfestsetzung eines Zusammenschlusses ausländischer Unternehmen sind nur die wirtschaftlichen Auswirkungen auf dem inländischen Markt zu berücksichtigen (KG WuW/E 2106 (2107) – Straßenbaugeräte). 6

Von – allerdings nicht ausschlaggebender (vgl. KG WuW/E 5259 (5261) – Kleinhammer; 5339 – Untergeordnete Bedeutung) – Bedeutung kann auch das **Gewicht des kartellrechtlichen Vorwurfes** oder der wettbewerblichen Behinderung sein; deswegen spricht bei Anmeldungen von Zusammenschlüssen die Nähe zum Untersagungsbereich des § 36 Abs. 1 für eine höhere Gebühr (KG WuW/E 2106 (2108) – Straßenbaugeräte). Für Vorgänge von mittlerer Bedeutung kommt etwa die Hälfte der Höchstgebühr in Betracht (vgl. KG WuW/E 4995 (4997) – Geringe Anmeldegebühr; 4366 – SPAR; 3976 f. (3977) – Projektgesellschaft; 1951 – Computer); bei unterdurchschnittlichem Gewicht ist ein Abschlag von der Mittelgebühr vorzunehmen (KG WuW/E 4366; 4764 (4765) – Kostenbeschluss; 5003 – Joint-venture-Gebühr). Beim sachlichen und personellen **Prüfungsaufwand** ist unterdurchschnittlicher Verwaltungsaufwand (vgl. KG WuW/E 4765 und 5004) gebührenmindernd zu berücksichtigen, ebenso wenn die Kartellbehörde auf Ergebnisse anderer Verfahren zurückgreifen konnte (KG WuW/E 2007 (2009) – Kunststoffrohre). Dabei kommt es nicht darauf an, ob der Anmelder eine umfassende Darstellung gegeben hat, da diese die Kartellbehörde nicht von ihrer Prüfungspflicht entbindet (so KG WuW/E 5291 – Angaben des Anmelders). Die **Vorsorglichkeit** einer Anmeldung oder einer anderen gebührenpflichtigen Handlung ist kein Grund für eine Ermäßigung (KG WuW/E 4995 (4996 f.) – Geringe Anmeldegebühr; OLG Düsseldorf WuW/E DE-R 514 (522) – Tequila; aber KG WuW/E DE-R 470 (472) – Hapag Lloyd/TUI: anders, wenn Vorgang offensichtlich nicht in den Geltungsbereich der Zusammenschlusskontrolle fällt und Anmeldender sich über deren Voraussetzungen völlig im Unklaren war). 7

b) Gebührensätze. S. 2 regelt die Gebührensätze. Die dort genannten Gebühren sind Höchstgebühren; die Mindestgebühren sind nicht festgelegt. Die **Höchstgebühr von 50.000 EUR** ist für alle Amtshandlungen im Bereich der Fusionskontrolle vorgesehen (Abs. 2 S. 2 Nr. 1). Höhere Gebühren fallen in allen Fällen an, in denen sich schon aus dem gesetzlichen Tatbestand ergibt, dass größere Unternehmen beteiligt sind und der Gegenstand des Kartellverfahrens von größerer wirtschaftlicher Bedeutung ist. Der Gebührenrahmen der Nr. 1–6 kann **bis auf das Doppelte erhöht** werden, wenn der personelle oder sachliche Aufwand der Kartellbehörde unter Berücksichtigung des wirtschaftlichen Werts der gebührenpflichtigen Hand- 8 lung im Einzelfall außergewöhnlich hoch ist (Abs. 2 S. 3). Umgekehrt kann die Gebühr aus Billigkeitsgründen bis auf $^1/0_{10}$ ermäßigt werden (S. 4). Dabei ist nicht an Umstände gedacht, die – wie die schlechte wirtschaftliche Situation des Gebührenschuldners – uU bei der Beitreibung der Gebühr berücksichtigt werden können, sondern eher an Gesichtspunkte, die sich mit der Amtshandlung selbst verbinden, zB wenn die Beteiligten nur aufgrund einer unrichtigen Rechtsauffassung des BKartA eine Anmeldung vorgenommen haben (vgl. KG WuW/E 2007 (2009 f.) – Kunststoffrohre). Von den Erhöhungs- und Ermäßigungsmöglichkeiten nach den S. 3 und 4 wird so Gebrauch gemacht, dass zunächst die Gebühr nach den allgemeinen Kriterien im Rahmen der Gebührenhöchstsätze bestimmt und dann die Erhöhung bzw. Ermäßigung vorgenommen wird.

9 **c) Pauschgebühr.** Abs. 3 sieht die Möglichkeit von **Pauschgebührensätzen** „zur Abgeltung mehrfacher gleichartiger Amtshandlungen oder gleichartiger Anmeldungen desselben Gebührenschuldners" vor. Damit wird die Ermächtigung zum Erlass einer Rechtsverordnung nach Abs. 8 konkretisiert; in der hiernach erlassenen KartKostV (Anhang B 2) ist von dieser Möglichkeit kein Gebrauch gemacht worden. Dennoch ist der Grundgedanke des Abs. 3 schon aktuell bei der Gebührenbemessung zu berücksichtigen, und zwar unter dem Gesichtspunkt der Verringerung des Verwaltungsaufwandes (vgl. KG WuW/E 1296 und KG WuW/E 1863 (1867) – GEMA).

10 **d) Gebühr bei Rücknahme des Antrags.** Nach Abs. 5 ist nur die **Hälfte der Gebühr** zu entrichten, wenn ein Antrag **zurückgenommen** wird, bevor darüber entschieden ist. S. 2 wurde durch die 10. GWB-Novelle 2021 für die Fusionskontrolle dahin geändert, dass die **Halbierung der Gebühr nur dann eintritt, wenn die Anmeldung vor Einleitung des Hauptprüfverfahrens** erfolgt. Die bisher geltende Rücknahmezeitraum von drei Monaten wurde gestrichen. Abs. 5 findet keine Anwendung, wenn **die Rücknahme nach Abschluss des Verfahrens** erfolgt, also keine Wirkung mehr auf den Verfahrensausgang haben kann.

4. Verfahren (Abs. 6–8)

11 **a) Gebührenbeschluss.** Für die Gebühren und Auslagen (Kosten) haftet nach Abs. 6 grds. derjenige, der eine gebührenpflichtige Handlung vorgenommen oder eine solche der Kartellbehörde veranlasst hat. In der Fusionskontrolle ist das der Anmelder bzw. der Adressat einer Freigabe- oder Untersagung- oder Auflösungsverfügung. Wird ein Zusammenschluss nicht vor seinem Vollzug angemeldet und wird später ein Entflechtungsverfahren eingestellt, haften nach dem durch die 8. GWB-Novelle neu eingefügten Abs. 6 Nr. 3 für die Gebühr der Einstellung alle Unternehmen, die zur Anmeldung verpflichtet gewesen wären. Die Gebühr wird im Allgemeinen in einem gesonderten Gebührenbeschluss der Kartellbehörde festgesetzt. Er ist mit der Beschwerde anfechtbar. Teilweise fordern Beschlussabteilungen des BKartA die Gebühr **formlos** mit einem **Brief** an, bieten aber an, bei Nicht-Einverständnis einen Gebührenbeschluss zu erlassen. Dieser Brief begründet (noch) keine Zahlungsverpflichtung; wird aber bezahlt, ist er ein beständiger **Rechtsgrund für die Zahlung.** Er ist gerichtet an den Gebührenschuldner, dh an die Personen, die in Abs. 6 aufgeführt sind. Ergeben sich hiernach mehrere Gebührenschuldner, so haften sie als **Gesamtschuldner.** Das bedeutet, dass die Kartellbehörde jeden von ihnen in Anspruch nehmen kann, aber nur insgesamt bis zur Höhe des festgesetzten Betrages. Der Anspruch auf Zahlung der Gebühren **verjährt in vier Jahren** nach der Gebührenfestsetzung; der Anspruch auf Erstattung der Auslagen verjährt in vier Jahren nach ihrer Entstehung. Nicht geregelt ist die Frage, ob Gebühren auch dadurch verjähren können, dass sie nicht binnen einer bestimmten Zeit festgesetzt werden. Mangels einer ausdrücklichen Regelung kommt insoweit keine Verjährung, wohl aber eine Verwirkung in Betracht.

b) KartKostV. Auf der Grundlage der Abs. 8 und 9 bzw. der insoweit gleichlautenden Vorgängervorschriften des § 80 Abs. 9 und 10 aF ist die Verordnung über die Kosten der Kartellbehörden (KartKostV) vom 16.11.1970 (Anhang B 4) erlassen worden. Sie enthält insbes. **Durchführungsvorschriften** über die Entstehung der Gebührenschuld (§ 2 KartKostV), die Nachforderung von Kosten wegen irrigen Ansatzes (§ 3 KartKostV), die Form der Kostenentscheidung (§ 4 KartKostV), die Folgen und die Hemmung der Verjährung (§ 5 KartKostV), die Erstattung von überzahlten oder zu Unrecht erhobenen Kosten (§ 6 KartKostV). Wegen der Erstattung von Kosten durch Beteiligte (§§ 8, 9 KartKostV) → Rn. 13. 12

5. Kostenerstattung zugunsten eines Beteiligten (Abs. 9, §§ 8, 9 KartKostV)

Abs. 9 enthält die Ermächtigung zum Erlass einer Rechtsverordnung über die Erstattung der durch das Verfahren vor der Kartellbehörde entstehenden Kosten, und zwar unter Beachtung der Grundsätze des § 78. Von dieser Ermächtigung ist durch die §§ 8, 9 KartKostV (Anhang B 4) Gebrauch gemacht worden. Hiernach kann die Kartellbehörde anordnen, dass „die einem Beteiligten entstandenen Kosten, soweit sie zur zweckentsprechenden Erledigung der Angelegenheit notwendig waren, von einem anderen Beteiligten ganz oder teilweise zu erstatten sind, wenn dies der Billigkeit entspricht". Diese Regelung setzt das Vorhandensein mehrerer **quasi kontradiktorisch beteiligter Personen** voraus, zB desjenigen, der die Einleitung eines Verfahrens beantragt hat (§ 54 Abs. 2 Nr. 1), und desjenigen, gegen den sich das Verfahren richtet (§ 54 Abs. 2 Nr. 2). In einem solchen Falle kann die Kartellbehörde zB anordnen, dass derjenige, der zu Unrecht einen Antrag gestellt hat, demjenigen die Kosten zu erstatten hat, gegen den das Verfahren zu Unrecht durchgeführt wurde, oder umgekehrt (vgl. dazu den Bericht von Immenga/Mestmäcker/Wirtz Rn. 41). Sie kann auch anordnen, dass der Gegner einer Beschwerde bei deren Berechtigung die dem Beschwerdeführer entstandenen Kosten einschließlich dessen Anwaltskosten zu erstatten hat (dazu OLG Düsseldorf WuW/E DE-R 2156 f. – GETECnet). Aus § 8 KartKostV ergibt sich keine Erstattungspflicht der Kartellbehörde zugunsten desjenigen, gegen den das Verfahren durchgeführt wurde (zur Verfassungsmäßigkeit vgl. BVerfG DB 1990, 1713). Die das Verfahren durchführende Kartellbehörde ist nicht iSd § 54 Abs. 2 „beteiligt" (ebenso KG WuW/E 4113). Gegen die Erstattungsanordnung kann nach § 73 Beschwerde eingelegt werden. Ist sie unanfechtbar, kann aus ihr wie aus einem Urteil vollstreckt werden. 13

Abschnitt 2. Gemeinsame Bestimmungen für Rechtsbehelfsverfahren

§ 63 Beteiligte am Rechtsbehelfsverfahren, Beteiligtenfähigkeit

(1) **An dem Rechtsbehelfsverfahren sind beteiligt**

1. **der Rechtsbehelfsführer,**
2. **die Kartellbehörde, deren Verfügung angefochten wird,**
3. **Personen und Personenvereinigungen, deren Interessen durch die Entscheidung erheblich berührt werden und die die Kartellbehörde auf ihren Antrag zu dem Verfahren beigeladen hat.**

(2) **Richtet sich der Rechtsbehelf gegen eine Verfügung einer obersten Landesbehörde oder einen Beschluss des Beschwerdegerichts, der eine solche Verfügung betrifft, ist auch das Bundeskartellamt an dem Verfahren beteiligt.**

(3) **Fähig, am Rechtsbehelfsverfahren beteiligt zu sein, sind außer natürlichen und juristischen Personen auch nichtrechtsfähige Personenvereinigungen.**

1. Grundzüge

1 Die 10. GWB-Novelle zieht mit der Neuregelung der §§ 63–72 die Vorschriften zu Beschwerde und Rechtsbeschwerde „vor die Klammer“. § 63 (§ 67 aF) regelt die Beteiligung an den Rechtsbehelfsverfahren des GWB; er korrespondiert mit § 54 Abs. 2, der die Beteiligung am Verwaltungsverfahren regelt. § 63 ist durch den Grundsatz geprägt, dass **am Rechtsbehelfsverfahren jedenfalls alle Personen beteiligt** sind, **die in § 54 Abs. 2 aufgeführt sind** (vgl. dazu insbes. KG WuW/E 755 (756) – Bauindustrie III; Immenga/Mestmäcker/K. Schmidt § 67 Rn. 5: Grundsatz der Kontinuität der Verfahrensbeteiligung; Wiedemann KartellR-HdB/Klose § 54 Rn. 35). Beteiligt am Rechtsbehelfsverfahren sind also nicht nur der Rechtsbehelfsführer (Abs. 1 Nr. 1), die Kartellbehörde, deren Verfügung angefochten wird (Abs. 1 Nr. 2: BKartA, Bundeswirtschaftsminister oder Landeskartellbehörde), und alle Personen, die nach § 54 Abs. 2 Nr. 3 zum Verwaltungsverfahren beigeladen worden sind (Nr. 3), sondern auch derjenige, der bei der Kartellbehörde die **Einleitung eines Verfahrens beantragt** hat (§ 54 Abs. 2 Nr. 1) und gegen den oder die sich das **Verfahren richtet** (§ 54 Abs. 2 Nr. 2), sowie im Sonderfall des § 37 Abs. 1 Nr. 1 und 3 der **Veräußerer** (§ 54 Abs. 2 Nr. 4). Da im Verwaltungsverfahren vor Landeskartellbehörden auch das BKartA beteiligt ist (§ 54 Abs. 3), ist es auch am Rechtsbehelfsverfahren beteiligt, wenn sich der Rechtsbehelf gegen eine Verfügung einer Landeskartellbehörde richtet. Der neu durch die 10. GWB-Novelle 2021 eingefügte **Abs. 3** ergänzt, dass auch **nichtrechtsfähige Personenvereinigungen** am Verfahren beteiligt werden können; diese Regelung enspricht § 77 aF.

2 Der Kreis der Beteiligten kann nicht dadurch erweitert werden, dass das Rechtsbehelfsgericht selbst eine Beiladung vornimmt; das **Gericht kann nicht selbst beiladen** (→ § 54 Rn. 8 und → § 73 Rn. 6). Zu der Frage, ob die Kartellbehörde noch nach Abschluss des Verwaltungsverfahrens mit der Folge beiladen kann, dass der Beigeladene dann auch am Rechtsbehelfsverfahren beteiligt ist, → § 54 Rn. 8. Die Erweiterung der Beschwerdebefugnis für Dritte, die bei der Kartellbehörde die Beiladung beantragt haben und deren Beiladung von der Kartellbehörde aus verfahrensökonomischen Gründen abgelehnt wurde (BGH WuW/E DE-R 1857 – pepcom, → § 73 Rn. 5), hat keine Auswirkungen auf die Verfahrensbeteiligung von erfolglosen Beiladungspetenten, die selbst keine Beschwerde eingelegt haben (dazu Säcker FS Hirsch, 2008, 323 (335)). Das ist zwar – gemessen an den Gründen des BGH – inkonsequent, aber schon wegen der Notwendigkeit, die Verfahrensbeteiligten klar abzugrenzen, unabweisbar.

2. EU-Recht

3 Am Verfahren vor dem Gericht Erster Instanz und dem Gerichtshof sind grds. nur beteiligt der **Kläger** und die beklagte **Kommission;** nach Abs. 115 der Verfahrensordnung des Gerichts Erster Instanz können Mitgliedstaaten, Organe der Gemeinschaft und Personen, die ein berechtigtes Interesse am Ausgang des Rechtsstreits haben, als **Streithelfer** einer Partei des Verfahrens zugelassen werden.

§ 64 Anwaltszwang

[1]**Die Beteiligten müssen sich durch einen Rechtsanwalt als Bevollmächtigten vertreten lassen.** [2]**Die Kartellbehörde kann sich durch ein Mitglied der Behörde vertreten lassen.**

1. Grundzüge

§ 64 regelt **Anwaltszwang** für alle Rechtsbehelfsverfahren. Während im **Verfahren vor der Kartellbehörde** – selbstverständlich – **kein Anwaltszwang** gilt, müssen vor dem Rechtsbehelfsgericht alle Beteiligten mit Ausnahme der Kartellbehörde sich durch einen Rechtsanwalt als Bevollmächtigten vertreten lassen. Sie sind **nur durch einen Rechtsanwalt handlungs- und postulationsfähig.** Dieser muss die Prozesshandlungen für die von ihm vertretene Partei in der mündlichen Verhandlung vornehmen. Der Rechtsbehelfsführer kommt also nicht umhin, sich durch einen Rechtsanwalt vertreten zu lassen. Andere Beteiligte verlieren dadurch, dass sie sich nicht vertreten lassen, nicht ihre Eigenschaft als Beteiligte. Sie erhalten alle Gerichtsschriftsätze und Ladungen; aktiv beteiligen können sie sich aber nur, wenn sie einen Rechtsanwalt bevollmächtigen. Eine spezielle Zulassung des Rechtsanwalts beim Rechtsbehelfsgericht gibt es nicht und ist nicht erforderlich; jede Zulassung an einem deutschen Gericht reicht aus. **Hochschullehrer** sind anders als im Verwaltungsprozess (§ 67 Abs. 1 VwGO) und im Straf- und Bußgeldverfahren (§ 138 Abs. 1 StPO) nicht als Prozessbevollmächtigte zugelassen. Ihnen kann aber ebenso wie anderen sachkundigen Personen in der mündlichen Verhandlung das Wort gestattet werden (§ 72 Nr. 2 iVm § 157 Abs. 1 und 2 ZPO). 1

2. EU-Recht

Im Verfahren vor dem Gericht Erster Instanz und dem Gerichtshof gilt ebenfalls **Anwaltszwang** (Art. 19 Abs. 3 EuGH-Satzung, Art. 47 Abs. 1 EuGH-Satzung). Der Anwalt muss in einem Mitgliedstaat zugelassen sein, also nicht unbedingt in dem Mitgliedstaat, dem die vertretene Partei angehört. Hochschullehrer haben dann die den Anwälten eingeräumte Rechtsstellung, wenn der Mitgliedstaat, dem sie angehören, ihnen gestattet, vor Gericht als Vertreter einer Partei aufzutreten (Art. 19 Abs. 7 EuGH-Satzung). Diese Voraussetzung wird für deutsche Hochschullehrer angenommen, da sie in dem deutschen Verwaltungsprozess nach § 67 Abs. 1 VwGO, der dem Verfahren vor dem Gericht Erster Instanz und dem Gerichtshof am ehesten entspricht, Prozessbevollmächtigte sein können. 2

§ 65 Mündliche Verhandlung

(1) **Das Gericht entscheidet über die Beschwerde und über die Rechtsbeschwerde aufgrund mündlicher Verhandlung; mit Einverständnis der Beteiligten kann ohne mündliche Verhandlung entschieden werden.**

(2) **Sind die Beteiligten in dem Verhandlungstermin trotz rechtzeitiger Ladung nicht erschienen oder ordnungsgemäß vertreten, so kann gleichwohl in der Sache verhandelt und entschieden werden.**

1. Grundzüge

§ 65 entspricht § 69 aF, der wiederum § 68 in der bis zur 6. GWB-Novelle 1998 geltenden Fassung entsprach, und regelt nach der 10. GWB-Novelle 2021 nunmehr die **mündliche Verhandlung für die Beschwerde und Rechtsbeschwerde, aber nicht für die Nichtzulassungsbeschwerde.** Er enthält – wie § 128 ZPO – den Grundsatz der mündlichen Verhandlung. Es muss eine mündliche Verhandlung anberaumt werden, **bevor entschieden wird.** Das gilt allerdings nur für Sachentscheidungen, nicht für die Verwerfung der Beschwerde als unzulässig (vgl. BGHZ 56, 155 = WuW/E 1173f. – Bayerischer Bankenverband; WuW/E 2739 (2741) – Rechtsbeschwerde) und nicht für das Rechtsbeschwerdeverfahren, wenn sich die Rechtsbeschwerde gegen einen ohne mündliche Verhandlung ergangenen 1

Verwerfungsbeschluss des Beschwerdegerichts richtet (BGH WuW/E 1173 f. (1174); 2739 (2741); → § 76 Rn. 6). Auch vor prozessleitenden Verfügungen sowie **in Nebenverfahren** ist eine **mündliche Verhandlung nicht erforderlich;** ihr Gegenstand ist nicht unmittelbar die Beschwerde („über die Beschwerde"). Von der mündlichen Verhandlung kann ansonsten nur im Einverständnis aller Beteiligten abgesehen werden, dh aller, die nach § 63 am Verfahren beteiligt sind. Nach § 65 Abs. 1 kann dieses Einverständnis nur durch die Anwälte der Beteiligten erklärt werden (ebenso Immenga/Mestmäcker/K. Schmidt Rn. 4). Sind am Verfahren Personen beteiligt, die sich nicht durch Anwälte vertreten lassen (und dementsprechend tatsächlich nicht aktiv am Verfahren teilnehmen), kann das Einverständnis mit einer Entscheidung ohne mündliche Verhandlung nicht herbeigeführt werden. Das erscheint an sich nicht sachgerecht, da die anwaltlich nicht vertretenen Beteiligten an der mündlichen Verhandlung nicht teilnehmen können. Der Gesetzeswortlaut verlangt aber positives Einverständnis, das durch Nichtäußerung nicht herbeigeführt werden kann. Außerdem ist es möglich, dass der (zunächst) nicht durch einen Anwalt Vertretene sich dann in der mündlichen Verhandlung doch anwaltlich vertreten lässt.

2 Die Sachentscheidung kann, wenn nicht im Einverständnis aller von einer mündlichen Verhandlung abgesehen wird, nur **„aufgrund" mündlicher Verhandlung** erlassen werden. Die Entscheidung kann also nur auf Tatsachen und Beweise gestützt werden, die Gegenstand der mündlichen Verhandlung waren (so auch Immenga/Mestmäcker/K. Schmidt § 69 Rn. 3; Bunte/Lembach Rn. 1). Das ist angesichts der Vorbereitung der mündlichen Verhandlung durch Schriftsätze und der Beiziehung der Akten der Kartellbehörde sowie möglicher anderer Beiakten nur durchzuhalten, wenn man mit der **Fiktion** arbeitet, dass diese **schriftlichen Unterlagen** auch **Gegenstand der mündlichen Verhandlung** sind; das setzt zumindest voraus, dass den Parteien Gelegenheit gegeben wird, zu ihrem Inhalt Stellung zu nehmen. Wesentlicher Teil der mündlichen Verhandlung ist die mündliche Stellung der schriftlich (mit der Beschwerdebegründung, vgl. § 74 Abs. 4) angekündigten Anträge. Nach der mündlichen Verhandlung können keine Schriftsätze mehr nachgereicht werden; § 283 ZPO findet keine Anwendung. Wenn weiterer Vortrag erforderlich ist, kann deswegen das Gericht nur erneute mündliche Verhandlung anberaumen oder das Einverständnis aller Beteiligten herbeiführen, dass auf eine weitere mündliche Verhandlung verzichtet wird.

3 Nach Abs. 2 kann in der Sache verhandelt und entschieden werden, wenn die Beteiligten **trotz rechtzeitiger Benachrichtigung nicht erschienen** oder ordnungsgemäß vertreten sind. Dies gilt freilich nur, wenn es keine Anzeichen dafür gibt, dass die Parteien aufgrund unvorhergesehener Ereignisse am Erscheinen und einer rechtzeitigen Entschuldigung gehindert waren; dann gebietet der Grundsatz des rechtlichen Gehörs (Art. 103 Abs. 1 GG), dass eine neue mündliche Verhandlung anberaumt wird.

2. EU-Recht

4 Vor dem Gericht Erster Instanz und dem Gerichtshof findet grds. ein **schriftliches und mündliches Verfahren** statt (Art. 20, 53 EuGH-Satzung). Ein Verzicht auf die mündliche Verhandlung ist für das erstinstanzliche Verfahren nicht vorgesehen.

§ 66 Aufschiebende Wirkung

(1) **Rechtsbehelfe haben aufschiebende Wirkung, soweit durch die angefochtene Verfügung**

1. **eine Verfügung nach § 26 Absatz 4, § 30 Absatz 3, § 31b Absatz 3, § 32 Absatz 2a Satz 1, 32f Absatz 3 Satz 6 und Absatz 4 oder § 34 Absatz 1 getroffen wird oder**

2. eine Erlaubnis nach § 42 Absatz 2 Satz 2 in Verbindung mit § 40 Absatz 3a widerrufen oder geändert wird,
oder soweit der angefochtene Beschluss des Beschwerdegerichts eine solche Verfügung betrifft.

(2) [1]**Wird eine Verfügung, durch die eine einstweilige Anordnung nach § 60 getroffen wurde, angefochten, so kann das Gericht im Rechtsbehelfsverfahren anordnen, dass die Vollziehung der angefochtenen Verfügung ganz oder teilweise ausgesetzt wird.** [2]**Die Anordnung kann jederzeit aufgehoben oder geändert werden.**

§ 66 in der Fassung der 10. GWB-Novelle 2021 (§ 64 aF) regelt die aufschiebende Wirkung von Beschwerde und Rechtsbeschwerde. Beschwerde und Rechtsbeschwerde haben nur in den **enumerativ aufgeführten Fällen** aufschiebende Wirkung, in denen die Verfügung **konstitutiven oder gestaltenden Charakter** hat, nämlich im Zusammenhang mit Wettbewerbsregeln, der Pressepreisbindung und einem Missbrauch der Branchenvereinbarung für den Pressevertrieb, der Rückerstattungsanordnung nach § 32 Abs. 2a und der Vorteilsabschöpfung sowie beim Widerruf oder der Änderung der Ministererlaubnis im Fusionskontrollverfahren. Die 8. GWB-Novelle 2012/2013 hat Abs. 1 Nr. 2 durch die Verweise auf § 31b Abs. 3 und § 32 Abs. 2a ergänzt. Die 11. GWB-Novelle 2023 hat für die Beschwerde gegen Maßnahmen nach § 32f Abs. 3 S. 6 und gegen die Entflechtung nach § 32f Abs. 6 ebenfalls die aufschiebende Wirkung vorgesehen. 1

1. Aufschiebende Wirkung der Beschwerde und Rechtsbeschwerde (Abs. 1)

a) Numerus clausus der Aufschiebungsgründe. Abs. 1 legt in bestimmten Fällen der Beschwerde und Rechtsbeschwerde „aufschiebende Wirkung" bei. Die (Rechts-)Beschwerde muss eine **vollziehbare Verfügung** betreffen; das ist **nur bei Anfechtungsbeschwerden** der Fall. Abs. 1 betrifft somit nur Anfechtungsbeschwerden. Bei Verpflichtungsbeschwerden, die sich gegen die Unterlassung oder Ablehnung einer Verfügung richten und mit denen die Verpflichtung der Kartellbehörde zu ihrem Erlass erstrebt wird, macht eine „aufschiebende Wirkung" keinen Sinn; insbes. ginge es nicht an, einer Beschwerde Aufschub in dem Sinne beizulegen, dass die erstrebte Verfügung als zunächst erteilt gilt. In solchen Fällen kommt allenfalls der Erlass einer einstweiligen Anordnung nach § 68 in Betracht. Für Anfechtungsbeschwerden geht das Gesetz vom **Grundsatz** aus, dass sie **keine aufschiebende Wirkung** haben (anders noch für die Zeit vor der 7. GWB-Novelle OLG Düsseldorf WuW/E DE-R 1094 (1095) – TEAG). Das hat besondere Bedeutung für alle **Verfügungen nach § 32.** Die aufschiebende Wirkung greift nur in den Fällen ein, die in Abs. 1 (und in § 55 Abs. 1 S. 2; → Rn. 4 und → § 55 Rn. 2) ausdrücklich erwähnt sind; in anderen Fällen kann die Kartellbehörde nach § 67 Abs. 3 S. 2 die Vollziehung im Einzelfall aussetzen. Im Hinblick auf die Möglichkeit der Aussetzung im Einzelfall ist die frühere Forderung, Abs. 1 erweiternd auszulegen, nicht mehr begründet; andererseits kann aber eine **analoge Anwendung** auf in Abs. 1 nicht ausdrücklich geregelte Fälle in Betracht kommen (so für die frühere Nr. 1 BGH WuW/E DE-R 1802 (1804) – Soda-Club im Hinblick auf die dort nicht erwähnten Verfügungen nach Art. 102 AEUV; KG WuW/E 5263 (5265) – Krupp-Hoesch-Brüninghaus für eine auf einen öffentlich-rechtlichen Vertrag gestützte Veräußerungsverpflichtung, die dem Fall des Widerrufs einer Mustererlaubnis nach § 42 Abs. 2 entspricht; vgl. auch BGH WuW/E 667 – rechtselbische Zementpreise IV; Immenga/Mestmäcker/K. Schmidt Rn. 5). Ist unklar, ob eine Beschwerde von Gesetzes wegen aufschiebende Wirkung hat, ist ein entsprechender **Feststellungsantrag** statthaft (→ § 67 Rn. 10). 2

3 **Nr. 1** betrifft Fälle **konstitutiv wirkender Verfügungen.** Anders als Verfügungen, die sich gegen sowieso (von Gesetzes wegen) verbotenes Verhalten richten und in denen der Sofortvollzug (bei unterstellter Rechtmäßigkeit der Verfügung) von Gesetzes wegen verbotenes Verhalten – insoweit nur bestätigend oder klarstellend – ist, wirken die Fälle der Nr. 2 konstitutiv. Mit dem Verweis auf **§ 26 Abs. 4** ist nicht die Anerkennung von **Wettbewerbsregeln** gemeint, sondern nur die Rücknahme oder der Widerruf einer solchen Anerkennungsverfügung nach § 26 Abs. 4. Dem ist vorausgegangen eine Anerkennungsverfügung; wenn sie zurückgenommen oder widerrufen wird, gibt es im Regelfall keinen Bedarf, diese letzteren Entscheidungen mit Sofortvollzug zu versehen. Der Verweis auf § 30 Abs. 3 betrifft die **Unwirksamkeitserklärung von Preisbindungen** bei Zeitungen und Zeitschriften und – seit der 8. GWB-Novelle 2012/2013 – die **Missbrauchsverfügung gegen Branchenvereinbarungen im Pressevertrieb;** insoweit wird eine gesetzliche Privilegierung beseitigt, für deren Sofortvollzug im Regelfall kein Bedürfnis besteht. § 32 Abs. 2a S. 1, der durch die 8. GWB-Novelle eingefügt wurde, betrifft die Rückerstattungsanordnung für aus Kartellverstößen erzielte Vorteile. § 32f Abs. 3 S. 6 und § 32 Abs. 6 betreffen Maßnahmen und Entflechtungen nach Sektoruntersuchungen. Aufgrund der Verweisung auf § 34 Abs. 1 ist die **Verfügung über die Vorteilsabschöpfung** durch die Kartellbehörde nicht mit Sofortvollzug ausgestattet. Das ist angesichts der tief greifenden Wirkung einer solchen Vorteilsabschöpfung berechtigt; die Kartellbehörde kann, wenn Anlass zu der Besorgnis besteht, dass eine Vorteilsabschöpfung bei Rechtskraft der entsprechenden Verfügung nicht mehr vollzogen werden kann, eine einstweilige Anordnung nach § 60 Nr. 3 erlassen. § 60 Nr. 3 entsprach – mit Ausnahme der § 31b Abs. 3 und § 32 Abs. 2a S. 1, die erst durch die 8. GWB-Novelle eingefügt wurden – mit den Verweisungen auf § 26 Abs. 4, § 30 Abs. 3 und § 34 Abs. 1 dem Katalog in Nr. 1.

4 Nach **Nr. 2 in der Fassung der 10. GWB-Novelle 2021** hat die Beschwerde gegen den **Widerruf oder die Änderung einer Ministererlaubnis** im Fusionskontroll-Ministererlaubnisverfahren nach **§ 42 Abs. 2 S. 2 iVm § 40 Abs. 3a** (**nicht: nach § 40 Abs. 3 S. 2,** RegE 10. GWB-Novelle 2021, 121) aufschiebende Wirkung. Auch hier gilt ebenso wie in den Fällen der Nr. 1, dass eine durch Verfügung oder Gesetz gewährte Begünstigung entzogen werden soll; im Regelfall gibt es kein Bedürfnis für den Sofortvollzug. Soweit das im Einzelfall doch so ist, kann die Kartellbehörde (Bundeswirtschaftsminister) auch in diesem Fall nach § 60 Nr. 2 eine einstweilige Anordnung erlassen. Für den Fall der **Vorabentscheidung über die örtliche oder sachliche Zuständigkeit** der Kartellbehörde sieht § 55 Abs. 1 S. 2 ausdrücklich die aufschiebende Wirkung der Beschwerde vor (→ § 55 Rn. 2).

5 **b) Beginn und Ende der aufschiebenden Wirkung.** Die aufschiebende Wirkung tritt mit der fristgerechten Einlegung der ihrer Art nach statthaften Beschwerde ein, und zwar mit Rückwirkung bis zum Zeitpunkt des Erlasses bzw. der Zustellung der angefochtenen Verfügung. Sie endet mit der **„Unanfechtbarkeit“** der Verfügung, also in dem Zeitpunkt, in dem das Beschwerdeverfahren rechtskräftig abgeschlossen ist, ggf. also erst nach rechtkräftigem Abschluss des Rechtsbeschwerdeverfahrens. Wird die Rechtsbeschwerde nicht zugelassen, tritt Unanfechtbarkeit erst mit Ablauf der Frist für die **Nichtzulassungsbeschwerde** nach § 78 bzw. mit der Zurückweisung der Nichtzulassungsbeschwerde ein (§ 78 Abs. 6). Wird die Beschwerde oder Rechtsbeschwerde zurückgenommen, endet in diesem Zeitpunkt die aufschiebende Wirkung. Streitig ist, ob aufschiebende Wirkung bedeutet, dass die Wirkung oder dass die Vollziehbarkeit der Verfügung aufgeschoben wird (vgl. zum Meinungsstreit der „Wirksamkeitstheorie“ gegen die „Vollziehbarkeitstheorie“ Immenga/Mestmäcker/K. Schmidt Rn. 3). UE beseitigt die Beschwerde nicht die Wirksamkeit der Verfügung, sondern **nur deren Vollziehbarkeit.** Die Nichtbeachtung der in Abs. 1 genannten Verfügungen ist wäh-

rend der Zeit der aufschiebenden Wirkung nicht ordnungswidrig, da § 81 Abs. 2 Nr. 2 und 5 den Verstoß nur für Zeiträume ahndet, in denen die Verfügung „vollziehbar", dh unanfechtbar ist. Maßnahmen des Verwaltungszwangs sind in diesem Zeitraum ebenfalls unzulässig.

2. Anordnung der aufschiebenden Wirkung (Abs. 2)

Abs. 2 regelt für den Fall der einstweiligen Anordnung nach § 60 die Möglichkeit 6 einer Anordnung durch das Beschwerdegericht, dass die angefochtene Verfügung ganz oder teilweise **erst nach Abschluss des Beschwerdeverfahrens** in Kraft tritt. Diese Regelung ist neben § 67 Abs. 3 S. 2 und 3 an sich überflüssig. Sie unterscheidet sich von der Maßnahme nach § 67 Abs. 3 S. 2 und 3, die auch im Falle der einstweiligen Anordnung nach § 60 möglich ist, nur dadurch, dass **kein Antrag** erforderlich ist. Der Aufschub des Inkrafttretens der Verfügung kann nach dem durch die 10. GWB-Novelle 2021 geänderten Abs. 2 nicht mehr von der Leistung einer Sicherheit abhängig gemacht werden; das ist aber nach § 67 Abs. 4 S. 4 auch bei Anwendung von dessen Abs. 3 möglich. Materiell setzt die Anordnung des Beschwerdegerichts in Analogie zu § 67 Abs. 3 S. 2 und 3 voraus, dass das sofortige Inkrafttreten der Verfügung (einstweiligen Anordnung) für den Beschwerdeführer eine unbillige, nicht durch überwiegende öffentliche Interessen gebotene Härte zur Folge hätte (vgl. OLG Stuttgart WuW/E 2101 – Anzeigentarif) oder ernstliche Zweifel an der Rechtmäßigkeit der angefochtenen Verfügung (einstweiligen Anordnung) bestehen. Die Gründe, die Abs. 2 im Hinblick auf § 67 Abs. 3 S. 2 und 3 an sich überflüssig machen, sprechen auch dagegen, § 66 Abs. 2 entsprechend auf die **einstweilige Maßnahme nach § 32a** anzuwenden. Die Beschwerde dagegen hat keine aufschiebende Wirkung; also haben Kartellbehörde und Beschwerdegericht die Möglichkeiten nach § 67 Abs. 3 S. 2 und 3.

3. EU-Recht

Klagen gegen Entscheidungen der Kommission haben **keine aufschiebende** 7 **Wirkung** (Art. 278 S. 1 AEUV); das Gericht Erster Instanz bzw. der Gerichtshof können jedoch, wenn sie es den Umständen nach für nötig halten, die Durchführung der angefochtenen Handlung aussetzen (Art. 278 S. 2 AEUV). Das Gericht Erster Instanz und der Gerichtshof können in den bei ihnen anhängigen Sachen „die erforderliche **einstweilige Anordnung**" treffen (Art. 278 AEUV). Es gibt insoweit keine Sonderregelungen für Kartellverfahren.

§ 67 Anordnung der sofortigen Vollziehung

(1) **Die Kartellbehörde kann in den Fällen des § 66 Absatz 1 die sofortige Vollziehung der Verfügung anordnen, wenn dies im öffentlichen Interesse oder im überwiegenden Interesse eines Beteiligten geboten ist.**

(2) **Die Anordnung nach Absatz 1 kann bereits vor der Einreichung der Beschwerde getroffen werden.**

(3) [1]**Auf Antrag kann das Gericht der Hauptsache die aufschiebende Wirkung ganz oder teilweise wiederherstellen, wenn**
1. **die Voraussetzungen für die Anordnung nach Absatz 1 nicht vorgelegen haben oder nicht mehr vorliegen oder**
2. **ernstliche Zweifel an der Rechtmäßigkeit der angefochtenen Verfügung bestehen oder**
3. **die Vollziehung für den Betroffenen eine unbillige, nicht durch überwiegende öffentliche Interessen gebotene Härte zur Folge hätte.**

[2]In den Fällen, in denen der Rechtsbehelf keine aufschiebende Wirkung hat, kann die Kartellbehörde die Vollziehung aussetzen; die Aussetzung soll erfolgen, wenn die Voraussetzungen des Satzes 1 Nummer 3 vorliegen. [3]Das Gericht der Hauptsache kann auf Antrag die aufschiebende Wirkung ganz oder teilweise anordnen, wenn die Voraussetzungen des Satzes 1 Nummer 2 oder 3 vorliegen. [4]Hat ein Dritter einen Rechtsbehelf gegen eine Verfügung nach § 40 Absatz 2 eingelegt, ist der Antrag des Dritten auf Erlass einer Anordnung nach Satz 3 nur zulässig, wenn dieser geltend macht, durch die Verfügung in seinen Rechten verletzt zu sein.

(4) **[1]Der Antrag nach Absatz 3 Satz 1 oder 3 ist schon vor Einreichung der Beschwerde zulässig. [2]Die Tatsachen, auf die der Antrag gestützt wird, sind vom Antragsteller glaubhaft zu machen. [3]Ist die Verfügung im Zeitpunkt der Entscheidung schon vollzogen, kann das Gericht auch die Aufhebung der Vollziehung anordnen. [4]Die Wiederherstellung und die Anordnung der aufschiebenden Wirkung können von der Leistung einer Sicherheit oder von anderen Auflagen abhängig gemacht werden. [5]Sie können auch befristet werden.**

(5) **Beschlüsse über Anträge nach Absatz 3 können jederzeit geändert oder aufgehoben werden.**

1. Überblick

1 § 67 in der Fassung der 10. GWB-Novelle 2021 entspricht dem § 65/63a in der bis zur 6. GWB-Novelle 1998 geltenden Fassung und erfasst in der jetzigen Fassung Beschwerde und Rechtsbeschwerde. **§ 67 Abs. 1** sieht die Anordnung der sofortigen Vollziehung durch die Kartellbehörde **in den Fällen** vor, in denen nach § 66 Abs. 1 die **Beschwerde/Rechtsbeschwerde aufschiebende Wirkung** hat. Abs. 3 S. 1 gibt in der Fassung der 10. GWB-Novelle 2021 dem **Gericht der Hauptsache** die Möglichkeit, auf Antrag diese Anordnung aufzuheben und „die aufschiebende Wirkung ganz oder teilweise wieder herzustellen"; durch die Klarstellung der Zuständigkeit auf das Gericht der Hauptsache wird die bisherige Rechtsunsicherheit beseitigt und klargestellt, dass auch in der Rechtsbeschwerde das Rechtsbeschwerdegericht für die Anordnung der aufschiebenden Wirkung zuständig ist. **Abs. 3 S. 2 und 3** betreffen die umgekehrten Fälle, in denen die **Beschwerde keine aufschiebende Wirkung** hat. Hier kann die Kartellbehörde (S. 2) oder das Beschwerde-/Rechtsbeschwerdegericht (S. 3) die Vollziehung aussetzen bzw. die aufschiebende Wirkung ganz oder teilweise anordnen. Die Abs. 2, 4 und 5 betreffen das Verfahren.

2 Die 7. GWB-Novelle 2005 hat in Abs. 3 S. 4 neu eingefügt. Er korrigiert die Rspr. des OLG Düsseldorf zur Anordnung der aufschiebenden Wirkung der **Beschwerde gegen eine fusionskontrollrechtliche Freigabeverfügung.** Nach der Neuregelung ist ein entsprechender Antrag eines dritten Beschwerdeführers nur zulässig, wenn er geltend machen kann, durch die Verfügung in seinen Rechten verletzt zu sein. Der Gesetzgeber hat diese Regelung **nicht** auf die **Anfechtung einer Fusionskontroll-Ministererlaubnis nach § 42** ausgedehnt. Insoweit bleibt es bei den von uns insoweit ausführlich begründeten Bedenken dagegen, dass das Beschwerdegericht auf Antrag eines jeden Beigeladenen durch Anordnung der aufschiebenden Wirkung der Beschwerde gegen eine Ministererlaubnis den Vollzug des erlaubten Zusammenschlusses verhindern kann (dazu ausf. Bechtold BB 2003, 1021).

2. Anordnung des Sofortvollzugs (Abs. 1 und 3 S. 1)

3 **a) Öffentliches Interesse.** In den Fällen, in denen die Beschwerde nach § 66 Abs. 1 **aufschiebende Wirkung** hat, kann die Kartellbehörde „die **sofortige Voll-**

ziehung der Verfügung anordnen". Voraussetzung ist, dass „dies im öffentlichen Interesse oder im überwiegenden Interesse eines Beteiligten geboten ist". Das öffentliche Interesse muss über dasjenige Interesse hinausgehen, welches die Verfügung selbst rechtfertigt (KG WuW/E 1497 – AGIP I; BKartA WuW/E DE-V 289 (296) – Freie Tankstellen). Dabei ist zu berücksichtigen, dass Abs. 1 einen Sonderfall regelt, nämlich die Anordnung der sofortigen Vollziehung einer Verfügung, obwohl die Beschwerde nach § 66 Abs. 1 aufschiebende Wirkung hat; auch deswegen ist an die Voraussetzungen der Anordnung ein strenger Maßstab anzulegen (vgl. zB OLG Düsseldorf WuW/E DE-R 1094 (1095) – TEAG; KG WuW/E 5132 (5133) – Empfehlung Ersatzwagenkostenerstattung). Es reicht nicht aus, dass der **Sofortvollzug** durch öffentliche Interessen gerechtfertigt ist; er **muss im öffentlichen Interesse „geboten" sein** (zB Gefahren für Erhaltung gesunder Marktstrukturen OLG Düsseldorf WuW/E DE-R 867 (875) – Germania; BKartA WuW/E DE-V 289 (296) – Freie Tankstellen). Das öffentliche Interesse kann, auch wenn das so im Gesetz nicht vorgesehen ist, nur durch eine **Abwägung** der für den sofortigen Vollzug sprechenden Gesichtspunkte mit den **Interessen der Beteiligten** festgestellt werden. Deswegen sind die beiden alternativen Anordnungsgründe in Abs. 1 nicht scharf trennbar. Auch dort, wo für die Rechtfertigung der Anordnung auf das „überwiegende Interesse eines Beteiligten" zurückgegriffen wird, müssen nicht nur die Interessen der anderen Beteiligten, sondern auch die öffentlichen Interessen für und gegen den Sofortvollzug berücksichtigt werden. Die Frage, ob „Beteiligter" iSv Abs. 1 derjenige ist, der am Verfahren beteiligt iSv § 54 Abs. 2 ist oder zumindest am Verfahren beteiligt sein könnte, hat keine praktische Relevanz. Es ist auszuschließen, dass die Interessen einer Person oder eines Unternehmens so hoch gewichtet werden, dass der Sofortvollzug als „geboten" angesehen wird, wenn diese Person oder Unternehmen nicht kraft Gesetzes am Verfahren beteiligt ist und es nicht für erforderlich gehalten hat, sich zum Verfahren nach § 54 Abs. 2 Nr. 3 beiladen zu lassen.

b) Wiederherstellung der aufschiebenden Wirkung. Gegen die **Anordnung des Sofortvollzuges** durch die Kartellbehörde ist kein eigentliches Rechtsmittel gegeben, wohl aber die Möglichkeit, nach Abs. 3 S. 1 beim Beschwerdegericht zu beantragen, „die aufschiebende Wirkung ganz oder teilweise wiederherzustellen". Abs. 3 **S. 1** setzt also die **Einzelfall-Anordnung** der Kartellbehörde nach Abs. 1 voraus. Eine „Wieder"-Herstellung der aufschiebenden Wirkung kommt nicht in Betracht in den Fällen, in denen die Beschwerde **kraft Gesetzes** keine aufschiebende Wirkung hat. Für diese Fälle gelten Abs. 3 **S. 2 und 3** (→ Rn. 6 f.). Die Wiederherstellung der aufschiebenden Wirkung hat drei alternative Voraussetzungen, bei deren Vorliegen das Beschwerdegericht entgegen dem Wortlaut nicht nur handeln „kann", sondern muss (vgl. OLG Düsseldorf WuW/E DE-R 589 (590) – Freie Tankstellen; 926 (931) – E. ON/Ruhrgas II; 1179 (1180) – Stromcontracting). Der **rechtsmittelähnliche Charakter des Antrages** wird an Nr. 1 deutlich: Die aufschiebende Wirkung ist hiernach in dem Umfang wiederherzustellen, in dem die **Voraussetzungen für die Anordnung des Sofortvollzuges** nach Abs. 1 **nicht gegeben** waren (vgl. dazu KG WuW/E 1467 (1468) – BP; OLG Stuttgart WuW/E 2297 – gemeinsamer Anzeigenteil). 4

Die **ernstlichen Zweifel an der Rechtmäßigkeit** der angefochtenen Verfügung iSd Nr. 2 können auf falscher rechtlicher Würdigung der feststehenden Tatsachen oder darauf beruhen, dass die Tatsachen andere sind als die, auf die sich die rechtliche Beurteilung bezieht. Die Rspr. stellt hohe Anforderungen an die Zweifel (vgl. OLG Düsseldorf WuW/E DE-R 867 (868) – Germania). Es genügt nicht, dass die Rechtslage offen ist (KG WuW/E 5263 (5266) – Krupp-Hoesch-Brüninghaus). Die summarische Prüfung muss vielmehr zum Ergebnis kommen, dass die aufgehobene Verfügung mit **überwiegender Wahrscheinlichkeit** aufgehoben wird (OLG 5

Düsseldorf NZKart 2024, 219 (220) – Deutsche Bahn (Mobilitätsdienstleistungen). Auf der anderen Seite ist zur Beurteilung der Voraussetzungen der Nr. 2 eine abschließende und bis in die letzten Einzelheiten gehende juristische Klärung nicht erforderlich (OLG Düsseldorf WuW/E DE-R 926 (931) – E. ON/Ruhrgas II: „eingeschränkte Rechtsprüfung"; KG WuW/E 1497 (1498) – AGIP I). Die Nr. 3 überschneidet sich mit Nr. 1; ist nämlich der Sofortvollzug „für den Betroffenen eine unbillige, nicht durch überwiegende öffentliche Interessen gebotene **Härte**", können die Voraussetzungen für eine entsprechende Anordnung iSd Abs. 1 an sich gar nicht vorgelegen haben (vgl. dazu auch OLG Stuttgart WuW/E 2297 – gemeinsamer Anzeigenteil). Auf der anderen Seite ist im Rahmen der „eingeschränkten Rechtsprüfung" eine zusätzliche Interessenabwägung nicht erforderlich oder auch nur möglich (OLG Düsseldorf WuW/E DE-R 926 (931) – E. ON/Ruhrgas II).

3. Aussetzung des Sofortvollzugs (Abs. 3 S. 2–4)

6 **a) Ermessensentscheidung der Behörde.** In den Fällen, in denen die Beschwerde gegen Verfügungen nicht nach § 66 Abs. 1 aufschiebende Wirkung hat, kann die Kartellbehörde nach Abs. 3 S. 2 diese aufschiebende Wirkung dadurch anordnen, dass sie die **„Vollziehung aussetzt".** Die Aussetzung liegt im **Ermessen** der Kartellbehörde; da durch sie derjenige, gegen den sich die Verfügung richtet, nicht beschwert wird, ist es nicht erforderlich, dass bestimmte materielle Voraussetzungen erfüllt sind. Die Behörde **„soll"** aber die Aussetzung anordnen, wenn die Voraussetzungen des S. 1 Nr. 3 vorliegen, nämlich die Vollziehung für den Betroffenen eine unbillige, nicht durch überwiegende öffentliche Interessen gebotene Härte zur Folge hätte. Dabei geht es nur um den Vollzug vor Unanfechtbarkeit der Verfügung; die Tatsache, dass die Verfügung, wenn sie unanfechtbar ist, den Betroffenen belastet, kann insoweit nicht berücksichtigt werden.

7 **b) Anordnung durch Gericht.** Unabhängig von der Kartellbehörde hat das Beschwerde-/Rechtsbeschwerdegericht auf Antrag die aufschiebende Wirkung anzuordnen, wenn die Voraussetzungen des S. 1 Nr. 2 oder 3 vorliegen. Die Verwendung des Wortes **„kann"** bedeutet nicht, dass das Beschwerde-/Rechtsbeschwerdegericht über den Beurteilungsspielraum hinaus, den es bei der Anwendung dieser Voraussetzungen notwendig hat, einen zusätzlichen Ermessensspielraum hätte (vgl. OLG Düsseldorf WuW/E DE-R 1809 (1810) – Anreizregulierung). Außer dem Tatbestand des Abs. 3 S. 1 Nr. 3, bei dessen Vorliegen schon die Kartellbehörde den Sofortvollzug aussetzen soll, hat das Beschwerdegericht die aufschiebende Wirkung auch dann anzuordnen, wenn **ernsthafte Zweifel an der Rechtmäßigkeit der angefochtenen Verfügung** bestehen; diese Voraussetzung entzieht sich naturgemäß einer selbstständigen Beurteilung durch die Kartellbehörde. Die Zweifel können tatsächlicher oder rechtlicher Natur sein. Die Rspr. stellt hohe Anforderungen an die Intensität der Zweifel: Nach Einschätzung des Gerichts muss die Aufhebung der Verfügung überwiegend wahrscheinlich sein (OLG Frankfurt a. M. WuW/E DE-R 3238 (3241) – Wasserversorgung O1). Es reicht nicht aus, wenn die Rechtslage lediglich offen ist (OLG Düsseldorf WuW/E DE-R 1809 (1810) – Anreizregulierung; 2081 – Kalksandsteinwerk). Rechtsfehler, die eine umfassende Rechtmäßigkeitsprüfung erfordern, reichen ebenfalls nicht aus, ebenso wenig unzureichende Sachverhaltsaufklärungen, es sei denn, die Sachverhaltsermittlung ist ganz unterblieben oder unbrauchbar (OLG Düsseldorf NZKart 2017, 384). Die – alternativ dazu ausreichende – **unbillige Härte** setzt schwerwiegende – idR wirtschaftliche – Nachteile voraus, die über den eigentlichen Zweck der Verfügung hinausgehen und nicht oder jedenfalls kaum wieder gut zu machen sind (OLG Düsseldorf WuW/E DE-R 1809 (1810) – Anreizregulierung; 2171 (2172) – Wirtschaftsprüferhaftpflicht); uU können insoweit auch gefürchtete Imageschäden und wettbewerbliche Nachteile relevant sein (OLG Düsseldorf WuW/E DE-R 3799 (3803) – Auskunfts-

verlangen). Die Härte darf nicht durch **überwiegende öffentliche Interessen** geboten sein. Wenn die Kartellbehörde den Kartellverstoß schon seit Längerem gekannt und nicht beanstandet hat, gibt es keine „überwiegenden" öffentlichen Interessen (vgl. dazu OLG Düsseldorf WuW/E DE-R 2171 (2174) – Wirtschaftsprüferhaftpflicht). Voraussetzung für die Anordnung der aufschiebenden Wirkung ist, dass die Rechtswirkung der Verfügung noch nicht eingetreten ist; es muss eine weitere Vollziehbarkeit in Betracht kommen, die durch die Anordnung gehemmt werden könnte (verneinend für die Ablehnung eines Akteneinsichtsantrages KG WuW/E 3908 (3912)).

Nach dem – durch die 7. GWB-Novelle 2005 eingeführten – S. 4 kann die Behörde aufgrund einer **Dritt-Beschwerde** gegen eine **Fusionskontroll-Freigabeverfügung** nach § 40 Abs. 2 nur dann eine Anordnung auf Herstellung der aufschiebenden Wirkung erlassen, wenn der Dritte geltend macht, durch die Verfügung in seinen **Rechten verletzt** zu sein. 8

Anfechtungsbeschwerden (beigeladener) Dritter gegen Freigabebeschlüsse nach § 40 Abs. 2 sind im Allgemeinen zulässig, weil die Beschwerdeführer geltend machen können, durch die Freigabe formell und materiell beschwert zu sein. Für die materielle Beschwer reicht die wirtschaftliche Betroffenheit aus. Das Beschwerdegericht ist auf einen entsprechenden Antrag des Beschwerdeführers nur befugt, die aufschiebende Wirkung gegen eine Freigabeverfügung anzuordnen, wenn der Beschwerdeführer zusätzlich geltend macht, durch die Verfügung nicht nur in seinen Interessen, sondern in seinen „Rechten" verletzt zu sein. Dazu ist der Beschwerdeführer im Allgemeinen nicht in der Lage (vgl. zur neuen Rechtslage OLG Düsseldorf WuW/E DE-R 1644, = AG 2006, 247 – Werhahn; Uechtritz FS Bechtold, 2006, 575). Die **Maßstäbe** für die **Rechtsverletzung** entsprechen denen des **§ 123 Abs. 1 S. 1 VwGO:** Es muss die Gefahr bestehen, dass durch den Vollzug des Zusammenschlusses „die Verwirklichung eines Rechtes des Antragstellers vereitelt oder wesentlich erschwert werden könnte". Durch S. 2 in § 67 Abs. 3 ist klargestellt, dass das Beschwerdegericht nicht von dem Aussetzungsverfahren in ein einstweiliges Anordnungsverfahren überwechseln kann; vielmehr gilt bei Beschwerden gegen Freigabeentscheidungen **nur § 67, nicht auch § 60.** Ob trotz der im Gesetzgebungsverfahren der 7. GWB-Novelle erfolgten Beschränkung des S. 4 auf Fusionskontroll-Freigabeentscheidungen des BKartA die frühere Rspr. des OLG Düsseldorf in Bezug auf Ministererlaubnisse (OLG Düsseldorf WuW/E DE-R 885 und OLG Düsseldorf WuW/E DE-R 926 (930) – E. ON/Ruhrgas) sozusagen durch den Gesetzgeber bestätigt wurde und deswegen fort gilt, ist zweifelhaft. Wir halten unsere dagegen geäußerten Bedenken (Bechtold BB 2003, 1021) aufrecht. 9

4. Verfahren

Die Anordnung der sofortigen Vollziehung und deren Aussetzung nach Abs. 1 bzw. Abs. 3 S. 2 **durch die Kartellbehörde** setzt **keinen Antrag** voraus. Die Anordnung des Sofortvollzuges kann bereits vor Einreichung der Beschwerde getroffen werden (Abs. 2). Für die Aussetzung durch die Kartellbehörde ist das nicht ausdrücklich im Gesetz vorgesehen; dennoch ist uE die Aussetzung ebenfalls schon zusammen mit Erlass der Verfügung möglich. Die Maßnahmen des **Beschwerdegerichts** nach Abs. 3 S. 1 und 3 setzen einen **Antrag** voraus, der schon vor Einreichung der Beschwerde gestellt und über den auch schon vorher entschieden werden kann (bestr.; wie hier insbes. Immenga/Mestmäcker/K. Schmidt Rn. 17; Bunte/Lembach Rn. 20: erst nach Einlegung der Beschwerde). Die Tatsachen, auf die der Antrag gestützt wird, sind vom Antragsteller **glaubhaft** zu machen. Sie müssen also nicht unbedingt bewiesen werden; insbes. ist auch die Versicherung an Eides statt möglich (vgl. § 294 ZPO). Bei Neubegründung der Missbrauchsverfügung im Nebenverfahren ist ein 10

neuer Antrag auf Herstellung der aufschiebenden Wirkung einer Beschwerde zulässig OLG Düsseldorf NZKart 2021, 59 – Facebook. Ist die Verfügung im Zeitpunkt der Entscheidung schon vollzogen, kann das Gericht die Aufhebung der Vollziehung anordnen (Abs. 4 S. 3). Die Wiederherstellung und die Anordnung der aufschiebenden Wirkung können von der Leistung einer Sicherheit oder von anderen Auflagen abhängig gemacht werden (Abs. 4 S. 4). Diese Regelung gilt ebenso wie die anderen nur für das Gerichtsverfahren; die Kartellbehörde hat keine entsprechende Möglichkeit. Die Maßnahmen des Gerichtes können befristet werden (Abs. 4 S. 5). Sie können jederzeit geändert oder aufgehoben werden (Abs. 5 S. 1). Ist zweifelhaft, ob die Beschwerde von Gesetzes wegen aufschiebende Wirkung hat, kommt – als Haupt- oder als Hilfsantrag – der Antrag auf **Feststellung** in Betracht, dass die **Beschwerde aufschiebende Wirkung** hat (so zu Recht BGH WuW/E DE-R 1802 (1805) – Soda-Club).

11 Zuständig ist das **Gericht der Hauptsache,** dh das Gericht, bei dem das Beschwerdeverfahren oder Rechtsbeschwerdeverfahren anhängig ist oder anhängig gemacht werden muss. Die Zuständigkeit des Beschwerdegerichts erlischt, wenn das Hauptsacheverfahren im **Rechtsbeschwerdeverfahren** beim BGH anhängig ist; sie geht dann auf den BGH über. Alle Beschlüsse des Beschwerdegerichts sind **durch Rechtsbeschwerde anfechtbar,** wenn das Beschwerdegericht die Rechtsbeschwerde zugelassen hat. **Gebührenrechtlich** sind das Verfahren nach § 67 und das Hauptsacheverfahren eine Einheit (OLG Düsseldorf WuW/E DE-R 2493 f. – Sulzer/Kelmix).

5. EU-Recht

12 Für die Kommission stellt sich nicht das Problem, den Sofortvollzug ihrer Entscheidungen anordnen zu müssen, weil sie im Hinblick auf Art. 278 S. 1 AEUV sowieso **sofort vollziehbar** sind. Es ist allerdings möglich, dass die Kommission von sich aus auf die Durchsetzung einer Entscheidung verzichtet, solange ein Verfahren beim Gericht bzw. beim Gerichtshof anhängig ist; wenn sie insoweit einen Vertrauenstatbestand schafft, kann sie die Durchsetzung ihrer Entscheidung nicht nach Art. 24 Kartellverfahrens-VO bzw. Art. 15 FKVO erzwingen. Nach Art. 278 S. 2 AEUV kann das Gericht bzw. der Gerichtshof, „wenn er es den Umständen nach für nötig hält, die Durchführung der angefochtenen Handlung auszusetzen", dh die aufschiebende Wirkung anordnen.

§ 68 Einstweilige Anordnungen im Rechtsbehelfsverfahren

[1]§ 60 gilt für Rechtsbehelfsverfahren entsprechend. [2]Dies gilt nicht für die Fälle des § 67. [3]Für den Erlass einstweiliger Anordnungen im Rechtsbehelfsverfahren ist das Gericht der Hauptsache zuständig.

1. Einstweilige Anordnung des Beschwerdegerichts

1 Die durch die 10. GWB-Novelle 2021 neugefasste Vorschrift übernimmt § 64 Abs. 3 aF und regelt die Möglichkeit, dass das Gericht der Hauptsache, also – je nach eingelegtem Rechtsbehelf – das Beschwerdegericht, Nichtzulassungsbeschwerde- oder Rechtsbeschwerdegericht, einstweilige Anordnungen erlassen kann. Da mit Einleitung des Rechtsbehelfsverfahrens das **Verwaltungsverfahren abgeschlossen** ist, kann die Kartellbehörde aufgrund des § 60 keine einstweilige Anordnung mehr treffen. Das Gericht der Hauptsache kann grds. alle Maßnahmen anordnen, die auch die Kartellbehörde während des Verwaltungsverfahrens hätte treffen können, zB eine Erlaubnis einstweilig erteilen oder – in Fusionskontrollverfahren – Vollzugsmaßnahmen einstweilig untersagen (vgl. dazu auch Kleinmann/Bechtold

§ 24 Rn. 272). Darüber hinaus kommen einstweilige Anordnungen des Gerichts der Hauptsache aber auch **in Fällen** in Betracht, **die in § 60 nicht ausdrücklich erwähnt sind** (dazu Immenga/Mestmäcker/K. Schmidt Rn. 4). Das gilt einmal für die zwei Fälle, die in § 60 Nr. 1 nicht, wohl aber in § 66 Abs. 1 erwähnt sind (→ § 60 Rn. 6), zum anderen bei Verpflichtungs- und allgemeinen Leistungsbeschwerden, die ihrerseits im Gesetz nicht erwähnt sind (→ § 73 Rn. 10, 12), außerdem in Fällen, in denen für die Kartellbehörde die Anwendung des § 60 aufgrund des § 32a ausgeschlossen ist (→ § 32a Rn. 2 und → § 60 Rn. 3). In jedem Falle ist eine Zuständigkeit des Gerichts der Hauptsache aber nur gegeben, wenn **der entsprechende Rechtsbehelf eingelegt** ist; es ist also nicht möglich, beim Gericht der Hauptsache eine einstweilige Anordnung zu beantragen, ohne vorher oder zumindest zugleich einen seiner Art nach statthaften Rechtsbehelf fristgerecht einzulegen. Für den Erlass einer einstweiligen Anordnung gelten die gleichen Maßstäbe wie nach § 60, ggf. ist § 123 VwGO entsprechend anzuwenden.

Die 7. GWB-Novelle 2005 hat durch S. 2 in Abs. 3 ausdrücklich angeordnet, 2
dass die entsprechende Anwendung des § 60 **nicht für die Fälle des § 67** gelte. Diese Vorschrift entspricht § 123 Abs. 5 VwGO. § 67, der die Anordnung der sofortigen Vollziehung vorsieht, gilt im Verhältnis zu § 66 als die speziellere Vorschrift. Mit dieser Neuregelung reagiert der Gesetzgeber auf die frühere Praxis des OLG Düsseldorf, **bei Beschwerden gegen Fusionskontroll-Freigabeverfügungen** des BKartA den Vollzug des freigegebenen Zusammenschlusses aufgrund einer Kombination der §§ 60 und 67 zu untersagen, ohne wirklich deutlich zu machen, ob es sich hier um einen Fall des Sofortvollzugs der Verfügung oder eine davon zu trennende einstweilige Anordnung nach § 60 handelt. Das Beschwerdegericht kann also insoweit nur § 67 anwenden (→ § 67 Rn. 9).

Das Gericht der Hauptsache kann im Rahmen einer Beschwerde gegen eine 3
Fusionskontroll-Untersagungsverfügung im Wege der einstweiligen Anordnung auch eine **Befreiung vom Vollzugsverbot** anordnen; dabei sind aber die materiellen Voraussetzungen des § 41 Abs. 2 zu beachten (BGH WuW/E DE-R 2507 (2511) – Faber/Basalt; Bunte/Lembach Rn. 6; Bremer/Wünschmann/Wolf WuW 2008, 28; Immenga/Mestmäcker/K. Schmidt Rn. 8). Grundlage dafür ist die ausdrückliche Erwähnung des § 40 Abs. 2 in § 60 Nr. 1, auf den Abs. 3 S. 4 Bezug nimmt. Sie hat zwar für die Befreiung vom Vollzugsverbot durch das BKartA keine Bedeutung mehr, weil insoweit die Spezialnorm des § 41 Abs. 2 Vorrang hat (→ § 41 Rn. 21). Die vom BGH (BGH WuW/E DE-R 2507 (2511) – Faber/Basalt) ausdrücklich abgelehnte Auffassung des OLG Düsseldorf (OLG Düsseldorf WuW/E DE-R 2069 – Phonak/GN ReSound; 2304 – Lotto Rheinland-Pfalz; 2383 (2384) – Asphalt-Mischwerke Langenthal), dass ausschließlich das BKartA auf der Grundlage des § 41 Abs. 2 vom Vollzugsverbot befreien könne, würde praktisch zur Versagung jeden vorläufigen Rechtsschutzes führen (vgl. dazu auch Jaeger WuW 2007, 851).

§ 69 Abhilfe bei Verletzung des Anspruchs auf rechtliches Gehör

(1) [1]**Auf die Rüge eines durch eine gerichtliche Entscheidung beschwerten Beteiligten ist das Verfahren fortzuführen, wenn**

1. **ein Rechtsmittel oder ein anderer Rechtsbehelf gegen die Entscheidung nicht gegeben ist und**
2. **das Gericht den Anspruch dieses Beteiligten auf rechtliches Gehör in entscheidungserheblicher Weise verletzt hat.**

[2]**Gegen eine der Endentscheidung vorausgehende Entscheidung findet die Rüge nicht statt.**

(2) [1]**Die Rüge ist innerhalb von zwei Wochen nach Kenntnis von der Verletzung des rechtlichen Gehörs zu erheben; der Zeitpunkt der Kenntniserlangung ist glaubhaft zu machen. [2]Nach Ablauf eines Jahres seit Bekanntgabe der angegriffenen Entscheidung kann die Rüge nicht mehr erhoben werden. [3]Formlos mitgeteilte Entscheidungen gelten mit dem dritten** ***(mWv 1.1.2025: vierten)***[1] **Tage nach Aufgabe zur Post als bekannt gegeben. [4]Die Rüge ist schriftlich oder zur Niederschrift des Urkundsbeamten der Geschäftsstelle bei dem Gericht zu erheben, dessen Entscheidung angegriffen wird. [5]Die Rüge soll die angegriffene Entscheidung bezeichnen und das Vorliegen der in Absatz 1 Satz 1 Nummer 2 genannten Voraussetzung darlegen.**

(3) **Den übrigen Beteiligten ist, soweit erforderlich, Gelegenheit zur Stellungnahme zu geben.**

(4) [1]**Ist die Rüge nicht statthaft oder nicht in der gesetzlichen Form oder Frist erhoben, so ist sie als unzulässig zu verwerfen. [2]Ist die Rüge unbegründet, weist das Gericht sie zurück. [3]Die Entscheidung ergeht durch unanfechtbaren Beschluss. [4]Der Beschluss soll kurz begründet werden.**

(5) [1]**Ist die Rüge begründet, so hilft ihr das Gericht ab, indem es das Verfahren fortführt, soweit dies aufgrund der Rüge geboten ist. [2]Das Verfahren wird in die Lage zurückversetzt, in der es sich vor dem Schluss der mündlichen Verhandlung befand. [3]Im schriftlichen Verfahren tritt an die Stelle des Schlusses der mündlichen Verhandlung der Zeitpunkt, bis zu dem Schriftsätze eingereicht werden können. [4]Für den Ausspruch des Gerichts ist § 343 der Zivilprozessordnung anzuwenden.**

(6) **§ 149 Absatz 1 Satz 2 der Verwaltungsgerichtsordnung ist entsprechend anzuwenden.**

1. Überblick

1 § 71a aF, in der Fassung der 10. GWB-Novelle 2021 jetzt § 69, ist mit Wirkung vom 1.1.2005 in das Gesetz eingefügt worden durch Art. 20 des Gesetzes über die Rechtsbehelfe bei Verletzung des Anspruchs auf rechtliches Gehör **(Anhörungsrügengesetz)** vom 9.12.2004 (BGBl. 2004 I 3220). Mit diesem Gesetz sind entsprechende Bestimmungen auch in die ZPO (§ 321a ZPO), das Gesetz über die freiwillige Gerichtsbarkeit (§ 29a FGG), das Arbeitsgerichtsgesetz (§ 78a ArbGG), die Verwaltungsgerichtsordnung (§ 152a VwGO), die Finanzgerichtsordnung (§ 133a FGO), das Gerichtskostengesetz (§ 69a GKG) und das Rechtsanwaltsvergütungsgesetz (§ 12a RVG) eingefügt worden. Dem war ein Plenarbeschluss des Bundesverfassungsgerichts vom 30.4.2003 (BVerfGE 107, 395 = NJW 2003, 1924) vorausgegangen. Danach muss gegenüber jeder Verletzung des Anspruchs auf rechtliches Gehör, gleich in welcher Instanz er unterlaufen ist, fachgerichtlicher Rechtsschutz durch **förmliche,** in der „geschriebenen" Rechtsordnung geregelte **Rechtsbehelfe** gewährleistet sein. Es handelt sich also nicht um eine Vorschrift, die irgendeinen kartellrechtsspezifischen Hintergrund hat. Bisher sind nur wenige Gerichtsverfahren auf der Grundlage des § 71a bekannt geworden (vgl. BGH WuW/E DE-R 1889 f. – DB Regio/üstra; BGH BeckRS 2007, 1138918.5.2007 – KVR 39/05).

2. Grundzüge

2 Macht im **Rechtsbehelfsverfahren** ein Beteiligter geltend, dass das Gericht den Anspruch dieses Beteiligten auf rechtliches Gehör in entscheidungserheblicher Weise verletzt habe, und ist gegen diese Entscheidung ein Rechtsmittel oder ein Rechtsbe-

[1] Abs. 2 S. 3 geänd. mWv 1.1.2025 durch G v. 15.7.2024 (BGBl. 2024 I Nr. 236).

helf nicht gegeben, muss das Verfahren zur Entscheidung über diese Rüge fortgesetzt werden (Abs. 1). Diesem Anspruch auf Fortsetzung des Verfahrens steht die Rechtskraft bzw. die Tatsache nicht entgegen, dass gegen die Entscheidung ein Rechtsmittel nicht gegeben ist. Allerdings gilt im Verhältnis dieser Rüge zu Rechtsmitteln und anderen Rechtsbehelfen der **Grundsatz des Vorrangs des Rechtsmittels,** dem die Subsidiarität der Anhörungsrüge entspricht (vgl. dazu etwa Zöller/Vollkommer ZPO § 321a Rn. 4). Abs. 2 regelt Form – schriftlich oder zur Niederschrift beim Urkundsbeamten des betroffenen Gerichts – und Fristen – zwei Wochen ab Kenntnis der Verletzung rechtlichen Gehörs – für die Rüge. Nach Abs. 3 ist den übrigen Beteiligten „soweit erforderlich", Gelegenheit zur Stellungnahme zu geben; im Zweifel ist diese Gelegenheit zu gewähren. Nach Abs. 4 ist die unzulässige oder unbegründete Rüge zu verwerfen bzw. zurückzuweisen. Diese Entscheidung ist auch dann **unanfechtbar,** wenn an sich die Rechtsbeschwerde noch möglich wäre. Ist die Rüge hingegen begründet, so hilft ihr das Gericht ab, und zwar dadurch, dass das Verfahren fortgeführt wird in dem Stand, in dem es sich vor dem Schluss der mündlichen Verhandlung befand (Abs. 5). Das Gericht, der Vorsitzende oder der Berichterstatter, dessen Entscheidung angefochten wird, kann bestimmen, dass die Vollziehung der angefochtenen Entscheidung einstweilen auszusetzen ist (Abs. 6 mit Verweis auf § 149 Abs. 1 S. 2 VwGO). § 69 gilt nur im Gerichts-, **nicht im Verwaltungsverfahren** der Kartellbehörde.

§ 70 Akteneinsicht

(1) [1]**Die in § 63 Absatz 1 Nummer 1 und 2 und Absatz 2 bezeichneten Beteiligten können die Akten des Gerichts einsehen und sich durch die Geschäftsstelle auf ihre Kosten Ausfertigungen, Auszüge und Abschriften erstellen lassen.** [2]**§ 299 Absatz 3 der Zivilprozessordnung gilt entsprechend.**

(2) [1]**Einsicht in Vorakten, Beiakten, Gutachten und Auskünfte ist nur mit Zustimmung der Stellen zulässig, denen die Akten gehören oder die die Äußerung eingeholt haben.** [2]**Die Kartellbehörde hat die Zustimmung zur Einsicht in die ihr gehörenden Unterlagen zu versagen, soweit dies aus wichtigen Gründen, insbesondere zur Wahrung von Betriebs- oder Geschäftsgeheimnissen, geboten ist.** [3]**Wird die Einsicht abgelehnt oder ist sie unzulässig, dürfen diese Unterlagen der Entscheidung nur insoweit zugrunde gelegt werden, als ihr Inhalt vorgetragen worden ist.** [4]**Das Gericht kann die Offenlegung von Tatsachen oder Beweismitteln, deren Geheimhaltung aus wichtigen Gründen, insbesondere zur Wahrung von Betriebs- oder Geschäftsgeheimnissen, verlangt wird, nach Anhörung des von der Offenlegung Betroffenen durch Beschluss anordnen, soweit es für die Entscheidung auf diese Tatsachen oder Beweismittel ankommt, andere Möglichkeiten der Sachaufklärung nicht bestehen und nach Abwägung aller Umstände des Einzelfalles die Bedeutung der Sache für die Sicherung des Wettbewerbs das Interesse des Betroffenen an der Geheimhaltung überwiegt.** [5]**Der Beschluss ist zu begründen.** [6]**In dem Verfahren nach Satz 4 muss sich der Betroffene nicht anwaltlich vertreten lassen.**

(3) **Den in § 63 Absatz 1 Nummer 3 bezeichneten Beteiligten kann das Gericht nach Anhörung des Verfügungsberechtigten Akteneinsicht in gleichem Umfang gewähren.**

§ 70 in der Fassung der 10. GWB-Novelle 2021 entspricht § 72 der 7. GWB-Novelle 2005 und § 71 idF bis zur 6. GWB-Novelle 1998. Inhaltlich wird wie in den §§ 67 und 68 die gerichtliche Zuständigkeit beim jeweiligen Gericht der Hauptsache angesiedelt. Die Bestimmung gilt nur für das **Verwaltungs-Beschwer-** 1

deverfahren, nicht für das Bußgeldverfahren, das sich nach OWiG und StPO richtet (dazu BGH NJW 2007, 3652).

1. Akteneinsicht durch Hauptbeteiligte

2 **a) Uneingeschränktes Einsichtsrecht in die Gerichtsakten.** Beschwerdeführer und die Kartellbehörde als Beschwerdegegner haben uneingeschränktes Akteneinsichtsrecht in **die Gerichtsakten.** Nur die Akten, in die ihnen Einsicht gewährt wird, dürfen in der Entscheidung verwertet werden. Dabei kommt es nicht darauf an, ob tatsächlich Einsicht genommen wurde. Nicht Gegenstand der Akteneinsicht sind Entwürfe zu Beschlüssen und Verfügungen, die zu ihrer Vorbereitung gelieferten Arbeiten sowie die Schriftstücke, die gerichtsinterne Abstimmungen betreffen (Abs. 1 S. 2 iVm § 299 Abs. 3 ZPO). Die Geschäftsstelle ist verpflichtet, im Rahmen der Akteneinsicht Kopien herzustellen.

3 **b) Einsichtsrecht in Vor- und Beiakten.** Die Einsicht in die „Vorakten, Beiakten, Gutachten und Auskünfte", und damit insbes. die **Akten der Kartellbehörde,** ist in Abs. 2 S. 1 gesondert geregelt. Von vornherein ausgenommen sind die Akten der Kartellbehörde, die diese für das Gerichtsverfahren führt. Die Einsicht nach Abs. 2 S. 1 setzt die Zustimmung der Stellen voraus, denen die Akten gehören oder die die Äußerung eingeholt haben, im Allgemeinen also der Kartellbehörde. Nach Abs. 2 S. 2 hat die Kartellbehörde die Zustimmung zur Akteneinsicht zu verweigern, soweit die Akten **Geschäftsgeheimnisse** enthalten. Das Gesetz verwendet die Begriffe „Betriebs- oder Geschäftsgeheimnisse". Geschäftsgeheimnis im weiteren Sinne ist der Oberbegriff, im engeren bezieht er sich auf Erkenntnisse aus dem kommerziellen Bereich, insbes. über Umsätze, Ertragslagen, Kundenlisten, Bezugsquellen, Konditionen, Marktstrategien, Kreditwürdigkeit, Kalkulationsunterlagen, Entwicklungs- und Forschungsprojekte (vgl. OLG Düsseldorf ZNER 2007, 209 (210)). Mit Betriebsgeheimnissen sind Erkenntnisse aus dem betrieblichen Bereich, einschließlich technischer Erkenntnisse und Fabrikationsgeheimnisse gemeint (OLG Düsseldorf ZNER 2007, 209 (210): technisches Wissen im weitesten Sinne). Alle diese Geheimnisbegriffe haben eine **objektive** und eine **subjektive Komponente:** Sie dürfen nicht offenkundig sein und sollen nach dem bekundeten oder erkennbaren Willen des Inhabers geheim gehalten werden (dazu OLG Düsseldorf WuW/E 1881 (1887) – Anzeigenpreise; KG WuW/E 3539 f.; 3908 (3911) – L'Air Liquide; BKartA WuW/E DE-V 1048 (1049 f.) – Legelt & Platt/AGRO). Geheimnisschutz wird nur anerkannt, wenn die Offenbarung **konkrete nachteilige Folgen** für die Wettbewerbsfähigkeit des betroffenen Unternehmens besorgen lässt (OLG Düsseldorf WuW/E DE-R 1070 (1072) – EnergieAG-Mitteldeutschland; KG WuW/E 3539; 3908 (3911) – L'Air Liquide), uU für Erläuterungen der künftigen Geschäftspolitik (KG WuW/E 3908 (3911)), Angaben über die Struktur der Lieferanten, der Herstellmärkte und die den Abnehmern gewährten Konditionen oder Markt-, Bezugs- oder Angebotsanteile (KG WuW/E 3721 (3724 f., 3729, 3730) – Coop/Wandmaker). Das Geheimhaltungsinteresse an Marktdaten nimmt typischerweise mit ihrem Alter ab (BGH WuW/E DE-R 3591 (3606) – Total/OMV).

4 Versagt die Kartellbehörde, aus welchen Gründen auch immer, die Zustimmung zur Einsicht und kann deswegen die Einsicht nicht genommen werden, dürfen die Vorakten usw grds. **nicht verwertet** werden. Dies führt dazu, dass häufig größere Teile der Verwaltungsakten nicht verwertet werden können, insbes. die darin enthaltenen Auskünfte Dritter, soweit sie Geschäftsgeheimnisse beinhalten. Die **Verweigerung** der erforderlichen Zustimmung zur Akteneinsicht ist für das Gericht grds. **bindend** (BGHZ 178, 285 Rn. 32, 34 = WuW/E DE-R 2451 (2455 f.) – E.ON/Stadtwerke Eschwege; Bunte/Lembach Rn. 10; aA die hM in der Lit. Loewenheim/Meessen/Riesenkampff/Kersting/Meyer-Lindemann/Kühnen § 72 Rn. 12). Durch die 5. GWB-Novelle 1989 wurden die S. 4–6 zu dem Zweck eingefügt, dem

Gericht dennoch Verwertungsmöglichkeiten zu verschaffen; diese Bestimmungen haben bisher selten praktische Bedeutung erlangt (vgl. KG WuW/E 5201 f. – Offenlegung von Betriebsgeheimnissen). Das Gericht kann hiernach in einem **Zwischenverfahren** die Offenlegung von an sich geheimen Teilen der Vorakten usw anordnen, aber nur, wenn es auf die Verwertung der Tatsachen und Beweismittel ankommt, bezüglich derer die Akteneinsicht vom Verfügungsberechtigten verweigert wird, und das öffentliche Interesse an voller Sachaufklärung das Interesse an der Geheimhaltung überwiegt (KG WuW/E 5201 f.). Das Gericht darf die Anordnung nach S. 4 nur erlassen, wenn der nach S. 3 vorgetragene Sachverhalt nach seiner tatrichterlichen Würdigung nicht ausreicht, um den maßgeblichen Sachverhalt aufzuklären (vgl. BGH WuW/E DE-R 2879 (2881) – Kosmetikartikel). Da es in diesem Zwischenverfahren um die **Interessen** derjenigen geht, **deren Betriebs- oder Geschäftsgeheimnisse betroffen** sind, sind diese gesondert zu hören; bei der Anhörung brauchen sie sich nicht durch einen Rechtsanwalt vertreten zu lassen. Der Beschluss des Gerichts ist zu begründen; er ist – trotz der grundsätzlichen Anfechtbarkeit von Beschlüssen in Nebenverfahren – nicht mit der Rechtsbeschwerde anfechtbar (BGH WuW/E DE-R 2551 – Werhahn/Norddeutsche Mischwerke; K. Schmidt DB 2007, 2188 (2190)). Das Vorgehen des Gerichts ist Teil der ihm obliegenden tatrichterlichen Würdigung (dazu auch BGH WuW/E DE-R 2879 (2881) – Kosmetikartikel). Das Verfahren leidet an einer **inneren Widersprüchlichkeit:** Es setzt voraus, dass das Gericht die geheim gehaltenen Unterlagen zunächst sichtet und dann über ihre Relevanz entscheidet. Damit wird das Gericht zu einem Handeln verpflichtet, das gerade vermieden werden soll, dass es sich nämlich Kenntnis über Fakten verschafft, die möglicherweise nicht verwertet werden dürfen.

2. Akteneinsicht der Beigeladenen

Die zum Verwaltungsverfahren nach § 54 Abs. 2 Nr. 3 Beigeladenen, die nach § 63 Abs. 1 Nr. 3 am Gerichtsverfahren beteiligt sind, haben nach Abs. 3 **kein umfassendes Akteneinsichtsrecht;** vielmehr obliegt seine Gewährung dem **Ermessen** des Gerichts. Bei der Ausübung des Ermessens ist zu differenzieren zwischen Beigeladenen, die durch den Gegenstand des Verfahrens nur in ihren wirtschaftlichen Interessen berührt sind, und solchen, denen gegenüber die Beschwerdeentscheidung unmittelbar Rechtswirkungen hat (notwendig Beigeladene). Letzteren ist Akteneinsicht im gleichen Umfang zu gewähren wie Beschwerdeführern und Kartellbehörden. Im Übrigen kommt es auf eine Abwägung der Geheimhaltungsinteressen einerseits (dazu KG WuW/E 2603 (2604)) und des Anspruchs auf rechtliches Gehör andererseits an, der auch dem Beigeladenen zusteht. Soweit im Rahmen dieser Grundsätze einem Verfahrensbeteiligten die Einsicht in Geschäftsgeheimnisse verweigert wird, ist das **verfassungsmäßig** (dazu BVerfG WuW/E DE-R 1715 – Deutsche Telekom). 5

§ 71 Kostentragung und -festsetzung

[1]Das Gericht kann anordnen, dass die Kosten, die zur zweckentsprechenden Erledigung der Angelegenheit notwendig waren, von einem Beteiligten ganz oder teilweise zu erstatten sind, wenn dies der Billigkeit entspricht. [2]Hat ein Beteiligter Kosten durch ein unbegründetes Rechtsmittel oder durch grobes Verschulden veranlasst, so sind ihm die Kosten aufzuerlegen. [3]Im Übrigen gelten die Vorschriften der Zivilprozessordnung über das Kostenfestsetzungsverfahren und die Zwangsvollstreckung aus Kostenfestsetzungsbeschlüssen entsprechend.

1. Überblick

1 § 71 in der Fassung der 10. GWB-Novelle 2021 entspricht § 78 der 7. GWB-Novelle 2005 und § 77 idF bis zur 6. GWB-Novelle 1998. § 71 betrifft, **nur die Kostentragung im Gerichtsverfahren.** Für das Verwaltungsverfahren gibt es keine Vorschrift über die Kostentragung und die Kostenfestsetzung. Eine Kostenerstattung findet hier nur unter den Voraussetzungen der §§ 8, 9 KartKostV (Anhang B 4 und → § 62 Rn. 13) statt. In Extremfällen sind materiell-rechtliche Kostenerstattungsansprüche nach Schadensersatzrecht denkbar. Für das Gerichtsverfahren in Kartellverwaltungssachen geht § 71 für **erfolglos eingelegte Rechtsmittel** von dem Grundsatz aus, dass der **Rechtsmittelführer die Gerichtskosten** tragen muss (vgl. BGH WuW/E 2084). Für die außergerichtlichen Kosten hat das Gericht einen Ermessensspielraum. Anders als in den anderen Prozessordnungen ist keine automatische Kostentragungspflicht des Rechtsmittelgegners für den Fall vorgesehen, dass das **Rechtsmittel Erfolg** hat; insoweit geht das Gesetz von einem **Billigkeitsgrundsatz** aus. Bei **Rücknahme** der Beschwerde und der Rechtsbeschwerde sind die Gerichtskosten dem Beschwerde-/Rechtsbeschwerdeführer aufzuerlegen; hinsichtlich der außergerichtlichen Kosten finden Billigkeitserwägungen statt, die im Regelfall aber zur Erstattungspflicht des Rücknehmenden führen (vgl. BGH WuW/E DE-R 1982 f. – Kostenverteilung nach Rechtsbeschwerderücknahme; WuW/E 1947 (1948) – Stuttgarter Wochenblatt; WuW/E DE-R 420 (421) – Erledigte Beschwerde).

2. Höhe der Kosten

2 Unter **„Kosten“** des Verfahrens sind sowohl die **Gerichtskosten** als auch die **außergerichtlichen Kosten der Parteien** zu verstehen. Ihre Höhe und ihr erstattungsfähiger Umfang waren früher in § 78 aF geregelt; dieser ist in der letzten Phase des Gesetzgebungsverfahrens der 6. GWB-Novelle 1998 ersatzlos gestrichen worden. Nach § 1 Nr. 1 lit. k GKG, § 50 Abs. 1 Nr. 1 GKG iVm KV 1220, 1230 GKG (Kostenverzeichnis nach Anlage 1 zum GKG) und Teil 1 Abschnitt 2, Unterabschnitt 1 (VV 3200 RVG) der Anlage 1 zum RVG wird entsprechend § 78 aF das **Beschwerdeverfahren gebührenrechtlich** so behandelt **wie ein Zivilprozess in der Berufungsinstanz.** Sowohl die Gerichts- als auch die Anwaltsgebühren bemessen sich nach dem Streitwert. Für die Bemessung des Werts des Streitgegenstandes **(Streitwert)** gelten §§ 3, 50 GKG, § 3 ZPO. Der Streitwert bemisst sich hiernach grds. nach der Differenz zwischen der nach der – im Beschwerde- bzw. Rechtsbeschwerdeverfahren vertretenen – Auffassung des Rechtsmittelführers und der angefochtenen Entscheidung. In **Verwaltungsstreitverfahren gegen Kartelle** wird der Streitwert regelmäßig auf der Basis eines Prozentsatzes (5–10 %) des vom Kartell erfassten Umsatzes seiner Mitglieder zugrunde gelegt. In **Fusionskontrollverfahren** spielen für die Streitwertbemessung der Umsatz des erworbenen Unternehmens und die Höhe des Kaufpreises eine Rolle; auch insoweit werden aber nur Prozentsätze angesetzt. Insoweit besteht erhebliche Unsicherheit. So hat der BGH im Verfahren Fichtel & Sachs/GKN (dazu BGH WuW/E 1501) bei einem Kaufpreis von 220 Mio. DM den Streitwert zunächst auf 100 Mio. DM, dann nach Erhebung von Gegenvorstellungen auf 50 Mio. DM festgesetzt, jeweils ohne nähere Begründung (BGH 27.8.1978 – KVR 4/77). Maßgeblich ist nach der neueren Rspr. bei Anfechtung einer Untersagung durch Zusammenschlussbeteiligte deren Interesse an der Aufhebung der Untersagungsverfügung (u.a. BGH BeckRS 2007, 5026, S. 2 der Beschlussausfertigung); zugrunde gelegt wird ein Bruchteil des Kaufpreises (vgl. Wiedemann KartellR-HdB/Klose § 54 Rn. 158: ¼ bis 1/5 des Kaufpreises). Gerichtliches Hauptsacheverfahren und **Verfahren über die Anordnung der aufschiebenden Wirkung** nach § 67 Abs. 3 sind gebühren- und kostenrechtlich ein

Verfahren (so OLG Düsseldorf WuW/E 2493 (2494) – Sulzer/Kelmix, im Anblick auf § 17 Nr. 4c RVG zweifelhaft).

Die früher in § 78 Abs. 2 aF und § 12a Abs. 1 S. 2 GKG vorgesehene **Streitwertbegrenzung für Beigeladene** ist in § 50 Abs. 1 S. 2 GKG enthalten, der folgenden Wortlaut hat: „[2]Im Verfahren über Beschwerden eines Beigeladenen (§ 54 Abs. 2 Nr. 3 des Gesetzes gegen Wettbewerbsbeschränkungen …) ist der Streitwert unter Berücksichtigung der sich für den Beigeladenen ergebenden Bedeutung der Sache nach Ermessen zu bestimmen". Die frühere Höchstgrenze von 250.000 EUR gilt nicht mehr, kann also auch überschritten werden. Die Regelung hat nur Bedeutung für den **Fall, dass der Beigeladene Rechtsmittel einlegt** und deswegen das Risiko eingeht, dass ihm Kosten auferlegt werden. Für diesen Fall soll sein Risiko begrenzt werden. Nach Auffassung des Wirtschaftsausschusses (BT-Drs. 8/3690, 31) sollte diese Regelung insbes. „für die gerichtliche Überprüfung der Ministererlaubnis nach § 24 Abs. 3 (heute § 42 Abs. 1) wegen der dort idR besonders hohen Streitwerte von Bedeutung" sein und verhindern, „dass eine an sich von einem beigeladenen Unternehmen erwünschte gerichtliche Überprüfung der Ministerentscheidung am Kostenrisiko scheitert". 3

Auf der Basis des so ermittelten Streitwerts werden die Gerichts- und die Rechtsanwaltsgebühren festgestellt. Nach KV 1220, 1230 GKG (Kostenverzeichnis nach Anlage 1 zum GKG) werden für die **Gerichtskosten** Beschlüsse in der Beschwerde- und in der Rechtsbeschwerdeinstanz gebührenrechtlich behandelt wie Urteile in der Berufungs- und Revisionsinstanz. Im Normalfall fallen für ein Beschwerdeverfahren vier (Gerichts-)Gebühren (KV 1220 GKG) und für das Rechtsbeschwerdeverfahren fünf Gebühren an (KV 1230 GKG). Für die **Rechtsanwaltsgebühren** gilt VV 3200 RVG (Anlage 1 zum RVG). Im Grundsatz werden hiernach die Anwaltsgebühren für Beschwerde- und Rechtsbeschwerdeverfahren ebenso berechnet wie im Berufungsverfahren im Zivilprozess. 4

3. Kostentragung bei erfolglosem Rechtsmittel (S. 2)

Wird eine **Beschwerde** (als unzulässig) **verworfen** oder (als unbegründet) **zurückgewiesen,** so hat der **Beschwerdeführer** die **Kosten des Verfahrens** zu tragen. Insoweit gibt es keine Abweichung von der Kostentragungspflicht der unterliegenden Partei im Zivil- oder Verwaltungsprozess. Legt der unterlegene Beschwerdeführer Rechtsbeschwerde ein und unterliegt er, so gilt dasselbe auch für das Rechtsbeschwerdeverfahren. Hat er im Rechtsbeschwerdeverfahren hingegen Erfolg, so wird der Beschluss des Beschwerdegerichts einschließlich der Kostenentscheidung aufgehoben; seine Kostentragungspflicht für das Beschwerdeverfahren entfällt also. Hat der Beschwerdeführer im Beschwerdeverfahren Erfolg und wird die Beschwerdeentscheidung auf die Rechtsbeschwerde des Beschwerdegegners aufgehoben, so erweist sich im Rechtsbeschwerdeverfahren, dass die Beschwerde letztlich doch nicht erfolgreich war; das bedeutet, dass dem Beschwerdeführer die Kosten des Beschwerde- und des Rechtsbeschwerdeverfahrens auferlegt werden müssen. 5

Die früher herrschende Rspr. und ein Teil der Lit. wenden **S. 2** – allerdings ohne praktisch relevante Auswirkungen – **nicht im Beschwerdeverfahren** an, weil die Beschwerde kein Rechtsmittel iSv S. 2 sei, da sie sich gegen Verfügungen der Kartellbehörde richte und der Sache nach eine Anfechtungsklage gegen einen Verwaltungsakt darstelle, der die Sache erst bei Gericht anhängig mache (vgl. zB KG WuW/E 1776 (1777) – Spezialbrot-Hersteller; Immenga/Mestmäcker/Sauter, 3. Aufl. 2001, § 78 Rn. 33). Das überzeugt nicht: Das Gesetz behandelt das Beschwerde- und das Rechtsbeschwerdeverfahren prinzipiell gleich, sodass die **Beschwerde** ebenso wie die Rechtsbeschwerde als **Rechtsmittel** anzusehen ist (so ausdrücklich OLG Düsseldorf WuW/E DE-R 523 (528) – SPNV; Immenga/Mestmäcker/Wirtz Rn. 12; Loewenheim/Meessen/Riesenkampff/Kersting/Meyer-Lindemann/Kühnen § 78 6

Rn. 9). Im Übrigen sind Fälle, in denen einem erfolglosen Beschwerdeführer die Kosten nicht auferlegt worden sind, nicht bekannt. Das hängt auch damit zusammen, dass die Rspr. den Rechtsgedanken des S. 2 auch bei den von ihr angestellten Billigkeitserwägungen nach S. 1 berücksichtigt (vgl. KG WuW/E 1776 (1777 f.)). Das OLG Düsseldorf trifft deswegen wie früher schon das KG regelmäßig bei Zurückweisung von Beschwerden die Entscheidung, dass der Beschwerdeführer die Gerichtskosten trägt; die ebenfalls regelmäßig angeordnete Nicht-Erstattung der außergerichtlichen Kosten der Kartellbehörde hängt allein damit zusammen, dass die Kartellbehörde sich nicht anwaltlich vertreten lässt und deswegen grds. keine erstattungsfähigen Kosten nachweisen kann.

4. Kostentragung bei erfolgreichem Rechtsmittel; sonstige Fälle der Billigkeitsentscheidung (S. 1)

7 **a) Billigkeitsgrundsatz.** Nach der hier vertretenen Auffassung (→ Rn. 6) hat S. 1 nur Bedeutung für den Fall, dass die **Beschwerde oder die Rechtsbeschwerde Erfolg** hat; nach der Gegenauffassung regelt S. 1 hingegen alle Fälle des Ausgangs des Beschwerdeverfahrens (S. 2 ist hier nicht anwendbar), für das Rechtsbeschwerdeverfahren nur den Fall der erfolgreichen Rechtsbeschwerde. Anders als in Zivilprozessen findet dann nicht ohne Weiteres Kostenerstattung zugunsten der obsiegenden Partei statt. Vielmehr gilt ein Billigkeitsgrundsatz: Das Gericht **„kann"** anordnen, dass die Kosten, die zur zweckentsprechenden Erledigung der Angelegenheit notwendig waren, von einem Beteiligten ganz oder teilweise zu erstatten sind, „wenn dies der Billigkeit entspricht". Nach der früheren Rspr. des BGH fand im Regelfall eine Kostenerstattung zugunsten des Beschwerde- und Rechtsbeschwerdeführers auch dann nicht statt, wenn er mit seinem Rechtsmittel Erfolg hatte (vgl. etwa BGH WuW/E 1604 (1607) – Sammelrevers, stRspr bis 1987, der sich das KG nach früherem Widerstreben angeschlossen hatte, vgl. KG WuW/E 2607 (2612) – Raffinerie-Abnahmepreise). Für eine Kostenerstattung mussten darüber hinausgehende Billigkeitsgründe sprechen. Diese Praxis ist vom BVerfG als verfassungswidrig angesehen worden (BVerfG WuW/E 313 = BB 1987, 990 f.). Abs. 1 ist hiernach so auszulegen, dass eine **Abwägung aller Umstände** des einzelnen Falles, einschließlich des Verfahrensausgangs, zu erfolgen hat (nunmehr auch BGH WuW/E DE-R 420 (421) – Erledigte Beschwerde; KG WuW/E DE-R 561 (562) – Bertelsmann). Deswegen werden seither dem **obsiegenden Beschwerde- und Rechtsbeschwerdeführer idR auch die außergerichtlichen Kosten erstattet.** Etwas anderes kann gelten, wenn Gegenstand der Auseinandersetzung Rechtsfragen von grundsätzlicher Bedeutung sind, deren Klärung auch im Interesse des Beschwerdeführers liegt; dann wird es u.a. als billig angesehen, die Kartellbehörde nicht mit den außergerichtlichen Kosten des erfolgreichen Beschwerdeführers zu belasten (vgl. OLG Stuttgart WuW/E DE-R 3389 (3401) – Tarif-Kassenkunden; Loewenheim/Meessen/Riesenkampff/Kersting/Meyer-Lindemann/Kühnen § 78 Rn. 5). Die Gerichtskosten werden bei erfolgreichem Rechtsmittel gegen eine Verfügung der Kartellbehörde immer dieser auferlegt. Anderes kann gelten, wenn der obsiegende Beschwerdeführer selbst Ursachen für die Fehlerhaftigkeit der angefochtenen Entscheidung gesetzt hat (KG WuW/E 3905 f.; WuW/E DE-R 561 (563) – Bertelsmann). Da die Kartellbehörde nach § 2 GKG von der Zahlung der Gerichtskosten befreit ist, wird sie effektiv dadurch nicht belastet.

8 Bei **Erledigung der Hauptsache** ist im Rahmen des billigen Ermessens der bisherige Sach- und Streitstand zu berücksichtigen; es genügt eine summarische Prüfung der Erfolgsaussicht in rechtlicher und tatsächlicher Hinsicht (BGH WuW/E 2207 (2208) – Lufthansa/f. i. r. s.t. Reisebüro; WuW/E DE-R 420 (421) – Erledigte Beschwerde; 1783 (1785) = WRP 2006, 1030 Rn. 9 – Call Option).

Aus prozessökonomischen Gründen erfolgt also idR keine eigenständige Prüfung der Erfolgsaussicht der Beschwerde (vgl. BGH WuW/E DE-R 3465 (3466) – Universitätsklinikum Greifswald; KG WuW/E 2720 (2721) – Gepäckstreifenanhänger; 4147 f. (4148) – VEW-Ruhrkohle), es sei denn, dass der Verfahrensausgang ohne Weiteres absehbar ist (KG WuW/E 4648 (4649) – Nordfleisch-CG Hannover). Tritt die Erledigung während des Rechtsbeschwerdeverfahrens ein, entscheidet der BGH über die Kosten in beiden Instanzen (BGH WuW/E 2207 (2208) – Lufthansa/f. i. r. s.t; WRP 2008, 252; BGH IBRRS 2008, 0960). Haben die Parteien das Verfahren in der Hauptsache für erledigt erklärt, ist der vermutliche Verfahrensausgang dann entscheidend, wenn er bei summarischer Prüfung des bisherigen Sach- und Streitstandes mit hinreichender Sicherheit festzustellen ist (BGH WuW/E DE-R 420 (421) – Erledigte Beschwerde; OLG Düsseldorf WuW/E DE-R 2156 f. – GETECnet). Ist der Verfahrensausgang danach offen, sind idR die Gerichtskosten hälftig zu teilen; eine Erstattung außergerichtlicher Kosten findet nicht statt (BGH WuW/E DE-R 420 (421) – Erledigte Beschwerde). Die Aufhebung der streitigen Verfügung durch die Kartellbehörde führt grds. zur Kostentragungspflicht der Behörde (vgl. KG WuW/E 5437 f. – Ruhrgas – Thyssengas I). Diese Grundsätze gelten auch bei der **Rücknahme der Beschwerde** (KG WuW/E 5311 f. – Beschwerderücknahme). Allerdings sind bei noch offener Sachprüfung dem Rücknehmenden jedenfalls die Gerichtskosten aufzuerlegen; die Erstattung der Kosten des Gegners erfolgt nach Billigkeitserwägungen wie bei der Erledigung der Hauptsache (BGH WRP 2007, 83 – Kostenverteilung nach Rechtsbeschwerderücknahme).

b) Beigeladene. Differenzierter ist die Rechtslage hinsichtlich der **Kostentragung durch und für andere Verfahrensbeteiligte** als Beschwerdeführer und Beschwerdegegner, insbes. durch und für nach § 54 Abs. 2 Nr. 3 Beigeladene, die gem. § 63 Abs. 1 Nr. 3 am Gerichtsverfahren beteiligt sind. Der Beigeladene trägt ein Risiko außer für die eigenen Kosten für weitere Verfahrenskosten nur, wenn er selbst Rechtsmittel einlegt. Dann gilt nach der hier vertretenen Auffassung (→ Rn. 6) bei erfolgloser Beschwerde und Rechtsbeschwerde – nach der Gegenauffassung nur bei erfolgloser Rechtsbeschwerde – S. 2, im Übrigen S. 1. Darüber hinaus wird ein **Beigeladener selbst grds. nicht mit den übrigen Verfahrenskosten belastet** (BGH WuW/E 2627 (2643) – Sportübertragungen). Nach der Rspr. des BGH gehören die Kosten des Beigeladenen nicht zu den Kosten, die der erfolglose Rechtsmittelführer in jedem Falle zu tragen hat (BGH WuW/E 2627 (2643); vgl. auch BGH WuW/E 1949 (1954) – Braun Almo); einem Betroffenen ist also die Erstattung der außergerichtlichen Kosten eines Beigeladenen nicht allein deshalb aufzuerlegen, weil er im Verfahren unterlegen ist. Hinsichtlich der Kosten des Beigeladenen, der nicht selbst Rechtsmittelführer ist, wird deswegen immer auf S. 1 zurückgegriffen; in der dann anzustellenden Billigkeitserwägung wird u.a. das Interesse des Beigeladenen und die Intensität seiner Beteiligung am Verfahren berücksichtigt (vgl. BGH WuW/E 2627 (2643); vgl. dazu auch OLG Düsseldorf BeckRS 2004, 15149 – Tagesspiegel/Berliner Zeitung, insoweit in WuW/E DE-R 1361 nicht abgedruckt; OLG Düsseldorf BeckRS 2004, 30346481 – Agrana/Atys, insoweit in WuW/E DE-R 1345 nicht abgedruckt, aufgehoben durch BGH WuW/E DE-R 1783 (1786) – Call Option). 9

c) Grobes Verschulden. Der Billigkeitsprüfung nach S. 1 ähnlich ist die Möglichkeit, die Kosten nach S. 2 einer Partei aufzuerlegen, die Kosten durch grobes Verschulden veranlasst hat, dh **„unter Versäumung jeder prozessualen Sorgfalt"** (KG WuW/E 1093 f. (1094)). Diese Bestimmung kann auch zulasten der Kartellbehörde angewendet werden, wenn diese eine bei der konkreten Sachlage „offensichtlich nicht gerechtfertigte" Verfügung erlassen hat (vgl. KG WuW/E 1321 (1324) – Zahnbürsten). 10

5. Verfahren (S. 3)

11 Das Gericht hat immer nach § 71 über die Kosten zu entscheiden; eines **besonderen Antrages bedarf es nicht** (vgl. auch OLG Düsseldorf WuW/E DE-R 523 (528) – SPNV). Die „Kann“-Formulierung in S. 1 gibt dem Gericht ein Ermessen hinsichtlich des Inhalts der Kostenentscheidung, nicht darin, ob es überhaupt über die Kosten zu entscheiden hat. Da über die Kosten auch ohne Antrag zu entscheiden ist, kann die Kostenentscheidung des Beschwerdegerichts vom Rechtsbeschwerdegericht ohne Verstoß gegen das Verbot der Schlechterstellung geändert werden (vgl. BGH WuW/E 2627 (2643) – Sportübertragungen unter Hinweis auf BGH WM 1981, 46 (48)). Gegen die Kostenentscheidung des Beschwerdegerichts kann seit der 7. GWB-Novelle 2005 auch **selbstständig Rechtsbeschwerde** eingelegt werden, da es nicht mehr darauf ankommt, dass sie nicht die Hauptsache betrifft (zur früheren Rechtslage BGH WuW/E DE-R 289 (296) – Lottospielgemeinschaft); die Kostenentscheidung des Beschwerdegerichts wird aber unabhängig davon im Rahmen eines Rechtsbeschwerdeverfahrens mit überprüft. Für das **Kostenfestsetzungsverfahren** und die Zwangsvollstreckung aus Kostenfestsetzungsbeschlüssen gelten nach S. 3 die Vorschriften der ZPO entsprechend, insbes. also die §§ 103, 794 ZPO. Für die Kostenfestsetzung ist, auch bezüglich des Rechtsbeschwerdeverfahrens, immer das Beschwerdegericht zuständig. In Fusionskontrollverfahren über die freiwillige Vereinigung von Krankenkassen (§ 172a SGB V, Anhang B 2) gelten nach § 202 S. 3 SGG anstelle der ZPO-Vorschriften diejenigen des SGG, die aber ihrerseits teilweise auf die ZPO verweisen.

§ 72 Geltung von Vorschriften des Gerichtsverfassungsgesetzes und der Zivilprozessordnung

Soweit nichts anderes bestimmt ist, gelten entsprechend

1. **die Vorschriften der §§ 169 bis 201 des Gerichtsverfassungsgesetzes über Öffentlichkeit, Sitzungspolizei, Gerichtssprache, Beratung und Abstimmung sowie über den Rechtsschutz bei überlangen Gerichtsverfahren;**
2. **die Vorschriften der Zivilprozessordnung über Ausschließung und Ablehnung eines Richters, über Prozessbevollmächtigte und Beistände, über die Zustellung von Amts wegen, über Ladungen, Termine und Fristen, über die Anordnung des persönlichen Erscheinens der Parteien, über die Verbindung mehrerer Prozesse, über die Erledigung des Zeugen- und Sachverständigenbeweises sowie über die sonstigen Arten des Beweisverfahrens, über die Wiedereinsetzung in den vorigen Stand gegen die Versäumung einer Frist sowie über den elektronischen Rechtsverkehr.**

1 § 72 in der Fassung der 10. GWB-Novelle 2021 entspricht im Wesentlichen § 73 aF, der durch das Gesetz vom 24.11.2011 über den Rechtsschutz bei überlangen Gerichtsverfahren (BGBl. 2011 I 2302) im Einleitungssatz und in Nr. 1 geändert worden ist. § 72 verweist für das Beschwerdeverfahren, Rechtsbeschwerdeverfahren und nunmehr auch für das Verfahren der Nichtzulassungsbeschwerde ergänzend auf bestimmte Vorschriften des GVG und der ZPO, so in Nr. 1 auf §§ 169–201 GVG, in Nr. 2 auf §§ 41–49, 78–90, 166–190, 214–229, 141, 147, 375–401, 402–414, 415–484 und 233–238 ZPO. Damit ordnet er nur für einzelne Themen die entsprechende Geltung verfahrensrechtlicher Vorschriften an. Dieser Katalog schließt nicht aus, im Falle weiterhin bestehender Verfahrenslücken auch auf andere Vorschriften als die des GVG und der ZPO zurückzugreifen. In Betracht kommt insbes. auch eine **entsprechende Anwendung der Vorschriften der VwGO** (so auch OLG Düsseldorf WuW/E DE-R 759 (760) – NetCologne). Weichen die in Betracht

kommenden Regelungen zu bestimmten Verfahrensfragen voneinander ab, ist maßgeblich, dass es sich der Sache um ein **kartellrechtliches Verwaltungsgerichtsverfahren** handelt, sodass der Rückgriff auf die Vorschriften der VwGO näher liegt (vgl. BGH WuW/E DE-R 1119 (1121) – Verbundnetz II; OLG Düsseldorf WuW/E DE-R 1705 (1707) – Springer/ProSiebenSat.1). Etwas anderes folgt nicht aus § 72. In Beschwerdeverfahren im Zusammenhang mit der freiwilligen Verbindung von Krankenkassen (→ § 35 Rn. 28) kann es Anlass geben, auch auf Vorschriften des SGG zurückzugreifen; das ist in § 202 S. 3 SGG (Anhang B 2) ausdrücklich für die Fälle vorgesehen, in denen auf die ZPO verwiesen wird. Soweit § 72 auf die Vorschriften der ZPO verweist, besagt das nicht, dass der Gesetzgeber das Beschwerdeverfahren weitgehend an den erstinstanzlichen Zivilprozess annähern wollte. Auch die VwGO erklärt hinsichtlich der in § 72 genannten Verfahrensthemen weitgehend die ZPO für entsprechend anwendbar.

Abschnitt 3. Beschwerde

§ 73 Zulässigkeit, Zuständigkeit

(1) [1]**Gegen Verfügungen der Kartellbehörde ist die Beschwerde zulässig.** [2]**Sie kann auch auf neue Tatsachen und Beweismittel gestützt werden.**

(2) [1]**Die Beschwerde steht den am Verfahren vor der Kartellbehörde Beteiligten im Sinne des § 54 Absatz 2 und 3 zu.** [2]**Gegen eine Verfügung, durch die eine Erlaubnis nach § 42 erteilt wird, steht die Beschwerde einem Dritten nur zu, wenn er geltend macht, durch die Verfügung in seinen Rechten verletzt zu sein.**

(3) [1]**Die Beschwerde ist auch gegen die Unterlassung einer beantragten Verfügung der Kartellbehörde zulässig, auf deren Vornahme der Antragsteller ein Recht zu haben behauptet.** [2]**Als Unterlassung gilt es auch, wenn die Kartellbehörde den Antrag auf Vornahme der Verfügung ohne zureichenden Grund in angemessener Frist nicht beschieden hat.** [3]**Die Unterlassung ist dann einer Ablehnung gleichzuachten.**

(4) [1]**Über die Beschwerde entscheidet das für den Sitz der Kartellbehörde zuständige Oberlandesgericht, in den Fällen der §§ 35 bis 42 das für den Sitz des Bundeskartellamts zuständige Oberlandesgericht, und zwar auch dann, wenn sich die Beschwerde gegen eine Verfügung des Bundesministeriums für Wirtschaft und Energie richtet.** [2]**§ 36 der Zivilprozessordnung gilt entsprechend.** [3]**Für Streitigkeiten über Entscheidungen des Bundeskartellamts, die die freiwillige Vereinigung von Krankenkassen nach § 158 des Fünften Buches Sozialgesetzbuch betreffen, gilt § 202 Satz 3 des Sozialgerichtsgesetzes.**

(5) **Der Bundesgerichtshof entscheidet als Beschwerdegericht im ersten und letzten Rechtszug über sämtliche Streitigkeiten gegen Verfügungen des Bundeskartellamts**

1. **nach § 19a, auch in Verbindung mit §§ 19, 20 und Artikel 102 des Vertrages über die Arbeitsweise der Europäischen Union sowie § 32 Absatz 1, 2 und 3,**
2. **nach den §§ 32a und 32b, soweit diese Vorschriften auf Sachverhalte im Sinne des § 19a angewendet werden,**

jeweils einschließlich aller selbständig anfechtbaren Verfahrenshandlungen.

§ 73 entspricht § 63 idF der 9. GWB-Novelle 2017. Die Vorschrift wurde durch die 10. GWB-Novelle 2021 angepasst und um Abs. 5 ergänzt. 1

1. Beschwerdearten

2 **a) Kein Numerus clausus.** Die §§ 73 ff. enthalten ein **in sich geschlossenes System eines kartellrechtlichen Verwaltungsgerichtsverfahrens.** Obwohl die Kartellbehörden im Verwaltungsverfahren als Verwaltungsbehörden tätig werden, gilt nicht das Verwaltungsprozessrecht der VwGO. Vielmehr sieht das GWB ein besonderes gerichtliches Beschwerdeverfahren vor, das zumindest terminologisch an das Beschwerdeverfahren der **freiwilligen Gerichtsbarkeit** angelehnt ist. Tatsächlich entspricht das Beschwerdeverfahren aber viel mehr dem **Klageverfahren nach der VwGO** (vgl. dazu auch Bunte/Lembach Rn. 2) als dem Verfahren der freiwilligen Gerichtsbarkeit. Der Sache nach ist die Beschwerde kein Rechtsmittel, sondern eine besondere Rechtsform des Verwaltungsrechtsschutzes (vgl. K. Schmidt DB 2007, 2188; Immenga/Mestmäcker/K. Schmidt/Wirtz Rn. 3 f.). § 73 sieht nur vor die Anfechtungsbeschwerde (Abs. 1) und die Verpflichtungsbeschwerde (Abs. 3). Dies ist **nicht im Sinne eines Numerus clausus** so zu verstehen, dass andere Beschwerde- oder Klagearten von vornherein unzulässig seien oder dass insoweit eine subsidiäre Zuständigkeit der allgemeinen Verwaltungsgerichte bestünde. Vielmehr sind die im GWB vorgesehenen **Kartellverwaltungsgerichte abschließend zuständig für alle Kartellverwaltungsstreitigkeiten** (vgl. Wiedemann KartellR-HdB/Klose § 54 Rn. 1: Konzentration aller kartellrechtlichen Gerichtsverfahren; vgl. dazu OVG Münster WuW/E DE-R 3782 = NZKart 2013, 42 – Berliner Wasserbetriebe; OLG Düsseldorf NZKart 2015, 57 (58) – Pressemitteilung). Soweit die Instrumente der Anfechtungs- und Verpflichtungsbeschwerde keinen umfassenden Rechtsschutz gewähren, müssen diese Instrumente erweitert und nicht etwa Kartellverwaltungsstreitigkeiten den allgemeinen Verwaltungsgerichten überlassen werden (vgl. dazu auch Immenga/Mestmäcker/K. Schmidt/Wirtz Rn. 1). Das im GWB angelegte „Beschwerde-System" erlaubt allerdings nur eine Fortentwicklung für Klagen (Beschwerden) **gegen die Kartellbehörde.** Öffentlich-rechtliche Streitigkeiten, an denen Kartellbehörden nicht beteiligt sind, unterliegen nicht dem System der §§ 73 ff. Dasselbe gilt für Ansprüche aus öffentlich-rechtlichen Verträgen, die von einer Kartellbehörde geltend gemacht werden, wie zB ein Anspruch des BKartA aus einem früher praktizierten Zusagenvertrags zur Abwendung einer Untersagungsverfügung nach § 36; ein solcher Anspruch muss ggf. vor den allgemeinen Verwaltungsgerichten geltend gemacht werden (dazu Kleinmann/Bechtold § 24 Rn. 158). Soweit die Kartellbehörde nicht auf der Grundlage des GWB, sondern eines anderen nicht-kartellrechtlichen Gesetzes tätig wird, soll nach Auffassung des OLG Düsseldorf nicht der Rechtsweg über § 73, sondern nur der Verwaltungsrechtsweg eröffnet sein (zweifelhaft, OLG Düsseldorf WuW/E DE-R 2754 f. – Akteneinsicht, für eine Entscheidung des BKartA nach dem Informationsfreiheitsgesetz).

3 **b) Überblick.** Mit der **„Anfechtungsbeschwerde"** (Abs. 1) wird die Aufhebung einer Verfügung, ganz oder teilweise, erstrebt. Ziel der **„Verpflichtungsbeschwerde"** (Abs. 3) ist der Erlass einer Verfügung, auf deren Vornahme der Antragsteller ein Recht zu haben behauptet. Hat die Kartellbehörde eine beantragte Verfügung abgelehnt, ist dem Antragsteller mit der bloßen Aufhebung dieser Ablehnung nicht geholfen; er ist vielmehr an der Verpflichtung der Kartellbehörde interessiert, die beantragte Verfügung zu erlassen. Die Verpflichtungsbeschwerde kann sich nicht nur gegen die Ablehnung einer Verfügung richten, sondern auch gegen deren Unterlassung, wenn die Kartellbehörde einen Antrag auf Vornahme der Verfügung ohne hinreichenden Grund in angemessener Frist nicht beschieden hat. Gegenstand der Anfechtungs- und Verpflichtungsbeschwerde ist eine **„Verfügung"** der Kartellbehörde. Dieser Begriff ist grds. identisch mit dem des Verwaltungsakts im Allgemeinen Verwaltungs- und Verwaltungsprozessrecht, dessen Wesen in der „Regelung" eines Einzelfalls liegt (→ § 61 Rn. 2). Negativatteste und feststellende Verfügungen

sind im GWB nicht vorgesehen (vgl. auch KG NJW-RR 1991, 1069 (1070)). Sofern es nicht um Verfügungen, sondern um „schlichtes Verwaltungshandeln" geht, kommt im Rahmen eines eigenständigen GWB-Rechtsschutzsystems eine **allgemeine Leistungs- bzw. eine Unterlassungsbeschwerde** in Betracht, ggf. auch als vorbeugende Unterlassungsbeschwerde. Sie ist im Grundsatz anerkannt, wenn auch unter restriktiven Voraussetzungen. Eine allgemeine kartellverwaltungsrechtliche **Feststellungsbeschwerde** entsprechend § 43 VwGO ist demgegenüber **nicht anerkannt;** eine Feststellungsbeschwerde gibt es hiernach nur im Sonderfall der so genannten Fortsetzungsfeststellungsbeschwerde nach § 76 Abs. 3. Für vorbeugenden Rechtsschutz ist dort kein Raum, wo und solange der Betroffene zumutbarerweise auf den vom GWB als grds. angemessen und ausreichend angesehenen nachträglichen Rechtsschutz verwiesen werden kann, weil er zeitnahen und effektiven Rechtsschutz mit Hilfe der im Gesetz vorgesehenen nachträglichen Kontrolle der kartellbehördlichen Verfügung erlangen kann (OLG Düsseldorf WuW/E DE-R 3703 (3707) – Negativattest; → Rn. 13). Insbesondere gibt es keine gerichtliche Möglichkeit für die Erlangung eines „Negativattests" (OLG Düsseldorf WuW/E DE-R 3703 (3707) – Negativattest). Keinesfalls kann insoweit auf die Möglichkeit einer Feststellungsklage beim Verwaltungsgericht nach § 43 VwGO zurückgegriffen werden (dazu OVG Münster WuW/E DE-R 3783 (3787) = NZKart 2013, 42 (44) – Berliner Wasserbetriebe).

2. Anfechtungsbeschwerde

a) Verfügung. Gegenstand der Anfechtungsbeschwerde ist eine „Verfügung" der Kartellbehörde. Früher wurde der Begriff allein deswegen weiter ausgelegt, weil dadurch der scheinbar auf Anfechtungs- und Verpflichtungsbeschwerde begrenzte Rechtsschutz des § 73 im Sinne eines möglichst umfassenden Rechtsschutzes ausgelegt werden sollte; der BGH arbeitete deswegen 1973 (BGH WuW/E 1264 (1265 f.) – Asbach-Uralt; vgl. auch KG WuW/E 3908 (3909)) mit der Formel, dass die Verpflichtungsbeschwerde gegen jede hoheitliche Maßnahme möglich sein müsse, durch deren Unterlassung oder Ablehnung der Beschwerdeführer in seinen Rechten verletzt zu werden behauptet. Das könnte für die Anfechtungsbeschwerde bedeuten, dass sie gegen jede belastende hoheitliche Maßnahme möglich wäre, ohne Rücksicht auf deren Verfügungs- oder Verwaltungsakts-Charakter. Dem entspricht aber nicht der Stand der Rspr. (vgl. aber OLG Frankfurt a. M. WuW/E 4684 (4685)). Vielmehr wird für die Anfechtungsbeschwerde durchaus weiterhin die verwaltungsakttypische **Regelung eines Einzelfalls** gefordert. Liegt sie nicht vor, kommt es darauf an, ob die Voraussetzungen einer allgemeinen Leistungsbeschwerde vorliegen (→ Rn. 12). Verfügungen iSv § 73 Abs. 1 sind insbes. **die ein Verwaltungsverfahren abschließenden Verfügungen** der §§ 32–32d und 36, uU auch Einzelfallregelungen während eines laufenden Verwaltungsverfahrens, insbes. gegenüber Dritten (zB Ablehnung eines Akteneinsichtsantrags eines Beigeladenen im Fusionskontrollverfahren, vgl. KG WuW/E 3908 (3909)). Soweit sich die Rechtsfolge unmittelbar aus dem Gesetz ergibt, sind die entsprechenden Mitteilungen der Kartellbehörde keine Verfügungen; das gilt insbes. für die Nicht-Untersagung von Zusammenschlüssen und die darauf bezogenen Mitteilungen der Kartellbehörde (OLG Düsseldorf NZKart 2020, 680 (681): Die **Freigabe in der ersten Phase der Fusionskontrolle** ist keine anfechtbare Verfügung; vgl. differenzierend Kleinmann/Bechtold § 24 Rn. 279). Keine Verfügung ist die bloße Mitteilung einer Rechtsansicht ohne Regelungscharakter (OLG Düsseldorf WuW/E DE-R 1070 (1071) – Energie-AG Mitteldeutschland); Indiz dafür können auch die äußeren Umstände sein, in denen die Mitteilung ergangen ist (Briefform, keine Bezugnahme auf einen Beschluss der Beschlussabteilung, keine Rechtsmittelbelehrung, vgl. OLG Düsseldorf WuW/E DE-R 3703 (3706) – Negativattest). Unzweifelhaft anfechtbare Verfü- 4 gungen sind **Auskunftsbeschlüsse** nach § 59 (so auch BGH WuW/E DE-R 2055 (2058) – Auskunftsverlangen), **Beiladungsbeschlüsse** nach § 54 Abs. 2 Nr. 3 oder **Gebühren- oder Auslagenbescheide** der Kartellbehörde nach § 62 Abs. 2. **Selbständige Auflagen** einer (begünstigenden) Verfügung sind anfechtbar, nicht aber unselbständige Auflagen, Bedingungen und Beschränkungen; soweit insoweit die Anfechtung einer Nebenbestimmung nicht möglich ist, muss sie sich auf die Verfügung insgesamt beziehen.

5 **b) Beschwerdebefugnis.** Nach Abs. 2 steht die Beschwerde den am Verfahren vor der Kartellbehörde **Beteiligten** zu; dafür wird auf die Regelung der Verfahrensbeteiligung in § 54 Abs. 2 und 3 verwiesen. Es reicht aus, wenn die Beteiligung im Zeitpunkt des Erlasses der angefochtenen Verfügung noch bestand; es ist nicht erforderlich, dass ihre Voraussetzungen noch zum Zeitpunkt der Beschwerdeeinlegung vorliegen (BGH WuW/E DE-R 2138 = WM 2007, 2213 (2214) – Anteilsveräußerung). Abs. 2 will dadurch insbes. auch die Beigeladenen in den Kreis möglicher Beschwerdeberechtigter einbeziehen (OLG Düsseldorf WuW/E DE-R 759 (762) – NetCologne). **Beigeladene** sind deswegen grds. beschwerdebefugt. Ist die Beiladung von der Kartellbehörde im Rahmen ihres Ermessens (→ § 54 Rn. 12) – zu Recht oder zu Unrecht – allein **aus Gründen der Verfahrensökonomie abgelehnt worden,** hat der Antragsteller nach der Rspr. des BGH in „ergänzender" Auslegung des § 73 Abs. 2 eine **Beschwerdebefugnis** in der Hauptsache (BGH WuW/E DE-R 1857 (1859 f.) – pepcom; vgl. dazu Bechtold NJW 2007, 562; Neef GRUR 2008, 30; Bien ZWeR 2007, 533; Säcker FS Hirsch, 2008, 323). Das BVerfG hat in einem Nichtannahmebeschluss (BVerfG WuW/E DE-R 2667 (2670)) angedeutet, dass es diese Rspr. unter dem Gesichtspunkt der Rechtsweggarantie des Art. 19 Abs. 4 GG für richtig und erweiterungsfähig hält. Einer Verfassungsbeschwerdeführerin wird entgegengehalten, dass sie auch ohne Verfahrensbeteiligung Beschwerde gegen eine Entscheidung des BKartA hätte einlegen können, sodass sie den Rechtsweg nicht ausgeschöpft hat. Das BVerfG hat sich in diesem Zusammenhang nicht dafür interessiert, ob die Beschwerdeführerin einen Beiladungsantrag gestellt hat. In der Rspr. des BGH ist unklar, ob sie nur gilt, wenn der Beschwerdeführer durch die Verfügung „individuell und unmittelbar betroffen" ist (vgl. dazu BGH WuW/E DE-R 1857 (1859 f.) – pepcom), oder ob diese Voraussetzung – was uE der Fall ist (dazu Bechtold NJW 2007, 562; Neef GRUR 2008, 30 (33)) – identisch mit der Beiladungsvoraussetzung nach § 54 Abs. 2 Nr. 3 zu interpretieren ist, also in den hier behandelten Fällen immer vorliegt. Diese Beschwerdebefugnis bedeutet aber nicht, dass der – abgelehnte – Beigeladene am Beschwerdeverfahren beteiligt ist, die nicht durch ihn, sondern durch die Beschwerde eines Dritten ausgelöst worden ist (→ § 54 Rn. 9). Zur Beteiligung des Antragstellers am Beschwerdeverfahren Dritter → § 63 Rn. 1. Die Beschwerdebefugnis liegt im Übrigen nur unter den Voraussetzungen des Abs. 2 vor und steht nicht auch Personen zu, die am Verfahren nicht beteiligt sind, selbst wenn sie durch die Verfügung materiell beschwert sind.

6 Liegen die Voraussetzungen der **notwendigen Beiladung** vor (→ § 54 Rn. 13; auch BGH WuW/E DE-R 1520 (1522) – Arealnetz), ist der Beizuladende uE von der Kartellbehörde zu benachrichtigen und ihm Gelegenheit zu geben, bei der Kartellbehörde nachträglich die Beiladung zu beantragen. Stellt er dennoch keinen Antrag, ist er nicht am Verfahren zu beteiligen. Etwas anderes könnte nur gelten, wenn man eine Beiladung nach Erlass der Verfügung nicht mehr zuließe (→ § 54 Rn. 8). Dann könnte sich im Hinblick auf Art. 19 Abs. 4 GG eine Beschwerdebefugnis daraus ergeben, dass der nicht am Verfahren beteiligte Dritte geltend macht, durch die Verfügung **in seinen Rechten** verletzt zu sein (vgl. KG WuW/E 2720 (2722) – Gepäckstreifenanhänger; 4811 (4820) – Radio NRW). Die Beschwerdebefugnis aufgrund einer geltend gemachten Rechtsverletzung kann also nur in Betracht

kommen, wenn die Beiladung nicht mehr möglich ist (vgl. auch hierzu Immenga/Mestmäcker/K. Schmidt/Wirtz Rn. 22; K. Schmidt DB 2007, 2188; Säcker FS Hirsch, 2008, 323). Ist die Beiladung durch die Kartellbehörde wegen Ablaufs aller Fristen nicht mehr möglich, gibt es aber keinen Anlass, eine Beschwerdebefugnis ohne Beiladung anzunehmen; der Beschwerte hätte dann eben rechtzeitig die Beiladung beantragen müssen. Eine **Beiladung durch das Gericht** ist **nicht möglich** (→ § 54 Rn. 8; aA Deichfuß WRP 2006, 862).

Zur Beschwerdebefugnis nach Abs. 2 muss die **Beschwer** hinzukommen. Erforderlich ist in jedem Falle eine **„formelle" Beschwer.** Entspricht die angefochtene Verfügung dem, was der Beschwerdeführer während des Verwaltungsverfahrens erstrebt hat, kann er dagegen nicht im Beschwerdeverfahren vorgehen. Er ist, wenn die Verfügung seinem Antrag entspricht, nicht „formell" beschwert. Hat er **im Verwaltungsverfahren keinen Antrag gestellt,** so ist festzustellen, welches Ziel er mit seiner Beteiligung am Verwaltungsverfahren erstrebt hat; für eine Beschwerde mit einem entgegengesetzten Ziel fehlt ihm die formelle Beschwer. Das gilt auch dann, wenn sich der Beschwerdeführer im Verwaltungsverfahren überhaupt nicht formuliert hat, sodass dort seine Haltung offen blieb; dann kann er im Beschwerdeverfahren die erforderliche „formelle" Beschwer nicht geltend machen (vgl. OLG Düsseldorf WuW/E DE-R 1462 (1463) – Argenthaler Steinbruch). Hat sich der Beschwerdeführer im Verwaltungsverfahren – insbes. im Fusionskontrollverfahren – mit **Nebenbestimmungen** des angestrebten Verwaltungsakts in Form von Auflagen oder Bedingungen einverstanden erklärt, liegt die formelle Beschwer für die Anfechtung der Nebenbestimmung nur vor, wenn der Beschwerdeführer im Verwaltungsverfahren hinreichend zum Ausdruck gebracht hat, dass er sich nur zur Erlangung der angestrebten Verfügung mit den von der Behörde verlangten Nebenbestimmungen einverstanden erklärt und im Übrigen an seinem Verlangen nach einer unbeschränkten Freigabe festhält (OLG Düsseldorf WuW/E DE-R 2630 (2645) – EDEKA/Plus; aA Schulte/Just/Schulte § 40 Rn. 71: → § 40 Rn. 34). 7

Über die formelle Beschwer hinaus ist auch eine **„materielle" Beschwer** erforderlich (vgl. aus der neueren Rspr. BGH WuW/E DE-R 2138 (2140) = WM 2007, 2213 (2214) – Anteilsveräußerung; BGH WuW/E DE-R 2512 (2513) – Ulm/Neu-Ulm; BGHZ 155, 214 (217) = WuW/E DE-R 1163 (1165) – HABET/Lekkerland; OLG Düsseldorf WuW/E DE-R 3723 (3725 f.) – Untersagungsbegehren; 1835 (1836) = AG 2007, 909 – Deutsche Börse/London Stock Exchange; 759 (762 f.) – NetCologne; noch offen gelassen bei OLG Düsseldorf WuW/E DE-R 681 (683) – Trienekens; aus der älteren Rspr. insbes. BGHZ 41, 61 (65) = WuW/E 559 – Zigaretten; WuW/E 1562 (1564) – Air-Conditioning-Anlagen; 1556 (1558) – Weichschaum-Rohstoffe III; 2077 (2079) – Coop-Supermagazin; aus der Lit. insbes. Wiedemann KartellR-HdB/Klose § 54 Rn. 30). Im Allgemeinen bereitet die Feststellung der materiellen Beschwer bei Anfechtungsbeschwerden der im Verwaltungsverfahren nach § 54 Abs. 1 Nr. 1, 2 und 4 Hauptbeteiligten keine besonderen Schwierigkeiten. Sie setzt voraus, dass der Beschwerdeführer **in seinem wirtschaftlichen Interesse nachteilig berührt** ist. Das ist idR nicht der Fall bei einer fusionskontrollrechtlichen Freigabe, die den am Zusammenschluss beteiligten Beschwerdeführer begünstigt (OLG Düsseldorf WuW/E DE-R 3723 (3725) – Untersagungsbegehren). Bei Beigeladenen bestimmt sich die materielle Beschwer nach dem Zweck der Regelung, auf der die angefochtene Verfügung beruht. Ein Dritter, der die fusionskontrollrechtliche Freigabe anficht, muss dartun, dass er durch die Freigabe in seinem wettbewerblichen Betätigungsfeld auf dem relevanten Markt nachteilig betroffen ist; diese Betroffenheit muss im Rahmen der Interessen liegen, wegen derer die Beiladung nach § 54 erfolgt ist (BGH WuW/E DE-R 2138 (2140) = WM 2007, 2213 (2215) – Anteilsveräußerung). Die Beschwer muss im Zeitpunkt der Beschwerdeeinlegung noch bestehen. In Fusionskontrollverfahren hat die frühere Rspr. den Wegfall der materiellen Beschwer angenommen, wenn das 8 untersagte Zusammenschlussvorhaben aufgegeben wurde. Für die Fortdauer der materiellen Beschwer reichte der Vortrag nicht aus, es könne nicht ausgeschlossen werden, dass erneut in Erwerbsverhandlungen eingetreten werden könnte (OLG Düsseldorf WuW/E DE-R 1654 – RUAG/MEN; 1839 – Springer/ProSiebenSat.1). Der BGH bejaht demgegenüber grds. die Voraussetzungen der Fortsetzungsfeststellungsbeschwerde (→ Rn. 13; BGH WuW/E DE-R 2221 – Springer/ProSiebenSat.1). Bei **Verbänden** reicht nach der Rspr. des BGH nicht aus, dass die Interessen der Mitglieder nachteilig berührt sind; erforderlich ist eine derartige Berührung in eigenen Verbandsinteressen (BGH WuW/E DE-R 3284 (3285) – Presse-Grossisten). Diese Rspr. führt dazu, dass ein Verband zwar unter den erleichterten Voraussetzungen des § 54 beigeladen werden kann (→ § 54 Rn. 11), aber idR gegen die im Verwaltungsverfahren legitimerweise bekämpfte Verfügung nicht beschwerdebefugt ist. Nach Ansicht des OLG Düsseldorf (NZKart 2019, 164 – Zahlungsauslösedienst) ist eine Anfechtungsbeschwerde mangels fortbestehender materieller Beschwer unzulässig, wenn die angefochtene kartellbehördliche Verfügung aufgrund geänderter Gesetzeslage gegenstandslos geworden ist, obwohl die Gefahr bestanden habe, dass die behördliche Entscheidung Bindungswirkung für einen nachfolgenden Schadensersatzprozess nach § 33b entfalte; allerdings stehe die Fortsetzungsfeststellungsbeschwerde zur Verfügung. Zur Frage, wann das Zielunternehmen in der Fusionskontrolle materiell beschwert ist, BGH NZKart 2021, 43 (44 ff.) – EnBW/MVV Energie: Es kann nicht für jeden Fall ausgeschlossen werden, dass das Zielunternehmen beschwerdebefugt ist.

9 Es muss nicht geltend gemacht oder festgestellt werden, dass die angefochtene Verfügung den Beschwerdeführer **in seinen Rechten verletzt** (BGH WuW/E DE-R 1163 (1164 f.) – HABET/Lekkerland). Beim Beigeladenen kann für die materielle Beschwer nicht mehr verlangt werden als die Interessenberührung iSd § 54 Abs. 2 Nr. 3 (→ § 54 Rn. 10), die Voraussetzung der Beiladung durch die Kartellbehörde ist. Das macht deutlich, dass auch bei den anderen Beteiligten eine derartige Interessenberührung durch die angefochtene Verfügung ausreichen muss. Die materielle Beschwer ergibt sich aus der der Partei nachteiligen Wirkung nach dem Entscheidungsinhalt (vgl. BGH WuW/E 2077 (2079) – Coop-Supermagazin; OLG Düsseldorf WuW/E DE-R 759 (763)). Die Beschwer jedenfalls des Beigeladenen **begrenzt den Umfang der Überprüfung** durch das Beschwerdegericht. Wird der Beschwerdeführer zB durch den von ihm angegriffenen Zusammenschluss nur auf einem von mehreren in Rede stehenden Märkten nachteilig betroffen, muss er dartun, dass die Freigabe gerade in Bezug auf diesen Markt nicht gerechtfertigt erscheint (BGHZ 155, 214 (217) = WuW/E DE-R 1163 (1165) – HABET/Lekkerland). Ist die Interessenberührung als Beiladungsvoraussetzung später weggefallen, liegt auch die sich daraus im Regelfall ergebende materielle Beschwer nicht mehr vor (so OLG Düsseldorf WuW/E DE-R 1651 – Zementvertrieb). Die **Kartellbehörde** ist, da sie keine eigenen Rechte oder Interessen vertritt, niemals materiell beschwert; deswegen muss es für eine Rechtsbeschwerde – Beschwerden werden vom BKartA nicht eingelegt – eine materielle Beschwer nicht dartun. Die Ausübung prozessualer Rechte unterliegt auch im Kartellverwaltungsverfahren den Geboten von **Treu und Glauben.** Deswegen ist die Beschwerde eines Dritten gegen eine fusionskontrollrechtliche Freigabe unzulässig, wenn er von der Freigabe selbst Gebrauch gemacht hat und er mit der Beschwerde gegen eine vertragliche Nebenpflicht gegenüber dem Erwerber verstößt (BGH WuW/E DE-R 2138 = WM 2007, 2213 (2216) – Anteilsveräußerung).

10 Die 9. GWB-Novelle 2017 beschränkt durch die Einfügung des Abs. 2 S. 2 die **Beschwerdemöglichkeiten Dritter gegen die Ministererlaubnis.** Der Beteiligte ist nicht mehr automatisch beschwerdebefugt, sondern nur dann, wenn er geltend machen kann, dass die Ministererlaubnis seine Rechte verletzt. Diese Regelung wurde im Gesetzgebungsverfahren erst durch den Wirtschaftsausschuss einge-

fügt. Der Beteiligte muss eine echte Rechtsverletzung behaupten; die Beeinträchtigung wirtschaftlicher Interessen genügt nicht (BEWiA 9. GWB-Novelle 2017, 32). Betroffene Rechte können nur drittschützende Normen, eigene Verfahrensrechte und materielle Rechtspositionen sein, so zB bei der konkreten Beeinträchtigung von Vertragsbeziehungen zu einem am Zusammenschluss beteiligten Unternehmen aufgrund des freigegebenen Zusammenschlusses (s. hierzu Kersting/Podszun 9. GWB-Novelle/Podszun/Kreifels Kap. 14 Rn. 50 ff.; Bremer/Scheffczyk NZKart 2017, 464 (466)). Die Regelung wurde durch die 10. GWB-Novelle 2021 nicht aufgehoben.

3. Verpflichtungsbeschwerde

Mit der Verpflichtungsbeschwerde wird nach Abs. 3 der **Erlass einer Verfügung erstrebt.** Sie setzt voraus, dass im Verwaltungsverfahren ein entsprechender Antrag gestellt worden ist, der entweder abgelehnt wurde oder über den „ohne zureichenden Grund in angemessener Frist“ (Abs. 3 S. 2) nicht entschieden wurde. Die **„Angemessenheit“ einer Entscheidungsfrist** hängt ab vom Einzelfall, insbes. den tatsächlichen und rechtlichen Schwierigkeiten des Antrags. In § 42 Abs. 4 ist ausdrücklich festgelegt, dass der Bundeswirtschaftsminister über einen Erlaubnisantrag nach § 42 Abs. 1 innerhalb von vier Monaten entscheiden „soll“; tut er das nicht, ist die Voraussetzung erfüllt, dass der Antrag nicht in angemessener Frist beschieden wurde. Auch sonst kann dem Gesetz entnommen werden, dass **grds. Entscheidungsfristen von bis zu vier Monaten** ausreichen müssen (§ 40 Abs. 2). 11

Anders als bei der Anfechtungsbeschwerde reicht nach dem Gesetz die Verfahrensbeteiligung für die Beschwerdebefugnis nicht aus (so aber gegen die hM Immenga/Mestmäcker/K. Schmidt/Wirtz Rn. 35 ff.; vgl. dazu auch Mazanowski WRP 1990, 588). Vielmehr ist erforderlich, dass der Antragsteller **geltend machen kann,** auf die Vornahme der beantragten Verfügung **ein Recht zu haben** (und – für die Begründetheit der Beschwerde –, dass er dieses Recht auch tatsächlich hat; vgl. KG WuW/E 4973 (4975 f.) – Verbandsbeschwerde). Verpflichtungsbeschwerden von Antragstellern (die nach § 54 Abs. 2 Nr. 1 am Verwaltungsverfahren beteiligt sind) auf Erlass von Verfügungen, die ausschließlich im öffentlichen Interesse ergehen und auf die demgemäß Dritte keinen Anspruch haben, sind dementsprechend von vornherein nicht erfolgreich. Ob sie unzulässig oder unbegründet sind, hängt davon ab, welche Anforderungen an die Behauptung zu stellen sind, dass der Beschwerdeführer ein Recht auf die beantragte Verfügung habe. Es genügt, wenn der Beschwerdeführer einen **Sachverhalt** der gerichtlichen Nachprüfung unterstellt, **der einen Rechtsanspruch auf die beantragte Verfügung ergeben kann;** die Beschwerde ist nur dann unzulässig, wenn offensichtlich und eindeutig nach keiner Betrachtungsweise das vom Beschwerdeführer behauptete Recht bestehen oder ihm zustehen kann (vgl. BGH WuW/E 1556 (1557) – Weichschaum III). Je klarer die Rspr. Individualrechte auf Erlass von Verfügungen gegen Dritte verneint, desto eher wird es schon an der Zulässigkeit der Verpflichtungsbeschwerde fehlen (vgl. dazu auch Kleinmann/Bechtold § 24 Rn. 282 f.). **Verbände** können in einer Verpflichtungsbeschwerde nicht Rechte ihrer Mitglieder geltend machen (KG WuW/E 4973 (4975 f.) – Verbandsbeschwerde). 12

4. Leistungs- und Feststellungsbeschwerde

Außerhalb der in § 73 ausdrücklich geregelten Anfechtungs- und Verpflichtungsbeschwerde erkennt die Rspr. im Ansatz auch die Möglichkeit einer **Leistungsbeschwerde** an, deren Gegenstand nicht eine Verfügung, sondern allgemeines (schlicht-hoheitliches) Verwaltungshandeln ist (BGHZ 74, 359 (360) = WuW/E 1608 – WAZ; zuletzt BGH WuW/E 2760 (2761) – Unterlassungsbeschwerde; dazu 13 auch K. Schmidt BB 1992, 1277; OLG Düsseldorf WuW/E DE-R 1585 (1586) – Sanacorp/ANZAG (Celesio); OLG Düsseldorf NZKart 2015, 57 (58) – Pressemitteilung). Sie ist immer dann statthaft, wenn nur durch sie lückenloser Rechtsschutz gewährleistet werden kann (BGH WuW/E 2760 (2761)). Ist das Verwaltungshandeln schon erfolgt, so kann die Leistungsbeschwerde auf die Beseitigung der Folgen des Verwaltungshandelns gerichtet sein. Für die Zulässigkeit einer solchen Beschwerde genügt die substantiierte Behauptung, nach der eine Rechtsbeeinträchtigung möglich erscheint (KG WuW/E 1967 (1968) – WAZ). Die Beschwerde ist begründet, wenn ein rechtswidriger Störungszustand vorliegt, auf dessen Beseitigung der Beschwerdeführer einen Rechtsanspruch hat. Steht das Verwaltungshandeln erst bevor, kann zu seiner Verhinderung uU eine **vorbeugende Unterlassungsbeschwerde** eingereicht werden. Nach der Rspr. ist jedoch ein „qualifiziertes, gerade auf die Inanspruchnahme des vorbeugenden Rechtsschutzes gerichtetes Interesse" erforderlich (BGH WuW/E 2760 (2761) – Unterlassungsbeschwerde; OLG Düsseldorf WuW/E DE-R 1070 f. (1071) – Energie AG Mitteldeutschland; 1585 (1586) – Sanacorp/ANZAG (Celesio)). Es setzt voraus, dass das bevorstehende Verwaltungshandeln irreparable oder zumindest nur schwer auszugleichende Nachteile zur Folge hätte (OLG Düsseldorf WuW/E DE-R 1585 Rn. 19 – Sancorp/ANZAG (Celesio); 2755 (2758) – DFL-Vermarktungsrechte; KG WuW/E 4645 (4647) – Bayerische Landesbank; 3685 (3689) – Aral). Unter dieser Voraussetzung kann auch die Abwehr einer kartellrechtlichen Verfügung, nicht nur eines schlicht hoheitlichen Verwaltungshandelns erstrebt werden. An dem dafür erforderlichen qualifizierten Rechtsschutzinteresse fehlt es, wenn zeitnah effektiver Rechtsschutz mit Hilfe der im Gesetz vorgesehenen nachträglichen Kontrolle der Verfügung erlangt werden kann (dazu auch BGH WuW/E 2760 (2761) – Unterlassungsbeschwerde). Zum Streit über die **Veröffentlichung eines Fallberichts** durch das Bundeskartellamt OLG Düsseldorf NZKart 2020, 261 (262): Unterlassungsbeschwerde ist zulässig, ein rechtswidriger Eingriff in das Unternehmenspersönlichkeitsrecht wurde aber verneint. Selbst wenn ein Eingriff in das Unternehmenspersönlichkeitsrecht vorliegt, kann dieser Eingriff durch die in § 53 Abs. 5 S. 2 normierte Pflicht der Kartellbehörde gerechtfertigt sein, die Öffentlichkeit über den Abschluss eines kartellbehördlichen Verfahrens zu informieren und gem. § 53 Abs. 5 S. 2 Nr. 3 und Nr. 4 Angaben zu den beteiligten Unternehmen und den kartellbetroffenen Waren und Dienstleistungen in den Bericht aufzunehmen.

14 Demgegenüber ist eine **allgemeine Feststellungsbeschwerde** bisher nicht zugelassen worden (vgl. insbes. OLG Düsseldorf WuW/E DE-R 2755 (2761 f.) – DFL-Vermarktungsrechte; KG WuW/E 3685 (3697) – Aral; 1515 (1518) – Sicherheitsglas), immer aber im Hinblick darauf, dass andere Möglichkeiten zur Wahrnehmung effektiven Rechtsschutzes gegeben waren (entweder über Anfechtungs- oder Leistungsbeschwerden oder auf dem Zivilrechtsweg). Hiernach kann – bei besonderem Rechtsschutzinteresse im Hinblick darauf, dass ein erst nach einer Rechtsverletzung einsetzender Rechtsschutz auf vollendete, nicht ohne Weiteres mehr rückgängig zu machende Tatsachen stößt (so OLG Düsseldorf WuW/E DE-R 3703 (3707) – Negativattest) – die Zulässigkeit einer Feststellungsbeschwerde nicht generell ausgeschlossen werden; eindeutig ist aber ihr **subsidiärer Charakter** gegenüber allen anderen Beschwerdearten (vgl. Immenga/Mestmäcker/K. Schmidt/Wirtz Rn. 11 und K. Schmidt DB 1992, 1277 (1278)). Zulässig ist allerdings die so genannte **Fortsetzungsfeststellungsbeschwerde.** In erweiternder Auslegung des § 76 Abs. 2 S. 2 kann die Beschwerde auch zulässig sein, wenn sich die Verfügung **vor** Beschwerdeeinlegung durch Zurücknahme oder auf andere Weise erledigt hat. Erforderlich ist ein besonderes Rechtsschutzbedürfnis in Form eines berechtigten Interesses an der Feststellung, etwa im Hinblick auf einen anhängigen, zumindest zu erwartenden und nicht aussichtslos erscheinenden Schadenersatzprozess (vgl. dazu BGH WuW/E 1556 (1558) – Weichschaum III; OLG Düsseldorf WuW/E DE-R

2755 (2762) – DFL-Vermarktungsrechte; KG WuW/E 3217 (3221); 1189 (1191) – Import-Schallplatten; 2441 (2443) – Schulbuch-Vertrieb; vgl. auch Wiedemann KartellR-HdB/Klose § 54 Rn. 11). Dieses Interesse wird bei einem untersagten, während des Beschwerdeverfahrens **aufgegebenen Zusammenschlussvorhaben** bejaht, wenn von den Untersagungsgründen faktisch Belastungen für andere zukünftige Vorhaben ausgehen können (BGH WuW/E DE-R 2221 = BB 2008, 749 (750) – Springer/ProSiebenSat.1; WuW/E DE-R 2905 (2906 f.) – Phonak/GN Resound; vgl. dazu Herrlinger WuW 2013, 332).

5. Beschwerdegericht und Beschwerdeverfahren

Nach Abs. 4 entscheidet über die Beschwerde das für den Sitz der Kartellbehörde zuständige **Oberlandesgericht.** Für das BKartA ist das **OLG Düsseldorf** zuständig. Soweit es in einzelnen Bundesländern mehrere OLGs gibt, können diese Länder nach § 92 Abs. 1 diese Rechtssachen einem bestimmten OLG zuweisen; das hat das Land Nordrhein-Westfalen für Verwaltungs- und Bußgeldsachen zugunsten des OLG Düsseldorf getan (→ § 92 Rn. 1). Das OLG Düsseldorf ist auch zuständig für Beschwerden gegen Verfügungen des Bundeswirtschaftsministers im Fusionskontrollverfahren, insbes. gegen Erlaubnisverfügungen. Ist nach § 73 Abs. 4 offen, welches OLG zuständig ist, hat der BGH in entsprechender Anwendung von § 36 ZPO das zuständige OLG zu bestimmen. 15

Nach Abs. 1 S. 2 kann die Anfechtungsbeschwerde auch auf **neue Tatsachen und Beweismittel** gestützt werden; diese Regelung gilt auch für die Verpflichtungs- und andere Beschwerden. Das Gericht ist grds. berechtigt und verpflichtet, auch außerhalb des Vortrags des Beschwerdeführers neue Tatsachen und neue rechtliche Gesichtspunkte zu berücksichtigen; die Grenze liegt darin, dass die Grundlage der Verfügung nicht geändert werden darf (vgl. dazu BGH WuW/E 1678 (1679) – Valium II; KG WuW/E 3821 (3825)). Dafür soll maßgeblich sein, ob sich die Entscheidung auf denselben Sachverhalt stützen kann, der der angefochtenen Verfügung zugrunde liegt (BGH WuW/E 1678 (1679) – Valium I; vgl. auch KG WuW/E 4919 (4939) – Pauschalreiseveranstalter II; s. zum Streitgegenstand der Anfechtungsbeschwerde Foerster NZKart 2015, 85). Die Beschwerde kann bis zur mündlichen Verhandlung ohne Weiteres **zurückgenommen** werden. Nach Stellung der Anträge in der mündlichen Verhandlung ist das nur noch mit Zustimmung der beklagten Kartellbehörde möglich (so auch OLG Düsseldorf WuW/E DE-R 759 (760 f.) – NetCologne, in entspr. Anwendung der § 92 Abs. 1 S. 2 VwGO, § 515 Abs. 1 ZPO, § 269 Abs. 1 und 2 S. 1 ZPO). Die Zustimmung anderer Verfahrensbeteiligter ist nicht erforderlich. 16

Abs. 4 sah bis zur 8. GWB-Novelle 2012/2013 ausdrücklich vor, dass das OLG Düsseldorf **„ausschließlich"** für Beschwerden gegen Entscheidungen des BKartA in der Fusionskontrolle zuständig ist. Das gilt seit der 8. GWB-Novelle nicht mehr für „Entscheidungen des Bundeskartellamts, die die **freiwillige Vereinigung von Krankenkassen**" nach § 158 SGB V (vgl. Gesetzeswortlaut in Anhang B 2) betreffen. Dafür ist nach dem durch die 8. GWB-Novelle geänderten § 202 SGG (Sozialgerichtsgesetz) anstelle des OLG das Landessozialgericht zuständig, und zwar nach der ebenfalls geänderten Regelung in § 29 Abs. 3 Nr. 4 SGG das Landessozialgericht Nordrhein-Westfalen. Vorbild dafür war offenbar die Regelung in § 116 Abs. 3 S. 1 Hs. 2 idF des Gesetzes vom 15.12.2008 (BGBl. 2008 I 2426), die aber schon 2010 durch das AMNOG vom 22.12.2010 (BGBl. 2010 I 2262) wieder beseitigt wurde; in der Zwischenzeit waren für Streitigkeiten über Entscheidungen von Vergabekammern, die Rechtsbeziehungen nach § 69 SGB V betrafen, nicht die Oberlandesgerichte, sondern die Landessozialgerichte zuständig (→ 6. Aufl. 2010, § 116 Rn. 2). Das Verfahren richtet sich nicht nach dem SGG, sondern nach der ausdrücklichen Regelung in § 202 S. 3 SGG (und – damit überschneidend – 17 in § 172a Abs. 1 SGB V) nach den §§ 73 ff. Das SGG gilt aber insoweit, als die §§ 73, 78 und 78a auf die ZPO verweisen. Es ist also nicht eine Klage beim **Landessozialgericht Nordrhein-Westfalen** einzureichen, sondern entsprechend § 73 eine „Beschwerde". Verfahrensrechtlich gibt es zwar unmittelbar keine über den Gesetzeswortlaut hinausgehende Verpflichtung des LSG Nordrhein-Westfalen, Beschwerdeverfahren genauso durchzuführen und auszugestalten wie das OLG Düsseldorf. Die erforderliche Einheitlichkeit der Rechtsanwendung ergibt sich aber mittelbar daraus, dass nach § 202 S. 3 SGG das BSG Rechtsbeschwerdeinstanz ist, das seinerseits bei Abweichungen in einer Rechtsfrage von der Entscheidung des BGH nach dem Gesetz zur Wahrung der Einheitlichkeit der Rspr. der obersten Gerichtshöfe des Bundes (vom 19.6.1968, BGBl. 1968 I 661) gehalten ist, eine Entscheidung des gemeinsamen Senats der obersten Gerichtshöfe des Bundes herbeizuführen. Angesichts der Tatsache, dass die Streitigkeiten im Zusammenhang mit Fusionskontrollverfahren über die freiwillige Vereinigung von Krankenkassen, wenn überhaupt, nur einen ganz geringen Teil in der Anwendung der für die Fusionskontrolle relevanten Verfahrens- und materiellen Vorschriften ausmachen, werden das LSG Nordrhein-Westfalen und das BSG sich voraussichtlich an die Rspr. der Kartellsenate des OLG Düsseldorf und des BGH anlehnen und allenfalls dann Abweichungen vornehmen, wenn sie durch Besonderheiten des Sozial- und Krankenkassenrechts gerechtfertigt sind. Die Zuständigkeit des LSG Nordrhein-Westfalen gilt nur für Beschwerdeverfahren, nicht für Bußgeldverfahren (→ § 83 Rn. 1).

6. Sonderzuständigkeit für Beschwerden gegen Entscheidungen nach § 19a

18 Für **Beschwerden gegen Entscheidungen im Zusammenhang mit § 19a wird die Sonderzuständigkeit des BGH** geregelt. Diese Regelung fand „in letzter Sekunde" Eingang in die 10. GWB-Novelle 2021. Die Sonderzuständigkeit soll der zweistufigen Normstruktur des § 19a Rechnung tragen, also der zunächst erforderlichen Feststellung der Normadressateneigenschaft nach § 19a Abs. 1 und der erst in der Folge möglichen Untersagung bestimmter Verhaltensweisen nach § 19a Abs. 2. Die Zuständigkeitskonzentration beim BGH soll nach der Begründung des Wirtschaftsausschusses „vor dem Hintergrund fehlender Präzedenzfälle zudem eine zeitnahe Sachverhaltsaufklärung fördern" (Beschlussempfehlung des Wirtschaftsausschusses BT-Drs. 19/25868, 120 ff.). Diese Sonderzuständigkeit wirft zunächst die Frage auf, ob der BGH als Rechtsinstanz wirklich mit Sachverhaltsfragen befasst werden sollte. Zum anderen wird durch die Sonderzuständigkeit der Instanzenzug in bedenklicher Weise verkürzt. Durch die Erweiterung des Verweises in Abs. 5 Nr. 1 durch das Gesetz zur Errichtung und Führung eines Registers über Unternehmensbasisdaten vom 9.7.2021 auch auf Art. 102 AEUV und §§ 19, 20 gilt die Verkürzung des Rechtswegs auch in den Fällen, in denen eine Entscheidung nicht nur auf § 19a, sondern auch auf die allgemeinen Regeln zum Missbrauch einer marktbeherrschenden Stellung gestützt wird. Dies mag aus Gründen der Vermeidung einer Verfahrensspaltung zweckmäßig sein, ist aber rechtsstaatlich bedenklich.

7. EU-Recht

19 Gegen Entscheidungen („Beschlüsse" nach dem AEUV) der Kommission können die Unternehmen nach Art. 263 Abs. 4 AEUV Klage zum Gericht 1. Instanz erheben; erforderlich ist, dass sie an den Kläger „gerichtet" sind oder ihn jedenfalls „unmittelbar und individuell" betrifft. Neben dieser **„Nichtigkeitsklage"** ist nach Art. 265 Abs. 2 AEUV eine **„Untätigkeitsklage"** möglich, wenn die Kommission

es unterlassen hat, eine Entscheidung an den Kläger zu richten, die mindestens zwei Monate vor Einreichung der Klage beantragt worden ist. Wendet das BKartA EU-Recht an, so richten sich das Verfahren und die Rechtsmittel ausschließlich nach GWB; es ist also nicht möglich, gegen EU-rechtliche Entscheidungen des BKartA das Gericht der Europäischen Union anzurufen.

§ 74 Frist und Form

(1) **[1]Die Beschwerde ist binnen einer Frist von einem Monat bei der Kartellbehörde, deren Verfügung angefochten wird, schriftlich einzureichen. [2]Die Frist beginnt mit der Zustellung der Verfügung der Kartellbehörde. [3]Wird in den Fällen des § 36 Abs. 1 Antrag auf Erlaubnis nach § 42 gestellt, so beginnt die Frist für die Beschwerde gegen die Verfügung des Bundeskartellamts mit der Zustellung der Verfügung des Bundesministeriums für Wirtschaft und Energie. [4]Es genügt, wenn die Beschwerde innerhalb der Frist bei dem Beschwerdegericht eingeht.**

(2) **Ergeht entsprechend § 73 Absatz 3 Satz 2 auf einen Antrag keine Verfügung, so ist die Beschwerde an keine Frist gebunden.**

(3) **[1]Die Beschwerde ist innerhalb von zwei Monaten nach Zustellung der angefochtenen Verfügung zu begründen. [2]Im Fall des Absatzes 1 Satz 3 beginnt die Frist mit der Zustellung der Verfügung des Bundesministeriums für Wirtschaft und Energie. [3]Wird diese Verfügung angefochten, beginnt die Frist zu dem Zeitpunkt, zu dem die Untersagung unanfechtbar wird. [4]Im Fall des Absatzes 2 beträgt die Frist einen Monat; sie beginnt mit der Einlegung der Beschwerde. [5]Die Frist kann auf Antrag von dem oder der Vorsitzenden des Beschwerdegerichts verlängert werden.**

(4) **Die Beschwerdebegründung muss enthalten**

1. **die Erklärung, inwieweit die Verfügung angefochten und ihre Abänderung oder Aufhebung beantragt wird,**
2. **die Angabe der Tatsachen und Beweismittel, auf die sich die Beschwerde stützt.**

(5) **Die Beschwerdeschrift und die Beschwerdebegründung müssen durch einen Rechtsanwalt unterzeichnet sein; dies gilt nicht für Beschwerden der Kartellbehörden.**

§ 74 in der Fassung der 10. GWB-Novelle 2021 entspricht, von Änderungen in 1
den Verweisungen und der Streichung von Abs. 1 S. 3 aF abgesehen, § 66 aF.

1. Frist und Form der Beschwerde (Abs. 1 und 2)

a) Frist. Abs. 1 und 2 unterscheiden für die Frist zwischen der Anfechtungsbe- 2
schwerde (§ 73 Abs. 1) und der Verpflichtungsbeschwerde nach Ablehnung eines Antrags (§ 73 Abs. 3 S. 1) einerseits und allen anderen Beschwerdearten, denen keine Verfügung der Kartellbehörde vorangegangen ist, andererseits. Für die Anfechtungs- und Verpflichtungsbeschwerde nach Ablehnung eines Antrags gilt eine **Monatsfrist,** die mit der Zustellung der Verfügung der Kartellbehörde beginnt (Abs. 1 S. 2). Geht der Beschwerde keine Verfügung voraus, gibt es keine Fristbindung (Abs. 2). Für die Fristberechnung gilt über § 72 Nr. 2 § 222 ZPO, der seinerseits auf §§ 187–193 BGB verweist. Die Frist **beginnt mit der Zustellung** der Verfügung der Kartellbehörde (Abs. 1 S. 2) bzw. der Verfügung des BWM auf den Antrag auf Ministererlaubnis (Abs. 1 S. 3). Sie endet mit dem Ablauf des Tages des Folgemonats, der durch seine Zahl dem Tage der Zustellung entspricht (Zustellung 3.4., Fristende 3.5.). Fällt das Ende einer Frist auf einen Sonntag,

einen allgemeinen Feiertag oder einen Sonnabend, so endet die Frist mit Ablauf des nächsten Werktages (§ 222 Abs. 2 ZPO). Die Frist kann nicht verlängert werden; ggf. ist Wiedereinsetzung in den vorigen Stand möglich (§ 72 Nr. 2 iVm §§ 233 ff. ZPO; die Beschwerdefrist ist in analoger Anwendung des § 517 ZPO eine Notfrist iSv § 233 ZPO).

3 **b) Form.** Das Gesetz schreibt nicht vor, wie die Beschwerde zu formulieren ist. Es ist nicht notwendig, dass der Begriff „Beschwerde" verwendet wird; es muss jedoch hinreichend deutlich sein, dass der Beschwerdeführer ein **bestimmtes Verhalten der Kartellbehörde angreift** und eine **gerichtliche Entscheidung** darüber erstrebt. Ein bestimmter **Antrag gehört nicht zum Inhalt der Beschwerde,** sondern zur Beschwerdebegründung (Abs. 4). Die Beschwerde bedarf der **Schriftform,** dh der eigenhändigen und identifizierbaren Unterzeichnung; ein Faksimilestempel oder ein nur maschinengeschriebener Name reichen nicht aus. Eine Telekopie (Fax) reicht aus, wenn sie unmittelbar an die Stelle gerichtet ist, bei der die Beschwerde eingereicht werden kann; eine pdf-Kopie mit Unterschrift, die elektronisch übermittelt wird, reicht ebenso aus, aber nur wenn die E-Mail-Anschrift für den Zugang eröffnet ist (vgl. u.a. BVerfG NJW 1996, 2857; BGH NJW 1990, 188; vgl. zur identischen Rechtslage zur Berufung nach § 519 ZPO Zöller/Heßler ZPO § 519 Rn. 18). Die Beschwerde wird nicht beim Beschwerdegericht, sondern **bei der Kartellbehörde** eingereicht; allerdings wird die Monatsfrist nach S. 4 auch durch Einlegung der Beschwerde beim Beschwerdegericht gewahrt. Diese Regelung hat ihren Grund darin, dass im Zeitpunkt der Beschwerdeeinlegung das Gericht über den Vorgang noch nicht informiert ist; außerdem soll der Behörde Gelegenheit gegeben werden, die Verfügung noch aufzuheben und damit der Beschwerde abzuhelfen. Die Kartellbehörde leitet die Beschwerde zusammen mit den Akten an das Beschwerdegericht weiter.

4 **c) Frist bei Ministererlaubnisantrag.** Nach Abs. 1 S. 3 läuft die Frist dann, wenn nach Zustellung einer fusionskontrollrechtlichen Untersagungsverfügung nach § 36 Abs. 1 oder eine Auflösungsanordnung nach § 41 Abs. 3 Antrag auf Ministererlaubnis nach § 42 gestellt worden ist, mit der **Zustellung der Verfügung des BWM.** Diese Regelung war durch die 10. GWB-Novelle 2021 (S. 122) fälschlicherweise gestrichen worden: Dieses Redaktionsversehen wurde durch das Gesetz zur Errichtung und Führung eines Registers über Unternehmensbasisdaten vom 9.7.2021 korrigiert.

2. Beschwerdebegründung (Abs. 3 und 4)

5 Die Beschwerde muss begründet werden. Nach dem durch die 7. GWB-Novelle 2005 neu gefassten Abs. 3 beträgt die **Beschwerdebegründungsfrist zwei Monate,** die nach Zustellung der angefochtenen Verfügung beginnt. Bis zur 7. GWB-Novelle sah § 66 Abs. 3 aF vor, dass die Beschwerde binnen eines Monats nach ihrer Einlegung zu begründen war. Der Gesetzgeber hat § 66 Abs. 3 aF, jetzt § 74 den neu gefassten Berufungsfrist-Regelungen in § 522 Abs. 2 S. 1 ZPO und § 124a Abs. 3 S. 1 VwGO angeglichen. Danach ist die Begründungsfrist **nicht mehr davon abhängig, wann die Beschwerde eingelegt** wurde. Für den Fristbeginn gilt dasselbe wie für die Beschwerdefrist (→ Rn. 2). In den in Abs. 2 geregelten Fällen, in denen die Beschwerde sich dagegen richtet, dass die Kartellbehörde den Antrag auf Vornahme einer Verfügung ohne zureichenden Grund in angemessener Frist nicht beschieden hat, gilt keine Beschwerdefrist (Abs. 2); diese Beschwerde ist nach S. 4 **binnen eines Monats** nach Einlegung der Beschwerde zu begründen. In diesem Fall ist die Begründungsfrist ebenso zu berechnen wie im Falle des Abs. 1 die Beschwerdefrist (Einlegung der Beschwerde zB 3.5., Ablauf der Begründungsfrist 3.6.).

Die **Begründungsfrist** kann, anders als die Beschwerdefrist, auf Antrag von dem Vorsitzenden des Beschwerdegerichts **verlängert** werden (Abs. 3 S. 5). Auch mehrfache Verlängerung ist möglich; sie wird nach einer ersten Verlängerung in der Praxis nur mit Zustimmung des Beschwerdegegners gewährt. Die Beschwerdebegründung muss entweder beim **Gericht oder der Kartellbehörde** eingereicht werden, idealiter dort, wo sich die Beschwerde gerade befindet (allg. Meinung, Immenga/Mestmäcker/K. Schmidt/Wirtz Rn. 17; Bunte/Lembach Rn. 8). Wird die Frist versäumt, ist die Beschwerde unzulässig. Wird ein Antrag auf Verlängerung der Begründungsfrist nicht vor Ablauf der Frist beschieden, gilt die gesetzliche Frist; eine nachträgliche Verlängerung ist nicht möglich. Über § 7 Nr. 2 gelten die §§ 233 ff. ZPO über die Wiedereinsetzung in den vorigen Stand. 6

Das Gesetz schreibt für den **Inhalt der Beschwerdebegründung** in Abs. 4 nur vor, dass sie die Erklärung enthalten müsse, inwieweit die Verfügung angefochten und ihre Abänderung oder Aufhebung beantragt wird (Nr. 1). Das ist ein Beleg dafür, dass eine Verfügung auch nur **teilweise angefochten** werden kann, zB eine Kostenentscheidung nicht mit dem Ziel der Aufhebung, sondern nur der Herabsetzung der Gebühr (vgl. KG WuW/E 4995 (4996) – Geringe Anmeldegebühr). Diese Erklärung muss nicht in einem formellen Antrag enthalten sein; es reicht aus, wenn sie sich aus der Begründung entnehmen lässt (vgl. KG WuW/E 4859 (4861) – Versicherungsgebühren). Die Beschwerdebegründung muss außerdem die Tatsachen und Beweismittel angeben, auf die sich die Beschwerde stützt (Nr. 2). Nr. 1 macht nur Sinn für die Anfechtungsbeschwerde iSd § 63 Abs. 1; sie ist erweiternd dahin auszulegen, dass der Beschwerdegegenstand und das Begehren deutlich gemacht werden müssen. Nr. 2 verlangt ein **Minimum an sachlicher Begründung** (dazu auch KG WuW/E 5568 (5579) – Fernsehübertragungsrechte). Auch sie ist falsch formuliert, weil sie nur Sinn macht in Fällen, in denen Tatsachen streitig sind und deswegen Beweismittel in Betracht kommen. In Fällen, in denen es nur um Rechtsfragen geht, reicht es aus, wenn deutlich gemacht wird, inwieweit der Auffassung der Kartellbehörde widersprochen wird. Es gibt **keine Präklusion** in dem Sinne, dass der Beschwerdeführer gehindert wäre, nach Ablauf der Begründungsfrist weitere Tatsachen und Beweismittel vorzutragen (dazu BGH BeckRS 2013, 105 Rn. 30; Bunte/Lembach Rn. 10); das ergibt sich schon aus dem Untersuchungsgrundsatz des § 75, der nicht auf das beschränkt ist, was die Parteien vortragen. 7

Abs. 4 verlangt wesentlich **weniger als § 520 ZPO für die zivilprozessuale Berufungsbegründung.** Dort sind konkrete Ausführungen darüber erforderlich, in welchen Punkten tatsächlicher oder rechtlicher Art und warum das angefochtene Urteil nach Ansicht des Berufungsklägers unrichtig ist und welche Gründe er dem entgegensetzt (vgl. BGH NJW 1990, 2628). Je weniger vom Beschwerdeführer allerdings vorgetragen wird, desto geringer sind uU auch die gerichtlichen Ermittlungspflichten (vgl. dazu BGH WuW/E 990 (993) = NJW 1969, 1027 – Papierfiltertüten II). 8

3. Unterzeichnung durch Rechtsanwalt

Die Beschwerdeschrift und die Beschwerdebegründung müssen von einem **Rechtsanwalt** unterzeichnet sein (Abs. 5). Der frühere Zusatz „bei einem deutschen Gericht zugelassenen“ Rechtsanwalt ist entfallen. Es muss sich um einen von einer deutschen Rechtsanwaltskammer nach § 6 BRAO zugelassenen Rechtsanwalt handeln; das gilt auch für ausländische Anwälte, die unter den Voraussetzungen des § 4 BRAO als Rechtsanwälte zugelassen werden können. Beschwerden und Beschwerdebegründungen von Kartellbehörden können stattdessen von einem zeichnungsberechtigten Angehörigen unterzeichnet werden. Zum Anwaltszwang im Übrigen vgl. § 64. 9

§ 75 Untersuchungsgrundsatz

(1) **Das Beschwerdegericht erforscht den Sachverhalt von Amts wegen.**

(2) **Der oder die Vorsitzende hat darauf hinzuwirken, dass Formfehler beseitigt, unklare Anträge erläutert, sachdienliche Anträge gestellt, ungenügende tatsächliche Angaben ergänzt, ferner alle für die Feststellung und Beurteilung des Sachverhalts wesentlichen Erklärungen abgegeben werden.**

(3) [1]**Das Beschwerdegericht kann den Beteiligten aufgeben, sich innerhalb einer zu bestimmenden Frist über aufklärungsbedürftige Punkte zu äußern, Beweismittel zu bezeichnen und in ihren Händen befindliche Urkunden sowie andere Beweismittel vorzulegen.** [2]**Bei Versäumung der Frist kann nach Lage der Sache ohne Berücksichtigung der nicht beigebrachten Beweismittel entschieden werden.**

(4) [1]**Wird die Anforderung nach § 59 Absatz 5 oder die Anordnung nach § 59a Absatz 5 mit der Beschwerde angefochten, hat die Kartellbehörde die tatsächlichen Anhaltspunkte glaubhaft zu machen.** [2]**§ 294 Absatz 1 der Zivilprozessordnung findet Anwendung.** [3]**Eine Glaubhaftmachung ist nicht erforderlich, soweit § 20 voraussetzt, dass Unternehmen von Unternehmen in der Weise abhängig sind, dass ausreichende und zumutbare Ausweichmöglichkeiten nicht bestehen.**

(5) **Der Bundesgerichtshof kann in Verfahren nach § 73 Absatz 5 eine Stellungnahme der Monopolkommission einholen.**

1 § 75 Abs. 1–3 entspricht § 70 aF. Neu eingefügt wurde durch die 6. GWB-Novelle Abs. 4, und zwar im Wesentlichen zur Erleichterung der sog. „Ross-und-Reiter-Problematik" (→ Rn. 10).

1. Sachverhaltserforschung durch das Beschwerdegericht

2 Das Beschwerdegericht hat den Sachverhalt **von Amts wegen zu erforschen (Abs. 1),** allerdings nur im Rahmen der angefochtenen Verfügung und des Beschwerdeantrages. Es gibt keine formelle Darlegungs- und Beweislast der Verfahrensbeteiligten (vgl. dazu auch OLG Koblenz ZNER 2007, 182 (184); OLG Stuttgart ZNER 2007, 190 (195)). Das Beschwerdegericht ist aber nicht gehalten, die an sich der Kartellbehörde obliegende Sachverhaltsaufklärung erstmals durchzuführen; hat die Kartellbehörde den Sachverhalt überhaupt nicht ermittelt, ist das allein schon ein Aufhebungsgrund. Dasselbe gilt, wenn sich die Ermittlungen der Kartellbehörde als unverwertbar erweisen, weil die rechtliche Beurteilung des Beschwerdegerichts ganz andere Ermittlungen erfordert; dann kann das Beschwerdegericht „ausnahmsweise" die angefochtene Verfügung auch ohne Herbeiführung der Spruchreife in entsprechender Anwendung des § 113 Abs. 3 S. 1 VwGO aufheben, um der Kartellbehörde Gelegenheit zu geben, die Ermittlungen in einem neuen Verwaltungsverfahren nachzuholen (vgl. BGH WuW/E DE-R 1163 (1166) – HABET/Lekkerland). Auch ansonsten kann das Beschwerdegericht anstelle eigener Ermittlungen die Kartellbehörde veranlassen, selbst (Nach-)Ermittlungen durchzuführen, und diese dann auch verwerten (vgl. BGH WuW/E DE-R 1163 (1167); 2451 (2455) – E.ON/Stadtwerke Eschwege). Keinesfalls zwingt der **Untersuchungsgrundsatz** (Offizialmaxime) das Beschwerdegericht, im Beschwerdeverfahren nicht angegriffene Feststellungen der Kartellbehörde von Amts wegen zu überprüfen (BGH WuW/E DE-R 1520 (1522) – Arealnetz; 243 (247) – Pirmasenser Zeitung). Dem Beschwerdegericht obliegt eine Aufklärungs- und Ermittlungspflicht auch nur insoweit, als der „Vortrag der Beteiligten oder der Sachverhalt als solcher bei sorgfältiger Überlegung der sich aufdrängenden Gestaltungsmöglichkeiten dazu Anlass gibt" (BGH WuW/E 990 (993) – Papierfiltertüten II); es ist nicht verpflichtet, eine

unterblicbene Substantiierung und Konkretisierung eines nur allgemein erhobenen Vorwurfs durch eigene Ermittlungen herbeizuführen (BGH WuW/E 990 (993); 1269 (1274) – Fernost-Schifffahrtskonferenz; 1283 (1287) – Asbach uralt; OLG Koblenz ZNER 2007, 182 (185)). Das Beschwerdegericht hat die Möglichkeit, ergänzende Sachverhaltsermittlungen von der Kartellbehörde durchführen zu lassen. Wird eine Marktdatenerhebung durchgeführt, kann sich das Beschwerdegericht grds. darauf beschränken, die Ergebnisse dieser Erhebung zur Kenntnis zu nehmen und zu verwerten. Ob die Daten zuverlässig ermittelt worden sind, braucht es im Regelfall nicht nachzuprüfen. Dies hat nur dann zu erfolgen, wenn der Vortrag der Beteiligten oder der Sachverhalt als solcher bei sorgfältiger Überlegung der sich aufdrängenden Möglichkeiten dazu Anlass gibt (OLG Düsseldorf WuW/E DE-R 2798 (2804) – Bau- und Heimwerkermarkt; BGH WuW/E DE-R 2451 (2455 f.) – E.ON/Stadtwerke Eschwege). Die – zulässigen – Anträge bestimmen den Umfang der Ermittlungstätigkeit (OLG Düsseldorf WuW/E DE-R 2175 (2177) – Ulm/ Neu-Ulm).

Grundsätzlich hat das Beschwerdegericht nur **„Ergänzungsermittlungen"** durchzuführen, nicht „die erste richtige Sachaufklärung überhaupt" (KG WuW/E 1321 (1323) – Zahnbürsten; 1593 (1596) – Haushaltsmargarine; 1920 – Backwaren; 2140 (2143) – Einbauküchen; 4341 (4342)). Bei Ermittlung des gesamten Sachverhalts würde das Gericht „in unangemessener Weise die Funktionen der zuständigen Fachbehörde ausüben". Wenn es **Lücken** in den im Wesentlichen nicht zu beanstandenden Ermittlungen der Kartellbehörde gibt, sind diese durch das Beschwerdegericht selbst auszufüllen (vgl. BGH WuW/E DE-R 984 (988) – Konditionenanpassung). Anlass zur weiteren Erforschung des Sachverhalts besteht, wenn relevante **Sachverhaltsteile unklar oder streitig** sind. Die Kartellbehörde kann Gründe für ihre angefochtene Verwaltungsentscheidung nur insoweit „nachschieben", als sich dadurch das Wesen der Verfügung nicht ändert (vgl. zB KG WuW/E 2617 (2619) – Tankstellenpreise). Die Überprüfungsbefugnis (und -pflicht) kann aufgrund der Begründung der angefochtenen Verfügung begrenzt sein. Hat die Kartellbehörde die Verfügung ausdrücklich auf eine **bestimmte Rechtsgrundlage** gestützt und beschränkt, ist die Hilfsüberlegung, die Verfügung hätte sich auch auf eine andere Rechtsgrundlage stützen lassen, nicht zulässig (OLG Düsseldorf WuW/E DE-R 829 (831) – Freie Tankstellen unter Berufung auf BGH WuW/E 588 (591) – Fensterglas IV). Auf der anderen Seite ist das Beschwerdegericht nicht an den Vortrag des Beschwerdeführers und dessen Beweisanträge gebunden; es kann darüber hinausgehen 3

In Beschwerdeverfahren gegen **Fusionskontrollentscheidungen** ist zu differenzieren: Geht es um die **Untersagung** eines Zusammenschlusses, muss das Beschwerdegericht im Allgemeinen die tatsächlichen Voraussetzungen der Untersagung ermitteln; die Aufhebung setzt im Regelfall voraus, dass der Sachverhalt, den das BKartA der Untersagung zugrunde gelegt hat, nicht die Untersagung, sondern die Freigabe rechtfertigt. Ist dagegen eine **Freigabeentscheidung** angefochten, ist Voraussetzung für die Aufhebung dieser Entscheidung im Allgemeinen, dass nach dem zugrunde zu legenden Sachverhalt der Zusammenschluss hätte untersagt werden müssen. Sind für die Spruchreife noch weitere Ermittlungen erforderlich, so sind sie im Rahmen des Beschwerdeverfahrens durchzuführen (so BGH WuW/E DE-R 1163 (1166) – HABET/Lekkerland). In jedem Fall dient das Beschwerdeverfahren in der Fusionskontrolle nicht dazu, die sich aus der **Fristgebundenheit des Verwaltungsverfahrens** ergebende Beschränkung der Aufklärungsmöglichkeiten aufzuheben. Das Beschwerdegericht ist nicht zu Ermittlungen verpflichtet, die das BKartA während der vorgegebenen Prüfungszeit nicht hätte durchführen können (zB umfangreiche Verkehrsbefragungen, vgl. BGH WuW/E DE-R 1925 = AG 2007, 490 Rn. 15 – National Geographic II). 4

2. Beweisverfahren, Beweislast

5 **a) Beweismittel.** Das GWB verweist für „die Erledigung des Zeugen- und Sachverständigenbeweises sowie über die sonstigen Arten des Beweisverfahrens" auf die **§§ 355 ff. ZPO** (§ 72 Nr. 2). Hiernach und **entsprechend §§ 96 ff. VwGO** sind die dem Gericht zur Verfügung stehenden Beweismittel die Vernehmung von **Zeugen, Sachverständigen** und Beteiligten sowie der **Augenschein** und der **Urkundenbeweis.** Die **Ermittlungsergebnisse der Kartellbehörde,** insbes. die Ergebnisse formloser Befragungen, von Auskunftsverfahren oder Durchsuchungen und Beschlagnahmen (§§ 58, 59), sind **als solche keine Beweismittel.** Sind die in ihnen enthaltenen Aussagen streitig und besteht vernünftigerweise Anlass zu Zweifeln an ihrem Wahrheitsgehalt, muss – ggf. auch ohne entsprechende Anträge – mit den genannten prozessualen Beweismitteln nachermittelt werden. Förmliche Beweisbeschlüsse sind grds. nicht erforderlich, abgesehen vom Fall der Parteivernehmung (§ 450 ZPO); s. aber zur Einführung in die Hauptverhandlung § 82b.

6 **b) Beweislast.** Angesichts der Offizialmaxime gibt es grds. keine Beweislast einer Partei. Ausnahmsweise hat eine Partei aber doch die **prozessuale Beweislast** (Beweisführungslast), wenn die materielle Sachnorm den Unternehmen diese Last ausdrücklich auferlegt (§ 36 Abs. 1 S. 2 Nr. 1 und 3, → § 36 Rn. 40, § 18 Abs. 7, → § 18 Rn. 77). Das Gericht hat zwar auch hier auf eine vollständige Aufklärung des Sachverhalts hinzuwirken; es ist zur Beweiserhebung über streitige Tatsachen aber nicht verpflichtet, wenn die beweisführungspflichtigen Unternehmen keine entsprechenden Beweisanträge stellen. Die **materielle Beweislast** (Risiko der Unaufklärbarkeit) geht idR zulasten der Kartellbehörde. Anderes kann außer in den genannten Fällen der **Beweislastumkehr** bei der „einfachen" Marktbeherrschungsvermutung des § 18 Abs. 4 gelten: Sie entfaltet ihre Wirkung, „wenn das Gericht nach der ihm obliegenden freien Würdigung des gesamten Verfahrensergebnisses eine marktbeherrschende Stellung des Unternehmens weder auszuschließen noch zu bejahen vermag" (BGH WuW/E 1749 (1754) – Klöckner/Becorit; → § 18 Rn. 72; zur Beweislast bei den Freistellungsvoraussetzungen des § 2 → § 2 Rn. 7).

7 **c) Ermittlungen der Kartellbehörde.** Zur Frage, ob die **Kartellbehörde während des Gerichtsverfahrens** weitere Ermittlungen auf der Grundlage der §§ 57–59, 59a, 59b durchführen kann → § 59 Rn. 9. Die 7. GWB-Novelle hat in § 59 Abs. 1 klargestellt, dass die **Kartellbehörde** auch **während des Gerichtsverfahrens** Auskunftsbefugnisse gegenüber den Parteien und Dritten hat. Ihre Ergebnisse sind allerdings keine im Gerichtsverfahren unmittelbar verwertbaren Beweismittel; sind die Ermittlungsergebnisse streitig, muss das Gericht selbst die entsprechenden Beweise erheben.

8 **d) Maßgebender Zeitpunkt.** Bei der **Anfechtungsbeschwerde** ist maßgebender Zeitpunkt für die Berücksichtigung von Tatsachen grds. der Zeitpunkt des Erlasses der Verwaltungsentscheidung (vgl. für eine Verfügung nach § 36 Abs. 1 gegen einen vollzogenen Zusammenschluss BGH WuW/E 2734 (2747) – Stormarner Tageblatt), je nach materieller Rechtslage aber auch ein früherer Zeitpunkt wie der Vollzug eines Zusammenschlusses (vgl. dazu BGH WuW/E 2783 (2789 f.) – Warenzeichenerwerb). Berücksichtigt werden müssen also alle Tatsachen, die objektiv in diesem Zeitpunkt schon vorlagen. Anderes gilt bei **Verpflichtungsbeschwerden** sowie bei **Anfechtungsbeschwerden gegen Verwaltungsakte mit Dauerwirkung** und noch nicht vollzogene Verwaltungsakte, die auf ein einmaliges Gebot oder Verbot gerichtet sind; hier kommt es auf den Zeitpunkt der letzten mündlichen Verhandlung des Beschwerdegerichts an (vgl. BGH WuW/E DE-R 1163 (1169 f.) – HABET/Lekkerland; WuW/E 2031 (2032) – Springer/Elbe Wochenblatt; OLG Düsseldorf WuW/E DE-R 829 (831) – Freie Tankstellen; KG WuW/E 2607 (2611) – Raffinerie-Abnahmepreise; 4919 (4939) – Pauschalreiseveranstalter II). In

der **Fusionskontrolle** ist die **Untersagungsverfügung ein Verwaltungsakt mit Dauerwirkung** (vgl. BGH WuW/E DE-R 1419 (1421) – Trans-o-flex), die **Freigabeverfügung aber nicht.** Geht es bei einer Untersagung um die Frage, ob ein Zusammenschlusstatbestand verwirklicht wurde, liegt insoweit keine Dauerwirkung vor. Dafür und für die Freigabeverfügung kommt es auf den Zeitpunkt der BKartA-Verfügung an. Spätere Veränderungen der Wettbewerbsverhältnisse sind unbeachtlich, wenn sie neu eine Untersagung begründen würden (dazu BGH WuW/E DE-R 1419 (1421) – Trans-o-flex); würden sie erstmals eine Freigabe rechtfertigen, müssen sie beachtet werden, weil der Zusammenschluss bei Neuanmeldung (die möglich wäre) freigegeben werden müsste. Zum maßgebenden Zeitpunkt bei der Fortsetzungsfeststellungsbeschwerde → § 76 Rn. 15.

3. Erleichterungen in der Beweisführung (Abs. 4)

Abs. 4 ist durch die **6. GWB-Novelle 1998** neu in das Gesetz eingefügt worden. 9
Der Regierungsentwurf sah zunächst nur die S. 1 u. 2 vor, die die so genannte „Ross-und-Reiter-Problematik" im Auskunftsverfahren lösen sollten. S. 3 ist erst während des weiteren Gesetzgebungsverfahrens eingefügt worden.

a) Schutz anonymer Beschwerdeführer (S. 1 und 2). Abs. 4 hat **insgesamt** 10
nur Bedeutung für Beschwerden im Zusammenhang mit **Auskunfts- und Nachprüfungsverfahren nach §§ 59 ff.** Nach dessen Abs. 6 iVm Abs. 1 Nr. 1 können die Kartellbehörden von Unternehmen bestimmte Auskünfte verlangen; nach § 59 Abs. 5 iVm Abs. 1 Nr. 2 können sie bei Unternehmen und Unternehmensvereinigungen geschäftliche Unterlagen einsehen und prüfen. Dafür sind Verfügungen iSv § 61 Abs. 1 erforderlich, die je nach der Entscheidungsbildung der Kartellbehörde entweder „Beschluss" (BKartA) oder „Einzelverfügung" (Bundesministerium für Wirtschaft, Landeskartellbehörde) sind. In der Verfügung nach § 59a Abs. 4 selbst hat die Behörde (noch) keine Nachweise über die sie rechtfertigenden Tatsachen zu führen. Wird die Verfügung aber nach § 73 angefochten, muss die Kartellbehörde nachweisen, dass die sie rechtfertigenden tatsächlichen und rechtlichen Voraussetzungen vorliegen. Dieser Nachweis wird ihr durch Abs. 4 erleichtert. Es reicht nach S. 1 aus, dass, soweit es um Tatsachen geht, „die tatsächlichen Anhaltspunkte glaubhaft" gemacht werden. Das bedeutet nach § 294 Abs. 1 ZPO, auf den in S. 2 verwiesen wird, dass sich die Kartellbehörden aller Beweismittel bedienen können, einschließlich der Versicherung an Eides statt. Die Vorschrift ist hauptsächlich motiviert durch die sog. **„Ross-und-Reiter-Problematik"** (dazu Begr. z. RegE BR-Drs. 852/97, 67; BKartA TB 1997/1998, 31). Der Kartellbehörde soll durch die Möglichkeit der Glaubhaftmachung insbes. ermöglicht werden, **Beschwerdeführer nicht zu nennen** (→ § 54 Rn. 2; zum Informantenschutz auch im Bußgeldverfahren Saller BB 2013, 1160). Sie kann hiernach alle Tatsachen, die auf eine Identifikation des Beschwerdeführers hinausliefen, durch andere Beweismittel glaubhaft zu machen versuchen, insbes. auch durch eine die Identifikation nicht ermöglichende eidesstattliche Versicherung eines Beamten. Für eine Anwendung des Abs. 4 S. 1 **außerhalb dieses Schutzzweckes für anonym bleiben wollende Beschwerdeführer** gibt es keinen Grund. Insbesondere kann Abs. 4 S. 1 nicht in dem Sinne ausgelegt werden, dass die Beweisanforderungen im Auskunftsverfahren generell gemildert wurden. Es muss also in jedem Falle ein zu beweisender oder – im Hinblick auf den Beschwerdeführer – glaubhaft zu machender „Anfangsverdacht" vorliegen (→ § 59 Rn. 7).

b) Glaubhaftmachung der Unternehmensabhängigkeit (S. 3). Abs. 4 S. 3 11
bezieht sich auf den **Abhängigkeitstatbestand des § 20 Abs. 1,** wonach das Diskriminierungs- und Behinderungsverbot des § 19 Abs. 2 Nr. 1 auch für abhängige Unternehmen und Unternehmensvereinigungen gilt. Das Gleiche gilt für § 20

Abs. 2, der mit dem Wort „abhängig" auf einen entsprechenden Sachverhalt verweist, nicht aber für die Fälle des § 20 Abs. 3 und 4. Wenn die Kartellbehörde **zur Anwendung des § 20 eine Auskunfts- oder Prüfungs-Verfügung nach § 59 Abs. 5 oder § 59a Abs. 4** erlässt und diese angefochten wird, reicht es für den „Anfangsverdacht" (→ § 59 Rn. 7) aus, dass die Kartellbehörde die Abhängigkeit nur schlüssig ohne tatsächlichen Nachweis behauptet und begründet und sich im Übrigen auf die Darlegung und den Nachweis des Anfangsverdachts für die anderen Tatbestandsmerkmale beschränkt. Abs. 4 S. 3 hat **keine Bedeutung** für Beschwerdeverfahren gegen **Hauptsacheverfügungen,** die sich auf § 20 Abs. 2 stützen (so auch Immenga/Mestmäcker/K. Schmidt/Wirtz Rn. 14, 16); er soll lediglich die Vorbereitung einer solchen Verfügung dadurch erleichtern, dass die Kartellbehörde nicht schon im ersten Zuge die Abhängigkeit wenigstens im Sinne einer Glaubhaftmachung belegen muss.

4. Verfahrensführung (Abs. 2, 3)

12 Nach Abs. 2 hat der Vorsitzende des Beschwerdegerichts darauf hinzuwirken, dass Formfehler beseitigt, unklare Anträge erläutert, **sachdienliche Anträge** gestellt, ungenügende tatsächliche Angaben ergänzt und alle für die Feststellung und Beurteilung des Sachverhalts wesentlichen Erklärungen abgegeben werden. Das ist nicht nur Ausfluss der Verpflichtung des Beschwerdegerichts, den Sachverhalt von Amts wegen zu erforschen, sondern auch der prozessualen **Mitwirkungspflicht der Beteiligten;** ihre Mitwirkung muss vom Vorsitzenden geleitet, mitgestaltet und koordiniert werden. Davon ist die Verpflichtung des Beschwerdegerichts nach Abs. 3 nicht scharf zu trennen; sie ist Ausfluss des gleichen Gedankens. Das Gericht kann **Fristen** für bestimmte Erklärungen setzen; bei Versäumung der Frist kann „nach Lage der Sache ohne Berücksichtigung der nicht beigebrachten Beweismittel entschieden werden". Das bedeutet nicht, dass stets eine der säumigen Partei ungünstige Annahme getroffen werden kann; vielmehr ist dann der Sachverhalt so zugrunde zu legen, wie er sich für das Gericht ohne die weitere Aufklärung ergibt.

5. EU-Recht

13 Im Verfahren vor dem Gericht und dem Gerichtshof gehen die Gerichte **nur den Rügen („Klagegründe") des Klägers nach** und halten sich nicht für befugt, außerhalb dieser Rügen selbst den Sachverhalt voll aufzuklären. Soweit der Kläger nicht rügt, wird von den Feststellungen der Kommission ausgegangen.

§ 76 Beschwerdeentscheidung

(1) **[1]Das Beschwerdegericht entscheidet durch Beschluss nach seiner freien, aus dem Gesamtergebnis des Verfahrens gewonnenen Überzeugung. [2]Der Beschluss darf nur auf Tatsachen und Beweismittel gestützt werden, zu denen die Beteiligten sich äußern konnten. [3]Das Beschwerdegericht kann hiervon abweichen, soweit Beigeladenen aus wichtigen Gründen, insbesondere zur Wahrung von Betriebs- oder Geschäftsgeheimnissen, Akteneinsicht nicht gewährt und der Akteninhalt aus diesen Gründen auch nicht vorgetragen worden ist. [4]Dies gilt nicht für solche Beigeladene, die an dem streitigen Rechtsverhältnis derart beteiligt sind, dass die Entscheidung auch ihnen gegenüber nur einheitlich ergehen kann.**

(2) **[1]Hält das Beschwerdegericht die Verfügung der Kartellbehörde für unzulässig oder unbegründet, so hebt es diese auf. [2]Hat sich die Verfügung vorher durch Zurücknahme oder auf andere Weise erledigt, so spricht das Beschwerdegericht auf Antrag aus, dass die Verfügung der Kartellbehörde**

unzulässig oder unbegründet gewesen ist, wenn der Beschwerdeführer ein berechtigtes Interesse an dieser Feststellung hat.

(3) **Hat sich eine Verfügung nach den §§ 32 bis 32b oder § 32d wegen nachträglicher Änderung der tatsächlichen Verhältnisse oder auf andere Weise erledigt, so spricht das Beschwerdegericht auf Antrag aus, ob, in welchem Umfang und bis zu welchem Zeitpunkt die Verfügung begründet gewesen ist.**

(4) **Hält das Beschwerdegericht die Ablehnung oder Unterlassung der Verfügung für unzulässig oder unbegründet, so spricht es die Verpflichtung der Kartellbehörde aus, die beantragte Verfügung vorzunehmen.**

(5) **[1]Die Verfügung ist auch dann unzulässig oder unbegründet, wenn die Kartellbehörde von ihrem Ermessen fehlsamen Gebrauch gemacht hat, insbesondere, wenn sie die gesetzlichen Grenzen des Ermessens überschritten oder durch die Ermessensentscheidung Sinn und Zweck dieses Gesetzes verletzt hat. [2]Die Würdigung der gesamtwirtschaftlichen Lage und Entwicklung ist hierbei der Nachprüfung des Gerichts entzogen.**

(6) **Der Beschluss ist zu begründen und mit einer Rechtsmittelbelehrung den Beteiligten zuzustellen.**

Übersicht

1. Überblick

§ 76, bis zur 10. GWB-Novelle 2021 § 71, entspricht § 70 in der bis zur 6. GWB- **1**
Novelle 1998 geltenden Fassung. Er regelt im Wesentlichen den Abschluss des Beschwerdeverfahrens durch die Entscheidung des Gerichts, die in der **Form eines Beschlusses** ergeht. Die Vorschriften über das rechtliche Gehör in Abs. 1 S. 2 betreffen aber eher das Verfahren als den Verfahrensabschluss. Sie sind in der 5. GWB-Novelle 1989 durch die Sätze 3 und 4 erweitert worden, und zwar durch eine im Hinblick auf die Beigeladenen differenzierte Regelung. Die Möglichkeit einer Feststellungsentscheidung nach Erledigung der Verfügung wurde durch die 4. GWB-Novelle 1980 im Hinblick auf Missbrauchsverfügungen nach § 22 Abs. 5 aF und § 103 Abs. 6 aF (heute nur noch § 32 iVm § 19 Abs. 1 und 4) durch einen

neuen Abs. 3 so erweitert, dass auch der Beschwerdegegner (oder möglicherweise sogar ein Dritter → Rn. 19) einen Feststellungsantrag gegen den Beschwerdeführer stellen kann. Abs. 2 S. 2 hat nach überwiegender Auffassung auch Rückwirkungen auf die Zulassung der **„Fortsetzungsfeststellungsbeschwerde"** als quasi selbstständiger Beschwerdeart. Die 7. GWB-Novelle 2005 hat in Abs. 1 den Begriff der „Fabrikationsgeheimnisse" gestrichen und in Abs. 3 die Aufzählung der erfassten Verfügungsarten der geänderten Rechtslage angepasst.

2. Form der Entscheidung (Abs. 1 S. 1, Abs. 6)

2 Das Beschwerdegericht entscheidet **immer durch Beschluss,** unabhängig davon, ob eine mündliche Verhandlung stattgefunden hat oder nicht. Der Beschluss steht aber, wenn er das Verfahren in der Hauptsache abschließt, weitgehend einem Urteil im Sinne der ZPO und der VwGO gleich. Der Beschluss ist zu **begründen** und mit einer Rechtsmittelbelehrung zu versehen. Fehlt die Begründung, so ist der Beschluss auch ohne Zulassung mit der Rechtsbeschwerde anfechtbar (§ 77 Abs. 4 Nr. 6). Dem Fehlen von Gründen steht gleich, wenn die Begründung zum vorher verkündeten Beschluss erst mehr als fünf Monate nach der mündlichen Verhandlung zur Geschäftsstelle gelangt (so BGH NJW 1987, 2446; BVerwG NJW 1991, 310 (313); die hiervon abweichende Rspr. des BGH in WuW/E 2150 (2151) – Edelstahlbestecke ist durch die neuere zivil- und verwaltungsgerichtliche Rspr. überholt). Abs. 6 erwähnt nicht die **Verkündung des Beschlusses,** die immer dann erforderlich ist, wenn eine mündliche Verhandlung stattgefunden hat (entsprechend § 310 ZPO); wird gem. § 65 Abs. 1 Hs. 2 ohne mündliche Verhandlung entschieden, genügt die **Zustellung.** In jedem Falle ist der (verkündete oder nicht verkündete) Beschluss allen Beteiligten (§ 63) zuzustellen. Erst dann wird der Beschluss im Verhältnis zu den Beteiligten wirksam. Der zugestellte Beschluss muss eine Rechtsmittelbelehrung enthalten. Ihr Fehlen hat aber keine Wirkungen, insbes. hindert sie den Fristlauf für die Rechtsbeschwerde nach § 79 Abs. 3 nicht; das ist angesichts der obligatorischen Vertretung durch Anwälte hinnehmbar.

3. Rechtliches Gehör (Abs. 1 S. 2–4)

3 **a) Keine Überraschungsentscheidung.** Auch wenn das Beschwerdegericht nach Abs. 1 S. 1 „nach seiner freien, aus dem Gesamtergebnis des Verfahrens gewonnenen Überzeugung" entscheidet, darf der Beschluss nach S. 2 **nur auf Tatsachen und Beweismittel gestützt** werden, zu denen die Beteiligten **sich äußern konnten.** Erforderlich ist nicht eine Äußerung der Beteiligten, sondern nur die Möglichkeit dazu. Das setzt voraus, dass den Beteiligten der gesamte Streitstoff zugänglich war, insbes. durch die Möglichkeit des Zugangs zu den dem Gericht vorliegenden Behörden- und Gerichtsakten. Unterlagen, die die Kartellbehörde als geheim deklariert und mit deren Offenlegung gegenüber den Beschwerdeführern sie nicht einverstanden ist, können nicht verwertet werden; sie werden deswegen im Allgemeinen vom Gericht auch nicht zur Kenntnis genommen.

4 Ob eine Verpflichtung zur **Offenlegung aller rechtlichen Gesichtspunkte** besteht, die in der Entscheidung berücksichtigt werden, ist streitig; die hM lehnt sie mit der Einschränkung ab, dass **Überraschungsentscheidungen nicht zulässig** sind (vgl. dazu Immenga/Mestmäcker/K. Schmidt/Wirtz Rn. 2 mwN). UE lässt sich die Verpflichtung zur Offenlegung der rechtlichen Erwägungen, die das Gericht anstellt, nicht unmittelbar aus Abs. 1 S. 2 herleiten; er bezieht sich nur auf „Tatsachen und Beweismittel". Neue rechtliche Erwägungen müssen vor Gericht jedenfalls dann den Beteiligten vor der Entscheidung mitgeteilt werden, wenn sie Anlass sein könnten für neuen Tatsachenvortrag; dann ergibt sich diese Pflicht primär aus der Offizialmaxime des § 75. Außer diesem Fall besteht eine Pflicht zur Mitteilung

eines rechtlichen Gesichtspunktes nur, wenn mit ihm auch ein gewissenhafter und kundiger Prozessbeteiligter selbst unter Berücksichtigung der Vielfalt vertretbarer Rechtsauffassungen nicht zu rechnen brauchte (stRspr des BVerfG, s. etwa BVerfG GRUR-RR 2009, 441 Rn. 8; NJW 1991, 2823 f.). Ob das Gericht dem Vortrag der Beteiligten in materiell-rechtlicher Hinsicht die richtige Bedeutung beimisst, ist dagegen keine Frage des rechtlichen Gehörs (BVerfG GRUR-RR 2009, 441 Rn. 5; vgl. dazu auch BGH WuW/E DE-R 2879 Rn. 23 – Kosmetikartikel). Wenn gegen eine Entscheidung, die unter Verletzung des Anspruchs auf rechtliches Gehör zustande gekommen ist, kein Rechtsmittel gegeben ist, kann nach § 69 die Anhörungsrüge erhoben werden.

b) Beigeladene. Bis zur 5. GWB-Novelle 1989 hat das Gesetz im rechtlichen Gehör nicht differenziert zwischen den einzelnen Verfahrensbeteiligten, obwohl die Regelung der Akteneinsicht des § 72 Abs. 3 aF Beschränkungen zulasten der Beigeladenen ermöglichte. Die Verweigerung der Akteneinsicht hatte zur Folge, dass das Gericht die darin enthaltenen Tatsachen und Beweismittel wegen § 71 Abs. 1 S. 2 aF, der keine Ausnahmen kannte, zur Stützung eines Beschlusses nicht mehr verwenden durfte. Deshalb sieht Abs. 1 S. 3 vor, dass Beigeladenen insoweit kein rechtliches Gehör gewährt werden muss, als dies „zur **Wahrung von Betriebs- oder Geschäftsgeheimnissen**" gerechtfertigt ist. Bis zur 7. GWB-Novelle 2005 erwähnte Abs. 1 S. 3 auch „Fabrikationsgeheimnisse". Da diese „Betriebsgeheimnisse" sind, wurden die Fabrikationsgeheimnisse als überflüssig gestrichen. Diese Regelung gilt nur für die Beigeladenen, nicht für die anderen Beteiligten, insbes. nicht für den Beschwerdeführer, und nach S. 4 auch nicht für solche Beigeladene, denen gegenüber die Entscheidung nur einheitlich ergehen kann, die also notwendig beteiligt sind (→ § 54 Rn. 13). Erforderlich ist eine **gerichtliche Abwägung** zu der Frage, ob die Interessen der „einfachen" Beigeladenen, sich zum entscheidungserheblichen Sachverhalt zu äußern, hinter den Interessen anderer Verfahrensbeteiligter oder Dritter an der Geheimhaltung von Tatsachen und Beweismitteln zurückzutreten haben. Berührt eine Entscheidung – wie im Regelfall – nur begrenzte wirtschaftliche Interessen der Beigeladenen, so wird eine Einschränkung ihrer Äußerungsmöglichkeiten zumeist zulässig sein und ein Vorrang der Interessen der durch die Entscheidung unmittelbar in ihren Rechten Betroffenen anzunehmen sein (vgl. RegBegr. z. E der 5. GWB-Novelle BT-Drs. 11/4610, 25). 5

4. Inhalt der Entscheidung (Abs. 2 S. 1, Abs. 4)

Hat eine **Anfechtungsbeschwerde** Erfolg, weil die Verfügung der Kartellbehörde unzulässig oder unbegründet war, so hebt sie das Beschwerdegericht auf (Abs. 2 S. 1). Das Beschwerdegericht kann die **Verfügung** also nur **aufheben;** es ist nicht befugt, anstelle der Behörde eine eigene, von ihm als sachdienlich erachtete Verfügung zu treffen (BGH WuW/E 2869 (2871) – Pauschalreisen-Vermittlung II). Das Gericht darf dementsprechend nicht den Regelungsgehalt der Verfügung ändern, der sich aus dem Tenor und den Gründen ergibt (vgl. auch BGH WuW/E 3009 (3011) – Stadtgaspreis Potsdam); ist es der Meinung, dass der konkrete Regelungsgehalt nicht rechtmäßig ist, hat es die Verfügung aufzuheben (vgl. auch BGH WuW/E 2535 (2541) – Lüsterbehangsteine). Ist auf eine **Verpflichtungsbeschwerde** die Sache noch nicht spruchreif, so kann analog § 113 Abs. 4 S. 2 VwGO ein **Bescheidungsbeschluss** ergehen, **keine Zurückverweisung an die Kartellbehörde** (dazu Immenga/Mestmäcker/K. Schmidt/Wirtz Rn. 19; vgl. auch Bunte/Lembach Rn. 34). Hat die Verpflichtungsbeschwerde Erfolg, so spricht das Beschwerdegericht die Verpflichtung der Kartellbehörde aus, die beantragte Verfügung vorzunehmen (Abs. 4). Soweit **Leistungs- und Feststellungsbeschwerden** möglich sind, wird die Verpflichtung der Kartellbehörde zur Vornahme der entsprechenden Leistung ausgesprochen bzw. die beantragte Feststellung im Tenor vorge- 6 nommen. Ist die Beschwerde unzulässig, so wird sie verworfen, ist sie unbegründet, so wird sie **zurückgewiesen.**

7 Hat die Kartellbehörde in Überschreitung ihrer Befugnisse nicht ein Verbot, sondern das Gebot der Vornahme einer bestimmten Handlung ausgesprochen, so kann das Beschwerdegericht auf die Anfechtungsbeschwerde hin allein dieses Gebot aufheben, nicht aber das Verbot selbst aussprechen (BGH WuW/E 1435 (1438) – Vitamin B 12; 1345 – Polyester-Grundstoffe). Ist eine angefochtene Verfügung nur teilweise rechtswidrig, wird sie auch nur teilweise aufgehoben (entsprechend § 113 Abs. 1 S. 1 VwGO, vgl. BGH WuW/E 1435 (1438) – Vitamin B 12). Sachliche Grenzen für den Entscheidungsinhalt ergeben sich auch aus dem **Verbot der Schlechterstellung (reformatio in peius),** das sich daraus ergibt, dass das Beschwerdegericht nur innerhalb des durch die Beschwerde vorgegebenen Rahmens entscheiden darf (dazu BGH WuW/E 3009 (3014) – Stadtgaspreis Potsdam); dieses Verbot ist im Rechtsbeschwerdeverfahren nicht verletzt, wenn der Antrag als unbegründet statt als unzulässig abgelehnt wird.

5. Erledigung der Verfügung (Abs. 2 S. 2)

8 **a) Erledigung und Erledigungserklärung.** § 76 spricht in Abs. 2 S. 2 und Abs. 3 von „Erledigung". Die Erledigung kann sich grds. sowohl auf die **Verfügung der Kartellbehörde** (das legt der Wortlaut nahe) als auch auf das **Beschwerdeverfahren** beziehen. Während die Erledigung der Verfügung regelmäßig einen Fall der Erledigung auch des Beschwerdeverfahrens darstellen kann, setzt die Erledigung des Beschwerdeverfahrens nicht stets die Erledigung der Verfügung voraus, sondern kann auch aus anderen Gründen eintreten.

9 Abs. 2 S. 2 und Abs. 3 setzen die **Erledigung der Verfügung** voraus und regeln nur die prozessualen Auswirkungen dieser Erledigung auf das Beschwerdeverfahren. Die kartellbehördliche Verfügung ist ein Verwaltungsakt, das Beschwerdeverfahren ein kartellrechtliches Verwaltungsgerichtsverfahren (→ § 73 Rn. 2). Deshalb kann auf die aus dem Verwaltungs(prozess)recht bekannten Begriffe zurückgegriffen werden. Eine Erledigung der kartellbehördlichen Verfügung tritt danach ein, wenn diese keine rechtlichen Wirkungen mehr äußern kann und deshalb gegenstandslos geworden ist (vgl. BGH WuW/E DE-R 1783 (1785) – Call Option; OLG Düsseldorf WuW/E DE-R 781 (782) – Wal-Mart; 829 (830) – Freie Tankstellen; 1435 (1436) – Agrana/Atys; 2630 (2634) – EDEKA/Plus). Das ist insbes. der Fall, wenn die Kartellbehörde die Verfügung zurücknimmt oder verbindlich erklärt, dass sie keine Rechte aus der Verfügung ableitet (dazu BGH WuW/E DE-R 2161 (2162) – Tariftreueerklärung) oder die Geltungsdauer der Verfügung abgelaufen ist. Erfasst sind aber auch alle anderen Ereignisse, die die Beschwer oder das Betroffensein des Beschwerdeführers nachträglich beseitigen, so insbes. in **Fusionskontrollfällen,** wenn die Beteiligten oder einer von ihnen ihr Vorhaben endgültig aufgegeben haben (BGH WuW/E DE-R 2221 = WRP 2008, 497 = BB 2008, 749 f. Rn. 8 – Springer/ProSieben Sat 1; OLG Düsseldorf WuW/E DE-R 1435 (1436) – Agrana/Atys; → Rn. 14). Eine solche Aufgabe liegt aber nicht vor, wenn die Beteiligten nach Erlass der Untersagungsverfügung eine Zwischenlösung herbeiführen und über diese – nach fusionskontrollrechtlicher Freigabe – wirtschaftlich doch das ursprüngliche Vorhaben realisieren (vgl. BGH WuW/E DE-R 1783 = AG 2006, 938 Rn. 13 – Agrana/Atys gegen OLG Düsseldorf WuW/E DE-R 1435 (1436) – Agrana/Atys). Die Anfechtungsbeschwerde gegen eine Untersagung im Fusionskontrollverfahren erledigt sich mit der Erteilung der Ministererlaubnis (OLG Düsseldorf NZKart 2017, 542 – Edeka/Tengelmann; dazu Gieseler NZKart 2018, 33). Liegt eine Erledigung der Verfügung in diesem Sinne vor, sind ihre **Auswirkungen auf das Beschwerdeverfahren** zu prüfen. Sowohl Zulässigkeit als auch Begründetheit der Beschwerde

setzen grds. voraus, dass die angefochtene Verfügung noch nicht erledigt ist, sodass die Beschwerde an sich zu verwerfen bzw. zurückzuweisen wäre.

Der Beschwerdeführer kann das **Beschwerdeverfahren** auch **einseitig für erledigt** erklären. Darin ist eine (zulässige) Änderung des Anfechtungsantrags in einen Antrag auf Feststellung der Erledigung zu sehen, ggf. verbunden mit dem Antrag auf Feststellung, dass die Verfügung unzulässig oder unbegründet war. Dieser ist begründet, wenn eine Erledigung tatsächlich eingetreten ist. Ist die Erledigung tatsächlich nicht eingetreten, ist eine Äußerung des Beschwerdeführers herbeizuführen, ob er den ursprünglichen Beschwerdeantrag weiterverfolgt. Unerheblich ist in Übereinstimmung mit der verwaltungsgerichtlichen Praxis grds., ob die Beschwerde ursprünglich begründet war (BGH WuW/E 2211 (2213) = GRUR 1986, 393 (395) – Philipp Morris/Rothmans; WuW/E 2497 (2500) – GEMA-Wertungsverfahren; 2620 (2621) – Springer/Kieler Zeitung). Anderes gilt aber, wenn entsprechend Abs. 2 S. 2 derjenige, der die Erledigung erklärt hat, über ein näher zu bestimmendes **Feststellungsinteresse** verfügt (→ Rn. 13). 10

Davon abweichend trifft Abs. 3 für **Abstellungsverfügungen und andere Verfügungen nach §§ 32–32b und 32d** eine Sonderregelung; ein **gesondertes Feststellungsinteresse** ist in diesen Fällen für die Prüfung der Begründetheit der kartellbehördlichen Verfügung **nicht nachzuweisen.** Unabhängig von dieser **objektiven Erledigung** ist die Erledigung des Beschwerdeverfahrens, die sich aus einer **beidseitigen Erledigungserklärung** ergibt (vgl. BGHZ 65, 30 (31) = WuW/E 1367 – Zementverkaufsstelle Niedersachsen). In diesem Fall ist das Gericht an die Erklärungen gebunden und darf nicht prüfen, ob eine Erledigung des Beschwerdeverfahrens tatsächlich vorliegt. Das Beschwerdegericht entscheidet nur noch über die Kosten des Verfahrens. Die Rspr. geht teilweise davon aus, dass im Falle **beidseitiger Erledigungserklärungen** die Erklärung des Beschwerdeführers mit einem **Fortsetzungsfeststellungsantrag iSv Abs. 2 S. 2** verbunden werden könne (vgl. nur KG WuW/E OLG 4640 (4641) – Hamburger Benzinpreise). Sie sei dann als teilweise Aufrechterhaltung des ursprünglichen Beschwerdebegehrens in Form des Feststellungsbegehrens auszulegen (so Immenga/Mestmäcker/K. Schmidt/Wirtz Rn. 23). Dem hat sich das OLG Düsseldorf angeschlossen (OLG Düsseldorf WuW/E DE-R 829 (831) – Freie Tankstellen). Die Entscheidung ist insoweit widersprüchlich, als das OLG einerseits die tatsächliche Erledigung der Hauptsache prüft, andererseits seine Befugnis hierzu aufgrund der übereinstimmenden Erledigungserklärung verneint. 11

b) Zeitpunkt der Erledigung. Nach dem Wortlaut des Abs. 2 S. 2 muss die **Erledigung nach Einlegung der Beschwerde** eingetreten sein. Das würde bedeuten, dass gegen eine Verfügung, die sich **vor Einlegung der Beschwerde erledigt,** keine Rechtsschutzmöglichkeiten mehr bestünden. Um das zu vermeiden, lässt die hM auch in diesem Falle eine („Fortsetzungs-")**Feststellungsbeschwerde** grds. zu (vgl. BGH WuW/E 1556 (1558) – Weichschaum III; KG WuW/E 3217 (3220 f.); 4640 (4641) – Hamburger Benzinpreise II). Außerdem wird S. 2 auch angewendet auf **Verpflichtungsbeschwerden,** bei denen es nicht um die Erledigung der Verfügung vor Beschwerdeentscheidung gehen kann, sondern um die **Erledigung des behaupteten Rechts** auf Vornahme der Verfügung (vgl. § 73 Abs. 3 S. 1; BGH WuW/E 1556 (1558); WuW/E DE-R 919 (922) – Stellenmarkt für Deutschland). Erforderlich ist ein Antrag des Beschwerdeführers; der Beschwerdegegner oder andere Verfahrensbeteiligte können das Beschwerdeverfahren (Hauptsache) nicht für erledigt erklären, da sie über den Streitgegenstand nicht verfügungsberechtigt sind. Die Erledigung als solche reicht nicht aus, um einen besonderen Feststellungsbeschluss des Beschwerdegerichts zu rechtfertigen. 12

c) Berechtigtes Interesse. Der Beschwerdeführer muss außerdem ein „berechtigtes Interesse" an der Feststellung des Gerichts haben, dass die Verfügung unzuläs- 13 sig oder unbegründet gewesen ist (bzw. im Falle der erledigten Verpflichtungsbeschwerde, dass die Kartellbehörde die betreffende Verfügung hätte erlassen müssen). Dieses Interesse muss (noch) im Zeitpunkt der letzten mündlichen Verhandlung der verfahrensabschließenden Instanz vorliegen, ggf. also den mündlichen Verhandlungen vor dem BGH (BGH WuW/E DE-R 2905 Rn. 6 – Rhonak/GN Resound). Dafür genügt **jedes vernünftigerweise anzuerkennende Interesse rechtlicher, wirtschaftlicher oder ideeller Art** (vgl. BGH WuW/E DE-R 919 (922) – Stellenmarkt für Deutschland; KG WuW/E 5495 (5501 f.) – Fortsetzungsfeststellungsinteresse). Dieses berechtigte Interesse kann sich insbes. daraus ergeben, dass der Beschwerdeführer im Hinblick auf sein zukünftiges Verhalten – insbes. bei der Absicht, das untersagte Verhalten bei nächster Gelegenheit zu wiederholen, und der Erwartung, dass die Kartellbehörde erneut eine Verfügung erlassen wird – wissen muss, ob sein vergangenes rechtmäßig war oder nicht (**Wiederholungsgefahr;** vgl. BGH WuW/E DE-R 919 (922) – Stellenmarkt für Deutschland; WuW/E 1367 (1368) – Zementverkaufsstelle Niedersachsen; KG WuW/E 4907 (4911) – Offizieller Volleyball; eine rein abstrakte Wiederholungsgefahr genügt aber nicht, vgl. KG WuW/E 5497 (5501) – Fortsetzungsfeststellungsinteresse), im Hinblick auf behauptete **Schadensersatzansprüche** (vgl. BGH WuW/E DE-R 1058 (1060) – Radio Aachen: Feststellungsinteresse des BKartA im Hinblick auf mögliche Schadensersatzansprüche des durch die Verfügung Begünstigten; BGH WuW/E 1556 (1561) – Weichschaum III), eine Mehrerlösabschöpfung (dazu BGH WuW/E 3009 (3013) – Stadtgaspreis Potsdam) oder eine Rufschädigung, die sich durch die gerichtliche Feststellung ausräumen lässt (dazu KG WuW/E 1074 (1075 f.) – Feuerfeste Steine; OLG Hamburg WuW/E 4713 ff. (4714 f.)). Bei Beschwerden gegen einen **Auskunftsbeschluss** nach § 59 Abs. 1 tritt die Erledigung auch nach Erteilung der Auskünfte nicht ein, solange das Hauptsacheverfahren anhängig ist (BGH WRP 2007, 1224 (1226 f.) = RdE 2007, 349 – Auskunftsverlangen, zum Energiewirtschaftsrecht). Ist das Hauptsacheverfahren (noch) nicht (mehr) anhängig, kann sich bei schon erteilten Auskünften das Feststellungsinteresse aus einem bei Erfolg bestehenden Verwertungsverbot ergeben (vgl. KG WuW/E 2433 (2435) – Metro-Kaufhof). Nicht ausreichend ist das abstrakte Interesse an der Klärung einer Rechtsfrage (KG WuW/E 5225 (5227) – Bekanntmachungsgebühr). Die Zulässigkeit einer Fortsetzungsfeststellungsbeschwerde kann zeitlich befristet sein bis zum Ablauf der Anfechtungsfrist der erledigten Verfügung (KG WuW/E 5225 (5227) – Bekanntmachungsgebühr).

14 In **Fusionskontroll-Untersagungsfällen** ist früher das Interesse an der **Feststellung,** dass die (erledigte) Untersagung unbegründet war, tendenziell verneint worden (vgl. OLG Düsseldorf WuW/E DE-R 1435 (1438 f.) – Agrana/Atys; 1705 – Springer/ProSiebenSat.1); inzwischen wird es aufgrund der Rspr. des BGH deutlich großzügiger beurteilt. Im Falle Agrana/Atys hat der BGH schon die Erledigung des Verfahrens verneint, wenn das Zusammenschlussvorhaben nicht insgesamt aufgegeben worden ist, sondern durch Zwischenlösungen so umgestaltet wurde, dass es im wirtschaftlichen Ergebnis doch noch weitgehend realisiert werden konnte. Die Ausführungen, aufgrund derer die Erledigung verneint wurde, sind in ähnlich gelagerten Fällen auch für die Bejahung des Feststellungsinteresses relevant (BGH WuW/E DE-R 1783 (1785 f.) – Call Option). Noch deutlicher ist die Entscheidung im Falle Springer/ProSiebenSat.1. Hier hat der BGH das Feststellungsinteresse allein auch im Hinblick darauf bejaht, dass der Beschwerdeführer im Hinblick auf spätere, entsprechende, wenn auch derzeit noch nicht absehbaren Zusammenschlussvorhaben daran interessiert ist, die Entscheidungsgründe der angefochtenen Verfügung auszuräumen (BGH WuW/E DE-R 2221 = WRP 2008, 497 (498 f.) = BB 2008, 749 f. – Springer/ProSiebenSat.1; vgl. dazu auch BGH WuW/E DE-R 3067 (3068) – Springer/ProSieben II; OLG Düsseldorf WuW/E DE-R 2630 (2634 f.) – EDEKA/Plus; vgl. dazu auch Herrlinger WuW

2013, 332). Das Interesse besteht aber nicht mehr, wenn sich die aus der rechtlichen Sicht der Kartellbehörde für die Untersagung **maßgeblichen Gesamtumstände,** insbes. die Marktverhältnisse, so **wesentlich geändert** haben, dass die frühere Beurteilung für die spätere Prüfung eines erneuten, entsprechenden Zusammenschlussvorhabens keine Bedeutung mehr haben kann (BGH WuW/E DE-R 2905 (2906 f.) – Phonak/GN Store; 3097 (3100 f.) – Edeka/Plus). Diese Voraussetzung ist nicht gegeben, wenn aufgrund des speziellen Sachverhalts ein gleichartiges Zusammenschlussvorhaben wie das untersagte nicht mehr möglich erscheint (BGH WuW/E DE-R 3097 (3101)). Das Interesse kann sich aber wegen der präjudiziellen Wirkung für Amtshaftungsansprüche ergeben (OLG Düsseldorf NZKart 2017, 542 – Edeka/Tengelmann).

d) Maßgeblicher Zeitpunkt für die Beschwerdeentscheidung. Für die Beschwerdeentscheidung ist auf den Zeitpunkt abzustellen, der ohne den Eintritt der Erledigung maßgebend gewesen wäre. Es ist somit danach zu unterscheiden, ob es sich bei der erledigten Verfügung um eine solche **mit Dauerwirkung** gehandelt hat – in diesem Fall hat das Gericht zu prüfen, ob die angefochtene Verfügung vor ihrer Erledigung rechtswidrig war – oder ob es um eine Verfügung **ohne Dauerwirkung** geht – in diesem Fall kommt es auf den Zeitpunkt der kartellbehördlichen Entscheidung an (vgl. OLG Düsseldorf WuW/E DE-R 2477 (2479 f.) – Phonak/ReSound). In der Fusionskontrolle ist die Untersagung ein Verwaltungsakt mit Dauerwirkung, sodass im Verfahren der (Fortsetzungs-)Feststellungsbeschwerde auf den Zeitpunkt der Erledigung abzustellen ist. 15

e) Zulässigkeit der Beschwerde. Die Feststellungen nach Abs. 2 S. 2 (und Abs. 3) setzen nach der Rspr. des BGH (BGH WuW/E 2211 (2213) – Morris-Rothmans; 2620 (2621) – Springer-Kieler Zeitung) nicht voraus, dass die Beschwerde **vor Erledigung zulässig** war. Zwar könne das Gericht nur entscheiden, wenn das Rechtsmittel zulässig war; andererseits setze der Begriff der Erledigung der Hauptsache im Kartellverwaltungsrecht nicht voraus, dass das Beschwerde- und Rechtsbeschwerdebegehren bis zu dem Erledigungsereignis zulässig und begründet war. Es ist nach der Erledigung nur noch über die Frage zu entscheiden, ob die Verfügung keine Wirkungen mehr äußern kann und deshalb gegenstandslos ist. 16

f) Erledigung in der Rechtsbeschwerdeinstanz. Die Erledigung der Hauptsache kann auch noch in der Rechtsbeschwerdeinstanz erklärt werden. Das gilt sowohl für die übereinstimmende beidseitige Erledigungserklärung als auch für die einseitige Erledigungserklärung des Rechtsbeschwerdeführers, wenn das erledigende Ereignis außer Streit ist (dazu BGH WuW/E 2211 (2213) – Morris/Rothmans; 2620 (2621) – Springer-Kieler Zeitung). Widerspricht der Gegner, so muss das Gericht entscheiden, ob aufgrund des unstreitigen Sachverhalts die Erledigung eingetreten ist. Ist das erledigende Ereignis streitig, kann das Rechtsbeschwerdegericht darüber nicht Beweis erheben; bei Schlüssigkeit der auf das streitige Ereignis gestützten Erledigungserklärung hat das Rechtsbeschwerdegericht den Rechtsstreit vielmehr an das Beschwerdegericht zurückzuverweisen. 17

6. Erledigung von Abstellungsverfügungen

Die Regelung des § 76 Abs. 3 beschränkte sich bis zur 6. GWB-Novelle 1998 auf Missbrauchsverfügungen nach § 22 Abs. 5 aF und § 103 Abs. 6 aF. Aufgrund der 6. GWB-Novelle galt sie allgemein für „Verfügungen nach **§ 32**“, also nicht nur für die Untersagungsverfügung wegen verbotenen Missbrauchs nach § 19, sondern auch für Untersagungsverfügungen, die sich materiell auf Verstöße zB gegen §§ 1, 14 aF und § 20 stützen. Seit der 7. GWB-Novelle 2005 gilt Abs. 3 für alle Verfügungen nach den **§§ 32–32b** und **32d, unabhängig von ihrem materiellen Hinter-** 18

grund. Nicht erfasst ist § 32c, weil die Entscheidung, dass kein Anlass für die Kartellbehörde zum Tätigwerden besteht, von Gesetzes wegen unter dem Vorbehalt „neuer Erkenntnisse" steht.

19 Die Regelung des Abs. 3 geht über die Regelung des Abs. 2 in mehrfacher Hinsicht hinaus: Einmal ist die Feststellungsentscheidung **auf Antrag** nicht nur des Beschwerdeführers möglich, sondern **auch des Beschwerdegegners oder eines anderen Verfahrensbeteiligten** als des Beschwerdeführers. Ein nicht am Verfahren beteiligter Dritter hat kein Antragsrecht (aA Bunte/Lembach Rn. 64 für Dritte, die nach § 33a schadensersatzberechtigt sein können; Immenga/Mestmäcker/K. Schmidt/Wirtz Rn. 35a; Loewenheim/Meessen/Riesenkampff/Kersting/Meyer-Lindemann/Kühnen § 71 Rn. 46). Der Antragsteller muss, anders als der Beschwerdeführer nach Abs. 2, nicht ein berechtigtes Interesse dartun; das Interesse wird von Gesetzes wegen vermutet. Außerdem bezieht sich die Feststellung nicht wie nach Abs. 2 nur darauf, ob die Verfügung unzulässig oder unbegründet gewesen ist, sondern auch darauf, **„in welchem Umfang und bis zu welchem Zeitpunkt"** die Verfügung begründet gewesen ist (vgl. dazu auch Begr. z. RegE der 4. GWB-Novelle BT-Drs. 8/2136, 30). Die Feststellung nach Abs. 3 setzt voraus, dass die Beschwerde zulässig war (→ Rn. 16).

7. Ermessensnachprüfung (Abs. 5)

20 **a) Umfang.** Zweck und Inhalt des Abs. 5 sind im Einzelnen stark umstritten (vgl. Immenga/Mestmäcker/K. Schmidt/Wirtz Rn. 37 ff.; Bunte/Lembach Rn. 66 ff.). Im Hinblick darauf, dass bei Erlass des Gesetzes in der Dogmatik noch nicht streng unterschieden wurde zwischen Handlungsermessen und Beurteilungsspielräumen, spielt diese Unterscheidung für Abs. 5 keine Rolle. S. 1 ist im Sinne einer **umfassenden Rechtskontrolle** auszulegen (vgl. auch Wiedemann KartellR-HdB/Klose § 54 Rn. 108: umfassende Rechtskontrolle und in gewissen Grenzen Zweckmäßigkeitskontrolle; Bunte/Lembach Rn. 66 ff.); gerichtlich nicht oder nur beschränkt überprüfbare Ermessens- und Beurteilungsspielräume gibt es grds. nicht (vgl. BGHZ 49, 367 (369) – Fensterglas II; Bornkamm ZWeR 2010, 34 (36)). Das wird als Regel auch durch die Ausnahme in S. 2 (→ Rn. 21) bestätigt (dazu Nothdurft FS Hirsch, 2008, 285 (286)). **Gerichtsfreie Beurteilungsspielräume** gibt es **nicht.** Dem steht nicht entgegen, dass das Gericht nicht sein Ermessen an die Stelle der Kartellbehörde setzten darf; es wird geprüft, ob die Kartellbehörde „ihr Ermessen rechtswidrig, als auch dahin, ob sie es verwaltungswidrig, also unzweckmäßig ausgeübt hat" (KG WuW/E OLG 2021 (2022) – Bahnhofsbuchhandel). Nach wohl hM unterliegt das **Aufgreif- oder Entschließungsermessen** keiner gerichtlichen Nachprüfung. Das Gericht soll also nicht prüfen können, ob es ermessensfehlerhaft war, überhaupt ein Verfahren einzuleiten (so Immenga/Mestmäcker/K. Schmidt/Wirtz Rn. 44). Das entspricht nicht der im Grundsatz berechtigten Rspr. BGH WuW/E 1758 (1762) – Schleifscheiben und Schleifkörper; KG WuW/E DE-R 124 (129); vgl. auch KG NJW-RR 1991, 1069). Wenn der Kartellbehörde – wie allgemein in den Fällen des § 32 im Gegensatz zB zu § 36 – ein Ermessen darüber eingeräumt ist, ob sie tätig wird, gibt es keinen Grund, Abs. 5 nicht auch auf diese Fälle des Aufgreifermessens anzuwenden (im Ergebnis so auch Loewenheim/Meessen/Riesenkampff/Kersting/Meyer-Lindemann/Kühnen § 71 Rn. 51; Schulte/Just/Peter Rn. 12). Vom Ermessen kann zB fehlsamer Gebrauch gemacht sein, wenn eine Abstellungsverfügung unverhältnismäßig ist und gegen das Übermaßverbot verstößt (BGH WuW/E 1758 (1762)) oder Wirkungen zeitigt, die zu einer **negativeren wettbewerblichen Bilanz** führen als die Unterlassung der Verfügung.

21 **b) Gesamtwirtschaftliche Lage.** Als Ausnahme von S. 1 sieht S. 2 vor, dass die „Würdigung der gesamtwirtschaftlichen Lage und Entwicklung" der Nachprüfung

des Gerichts entzogen ist. Damit sollen ihrer Natur nach politische Wertungen nicht verrechtlicht werden. Das bedeutet aber nicht, dass das Gericht dort machtlos wäre, wo solche politischen Erwägungen keinen Platz haben. Vielmehr sind sie nur dort der gerichtlichen Nachprüfung entzogen, wo sie vom Tatbestand her erforderlich sind, wie früher in § 8 Abs. 1 idF bis zur 7. GWB-Novelle 2005 und **heute nur noch in § 42 Abs. 1,** aber nur insoweit, als sich die dort genannten Begriffe mit wirtschaftspolitischen Gesichtspunkten überschneiden. S. 2 macht deutlich, dass Abs. 5 auch auf gebundene Entscheidungen anwendbar ist, bei denen Ermessen keine Rolle spielt, wohl aber unbestimmte Rechtsbegriffe (vgl. dazu auch Kleinmann/Bechtold § 24 Rn. 365).

8. EU-Recht

Der Grundsatz des rechtlichen Gehörs im Verwaltungs- und Gerichtsverfahren ist auch im EG-Recht voll anerkannt. Ähnlich wie in § 76 Abs. 1 S. 3 und 4 wird allerdings sowohl im Verwaltungs- als auch im Gerichtsverfahren ein **Geschäftsgeheimnisschutz** gegenüber Unternehmen angewendet, die als betroffene Dritte bzw. als Streithelfer beteiligt sind (vgl. Art. 93 § 3 der Verfahrensordnung des Gerichtshofes und Art. 116 § 2 der Verfahrensordnung des Gerichts). Auf eine (Anfechtungs-)Nichtigkeitsklage wird die angefochtene Entscheidung für nichtig erklärt (Art. 263 Abs. 1 AEUV). Auf eine Verpflichtungsklage nach Art. 265 Abs. 3 AEUV wird die Verpflichtung der Kommission ausgesprochen, die beantragte Entscheidung vorzunehmen. Besondere Vorschriften über die **Erledigung** der Verfügung oder der Hauptsache gibt es **nicht.** Das Gericht und der Gerichtshof neigen dazu, der Kommission relativ weite Ermessens- und Beurteilungsspielräume zuzubilligen, deren Ausfüllung nur auf Ermessensmissbrauch geprüft wird. 22

Abschnitt 4. Rechtsbeschwerde und Nichtzulassungsbeschwerde

§ 77 Zulassung, absolute Rechtsbeschwerdegründe

(1) [1]**Gegen Beschlüsse der Oberlandesgerichte findet die Rechtsbeschwerde an den Bundesgerichtshof statt, wenn das Oberlandesgericht die Rechtsbeschwerde zugelassen hat.** [2]**Für Beschlüsse des Landessozialgerichts in Streitigkeiten, die die freiwillige Vereinigung von Krankenkassen nach § 158 des Fünften Buches Sozialgesetzbuch betreffen, gilt § 202 Satz 3 des Sozialgerichtsgesetzes.**

(2) **Die Rechtsbeschwerde ist zuzulassen, wenn**
1. **eine Rechtsfrage von grundsätzlicher Bedeutung zu entscheiden ist oder**
2. **die Fortbildung des Rechts oder die Sicherung einer einheitlichen Rechtsprechung eine Entscheidung des Bundesgerichtshofs erfordert.**

(3) [1]**Über die Zulassung oder Nichtzulassung der Rechtsbeschwerde ist in der Entscheidung des Oberlandesgerichts zu befinden.** [2]**Die Nichtzulassung ist zu begründen.**

(4) **Einer Zulassung zur Einlegung der Rechtsbeschwerde gegen Entscheidungen des Beschwerdegerichts bedarf es nicht, wenn einer der folgenden Mängel des Verfahrens vorliegt und gerügt wird:**
1. **wenn das beschließende Gericht nicht vorschriftsmäßig besetzt war,**
2. **wenn bei der Entscheidung ein Richter mitgewirkt hat, der von der Ausübung des Richteramtes kraft Gesetzes ausgeschlossen oder wegen Besorgnis der Befangenheit mit Erfolg abgelehnt war,**
3. **wenn einem Beteiligten das rechtliche Gehör versagt war,**

4. **wenn ein Beteiligter im Verfahren nicht nach Vorschrift des Gesetzes vertreten war, sofern er nicht der Führung des Verfahrens ausdrücklich oder stillschweigend zugestimmt hat,**
5. **wenn die Entscheidung aufgrund einer mündlichen Verhandlung ergangen ist, bei der die Vorschriften über die Öffentlichkeit des Verfahrens verletzt worden sind, oder**
6. **wenn die Entscheidung nicht mit Gründen versehen ist.**

1. Überblick

1 § 77 in der Nummerierung der 10. GWB-Novelle 2021 entspricht § 74 aF. Durch die 7. GWB-Novelle 2005 wurde die frühere Einschränkung, dass die Rechtsbeschwerde nur gegen **„in der Hauptsache erlassene"** Beschlüsse der Oberlandesgerichte möglich ist, gestrichen. Mit der Rechtsbeschwerde können nur Rechtsverletzungen geltend gemacht werden; sie entspricht der **Revision** des Zivil- und Verwaltungsprozesses. Rechtsbeschwerdegericht ist der **BGH,** in Fusionskontrollfällen über „die freiwillige Vereinigung von Krankenkassen" (→ § 35 Rn. 28 und → § 73 Rn. 17) nach dem durch die 8. GWB-Novelle neu eingeführten Abs. 1 S. 2 iVm § 202 S. 3 SGG das **BSG.**

2. Zugelassene Rechtsbeschwerde (Abs. 1–3)

2 **a) Zulassung durch das Beschwerdegericht.** Die Rechtsbeschwerde setzt die Zulassung voraus. Etwas anderes gilt nach Abs. 4 nur bei grundlegenden Verfahrensfehlern. Die Zulassung erfolgt durch das Beschwerdegericht, nicht etwa den BGH als Rechtsbeschwerdeinstanz. Der **BGH** (bzw. das BSG, → Rn. 1) ist **an die Zulassungsentscheidung gebunden.** Die Entscheidung über die Zulassung erfolgt üblicherweise in dem Beschluss, um dessen Anfechtung es geht; ist das nicht geschehen, so kann sie nicht nachgeholt werden.

3 **b) Gegen alle Beschlüsse, nicht nur in der Hauptsache.** Bis zur 7. GWB-Novelle 2005 konnte die Rechtsbeschwerde nur zugelassen werden bei „in der Hauptsache erlassenen" Beschlüssen (so auch weiterhin im Energiewirtschaftsrecht nach § 86 Abs. 1 EnWG). Die Rechtsbeschwerde war also nicht möglich bei „in der Nebensache" erlassenen Beschlüssen, also solchen in **Nebenverfahren,** die verfahrensrechtlich und materiell in einem Abhängigkeitsverhältnis von dem (Hauptsache-)Verfahren standen. Das hatte insbes. Bedeutung für einstweilige Anordnungen, Anordnungen der aufschiebenden Wirkung (dazu zB BGH WuW/E DE-R 2133 – Sulzer/Kelmix), des Sofortvollzugs, Beschlüsse über Kosten und Gebühren und – in der Praxis besonders wichtig – bei **Auskunftsbeschlüssen** nach § 59 (dazu allerdings differenzierend BGH WuW/E 1161 (1162) – Feuerfeste Steine; 1982 (1983) – HARIBO; KG WuW/E 2433 (2439) – Metro-Kaufhof; 2441 (2446) – Schulbuch-Vertrieb). Die **Streitwertfestsetzung** des Beschwerdegerichts nach dem GKG kann (im Gegensatz zur Kostenentscheidung nach § 71, → § 71 Rn. 11) nicht mit der Rechtsbeschwerde angefochten werden; insoweit enthalten § 68 Abs. 1 S. 5 GKG, § 66 Abs. 3 GKG eine abschließende Regelung (BGH BeckRS 2007, 11390). Das Gleiche gilt für alle das **Verfahren betreffenden Zwischenentscheidungen** des Beschwerdegerichts wie zB die Ablehnung einer Akteneinsicht (BGH WuW/E DE-R 2551 (2552) – Wehrhahn/Norddeutsche Mischwerke; → § 70 Rn. 4). Gegen eine **Zwischenentscheidung** des Kartellbeschwerdegerichts **in einem anhängigen Verfahren auf vorläufigen Rechtsschutz,** die bis zur endgültigen Entscheidung über den Eilantrag die aufschiebende Wirkung der Beschwerde anordnet **(„Hängebeschluss"),** ist die **Rechtsbeschwerde statthaft** (BGH NZKart 2021, 115 – Facebook II).

Die Worte „die in der Hauptsache erlassenen“ (Beschlüsse) wurden für die 7. GWB-Novelle 2005 auf Initiative des Bundesrates gestrichen (vgl. dazu BT-Drs. 15/3640, zu § 74 Abs. 1, WuW-Sonderheft, 223; vgl. dazu K. Schmidt DB 2007, 2188). Grund dafür war die Erfahrung, dass in Nebenverfahren **auch Rechtsfragen von grundsätzlicher Bedeutung** entschieden wurden, die dadurch nicht vom BGH überprüft werden konnten. Das bezog sich insbes. auch auf die Rspr. des OLG Düsseldorf zur **einstweiligen Anordnung** und zur **Herstellung der aufschiebenden Wirkung** bei fusionskontrollrechtlichen Freigabebeschlüssen des BKartA. Durch derartige Entscheidungen „in der Nebensache“ wurden viele Fälle praktisch endgültig entschieden, weil die am Verfahren beteiligten Unternehmen schon aus zeitlichen Gründen keine Möglichkeit hatten, das Hauptsacheverfahren einschließlich eines Rechtsbeschwerdeverfahrens durchzuführen. Freilich wird bei Entscheidungen „in der Nebensache“ häufig auch die Grundsätzlichkeit der Rechtsfragen zweifelhaft sein, sodass diese materielle Voraussetzung für die Zulassung der Rechtsbeschwerde dann nicht vorliegen wird. Die Grundsätzlichkeit der Rechtsfrage kann aber nicht allein damit verneint werden, dass die angefochtene Entscheidung des Oberlandesgerichts „in der Nebensache“ ergangen ist. 4

c) Zulassungsgründe. Das Beschwerdegericht hat die Rechtsbeschwerde zuzulassen, wenn **„eine Rechtsfrage von grundsätzlicher Bedeutung“** zu entscheiden ist (Nr. 1). Das ist der häufigste Zulassungsgrund. Diese Voraussetzung liegt vor, wenn in der Entscheidung entscheidungserhebliche Rechtsfragen behandelt worden sind, die **über den Einzelfall hinaus** von Bedeutung sind, sich also voraussichtlich in einer Vielzahl anderer Fälle stellen werden und nach dem Stand der höchstrichterlichen Rspr. noch offen sind (BGH WuW/E DE-R 703 (707) – Puttgarden II; WuW/E 213 f. – Sportartikelfachgeschäft; 2906 (2908) – Lüdenscheider Taxen). Dabei kann es nur um Rechtsfragen, nicht um Tatsachenfragen gehen, auch nicht um die Rüge mangelnder Sachverhaltsaufklärung (vgl. dazu BGH WuW/E 2602). Die Rechtsbeschwerde ist außerdem zuzulassen, wenn „die Fortbildung des Rechts oder die **Sicherung einer einheitlichen Rspr.** eine Entscheidung des Bundesgerichtshofes erfordert“ (Nr. 2). Meist wird in diesen Fällen auch eine Rechtsfrage von grundsätzlicher Bedeutung vorliegen; darüber hinaus kommt diese Voraussetzung in Betracht, wenn der Beschluss des Beschwerdegerichts eine entscheidungserhebliche Rechtsauffassung äußert, die von der des BGH oder anderer Oberlandesgerichte abweicht. Die Zulassung der Rechtsbeschwerde kann auf einen rechtlich und tatsächlich selbstständigen **Teil des Gesamtstreitstoffs beschränkt** werden, auf den der Rechtsmittelführer selbst das Rechtsmittel beschränken könnte (BGH WuW/E DE-R 1681 (1683) – DB Regio/üstra). 5

3. Zulassungsfreie Rechtsbeschwerde (Abs. 4)

Ist die Rechtsbeschwerde nicht zugelassen, kann gegen die Nicht-Zulassung nach § 78 Nichtzulassungsbeschwerde eingelegt werden. Die Rechtsbeschwerde ist ohne Zulassung möglich, wenn eine der **Voraussetzungen in Abs. 4 Nr. 1–6** vorliegt. Liegen diese Gründe vor, so rechtfertigen sie nicht nur die Zulässigkeit der Rechtsbeschwerde, sondern zugleich auch die notwendige Aufhebung der angefochtenen Entscheidung des Beschwerdegerichts. In den Fällen des Abs. 4 kommt es daher niemals zu Sachentscheidungen des Rechtsbeschwerdegerichts, sondern nur zur Aufhebung der Beschwerdeentscheidung und der Zurückverweisung an das Beschwerdegericht. 6

Die **Gründe für die zulassungsfreie Rechtsbeschwerde** entsprechen im Wesentlichen dem Katalog der **absoluten Revisionsgründe in § 547 ZPO,** erweitert um die Versagung des rechtlichen Gehörs in Nr. 3. Sie liegt nicht vor, wenn das Beschwerdegericht im Rahmen der Akteneinsicht kein Zwischenverfahren nach § 70 Abs. 2 S. 4 durchgeführt hat (BGH BeckRS 2010, 5789 Rn. 18 f. – Kosmeti- 7 kartikel). Der Katalog ist **abschließend;** es gibt keine Gründe für eine zulassungsfreie Rechtsbeschwerde außerhalb des Abs. 4. Von Bedeutung ist das Fehlen von Gründen in Nr. 6, weil ein Urteil, dessen Begründung erst mehr als fünf Monate nach der mündlichen Verhandlung zur Geschäftsstelle gelangt, als nicht mit Gründen versehen anzusehen ist (→ § 71 Rn. 2; BGH NJW 1987, 2446 gegen BGH WuW/E 2150 (2151) – Edelstahlbestecke).

§ 78 Nichtzulassungsbeschwerde

(1) **Die Nichtzulassung der Rechtsbeschwerde kann von den am Beschwerdeverfahren Beteiligten durch Nichtzulassungsbeschwerde angefochten werden.**

(2) [1]**Über die Nichtzulassungsbeschwerde entscheidet der Bundesgerichtshof durch Beschluss, der zu begründen ist.** [2]**Der Beschluss kann ohne mündliche Verhandlung ergehen.**

(3) [1]**Die Nichtzulassungsbeschwerde ist binnen einer Frist von einem Monat schriftlich bei dem Oberlandesgericht einzulegen.** [2]**Die Frist beginnt mit der Zustellung der angefochtenen Entscheidung.**

(4) [1]**Die Nichtzulassungsbeschwerde ist innerhalb von zwei Monaten nach Zustellung der Entscheidung des Beschwerdegerichts zu begründen.** [2]**Die Frist kann auf Antrag von dem oder der Vorsitzenden verlängert werden.** [3]**In der Begründung der Nichtzulassungsbeschwerde müssen die Zulassungsgründe des § 77 Absatz 2 dargelegt werden.**

(5) **Die Nichtzulassungsbeschwerdeschrift und -begründung müssen durch einen Rechtsanwalt unterzeichnet sein; dies gilt nicht für Nichtzulassungsbeschwerden der Kartellbehörden.**

(6) [1]**Wird die Rechtsbeschwerde nicht zugelassen, so wird die Entscheidung des Oberlandesgerichts mit der Zustellung des Beschlusses des Bundesgerichtshofs rechtskräftig.** [2]**Wird die Rechtsbeschwerde zugelassen, so wird das Verfahren als Rechtsbeschwerdeverfahren fortgesetzt.** [3]**In diesem Fall gilt die form- und fristgerechte Einlegung der Nichtzulassungsbeschwerde als Einlegung der Rechtsbeschwerde.** [4]**Mit der Zustellung der Entscheidung beginnt die Frist für die Begründung der Rechtsbeschwerde.**

1. Überblick

1 § 78 in der Fassung der 10. GWB-Novelle 2021 entspricht in weiten Teilen § 75 aF. Nach § 77 Abs. 1 ist die **Rechtsbeschwerde nur zulässig,** wenn sie vom Beschwerdegericht **zugelassen** worden ist. Wird sie nicht zugelassen, so ist gegen diesen Beschluss nach § 78 Abs. 1 Nichtzulassungsbeschwerde möglich. Das dadurch ausgelöste Verfahren bezieht sich nur auf die Frage, ob das Beschwerdegericht die Zulassung zu Recht oder zu Unrecht abgelehnt hat; für die Entscheidung über die Nichtzulassungsbeschwerde gelten somit dieselben Gesichtspunkte wie nach § 77 Abs. 4 (→ § 77 Rn. 6 f.) für die Entscheidung des Beschwerdegerichts über die Zulassung (vgl. BGH WuW/E 1867 (1869) – Levi's Jeans). Die Zulassung der Rechtsbeschwerde kann **nicht von der Erfolgsaussicht des beabsichtigten Rechtsmittels abhängig** gemacht werden; es kommt also nicht darauf an, ob die Angriffe, die der Rechtsmittelführer gegen den Hauptsache-Beschluss aus verfahrens- oder materiell-rechtlichen Gründen erheben zu können glaubt, berechtigt sind (BGH WuW/E 1982 – Haribo; 2729 (2742) – Rechtsbeschwerde). Die Möglichkeit, gegen einen Beschluss, der die Rechtsbeschwerde nicht zugelassen hat, selbstständige Nichtzulassungsbeschwerde zu erheben, **hemmt dessen Rechtskraft.** Er wird erst rechtskräftig, wenn die Frist für die Nichtzulassungsbeschwerde abgelaufen ist oder

bei Einlegung der Nichtzulassungsbeschwerde der ablehnende Beschluss des BGH den Parteien zugestellt ist. Wird die Rechtsbeschwerde zugelassen, so beginnt mit der Zustellung des Beschlusses des BGH der Lauf der Rechtsbeschwerdefrist (Abs. 6). Im Hinblick auf diese Regelung ist es weder notwendig noch sinnvoll, zugleich mit der Nichtzulassungsbeschwerde etwa auch die Rechtsbeschwerde und deren Begründung einzureichen; die Rechtsbeschwerde kann vielmehr erst eingelegt werden, wenn über die Nichtzulassungsbeschwerde positiv entschieden ist. Eine dennoch früher eingelegte Rechtsbeschwerde muss als am Tag der Zustellung des Beschlusses des BGH über die Zulassung der Rechtsbeschwerde eingelegt angesehen werden.

2. Verfahren und Entscheidung

Die Nichtzulassungsbeschwerde ist als selbstständiges Rechtsmittel binnen einer **Frist von einem Monat** bei dem Oberlandesgericht, das den ggf. mit der Rechtsbeschwerde anzufechtenden Beschluss erlassen hat (in Fusionskontrollverfahren über die freiwillige Vereinigung von Krankenkassen tritt an die Stelle des OLG das LSG Nordrhein-Westfalen), einzulegen (Abs. 3 S. 1) und innerhalb von zwei Monaten nach Zustellung der Entscheidung des Beschwerdegerichts zu begründen (Abs. 4 S. 1). Die Begründungsfrist kann vom zuständigen Senatsvorsitzenden des BGH verlängert werden (Abs. 4 S. 2). Nach Abs. 4 S. 3 muss die Begründung die Zulassungsgründe nach § 77 Abs. 2 darlegen. Über die Nichtzulassungsbeschwerde entscheidet der BGH durch begründeten Beschluss (Abs. 2 S. 1), auch ohne mündliche Verhandlung (Abs. 2 S. 2). Wird die Rechtsbeschwerde auf die Nichtzulassungsbeschwerde zugelassen, geht das Verfahren in das Rechtsbeschwerdeverfahren über (Abs. 6). Nach Abs. 6 S. 3 beginnt mit Zustellung der Zulassungsentscheidung die Frist zur Begründung der Rechtsbeschwerde zu laufen. 2

§ 79 Rechtsbeschwerdeberechtigte, Form und Frist

(1) **Die Rechtsbeschwerde steht den am Beschwerdeverfahren Beteiligten zu.**

(2) **[1]Die Rechtsbeschwerde kann nur darauf gestützt werden, dass die Entscheidung auf einer Verletzung des Rechts beruht; die §§ 546 und 547 der Zivilprozessordnung gelten entsprechend. [2]Die Rechtsbeschwerde kann nicht darauf gestützt werden, dass die Kartellbehörde unter Verletzung des § 48 oder des § 50 Absatz 1 ihre Zuständigkeit zu Unrecht angenommen hat.**

(3) **[1]Die Rechtsbeschwerde ist binnen einer Frist von einem Monat schriftlich bei dem Oberlandesgericht einzulegen. [2]Die Frist beginnt mit der Zustellung der angefochtenen Entscheidung.**

(4) **[1]Die Rechtsbeschwerde ist innerhalb von zwei Monaten nach Zustellung der Entscheidung des Beschwerdegerichts zu begründen. [2]Die Frist kann auf Antrag von dem oder der Vorsitzenden verlängert werden. [3]Die Begründung muss die Erklärung enthalten, inwieweit die Entscheidung des Beschwerdegerichts angefochten und ihre Abänderung oder Aufhebung beantragt wird. [4]Ist die Rechtsbeschwerde aufgrund einer Nichtzulassungsbeschwerde zugelassen worden, kann zur Begründung der Rechtsbeschwerde auf die Begründung der Nichtzulassungsbeschwerde Bezug genommen werden.**

(5) **Die Rechtsbeschwerdeschrift und -begründung müssen durch einen Rechtsanwalt unterzeichnet sein; dies gilt nicht für Rechtsbeschwerden der Kartellbehörden.**

(6) **Der Bundesgerichtshof ist an die in der angefochtenen Entscheidung getroffenen tatsächlichen Feststellungen gebunden, außer, wenn in Bezug auf diese Feststellungen zulässige und begründete Rechtsbeschwerdegründe vorgebracht sind.**

1 § 79 in der Fassung der 10. GWB-Novelle entspricht in weiten Teilen § 76 aF und § 75 idF bis zur 6. GWB-Novelle 1998. Abs. 2 S. 1 wurde neu gefasst durch Art. 45 des ZPO-Reformgesetzes v. 27.7.2001 (BGBl. 2001 I 1887). Die 7. GWB-Novelle 2005 hat in Abs. 2 S. 2 die Worte „mit Unrecht" durch „zu Unrecht" korrigiert.

1. Rechtsbeschwerdebefugnis (Abs. 1)

2 Nach Abs. 1 steht die Rechtsbeschwerde der Kartellbehörde sowie den am Beschwerdeverfahren Beteiligten zu, also außer dem Beschwerdeführer auch den sonstigen Beteiligten nach § 63. Wer am Beschwerdeverfahren nicht beteiligt war, kann auch keine Rechtsbeschwerde einlegen (aA Immenga/Mestmäcker/K. Schmit/Wirtz Rn. 1 für den Fall des „subjektiv-rechtlich betroffenen Dritten, der nicht beteiligt war, aber hätte beteiligt werden müssen", als für den Fall einer unterlassenen notwenigen Beiladung). Für das **Erfordernis einer formellen und materiellen Beschwer** gilt dasselbe wie bei der Anfechtungsbeschwerde (→ § 73 Rn. 7 f.). Wenn das Beschwerdegericht entsprechend dem Antrag des Beteiligten entschieden hat, ist dieser nicht formell beschwert. Außer der formellen Beschwer ist nach hM auch eine materielle Beschwer erforderlich.

2. Rechtsbeschwerdegründe (Abs. 2, 6)

3 **a) Gesetzesverletzung.** Die Rechtsbeschwerde kann nur darauf gestützt werden, dass die Entscheidung auf einer Verletzung des Gesetzes beruht (Abs. 2 S. 1 Hs. 1). Nach § 546 ZPO, auf den Hs. 2 verweist, ist das Gesetz verletzt, wenn eine Rechtsnorm nicht oder nicht richtig angewendet worden ist; dazu gehört auch die Anwendung von **Erfahrungssätzen** (dazu Bornkamm ZWeR 2010, 34 (39)). Eine Gesetzesverletzung liegt in jedem Fall nach dem ebenfalls entsprechend anwendbaren § 547 Nr. 1–6 ZPO bei **erheblichen Verfahrensfehlern** des Beschwerdegerichts vor; diese Verfahrensfehler entsprechen den Gründen, bei denen nach § 74 Abs. 4 die Rechtsbeschwerde ohne Zulassung möglich ist. Keine relevante Gesetzesverletzung liegt vor, wenn die Kartellbehörde unter Verletzung des § 48 oder § 50 Abs. 1 ihre Zuständigkeit zu Unrecht angenommen hat (Abs. 2 S. 2); diese Regelung fügt sich in die auch in § 55 Abs. 2 erkennbare Tendenz ein, derartige Zuständigkeitsrügen zu beschneiden. Abs. 2 S. 2 steht einem entsprechenden Grundsatz für die **Rüge der örtlichen Unzuständigkeit des Beschwerdegerichts** nicht entgegen; er ergibt sich aus der entsprechenden Anwendung des § 83 S. 1 VwGO iVm §§ 17, 17a und 17b GVG (vgl. BGH WuW/E DE-R 1119 (1121) – Verbundnetz II).

4 **b) Bindung an tatsächliche Feststellungen.** Der Beschränkung auf Gesetzesverletzungen entspricht die Bindung des BGH als Rechtsbeschwerdegericht an die tatsächlichen Feststellungen in der angefochtenen Entscheidung, außer „wenn in Bezug auf diese Feststellungen zulässige und begründete Rechtsbeschwerdegründe vorgebracht sind" (Abs. 6). Mit dieser Ausnahme sind Verletzungen von Verfahrensvorschriften durch das Beschwerdegericht gemeint, die zu falschen tatsächlichen Feststellungen geführt haben können. Im Rechtsbeschwerdeverfahren dürfen also **grds. keine weiteren Tatsachen** mehr vorgetragen und berücksichtigt werden (vgl. BGH WuW/E 3121 (3126) – Bedside Testkarten). Das Rechtsbeschwerdegericht darf grds. nicht die von der Vorinstanz festgestellten Tatsachen

selbst würdigen. Wenn sich aber die vorinstanzliche Würdigung als unschlüssig oder widersprüchlich erweist, eine weitere Sachaufklärung nicht erforderlich ist und eine Gesamtwürdigung nur ein Ergebnis zulässt, kann das Rechtsbeschwerdegericht die abschließende Entscheidung selbst treffen (BGH WuW/E DE-R 2905 Rn. 81).

c) Umfang der Nachprüfung in Nebenverfahren. Beim Prüfungsumfang der Rechtsbeschwerde ist zu unterscheiden zwischen den Eilverfahren nach §§ 68, 69 und allen sonstigen Nebenverfahren. **Eilverfahren** sind nicht geeignet, grundsätzliche Rechtsfragen zu klären. Wenn der Gesetzgeber gerade wegen der (früheren) Neigung des OLG Düsseldorf, genau das zu tun, dennoch die Möglichkeit der Rechtsbeschwerde vorgesehen hat, dann nicht, um dem BGH diese Entscheidungskompetenz zu geben. Soweit es nach dem Verfahrensgegenstand nur um eine vorläufige Prüfung der Rechtmäßigkeit („ernstliche Zweifel") geht, wird sie auch vom BGH nur mit Vorläufigkeit vorgenommen (vgl. BGH WuW/E DE-R 2035 Rn. 17 – Lotto im Internet; 2133 = WRP 2008, 118 Rn. 10 – Sulzer/Kelmix; vgl. dazu auch K. Schmidt DB 2007, 2188 (2190 f.)). Materiell bedeutet das, dass der BGH das Prüfungsergebnis des OLG im Regelfall bestätigen wird; die aufgeworfenen materiellen Rechtsfragen – endgültig und mit der Autorität der letzten Instanz – zu beantworten, ist nicht Sinn dieses Verfahrens. Anderes gilt aber für die **Nicht-Eilverfahren,** wie zB die Frage, ob eine Beiladung zu Recht vorgenommen wurde oder eine Kostenentscheidung richtig ist. Hier gibt es keinen Anlass, den Prüfungsmaßstab und die Prüfungsintensität durch den BGH (bzw. BSG) zu begrenzen. 5

3. Verfahren (Abs. 3, 4)

Die Rechtsbeschwerde ist binnen einer **Frist von einem Monat** schriftlich bei dem OLG, dessen Entscheidung angefochten wird, einzulegen (Abs. 3); die Einlegung beim BGH (bzw. bei Krankenkassenfusionen BSG) wahrt aber die Frist (BGH WuW/E BGH 1440 – Vitamin B12; WuW/E DE-R 2688 (2689) – Industriepark Altmark). Die Frist beginnt mit der Zustellung der angefochtenen Entscheidung, läuft also bei differenzierter Zustellung an mehrere Beteiligte uU unterschiedlich. Ebenso wie die Beschwerde ist auch die Rechtsbeschwerde zu **begründen.** Die Frist dafür beträgt zwei Monate seit Beginn der Rechtsbeschwerdefrist; sie kann vom Vorsitzenden des Rechtsbeschwerdegerichts verlängert werden. Die Rechtsbeschwerdebegründung muss die Erklärung enthalten, inwieweit der Beschluss des Beschwerdegerichts angefochten und seine Änderung oder Aufhebung beantragt wird (Abs. 4). Wenn dieses Beschwerdebegehren nicht ausdrücklich formuliert ist, kann es sich auch aus der Begründung ergeben. Die Rechtsbeschwerdebegründung ist **beim BGH** (bzw. BSG) einzureichen, nicht – wie die Rechtsbeschwerde – beim Beschwerdegericht. Die Rechtsbeschwerdeschrift und die Rechtsbeschwerdebegründung müssen – ebenso wie bei der Beschwerde – durch einen bei einem deutschen Gericht zugelassenen Rechtsanwalt unterzeichnet sein. Die Kartellbehörden können ihre Rechtsbeschwerdeschrift und ihre Rechtsbeschwerdebegründung selbst unterzeichnen (Abs. 5). 6

§ 80 Rechtsbeschwerdeentscheidung

(1) **Der Bundesgerichtshof entscheidet durch Beschluss.**

(2) **Ist die Rechtsbeschwerde unzulässig, so verwirft sie der Bundesgerichtshof.**

(3) **Ist die Rechtsbeschwerde unbegründet, so weist der Bundesgerichtshof die Rechtsbeschwerde zurück.**

(4) [1]**Ist die Rechtsbeschwerde begründet, so kann der Bundesgerichtshof**
1. **in der Sache entsprechend § 76 Absatz 2 bis 5 selbst entscheiden,**
2. **den angefochtenen Beschluss aufheben und die Sache zur anderweitigen Verhandlung und Entscheidung zurückverweisen.**

[2]**Der Bundesgerichtshof verweist den Rechtsstreit zurück, wenn der im Rechtsbeschwerdeverfahren entsprechend § 142 Absatz 1 Satz 2 in Verbindung mit § 65 Absatz 2 der Verwaltungsgerichtsordnung Beigeladene ein berechtigtes Interesse daran hat.**

(5) **Ergibt die Begründung der Beschwerdeentscheidung zwar eine Rechtsverletzung, stellt sich die Beschwerdeentscheidung selbst aber aus anderen Gründen als richtig dar, so ist die Rechtsbeschwerde zurückzuweisen.**

(6) **Das Beschwerdegericht hat seiner Entscheidung nach einer Zurückverweisung die rechtliche Beurteilung des Bundesgerichtshofs zugrunde zu legen.**

(7) **Der Beschluss ist zu begründen und den Beteiligten zuzustellen.**

1 Die durch die 10. GWB-Novelle 2021 neu eingefügt § 80 regelt die Entscheidung über die Rechtsbeschwerde. Die Vorschrift ist an § 144 VwGO, § 126 FGO sowie § 170 SGG ausgerichtet.

2 Abs. 1 stellt klar, dass der BGH durch **Beschluss** entscheidet. Unzulässige Rechtbeschwerden werden nach Abs. 2 verworfen, unbegründete Rechtsbeschwerden werden zurückgewiesen (Abs. 3). Der BGH (bzw. das BSG) hat in Hauptsacheverfahren grds. mündlich zu verhandeln, aber nicht, wenn die Rechtsbeschwerde unzulässig ist (BGHZ 56, 155 = WuW/E 1173 f. – Bayerischer Bankenverband; WuW/E 2739 (2741) – Rechtsbeschwerde). Richtet sich die Rechtsbeschwerde in Nebenverfahren gegen einen Beschluss des Beschwerdegerichts, der ohne mündliche Verhandlung ergangen ist, muss auch das Rechtsbeschwerdegericht nicht mündlich verhandeln (BGH WuW/E DE-R 2035 – Lotto im Internet).

3 Ist die Rechtsbeschwerde begründet, kann der BGH nach Abs. 4 Nr. 1 **selbst entscheiden** oder nach Nr. 2 den angefochtenen Beschluss aufheben und zur **Neuverhandlung zurückverweisen.** Die Zurückverweisung ist obligatorisch, wenn im Rechtsbeschwerdeverfahren eine „notwendige" Beiladung erfolgte. In diesem Fall würde der notwendig Beigeladene andernfalls die Tatsacheninstanz vor dem Beschwerdegericht verlieren.

4 Die Rechtsbeschwerde wird nach Abs. 5 auch als unbegründet zurückgewiesen, wenn die Beschwerdeentscheidung zwar das Recht verletzt, aber aus anderen Gründen richtig ist.

Kapitel 2. Bußgeldsachen

Vorbemerkung §§ 81–86

1. Überblick

In der Fassung der 10. GWB-Novelle 2021 regelt Kapitel 2 des Teils 3 des Gesetzes (§§ 81–86) die materiellen Bußgeldvorschriften in Abschnitt 1 (§§ 81–81g), in Abschnitt 2 das Kronzeugenprogramm (§§ 81h–81n) und in Abschnitt 3 das Bußgeldverfahren (§§ 82–86) unter Berücksichtigung der Vorgaben der ECN+-Richtlinie. Im Übrigen gelten die Vorschriften des **Ordnungswidrigkeitengesetzes** (OWiG). Verfolgungsbehörden für Verstöße gegen die Wettbewerbsvorschriften des GWB sind die **Kartellbehörden** (§ 82 Abs. 1 Nr. 2 und 3), für einige Verstöße im Zusammenhang mit der Markttransparenzstelle für Strom und Gas die Bundesnetzagentur (§ 82 Abs. 1 Nr. 1). Im gerichtlichen Verfahren ist nicht das Amtsgericht, sondern nach § 83 das **Oberlandesgericht** zuständig, in dessen Bezirk die zuständige Kartellbehörde ihren Sitz hat (§ 83). Gegen Beschlüsse des OLG gibt es die **Rechtsbeschwerde zum BGH** (§ 84). Die **7. GWB-Novelle 2005** hat die materiellen Grundlagen des Kartellbußgeldrechts in § 81 wesentlich geändert, insbes. durch die Aufgabe der Mehrerlösgeldbuße in § 81 Abs. 2 aF und die **Angleichung des Bußgeldrahmens an das EG-Recht** in § 81 Abs. 4 aF. 1

Mit der **9. GWB-Novelle 2017** wurden die § 81 Abs. 3a–3e zur Bußgeldhaftung, § 81a zur Ausfallhaftung und weitere kleine Änderungen in § 81 Abs. 6, § 81b sowie § 82 eingefügt. Die 10. GWB-Novelle 2021 teilt § 81 aF auf in die Bußgeldtatbestände (§ 81), die Regelungen zu Geldbußen gegen Unternehmen (§ 81a), Geldbußen gegen Unternehmensvereinigungen (§ 81b), die Zumessung von Geldbußen (§ 81d), die Verzinsung (§ 81f) und die Verjährung (§ 81g). 2

2. Grundzüge des Bußgeldverfahrens nach OWiG

a) Opportunitätsprinzip. Die Verfolgung von Kartellordnungswidrigkeiten liegt im pflichtgemäßen Ermessen der Kartellbehörde (§ 47 Abs. 1 OWiG). Es gilt also das Opportunitätsprinzip (dazu auch Göhler/Seitz OWiG § 47 Rn. 1). Die Kartellbehörde ist nicht verpflichtet, alle ihr bekannt werdenden Kartellordnungswidrigkeiten zu verfolgen. Ihre **Ermessensentscheidung über die Verfahrenseinleitung** ist als solche gerichtlich **nicht nachprüfbar.** Hat sie einen Bußgeldbescheid erlassen, so spielt im Gerichtsverfahren keine Rolle, ob die Ermessenserwägungen der Kartellbehörde über die Verfahrenseinleitung richtig waren. Erlässt sie aus Ermessensgründen keinen Bußgeldbescheid, so ist diese Entscheidung nicht anfechtbar. Die Kartellbehörde kann das Verfahren einstellen, solange es bei ihr anhängig ist (§ 47 Abs. 1 S. 2 OWiG). 3

Die Kartellbehörde kann in Wahrnehmung des ordnungswidrigkeitsrechtlichen Opportunitätsprinzips Kartellverstöße **„dulden“** (→ § 32 Rn. 4) und entsprechende Duldungs-Zusagen geben. Sie kann auch generelle oder einzelfallbezogene Zusagen darüber geben, ob und in welchem Umfang sie im sog. **„Hardcore“-Bereich** bestimmte Verstöße aufgrund besonderer Mitwirkungen der beteiligten Personen oder Unternehmen bei der Aufklärung nicht oder in geringerem Umfang als an sich angemessen verfolgt. Auf dem durch die 7. GWB-Novelle neu eingefügten § 81 Abs. 7, der die Ausübung des Ermessens des BKartA durch Verwaltungsgrundsätze festlegen soll, beruhen zwei Bekanntmachungen des BKartA. Die eine „über die Festsetzung von Geldbußen nach § 81 Abs. 4 S. 2 GWB gegen Unternehmen und Unternehmensvereinigungen – Bußgeldleitlinien“ vom 15.9.2006 (abge- 4 druckt in Anhang C 3) orientiert sich an Bußgeldleitlinien der Kommission von 2006 (ABl. 2006 C 210, 2), die ihrerseits Leitlinien vom 14.1.1998 ersetzt haben. Die zweite Bekanntmachung des BKartA „über den Erlass und die Reduktion von Geldbußen in Kartellsachen – **Bonusregelung**" vom 7.3.2006 (abgedruckt in Anhang C 4 – aufgeboben am 19.1.2021) ersetzte eine frühere vom 17.4.2000 (abgedruckt in 3. Aufl. 2002, Anhang C 7).

5 **b) Ermittlungen, Bußgeldbescheid.** Als Verfolgungsbehörde kann die Kartellbehörde im Bußgeldverfahren **alle ihr notwendig erscheinenden Ermittlungen** anstellen (§ 82b Abs. 1), insbes. aufgrund eines von ihr beantragten richterlichen Beschlusses – bei Verfahren des BKartA ist in jedem Fall das Amtsgericht Bonn zuständig (§ 46 OWiG, § 162 Abs. 1 StPO) – Durchsuchungen durchführen und Unterlagen beschlagnahmen (zum Zugriff auf elektronisch gespeicherte Daten vgl. Vollmer WuW 2006, 235), die Betroffenen sowie Zeugen und Sachverständigen vorladen und vernehmen. Beschlagnahmefrei ist die Korrespondenz zwischen Beschuldigtem und seinem Verteidiger (§ 46 Abs. 1 OWiG iVm § 97 Abs. 1 Nr. 1 StPO), nach Auffassung des LG Bonn aber nur nach Einleitung eines Ermittlungsverfahrens (LG Bonn NZKart 2013, 204 = WuW/E DE-R 3672 (3677 f.) – Matratzen; dazu Schuster NZKart 2013, 191; vgl. auch TB 2011/2012, 37 f.). Es gilt der **Untersuchungsgrundsatz.** Dem Betroffenen ist Gelegenheit zur Äußerung zu geben. Nach Abschluss der Ermittlungen, der in den Akten vermerkt wird, ist dem Verteidiger des Betroffenen volle Einsicht in die Akten zu gewähren (§ 46 Abs. 1 OWiG iVm § 147 StPO). Die Kartellbehörde kann nach Abschluss der Ermittlungen, sobald den Betroffenen Gelegenheit zur Stellungnahme gegeben wurde, das Verfahren durch Einstellung, Verwarnung (kommt nur bei geringfügigen Ordnungswidrigkeiten in Betracht, vgl. § 56 OWiG) oder durch Erlass eines Bußgeldbescheides abschließen. In dem **Bußgeldbescheid** sind die Tat und die Beweismittel zu beschreiben; ansonsten bedarf er – gegen die allgemeine Übung in Kartellsachen – keiner Begründung (§ 66 OWiG; vgl. auch BGH NJW-RR 1992, 1130 (1131)). Der Bußgeldbescheid wird den Betroffenen und ggf. nach § 30 OWiG der juristischen Person oder Personenvereinigung zugestellt. Durch die Zustellung wird eine **Einspruchsfrist von zwei Wochen** (§ 67 Abs. 1 OWiG) in Lauf gesetzt. Der Einspruch wird bei der Kartellbehörde, die den Bußgeldbescheid erlassen hat, eingelegt. Er braucht nicht begründet zu werden. Der Bußgeldbescheid darf vor Abschluss des Verfahrens oder – bei Einlegung des Einspruchs – vor der (öffentlichen) Hauptverhandlung **nicht im Wortlaut veröffentlicht** werden (vgl. § 353d Nr. 3 StGB). Die **Akteneinsicht Dritter,** insbes. in den Bußgeldbescheid, richtet sich nach § 46 OWiG, § 406e StPO (dazu OLG Düsseldorf WRP 2012, 1596 mAnm Dohrn/Liebich WRP 2012, 1601; AG Bonn WuW/E DE-R 3016 – Akteneinsicht Dritter; Dierlamm ZWeR 2013, 192 (198 f.); → § 33 Rn. 45 (zum alten Recht) und → § 89 Rn. 1 (zum neuen Recht); zum EU-Recht Schlussanträge Jääskinen NZKart 2013, 116).

6 **c) Gerichtsverfahren nach Einspruch.** Durch den Einspruch geht die **Entscheidungszuständigkeit auf das Gericht** über. Das ist nach § 83 das OLG (auch für Ordnungswidrigkeiten im Zusammenhang mit der Fusionskontrolle über Krankenkassen, vgl. § 172a Abs. 1 SGB V mit dem Verweis u. a. auf § 83). Ist der Einspruch unzulässig, wird er nach § 70 Abs. 1 OWiG verworfen; hiergegen ist nach § 70 Abs. 2 OWiG sofortige Beschwerde möglich (und zwar zum BGH, vgl. BGH WuW/E 2296). Der Bußgeldbescheid erweist sich, wenn der Einspruch zulässig ist, nur noch als vorläufige Entscheidung in einem „Vorschaltverfahren" (vgl. BGH NJW-RR 1992, 1130 f. (1131)) und hat praktisch nur noch die **Funktion einer Anklageschrift,** der die Tat, die Gegenstand des Verfahrens ist, umschreibt. Die Festsetzung der Geldbuße ist in keiner Weise für das Gericht verbindlich, auch nicht für den Strafantrag im gerichtlichen Verfahren (dazu, dass das OLG Düsseldorf in keiner Weise an die Bekanntmachungen des BKartA – → Rn. 4 – gebunden ist,

→ § 81d Rn. 12). Nach dem durch die 10. GWB-Novelle 2021 neu gefassten § 82a Abs. 1 wird die Kartellbehörde im gerichtlichen Verfahren förmlich beteiligt und der Staatsanwaltschaft gleichgestellt. Das OLG kann nach § 72 OWiG ohne Hauptverhandlung durch Beschluss entscheiden, wenn der Betroffene und die Staatsanwaltschaft diesem Verfahren nicht widersprechen. Ist dieses Verfahren gewählt, so kann von der im Bußgeldbescheid getroffenen Entscheidung nicht zum Nachteil des Betroffenen abgewichen werden (§ 72 Abs. 3 S. 2 OWiG). Im Regelfall findet aber eine **Hauptverhandlung** statt. Ist das der Fall, so kann das Gericht gegenüber dem Bußgeldbescheid die Geldbuße auch erhöhen (vgl. zB KG WuW/E 2369 (2374) – Programmzeitschriften); es gilt also **kein Verbot der reformatio in peius.** Für die Hauptverhandlung sind die Vorschriften der StPO maßgeblich, mit einigen im OWiG vorgesehenen Verfahrenserleichterungen. Der Betroffene ist grds. zum Erscheinen in der Hauptverhandlung verpflichtet (§ 73 Abs. 1 OWiG); er kann aber von dieser Verpflichtung entbunden werden (§ 73 Abs. 2 OWiG). Das Gericht kann sein Erscheinen anordnen. Auch die Staatsanwaltschaft und die Kartellbehörde sind nicht zur Teilnahme verpflichtet; regelmäßig nehmen sie in Kartellbußgeldverfahren jedoch an der Hauptverhandlung teil. Wird aufgrund einer Hauptverhandlung entschieden, so erfolgt dies durch **Urteil.** Findet eine Hauptverhandlung nicht statt, so wird durch **Beschluss** entschieden.

d) Verteidigung. Der Einspruch kann, muss aber nicht, durch einen Rechtsanwalt eingelegt werden. Ob in der Hauptverhandlung **notwendige Verteidigung** erfolgt, dh Mitwirkung eines Verteidigers erforderlich ist, bestimmt sich nach § 140 Abs. 2 StPO: Sie ist gegeben, „wenn wegen der Schwere der Tat oder wegen der Schwierigkeit der Sach- oder Rechtslage die Mitwirkung eines Verteidigers geboten erscheint oder wenn ersichtlich ist, dass sich der Beschuldigte nicht selbst verteidigen kann". Nach § 83 Abs. 1 S. 2 findet nicht allein deswegen notwendige Verteidigung statt, weil die Hauptverhandlung im ersten Rechtszuge vor dem OLG stattfindet (vgl. § 140 Abs. 1 Nr. 1 StPO). Ein Verteidiger kann nach **§ 146 StPO** im selben Verfahren **nicht mehrere Beschuldigte** vertreten; die gleichzeitige Verteidigung eines Betroffenen und des nebenbetroffenen Unternehmens ist aber möglich (vgl. BVerfGE 45, 272 (288)). Der Verteidiger hat ein umfassendes **Akteneinsichtsrecht** in alle dem Gericht vorliegenden Akten. Werden mehrere Parallelverfahren auf der Grundlage derselben Akten geführt, besteht ein Einsichtsrecht in die gesamten dem Gericht vorliegenden Akten, auch im Hinblick auf andere Betroffene und Nebenbetroffene (BGH WRP 2007, 1493). Mögliche Geschäftsgeheimnisse der anderen (Neben-)Betroffenen hindern die Akteneinsicht grds. nicht (BGH WRP 2007, 1493). 7

e) Rechtsbeschwerdeverfahren. Gegen das Urteil und den Beschluss des OLG findet **Rechtsbeschwerde zum BGH** statt (§ 84 S. 1). Die Frist für deren Einlegung beträgt **eine Woche** (§ 79 Abs. 3 OWiG iVm § 341 StPO). Sie beginnt für den Betroffenen mit Verkündung des Urteils, wenn diese in seiner Anwesenheit stattgefunden hat, andernfalls mit der Zustellung. Geht es um einen Beschluss nach § 72 OWiG, ist in jedem Falle das Zustellungsdatum maßgeblich (§ 79 Abs. 4 OWiG). Die Rechtsbeschwerde muss **binnen eines Monats** nach Ablauf der Einlegungsfrist bzw. nach Zustellung des Urteils **begründet** werden (§ 345 Abs. 1 StPO). Diese Frist kann **nicht verlängert** werden; allerdings können im Rahmen der – als solche nicht begründungspflichtigen – „Sachrüge" Begründungen beliebig nachgeschoben werden. Die Rechtsbeschwerdeschrift und die Rechtsbeschwerdebegründung sind von einem Rechtsanwalt zu unterzeichnen. 8

Mit der Rechtsbeschwerde können nur **Rechtsfehler** geltend gemacht werden. Der BGH entscheidet regelmäßig durch Beschluss. Durch Urteil entscheidet er nur, wenn im Rechtsbeschwerdeverfahren eine Hauptverhandlung stattfindet. Diese ist nur möglich, wenn sich die Rechtsbeschwerde gegen ein Urteil richtet; auch dann 9 steht ihre Anberaumung im Ermessen des Gerichts (BGH WuW/E DE-R 1694 f. – Berliner Transportbeton I). Der BGH kann entweder die Rechtsbeschwerde zurückweisen und damit die Entscheidung des OLG bestätigen oder sie aufheben. Hebt er sie auf, kann er entweder selbst entscheiden oder das Verfahren zur erneuten Sachentscheidung **an das OLG zurückverweisen.** Entgegen dem Grundsatz des § 79 Abs. 6 OWiG kommt nur eine Zurückverweisung an dasselbe OLG in Betracht.

Abschnitt 1. Bußgeldvorschriften

§ 81 Bußgeldtatbestände

(1) **Ordnungswidrig handelt, wer gegen den Vertrag über die Arbeitsweise der Europäischen Union in der Fassung der Bekanntmachung vom 9. Mai 2008 (ABl. C 115 vom 9.5.2008, S. 47) verstößt, indem er vorsätzlich oder fahrlässig**

1. **entgegen Artikel 101 Absatz 1 eine Vereinbarung trifft, einen Beschluss fasst oder Verhaltensweisen aufeinander abstimmt oder**
2. **entgegen Artikel 102 Satz 1 eine beherrschende Stellung missbräuchlich ausnutzt.**

(2) **Ordnungswidrig handelt, wer vorsätzlich oder fahrlässig**

1. **einer Vorschrift der §§ 1, 19, 20 Absatz 1 bis 3 Satz 1, Absatz 3a oder Absatz 5, des § 21 Absatz 3 oder 4, des § 29 Satz 1 oder des § 41 Absatz 1 Satz 1 über das Verbot einer dort genannten Vereinbarung, eines dort genannten Beschlusses, einer aufeinander abgestimmten Verhaltensweise, des Missbrauchs einer marktbeherrschenden Stellung, des Missbrauchs einer Marktstellung oder einer überlegenen Marktmacht, einer unbilligen Behinderung oder unterschiedlichen Behandlung, der Ablehnung der Aufnahme eines Unternehmens, der Ausübung eines Zwangs, der Zufügung eines wirtschaftlichen Nachteils oder des Vollzugs eines Zusammenschlusses zuwiderhandelt,**
2. **einer vollziehbaren Anordnung nach**
   a) **§ 19a Absatz 2, § 30 Absatz 3, § 31b Absatz 3 Nummer 1 und 3, § 32 Absatz 1, § 32a Absatz 1, § 32b Absatz 1 Satz 1, § 32f Absatz 3 Satz 6 oder Absatz 4 Satz 1, § 41 Absatz 4 Nummer 2, auch in Verbindung mit § 40 Absatz 3a Satz 2, auch in Verbindung mit § 41 Absatz 2 Satz 3 oder § 42 Absatz 2 Satz 2, oder § 60 oder**
   b) **§ 39 Absatz 5 oder**
   c) **§ 47d Absatz 1 Satz 2 in Verbindung mit einer Rechtsverordnung nach § 47f Nummer 1 oder**
   d) **§ 47d Absatz 1 Satz 5 erster Halbsatz in Verbindung mit einer Rechtsverordnung nach § 47f Nummer 2 zuwiderhandelt,**
3. **entgegen § 39 Absatz 1 einen Zusammenschluss nicht richtig oder nicht vollständig anmeldet,**
4. **entgegen § 39 Absatz 6 eine Anzeige nicht, nicht richtig, nicht vollständig oder nicht rechtzeitig erstattet,**
5. **einer vollziehbaren Auflage nach § 40 Absatz 3 Satz 1 oder § 42 Absatz 2 Satz 1 zuwiderhandelt,**

5a. **einer Rechtsverordnung nach § 47f Nummer 3 Buchstabe a, b oder c oder einer vollziehbaren Anordnung aufgrund einer solchen Rechtsverordnung zuwiderhandelt, soweit die Rechtsverordnung für einen bestimmten Tatbestand auf diese Bußgeldvorschrift verweist,**

5b. **entgegen § 47k Absatz 2 Satz 1, auch in Verbindung mit Satz 2, jeweils in Verbindung mit einer Rechtsverordnung nach § 47k Absatz 8 Satz 1**

Nummer 1 oder Nummer 2, eine dort genannte Änderung oder Mengenangabe nicht, nicht richtig, nicht vollständig oder nicht rechtzeitig übermittelt,
6. **entgegen § 59 Absatz 2 oder Absatz 4, auch in Verbindung mit § 47d Absatz 1 Satz 1, § 47k Absatz 7 oder § 82b Absatz 1, ein Auskunftsverlangen nicht, nicht richtig, nicht vollständig oder nicht rechtzeitig beantwortet oder Unterlagen nicht, nicht vollständig oder nicht rechtzeitig herausgibt,**
7. **entgegen § 59 Absatz 1 Satz 8, auch in Verbindung mit § 82b Absatz 1, nicht zu einer Befragung erscheint,**
8. **entgegen § 59a Absatz 2, auch in Verbindung mit § 47d Absatz 1 Satz 1 und § 47k Absatz 7, geschäftliche Unterlagen nicht, nicht vollständig oder nicht rechtzeitig zur Einsichtnahme und Prüfung vorlegt oder die Prüfung von geschäftlichen Unterlagen sowie das Betreten von Geschäftsräumen und -grundstücken nicht duldet,**
9. **entgegen § 59b Absatz 5 Satz 2, auch in Verbindung mit § 82b Absatz 1, eine Durchsuchung von Geschäftsräumen oder geschäftlich genutzten Grundstücken oder Sachen nicht duldet,**
10. **ein Siegel bricht, das von den Bediensteten der Kartellbehörde oder von einer von diesen Bediensteten ermächtigten oder benannten Person gemäß § 59b Absatz 3 Satz 1 Nummer 2, auch in Verbindung mit § 82b Absatz 1, angebracht worden ist, oder**
11. **ein Verlangen nach § 59b Absatz 3 Satz 1 Nummer 3, auch in Verbindung mit § 82b Absatz 1, nicht, nicht richtig, nicht vollständig oder nicht rechtzeitig beantwortet.**

(3) **Ordnungswidrig handelt, wer**
1. **entgegen § 21 Absatz 1 zu einer Liefersperre oder Bezugssperre auffordert,**
2. **entgegen § 21 Absatz 2 einen Nachteil androht oder zufügt oder einen Vorteil verspricht oder gewährt oder**
3. **entgegen § 24 Absatz 4 Satz 3 oder § 39 Absatz 3 Satz 5 eine Angabe macht oder benutzt.**

Übersicht

1. Überblick

1 § 81 enthält das **materielle Bußgeldrecht des GWB.** Mit der **10. GWB-Novelle 2021** wurden die § 81 Abs. 3a–10 aF auf die §§ 81a–81g aufgeteilt und die Bußgeldtatbestände in Abs. 2 Nr. 7–11 im Zusammenhang mit §§ 59, 59a und 59b ergänzt. Das materielle Bußgeldrecht steht in enger Verbindung einerseits mit dem materiellen Kartellrecht der §§ 1–21 und 36–42, andererseits mit dem Ordnungswidrigkeitenrecht, das im OWiG geregelt ist. Die 6. GWB-Novelle 1998 hat das Bußgeldrecht des GWB grds. neu geordnet. Früher war es teilweise in den §§ 38 und 39 enthalten, teilweise in den §§ 81 ff. aF. Die **7. GWB-Novelle 2005,** die – für einige Tage rückwirkend – am 1.7.2005 in Kraft trat (treten sollte), hat an der durch die 6. GWB-Novelle eingeführten Systematik nichts geändert, hat aber Verstöße gegen das **materielle EU-Recht (Art. 101 und 102 AEUV)** als Bußgeldtatbestände ausgestaltet.

2 Die **GWB-Novelle 2007,** die am 22.12.2007 in Kraft getreten ist, hat § 81 **neu bekannt gemacht,** und in Abs. 4 sachliche Änderungen vorgesehen (→ Vor § 81 Rn. 2). Damit sollte der Mangel, den der Gesetzgeber offenbar „wegen des unbeabsichtigten **rückwirkenden Inkrafttretens** des § 81 in der Fassung des Gesetzes vom 7. Juli 2005" annahm, „aus Gründen der Rechtssicherheit" beseitigt werden (Begr. zum RegE vom 25.4.2007, zu Nr. 17). Die 7. GWB-Novelle vom 7.7.2005 mit dem völlig neuen Bußgeldrahmen des Abs. 4 (1 Mio. EUR bzw. nach oben offene, durch die 10 %-Grenze „gekappte" Geldbuße anstelle 500.000 EUR bzw. der bisherigen Mehrerlös-Geldbuße) wurde im BGBl. vom 12.7.2005 verkündet, sollte aber am 1.7.2005 in Kraft treten. Dieser Bußgeldrahmen ist für die Mehrzahl der Fälle eine Verschlechterung für Kartelltäter, soweit es um eine Geldbuße von mehr als 500.000 EUR geht. Der Gesetzgeber der GWB-Novelle 2007 geht – zu Recht – davon aus, dass eine **Rückwirkung** einer materiellen Bußgeldnorm **verfassungsrechtlich nicht zulässig** ist. Zu den insoweit möglichen Bedenken und Überlegungen vgl. einerseits → 5. Aufl. 2008, Rn. 1a und andererseits Bunte/Raum Rn. 3, 4. Der BGH hat im Grauzementkartell-Beschluss eine Rückwirkung verneint; das neue Recht habe sich nahtlos an das alte Recht angeschlossen (BGH NZKart 2013, 195 (197)).

3 Nachdem schon das Gesetz vom 4.11.2010 (BGBl. 2010 I 1480) die Abs. 1 aF und 9 aF terminologisch an den Vertrag von Lissabon angepasst hatte, hat die **8. GWB-Novelle 2012/2013** in Abs. 2 die bußgeldrechtlichen Folgen aus den materiellen Änderungen gezogen, und den Wortlaut teilweise präzisiert. Die 10. GWB-Novelle ergänzt die Bußgeldtatbestände in Abs. 2 Nr. 7–11 um Verstöße im Rahmen der neu geregelten Ermittlungsbefugnisse in den §§ 59 ff. Die **11. GWB-Novelle 2023** hat den Verstoß gegen Anordnungen für Maßnahmen

nach § 32f Abs. 3 S. 6 und Entflechtung nach § 32f Abs. 4 S.1 in den Katalog des Abs. 2 Nr. 2 lit. a aufgenommen.

2. Verstöße gegen Art. 101 und 102 AEUV (Abs. 1)

a) Überblick. Abs. 1 wurde durch die 7. GWB-Novelle 2005 neu in das Gesetz eingefügt. Früher waren Verstöße gegen EU-Recht als solche nicht nach deutschem Recht ordnungswidrig. Vielmehr konnten sie bußgeldrechtlich nur durch die Kommission geahndet werden. Abs. 1 entspricht im EU-Recht der Vorschrift des Art. 23 Abs. 2 lit. a Kartellverfahrens-VO. Hiernach kann die Kommission gegen Unternehmen und Unternehmensvereinigungen durch Entscheidung Geldbußen verhängen, wenn sie **vorsätzlich oder fahrlässig** (→ Rn. 23 ff.) gegen Art. 101 oder 102 AEUV verstoßen. Dieselbe Befugnis haben die deutschen Kartellbehörden. Sie können aber nur auf der Grundlage des Abs. 1, nicht auch unmittelbar nach Art. 5 Kartellverfahrens-VO handeln (so zu Recht OLG Düsseldorf NZKart 2012, 166 – Silostellgebühren II). Der Umstand, dass in Abs. 1 Nr. 1 und 2 jeweils über die Nennung der Artikel hinaus kurz der materielle Verstoß umschrieben wird, ändert nichts an der **völligen Parallelität von Art. 23 Abs. 2 lit. a Kartellverfahrens-VO und § 81 Abs. 1.** Der EuGH verlangt zur Sicherung der „Wirksamkeit des Unionsrechts“, dass bei der Sanktionierung von Verstößen gegen Art. 101 und 102 AEUV durch die nationalen Behörden das nationale Recht „mindestens genauso streng“ wie nach Art. 23 Kartellverfahrens-VO angewendet wird (EuGH EuZW 2013, 624 Rn. 36 – Schenker). Weitergehend als die Ahndungsbefugnis der Kommission kann die Kartellbehörde nicht nur Unternehmen und Unternehmensvereinigungen wegen derartiger Verstöße ahnden, sondern auch – und nach dem System des deutschen Ordnungswidrigkeitenrechts in erster Linie – **natürliche Personen.** 4

b) Verstoß gegen Art. 101 Abs. 1 AEUV (Nr. 1). Abs. 1 Nr. 1 erfasst jeden Verstoß gegen Art. 101 Abs. 1 AEUV. Erforderlich ist **Erfüllung aller Tatbestandsmerkmale des Art. 101 Abs. 1 AEUV,** also nicht nur die Verwirklichung einer Vereinbarung, eines Beschlusses oder einer abgestimmten Verhaltensweise, die in Nr. 1 ausdrücklich aufgeführt sind, sondern auch der Merkmale der Wettbewerbsbeschränkung und der Eignung zur Beeinträchtigung des zwischenstaatlichen Handels. Der Abschluss einer Vereinbarung oder die Fassung eines Beschlusses, die alle diese Tatbestandsmerkmale erfüllen, reicht aus. Die **Praktizierung** der Vereinbarung oder des Beschlusses ist nicht erforderlich. Anderes gilt bei der aufeinander abgestimmten Verhaltensweise, zu deren Wesen die Praktizierung („Verhaltensweise“) gehört. Aber auch bei der Vereinbarung und dem Beschluss ist deren Praktizierung allein schon ordnungswidrig. Da das Verbot des Art. 101 Abs. 1 AEUV nicht gilt, wenn die Voraussetzungen des Art. 101 Abs. 3 AUEV erfüllt sind, ist Nr. 1 nur anwendbar, wenn feststeht, dass **Art. 101 Abs. 3 AEUV nicht eingreift.** Die Beweislastregel des Art. 2 Kartellverfahrens-VO, aufgrund derer derjenige, der sich auf diese Ausnahmebestimmung beruft, deren Voraussetzungen nachzuweisen hat, gilt im Bußgeldverfahren nicht. Das hat die Bundesregierung bei der Verabschiedung der Kartellverfahrens-VO ausdrücklich erklärt. In einer Erklärung zum Protokoll der Ratssitzung (vgl. Rat der Europäischen Union, Dokument 15 435/02 ADD 1 vom 10.12.2002, 8), hat sie festgehalten, dass die Unschuldsvermutung auch im Bußgeldverfahren gelten müsse, und dass deswegen – sowohl nach EU-Recht wie insbes. auch nach deutschem Recht – eine bußgeldrechtliche Ahndung eines Verstoßes gegen Art. 101 Abs. 1 AEUV nur in Betracht kommt, wenn zur Überzeugung der Behörde bzw. des Gerichts **fest steht, dass Art. 101 Abs. 3 AEUV nicht eingreift** (→ § 2 Rn. 6 und umfassend Bechtold/Bosch/Brinker VO 1/2003 Art. 2 Rn. 24). Ist der Verstoß gegen Art. 101 AEUV nach EU-Recht verjährt oder greifen sonst EU-rechtliche Verfolgungshindernisse ein, kann er als solcher auch nicht nach deutschem Recht geahn- 5 det werden; die Ahndungsmöglichkeit von EU-rechtlichen Verstößen nach nationalem Recht sollte die Ahndungsmöglichkeiten insgesamt nicht erweitern, sondern sie den nationalen Behörden in dem Umfang geben, in dem sie auch die Kommission hat. Soweit nach altem EG-Recht, das bis zum 30.4.2004 galt, eine Geldbuße nicht verhängt werden konnte, weil die Vereinbarung sich in den **Grenzen einer bei der Kommission vorgenommenen Anmeldung** hielt (Art. 15 Abs. 5 lit. a VO 17/62), kann das Verhalten (für die Zeit bis 30.4.2004) auch nicht nach der Nr. 1 geahndet werden (vgl. dazu auch Schlussanträge Kokott NZKart 2013, 147 Rn. 83). Werden Unternehmen durch ein Gesetz zu einem Verhalten verpflichtet, das gegen die Wettbewerbsvorschriften der Europäischen Union verstößt, so begehen sie keine eigene Zuwiderhandlung gegen Art. 101 und 102 AEUV (BGH WuW/E DE-R 2408 (2419) – Lottoblock).

6 **c) Verstoß gegen Art. 102 AEUV (Nr. 2).** Nach Nr. 2 ist auch ein Verstoß gegen Art. 102 AEUV nach deutschem Recht ordnungswidrig. Auch insoweit gilt, dass Nr. 2 den Tatbestand nicht abschließend umschreibt; vielmehr müssen **alle Tatbestandsmerkmale** des Art. 102 AEUV erfüllt sein. Für den Verstoß gegen Art. 102 AEUV reicht die missbräuchliche Ausnutzung einer beherrschenden Stellung nicht aus; vielmehr ist auch die Eignung zur Beeinträchtigung des zwischenstaatlichen Handels erforderlich. Die Tatsache, dass Nr. 2 nur auf Art. 102 S. 1 AEUV und nicht auch auf dessen S. 2 verweist, bedeutet nicht, dass die Fälle des S. 2 nicht erfasst wären. Vielmehr bedeutet die Erfüllung der Beispielsfälle in Art. 102 S. 2 AEUV, dass S. 1 anwendbar ist.

7 **d) Gesetzeskonkurrenz mit anderen materiellen Verboten des GWB.** Verstöße gegen Art. 101 Abs. 1 AEUV sind, wenn sie sich in Deutschland spürbar auswirken (§ 185 Abs. 2), immer auch Verstöße gegen § 1. Die Kartellbehörde muss, wenn sie einen Verstoß gegen § 1 im Bußgeldverfahren ahndet, der auch ein solcher gegen Art. 101 AEUV ist, zugleich auch Art. 101 AEUV anwenden (§ 22 Abs. 1, Art. 3 Abs. 1 S. 1 Kartellverfahrens-VO). Deswegen ist in den Fällen, in denen der zwischenstaatliche Handel berührt ist, eine isolierte Bußgeldentscheidung nach **§ 81 Abs. 2 Nr. 1 iVm § 1** nicht möglich; es muss **zugleich auch § 81 Abs. 1 Nr. 1 iVm Art. 101 AEUV** angewendet werden. Für die Bußgeldhöhe hat diese Gesetzeskonkurrenz angesichts der Identität der Rechtsfolgen keine Auswirkungen (vgl. § 19 Abs. 1 OWiG). Die deutsche Kartellbehörde ist allerdings – umgekehrt – befugt, Art. 101 AEUV anzuwenden, ohne zugleich die parallele Vorschrift des deutschen Rechts mit anzuwenden; deswegen sind **isolierte Bußgeldentscheidungen nach § 81 Abs. 1 Nr. 1 iVm Art. 101 AEUV** möglich. Das Verhältnis von **Art. 102 AEUV** zu deutschem Recht ist im Vergleich dazu etwas differenzierter: Nach § 22 Abs. 3 und Art. 3 Abs. 1 S. 2 Kartellverfahrens-VO muss zwar ebenfalls bei Verstößen gegen deutsches Recht, die zugleich solche gegen Art. 102 AUEV sind, Art. 102 AEUV neben deutschem Recht angewendet werden. In diesem Fall liegt ebenso wie in den Fällen von Art. 101 Abs. 1 AEUV und § 1 eine Gesetzeskonkurrenz vor. Es ist aber möglich, dass ein einseitiges Verhalten, auch wenn es geeignet ist, den zwischenstaatlichen Handel zu beeinträchtigen, allein nach deutschem Recht geahndet wird, wenn insoweit das deutsche Recht (wie im Bereich der §§ 19a, 20 Abs. 1–3, § 21 Abs. 1–4) strenger ist als Art. 102 AEUV.

8 **e) Ahndung nur im Hinblick auf die Auswirkungen im Bundesgebiet.** Bei der Anwendung des § 81 Abs. 1 ist das **Auswirkungsprinzip** des § 185 Abs. 2 (→ § 185 Rn. 18 ff.) anzuwenden. Die deutsche Kartellbehörde darf also die Tatsache, dass sich das Kartell auch im Ausland ausgewirkt hat, nicht bußgelderhöhend berücksichtigen; umgekehrt ist sie nicht gehalten, nur im Ausland wirksame Umstände bußgeldmindernd zu berücksichtigen.

3. Verstöße gegen gesetzliche Verbote (Abs. 2 Nr. 1, Abs. 2 Nr. 5a, Abs. 3 Nr. 1–3)

Abs. 2 Nr. 1 und Abs. 3 ahnden Verstöße gegen gesetzliche Verbote des GWB; Abs. 2 Nr. 1 lässt **Vorsatz oder Fahrlässigkeit** (→ Rn. 22 ff.) genügen, Abs. 3 verlangt Vorsatz. Voraussetzung der Ahndung ist hier nicht, dass es irgendwelche Vorentscheidungen oder Stellungnahmen der Kartellbehörden gibt. Vielmehr sind die in diesen Vorschriften genannten Verstöße **von Gesetzes wegen verboten** und deswegen möglicher Gegenstand einer bußgeldrechtlichen Ahndung. 9

a) Verstöße gegen das Kartellverbot des § 1 (Abs. 2 Nr. 1). Im Rahmen des **§ 81 Abs. 2 Nr. 1** ist der Verstoß gegen § 1 der praktisch wichtigste Fall der Bußgeldsanktionierung. Während bis zur 6. GWB-Novelle 1998 im Rahmen der früheren §§ 1 und 15 (aF) nicht der Verstoß gegen ein Verbot, sondern das „Hinwegsetzen“ über die Unwirksamkeit oder Nichtigkeit eines Vertrages geahndet wurde, erfasst die jetzige Vorschrift sowohl den **Abschluss** einer nach § 1 verbotenen Vereinbarung oder des Beschlusses als auch deren **Praktizierung** (hM, vgl. Immenga/Mestmäcker/Dannecker/Biermann Rn. 55; FK-KartellR/Achenbach GWB 1999 Vor § 81 Rn. 155; Achenbach WuW 2011, 810; vgl. dazu auch BGH NZKart 2013, 195 f. Rn. 23 – Grauzementkartell). Zwar ist – ebenso wie im Falle des Art. 101 Abs. 1 AEUV und des § 81 Abs. 1 Nr. 1 (→ Rn. 5) – schon der Abschluss der Vereinbarung oder des Beschlusses ordnungswidrig, aber auch und gerade die Praktizierung; deswegen ist der Verstoß gegen das Kartellverbot eine Dauerordnungswidrigkeit (Bewertungseinheit) (ebenfalls hM, vgl. Immenga/Mestmäcker/Dannecker/Biermann Rn. 56). Für den Nachweis der Ordnungswidrigkeit genügt schon der Abschluss der Vereinbarung bzw. des Beschlusses. Die Kartellbehörde kann dennoch im Regelfall auf den Nachweis der Praktizierung nicht verzichten, schon im Hinblick auf die Höhe der Geldbuße, für die der Umfang der Praktizierung und deren Auswirkung von Gewicht ist. Nr. 1 erfasst iVm § 1 auch Fälle, in denen der **Abschluss** der Vereinbarung oder des Beschlusses **nicht verboten** war, weil zB zunächst eine GruppenfreistellungsVO eingriff, und die **Voraussetzungen des Verbots erst später eingetreten** sind. Wer rechtmäßig eine Vereinbarung abschließt, kann insoweit zwar nicht gegen das Verbot des § 1 handeln; wer sie in einem Zeitpunkt, in dem sie rechtswidrig geworden ist, praktiziert, handelt damit durch die Praktizierung aber ebenso gegen das Verbot des § 1 wie mit dem Abschluss. 10

b) Verstöße durch einseitiges Verhalten (Abs. 2 Nr. 1). Abs. 2 Nr. 1 erfasst die **Missbrauchs-, Diskriminierungs- und Behinderungsverbote** der §§ 19, 20 Abs. 1–3 S. 1 oder Abs. 5, § 21 Abs. 3 oder 4, § 29 S. 1 und die Verletzung des fusionskontrollrechtlichen **Vollzugsverbots** nach § 41 Abs. 1 S. 1 (auch bei der freiwilligen Vereinigung von Krankenkassen, vgl. § 172a Abs. 1 SGB V). Der Wortlaut der Nr. 1 charakterisiert diese Verstöße verbal; die dort verwendeten Definitionen sind aber nicht maßgeblich. Vielmehr ist allein entscheidend, ob die in den genannten Bestimmungen definierten Verstöße verwirklicht werden. In diesen Fällen kommt es nicht darauf an, ob Vereinbarungen oder Beschlüsse praktiziert werden, sondern auf **tatsächliches Verhalten.** Insoweit überschneidet sich diese Charakterisierung des tatsächlichen Verhaltens auch mit der Anwendung des § 1 auf aufeinander abgestimmte Verhaltensweisen. Der Tatbestand des Abs. 2 Nr. 1 erfasst jedes Handeln, das die genannten Normen verletzt. Soweit sie Marktbeherrschung voraussetzen, muss diese nachgewiesen werden; die **Vermutungen** des § 18 Abs. 4 und 6 gelten im Bußgeldverfahren nicht (→ § 18 Rn. 73; Bunte/Raum Rn. 101). 11

c) Markttransparenzstelle (Abs. 2 Nr. 5a, 5b). Durch das Markttransparenzstellengesetz (→ Rn. 4) wurden Nr. 5a und 5b eingefügt, die den Verstoß gegen die nach § 47f zu erlassende (aber noch nicht erlassene) Verordnung selbstständig 12 ahnden, aber nur in Bezug auf Nr. 3 lit. a, b und c. Eine besondere Anordnung der Markttransparenzstelle ist nicht erforderlich; ergeht sie, ist sie bei Vollziehbarkeit nach Nr. 5a selbstständig bußgeldbewehrt. Voraussetzung für die Verwirklichung dieses Bußgeldtatbestands ist, dass die Rechtsverordnung „für einen bestimmten Tatbestand auf die Bußgeldvorschrift verweist".

13 **d) Boykott, Nachteilsandrohung, unrichtige Angaben gegenüber der Kartellbehörde (Abs. 3).** In Abs. 3 sind weitere Verstöße gegen gesetzliche Verbote aufgeführt, die keine vorangegangenen Entscheidungen oder Verfahren der Kartellbehörde voraussetzen. Der Umstand, dass sie in Abs. 3 getrennt von Abs. 1 und 2 erfasst sind, ergibt sich nur daraus, dass die Verstöße gegen Abs. 3 **Vorsatz voraussetzen** (vgl. § 10 OWiG), während die Verstöße nach Abs. 1 und 2 auch Fahrlässigkeit ausreichen lassen. Abs. 3 **Nr. 1** sanktioniert das Boykottverbot nach § 21 Abs. 1 **Nr. 2** das Verbot der Nachteilsandrohung oder des Vorteilsversprechens für kartellrechtlich unzulässige Verhaltensweisen. **Nr. 3** hat Relevanz für zwei Verfahrensarten, nämlich einmal für das Anerkennungsverfahren von Wettbewerbsregeln nach § 24, zum anderen für das Fusionskontrollverfahren. Im Anerkennungsantrag dürfen nach § 24 Abs. 4 S. 3 keine unrichtigen oder unvollständigen Angaben gemacht werden; Gleiches gilt für fusionskontrollrechtliche Anmeldungen nach § 39 Abs. 3 S. 5. Auch insoweit ist der Verstoß in Nr. 3 nicht abschließend beschrieben; entscheidend ist, ob gegen **alle Merkmale** der dort erwähnten **Grundnormen** verstoßen wird.

4. Verstöße gegen behördliche Verfügungen oder Verordnungen (Abs. 2 Nr. 2, 5, 5a, 5b, 6 und 7)

14 Diesen Bußgeldtatbeständen ist gemeinsam der – **vorsätzliche oder fahrlässige** (→ Rn. 22 ff.) – Verstoß gegen kartellbehördliche Verfügungen. Die Unternehmen bzw. die für sie handelnden Personen sind durch die Verfügung „gewarnt". Es kann von ihnen erwartet werden, dass sie ihr Verhalten an ihr ausrichten, und zwar während der Dauer ihrer Verbindlichkeit, **unabhängig von ihrer materiellen Rechtmäßigkeit.** Erfasst sind nur Verfügungen **deutscher Kartellbehörden** iSd § 61 Abs. 1, nicht der Europäischen Kommission oder gar ausländischer Kartellbehörden. Abs. 2 Nr. 5a und 5b erfassen Verstöße sowohl gegen eine Verordnung als auch gegen eine vollziehbare Anordnung (→ Rn. 13).

15 **a) Verstöße gegen vollziehbare Anordnungen (Abs. 2 Nr. 2).** Abs. 2 Nr. 2 erfasst Zuwiderhandlungen gegen vollziehbare „Anordnungen" entweder aufgrund von Entscheidungen im Rahmen des materiellen Kartellrechts (§§ 30 ff.) oder aufgrund einer fusionskontrollrechtlichen Auflagenentscheidung nach § 39 Abs. 5. Der Begriff der „Anordnung" ist im Gesetzgebungsverfahren der 6. GWB-Novelle 1998 auf Veranlassung des Wirtschaftsausschusses anstelle des zunächst vorgesehenen Begriffes „Verfügung" in das Gesetz aufgenommen worden, ohne dass dafür sachliche Gründe angegeben wurden. Bei der „Anordnung" handelt es sich um eine **Verfügung der Kartellbehörde** iSd § 61 Abs. 1, also nicht etwa auch der Kommission. Die **„Vollziehbarkeit"** ergibt sich entweder aus der **Rechtskraft** der Verfügung oder – bei Einlegung einer Beschwerde – daraus, dass die Beschwerde entweder nach § 66 Abs. 1 **keine aufschiebende Wirkung** hat oder die Kartellbehörde nach § 67 Abs. 1 die aufschiebende Wirkung angeordnet hat. Unabhängig davon ergibt sich die „Vollziehbarkeit" bei der Anordnung einstweiliger Maßnahmen nach **§ 32a** und dem Erlass einer einstweiligen Anordnung nach **§ 60** aus der Natur der Sache. Darüber hinaus wird auch über Abs. 2 Nr. 2 lit. b die Nichterfüllung einer Auskunftsverfügung nach § 39 Abs. 5 erfasst. Sie ist im Katalog des § 66 Abs. 1 nicht enthalten, sodass die Beschwerde gegen sie keine aufschiebende Wirkung hat. Durch die gesonderte Ahndung gerade dieses Falles soll die Funktionsfähigkeit der Fusions-

kontrolle gewährleistet werden. Abs. 2 Nr. 2 lit. c und d beziehen sich auf Auskunftsverlangen der Markttransparenzstelle. Sie werden erst anwendbar, wenn die Rechtsverordnung nach § 47f Nr. 1 und 2 erlassen ist.

b) Verstöße gegen Auflagen (Abs. 2 Nr. 5). Abs. 2 Nr. 5 ahndet den Verstoß gegen Auflagen der Kartellbehörde, die im Rahmen der Fusionskontrolle in förmlichen Verfügungen enthalten sind, und zwar entweder des BKartA nach § 40 Abs. 3 S. 1 oder des Bundeswirtschaftsministers nach § 42 Abs. 2 S. 1. Das Gesetz spricht von **„vollziehbarer" Auflage.** Vollziehbar ist die Auflage mit dem Verfügungserlass, da eine mögliche Beschwerde gegen sie nach § 66 Abs. 1 keine aufschiebende Wirkung hat. Etwas anderes gilt, wenn nach Einlegung der Beschwerde das Beschwerdegericht nach § 67 Abs. 3 S. 2 auf Antrag die Vollziehung der Verfügung aussetzt. 16

c) Verstöße bei Auskunfts-, Duldungs- und Nachprüfungsentscheidungen (Abs. 2 Nr. 6–11). Nr. 6 knüpft an die Auskunfts-, Herausgabe-, Vorlage- und Duldungspflichten nach § 59 Abs. 2 an. Durch das Transparenzstellengesetz wurde der Verweis auf § 47d und § 47k eingefügt. Die 10. GWB-Novelle 2021 hat durch den Verweis auf § 82b auch Zuwiderhandlungen gegen Auskunftsverlangen in Bußgeldverfahren übernommen. Dies ist wegen der Selbstbelastungsregelung des § 55 StPO, der weiter geht als der „Orkem"-Schutz (→ § 59 Rn. 18), hochproblematisch. Der Bußgeldtatbestand erfasst damit Auskunftsverlangen der Markttransparenzstelle für Strom und Gas und der Markttransparenzstelle für Kraftstoffe. Die Pflicht wird nur begründet durch eine entsprechende **verwaltungsrechtlich verbindliche Verfügung.** Werden formlose Anfragen oder Bitten um Vorlagen der Kartellbehörden nicht ordnungsgemäß befolgt, greift die Sanktion der Nr. 6 nicht ein. Geahndet wird nicht nur die Verweigerung der Auskunft, der Herausgabe und der Duldung, sondern auch die **nicht richtige, nicht vollständige und nicht rechtzeitige Pflichtenerfüllung.** Beurteilungsgrundlage dafür ist die Auskunfts-, Nachprüfungs- und Durchsuchungsentscheidung der Kartellbehörde. Aus ihr ergeben sich im Allgemeinen auch Fristen, die für das Merkmal der „nicht rechtzeitigen" Pflichterfüllung maßgeblich sind. Nicht geahndet werden durch Nr. 6 Unrichtigkeiten und Unvollständigkeiten, die unter allen Gesichtspunkten für die materielle Beurteilung unerheblich sind. 17

Nr. 7–11 setzen Art. 13 Abs. 2 S. 1 ECN+-Richtlinie um, wonach die Mitgliedstaaten sicherstellen müssen, dass die nationalen Kartellbehörden in den von ihnen geführten Verfahren Geldbußen gegen Unternehmen und Unternehmensvereinigungen zur Absicherung und Durchsetzung ihrer Ermittlungen verhängen können. Nach dem RegE der 10. GWB-Novelle sind Mitwirkungspflichten in Bußgeldverfahren über Zwangsmittel wie Ordnungsgeld (§ 46 OWiG iVm § 51 Abs. 1 StPO, § 70 Abs. 1 StPO, § 77 StPO) durchzusetzen (RegE 10. GWB-Novelle 2021, 124 f.). 18

5. Verstöße gegen Anmelde-, Anzeige- und Mitteilungspflichten (Abs. 2 Nr. 3, 4, 5b)

§ 81 Abs. 2 **Nr. 3 und 4** ahnden – vorsätzliches oder fahrlässiges (→ Rn. 22 ff.) – Fehlverhalten im Zusammenhang mit fusionskontrollrechtlichen Anmeldungen (§ 39 Abs. 1) und Anzeigen (§ 39 Abs. 6). Im Zusammenhang mit der Anmeldung eines Zusammenschlusses korrigiert Abs. 2 Nr. 3 einen Fehler des früheren Gesetzes. Nach § 81 Abs. 1 Nr. 7 idF der 6. GWB-Novelle 1998 war es ordnungswidrig, wenn „entgegen § 39 Abs. 1 Zusammenschlüsse nicht, nicht richtig, nicht vollständig oder nicht rechtzeitig" angemeldet wurden. Damit war nach dem Gesetzeswortlaut auch das **Unterlassen der fusionskontrollrechtlichen Anmeldung** ordnungswidrig. Dieser Gesetzeswortlaut machte keinen Sinn. Wenn ein Zusammenschluss nicht 19 angemeldet worden ist, darf er nach § 41 Abs. 1 nicht vollzogen werden; sinnvollerweise wird in diesem Fall also die Verletzung des Vollzugsverbotes sanktioniert (zur früheren Rechtslage → 4. Aufl. 2006, Rn. 18). Ebenso wie früher ergibt sich die Sanktion der Verletzung des Vollzugsverbots aus § 81 Abs. 2 Nr. 1 (mit dem dortigen Verweis auf § 41 Abs. 1 S. 1). Richtigerweise hat deswegen § 81 Abs. 2 Nr. 3 in der jetzigen Formulierung nur Bedeutung für die **„nicht richtige"** und **„nicht vollständige" Anmeldung.** Gemeint sind damit unrichtige oder nicht vollständige Angaben in der Anmeldung, und zwar gemessen an den Erfordernissen nach **§ 39 Abs. 3.** In dessen S. 5 ist – historisch mit dem Bußgeldtatbestand verknüpft (→ § 39 Rn. 22) – das Verbot enthalten, „keine unrichtigen oder unvollständigen Angaben" zu machen, „um die Kartellbehörde zu veranlassen", eine Untersagung oder den „Monatsbrief" nach § 40 Abs. 1 zu erlassen. Diese Bestimmung bildet materiell den Maßstab für die Bußgeldvorschrift des Abs. 2 Nr. 3. Sie ist nur erfüllt, wenn gegen § 39 Abs. 1 iVm § 39 Abs. 5 verstoßen wurde. Es kommt also auf die zumindest subjektive **Kausalität** („um zu veranlassen") der **Unrichtigkeit** oder Unvollständigkeit für die Freigabeentscheidung des BKartA an. Die Unrichtigkeit und Unvollständigkeit bedürfen einer gewissen Erheblichkeit; die Unrichtigkeit oder Unvollständigkeit von Angaben, die unter allen Gesichtspunkten für die materielle Beurteilung ohne jede Bedeutung sind, wird durch Nr. 3 von vornherein nicht erfasst. Nr. 3 ist auch in der Fusionskontrolle über die freiwillige Vereinigung von Krankenkassen (→ § 35 Rn. 28) anwendbar (§ 172a Abs. 1 SGB V, Gesetzeswortlaut in Anhang B 2).

20 Anders als die auf die Anmeldung bezogene Vorschrift der Nr. 3 erfasst die Nr. 4 auch die Unterlassung der **Anzeige nach § 39 Abs. 6.** § 39 Abs. 6 wurde durch die 10. GWB-Novelle 2021 materiell grundlegend verändert. Während nach dieser Bestimmung bisher jeder vollzogene Zusammenschluss angezeigt werden musste, gilt das nach der Neuregelung nur noch für Zusammenschlüsse, die nicht angemeldet wurden. Die **Unterlassung** der Anzeige des nicht angemeldeten Zusammenschlusses und die **nicht rechtzeitige Erstattung** der Anzeige (gemessen an dem Erfordernis der „Unverzüglichkeit" nach § 39 Abs. 6) ist ordnungswidrig. Gleiches gilt nach dem Gesetzeswortlaut bei nicht richtigen oder nicht vollständigen Angaben in der Anzeige. Da das Gesetz für den Inhalt der Anzeige auch in der Neufassung der 10. GWB-Novelle 2021 keine Vorgaben macht, kann sie sich in der Mitteilung erschöpfen, dass der Zusammenschluss vollzogen worden ist (→ § 39 Rn. 26). Insoweit ist wenig Spielraum für unvollständige Angaben. Nr. 4 erschöpft sich also bei richtiger Auslegung darin, das Unterlassen der Anzeige, deren nicht rechtzeitige Erstattung und die fehlerhafte Angabe zu ahnden, dass der Zusammenschluss vollzogen worden ist.

21 Die durch das **Markttransparenzstellengesetz** eingefügte **Nr. 5b** sanktioniert Verstöße gegen die Mitteilungspflichten der Tankstellenbetreiber nach § 47k Abs. 2. Diese Bestimmung ist anwendbar, nachdem die MTS-Kraftstoff-Verordnung (Anhang B 5) nach § 47k Abs. 8 erlassen ist, die u.a. auch Einzelheiten der Mitteilungspflicht regelt (→ § 47k Rn. 1, 2).

6. Vorsatz, Fahrlässigkeit, Verschulden

22 Die Bußgeldnormen des § 81 Abs. 1 und 2 richten sich sowohl **gegen vorsätzliches als auch fahrlässiges Verhalten.** Im Falle des Abs. 3 reicht Fahrlässigkeit nicht aus; aus § 10 OWiG ergibt sich, dass diese Tatbestände vorsätzliche Begehung voraussetzen.

23 Für die Begriffe „Vorsatz" und „Fahrlässigkeit" gelten die allgemeinen strafrechtlichen Grundsätze. **Vorsatz** wird im Allgemeinen als **„Wissen und Wollen der Tatbestandsverwirklichung"** verstanden (vgl. dazu Bunte/Raum Rn. 50 f.). Bei einem **Tatbestandsirrtum** ist der Vorsatz ausgeschlossen (§ 11 Abs. 1 OWiG). Der

Irrtum über ein normatives Tatbestandsmerkmal (zB Unbilligkeit iSv § 21 Abs. 1) ist grds. als Tatbestandsirrtum zu werten (OLG Düsseldorf WuW/E DE-R 1381 (1387) – DSD). Vom Tatbestandsirrtum ist zu unterscheiden der **Verbotsirrtum,** nämlich das Fehlen der „Einsicht, etwas Unerlaubtes zu tun, namentlich, weil (der Täter) das Bestehen oder die Anwendbarkeit einer Rechtsvorschrift nicht kennt" (§ 11 Abs. 2 OWiG).

24 Eine Ahndung scheidet aus, wenn der Täter in einem **unvermeidbaren Verbotsirrtum** handelte (zur Abgrenzung von Tatbestands- und Verbotsirrtum bei normativen Tatbestandsmerkmalen vgl. Bauer/Wrage-Molkenthin WuW 1988, 586). Die Rspr. stellt strenge Anforderungen (vgl. auch OLG Frankfurt a. M. WuW/E 4944 (4946 f.) – Fahrschullehrerabsprachen). **Anwaltliche Beratung** kann die Unvermeidbarkeit eines Verbotsirrtums begründen (anders die Praxis im EU-Recht: EuGH EuZW 2013, 624 Rn. 41 – Schenker; dazu Kersting WuW 2013, 845). Die Rspr. ist insoweit allerdings zurückhaltend (BGH WuW/E 726 – Klinker; 1729 – Ölbrenner I; 1891 (1894) – Ölbrenner II). Der Täter darf sich keinesfalls „blind" auf solchen Rat verlassen. Er muss sich vielmehr vergewissern, dass der Anwalt sachkundig ist und die Rechtslage sorgfältig geprüft hat; ggf. muss ein Spezialist zugezogen werden (vgl. OLG Düsseldorf WuW/E 4229 (4230) – Taxizentrale Essen). Weist der Anwalt selbst darauf hin, dass seine Auffassung von der höchstrichterlichen Rspr. abweicht oder die Rechtslage nicht gesichert ist, muss der Täter das berücksichtigen. Auch ein Rat einer unzuständigen Behörde begründet nicht die Unvermeidbarkeit des Verbotsirrtums (OLG Frankfurt a. M. WuW/E 4484 – Gießener Modell). Auf eindeutige Entscheidungen „höherer Gerichte", die ohne Weiteres auf den relevanten Sachverhalt übertragbar sind, darf sich der Täter verlassen (so Bunte/Raum Rn. 64). Ein **vermeidbarer Verbotsirrtum** kann aber den Verschuldensvorwurf und damit die Höhe der Geldbuße mindern. Wenn Gegenstand des Verfahrens ein Verstoß gegen Art. 101 oder 102 AEUV (§ 81 Abs. 1) ist, können sich strengere Anforderungen aufgrund der grundsätzlichen Unbeachtlichkeit eines auf anwaltlichen Rat zurückzuführenden Verbotsirrtums nach EU-Recht ergeben (dazu EuGH EuZW 2013, 624 Rn. 36, 41 – Schenker; vgl. auch Schlussanträge Kokott NZKart 2013, 147 und Fleischer EuZW 2013, 326).

25 Nach den strafrechtlichen Grundsätzen handelt **fahrlässig,** wer entweder die Sorgfalt außer Acht lässt, zu der er nach den Umständen und seinen persönlichen Verhältnissen verpflichtet und fähig ist, und deshalb die Tatbestandsverwirklichung nicht erkennt **(unbewusste Fahrlässigkeit)** oder wer die Tatbestandsverwirklichung für möglich hält, jedoch pflichtwidrig und vorwerfbar im Vertrauen darauf handelt, dass sie nicht eintreten werde (**bewusste Fahrlässigkeit;** dazu Bunte/Raum Rn. 52). Die Ahndung wegen Fahrlässigkeit kommt auch in Betracht, wenn der Täter in einem Tatbestandsirrtum handelt, also bei Begehung einer Handlung einen Umstand nicht kennt, der zum gesetzlichen Tatbestand gehört, ihn aber bei Anwendung der erforderlichen Sorgfalt hätte erkennen können.

7. Einwirkungen des allgemeinen Ordnungswidrigkeitenrechts

26 Die Bußgeldtatbestände der Abs. 1–3 sind stets im Zusammenhang mit dem allgemeinen Ordnungswidrigkeitenrecht zu sehen. Das **OWiG** ist mit **seinen materiellen Vorschriften voll anwendbar.**

27 **a) Tun und Unterlassen, Beteiligtenbegriff, Tateinheit und Tatmehrheit.** Eine Ordnungswidrigkeit kann sowohl durch positives Tun als auch durch **Unterlassen** begangen werden. Letzterenfalls ist erforderlich, dass der Täter „rechtlich dafür einzustehen hat, dass der Erfolg nicht eintritt" (Garantenstellung, § 8 OWiG). Der **Versuch ist nicht ordnungswidrig** (BGH WuW/E 2377 (2348); OLG Frankfurt a. M. WuW/E 5048 (5051) – Grundkonsens). Das Ordnungswidrigkeitenrecht geht von einem **umfassenden Beteiligten-Begriff** aus, der (im strafrechtlichen Sinne)

Täter, Gehilfen und Anstifter umfasst (§ 14 OWiG; vgl. dazu auch Bunte/Raum Rn. 20; zur EU-rechtlichen Behandlung von „Kartellgehilfen“ vgl. Koch ZWeR 2009, 370; Eufinger WRP 2012, 1488). Die Rechtswidrigkeit einer Handlung kann durch besondere Rechtfertigungsgründe, insbes. Notwehr oder rechtfertigenden Notstand, ausgeschlossen sein. In Fällen der **Tateinheit** oder besser **Bewertungseinheit,** in der eine Handlung mehrere Bußgeldtatbestände verwirklicht, wird nur eine einzige Geldbuße festgesetzt (§ 19 OWiG; dazu Achenbach WuW 2013, 688 (689)). Die Rechtsfigur der **fortgesetzten Handlung,** die neben der Gleichartigkeit des verletzten Rechtsguts und der gleichartigen Tatbegehung einen engen räumlichen und zeitlichen Zusammenhang der einzelnen Tatakte sowie einen Gesamtvorsatz voraussetzte (BGHSt 36, 105; OLG Frankfurt a. M. WuW/E 4944 (4949) – Fahrschullehrerabsprache; 5020 (5025) – Straßenbau Frankfurt), ist zunächst im allgemeinen Strafrecht aufgegeben worden (Großer Senat BGHSt 40, 138 = WuW/E 2929 – Fortgesetzte Handlung), dann auch im Kartellrecht (BGH WuW/E 3043 (3049) – Fortgesetzte Ordnungswidrigkeit). Das hat zu einer deutlichen Verschärfung der Kartellrechtspraxis geführt. Allerdings sind viele Fälle, die früher als fortgesetzte Handlungen behandelt wurden, tatsächlich Fälle von (natürlicher, normativer) Tateinheit, soweit es nämlich um Ausführungsakte einer umfassenden Kartellvereinbarung geht. Der Übernahme der EU-rechtlichen Figur der **„komplexen und fortdauernden Zuwiderhandlung“** in das deutsche Recht sind angesichts der Weite und Konturenlosigkeit Grenzen gesetzt (vgl. dazu Dreher ZWeR 2007, 276). Begeht der Täter durch verschiedene Handlungen mehrere Ordnungswidrigkeiten **(Tatmehrheit),** so wird für jede eine selbstständige Geldbuße ausgesprochen (§ 20 OWiG). Das Ordnungswidrigkeitenrecht ist insoweit schärfer als das Strafrecht, in dem in diesen Fällen eine bloße Strafverschärfung eintritt.

28 Die Beteiligung an einer Submissionsabsprache, Einreichung eines Angebotes, Vereinbarung mit dem Auftraggeber und Erstellung der Schlussrechnung sind idR **eine Tat im Rechtssinne** (BGH WuW/E 2100); mehrere Taten liegen dagegen vor, wenn die Aufträge nicht auf den Submissionsangeboten beruhen, die Verhandlungen aber dennoch auf der Grundlage der Submissionsabsprache durchgeführt wurden (BGH WuW/E 2128). Die auf einer Kartellvereinbarung beruhenden Ausführungshandlungen sind Teil einer Dauerordnungswidrigkeit (→ Rn. 11 und → Rn. 27) und werden jedenfalls zu einer **„Bewertungseinheit“** verbunden (dazu BGH NZKart 2013, 195 Rn. 23 – Grauzementkartell; OLG Düsseldorf NZKart 2019, 223 (224); Achenbach WuW 2013, 688 (689)). Diese Einheit steht in Tateinheit zu einer anderen Bewertungseinheit, wenn beide wenigstens in einer Ausführungshandlung zusammenfallen (BGH WuW/E DE-R 1233 (1234) – Frankfurter Kabelkartell; vgl. auch BGHSt 41, 385 (394); BGH NJW 2006, 163). Ist die eine Einheit rechtskräftig geahndet, darf die andere nicht mehr verfolgt werden. Das Verbot der Doppelahndung – **ne bis in idem** – gilt auch im Kartellordnungswidrigkeitenrecht (dazu auch BGH NZKart 2013, 195 f. Rn. 19 ff. – Grauzementkartell).

29 **b) Verletzung der Aufsichtspflicht.** Von besonderer Bedeutung in Kartellbußgeldverfahren ist, dass gem. § 30 OWiG auch der „**Inhaber** eines Betriebes oder Unternehmens“, der **gesetzliche Vertreter** eines rechtlich selbständigen Unternehmens sowie weitere, diesem gleichgestellte Personen wegen Verletzung der Aufsichtspflicht in dieser Eigenschaft als **Täter einer Ordnungswidrigkeit** in Betracht kommen (vgl. dazu auch Dreher FS Konzen, 2006, 85). Eine solche Ahndung kommt in Betracht, wenn der Inhaber bzw. gesetzliche Vertreter die Begehung der Ordnungswidrigkeit durch geeignete Aufsichtsmaßnahmen hätte verhindern oder jedenfalls wesentlich erschweren können. Bei mehrköpfiger Geschäftsführung ist es möglich, dass alle Mitglieder als Täter in Betracht kommen; bei eindeutiger Geschäftsverteilung weicht aber uU die Gesamtverantwortung von der des „zuständigen“ Organmitglieds ab (vgl. dazu auch Tessin BB 1987, 984 (989)). Die Aufsichts-

pflicht ist nicht **schuldhaft** verletzt, wenn die aufsichtspflichtige Person die kartellrechtliche Behandlung des Falles einer spezialisierten Anwaltskanzlei übertragen hat. Auf deren Sachkunde darf sie sich grds. verlassen. Sie darf insbes. darauf vertrauen, dass durch die auf kartellrechtliche Fragen spezialisierte Anwaltskanzlei kartellbehördliche Genehmigungserfordernisse gewahrt werden (vgl. BGH WuW/E DE-R 2579 (2581) – G+J/RBA). Die Übergänge zwischen **fahrlässiger und vorsätzlicher Aufsichtspflichtverletzung** und – ggf. ebenfalls fahrlässiger oder vorsätzlicher – **Tatbeteiligung** sind **fließend** (zur Abgrenzung von Aufsichtspflichtverletzung und Tatbeteiligung vgl. BGH WuW/E 2394 – Zweigniederlassung und KG WuW/E DE-R 83 (87) – Jeans-Vertrieb). Tatbeteiligung ist auch möglich, wenn der Betreffende nicht weiß, wann, wo, wem gegenüber und unter welchen Umständen die Tat ausgeführt wird (BGH WuW/E 2394 (2396) – Zweigniederlassung). Tatbeteiligung und Aufsichtspflichtverletzung sind uE verfahrensrechtlich **dieselbe Tat** (KG WuW/E 4152 (4153) mwN; aA BGH WuW/E 2543 (2545); vgl. dazu auch BGH WuW/E 1487 f. – Steuerfreie Mehrerlösabschöpfung und Bunte/Raum Rn. 25); deswegen ist auch eine **Wahlfeststellung** möglich (vgl. aber Bunte/Raum Rn. 25: „nur mit Zurückhaltung").

In der Regel liegt nur eine Aufsichtspflichtverletzung vor, wenn in einem Betrieb 30
in einem gewissen zeitlichen Zusammenhang **mehrere Verstöße gegen dieselben gesetzlichen Bestimmungen** begangen werden (BGH WuW/E 2100 (2101) – Schlussrechnung). Der BGH hat in einem weitreichenden Urteil (BGH WuW/E 2205 = NJW 1987, 267) zu § 130 OWiG die These der Kartellbehörden (die von den Oberlandesgerichten früher geteilt wurde, vgl. u.a. OLG Frankfurt a. M. WuW/E 3314 – U-Bahn-Lose; KG WuW/E 3399 (3402) – Bauvorhaben U-Bahnlinie 6 West) widerlegt, Geschäftsführer und Vorstandsmitglieder von Unternehmen begingen getrennte Aufsichtspflichtverletzungen, wenn in **verschiedenen Niederlassungen** mehrere Kartellordnungswidrigkeiten begangen würden. Er bewertet die Aufsichtspflichtverletzung der Organmitglieder auch im Hinblick auf mehrere Niederlassungen grds. als eine Handlung im materiellen und prozessualen Sinne (vgl. dazu auch schon BGHSt 32, 382 = NJW 1984, 2372 = WuW/E 2100 (2101) – Schlussrechnung; vgl. auch BGH WuW/E 2597 (2600)). UE besteht keine Aufsichtspflicht im Verhältnis zwischen verschiedenen rechtlich selbstständigen **Konzerngesellschaften,** insbes. auch nicht zwischen herrschender und abhängiger Gesellschaft (offengelassen bei BGH WuW/E 1871 ff. (1876) – Transportbeton-Vertrieb; die Möglichkeit einer Aufsichtspflicht im Konzern im Einzelfall bejahend Bunte/Raum Rn. 26; Immenga/Mestmäcker/Dannecker/Biermann Vor § 81 Rn. 159; Koch WM 2009, 1013; Kling WRP 2010, 506; Ost NZKart 2013, 25; Bosch ZHR 177 (2013), 454; Löbbe ZHR 177 (2013), 518 (543 ff.); von Schreitter NZKart 2016, 353). Das BKartA hat im sog. Tondachziegel-Fall eine Aufsichtspflicht einer Konzernobergesellschaft gegenüber der Untergesellschaft angenommen und wegen deren Verletzung neben der Ahndung der Untergesellschaft auch eine Geldbuße gegen die Obergesellschaft verhängt (vgl. TB 2007/2008, 83; dazu Koch AG 2009, 564; Buntscheck WuW 2009, 871), das Verfahren dann aber eingestellt (dazu TB 2009/2010, 79). Wegen der durch die 9. GWB-Novelle 2017 neu eingefügten Muttergesellschaftshaftung der Abs. 3a–3e aF, jetzt § 81a, wird sich die **Frage der Aufsichtspflichtverletzung im Konzern weitgehend erledigt** haben.

Die **Anforderungen an die Aufsichtsmaßnahmen** sind streng (OLG Düssel- 31
dorf WuW/E DE-R 1893 – Transportbeton; dazu auch Bunte/Raum Rn. 29 ff.). Es genügt nicht, wenn Mitarbeiter des Unternehmens allgemein darauf hingewiesen werden, dass gegen kartellrechtliche Bestimmungen nicht verstoßen werden dürfe. Es bedarf zumindest einer **konkreten,** für den jeweiligen Mitarbeiter verständlichen **Belehrung** (dazu auch OLG Düsseldorf WuW/E DE-R 1893 (1896 f.) – Transportbeton). Erforderlich sind auch eine **Überwachung** und, der Größe und den Besonderheiten des Unternehmens angepasst, **organisatorische Vorkehrungen,** um

dennoch erfolgende Kartellverstöße rechtzeitig aufzudecken und zu verhindern. § 130 OWiG gilt auch im Pressebereich (BGH WuW/E 2259 (2260) – Brancheninformationsdienst Augenoptik). Die vom OLG Stuttgart (OLG Stuttgart WuW/E 3385 f.) behauptete Unanwendbarkeit des § 130 OWiG auf die **Kommanditgesellschaft** bei einer Aufsichtspflichtverletzung des Geschäftsführers der Komplementär-GmbH ist vom BGH (BGH WuW/E 2191) nicht gebilligt worden.

32 **Compliance-Programme** (vgl. dazu TB 2011/2012, VII, 31 f.) **können,** wenn sie mit umfassenden Belehrungen, Überwachungen und Sanktionsandrohungen verbunden sind, **die Verletzung einer Aufsichtspflicht ausschließen** (vgl. dazu ausf. Pampel BB 2007, 1636; Veet van Vormizeele CCZ 2009, 41; Bosch ZHR 177 (2013), 454 (466 ff.); Löbbe ZHR 177 (2013), 518 (546 ff.); Steger/Schwabach WuW 2021, 138; vgl. dazu auch Bunte/Raum Rn. 28). Im Grundsatz kann daran kein Zweifel bestehen, wenn die Aufsichtspflichtigen alles ihnen Mögliche getan haben, um Kartellverstöße zu verhindern. Die Tatsache, dass dennoch ein Kartellverstoß vorgekommen ist, kann entgegen einer Tendenz in der Praxis nicht als unwiderlegliches Indiz dafür gewertet werden, dass nicht alles Erforderliche und Mögliche zur Verhinderung getan wurde (vgl. dazu Bosch/Colbus/Harbusch WuW 2009, 740 (742 f.)). Liegt dennoch eine Aufsichtspflichtverletzung vor, entlastet das – insoweit erfolglose – Compliance-Programm nach der Praxis des BKartA nicht (Pampel BB 2007, 1636). Der BGH (BGH WuW/E 2148 f.) ist übertriebenen Anforderungen des KG (KG WuW/E 3199 (3206) – Sportartikelhandel) entgegengetreten. Für das KG reichte in einem Wirtschaftsverband die Anweisung des ehrenamtlichen Vorsitzenden an den hauptamtlichen Geschäftsführer, „wichtige" Angelegenheiten vorzulegen, nicht allein als Aufsichtsmaßnahme aus, um Kartellverstöße zu verhindern. Der BGH geht praxisgerecht auf die Besonderheiten im Verbandswesen und die tatsächlich mögliche Kompetenzabgrenzung ein; er verneinte im konkreten Fall eine Aufsichtspflichtverletzung. Für Bauunternehmen ließ das KG Belehrungen und Stichprobenkontrollen nicht ausreichen, sondern forderte „die zusätzliche Anordnung an die Mitarbeiter, … über jedweden mündlichen – auch fernmündlichen – Kontakt mit anderen Unternehmen eine kurze … Aktennotiz zu fertigen …" (KG WuW/E 3399 (3402 f.) – Bauvorhaben U-Bahn-Linie 6 West). Der BGH (BGH WuW/E 2202 – Brückenbau Hopener Mühlenbach; vgl. auch BGH WuW/E 2262 – Aktenvermerke und BGH WuW/E 2329 (2331) – Prüfgruppe) hielt das offensichtlich für übertrieben und ungeeignet; **Stichprobenkontrollen** sollen jedenfalls dann ausreichen, wenn sie „häufiger durchgeführt und so gehandhabt werden, dass der gegen ein solches Verbot vorsätzlich verstoßende Betriebsangehörige ernsthaft damit rechnen muss, überhöhte Angebote seiner Firma könnten dabei entdeckt und er zur Verantwortung gezogen werden". Zur Compliance im Konzern → Rn. 32 und Koch WM 2009, 1013. Wenn das **Compliance-Programm die Verletzung der Aufsichtspflicht nicht ausschließt,** kann es auch im **Rahmen der Zumessung der Geldbuße zu berücksichtigen** sein (§ 81d Abs. 1 Nr. 4).

8. EU-Recht

33 Dem § 81 entspricht im EU-Recht **Art. 23 Abs. 2 Kartellverfahrens-VO.** Diese Bußgeldnorm erfasst nur Verstöße gegen Art. 101 Abs. 1 und 102 AEUV durch Unternehmen, nicht auch durch natürliche Personen. Es reicht der vorsätzliche oder fahrlässige **Verstoß gegen Art. 101 oder 102 AEUV.** Die Geldbuße beträgt bis zu 10 % des Unternehmensumsatzes. Die Kommission hat im Juni 2006 „**Leitlinien** für das Verfahren zur Festsetzung von Geldbußen" veröffentlicht (ABl. 2006 C 210, 2), die frühere Leitlinien von 1998 ersetzt haben. Aus ihnen ergeben sich die Kriterien dazu, wie dieser Bußgeldrahmen im Einzelfall angewendet wird. Der „Bonusregelung" des deutschen Rechts (→ Vor § 81 Rn. 4) entspricht die „Mitteilung der Kommission über den Erlass und die Ermäßigung von Geldbußen

in Kartellsachen“ von 2006 (ABl. 2006 C 298, 17), die frühere Mitteilungen von 1996 und 2002 ersetzt hat. Die **Verjährung** – grds. **fünf Jahre** – ist geregelt in Art. 25 Kartellverfahrens-VO.

§ 81a Geldbußen gegen Unternehmen

(1) **Hat jemand als Leitungsperson im Sinne des § 30 Absatz 1 Nummer 1 bis 5 des Gesetzes über Ordnungswidrigkeiten eine Ordnungswidrigkeit nach dem § 81 begangen, durch die Pflichten, welche das Unternehmen treffen, verletzt worden sind oder das Unternehmen bereichert worden ist oder werden sollte, so kann auch gegen weitere juristische Personen oder Personenvereinigungen, die das Unternehmen zum Zeitpunkt der Begehung der Ordnungswidrigkeit gebildet haben und die auf die juristische Person oder Personenvereinigung, deren Leitungsperson die Ordnungswidrigkeit begangen hat, unmittelbar oder mittelbar einen bestimmenden Einfluss ausgeübt haben, eine Geldbuße festgesetzt werden.**

(2) **[1]Im Fall einer Gesamtrechtsnachfolge oder einer partiellen Gesamtrechtsnachfolge durch Aufspaltung (§ 123 Absatz 1 des Umwandlungsgesetzes) kann die Geldbuße nach Absatz 1 auch gegen den oder die Rechtsnachfolger festgesetzt werden. [2]Im Bußgeldverfahren tritt der Rechtsnachfolger oder treten die Rechtsnachfolger in die Verfahrensstellung ein, in der sich der Rechtsvorgänger zum Zeitpunkt des Wirksamwerdens der Rechtsnachfolge befunden hat. [3]§ 30 Absatz 2a Satz 2 des Gesetzes über Ordnungswidrigkeiten findet insoweit keine Anwendung. [4]Satz 3 gilt auch für die Rechtsnachfolge nach § 30 Absatz 2a Satz 1 des Gesetzes über Ordnungswidrigkeiten, soweit eine Ordnungswidrigkeit nach § 81 zugrunde liegt.**

(3) **[1]Die Geldbuße nach § 30 Absatz 1 und 2 des Gesetzes über Ordnungswidrigkeiten sowie nach Absatz 1 kann auch gegen die juristischen Personen oder Personenvereinigungen festgesetzt werden, die das Unternehmen in wirtschaftlicher Kontinuität fortführen (wirtschaftliche Nachfolge). [2]Für das Verfahren gilt Absatz 2 Satz 2 entsprechend.**

(4) **[1]In den Fällen der Absätze 1 bis 3 bestimmen sich das Höchstmaß der Geldbuße und die Verjährung nach dem für die Ordnungswidrigkeit geltenden Recht. [2]Die Geldbuße nach Absatz 1 kann selbstständig festgesetzt werden.**

(5) **Soweit in den Fällen der Absätze 1 bis 3 gegen mehrere juristische Personen oder Personenvereinigungen wegen derselben Ordnungswidrigkeit Geldbußen festgesetzt werden, finden die Vorschriften zur Gesamtschuld entsprechende Anwendung.**

1. Überblick

Mit der 10. GWB-Novelle 2021 wurde der bisherige § 81 aF entflochten; § 81a entspricht § 81 Abs. 3a–3e ohne inhaltliche Änderung. Die Vorschriften wurden durch die 9. GWB-Novelle 2017 zur **Erweiterung** der Bußgeldhaftung auf **Konzernobergesellschaften** und **Rechtsnachfolger** eingefügt. Zur zeitlichen Geltung s. § 186 Abs. 5. 1

2. Haftungssubjekte

Hat jemand als **Mitglied eines vertretungsberechtigten Organs** einer juristischen Person (zur Anwendbarkeit auf Vereinsgeschäftsführer vgl. BGH WuW/E 2

2542 – Sportartikelhandel), als Mitglied des Vorstands eines nicht rechtsfähigen Vereins oder als vertretungsberechtigter Gesellschafter einer Personenhandelsgesellschaft oder schließlich als „**Generalbevollmächtigter** oder in leitender Stellung als Prokurist oder Handlungsbevollmächtigter einer juristischen Person" oder Personenvereinigung durch eigene Beteiligung (dazu BGH WuW/E 2394 – Zweigniederlassung) oder durch Verletzung einer Aufsichtspflicht eine Ordnungswidrigkeit begangen, so kann unter den Voraussetzungen des § 30 OWiG **gegen das Unternehmen** eine Geldbuße festgesetzt werden (dazu auch K. Schmidt wistra 1990, 31), nach § 30 Abs. 4 auch selbstständig, wenn kein Verfahren gegen eine natürliche Person durchgeführt wird (vgl. dazu auch BGH NZKart 2013, 195 Rn. 29 f. – Grauzementkartell). Es reicht aus, wenn **einer von mehreren Verantwortlichen eine Aufsichtspflichtverletzung** begangen hat; der Verantwortliche muss nicht namentlich benannt werden (dazu BGH WuW/E 2904 – Unternehmenssubmission; BGH WuW/E 2927 – Geschäftsführermehrheit). Haben mehrere Personen eines Unternehmens sich durch eigene Mitwirkung oder durch Aufsichtspflichtverletzung an (aus der Sicht des Unternehmens) derselben Ordnungswidrigkeit beteiligt, kann gegen das Unternehmen nur eine Geldbuße verhängt werden (BGH WuW/E 2904 – Unternehmenssubmission; Bunte/Raum § 81 Rn. 41). Für diese Geldbuße steht derselbe Geldbußenrahmen zur Verfügung wie für die unmittelbar handelnden Personen (vgl. BGH WuW/E 2718 (2720) – Bußgeldbemessung). Auf dieser Grundlage beruht die Praxis der Kartellbehörden, Bußgeldverfahren auch gegen Geschäftsführungsmitglieder oder leitende Angestellte der Unternehmen durchzuführen. Dann kann auch gegen die Unternehmen selbst eine (meist höhere) Geldbuße verhängt werden. Trotz der inneren Abhängigkeit der Geldbuße gegen das Unternehmen von der Ordnungswidrigkeit des Organmitglieds können die Verfahren gegen das Unternehmen und das Organmitglied – ähnlich wie im Verhältnis von Mittätern – getrennt geführt werden (vgl. BGH WuW/E 2662 (2664)). Zur Anwendung der 10 %-Klausel des § 81a Abs. 2 S. 2 auf die Aufsichtspflichtverletzung Wagner EWS 2006, 251 (255 f.). Zum möglichen Schadensersatzanspruch des Unternehmens gegen die handelnde Person, insbes. gegen Vorstandsmitglieder einer AG vgl. Fleischer ZIP 2005, 141; Fleischer BB 2008, 1070; Franz/Jüntgen BB 2007, 1681; Dreher FS Konzen, 2006, 84; Zimmermann WM 2008, 433; Goette FS Hoffmann-Becking, 2013, 377.

3 **Bis zum Inkrafttreten der 9. GWB-Novelle 2017 galt:** Existiert das Unternehmen im Zeitpunkt der Rechtskraft der Bußgeldentscheidung nicht mehr, kann kein Bußgeld mehr verhängt werden. Bis zu zwei Beschlüssen des BGH zur **Bußgeldhaftung eines Gesamtrechtsnachfolgers** vom 10.8.2011 (BGH WuW/E DE-R 3455 = NJW 2012, 164 – Versicherungsfusion; Vorinstanz OLG Düsseldorf WuW/E DE-R 2932 – HDI-Gerling; und BGH BeckRS 2011, 26167 – Transportbeton; dazu Mühlhoff, Schwerpunkte des Kartellrechts 2012, S. 29; Heinichen WRP 2012, 159; Löbbe ZHR 177 (2013), 518; vgl. auch OLG Düsseldorf NZKart 2013, 166 – Silostellgebühren II) war im Einzelnen unklar, unter welchen Voraussetzungen ein Gesamtrechtsnachfolger für Kartellordnungswidrigkeiten seines Rechtsvorgängers haftet. Einigkeit bestand darüber, dass der Gesichtspunkt der Gesamtrechtsnachfolge allein nicht ausreicht, um den „Nachfolger" haftbar zu machen. Erforderlich war vielmehr, dass **zwischen der früheren und der neuen Vermögensverbindung** nach wirtschaftlicher Betrachtungsweise nahezu **Identität** besteht. Eine solche wirtschaftliche Identität wurde angenommen, wenn das „haftende Vermögen" weiterhin vom Vermögen des gem. § 30 OWiG Verantwortlichen getrennt, in gleicher oder in ähnlicher Weise wie bisher eingesetzt wird und in der neuen juristischen Person einen wesentlichen Teil des Gesamtvermögens ausmacht (vgl. dazu BGH WuW/E 2265 – Bußgeldhaftung; WuW/E DE-R 1469 – Handelsregisterauszug; BGHSt 52, 58 Rn. 7 – Akteneinsichtsgesuch; Bunte/Raum § 81 Rn. 42). In den Beschlüssen vom 10.8.2011 wurde das Erfordernis des „wesentlichen

Teils des Gesamtvermögens" so interpretiert, dass das (alte) „Unternehmen unverändert oder doch nahezu unverändert von einem neuen Rechtsträger fortgeführt wird, dessen sonstige Vermögenswerte demgegenüber weitgehend in den Hintergrund treten" (BGH WuW/E DE-R 3458 f. Rn. 17). Der BGH hielt die dementsprechende Auslegung des § 30 OWiG nach den Grundsätzen des Art. 103 Abs. 2 GG für zwingend. Er sah die Möglichkeit, dass sie „zu misslichen Konsequenzen führen" könne, weil Unternehmen die Möglichkeit eröffnet werde, „eine drohende bußgeldrechtliche Sanktion durch die gezielte Wahl gesellschaftsrechtlicher Gestaltungen zu umgehen" (BGH WuW/E DE-R 3458 Rn. 25). Eine Haftung des Rechtsnachfolgers kommt, auch wenn die geforderte Identität nicht vorliegt, aber in Betracht, wenn er die Kartellbeteiligung fortsetzt, uU auch dann, wenn er schon vorher in das „Absprachengeflecht einbezogen" war (vgl. BGH NZKart 2013, 195 Rn. 83 – Grauzementkartell). Auch in einem Fall, in dem objektiv der Gesamtrechtsnachfolger nach der Rspr. des BGH nicht für die Geldbuße des Rechtsvorgängers haftet, ist die vom Rechtsnachfolger vorgenommene Einspruchsrücknahme wirksam; die danach bezahlte Geldbuße kann nicht zurückgefordert werden (OLG Düsseldorf NZKart 2013, 254 – Rückerstattung einer Geldbuße). Im Fall Silostellgebühren III ließ sich nach diesen Grundsätzen eine Geldbußenhaftung des Rechtsnachfolgers nicht begründen. Das BKartA und die Generalstaatsanwaltschaft versuchten deshalb, die Bußgeldhaftung des Rechtsnachfolgers auf Grundlage von Art. 5 Abs. 1 Kartellverfahrens-VO unter dem Gesichtspunkt der wirtschaftlichen Einheit zu begründen (dagegen BGH NZKart 205, 272 (274)). Zur **Verschmelzung** BGH NZKart 2015, 276: Trotz Verschmelzung kann das Vermögen der bisher haftenden Rechtsvorgängerin ungeschmälert und faktisch getrennt von dem übrigen Vermögen der aufnehmenden Gesellschaft fortgeführt werden und damit den wesentlichen Teil des Vermögens der Rechtsnachfolgerin ausmachen; es ist nicht in jedem Fall erforderlich, dass das übrige Vermögen der neuen juristischen Person vollständig oder nahezu vollständig in den Hintergrund tritt; die neue Einheit haftet, wenn das übernommene Vermögen eine wirtschaftlich selbstständige, die neue juristische Person prägende Stellung behalten hat, also der neue Rechtsträger lediglich einen neuen rechtlichen und wirtschaftlichen Mantel bildet (zustimmend BVerfG NZKart 2015, 447).

Der Gesetzgeber hat im Rahmen der **8. GWB-Novelle 2012/2013 § 30 OWiG** 4
um einen **Abs. 2a** ergänzt hat (vgl. dazu Bischke/Brack NZG 2012, 1140; Löbbe ZHR 177 (2013), 518 (535 f.); Görner ZWeR 2014, 102). Hiernach kann die Geldbuße gegen den oder die Rechtsnachfolger festgesetzt werden im Fall der Gesamtrechtsnachfolge, zu der es insbes. durch **Verschmelzung** im Rahmen des Umwandlungsgesetzes kommt (in den beiden Alternativen der Aufnahme durch Übernahme des Vermögens eines oder mehrerer Rechtsträger als Ganzes auf einen anderen bestehenden Rechtsträger oder der Neugründung durch Übertragung der Vermögen zweier oder mehrerer Rechtsträger auf einen neuen, von ihnen dadurch gegründeten Rechtsträger) oder entsprechender Rechtsvorgänge. Erfasst wird daneben auch der Fall der **partiellen Gesamtrechtsnachfolge** durch Aufspaltung. Insoweit wird ausdrücklich Bezug genommen auf § 123 Abs. 1 UmwG; diese Bezugnahme ist aber wohl nicht als ausschließliche zu verstehen, sondern bezieht auch entsprechende Rechtsvorgänge nach ausländischem Recht ein. Die Aufspaltung ist dadurch gekennzeichnet, dass Vermögensteile als Gesamtheit auf andere bestehende Rechtsträger oder neu gegründete Rechtsträger übertragen werden. In diesen Fällen kann nach § 30 Abs. 2 S. 1 OWiG die Geldbuße gegen den oder die Rechtsnachfolger festgesetzt werden. Nicht erfasst werden Fälle der **Einzelrechtsnachfolge,** in denen der übertragende Rechtsträger fortbesteht und deswegen auch für die Ordnungswidrigkeit forthaftet (dazu auch Löbbe ZHR 177 (2013), 518 (536 ff.)). Zur zeitlichen Anwendung des § 30 Abs. 2a OWiG BGH NJW 2021, 3543: Nur anwendbar, wenn die Tat vor Inkrafttreten des § 30 Abs. 2a OWiG am 30.6.2013 beendet war.

5 Nach § 30 Abs. 2a S. 2 OWiG darf die Geldbuße in diesen Fällen den **Wert des übernommenen Vermögens** sowie die Höhe der gegenüber dem Rechtsvorgänger angemessenen Geldbuße nicht übersteigen. Wenn bei einer Aufspaltung mehrere Rechtsvorgänger haften, sollen diese nach der Begründung der Beschlussempfehlung des Wirtschaftsausschusses, auf den diese Änderung auf der Grundlage eines entsprechenden Vorschlages des Justizministeriums zurückzuführen ist, als **Gesamtschuldner** haften (BT-Drs. 17/11053, 28 f.). Eine derartige gesamtschuldnerische Haftung ist im System des OWiG ein Novum. Die Begründung stellt klar, dass § 30 Abs. 2a OWiG nicht anwendbar ist, wenn zB ein **Einzelkaufmann** gehandelt hat und dann sein einzelkaufmännisches Unternehmen in die Rechtsform einer juristischen Person wechselt; dann haftet der Einzelkaufmann fort. Das gilt auch im umgekehrten Fall, dass eine juristische Person ursprünglich über § 30 Abs. 1 OWiG gehaftet hat, und das Unternehmen durch eine natürliche Person fortgeführt wird (vgl. dazu Wirtschaftsausschuss BT-Drs. 17/11053, 28, 29). In diesem Fall geht die Bußgeldhaftung nicht auf die natürliche Person über; vielmehr erlischt sie mit dem Erlöschen der juristischen Person.

6 Der mit der 9. GWB-Novelle 2017 eingefügte Abs. 3 aF, seit der 10. GWB-Novelle 2021 § 81a Abs. 1, führt die **Muttergesellschaftshaftung** nach europäischem Kartellrecht ein. Die Unternehmenshaftung nach OWiG knüpft an die handelnde Person an, die eine **bestimmte Position** in der juristischen Person oder Personenvereinigung iSv § 30 Abs. 1 OWiG haben muss. **Weitere Haftungsvoraussetzung** ist, dass durch die Ordnungswidrigkeit Pflichten, die die juristische Person oder die Personenvereinigung treffen, verletzt worden sind oder die juristische Person oder die Personenvereinigung bereichert worden ist oder werden sollte. Abs. 3a greift dieses Regelungskonzept insoweit auf, als jetzt zusätzlich die Geldbuße gegen die juristischen Personen verhängt werden kann, die das **Unternehmen** zum Zeitpunkt der Begehung der Ordnungswidrigkeit gebildet haben oder die auf die juristische Person oder Personenvereinigung, deren Leitungsperson die Ordnungswidrigkeit begangen hat, unmittelbar oder mittelbar **einen bestimmenden Einfluss** ausgeübt haben. Nach der RegBegr zur 9. GWB-Novelle (RegE 9. GWB-Novelle 2017, 84 ff.) knüpft die neue Regelung an den Begriff des Unternehmens iSv Art. 101 AEUV an (→ § 1 Rn. 8 f.). Die RegBegr. geht davon aus, dass mit der bewussten Übernahme des Grundkonzepts und der Begrifflichkeit des Unionsrechts eine europafreundliche Auslegung des Unternehmensbegriffs maßgeblich ist; Zweifelsfragen können durch Vorlage nach Art. 267 AEUV beim EuGH geklärt werden.

7 Erforderlich ist zunächst, dass das zusätzlich in Haftung genommene Unternehmen mit dem Unternehmen, dem die Handlung der Leitungsperson zugerechnet wird, **ein Unternehmen im Sinne des europäischen Kartellrechts** gebildet **und** unmittelbar oder mittelbar einen **bestimmenden Einfluss** auf diese Gesellschaft ausgeübt hat. **Bestimmender Einfluss** besteht nach europäischem Recht dann, wenn die Möglichkeit einer einheitlichen Leitung eröffnet wird und diese einheitliche Leitung auch **tatsächlich ausgeübt** wird. Der bestimmende Einfluss muss auf diejenige juristische Person ausgeübt worden sein, der ursprünglich das kartellrechtswidrige Handeln der Leitungsperson zugerechnet wird. Die Haftung ergibt sich also nur im Vertikalverhältnis; Schwester- oder Tochtergesellschaften haften grds. nicht (Kersting/Podszun 9. GWB-Novelle/Meyer-Lindemann Kap. 17 Rn. 59). Die **Akzo-Vermutung** (EuGH EuZW 2009, 816 (818) Rn. 60 – Akzo; EuGH BeckRS 2011, 80309 Rn. 96 ff. – ArcelorMittal; EuGH BeckRS 2012, 81494 Rn. 46, 47 – Alliance One International), dass die oberste Konzerngesellschaft bei 100 %iger Beteiligung für ihre Tochtergesellschaften zur Verantwortung gezogen werden kann, soll allerdings **nicht** zur Anwendung kommen (RegE 9. GWB-Novelle 2017, 90), der bestimmende Einfluss darf also nicht aus dem Umstand vermutet werden, dass alle oder im Wesentlichen alle Anteile in einer Hand gehalten werden. Hat die

Muttergesellschaft ein **Compliance-System** eingeführt, kann bereits dieses für den bestimmenden Einfluss ausreichen und dadurch sogar die Haftung begründen (Kersting/Podszun 9. GWB-Novelle/Meyer-Lindemann Kap. 17 Rn. 62; RegE 9. GWB-Novelle 2017, 90). Das Erfordernis der unternehmensbezogenen Pflichtverletzung oder Bereicherung hat in Abs. 3a keine eigenständige Bedeutung, sondern wiederholt lediglich den Gesetzeswortlaut des § 30 Abs. 1 OWiG (anders Kersting/Podszun 9. GWB-Novelle/Meyer-Lindemann Kap. 17 Rn. 63). Zu verfassungsrechtlichen Bedenken: Kersting/Podszun 9. GWB-Novelle/Meyer-Lindemann Kap. 17 Rn. 67 ff.

Abs. 2 S. 1 erweitert zunächst die Anwendung von Abs. 1 auf den Fall, dass das 8 haftende Unternehmen in einem Rechtsnachfolger im Wege der **Gesamtrechtsnachfolge oder einer partiellen Gesamtrechtsnachfolge durch Aufspaltung** aufgeht. Abs. 2 S. 1 verhindert, dass die Haftung nach Abs. 1 wieder dadurch ausgehebelt wird, dass das bestimmende Unternehmen mit einer Obergesellschaft oder einer anderen Gesellschaft verschmolzen oder durch Aufspaltung im Wege der Teilrechtsnachfolge in diese übergeht und dann kein bestimmendes Unternehmen mehr vorhanden ist. Das aufnehmende Unternehmen kann also über Abs. 2 S. 1 in Haftung genommen werden. Abs. 2 **S. 2** regelt, wie sich die **Rechtsnachfolge im Bußgeldverfahren** auswirkt; der Rechtsnachfolger soll in die Verfahrensstellung eintreten, in der sich der Rechtsvorgänger zum Zeitpunkt des Wirksamwerdens der Rechtsnachfolge befunden hat. Prozesshandlungen des Rechtsvorgängers wirken also auch für den Rechtsnachfolger (Kersting/Podszun 9. GWB-Novelle/Meyer-Lindemann Kap. 17 Rn. 79).

Abs. 2 S. 3 bestimmt, dass die **Haftungsbegrenzung** nach § 30 Abs. 2 S. 2 9 OWiG **keine Anwendung** findet. Diese Regelung bestimmt, dass die Geldbuße im Falle der Gesamtrechtsnachfolge den Wert des übernommenen Vermögens sowie die Höhe der gegenüber dem Rechtsvorgänger angemessenen Geldbuße nicht übersteigen darf. Dies bedeutet im Gegenschluss, dass sich die **Geldbuße des Rechtsnachfolgers an seiner Leistungsfähigkeit orientiert,** also die Haftungsbeschränkung des allgemeinen Ordnungswidrigkeitenrechts in § 30 Abs. 2a OWiG bei Kartellverstößen nicht anwendbar ist. Abs. 2 S. 4 erstreckt schließlich die Geltung des S. 3, also die Ausnahme von § 30 Abs. 2a OWiG auf alle Rechtsnachfolgen für Kartellordnungswidrigkeiten nach § 81 Abs. 1–3. Entscheidend ist also für die Festsetzung der Geldbuße auch in diesem Fall die Leistungsfähigkeit des Gesamtunternehmens nach § 81d Abs. 1 S. 2.

Abs. 3 erweitert die Haftung auf Unternehmen, die das kartellrechtlich verant- 10 wortliche Unternehmen in **wirtschaftlicher Kontinuität** weiterführen **(wirtschaftliche Nachfolge);** letztlich wird hier der Fall erfasst, dass es keine Rechtsnachfolge gibt, weil etwa der kartellrechtlich verantwortliche Rechtsträger sein Vermögen auf eine andere Gesellschaft überträgt, die das Unternehmen weiterführt, und der handelnde Rechtsträger nicht mehr weiter existiert. Eine Verschmelzung, die eine Rechtsnachfolge nach Abs. 2 begründet, gibt es hier nicht. Die sich hieraus ergebende spannende Frage ist, ob **lediglich Umgehungen** durch Asset-Übertragung erfasst werden sollen, oder ob jeglicher Erwerber, etwa im Rahmen eines Unternehmenskaufs, in die Bußgeldhaftung einbezogen wird (Kersting/Podszun 9. GWB-Novelle/Meyer-Lindemann Kap. 17 Rn. 87). Aus der Systematik des § 81a kann geschlossen werden, dass das Unternehmen, das wirtschaftlicher Nachfolger ist, nur dann haften kann, wenn es in die Veräußerung und damit Entziehung des Haftungssubjekts bzw. -substrats **„verstrickt“** ist, was etwa dann der Fall sein kann, wenn die Veräußerung der Vermögensgegenstände im selben Konzern erfolgte.

Abs. 4 bestimmt, dass sich bei der Haftung nach den Abs. 1–3 das Höchstmaß 11 der Geldbuße und die Verjährung nach dem für die Ordnungswidrigkeit geltenden Recht orientiert, also vollständige Akzessorietät besteht. Die Geldbuße nach Abs. 1 kann selbstständig festgesetzt werden. **Verjährungsunterbrechende Maßnahmen** gegen das handelnde Unternehmen wirken auch gegen die nach den Abs. 1–3 haftenden Unternehmen.

12 Nach Abs. 5 haften die nach Abs. 1–3 haftenden Unternehmen **gesamtschuldnerisch**.

§ 81b Geldbußen gegen Unternehmensvereinigungen

(1) **Wird gegen eine Unternehmensvereinigung als juristische Person oder Personenvereinigung im Sinne des § 30 des Gesetzes gegen Ordnungswidrigkeiten eine Geldbuße nach § 81c Absatz 4 festgesetzt und ist die Unternehmensvereinigung selbst nicht zahlungsfähig, so setzt die Kartellbehörde eine angemessene Frist, binnen derer die Unternehmensvereinigung von ihren Mitgliedern Beiträge zur Zahlung der Geldbuße verlangt.**

(2) **Sind die Beiträge zur Zahlung der Geldbuße innerhalb der nach Absatz 1 gesetzten Frist nicht in voller Höhe entrichtet worden, so kann die Kartellbehörde die Zahlung des ausstehenden Betrags der Geldbuße direkt von jedem Unternehmen verlangen, dessen Vertreter den Entscheidungsgremien der Unternehmensvereinigung zum Zeitpunkt der Begehung der Ordnungswidrigkeit angehört haben.**

(3) **Soweit dies nach einem Verlangen nach Absatz 2 zur vollständigen Zahlung der Geldbuße notwendig ist, kann die Kartellbehörde die Zahlung des ausstehenden Betrags der Geldbuße auch von jedem Mitglied der Unternehmensvereinigung verlangen, das auf dem von der Ordnungswidrigkeit betroffenen Markt tätig war.**

(4) **Eine Zahlung nach den Absätzen 2 und 3 kann nicht von Unternehmen verlangt werden, die darlegen, dass sie**

1. **entweder von der Existenz dieses Beschlusses keine Kenntnis hatten oder sich vor Einleitung des Verfahrens der Kartellbehörde aktiv davon distanziert haben und**
2. **den die Geldbuße nach § 81 begründenden Beschluss der Unternehmensvereinigung nicht umgesetzt haben.**

(5) **Das Verlangen nach Zahlung des ausstehenden Betrags der Geldbuße darf für ein einzelnes Unternehmen 10 Prozent des in dem der Behördenentscheidung vorausgegangenen Geschäftsjahr erzielten Gesamtumsatzes des jeweiligen Unternehmens nicht übersteigen.**

(6) **Die Absätze 1 bis 5 finden keine Anwendung in Bezug auf Mitglieder der Unternehmensvereinigung,**

1. **gegen die im Zusammenhang mit der Ordnungswidrigkeit eine Geldbuße festgesetzt wurde oder**
2. **denen nach § 81k ein Erlass der Geldbuße gewährt wurde.**

1 § 81b regelt das **Haftungsregime** im Falle der **Zahlungsunfähigkeit einer Unternehmensvereinigung,** gegen die Geldbuße festgesetzt ist. Die Regelung wurde durch die 10. GWB-Novelle 2021 in Umsetzung von Art. 14 Abs. 3 und 4 ECN+-Richtlinie in das GWB aufgenommen. Die Vorschrift steht auch auf dem Hintergrund der aus § 81c Abs. 4 folgenden Erhöhung des Geldbußenrahmens, der sich nunmehr nicht mehr am Umsatz der Unternehmensvereinigung, sondern am Umsatz der Mitgliedsunternehmen im betroffenen Markt orientiert.

2 Nach Abs. 1 kann die Kartellbehörde im Falle der Zahlungsunfähigkeit zunächst die **Unternehmensvereinigung auffordern,** ihre **Mitgliedsunternehmen** um **Beiträge** anzuhalten. Ob die Unternehmensvereinigung einen Anspruch auf solche Beiträge hat, hängt von ihrer Organisationsform und eventueller interner Regelungen ab.

3 Führt die Aufforderung an die Unternehmensvereinigung nicht zur vollständigen Zahlung der Geldbuße, kann die **Geldbuße** nach § 81b Abs. 2 und 3 direkt von den **Mitgliedern** verlangt werden. Nach **Abs. 2** haften **vorrangig** die Unternehmen, deren Vertreter den **Entscheidungsgremien** der Unternehmensvereinigung zum Zeitpunkt der Begehung der Ordnungswidrigkeit angehört haben. Sollte die Inanspruchnahme nach Abs. 2 nicht zur vollständigen Zahlung der Geldbuße führen, kann nach **Abs. 3** Zahlung von jedem Mitglied der Unternehmensvereinigung verlangt werden, das auf dem von der Ordnungswidrigkeit betroffenen Markt tätig war.

4 Nach **Abs. 4** kann sich ein Unternehmen von der Haftung nach Abs. 2, 3 dadurch befreien, dass es darlegt, dass es entweder von dem kartellrechtswidrigen Beschluss der Unternehmensvereinigung keine Kenntnis hatte oder sich vor Einleitung des Kartellverfahrens aktiv von dem kartellrechtswidrigen Beschluss distanziert hat (Nr. 1), oder dass es den Beschluss der Unternehmensvereinigung nicht umgesetzt hat (Nr. 2).

5 Abs. 5 **begrenzt** das Zahlungsverlangen des ausstehenden Betrags der Geldbuße für ein einzelnes Unternehmen auf 10 % seines erzielten Gesamtumsatzes des der Behördenentscheidung vorausgegangenen Geschäftsjahres.

6 Abs. 6 nimmt aus der Haftung für die Unternehmensvereinigungsgeldbuße die Unternehmen aus, gegen die selbst wegen der Ordnungswidrigkeit eine Geldbuße festgesetzt wurde (Nr. 1) oder denen als **Kronzeuge** nach § 81k die Geldbuße erlassen wurde (Nr. 2).

7 Die **Inanspruchnahme** der Unternehmen nach Abs. 2 und Abs. 3 erfolgt **durch Verfügung** der Kartellbehörde, gegen die die Beschwerde nach § 73 zulässig ist. Diese Verfügung ist als Vollstreckungsgrundlage erforderlich. Nach Abs. 2 und Abs. 3 ist unklar, ob die Kartellbehörde verpflichtet ist, alle Mitglieder der Unternehmensvereinigung in Anspruch zu nehmen. Nach dem RegE 10. GWB-Novelle 2021 (S. 125 f.) soll die Kartellbehörde die relative Größe der Unternehmen berücksichtigen. Klar ist das Haftungs-Stufenverhältnis zwischen den Unternehmen nach Abs. 2, die vorrangig zu denjenigen nach Abs. 3 in Anspruch zu nehmen sind. Richtiges Vorgehen dürfte sein, die Unternehmen als Gesamtschuldner in Anspruch zu nehmen, sodass damit entsprechend §§ 421 ff. BGB zumindest die Möglichkeit des internen Gesamtschuldnerausgleichs eröffnet ist.

§ 81c Höhe der Geldbuße

(1) [1]**Die Ordnungswidrigkeit kann in den Fällen des § 81 Absatz 1, 2 Nummer 1, 2 Buchstabe a und Nummer 5 und Absatz 3 mit einer Geldbuße bis zu einer Million Euro geahndet werden.** [2]**In den übrigen Fällen des § 81 kann die Ordnungswidrigkeit mit einer Geldbuße bis zu einhunderttausend Euro geahndet werden.**

(2) [1]**Im Fall eines Unternehmens oder einer Unternehmensvereinigung kann bei Verstößen nach § 81 Absatz 1, 2 Nummer 1, 2 Buchstabe a und Nummer 5 sowie Absatz 3 über Absatz 1 hinaus eine höhere Geldbuße verhängt werden.** [2]**Die Geldbuße darf 10 Prozent des in dem der Behördenentscheidung vorausgegangenen Geschäftsjahr erzielten Gesamtumsatzes des Unternehmens oder der Unternehmensvereinigung nicht übersteigen.**

(3) [1]**Im Fall eines Unternehmens oder einer Unternehmensvereinigung kann bei Verstößen nach § 81 Absatz 2 Nummer 2 Buchstabe b, Nummer 3 sowie 6 bis 11 über Absatz 1 hinaus eine höhere Geldbuße verhängt werden.** [2]**Die Geldbuße darf 1 Prozent des in dem der Behördenentscheidung vorausgegangenen Geschäftsjahr erzielten Gesamtumsatzes des Unternehmens oder der Unternehmensvereinigung nicht übersteigen.**

(4) [1]**Wird gegen eine Unternehmensvereinigung eine Geldbuße wegen einer Ordnungswidrigkeit gemäß § 81 Absatz 1 festgesetzt, die mit den Tätigkeiten ihrer Mitglieder im Zusammenhang steht, so darf diese abweichend von Absatz 2 Satz 2 10 Prozent der Summe des in dem der Behördenentscheidung vorausgegangenen Geschäftsjahr erzielten Gesamtumsatzes derjenigen Mitglieder, die auf dem von der Ordnungswidrigkeit betroffenen Markt tätig waren, nicht übersteigen.** [2]**Dabei bleiben die Umsätze von solchen Mitgliedern unberücksichtigt, gegen die im Zusammenhang mit der Ordnungswidrigkeit bereits eine Geldbuße festgesetzt wurde oder denen nach § 81k ein Erlass der Geldbuße gewährt wurde.**

(5) [1]**Bei der Ermittlung des Gesamtumsatzes ist der weltweite Umsatz aller natürlichen und juristischen Personen sowie Personenvereinigungen zugrunde zu legen, die als wirtschaftliche Einheit operieren.** [2]**Die Höhe des Gesamtumsatzes kann geschätzt werden.**

1. Bußgeldhöhe (Abs. 1, 2 und 3)

1 § 81c entspricht im Wesentlichen § 81 Abs. 4 S. 1 und 5 aF. Abs. 1 S. 1 charakterisiert die Ordnungswidrigkeiten nach Abs. 1 Nr. 1, Abs. 2 lit. a und Nr. 5 sowie nach Abs. 3 als besonders schwerwiegend. Deswegen beträgt die Geldbuße in diesen Fällen **bis zu 1 Mio. EUR** (und unter den Voraussetzungen des Abs. 2 uU auch wesentlich mehr, → Rn. 4 ff.). Für alle anderen Verstöße beträgt die Geldbuße **bis zu 100.000 EUR.**

2 **Abs. 2** sieht vor, dass gegen Unternehmen und Unternehmensvereinigungen über das Bußgeld nach Abs. 1 hinaus ein höheres Bußgeld bei Verstößen gegen **§ 81 Abs. 1** (also Verstößen gegen Art. 101 oder 102 AEUV) oder die materiellen Kartellrechtsvorschriften in **§ 81 Abs. 2 Nr. 1, Abs. 2 lit. a und Nr. 5 sowie nach Abs. 3** verhängt kann, und zwar bis **10 % des Gesamtumsatzes.**

3 **Abs. 3** regelt, dass gegen Unternehmen und Unternehmensvereinigungen über das Bußgeld nach Abs. 1 hinaus ein höheres Bußgeld bei Verstößen gegen **§ 81 Abs. 2 Nr. 2b, 3 sowie 6–11** verhängt kann, und zwar bis **1 % des Gesamtumsatzes.**

2. Bußgeldrahmen

4 Die Orientierung des Bußgelds am Gesamtumsatz wirft verfassungsrechtliche Fragen auf. Der BGH hat im **Grauzementkartell-Beschluss** vom 26.2.2013 (BGH NZKart 2013, 195 Rn. 50 ff.; bestätigt durch s. BGH NZKart 2014, 513 (514) – Silostellgebühren II) die verfassungsrechtlichen Einwendungen zurückgewiesen, indem er die **10 %-Grenze** des § 81 Abs. 4 S. 2 aF und jetzigen Abs. 2 gegen den – auch vom BGH festgestellten – damaligen Willen des Gesetzgebers „verfassungskonform" als **Bußgeldobergrenze** interpretiert; bei ihrer Deutung als Kappungsgrenze würde auch er wegen des Fehlens einer Obergrenze Verfassungswidrigkeit annehmen (BGH NZKart 2013, 195 Rn. 57). Damit setzte sich der BGH nicht nur in **Widerspruch zum EU-Recht** (dazu u.a. EuGH Slg. 2005, I-5425 Ls. 16 – Dansk Rorindustri; EuG Slg. 2004, II-1181 Rn. 368 – Tokai Carbon Ltd.; Slg. 2002, II-1705 Ls. 14; LR AF 1998 A/S; Immenga/Mestmäcker/Dannecker/Biermann VO 1/2003 Art. 23 Rn. 1), sondern auch zur hM zum deutschen Recht (vgl. Achenbach ZWeR 2009, 3 (15 f.); Deselaers WuW 2006, 118 (119 f.); Buntscheck EuZW 2007, 423; Haus NZKart 2013, 185 f.; auch nach der Grauzemententscheidung bekräftigend Achenbach WuW 2013, 688 (692 ff.)). Die Obergrenze von 10 % des Umsatzes soll der **Belastbarkeit** der Unternehmen Rechnung tragen. UE gilt das auch dann, wenn zeitnah verschiedene Verfahren gegen das Unternehmen geführt und durch die Festsetzung von Geldbußen abgeschlossen werden; für die „Zeitnähe"

kann es auf die Begehung der Ordnungswidrigkeiten oder alternativ auf die Entscheidungen ankommen. Bei der Deutung der 10 %-Grenze als Bußgeldobergrenze, die der BGH vorgenommen hat, ist allerdings davon auszugehen, dass der dadurch definierte Bußgeldrahmen für jede Tat zur Verfügung steht, also theoretisch auch in einem einheitlichen Verfahren mehrfach ausgeschöpft werden kann. Die Ober- oder Kappungsgrenze ist auch anwendbar bei Verhängung der **Geldbuße nach S. 1** von bis zu 1 Mio. EUR. Liegt der relevante Umsatz des betroffenen Unternehmens unter 10 Mio. EUR, muss auch die „Regelgeldbuße" des S. 1 bei 10 % des Umsatzes „gekappt" werden (aA offenbar BKartA TB 2005/2006, 94). Die Ober- oder Kappungsgrenze erfasst uE auch die **Vorteilsabschöpfung** nach § 17 Abs. 4 S. 2 OWiG, wenn durch sie die 10 %-Grenze überschritten wird (aA offenbar OLG Düsseldorf – VI-4 Kart 2 – 6/10 (OWi) – Flüssiggas). Fraglich ist allerdings, ob das Zusatzbußgeld bis zu 10 % des Umsatzes auch bei Geldbußen wegen **Aufsichtspflichtverletzung** nach § 130 OWiG gilt (dagegen Achenbach NZKart 2014, 473).

Im Anschluss an die Entscheidung des BGH im Grauzement-Fall hat das BKartA am 25.6.2013 **Leitlinien für die Bußgeldzumessung in Ordnungswidrigkeitenverfahren** (Anhang C 3) erlassen. Ausgangspunkt ist, dass der BGH die Grenze von 10 % des im Geschäftsjahr vor der Behördenentscheidung erzielten Gesamtumsatzes des Unternehmens als oberen Rand des zur Verfügung stehenden Bußgeldrahmens begreift. Um bei der Bemessung den von der Tat betroffenen Unternehmensbereich zu berücksichtigen, soll nach den Leitlinien das Gewinn- und Schadenspotenzial in Höhe von 10 % des während der Dauer des Kartellverstoßes erzielten tatbezogenen Umsatzes des Unternehmens mit einbezogen werden. Dieser Betrag wird mit einem Faktor multipliziert, um der jeweiligen Unternehmensgröße Rechnung zu tragen. Bei Unternehmen mit einem Gesamtumsatz von unter 100 Mio. EUR wird proportional mit einem Faktor zwischen 2 und 3 multipliziert, bei einem Gesamtumsatz zwischen 100 Mio. EUR und 1 Mrd. EUR zwischen 3 und 4, zwischen 1 Mrd. EUR und 10 Mrd. EUR zwischen 4 und 5 und zwischen 10 Mrd. EUR bis 100 Mrd. EUR mit 5 bis 6. Liegt der so errechnete Betrag oberhalb des Werts nach Abs. 2 S. 2, so gilt diese Obergrenze, liegt er darunter, bildet der so errechnete Betrag die Bußgeldobergrenze. Innerhalb des Bemessungsspielraums erfolgt die Einordnung der Tat anhand der gesetzlich vorgegebenen Zumessungskriterien, also tatbezogenen und täterbezogenen Kriterien. Diese Leitlinien führen insbes. bei großen Unternehmen zu einer deutlichen Steigerung der Geldbußen. 5

3. Bußgeld gegen Unternehmensvereinigungen (Abs. 4)

Unter **„Unternehmensvereinigung"** sind nur solche Vereinigungen zu verstehen, die nach den Grundnormen, an die die Bußgeldtatbestände des § 81 Abs. 1–3 anknüpfen, ordnungswidrig handeln können. Das ist der Fall bei der „Unternehmensvereinigung" iSv Art. 101 Abs. 1 AEUV (§ 81 Abs. 1 Nr. 1), § 1 (§ 81 Abs. 2 Nr. 1), § 19 Abs. 3, § 20 Abs. 1–3 (§ 81 Abs. 2 Nr. 1), § 20 Abs. 5 (§ 81 Abs. 2 Nr. 1), § 21 Abs. 1 und 2 (§ 81 Abs. 3 Nr. 1 und 2), § 21 Abs. 3 (§ 81 Abs. 2 Nr. 1) und § 24 Abs. 4 (§ 81 Abs. 3 Nr. 3). Soweit Vorschriften wie Art. 102 AEUV und § 19 davon sprechen, dass **ein „oder mehrere" Unternehmen** handeln, geht es nicht um das Handeln einer Unternehmensvereinigung, sondern um das jedem einzelnen Unternehmen unmittelbar zuzurechnende Verhalten mehrerer Unternehmen. Die Beteiligung und Ahndung einer Unternehmensvereinigung schließt allerdings nicht aus, dass das Handeln der einzelnen in der Unternehmensvereinigung vereinigten Unternehmen **auch jedem einzelnen Unternehmen zuzurechnen** ist. Geht es iSv Art. 101 Abs. 1 AEUV oder § 1 um den Beschluss einer Unternehmensvereinigung, handeln insoweit sowohl die Unternehmensvereinigung selbst als auch jedes einzelne am Beschluss beteiligte Unternehmen. 6

7 In Anlehnung an Art. 15 Abs. 2 ECN+-Richtlinie regelt der durch die 10. GWB-Novelle 2021 eingefügte Abs. 4, dass sich die **Bußgelder gegen Unternehmensvereinigungen an 10 % des Gesamtumsatzes der Mitglieder der Unternehmensvereinigung** (und nicht lediglich an demjenigen der Unternehmensvereinigung selbst) bestimmen, aber **nur** dann, **wenn die Ordnungswidrigkeit mit den Tätigkeiten der Mitglieder im Zusammenhang steht.** Allerdings wird hier **nur der Gesamtumsatz der Mitglieder herangezogen, die auf dem von der Ordnungswidrigkeit der Unternehmensvereinigung betroffenen Markt tätig** waren. Soweit gegen Mitglieder der Unternehmensvereinigung in der gleichen Sache wegen der gleichen Handlung selbst Bußgelder verhängt wurden, muss der Gesamtumsatz dieser Mitglieder auf dem betroffenen Markt bei der Berechnung des Bußgeldes der Unternehmensvereinigung herausgerechnet werden; schließlich müssen auch die Mitglieder der Unternehmensvereinbarung herausgerechnet werden, denen das Bußgeldes nach § 81k erlassen wurde.

4. Gesamtumsatz (Abs. 5)

8 Bei Ermittlung des Gesamtumsatzes – bei Deutung der 10 %-Grenze sowohl als Kappungs- als auch als Obergrenze – ist der **weltweite Umsatz aller natürlichen und juristischen Personen zugrunde zu legen, die als wirtschaftliche Einheit operieren** (s. BGH NZKart 2014, 513 (514) – Silostellgebühren II; wegen des Urteils des EuGH in der Sache Sumal (NZKart 2021, 626), nach der innerhalb eines Konzerns mehrere wirtschaftliche Einheiten nebeneinander bestehen können, ist möglicherweise eine Betrachtung nur der jeweiligen wirtschaftlichen Einheit entscheidend, s. Ackermann/Rohr NZKart 2023, 452). Entscheidend ist nach Abs. 2 S. 2 und Abs. 2 S. 3 das **„der Behördenentscheidung vorausgegangene Geschäftsjahr".** Bei einer Veränderung der dem Unternehmen bzw. der wirtschaftlichen Einheit zuzurechnenden Gesellschaften auf die **Struktur** an, **die bei Beendigung des Kartellverstoßes existierte.** War der Umsatz in der alten Struktur kleiner, bemisst sich der für die 10 %-Grenze maßgebliche Umsatz nach der alten Struktur; das wird durch die Rechtsgedanken des § 4 Abs. 1 OWiG und § 30 Abs. 2a S. 2 OWiG bestätigt (ebenso v. Brevern/Scheidtmann WuW 2014, 668). War der Umsatz in der alten Struktur größer, kommt es nach dem Rechtsgedanken des § 4 Abs. 3 OWiG auf die neue Struktur an. Umfasst das Geschäftsjahr wegen der **Umstellung des Geschäftsjahres** nicht volle zwölf Monate, ist für die Anwendung des S. 2 Hs. 2 der für das Geschäftsjahr ermittelte Umsatz durch die Zahl der Monate zu teilen und mit 12 zu multiplizieren.

§ 81d Zumessung der Geldbuße

(1) [1]**Bei der Festsetzung der Höhe der Geldbuße ist sowohl die Schwere der Zuwiderhandlung als auch deren Dauer zu berücksichtigen.** [2]**Bei Geldbußen, die gegen Unternehmen oder Unternehmensvereinigungen wegen wettbewerbsbeschränkender Vereinbarungen, Beschlüssen oder abgestimmter Verhaltensweisen nach § 1 dieses Gesetzes oder Artikel 101 des Vertrages über die Arbeitsweise der Europäischen Union oder wegen verbotener Verhaltensweisen nach den §§ 19, 20 oder 21 oder nach Artikel 102 des Vertrages über die Arbeitsweise der Europäischen Union festgesetzt werden, kommen als abzuwägende Umstände insbesondere in Betracht:**

1. **die Art und das Ausmaß der Zuwiderhandlung, insbesondere die Größenordnung der mit der Zuwiderhandlung in unmittelbarem oder mittelbarem Zusammenhang stehenden Umsätze,**
2. **die Bedeutung der von der Zuwiderhandlung betroffenen Produkte und Dienstleistungen,**

3. die Art der Ausführung der Zuwiderhandlung,
4. vorausgegangene Zuwiderhandlungen des Unternehmens sowie vor der Zuwiderhandlung getroffene, angemessene und wirksame Vorkehrungen zur Vermeidung und Aufdeckung von Zuwiderhandlungen und
5. das Bemühen des Unternehmens, die Zuwiderhandlung aufzudecken und den Schaden wiedergutzumachen sowie nach der Zuwiderhandlung getroffene Vorkehrungen zur Vermeidung und Aufdeckung von Zuwiderhandlungen.

[3]Bei der Berücksichtigung des Ausmaßes, der Größenordnung und der Bedeutung im Sinne des Satzes 2 Nummer 1 und 2 können Schätzungen zugrunde gelegt werden.

(2) **[1]Bei der Zumessung der Geldbuße sind die wirtschaftlichen Verhältnisse des Unternehmens oder der Unternehmensvereinigung maßgeblich. [2]Haben sich diese während oder nach der Tat infolge des Erwerbs durch einen Dritten verändert, so ist eine geringere Höhe der gegenüber dem Unternehmen oder der Unternehmensvereinigung zuvor angemessenen Geldbuße zu berücksichtigen.**

(3) **[1]§ 17 Absatz 4 des Gesetzes über Ordnungswidrigkeiten findet mit der Maßgabe Anwendung, dass der wirtschaftliche Vorteil, der aus der Ordnungswidrigkeit gezogen wurde, durch die Geldbuße nach § 81c abgeschöpft werden kann. [2]Dient die Geldbuße allein der Ahndung, ist dies bei der Zumessung entsprechend zu berücksichtigen.**

(4) **Das Bundeskartellamt kann allgemeine Verwaltungsgrundsätze über die Ausübung seines Ermessens bei der Bemessung der Geldbuße, insbesondere für die Feststellung der Bußgeldhöhe und für die Zusammenarbeit mit ausländischen Wettbewerbsbehörden, festlegen.**

1. Bemessung der Geldbuße im Einzelfall (Abs. 1)

Abs. 1 S. 1 in der Fassung der 10. GWB-Novelle 2021 entspricht § 81 Abs. 4 S. 6 aF. Danach ist bei der Festsetzung der Höhe der Geldbuße „sowohl die **Schwere** der Zuwiderhandlung als auch deren **Dauer** zu berücksichtigen". Der neu eingefügte Abs. 1 S. 2 Nr. 1–5 bestimmt für Verstöße gegen Art. 101, 102 AEUV, §§ 1, 19–21, dass weitere Umstände zu berücksichtigen sind; diese Konkretisierung erfolgt auf dem Hintergrund von Erwägungsgrund 47 ECN+-Richtlinie, wonach bei der Beurteilung der Schwere der Zuwiderhandlung und den Umständen des Falles die Art der Zuwiderhandlung, der Marktanteil aller betreffenden Unternehmen, der räumliche Umfang der Zuwiderhandlung, die Durchführung der Zuwiderhandlung, der Gesamtumsatz, der durch die Zuwiderhandlung betroffen ist, sowie die Größe und die Marktstärke der betreffenden Unternehmen heranzuziehen sind. 1

Nach dem RegE 10. GWB-Novelle 2021 (S. 127 f.) berücksichtigen die Kartellbehörden und Gerichte bereits heute diese Kriterien bei der Zumessung des Bußgelds; dennoch sei auf dem Hintergrund der Weite des für Unternehmen geltenden gesamtumsatzbezogenen Bußgeldrahmens eine solche gesetzliche Absicherung geboten. Insbesondere für das deutsche Recht ist diese Konkretisierung deshalb notwendig, weil nach Einspruch gegen die kartellbehördliche Geldbußenentscheidung seitens der Gerichte eine eigene Bußgeldfestsetzung stattfindet und damit die gleichen Grundsätze für die Bußgeldfestsetzung durch die Kartellbehörde und das Gericht gelten sollen; der RegE 10. GWB-Novelle 2021 (S. 127 f.) erkennt aber an, dass auch in Zukunft zu Messungsfaktoren von Kartellbehörde und Gericht unterschiedlich gewertet werden und sich damit auch die Ergebnisse unterscheiden können. 2

3 Entscheidendes Kriterium für die Zumessung des Bußgelds ist nach Abs. 1 S. 2 Nr. 1 zunächst die Schwere der Zuwiderhandlung; dabei kommt es auf die **Art der Zuwiderhandlung** (Hardcore-Kartell oder nur Verwendung einzelner unzulässiger Klauseln usw), die **Auswirkungen** der Zuwiderhandlung, die Höhe des **„Gewinns"** und des **wirtschaftlichen Vorteils,** den kartellbefangenen Produktumsatz (dazu Deselaers WuW 2006, 118 (120 f.)), die **Größe des betroffenen Marktes** und die **Art der Beteiligung** an (vgl. zu den entsprechenden Kriterien im EU-Recht Bechtold/Bosch/Brinker VO 1/2003 Art. 23 Rn. 45 ff.). In diesem Zusammenhang kann auch der durch die Zuwiderhandlung erzielte **Mehrerlös** von Bedeutung sein, auch wenn seine Höhe nicht festgestellt oder geschätzt wird (dazu Kühnen WuW 2010, 16 (22)). Zu differenzieren ist auch danach, ob es sich um eine einmalige, sich in einer einzigen Handlung verwirklichende Zuwiderhandlung handelt, oder um ein länger dauerndes, stets aktiv weiter gestaltetes Kartell handelt. Ob das allerdings zu schematischen Aufschlägen auf Geldbußen-Grundbeträge für jedes Jahr der Zuwiderhandlung führen kann, erscheint zweifelhaft (zu der entsprechenden Praxis der Kommission Bechtold/Bosch/Brinker VO 1/2003 Art. 23 Rn. 58). Über diese „objektiven" Kriterien hinaus kommt es auch auf einzeltäterbezogene Kriterien an. **Bußgelderhöhend** können die Wiederholungstäterschaft und die Rädelsführerschaft sein. **Bußgeldmindernd** kann sich die Tatsache auswirken, dass das betroffene Unternehmen nur „Mitläufer" im Kartell war oder angesichts der Besonderheiten des Marktes faktischen Zwängen zur Teilnahme ausgesetzt war (auch insoweit zu den entsprechenden Kriterien im EU-Recht Bechtold/Bosch/Brinker VO 1/2003 Art. 23 Rn. 68 ff.).

4 Die Sanktion soll Abs. 1 S. 2 Nr. 1 auch an der Größenordnung des betroffenen Umsatzes orientieren. Das BKartA hat im Anschluss an den Grauzementkartell-Beschluss des BGH (BGH NZKart 2013, 195 = WuW/E DE-R 3861 Rn. 30) am 25.6.2013 Bußgeldleitlinien veröffentlicht (Anhang C 3, zusammen mit den amtlichen Erläuterungen). Sie ersetzten die Bußgeldleitlinien vom 15.9.2006 (7. Aufl. 2013, Anhang C 3, 920, dazu Bach/Klumpp NJW 2006, 3524; Mundt WuW 2007, 458). Wichtigstes Kriterium für die Bußgeldzumessung ist, ebenso wie schon nach den Bußgeldleitlinien von 2006, der **„tatbezogene Umsatz".** Der tatbezogene Umsatz soll einen hinreichenden Bezug zur Bedeutung des betroffenen Marktes, der Stellung des Unternehmens auf dem Markt sowie dem daraus folgenden Gewinn- und Schadenspotenzial herstellen. Der tatbezogene Umsatz ist der mit den Produkten bzw. Dienstleistungen, die mit der Zuwiderhandlung im Zusammenhang stehen, während des gesamten Tatzeitraums erzielte Inlandsumsatz des Unternehmens. Er errechnet sich nicht auf der Basis eines Jahresumsatzes, sondern des geschätzten Umsatzes während der Gesamtdauer der Zuwiderhandlung; dauerte die Zuwiderhandlung weniger als zwölf Monate an, soll von einem Zeitraum von zwölf Monaten ausgegangen werden. Das BKartA geht von einem Gewinn- und Schadenspotenzial in Höhe von **10 % des tatbezogenen Umsatzes** aus. Auf ihn wird ein **„Multiplikationsfaktor"** angewendet, der der jeweiligen Unternehmensgröße Rechnung trägt. Er beträgt bei Unternehmen mit einem Gesamtumsatz von bis zu 100 Mio. EUR das 2- bis 3-fache, bei einem Gesamtumsatz von über 100 Mrd. EUR das mindestens 6-fache. Wenn der so errechnete Wert unterhalb der 10 %-Grenze des § 81c Abs. 2 S. 2 liegt, wird er als Obergrenze behandelt; liegt er darüber, bildet die 10 %-Grenze die Obergrenze. Innerhalb des so errechneten Bemessungsspielraums werden tatbezogene und täterbezogene Kriterien angewendet, sowohl zugunsten als auch zulasten des betroffenen Unternehmens.

5 Nach Abs. 1 S. 2 Nr. 4 sind auch die **Compliance-Bemühungen** des Unternehmens zu berücksichtigen (s. dazu Beschlussempfehlung des Wirtschaftsausschusses BT-Drs. 19/25868, 122 f.; Steger/Schwabach WuW 2021, 138 (142 ff.); Seeliger/Gürer WuW 2020, 634). Selbst wenn es trotz der Compliance-Maßnahmen zu

Zuwiderhandlung gekommen ist, soll dies nicht von vornherein gegen die Ernsthaftigkeit der Bemühungen, kartellrechtliche Zuwiderhandlung zu vermeiden, sprechen. Soweit die Geschäftsleitung selbst an der Zuwiderhandlung beteiligt ist, kommt eine mildernde Berücksichtigung nicht in Betracht; in diesem Fall sind die Compliance-Maßnahmen nicht wirksam. Eine angemessene Berücksichtigung soll sicherstellen, dass bei kleinen und mittleren Unternehmen mit geringem Risiko von Rechtsverletzungen einfachere Maßnahmen für die Compliance ausreichend sein können, um eine Minderung des Bußgelds zu begründen; anders bei größeren Unternehmen, die besonderen Risiken ausgesetzt sind. Zur Compliance → § 81 Rn. 32.

Bußgeldmindernd wirkt sich auch ein langer Zeitraum zwischen der Begehung 6 und der Ahndung der Ordnungswidrigkeit (vgl. OLG Frankfurt a. M. WuW/E DE-R 1388 – Kommunikationsschutz) oder eine **besonders lange Verfahrensdauer** aus (dazu BGH NZKart 2013, 195 Rn. 87 ff. – Grauzement-Kartell; WuW/E DE-R 1233 (1235) – Frankfurter Kabelkartell; OLG Düsseldorf WuW/E DE-R 1433 (1434) – Transportbeton; vgl. auch BGH Großer Strafsenat NJW 2008, 860; Bunte/Raum Rn. 10). Zur Anrechnung von Schadensersatzleistungen vgl. Weller ZWeR 2008, 170.

Nach Abs. 1 S. 2 Nr. 5 grundsätzlicher Übereinstimmung mit Zumessungserwä- 7 gungen im Straf- und Bußgeldrecht kann die Verfolgungsbehörde auch das **„Nachtatverhalten“** (dazu Bußgeldleitlinien, Anhang C 3 Rn. 18) und das **Verhalten** des Täters **bei der Aufklärung** der Zuwiderhandlung berücksichtigen; dies hat neben dem jetzt in den §§ 81h ff. geregelten Kronzeugenprogramm Bedeutung, wenn die Voraussetzungen für eine Kronzeugenbehandlung nicht gegeben sind, also insbesondere kein entsprechender Antrag gestellt wurde. Zur durch die 10. GWB-Novelle 2021 jetzt **gesetzlich geregelten Kronzeugenregelung** s. §§ 81h ff.

Zur Steigerung der Effizienz führt das BKartA immer mehr **vergleichsartige** 8 **Verfahren** durch. Anders als das Vergleichsverfahren der Kommission ist das Vergleichsverfahren des BKartA nicht normiert (s. zum Vergleichsverfahren der Kommission deren Mitteilung ABl. 2008 C 167, 1). Das BKartA führt vor Zustellung des Beschuldigungsschreibens Gespräche mit kooperationswilligen Kartellbeteiligten über eine vereinfachte Entscheidung des Verfahrens. Dazu wird eingeschränkte Akteneinsicht gewährt. Um die Erledigung im Verfahren vor dem BKartA zu ermöglichen und das gerichtliche Verfahren zu vermeiden, werden die vergleichswilligen Kartellbeteiligten aufgefordert, eine Sachverhaltsbestätigung abzugeben. Darauf wird ein Kurz-Bußgeldbescheid erlassen, der nur die Mindestanforderungen an die Begründung einhält. Vorteil für die Kartellbeteiligten ist nicht nur die schnelle und effiziente Erledigung des Verfahrens; das BKartA vermindert das Bußgeld üblicherweise um 10 %. Der Kurz-Bußgeldbescheid hat weniger Aussagekraft für nachfolgende Schadensersatzklagen als ein vollständig begründeter Bußgeldbescheid.

2. Berücksichtigung der wirtschaftlichen Verhältnisse (Abs. 2)

Nach Abs. 2, der dem durch die 9. GWB-Novelle 2017 eingefügten § 81 Abs. 4a 9 aF entspricht, richtet sich die Bußgeldzumessung an den **wirtschaftlichen Verhältnissen** des Unternehmens oder der Unternehmensvereinigung aus. Damit ist die **wirtschaftliche Einheit** gemeint (BGH NZKart 2013, 195 f. – Grauzement-Kartell; Kersting/Podszun 9. GWB-Novelle/Meyer-Lindemann Kap. 17 Rn. 92). Wechselt die wirtschaftliche Einheit nach Begehung der Ordnungswidrigkeit, so bestimmt S. 2, dass die Geldbuße der neuen wirtschaftlichen Einheit angepasst wird, wenn 10 % der Gesamtumsätze der neuen wirtschaftlichen Einheit geringer als in der bisherigen sind. Durch die Regelung soll vermieden werden, dass sich die

Geldbuße durch den Erwerb durch einen nicht beteiligten Dritten erhöht (RegE 9. GWB-Novelle 2017, 93).

3. Ahndung und Abschöpfung des wirtschaftlichen Vorteils (Abs. 3, § 17 Abs. 4 OWiG)

10 Abs. 3 entspricht § 81 Abs. 5 aF. Im Kartellbußgeldverfahren wird die Anwendung der Vorschrift des § 17 Abs. 4 OWiG in das Ermessen der Kartellbehörde bzw. des Gerichts gestellt. Damit trägt das Gesetz der Rspr. des BGH Rechnung, wonach es dem **Ermessen** des Bußgeldrichters (bzw. der Kartellbehörde) obliegt, ob und in welchem Umfang die Geldbuße der Ahnung und der Abschöpfung dient. Der Bußgeldrichter (die Kartellbehörde) ist aber verpflichtet, das in seinem Urteil zu begründen. Soweit er eine **Abschöpfung** vornimmt, ist die Geldbuße **steuerlich abzugsfähig,** wenn bei der Bemessung des wirtschaftlichen Vorteils die Ertragsteuern nicht schon abgezogen wurden (→ Rn. 16; außerdem BGH WuW/E DE-R 1487 (1489 f.) – Steuerfreie Mehrerlösabschöpfung; BFH DStR 2014, 408; kritisch Eilers/Klusmann NZKart 2014, 294; FG Köln NZKart 2017, 140; FG Münster NZKart 2018, 154 (155)). Die Mehrerlös-Geldbuße nach altem Recht diente wesensmäßig bis zur Höhe des einfachen Mehrerlöses der Abschöpfung, darüber hinaus der Ahndung. Das ist in der Praxis des BKartA und in der Rspr. (dazu OLG Düsseldorf 6.6.2006 – VI – 2a Kart 2–6/08, S. 189 f.) nicht anerkannt: Auch bei Mehrerlösgeldbußen nach altem Recht wird regelmäßig angenommen, dass sie insgesamt – auch in Höhe des einfachen Mehrerlöses – der Ahndung dienen.

11 Nach § 17 Abs. 4 OWiG **„soll“** die Geldbuße den wirtschaftlichen Vorteil, den der Täter aus der Ordnungswidrigkeit gezogen hat, übersteigen; ggf. kann das gesetzliche Höchstmaß auch überschritten werden. Nach Abs. 3 **„kann“ § 17 Abs. 4 OWiG angewendet** werden. Dem liegt nach der Begr. z. RegE (WuW-Sonderheft, 196; vgl. dazu auch Achenbach/Wegner ZWeR 2006, 49 (50)) folgende Erwägung zugrunde: Es wird zwischen dem Ahndungszweck und Sanktionscharakter der Geldbuße einerseits und der Abschöpfung des wirtschaftlichen Vorteils andererseits unterschieden. „Entsprechend dem europäischen Vorbild“ könne mit der Geldbuße ausschließlich die Ahndung und Sanktion verfolgt werden; dann finde eine Abschöpfung des wirtschaftlichen Vorteils nicht statt. Im Ergebnis muss auch eine Berücksichtigung privater Ersatzansprüche möglich sein (vgl. dazu Raum FS Hirsch, 2008, 301 (308)). In diesem Fall sind auch die auf den wirtschaftlichen Vorteil entfallenden Steuern nicht zu berücksichtigen. Zugleich entfällt auch die Anrechnung auf die verwaltungsrechtliche Vorteilsabschöpfung nach § 34 (vgl. § 34 Abs. 2 S. 1). Nach Abs. 3 S. 2 ist, wenn die Geldbuße allein der Ahndung dient, „dies **bei der Zumessung entsprechend zu berücksichtigen**“. Die Bedeutung dieses Satzes ist unklar: Er kann sowohl bedeuten, dass bei der Ahndung dann der wirtschaftliche Vorteil doch – wenn auch nicht „exakt“ – zu berücksichtigen ist, oder das genaue Gegenteil (vgl. auch dazu Achenbach/Wegner ZWeR 2006, 49 (56 f.), die in ZWeR 2006, 49 (61 f.) auch überzeugend Zweifel an der Verfassungsmäßigkeit des Abs. 5 äußern). Statt nur zu ahnden, kann die Kartellbehörde auch die Geldbuße am wirtschaftlichen Vorteil bemessen (dazu Kühnen WuW 2010, 16 (24)). In diesem Falle sind die Steuern und sonstigen Aufwendungen, die der Täter aufgrund dieses wirtschaftlichen Vorteils bezahlt hat, abzuziehen (Bunte/Raum Rn. 32). Dann findet auch eine Verrechnung mit der Vorteilsabschöpfung nach §§ 34, 34a statt. Die Entscheidung der Kartellbehörde bzw. des Gerichts, ob eine reine „Ahndungsgeldbuße“ verhängt oder ob der wirtschaftliche Vorteil nach § 17 Abs. 4 OWiG abgeschöpft wurde, hat auch **erhebliche Auswirkungen auf die steuerliche Behandlung der Geldbuße** (→ Rn. 16). Wird der wirtschaftliche Vorteil abgeschöpft, sind in entsprechender Anwendung des § 34 Abs. 2 **Schadensersatzleistungen** abzuziehen.

4. Allgemeine Verwaltungsgrundsätze (Abs. 4)

12 Nach Abs. 4, dem bisherigen § 81 Abs. 7, der durch die 7. GWB-Novelle 2005 neu in das Gesetz eingefügt wurde, kann das BKartA „allgemeine Verwaltungsgrundsätze über die **Ausübung seines Ermessens** bei der Bemessung der Geldbuße auch für die Zusammenarbeit mit ausländischen Wettbewerbsbehörden festlegen". Durch die GWB-Novelle 2007 wurden nach dem Wort „Geldbuße" die Worte „insbesondere für die Feststellung der Bußgeldhöhe" (als auch für die Zusammenarbeit …) hinzugefügt. In der Begr. z. RegE (BT-Drs. 15/3640, zu Nr. 47, WuW-Sonderheft, 197) wird diese Bestimmung als „Klarstellung" bezeichnet. Soweit das BKartA Ermessen sowohl bei der Einleitung und Durchführung eines Bußgeldverfahrens als auch in der Festsetzung der Geldbußen hat, kann es im Rahmen der **Selbstbindung** allgemeine Verwaltungsgrundsätze festlegen (vgl. dazu auch Bunte/Raum Rn. 34). Allerdings ist diese Selbstbindung sanktionslos, weil das **Gericht** angesichts der Eigentümlichkeiten des Ordnungswidrigkeiten-Verfahrens an sie **nicht gebunden** ist (dazu BGH NZKart 2013, 195 Rn. 57 f. – Grauzementkartell; Bunte/Raum Rn. 34). Erlässt das BKartA einen Bußgeldbescheid, obwohl es sich in allgemeinen Verwaltungsgrundsätzen verpflichtet hat, dies nicht zu tun, beeinträchtigt das die Wirksamkeit des Bußgeldbescheides als Entscheidungsgrundlage für das gerichtliche Verfahren nicht; es ist nicht erkennbar, weshalb das Gericht daran gebunden sein sollte. Sagt das BKartA in den allgemeinen Verwaltungsgrundsätzen eine Ermäßigung der Geldbuße zu, hat dies keine „automatischen" Auswirkungen auf die Entscheidungsbefugnis des im Bußgeldverfahren entscheidenden Gerichts. Allerdings werden die Gerichte gut daran tun, die Nichteinhaltung der vom BKartA selbst erlassenen Richtlinien im Rahmen ihres eigenen (Bußgeldzumessungs-)Ermessens jedenfalls insoweit zu berücksichtigen, als sie diese Richtlinien für sachlich gerechtfertigt halten.

13 Sowohl der Gesetzesbegründung als auch den bekannten Intentionen des BKartA entsprechend kommen als Verwaltungsgrundsätze einmal die **„Leitlinien für die Bußgeldzumessung in Kartellordnungswidrigkeitenverfahren"** vom 25.6.2013 (**Bußgeldleitlinien,** Anhang C 3; sie ersetzen die früheren Bußgeldleitlinien von 2006, → Rn. 4), außerdem die am 7.3.2006 neu erlassene **Bonusregelung** (abgedruckt in Anhang C 4, dazu Schroeder WuW 2006, 575; Schroeder FS Bechtold, 2006, 437; Engelsing ZWeR 2006, 179; Ohle/Albrecht WRP 2006, 866) in Betracht (die aber nur noch ergänzend zu § 81h ff. gelten).

14 Abs. 4 spricht nur von allgemeinen Verwaltungsgrundsätzen des BKartA. Nach der Begr. z. RegE der 7. GWB-Novelle (WuW-Sonderheft, 196) schließt dies die Festlegung entsprechender Verwaltungsgrundsätze durch die Landeskartellbehörden nicht aus. Mit derartigen Grundsätzen ist angesichts der beschränkten Bußgeldtätigkeit der **Landeskartellbehörden** nicht zu rechnen; vielmehr ist damit zu rechnen, dass sie, obwohl für sie unverbindlich, die Verwaltungsgrundsätze des BKartA auch selbst anwenden.

15 Die Gesetzesformulierung ist mit dem Zusatz „auch für die **Zusammenarbeit mit ausländischen Wettbewerbsbehörden**" unklar. Nach der Begr. z. RegE (WuW-Sonderheft, 196) ist dies nicht als Einschränkung in dem Sinne zu verstehen, dass die Verwaltungsgrundsätze sich auf die Zusammenarbeit mit den ausländischen Wettbewerbsbehörden beziehen sollen, sondern dass diese Verwaltungsgrundsätze **auch die Zusammenarbeit** mit ausländischen Wettbewerbsbehörden regeln sollen. Gemeint ist damit insbes. die Kooperation im Rahmen der einzelstaatlichen Leniency-Programme, insbes. hinsichtlich der Frage, ob und unter welchen Voraussetzungen Kooperationsbeiträge von Kartelltätern gegenüber ausländischen Wettbewerbsbehörden auch in deutschen Verfahren zu berücksichtigen sind. Abs. 7 enthält keine Beschränkung auf Wettbewerbsbehörden der EU-Mitgliedstaaten; er bezieht also auch die **Kooperation mit Drittstaaten** ein. Er gilt nicht für Kooperationen

mit der Kommission, weil insoweit davon ausgegangen wird, dass die Kommission, und nicht das BKartA, die dafür geltenden Grundsätze festlegt.

5. Steuerliche Behandlung der Geldbuße

16 Die Geldbuße kann nach § 4 Abs. 5 Nr. 8 EStG idF der Bekanntmachung von 2009 grds. nicht von den Ertragsteuern, insbes. der Einkommensteuer, abgezogen werden. Dieses Abzugsverbot gilt aber nicht, „**soweit der wirtschaftliche Vorteil,** der durch den Gesetzesverstoß erlangt wurde, **abgeschöpft** worden ist, wenn die Steuern vom Einkommen und Ertrag, die auf den wirtschaftlichen Vorteil entfallen, nicht abgezogen worden sind" (S. 4 der Bekanntmachung; s. FG Köln NZKart 2017, 140). Diese Regelung beruht auf dem Beschluss des BVerfG vom 23.1.1990 (BVerfGE 81, 228 = WuW/E VG 371). Für die Mehrerlös-Geldbuße nach früherem Recht war unklar, ob sie auch als Abschöpfung des wirtschaftlichen Vorteils gedeutet werden konnte. Nach neuem Recht kommt es darauf an, ob die Kartellbehörde oder das Gericht von ihrem Wahlrecht nach Abs. 3 Gebrauch gemacht hat, und durch die Geldbuße den wirtschaftlichen Vorteil abgeschöpft hat. Dann ist zu prüfen, ob der wirtschaftliche Vorteil nach dem Nettoprinzip berechnet, also schon um die Steuern vom Einkommen und Ertrag vermindert wurde, oder ob er brutto angesetzt wurde. Letzterenfalls ist die Geldbuße abzugsfähig.

17 Bei der **nach deutschem Recht festgesetzten Geldbuße** (auch bei Anwendung des § 81 Abs. 1 Nr. 1 iVm Art. 101, 102 AEUV) muss **in der Entscheidung** klargestellt werden, ob sie – was grds. im Ermessen der Kartellbehörde bzw. des Bußgeldrichters steht – ausschließlich Ahndungscharakter hat, oder ob sie auch und in welchem Umfang sie den wirtschaftlichen Vorteil abschöpft (vgl. dazu auch BGH WuW/E DE-R 1487 – Steuerfreie Mehrerlösabschöpfung). Wird der Vorteil abgeschöpft, so richtet sich die steuerliche Abzugsfähigkeit danach, ob vom Vorteil entsprechend dem Nettoprinzip die Ertragsteuern schon abgesetzt worden sind. Ist das der Fall, ist die Geldbuße nicht abzugsfähig; ist das nicht der Fall, ist sie abzugsfähig. Soweit die Geldbuße **Ahndungscharakter** hat, ist sie **nicht abzugsfähig.** Die Kartellbehörde hat zu prüfen, ob das Besteuerungsverfahren (für die kartellbedingten Vorteile) abgeschlossen ist. Ist dies der Fall, so hat sie die steuerliche Belastung des Abschöpfungsteils zu berücksichtigen. Ist die steuerliche Veranlagung noch offen oder korrigierbar, so kann die Kartellbehörde/der Bußgeldrichter die steuerlichen Fragen unberücksichtigt lassen. Sie sind dann Sache der Finanzbehörden (BGH WuW/E DE-R 1487 – Steuerfreie Mehrerlösabschöpfung). Die Kartellbehörde soll nach Abs. 3 offenbar die Befugnis haben, den wirtschaftlichen Vorteil voll aus der Geldbußenbemessung im Einzelfall auszublenden. Welche Bedeutung insoweit Abs. 3 S. 2 hat, ist unklar; uE ergibt sich aus ihm, dass bei der reinen Ahndungsgeldbuße deren steuerliche Nichtabzugsfähigkeit zugunsten des Täters zu berücksichtigen ist. Wenn die Geldbuße entsprechend den Bußgeldleitlinien des BKartA nach dem „tatbezogenen" Umsatz berechnet wird, liegt die Annahme nahe, dass damit auch der am Umsatz orientierte wirtschaftliche Vorteil abgeschöpft wird (→ Rn. 16). Dies verneint der BFH (NZKart 2019, 616 (618 f.)).

18 Für die **Geldbuße nach EU-Recht** (Art. 23 Kartellverfahrens-VO) ergeben sich Unklarheiten daraus, dass es im Gesetzes- oder Verordnungsrecht der EU keine Vorschrift über die Abschöpfung des wirtschaftlichen Vorteils gibt. Allerdings wurde in den Geldbußenleitlinien der Kommission von 1998 (ABl. 1998 C 913, unter 2, in den Geldbußenleitlinien von 2006 nicht mehr enthalten) als „erschwerender Umstand" auch erwähnt das „Erfordernis, die Geldbuße zu erhöhen, um den Betrag der aufgrund der Verstöße unrechtmäßig erzielten Gewinne zu übertreffen, sofern dieser Betrag objektiv ermittelt werden kann". Das impliziert auch nach Auffassung des BFH (BFH BB 2004, 2121 (2123)) die Möglichkeit, dass **auch die EU-Geldbuße teilweise Abschöpfungscharakter** hat (dazu auch Achenbach/Wegner

ZWeR 2006, 49 (51); Kriegler DStR 2004, 1974 (1979)); so soll nach dieser Entscheidung „jede betragsmäßige Korrespondenz" zwischen Bußgeldhöhe und wirtschaftlichem Vorteil zur steuerlichen Abzugsfähigkeit führen. Wenn Bedingung für eine steuerliche Abzugsfähigkeit ist, dass aus der Entscheidung der Kommission entnommen werden könne, dass eine solche Abschöpfung erfolgt ist, lässt sich der Abschöpfungscharakter im Allgemeinen nicht belegen. Deshalb soll für den Regelfall davon auszugehen sein, dass die EU-Geldbuße nicht steuerlich abzugsfähig ist (so zB BFH DStR 2014, 408; FG Rheinland-Pfalz WuW DE-R 1280 = BB 2004, 1442; FG München EFG 2004, 2012; vgl. aber Verfügung der Oberfinanzdirektion Koblenz ST 3_2008K075 v. 26.6.2008, 2144 A – St 31 4; zur Abzugsfähigkeit von EU-Geldbußen auch Eilers/Klusmann NZKart 2014, 294 Scholz/Haus EuZW 2002, 682; Lüdeke BB 2004, 1436; Wiesbrock BB 2004, 2119; Kriegler DStR 2004, 1974).

§ 81e Ausfallhaftung im Übergangszeitraum

(1) **Erlischt die nach § 30 des Gesetzes über Ordnungswidrigkeiten verantwortliche juristische Person oder Personenvereinigung nach der Bekanntgabe der Einleitung des Bußgeldverfahrens oder wird Vermögen verschoben mit der Folge, dass ihr oder ihrem Rechtsnachfolger gegenüber eine nach den §§ 81c und 81d in Bezug auf das Unternehmen angemessene Geldbuße nicht festgesetzt oder voraussichtlich nicht vollstreckt werden kann, so kann gegen juristische Personen oder Personenvereinigungen, die zum Zeitpunkt der Bekanntgabe der Einleitung des Bußgeldverfahrens das Unternehmen gebildet und auf die verantwortliche juristische Person oder Personenvereinigung oder ihren Rechtsnachfolger unmittelbar oder mittelbar einen bestimmenden Einfluss ausgeübt haben oder die nach der Bekanntgabe der Einleitung des Bußgeldverfahrens Rechtsnachfolger im Sinne des § 81a Absatz 2 oder wirtschaftlicher Nachfolger im Sinne des § 81a Absatz 3 werden, ein Haftungsbetrag in Höhe der nach den §§ 81c und 81d in Bezug auf das Unternehmen angemessenen Geldbuße festgesetzt werden.**

(2) **§ 81a Absatz 2 und 3 gilt für die Haftung nach Absatz 1 entsprechend.**

(3) **[1]Für das Verfahren zur Festsetzung und Vollstreckung des Haftungsbetrages gelten die Vorschriften über die Festsetzung und Vollstreckung einer Geldbuße entsprechend. [2]Für die Verjährungsfrist gilt das für die Ordnungswidrigkeit geltende Recht entsprechend. [3]§ 31 Absatz 3 des Gesetzes über Ordnungswidrigkeiten gilt mit der Maßgabe entsprechend, dass die Verjährung mit Eintritt der Voraussetzungen nach Absatz 1 beginnt.**

(4) **Sofern gegen mehrere juristische Personen oder Personenvereinigungen eines Unternehmens wegen derselben Ordnungswidrigkeit Geldbußen und Haftungsbeträge festgesetzt werden, darf im Vollstreckungsverfahren diesen gegenüber insgesamt nur eine Beitreibung bis zur Erreichung des höchsten festgesetzten Einzelbetrages erfolgen.**

§ 81e, bisher § 81a, regelt eine **Ausfallhaftung,** und zwar nach dem RegE 1
9. GWB-Novelle 2017 (S. 94) gerade, um Gerechtigkeitslücken aufgrund des Verbots rückwirkender Strafschärfung zu verhindern. Die 9. GWB-Novelle 2017 bezweckt mit der Regelung, Haftungslücken zu schließen, die entstehen können, indem bei noch nicht rechtskräftig abgeschlossenen Bußgeldverfahren, für die die neuen Regelungen zur Bußgeldverhängung auf das herrschende Unternehmen nach § 81a wegen des Verbots der Rückwirkung im Strafrecht noch nicht anwendbar waren, eine Vermögensverschiebung oder Umstrukturierung stattfindet, sodass die

neue Regelung leerläuft. **Verfassungsrechtlich** wird man sich dabei fragen müssen, ob es so ohne Weiteres möglich ist, eine wegen des Rückwirkungsverbots entstehende Strafbarkeitslücke durch eine Ausfallhaftungsregelung zu schließen (dazu Baur NZKart 2018, 76).

2 Abs. 1 sieht vor, dass dann, wenn eine nach § 30 OWiG verantwortliche juristische Person oder Personenvereinigung nach Einleitung des Bußgeldverfahrens **erlischt** oder **Vermögen verschoben** wird, sodass eine angemessene Geldbuße nach §§ 81c, 81d nicht festgesetzt oder vollstreckt werden kann, gegen die juristische Person oder Personenvereinigung, die zum Zeitpunkt der Bekanntgabe der Einleitung des Bußgeldverfahrens das Unternehmen gebildet und auf die verantwortliche juristische Person oder ihren Rechtsnachfolger mittelbar oder unmittelbar bestimmenden Einfluss ausgeübt hat oder die Rechtsnachfolger wurde, ein Haftungsbeitrag in Höhe der zu verhängenden Geldbuße festgesetzt wird. Die Regelung bewirkt nichts anderes, als dass die direkte Sanktionsmöglichkeit des herrschenden Unternehmens oder Rechtsnachfolgers durch die Ausfallhaftung ersetzt wird.

3 Der Begriff der **Vermögensverschiebung** ist sehr weit. Nach dem RegE 9. GWB-Novelle 2017 (S. 96) ist eine Vermögensverschiebung dann anzunehmen, wenn nach der Einleitung des Bußgeldverfahrens eine Verschlechterung in den Vermögensverhältnissen der haftenden Gesellschaft in der Weise herbeigeführt wird, dass eine **angemessene Geldbuße** voraussichtlich **nicht mehr einbringlich** ist, etwa durch Verkleinerung des Haftungsvermögens infolge vermögensmindernden Handlungen wie **Vermögensübertragung an Dritte ohne äquivalente Gegenleistung;** dabei soll der gesamte wirtschaftliche Vorgang betrachtet werden, sodass auch sukzessive Vermögensverschiebungen erfasst werden. Keine Vermögensverschiebung soll vorliegen, wenn die Vermögensausstattung des Unternehmens von Anfang an unzureichend war, um eine in Bezug auf das Gesamtunternehmen angemessene Geldbuße wirtschaftlich tragen zu können. Nach dem RegE 9. GWB-Novelle 2017 (S. 96) setzt die Vermögensverschiebung **kein subjektives Element** voraus; eine „Umgehungsabsicht“ ist nicht erforderlich.

4 **Abs. 2** komplettiert die Ausfallhaftung nach Abs. 1 durch **Erstreckung auf die Rechtsnachfolger** nach § 81a Abs. 2 und 3. Geht also die nach Abs. 1 verantwortliche juristische Person unter oder wird das Unternehmen von einer anderen juristischen Person in wirtschaftlicher Kontinuität fortgeführt, so haftet der Nachfolger entsprechend diesen Vorschriften (RegE 9. GWB-Novelle 2017, 97).

5 **Abs. 3** bestimmt, dass der Haftungsbetrag **wie eine Geldbuße** festgesetzt und vollstreckt wird. Außerdem gilt die Verjährungsfrist nach § 31 Abs. 3 OWiG mit der Maßgabe, dass die Verjährung mit Eintritt der Voraussetzung nach Abs. 1 beginnt. Es wird also ein Ordnungswidrigkeitenverfahren so durchgeführt, als ob es das verantwortliche Unternehmen noch gäbe.

6 **Abs. 4** regelt, dass Geldbußen und Haftungsbeträge in der Beitreibung aufeinander so **angerechnet** werden, dass mit Beitreibung des höchsten Betrags alle anderen Bußgelder und Haftungsbeträge getilgt sind.

§ 81f Verzinsung der Geldbuße

[1]Im Bußgeldbescheid festgesetzte Geldbußen gegen juristische Personen und Personenvereinigungen sind zu verzinsen; die Verzinsung beginnt vier Wochen nach Zustellung des Bußgeldbescheides. [2]§ 288 Absatz 1 Satz 2 und § 289 Satz 1 des Bürgerlichen Gesetzbuchs sind entsprechend anzuwenden. [3]Die Verjährungsfrist beträgt drei Jahre und beginnt mit dem Ablauf des Kalenderjahres, in dem die festgesetzte Geldbuße vollständig gezahlt oder beigetrieben wurde.

Nach § 81f, bisher § 81 Abs. 6, sind im **Bußgeldbescheid festgesetzte Geldbußen** gegen juristische Personen und Personenvereinigungen **zu verzinsen.** Diese Bestimmung wurde durch die 7. GWB-Novelle 2005 eingefügt, um den Unternehmen den Anreiz zu nehmen, gegen Bußgeldbescheide auch dann Einspruch einzulegen, wenn sachlich dazu an sich kein Anlass bestand, und ihn unmittelbar vor der gerichtlichen Hauptverhandlung zurückzunehmen, um die Vorteile der erst dann entstehenden Zahlungspflicht ohne Verzinsung in Anspruch zu nehmen. Die Verzinsungspflicht ist auf die Fälle beschränkt, in denen **kein Gerichtsverfahren durchgeführt** wird und – dementsprechend – der behördliche Bußgeldbescheid (auch vollstreckungsrechtlich) Grundlage der Zahlungspflicht ist. Diese Auslegung entspricht der Intention des Gesetzgebers, die Einlegung eines Einspruchs allein zum Zweck der Zahlungsverzögerung mit der Absicht, ihn vor Beginn des Gerichtsverfahrens zurückzunehmen, zu verhindern. Die Zinspflicht entsteht kraft Gesetzes. Gegenstand einer Entscheidung der Kartellbehörde über zu zahlenden Zinsen ist nur die Zinshöhe, nicht deren Rechtsgrund. Sie ergeht im Vollstreckungsverfahren; der Rechtsbehelf dagegen richtet sich nach §§ 103, 104 OWiG (BGH WuW/E DE-R 3607 f. – Zinszahlungsanordnung). 1

Verhängt das Gericht später eine Geldbuße, handelt es sich weder sachlich noch nach der Tenorierung um die Bestätigung, Teilaufhebung oder Erweiterung des früheren Bußgeldbescheides, sondern um eine eigenständige gerichtliche Verurteilung, sodass keine Verzinsung eintritt. Das Bundesverfassungsgericht hat sich dieser Auslegung, dass die Regelung nicht auch auf gerichtliche Verurteilung anwendbar ist, angeschlossen und sie als verfassungsrechtlich unbedenklich bezeichnet (BVerfG NZKart 2013, 62 Rn. 65 ff. = WuW/E DE-R 3765 – Verzinsungspflicht). Zinsen fallen auch dann an, wenn die Kartellbehörde eine **Zahlungsfrist** einräumt (OLG Düsseldorf NZKart 2016, 377). 2

Das **OLG Düsseldorf** (OLG Düsseldorf WuW/E DE-R 3308 – Zinsverpflichtung) hat im Anschluss an zahlreiche Äußerungen in der Lit. (insbes. Burrichter FS Bechtold, 2006, 97; Göhler/König OWiG § 17 Rn. 48d) die Verzinsung unter verschiedenen Gesichtspunkten für verfassungswidrig gehalten und einen entsprechenden Vorlagebeschluss zum BVerfG erlassen. Das **BVerfG** (BVerfG NZKart 2013, 62 = WuW/E DE-R 3765 – Verzinsungspflicht) hat die **Verfassungsmäßigkeit unter allen Gesichtspunkten bejaht.** Es hat insbes. die Bedenken, die gegen die unterschiedliche Behandlung von Kartellgeldbußen und Geldbußen in anderen Wirtschaftsbereichen sowie zwischen Geldbußen gegen Unternehmen und natürliche Personen geäußert wurden, zurückgewiesen. Auch die Bedenken unter dem Gesichtspunkt des durch Art. 19 Abs. 4 GG garantierten effektiven Rechtsschutzes wurden nicht geteilt. Das Gericht lehnte auch einen Verstoß gegen die verfassungsrechtlich garantierte Unschuldsvermutung ab (vgl. dazu auch Meinhold-Heerlein/Englhoven NZKart 2013, 103). 3

Die 9. GWB-Novelle 2017 hat zunächst in S. 1 den **Beginn der Verzinsung** geändert. Nach der alten Fassung begann die Verzinsung zwei Wochen nach Zustellung des Bußgeldbescheids; jetzt beginnt die Verzinsung vier Wochen nach Zustellung des Bußgeldbescheids. Der Grund liegt in § 95 OWiG: Nach Rechtskraft des Bußgeldbescheids wird in aller Regel noch eine Frist von weiteren zwei Wochen zur Zahlung des Bußgelds eingeräumt; mit der Regelung wird klargestellt, dass während dieser Schonfrist keine Zinsen anfallen, weil die Verzinsung erst vier Wochen nach Zustellung des Bußgeldbescheids und somit nach Ende der Schonfrist beginnt (s. RegE 9. GWB-Novelle 2017, 94). 4

Die Zinspflicht greift nur bei Bußgeldbescheiden gegen juristische Personen und Personenvereinigungen, **nicht auch gegen natürliche Personen.** Letzteres gilt auch dann, wenn eine natürliche Person als „Unternehmen" bebußt wurde, und wenn die Geldbuße gegen dieses Unternehmen auch an dessen Umsatz bemessen wurde. Die Verzinsung beginnt nach der ausdrücklichen Regelung in S. 1 Hs. 2 5 vier Wochen nach Zugang des Bußgeldbescheids. Die Höhe der Zinspflicht ergibt sich aus der Verweisung auf § 288 Abs. 1 S. 2 BGB und § 289 S. 1 BGB. Auch dann, wenn seitens der Kartellbehörde Zahlungserleichterungen, insbes. Ratenzahlung, für das Bußgeld gewährt wurden, fallen Zinsen an, auch wenn das im Bußgeldbescheid nicht erwähnt wird (OLG Düsseldorf NZKart 2014, 461 (462)). Der Zinssatz beträgt hiernach 5 Prozentpunkte über dem Basiszinssatz; die **Zinsen selbst sind ihrerseits nicht zu verzinsen.** Die 9. GWB-Novelle 2017 hat zusätzlich einen S. 3 angefügt, wonach die Verjährungsfrist für die Zinsen drei Jahre beträgt und mit dem Ablauf des Kalenderjahres endet, in dem die festgesetzte Geldbuße vollständig gezahlt oder beigetrieben wurde. Der Regierungsentwurf sah an dieser Stelle vor, dass die Zinsforderungen nur binnen 15 Jahren ab Zustellung des Bußgeldbescheids geltend gemacht werden können; diese Regelung wurde jedoch im Gesetzgebungsverfahren auf Hinweis des Wirtschaftsausschusses neu gefasst: Die jetzige Regelung, die die dreijährige Verjährung regelt, soll die bisherige Rechtsunsicherheit, die durch unterschiedliche Rspr. der Senate des OLG Düsseldorf hervorgerufen war, beilegen. Die Zinsforderungen entfallen, wenn eine rechtskräftig festgesetzte Geldbuße aufgrund Vollstreckungsverjährung nicht mehr beigetrieben werden kann (OLG Düsseldorf NZKart 2016, 377 gegen NZKart 2014, 461).

§ 81g Verjährung der Geldbuße

(1) [1]**Die Verjährung der Verfolgung von Ordnungswidrigkeiten nach § 81 bestimmt sich nach den Vorschriften des Gesetzes über Ordnungswidrigkeiten auch dann, wenn die Tat durch Verbreiten von Druckschriften begangen wird.** [2]**Die Verfolgung der Ordnungswidrigkeiten nach § 81 Absatz 1, 2 Nummer 1 und Absatz 3 verjährt in fünf Jahren.**

(2) **Eine Unterbrechung der Verjährung nach § 33 Absatz 1 Nummer 1 des Gesetzes über Ordnungswidrigkeiten wird auch durch den Erlass des ersten an den Betroffenen gerichteten Auskunftsverlangens nach § 82b Absatz 1 in Verbindung mit § 59 bewirkt, sofern es binnen zwei Wochen zugestellt wird, ansonsten durch dessen Zustellung.**

(3) [1]**Die Verjährung ruht, solange die Europäische Kommission oder die Wettbewerbsbehörde eines anderen Mitgliedstaates der Europäischen Union aufgrund einer Beschwerde oder von Amts wegen mit einem Verfahren wegen eines Verstoßes gegen Artikel 101 oder 102 des Vertrages über die Arbeitsweise der Europäischen Union gegen dieselbe Vereinbarung, denselben Beschluss oder dieselbe Verhaltensweise wie die Kartellbehörde befasst ist.** [2]**Das Ruhen der Verjährung beginnt mit den § 33 Absatz 1 des Gesetzes über Ordnungswidrigkeiten sowie Absatz 2 entsprechenden Handlungen dieser Wettbewerbsbehörden.** [3]**Das Ruhen der Verjährung dauert fort bis zu dem Tag, an dem die andere Wettbewerbsbehörde ihr Verfahren vollständig beendet, indem sie eine abschließende Entscheidung erlässt oder zu dem Schluss gelangt, dass zu weiteren Maßnahmen ihrerseits kein Anlass besteht.** [4]**Das Ruhen der Verjährung wirkt gegenüber allen Unternehmen oder Unternehmensvereinigungen, die an der Zuwiderhandlung beteiligt waren.**

(4) [1]**Die Verjährung tritt spätestens mit dem Tag ein, an dem die doppelte Verjährungsfrist verstrichen ist.** [2]**Diese Frist verlängert sich abweichend von § 33 Absatz 3 Satz 2 des Gesetzes über Ordnungswidrigkeiten um den Zeitraum, in dem die Bußgeldentscheidung Gegenstand eines Verfahrens ist, das bei einer gerichtlichen Instanz anhängig ist.**

1. Verjährung (Abs. 1)

§ 81g Abs. 1 entspricht § 81 Abs. 8 aF;§ 81g Abs. 2–4 wurden durch die 10. GWB-Novelle 2021 neu gefasst. Für die Verjährung der Kartellordnungswidrigkeiten der Abs. 1–3 gelten grds. **die allgemeinen Verjährungsvorschriften.** Nach **§ 31 Abs. 2 Nr. 1 OWiG** beträgt die Verjährungsfrist bei Ordnungswidrigkeiten, die mit einer Geldbuße im Höchstmaß von mehr als 15.000 EUR bedroht sind, **drei Jahre.** Diese Frist gilt für alle im GWB geregelten Ordnungswidrigkeiten mit Ausnahme der in § 81 Abs. 1, Abs. 2 Nr. 1 und Abs. 3 geregelten, und zwar unabhängig davon, ob die Ordnungswidrigkeit vorsätzlich oder fahrlässig begangen wird. In Abweichung vom allgemeinen Ordnungswidrigkeitenrecht sieht Abs. 1 S. 2 für **§ 81 Abs. 1, Abs. 2 Nr. 1 und Abs. 3** eine **fünfjährige Verjährungsfrist** vor, und zwar sowohl für vorsätzliche als auch fahrlässige Begehung. 1

Abs. 1 S. 1 stellt klar, dass die Verjährungsvorschriften des OWiG auch dann gelten, wenn die Tat durch **Verbreiten von Druckschriften** begangen wurde. Diese Regelung geht auf eine Neufassung von § 38 Abs. 5 aF durch die 5. GWB-Novelle 1980 zurück. Der BGH hatte vorher (BGH WuW/E 1543 (1544) = NJW 1978, 1785 – Laborinserat) einen Bußgeldbescheid aufgehoben, der eine durch Verbreitung von Druckschriften begangene Ordnungswidrigkeit betraf. Auf sie war nach Auffassung des BGH die kürzere presserechtliche Verjährung anzuwenden. Der BGH hat die durch Gesetz vorgesehene Anwendung der allgemeinen Verjährungsvorschrift als verfassungsrechtlich wirksam angesehen (BGH WuW/E 2259 – Brancheninformationsdienst Augenoptik). 2

Die Verjährung beginnt mit der **Beendigung** der Tat; maßgeblich dafür ist die jeweilige „Bewertungseinheit" (vgl. BGH NZKart 2013, 195 Rn. 28 – Grauzementkartell; → § 81 Rn. 28; dazu auch Achenbach WuW 2013, 688 (689)). Die in der Teilnahme an einer Submissionsabsprache liegende Kartellordnungswidrigkeit ist für das Unternehmen, das den Auftrag erhält, erst beendet, wenn es die **Schlussrechnung** erstellt hat. Erst dann beginnt die fünfjährige Verjährungsfrist, und zwar auch für die daran anknüpfende Aufsichtspflichtverletzung (BGHSt 32, 382 = WuW/E 2100 (2102) = NJW 1984, 2372 – Schlussrechnung; vgl. auch BGH WuW/E 2129). Letztere soll nach BGH (BGH WuW/E 2100 (2101)) aber erst beendet sein, wenn in nächster Zeit weitere Verstöße derselben Art nicht mehr befürchtet werden müssen. Die Verjährung wird wie im allgemeinen Strafrecht nicht mehr durch das **aufgegebene Institut der fortgesetzten Handlung** eingeschränkt (zur früheren Rechtslage BGH WuW/E 2394 (2395) – Zweigniederlassung); allerdings beginnt die Verjährung erst bei der Beendigung der Tat, und das bedeutet bei einer **Bewertungseinheit** einer laufend praktizierten Preisabsprache erst dann, wenn keine kartellpreiserhöhten Waren mehr auf dem Markt sind (BGH NZKart 2019, 562 – Tapeten). Auch für **Mittäter,** die den Auftrag nicht erhalten haben, beginnt die Verjährung mit der Schlussrechnung des begünstigten Mittäters (BGH WuW/E 2329 (2334 f.); dazu auch Tessin BB 1987, 984 (990)). Bei Personen, die sich nur im Sinne einer Beihilfe beteiligen, beginnt sie schon mit der Beendigung des eigenen Tatbeitrags, sofern der Teilnahmevorsatz nicht darüber hinausgeht (BGH WuW/E 2659 – Leerangebot). Führt eine 100 %ige Tochtergesellschaft, auf die das kartellbefangene Geschäft übertragen wurde, nach Beendigung der Tat durch die Muttergesellschaft den Verstoß fort, beginnt auch gegen die Muttergesellschaft die Verjährung nicht zu laufen (BGH NZKart 2019, 152 (154) – Flüssiggas II). 3

2. Lauf der Verjährung, Unterbrechung (Abs. 2)

§ 81g Abs. 2 in der Fassung der 10. GWB-Novelle 2021 passt die Unterbrechungstatbestände an die ECN+-Richtlinie an. Das **Ruhen** und die **Unterbrechung** der Verfolgungsverjährung richtet sich ansonsten nach §§ 32, 33 OWiG. 4

Grundsätzlich laufen für die handelnden **Personen** und das **Unternehmen,** für das gehandelt wird, **getrennte Verjährungsfristen,** wenn gegen das Unternehmen ein selbstständiges Verfahren durchgeführt wird (§ 33 Abs. 1 S. 2 OWiG); der Lauf der Verjährungsfrist für das Unternehmen wird aber auch durch Handlungen gegenüber natürlichen Personen unterbrochen (dazu BGH WuW/E 3015 – Unternehmens-Geldbuße). Nach der Rspr. des BGH wird für die Verjährung die **prozessuale Tat aus der Sicht des Unternehmens** festgelegt: Haben mehrere Personen nacheinander in ein und demselben Kartell für das Unternehmen gehandelt, reicht es aus, wenn die Mitwirkung des letzten noch nicht verjährt ist; die dem Unternehmen angelastete einheitliche prozessuale Tat umfasst dann auch die Teile, die für die handelnden Personen verjährt sind (BGH WuW/E DE-R 1567 (1568) – Berliner Transportbeton I). UE ist das nicht mit der strengen Akzessorietät der Unternehmensbuße mit der Buße gegen die handelnden Personen nach § 30 OWiG vereinbar. Ein Durchsuchungsbeschluss unterbricht die Verjährung gegen eine natürliche Person als Täter nur, wenn sich aus dem Beschluss oder den Ermittlungsakten ergibt, dass sie bekannt ist und das Verfahren sich auch gegen sie richten sollte (BGH WuW/E DE-R 2032 – Papiergroßhandel).

5 Eine förmliche Ermittlungshandlung kann jede nach der ECN+-Richtlinie vorgesehene Ermittlungsmaßnahme sein, also auch ein Auskunftsverlangen nach § 82b Abs. 1 iVm § 59. Ist das Auskunftsverlangen die erste Ermittlungshandlung, so unterbricht nur dieses Auskunftsverlangen die Verjährung, nicht aber weitere Auskunftsverlangen (RegE 10. GWB-Novelle 2021, 129); entsprechend § 33 Abs. 2 OWiG soll die Unterbrechung bereits im Zeitpunkt der Unterzeichnung des Auskunftsverlangens eintreten (RegE 10. GWB-Novelle 2021, 129).

6 Die **Wirkung** der **Unterbrechung** besteht nach § 33 Abs. 3 OWiG darin, dass die **Verjährung von Neuem beginnt.** Es ist also nicht erforderlich, festzustellen, wie lange die Kommission oder die ausländische Wettbewerbsbehörde mit dem Fall befasst war. Entscheidend ist, dass die Befassung in einem Zeitraum begann, in dem die Tat nach deutschem Recht noch nicht verjährt war. Dann kommt es darauf an, wann die Befassung beendet ist; insoweit kommt entsprechenden Mitteilungen der Kommission oder der nationalen Wettbewerbsbehörde an die deutsche Behörde eine in der Praxis kaum zu widerlegende Beweiskraft zu.

3. Unterbrechung der Verjährung durch Verfahren anderer Wettbewerbsbehörden (Abs. 3)

7 Nach Abs. 3 ruht die Verjährung bei verjährungsunterbrechenden oder- hemmenden Maßnahmen von anderen Wettbewerbsbehörden in der EU für die Dauer des Verfahrens vor einer anderen europäischen Wettbewerbsbehörde einschließlich der Kommission. Nach S. 4 wirkt die Hemmung bzw. Unterbrechung der Verfolgungsverjährung aufgrund einer anderen Wettbewerbsbehörde gegenüber allen an einer Zuwiderhandlung beteiligten Unternehmen und Unternehmensvereinigungen; diese Regelung entspricht Art. 25 Abs. 4 Kartellverfahrens-VO.

4. Absolute Verjährung (Abs. 4)

8 Abs. 4 S. 1 regelt die **absolute Verjährungsfrist,** die nach S. 1 jedenfalls dann eintritt, wenn nach Unterbrechung oder Hemmung die **doppelte Verjährungsfrist** abgelaufen ist. Abs. 4 S. 2 setzt Art. 29 Abs. 2 ECN+-Richtlinie um, wonach die Verjährungsfrist gehemmt oder unterbrochen wird, so lange die Entscheidung der nationalen Wettbewerbsbehörde Gegenstand eines bei einer Rechtsmittelinstanz anhängigen Verfahrens ist. Nach S. 2 verlängert sich die absolute Verjährungsfrist also mit Anhängigkeit des gerichtlichen Verfahrens um die Dauer des gerichtlichen

Verfahrens. Damit droht die Gefahr eines Wettlaufs des gerichtlichen Verfahrens mit der absoluten Verjährungsfrist nicht mehr.

Abschnitt 2. Kronzeugenprogramm

Vorbemerkung §§ 81h-81n

In Umsetzung der Art. 17–23 ECN+-Richtlinie regeln die durch die 10. GWB-Novelle 2021 neu eingefügten §§ 81h–81n das **Kronzeugenprogramm** im kartellbehördlichen Verfahren (dazu Roth WuW 2021, 10); bisher ist das Kronzeugenprogramm nur in der Bekanntmachung 9/2006 des BKartA über den Erlass und die Ermäßigung von Geldbußen in Kartellsachen – Bonusregelung – vom 7.3.2006 (Anhang C 4 – aufgehoben am 19.1.2021) bzw. in der Mitteilung der Kommission über den Erlass und die Ermäßigung von Geldbußen in Kartellsachen (ABl. 2006 C 298, 17) geregelt. Die Regelungen in den §§ 81h–81n entsprechen im Wesentlichen diesen Verwaltungsvorschriften. 1

Die Regelungen für das Kronzeugenprogramm nach der ECN+-Richtlinie gelten **nur** für das **kartellbehördliche Bußgeldverfahren,** nicht aber für die Bußgeldzumessung durch das OLG Düsseldorf im Einspruchsverfahren. Das OLG Düsseldorf trifft nach Hauptverhandlung auf den Einspruch eine eigene Entscheidung, muss aber nach § 81d Abs. 1 S. 2 Nr. 5, § 17 Abs. 3 OWiG ebenfalls berücksichtigen, wie weit dann das kartellbehördliche Verfahren kooperiert wurde. Insofern sind nach der BRegEntw 10. GWB-Novelle 2021 (S. 131 ff.) die Regelungen in den §§ 81h–81n in **Konkretisierung der allgemeinen Strafzumessungsgrundsätze** nach § 17 Abs. 3 OWG zu berücksichtigen. 2

Die Möglichkeit, die Geldbuße nach §§ 81h–81n zu erlassen bzw. zu ermäßigen, gilt nur für Kartelle nach § 1 und Art. 101 AEUV, nicht für Tateinheit begangene Straftaten wie § 298 StGB, die den Kartellverstoß in den Bereich der Straftat anheben. Aber auch Strafgerichte können im Rahmen der Strafzumessung bei einer Tat nach § 298 StGB die Grundsätze der §§ 81h–81n im Rahmen der allgemeinen Strafzumessung heranziehen. 3

Hinsichtlich des Kronzeugenverfahrens sind folgende Konstellationen grundsätzlich zu unterscheiden: 4

- Der „klassische" Antrag auf Erlass der Geldbuße, der aber nur zu einem Erlass der Geldbuße führen kann, wenn die Voraussetzungen nach § 81k Abs. 1 erfüllt sind, also umfassend kooperiert wurde, und das beantragende Unternehmen nach § 81k Abs. 1 Nr. 2 als erstes Beweismittel vorgelegt hat, die die Kartellbehörde zu dem Zeitpunkt, zu dem sie den Antrag auf Kronzeugenbehandlung erhält, erstmals in die Lage versetzt, einen Durchsuchungsbeschluss zu erwirken.
- Nach § 81k Abs. 2 kann die Kartellbehörde auf Antrag von der Verhängung eines Bußgelds absehen, wenn sie bereits im Zeitpunkt, in dem sie den Kronzeugenantrag erhält, selbst in der Lage gewesen wäre, einen Durchsuchungsbeschluss zu erwirken, aber durch die vorgelegten Beweismittel erstmals der Nachweis der Tat ermöglicht wurde und der Antragssteller der Erste ist, der diesen Antrag gestellt hat.
- Die Kartellbehörde kann auf Antrag nach § 81l die Geldbuße ermäßigen, wenn vollständig kooperiert wird (§ 81l Abs. 1 Nr. 1) und die vorgelegten Beweismittel einen erheblichen Mehrwert aufweisen (§ 81l Abs. 1 Nr. 2).

Für die Kooperation im Kronzeugenverfahren ist immer ein **Antrag** notwendig, der den Anforderungen des § 81i genügt, um in den Genuss des Erlasses oder einer Ermäßigung der Geldbuße zu kommen. § 81m regelt aber das bereits in den 5 bisherigen Verwaltungsvorschriften enthaltene **Markersystem.** So kann zur Wahrung des Kooperationsrangs die Bereitschaft zur Zusammenarbeit erklärt werden (Marker, § 81m Abs. 1), der nur eingeschränkte Angaben enthalten muss, aber den Rang in der Reihenfolge der Kooperationsanträge sichert. Die Kartellbehörde setzt nach Eingang des Markers nach § 81m Abs. 3 eine angemessene Frist, innerhalb der Antrag auf Kronzeugenbehandlung vervollständigt werden kann.

6 § 81n regelt schließlich die Möglichkeit, dass dann, wenn bei der Europäischen Kommission für dasselbe Kartell ein Antrag auf Kronzeugenbehandlung gestellt wird, ein **Kurzantrag** beim BKartA eingereicht werden kann. Dies gilt allerdings nur, wenn sich der Antrag bei der Kommission auf mehr als drei Mitgliedsstaaten als von dem Kartell betroffene Gebiete bezieht. Diese Möglichkeit, einen Kurzantrag zu stellen, entspricht der bisherigen Praxis bei Fällen, die sich auf mehr als einen Mitgliedsstaat auswirken und unklar ist, ob die Europäische Kommission das Verfahren einleitet oder die Verfolgung des Kartells den nationalen Behörden zugewiesen wird.

§ 81h Ziel und Anwendungsbereich

(1) **Die Kartellbehörde kann an Kartellen beteiligten natürlichen Personen, Unternehmen und Unternehmensvereinigungen (Kartellbeteiligte), die durch ihre Kooperation mit der Kartellbehörde dazu beitragen, ein Kartell aufzudecken, die Geldbuße erlassen oder reduzieren (Kronzeugenbehandlung).**

(2) **Die Regelungen dieses Abschnitts gelten für Bußgeldverfahren der Kartellbehörden zur Ahndung von Kartellen in Anwendung des § 81 Absatz 1 Nummer 1 dieses Gesetzes in Verbindung mit Artikel 101 des Vertrages über die Arbeitsweise der Europäischen Union und § 81 Absatz 2 Nummer 1 in Verbindung mit § 1 dieses Gesetzes.**

(3) [1]**Das Bundeskartellamt kann allgemeine Verwaltungsgrundsätze über die Ausübung seines Ermessens bei der Anwendung des Kronzeugenprogramms sowie der Gestaltung des Verfahrens festlegen.** [2]**Die Verwaltungsgrundsätze sind im Bundesanzeiger zu veröffentlichen.**

1. Überblick

1 § 81h stellt die bisher nur in den Verwaltungsvorschriften (Bonusregelung – Anhang C 4, aufgehoben am 19.1.2021) des BKartA geregelte **Kronzeugenregelung** auf eine gesetzliche Grundlage. Die Regelungen gelten **nur für das kartellbehördliche** Verfahren, nicht für die Bußgeldzumessung durch ein Gericht. Die Kooperation eines Betroffenen kann im gerichtlichen Verfahren nur im Rahmen von § 81d Abs. 1 S. 2 Nr. 5, § 17 Abs. 3 OWiG berücksichtigt werden.

2. Kronzeugenregelung für Kartelle (Abs. 1)

2 Abs. 1 konstituiert den Grundsatz des Erlasses oder der Reduktion der Geldbuße im Falle von Kooperation. Abs. 2 stellt klar, dass die Möglichkeit des Erlasses oder der Reduktionnach nach §§ 81h ff. nur für **Kartelle** besteht, also horizontale Wettbewerbsverstöße iSv § 33a Abs. 2; den Kartellbehörden bleibt es aber unbenommen, über § 81d Abs. 1 S. 2 Nr. 5, § 17 Abs. 3 OWiG entsprechend im Falle von vertikalen Wettbewerbsbeschränkungen zu verfahren.

3. Verwaltungsgrundsätze (Abs. 3)

3 Abs. 3 lässt zu, allgemeine Verwaltungsgrundsätze wie die bis zum 19.1.2021 geltende Bonusregelung (Anhang C 4) über die Ausübung des Ermessens bei der

Anwendung des Kronzeugenprogramms sowie die Gestaltung des Verfahrens festzulegen. Abs. 3 S. 2 verlangt, dass die Verwaltungsgrundsätze im Bundesanzeiger veröffentlicht werden.

§ 81i Antrag auf Kronzeugenbehandlung

(1) [1]**Eine Kronzeugenbehandlung ist nur auf Antrag möglich.** [2]**Kartellbeteiligte können wegen einer verfolgbaren Tat einen Antrag auf Kronzeugenbehandlung bei der zuständigen Kartellbehörde stellen.** [3]**Der Antrag muss detaillierte Informationen zu allen in § 81m Absatz 1 Satz 2 aufgelisteten Angaben enthalten und zusammen mit den entsprechenden Beweismitteln eingereicht werden.**

(2) [1]**Ein Antrag auf Kronzeugenbehandlung, der für ein Unternehmen abgegeben wird, gilt, soweit nicht ausdrücklich etwas anderes erklärt wird, für alle juristischen Personen oder Personenvereinigungen, die im Zeitpunkt der Antragstellung das Unternehmen bilden.** [2]**Er gilt auch für deren derzeitige sowie frühere Mitglieder von Aufsichts- und Leitungsorganen und Mitarbeiter.**

(3) [1]**Der Antrag kann schriftlich oder nach § 32a der Strafprozessordnung elektronisch in deutscher, in englischer Sprache oder, nach Absprache zwischen der Kartellbehörde und dem Antragsteller, in einer anderen Sprache der Europäischen Union gestellt werden.** [2]**Nimmt die Kartellbehörde einen Antrag in einer anderen als der deutschen Sprache entgegen, so kann sie vom Antragsteller verlangen, unverzüglich eine deutsche Übersetzung beizubringen.** [3]**In Absprache mit der Kartellbehörde kann ein Antrag auch in Textform oder mündlich gestellt werden.**

(4) **Auf Ersuchen des Antragstellers bestätigt die Kartellbehörde den Eingang des Antrags mit Datum und Uhrzeit.**

1. Inhalt und Form des Antrags (Abs. 1, 3)

Abs. 1 stellt klar, dass ein Antrag auf Kronzeugenbehandlung gestellt werden muss; der Antrag ist nicht nur ein Antrag auf Erlass der Geldbuße, sondern zugleich auch ein Antrag auf Ermäßigung der Geldbuße. Der Antrag ist bei der **zuständigen Kartellbehörde** zu stellen. Nach § 48 Abs. 2 ist das BKartA zuständige Kartellbehörde, sobald die Wirkungen des Kartells über das Gebiet eines Bundeslandes hinaus reichen. Sollte auch ein Verstoß gegen Art. 101 Abs. 1 AEUV in Frage stehen, ist ebenfalls nach § 50 Abs. 1 das BKartA zuständig. 1

Der Antrag muss nach Abs. 1 S. 2 **detaillierte Informationen zu allen Angaben nach § 81m Abs. 1 S. 2** enthalten und zusammen mit den entsprechenden Beweismitteln eingereicht werden. Die Mindestangaben decken sich also mit demjenigen des Markers. Der Antrag unterscheidet sich vom Marker dadurch, dass der Antrag detaillierte Informationen zu den Pflichtangaben machen muss. Diese Detaillierung ist insbesondere dann von essenzieller Bedeutung, wenn die Gefahr besteht, dass der Antrag keinen Erlass der Geldbuße nach § 81k, sondern nur eine Ermäßigung nach § 81l erreichen kann; dann ist erforderlich, dass die vorgelegten Informationen gem. § 81l Abs. 1 Nr. 2 einen Mehrwert gegenüber den bereits bei der Kartellbehörde vorhandenen Informationen aufweisen. 2

Nach Abs. 3 muss der Antrag **schriftlich** gestellt werden; nach § 32a StPO können auch elektronische Dokumente übersandt werden. In Absprache mit der Kartellbehörde kann ein Antrag auch in Textform oder mündlich gestellt werden. Der Antrag kann **nach Absprache** mit der Kartellbehörde auch in der **Sprache eines anderen Mitgliedsstaats** der EU abgefasst sein. Dieses ist insbesondere bei Kron- 3 zeugenanträgen, die in mehreren Mitgliedsstaaten gestellt werden, eine wesentliche Erleichterung für die kooperierenden Unternehmen.

2. Reichweite des Antrags (Abs. 2)

4 Nach Abs. 2 S. 1 gilt der Antrag, soweit er nicht ausdrücklich etwas anderes erklärt, für alle Unternehmen, die die wirtschaftliche Einheit, also das **Unternehmen im kartellrechtlichen Sinne,** bilden, einschließlich nach S. 2 auch für derzeitige oder frühere Mitglieder von Aufsichts- und Leitungsorganen sowie Mitarbeiter. Nach RegE 10. GWB-Novelle 2021 (S. 132 f.) dient diese Erstreckung der Wirkung des Antrags der umfassenden Aufklärung der Tatbeteiligung innerhalb des Unternehmens ungeachtet dessen Organisation und ungeachtet der im Zeitpunkt der Antragstellung aktuellen oder früheren Position der zur Aufklärung beitragenden Mitarbeiter. **Gemeinsame Anträge mehrerer Kartellbeteiligter sind grundsätzlich für die Behandlung als Kronzeuge irrelevant** (dazu RegE 10. GWB-Novelle 2021, 132 f.).

3. Empfangsbestätigung (Abs. 4)

5 Nach Abs. 4 erteilt die Kartellbehörde auf Ersuchen des Antragstellers eine **Empfangsbestätigung** mit Datum und Uhrzeit; dies ist insbesondere erforderlich, um den **Rang der Kooperation** zu sichern.

§ 81j Allgemeine Voraussetzungen für die Kronzeugenbehandlung

(1) **Die Kronzeugenbehandlung kann nur gewährt werden, wenn der Antragsteller**

1. **seine Kenntnis von dem Kartell und seine Beteiligung daran in dem Antrag auf Kronzeugenbehandlung gegenüber der Kartellbehörde offenlegt oder ein Kartellbeteiligter im Fall eines zu seinen Gunsten geltenden Antrags umfassend an der Aufklärung des Sachverhalts mitwirkt;**
2. **seine Beteiligung an dem Kartell unmittelbar nach Stellung des Antrags auf Kronzeugenbehandlung beendet, soweit nicht einzelne Handlungen nach Auffassung der Kartellbehörde möglicherweise erforderlich sind, um die Integrität ihrer Untersuchung zu wahren;**
3. **ab dem Zeitpunkt der Stellung des Antrags auf Kronzeugenbehandlung bis zur Beendigung des kartellbehördlichen Verfahrens gegenüber allen Kartellbeteiligten der Pflicht zur ernsthaften, fortgesetzten und zügigen Kooperation genügt; diese beinhaltet insbesondere, dass er**
   a) **unverzüglich alle ihm zugänglichen Informationen über und Beweise für das Kartell zur Verfügung stellt,**
   b) **jede Anfrage beantwortet, die zur Feststellung des Sachverhalts beitragen kann,**
   c) **dafür sorgt, dass Mitglieder der Aufsichts- und Leitungsorgane sowie sonstige Mitarbeiter für Befragungen zur Verfügung stehen; bei früheren Mitgliedern der Aufsichts- und Leitungsorgane sowie sonstigen früheren Mitarbeitern genügt es, hierauf hinzuwirken,**
   d) **Informationen über und Beweise für das Kartell nicht vernichtet, verfälscht oder unterdrückt und**
   e) **weder die Tatsache der Stellung eines Antrags auf Kronzeugenbehandlung noch dessen Inhalt offenlegt, bis die Kartellbehörde ihn von dieser Pflicht entbindet;**
4. **während er die Stellung des Antrags auf Kronzeugenbehandlung erwogen hat,**

a) **Informationen über oder Beweise für das Kartell weder vernichtet, noch verfälscht oder unterdrückt und**
b) **weder die beabsichtigte Stellung des Antrags auf Kronzeugenbehandlung noch dessen beabsichtigten Inhalt offengelegt hat; dies gilt mit Ausnahme der Offenlegung gegenüber anderen Wettbewerbsbehörden.**

(2) **Die Voraussetzungen des Absatzes 1 finden entsprechend Anwendung auf diejenigen Kartellbeteiligten, zu deren Gunsten der Antrag auf Kronzeugenbehandlung gemäß § 81i Absatz 2 gestellt ist.**

1. Inhalt der Kooperationspflicht (Abs. 1)

§ 81j setzt Art. 19 ECN+-Richtlinie um. Die Regelung bestimmt den Umfang der Kooperationsverpflichtung und damit die materiellen **Voraussetzungen,** die erfüllt werden müssen, um einen **Erlass** (§ 81k Abs. 1 Nr. 1) oder eine **Ermäßigung** (§ 81l Abs. 1 Nr. 1) erreichen zu können. Sind die Voraussetzungen nach § 81j nicht erfüllt, kann ein Erlass nach § 81k oder eine Ermäßigung nach § 81l nicht gewährt bleiben. Die insoweit nicht ausreichende Kooperation kann dann nur nach § 81d Abs. 1 S. 2 Nr. 5, § 17 Abs. 3 OWiG bei der Geldbußenzumessung berücksichtigt werden. 1

Abs. 1 regelt die **allgemeinen Voraussetzungen für die Kronzeugenbehandlung,** nämlich die Pflicht zur umfassenden Kooperation und Ausschöpfung sämtlicher Aufklärungsmöglichkeiten. Abs. 1 konstituiert zunächst die Verpflichtung des Antragstellers, seine **Beteiligung am Kartell umfassend offen zu legen** (Nr. 1); die Auskunftspflicht erfasst nicht nur die Tat im engeren Sinne, sondern auch Umstände, die unter Umständen für die Bußgeldzumessung relevant sind (RegE 10. GWB-Novelle 2021, 133). Weitere Voraussetzung ist die **Beendigung der Beteiligung am Kartell** unmittelbar nach Stellung des Antrags auf Kronzeugenbehandlung, sofern nicht die Kartellbehörde verlangt, einzelne Handlungen fortzusetzen, um die Untersuchung des Kartells zu erleichtern (Nr. 2). Nach Nr. 3 muss der Antragsteller im weiteren Verfahren umfassend bei der Zurverfügungstellung von Informationen kooperieren. Dabei ist nach Nr. 3 lit. e von entscheidender Bedeutung, dass **weder die Tatsache der Stellung des Antrags auf Kronzeugenbehandlung noch dessen Inhalt offen gelegt** wird, bis die Kartellbehörde den Antragsteller von dieser Pflicht entbindet. Die Verletzung dieser Pflicht hat in einigen Fällen dazu geführt, dass der Kronzeugenstatus verloren ging. Nr. 4 setzt voraus, dass vor Stellung des Antrags Beweismittel oder Information nicht vernichtet oder unterdrückt wurden oder vor Stellung des Antrags offengelegt wurde, dass ein Antrag beabsichtigt wird. 2

Praktisch wichtig sind vor allen Dingen die **Sicherung des Datenbestandes** beim antragstellenden Unternehmen; insbesondere die elektronischen Daten sollten forensisch gesichert und gespeichert werden, um im Verfahren umfassend auskunftsfähig zu bleiben. Die Verpflichtungen, den Umstand der Möglichkeit oder erfolgten Antragstellung nicht offen zu legen, dient letztlich der **Erhaltung des Überraschungsmoments für die Aufklärungsmaßnahmen der Kartellbehörde.** Die Kronzeugenregelung baut letztlich darauf auf, dass die am Kartell beteiligten Unternehmen unabhängig voneinander kooperieren und im Falle einer „Kooperation in der Kooperation" gewärtig sein muss, dass sie ihre Chancen auf Erlass oder Reduktion der Geldbuße verlieren. 3

2. Zeitlicher und persönlicher Umfang der Kooperationspflicht

Nach RegE 10. GWB-Novelle 2021 (S. 133 f.) besteht die Kooperationspflicht nach Abs. 1 solange, wie nicht gegenüber allen Kartellbeteiligten die Hauptverhandlung eröffnet ist. 4

5 Die Unternehmen und Personen, zu deren Gunsten der Antrag gestellt wird, müssen ebenfalls den Anforderungen des Abs. 1 genügen (Abs. 2). Das bedeutet unter Umständen, dass der Antrag auf Kronzeugenbehandlung scheitert, weil sich Begünstigte des Antrags nicht an die Verpflichtungen nach Abs. 1 halten.

§ 81k Erlass der Geldbuße

(1) **Die Kartellbehörde sieht von der Verhängung einer Geldbuße gegenüber einem Kartellbeteiligten ab, wenn er**
1. die in § 81j genannten Voraussetzungen erfüllt und
2. als Erster Beweismittel vorlegt, die die Kartellbehörde zu dem Zeitpunkt, zu dem sie den Antrag auf Kronzeugenbehandlung erhält, erstmals in die Lage versetzen, einen Durchsuchungsbeschluss zu erwirken.

(2) **Von der Verhängung einer Geldbuße gegenüber einem Kartellbeteiligten ist in der Regel abzusehen, wenn er**
1. die in § 81j genannten Voraussetzungen erfüllt und
2. als Erster Beweismittel vorlegt, die, wenn die Kartellbehörde bereits in der Lage ist, einen Durchsuchungsbeschluss zu erwirken, erstmals den Nachweis der Tat ermöglichen und kein anderer Kartellbeteiligter bereits die Voraussetzungen für einen Erlass nach Absatz 1 erfüllt hat.

(3) **Ein Erlass der Geldbuße kommt nicht in Betracht, wenn der Kartellbeteiligte Schritte unternommen hat, um andere Kartellbeteiligte zur Beteiligung am oder zum Verbleib im Kartell zu zwingen.**

1. Erlass der Geldbuße zur Ermöglichung eines Durchsuchungsbeschlusses (Abs. 1)

1 Nach Abs. 1 **muss** die Geldbuße in Umsetzung von Art. 17 Abs. 2 lit. c i ECN+-Richtlinie dem Kartellbeteiligten erlassen werden, die die Kartellbehörde **als Erster in die Lage versetzt, einen Durchsuchungsbeschluss zu erwirken** (zu den Voraussetzungen → § 59b Rn. 2). Dies ist in der Regel nur dann der Fall, wenn die Kartellbehörde erstmals vom Antragsteller vom Kartellverdacht erfährt.

2. Erlass der Geldbuße bei bestehender Möglichkeit der Erwirkung eines Durchsuchungsbeschlusses (Abs. 2)

2 Nach Abs. 2 ist in Umsetzung von Art. 17 Abs. 2 lit. c ii ECN+-Richtlinie der Erlass in aller Regel zu gewähren, wenn die Kartellbehörde zwar bereits in der Lage ist, einen Durchsuchungsbeschluss zu erwirken, ein Kartellbeteiligter aber als Erster Kronzeugenbehandlung beantragt. Die Kartellbehörde wird in diesem Fall den Erlass nur dann gewähren, wenn der Kartellbeteiligte „von sich aus" als Erster den Antrag gestellt hat.

3. Weitere Voraussetzungen für den Erlass

3 Weitere **Voraussetzung** für den Erlass ist die **materielle Kooperation nach § 81j** bis zum Abschluss des kartellbehördlichen Verfahrens gegen alle Kartellbeteiligte (§ 81k Abs. 1 Nr. 2, Abs. 2 Nr. 2).

4 Nach Abs. 3 **scheidet der Erlass der Geldbuße** aus, wenn der Antragsteller andere Kartellbeteiligte zur Beteiligung am oder zum Verbleib im Kartell **gezwungen** oder dies zumindest versucht hat, oder eine **besondere schwerwiegende Rolle in dem Kartell** eingenommen hat; die Ermäßigung der Geldbuße nach § 81l bleibt in diesem Fall möglich.

§ 81l Ermäßigung der Geldbuße

(1) **Die Kartellbehörde kann gegenüber einem Kartellbeteiligten die Geldbuße ermäßigen, wenn er**
1. **die in § 81j genannten Voraussetzungen erfüllt und**
2. **Beweismittel für das Kartell vorlegt, die im Hinblick auf den Nachweis der Tat gegenüber den Informationen und Beweismitteln, die der Kartellbehörde bereits vorliegen, einen erheblichen Mehrwert aufweisen.**

(2) **Der Umfang der Ermäßigung richtet sich insbesondere nach dem Nutzen der Informationen und Beweismittel sowie nach dem Zeitpunkt der Anträge auf Kronzeugenbehandlung.**

(3) **Übermittelt ein Antragsteller als Erster stichhaltige Beweise, die die Kartellbehörde zur Feststellung zusätzlicher Tatsachen heranzieht und zur Festsetzung höherer Geldbußen gegenüber anderen Kartellbeteiligten verwendet, oder wirkt ein Kartellbeteiligter im Fall eines Antrags zu seinen Gunsten an deren erstmaliger Übermittlung umfassend mit, so werden diese Tatsachen bei der Festsetzung der Geldbuße gegen den Antragsteller beziehungsweise gegen den begünstigten Kartellbeteiligten nicht berücksichtigt.**

1. Ermäßigung der Geldbuße (Abs. 1, 2)

Voraussetzung für die Ermäßigung ist nach Abs. 1 neben der **materielle Kooperation nach § 81j** ein **erheblicher Mehrwert** der vorgelegten Informationen und Beweismittel; dieser Mehrwert besteht darin, dass die Informationen und Beweismittel Zusammenhänge, die bereits bestehen, verdeutlichen oder den Nachweis bestimmter bekannter Tatsachen bestärken. 1

Der **Umfang der Ermäßigung** richtet sich nach Abs. 2 nach dem **Mehrwert,** den die zusätzlichen Informationen und Beweismittel zur Aufklärung des Kartells beitragen. Der Begriff des „Mehrwerts" ist deshalb klar **dynamisch** und orientiert sich an demjenigen, was die Kartellbehörde bereits durch eigene Aufklärung oder durch Kooperationsbeiträge von Antragstellern an Informationen und Beweismaterial erlangt hat. Daraus ergibt sich, dass bei mehreren Kooperanden eine Abstufung nach Reihenfolge und Mehrwert stattfinden muss, vergleichbar der Kronzeugenmitteilung der Kommission 2006: Bei entsprechendem Mehrwert kann der zweite Antragsteller einen Nachlass bis zu 50 %, der dritte Antragsteller bis zu 30 % und jeder weitere Antragsteller abhängig vom dann noch möglichen Mehrwert bis zu 20 % Nachlass auf die Geldbuße erreichen. Zur weiteren Ausgestaltung der Ermäßigung können die Kartellbehörden Verwaltungsgrundsätze erlassen. 2

2. Nichtberücksichtigung von Tatsachen (Abs. 3)

Abs. 3 setzt Art. 18 Abs. 3 ECN+-Richtlinie um. Nach Abs. 3 werden **Tatsachen, die ein Antragsteller als Erster in das Verfahren einbringt** oder deren Einbringung ermöglicht, die zu einer Festsetzung höherer Geldbußen gegenüber anderen Kartellbeteiligten führen, **nicht zu seinen Lasten bzw. zulasten der nach § 81i Abs. 2 von seinem Antrag Begünstigten berücksichtigt.** Die durch die Kooperation ermöglichte Strafschärfung wirkt also nicht zulasten des Antragstellers und den von seinem Antrag Begünstigten. Diese Tatsachen müssen sich auf klar **abgrenzbare Teile der Tat** beziehen, also neue **Tatzeiträume, neue Regionen** oder insgesamt **andere betroffene Produkte.** Diese Ausklammerung bestimmter Sachverhalte ist nur möglich, soweit es sich bei den vorgebrachten Tatsachen um solche handelt, die ohne die stichhaltigen Beweise des Antragstellers nicht in den Bußgeldbescheid hätten aufgenommen werden können. Weitere Voraussetzung ist, 3 dass diese zusätzlichen Geldbußen zu erheblich höheren Geldbußen gegenüber den anderen Kartellbeteiligten verwendet werden können. Die Beweise müssen stichhaltig sein und einen besonders hohen Grad an Eindeutigkeit und Beweisrelevanz aufweisen (RegE 10. GWB-Novelle 2021, 134).

§ 81m Marker

(1) [1]**Ein Kartellbeteiligter kann sich an die Kartellbehörde wenden, um zunächst die Bereitschaft zur Zusammenarbeit zu erklären (Marker), um einen Rang in der Reihenfolge des Eingangs der Anträge auf Kronzeugenbehandlung zu erhalten.** [2]**Ein Marker soll mindestens die folgenden Angaben in Kurzform enthalten:**

1. **den Namen und die Anschrift des Antragstellers,**
2. **die Namen der übrigen Kartellbeteiligten,**
3. **die betroffenen Produkte und Gebiete,**
4. **die Dauer und die Art der Tat, insbesondere auch betreffend die eigene Beteiligung, und**
5. **Informationen über alle bisherigen oder über etwaige künftige Anträge auf Kronzeugenbehandlung im Zusammenhang mit dem Kartell bei anderen Kartellbehörden, anderen europäischen Wettbewerbsbehörden oder sonstigen ausländischen Wettbewerbsbehörden.**

(2) [1]**Ein Marker kann mündlich oder in Textform erklärt werden.** [2]**§ 81i Absatz 2, 3 Satz 1 und 2 und Absatz 4 gilt entsprechend.**

(3) [1]**Die Kartellbehörde setzt eine angemessene Frist, vor deren Ablauf der Antragsteller einen Antrag auf Kronzeugenbehandlung, einschließlich detaillierter Informationen zu allen in Absatz 1 Satz 2 aufgelisteten Angaben zusammen mit den entsprechenden Beweismitteln, einzureichen hat.** [2]**Für den Rang des ausgearbeiteten Antrags auf Kronzeugenbehandlung nach Satz 1 ist der Zeitpunkt des Markers nach Absatz 1 maßgeblich, soweit der Antragsteller die ihm obliegenden Pflichten fortwährend erfüllt.** [3]**In diesem Fall gelten alle ordnungsgemäß bis zum Ablauf der nach Satz 1 gesetzten Frist beigebrachten Informationen und Beweismittel als zum Zeitpunkt des Markers vorgelegt.**

1 Für die Kooperation im Kronzeugenverfahren ist immer ein **Antrag** notwendig, der den Anforderungen des § 81i genügt, um in den Genuss des Erlasses oder einer Ermäßigung der Geldbuße zu kommen. § 81m regelt aber das bereits in den bisherigen Verwaltungsvorschriften enthaltene **Markersystem.** Abs. 1 ermöglicht die Setzung eines **Markers** mit rangwahrender Wirkung (Abs. 3 S. 2) für den Zeitraum bis zur Einreichung des vollständigen Kronzeugenantrags.

2 Abs. 1 S. 2 regelt die **Mindestangaben des Markers.** Nach Abs. 2 kann der Marker **mündlich oder in Textform, per Telefax oder E-Mail,** abgegeben werden.

3 Nach Abs. 3 setzt die Kartellbehörde eine **Frist zur Einreichung eines ausgearbeiteten Kooperationsantrags.**

§ 81n Kurzantrag

(1) [1]**Die Kartellbehörde nimmt von Kartellbeteiligten, die bei der Europäischen Kommission in Bezug auf dasselbe Kartell einen Antrag auf Kronzeugenbehandlung stellen, einen Kurzantrag an.** [2]**Dies gilt nur, wenn sich der Antrag auf mehr als drei Mitgliedstaaten als von dem Kartell betroffene Gebiete bezieht.**

(2) [1]**Für Kurzanträge gilt § 81m Absatz 1 Satz 2, Absatz 2 und 3 Satz 3 und 4 entsprechend.** [2]**Zusätzlich sind Angaben über die Mitgliedstaaten zu machen, in denen sich die Beweismittel für das Kartell wahrscheinlich befinden.**

(3) **Die Kartellbehörde verlangt die Vorlage eines vollständigen Antrags auf Kronzeugenbehandlung, sobald ihr die Europäische Kommission mitgeteilt hat, dass sie den Fall weder insgesamt noch in Teilen weiterverfolgt, oder wenn weitere Angaben für die Abgrenzung oder die Zuweisung des Falles notwendig sind.**

(4) **Reicht der Antragsteller den vollständigen Antrag auf Kronzeugenbehandlung innerhalb der von der Kartellbehörde festgesetzten Frist ein, gilt der vollständige Antrag als zum Zeitpunkt des Eingangs des Kurzantrags vorgelegt, soweit der Kurzantrag dieselbe Tat, dieselben betroffenen Produkte, Gebiete und Kartellbeteiligten sowie dieselbe Dauer des Kartells erfasst wie der bei der Europäischen Kommission gestellte Antrag auf Kronzeugenbehandlung.**

Nach wie vor gibt es **keine harmonisierten Regelungen für Kronzeugenprogramme im Netz der Wettbewerbsbehörden der EU.** Im Falle der Aufdeckung eines Kartells stellt sich damit für einen möglichen Antragsteller das Problem, dass er nicht sicher sein kann, ob wegen Verstoßes gegen Art. 101 Abs. 1 AEUV die Kommission oder ein oder mehrere Mitgliedstaaten die Kartellverfolgung aufnehmen. Ein **Antrag auf Erlass oder Ermäßigung der Geldbuße bei der Kommission wirkt nicht auf einzelstaatlicher Ebene,** sodass kein rangwahrender Antrag für die Mitgliedsstaaten als gestellt gilt. Deshalb ist geübte Praxis, Anträge auf Erlass oder Ermäßigung der Geldbuße sowohl bei der Kommission als auch bei den Kartellbehörden von Mitgliedstaaten zu stellen, die möglicherweise ein Kartellverfahren dann durchführen, wenn die Kommission kein oder nur ein auf bestimmte Mitgliedstaaten beschränktes Verfahren durchführt. 1

Abs. 1 regelt die Möglichkeit, einen **Kurzantrag** auf Kronzeugenbehandlung einzureichen, der parallel zu einem Antrag bei der Europäischen Kommission gestellt wird, um sich für den Fall, dass die Verfahren nicht von der Kommission, sondern von den nationalen Kartellbehörden geführt werden, den Kooperationsstatus zu wahren. 2

Abs. 2 regelt die **Form des Kurzantrags;** die Regelungen des § 81m Abs. 1 S. 2, Abs. 2 und 3 S. 3 und 4 gelten entsprechend. Nach S. 2 muss der Kurzantrag Angaben über die Mitgliedsstaaten enthalten, in denen sich die Beweismittel für das Kartell wahrscheinlich befinden. 3

Nach Abs. 3 muss der vollständige Antrag erst dann eingereicht werden, wenn die Europäische Kommission mitteilt, dass sie den Fall nicht aufgreift oder wenn weitere Angaben zur Abgrenzung oder Zuweisung des Falls benötigt werden. 4

Abs. 4 regelt bezüglich der **Rangwahrung,** dass bei Einreichung des vollständigen Antrags und entsprechender Deckungsgleichheit der Antrag als im Zeitpunkt des Kurzantrags als eingegangen gilt. 5

Abschnitt 3. Bußgeldverfahren

§ 82 Zuständigkeiten in Kartellbußgeldsachen

(1) **Verwaltungsbehörden im Sinne des § 36 Absatz 1 Nummer 1 des Gesetzes über Ordnungswidrigkeiten sind**

1. **die Bundesnetzagentur als Markttransparenzstelle für Strom und Gas bei Ordnungswidrigkeiten nach § 81 Absatz 2 Nummer 2 Buchstabe c und**

d, Nummer 5a, 6, soweit ein Verstoß gegen § 47d Absatz 1 Satz 1 in Verbindung mit § 59 Absatz 2 oder Absatz 4 vorliegt, und Nummer 8, soweit ein Verstoß gegen § 47d Absatz 1 Satz 1 in Verbindung mit § 59a Absatz 2 vorliegt,

2. **das Bundeskartellamt als Markttransparenzstelle für Kraftstoffe bei Ordnungswidrigkeiten nach § 81 Absatz 2 Nummer 5b, 6, soweit ein Verstoß gegen § 47k Absatz 7 in Verbindung mit § 59 Absatz 2 oder Absatz 4 vorliegt, und Nummer 8, soweit ein Verstoß gegen § 47k Absatz 7 in Verbindung mit § 59a Absatz 2 vorliegt, und**
3. **in den übrigen Fällen von § 81 das Bundeskartellamt und die nach Landesrecht zuständige oberste Landesbehörde jeweils für ihren Geschäftsbereich.**

(2) [1]**Die Kartellbehörde ist für Verfahren wegen der Festsetzung einer Geldbuße gegen eine juristische Person oder Personenvereinigung nach § 30 des Gesetzes über Ordnungswidrigkeiten in Fällen ausschließlich zuständig, denen**

1. **eine Straftat, die auch den Tatbestand des § 81 Absatz 1, 2 Nummer 1 und Absatz 3 verwirklicht, oder**
2. **eine vorsätzliche oder fahrlässige Ordnungswidrigkeit nach § 130 des Gesetzes über Ordnungswidrigkeiten, bei der eine mit Strafe bedrohte Pflichtverletzung auch den Tatbestand des § 81 Absatz 1, 2 Nummer 1 und Absatz 3 verwirklicht,**

zugrunde liegt. [2]**Dies gilt nicht, wenn die Behörde das § 30 des Gesetzes über Ordnungswidrigkeiten betreffende Verfahren an die Staatsanwaltschaft abgibt.** [3]**In den Fällen des Satzes 1 sollen sich die Staatsanwaltschaft und die Kartellbehörde gegenseitig frühzeitig über geplante Ermittlungsschritte mit Außenwirkung, insbesondere über Durchsuchungen, unterrichten.**

1. Zuständigkeiten nach § 36 Abs. 1 OWiG (Abs. 1)

1 § 82 in der Fassung der 10. GWB-Novelle 2021 entspricht § 81 Abs. 10 aF. Er stellt klar, wer „Verwaltungsbehörde" iSd OWiG als die für die Verfolgung von Ordnungswidrigkeiten im Kartellbereich zuständige Behörde ist.

2 Das **BKartA** ist also – außer bei der Anwendung der Art. 101 und 102 AEUV (§ 50) sowie für alle mit der Fusionskontrolle zusammenhängenden Ordnungswidrigkeiten (auch bei der Fusionskontrolle über Krankenkassen, vgl. § 172a Abs. 1 SGB V mit dem Verweis auf u.a. § 82 Abs. 1) – insbes. zuständig, wenn die Wirkung der Marktbeeinflussung oder des wettbewerbsbeschränkenden oder diskriminierenden Verhaltens oder eine Wettbewerbsregel **über das Gebiet eines Landes hinausreicht** (§ 48 Abs. 2 S. 1, → § 48 Rn. 6). Nach der Rspr. des BGH kommt es dabei nicht darauf an, dass eine solche Auswirkung einen bestimmten Umfang hat. Vielmehr führt eine auch **„noch so geringe" Auswirkung** über das Gebiet eines Bundeslandes hinaus dazu, dass nicht die **Landeskartellbehörde,** sondern das BKartA zuständig ist (BGH WuW/E 1489 (1490) – Brotindustrie; KG WuW/E 2284 (2285) – Stadtwerke Frankfurt). Angesichts dieser Rechtslage ist kaum vorstellbar, dass es Unklarheiten darin gibt, welche von mehreren in Betracht kommenden Landeskartellbehörden zuständig ist (vgl. dazu Immenga/Mestmäcker/Biermann Rn. 19 ff.). Allein eine solche Unklarheit kann Beleg dafür sein, dass die Wettbewerbsbeschränkung über das Gebiet eines Landes hinausreicht; dann ist das BKartA zuständig.

3 Das in § 48 auch als Kartellbehörde benannte **Bundesministerium für Wirtschaft** hat eine Zuständigkeit nur für die Bußgeldtatbestände des § 81 Abs. 2 Nr. 2 iVm § 42 Abs. 2 S. 2 und Abs. 2 Nr. 5 iVm § 42 Abs. 2 S. 1 sowie § 81 Abs. 2 Nr. 6

bei Ermittlungsmaßnahmen des Bundeswirtschaftsministeriums in Ministererlaubnisverfahren.

Abs. 1 Nr. 1 und 2 stellt klar, dass für die Verstöße gegen die Auskunftspflichten gegenüber der **Markttransparenzstelle** für Strom und Gas nach § 47d die „Bundesnetzagentur als Markttransparenzstelle" die Verwaltungsbehörde iSd § 36 OWiG ist. Entsprechendes gilt für das „Bundeskartellamt als Markttransparenzstelle für Kraftstoffe" für die Auskunftspflichten nach § 47k. Durch das Gesetz vom 6.6.2013 (BGBl. 2013 I 1482) ist der Verweis in Nr. 1 auf Abs. 2 Nr. 2 lit. c um die Worte „und d" ergänzt worden; diese Ergänzung ist zum 1.9.2013 in Kraft getreten. 4

2. Zuständigkeit der Kartellbehörde für Verfahren nach § 30 OWiG (Abs. 2)

§ 82 Abs. 2 **entspricht § 82 aF.** Die Vorschrift regelt die Zuständigkeit der Kartellbehörden in Verfahren gegen juristische Personen oder Personenvereinigungen nach § 30 OWiG. Die Vorschrift wurde durch das Gesetz zur Bekämpfung der Korruption (vom 13.8.1997, BGBl. 1997 I 2038) eingefügt. 5

Eine Handlung kann **zugleich Straftat und Ordnungswidrigkeit** sein. Das ist von besonderer Bedeutung im Verhältnis der Ordnungswidrigkeit nach § 81 Abs. 2 Nr. 1 (iVm § 1) und dem Betrug nach § 263 StGB (dazu etwa BGH NJW 2001, 3718), dem Subventionsbetrug nach § 264 StGB sowie dem Ausschreibungsbetrug nach § 298 StGB (dazu BGH WuW/E DE-R 1287 – Planungsbüro; 3691 (3694) – Submissionsabsprachen). Treffen in dieser Weise Straftat und Ordnungswidrigkeit zusammen, so wird nach § 21 Abs. 1 S. 1 OWiG **„nur das Strafgesetz angewendet".** Nach § 21 Abs. 1 S. 2 OWiG kann aber auf die in dem anderen Gesetz (hier GWB) angedrohten Nebenfolgen erkannt werden; außerdem kann nach Abs. 2 die Handlung als Ordnungswidrigkeit geahndet werden, wenn eine Strafe nicht verhängt wird (zur Frage, ob das auch gilt, wenn das Strafverfahren nach § 154 Abs. 1 Nr. 1 StPO eingestellt wird, vgl. einerseits OLG Frankfurt a. M. WuW/E 5485 (5487 f.) – Ordnungswidrigkeiten-Subsidiarität und andererseits BGH NJWE-WettbR 1996, 140 – „Sortierte Einstellung" bei Submissionsabsprachen). 6

Angesichts dieser Regelungen war **vor der gesetzlichen Regelung der Vorgängerregelung des Abs. 2** zumindest unklar, ob die Kartellbehörde für das Verfahren gegen das Unternehmen nach § 30 OWiG noch zuständig ist, wenn wegen einer Kartellordnungswidrigkeit, die zugleich Straftat ist, ein Verfahren gegen die Person durchgeführt wird, an die die Sanktion des § 30 OWiG anknüpft (vertretungsberechtigtes Organ, Mitglied des Vorstands eines nichtrechtsfähigen Vereins, vertretungsberechtigter Gesellschafter einer Personenhandelsgesellschaft oder Generalbevollmächtigter, Prokurist oder Handlungsbevollmächtigter). Die Kartellbehörden waren daran interessiert, insoweit für das Ordnungswidrigkeitenverfahren gegen das Unternehmen zuständig zu sein, weil die Erfahrung gemacht wurde, dass die Staatsanwaltschaften und die Strafgerichte im Allgemeinen § 30 OWiG iVm § 81 Abs. 2 Nr. 1 (bzw. deren Vorgängervorschrift in § 38 Abs. 1 Nr. 1 aF) nicht anwenden. 7

Abs. 2 stellt klar, dass die Kartellbehörde **ausschließlich für die Geldbuße gegen das Unternehmen** auch dann zuständig ist, wenn die Kartell-Ordnungswidrigkeit auch einen Straftatbestand verwirklicht. Im Strafverfahren darf § 30 OWiG in diesen Fällen auch dann nicht angewendet werden, wenn die Kartellbehörde nicht aktiv wird. Es liegt also allein im **Ermessen der Kartellbehörde** (§ 47 OWiG), ob aufgrund der Kartellordnungswidrigkeit, die zugleich Straftat ist, ein Ordnungswidrigkeitenverfahren gegen das Unternehmen durchgeführt wird. Die Kartellbehörde ist nach S. 2 allerdings befugt, das Verfahren an die Staatsanwaltschaft abzugeben. Die ausschließliche Zuständigkeit geht dann auf die Staatsanwaltschaft und in der Folge auf das Strafgericht über; die Kartellbehörde verliert mit der Abgabe ihre Zuständigkeit. Abs. 2 gilt **nur für die „schweren" Ordnungswidrigkeiten** nach 8

§ 81 Abs. 1, Abs. 2 Nr. 1 und Abs. 3, nicht auch für die anderen in § 81 Abs. 2 geregelten Ordnungswidrigkeiten, auch dann, wenn die sie verwirklichenden Handlungen zugleich Straftaten sind. Zur Anwendung der Bonusregelung des BKartA auf Straftaten vgl. Achenbach NJW 2001, 2232.

9 Die 9. GWB-Novelle 2017 fügte S. 3 ein, wonach die **Staatsanwaltschaft** und die zuständige **Kartellbehörde** frühzeitig über **geplante Ermittlungsschritte** mit Außenwirkung **kommunizieren** sollen. Durch die nunmehr auch die Staatsanwaltschaft treffende Informationspflicht soll nach dem RegE 9. GWB-Novelle 2017 (S. 99) ausgeschlossen werden, dass ein Unternehmen über eine Selbstanzeige bei der Kartellbehörde die Kronzeugenregelung zu Unrecht in Anspruch nehmen kann und damit erreicht, dass ein kartellbehördliches Bußgeldverfahren gegen das Unternehmen verhindert wird, obwohl die Staatsanwaltschaft schon gegen natürliche Personen ermittelt. Damit soll also sichergestellt werden, dass das BKartA über den Kartellverstoß durch die Staatsanwaltschaft verständigt wird und damit bereits in der Lage ist, selbst Ermittlungen einzuleiten; verfügt das BKartA bereits über die Informationen zur Einleitung einer Ermittlung aufgrund von der Staatsanwaltschaft übermittelten Informationen, ist keine strafbefreiende Kronzeugenposition mehr verfügbar.

3. EU-Recht

10 Im EU-Recht gibt es keine dem Abs. 2 entsprechende Regelung. Führt die Europäische Kommission wegen einer Handlung, die zugleich auch gegen ein deutsches Strafgesetz verstößt, ein Verfahren durch, so hat dies **keinerlei Einfluss auf die Zuständigkeit der deutschen Strafverfolgungsbehörde;** in diesem Fall kann die deutsche Kartellbehörde nach Art. 11 Abs. 6 Kartellverfahrens-VO kein eigenes Verfahren durchführen, und zwar auch nicht unter Beschränkung auf die parallele Vorschrift des deutschen Rechts (Kommission: Art. 101 Abs. 1 AEUV, BKartA: § 1). Das BKartA ist nicht berechtigt, § 1 isoliert anzuwenden, wenn auch Art. 101 AEUV verletzt ist; an der für diesen Fall vorgeschriebenen Mit-Anwendung des Art. 101 AEUV ist das BKartA aber wegen des Verfahrens der Kommission gehindert, sodass es dann in diesem Fall überhaupt nicht tätig werden kann.

§ 82a Befugnisse und Zuständigkeiten im Verfahren nach Einspruchseinlegung

(1) [1]**Im Verfahren nach Einspruch gegen eine Bußgeldentscheidung ist § 69 Absatz 4 und 5 Satz 1 zweiter Halbsatz des Gesetzes über Ordnungswidrigkeiten nicht anzuwenden.** [2]**Die Staatsanwaltschaft hat die Akten an das nach § 83 zuständige Gericht zu übersenden.** [3]**Im gerichtlichen Bußgeldverfahren verfügt die Kartellbehörde über dieselben Rechte wie die Staatsanwaltschaft; im Verfahren vor dem Bundesgerichtshof vertritt allein der Generalbundesanwalt das öffentliche Interesse.** [4]**§ 76 des Gesetzes über Ordnungswidrigkeiten ist nicht anzuwenden.**

(2) [1]**Sofern das Bundeskartellamt als Verwaltungsbehörde des Vorverfahrens tätig war, erfolgt die Vollstreckung der Geldbuße und des Geldbetrages, dessen Einziehung nach § 29a des Gesetzes über Ordnungswidrigkeiten angeordnet wurde, durch das Bundeskartellamt als Vollstreckungsbehörde aufgrund einer von dem Urkundsbeamten der Geschäftsstelle des Gerichts zu erteilenden, mit der Bescheinigung der Vollstreckbarkeit versehenen beglaubigten Abschrift der Urteilsformel entsprechend den Vorschriften über die Vollstreckung von Bußgeldbescheiden.** [2]**Die Geldbußen und die Geldbeträge, deren Einziehung nach § 29a des Gesetzes über Ordnungswidrigkeiten angeordnet wurde, fließen der Bundeskasse zu, die auch die der Staatskasse auferlegten Kosten trägt.**

1. Grundzüge

§ 82a ist durch die **7. GWB-Novelle 2005 neu** in das Gesetz eingefügt worden. Er enthält bestimmte Anpassungen des im OWiG geregelten Gerichtsverfahrens nach Einspruch gegen einen Bußgeldbescheid an besondere Bedürfnisse des Kartellbußgeldverfahrens. Abs. 1 wurde in Umsetzung der Art. 4 Abs. 1, 2 und 5 ECN+-Richtlinie sowie Art. 30 Abs. 2, 3 ECN+-Richtlinie durch die 10. GWB-Novelle 2021 neu gefasst. Nach Art. 4 ECN+-Richtlinie soll die Kartellbehörde unabhängig von politischer und anderer externer Einflussnahme agieren und auch im gerichtlichen Verfahren gegen ihre Entscheidungen uneingeschränkt befugt sein, sich als Verfolgungsbehörde, Partei und Antragsgegnerin am Rechtsbehelfsverfahren zu beteiligen. Abs. 2 beseitigt Unausgewogenheiten der früheren Rechtslage, die insbes. darin kulminierte, dass Geldbußen aufgrund rechtskräftiger Bußgeldbescheide des BKartA in die **Bundeskasse** flossen; wenn gegen sie Einspruch eingelegt und stattdessen Urteile des OLG Düsseldorf ergingen, flossen die Bußgelder in die Landeskasse Nordrhein-Westfalen. 1

2. Beteiligung der Kartellbehörde im gerichtlichen Bußgeldverfahren (Abs. 1)

Wird gegen einen Bußgeldbescheid der Kartellbehörde **Einspruch** eingelegt und hilft die Behörde ihm in einem Zwischenverfahren (§ 69 Abs. 2 OWiG) nicht ab, leitet die Kartellbehörde die **Akten an die Generalstaatsanwaltschaft** beim zuständigen Oberlandesgericht weiter (Abs. 1 S. 2, § 69 Abs. 3 OWiG). Mit dem Eingang der Akten bei der Generalstaatsanwaltschaft gingen nach der bisherigen Regelung die Aufgaben der Verfolgungsbehörde auf sie über (§ 69 Abs. 4 OWiG). Im gerichtlichen Bußgeldverfahren hatte der Bußgeldbescheid materiell nur noch die **Funktion einer Anklageschrift.** Dabei wurde die Anklage von der Generalstaatsanwaltschaft vertreten, nicht von der Kartellbehörde. Diese hatte nach § 76 OWiG nur beschränkte Mitwirkungsmöglichkeiten am gerichtlichen Verfahren. 2

In Umsetzung des Art. 4 Abs. 1, 2 und 5 ECN+-Richtlinie bestimmt nunmehr Abs. 1 S. 1 und 3 in der Fassung der 10. GWB-Novelle 2021, dass die **Kartellbehörde weiterhin als eigenständige Verfolgungsbehörde auch im Beschwerdeverfahren tätig bleibt** und nicht nur im Umfang des § 76 OWiG zu beteiligen ist, sondern umfassend. Deshalb derogiert Abs. 1 S. 1 die Anwendbarkeit von § 69 Abs. 4 und 5 S. 1 Hs. 2 OWiG. Die Kartellbehörde bleibt für das Zwischenverfahren bis zur Vorlage der Akten an das Gericht für die Ausübung des Verfolgungsermessens und für die Bearbeitung von Akteneinsichtsanträgen zuständig. Die **Gleichstellung der Kartellbehörde mit der Staatsanwaltschaft** bedeutet, dass die Kartellbehörde eigenständig förmliche Anträge einschließlich Beweisanträge stellen kann; sie kann Fragen an Zeugen, Sachverständige oder Betroffene richten und Erklärungen abgeben; § 76 OWiG ist nach Abs. 1 S. 4 nicht anwendbar. Sämtliche **Zustimmungserfordernisse,** die bisher die Staatsanwaltschaft betreffen, sind ebenfalls von der Kartellbehörde wahrzunehmen; dies gilt für Verständigungen nach § 46 Abs. 1 OWiG iVm § 257c StPO oder auch für die Zustimmung zu einer Verfahrenseinstellung durch das Gericht nach § 47 Abs. 2 S. 1 OWiG. Da die Staatsanwaltschaft nach § 75 Abs. 1 OWiG zur Teilnahme an der Hauptverhandlung nicht verpflichtet ist, übernimmt die Kartellbehörde uU die bisherige Position der Staatsanwaltschaft. Auch ist die Kartellbehörde nunmehr berechtigt, eigenständig Rechtsbeschwerde einzulegen. Nur im Verfahren in der Rechtsbeschwerde beim **BGH** vertritt nach Abs. 1 S. 3 Hs. 2 allein der **Generalbundesanwalt** das öffentliche Interesse. 3

3. Zuständigkeit des BKartA bei gerichtlicher Verurteilung (Abs. 2)

4 Bußgeldbescheide des BKartA, die als solche rechtskräftig werden, werden vom BKartA nach den Vorschriften des **Verwaltungsvollstreckungsgesetzes** vollstreckt (§ 90 StPO). Die Geldbußen fließen in diesem Fall in die Bundeskasse (§ 90 Abs. 2 OWiG). Entsprechendes gilt für Bußgeldbescheide der Landeskartellbehörden und die Landeskassen. Ergeht nach Einspruch gegen den Bußgeldbescheid eine gerichtliche Bußgeldentscheidung, war nach der **früheren Regelung** die Generalstaatsanwaltschaft beim entscheidenden Oberlandesgericht Vollstreckungsbehörde (§ 91 OWiG iVm § 451 Abs. 1 und 2 StPO). Daraus ergab sich zugleich, dass die Geldbußen in diesem Fall der Landeskasse des Landes zuflossen, dem das entscheidende Oberlandesgericht zugehört. Entsprechendes galt auch bei einer Entscheidung des BGH im Rechtsbeschwerdeverfahren, weil auch in diesem Fall die Generalstaatsanwaltschaft beim vorinstanzlich tätigen Oberlandesgericht Vollstreckungsbehörde blieb.

5 Abs. 2 sieht vor, dass bei einer **Gerichtsentscheidung,** die in einem durch das **BKartA** ausgelösten Bußgeldverfahren ergeht, das **BKartA Vollstreckungsbehörde** ist, nicht die Generalstaatsanwaltschaft beim entscheidenden Oberlandesgericht. Insoweit gilt also künftig das Gleiche wie in dem Fall, dass der Bußgeldbescheid des BKartA rechtskräftig wird und von diesem nach § 90 OWiG vollstreckt wird. Ebenso wie in diesem Fall fließen– nach Ablauf der Übergangsfrist des § 131 Abs. 5 S. 2 aF (→ 7. Aufl. 2013, Rn. 6) – nach Abs. 2 S. 2 die Geldbußen und die Geldbeträge, deren Verfall angeordnet wurde, in die **Bundeskasse;** zum Ausgleich dazu trägt die Bundeskasse auch die der Staatskasse auferlegten Kosten. Abs. 2 hat keine Bedeutung für Bußgeldverfahren, die durch Bußgeldbescheide der Landeskartellbehörden ausgelöst sind und den – wahrscheinlich übersehenen, praktisch aber kaum relevanten – Fall, dass der Bundeswirtschaftsminister in Ministererlaubnisverfahren Bußgeldverfahren durchführt.

4. EU-Recht

6 Bußgeldentscheidungen der **Kommission** werden nach Art. 299 AEUV **vollstreckt;** die Geldbeträge stehen ihr zu und entlasten indirekt die Beitragspflichten der Mitgliedstaaten. Bei Klagen gegen Bußgeldentscheidungen geht es um die Rechtmäßigkeit dieser Entscheidungen. Wird die Klage abgewiesen, wird aus der Entscheidung durch die Kommission vollstreckt. Eine Vollstreckung aus dem gerichtlichen Urteil findet nur hinsichtlich der in diesem Urteil festgesetzten Kostenregelung statt.

§ 82b Besondere Ermittlungsbefugnisse

(1) [1]**In Verfahren zur Festsetzung einer Geldbuße nach § 81 oder zur Festsetzung eines Haftungsbetrages nach § 81e sind über § 46 Absatz 2 des Gesetzes über Ordnungswidrigkeiten hinaus § 59 Absatz 1, 2, 3 Satz 1 und 2, Absatz 4 und 5 und im Rahmen von Durchsuchungen § 59b Absatz 3 Satz 1 und Absatz 5 Satz 2 und 3 entsprechend anzuwenden.** [2]**§ 59 Absatz 4 Satz 2 ist bei Auskunftsverlangen und Herausgabeverlangen nach § 59 Absatz 1 und 2 oder Verlangen nach § 59b Absatz 3 Satz 1 Nummer 3 in Bezug auf natürliche Personen entsprechend anzuwenden.**

(2) **Absatz 1 Satz 2 und § 59 Absatz 1, 2, 3 Satz 1 und 2, Absatz 4 und 5 gelten für die Erteilung einer Auskunft oder die Herausgabe von Unterlagen an das Gericht entsprechend.**

(3) [1]**Schriftliche oder protokollierte Auskünfte, die aufgrund von Auskunftsverlangen nach Absatz 1 in Verbindung mit § 59 erteilt wurden, sowie Protokolle nach Absatz 1 in Verbindung mit § 59b Absatz 3 Satz 1 Nummer 3 können als Urkunden in das gerichtliche Verfahren eingebracht werden.** [2]**§ 250 der Strafprozessordnung ist insoweit nicht anzuwenden.**

1. Grundlagen

§ 82b in der Fassung der 10. GWB-Novelle 2021 erweitert den bisherigen § 81b und dient der Umsetzung der Art. 6, 7, 8, 9 und 31 Abs. 1 ECN+-Richtlinie. Die Vorschrift regelt die Ermittlungsbefugnisse der Kartellbehörde sowie der Gerichte im kartellrechtlichen Bußgeldverfahren. 1

2. Ermittlungsbefugnisse der Kartellbehörde (Abs. 1)

Zunächst stehen der Kartellbehörde die Befugnisse aus § 46 Abs. 2 OWiG zu, also dieselben Rechte und Pflichten wie die Staatsanwaltschaft bei der Verfolgung von Straftaten. 2

Nach Abs. 1 kann die Kartellbehörde darüber hinaus nach § 59 Abs. 1, 2, 3 S. 1 und 2, Abs. 4 und 5 und im Rahmen von Durchsuchungen nach § 59b Abs. 3 S. 1 und Abs. 5 S. 2 und 3 vorgehen, hat **also dieselben Befugnisse wie im Verwaltungsverfahren.** Diese Regelungen gehen über die Möglichkeiten des § 46 Abs. 2 OWiG hinaus. Die eingeschränkte Verweisung auf §§ 59, 59b bedeutet aber gleichzeitig, dass es für die Voraussetzungen das Verfahren der Beschlagnahme bei den Regelungen des OWiG bzw. der StPO bleibt. Wird eine **natürliche Person als solche um Auskunft ersucht oder werden ihre privaten Räumlichkeiten** durchsucht, soll weiterhin nach den **allgemeinen Regelungen des OWiG und der StPO** verfahren werden (RegE 10. GWB-Novelle 2021, 137 f.); **das gilt nicht, wenn die natürliche Person als Unternehmen verfolgt wird.** 3

Für **Unternehmen** bleibt es bei dem gegenüber § 55 StPO eingeschränkten **Selbstbelastungsverbot** nach § 59 Abs. 3 S. 2. Die Grenze der sich daraus ergebenden Verpflichtung, auch belastende Informationen zu liefern, besteht nur darin, dass kein „Geständnis" abgegeben werden muss (vgl. Erwägungsgrund 23 Kartellverfahrens-VO; aus der Rspr. EuGH Slg. 1989, 3283 (3351) – Orkem; EuG Slg. 2001, II-729 (754) – Mannesmannröhren-Werke). 4

Durch den Verweis auf § 59 Abs. 4 S. 2 wird klargestellt, dass **natürlichen Personen** das **Aussageverweigerungsrecht** nach § 55 StPO zusteht; dies soll aber nicht gelten, wenn es nur bezogen auf die kartellbehördliche Bußgeldverfolgung ausgeübt werden soll und die Kartellbehörde diese Gefahr durch eine Nichtverfolgungszusage beseitigt. 5

3. Ermittlungsbefugnisse des Gerichts (Abs. 2)

Abs. 2 steht klar, dass auch das das Gericht im Bußgeldverfahren Auskunft nach § 59 verlangen kann. 6

4. Einführung von Auskünften in das Hauptverfahren (Abs. 3)

Abs. 3 erlaubt nunmehr, dass schriftliche oder protokollierte Auskünfte, die nach Abs. 1, 2 eingeholt werden, als Urkunden in die Hauptverhandlung eingeführt werden können. Damit wird der **Unmittelbarkeits- und Mündlichkeitsgrundsatz eingeschränkt.** Nach RegE 10. GWB-Novelle 2021 (S. 38) kann wegen des Konfrontationsrechts in Art. 6 Abs. 3 lit. d EMRK eine Vernehmung der hinter der Auskunft stehenden Zeugen in der Hauptverhandlung jedoch weiterhin angezeigt 7 sein, insbesondere soweit es sich um wichtige Entlastungszeugen oder Belastungszeugen handelt (BGH WuW 2019, 154 Rn. 19 – Flüssiggas III).

5. EU-Recht

8 § 82b gleicht die Ermittlungsbefugnisse der Kartellbehörde im Wesentlichen denjenigen der Kommission an.

§ 83 Zuständigkeit des Oberlandesgerichts im gerichtlichen Verfahren

(1) [1]**Im gerichtlichen Verfahren wegen einer Ordnungswidrigkeit nach § 81 entscheidet das Oberlandesgericht, in dessen Bezirk die zuständige Kartellbehörde ihren Sitz hat; es entscheidet auch über einen Antrag auf gerichtliche Entscheidung (§ 62 des Gesetzes über Ordnungswidrigkeiten) in den Fällen des § 52 Absatz 2 Satz 3 und des § 69 Absatz 1 Satz 2 des Gesetzes über Ordnungswidrigkeiten sowie gegen Maßnahmen, die die Kartellbehörde während des gerichtlichen Bußgeldverfahrens getroffen hat.** [2]**§ 140 Absatz 1 Nummer 1 der Strafprozessordnung in Verbindung mit § 46 Absatz 1 des Gesetzes über Ordnungswidrigkeiten findet keine Anwendung.**

(2) **Das Oberlandesgericht entscheidet in der Besetzung von drei Mitgliedern mit Einschluss des vorsitzenden Mitglieds.**

1. Grundzüge

1 § 83 entspricht § 82 idF bis zur 6. GWB-Novelle 1998. Die 10. GWB-Novelle 2021 hat wegen der Erweiterung der kartellbehördlichen Befugnisse in § 82a Abs. 1 nur klargestellt, dass das Gericht auch bezogen auf diese Maßnahmen zuständig ist. Nach § 83 ist für das gerichtliche Verfahren nach Einlegung des Einspruches nicht wie im allgemeinen Ordnungswidrigkeitenrecht das Amtsgericht zuständig, sondern das OLG, in dessen Bezirk die zuständige Kartellbehörde ihren Sitz hat. Der **Kartellsenat des OLG** entscheidet, ebenso wie in Kartellverwaltungs- und Zivilverfahren, in Bußgeldverfahren in der Besetzung von drei Mitgliedern; er ist auch bei der Anwendung der Bußgeldvorschriften ein „spezialisierter Spruchkörper eigener Art“, kein Strafsenat (BGH WuW/E 2865 (2866) – Verweispflicht; KG WuW/E 4983 (4987) – Übergang zum Strafverfahren). Nach § 46 Abs. 1 OWiG, § 140 Abs. 1 Nr. 1 StPO würde, da die Hauptverhandlung im ersten Rechtszug vor dem OLG stattfindet, in jedem Fall die Mitwirkung eines Verteidigers notwendig sein **(notwendige Verteidigung);** um das auszuschließen, findet nach Abs. 1 S. 2 diese Bestimmung keine Anwendung. Notwendige Verteidigung gilt nach § 140 Abs. 2 StPO deswegen nur, wenn „wegen der Schwierigkeit der Sach- oder Rechtslage die Mitwirkung eines Verteidigers geboten erscheint“ (→ Vor § 81 Rn. 7). Das OLG bleibt nicht zuständig, wenn nach Erlass des Bußgeldbescheides die Tat als Straftat verfolgt wird; es hat die Sache, nach Hinweis auf die Veränderung des rechtlichen Gesichtspunktes, in entsprechender Anwendung von § 270 StPO an ein zuständiges Strafgericht abzugeben (BGH WuW/E 2865 (2866 f.) – Verweisungspflicht; ebenso Immenga/Mestmäcker/Biermann Rn. 24 f.; aA KG WuW/E 4983 (4984) – Übergang zum Strafverfahren). § 83 gilt auch in Bußgeldverfahren im Zusammenhang mit der Fusionskontrolle über die „freiwillige Vereinigung von Krankenkassen“ (→ § 35 Rn. 28 und → § 73 Rn. 17). Zuständig ist nicht das LSG Nordrhein-Westfalen, sondern das OLG Düsseldorf. Die Zuständigkeit des LSG Nordrhein-Westfalen ist in § 202 S. 3 SGG nur für das Beschwerdeverfahren, nicht für das Bußgeldverfahren vorgesehen.

Der Umstand, dass im Kartellbußgeldverfahren – nicht wie im allgemeinen Ordnungswidrigkeitenverfahren das Amtsgericht – das Oberlandesgericht gerichtliche Einspruchsinstanz ist, bedingt bestimmte **Modifikationen in der Anwendung von § 70 Abs. 2 OWiG.** Danach findet gegen den Beschluss, durch den das Gericht den Einspruch als unzulässig verwirft, sofortige Beschwerde statt; diese ist aber nach § 304 Abs. 4 S. 2 StPO, wenn das Oberlandesgericht im ersten Rechtszug entscheidet, nur in bestimmten Einzelfällen möglich. Obwohl dazu die Verwerfung des Einspruchs nach § 72 Abs. 1 OWiG nicht gehört, ist die sofortige Beschwerde zum BGH unzulässig (BGH WuW/E 2296). Dasselbe gilt, wenn die Wirksamkeit einer Einspruchsrücknahme in Frage steht (BGH WuW/E DE-R 1490 (1491 f.) – Einspruchsrücknahme). 2

2. EU-Recht

Gegen Entscheidungen der Kommission, durch die Geldbußen festgesetzt werden, kann das betroffene Unternehmen Klage zum **Gericht** erheben. Dieses entscheidet nach der Verfahrensordnung, die gleichermaßen auch für reine Verwaltungssachen gilt. 3

§ 84 Rechtsbeschwerde zum Bundesgerichtshof

[1]Über die Rechtsbeschwerde (§ 79 des Gesetzes über Ordnungswidrigkeiten) entscheidet der Bundesgerichtshof. [2]Hebt er die angefochtene Entscheidung auf, ohne in der Sache selbst zu entscheiden, so verweist er die Sache an das Oberlandesgericht, dessen Entscheidung aufgehoben wird, zurück.

1. Grundzüge

§ 84 entspricht § 83 idF bis zur 6. GWB-Novelle 1998. Nach § 79 OWiG ist gegen das Urteil und den Beschluss nach § 72 OWiG des OLG die Rechtsbeschwerde zulässig. Für allgemeine Bußgeldsachen ist das OLG Rechtsbeschwerdegericht. Da es in Kartellbußgeldsachen erstinstanzliche Tatsacheninstanz ist, kommt als **Rechtsbeschwerdegericht** nur der **BGH** in Betracht. Der BGH, nicht das BSG, ist auch in Bußgeldverfahren im Zusammenhang mit der Fusionskontrolle über die freiwillige Vereinigung von Krankenkassen zuständig (dazu § 172a Abs. 1 SGB V, § 202 S. 3 SGG, → § 83 Rn. 1). Das ist Inhalt von § 84 S. 1. Das Rechtsbeschwerdegericht kann, auch wenn ein Urteil angefochten ist, nach § 79 Abs. 5 OWiG ohne Hauptverhandlung durch Beschluss entscheiden (BGH WuW/E 1694 f. – Berliner Transportbeton I). Findet beim BGH eine Hauptverhandlung statt, entscheidet er durch Urteil. Nach § 79 Abs. 6 OWiG kann das Rechtsbeschwerdegericht bei Aufhebung der angefochtenen Entscheidung, wenn es in der Sache nicht selbst entscheidet, diese u.a. an ein anderes Amtsgericht desselben Landes zurückverweisen. Diese Regelung ist auf das Kartellbußgeldverfahren schon deswegen nicht übertragbar, weil in jedem Bundesland nur ein OLG für Kartellbußgeldverfahren zuständig ist (das OLG am Sitz der Landeskartellbehörden). Deswegen stellt S. 2 klar, dass eine **Zurückverweisung** nur an das OLG, dessen Entscheidung aufgehoben wird, in Betracht kommt. Der BGH kann aber in entsprechender Anwendung von § 354 Abs. 2 StPO die Sache an einen **anderen Kartellsenat des OLG** zurückverweisen, soweit es einen solchen gibt (was beim OLG Düsseldorf der Fall ist; vgl. dazu BGH WuW/E DE-R 2225 = WRP 2007, 1487 – Papiergroßhandel). 1

2. EU-Recht

2 Gegen Urteile des Gerichts kann ein **auf Rechtsfragen beschränktes Rechtsmittel** zum Gerichtshof eingelegt werden (Art. 56 EuGH-Satzung). Ist das Rechtsmittel begründet, so hebt der Gerichtshof die Entscheidung des Gerichts auf. Er kann sodann den Rechtsstreit selbst endgültig entscheiden, wenn dieser zur Entscheidung reif ist, oder die Sache zur Entscheidung an das Gericht zurückverweisen (Art. 61 Abs. 1 EuGH-Satzung).

§ 85 Wiederaufnahmeverfahren gegen Bußgeldbescheid

Im Wiederaufnahmeverfahren gegen den Bußgeldbescheid der Kartellbehörde (§ 85 Absatz 4 des Gesetzes über Ordnungswidrigkeiten) entscheidet das nach § 83 zuständige Gericht.

1. Grundzüge

1 § 85 entspricht § 84 idF bis zur 6. GWB-Novelle 1998. Nach § 85 OWiG sind gegen rechtskräftige Bußgeldentscheidungen Wiederaufnahmeverfahren möglich, für die im Wesentlichen die Vorschriften der StPO (§§ 359–373a StPO) gelten. Im allgemeinen Bußgeldverfahren entscheidet ein anderes Gericht mit gleicher sachlicher Zuständigkeit als das Gericht, gegen dessen Entscheidung sich der Antrag auf Wiederaufnahme des Verfahrens richtet (§ 140a GVG). Nach § 85 iVm § 83 entscheidet in Kartellbußgeldsachen über die Wiederaufnahme das OLG, in dessen Bezirk die Kartellbehörde ihren Sitz hat, die den Bußgeldbescheid erlassen hat. Richtet sich der Wiederaufnahmeantrag gegen einen **Bußgeldbescheid,** gegen den kein Einspruch eingelegt wurde, ist dieses OLG erstmals mit diesem Verfahren befasst. Richtet sich der Wiederaufnahmeantrag gegen eine **gerichtliche Bußgeldentscheidung,** ist dasselbe Gericht zuständig, das in dieser Sache schon einmal entschieden hat (vgl. zu Wiederaufnahmeverfahren in Kartellbußgeldsachen KG WuW/E 4471, auf der Grundlage des § 79 BVerfGG KG WuW/E 4701 und BGH NJW-RR 1992, 1130 f.).

2. EU-Recht

2 Verfahren, die vor dem Gericht oder vor dem Gerichtshof abgeschlossen wurden, können unter den Voraussetzungen des **Art. 44 EuGH-Satzung** wieder aufgenommen werden. Die Verfahren richten sich nach Art. 125 der Verfahrensordnung des Gerichts bzw. Art. 159 der Verfahrensordnung des Gerichtshofes (neu von 2012, ABl. 2012 L 265, 1).

§ 86 Gerichtliche Entscheidungen bei der Vollstreckung

Die bei der Vollstreckung notwendig werdenden gerichtlichen Entscheidungen (§ 104 des Gesetzes über Ordnungswidrigkeiten) werden von dem nach § 83 zuständigen Gericht erlassen.

1. Grundzüge

1 § 86 entspricht § 85 idF bis zur 6. GWB-Novelle 1998. Nach § 104 OWiG werden die bei der **Vollstreckung** notwendig werdenden gerichtlichen Entscheidungen von dem nach § 68 OWiG zuständigen Amtsgericht erlassen, wenn ein Bußgeldbescheid der Verwaltungsbehörde zu vollstrecken ist, und von dem Gericht des ersten Rechtszuges, wenn eine gerichtliche Bußgeldentscheidung zu vollstrecken ist. Beide

Funktionen obliegen nach § 86 dem nach § 83 zuständigen Gericht, also dem **OLG,** in dessen Bezirk die Kartellbehörde ihren Sitz hat, die den Bußgeldbescheid erlassen hat. Das gilt auch für Bußgeldentscheidungen im Zusammenhang mit der Fusionskontrolle über die freiwillige Vereinigung von Krankenkassen.

2. EU-Recht

Gerichtliche Entscheidungen bei der Vollstreckung von Entscheidungen der Kommission, des Gerichts oder des Gerichtshofes sind in den Verfahrensordnungen des Gerichts und des Gerichtshofes nicht vorgesehen, mit Ausnahme der auf Art. 278 S. 2 AEUV und Art. 279 AEUV gestützten Aussetzung der Durchführung einer Kommissionsentscheidung und entsprechender einstweiliger Anordnungen. Die **Zwangsvollstreckung** aus den Entscheidungen der Kommission und den Urteilen des Gerichts und des Gerichtshofes erfolgt auf der Grundlage des **Art. 299 AEUV,** und zwar grds. nach innerstaatlichem Recht. Allerdings kann der Gerichtshof die Zwangsvollstreckung durch eine Entscheidung aussetzen (Art. 299 Abs. 4 AEUV); bei der Vollstreckung von Urteilen des Gerichts Erster Instanz hat dieses Gericht wohl eine entsprechende Befugnis. 2

Kapitel 3. Vollstreckung

Vorbemerkung § 86a

1 Der Dritte Abschnitt mit dem einzigen § 86a ist durch die **7. GWB-Novelle 2005** in das Gesetz eingefügt worden. Er ergänzt den Dritten Teil (Verfahren) mit den Abschnitten (Verwaltungssachen, Bußgeldverfahren und bürgerliche Rechtsstreitigkeiten und gemeinsame Bestimmungen) um die Regelungen der **verwaltungsrechtlichen Vollstreckung.** Ein besonderer Abschnitt und eine besondere Regelung wurde bisher nicht für erforderlich gehalten, weil sich die Vollstreckung von Verwaltungsakten der Bundes-Kartellbehörden (Bundeswirtschaftsministerium, BKartA) und der Landes-Kartellbehörden nach den jeweils geltenden **Verwaltungsvollstreckungsgesetzen** (Bundes-Verwaltungs-Vollstreckungsgesetz, VwVG und Landes-Vollstreckungsgesetze) von selbst versteht. Der einzige Grund, weshalb es die besondere Regelung gibt, ergibt sich daraus, dass die Zwangsgelder „kartellrechtsspezifisch" erhöht wurden.

§ 86a Vollstreckung

[1]Die Kartellbehörde kann ihre Anordnungen nach den für die Vollstreckung von Verwaltungsmaßnahmen geltenden Vorschriften durchsetzen. [2]Die Höhe des Zwangsgeldes gegen Unternehmen oder Unternehmensvereinigungen kann für jeden Tag des Verzugs ab dem in der Androhung bestimmten Zeitpunkt bis zu 5 Prozent des im vorausgegangenen Geschäftsjahr erzielten durchschnittlichen weltweiten Tagesgesamtumsatzes des Unternehmens oder der Unternehmensvereinigung betragen.

1 § 86a, neu eingeführt durch die **7. GWB-Novelle 2005,** verweist für die Vollstreckung der „Anordnungen" der Kartellbehörde auf die „für die Vollstreckung von Verwaltungsmaßnahmen geltenden Vorschriften". Das ist im Bund das Verwaltungsvollstreckungsgesetz vom 27.4.1953 (mit nachträglichen Änderungen, VwVG), für die Länder die entsprechenden Landesvollstreckungsgesetze. Unter „Anordnungen" sind alle Verfügungen (Verwaltungsakte) der Kartellbehörden zu verstehen, die Forderungen des Bundes bzw. der Länder begründen und/oder Unternehmen zu bestimmten Handlungen, Duldungen oder Unterlassungen verpflichten; nicht erfasst davon sind Anordnungen im Bußgeldverfahren (zur Vollstreckung von Bußgeldverfahren vgl. § 82a Abs. 2, § 86). Das (Bundes-)VwVG enthält besondere Regelungen für die **Vollstreckung von Geldforderungen** (§§ 1–5 VwVG) und Regelungen über die **Erzwingung von Handlungen,** Duldungen oder Unterlassungen (§§ 6–18 VwVG).

2 Nach § 86a S. 2 aF betrug die Höhe des Zwangsgeldes mindestens 1.000 EUR und höchstens 10 Mio. EUR. S. 2 wurde durch die 10 GWB-Novelle 2021 in Umsetzung des Art. 16 ECN+-Richtlinie geändert. Das Zwangsgeld kann nunmehr bis zu 5 % des im vorausgegangenen Geschäftsjahr erzielten durchschnittlichen weltweiten Tagesgesamtumsatzes des Unternehmens oder der Unternehmensvereinigung betragen, und zwar für jeden Tag des Verzugs ab dem in der Androhung des Zwangsgelds bestimmten Zeitpunkt.

3 § 86a bezieht sich **nicht** auf die Vollstreckung von **Bußgeldbescheiden.** Diese richtet sich nach §§ 89 ff. OWiG und § 82a Abs. 2, § 86. Die 8. GWB-Novelle 2012/2013 hat aus Anlass der das Rechtsnachfolgeproblem bei Unternehmensumstrukturierungen klärenden Änderung des § 30 OWiG dort einen Abs. 6 eingefügt.

Dieser ermöglicht der Kartellbehörde bei Erlass eines Bußgeldbescheides, zur Sicherung der Geldbuße in entsprechender Anwendung des § 111d Abs. 1 S. 2 StPO einen **dinglichen Arrest** anzuordnen.

Kapitel 4. Bürgerliche Rechtsstreitigkeiten

Vorbemerkung §§ 87–89e

1 Der Vierte Abschnitt entspricht dem Dritten Abschnitt idF bis zur 7. GWB-Novelle 2005. In **bürgerlichen Rechtsstreitigkeiten,** für die die ordentlichen (Zivil-)Gerichte zuständig sind, können **kartellrechtliche Bestimmungen entscheidungserheblich** sein. Entweder ergibt sich der Anspruch, der Gegenstand des Rechtsstreites ist, unmittelbar aus dem GWB oder aus EU-Kartellrecht. Oder für die Entscheidung über einen auf anderer Grundlage erhobenen Anspruch ist eine kartellrechtliche Frage „vorgreiflich". Für beide Fälle sehen die Regelungen des Dritten Abschnitts die Zuständigkeit **besonderer Kartellspruchkörper** vor. In Erster Instanz sind das, mit Ausnahme der kartellrechtlichen Schadensersatzklagen (→ § 87 Rn. 16), die Kammern für Handelssachen der Landgerichte (§ 87). Für die Bezirke mehrerer Landgerichte kann ein einzelnes Landgericht als Kartellgericht eingesetzt werden (§ 89). Der Instanzenweg über den Landgerichten richtet sich nach den allgemeinen Bestimmungen; die insoweit geltenden organisatorischen und verfahrensrechtlichen Besonderheiten sind im Fünften Abschnitt (§§ 91 ff.) geregelt. Der Dritte Abschnitt sah früher in § 91 aF besondere Vorschriften für **Schiedsverträge** über Kartellverträge vor; diese sind durch die der 6. GWB-Novelle 1998 vorangegangene Neuordnung des Schiedsvertragsrechts durch Gesetz vom 22.12.1997 (BGBl. 1997 I 3224) ersatzlos gestrichen worden (vgl. zum Kartellrecht im Schiedsverfahren K. Schmidt BB 2006, 1397; K. Schmidt ZWeR 2007, 394 (414); Remien FS Kropholler, 2008, 869; Bosch FS Bechtold, 2006, 59). Die §§ 87 ff. schränken nicht die Vereinbarkeit von Schiedsklauseln ein. Sie gelten nur im Rahmen der – durch Schiedsverträge abdingbaren – Zuständigkeit der staatlichen Gerichte. Im Schiedsverfahren ist zu beachten, dass kartellrechtliche Vorschriften Teil des ordre public iSv § 1059 II Nr. 2b ZPO sind, und damit ein Schiedsspruch der vollen richterlichen Kontrolle bezogen auf die Einhaltung kartellrechtlicher Vorschriften unterliegt (BGH NZKart 2023, 30 (31)).

§ 87 Ausschließliche Zuständigkeit der Landgerichte

[1]Für bürgerliche Rechtsstreitigkeiten, die die Anwendung von Vorschriften des Teils 1, des Artikels 101 oder 102 des Vertrages über die Arbeitsweise der Europäischen Union oder des Artikels 53 oder 54 des Abkommens über den Europäischen Wirtschaftsraum oder der Artikel 5, 6 oder 7 der Verordnung (EU) 2022/1925 betreffen, sind ohne Rücksicht auf den Wert des Streitgegenstands die Landgerichte ausschließlich zuständig. [2]Satz 1 gilt auch, wenn die Entscheidung eines Rechtsstreits ganz oder teilweise von einer Entscheidung, die nach diesem Gesetz zu treffen ist, oder von der Anwendbarkeit des Artikels 101 oder 102 des Vertrages über die Arbeitsweise der Europäischen Union oder des Artikels 53 oder 54 des Abkommens über den Europäischen Wirtschaftsraum oder der Artikel 5, 6 oder 7 der Verordnung (EU) 2022/1925 abhängt.

1 § 87 S. 1 und 2 sind durch die 7. GWB-Novelle 2005 neu gefasst worden. In ihren unmittelbaren Anwendungsbereich wurde das EU- und EWR-Kartellrecht (bisher gesondert in § 96 geregelt, der auf § 87 verwies) einbezogen; die 11. GWB-Novelle 2023 hat den Anwendungsbereich auf Art. 5–7 DMA erweitert. Bis zum Verbraucherschutzdurchsetzungsgesetz v. 21.12.2006 (BGBl. 2006 I 3367) war in

Abs. 2 vorgesehen, dass Kartellsachen von Gesetzes wegen Handelssachen iSd §§ 93 ff. GVG sind. Diese Bestimmung ist in § 95 Abs. 2 GVG integriert worden, der durch die 8. GWB-Novelle 2012/2013 im Hinblick auf kartellrechtliche Schadensersatzansprüche geändert wurde. Bis zum Gesetz über die Neuordnung des Arzneimittelmarktes vom 22.12.2010 (BGBl. 2010 I 220, AMNOG) war in S. 3 ein Vorbehalt für Rechtsstreitigkeiten aus § 69 SGB V vorgesehen. Zur internationalen Gerichtszuständigkeit vgl. BGH NZKart 2013, 202 = WuW/E DE-R 3830 – Trägermaterial für Kartenformulare.

1. Unterscheidung zwischen kartellrechtlicher Haupt- und Vorfrage nicht relevant

Bis zur 6. GWB-Novelle 1998 unterschieden §§ 87 und 96 Abs. 2 aF zwischen Rechtsstreitigkeiten, die sich „aus Kartellverträgen und aus Kartellbeschlüssen" ergaben, und solchen, in denen sich **kartellrechtliche Vorfragen** stellten. In jedem Falle sollten darüber nur besondere Kartell-Spruchkörper entscheiden. Für Klagen aus Kartellverträgen und Kartellbeschlüssen waren nach § 87 Abs. 1 aF ausschließlich die Kartell-Landgerichte zuständig. Für Rechtsstreitigkeiten, in denen sich kartellrechtliche Vorfragen stellten, musste das Nicht-Kartellgericht nach § 96 Abs. 2 aF den Rechtsstreit aussetzen und den Parteien Gelegenheit geben, über die kartellrechtliche Vorfrage eine Entscheidung des insoweit ausschließlich zuständigen Kartell-Landgerichtes herbeizuführen. Das bedeutete im Regelfall, dass die daran interessierte Partei eine **besondere Feststellungsklage** zum Kartell-Landgericht erheben musste, um die kartellrechtliche Vorfrage mit Verbindlichkeit für das Nicht-Kartellgericht klären zu lassen. Daraus ergab sich die Notwendigkeit, entsprechende Feststellungsklagen auch dann als zulässig anzusehen, wenn die allgemeinen Zulässigkeitsanforderungen nicht erfüllt waren. Die Neufassung des § 87 durch die 6. GWB-Novelle 1998 hat die unterschiedliche Behandlung von Haupt- und Vorfrage aufgegeben (vgl. dazu K. Schmidt ZWeR 2007, 394 (402 f.)). 2

Das bedeutet, dass, wenn die Entscheidung eines Rechtsstreits von einer **kartellrechtlichen Vorfrage** abhängt, für den **gesamten Rechtsstreit** die ausschließliche **Zuständigkeit des Kartellgerichtes** begründet wird; das zunächst angerufene Nicht-Kartellgericht ist dann nicht mehr zuständig (vgl. KG WuW/E DE-R 2817 f. – Entgelt für Nutzung von Bahnhöfen). Wird aus einem nicht kartellrechtlichen Rechtsgrund geklagt, ist aber von vornherein erkennbar, dass die Entscheidung von einer kartellrechtlichen Vorfrage abhängt, ist von vornherein das Kartellgericht ausschließlich zuständig. Stellt sich die Erheblichkeit einer kartellrechtlichen Vorfrage erst später heraus, insbes. aufgrund der Einwendungen des Beklagten, wird dadurch die Unzuständigkeit des zunächst angerufenen Gerichtes begründet. Ist die Erheblichkeit der kartellrechtlichen Vorfrage streitig, entscheidet zur Feststellung seiner Zuständigkeit das Nicht-Kartellgericht über die Erheblichkeit; kommt es zum Ergebnis, dass die Vorfrage erheblich ist oder erheblich sein kann, verliert es seine Zuständigkeit. 3

2. Ausschließliche Zuständigkeit der Landgerichte

a) Rechtsstreit „betrifft" Kartellrecht oder Art. 5–7 DMA (S. 1). S. 1 sieht die ausschließliche Zuständigkeit der Landgerichte für **„bürgerliche" Rechtsstreitigkeiten** vor, die die Anwendung dieses Gesetzes, der Art. 101 oder 102 AEUV oder der Art. 53 oder 54 des EWR-Abkommens „betreffen". Mit „bürgerliche" Rechtsstreitigkeiten sind **zivilrechtliche** gemeint, einschließlich der vollstreckungsrechtlichen Auswirkungen, zB bei der Vollstreckbarkeitserklärung eines **Schiedsspruches,** der unter dem Gesichtspunkt des ordre public kartellrechtliche Fragen aufwirft (dazu OLG Düsseldorf WuW/E DE-R 997 f. (998) – Züricher Schieds- 4 spruch; 1647 – Regenerative Wärmeaustauscher). Die Abgrenzung zu den nicht erfassten **öffentlich-rechtlichen** Streitigkeiten spielt insbes. bei Aufnahme- oder Belieferungsansprüchen gegen die öffentliche Hand eine Rolle (vgl. dazu Gemeinsamer Senat, BGHZ 97, 312 (313 f.); 36, 91 (92) – Gummistrümpfe; BGH NJW 1977, 628 (629 f.) – Abschleppunternehmen; WuW/E 2399 (2401) – Krankentransporte; 2813 (2815) – Selbstzahler; vgl. aber OLG Jena WuW/E DE-R 500 (501) – Enteralernährung: Einwirken eines Versicherungsträgers auf Versicherte bei Inanspruchnahme von Leistungen als Verhalten bürgerlich-rechtlicher Natur).

5 **Bis zur 7. GWB-Novelle 2005** stellte das Gesetz darauf ab, dass sich die Rechtsstreitigkeiten **„aus diesem Gesetz"** (bzw. dem AEUV oder EWR-Vertrag) ergeben oder **„aus Kartellvereinbarungen und aus Kartellbeschlüssen".** Das wurde im Sinne von Rechtsstreitigkeiten interpretiert, deren Anspruchsgrundlage kartellrechtlicher Natur ist (→ 3. Aufl. 2002, Rn. 2). Jetzt kommt es darauf an, ob eine Streitigkeit Kartellrecht **„betrifft".** Obwohl die Begr. z. RegE der 7. GWB-Novelle (BT-Drs. 15/3640 zu Nr. 52, WuW-Sonderheft, 200) davon spricht, dass mit der „redaktionellen Vereinfachung" keine sachliche Änderung verbunden sei, ist die Formulierung „betreffen" weiter als die frühere. Das bedeutet, im Ergebnis allerdings dann ohne sachliche Änderungen, dass der **Anwendungsbereich des S. 1** gegenüber dem auf die Vorfrage bezogenen S. 2 **erweitert** wurde. Eine Rechtsstreitigkeit „betrifft" das Kartellrecht nicht nur, wenn die Anspruchsgrundlage kartellrechtlicher Natur ist, sondern auch, wenn das Kartellrecht integraler Bestandteil der Klagebegründung ist (LG Mannheim WuW/E DE-R 3269 (3271) – Endschaftsregelung). Das ist in erster Linie der Fall, wenn sich der Anspruch, wie im Anwendungsbereich des früheren S. 1, aus Kartellrecht „ergibt". Das Gleiche gilt, wenn **Anspruchsgrundlage** ein Vertrag oder ein Beschluss ist, der gegen § 1 oder Art. 101 Abs. 1 AEUV/Art. 53 Abs. 1 EWR-Abkommen verstößt, aber nach § 2/Art. 101 Abs. 3 AEUV/Art. 53 Abs. 3 EWR-Abkommen freigestellt ist. Zweifelhaft ist, ob eine Rechtsstreitigkeit auch dann Kartellrecht „betrifft", wenn zwar ein Einwand aus Kartellrecht möglich ist, dieser aber nach Auffassung des Klägers unbegründet ist. Sachliche Bedeutung hat diese Abgrenzung nicht, weil in jedem Falle S. 2 eingreift.

6 Zweifelhaft ist, ob es auf der Grundlage des Tatsachenvortrages des Klägers darauf ankommt, wie der geltend gemachte Anspruch objektiv **vom Gericht zu würdigen** ist (so OLG Stuttgart WuW/E 4001 f. – Fiat-Bonus; Immenga/Mestmäcker/K. Schmidt Rn. 12; vgl. auch Wiedemann KartellR-HdB/Ollerdißen § 59 Rn. 36), oder ob es auch auf die **rechtliche Würdigung des Klägers** ankommt. UE kann nicht ausschließlich die objektive Würdigung durch das Gericht maßgeblich sein, weil sonst letztlich die Zuständigkeit des Gerichts davon abhängt, ob der Anspruch kartellrechtlich begründet ist oder nicht. Vielmehr muss es für die Anwendung des S. 1 ausreichen, wenn der Kläger – „ernsthaft" in vertretbarer Weise, wenn auch möglicherweise objektiv falsch – seinen Anspruch auch auf Kartellrecht stützt (vgl. dazu OLG Celle WuW/E DE-R 3130 (3133) – Erdgas-Classic; LG Braunschweig WuW/E DE-R 4468 (4469); Bunte/Bornkamm/Tolkmitt Rn. 10, 11). Keine Rolle spielt, wenn der Anspruch daneben auch aus **anderen zivilrechtlichen Gründen** abgeleitet wird (OLG Stuttgart WuW/E DE-R 321 (324) – Media Markt/Euro Care).

7 **b) Kartellrechtliche Vorfrage (S. 2).** S. 2 definiert die **kartellrechtliche Vorfrage** oder die Vorfrage, die Art. 5–7 DMA betrifft, danach, ob die Entscheidung eines Rechtsstreits „ganz oder teilweise" von einer Entscheidung abhängt, die nach diesem Gesetz zu treffen ist oder von der Anwendung der Art. 101 oder 102 AEUV oder der Art. 53 oder 54 EWR-Abkommen bzw. oder der Art. 5, 6 oder 7 DMA „abhängt". Allein die kartellrechtliche Vorfrage führt zur ausschließlichen Zuständigkeit des Kartelllandgerichts (vgl. dazu LG München WuW/E DE-R 3247

(3252 f.) – Gesamtschuldnerinnenausgleich). Die kartellrechtliche Vorfrage muss **entscheidungserheblich** sein (dazu KG WuW/E DE-R 2817 – Entgelt für Nutzung von Bahnhöfen; OLG Brandenburg NZKart 2019, 608 (609); BAG NZKart 2018, 57 (60) – Schienenkartell zur Frage, ob aus § 81 folge, dass die Unternehmensgeldbuße von einem Unternehmen getragen werden müsse und deshalb kein ersatzfähiger Schaden sein könne; dagegen Lotze/Heyers NZKart 2018, 29 (30)). Fraglich ist, ob es – ähnlich wie zu Art. 267 AEUV für das Vorlageverfahren zum EuGH – eine **„acte clair"-Doktrin** in dem Sinne gibt, dass Fragen, die nach dem Stand der höchstrichterlichen Rspr. schon beantwortet sind oder eine eindeutige Antwort ermöglichen, vom Nicht-Kartellgericht selbst beantwortet werden dürfen. Nach hM zur früheren Rechtslage nach § 96 Abs. 2 idF bis zur 6. GWB-Novelle 1998 (vgl. dazu BGH WuW/E 1383 (1385) – Abschleppunternehmen; BGHZ 30, 186 (189) = NJW 1959, 1435 (1438)) galt die ausschließliche Zuständigkeit nicht, wenn das Gericht unabhängig vom Vortrag der Parteien **keine ernsthaften Zweifel** an der Antwort auf die Kartellrechtsfrage hatte (differenzierend insoweit Immenga/Mestmäcker/K. Schmidt, 2. Aufl. 1992, § 96 Rn. 23 f.; K. Schmidt ZWeR 2007, 394 (405 f.)); handelte es sich um eine an sich unterschiedlich beantwortbare Vorfrage, musste sie vom Kartellsenat des BGH schon beantwortet sein (vgl. dazu BGH WuW/E 3147 – Benetton-Schockwerbung; NJW 1987, 1084 (1087) unter 3 aE; OLG Düsseldorf GRUR 1993, 994 (996) – Steigumlauf). Diese Auffassung ist **auf das geltende Recht nicht übertragbar** (so auch Loewenheim/Meessen/Riesenkampff/Kersting/Meyer-Lindemann/Dicks Rn. 21; aA Bunte/Bornkamm/Tolkmitt Rn. 20). § 87 behandelt Klagen aus Kartellrecht (usw) mit den Vorfragen gleich. Dann kommt es auch bei den Vorfragen nicht darauf an, ob die Beurteilung eindeutig oder zweifelhaft ist. K. Schmidt (Immenga/Mestmäcker/K. Schmidt Rn. 34) hält in Fällen des acte clair bei Vorfragen eine teleologische Reduktion des S. 2 in dem Sinne für richtig, dass die **Ausschließlichkeit der Zuständigkeit entfällt,** also sowohl das Kartell- als auch das Nicht-Kartellgericht zuständig ist (im Ergebnis zustimmend Bunte/Bornkamm/Tolkmitt Rn. 22).

Der Rechtsstreit, in dem nach S. 2 die ausschließliche Zuständigkeit des Kartell- 8
Landgerichts begründet wird, muss ein Parteienrechtsstreit sein, nicht aber unbedingt ein solcher vor **Zivilgerichten;** es kommt auch in Betracht, dass die ausschließliche Zuständigkeit auch für **Arbeitsrechtsstreitigkeiten** gilt (BAG NZKart 2018, 57 (58) – Schienenkartell; dazu nach der früheren Rechtslage nach § 96 Abs. 2 aF BAG WuW/E VG 347, wo das Gericht aber zu Unrecht die Aussetzungsvoraussetzungen verneint, vgl. dazu auch Anm. Nacken VG 352).

Die ausschließliche Zuständigkeit gilt auch für Arrest und einstweilige Verfügung. 9
Es kommt nur darauf an, ob der **Arrest-** oder **Verfügungsantrag auf Kartellrecht** gestützt ist oder eine **kartellrechtliche Vorfrage** aufwirft; dann gelten S. 1 und 2 (so auch Bunte/Bornkamm/Tolkmitt § 95 Rn. 5; Loewenheim/Meessen/Riesenkampff/Kersting/Meyer-Lindemann/Dicks Rn. 18).

c) Ohne Rücksicht auf Streitwert. Die Zuständigkeit der Landgerichte besteht 10
„ohne Rücksicht auf den Wert des Streitgegenstandes". Die Landgerichte sind also auch dann zuständig, wenn nach § 23 Nr. 1 GVG wegen eines Streitwertes von bis zu 5.000 EUR **an sich die Amtsgerichte zuständig** wären.

d) Ausschließlichkeit. Die Zuständigkeit der Landgerichte ist eine ausschließ- 11
liche; das ergibt sich auch aus § 95. Sie **geht jeder anderen Zuständigkeit vor** (vgl. BGH WuW/E 2707 (2711) – Krankentransportunternehmen), zB auch der ebenfalls ausschließlichen Zuständigkeit der Patentgerichte nach § 143 PatG (Bunte/Bornkamm Rn. 30, 31), und ist **von Amts wegen zu beachten.** Die Vereinbarung eines ausländischen Gerichtsstandes ist allerdings möglich, wenn sie mit Art. 23 Brüssel I-VO vom 22.12.2000 über die gerichtliche Zuständigkeit und die Anerkennung und Vollstreckung von Entscheidungen in Zivil- und Handelssa-

chen (ABl. 2001 L 12, 1) übereinstimmt (noch zum EuGVÜ OLG Stuttgart WuW/E 4716 (4718) – Ferrari). Ist eine von § 95 erfasste **Klage beim Amtsgericht** eingereicht, ist die Klage unzulässig und als solche abzuweisen; auf Antrag des Klägers hat das Amtsgericht sich durch Beschluss für unzuständig zu erklären und den Rechtsstreit **an das zuständige Landgericht** zu verweisen (§ 281 Abs. 1 ZPO). Entscheidet das Amtsgericht, so kann seine Unzuständigkeit im Berufungsverfahren nach § 513 ZPO nicht gerügt werden (OLG Düsseldorf WuW/E DE-R 3329 (3331) – Negativer Kompetenzkonflikt). Für die Berufungen gegen Urteile der Landgerichte sind immer die Oberlandesgerichte zuständig; insoweit gelten die allgemeinen Berufungsvorschriften (§§ 511 ff. ZPO), einschließlich des Erfordernisses, dass der Wert des Beschwerdegegenstandes 600 EUR übersteigt (§ 511a Abs. 2 Nr. 1 ZPO). Für die Klärung eines negativen Kompetenzkonflikts zwischen Landgerichten, die sich beide im Hinblick auf § 87 Abs. 1 für unzuständig erklären, gilt § 36 ZPO; es gibt insoweit keine Sonderzuständigkeit der Kartellgerichte (OLG Düsseldorf WuW/E DE-R 3329 – Negativer Kompetenzkonflikt; OLG Hamm WuW/E DE-R 3402 – Zuständigkeitsbestimmung – in derselben Sache; OLG Düsseldorf NZKart 2016, 230). Zur Berufungszuständigkeit → § 91 Rn. 2 f.

11a Zur Regelung der örtlichen Zuständigkeit in einer Gerichtsstandsvereinbarung wegen eines Anspruchs aus § 19 Abs. 2 vgl. KG WuW/E 5843 (5847) – Gerichtsstandklausel in AGB.

3. Zuständigkeit für Rechtstreitigkeiten zwischen gesetzlichen Krankenkassen und Leistungserbringern

12 Bis zum Gesetz über die Neuordnung des Arzneimittelmarktes vom 22.12.2010 (BGBl. 2010 I 2262, **AMNOG**) war in § 87 S. 3 ausdrücklich vorgesehen, dass S. 1 nicht gelte für Rechtsstreitigkeiten aus den in § 69 SGB V genannten Rechtsbeziehungen, auch soweit hierdurch Rechte Dritter betroffen seien. Dabei sollte es nicht darauf ankommen, ob die Rechtsbeziehungen zwischen den gesetzlichen Krankenkassen und privaten Leistungserbringern bzw. davon betroffenen Dritten dem öffentlichen oder dem Privatrecht zuzuordnen seien. In jedem Fall waren die **Sozialgerichte,** und nicht die Kartell-Zivilgerichte zuständig. Das Regelungsgefüge der § 69 SGB V und § 87 Abs. 1 S. 3 aF erschöpfte sich nicht in einer bloßen Rechtswegzuweisung, sondern begründete einen generellen Ausschluss der Anwendbarkeit des Kartellrechts (vgl. dazu BGH WuW/E DE-R 1139 (1140) – Wiederverwendbare Hilfsmittel). Das **GKV-Wettbewerbsstärkungsgesetz** (BGBl. 2007 I 378; dazu Stumpf WRP 2008, 286) sah die „entsprechende" Anwendung nur der §§ 19–21 vor; auch dafür waren die Sozialgerichte zuständig.

13 Nach § 69 Abs. 2 SGB V idF des AMNOG (→ Rn. 1) gelten auch die §§ 83–95 für die in § 69 Abs. 1 SGB V definierten **Rechtsbeziehungen zwischen den Krankenkassen und den Leistungserbringern „entsprechend".** In Verbindung mit dem ebenfalls durch das AMNOG eingefügten § 51 Abs. 3 SGG bedeutet das Folgendes: Nach § 51 Abs. 2 SGG entscheiden die Gerichte der Sozialgerichtsbarkeit auch über „privatrechtliche Streitigkeiten und Angelegenheiten der gesetzlichen Krankenversicherung, auch soweit durch diese Angelegenheiten Dritte betroffen werden". Das bedeutet, dass grds. auch für zivilrechtliche Streitigkeiten zwischen den Krankenkassen und den Leistungserbringern iSv § 69 Abs. 1 SGB V die Sozialgerichte zuständig sind. Wenn es sich aber um eine Angelegenheit handelt, die die Anwendung des GWB, der Art. 101 oder 102 AEUV oder der Art. 53 oder 54 des Abkommens über den Europäischen Wirtschaftsraum betreffen, sind nach § 69 Abs. 2 SGB V iVm § 87 S. 1 die Kartellgerichte zuständig. Damit wird die schwierige Frage, wie mit kartellrechtlichen Vorfragen umzugehen ist (→ Rn. 7), nicht nur auf das Verhältnis zwischen Gerichten der ordentlichen Gerichtsbarkeit übertragen, sondern auch auf das Verhältnis zwischen den Sozial- und ordentlichen Gerichten.

Das Ziel des Gesetzgebers, eine **einheitliche Zuständigkeit der Zivilgerichte für alle das GWB betreffenden Streitigkeiten** sicherzustellen (Gesetzesbegründung zum AMNOG, BT-Drs. 17/2413, 33), wird nur erreicht, wenn die Zuständigkeit der ordentlichen Gerichte nicht davon abhängt, ob die Klage selbst auf GWB gestützt ist, oder ob es für die Entscheidung nur auf eine kartellrechtliche Vorfrage ankommt. Deswegen kommt die Übertragung der Rspr. zur Zuständigkeit der Zivilgerichte und der Sozialgerichte für Klagen, die auf UWG gestützt sind, nicht in Betracht. Nach der Rspr. des BGH sind die Zivilgerichte für eine auf UWG gestützte Klage gegen eine gesetzliche Krankenkasse nur dann zuständig, wenn sie ausschließlich auf eine wettbewerbsrechtliche Norm gestützt ist (BGH NJW 2007, 1819 (1820); 2011, 3651 f.). Die Entscheidung des Gesetzgebers bringt es mit sich, dass die Sozialgerichte nicht über Kartellrecht entscheiden, wohl aber die Kartellgerichte über Sozialrecht mitentscheiden sollen, soweit damit irgendeine kartellrechtliche Fragestellung verbunden ist. 14

4. Zuständigkeit der Kammer für Handelssachen (§ 95 Abs. 2 GVG)

Die Rechtsstreitigkeiten, für die nach § 87 die Landgerichte ausschließlich zuständig sind, sind – mit Ausnahme der kartellrechtlichen Schadensersatzansprüche (→ Rn. 16) – **Handelssachen** iSd §§ 93–114 GVG, und zwar unabhängig davon, ob im Einzelnen die Voraussetzungen des § 95 Abs. 1 GVG vorliegen. Das war bis zum Verbraucherschutzdurchsetzungsgesetz v. 21.12.2006 (BGBl. 2006 I 3367) in § 87 Abs. 2 geregelt; durch dieses Gesetz wurde Abs. 2 aufgehoben und – ohne sachliche Änderung – in § 95 Abs. 2 GVG integriert (dennoch wurde versehentlich der Verweis auf § 87 „Abs. 1" in §§ 88, 91, 93 und 94 Abs. 1 Nr. 3 nicht geändert). Die Fiktion als Handelssache hat besondere Bedeutung für kartellrechtlich begründete Ansprüche von Unternehmen gegen die öffentliche Hand, die von Gesetzes wegen an sich keine Handelssachen sind. Bei den Landgerichten entscheiden also **Kammern für Handelssachen** (§ 94 GVG). Deren Zuständigkeit ist aber **keine ausschließliche.** § 95 findet insoweit keine Anwendung, weil sich die dort geregelte Ausschließlichkeit nur auf das Gericht, nicht auf einen Spruchkörper innerhalb des Gerichts bezieht. Der Rechtsstreit kommt also nur dann vor die Kammer für Handelssachen, wenn dies in der Klageschrift beantragt wird (§ 95 Abs. 1 GVG) oder wenn der Beklagte die Verweisung an die Kammer für Handelssachen beantragt (§ 98 Abs. 1 GVG). Wird eine **Kartellsache vor eine Zivilkammer** des (Kartell-)Landgerichts gebracht und stellt der Beklagte keinen Verweisungsantrag, so bleibt die Zivilkammer zuständig (vgl. auch BGH WuW/E 1553 – Pankreaplex). 15

Die **8. GWB-Novelle 2012/2013** hat § 95 Abs. 2 Nr. 1 GVG geändert. Dort hieß es bisher, dass Handelssachen im Sinne dieses Gesetzes u.a. Rechtsstreitigkeiten sind, in denen sich die Zuständigkeit des Landgerichts nach § 87 richtet. Dieser Gesetzeswortlaut wurde durch die Worte „es sei denn, es handelt sich um **kartellrechtliche Schadensersatzansprüche**" eingeschränkt. Im Referentenentwurf der 8. GWB-Novelle vom November 2011 hat es insoweit noch geheißen: „es sei denn, es handelt sich um Ansprüche nach § 33 Abs. 3 des Gesetzes gegen Wettbewerbsbeschränkungen". Da § 33 Abs. 3 deliktische Kartellverstöße betrifft, wären von der Regelung des Referentenentwurfes vertragsrechtliche, nicht deliktische Ansprüche nicht erfasst gewesen. Die Gesetz gewordene Formulierung wirft allerdings die Frage auf, wie der Begriff des „kartellrechtlichen Schadensersatzanspruches" zu definieren und einzugrenzen ist, soweit er über § 33 Abs. 3 hinausgeht. Die weiteste Lösung bestünde darin, dass alle Schadensersatzansprüche umfasst werden, die iSv § 87 (auch) das GWB „betreffen", und somit alle Schadensersatzansprüche, deren Beur- 16 teilung irgendwelche kartellrechtlichen Fragen aufwirft. Grund für die Gesetzesänderung war die Erfahrung, dass kartellrechtliche Schadensersatzprozesse, die immer auch auf Deliktsrecht gestützt waren, durch die Fülle des Prozessstoffes und – regelmäßig – eine Vielzahl von Parteien mit so großem Aufwand verbunden sind, dass sie die Kapazität der nur mit einem Berufsrichter – nämlich dem Vorsitzenden – besetzten Kammer für Handelssachen überfordern kann. Diese Begründung trifft für kartellrechtliche Vorfragen im Allgemeinen nicht zu. Deswegen erscheint es sinnvoll, die neue Bestimmung so zu interpretieren, dass von ihr nur solche kartellrechtlichen Schadensersatzansprüche **erfasst** werden, die auch **auf § 33 Abs. 3** oder – insbes. für Zeiträume vor dessen Inkrafttreten – auf **§ 823 Abs. 2 BGB iVm der kartellrechtlichen Schutznorm** gegründet sind. Eine zusätzliche Einbeziehung von Schadensersatzansprüchen etwa aus „Kartellverträgen" würde zusätzliche Abgrenzungsprobleme gerade im Hinblick auf den Begriff des „Kartellvertrages" auslösen; sie sind nur dann aufgrund der neuen Vorschrift keine Handelssachen, wenn sie nicht auch zugleich in dem umschriebenen Sinne (kartell-)deliktischer Natur sind.

17 Ist mit dem kartellrechtlichen Schadensersatzanspruch **in subjektiver oder objektiver Klagehäufung** auch ein Streitgegenstand verbunden, der Handelssache ist, ist ausschließlich die Zivilkammer zuständig. Das ergibt sich für den Fall der objektiven Klagehäufung aus § 88. Für die dort angesprochene „Klage nach § 87" ist die Zivilkammer zuständig; dann gilt dies auch für den anderen Anspruch, der „im rechtlichen oder unmittelbaren wirtschaftlichen Zusammenhang mit dem Anspruch steht, der bei dem nach § 87 zuständigen Gericht geltend zu machen ist". Ist der kartell-deliktische Schadensersatzanspruch unter anderen Gesichtspunkten eine Handelssache, ist für den Prozess insgesamt die Zivilkammer zuständig; die Zuständigkeit der Kammer für Handelssachen setzt voraus, dass unter allen Gesichtspunkten eine Handelssache iSv § 95 GVG vorliegt (vgl. dazu OLG Frankfurt a. M. NJW 1992, 2900 f.).

5. EU-Recht

18 Es gibt **keine EU-Gerichte für bürgerliche Rechtsstreitigkeiten.** Für Klagen, die Art. 101 oder 102 AEUV (und Art. 53 oder 54 EWR-Abkommen) betreffen oder entsprechende Vorfragen aufwerfen, sind ausschließlich die **nationalen Zivilgerichte zuständig.** Eine Zuständigkeit des Europäischen Gerichtshofes für EU-rechtliche Vorfragen kann sich hier nur im Vorlageverfahren nach Art. 267 AEUV ergeben.

§ 88 Klageverbindung

Mit der Klage nach § 87 kann die Klage wegen eines anderen Anspruchs verbunden werden, wenn dieser im rechtlichen oder unmittelbaren wirtschaftlichen Zusammenhang mit dem Anspruch steht, der bei dem nach § 87 zuständigen Gericht geltend zu machen ist; dies gilt auch dann, wenn für die Klage wegen des anderen Anspruchs eine ausschließliche Zuständigkeit gegeben ist.

1. Grundzüge

1 § 88 wurde durch die **7. GWB-Novelle 2005** der Änderung des § 87 Abs. 1 angepasst. Bei der früheren Fassung war unklar, ob § 88 für alle Fälle des § 87 Abs. 1 (und § 96) aF galt, oder nur für Klagen aus diesem Gesetz und Kartellvereinbarungen und -beschlüsse. UE galt er für § 87 Abs. 1 S. 1 und 2 aF (→ 3. Aufl. 2002, Rn. 1), sodass die neue Fassung sachlich keine Änderung bedeutet. Bei der Streichung des

§ 87 Abs. 2 im Jahre 2006 (→ § 87 Rn. 15) wurde – ebenso wie in §§ 88, 91, 93 und 94 Abs. 1 Nr. 3 – versäumt, die Verweisung in § 88 auf § 87 „Abs. 1" zu korrigieren. Verwiesen wird also auf § 87.

Nach § 88 kann mit der Klage, für die nach § 87 die ausschließliche Zuständigkeit der Kartellgerichte gegeben ist, die **Klage wegen eines anderen Anspruches verbunden** werden (objektive Klagenhäufung). Das setzt voraus, dass der andere Anspruch ebenfalls zivilrechtlicher Natur ist und vor die ordentlichen oder zumindest die Arbeitsgerichte gehört (zweifelhaft für die Verbindung mit arbeitsrechtlichen Ansprüchen, vgl. dazu Immenga/Mestmäcker/K. Schmidt Rn. 2). § 88 ist insoweit eine **Ausnahme von § 260 ZPO,** als diese Vorschrift voraussetzt, dass für alle in einer objektiven Klagenhäufung geltend gemachten Ansprüche dasselbe Prozessgericht zuständig ist. Keine objektive Klagenhäufung in diesem Sinne liegt vor, wenn **ein Klagebegehren teils auf kartellrechtliche, teils auf außerkartellrechtliche Grundlagen gestützt** wird; in diesem Falle ist § 87 auch für die nicht-kartellrechtliche Anspruchsgrundlage anwendbar, ohne dass auf § 88 zurückgegriffen werden müsste (vgl. dazu OLG Stuttgart WuW/E 4001 – Fiat-Bonus). Die Klagenverbindung setzt einen **„rechtlichen oder unmittelbaren wirtschaftlichen Zusammenhang"** des kartellrechtlichen und des nicht-kartellrechtlichen Anspruches voraus. § 88 gilt auch im **einstweiligen Verfügungsverfahren** (dazu OLG Düsseldorf WuW/E 5115 f. – Gericht der Hauptsache). 2

2. EU-Recht

§ 88 gilt aufgrund der Verweisung auf § 87 auch für Rechtsstreitigkeiten, die sich aus den Art. 101 und 102 AEUV (und Art. 53 und 54 EWR-Abkommen) ergeben. Mit der Klage aus EU-Kartellrecht kann also unter den Voraussetzungen des § 88 auch ein damit in Zusammenhang stehender anderer Anspruch geltend gemacht werden. 3

§ 89 Zuständigkeit eines Landgerichts für mehrere Gerichtsbezirke

(1) [1]**Die Landesregierungen werden ermächtigt, durch Rechtsverordnung bürgerliche Rechtsstreitigkeiten, für die nach § 87 ausschließlich die Landgerichte zuständig sind, einem Landgericht für die Bezirke mehrerer Landgerichte zuzuweisen, wenn eine solche Zusammenfassung der Rechtspflege in Kartellsachen oder der kohärenten Durchsetzung der Verordnung (EU) 2022/1925, insbesondere der Sicherung einer einheitlichen Rechtsprechung, dienlich ist.** [2]**Die Landesregierungen können die Ermächtigung auf die Landesjustizverwaltungen übertragen.**

(2) **Durch Staatsverträge zwischen Ländern kann die Zuständigkeit eines Landgerichts für einzelne Bezirke oder das gesamte Gebiet mehrerer Länder begründet werden.**

(3) **Die Parteien können sich vor den nach den Absätzen 1 und 2 bestimmten Gerichten auch anwaltlich durch Personen vertreten lassen, die bei dem Gericht zugelassen sind, vor das der Rechtsstreit ohne die Regelung nach den Absätzen 1 und 2 gehören würde.**

1. Grundzüge

a) Kartell-Landgerichte für mehrere Bezirke. § 89 entspricht § 89 idF bis zur 6. GWB-Novelle 1998. Nach Abs. 1 können die Landesregierungen durch Rechtsverordnungen bürgerliche Rechtsstreitigkeiten, für die nach § 87 ausschließlich die Landgerichte zuständig sind, **einem Landgericht für die Bezirke mehrerer Landgerichte** zuweisen. Voraussetzung ist, dass dies „der Rechtspflege in Kar- 1 tellsachen, insbes. der Sicherung einer einheitlichen Rspr., dienlich ist". In Ländern mit mehreren Oberlandesgerichten kann ein Landgericht auch für den Bezirk mehrerer OLGs bestimmt werden. Die Regelung wurde auf die Durchsetzung des DMA mit der 11. GWB-Novelle 2023 ausgedehnt. Abs. 2 sieht vor, dass durch Staatsverträge zwischen Ländern die Zuständigkeit eines Landgerichts auch für ein Gebiet vorgesehen werden kann, das in mehrere Länder hineinreicht. Von dieser Ermächtigung ist bisher kein Gebrauch gemacht worden.

2 **b) Landesrechtliche Regelungen.** Von der Ermächtigung des Abs. 1 ist **Gebrauch gemacht** worden in **Baden-Württemberg:** Zuständig für Streitsachen des OLG-Bezirks Stuttgart ist das LG Stuttgart, für Karlsruhe das LG Mannheim (§ 13 VO v. 20.11.1998, GBl. 680). **Bayern:** Zuständig für Streitsachen des OLG-Bezirks München ist das LG München I, für die OLG-Bezirke Nürnberg und Bamberg das LG Nürnberg-Fürth (§ 22 VO v. 16.11.2004, GVBl. 471). **Brandenburg:** Zuständig für alle Gerichtsbezirke des Landes Brandenburg ist das Landgericht Potsdam (§ 3 GerichtszuständigkeitsVO v. 3.11.1993, GVBl. II 689). **Hessen:** Zuständig für Streitsachen der Landgerichtsbezirke Darmstadt, Frankfurt am Main, Gießen, Hanau, Limburg a. d. Lahn, Wiesbaden ist das LG Frankfurt a. M., für die Landgerichtsbezirke Fulda, Kassel, Marburg das LG Kassel (VO v. 12.1.1999, GVBl. I 92). **Mecklenburg-Vorpommern:** Zuständig für Streitsachen des OLG-Bezirks Rostock ist das LG Rostock (VO v. 28.3.1994, GVOBl. 514). **Niedersachsen:** Zuständig für Streitsachen in den Bezirken aller Landgerichte ist das LG Hannover (§ 7 VO v. 18.12.2009, GVBl. 506). **Nordrhein-Westfalen:** Zuständig für Streitsachen des OLG-Bezirks Düsseldorf ist das LG Düsseldorf, für den OLG-Bezirk Hamm das LG Dortmund und für den OLG-Bezirk Köln das LG Köln (§ 1 VO v. 30.8.2011, GVNRW 469). **Rheinland-Pfalz:** Zuständig für Streitsachen der OLG-Bezirke Koblenz und Zweibrücken ist das LG Mainz (LandesVO v. 22.11.1985, GVBl. 267). **Sachsen:** Zuständig für Streitsachen in den Bezirken aller Landgerichte ist das Landgericht Leipzig (§ 12 VO v. 14.12.2007, GVBl. 600). **Sachsen-Anhalt:** Zuständig für alle Gerichtsbezirke des Landes Sachsen-Anhalt ist das Landgericht Magdeburg (§ 6 VO v. 1.9.1992, GVBl. 664). **Schleswig-Holstein:** Zuständig für Streitsachen für die Landgerichtsbezirke Flensburg, Itzehoe, Kiel und Lübeck ist das Landgericht Kiel (VO v. 11.2.1958, GVOBl. 118).

2. Folgen für die Anwaltsvertretung

3 Abs. 3 sah für die Zeit, in der nach § 78 Abs. 1 ZPO aF sich die Parteien vor den Landgerichten durch einen bei dem Prozessgericht zugelassenen Rechtsanwalt vertreten lassen mussten, vor, dass auch die Rechtsanwälte vor dem Kartellgericht tätig werden durften, die bei dem ansonsten zuständigen Landgericht zugelassen waren. Mit der Aufhebung der Verknüpfung von Lokalisierungsprinzip und Anwaltszwang hat Abs. 3 **keine aktuelle Bedeutung** mehr. Im Zuge der zunächst schrittweise vorgesehenen Aufhebung der Verknüpfung von Lokalisierungsprinzip und Anwaltszwang durch Art. 19 des Gesetzes vom 2.9.1994 (BGBl. 1994 I 2278) sollte Abs. 3 zunächst nur in den alten Bundesländern einschließlich Berlin am 1.1.2000 aufgehoben werden, für die neuen Bundesländer (ohne Berlin) zum 1.1.2005 (→ 3. Aufl. 2002, Rn. 3). Das Bundesverfassungsgericht hat diese differenzierte Regelung durch Beschluss vom 5.12.1995 (BVerfGE 93, 362) für verfassungswidrig erklärt. Durch die bundeseinheitliche Inkraftsetzung von § 78 ZPO nF durch das Gesetz vom 17.12.1999 (BGBl. 1999 I 2448) ist die Rechtslage bundeseinheitlich geregelt worden, und zwar so, dass vor den Landgerichten sich die Parteien „durch einen bei einem Amts- oder Landgericht zugelassenen Rechtsanwalt" vertreten lassen müssen. Nach Aufhebung der Zulassung bei bestimmten Gerichten durch das Gesetz zur Stärkung der Selbstverwaltung der Rechtsanwaltschaft v. 26.3.2007

(BGBl. 2007 I 358) ist heute auch in Kartellsachen vor dem Kartell-Landgericht jeder von einer Rechtsanwaltskammer zugelassene Rechtsanwalt postulationsfähig.

3. EU-Recht

Die Zuständigkeit Kartell-Landgerichte nach Abs. 1 gilt aufgrund der Verweisung in Abs. 1 auf § 87 (Abs. 1 S. 1 und 2) **auch für die AEUV-kartellrechtlichen Angelegenheiten.** 4

§ 89a Streitwertanpassung, Kostenerstattung

(1) **[1]Macht in einer Rechtsstreitigkeit, in der ein Anspruch nach den §§ 33, 33a Absatz 1 oder § 34a geltend gemacht wird, eine Partei glaubhaft, dass die Belastung mit den Prozesskosten nach dem vollen Streitwert ihre wirtschaftliche Lage erheblich gefährden würde, so kann das Gericht auf ihren Antrag anordnen, dass die Verpflichtung dieser Partei zur Zahlung von Gerichtskosten sich nach einem ihrer Wirtschaftslage angepassten Teil des Streitwerts bemisst. [2]Das Gericht kann die Anordnung davon abhängig machen, dass die Partei glaubhaft macht, dass die von ihr zu tragenden Kosten des Rechtsstreits weder unmittelbar noch mittelbar von einem Dritten übernommen werden. [3]Die Anordnung hat zur Folge, dass die begünstigte Partei die Gebühren ihres Rechtsanwalts ebenfalls nur nach diesem Teil des Streitwerts zu entrichten hat. [4]Soweit ihr Kosten des Rechtsstreits auferlegt werden oder soweit sie diese übernimmt, hat sie die von dem Gegner entrichteten Gerichtsgebühren und die Gebühren seines Rechtsanwalts nur nach dem Teil des Streitwerts zu erstatten. [5]Soweit die außergerichtlichen Kosten dem Gegner auferlegt oder von ihm übernommen werden, kann der Rechtsanwalt der begünstigten Partei seine Gebühren von dem Gegner nach dem für diesen geltenden Streitwert beitreiben.**

(2) **[1]Der Antrag nach Absatz 1 kann vor der Geschäftsstelle des Gerichts zur Niederschrift erklärt werden. [2]Er ist vor der Verhandlung zur Hauptsache anzubringen. [3]Danach ist er nur zulässig, wenn der angenommene oder festgesetzte Streitwert später durch das Gericht heraufgesetzt wird. [4]Vor der Entscheidung über den Antrag ist der Gegner zu hören.**

(3) **[1]Ist in einer Rechtsstreitigkeit, in der ein Anspruch nach § 33a Absatz 1 geltend gemacht wird, ein Nebenintervenient einer Hauptpartei beigetreten, hat der Gegner, soweit ihm Kosten des Rechtsstreits auferlegt werden oder soweit er sie übernimmt, die Rechtsanwaltskosten der Nebenintervention nur nach dem Gegenstandswert zu erstatten, den das Gericht nach freiem Ermessen festsetzt. [2]Bei mehreren Nebeninterventionen darf die Summe der Gegenstandswerte der einzelnen Nebeninterventionen den Streitwert der Hauptsache nicht übersteigen.**

1. Grundzüge

§ 89a ist durch die **7. GWB-Novelle 2005** neu in das Gesetz eingefügt worden; 1
mit der **9. GWB-Novelle 2017** wurde der Bezug auf den neuen § 33a eingefügt. Bisher gab es keine kartellrechtsspezifische Möglichkeit, für Zivilprozesse den für das Kostenrisiko maßgeblichen Streitwert aus Billigkeitsgründen oder mit dem Ziel, derartige Prozesse zu erleichtern, herabzusetzen. Anderes galt für das Kostenrisiko von Beigeladenen im Kartellverwaltungsverfahren. Früher war in § 78 Abs. 2 idF bis zur 6. GWB-Novelle 1998 und dann in § 12a Abs. 1 S. 2 GKG eine **Streitwertbegrenzung für Beigeladene** vorgesehen, wenn diese Rechtsmittel einlegen. Die frühere Höchstgrenze von 250.000 EUR ist weggefallen; nunmehr ist nach § 50

Abs. 1 S. 2 GKG im Verfahren über Beschwerden eines Beigeladenen der Streitwert „unter Berücksichtigung der sich für den Beigeladenen ergebenden Bedeutung der Sache nach Ermessen zu bestimmen" (→ § 71 Rn. 3).

2 Die **„Streitwertanpassung"**, die der Sache nach nur eine Streitwertermäßigung ist, soll die Kostenrisiken für zivilrechtliche Beseitigungs-, Unterlassungs- und Schadensersatzklagen gegen Kartelle (§ 33) und die Vorteilsabschöpfung durch Verbände (§ 34a) so vermindern, dass sich daraus kein Hindernis für die Erhebung entsprechender Klagen ergibt. Die Formulierung des § 89a ist weitgehend an **§ 23b UWG in der bis 2003 geltenden Fassung** angelehnt. Das Vorbild in § 23b UWG ist allerdings nicht mehr im geltenden UWG enthalten. Dort ist die Möglichkeit der Streitwertverminderung in § 12 Abs. 4 UWG geregelt, wonach es bei der Streitwertbemessung für Klagen aus Beseitigung und Unterlassung nach § 8 Abs. 1 UWG (nicht aber für die Schadensersatzklage nach § 9 UWG) „wertmindernd zu berücksichtigen (ist), wenn die Sache nach Art und Umfang einfach gelagert ist oder wenn die Belastung einer der Parteien mit den Prozesskosten nach dem vollen Streitwert angesichts ihrer Vermögens- und Einkommensverhältnisse nicht tragbar erscheint". Für Ansprüche aus §§ 33, 34a gilt aber **ausschließlich § 89a**, nicht auch § 12 Abs. 4 UWG, der die Streitwertfestsetzung nach § 3 ZPO modifiziert, und zwar unabhängig von einem Antrag der interessierten Partei. § 89a setzt einen Antrag voraus. Die Entscheidung über ihn ist anders als nach § 12 Abs. 4 UWG unabhängig von der Schwierigkeit der Sache, hängt aber ebenso wie die Bemessung nach § 12 Abs. 4 UWG von der **„wirtschaftlichen Lage"** der Parteien ab. Der durch die 9. GWB-Novelle 2017eingefügte Abs. 3 führt zu einer Begrenzung des Kostenerstattungsrisikos des Klägers bei Nebenintervention aufseiten des Beklagten. Fraglich ist wiederum die zeitliche Geltung der Vorschrift: Nach Ansicht des LG Stuttgart (NZKart 2019, 290 (291)) ist Abs. 3 auf Rechtsstreitigkeiten anwendbar, die vor Inkrafttreten der Norm begonnen haben; aA LG Frankfurt a. M. (NZKart 2019, 291): Anwendung nur auf Streitbeitritt nach dem Inkrafttreten (dazu Petzold NZKart 2019, 262). Nach Ansicht des OLG Stuttgart (NZKart 2021, 189 (190) – Gegenstandswert bei Schadensersatzklagen) ist Abs. 3 in der Fassung vom 9.6.2017 nicht anzuwenden, wenn der Streithelfer den Beitritt vor dem Inkrafttreten erklärt hat; auf den Zeitpunkt der Streitverkündung soll es nicht ankommen an. Die Vorschrift soll auch dann anwendbar sein, wenn der Schadensersatzanspruch auf § 33 Abs. 3 aF gestützt wird.

2. Anwendungsvoraussetzungen (Abs. 1 S. 1)

3 **a) Anspruch nach § 33 oder § 34a.** Die Streitwertanpassung nach § 89a kommt nur in Betracht, wenn ein Anspruch nach § 33 oder § 34a geltend gemacht wird. Aktiv legitimiert für den **Beseitigungs-, Unterlassungs- und Schadensersatzanspruch nach § 33** ist der durch den Kartellverstoß **„Betroffene"**, für den Anspruch auf Vorteilsabschöpfung die in § 34a Abs. 1, § 33 Abs. 2 genannten **Verbände.** Eine Ausweitung auf andere kartellrechtliche Anspruchsgrundlagen ist nicht möglich. Die Streitwertherabsetzung ist aber auch dann zuzulassen, wenn der Klagantrag zugleich auch auf andere Vorschriften gestützt wird, für die nach § 88 das Kartellgericht (mit) zuständig ist.

4 **b) Gefährdung der wirtschaftlichen Lage des Antragstellers.** Die Streitwertanpassung des § 89a ist nach dem Gesetzeswortlaut nicht nur **zugunsten des Klägers** möglich, sondern zugunsten **jeder anderen Partei,** also auch zugunsten des beklagten Kartelltäters. Eine Streitwertanpassung zugunsten eines Streitgenossen kommt nicht in Betracht, da er in dem Zivilprozess, in dem die Streitwertanpassung beantragt wird, kein Gerichtskostenrisiko trägt. Daran knüpft aber S. 1 an; die in S. 3 vorgesehene Folge, dass die begünstigte Partei auch die Gebühren ihres Rechtsanwalts nur nach dem ermäßigten Streitwert zu bezahlen hat, kann in diesem gesetz-

lichen Aufbau nicht für Streitgenossen gelten. Der wichtigste Fall ist der, dass der Kläger nicht in der Lage ist, den für die Zustellung der Klage erforderlichen, nach dem Streitwert berechneten **Gerichtskostenvorschuss** zu zahlen, und er deswegen ohne Streitwertherabsetzung die Klage nicht erheben könnte. Von besonderer Bedeutung ist diese Möglichkeit auch für die nach § 33 Abs. 2 aktiv legitimierten Verbände, und zwar sowohl bei der Erhebung der Ansprüche nach § 33 als auch nach § 34a. Abs. 1 S. 1 kann aber auch angewendet werden für beklagte angebliche Kartelltäter. Der Vorwurf, an einer rechtswidrigen Handlung beteiligt gewesen zu sein, schließt eine Herabsetzung des Streitwerts zu seinen Gunsten nicht aus; bei der Streitwertanpassung ist einerseits zu unterstellen, dass die Partei zu Unrecht verklagt wurde, andererseits aber, dass sie den Prozess doch verlieren könnte und dementsprechend mit erheblichen Kosten belastet wäre.

3. Verfahren (Abs. 1 S. 2, Abs. 2)

a) Streitwertanpassung. Die Streitwertanpassung ist – anders als die Streitwert- 5
bemessung nach § 12 Abs. 4 UWG – **nur auf Antrag** des an der Streitwertermäßigung Interessierten möglich. Er richtet sich darauf, dass die Verpflichtung dieser Partei „zur Zahlung von Gerichtskosten sich nach einem ihrer Wirtschaftslage angepassten Teil des Streitwerts bemisst". Der Antrag geht auf **endgültige Herabsetzung des Streitwerts,** nicht – wie die Prozesskostenhilfe, die unabhängig von § 89a beantragt werden kann und möglich ist – auf eine vorläufige Erleichterung der Klageerhebung.

Erforderlich ist die **Glaubhaftmachung,** dass die Belastung mit den Prozesskos- 6
ten nach dem vollen Streitwert die wirtschaftliche Lage der Partei erheblich gefährden würde. Die Glaubhaftmachung hat mit den in § 294 ZPO vorgesehen Beweismitteln zu erfolgen, ggf. auch mit einer Versicherung an Eides Statt. Erforderlich ist eine Darlegung der wirtschaftlichen Lage für den Zeitpunkt, in dem die Kostenbelastung relevant wird, im Zeitpunkt der Erhebung der Klage also dahingehend, dass der Kläger bei Berechnung des Gerichtskostenvorschusses nach dem vollen Streitwert seine wirtschaftliche Lage gefährden würde oder nicht in der Lage wäre, die Klage einzureichen. Eine **Prüfung der Erfolgsaussichten** der Klage ist im Gesetz **nicht vorgesehen.** Nach S. 2 kann das Gericht, wenn Anlass dazu besteht, auch Glaubhaftmachung darüber verlangen, dass die von der Partei zu tragenden Kosten des Rechtsstreits nicht von einem Dritten übernommen werden. Dritter iSd Bestimmung sind einmal Personen, die „hinter" dem Antragsteller stehen, insbes. in dem Fall, dass der Antragsteller den Rechtsstreit wirtschaftlich im Interesse anderer Personen, insbes. als deren Treuhänder führt (vgl. dazu LG Düsseldorf 21.2.2007 34 O (Kart) 147/05). Ob bei dem Tatbestandsmerkmal einer erheblichen Gefährdung der wirtschaftlichen Lage ein strenger Maßstab anzulegen ist und einem Antragsteller generell auch die Aufnahme eines wirtschaftlich tragbaren Kredits zuzumuten ist, erscheint indessen angesichts des öffentlichen Interesses, das am private enforcement des Kartellrechts über die §§ 33, 34a besteht, zweifelhaft.

b) Förmliche Voraussetzungen und Entscheidung. Der Antrag auf Herab- 7
setzung des Streitwerts kann nach Abs. 2 S. 1 vor der Geschäftsstelle des Gerichts zur Niederschrift erklärt werden; er unterliegt daher auch im Anwaltsprozess nach § 78 Abs. 3 ZPO **nicht dem Anwaltszwang.** Das könnte darauf hindeuten, dass der Antrag auch schon vor Einreichung der Klage möglich ist. Ohne eine dem Inhalt einer Klage entsprechende Konkretisierung der Rechtsstreitigkeit hat das Gericht aber keine ausreichende Entscheidungsgrundlage. Deswegen ist schwer vorstellbar, dass der Antrag ohne zumindest gleichzeitige Einreichung der Klage beschieden werden kann. Der für den Antragsteller tätige Rechtsanwalt hat in diesem Fall nach Abs. 1 S. 3 das Risiko, dass er im Zeitpunkt der Formulierung und der

Einreichung der Klage nicht weiß, nach welchem Streitwert seine Gebühr bemessen wird.

8 Der Antrag ist nach Abs. 2 S. 2 grds. **vor der Verhandlung zur Hauptsache** anzubringen, also vor Stellung der Sachanträge nach § 137 ZPO. Danach ist er nur zulässig, wenn der vom Kläger angenommene oder vom Gericht festgesetzte Streitwert später durch das Gericht heraufgesetzt wird, zB aufgrund einer Klageänderung. In diesem Fall ist der Antrag nur bis zur nächsten Verhandlung zur Hauptsache zulässig. Vor der Entscheidung des Gerichts ist der Gegner zu hören. Das gilt auch in dem (insgesamt kaum praktikablen) Fall, dass der Antrag vor Einreichung der Klage gestellt wird; dem Gegner sind dann alle vom Antragsteller eingereichten Entscheidungsgrundlagen mitzuteilen. Wird der Antrag nach Einreichung der Klage, aber vor Zahlung des Gebührenvorschusses, gestellt, ist die Klage dem Gegner zwar nicht zuzustellen, aber formlos mitzuteilen, damit er die Möglichkeit der Stellungnahme erhält.

9 Die Entscheidung des Gerichts ergeht durch **Beschluss. Dieser** bezieht sich **nur auf die Instanz des entscheidenden Gerichts,** also nicht auf ein mögliches Berufungs- oder Revisionsverfahren, in dem der Antrag erneut zu stellen ist. Gegen den Beschluss des Landgerichts ist nach § 68 Abs. 1 GKG Beschwerde möglich; Entscheidungen der Oberlandesgerichte und des BGH über eine Streitwertanpassung für das bei ihnen anhängige Verfahren sind nicht anfechtbar.

4. Rechtsfolgen der Streitwertanpassung (Abs. 1 S. 3–5)

10 Die Hauptfolge der Streitwertanpassung ergibt sich aus Abs. 1 S. 1, nämlich dass die Verpflichtung des Antragstellers zur **Zahlung von Gerichtskosten** sich nach dem angepassten Teil des Streitwerts, also nach dem ermäßigten Streitwert, bemisst. Nach S. 3 bemessen sich aber auch die **Gebühren des Rechtsanwalts** des Antragstellers nach dem ermäßigten Betrag. Soweit dem Antragsteller die Kosten des Rechtsstreits auferlegt werden, hat er die vom Gegner entrichteten Gerichtsgebühren und die Gebühren seines Rechtsanwalts nur nach dem ermäßigten Streitwert zu erstatten; sein **Kostenrisiko wird also auch für den Fall des Prozessverlustes auf den ermäßigten Streitwert begrenzt.** Das Gesetz bezieht sich ausdrücklich auf die Möglichkeit, dass dem Antragsteller die Kosten des Rechtsstreits nicht durch eine Endentscheidung des Gerichts auferlegt werden, sondern durch einen Vergleich („soweit sie diese übernimmt"). Auch bei einer vergleichsweisen Übernahme der Kosten des Gegners bemessen sich diese nach dem ermäßigten Streitwert.

11 Grundsätzlich **anderes** gilt, wenn und soweit der Antragsteller **den Prozess gewinnt,** und der Gegner seine außergerichtlichen Kosten tragen muss. Dann muss der Gegner die Gerichtskosten nach dem „richtigen" Streitwert tragen, denn die Streitwertanpassung bezieht sich nur auf die Verpflichtung des Antragstellers zur Zahlung von Gerichtskosten. Auch die außergerichtlichen Kosten des Antragstellers, also seine **Anwaltskosten,** werden in diesem Fall nach dem **vollen Streitwert berechnet.** Die Begr. z. RegE (BT-Drs. 15/3640, zu Nr. 54, WuW-Sonderheft, 200) spricht insoweit zu Recht davon, dass Abs. 1 S. 5 „zu einer Art Erfolgshonorar für den Anwalt" führe. S. 5 findet – ebenso wie S. 4 – auch für den Fall Anwendung, dass der Gegner des Antragstellers dessen außergerichtliche Kosten in einem Vergleich „übernimmt".

5. Kostenerstattung (Abs. 3)

12 Der durch die 9. GWB-Novelle 2017 eingefügte Abs. 3 führt zu einer **Begrenzung des Kostenerstattungsrisikos** des Klägers bei Nebenintervention aufseiten des Beklagten. Zur zeitlichen Anwendung → § 71 Rn. 2. Der auf Schadensersatz in Anspruch genommene Beklagte verkündet in aller Regel den anderen am Kartell

Beteiligten den Streit; um sich für seine Gesamtschuldnerausgleichsansprüche über die Interventionswirkung nach § 74 ZPO abzusichern. Treten diese Streitverkündeten bei, haben sie als Nebenintervenienten grds. einen Kostenerstattungsanspruch gegen den Kläger, sollte der Kläger den Rechtstreit ganz oder teilweise verlieren. Streitverkündungen können sich aus Schadensweiterwälzung geltend gemacht wird; auch dies kann zu Nebeninterventionen aufseiten der Beklagten führen. Der Gebührenstreitwert der Nebenintervenienten würde sich grds. nach dem Streitwert der Hauptsache richten. Die Begrenzung des Risikos für den Kläger geschieht nun in der Weise, dass das Gericht **nach seinem Ermessen** den **Gegenstandswert** für die Kostenerstattung **festlegt** und die **Summe der Gegenstandswerte** mehrerer Nebenintervenienten auf den **Gebührenstreitwert der Hauptsache beschränken** kann (RegE 9. GWB-Novelle 2017, 100). Gibt es keine konkreten Anhaltspunkte, ist die Verteilung des Gegenstandswerts nach Kopfteilen möglich (LG Stuttgart NZKart 2019, 290 (291)).

6. EU-Recht

§ 89a findet Anwendung auch auf Klagen, die auf §§ 33, 34a iVm Art. 101 und 102 AEUV (bzw. Art. 53 und 54 EWR-Abkommen) gestützt sind. 13

§ 89b Verfahren

(1) **Für die Erteilung von Auskünften gemäß § 33g gilt § 142 der Zivilprozessordnung entsprechend.**

(2) **§ 142 Absatz 2 der Zivilprozessordnung findet mit der Maßgabe Anwendung, dass sich die Zumutbarkeit nach § 33g Absatz 3 bis 6 bestimmt.**

(3) **[1]Über den Anspruch nach § 33g Absatz 1 oder 2 kann das Gericht durch Zwischenurteil entscheiden, wenn er in dem Rechtsstreit über den Anspruch auf Ersatz des Schadens nach § 33a Absatz 1 gegen die andere Partei erhoben wird. [2]Ergeht ein Zwischenurteil, so ist es in Betreff der Rechtsmittel als Endurteil anzusehen.**

(4) **Das Gericht kann den Rechtsstreit über den auf Schadensersatz gerichteten Anspruch nach § 33a Absatz 1 auf Antrag aussetzen**
1. **bis zur Erledigung des wegen des Anspruchs nach § 33g Absatz 1 oder 2 geführten Rechtsstreits oder**
2. **für einen Zeitraum von bis zu zwei Jahren, wenn und solange die Parteien sich an einem Verfahren beteiligen, das zum Ziel hat, den Rechtsstreit über den Schadensersatzanspruch außergerichtlich beizulegen.**

(5) **[1]Gegen denjenigen, dessen Verstoß gegen eine Vorschrift des Teils 1 oder gegen Artikel 101 oder 102 des Vertrages über die Arbeitsweise der Europäischen Union oder gegen die Artikel 5, 6 oder 7 der Verordnung (EU) 2022/1925 durch eine gemäß § 33b bindende Entscheidung der Wettbewerbsbehörde festgestellt wurde, kann die Herausgabe dieser Entscheidung der Wettbewerbsbehörde bei Vorliegen der Voraussetzungen des § 33g im Wege der einstweiligen Verfügung auch ohne die Darlegung und Glaubhaftmachung der in den §§ 935 und 940 der Zivilprozessordnung bezeichneten Voraussetzungen angeordnet werden. [2]Eine Anordnung nach Satz 1 setzt keine Eilbedürftigkeit voraus. [3]Der Antragsgegner ist vor der Anordnung anzuhören.**

(6) **[1]Auf Antrag kann das Gericht nach Anhörung der Betroffenen durch Beschluss die Offenlegung von Beweismitteln oder die Erteilung von Auskünften anordnen, deren Geheimhaltung aus wichtigen Gründen verlangt**

wird oder deren Offenlegung beziehungsweise Erteilung nach § 33g Absatz 6 verweigert wird, soweit

1. es diese für die Durchsetzung eines Anspruchs nach § 33a Absatz 1 oder die Verteidigung gegen diesen Anspruch als sachdienlich erachtet und
2. nach Abwägung aller Umstände des Einzelfalles das Interesse des Anspruchstellers an der Offenlegung das Interesse des Betroffenen an der Geheimhaltung überwiegt.

[2]Der Beschluss ist zu begründen. [3]Gegen den Beschluss findet sofortige Beschwerde statt.

(7) **[1]Das Gericht trifft die erforderlichen Maßnahmen, um den im Einzelfall gebotenen Schutz von Betriebs- und Geschäftsgeheimnissen und anderen vertraulichen Informationen zu gewährleisten. [2]Insbesondere kann das Gericht einen öffentlich bestellten Sachverständigen mit einem Gutachten zu dem erforderlichen Umfang des im Einzelfall gebotenen Schutzes beauftragen, sofern dieser Sachverständige berufsrechtlich zur Verschwiegenheit verpflichtet worden ist.**

(8) **[1]Auf begründeten Antrag einer Partei in einem Rechtsstreit über den Anspruch nach § 33a Absatz 1, § 33g Absatz 1 oder 2 prüft das Gericht die ihm aufgrund des Anspruchs nach § 33g Absatz 4 allein zum Zweck der Prüfung vorgelegten Beweismittel darauf, ob sie Kronzeugenerklärungen oder Vergleichsausführungen, die nicht zurückgezogen wurden, enthalten. [2]Das Gericht legt die Beweismittel den Parteien vor, soweit**

1. sie keine Kronzeugenerklärungen oder Vergleichsausführungen, die nicht zurückgezogen wurden, enthalten und
2. im Übrigen die Voraussetzungen für die Herausgabe nach § 33g vorliegen.

[3]Hierüber entscheidet das Gericht durch Beschluss. [4]Vor Beschlüssen nach diesem Absatz ist die Wettbewerbsbehörde anzuhören, gegenüber der die Kronzeugenerklärung oder Vergleichsausführung abgegeben worden ist. [5]Die Mitglieder des Gerichts sind zur Geheimhaltung verpflichtet; die Entscheidungsgründe dürfen den Inhalt der geheim gehaltenen Beweismittel nicht erkennen lassen. [6]Gegen Beschlüsse nach diesem Absatz findet sofortige Beschwerde statt.

1. Überblick

1 Der durch die **9. GWB-Novelle 2017** eingefügte § 89b dient der Umsetzung der Art. 5, 6, 13, 14 Kartellschadensersatz-Richtlinie. Die Vorschrift regelt verfahrensrechtliche Einzelheiten im Zusammenhang mit der Herausgabe von Beweismitteln und Erteilung von Auskünften nach § 33g. Das OLG Düsseldorf (NZKart 2018, 228 – Herausgabe von Beweismitteln; dazu auch OLG Düsseldorf NZKart 2018, 275 – Herausgabe von Beweismittel II) meinte, dass die durch die 9. GWB-Novelle eingefügten Regelungen nur für Ansprüche nach § 33a Abs. 1 gelten, § 33a Abs. 1 aber nach § 186 Abs. 2 S. 1 nur auf Schadensersatzansprüche anwendbar sei, die nach dem 26.12.2016 entstanden sind. § 89b Abs. 5 gilt auch für Schadensersatzansprüche, die vor dem 27.12.2016 entstanden sind, dagegen LG Hannover NZKart 2021, 127: Die 10. GWB-Novelle 2021 stellt mit § 186 Abs. 4 (seit der 11. GWB Novelle 2023 **§ 187 Abs. 4**) klar, dass § 89b auch für Ansprüche gilt, die vor dem 27.12.2016 entstanden sind. Mit der 11. GWB-Novelle 2023 wird Abs. 5 auf den Benennungsbeschluss nach Art. 3 DMA ausgedehnt.

2 Für das Verständnis und die Durchsetzung des § 33g sind § 89b und § 89bc essenziell, die die Einzelheiten der Durchsetzung der Ansprüche nach § 33g im Zivilprozess regeln. Nach Maßgabe des § 33g können die Ansprüche auf Herausgabe/Auskunft seitens des Geschädigten mit Klage jederzeit bei Vorliegen der

Voraussetzungen, seitens des Schädigers mit Klage bei Rechtshängigkeit eines Schadensersatzanspruchs nach § 33a Abs. 1 oder eines Auskunfts-/Herausgabeanspruchs geltend gemacht werden, und zwar gegen den Geschädigten, den Schädiger und gegen Dritte **(selbstständige Geltendmachung).** Im **anhängigen Schadensersatzprozess** kann **alternativ** eine **gerichtliche Anordnung** nach § 89b Abs. 1, **§ 142 ZPO** erfolgen.

2. Herausgabe von Beweismitteln und Erteilung von Auskünften im anhängigen Rechtsstreit nach § 142 ZPO (Abs. 1, 2)

Abs. 1 und 2 sollen nach dem RegE 9. GWB-Novelle 2017 (S. 101) durch Verweis auf § 142 ZPO die Möglichkeit schaffen, dass Gerichte in einem anhängigen Rechtsstreit die Erteilung von Auskünften oder Herausgabe von Beweismitteln nach § 33g anordnen können. Nach seinem Wortlaut gilt § 89b Abs. 1 nur für die Erteilung von Auskünften; die Herausgabe von Beweismittel wird in Abs. 1 nicht erwähnt. § 33g Abs. 10 hilft nicht weiter, denn danach soll § 33g Abs. 1–9 über die Herausgabe von Beweismitteln für die Erteilung von Auskünften entsprechend gelten. Letztlich scheint es sich um ein **Redaktionsversehen** zu handeln, wie sich auch aus Abs. 6 ergibt, wo der Auskunftsanspruch dann doch erwähnt wird; die Begründung zum Regierungsentwurf geht durchweg davon aus, dass § 89b Abs. 1 und 2 auch für die Herausgabe von Beweismitteln gelten. 3

Damit können der Auskunftsanspruch und der Anspruch auf Herausgabe von Beweismitteln im Schadensersatzprozess nach § 33g sowohl selbständig als auch im **Verfahren nach § 142 ZPO** geltend gemacht werden. Die Anordnung nach § 142 ZPO steht im **pflichtgemäßem Ermessen** des Gerichts (aA Bunte/Bornkamm/Tolkmitt Rn. 14 unter Verweis auf Art. 5 Kartellschadensersatz-Richtlinie, der ein solches Ermessen nicht vorsieht); ein Anspruch auf die Entscheidung, also eine Ermessensreduzierung auf Null, ist denkbar, aber wegen der **parallelen Möglichkeit,** den Anspruch nach § 33g **durch Klage** geltend zu machen, kaum praktisch. Das Gericht kann für die Erteilung der Auskunft bzw. die Herausgabe der Beweismittel nach § 142 Abs. 1 S. 2 ZPO eine **Frist setzen;** bei Unterlagen kann das Gericht anordnen, dass die vorgelegten Unterlagen für eine bestimmte Frist bei der Geschäftsstelle verbleiben. 4

Wird eine nach § 142 Abs. 1 S. 2 ZPO, § 273 Abs. 2 Nr. 5 ZPO gesetzte Frist zur Auskunftserteilung oder Beweismittelherausgabe nicht eingehalten, gilt zunächst **§ 296 Abs. 1 ZPO:** Das Angriffs- oder Verteidigungsmittel kann nach Fristablauf nur zugelassen werden, wenn seine Vorlage nach der freien Überzeugung des Gerichts die Erledigung des Rechtsstreits nicht weiter verzögert. Eine weitere Rechtsfolge könnte sich aus **§ 427 ZPO** ergeben: Danach wird eine vom Beweisführer beigebrachte Abschrift der Urkunde als richtig angesehen, wenn die Urkunde innerhalb der Frist nicht vorgelegt wird. Ist eine Abschrift der Urkunde nicht beigebracht, so können die Behauptungen des Beweisführers über die Beschaffenheit und den Inhalt der Urkunde als bewiesen angenommen werden (§ 427 S. 2 ZPO). Dies könnte für Beweismittel bedeuten, dass der Inhaber des Auskunfts- bzw. Herausgabeanspruchs im Falle des fruchtlosen Fristablaufs so gestellt werden muss, als ob das Beweismittel mit dem behaupteten Inhalt vorgelegt bzw. die Auskunft so wie behauptet erteilt worden wäre. Die **Zumutbarkeit nach § 142 Abs. 2 ZPO** bestimmt sich nach Abs. 2 nach den § 33g Abs. 3–6. 5

3. Selbständige Geltendmachung durch Klage

Der Anspruch aus § 33g Abs. 1 kann auch im Wege der **Klage** gegen die andere Partei oder Dritte selbstständig geltend gemacht werden. Dies gilt grds. auch für den Anspruch des Anspruchsgegners nach § 33g Abs. 2, der erst nach Rechtshängig- 6 keit des Auskunfts-/Herausgabeanspruchs oder Schadensersatzanspruchs des Geschädigten geltend gemacht werden kann (keine selbständige Geltendmachung des Anspruchs nach § 33g Abs. 2: Bunte/Bornkamm/Tolkmitt Rn. 28; Kersting/Podszun 9. GWB-Novelle/Preuß Kap. 10 Rn. 117).

4. Entscheidung durch Zwischenurteil bei Geltendmachung durch Klage (Abs. 3)

7 Im Schadensersatzprozess kann das Gericht nach Abs. 3 über den Anspruch nach § 33g Abs. 1, 2 gegen die andere Partei des anhängigen Rechtsstreits durch **Zwischenurteil** entscheiden. Dieses Zwischenurteil gilt als Endurteil und kann deshalb mit der Berufung selbstständig angegriffen werden. Dies gilt für die Geltendmachung des Anspruchs auf Herausgabe/Auskunft durch Klage, **nicht für die Entscheidung über den Antrag auf Anordnung nach § 142 ZPO**; über den Antrag nach § 142 ZPO wird durch Beschluss entschieden. Diese Entscheidung ist nur zusammen mit dem Endurteil angreifbar (aA wohl Bunte/Bornkamm/Tolkmitt Rn. 26: Anfechtung durch sofortige Beschwerde möglich).

5. Geltendmachung gegen Dritte

8 Der Anspruch auf Herausgabe/Auskunft kann gegen Dritte im anhängigen Schadensersatzprozess ebenfalls über § 142 ZPO geltend gemacht werden, aber auch selbstständig durch Klage.

6. Aussetzung des Schadensersatzprozesses (Abs. 4)

9 Nach Nr. 1 kann der Schadensersatzrechtsstreit bis zur Erledigung des Anspruchs nach § 33g **ausgesetzt** werden. Nach Nr. 2 kann dies auch für den Fall einer außergerichtlichen Streitbeilegung geschehen. Nr. 2 dient der Umsetzung von Art. 18 Abs. 2 Kartellschadensersatz-Richtlinie zur Förderung außergerichtlicher Vergleiche.

7. Einstweiliger Rechtsschutz auf Herausgabe der bindenden Behördenentscheidung (Abs. 5)

10 Abs. 5 erlaubt den Antrag auf **Herausgabe der bindenden Behördenentscheidung** (aber nicht weiterer Verfahrensunterlagen, OLG Düsseldorf NZKart 2018, 228 (230) – Herausgabe von Beweismitteln) nach § 33b gegen den Adressaten der Entscheidung im Rahmen des einstweiligen Rechtsschutzes. Die 10. GWB-Novelle 2021 hat in § 186 Abs. 4 klargestellt, dass § 89b Abs. 5 auch für Schadensersatzansprüche gilt, die vor dem 27.12.2016 entstanden sind. Zudem wird durch den durch die 10. GWB-Novelle 2021 eingefügten S. 2 geregelt, dass für die einstweilige Verfügung **keine Eilbedürftigkeit erforderlich** ist (s. auch LG Hannover NZKart 2021, 127 (129)).

8. Offenlegung geheimer Informationen (Abs. 6, 7)

11 Abs. 6, der Art. 5 Abs. 4 Kartellschadensersatz-Richtlinie umsetzt, erlaubt die **Anordnung der Offenlegung von geheimen Beweismitteln oder Informationen.** Die Regelung schafft eine Balance zwischen dem legitimen Schutz von vertraulichen Informationen und dem Interesse des Geschädigten, derartige Informationen im Schadensersatzprozess nutzen zu können.

12 Das für den Auskunftsanspruch oder den Schadensersatzanspruch zuständige Gericht kann die Offenlegung von vertraulichen Informationen **durch begründeten Beschluss** anordnen. **Voraussetzung** ist, dass die Beweismittel oder Auskünfte

nach Nr. 1 als für die Durchsetzung des Anspruchs oder die Verteidigung sachdienlich erachtet werden und nach Nr. 2 in Abwägung aller Umstände des Einzelfalls das Interesse des Anspruchstellers an der Offenlegung das Interesse des Betroffenen an der Geheimhaltung überwiegt.

Der Beschluss kann mit **sofortiger Beschwerde** angefochten werden. Nach dem RegE 9. GWB-Novelle 2017 sind bei der Abwägung die in § 33g Abs. 3 S. 2 genannten Kriterien zu berücksichtigen. Informationen, die älter als fünf Jahre sind, werden in aller Regel nicht mehr als vertraulich behandelt werden können. Infolge von Art. 5 Abs. 5 Kartellschadensersatz-Richtlinie ist das Interesse des Schädigers, eine Inanspruchnahme abzuwehren, kein schutzwürdiges Interesse in der Abwägung (RegE 9. GWB-Novelle 2017, 101). 13

Nach **Abs. 7** soll das Gericht die erforderlichen Maßnahmen zum im Einzelfall gebotenen **Schutz** von Betriebs- und Geschäftsgeheimnissen und anderen vertraulichen Informationen treffen. Eine solche Maßnahme kann darin bestehen, dass bestimmte Informationen nur einem beschränkten Personenkreis zugänglich gemacht werden, der zuvor zum Stillschweigen verpflichtet wurde (RegE 9. GWB-Novelle 2017, 102). Der durch die 10. GWB-Novelle 2021 neu eingefügte S. 2 erlaubt hierzu die **Einschaltung eines Sachverständigen.** 14

9. Schutz der Kronzeugenerklärungen und Vergleichsausführungen (Abs. 8)

Abs. 8 setzt den **Schutz der Kronzeugenerklärungen und Vergleichsausführungen** nach Art. 6 Abs. 7 Kartellschadensersatz-Richtlinie um. Nach § 33g Abs. 4 prüft das Gericht Beweismittel darauf, ob sie eine freiwillige Erklärung seitens oder im Namen eines Unternehmens oder einer natürlichen Person gegenüber der Kartellbehörde enthalten, mit der der Erlass oder die Ermäßigung der Geldbuße erwirkt **(Kronzeugenerklärung)** oder ein Vergleich erreicht werden soll **(Vergleichsausführungen).** Das Gericht legt diese Beweismittel nur den Parteien vor, soweit sie keine Kronzeugenerklärungen oder Vergleichsausführungen enthalten. 15

Das Gericht **entscheidet** nach S. 3 durch **Beschluss** nach Anhörung der Kartellbehörde, gegenüber der die Vergleichsausführungen oder die Kronzeugenerklärungen abgegeben wurden. Die Entscheidungsgründe dürfen den Inhalt der geheim zuhaltenden Beweismittel nicht erkennen lassen. Gegen den Beschluss kann isoliert sofortige Beschwerde eingelegt werden. Wichtig ist, dass nur Kronzeugenerklärungen und Vergleichsausführungen geschützt sind, die **nicht zurückgezogen** wurden. Zurückgezogene Vergleichsausführungen sind aber nach § 33g Abs. 5 zumindest für die Dauer des Verfahrens nicht der Heraushabe/Auskunft zugänglich. 16

§ 89c Offenlegung aus der Behördenakte

(1) [1]In einem Rechtsstreit wegen eines Anspruchs nach § 33a Absatz 1 oder nach § 33g Absatz 1 oder 2 kann das Gericht auf Antrag einer Partei bei der Wettbewerbsbehörde die Vorlegung von Urkunden und Gegenständen ersuchen, die sich in deren Akten zu einem Verfahren befinden oder in einem Verfahren amtlich verwahrt werden, wenn der Antragsteller glaubhaft macht, dass er

1. einen Anspruch auf Schadensersatz nach § 33a Absatz 1 gegen eine andere Partei hat und
2. die in der Akte vermuteten Informationen nicht mit zumutbarem Aufwand von einer anderen Partei oder einem Dritten erlangen kann.

[2]Das Gericht entscheidet über den Antrag durch Beschluss. Gegen den Beschluss findet sofortige Beschwerde statt.

(2) [1]Das Gericht kann dem Antragsteller die vorgelegten Urkunden und Gegenstände zugänglich machen oder ihm Auskünfte daraus erteilen, soweit
1. es seinem Antrag entspricht,
2. die Tatsachen oder Beweismittel zur Erhebung eines Anspruchs nach § 33a Absatz 1 oder zur Verteidigung gegen diesen Anspruch erforderlich sind und
3. die Zugänglichmachung oder Auskunftserteilung nicht unverhältnismäßig ist.

[2]Das Gericht hat von der Offenlegung Betroffene und die Wettbewerbsbehörde vor der Zugänglichmachung oder Auskunftserteilung anzuhören. [3]Tatsachen und Beweismittel, deren Geheimhaltung aus wichtigen Gründen verlangt wird, sind von der Zugänglichmachung oder Auskunftserteilung auszunehmen. [4]§ 89b Absatz 6 findet entsprechende Anwendung.

(3) [1]Das Ersuchen nach Absatz 1 oder um die Erteilung amtlicher Auskünfte von der Wettbewerbsbehörde ist ausgeschlossen, soweit es unverhältnismäßig ist. [2]Bei der Entscheidung über das Ersuchen nach Absatz 1, über das Ersuchen um die Erteilung amtlicher Auskünfte von der Wettbewerbsbehörde sowie über die Zugänglichmachung oder Auskunftserteilung nach Absatz 2 berücksichtigt das Gericht neben § 33g Absatz 3 insbesondere auch
1. die Bestimmtheit des Antrags hinsichtlich der in der Akte der Wettbewerbsbehörde erwarteten Beweismittel nach deren Art, Gegenstand und Inhalt,
2. die Anhängigkeit des Anspruchs nach § 33a Absatz 1,
3. die Wirksamkeit der öffentlichen Durchsetzung des Kartellrechts oder der Verordnung (EU) 2022/1925, insbesondere den Einfluss der Offenlegung auf laufende Verfahren und auf die Funktionsfähigkeit von Kronzeugenprogrammen und Vergleichsverfahren.

(4) [1]Die Wettbewerbsbehörde kann die Vorlegung von Urkunden und Gegenständen, die sich in ihren Akten zu einem Verfahren befinden oder in einem Verfahren amtlich verwahrt werden, ablehnen, soweit sie Folgendes enthalten:
1. Kronzeugenerklärungen,
2. Vergleichsausführungen, die nicht zurückgezogen wurden,
3. interne Vermerke der Behörden oder
4. Kommunikation der Wettbewerbsbehörden untereinander oder mit der Generalstaatsanwaltschaft am Sitz des für die Wettbewerbsbehörde zuständigen Oberlandesgerichts oder dem Generalbundesanwalt beim Bundesgerichtshof.

[2]§ 33g Absatz 5 und § 89b Absatz 8 finden entsprechende Anwendung; letztere Regelung mit der Maßgabe, dass sie auch für die Überprüfung von Urkunden und Gegenständen im Sinne des Satzes 1 Nummer 3 und 4 gilt.

(5) [1]Die §§ 406e und 475 der Strafprozessordnung finden neben den Absätzen 1 bis 3 keine Anwendung, soweit die Einsicht in die kartellbehördliche Akte oder die Auskunft der Erhebung eines Schadensersatzanspruchs wegen eines Verstoßes nach § 33 Absatz 1 oder der Vorbereitung dieser Erhebung dienen soll. [2]Das Recht, aufgrund dieser Vorschriften Einsicht in Bußgeldbescheide zu begehren, die eine Kartellbehörde erlassen hat, bleibt unberührt. [3]§ 33g Absatz 1 und 2 findet keine Anwendung auf Wettbewerbsbehörden, die im Besitz von Beweismitteln sind.

(6) [1]Die Regelungen der Absätze 1 bis 5 gelten entsprechend für Behörden und Gerichte, die Akten, Bestandteile oder Kopien von Akten einer Wettbe-

werbsbehörde in ihren Akten haben. [2]Die Wettbewerbsbehörde, die die Akte führt oder geführt hat, ist nach Absatz 2 Satz 2 zu beteiligen.

1. Überblick

1 Der durch die 9. GWB-Novelle 2017 eingefügte § 89c regelt die Offenlegung aus der Akte der Wettbewerbsbehörde; die Wettbewerbsbehörden sind in § 89e definiert als das BKartA, die nach Landesrecht zuständigen obersten Landesbehörden, die Europäische Kommission und die Wettbewerbsbehörden anderer Mitgliedstaaten der Europäischen Union. Die Regelungen der Abs. 1 und 2 setzen Art. 6 Abs. 1 und 10 Kartellschadensersatz-Richtlinie um. Die Systematik der Regelung wird durch Abs. 5 offenbar. Zur Vorbereitung eines Schadensersatzanspruchs soll gerade **nicht** der Weg der **strafprozessualen Akteneinsicht** gegangen werden, mit Ausnahme der Einsicht in die Bußgeldbescheide (Abs. 5 S. 2). Der Zugang zu Beweismitteln in der Akte der Wettbewerbsbehörde geschieht allein über § 89c; der **Anspruch auf Vorlage von Beweismitteln** nach § 33g Abs. 1 und 2 besteht gerade **nicht gegenüber den Wettbewerbsbehörden.** Mit der 11. GWB-Novelle wurde Abs. 3 Nr. 3 auf die Durchsetzung des DMA erstreckt. Zur **zeitlichen Geltung** s. § 187 Abs. 4.

2 Abs. 1 regelt die Möglichkeit des Gerichts, auf Antrag einer Partei bei der **Wettbewerbsbehörde** die **Vorlegung von Urkunden und Gegenständen** zu ersuchen. Abs. 2 regelt die Möglichkeit des Gerichts, dem Antragsteller die vorgelegten Urkunden und Gegenstände unter bestimmten Voraussetzungen zugänglich zu machen. Abs. 4 regelt die Gründe, mit denen die Wettbewerbsbehörde ablehnen kann. Abs. 5 bestimmt, dass die Akteneinsichtsrechte der Strafprozessordnung neben den Abs. 1–3 keine Anwendung finden, dass aber das Recht, Einsicht in den Bußgeldbescheid zu begehren, davon unberührt bleibt. Abs. 6 sieht schließlich vor, dass diese Regelungen entsprechend für Behörden und Gerichte gelten, die über Kopien von Akten der Wettbewerbsbehörde verfügen, also zB die Steuerverwaltung oder Staatsanwaltschaften.

2. Beiziehung und Zugang (Abs. 1, 2)

3 Abs. 1 stellt nach dem RegE 9. GWB-Novelle 2017 (S. 102) eine **Sonderregelung** zu § 273 Abs. 2 Nr. 2 ZPO und der möglichen Gewährung der Akteneinsicht nach § 299 ZPO dar. Das Ersuchen des Gerichts nach § 89c ist wie das Ersuchen nach § 273 Abs. 2 Nr. 2 ZPO auf Amtshilfe gerichtet (Kersting/Podszun 9. GWB-Novelle/Preuß Kap. 10 Rn. 94). Nach § 273 Abs. 2 Nr. 2 ZPO kann der Vorsitzende oder ein bestimmtes Mitglied des Prozessgerichts Behörden oder Träger eines öffentlichen Amtes um Mitteilung von Urkunden oder Erteilung amtlicher Auskünfte ersuchen. Die ersuchte Behörde muss dem Ersuchen nach den allgemeinen Regelungen zur Amtshilfepflicht oder spezialgesetzlichen Vorschriften nachkommen (Zöller/Greger ZPO § 273 Rn. 8a); für ausländische Wettbewerbsbehörden und die Europäische Kommission ist dies im Einzelfall zu klären. § 299 Abs. 1 ZPO regelt die Akteneinsicht für die Parteien in die Prozessakten. Nach § 299 Abs. 1 ZPO haben die Parteien grds. Zugang zu den Gerichtsakten, und dazu gehören auch die beigezogenen Akten, es sei denn, dass die die Akte zur Verfügung stellende Behörde ausdrücklich ausgeschlossen hat, dass die Parteien Zugang zur Akte bekommen sollen. Allerdings kann dann der Akteninhalt im Prozess auch nicht verwendet werden (Zöller/Greger ZPO § 299 Rn. 3.).

4 **Abs. 1 und Abs. 2 variieren diese allgemeinen Regelungen:** Zusammen mit den Abs. 4 und 5 sorgen sie dafür, dass einerseits Ersuchen an die Wettbewerbsbehörden beantragt werden können und andererseits die nach § 299 Abs. 1 ZPO unbeschränkte Akteneinsicht entsprechend den Sonderregelungen in § 89c eingeschränkt

werden kann, insbes. im Hinblick auf Kronzeugenerklärungen und Vergleichsausführungen. In dieses System fügt sich auch § 89d Abs. 4 ein. Nach § 432 Abs. 1 ZPO kann eine Partei auch dadurch Beweis antreten, dass sie beantragt, dass das Gericht eine Behörde um Mitteilung einer Urkunde ersucht. Auch hier ist die Behörde grds. zur Amtshilfeverpflichtet. Damit wiederum die **Synchronisierung zum kartellrechtlichen** Beweisverfahren hergestellt wird, müssen nach § 89d Abs. 4 die Regelungen nach § 89c Abs. 1–4 sowie Abs. 6 auch in diesem Verfahren berücksichtigt werden (Kersting/Podszun 9. GWB-Novelle/Preuß Kap. 10 Rn. 92).

5 Abs. 1 regelt zwar **nur den Antrag auf Ersuchen der Vorlegung von Urkunden und Gegenständen** aus Behördenakten, **gilt aber auch** für den **Antrag auf amtliche Auskunft.** Abs. 3 regelt auch die Erteilung amtlicher Auskünfte, sodass die Nichterwähnung der amtlichen Auskunft in Abs. 1 ein Redaktionsversehen sein muss. Wegen der Nähe der Regelungen von § 273 Abs. 2 Nr. 2 ZPO und § 89c ergeben sich aber keine wesentlichen Unterschiede im Verfahren.

6 Für den Antrag muss der Antragsteller nach Abs. 1 **glaubhaft machen,** einen Schadensersatzanspruch nach § 33a Abs. 1 zu haben (Nr. 1) und die in der Akte vermuteten Informationen nicht mit zumutbaren Aufwand von einer anderen Partei oder einen Dritten erlangen zu können (Nr. 2). Dabei ist nicht klar, was unter Glaubhaftmachung zu verstehen ist. Eine Glaubhaftmachung nach § 294 ZPO gibt es nur für tatsächliche Behauptungen; nach Nr. 1 geht es aber um die Glaubhaftmachung eines Anspruchs. Man könnte Nr. 1 so verstehen, dass die tatsächlichen Voraussetzungen für den Anspruch nach § 33 Abs. 1 glaubhaft gemacht werden müssen, also gem. § 294 ZPO mithilfe von Beweismitteln einschließlich der Versicherung an Eides Statt. Wie bei § 33g Abs. 1 wird man davon ausgehen müssen, dass es ausreicht, dass zu sämtlichen Tatbestandsmerkmalen des Schadensersatzanspruchs **schlüssig** vorgetragen wird; würde man den Beweis nach § 294 ZPO verlangen, geriete man in das Dilemma, entweder den Anspruch nicht glaubhaft machen zu können, weil die angeforderten Beweismittel nicht vorhanden sind, oder den Antrag durch den Vortrag selbst zu entkräften, weil so verlangt würde, dass nach Abs. 2 Nr. 2 bereits alle Beweismittel vorliegen und deshalb die Beweismittel, die vorgelegt werden sollen, gar nicht erforderlich sind.

7 Über den **Antrag** entscheidet das Gericht durch **Beschluss,** gegen den **sofortige Beschwerde** stattfindet.

8 **Abs. 2** verlangt für die **Zugänglichmachung** der beigezogenen Akteninhalte, dass die verlangten **Urkunden, Gegenstände oder Auskünfte** dem Antrag **entsprechen** (Nr. 1), **erforderlich** sind, um die Erhebung des Anspruchs nach § 33 Abs. 1 bzw. die Verteidigung dagegen möglich zu machen (Nr. 2), und dass die Zugänglichmachung oder Auskunftserteilung **nicht unverhältnismäßig** ist (Nr. 3) (→ Rn. 10).

9 Unglücklich ist die Regelung von § 89c im Hinblick auf **Anträge des Beklagten auf Beiziehung von Beweismitteln aus Behördenakten.** Aus Abs. 1 könnte man ableiten, dass der Beklagte gar kein Antragsrecht hat, weil vom Antragsteller verlangt wird, dass er glaubhaft macht, dass er einen Anspruch auf Schadensersatz nach § 33 Abs. 1 gegen eine andere Partei hat. Diese Glaubhaftmachung kann vom Beklagten nicht verlangt werden. Abs. 2, der die Zugänglichmachung der Beweismittel regelt, berücksichtigt aber auch die Verteidigung gegen den Anspruch; der Anspruchsgegner kann Zugang verlangen, soweit die Tatsachen und Beweismittel zur Verteidigung gegen den Anspruch nach § 33 Abs. 1 erforderlich sind. Der Gesetzgeber geht wohl davon aus, dass das Initiativrecht für den Antrag beim Anspruchsteller bleiben soll, dass aber über Abs. 2 gewährleistet sein soll, dass der Beklagte auch Zugang zu den beigezogenen Beweismitteln bekommt. Dabei ist störend, dass Abs. 2 das Recht wiederum nur dem Antragsteller zubilligt; deshalb muss § 89c so gelesen werden, dass auch derjenige, der sich gegen den Anspruch verteidigt, den Antrag nach § 89c stellen kann.

3. Ausschluss wegen Unverhältnismäßigkeit (Abs. 3)

Nach **Abs. 3** ist das Ersuchen nach Abs. 1 um die Vorlage von Urkunden und Gegenständen der Wettbewerbsbehörde oder die Erteilung amtlicher Auskünfte ausgeschlossen, soweit es **unverhältnismäßig** ist. Zunächst soll bei der **Abwägung** im Rahmen der Verhältnismäßigkeitsprüfung § 33g Abs. 3 berücksichtigt werden, also inwieweit der Antrag auf zugängliche Informationen und Beweismittel gestützt wird und dem Umfang der Beweismittel, den Kosten der Herausgabe, dem Ausschluss der Ausforschung, dem Umfang der Bindungswirkung der Entscheidung nach § 33b und der Wirksamkeit der öffentlichen Durchsetzung des Kartellrechts bzw. des DMA sowie dem Schutz von Betriebs- und Geschäftsgeheimnissen Rechnung getragen wird. Dazu kommt noch die Anhängigkeit des Anspruchs nach § 33a Abs. 1. 10

4. Ablehnungsgründe der Wettbewerbsbehörde (Abs. 4)

Nach Abs. 4 kann die Wettbewerbsbehörde die Vorlegung der Urkunden und Gegenstände aus den Akten **ablehnen,** soweit diese **Kronzeugenerklärungen** (Nr. 1), **Vergleichsausführungen,** die nicht zurückgezogen wurden (Nr. 2), **interne Vermerke** der Behörden (Nr. 3) oder **Kommunikation der Wettbewerbsbehörden untereinander bzw. mit der Generalstaatsanwaltschaft oder dem Generalbundesanwalt** (Nr. 4) enthalten. 11

5. Beschränkung der Akteneinsicht nach anderen Vorschriften (Abs. 5)

Abs. 5 bestimmt, dass die **Akteneinsichtsrechte der Strafprozessordnung** nach §§ 406e, 475 StPO neben den Abs. 1–3 **keine Anwendung** finden, dass aber das Recht, Einsicht in den Bußgeldbescheid zu begehren, davon unberührt bleibt. Der Gesetzgeber setzt damit bewusst auf die Zugänglichmachung über das für den Schadensersatzanspruch zuständige Zivilgericht und schränkt die Akteneinsicht des Geschädigten insoweit ein. Unklar ist, ob diese Beschränkung auch für Ansprüche nach dem IFG gilt (s. Weitbrecht NZKart 2018, 106 (110)). 12

6. Entsprechende Anwendung für andere Behörden (Abs. 6)

Abs. 6 sieht schließlich vor, dass die Regelungen der Abs. 1–5 entsprechend für Behörden und Gerichte gelten, die über Kopien von Akten der Wettbewerbsbehörde verfügen, also zB für die Steuerverwaltung oder Staatsanwaltschaften. 13

§ 89d Beweisregeln

(1) **Beweismittel, die allein durch Einsicht in die Akten einer Wettbewerbsbehörde oder nach § 89c erlangt worden sind, können nur Beweis für Tatsachen in einem Rechtsstreit über einen Anspruch auf Schadensersatz wegen eines Verstoßes nach § 33 Absatz 1 erbringen, wenn derjenige, dem die Einsicht gewährt worden ist, oder dessen Rechtsnachfolger Partei in dem Rechtsstreit ist.**

(2) **Kronzeugenerklärungen und Vergleichsausführungen, die allein durch Einsicht in die Akten einer Behörde oder eines Gerichts oder nach § 89c erlangt worden sind, können keinen Beweis für Tatsachen in einem Rechtsstreit über einen Anspruch auf Schadensersatz wegen eines Verstoßes nach § 33 Absatz 1 erbringen.**

(3) **Beweismittel im Sinne von § 33g Absatz 5, die allein durch Einsicht in die Akten einer Behörde oder eines Gerichts oder nach § 89c erlangt**

worden sind, können keinen Beweis für Tatsachen in einem Rechtsstreit über einen Anspruch auf Schadensersatz wegen eines Verstoßes nach § 33 Absatz 1 erbringen, bis die Wettbewerbsbehörde ihr Verfahren vollständig durch Erlass einer Entscheidung oder in anderer Weise gegen jeden Beteiligten beendet hat.

(4) [1]**Die §§ 142, 144, § 371 Absatz 2, § 371a Absatz 1 Satz 1, die §§ 421, 422, 428, 429 und 432 der Zivilprozessordnung finden in einem Rechtsstreit über einen Anspruch auf Schadensersatz wegen eines Verstoßes nach § 33 Absatz 1 oder über einen Anspruch nach § 33g Absatz 1 oder Absatz 2 nur Anwendung, soweit in Bezug auf die vorzulegende Urkunde oder den vorzulegenden Gegenstand auch ein Anspruch auf Herausgabe von Beweismitteln nach § 33g gegen den zur Vorlage Verpflichteten besteht, es sei denn, es besteht ein vertraglicher Anspruch auf Vorlage gegen den Verpflichteten.** [2]**Satz 1 gilt entsprechend für die Vorlage durch Behörden bei Urkunden und Gegenständen, die sich in der Akte einer Wettbewerbsbehörde befinden oder in einem Verfahren amtlich verwahrt werden, mit der Maßgabe, dass in Bezug auf das betreffende Beweismittel auch die Voraussetzungen für eine Vorlage nach § 89c Absatz 1 bis 4 und 6 vorliegen müssen.**

1 § 89d setzt Art. 7 Kartellschadensersatz-Richtlinie um, nämlich Abs. 1 Art. 7 Abs. 3 Kartellschadensersatz-Richtlinie, Abs. 2 Art. 7 Abs. 1 Kartellschadensersatz-Richtlinie und Abs. 3 Art. 7 Abs. 2 Kartellschadensersatz-Richtlinie. Abs. 4 soll gewährleisten, dass die Vorgaben der Art. 5 und 6 Kartellschadensersatz-Richtlinie und deren Umsetzung in den §§ 33g und 89c nicht durch andere zivilprozessuale Vorlage- oder Offenlegungspflichten unterlaufen werden. Ausgenommen sind hiervon prozessuale Vorlagepflichten, soweit sie auf einem Anspruch aus einem Vertrag beruhen, weil insofern keine erhöhte Schutzbedürftigkeit ersichtlich ist (RegE 9. GWB-Novelle 2017, 105). Zur **zeitlichen Geltung** s. § 187 Abs. 4.

2 Abs. 1 beschränkt die Verwendbarkeit von Beweismitteln, die allein durch Einsicht in die Akten einer Wettbewerbsbehörde oder durch Ersuchen auf Einsicht durch das Gericht nach § 89c erlangt worden sind. Diese Beweismittel können nur Beweis für Tatsachen in einem Rechtsstreit über einen Anspruch auf Schadensersatz nach §§ 33, 33a sein und nur dann, wenn derjenige, dem die Einsicht gewährt worden ist, oder dessen Rechtsnachfolger Partei in dem Rechtsstreit ist.

3 Abs. 2 **schützt Kronzeugenerklärungen und Vergleichsausführungen,** die allein durch Einsicht in die Akten einer Behörde oder eines Gerichts oder nach § 89c erlangt worden sind. Kronzeugenerklärungen und Vergleichsausführungen, sollten sie im Rechtsstreit zur Kenntnis erlangt sein, können nicht zu Beweiszwecken im Schadensersatzprozess herangezogen werden.

4 Nach Abs. 3 können Beweismittel nach § 33g Abs. 5, also Informationen für das wettbewerbsbehördliche Verfahren, Mitteilungen der Wettbewerbsbehörden an die Beteiligten im Verfahren oder Vergleichsausführungen, die zurückgezogen werden, erst dann zu Beweiszwecken verwendet werden, wenn die Wettbewerbsbehörde ihr Verfahren vollständig durch Erlass einer Entscheidung oder in anderer Weise gegen jeden Beteiligten beendet hat.

5 Abs. 4 regelt, dass die Möglichkeit des Gerichts, Auskünfte oder die Herausgabe von Unterlagen oder Urkunden anzuordnen, **nur besteht,** soweit es einen Anspruch auf Herausgabe der entsprechenden Urkunde oder des verlangten Gegenstandes nach § 33g oder aus Vertrag gibt. Das Gleiche gilt nach S. 2 für die Vorlage durch Behörden bei Urkunden und Gegenständen, die sich in der Akte einer Wettbewerbsbehörde befinden, auch mit der Maßgabe, dass in Bezug auf das betreffende Beweismittel die Voraussetzungen für eine Vorlage nach § 89c Abs. 1–4 und 6 vorliegen müssen.

§ 89e Gemeinsame Vorschriften für die §§ 33g und 89b bis 89d

(1) [1]**Wettbewerbsbehörden im Sinne der §§ 33g und 89b bis 89d sind**
1. **das Bundeskartellamt,**
2. **die nach Landesrecht zuständigen obersten Landesbehörden,**
3. **die Europäische Kommission und**
4. **die Wettbewerbsbehörden anderer Mitgliedstaaten der Europäischen Union.**

[2]**Im Rahmen der Anwendung der §§ 33g und 89b bis 89d auf Verstöße nach der Verordnung (EU) 2022/1925 gelten als Wettbewerbsbehörden die Europäische Kommission sowie Behörden, die die in Artikel 1 Absatz 6 der Verordnung (EU) 2022/1925 genannten Vorschriften anwenden.**

(2) [1]**Absatz 1 sowie die §§ 33g, 89b bis 89d finden entsprechende Anwendung auf die Durchsetzung von Schadensersatzansprüchen oder Verteidigung gegen Schadensersatzansprüche wegen Zuwiderhandlungen gegen Bestimmungen des nationalen Rechts eines anderen Mitgliedstaates der Europäischen Union,**
1. **mit denen überwiegend das gleiche Ziel verfolgt wird wie mit den Artikeln 101 und 102 des Vertrages über die Arbeitsweise der Europäischen Union und**
2. **die nach Artikel 3 Absatz 1 der Verordnung (EG) Nr. 1/2003 auf denselben Fall und parallel zum Wettbewerbsrecht der Europäischen Union angewandt werden.**

[2]**Davon ausgenommen sind nationale Rechtsvorschriften, mit denen natürlichen Personen strafrechtliche Sanktionen auferlegt werden, es sei denn, solche strafrechtlichen Sanktionen dienen als Mittel, um das für Unternehmen geltende Wettbewerbsrecht durchzusetzen.**

Abs. 1 definiert den Begriff der Wettbewerbsbehörde. Wettbewerbsbehörden sind das BKartA, die Landeskartellbehörden, die Europäische Kommission und die Wettbewerbsbehörden der EU-Mitgliedsstaaten. Die 11. GWB-Novelle 2023 hat die Definition der Wettbewerbsbehörden in Abs. 1 S. 2 auf die Behörden einschließlich der Europäischen Kommission erweitert, die zur Durchsetzung des DMA berufen sind. 1

Abs. 2 schützt den Geschädigten davor, nicht in den Genuss der besonderen kartellrechtlichen Verfahrensregelungen zu kommen, weil gegen nationales Wettbewerbsrecht verstoßen wurde, das nicht unter § 33a fällt, weil kein Verstoß nach § 33 Abs. 1 vorliegt; § 33 Abs. 1 erfasst nur den Verstoß gegen deutsches und europäisches Kartellrecht. Abs. 2 ordnet die entsprechende Anwendung der materiell rechtlich ausgestalteten Verfahrensvorgaben auf Schadensersatzansprüche nach dem Kartellrecht der Mitgliedsstaaten der Europäischen Union an. 2

Kapitel 5. Gemeinsame Bestimmungen

Vorbemerkung §§ 90–96

1 Die **7. GWB-Novelle 2005** hat den früheren Vierten – und jetzigen Fünften – Abschnitt neu gegliedert. § 90, der inhaltlich nur wenig geändert wurde, wurde dem Fünften Abschnitt zugeschlagen, weil er mit dem neuen Abs. 1 S. 3 (→ § 90 Rn. 3) nicht nur bürgerliche Rechtsstreitigkeiten betrifft, sondern auch sonstige (zB verwaltungsgerichtliche) Rechtsstreitigkeiten. Im Übrigen enthält der Fünfte Abschnitt (§§ 90–95) eine neue – durch die 8. GWB-Novelle 2012/2013 neu gefasste – Vorschrift in § 90a über die Zusammenarbeit der Gerichte mit der Kommission und den Kartellbehörden sowie Regelungen über die Zuständigkeit der Oberlandesgerichte in Verwaltungs- und Bußgeldsachen (§§ 91, 92) und in Zivilsachen (§ 93) sowie über die Einrichtung eines Kartellsenats beim BGH (§ 94), der für die kartellrechtlichen Verwaltungssachen, Bußgeldverfahren und bürgerlichen Rechtsstreitigkeiten zuständig ist. § 95 stellt klar, dass die durch das GWB begründete Gerichtszuständigkeit ausschließlich ist. Der früher auch zu dem Abschnitt über die „gemeinsamen Bestimmungen" gehörende **§ 96 ist aufgehoben worden,** weil die in ihm vorgesehene entsprechende Anwendung der Verfahrensvorschriften auch für Rechtsstreitigkeiten im Zusammenhang mit Art. 101 und 102 AEUV und Art. 53 und 54 EWR-Abkommen unmittelbar in die §§ 87 ff. integriert wurde. Die **9. GWB-Novelle 2017 hat § 90 Abs. 1 neu gefasst sowie die Abs. 5 und 6 neu eingefügt.**

§ 90 Benachrichtigung und Beteiligung der Kartellbehörden

(1) **[1]Die deutschen Gerichte unterrichten das Bundeskartellamt über alle Rechtsstreitigkeiten, deren Entscheidung ganz oder teilweise von der Anwendung der Vorschriften dieses Gesetzes, von einer Entscheidung, die nach diesen Vorschriften zu treffen ist, oder von der Anwendung von Artikel 101 oder 102 des Vertrages über die Arbeitsweise der Europäischen Union oder von Artikel 53 oder 54 des Abkommens über den europäischen Wirtschaftsraum oder von der Anwendung der Verordnung (EU) 2022/1925 abhängt. [2]Dies gilt auch in den Fällen einer entsprechenden Anwendung der genannten Vorschriften. [3]Satz 1 gilt nicht für Rechtsstreitigkeiten über Entscheidungen nach § 42. [4]Das Gericht hat dem Bundeskartellamt auf Verlangen Abschriften von allen Schriftsätzen, Protokollen, Verfügungen und Entscheidungen zu übersenden.**

(2) **[1]Der Präsident des Bundeskartellamts kann, wenn er es zur Wahrung des öffentlichen Interesses als angemessen erachtet, aus den Mitgliedern des Bundeskartellamts eine Vertretung bestellen, die befugt ist, dem Gericht schriftliche Erklärungen abzugeben, auf Tatsachen und Beweismittel hinzuweisen, den Terminen beizuwohnen, in ihnen Ausführungen zu machen und Fragen an Parteien, Zeugen und Sachverständige zu richten. [2]Schriftliche Erklärungen der vertretenden Person sind den Parteien von dem Gericht mitzuteilen.**

(3) **Reicht die Bedeutung des Rechtsstreits nicht über das Gebiet eines Landes hinaus, so tritt im Rahmen des Absatzes 1 Satz 4 und des Absatzes 2 die oberste Landesbehörde an die Stelle des Bundeskartellamts.**

(4) **Die Absätze 1 und 2 gelten entsprechend für Rechtsstreitigkeiten, die die Durchsetzung eines nach § 30 gebundenen Preises gegenüber einem gebundenen Abnehmer oder einem anderen Unternehmen zum Gegenstand haben.**

(5) [1]**Das Bundeskartellamt kann auf Antrag eines Gerichts, das über einen Schadensersatzanspruch nach § 33a Absatz 1 Satz 1 zu entscheiden hat, eine Stellungnahme zur Höhe des Schadens abgeben, der durch den Verstoß entstanden ist.** [2]**Die Rechte des Präsidenten des Bundeskartellamts nach Absatz 2 bleiben unberührt.**

(6) [1]**Absatz 1 Satz 4 und Absatz 2 gelten entsprechend für Streitigkeiten vor Gericht, die erhebliche, dauerhafte oder wiederholte Verstöße gegen verbraucherrechtliche Vorschriften zum Gegenstand haben, die nach ihrer Art oder ihrem Umfang die Interessen einer Vielzahl von Verbraucherinnen und Verbrauchern beeinträchtigen.** [2]**Dies gilt nicht, wenn die Durchsetzung der Vorschriften nach Satz 1 in die Zuständigkeit anderer Bundesbehörden fällt.**

1. Grundzüge

§ 90 entspricht im Wesentlichen § 90 idF bis zur 6. GWB-Novelle 1998. Die **7. GWB-Novelle 2005** hat Abs. 1 dem neuen § 87 Abs. 1 angepasst und den Verweis des alten § 96 für die Anwendung des § 90 auf Rechtsstreitigkeiten iVm Art. 101 und 102 AEUV und Art. 53 und 54 EWR-Abkommen in diesen integriert. Neu ist Abs. 1 S. 3 (→ Rn. 3). Die GWB-Novelle 2007 hat in Abs. 2 eine „redaktionelle Berichtigung" im Hinblick auf eine Klausel vorgenommen, die auf eine seit der 7. GWB-Novelle 2005 nicht mehr geltende Bestimmung verwies. Die 8. GWB-Novelle 2012/2013 hat die Verweise in Abs. 1 an den Vertrag von Lissabon angepasst. Abs. 1 wurde durch die 9. GWB-Novelle 2017 neu gefasst. Die Neufassung steht klar, dass die Informationspflichten und das Recht zur Stellungnahme unabhängig von Gericht und Verfahrensart in allen Rechtsstreitigkeiten mit Bezug zum EU-Kartellrecht oder zu den parallelen GWB-Vorschriften gelten. S. 2 erfasst die Fälle, in denen – wie etwa nach § 69 Abs. 2 SGB V – eine entsprechende Anwendung der Bestimmungen nach S. 1 vorgesehen ist (RegE 9. GWB-Novelle 2017, 106). Die Unterrichtung nach Abs. 1 dient zur Absicherung des Stellungnahmerechts nach Abs. 2. 1

Nach Abs. 1 hat das **„Gericht" das BKartA über alle Kartellrechtsstreitigkeiten und Streitigkeiten mit Anwendung des DMA iSv § 87 Abs. 1 zu unterrichten** und ihm auf Verlangen Abschriften von allen Schriftsätzen, Protokollen, Verfügungen und Entscheidungen zu übersenden. Diese Pflicht gilt unabhängig davon, ob das Verfahren bei dem nach § 87 zuständigen oder unzuständigen Gericht anhängig ist. Sie trifft die Gerichte in **allen Instanzen** und – jedenfalls nach der dem Verf. bekannten Auffassung des BKartA – auch **in allen Verfahrensarten** (Bußgeldverfahren, aber auch bei den Sozial- und Verwaltungsgerichten). Das hat besondere Bedeutung auch für Fälle, die in den Anwendungsbereich der Art. 101 oder 102 AEUV fallen könnten. Das BKartA kann sich nach Abs. 2 als „amicus curiae" (dazu TB 2011/2012, 41 f.) an dem Verfahren beteiligen, Schriftsätze einreichen und an den Verhandlungsterminen teilnehmen. Das Amt macht von dieser Befugnis im erstinstanzlichen und im Berufungsverfahren selten, im Revisionsverfahren immer – jedenfalls in der mündlichen Verhandlung vor dem BGH (dazu Bornkamm, 50 Jahre Bundeskartellamt, 2008, 36 f.) – Gebrauch. Reicht die Bedeutung des Rechtsstreits nicht über das Gebiet eines Landes hinaus, so tritt an die Stelle des BKartA die **Landeskartellbehörde** (Abs. 3). Dafür kommt es nicht wie in § 48 Abs. 2 auf die Wirkung der Marktbeeinflussung oder des wettbewerbsbeschränkenden Verhaltens an; entscheidend ist vielmehr die regionale oder überregio- 2 nale Bedeutung des Rechtsstreits insgesamt. In der Praxis wird im Zweifel von der **Mitwirkungsbefugnis des BKartA,** nicht einer Landeskartellbehörde, ausgegangen. Das BKartA und die Landeskartellbehörde haben im Zusammenhang mit dieser Mitwirkung **keinerlei Ermittlungsbefugnisse;** sie dürfen aber Erkenntnisse aus einem parallel laufenden Ermittlungsverfahren verwerten (KG WuW/E 2446 (2447) – Heizölhandel). Abs. 4 sieht die Anwendung der Vorschriften der Abs. 1 und 2 auch für Rechtsstreitigkeiten vor, die die Durchsetzung eines nach § 30 gebundenen Preises gegenüber einem gebundenen Abnehmer oder einem anderen Unternehmen zum Gegenstand haben. Diese Vorschrift ist durch die 1. GWB-Novelle 1965 eingeführt worden, als es noch die Markenwaren-Preisbindung gab. Sie kann heute nur für die **Preisbindung** für Zeitungen und Zeitschriften (§ 30) angewendet werden; praktische Bedeutung hat sie nicht erlangt. Verletzt ein Gericht die Verpflichtung nach Abs. 1, ist das folgenlos. § 90 ist im Telekommunikationsrecht über § 139 TKG anwendbar; insoweit tritt die Bundesnetzagentur an die Stelle des BKartA. Im Energiewirtschaftsrecht sieht § 104 Abs. 1 EnWG eine Benachrichtigung der Regulierungsbehörde vor. Entsprechende Regelungen fehlen im Allgemeinen Eisenbahngesetz (AEG) und im Postrecht (dazu BGH WRP 2008, 376 Rn. 9 f.).

3 Die 9. GWB-Novelle 2017 hat in Umsetzung von Art. 17 Abs. 3 Kartellschadensersatz-Richtlinie einen neuen Abs. 5 eingefügt. Danach kann das Gericht beim BKartA eine Stellungnahme zur Bemessung der Höhe des Schadens, der durch den Kartellverstoß verursacht wurde, beantragen. Ob das BKartA eine solche Stellungnahme abgibt, steht in seinem freien Ermessen. Das BKartA soll entsprechend unterrichtet werden bei Streitigkeiten, die erhebliche, dauerhafte oder wiederholte Verstöße gegen verbraucherrechtliche Vorschriften zum Gegenstand haben.

2. EU-Recht

4 § 90 gilt über § 87 Abs. 1 auch für **bürgerliche Rechtsstreitigkeiten,** die sich **aus den Art. 101 oder 102 AEUV** ergeben. Auch hier ist nur eine Benachrichtigung des BKartA und – bei nur regionaler Bedeutung des Rechtsstreits – der Landeskartellbehörde vorgesehen. Die Benachrichtigung oder sonstige Beteiligung der Kommission am Verfahren ist in § 90a geregelt. Soweit Art. 101 und 102 AEUV in anderen Verfahren als Kartellzivilprozessen relevant wird, gilt der durch die 7. GWB-Novelle 2005 neu eingeführte Abs. 1 S. 3. Nach ihm gelten die Sätze 1 und 2 entsprechend „in **sonstigen Rechtsstreitigkeiten**", die die **Anwendung der Art. 101 oder 102 AEUV** betreffen. Damit sind gerade nicht die bürgerlichen Rechtsstreitigkeiten gemeint, die durch § 87 geregelt sind und auf die Abs. 1 S. 1 – auch in Bezug auf Art. 101 und 102 AEUV und Art. 53 und 54 EWR-Abkommen – Bezug nimmt. Die Begr. z. RegE (BT-Drs. 15/3640, zu Nr. 55 und 56, WuW-Sonderheft, 201) verweist dafür auf die Möglichkeit, dass auch verwaltungsgerichtliche Rechtsstreitigkeiten die Anwendung der Art. 101 und 102 AEUV betreffen können. S. 3 nimmt nicht auch Bezug auf **Art. 53 und 54 EWR-Abkommen.** Diese sind nicht in Art. 15 Kartellverfahrens-VO erwähnt. Soweit eine Rechtsstreitigkeit Art. 53 und 54 EWR-Abkommen betrifft, ohne zugleich auch Art. 101 und 102 AEUV zu betreffen, gilt die Benachrichtigungspflicht nach Abs. 1 S. 3 nicht; praktisch ist aber auszuschließen, dass in diesen Fällen nicht zugleich auch Art. 101 und 102 AEUV relevant sind.

§ 90a Zusammenarbeit der Gerichte mit der Europäischen Kommission und den Kartellbehörden

(1) [1]**In allen gerichtlichen Verfahren, in denen der Artikel 101 oder 102 des Vertrages über die Arbeitsweise der Europäischen Union oder die Ver-**

ordnung (EU) 2022/1925 zur Anwendung kommt, übermittelt das Gericht der Europäischen Kommission über das Bundeskartellamt eine Abschrift jeder Entscheidung unverzüglich nach deren Zustellung an die Parteien. [2]Das Bundeskartellamt darf der Europäischen Kommission die Unterlagen übermitteln, die es nach § 90 Absatz 1 Satz 4 erhalten hat.

(2) **[1]Die Europäische Kommission kann in Verfahren nach Absatz 1 aus eigener Initiative dem Gericht schriftliche Stellungnahmen übermitteln. [2]Das Gericht übermittelt der Europäischen Kommission alle zur Beurteilung des Falls notwendigen Schriftstücke, wenn diese darum nach Artikel 15 Absatz 3 Satz 5 der Verordnung (EG) Nr. 1/2003 oder nach Artikel 39 Absatz 4 der Verordnung (EU) 2022/1925 ersucht. [3]Das Gericht übermittelt dem Bundeskartellamt und den Parteien eine Kopie einer Stellungnahme der Europäischen Kommission nach Artikel 15 Absatz 3 Satz 3 der Verordnung (EG) Nr. 1/2003. [4]Die Europäische Kommission kann in der mündlichen Verhandlung auch mündlich Stellung nehmen.**

(3) **[1]Das Gericht kann in Verfahren nach Absatz 1 die Europäische Kommission um die Übermittlung ihr vorliegender Informationen oder um Stellungnahmen zu Fragen bitten, die die Anwendung des Artikels 101 oder 102 des Vertrages über die Arbeitsweise der Europäischen Union oder der Verordnung (EU) 2022/1925 betreffen. [2]Das Gericht unterrichtet die Parteien über ein Ersuchen nach Satz 1 und übermittelt diesen und dem Bundeskartellamt eine Kopie der Antwort der Europäischen Kommission.**

(4) **In den Fällen der Absätze 2 und 3 kann der Geschäftsverkehr zwischen dem Gericht und der Europäischen Kommission auch über das Bundeskartellamt erfolgen.**

1. Grundzüge

§ 90a ist durch die **7. GWB-Novelle 2005** eingeführt worden. Er dient der Umsetzung des **Art. 15 Kartellverfahrens-VO** über die Zusammenarbeit zwischen der Kommission und den Gerichten der Mitgliedstaaten. Art. 15 Kartellverfahrens-VO ist eine notwendige Komplementärregelung zu den Art. 11–14 Kartellverfahrens-VO, die die Zusammenarbeit zwischen der Kommission und den Wettbewerbsbehörden der Mitgliedstaaten regeln. Diese Bestimmungen sind durch §§ 50, 50a im deutschen Recht umgesetzt worden. Der Umsetzung des Art. 15 Kartellverfahrens-VO dient auch § 90 Abs. 1 S. 3, der außer den Zivilgerichten auch die Gerichte der anderen Gerichtsbarkeiten zur Unterrichtung der Kartellbehörden, insbes. des BKartA, verpflichtet. § 90a betrifft die **Unterrichtung der Kommission** in den Fällen, in denen **Art. 101 oder 102 AEUV** relevant sind. Er richtet sich ebenso wie § 90 Abs. 1 S. 3 nicht nur an die Zivilgerichte, sondern an alle Gerichtsbarkeiten, soweit sie – insoweit ist das nur für Vorfragen relevant – mit Art. 101 oder 102 AEUV befasst sind. § 90a erwähnt nicht Art. 53 und 54 EWR-Abkommen. Das erscheint nicht von Bedeutung, weil deutsche Gerichte im Allgemeinen nur dann mit diesen Bestimmungen des EWR-Abkommens befasst sind, wenn zugleich auch Art. 101 und 102 AEUV berührt ist. Die 8. GWB-Novelle 2012/2013 hat den Wortlaut mit seinen Verweisungen an den Vertrag von Lissabon angepasst und kleine sachlichen Änderungen vorgenommen. Die 11. GWB-Novelle 2023 weitet die Anwendung von Abs. 1, 2 und 3 auf den DMA aus. 1

2. Unterrichtungspflichten der Gerichte gegenüber der Kommission (Abs. 1 S. 1)

Abs. 1 S. 1 setzt nach der Begr. z. RegE (BT-Drs. 15/3640, zu Nr. 58, WuW-Sonderheft, 202) **Art. 15 Abs. 2 Kartellverfahrens-VO** in deutsches Recht um. 2

Nach Art. 15 Abs. 2 Kartellverfahrens-VO übermitteln „die Mitgliedstaaten" der Kommission „eine Kopie jedes schriftlichen Urteils eines einzelstaatlichen Gerichts über die Anwendung des Art. 81 oder 82 des Vertrages". Diese Verpflichtung gilt unmittelbar. Eine Umsetzung in nationales Recht ist nur insoweit erforderlich, als die Pflicht des „Mitgliedstaats" weitergegeben wird an das entscheidende Gericht. Dieses hat der Kommission „eine **Abschrift jeder Entscheidung**" unverzüglich nach deren Zustellung an die Parteien zu übersenden, und zwar über das BKartA. Abs. 1 S. 1 spricht allgemein von „Entscheidung", während Art. 15 Abs. 2 Kartellverfahrens-VO von „Urteil" spricht. Das deutet einerseits darauf hin, dass es für die Übersendungspflicht nicht darauf ankommt, ob die Entscheidung förmlich als „Urteil" ergangen ist oder zB als „Beschluss". Auf der anderen Seite deutet die EU-rechtliche Regelung darauf hin, dass die Übersendungspflicht sich **nicht auf Zwischenentscheidungen** bezieht, die die Instanz abschließende Entscheidung vorbereiten, aber noch nicht beenden. Das deutsche Gericht kommt seiner Übersendungspflicht nach S. 1 dadurch nach, dass es **dem BKartA** die Entscheidung zur Weitergabe an die Kommission übermittelt. Das BKartA kann zusammen mit der an die Kommission weiterzuleitenden Entscheidung der Kommission auch die Unterlagen übersenden, die es nach § 90 Abs. 1 S. 1 über die Entscheidung hinaus erhalten hat. Das Gesetz regelt nicht den Fall, dass die Rechte nach § 90 nicht dem BKartA, sondern nach § 90 Abs. 3 der obersten Landesbehörde zustehen. Reicht die Bedeutung eines Rechtsstreits nicht über das Gebiet eines Landes hinaus, hat die Landeskartellbehörde die Beteiligungsrechte nach § 90; in diesen Fällen trifft aber die Mitwirkungspflicht (über das BKartA) nach § 90a dennoch das BKartA. In diesem Falle hat es möglicherweise keine Unterlagen nach § 90 Abs. 1 S. 2 erhalten und auch kein Recht darauf; dann läuft die Befugnis nach Abs. 1 S. 2 ins Leere.

3. Informations- und Beteiligungsrechte der Kommission als „amicus curiae" (Abs. 2)

3 Abs. 2 konkretisiert **Art. 15 Abs. 3 Kartellverfahrens-VO.** Nach dessen S. 3 kann die Kommission als „amicus curiae" an nationalen Gerichtsverfahren teilnehmen und „aus eigener Initiative den Gerichten der Mitgliedstaaten schriftliche Stellungnahmen übermitteln", „sofern es die kohärente Anwendung der Artikel 81 oder 82 des Vertrages (= Artikel 101 oder 102 AEUV) erfordert". Abs. 2 S. 1 wiederholt diese Regelung ohne die sachliche Voraussetzung („kohärente Anwendung"). Diese Wiederholung ist rechtlich nicht erforderlich, da sich die **Befugnis der Kommission,** allerdings eingegrenzt durch die Voraussetzungen von Art. 15 Abs. 3 S. 3 Kartellverfahrens-VO, auch im Verhältnis zu den Gerichten der Mitgliedstaaten **unmittelbar aus der Kartellverfahrens-VO** ergibt. Die Kommission kann nach Art. 15 Abs. 3 S. 5 Kartellverfahrens-VO das Gericht des Mitgliedstaats ersuchen, ihr „alle zur Beurteilung des Falls notwendigen Schriftstücke zu übermitteln oder für deren Übermittlung zu sorgen". Dem entspricht Abs. 2 S. 2. Abs. 2 S. 1 und 2 enthalten aber nicht die Pflicht des Gerichts, die Kommission über einen Rechtsstreit zu unterrichten, in dem Art. 101 oder 102 AEUV zur Anwendung kommt. Eine **Unterrichtungspflicht** besteht nach Abs. 1 S. 1 **nur in Bezug auf Entscheidungen.** Außerdem kann die Einschaltung der Kommission bzw. deren Interesse an einer Einschaltung dadurch initiiert werden, dass das BKartA, das im Regelfall nach § 90 über derartige Rechtsstreite informiert werden muss, die Kommission unterrichtet. Die Stellungnahmen der Kommission, die unmittelbar bei Gericht eingehen, sind dem BKartA und den Parteien des Rechtsstreits zu übermitteln.

4 Bis zur 8. GWB-Novelle 2012/2013 sah der frühere S. 3 ausdrücklich die entsprechende Anwendung von **§ 4b Abs. 5 und 6 BDSG** vor. § 4b BDSG regelt die Übermittlung personenbezogener Daten „ins Ausland sowie an über- oder zwischenstaatliche Stellen", also auch an die Kommission. Da diese Vorschriften „man-

gels verdrängender bereichsspezifischer Vorschriften ohnehin unmittelbar zur Anwendung kommen", wurde S. 3 gestrichen (vgl. dazu Begr. z. RegE BT-Drs. 17/9852, 35). Soweit es um personenbezogene Daten geht, ist deren Übermittlung an die Kommission nach BDSG grds. zulässig. § 4b Abs. 5 BDSG besagt, dass das Gericht bzw. das BKartA (soweit es um nach § 90 Abs. 1 S. 2 erhobene Unterlagen geht) als übermittelnde Stelle „die Verantwortung für die Zulässigkeit der Übermittlung trägt". Außerdem ist nach § 4b Abs. 6 BDSG die Kommission, an die die Daten übermittelt werden, auf den Zweck hinzuweisen, zu dessen Erfüllung die Daten übermittelt werden. All das ist aber nur relevant für die Übermittlung **personenbezogener Daten,** also von „Einzelangaben über persönliche oder sachliche Verhältnisse einer bestimmten oder bestimmbaren natürlichen Person" (§ 3 Abs. 1 BDSG).

Nach Abs. 2 S. 4 kann die Kommission in der **mündlichen Verhandlung** **5** mündlich Stellung nehmen. Das Gericht ist, wenn die Kommission erklärt, an der mündlichen Verhandlung teilnehmen zu wollen, dieser zur Mitteilung des Termins verpflichtet. Das Gericht ist aber nicht verpflichtet, zu diesem Zweck eine gesonderte mündliche Verhandlung anzuberaumen. Vielmehr bezieht sich das Teilnahme- und Äußerungsrecht nur auf die sowieso stattfindende mündliche Verhandlung. Dem stehen auch keine EU-rechtlichen Bedenken entgegen, weil nach Art. 15 Abs. 3 S. 4 Kartellverfahrens-VO die Kommission nur „mit Erlaubnis des betreffenden Gerichts auch mündlich Stellung nehmen" kann. Das Gericht ist hiernach zuvor nicht EU-rechtlich, wohl aber nach S. 4 zur Erteilung der Erlaubnis verpflichtet.

4. Ersuchen des Gerichts um Stellungnahme der Kommission (Abs. 3)

Abs. 3 entspricht **Art. 15 Abs. 1 Kartellverfahrens-VO.** Danach können die **6** Gerichte der Mitgliedstaaten die Kommission „um die Übermittlung von Informationen, die sich in ihrem Besitz befinden, oder um Stellungnahmen zu Fragen bitten, die die Anwendung der Wettbewerbsregeln der Gemeinschaft betreffen". Voraussetzung für die Ausübung dieser Befugnis im Hinblick auf **tatsächliche Informationen** ist die Zulässigkeit einer entsprechenden Bitte des Gerichts nach der jeweiligen Prozessordnung. Soweit dem Gericht nicht die eigenständige Aufbereitung des Sachverhalts obliegt, kann es nicht ohne Weiteres Informationen über Tatsachen, insbes. über Marktverhältnisse, von der Kommission anfordern; anderes gilt im Rahmen der Offizialmaxime und bei entsprechenden Beweisanträgen der Parteien. Soweit es um **rechtliche Stellungnahmen** geht, gibt es diese Einschränkungen nicht. Das Gericht ist in allen Prozessordnungen gehalten, alles Erforderliche zu tun, um die durch den Rechtsstreit aufgeworfenen Rechtsfragen sachgerecht zu entscheiden; soweit es dafür der Mitwirkung der Kommission bedarf, hat das Gericht diese um Stellungnahmen zu bitten. Art. 15 Abs. 1 Kartellverfahrens-VO sieht keine ausdrückliche Verpflichtung der Kommission vor, eine entsprechende Stellungnahme abzugeben. Wenn nach Art. 15 Abs. 1 die Kommission um Stellungnahmen gebeten werden darf, liegt dem offensichtlich nicht nur eine grundsätzliche Bereitschaft, sondern auch eine **grundsätzliche Verpflichtung der Kommission** zugrunde, derartige Stellungnahmen abzugeben. Allerdings kann die Kommission, je nach objektiver Relevanz der Bitte des Gerichts, offen darauf hinweisen, dass sie zu der Frage (noch) keine Auffassung oder Erfahrung habe oder sich – aus dann zumindest kurz darzulegenden Gründen – dazu nicht äußern könne oder wolle. Richtet das Gericht ein entsprechendes Ersuchen an die Kommission, sind die Parteien und das BKartA durch eine Kopie des Ersuchens und der Antwort der Kommission zu unterrichten (S. 2).

5. Einschaltung des BKartA (Abs. 4)

7 Gerichte und Kommission können **unmittelbar miteinander in Verbindung** stehen, **oder** den **Geschäftsverkehr über das BKartA** abwickeln. Letzteres bietet sich an, weil die Gerichte im Allgemeinen nicht über einen entsprechenden Zugang zur Kommission verfügen wie das BKartA. Eine Pflicht zur Einschaltung des BKartA gibt es nur im Rahmen der Übersendungspflicht für Entscheidungen nach S. 1; insoweit sieht das Gesetz ausdrücklich vor, dass die Übersendung „über das Bundeskartellamt" zu erfolgen hat.

6. EU-Recht

8 § 90a ist die deutschrechtliche Kehrseite zu Art. 15 Kartellverfahrens-VO; beide Regelungen entsprechen und ergänzen einander.

§ 91 Kartellsenat beim Oberlandesgericht

[1]Bei den Oberlandesgerichten wird ein Kartellsenat gebildet. [2]Er entscheidet über die ihm gemäß § 57 Absatz 2 Satz 2, § 73 Absatz 4, §§ 83, 85 und 86 zugewiesenen Rechtssachen, über die Berufung gegen Endurteile und die Beschwerde gegen sonstige Entscheidungen in bürgerlichen Rechtsstreitigkeiten nach § 87 sowie über Verbandsklagen nach dem Verbraucherrechtedurchsetzungsgesetz, die Ansprüche und Rechtsverhältnisse in den in § 87 aufgeführten bürgerlichen Rechtsstreitigkeiten betreffen.

1. Vorbemerkung

1 § 91 entspricht im Wesentlichen § 92 idF bis zur 6. GWB-Novelle 1998.

2. Zuständigkeit des Kartellsenats des OLG (S. 1)

2 Nach S. 1 wird bei den OLGs ein Kartellsenat gebildet. Das gilt allerdings nicht in den Fällen, in denen aufgrund der §§ 92 und 93 ein OLG auch für den Gerichtsbezirk eines anderen OLG in Verwaltungs-, Bußgeldsachen und bürgerlichen Rechtsstreitigkeiten zuständig ist (wie das OLG Düsseldorf auch für die Gerichtsbezirke der OLGs Köln und Hamm). Soweit nur von der Ermächtigung des § 92, nicht aber des § 93 Gebrauch gemacht wurde, sind bestimmte OLGs **nur für Kartell-Zivilsachen** zuständig, nicht auch für Verwaltungs- und Bußgeldsachen; dann ist der beim OLG gebildete Kartellsenat nur für Kartellzivilsachen zuständig. Soweit die Zentralzuständigkeit eines OLG nicht die Zuständigkeit eines anderen OLG ausschließt, ist der Kartellsenat zuständig für die **Kartellverwaltungssachen** (§ 57 Abs. 2 S. 2 und insbes. § 73 Abs. 4) als Beschwerdegericht gegen Verfügungen der Kartellbehörde, für deren Sitz das OLG zuständig ist, und Kartellzivilsachen (Berufung gegen Endurteil und die Beschwerde gegen sonstige Entscheidungen der nach §§ 87–89 zuständigen Landgerichte). Die Zuständigkeit wurde durch das VRUG auch auf **Verbandsklagen** nach dem Verbraucherrechtedurchsetzungsgesetz erweitert, die Ansprüche und Rechtsverhältnisse nach § 87 betreffen. Für **Kartellbußgeldsachen** kommt nur die Zuständigkeit des OLG in Betracht, das für die Kartellbehörde zuständig ist, die das Bußgeldverfahren führt. Für die Besetzung des Kartellsenats gilt § 122 Abs. 1 GVG; er entscheidet also in allen Funktionen in der Besetzung von **drei Mitgliedern mit Einschluss des Vorsitzenden.**

3. Rechtsmittel in Kartell-Zivilsachen (S. 2)

3 Für die Zuständigkeit des Kartellsenats des OLG und – in den Fällen des § 93 – für die Zuständigkeit des Kartell-OLG kommt es objektiv nur darauf an, ob die

Rechtstreitigkeit der **Vorinstanz eine „bürgerliche Rechtsstreitigkeit nach § 87“** ist; der Zusatz „Abs. 1“ hat sich durch die Aufhebung des § 87 Abs. 2 erledigt. Insoweit ist mit der 6. GWB-Novelle 1998 eine materielle Anknüpfung an die Stelle einer formellen getreten (BGH WuW/E DE-R 485 (487) – Aussetzungszwang). Diese Voraussetzung kann in vielen Fällen eindeutig festgestellt werden, insbes. dadurch, dass sich die anzufechtende Entscheidung ausdrücklich mit Kartellrechtsfragen befasst (vgl. dazu K. Schmidt ZWeR 2007, 394 (406)). Es gibt aber Fälle, in denen dies nicht so eindeutig ist: Das sind einmal die Fälle, in denen das LG ausdrücklich – nach dem Aktenzeichen oder wegen klarer Inanspruchnahme der Zentralzuständigkeit nach § 89 – als Kartellkammer entschieden hat, obwohl es sich objektiv nicht um eine kartellrechtliche Rechtsstreitigkeit iSd § 87 handelte. Daneben gibt es Fälle, in denen die kartellrechtlichen Fragen, die den Rechtsstreit zum Kartellrechtsstreit machen, erst im Rechtsmittelschriftsatz oder erst im Laufe des Rechtsmittelverfahrens aufgeworfen werden. Die Zuständigkeit des Berufungsgerichts entscheidet sich grundsätzlich danach, ob materiell eine Kartellzivilsache vorliegt, also wenn es sich um eine Streitigkeit handelt, für die in erster Instanz bereits ein Kartell-Landgericht zuständig gewesen wäre; es kommt also nicht darauf an, ob ein Kartell-Landgericht in erster Instanz geurteilt hat (OLG Köln NZKart 2019, 170); ähnlich wie hier Bunte/Bornkamm/Tolkmitt Rn. 16, es sei denn, die Vorinstanz hat den Kartellrechtsbezug eklatant falsch festgestellt; K. Schmidt ZWeR 2007, 394 (407); jetzt auch Loewenheim/Meessen/Riesenkampff/Kersting/Meyer-Lindemann/Dicks Rn. 19; aA OLG Düsseldorf NZKart 2018, 145 (147)). Angesichts dieser Schwierigkeiten ist es im Interesse der **Rechtssicherheit** geboten, dass das Rechtsmittel nach Art und Frist immer auch bei dem Gericht eingelegt werden kann, das für die Vorinstanz **allgemein als Rechtsmittelgericht** zuständig ist (BGH NZKart 2020, 35 – Berufungszuständigkeit II; OLG Düsseldorf NZKart 2023, 323 (324) zu § 102 EnWG; dagegen Kühnen NZKart 2020, 49). Hat also ein Amtsgericht objektiv unter Verstoß gegen § 87 – erkennbar oder nicht – über eine kartellrechtliche Rechtsstreitigkeit entschieden, kann die Berufung auch beim LG eingelegt werden. Entsprechendes gilt, wenn ein nach § 89 nicht zuständiges LG über eine Kartellstreitigkeit entschieden hat; dann kann die Berufung wirksam auch beim allgemein zuständigen OLG eingelegt werden. Ist das Gericht, bei dem nach diesen Grundsätzen das Rechtsmittel eingelegt wurde, nach § 91 objektiv nicht zuständig, hat dieses Gericht die Sache **auf Antrag nach § 281 ZPO an das Kartell-OLG zu verweisen** (OLG München WuW/E DE-R 964 – Stromdurchleitung Erlangen; OLG Köln WuW/E 5335 – Kartellrechtliche Vorfrage; BGHZ 49, 33 (38) – Kugelschreiber; BGH WuW/E 1553 (1556) – Pankreaplex). Verweisungsbeschlüsse sind für das Gericht, an das verwiesen wird, aber auch dann bindend, selbst wenn sie falsch sind (OLG Köln NZKart 2019, 171), entsprechend § 281 Abs. 2 S. 4 ZPO. Für die Berufungszuständigkeit nach § 91 S. 2 kommt es allein auf die materielle Anknüpfung an; es reicht nicht, dass das Landgericht irrtümlich als Kartellgericht entschieden hat. Innerhalb des **Kartell-OLG** ist eine Rechtssache, in der eine Kartell-Vorfrage aufgeworfen wird, auf Antrag an den Kartellsenat abzugeben (vgl. KG WuW/E DE-R 2817 – Entgelt für Nutzung von Bahnhöfen; OLG München WuW/E DE-R 3331 (3332) – Spruchkörperzuständigkeit). Für eine Verweisung (OLG München 7. Zivilsenat WuW/E DE-R 3301 (3302) – Taxi-Vermittlungszentrale) gibt es keine Rechtsgrundlage (OLG München Kartellsenat WuW/E DE-R 3331 (3332) – Spruchkörperzuständigkeit, der dem 7. Zivilsenat „objektive Willkürlichkeit“ vorwirft).

Das Rechtsmittel kann **in jedem Falle auch bei dem nach § 91 objektiv zuständigen Gericht** eingelegt werden (Loewenheim/Meessen/Riesenkampff/Kersting/Meyer-Lindemann/Dicks Rn. 12; Bunte/Bornkamm/Tolkmitt Rn. 25; OLG Karlsruhe WuW/E 5063 (5064) – DB-Versorgung und schon früher OLG Karlsruhe WuW/E 2300 (2305) – Fach-Tonband-Kassetten). 4

4. EU-Recht

5 § 91 gilt **auch für Rechtsstreitigkeiten,** die sich **aus den Art. 101 oder 102 AEUV** ergeben. Die frühere Rspr., wonach EU-kartellrechtliche Streitigkeiten nicht die Zuständigkeit der Kartellspruchkörper nach GWB begründen (vgl. BGH WuW/E 1399 (1401) – Fotokopiergeräte), ist also nicht mehr relevant.

§ 92 Zuständigkeit eines Oberlandesgerichts oder des Obersten Landesgerichts für mehrere Gerichtsbezirke in Verwaltungs- und Bußgeldsachen

(1) [1]**Sind in einem Land mehrere Oberlandesgerichte errichtet, so können die Rechtssachen, für die nach § 57 Absatz 2 Satz 2, § 73 Absatz 4, §§ 83, 85 und 86 ausschließlich die Oberlandesgerichte zuständig sind, von den Landesregierungen durch Rechtsverordnung einem oder einigen der Oberlandesgerichte oder dem Obersten Landesgericht zugewiesen werden, wenn eine solche Zusammenfassung der Rechtspflege in Kartellsachen, insbesondere der Sicherung einer einheitlichen Rechtsprechung, dienlich ist.** [2]**Die Landesregierungen können die Ermächtigung auf die Landesjustizverwaltungen übertragen.**

(2) **Durch Staatsverträge zwischen Ländern kann die Zuständigkeit eines Oberlandesgerichts oder Obersten Landesgerichts für einzelne Bezirke oder das gesamte Gebiet mehrerer Länder begründet werden.**

1. Grundzüge

1 § 92 hat nur Bedeutung für **Kartellverwaltungs-** (§ 57 Abs. 2 S. 2, § 73 Abs. 4) und **Kartellbußgeldsachen** (§§ 83, 85, 86), nicht für Kartell-Zivilsachen (vgl. dazu § 93). Ebenso wie nach § 89 für Landgerichte kann dann, wenn in einem Land mehrere OLGs bestehen, die **Zuständigkeit eines OLG für mehrere OLG-Bezirke** vorgesehen werden. Das geschieht durch Rechtsverordnung der Landesregierungen bzw. bei entsprechender Ermächtigung durch Verordnungen der Landesjustizverwaltungen. Derartige Zentralzuständigkeiten sind vorgesehen für das **OLG München** und das **OLG Nürnberg** für ihre jeweiligen Bezirke in Bayern (§ 33VO v. 11.6.2012, GVBl. 295), für das **OLG Celle** für das Gebiet des Landes Niedersachsen (§ 7 Abs. 2 iVm Abs. 1 Nr. 1 VO v. 18.12.2009, GVBl. 506) und für das **OLG Düsseldorf** für das Land Nordrhein-Westfalen (VO vom 30.8.2011, GVNRW 469). Auf der zuletzt genannten Landesverordnung beruht die **Zuständigkeit des OLG Düsseldorf für Entscheidungen des BKartA.** Nach Abs. 2 kann durch Staatsverträge zwischen Ländern die Zuständigkeit eines OLG für einzelne Bezirke oder das gesamte Gebiet mehrerer Länder begründet werden. Von dieser Ermächtigung ist bisher kein Gebrauch gemacht worden.

2. EU-Recht

2 § 92 gilt auch für Rechtsstreitigkeiten, die sich aus Entscheidungen der deutschen Kartellbehörden auf der Grundlage der Art. 101 und 102 AEUV (und der Art. 53 und 54 EWR-Abkommen) ergeben.

§ 93 Zuständigkeit für Berufung und Beschwerde

§ 92 Absatz 1 und 2 gilt entsprechend für die Entscheidung über die Berufung gegen Endurteile und die Beschwerde gegen sonstige Entscheidungen in bürgerlichen Rechtsstreitigkeiten nach § 87.

1. Grundzüge

Nach § 93 ist § 92 entsprechend anwendbar für **Kartell-Zivilsachen.** Deren Definition ergibt sich aus § 87, der Verweis auf „Abs. 1" hat sich durch die Aufhebung des Abs. 2 erledigt. Die Landesregierungen sind ermächtigt, durch Rechtsverordnung (für die die Ermächtigung ggf. auf die Landesjustizverwaltungen übertragen werden kann) auch für Kartell-Zivilsachen die Zuständigkeit eines OLG für mehrere OLG-Bezirke vorzusehen; nach der entsprechenden Anwendung des § 92 Abs. 2 kann das auch länderübergreifend durch Staatsverträge zwischen Ländern geschehen. Von dieser Ermächtigung haben Bayern, Niedersachsen und Nordrhein-Westfalen Gebrauch gemacht; die bei → § 92 Rn. 1 wiedergegebenen Verordnungen regeln auch die Zentralzuständigkeit der dort genannten OLG für Kartell-Zivilsachen. Der durch das OLG-Vertretungsänderungsgesetz v. 23.7.2002 (BGBl. 2002 I 1850) aufgehobene S. 2 sah vor, dass auch die **Rechtsanwälte** zur Vertretung bei dem Kartell-OLG berechtigt sind, die nur bei dem OLG zugelassen sind, vor das der Rechtsstreit gehören würde, wenn er keine Kartell-Sache wäre. Die Regelung wurde unnötig, nachdem jeder Rechtsanwalt bei allen Oberlandesgerichten auftreten darf. 1

2. EU-Recht

Die Zentralzuständigkeit von Oberlandesgerichten gilt auch für **bürgerliche Rechtsstreitigkeiten,** deren kartellrechtliche Relevanz sich nicht aus dem GWB, sondern den **Art. 101 und 102 AEUV** ergibt. 2

§ 94 Kartellsenat beim Bundesgerichtshof

(1) **Beim Bundesgerichtshof wird ein Kartellsenat gebildet; er entscheidet im ersten und letzten Rechtszug über die in § 73 Absatz 5 genannten Verfügungen des Bundeskartellamts und über folgende Rechtsmittel:**

1. **in Verwaltungssachen über die Rechtsbeschwerde gegen Entscheidungen der Oberlandesgerichte (§§ 77, 79, 80) und über die Nichtzulassungsbeschwerde (§ 78);**
2. **in Bußgeldverfahren über die Rechtsbeschwerde gegen Entscheidungen der Oberlandesgerichte (§ 84);**
3. **in bürgerlichen Rechtsstreitigkeiten nach § 87**
   a) **über die Revision einschließlich der Nichtzulassungsbeschwerde gegen Endurteile der Oberlandesgerichte,**
   b) **über die Sprungrevision gegen Endurteile der Landgerichte,**
   c) **über die Rechtsbeschwerde gegen Beschlüsse der Oberlandesgerichte in den Fällen des § 574 Absatz 1 der Zivilprozessordnung;**
4. **in Verbandsklageverfahren nach dem Verbraucherrechtedurchsetzungsgesetz, die Ansprüche und Rechtsverhältnisse in den in § 87 aufgeführten bürgerlichen Rechtsstreitigkeiten betreffen,**
   a) **über die Revision gegen Urteile der Oberlandesgerichte und**
   b) **über die Rechtsbeschwerde gegen Beschlüsse der Oberlandesgerichte in den Fällen des § 574 Absatz 1 der Zivilprozessordnung.**

(2) **Der Kartellsenat gilt im Sinne des § 132 des Gerichtsverfassungsgesetzes in Bußgeldsachen als Strafsenat, in allen übrigen Sachen als Zivilsenat.**

1. Grundzüge

§ 94 entspricht § 95 idF bis zur 6. GWB-Novelle 1998. Die **7. GWB-Novelle 2005** hat Abs. 1 Nr. 3 der Änderung der §§ 87, 96 aF angepasst. Die 10. GWB- 1

Novelle 2021 hat die durch die Verfahrensänderungen notwendigen Verweise geändert sowie die erstinstanzliche Zuständigkeit nach § 73 Abs. 5 eingefügt. Abs. 1 Nr. 4 wurde durch das VRUG für **Verbandsklagen** nach dem Verbraucherrechtedurchsetzungsgesetz, die Ansprüche und Rechtsverhältnisse nach § 87 betreffen, eingefügt.

2 Der Kartellsenat beim BGH ist zuständig für **alle Rechtsmittel gegen Entscheidungen der Kartell-Oberlandesgerichte,** und zwar in Verwaltungssachen, Bußgeldverfahren und bürgerlichen Rechtsstreitigkeiten. Der Kartellsenat entscheidet wie alle übrigen Zivil- und Strafsenate des BGH in der Besetzung von fünf Mitgliedern einschließlich des Vorsitzenden (§ 139 Abs. 1 GVG). Für die Zuständigkeit des Großen Senats nach § 132 GVG ist eine Festlegung erforderlich, ob der Kartellsenat Zivilsenat oder Strafsenat ist. Das ist durch Abs. 2 in dem Sinne geschehen, dass er in Bußgeldsachen als Strafsenat gilt, in allen übrigen Sachen als Zivilsenat.

2. EU-Recht

3 § 94 gilt über § 87 auch für **bürgerliche Rechtsstreitigkeiten** anwendbar, die von EU-kartellrechtlicher Relevanz sind. Der Kartellsenat des BGH ist also ausschließlich zuständig für Rechtsbeschwerden in Rechtsstreitigkeiten, die sich **aus Art. 101 und 102** AEUV ergeben.

§ 95 Ausschließliche Zuständigkeit

Die Zuständigkeit der nach diesem Gesetz zur Entscheidung berufenen Gerichte ist ausschließlich.

1. Grundzüge

1 § 95, der die **Zuständigkeitsregelungen des GWB für ausschließlich** erklärt, hat Bedeutung **nur für bürgerliche Rechtsstreitigkeiten.** Deswegen gehört er sachlich an sich in den 4. Abschnitt (§§ 87 ff.). Da in § 87 für die Zuständigkeit der Landgerichte schon Ausschließlichkeit vorgesehen ist, ist er insoweit unnötig. Für die oberen Instanzen hat die Ausschließlichkeit sowieso keine Bedeutung, weil die Zuständigkeit der Berufungs- und Revisionsgerichte nicht der Parteidisposition unterliegt. Ein Verstoß gegen die Ausschließlichkeit nach §§ 87 Abs. 1, 95 muss im Rechtsmittelverfahren von Amts wegen und unbefristet beachtet werden (vgl. zur früheren Rechtslage nach § 529 Abs. 2 ZPO aF auch OLG Schleswig NJWE-WettbR 1996, 210 – Benetton).

§ 96 (weggefallen)

Teil 4. Vergabe von öffentlichen Aufträgen und Konzessionen

§§ 97–184 nicht kommentiert.
Vgl. Gesetzestext in Anhang B 1.

Teil 5. Anwendungsbereich der Teile 1 bis 3

Vorbemerkung §§ 185–187

Der 5. Teil „Anwendungsbereich der Teile 1 bis 3" und der 6. Teil „Übergangs- und Schlussbestimmungen" des Gesetzes bestehen aufgrund des Gesetzes zur Änderung des **Energiewirtschaftsgesetzes** vom 19. Juli 2022 (BGBl. 2022 I 1214) mittlerweile aus drei Vorschriften: dem bisherigen § 185 (Teil 5), dem neu eingefügten § 186 zur Anwendung des § 47k (Teil 6) und § 187, dem bisherigen § 186 (Teil 6). In § 187 Abs. 10 wurde durch dieses Gesetz außerdem eine Verordnungsermächtigung im Hinblick auf das Abkommen zwischen dem Bundesministerium für Wirtschaft und Klimaschutz der Bundesrepublik Deutschland und dem Eidgenössischen Departement für Wirtschaft, Bildung und Forschung der Schweizerischen Eidgenossenschaft über Zusammenarbeit und Koordinierung der Wettbewerbsbehörden aufgenommen. Durch das Gesetz zur Änderung des **Energiesicherungsgesetzes** vom 20.5.2022 (BGBl. 2022 I 730) wurde § 185 Abs. 4 eingefügt, der die Anwendbarkeit der Teile 1 bis 3 des GWB auf **Treuhandverwaltungen, Kapitalmaßnahmen oder Enteignungen** nach § 17, 17a oder 18a des Energiesicherungsgesetzes beschränkt. 1

§ 185 Unternehmen der öffentlichen Hand, Geltungsbereich

(1) [1]**Die Vorschriften des Ersten bis Dritten Teils dieses Gesetzes sind auch auf Unternehmen anzuwenden, die ganz oder teilweise im Eigentum der öffentlichen Hand stehen oder die von ihr verwaltet oder betrieben werden.** [2]**Die §§ 19, 20 und 31b Absatz 5 sind nicht anzuwenden auf öffentlich-rechtliche Gebühren oder Beiträge.** [3]**Die Vorschriften des Ersten bis Dritten Teils dieses Gesetzes sind nicht auf die Deutsche Bundesbank und die Kreditanstalt für Wiederaufbau anzuwenden.**

(2) **Die Vorschriften des Ersten bis Dritten Teils dieses Gesetzes sind auf alle Wettbewerbsbeschränkungen anzuwenden, die sich im Geltungsbereich dieses Gesetzes auswirken, auch wenn sie außerhalb des Geltungsbereichs dieses Gesetzes veranlasst werden.**

(3) **Die Vorschriften des Energiewirtschaftsgesetzes stehen der Anwendung der §§ 19, 20 und 29 nicht entgegen, soweit in § 111 des Energiewirtschaftsgesetzes keine andere Regelung getroffen ist.**

(4) [1]**Die Vorschriften des Ersten bis Dritten Teils dieses Gesetzes sind nicht auf Treuhandverwaltungen, Kapitalmaßnahmen oder Enteignungen nach den §§ 17, 17a oder 18 des Energiesicherungsgesetzes anzuwenden.** [2]**Satz 1 gilt entsprechend für Übertragungen von Vermögensgegenständen nach § 17 Absatz 5 Satz 2 oder § 17b des Energiesicherungsgesetzes an juris-**

tische Personen des öffentlichen Rechts oder des Privatrechts, deren Anteile ausschließlich vom Bund oder von der Kreditanstalt für Wiederaufbau unmittelbar oder mittelbar gehalten werden. [3]Satz 1 gilt nicht für Privatisierungen nach § 17b Absatz 2 Satz 3 oder § 20 Absatz 3 des Energiesicherungsgesetzes.

Übersicht

1. Vorbemerkung

1 § 185, vormals § 130, trat durch die **6. GWB-Novelle** 1998 mit seinen Regelungen über die Anwendung auf Unternehmen der öffentlichen Hand und den internationalen Geltungsbereich an die Stelle des § 98 aF. In ihn ist integriert worden die Regelung der Unanwendbarkeit eines Teils des GWB auf die Deutsche Bundesbank und die Kreditanstalt für Wiederaufbau, die früher in § 101 Nr. 1 aF geregelt war. Entfallen ist die – in ihren Einzelheiten umstrittene – Ausdehnung des Geltungsbereiches des Gesetzes auf **Ausfuhrkartelle** iSd § 6 Abs. 1 aF (§ 98 Abs. 2 S. 2 aF, → 1. Aufl. 1993, § 98 Rn. 12), mit der teilweise kritisierten Folge, dass damit klargestellt ist, dass das GWB auf nicht inlandswirksame Exportkartelle von vornherein keine Anwendung findet. Durch die 6. GWB-Novelle neu eingeführt wurde Abs. 3, wonach die Vorschriften des Energiewirtschaftsgesetzes der Anwendung der Marktbeherrschungsvorschriften der §§ 19 und 20 nicht entgegenstehen. § 185 ist durch die 9. GWB-Novelle 2017 inhaltlich nicht geändert worden.

2 Abs. 3 wurde durch Art. 3 Nr. 31 des **Zweiten Gesetzes zur Neuregelung des Energiewirtschaftsrechts** vom 7.7.2005 (BGBl. 2005 I 1970) durch einen Hs. ergänzt („soweit in § 111 des Energiewirtschaftsgesetzes keine andere Regelung getroffen ist"). Die GWB-Novelle 2007 hat in Abs. 3 den Verweis auf § 29 eingefügt. Die 8. **GWB-Novelle 2012/2013** hat auf Betreiben des Bundesrats in der letzten Phase des Vermittlungsausschusses Abs. 1 S. 2 eingefügt (der bisherige S. 2 wurde S. 3). Er ergänzt die Regelung des Abs. 1 S. 1 über die öffentlichen Unternehmen dahin, dass öffentlich-rechtliche Gebühren und Beiträge nicht der kartellrechtlichen Missbrauchsaufsicht unterliegen.

Abs. 4 wurde durch das Gesetz zur Änderung des Energiesicherungsgesetzes vom 20.5.2022 (BGBl. 2022 I 730) eingefügt und regelt das Verhältnis des GWB zum Energiesicherungsgesetz. 2a

2. Unternehmen der öffentlichen Hand (Abs. 1 S. 1)

Das GWB findet grds. auch Anwendung auf „Unternehmen, die ganz oder teilweise im Eigentum der öffentlichen Hand stehen oder die von ihr verwaltet oder betrieben werden". § 130 Abs. 1 S. 1 ist klarstellender Natur. Gäbe es diese Bestimmung nicht, so würde das Gleiche gelten. In einer freien Marktwirtschaft unterliegt der **Staat** dort, wo er sich unternehmerisch betätigt, den **gleichen Regeln wie Privatunternehmen.** 3

a) Unternehmenstätigkeit der öffentlichen Hand. Die öffentliche Hand (Bund, Länder, Kreise, Gemeinden, sonstige öffentlich-rechtliche Körperschaften, Anstalten des öffentlichen Rechts) ist **Unternehmen iSd GWB,** soweit sie sich als Anbieter oder Nachfrager von Leistungen am Wirtschaftsleben beteiligt (vgl. BGHZ 36, 91 (102) – Gummistrümpfe; BGH WuW/E 1469 (1470) – Autoanalyzer; Immenga/Mestmäcker/Emmerich Rn. 17 ff.; Bunte/Stadler Rn. 12; vgl. auch Roth, 50 Jahre FIW, 2010, 253). Erforderlich, aber auch ausreichend ist, dass der Hoheitsträger zu den von der Privatrechtsordnung bereitgestellten Mitteln greift und dadurch **am Wirtschaftsleben teilnimmt** (vgl. OLG Düsseldorf WuW/E DE-R 1397 (1402) – ÖPNV Hannover). Abs. 1 S. 1 bezieht sich außer auf die unternehmerische Funktion und Tätigkeit der öffentlich-rechtlichen Verwaltungseinrichtungen auch auf Unternehmen, die als solche verselbstständigt sind und der öffentlichen Hand ganz oder jedenfalls mehrheitlich gehören. Meist sind es privatrechtliche Gesellschaften, an denen die öffentliche Hand ganz oder teilweise beteiligt ist. Die öffentliche Hand betreibt **„Eigenbetriebe" (Regiebetriebe),** die zwar nicht rechtlich, wohl aber betrieblich verselbstständigt sind. Typische Beispiele sind die Eigenbetriebe der Gemeinden im öffentlichen Nahverkehr, der Energie- oder Wasserversorgung. Die Bundespost und die Bundesbahn waren Regiebetriebe in der Obhut des Bundes; inzwischen sind ihre Tätigkeiten auf Aktiengesellschaften übergegangen, an denen der Bund weiterhin beteiligt ist. Schließlich gibt es auch öffentlich-rechtlich organisierte Unternehmen, insbes. als rechtsfähige oder nichtrechtsfähige Anstalten des öffentlichen Rechts. Beispiele sind Sparkassen und andere öffentlich-rechtliche Kreditinstitute, Versicherungsanstalten, Rundfunkanstalten. 4

b) Organisationsform. Für die Unternehmenseigenschaft spielt es keine Rolle, ob sich die Organisation öffentlich-rechtlich oder privatrechtlich betätigt (BGHZ 36, 91 (101, 103) – Gummistrümpfe; BGHZ 66, 229 (232) – Studentenversicherung; BGHZ 77, 81 (84) = WuW/E 1469 – Autoanalyzer; BGHZ 102, 280 (286) – Rollstühle; BGH WuW/E 2584 – Lotterie-Vertrieb). Entscheidend ist, ob die öffentliche Hand eine Tätigkeit ausübt, die **gleichartig auch von privaten Unternehmen ausgeübt** wird oder jedenfalls ausgeübt werden könnte (vgl. für die Abfallverwertung OLG Düsseldorf WuW/E 5213 (5218) – Gemischtwirtschaftliche Abfallverwertung; für die Immobilienvermietung OLG München WuW/E DE-R 1657 – Auditorium Maximum). Dabei ist grds. ein weiter Maßstab anzulegen. Gegen die Unternehmenseigenschaft einer Organisation spricht deswegen nicht von vornherein, dass sie öffentlich-rechtlich ausgestaltet ist, wie zB die Tätigkeit früher der Bundespost oder noch heute der öffentlich-rechtlichen Rundfunk- und Fernseh-Anstalten (dazu BGHZ 110, 371 – Globalvertrag), der Lottounternehmen (dazu KG WuW/E 5821 (5832) – Gewerbliche Spielgemeinschaft) oder der Sozialversicherungsträger. Nicht erforderlich ist das Bestehen von Wettbewerbsbeziehungen, weil dann die monopolistische Staatstätigkeit von vornherein privilegiert wäre; solche **Wettbewerbsbeziehungen** müssen aber **denkbar** sein. Demgegenüber ist die 5

hoheitliche Staatstätigkeit keinesfalls unternehmerischer Natur; dabei ist von den insoweit herrschenden Abgrenzungskriterien auszugehen, soweit sie auch EG-rechtlich (→ Rn. 28) haltbar sind (vgl. zB für das Vermessungswesen OLG Frankfurt a. M. WuW/E 3865 (3867) – Katasterämter).

6 Die **Beschaffungstätigkeit** der öffentlichen Hand, auch für unbestreitbar hoheitliche Aufgaben, unterlag nach allg. Meinung bis zur 7. GWB-Novelle 2005 immer Privatrecht und dem GWB (vgl. Gemeinsamer Senat der obersten Gerichtshöfe des Bundes BGHZ 97, 312; 36, 91 – Gummistrümpfe; BGH NJW 1977, 628 (629 f.) – Abschleppungsunternehmen). Besondere Bedeutung hatte das in der kartellrechtlichen Praxis für die Nachfrage der Sozialversicherungsträger nach medizinischen Produkten (BGHZ 97, 312 – orthopädische Hilfsmittel; BGHZ 36, 91 – Gummistrümpfe; BGH WuW/E 675 (679) – Uhrenoptiker; 2721 (2723 f.) – Krankenpflege). Die Rechtslage hat sich durch die volle **Angleichung des § 1 an Art. 101 Abs. 1 AEUV** geändert. Nach der insoweit voll übertragbaren und verbindlichen Rspr. der europäischen Gerichte handelt die öffentliche Hand bei der Beschaffung von Waren oder Dienstleistungen nicht als Unternehmen, wenn diese Beschaffung dazu dient, ihr spezifisch hoheitliche, nicht wirtschaftliche Tätigkeiten zu ermöglichen (→ § 1 Rn. 8, 13). Diese **europarechtliche Vorbestimmung des Unternehmensbegriffs** gilt allerdings **nur für § 1,** nicht unbedingt für die §§ 18 ff. (→ § 18 Rn. 3). Weitgehend ungeklärt ist allerdings noch die Frage, ob sich die Einschränkung des Unternehmensbegriffs im Bereich des § 1 nicht doch mittelbar auch auf die §§ 18 ff. und die Fusionskontrolle insoweit auswirkt, als die nicht unternehmerische Beschaffungstätigkeit möglicherweise nicht als marktrelevant bewertet werden kann.

7 Besonders klar ist die EU-rechtliche Vorbestimmung des Unternehmensbegriffs und ihre Anerkennung durch den Gesetzgeber im Bereich des **Sozialrechts:** Das EuG hat die Unternehmenseigenschaft jedenfalls verneint für eine staatliche Einrichtung, die Waren einkauft, um sie zu **rein sozialen Zwecken** zu verwenden (EuG Slg. 2003, II-357 Rn. 30 – FENIN). Die Unternehmenseigenschaft kann auch fehlen, soweit Vereinigungen von **gesetzlichen Krankenkassen** Festbeträge festsetzen, bis zu deren Erreichen die angeschlossenen Krankenkassen die Kosten von Arzneimitteln übernehmen (so EuGH EuZW 2004, 241 – AOK Bundesverband; dazu auch Koenig/Engelmann EuZW 2004, 682; → § 1 Rn. 10). Der Gesetzgeber, der die Krankenkassen dennoch dem Kartellrecht unterstellen wollte, hat daraus die Konsequenz gezogen, dass er in § 69 Abs. 2 SGB V und § 158 SGB V für bestimmte Bereiche die **„entsprechende Anwendung"** des Kartellrechts angeordnet hat (vgl. die Gesetzestexte in Anhang B 1, außerdem → § 1 Rn. 10 und → § 35 Rn. 28).

8 **c) Einzelprobleme.** Bei **Rundfunkanstalten** wurde früher das GWB nur für einzelne Tätigkeitsbereiche für anwendbar gehalten, so bei der Nachfrage am Markt nach Filmen usw. Nach der Zulassung auch privater Rundfunk- und Fernsehanbieter und der Ermöglichung des Wettbewerbs zwischen öffentlich-rechtlich und privatrechtlich organisierten Wettbewerbern wird jedoch von der **grundsätzlichen Anwendbarkeit des GWB** auf die öffentlich-rechtlichen Anstalten ausgegangen (s. BGHZ 110, 371 – Globalvertrag). Ausnahmen von der Anwendbarkeit des GWB sollen dann gegeben sein, wenn die Anwendung des GWB die Wahrnehmung der Grundaufgaben der öffentlich-rechtlichen Rundfunk- und Fernseh-Anstalten gefährden würde; Anwendbarkeit des GWB wird danach bejaht für die Programmbeschaffung, nicht aber für die Programmgestaltung (LG München I NJW 1989, 988).

9 Von großer Bedeutung für öffentliche Unternehmen ist die Anwendbarkeit der **§§ 19 und 20,** soweit man die EU-rechtliche Einschränkung des Unternehmensbegriffs nicht auf diese Bestimmungen überträgt (→ Rn. 6 f.). Wenn die Polizei **Abschleppunternehmen beauftragt,** ist sie in dieser Funktion uU marktbeherr-

schend; dann verstößt es gegen § 19 Abs. 2 Nr. 1, wenn sie gegenüber bestimmten Abschleppunternehmen willkürlich Auftragssperren verhängt (OLG Düsseldorf WuW/E 2421 (2425) – Abschleppunternehmen). Gleiches gilt bei anderen Fallgestaltungen, in denen die öffentliche Hand Leistungen und Waren zur Bedarfsdeckung nachfragt. **Sozialversicherungsträger** und Krankenkassen, aber auch Kassenärztliche Vereinigungen, sind meistens marktbeherrschende Unternehmen und damit aus § 19 Abs. 2 Nr. 1 verpflichtet, grds. jeden leistungsfähigen Lieferanten als erstattungsfähig anzusehen (BGH WuW/E 675 (679) – Uhrenoptiker; 1423 (1425) – Sehhilfen; 2721 (2725) – Krankenpflege; → § 20 Rn. 60; weitere Nachweise bei Immenga/Mestmäcker/Emmerich Rn. 34 ff.). Marktbeherrschend sind auch der Bund bei der Beschaffung von Rüstungsgütern (OLG Frankfurt a. M. WuW/E 4354) oder die staatliche Lotterieverwaltung (BGHZ 107, 273 (277)). § 19 Abs. 2 Nr. 1 kann auch anwendbar sein beim Einkauf von Schulbüchern durch den **Schulträger** (OLG Düsseldorf WuW/E 3613 (3614)).

Bei der Anwendung der **Fusionskontrolle** können sich besondere Probleme 10
ergeben. Auf die öffentliche Hand ist die **„Flick-Klausel“** des § 36 Abs. 3 (→ § 36 Rn. 72) anwendbar. Ist sie nicht selbst Unternehmen, so gilt sie regelmäßig für die Zwecke der Fusionskontrolle als Unternehmen, wenn sie mehrheitlich an einem Unternehmen beteiligt ist. Beteiligt sich zB der Bund an einem Unternehmen, so gilt er aufgrund der schon bestehenden Mehrheitsbeteiligung an (privatrechtlich oder öffentlich-rechtlich organisierten) Unternehmen selbst als solches. Es findet also ein Zusammenschluss zwischen Unternehmen statt. Werden zwei Gemeinden im Zuge einer **kommunalen Gebietsreform** durch Landesgesetz zusammengeschlossen, so könnte an sich auch ein solcher Zusammenschluss wegen der unternehmerischen Aktivitäten der Gemeinden als Unternehmenszusammenschluss zu qualifizieren sein. Die 8. GWB-Novelle 2012/2013 hat auf Initiative des Bundesrats in § 35 Abs. 2 S. 2 aber klargestellt, dass die „Zusammenlegung öffentlicher Einrichtungen und Betriebe, die mit einer kommunalen Gebietsreform einhergehen“, nicht der Fusionskontrolle unterliegt (→ § 35 Rn. 49 f.). Schon davor war aber davon auszugehen, dass die Fusionskontrolle nicht den Zusammenschluss der Gemeinden als Verwaltungsträger antasten durfte (vgl. TB 1981/82, 80 f. zum Fall Stadtsparkasse/Kreissparkasse Köln). Die Anwendbarkeit der Fusionskontrolle auf Zusammenschlüsse mit Unternehmen der öffentlichen Hand wurde früher bestätigt durch § 24 Abs. 1 Nr. 3 idF bis zur 6. GWB-Novelle 1998, der auch den Fall einschloss, dass der **Zusammenschluss nach Landesrecht durch Gesetz oder sonstigen Hoheitsakt** vollzogen wurde; auch heute ist ein Zusammenschluss zwischen Unternehmen der öffentlichen Hand, der durch Landesgesetz oder sonstigen landesrechtlichen Hoheitsakt vollzogen wird, uneingeschränkt fusionskontrollpflichtig. Dem einzelnen Unternehmen werden alle anderen Unternehmen zugerechnet, die vom selben Rechtsträger beherrscht werden; das spielt eine Rolle insbes. für die Zusammenrechnung von Umsätzen und Marktanteilen (Beispiele für die Anwendung der Fusionskontrolle bei Zusammenschlüssen, an denen Unternehmen der öffentlichen Hand beteiligt sind: BKartA WuW/E 1457 – Veba/Gelsenberg; KG WuW/E 2507 – Veba/Stadtwerke Wolfenbüttel; KG WuW/E 2849 – Lufthansa/first-Reisebüro; BKartA WuW/E 2396 – WDR/Radio NRW).

3. Öffentlich-rechtliche Gebühren und Beiträge (Abs. 1 S. 2)

Nach dem durch die 8. GWB-Novelle auf Initiative des Bundesrates eingefügten 11
Abs. 1 S. 2 finden „die §§ 19, 20 und 31a Abs. 5 … **keine Anwendung** auf öffentlich-rechtliche Gebühren und Beiträge“. Das politische Bedürfnis für diese Regelung ergab sich aus der Streitfrage, ob öffentlich-rechtliche Wassergebühren ebenso wie „Wasserpreise“ der kartellrechtlichen Missbrauchskontrolle unterliegen, insbes. auch in den Fällen, in denen öffentliche Wasserversorgungsunternehmen im Zusammen-

wirken mit den hinter ihnen stehenden Gemeinden die privatrechtliche Ausgestaltung als Wasserpreise aufgegeben und Gebührenregelungen ausdrücklich deswegen eingeführt haben, um der kartellrechtlichen Missbrauchskontrolle zu entgehen (→ § 31 Rn. 31). Dort wo verwaltungsrechtlich, insbes. kommunalrechtlich, juristische Personen des öffentlichen Rechts eine **Wahlfreiheit** haben in der Ausgestaltung des Entgelts für gewährte Leistungen – privatrechtlich als „Preis", öffentlich-rechtlich als „Gebühr" oder „Beitrag" –, können sie von dieser Wahlfreiheit auch dann Gebrauch machen, wenn der Weg über Gebühren oder Beiträge ausdrücklich zu dem Zweck erfolgt, der kartellrechtlichen Missbrauchsaufsicht zu entgehen. Sie unterliegen dann allerdings den besonderen Anforderungen, die sich aus dem öffentlichen Abgaberecht ergeben. Diese Anforderungen sind sehr viel mehr als die kartellrechtlichen Missbrauchsvorschriften geprägt von einer Kostenkontrolle; die Wettbewerbsanalogie spielt im öffentlichen Abgaberecht keine Rolle. **„Gebühren"** werden im Verwaltungsrecht definiert als Geldleistungen, die als Gegenleistung für eine **besondere Inanspruchnahme** der Verwaltung von denjenigen erhoben werden, auf deren Veranlassung oder in deren Interesse die Inanspruchnahme erfolgt, **„Beiträge"** als Geldleistungen, die zur vollen oder teilweisen Deckung des Aufwandes einer öffentlichen Einrichtung oder Anlage von denjenigen erhoben werden, denen die Herstellung, Anschaffung oder der Bestand der Einrichtung oder Anlage **besondere Vorteile** gewährt. Der Unterschied zwischen Gebühren und Beiträgen besteht darin, dass bei den Gebühren eine unmittelbare Verknüpfung von Leistung und Gegenleistung besteht, während beim Beitrag nicht erforderlich ist, dass die Vorteile von dem Pflichtigen wirklich wahrgenommen werden (vgl. dazu Wolff/Bachof/Stuber, Verwaltungsrecht Band 1, 11. Aufl. 1999, § 42 V 3 und 4, 620 ff.).

12 S. 2 enthält einen **Anwendungsausschluss für die §§ 19, 20 und 31b Abs. 5,** also die Missbrauchsvorschriften für Marktbeherrscher und ihnen gleichgestellte Unternehmen sowie für Wasserversorgungsunternehmen. Er ist Ausdruck eines **allgemeinen Grundsatzes,** dass die Verwaltung, wenn sie in öffentlich-rechtlicher Rechtsform tätig wird, nicht dem Kartellrecht unterliegt. Dementsprechend kann aus S. 2 nicht der Gegenschluss gezogen werden, dass auf Verhaltensweisen von Verwaltungsträgern im Zusammenhang mit Gebühren und Beiträgen andere Vorschriften des GWB angewendet werden könnten, insbes. auch im Rahmen des Freistellungsmissbrauchs nach § 31b Abs. 3, der anders als Abs. 5 in § 130 Abs. 1 S. 2 nicht ausdrücklich erwähnt ist (→ § 31 Rn. 31). ZB unterliegen Vereinbarungen oder Abstimmungen über Gebühren und Beiträge nicht dem Kartellverbot des § 1, weil es sich insoweit um Verwaltungshandeln, kein wettbewerblich relevantes Verhalten handelt. Eine Ausnahme gilt nach der Rspr. nur insoweit, als sich die Auskunftsbefugnis des § 59 auch auf das Verhalten des Anwenders von Gebühren und Beiträgen beziehen kann, soweit die Auskünfte erforderlich sind, um privatrechtliches Verhalten anderer Unternehmen zu überprüfen (→ § 59 Rn. 5). Abs. 1 S. 2 schließt allerdings nicht die Anwendung des EU-Kartellrechts aus, wenn nach den Kriterien des europäischen Kartellrechts die Gebühren und Beiträge nicht als Verwaltungshandeln qualifiziert werden, sondern als wirtschaftliches Verhalten. Das hat allerdings nur dann praktische Relevanz, wenn der zwischenstaatliche Handel in irgendeiner Beziehung berührt ist und die Ausnahmevorschrift des Art. 106 Abs. 2 AEUV keine Anwendung findet.

4. Bundesbank, Kreditanstalt für Wiederaufbau (Abs. 1 S. 3)

13 Nach Abs. 1 S. 3 finden die Vorschriften des Ersten bis Dritten Teils des Gesetzes – also die §§–96 und damit **alle Kartellrechtsnormen** – auf die Bundesbank und die Kreditanstalt für Wiederaufbau keine Anwendung. Das erklärt sich für die **Deutsche Bundesbank** nicht allein daraus, dass sie größtenteils hoheitlich tätig wird. Denn auch soweit sie sich privatwirtschaftlich an **„Jedermann-Geschäften"** betätigt,

gilt das Gesetz nicht (Bunte/Stadler Rn. 84; aA Immenga/Mestmäcker/Emmerich Rn. 105; Schulte/Just/Just Rn. 9). Die Ausnahme auch für diese Geschäfte ist gerechtfertigt durch die gesetzlich garantierte Unabhängigkeit (vgl. § 12 S. 1 des Bundesbankgesetzes idF der Bekanntmachung v. 22.10.1992, BGBl. 1992 I 1782, danach mehrfach geändert); die wirtschaftslenkenden und interventionistischen Funktionen der Bundesbank entziehen sich weitgehend den Kriterien „Wettbewerbsbeschränkung" und „Marktbeherrschung". Dies gilt ebenso, wenn auch in geringerem Maße, für die **Kreditanstalt für Wiederaufbau.** Ihre Aufgabe als Körperschaft des öffentlichen Rechts ist, Darlehen zum Wiederaufbau und zur Förderung der deutschen Wirtschaft zu gewähren, soweit dazu andere Kreditinstitute nicht in der Lage sind, außerdem, Kredite im Zusammenhang mit Ausfuhrgeschäften zu gewähren, und schließlich in diesem Rahmen auch Bürgschaften zu übernehmen (vgl. §§ 1, 2 Gesetz über die Kreditanstalt für Wiederaufbau, neu gefasst durch Bekanntmachung vom 23.6.1969, BGBl. 1969 I 573, danach mehrfach geändert). Für die Bundesbank und die Kreditanstalt für Wiederaufbau gilt das **Vergaberecht** (Vierter Teil des Gesetzes, §§ 97 ff.) uneingeschränkt.

Wenn die Bundesbank oder die Kreditanstalt für Wiederaufbau sich an einem 14 **Zusammenschluss** beteiligen, ist ihre Beteiligung nicht zu berücksichtigen. Die Vorschriften der Fusionskontrolle dürfen also nicht auf diese Beteiligung angewendet werden. Es sind auch nicht die Umsätze oder sonstige Merkmale dieser Körperschaften zu berücksichtigen, die Beteiligung darf nicht untersagt werden (vgl. BKartA WuW/E 2335 (2338) – Daimler-Benz/MBB). Unberührt davon bleibt die Fusionskontrolle gegenüber Beteiligungen anderer Unternehmen. Unternehmerische Beteiligungen der Deutschen Bundesbank, die ohne § 130 Abs. 1 S. 2 der Fusionskontrolle unterlegen hätten, sind bisher nicht bekannt geworden (für die Kreditanstalt für Wiederaufbau vgl. BKartA WuW/E 2335 (2338) – Daimler-Benz/MBB). Abs. 1 S. 2 hat keine Bedeutung für die EU-Fusionskontrolle; Diese wäre nicht anwendbar, wenn es sich bei der Bundesbank und der Kreditanstalt für Wiederaufbau nicht um Unternehmen iSv Art. 3 Abs. 1 FKVO handelt.

5. Räumlicher Anwendungsbereich (Abs. 2) – Allgemeines

Nach Abs. 2 findet das GWB Anwendung auf „alle Wettbewerbsbeschränkungen, 15 die sich im Geltungsbereich dieses Gesetzes auswirken, auch wenn sie außerhalb des Geltungsbereiches dieses Gesetzes veranlasst werden". Regelungsgegenstand des GWB kann grds. nur der nationale Wettbewerb sein. Wettbewerbsverhältnisse außerhalb der Bundesrepublik entziehen sich nach dem **völkerrechtlichen Territorialitätsprinzip** und dem damit eng verwandten **Einmischungsverbot** grds. der Regelungsbefugnis des inländischen Gesetzgebers und dem Zugriff inländischer Behörden; die hoheitlichen Befugnisse eines Staates enden an seinen Staatsgrenzen. Allerdings muss möglich sein, im Inland gegen Auswirkungen von im Ausland vorgenommenen Wettbewerbsbeschränkungen vorzugehen, da sonst der Zweck des GWB, den inländischen Wettbewerb zu regeln, nicht mehr zu verwirklichen wäre. § 130 Abs. 2 ist eine zwingende, den allgemeinen Regeln des Internationalen Privatrechts vorgehende **Kollisionsnorm** (vgl. OLG Frankfurt a. M. WRP 1992, 331 (332)). Sie gilt grds. für alle Sachnormen des GWB, u.a. auch für § 20 Abs. 6 (dazu LG Köln WuW/E DE-R 2090 – Hundezuchtverein) und kann zu deren einengender Auslegung führen (so für § 35 Abs. 2 Nr. 2 BGH WuW/E DE-R 2133 = WRP 2008, 118 Rn. 19 – Sulzer/Kelmix).

Abs. 2 folgt dem **Auswirkungsprinzip;** er bezweckt nach seinem Wortlaut eine 16 Ausdehnung des Geltungsbereichs des GWB, keine Einschränkung (dazu BGH WuW/E DE-R 2133 = WRP 2008, 118 Rn. 19 – Sulzer/Kelmix). Dennoch kann er auch in Verbindung mit völkerrechtlichen Grundsätzen als Bestätigung einer **Beschränkung der Anwendung des GWB** verstanden werden, nämlich in dem

Sinne, dass das GWB nur **insoweit** anwendbar ist, als es um wettbewerbliche Auswirkungen im Inland geht (→ Rn. 18 ff.). Die Vorschriften des GWB sind nur anwendbar, wenn sich Wettbewerbsbeschränkungen im Geltungsbereich des GWB auswirken, unabhängig davon, von wo und von wem sie ausgehen (vgl. dazu BGHSt 25, 208 (209) = WuW/E 1276 – Ölfeldrohre; LG Frankfurt a. M. WuW/E DE-R 675 (676) und OLG Frankfurt a. M. WuW/E DE-R 801 – Brüsseler Buchhandlung). Der Begriff der „Wettbewerbsbeschränkung" umfasst alle Handlungen und Strukturveränderungen, die im GWB geregelt sind. Das Auswirkungsprinzip bedeutet nicht, dass die Kartellbehörde gegen jede sich im Inland auswirkende Wettbewerbsbeschränkung einschreiten kann. Das ist am deutlichsten in der Fusionskontrolle. Wenn sich zwei ausländische Unternehmen zusammenschließen, die im Inland keine Tochtergesellschaft haben, aber hier ihre Produkte vertreiben, wirkt sich der Zusammenschluss im Inland aus. Dennoch löst er uE (im Gegensatz zur Praxis des BKartA) **bezüglich des Vorgangs im Ausland** keine Eingriffsbefugnisse des BKartA aus, weil diese eine ausländische Strukturveränderung beträfen, die als solche nicht der deutschen Hoheitsgewalt unterliegen kann. Das Auswirkungsprinzip unterliegt seinerseits **Einschränkungen durch das Völkerrecht** (dazu Wiedemann KartellR-HdB/Wiedemann § 5 Rn. 7 f.). Diese Einschränkungen werden über das Verbot des Rechtsmissbrauchs und das Verbot der Einmischung in die inneren Angelegenheiten eines Staates zu begründen versucht (vgl. dazu KG WuW/E 3051 (3052) – Morris-Rothmans; 2419 (2420) – Synthetischer Kautschuk II).

17 Soweit in **anderen Staaten** nicht ebenso wie in Deutschland (und der EU) ein Auswirkungsprinzip gilt, wird auf den Sitz eines Unternehmens, seine formale Registrierung oder auf andere Kriterien abgestellt. Teilweise ist überhaupt nicht ersichtlich, dass nationale Rechtsordnungen sich irgendeinem internationalen Kollisionsrecht unterwerfen. In jedem Falle führt das bei internationalen Wettbewerbsbeschränkungen nicht dazu, dass jeweils nur eine Rechtsordnung anwendbar ist. Gerade beim Auswirkungsprinzip ist eindeutig, dass **alle Rechtsordnungen anwendbar** sind, in denen sich die **Wettbewerbsbeschränkung auswirkt.** Ähnlich gestreut sind die Zuständigkeiten im Zivilrecht im Zusammenhang mit Schadensersatzklagen wegen Kartellverstößen („Mosaiklösung"). Klagen sind grds. am Ort des Delikts anhängig zu machen, wobei ähnlich fraglich ist, wie der Ort des Delikts zu bestimmen ist (etwa Ort des Schadenseintritts oder Ort der Verabredung des Kartellverstoßes). Wenn Kartelle Schäden in mehreren Ländern verursachen, kommt es zu einer Verteilung der Zuständigkeiten auf verschiedene Länder. Im **internationalen Privatrecht** gilt die Regel, dass ein Verfahren grds. nach dem Recht des Staates zu lösen ist, zu dem es den engsten Bezug aufweist. Dies wirft zum einen die Frage auf, wie nationale Schäden voneinander abzugrenzen sind, zum anderen, wie damit umgegangen werden soll, wenn die Anwendbarkeit der nationalen Rechtsordnung zu einem mangelhaften Schutz des Wettbewerbs führt (vgl. Baudenbacher/Behn ZWeR 2004, 604 (625); vgl. zu all dem auch Bechtold, Internationale Wettbewerbspolitik, Schriften des Vereins für Socialpolitik, Band 311, 2006, 129). Zur internationalen Gerichtszuständigkeit vgl. BGH NZKart 2013, 202 = WuW/E DE-R 3830 – Trägermaterial für Kartenformulare.

6. Begriff der Inlandsauswirkung

18 **a) Schutzbereich der Sachnorm.** Inlandsauswirkung kommt nur infrage, wenn der beanstandete Vorgang mit Auslandsbezug als hypothetischer Inlandsfall gegen eine Norm des GWB verstoßen könnte. Nach der Rspr. ist Voraussetzung für die Inlandsauswirkung, die zur Anwendung des GWB führt, dass sie „den Schutzbereich der jeweiligen Sachnorm im Inland" verletzt (BGH WuW/E 1276 (1279) – Ölfeldrohre; 1613 (1614) – Organische Pigmente; 2596 – Eisenbahnschwellen; dazu Wiedemann KartellR-HdB/Wiedemann § 5 Rn. 23; OLG Frankfurt a. M. WuW/E

DE-R 801 (802) – Brüsseler Buchhandlung), also die Wettbewerbsbeschränkung den freien **Wettbewerb auf dem Inlandsmarkt** beeinträchtigt (BGH WuW/E 1276 (1279) – Ölfeldrohre; OLG Stuttgart WuW/E 5895 – Flugzeugschlepper; OLG Frankfurt a. M. WuW/E DE-R 801 (802) – Brüsseler Buchhandlung). Das ist nicht der Fall, wenn ausländische Abnehmer eines inländischen Lieferanten diskriminiert oder behindert werden (OLG Frankfurt a. M. WuW/E DE-R 801 (802) – Brüsseler Buchhandlung). Grundsätzlich wirkt sich ein auf Deutschland bezogenes **Einfuhr- oder Importkartell** im Inland aus, ein **Ausfuhr- oder Exportkartell** aus Deutschland heraus hingegen nicht. § 130 Abs. 2 erfasst auch die Fusionskontrolle (BGH WuW/E 1613 (1614) – Organische Pigmente; WuW/E DE-R 2133 = WRP 2008, 118 Rn. 18 – Sulzer/Kelmix).

Str. ist, ob es erforderlich ist, dass sich die Wettbewerbsbeschränkung im Inland 19
tatsächlich auswirkt, oder ob es ausreicht, dass sie sich im Inland auswirken **kann** bzw. **geeignet** ist, den inländischen Wettbewerb zu beschränken (vgl. den Meinungsüberblick bei Immenga/Mestmäcker/Rehbinder/von Kalben Rn. 159; Bunte/Stadler Rn. 134). Die Rspr. hat sich insoweit bisher nicht festgelegt. UE ist grds. eine **tatsächliche und nachgewiesene Auswirkung** des ausländischen Sachverhalts auf das Inland nötig. Dabei muss **nach der in Betracht kommenden Sachnorm differenziert** werden (vgl. Loewenheim/Meessen/Riesenkampff/Kersting/Meyer-Lindemann/Stockmann Rn. 20 ff., der ganz auf den Schutzzweck der jeweiligen Sachnorm abstellt). Für die Inlandsauswirkung einer an sich gegen § 1 verstoßenden Kartellvereinbarung reicht es nicht aus, dass sie auch den inländischen Wettbewerb beschränken könnte; die Sachnorm des § 1 verlangt nämlich eine konkrete, nicht nur mögliche Beschränkung des Wettbewerbs. Anderes gilt in der Fusionskontrolle. Hier muss die Möglichkeit ausreichen, den Wettbewerb zu beeinflussen und – bei der Anwendung des § 36 Abs. 1 – dadurch eine marktbeherrschende Stellung zB durch Absicherung zu verstärken; die Sachnorm des § 36 Abs. 1 lässt hier die Möglichkeit solcher Beeinflussungen ausreichen.

b) Spürbarkeit. Die Auswirkungen der Wettbewerbsbeschränkungen auf die 20
inländischen Wettbewerbsverhältnisse müssen „spürbar" sein (vgl. BGHSt 25, 208 (209, 213) – Ölfeldrohre; BGHZ 74, 322 (325) – Organische Pigmente; BGH WuW/E 2596 (2597) – Eisenbahnschwellen; WuW/E DE-R 2133 = WRP 2008, 118 Rn. 19 – Sulzer/Kelmix; OLG Frankfurt a. M. WuW/E DE-R 801 (802) – Brüsseler Buchhandlung; dazu und zum Kriterium der unmittelbaren/mittelbaren Auswirkung Bunte/Stadler Rn. 133), dh ein quantitatives Mindestausmaß erreichen. Die Voraussetzungen dieser Spürbarkeit sind unsicher (ähnlich Wiedemann KartellR-HdB/Wiedemann § 5 Rn. 24: keine festen Kriterien). Zwei Ansätze sind erkennbar: Einmal kommt ein **„absoluter" Maßstab** in Betracht, gemessen an Umsatz und/oder Marktanteil, unterhalb dessen eine Wettbewerbsbeschränkung im Inland nicht „spürbar" ist. In der Praxis gibt es dementsprechend Tendenzen, bei relevanten Inlandsumsätzen von unter 2–3 Mio. EUR die inländische Wettbewerbsbeschränkung nicht als spürbar anzusehen. Zum anderen kommt in Betracht, die Spürbarkeit auf der **Grundlage der möglicherweise verletzten Sachnorm** zu bemessen. Das bedeutet bei einer möglichen Verletzung des § 1, dass die Spürbarkeit der Inlandsauswirkung genauso bestimmt wird wie die Spürbarkeit im Rahmen des § 1 (→ § 1 Rn. 41 ff.).

7. Inlandswirkung in der Fusionskontrolle

a) Spürbarkeit in der Fusionskontrolle. (Vgl. zunächst Merkblatt des 21
BKartA zur Inlandsauswirkung Anhang C 7; ausf. Wiedemann KartellR-HdB/Wiedemann § 5 Rn. 39; Wiedemann KartellR-HdB/Steinvorth § 19 Rn. 199; Bunte/Stadler Rn. 184 ff.). In der Fusionskontrolle dürfen die Anforderungen an die Spürbarkeit nicht allein von der Frage geleitet sein, ob bei der Verstärkung

einer marktbeherrschenden Stellung nach § 36 Abs. 1 eine Spürbarkeitsschwelle gelten soll; die räumliche Anwendbarkeit der deutschen Fusionskontrolle, um die es bei § 130 Abs. 2 geht, hängt nicht allein an diesem Merkmal als der relevanten Sachnorm. Allerdings sind hier in der Rspr. die **Anforderungen an die „Spürbarkeit" nicht hoch.** Inlands-Marktanteile des erworbenen ausländischen Unternehmens von 0,14 % oder 0,23 % können genügen (vgl. BGH WuW/E 1613 (1615) – Organische Pigmente). Sie sind tendenziell desto geringer, je höher der Marktanteil des erwerbenden Unternehmens ist (vgl. dazu, allerdings nicht unter dem Aspekt der Inlandsauswirkung, sondern der Verstärkung nach § 36 Abs. 1 BGH WuW/E 1854 (1860) – Zeitungsmarkt München). Für die Frage der Spürbarkeit der Inlandsauswirkung ist die **Überschreitung der Umsatzschwellen des § 35 Abs. 1 Nr. 2** an sich irrelevant. § 35 Abs. 1 Nr. 2 enthält bei richtiger Auslegung (→ § 35 Rn. 33) eine Einschränkung der Anwendung der Fusionskontrolle auf Zusammenschlüsse mit spürbarer Inlandsauswirkung, **keine Erweiterung** (dazu auch Merkblatt des BKartA zur Inlandsauswirkung Anhang C 7 Rn. 7)

22 Das **BKartA** erkennt außerhalb des Auswirkungsprinzips **keine Einschränkungen seiner Untersagungskompetenz bei Auslandszusammenschlüssen** an. Mehrere Fälle, die vom BKartA untersagt wurden, sind dadurch gekennzeichnet, dass sich ausschließlich – nicht von deutschen Unternehmen abhängige – ausländische Unternehmen zusammenschließen, die nur einen kleinen Teil ihrer weltweiten Aktivitäten in Deutschland erbringen. Damit verbindet sich die Frage, ob die bloße Inlandsauswirkung (§ 130 Abs. 2) als Legitimation ausreicht, den Zusammenschluss, dessen inländische Teile nicht von dem ausländischen Vorgang zu trennen sind, insgesamt zu untersagen. Im Falle Phonak/GN ReSound (BKartA WuW/E DE-V 1965, dazu Wertenbruch ZWeR 2008, 109; OLG Düsseldorf WuW/E DE-R 2477 (2482)) tätigten beide Unternehmen nur ca. 8 % bzw. 6 % ihrer Weltumsätze in Deutschland; im Inland waren sie nur über Vertriebsgesellschaften für die im Ausland entwickelten und produzierten Erzeugnisse tätig. Noch deutlicher ist das Problem der völkerrechtlichen Untersagungskompetenz des BKartA im Falle Sulzer/Kelmix aufgetreten (BKartA WuW/E DE-V 1340; dazu, aber ohne Erörterung der Untersagungskompetenz auch BGH WuW/E DE-R 2133; OLG Düsseldorf WuW/E DE-R 1931). Die schweizerische Firma Sulzer hat die schweizerisch-liechtensteinische Unternehmensgruppe Kelmix/Werfo erworben, die in Deutschland – ohne inländische Tochtergesellschaften – nur Vertriebsaktivitäten unterhielt. Der Anteil des deutschen Umsatzes des Erwerbsobjektes lag unter 15 %. Dennoch hat das Amt ohne jede Einschränkung seine Untersagungskompetenz für den weltweiten Zusammenschluss bejaht. Völkerrechtliche Argumente über die Begrenzung seiner Untersagungskompetenz wurden pauschal zurückgewiesen.

23 **b) Vollzug im Inland.** In der Praxis wird jeder Zusammenschluss, der im Inland vollzogen wird, als **inlandswirksam** angesehen. Das ist im Ergebnis richtig, obwohl der Ort der Realisierung nicht unbedingt etwas mit den Auswirkungen zu tun haben muss. Demgemäß unterliegt der Zusammenschluss zwischen Unternehmen mit Sitz in Deutschland und der Erwerb von Beteiligungen an inländischen Unternehmen – bei Überschreiten der Umsatzschwellen des § 35 – immer der Fusionskontrolle (so auch Merkblatt des BKartA zur Inlandsauswirkung Anhang C 7 Rn. 15; Loewenheim/Meessen/Riesenkampff/Kersting/Meyer-Lindemann/Stockmann Rn. 38); das gilt auch zB für den Zusammenschluss zwischen Exportgesellschaften oder die Bildung einer deutschen Holdinggesellschaft, die ausschließlich ausländische Beteiligungen hält (vgl. dazu mwN Kleinmann/Bechtold Einl. Rn. 75). Str. ist, ob diese Grundsätze auch gelten für die Fälle der früheren Zusammenschlussfiktion des § 23 Abs. 3 S. 4 idF bis zur 6. GWB-Novelle 1998, ob also ein **im Ausland realisierter Zusammenschluss** hinsichtlich der

inländischen Töchter der beteiligten Unternehmen stets als im Inland realisiert gilt (so KG WuW/E 3051 (3055) – Morris-Rothmans). UE ist erforderlich, dass auch in diesem Falle wie bei allen anderen Zusammenschlüssen, die sich im Ausland realisieren, die Inlandsauswirkung konkret und ohne Anwendung von Fiktionen nachgewiesen wird (so auch Kleinmann/Bechtold Einl. Rn. 76, dort auch wN).

c) Vollzug im Ausland. Zusammenschlüsse, die im Ausland vollzogen werden (Ausländer erwirbt ausländisches Unternehmen; deutsches Unternehmen beteiligt sich an ausländischem Unternehmen), würden nach dem Auswirkungsprinzip immer der deutschen Fusionskontrolle unterliegen, soweit sie sich im Inland auswirken. Erforderlich ist aber darüber hinaus, dass mindestens ein beteiligtes Unternehmen unmittelbar oder mittelbar **im Inland über unternehmerisch genutztes Vermögen verfügt** (so Kleinmann/Bechtold Einl. Rn. 78) oder jedenfalls hier **„unternehmerisches Potenzial"** hat (so Markert, Schwerpunkte 1980/81, S. 108). Das BKartA stellt demgegenüber nur auf die Tätigkeit der beteiligten Unternehmen ab. Wenn beide Unternehmen bisher im Inland zB dadurch tätig waren, dass ihre Produkte (von wem auch immer) hier vertrieben wurden, liege Inlandswirkung vor. Wenn nur eines im Inland tätig war, soll es auf mögliche Zusammenhänge zwischen den Tätigkeiten des ausländischen, nicht im Inland tätigen Unternehmens und des im Inland tätigen Unternehmens ankommen. Bei der im Ausland realisierten Bildung von **Gemeinschaftsunternehmen** kommt es primär auf die sachliche und örtliche Tätigkeit des Gemeinschaftsunternehmens an, daneben aber in der Praxis des BKartA nach der Theorie des „Gruppeneffekts" auch auf das Verhältnis der Tätigkeiten der Muttergesellschaften (dazu BKartA WuW/E 2445 – Daimler-Benz-MAN/ENASA. Ausgeschlossen werden können die Inlandsauswirkungen, wenn das Gemeinschaftsunternehmen auf dem deutschen Markt nicht tätig ist und nicht mehrere Muttergesellschaften auf demselben sachlich relevanten Markt im Inland tätig sind (Merkblatt des BKartA zur Inlandsauswirkung Anhang C 7 Rn. 16). 24

d) „Anmeldepflicht" und Vollzugsverbot. Bei der „Anmeldepflicht" des § 39 Abs. 1 ist wegen ihrer unmittelbaren Zusammenhänge mit dem **Vollzugsverbot** des § 41 Abs. 1 zu differenzieren (→ § 39 Rn. 31 ff.). Nach unserer Auffassung, die nicht mit der strengen Praxis des BKartA übereinstimmt, besteht keine Anmeldepflicht und das Vollzugsverbot gilt nicht bei im Ausland vollzogenen Zusammenschlüssen, wenn an ihnen nur ausländische Unternehmen beteiligt sind, die nicht von inländischen Unternehmen abhängig sind. Die Tatsache allein, dass ein ausländischer Konzern auch Tochtergesellschaften im Inland hat, kann nicht dazu führen, dass seine Zusammenschlüsse im Ausland dem Vollzugsverbot und damit der Anmeldepflicht unterliegen. Die Anmeldepflicht besteht hingegen uneingeschränkt bei allen Zusammenschlüssen, die **im Inland vollzogen** werden. Die Untersagungsbefugnis des BKartA ist eingeschränkt; es kann nur insoweit untersagt werden, wie sich der Zusammenschluss im Inland auswirkt (vgl. dazu auch Kleinmann/Bechtold Einl. Rn. 82; aA teilweise die Praxis des BKartA). 25

8. Verhältnis zum Energiewirtschaftsrecht (Abs. 3)

Nach § 185 Abs. 3 stehen die Vorschriften des Energiewirtschaftsgesetzes der Anwendung der §§ 19 und 20 nicht entgegen. Das ist durch das 2. Gesetz zur Neuregelung des Energiewirtschaftsrechts (→ Vor § 28 Rn. 22) im Hinblick auf **§ 111 EnWG** eingeschränkt worden. Nach der Begr. z. RegE der 6. GWB-Novelle (BR-Drs. 852/97, 71) war der Zweck des Abs. 3 nur die Übernahme der Regelung des früheren § 104a. § 104a, der bis zum 31.12.1998 galt, war durch die 2. GWB-Novelle 1973 in das Gesetz eingefügt worden und enthielt die Klarstellung, dass die 26

Geltung und Anwendung der §§ 22 und 26 Abs. 2 aF durch das Energiewirtschaftsgesetz und dazu ergangene Durchführungs- und Ausführungsvorschriften nicht eingeschränkt werden. Damit wurde eine frühere Streitfrage gesetzlich geklärt. Bei der Anwendung des GWB und des Energiewirtschaftsrechts können sich **Überschneidungen** ergeben, zB hinsichtlich der Verpflichtung zur Belieferung von Abnehmern, die über eigene Energieerzeugungsanlagen verfügen. Zwischen dem 1.1.1999 und dem 30.6.2005 gab es **keine Sondervorschriften mehr,** die die Anwendung des GWB auf Energieversorgungsunternehmen einschränken konnten. Die Anwendbarkeit der §§ 19 und 20 war im Energiewirtschaftsgesetz von 1998 (v. 24.4.1998, BGBl. 1998 I 730) in § 6 Abs. 1 S. 4 EnWG ausdrücklich vorgesehen; diese Vorschriften blieben hiernach „unberührt".

27 Das Erste Gesetz zur Änderung des Gesetzes zur **Neuregelung des Energiewirtschaftsrechts,** v. 20.5.2003 (BGBl. 2003 I 686) sah eine **Ergänzung des § 64 Abs. 1 Nr. 2** dahin vor, dass bei Missbrauchsverfügungen nach § 19 Abs. 4 in Bezug auf Elektrizitäts- oder Gasversorgungsnetze die Beschwerde keine aufschiebende Wirkung hat. Außerdem mussten nach § 6 Abs. 1 EnWG für Strom und dem neuen § 6a Abs. 2 EnWG für Gas die Durchleitungsbedingungen „**guter fachlicher Praxis** entsprechen". Die Erfüllung der Bedingungen guter fachlicher Praxis sollte bei Einhaltung der **Verbändevereinbarungen** für Strom vom 13.12.2001 und für Erdgas vom 14.5.2002 bis zum 31.12.2003 (und nur bis zu diesem Datum, vgl. BGH WuW/E DE-R 1617 (1620 f.) – Stromnetznutzungsentgelt) vermutet werden. „Im Übrigen" sollten § 19 Abs. 4 und § 20 Abs. 1 und 2 (= heute § 19 Abs. 2, § 20 Abs. 1) „unberührt" bleiben. Das bedeutete, dass energiewirtschaftsrechtlich die Rechtmäßigkeit der Durchleitungsbedingungen bis zum 31.12.2003 vermutet wurde, wenn sie den Verbändevereinbarungen entsprachen. Durch die Worte „im Übrigen" wurde klargestellt, dass das auch für die kartellrechtliche Beurteilung der Frage galt, ob Durchleitungsbedingungen missbräuchlich iSv § 19 Abs. 4 (heute § 19 Abs. 2) oder diskriminierend oder behindernd iSv § 20 Abs. 1 und 2 (heute § 19 Abs. 2 Nr. 1 und § 20 Abs. 1) sind. Die Gerichte und Kartellbehörden mussten bei der Anwendung des GWB nach den Verbändevereinbarungen ermittelte Durchleitungsbedingungen als rechtmäßig anerkennen; die Frage, ob und wie die Vermutung widerlegt werden kann, wurde nicht entschieden.

28 Nach der Neufassung des § 130 Abs. 3, jetzt § 185 Abs. 3, durch das Zweite Gesetz zur Neuregelung des Energiewirtschaftsrechts v. 7.7.2005 (→ Rn. 3) gelten die **§§ 19 und 20 für Strom und Gas** nur, soweit in **§ 111 EnWG** keine andere Regelung vorgesehen ist. In diese Regelung ist der durch die GWB-Novelle 2007 neu geschaffene **§ 29** einbezogen worden. In § 111 Abs. 1 EnWG, der im Zuge der GWB-Novelle 2007 ebenfalls um § 29 ergänzt wurde, heißt es, dass die §§ 19, 20 und 29 nicht **anzuwenden sind, soweit** durch das Energiewirtschaftsgesetz oder auf seiner Grundlage erlassene Rechtsverordnungen **ausdrücklich abschließende Regelungen** getroffen werden. Derartige abschließende Regelungen sind die §§ 20–28a und die auf dieser Grundlage erlassenen Rechtsverordnungen. Dabei geht es um den Netzzugang zu Energieversorgungsnetzen, also „Elektrizitätsversorgungsnetze und Gasversorgungsnetze über eine oder mehrere Spannungsebenen oder Druckstufen" (§ 3 Nr. 16 EnWG). Das bedeutet, dass die **Netzzugangsbedingungen** und die Preise dafür dem **Anwendungsbereich der §§ 19, 20 und 29** entzogen sind. Für sie gilt ausschließlich das Regulierungsrecht des EnWG. In der Konsequenz der Unanwendbarkeit der §§ 19, 20 und 29 auf den Zugang zu Strom- und Gasnetzen liegt es, dass nach § 111 Abs. 3 EnWG in Verfahren der Kartellbehörde nach den §§ 19, 20 und 29 sowie Art. 102 AEUV, die die Preise von Energieversorgungsunternehmen für die Belieferung von Letztverbrauchern betreffen, die regulierten Netzzugangsentgelte zugrunde zu legen sind, wenn diese ein tatsächlicher oder kalkulatorischer Bestandteil dieser Preise sind.

9. Verhältnis zum Energiesicherungsgesetz (Abs. 4)

29 Abs. 4, eingefügt durch das Gesetz zur Änderung des **Energiesicherungsgesetzes** vom 20.5.2022 (BGBl. 2022 I 730), bestimmt in S. 1, dass die Teile 1 bis 3 des GWB auf **Treuhandverwaltungen, Kapitalmaßnahmen oder Enteignungen** nach § 17, 17a oder 18a des Energiesicherungsgesetzes nicht anwendbar sind. Hintergrund ist im Wesentlichen, dass die Maßnahmen nach §§ 17, 17a und 18 des Energiesicherungsgesetzes fusionskontrollpflichtig sein könnten, und deshalb die Regelungen der §§ 35 ff. GWB durch Abs. 4 auf derartige Maßnahmen nicht anwendbar sind. S. 2 erweitert die „**Fusionskontrollausnahme**" für Maßnahmen nach § 17 Abs. 5 S. 2 oder § 17b des Energiesicherungsgesetzes auf juristische Personen des öffentlichen Rechts oder des Privatrechts, deren Anteile ausschließlich vom Bund oder von der Kreditanstalt für Wiederaufbau unmittelbar oder mittelbar gehalten werden. S. 3 stellt wiederum klar, dass das GWB für Privatisierungen nach § 17b Abs. 2 S. 3 oder § 20 Abs. 3 des Energiesicherungsgesetzes anwendbar bleibt.

10. EU-Recht

30 Für die Anwendung der Wettbewerbsregeln des AEUV auf **öffentliche Unternehmen** gilt Art. 106 AEUV: Danach sind die Mitgliedstaaten verpflichtet, in Bezug auf öffentliche Unternehmen keine den Wettbewerbsregeln widersprechenden Maßnahmen zu treffen oder beizubehalten. Art. 106 AEUV bestätigt den Grundsatz, dass öffentliche Unternehmen den Art. 101 und 102 AEUV voll unterworfen sind (vgl. Bechtold/Bosch/Brinker AEUV Art. 106 Rn. 2). Differenzierungen nach nationalen Rechtskategorien (öffentlich- und privatrechtlich) oder sonstigen Besonderheiten haben hier noch weniger Platz als in § 130 Abs. 1 S. 1.

31 Auch im EU-Kartellrecht gilt – ohne besondere gesetzliche Grundlage – das **Auswirkungsprinzip** (EuG Slg. 1999, II-753 Rn. 76, 89 – Gencor/Lonrho; dazu Bechtold/Bosch/Brinker Einl. Rn. 17; vgl. auch KG WuW/E 5580 (5591 f., 5598) – Selektive Exklusivität). Ebenso wie die Wettbewerbsbeschränkung und die Auswirkungen auf den zwischenstaatlichen Handel in Art. 101 und 102 AEUV muss auch die – logisch vorgeschaltete – Auswirkung auf die Union **„spürbar"** sein (KG WuW/E 5580 (5591 f., 5598) – Selektive Exklusivität). In der EU-Fusionskontrolle wird teilweise das Auswirkungsprinzip so angewendet, dass sie immer gilt, wenn die Schwellenwerte des Art. 1 FKVO erfüllt sind. Ob der Zusammenschluss sich darüber hinaus in der Union auswirkt, wird dann offenbar angesichts der sich aus dem Umsatzkriterium ergebenden „gemeinschaftsweiten" Bedeutung als unerheblich angesehen. Diese Praxis ist uE verfehlt. Die Frage, ob die Schwellenwerte des Art. 1 FKVO erfüllt sind, stellt sich nur, wenn zuvor die spürbare Auswirkung auf die Marktstruktur und den zwischenstaatlichen Handel festgestellt ist.

Teil 6. Übergangs- und Schlussbestimmungen

§ 186 Anwendungsbestimmungen zu § 47k

(1) **Das Bundesministerium für Wirtschaft und Klimaschutz hat**
1. **das Vorliegen der erforderlichen technischen Voraussetzungen für eine Übermittlung der abgegebenen Mengen nach § 47k Absatz 2 Satz 1 Nummer 2 in Verbindung mit der Rechtsverordnung nach § 47k Absatz 8 festzustellen und**
2. **die Feststellung nach Nummer 1 im Bundesanzeiger bekannt zu machen.**

(2) **§ 47k Absatz 2 Satz 1 Nummer 2 ist nach Ablauf des Monats, der auf den Monat folgt, in dem die Bekanntmachung nach Absatz 1 Nummer 2 erfolgt, anzuwenden; dieser Tag ist vom Bundesministerium für Wirtschaft und Klimaschutz unverzüglich im Bundesanzeiger bekannt zu machen.**

§ 186 wurde durch die 11. GWB-Novelle 2023 neu eingefügt. Hintergrund ist, dass die Meldepflicht in § 47 Abs. 2 durch die 11. GWB-Novelle 2023 auf in den jeweiligen Preisgeltungszeiträumen abgesetzte Kraftstoffmengen ausgedehnt wurde. Die Geltung dieser erweiterten Meldepflicht wird an die vom Bundesministerium für Wirtschaft und Energie zu treffende **Feststellung** geknüpft, dass die **technischen Voraussetzungen für die Übermittlung** der abgegebenen Mengen vorliegen. Die Feststellung erfolgt in der **VO nach § 47k Abs. 8 (MTS-KraftstoffV).** Abs. 2 regelt das Inkrafttreten der Meldepflicht.

§ 187 Übergangs- und Schlussbestimmungen

(1) **§ 29 ist nach dem 31. Dezember 2027 nicht mehr anzuwenden.**

(2) **Vergabeverfahren, die vor dem 18. April 2016 begonnen haben, einschließlich der sich an diese anschließenden Nachprüfungsverfahren sowie am 18. April 2016 anhängige Nachprüfungsverfahren werden nach dem Recht zu Ende geführt, das zum Zeitpunkt der Einleitung des Verfahrens galt.**

(3) **[1]Mit Ausnahme von § 33c Absatz 5 sind die §§ 33a bis 33f nur auf Schadensersatzansprüche anwendbar, die nach dem 26. Dezember 2016 entstanden sind. [2]§ 33h ist auf nach dem 26. Dezember 2016 entstandene Ansprüche nach § 33 Absatz 1 oder § 33a Absatz 1 sowie auf vor dem 27. Dezember 2016 entstandene Unterlassungs-, Beseitigungs- und Schadensersatzansprüche wegen eines Verstoßes gegen eine Vorschrift im Sinne des § 33 Absatz 1 oder gegen eine Verfügung der Kartellbehörde anzuwenden, die am 9. Juni 2017 noch nicht verjährt waren. [3]Der Beginn, die Hemmung, die Ablaufhemmung und der Neubeginn der Verjährung der Ansprüche, die vor dem 27. Dezember 2016 entstanden sind, bestimmen sich jedoch für die Zeit bis zum 8. Juni 2017 nach den bisher für diese Ansprüche jeweils geltenden Verjährungsvorschriften.**

(4) **§ 33c Absatz 5 und die §§ 33g sowie 89b bis 89e sind unabhängig vom Zeitpunkt der Entstehung der Schadensersatzansprüche nur in Rechtsstreiten anzuwenden, in denen nach dem 26. Dezember 2016 Klage erhoben worden ist.**

(5) **[1]§ 81a findet Anwendung, wenn das Erlöschen der nach § 30 des Gesetzes über Ordnungswidrigkeiten verantwortlichen juristischen Person**

oder Personenvereinigung oder die Verschiebung von Vermögen nach dem 9. Juni 2017 erfolgt. [2]War die Tat zu diesem Zeitpunkt noch nicht beendet, gehen die Regelungen des § 81 Absatz 3a bis 3e vor.

(6) **§ 30 Absatz 2b findet nur Anwendung auf Vereinbarungen, die nach dem 9. Juni 2017 und vor dem 31. Dezember 2027 wirksam geworden sind.**

(7) **[1]Für einen Zusammenschluss, für den die Anmeldung nach § 39 zwischen dem 1. März 2020 und dem Ablauf des 31. Mai 2020 beim Bundeskartellamt eingegangen ist, beträgt die Frist nach § 40 Absatz 1 Satz 1 zwei Monate und die Frist nach § 40 Absatz 2 Satz 2 sechs Monate. [2]Satz 1 gilt auch im Fall des § 40 Absatz 5. [3]Die Sätze 1 und 2 gelten nicht, wenn am 29. Mai 2020**
1. **die Frist nach § 40 Absatz 1 Satz 1 abgelaufen war, ohne dass das Bundeskartellamt den anmeldenden Unternehmen mitgeteilt hat, dass es in die Prüfung des Zusammenschlusses (Hauptprüfverfahren) eingetreten ist,**
2. **die Frist nach § 40 Absatz 2 Satz 2 abgelaufen war oder**
3. **der Zusammenschluss vom Bundeskartellamt freigegeben worden war.**

(8) **§ 81f Satz 1 ist in der Zeit bis zum Ablauf des 30. Juni 2021 nicht anzuwenden, soweit für die Zahlung einer Geldbuße Zahlungserleichterungen nach § 18 oder § 93 des Gesetzes über Ordnungswidrigkeiten gewährt sind.**

(9) **[1]Die §§ 35 bis 41 sind nicht anzuwenden auf einen Zusammenschluss im Krankenhausbereich, soweit**
1. **der Zusammenschluss eine standortübergreifende Konzentration von mehreren Krankenhäusern oder einzelnen Fachrichtungen mehrerer Krankenhäuser zum Gegenstand hat,**
2. **dem Zusammenschluss keine anderen wettbewerbsrechtlichen Vorschriften entgegenstehen und dies das Land bei Antragstellung nach § 14 Absatz 2 Nummer 3 Buchstabe a der Krankenhausstrukturfonds-Verordnung bestätigt hat,**
3. **das Vorliegen der weiteren Voraussetzungen für eine Förderung nach § 12a Absatz 1 Satz 4 des Krankenhausfinanzierungsgesetzes in Verbindung mit § 11 Absatz 1 Nummer 2 der Krankenhausstrukturfonds-Verordnung in einem Auszahlungsbescheid nach § 15 der Krankenhausstrukturfonds-Verordnung festgestellt wurde und**
4. **der Zusammenschluss bis zum 31. Dezember 2027 vollzogen wird.**

[2]Ein Zusammenschluss im Sinne des Satzes 1 ist dem Bundeskartellamt nach Vollzug anzuzeigen. [3]Für die Evaluierung dieser Regelung sind die §§ 32e und 21 Absatz 3 Satz 8 des Krankenhausentgeltgesetzes entsprechend anzuwenden. [4]Für die Zwecke der Evaluierung und zur Untersuchung der Auswirkungen dieser Regelung auf die Wettbewerbsverhältnisse und die Versorgungsqualität können Daten aus der amtlichen Krankenhausstatistik zusammengeführt werden.

(10) **[1]Das Bundesministerium für Wirtschaft und Klimaschutz wird ermächtigt, durch Rechtsverordnung ohne Zustimmung des Bundesrates im Hinblick auf das Abkommen zwischen dem Bundesministerium für Wirtschaft und Klimaschutz der Bundesrepublik Deutschland und dem Eidgenössischen Departement für Wirtschaft, Bildung und Forschung der Schweizerischen Eidgenossenschaft über Zusammenarbeit und Koordinierung der Wettbewerbsbehörden, zu bestimmen, dass**
1. **Informationen ausschließlich in kartellbehördlichen Verfahren und sich daran anschließenden Rechtsbehelfsverfahren sowie nur für die Zwecke,**

für die sie von der schweizerischen Wettbewerbsbehörde übermittelt wurden, verwendet werden dürfen und

2. eine Pflicht zur Wahrung der Vertraulichkeit sowie ein Ausschluss der Offenlegung gegenüber anderen staatlichen Stellen sowie Dritten zu beachten ist,

soweit sich die in dem Abkommen von der Bundesrepublik Deutschland übernommenen Verpflichtungen und gewährten Rechte im Rahmen der nach den §§ 50a bis 50f zulässigen zwischenbehördlichen Zusammenarbeit halten. [2]Bestimmungen einer Rechtsverordnung nach Satz 1 sind erst ab dem Tag anzuwenden, ab dem das in Satz 1 bezeichnete Abkommen wirksam geworden ist. [3]Das Bundesministerium für Wirtschaft und Klimaschutz gibt den Tag unter Angabe der Bezeichnung des Abkommens zwischen dem Bundesministerium für Wirtschaft und Klimaschutz der Bundesrepublik Deutschland und dem Eidgenössischen Departement für Wirtschaft, Bildung und Forschung der Schweizerischen Eidgenossenschaft über Zusammenarbeit und Koordinierung der Wettbewerbsbehörden und dessen Fundstelle im Bundesgesetzblatt bekannt.

(11) **[1]Das Bundeskartellamt kann eine Verfügung nach § 32f Absatz 2 auch auf der Grundlage einer Sektoruntersuchung nach § 32e erlassen, die am 7. November 2023 bereits abgeschlossen war, wenn die Veröffentlichung des Abschlussberichts nach § 32e Absatz 4 zu diesem Zeitpunkt weniger als ein Jahr zurücklag. [2]In den Fällen des Satzes 1 ist § 32f Absatz 7 mit der Maßgabe anzuwenden, dass die Frist am 7. November 2023 zu laufen beginnt.**

1 Der in Teilen neugefasste § 187 – der bisherige § 186 – enthält Übergangsbestimmungen und Befristungen sowie eine Verordnungsermächtigung: Abs. 1 befristet die Anwendbarkeit des § 29 jetzt auf den 31.12.2027. Abs. 2 regelt die Anwendbarkeit des 2016 neugefassten Vergaberechts. Abs. 3 und 4 regeln das Übergangsrecht zur Umsetzung der Vorschriften des Kartellschadensersatzrechts durch die 9. GWB-Novelle 2017. Die 10. GWB-Novelle 2021 hat in Abs. 4 die zeitliche Geltung der § 33c Abs. 5, § 33g und §§ 89b–89e klargestellt sowie in Abs. 8 eine Fusionskontrollausnahme für geförderte Zusammenschlüsse von Krankenhäusern aufgenommen. Abs. 5 regelt den zeitlichen Anwendungsbereich des § 81a. Abs. 5 regelt die zeitliche Anwendbarkeit des § 30 Abs. 2 b, also des Ausnahmebereichs für bestimmte Kooperationen im Pressebereich. Abs. 7 und 8 enthalten Erleichterungen im Zusammenhang aus der COVID-19-Gesetzgebung. Art. 9 regelt den Ausnahmebereich für Fusionskontrolle im Krankenhausbereich. Abs. 10 enthält eine Verordnungsermächtigung für die Zusammenarbeit der deutschen und schweizerischen Kartellbehörden. Mit der 11. GWB-Novelle 2023 wurde Abs. 11 angefügt, der regelt, dass ein Abschlussbericht einer Sektoruntersuchung dann Grundlage für eine Verfügung nach § 32f Abs. 5 sein kann, wenn er innerhalb des letzten Jahres vor Inkrafttreten der 11. GWB-Novelle 2023, also ein Jahr vom dem 7.11.2023, veröffentlicht wurde.

1. Aufhebung des § 29 zum Ende 2027 (Abs. 1)

2 Nach Abs. 1 ist § 29 nunmehr nach dem 31.12.2027 „nicht mehr anzuwenden".

2. Fortgeltung früherer Übergangsvorschriften?

3 Die Aufhebung der Übergangsvorschriften der 7. GWB-Novelle 2005 (§ 131 Abs. 1–6; → 6. Aufl. 2010, Rn. 2 ff.) durch die 8. GWB-Novelle 2012/2013 bedeutet nicht, dass sie nicht in Einzelfällen doch noch zu beachten wären. Wenn zB nach § 131 Abs. 1 in der bis zur 8. GWB-Novelle 2012/2013 geltenden Fassung alte Freistellungen aus der Zeit vor der 7. GWB-Novelle noch fortgelten sollten bis

zum 31.12.2007, wird diese Fortgeltung nicht durch Aufhebung der Übergangsvorschriften beseitigt. Vielmehr beruht die Aufhebung allein darauf, dass in der Praxis mit Übergangsproblemen nicht mehr zu rechnen ist. Für Übergangszeiten angeordnete Fortgeltungen und Wirksamkeiten sollten nicht rückwirkend beseitigt werden.

3. Inkrafttreten der 9. GWB-Novelle 2017

4 Die 9. GWB-Novelle 2017 trat gespalten in Kraft, **insbes. bezogen auf das neue Schadensersatzrecht** (Abs. 3). Entscheidend ist, ob die **Schadensersatzansprüche vor dem 26.12.2016 entstanden sind;** dann gilt grds. altes Recht (Abs. 3 S. 1). § 33h, also die Verjährungsregeln, sind nach S. 2 auch auf vor dem 27.12.2016 entstandene Unterlassungs-, Beseitigungs- und Schadensersatzansprüche anwendbar, die am Tag des Inkrafttretens, also am 9.6.2017, **noch nicht verjährt** waren. Allerdings sollen sich nach Abs. 3 S. 3 der **Beginn,** die **Ablaufhemmung** sowie der **Neubeginn der Verjährung** der Ansprüche, die vor dem 27.12.2016 entstanden sind, für die Zeit bis zum 8.6.2017 nach dem bisherigen Recht richten. Nach dem Urteil des EuGH v. 18.4.2024, (C-605/21 – Heureka/Google) erfordert der Effizienzgrundsatz, dass die Verjährung nicht beginnen darf, bevor der Geschädigte Kenntnis davon erlangt habe, dass das betreffende Verhalten eine Zuwiderhandlung gegen das Kartellrecht darstelle und bevor die Zuwiderhandlung beendet wurde (C-605/21 – Heureka/Google Rn. 53 ff.). Die Kenntnis von der Zuwiderhandlung, die die Verjährung auslöst, soll spätestens durch die Veröffentlichung der Zusammenfassung des (noch nicht bestandskräftigen) Beschlusses der Kommission im Amtsblatt begonnen haben (C-605/21 – Heureka/Google Rn. 64). Damit wird man davon ausgehen müssen, dass der Beginn der Verjährung wegen mangelnder Kenntnis der Zuwiderhandlung oder Fortdauer der Zuwiderhandlung auch vor der Umsetzung der 9. GWB-Novelle 2017 entsprechend der Anforderungen des EuGH bestimmt werden muss. Der Verweis auf § 287 ZPO bezogen auf die Schätzung des Umfangs der Schadensabwälzung sowie § 33d und §§ 89b–89e gelten für Rechtsstreitigkeiten, in denen nach dem 26.12.2016 Klage erhoben worden ist (Abs. 4). Für die Einzelheiten dieses gespaltenen Inkrafttretens wird auf die Kommentierung zu den jeweiligen Vorschriften verwiesen. Das OLG Düsseldorf (NZKart 2018, 228 – Herausgabe von Beweismitteln; dazu auch OLG Düsseldorf NZKart 2018, 275 – Herausgabe von Beweismittel II) meinte, dass die durch die 9. GWB-Novelle eingefügten Regelungen nur für Ansprüche nach § 33a Abs. 1 gelten, § 33a Abs. 1 aber nach § 187 Abs. 2 S. 1 nur auf Schadensersatzansprüche anwendbar sei, die nach dem 26.12.2016 entstanden sind. § 187 Abs. 4 stellt in der durch die 10. GWB-Novelle 2021 geänderten Fassung jetzt klar, dass die Vorschriften § 33c Abs. 5, § 33g sowie §§ 89b–89e auch in Bezug auf Schadensersatzansprüche Anwendung finden, die vor dem 26.12.2016 entstanden sind; für die Anwendbarkeit dieser Vorschriften ist nur der Zeitpunkt der Klageerhebung maßgeblich, nicht der Zeitpunkt der Entstehung der Schadensersatzansprüche.

4. COVID-19-Spezialregelungen (Abs. 7 und 8)

5 Abs. 7 und 8 wurden durch das Gesetz zur Abmilderung der Folgen der COVID-19-Pandemie im Wettbewerbsrecht und für den Bereich der Selbstverwaltungsorganisationen der gewerblichen Wirtschaft (BGBl. 2020 I 106) aufgenommen. Die Regelungen für die Fusionskontrolle in **Abs. 7** sind seit dem 31.5.2020 ausgelaufen. Nach **Abs. 8** waren Geldbußen nach § 81f S. 1 bis zum 30.6.2021 nicht zu verzinsen, soweit für die Zahlung einer Geldbuße Zahlungserleichterungen nach § 18 OWiG oder § 93 OWiG gewährt sind.

5. Fusionskontrollausnahme für Krankenhauszusammenschlüsse (Abs. 9)

Abs. 9 regelt Ausnahmen für Zusammenschlüsse im Krankenhaussektor. Diese Ausnahme gilt allerdings nur **für bis zum 31.12.2027 vollzogene begünstigte Vorhaben.** Dies betrifft standardübergreifende Konzentrationen akut-stationärer Versorgungseinrichtungen aus Mitteln des Strukturfonds nach § 11 Abs. 1 Nr. 2 Krankenhausstrukturfonds-Verordnung. Da diese Förderung nur gewährt werden kann, wenn das Vorhaben wettbewerbsrechtlich zulässig ist, ist die Ausnahme von der allgemeinen Fusionskontrolle konsequent. 6

6. Maßnahmen nach Sektoruntersuchungen (Abs. 11)

Mit der 11. GWB-Novelle 2023 wurde Abs. 11 angefügt: Nach S. 1 kann der Abschlussbericht einer Sektoruntersuchung auch dann Grundlage für eine Verfügung nach § 32f Abs. 2 sein, wenn er innerhalb des letzten Jahres vor Inkrafttreten der 11. GWB-Novelle 2023 am 7.11.2023, veröffentlicht wurde. Nach der Neuregelung des § 32f Abs. 2 kann das BKartA im Anschluss an eine Sektoruntersuchung eine generelle Anmeldepflicht für Zusammenschlüsse auch unterhalb der Schwellen des § 35 anordnen. Die Vorschrift trägt dem Umstand Rechnung, das § 32f Abs. 2 dem bisherigen § 39a GWB entspricht, und auf diese Weise sichergestellt wird, dass seit dem 7.11.2022 bis zum 7.11.2023veröffentlichte Abschlussberichte Grundlage von Anordnungen nach der neuen Vorschrift sein können. In diesen Zeitraum fallen die Abschlussberichte Online-Werbung B6-25/18 aus dem Mai 2023, Messenger- und Video-Dienste V-28/20. S. 2 regelt, dass die Frist nach § 32 f Abs. 7, innerhalb derer Verfügungen nach Veröffentlichung des Abschlussberichts ergehen sollen (eigentlich 18 Monate nach der Veröffentlichung des Abschlussberichts), erst ab dem 7.11.2023 laufen soll. 7

Anhang

Übersicht

11. GWB-Novelle

bearbeitet von Rechtsanwalt Prof. Dr. Rainer Bechtold, Stuttgart

11. GWB-Novelle

bearbeitet von Rechtsanwalt Prof. Dr. Rainer Bechtold, Stuttgart

I. Überblick

Die 11. GWB-Novelle wurde am 6. Juli 2023 vom Bundestag in zweiter und dritter Lesung verabschiedet. Der Bundesrat stimmte dem Gesetz am 29. September 2023 zu. Das Gesetz ist im Zeitpunkt der Drucklegung dieses Sonderhefts noch nicht im Bundesgesetzblatt verkündet worden; mit der Verkündung ist aber noch im Oktober 2023 zu rechnen. Gegenstand der Gesetzesbeschlüsse ist der Regierungsentwurf (BT-Drs. 20/6824 vom 16.5.2023) mit den vom Wirtschaftsausschuss beschlossenen – geringfügigen – Änderungen (BT-Drs. 20/7625 vom 5.7.2023; BR-Drs. 414/23).

Die 11. GWB-Novelle ist von Bundeswirtschaftsminister Dr. Robert Habeck als eine der „umfänglichsten und weitreichendsten" Novellen der letzten Jahre bezeichnet worden (Bundestagssitzung vom 6.7.2023). Das wird – formal – nicht durch den Umfang der Änderungen, die im konsolidierten Gesetzestext durch Unterstreichungen hervorgehoben sind, bestätigt. Der Umfang der Änderungen durch die 8., 9. und 10. GWB-Novelle, der in den NZKart-Sonderheften belegt und sichtbar gemacht worden ist, war jeweils deutlich größer. Auch erscheint zweifelhaft, ob die Änderungen materiell von dem Gewicht sind, das in der politischen Vorstellung behauptet wurde, jedenfalls wenn man eine Prognose über die möglichen Anwendungsfälle einbezieht.

Drei wesentliche Änderungsbereiche gibt es:

Im Zentrum der Novelle steht die wirksamere Ausgestaltung des Instruments der Sektoruntersuchung (im Wesentlichen: §§ 32e, 32f). Ihr Gegenstand können Wirtschaftszweige oder sektorübergreifende Verhaltensweisen sein, in denen der Wettbewerb „möglicherweise eingeschränkt oder verfälscht ist". Das Verfahren einer solchen Untersuchung wird effektiver ausgestaltet und gestrafft; sie soll im Regelfall binnen 18 Monaten abgeschlossen werden. Die Möglichkeit, verschuldensunabhängig „verhaltensorientierte oder strukturelle" Abhilfemaßnahmen vorzuschreiben, gibt es nur im Anschluss an eine Sektoruntersuchung, wenn der untersuchte Sektor entsprechende strukturelle Defizite aufweist. Für die gegen einzelne Unternehmen ergriffenen Folgemaßnahmen gelten strenge materielle Voraussetzungen und verfahrensrechtliche Garantien.

Die Erleichterung der Vorteilsabschöpfung durch die Kartellbehörde nach einem Kartellverstoß ist angesichts vermuteter Krisengewinne durch Kartellverstöße in der Gemengelage von Corona, Inflation und Ukrainekrieg entwickelt worden. Künftig gilt nach § 34 Abs. 4 die Vermutung eines wirtschaftlichen Vorteils, dessen Höhe geschätzt werden kann.

Schließlich wird durch die Novelle die Möglichkeit von nationalen Sanktionen bei Verstößen gegen den EU-Digital Markets Act (VO (EU) Nr. 2022/1925 über bestreitbare Märkte im digitalen Sektor) geschaffen, soweit diese Verordnung neben den in ihr selbst vorgesehenen Sanktionen dem nationalen Gesetzgeber Spielräume lässt. Das hat dazu geführt, dass das Gesetz außer in § 32g neu und § 33 Abs. 1 an verschiedenen Stellen entsprechend ergänzt wurde.

Unter II. wird der neue konsolidierte Wortlaut des GWB (ohne Vergaberecht, das – ohne Zusammenhang mit den Zielen der Novelle – nur in § 154 geändert wurde) wiedergegeben, wobei die geänderten Vorschriften unterstrichen sind. Für das bisherige Recht ist das GWB in der Fassung der Bekanntmachung vom 26. Juni 2013 (BGBl. I S. 1750, 3245) zugrundegelegt worden, das zuletzt durch Art. 2 des Gesetzes vom 23. Juni 2023 (BGBl. 2023 I Nr. 167) geändert worden ist.

Unter III. sind die Änderungen anderer Gesetze durch die Novelle aufgeführt, wobei nur die Änderung in § 95 Abs. 2 GVG wörtlich wiedergegeben ist.

Unter IV. ist die Amtliche Begründung zu den Gesetzesänderungen wiedergegeben, und zwar unterteilt nach der „Einleitung zum Gesetzesentwurf" sowie dem Allgemeinen Teil und dem Besonderen Teil. In dem Besonderen Teil sind die Begründungen zu den einzelnen §§ diesen zugeordnet (in der Amtlichen Begründung zum Regierungsentwurf sind die einzelnen Änderungen fortlaufend nummeriert und oft aus sich heraus nicht verständlich). Die „Amtliche" Begründung umfasst fast ausschließlich die Begründung zum Regierungsentwurf; die (wenigen) vom Wirtschaftsausschuss formulierten Änderungen zum Regierungsentwurf, die durchweg vom Bundestag übernommen wurden, sind jeweils nur kurz begründet worden, soweit sie nicht schon aus sich heraus verständlich sind.

Diese Sonderbeilage ist in beck-online abrufbar unter dem Aufruf „NZKart-Beilage".

II. Wortlaut des Gesetzes gegen Wettbewerbsbeschränkungen – konsolidierte Fassung (ohne Vergaberecht), §§ 1–96, 185–187

in der Fassung von Artikel 1 des Gesetzes zur Änderung des Gesetzes gegen Wettbewerbsbeschränkungen und anderer Gesetze vom [...]. Oktober 2023, bei Drucklegung dieses Sonderheftes noch nicht im BGBl. verkündet, in Kraft getreten am Tag nach der Verkündung

Änderungen des Gesetzestextes aufgrund der 11. GWB-Novelle sind hervorgehoben

Soweit der Gesetzestext auf vom Bundestag in zweiter und dritter Lesung übernommenen Änderungsvorschlägen des Wirtschaftsausschusses beruht, sind die Änderungen gegenüber dem Regierungsentwurf kursiv gekennzeichnet.

Inhaltsübersicht

§ 31b Wasserwirtschaft, Aufgaben und Befugnisse der Kartellbehörde, Sanktionen

Kapitel 6. Befugnisse der Kartellbehörden, Schadensersatz und Vorteilsabschöpfung

Abschnitt 1. Befugnisse der Kartellbehörden

§ 32 Abstellung und nachträgliche Feststellung von Zuwiderhandlungen
§ 32a Einstweilige Maßnahmen
§ 32b Verpflichtungszusagen
§ 32c Kein Anlass zum Tätigwerden
§ 32d Entzug der Freistellung
§ 32e Untersuchungen einzelner Wirtschaftszweige und einzelner Arten von Vereinbarungen
§ 32f Maßnahmen nach einer Sektoruntersuchung
§ 32g Untersuchung von möglichen Verstößen gegen die Verordnung (EU) 2022/1925 (Digital Markets Act)

Abschnitt 2. Schadensersatz und Vorteilsabschöpfung

§ 33 Unterlassungsanspruch, Schadensersatzpflicht
§ 33a Schadensersatzpflicht
§ 33b Bindungswirkung von Entscheidungen einer Wettbewerbsbehörde
§ 33c Schadensabwälzung
§ 33d Gesamtschuldnerische Haftung
§ 33e Kronzeuge
§ 33f Wirkungen des Vergleichs
§ 33g Anspruch auf Herausgabe von Beweismitteln und Erteilung von Auskünften
§ 33h Verjährung
§ 34 Vorteilsabschöpfung durch die Kartellbehörde
§ 34a Vorteilsabschöpfung durch Verbände

Kapitel 7. Zusammenschlusskontrolle

§ 35 Geltungsbereich der Zusammenschlusskontrolle
§ 36 Grundsätze für die Beurteilung von Zusammenschlüssen
§ 37 Zusammenschluss
§ 38 Berechnung der Umsatzerlöse und der Marktanteile und des Wertes der Gegenleistung
§ 39 Anmelde- und Anzeigepflicht
§ 39a (weggefallen)
§ 40 Verfahren der Zusammenschlusskontrolle
§ 41 Vollzugsverbot, Entflechtung
§ 42 Ministererlaubnis
§ 43 Bekanntmachungen
§ 43a Evaluierung

Kapitel 8. Monopolkommission

§ 44 Aufgaben
§ 45 Mitglieder
§ 46 Beschlüsse, Organisation, Rechte und Pflichten der Mitglieder
§ 47 Übermittlung statistischer Daten

Kapitel 9. Markttransparenzstellen für den Großhandel mit Strom und Gas und für Kraftstoffe

Abschnitt 1. Markttransparenzstelle für den Großhandel im Bereich Strom und Gas

§ 47a Einrichtung, Zuständigkeit, Organisation

Teil 1. Wettbewerbsbeschränkungen

Kapitel 1. Wettbewerbsbeschränkende Vereinbarungen, Beschlüsse und abgestimmte Verhaltensweisen

§ 1 Verbot wettbewerbsbeschränkender Vereinbarungen

Vereinbarungen zwischen Unternehmen, Beschlüsse von Unternehmensvereinigungen und aufeinander abgestimmte Verhaltensweisen, die eine Verhinderung, Einschränkung oder Verfälschung des Wettbewerbs bezwecken oder bewirken, sind verboten.

§ 2 Freigestellte Vereinbarungen

(1) Vom Verbot des § 1 freigestellt sind Vereinbarungen zwischen Unternehmen, Beschlüsse von Unternehmensvereinigungen oder aufeinander abgestimmte Verhaltensweisen, die unter angemessener Beteiligung der Verbraucher an dem entstehenden Gewinn zur Verbesserung der Warenerzeugung oder -verteilung oder zur Förderung des technischen oder wirtschaftlichen Fortschritts beitragen, ohne dass den beteiligten Unternehmen
1. Beschränkungen auferlegt werden, die für die Verwirklichung dieser Ziele nicht unerlässlich sind, oder
2. Möglichkeiten eröffnet werden, für einen wesentlichen Teil der betreffenden Waren den Wettbewerb auszuschalten.

(2) Bei der Anwendung von Absatz 1 gelten die Verordnungen des Rates oder der Europäischen Kommission über die Anwendung von Artikel 101 Absatz 3 des Vertrages über die Arbeitsweise der Europäischen Union auf bestimmte Gruppen von Vereinbarungen, Beschlüsse von Unternehmensvereinigungen und aufeinander abgestimmte Verhaltensweisen (Gruppenfreistellungsverordnungen) entsprechend. Dies gilt auch, soweit die dort genannten Vereinbarungen, Beschlüsse und Verhaltensweisen nicht geeignet sind, den Handel zwischen den Mitgliedstaaten der Europäischen Union zu beeinträchtigen.

§ 3 Mittelstandskartelle

Vereinbarungen zwischen miteinander im Wettbewerb stehenden Unternehmen und Beschlüsse von Unternehmensvereinigungen, die die Rationalisierung wirtschaftlicher Vorgänge durch zwischenbetriebliche Zusammenarbeit zum Gegenstand haben, erfüllen die Voraussetzungen des § 2 Absatz 1, wenn
1. dadurch der Wettbewerb auf dem Markt nicht wesentlich beeinträchtigt wird und
2. die Vereinbarung oder der Beschluss dazu dient, die Wettbewerbsfähigkeit kleiner oder mittlerer Unternehmen zu verbessern.

§§ 4 bis 17 (weggefallen)

Kapitel 2. Marktbeherrschung, sonstiges wettbewerbsbeschränkendes Verhalten

§ 18 Marktbeherrschung

(1) Ein Unternehmen ist marktbeherrschend, soweit es als Anbieter oder Nachfrager einer bestimmten Art von Waren oder gewerblichen Leistungen auf dem sachlich und räumlich relevanten Markt
1. ohne Wettbewerber ist,
2. keinem wesentlichen Wettbewerb ausgesetzt ist oder
3. eine im Verhältnis zu seinen Wettbewerbern überragende Marktstellung hat.

(2) Der räumlich relevante Markt kann weiter sein als der Geltungsbereich dieses Gesetzes.

(2a) Der Annahme eines Marktes steht nicht entgegen, dass eine Leistung unentgeltlich erbracht wird.

(3) Bei der Bewertung der Marktstellung eines Unternehmens im Verhältnis zu seinen Wettbewerbern ist insbesondere Folgendes zu berücksichtigen:
1. sein Marktanteil,
2. seine Finanzkraft,
3. sein Zugang zu wettbewerbsrelevanten Daten,
4. sein Zugang zu den Beschaffungs- oder Absatzmärkten,
5. Verflechtungen mit anderen Unternehmen,
6. rechtliche oder tatsächliche Schranken für den Marktzutritt anderer Unternehmen,
7. der tatsächliche oder potenzielle Wettbewerb durch Unternehmen, die innerhalb oder außerhalb des Geltungsbereichs dieses Gesetzes ansässig sind,
8. die Fähigkeit, sein Angebot oder seine Nachfrage auf andere Waren oder gewerbliche Leistungen umzustellen, sowie
9. die Möglichkeit der Marktgegenseite, auf andere Unternehmen auszuweichen.

(3a) Insbesondere bei mehrseitigen Märkten und Netzwerken sind bei der Bewertung der Marktstellung eines Unternehmens auch zu berücksichtigen:
1. direkte und indirekte Netzwerkeffekte,
2. die parallele Nutzung mehrerer Dienste und der Wechselaufwand für die Nutzer,
3. seine Größenvorteile im Zusammenhang mit Netzwerkeffekten,
4. sein Zugang zu wettbewerbsrelevanten Daten,
5. innovationsgetriebener Wettbewerbsdruck.

(3b) Bei der Bewertung der Marktstellung eines Unternehmens, das als Vermittler auf mehrseitigen Märkten tätig ist, ist insbesondere auch die Bedeutung der von ihm erbrachten Vermittlungsdienstleistungen für den Zugang zu Beschaffungs- und Absatzmärkten zu berücksichtigen.

(4) Es wird vermutet, dass ein Unternehmen marktbeherrschend ist, wenn es einen Marktanteil von mindestens 40 Prozent hat.

(5) Zwei oder mehr Unternehmen sind marktbeherrschend, soweit
1. zwischen ihnen für eine bestimmte Art von Waren oder gewerblichen Leistungen ein wesentlicher Wettbewerb nicht besteht und
2. sie in ihrer Gesamtheit die Voraussetzungen des Absatzes 1 erfüllen.

(6) Eine Gesamtheit von Unternehmen gilt als marktbeherrschend, wenn sie
1. aus drei oder weniger Unternehmen besteht, die zusammen einen Marktanteil von 50 Prozent erreichen, oder

2. aus fünf oder weniger Unternehmen besteht, die zusammen einen Marktanteil von zwei Dritteln erreichen.

(7) Die Vermutung des Absatzes 6 kann widerlegt werden, wenn die Unternehmen nachweisen, dass
1. die Wettbewerbsbedingungen zwischen ihnen wesentlichen Wettbewerb erwarten lassen oder
2. die Gesamtheit der Unternehmen im Verhältnis zu den übrigen Wettbewerbern keine überragende Marktstellung hat.

(8) Das Bundesministerium für Wirtschaft und Energie berichtet den gesetzgebenden Körperschaften nach Ablauf von drei Jahren nach Inkrafttreten der Regelungen in den Absätzen 2a und 3a über die Erfahrungen mit den Vorschriften.

§ 19 Verbotenes Verhalten von marktbeherrschenden Unternehmen

(1) Der Missbrauch einer marktbeherrschenden Stellung durch ein oder mehrere Unternehmen ist verboten.

(2) Ein Missbrauch liegt insbesondere vor, wenn ein marktbeherrschendes Unternehmen als Anbieter oder Nachfrager einer bestimmten Art von Waren oder gewerblichen Leistungen
1. ein anderes Unternehmen unmittelbar oder mittelbar unbillig behindert oder ohne sachlich gerechtfertigten Grund unmittelbar oder mittelbar anders behandelt als gleichartige Unternehmen;
2. Entgelte oder sonstige Geschäftsbedingungen fordert, die von denjenigen abweichen, die sich bei wirksamem Wettbewerb mit hoher Wahrscheinlichkeit ergeben würden; hierbei sind insbesondere die Verhaltensweisen von Unternehmen auf vergleichbaren Märkten mit wirksamem Wettbewerb zu berücksichtigen;
3. ungünstigere Entgelte oder sonstige Geschäftsbedingungen fordert, als sie das marktbeherrschende Unternehmen selbst auf vergleichbaren Märkten von gleichartigen Abnehmern fordert, es sei denn, dass der Unterschied sachlich gerechtfertigt ist;
4. sich weigert, ein anderes Unternehmen gegen angemessenes Entgelt mit einer solchen Ware oder gewerblichen Leistung zu beliefern, insbesondere ihm Zugang zu Daten, zu Netzen oder anderen Infrastruktureinrichtungen zu gewähren, und die Belieferung oder die Gewährung des Zugangs objektiv notwendig ist, um auf einem vor- oder nachgelagerten Markt tätig zu sein und die Weigerung den wirksamen Wettbewerb auf diesem Markt auszuschalten droht, es sei denn, die Weigerung ist sachlich gerechtfertigt;
5. andere Unternehmen dazu auffordert, ihm ohne sachlich gerechtfertigten Grund Vorteile zu gewähren; hierbei ist insbesondere zu berücksichtigen, ob die Aufforderung für das andere Unternehmen nachvollziehbar begründet ist und ob der geforderte Vorteil in einem angemessenen Verhältnis zum Grund der Forderung steht.

(3) Absatz 1 in Verbindung mit Absatz 2 Nummer 1 und Nummer 5 gilt auch für Vereinigungen von miteinander im Wettbewerb stehenden Unternehmen im Sinne der §§ 2, 3 und 28 Absatz 1, § 30 Absatz 2a, 2b und § 31 Absatz 1 Nummer 1, 2 und 4. Absatz 1 in Verbindung mit Absatz 2 Nummer 1 gilt auch für Unternehmen, die Preise nach § 28 Absatz 2 oder § 30 Absatz 1 Satz 1 oder § 31 Absatz 1 Nummer 3 binden.

§ 19a Missbräuchliches Verhalten von Unternehmen mit überragender marktübergreifender Bedeutung für den Wettbewerb

(1) Das Bundeskartellamt kann durch Verfügung feststellen, dass einem Unternehmen, das in erheblichem Umfang auf Märkten im Sinne des § 18 Absatz 3a tätig

ist, eine überragende marktübergreifende Bedeutung für den Wettbewerb zukommt. Bei der Feststellung der überragenden marktübergreifenden Bedeutung eines Unternehmens für den Wettbewerb sind insbesondere zu berücksichtigen:
1. seine marktbeherrschende Stellung auf einem oder mehreren Märkten,
2. seine Finanzkraft oder sein Zugang zu sonstigen Ressourcen,
3. seine vertikale Integration und seine Tätigkeit auf in sonstiger Weise miteinander verbundenen Märkten,
4. sein Zugang zu wettbewerbsrelevanten Daten,
5. die Bedeutung seiner Tätigkeit für den Zugang Dritter zu Beschaffungs- und Absatzmärkten sowie sein damit verbundener Einfluss auf die Geschäftstätigkeit Dritter.

Die Verfügung nach Satz 1 ist auf fünf Jahre nach Eintritt der Bestandskraft zu befristen.

(2) Das Bundeskartellamt kann im Falle einer Feststellung nach Absatz 1 dem Unternehmen untersagen,
1. beim Vermitteln des Zugangs zu Beschaffungs- und Absatzmärkten die eigenen Angebote gegenüber denen von Wettbewerbern bevorzugt zu behandeln, insbesondere
   a) die eigenen Angebote bei der Darstellung zu bevorzugen;
   b) ausschließlich eigene Angebote auf Geräten vorzuinstallieren oder in anderer Weise in Angebote des Unternehmens zu integrieren;
2. Maßnahmen zu ergreifen, die andere Unternehmen in ihrer Geschäftstätigkeit auf Beschaffungs- oder Absatzmärkten behindern, wenn die Tätigkeit des Unternehmens für den Zugang zu diesen Märkten Bedeutung hat, insbesondere
   a) Maßnahmen zu ergreifen, die zu einer ausschließlichen Vorinstallation oder Integration von Angeboten des Unternehmens führen;
   b) andere Unternehmen daran zu hindern oder es ihnen zu erschweren, ihre eigenen Angebote zu bewerben oder Abnehmer auch über andere als die von dem Unternehmen bereitgestellten oder vermittelten Zugänge zu erreichen;
3. Wettbewerber auf einem Markt, auf dem das Unternehmen seine Stellung, auch ohne marktbeherrschend zu sein, schnell ausbauen kann, unmittelbar oder mittelbar zu behindern, insbesondere
   a) die Nutzung eines Angebots des Unternehmens mit einer dafür nicht erforderlichen automatischen Nutzung eines weiteren Angebots des Unternehmens zu verbinden, ohne dem Nutzer des Angebots ausreichende Wahlmöglichkeiten hinsichtlich des Umstands und der Art und Weise der Nutzung des anderen Angebots einzuräumen;
   b) die Nutzung eines Angebots des Unternehmens von der Nutzung eines anderen Angebots des Unternehmens abhängig zu machen;
4. durch die Verarbeitung wettbewerbsrelevanter Daten, die das Unternehmen gesammelt hat, Marktzutrittsschranken zu errichten oder spürbar zu erhöhen, oder andere Unternehmen in sonstiger Weise zu behindern, oder Geschäftsbedingungen zu fordern, die eine solche Verarbeitung zulassen, insbesondere
   a) die Nutzung von Diensten davon abhängig zu machen, dass Nutzer der Verarbeitung von Daten aus anderen Diensten des Unternehmens oder eines Drittanbieters zustimmen, ohne den Nutzern eine ausreichende Wahlmöglichkeit hinsichtlich des Umstands, des Zwecks und der Art und Weise der Verarbeitung einzuräumen;
   b) von anderen Unternehmen erhaltene wettbewerbsrelevante Daten zu anderen als für die Erbringung der eigenen Dienste gegenüber diesen Unternehmen erforderlichen Zwecken zu verarbeiten, ohne diesen Unternehmen eine ausreichende Wahlmöglichkeit hinsichtlich des Umstands, des Zwecks und der Art und Weise der Verarbeitung einzuräumen;

5. die Interoperabilität von Produkten oder Leistungen oder die Portabilität von Daten zu verweigern oder zu erschweren und damit den Wettbewerb zu behindern;
6. andere Unternehmen unzureichend über den Umfang, die Qualität oder den Erfolg der erbrachten oder beauftragten Leistung zu informieren oder ihnen in anderer Weise eine Beurteilung des Wertes dieser Leistung zu erschweren;
7. für die Behandlung von Angeboten eines anderen Unternehmens Vorteile zu fordern, die in keinem angemessenen Verhältnis zum Grund der Forderung stehen, insbesondere
   a) für deren Darstellung die Übertragung von Daten oder Rechten zu fordern, die dafür nicht zwingend erforderlich sind;
   b) die Qualität der Darstellung dieser Angebote von der Übertragung von Daten oder Rechten abhängig zu machen, die hierzu in keinem angemessenen Verhältnis stehen.

Dies gilt nicht, soweit die jeweilige Verhaltensweise sachlich gerechtfertigt ist. Die Darlegungs- und Beweislast obliegt insoweit dem Unternehmen. § 32 Absatz 2 und 3, die §§ 32a und 32b gelten entsprechend. Die Verfügung nach Absatz 2 kann mit der Feststellung nach Absatz 1 verbunden werden.

(3) Die §§ 19 und 20 bleiben unberührt.

(4) Das Bundesministerium für Wirtschaft und Energie berichtet den gesetzgebenden Körperschaften nach Ablauf von vier Jahren nach Inkrafttreten der Regelungen in den Absätzen 1 und 2 über die Erfahrungen mit der Vorschrift.

§ 20 Verbotenes Verhalten von Unternehmen mit relativer oder überlegener Marktmacht

(1) § 19 Absatz 1 in Verbindung mit Absatz 2 Nummer 1 gilt auch für Unternehmen und Vereinigungen von Unternehmen, soweit von ihnen andere Unternehmen als Anbieter oder Nachfrager einer bestimmten Art von Waren oder gewerblichen Leistungen in der Weise abhängig sind, dass ausreichende und zumutbare Möglichkeiten, auf dritte Unternehmen auszuweichen, nicht bestehen und ein deutliches Ungleichgewicht zur Gegenmacht der anderen Unternehmen besteht (relative Marktmacht). § 19 Absatz 1 in Verbindung mit Absatz 2 Nummer 1 gilt ferner auch für Unternehmen, die als Vermittler auf mehrseitigen Märkten tätig sind, soweit andere Unternehmen mit Blick auf den Zugang zu Beschaffungs- und Absatzmärkten von ihrer Vermittlungsleistung in der Weise abhängig sind, dass ausreichende und zumutbare Ausweichmöglichkeiten nicht bestehen. Es wird vermutet, dass ein Anbieter einer bestimmten Art von Waren oder gewerblichen Leistungen von einem Nachfrager abhängig im Sinne des Satzes 1 ist, wenn dieser Nachfrager bei ihm zusätzlich zu den verkehrsüblichen Preisnachlässen oder sonstigen Leistungsentgelten regelmäßig besondere Vergünstigungen erlangt, die gleichartigen Nachfragern nicht gewährt werden.

(1a) Eine Abhängigkeit nach Absatz 1 kann sich auch daraus ergeben, dass ein Unternehmen für die eigene Tätigkeit auf den Zugang zu Daten angewiesen ist, die von einem anderen Unternehmen kontrolliert werden. Die Verweigerung des Zugangs zu solchen Daten gegen angemessenes Entgelt kann eine unbillige Behinderung nach Absatz 1 in Verbindung mit § 19 Absatz 1, Absatz 2 Nummer 1 darstellen. Dies gilt auch dann, wenn ein Geschäftsverkehr für diese Daten bislang nicht eröffnet ist.

(2) § 19 Absatz 1 in Verbindung mit Absatz 2 Nummer 5 gilt auch für Unternehmen und Vereinigungen von Unternehmen im Verhältnis zu den von ihnen abhängigen Unternehmen.

(3) Unternehmen mit gegenüber kleinen und mittleren Wettbewerbern überlegener Marktmacht dürfen ihre Markt macht nicht dazu ausnutzen, solche Wettbewerber unmittelbar oder mittelbar unbillig zu behindern. Eine unbillige Behinderung im Sinne des Satzes 1 liegt insbesondere vor, wenn ein Unternehmen

1. Lebensmittel im Sinne des Artikels 2 der Verordnung (EG) Nr. 178/2002 des Europäischen Parlaments und des Rates zur Festlegung der allgemeinen Grundsätze und Anforderungen des Lebensmittelrechts, zur Errichtung der Europäischen Behörde für Lebensmittelsicherheit und zur Festlegung von Verfahren zur Lebensmittelsicherheit (ABl. L 31 vom 1.2.2002, S. 1), die zuletzt durch die Verordnung (EU) 2019/1381 (ABl. L 231 vom 6.9.2019, S. 1) geändert worden ist, unter Einstandspreis oder
2. andere Waren oder gewerbliche Leistungen nicht nur gelegentlich unter Einstandspreis oder
3. von kleinen oder mittleren Unternehmen, mit denen es auf dem nachgelagerten Markt beim Vertrieb von Waren oder gewerblichen Leistungen im Wettbewerb steht, für deren Lieferung einen höheren Preis fordert, als es selbst auf diesem Markt

anbietet, es sei denn, dies ist jeweils sachlich gerechtfertigt. Einstandspreis im Sinne des Satzes 2 ist der zwischen dem Unternehmen mit überlegener Marktmacht und seinem Lieferanten vereinbarte Preis für die Beschaffung der Ware oder Leistung, auf den allgemein gewährte und im Zeitpunkt des Angebots bereits mit hinreichender Sicherheit feststehende Bezugsvergünstigungen anteilig angerechnet werden, soweit nicht für bestimmte Waren oder Leistungen ausdrücklich etwas anderes vereinbart ist. Das Anbieten von Lebensmitteln unter Einstandspreis ist sachlich gerechtfertigt, wenn es geeignet ist, den Verderb oder die drohende Unverkäuflichkeit der Waren beim Händler durch rechtzeitigen Verkauf zu verhindern sowie in vergleichbar schwerwiegenden Fällen. Werden Lebensmittel an gemeinnützige Einrichtungen zur Verwendung im Rahmen ihrer Aufgaben abgegeben, liegt keine unbillige Behinderung vor.

(3a) Eine unbillige Behinderung im Sinne des Absatzes 3 Satz 1 liegt auch vor, wenn ein Unternehmen mit überlegener Marktmacht auf einem Markt im Sinne des § 18 Absatz 3a die eigenständige Erzielung von Netzwerkeffekten durch Wettbewerber behindert und hierdurch die ernstliche Gefahr begründet, dass der Leistungswettbewerb in nicht unerheblichem Maße eingeschränkt wird.

(4) Ergibt sich auf Grund bestimmter Tatsachen nach allgemeiner Erfahrung der Anschein, dass ein Unternehmen seine Marktmacht im Sinne des Absatzes 3 ausgenutzt hat, so obliegt es diesem Unternehmen, den Anschein zu widerlegen und solche anspruchsbegründenden Umstände aus seinem Geschäftsbereich aufzuklären, deren Aufklärung dem betroffenen Wettbewerber oder einem Verband nach § 33 Absatz 4 nicht möglich, dem in Anspruch genommenen Unternehmen aber leicht möglich und zumutbar ist.

(5) Wirtschafts- und Berufsvereinigungen sowie Gütezeichengemeinschaften dürfen die Aufnahme eines Unternehmens nicht ablehnen, wenn die Ablehnung eine sachlich nicht gerechtfertigte ungleiche Behandlung darstellen und zu einer unbilligen Benachteiligung des Unternehmens im Wettbewerb führen würde.

§ 21 Boykottverbot, Verbot sonstigen wettbewerbsbeschränkenden Verhaltens

(1) Unternehmen und Vereinigungen von Unternehmen dürfen nicht ein anderes Unternehmen oder Vereinigungen von Unternehmen in der Absicht, bestimmte Unternehmen unbillig zu beeinträchtigen, zu Liefersperren oder Bezugssperren auffordern.

(2) Unternehmen und Vereinigungen von Unternehmen dürfen anderen Unternehmen keine Nachteile androhen oder zufügen und keine Vorteile versprechen oder gewähren, um sie zu einem Verhalten zu veranlassen, das nach folgenden Vorschriften nicht zum Gegenstand einer vertraglichen Bindung gemacht werden darf:
1. nach diesem Gesetz,
2. nach Artikel 101 oder 102 des Vertrages über die Arbeitsweise der Europäischen Union oder
3. nach einer Verfügung der Europäischen Kommission oder der Kartellbehörde, die auf Grund dieses Gesetzes oder auf Grund der Artikel 101 oder 102 des Vertrages über die Arbeitsweise der Europäischen Union ergangen ist.

(3) Unternehmen und Vereinigungen von Unternehmen dürfen andere Unternehmen nicht zwingen,
1. einer Vereinbarung oder einem Beschluss im Sinne der §§ 2, 3, 28 Absatz 1 oder § 30 Absatz 2a oder Absatz 2b beizutreten oder
2. sich mit anderen Unternehmen im Sinne des § 37 zusammenzuschließen oder
3. in der Absicht, den Wettbewerb zu beschränken, sich im Markt gleichförmig zu verhalten.

(4) Es ist verboten, einem Anderen wirtschaftlichen Nachteil zuzufügen, weil dieser ein Einschreiten der Kartellbehörde beantragt oder angeregt hat.

Kapitel 3. Anwendung des europäischen Wettbewerbsrechts

§ 22 Verhältnis dieses Gesetzes zu den Artikeln 101 und 102 des Vertrages über die Arbeitsweise der Europäischen Union

(1) Auf Vereinbarungen zwischen Unternehmen, Beschlüsse von Unternehmensvereinigungen und aufeinander abgestimmte Verhaltensweisen im Sinne des Artikels 101 Absatz 1 des Vertrages über die Arbeitsweise der Europäischen Union, die den Handel zwischen den Mitgliedstaaten der Europäischen Union im Sinne dieser Bestimmung beeinträchtigen können, können auch die Vorschriften dieses Gesetzes angewandt werden. Ist dies der Fall, ist daneben gemäß Artikel 3 Absatz 1 Satz 1 der Verordnung (EG) Nr. 1/2003 des Rates vom 16. Dezember 2002 zur Durchführung der in den Artikeln 81 und 82 des Vertrages niedergelegten Wettbewerbsregeln (ABl. EG 2003 Nr. L 1 S. 1) auch Artikel 101 des Vertrages über die Arbeitsweise der Europäischen Union anzuwenden.

(2) Die Anwendung der Vorschriften dieses Gesetzes darf gemäß Artikel 3 Absatz 2 Satz 1 der Verordnung (EG) Nr. 1/2003 nicht zum Verbot von Vereinbarungen zwischen Unternehmen, Beschlüssen von Unternehmensvereinigungen und aufeinander abgestimmten Verhaltensweisen führen, welche zwar den Handel zwischen den Mitgliedstaaten der Europäischen Union zu beeinträchtigen geeignet sind, aber
1. den Wettbewerb im Sinne des Artikels 101 Absatz 1 des Vertrages über die Arbeitsweise der Europäischen Union nicht beschränken oder
2. die Bedingungen des Artikels 101 Absatz 3 des Vertrages über die Arbeitsweise der Europäischen Union erfüllen oder
3. durch eine Verordnung zur Anwendung des Artikels 101 Absatz 3 des Vertrages über die Arbeitsweise der Europäischen Union erfasst sind.

Die Vorschriften des Kapitels 2 bleiben unberührt. In anderen Fällen richtet sich der Vorrang von Artikel 101 des Vertrages über die Arbeitsweise der Europäischen Union nach dem insoweit maßgeblichen Recht der Europäischen Union.

(3) Auf Handlungen, die einen nach Artikel 102 des Vertrages über die Arbeitsweise der Europäischen Union verbotenen Missbrauch darstellen, können auch die Vorschriften dieses Gesetzes angewandt werden. Ist dies der Fall, ist daneben gemäß Artikel 3 Absatz 1 Satz 2 der Verordnung (EG) Nr. 1/2003 auch Artikel 102 des Vertrages über die Arbeitsweise der Europäischen Union anzuwenden. Die Anwendung weitergehender Vorschriften dieses Gesetzes bleibt unberührt.

(4) Die Absätze 1 bis 3 gelten unbeschadet des Rechts der Europäischen Union nicht, soweit die Vorschriften über die Zusammenschlusskontrolle angewandt werden. Vorschriften, die überwiegend ein von den Artikeln 101 und 102 des Vertrages über die Arbeitsweise der Europäischen Union abweichendes Ziel verfolgen, bleiben von den Vorschriften dieses Abschnitts unberührt.

§ 23 (weggefallen)

Kapitel 4. Wettbewerbsregeln

§ 24 Begriff, Antrag auf Anerkennung

(1) Wirtschafts- und Berufsvereinigungen können für ihren Bereich Wettbewerbsregeln aufstellen.

(2) Wettbewerbsregeln sind Bestimmungen, die das Verhalten von Unternehmen im Wettbewerb regeln zu dem Zweck, einem den Grundsätzen des lauteren oder der Wirksamkeit eines leistungsgerechten Wettbewerbs zuwiderlaufenden Verhalten im Wettbewerb entgegenzuwirken und ein diesen Grundsätzen entsprechendes Verhalten im Wettbewerb anzuregen.

(3) Wirtschafts- und Berufsvereinigungen können bei der Kartellbehörde die Anerkennung von Wettbewerbsregeln beantragen.

(4) Der Antrag auf Anerkennung von Wettbewerbsregeln hat zu enthalten:
1. Name, Rechtsform und Anschrift der Wirtschafts- oder Berufsvereinigung;
2. Name und Anschrift der Person, die sie vertritt;
3. die Angabe des sachlichen und örtlichen Anwendungsbereichs der Wettbewerbsregeln;
4. den Wortlaut der Wettbewerbsregeln.

Dem Antrag sind beizufügen:
1. die Satzung der Wirtschafts- oder Berufsvereinigung;
2. der Nachweis, dass die Wettbewerbsregeln satzungsmäßig aufgestellt sind;
3. eine Aufstellung von außenstehenden Wirtschafts- oder Berufsvereinigungen und Unternehmen der gleichen Wirtschaftsstufe sowie der Lieferanten- und Abnehmervereinigungen und der Bundesorganisationen der beteiligten Wirtschaftsstufen des betreffenden Wirtschaftszweiges.

In dem Antrag dürfen keine unrichtigen oder unvollständigen Angaben gemacht oder benutzt werden, um für den Antragsteller oder einen anderen die Anerkennung einer Wettbewerbsregel zu erschleichen.

(5) Änderungen und Ergänzungen anerkannter Wettbewerbsregeln sind der Kartellbehörde mitzuteilen.

§ 25 Stellungnahme Dritter

Die Kartellbehörde hat nichtbeteiligten Unternehmen der gleichen Wirtschaftsstufe, Wirtschafts- und Berufsvereinigungen der durch die Wettbewerbsregeln betroffenen Lieferanten und Abnehmer sowie den Bundesorganisationen der beteiligten Wirtschaftsstufen Gelegenheit zur Stellungnahme zu geben. Gleiches gilt für Verbraucherzentralen und andere Verbraucherverbände, die mit öffentlichen Mitteln gefördert werden, wenn die Interessen der Verbraucher erheblich berührt sind. Die Kartellbehörde kann eine öffentliche mündliche Verhandlung über den Antrag auf Anerkennung durchführen, in der es jedermann freisteht, Einwendungen gegen die Anerkennung zu erheben.

§ 26 Anerkennung

(1) Die Anerkennung erfolgt durch Verfügung der Kartellbehörde. Sie hat zum Inhalt, dass die Kartellbehörde von den ihr nach Kapitel 6 zustehenden Befugnissen keinen Gebrauch machen wird.

(2) Soweit eine Wettbewerbsregel gegen das Verbot des § 1 verstößt und nicht nach den §§ 2 und 3 freigestellt ist oder andere Bestimmungen dieses Gesetzes, des Gesetzes gegen den unlauteren Wettbewerb oder eine andere Rechtsvorschrift verletzt, hat die Kartellbehörde den Antrag auf Anerkennung abzulehnen.

(3) Wirtschafts- und Berufsvereinigungen haben die Außerkraftsetzung von ihnen aufgestellter, anerkannter Wettbewerbsregeln der Kartellbehörde mitzuteilen.

(4) Die Kartellbehörde hat die Anerkennung zurückzunehmen oder zu widerrufen, wenn sie nachträglich feststellt, dass die Voraussetzungen für die Ablehnung der Anerkennung nach Absatz 2 vorliegen.

§ 27 Veröffentlichung von Wettbewerbsregeln, Bekanntmachungen

(1) Anerkannte Wettbewerbsregeln sind im Bundesanzeiger zu veröffentlichen.

(2) Im Bundesanzeiger sind bekannt zu machen
1. die Anträge nach § 24 Absatz 3;
2. die Anberaumung von Terminen zur mündlichen Verhandlung nach § 25 Satz 3;
3. die Anerkennung von Wettbewerbsregeln, ihrer Änderungen und Ergänzungen;
4. die Ablehnung der Anerkennung nach § 26 Absatz 2, die Rücknahme oder der Widerruf der Anerkennung von Wettbewerbsregeln nach § 26 Absatz 4.

(3) Mit der Bekanntmachung der Anträge nach Absatz 2 Nummer 1 ist darauf hinzuweisen, dass die Wettbewerbsregeln, deren Anerkennung beantragt ist, bei der Kartellbehörde zur öffentlichen Einsichtnahme ausgelegt sind.

(4) Soweit die Anträge nach Absatz 2 Nummer 1 zur Anerkennung führen, genügt für die Bekanntmachung der Anerkennung eine Bezugnahme auf die Bekanntmachung der Anträge.

(5) Die Kartellbehörde erteilt zu anerkannten Wettbewerbsregeln, die nicht nach Absatz 1 veröffentlicht worden sind, auf Anfrage Auskunft über die Angaben nach § 24 Absatz 4 Satz 1.

Kapitel 5. Sonderregeln für bestimmte Wirtschaftsbereiche

§ 28 Landwirtschaft

(1) 1 gilt nicht für Vereinbarungen von landwirtschaftlichen Erzeugerbetrieben sowie für Vereinbarungen und Beschlüsse von Vereinigungen von landwirtschaftlichen Erzeugerbetrieben und Vereinigungen von solchen Erzeugervereinigungen über

1. die Erzeugung oder den Absatz landwirtschaftlicher Erzeugnisse oder
2. die Benutzung gemeinschaftlicher Einrichtungen für die Lagerung, Be- oder Verarbeitung landwirtschaftlicher Erzeugnisse,

sofern sie keine Preisbindung enthalten und den Wettbewerb nicht ausschließen. Als landwirtschaftliche Erzeugerbetriebe gelten auch Pflanzen- und Tierzuchtbetriebe und die auf der Stufe dieser Betriebe tätigen Unternehmen.

(2) Für vertikale Preisbindungen, die die Sortierung, Kennzeichnung oder Verpackung von landwirtschaftlichen Erzeugnissen betreffen, gilt § 1 nicht.

(3) Landwirtschaftliche Erzeugnisse sind die in Anhang I des Vertrages über die Arbeitsweise der Europäischen Union aufgeführten Erzeugnisse sowie die durch Be- oder Verarbeitung dieser Erzeugnisse gewonnenen Waren, deren Be- oder Verarbeitung durch landwirtschaftliche Erzeugerbetriebe oder ihre Vereinigungen durchgeführt zu werden pflegt.

§ 29 Energiewirtschaft

(vgl. *§ 187 Abs. 1*: nach dem 31.12.2027 nicht mehr anwendbar)

Einem Unternehmen ist es verboten, als Anbieter von Elektrizität, Fernwärme oder leitungsgebundenem Gas (Versorgungsunternehmen) auf einem Markt, auf dem es allein oder zusammen mit anderen Versorgungsunternehmen eine marktbeherrschende Stellung hat, diese Stellung missbräuchlich auszunutzen, indem es

1. Entgelte oder sonstige Geschäftsbedingungen fordert, die ungünstiger sind als diejenigen anderer Versorgungsunternehmen oder von Unternehmen auf vergleichbaren Märkten, es sei denn, das Versorgungsunternehmen weist nach, dass die Abweichung sachlich gerechtfertigt ist, wobei die Umkehr der Darlegungs- und Beweislast nur in Verfahren vor den Kartellbehörden gilt, oder
2. Entgelte fordert, die die Kosten in unangemessener Weise überschreiten.

Kosten, die sich ihrem Umfang nach im Wettbewerb nicht einstellen würden, dürfen bei der Feststellung eines Missbrauchs im Sinne des Satzes 1 nicht berücksichtigt werden. Die §§ 19 und 20 bleiben unberührt.

§ 30 Presse

(1) 1 gilt nicht für vertikale Preisbindungen, durch die ein Unternehmen, das Zeitungen oder Zeitschriften herstellt, die Abnehmer dieser Erzeugnisse rechtlich oder wirtschaftlich bindet, bei der Weiterveräußerung bestimmte Preise zu vereinbaren oder ihren Abnehmern die gleiche Bindung bis zur Weiterveräußerung an den letzten Verbraucher aufzuerlegen. Zu Zeitungen und Zeitschriften zählen auch Produkte, die Zeitungen oder Zeitschriften reproduzieren oder substituieren und bei Würdigung der Gesamtumstände als überwiegend verlagstypisch anzusehen sind, sowie kombinierte Produkte, bei denen eine Zeitung oder eine Zeitschrift im Vordergrund steht.

(2) Vereinbarungen der in Absatz 1 bezeichneten Art sind, soweit sie Preise und Preisbestandteile betreffen, schriftlich abzufassen. Es genügt, wenn die Beteiligten Urkunden unterzeichnen, die auf eine Preisliste oder auf Preismitteilungen Bezug nehmen. § 126 Absatz 2 des Bürgerlichen Gesetzbuchs findet keine Anwendung.

(2a) § 1 gilt nicht für Branchenvereinbarungen zwischen Vereinigungen von Unternehmen, die nach Absatz 1 Preise für Zeitungen oder Zeitschriften binden (Presseverlage), einerseits und Vereinigungen von deren Abnehmern, die im Preis gebundene Zeitungen und Zeitschriften mit Remissionsrecht beziehen und mit Remissionsrecht an Letztveräußerer verkaufen (Presse-Grossisten), andererseits für die von diesen Vereinigungen jeweils vertretenen Unternehmen, soweit in diesen

Branchenvereinbarungen der flächendeckende und diskriminierungsfreie Vertrieb von Zeitungs- und Zeitschriftensortimenten durch die Presse-Grossisten, insbesondere dessen Voraussetzungen und dessen Vergütungen sowie die dadurch abgegoltenen Leistungen geregelt sind. Insoweit sind die in Satz 1 genannten Vereinigungen und die von ihnen jeweils vertretenen Presseverlage und Presse-Grossisten zur Sicherstellung eines flächendeckenden und diskriminierungsfreien Vertriebs von Zeitungen und Zeitschriften im stationären Einzelhandel im Sinne von Artikel 106 Absatz 2 des Vertrages über die Arbeitsweise der Europäischen Union mit Dienstleistungen von allgemeinem wirtschaftlichem Interesse betraut. Die §§ 19 und 20 bleiben unberührt.

(2b) *(vgl. dazu Übergangsbestimmung in § 187 Abs. 6)* § 1 gilt nicht für Vereinbarungen zwischen Zeitungs- oder Zeitschriftenverlagen über eine verlagswirtschaftliche Zusammenarbeit, soweit die Vereinbarung den Beteiligten ermöglicht, ihre wirtschaftliche Basis für den intermedialen Wettbewerb zu stärken. Satz 1 gilt nicht für eine Zusammenarbeit im redaktionellen Bereich. Die Unternehmen haben auf Antrag einen Anspruch auf eine Entscheidung der Kartellbehörde nach § 32c, wenn
1. bei einer Vereinbarung nach Satz 1 die Voraussetzungen für ein Verbot nach Artikel 101 Absatz 1 des Vertrages über die Arbeitsweise der Europäischen Union nach den der Kartellbehörde vorliegenden Erkenntnissen nicht gegeben sind und
2. die Antragsteller ein erhebliches rechtliches und wirtschaftliches Interesse an dieser Entscheidung haben.

Die §§ 19 und 20 bleiben unberührt.

(3) Das Bundeskartellamt kann von Amts wegen oder auf Antrag eines gebundenen Abnehmers die Preisbindung für unwirksam erklären und die Anwendung einer neuen gleichartigen Preisbindung verbieten, wenn
1. die Preisbindung missbräuchlich gehandhabt wird oder
2. die Preisbindung oder ihre Verbindung mit anderen Wettbewerbsbeschränkungen geeignet ist, die gebundenen Waren zu verteuern oder ein Sinken ihrer Preise zu verhindern oder ihre Erzeugung oder ihren Absatz zu beschränken.

Soweit eine Branchenvereinbarung nach Absatz 2a oder eine Vereinbarung nach Absatz 2b einen Missbrauch der Freistellung darstellt, kann das Bundeskartellamt diese ganz oder teilweise für unwirksam erklären.

(4) Das Bundesministerium für Wirtschaft und Energie berichtet den gesetzgebenden Körperschaften nach Ablauf von fünf Jahren nach Inkrafttreten der Regelung in den Absätzen 2b und 3 Satz 2 über die Erfahrungen mit der Vorschrift.

§ 31 Verträge der Wasserwirtschaft

(1) Das Verbot wettbewerbsbeschränkender Vereinbarungen nach § 1 gilt nicht für Verträge von Unternehmen der öffentlichen Versorgung mit Wasser (Wasserversorgungsunternehmen) mit
1. anderen Wasserversorgungsunternehmen oder mit Gebietskörperschaften, soweit sich damit ein Vertragsbeteiligter verpflichtet, in einem bestimmten Gebiet eine öffentliche Wasserversorgung über feste Leitungswege zu unterlassen;
2. Gebietskörperschaften, soweit sich damit eine Gebietskörperschaft verpflichtet, die Verlegung und den Betrieb von Leitungen auf oder unter öffentlichen Wegen für eine bestehende oder beabsichtigte unmittelbare öffentliche Wasserversorgung von Letztverbrauchern im Gebiet der Gebietskörperschaft ausschließlich einem Versorgungsunternehmen zu gestatten;
3. Wasserversorgungsunternehmen der Verteilungsstufe, soweit sich damit ein Wasserversorgungsunternehmen der Verteilungsstufe verpflichtet, seine Abnehmer mit Wasser über feste Leitungswege nicht zu ungünstigeren Preisen oder Bedin-

gungen zu versorgen, als sie das zuliefernde Wasserversorgungsunternehmen seinen vergleichbaren Abnehmern gewährt;
4. anderen Wasserversorgungsunternehmen, soweit sie zu dem Zweck abgeschlossen sind, bestimmte Versorgungsleistungen über feste Leitungswege einem oder mehreren Versorgungsunternehmen ausschließlich zur Durchführung der öffentlichen Versorgung zur Verfügung zu stellen.

(2) Verträge nach Absatz 1 sowie ihre Änderungen und Ergänzungen bedürfen der Schriftform.

(3) Durch Verträge nach Absatz 1 oder die Art ihrer Durchführung darf die durch die Freistellung von den Vorschriften dieses Gesetzes erlangte Stellung im Markt nicht missbraucht werden.

(4) Ein Missbrauch liegt insbesondere vor, wenn
1. das Marktverhalten eines Wasserversorgungsunternehmens den Grundsätzen zuwiderläuft, die für das Marktverhalten von Unternehmen bei wirksamem Wettbewerb bestimmend sind, oder
2. ein Wasserversorgungsunternehmen von seinen Abnehmern ungünstigere Preise oder Geschäftsbedingungen fordert als gleichartige Wasserversorgungsunternehmen, es sei denn, das Wasserversorgungsunternehmen weist nach, dass der Unterschied auf abweichenden Umständen beruht, die ihm nicht zurechenbar sind, oder
3. ein Wasserversorgungsunternehmen Entgelte fordert, die die Kosten in unangemessener Weise überschreiten; anzuerkennen sind die Kosten, die bei einer rationellen Betriebsführung anfallen.

(5) Ein Missbrauch liegt nicht vor, wenn ein Wasserversorgungsunternehmen sich insbesondere aus technischen oder hygienischen Gründen weigert, mit einem anderen Unternehmen Verträge über die Einspeisung von Wasser in sein Versorgungsnetz abzuschließen, und eine damit verbundene Entnahme (Durchleitung) verweigert.

§ 31a Wasserwirtschaft, Meldepflicht

(1) Verträge nach § 31 Absatz 1 Nummer 1, 2 und 4 sowie ihre Änderungen und Ergänzungen bedürfen zu ihrer Wirksamkeit der vollständigen Anmeldung bei der Kartellbehörde. Bei der Anmeldung sind für jedes beteiligte Unternehmen anzugeben:
1. Firma oder sonstige Bezeichnung,
2. Ort der Niederlassung oder Sitz,
3. Rechtsform und Anschrift sowie
4. Name und Anschrift des bestellten Vertreters oder des sonstigen Bevollmächtigten, bei juristischen Personen des gesetzlichen Vertreters.

(2) Die Beendigung oder Aufhebung der in § 31 Absatz 1 Nummer 1, 2 und 4 genannten Verträge ist der Kartellbehörde mitzuteilen.

§ 31b Wasserwirtschaft, Aufgaben und Befugnisse der Kartellbehörde, Sanktionen

(1) Die Kartellbehörde erteilt zu den nach § 31 Absatz 1 Nummer 1, 2 und 4 freigestellten Verträgen auf Anfrage Auskunft über
1. Angaben nach § 31a und
2. den wesentlichen Inhalt der Verträge und Beschlüsse, insbesondere Angaben über den Zweck, über die beabsichtigten Maßnahmen und über Geltungsdauer, Kündigung, Rücktritt und Austritt.

(2) Die Kartellbehörde erlässt Verfügungen nach diesem Gesetz, die die öffentliche Versorgung mit Wasser über feste Leitungswege betreffen, im Benehmen mit der Fachaufsichtsbehörde.

(3) Die Kartellbehörde kann in Fällen des Missbrauchs nach § 31 Absatz 4
1. die beteiligten Unternehmen verpflichten, einen beanstandeten Missbrauch abzustellen,
2. die beteiligten Unternehmen verpflichten, die Verträge oder Beschlüsse zu ändern, oder
3. die Verträge und Beschlüsse für unwirksam erklären.

(der Verweis auf *§ 31 Abs. 4* – statt bisher Abs. 3 – beruht auf dem Gesetz vom 9.7.2021, *BGBl. I S.* 2506)

(4) Bei einer Entscheidung über eine Maßnahme nach Absatz 3 berücksichtigt die Kartellbehörde Sinn und Zweck der Freistellung und insbesondere das Ziel einer möglichst sicheren und preisgünstigen Versorgung.

(5) Absatz 3 gilt entsprechend, soweit ein Wasserversorgungsunternehmen eine marktbeherrschende Stellung innehat.

(6) § 19 bleibt unberührt.

Kapitel 6. Befugnisse der Kartellbehörden, Schadensersatz und Vorteilsabschöpfung

Abschnitt 1. Befugnisse der Kartellbehörden

§ 32 Abstellung und nachträgliche Feststellung von Zuwiderhandlungen

(1) Die Kartellbehörde kann Unternehmen oder Vereinigungen von Unternehmen verpflichten, eine Zuwiderhandlung gegen eine Vorschrift dieses Teils oder gegen Artikel 101 oder 102 des Vertrages über die Arbeitsweise der Europäischen Union abzustellen.

(2) Sie kann ihnen hierzu alle erforderlichen Abhilfemaßnahmen verhaltensorientierter oder struktureller Art vorschreiben, die gegenüber der festgestellten Zuwiderhandlung verhältnismäßig und für eine wirksame Abstellung der Zuwiderhandlung erforderlich sind. Abhilfemaßnahmen struktureller Art können nur in Ermangelung einer verhaltensorientierten Abhilfemaßnahme von gleicher Wirksamkeit festgelegt werden, oder wenn letztere im Vergleich zu Abhilfemaßnahmen struktureller Art mit einer größeren Belastung für die beteiligten Unternehmen verbunden wäre.

(2a) In der Abstellungsverfügung kann die Kartellbehörde eine Rückerstattung der aus dem kartellrechtswidrigen Verhalten erwirtschafteten Vorteile anordnen. Die in den erwirtschafteten Vorteilen enthaltenen Zinsvorteile können geschätzt werden. Nach Ablauf der in der Abstellungsverfügung bestimmten Frist für die Rückerstattung sind die bis zu diesem Zeitpunkt erwirtschafteten Vorteile entsprechend § 288 Absatz 1 Satz 2 und § 289 Satz 1 des Bürgerlichen Gesetzbuchs zu verzinsen.

(3) Soweit ein berechtigtes Interesse besteht, kann die Kartellbehörde auch eine Zuwiderhandlung feststellen, nachdem diese beendet ist.

§ 32a Einstweilige Maßnahmen

(1) Die Kartellbehörde kann von Amts wegen einstweilige Maßnahmen anordnen, wenn eine Zuwiderhandlung im Sinne des § 32 Absatz 1 überwiegend wahrschein-

lich erscheint und die einstweilige Maßnahme zum Schutz des Wettbewerbs oder aufgrund einer unmittelbar drohenden, schwerwiegenden Beeinträchtigung eines anderen Unternehmens geboten ist. Dies gilt nicht, sofern das betroffene Unternehmen Tatsachen glaubhaft macht, nach denen die Anordnung eine unbillige, nicht durch überwiegende öffentliche Interessen gebotene Härte zur Folge hätte.

(2) Die Anordnung gemäß Absatz 1 ist zu befristen. Die Frist kann verlängert werden. Sie soll insgesamt ein Jahr nicht überschreiten.

§ 32b Verpflichtungszusagen

(1) Bieten Unternehmen im Rahmen eines Verfahrens nach § 30 Absatz 3, § 31b Absatz 3 oder § 32 an, Verpflichtungen einzugehen, die geeignet sind, die ihnen von der Kartellbehörde nach vorläufiger Beurteilung mitgeteilten Bedenken auszuräumen, so kann die Kartellbehörde für diese Unternehmen die Verpflichtungszusagen durch Verfügung für bindend erklären. Die Verfügung hat zum Inhalt, dass die Kartellbehörde vorbehaltlich des Absatzes 2 von ihren Befugnissen nach den § 30 Absatz 3, § 31b Absatz 3, §§ 32 und 32a keinen Gebrauch machen wird. Sie kann befristet werden.

(2) Die Kartellbehörde kann die Verfügung nach Absatz 1 aufheben und das Verfahren wieder aufnehmen, wenn
1. sich die tatsächlichen Verhältnisse in einem für die Verfügung wesentlichen Punkt nachträglich geändert haben,
2. die beteiligten Unternehmen ihre Verpflichtungen nicht einhalten oder
3. die Verfügung auf unvollständigen, unrichtigen oder irreführenden Angaben der Parteien beruht.

§ 32c Kein Anlass zum Tätigwerden

(1) Sind die Voraussetzungen für ein Verbot nach den §§ 1, 19 bis 21 und 29, nach Artikel 101 Absatz 1 oder Artikel 102 des Vertrages über die Arbeitsweise der Europäischen Union nach den der Kartellbehörde vorliegenden Erkenntnissen nicht gegeben, so kann sie entscheiden, dass für sie kein Anlass besteht, tätig zu werden. Die Entscheidung hat zum Inhalt, dass die Kartellbehörde vorbehaltlich neuer Erkenntnisse von ihren Befugnissen nach den §§ 32 und 32a keinen Gebrauch machen wird. Sie hat keine Freistellung von einem Verbot im Sinne des Satzes 1 zum Inhalt.

(2) Unabhängig von den Voraussetzungen nach Absatz 1 kann die Kartellbehörde auch mitteilen, dass sie im Rahmen ihres Aufgreifermessens von der Einleitung eines Verfahrens absieht.

(3) Das Bundeskartellamt kann allgemeine Verwaltungsgrundsätze über die Ausübung seines nach Absatz 1 und 2 bestehenden Ermessens festlegen.

(4) Unternehmen oder Unternehmensvereinigungen haben auf Antrag gegenüber dem Bundeskartellamt einen Anspruch auf eine Entscheidung nach Absatz 1, wenn im Hinblick auf eine Zusammenarbeit mit Wettbewerbern ein erhebliches rechtliches und wirtschaftliches Interesse an einer solchen Entscheidung besteht. Das Bundeskartellamt soll innerhalb von sechs Monaten über einen Antrag nach Satz 1 entscheiden.

§ 32d Entzug der Freistellung

Haben Vereinbarungen, Beschlüsse von Unternehmensvereinigungen oder aufeinander abgestimmte Verhaltensweisen, die unter eine Gruppenfreistellungsverordnung fallen, in einem Einzelfall Wirkungen, die mit § 2 Absatz 1 oder mit Artikel 101 Absatz 3 des Vertrages über die Arbeitsweise der Europäischen Union unvereinbar sind und auf einem Gebiet im Inland auftreten, das alle Merkmale eines gesonderten räumlichen Marktes aufweist, so kann die Kartellbehörde den Rechtsvorteil der Gruppenfreistellung in diesem Gebiet entziehen.

§ 32e Untersuchungen einzelner Wirtschaftszweige und einzelner Arten von Vereinbarungen

(1) Lassen Umstände vermuten, dass der Wettbewerb im Inland möglicherweise eingeschränkt oder verfälscht ist, können das Bundeskartellamt und die obersten Landesbehörden die Untersuchung eines bestimmten Wirtschaftszweiges oder – Sektor übergreifend – einer bestimmten Art von Vereinbarungen oder Verhaltensweisen durchführen (Sektoruntersuchung).

(2) Im Rahmen der Sektoruntersuchung können das Bundeskartellamt und die obersten Landesbehörden die zur Anwendung der Vorschriften dieses Teils oder des Artikels 101 oder 102 des Vertrages über die Arbeitsweise der Europäischen Union erforderlichen Ermittlungen durchführen. Sie können dabei von den betreffenden Unternehmen und Vereinigungen Auskünfte verlangen, insbesondere die Unterrichtung über sämtliche Vereinbarungen, Beschlüsse und aufeinander abgestimmte Verhaltensweisen.

(3) Das Bundeskartellamt soll die Sektoruntersuchung innerhalb von 18 Monaten nach der Einleitung abschließen.

(4) Das Bundeskartellamt veröffentlicht einen Bericht über die Ergebnisse der Sektoruntersuchung, die obersten Landesbehörden können einen solchen Bericht veröffentlichen. Das Bundeskartellamt und die obersten Landesbehörden können Dritte um Stellungnahme bitten. Das Bundeskartellamt kann in dem Bericht nach Satz 1 wettbewerbspolitische Empfehlungen aussprechen; es leitet in diesem Fall den Bericht der Bundesregierung zu.

(5) § 49 Absatz 1 sowie die §§ 57 bis 59b und 61 gelten entsprechend.

(6) Die Absätze 1 bis 4 Satz 1 und 2 und Absatz 5 gelten entsprechend bei begründetem Verdacht des Bundeskartellamts auf erhebliche, dauerhafte oder wiederholte Verstöße gegen verbraucherrechtliche Vorschriften, die nach ihrer Art oder ihrem Umfang die Interessen einer Vielzahl von Verbraucherinnen und Verbrauchern beeinträchtigen. Dies gilt nicht, wenn die Durchsetzung der Vorschriften nach Satz 1 in die Zuständigkeit anderer Bundesbehörden fällt. Absatz 5 gilt mit der Maßgabe, dass die Regelungen zum Betreten von Räumlichkeiten der Betroffenen zum Zweck der Einsichtnahme und Prüfung von Unterlagen gemäß § 59a sowie die Regelungen zur Beschlagnahme nach § 58, zu Durchsuchungen nach § 59b keine Anwendung finden.

(7) Der Anspruch auf Ersatz der Aufwendungen einer Abmahnung nach § 13 Absatz 3 des Gesetzes gegen den unlauteren Wettbewerb ist ab der Veröffentlichung eines Abschlussberichts über eine Sektoruntersuchung nach Absatz 6 für vier Monate ausgeschlossen.

§ 32f Maßnahmen nach einer Sektoruntersuchung

(vgl. Übergangsbestimmung in § 187 Abs. 11)

(1) Nach der Veröffentlichung eines Berichts nach § 32e Absatz 4 zu einer Sektoruntersuchung nach § 32e Absatz 1 hat das Bundeskartellamt unbeschadet seiner sonstigen Befugnisse die weiteren Befugnisse gemäß den Absätzen 2 bis 4. Dies gilt nicht in Fällen des § 32e Absatz 6.

(2) Wenn objektiv nachvollziehbare Anhaltspunkte dafür bestehen, dass durch künftige Zusammenschlüsse der wirksame Wettbewerb im Inland in einem oder mehreren der in dem Bericht nach § 32e Absatz 4 untersuchten Wirtschaftszweige im Sinne von § 36 Absatz 1 erheblich behindert werden könnte, kann das Bundeskartellamt Unternehmen durch Verfügung verpflichten, innerhalb eines Zeitraums von drei Jahren ab Zustellung der Verfügung jeden Zusammenschluss im Sinne von § 37 in einem oder mehreren dieser Wirtschaftszweige nach § 39 anzumelden. Die Anmeldepflicht nach Satz 1 gilt nur für Zusammenschlüsse, bei denen der Erwerber im letzten Geschäftsjahr Umsatzerlöse im Inland von mehr als 50 Millionen Euro und das zu erwerbende Unternehmen im letzten Geschäftsjahr Umsatzerlöse im Inland von mehr als 1 Million Euro Umsatz erzielt hat. § 36 Absatz 1 Satz 2 Nummer 2 ist auf von dem Unternehmen in den untersuchten Wirtschaftszweigen angemeldete Zusammenschlüsse nicht anzuwenden. Im Übrigen gelten die auf Zusammenschlüsse im Sinne des Kapitels 7 anwendbaren Vorschriften dieses Gesetzes. Sofern die Voraussetzungen nach Satz 1 nach Ablauf des Zeitraums von drei Jahren fortbestehen, kann das Bundeskartellamt die Anmeldeverpflichtung um drei Jahre verlängern; wiederholte Verlängerungen um jeweils drei Jahre sind bis zu dreimal zulässig.

(3) Das Bundeskartellamt kann durch Verfügung feststellen, dass eine erhebliche und fortwährende Störung des Wettbewerbs auf mindestens einem mindestens bundesweiten Markt, mehreren einzelnen Märkten oder marktübergreifend vorliegt, soweit die Anwendung der sonstigen Befugnisse nach Teil 1 nach den im Zeitpunkt der Entscheidung beim Bundeskartellamt vorliegenden Erkenntnissen voraussichtlich nicht ausreichend erscheint, um die Störung des Wettbewerbs wirksam und dauerhaft zu beseitigen. Die Verfügung nach Satz 1 ergeht gegenüber einem oder mehreren Unternehmen, die als Adressaten von Maßnahmen nach Satz 6 oder Absatz 4 in Betracht kommen. Adressaten von Maßnahmen können Unternehmen sein, die durch ihr Verhalten und ihre Bedeutung für die Marktstruktur zur Störung des Wettbewerbs wesentlich beitragen. Bei der Auswahl der Adressaten und der Abhilfemaßnahmen ist insbesondere auch die Marktstellung des Unternehmens zu berücksichtigen. Das Bundeskartellamt kann die Verfügung nach Satz 1 durch Beschluss zu einem späteren Zeitpunkt auf weitere Unternehmen im Sinne der Sätze 2 und 3 ausdehnen. Das Bundeskartellamt kann im Falle einer Feststellung nach Satz 1 den betroffenen Unternehmen alle Abhilfemaßnahmen verhaltensorientierter oder struktureller Art vorschreiben, die zur Beseitigung oder Verringerung der Störung des Wettbewerbs erforderlich sind. Die Abhilfemaßnahmen können insbesondere Folgendes zum Gegenstand haben:

1. die Gewährung des Zugangs zu Daten, Schnittstellen, Netzen oder sonstigen Einrichtungen,
2. Vorgaben zu den Geschäftsbeziehungen zwischen Unternehmen auf den untersuchten Märkten und auf verschiedenen Marktstufen,
3. Verpflichtung zur Etablierung transparenter, diskriminierungsfreier und offener Normen und Standards durch Unternehmen,
4. Vorgaben zu bestimmten Vertragsformen oder Vertragsgestaltungen einschließlich vertraglicher Regelungen zur Informationsoffenlegung,
5. das Verbot der einseitigen Offenlegung von Informationen, die ein Parallelverhalten von Unternehmen begünstigen,
6. die buchhalterische oder organisatorische Trennung von Unternehmens- oder Geschäftsbereichen.

§ 32 Absatz 2 gilt entsprechend.

(4) Das Bundeskartellamt kann unter den Voraussetzungen des Absatzes 3 marktbeherrschende Unternehmen sowie Unternehmen mit einer überragenden marktübergreifenden Bedeutung für den Wettbewerb nach § 19a Absatz 1 durch Verfü-

gung dazu verpflichten, Unternehmensanteile oder Vermögen zu veräußern, wenn zu erwarten ist, dass durch diese Maßnahme die erhebliche und fortwährende Störung des Wettbewerbs beseitigt oder erheblich verringert wird. Abhilfemaßnahmen nach Satz 1 dürfen nur angeordnet werden, wenn Abhilfemaßnahmen nach Absatz 3 Satz 6 nicht möglich sind, nicht von gleicher Wirksamkeit oder im Vergleich zu Abhilfemaßnahmen nach Satz 1 mit einer größeren Belastung für das Unternehmen verbunden wären. Vor Erlass der Verfügung ist der Monopolkommission und den nach § 48 Absatz 1 zuständigen obersten Landesbehörden, in deren Gebiet das Unternehmen seinen Sitz hat, Gelegenheit zur Stellungnahme zu geben. Die Verfügung nach Satz 1 ist im Bundesanzeiger bekannt zu machen. § 43 Absatz 3 ist entsprechend anzuwenden mit der Maßgabe, dass nur die Angaben nach § 39 Absatz 3 Satz 2 Nummer 1 und 2 bekannt zu machen sind. Die Verfügung kann mit Nebenbestimmungen verbunden werden. § 41 Absatz 3 Satz 2 und Absatz 4 gilt entsprechend. Der Vermögensteil muss nur veräußert werden, wenn der Erlös mindestens 50 Prozent desjenigen Wertes beträgt, den ein vom Bundeskartellamt beauftragter Wirtschaftsprüfer für den Zeitpunkt des der Entflechtungsanordnung nach Satz 1 vorangegangenen Jahresabschlusses festgestellt hat. Soweit der tatsächliche Verkaufserlös den vom beauftragten Wirtschaftsprüfer festgestellten Wert unterschreitet, erhält das veräußernde Unternehmen eine zusätzliche Zahlung in Höhe der Hälfte der Differenz zwischen dem festgestellten Wert und dem tatsächlichen Verkaufserlös. Erstreckt sich die Verfügung auf Vermögensteile, die vor der Einleitung eines Verfahrens nach diesem Absatz Gegenstand einer bestandskräftigen Freigabe eines Zusammenschlusses durch das Bundeskartellamt oder die Europäische Kommission waren oder nach der Erteilung einer bestandskräftigen Ministererlaubnis erworben wurden, so ist die Verfügung nur zulässig, wenn der Zeitraum zwischen ihrer Zustellung und der Zustellung der fusionskontrollrechtlichen Verfügung größer als zehn Jahre ist. Ist kein Hauptprüfverfahren eingeleitet worden, so tritt an die Stelle der Zustellung der Verfügung der Ablauf der Frist nach § 40 Absatz 1 Satz 1. Teile des Vermögens, die ein Unternehmen aufgrund einer Verpflichtung nach diesem Absatz oder aufgrund einer Verpflichtungszusage nach Absatz 6 veräußert hat, darf das Unternehmen innerhalb von fünf Jahren nach der Veräußerung nicht zurückerwerben, es sei denn, es weist nach, dass sich die Marktverhältnisse so geändert haben, dass eine erhebliche und fortwährende Störung des Wettbewerbs nicht mehr vorliegt.

(5) Eine Störung des Wettbewerbs kann insbesondere in folgenden Fällen vorliegen:
1. unilaterale Angebots- oder Nachfragemacht,
2. Beschränkungen des Marktzutritts, des Marktaustritts oder der Kapazitäten von Unternehmen oder des Wechsels zu einem anderen Anbieter oder Nachfrager,
3. gleichförmiges oder koordiniertes Verhalten oder
4. Abschottung von Einsatzfaktoren oder Kunden durch vertikale Beziehungen.

Bei der Prüfung, ob eine Störung des Wettbewerbs vorliegt, soll insbesondere Folgendes berücksichtigt werden:
1. Anzahl, Größe, Finanzkraft und Umsätze der auf den betroffenen Märkten oder marktübergreifend tätigen Unternehmen, die Marktanteilsverhältnisse sowie der Grad der Unternehmenskonzentration,
2. Verflechtungen der Unternehmen auf den betroffenen, den vor- und nachgelagerten oder in sonstiger Weise miteinander verbundenen Märkten,
3. Preise, Mengen, Auswahl und Qualität der angebotenen Produkte oder Dienstleistungen auf den betroffenen Märkten,
4. Transparenz und Homogenität der Güter auf den betroffenen Märkten,
5. Verträge und Vereinbarungen zwischen Unternehmen auf den betroffenen Märkten,
6. Grad der Dynamik auf den betroffenen Märkten sowie

7. dargelegte Effizienzvorteile, insbesondere Kosteneinsparungen oder Innovationen, bei angemessener Beteiligung der Verbraucher.

Eine Störung des Wettbewerbs ist fortwährend, wenn diese über einen Zeitraum von drei Jahren dauerhaft vorgelegen hat oder wiederholt aufgetreten ist und zum Zeitpunkt der Verfügung nach Absatz 3 keine Anhaltspunkte bestehen, dass die Störung innerhalb von zwei Jahren mit überwiegender Wahrscheinlichkeit entfallen wird.

(6) § 32b gilt für Verfahren nach den Absätzen 3 und 4 entsprechend.

(7) Verfügungen nach den Absätzen 2 bis 4 sollen innerhalb von 18 Monaten nach der Veröffentlichung des Abschlussberichts nach § 32e Absatz 4 ergehen.

(8) Auf Märkten in den von der Bundesnetzagentur regulierten Sektoren Eisenbahn, Post und Telekommunikation, für die sektorspezifisches Wettbewerbsrecht gilt, sowie den regulierten Elektrizitäts- und Gasversorgungsnetzen gemäß dem Energiewirtschaftsgesetz bedarf das Bundeskartellamt zur Ergreifung von Abhilfemaßnahmen nach den Absätzen 3 und 4 des Einvernehmens der Bundesnetzagentur; die Bundesnetzagentur veröffentlicht hierzu jeweils eine Stellungnahme. Mögliche Abhilfemaßnahmen nach den Absätzen 3 und 4 sind bei der Prüfung im Rahmen der Marktanalyse nach § 11 Absatz 2 Nummer 3 des Telekommunikationsgesetzes nicht zu berücksichtigen.

(9) Das Bundesministerium für Wirtschaft und Klimaschutz berichtet den gesetzgebenden Körperschaften nach Ablauf von zehn Jahren nach Inkrafttreten der Regelungen in den Absätzen 1 bis 8 über die Erfahrungen mit der Vorschrift.

§ 32g Untersuchung von möglichen Verstößen gegen die Verordnung (EU) 2022/1925 (Digital Markets Act)

(1) Das Bundeskartellamt kann eine Untersuchung bei einer möglichen Nichteinhaltung der Artikel 5, 6 oder 7 der Verordnung (EU) 2022/1925 des Europäischen Parlaments und des Rates vom 14. September 2022 über bestreitbare und faire Märkte im digitalen Sektor und zur Änderung der Richtlinien (EU) 2019/1937 und (EU) 2020/1828 (Gesetz über digitale Märkte) (ABl. L 265 vom 12.10.2022, S. 1) durch ein nach Artikel 3 der Verordnung benanntes Unternehmen durchführen.

(2) Das Bundeskartellamt kann alle für die Untersuchung nach Absatz 1 erforderlichen Ermittlungen durchführen. Die §§ 57 bis 59b und 61 gelten entsprechend. Sofern die Ermittlungen einen möglichen Verstoß gegen Artikel 7 der Verordnung (EU) 2022/1925 zum Gegenstand haben, gibt das Bundeskartellamt der Bundesnetzagentur die Möglichkeit zur Stellungnahme.

(3) Das Bundeskartellamt erstattet der Europäischen Kommission Bericht über die Ergebnisse der Untersuchung nach Absatz 1. Es kann einen Bericht über die Ergebnisse der Untersuchung veröffentlichen.

Abschnitt 2. Schadensersatz und Vorteilsabschöpfung

§ 33 Beseitigungs- und Unterlassungsanspruch

(vgl. Übergangsbestimmung in § 187 Abs. 3)

(1) Wer gegen eine Vorschrift dieses Teils oder gegen Artikel 101 oder 102 des Vertrages über die Arbeitsweise der Europäischen Union oder gegen die Artikel 5, 6 oder 7 der Verordnung (EU) 2022/1925 verstößt (Rechtsverletzer) oder wer gegen eine Verfügung der Kartellbehörde verstößt, ist gegenüber dem Betroffenen zur

Beseitigung der Beeinträchtigung und bei Wiederholungsgefahr zur Unterlassung verpflichtet.

(2) Der Unterlassungsanspruch besteht bereits dann, wenn eine Zuwiderhandlung droht.

(3) Betroffen ist, wer als Mitbewerber oder sonstiger Marktbeteiligter durch den Verstoß beeinträchtigt ist.

(4) Die Ansprüche aus Absatz 1 können auch geltend gemacht werden von
1. rechtsfähigen Verbänden zur Förderung gewerblicher oder selbstständiger beruflicher Interessen, wenn
   a) ihnen eine erhebliche Anzahl betroffener Unternehmen im Sinne des Absatzes 3 angehört und
   b) sie insbesondere nach ihrer personellen, sachlichen und finanziellen Ausstattung imstande sind, ihre satzungsmäßigen Aufgaben der Verfolgung gewerblicher oder selbstständiger beruflicher Interessen tatsächlich wahrzunehmen;
2. Einrichtungen, die nachweisen, dass sie eingetragen sind in
   a) die Liste qualifizierter Einrichtungen nach § 4 des Unterlassungsklagengesetzes oder
   b) das Verzeichnis der Europäischen Kommission nach Artikel 4 Absatz 3 der Richtlinie 2009/22/ EG des Europäischen Parlaments und des Rates vom 23. April 2009 über Unterlassungsklagen zum Schutz der Verbraucherinteressen (ABl. L 110 vom 1.5.2009, S. 30) in der jeweils geltenden Fassung.

§ 33a Schadensersatzpflicht

(vgl. zu *§§ 33a–33f* Übergangsbestimmung in *§ 187 Abs. 3*)

(1) Wer einen Verstoß nach § 33 Absatz 1 vorsätzlich oder fahrlässig begeht, ist zum Ersatz des daraus entstehenden Schadens verpflichtet.

(2) Es wird widerleglich vermutet, dass ein Kartell einen Schaden verursacht. Ein Kartell im Sinne dieses Abschnitts ist eine Absprache oder abgestimmte Verhaltensweise zwischen zwei oder mehr Wettbewerbern zwecks Abstimmung ihres Wettbewerbsverhaltens auf dem Markt oder Beeinflussung der relevanten Wettbewerbsparameter. Zu solchen Absprachen oder Verhaltensweisen gehören unter anderem
1. die Festsetzung oder Koordinierung der An- oder Verkaufspreise oder sonstiger Geschäftsbedingungen,
2. die Aufteilung von Produktions- oder Absatzquoten,
3. die Aufteilung von Märkten und Kunden einschließlich Angebotsabsprachen, Einfuhr- und Ausfuhrbeschränkungen oder
4. gegen andere Wettbewerber gerichtete wettbewerbsschädigende Maßnahmen.

Es wird widerleglich vermutet, dass Rechtsgeschäfte über Waren oder Dienstleistungen mit kartellbeteiligten Unternehmen, die sachlich, zeitlich und räumlich in den Bereich eines Kartells fallen, von diesem Kartell erfasst waren.

(3) Für die Bemessung des Schadens gilt § 287 der Zivilprozessordnung. Dabei kann insbesondere der anteilige Gewinn, den der Rechtsverletzer durch den Verstoß gegen Absatz 1 erlangt hat, berücksichtigt werden.

(4) Geldschulden nach Absatz 1 hat der Schuldner ab Eintritt des Schadens zu verzinsen. Die §§ 288 und 289 Satz 1 des Bürgerlichen Gesetzbuchs finden entsprechende Anwendung.

§ 33b Bindungswirkung von Entscheidungen einer Wettbewerbsbehörde

Wird wegen eines Verstoßes gegen eine Vorschrift dieses Teils oder gegen Artikel 101 oder 102 des Vertrages über die Arbeitsweise der Europäischen Union oder wegen eines Verstoßes gegen die Artikel 5, 6 oder 7 der Verordnung (EU) 2022/1925 Schadensersatz gefordert, so ist das Gericht an den bestandskräftigen Benennungsbeschluss der Europäischen Kommission nach Artikel 3 der Verordnung (EU) Nr. 2022/1925 und an die Feststellung des Verstoßes gebunden, wie sie in einer bestandskräftigen Entscheidung der Kartellbehörde, der Europäischen Kommission oder der Wettbewerbsbehörde oder des als solche handelnden Gerichts in einem anderen Mitgliedstaat der Europäischen Union getroffen wurde. Das Gleiche gilt für entsprechende Feststellungen in rechtskräftigen Gerichtsentscheidungen, die infolge der Anfechtung von Entscheidungen nach Satz 1 ergangen sind. Diese Verpflichtung gilt unbeschadet der Rechte und Pflichten nach Artikel 267 des Vertrages über die Arbeitsweise der Europäischen Union.

§ 33c Schadensabwälzung

(1) Wird eine Ware oder Dienstleistung zu einem überteuerten Preis bezogen (Preisaufschlag), so ist der Schaden nicht deshalb ausgeschlossen, weil die Ware oder Dienstleistung weiterveräußert wurde. Der Schaden des Abnehmers ist ausgeglichen, soweit der Abnehmer einen Preisaufschlag, der durch einen Verstoß nach § 33 Absatz 1 verursacht worden ist, an seine Abnehmer (mittelbare Abnehmer) weitergegeben hat (Schadensabwälzung). Davon unberührt bleibt der Anspruch des Geschädigten auf Ersatz seines entgangenen Gewinns nach § 252 des Bürgerlichen Gesetzbuchs, soweit der entgangene Gewinn durch die Weitergabe des Preisaufschlags verursacht worden ist.

(2) Dem Grunde nach wird zugunsten eines mittelbaren Abnehmers vermutet, dass der Preisaufschlag auf ihn abgewälzt wurde, wenn
1. der Rechtsverletzer einen Verstoß gegen § 1 oder 19 oder Artikel 101 oder 102 des Vertrages über die Arbeitsweise der Europäischen Union begangen hat,
2. der Verstoß einen Preisaufschlag für den unmittelbaren Abnehmer des Rechtsverletzers zur Folge hatte und
3. der mittelbare Abnehmer Waren oder Dienstleistungen erworben hat, die
   a) Gegenstand des Verstoßes waren,
   b) aus Waren oder Dienstleistungen hervorgegangen sind, die Gegenstand des Verstoßes waren, oder
   c) Waren oder Dienstleistungen enthalten haben, die Gegenstand des Verstoßes waren.

(3) Die Vermutung einer Schadensabwälzung nach Absatz 2 findet keine Anwendung, wenn glaubhaft gemacht wird, dass der Preisaufschlag nicht oder nicht vollständig an den mittelbaren Abnehmer weitergegeben wurde. Für mittelbare Abnehmer gilt § 33a Absatz 2 Satz 4 in Bezug auf Waren oder Dienstleistungen nach Absatz 2 Satz 1 Nummer 3 entsprechend.

(4) Die Absätze 1 bis 3 finden entsprechende Anwendung für den Fall, dass der Verstoß gegen § 1 oder 19 oder Artikel 101 oder 102 des Vertrages über die Arbeitsweise der Europäischen Union die Belieferung des Rechtsverletzers betrifft.

(5) *(vgl. dazu Übergangsbestimmung in § 187 Abs. 4)* Bei der Entscheidung über den Umfang der Schadensabwälzung findet § 287 der Zivilprozessordnung entsprechende Anwendung.

§ 33d Gesamtschuldnerische Haftung

(1) Begehen mehrere gemeinschaftlich einen Verstoß im Sinne des § 33a Absatz 1, sind sie als Gesamtschuldner zum Ersatz des daraus entstehenden Schadens verpflichtet. Im Übrigen finden die §§ 830 und 840 Absatz 1 des Bürgerlichen Gesetzbuchs Anwendung.

(2) Das Verhältnis, in dem die Gesamtschuldner untereinander für die Verpflichtung zum Ersatz und den Umfang des zu leistenden Ersatzes haften, hängt von den Umständen ab, insbesondere davon, in welchem Maß sie den Schaden verursacht haben. Im Übrigen finden die §§ 421 bis 425 sowie 426 Absatz 1 Satz 2 und Absatz 2 des Bürgerlichen Gesetzbuchs Anwendung.

(3) Verstoßen mehrere Unternehmen gegen § 1 oder 19 oder gegen Artikel 101 oder 102 des Vertrages über die Arbeitsweise der Europäischen Union, so ist die Verpflichtung eines kleinen oder mittleren Unternehmens im Sinne der Empfehlung 2003/361/EG der Kommission vom 6. Mai 2003 betreffend die Definition der Kleinstunternehmen sowie der kleinen und mittleren Unternehmen (ABl. L 124 vom 20.5.2003, S. 36) zum Schadensersatz nach § 33a Absatz 1 auf den Ersatz des Schadens beschränkt, der seinen unmittelbaren und mittelbaren Abnehmern oder Lieferanten aus dem Verstoß entsteht, wenn
1. sein Anteil an dem relevanten Markt während des Zeitraums, in dem der Verstoß begangen wurde, stets weniger als 5 Prozent betrug und
2. die regelmäßige Ersatzpflicht nach Absatz 1 seine wirtschaftliche Lebensfähigkeit unwiederbringlich gefährden und seine Aktiva jeden Werts berauben würde.

Anderen Geschädigten ist das kleine oder mittlere Unternehmen nur zum Ersatz des aus dem Verstoß gemäß § 33a Absatz 1 entstehenden Schadens verpflichtet, wenn sie von den übrigen Rechtsverletzern mit Ausnahme des Kronzeugen keinen vollständigen Ersatz erlangen konnten. § 33e Absatz 2 findet entsprechende Anwendung.

(4) Die übrigen Rechtsverletzer können von dem kleinen oder mittleren Unternehmen im Sinne von Absatz 3 Satz 1 Ausgleichung nach Absatz 2 nur bis zur Höhe des Schadens verlangen, den dieses seinen unmittelbaren und mittelbaren Abnehmern oder Lieferanten verursacht hat. Satz 1 gilt nicht für die Ausgleichung von Schäden, die anderen als den unmittelbaren oder mittelbaren Abnehmern oder Lieferanten der beteiligten Rechtsverletzer aus dem Verstoß entstehen.

(5) Die Beschränkung der Haftung nach den Absätzen 3 und 4 ist ausgeschlossen, wenn
1. das kleine oder mittlere Unternehmen den Verstoß organisiert oder
2. das kleine oder mittlere Unternehmen die anderen Rechtsverletzer zur Teilnahme an dem Verstoß gezwungen hat oder
3. in der Vergangenheit bereits die Beteiligung des kleinen oder mittleren Unternehmens an einem sonstigen Verstoß gegen § 1 oder 19 oder Artikel 101 oder 102 des Vertrages über die Arbeitsweise der Europäischen Union oder gegen Wettbewerbsrecht im Sinne des § 89e Absatz 2 behördlich oder gerichtlich festgestellt worden ist.

§ 33e Kronzeuge

(1) Abweichend von § 33a Absatz 1 ist ein an einem Kartell beteiligtes Unternehmen oder eine an dem Kartell beteiligte natürliche Person, dem oder der im Rahmen eines Kronzeugenprogramms der vollständige Erlass der Geldbuße gewährt wurde (Kronzeuge), nur zum Ersatz des Schadens verpflichtet, der seinen oder ihren unmittelbaren und mittelbaren Abnehmern oder Lieferanten aus dem Verstoß entsteht. Anderen Geschädigten ist der Kronzeuge nur zum Ersatz des aus dem Verstoß gemäß § 33a Absatz 1 entstehenden Schadens verpflichtet, wenn sie von den übrigen Rechtsverletzern keinen vollständigen Ersatz erlangen konnten.

(2) In Fällen nach Absatz 1 Satz 2 ist der Kronzeuge nicht zum Ersatz des Schadens verpflichtet, soweit die Schadensersatzansprüche gegen die übrigen Rechtsverletzer bereits verjährt sind.

(3) Die übrigen Rechtsverletzer können von dem Kronzeugen Ausgleichung nach § 33d Absatz 2 nur bis zur Höhe des Schadens verlangen, den dieser seinen unmittelbaren und mittelbaren Abnehmern oder Lieferanten verursacht hat. Diese Beschränkung gilt nicht für die Ausgleichung von Schäden, die anderen als den unmittelbaren oder mittelbaren Abnehmern oder Lieferanten der an dem Kartell beteiligten Unternehmen aus dem Verstoß entstehen.

§ 33f Wirkungen des Vergleichs

(1) Wenn nicht anders vereinbart, wird im Falle einer durch einvernehmliche Streitbeilegung erzielten Einigung (Vergleich) über einen Schadensersatzanspruch nach § 33a Absatz 1 der sich vergleichende Gesamtschuldner in Höhe seines Anteils an dem Schaden von seiner Haftung gegenüber dem sich vergleichenden Geschädigten befreit. Die übrigen Gesamtschuldner sind nur zum Ersatz des Schadens verpflichtet, der nach Abzug des Anteils des sich vergleichenden Gesamtschuldners verbleibt. Den Ersatz des verbliebenen Schadens kann der sich vergleichende Geschädigte von dem sich vergleichenden Gesamtschuldner nur verlangen, wenn der sich vergleichende Geschädigte von den übrigen Gesamtschuldnern insoweit keinen vollständigen Ersatz erlangen konnte. Satz 3 findet keine Anwendung, wenn die Vergleichsparteien dies in dem Vergleich ausgeschlossen haben.

(2) Gesamtschuldner, die nicht an dem Vergleich nach Absatz 1 beteiligt sind, können von dem sich vergleichenden Gesamtschuldner keine Ausgleichung nach § 33d Absatz 2 für den Ersatz des Schadens des sich vergleichenden Geschädigten verlangen, der nach Abzug des Anteils des sich vergleichenden Gesamtschuldners verblieben ist.

§ 33g Anspruch auf Herausgabe von Beweismitteln und Erteilung von Auskünften

(vgl. dazu Übergangsbestimmung in § 187 Abs. 4)

(1) Wer im Besitz von Beweismitteln ist, die für die Erhebung eines auf Schadensersatz gerichteten Anspruchs nach § 33a Absatz 1 erforderlich sind, ist verpflichtet, sie demjenigen herauszugeben, der glaubhaft macht, einen solchen Schadensersatzanspruch zu haben, wenn dieser die Beweismittel so genau bezeichnet, wie dies auf Grundlage der mit zumutbarem Aufwand zugänglichen Tatsachen möglich ist.

(2) Wer im Besitz von Beweismitteln ist, die für die Verteidigung gegen einen auf Schadensersatz gerichteten Anspruch nach § 33a Absatz 1 erforderlich sind, ist verpflichtet, sie demjenigen herauszugeben, gegen den ein Rechtsstreit über den Anspruch nach Absatz 1 oder den Anspruch auf Schadensersatz nach § 33a Absatz 1 rechtshängig ist, wenn dieser die Beweismittel so genau bezeichnet, wie dies auf Grundlage der mit zumutbarem Aufwand zugänglichen Tatsachen möglich ist. Der Anspruch nach Satz 1 besteht auch, wenn jemand Klage auf Feststellung erhoben hat, dass ein anderer keinen Anspruch nach § 33a Absatz 1 gegen ihn hat, und er den der Klage zugrunde liegenden Verstoß im Sinne des § 33a Absatz 1 nicht bestreitet.

(3) Die Herausgabe von Beweismitteln nach den Absätzen 1 und 2 ist ausgeschlossen, soweit sie unter Berücksichtigung der berechtigten Interessen der Beteiligten unverhältnismäßig ist. Bei der Abwägung sind insbesondere zu berücksichtigen:
1. in welchem Umfang der Antrag auf zugängliche Informationen und Beweismittel gestützt wird,
2. der Umfang der Beweismittel und die Kosten der Herausgabe, insbesondere, wenn die Beweismittel von einem Dritten verlangt werden,

3. der Ausschluss der Ausforschung von Tatsachen, die für den Anspruch nach § 33a Absatz 1 oder für die Verteidigung gegen diesen Anspruch nicht erheblich sind,
4. die Bindungswirkung von Entscheidungen nach § 33b,
5. die Wirksamkeit der öffentlichen Durchsetzung des Kartellrechts und
6. der Schutz von Betriebs- und Geschäftsgeheimnissen und sonstiger vertraulicher Informationen und welche Vorkehrungen zu deren Schutz bestehen.

Das Interesse desjenigen, gegen den der Anspruch nach § 33a Absatz 1 geltend gemacht wird, die Durchsetzung des Anspruchs zu vermeiden, ist nicht zu berücksichtigen.

(4) Ausgeschlossen ist die Herausgabe eines Dokuments oder einer Aufzeichnung, auch über den Inhalt einer Vernehmung im wettbewerbsbehördlichen Verfahren, wenn und soweit darin eine freiwillige Erklärung seitens oder im Namen eines Unternehmens oder einer natürlichen Person gegenüber einer Wettbewerbsbehörde enthalten ist,

1. in der das Unternehmen oder die natürliche Person die Kenntnis von einem Kartell und seine beziehungsweise ihre Beteiligung daran darlegt und die eigens zu dem Zweck formuliert wurde, im Rahmen eines Kronzeugenprogramms bei der Wettbewerbsbehörde den Erlass oder die Ermäßigung der Geldbuße zu erwirken (Kronzeugenerklärung) oder
2. die ein Anerkenntnis oder den Verzicht auf das Bestreiten seiner Beteiligung an einer Zuwiderhandlung gegen das Kartellrecht und seiner Verantwortung für diese Zuwiderhandlung enthält und die eigens für den Zweck formuliert wurde, der Wettbewerbsbehörde die Anwendung eines vereinfachten oder beschleunigten Verfahrens zu ermöglichen (Vergleichsausführungen).

Nicht von der Kronzeugenerklärung umfasst sind Beweismittel, die unabhängig von einem wettbewerbsbehördlichen Verfahren vorliegen, unabhängig davon, ob diese Informationen in den Akten einer Wettbewerbsbehörde enthalten sind oder nicht. Behauptet ein Verpflichteter, ein Beweismittel oder Teile davon seien nach Satz 1 von der Herausgabe ausgeschlossen, kann der Anspruchsteller insoweit die Herausgabe an das zuständige Gericht nach § 89b Absatz 8 allein zum Zweck der Prüfung verlangen.

(5) Bis zum vollständigen Abschluss des wettbewerbsbehördlichen Verfahrens oder des Verfahrens zur Durchsetzung der Verordnung (EU) 2022/1925 gegen alle Beteiligten ist die Herausgabe von Beweismitteln ausgeschlossen, soweit sie Folgendes enthalten:

1. Informationen, die von einer natürlichen oder juristischen Person oder Personenvereinigung eigens für das wettbewerbsbehördliche Verfahren erstellt wurden,
2. Mitteilungen der Wettbewerbsbehörde an die Beteiligten in dem Verfahren oder
3. Vergleichsausführungen, die zurückgezogen wurden.

(6) Die Herausgabe von Beweismitteln nach den Absätzen 1 und 2 kann verweigert werden, soweit der Besitzer in einem Rechtsstreit über einen Anspruch nach § 33a Absatz 1 dieses Gesetzes gemäß § 383 Absatz 1 Nummer 4 bis 6 oder gemäß § 384 Nummer 3 der Zivilprozessordnung zur Zeugnisverweigerung berechtigt wäre. In diesem Fall kann der Anspruchsteller die Herausgabe der Beweismittel an das zuständige Gericht zur Entscheidung nach § 89b Absatz 6 verlangen. Satz 2 ist nicht anzuwenden auf

1. Personen im Sinne des § 383 Absatz 1 Nummer 4 und 5 der Zivilprozessordnung, soweit sie nach dieser Vorschrift zur Zeugnisverweigerung berechtigt wären, und
2. Personen im Sinne des § 203 Absatz 1 Nummer 1 bis 5, Absatz 2 und 3 des Strafgesetzbuchs, soweit sie nach § 383 Absatz 1 Nummer 6 der Zivilprozessordnung zur Zeugnisverweigerung berechtigt wären.

Geistlichen stehen ihre berufsmäßig tätigen Gehilfen und die Personen gleich, die bei ihnen zur Vorbereitung auf den Beruf tätig sind.

(7) Macht der nach Absatz 1 oder Absatz 2 Verpflichtete zu der Herausgabe der Beweismittel Aufwendungen, die er den Umständen nach für erforderlich halten darf, kann er von dem anderen Teil den Ersatz dieser Aufwendungen verlangen.

(8) Erteilt der Verpflichtete nach Absatz 1 oder 2 die Auskunft vorsätzlich oder grob fahrlässig falsch, unvollständig oder gar nicht oder gibt er Beweismittel vorsätzlich oder grob fahrlässig fehlerhaft, unvollständig oder gar nicht heraus, ist er dem Anspruchsteller zum Ersatz des daraus entstehenden Schadens verpflichtet.

(9) Die von dem Verpflichteten nach den Absätzen 1 und 2 erteilten Auskünfte oder herausgegebenen Beweismittel dürfen in einem Strafverfahren oder in einem Verfahren nach dem Gesetz über Ordnungswidrigkeiten wegen einer vor der Erteilung der Auskunft oder der Herausgabe eines Beweismittels begangenen Tat gegen den Verpflichteten oder gegen einen in § 52 Absatz 1 der Strafprozessordnung bezeichneten Angehörigen nur mit Zustimmung des Verpflichteten verwertet werden. Dies gilt auch, wenn die Auskunft im Rahmen einer Zeugen- oder Parteivernehmung erteilt oder wiederholt wird. Die Sätze 1 und 2 finden keine Anwendung in Verfahren gegen Unternehmen.

(10) Die Absätze 1 bis 9 sowie die §§ 89b bis 89d über die Herausgabe von Beweismitteln gelten für die Erteilung von Auskünften entsprechend.

§ 33h Verjährung

(1) Ansprüche aus § 33 Absatz 1 und § 33a Absatz 1 verjähren in fünf Jahren.

(2) Die Verjährungsfrist beginnt mit dem Schluss des Jahres, in dem
1. der Anspruch entstanden ist,
2. der Anspruchsberechtigte Kenntnis erlangt hat oder ohne grobe Fahrlässigkeit hätte erlangen müssen
   a) von den Umständen, die den Anspruch begründen, und davon, dass sich daraus ein Verstoß nach § 33 Absatz 1 ergibt, sowie
   b) von der Identität des Rechtsverletzers und
3. der den Anspruch begründende Verstoß nach § 33 Absatz 1 beendet worden ist.

(3) Ansprüche aus § 33 Absatz 1 und § 33a Absatz 1 verjähren ohne Rücksicht auf die Kenntnis oder grob fahrlässige Unkenntnis von den Umständen nach Absatz 2 Nummer 2 in zehn Jahren von dem Zeitpunkt an, in dem
1. der Anspruch entstanden ist und
2. der Verstoß nach § 33 Absatz 1 beendet wurde.

(4) Im Übrigen verjähren die Ansprüche in 30 Jahren nach dem Verstoß nach § 33 Absatz 1, der den Schaden ausgelöst hat.

(5) Verjährung tritt ein, wenn eine der Fristen nach den Absätzen 1, 3 oder 4 abgelaufen ist.

(6) Die Verjährung eines Anspruchs nach § 33 Absatz 1 oder nach § 33a Absatz 1 wird gehemmt, wenn
1. eine Kartellbehörde Maßnahmen im Hinblick auf eine Untersuchung oder auf ihr Verfahren wegen eines Verstoßes im Sinne des § 33 Absatz 1 trifft;
2. die Europäische Kommission oder eine Wettbewerbsbehörde eines anderen Mitgliedstaates der Europäischen Union oder das als solche handelnde Gericht Maßnahmen im Hinblick auf eine Untersuchung oder auf ihr Verfahren wegen eines Verstoßes gegen Artikel 101 oder 102 des Vertrages über die Arbeitsweise der Europäischen Union oder gegen eine Bestimmung des nationalen Wettbewerbsrechts eines anderen Mitgliedstaates der Europäischen Union im Sinne des § 89e Absatz 2 trifft;

3. die Europäische Kommission oder eine Behörde, die die in Artikel 1 Absatz 6 der Verordnung (EU) 2022/1925 genannten Vorschriften anwendet, Maßnahmen im Hinblick auf eine Untersuchung oder auf ihr Verfahren wegen eines Verstoßes gegen die Artikel 5, 6 oder 7 der Verordnung (EU) Nr. 2022/1925 trifft, oder
4. der Anspruchsberechtigte gegen den Rechtsverletzer Klage auf Auskunft oder Herausgabe von Beweismitteln nach § 33g erhoben hat.

Die Hemmung endet ein Jahr nach der bestands- und rechtskräftigen Entscheidung oder der anderweitigen Erledigung des Verfahrens. § 204 Absatz 2 Satz 3 und 4 des Bürgerlichen Gesetzbuchs findet entsprechende Anwendung.

(7) Die Verjährungsfrist eines Anspruchs auf Ausgleichung nach § 33d Absatz 2 wegen der Befriedigung eines Schadensersatzanspruchs nach § 33a Absatz 1 beginnt mit der Befriedigung dieses Schadensersatzanspruchs.

(8) Abweichend von Absatz 2 beginnt die Verjährungsfrist des Schadensersatzanspruchs nach § 33a Absatz 1 von Geschädigten,
1. die nicht unmittelbare oder mittelbare Abnehmer oder Lieferanten des Kronzeugen sind, gegen den Kronzeugen mit dem Schluss des Jahres, in dem der Geschädigte von den übrigen Rechtsverletzern keinen vollständigen Ersatz seines aus dem Verstoß entstehenden Schadens erlangen konnte;
2. die nicht unmittelbare oder mittelbare Abnehmer oder Lieferanten eines kleinen oder mittleren Unternehmens nach § 33d Absatz 3 Satz 1 sind, gegen dieses Unternehmen mit dem Schluss des Jahres, in dem der Geschädigte nach § 33d Absatz 3 Satz 2 von den übrigen Rechtsverletzern mit Ausnahme des Kronzeugen keinen vollständigen Ersatz seines aus dem Verstoß entstehenden Schadens erlangen konnte.

Absatz 3 findet keine Anwendung auf Schadensersatzansprüche, deren Verjährungsfrist nach Maßgabe dieses Absatzes beginnt.

§ 34 Vorteilsabschöpfung durch die Kartellbehörde

(1) Hat ein Unternehmen vorsätzlich oder fahrlässig gegen eine Vorschrift dieses Teils, gegen Artikel 101 oder 102 des Vertrages über die Arbeitsweise der Europäischen Union oder eine Verfügung der Kartellbehörde verstoßen und dadurch einen wirtschaftlichen Vorteil erlangt, kann die Kartellbehörde die Abschöpfung des wirtschaftlichen Vorteils anordnen und dem Unternehmen die Zahlung eines entsprechenden Geldbetrags auferlegen.

(2) Absatz 1 gilt nicht, soweit der wirtschaftliche Vorteil abgeschöpft ist durch
1. Schadensersatzleistungen,
2. Festsetzung der Geldbuße,
3. Anordnung der Einziehung von Taterträgen oder
4. Rückerstattung.

Soweit das Unternehmen Leistungen nach Satz 1 erst nach der Vorteilsabschöpfung erbringt, ist der abgeführte Geldbetrag in Höhe der nachgewiesenen Zahlungen an das Unternehmen zurückzuerstatten.

(3) Wäre die Durchführung der Vorteilsabschöpfung eine unbillige Härte, soll die Anordnung auf einen angemessenen Geldbetrag beschränkt werden oder ganz unterbleiben. Sie soll auch unterbleiben, wenn der wirtschaftliche Vorteil gering ist.

(4) Es wird vermutet, dass ein Verstoß gegen Vorschriften der Kapitel 1, 2 oder 5 dieses Teils, gegen Artikel 101 oder 102 des Vertrages über die Arbeitsweise der Europäischen Union oder gegen eine Verfügung der Kartellbehörde nach § 19a oder nach Kapitel 6 dieses Teils einen wirtschaftlichen Vorteil verursacht hat. Die

Höhe des wirtschaftlichen Vorteils kann geschätzt werden. Für die Schätzung der Vorteilshöhe gilt § 287 der Zivilprozessordnung entsprechend mit der Maßgabe, dass eine überwiegende Wahrscheinlichkeit genügt. Es wird vermutet, dass der wirtschaftliche Vorteil nach Satz 1 mindestens 1 Prozent der Umsätze beträgt, die im Inland mit den Produkten oder Dienstleistungen, die mit der Zuwiderhandlung in Zusammenhang stehen, erzielt wurden. Der Vermutung nach Satz 4 ist der Abschöpfungszeitraum nach Absatz 5 Satz 1 zugrunde zu legen. Gegen die Vermutung nach Satz 1 in Verbindung mit Satz 4 kann nicht vorgebracht werden, dass kein wirtschaftlicher Vorteil oder ein Vorteil in nur geringer Höhe angefallen ist. Sie kann nur widerlegt werden, soweit das Unternehmen nachweist, dass weder die am Verstoß unmittelbar beteiligte juristische Person oder Personenvereinigung noch das Unternehmen im Abschöpfungszeitraum einen Gewinn in entsprechender Höhe erzielt hat. Bei der Ermittlung des Gewinns des Unternehmens nach Satz 7 ist der weltweite Gewinn aller natürlichen und juristischen Personen sowie Personenvereinigungen zugrunde zu legen, die als wirtschaftliche Einheit operieren. Die Vermutung nach Satz 1 in Verbindung mit Satz 4 gilt nicht, wenn die Erlangung eines Vorteils aufgrund der besonderen Natur des Verstoßes ausgeschlossen ist. Der abzuführende Geldbetrag ist zahlenmäßig zu bestimmen und darf 10 Prozent des Gesamtumsatzes des Unternehmens oder der Unternehmensvereinigung, der in dem der Behördenentscheidung vorausgegangenen Geschäftsjahr erzielt worden ist, nicht übersteigen.

(5) Die Vorteilsabschöpfung kann nur innerhalb einer Frist von bis zu sieben Jahren seit Beendigung der Zuwiderhandlung und längstens für einen Zeitraum von fünf Jahren (Abschöpfungszeitraum) angeordnet werden. § 33h Absatz 6 gilt entsprechend. Im Falle einer bestandskräftigen Entscheidung im Sinne des § 33b Satz 1 oder einer rechtskräftigen Gerichtsentscheidung im Sinne des § 33b Satz 2 beginnt die Frist nach Satz 1 erneut.

§ 34a Vorteilsabschöpfung durch Verbände

(1) Wer einen Verstoß im Sinne des § 34 Absatz 1 vorsätzlich begeht und hierdurch zu Lasten einer Vielzahl von Abnehmern oder Anbietern einen wirtschaftlichen Vorteil erlangt, kann von den gemäß § 33 Absatz 4 zur Geltendmachung eines Unterlassungsanspruchs Berechtigten auf Herausgabe dieses wirtschaftlichen Vorteils an den Bundeshaushalt in Anspruch genommen werden, soweit nicht die Kartellbehörde die Abschöpfung des wirtschaftlichen Vorteils durch Verhängung einer Geldbuße, durch Einziehung von Taterträgen, durch Rückerstattung oder nach § 34 Absatz 1 anordnet.

(2) Auf den Anspruch sind Leistungen anzurechnen, die das Unternehmen auf Grund des Verstoßes erbracht hat. § 34 Absatz 2 Satz 2 gilt entsprechend.

(3) Beanspruchen mehrere Gläubiger die Vorteilsabschöpfung, gelten die §§ 428 bis 430 des Bürgerlichen Gesetzbuchs entsprechend.

(4) Die Gläubiger haben dem Bundeskartellamt über die Geltendmachung von Ansprüchen nach Absatz 1 Auskunft zu erteilen. Sie können vom Bundeskartellamt Erstattung der für die Geltendmachung des Anspruchs erforderlichen Aufwendungen verlangen, soweit sie vom Schuldner keinen Ausgleich erlangen können. Der Erstattungsanspruch ist auf die Höhe des an den Bundeshaushalt abgeführten wirtschaftlichen Vorteils beschränkt.

(5) Ansprüche nach Absatz 1 verjähren in fünf Jahren. Die §§ 33b und 33h Absatz 6 gelten entsprechend.

Kapitel 7. Zusammenschlusskontrolle

(für Zusammenschlüsse im Krankenhausbereich vgl. Übergangsbestimmung in § 187 Abs. 9)

§ 35 Geltungsbereich der Zusammenschlusskontrolle

(1) Die Vorschriften über die Zusammenschlusskontrolle finden Anwendung, wenn im letzten Geschäftsjahr vor dem Zusammenschluss
1. die beteiligten Unternehmen insgesamt weltweit Umsatzerlöse von mehr als 500 Millionen Euro und
2. im Inland mindestens ein beteiligtes Unternehmen Umsatzerlöse von mehr als 50 Millionen Euro und ein anderes beteiligtes Unternehmen Umsatzerlöse von mehr als 17,5 Millionen Euro

erzielt haben.

(1a) Die Vorschriften über die Zusammenschlusskontrolle finden auch Anwendung, wenn
1. die Voraussetzungen des Absatzes 1 Nummer 1 erfüllt sind,
2. im Inland im letzten Geschäftsjahr vor dem Zusammenschluss
   a) ein beteiligtes Unternehmen Umsatzerlöse von mehr als 50 Millionen Euro erzielt hat und
   b) weder das zu erwerbende Unternehmen noch ein anderes beteiligtes Unternehmen Umsatzerlöse von jeweils mehr als 17,5 Millionen Euro erzielt haben,
3. der Wert der Gegenleistung für den Zusammenschluss mehr als 400 Millionen Euro beträgt und
4. das zu erwerbende Unternehmen nach Nummer 2 in erheblichem Umfang im Inland tätig ist.

(2) Absatz 1 gilt nicht für Zusammenschlüsse durch die Zusammenlegung öffentlicher Einrichtungen und Betriebe, die mit einer kommunalen Gebietsreform einhergehen. Die Absätze 1 und 1a gelten nicht, wenn alle am Zusammenschluss beteiligten Unternehmen
1. Mitglied einer kreditwirtschaftlichen Verbundgruppe im Sinne des § 8b Absatz 4 Satz 8 des Körperschaftsteuergesetzes sind,
2. im Wesentlichen für die Unternehmen der kreditwirtschaftlichen Verbundgruppe, deren Mitglied sie sind, Dienstleistungen erbringen und
3. bei der Tätigkeit nach Nummer 2 keine eigenen vertraglichen Endkundenbeziehungen unterhalten.

Satz 2 gilt nicht für Zusammenschlüsse von Zentralbanken und Girozentralen im Sinne des § 21 Absatz 2 Nummer 2 des Kreditwesengesetzes.

(3) Die Vorschriften dieses Gesetzes finden keine Anwendung, soweit die Europäische Kommission nach der Verordnung (EG) Nr. 139/2004 des Rates vom 20. Januar 2004 über die Kontrolle von Unternehmenszusammenschlüssen in ihrer jeweils geltenden Fassung ausschließlich zuständig ist.

§ 36 Grundsätze für die Beurteilung von Zusammenschlüssen

(1) Ein Zusammenschluss, durch den wirksamer Wettbewerb erheblich behindert würde, insbesondere von dem zu erwarten ist, dass er eine marktbeherrschende Stellung begründet oder verstärkt, ist vom Bundeskartellamt zu untersagen. Dies gilt nicht, wenn

1. die beteiligten Unternehmen nachweisen, dass durch den Zusammenschluss auch Verbesserungen der Wettbewerbsbedingungen eintreten und diese Verbesserungen die Behinderung des Wettbewerbs überwiegen, oder
2. die Untersagungsvoraussetzungen ausschließlich auf Märkten vorliegen, auf denen seit mindestens fünf Jahren Waren oder gewerbliche Leistungen angeboten werden und auf denen im letzten Kalenderjahr im Inland insgesamt weniger als 20 Millionen Euro umgesetzt wurden, es sei denn, es handelt sich um Märkte im Sinne des § 18 Absatz 2a oder einen Fall des § 35 Absatz 1a, oder
3. die marktbeherrschende Stellung eines Zeitungs- oder Zeitschriftenverlags verstärkt wird, der einen kleinen oder mittleren Zeitungs- oder Zeitschriftenverlag übernimmt, falls nachgewiesen wird, dass der übernommene Verlag in den letzten drei Jahren jeweils in der Gewinn- und Verlustrechnung nach § 275 des Handelsgesetzbuchs einen erheblichen Jahresfehlbetrag auszuweisen hatte und er ohne den Zusammenschluss in seiner Existenz gefährdet wäre. Ferner muss nachgewiesen werden, dass vor dem Zusammenschluss kein anderer Erwerber gefunden wurde, der eine wettbewerbskonformere Lösung sichergestellt hätte.

(2) Ist ein beteiligtes Unternehmen ein abhängiges oder herrschendes Unternehmen im Sinne des § 17 des Aktiengesetzes oder ein Konzernunternehmen im Sinne des § 18 des Aktiengesetzes, sind die so verbundenen Unternehmen als einheitliches Unternehmen anzusehen. Wirken mehrere Unternehmen derart zusammen, dass sie gemeinsam einen beherrschenden Einfluss auf ein anderes Unternehmen ausüben können, gilt jedes von ihnen als herrschendes.

(3) Steht einer Person oder Personenvereinigung, die nicht Unternehmen ist, die Mehrheitsbeteiligung an einem Unternehmen zu, gilt sie als Unternehmen.

§ 37 Zusammenschluss

(1) Ein Zusammenschluss liegt in folgenden Fällen vor:
1. Erwerb des Vermögens eines anderen Unternehmens ganz oder zu einem wesentlichen Teil; das gilt auch, wenn ein im Inland tätiges Unternehmen, dessen Vermögen erworben wird, noch keine Umsatzerlöse erzielt hat;
2. Erwerb der unmittelbaren oder mittelbaren Kontrolle durch ein oder mehrere Unternehmen über die Gesamtheit oder Teile eines oder mehrerer anderer Unternehmen. Die Kontrolle wird durch Rechte, Verträge oder andere Mittel begründet, die einzeln oder zusammen unter Berücksichtigung aller tatsächlichen und rechtlichen Umstände die Möglichkeit gewähren, einen bestimmenden Einfluss auf die Tätigkeit eines Unternehmens auszuüben, insbesondere durch
   a) Eigentums- oder Nutzungsrechte an einer Gesamtheit oder an Teilen des Vermögens des Unternehmens,
   b) Rechte oder Verträge, die einen bestimmenden Einfluss auf die Zusammensetzung, die Beratungen oder Beschlüsse der Organe des Unternehmens gewähren;

   das gilt auch, wenn ein im Inland tätiges Unternehmen noch keine Umsatzerlöse erzielt hat;
3. Erwerb von Anteilen an einem anderen Unternehmen, wenn die Anteile allein oder zusammen mit sonstigen, dem Unternehmen bereits gehörenden Anteilen
   a) 50 vom Hundert oder
   b) 25 vom Hundert

   des Kapitals oder der Stimmrechte des anderen Unternehmens erreichen. Zu den Anteilen, die dem Unternehmen gehören, rechnen auch die Anteile, die einem anderen für Rechnung dieses Unternehmens gehören und, wenn der Inhaber des Unternehmens ein Einzelkaufmann ist, auch die Anteile, die sonstiges Vermögen des Inhabers sind. Erwerben mehrere Unternehmen gleichzeitig oder

nacheinander Anteile im vorbezeichneten Umfang an einem anderen Unternehmen, gilt dies hinsichtlich der Märkte, auf denen das andere Unternehmen tätig ist, auch als Zusammenschluss der sich beteiligenden Unternehmen untereinander;
4. jede sonstige Verbindung von Unternehmen, auf Grund deren ein oder mehrere Unternehmen unmittelbar oder mittelbar einen wettbewerblich erheblichen Einfluss auf ein anderes Unternehmen ausüben können.

(2) Ein Zusammenschluss liegt auch dann vor, wenn die beteiligten Unternehmen bereits vorher zusammengeschlossen waren, es sei denn, der Zusammenschluss führt nicht zu einer wesentlichen Verstärkung der bestehenden Unternehmensverbindung.

(3) Erwerben Kreditinstitute, Finanzinstitute oder Versicherungsunternehmen Anteile an einem anderen Unternehmen zum Zwecke der Veräußerung, gilt dies nicht als Zusammenschluss, solange sie das Stimmrecht aus den Anteilen nicht ausüben und sofern die Veräußerung innerhalb eines Jahres erfolgt. Diese Frist kann vom Bundeskartellamt auf Antrag verlängert werden, wenn glaubhaft gemacht wird, dass die Veräußerung innerhalb der Frist unzumutbar war.

§ 38 Berechnung der Umsatzerlöse, der Marktanteile und des Wertes der Gegenleistung

(1) Für die Ermittlung der Umsatzerlöse gilt § 277 Absatz 1 des Handelsgesetzbuchs. Verwendet ein Unternehmen für seine regelmäßige Rechnungslegung ausschließlich einen anderen international anerkannten Rechnungslegungsstandard, so ist für die Ermittlung der Umsatzerlöse dieser Standard maßgeblich. Umsatzerlöse aus Lieferungen und Leistungen zwischen verbundenen Unternehmen (Innenumsatzerlöse) sowie Verbrauchsteuern bleiben außer Betracht.

(2) Für den Handel mit Waren sind nur drei Viertel der Umsatzerlöse in Ansatz zu bringen.

(3) Für den Verlag, die Herstellung und den Vertrieb von Zeitungen, Zeitschriften und deren Bestandteilen ist das Vierfache der Umsatzerlöse und für die Herstellung, den Vertrieb und die Veranstaltung von Rundfunkprogrammen und den Absatz von Rundfunkwerbezeiten ist das Achtfache der Umsatzerlöse in Ansatz zu bringen.

(4) An die Stelle der Umsatzerlöse tritt bei Kreditinstituten, Finanzinstituten, Bausparkassen sowie bei externen Kapitalverwaltungsgesellschaften im Sinne des § 17 Absatz 2 Nummer 1 des Kapitalanlagegesetzbuchs der Gesamtbetrag der in § 34 Absatz 2 Satz 1 Nummer 1 Buchstabe a bis e der Kreditinstituts- Rechnungslegungsverordnung in der jeweils geltenden Fassung genannten Erträge abzüglich der Umsatzsteuer und sonstiger direkt auf diese Erträge erhobener Steuern. Bei Versicherungsunternehmen sind die Prämieneinnahmen des letzten abgeschlossenen Geschäftsjahres maßgebend. Prämieneinnahmen sind die Einnahmen aus dem Erst- und Rückversicherungsgeschäft einschließlich der in Rückdeckung gegebenen Anteile.

(4a) Die Gegenleistung nach § 35 Absatz 1a umfasst
1. alle Vermögensgegenstände und sonstigen geldwerten Leistungen, die der Veräußerer vom Erwerber im Zusammenhang mit dem Zusammenschluss nach § 37 Absatz 1 erhält, (Kaufpreis) und
2. den Wert etwaiger vom Erwerber übernommener Verbindlichkeiten.

(5) Wird ein Zusammenschluss durch den Erwerb von Teilen eines oder mehrerer Unternehmen bewirkt, so ist unabhängig davon, ob diese Teile eigene Rechtspersönlichkeit besitzen, auf Seiten des Veräußerers nur der Umsatz oder der Marktanteil zu berücksichtigen, der auf die veräußerten Teile entfällt. Dies gilt nicht, sofern

beim Veräußerer die Kontrolle im Sinne des § 37 Absatz 1 Nummer 2 oder 25 Prozent oder mehr der Anteile verbleiben. Zwei oder mehr Erwerbsvorgänge im Sinne von Satz 1, die innerhalb von zwei Jahren zwischen denselben Personen oder Unternehmen getätigt werden, werden als ein einziger Zusammenschluss behandelt, wenn dadurch die Umsatzschwellen des § 35 Absatz 1 erreicht oder die Voraussetzungen des § 35 Absatz 1a erfüllt werden; als Zeitpunkt des Zusammenschlusses gilt der letzte Erwerbsvorgang.

§ 39 Anmelde- und Anzeigepflicht

(1) Zusammenschlüsse sind vor dem Vollzug beim Bundeskartellamt gemäß den Absätzen 2 und 3 anzumelden. Elektronische Anmeldungen sind zulässig über:
1. die vom Bundeskartellamt eingerichtete zentrale De-Mail-Adresse im Sinne des De-Mail-Gesetzes,
2. die vom Bundeskartellamt eingerichtete zentrale E-Mail-Adresse für Dokumente mit qualifizierter elektronischer Signatur,
3. das besondere elektronische Behördenpostfach gegen ein elektronisches oder ein mit Datum und Unterschrift versehenes schriftliches Empfangsbekenntnis sowie
4. eine hierfür bestimmte Internetplattform.

(2) Zur Anmeldung sind verpflichtet:
1. die am Zusammenschluss beteiligten Unternehmen,
2. in den Fällen des § 37 Absatz 1 Nummer 1 und 3 auch der Veräußerer.

(3) In der Anmeldung ist die Form des Zusammenschlusses anzugeben. Die Anmeldung muss ferner über jedes beteiligte Unternehmen folgende Angaben enthalten:
1. die Firma oder sonstige Bezeichnung und den Ort der Niederlassung oder den Sitz;
2. die Art des Geschäftsbetriebes;
3. die Umsatzerlöse im Inland, in der Europäischen Union und weltweit; anstelle der Umsatzerlöse sind bei Kreditinstituten, Finanzinstituten, Bausparkassen sowie bei externen Kapitalverwaltungsgesellschaften im Sinne des § 17 Absatz 2 Nummer 1 des Kapitalanlagegesetzbuchs der Gesamtbetrag der Erträge gemäß § 38 Absatz 4, bei Versicherungsunternehmen die Prämieneinnahmen anzugeben; im Fall des § 35 Absatz 1a ist zusätzlich auch der Wert der Gegenleistung für den Zusammenschluss nach § 38 Absatz 4a, einschließlich der Grundlagen für seine Berechnung, anzugeben;

3a. im Fall des § 35 Absatz 1a Angaben zu Art und Umfang der Tätigkeit im Inland;

4. die Marktanteile einschließlich der Grundlagen für ihre Berechnung oder Schätzung, wenn diese im Geltungsbereich dieses Gesetzes oder in einem wesentlichen Teil desselben für die beteiligten Unternehmen zusammen mindestens 20 vom Hundert erreichen;
5. beim Erwerb von Anteilen an einem anderen Unternehmen die Höhe der erworbenen und der insgesamt gehaltenen Beteiligung;
6. eine zustellungsbevollmächtigte Person im Inland, sofern sich der Sitz des Unternehmens nicht im Geltungsbereich dieses Gesetzes befindet.

In den Fällen des § 37 Absatz 1 Nummer 1 oder 3 sind die Angaben nach Satz 2 Nummer 1 und 6 auch für den Veräußerer zu machen. Ist ein beteiligtes Unternehmen ein verbundenes Unternehmen, sind die Angaben nach Satz 2 Nummer 1 und 2 auch über die verbundenen Unternehmen und die Angaben nach Satz 2 Nummer 3 und Nummer 4 über jedes am Zusammenschluss beteiligte Unternehmen und die mit ihm verbundenen Unternehmen insgesamt zu machen sowie die Konzernbeziehungen, Abhängigkeits- und Beteiligungsverhältnisse zwischen den verbundenen Unternehmen mitzuteilen. In der Anmeldung dürfen keine unrichtigen oder unvollständigen Angaben gemacht oder benutzt werden, um die Kartellbehörde zu veranlassen, eine Untersagung nach § 36 Absatz 1 oder eine Mitteilung nach § 40 Absatz 1 zu unterlassen.

(4) Eine Anmeldung ist nicht erforderlich, wenn die Europäische Kommission einen Zusammenschluss an das Bundeskartellamt verwiesen hat und dem Bundeskartellamt die nach Absatz 3 erforderlichen Angaben in deutscher Sprache vorliegen. Das Bundeskartellamt teilt den beteiligten Unternehmen unverzüglich den Zeitpunkt des Eingangs der Verweisungsentscheidung mit und unterrichtet sie zugleich darüber, inwieweit die nach Absatz 3 erforderlichen Angaben in deutscher Sprache vorliegen.

(5) Das Bundeskartellamt kann von jedem beteiligten Unternehmen Auskunft über Marktanteile einschließlich der Grundlagen für die Berechnung oder Schätzung sowie über den Umsatzerlös bei einer bestimmten Art von Waren oder gewerblichen Leistungen, den das Unternehmen im letzten Geschäftsjahr vor dem Zusammenschluss erzielt hat, sowie über die Tätigkeit eines Unternehmens im Inland einschließlich von Angaben zu Zahlen und Standorten seiner Kunden sowie der Orte, an denen seine Angebote erbracht und bestimmungsgemäß genutzt werden, verlangen.

(6) Anmeldepflichtige Zusammenschlüsse, die entgegen Absatz 1 Satz 1 nicht vor dem Vollzug angemeldet wurden, sind von den beteiligten Unternehmen unverzüglich beim Bundeskartellamt anzuzeigen. § 41 bleibt unberührt.

§ 39a (weggefallen)

§ 40 Verfahren der Zusammenschlusskontrolle

(vgl. dazu Übergangsbestimmung in § 187 Abs. 7)

(1) Das Bundeskartellamt darf einen Zusammenschluss, der ihm angemeldet worden ist, nur untersagen, wenn es den anmeldenden Unternehmen innerhalb einer Frist von einem Monat seit Eingang der vollständigen Anmeldung mitteilt, dass es in die Prüfung des Zusammenschlusses (Hauptprüfverfahren) eingetreten ist. Das Hauptprüfverfahren soll eingeleitet werden, wenn eine weitere Prüfung des Zusammenschlusses erforderlich ist.

(2) Im Hauptprüfverfahren entscheidet das Bundeskartellamt durch Verfügung, ob der Zusammenschluss untersagt oder freigegeben wird. Wird die Verfügung nicht innerhalb von fünf Monaten nach Eingang der vollständigen Anmeldung den anmeldenden Unternehmen zugestellt, gilt der Zusammenschluss als freigegeben. Die Verfahrensbeteiligten sind unverzüglich über den Zeitpunkt der Zustellung der Verfügung zu unterrichten. Dies gilt nicht, wenn

1. die anmeldenden Unternehmen einer Fristverlängerung zugestimmt haben,
2. das Bundeskartellamt wegen unrichtiger Angaben oder wegen einer nicht rechtzeitig erteilten Auskunft nach § 39 Absatz 5 oder § 59 die Mitteilung nach Absatz 1 oder die Untersagung des Zusammenschlusses unterlassen hat,
3. eine zustellungsbevollmächtigte Person im Inland entgegen § 39 Absatz 3 Satz 2 Nummer 6 nicht mehr benannt ist.

Die Frist nach Satz 2 wird gehemmt, wenn das Bundeskartellamt von einem am Zusammenschluss beteiligten Unternehmen eine Auskunft nach § 59 erneut anfordern muss, weil das Unternehmen ein vorheriges Auskunftsverlangen nach § 59 aus Umständen, die von ihm zu vertreten sind, nicht rechtzeitig oder nicht vollständig beantwortet hat. Die Hemmung endet, wenn das Unternehmen dem Bundeskartellamt die Auskunft vollständig übermittelt hat. Die Frist verlängert sich um einen Monat, wenn ein anmeldendes Unternehmen in einem Verfahren dem Bundeskartellamt erstmals Vorschläge für Bedingungen oder Auflagen nach Absatz 3 unterbreitet.

(3) Die Freigabe kann mit Bedingungen und Auflagen verbunden werden, um sicherzustellen, dass die beteiligten Unternehmen den Verpflichtungen nachkommen, die sie gegenüber dem Bundeskartellamt eingegangen sind, um eine Untersagung abzuwenden. Die Bedingungen und Auflagen dürfen sich nicht darauf richten, die beteiligten Unternehmen einer laufenden Verhaltenskontrolle zu unterstellen.

(3a) Die Freigabe kann widerrufen oder geändert werden, wenn sie auf unrichtigen Angaben beruht, arglistig herbeigeführt worden ist oder die beteiligten Unternehmen einer mit ihr verbundenen Auflage zuwiderhandeln. Im Falle der Nichterfüllung einer Auflage gilt § 41 Absatz 4 entsprechend.

(4) Vor einer Untersagung ist den obersten Landesbehörden, in deren Gebiet die beteiligten Unternehmen ihren Sitz haben, Gelegenheit zur Stellungnahme zu geben. In Verfahren nach § 172a des Fünften Buches Sozialgesetzbuch ist vor einer Untersagung das Benehmen mit den zuständigen Aufsichtsbehörden nach § 90 des Vierten Buches Sozialgesetzbuch herzustellen. Vor einer Untersagung in Verfahren, die den Bereich der bundesweiten Verbreitung von Fernsehprogrammen durch private Veranstalter betreffen, ist das Benehmen mit der Kommission zur Ermittlung der Konzentration im Medienbereich herzustellen.

(5) Die Fristen nach den Absätzen 1 und 2 Satz 2 beginnen in den Fällen des § 39 Absatz 4 Satz 1, wenn die Verweisungsentscheidung beim Bundeskartellamt eingegangen ist und die nach § 39 Absatz 3 erforderlichen Angaben in deutscher Sprache vorliegen.

(6) Wird eine Freigabe des Bundeskartellamts durch gerichtlichen Beschluss rechtskräftig ganz oder teilweise aufgehoben, beginnt die Frist nach Absatz 2 Satz 2 mit Eintritt der Rechtskraft von Neuem.

§ 41 Vollzugsverbot, Entflechtung

(1) Die Unternehmen dürfen einen Zusammenschluss, der vom Bundeskartellamt nicht freigegeben ist, nicht vor Ablauf der Fristen nach § 40 Absatz 1 Satz 1 und Absatz 2 Satz 2 vollziehen oder am Vollzug dieses Zusammenschlusses mitwirken. Rechtsgeschäfte, die gegen dieses Verbot verstoßen, sind unwirksam. Dies gilt nicht

1. für Verträge über Grundstücksgeschäfte, sobald sie durch Eintragung in das Grundbuch rechtswirksam geworden sind,
2. für Verträge über die Umwandlung, Eingliederung oder Gründung eines Unternehmens und für Unternehmensverträge im Sinne der §§ 291 und 292 des Aktiengesetzes, sobald sie durch Eintragung in das zuständige Register rechtswirksam geworden sind, sowie
3. für andere Rechtsgeschäfte, wenn der nicht angemeldete Zusammenschluss nach Vollzug angezeigt und das Entflechtungsverfahren nach Absatz 3 eingestellt wurde, weil die Untersagungsvoraussetzungen nicht vorlagen, oder die Wettbewerbsbeschränkung infolge einer Auflösungsanordnung nach Absatz 3 Satz 2 in Verbindung mit Satz 3 beseitigt wurde oder eine Ministererlaubnis nach § 42 erteilt worden ist.

(1a) Absatz 1 steht der Verwirklichung von Erwerbsvorgängen nicht entgegen, bei denen die Kontrolle, Anteile oder wettbewerblich erheblicher Einfluss im Sinne von § 37 Absatz 1 oder 2 von mehreren Veräußerern entweder im Wege eines öffentlichen Übernahmeangebots oder im Wege einer Reihe von Rechtsgeschäften mit Wertpapieren, einschließlich solchen, die in andere zum Handel an einer Börse oder an einem ähnlichen Markt zugelassene Wertpapiere konvertierbar sind, über eine Börse erworben werden, sofern der Zusammenschluss gemäß § 39 unverzüglich beim Bundeskartellamt angemeldet wird und der Erwerber die mit den Anteilen verbundenen Stimmrechte nicht oder nur zur Erhaltung des vollen Wertes seiner Investition auf Grund einer vom Bundeskartellamt nach Absatz 2 erteilten Befreiung ausübt.

(2) Das Bundeskartellamt kann auf Antrag Befreiungen vom Vollzugsverbot erteilen, wenn die beteiligten Unternehmen hierfür wichtige Gründe geltend machen, insbesondere um schweren Schaden von einem beteiligten Unternehmen oder von Dritten abzuwenden. Die Befreiung kann jederzeit, auch vor der Anmeldung, erteilt und mit Bedingungen und Auflagen verbunden werden. § 40 Absatz 3a gilt entsprechend.

(3) Ein vollzogener Zusammenschluss, der die Untersagungsvoraussetzungen nach § 36 Absatz 1 erfüllt, ist aufzulösen, wenn nicht die Bundesministerin oder der Bundesminister für Wirtschaft und Energie nach § 42 die Erlaubnis zu dem Zusammenschluss erteilt. Das Bundeskartellamt ordnet die zur Auflösung des Zusammenschlusses erforderlichen Maßnahmen an. Die Wettbewerbsbeschränkung kann auch auf andere Weise als durch Wiederherstellung des früheren Zustands beseitigt werden.

(4) Zur Durchsetzung seiner Anordnung kann das Bundeskartellamt insbesondere
1. (weggefallen)
2. die Ausübung des Stimmrechts aus Anteilen an einem beteiligten Unternehmen, die einem anderen beteiligten Unternehmen gehören oder ihm zuzurechnen sind, untersagen oder einschränken,
3. einen Treuhänder bestellen, der die Auflösung des Zusammenschlusses herbeiführt.

§ 42 Ministererlaubnis

(1) Die Bundesministerin oder der Bundesminister für Wirtschaft und Energie erteilt auf Antrag die Erlaubnis zu einem vom Bundeskartellamt untersagten Zusammenschluss, wenn im Einzelfall die Wettbewerbsbeschränkung von gesamtwirtschaftlichen Vorteilen des Zusammenschlusses aufgewogen wird oder der Zusammenschluss durch ein überragendes Interesse der Allgemeinheit gerechtfertigt ist. Hierbei ist auch die Wettbewerbsfähigkeit der beteiligten Unternehmen auf Märkten außerhalb des Geltungsbereichs dieses Gesetzes zu berücksichtigen. Die Erlaubnis darf nur erteilt werden, wenn durch das Ausmaß der Wettbewerbsbeschränkung die marktwirtschaftliche Ordnung nicht gefährdet wird. Weicht die Entscheidung vom Votum der Stellungnahme ab, die die Monopolkommission nach Absatz 5 Satz 1 erstellt hat, ist dies in der Verfügung gesondert zu begründen.

(2) Die Erlaubnis kann mit Bedingungen und Auflagen verbunden werden. § 40 Absatz 3 Satz 2 und Absatz 3a gilt entsprechend.

(3) Der Antrag ist innerhalb einer Frist von einem Monat seit Zustellung der Untersagung oder einer Auflösungsanordnung nach § 41 Absatz 3 Satz 1 ohne vorherige Untersagung beim Bundesministerium für Wirtschaft und Energie schriftlich zu stellen. Wird die Untersagung angefochten, beginnt die Frist in dem Zeitpunkt, in dem die Untersagung unanfechtbar wird. Wird die Auflösungsanordnung nach § 41 Absatz 3 Satz 1 angefochten, beginnt die Frist zu dem Zeitpunkt, zu dem die Auflösungsanordnung unanfechtbar wird.

(4) Die Bundesministerin oder der Bundesminister für Wirtschaft und Energie soll über den Antrag innerhalb von vier Monaten entscheiden. Wird die Entscheidung nicht innerhalb dieser Frist getroffen, teilt das Bundesministerium für Wirtschaft und Energie die Gründe hierfür dem Deutschen Bundestag unverzüglich schriftlich mit. Wird die Verfügung den antragstellenden Unternehmen nicht inner-

halb von sechs Monaten nach Eingang des vollständigen Antrags zugestellt, gilt der Antrag auf die Ministererlaubnis als abgelehnt. Das Bundesministerium für Wirtschaft und Energie kann die Frist nach Satz 3 auf Antrag der antragstellenden Unternehmen um bis zu zwei Monate verlängern. In diesem Fall ist Satz 3 nicht anzuwenden und die Verfügung ist den antragstellenden Unternehmen innerhalb der Frist nach Satz 4 zuzustellen.

(5) Vor der Entscheidung nach Absatz 4 Satz 1 ist eine Stellungnahme der Monopolkommission einzuholen und den obersten Landesbehörden, in deren Gebiet die beteiligten Unternehmen ihren Sitz haben, Gelegenheit zur Stellungnahme zu geben. Im Fall eines Antrags auf Erlaubnis eines untersagten Zusammenschlusses im Bereich der bundesweiten Verbreitung von Fernsehprogrammen durch private Veranstalter ist zusätzlich eine Stellungnahme der Kommission zur Ermittlung der Konzentration im Medienbereich einzuholen. Die Monopolkommission soll ihre Stellungnahme innerhalb von zwei Monaten nach Aufforderung durch das Bundesministerium für Wirtschaft und Energie abgeben.

(6) Das Bundesministerium für Wirtschaft und Energie erlässt Leitlinien über die Durchführung des Verfahrens.

§ 43 Bekanntmachungen

(1) Die Einleitung des Hauptprüfverfahrens durch das Bundeskartellamt nach § 40 Absatz 1 Satz 1 und der Antrag auf Erteilung einer Ministererlaubnis sind unverzüglich im Bundesanzeiger bekannt zu machen.

(2) Im Bundesanzeiger sind bekannt zu machen
1. die Verfügung des Bundeskartellamts nach § 40 Absatz 2,
2. die Ministererlaubnis, deren Widerruf, Änderung oder Ablehnung,
3. die Rücknahme, der Widerruf oder die Änderung der Freigabe des Bundeskartellamts,
4. die Auflösung eines Zusammenschlusses und die sonstigen Anordnungen des Bundeskartellamts nach § 41 Absatz 3 und 4.

(3) Bekannt zu machen nach Absatz 1 und 2 sind jeweils die Angaben nach § 39 Absatz 3 Satz 1 sowie Satz 2 Nummer 1 und 2.

§ 43a Evaluierung

Das Bundesministerium für Wirtschaft und Energie berichtet den gesetzgebenden Körperschaften nach Ablauf von drei Jahren nach Inkrafttreten der Vorschrift über die Erfahrungen mit den Regelungen von § 35 Absatz 1a, § 37 Absatz 1 Nummer 1 und § 38 Absatz 4a.

Kapitel 8. Monopolkommission

§ 44 Aufgaben

(1) Die Monopolkommission erstellt alle zwei Jahre ein Gutachten, in dem sie den Stand und die absehbare Entwicklung der Unternehmenskonzentration in der Bundesrepublik Deutschland beurteilt, die Anwendung der wettbewerbsrechtlichen Vorschriften anhand abgeschlossener Verfahren würdigt, sowie zu sonstigen aktuellen wettbewerbspolitischen Fragen Stellung nimmt. Das Gutachten soll bis zum 30. Juni des Jahres abgeschlossen sein, in dem das Gutachten zu erstellen ist. Die Bundesregierung kann die Monopolkommission mit der Erstattung zusätzlicher Gutachten

beauftragen. Darüber hinaus kann die Monopolkommission nach ihrem Ermessen Gutachten oder andere Stellungnahmen erstellen. Die Möglichkeit zur Stellungnahme nach § 75 Absatz 5 bleibt unberührt.

(2) Die Monopolkommission ist nur an den durch dieses Gesetz begründeten Auftrag gebunden und in ihrer Tätigkeit unabhängig. Vertritt eine Minderheit bei der Abfassung der Gutachten eine abweichende Auffassung, so kann sie diese in dem Gutachten zum Ausdruck bringen.

(3) Die Monopolkommission leitet ihre Gutachten der Bundesregierung zu. Die Bundesregierung legt Gutachten nach Absatz 1 den gesetzgebenden Körperschaften unverzüglich vor. Die Bundesregierung nimmt zu den Gutachten nach Absatz 1 Satz 1 in angemessener Frist Stellung, zu sonstigen Gutachten nach Absatz 1 kann sie Stellung nehmen, wenn und soweit sie dies für angezeigt hält. Die jeweiligen fachlich zuständigen Bundesministerien und die Monopolkommission tauschen sich auf Verlangen zu den Inhalten der Gutachten aus. Die Gutachten werden von der Monopolkommission veröffentlicht. Bei Gutachten nach Absatz 1 Satz 1 erfolgt dies zu dem Zeitpunkt, zu dem sie von der Bundesregierung der gesetzgebenden Körperschaft vorgelegt werden.

(4) In ihren Gutachten kann die Monopolkommission Empfehlungen für die Durchführung von Sektoruntersuchungen nach § 32e Absatz 1 aussprechen. Soweit das Bundeskartellamt der Empfehlung für eine Sektoruntersuchung nach § 32e Absatz 1 innerhalb von zwölf Monaten nach der Veröffentlichung des Gutachtens nicht gefolgt ist, nimmt es Stellung zu der Empfehlung.

§ 45 Mitglieder

(1) Die Monopolkommission besteht aus fünf Mitgliedern, die über besondere volkswirtschaftliche, betriebswirtschaftliche, sozialpolitische, technologische oder wirtschaftsrechtliche Kenntnisse und Erfahrungen verfügen müssen. Die Monopolkommission wählt aus ihrer Mitte einen Vorsitzenden.

(2) Die Mitglieder der Monopolkommission werden auf Vorschlag der Bundesregierung durch den Bundespräsidenten für die Dauer von vier Jahren berufen. Wiederberufungen sind zulässig. Die Bundesregierung hört die Mitglieder der Kommission an, bevor sie neue Mitglieder vorschlägt. Die Mitglieder sind berechtigt, ihr Amt durch Erklärung gegenüber dem Bundespräsidenten niederzulegen. Scheidet ein Mitglied vorzeitig aus, so wird ein neues Mitglied für die Dauer der Amtszeit des ausgeschiedenen Mitglieds berufen.

(3) Die Mitglieder der Monopolkommission dürfen weder der Regierung oder einer gesetzgebenden Körperschaft des Bundes oder eines Landes noch dem öffentlichen Dienst des Bundes, eines Landes oder einer sonstigen juristischen Person des öffentlichen Rechts, es sei denn als Hochschullehrer oder als Mitarbeiter eines wissenschaftlichen Instituts, angehören. Ferner dürfen sie weder einen Wirtschaftsverband noch eine Arbeitgeber- oder Arbeitnehmerorganisation repräsentieren oder zu diesen in einem ständigen Dienst- oder Geschäftsbesorgungsverhältnis stehen. Sie dürfen auch nicht während des letzten Jahres vor der Berufung zum Mitglied der Monopolkommission eine derartige Stellung innegehabt haben.

§ 46 Beschlüsse, Organisation, Rechte und Pflichten der Mitglieder

(1) Die Beschlüsse der Monopolkommission bedürfen der Zustimmung von mindestens drei Mitgliedern.

(2) Die Monopolkommission hat eine Geschäftsordnung und verfügt über eine Geschäftsstelle. Diese hat die Aufgabe, die Monopolkommission wissenschaftlich, administrativ und technisch zu unterstützen.

(2a) Die Monopolkommission kann Einsicht in die von der Kartellbehörde geführten Akten einschließlich Betriebs- und Geschäftsgeheimnisse und personenbezogener Daten nehmen, soweit dies zur ordnungsgemäßen Erfüllung ihrer Aufgaben erforderlich ist. Dies gilt auch für die Erstellung der Gutachten nach § 78 des Eisenbahnregulierungsgesetzes, § 62 des Energiewirtschaftsgesetzes, § 44 des Postgesetzes sowie nach § 195 Absatz 2 des Telekommunikationsgesetzes.

(2b) Im Rahmen der Akteneinsicht kann die Monopolkommission bei der Kartellbehörde in elektronischer Form vorliegende Daten, einschließlich Betriebs- und Geschäftsgeheimnissen und personenbezogener Daten, selbstständig auswerten, soweit dies zur ordnungsgemäßen Erfüllung ihrer Aufgaben erforderlich ist. Dies gilt auch für die Erstellung der Gutachten nach § 78 des Eisenbahnregulierungsgesetzes, § 62 des Energiewirtschaftsgesetzes, § 44 des Postgesetzes sowie nach § 195 Absatz 2 des Telekommunikationsgesetzes.

(3) Die Mitglieder der Monopolkommission und die Angehörigen der Geschäftsstelle sind zur Verschwiegenheit über die Beratungen und die von der Monopolkommission als vertraulich bezeichneten Beratungsunterlagen verpflichtet. Die Pflicht zur Verschwiegenheit bezieht sich auch auf Informationen und Daten, die der Monopolkommission gegeben und als vertraulich bezeichnet werden oder die gemäß Absatz 2a oder 2b erlangt worden sind.

(4) Die Mitglieder der Monopolkommission erhalten eine pauschale Entschädigung sowie Ersatz ihrer Reisekosten. Diese werden vom Bundesministerium für Wirtschaft und Energie festgesetzt. Die Kosten der Monopolkommission trägt der Bund.

§ 47 Übermittlung statistischer Daten

(1) Für die Begutachtung der Entwicklung der Unternehmenskonzentration werden der Monopolkommission vom Statistischen Bundesamt aus Wirtschaftsstatistiken (Statistik im produzierenden Gewerbe, Handwerksstatistik, Außenhandelsstatistik, Steuerstatistik, Verkehrsstatistik, Statistik im Handel und Gastgewerbe, Dienstleistungsstatistik) und dem Statistikregister zusammengefasste Einzelangaben über die Vomhundertanteile der größten Unternehmen, Betriebe oder fachlichen Teile von Unternehmen des jeweiligen Wirtschaftsbereichs
a) am Wert der zum Absatz bestimmten Güterproduktion,
b) am Umsatz,
c) an der Zahl der tätigen Personen,
d) an den Lohn- und Gehaltssummen,
e) an den Investitionen,
f) am Wert der gemieteten und gepachteten Sachanlagen,
g) an der Wertschöpfung oder dem Rohertrag,
h) an der Zahl der jeweiligen Einheiten

übermittelt. Satz 1 gilt entsprechend für die Übermittlung von Angaben über die Vomhundertanteile der größten Unternehmensgruppen. Für die Zuordnung der Angaben zu Unternehmensgruppen übermittelt die Monopolkommission dem Statistischen Bundesamt Namen und Anschriften der Unternehmen, deren Zugehörigkeit zu einer Unternehmensgruppe sowie Kennzeichen zur Identifikation. Die zusammengefassten Einzelangaben dürfen nicht weniger als drei Unternehmensgruppen, Unternehmen, Betriebe oder fachliche Teile von Unternehmen betreffen. Durch Kombination oder zeitliche Nähe mit anderen übermittelten oder allgemein zugänglichen Angaben darf kein Rückschluss auf zusammengefasste Angaben von weniger als drei Unternehmensgruppen, Unternehmen, Betrieben oder fachlichen Teile von Unternehmen möglich sein. Für die Berechnung von summarischen Konzentrationsmaßen, insbesondere Herfindahl-Indizes und Gini-Koeffizienten, gilt dies entsprechend. Die statistischen Ämter der Länder stellen die hierfür erforderlichen Einzelangaben dem Statistischen Bundesamt zur Verfügung.

(2) Personen, die zusammengefasste Einzelangaben nach Absatz 1 erhalten sollen, sind vor der Übermittlung zur Geheimhaltung besonders zu verpflichten, soweit sie nicht Amtsträger oder für den öffentlichen Dienst besonders Verpflichtete sind. § 1 Absatz 2, 3 und 4 Nummer 2 des Verpflichtungsgesetzes gilt entsprechend. Personen, die nach Satz 1 besonders verpflichtet worden sind, stehen für die Anwendung der Vorschriften des Strafgesetzbuches über die Verletzung von Privatgeheimnissen (§ 203 Absatz 2, 5 und 6; §§ 204, 205) und des Dienstgeheimnisses (§ 353b Absatz 1) den für den öffentlichen Dienst besonders Verpflichteten gleich.

(3) Die zusammengefassten Einzelangaben dürfen nur für die Zwecke verwendet werden, für die sie übermittelt wurden. Sie sind zu löschen, sobald der in Absatz 1 genannte Zweck erfüllt ist.

(4) Bei der Monopolkommission muss durch organisatorische und technische Maßnahmen sichergestellt sein, dass nur Amtsträger, für den öffentlichen Dienst besonders Verpflichtete oder Verpflichtete nach Absatz 2 Satz 1 Empfänger von zusammengefassten Einzelangaben sind.

(5) Die Übermittlungen sind nach Maßgabe des § 16 Absatz 9 des Bundesstatistikgesetzes aufzuzeichnen. Die Aufzeichnungen sind mindestens fünf Jahre aufzubewahren.

(6) Bei der Durchführung der Wirtschaftsstatistiken nach Absatz 1 sind die befragten Unternehmen schriftlich oder elektronisch zu unterrichten, dass die zusammengefassten Einzelangaben nach Absatz 1 der Monopolkommission übermittelt werden dürfen.

Kapitel 9. Markttransparenzstellen für den Großhandel mit Strom und Gas und für Kraftstoffe

Abschnitt 1. Markttransparenzstelle für den Großhandel im Bereich Strom und Gas

§ 47a Einrichtung, Zuständigkeit, Organisation

(1) Zur Sicherstellung einer wettbewerbskonformen Bildung der Großhandelspreise von Elektrizität und Gas wird eine Markttransparenzstelle bei der Bundesnetzagentur für Elektrizität, Gas, Telekommunikation, Post und Eisenbahnen (Bundesnetzagentur) eingerichtet. Sie beobachtet laufend die Vermarktung und den Handel mit Elektrizität und Erdgas auf der Großhandelsstufe.

(2) Die Aufgaben der Markttransparenzstelle nehmen die Bundesnetzagentur und das Bundeskartellamt einvernehmlich wahr.

(3) Die Einzelheiten der einvernehmlichen Zusammenarbeit werden in einer vom Bundesministerium für Wirtschaft und Energie zu genehmigenden Kooperationsvereinbarung zwischen dem Bundeskartellamt und der Bundesnetzagentur näher geregelt. In der Vereinbarung ist insbesondere Folgendes zu regeln:
1. die Besetzung und Geschäftsverteilung sowie
2. eine Koordinierung der Datenerhebung und des Daten- und Informationsaustausches.

(4) Das Bundesministerium für Wirtschaft und Energie wird ermächtigt, durch Rechtsverordnung Vorgaben zur Ausgestaltung der Kooperationsvereinbarung zu erlassen.

(5) Entscheidungen der Markttransparenzstelle trifft die Person, die sie leitet. § 51 Absatz 5 gilt für alle Mitarbeiterinnen und Mitarbeiter der Markttransparenzstelle entsprechend.

§ 47b Aufgaben

(1) Die Markttransparenzstelle beobachtet laufend den gesamten Großhandel mit Elektrizität und Erdgas, unabhängig davon, ob er auf physikalische oder finanzielle Erfüllung gerichtet ist, um Auffälligkeiten bei der Preisbildung aufzudecken, die auf Missbrauch von Marktbeherrschung, Insiderinformationen oder auf Marktmanipulation beruhen können. Die Markttransparenzstelle beobachtet zu diesem Zweck auch die Erzeugung, den Kraftwerkseinsatz und die Vermarktung von Elektrizität und Erdgas durch die Erzeugungsunternehmen sowie die Vermarktung von Elektrizität und Erdgas als Regelenergie. Die Markttransparenzstelle kann Wechselwirkungen zwischen den Großhandelsmärkten für Elektrizität und Erdgas und dem Emissionshandelssystem berücksichtigen.

(2) Die Markttransparenzstelle überwacht als nationale Marktüberwachungsstelle gemäß Artikel 7 Absatz 2 Absatz 2 der Verordnung (EU) Nr. 1227/2011 des Europäischen Parlaments und des Rates vom 25. Oktober 2011 über die Integrität und Transparenz des Energiegroßhandelsmarkts (ABl. L 326 vom 8.12.2011, S. 1) zusammen mit der Bundesnetzagentur den Großhandel mit Elektrizität und Erdgas. Sie arbeitet dabei mit der Agentur für die Zusammenarbeit der Energieregulierungsbehörden nach Artikel 7 Absatz 2 und Artikel 10 der Verordnung (EU) Nr. 1227/2011 zusammen.

(3) Die Markttransparenzstelle erhebt und sammelt die Daten und Informationen, die sie zur Erfüllung ihrer Aufgaben benötigt. Dabei berücksichtigt sie Meldepflichten der Mitteilungsverpflichteten gegenüber den in § 47i genannten Behörden oder Aufsichtsstellen sowie Meldepflichten, die von der Europäischen Kommission nach Artikel 8 Absatz 2 und 6 der Verordnung (EU) Nr. 1227/2011 festzulegen sind. Für die Datenerfassung sind nach Möglichkeit bestehende Quellen und Meldesysteme zu nutzen.

(4) Die Bundesnetzagentur kann die Markttransparenzstelle mit der Erhebung und Auswertung von Daten beauftragen, soweit dies zur Erfüllung ihrer Aufgaben nach der Verordnung (EU) Nr. 1227/2011 erforderlich ist.

(5) Die Markttransparenzstelle gibt vor Erlass von Festlegungen nach § 47g in Verbindung mit der nach § 47f zu erlassenden Rechtsverordnung betroffenen Behörden, Interessenvertretern und Marktteilnehmern vorab Gelegenheit zur Stellungnahme innerhalb einer festgesetzten Frist. Zur Vorbereitung dieser Konsultationen erstellt und ergänzt die Markttransparenzstelle bei Bedarf eine detaillierte Liste aller Daten und Kategorien von Daten, die ihr die in § 47e Absatz 1 genannten Mitteilungspflichtigen auf Grund der §§ 47e und 47g und der nach § 47f zu erlassenden Rechtsverordnung laufend mitzuteilen haben, einschließlich des Zeitpunkts, an dem die Daten zu übermitteln sind, des Datenformats und der einzuhaltenden Übertragungswege sowie möglicher alternativer Meldekanäle. Die Markttransparenzstelle ist nicht an die Stellungnahmen gebunden.

(6) Die Markttransparenzstelle wertet die erhaltenen Daten und Informationen kontinuierlich aus, um insbesondere festzustellen, ob Anhaltspunkte für einen Verstoß gegen die §§ 1, 19, 20 oder 29 dieses Gesetzes, die Artikel 101 oder 102 des Vertrages über die Arbeitsweise der Europäischen Union, das Wertpapierhandelsgesetz, das Börsengesetz oder die Verbote nach den Artikeln 3 und 5 der Verordnung (EU) Nr. 1227/2011 vorliegen.

(7) Gibt es Anhaltspunkte dafür, dass eine natürliche oder juristische Person gegen die in Absatz 6 genannten gesetzlichen Bestimmungen verstößt, muss die Markttransparenzstelle umgehend die zuständigen Behörden informieren und den Vorgang an sie abgeben. Bei Verdacht eines Verstoßes gegen die §§ 1, 19, 20 und 29 dieses Gesetzes oder gegen die Artikel 101 und 102 des Vertrages über die Arbeitsweise der Europäischen Union informiert die Markttransparenzstelle die zuständige Beschlussabteilung im Bundeskartellamt. Kommt die Prüfzuständigkeit mehrerer Behörden in Betracht, so informiert die Markttransparenzstelle jede dieser Behörden über den Verdachtsfall und über die Benachrichtigung der anderen Behörden. Die Markttransparenzstelle leitet alle von den Behörden benötigten oder angeforderten Informationen und Daten unverzüglich an diese gemäß § 47i weiter.

(8) Die Absätze 1 bis 3 können auch Anwendung finden auf die Erzeugung und Vermarktung im Ausland und auf Handelsgeschäfte, die im Ausland stattfinden, sofern sie sich auf die Preisbildung von Elektrizität und Erdgas im Geltungsbereich dieses Gesetzes auswirken.

§ 47c Datenverwendung

(1) Die Markttransparenzstelle stellt die nach § 47b Absatz 3 erhaltenen Daten ferner folgenden Stellen zur Verfügung:
1. dem Bundeskartellamt für die Durchführung des Monitorings nach § 48 Absatz 3,
2. der Bundesnetzagentur für die Durchführung des Monitorings nach § 35 des Energiewirtschaftsgesetzes,
3. der zuständigen Beschlussabteilung im Bundeskartellamt für Fusionskontrollverfahren nach den §§ 35 bis 41 und für Sektoruntersuchungen nach § 32e sowie
4. der Bundesnetzagentur zur Erfüllung ihrer weiteren Aufgaben nach dem Energiewirtschaftsgesetz, insbesondere zur Überwachung von Transparenzverpflichtungen nach den Anhängen der folgenden Verordnungen:
   a) Verordnung (EG) Nr. 714/2009 des Europäischen Parlaments und des Rates vom 13. Juli 2009 über die Netzzugangsbedingungen für den grenzüberschreitenden Stromhandel und zur Aufhebung der Verordnung (EG) Nr. 1228/2003 (ABl. L 211 vom 14.8.2009, S. 15),
   b) Verordnung (EG) Nr. 715/2009 des Europäischen Parlaments und des Rates vom 13. Juli 2009 über die Bedingungen für den Zugang zu den Erdgasfernleitungsnetzen und zur Aufhebung der Verordnung (EG) Nr. 1775/2005 (ABl. L 211 vom 14.8.2009, S. 36) und
   c) Verordnung (EU) Nr. 994/2010 des Europäischen Parlaments und des Rates vom 20. Oktober 2010 über Maßnahmen zur Gewährleistung der sicheren Erdgasversorgung und zur Aufhebung der Richtlinie 2004/67/EG des Rates (ABl. L 295 vom 12.11.2010, S. 1).

(2) Die Markttransparenzstelle stellt die Daten ferner dem Bundesministerium für Wirtschaft und Energie und der Bundesnetzagentur zur Erfüllung ihrer Aufgaben nach § 54a des Energiewirtschaftsgesetzes zur Verfügung.

(3) Die Daten können dem Statistischen Bundesamt für dessen Aufgaben nach dem Energiestatistikgesetz und nach § 2 des Gesetzes über die Preisstatistik und der Monopolkommission für deren Aufgaben nach diesem Gesetz und nach § 62 des Energiewirtschaftsgesetzes zur Verfügung gestellt werden.

(4) Die Markttransparenzstelle darf die Daten in anonymisierter Form ferner Bundesministerien für eigene oder in deren Auftrag durchzuführende wissenschaftliche Studien zur Verfügung stellen, wenn die Daten zur Erreichung dieser Zwecke erforderlich sind. Daten, die Betriebs- und Geschäftsgeheimnisse darstellen, dürfen von der Markttransparenzstelle nur herausgegeben werden, wenn ein Bezug zu einem

Unternehmen nicht mehr hergestellt werden kann. Die Bundesministerien dürfen die nach Satz 1 von der Markttransparenzstelle erhaltenen Daten auch Dritten zur Durchführung wissenschaftlicher Studien im Auftrag zur Verfügung stellen, wenn diese ihnen gegenüber die Fachkunde nachgewiesen und die vertrauliche Behandlung der Daten zugesichert haben.

§ 47d Befugnisse

(1) Zur Erfüllung ihrer Aufgaben hat die Markttransparenzstelle die Befugnisse nach §§ 59, 59a und 59b gegenüber natürlichen und juristischen Personen. Sie kann nach Maßgabe des § 47f Festlegungen gegenüber einzelnen, einer Gruppe oder allen der in § 47e Absatz 1 genannten Personen und Unternehmen in den in § 47g genannten Festlegungsbereichen treffen zur Datenkategorie, zum Zeitpunkt und zur Form der Übermittlung. Die Markttransparenzstelle ist nach Maßgabe des § 47f befugt, die Festlegung bei Bedarf zu ändern, soweit dies zur Erfüllung ihrer Aufgaben erforderlich ist. Sie kann insbesondere vorgeben, dass eine Internetplattform zur Eingabe der angeforderten Auskünfte sowie der Mitteilungen verwendet werden muss. Die Markttransparenzstelle kann nach Maßgabe des § 47f darüber hinaus vorgeben, dass Auskünfte und Daten an einen zur Datenerfassung beauftragten Dritten geliefert werden; Auswertung und Nutzung findet allein bei der Markttransparenzstelle statt. Die §§ 48 und 49 des Verwaltungsverfahrensgesetzes bleiben unberührt. Die §§ 50f, 54, 56 bis 58, 61 Absatz 1 und 2, die §§ 63, 64, 66, 67, 70, 73 bis 80, 82a, 83, 85, 91 und 92 gelten entsprechend. Für Entscheidungen, die die Markttransparenzstelle durch Festlegungen trifft, kann die Zustellung nach § 61 durch eine öffentliche Bekanntgabe im Bundesanzeiger ersetzt werden. Für Auskunftspflichten nach Satz 1 und Mitteilungspflichten nach § 47e gilt § 55 der Strafprozessordnung entsprechend.

(2) Die Markttransparenzstelle hat als nationale Marktüberwachungsstelle im Sinne des Artikels 7 Absatz 2 Absatz 2 der Verordnung (EU) Nr. 1227/2011 zudem die Rechte gemäß Artikel 7 Absatz 2 Absatz 1, Absatz 3 Absatz 2 Satz 2, Artikel 4 Absatz 2 Satz 2, Artikel 8 Absatz 5 Satz 1 und Artikel 16 der Verordnung (EU) Nr. 1227/2011. Absatz 1 gilt entsprechend.

(3) Die Markttransparenzstelle kann bei der Behörde, an die sie einen Verdachtsfall nach § 47b Absatz 7 Satz 1 abgegeben hat, eine Mitteilung über den Abschluss der Untersuchung anfordern.

§ 47e Mitteilungspflichten

(1) Folgende Personen und Unternehmen unterliegen neben den in § 47g genannten Mitteilungspflichtigen der Mitteilungspflicht nach den Absätzen 2 bis 5:
1. Großhändler im Sinne des § 3 Nummer 21 des Energiewirtschaftsgesetzes,
2. Energieversorgungsunternehmen im Sinne des § 3 Nummer 18 des Energiewirtschaftsgesetzes,
3. Betreiber von Energieanlagen im Sinne des § 3 Nummer 15 des Energiewirtschaftsgesetzes, ausgenommen Betreiber von Verteileranlagen der Letztverbraucher oder bei der Gasversorgung Betreiber der letzten Absperrvorrichtungen von Verbrauchsanlagen,
4. Kunden im Sinne des § 3 Nummer 24 des Energiewirtschaftsgesetzes, ausgenommen Haushaltskunden im Sinne des § 3 Nummer 22 des Energiewirtschaftsgesetzes und
5. Handelsplattformen.

(2) Die Mitteilungspflichtigen haben der Markttransparenzstelle die nach Maßgabe des § 47f in Verbindung mit § 47g konkretisierten Handels-, Transport-, Kapa-

zitäts-, Erzeugungs- und Verbrauchsdaten aus den Märkten zu übermitteln, auf denen sie tätig sind. Dazu gehören Angaben
1. zu den Transaktionen an den Großhandelsmärkten, an denen mit Elektrizität und Erdgas gehandelt wird, einschließlich der Handelsaufträge, mit genauen Angaben über die erworbenen und veräußerten Energiegroßhandelsprodukte, die vereinbarten Preise und Mengen, die Tage und Uhrzeiten der Ausführung, die Parteien und Begünstigten der Transaktionen,
2. zur Kapazität und Auslastung von Anlagen zur Erzeugung und Speicherung, zum Verbrauch oder zur Übertragung oder Fernleitung von Strom oder Erdgas oder über die Kapazität und Auslastung von Anlagen für verflüssigtes Erdgas (LNG-Anlagen), einschließlich der geplanten oder ungeplanten Nichtverfügbarkeit dieser Anlagen oder eines Minderverbrauchs,
3. im Bereich der Elektrizitätserzeugung, die eine Identifikation einzelner Erzeugungseinheiten ermöglichen,
4. zu Kosten, die im Zusammenhang mit dem Betrieb der meldepflichtigen Erzeugungseinheiten entstehen, insbesondere zu Grenzkosten, Brennstoffkosten, CO2-Kosten, Opportunitätskosten und Anfahrkosten,
5. zu technischen Informationen, die für den Betrieb der meldepflichtigen Erzeugungsanlagen relevant sind, insbesondere zu Mindeststillstandszeiten, Mindestlaufzeiten und zur Mindestproduktion,
6. zu geplanten Stilllegungen oder Kaltreserven,
7. zu Bezugsrechtsverträgen,
8. zu Investitionsvorhaben sowie
9. zu Importverträgen und zur Regelenergie im Bereich Erdgashandel.

(3) Die Daten sind der Markttransparenzstelle nach Maßgabe der §§ 47f und 47g im Wege der Datenfernübertragung und, soweit angefordert, laufend zu übermitteln. Stellt die Markttransparenzstelle Formularvorlagen bereit, sind die Daten in dieser Form elektronisch zu übermitteln.

(4) Die jeweilige Mitteilungspflicht gilt als erfüllt, wenn
1. Meldepflichtige nach Absatz 1 die zu meldenden oder angeforderten Informationen entsprechend Artikel 8 der Verordnung (EU) Nr. 1227/2011 gemeldet haben und ein zeitnaher Datenzugriff durch die Markttransparenzstelle gesichert ist oder
2. Dritte die zu meldenden oder angeforderten Informationen im Namen eines Meldepflichtigen nach Absatz 1 auch in Verbindung mit § 47f Nummer 3 und 4 übermittelt haben und dies der Markttransparenzstelle mitgeteilt wird oder
3. Meldepflichtige nach Absatz 1 auch in Verbindung mit § 47f Nummer 3 und 4 die zu meldenden oder angeforderten Informationen an einen nach § 47d Absatz 1 Satz 5 in Verbindung mit § 47f Nummer 2 beauftragten Dritten übermittelt haben oder
4. Meldepflichtige nach Absatz 1 Nummer 3 in Verbindung mit § 47g Absatz 6 die zu meldenden oder angeforderten Informationen entsprechend den Anforderungen des Erneuerbare-Energien-Gesetzes oder einer auf dieses Gesetz gestützten Rechtsverordnung an den Netzbetreiber gemeldet haben, dies der Markttransparenzstelle mitgeteilt wird und ein zeitnaher Datenzugriff durch die Markttransparenzstelle gesichert ist.

(5) Die Verpflichtungen nach den Absätzen 1 bis 4 gelten für Unternehmen, wenn sie an einer inländischen Börse zur Teilnahme am Handel zugelassen sind oder wenn sich ihre Tätigkeiten im Geltungsbereich dieses Gesetzes auswirken. Übermittelt ein Unternehmen mit Sitz außerhalb des Geltungsbereichs dieses Gesetzes die verlangten Informationen nicht, so kann die Markttransparenzstelle zudem die zuständige Behörde des Sitzstaates ersuchen, geeignete Maßnahmen zur Verbesserung des Zugangs zu diesen Informationen zu treffen.

§ 47f Verordnungsermächtigung

Das Bundesministerium für Wirtschaft und Energie wird ermächtigt, im Wege der Rechtsverordnung, die nicht der Zustimmung des Bundesrates bedarf, im Einvernehmen mit dem Bundesministerium der Finanzen unter Berücksichtigung der Anforderungen von Durchführungsrechtsakten nach Artikel 8 Absatz 2 oder Absatz 6 der Verordnung (EU) Nr. 1227/2011

1. nähere Bestimmungen zu Art, Inhalt und Umfang derjenigen Daten und Informationen, die die Markttransparenzstelle nach § 47d Absatz 1 Satz 2 durch Festlegungen von den zur Mitteilung Verpflichteten anfordern kann, zu erlassen sowie zum Zeitpunkt und zur Form der Übermittlung dieser Daten,
2. nähere Bestimmungen zu Art, Inhalt und Umfang derjenigen Daten und Informationen, die nach § 47d Absatz 1 Satz 5 an beauftragte Dritte geliefert werden sollen, zu erlassen sowie zum Zeitpunkt und zur Form der Übermittlung und zu den Adressaten dieser Daten,
3. vorzusehen, dass folgende Stellen der Markttransparenzstelle laufend Aufzeichnungen der Energiegroßhandelstransaktionen übermitteln:
   a) organisierte Märkte,
   b) Systeme zur Zusammenführung von Kauf- und Verkaufsaufträgen oder Meldesysteme,
   c) Handelsüberwachungsstellen an Börsen, an denen mit Strom und Gas gehandelt wird, sowie
   d) die in § 47i genannten Behörden,
4. vorzusehen, dass eine Börse oder ein geeigneter Dritter die Angaben nach § 47e Absatz 2 in Verbindung mit § 47g auf Kosten der Mitteilungsverpflichteten übermitteln darf oder zu übermitteln hat, und die Einzelheiten hierzu festzulegen oder die Markttransparenzstelle zu entsprechenden Festlegungen zu ermächtigen,
5. angemessene Bagatellgrenzen für die Meldung von Transaktionen und Daten festzulegen und Übergangsfristen für den Beginn der Mitteilungspflichten vorzusehen sowie
6. eine Registrierungspflicht für die Meldepflichtigen vorzusehen und die Markttransparenzstelle zu ermächtigen, den Meldepflichtigen hierfür ein zu nutzendes Registrierungsportal vorzugeben und die inhaltlichen und technischen Details der Registrierung festzulegen.

§ 47g Festlegungsbereiche

(1) Die Markttransparenzstelle entscheidet nach Maßgabe von § 47d Absatz 1 und § 47e sowie der nach § 47f zu erlassenden Rechtsverordnung durch Festlegungen zu den in den Absätzen 2 bis 12 genannten Bereichen, welche Daten und Kategorien von Daten wie zu übermitteln sind.

(2) (weggefallen)

(3) Die Markttransparenzstelle kann festlegen, dass Betreiber von Erzeugungseinheiten mit mehr als 1 Megawatt und bis zu 10 Megawatt installierter Erzeugungskapazität je Einheit jährlich die Gesamtsumme der installierten Erzeugungskapazität aller Erzeugungseinheiten in der jeweiligen Regelzone, getrennt nach Erzeugungsart, angeben.

(4) Die Markttransparenzstelle kann festlegen, dass Betreiber von Verbrauchseinheiten von Elektrizität Angaben zu den folgenden Daten und Kategorien von Daten übermitteln:

1. der geplante und ungeplante Minderverbrauch bei Verbrauchseinheiten mit mehr als 25 Megawatt maximaler Verbrauchskapazität je Verbrauchseinheit und
2. die Vorhaltung und Einspeisung von Regelenergie.

(5) Die Markttransparenzstelle kann festlegen, dass Betreiber von Übertragungsnetzen im Sinne des § 3 Nummer 10 des Energiewirtschaftsgesetzes Angaben zu den folgenden Daten und Kategorien von Daten übermitteln:
1. die Übertragungskapazität an Grenzkuppelstellen auf stündlicher Basis,
2. die Im- und Exportdaten auf stündlicher Basis,
3. die prognostizierte und die tatsächliche Einspeisung von Anlagen, die nach dem Erneuerbare-Energien-Gesetz vergütet werden, auf stündlicher Basis,
4. die Verkaufsangebote, die im Rahmen der Verordnung zur Weiterentwicklung des bundesweiten Ausgleichsmechanismus getätigt wurden, auf stündlicher Basis und
5. die Angebote und Ergebnisse der Regelenergieauktionen.

(6) Die Markttransparenzstelle kann festlegen, dass Betreiber von Anlagen zur Erzeugung von Strom aus erneuerbaren Energien mit mehr als 10 Megawatt installierter Erzeugungskapazität Angaben zu den folgenden Daten und Kategorien von Daten übermitteln:
1. die erzeugten Mengen nach Anlagentyp und
2. die Wahl der Veräußerungsform im Sinne des § 21b Absatz 1 des Erneuerbare-Energien-Gesetzes und die auf die jeweilige Veräußerungsform entfallenden Mengen.

(7) Die Markttransparenzstelle kann festlegen, dass Handelsplattformen für den Handel mit Strom und Erdgas Angaben zu den folgenden Daten und Kategorien von Daten übermitteln:
1. die Angebote, die auf den Plattformen getätigt wurden,
2. die Handelsergebnisse und
3. die außerbörslichen, nicht standardisierten Handelsgeschäfte, bei denen die Vertragspartner individuell bilaterale Geschäfte aushandeln (OTC-Geschäfte), deren geld- und warenmäßige Besicherung (Clearing) über die Handelsplattform erfolgt.

(8) Die Markttransparenzstelle kann festlegen, dass Großhändler im Sinne des § 3 Nummer 21 des Energiewirtschaftsgesetzes, die mit Strom handeln, Angaben zu den in § 47e Absatz 2 Nummer 1 genannten Transaktionen übermitteln, soweit diese Transaktionen nicht von Absatz 7 erfasst sind. Beim Handel mit Strom aus erneuerbaren Energien kann die Markttransparenzstelle auch festlegen, dass Großhändler nach Satz 1 Angaben zur Form der Direktvermarktung im Sinne des § 3 Nummer 16 des Erneuerbare-Energien-Gesetzes sowie zu den danach gehandelten Strommengen übermitteln.

(9) Die Markttransparenzstelle kann festlegen, dass Großhändler im Sinne des § 3 Nummer 21 des Energiewirtschaftsgesetzes, die mit Erdgas handeln, Angaben zu den folgenden Daten und Kategorien von Daten übermitteln:
1. die Grenzübergangsmengen und -preise und einen Abgleich von Import- und Exportmengen,
2. die im Inland geförderten Gasmengen und ihre Erstabsatzpreise,
3. die Importverträge (Grenzübergangsverträge),
4. die Liefermengen getrennt nach Distributionsstufe im Bereich der Verteilung,
5. die getätigten Transaktionen mit Großhandelskunden und Fernleitungsnetzbetreibern sowie mit Betreibern von Speicheranlagen und Anlagen für verflüssigtes Erdgas (LNG-Anlagen) im Rahmen von Gasversorgungsverträgen und Energiederivate nach § 3 Nummer 15a des Energiewirtschaftsgesetzes, die auf Gas bezogen sind, einschließlich Laufzeit, Menge, Datum und Uhrzeit der Ausführung, Laufzeit-, Liefer- und Abrechnungsbestimmungen und Transaktionspreisen,
6. die Angebote und Ergebnisse eigener Erdgasauktionen,

7. die bestehenden Gasbezugs- und Gaslieferverträge und
8. die sonstigen Gashandelsaktivitäten, die als OTC-Geschäfte durchgeführt werden.

(10) Die Markttransparenzstelle kann festlegen, dass Betreiber von Fernleitungsnetzen im Sinne des § 3 Nummer 5 des Energiewirtschaftsgesetzes Angaben zu folgenden Daten und Kategorien von Daten übermitteln:
1. die bestehenden Kapazitätsverträge,
2. die vertraglichen Vereinbarungen mit Dritten über Lastflusszusagen und
3. die Angebote und Ergebnisse von Ausschreibungen über Lastflusszusagen.

(11) Die Markttransparenzstelle kann festlegen, dass Marktgebietsverantwortliche im Sinne des § 2 Nummer 11 der Gasnetzzugangsverordnung Angaben zu folgenden Daten und Kategorien von Daten übermitteln:
1. die bestehenden Regelenergieverträge,
2. die Angebote und Ergebnisse von Regelenergieauktionen und -ausschreibungen,
3. die getätigten Transaktionen an Handelsplattformen und
4. die sonstigen Gashandelsaktivitäten, die als OTC-Geschäfte durchgeführt werden.

(12) Die Markttransparenzstelle kann festlegen, dass im Bereich der Regelenergie und von Biogas Angaben über die Beschaffung externer Regelenergie, über Ausschreibungsergebnisse sowie über die Einspeisung und Vermarktung von Biogas übermittelt werden.

§ 47h Berichtspflichten, Veröffentlichungen

(1) Die Markttransparenzstelle unterrichtet das Bundesministerium für Wirtschaft und Energie über die Übermittlung von Informationen nach § 47b Absatz 7 Satz 1.

(2) Die Markttransparenzstelle erstellt alle zwei Jahre einen Bericht über ihre Tätigkeit. Soweit der Großhandel mit Elektrizität und Erdgas betroffen ist, erstellt sie ihn im Einvernehmen mit dem Bundeskartellamt. Geschäftsgeheimnisse, von denen die Markttransparenzstelle bei der Durchführung ihrer Aufgaben Kenntnis erhalten hat, werden aus dem Bericht entfernt. Der Bericht wird auf der Internetseite der Markttransparenzstelle veröffentlicht. Der Bericht kann zeitgleich mit dem Bericht des Bundeskartellamts nach § 53 Absatz 3 erfolgen und mit diesem verbunden werden.

(3) Die Markttransparenzstelle veröffentlicht die nach § 47b Absatz 5 erstellten Listen und deren Entwürfe auf ihrer Internetseite.

(4) Die Markttransparenzstelle kann im Einvernehmen mit dem Bundeskartellamt zur Verbesserung der Transparenz im Großhandel diejenigen Erzeugungs- und Verbrauchsdaten veröffentlichen, die bisher auf der Transparenzplattform der European Energy Exchange AG und der Übertragungsnetzbetreiber veröffentlicht werden, sobald diese Veröffentlichung eingestellt wird. Die nach dem Energiewirtschaftsgesetz und darauf basierenden Rechtsverordnungen sowie die nach europäischem Recht bestehenden Veröffentlichungspflichten der Marktteilnehmer zur Verbesserung der Transparenz auf den Strom- und Gasmärkten bleiben unberührt.

§ 47i Zusammenarbeit mit anderen Behörden und Aufsichtsstellen

(1) Das Bundeskartellamt und die Bundesnetzagentur arbeiten bei der Wahrnehmung der Aufgaben der Markttransparenzstelle nach § 47b mit folgenden Stellen zusammen:

1. der Bundesanstalt für Finanzdienstleistungsaufsicht,
2. den Börsenaufsichtsbehörden sowie Handelsüberwachungsstellen derjenigen Börsen, an denen Elektrizität und Gas sowie Energiederivate im Sinne des § 3 Nummer 15a des Energiewirtschaftsgesetzes gehandelt werden,
3. der Agentur für die Zusammenarbeit der Energieregulierungsbehörden und der Europäischen Kommission, soweit diese Aufgaben nach der Verordnung (EU) Nr. 1227/2011 wahrnehmen, und
4. den Regulierungsbehörden anderer Mitgliedstaaten.

Diese Stellen können unabhängig von der jeweils gewählten Verfahrensart untereinander Informationen einschließlich personenbezogener Daten und Betriebs- und Geschäftsgeheimnisse austauschen, soweit dies zur Erfüllung ihrer jeweiligen Aufgaben erforderlich ist. Sie können diese Informationen in ihren Verfahren verwerten. Beweisverwertungsverbote bleiben unberührt. Die Regelungen über die Rechtshilfe in Strafsachen sowie Amts- und Rechtshilfeabkommen bleiben unberührt.

(2) Die Markttransparenzstelle kann mit Zustimmung des Bundesministeriums für Wirtschaft und Energie Kooperationsvereinbarungen mit der Bundesanstalt für Finanzdienstleistungsaufsicht, den Börsenaufsichtsbehörden sowie Handelsüberwachungsstellen derjenigen Börsen, an denen Elektrizität und Gas sowie Energiederivate im Sinne des § 3 Nummer 15a des Energiewirtschaftsgesetzes gehandelt werden, und der Agentur für die Zusammenarbeit der Energieregulierungsbehörden schließen.

§ 47j Vertrauliche Informationen, operationelle Zuverlässigkeit, Datenschutz

(1) Informationen, die die Markttransparenzstelle bei ihrer Aufgabenerfüllung im gewöhnlichen Geschäftsverkehr erlangt oder erstellt hat, unterliegen der Vertraulichkeit. Die Beschäftigten bei der Markttransparenzstelle sind zur Verschwiegenheit über die vertraulichen Informationen im Sinne des Satzes 1 verpflichtet. Andere Personen, die vertrauliche Informationen erhalten sollen, sind vor der Übermittlung besonders zur Geheimhaltung zu verpflichten, soweit sie nicht Amtsträger oder für den öffentlichen Dienst besonders Verpflichtete sind. § 1 Absatz 2, 3 und 4 Nummer 2 des Verpflichtungsgesetzes gilt entsprechend.

(2) Die Markttransparenzstelle stellt zusammen mit der Bundesnetzagentur die operationelle Zuverlässigkeit der Datenbeobachtung sicher und gewährleistet Vertraulichkeit, Integrität und Schutz der eingehenden Informationen. Die Markttransparenzstelle ist dabei an dasselbe Maß an Vertraulichkeit gebunden wie die übermittelnde Stelle oder die Stelle, welche die Informationen erhoben hat. Die Markttransparenzstelle ergreift alle erforderlichen Maßnahmen, um den Missbrauch der in ihren Systemen verwalteten Informationen und den nicht autorisierten Zugang zu ihnen zu verhindern. Die Markttransparenzstelle ermittelt Quellen betriebstechnischer Risiken und minimiert diese Risiken durch die Entwicklung geeigneter Systeme, Kontrollen und Verfahren.

(3) Für Personen, die Daten nach § 47d Absatz 1 Satz 5 erhalten sollen oder die nach § 47c Absatz 4 Daten erhalten, gilt Absatz 1 entsprechend.

(4) Die Markttransparenzstelle darf personenbezogene Daten, die ihr zur Erfüllung ihrer Aufgaben nach § 47b mitgeteilt werden, nur speichern, verändern und nutzen, soweit dies zur Erfüllung der in ihrer Zuständigkeit liegenden Aufgaben und für die Zwecke der Zusammenarbeit nach Artikel 7 Absatz 2 und Artikel 16 der Verordnung (EU) Nr. 1227/2011 erforderlich ist.

(5) Die Akteneinsicht der von den Entscheidungen der Markttransparenzstelle nach § 47b Absatz 5 und 7, § 47d Absatz 1 und 2, den §§ 47e und 47g sowie nach § 81 Absatz 2 Nummer 2 Buchstabe c und d, Nummer 5a und 6 in eigenen Rechten Betroffenen ist beschränkt auf die Unterlagen, die allein dem Rechtsverhältnis zwischen dem Betroffenen und der Markttransparenzstelle zuzuordnen sind.

Abschnitt 2. Markttransparenzstelle für Kraftstoffe

§ 47k Marktbeobachtung im Bereich Kraftstoffe

(vgl. dazu die Anwendungsbestimmung in *§ 186*)

(1) Beim Bundeskartellamt wird eine Markttransparenzstelle für Kraftstoffe eingerichtet. Sie beobachtet die Wertschöpfungsstufen der Herstellung von und des Handels mit Kraftstoffen, um den Kartellbehörden die Aufdeckung und Sanktionierung von Verstößen gegen die §§ 1, 19 und 20 dieses Gesetzes und die Artikel 101 und 102 des Vertrages über die Arbeitsweise der Europäischen Union zu erleichtern. Sie nimmt ihre Aufgaben nach Maßgabe der Absätze 2 bis 9 wahr.

(2) Betreiber von öffentlichen Tankstellen, die Letztverbrauchern Kraftstoffe zu selbst festgesetzten Preisen anbieten, sind verpflichtet, nach Maßgabe der Rechtsverordnung nach Absatz 8
1. bei jeder Änderung ihrer Kraftstoffpreise diese in Echtzeit und unterschieden nach der jeweiligen Kraftstoffsorte sowie
2. die im Laufe eines bestimmten Zeitraums abgegebenen Kraftstoffmengen unterschieden nach der jeweiligen Kraftstoffsorte

an die Markttransparenzstelle für Kraftstoffe zu übermitteln. Werden dem Betreiber die Verkaufspreise von einem anderen Unternehmen vorgegeben, so ist das Unternehmen, das über die Preissetzungshoheit verfügt, zur Übermittlung verpflichtet.

(3) Kraftstoffe im Sinne dieser Vorschrift sind Ottokraftstoffe und Dieselkraftstoffe. Öffentliche Tankstellen sind Tankstellen, die sich an öffentlich zugänglichen Orten befinden und die ohne Beschränkung des Personenkreises aufgesucht werden können.

(4) Bestehen Anhaltspunkte dafür, dass ein Unternehmen gegen die in Absatz 1 genannten gesetzlichen Bestimmungen verstößt, muss die Markttransparenzstelle für Kraftstoffe umgehend die zuständige Kartellbehörde informieren und den Vorgang an sie abgeben. Hierzu oder auf Anfrage einer Kartellbehörde leitet sie alle von dieser für deren Aufgaben nach diesem Gesetz benötigten oder angeforderten Informationen und Daten unverzüglich an diese weiter. Die Markttransparenzstelle für Kraftstoffe stellt die von ihr nach Absatz 2 erhobenen Daten ferner den folgenden Behörden und Stellen zur Verfügung:
1. dem Bundesministerium für Wirtschaft und Energie für statistische Zwecke und zu Evaluierungszwecken sowie
2. der Monopolkommission für deren Aufgaben nach diesem Gesetz.

Standortinformationen, aggregierte oder ältere Daten kann die Markttransparenzstelle für Kraftstoffe auch an weitere Behörden und Stellen der unmittelbaren Bundes- und Landesverwaltung für deren gesetzliche Aufgaben weitergeben, Mengendaten jedoch nur derart aggregiert, dass die Betriebs- und Geschäftsgeheimnisse der einzelnen Betreiber gewahrt bleiben.

(5) Die Markttransparenzstelle für Kraftstoffe wird nach Maßgabe der Rechtsverordnung nach Absatz 8 ermächtigt, die nach Absatz 2 erhobenen Preisdaten elektronisch an Anbieter von Verbraucher-Informationsdiensten zum Zweck der Verbraucherinformation weiterzugeben. Bei der Veröffentlichung oder Weitergabe dieser

Preisdaten an Verbraucherinnen und Verbraucher müssen die Anbieter von Verbraucher-Informationsdiensten die in der Rechtsverordnung nach Absatz 8 Nummer 5 näher geregelten Vorgaben einhalten. Die Markttransparenzstelle für Kraftstoffe ist befugt, bei Nichteinhaltung dieser Vorgaben von einer Weitergabe der Daten abzusehen.

(6) Die Markttransparenzstelle für Kraftstoffe stellt die operationelle Zuverlässigkeit der Datenbeobachtung sicher und gewährleistet Vertraulichkeit, Integrität und Schutz der eingehenden Informationen.

(7) Zur Erfüllung ihrer Aufgaben hat die Markttransparenzstelle für Kraftstoffe die Befugnisse nach §§ 59, 59a und 59b.

(8) Das Bundesministerium für Wirtschaft und Energie wird ermächtigt, im Wege der Rechtsverordnung, die nicht der Zustimmung des Bundesrates bedarf, Vorgaben zu den Meldepflichten nach Absatz 2 und zur Weitergabe der Preisdaten nach Absatz 5 zu erlassen, insbesondere

1. nähere Bestimmungen zum genauen Zeitpunkt oder Zeitraum sowie zur Art und Form der Übermittlung der Daten nach Absatz 2 zu erlassen,
2. angemessene Bagatellgrenzen für die Meldepflicht nach Absatz 2 vorzusehen und unterhalb dieser Schwelle für den Fall einer freiwilligen Unterwerfung unter die Meldepflichten nach Absatz 2 nähere Bestimmungen zu erlassen,
3. nähere Bestimmungen zu den Anforderungen an die Anbieter von Verbraucher-Informationsdiensten nach Absatz 5 zu erlassen,
4. nähere Bestimmungen zu Inhalt, Art, Form und Umfang der Weitergabe der Preisdaten durch die Markttransparenzstelle für Kraftstoffe an die Anbieter nach Absatz 5 zu erlassen sowie
5. nähere Bestimmungen zu Inhalt, Art, Form und Umfang der Veröffentlichung oder Weitergabe der Preisdaten an Verbraucherinnen und Verbraucher durch die Anbieter von Verbraucher-Informationsdiensten nach Absatz 5 zu erlassen.

Die Rechtsverordnung ist dem Bundestag vom Bundesministerium für Wirtschaft und Energie zuzuleiten. Sie kann durch Beschluss des Bundestages geändert oder abgelehnt werden. Änderungen oder die Ablehnung sind dem Bundesministerium für Wirtschaft und Energie vom Bundestag zuzuleiten. Hat sich der Bundestag nach Ablauf von drei Sitzungswochen nach Eingang der Rechtsverordnung nicht mit ihr befasst, gilt die Zustimmung des Bundestages als erteilt.

(9) Entscheidungen der Markttransparenzstelle für Kraftstoffe trifft die Person, die sie leitet. § 51 Absatz 5 gilt für alle Mitarbeiterinnen und Mitarbeiter der Markttransparenzstelle für Kraftstoffe entsprechend.

Abschnitt 3. Evaluierung

§ 47l Evaluierung der Markttransparenzstellen

Das Bundesministerium für Wirtschaft und Energie berichtet den gesetzgebenden Körperschaften über die Ergebnisse der Arbeit der Markttransparenzstellen und die hieraus gewonnenen Erfahrungen. Die Berichterstattung für den Großhandel mit Strom und Gas erfolgt fünf Jahre nach Beginn der Mitteilungspflichten nach § 47e Absatz 2 bis 5 in Verbindung mit der Rechtsverordnung nach § 47 f. Die Berichterstattung für den Kraftstoffbereich erfolgt drei Jahre nach Beginn der Meldepflicht nach § 47k Absatz 2 in Verbindung mit der Rechtsverordnung nach § 47k Absatz 8 und soll insbesondere auf die Preisentwicklung und die Situation der mittelständischen Mineralölwirtschaft eingehen.

Teil 2. Kartellbehörden

Kapitel 1. Allgemeine Vorschriften

§ 48 Zuständigkeit

(1) Kartellbehörden sind das Bundeskartellamt, das Bundesministerium für Wirtschaft und Energie und die nach Landesrecht zuständigen obersten Landesbehörden.

(2) Weist eine Vorschrift dieses Gesetzes eine Zuständigkeit nicht einer bestimmten Kartellbehörde zu, so nimmt das Bundeskartellamt die in diesem Gesetz der Kartellbehörde übertragenen Aufgaben und Befugnisse wahr, wenn die Wirkung des wettbewerbsbeschränkenden oder diskriminierenden Verhaltens oder einer Wettbewerbsregel über das Gebiet eines Landes hinausreicht. In allen übrigen Fällen nimmt diese Aufgaben und Befugnisse die nach Landesrecht zuständige oberste Landesbehörde wahr.

(3) Das Bundeskartellamt führt ein Monitoring durch über den Grad der Transparenz, auch der Großhandelspreise, sowie den Grad und die Wirksamkeit der Marktöffnung und den Umfang des Wettbewerbs auf Großhandels- und Endkundenebene auf den Strom- und Gasmärkten sowie an Elektrizitäts- und Gasbörsen. Das Bundeskartellamt wird die beim Monitoring gewonnenen Daten der Bundesnetzagentur unverzüglich zur Verfügung stellen.

§ 49 Bundeskartellamt und oberste Landesbehörde

(1) Leitet das Bundeskartellamt ein Verfahren ein oder führt es Ermittlungen durch, so benachrichtigt es gleichzeitig die oberste Landesbehörde, in deren Gebiet die betroffenen Unternehmen ihren Sitz haben. Leitet eine oberste Landesbehörde ein Verfahren ein oder führt sie Ermittlungen durch, so benachrichtigt sie gleichzeitig das Bundeskartellamt.

(2) Die oberste Landesbehörde hat eine Sache an das Bundeskartellamt abzugeben, wenn nach § 48 Absatz 2 Satz 1 oder nach § 50 Absatz 1 die Zuständigkeit des Bundeskartellamts begründet ist. Das Bundeskartellamt hat eine Sache an die oberste Landesbehörde abzugeben, wenn nach § 48 Absatz 2 Satz 2 die Zuständigkeit der obersten Landesbehörde begründet ist.

(3) Auf Antrag des Bundeskartellamts kann die oberste Landesbehörde eine Sache, für die nach § 48 Absatz 2 Satz 2 ihre Zuständigkeit begründet ist, an das Bundeskartellamt abgeben, wenn dies aufgrund der Umstände der Sache angezeigt ist. Mit der Abgabe wird das Bundeskartellamt zuständige Kartellbehörde.

(4) Auf Antrag der obersten Landesbehörde kann das Bundeskartellamt eine Sache, für die nach § 48 Absatz 2 Satz 1 seine Zuständigkeit begründet ist, an die oberste Landesbehörde abgeben, wenn dies aufgrund der Umstände der Sache angezeigt ist. Mit der Abgabe wird die oberste Landesbehörde zuständige Kartellbehörde. Vor der Abgabe benachrichtigt das Bundeskartellamt die übrigen betroffenen obersten Landesbehörden. Die Abgabe erfolgt nicht, sofern ihr eine betroffene oberste Landesbehörde innerhalb einer vom Bundeskartellamt zu setzenden Frist widerspricht.

§ 50 Vollzug des europäischen Rechts

(1) Abweichend von § 48 Absatz 2 ist das Bundeskartellamt für die Anwendung der Artikel 101 und 102 des Vertrages über die Arbeitsweise der Europäischen Union

zuständige Wettbewerbsbehörde im Sinne des Artikels 35 Absatz 1 der Verordnung (EG) Nr. 1/2003.

(2) Zuständige Wettbewerbsbehörde für die Mitwirkung an Verfahren der Europäischen Kommission oder der Wettbewerbsbehörden der anderen Mitgliedstaaten der Europäischen Union zur Anwendung der Artikel 101 und 102 des Vertrages über die Arbeitsweise der Europäischen Union sowie für die Mitwirkung bei der Anwendung der Verordnung (EU) 2022/1925 durch die Europäische Kommission ist das Bundeskartellamt. Es gelten die bei der Anwendung dieses Gesetzes maßgeblichen Verfahrensvorschriften.

(3) Die Bediensteten der Wettbewerbsbehörde eines Mitgliedstaates der Europäischen Union und andere von dieser Wettbewerbsbehörde ermächtigte oder benannte Begleitpersonen sind befugt, an Durchsuchungen und Vernehmungen mitzuwirken, die das Bundeskartellamt im Namen und für Rechnung dieser Wettbewerbsbehörde nach Artikel 22 Absatz 1 der Verordnung (EG) Nr. 1/2003 durchführt.

(4) In anderen als in den Absätzen 1 bis 3 bezeichneten Fällen nimmt das Bundeskartellamt die Aufgaben wahr, die den Behörden der Mitgliedstaaten der Europäischen Union in den Artikeln 104 und 105 des Vertrages über die Arbeitsweise der Europäischen Union sowie in Verordnungen nach Artikel 103 des Vertrages über die Arbeitsweise der Europäischen Union, auch in Verbindung mit Artikel 43 Absatz 2, Artikel 100 Absatz 2, Artikel 105 Absatz 3 und Artikel 352 Absatz 1 des Vertrages über die Arbeitsweise der Europäischen Union, übertragen sind. Im Beratenden Ausschuss für die Kontrolle von Unternehmenszusammenschlüssen nach Artikel 19 der Verordnung (EG) Nr. 139/2004 wird die Bundesrepublik Deutschland durch das Bundesministerium für Wirtschaft und Energie oder das Bundeskartellamt vertreten. Absatz 2 Satz 2 gilt entsprechend.

Kapitel 2. Behördenzusammenarbeit

(Zur Zusammenarbeit mit Behörden der Schweiz vgl. § 187 Abs. 10)

§ 50a Ermittlungen im Netzwerk der europäischen Wettbewerbsbehörden

(1) Das Bundeskartellamt darf im Namen und für Rechnung der Wettbewerbsbehörde eines anderen Mitgliedstaates der Europäischen Union und nach Maßgabe des innerstaatlichen Rechts Durchsuchungen und sonstige Maßnahmen zur Sachverhaltsaufklärung durchführen, um festzustellen, ob Unternehmen oder Unternehmensvereinigungen im Rahmen von Verfahren zur Durchsetzung von Artikel 101 oder 102 des Vertrages über die Arbeitsweise der Europäischen Union die ihnen bei Ermittlungsmaßnahmen obliegenden Pflichten verletzt oder Entscheidungen der ersuchenden Behörde nicht befolgt haben. Das Bundeskartellamt kann von der ersuchenden Behörde die Erstattung aller im Zusammenhang mit diesen Ermittlungsmaßnahmen entstandenen vertretbaren Kosten, einschließlich Übersetzungs-, Personal- und Verwaltungskosten, verlangen, sofern nicht im Rahmen der Gegenseitigkeit auf eine Erstattung verzichtet wurde.

(2) Das Bundeskartellamt kann die Wettbewerbsbehörde eines anderen Mitgliedstaates der Europäischen Union ersuchen, Ermittlungsmaßnahmen nach Absatz 1 durchzuführen. Alle im Zusammenhang mit diesen Ermittlungsmaßnahmen entstandenen vertretbaren zusätzlichen Kosten, einschließlich Übersetzungs-, Personal- und Verwaltungskosten, werden auf Antrag der ersuchten Behörde vom Bundeskartell-

amt erstattet, sofern nicht im Rahmen der Gegenseitigkeit auf eine Erstattung verzichtet wurde.

(3) Die erhobenen Informationen werden in entsprechender Anwendung des § 50d ausgetauscht und verwendet.

§ 50b Zustellung im Netzwerk der europäischen Wettbewerbsbehörden

(1) Auf Ersuchen der Wettbewerbsbehörde eines anderen Mitgliedstaates der Europäischen Union stellt das Bundeskartellamt in deren Namen einem Unternehmen, einer Unternehmensvereinigung oder einer natürlichen Person im Inland folgende Unterlagen zu:
1. jede Art vorläufiger Beschwerdepunkte zu mutmaßlichen Verstößen gegen Artikel 101 oder 102 des Vertrages über die Arbeitsweise der Europäischen Union;
2. Entscheidungen, die Artikel 101 oder 102 des Vertrages über die Arbeitsweise der Europäischen Union zur Anwendung bringen;
3. sonstige Verfahrensakte, die in Verfahren zur Durchsetzung der Artikel 101 oder 102 des Vertrages über die Arbeitsweise der Europäischen Union erlassen wurden und nach den Vorschriften des nationalen Rechts zuzustellen sind sowie
4. sonstige Unterlagen, die mit der Anwendung der Artikel 101 oder 102 des Vertrages über die Arbeitsweise der Europäischen Union, einschließlich der Vollstreckung von verhängten Geldbußen oder Zwangsgeldern, in Zusammenhang stehen.

(2) Das Ersuchen um Zustellung von Unterlagen nach Absatz 1 an einen Empfänger, der im Anwendungsbereich dieses Gesetzes ansässig ist, erfolgt durch Übermittlung eines einheitlichen Titels in deutscher Sprache, dem die zuzustellende Unterlage beizufügen ist. Der einheitliche Titel enthält:
1. den Namen und die Anschrift sowie gegebenenfalls weitere Informationen, durch die der Empfänger identifiziert werden kann,
2. eine Zusammenfassung der relevanten Fakten und Umstände,
3. eine Zusammenfassung des Inhalts der zuzustellenden Unterlage,
4. Name, Anschrift und sonstige Kontaktinformationen der ersuchten Behörde und
5. die Zeitspanne, innerhalb derer die Zustellung erfolgen sollte, beispielsweise gesetzliche Fristen oder Verjährungsfristen.

(3) Das Bundeskartellamt kann die Zustellung verweigern, wenn das Ersuchen den Anforderungen nach Absatz 2 nicht entspricht oder die Durchführung der Zustellung der öffentlichen Ordnung offensichtlich widersprechen würde. Will das Bundeskartellamt die Zustellung verweigern oder werden weitere Informationen benötigt, informiert es die ersuchende Behörde hierüber. Anderenfalls stellt es die entsprechenden Unterlagen unverzüglich zu.

(4) Die Zustellung richtet sich nach den Vorschriften des Verwaltungszustellungsgesetzes. § 5 Absatz 4 des Verwaltungszustellungsgesetzes sowie § 178 Absatz 1 Nummer 2 der Zivilprozessordnung sind auf die Zustellung an Unternehmen und Vereinigungen von Unternehmen entsprechend anzuwenden.

(5) Das Bundeskartellamt ist befugt, die Zustellung seiner Entscheidungen und sonstiger Unterlagen im Sinne des Absatzes 1 durch die Wettbewerbsbehörde eines anderen Mitgliedstaates in seinem Namen zu bewirken. Das Ersuchen um Zustellung ist in Form eines einheitlichen Titels entsprechend Absatz 2 nebst einer Übersetzung dieses einheitlichen Titels in die Amtssprache oder eine der Amtssprachen des ersuchten Mitgliedstaates unter Beifügung der zuzustellenden Unterlage an die dort zuständige Wettbewerbsbehörde zu richten. Eine Übersetzung der zuzustellenden Unterlage in die Amtssprache oder in eine der Amtssprachen des Mitgliedstaates der ersuchten Behörde ist nur dann erforderlich, wenn das nationale Recht des ersuchten

Mitgliedstaates dies vorschreibt. Zum Nachweis der Zustellung genügt das Zeugnis der ersuchten Behörde.

(6) Auf Verlangen der ersuchten Behörde erstattet das Bundeskartellamt die der ersuchten Behörde infolge der Zustellung entstandenen Kosten, insbesondere für benötigte Übersetzungen oder Personal- und Verwaltungsaufwand, soweit diese Kosten vertretbar sind. Das Bundeskartellamt kann ein entsprechendes Verlangen an eine ersuchende Behörde stellen, wenn dem Bundeskartellamt bei der Zustellung für die ersuchende Behörde solche Kosten entstanden sind.

(7) Über Streitigkeiten in Bezug auf die Rechtmäßigkeit einer durch das Bundeskartellamt erstellten und im Hoheitsgebiet einer anderen Wettbewerbsbehörde zuzustellenden Unterlage sowie über Streitigkeiten in Bezug auf die Wirksamkeit einer Zustellung, die das Bundeskartellamt im Namen der Wettbewerbsbehörde eines anderen Mitgliedstaates übernimmt, entscheidet das nach diesem Gesetz zuständige Gericht. Es gilt deutsches Recht.

§ 50c Vollstreckung im Netzwerk der europäischen Wettbewerbsbehörden

(1) Auf Ersuchen der Wettbewerbsbehörde eines anderen Mitgliedstaates der Europäischen Union vollstreckt das Bundeskartellamt Entscheidungen, durch die in Verfahren zur Anwendung von Artikel 101 oder 102 des Vertrages über die Arbeitsweise der Europäischen Union Geldbußen oder Zwangsgelder festgesetzt werden, sofern die zu vollstreckende Entscheidung bestandskräftig ist und die ersuchende Behörde aufgrund hinreichender Bemühungen, die Entscheidung in ihrem Hoheitsgebiet zu vollstrecken, mit Sicherheit feststellen konnte, dass das Unternehmen oder die Unternehmensvereinigung dort über keine zur Einziehung der Geldbuße bzw. des Zwangsgeldes ausreichenden Vermögenswerte verfügt.

(2) Auf Ersuchen der Wettbewerbsbehörde eines anderen Mitgliedstaates der Europäischen Union kann das Bundeskartellamt auch in anderen, von Absatz 1 nicht erfassten Fällen bestandskräftige Entscheidungen, durch die in Verfahren zur Anwendung von Artikel 101 oder 102 des Vertrages über die Arbeitsweise der Europäischen Union Geldbußen oder Zwangsgelder festgesetzt werden, vollstrecken. Dies gilt insbesondere, wenn das Unternehmen oder die Vereinigung von Unternehmen, gegen die die Entscheidung vollstreckbar ist, über keine Niederlassung im Mitgliedstaat der ersuchenden Wettbewerbsbehörde verfügt.

(3) Für das Ersuchen nach Absatz 1 oder Absatz 2 gilt § 50b Absatz 2 mit der Maßgabe, dass die Unterlage, aus der die Vollstreckung begehrt wird, an die Stelle der zuzustellenden Unterlage tritt. Der einheitliche Titel umfasst neben den in § 50b Absatz 2 Satz 2 genannten Inhalten:

1. Informationen über die Entscheidung, die die Vollstreckung im Mitgliedstaat der ersuchenden Behörde erlaubt, sofern diese nicht bereits im Rahmen des § 50b Absatz 2 Nummer 3 vorgelegt wurden,
2. den Zeitpunkt, zu dem die Entscheidung bestandskräftig wurde,
3. 3.die Höhe der Geldbuße oder des Zwangsgeldes, sowie
4. im Fall des Absatzes 1 Nachweise, dass die ersuchende Behörde ausreichende Anstrengungen unternommen hat, die Forderung in ihrem Hoheitsgebiet zu vollstrecken.

Die Vollstreckung erfolgt auf Grundlage des einheitlichen Titels, der zur Vollstreckung im ersuchten Mitgliedstaat ermächtigt, ohne dass es eines Anerkennungsaktes bedarf.

(4) Das Bundeskartellamt kann die Vollstreckung im Fall des Absatzes 1 nur verweigern, wenn das Ersuchen den Anforderungen nach Absatz 3 nicht entspricht

oder die Durchführung der Vollstreckung der öffentlichen Ordnung offensichtlich widersprechen würde. Will das Bundeskartellamt die Vollstreckung verweigern oder benötigt es weitere Informationen, informiert es die ersuchende Behörde hierüber. Anderenfalls leitet es unverzüglich die Vollstreckung ein.

(5) Soweit dieses Gesetz keine abweichenden Regelungen trifft, richtet sich die Vollstreckung von Bußgeldern nach §§ 89 ff. des Gesetzes über Ordnungswidrigkeiten und die Vollstreckung von Zwangsgeldern nach den Vorschriften des Verwaltungsvollstreckungsgesetzes. Geldbußen oder Zwangsgelder, die in einer anderen Währung verhängt wurden, werden vom Bundeskartellamt nach dem im Zeitpunkt der ausländischen Entscheidung maßgeblichen Kurswert in Euro umgerechnet. Der Erlös aus der Vollstreckung fließt der Bundeskasse zu.

(6) Das Bundeskartellamt macht die im Zusammenhang mit der Vollstreckung nach dieser Vorschrift entstandenen Kosten gemeinsam mit dem Buß- oder Zwangsgeld bei dem Unternehmen beziehungsweise der Unternehmensvereinigung geltend, gegen das oder gegen die die Entscheidung vollstreckbar ist. Reicht der Vollstreckungserlös nicht aus, um die im Zusammenhang mit der Vollstreckung entstandenen Kosten zu decken, so kann das Bundeskartellamt von der ersuchenden Behörde verlangen, die nach Abzug des Vollstreckungserlöses verbleibenden Kosten zu tragen.

(7) Das Bundeskartellamt ist befugt, die Wettbewerbsbehörde eines anderen Mitgliedstaates der Europäischen Union um die Vollstreckung von Entscheidungen, durch die in Verfahren zur Anwendung von Artikel 101 oder 102 des Vertrages über die Arbeitsweise der Europäischen Union Geldbußen oder Zwangsgelder festgesetzt werden, zu ersuchen. § 50b Absatz 5 Satz 2 und 3 gilt entsprechend. Für den Inhalt des einheitlichen Titels gilt darüber hinaus Absatz 3 Satz 2. Gelingt es der ersuchten Behörde nicht, die ihr im Zusammenhang mit der Vollstreckung entstandenen Kosten, einschließlich Übersetzungs-, Personal- und Verwaltungskosten, aus den beigetriebenen Buß- oder Zwangsgeldern zu decken, so werden diese Kosten auf Antrag der ersuchten Behörde vom Bundeskartellamt erstattet.

(8) Über Streitigkeiten in Bezug auf die Rechtmäßigkeit einer durch das Bundeskartellamt erlassenen und im Hoheitsgebiet einer anderen Wettbewerbsbehörde zu vollstreckenden Entscheidung sowie über die Rechtmäßigkeit des einheitlichen Titels, der zur Vollstreckung einer Entscheidung in einem anderen Mitgliedstaat berechtigt, entscheidet das nach diesem Gesetz zuständige Gericht. Es gilt deutsches Recht. Gleiches gilt für Streitigkeiten in Bezug auf die Durchführung einer Vollstreckung, die das Bundeskartellamt für die Wettbewerbsbehörde eines anderen Mitgliedstaates vornimmt.

§ 50d Informationsaustausch im Netzwerk der europäischen Wettbewerbsbehörden

(1) Das Bundeskartellamt ist nach Artikel 12 Absatz 1 der Verordnung (EG) Nr. 1/2003 befugt, der Europäischen Kommission und den Wettbewerbsbehörden der anderen Mitgliedstaaten der Europäischen Union zum Zweck der Anwendung der Artikel 101 und 102 des Vertrages über die Arbeitsweise der Europäischen Union und vorbehaltlich Absatz 2

1. tatsächliche und rechtliche Umstände, einschließlich vertraulicher Angaben, insbesondere Betriebs- und Geschäftsgeheimnisse, mitzuteilen und entsprechende Dokumente und Daten zu übermitteln sowie
2. diese Wettbewerbsbehörden um die Übermittlung von Informationen nach Nummer 1 zu ersuchen, diese zu empfangen und als Beweismittel zu verwenden.

(2) Kronzeugenerklärungen dürfen der Wettbewerbsbehörde eines anderen Mitgliedstaates der Europäischen Union nur übermittelt werden, wenn

1. der Steller eines Antrags auf Kronzeugenbehandlung der Übermittlung seiner Kronzeugenerklärung an die andere Wettbewerbsbehörde zustimmt oder
2. bei der anderen Wettbewerbsbehörde von demselben Antragsteller ein Antrag auf Kronzeugenbehandlung eingegangen ist und dieser sich auf ein und dieselbe Zuwiderhandlung bezieht, sofern es dem Antragsteller zu dem Zeitpunkt, zu dem die Kronzeugenerklärung weitergeleitet wird, nicht freisteht, die der anderen Wettbewerbsbehörde vorgelegten Informationen zurückzuziehen.

(3) Das Bundeskartellamt darf die empfangenen Informationen nur zum Zweck der Anwendung von Artikel 101 oder 102 des Vertrages über die Arbeitsweise der Europäischen Union sowie in Bezug auf den Untersuchungsgegenstand als Beweismittel verwenden, für den sie von der übermittelnden Behörde erhoben wurden. Werden Vorschriften dieses Gesetzes jedoch nach Maßgabe des Artikels 12 Absatz 2 Satz 2 der Verordnung (EG) Nr. 1/2003 angewandt, so können nach Absatz 1 ausgetauschte Informationen auch für die Anwendung dieses Gesetzes verwendet werden.

(4) Informationen, die das Bundeskartellamt nach Absatz 1 erhalten hat, können zum Zweck der Verhängung von Sanktionen gegen natürliche Personen nur als Beweismittel verwendet werden, wenn das Recht der übermittelnden Behörde ähnlich geartete Sanktionen in Bezug auf Verstöße gegen Artikel 101 oder 102 des Vertrages über die Arbeitsweise der Europäischen Union vorsieht. Falls die Voraussetzungen des Satzes 1 nicht erfüllt sind, ist eine Verwendung als Beweismittel auch dann möglich, wenn die Informationen in einer Weise erhoben worden sind, die hinsichtlich der Wahrung der Verteidigungsrechte natürlicher Personen das gleiche Schutzniveau wie nach dem für das Bundeskartellamt geltenden Recht gewährleistet. Das Beweisverwertungsverbot nach Satz 1 steht einer Verwendung der Beweise gegen juristische Personen oder Personenvereinigungen nicht entgegen. Die Beachtung verfassungsrechtlich begründeter Verwertungsverbote bleibt unberührt.

§ 50e Sonstige Zusammenarbeit mit ausländischen Wettbewerbsbehörden

(1) Das Bundeskartellamt hat die in § 50d Absatz 1 genannten Befugnisse auch in anderen Fällen, in denen es zum Zweck der Anwendung kartellrechtlicher Vorschriften mit der Europäischen Kommission oder den Wettbewerbsbehörden anderer Staaten zusammenarbeitet.

(2) Das Bundeskartellamt darf Informationen nach § 50d Absatz 1 nur unter dem Vorbehalt übermitteln, dass die empfangende Wettbewerbsbehörde
1. die Informationen nur zum Zweck der Anwendung kartellrechtlicher Vorschriften sowie in Bezug auf den Untersuchungsgegenstand als Beweismittel verwendet, für den sie das Bundeskartellamt erhoben hat, und
2. den Schutz vertraulicher Informationen wahrt und diese nur an Dritte übermittelt, wenn das Bundeskartellamt der Übermittlung zustimmt; das gilt auch für die Offenlegung von vertraulichen Informationen in Gerichts- oder Verwaltungsverfahren.

Vertrauliche Angaben, einschließlich Betriebs- und Geschäftsgeheimnisse, aus Verfahren der Zusammenschlusskontrolle dürfen durch das Bundeskartellamt nur mit Zustimmung des Unternehmens übermittelt werden, das diese Angaben vorgelegt hat.

(3) Die Regelungen über die Rechtshilfe in Strafsachen sowie Amts- und Rechtshilfeabkommen bleiben unberührt.

§ 50f Zusammenarbeit mit anderen Behörden

(1) Die Kartellbehörden, Regulierungsbehörden, die oder der Bundesbeauftragte für den Datenschutz und die Informationsfreiheit und die Landesbeauftragten für Datenschutz sowie die zuständigen Behörden im Sinne des § 2 des EU-Verbraucherschutzdurchführungsgesetzes können unabhängig von der jeweils gewählten Verfahrensart untereinander Informationen einschließlich personenbezogener Daten und Betriebs- und Geschäftsgeheimnisse austauschen, soweit dies zur Erfüllung ihrer jeweiligen Aufgaben erforderlich ist, sowie diese in ihren Verfahren verwerten. Beweisverwertungsverbote bleiben unberührt.

(2) Die Kartellbehörden arbeiten im Rahmen der Erfüllung ihrer Aufgaben mit der Bundesanstalt für Finanzdienstleistungsaufsicht, der Deutschen Bundesbank, den zuständigen Aufsichtsbehörden nach § 90 des Vierten Buches Sozialgesetzbuch und den Landesmedienanstalten sowie der Kommission zur Ermittlung der Konzentration im Medienbereich zusammen. Die Kartellbehörden tauschen mit den Landesmedienanstalten und der Kommission zur Ermittlung der Konzentration im Medienbereich gegenseitig Erkenntnisse aus, soweit dies für die Erfüllung ihrer jeweiligen Aufgaben erforderlich ist; mit den übrigen in Satz 1 genannten Behörden können sie entsprechend auf Anfrage Erkenntnisse austauschen. Dies gilt nicht

1. für vertrauliche Informationen, insbesondere Betriebs- und Geschäftsgeheimnisse sowie
2. für Informationen, die nach § 50d dieses Gesetzes, nach der Verordnung (EU) 2022/1925 oder nach Artikel 12 der Verordnung (EG) Nr. 1/2003 erlangt worden sind.

Die Sätze 2 und 3 Nummer 1 lassen die Regelungen des Wertpapiererwerbs- und Übernahmegesetzes sowie des Gesetzes über den Wertpapierhandel über die Zusammenarbeit mit anderen Behörden unberührt.

(3) Das Bundeskartellamt kann Angaben der an einem Zusammenschluss beteiligten Unternehmen, die ihm nach § 39 Absatz 3 gemacht worden sind, an andere Behörden übermitteln, soweit dies zur Verfolgung der in § 4 Absatz 1 Nummer 1 bzw. Nummern 4, 4a und § 5 Absatz 2, 3 des Außenwirtschaftsgesetzes genannten Zwecke erforderlich ist. Bei Zusammenschlüssen mit gemeinschaftsweiter Bedeutung im Sinne des Artikels 1 Absatz 1 der Verordnung (EG) Nr. 139/2004 des Rates vom 20. Januar 2004 über die Kontrolle von Unternehmenszusammenschlüssen in ihrer jeweils geltenden Fassung steht dem Bundeskartellamt die Befugnis nach Satz 1 nur hinsichtlich solcher Angaben zu, welche von der Europäischen Kommission nach Artikel 4 Absatz 3 dieser Verordnung veröffentlicht worden sind.

Kapitel 3. Bundeskartellamt

§ 51 Sitz, Organisation

(1) Das Bundeskartellamt ist eine selbstständige Bundesoberbehörde mit dem Sitz in Bonn. Es gehört zum Geschäftsbereich des Bundesministeriums für Wirtschaft und Energie.

(2) Die Entscheidungen des Bundeskartellamts werden von den Beschlussabteilungen getroffen, die nach Bestimmung des Bundesministeriums für Wirtschaft und Energie gebildet werden. Im Übrigen regelt der Präsident die Verteilung und den Gang der Geschäfte des Bundeskartellamts durch eine Geschäftsordnung; sie bedarf der Bestätigung durch das Bundesministerium für Wirtschaft und Energie.

(3) Die Beschlussabteilungen entscheiden in der Besetzung mit einem oder einer Vorsitzenden und zwei Beisitzenden.

(4) Vorsitzende und Beisitzende der Beschlussabteilungen müssen Beamte auf Lebenszeit sein und die Befähigung zum Richteramt oder zum höheren Verwaltungsdienst haben.

(5) Die Mitglieder des Bundeskartellamts dürfen weder ein Unternehmen innehaben oder leiten noch dürfen sie Mitglied des Vorstandes oder des Aufsichtsrates eines Unternehmens, eines Kartells oder einer Wirtschafts- oder Berufsvereinigung sein.

§ 52 Veröffentlichung allgemeiner Weisungen

Soweit das Bundesministerium für Wirtschaft und Energie dem Bundeskartellamt allgemeine Weisungen für den Erlass oder die Unterlassung von Verfügungen nach diesem Gesetz erteilt, sind diese Weisungen im Bundesanzeiger zu veröffentlichen.

§ 53 Tätigkeitsbericht und Monitoringberichte

(1) Das Bundeskartellamt veröffentlicht alle zwei Jahre einen Bericht über seine Tätigkeit sowie über die Lage und Entwicklung auf seinem Aufgabengebiet. In den Bericht sind die allgemeinen Weisungen des Bundesministeriums für Wirtschaft und Energie nach § 52 aufzunehmen. Es veröffentlicht ferner fortlaufend seine Verwaltungsgrundsätze.

(2) Die Bundesregierung leitet den Bericht des Bundeskartellamts dem Bundestag unverzüglich mit ihrer Stellungnahme zu.

(3) Das Bundeskartellamt erstellt einen Bericht über seine Monitoringtätigkeit nach § 48 Absatz 3 Satz 1 im Einvernehmen mit der Bundesnetzagentur, soweit Aspekte der Regulierung der Leitungsnetze betroffen sind, und leitet ihn der Bundesnetzagentur zu. Das Bundeskartellamt erstellt als Teil des Monitorings nach § 48 Absatz 3 Satz 1 mindestens alle zwei Jahre einen Bericht über seine Monitoringergebnisse zu den Wettbewerbsverhältnissen im Bereich der Erzeugung elektrischer Energie. Das Bundeskartellamt kann den Bericht unabhängig von dem Monitoringbericht nach Satz 1 veröffentlichen.

(4) Das Bundeskartellamt kann der Öffentlichkeit auch fortlaufend über seine Tätigkeit sowie über die Lage und Entwicklung auf seinem Aufgabengebiet berichten.

(5) Das Bundeskartellamt soll jede Bußgeldentscheidung wegen eines Verstoßes gegen § 1 oder 19 bis 21 oder Artikel 101 oder 102 des Vertrages über die Arbeitsweise der Europäischen Union spätestens nach Abschluss des behördlichen Bußgeldverfahrens auf seiner Internetseite mitteilen. Die Mitteilung soll mindestens Folgendes enthalten:

1. Angaben zu dem in der Bußgeldentscheidung festgestellten Sachverhalt,
2. Angaben zu der Art des Verstoßes und dem Zeitraum, in dem der Verstoß begangen wurde,
3. Angaben zu den Unternehmen, gegen die Geldbußen festgesetzt oder Geldbußen im Rahmen eines Kronzeugenprogramms vollständig erlassen wurden,
4. Angaben zu den betroffenen Waren und Dienstleistungen,
5. den Hinweis, dass Personen, denen aus dem Verstoß ein Schaden entstanden ist, den Ersatz dieses Schadens verlangen können, sowie,
6. wenn die Bußgeldentscheidung bereits rechtskräftig ist, den Hinweis auf die Bindungswirkung von Entscheidungen einer Wettbewerbsbehörde nach § 33b.

Teil 3. Verfahren

Kapitel 1. Verwaltungssachen

Abschnitt 1. Verfahren vor den Kartellbehörden

§ 54 Einleitung des Verfahrens, Beteiligte, Beteiligtenfähigkeit

(1) Die Kartellbehörde leitet ein Verfahren von Amts wegen oder auf Antrag ein. Die Kartellbehörde kann auf entsprechendes Ersuchen zum Schutz eines Beschwerdeführers ein Verfahren von Amts wegen einleiten. Soweit sich nicht aus den besonderen Bestimmungen dieses Gesetzes Abweichungen ergeben, sind für das Verfahren die allgemeinen Vorschriften der Verwaltungsverfahrensgesetze anzuwenden.

(2) An dem Verfahren vor der Kartellbehörde ist oder sind beteiligt:
1. wer die Einleitung eines Verfahrens beantragt hat;
2. Kartelle, Unternehmen, Wirtschafts- oder Berufsvereinigungen, gegen die sich das Verfahren richtet;
3. Personen und Personenvereinigungen, deren Interessen durch die Entscheidung erheblich berührt werden und die die Kartellbehörde auf ihren Antrag zu dem Verfahren beigeladen hat; Interessen der Verbraucherzentralen und anderer Verbraucherverbände, die mit öffentlichen Mitteln gefördert werden, werden auch dann erheblich berührt, wenn sich die Entscheidung auf eine Vielzahl von Verbrauchern auswirkt und dadurch die Interessen der Verbraucher insgesamt erheblich berührt werden;
4. in den Fällen des § 37 Absatz 1 Nummer 1 oder 3 auch der Veräußerer.

(3) An Verfahren vor obersten Landesbehörden ist auch das Bundeskartellamt beteiligt.

(4) Fähig, am Verfahren vor der Kartellbehörde beteiligt zu sein, sind außer natürlichen und juristischen Personen auch nichtrechtsfähige Personenvereinigungen.

§ 55 Vorabentscheidung über Zuständigkeit

(1) Macht ein Beteiligter die örtliche oder sachliche Unzuständigkeit der Kartellbehörde geltend, so kann die Kartellbehörde über die Zuständigkeit vorab entscheiden. Die Verfügung kann selbstständig mit der Beschwerde angefochten werden; die Beschwerde hat aufschiebende Wirkung.

(2) Hat ein Beteiligter die örtliche oder sachliche Unzuständigkeit der Kartellbehörde nicht geltend gemacht, so kann eine Beschwerde nicht darauf gestützt werden, dass die Kartellbehörde ihre Zuständigkeit zu Unrecht angenommen hat.

§ 56 Anhörung, Akteneinsicht, mündliche Verhandlung

(1) Die Kartellbehörde hat den Beteiligten Gelegenheit zur Stellungnahme zu geben. Über die Form der Anhörung entscheidet die Kartellbehörde nach pflichtgemäßem Ermessen. Die Kartellbehörde kann die Anhörung auch mündlich durchführen, wenn die besonderen Umstände des Falles dies erfordern.

(2) Vertretern der von dem Verfahren berührten Wirtschaftskreise kann die Kartellbehörde in geeigneten Fällen Gelegenheit zur Stellungnahme geben.

(3) Die Beteiligten können bei der Kartellbehörde die das Verfahren betreffenden Akten einsehen, soweit deren Kenntnis zur Geltendmachung oder Verteidigung ihrer rechtlichen Interessen erforderlich ist. Die Einsicht erfolgt durch Übersendung von Kopien aus der Verfahrensakte, durch Ausdruck der betreffenden Teile der Verfahrensakte oder durch Übersendung entsprechender elektronischer Dokumente an den Beteiligten auf seine Kosten.

(4) Die Behörde hat die Einsicht in die Unterlagen zu versagen, soweit dies aus wichtigen Gründen, insbesondere zur Sicherstellung der ordnungsgemäßen Erfüllung der Aufgaben der Behörde sowie zur Wahrung des Geheimschutzes oder von Betriebs- oder Geschäftsgeheimnissen oder sonstigen schutzwürdigen Interessen des Betroffenen, geboten ist. In Entwürfe zu Entscheidungen, die Arbeiten zu ihrer Vorbereitung und die Dokumente, die Abstimmungen betreffen, wird Akteneinsicht nicht gewährt.

(5) Die Kartellbehörde kann Dritten Auskünfte aus den ein Verfahren betreffenden Akten erteilen oder Einsicht in diese gewähren, soweit diese hierfür ein berechtigtes Interesse darlegen. Absatz 4 gilt entsprechend. Soweit die Akteneinsicht oder die Auskunft der Erhebung eines Schadensersatzanspruchs wegen eines Verstoßes nach § 33 Absatz 1 oder der Vorbereitung dieser Erhebung dienen soll, ist sie auf Einsicht in Entscheidungen nach den §§ 32 bis 32d sowie 60 begrenzt.

(6) Die Kartellbehörde kann von den Beteiligten sowie von Dritten verlangen, mit der Übersendung von Anmeldungen, Stellungnahmen, Unterlagen oder sonstigen Auskünften oder im Anschluss an die Übersendung auf die in Absatz 4 genannten Geheimnisse hinzuweisen und diese in den Unterlagen entsprechend kenntlich zu machen. Erfolgt dies trotz entsprechenden Verlangens nicht, darf die Kartellbehörde von der Zustimmung zur Offenlegung im Rahmen der Gewährung von Akteneinsicht ausgehen.

(7) Auf Antrag eines Beteiligten oder von Amts wegen kann die Kartellbehörde eine öffentliche mündliche Verhandlung durchführen. Für die Verhandlung oder für einen Teil davon ist die Öffentlichkeit auszuschließen, wenn sie eine Gefährdung der öffentlichen Ordnung, insbesondere des Wohls des Bundes oder eines Landes, oder eine Gefährdung eines wichtigen Betriebs- oder Geschäftsgeheimnisses besorgen lässt. In den Fällen des § 32f Absatz 3 Satz 6 und Absatz 4 hat das Bundeskartellamt nach Einleitung des Verfahrens eine öffentliche mündliche Verhandlung durchzuführen. In den Fällen des *§ 42* hat das Bundesministerium für Wirtschaft und Klimaschutz eine öffentliche mündliche Verhandlung durchzuführen. Mit Einverständnis der Beteiligten kann in den Fällen des § 32f Absatz 3 Satz 6 und Absatz 4 sowie des § 42 ohne mündliche Verhandlung entschieden werden. In der öffentlichen mündlichen Verhandlung hat die Monopolkommission in den Fällen des § 32f Absatz 3 Satz 6 und Absatz 4 sowie des § 42 das Recht, gehört zu werden; in den Fällen des § 42 hat sie das Recht, die Stellungnahme, die sie nach § 42 Absatz 5 erstellt hat, zu erläutern.

(8) Die §§ 45 und 46 des Verwaltungsverfahrensgesetzes sind anzuwenden.

§ 57 Ermittlungen, Beweiserhebung

(1) Die Kartellbehörde kann alle Ermittlungen führen und alle Beweise erheben, die erforderlich sind.

(2) Für den Beweis durch Augenschein, Zeugen und Sachverständige sind § 372 Absatz 1, die §§ 376, 377, 378, 380 bis 387, 390, 395 bis 397, 398 Absatz 1 und die §§ 401, 402, 404, 404a, 406 bis 409, 411 bis 414 der Zivilprozessordnung sinngemäß anzuwenden; Haft darf nicht verhängt werden. Für die Entscheidung über die Beschwerde ist das Oberlandesgericht zuständig.

(3) Über die Zeugenaussage soll eine Niederschrift aufgenommen werden, die von dem ermittelnden Mitglied der Kartellbehörde und, wenn ein Urkundsbeamter zugezogen ist, auch von diesem zu unterschreiben ist. Die Niederschrift soll Ort und Tag der Verhandlung sowie die Namen der Mitwirkenden und Beteiligten ersehen lassen.

(4) Die Niederschrift ist dem Zeugen zur Genehmigung vorzulesen oder zur eigenen Durchsicht vorzulegen. Die erteilte Genehmigung ist zu vermerken und von dem Zeugen zu unterschreiben. Unterbleibt die Unterschrift, so ist der Grund hierfür anzugeben.

(5) Bei der Vernehmung von Sachverständigen sind die Bestimmungen der Absätze 3 und 4 entsprechend anzuwenden.

(6) Die Kartellbehörde kann das Amtsgericht um die Beeidigung von Zeugen ersuchen, wenn sie die Beeidigung zur Herbeiführung einer wahrheitsgemäßen Aussage für notwendig erachtet. Über die Beeidigung entscheidet das Gericht.

§ 58 Beschlagnahme

(1) Die Bediensteten der Kartellbehörde können Gegenstände, die als Beweismittel für die Ermittlung von Bedeutung sein können, beschlagnahmen. Die Beschlagnahme ist dem davon Betroffenen unverzüglich bekannt zu machen.

(2) Die Kartellbehörde soll binnen drei Tagen die gerichtliche Bestätigung bei dem Amtsgericht, in dessen Bezirk sie ihren Sitz hat, beantragen, wenn bei der Beschlagnahme weder der davon Betroffene noch ein erwachsener Angehöriger anwesend war oder wenn der Betroffene und im Fall seiner Abwesenheit ein erwachsener Angehöriger des Betroffenen gegen die Beschlagnahme ausdrücklich Widerspruch erhoben hat.

(3) Der Betroffene kann gegen die Beschlagnahme jederzeit die richterliche Entscheidung nachsuchen. Hierüber ist er zu belehren. Über den Antrag entscheidet das nach Absatz 2 zuständige Gericht.

(4) Gegen die richterliche Entscheidung ist die Beschwerde zulässig. Die §§ 306 bis 310 und 311a der Strafprozessordnung gelten entsprechend.

§ 59 Auskunftsverlangen

(1) Soweit es zur Erfüllung der in diesem Gesetz der Kartellbehörde übertragenen Aufgaben erforderlich ist, kann die Kartellbehörde bis zum Eintritt der Bestandskraft ihrer Entscheidung von Unternehmen und Unternehmensvereinigungen die Erteilung von Auskünften sowie die Herausgabe von Unterlagen verlangen. Die Unternehmen und Unternehmensvereinigungen sind verpflichtet, diese innerhalb einer angemessenen Frist zu erteilen oder herauszugeben. Die Verpflichtung erstreckt sich auf alle Informationen und Unterlagen, die dem Unternehmen oder der Unternehmensvereinigung zugänglich sind. Dies umfasst auch allgemeine Marktstudien, die der Einschätzung oder Analyse der Wettbewerbsbedingungen oder der Marktlage dienen und sich im Besitz des Unternehmens oder der Unternehmensvereinigung befinden. Die Verpflichtung gilt auch für die näheren Umstände des Postverkehrs. Das Postgeheimnis nach Artikel 10 des Grundgesetzes wird insoweit eingeschränkt. Die Kartellbehörde kann vorgeben, in welcher Form die Auskünfte zu erteilen sind; insbesondere kann sie vorgeben, dass eine Internetplattform zur Eingabe der Informationen verwendet werden muss. Vertreter des Unternehmens oder der Unternehmensvereinigung können von der Kartellbehörde zu einer Befragung bestellt werden. Gegenüber juristischen Personen sowie Personenvereinigungen, die

keine Unternehmen oder Unternehmensvereinigungen sind, gelten die Sätze 1 bis 8 entsprechend.

(2) Die Inhaber der Unternehmen und ihre Vertretung sowie bei juristischen Personen und Personenvereinigungen auch die zur Vertretung berufenen Personen sind verpflichtet, die verlangten Auskünfte im Namen des Unternehmens, der Unternehmensvereinigung oder der juristischen Person oder Personenvereinigung zu erteilen und die verlangten Unterlagen herauszugeben. Gegenüber der Kartellbehörde ist eine für die Erteilung der Auskünfte verantwortliche Leitungsperson zu benennen.

(3) Das Auskunftsverlangen muss verhältnismäßig sein. Es darf den Adressaten nicht zum Geständnis einer Straftat, einer Ordnungswidrigkeit oder einer Zuwiderhandlung gegen eine Vorschrift dieses Gesetzes oder gegen Artikel 101 oder 102 des Vertrages über die Arbeitsweise der Europäischen Union zwingen. Soweit natürliche Personen aufgrund von Auskunftsverlangen nach den Absätzen 1 und 2 zur Mitwirkung in Form der Erteilung von Auskünften oder der Herausgabe von Unterlagen verpflichtet sind, müssen sie, falls die Informationserlangung auf andere Weise wesentlich erschwert oder nicht zu erwarten ist, auch Tatsachen offenbaren, die geeignet sind, eine Verfolgung wegen einer Straftat oder einer Ordnungswidrigkeit herbeizuführen. Jedoch darf eine Auskunft, die die natürliche Person infolge ihrer Verpflichtung nach Absatz 1 und 2 erteilt, in einem Strafverfahren oder in einem Verfahren nach diesem Gesetz oder dem Gesetz über Ordnungswidrigkeiten nur mit Zustimmung der betreffenden natürlichen Person gegen diese oder einen in § 52 Absatz 1 der Strafprozessordnung bezeichneten Angehörigen verwendet werden.

(4) Absatz 1 Satz 1 bis 6 und Absatz 3 Satz 1 gelten entsprechend für Auskunftsverlangen, die an natürliche Personen gerichtet werden. Insoweit ist § 55 der Strafprozessordnung entsprechend anzuwenden, es sei denn, dass die Auskunft nur die Gefahr der Verfolgung im kartellbehördlichen Bußgeldverfahren begründet und die Kartellbehörde der natürlichen Person im Rahmen ihres pflichtgemäßen Ermessens eine Nichtverfolgungszusage erteilt hat.

(5) Das Bundesministerium für Wirtschaft und Energie oder die oberste Landesbehörde fordert die Auskunft durch schriftliche Einzelverfügung, das Bundeskartellamt fordert sie durch Beschluss an. Darin sind die Rechtsgrundlage, der Gegenstand und der Zweck des Auskunftsverlangens anzugeben und eine angemessene Frist zur Erteilung der Auskunft ist zu bestimmen.

§ 59a Prüfung von geschäftlichen Unterlagen

(1) Soweit es zur Erfüllung der in diesem Gesetz der Kartellbehörde übertragenen Aufgaben erforderlich ist, kann die Kartellbehörde bis zum Eintritt der Bestandskraft ihrer Entscheidung bei Unternehmen und Unternehmensvereinigungen innerhalb der üblichen Geschäftszeiten die geschäftlichen Unterlagen einsehen und prüfen.

(2) Die Inhaber der Unternehmen und ihre Vertretung sowie bei juristischen Personen und Personenvereinigungen auch die zur Vertretung berufenen Personen sind verpflichtet, die geschäftlichen Unterlagen zur Einsichtnahme und Prüfung vorzulegen und die Prüfung dieser geschäftlichen Unterlagen sowie das Betreten von Geschäftsräumen und -grundstücken zu dulden.

(3) Personen, die von der Kartellbehörde mit der Vornahme von Prüfungen beauftragt werden, dürfen die Räume der Unternehmen und Vereinigungen von Unternehmen betreten.

(4) Das Grundrecht des Artikels 13 des Grundgesetzes wird durch die Absätze 2 und 3 eingeschränkt.

(5) Das Bundesministerium für Wirtschaft und Energie oder die oberste Landesbehörde ordnet die Prüfung durch schriftliche Einzelverfügung, das Bundeskartellamt ordnet sie durch Beschluss mit Zustimmung des Präsidenten an. In der Anordnung sind Zeitpunkt, Rechtsgrundlage, Gegenstand und Zweck der Prüfung anzugeben.

§ 59b Durchsuchungen

(1) Zur Erfüllung der ihr in diesem Gesetz übertragenen Aufgaben kann die Kartellbehörde Geschäftsräume, Wohnungen, Grundstücke und Sachen durchsuchen, wenn zu vermuten ist, dass sich dort Unterlagen befinden, die die Kartellbehörde nach den §§ 59 und 59a einsehen, prüfen oder herausverlangen darf. Das Grundrecht des Artikels 13 des Grundgesetzes wird insofern eingeschränkt. § 104 Absatz 1 und 3 der Strafprozessordnung gilt entsprechend.

(2) Durchsuchungen können nur auf Anordnung des Amtsrichters des Gerichts, in dessen Bezirk die Kartellbehörde ihren Sitz hat, vorgenommen werden. Auf die Anfechtung dieser Anordnung sind die §§ 306 bis 310 und 311a der Strafprozessordnung entsprechend anzuwenden. Bei Gefahr im Verzuge können die von der Kartellbehörde mit der Durchsuchung beauftragten Personen während der Geschäftszeit die erforderlichen Durchsuchungen ohne richterliche Anordnung vornehmen.

(3) Die Bediensteten der Kartellbehörde sowie von dieser ermächtigte oder benannte Personen sind insbesondere befugt,

1. sämtliche Bücher und Geschäftsunterlagen, unabhängig davon, in welcher Form sie vorhanden oder gespeichert sind, zu prüfen und Zugang zu allen Informationen zu erlangen, die für den von der Durchsuchung Betroffenen zugänglich sind,
2. betriebliche Räumlichkeiten, Bücher und Unterlagen jeder Art für die Dauer und in dem Ausmaß zu versiegeln, wie es für den Zweck der Durchsuchung erforderlich ist, und
3. bei der Durchsuchung von Unternehmen oder Unternehmensvereinigungen von allen Vertretern oder Mitarbeitern des Unternehmens oder der Unternehmensvereinigung Informationen, die den Zugang zu Beweismitteln ermöglichen könnten, sowie Erläuterungen zu Fakten oder Unterlagen, die mit dem Gegenstand und dem Zweck der Durchsuchung in Verbindung stehen könnten, zu verlangen und ihre Antworten zu Protokoll zu nehmen; das Verlangen muss unter ausdrücklichem Hinweis auf die Pflicht zur Mitwirkung erfolgen und ist in das Protokoll aufzunehmen.

Soweit natürliche Personen nach Satz 1 Nummer 3 zur Mitwirkung in Form der Erteilung von Informationen verpflichtet sind, müssen sie, falls die Informationserlangung auf andere Weise wesentlich erschwert oder nicht zu erwarten ist, auch Tatsachen offenbaren, die geeignet sind, eine Verfolgung wegen einer Straftat oder einer Ordnungswidrigkeit herbeizuführen. Jedoch darf eine Auskunft, die die natürliche Person infolge ihrer Verpflichtung nach Satz 1 Nummer 3 erteilt, in einem Strafverfahren oder in einem Verfahren nach diesem Gesetz oder dem Gesetz über Ordnungswidrigkeiten nur mit Zustimmung der betreffenden natürlichen Person gegen diese oder einen in § 52 Absatz 1 der Strafprozessordnung bezeichneten Angehörigen verwendet werden.

(4) An Ort und Stelle ist eine Niederschrift über die Durchsuchung und ihr wesentliches Ergebnis aufzunehmen, aus der sich, falls keine richterliche Anordnung ergangen ist, auch die Tatsachen ergeben, die zur Annahme einer Gefahr im Verzuge geführt haben.

(5) § 108 Absatz 1 und § 110 der Strafprozessordnung gelten entsprechend. Die Betroffenen haben die Durchsuchung zu dulden. Die Duldung kann im Fall der Durchsuchung von Geschäftsräumen sowie geschäftlich genutzten Grundstücken

und Sachen gegenüber Unternehmen und Unternehmensvereinigungen mit einem Zwangsgeld entsprechend § 86a durchgesetzt werden.

§ 60 Einstweilige Anordnungen

Die Kartellbehörde kann bis zur endgültigen Entscheidung über
1. eine Verfügung nach § 31b Absatz 3, § 40 Absatz 2, § 41 Absatz 3 oder einen Widerruf oder eine Änderung einer Freigabe nach § 40 Absatz 3a,
2. eine Erlaubnis nach § 42 Absatz 1, ihren Widerruf oder ihre Änderung nach § 42 Absatz 2 Satz 2 in Verbindung mit § 40 Absatz 3a,
3. eine Verfügung nach § 26 Absatz 4, § 30 Absatz 3 oder § 34 Absatz 1

einstweilige Anordnungen zur Regelung eines einstweiligen Zustandes treffen.

§ 61 Verfahrensabschluss, Begründung der Verfügung, Zustellung

(1) Verfügungen der Kartellbehörde sind zu begründen und mit einer Belehrung über das zulässige Rechtsmittel den Beteiligten nach den Vorschriften des Verwaltungszustellungsgesetzes zuzustellen. § 5 Absatz 4 des Verwaltungszustellungsgesetzes und § 178 Absatz 1 Nummer 2 der Zivilprozessordnung sind auf Unternehmen und Vereinigungen von Unternehmen sowie auf Auftraggeber im Sinne des § 98 entsprechend anzuwenden. Verfügungen, die gegenüber einem Unternehmen mit Sitz außerhalb des Geltungsbereichs dieses Gesetzes ergehen, stellt die Kartellbehörde der im Inland ansässigen Person zu, die das Unternehmen dem Bundeskartellamt als zustellungsbevollmächtigt benannt hat. Hat das Unternehmen keine zustellungsbevollmächtigte Person benannt und ist bei Unternehmen oder Vereinigungen von Unternehmen mit Sitz innerhalb der Europäischen Union keine Zustellung nach § 50b möglich oder verspricht diese keinen Erfolg, so stellt die Kartellbehörde die Verfügungen durch Bekanntmachung im Bundesanzeiger zu.

(2) Soweit ein Verfahren nicht mit einer Verfügung abgeschlossen wird, die den Beteiligten nach Absatz 1 zugestellt wird, ist seine Beendigung den Beteiligten schriftlich oder elektronisch mitzuteilen.

(3) Verfügungen der Kartellbehörde nach § 30 Absatz 3, § 31b Absatz 3, den §§ 32 bis 32b und 32d sind im Bundesanzeiger bekannt zu machen. Entscheidungen nach § 32c Absatz 1 können von der Kartellbehörde veröffentlicht werden.

§ 62 Gebührenpflichtige Handlungen

(1) Im Verfahren vor der Kartellbehörde werden Kosten (Gebühren und Auslagen) zur Deckung des Verwaltungsaufwandes erhoben. Als individuell zurechenbare öffentliche Leistungen sind gebührenpflichtig (gebührenpflichtige Handlungen):
1. Anmeldungen nach § 31a Absatz 1 und § 39 Absatz 1; bei von der Europäischen Kommission an das Bundeskartellamt verwiesenen Zusammenschlüssen steht der Verweisungsantrag an die Europäische Kommission oder die Anmeldung bei der Europäischen Kommission der Anmeldung nach § 39 Absatz 1 gleich;
2. Amtshandlungen aufgrund der §§ 19a, 26, 30 Absatz 3, des § 31b Absatz 1 und 3, der §§ 32 bis 32d, 34 – jeweils auch in Verbindung mit den §§ 50 bis 50f – und der §§ 36, 39, 40, 41, 42 und 60;
3. Einstellungen des Entflechtungsverfahrens nach § 41 Absatz 3;
4. Erteilung von beglaubigten Abschriften aus den Akten der Kartellbehörde;
5. Gewährung von Einsicht in kartellbehördliche Akten oder die Erteilung von Auskünften daraus nach § 56 Absatz 5 oder nach § 406e oder 475 der Strafprozessordnung.

Daneben werden als Auslagen die Kosten der Veröffentlichungen, der öffentlichen Bekanntmachungen und von weiteren Ausfertigungen, Kopien und Auszügen sowie die in entsprechender Anwendung des Justizvergütungs- und -entschädigungsgesetzes zu zahlenden Beträge erhoben. Auf die Gebühr für die Freigabe oder Untersagung eines Zusammenschlusses nach § 36 Absatz 1 sind die Gebühren für die Anmeldung eines Zusammenschlusses nach § 39 Absatz 1 anzurechnen.

(2) Die Höhe der Gebühren bestimmt sich nach dem personellen und sachlichen Aufwand der Kartellbehörde unter Berücksichtigung der wirtschaftlichen Bedeutung, die der Gegenstand der gebührenpflichtigen Handlung hat. Die Gebührensätze dürfen jedoch nicht übersteigen:
1. 50 000 Euro in den Fällen der §§ 36, 39, 40, 41 Absatz 3 und 4 und des § 42;
2. 25 000 Euro in den Fällen der §§ 19a, 31b Absatz 3, der §§ 32 und 32b Absatz 1 sowie des § 32c Absatz 1 und der §§ 32d, 34 und 41 Absatz 2 Satz 1 und 2;
3. 5 000 Euro in den Fällen der Gewährung von Einsicht in kartellbehördliche Akten oder der Erteilung von Auskünften daraus nach § 56 Absatz 5 oder nach § 406e oder 475 der Strafprozessordnung;
4. 5 000 Euro in den Fällen des § 26 Absatz 1 und 2, des § 30 Absatz 3, des § 31a Absatz 1 und des § 31b Absatz 1;
5. 17,50 Euro für die Erteilung beglaubigter Abschriften nach Absatz 1 Satz 2 Nummer 4 sowie
6. folgende Beträge:
   a) in den Fällen des § 40 Absatz 3a auch in Verbindung mit § 41 Absatz 2 Satz 3 und § 42 Absatz 2 Satz 2 den Betrag für die Freigabe, Befreiung oder Erlaubnis,
   b) 250 Euro für Verfügungen in Bezug auf Vereinbarungen oder Beschlüsse der in § 28 Absatz 1 bezeichneten Art,
   c) im Fall des § 26 Absatz 4 den Betrag für die Entscheidung nach § 26 Absatz 1,
   d) in den Fällen der §§ 32a und 60 ein Fünftel der Gebühr in der Hauptsache.

Ist der personelle oder sachliche Aufwand der Kartellbehörde unter Berücksichtigung des wirtschaftlichen Wertes der gebührenpflichtigen Handlung im Einzelfall außergewöhnlich hoch, kann die Gebühr bis auf das Doppelte erhöht werden. Aus Gründen der Billigkeit kann die unter Berücksichtigung der Sätze 1 bis 3 ermittelte Gebühr bis auf ein Zehntel ermäßigt werden.

(3) Zur Abgeltung mehrfacher gleichartiger Amtshandlungen oder gleichartiger Anmeldungen desselben Gebührenschuldners können Pauschgebührensätze, die den geringen Umfang des Verwaltungsaufwandes berücksichtigen, vorgesehen werden.

(4) Gebühren dürfen nicht erhoben werden
1. für mündliche und schriftliche Auskünfte und Anregungen;
2. wenn sie bei richtiger Behandlung der Sache nicht entstanden wären;
3. in den Fällen des § 42, wenn die vorangegangene Verfügung des Bundeskartellamts nach § 36 Absatz 1 oder § 41 Absatz 3 aufgehoben worden ist.

Nummer 1 findet keine Anwendung, soweit Auskünfte aus einer kartellbehördlichen Akte nach § 56 Absatz 5 oder nach § 406e oder 475 der Strafprozessordnung erteilt werden.

(5) Wird ein Antrag zurückgenommen, bevor darüber entschieden ist, so ist die Hälfte der Gebühr zu entrichten. Das gilt auch, wenn die Anmeldung eines Zusammenschlusses zurückgenommen wird, bevor ein Hauptprüfverfahren eingeleitet wurde.

(6) Kostenschuldner ist
1. in den Fällen des Absatzes 1 Satz 2 Nummer 1, wer eine Anmeldung oder einen Verweisungsantrag eingereicht hat;

2. in den Fällen des Absatzes 1 Satz 2 Nummer 2, wer durch einen Antrag oder eine Anmeldung die Tätigkeit der Kartellbehörde veranlasst hat, oder derjenige, gegen den eine Verfügung der Kartellbehörde ergangen ist;
3. in den Fällen des Absatzes 1 Satz 2 Nummer 3, wer nach § 39 Absatz 2 zur Anmeldung verpflichtet war;
4. in den Fällen des Absatzes 1 Satz 2 Nummer 4, wer die Herstellung der Abschriften veranlasst hat;
5. in den Fällen des Absatzes 1 Satz 2 Nummer 5, wer die Gewährung von Einsicht in kartellbehördliche Akten oder die Erteilung von Auskünften daraus nach § 56 Absatz 5 oder nach § 406e oder 475 der Strafprozessordnung beantragt hat.

Kostenschuldner ist auch, wer die Zahlung der Kosten durch eine vor der Kartellbehörde abgegebene oder ihr mitgeteilte Erklärung übernommen hat oder wer für die Kostenschuld eines anderen kraft Gesetzes haftet. Mehrere Kostenschuldner haften als Gesamtschuldner.

(7) Der Anspruch auf Zahlung der Gebühren verjährt in vier Jahren nach der Gebührenfestsetzung. Der Anspruch auf Erstattung der Auslagen verjährt in vier Jahren nach ihrer Entstehung.

(8) Die Bundesregierung wird ermächtigt, durch Rechtsverordnung, die der Zustimmung des Bundesrates bedarf, die Gebührensätze und die Erhebung der Gebühren vom Kostenschuldner in Durchführung der Vorschriften der Absätze 1 bis 6 sowie die Erstattung von Auslagen nach Absatz 1 Satz 3 zu regeln. Sie kann dabei auch Vorschriften über die Kostenbefreiung von juristischen Personen des öffentlichen Rechts, über die Verjährung sowie über die Kostenerhebung erlassen.

(9) Durch Rechtsverordnung der Bundesregierung, die der Zustimmung des Bundesrates bedarf, wird das Nähere über die Erstattung der durch das Verfahren vor der Kartellbehörde entstehenden Kosten nach den Grundsätzen des § 71 bestimmt.

Abschnitt 2. Gemeinsame Bestimmungen für Rechtsbehelfsverfahren

§ 63 Beteiligte am Rechtsbehelfsverfahren, Beteiligtenfähigkeit

(1) An dem Rechtsbehelfsverfahren sind beteiligt:
1. der Rechtsbehelfsführer,
2. die Kartellbehörde, deren Verfügung angefochten wird,
3. Personen und Personenvereinigungen, deren Interessen durch die Entscheidung erheblich berührt werden und die die Kartellbehörde auf ihren Antrag zu dem Verfahren beigeladen hat.

(2) Richtet sich der Rechtsbehelf gegen eine Verfügung einer obersten Landesbehörde oder einen Beschluss des Beschwerdegerichts, der eine solche Verfügung betrifft, ist auch das Bundeskartellamt an dem Verfahren beteiligt.

(3) Fähig, am Rechtsbehelfsverfahren beteiligt zu sein, sind außer natürlichen und juristischen Personen auch nichtrechtsfähige Personenvereinigungen.

§ 64 Anwaltszwang

Die Beteiligten müssen sich durch einen Rechtsanwalt als Bevollmächtigten vertreten lassen. Die Kartellbehörde kann sich durch ein Mitglied der Behörde vertreten lassen.

§ 65 Mündliche Verhandlung

(1) Das Gericht entscheidet über die Beschwerde und über die Rechtsbeschwerde aufgrund mündlicher Verhandlung; mit Einverständnis der Beteiligten kann ohne mündliche Verhandlung entschieden werden.

(2) Sind die Beteiligten in dem Verhandlungstermin trotz rechtzeitiger Ladung nicht erschienen oder ordnungsgemäß vertreten, so kann gleichwohl in der Sache verhandelt und entschieden werden.

§ 66 Aufschiebende Wirkung

(1) Rechtsbehelfe haben aufschiebende Wirkung, soweit durch die angefochtene Verfügung
1. eine Verfügung nach § 26 Absatz 4, § 30 Absatz 3, § 31b Absatz 3, § 32 Absatz 2a Satz 1, 32f Absatz 3 Satz 6 und Absatz 4 oder § 34 Absatz 1 getroffen wird oder
2. eine Erlaubnis nach § 42 Absatz 2 Satz 2 in Verbindung mit § 40 Absatz 3a widerrufen oder geändert wird,

oder soweit der angefochtene Beschluss des Beschwerdegerichts eine solche Verfügung betrifft.

(2) Wird eine Verfügung, durch die eine einstweilige Anordnung nach § 60 getroffen wurde, angefochten, so kann das Gericht im Rechtsbehelfsverfahren anordnen, dass die Vollziehung der angefochtenen Verfügung ganz oder teilweise ausgesetzt wird. Die Anordnung kann jederzeit aufgehoben oder geändert werden.

§ 67 Anordnung der sofortigen Vollziehung

(1) Die Kartellbehörde kann in den Fällen des § 66 Absatz 1 die sofortige Vollziehung der Verfügung anordnen, wenn dies im öffentlichen Interesse oder im überwiegenden Interesse eines Beteiligten geboten ist.

(2) Die Anordnung nach Absatz 1 kann bereits vor der Einreichung der Beschwerde getroffen werden.

(3) Auf Antrag kann das Gericht der Hauptsache die aufschiebende Wirkung ganz oder teilweise wiederherstellen, wenn
1. die Voraussetzungen für die Anordnung nach Absatz 1 nicht vorgelegen haben oder nicht mehr vorliegen oder
2. ernstliche Zweifel an der Rechtmäßigkeit der angefochtenen Verfügung bestehen oder
3. die Vollziehung für den Betroffenen eine unbillige, nicht durch überwiegende öffentliche Interessen gebotene Härte zur Folge hätte.

In den Fällen, in denen der Rechtsbehelf keine aufschiebende Wirkung hat, kann die Kartellbehörde die Vollziehung aussetzen; die Aussetzung soll erfolgen, wenn die Voraussetzungen des Satzes 1 Nummer 3 vorliegen. Das Gericht der Hauptsache kann auf Antrag die aufschiebende Wirkung ganz oder teilweise anordnen, wenn die Voraussetzungen des Satzes 1 Nummer 2 oder 3 vorliegen. Hat ein Dritter einen Rechtsbehelf gegen eine Verfügung nach § 40 Absatz 2 eingelegt, ist der Antrag des Dritten auf Erlass einer Anordnung nach Satz 3 nur zulässig, wenn dieser geltend macht, durch die Verfügung in seinen Rechten verletzt zu sein.

(4) Der Antrag nach Absatz 3 Satz 1 oder 3 ist schon vor Einreichung der Beschwerde zulässig. Die Tatsachen, auf die der Antrag gestützt wird, sind vom Antragsteller glaubhaft zu machen. Ist die Verfügung im Zeitpunkt der Entscheidung schon vollzogen, kann das Gericht auch die Aufhebung der Vollziehung anordnen. Die Wiederherstellung und die Anordnung der aufschiebenden Wirkung können

von der Leistung einer Sicherheit oder von anderen Auflagen abhängig gemacht werden. Sie können auch befristet werden.

(5) Beschlüsse über Anträge nach Absatz 3 können jederzeit geändert oder aufgehoben werden.

§ 68 Einstweilige Anordnungen im Rechtsbehelfsverfahren

§ 60 gilt für Rechtsbehelfsverfahren entsprechend. Dies gilt nicht für die Fälle des § 67. Für den Erlass einstweiliger Anordnungen im Rechtsbehelfsverfahren ist das Gericht der Hauptsache zuständig.

§ 69 Abhilfe bei Verletzung des Anspruchs auf rechtliches Gehör

(1) Auf die Rüge eines durch eine gerichtliche Entscheidung beschwerten Beteiligten ist das Verfahren fortzuführen, wenn
1. ein Rechtsmittel oder ein anderer Rechtsbehelf gegen die Entscheidung nicht gegeben ist und
2. das Gericht den Anspruch dieses Beteiligten auf rechtliches Gehör in entscheidungserheblicher Weise verletzt hat.

Gegen eine der Endentscheidung vorausgehende Entscheidung findet die Rüge nicht statt.

(2) Die Rüge ist innerhalb von zwei Wochen nach Kenntnis von der Verletzung des rechtlichen Gehörs zu erheben; der Zeitpunkt der Kenntniserlangung ist glaubhaft zu machen. Nach Ablauf eines Jahres seit Bekanntgabe der angegriffenen Entscheidung kann die Rüge nicht mehr erhoben werden. Formlos mitgeteilte Entscheidungen gelten mit dem dritten Tage nach Aufgabe zur Post als bekannt gegeben. Die Rüge ist schriftlich oder zur Niederschrift des Urkundsbeamten der Geschäftsstelle bei dem Gericht zu erheben, dessen Entscheidung angegriffen wird. Die Rüge soll die angegriffene Entscheidung bezeichnen und das Vorliegen der in Absatz 1 Satz 1 Nummer 2 genannten Voraussetzung darlegen.

(3) Den übrigen Beteiligten ist, soweit erforderlich, Gelegenheit zur Stellungnahme zu geben.

(4) Ist die Rüge nicht statthaft oder nicht in der gesetzlichen Form oder Frist erhoben, so ist sie als unzulässig zu verwerfen. Ist die Rüge unbegründet, weist das Gericht sie zurück. Die Entscheidung ergeht durch unanfechtbaren Beschluss. Der Beschluss soll kurz begründet werden.

(5) Ist die Rüge begründet, so hilft ihr das Gericht ab, indem es das Verfahren fortführt, soweit dies aufgrund der Rüge geboten ist. Das Verfahren wird in die Lage zurückversetzt, in der es sich vor dem Schluss der mündlichen Verhandlung befand. Im schriftlichen Verfahren tritt an die Stelle des Schlusses der mündlichen Verhandlung der Zeitpunkt, bis zu dem Schriftsätze eingereicht werden können. Für den Ausspruch des Gerichts ist § 343 der Zivilprozessordnung anzuwenden.

(6) § 149 Absatz 1 Satz 2 der Verwaltungsgerichtsordnung ist entsprechend anzuwenden.

§ 70 Akteneinsicht

(1) Die in § 63 Absatz 1 Nummer 1 und 2 und Absatz 2 bezeichneten Beteiligten können die Akten des Gerichts einsehen und sich durch die Geschäftsstelle auf ihre Kosten Ausfertigungen, Auszüge und Abschriften erstellen lassen. § 299 Absatz 3 der Zivilprozessordnung gilt entsprechend.

(2) Einsicht in Vorakten, Beiakten, Gutachten und Auskünfte ist nur mit Zustimmung der Stellen zulässig, denen die Akten gehören oder die die Äußerung eingeholt haben. Die Kartellbehörde hat die Zustimmung zur Einsicht in die ihr gehörenden Unterlagen zu versagen, soweit dies aus wichtigen Gründen, insbesondere zur Wahrung von Betriebs- oder Geschäftsgeheimnissen, geboten ist. Wird die Einsicht abgelehnt oder ist sie unzulässig, dürfen diese Unterlagen der Entscheidung nur insoweit zugrunde gelegt werden, als ihr Inhalt vorgetragen worden ist. Das Gericht kann die Offenlegung von Tatsachen oder Beweismitteln, deren Geheimhaltung aus wichtigen Gründen, insbesondere zur Wahrung von Betriebs- oder Geschäftsgeheimnissen, verlangt wird, nach Anhörung des von der Offenlegung Betroffenen durch Beschluss anordnen, soweit es für die Entscheidung auf diese Tatsachen oder Beweismittel ankommt, andere Möglichkeiten der Sachaufklärung nicht bestehen und nach Abwägung aller Umstände des Einzelfalles die Bedeutung der Sache für die Sicherung des Wettbewerbs das Interesse des Betroffenen an der Geheimhaltung überwiegt. Der Beschluss ist zu begründen. In dem Verfahren nach Satz 4 muss sich der Betroffene nicht anwaltlich vertreten lassen.

(3) Den in § 63 Absatz 1 Nummer 3 bezeichneten Beteiligten kann das Gericht nach Anhörung des Verfügungsberechtigten Akteneinsicht in gleichem Umfang gewähren.

§ 71 Kostentragung und -festsetzung

Das Gericht kann anordnen, dass die Kosten, die zur zweckentsprechenden Erledigung der Angelegenheit notwendig waren, von einem Beteiligten ganz oder teilweise zu erstatten sind, wenn dies der Billigkeit entspricht. Hat ein Beteiligter Kosten durch ein unbegründetes Rechtsmittel oder durch grobes Verschulden veranlasst, so sind ihm die Kosten aufzuerlegen. Im Übrigen gelten die Vorschriften der Zivilprozessordnung über das Kostenfestsetzungsverfahren und die Zwangsvollstreckung aus Kostenfestsetzungsbeschlüssen entsprechend.

§ 72 Geltung von Vorschriften des Gerichtsverfassungsgesetzes und der Zivilprozessordnung

Soweit nichts anderes bestimmt ist, gelten entsprechend

1. die Vorschriften der §§ 169 bis 201 des Gerichtsverfassungsgesetzes über Öffentlichkeit, Sitzungspolizei, Gerichtssprache, Beratung und Abstimmung sowie über den Rechtsschutz bei überlangen Gerichtsverfahren;
2. die Vorschriften der Zivilprozessordnung über Ausschließung und Ablehnung eines Richters, über Prozessbevollmächtigte und Beistände, über die Zustellung von Amts wegen, über Ladungen, Termine und Fristen, über die Anordnung des persönlichen Erscheinens der Parteien, über die Verbindung mehrerer Prozesse, über die Erledigung des Zeugen- und Sachverständigenbeweises sowie über die sonstigen Arten des Beweisverfahrens, über die Wiedereinsetzung in den vorigen Stand gegen die Versäumung einer Frist sowie über den elektronischen Rechtsverkehr.

Abschnitt 3. Beschwerde

§ 73 Zulässigkeit, Zuständigkeit

(1) Gegen Verfügungen der Kartellbehörde ist die Beschwerde zulässig. Sie kann auch auf neue Tatsachen und Beweismittel gestützt werden.

(2) Die Beschwerde steht den am Verfahren vor der Kartellbehörde Beteiligten im Sinne des § 54 Absatz 2 und 3 zu. Gegen eine Verfügung, durch die eine Erlaubnis nach § 42 erteilt wird, steht die Beschwerde einem Dritten nur zu, wenn er geltend macht, durch die Verfügung in seinen Rechten verletzt zu sein.

(3) Die Beschwerde ist auch gegen die Unterlassung einer beantragten Verfügung der Kartellbehörde zulässig, auf deren Vornahme der Antragsteller ein Recht zu haben behauptet. Als Unterlassung gilt es auch, wenn die Kartellbehörde den Antrag auf Vornahme der Verfügung ohne zureichenden Grund in angemessener Frist nicht beschieden hat. Die Unterlassung ist dann einer Ablehnung gleichzuachten.

(4) Über die Beschwerde entscheidet das für den Sitz der Kartellbehörde zuständige Oberlandesgericht, in den Fällen der §§ 35 bis 42 das für den Sitz des Bundeskartellamts zuständige Oberlandesgericht, und zwar auch dann, wenn sich die Beschwerde gegen eine Verfügung des Bundesministeriums für Wirtschaft und Energie richtet. § 36 der Zivilprozessordnung gilt entsprechend. Für Streitigkeiten über Entscheidungen des Bundeskartellamts, die die freiwillige Vereinigung von Krankenkassen nach § 158 des Fünften Buches Sozialgesetzbuch betreffen, gilt § 202 Satz 3 des Sozialgerichtsgesetzes.

(5) Der Bundesgerichtshof entscheidet als Beschwerdegericht im ersten und letzten Rechtszug über sämtliche Streitigkeiten gegen Verfügungen des Bundeskartellamts

1. nach § 19a, auch in Verbindung mit §§ 19, 20 und Artikel 102 des Vertrages über die Arbeitsweise der Europäischen Union sowie § 32 Absatz 1, 2 und 3,
2. nach den §§ 32a und 32b, soweit diese Vorschriften auf Sachverhalte im Sinne des § 19a angewendet werden,

jeweils einschließlich aller selbständig anfechtbaren Verfahrenshandlungen.

§ 74 Frist und Form

(1) Die Beschwerde ist binnen einer Frist von einem Monat bei der Kartellbehörde, deren Verfügung angefochten wird, schriftlich einzureichen. Die Frist beginnt mit der Zustellung der Verfügung der Kartellbehörde. Wird in den Fällen des § 36 Absatz 1 Antrag auf Erteilung einer Erlaubnis nach § 42 gestellt, so beginnt die Frist für die Beschwerde gegen die Verfügung des Bundeskartellamts mit der Zustellung der Verfügung des Bundesministeriums für Wirtschaft und Energie. Es genügt, wenn die Beschwerde innerhalb der Frist bei dem Beschwerdegericht eingeht.

(2) Ergeht entsprechend § 73 Absatz 3 Satz 2 auf einen Antrag keine Verfügung, so ist die Beschwerde an keine Frist gebunden.

(3) Die Beschwerde ist innerhalb von zwei Monaten nach Zustellung der angefochtenen Verfügung zu begründen. Im Fall des Absatzes 1 Satz 3 beginnt die Frist mit der Zustellung der Verfügung des Bundesministeriums für Wirtschaft und Energie. Wird diese Verfügung angefochten, beginnt die Frist zu dem Zeitpunkt, zu dem die Untersagung unanfechtbar wird. Im Fall des Absatzes 2 beträgt die Frist einen Monat; sie beginnt mit der Einlegung der Beschwerde. Die Frist kann auf Antrag von dem oder der Vorsitzenden des Beschwerdegerichts verlängert werden.

(4) Die Beschwerdebegründung muss enthalten:

1. die Erklärung, inwieweit die Verfügung angefochten und ihre Abänderung oder Aufhebung beantragt wird,
2. die Angabe der Tatsachen und Beweismittel, auf die sich die Beschwerde stützt.

(5) Die Beschwerdeschrift und die Beschwerdebegründung müssen durch einen Rechtsanwalt unterzeichnet sein; dies gilt nicht für Beschwerden der Kartellbehörden.

§ 75 Untersuchungsgrundsatz

(1) Das Beschwerdegericht erforscht den Sachverhalt von Amts wegen.

(2) Der oder die Vorsitzende hat darauf hinzuwirken, dass Formfehler beseitigt, unklare Anträge erläutert, sachdienliche Anträge gestellt, ungenügende tatsächliche Angaben ergänzt, ferner alle für die Feststellung und Beurteilung des Sachverhalts wesentlichen Erklärungen abgegeben werden.

(3) Das Beschwerdegericht kann den Beteiligten aufgeben, sich innerhalb einer zu bestimmenden Frist über aufklärungsbedürftige Punkte zu äußern, Beweismittel zu bezeichnen und in ihren Händen befindliche Urkunden sowie andere Beweismittel vorzulegen. Bei Versäumung der Frist kann nach Lage der Sache ohne Berücksichtigung der nicht beigebrachten Beweismittel entschieden werden.

(4) Wird die Anforderung nach § 59 Absatz 5 oder die Anordnung nach § 59a Absatz 5 mit der Beschwerde angefochten, hat die Kartellbehörde die tatsächlichen Anhaltspunkte glaubhaft zu machen. § 294 Absatz 1 der Zivilprozessordnung findet Anwendung. Eine Glaubhaftmachung ist nicht erforderlich, soweit § 20 voraussetzt, dass Unternehmen von Unternehmen in der Weise abhängig sind, dass ausreichende und zumutbare Ausweichmöglichkeiten nicht bestehen.

(5) Der Bundesgerichtshof kann in Verfahren nach § 73 Absatz 5 eine Stellungnahme der Monopolkommission einholen.

§ 76 Beschwerdeentscheidung

(1) Das Beschwerdegericht entscheidet durch Beschluss nach seiner freien, aus dem Gesamtergebnis des Verfahrens gewonnenen Überzeugung. Der Beschluss darf nur auf Tatsachen und Beweismittel gestützt werden, zu denen die Beteiligten sich äußern konnten. Das Beschwerdegericht kann hiervon abweichen, soweit Beigeladenen aus wichtigen Gründen, insbesondere zur Wahrung von Betriebs- oder Geschäftsgeheimnissen, Akteneinsicht nicht gewährt und der Akteninhalt aus diesen Gründen auch nicht vorgetragen worden ist. Dies gilt nicht für solche Beigeladene, die an dem streitigen Rechtsverhältnis derart beteiligt sind, dass die Entscheidung auch ihnen gegenüber nur einheitlich ergehen kann.

(2) Hält das Beschwerdegericht die Verfügung der Kartellbehörde für unzulässig oder unbegründet, so hebt es diese auf. Hat sich die Verfügung vorher durch Zurücknahme oder auf andere Weise erledigt, so spricht das Beschwerdegericht auf Antrag aus, dass die Verfügung der Kartellbehörde unzulässig oder unbegründet gewesen ist, wenn der Beschwerdeführer ein berechtigtes Interesse an dieser Feststellung hat.

(3) Hat sich eine Verfügung nach den §§ 32 bis 32b oder § 32d wegen nachträglicher Änderung der tatsächlichen Verhältnisse oder auf andere Weise erledigt, so spricht das Beschwerdegericht auf Antrag aus, ob, in welchem Umfang und bis zu welchem Zeitpunkt die Verfügung begründet gewesen ist.

(4) Hält das Beschwerdegericht die Ablehnung oder Unterlassung der Verfügung für unzulässig oder unbegründet, so spricht es die Verpflichtung der Kartellbehörde aus, die beantragte Verfügung vorzunehmen.

(5) Die Verfügung ist auch dann unzulässig oder unbegründet, wenn die Kartellbehörde von ihrem Ermessen fehlsamen Gebrauch gemacht hat, insbesondere, wenn sie die gesetzlichen Grenzen des Ermessens überschritten oder durch die Ermessensentscheidung Sinn und Zweck dieses Gesetzes verletzt hat. Die Würdigung der gesamtwirtschaftlichen Lage und Entwicklung ist hierbei der Nachprüfung des Gerichts entzogen.

(6) Der Beschluss ist zu begründen und mit einer Rechtsmittelbelehrung den Beteiligten zuzustellen.

Abschnitt 4. Rechtsbeschwerde und Nichtzulassungsbeschwerde

§ 77 Zulassung, absolute Rechtsbeschwerdegründe

(1) Gegen Beschlüsse der Oberlandesgerichte findet die Rechtsbeschwerde an den Bundesgerichtshof statt, wenn das Oberlandesgericht die Rechtsbeschwerde zugelassen hat. Für Beschlüsse des Landessozialgerichts in Streitigkeiten, die die freiwillige Vereinigung von Krankenkassen nach § 158 des Fünften Buches Sozialgesetzbuch betreffen, gilt § 202 Satz 3 des Sozialgerichtsgesetzes.

(2) Die Rechtsbeschwerde ist zuzulassen, wenn
1. eine Rechtsfrage von grundsätzlicher Bedeutung zu entscheiden ist oder
2. die Fortbildung des Rechts oder die Sicherung einer einheitlichen Rechtsprechung eine Entscheidung des Bundesgerichtshofs erfordert.

(3) Über die Zulassung oder Nichtzulassung der Rechtsbeschwerde ist in der Entscheidung des Oberlandesgerichts zu befinden. Die Nichtzulassung ist zu begründen.

(4) Einer Zulassung zur Einlegung der Rechtsbeschwerde gegen Entscheidungen des Beschwerdegerichts bedarf es nicht, wenn einer der folgenden Mängel des Verfahrens vorliegt und gerügt wird:
1. wenn das beschließende Gericht nicht vorschriftsmäßig besetzt war,
2. wenn bei der Entscheidung ein Richter mitgewirkt hat, der von der Ausübung des Richteramtes kraft Gesetzes ausgeschlossen oder wegen Besorgnis der Befangenheit mit Erfolg abgelehnt war,
3. wenn einem Beteiligten das rechtliche Gehör versagt war,
4. wenn ein Beteiligter im Verfahren nicht nach Vorschrift des Gesetzes vertreten war, sofern er nicht der Führung des Verfahrens ausdrücklich oder stillschweigend zugestimmt hat,
5. wenn die Entscheidung aufgrund einer mündlichen Verhandlung ergangen ist, bei der die Vorschriften über die Öffentlichkeit des Verfahrens verletzt worden sind, oder
6. wenn die Entscheidung nicht mit Gründen versehen ist.

§ 78 Nichtzulassungsbeschwerde

(1) Die Nichtzulassung der Rechtsbeschwerde kann von den am Beschwerdeverfahren Beteiligten durch Nichtzulassungsbeschwerde angefochten werden.

(2) Über die Nichtzulassungsbeschwerde entscheidet der Bundesgerichtshof durch Beschluss, der zu begründen ist. Der Beschluss kann ohne mündliche Verhandlung ergehen.

(3) Die Nichtzulassungsbeschwerde ist binnen einer Frist von einem Monat schriftlich bei dem Oberlandesgericht einzulegen. Die Frist beginnt mit der Zustellung der angefochtenen Entscheidung.

(4) Die Nichtzulassungsbeschwerde ist innerhalb von zwei Monaten nach Zustellung der Entscheidung des Beschwerdegerichts zu begründen. Die Frist kann auf Antrag von dem oder der Vorsitzenden verlängert werden. In der Begründung der Nichtzulassungsbeschwerde müssen die Zulassungsgründe des § 77 Absatz 2 dargelegt werden.

(5) Die Nichtzulassungsbeschwerdeschrift und -begründung müssen durch einen Rechtsanwalt unterzeichnet sein; dies gilt nicht für Nichtzulassungsbeschwerden der Kartellbehörden.

(6) Wird die Rechtsbeschwerde nicht zugelassen, so wird die Entscheidung des Oberlandesgerichts mit der Zustellung des Beschlusses des Bundesgerichtshofs rechtskräftig. Wird die Rechtsbeschwerde zugelassen, so wird das Verfahren als Rechtsbeschwerdeverfahren fortgesetzt. In diesem Fall gilt die form- und fristgerechte Einlegung der Nichtzulassungsbeschwerde als Einlegung der Rechtsbeschwerde. Mit der Zustellung der Entscheidung beginnt die Frist für die Begründung der Rechtsbeschwerde.

§ 79 Rechtsbeschwerdeberechtigte, Form und Frist

(1) Die Rechtsbeschwerde steht den am Beschwerdeverfahren Beteiligten zu.

(2) Die Rechtsbeschwerde kann nur darauf gestützt werden, dass die Entscheidung auf einer Verletzung des Rechts beruht; die §§ 546 und 547 der Zivilprozessordnung gelten entsprechend. Die Rechtsbeschwerde kann nicht darauf gestützt werden, dass die Kartellbehörde unter Verletzung des § 48 oder des § 50 Absatz 1 ihre Zuständigkeit zu Unrecht angenommen hat.

(3) Die Rechtsbeschwerde ist binnen einer Frist von einem Monat schriftlich bei dem Oberlandesgericht einzulegen. Die Frist beginnt mit der Zustellung der angefochtenen Entscheidung.

(4) Die Rechtsbeschwerde ist innerhalb von zwei Monaten nach Zustellung der Entscheidung des Beschwerdegerichts zu begründen. Die Frist kann auf Antrag von dem oder der Vorsitzenden verlängert werden. Die Begründung muss die Erklärung enthalten, inwieweit die Entscheidung des Beschwerdegerichts angefochten und ihre Abänderung oder Aufhebung beantragt wird. Ist die Rechtsbeschwerde aufgrund einer Nichtzulassungsbeschwerde zugelassen worden, kann zur Begründung der Rechtsbeschwerde auf die Begründung der Nichtzulassungsbeschwerde Bezug genommen werden.

(5) Die Rechtsbeschwerdeschrift und -begründung müssen durch einen Rechtsanwalt unterzeichnet sein; dies gilt nicht für Rechtsbeschwerden der Kartellbehörden.

(6) Der Bundesgerichtshof ist an die in der angefochtenen Entscheidung getroffenen tatsächlichen Feststellungen gebunden, außer, wenn in Bezug auf diese Feststellungen zulässige und begründete Rechtsbeschwerdegründe vorgebracht sind.

§ 80 Rechtsbeschwerdeentscheidung

(1) Der Bundesgerichtshof entscheidet durch Beschluss.

(2) Ist die Rechtsbeschwerde unzulässig, so verwirft sie der Bundesgerichtshof.

(3) Ist die Rechtsbeschwerde unbegründet, so weist der Bundesgerichtshof die Rechtsbeschwerde zurück.

(4) Ist die Rechtsbeschwerde begründet, so kann der Bundesgerichtshof
1. in der Sache entsprechend § 76 Absatz 2 bis 5 selbst entscheiden,
2. den angefochtenen Beschluss aufheben und die Sache zur anderweitigen Verhandlung und Entscheidung zurückverweisen.

Der Bundesgerichtshof verweist den Rechtsstreit zurück, wenn der im Rechtsbeschwerdeverfahren entsprechend § 142 Absatz 1 Satz 2 in Verbindung mit § 65 Absatz 2 der Verwaltungsgerichtsordnung Beigeladene ein berechtigtes Interesse daran hat.

(5) Ergibt die Begründung der Beschwerdeentscheidung zwar eine Rechtsverletzung, stellt sich die Beschwerdeentscheidung selbst aber aus anderen Gründen als richtig dar, so ist die Rechtsbeschwerde zurückzuweisen.

(6) Das Beschwerdegericht hat seiner Entscheidung nach einer Zurückverweisung die rechtliche Beurteilung des Bundesgerichtshofs zugrunde zu legen.

(7) Der Beschluss ist zu begründen und den Beteiligten zuzustellen.

Kapitel 2. Bußgeldsachen

Abschnitt 1. Bußgeldvorschriften

§ 81 Bußgeldtatbestände

(1) Ordnungswidrig handelt, wer gegen den Vertrag über die Arbeitsweise der Europäischen Union in der Fassung der Bekanntmachung vom 9. Mai 2008 (ABl. C 115 vom 9.5.2008, S. 47) verstößt, indem er vorsätzlich oder fahrlässig

1. entgegen Artikel 101 Absatz 1 eine Vereinbarung trifft, einen Beschluss fasst oder Verhaltensweisen aufeinander abstimmt oder
2. entgegen Artikel 102 Satz 1 eine beherrschende Stellung missbräuchlich ausnutzt.

(2) Ordnungswidrig handelt, wer vorsätzlich oder fahrlässig

1. einer Vorschrift der §§ 1, 19, 20 Absatz 1 bis 3 Satz 1, Absatz 3a oder Absatz 5, des § 21 Absatz 3 oder 4, des § 29 Satz 1 oder des § 41 Absatz 1 Satz 1 über das Verbot einer dort genannten Vereinbarung, eines dort genannten Beschlusses, einer aufeinander abgestimmten Verhaltensweise, des Missbrauchs einer marktbeherrschenden Stellung, des Missbrauchs einer Marktstellung oder einer überlegenen Marktmacht, einer unbilligen Behinderung oder unterschiedlichen Behandlung, der Ablehnung der Aufnahme eines Unternehmens, der Ausübung eines Zwangs, der Zufügung eines wirtschaftlichen Nachteils oder des Vollzugs eines Zusammenschlusses zuwiderhandelt,
2. einer vollziehbaren Anordnung nach
   a) § 19a Absatz 2, § 30 Absatz 3, § 31b Absatz 3 Nummer 1 und 3, § 32 Absatz 1, § 32a Absatz 1, § 32b Absatz 1 Satz 1, § 32f Absatz 3 Satz 6 oder Absatz 4 Satz 1, § 41 Absatz 4 Nummer 2, auch in Verbindung mit § 40 Absatz 3a Satz 2, auch in Verbindung mit § 41 Absatz 2 Satz 3 oder § 42 Absatz 2 Satz 2, oder § 60 oder
   b) § 39 Absatz 5 oder
   c) § 47d Absatz 1 Satz 2 in Verbindung mit einer Rechtsverordnung nach § 47f Nummer 1 oder
   d) § 47d Absatz 1 Satz 5 erster Halbsatz in Verbindung mit einer Rechtsverordnung nach § 47f Nummer 2 zuwiderhandelt,
3. entgegen § 39 Absatz 1 einen Zusammenschluss nicht richtig oder nicht vollständig anmeldet,
4. entgegen § 39 Absatz 6 eine Anzeige nicht, nicht richtig, nicht vollständig oder nicht rechtzeitig erstattet,
5. einer vollziehbaren Auflage nach § 40 Absatz 3 Satz 1 oder § 42 Absatz 2 Satz 1 zuwiderhandelt,

5a. einer Rechtsverordnung nach § 47f Nummer 3 Buchstabe a, b oder c oder einer vollziehbaren Anordnung aufgrund einer solchen Rechtsverordnung zuwiderhandelt, soweit die Rechtsverordnung für einen bestimmten Tatbestand auf diese Bußgeldvorschrift verweist,

5b. entgegen § 47k Absatz 2 Satz 1, auch in Verbindung mit Satz 2, jeweils in Verbindung mit einer Rechtsverordnung nach § 47k Absatz 8 Satz 1 Nummer 1 oder Nummer 2, eine dort genannte Änderung oder Mengenangabe nicht, nicht richtig, nicht vollständig oder nicht rechtzeitig übermittelt,
6. entgegen § 59 Absatz 2 oder Absatz 4, auch in Verbindung mit § 47d Absatz 1 Satz 1, § 47k Absatz 7 oder § 82b Absatz 1, ein Auskunftsverlangen nicht, nicht richtig, nicht vollständig oder nicht rechtzeitig beantwortet oder Unterlagen nicht, nicht vollständig oder nicht rechtzeitig herausgibt,
7. entgegen § 59 Absatz 1 Satz 8, auch in Verbindung mit § 82b Absatz 1, nicht zu einer Befragung erscheint,
8. entgegen § 59a Absatz 2, auch in Verbindung mit § 47d Absatz 1 Satz 1 und § 47k Absatz 7, geschäftliche Unterlagen nicht, nicht vollständig oder nicht rechtzeitig zur Einsichtnahme und Prüfung vorlegt oder die Prüfung von geschäftlichen Unterlagen sowie das Betreten von Geschäftsräumen und -grundstücken nicht duldet,
9. entgegen § 59b Absatz 5 Satz 2, auch in Verbindung mit § 82b Absatz 1, eine Durchsuchung von Geschäftsräumen oder geschäftlich genutzten Grundstücken oder Sachen nicht duldet,
10. ein Siegel bricht, das von den Bediensteten der Kartellbehörde oder von einer von diesen Bediensteten ermächtigten oder benannten Person gemäß § 59b Absatz 3 Satz 1 Nummer 2, auch in Verbindung mit § 82b Absatz 1, angebracht worden ist, oder
11. ein Verlangen nach § 59b Absatz 3 Satz 1 Nummer 3, auch in Verbindung mit § 82b Absatz 1, nicht, nicht richtig, nicht vollständig oder nicht rechtzeitig beantwortet.

(3) Ordnungswidrig handelt, wer
1. entgegen § 21 Absatz 1 zu einer Liefersperre oder Bezugssperre auffordert,
2. entgegen § 21 Absatz 2 einen Nachteil androht oder zufügt oder einen Vorteil verspricht oder gewährt oder
3. entgegen § 24 Absatz 4 Satz 3 oder § 39 Absatz 3 Satz 5 eine Angabe macht oder benutzt.

§ 81a Geldbußen gegen Unternehmen

(vgl. dazu Übergangsbestimmung in § 187 Abs. 5)

(1) Hat jemand als Leitungsperson im Sinne des § 30 Absatz 1 Nummer 1 bis 5 des Gesetzes über Ordnungswidrigkeiten eine Ordnungswidrigkeit nach § 81 begangen, durch die Pflichten, welche das Unternehmen treffen, verletzt worden sind oder das Unternehmen bereichert worden ist oder werden sollte, so kann auch gegen weitere juristische Personen oder Personenvereinigungen, die das Unternehmen zum Zeitpunkt der Begehung der Ordnungswidrigkeit gebildet haben und die auf die juristische Person oder Personenvereinigung, deren Leitungsperson die Ordnungswidrigkeit begangen hat, unmittelbar oder mittelbar einen bestimmenden Einfluss ausgeübt haben, eine Geldbuße festgesetzt werden.

(2) Im Fall einer Gesamtrechtsnachfolge oder einer partiellen Gesamtrechtsnachfolge durch Aufspaltung (§ 123 Absatz 1 des Umwandlungsgesetzes) kann die Geldbuße nach Absatz 1 auch gegen den oder die Rechtsnachfolger festgesetzt werden. Im Bußgeldverfahren tritt der Rechtsnachfolger oder treten die Rechtsnachfolger in die Verfahrensstellung ein, in der sich der Rechtsvorgänger zum Zeitpunkt des Wirksamwerdens der Rechtsnachfolge befunden hat. § 30 Absatz 2a Satz 2 des Gesetzes über Ordnungswidrigkeiten findet insoweit keine Anwendung. Satz 3 gilt auch für die Rechtsnachfolge nach § 30 Absatz 2a Satz 1 des Gesetzes über Ordnungswidrigkeiten, soweit eine Ordnungswidrigkeit nach § 81 zugrunde liegt.

(3) Die Geldbuße nach § 30 Absatz 1 und 2 des Gesetzes über Ordnungswidrigkeiten sowie nach Absatz 1 kann auch gegen die juristischen Personen oder Personenvereinigungen festgesetzt werden, die das Unternehmen in wirtschaftlicher Kontinuität fortführen (wirtschaftliche Nachfolge). Für das Verfahren gilt Absatz 2 Satz 2 entsprechend.

(4) In den Fällen der Absätze 1 bis 3 bestimmen sich das Höchstmaß der Geldbuße und die Verjährung nach dem für die Ordnungswidrigkeit geltenden Recht. Die Geldbuße nach Absatz 1 kann selbstständig festgesetzt werden.

(5) Soweit in den Fällen der Absätze 1 bis 3 gegen mehrere juristische Personen oder Personenvereinigungen wegen derselben Ordnungswidrigkeit Geldbußen festgesetzt werden, finden die Vorschriften zur Gesamtschuld entsprechende Anwendung.

§ 81b Geldbußen gegen Unternehmensvereinigungen

(1) Wird gegen eine Unternehmensvereinigung als juristische Person oder Personenvereinigung im Sinne des § 30 des Gesetzes gegen Ordnungswidrigkeiten eine Geldbuße nach § 81c Absatz 4 festgesetzt und ist die Unternehmensvereinigung selbst nicht zahlungsfähig, so setzt die Kartellbehörde eine angemessene Frist, binnen derer die Unternehmensvereinigung von ihren Mitgliedern Beiträge zur Zahlung der Geldbuße verlangt.

(2) Sind die Beiträge zur Zahlung der Geldbuße innerhalb der nach Absatz 1 gesetzten Frist nicht in voller Höhe entrichtet worden, so kann die Kartellbehörde die Zahlung des ausstehenden Betrags der Geldbuße direkt von jedem Unternehmen verlangen, dessen Vertreter den Entscheidungsgremien der Unternehmensvereinigung zum Zeitpunkt der Begehung der Ordnungswidrigkeit angehört haben.

(3) Soweit dies nach einem Verlangen nach Absatz 2 zur vollständigen Zahlung der Geldbuße notwendig ist, kann die Kartellbehörde die Zahlung des ausstehenden Betrags der Geldbuße auch von jedem Mitglied der Unternehmensvereinigung verlangen, das auf dem von der Ordnungswidrigkeit betroffenen Markt tätig war.

(4) Eine Zahlung nach den Absätzen 2 und 3 kann nicht von Unternehmen verlangt werden, die darlegen, dass sie
1. entweder von der Existenz dieses Beschlusses keine Kenntnis hatten oder sich vor Einleitung des Verfahrens der Kartellbehörde aktiv davon distanziert haben und
2. den die Geldbuße nach § 81 begründenden Beschluss der Unternehmensvereinigung nicht umgesetzt haben.

(5) Das Verlangen nach Zahlung des ausstehenden Betrags der Geldbuße darf für ein einzelnes Unternehmen 10 Prozent des in dem der Behördenentscheidung vorausgegangenen Geschäftsjahr erzielten Gesamtumsatzes des jeweiligen Unternehmens nicht übersteigen.

(6) Die Absätze 1 bis 5 finden keine Anwendung in Bezug auf Mitglieder der Unternehmensvereinigung,
1. gegen die im Zusammenhang mit der Ordnungswidrigkeit eine Geldbuße festgesetzt wurde oder
2. denen nach § 81k ein Erlass der Geldbuße gewährt wurde.

§ 81c Höhe der Geldbuße

(1) Die Ordnungswidrigkeit kann in den Fällen des § 81 Absatz 1, 2 Nummer 1, 2 Buchstabe a und Nummer 5 und Absatz 3 mit einer Geldbuße bis zu einer Million

Euro geahndet werden. In den übrigen Fällen des § 81 kann die Ordnungswidrigkeit mit einer Geldbuße bis zu einhunderttausend Euro geahndet werden.

(2) Im Fall eines Unternehmens oder einer Unternehmensvereinigung kann bei Verstößen nach § 81 Absatz 1, 2 Nummer 1, 2 Buchstabe a und Nummer 5 sowie Absatz 3 über Absatz 1 hinaus eine höhere Geldbuße verhängt werden. Die Geldbuße darf 10 Prozent des in dem der Behördenentscheidung vorausgegangenen Geschäftsjahr erzielten Gesamtumsatzes des Unternehmens oder der Unternehmensvereinigung nicht übersteigen.

(3) Im Fall eines Unternehmens oder einer Unternehmensvereinigung kann bei Verstößen nach § 81 Absatz 2 Nummer 2 Buchstabe b, Nummer 3 sowie 6 bis 11 über Absatz 1 hinaus eine höhere Geldbuße verhängt werden. Die Geldbuße darf 1 Prozent des in dem der Behördenentscheidung vorausgegangenen Geschäftsjahr erzielten Gesamtumsatzes des Unternehmens oder der Unternehmensvereinigung nicht übersteigen.

(4) Wird gegen eine Unternehmensvereinigung eine Geldbuße wegen einer Ordnungswidrigkeit gemäß § 81 Absatz 1 festgesetzt, die mit den Tätigkeiten ihrer Mitglieder im Zusammenhang steht, so darf diese abweichend von Absatz 2 Satz 2 10 Prozent der Summe des in dem der Behördenentscheidung vorausgegangenen Geschäftsjahr erzielten Gesamtumsatzes derjenigen Mitglieder, die auf dem von der Ordnungswidrigkeit betroffenen Markt tätig waren, nicht übersteigen. Dabei bleiben die Umsätze von solchen Mitgliedern unberücksichtigt, gegen die im Zusammenhang mit der Ordnungswidrigkeit bereits eine Geldbuße festgesetzt wurde oder denen nach § 81k ein Erlass der Geldbuße gewährt wurde.

(5) Bei der Ermittlung des Gesamtumsatzes ist der weltweite Umsatz aller natürlichen und juristischen Personen sowie Personenvereinigungen zugrunde zu legen, die als wirtschaftliche Einheit operieren. Die Höhe des Gesamtumsatzes kann geschätzt werden.

§ 81d Zumessung der Geldbuße

(1) Bei der Festsetzung der Höhe der Geldbuße ist sowohl die Schwere der Zuwiderhandlung als auch deren Dauer zu berücksichtigen. Bei Geldbußen, die gegen Unternehmen oder Unternehmensvereinigungen wegen wettbewerbsbeschränkender Vereinbarungen, Beschlüssen oder abgestimmter Verhaltensweisen nach § 1 dieses Gesetzes oder Artikel 101 des Vertrages über die Arbeitsweise der Europäischen Union oder wegen verbotener Verhaltensweisen nach den §§ 19, 20 oder 21 oder nach Artikel 102 des Vertrages über die Arbeitsweise der Europäischen Union festgesetzt werden, kommen als abzuwägende Umstände insbesondere in Betracht:
1. die Art und das Ausmaß der Zuwiderhandlung, insbesondere die Größenordnung der mit der Zuwiderhandlung in unmittelbarem oder mittelbarem Zusammenhang stehenden Umsätze,
2. die Bedeutung der von der Zuwiderhandlung betroffenen Produkte und Dienstleistungen,
3. die Art der Ausführung der Zuwiderhandlung,
4. vorausgegangene Zuwiderhandlungen des Unternehmens sowie vor der Zuwiderhandlung getroffene, angemessene und wirksame Vorkehrungen zur Vermeidung und Aufdeckung von Zuwiderhandlungen und
5. das Bemühen des Unternehmens, die Zuwiderhandlung aufzudecken und den Schaden wiedergutzumachen sowie nach der Zuwiderhandlung getroffene Vorkehrungen zur Vermeidung und Aufdeckung von Zuwiderhandlungen.

Bei der Berücksichtigung des Ausmaßes, der Größenordnung und der Bedeutung im Sinne des Satzes 2 Nummer 1 und 2 können Schätzungen zugrunde gelegt werden.

(2) Bei der Zumessung der Geldbuße sind die wirtschaftlichen Verhältnisse des Unternehmens oder der Unternehmensvereinigung maßgeblich. Haben sich diese während oder nach der Tat infolge des Erwerbs durch einen Dritten verändert, so ist eine geringere Höhe der gegenüber dem Unternehmen oder der Unternehmensvereinigung zuvor angemessenen Geldbuße zu berücksichtigen.

(3) § 17 Absatz 4 des Gesetzes über Ordnungswidrigkeiten findet mit der Maßgabe Anwendung, dass der wirtschaftliche Vorteil, der aus der Ordnungswidrigkeit gezogen wurde, durch die Geldbuße nach § 81c abgeschöpft werden kann. Dient die Geldbuße allein der Ahndung, ist dies bei der Zumessung entsprechend zu berücksichtigen.

(4) Das Bundeskartellamt kann allgemeine Verwaltungsgrundsätze über die Ausübung seines Ermessens bei der Bemessung der Geldbuße, insbesondere für die Feststellung der Bußgeldhöhe und für die Zusammenarbeit mit ausländischen Wettbewerbsbehörden, festlegen.

§ 81e Ausfallhaftung im Übergangszeitraum

(1) Erlischt die nach § 30 des Gesetzes über Ordnungswidrigkeiten verantwortliche juristische Person oder Personenvereinigung nach der Bekanntgabe der Einleitung des Bußgeldverfahrens oder wird Vermögen verschoben mit der Folge, dass ihr oder ihrem Rechtsnachfolger gegenüber eine nach den §§ 81c und 81d in Bezug auf das Unternehmen angemessene Geldbuße nicht festgesetzt oder voraussichtlich nicht vollstreckt werden kann, so kann gegen juristische Personen oder Personenvereinigungen, die zum Zeitpunkt der Bekanntgabe der Einleitung des Bußgeldverfahrens das Unternehmen gebildet und auf die verantwortliche juristische Person oder Personenvereinigung oder ihren Rechtsnachfolger unmittelbar oder mittelbar einen bestimmenden Einfluss ausgeübt haben oder die nach der Bekanntgabe der Einleitung des Bußgeldverfahrens Rechtsnachfolger im Sinne des § 81a Absatz 2 oder wirtschaftlicher Nachfolger im Sinne des § 81a Absatz 3 werden, ein Haftungsbetrag in Höhe der nach den §§ 81c und 81d in Bezug auf das Unternehmen angemessenen Geldbuße festgesetzt werden.

(2) § 81a Absatz 2 und 3 gilt für die Haftung nach Absatz 1 entsprechend.

(3) Für das Verfahren zur Festsetzung und Vollstreckung des Haftungsbetrages gelten die Vorschriften über die Festsetzung und Vollstreckung einer Geldbuße entsprechend. Für die Verjährungsfrist gilt das für die Ordnungswidrigkeit geltende Recht entsprechend. § 31 Absatz 3 des Gesetzes über Ordnungswidrigkeiten gilt mit der Maßgabe entsprechend, dass die Verjährung mit Eintritt der Voraussetzungen nach Absatz 1 beginnt.

(4) Sofern gegen mehrere juristische Personen oder Personenvereinigungen eines Unternehmens wegen derselben Ordnungswidrigkeit Geldbußen und Haftungsbeträge festgesetzt werden, darf im Vollstreckungsverfahren diesen gegenüber insgesamt nur eine Beitreibung bis zur Erreichung des höchsten festgesetzten Einzelbetrages erfolgen.

§ 81f Verzinsung der Geldbuße

(vgl. dazu Übergangsbestimmung in § 187 Abs. 8)

Im Bußgeldbescheid festgesetzte Geldbußen gegen juristische Personen und Personenvereinigungen sind zu verzinsen; die Verzinsung beginnt vier Wochen nach Zustellung des Bußgeldbescheides. § 288 Absatz 1 Satz 2 und § 289 Satz 1 des Bürgerlichen Gesetzbuchs sind entsprechend anzuwenden. Die Verjährungsfrist beträgt drei Jahre und beginnt mit dem Ablauf des Kalenderjahres, in dem die festgesetzte Geldbuße vollständig gezahlt oder beigetrieben wurde.

§ 81g Verjährung der Geldbuße

(1) Die Verjährung der Verfolgung von Ordnungswidrigkeiten nach § 81 bestimmt sich nach den Vorschriften des Gesetzes über Ordnungswidrigkeiten auch dann, wenn die Tat durch Verbreiten von Druckschriften begangen wird. Die Verfolgung der Ordnungswidrigkeiten nach § 81 Absatz 1, 2 Nummer 1 und Absatz 3 verjährt in fünf Jahren.

(2) Eine Unterbrechung der Verjährung nach § 33 Absatz 1 Nummer 1 des Gesetzes über Ordnungswidrigkeiten wird auch durch den Erlass des ersten an den Betroffenen gerichteten Auskunftsverlangens nach § 82b Absatz 1 in Verbindung mit § 59 bewirkt, sofern es binnen zwei Wochen zugestellt wird, ansonsten durch dessen Zustellung.

(3) Die Verjährung ruht, solange die Europäische Kommission oder die Wettbewerbsbehörde eines anderen Mitgliedstaates der Europäischen Union aufgrund einer Beschwerde oder von Amts wegen mit einem Verfahren wegen eines Verstoßes gegen Artikel 101 oder 102 des Vertrages über die Arbeitsweise der Europäischen Union gegen dieselbe Vereinbarung, denselben Beschluss oder dieselbe Verhaltensweise wie die Kartellbehörde befasst ist. Das Ruhen der Verjährung beginnt mit den § 33 Absatz 1 des Gesetzes über Ordnungswidrigkeiten sowie Absatz 2 entsprechenden Handlungen dieser Wettbewerbsbehörden. Das Ruhen der Verjährung dauert fort bis zu dem Tag, an dem die andere Wettbewerbsbehörde ihr Verfahren vollständig beendet, indem sie eine abschließende Entscheidung erlässt oder zu dem Schluss gelangt, dass zu weiteren Maßnahmen ihrerseits kein Anlass besteht. Das Ruhen der Verjährung wirkt gegenüber allen Unternehmen oder Unternehmensvereinigungen, die an der Zuwiderhandlung beteiligt waren.

(4) Die Verjährung tritt spätestens mit dem Tag ein, an dem die doppelte Verjährungsfrist verstrichen ist. Diese Frist verlängert sich abweichend von § 33 Absatz 3 Satz 2 des Gesetzes über Ordnungswidrigkeiten um den Zeitraum, in dem die Bußgeldentscheidung Gegenstand eines Verfahrens ist, das bei einer gerichtlichen Instanz anhängig ist.

Abschnitt 2. Kronzeugenprogramm

§ 81h Ziel und Anwendungsbereich

(1) Die Kartellbehörde kann an Kartellen beteiligten natürlichen Personen, Unternehmen und Unternehmensvereinigungen (Kartellbeteiligte), die durch ihre Kooperation mit der Kartellbehörde dazu beitragen, ein Kartell aufzudecken, die Geldbuße erlassen oder reduzieren (Kronzeugenbehandlung).

(2) Die Regelungen dieses Abschnitts gelten für Bußgeldverfahren der Kartellbehörden zur Ahndung von Kartellen in Anwendung des § 81 Absatz 1 Nummer 1 dieses Gesetzes in Verbindung mit Artikel 101 des Vertrages über die Arbeitsweise der Europäischen Union und § 81 Absatz 2 Nummer 1 in Verbindung mit § 1 dieses Gesetzes.

(3) Das Bundeskartellamt kann allgemeine Verwaltungsgrundsätze über die Ausübung seines Ermessens bei der Anwendung des Kronzeugenprogramms sowie der Gestaltung des Verfahrens festlegen. Die Verwaltungsgrundsätze sind im Bundesanzeiger zu veröffentlichen.

§ 81i Antrag auf Kronzeugenbehandlung

(1) Eine Kronzeugenbehandlung ist nur auf Antrag möglich. Kartellbeteiligte können wegen einer verfolgbaren Tat einen Antrag auf Kronzeugenbehandlung bei der zuständigen Kartellbehörde stellen. Der Antrag muss detaillierte Informationen zu allen in § 81m Absatz 1 Satz 2 aufgelisteten Angaben enthalten und zusammen mit den entsprechenden Beweismitteln eingereicht werden.

(2) Ein Antrag auf Kronzeugenbehandlung, der für ein Unternehmen abgegeben wird, gilt, soweit nicht ausdrücklich etwas anderes erklärt wird, für alle juristischen Personen oder Personenvereinigungen, die im Zeitpunkt der Antragstellung das Unternehmen bilden. Er gilt auch für deren derzeitige sowie frühere Mitglieder von Aufsichts- und Leitungsorganen und Mitarbeiter.

(3) Der Antrag kann schriftlich oder nach § 32a der Strafprozessordnung elektronisch in deutscher, in englischer Sprache oder, nach Absprache zwischen der Kartellbehörde und dem Antragsteller, in einer anderen Sprache der Europäischen Union gestellt werden. Nimmt die Kartellbehörde einen Antrag in einer anderen als der deutschen Sprache entgegen, so kann sie vom Antragsteller verlangen, unverzüglich eine deutsche Übersetzung beizubringen. In Absprache mit der Kartellbehörde kann ein Antrag auch in Textform oder mündlich gestellt werden.

(4) Auf Ersuchen des Antragstellers bestätigt die Kartellbehörde den Eingang des Antrags mit Datum und Uhrzeit.

§ 81j Allgemeine Voraussetzungen für die Kronzeugenbehandlung

(1) Die Kronzeugenbehandlung kann nur gewährt werden, wenn der Antragsteller

1. seine Kenntnis von dem Kartell und seine Beteiligung daran in dem Antrag auf Kronzeugenbehandlung gegenüber der Kartellbehörde offenlegt oder ein Kartellbeteiligter im Fall eines zu seinen Gunsten geltenden Antrags umfassend an der Aufklärung des Sachverhalts mitwirkt;
2. seine Beteiligung an dem Kartell unmittelbar nach Stellung des Antrags auf Kronzeugenbehandlung beendet, soweit nicht einzelne Handlungen nach Auffassung der Kartellbehörde möglicherweise erforderlich sind, um die Integrität ihrer Untersuchung zu wahren;
3. ab dem Zeitpunkt der Stellung des Antrags auf Kronzeugenbehandlung bis zur Beendigung des kartellbehördlichen Verfahrens gegenüber allen Kartellbeteiligten der Pflicht zur ernsthaften, fortgesetzten und zügigen Kooperation genügt; diese beinhaltet insbesondere, dass er
   a) unverzüglich alle ihm zugänglichen Informationen über und Beweise für das Kartell zur Verfügung stellt,
   b) jede Anfrage beantwortet, die zur Feststellung des Sachverhalts beitragen kann,
   c) dafür sorgt, dass Mitglieder der Aufsichts- und Leitungsorgane sowie sonstige Mitarbeiter für Befragungen zur Verfügung stehen; bei früheren Mitgliedern der Aufsichts- und Leitungsorgane sowie sonstigen früheren Mitarbeitern genügt es, hierauf hinzuwirken,
   d) Informationen über und Beweise für das Kartell nicht vernichtet, verfälscht oder unterdrückt und
   e) weder die Tatsache der Stellung eines Antrags auf Kronzeugenbehandlung noch dessen Inhalt offenlegt, bis die Kartellbehörde ihn von dieser Pflicht entbindet;
4. während er die Stellung des Antrags auf Kronzeugenbehandlung erwogen hat,
   a) Informationen über oder Beweise für das Kartell weder vernichtet, noch verfälscht oder unterdrückt und

b) weder die beabsichtigte Stellung des Antrags auf Kronzeugenbehandlung noch dessen beabsichtigten Inhalt offengelegt hat; dies gilt mit Ausnahme der Offenlegung gegenüber anderen Wettbewerbsbehörden.

(2) Die Voraussetzungen des Absatzes 1 finden entsprechend Anwendung auf diejenigen Kartellbeteiligten, zu deren Gunsten der Antrag auf Kronzeugenbehandlung gemäß § 81i Absatz 2 gestellt ist.

§ 81k Erlass der Geldbuße

(1) Die Kartellbehörde sieht von der Verhängung einer Geldbuße gegenüber einem Kartellbeteiligten ab, wenn er
1. die in § 81j genannten Voraussetzungen erfüllt und
2. als Erster Beweismittel vorlegt, die, wenn die Kartellbehörde bereits in der Lage ist, einen Durchsuchungsbeschluss zu erwirken, erstmals den Nachweis der Tat ermöglichen und kein anderer Kartellbeteiligter bereits die Voraussetzungen für einen Erlass nach Absatz 1 erfüllt hat.

(2) Von der Verhängung einer Geldbuße gegenüber einem Kartellbeteiligten ist in der Regel abzusehen, wenn er
1. die in § 81j genannten Voraussetzungen erfüllt und
2. als Erster Beweismittel vorlegt, die, wenn die Kartellbehörde bereits in der Lage ist, einen Durchsuchungsbeschluss zu erwirken, erstmals den Nachweis der Tat ermöglichen und kein anderer Kartellbeteiligter bereits die Voraussetzungen für einen Erlass nach Absatz 1 erfüllt hat.

(3) Ein Erlass der Geldbuße kommt nicht in Betracht, wenn der Kartellbeteiligte Schritte unternommen hat, um andere Kartellbeteiligte zur Beteiligung am oder zum Verbleib im Kartell zu zwingen.

§ 81l Ermäßigung der Geldbuße

Die Kartellbehörde kann gegenüber einem Kartellbeteiligten die Geldbuße ermäßigen, wenn er
1. die in § 81j genannten Voraussetzungen erfüllt und
2. Beweismittel für das Kartell vorlegt, die im Hinblick auf den Nachweis der Tat gegenüber den Informationen und Beweismitteln, die der Kartellbehörde bereits vorliegen, einen erheblichen Mehrwert aufweisen.

(2) Der Umfang der Ermäßigung richtet sich insbesondere nach dem Nutzen der Informationen und Beweismittel sowie nach dem Zeitpunkt der Anträge auf Kronzeugenbehandlung.

(3) Übermittelt ein Antragsteller als Erster stichhaltige Beweise, die die Kartellbehörde zur Feststellung zusätzlicher Tatsachen heranzieht und zur Festsetzung höherer Geldbußen gegenüber anderen Kartellbeteiligten verwendet, oder wirkt ein Kartellbeteiligter im Fall eines Antrags zu seinen Gunsten an deren erstmaliger Übermittlung umfassend mit, so werden diese Tatsachen bei der Festsetzung der Geldbuße gegen den Antragsteller beziehungsweise gegen den begünstigten Kartellbeteiligten nicht berücksichtigt.

§ 81m Marker

(1) Ein Kartellbeteiligter kann sich an die Kartellbehörde wenden, um zunächst die Bereitschaft zur Zusammenarbeit zu erklären (Marker), um einen Rang in der Reihenfolge des Eingangs der Anträge auf Kronzeugenbehandlung zu erhalten. Ein Marker soll mindestens die folgenden Angaben in Kurzform enthalten:

1. den Namen und die Anschrift des Antragstellers,
2. die Namen der übrigen Kartellbeteiligten,
3. die betroffenen Produkte und Gebiete,
4. die Dauer und die Art der Tat, insbesondere auch betreffend die eigene Beteiligung, und
5. Informationen über alle bisherigen oder über etwaige künftige Anträge auf Kronzeugenbehandlung im Zusammenhang mit dem Kartell bei anderen Kartellbehörden, anderen europäischen Wettbewerbsbehörden oder sonstigen ausländischen Wettbewerbsbehörden.

(2) Ein Marker kann mündlich oder in Textform erklärt werden. § 81i Absatz 2, 3 Satz 1 und 2 und Absatz 4 gilt entsprechend.

(3) Die Kartellbehörde setzt eine angemessene Frist, vor deren Ablauf der Antragsteller einen Antrag auf Kronzeugenbehandlung, einschließlich detaillierter Informationen zu allen in Absatz 1 Satz 2 aufgelisteten Angaben zusammen mit den entsprechenden Beweismitteln, einzureichen hat. Für den Rang des ausgearbeiteten Antrags auf Kronzeugenbehandlung nach Satz 1 ist der Zeitpunkt des Markers nach Absatz 1 maßgeblich, soweit der Antragsteller die ihm obliegenden Pflichten fortwährend erfüllt. In diesem Fall gelten alle ordnungsgemäß bis zum Ablauf der nach Satz 1 gesetzten Frist beigebrachten Informationen und Beweismittel als zum Zeitpunkt des Markers vorgelegt.

§ 81n Kurzantrag

(1) Die Kartellbehörde nimmt von Kartellbeteiligten, die bei der Europäischen Kommission in Bezug auf dasselbe Kartell einen Antrag auf Kronzeugenbehandlung stellen, einen Kurzantrag an. Dies gilt nur, wenn sich der Antrag auf mehr als drei Mitgliedstaaten als von dem Kartell betroffene Gebiete bezieht.

(2) Für Kurzanträge gilt § 81m Absatz 1 Satz 2, Absatz 2 und 3 Satz 3 und 4 entsprechend. Zusätzlich sind Angaben über die Mitgliedstaaten zu machen, in denen sich die Beweismittel für das Kartell wahrscheinlich befinden.

(3) Die Kartellbehörde verlangt die Vorlage eines vollständigen Antrags auf Kronzeugenbehandlung, sobald ihr die Europäische Kommission mitgeteilt hat, dass sie den Fall weder insgesamt noch in Teilen weiterverfolgt, oder wenn weitere Angaben für die Abgrenzung oder die Zuweisung des Falles notwendig sind.

(4) Reicht der Antragsteller den vollständigen Antrag auf Kronzeugenbehandlung innerhalb der von der Kartellbehörde festgesetzten Frist ein, gilt der vollständige Antrag als zum Zeitpunkt des Eingangs des Kurzantrags vorgelegt, soweit der Kurzantrag dieselbe Tat, dieselben betroffenen Produkte, Gebiete und Kartellbeteiligten sowie dieselbe Dauer des Kartells erfasst wie der bei der Europäischen Kommission gestellte Antrag auf Kronzeugenbehandlung.

Abschnitt 3. Bußgeldverfahren

§ 82 Zuständigkeiten in Kartellbußgeldsachen

(1) Verwaltungsbehörden im Sinne des § 36 Absatz 1 Nummer 1 des Gesetzes über Ordnungswidrigkeiten sind

1. die Bundesnetzagentur als Markttransparenzstelle für Strom und Gas bei Ordnungswidrigkeiten nach § 81 Absatz 2 Nummer 2 Buchstabe c und d, Nummer 5a, 6, soweit ein Verstoß gegen § 47d Absatz 1 Satz 1 in Verbindung mit § 59 Absatz 2 oder Absatz 4 vorliegt, und Nummer 8, soweit ein Verstoß gegen § 47d Absatz 1 Satz 1 in Verbindung mit § 59a Absatz 2 vorliegt,

2. das Bundeskartellamt als Markttransparenzstelle für Kraftstoffe bei Ordnungswidrigkeiten nach § 81 Absatz 2 Nummer 5b, 6, soweit ein Verstoß gegen § 47k Absatz 7 in Verbindung mit § 59 Absatz 2 oder Absatz 4 vorliegt, und Nummer 8, soweit ein Verstoß gegen § 47k Absatz 7 in Verbindung mit § 59a Absatz 2 vorliegt, und
3. in den übrigen Fällen von § 81 das Bundeskartellamt und die nach Landesrecht zuständige oberste Landesbehörde jeweils für ihren Geschäftsbereich.

(2) Die Kartellbehörde ist für Verfahren wegen der Festsetzung einer Geldbuße gegen eine juristische Person oder Personenvereinigung nach § 30 des Gesetzes über Ordnungswidrigkeiten in Fällen ausschließlich zuständig, denen
1. eine Straftat, die auch den Tatbestand des § 81 Absatz 1, 2 Nummer 1 und Absatz 3 verwirklicht, oder
2. eine vorsätzliche oder fahrlässige Ordnungswidrigkeit nach § 130 des Gesetzes über Ordnungswidrigkeiten, bei der eine mit Strafe bedrohte Pflichtverletzung auch den Tatbestand des § 81 Absatz 1, 2 Nummer 1 und Absatz 3 verwirklicht,

zugrunde liegt. Dies gilt nicht, wenn die Behörde das § 30 des Gesetzes über Ordnungswidrigkeiten betreffende Verfahren an die Staatsanwaltschaft abgibt. In den Fällen des Satzes 1 sollen sich die Staatsanwaltschaft und die Kartellbehörde gegenseitig frühzeitig über geplante Ermittlungsschritte mit Außenwirkung, insbesondere über Durchsuchungen, unterrichten.

§ 82a Befugnisse und Zuständigkeiten im Verfahren nach Einspruchseinlegung

(1) Im Verfahren nach Einspruch gegen eine Bußgeldentscheidung ist § 69 Absatz 4 und 5 Satz 1 zweiter Halbsatz des Gesetzes über Ordnungswidrigkeiten nicht anzuwenden. Die Staatsanwaltschaft hat die Akten an das nach § 83 zuständige Gericht zu übersenden. Im gerichtlichen Bußgeldverfahren verfügt die Kartellbehörde über dieselben Rechte wie die Staatsanwaltschaft; im Verfahren vor dem Bundesgerichtshof vertritt allein der Generalbundesanwalt das öffentliche Interesse. § 76 des Gesetzes über Ordnungswidrigkeiten ist nicht anzuwenden.

(2) Sofern das Bundeskartellamt als Verwaltungsbehörde des Vorverfahrens tätig war, erfolgt die Vollstreckung der Geldbuße und des Geldbetrages, dessen Einziehung nach § 29a des Gesetzes über Ordnungswidrigkeiten angeordnet wurde, durch das Bundeskartellamt als Vollstreckungsbehörde aufgrund einer von dem Urkundsbeamten der Geschäftsstelle des Gerichts zu erteilenden, mit der Bescheinigung der Vollstreckbarkeit versehenen beglaubigten Abschrift der Urteilsformel entsprechend den Vorschriften über die Vollstreckung von Bußgeldbescheiden. Die Geldbußen und die Geldbeträge, deren Einziehung nach § 29a des Gesetzes über Ordnungswidrigkeiten angeordnet wurde, fließen der Bundeskasse zu, die auch die der Staatskasse auferlegten Kosten trägt.

§ 82b Besondere Ermittlungsbefugnisse

(1) In Verfahren zur Festsetzung einer Geldbuße nach § 81 oder zur Festsetzung eines Haftungsbetrages nach § 81e sind über § 46 Absatz 2 des Gesetzes über Ordnungswidrigkeiten hinaus § 59 Absatz 1, 2, 3 Satz 1 und 2, Absatz 4 und 5 und im Rahmen von Durchsuchungen § 59b Absatz 3 Satz 1 und Absatz 5 Satz 2 und 3 entsprechend anzuwenden. § 59 Absatz 4 Satz 2 ist bei Auskunftsverlangen und Herausgabeverlangen nach § 59 Absatz 1 und 2 oder Verlangen nach § 59b Absatz 3 Satz 1 Nummer 3 in Bezug auf natürliche Personen entsprechend anzuwenden.

(2) Absatz 1 Satz 2 und § 59 Absatz 1, 2, 3 Satz 1 und 2, Absatz 4 und 5 gelten für die Erteilung einer Auskunft oder die Herausgabe von Unterlagen an das Gericht entsprechend.

(3) Schriftliche oder protokollierte Auskünfte, die aufgrund von Auskunftsverlangen nach Absatz 1 in Verbindung mit § 59 erteilt wurden, sowie Protokolle nach Absatz 1 in Verbindung mit § 59b Absatz 3 Satz 1 Nummer 3 können als Urkunden in das gerichtliche Verfahren eingebracht werden. § 250 der Strafprozessordnung ist insoweit nicht anzuwenden.

§ 83 Zuständigkeit des Oberlandesgerichts im gerichtlichen Verfahren

(1) Im gerichtlichen Verfahren wegen einer Ordnungswidrigkeit nach § 81 entscheidet das Oberlandesgericht, in dessen Bezirk die zuständige Kartellbehörde ihren Sitz hat; es entscheidet auch über einen Antrag auf gerichtliche Entscheidung (§ 62 des Gesetzes über Ordnungswidrigkeiten) in den Fällen des § 52 Absatz 2 Satz 3 und des § 69 Absatz 1 Satz 2 des Gesetzes über Ordnungswidrigkeiten sowie gegen Maßnahmen, die die Kartellbehörde während des gerichtlichen Bußgeldverfahrens getroffen hat. § 140 Absatz 1 Nummer 1 der Strafprozessordnung in Verbindung mit § 46 Absatz 1 des Gesetzes über Ordnungswidrigkeiten findet keine Anwendung.

(2) Das Oberlandesgericht entscheidet in der Besetzung von drei Mitgliedern mit Einschluss des vorsitzenden Mitglieds.

§ 84 Rechtsbeschwerde zum Bundesgerichtshof

Über die Rechtsbeschwerde (§ 79 des Gesetzes über Ordnungswidrigkeiten) entscheidet der Bundesgerichtshof. Hebt er die angefochtene Entscheidung auf, ohne in der Sache selbst zu entscheiden, so verweist er die Sache an das Oberlandesgericht, dessen Entscheidung aufgehoben wird, zurück.

§ 85 Wiederaufnahmeverfahren gegen Bußgeldbescheid

Im Wiederaufnahmeverfahren gegen den Bußgeldbescheid der Kartellbehörde (§ 85 Absatz 4 des Gesetzes über Ordnungswidrigkeiten) entscheidet das nach § 83 zuständige Gericht.

§ 86 Gerichtliche Entscheidungen bei der Vollstreckung

Die bei der Vollstreckung notwendig werdenden gerichtlichen Entscheidungen (§ 104 des Gesetzes über Ordnungswidrigkeiten) werden von dem nach § 83 zuständigen Gericht erlassen.

Kapitel 3. Vollstreckung

§ 86a Vollstreckung

Die Kartellbehörde kann ihre Anordnungen nach den für die Vollstreckung von Verwaltungsmaßnahmen geltenden Vorschriften durchsetzen. Die Höhe des Zwangsgeldes gegen Unternehmen oder Unternehmensvereinigungen kann für jeden Tag des Verzugs ab dem in der Androhung bestimmten Zeitpunkt bis zu 5 Prozent des im vorausgegangenen Geschäftsjahr erzielten durchschnittlichen weltweiten Tagesgesamtumsatzes des Unternehmens oder der Unternehmensvereinigung betragen.

Kapitel 4. Bürgerliche Rechtsstreitigkeiten

§ 87 Ausschließliche Zuständigkeit der Landgerichte

Für bürgerliche Rechtsstreitigkeiten, die die Anwendung von Vorschriften des Teils 1, des Artikels 101 oder 102 des Vertrages über die Arbeitsweise der Europäischen Union oder des Artikels 53 oder 54 des Abkommens über den Europäischen Wirtschaftsraum oder der Artikel 5, 6 oder 7 der Verordnung (EU) 2022/1925 betreffen, sind ohne Rücksicht auf den Wert des Streitgegenstands die Landgerichte ausschließlich zuständig. Satz 1 gilt auch, wenn die Entscheidung eines Rechtsstreits ganz oder teilweise von einer Entscheidung, die nach diesem Gesetz zu treffen ist, oder von der Anwendbarkeit des Artikels 101 oder 102 des Vertrages über die Arbeitsweise der Europäischen Union oder des Artikels 53 oder 54 des Abkommens über den Europäischen Wirtschaftsraum oder der Artikel 5, 6 oder 7 der Verordnung (EU) 2022/1925 abhängt.

§ 88 Klageverbindung

Mit der Klage nach § 87 kann die Klage wegen eines anderen Anspruchs verbunden werden, wenn dieser im rechtlichen oder unmittelbaren wirtschaftlichen Zusammenhang mit dem Anspruch steht, der bei dem nach § 87 zuständigen Gericht geltend zu machen ist; dies gilt auch dann, wenn für die Klage wegen des anderen Anspruchs eine ausschließliche Zuständigkeit gegeben ist.

§ 89 Zuständigkeit eines Landgerichts für mehrere Gerichtsbezirke

(1) Die Landesregierungen werden ermächtigt, durch Rechtsverordnung bürgerliche Rechtsstreitigkeiten, für die nach § 87 ausschließlich die Landgerichte zuständig sind, einem Landgericht für die Bezirke mehrerer Landgerichte zuzuweisen, wenn eine solche Zusammenfassung der Rechtspflege in Kartellsachen oder der kohärenten Durchsetzung der Verordnung (EU) 2022/1925, insbesondere der Sicherung einer einheitlichen Rechtsprechung, dienlich ist. Die Landesregierungen können die Ermächtigung auf die Landesjustizverwaltungen übertragen.

(2) Durch Staatsverträge zwischen Ländern kann die Zuständigkeit eines Landgerichts für einzelne Bezirke oder das gesamte Gebiet mehrerer Länder begründet werden.

(3) Die Parteien können sich vor den nach den Absätzen 1 und 2 bestimmten Gerichten auch anwaltlich durch Personen vertreten lassen, die bei dem Gericht zugelassen sind, vor das der Rechtsstreit ohne die Regelung nach den Absätzen 1 und 2 gehören würde.

§ 89a Streitwertanpassung, Kostenerstattung

(1) Macht in einer Rechtsstreitigkeit, in der ein Anspruch nach den §§ 33, 33a Absatz 1 oder § 34a geltend gemacht wird, eine Partei glaubhaft, dass die Belastung mit den Prozesskosten nach dem vollen Streitwert ihre wirtschaftliche Lage erheblich gefährden würde, so kann das Gericht auf ihren Antrag anordnen, dass die Verpflichtung dieser Partei zur Zahlung von Gerichtskosten sich nach einem ihrer Wirtschaftslage angepassten Teil des Streitwerts bemisst. Das Gericht kann die Anordnung davon abhängig machen, dass die Partei glaubhaft macht, dass die von ihr zu tragenden Kosten des Rechtsstreits weder unmittelbar noch mittelbar von einem Dritten

übernommen werden. Die Anordnung hat zur Folge, dass die begünstigte Partei die Gebühren ihres Rechtsanwalts ebenfalls nur nach diesem Teil des Streitwerts zu entrichten hat. Soweit ihr Kosten des Rechtsstreits auferlegt werden oder soweit sie diese übernimmt, hat sie die von dem Gegner entrichteten Gerichtsgebühren und die Gebühren seines Rechtsanwalts nur nach dem Teil des Streitwerts zu erstatten. Soweit die außergerichtlichen Kosten dem Gegner auferlegt oder von ihm übernommen werden, kann der Rechtsanwalt der begünstigten Partei seine Gebühren von dem Gegner nach dem für diesen geltenden Streitwert beitreiben.

(2) Der Antrag nach Absatz 1 kann vor der Geschäftsstelle des Gerichts zur Niederschrift erklärt werden. Er ist vor der Verhandlung zur Hauptsache anzubringen. Danach ist er nur zulässig, wenn der angenommene oder festgesetzte Streitwert später durch das Gericht heraufgesetzt wird. Vor der Entscheidung über den Antrag ist der Gegner zu hören.

(3) Ist in einer Rechtsstreitigkeit, in der ein Anspruch nach § 33a Absatz 1 geltend gemacht wird, ein Nebenintervenient einer Hauptpartei beigetreten, hat der Gegner, soweit ihm Kosten des Rechtsstreits auferlegt werden oder soweit er sie übernimmt, die Rechtsanwaltskosten der Nebenintervention nur nach dem Gegenstandswert zu erstatten, den das Gericht nach freiem Ermessen festsetzt. Bei mehreren Nebeninterventionen darf die Summe der Gegenstandswerte der einzelnen Nebeninterventionen den Streitwert der Hauptsache nicht übersteigen.

§ 89b Verfahren

(vgl. dazu Übergangsbestimmung in § 187 Abs. 4)

(1) Für die Erteilung von Auskünften gemäß § 33g gilt § 142 der Zivilprozessordnung entsprechend.

(2) § 142 Absatz 2 der Zivilprozessordnung findet mit der Maßgabe Anwendung, dass sich die Zumutbarkeit nach § 33g Absatz 3 bis 6 bestimmt.

(3) Über den Anspruch nach § 33g Absatz 1 oder 2 kann das Gericht durch Zwischenurteil entscheiden, wenn er in dem Rechtsstreit über den Anspruch auf Ersatz des Schadens nach § 33a Absatz 1 gegen die andere Partei erhoben wird. Ergeht ein Zwischenurteil, so ist es in Betreff der Rechtsmittel als Endurteil anzusehen.

(4) Das Gericht kann den Rechtsstreit über den auf Schadensersatz gerichteten Anspruch nach § 33a Absatz 1 auf Antrag aussetzen

1. bis zur Erledigung des wegen des Anspruchs nach § 33g Absatz 1 oder 2 geführten Rechtsstreits oder
2. für einen Zeitraum von bis zu zwei Jahren, wenn und solange die Parteien sich an einem Verfahren beteiligen, das zum Ziel hat, den Rechtsstreit über den Schadensersatzanspruch außergerichtlich beizulegen.

(5) Gegen denjenigen, dessen Verstoß gegen eine Vorschrift des Teils 1 oder gegen Artikel 101 oder 102 des Vertrages über die Arbeitsweise der Europäischen Union oder gegen die Artikel 5, 6 oder 7 der Verordnung (EU) 2022/1925 durch eine gemäß § 33b bindende Entscheidung der Wettbewerbsbehörde festgestellt wurde, kann die Herausgabe dieser Entscheidung der Wettbewerbsbehörde bei Vorliegen der Voraussetzungen des § 33g im Wege der einstweiligen Verfügung auch ohne die Darlegung und Glaubhaftmachung der in den §§ 935 und 940 der Zivilprozessordnung bezeichneten Voraussetzungen angeordnet werden. Eine Anordnung nach Satz 1 setzt keine Eilbedürftigkeit voraus. Der Antragsgegner ist vor der Anordnung anzuhören.

(6) Auf Antrag kann das Gericht nach Anhörung der Betroffenen durch Beschluss die Offenlegung von Beweismitteln oder die Erteilung von Auskünften anordnen,

deren Geheimhaltung aus wichtigen Gründen verlangt wird oder deren Offenlegung beziehungsweise Erteilung nach § 33g Absatz 6 verweigert wird, soweit
1. es diese für die Durchsetzung eines Anspruchs nach § 33a Absatz 1 oder die Verteidigung gegen diesen Anspruch als sachdienlich erachtet und
2. nach Abwägung aller Umstände des Einzelfalles das Interesse des Anspruchstellers an der Offenlegung das Interesse des Betroffenen an der Geheimhaltung überwiegt.

Der Beschluss ist zu begründen. Gegen den Beschluss findet sofortige Beschwerde statt.

(7) Das Gericht trifft die erforderlichen Maßnahmen, um den im Einzelfall gebotenen Schutz von Betriebs- und Geschäftsgeheimnissen und anderen vertraulichen Informationen zu gewährleisten. Insbesondere kann das Gericht einen öffentlich bestellten Sachverständigen mit einem Gutachten zu dem erforderlichen Umfang des im Einzelfall gebotenen Schutzes beauftragen, sofern dieser Sachverständige berufsrechtlich zur Verschwiegenheit verpflichtet worden ist.

(8) Auf begründeten Antrag einer Partei in einem Rechtsstreit über den Anspruch nach § 33a Absatz 1, § 33g Absatz 1 oder 2 prüft das Gericht die ihm aufgrund des Anspruchs nach § 33g Absatz 4 allein zum Zweck der Prüfung vorgelegten Beweismittel darauf, ob sie Kronzeugenerklärungen oder Vergleichsausführungen, die nicht zurückgezogen wurden, enthalten. Das Gericht legt die Beweismittel den Parteien vor, soweit
1. sie keine Kronzeugenerklärungen oder Vergleichsausführungen, die nicht zurückgezogen wurden, enthalten und
2. im Übrigen die Voraussetzungen für die Herausgabe nach § 33g vorliegen.

Hierüber entscheidet das Gericht durch Beschluss. Vor Beschlüssen nach diesem Absatz ist die Wettbewerbsbehörde anzuhören, gegenüber der die Kronzeugenerklärung oder Vergleichsausführung abgegeben worden ist. Die Mitglieder des Gerichts sind zur Geheimhaltung verpflichtet; die Entscheidungsgründe dürfen den Inhalt der geheim gehaltenen Beweismittel nicht erkennen lassen. Gegen Beschlüsse nach diesem Absatz findet sofortige Beschwerde statt.

§ 89c Offenlegung aus der Behördenakte

(vgl. dazu Übergangsbestimmung in § 187 Abs. 4)

(1) In einem Rechtsstreit wegen eines Anspruchs nach § 33a Absatz 1 oder nach § 33g Absatz 1 oder 2 kann das Gericht auf Antrag einer Partei bei der Wettbewerbsbehörde die Vorlegung von Urkunden und Gegenständen ersuchen, die sich in deren Akten zu einem Verfahren befinden oder in einem Verfahren amtlich verwahrt werden, wenn der Antragsteller glaubhaft macht, dass er
1. einen Anspruch auf Schadensersatz nach § 33a Absatz 1 gegen eine andere Partei hat und
2. die in der Akte vermuteten Informationen nicht mit zumutbarem Aufwand von einer anderen Partei oder einem Dritten erlangen kann.

Das Gericht entscheidet über den Antrag durch Beschluss. Gegen den Beschluss findet sofortige Beschwerde statt.

(2) Das Gericht kann dem Antragsteller die vorgelegten Urkunden und Gegenstände zugänglich machen oder ihm Auskünfte daraus erteilen, soweit
1. es seinem Antrag entspricht,
2. die Tatsachen oder Beweismittel zur Erhebung eines Anspruchs nach § 33a Absatz 1 oder zur Verteidigung gegen diesen Anspruch erforderlich sind und
3. die Zugänglichmachung oder Auskunftserteilung nicht unverhältnismäßig ist.

Das Gericht hat von der Offenlegung Betroffene und die Wettbewerbsbehörde vor der Zugänglichmachung oder Auskunftserteilung anzuhören. Tatsachen und

Beweismittel, deren Geheimhaltung aus wichtigen Gründen verlangt wird, sind von der Zugänglichmachung oder Auskunftserteilung auszunehmen. § 89b Absatz 6 findet entsprechende Anwendung.

(3) Das Ersuchen nach Absatz 1 oder um die Erteilung amtlicher Auskünfte von der Wettbewerbsbehörde ist ausgeschlossen, soweit es unverhältnismäßig ist. Bei der Entscheidung über das Ersuchen nach Absatz 1, über das Ersuchen um die Erteilung amtlicher Auskünfte von der Wettbewerbsbehörde sowie über die Zugänglichmachung oder Auskunftserteilung nach Absatz 2 berücksichtigt das Gericht neben § 33g Absatz 3 insbesondere auch
1. die Bestimmtheit des Antrags hinsichtlich der in der Akte der Wettbewerbsbehörde erwarteten Beweismittel nach deren Art, Gegenstand und Inhalt,
2. die Anhängigkeit des Anspruchs nach § 33a Absatz 1,
3. die Wirksamkeit der öffentlichen Durchsetzung des Kartellrechts oder der Verordnung (EU) 2022/1925, insbesondere den Einfluss der Offenlegung auf laufende Verfahren und auf die Funktionsfähigkeit von Kronzeugenprogrammen und Vergleichsverfahren.

(4) Die Wettbewerbsbehörde kann die Vorlegung von Urkunden und Gegenständen, die sich in ihren Akten zu einem Verfahren befinden oder in einem Verfahren amtlich verwahrt werden, ablehnen, soweit sie Folgendes enthalten:
1. Kronzeugenerklärungen,
2. Vergleichsausführungen, die nicht zurückgezogen wurden,
3. interne Vermerke der Behörden oder
4. Kommunikation der Wettbewerbsbehörden untereinander oder mit der Generalstaatsanwaltschaft am Sitz des für die Wettbewerbsbehörde zuständigen Oberlandesgerichts oder dem Generalbundesanwalt beim Bundesgerichtshof.

§ 33g Absatz 5 und § 89b Absatz 8 finden entsprechende Anwendung; letztere Regelung mit der Maßgabe, dass sie auch für die Überprüfung von Urkunden und Gegenständen im Sinne des Satzes 1 Nummer 3 und 4 gilt.

(5) Die §§ 406e und 475 der Strafprozessordnung finden neben den Absätzen 1 bis 3 keine Anwendung, soweit die Einsicht in die kartellbehördliche Akte oder die Auskunft der Erhebung eines Schadensersatzanspruchs wegen eines Verstoßes nach § 33 Absatz 1 oder der Vorbereitung dieser Erhebung dienen soll. Das Recht, aufgrund dieser Vorschriften Einsicht in Bußgeldbescheide zu begehren, die eine Kartellbehörde erlassen hat, bleibt unberührt. § 33g Absatz 1 und 2 findet keine Anwendung auf Wettbewerbsbehörden, die im Besitz von Beweismitteln sind.

(6) Die Regelungen der Absätze 1 bis 5 gelten entsprechend für Behörden und Gerichte, die Akten, Bestandteile oder Kopien von Akten einer Wettbewerbsbehörde in ihren Akten haben. Die Wettbewerbsbehörde, die die Akte führt oder geführt hat, ist nach Absatz 2 Satz 2 zu beteiligen.

§ 89d Beweisregeln

(vgl. dazu Übergangsbestimmung in § 187 Abs. 4)

(1) Beweismittel, die allein durch Einsicht in die Akten einer Wettbewerbsbehörde oder nach § 89c erlangt worden sind, können nur Beweis für Tatsachen in einem Rechtsstreit über einen Anspruch auf Schadensersatz wegen eines Verstoßes nach § 33 Absatz 1 erbringen, wenn derjenige, dem die Einsicht gewährt worden ist, oder dessen Rechtsnachfolger Partei in dem Rechtsstreit ist.

(2) Kronzeugenerklärungen und Vergleichsausführungen, die allein durch Einsicht in die Akten einer Behörde oder eines Gerichts oder nach § 89c erlangt worden sind, können keinen Beweis für Tatsachen in einem Rechtsstreit über einen Anspruch auf Schadensersatz wegen eines Verstoßes nach § 33 Absatz 1 erbringen.

(3) Beweismittel im Sinne von § 33g Absatz 5, die allein durch Einsicht in die Akten einer Behörde oder eines Gerichts oder nach § 89c erlangt worden sind, können keinen Beweis für Tatsachen in einem Rechtsstreit über einen Anspruch auf Schadensersatz wegen eines Verstoßes nach § 33 Absatz 1 erbringen, bis die Wettbewerbsbehörde ihr Verfahren vollständig durch Erlass einer Entscheidung oder in anderer Weise gegen jeden Beteiligten beendet hat.

(4) Die §§ 142, 144, § 371 Absatz 2, § 371a Absatz 1 Satz 1, die §§ 421, 422, 428, 429 und 432 der Zivilprozessordnung finden in einem Rechtsstreit über einen Anspruch auf Schadensersatz wegen eines Verstoßes nach § 33 Absatz 1 oder über einen Anspruch nach § 33g Absatz 1 oder Absatz 2 nur Anwendung, soweit in Bezug auf die vorzulegende Urkunde oder den vorzulegenden Gegenstand auch ein Anspruch auf Herausgabe von Beweismitteln nach § 33g gegen den zur Vorlage Verpflichteten besteht, es sei denn, es besteht ein vertraglicher Anspruch auf Vorlage gegen den Verpflichteten. Satz 1 gilt entsprechend für die Vorlage durch Behörden bei Urkunden und Gegenständen, die sich in der Akte einer Wettbewerbsbehörde befinden oder in einem Verfahren amtlich verwahrt werden, mit der Maßgabe, dass in Bezug auf das betreffende Beweismittel auch die Voraussetzungen für eine Vorlage nach § 89c Absatz 1 bis 4 und 6 vorliegen müssen.

§ 89e Gemeinsame Vorschriften für die §§ 33g und 89b bis 89d

(vgl. dazu Übergangsbestimmung in § 187 Abs. 4)

(1) Wettbewerbsbehörden im Sinne der §§ 33g und 89b bis 89d sind
1. das Bundeskartellamt,
2. die nach Landesrecht zuständigen obersten Landesbehörden,
3. die Europäische Kommission und
4. die Wettbewerbsbehörden anderer Mitgliedstaaten der Europäischen Union.

Im Rahmen der Anwendung der §§ 33g und 89b bis 89d auf Verstöße nach der Verordnung (EU) 2022/1925 gelten als Wettbewerbsbehörden die Europäische Kommission sowie Behörden, die die in Artikel 1 Absatz 6 der Verordnung (EU) 2022/1925 genannten Vorschriften anwenden.

(2) Absatz 1 sowie die §§ 33g, 89b bis 89d finden entsprechende Anwendung auf die Durchsetzung von Schadensersatzansprüchen oder Verteidigung gegen Schadensersatzansprüche wegen Zuwiderhandlungen gegen Bestimmungen des nationalen Rechts eines anderen Mitgliedstaates der Europäischen Union,
1. mit denen überwiegend das gleiche Ziel verfolgt wird wie mit den Artikeln 101 und 102 des Vertrages über die Arbeitsweise der Europäischen Union und
2. die nach Artikel 3 Absatz 1 der Verordnung (EG) Nr. 1/2003 auf denselben Fall und parallel zum Wettbewerbsrecht der Europäischen Union angewandt werden.

Davon ausgenommen sind nationale Rechtsvorschriften, mit denen natürlichen Personen strafrechtliche Sanktionen auferlegt werden, es sei denn, solche strafrechtlichen Sanktionen dienen als Mittel, um das für Unternehmen geltende Wettbewerbsrecht durchzusetzen.

Kapitel 5. Gemeinsame Bestimmungen

§ 90 Benachrichtigung und Beteiligung der Kartellbehörden

(1) Die deutschen Gerichte unterrichten das Bundeskartellamt über alle Rechtsstreitigkeiten, deren Entscheidung ganz oder teilweise von der Anwendung der Vorschriften dieses Gesetzes, von einer Entscheidung, die nach diesen Vorschriften

zu treffen ist, oder von der Anwendung von Artikel 101 oder 102 des Vertrages über die Arbeitsweise der Europäischen Union oder von Artikel 53 oder 54 des Abkommens über den europäischen Wirtschaftsraum oder von der Anwendung der Verordnung (EU) 2022/1925 abhängt. Dies gilt auch in den Fällen einer entsprechenden Anwendung der genannten Vorschriften. Satz 1 gilt nicht für Rechtsstreitigkeiten über Entscheidungen nach § 42. Das Gericht hat dem Bundeskartellamt auf Verlangen Abschriften von allen Schriftsätzen, Protokollen, Verfügungen und Entscheidungen zu übersenden.

(2) Der Präsident des Bundeskartellamts kann, wenn er es zur Wahrung des öffentlichen Interesses als angemessen erachtet, aus den Mitgliedern des Bundeskartellamts eine Vertretung bestellen, die befugt ist, dem Gericht schriftliche Erklärungen abzugeben, auf Tatsachen und Beweismittel hinzuweisen, den Terminen beizuwohnen, in ihnen Ausführungen zu machen und Fragen an Parteien, Zeugen und Sachverständige zu richten. Schriftliche Erklärungen der vertretenden Person sind den Parteien von dem Gericht mitzuteilen.

(3) Reicht die Bedeutung des Rechtsstreits nicht über das Gebiet eines Landes hinaus, so tritt im Rahmen des Absatzes 1 Satz 4 und des Absatzes 2 die oberste Landesbehörde an die Stelle des Bundeskartellamts.

(4) Die Absätze 1 und 2 gelten entsprechend für Rechtsstreitigkeiten, die die Durchsetzung eines nach § 30 gebundenen Preises gegenüber einem gebundenen Abnehmer oder einem anderen Unternehmen zum Gegenstand haben.

(5) Das Bundeskartellamt kann auf Antrag eines Gerichts, das über einen Schadensersatzanspruch nach § 33a Absatz 1 Satz 1 zu entscheiden hat, eine Stellungnahme zur Höhe des Schadens abgeben, der durch den Verstoß entstanden ist. Die Rechte des Präsidenten des Bundeskartellamts nach Absatz 2 bleiben unberührt.

(6) Absatz 1 Satz 4 und Absatz 2 gelten entsprechend für Streitigkeiten vor Gericht, die erhebliche, dauerhafte oder wiederholte Verstöße gegen verbraucherrechtliche Vorschriften zum Gegenstand haben, die nach ihrer Art oder ihrem Umfang die Interessen einer Vielzahl von Verbraucherinnen und Verbrauchern beeinträchtigen. Dies gilt nicht, wenn die Durchsetzung der Vorschriften nach Satz 1 in die Zuständigkeit anderer Bundesbehörden fällt.

§ 90a Zusammenarbeit der Gerichte mit der Europäischen Kommission und den Kartellbehörden

(1) In allen gerichtlichen Verfahren, in denen der Artikel 101 oder 102 des Vertrages über die Arbeitsweise der Europäischen Union oder die Verordnung (EU) 2022/1925 zur Anwendung kommt, übermittelt das Gericht der Europäischen Kommission über das Bundeskartellamt eine Abschrift jeder Entscheidung unverzüglich nach deren Zustellung an die Parteien. Das Bundeskartellamt darf der Europäischen Kommission die Unterlagen übermitteln, die es nach § 90 Absatz 1 Satz 4 erhalten hat.

(2) Die Europäische Kommission kann in Verfahren nach Absatz 1 aus eigener Initiative dem Gericht schriftliche Stellungnahmen übermitteln. Das Gericht übermittelt der Europäischen Kommission alle zur Beurteilung des Falls notwendigen Schriftstücke, wenn diese darum nach Artikel 15 Absatz 3 Satz 5 der Verordnung (EG) Nr. 1/2003 oder nach Artikel 39 Absatz 4 der Verordnung (EU) 2022/1925 ersucht. Das Gericht übermittelt dem Bundeskartellamt und den Parteien eine Kopie einer Stellungnahme der Europäischen Kommission nach Artikel 15 Absatz 3 Satz 3 der Verordnung (EG) Nr. 1/2003. Die Europäische Kommission kann in der mündlichen Verhandlung auch mündlich Stellung nehmen.

(3) Das Gericht kann in Verfahren nach Absatz 1 die Europäische Kommission um die Übermittlung ihr vorliegender Informationen oder um Stellungnahmen zu

Fragen bitten, die die Anwendung des Artikels 101 oder 102 des Vertrages über die Arbeitsweise der Europäischen Union oder der Verordnung (EU) 2022/1925 betreffen. Das Gericht unterrichtet die Parteien über ein Ersuchen nach Satz 1 und übermittelt diesen und dem Bundeskartellamt eine Kopie der Antwort der Europäischen Kommission.

(4) In den Fällen der Absätze 2 und 3 kann der Geschäftsverkehr zwischen dem Gericht und der Europäischen Kommission auch über das Bundeskartellamt erfolgen.

§ 91 Kartellsenat beim Oberlandesgericht

Bei den Oberlandesgerichten wird ein Kartellsenat gebildet. Er entscheidet über die ihm gemäß § 57 Absatz 2 Satz 2, § 73 Absatz 4, §§ 83, 85 und 86 zugewiesenen Rechtssachen sowie über die Berufung gegen Endurteile und die Beschwerde gegen sonstige Entscheidungen in bürgerlichen Rechtsstreitigkeiten nach § 87.

§ 92 Zuständigkeit eines Oberlandesgerichts oder des Obersten Landesgerichts für mehrere Gerichtsbezirke in Verwaltungs- und Bußgeldsachen

(1) Sind in einem Land mehrere Oberlandesgerichte errichtet, so können die Rechtssachen, für die nach § 57 Absatz 2 Satz 2, § 73 Absatz 4, §§ 83, 85 und 86 ausschließlich die Oberlandesgerichte zuständig sind, von den Landesregierungen durch Rechtsverordnung einem oder einigen der Oberlandesgerichte oder dem Obersten Landesgericht zugewiesen werden, wenn eine solche Zusammenfassung der Rechtspflege in Kartellsachen, insbesondere der Sicherung einer einheitlichen Rechtsprechung, dienlich ist. Die Landesregierungen können die Ermächtigung auf die Landesjustizverwaltungen übertragen.

(2) Durch Staatsverträge zwischen Ländern kann die Zuständigkeit eines Oberlandesgerichts oder Obersten Landesgerichts für einzelne Bezirke oder das gesamte Gebiet mehrerer Länder begründet werden.

§ 93 Zuständigkeit für Berufung und Beschwerde

§ 92 Absatz 1 und 2 gilt entsprechend für die Entscheidung über die Berufung gegen Endurteile und die Beschwerde gegen sonstige Entscheidungen in bürgerlichen Rechtsstreitigkeiten nach § 87.

§ 94 Kartellsenat beim Bundesgerichtshof

(1) Beim Bundesgerichtshof wird ein Kartellsenat gebildet; er entscheidet im ersten und letzten Rechtszug über die in § 73 Absatz 5 genannten Verfügungen des Bundeskartellamts und über folgende Rechtsmittel:
1. in Verwaltungssachen über die Rechtsbeschwerde gegen Entscheidungen der Oberlandesgerichte (§§ 77, 79, 80) und über die Nichtzulassungsbeschwerde (§ 78);
2. in Bußgeldverfahren über die Rechtsbeschwerde gegen Entscheidungen der Oberlandesgerichte (§ 84);
3. in bürgerlichen Rechtsstreitigkeiten nach § 87
   a) über die Revision einschließlich der Nichtzulassungsbeschwerde gegen Endurteile der Oberlandesgerichte,
   b) über die Sprungrevision gegen Endurteile der Landgerichte,

c) über die Rechtsbeschwerde gegen Beschlüsse der Oberlandesgerichte in den Fällen des § 574 Absatz 1 der Zivilprozessordnung.

(2) Der Kartellsenat gilt im Sinne des § 132 des Gerichtsverfassungsgesetzes in Bußgeldsachen als Strafsenat, in allen übrigen Sachen als Zivilsenat.

§ 95 Ausschließliche Zuständigkeit

Die Zuständigkeit der nach diesem Gesetz zur Entscheidung berufenen Gerichte ist ausschließlich.

§ 96 (weggefallen)

Teil 4. Vergabe von öffentlichen Aufträgen und Konzessionen

(§§ 97–184)

…

Teil 5. Anwendungsbereich der Teile 1 bis 3

§ 185 Unternehmen der öffentlichen Hand, Geltungsbereich

(1) Die Vorschriften des Ersten bis Dritten Teils dieses Gesetzes sind auch auf Unternehmen anzuwenden, die ganz oder teilweise im Eigentum der öffentlichen Hand stehen oder die von ihr verwaltet oder betrieben werden. Die §§ 19, 20 und 31b Absatz 5 sind nicht anzuwenden auf öffentlich-rechtliche Gebühren oder Beiträge. Die Vorschriften des Ersten bis Dritten Teils dieses Gesetzes sind nicht auf die Deutsche Bundesbank und die Kreditanstalt für Wiederaufbau anzuwenden.

(2) Die Vorschriften des Ersten bis Dritten Teils dieses Gesetzes sind auf alle Wettbewerbsbeschränkungen anzuwenden, die sich im Geltungsbereich dieses Gesetzes auswirken, auch wenn sie außerhalb des Geltungsbereichs dieses Gesetzes veranlasst werden.

(3) Die Vorschriften des Energiewirtschaftsgesetzes stehen der Anwendung der §§ 19, 20 und 29 nicht entgegen, soweit in § 111 des Energiewirtschaftsgesetzes keine andere Regelung getroffen ist.

(4) Die Vorschriften des Ersten bis Dritten Teils dieses Gesetzes sind nicht auf Treuhandverwaltungen, Kapitalmaßnahmen oder Enteignungen nach den §§ 17, 17a oder 18 des Energiesicherungsgesetzes anzuwenden. Satz 1 gilt entsprechend für Übertragungen von Vermögensgegenständen nach § 17 Absatz 5 Satz 2 oder § 17b des Energiesicherungsgesetzes an juristische Personen des öffentlichen Rechts oder des Privatrechts, deren Anteile ausschließlich vom Bund oder von der Kreditanstalt für Wiederaufbau unmittelbar oder mittelbar gehalten werden. Satz 1 gilt nicht für Privatisierungen nach § 17b Absatz 2 Satz 3 oder § 20 Absatz 3 des Energiesicherungsgesetzes.

(*§ 185 Abs. 4* in der Fassung des Gesetzes vom 23.6.2023, *BGBl. 2023 I Nr. 167, S. 2*)

Teil 6. Übergangs- und Schlussbestimmungen

§ 186 Anwendungsbestimmung zu § 47k

(1) Das Bundesministerium für Wirtschaft und Klimaschutz hat
1. das Vorliegen der erforderlichen technischen Voraussetzungen für eine Übermittlung der abgegebenen Mengen nach § 47k Absatz 2 Satz 1 Nummer 2 in Verbindung mit der Rechtsverordnung nach § 47k Absatz 8 festzustellen und
2. die Feststellung nach Nummer 1 im Bundesanzeiger bekannt zu machen.

(2) § 47k Absatz 2 Satz 1 Nummer 2 ist nach Ablauf des Monats, der auf den Monat folgt, in dem die Bekanntmachung nach Absatz 1 Nummer 2 erfolgt, anzuwenden; dieser Tag ist vom Bundesministerium für Wirtschaft und Klimaschutz unverzüglich im Bundesanzeiger bekannt zu machen.

§ 187 Übergangs- und Schlussbestimmungen

(1) § 29 ist nach dem 31. Dezember 2027 nicht mehr anzuwenden.

(2) Vergabeverfahren, die vor dem 18. April 2016 begonnen haben, einschließlich der sich an diese anschließenden Nachprüfungsverfahren sowie am 18. April 2016 anhängige Nachprüfungsverfahren werden nach dem Recht zu Ende geführt, das zum Zeitpunkt der Einleitung des Verfahrens galt.

(3) Mit Ausnahme von § 33c Absatz 5 sind die §§ 33a bis 33f nur auf Schadensersatzansprüche anwendbar, die nach dem 26. Dezember 2016 entstanden sind. § 33h ist auf nach dem 26. Dezember 2016 entstandene Ansprüche nach § 33 Absatz 1 oder § 33a Absatz 1 sowie auf vor dem 27. Dezember 2016 entstandene Unterlassungs-, Beseitigungs- und Schadensersatzansprüche wegen eines Verstoßes gegen eine Vorschrift im Sinne des § 33 Absatz 1 oder gegen eine Verfügung der Kartellbehörde anzuwenden, die am 9. Juni 2017 noch nicht verjährt waren. Der Beginn, die Hemmung, die Ablaufhemmung und der Neubeginn der Verjährung der Ansprüche, die vor dem 27. Dezember 2016 entstanden sind, bestimmen sich jedoch für die Zeit bis zum 8. Juni 2017 nach den bisher für diese Ansprüche jeweils geltenden Verjährungsvorschriften.

(4) 33c Absatz 5 und die §§ 33g sowie 89b bis 89e sind unabhängig vom Zeitpunkt der Entstehung der Schadensersatzansprüche nur in Rechtsstreiten anzuwenden, in denen nach dem 26. Dezember 2016 Klage erhoben worden ist.

(5) § 81a findet Anwendung, wenn das Erlöschen der nach § 30 des Gesetzes über Ordnungswidrigkeiten verantwortlichen juristischen Person oder Personenvereinigung oder die Verschiebung von Vermögen nach dem 9. Juni 2017 erfolgt. War die Tat zu diesem Zeitpunkt noch nicht beendet, gehen die Regelungen des § 81 Absatz 3a bis 3e vor.

(6) § 30 Absatz 2b findet nur Anwendung auf Vereinbarungen, die nach dem 9. Juni 2017 und vor dem 31. Dezember 2027 wirksam geworden sind.

(7) Für einen Zusammenschluss, für den die Anmeldung nach § 39 zwischen dem 1. März 2020 und dem Ablauf des 31. Mai 2020 beim Bundeskartellamt eingegangen ist, beträgt die Frist nach § 40 Absatz 1 Satz 1 zwei Monate und die Frist nach § 40 Absatz 2 Satz 2 sechs Monate. Satz 1 gilt auch im Fall des § 40 Absatz 5. Die Sätze 1 und 2 gelten nicht, wenn am 29. Mai 2020
1. die Frist nach § 40 Absatz 1 Satz 1 abgelaufen war, ohne dass das Bundeskartellamt den anmeldenden Unternehmen mitgeteilt hat, dass es in die Prüfung des Zusammenschlusses (Hauptprüfverfahren) eingetreten ist,
2. die Frist nach § 40 Absatz 2 Satz 2 abgelaufen war oder
3. der Zusammenschluss vom Bundeskartellamt freigegeben worden war.

(8) 81f Satz 1 ist in der Zeit bis zum Ablauf des 30. Juni 2021 nicht anzuwenden, soweit für die Zahlung einer Geldbuße Zahlungserleichterungen nach § 18 oder § 93 des Gesetzes über Ordnungswidrigkeiten gewährt sind.

(9) Die §§ 35 bis 41 sind nicht anzuwenden auf einen Zusammenschluss im Krankenhausbereich, soweit

1. der Zusammenschluss eine standortübergreifende Konzentration von mehreren Krankenhäusern oder einzelnen Fachrichtungen mehrerer Krankenhäuser zum Gegenstand hat,
2. dem Zusammenschluss keine anderen wettbewerbsrechtlichen Vorschriften entgegenstehen und dies das Land bei Antragstellung nach § 14 Absatz 2 Nummer 3 Buchstabe a der Krankenhausstrukturfonds-Verordnung bestätigt hat,
3. das Vorliegen der weiteren Voraussetzungen für eine Förderung nach § 12a Absatz 1 Satz 4 des Krankenhausfinanzierungsgesetzes in Verbindung mit § 11 Absatz 1 Nummer 2 der Krankenhausstrukturfonds-Verordnung in einem Auszahlungsbescheid nach § 15 der Krankenhausstrukturfonds-Verordnung festgestellt wurde und
4. der Zusammenschluss bis zum 31. Dezember 2027 vollzogen wird.

Ein Zusammenschluss im Sinne des Satzes 1 ist dem Bundeskartellamt nach Vollzug anzuzeigen. Für die Evaluierung dieser Regelung sind die §§ 32e und 21 Absatz 3 Satz 8 des Krankenhausentgeltgesetzes entsprechend anzuwenden. Für die Zwecke der Evaluierung und zur Untersuchung der Auswirkungen dieser Regelung auf die Wettbewerbsverhältnisse und die Versorgungsqualität können Daten aus der amtlichen Krankenhausstatistik zusammengeführt werden.

(10) Das Bundesministerium für Wirtschaft und Klimaschutz wird ermächtigt, durch Rechtsverordnung ohne Zustimmung des Bundesrates im Hinblick auf das Abkommen zwischen dem Bundesministerium für Wirtschaft und Klimaschutz der Bundesrepublik Deutschland und dem Eidgenössischen Departement für Wirtschaft, Bildung und Forschung der Schweizerischen Eidgenossenschaft über Zusammenarbeit und Koordinierung der Wettbewerbsbehörden, zu bestimmen, dass

1. Informationen ausschließlich in kartellbehördlichen Verfahren und sich daran anschließenden Rechtsbehelfsverfahren sowie nur für die Zwecke, für die sie von der schweizerischen Wettbewerbsbehörde übermittelt wurden, verwendet werden dürfen und
2. eine Pflicht zur Wahrung der Vertraulichkeit sowie ein Ausschluss der Offenlegung gegenüber anderen staatlichen Stellen sowie Dritten zu beachten ist,

soweit sich die in dem Abkommen von der Bundesrepublik Deutschland übernommenen Verpflichtungen und gewährten Rechte im Rahmen der nach den §§ 50a bis 50f zulässigen zwischenbehördlichen Zusammenarbeit halten. Bestimmungen einer Rechtsverordnung nach Satz 1 sind erst ab dem Tag anzuwenden, ab dem das in Satz 1 bezeichnete Abkommen wirksam geworden ist. Das Bundesministerium für Wirtschaft und Klimaschutz gibt den Tag unter Angabe der Bezeichnung des Abkommens zwischen dem Bundesministerium für Wirtschaft und Klimaschutz der Bundesrepublik Deutschland und dem Eidgenössischen Departement für Wirtschaft, Bildung und Forschung der Schweizerischen Eidgenossenschaft über Zusammenarbeit und Koordinierung der Wettbewerbsbehörden und dessen Fundstelle im Bundesgesetzblatt bekannt.

(11) Das Bundeskartellamt kann eine Verfügung nach § 32f Absatz 2 auch auf der Grundlage einer Sektoruntersuchung nach § 32e erlassen, die am … [einsetzen: Tag des Inkrafttretens nach Artikel 7 dieses Gesetzes] bereits abgeschlossen war, wenn die Veröffentlichung des Abschlussberichts nach § 32e Absatz 4 zu diesem Zeitpunkt weniger als ein Jahr zurücklag. In den Fällen des Satzes 1 ist § 32f Absatz 7 mit der Maßgabe anzuwenden, dass die Frist am … [einsetzen: Tag des Inkrafttretens nach Artikel 7 dieses Gesetzes] zu laufen beginnt.

III. Artikel 2 bis 7 der 11. GWB-Novelle

Das Gesetz sieht in Artikel 2 eine Änderung von § 95 Absatz 2 Nummer 1 und 2 des Gerichtsverfassungsgesetzes vor:

§ 95

(1) Handelssachen im Sinne dieses Gesetzes sind die bürgerlichen Rechtsstreitigkeiten, in denen durch die Klage ein Anspruch geltend gemacht wird:

[…]

(2) Handelssachen im Sinne dieses Gesetzes sind ferner

1. die Rechtsstreitigkeiten, in denen sich die Zuständigkeit des Landgerichts nach § 246 Absatz 3 Satz 1, § 396 Absatz 1 Satz 2 des Aktiengesetzes, § 51 Absatz 3 Satz 3 oder § 81 Absatz 1 Satz 2 des Genossenschaftsgesetzes oder nach § 87 des Gesetzes gegen Wettbewerbsbeschränkungen, es sei denn, es handelt sich um kartellrechtliche Auskunfts- oder Schadensersatzansprüche oder um Auskunfts- und Schadensersatzansprüche wegen eines Verstoßes gegen die Artikel 5, 6 oder 7 der Verordnung (EU) 2022/1925 des Europäischen Parlaments und des Rates vom 14. September 2022 über bestreitbare und faire Märkte im digitalen Sektor und zur Änderung der Richtlinien (EU) 2019/1937 und (EU) 2020/1828 (Gesetz über digitale Märkte) (ABl. L 265 vom 12.10.2022, S. 1), und § 13 Absatz 4 des EU-Verbraucherschutzdurchführungsgesetzes richtet,
2. die in § 71 Absatz 2 Nummer 4 Buchstabe b bis f genannten Verfahren.

Die Artikel 3–6 sehen Änderungen folgender Gesetze vor, deren Wortlaut hier nicht wiedergegeben wird:

Artikel 3 Einführungsgesetz zum Bürgerlichen Gesetzbuche (Artikel 247 und Anlage 6)
Artikel 4 Bürgerliches Gesetzbuch (§ 491)
Artikel 5 Altersvorsorgeverträge-Zertifizierungsgesetz (§§ 2a, 7)
Artikel 6 Verpackungsgesetz (§ 32 Absatz 5)

Artikel 7 Inkrafttreten

Dieses Gesetz tritt am Tag nach der Verkündung in Kraft.

IV. Auszüge aus den amtlichen Begründungen

Die Begründungen sind, soweit in Normalschrift wiedergegeben, der Begründung zum Regierungsentwurf nach der Bundestags-Drucksache 20/6824 vom 16.5.2023 entnommen; auf diese Drucksache beziehen sich die dazu angegebenen Seitenzahlen. Soweit der Regierungsentwurf aufgrund der „Beschlussempfehlung und Bericht" des Wirtschaftsausschusses (Bundestags-Drucksache 20/7625 vom 5.7.2023) am 6.7.2023 in zweiter und dritter Lesung des Bundestages geändert wurde, sind die Begründungen dieser Beschlussempfehlung entnommen und *in Kursivschrift* mit dem Zusatz *WiA S. …* wiedergegeben.

Einleitung zum Gesetzesentwurf (S. 1 und 2)

A. Problem und Ziel

Das Instrument der Sektoruntersuchung ermöglicht den Kartellbehörden die Gewinnung wichtiger Erkenntnisse über die Wettbewerbsverhältnisse auf den untersuchten Märkten. Aktuell haben viele Untersuchungen jedoch eine lange Verfahrensdauer. Dies wirkt sich negativ auf die Aktualität und Verwertbarkeit der gewonnenen Erkenntnisse aus und erschwert es, auf die festgestellten Wettbewerbsprobleme zu reagieren.

Zudem enden Sektoruntersuchungen bisher in der Regel nur mit einem Bericht der Kartellbehörde; die Ergreifung von Abhilfemaßnahmen ist nicht vorgesehen. Dabei setzen die derzeit existierenden kartellrechtlichen Instrumente im Wesentlichen am Verhalten der Unternehmen an. Voraussetzung für einen kartellbehördlichen Eingriff ist in der Regel ein Rechtsverstoß oder ein zur Fusionskontrolle anmeldepflichtiges Zusammenschlussvorhaben. Bestehende wettbewerbslose oder in ihrer Funktionsfähigkeit gestörte wettbewerbliche Strukturen sind bislang nicht Gegenstand kartellbehördlicher Maßnahmen. Stark konzentrierte bzw. oligopolistische Märkte, die etwa durch fusionskontrollfreie Unternehmenskäufe, Marktaustritte oder internes Wachstum entstanden sind, oder ein geringer (potentieller) Wettbewerb aufgrund erheblicher Marktzutrittsschranken können mit den vorhandenen kartellrechtlichen Mitteln nicht angemessen adressiert werden.

Um weitere Anreize gegen Kartellrechtsverstöße zu setzen, wurde 1999 das Instrument der kartellrechtlichen behördlichen Vorteilsabschöpfung eingeführt. Die derzeitigen rechtlichen Hürden für die Vorteilsabschöpfung sind gemessen am gesamtwirtschaftlichen Schaden der Verstöße sehr hoch. In der Praxis kommt die Norm daher nicht zur Anwendung.

Mit der Verordnung (EU) 2022/1925 des Europäischen Parlaments und des Rates vom 14. September 2022 über bestreitbare und faire Märkte im digitalen Sektor und zur Änderung der Richtlinien (EU) 2019/1937 und (EU) 2020/1828 (Gesetz über digitale Märkte) (ABl. L 265 vom 12.10.2022, S. 1) wurde ein Regelwerk geschaffen, das darauf abzielt, bestreitbare und faire Märkte im digitalen Sektor im Binnenmarkt zu sichern. Die Durchsetzung dieser Verordnung obliegt grundsätzlich der Europäischen Kommission als alleinige Durchsetzungsbehörde. Zugleich eröffnet die Verordnung (EU) 2022/1925 gewisse Spielräume für den nationalen Gesetzgeber, um im Sinne des effet utile einen ergänzenden Beitrag zur effektiven Durchsetzung der Verordnung zu leisten.

B. Lösung

Dem Instrument der Sektoruntersuchung soll zu einer höheren Wirksamkeit verholfen werden. Neben einer zeitlichen Straffung des Verfahrens soll dies insbesondere dadurch erreicht werden, dass das Bundeskartellamt die Befugnis erhält, im Anschluss an eine Sektoruntersuchung eine erhebliche und fortwährende Störung des Wettbewerbs festzustellen und auf dieser Grundlage verhaltensbezogene und strukturelle Abhilfemaßnahmen anzuordnen.

Die Anwendbarkeit der kartellbehördlichen Vorteilsabschöpfung für die Kartellbehörden wird vereinfacht. Dazu werden die Nachweisanforderungen im Hinblick auf den konkret erlangten Vorteil abgesenkt. Damit können Kartellbehörden wirtschaftliche Vorteile, die durch Kartellrechtsverstöße erlangt wurden, leichter abschöpfen, damit die Vorteile nicht bei den Unternehmen verbleiben, welche die Verstöße begangen haben.

Um die effektive Durchsetzung der Verordnung (EU) 2022/1925 zu unterstützen, erhält das Bundeskartellamt die Befugnis, Untersuchungen mit Blick auf Verstöße gegen die Artikel 5, 6 und 7 der Verordnung (EU) 2022/1925 durchzuführen. Darüber hinaus werden insbesondere die Vorschriften zur Erleichterung der privaten Rechtsdurchsetzung in Kartellsachen dort, wo es geboten erscheint, auf diese Artikel der Verordnung (EU) 2022/1925 für anwendbar erklärt.

[…]

Begründung zum Gesetzesentwurf

A. Allgemeiner Teil (S. 15 ff.)

I. Zielsetzung und Notwendigkeit der Regelungen

1. Beschleunigung der Sektoruntersuchungen. Bereits seit der 7. Novelle des Gesetzes gegen Wettbewerbsbeschränkungen (GWB) im Jahr 2005 können das Bundeskartellamt und die obersten Landesbehörden Untersuchungen eines bestimmten Wirtschaftszweiges oder – Sektor übergreifend – einer bestimmten Art von Vereinbarungen oder Verhaltensweisen vornehmen, wenn starre Preise oder andere Umstände vermuten lassen, dass der Wettbewerb im Inland möglicherweise eingeschränkt oder verfälscht ist (sog. Sektoruntersuchung). Das Instrument der Sektoruntersuchung wurde aus dem europäischen Recht übernommen, indem es bereits in Artikel 12 der Verordnung (EWG) Nr. 17/1962 des Rates vom 6. Februar 1962 über die Durchführung zu den Artikeln 85 und 96 des Vertrages (ABl. L 13 vom 21.2.1962, S. 204) (inzwischen Artikel 17 der Verordnung (EG) Nr. 1/2003 des Rates vom 16. Dezember 2002 zur Durchführung der in den Artikeln 81 und 82 des Vertrags niedergelegten Wettbewerbsregeln (ABl. L 1 vom 4.1.2003, S. 1) angelegt war. Seitdem hat das Bundeskartellamt von dieser Befugnis regelmäßig Gebrauch gemacht. Insgesamt wurden vom Bundeskartellamt bislang Ergebnis- oder Sachstandsberichte zu 20 Sektoruntersuchungen veröffentlicht, davon fünf aus dem Bereich Verbraucherschutz. Weitere Untersuchungen sind gegenwärtig in Arbeit. Auch mehrere Landeskartellbehörden haben Sektoruntersuchungen durchgeführt und veröffentlicht, hauptsächlich im Bereich der Wärme- und Wasserversorgung. Sektoruntersuchungen sind somit zu einem festen Bestandteil des kartellrechtlichen Instrumentariums geworden und leisten einen wichtigen Beitrag zum besseren Verständnis der Wettbewerbsverhältnisse in einem Wirtschaftszweig, der Wirkungsweise bestimmter Arten von Vereinbarungen oder Verhaltensweisen oder verbraucherrechtlicher Problemlagen. Jedoch waren bei einigen Sektoruntersuchungen in der Vergangenheit mitunter sehr lange Zeiträume von der Einleitung einer Sektoruntersuchung bis zu ihrem Abschluss und zur Veröffentlichung der Ergebnisberichte zu beobachten. Die Beschleunigung der Sektoruntersuchung erlaubt es nicht nur dem Gesetzgeber, zeitnah auf festgestellte Wettbewerbsprobleme zu reagieren, sondern erhöht auch die Aktualität und damit die Verwertbarkeit der gewonnenen Erkenntnisse.

2. Ausweitung der Eingriffsmöglichkeiten nach abgeschlossenen Sektoruntersuchungen. Sektoruntersuchungen enden bisher in der Regel mit einem Bericht der Kartellbehörde. Nach Abschluss einer Sektoruntersuchung und beim Vorliegen weiterer in § 39a spezifizierter Bedingungen kann das Bundeskartellamt Unternehmen zur Anmeldung künftiger Zusammenschlüsse auffordern. Konkrete Abhilfemaßnahmen gegen im Rahmen einer Sektoruntersuchung ermittelte Wettbewerbsbeschränkungen setzen jedoch an kartellrechtswidrigen Verhaltensweisen an. Ergeben sich aus einer Sektoruntersuchung nach § 32e Erkenntnisse über Verstöße gegen das Kartellverbot oder gegen das Verbot des Marktmachtmissbrauchs, kann die Kartellbehörde Ergebnisse der Sektoruntersuchung nutzen, um Verwaltungsverfahren gegen einzelne Unternehmen mit dem Ziel der Abstellungsverfügung einzuleiten. Etwas anderes gilt für verbraucherrechtliche Sektoruntersuchungen nach § 32e Absatz 5. Dieses Instrument wurde im Zuge der 9. GWB-Novelle ergänzt, ohne jedoch dem Bundeskartellamt entsprechende Eingriffsbefugnisse einzuräumen.

Eine Störung des Wettbewerbs auf einem Markt, auf mehreren einzelnen Märkten oder die marktübergreifend sein kann, muss aber nicht zwangsläufig durch einen Kartellrechtsverstoß begründet sein. Auch wenn sich die Unternehmen auf einem Markt kartellrechtskonform verhalten, können die dort herrschenden Rahmenbedingungen den Wettbewerb erheblich stören und zu einer geringen Wettbewerbsintensität führen, was sich in der Regel in den Marktergebnissen widerspiegelt. In der Folge sehen sich die Verbraucherinnen und Verbraucher sowie gewerbliche Unternehmen u.a. mit hohen Preisen, geringer Produktauswahl oder niedriger Qualität konfrontiert. Zudem entstehen häufig Fehlanreize, die sich negativ auf nachhaltiges Wirtschaften, einen effizienten Ressourceneinsatz und die Innovationstätigkeit der Marktteilnehmer auswirken.

Während wettbewerbsbeschränkende Absprachen (§ 1), der Missbrauch einer marktbeherrschenden Stellung (§§ 19, 20) und Verhaltensweisen von Unternehmen mit überragender marktübergreifender Bedeutung für den Wettbewerb (§ 19a) also bereits erfasst sind, existieren im Kartellrecht Lücken hinsichtlich solcher Wettbewerbsstörungen, die nicht an eine kartellrechtswidrige Verhaltensweise anknüpfen, sondern zu weiten Teilen auf strukturellen Ursachen oder auf nicht zwingend von den §§ 1, 19, 19a oder 20 erfassten Verhaltensweisen beruhen. Solche Wettbewerbsstörungen können derzeit nicht ausreichend durch die Wettbewerbsbehörden aufgegriffen und behoben werden. In Hinblick auf die Marktstruktur existiert mit der kartellrechtlichen Zusammenschlusskontrolle (§§ 35 ff.) zwar ein Instrument, das die Entstehung wettbewerbsschädlicher Strukturen verhindert und somit präventiv wirkt. Ist jedoch bereits eine Situation eingetreten, in der strukturelle Faktoren in einem Markt oder Wirtschaftszweig wirksamen Wettbewerb auch ohne Absprachen oder nachgewiesenen Marktmachtmissbrauch verhindern, existiert bislang kein kartellrechtliches Instrument, um dies ausreichend zu adressieren.

Dies gilt auch für Märkte und Wirtschaftszweige, in denen internes Unternehmenswachstum, Marktaustritte oder andere Entwicklungen zu Strukturen geführt haben, die den Wettbewerbsprozess einschränken bzw. Wettbewerbsdruck abschwächen. Obwohl es für die Wirksamkeit des Wettbewerbs und die Funktionsfähigkeit von Märkten unerheblich ist, ob hohe Konzentrationen durch internes oder externes Unternehmenswachstum entstanden sind, wird internes Wachstum in der Regel positiver bewertet, da es als Ausdruck erfolgreich geführten Leistungswettbewerbs gesehen wird. Der Anreiz für Unternehmen, starke Marktstellungen zu erlangen und dadurch Gewinne zu erwirtschaften, ist für die Funktionsweise einer Marktwirtschaft zentral. Dieser Anreiz fördert hohe Eigeninitiative und erfolgreiche Innovationstätigkeit. Gleichzeitig müssen Marktpositionen aber angreifbar für Wettbewerber bleiben.

Merkmale einer Wettbewerbsordnung als Kernelement der sozial-ökologischen Marktwirtschaft sind Wettbewerbsvorstöße durch innovative Produkte oder Verfahren oder durch Optimierung der betrieblichen Prozesse und anschließende Nachahmung durch nachziehende Wettbewerber. Effektiver Wettbewerb ermöglicht den Unternehmen marktgerechte Reaktionen auf Preissignale, setzt damit starke Anreize für effizientes und nachhaltiges Wirtschaften und fördert technologischen Fortschritt. Sind auf einem Markt oder in einem Wirtschaftszweig dauerhaft hohe Unternehmenskonzentrationen und verfestigte Strukturen zu beobachten, kann dies dagegen auf eine anhaltende Störung dieses Prinzips hindeuten. Deshalb muss eine erfolgreiche Wettbewerbspolitik einerseits unternehmerische Freiheit fördern und starke Marktpositionen oder Gewinne ermöglichen; andererseits muss sie bei eingeschränktem oder verfälschtem Wettbewerb eingreifen können. Die Europäische Kommission hat daher die Schaffung eines sog. New Competition Tool in Erwägung gezogen und im Juni 2020 eine Folgenabschätzung in der Anfangsphase (sog. Inception Impact Assessment) veröffentlicht (Europäische Kommission, Ares(2020)2877634 – 04/06/2020). Ein in diesem Kontext für die Europäische Kommission erstelltes Gutachten nennt als Faktoren, die den Wettbewerb anhaltend stören und eine frühzeitige Intervention nötig machen können, insbesondere Skalenerträge, Netzwerkeffekte, Wechselkosten sowie asymmetrische und beschränkte Information (Europäische Kommission, Generaldirektion Wettbewerb, Motta, Peitz, Intervention triggers and underlying theories of harm: expert advice for the impact assessment of a new competition tool: expert study, Publications Office, 2020). Als unzureichend vom EU-Kartellrecht erfasst nennt das Gutachten insbesondere stillschweigende Kollusion (tacit collusion), wettbewerbsschädigende Geschäftsstrategien und Verträge von nicht marktbeherrschenden Unternehmen, Marktzutrittsschranken sowie vom Missbrauchsverbot nur in Randbereichen erfasste oder schwer nachweisbare Verhaltensweisen. Nach Auffassung der Autoren können bislang nicht vom Kartellrecht adressierbare Wettbewerbsbeschränkungen auch aus sog. common und cross ownership oder algorithmischer Kollusion resultieren (ebenda, S. 23 f., 26 f.). Die Aussagen des Gutachtens lassen sich zu großen Teilen auf das deutsche Kartellrecht übertragen, mit der Einschränkung, dass manche der dort aufgeführten Problemlagen in Deutschland inzwischen über die Marktbeherrschungskriterien des § 18 Absatz 3a und das Missbrauchsverbot für Unternehmen mit überragender marktübergreifender Bedeutung für den Wettbewerb in § 19a erfasst werden können.

Die Vorteile der Aufrechterhaltung wettbewerblicher Strukturen werden zudem mit Blick auf die makroökonomischen Auswirkungen einer hohen Marktkonzentration deutlich. So zeigen zahlreiche Studien, dass eine hohe Konzentration in verschiedenen Wirtschaftszweigen nicht nur mit erheblich gestiegenen Preisaufschlägen auf die Grenzkosten (sog. Markups) und zunehmender Profitabilität einhergeht, sondern auch zu weiteren negativen makroökonomischen Auswirkungen führt (siehe u.a. De Loecker, Eeckhout, Unger, The Rise of Market Power and the Macroeconomic Implications, Quarterly Journal of Economics, 135 (2), 2020, S. 561 bis 644.). Dazu können insbesondere zu geringe Investitionen, eine sinkende Produktivität, fehlende Innovation sowie eine sinkende Arbeitsmarktdynamik gehören.

Vor diesem Hintergrund bedarf es eines Instruments, das die dargestellte Lücke im kartellrechtlichen Rahmen schließt und dem Bundeskartellamt ermöglicht, Wettbewerbsstörungen zu beseitigen oder zu verringern, die mit dem herkömmlichen Instrumentarium nicht adressiert werden können. Diese neuen Kompetenzen des Bundeskartellamts stehen im Einklang mit etablierten ordnungspolitischen Grundsätzen, die den Wettbewerbsschutz ins Zentrum stellen. Dieser Schutz beschränkt sich nicht auf die Bekämpfung wettbewerbsbeschränkender Absprachen oder von Behinderungs- und Ausbeutungsmissbräuchen, sondern beinhaltet insbesondere eine kritische Prüfung der Auswirkungen langfristig hoher Unternehmenskonzentrationen und die Aufrechterhaltung oder Wiederherstellung kompetitiver Strukturen. Die Offenhaltung von Märkten als konstituierendes Prinzip einer Wettbewerbsordnung ist Voraussetzung für die Wirksamkeit des Wettbewerbs bei der Allokation eingesetzter Ressourcen. Wirksamer Wettbewerb setzt Unternehmen starke Anreize, durch hohe Eigeninitiative, effizientes Wirtschaften sowie qualitativ hochwertige und innovative Produkte und Leistungen wirtschaftlichen Erfolg zu haben, Preise niedrig zu halten und Kostensenkungen an die Verbraucherinnen und Verbraucher weiterzugeben. Strukturell bedingte Störungen des Wettbewerbs bergen ein hohes Risiko, die Funktionsfähigkeit des Wettbewerbs einzuschränken.

3. Erleichterte Vorteilsabschöpfung. Der bestehende Rahmen zur Abschöpfung der durch Kartellrechtsverstöße erzielten Vorteile führt zu erheblichen Problemen, durch die die Anwendung des § 34 derzeit unnötig erschwert ist. Für den erzielten Vorteil aus einer Wettbewerbsbeschränkung soll daher künftig eine Vermutung gelten.

4. Durchsetzung der Verordnung (EU) 2022/1925. Der Gesetzentwurf dient zugleich der Unterstützung der Durchsetzung der Verordnung (EU) Nr. 2022/1925. Ziel ist es, eine effektive Durchsetzung der Verordnung in Deutschland zu gewährleisten und einen Beitrag zur effektiven Durchsetzung der Verordnung durch die Europäische Kommission zu leisten. Zudem soll auch die private Rechtsdurchsetzung der Verpflichtungen aus der Verordnung gestärkt werden.

II. Wesentlicher Inhalt des Gesetzentwurfs

Es sind keine gleichermaßen geeigneten und angemessenen Alternativen verfügbar, um die angestrebten Ziele zu erreichen. Insbesondere die Umsetzung der Richtlinie (EU) 2019/1 ist verpflichtend und die vorgesehenen Regelungen sind durch diese Richtlinie dementsprechend determiniert.

1. Beschleunigung der Sektoruntersuchungen. Das Instrument der kartellrechtlichen Sektoruntersuchung hat sich grundsätzlich bewährt und wird deshalb nur geringfügig angepasst. Für verbraucherrechtliche Sektoruntersuchungen ist die Prüfung, wie das Bundeskartellamt im Einzelnen gestärkt werden kann, noch nicht abgeschlossen. Um die mitunter langen Zeiträume zwischen Einleitung einer Sektoruntersuchung und ihrem Abschluss zu reduzieren, wird im bestehenden § 32e eine Regeldauer von maximal 18 Monaten ergänzt. Die Einführung einer Sollfrist dient der Verfahrensbeschleunigung und – im Hinblick auf die künftigen Eingriffsbefugnisse nach § 32f – der Sicherstellung einer hinreichend aktuellen Datengrundlage; Datenaktualisierungen in Verfahren nach § 32f beschränken sich dann – soweit erforderlich – nur auf einen kurzen Zeithorizont. Die Ermittlungsakte der Sektoruntersuchung kann zu Verfahren nach § 32f beigezogen werden.

2. Ausweitung der Eingriffsmöglichkeiten nach abgeschlossenen Sektoruntersuchungen. Die bislang in § 39a vorgesehene Möglichkeit zur Verpflichtung von Unternehmen im kartellrechtlichen Sinne zur Anmeldung von Zusammenschlüssen unterhalb der Anmeldeschwellen des § 35 wird auf der Basis bisheriger Erfahrungen in den § 32f überführt. Die Verpflichtung kann sich je nach Ergebnissen der Sektoruntersuchung und der ggf. anschließenden Ermittlungen nach § 32f Absatz 2 an ein oder mehrere Unternehmen richten. Insbesondere werden die Anforderung an eine bundesweit starke Marktposition der betroffenen Unternehmen aufgehoben und die Umsatzschwellen reduziert, um auch drohende Wettbewerbsprobleme etwa auf regionalen vermachteten Märkten adressieren zu können. Das Bundeskartellamt kann die Anmeldepflicht in seiner Verfügung in räumlicher Hinsicht (nur in bestimmten Kommunen, Ländern, Marktgebieten) oder in sachlicher Hinsicht (nur bestimmte Produkte, Leistungen) einschränken.

Zusätzlich wird ein neues Instrument eingeführt, das dem Bundeskartellamt in Fällen erheblicher und fortwährender Störungen des Wettbewerbs auf mindestens einem mindestens bundesweiten Markt, mehreren einzelnen Märkten oder marktübergreifend ein Eingreifen außerhalb des Kartellverbots und der Missbrauchsaufsicht erlaubt. Dieses Instrument ermöglicht es dem Bundeskartellamt, die im Rahmen einer kartellrechtlichen Sektoruntersuchung gewonnenen Erkenntnisse effektiver zu nutzen. Dazu werden in § 32f verschiedene Eingriffsmöglichkeiten für das Bundeskartellamt normiert. Im Anschluss an eine Sektoruntersuchung nach § 32e kann das Bundeskartellamt zunächst feststellen, dass eine erhebliche und fortwährende Störung des Wettbewerbs vorliegt. Die Verfügung ergeht gegenüber denjenigen Unternehmen, die als Adressaten von Maßnahmen nach § 32f in Betracht kommen, wenn sie durch ihr Verhalten zur Störung wesentlich beigetragen haben. Anschließend können Maßnahmen zur Beseitigung oder Verringerung von erheblichen und fortwährenden Störungen des Wettbewerbs ergriffen werden. Der Ursprung der Störungen muss abweichend von Maßnahmen nach § 32 nicht in verbotenen Verhaltensweisen von Unternehmen liegen. Störungen des Wettbewerbs können vielmehr auch in strukturellen Merkmalen von Märkten liegen oder einen nicht durch die §§ 1, 19 ff. adressierbaren Verhaltensbezug haben.

Der dem deutschen Kartellrecht bisher unbekannte Begriff der „Störung des Wettbewerbs" wird anhand klarer und ausführlich begründeter Regelbeispiele sowie einer ebenfalls ausführlich erläuterten Liste von Prüfkriterien für das Vorliegen einer Wettbewerbsstörung konkretisiert. Demnach kann eine Störung des Wettbewerbs insbesondere bei unilateraler Angebots- oder Nachfragemacht, Markzutritts, Marktaustritts- oder Kapazitätsschranken, Wechselhemmnissen (bzgl. Anbieter oder Nachfrager), gleichförmigem oder koordiniertem Verhalten oder Abschottungseffekten durch vertikale Beziehungen (input/customer foreclosure) vorliegen. Diese Konstellationen stellen wesentliche Anwendungsfälle dar und entsprechen üblichen kartellrechtlichen Schadenstheorien.

Als Ultima Ratio ist in § 32f Absatz 4 die Möglichkeit einer eigentumsrechtlichen Entflechtung bei marktbeherrschenden Unternehmen sowie Unternehmen mit einer überragenden marktübergreifenden Bedeutung für den Wettbewerb nach § 19a Absatz 1 vorgesehen, sofern eine erhebliche und fortwährende Störung des Wettbewerbs vorliegt und zu erwarten ist, dass die festgestellte Störung des Wettbewerbs durch die Maßnahme beseitigt oder erheblich verringert wird. Das Kriterium der „erheblichen Verringerung" trägt dabei gemessen an der Schwere des eigentumsrechtlichen Eingriffs dem Grundsatz der Verhältnismäßigkeit Rechnung. Eigentumsrechtliche Maßnahmen sollen nur dann ergriffen werden, wenn keine Abhilfemaßnahmen nach Absatz 3 mit gleicher Wirksamkeit zur Verfügung stehen oder diese die größere Belastung für die Unternehmen darstellen würden. Unternehmensteile müssen nur veräußert werden, wenn der Verkaufserlös mindestens 50 Prozent des ermittelten Unternehmenswerts beträgt. Sofern der tatsächlich erzielte Verkaufserlös den Unternehmenswert unterschreitet, erhält das betroffene Unternehmen zusätzlich eine Zahlung aus Bundesmitteln.

Für Maßnahmen nach § 32f Absatz 3 und 4 sieht der Gesetzentwurf vor, dass Unternehmen ihrerseits Verpflichtungen eingehen können, die geeignet sind, vom Bundeskartellamt mitgeteilte wettbewerbliche Bedenken auszuräumen; das Bundeskartellamt kann diese Zusagen für bindend erklären. Dadurch wird sichergestellt, dass die Unternehmen auf der Basis ihrer besonderen Kenntnis des eigenen Unternehmens genauso geeignete und ggf. weniger einschneidende Maßnahmen vorschlagen können, um identifizierte Störungen des Wettbewerbs zu beseitigen. Zugleich können durch eine konsensuale Lösung erhebliche Effizienzgewinne im weiteren Verfahrensablauf erzielt werden.

Die Abstellungsverfügung nach § 32f Absatz 2 bis 4 soll spätestens 18 Monate nach Veröffentlichung des Berichts zu der vorangegangenen Sektoruntersuchung erlassen werden. Dadurch wird auch sichergestellt, dass die in der vorangegangenen Sektoruntersuchung gewonnenen Erkenntnisse über die Wettbewerbsverhältnisse auf den betroffenen Märkten oder Wirtschaftszweigen als Grundlage der Entscheidung hinreichend aktuell sind. Eine Aktualisierung der Daten im Rahmen des Verfahrens nach § 32f sollte nur im Ausnahmefall erforderlich sein. Im Rahmen dieses Verwaltungsverfahrens werden die Rechte der Beteiligten und betroffenen Wirtschaftskreise im Rahmen der Anhörungsrechte nach § 56 umfassend gewahrt.

Die in § 32f vorgesehene Regelung weist zahlreiche Parallelen zu Instrumenten auf, die sich in anderen Staaten bewährt haben. So hat die britische Competition and Markets Authority (CMA) seit 2002, noch während der britischen EU-Mitgliedschaft, auf der Grundlage des Kriteriums der „adverse effects on competition“ den Wettbewerb z.B. in den Sektoren Banken und Großhandel verbessert (vgl. Europäische Kommission, Generaldirektion Wettbewerb, Whish, New competition tool: legal comparative study of existing competition tools aimed at addressing structural competition problems with a particular focus on the UK's market investigation tool, Publications Office, 2020, Annex V mit detaillierter Übersicht zu den durchgeführten Verfahren). Anders als § 32f sieht der britische Prüfungsmaßstab allerdings keine gesetzliche Erheblichkeitsschwelle vor, sondern die Prüfung der Erheblichkeit erfolgt inzident im Rahmen der Verhältnismäßigkeit der Abhilfemaßnahme. Dennoch besteht eine Vielzahl von Parallelen der beiden Instrumente: Wie das britische Modell sieht auch der vorliegende Gesetzentwurf eine klare Trennung zwischen der Untersuchung des Marktes bzw. des Wirtschaftszweiges einerseits und einer nachgelagerten Abhilfephase andererseits vor. Eine weitere Parallele der beiden Modelle besteht in der jeweiligen Regeldauer von maximal drei Jahren. Beide Wettbewerbsbehörden können Empfehlungen an die jeweiligen Gesetzgeber aussprechen. Auch das Abhilfeinstrumentarium des § 32f gleicht dem britischen Vorbild.

Als Ultima Ratio kommen jeweils Entflechtungsmaßnahmen in Betracht – auch wenn diese im Fall des § 32f Absatz 4 an strengere Voraussetzungen geknüpft sind. Die CMA hat von dieser Befugnis u.a. Gebrauch gemacht, nachdem sie ernsthafte Wettbewerbsprobleme im Bereich des Flughafenbetriebs festgestellt hatte. Zur Abhilfe wurde die Veräußerung von drei Flughäfen angeordnet (vgl. BAA airports market investigation, final report, Competition Commission, 19. März 2009). Zudem bestehen große Überschneidungen zur Konzeption des New Competition Tool, das die Europäische Kommission im Vorfeld der Arbeiten zur Verordnung (EU) 2022/1925 in Erwägung gezogen hatte (für einen Vergleich von ähnlichen Wettbewerbsinstrumenten mit einem besonderen Fokus auf Großbritannien vgl. Whish, a. a. O.). In der Folgenabschätzung des New Competition Tool stützte die Europäische Kommission diese Initiative auf strukturelle Wettbewerbsprobleme insbesondere auf digitalen Märkten, die existierende Instrumente nicht ausreichend beheben könnten. Insbesondere die damals in der Folgenabschätzung in der Anfangsphase diskutierte Option 3, die ein marktstrukturbasiertes Wettbewerbsinstrument mit einem horizontalen Anwendungsbereich vorsah, ähnelt dem vorliegenden Gesetzentwurf. Diese knüpfte nicht an die Marktbeherrschung an, sondern an strukturelle Risiken für den Wettbewerb an. Beispiele waren hohe Marktzutrittsschranken oder auch oligopolistische Strukturen. Analog zum neu vorgesehenen § 32f sollte für die Anwendung des New Competition Tool nach dieser Option keine vorherige Feststellung eines Verstoßes gegen das Missbrauchsverbot erforderlich sein. Zudem waren auch strukturelle Abhilfemaßnahmen umfasst. Die Europäische Kommission hat nachfolgend die Verordnung (EU) 2022/1925 vorgeschlagen und die Initiative für ein New Competition Tool bislang nicht weiterverfolgt.

3. Erleichterte Vorteilsabschöpfung. In § 34 wird mit Blick auf die Vorteilsabschöpfung die Anwendbarkeit der Norm für die Kartellbehörden vereinfacht bzw. werden die Nachweisanforderungen im Hinblick auf den konkret erlangten Vorteil abgesenkt, damit wirtschaftliche Vorteile, die durch Kartellrechtsverstöße erlangt wurden, nicht bei den Unternehmen verbleiben, die die Verstöße begangen haben.

Es handelt sich hierbei um ein verwaltungsrechtliches und nicht um ein straf- oder bußgeldrechtliches Instrument. Die Vorteilsabschöpfung soll sicherstellen, dass die durch den Kartellrechtsverstoß erlangten wirtschaftlichen Vorteile nicht beim Verursacher verbleiben. Insgesamt kann nicht mehr als der erzielte oder vermutete wirtschaftliche Vorteil in einmaliger Höhe eingefordert werden (s. bereits Begründung der Bundesregierung zum Entwurf eines Siebten Gesetzes zur Änderung des Gesetzes gegen Wettbewerbsbeschränkungen, BT-Drs. 15/3640, S. 36). Um eine unverhältnismäßige Abschöpfung zu vermeiden, sieht der Gesetzentwurf insbesondere eine Deckelung auf maximal 10 Prozent des Konzernumsatzes im abgeschlossenen Geschäftsjahr vor.

4. Durchsetzung der Verordnung (EU) 2022/1925. Zur Sicherstellung einer effektiven Durchsetzung des der Verordnung (EU) 2022/1925 werden dem Bundeskartellamt diejenigen Ermittlungsbefugnisse eingeräumt, die nach der Verordnung nationalen Wettbewerbsbehörden eröffnet werden können.

Die Verordnung (EU) 2022/1925 hat zum Ziel, bestimmte Verhaltensweisen von Anbietern zentraler Plattformdienste (sog. Torwächter) zu adressieren, die die Bestreitbarkeit und Fairness von Märkten im digitalen Sektor betreffen und dabei erhebliche Auswirkungen auf den Binnenmarkt haben. Torwächter dienen gewerblichen Nutzern als wichtiges Zugangstor zu Endnutzern. Dabei verfügen sie nicht zwangsläufig über eine marktbeherrschende Stellung im wettbewerbsrechtlichen Sinne, so dass missbräuchliche Praktiken mit dem geltenden Unionsrecht nicht immer oder nicht immer wirksam erfasst werden können. Die Regelungen der Verordnung (EU) 2022/1925 gelten für benannte Torwächter unmittelbar und sind direkt anwendbar. Dennoch muss ihre Einhaltung durch die Torwächter behördlich überwacht werden. Die Europäische Kommission ist hierfür grundsätzlich die „alleinige Durchsetzungsbehörde" (Erwägungsgrund 91, Artikel 38 Absatz 7 der Verordnung (EU) 2022/1925). Die nationalen Wettbewerbsbehörden können sie hierbei jedoch in einem begrenzten Umfang unterstützen.

Die Verordnung (EU) 2022/1925 ist der privaten Rechtsdurchsetzung zugänglich, soweit sich hieraus Rechte und Pflichten einzelner Betroffener ableiten. Artikel 39 der Verordnung (EU) 2022/1925 regelt die Zusammenarbeit der nationalen Gerichte mit der Europäischen Kommission. Die private Rechtsdurchsetzung ist somit eine zweite Säule neben der behördlichen Durchsetzung durch die Europäische Kommission und leistet so einen wichtigen Beitrag zur effektiven Implementierung der Verordnung (EU) 2022/1925. Die Regelungen tragen somit dem europäischen Effektivitätsgrundsatz Rechnung.

Im Rahmen des GWB sind die folgenden wesentlichen Anpassungen zielführend: Zunächst setzt Artikel 38 Absatz 7 der Verordnung (EU) 2022/1925 eine nationale Befugnisnorm voraus, damit nationale Wettbewerbsbehörden eigene Ermittlungen im Hinblick auf die Artikel 5, 6 und 7 Verordnung (EU) 2022/1925 vornehmen können. Weiterhin bedarf es einer Regelung, nach der das Bundeskartellamt zur Mitwirkung an Verfahren der Europäischen Kommission zuständig ist. Darüber hinaus erfordert die Verordnung (EU) 2022/1925 Anpassungen der GWB-Vorschriften für die Behördenzusammenarbeit. Die Verordnung (EU) 2022/1925 setzt in Artikel 39 die Möglichkeit der privaten Rechtsdurchsetzung voraus. In Anlehnung an die Umsetzung der Kartellschadensersatzrichtlinie werden die Vorschriften zur Erleichterung der privaten Rechtsdurchsetzung in Kartellsachen, dort wo es geboten ist, im Kontext der Verordnung (EU) 2022/1925 für anwendbar erklärt. Erstens werden einige der für kartellrechtliche Privatklagen geltenden Erleichterungen für anwendbar erklärt. Zweitens wird wie im Kartellrecht eine Zuständigkeitskonzentration herbeigeführt, so dass die Kartellspruchkörper auch für Streitigkeiten zur Verordnung (EU) 2022/1925 zuständig sind (§§ 87, 89). Drittens wird für das Bundeskartellamt die Möglichkeit geschaffen, sich in Gerichtsverfahren mit Bezug zur Verordnung (EU) 2022/1925 als amicus curiae in die Verfahren einzubringen. Schließlich sind Regelungen zur Zusammenarbeit der nationalen Gerichte mit der Europäischen Kommission zweckmäßig.

[…]

Aus der Einleitung der „Beschlussempfehlung und Bericht" des Wirtschaftsausschusses **(WiA S. 1 und 2)**

A. Problem

Der Gesetzentwurf der Bundesregierung zielt primär auf die inzwischen 11. Novellierung des Gesetzes gegen Wettbewerbsbeschränkungen (GWB) ab.

Unter anderem soll das kartellbehördliche Instrument der Sektoruntersuchung umgestaltet und ausgeweitet werden. So soll etwa das Bundeskartellamt auf Basis einer Sektoruntersuchung unabhängig von klassisch kartellrechtswidrigem Verhalten Maßnahmen gegen Unternehmen einleiten können, sofern auf bestimmten Märkten eine erhebliche und fortwährende Störung des Wettbewerbs festgestellt wird und zusätzliche Voraussetzungen vorliegen. Gegebenenfalls soll die Wettbewerbsstörung gar Ausgangspunkt einer eigentumsrechtlichen Entflechtung sein können.

Darüber hinaus bewertet die Bundesregierung die Nachweisanforderungen für die kartellbehördliche Vorteilsabschöpfung gemessen am gesamtwirtschaftlichen Schaden der hierunter erfassten Kartellverstöße als zu hoch. Um dem zu begegnen, schlägt sie eine grundsätzliche, nach bestimmten Maßgaben widerlegliche Vermutung hinsichtlich der Entstehung eines wirtschaftlichen Vorteils in einer pauschalen Mindesthöhe vor.

Des Weiteren soll die Novelle die effektive Durchsetzung des im Jahr 2022 in Kraft getretenen Europäischen Gesetzes über digitale Märkte (Digital Markets Act, Verordnung (EU) 2022/1925) im deutschen Rechtsraum sicherstellen. Hierzu sollen zum einen dem Bundeskartellamt diejenigen Ermittlungsbefugnisse eingeräumt werden, die nach dem Digital Markets Act nationalen Wettbewerbsbehörden eröffnet werden können, zum anderen die diesbezügliche private Rechtsdurchsetzung ermöglicht werden.

Daneben enthält der Gesetzentwurf einzelne nicht zum Kartellrecht gehörige Regelungsinitiativen.

B. Lösung

Annahme des Gesetzentwurfs in geänderter Fassung […].

Die durch den Ausschuss zur Annahme empfohlenen Änderungen des ursprünglichen Gesetzentwurfs betreffen neben mehreren redaktionellen Änderungen verschiedene Einschränkungen in Bezug auf die dem Bundeskartellamt möglichen Maßnahmen infolge einer Sektoruntersuchung. Insbesondere erhöhen die beschlossenen Änderungen an verschiedenen Stellen die kartellbehördliche Eingriffsschwelle beziehungsweise weiten den Rechtsschutz gegen entsprechende Verfügungen aus.

B. Besonderer Teil (zu den einzelnen geänderten Bestimmungen)

§ 32e Abs. 1 (S. 25)

Durch das Instrument der Sektoruntersuchung konnten schon bisher wichtige Erkenntnisse zu den verschiedenen Ursachen von Wettbewerbsproblemen gesammelt werden. Vor diesem Hintergrund erscheint es nicht sachgerecht, das Vorliegen starrer Preise gegenüber anderen Kriterien hervorzuheben, die ebenfalls auf Wettbewerbsprobleme hinweisen. Gerade in oligopolistischen Märkten können auch sich auffällig parallel entwickelnde Preise bzw. starke Preiserhöhungen, die nicht kosteninduziert sind, auf Wettbewerbsprobleme hinweisen, so dass vielfältige Preismuster und zahlreiche weitere relevante Kriterien die Vermutung eines möglicherweise eingeschränkten oder verfälschten Wettbewerbs begründen können. Daher erfolgt die Streichung des Kriteriums der „starren Preise“. Zudem wird der Begriff „Sektoruntersuchung“ nun legaldefiniert. Somit ist eine Sektoruntersuchung eine Untersuchung eines bestimmten Wirtschaftszweiges oder – Sektor übergreifend – einer bestimmten Art von Vereinbarungen oder Verhaltensweisen.

§ 32e Abs. 2 (S. 25)

Vor dem Hintergrund der in Absatz 1 aufgenommenen Legaldefinition wird in Absatz 2 die Bezeichnung „Untersuchung“ durch „Sektoruntersuchung“ ersetzt.

§ 32e Abs. 3 (S. 25)

Der Absatz 3 wird neu eingefügt. Die bisherigen Erfahrungen haben gezeigt, dass kartellrechtliche Sektoruntersuchungen häufig lange Bearbeitungszeiten hatten, bis zu deren Abschluss sich Märkte unter Umständen schon weiterentwickelt haben. Zur zeitlichen Straffung des Verfahrens soll das Bundeskartellamt die Sektoruntersuchung daher künftig 18 Monate nach Eröffnung abschließen. Die Frist von 18 Monaten bietet dem Bundeskartellamt einen angemessenen Zeitraum für die Durchführung von Ermittlungen und die Auswertung der Ergebnisse. Es handelt sich insofern um eine Soll-Vorschrift. Von der Regeldauer sollte daher nur in Ausnahmefällen abgewichen werden. Allerdings sind mit einem Verstoß gegen die Regeldauer keine Rechtsfolgen verbunden. Die Verfahrenseröffnung wird zur Erhöhung der Transparenz über das Verfahren künftig auf der Internetseite des Bundeskartellamts veröffentlicht. Die Verfahrenseröffnung stellt gleichwohl auch weiterhin keine anfechtbare Entscheidung dar (vgl. OLG Düsseldorf, Beschluss vom 08. Mai 2007, VI-Kart 5/07 [V], WuW/E DE-R 1993). Im Falle einer längeren Verfahrensdauer oder im Falle einer Einstellung ohne Ergebnis gibt das Bundeskartellamt die Gründe hierfür bekannt.

§ 32e Abs. 4 (S. 26)

Das Bundeskartellamt veröffentlicht nach Abschluss von Sektoruntersuchungen regelmäßig Berichte über die Ergebnisse auf seiner Internetseite; in Einzelfällen wurden auch Zwischenberichte mit vorläufigen Ergebnissen veröffentlicht. Das Bundeskartellamt verfügt im Rahmen seiner Sektoruntersuchungen über weitreichende Ermittlungsbefugnisse bei den Marktteilnehmern, welche detaillierte Einblicke in die Funktionsweise und die Wettbewerbslandschaft der untersuchten Märkte oder Wirtschaftszweige erlauben. Aufgrund der häufig weitreichenden Bedeutung der durch das Bundeskartellamt gewonnenen Erkenntnisse und des damit verbundenen großen Interesses seitens der Öffentlichkeit bzw. der betroffenen Fachwelt wird die bisherige Praxis künftig als Regelfall ins Gesetz aufgenommen. Im Falle einer Einstellung der Sektoruntersuchung ohne Abschlussbericht werden die Gründe für die Einstellung vom Bundeskartellamt bekannt gegeben. Gemäß Absatz 4 Satz 2 können das Bundeskartellamt und die obersten Landesbehörden Dritte um Stellungnahme zu den in den Zwischen- oder Abschlussberichten enthaltenen Feststellungen bitten. Das Bundeskartellamt veröffentlicht die entsprechenden Stellungnahmen in der Regel auf seiner Internetseite. Auf Antrag des Unternehmens kann das Bundeskartellamt die Stellungnahmen vertraulich behandeln.

Die Feststellungen in Zwischen- oder Abschlussberichten sind jedoch nicht isoliert anfechtbar, da es ihnen an einer Regelungswirkung und an der individuellen Beschwer fehlt. Die Berichte beschreiben die vorgefundenen Wettbewerbsbedingungen auf den Märkten oder den untersuchten Wirtschaftszweigen und identifizieren etwaige wettbewerbliche Probleme. Aus diesen allgemeinen Ausführungen ergibt sich jedoch regelmäßig keine individuelle Beschwer für auf diesen Märkten tätige Unternehmen, zumal das Bundeskartellamt konkrete Maßnahmen erst auf Grundlage der Feststellung einer Störung des Wettbewerbs in einem Anschlussverfahren nach § 32f oder aufgrund eines Verstoßes gegen andere kartellrechtliche Vorschriften ergreifen kann. Innerhalb einer laufenden Sektoruntersuchung ist Rechtschutz daher nur gegen konkrete Ermittlungsmaßnahmen gegeben. Ein Vorgehen gegen die in den Berichten enthaltenen Aussagen ist erst im Zuge von Rechtsmitteln gegen die Verfügungen im Anschlussverfahren statthaft.

Ergeben die durch das Bundeskartellamt ermittelten Ergebnisse Anhaltspunkte für regulatorischen Anpassungsbedarf durch den Gesetzgeber, können künftig im Bericht entsprechende Empfehlungen an die Bundesregierung ausgesprochen werden. In diesen Fällen ist der Bericht der Bundesregierung zuzuleiten.

Die zuständigen obersten Landesbehörden behalten aufgrund der üblicherweise auf das jeweilige Bundesland begrenzten Zuständigkeiten und im Hinblick auf schlanke Verwaltungsprozesse weiterhin ein Veröffentlichungsermessen.

§ 32e Abs. 5 (S. 26)

Künftig sollen die Kartellbehörden im Rahmen ihrer Ermittlungen zu Sektoruntersuchungen auch Beschlagnahmen nach § 58 durchführen können.

§ 32e Abs. 6 und 7 (S. 26)

(Folgeänderungen)

§ 32f (S. 26 ff.)

Die im Kartellrecht verankerten Instrumente haben sich über einen langen Zeitraum bei der Verhinderung der Entstehung von Marktmacht im Rahmen der Fusionskontrolle und bei der Bekämpfung wettbewerbsbeschränkender Vereinbarungen sowie des Missbrauchs von Marktmacht durch marktbeherrschende oder marktstarke Unternehmen grundsätzlich bewährt. Das Kartellrecht adressiert bislang präventiv drohende Behinderungen wirksamen Wettbewerbs durch Zusammenschlüsse oberhalb der fusionskontrollrechtlichen Aufgreifschwellen. Im Nachhinein können bestimmte Ausprägungen wettbewerbsschädlichen Verhaltens in Verwaltungs- und Bußgeldverfahren abgestellt und sanktioniert werden. Störungen des Wettbewerbs und die damit ggf. verbundenen negativen Auswirkungen, die weder im Rahmen der Fusionskontrolle aufgegriffen werden konnten noch ihren wettbewerbsbeschränkenden Charakter aus wettbewerbsbeschränkenden Vereinbarungen bzw. abgestimmten Verhaltensweisen oder Marktmachtmissbrauch ziehen, konnten bislang nicht adressiert werden. Auch nach entsprechenden Feststellungen in den Sektoruntersuchungen konnten solche Störungen nicht in gesonderten Verfahren aufgegriffen werden. Dem wird mit der Einführung des § 32f Rechnung getragen.

Eine hohe Unternehmenskonzentration kann den Wettbewerb beeinträchtigen und unterschiedliche Ursachen haben, die häufig nicht der Fusionskontrolle unterliegen. Starkes internes Wachstum kann zu Marktmacht einzelner Unternehmen führen. Auch Marktaustritte können zu Machtkonzentration bei wenigen verbleibenden Unternehmen führen. Schließlich greift die Fusionskontrolle mit ihren Aufgreifschwellen nur bei Zusammenschlüssen ein, für die der Gesetzgeber eine hinreichende gesamtwirtschaftliche Bedeutung annimmt. Hierdurch können allerdings

Konzentrationen in kleineren regionalen Märkten entstehen, die bislang keinem ausreichenden Wettbewerbsschutz unterliegen.

Erhebliche Störungen des Wettbewerbs können aus verschiedenen Gründen auch ohne missbräuchliches Verhalten oder wettbewerbsbeschränkende Vereinbarungen gesamtwirtschaftliche Schäden hohen Ausmaßes verursachen. In engen Märkten mit wenigen Marktteilnehmern können auch nicht explizit abgestimmte Verhaltensweisen der Marktteilnehmer zu einem hohen Preisniveau führen, wenn die wenigen verbliebenen Wettbewerber wechselseitig Wettbewerbsvorstöße beobachten und antizipieren und ein geringes Interesse an Wettbewerbsvorstößen haben. Ohne den Wettbewerbsdruck ist dann der – auch legale – Spielraum für hohe Preise größer. Geringer oder abnehmender Wettbewerb kann also nicht nur zu im missbräuchlichen Sinne überhöhten Preisen oder unbilligen Geschäftsbedingungen und Lieferbeziehungen führen. Negative Folgen drohen auch durch niedrige oder rückläufige Anreize für einen effizienten Ressourceneinsatz und geringen oder abnehmenden Druck zur Entwicklung neuer oder verbesserter Produkte und Dienstleistungen. Die Folgen sind nicht nur unmittelbar beim Verbraucher spürbar; derartige Störungen des Wettbewerbs führen auch dazu, dass natürliche Ressourcen, Arbeitskräfte und Investitionen nicht in die besten Verwendungen fließen und erforderliche wirtschaftliche Transformationsprozesse gestört werden.

Mit der Einführung des § 32f wird daher ein neues Instrument im Kartellrecht etabliert. Stellt das Bundeskartellamt eine erhebliche und fortwährende Störung des Wettbewerbs auf mindestens einem mindestens bundesweiten Markt, mehreren einzelnen Märkten oder marktübergreifend fest, kann es künftig strukturelle und verhaltensbezogene Maßnahmen anordnen. Durch die Abgrenzung vom auf fusionsbedingte Veränderungen von Marktstrukturen und -verhaltensweisen zielenden SIEC-Test in § 36 Absatz 1 wird mit dem Kriterium der Störung des Wettbewerbs eine Störungslage hervorgehoben, die fortwähren muss. § 32f liegt nicht im Regelungsbereich des Artikels 101 AEUV. Er regelt nicht Vereinbarungen zwischen Unternehmen, Beschlüsse von Unternehmensvereinigungen und aufeinander abgestimmte Verhaltensweisen im Sinne des Artikels 101 AEUV, sondern nur Störungen des Wettbewerbs struktureller oder verhaltensbedingter Natur, die Artikel 101 AEUV gerade nicht erfasst. § 32f fällt daher auch nicht unter Artikel 3 Absatz 2 Satz 1 VO (EG) Nr. 1/2003. Sollte im Rahmen einer Sektoruntersuchung nach § 32e oder einem Verfahren nach § 32f ein Verstoß gegen Artikel 101 AEUV festgestellt werden, ist eine Anwendung von § 32f insoweit ausgeschlossen. Dies entspricht der Anwendung des vergleichbaren Marktuntersuchungsinstruments im britischen Wettbewerbsrecht, welches von 2002 bis zum EU-Austritt Großbritanniens ebenfalls parallel zum europäischen Recht existierte (vgl. Office of Fair Trading, Market investigation references, Guidance about the making of references under Part 4 of the Enterprise Act, 2003, S. 12, Rn. 2.14).

Um sicherzustellen, dass die jeweiligen in den Folgeabsätzen vorgesehenen Maßnahmen auf einer soliden und aktuellen Kenntnis der betroffenen Wirtschaftszweige getroffen werden können, ist ihre Anordnung – wie bislang im in Absatz 2 überführten § 39a – erst im Anschluss an eine abgeschlossene Sektoruntersuchung nach § 32e möglich. Die im Rahmen der Sektoruntersuchung gewonnenen Erkenntnisse kann das Bundeskartellamt im Anschlussverfahren nach § 32f – beispielsweise durch Beiziehung der Akten – heranziehen.

Während des gesamten Verfahrens nach § 32f werden die Rechte der Beteiligten und die Interessen der betroffenen Wirtschaftskreise umfassend gewahrt. Nach § 56 Absatz 1 gibt das Bundeskartellamt insbesondere den Adressaten der geplanten Maßnahmen Gelegenheit zur Stellungnahme. Daneben kann das Bundeskartellamt vor allem in Verfahren nach Absatz 3 Satz 6 und Absatz 4 natürliche und juristische Personen sowie deren Vereinigungen beiladen, wenn deren Interessen durch die Entscheidung erheblich berührt werden (vgl. § 54 Absatz 2 Nummer 3 GWB).

Soweit die Entscheidung unmittelbar rechtsgestaltend in Verträge eingreift und Dritte dadurch in eigenen Rechten verletzt werden könnten, können z.B. die Vertragspartner eines von einer Maßnahme betroffenen Unternehmens notwendig beizuladen sein (BGH, EuGH-Vorlage vom 19.1.1993, KVR 25/91, WuW/E BGH 2875 (2876) – Herstellerleasing; BGH, Beschluss vom 22.1.2005, KVZ 20/04, WuW/E DE-R 1544-1545 – Zeiss/Leica; BGH, Beschluss vom 4.7.2009, KVR 34/08, WuW 2009, 1286-1290 – Versicherergemeinschaft). Bei Maßnahmen mit besonders breiter Marktwirkung sollte – zusätzlich zur künftig nach § 56 Absatz 7 vorgeschriebenen mündlichen Verhandlung zu Beginn des Verfahrens nach Absatz 3 Satz 6 und Absatz 4 – von der in § 56 Absatz 2 vorgesehenen Möglichkeit der Anhörung Gebrauch gemacht und Vertretern der von dem Verfahren berührten Wirtschaftskreise und sonstigen Dritten wie Behörden und wissenschaftlichen Instituten Gelegenheit zur Stellungnahme gegeben werden. Der Begriff Wirtschaftskreise beschränkt sich dabei nicht auf Marktbeteiligte oder Unternehmensbranchen, sondern erfasst z.B. auch Verbraucher oder Arbeitnehmer. In der Praxis setzt sich das Bundeskartellamt mit den im Rahmen der Anhörung vorgebrachten wesentlichen Argumenten im Rahmen der Entscheidung auseinander. Zudem besteht schon vor Einleitung eines Verfahrens nach § 32f für interessierte Dritte die Möglichkeit, zu den im Zwischen- oder Abschlussbericht der vorangegangenen Sektoruntersuchung enthaltenen Feststellungen Stellung zu nehmen. Diese Stellungnahmen veröffentlicht das Bundeskartellamt grundsätzlich auf seiner Internetseite, soweit im Einzelfall keine vertrauliche Behandlung geboten ist.

§ 32f Abs. 2 (S. 28)

Die Möglichkeit, Unternehmen nach Durchführung einer Sektoruntersuchung zur Anmeldung jedes Zusammenschlusses unterhalb der Kriterien des § 35 zu verpflichten, wurde in Absatz 2 verankert. Die bisherige Beschränkung der Maßnahme auf Unternehmen, denen bundesweit eine hohe wirtschaftliche Bedeutung zukommt, wurde durch die Streichung des bisherigen § 39a Absatz 1 Nummer 3 sowie mit einer Anpassung der Umsatzkriterien abgeschafft. Künftig sollen in Fällen der Verpflichtung zur Anmeldung Fusionen anmeldepflichtig sein, wenn der Erwerber im Vorjahr einen Inlandsumsatz von 50 Mio. Euro und die Zielgesellschaft einen Inlandsumsatz von 500.000 Euro erzielte. Das weltweite Umsatzkriterium sowie die Bagatellmarktschwelle des § 36 Absatz 1 Satz 2 Nummer 2 sind für diese Fälle entfallen. Diese Änderungen gegenüber § 39a wurden vorgenommen, um auch Konzentrationstendenzen auf kleineren regionalen Märkten besser adressieren zu können. So dürfte der bisherige § 39a beispielsweise ungeeignet sein, identifizierten drohenden Konzentrationen auf regionalen Gesundheitsmärkten effektiv entgegenzuwirken. Bereits der erste Entwurf des § 39a sah niedrigere Voraussetzungen vor, welche im Zuge des weiteren Verfahrens angehoben wurden. Anmeldungen von Zusammenschlüssen, zu denen Unternehmen auf Grundlage einer Verfügung nach Absatz 2 verpflichtet werden, erfolgen (ebenso wie Anmeldungen auf Grundlage der Kriterien des § 35) gemäß § 39.

Nach § 32 Absatz 2 können die Kartellbehörden Unternehmen oder Vereinigungen von Unternehmen alle erforderlichen Abhilfemaßnahmen verhaltensorientierter oder struktureller Art aufgeben, die zur wirksamen Abstellung einer Zuwiderhandlung gegen das Kartell- und Missbrauchsverbot im deutschen oder europäischen Wettbewerbsrecht erforderlich und gegenüber dem festgestellten Verstoß verhältnismäßig sind. § 32f Absatz 3 erweitert diese Kompetenz für das Bundeskartellamt auf Fälle, in denen eine erhebliche Störung des Wettbewerbs auf mindestens (a) einem mindestens bundesweiten Markt, (b) mehreren einzelnen Märkten oder (c) marktübergreifend fortwährt. Das Bundeskartellamt wird somit in die Lage versetzt, unabhängig von einem Kartellrechtsverstoß Abhilfemaßnahmen anzuordnen. An die

Stelle der Voraussetzung einer festgestellten Zuwiderhandlung tritt das Vorliegen einer erheblichen und fortwährenden Störung des Wettbewerbs. Der räumlich relevante Markt kann über das Bundesgebiet hinausreichen.

Erheblich ist eine Störung, sofern diese mehr als nur geringfügig negative Effekte auf den Wettbewerb auf mindestens einem mindestens bundesweiten Markt, mehreren einzelnen Märkten oder marktübergreifend hat. Die Begriffe der „Störung des Wettbewerbs" sowie das Kriterium „fortwährend" werden in Absatz 5 definiert.

WiA zu § 32f Abs. 2 (S. 27) (im Hinblick auf den 3-Jahreszeitraum, die Umsatzerlöse und Verlängerung der Anmeldeverpflichtung)

Die redaktionelle Anpassung von Satz 1 dient der sprachlichen Verbesserung. Dadurch wird verständlicher, dass Anmeldungen, die infolge einer Verfügung nach Satz 1 erfolgen, gemäß den Vorgaben nach § 39 anzumelden sind. In Satz 2 wurde klargestellt, dass sich die Schwellenwerte auf Umsatzerlöse im Inland beziehen. Zudem wurde der Schwellenwert für das Zielunternehmen von 500.000 Euro auf eine Million Euro angehoben, um die Balance zwischen dem Schutz des Wettbewerbs und dem bei den betroffenen Unternehmen sowie dem Bundeskartellamt entstehenden Aufwand zu wahren. Satz 5 legt nun fest, dass wiederholte Verlängerungen um jeweils drei Jahre maximal dreimal zulässig sind. Somit ist nach dreimaliger Verlängerung eine erneute Sektoruntersuchung nach § 32e Absatz 1 erforderlich, um ein Unternehmen weiterhin nach Satz 1 zur Anmeldung seiner Zusammenschlüsse im Sinne von § 37 verpflichten zu können.

§ 32f Abs. 3 (S. 28 ff.)

Die Befugnisse zu Abhilfemaßnahmen verhaltensorientierter oder struktureller Art nach Absatz 3 gehen der Befugnis zur eigentumsrechtlichen Entflechtung in Absatz 4 vor. Sie ermöglichen dem Bundeskartellamt die Anordnung von Maßnahmen, die im Allgemeinen weniger eingriffsintensiv sind als die Entflechtung, und stellen damit die Verhältnismäßigkeit des Entflechtungsinstruments sicher. Entsprechend sind die Maßnahmen nach Absatz 3 und 4 hinsichtlich ihrer Eingriffsintensität abgestuft. Maßnahmen nach Absatz 3 Satz 6 erfordern, dass die festgestellte erhebliche und fortwährende Störung des Wettbewerbs durch die angeordnete Maßnahme beseitigt oder verringert werden kann. Bei eigentumsrechtlichen Maßnahmen nach Absatz 4 muss zu erwarten sein, dass diese die Störung zumindest erheblich verringern (wenn nicht sogar vollständig beseitigen). Darüber hinaus können sich Maßnahmen nach Absatz 4 nur gegen Unternehmen mit einer marktbeherrschenden Stellung oder Unternehmen mit einer überragenden marktübergreifenden Bedeutung für den Wettbewerb nach § 19a Absatz 1 richten.

Das Bundeskartellamt kann eine erhebliche und fortwährende Störung des Wettbewerbs feststellen, soweit die Anwendung der Befugnisse nach Teil 1 dieses Gesetzes in punktuellen Einzelverfahren nach den im Zeitpunkt der Entscheidung beim Bundeskartellamt vorliegenden Erkenntnissen anhand der gebotenen kursorischen Prüfung voraussichtlich nicht ausreicht, um der festgestellten Störung des Wettbewerbs angemessen entgegenzuwirken. Das Bundeskartellamt darf bei der Prognose („voraussichtlich") auf die beim Bundeskartellamt zum Zeitpunkt der Feststellung vorliegenden Erkenntnisse zurückgreifen und muss keine weiteren Ermittlungen anstellen.

Absatz 3 gestaltet das Verfahren zweistufig aus. Bei Vorliegen einer erheblichen und fortwährenden Störung des Wettbewerbs, stellt das Bundeskartellamt diese in einem ersten Schritt durch Verfügung fest. Die Verfügung ergeht gegenüber den Unternehmen, gegen die konkrete Maßnahmen nach Satz 6 oder eine Entflechtung nach Absatz 4 in Betracht kommen. Dies ermöglicht betroffenen Unternehmen im Zusammenspiel mit § 54 Absatz 2 Nummer 2 und § 73 Absatz 1 Satz 1 eine gerichtliche Überprüfung der Feststellung der Störung des Wettbewerbs. Rechtsbehelfe gegen die Feststellung der Störung haben keine aufschiebende Wirkung.

Als Adressaten einer Abhilfemaßnahme nach Absatz 3 oder Absatz 4 kommen gemäß Satz 3 Unternehmen in Betracht, die durch ihr Verhalten zur Störung des Wettbewerbs in ihrer konkreten Ausprägung wesentlich beitragen. Dabei ist eine Verletzung des Wettbewerbsrechts durch das entsprechende Unternehmen nicht erforderlich. Ein wesentlicher Beitrag liegt bereits in jedem am Markt spürbaren Verhalten. Das Kriterium der Wesentlichkeit soll dazu dienen, solche Unternehmen aus dem Kreis der möglichen Adressaten einer Verfügung nach Satz 6 herauszunehmen, die offensichtlich keinen oder nur einen ganz entfernten oder geringfügigen Beitrag zu der Wettbewerbsstörung geleistet haben. Das Bundeskartellamt kann die Verfügung nach Satz 1 durch Beschluss zu einem späteren Zeitpunkt auf weitere Unternehmen ausdehnen.

Das Bundeskartellamt muss bei Ausübung seines Ermessens hinsichtlich der Auswahl der Adressaten, der Art der Abhilfemaßnahmen und ihrer Eingriffsintensität die Stellung des adressierten Unternehmens auf dem betroffenen Markt oder marktübergreifend berücksichtigen. Je stärker die Stellung des adressierten Unternehmens auf dem betroffenen Markt, desto eingriffsintensivere Abhilfemaßnahmen kann das Bundeskartellamt anordnen.

Weiterhin führt Absatz 3 exemplarisch eine Reihe von Maßnahmen auf, die geeignet sein können, festgestellte Störungen des Wettbewerbs zu beseitigen oder zu verringern. Viele der möglichen Abhilfemaßnahmen haben einen Abbau von Marktzutrittsschranken zum Ziel; dies kann beispielsweise durch einen besseren Zugang zu essentiellen Inputfaktoren, dem Verbot marktverschließender Praktiken oder der Möglichkeit, behördliche oder vergleichbare Zulassungen zu erhalten, erfolgen. Die Aufstellung in Satz 7 ist nicht als abschließend, sondern lediglich als beispielhafte Auflistung von Fallkonstellationen zu verstehen. Einer abschließenden, begrifflich fixierten Auflistung aller in Betracht kommenden konkreten Abhilfemaßnahmen steht die Vielgestaltigkeit der denkbaren Störungslagen entgegen.

Der Zugang zu Daten, Schnittstellen, Netzen oder sonstigen Einrichtungen kann sowohl für potentielle als auch für etablierte Wettbewerber erforderlich sein, um überhaupt effektiv am Markt agieren zu können. Die Gewährung eines Zugangs für Wettbewerber kann geeignet sein, den Wettbewerbsdruck auf den betroffenen Märkten spürbar zu erhöhen. Handelt es sich hierbei um personenbezogene Daten, sind die datenschutzrechtlichen Anforderungen für die mit dem Zugang verbundene Verarbeitung personenbezogener Daten zu beachten.

Lieferbeziehungen zwischen Unternehmen sowie gemeinsame Normen und Standards können ambivalent wirken. Abhilfemaßnahmen im Sinne des Absatzes 3 können sowohl durch Lieferverpflichtungen als auch durch Verpflichtungen zur Etablierung offener, transparenter und nichtdiskriminierender Normen und Standards effektiven Wettbewerb fördern. Dies kann erforderlich sein, da Lieferbeziehungen und Standards unternehmensseitig auch derart ausgestaltet werden können, dass sie den Wettbewerb durch Marktzutrittsschranken oder Abhängigkeiten stören (z.B. durch exklusive Lieferbeziehungen oder intransparente und exklusive Standards).

Die anzuordnenden Maßnahmen können daher in bestimmten Fällen – etwa bei Netzen gegenseitiger Lieferbeziehungen, durch die der Wettbewerb erheblich gestört wird – bis hin zur Anordnung einer Aufgabe bestimmter Lieferbeziehungen gehen.

Zudem kann das Bundeskartellamt Unternehmen verpflichten, (ggf. auch mehrstufige) Prozesse durchzuführen oder Vereinbarungen zu treffen, deren Ziel die Entwicklung und Etablierung transparenter, offener und nichtdiskriminierender Standards ist.

Vorgaben zu konkreten Vertragsformen oder Vertragsgestaltungen können Störungen des Wettbewerbs beseitigen, wenn sie beispielsweise einer höheren Markttransparenz für die Kunden dienen, ohne gleichzeitig eine Koordination der Marktergebnisse durch die Wettbewerber zu ermöglichen. Vertragsbezogene Vorgaben können durch die sich daraus ergebenden Rechte und Pflichten im Außenverhältnis auch bestimmte, aus Kundenperspektive relevante Geschäftsprozesse – etwa im Sinne der Einrichtung eines wirksamen Beschwerdemanagements – sicherstellen und dadurch mögliche Störungen des Wettbewerbs beseitigen oder verringern. Ebenso können beispielsweise Eingriffe in (maximale) Laufzeiten von Verträgen geboten sein, wenn lange Vertragslaufzeiten, ggf. in Kombination mit anderen Faktoren, den Wettbewerb erheblich stören.

Implizite Kollusion oder unabgestimmtes Parallelverhalten von Unternehmen (ohne direkte Kommunikation der betroffenen Unternehmen, sog. tacit collusion) bedarf oft stabilisierender Strukturen oder stabilisierenden Verhaltens. Ein Weg, eine stabile tacit collusion zu erreichen, besteht in der einseitigen Informationsoffenlegung eines Wettbewerbers, welche für andere Unternehmen eine Orientierung darstellen kann. Die relevanten Informationen können sehr vielfältig sein und u.a. Ankündigungen zu Preisen, Mengen, Produktionskapazitäten, aber auch die Verwendung von Dienstleistungen (z.B. Algorithmen) betreffen. Ein Verbot der Offenlegung derartiger kollusionserleichternder bzw. -fördernder Informationen kann wettbewerbslose Oligopole destabilisieren.

In manchen Fällen, etwa wenn es das mildere, gleich wirksame Mittel ist, kann die organisatorische Trennung von Unternehmensteilen oder Geschäftsbereichen geeignet und erforderlich sein, um eine festgestellte Störung des Wettbewerbs zu beseitigen oder zu verringern.

WiA zu § 32f Abs. 3 (S. 27) (im Hinblick auf die Merkmale der Beseitigung des Wettbewerbs und der Marktstrukturen)

Die Änderung in Satz 1 passt den Maßstab, der seitens des Bundeskartellamts durchzuführenden Prüfung im Vorfeld einer feststellenden Verfügung an. Demnach muss das Bundeskartellamt nun prüfen, ob die Anwendung der sonstigen Befugnisse nach Teil 1 dieses Gesetzes auf Grundlage der dem Bundeskartellamt zum Zeitpunkt der Entscheidung vorliegenden Erkenntnisse ausreichend erscheint, um die Störung des Wettbewerbs wirksam und dauerhaft zu beseitigen. Dies trägt der Subsidiarität der Abhilfemaßnahmen nach Satz 6 und Absatz 4 gegenüber den sonstigen Befugnissen nach Teil I dieses Gesetzes Rechnung. Die zentrale Änderung des Prüfungsmaßstabs besteht in dem Zielzustand, der mit der Anwendung der sonstigen Befugnisse mindestens erreicht werden muss. Deshalb werden Maßnahmen nach Satz 6 oder Absatz 4 nur dann nicht möglich sein, wenn die Anwendung des bisherigen Kartellrechts für eine wirksame und dauerhafte Beseitigung der Störung des Wettbewerbs ausreicht. Die Änderung, dass die sonstigen Befugnisse nach Teil 1 dieses Gesetzes nicht ausreichend erscheinen müssen, betont den Prognosecharakter der seitens des Bundeskartellamts durchzuführenden Prüfung.

Die Änderung in Satz 3 präzisiert die Voraussetzungen, nach denen Unternehmen Adressaten von Abhilfemaßnahmen sein können. Der Regierungsentwurf knüpft die Adressateneigenschaft von Unternehmen an deren Verhalten, das einen wesentlichen Beitrag zur Störung des Wettbewerbs leistet. Die Ergänzung fügt als weitere Voraussetzung für die Adressatenauswahl die Bedeutung der Unternehmen für die Marktstruktur hinzu, durch die das Unternehmen zur Existenz einer Marktstörung wesentlich beiträgt. Ein Unternehmen als Adressat von Abhilfemaßnahmen nach Satz 6 muss daher beide Voraussetzungen erfüllen. Das heißt, es muss sowohl durch sein Verhalten als auch durch seine Bedeutung für die Marktstruktur einen wesentlichen Beitrag für das Vorliegen einer Marktstörung leisten.

Die Änderungen in den Sätzen 5 und 6 konkretisieren lediglich bereits im Regierungsentwurf enthaltene Regelungen. Inhaltliche Änderungen sind damit nicht verbunden. So war etwa die buchhalterische Trennung von Unternehmensbereichen bereits zuvor möglich; sie wird nun explizit als Regelbeispiel aufgenommen.

§ 32f Abs. 4 (S. 30 f.)

In Fällen erheblicher und fortwährender Störungen des Wettbewerbs, die durch strukturelle oder verhaltensorientierte Abhilfemaßnahmen nach Absatz 3 nicht ausreichend adressiert werden können, kann es erforderlich sein, eigentumsrechtliche Maßnahmen zu ergreifen. Aus diesem Grund gibt Absatz 4 dem Bundeskartellamt die Befugnis, ein oder mehrere marktbeherrschende Unternehmen oder Unternehmen mit einer überragenden marktübergreifenden Bedeutung für den Wettbewerb nach § 19a Absatz 1 zur Veräußerung von Unternehmensanteilen oder Vermögen zu verpflichten.

Da die Entflechtung von Unternehmen einen erheblichen Eingriff in die unternehmerische Autonomie und die Strukturen eines Wirtschaftszweigs darstellt und in Fällen des § 32f unabhängig von Verstößen gegen kartellrechtliche Normen angeordnet werden kann, ist diese Maßnahme lediglich als Ultima Ratio vorgesehen, was sich zum einen im begrenzten Adressatenkreis (marktbeherrschende Unternehmen oder Unternehmen mit einer überragenden marktübergreifenden Bedeutung für den Wettbewerb nach § 19a) und zum anderen in der strengeren Voraussetzung für eine Anwendung ausdrückt. Dementsprechend erfordert die Maßnahme, dass die festgestellte Störung des Wettbewerbs beseitigt oder erheblich verringert wird. Die Anforderung, dass mindestens eine erhebliche Verringerung der Störung des Wettbewerbs erreicht werden muss, stellt im Vergleich zu Maßnahmen nach Absatz 3 eine weitere Verschärfung dar. Während es zweckmäßig sein kann, Maßnahmen nach Absatz 3, die im Einzelfall eine niedrige Eingriffsintensität aufweisen können, auch zu ergreifen, wenn die Störung des Wettbewerbs dadurch nur in begrenztem Umfang verringert wird, wird dies bei Maßnahmen nach Absatz 4 ausgeschlossen, da diese stets einen schweren Eingriff darstellen.

Im Hinblick auf den Umfang des zu veräußernden Unternehmensteils enthält der Gesetzentwurf keine Vorgaben, um die mildeste Form des Eingriffs zu ermöglichen. Orientiert an den jeweiligen Umständen des Einzelfalls ordnet das Bundeskartellamt die für die Entflechtung erforderlichen Maßnahmen in der Verfügung an. Zudem kann die Verfügung mit Bedingungen und Auflagen verbunden werden (siehe Begründung zu Absatz 6).

Die zusätzliche Befugnis des Bundeskartellamts in Absatz 4 stellt einen verhältnismäßigen Ausgleich zwischen den grundrechtlich geschützten Interessen der betroffenen Unternehmen und dem Normzweck, funktionsfähigen Wettbewerb zu gewährleisten, dar. Auch die Monopolkommission sieht sowohl in ihrem 2010 erschienenen 58. Sondergutachten als auch im 2022 erschienenen XXIV. Hauptgutachten missbrauchsunabhängige Maßnahmen zur Entflechtung von Unternehmen als grundsätzlich mit den verfassungsrechtlichen Grenzen vereinbar an.

Obwohl bei einer Maßnahme nach Absatz 4 der Veräußerungserlös als Ausgleich für den entflochtenen Unternehmensteil grundsätzlich ausreichend wäre (Engel, Die verfassungsrechtliche Zulässigkeit eines Entflechtungstatbestands im Kartellgesetz, 2008, S. 73 f.), enthält der Absatz eine Regelung, die unter anderem zu einer zusätzlichen Zahlung aus Bundesmitteln führen kann. So muss zum Schutz der Eigentumsposition des Unternehmens bzw. der Unternehmenseigentümer der Vermögensteil nur veräußert werden, wenn der Verkaufserlös mindestens 50 Prozent desjenigen Wertes beträgt, den ein vom Bundeskartellamt zu beauftragender Wirtschaftsprüfer auf der Basis anerkannter Methoden der Unternehmensbewertung ermittelt hat. Soweit der tatsächliche Verkaufserlös den vom Wirtschaftsprüfer ermittelten Unternehmenswert unterschreitet, erhalten die bisherigen Eigentümer zusätzlich eine Zahlung aus Bundesmitteln. Die Höhe dieser Zahlung beträgt die Hälfte der Differenz zwischen dem ermittelten Wert des Vermögensteils und dem erzielten Verkaufserlös. Die Kosten für das Wertgutachten trägt ebenfalls der Bund.

Dadurch wird zum einen ein Mindesterlös für eine Veräußerungspflicht vorgesehen und zum anderen festgelegt, dass ein Mindererlös gegenüber dem festgestellten Wert des Unternehmensteils teilweise ausgeglichen wird. Von einer Zahlung, die einen sich möglicherweise ergebenden Abstand zwischen festgestelltem Unternehmenswert und Verkaufserlös vollständig ausgleicht, wurde vor allem aus wirtschaftspolitischen Gründen abgesehen. Zwar kann dieser Abstand zum einen im Verlust von Effizienzen (z.B. Skalen- oder Verbundvorteilen) oder im Wertverlust spezifischer Investitionen (die für Dritte aufgrund der Spezifität einen geringen Wert aufweisen) begründet liegen. Diesbezüglich ließe sich eine Zahlung zum Ausgleich dieser Verluste rechtfertigen. Zum anderen ist jedoch davon auszugehen, dass die infolge der Störung des Wettbewerbs bestehende wettbewerbsarme Marktstellung des Unternehmens ebenfalls in dessen Wert eingepreist ist. Insofern wäre eine Zahlung, die dies ausgleicht, kaum zu rechtfertigen. So würden bei einer Zahlung, die den Abstand zwischen Unternehmenswert und Verkaufserlös vollständig ausgleicht, auch die Erträge aus der Störung des Wettbewerbs dem betreffenden Unternehmen vollumfänglich zufallen – in diesem Fall nicht direkt durch die Verbraucher (z.B. durch überhöhte Preise), sondern über den Weg der Zahlung aus dem Bundeshaushalt. Die Monopolkommission hebt diese unterschiedlichen möglichen Ursachen für ein Auseinanderfallen des festgestellten Unternehmenswertes und des erzielten Verkaufserlöses in ihrem Sondergutachten explizit hervor (Monopolkommission, 58. Sondergutachten, 2010, Rn. 51 f.). Darüber hinaus stellt sie klar, dass eine genaue Quantifizierung der verschiedenen Ursachen kaum möglich ist und deshalb die Kartellbehörde vor enorme Herausforderungen stellen würde (ebenda, Rn. 59 ff.). Die in Absatz 4 enthaltene Regelung zur Bestimmung der Höhe der Zahlung stellt somit eine angemessene und gut handhabbare Lösung dar, welche sich weitgehend am Vorschlag der Monopolkommission orientiert. Im Ergebnis erhält das Unternehmen im Falle der Veräußerungspflicht somit mindestens 75 Prozent des Unternehmenswertes (Verkaufserlös von 50 Prozent des Wertes zuzüglich einer Zahlung aus Bundesmitteln im Wert von 25 Prozent des Unternehmenswertes).

Vor Erlass der Verfügung ist der Monopolkommission und den obersten Landesbehörden, in deren Gebiet die betroffenen Unternehmen ihren Sitz haben, Gelegenheit zur Stellungnahme zu geben. Die Stellungnahmen dienen der Unterstützung der Arbeit des Bundeskartellamts durch die Beiziehung zusätzlicher marktbezogener Kenntnisse und sind nicht bindend. Bei Bedarf kann das Bundeskartellamt weiteren fachlichen Rat einholen.

Die Bekanntmachung von Entflechtungsverfügungen im Bundesanzeiger ist angemessen, da die Entscheidungen in ihrer Tragweite und mit Blick auf das öffentliche Interesse mit den in § 43 Absatz 2 genannten Entscheidungen vergleichbar sind. Bekanntzumachen sind die Angaben nach § 39 Absatz 3 Satz 2 Nummer 1 und 2.

Entsprechend einer Entflechtung im Rahmen der Zusammenschlusskontrolle kann das Bundeskartellamt zur Durchsetzung der Maßnahme nach Absatz 4 die Befugnisse nach § 41 Absatz 3 Satz 2 und Absatz 4 nutzen. Dies beinhaltet die Bestellung eines Treuhänders zur Herbeiführung der Veräußerung bzw. einer vorangehenden Verselbstständigung von Vermögensteilen zur Ermöglichung der Veräußerung. Gegebenenfalls durch die Bestellung eines Treuhänders entstehende Kosten trägt der Bund.

Absatz 4 enthält einen Vertrauensschutztatbestand. Die Veräußerung von Vermögensteilen, die in den letzten zehn Jahren vor Zustellung der Verfügung nach Absatz 4 Gegenstand einer bestandskräftigen fusionskontrollrechtlichen Freigabe durch das Bundeskartellamt, die Europäische Kommission oder einer Ministererlaubnis war, darf nicht angeordnet werden. Dies dient der Rechtssicherheit und wahrt den Abstand des Instruments zur Zusammenschlusskontrolle. Das Verhältnis zur Europäischen Fusionskontrolle regelt im Übrigen Artikel 21 der Verordnung (EG) Nr. 139/2004 des Rates vom 20. Januar 2004 über die Kontrolle von Unternehmenszusammenschlüssen („EG-Fusionskontrollverordnung") (ABl. L 24 vom 29.1.2004, S. 1).

WiA zu § 32f Abs. 4 (S. 27)

Satz 8 legt nun fest, für welchen Zeitpunkt der beauftragte Wirtschaftsprüfer den Unternehmenswert auf der Grundlage allgemein üblicher, etablierter und für den Einzelfall geeigneter Bewertungsmethoden festzustellen hat. Maßgeblich ist hierfür der der Entflechtungsanordnung nach Satz 1 vorangegangene Jahresabschluss. Zudem wird Satz 9 redaktionell angepasst.

§ 32f Abs. 5 (S. 32 ff.)

Absatz 5 legt anhand von Regelbeispielen konkret dar, wann eine Störung des Wettbewerbs vorliegt und welche Faktoren bei der Prüfung berücksichtigt werden sollen. So enthält Satz 1 einen nichtabschließenden Katalog typischer Konstellationen, in denen eine Störung des Wettbewerbs vorliegen kann und die mit dem aktuellen wettbewerbsrechtlichen Instrumentarium unzureichend adressiert werden können. Die aufgelisteten Konstellationen stellen wesentliche Anwendungsfälle dar und umreißen somit gut erkennbar, unter welchen Bedingungen eine Störung des Wettbewerbs vorliegen und wann das Bundeskartellamt die neuen Kompetenzen in § 32f nutzen kann. Satz 1 enthält Regelbeispiele, da die Vielschichtigkeit der möglichen Störungslagen erstens keine abschließende Aufzählung zulässt und zweitens zwischen den verschiedenen Störungslagen wesentliche Überschneidungen vorliegen können, die eine unterschiedliche Kategorisierung ermöglichen. Dennoch zeigen sich bei Auswertung der bereits existierenden Studien und Leitlinien Gemeinsamkeiten, die den Stand der Forschung bzw. einen wissenschaftlichen Konsens vorzeichnen. Hier sind insbesondere die Studie von Motta und Peitz 2020 für die Europäische Kommission (Europäische Kommission, Generaldirektion Wettbewerb, Motta, Peitz, Intervention triggers and underlying theories of harm: expert advice for the impact assessment of a new competition tool: expert study, Publications Office, 2020) sowie die Leitlinien der britischen Wettbewerbsbehörde CMA (damals Competition Commission – Competition Commission, Guidelines for market investigations: Their role, procedures, assessment and remedies, 2013) zu nennen. Die folgenden vier Konstellationen entsprechen üblichen kartellrechtlichen Schadenstheorien. Zwischen den Konstellationen können mitunter Interdependenzen bestehen. So können Marktzutrittsschranken beispielsweise unilaterale Angebots- oder Nachfragemacht absichern bzw. verstärken.

Satz 1 Nummer 1 bezieht sich auf Fälle unilateraler Angebots- oder Nachfragemacht. Unilaterale Angebots- oder Nachfragemacht zeichnet sich insbesondere dadurch aus, dass der Wettbewerbsdruck auf mindestens einen Anbieter oder Nachfrager derart verringert ist, dass diese bzw. dieser über nicht hinreichend begrenzte Verhaltensspielräume hinsichtlich relevanter Wettbewerbsparameter wie Preise, Mengen, Auswahl oder Qualität der Produkte oder Leistungen verfügen bzw. verfügt. Dies kann mit einer marktbeherrschenden Stellung zusammenfallen, muss jedoch nicht auf diese begrenzt sein. So gibt es auch Fälle unilateraler Angebots- oder Nachfragemacht unterhalb der Marktbeherrschung, oder in einigen Fällen lässt sich eine potentiell marktbeherrschende Stellung nur schwer nachweisen. Die zentrale Rolle der Unternehmenskonzentration findet sich auch in den Prüffaktoren in Satz 2.

Aus der obigen Definition wird jedoch bereits ersichtlich, dass unilaterale Angebots- oder Nachfragemacht nicht bedeutet, dass dies nur einen Marktakteur betrifft. So können in wettbewerbsarmen Oligopolen durchaus mehrere Unternehmen über unilaterale Marktmacht verfügen. Der Begriff „unilateral" bezieht sich auf die Abwesenheit expliziter oder impliziter Koordination. Unilaterale Marktmacht kann auch ohne deren missbräuchliche Ausnutzung den Wettbewerb erheblich stören und zu ineffizienten Marktergebnissen führen. Beispielsweise haben im Einzelhandel – und dies betrifft verschiedene Güter – einige Handelsketten eine erhebliche Nachfragemacht, die auf mitunter sehr kleine Anbieter bzw. Zulieferer trifft. In einigen Wirtschaftszweigen existieren wenige große Anbieter, die ebenfalls über unilaterale Marktmacht verfügen. Ein denkbares Beispiel sind hier (stark spezialisierte) digitale Vermittlungsplattformen, die von den Nachfragern der Vermittlungsleistung sehr hohe Provisionen fordern.

Satz 1 Nummer 2 nennt Beschränkungen des Marktzutritts, des Marktaustritts oder der Kapazitäten von Unternehmen oder des Wechsels zu einem anderen Anbieter oder Nachfrager als weitere mögliche Anwendungsfälle. Ein wesentlicher Teil der Abhilfemaßnahmen des Bundeskartellamtes dürfte diesen Bereich adressieren, da diese Arten der Wettbewerbsstörung relativ häufig vorliegen und gleichzeitig in der Regel mit Maßnahmen von geringer oder mittlerer Eingriffsintensität zu beheben oder nennenswert zu reduzieren sind. Dieser Gruppe der Anwendungsfälle kommt somit eine große Bedeutung zu. Vor diesem Hintergrund existiert eine Vielzahl von konkreten Beispielen möglicher Anwendungsfälle. Folgende technische, regulatorische bzw. administrative, vertragliche oder sonstige Marktzutrittsschranken könnten – wenn mitunter nur teilweise – abgebaut werden:

- Produkte oder Leistungen müssen regelmäßig technische Voraussetzungen erfüllen, so dass dies eine notwendige Bedingung darstellt, um auf einem Markt überhaupt aktiv zu sein und das Produkt bzw. die Leistung anbieten zu können. Deshalb ist es wichtig, dass etablierte Standards transparent und für Dritte offen sind. Ebenso muss ein
  - Zugang zu für ein Angebot zwingend notwendigen Einrichtungen oder Informationen wie zentralen technischen Schnittstellen für Wettbewerber möglich sein. Dies drückt sich in der beispielhaften Auflistung möglicher Abhilfemaßnahmen in Absatz 3 Satz 7 aus.
  - Auch regulatorische bzw. administrative Marktzugangsvoraussetzungen können – neben dem primär beabsichtigten Regelungszweck (wie z.B. Qualitätssicherung, Immissionsschutz oder baurechtliche Vorgaben), welcher weiterhin erfüllt bleiben muss – wettbewerbsbeschränkende Wirkungen haben. Besonders negativ wirken sich administrative Marktzugangsbeschränkungen aus, wenn es sich um behördliche oder vergleichbare Zulassungen oder Genehmigungen handelt, die hinsichtlich ihrer Anzahl beschränkt sind, deren Anzahl sich also bei einer Zunahme möglicher kompetenter Marktteilnehmer nicht erhöht. In solchen Fällen kann die Bündelung bei einzelnen Unternehmen im Zeitablauf zu erheblicher Marktkonzentration führen.
  - Zudem kann die Ausgestaltung bilateraler Verträge, insbesondere wenn diese markt- bzw. sektorweit sehr verbreitet ist, den Marktzutritt Dritter oder eine Ausdehnung der Produktionskapazität von bereits auf dem Markt befindlichen Wettbewerbern erheblich behindern. Ein Beispiel sind langfristige Lieferverträge (mit Vertragsklauseln, die oft die Handlungsoptionen der Vertragspartner stark begrenzen). Diese Verträge können ambivalent wirken. Zum einen bieten sie Effizienzvorteile durch den Schutz spezifischer Investitionen. Zum anderen haben sie die beschriebene wettbewerbsbeschränkende Wirkung.
- Bestimmte auf einem Markt vorherrschende Kostenstrukturen können ein wesentliches strukturelles Zugangshindernis für potentielle Wettbewerber sein und somit als De-facto-Marktzutrittsschranken wirken: Sofern eine Tätigkeit auf einem Markt hohe Fixkosten verursacht, können Unternehmen insbesondere dann vom Markteintritt abgehalten sein, wenn diese Kosten irreversibel sind, d.h. auch durch einen evtl. später erfolgenden Marktaustritt nicht gesenkt werden können. Zudem können Skalen- oder Netzwerkeffekte Unternehmen mit hohen

Marktanteilen vor Konkurrenz durch neue Wettbewerber schützen. Denn potentielle Wettbewerber antizipieren, dass etablierte Anbieter durch diese Effizienzvorteile im Wettbewerb stärker sein werden, so dass ein Marktzutritt für den potentiellen Wettbewerber voraussichtlich mit Verlusten einhergeht.

– Ähnlich wie Marktzutrittsschranken können Marktaustrittsbeschränkungen wirken. Die Unterscheidung lässt sich hier häufig nicht trennscharf vornehmen. So können auch Marktaustrittsbeschränkungen nicht nur in Verbindung mit irreversiblen Kosten das Funktionieren des Wettbewerbs negativ beeinflussen. Auch in anderen Zusammenhängen können Marktaustrittsbeschränkungen Marktprozesse behindern (vgl. z.B. OECD, Barriers to Exit – Background Note, 2019, [DAF/COMP(2019)15]).

Faktoren, die den Wechsel von Marktteilnehmern zu einem anderen Anbieter oder Nachfrager begrenzen, haben häufig ebenfalls erhebliche wettbewerbsbeschränkende Auswirkungen. Diesen kommt in der öffentlichen Diskussion mitunter nicht die hohe Bedeutung zu, die sie für den Wettbewerb haben. Ein Beispiel ist mangelnde Interoperabilität von Produkten. Dies wirkt sich bei streng komplementären Gütern so aus, dass Produkte von Wettbewerbern nicht in Frage kommen. Aber auch bei Gütern, die im Verbund verschiedene kleinere Vorteile aufweisen (von sehr umfassenden zusätzlichen Funktionen bis hin zu geringen Vorteilen wie eine ähnliche Bedienweise), kann mangelnde Interoperabilität die Anzahl alternativer Anbieter beschränken. Grundsätzlich kann man den Kauf von eingeschränkt interoperablen Gütern oder Zahlungen, die nicht zurückerstattet werden, als spezifische Investitionen betrachten, die ein lock-in der Nachfrager zur Folge haben. Darüber hinaus können Anbieter (oder teilweise Nachfrager) bewusst Verträge so ausgestalten, dass ein Anbieter- bzw. Nachfragerwechsel für die Marktgegenseite mit enormen Transaktionskosten (erschwerte Kündigungsmöglichkeiten, komplizierte Tarifsysteme etc.) einhergeht und den Wechsel somit faktisch begrenzt.

Satz 1 Nummer 3 beschreibt den Fall des gleichförmigen oder koordinierten Verhaltens, welches eine Störung des Wettbewerbs darstellen kann. Dies ist eine weitere bedeutsame Regelungslücke, die der Gesetzentwurf schließt. Derzeit ist implizite Koordination nicht kartellrechtswidrig und daher nur indirekt adressierbar. Zudem haben politisch intensiv geführte Diskussionen zu einzelnen gesamtwirtschaftlich bedeutenden Sektoren gezeigt, dass auch auf oligopolistischen Märkten der Nachweis einer kollektiven Marktbeherrschung nicht einfach zu führen ist. Der Tatbestand der Störung des Wettbewerbs ist jedoch unabhängig von der Marktbeherrschung und kann auch Sachverhalte unterhalb dieser Schwelle erfassen. So ist es für Unternehmen auf einigen Märkten möglich, implizit – d.h. ohne direkten Austausch, welcher kartellrechtlich verboten ist – ein Marktergebnis zu erreichen, welches dem Ergebnis bei expliziten Absprachen oder abgestimmten Verhaltensweisen ähnelt; mit allen damit verbundenen negativen gesamtwirtschaftlichen Auswirkungen. Diese implizite Koordination kann einerseits dadurch gelingen, dass die strukturellen Eigenschaften des Marktes für die Unternehmen so vorteilhaft sind, dass ein regelmäßiges Beobachten der Aktivitäten der Wettbewerber leicht möglich ist und somit stillschweigend ein gesamtwirtschaftlich ineffizientes Ergebnis erreicht wird. Zwei im Regelfall wichtige Voraussetzungen hierfür sind eine hohe Markttransparenz und Homogenität der angebotenen Güter (siehe hierzu auch Satz 2 Nummer 4). Andererseits können die in Absatz 3 Satz 7 Nummer 5 aufgegriffenen sog. facilitating practices eine implizite Koordination ermöglichen und ein kollusives Ergebnis stabilisieren. Diese Praktiken können in einseitigen Informationsoffenlegungen eines Wettbewerbers (z.B. zu Preisen oder der Entwicklung von Produktionskapazitäten) bestehen. Auch die Verwendung von Algorithmen oder für Dritte leicht nachvollziehbare Preisschemata können entsprechend wirken.

Ein weiterer Anwendungsfall wird in Satz 1 Nummer 4 mit der Störung des Wettbewerbs in Form einer Abschottung von Einsatzfaktoren oder Kunden durch vertikale Beziehungen genannt. Diese Formulierung entspricht den internationalen bzw. auf EU-Ebene gebräuchlichen Begriffen input foreclosure und customer foreclosure. In diesem Fall können vertikale Beziehungen – d.h. entweder vertikale Verflechtungen bzw. Unternehmensbeteiligungen oder vertikale (langfristige) Verträge – eine Abschottung von Einsatzfaktoren ermöglichen. Dies muss keine vollumfängliche Abschottung sein, welche bewirken würde, dass ein Angebot auf dem Markt für Wettbewerber nicht mehr möglich ist. Vielmehr besteht das wesentliche Ziel dieser Strategie darin, die Kosten für Wettbewerber zu erhöhen, um einen Wettbewerbsvorsprung zu erhalten. Zwar konnten in der Vergangenheit Pilotverfahren, die unter anderem diese Form der Störung des Wettbewerbs adressierten, (auf Grundlage von Art. 101 oder 102 AEUV) durchgeführt werden, jedoch konnten die wettbewerbspolitischen Ziele dadurch nur unvollständig erreicht werden. Darüber hinaus können vertikale Beziehungen in einem Wirtschaftszweig bzw. Markt zu einem Geflecht aus Beteiligungen und Verträgen führen, welches deutlich wettbewerbsdämpfende Effekte hat. Denn die potentiellen Vorteile, die für Unternehmen durch aggressive Wettbewerbsstrategien erreichbar sind, können aufgrund der gegenseitigen Beziehungen und Abhängigkeiten deutlich reduziert werden.

Wie die oben dargestellten Konstellationen verdeutlichen, dürfte die Wettbewerbsstörung häufig darauf beruhen, dass ein strukturelles wettbewerbliches Defizit des Marktes ein wettbewerbsschädliches Verhalten eines oder mehrerer Marktteilnehmer erleichtert oder ermöglicht. Regelmäßig dürften daher beide Aspekte gleichzeitig vorliegen und somit gewisse Überschneidungen existieren.

Eine erhebliche und fortwährende Störung des Wettbewerbs kann sich in den in Absatz 5 Satz 2 benannten Faktoren widerspiegeln, welche bei einer Prüfung nach den Absätzen 3 und 4 Berücksichtigung finden sollen. Dabei kann insbesondere das Zusammenwirken mehrerer Kriterien zu einer Störung des Wettbewerbs führen. Gleichzeitig müssen weder alle im Folgenden genannten Kriterien für das Vorliegen einer erheblichen Wettbewerbsstörung kumulativ tragend sein, noch ist eine hohe Relevanz einzelner Kriterien in jedem Fall hinreichend für eine Wettbewerbsstörung. Dies führt dazu, dass sich weder notwendige Kriterien nennen lassen, die stets bei einer Störung des Wettbewerbs vorliegen müssen, noch existieren hinreichende Kriterien, aus deren Vorliegen direkt das Vorliegen einer Störung geschlussfolgert werden könnte. Da das Zusammenspiel mehrerer Faktoren in der Regel zu einer Störung des Wettbewerbs führt, ist eine Sektoruntersuchung nach § 32e Absatz 1, welche diese Zusammenhänge analysiert, zwingende Voraussetzung für Abhilfemaßnahmen.

Aufgrund der unterschiedlichen Marktstrukturen und Rahmenbedingungen für den Wettbewerb ist die Auswahl der jeweiligen Kriterien stets an den Einzelfall anzupassen. Erst in der Gesamtschau der Analyseergebnisse lassen sich Rückschlüsse auf das Vorliegen und die Art der Wettbewerbsstörung ziehen. Ähnlich den Konzepten zur Feststellung einer Marktbeherrschung (§ 18) oder einer überragenden marktübergreifenden Bedeutung für den Wettbewerb (§ 19a Absatz 1) wurde Absatz 5 als Aufzählung von Regelbeispielen und eine daran anschließende Soll-Vorschrift ausgestaltet. Die in Absatz 5 Satz 2 aufgeführten Kriterien sind nicht kumulativ, sie müssen vom Bundeskartellamt nur aufgegriffen werden, soweit sie für die statische oder dynamische Analyse der Wettbewerbsbedingungen auf den betroffenen Märkten oder marktübergreifend im Einzelfall geeignet sind. Die Aufzählung der Kriterien ist nicht abschließend; das Bundeskartellamt kann weitere relevante Faktoren in die Prüfung einbeziehen.

Nach Satz 2 Nummer 1 sollen Anzahl, Größe, Finanzkraft und Umsätze der betreffenden Unternehmen berücksichtigt werden. Zudem können die Marktanteile bzw. die Unternehmenskonzentration wichtige Hinweise zu den Wettbewerbsbedingungen auf den betroffenen Märkten oder marktübergreifend liefern. Diese Faktoren spiegeln wesentliche Aspekte der Stellung und der Entwicklung eines Unternehmens im Verhältnis zu seinen Wettbewerbern bzw. der Verteilung der ökonomischen Macht auf einem Markt oder marktübergreifend wider. Beispielsweise können Märkte, die stark verfestigt sind und konstante Marktanteile über einen langen Zeitraum aufweisen, durch einen niedrigen Wettbewerbsdruck gekennzeichnet sein. Auch für das in Satz 1 Nummer 1 genannte Regelbeispiel der unilateralen Marktmacht sind die Marktanteilsverhältnisse ein zentraler Indikator. Eine im Vergleich zu tatsächlichen oder potentiellen Wettbewerbern besonders hohe Finanzkraft kann es Unternehmen ermöglichen, in Phasen intensiven (Preis-)Wettbewerbs die eigene Marktposition zu Lasten weniger finanzstarker Wettbewerber auszubauen und diese von einem dauerhaft intensiven Wettbewerbsverhalten abzuhalten. Auf investitionsintensiven Märkten kann eine im Vergleich zu Wettbewerbern besonders hohe Finanzkraft den Ausbau der eigenen Marktposition erleichtern oder schnelle Reaktionen auf Wettbewerbsvorstöße anderer Unternehmen ermöglichen. Dies kann auf dem Markt befindliche Wettbewerber von einem intensiven Wettbewerb abschrecken und für potentielle Wettbewerber den Anreiz für einen Marktzutritt senken, wenn sie mögliche folgende Preiskämpfe antizipieren oder ein vorübergehender Wettbewerbsvorsprung zu schnell verloren geht.

Satz 2 Nummer 2 unterstreicht die Bedeutung von horizontalen und vertikalen Verflechtungen sowie Unternehmensbeteiligungen auch über Wirtschaftszweige hinweg (z.B. konglomerate Strukturen), die einen negativen Einfluss auf die Wettbewerbsintensität haben können. Da gesamtwirtschaftlich betrachtet indirekte Horizontalverflechtungen durch institutionelle Investoren (sog. common ownership) zunehmen, können auch diese Verflechtungen in Einzelfällen relevant sein. Sind mehrere Unternehmen eines Marktes über gemeinsame Anteilseigner miteinander verflochten, kann dies unter Umständen koordiniertes Verhalten vereinfachen oder die Anreize der Unternehmen, einen intensiven Wettbewerb zu betreiben, senken (siehe hierzu u.a. OECD, Common Ownership by Institutional Investors and its Impact on Competition, Background Note by the Secretariat, 2017, [DAF/COMP(2017)10] sowie Monopolkommission, XXII. Hauptgutachten, Wettbewerb 2018, 176ff.). Mit Blick auf die verschiedenen Störungslagen in Satz 1 können vertikale Beteiligungen und Verflechtungen insbesondere bei den Nummern 3 und 4 relevant sein. So kann z.B. implizite Koordination hierdurch stabilisiert werden.

Satz 2 Nummer 3 führt aus, dass die Marktergebnisse ebenfalls zu den zentralen Prüfungsparametern für das Vorliegen einer Störung des Wettbewerbs zählen. So können anhaltend starre Preise, andere Preisentwicklungen oder auffällige Preismuster auf Wettbewerbsstörungen hindeuten. In oligopolistischen Märkten können z.B. gleichlaufende Preise, die sich nicht durch Veränderungen auf der Kostenseite erklären lassen, ein wichtiger Indikator sein. Eine verglichen mit ähnlichen Märkten rückläufige bzw. geringe Auswahl oder abnehmende bzw. niedrige Qualität der angebotenen Produkte und Dienstleistungen kann auf mangelnden Wettbewerbsdruck hinweisen. Eingeschränkte Möglichkeiten zur Anpassung der Produktionskapazität (siehe Satz 1 Nummer 2) können bewirken, dass die Angebotselastizität im Markt gering ist und Wettbewerber im Fall von Preiserhöhungen oder Auswahl- bzw. Qualitätsreduktion eines anderen Unternehmens nur eingeschränkt als Alternative für die Marktgegenseite in Frage kommen. In solchen Situationen kann auch eine Strategie darin bestehen, Angebotsmengen absichtlich zu reduzieren. Auch über die in Nummer 3 aufgezählten Faktoren hinaus können weitere Marktergebnisse Hinweise auf Störungen des Wettbewerbs liefern. Eine über einen langen Zeitraum außergewöhnlich gute Ertragslage der Unternehmen auf einem Markt kann ein Indiz dafür sein, dass Markteintritte Dritter nur eingeschränkt bzw. mit hohen Hürden möglich sind und die realisierten Gewinne nicht Ausdruck erfolgreich geführten Leistungswettbewerbs sind. Auch eine asymmetrische Informationsverteilung in Verbindung mit hohen Transaktionskosten (z.B. Such, Informationskosten) kann die Marktergebnisse wesentlich beeinflussen.

Satz 2 Nummer 4 bezieht sich auf die in Nummer 3 bereits genannten Strukturmerkmale. Eine hohe Markttransparenz kann verbunden mit homogenen Gütern (und weitgehend ähnlichen Kostenstrukturen der Unternehmen) stillschweigende Absprachen (tacit collusion) erheblich erleichtern. In diesem Kontext können sich eine hohe Transaktionshäufigkeit sowie ausgeprägte Sanktionsmöglichkeiten (siehe z.B. das Kriterium der Finanzkraft in Nummer 1) zudem kollusionsstabilisierend auswirken.

Satz 2 Nummer 5 hebt die Bedeutung von Verträgen oder Vereinbarungen zwischen den betroffenen Unternehmen für die Prüfung einer Störung des Wettbewerbs hervor. Vertragsbedingungen, die eine Seite deutlich ungünstiger stellen, indem sie ein erhebliches und ungerechtfertigtes Missverhältnis der vertraglichen Rechte und Pflichten der Vertragspartner verursachen, können Ausdruck einer asymmetrischen Verhandlungsmacht bzw. stark unterschiedlicher Marktmacht sein. Verträge oder Vereinbarungen können diese asymmetrische Machtverteilung noch ausweiten oder verfestigen, indem sie beispielsweise weitere Markteintritts- oder Marktaustrittsbarrieren errichten oder einzelne Parameter dem Wettbewerb entziehen.

Offene Märkte und ein funktionsfähiger Wettbewerb gewährleisten in der Regel ein hohes Maß an Marktdynamik und Innovation. Satz 2 Nummer 6 ist in der Liste der Prüfkriterien enthalten, da sich fehlender Wettbewerbsdruck umgekehrt häufig durch eine nachlassende Dynamik auf den jeweiligen Märkten bemerkbar macht. Mangels konkurrierender Angebote oder hinreichender Kapazitäten von Wettbewerbern sinkt die Notwendigkeit, sich immer wieder durch wettbewerbliche Vorstöße oder betriebliche Optimierungen Vorsprünge vor anderen Marktteilnehmern zu erarbeiten und zu sichern. Wenn auf Märkten ein unerwarteter und fortwährender Rückgang des Grads der Dynamik (z.B. selten werdende oder keine Wechsel der Marktstellungen zwischen Unternehmen) festzustellen ist, kann das ein Anhaltspunkt für eine vorliegende Störung des Wettbewerbs sein.

Bei der Prüfung, ob eine Störung des Wettbewerbs vorliegt, sind neben den (insbesondere in Satz 2 Nummer 1 bis 6 ausgeführten) negativ wirkenden Aspekten auch jene Aspekte zu berücksichtigen, die mit der potentiellen Störungslage direkt oder indirekt verbunden, aber vorteilhaft sein können. Satz 2 Nummer 7 hebt deshalb mögliche Effizienzvorteile hervor. Das Bundeskartellamt soll diese bei seiner Prüfung qualitativ berücksichtigen. Eine quantitative Abwägung ist nicht erforderlich. Vielmehr wird im Zuge der Prüfung u.a. berücksichtigt, inwiefern positive Effekte kausal mit der Störung des Wettbewerbs bzw. den Marktstrukturen und Verhaltensweisen, die diese Störung begründen oder verstärken, verbunden sind. Effizienzvorteile können sich vor allem in Kosteneinsparungen (z.B. infolge von Größen- oder Verbundvorteilen) äußern. Aus Innovationen können ebenfalls erhebliche Effizienzvorteile resultieren, so dass dieser Aspekt explizit in den Gesetzestext aufgenommen wurde. Voraussetzung für die Berücksichtigung von Effizienzvorteilen ist jedoch stets, dass diese in angemessenem Umfang (auch) den Verbrauchern zu Gute kommen.

Da Abhilfemaßnahmen nach den Absätzen 3 und 4 das Fortwähren einer Störung des Wettbewerbs erfordern, ist diese Voraussetzung – ebenso wie der Störungsbegriff selbst – zu konkretisieren. Dies erfolgt in Satz 3. Demnach ist eine Störung des Wettbewerbs fortwährend, wenn diese über einen Zeitraum von drei Jahren dauerhaft vorgelegen hat oder in diesem Zeitraum wiederholt aufgetreten ist und keine überwiegenden Anhaltspunkte bestehen, dass die Störung innerhalb von zwei Jahren entfallen wird. Nach dieser Definition können – neben dauerhaften Störungen – auch wiederkehrende Störungen des Wettbewerbs aufgegriffen werden, die durch Reaktionen anderer Marktteilnehmer nicht dauerhaft und in hinreichender Weise ausgeglichen werden.

Auch wiederkehrende Störungen des Wettbewerbs nach ähnlichen Mustern können auf ein generelles, strukturelles oder verhaltensbedingtes Problem hinweisen.

Aufgrund der Voraussetzung der fortwährenden Störung stehen Start-ups bei Maßnahmen nach den Absätzen 3 und 4 nicht im Fokus. Start-ups, die infolge von Innovationsleistungen sehr kurzzeitig einen geringeren Wettbewerbsdruck erfahren und zeitlich begrenzt first mover-Vorteile (i.d.R. in Form hoher Gewinne) realisieren können, dürften somit nicht adressiert werden. Diese Vorteile sind i.d.R. nicht Ausdruck einer fortwährenden Störung des Wettbewerbs, sondern Resultat des üblichen Zyklus von Innovation, damit verbundener, zeitlich eng begrenzter Wettbewerbsvorteile und wieder zunehmenden Wettbewerbsdrucks durch Nachahmer bzw. Markteintritte.

§ 32f Abs. 6 (S. 36)

Absatz 6 erklärt § 32b auf Verfügungen nach den Absätzen 3 und 4 für entsprechend anwendbar. Das Bundeskartellamt kann somit Verpflichtungszusagen betroffener Unternehmen nach den allgemeinen Grundsätzen für verbindlich erklären, wenn es diese als geeignet erachtet, um eine Verbesserung der Wettbewerbssituation herbeizuführen. Durch die Anwendbarkeit des § 32b wird auch dem Grundsatz der Verhältnismäßigkeit Rechnung getragen. Denn Verpflichtungserklärungen sind für betroffene Unternehmen mit nicht unerheblichen Vorteilen verbunden (Spiecker, in Münchener Kommentar zum Wettbewerbsrecht, 4. Auflage 2022, § 32 b GWB Rn. 4). Insbesondere kann durch die aktive Einbeziehung der Adressaten den wirtschaftlichen Gegebenheiten und der jeweiligen Marktsituation in angemessener Weise Rechnung getragen werden (ebenda).

§ 32f Abs. 7 (S. 36)

Absatz 7 sieht für Verfahren nach § 32f eine Regelverfahrensdauer vor. Verfügungen nach den Absätzen 2 bis 4 sollen spätestens 18 Monate nach Veröffentlichung des Berichts zum Abschluss der Sektoruntersuchung nach § 32e ergehen. Es handelt sich um eine Soll-Vorschrift, daher sollte von der Regeldauer nur in Ausnahmefällen abgewichen werden. Allerdings sind mit einem Verstoß gegen die Regeldauer keine Rechtsfolgen verbunden. Vielmehr kann das Bundeskartellamt Verfügungen auch zu einem späteren Zeitpunkt erlassen. Die Vorschrift dient damit dem Ziel der Verfahrensbeschleunigung vor dem Hintergrund des Bedarfs effektiver und zeitiger Abhilfe bei Störungen des Wettbewerbs. Der zeitliche Rahmen von 18 Monaten orientiert sich an der allgemeinen Frist für Marktuntersuchungen der CMA in Großbritannien (vgl. Section 137 (1) UK Enterprise Act 2002, in der durch den Enterprise and Regulatory Reform Act 2013 geänderten Fassung).

§ 32f Abs. 8 (S. 36 f.)

§ 32f gilt für alle Wirtschaftszweige. Mit Blick auf sektorspezifisches Regulierungsrecht bestimmter Netzwirtschaften, das der Durchsetzung durch die Bundesnetzagentur unterliegt, bleibt es wie bislang grundsätzlich bei der parallelen Geltung von sektorspezifischem Regulierungsrecht und allgemeinem Wettbewerbsrecht. Absatz 8 Satz 1 regelt, dass das Bundeskartellamt Abhilfemaßnahmen nach den Absätzen 3 und 4 auf Märkten, in den von der Bundesnetzagentur regulierten Sektoren Eisenbahn, Post und Telekommunikation, für die sektorspezifisches Wettbewerbsrecht gilt, sowie der nach EnWG regulierten Elektrizitäts- und Gasversorgungsnetze, im Einvernehmen mit der Bundesnetzagentur trifft. Um größtmögliche Transparenz über das Verfahren zu gewährleisten, veröffentlicht die Bundesnetzagentur diesbezüglich eine Stellungnahme. Aus dieser soll insbesondere hervorgehen, aus welchen Gründen die Bundesnetzagentur ihr Einvernehmen erteilt bzw. versagt.

Absatz 8 Satz 2 stellt klar, dass mit den auf der Grundlage von § 32f Absatz 3 und 4 ermöglichten Abhilfemaßnahmen keine grundsätzlich neue Bewertung des dritten Kriteriums des sog. Drei-Kriterien-Tests der Marktanalyse durch die Bundesnetzagentur nach § 11 Absatz 2 Nummer 3 des Telekommunikationsgesetzes einhergeht. Danach muss zur Begründung der Regulierungsbedürftigkeit eines Telekommunikationsmarktes die Anwendung des allgemeinen Wettbewerbsrechts nicht ausreichend sein, um Marktversagen angemessen entgegen wirken zu können. Mit der Einführung von § 32f Absatz 3 und 4 wird aber nicht das Ziel verfolgt, die etablierten Maßstäbe zur Regulierungsbedürftigkeit von Märkten (i.S.d. Drei-Kriterien-Tests nach dem Telekommunikationsgesetz) zu ändern.

§ 32f Abs. 9

WiA S. 28

Der neue Absatz 9 sieht vor, dass das Bundesministerium für Wirtschaft und Klimaschutz nach einem Zeitraum von zehn Jahren nach Inkrafttreten dem Deutschen Bundestag und dem Bundesrat über die Erfahrungen mit den Regelungen des § 32f berichtet.

§ 32g (S. 37 f.)

Der neu eingefügte § 32g enthält eine Ermittlungsbefugnis des Bundeskartellamts bei möglichen Verstößen gegen die Artikel 5 bis 7 der Verordnung (EU) 2022/1925. Die Möglichkeit der Einräumung einer solchen Ermittlungsbefugnis ergibt sich aus Artikel 38 Absatz 7 Verordnung (EU) 2022/1925.

§ 32g Abs. 1 (S. 37)

Absatz 1 gibt den in Artikel 38 Absatz 7 Verordnung (EU) 2022/1925 festgelegten Ermittlungszweck wieder und orientiert sich eng an dessen Wortlaut. Der Verweis auf Artikel 3 Verordnung (EU) 2022/1925 dient der Klarstellung, dass Ermittlungen bei möglichen Verstößen gegen Artikel 5 bis 7 Verordnung (EU) 2022/1925 sich nur auf bereits benannte Torwächter beziehen können. Wie durch die Verordnung (EU) 2022/1925 vorgesehen, wird die Aufnahme von Ermittlungen zudem in das Ermessen des Bundeskartellamts gestellt („kann"). Eine Aufforderung zum Tätigwerden durch die Europäische Kommission oder Ermächtigung im Einzelfall ist nicht erforderlich. Die Europäische Kommission ist nach Artikel 38 Absatz 7 Satz 2 Verordnung (EU) 2022/1925 vor der ersten förmlichen Untersuchungsmaßnahme zu unterrichten.

Eine Ermittlungsbefugnis wird ausschließlich für das Bundeskartellamt begründet. Aufgrund des Anwendungsbereiches der Verordnung (EU) 2022/1925 ist § 32g für erforderliche Abgrenzungsfragen insbesondere im Verhältnis der Verordnung (EU) 2022/1925 zu § 19a relevant. Für § 19a besteht ebenfalls eine alleinige Zuständigkeit des Bundeskartellamts.

§ 32g Abs. 2 (S. 37)

Absatz 2 beschränkt die Ermittlungsbefugnis auf Konstellationen, in denen sich etwaige Verstöße im Bundesgebiet auswirken.

Eine Untersuchung nach § 32g kann parallel zu einem Verwaltungsfahren zur Untersuchung möglicher Verstöße gegen kartellrechtliche Vorschriften, u.a. nach § 19a geführt werden. Artikel 7 Verordnung (EU) 2022/1925 verpflichtet Torwächter unter bestimmten Voraussetzungen zur Interoperabilität nummernunabhängiger interpersoneller Kommunikationsdienste. Die Bundesnetzagentur hat in diesem Bereich aufgrund ihrer Regulierungsbefugnisse nach dem Telekommunikationsgesetz Kenntnisse, die sie im Rahmen ihrer Stellungnahmemöglichkeit in die Ermittlungen einbringen kann.

Der Verweis auf die Vorschriften der §§ 57 bis 59b, 61 in Absatz 2 stellt klar, dass die regulären Ermittlungsbefugnisse auch in diesem Zusammenhang gelten und insoweit die genannten Bestimmungen Anwendung finden.

§ 32g Abs. 3 (S. 37 f.)

Die in Absatz 3 enthaltene Pflicht des Bundeskartellamts, der Europäischen Kommission Bericht über ihre Ermittlungsergebnisse zu erstatten, ergibt sich unmittelbar aus Artikel 38 Absatz 7 Verordnung (EU) 2022/1925. Die Regelung in Absatz 3 dient der Klarstellung und ist für die nachfolgende Vorschrift zur Veröffentlichung der Untersuchungsergebnisse relevant.

Die Verordnung (EU) 2022/1925 enthält keine Vorgaben zu einer etwaigen Veröffentlichung der nationalen Ermittlungsergebnisse nach Artikel 38 Absatz 7 Verordnung (EU) 2022/1925 und ermöglicht es insoweit, die Veröffentlichung in das Ermessen der zuständigen Behörde zu stellen. Da die Veröffentlichung im Einzelfall zu einem Grundrechtseingriff und damit einer Beschwer für das betroffene Unternehmen führen kann, ist eine gesetzliche Regelung erforderlich. Dem betroffenen Unternehmen ist im Falle der Veröffentlichung ggf. rechtliches Gehör zu gewähren. Um die klare Kompetenzverteilung zwischen den nationalen Wettbewerbsbehörden und der Europäischen Kommission als alleinige Durchsetzungsbehörde der Verordnung (EU) 2022/1925 zu wahren, ist im Rahmen der Veröffentlichung klarzustellen, dass es sich um ein vorläufiges Ermittlungsergebnis des Bundeskartellamts handelt, welches an die Europäische Kommission übermittelt wird, der sodann die Entscheidung obliegt, ein Verfahren nach der Verordnung (EU) 2022/1925 zu eröffnen.

Das Bundeskartellamt berücksichtigt bei der Veröffentlichung seines Berichts über die vorläufigen Ergebnisse der Ermittlung die Ermittlungsinteressen der Europäischen Kommission.

§ 33 Abs. 1 (S. 44)

Um die Durchsetzung der Verordnung (EU) 2022/1925 in Deutschland zu erleichtern, wird § 33 um Verstöße gegen die Verpflichtungen der Artikel 5, 6 und 7 der Verordnung (EU) 2022/1925 erweitert. Diese Artikel der Verordnung (EU) 2022/1925 begründen Rechte und Pflichten für den Einzelnen, sie sind somit vor den ordentlichen Gerichten durchsetzbar. Die Betroffenen haben mithin auch in diesen Fällen einen Beseitigungs- und Unterlassungsanspruch gegen den Rechtsverletzer. Durch die Bezugnahme auf § 33 Absatz 1 in § 33a Absatz 1 finden auch die Regelungen zu Schadensersatzklagen in § 33a Absatz 1, 3 und 4 auf Verstöße gegen die Verpflichtungen der Artikel 5, 6 und 7 der Verordnung (EU) 2022/1925 Anwendung. Für Verstöße gegen das Kartellrecht und die Verordnung (EU) 2022/1925 bestehen somit die gleichen zivilrechtlichen Ansprüche. Die Änderung dient der Sicherung der praktischen Wirksamkeit der Verordnung (EU) 2022/1925 im Sinne des europäischen Effektivitätsgrundsatzes.

Damit § 89b Absatz 5 auf Verfahren nach der Verordnung (EU) 2022/1925 in gleicher Weise Anwendung finden kann, wie auf kartellbehördliche Verfahren, wird dieser entsprechend ergänzt.

§ 33b (S. 38)

Auch die Änderung des § 33b Satz 1 dient der Erhöhung der praktischen Wirksamkeit der Verordnung (EU) 2022/1925. Eine gleichförmige Auslegung der Verordnung (EU) 2022/1925 wird gefördert, die Rechtssicherheit erhöht und Klagen auf Schadensersatz und Unterlassung – wie im Kartellrecht – erleichtert.

Die Bindung der Gerichte an bestandskräftige Entscheidungen der Europäischen Kommission, soweit es um die Feststellung eines Verstoßes geht, soll zukünftig auch für Entscheidungen zu etwaigen Verstößen gegen die Verordnung (EU) 2022/1925 gelten. Hat ein Gericht die Entscheidung zur Verordnung (EU) 2022/1925 zu überprüfen, dann kommt den Feststellungen der Europäischen Kommission hinsichtlich des Verstoßes zukünftig Bindungswirkung zu.

Darüber hinaus wird die Bindungswirkung auch auf den Benennungsbeschluss der Europäischen Kommission nach Artikel 3 der Verordnung (EU) 2022/1925 erstreckt. Die Benennung von Torwächtern ist daher durch ein Gericht nicht eigenständig zu prüfen.

§ 33g Abs. 5 (S. 38)

Damit § 33g Absatz 5 auf Verfahren nach der Verordnung (EU) 2022/1925 in gleicher Weise Anwendung finden kann, wie auf kartellbehördliche Verfahren, wird dieser entsprechend ergänzt.

§ 33h Abs. 6 (S. 38)

Alle Ansprüche nach § 33 und § 33a sollen unabhängig von ihrem Rechtsgrund mit Blick auf die Verjährung gleichbehandelt werden. Damit § 33h auf Verfahren nach der Verordnung (EU) 2022/1925 in gleicher Weise Anwendung finden kann, wie auf Kartellverfahren, erfolgt in Absatz 6 Satz 1 Nummer 3 eine entsprechende Ergänzung.

§ 34 Abs. 4 (S. 38 ff.)

Eine wesentliche Schwierigkeit der Vorteilsabschöpfung nach § 34 liegt in der Ermittlung des wirtschaftlichen Vorteils. Um die Höhe eines erzielten wirtschaftlichen Vorteils zu ermitteln, müssen zum Teil sehr komplexe ökonometrische Analysetechniken eingesetzt werden. Die hierfür erforderliche Datenbasis wird im Zuge von Verfahren zum Nachweis des Verstoßes selbst nicht benötigt und muss separat bei den betroffenen Unternehmen ermittelt werden (Begründung der Bundesregierung zum Gesetzentwurf für ein Neuntes Gesetz zur Änderung des Gesetzes gegen Wettbewerbsbeschränkungen, BT-Drs. 18/10207, S. 70). Dies erfordert erhebliche Ressourcen, sowohl auf Seiten des Bundeskartellamtes, aber auch auf Seiten der Unternehmen.

Bei der Bestimmung des wirtschaftlichen Vorteils müssen die Geschehnisse, wie sie sich infolge des Wettbewerbsverstoßes gestaltet haben, mit einem rein hypothetischen Alternativszenario verglichen werden. Es liegt in der Natur der Sache, dass bei der Ermittlung der kontrafaktischen Marktsituation stets eine Unsicherheit verbleibt. Hinzu tritt regelmäßig eine hohe Informationsasymmetrie zugunsten des Rechtsverletzers, die § 33g anerkennt. Aufgrund der angeführten Erwägungen wird daher in dem neu eingefügten § 34 Absatz 4 Satz 3 das Maß der notwendigen Überzeugungsbildung auf die überwiegende Wahrscheinlichkeit festgelegt. In entsprechender Anwendung des § 287 ZPO ist folglich bei der Feststellung der konkreten Höhe des wirtschaftlichen Vorteils der wahrscheinlichste Wert zu ermitteln. Damit treffen Schätzunsicherheiten die Unternehmen, die für den Kartellrechtsverstoß verantwortlich sind und die naturgemäß eher über diejenigen Informationen verfügen, die Rückschlüsse von den Auswirkungen des Verstoßes auf die Marktsituation zulassen (vgl. zum Kartellschadensersatzrecht BGH, Urteil vom 10. Februar 2021, KZR 63/18, juris Rn. 41 – Schienenkartell VI = BGHZ 229, 1–27; Schweitzer/Woeste, ZWeR 2022, 46, 56 ff., 78).

Angesichts dieser Unsicherheiten bei der Schätzung, die auch durch erheblichen Darlegungs- und Nachweisaufwand nicht wirksam ohne langwierige und kostenträchtige Verfahren beseitigt werden können, ist mit Blick auf den Verursachergedanken (vgl. zum Kartellschadensersatzrecht BGH, Urteil vom 10. Februar 2021, KZR 63/18, juris Rn. 41 – Schienenkartell VI = BGHZ 229, 1–27; Isikay, Schadensschätzung bei Kartellverstößen, 2020, S. 180 f.) sowie den Aspekt positiver Generalprävention (vgl. zum erweiterten Verfall BVerfG, Beschluss vom 14. Januar 2004, 2 BvR 564/95, BVerfGE 110, 1–33, juris Rn. 75 f.; zum „Bruttoprinzip" der strafrechtlichen Verfallsvorschriften BGH, Urteil vom 21. August 2002, 1 StR 115/02, juris Rn. 24 = BGHSt 47, 369–378) im Lichte des unionsrechtlichen Gebots der effektiven Durchsetzung der Wettbewerbsregeln zusätzliches gesetzgeberisches Handeln geboten. So wird durch die neu eingefügten § 34 Absatz 4 Sätze 1 und 4 eine Vermutung hinsichtlich der Entstehung eines wirtschaftlichen Vorteils sowie eine Vermutung einer pauschalen Mindesthöhe eines solchen Vorteils eingeführt. Die Vermutung gilt ausschließlich für die kartellrechtliche Vorteilsabschöpfung; eine Mindestschadensvermutung oder Rückschlüsse auf die Höhe des Schadensersatzes bei Kartellverstößen sind mit der Regelung nicht beabsichtigt, denn Schäden breiten sich – anders als Vorteile – in einem Markt in alle Richtungen und dabei oft über mehrere Marktstufen aus.

In der Praxis des Bundeskartellamts hat sich gezeigt, dass es eine Vielzahl von Fallkonstellationen gibt, die zweifellos – jedenfalls mittelbar – einen wirtschaftlichen Vorteil generieren, in denen die konkrete Bezifferung des Vorteils aber äußerst schwerfällt oder gar unmöglich in Geld auszudrücken ist. Beispiele sind bestimmte Formen von Ausbeutungsmissbräuchen u.a. zu Lasten von Verbrauchern, aber auch verschiedene Arten von Behinderungsmissbräuchen. Die Pauschalierung gibt dem Bundeskartellamt gerade auch für solche Fälle ein effektives Instrument an die Hand. Abschöpfungsverfahren im Anschluss an Bußgeldverfahren nach dem OWiG dürften in der Praxis des Bundeskartellamts hingegen die Ausnahme bleiben. Zwar verzichtet das Bundeskartellamt im Rahmen seines Ermessens nach § 81d Absatz 3 Satz 1 in der Regel auf die Festsetzung eines abschöpfenden Teils bei der Bußgeldbemessung (vgl. Bundeskartellamt, Leitlinien für die Bußgeldzumessung in Kartellordnungswidrigkeitenverfahren, 2021, Ziffer 5), so dass § 34 Absatz 2 Satz 1 Nummer 2 einer parallelen Vorteilsabschöpfung nicht entgegensteht. Allerdings schließen sich erfahrungsgemäß regelmäßig private Kartellschadensersatzklagen an Bußgeldentscheidungen an. Da Schadensersatzleistungen nach Absatz 2 Satz 2 nachträglich mit der behördlichen Vorteilsabschöpfung zu verrechnen sind, erscheinen anschließende Abschöpfungsverfahren mit Blick auf die Effektivität der Verwaltung im Regelfall nicht geboten. Zudem kann eine Rückerstattung der aus dem kartellrechtswidrigen Verhalten erwirtschafteten Vorteile gemäß § 32 Absatz 2a GWB der Vorteilsabschöpfung ggf. vorzuziehen sein und wäre dann ebenfalls mit ihr zu verrechnen.

Der Bundesgerichtshof hat wegen der Schwierigkeiten bei der Bezifferung des Schadens vertragliche Pauschalierungsklauseln für Schäden durch Kartellabsprachen für sachgerecht erachtet (vgl. zuletzt i.H.v. 15 Prozent des Auftragswertes BGH, Urteil vom 10. Februar 2021, KZR 94/18, juris Rn. 30 – Schadenspauschalierung = WuW 2021, 465, bzw. 5 Prozent des Auftragswertes BGH, Urteil vom 10. Februar 2021, KZR 63/18, juris Rn. 43 – Schienenkartell VI = BGHZ 229, 1–27; zu einer zulässigen Pauschalierung i.H.v. 3 Prozent der Auftragssumme s. bereits BGH, Urteil vom 21. Dezember 1995, VII ZR 286/94, juris Rn. 16–19 = BGHZ 131, 356–361). Die Erwägungen sind mit Blick auf die vergleichbaren Schwierigkeiten bei der Ermittlung der Vorteilshöhe übertragbar. Um insbesondere die Verhältnismäßigkeit der Vermutungsregelung in Satz 4 zu gewährleisten, beträgt die vermutete Mindesthöhe 1 Prozent der Umsätze, die im Inland mit den Produkten oder Dienstleistungen, die mit der Zuwiderhandlung in Zusammenhang stehen (tatbezogener Umsatz), erzielt wurden. Auf mehrseitigen Märkten können dabei die auf mehreren Marktseiten erzielten Umsätze einbezogen werden. Dabei wurde die vermutete Vorteilshöhe so bemessen, dass sie bei einer branchenübergreifenden typisierenden

Betrachtung einen unabhängig von der konkreten Art des Verstoßes und sonstigen Besonderheiten des Einzelfalls zu erwartenden Mindestvorteil abbildet. Damit wird insbesondere den erheblichen Unterschieden in der Wertschöpfung Rechnung getragen.

Ohnehin sind Pauschalierungen der Rechtsordnung nicht fremd; dem Gesetzgeber kommt insofern im Hinblick auf die Verhältnismäßigkeit ein beträchtlicher Spielraum zu (Grzeszick, in Dürig/Herzog/Scholz, 98. EL März 2022, GG Artikel 20 Rn. 124). So erlaubt etwa das Schadensersatzrecht in gewissen Fällen Pauschalierungen und sonstige Vereinfachungen in der Berechnung der Höhe des Schadensersatzes oder lässt die Heranziehung des Gewinns als Maß für den Schadensersatz zu (s. z.B. Artikel 7 der Verordnung (EG) Nr. 261/2004 des Europäischen Parlaments und des Rates vom 11. Februar 2004 über eine gemeinsame Regelung für Ausgleichs und Unterstützungsleistungen für Fluggäste im Fall der Nichtbeförderung und bei Annullierung oder großer Verspätung von Flügen und zur Aufhebung der Verordnung (EWG) Nr. 295/91; Artikel 6 der Richtlinie 2011/7/EU des Europäischen Parlaments und des Rates vom 16. Februar 2011 zur Bekämpfung von Zahlungsverzug im Geschäftsverkehr; hierzu Janssen, Präventive Gewinnabschöpfung, 2016, S. 233f.; s. auch die Berücksichtigung des Verletzergewinns gem. § 97 Absatz 2 Satz 2 UrhG sowie den GEMA-Zuschlag, hierzu grundlegend BGH, Urteil vom 10. März 1972, I ZR 160/70, NJW 1973, 96, 96ff. – Doppelte Tarifgebühr; unter Hinweis auf das Interesse eines möglichst geringen Verwaltungsaufwandes und das wirtschaftliche Gebot der Verhältnismäßigkeit BGH, Beschluss vom 3. März 1988, KVR 4/87, GRUR 1988, 782, 783 – GEMA-Wertungsverfahren; zur Berücksichtigungsfähigkeit der Wirtschaftsmacht bei der Bemessung der Entschädigung wegen einer Persönlichkeitsrechtsverletzung BGH, Urteil vom 5. Oktober 2004, VI ZR 255/03, NJW 2005, 215, 218); dadurch wird der Schadensersatz als Präventionsinstrument wirksam gemacht. Da die aufgrund des Verstoßes erzielten Vorteile zumindest teilweise die Kehrseite des von der Marktgegenseite erlittenen Schadens bilden dürften und auch die Vorteilsabschöpfung mittelbar der Prävention dient, sind die pragmatischen Überlegungen zur Pauschalierung zwecks Effektivität der Regelung übertragbar. Unter anderem für diesen Zweck erkennt der Gesetzgeber in der Rechtsordnung zudem grundsätzlich auch eingeschränkt widerlegliche oder unwiderlegliche Vermutungen an (vgl. zur Unwiderleglichkeit der Vermutung in § 39 a Absatz 3 Satz 3 WpÜG die Aufzählung bei OLG Stuttgart, Beschluss vom 5. Mai 2009, 20 W 13/08, juris – Rn. 43ff.).

Die Vermutung gilt für den Abschöpfungszeitraum nach Absatz 5 Satz 1; dabei können alle diejenigen Geschäftsjahre einbezogen werden, in denen der Verstoß bereits begonnen hat und noch nicht beendet war. Die Höhe von nach Beendigung anfallenden Vorteilen kann ausgehend von der Vermutung nach den Sätzen 2 und 3 geschätzt werden.

Die Vermutung hinsichtlich der Mindesthöhe des erlangten wirtschaftlichen Vorteils kann nur widerlegt werden, soweit das Unternehmen nachweist, dass weder die am Verstoß unmittelbar beteiligte juristische Person noch das Unternehmen im Abschöpfungszeitraum einen Gewinn in entsprechender Höhe erzielt hat. Dabei ist der im gesamten Abschöpfungszeitraum erzielte Gewinn mit dem für den gesamten Abschöpfungszeitraum vermuteten Vorteil zu vergleichen. Diese Modifikation der Widerleglichkeit dient der Effektivierung der Kartellrechtsdurchsetzung und beschränkt die Abschöpfung auf dem Unternehmen zugeflossene Vorteile, die zu Gewinnen des Unternehmens beigetragen haben. Zwar ist damit eine Widerlegung der Vermutung auf Ebene des Vorteils nicht möglich. Eine solche würde jedoch die bestehenden Nachweisschwierigkeiten hinsichtlich der konkreten Vorteilshöhe lediglich auf die Widerleglichkeitsebene verlagern. Die Begrenzung der Widerleglichkeit verhindert dies, indem sie die Prüfung auf den Konzerngewinn und damit auf eine eindeutige und für das Unternehmen einfach in Erfahrung zu bringende

Tatsache beschränkt. Es entspricht der allgemeinen Lebenserfahrung, dass sich der erlangte Vorteil im Konzernergebnis niederschlägt. Denn der wirtschaftliche Vorteil ist im Vergleich zu der vermögensrechtlichen Gesamtsituation des Betroffenen zu errechnen, wie sie sich durch die Zuwiderhandlung ergeben hat und wie sie ohne diese für ihn eingetreten wäre. Dabei ist zu bedenken, dass der Begriff des wirtschaftlichen Vorteils weiter ist als der des Gewinns, weil der wirtschaftliche Vorteil auch eine nicht über zusätzliche Umsatzerlöse eintretende Vermögensmehrung erfasst, wie etwa die Verbesserung der Marktposition oder eine Steigerung des Unternehmenswerts. Der Gewinn im Sinne zusätzlicher Umsatzerlöse macht jedoch den Kern des bezifferbaren und damit für die in Geld zu leistende Vorteilsabschöpfung relevanten Betrags aus. Die Regelung stellt dabei sicher, dass keine pauschalierte Vorteilsabschöpfung in Fällen erfolgt, in denen der Vorteil nicht zu Gewinnen des Unternehmens beigetragen hat. Soweit das Unternehmen nachweist, dass der Konzerngewinn im Abschöpfungszeitraum tatsächlich unter 1 Prozent des tatbezogenen Umsatzes lag, ist es gerechtfertigt, eine darüberhinausgehende Vorteilshöhe ggf. im Einzelfall konkret zu ermitteln. Die verhältnismäßig niedrig angesetzte Vorteilshöhe im Zusammenspiel mit den Sicherungsmechanismen in Absatz 3 und Absatz 4 Satz 9 verhindert zudem, dass ein Unternehmen aufgrund der Vermutung einer überhöhten Vorteilsabschöpfung unterliegt. Bei der Gewinnermittlung ist der weltweite Gewinn aller natürlichen und juristischen Personen sowie Personenvereinigungen zugrunde zu legen, die als wirtschaftliche Einheit operieren; dies gilt auch, soweit im Rahmen von Satz 7 auf die unmittelbar beteiligte juristische Person abgestellt wird. Hierdurch wird dem Risiko begegnet, dass etwaige Vorteile innerhalb des Konzerns verschoben werden, um den Gewinn künstlich niedrig darzustellen, obwohl bei der unmittelbar beteiligten juristischen Person ein entsprechender Gewinn angefallen ist.

Bei Anwendung der Vermutung nach Satz 4 kann nicht eingewendet werden, dass kein Vorteil oder ein Vorteil in nur geringerer Höhe angefallen ist. Für diesen Fall kann auch die Vermutung nach Satz 1 bei Anwendung der Vermutung nach Satz 4 nicht entkräftet werden, da dies die Wirksamkeit der eingeschränkten Widerleglichkeit nach Satz 7 sonst relativieren würde. Demgegenüber kann die Vermutung nach Satz 1 widerlegt werden, wenn die Vermutung nach Satz 4 nicht angewendet wird.

Satz 9 schließt die Vermutungen der Sätze 1 und 4 hinsichtlich des Ob und der Mindesthöhe des erlangten Vorteils für solche Fälle aus, in denen die Erlangung eines Vorteils aufgrund der besonderen Natur des Verstoßes denklogisch ausgeschlossen ist. Für diese Fälle ist eine gesetzliche Klarstellung nötig, um Überreichweiten der Norm auszuschließen.

Im Falle von Marktmachtmissbrauch bei der Vergabe von Wegenutzungsrechten oder Konzessionen durch Kommunen kann dies etwa der Fall sein, wenn das Bundeskartellamt die Fortsetzung des Vergabeverfahrens auf Grundlage einer wettbewerbswidrigen Ausschreibung untersagt und weder der Kommune selbst noch einem mit ihr verbundenen Unternehmen aus der hierdurch verursachten Verfahrensverlängerung Vorteile, bspw. aufgrund der faktischen Verlängerung des Altvertrages bis zur erfolgreichen Neuvergabe, zufließen (eine ähnliche Konstellation lag dem Fall B8-101/11 Kreisstadt Mettmann zugrunde). Entsprechendes gilt, wenn das Bundeskartellamt die ordnungsgemäße Wiederholung der als wettbewerbswidrig festgestellten Ausschreibung anordnet und ausgeschlossen werden kann, dass die Kommune oder ein mit ihr verbundenes Unternehmen in der Zwischenzeit Vorteile aus der Umsetzung der wettbewerbswidrigen Ausschreibung gezogen haben. Dies kann insbesondere auch der Fall sein, wenn sich die wettbewerbswidrige Ausschreibung ausschließlich zu Gunsten eines Dritten, also eines Unternehmens, das nicht mit der Kommune als ausschreibender Stelle verbunden ist, auswirkt und diesem Drittunternehmen Vorteile (etwa in Form des vorübergehenden Eintritts in die Marktposition des Konzessionärs) zufließen. Denn § 34 sieht ausschließlich die Abschöpfung von Vorteilen vor, die dem Unternehmen entstanden sind, das den Kartellrechtsverstoß begangen hat. Ein weiterer Anwendungsfall können bspw. auf eine einzelne Ausschreibung beschränkte Submissionsabsprachen sein, wenn weder das betroffene Unternehmen noch eines der an der Absprache beteiligten Unternehmen den Zuschlag erhält. Da in diesen Fällen offensichtlich weder ein finanzieller Vorteil erzielt worden noch eine Verbesserung der Wettbewerbsposition erlangt worden ist, wäre eine Vorteilsvermutung überschießend. Entsprechendes gilt, soweit sich der Verstoß gegen das Boykottverbot gem. § 21 Absatz 1 GWB im „Auffordern" erschöpft, ohne dass dieser Aufforderung Folge geleistet wurde. Mit Blick auf die Verschärfung des Instruments durch die eingeschränkte Widerlegbarkeit der Vermutung nach Satz 4 ist ferner zu berücksichtigen, dass auch insoweit die Härtefallregel aus Absatz 3 Satz 1 zur Anwendung kommt. Die Regelung in Absatz 3 Satz 2, wonach eine Vorteilsabschöpfung unterbleiben soll, wenn der wirtschaftliche Vorteil gering ist, dient angesichts der auf einen bloßen Mindestvorteil von 1 Prozent gerichteten Vermutung nach Absatz 4 Satz 4 nunmehr nur noch der Effizienz des Verwaltungshandels. Danach soll die Abschöpfung unterbleiben, sofern der Abschöpfungsbetrag den Verfahrensaufwand der Kartellbehörde nicht oder nur unwesentlich überschreitet. Die der Betrachtung zugrunde zu legende Vorteilshöhe ergibt sich ggf. aus dem Ergebnis der Vermutung nach Absatz 4 Satz 4. Zudem gilt die Vermutungsregelung in Absatz 4 nur bei Verstößen gegen Vorschriften der Kapitel 1, 2 oder 5 dieses Teils, gegen Artikel 101 oder 102 des Vertrages über die Arbeitsweise der Europäischen Union (AEUV) oder gegen eine Verfügung der Kartellbehörde nach § 19a oder nach Kapitel 6 dieses Teils.

Je nach Dauer des Verstoßes, Höhe der erlangten Vorteile und Zeitraum, für den die Abschöpfung angeordnet wird, kann der Abschöpfungsbetrag eine wirtschaftlich hohe Belastung für das betroffene Unternehmen darstellen. Daher ist es erforderlich, für den abschöpfbaren Betrag eine Deckelung vorzusehen. Der Abschöpfungsbetrag darf daher 10 Prozent des in dem der Behördenentscheidung vorausgegangenen Geschäftsjahr erzielten Gesamtumsatzes des Unternehmens oder der Unternehmensvereinigung nicht übersteigen. Eine solche Deckelung steht dem Grundgedanken der Vorteilsabschöpfung, die beim Unternehmen tatsächlich angefallene Kartellrendite möglichst vollständig zu entziehen, nicht entgegen. Sie trägt vielmehr dem Gedanken Rechnung, dass Unternehmen vor einer Vorteilsabschöpfung geschützt werden sollen, die zwar dem tatsächlich vereinnahmten Vorteil entspricht bzw. diesem auf Grundlage der Schätzung jedenfalls nahekommt, aber dennoch unverhältnismäßig hoch ist. Eine übermäßige Belastung könnte eine höhenmäßig unbegrenzte Abschöpfung in solchen Fällen darstellen, in denen beispielsweise die tatbezogenen Inlandsumsätze einen wesentlichen Teil des gesamten Konzernumsatzes ausmachen. Der Höhe nach orientiert sich die Deckelung an der Bußgeldzumessungsregelung in § 81c Absatz 2 Satz 2 und entspricht damit der etablierten Praxis in Deutschland und der Europäischen Union. Die Übernahme für die Vorteilsabschöpfung ist sachgerecht. Denn diese soll einerseits die Vorteile möglichst umfassend abschöpfen und andererseits angesichts des fehlenden Sanktionscharakters nicht tiefer in den Geschäftsbetrieb eingreifen als ein Bußgeld. Für Verstöße, die keinen oder nur einen geringen wirtschaftlichen Vorteil verursachen, greift ergänzend Absatz 3.

Die Norm ist komplementär zu den Bußgeldregelungen dieses Gesetzes, die die pönale Reaktion auf ein früheres normwidriges Verhalten betroffener Unternehmen regeln. In diesem Sinne erschöpft sich die Norm in einer Korrektur einer gegenwärtigen Störung der Vermögensordnung durch einen korrigierenden und normstabilisierenden Eingriff. Anknüpfungspunkt der Norm ist die kartellrechtswidrige Bereicherung von Unternehmen zu Lasten anderer Marktteilnehmer und der öffentlichen Interessen an einem funktionierenden Wettbewerbsprozess; sie reagiert darauf jedoch nur im Hinblick auf die dadurch geschaffene objektive Vermögenslage. Der vermögensordnende Eingriff soll die Unverbrüchlichkeit und die Gerechtigkeit der Rechtsordnung erweisen und so die Rechtstreue der Marktteilnehmer stärken. Diese zukunftsbezogen präventiv-ordnende Zielsetzung der Abschöpfung deckt sich mit einem alle Rechtsgebiete übergreifenden Grundsatz, wonach eine mit der Rechtsordnung nicht übereinstimmende Vermögenslage auszugleichen ist (so zum erweiterten Verfall BVerfG, Beschluss vom 14. Januar 2004 – 2 BvR 564/95 –, BVerfGE 110, 1–33, juris – Rn. 74 ff.; s. auch zur Einordnung als Strafe und Verfassungskonformität des § 661a BGB BGH, Urteil vom 16. Oktober 2003 – III ZR 106/03 –, NJW 2003, 3620; die Auffassung des BGH bestätigend BVerfG, Beschluss vom 5. Januar 2004 – 1 BvR 2518/03 –, NJW 2004, 762; zusammenfassend zur Abgrenzung und zur Legitimität präventiver Verhaltenssteuerung in Bezug auf die Schadenshaftung Franck, Marktordnung durch Haftung, 2016, S. 69 ff., 78 f.).

Der in Absatz 4 Satz 5 verwandte Begriff wird durch eine Legaldefinition erläutert und zu Absatz 5 in Beziehung gesetzt.

§ 39 Abs. 1 (S. 42)

Bei der Anmeldung von Zusammenschlüssen ist aufgrund der gesetzlichen Freigabefiktion des § 40 Absatz 1 Satz 1 sicherzustellen, dass der Lauf der kurz bemessenen Monatsfrist erst dann beginnt, wenn das Bundeskartellamt Kenntnis vom Eingang der Anmeldung erhalten hat. Dies gilt auch bei der Übermittlung von elektronischen Anmeldungen über das besondere elektronische Behördenpostfach. Insofern ist für diesen Zugang auszuschließen, dass der Fristenlauf auch ohne Kenntnis der Behörde schon mit der Abgabe einer automatisch generierten Eingangsbestätigung gegenüber dem Absender beginnt. Maßgeblich für den Fristlauf ist daher nunmehr das in einem elektronischen oder schriftlichen Empfangsbekenntnis genannte Eingangsdatum. Fordert der Absender bei der Übermittlung der Anmeldung ein elektronisches Empfangsbekenntnis an, so wird die Behörde den Empfang regelmäßig auch in dieser Form bestätigen, sofern dies ohne Verzögerung möglich ist.

§ 39a (alt) (S. 42)

§ 39a wird durch die neue Regelung in § 32f Absatz 2 ersetzt und deshalb aufgehoben.

§ 44 Abs. 4 (S. 42 f.)

Um das Potential der Sektoruntersuchungen nach § 32e Absatz 1 sowie evtl. anschließender Abhilfemaßnahmen nach § 32f voll auszuschöpfen, ist es von großer Bedeutung, dass die für eine Sektoruntersuchung infrage kommenden Märkte und Wirtschaftszweige frühzeitig identifiziert werden. Hierzu sollen unter anderem auch die wirtschafts- und wettbewerbspolitischen Analysen der Monopolkommission genutzt werden. Die Monopolkommission kann auf der Basis ihrer Untersuchungsergebnisse in ihren Gutachten (dies können insbesondere Haupt-, Sektor- oder auch Sondergutachten sein) explizit an das Bundeskartellamt gerichtete Empfehlungen für die Durchführung von Sektoruntersuchungen nach § 32e aussprechen. Das Bundeskartellamt prüft die Empfehlung und leitet innerhalb von zwölf Monaten eine Sektoruntersuchung nach § 32e ein oder legt in einer Stellungnahme dar, weshalb dies nicht erfolgt ist.

§ 50 Abs. 2 (S. 43)

Die Verordnung (EU) 2022/1925 sieht über Artikel 38 Absatz 7 hinaus an verschiedenen Stellen eine Mitwirkung der Mitgliedstaaten an den Verfahren der Europäischen Kommission vor. Der Umfang der geforderten Mitwirkung der in Artikel 1

Absatz 6 der Verordnung (EU) 2022/1925 genannten Behörden reicht von der Unterstützung bei Durchsuchungen oder Vernehmungen (siehe z.B. Artikel 22 Absatz 2 Verordnung (EU) 2022/1925) bis zur Vornahme von Unterstützungshandlungen im Rahmen von Marktuntersuchungen der Europäischen Kommission (Artikel 38 Absatz 6 Verordnung (EU) 2022/1925).

Die Aufnahme einer Zuständigkeit für die Unterstützung von bzw. Mitwirkung an Verfahren der Europäischen Kommission nach der Verordnung (EU) 2022/1925 ist vor diesem Hintergrund erforderlich, um das Bundeskartellamt in die Lage zu versetzen, eine angefragte Unterstützung ggf. auch leisten zu können.

Die Änderung des § 50 Absatz 2 Satz 1 enthält hierbei eine ausschließliche Zuständigkeitszuweisung an das Bundeskartellamt für die Mitwirkung an Verfahren der Europäischen Kommission soweit die Verordnung (EU) 2022/1925 auf nationale Behörden nach Artikel 1 Absatz 6 Verordnung (EU) 2022/1925 verweist. Die Regelung fügt sich in die bestehende Gesetzeslogik ein: Das Bundeskartellamt ist nach den bestehenden Normen bereits ausschließlich für Verfahren nach § 19a sowie nach § 50 für die Anwendung der Artikel 101 und 102 AEUV zuständig.

§ 50f Abs. 2 (S. 43)

Die Änderung *(in Satz 3 Nummer 2)*erklärt § 50f, welcher die Zusammenarbeit der Kartellbehörden mit anderen nationalen Behörden regelt, auch im Rahmen der Kooperation unter der Verordnung (EU) 2022/1925 für anwendbar. Die Regelung ist notwendig, um eine effektive Zusammenarbeit sicherzustellen. Die Verordnung (EU) 2022/1925 enthält insoweit keine unmittelbar anwendbaren Vorschriften.

§ 56 Abs. 7 (S. 43)

Abweichend von den üblichen Kartellverwaltungsverfahren hat das Bundeskartellamt künftig nach Absatz 7 in den Fällen des § 32f Absatz 3 Satz 6 und § 32f Absatz 4 in einem frühen Verfahrensstadium eine mündliche Verhandlung durchzuführen. Die mündliche Verhandlung ist eine spezielle Ausprägung des Grundsatzes des rechtlichen Gehörs. Die zwingende Durchführung einer mündlichen Verhandlung ist vor dem Hintergrund des öffentlichen Interesses an der Funktionsfähigkeit des Wettbewerbs und der Vielzahl möglicher Betroffener angemessen. Die Anhörung dient insbesondere der Herstellung von Transparenz (Publikationsfunktion). Darüber hinaus soll sie durch direkten Austausch zwischen Marktteilnehmern und sonstigen Betroffenen einen Beitrag zur möglichen Identifikation wesentlicher Problemfelder und geeigneter Abhilfemaßnahmen leisten.

WiA S. 28

Die Maßgabe korrigiert einen redaktionellen Fehler im Regierungsentwurf.

§ 59 Abs. 1 (S. 43 f.)

Buchstabe a fügt einen neuen Satz 5 und einen neuen Satz 6 ein. Die Regelung dient dazu, eine wirkungsvolle Aufgabenerfüllung der Kartellbehörden im Hinblick auf die Ermittlungen im Bereich des Postverkehrs zu gewährleisten. Der dazu zählende Logistiksektor wird wegen des zunehmenden Paketaufkommens immer bedeutsamer, Angaben von Sendungsmengen sind für die Ermittlung der Wettbewerbsverhältnisse und ein umfassendes Verständnis von Post- und Paketmärkten daher unerlässlich. Allerdings dürfen Kenntnisse über Tatsachen, die dem Postgeheimnis unterliegen, von Postdienstleistern nach § 39 Absatz 3 PostG grundsätzlich nur für die Erbringung der Postdienste verwendet werden. Um seinen Aufgaben auch im Postbereich nachkommen zu können, ist die Kartellbehörde zur Informationsbeschaffung auf die Mithilfe der Erbringer von Postdiensten angewiesen, die ggf.

zur Wahrung des Postgeheimnisses verpflichtet sind. Sofern z.B. die Anzahl erhaltener oder abgesandter Postsendungen (eines oder bestimmter Kunden) vom Postgeheimnis erfasst ist, bedarf es einer Öffnung des Postgeheimnisses, soweit der Schutz im Konflikt mit erforderlichen kartellbehördlichen Ermittlungen steht. Da das Postgeheimnis nur dann zurücktritt, wenn sich die Befugnisnorm ausdrücklich auf Postsendungen oder den Postverkehr bezieht, ist die Ermächtigungsbefugnis in § 59 Absatz 1 GWB insoweit zu ergänzen. Der notwendige Geheimnisschutz wird durch die Geheimhaltungspflicht der Kartellbehörden sichergestellt. Einer Ergänzung steht auch nicht § 39 Absatz 1 PostG entgegen, weil die Verwendung der Kenntnisse für andere Zwecke gem. § 39 Absatz 3 Satz 3 PostG zulässig ist, wenn dafür eine spezielle gesetzliche Ermächtigung gegeben ist, die sich ausdrücklich auf Postsendungen oder den Postverkehr beziehen muss. Hauptanwendungsfall des Satzes 3 ist insbesondere die Weitergabe der Kenntnisse an staatliche Stellen, die Auskunft über den Postverkehr begehren (Gesetzentwurf der Bundesregierung für ein Postgesetz, BT-Drs. 13/7774, S. 30). Es bedarf einer dem Zitiergebot genügenden Einschränkung von Artikel 10 des Grundgesetzes, um die Kartellbehörden zu ermächtigen, diejenigen Unternehmen zur Erteilung von Auskünften über die Umstände des Postverkehrs zu verpflichten, die geschäftsmäßig Postdienste erbringen oder daran mitwirken, und die erteilten Auskünfte für die Erfüllung der den Kartellbehörden übertragenen gesetzlichen Aufgaben zu verwenden.

§ 66 Abs. 1 (S. 44)

(zu Nr. 1)
Die Anordnung der aufschiebenden Wirkung der Beschwerde gegen Maßnahmen nach § 32f Absatz 4 trägt dem besonderen Charakter der Entflechtung Rechnung.

WiA S. 28

Die Anordnung der aufschiebenden Wirkung wird aufgrund des gestaltenden Charakters und der möglichen Tiefe der Eingriffe, welche die Adressaten in Einzelfällen zu irreversiblen Eingriffen in ihr Geschäftsmodell zwingen können, auch auf Maßnahmen nach § 32f Absatz 3 Satz 6 ausgeweitet.

§ 81 Abs. 2 (S. 44)

(zu Nr. 2 Buchstabe a)
Die Änderung ergänzt die bisherigen Regelungen zu Zuwiderhandlungen gegen vollziehbare Anordnungen um die erweiterten missbrauchsunabhängigen Eingriffsbefugnisse.
(zu Nr. 7 Buchstabe b)
Buchstabe b ist eine redaktionelle Folgeänderung.

§ 87 (S. 44)

Die Ergänzungen in § 87 dienen der Zuständigkeitskonzentration für Verfahren mit Bezug zur Verordnung (EU) 2022/1925 bei den Landgerichten. Durch die Zuständigkeitskonzentration sollen die Kartellspruchkörper auch für Verfahren nach der Verordnung (EU) 2022/1925 zuständig werden. Ein Gleichlauf mit den kartellrechtlichen Zuständigkeiten bietet sich zum einen an, um Expertise in diesem komplexen und technischen Bereich zu konzentrieren, der in seinen Grundüberlegungen dem Kartellrecht zumindest stark ähnelt. Beispielsweise sind mehrere der Verpflichtungen der Artikel 5 und 6 an die Kartellrechtsprechung angelehnt. Zum anderen sind in der Zukunft parallele Klagen nach Wettbewerbsrecht und der Verordnung (EU) 2022/1925 denkbar, so dass es auch vor diesem Hintergrund sinnvoll ist, beide Bereiche bei den bestehenden Kartellspruchkörpern anzusiedeln.

§ 89 Abs. 1 (S. 44)

Die Ergänzung des § 89 Absatz 1 Satz 1 dient ebenfalls der Zuständigkeitskonzentration.

§ 89b Abs. 5 (S. 44)

Um die Durchsetzung der Verordnung (EU) 2022/1925 in Deutschland zu erleichtern, wird § 33 um Verstöße gegen die Verpflichtungen der Artikel 5, 6 und 7 der Verordnung (EU) 2022/1925 erweitert. Diese Artikel der Verordnung (EU) 2022/1925 begründen Rechte und Pflichten für den Einzelnen, sie sind somit vor den ordentlichen Gerichten durchsetzbar. Die Betroffenen haben mithin auch in diesen Fällen einen Beseitigungs- und Unterlassungsanspruch gegen den Rechtsverletzer. Durch die Bezugnahme auf § 33 Absatz 1 in § 33a Absatz 1 finden auch die Regelungen zu Schadensersatzklagen in § 33a Absatz 1, 3 und 4 auf Verstöße gegen die Verpflichtungen der Artikel 5, 6 und 7 der Verordnung (EU) 2022/1925 Anwendung. Für Verstöße gegen das Kartellrecht und die Verordnung (EU) 2022/1925 bestehen somit die gleichen zivilrechtlichen Ansprüche. Die Änderung dient der Sicherung der praktischen Wirksamkeit der Verordnung (EU) 2022/1925 im Sinne des europäischen Effektivitätsgrundsatzes.

Damit § 89b Absatz 5 auf Verfahren nach der Verordnung (EU) 2022/1925 in gleicher Weise Anwendung finden kann, wie auf kartellbehördliche Verfahren, wird dieser entsprechend ergänzt.

§ 89c Abs. 3 (S. 44)

Damit § 89c Absatz 3 auf Verfahren nach der Verordnung (EU) 2022/1925 in gleicher Weise Anwendung finden kann wie auf kartellbehördliche Verfahren, wird dieser entsprechend ergänzt.

§ 89e Abs. 1 (S. 45)

Durch die Ergänzung in § 89e Absatz 1 wird klargestellt, dass im Rahmen der Anwendung der §§ 33g, 89b bis 89d auf Verstöße nach der Verordnung (EU) 2022/1925 Wettbewerbsbehörden nur die nach der Verordnung (EU) 2022/1925 berechtigten Behörden sind. Dies sind die Europäische Kommission sowie Behörden, die die in Artikel 1 Absatz 6 der Verordnung (EU) 2022/1925 genannten Vorschriften anwenden.

§ 90 Abs. 1 (S. 45)

Das Bundeskartellamt sollte auch über Rechtsstreitigkeiten, deren Entscheidung ganz oder teilweise von der Anwendung der Vorschriften der Verordnung (EU) 2022/1925 abhängt, von den Gerichten informiert werden und im Einzelfall die Möglichkeit haben, sich als sog. amicus curiae hieran zu beteiligen. Zwar setzt das Bundeskartellamt selbst die Verordnung (EU) 2022/1925 nicht behördlich durch, es ist aber an der Durchsetzung durch die Europäische Kommission ggf. beteiligt. Zudem dürften sich Fragen im Bereich der Auslegung der Verordnung (EU) 2022/1925 typischerweise in identischer oder ähnlicher Form parallel im Kartellrecht im Rahmen der Anwendung der Artikel 101, 102 AEUV bzw. §§ 1, 19 ff. GWB stellen. Hinzu kommt, dass das Bundeskartellamt den Gerichten ggf. seine Marktkenntnisse oder Einschätzungen dazu, welche Marktwirkungen eine bestimmte Auslegung der Tatbestände der Verordnung (EU) 2022/1925 haben kann, zur Verfügung stellen kann.

Die Verordnung (EU) 2022/1925 sieht ein amicus-curiae-Recht zwar in Artikel 39 Absatz 3 nur für die Europäische Kommission vor, enthält jedoch keine Vorgaben für die Ausgestaltung der Verfahren vor den nationalen Gerichten und überlässt es damit den Mitgliedstaaten, diesbezügliche Regelungen für eine effektive Durchsetzung der Verordnung (EU) 2022/1925 zu treffen.

§ 90a (S. 45)

Die vorgeschlagene Änderung dient jeweils der Durchsetzung des Artikels 39 der Verordnung (EU) 2022/1925, welcher Vorgaben bezüglich der Zusammenarbeit zwischen der Europäischen Kommission und den nationalen Gerichten enthält. Die Ausführungen entsprechen im Wesentlichen Artikel 15 VO (EG) Nr. 1/2003, welcher im Rahmen des aktuellen § 90a in das nationale Recht inkorporiert wurde.

Um einen schnellen und effektiven Informationsfluss zu gewährleisten, ist es zweckmäßig, das bewährte System in § 90a beizubehalten und das Bundeskartellamt auch für Verfahren nach der Verordnung (EU) 2022/1925 als Scharnierbehörde für den Informationsaustausch vorzusehen.

§ 187 Abs. 11 (S. 46)

Durch den Übergang des bisherigen § 39a in den neuen § 32f Absatz 2 wurde eine Übergangsregelung erforderlich, durch die gewährleistet wird, dass Sektoruntersuchungen, die im Hinblick auf eine anschließende Verfügung nach § 39a eingeleitet wurden, auch nach Inkrafttreten des § 32f als Grundlage für eine entsprechende Verfügung gelten können. Soweit die Veröffentlichung von Berichten zu Sektoruntersuchungen bei Inkrafttreten des § 32f Absatz 2 nicht länger als ein Jahr zurückliegt, können Verfügungen nach § 32f Absatz 2 daher auch auf diese Sektoruntersuchungen gestützt werden. Die zeitliche Beschränkung stellt sicher, dass nur Sektoruntersuchungen mit einer hinreichend aktuellen Datenbasis als Grundlage für eine Verfügung nach § 32f Absatz 2 dienen.

Zu Artikel 2 (Änderung des Gerichtsverfassungsgesetzes) (§ 95 Abs. 2 GVG) (S. 46)

Um Expertise zu Kartellschadenersatzfällen auch für entsprechende Verfahren wegen eines Verstoßes gegen die Artikel 5, 6 oder 7 der Verordnung (EU) 2022/1925 nutzbar zu machen, wird im Gerichtsverfassungsgesetz Parallelität mit Kartellzivilverfahren hergestellt und die Zuständigkeit ebenfalls einem Kollegialspruchkörper der allgemeinen Zivilkammern zugewiesen. Diese können die mit den Schadenersatzansprüchen regelmäßig verbundenen komplexen sachlichen, ökonomischen und rechtlichen Fragen besser bewältigen als die meist mit nur einem Berufsrichter besetzten Kammern für Handelssachen.

Durch die übrigen Änderungen in § 95 Absatz 2 Nummer 1 und 2 GVG werden Abkürzungen ausformuliert, so dass diese Änderungen lediglich der Rechtsförmlichkeit dienen.

A. Europäisches Recht

1. AEUV – Vertrag über die Arbeitsweise der Europäischen Union (Auszug)

In der Fassung der Bekanntmachung vom 9. Mai 2008

(ABl. C 115 S. 47)
(ABl. 2010 C 83 S. 47)
(ABl. 2012 C 326 S. 47)
(ABl. 2016 C 202 S. 47, ber. ABl. C 400 S. 1)
Zuletzt geändert durch Art. 2 ÄndBeschl. 2012/419/EU vom 11.7.2012 (ABl. L 204 S. 131)

– Auszug, Art. 101–106 –

Artikel 101 [Kartellverbot[1]]

(1) Mit dem Binnenmarkt unvereinbar und verboten sind alle Vereinbarungen zwischen Unternehmen, Beschlüsse von Unternehmensvereinigungen und aufeinander abgestimmte Verhaltensweisen, welche den Handel zwischen Mitgliedstaaten zu beeinträchtigen geeignet sind und eine Verhinderung, Einschränkung oder Verfälschung des Wettbewerbs innerhalb des Binnenmarkts bezwecken oder bewirken, insbesondere
a) die unmittelbare oder mittelbare Festsetzung der An- oder Verkaufspreise oder sonstiger Geschäftsbedingungen;
b) die Einschränkung oder Kontrolle der Erzeugung, des Absatzes, der technischen Entwicklung oder der Investitionen;
c) die Aufteilung der Märkte oder Versorgungsquellen;
d) die Anwendung unterschiedlicher Bedingungen bei gleichwertigen Leistungen gegenüber Handelspartnern, wodurch diese im Wettbewerb benachteiligt werden;
e) die an den Abschluss von Verträgen geknüpfte Bedingung, dass die Vertragspartner zusätzliche Leistungen annehmen, die weder sachlich noch nach Handelsbrauch in Beziehung zum Vertragsgegenstand stehen.

(2) Die nach diesem Artikel verbotenen Vereinbarungen oder Beschlüsse sind nichtig.

(3) Die Bestimmungen des Absatzes 1 können für nicht anwendbar erklärt werden auf
– Vereinbarungen oder Gruppen von Vereinbarungen zwischen Unternehmen,
– Beschlüsse oder Gruppen von Beschlüssen von Unternehmensvereinigungen,
– aufeinander abgestimmte Verhaltensweisen oder Gruppen von solchen,
die unter angemessener Beteiligung der Verbraucher an dem entstehenden Gewinn zur Verbesserung der Warenerzeugung oder -verteilung oder zur Förderung des

---

[1] Siehe u.a. die Leitlinien zur Anwendung von Artikel 101 des Vertrags über die Arbeitsweise der Europäischen Union auf Technologietransfer-Vereinbarungen.

technischen oder wirtschaftlichen Fortschritts beitragen, ohne dass den beteiligten Unternehmen

a) Beschränkungen auferlegt werden, die für die Verwirklichung dieser Ziele nicht unerlässlich sind, oder
b) Möglichkeiten eröffnet werden, für einen wesentlichen Teil der betreffenden Waren den Wettbewerb auszuschalten.

Artikel 102 [Missbrauch einer marktbeherrschenden Stellung]

[1] Mit dem Binnenmarkt unvereinbar und verboten ist die missbräuchliche Ausnutzung einer beherrschenden Stellung auf dem Binnenmarkt oder auf einem wesentlichen Teil desselben durch ein oder mehrere Unternehmen, soweit dies dazu führen kann, den Handel zwischen Mitgliedstaaten zu beeinträchtigen.

[2] Dieser Missbrauch kann insbesondere in Folgendem bestehen:

a) der unmittelbaren oder mittelbaren Erzwingung von unangemessenen Einkaufs- oder Verkaufspreisen oder sonstigen Geschäftsbedingungen;
b) der Einschränkung der Erzeugung, des Absatzes oder der technischen Entwicklung zum Schaden der Verbraucher;
c) der Anwendung unterschiedlicher Bedingungen bei gleichwertigen Leistungen gegenüber Handelspartnern, wodurch diese im Wettbewerb benachteiligt werden;
d) der an den Abschluss von Verträgen geknüpften Bedingung, dass die Vertragspartner zusätzliche Leistungen annehmen, die weder sachlich noch nach Handelsbrauch in Beziehung zum Vertragsgegenstand stehen.

Artikel 103 [Erlass von Verordnungen und Richtlinien]

(1) Die zweckdienlichen Verordnungen oder Richtlinien zur Verwirklichung der in den Artikeln 101 und 102 niedergelegten Grundsätze werden vom Rat auf Vorschlag der Kommission und nach Anhörung des Europäischen Parlaments beschlossen.

(2) Die in Absatz 1 vorgesehenen Vorschriften bezwecken insbesondere,

a) die Beachtung der in Artikel 101 Absatz 1 und Artikel 102 genannten Verbote durch die Einführung von Geldbußen und Zwangsgeldern zu gewährleisten;
b) die Einzelheiten der Anwendung des Artikels 101 Absatz 3 festzulegen; dabei ist dem Erfordernis einer wirksamen Überwachung bei möglichst einfacher Verwaltungskontrolle Rechnung zu tragen;
c) gegebenenfalls den Anwendungsbereich der Artikel 101 und 102 für die einzelnen Wirtschaftszweige näher zu bestimmen;
d) die Aufgaben der Kommission und des Gerichtshofs der Europäischen Union bei der Anwendung der in diesem Absatz vorgesehenen Vorschriften gegeneinander abzugrenzen;
e) das Verhältnis zwischen den innerstaatlichen Rechtsvorschriften einerseits und den in diesem Abschnitt enthaltenen oder aufgrund dieses Artikels getroffenen Bestimmungen andererseits festzulegen.

Artikel 104 [Übergangsbestimmung]

Bis zum Inkrafttreten der gemäß Artikel 103 erlassenen Vorschriften entscheiden die Behörden der Mitgliedstaaten im Einklang mit ihren eigenen Rechtsvorschriften und den Bestimmungen der Artikel 101, insbesondere Absatz 3, und 102 über die Zulässigkeit von Vereinbarungen, Beschlüssen und aufeinander abgestimmten Verhaltensweisen sowie über die missbräuchliche Ausnutzung einer beherrschenden Stellung auf dem Binnenmarkt.

Artikel 105 [Wettbewerbsaufsicht]

(1) [1]Unbeschadet des Artikels 104 achtet die Kommission auf die Verwirklichung der in den Artikeln 101 und 102 niedergelegten Grundsätze. [2]Sie untersucht auf Antrag eines Mitgliedstaats oder von Amts wegen in Verbindung mit den zuständigen Behörden der Mitgliedstaaten, die ihr Amtshilfe zu leisten haben, die Fälle, in denen Zuwiderhandlungen gegen diese Grundsätze vermutet werden. [3]Stellt sie eine Zuwiderhandlung fest, so schlägt sie geeignete Mittel vor, um diese abzustellen.

(2) [1]Wird die Zuwiderhandlung nicht abgestellt, so trifft die Kommission in einem mit Gründen versehenen Beschluss die Feststellung, dass eine derartige Zuwiderhandlung vorliegt. [2]Sie kann den Beschluss veröffentlichen und die Mitgliedstaaten ermächtigen, die erforderlichen Abhilfemaßnahmen zu treffen, deren Bedingungen und Einzelheiten sie festlegt.

(3) Die Kommission kann Verordnungen zu den Gruppen von Vereinbarungen erlassen, zu denen der Rat nach Artikel 103 Absatz 2 Buchstabe b eine Verordnung oder Richtlinie erlassen hat.

Artikel 106 [Öffentliche Unternehmen; Dienstleistungen von allgemeinem wirtschaftlichem Interesse]

(1) Die Mitgliedstaaten werden in Bezug auf öffentliche Unternehmen und auf Unternehmen, denen sie besondere oder ausschließliche Rechte gewähren, keine den Verträgen und insbesondere den Artikeln 18 und 101 bis 109 widersprechende Maßnahmen treffen oder beibehalten.

(2) [1]Für Unternehmen, die mit Dienstleistungen von allgemeinem wirtschaftlichem Interesse betraut sind oder den Charakter eines Finanzmonopols haben, gelten die Vorschriften der Verträge, insbesondere die Wettbewerbsregeln, soweit die Anwendung dieser Vorschriften nicht die Erfüllung der ihnen übertragenen besonderen Aufgabe rechtlich oder tatsächlich verhindert. [2]Die Entwicklung des Handelsverkehrs darf nicht in einem Ausmaß beeinträchtigt werden, das dem Interesse der Union zuwiderläuft.

(3) Die Kommission achtet auf die Anwendung dieses Artikels und richtet erforderlichenfalls geeignete Richtlinien oder Beschlüsse an die Mitgliedstaaten.

2. Kartellverfahrens-VO – Verordnung (EG) Nr. 1/2003

vom 16. Dezember 2002

zur Durchführung der in den Artikeln 81 und 82 des Vertrags niedergelegten Wettbewerbsregeln

(ABl L 1 S. 1)

Zuletzt geändert durch Anh. I ÄndVO (EG) 487/2009 vom 25.5.2009 (ABl. L 148 S. 1)

DER RAT DER EUROPÄISCHEN UNION –
gestützt auf den Vertrag zur Gründung der Europäischen Gemeinschaft, insbesondere auf Artikel 83,
auf Vorschlag der Kommission[1],
nach Stellungnahme des Europäischen Parlaments[2],
nach Stellungnahme des Wirtschafts- und Sozialausschusses[3],
in Erwägung nachstehender Gründe:

(1) Zur Schaffung eines Systems, das gewährleistet, dass der Wettbewerb im Gemeinsamen Markt nicht verfälscht wird, muss für eine wirksame und einheitliche Anwendung der Artikel 81 und 82 des Vertrags in der Gemeinschaft gesorgt werden. Mit der Verordnung Nr. 17 des Rates vom 6. Februar 1962, Erste Durchführungsverordnung zu den Artikeln 81 und 82[4] des Vertrags[5], wurden die Voraussetzungen für die Entwicklung einer Gemeinschaftspolitik im Bereich des Wettbewerbsrechts geschaffen, die zur Verbreitung einer Wettbewerbskultur in der Gemeinschaft beigetragen hat. Es ist nunmehr jedoch an der Zeit, vor dem Hintergrund der gewonnenen Erfahrung die genannte Verordnung zu ersetzen und Regeln vorzusehen, die den Herausforderungen des Binnenmarkts und einer künftigen Erweiterung der Gemeinschaft gerecht werden.

(2) Zu überdenken ist insbesondere die Art und Weise, wie die in Artikel 81 Absatz 3 des Vertrags enthaltene Ausnahme vom Verbot wettbewerbsbeschränkender Vereinbarungen anzuwenden ist. Dabei ist nach Artikel 83 Absatz 2 Buchstabe b) des Vertrags dem Erfordernis einer wirksamen Überwachung bei möglichst einfacher Verwaltungskontrolle Rechnung zu tragen.

(3) Das durch die Verordnung Nr. 17 geschaffene zentralisierte System ist nicht mehr imstande, diesen beiden Zielsetzungen in ausgewogener Weise gerecht zu werden. Dieses System schränkt die Gerichte und die Wettbewerbsbehörden der Mitgliedstaaten bei der Anwendung der gemeinschaftlichen Wettbewerbsregeln ein, und das mit ihm verbundene Anmeldeverfahren hindert die Kommission daran, sich auf die Verfolgung der schwerwiegendsten Verstöße zu konzentrieren. Darüber hinaus entstehen den Unternehmen durch dieses System erhebliche Kosten.

---

[1] ABl. C 365 E vom 19.12.2000, S. 284.

[2] ABl. C 72 E vom 21.03.2002, S. 305.

[3] ABl. C 155 vom 29.5.2001, S. 73.

[4] Der Titel der Verordnung Nr. 17 wurde angepasst, um der Umnummerierung der Artikel des EG-Vertrags gemäß Artikel 12 des Vertrags von Amsterdam Rechnung zu tragen; ursprünglich wurde auf die Artikel 85 und 86 Bezug genommen.

[5] ABl. 13 vom 21.2.1962, S. 204/62. Zuletzt geändert durch die Verordnung (EG) Nr. 1216/1999 (ABl. L 148 vom 15.6.1999, S. 5).

(4) Das zentralisierte Anmeldesystem sollte daher durch ein Legalausnahmesystem ersetzt werden, bei dem die Wettbewerbsbehörden und Gerichte der Mitgliedstaaten nicht nur zur Anwendung der nach der Rechtsprechung des Gerichtshofs der Europäischen Gemeinschaften direkt anwendbaren Artikel 81 Absatz 1 und Artikel 82 des Vertrags befugt sind, sondern auch zur Anwendung von Artikel 81 Absatz 3 des Vertrags.

(5) Um für die wirksame Durchsetzung der Wettbewerbsvorschriften der Gemeinschaft zu sorgen und zugleich die Achtung der grundlegenden Verteidigungsrechte zu gewährleisten, muss in dieser Verordnung die Beweislast für die Artikel 81 Absatz 1 und Artikel 82 des Vertrags geregelt werden. Der Partei oder Behörde, die den Vorwurf einer Zuwiderhandlung gegen Artikel 81 und 82 des Vertrags erhebt, sollte es obliegen, diese Zuwiderhandlung gemäß den einschlägigen rechtlichen Anforderungen nachzuweisen. Den Unternehmen oder Unternehmensverbänden, die sich gegenüber der Feststellung einer Zuwiderhandlung auf eine Rechtfertigung berufen möchten, sollte es obliegen, im Einklang mit den einschlägigen rechtlichen Anforderungen den Nachweis zu erbringen, dass die Voraussetzungen für diese Rechtfertigung erfüllt sind. Diese Verordnung berührt weder die nationalen Rechtsvorschriften über das Beweismaß noch die Verpflichtung der Wettbewerbsbehörden und Gerichte der Mitgliedstaaten, zur Aufklärung rechtserheblicher Sachverhalte beizutragen, sofern diese Rechtsvorschriften und Anforderungen im Einklang mit den allgemeinen Grundsätzen des Gemeinschaftsrechts stehen.

(6) Die wirksame Anwendung der Wettbewerbsregeln der Gemeinschaft setzt voraus, dass die Wettbewerbsbehörden der Mitgliedstaaten stärker an der Anwendung beteiligt werden. Dies wiederum bedeutet, dass sie zur Anwendung des Gemeinschaftsrechts befugt sein sollten.

(7) Die einzelstaatlichen Gerichte erfüllen eine wesentliche Aufgabe bei der Anwendung der gemeinschaftlichen Wettbewerbsregeln. In Rechtsstreitigkeiten zwischen Privatpersonen schützen sie die sich aus dem Gemeinschaftsrecht ergebenden subjektiven Rechte, indem sie unter anderem den durch die Zuwiderhandlung Geschädigten Schadenersatz zuerkennen. Sie ergänzen in dieser Hinsicht die Aufgaben der einzelstaatlichen Wettbewerbsbehörden. Ihnen sollte daher gestattet werden, die Artikel 81 und 82 des Vertrags in vollem Umfang anzuwenden.

(8) Um die wirksame Durchsetzung der Wettbewerbsregeln der Gemeinschaft und das reibungslose Funktionieren der in dieser Verordnung enthaltenen Formen der Zusammenarbeit zu gewährleisten, müssen die Wettbewerbsbehörden und die Gerichte in den Mitgliedstaaten verpflichtet sein, auch die Artikel 81 und 82 des Vertrags anzuwenden, wenn sie innerstaatliches Wettbewerbsrecht auf Vereinbarungen und Verhaltensweisen, die den Handel zwischen den Mitgliedstaaten beeinträchtigen können, anwenden. Um für Vereinbarungen, Beschlüsse von Unternehmensvereinigungen und aufeinander abgestimmte Verhaltensweisen gleiche Bedingungen im Binnenmarkt zu schaffen, ist es ferner erforderlich, auf der Grundlage von Artikel 83 Absatz 2 Buchstabe e) des Vertrags das Verhältnis zwischen dem innerstaatlichen Recht und dem Wettbewerbsrecht der Gemeinschaft zu bestimmen. Dazu muss gewährleistet werden, dass die Anwendung innerstaatlichen Wettbewerbsrechts auf Vereinbarungen, Beschlüsse und abgestimmte Verhaltensweisen im Sinne von Artikel 81 Absatz 1 des Vertrags nur dann zum Verbot solcher Vereinbarungen, Beschlüsse und abgestimmten Verhaltensweisen führen darf, wenn sie auch nach dem Wettbewerbsrecht der Gemeinschaft verboten sind. Die Begriffe Vereinbarungen, Beschlüsse und abgestimmte Verhaltensweisen sind autonome Konzepte des Wettbewerbsrechts der Gemeinschaft für die Erfassung eines koordinierten Verhaltens von Unternehmen am Markt im Sinne der Auslegung dieser Begriffe durch die Gerichte der Gemeinschaft. Nach dieser Verordnung darf den Mitgliedstaaten nicht das Recht verwehrt werden, in ihrem Hoheitsgebiet strengere innerstaatliche Wettbewerbsvorschriften zur Unterbindung oder Ahndung einseitiger Handlungen von Unternehmen zu erlassen oder anzuwen-

den. Diese strengeren einzelstaatlichen Rechtsvorschriften können Bestimmungen zum Verbot oder zur Ahndung missbräuchlichen Verhaltens gegenüber wirtschaftlich abhängigen Unternehmen umfassen. Ferner gilt die vorliegende Verordnung nicht für innerstaatliche Rechtsvorschriften, mit denen natürlichen Personen strafrechtliche Sanktionen auferlegt werden, außer wenn solche Sanktionen als Mittel dienen, um die für Unternehmen geltenden Wettbewerbsregeln durchzusetzen.

(9) Ziel der Artikel 81 und 82 des Vertrags ist der Schutz des Wettbewerbs auf dem Markt. Diese Verordnung, die der Durchführung dieser Vertragsbestimmungen dient, verwehrt es den Mitgliedstaaten nicht, in ihrem Hoheitsgebiet innerstaatliche Rechtsvorschriften zu erlassen, die andere legitime Interessen schützen, sofern diese Rechtsvorschriften im Einklang mit den allgemeinen Grundsätzen und übrigen Bestimmungen des Gemeinschaftsrechts stehen. Sofern derartige Rechtsvorschriften überwiegend auf ein Ziel gerichtet sind, das von dem des Schutzes des Wettbewerbs auf dem Markt abweicht, dürfen die Wettbewerbsbehörden und Gerichte in den Mitgliedstaaten solche Rechtsvorschriften in ihrem Hoheitsgebiet anwenden. Dementsprechend dürfen die Mitgliedstaaten im Rahmen dieser Verordnung in ihrem Hoheitsgebiet innerstaatliche Rechtsvorschriften anwenden, mit denen unlautere Handelspraktiken – unabhängig davon, ob diese einseitig ergriffen oder vertraglich vereinbart wurden – untersagt oder geahndet werden. Solche Rechtsvorschriften verfolgen ein spezielles Ziel, das die tatsächlichen oder vermuteten Wirkungen solcher Handlungen auf den Wettbewerb auf dem Markt unberücksichtigt lässt. Das trifft insbesondere auf Rechtsvorschriften zu, mit denen Unternehmen untersagt wird, bei ihren Handelspartnern ungerechtfertigte, unverhältnismäßige oder keine Gegenleistungen umfassende Bedingungen zu erzwingen, zu erhalten oder den Versuch hierzu zu unternehmen.

(10) Aufgrund von Verordnungen des Rates wie 19/65/EWG[6], (EWG) Nr. 2821/71[7], (EWG) Nr. 3976/87[8], (EWG) Nr. 1534/91[9] oder (EWG) Nr. 479/

---

[6] Verordnung Nr. 19/65/EWG des Rates vom 2. März 1965 über die Anwendung von Artikel 81 Absatz 3 (Die Titel der Verordnungen wurden geändert, um der Umnummerierung der Artikel des EG-Vertrags gemäß Artikel 12 des Vertrags von Amsterdam Rechnung zu tragen; ursprünglich wurde auf Artikel 85 Absatz 3 Bezug genommen.) des Vertrags auf Gruppen von Vereinbarungen und aufeinander abgestimmten Verhaltensweisen (ABl. 36 vom 6.3.1965, S. 533). Verordnung zuletzt geändert durch die Verordnung (EG) Nr. 1215/1999 (ABl. L 148 vom 15.6.1999, S. 1).

[7] Verordnung (EWG) Nr. 2821/71 des Rates vom 20. Dezember 1971 über die Anwendung von Artikel 81 Absatz 3 (Die Titel der Verordnungen wurden geändert, um der Umnummerierung der Artikel des EG-Vertrags gemäß Artikel 12 des Vertrags von Amsterdam Rechnung zu tragen; ursprünglich wurde auf Artikel 85 Absatz 3 Bezug genommen.) des Vertrags auf Gruppen von Vereinbarungen, Beschlüssen und aufeinander abgestimmten Verhaltensweisen (ABl. L 285 vom 29.12.1971, S. 46). Verordnung zuletzt geändert durch die Beitrittsakte von 1994.

[8] Verordnung (EWG) Nr. 3976/87 des Rates vom 14. Dezember 1987 zur Anwendung von Artikel 81 Absatz 3 (Die Titel der Verordnungen wurden geändert, um der Umnummerierung der Artikel des EG-Vertrags gemäß Artikel 12 des Vertrags von Amsterdam Rechnung zu tragen; ursprünglich wurde auf Artikel 85 Absatz 3 Bezug genommen.) des Vertrags auf bestimmte Gruppen von Vereinbarungen und aufeinander abgestimmten Verhaltensweisen im Luftverkehr (ABl. L 374 vom 31.12.1987, S. 9). Verordnung zuletzt geändert durch die Beitrittsakte von 1994.

[9] Verordnung (EWG) Nr. 1534/91 des Rates vom 31. Mai 1991 über die Anwendung von Artikel 81 Absatz 3 (Die Titel der Verordnungen wurden geändert, um der Umnummerierung der Artikel des EG-Vertrags gemäß Artikel 12 des Vertrags von Amsterdam Rechnung zu tragen; ursprünglich wurde auf Artikel 85 Absatz 3 Bezug genommen.) des Vertrags auf bestimmte Gruppen von Vereinbarungen, Beschlüssen und aufeinander abgestimmten Verhaltensweisen im Bereich der Versicherungswirtschaft (ABl. L 143 vom 7.6.1991, S. 1).

92[10] ist die Kommission befugt, Artikel 81 Absatz 3 des Vertrags durch Verordnung auf bestimmte Gruppen von Vereinbarungen, Beschlüssen von Unternehmensvereinigungen und aufeinander abgestimmten Verhaltensweisen anzuwenden. In den durch derartige Verordnungen bestimmten Bereichen hat die Kommission so genannte Gruppenfreistellungsverordnungen erlassen, mit denen sie Artikel 81 Absatz 1 des Vertrags auf Gruppen von Vereinbarungen, Beschlüssen oder aufeinander abgestimmten Verhaltensweisen für nicht anwendbar erklärt, und sie kann dies auch weiterhin tun. Soweit Vereinbarungen, Beschlüsse oder aufeinander abgestimmte Verhaltensweisen, auf die derartige Verordnungen Anwendung finden, dennoch Wirkungen haben, die mit Artikel 81 Absatz 3 des Vertrags unvereinbar sind, sollten die Kommission und die Wettbewerbsbehörden der Mitgliedstaaten die Befugnis haben, in einem bestimmten Fall den Rechtsvorteil der Gruppenfreistellungsverordnung zu entziehen.

(11) Zur Erfüllung ihrer Aufgabe, für die Anwendung des Vertrags Sorge zu tragen, sollte die Kommission an Unternehmen oder Unternehmensvereinigungen Entscheidungen mit dem Ziel richten können, Zuwiderhandlungen gegen die Artikel 81 und 82 des Vertrags abzustellen. Sie sollte, sofern ein berechtigtes Interesse besteht, auch dann Entscheidungen zur Feststellung einer Zuwiderhandlung erlassen können, wenn die Zuwiderhandlung beendet ist, selbst wenn sie keine Geldbuße auferlegt. Außerdem sollte der Kommission in dieser Verordnung ausdrücklich die ihr vom Gerichtshof zuerkannte Befugnis übertragen werden, Entscheidungen zur Anordnung einstweiliger Maßnahmen zu erlassen.

(12) Mit dieser Verordnung sollte der Kommission ausdrücklich die Befugnis übertragen werden, unter Beachtung des Grundsatzes der Verhältnismäßigkeit alle strukturellen oder auf das Verhalten abzielenden Maßnahmen festzulegen, die zur effektiven Abstellung einer Zuwiderhandlung erforderlich sind. Maßnahmen struktureller Art sollten nur in Ermangelung einer verhaltensorientierten Maßnahme von gleicher Wirksamkeit festgelegt werden, oder wenn letztere im Vergleich zu Maßnahmen struktureller Art mit einer größeren Belastung für das betroffene Unternehmen verbunden wäre. Änderungen an der Unternehmensstruktur, wie sie vor der Zuwiderhandlung bestand, sind nur dann verhältnismäßig, wenn ein erhebliches, durch die Struktur eines Unternehmens als solcher bedingtes Risiko anhaltender oder wiederholter Zuwiderhandlungen gegeben ist.

(13) Bieten Unternehmen im Rahmen eines Verfahrens, das auf eine Verbotsentscheidung gerichtet ist, der Kommission an, Verpflichtungen einzugehen, die geeignet sind, die Bedenken der Kommission auszuräumen, so sollte die Kommission diese Verpflichtungszusagen durch Entscheidung für die Unternehmen bindend erklären können. Ohne die Frage zu beantworten, ob eine Zuwiderhandlung vorgelegen hat oder noch vorliegt, sollte in solchen Entscheidungen festgestellt werden, dass für ein Tätigwerden der Kommission kein Anlass mehr besteht. Entscheidungen bezüglich Verpflichtungszusagen lassen die Befugnisse der Wettbewerbsbehörden und der Gerichte der Mitgliedstaaten, das Vorliegen einer Zuwiderhandlung festzustellen und über den Fall zu entscheiden, unberührt. Entscheidungen bezüglich Verpflichtungszusagen sind für Fälle ungeeignet, in denen die Kommission eine Geldbuße aufzuerlegen beabsichtigt.

---

[10] Verordnung (EWG) Nr. 479/92 des Rates vom 25. Februar 1992 über die Anwendung des Artikels 81 Absatz 3 (Die Titel der Verordnungen wurden geändert, um der Umnummerierung der Artikel des EG-Vertrags gemäß Artikel 12 des Vertrags von Amsterdam Rechnung zu tragen; ursprünglich wurde auf Artikel 85 Absatz 3 Bezug genommen.) des Vertrags auf bestimmte Gruppen von Vereinbarungen, Beschlüssen und aufeinander abgestimmten Verhaltensweisen zwischen Seeschifffahrtsunternehmen (Konsortien) (ABl. L 55 vom 29.2.1992, S. 3). Verordnung zuletzt geändert durch die Beitrittsakte von 1994.

(14) In Ausnahmefällen, wenn es das öffentliche Interesse der Gemeinschaft gebietet, kann es auch zweckmäßig sein, dass die Kommission eine Entscheidung deklaratorischer Art erlässt, mit der die Nichtanwendung des in Artikel 81 oder Artikel 82 des Vertrags verankerten Verbots festgestellt wird, um die Rechtslage zu klären und eine einheitliche Rechtsanwendung in der Gemeinschaft sicherzustellen; dies gilt insbesondere in Bezug auf neue Formen von Vereinbarungen oder Verhaltensweisen, deren Beurteilung durch die bisherige Rechtsprechung und Verwaltungspraxis noch nicht geklärt ist.

(15) Die Kommission und die Wettbewerbsbehörden der Mitgliedstaaten sollen gemeinsam ein Netz von Behörden bilden, die die EG-Wettbewerbsregeln in enger Zusammenarbeit anwenden. Zu diesem Zweck müssen Informations- und Konsultationsverfahren eingeführt werden. Nähere Einzelheiten betreffend die Zusammenarbeit innerhalb des Netzes werden von der Kommission in enger Abstimmung mit den Mitgliedstaaten festgelegt und überarbeitet.

(16) Der Austausch von Informationen, auch solchen vertraulicher Art, und die Verwendung solcher Informationen zwischen den Mitgliedern des Netzwerks sollte ungeachtet anders lautender einzelstaatlicher Vorschriften zugelassen werden. Diese Informationen dürfen für die Anwendung der Artikel 81 und 82 des Vertrags sowie für die parallel dazu erfolgende Anwendung des nationalen Wettbewerbsrechts verwendet werden, sofern letztere Anwendung den gleichen Fall betrifft und nicht zu einem anderen Ergebnis führt. Werden die ausgetauschten Informationen von der empfangenden Behörde dazu verwendet, Unternehmen Sanktionen aufzuerlegen, so sollte für die Verwendung der Informationen keine weitere Beschränkung als nur die Verpflichtung gelten, dass sie ausschließlich für den Zweck eingesetzt werden, für den sie zusammengetragen worden sind, da Sanktionen, mit denen Unternehmen belegt werden können, in allen Systemen von derselben Art sind. Die Verteidigungsrechte, die Unternehmen in den einzelnen Systemen zustehen, können als hinreichend gleichwertig angesehen werden. Bei natürlichen Personen dagegen können Sanktionen in den verschiedenen Systemen erheblich voneinander abweichen. In solchen Fällen ist dafür Sorge zu tragen, dass die Informationen nur dann verwendet werden, wenn sie in einer Weise erhoben wurden, die hinsichtlich der Wahrung der Verteidigungsrechte natürlicher Personen das gleiche Schutzniveau wie nach dem für die empfangende Behörde geltenden innerstaatlichen Recht gewährleistet.

(17) Um eine einheitliche Anwendung der Wettbewerbsregeln und gleichzeitig ein optimales Funktionieren des Netzwerks zu gewährleisten, muss die Regel beibehalten werden, dass die Wettbewerbsbehörden der Mitgliedstaaten automatisch ihre Zuständigkeit verlieren, sobald die Kommission ein Verfahren einleitet. Ist eine Wettbewerbsbehörde eines Mitgliedstaats in einem Fall bereits tätig und beabsichtigt die Kommission, ein Verfahren einzuleiten, sollte sie sich bemühen, dies so bald wie möglich zu tun. Vor der Einleitung eines Verfahrens sollte die Kommission die betreffende nationale Behörde konsultieren.

(18) Um eine optimale Verteilung der Fälle innerhalb des Netzwerks sicherzustellen, sollte eine allgemeine Bestimmung eingeführt werden, wonach eine Wettbewerbsbehörde ein Verfahren mit der Begründung aussetzen oder einstellen kann, dass sich eine andere Behörde mit demselben Fall befasst hat oder noch befasst. Ziel ist es, dass jeder Fall nur von einer Behörde bearbeitet wird. Diese Bestimmung sollte nicht der der Kommission durch die Rechtsprechung des Gerichtshofs zuerkannten Möglichkeit entgegenstehen, eine Beschwerde wegen fehlenden Gemeinschaftsinteresses abzuweisen, selbst wenn keine andere Wettbewerbsbehörde die Absicht bekundet hat, sich des Falls anzunehmen.

(19) Die Arbeitsweise des durch die Verordnung Nr. 17 eingesetzten Beratenden Ausschusses für Kartell- und Monopolfragen hat sich als sehr befriedigend erwiesen. Dieser Ausschuss fügt sich gut in das neue System einer dezentralen Anwendung des Wettbewerbsrechts ein. Es gilt daher, auf der Grundlage der Bestimmungen der

Verordnung Nr. 17 aufzubauen und gleichzeitig die Arbeit effizienter zu gestalten. Hierzu ist es zweckmäßig, die Möglichkeit eines schriftlichen Verfahrens für die Stellungnahme vorzusehen. Der Beratende Ausschuss sollte darüber hinaus als Diskussionsforum für die von den Wettbewerbsbehörden der Mitgliedstaaten gerade bearbeiteten Fälle dienen können, um auf diese Weise dazu beizutragen, dass die Wettbewerbsregeln der Gemeinschaft einheitlich angewandt werden.

(20) Der Beratende Ausschuss sollte sich aus Vertretern der Wettbewerbsbehörden der Mitgliedstaaten zusammensetzen. In Sitzungen, in denen allgemeine Fragen zur Erörterung stehen, sollten die Mitgliedstaaten einen weiteren Vertreter entsenden dürfen. Unbeschadet hiervon können sich die Mitglieder des Ausschusses durch andere Experten des jeweiligen Mitgliedstaats unterstützen lassen.

(21) Die einheitliche Anwendung der Wettbewerbsregeln erfordert außerdem, Formen der Zusammenarbeit zwischen den Gerichten der Mitgliedstaaten und der Kommission vorzusehen. Dies gilt für alle Gerichte der Mitgliedstaaten, die die Artikel 81 und 82 des Vertrags zur Anwendung bringen, unabhängig davon, ob sie die betreffenden Regeln in Rechtsstreitigkeiten zwischen Privatparteien anzuwenden haben oder ob sie als Wettbewerbsbehörde oder als Rechtsmittelinstanz tätig werden. Insbesondere sollten die einzelstaatlichen Gerichte die Möglichkeit erhalten, sich an die Kommission zu wenden, um Informationen oder Stellungnahmen zur Anwendung des Wettbewerbsrechts der Gemeinschaft zu erhalten. Der Kommission und den Wettbewerbsbehörden der Mitgliedstaaten wiederum muss die Möglichkeit gegeben werden, sich mündlich oder schriftlich vor einzelstaatlichen Gerichten zu äußern, wenn Artikel 81 oder 82 des Vertrags zur Anwendung kommt. Diese Stellungnahmen sollten im Einklang mit den einzelstaatlichen Verfahrensregeln und Gepflogenheiten, einschließlich derjenigen, die die Wahrung der Rechte der Parteien betreffen, erfolgen. Hierzu sollte dafür gesorgt werden, dass die Kommission und die Wettbewerbsbehörden der Mitgliedstaaten über ausreichende Informationen über Verfahren vor einzelstaatlichen Gerichten verfügen.

(22) In einem System paralleler Zuständigkeiten müssen im Interesse der Rechtssicherheit und der einheitlichen Anwendung der Wettbewerbsregeln der Gemeinschaft einander widersprechende Entscheidungen vermieden werden. Die Wirkungen von Entscheidungen und Verfahren der Kommission auf Gerichte und Wettbewerbsbehörden der Mitgliedstaaten müssen daher im Einklang mit der Rechtsprechung des Gerichtshofs geklärt werden. Von der Kommission angenommene Entscheidungen bezüglich Verpflichtungszusagen berühren nicht die Befugnis der Gerichte und der Wettbewerbsbehörden der Mitgliedstaaten, die Artikel 81 und 82 des Vertrags anzuwenden.

(23) Die Kommission sollte die Befugnis haben, im gesamten Bereich der Gemeinschaft die Auskünfte zu verlangen, die notwendig sind, um gemäß Artikel 81 des Vertrags verbotene Vereinbarungen, Beschlüsse und aufeinander abgestimmte Verhaltensweisen sowie die nach Artikel 82 des Vertrags untersagte missbräuchliche Ausnutzung einer beherrschenden Stellung aufzudecken. Unternehmen, die einer Entscheidung der Kommission nachkommen, können nicht gezwungen werden, eine Zuwiderhandlung einzugestehen; sie sind auf jeden Fall aber verpflichtet, Fragen nach Tatsachen zu beantworten und Unterlagen vorzulegen, auch wenn die betreffenden Auskünfte dazu verwendet werden können, den Beweis einer Zuwiderhandlung durch die betreffenden oder andere Unternehmen zu erbringen.

(24) Die Kommission sollte außerdem die Befugnis haben, die Nachprüfungen vorzunehmen, die notwendig sind, um gemäß Artikel 81 des Vertrags verbotene Vereinbarungen, Beschlüsse und aufeinander abgestimmte Verhaltensweisen sowie die nach Artikel 82 des Vertrags untersagte missbräuchliche Ausnutzung einer beherrschenden Stellung aufzudecken. Die Wettbewerbsbehörden der Mitgliedstaaten sollten bei der Ausübung dieser Befugnisse aktiv mitwirken.

(25) Da es zunehmend schwieriger wird, Verstöße gegen die Wettbewerbsregeln aufzudecken, ist es für einen wirksamen Schutz des Wettbewerbs notwendig, die Ermittlungsbefugnisse der Kommission zu ergänzen. Die Kommission sollte insbesondere alle Personen, die eventuell über sachdienliche Informationen verfügen, befragen und deren Aussagen zu Protokoll nehmen können. Ferner sollten die von der Kommission beauftragten Bediensteten im Zuge einer Nachprüfung für die hierfür erforderliche Zeit eine Versiegelung vornehmen dürfen. Die Dauer der Versiegelung sollte in der Regel 72 Stunden nicht überschreiten. Die von der Kommission beauftragten Bediensteten sollten außerdem alle Auskünfte im Zusammenhang mit Gegenstand und Ziel der Nachprüfung einholen dürfen.

(26) Die Erfahrung hat gezeigt, dass in manchen Fällen Geschäftsunterlagen in der Wohnung von Führungskräften und Mitarbeitern der Unternehmen aufbewahrt werden. Im Interesse effizienter Nachprüfungen sollten daher die Bediensteten der Kommission und die anderen von ihr ermächtigten Personen zum Betreten aller Räumlichkeiten befugt sein, in denen sich Geschäftsunterlagen befinden können, einschließlich Privatwohnungen. Die Ausübung der letztgenannten Befugnis sollte jedoch eine entsprechende gerichtliche Entscheidung voraussetzen.

(27) Unbeschadet der Rechtsprechung des Gerichtshofs ist es sinnvoll, die Tragweite der Kontrolle darzulegen, die das nationale Gericht ausüben kann, wenn es, wie im innerstaatlichen Recht vorgesehen und als vorsorgliche Maßnahme, die Unterstützung durch Verfolgungsbehörden genehmigt, um sich über einen etwaigen Widerspruch des betroffenen Unternehmens hinwegzusetzen, oder wenn es die Vollstreckung einer Entscheidung zur Nachprüfung in anderen als Geschäftsräumen gestattet. Aus der Rechtsprechung ergibt sich, dass das nationale Gericht insbesondere von der Kommission weitere Klarstellungen anfordern kann, die es zur Ausübung seiner Kontrolle benötigt und bei deren Fehlen es die Genehmigung verweigern könnte. Ferner bestätigt die Rechtsprechung die Befugnis der nationalen Gerichte, die Einhaltung der für die Durchführung von Zwangsmaßnahmen geltenden Vorschriften des innerstaatlichen Rechts zu kontrollieren.

(28) Damit die Wettbewerbsbehörden der Mitgliedstaaten mehr Möglichkeiten zu einer wirksamen Anwendung der Artikel 81 und 82 des Vertrags erhalten, sollten sie einander im Rahmen von Nachprüfungen und anderen Maßnahmen zur Sachaufklärung Unterstützung gewähren können.

(29) Die Beachtung der Artikel 81 und 82 des Vertrags und die Erfüllung der den Unternehmen und Unternehmensvereinigungen in Anwendung dieser Verordnung auferlegten Pflichten sollten durch Geldbußen und Zwangsgelder sichergestellt werden können. Hierzu sind auch für Verstöße gegen Verfahrensvorschriften Geldbußen in angemessener Höhe vorzusehen.

(30) Um für eine tatsächliche Einziehung der Geldbußen zu sorgen, die Unternehmensvereinigungen wegen von ihnen begangener Zuwiderhandlungen auferlegt werden, müssen die Bedingungen festgelegt werden, unter denen die Kommission von den Mitgliedern der Vereinigung die Zahlung der Geldbuße verlangen kann, wenn die Vereinigung selbst zahlungsunfähig ist. Dabei sollte die Kommission der relativen Größe der der Vereinigung angehörenden Unternehmen und insbesondere der Lage der kleinen und mittleren Unternehmen Rechnung tragen. Die Zahlung der Geldbuße durch eines oder mehrere der Mitglieder einer Vereinigung erfolgt unbeschadet der einzelstaatlichen Rechtsvorschriften, die einen Rückgriff auf andere Mitglieder der Vereinigung zur Erstattung des gezahlten Betrags ermöglichen.

(31) Die Regeln über die Verjährung bei der Auferlegung von Geldbußen und Zwangsgeldern sind in der Verordnung (EWG) Nr. 2988/74 des Rates[11] enthalten,

---

[11] Verordnung (EWG) Nr. 2988/74 des Rates vom 26. November 1974 über die Verfolgungs- und Vollstreckungsverjährung im Verkehrs- und Wettbewerbsrecht der Europäischen Wirtschaftsgemeinschaft (ABl. L 319 vom 29.11.1974, S. 1).

die darüber hinaus Sanktionen im Verkehrsbereich zum Gegenstand hat. In einem System paralleler Zuständigkeiten müssen zu den Handlungen, die die Verjährung unterbrechen können, auch eigenständige Verfahrenshandlungen der Wettbewerbsbehörden der Mitgliedstaaten gerechnet werden. Im Interesse einer klareren Gestaltung des Rechtsrahmens empfiehlt es sich daher, die Verordnung (EWG) Nr. 2988/74 so zu ändern, dass sie im Anwendungsbereich der vorliegenden Verordnung keine Anwendung findet, und die Verjährung in der vorliegenden Verordnung zu regeln.

(32) Das Recht der beteiligten Unternehmen, von der Kommission gehört zu werden, sollte bestätigt werden. Dritten, deren Interessen durch eine Entscheidung betroffen sein können, sollte vor Erlass der Entscheidung Gelegenheit zur Äußerung gegeben werden, und die erlassenen Entscheidungen sollten auf breiter Ebene bekannt gemacht werden. Ebenso unerlässlich wie die Wahrung der Verteidigungsrechte der beteiligten Unternehmen, insbesondere des Rechts auf Akteneinsicht, ist der Schutz der Geschäftsgeheimnisse. Es sollte sichergestellt werden, dass die innerhalb des Netzwerks ausgetauschten Informationen vertraulich behandelt werden.

(33) Da alle Entscheidungen, die die Kommission nach Maßgabe dieser Verordnung erlässt, unter den im Vertrag festgelegten Voraussetzungen der Überwachung durch den Gerichtshof unterliegen, sollte der Gerichtshof gemäß Artikel 229 des Vertrags die Befugnis zu unbeschränkter Ermessensnachprüfung bei Entscheidungen der Kommission über die Auferlegung von Geldbußen oder Zwangsgeldern erhalten.

(34) Nach den Regeln der Verordnung Nr. 17 zur Durchführung der in den Artikeln 81 und 82 des Vertrags niedergelegten Grundsätze kommt den Organen der Gemeinschaft eine zentrale Stellung zu. Diese gilt es zu bewahren, doch müssen gleichzeitig die Mitgliedstaaten stärker an der Anwendung der Wettbewerbsregeln der Gemeinschaft beteiligt werden. Im Einklang mit dem in Artikel 5 des Vertrags niedergelegten Subsidiaritäts- und Verhältnismäßigkeitsprinzip geht die vorliegende Verordnung nicht über das zur Erreichung ihres Ziels einer wirksamen Anwendung der Wettbewerbsregeln der Gemeinschaft Erforderliche hinaus.

(35) Um eine ordnungsgemäße Anwendung des gemeinschaftlichen Wettbewerbsrechts zu erreichen, sollten die Mitgliedstaaten Behörden bestimmen, die sie ermächtigen, Artikel 81 und 82 des Vertrags im öffentlichen Interesse anzuwenden. Sie sollten die Möglichkeit erhalten, sowohl Verwaltungsbehörden als auch Gerichte mit der Erfüllung der den Wettbewerbsbehörden in dieser Verordnung übertragenen Aufgaben zu betrauen. Mit der vorliegenden Verordnung wird anerkannt, dass für die Durchsetzung der Wettbewerbsregeln im öffentlichen Interesse in den Mitgliedstaaten sehr unterschiedliche Systeme bestehen. Die Wirkung von Artikel 11 Absatz 6 dieser Verordnung sollte sich auf alle Wettbewerbsbehörden erstrecken. Als Ausnahme von dieser allgemeinen Regel sollte, wenn eine mit der Verfolgung von Zuwiderhandlungen betraute Verwaltungsbehörde einen Fall vor ein von ihr getrenntes Gericht bringt, Artikel 11 Absatz 6 für die verfolgende Behörde nach Maßgabe der Bedingungen in Artikel 35 Absatz 4 dieser Verordnung gelten. Sind diese Bedingungen nicht erfüllt, sollte die allgemeine Regel gelten. Auf jeden Fall sollte Artikel 11 Absatz 6 nicht für Gerichte gelten, soweit diese als Rechtsmittelinstanzen tätig werden.

(36) Nachdem der Gerichtshof in seiner Rechtsprechung klargestellt hat, dass die Wettbewerbsregeln auch für den Verkehr gelten, muss dieser Sektor den Verfahrensvorschriften der vorliegenden Verordnung unterworfen werden. Daher sollte die Verordnung Nr. 14 des Rates vom 26. November 1962 über die Nichtanwendung der Verordnung Nr. 17 des Rates auf den Verkehr[12] aufgehoben werden und die

---

[12] ABl. 124 vom 28.11.1962, S. 2751/62. Geändert durch die Verordnung Nr. 1002/67/EWG (ABl. 306 vom 16.12.1967, S. 1).

Verordnungen des Rates (EWG) Nr. 1017/68[13], (EWG) Nr. 4056/86[14] und (EWG) Nr. 3975/87[15] sollten so geändert werden, dass die darin enthaltenen speziellen Verfahrensvorschriften aufgehoben werden.

(37) Diese Verordnung wahrt die Grundrechte und steht im Einklang mit den Prinzipien, die insbesondere in der Charta der Grundrechte der Europäischen Union verankert sind. Demzufolge ist diese Verordnung in Übereinstimmung mit diesen Rechten und Prinzipien auszulegen und anzuwenden.

(38) Rechtssicherheit für die nach den Wettbewerbsregeln der Gemeinschaft tätigen Unternehmen trägt zur Förderung von Innovation und Investition bei. In Fällen, in denen ernsthafte Rechtsunsicherheit entsteht, weil neue oder ungelöste Fragen in Bezug auf die Anwendung dieser Regeln auftauchen, können einzelne Unternehmen den Wunsch haben, mit der Bitte um informelle Beratung an die Kommission heranzutreten. Diese Verordnung lässt das Recht der Kommission, informelle Beratung zu leisten, unberührt –

HAT FOLGENDE VERORDNUNG ERLASSEN:

Kapitel I. Grundsätze

Art. 1 Anwendung der Artikel 81 und 82 des Vertrags

(1) Vereinbarungen, Beschlüsse und aufeinander abgestimmte Verhaltensweisen im Sinne von Artikel 81 Absatz 1 des Vertrags, die nicht die Voraussetzungen des Artikels 81 Absatz 3 des Vertrags erfüllen, sind verboten, ohne dass dies einer vorherigen Entscheidung bedarf.

(2) Vereinbarungen, Beschlüsse und aufeinander abgestimmte Verhaltensweisen im Sinne von Artikel 81 Absatz 1 des Vertrags, die die Voraussetzungen des Artikels 81 Absatz 3 des Vertrags erfüllen, sind nicht verboten, ohne dass dies einer vorherigen Entscheidung bedarf.

(3) Die missbräuchliche Ausnutzung einer marktbeherrschenden Stellung im Sinne von Artikel 82 des Vertrags ist verboten, ohne dass dies einer vorherigen Entscheidung bedarf.

Art. 2 Beweislast

[1]In allen einzelstaatlichen und gemeinschaftlichen Verfahren zur Anwendung der Artikel 81 und 82 des Vertrags obliegt die Beweislast für eine Zuwiderhandlung gegen Artikel 81 Absatz 1 oder Artikel 82 des Vertrags der Partei oder der Behörde,

---

[13] Verordnung (EWG) Nr. 1017/68 des Rates vom 19. Juli 1968 über die Anwendung von Wettbewerbsregeln auf dem Gebiet des Eisenbahn-, Straßen- und Binnenschiffsverkehrs (ABl. L 175 vom 23.7.1968, S. 1). Zuletzt geändert durch die Beitrittsakte von 1994.

[14] Verordnung (EWG) Nr. 4056/86 des Rates vom 22. Dezember 1986 über die Einzelheiten der Anwendung der Artikel 81 und 82 (Die Titel der Verordnungen wurden geändert, um der Umnummerierung der Artikel des EG-Vertrags gemäß Artikel 12 des Vertrags von Amsterdam Rechnung zu tragen; ursprünglich wurde auf Artikel 85 Absatz 3 Bezug genommen.) des Vertrags auf den Seeverkehr (ABl. L 378 vom 31.12.1986, S. 4). Verordnung zuletzt geändert durch die Beitrittsakte von 1994.

[15] Verordnung (EWG) Nr. 3975/87 des Rates vom 14. Dezember 1987 über die Einzelheiten der Anwendung der Wettbewerbsregeln auf Luftfahrtunternehmen (ABl. L 374 vom 31.12.1987, S. 1). Verordnung zuletzt geändert durch die Verordnung (EWG) Nr. 2410/92 (ABl. L 240 vom 24.8.1992, S. 18).

die diesen Vorwurf erhebt. [2]Die Beweislast dafür, dass die Voraussetzungen des Artikels 81 Absatz 3 des Vertrags vorliegen, obliegt den Unternehmen oder Unternehmensvereinigungen, die sich auf diese Bestimmung berufen.

Art. 3 Verhältnis zwischen den Artikeln 81 und 82 des Vertrags und dem einzelstaatlichen Wettbewerbsrecht

(1) [1]Wenden die Wettbewerbsbehörden der Mitgliedstaaten oder einzelstaatliche Gerichte das einzelstaatliche Wettbewerbsrecht auf Vereinbarungen zwischen Unternehmen, Beschlüsse von Unternehmensvereinigungen und aufeinander abgestimmte Verhaltensweisen im Sinne des Artikels 81 Absatz 1 des Vertrags an, welche den Handel zwischen Mitgliedstaaten im Sinne dieser Bestimmung beeinträchtigen können, so wenden sie auch Artikel 81 des Vertrags auf diese Vereinbarungen, Beschlüsse und aufeinander abgestimmten Verhaltensweisen an. [2]Wenden die Wettbewerbsbehörden der Mitgliedstaaten oder einzelstaatliche Gerichte das einzelstaatliche Wettbewerbsrecht auf nach Artikel 82 des Vertrags verbotene Missbräuche an, so wenden sie auch Artikel 82 des Vertrags an.

(2) [1]Die Anwendung des einzelstaatlichen Wettbewerbsrechts darf nicht zum Verbot von Vereinbarungen zwischen Unternehmen, Beschlüssen von Unternehmensvereinigungen und aufeinander abgestimmten Verhaltensweisen führen, welche den Handel zwischen Mitgliedstaaten zu beeinträchtigen geeignet sind, aber den Wettbewerb im Sinne des Artikels 81 Absatz 1 des Vertrags nicht einschränken oder die Bedingungen des Artikels 81 Absatz 3 des Vertrags erfüllen oder durch eine Verordnung zur Anwendung von Artikel 81 Absatz 3 des Vertrags erfasst sind. [2]Den Mitgliedstaaten wird durch diese Verordnung nicht verwehrt, in ihrem Hoheitsgebiet strengere innerstaatliche Vorschriften zur Unterbindung oder Ahndung einseitiger Handlungen von Unternehmen zu erlassen oder anzuwenden.

(3) Die Absätze 1 und 2 gelten unbeschadet der allgemeinen Grundsätze und sonstigen Vorschriften des Gemeinschaftsrechts nicht, wenn die Wettbewerbsbehörden und Gerichte der Mitgliedstaaten einzelstaatliche Gesetze über die Kontrolle von Unternehmenszusammenschlüssen anwenden, und stehen auch nicht der Anwendung von Bestimmungen des einzelstaatlichen Rechts entgegen, die überwiegend ein von den Artikeln 81 und 82 des Vertrags abweichendes Ziel verfolgen.

Kapitel II. Zuständigkeit

Art. 4 Zuständigkeit der Kommission

Zur Anwendung der Artikel 81 und 82 des Vertrags verfügt die Kommission über die in dieser Verordnung vorgesehenen Befugnisse.

Art. 5 Zuständigkeit der Wettbewerbsbehörden der Mitgliedstaaten

[1] [1]Die Wettbewerbsbehörden der Mitgliedstaaten sind für die Anwendung der Artikel 81 und 82 des Vertrags in Einzelfällen zuständig. [2]Sie können hierzu von Amts wegen oder aufgrund einer Beschwerde Entscheidungen erlassen, mit denen
- die Abstellung von Zuwiderhandlungen angeordnet wird,
- einstweilige Maßnahmen angeordnet werden,
- Verpflichtungszusagen angenommen werden oder
- Geldbußen, Zwangsgelder oder sonstige im innerstaatlichen Recht vorgesehene Sanktionen verhängt werden.

[2] Sind die Voraussetzungen für ein Verbot nach den ihnen vorliegenden Informationen nicht gegeben, so können sie auch entscheiden, dass für sie kein Anlass besteht, tätig zu werden.

Art. 6 Zuständigkeit der Gerichte der Mitgliedstaaten

Die einzelstaatlichen Gerichte sind für die Anwendung der Artikel 81 und 82 des Vertrags zuständig.

Kapitel III. Entscheidungen der Kommission

Art. 7 Feststellung und Abstellung von Zuwiderhandlungen

(1) [1]Stellt die Kommission auf eine Beschwerde hin oder von Amts wegen eine Zuwiderhandlung gegen Artikel 81 oder Artikel 82 des Vertrags fest, so kann sie die beteiligten Unternehmen und Unternehmensvereinigungen durch Entscheidung verpflichten, die festgestellte Zuwiderhandlung abzustellen. [2]Sie kann ihnen hierzu alle erforderlichen Abhilfemaßnahmen verhaltensorientierter oder struktureller Art vorschreiben, die gegenüber der festgestellten Zuwiderhandlung verhältnismäßig und für eine wirksame Abstellung der Zuwiderhandlung erforderlich sind. [3]Abhilfemaßnahmen struktureller Art können nur in Ermangelung einer verhaltensorientierten Abhilfemaßnahme von gleicher Wirksamkeit festgelegt werden, oder wenn letztere im Vergleich zu Abhilfemaßnahmen struktureller Art mit einer größeren Belastung für die beteiligten Unternehmen verbunden wäre. [4]Soweit die Kommission ein berechtigtes Interesse hat, kann sie auch eine Zuwiderhandlung feststellen, nachdem diese beendet ist.

(2) Zur Einreichung einer Beschwerde im Sinne von Absatz 1 befugt sind natürliche und juristische Personen, die ein berechtigtes Interesse darlegen, sowie die Mitgliedstaaten.

Art. 8 Einstweilige Maßnahmen

(1) Die Kommission kann in dringenden Fällen, wenn die Gefahr eines ernsten, nicht wieder gutzumachenden Schadens für den Wettbewerb besteht, von Amts wegen auf der Grundlage einer prima facie festgestellten Zuwiderhandlung durch Entscheidung einstweilige Maßnahmen anordnen.

(2) Die Entscheidung gemäß Absatz 1 hat eine befristete Geltungsdauer und ist – sofern erforderlich und angemessen – verlängerbar.

Art. 9 Verpflichtungszusagen

(1) [1]Beabsichtigt die Kommission, eine Entscheidung zur Abstellung einer Zuwiderhandlung zu erlassen, und bieten die beteiligten Unternehmen an, Verpflichtungen einzugehen, die geeignet sind, die ihnen von der Kommission nach ihrer vorläufigen Beurteilung mitgeteilten Bedenken auszuräumen, so kann die Kommission diese Verpflichtungszusagen im Wege einer Entscheidung für bindend für die Unternehmen erklären. [2]Die Entscheidung kann befristet sein und muss besagen, dass für ein Tätigwerden der Kommission kein Anlass mehr besteht.

(2) Die Kommission kann auf Antrag oder von Amts wegen das Verfahren wieder aufnehmen,

a) wenn sich die tatsächlichen Verhältnisse in einem für die Entscheidung wesentlichen Punkt geändert haben,
b) wenn die beteiligten Unternehmen ihre Verpflichtungen nicht einhalten oder
c) wenn die Entscheidung auf unvollständigen, unrichtigen oder irreführenden Angaben der Parteien beruht.

Art. 10 Feststellung der Nichtanwendbarkeit

[1] Ist es aus Gründen des öffentlichen Interesses der Gemeinschaft im Bereich der Anwendung der Artikel 81 und 82 des Vertrags erforderlich, so kann die Kommission von Amts wegen durch Entscheidung feststellen, dass Artikel 81 des Vertrags auf eine Vereinbarung, einen Beschluss einer Unternehmensvereinigung oder eine abgestimmte Verhaltensweise keine Anwendung findet, weil die Voraussetzungen des Artikels 81 Absatz 1 des Vertrags nicht vorliegen oder weil die Voraussetzungen des Artikels 81 Absatz 3 des Vertrags erfüllt sind.

[2] Die Kommission kann eine solche Feststellung auch in Bezug auf Artikel 82 des Vertrags treffen.

Kapitel IV. Zusammenarbeit

Art. 11 Zusammenarbeit zwischen der Kommission und den Wettbewerbsbehörden der Mitgliedstaaten

(1) Die Kommission und die Wettbewerbsbehörden der Mitgliedstaaten arbeiten bei der Anwendung der Wettbewerbsregeln der Gemeinschaft eng zusammen.

(2) [1]Die Kommission übermittelt den Wettbewerbsbehörden der Mitgliedstaaten eine Kopie der wichtigsten Schriftstücke, die sie zur Anwendung der Artikel 7, 8, 9, 10 und 29 Absatz 1 zusammengetragen hat. [2]Die Kommission übermittelt der Wettbewerbsbehörde eines Mitgliedstaates auf Ersuchen eine Kopie anderer bestehender Unterlagen, die für die Beurteilung des Falls erforderlich sind.

(3) [1]Werden die Wettbewerbsbehörden der Mitgliedstaaten aufgrund von Artikel 81 oder Artikel 82 des Vertrags tätig, so unterrichten sie hierüber schriftlich die Kommission vor Beginn oder unverzüglich nach Einleitung der ersten förmlichen Ermittlungshandlung. [2]Diese Unterrichtung kann auch den Wettbewerbsbehörden der anderen Mitgliedstaaten zugänglich gemacht werden.

(4) [1]Spätestens 30 Tage vor Erlass einer Entscheidung, mit der die Abstellung einer Zuwiderhandlung angeordnet wird, Verpflichtungszusagen angenommen werden oder der Rechtsvorteil einer Gruppenfreistellungsverordnung entzogen wird, unterrichten die Wettbewerbsbehörden der Mitgliedstaaten die Kommission. [2]Zu diesem Zweck übermitteln sie der Kommission eine zusammenfassende Darstellung des Falls, die in Aussicht genommene Entscheidung oder, soweit diese Unterlage noch nicht vorliegt, jede sonstige Unterlage, der die geplante Vorgehensweise zu entnehmen ist. [3]Diese Informationen können auch den Wettbewerbsbehörden der anderen Mitgliedstaaten zugänglich gemacht werden. [4]Auf Ersuchen der Kommission stellt die handelnde Wettbewerbsbehörde der Kommission sonstige ihr vorliegende Unterlagen zur Verfügung, die für die Beurteilung des Falls erforderlich sind. [5]Die der Kommission übermittelten Informationen können den Wettbewerbsbehörden der anderen Mitgliedstaaten zugänglich gemacht werden. [6]Die einzelstaatlichen Wettbewerbsbehörden können zudem Informationen untereinander austauschen, die zur Beurteilung eines von ihnen nach Artikel 81 und 82 des Vertrags behandelten Falls erforderlich sind.

(5) Die Wettbewerbsbehörden der Mitgliedstaaten können die Kommission zu jedem Fall, in dem es um die Anwendung des Gemeinschaftsrechts geht, konsultieren.

(6) [1]Leitet die Kommission ein Verfahren zum Erlass einer Entscheidung nach Kapitel III ein, so entfällt damit die Zuständigkeit der Wettbewerbsbehörden der Mitgliedstaaten für die Anwendung der Artikel 81 und 82 des Vertrags. [2]Ist eine Wettbewerbsbehörde eines Mitgliedstaats in einem Fall bereits tätig, so leitet die Kommission ein Verfahren erst ein, nachdem sie diese Wettbewerbsbehörde konsultiert hat.

Art. 12 Informationsaustausch

(1) Für die Zwecke der Anwendung der Artikel 81 und 82 des Vertrags sind die Kommission und die Wettbewerbsbehörden der Mitgliedstaaten befugt, einander tatsächliche oder rechtliche Umstände einschließlich vertraulicher Angaben mitzuteilen und diese Informationen als Beweismittel zu verwenden.

(2) [1]Die ausgetauschten Informationen werden nur zum Zweck der Anwendung von Artikel 81 oder 82 des Vertrags sowie in Bezug auf den Untersuchungsgegenstand als Beweismittel verwendet, für den sie von der übermittelnden Behörde erhoben wurden. [2]Wird das einzelstaatliche Wettbewerbsrecht jedoch im gleichen Fall und parallel zum gemeinschaftlichen Wettbewerbsrecht angewandt und führt es nicht zu anderen Ergebnissen, so können nach diesem Artikel ausgetauschte Informationen auch für die Anwendung des einzelstaatlichen Wettbewerbsrechts verwendet werden.

(3) Nach Absatz 1 ausgetauschte Informationen können nur als Beweismittel verwendet werden, um Sanktionen gegen natürliche Personen zu verhängen, wenn
- das Recht der übermittelnden Behörde ähnlich geartete Sanktionen in Bezug auf Verstöße gegen Artikel 81 oder 82 des Vertrags vorsieht oder, falls dies nicht der Fall ist, wenn
- die Informationen in einer Weise erhoben worden sind, die hinsichtlich der Wahrung der Verteidigungsrechte natürlicher Personen das gleiche Schutzniveau wie nach dem für die empfangende Behörde geltenden innerstaatlichen Recht gewährleistet. Jedoch dürfen in diesem Falle die ausgetauschten Informationen von der empfangenden Behörde nicht verwendet werden, um Haftstrafen zu verhängen.

Art. 13 Aussetzung und Einstellung des Verfahrens

(1) [1]Sind die Wettbewerbsbehörden mehrerer Mitgliedstaaten aufgrund einer Beschwerde oder von Amts wegen mit einem Verfahren gemäß Artikel 81 oder Artikel 82 des Vertrags gegen dieselbe Vereinbarung, denselben Beschluss oder dieselbe Verhaltensweise befasst, so stellt der Umstand, dass eine Behörde den Fall bereits bearbeitet, für die übrigen Behörden einen hinreichenden Grund dar, ihr Verfahren auszusetzen oder die Beschwerde zurückzuweisen. [2]Auch die Kommission kann eine Beschwerde mit der Begründung zurückweisen, dass sich bereits eine Wettbewerbsbehörde eines Mitgliedstaats mit dieser Beschwerde befasst.

(2) Ist eine einzelstaatliche Wettbewerbsbehörde oder die Kommission mit einer Beschwerde gegen eine Vereinbarung, einen Beschluss oder eine Verhaltensweise befasst, die bereits von einer anderen Wettbewerbsbehörde behandelt worden ist, so kann die Beschwerde abgewiesen werden.

Art. 14 Beratender Ausschuss

(1) Vor jeder Entscheidung, die nach Maßgabe der Artikel 7, 8, 9, 10 und 23, Artikel 24 Absatz 2 und Artikel 29 Absatz 1 ergeht, hört die Kommission einen Beratenden Ausschuss für Kartell- und Monopolfragen.

(2) [1]Für die Erörterung von Einzelfällen setzt der Beratende Ausschuss sich aus Vertretern der Wettbewerbsbehörden der Mitgliedstaaten zusammen. [2]Für Sitzungen, in denen andere Fragen als Einzelfälle zur Erörterung stehen, kann ein weiterer für Wettbewerbsfragen zuständiger Vertreter des jeweiligen Mitgliedstaats bestimmt werden. [3]Die Vertreter können im Falle der Verhinderung durch andere Vertreter ersetzt werden.

(3) [1]Die Anhörung kann in einer von der Kommission einberufenen Sitzung, in der die Kommission den Vorsitz führt, frühestens 14 Tage nach Absendung der Einberufung, der eine Darstellung des Sachverhalts unter Angabe der wichtigsten Schriftstücke sowie ein vorläufiger Entscheidungsvorschlag beigefügt wird, erfolgen. [2]Bei Entscheidungen nach Artikel 8 kann die Sitzung sieben Tage nach Absendung des verfügenden Teils eines Entscheidungsentwurfs abgehalten werden. [3]Enthält eine von der Kommission abgesendete Einberufung zu einer Sitzung eine kürzere Ladungsfrist als die vorerwähnten Fristen, so kann die Sitzung zum vorgeschlagenen Zeitpunkt stattfinden, wenn kein Mitgliedstaat einen Einwand erhebt. [4]Der Beratende Ausschuss nimmt zu dem vorläufigen Entscheidungsvorschlag der Kommission schriftlich Stellung. [5]Er kann seine Stellungnahme auch dann abgeben, wenn einzelne Mitglieder des Ausschusses nicht anwesend und nicht vertreten sind. [6]Auf Antrag eines oder mehrerer Mitglieder werden die in der Stellungnahme aufgeführten Standpunkte mit einer Begründung versehen.

(4) [1]Die Anhörung kann auch im Wege des schriftlichen Verfahrens erfolgen. [2]Die Kommission muss jedoch eine Sitzung einberufen, wenn ein Mitgliedstaat dies beantragt. [3]Im Fall eines schriftlichen Verfahrens setzt die Kommission den Mitgliedstaaten eine Frist von mindestens 14 Tagen für die Übermittlung ihrer Bemerkungen, die an die anderen Mitgliedstaaten weitergeleitet werden. [4]In Bezug auf Entscheidungen nach Artikel 8 gilt eine Frist von sieben anstatt von 14 Tagen. [5]Legt die Kommission für das schriftliche Verfahren eine kürzere Frist als die vorerwähnten Fristen fest, so gilt die vorgeschlagene Frist, sofern kein Einwand seitens der Mitgliedstaaten erhoben wird.

(5) [1]Die Kommission berücksichtigt soweit wie möglich die Stellungnahme des Ausschusses. [2]Sie unterrichtet den Ausschuss darüber, inwieweit sie seine Stellungnahme berücksichtigt hat.

(6) [1]Gibt der Beratende Ausschuss eine schriftliche Stellungnahme ab, so wird diese Stellungnahme dem Entscheidungsentwurf beigefügt. [2]Empfiehlt der Beratende Ausschuss die Veröffentlichung seiner Stellungnahme, so trägt die Kommission bei der Veröffentlichung dem berechtigten Interesse der Unternehmen an der Wahrung ihrer Geschäftsgeheimnisse Rechnung.

(7) *[1]* [1]Die Kommission setzt auf Antrag der Wettbewerbsbehörde eines Mitgliedstaats Fälle, die nach Artikel 81 und 82 des Vertrags von einer Wettbewerbsbehörde eines Mitgliedstaats behandelt werden, auf die Tagesordnung des Beratenden Ausschusses. [2]Die Kommission kann dies auch aus eigener Initiative tun. [3]In beiden Fällen wird die betreffende Wettbewerbsbehörde von ihr vorab unterrichtet.

[2] Ein entsprechender Antrag kann insbesondere von der Wettbewerbsbehörde eines Mitgliedstaats gestellt werden, wenn es sich um einen Fall handelt, bei dem die Kommission die Einleitung eines Verfahrens mit den Wirkungen des Artikels 11 Absatz 6 beabsichtigt.

[3] [1]Zu den Fällen, die von den Wettbewerbsbehörden der Mitgliedstaaten behandelt werden, gibt der Beratende Ausschuss keine Stellungnahme ab. [2]Der Beratende Ausschuss kann auch allgemeine Fragen des gemeinschaftlichen Wettbewerbsrechts erörtern.

Art. 15 Zusammenarbeit mit Gerichten der Mitgliedstaaten

(1) Im Rahmen von Verfahren, in denen Artikel 81 oder 82 des Vertrags zur Anwendung kommt, können die Gerichte der Mitgliedstaaten die Kommission um die Übermittlung von Informationen, die sich in ihrem Besitz befinden, oder um Stellungnahmen zu Fragen bitten, die die Anwendung der Wettbewerbsregeln der Gemeinschaft betreffen.

(2) [1]Die Mitgliedstaaten übermitteln der Kommission eine Kopie jedes schriftlichen Urteils eines einzelstaatlichen Gerichts über die Anwendung des Artikels 81 oder 82 des Vertrags. [2]Die betreffende Kopie wird unverzüglich übermittelt, nachdem das vollständige schriftliche Urteil den Parteien zugestellt wurde.

(3) *[1]* [1]Die einzelstaatlichen Wettbewerbsbehörden können von sich aus den Gerichten ihres Mitgliedstaats schriftliche Stellungnahmen zur Anwendung des Artikels 81 oder 82 des Vertrags übermitteln. [2]Mit Erlaubnis des betreffenden Gerichts können sie vor den Gerichten ihres Mitgliedstaats auch mündlich Stellung nehmen. [3]Sofern es die kohärente Anwendung der Artikel 81 oder 82 des Vertrags erfordert, kann die Kommission aus eigener Initiative den Gerichten der Mitgliedstaaten schriftliche Stellungnahmen übermitteln. [4]Sie kann mit Erlaubnis des betreffenden Gerichts auch mündlich Stellung nehmen.

[2] Zum ausschließlichen Zweck der Ausarbeitung ihrer Stellungnahmen können die Wettbewerbsbehörden der Mitgliedstaaten und die Kommission das betreffende Gericht des Mitgliedstaats ersuchen, ihnen alle zur Beurteilung des Falls notwendigen Schriftstücke zu übermitteln oder für deren Übermittlung zu sorgen.

(4) Umfassendere Befugnisse zur Abgabe von Stellungnahmen vor einem Gericht, die den Wettbewerbsbehörden der Mitgliedstaaten nach ihrem einzelstaatlichen Recht zustehen, werden durch diesen Artikel nicht berührt.

Art. 16 Einheitliche Anwendung des gemeinschaftlichen Wettbewerbsrechts

(1) [1]Wenn Gerichte der Mitgliedstaaten nach Artikel 81 oder 82 des Vertrags über Vereinbarungen, Beschlüsse oder Verhaltensweisen zu befinden haben, die bereits Gegenstand einer Entscheidung der Kommission sind, dürfen sie keine Entscheidungen erlassen, die der Entscheidung der Kommission zuwiderlaufen. [2]Sie müssen es auch vermeiden, Entscheidungen zu erlassen, die einer Entscheidung zuwiderlaufen, die die Kommission in einem von ihr eingeleiteten Verfahren zu erlassen beabsichtigt. [3]Zu diesem Zweck kann das einzelstaatliche Gericht prüfen, ob es notwendig ist, das vor ihm anhängige Verfahren auszusetzen. [4]Diese Verpflichtung gilt unbeschadet der Rechte und Pflichten nach Artikel 234 des Vertrags.

(2) Wenn Wettbewerbsbehörden der Mitgliedstaaten nach Artikel 81 oder 82 des Vertrags über Vereinbarungen, Beschlüsse oder Verhaltensweisen zu befinden haben, die bereits Gegenstand einer Entscheidung der Kommission sind, dürfen sie keine Entscheidungen treffen, die der von der Kommission erlassenen Entscheidung zuwiderlaufen würden.

Kapitel V. Ermittlungsbefugnisse

Art. 17 Untersuchung einzelner Wirtschaftszweige und einzelner Arten von Vereinbarungen

(1) *[1]* [1]Lassen die Entwicklung des Handels zwischen Mitgliedstaaten, Preisstarrheiten oder andere Umstände vermuten, dass der Wettbewerb im Gemeinsamen Markt möglicherweise eingeschränkt oder verfälscht ist, so kann die Kommission die Untersuchung eines bestimmten Wirtschaftszweigs oder – Sektor übergreifend – einer bestimmten Art von Vereinbarungen durchführen. [2]Im Rahmen dieser Untersuchung kann die Kommission von den betreffenden Unternehmen oder Unternehmensvereinigungen die Auskünfte verlangen, die zur Durchsetzung von Artikel 81 und 82 des Vertrags notwendig sind, und die dazu notwendigen Nachprüfungen vornehmen.

[2] Die Kommission kann insbesondere von den betreffenden Unternehmen und Unternehmensvereinigungen verlangen, sie von sämtlichen Vereinbarungen, Beschlüssen und aufeinander abgestimmten Verhaltensweisen zu unterrichten.

[3] Die Kommission kann einen Bericht über die Ergebnisse ihrer Untersuchung bestimmter Wirtschaftszweige oder – Sektor übergreifend – bestimmter Arten von Vereinbarungen veröffentlichen und interessierte Parteien um Stellungnahme bitten.

(2) Die Artikel 14, 18, 19, 20, 22, 23 und 24 gelten entsprechend.

Art. 18 Auskunftsverlangen

(1) Die Kommission kann zur Erfüllung der ihr durch diese Verordnung übertragenen Aufgaben durch einfaches Auskunftsverlangen oder durch Entscheidung von Unternehmen und Unternehmensvereinigungen verlangen, dass sie alle erforderlichen Auskünfte erteilen.

(2) Bei der Versendung eines einfachen Auskunftsverlangens an ein Unternehmen oder eine Unternehmensvereinigung gibt die Kommission die Rechtsgrundlage, den Zweck des Auskunftsverlangens und die benötigten Auskünfte an, legt die Frist für die Übermittlung der Auskünfte fest und weist auf die in Artikel 23 für den Fall der Erteilung einer unrichtigen oder irreführenden Auskunft vorgesehenen Sanktionen hin.

(3) [1]Wenn die Kommission durch Entscheidung von Unternehmen und Unternehmensvereinigungen zur Erteilung von Auskünften verpflichtet, gibt sie die Rechtsgrundlage, den Zweck des Auskunftsverlangens und die geforderten Auskünfte an und legt die Frist für die Erteilung der Auskünfte fest. [2]Die betreffende Entscheidung enthält ferner einen Hinweis auf die in Artikel 23 vorgesehenen Sanktionen und weist entweder auf die in Artikel 24 vorgesehenen Sanktionen hin oder erlegt diese auf. [3]Außerdem weist sie auf das Recht hin, vor dem Gerichtshof gegen die Entscheidung Klage zu erheben.

(4) [1]Die Inhaber der Unternehmen oder deren Vertreter oder – im Fall von juristischen Personen, Gesellschaften und Vereinigungen ohne Rechtspersönlichkeit – die nach Gesetz oder Satzung zur Vertretung berufenen Personen erteilen die verlangten Auskünfte im Namen des betreffenden Unternehmens bzw. der Unternehmensvereinigung. [2]Ordnungsgemäß bevollmächtigte Rechtsanwälte können die Auskünfte im Namen ihrer Mandanten erteilen. [3]Letztere bleiben in vollem Umfang dafür verantwortlich, dass die erteilten Auskünfte vollständig, sachlich richtig und nicht irreführend sind.

(5) Die Kommission übermittelt der Wettbewerbsbehörde des Mitgliedstaats, in dessen Hoheitsgebiet sich der Sitz des Unternehmens bzw. der Unternehmensverei-

nigung befindet, sowie der Wettbewerbsbehörde des Mitgliedstaats, dessen Hoheitsgebiet betroffen ist, unverzüglich eine Kopie des einfachen Auskunftsverlangens oder der Entscheidung.

(6) Die Regierungen und Wettbewerbsbehörden der Mitgliedstaaten erteilen der Kommission auf Verlangen alle Auskünfte, die sie zur Erfüllung der ihr mit dieser Verordnung übertragenen Aufgaben benötigt.

Art. 19 Befugnis zur Befragung

(1) Zur Erfüllung der ihr durch diese Verordnung übertragenen Aufgaben kann die Kommission alle natürlichen und juristischen Personen befragen, die der Befragung zum Zweck der Einholung von Information, die sich auf den Gegenstand einer Untersuchung bezieht, zustimmen.

(2) [1]Findet eine Befragung nach Absatz 1 in den Räumen eines Unternehmens statt, so informiert die Kommission die Wettbewerbsbehörde des Mitgliedstaats, in dessen Hoheitsgebiet die Befragung erfolgt. [2]Auf Verlangen der Wettbewerbsbehörde dieses Mitgliedstaats können deren Bedienstete die Bediensteten der Kommission und die anderen von der Kommission ermächtigten Begleitpersonen bei der Durchführung der Befragung unterstützen.

Art. 20 Nachprüfungsbefugnisse der Kommission

(1) Die Kommission kann zur Erfüllung der ihr durch diese Verordnung übertragenen Aufgaben bei Unternehmen und Unternehmensvereinigungen alle erforderlichen Nachprüfungen vornehmen.

(2) Die mit den Nachprüfungen beauftragten Bediensteten der Kommission und die anderen von ihr ermächtigten Begleitpersonen sind befugt,
a) alle Räumlichkeiten, Grundstücke und Transportmittel von Unternehmen und Unternehmensvereinigungen zu betreten;
b) die Bücher und sonstigen Geschäftsunterlagen, unabhängig davon, in welcher Form sie vorliegen, zu prüfen;
c) Kopien oder Auszüge gleich welcher Art aus diesen Büchern und Unterlagen anzufertigen oder zu erlangen;
d) betriebliche Räumlichkeiten und Bücher oder Unterlagen jeder Art für die Dauer und in dem Ausmaß zu versiegeln, wie es für die Nachprüfung erforderlich ist;
e) von allen Vertretern oder Mitgliedern der Belegschaft des Unternehmens oder der Unternehmensvereinigung Erläuterungen zu Tatsachen oder Unterlagen zu verlangen, die mit Gegenstand und Zweck der Nachprüfung in Zusammenhang stehen, und ihre Antworten zu Protokoll zu nehmen.

(3) [1]Die mit Nachprüfungen beauftragten Bediensteten der Kommission und die anderen von ihr ermächtigten Begleitpersonen üben ihre Befugnisse unter Vorlage eines schriftlichen Auftrags aus, in dem der Gegenstand und der Zweck der Nachprüfung bezeichnet sind und auf die in Artikel 23 vorgesehenen Sanktionen für den Fall hingewiesen wird, dass die angeforderten Bücher oder sonstigen Geschäftsunterlagen nicht vollständig vorgelegt werden oder die Antworten auf die nach Maßgabe von Absatz 2 des vorliegenden Artikels gestellten Fragen unrichtig oder irreführend sind. [2]Die Kommission unterrichtet die Wettbewerbsbehörde des Mitgliedstaats, in dessen Hoheitsgebiet die Nachprüfung vorgenommen werden soll, über die Nachprüfung rechtzeitig vor deren Beginn.

(4) [1]Die Unternehmen und Unternehmensvereinigungen sind verpflichtet, die Nachprüfungen zu dulden, die die Kommission durch Entscheidung angeordnet hat.

[2]Die Entscheidung bezeichnet den Gegenstand und den Zweck der Nachprüfung, bestimmt den Zeitpunkt des Beginns der Nachprüfung und weist auf die in Artikel 23 und Artikel 24 vorgesehenen Sanktionen sowie auf das Recht hin, vor dem Gerichtshof Klage gegen die Entscheidung zu erheben. [3]Die Kommission erlässt diese Entscheidungen nach Anhörung der Wettbewerbsbehörde des Mitgliedstaats, in dessen Hoheitsgebiet die Nachprüfung vorgenommen werden soll.

(5) [1]Die Bediensteten der Wettbewerbsbehörde des Mitgliedstaats, in dessen Hoheitsgebiet die Nachprüfung vorgenommen werden soll, oder von dieser Behörde entsprechend ermächtigte oder benannte Personen unterstützen auf Ersuchen dieser Behörde oder der Kommission die Bediensteten der Kommission und die anderen von ihr ermächtigten Begleitpersonen aktiv. [2]Sie verfügen hierzu über die in Absatz 2 genannten Befugnisse.

(6) Stellen die beauftragten Bediensteten der Kommission und die anderen von ihr ermächtigten Begleitpersonen fest, dass sich ein Unternehmen einer nach Maßgabe dieses Artikels angeordneten Nachprüfung widersetzt, so gewährt der betreffende Mitgliedstaat die erforderliche Unterstützung, gegebenenfalls unter Einsatz von Polizeikräften oder einer entsprechenden vollziehenden Behörde, damit die Bediensteten der Kommission ihren Nachprüfungsauftrag erfüllen können.

(7) [1]Setzt die Unterstützung nach Absatz 6 nach einzelstaatlichem Recht eine Genehmigung eines Gerichts voraus, so ist diese zu beantragen. [2]Die Genehmigung kann auch vorsorglich beantragt werden.

(8) [1]Wird die in Absatz 7 genannte Genehmigung beantragt, so prüft das einzelstaatliche Gericht die Echtheit der Entscheidung der Kommission sowie, ob die beantragten Zwangsmaßnahmen nicht willkürlich und, gemessen am Gegenstand der Nachprüfung, nicht unverhältnismäßig sind. [2]Bei der Prüfung der Verhältnismäßigkeit der Zwangsmaßnahmen kann das einzelstaatliche Gericht von der Kommission unmittelbar oder über die Wettbewerbsbehörde des betreffenden Mitgliedstaats ausführliche Erläuterungen anfordern, und zwar insbesondere zu den Gründen, die die Kommission veranlasst haben, das Unternehmen einer Zuwiderhandlung gegen Artikel 81 oder 82 des Vertrags zu verdächtigen, sowie zur Schwere der behaupteten Zuwiderhandlung und zur Art der Beteiligung des betreffenden Unternehmens. [3]Das einzelstaatliche Gericht darf jedoch weder die Notwendigkeit der Nachprüfung in Frage stellen noch die Übermittlung der in den Akten der Kommission enthaltenen Informationen verlangen. [4]Die Prüfung der Rechtmäßigkeit der Kommissionsentscheidung ist dem Gerichtshof vorbehalten.

Art. 21 Nachprüfungen in anderen Räumlichkeiten

(1) Besteht ein begründeter Verdacht, dass Bücher oder sonstige Geschäftsunterlagen, die sich auf den Gegenstand der Nachprüfung beziehen und die als Beweismittel für einen schweren Verstoß gegen Artikel 81 oder 82 des Vertrags von Bedeutung sein könnten, in anderen Räumlichkeiten, auf anderen Grundstücken oder in anderen Transportmitteln – darunter auch die Wohnungen von Unternehmensleitern und Mitgliedern der Aufsichts- und Leitungsorgane sowie sonstigen Mitarbeitern der betreffenden Unternehmen und Unternehmensvereinigungen – aufbewahrt werden, so kann die Kommission durch Entscheidung eine Nachprüfung in diesen anderen Räumlichkeiten, auf diesen anderen Grundstücken oder in diesen anderen Transportmitteln anordnen.

(2) [1]Die Entscheidung bezeichnet den Gegenstand und den Zweck der Nachprüfung, bestimmt den Zeitpunkt ihres Beginns und weist auf das Recht hin, vor dem Gerichtshof gegen die Entscheidung Klage zu erheben. [2]Insbesondere werden die Gründe genannt, die die Kommission zu der Annahme veranlasst haben, dass ein

Verdacht im Sinne von Absatz 1 besteht. [3]Die Kommission trifft die Entscheidungen nach Anhörung der Wettbewerbsbehörde des Mitgliedstaats, in dessen Hoheitsgebiet die Nachprüfung durchgeführt werden soll.

(3) *[1]* [1]Eine gemäß Absatz 1 getroffene Entscheidung kann nur mit der vorherigen Genehmigung des einzelstaatlichen Gerichts des betreffenden Mitgliedstaats vollzogen werden. [2]Das einzelstaatliche Gericht prüft die Echtheit der Entscheidung der Kommission und dass die beabsichtigten Zwangsmaßnahmen weder willkürlich noch unverhältnismäßig sind – insbesondere gemessen an der Schwere der zur Last gelegten Zuwiderhandlung, der Wichtigkeit des gesuchten Beweismaterials, der Beteiligung des betreffenden Unternehmens und der begründeten Wahrscheinlichkeit, dass Bücher und Geschäftsunterlagen, die sich auf den Gegenstand der Nachprüfung beziehen, in den Räumlichkeiten aufbewahrt werden, für die die Genehmigung beantragt wird. [3]Das einzelstaatliche Gericht kann die Kommission unmittelbar oder über die Wettbewerbsbehörde des betreffenden Mitgliedstaats um ausführliche Erläuterungen zu den Punkten ersuchen, deren Kenntnis zur Prüfung der Verhältnismäßigkeit der beabsichtigten Zwangsmaßnahmen erforderlich ist.

[2] [1]Das einzelstaatliche Gericht darf jedoch weder die Notwendigkeit der Nachprüfung in Frage stellen noch die Übermittlung der in den Akten der Kommission enthaltenen Informationen verlangen. [2]Die Prüfung der Rechtmäßigkeit der Kommissionsentscheidung ist dem Gerichtshof vorbehalten.

(4) [1]Die von der Kommission mit der Durchführung einer gemäß Absatz 1 angeordneten Nachprüfung beauftragten Bediensteten und die anderen von ihr ermächtigten Begleitpersonen haben die in Artikel 20 Absatz 2 Buchstaben a), b) und c) aufgeführten Befugnisse. [2]Artikel 20 Absätze 5 und 6 gilt entsprechend.

Art. 22 Ermittlungen durch Wettbewerbsbehörden der Mitgliedstaaten

(1) [1]Die Wettbewerbsbehörde eines Mitgliedstaats darf im Hoheitsgebiet dieses Mitgliedstaats nach Maßgabe des innerstaatlichen Rechts im Namen und für Rechnung der Wettbewerbsbehörde eines anderen Mitgliedstaats alle Nachprüfungen und sonstigen Maßnahmen zur Sachverhaltsaufklärung durchführen, um festzustellen, ob eine Zuwiderhandlung gegen Artikel 81 oder 82 des Vertrags vorliegt. [2]Der Austausch und die Verwendung der erhobenen Informationen erfolgen gemäß Artikel 12.

(2) *[1]* [1]Auf Ersuchen der Kommission nehmen die Wettbewerbsbehörden der Mitgliedstaaten die Nachprüfungen vor, die die Kommission gemäß Artikel 20 Absatz 1 für erforderlich hält oder die sie durch Entscheidung gemäß Artikel 20 Absatz 4 angeordnet hat. [2]Die für die Durchführung dieser Nachprüfungen verantwortlichen Bediensteten der einzelstaatlichen Wettbewerbsbehörden sowie die von ihnen ermächtigten oder benannten Personen üben ihre Befugnisse nach Maßgabe ihrer innerstaatlichen Rechtsvorschriften aus.

[2] Die Bediensteten der Kommission und andere von ihr ermächtigte Begleitpersonen können auf Verlangen der Kommission oder der Wettbewerbsbehörde des Mitgliedstaats, in dessen Hoheitsgebiet die Nachprüfung vorgenommen werden soll, die Bediensteten dieser Behörde unterstützen.

Kapitel VI. Sanktionen

Art. 23 Geldbußen

(1) Die Kommission kann gegen Unternehmen und Unternehmensvereinigungen durch Entscheidung Geldbußen bis zu einem Höchstbetrag von 1 % des im voraus-

gegangenen Geschäftsjahr erzielten Gesamtumsatzes festsetzen, wenn sie vorsätzlich oder fahrlässig

a) bei der Erteilung einer nach Artikel 17 oder Artikel 18 Absatz 2 verlangten Auskunft unrichtige oder irreführende Angaben machen;
b) bei der Erteilung einer durch Entscheidung gemäß Artikel 17 oder Artikel 18 Absatz 3 verlangten Auskunft unrichtige, unvollständige oder irreführende Angaben machen oder die Angaben nicht innerhalb der gesetzten Frist machen;
c) bei Nachprüfungen nach Artikel 20 die angeforderten Bücher oder sonstigen Geschäftsunterlagen nicht vollständig vorlegen oder in einer Entscheidung nach Artikel 20 Absatz 4 angeordnete Nachprüfungen nicht dulden;
d) in Beantwortung einer nach Artikel 20 Absatz 2 Buchstabe e) gestellten Frage
   – eine unrichtige oder irreführende Antwort erteilen oder
   – eine von einem Mitglied der Belegschaft erteilte unrichtige, unvollständige oder irreführende Antwort nicht innerhalb einer von der Kommission gesetzten Frist berichtigen oder
   – in Bezug auf Tatsachen, die mit dem Gegenstand und dem Zweck einer durch Entscheidung nach Artikel 20 Absatz 4 angeordneten Nachprüfung in Zusammenhang stehen, keine vollständige Antwort erteilen oder eine vollständige Antwort verweigern;
e) die von Bediensteten der Kommission oder anderen von ihr ermächtigten Begleitpersonen nach Artikel 20 Absatz 2 Buchstabe d) angebrachten Siegel erbrochen haben.

(2) *[1]* Die Kommission kann gegen Unternehmen und Unternehmensvereinigungen durch Entscheidung Geldbußen verhängen, wenn sie vorsätzlich oder fahrlässig

a) gegen Artikel 81 oder Artikel 82 des Vertrags verstoßen oder
b) einer nach Artikel 8 erlassenen Entscheidung zur Anordnung einstweiliger Maßnahmen zuwiderhandeln oder
c) durch Entscheidung gemäß Artikel 9 für bindend erklärte Verpflichtungszusagen nicht einhalten.

[2] Die Geldbuße für jedes an der Zuwiderhandlung beteiligte Unternehmen oder jede beteiligte Unternehmensvereinigung darf 10 % seines bzw. ihres jeweiligen im vorausgegangenen Geschäftsjahr erzielten Gesamtumsatzes nicht übersteigen.

[3] Steht die Zuwiderhandlung einer Unternehmensvereinigung mit der Tätigkeit ihrer Mitglieder im Zusammenhang, so darf die Geldbuße 10 % der Summe der Gesamtumsätze derjenigen Mitglieder, die auf dem Markt tätig waren, auf dem sich die Zuwiderhandlung der Vereinigung auswirkte, nicht übersteigen.

(3) Bei der Festsetzung der Höhe der Geldbuße ist sowohl die Schwere der Zuwiderhandlung als auch deren Dauer zu berücksichtigen.

(4) *[1]* Wird gegen eine Unternehmensvereinigung eine Geldbuße unter Berücksichtigung des Umsatzes ihrer Mitglieder verhängt und ist die Unternehmensvereinigung selbst nicht zahlungsfähig, so ist sie verpflichtet, von ihren Mitgliedern Beiträge zur Deckung des Betrags dieser Geldbuße zu fordern.

[2] Werden diese Beiträge innerhalb einer von der Kommission gesetzten Frist nicht geleistet, so kann die Kommission die Zahlung der Geldbuße unmittelbar von jedem Unternehmen verlangen, dessen Vertreter Mitglieder in den betreffenden Entscheidungsgremien der Vereinigung waren.

[3] Nachdem die Kommission die Zahlung gemäß Unterabsatz 2 verlangt hat, kann sie, soweit es zur vollständigen Zahlung der Geldbuße erforderlich ist, die Zahlung des Restbetrags von jedem Mitglied der Vereinigung verlangen, das auf dem Markt tätig war, auf dem die Zuwiderhandlung erfolgte.

[4] Die Kommission darf jedoch Zahlungen gemäß Unterabsatz 2 oder 3 nicht von Unternehmen verlangen, die nachweisen, dass sie den die Zuwiderhandlung begründenden Beschluss der Vereinigung nicht umgesetzt haben und entweder von dessen Existenz keine Kenntnis hatten oder sich aktiv davon distanziert haben, noch ehe die Kommission mit der Untersuchung des Falls begonnen hat.

[5] Die finanzielle Haftung eines Unternehmens für die Zahlung der Geldbuße darf 10 % seines im letzten Geschäftsjahr erzielten Gesamtumsatzes nicht übersteigen.

(5) Die nach den Absätzen 1 und 2 getroffenen Entscheidungen haben keinen strafrechtlichen Charakter.

Art. 24 Zwangsgelder

(1) Die Kommission kann gegen Unternehmen und Unternehmensvereinigungen durch Entscheidung Zwangsgelder bis zu einem Höchstbetrag von 5 % des im vorausgegangenen Geschäftsjahr erzielten durchschnittlichen Tagesumsatzes für jeden Tag des Verzugs von dem in ihrer Entscheidung bestimmten Zeitpunkt an festsetzen, um sie zu zwingen,
a) eine Zuwiderhandlung gegen Artikel 81 oder Artikel 82 des Vertrags gemäß einer nach Artikel 7 getroffenen Entscheidung abzustellen;
b) einer gemäß Artikel 8 erlassenen Entscheidung zur Anordnung einstweiliger Maßnahmen nachzukommen;
c) durch Entscheidung gemäß Artikel 9 für bindend erklärte Verpflichtungszusagen einzuhalten;
d) eine Auskunft vollständig und genau zu erteilen, die die Kommission durch Entscheidung gemäß Artikel 17 oder Artikel 18 Absatz 3 angefordert hat;
e) eine Nachprüfung zu dulden, die die Kommission in einer Entscheidung nach Artikel 20 Absatz 4 angeordnet hat.

(2) [1]Sind die Unternehmen oder Unternehmensvereinigungen der Verpflichtung nachgekommen, zu deren Erfüllung das Zwangsgeld festgesetzt worden war, so kann die Kommission die endgültige Höhe des Zwangsgelds auf einen Betrag festsetzen, der unter dem Betrag liegt, der sich aus der ursprünglichen Entscheidung ergeben würde. [2]Artikel 23 Absatz 4 gilt entsprechend.

Kapitel VII. Verjährung

Art. 25 Verfolgungsverjährung

(1) Die Befugnis der Kommission nach den Artikeln 23 und 24 verjährt
a) in drei Jahren bei Zuwiderhandlungen gegen Vorschriften über die Einholung von Auskünften oder die Vornahme von Nachprüfungen,
b) in fünf Jahren bei den übrigen Zuwiderhandlungen.

(2) [1]Die Verjährungsfrist beginnt mit dem Tag, an dem die Zuwiderhandlung begangen worden ist. [2]Bei dauernden oder fortgesetzten Zuwiderhandlungen beginnt die Verjährung jedoch erst mit dem Tag, an dem die Zuwiderhandlung beendet ist.

(3) [1]Die Verjährung der Befugnis zur Festsetzung von Geldbußen oder Zwangsgeldern wird durch jede auf Ermittlung oder Verfolgung der Zuwiderhandlung gerichtete Handlung der Kommission oder der Wettbewerbsbehörde eines Mitgliedstaats unterbrochen. [2]Die Unterbrechung tritt mit dem Tag ein, an dem die Handlung mindestens einem an der Zuwiderhandlung beteiligten Unternehmen oder

einer beteiligten Unternehmensvereinigung bekannt gegeben wird. [3]Die Verjährung wird unter anderem durch folgende Handlungen unterbrochen:
a) schriftliche Auskunftsverlangen der Kommission oder der Wettbewerbsbehörde eines Mitgliedstaats,
b) schriftliche Nachprüfungsaufträge, die die Kommission oder die Wettbewerbsbehörde eines Mitgliedstaats ihren Bediensteten erteilen,
c) die Einleitung eines Verfahrens durch die Kommission oder durch die Wettbewerbsbehörde eines Mitgliedstaats,
d) die Mitteilung der von der Kommission oder der Wettbewerbsbehörde eines Mitgliedstaats in Betracht gezogenen Beschwerdepunkte.

(4) Die Unterbrechung wirkt gegenüber allen an der Zuwiderhandlung beteiligten Unternehmen und Unternehmensvereinigungen.

(5) [1]Nach jeder Unterbrechung beginnt die Verjährung von neuem. [2]Die Verjährung tritt jedoch spätestens mit dem Tag ein, an dem die doppelte Verjährungsfrist verstrichen ist, ohne dass die Kommission eine Geldbuße oder ein Zwangsgeld festgesetzt hat. [3]Diese Frist verlängert sich um den Zeitraum, in dem die Verjährung gemäß Absatz 6 ruht.

(6) Die Verfolgungsverjährung ruht, solange wegen der Entscheidung der Kommission ein Verfahren vor dem Gerichtshof anhängig ist.

Art. 26 Vollstreckungsverjährung

(1) Die Befugnis der Kommission zur Vollstreckung von in Anwendung der Artikel 23 und 24 erlassenen Entscheidungen verjährt in fünf Jahren.

(2) Die Verjährung beginnt mit dem Tag, an dem die Entscheidung bestandskräftig geworden ist.

(3) Die Vollstreckungsverjährung wird unterbrochen
a) durch die Bekanntgabe einer Entscheidung, durch die der ursprüngliche Betrag der Geldbuße oder des Zwangsgelds geändert oder ein Antrag auf eine solche Änderung abgelehnt wird,
b) durch jede auf zwangsweise Beitreibung der Geldbuße oder des Zwangsgelds gerichtete Handlung der Kommission oder eines Mitgliedstaats auf Antrag der Kommission.

(4) Nach jeder Unterbrechung beginnt die Verjährung von neuem.

(5) Die Vollstreckungsverjährung ruht,
a) solange eine Zahlungserleichterung bewilligt ist,
b) solange die Zwangsvollstreckung durch eine Entscheidung des Gerichtshofs ausgesetzt ist.

Kapitel VIII. Anhörungen und Berufsgeheimnis

Art. 27 Anhörung der Parteien, der Beschwerdeführer und sonstiger Dritter

(1) [1]Vor einer Entscheidung gemäß den Artikeln 7, 8, 23 oder 24 Absatz 2 gibt die Kommission den Unternehmen und Unternehmensvereinigungen, gegen die sich das von ihr betriebene Verfahren richtet, Gelegenheit, sich zu den Beschwerdepunkten zu äußern, die sie in Betracht gezogen hat. [2]Die Kommission stützt ihre Entscheidung nur auf die Beschwerdepunkte, zu denen sich die Parteien äußern konnten. [3]Die Beschwerdeführer werden eng in das Verfahren einbezogen.

(2) [1]Die Verteidigungsrechte der Parteien müssen während des Verfahrens in vollem Umfang gewahrt werden. [2]Die Parteien haben Recht auf Einsicht in die Akten der Kommission, vorbehaltlich des berechtigten Interesses von Unternehmen an der Wahrung ihrer Geschäftsgeheimnisse. [3]Von der Akteneinsicht ausgenommen sind vertrauliche Informationen sowie interne Schriftstücke der Kommission und der Wettbewerbsbehörden der Mitgliedstaaten. [4]Insbesondere ist die Korrespondenz zwischen der Kommission und den Wettbewerbsbehörden der Mitgliedstaaten oder zwischen den Letztgenannten, einschließlich der gemäß Artikel 11 und Artikel 14 erstellten Schriftstücke, von der Akteneinsicht ausgenommen. [5]Die Regelung dieses Absatzes steht der Offenlegung und Nutzung der für den Nachweis einer Zuwiderhandlung notwendigen Informationen durch die Kommission in keiner Weise entgegen.

(3) [1]Soweit die Kommission es für erforderlich hält, kann sie auch andere natürliche oder juristische Personen anhören. [2]Dem Antrag natürlicher oder juristischer Personen, angehört zu werden, ist stattzugeben, wenn sie ein ausreichendes Interesse nachweisen. [3]Außerdem können die Wettbewerbsbehörden der Mitgliedstaaten bei der Kommission die Anhörung anderer natürlicher oder juristischer Personen beantragen.

(4) [1]Beabsichtigt die Kommission eine Entscheidung gemäß Artikel 9 oder 10 zu erlassen, so veröffentlicht sie zuvor eine kurze Zusammenfassung des Falls und den wesentlichen Inhalt der betreffenden Verpflichtungszusagen oder der geplanten Vorgehensweise. [2]Interessierte Dritte können ihre Bemerkungen hierzu binnen einer Frist abgeben, die von der Kommission in ihrer Veröffentlichung festgelegt wird und die mindestens einen Monat betragen muss. [3]Bei der Veröffentlichung ist dem berechtigten Interesse der Unternehmen an der Wahrung ihrer Geschäftsgeheimnisse Rechnung zu tragen.

Art. 28 Berufsgeheimnis

(1) Unbeschadet der Artikel 12 und 15 dürfen die gemäß den Artikeln 17 bis 22 erlangten Informationen nur zu dem Zweck verwertet werden, zu dem sie eingeholt wurden.

(2) [1]Unbeschadet des Austauschs und der Verwendung der Informationen gemäß den Artikeln 11, 12, 14, 15 und 27 sind die Kommission und die Wettbewerbsbehörden der Mitgliedstaaten und ihre Beamten, ihre Bediensteten und andere unter ihrer Aufsicht tätigen Personen sowie die Beamten und sonstigen Bediensteten anderer Behörden der Mitgliedstaaten verpflichtet, keine Informationen preiszugeben, die sie bei der Anwendung dieser Verordnung erlangt oder ausgetauscht haben und die ihrem Wesen nach unter das Berufsgeheimnis fallen. [2]Diese Verpflichtung gilt auch für alle Vertreter und Experten der Mitgliedstaaten, die an Sitzungen des Beratenden Ausschusses nach Artikel 14 teilnehmen.

Kapitel IX. Freistellungsverordnungen

Art. 29 Entzug des Rechtsvorteils in Einzelfällen

(1) Hat die Kommission aufgrund der ihr durch eine Verordnung des Rates wie z. B. den Verordnungen Nr. 19/65/EWG, (EWG) Nr. 2821/71, (EWG) Nr. 3976/87, (EWG) Nr. 1534/91 oder (EWG) Nr. 479/92 eingeräumten Befugnis, Artikel 81 Absatz 3 des Vertrags durch Verordnung anzuwenden, Artikel 81 Absatz 1 des Vertrags für nicht anwendbar auf bestimmte Gruppen von Vereinbarungen,

Beschlüssen von Unternehmensvereinigungen oder aufeinander abgestimmten Verhaltensweisen erklärt, so kann sie von Amts wegen oder auf eine Beschwerde hin den Rechtsvorteil einer entsprechenden Gruppenfreistellungsverordnung entziehen, wenn sie in einem bestimmten Fall feststellt, dass eine Vereinbarung, ein Beschluss oder eine abgestimmte Verhaltensweise, für die die Gruppenfreistellungsverordnung gilt, Wirkungen hat, die mit Artikel 81 Absatz 3 des Vertrags unvereinbar sind.

(2) Wenn Vereinbarungen, Beschlüsse von Unternehmensvereinigungen oder aufeinander abgestimmte Verhaltensweisen, die unter eine Verordnung der Kommission im Sinne des Absatzes 1 fallen, in einem bestimmten Fall Wirkungen haben, die mit Artikel 81 Absatz 3 des Vertrags unvereinbar sind und im Gebiet eines Mitgliedstaats oder in einem Teilgebiet dieses Mitgliedstaats, das alle Merkmale eines gesonderten räumlichen Marktes aufweist, auftreten, so kann die Wettbewerbsbehörde dieses Mitgliedstaats den Rechtsvorteil der Gruppenfreistellungsverordnung in diesem Gebiet entziehen.

Kapitel X. Allgemeine Bestimmungen

Art. 30 Veröffentlichung von Entscheidungen

(1) Die Kommission veröffentlicht die Entscheidungen, die sie nach den Artikeln 7 bis 10 sowie den Artikeln 23 und 24 erlässt.

(2) [1]Die Veröffentlichung erfolgt unter Angabe der Beteiligten und des wesentlichen Inhalts der Entscheidung einschließlich der verhängten Sanktionen. [2]Sie muss dem berechtigten Interesse der Unternehmen an der Wahrung ihrer Geschäftsgeheimnisse Rechnung tragen.

Art. 31 Nachprüfung durch den Gerichtshof

[1]Bei Klagen gegen Entscheidungen, mit denen die Kommission eine Geldbuße oder ein Zwangsgeld festgesetzt hat, hat der Gerichtshof die Befugnis zu unbeschränkter Nachprüfung der Entscheidung. [2]Er kann die festgesetzte Geldbuße oder das festgesetzte Zwangsgeld aufheben, herabsetzen oder erhöhen.

Art. 32[1] [aufgehoben]

[1] Art. 32 aufgeh. mWv 18.10.2006 durch VO v. 25.9.2006 (ABl. L 269 S. 1).

Art. 33 Erlass von Durchführungsvorschriften

(1) [1]Die Kommission ist befugt, alle sachdienlichen Vorschriften zur Durchführung dieser Verordnung zu erlassen. [2]Diese können unter anderem Folgendes zum Gegenstand haben:

a) Form, Inhalt und sonstige Modalitäten der Beschwerden gemäß Artikel 7 sowie das Verfahren zur Abweisung einer Beschwerde,
b) die praktische Durchführung des Informationsaustauschs und der Konsultation nach Artikel 11,
c) die praktische Durchführung der Anhörungen gemäß Artikel 27.

(2) [1]Vor dem Erlass von Maßnahmen nach Absatz 1 veröffentlicht die Kommission einen Entwurf dieser Maßnahmen und fordert alle Beteiligten auf, innerhalb einer von ihr gesetzten Frist, die einen Monat nicht unterschreiten darf, zu dem Entwurf Stellung zu nehmen. [2]Vor der Veröffentlichung des Entwurfs einer Maßnahme und

vor ihrem Erlass hört die Kommission den Beratenden Ausschuss für Kartell- und Monopolfragen.

Kapitel XI. Übergangs-, Änderungs- und Schlussbestimmungen

Art. 34 Übergangsbestimmungen

(1) Bei der Kommission nach Artikel 2 der Verordnung Nr. 17 gestellte Anträge, Anmeldungen gemäß den Artikeln 4 und 5 der Verordnung Nr. 17 sowie entsprechende Anträge und Anmeldungen gemäß den Verordnungen (EWG) Nr. 1017/68, (EWG) Nr. 4056/86 und (EWG) Nr. 3975/87 werden mit Anwendbarkeit der vorliegenden Verordnung unwirksam.

(2) Die Wirksamkeit von nach Maßgabe der Verordnung Nr. 17 und der Verordnungen (EWG) Nr. 1017/68, (EWG) Nr. 4056/87 und (EWG) Nr. 3975/87 vorgenommenen Verfahrensschritten bleibt für die Anwendung der vorliegenden Verordnung unberührt.

Art. 35 Bestimmung der Wettbewerbsbehörden der Mitgliedstaaten

(1) [1]Die Mitgliedstaaten bestimmen die für die Anwendung der Artikel 81 und 82 des Vertrags zuständige(n) Wettbewerbsbehörde(n) so, dass die Bestimmungen dieser Verordnung wirksam angewandt werden. [2]Sie ergreifen vor dem 1. Mai 2004 die notwendigen Maßnahmen, um diesen Behörden die Befugnis zur Anwendung der genannten Artikel zu übertragen. [3]Zu den bestimmten Behörden können auch Gerichte gehören.

(2) Werden einzelstaatliche Verwaltungsbehörden und Gerichte mit der Durchsetzung des Wettbewerbsrechts der Gemeinschaft betraut, so können die Mitgliedstaaten diesen unterschiedliche Befugnisse und Aufgaben zuweisen.

(3) [1]Die Wirkung von Artikel 11 Absatz 6 erstreckt sich auf die von den Mitgliedstaaten bestimmten Wettbewerbsbehörden, einschließlich der Gerichte, die Aufgaben in Bezug auf die Vorbereitung und den Erlass der in Artikel 5 vorgesehenen Arten von Entscheidungen wahrnehmen. [2]Die Wirkung von Artikel 11 Absatz 6 erstreckt sich nicht auf Gerichte, insoweit diese als Rechtsmittelinstanzen in Bezug auf die in Artikel 5 vorgesehenen Arten von Entscheidungen tätig werden.

(4) Unbeschadet des Absatzes 3 ist in den Mitgliedstaaten, in denen im Hinblick auf den Erlass bestimmter Arten von Entscheidungen nach Artikel 5 eine Behörde Fälle vor ein separates und von der verfolgenden Behörde verschiedenes Gericht bringt, bei Einhaltung der Bestimmungen dieses Absatzes die Wirkung von Artikel 11 Absatz 6 auf die mit der Verfolgung des betreffenden Falls betraute Behörde begrenzt, die ihren Antrag bei dem Gericht zurückzieht, wenn die Kommission ein Verfahren eröffnet; mit der Zurücknahme des Antrags wird das nationale Verfahren vollständig beendet.

Art. 36 [aufgehoben]

Art. 37 [hier nicht wiedergegeben]

Art. 38 [hier nicht wiedergegeben]

Art. 39 [hier nicht wiedergegeben]

Art. 40 [hier nicht wiedergegeben]

Art. 41 [aufgehoben]

Art. 42 [aufgehoben]

Art. 43 Aufhebung der Verordnungen Nrn. 17 und 141

(1) Die Verordnung Nr. 17 wird mit Ausnahme von Artikel 8 Absatz 3 aufgehoben, der für Entscheidungen, die nach Artikel 81 Absatz 3 des Vertrags vor dem Beginn der Anwendbarkeit der vorliegenden Verordnung angenommen wurden, bis zum Ende der Gültigkeitsdauer dieser Entscheidungen weiterhingilt.

(2) Die Verordnung Nr. 141 wird aufgehoben.

(3) Bezugnahmen auf die aufgehobenen Verordnungen gelten als Bezugnahmen auf die vorliegende Verordnung.

Art. 44 Berichterstattung über die Anwendung der vorliegenden Verordnung

[1] Die Kommission erstattet dem Europäischen Parlament und dem Rat fünf Jahre nach Inkrafttreten dieser Verordnung Bericht über das Funktionieren der Verordnung, insbesondere über die Anwendung von Artikel 11 Absatz 6 und Artikel 17.

[2] Auf der Grundlage dieses Berichts schätzt die Kommission ein, ob es zweckmäßig ist, dem Rat eine Überarbeitung dieser Verordnung vorzuschlagen.

Art. 45 Inkrafttreten

[1] Diese Verordnung tritt am zwanzigsten Tag nach ihrer Veröffentlichung[1] im *Amtsblatt der Europäischen Gemeinschaften* in Kraft.

[2] Sie gilt ab dem 1. Mai 2004.

[1] Veröffentlicht am 4.1.2003.

Diese Verordnung ist in allen ihren Teilen verbindlich und gilt unmittelbar in jedem Mitgliedstaat.

3. FKVO – Verordnung (EG) Nr. 139/2004

vom 20. Januar 2004

über die Kontrolle von Unternehmenszusammenschlüssen („EG-Fusionskontrollverordnung")[1]

(ABl. L 24 S. 1)

DER RAT DER EUROPÄISCHEN UNION –
gestützt auf den Vertrag zur Gründung der Europäischen Gemeinschaft, insbesondere auf die Artikel 83 und 308,
auf Vorschlag der Kommission[2],
nach Stellungnahme des Europäischen Parlaments[3],
nach Stellungnahme des Europäischen Wirtschafts- und Sozialausschusses[4],
in Erwägung nachstehender Gründe:

(1) Die Verordnung (EWG) Nr. 4064/89 des Rates vom 21. Dezember 1989 über die Kontrolle von Unternehmenszusammenschlüssen[5] ist in wesentlichen Punkten geändert worden. Es empfiehlt sich daher aus Gründen der Klarheit, im Rahmen der jetzt anstehenden Änderungen eine Neufassung dieser Verordnung vorzunehmen.

(2) Zur Verwirklichung der allgemeinen Ziele des Vertrags ist der Gemeinschaft in Artikel 3 Absatz 1 Buchstabe g) die Aufgabe übertragen worden, ein System zu errichten, das den Wettbewerb innerhalb des Binnenmarkts vor Verfälschungen schützt. Nach Artikel 4 Absatz 1 des Vertrags ist die Tätigkeit der Mitgliedstaaten und der Gemeinschaft dem Grundsatz einer offenen Marktwirtschaft mit freiem Wettbewerb verpflichtet. Diese Grundsätze sind für die Fortentwicklung des Binnenmarkts wesentlich.

(3) Die Vollendung des Binnenmarkts und der Wirtschafts- und Währungsunion, die Erweiterung der Europäischen Union und die Reduzierung der internationalen Handels- und Investitionshemmnisse werden auch weiterhin erhebliche Strukturveränderungen bei den Unternehmen, insbesondere durch Zusammenschlüsse, bewirken.

(4) Diese Strukturveränderungen sind zu begrüßen, soweit sie den Erfordernissen eines dynamischen Wettbewerbs entsprechen und geeignet sind, zu einer Steigerung der Wettbewerbsfähigkeit der europäischen Industrie, zu einer Verbesserung der Wachstumsbedingungen sowie zur Anhebung des Lebensstandards in der Gemeinschaft zu führen.

(5) Allerdings ist zu gewährleisten, dass der Umstrukturierungsprozess nicht eine dauerhafte Schädigung des Wettbewerbs verursacht. Das Gemeinschaftsrecht muss deshalb Vorschriften für solche Zusammenschlüsse enthalten, die geeignet sind,

---

[1] Siehe hierzu auch die VO (EG) Nr. 802/2004 der Kommission vom 7. April 2004 (ABl. L 133 S. 1, ber. ABl. L 172 S. 1) zur Durchführung dieser VO.

[2] ABl. C 20 vom 28.1.2003, S. 4.

[3] Stellungnahme vom 9. Oktober 2003 (noch nicht im Amtsblatt veröffentlicht).

[4] Stellungnahme vom 24. Oktober 2003 (noch nicht im Amtsblatt veröffentlicht).

[5] ABl. L 395 vom 30.12.1989, S. 1. Berichtigte Fassung im ABl. L 257 vom 21.9.1990, S. 13. Verordnung zuletzt geändert durch die Verordnung (EG) Nr. 1310/97 (ABl. L 180 vom 9.7.1997, S. 1), Berichtigung im ABl. L 40 vom 13.2.1998, S. 17.

wirksamen Wettbewerb im Gemeinsamen Markt oder in einem wesentlichen Teil desselben erheblich zu beeinträchtigen.

(6) Daher ist ein besonderes Rechtsinstrument erforderlich, das eine wirksame Kontrolle sämtlicher Zusammenschlüsse im Hinblick auf ihre Auswirkungen auf die Wettbewerbsstruktur in der Gemeinschaft ermöglicht und das zugleich das einzige auf derartige Zusammenschlüsse anwendbare Instrument ist. Mit der Verordnung (EWG) Nr. 4064/89 konnte eine Gemeinschaftspolitik in diesem Bereich entwickelt werden. Es ist jedoch nunmehr an der Zeit, vor dem Hintergrund der gewonnenen Erfahrung die genannte Verordnung neu zu fassen, um den Herausforderungen eines stärker integrierten Markts und der künftigen Erweiterung der Europäischen Union besser gerecht werden. Im Einklang mit dem Subsidiaritätsprinzip und dem Grundsatz der Verhältnismäßigkeit nach Artikel 5 des Vertrags geht die vorliegende Verordnung nicht über das zur Erreichung ihres Ziels, der Gewährleistung eines unverfälschten Wettbewerbs im Gemeinsamen Markt entsprechend dem Grundsatz einer offenen Marktwirtschaft mit freiem Wettbewerb, erforderliche Maß hinaus.

(7) Die Artikel 81 und 82 des Vertrags sind zwar nach der Rechtsprechung des Gerichtshofs auf bestimmte Zusammenschlüsse anwendbar, reichen jedoch nicht aus, um alle Zusammenschlüsse zu erfassen, die sich als unvereinbar mit dem vom Vertrag geforderten System des unverfälschten Wettbewerbs erweisen könnten. Diese Verordnung ist daher nicht nur auf Artikel 83, sondern vor allem auf Artikel 308 des Vertrags zu stützen, wonach sich die Gemeinschaft für die Verwirklichung ihrer Ziele zusätzliche Befugnisse geben kann; dies gilt auch für Zusammenschlüsse auf den Märkten für landwirtschaftliche Erzeugnisse im Sinne des Anhangs I des Vertrags.

(8) Die Vorschriften dieser Verordnung sollten für bedeutsame Strukturveränderungen gelten, deren Auswirkungen auf den Markt die Grenzen eines Mitgliedstaats überschreiten. Solche Zusammenschlüsse sollten grundsätzlich nach dem Prinzip der einzigen Anlaufstelle und im Einklang mit dem Subsidiaritätsprinzip ausschließlich auf Gemeinschaftsebene geprüft werden. Unternehmenszusammenschlüsse, die nicht im Anwendungsbereich dieser Verordnung liegen, fallen grundsätzlich in die Zuständigkeit der Mitgliedstaaten.

(9) Der Anwendungsbereich dieser Verordnung sollte anhand des geografischen Tätigkeitsbereichs der beteiligten Unternehmen bestimmt und durch Schwellenwerte eingegrenzt werden, damit Zusammenschlüsse von gemeinschaftsweiter Bedeutung erfasst werden können. Die Kommission sollte dem Rat über die Anwendung der Schwellenwerte und Kriterien Bericht erstatten, damit dieser sie ebenso wie die Vorschriften für Verweisungen vor einer Anmeldung gemäß Artikel 202 des Vertrags regelmäßig anhand der gewonnenen Erfahrungen überprüfen kann. Hierzu ist es erforderlich, dass die Mitgliedstaaten der Kommission statistische Angaben übermitteln, auf deren Grundlage die Kommission ihre Berichte erstellen und etwaige Änderungen vorschlagen kann. Die Berichte und Vorschläge der Kommission sollten sich auf die von den Mitgliedstaaten regelmäßig übermittelten Angaben stützen.

(10) Ein Zusammenschluss von gemeinschaftsweiter Bedeutung sollte dann als gegeben gelten, wenn der Gesamtumsatz der beteiligten Unternehmen die festgelegten Schwellenwerte überschreitet und sie in erheblichem Umfang in der Gemeinschaft tätig sind, unabhängig davon, ob der Sitz der beteiligten Unternehmen sich in der Gemeinschaft befindet oder diese dort ihr Hauptgeschäft ausüben.

(11) Die Regeln für die Verweisung von Zusammenschlüssen von der Kommission an die Mitgliedstaaten und von den Mitgliedstaaten an die Kommission sollten angesichts des Subsidiaritätsprinzips als wirksames Korrektiv wirken. Diese Regeln wahren in angemessener Weise die Wettbewerbsinteressen der Mitgliedstaaten und tragen dem Bedürfnis nach Rechtssicherheit sowie dem Grundsatz einer einzigen Anlaufstelle Rechnung.

(12) Zusammenschlüsse können in den Zuständigkeitsbereich mehrerer nationaler Fusionskontrollregelungen fallen, wenn sie die in dieser Verordnung genannten Schwellenwerte nicht erreichen. Die mehrfache Anmeldung desselben Vorhabens erhöht die Rechtsunsicherheit, die Arbeitsbelastung und die Kosten der beteiligten Unternehmen und kann zu widersprüchlichen Beurteilungen führen. Das System, nach dem die betreffenden Mitgliedstaaten Zusammenschlüsse an die Kommission verweisen können, sollte daher weiterentwickelt werden.

(13) Die Kommission sollte in enger und stetiger Verbindung mit den zuständigen Behörden der Mitgliedstaaten handeln und deren Bemerkungen und Mitteilungen entgegennehmen.

(14) Die Kommission sollte gemeinsam mit den zuständigen Behörden der Mitgliedstaaten ein Netz von Behörden bilden, die ihre jeweiligen Zuständigkeiten in enger Zusammenarbeit durch effiziente Regelungen für Informationsaustausch und Konsultation wahrnehmen, um sicherzustellen, dass jeder Fall unter Beachtung des Subsidiaritätsprinzips von der für ihn am besten geeigneten Behörde behandelt wird und um Mehrfachanmeldungen weitestgehend auszuschließen. Verweisungen von Zusammenschlüssen von der Kommission an die Mitgliedstaaten und von den Mitgliedstaaten an die Kommission sollten in einer effizienten Weise erfolgen, die weitestgehend ausschließt, dass ein Zusammenschluss sowohl vor als auch nach seiner Anmeldung von einer Stelle an eine andere verwiesen wird.

(15) Die Kommission sollte einen angemeldeten Zusammenschluss mit gemeinschaftsweiter Bedeutung an einen Mitgliedstaat verweisen können, wenn er den Wettbewerb in einem Markt innerhalb dieses Mitgliedstaats, der alle Merkmale eines gesonderten Marktes aufweist, erheblich zu beeinträchtigen droht. Beeinträchtigt der Zusammenschluss den Wettbewerb auf einem solchen Markt und stellt dieser keinen wesentlichen Teil des gemeinsamen Marktes dar, sollte die Kommission verpflichtet sein, den Fall ganz oder teilweise auf Antrag an den betroffenen Mitgliedstaat zu verweisen. Ein Mitgliedstaat sollte einen Zusammenschluss ohne gemeinschaftsweite Bedeutung an die Kommission verweisen können, wenn er den Handel zwischen den Mitgliedstaaten beeinträchtigt und den Wettbewerb in seinem Hoheitsgebiet erheblich zu beeinträchtigen droht. Weitere Mitgliedstaaten, die für die Prüfung des Zusammenschlusses ebenfalls zuständig sind, sollten die Möglichkeit haben, dem Antrag beizutreten. In diesem Fall sollten nationale Fristen ausgesetzt werden, bis eine Entscheidung über die Verweisung des Falles getroffen wurde, um die Effizienz und Berechenbarkeit des Systems sicherzustellen. Die Kommission sollte befugt sein, einen Zusammenschluss für einen antragstellenden Mitgliedstaat oder mehrere antragstellende Mitgliedstaaten zu prüfen und zu behandeln.

(16) Um das System der Fusionskontrolle innerhalb der Gemeinschaft noch effizienter zu gestalten, sollten die beteiligten Unternehmen die Möglichkeit erhalten, vor Anmeldung eines Zusammenschlusses die Verweisung an die Kommission oder an einen Mitgliedstaat zu beantragen. Um die Effizienz des Systems sicherzustellen, sollten die Kommission und die einzelstaatlichen Wettbewerbsbehörden in einem solchen Fall innerhalb einer kurzen, genau festgelegten Frist entscheiden, ob der Fall an die Kommission oder an den betreffenden Mitgliedstaat verwiesen werden sollte. Auf Antrag der beteiligten Unternehmen sollte die Kommission einen Zusammenschluss mit gemeinschaftsweiter Bedeutung an einen Mitgliedstaat verweisen können, wenn der Zusammenschluss den Wettbewerb auf einem Markt innerhalb dieses Mitgliedstaats, der alle Merkmale eines gesonderten Marktes aufweist, erheblich beeinträchtigen könnte, ohne dass dazu von den beteiligten Unternehmen der Nachweis verlangt werden sollte, dass die Auswirkungen des Zusammenschlusses wettbewerbsschädlich sein würden. Die Kommission sollte einen Zusammenschluss nicht an einen Mitgliedstaat verweisen dürfen, wenn dieser eine solche Verweisung abgelehnt hat. Die beteiligten Unternehmen sollten ferner vor der Anmeldung bei einer einzelstaatlichen Behörde beantragen dürfen,

dass ein Zusammenschluss ohne gemeinschaftsweite Bedeutung, der nach dem innerstaatlichen Wettbewerbsrecht mindestens dreier Mitgliedstaaten geprüft werden könnte, an die Kommission verwiesen wird. Solche Anträge auf eine Verweisung vor der Anmeldung an die Kommission wären insbesondere dann angebracht, wenn der betreffende Zusammenschluss den Wettbewerb über das Hoheitsgebiet eines Mitgliedstaats hinaus beeinträchtigen würde. Wird ein Zusammenschluss, der nach dem Wettbewerbsrecht mindestens dreier Mitgliedstaaten geprüft werden könnte, vor seiner Anmeldung bei einer einzelstaatlichen Behörde an die Kommission verwiesen, so sollte die ausschließliche Zuständigkeit für die Prüfung dieses Zusammenschlusses auf die Kommission übergehen, wenn keiner der für die Prüfung des betreffenden Falls zuständigen Mitgliedstaaten sich dagegen ausspricht; für diesen Zusammenschluss sollte dann die Vermutung der gemeinschaftsweiten Bedeutung gelten. Ein Zusammenschluss sollte jedoch nicht vor seiner Anmeldung von den Mitgliedstaaten an die Kommission verwiesen werden, wenn mindestens einer der für die Prüfung des Falles zuständigen Mitgliedstaaten eine solche Verweisung abgelehnt hat.

(17) Der Kommission ist vorbehaltlich der Nachprüfung ihrer Entscheidungen durch den Gerichtshof die ausschließliche Zuständigkeit für die Anwendung dieser Verordnung zu übertragen.

(18) Die Mitgliedstaaten dürfen auf Zusammenschlüsse von gemeinschaftsweiter Bedeutung ihr innerstaatliches Wettbewerbsrecht nur anwenden, soweit es in dieser Verordnung vorgesehen ist. Die entsprechenden Befugnisse der einzelstaatlichen Behörden sind auf die Fälle zu beschränken, in denen ohne ein Tätigwerden der Kommission wirksamer Wettbewerb im Gebiet eines Mitgliedstaats erheblich behindert werden könnte und die Wettbewerbsinteressen dieses Mitgliedstaats sonst durch diese Verordnung nicht hinreichend geschützt würden. Die betroffenen Mitgliedstaaten müssen in derartigen Fällen so schnell wie möglich handeln. Diese Verordnung kann jedoch wegen der Unterschiede zwischen den innerstaatlichen Rechtsvorschriften keine einheitliche Frist für den Erlass endgültiger Entscheidungen nach innerstaatlichem Recht vorschreiben.

(19) Im Übrigen hindert die ausschließliche Anwendung dieser Verordnung auf Zusammenschlüsse von gemeinschaftsweiter Bedeutung die Mitgliedstaaten unbeschadet des Artikels 296 des Vertrags nicht daran, geeignete Maßnahmen zum Schutz anderer berechtigter Interessen als derjenigen zu ergreifen, die in dieser Verordnung berücksichtigt werden, sofern diese Maßnahmen mit den allgemeinen Grundsätzen und den sonstigen Bestimmungen des Gemeinschaftsrechts vereinbar sind.

(20) Der Begriff des Zusammenschlusses ist so zu definieren, dass er Vorgänge erfasst, die zu einer dauerhaften Veränderung der Kontrolle an den beteiligten Unternehmen und damit an der Marktstruktur führen. In den Anwendungsbereich dieser Verordnung sollten daher auch alle Gemeinschaftsunternehmen einbezogen werden, die auf Dauer alle Funktionen einer selbstständigen wirtschaftlichen Einheit erfüllen. Ferner sollten Erwerbsvorgänge, die eng miteinander verknüpft sind, weil sie durch eine Bedingung miteinander verbunden sind oder in Form einer Reihe von innerhalb eines gebührend kurzen Zeitraums getätigten Rechtsgeschäften mit Wertpapieren stattfinden, als ein einziger Zusammenschluss behandelt werden.

(21) Diese Verordnung ist auch dann anwendbar, wenn die beteiligten Unternehmen sich Einschränkungen unterwerfen, die mit der Durchführung des Zusammenschlusses unmittelbar verbunden und dafür notwendig sind. Eine Entscheidung der Kommission, mit der ein Zusammenschluss in Anwendung dieser Verordnung für mit dem Gemeinsamen Markt vereinbar erklärt wird, sollte automatisch auch alle derartigen Einschränkungen abdecken, ohne dass die Kommission diese im Einzelfall zu prüfen hätte. Auf Antrag der beteiligten Unternehmen sollte die Kommission allerdings im Fall neuer oder ungelöster Fragen, die zu ernsthafter Rechtsunsicherheit führen können, gesondert prüfen, ob eine Einschränkung mit der Durchführung

des Zusammenschlusses unmittelbar verbunden und dafür notwendig ist. Ein Fall wirft dann eine neue oder ungelöste Frage auf, die zu ernsthafter Rechtsunsicherheit führen kann, wenn sie nicht durch die entsprechende Bekanntmachung der Kommission oder eine veröffentlichte Entscheidung der Kommission geregelt ist.

(22) Bei der Regelung der Kontrolle von Unternehmenszusammenschlüssen ist unbeschadet des Artikels 86 Absatz 2 des Vertrags der Grundsatz der Nichtdiskriminierung zwischen dem öffentlichen und dem privaten Sektor zu beachten. Daher sind im öffentlichen Sektor bei der Berechnung des Umsatzes eines am Zusammenschluss beteiligten Unternehmens unabhängig von den Eigentumsverhältnissen oder von den für sie geltenden Regeln der verwaltungsmäßigen Zuordnung die Unternehmen zu berücksichtigen, die eine mit einer autonomen Entscheidungsbefugnis ausgestattete wirtschaftliche Einheit bilden.

(23) Es ist festzustellen, ob die Zusammenschlüsse von gemeinschaftsweiter Bedeutung mit dem Gemeinsamen Markt vereinbar sind; dabei ist von dem Erfordernis auszugehen, im Gemeinsamen Markt wirksamen Wettbewerb aufrechtzuerhalten und zu entwickeln. Die Kommission muss sich bei ihrer Beurteilung an dem allgemeinen Rahmen der Verwirklichung der grundlegenden Ziele der Gemeinschaft gemäß Artikel 2 des Vertrags zur Gründung der Europäischen Gemeinschaft und Artikel 2 des Vertrags über die Europäische Union orientieren.

(24) Zur Gewährleistung eines unverfälschten Wettbewerbs im Gemeinsamen Markt im Rahmen der Fortführung einer Politik, die auf dem Grundsatz einer offenen Marktwirtschaft mit freiem Wettbewerb beruht, muss diese Verordnung eine wirksame Kontrolle sämtlicher Zusammenschlüsse entsprechend ihren Auswirkungen auf den Wettbewerb in der Gemeinschaft ermöglichen. Entsprechend wurde in der Verordnung (EWG) Nr. 4064/89 der Grundsatz aufgestellt, dass Zusammenschlüsse von gemeinschaftsweiter Bedeutung, die eine beherrschende Stellung begründen oder verstärken, durch welche ein wirksamer Wettbewerb im Gemeinsamen Markt oder in einem wesentlichen Teil desselben in erheblichem Ausmaß behindert wird, für mit dem Gemeinsamen Markt unvereinbar zu erklären sind.

(25) In Anbetracht der Auswirkungen, die Zusammenschlüsse in oligopolistischen Marktstrukturen haben können, ist die Aufrechterhaltung wirksamen Wettbewerbs in solchen Märkten umso mehr geboten. Viele oligopolistische Märkte lassen ein gesundes Maß an Wettbewerb erkennen. Unter bestimmten Umständen können Zusammenschlüsse, in deren Folge der beträchtliche Wettbewerbsdruck beseitigt wird, den die fusionierenden Unternehmen aufeinander ausgeübt haben, sowie der Wettbewerbsdruck auf die verbleibenden Wettbewerber gemindert wird, zu einer erheblichen Behinderung wirksamen Wettbewerbs führen, auch wenn eine Koordinierung zwischen Oligopolmitgliedern unwahrscheinlich ist. Die Gerichte der Gemeinschaft haben jedoch bisher die Verordnung (EWG) Nr. 4064/89 nicht ausdrücklich dahingehend ausgelegt, dass Zusammenschlüsse, die solche nicht koordinierten Auswirkungen haben, für mit dem Gemeinsamen Markt unvereinbar zu erklären sind. Daher sollte im Interesse der Rechtssicherheit klargestellt werden, dass diese Verordnung eine wirksame Kontrolle solcher Zusammenschlüsse dadurch vorsieht, dass grundsätzlich jeder Zusammenschluss, der einen wirksamen Wettbewerb im Gemeinsamen Markt oder einem wesentlichen Teil desselben erheblich behindern würde, für mit dem Gemeinsamen Markt unvereinbar zu erklären ist. Für die Anwendung der Bestimmungen des Artikels 2 Absätze 2 und 3 wird beabsichtigt, den Begriff „erhebliche Behinderung wirksamen Wettbewerbs" dahin gehend auszulegen, dass er sich über das Konzept der Marktbeherrschung hinaus ausschließlich auf diejenigen wettbewerbsschädigenden Auswirkungen eines Zusammenschlusses erstreckt, die sich aus nicht koordiniertem Verhalten von Unternehmen ergeben, die auf dem jeweiligen Markt keine beherrschende Stellung haben würden.

(26) Eine erhebliche Behinderung wirksamen Wettbewerbs resultiert im Allgemeinen aus der Begründung oder Stärkung einer beherrschenden Stellung. Im Hinblick darauf, dass frühere Urteile der europäischen Gerichte und die Entscheidungen der Kommission gemäß der Verordnung (EWG) Nr. 4064/89 weiterhin als Orientierung dienen sollten und gleichzeitig die Übereinstimmung mit den Kriterien für einen Wettbewerbsschaden, die die Kommission und die Gerichte der Gemeinschaft bei der Prüfung der Vereinbarkeit eines Zusammenschlusses mit dem Gemeinsamen Markt angewendet haben, gewahrt werden sollte, sollte diese Verordnung dementsprechend den Grundsatz aufstellen, dass Zusammenschlüsse von gemeinschaftsweiter Bedeutung, die wirksamen Wettbewerb im Gemeinsamen Markt oder in einem wesentlichen Teil desselben erheblich behindern würden, insbesondere infolge der Begründung oder Stärkung einer beherrschenden Stellung, für mit dem Gemeinsamen Markt unvereinbar zu erklären sind.

(27) Außerdem sollten die Kriterien in Artikel 81 Absätze 1 und 3 des Vertrags auf Gemeinschaftsunternehmen, die auf Dauer alle Funktionen einer selbstständigen wirtschaftlichen Einheit erfüllen, insoweit angewandt werden, als ihre Gründung eine spürbare Einschränkung des Wettbewerbs zwischen unabhängig bleibenden Unternehmen zur Folge hat.

(28) Um deutlich zu machen und zu erläutern, wie die Kommission Zusammenschlüsse nach dieser Verordnung beurteilt, sollte sie Leitlinien veröffentlichen, die einen soliden wirtschaftlichen Rahmen für die Beurteilung der Vereinbarkeit von Zusammenschlüssen mit dem Gemeinsamen Markt bieten sollten.

(29) Um die Auswirkungen eines Zusammenschlusses auf den Wettbewerb im Gemeinsamen Markt bestimmen zu können, sollte begründeten und wahrscheinlichen Effizienzvorteilen Rechnung getragen werden, die von den beteiligten Unternehmen dargelegt werden. Es ist möglich, dass die durch einen Zusammenschluss bewirkten Effizienzvorteile die Auswirkungen des Zusammenschlusses auf den Wettbewerb, insbesondere den möglichen Schaden für die Verbraucher, ausgleichen, so dass durch den Zusammenschluss wirksamer Wettbewerb im Gemeinsamen Markt oder in einem wesentlichen Teil desselben, insbesondere durch Begründung oder Stärkung einer beherrschenden Stellung, nicht erheblich behindert würde. Die Kommission sollte Leitlinien veröffentlichen, in denen sie die Bedingungen darlegt, unter denen sie Effizienzvorteile bei der Prüfung eines Zusammenschlusses berücksichtigen kann.

(30) Ändern die beteiligten Unternehmen einen angemeldeten Zusammenschluss, indem sie insbesondere anbieten, Verpflichtungen einzugehen, die den Zusammenschluss mit dem Gemeinsamen Markt vereinbar machen, sollte die Kommission den Zusammenschluss in seiner geänderten Form für mit dem Gemeinsamen Markt vereinbar erklären können. Diese Verpflichtungen müssen in angemessenem Verhältnis zu dem Wettbewerbsproblem stehen und dieses vollständig beseitigen. Es ist ebenfalls zweckmäßig, Verpflichtungen vor der Einleitung des Verfahrens zu akzeptieren, wenn das Wettbewerbsproblem klar umrissen ist und leicht gelöst werden kann. Es sollte ausdrücklich vorgesehen werden, dass die Kommission ihre Entscheidung an Bedingungen und Auflagen knüpfen kann, um sicherzustellen, dass die beteiligten Unternehmen ihren Verpflichtungen so effektiv und rechtzeitig nachkommen, dass der Zusammenschluss mit dem Gemeinsamen Markt vereinbar wird. Während des gesamten Verfahrens sollte für Transparenz und eine wirksame Konsultation der Mitgliedstaaten und betroffener Dritter gesorgt werden.

(31) Die Kommission sollte über geeignete Instrumente verfügen, damit sie die Durchsetzung der Verpflichtungen sicherstellen und auf Situationen reagieren kann, in denen die Verpflichtungen nicht eingehalten werden. Wird eine Bedingung nicht erfüllt, unter der die Entscheidung über die Vereinbarkeit des Zusammenschlusses mit dem Gemeinsamen Markt ergangen ist, so tritt der Zustand der Vereinbarkeit des Zusammenschlusses mit dem Gemeinsamen Markt nicht ein, so dass der Zusam-

menschluss damit in der vollzogenen Form von der Kommission nicht genehmigt ist. Wird der Zusammenschluss vollzogen, sollte er folglich ebenso behandelt werden wie ein nicht angemeldeter und ohne Genehmigung vollzogener Zusammenschluss. Außerdem sollte die Kommission die Auflösung eines Zusammenschlusses direkt anordnen dürfen, um den vor dem Vollzug des Zusammenschlusses bestehenden Zustand wieder herzustellen, wenn sie bereits zu dem Ergebnis gekommen ist, dass der Zusammenschluss ohne die Bedingung mit dem Gemeinsamen Markt unvereinbar wäre. Wird eine Auflage nicht erfüllt, mit der die Entscheidung über die Vereinbarkeit eines Zusammenschlusses mit dem Gemeinsamen Markt ergangen ist, sollte die Kommission ihre Entscheidung widerrufen können. Ferner sollte die Kommission angemessene finanzielle Sanktionen verhängen können, wenn Bedingungen oder Auflagen nicht eingehalten werden.

(32) Bei Zusammenschlüssen, die wegen des begrenzten Marktanteils der beteiligten Unternehmen nicht geeignet sind, wirksamen Wettbewerb zu behindern, kann davon ausgegangen werden, dass sie mit dem Gemeinsamen Markt vereinbar sind. Unbeschadet der Artikel 81 und 82 des Vertrags besteht ein solches Indiz insbesondere dann, wenn der Marktanteil der beteiligten Unternehmen im Gemeinsamen Markt oder in einem wesentlichen Teil desselben 25 % nicht überschreitet.

(33) Der Kommission ist die Aufgabe zu übertragen, alle Entscheidungen über die Vereinbarkeit oder Unvereinbarkeit der Zusammenschlüsse von gemeinschaftsweiter Bedeutung mit dem Gemeinsamen Markt sowie Entscheidungen, die der Wiederherstellung des Zustands vor dem Vollzug eines für mit dem Gemeinsamen Markt unvereinbar erklärten Zusammenschlusses dienen, zu treffen.

(34) Um eine wirksame Überwachung zu gewährleisten, sind die Unternehmen zu verpflichten, Zusammenschlüsse von gemeinschaftsweiter Bedeutung nach Vertragsabschluss, Veröffentlichung des Übernahmeangebots oder des Erwerbs einer die Kontrolle begründenden Beteiligung und vor ihrem Vollzug anzumelden. Eine Anmeldung sollte auch dann möglich sein, wenn die beteiligten Unternehmen der Kommission gegenüber ihre Absicht glaubhaft machen, einen Vertrag über einen beabsichtigten Zusammenschluss zu schließen und ihr beispielsweise anhand einer von allen beteiligten Unternehmen unterzeichneten Grundsatzvereinbarung, Übereinkunft oder Absichtserklärung darlegen, dass der Plan für den beabsichtigten Zusammenschluss ausreichend konkret ist, oder im Fall eines Übernahmeangebots öffentlich ihre Absicht zur Abgabe eines solchen Angebots bekundet haben, sofern der beabsichtigte Vertrag oder das beabsichtigte Angebot zu einem Zusammenschluss von gemeinschaftsweiter Bedeutung führen würde. Der Vollzug eines Zusammenschlusses sollte bis zum Erlass der abschließenden Entscheidung der Kommission ausgesetzt werden. Auf Antrag der beteiligten Unternehmen sollte es jedoch gegebenenfalls möglich sein, hiervon abzuweichen. Bei der Entscheidung hierüber sollte die Kommission alle relevanten Faktoren, wie die Art und die Schwere des Schadens für die beteiligten Unternehmen oder Dritte sowie die Bedrohung des Wettbewerbs durch den Zusammenschluss, berücksichtigen. Im Interesse der Rechtssicherheit ist die Wirksamkeit von Rechtsgeschäften zu schützen, soweit dies erforderlich ist.

(35) Es ist eine Frist festzulegen, innerhalb derer die Kommission wegen eines angemeldeten Zusammenschlusses das Verfahren einzuleiten hat; ferner sind Fristen vorzusehen, innerhalb derer die Kommission abschließend zu entscheiden hat, ob ein Zusammenschluss mit dem Gemeinsamen Markt vereinbar oder unvereinbar ist. Wenn die beteiligten Unternehmen anbieten, Verpflichtungen einzugehen, um den Zusammenschluss mit dem Gemeinsamen Markt vereinbar zu machen, sollten diese Fristen verlängert werden, damit ausreichend Zeit für die Prüfung dieser Angebote, den Markttest und für die Konsultation der Mitgliedstaaten und interessierter Dritter bleibt. Darüber hinaus sollte in begrenztem Umfang eine Verlängerung der Frist, innerhalb derer die Kommission abschließend entscheiden muss, möglich sein, damit

ausreichend Zeit für die Untersuchung des Falls und für die Überprüfung der gegenüber der Kommission vorgetragenen Tatsachen und Argumente zur Verfügung steht.

(36) Die Gemeinschaft achtet die Grundrechte und Grundsätze, die insbesondere mit der Charta der Grundrechte der Europäischen Union[6] anerkannt wurden. Diese Verordnung sollte daher im Einklang mit diesen Rechten und Grundsätzen ausgelegt und angewandt werden.

(37) Die beteiligten Unternehmen müssen das Recht erhalten, von der Kommission gehört zu werden, sobald das Verfahren eingeleitet worden ist. Auch den Mitgliedern der geschäftsführenden und aufsichtsführenden Organe sowie den anerkannten Vertretern der Arbeitnehmer der beteiligten Unternehmen und betroffenen Dritten ist Gelegenheit zur Äußerung zu geben.

(38) Um Zusammenschlüsse ordnungsgemäß beurteilen zu können, sollte die Kommission alle erforderlichen Auskünfte einholen und alle erforderlichen Nachprüfungen in der Gemeinschaft vornehmen können. Zu diesem Zweck und im Interesse eines wirksamen Wettbewerbsschutzes müssen die Untersuchungsbefugnisse der Kommission ausgeweitet werden. Die Kommission sollte insbesondere alle Personen, die eventuell über sachdienliche Informationen verfügen, befragen und deren Aussagen zu Protokoll nehmen können.

(39) Wenn beauftragte Bedienstete der Kommission Nachprüfungen vornehmen, sollten sie alle Auskünfte im Zusammenhang mit Gegenstand und Zweck der Nachprüfung einholen dürfen. Sie sollten ferner bei Nachprüfungen Versiegelungen vornehmen dürfen, insbesondere wenn triftige Gründe für die Annahme vorliegen, dass ein Zusammenschluss ohne vorherige Anmeldung vollzogen wurde, dass der Kommission unrichtige, unvollständige oder irreführende Angaben gemacht wurden oder dass die betreffenden Unternehmen oder Personen Bedingungen oder Auflagen einer Entscheidung der Kommission nicht eingehalten haben. Eine Versiegelung sollte in jedem Fall nur unter außergewöhnlichen Umständen und nur während der für die Nachprüfung unbedingt erforderlichen Dauer, d. h. normalerweise nicht länger als 48 Stunden, vorgenommen werden.

(40) Unbeschadet der Rechtsprechung des Gerichtshofs ist es auch zweckmäßig, den Umfang der Kontrolle zu bestimmen, die ein einzelstaatliches Gericht ausüben kann, wenn es nach Maßgabe des einzelstaatlichen Rechts vorsorglich die Unterstützung durch die Vollzugsorgane für den Fall genehmigt, dass ein Unternehmen sich weigern sollte, eine durch Entscheidung der Kommission angeordnete Nachprüfung oder Versiegelung zu dulden. Nach ständiger Rechtsprechung kann das einzelstaatliche Gericht die Kommission insbesondere um weitere Auskünfte bitten, die für die Ausübung seiner Kontrolle erforderlich sind und in Ermangelung dieser Auskünfte die Genehmigung verweigern. Des Weiteren sind die einzelstaatlichen Gerichte nach ständiger Rechtsprechung für die Kontrolle der Anwendung der einzelstaatlichen Vorschriften für die Vollstreckung von Zwangsmaßnahmen zuständig. Die zuständigen Behörden der Mitgliedstaaten sollten bei der Ausübung der Untersuchungsbefugnisse der Kommission aktiv mitwirken.

(41) Wenn Unternehmen oder natürliche Personen Entscheidungen der Kommission nachkommen, können sie nicht gezwungen werden, Zuwiderhandlungen einzugestehen; sie sind jedoch in jedem Fall verpflichtet, Sachfragen zu beantworten und Unterlagen beizubringen, auch wenn diese Informationen gegen sie oder gegen andere als Beweis für eine begangene Zuwiderhandlung verwendet werden können.

(42) Im Interesse der Transparenz sollten alle Entscheidungen der Kommission, die nicht rein verfahrensrechtlicher Art sind, auf breiter Ebene bekannt gemacht werden. Ebenso unerlässlich wie die Wahrung der Verteidigungsrechte der beteiligten Unternehmen, insbesondere des Rechts auf Akteneinsicht, ist der Schutz von Geschäftsgeheimnissen. Die Vertraulichkeit der innerhalb des Netzes sowie mit den

---

[6] ABl. C 364 vom 18.12.2000, S. 1.

zuständigen Behörden von Drittländern ausgetauschten Informationen sollte gleichfalls gewahrt werden.

(43) Die Einhaltung dieser Verordnung sollte, soweit erforderlich, durch Geldbußen und Zwangsgelder sichergestellt werden. Dabei sollte dem Gerichtshof nach Artikel 229 des Vertrags die Befugnis zu unbeschränkter Ermessensnachprüfung übertragen werden.

(44) Die Bedingungen, unter denen Zusammenschlüsse in Drittländern durchgeführt werden, an denen Unternehmen beteiligt sind, die ihren Sitz oder ihr Hauptgeschäft in der Gemeinschaft haben, sollten aufmerksam verfolgt werden; es sollte die Möglichkeit vorgesehen werden, dass die Kommission vom Rat ein Verhandlungsmandat mit dem Ziel erhalten kann, eine nicht-diskriminierende Behandlung für solche Unternehmen zu erreichen.

(45) Diese Verordnung berührt in keiner Weise die in den beteiligten Unternehmen anerkannten kollektiven Rechte der Arbeitnehmer, insbesondere im Hinblick auf die nach Gemeinschaftsrecht oder nach innerstaatlichem Recht bestehende Pflicht, die anerkannten Arbeitnehmervertreter zu unterrichten oder anzuhören.

(46) Die Kommission sollte ausführliche Vorschriften für die Durchführung dieser Verordnung entsprechend den Modalitäten für die Ausübung der der Kommission übertragenen Durchführungsbefugnisse festlegen können. Beim Erlass solcher Durchführungsbestimmungen sollte sie durch einen Beratenden Ausschuss unterstützt werden, der gemäß Artikel 23 aus Vertretern der Mitgliedstaaten besteht –

HAT FOLGENDE VERORDNUNG ERLASSEN:

Artikel 1 Anwendungsbereich

(1) Unbeschadet des Artikels 4 Absatz 5 und des Artikels 22 gilt diese Verordnung für alle Zusammenschlüsse von gemeinschaftsweiter Bedeutung im Sinne dieses Artikels.

(2) Ein Zusammenschluss hat gemeinschaftsweite Bedeutung, wenn folgende Umsätze erzielt werden:

a) ein weltweiter Gesamtumsatz aller beteiligten Unternehmen zusammen von mehr als 5 Mrd. EUR und
b) ein gemeinschaftsweiter Gesamtumsatz von mindestens zwei beteiligten Unternehmen von jeweils mehr als 250 Mio. EUR;

dies gilt nicht, wenn die beteiligten Unternehmen jeweils mehr als zwei Drittel ihres gemeinschaftsweiten Gesamtumsatzes in ein und demselben Mitgliedstaat erzielen.

(3) Ein Zusammenschluss, der die in Absatz 2 vorgesehenen Schwellen nicht erreicht, hat gemeinschaftsweite Bedeutung, wenn

a) der weltweite Gesamtumsatz aller beteiligten Unternehmen zusammen mehr als 2,5 Mrd. EUR beträgt,
b) der Gesamtumsatz aller beteiligten Unternehmen in mindestens drei Mitgliedstaaten jeweils 100 Mio. EUR übersteigt,
c) in jedem von mindestens drei von Buchstabe b) erfassten Mitgliedstaaten der Gesamtumsatz von mindestens zwei beteiligten Unternehmen jeweils mehr als 25 Mio. EUR beträgt und
d) der gemeinschaftsweite Gesamtumsatz von mindestens zwei beteiligten Unternehmen jeweils 100 Mio. EUR übersteigt;

dies gilt nicht, wenn die beteiligten Unternehmen jeweils mehr als zwei Drittel ihres gemeinschaftsweiten Gesamtumsatzes in ein und demselben Mitgliedstaat erzielen.

(4) Vor dem 1. Juli 2009 erstattet die Kommission dem Rat auf der Grundlage statistischer Angaben, die die Mitgliedstaaten regelmäßig übermitteln können, über

die Anwendung der in den Absätzen 2 und 3 vorgesehenen Schwellen und Kriterien Bericht, wobei sie Vorschläge gemäß Absatz 5 unterbreiten kann.

(5) Der Rat kann im Anschluss an den in Absatz 4 genannten Bericht auf Vorschlag der Kommission mit qualifizierter Mehrheit die in Absatz 3 aufgeführten Schwellen und Kriterien ändern.

Artikel 2 Beurteilung von Zusammenschlüssen

(1) *[1]* Zusammenschlüsse im Sinne dieser Verordnung sind nach Maßgabe der Ziele dieser Verordnung und der folgenden Bestimmungen auf ihre Vereinbarkeit mit dem Gemeinsamen Markt zu prüfen.

[2] Bei dieser Prüfung berücksichtigt die Kommission:

a) die Notwendigkeit, im Gemeinsamen Markt wirksamen Wettbewerb aufrechtzuerhalten und zu entwickeln, insbesondere im Hinblick auf die Struktur aller betroffenen Märkte und den tatsächlichen oder potenziellen Wettbewerb durch innerhalb oder außerhalb der Gemeinschaft ansässige Unternehmen;

b) die Marktstellung sowie die wirtschaftliche Macht und die Finanzkraft der beteiligten Unternehmen, die Wahlmöglichkeiten der Lieferanten und Abnehmer, ihren Zugang zu den Beschaffungs- und Absatzmärkten, rechtliche oder tatsächliche Marktzutrittsschranken, die Entwicklung des Angebots und der Nachfrage bei den jeweiligen Erzeugnissen und Dienstleistungen, die Interessen der Zwischen- und Endverbraucher sowie die Entwicklung des technischen und wirtschaftlichen Fortschritts, sofern diese dem Verbraucher dient und den Wettbewerb nicht behindert.

(2) Zusammenschlüsse, durch die wirksamer Wettbewerb im Gemeinsamen Markt oder in einem wesentlichen Teil desselben nicht erheblich behindert würde, insbesondere durch Begründung oder Verstärkung einer beherrschenden Stellung, sind für mit dem Gemeinsamen Markt vereinbar zu erklären.

(3) Zusammenschlüsse, durch die wirksamer Wettbewerb im Gemeinsamen Markt oder in einem wesentlichen Teil desselben erheblich behindert würde, insbesondere durch Begründung oder Verstärkung einer beherrschenden Stellung, sind für mit dem Gemeinsamen Markt unvereinbar zu erklären.

(4) Soweit die Gründung eines Gemeinschaftsunternehmens, das einen Zusammenschluss gemäß Artikel 3 darstellt, die Koordinierung des Wettbewerbsverhaltens unabhängig bleibender Unternehmen bezweckt oder bewirkt, wird eine solche Koordinierung nach den Kriterien des Artikels 81 Absätze 1 und 3 des Vertrags beurteilt, um festzustellen, ob das Vorhaben mit dem Gemeinsamen Markt vereinbar ist.

(5) Bei dieser Beurteilung berücksichtigt die Kommission insbesondere, ob

- es auf dem Markt des Gemeinschaftsunternehmens oder auf einem diesem vor- oder nachgelagerten Markt oder auf einem benachbarten oder eng mit ihm verknüpften Markt eine nennenswerte und gleichzeitige Präsenz von zwei oder mehr Gründerunternehmen gibt;
- die unmittelbar aus der Gründung des Gemeinschaftsunternehmens erwachsende Koordinierung den beteiligten Unternehmen die Möglichkeit eröffnet, für einen wesentlichen Teil der betreffenden Waren und Dienstleistungen den Wettbewerb auszuschalten.

Artikel 3 Definition des Zusammenschlusses

(1) Ein Zusammenschluss wird dadurch bewirkt, dass eine dauerhafte Veränderung der Kontrolle in der Weise stattfindet, dass

a) zwei oder mehr bisher voneinander unabhängige Unternehmen oder Unternehmensteile fusionieren oder dass
b) eine oder mehrere Personen, die bereits mindestens ein Unternehmen kontrollieren, oder ein oder mehrere Unternehmen durch den Erwerb von Anteilsrechten oder Vermögenswerten, durch Vertrag oder in sonstiger Weise die unmittelbare oder mittelbare Kontrolle über die Gesamtheit oder über Teile eines oder mehrerer anderer Unternehmen erwerben.

(2) Die Kontrolle wird durch Rechte, Verträge oder andere Mittel begründet, die einzeln oder zusammen unter Berücksichtigung aller tatsächlichen oder rechtlichen Umstände die Möglichkeit gewähren, einen bestimmenden Einfluss auf die Tätigkeit eines Unternehmens auszuüben, insbesondere durch:
a) Eigentums – oder Nutzungsrechte an der Gesamtheit oder an Teilen des Vermögens des Unternehmens;
b) Rechte oder Verträge, die einen bestimmenden Einfluss auf die Zusammensetzung, die Beratungen oder Beschlüsse der Organe des Unternehmens gewähren.

(3) Die Kontrolle wird für die Personen oder Unternehmen begründet,
a) die aus diesen Rechten oder Verträgen selbst berechtigt sind, oder
b) die, obwohl sie aus diesen Rechten oder Verträgen nicht selbst berechtigt sind, die Befugnis haben, die sich daraus ergebenden Rechte auszuüben.

(4) Die Gründung eines Gemeinschaftsunternehmens, das auf Dauer alle Funktionen einer selbstständigen wirtschaftlichen Einheit erfüllt, stellt einen Zusammenschluss im Sinne von Absatz 1 Buchstabe b) dar.

(5) Ein Zusammenschluss wird nicht bewirkt,
a) wenn Kreditinstitute, sonstige Finanzinstitute oder Versicherungsgesellschaften, deren normale Tätigkeit Geschäfte und den Handel mit Wertpapieren für eigene oder fremde Rechnung einschließt, vorübergehend Anteile an einem Unternehmen zum Zweck der Veräußerung erwerben, sofern sie die mit den Anteilen verbundenen Stimmrechte nicht ausüben, um das Wettbewerbsverhalten des Unternehmens zu bestimmen, oder sofern sie die Stimmrechte nur ausüben, um die Veräußerung der Gesamtheit oder von Teilen des Unternehmens oder seiner Vermögenswerte oder die Veräußerung der Anteile vorzubereiten, und sofern die Veräußerung innerhalb eines Jahres nach dem Zeitpunkt des Erwerbs erfolgt; diese Frist kann von der Kommission auf Antrag verlängert werden, wenn die genannten Institute oder Gesellschaften nachweisen, dass die Veräußerung innerhalb der vorgeschriebenen Frist unzumutbar war;
b) wenn der Träger eines öffentlichen Mandats aufgrund der Gesetzgebung eines Mitgliedstaats über die Auflösung von Unternehmen, die Insolvenz, die Zahlungseinstellung, den Vergleich oder ähnliche Verfahren die Kontrolle erwirbt;
c) wenn die in Absatz 1 Buchstabe b) bezeichneten Handlungen von Beteiligungsgesellschaften im Sinne von Artikel 5 Absatz 3 der Vierten Richtlinie 78/660/EWG des Rates vom 25. Juli 1978 aufgrund von Artikel 54 Absatz 3 Buchstabe g) des Vertrages über den Jahresabschluss von Gesellschaften bestimmter Rechtsformen[1] vorgenommen werden, jedoch mit der Einschränkung, dass die mit den erworbenen Anteilen verbundenen Stimmrechte, insbesondere wenn sie zur Ernennung der Mitglieder der geschäftsführenden oder aufsichtsführenden Organe der Unternehmen ausgeübt werden, an denen die Beteiligungsgesellschaften Anteile halten, nur zur Erhaltung des vollen Wertes der Investitionen und nicht dazu benutzt werden, unmittelbar oder mittelbar das Wettbewerbsverhalten dieser Unternehmen zu bestimmen.

---

[1] ABl. L 222 vom 14.8.1978, S. 11. Richtlinie zuletzt geändert durch die Richtlinie 2003/51/EG des Europäischen Parlaments und des Rates (ABl. L 178 vom 17.7.2003, S. 16).

Artikel 4 Vorherige Anmeldung von Zusammenschlüssen und Verweisung vor der Anmeldung auf Antrag der Anmelder

(1) *[1]* Zusammenschlüsse von gemeinschaftsweiter Bedeutung im Sinne dieser Verordnung sind nach Vertragsabschluss, Veröffentlichung des Übernahmeangebots oder Erwerb einer die Kontrolle begründenden Beteiligung und vor ihrem Vollzug bei der Kommission anzumelden.

[2] Eine Anmeldung ist auch dann möglich, wenn die beteiligten Unternehmen der Kommission gegenüber glaubhaft machen, dass sie gewillt sind, einen Vertrag zu schließen, oder im Fall eines Übernahmeangebots öffentlich ihre Absicht zur Abgabe eines solchen Angebots bekundet haben, sofern der beabsichtigte Vertrag oder das beabsichtigte Angebot zu einem Zusammenschluss von gemeinschaftsweiter Bedeutung führen würde.

[3] [1]Im Sinne dieser Verordnung bezeichnet der Ausdruck „angemeldeter Zusammenschluss" auch beabsichtigte Zusammenschlüsse, die nach Unterabsatz 2 angemeldet werden. [2]Für die Zwecke der Absätze 4 und 5 bezeichnet der Ausdruck „Zusammenschluss" auch beabsichtigte Zusammenschlüsse im Sinne von Unterabsatz 2.

(2) [1]Zusammenschlüsse in Form einer Fusion im Sinne des Artikels 3 Absatz 1 Buchstabe a) oder in Form der Begründung einer gemeinsamen Kontrolle im Sinne des Artikels 3 Absatz 1 Buchstabe b) sind von den an der Fusion oder der Begründung der gemeinsamen Kontrolle Beteiligten gemeinsam anzumelden. [2]In allen anderen Fällen ist die Anmeldung von der Person oder dem Unternehmen vorzunehmen, die oder das die Kontrolle über die Gesamtheit oder über Teile eines oder mehrerer Unternehmen erwirbt.

(3) [1]Stellt die Kommission fest, dass ein Zusammenschluss unter diese Verordnung fällt, so veröffentlicht sie die Tatsache der Anmeldung unter Angabe der Namen der beteiligten Unternehmen, ihres Herkunftslands, der Art des Zusammenschlusses sowie der betroffenen Wirtschaftszweige. [2]Die Kommission trägt den berechtigten Interessen der Unternehmen an der Wahrung ihrer Geschäftsgeheimnisse Rechnung.

(4) [1] *[1]* Vor der Anmeldung eines Zusammenschlusses gemäß Absatz 1 können die Personen oder Unternehmen im Sinne des Absatzes 2 der Kommission in einem begründeten Antrag mitteilen, dass der Zusammenschluss den Wettbewerb in einem Markt innerhalb eines Mitgliedstaats, der alle Merkmale eines gesonderten Marktes aufweist, erheblich beeinträchtigen könnte und deshalb ganz oder teilweise von diesem Mitgliedstaat geprüft werden sollte.

[2] [1]Die Kommission leitet diesen Antrag unverzüglich an alle Mitgliedstaaten weiter. [2]Der in dem begründeten Antrag genannte Mitgliedstaat teilt innerhalb von 15 Arbeitstagen nach Erhalt dieses Antrags mit, ob er der Verweisung des Falles zustimmt oder nicht. [3]Trifft der betreffende Mitgliedstaat eine Entscheidung nicht innerhalb dieser Frist, so gilt dies als Zustimmung.

[3] Soweit dieser Mitgliedstaat der Verweisung nicht widerspricht, kann die Kommission, wenn sie der Auffassung ist, dass ein gesonderter Markt besteht und der Wettbewerb in diesem Markt durch den Zusammenschluss erheblich beeinträchtigt werden könnte, den gesamten Fall oder einen Teil des Falles an die zuständigen Behörden des betreffenden Mitgliedstaats verweisen, damit das Wettbewerbsrecht dieses Mitgliedstaats angewandt wird.

---

[1] Siehe hierzu u.a. Verweisung von Fusionssachen und Leitfaden zur Anwendung des Verweisungssystems nach Artikel 22 der Fusionskontrollverordnung auf bestimmte Kategorien von Vorhaben.

[4] [1]Die Entscheidung über die Verweisung oder Nichtverweisung des Falls gemäß Unterabsatz 3 ergeht innerhalb von 25 Arbeitstagen nach Eingang des begründeten Antrags bei der Kommission. [2]Die Kommission teilt ihre Entscheidung den übrigen Mitgliedstaaten und den beteiligten Personen oder Unternehmen mit. [3]Trifft die Kommission innerhalb dieser Frist keine Entscheidung, so gilt der Fall entsprechend dem von den beteiligten Personen oder Unternehmen gestellten Antrag als verwiesen.

[5] [1]Beschließt die Kommission die Verweisung des gesamten Falles oder gilt der Fall gemäß den Unterabsätzen 3 und 4 als verwiesen, erfolgt keine Anmeldung gemäß Absatz 1, und das Wettbewerbsrecht des betreffenden Mitgliedstaats findet Anwendung. [2]Artikel 9 Absätze 6 bis 9 finden entsprechend Anwendung.

(5) [2] *[1]* Im Fall eines Zusammenschlusses im Sinne des Artikels 3, der keine gemeinschaftsweite Bedeutung im Sinne von Artikel 1 hat und nach dem Wettbewerbsrecht mindestens dreier Mitgliedstaaten geprüft werden könnte, können die in Absatz 2 genannten Personen oder Unternehmen vor einer Anmeldung bei den zuständigen Behörden der Kommission in einem begründeten Antrag mitteilen, dass der Zusammenschluss von der Kommission geprüft werden sollte.

[2] Die Kommission leitet diesen Antrag unverzüglich an alle Mitgliedstaaten weiter.

[3] Jeder Mitgliedstaat, der nach seinem Wettbewerbsrecht für die Prüfung des Zusammenschlusses zuständig ist, kann innerhalb von 15 Arbeitstagen nach Erhalt dieses Antrags die beantragte Verweisung ablehnen.

[4] [1]Lehnt mindestens ein Mitgliedstaat gemäß Unterabsatz 3 innerhalb der Frist von 15 Arbeitstagen die beantragte Verweisung ab, so wird der Fall nicht verwiesen. [2]Die Kommission unterrichtet unverzüglich alle Mitgliedstaaten und die beteiligten Personen oder Unternehmen von einer solchen Ablehnung.

[5] [1]Hat kein Mitgliedstaat gemäß Unterabsatz 3 innerhalb von 15 Arbeitstagen die beantragte Verweisung abgelehnt, so wird die gemeinschaftsweite Bedeutung des Zusammenschlusses vermutet und er ist bei der Kommission gemäß den Absätzen 1 und 2 anzumelden. [2]In diesem Fall wendet kein Mitgliedstaat sein innerstaatliches Wettbewerbsrecht auf den Zusammenschluss an.

(6) [1]Die Kommission erstattet dem Rat spätestens bis 1. Juli 2009 Bericht über das Funktionieren der Absätze 4 und 5. [2]Der Rat kann im Anschluss an diesen Bericht auf Vorschlag der Kommission die Absätze 4 und 5 mit qualifizierter Mehrheit ändern.

Artikel 5 Berechnung des Umsatzes

(1) *[1]* [1]Für die Berechnung des Gesamtumsatzes im Sinne dieser Verordnung sind die Umsätze zusammenzuzählen, welche die beteiligten Unternehmen im letzten Geschäftsjahr mit Waren und Dienstleistungen erzielt haben und die dem normalen geschäftlichen Tätigkeitsbereich der Unternehmen zuzuordnen sind, unter Abzug von Erlösschmälerungen, der Mehrwertsteuer und anderer unmittelbar auf den Umsatz bezogener Steuern. [2]Bei der Berechnung des Gesamtumsatzes eines beteiligten Unternehmens werden Umsätze zwischen den in Absatz 4 genannten Unternehmen nicht berücksichtigt.

---

[2] Siehe hierzu u.a. Verweisung von Fusionssachen und Leitfaden zur Anwendung des Verweisungssystems nach Artikel 22 der Fusionskontrollverordnung auf bestimmte Kategorien von Vorhaben.

[2] Der in der Gemeinschaft oder in einem Mitgliedstaat erzielte Umsatz umfasst den Umsatz, der mit Waren und Dienstleistungen für Unternehmen oder Verbraucher in der Gemeinschaft oder in diesem Mitgliedstaat erzielt wird.

(2) *[1]* Wird der Zusammenschluss durch den Erwerb von Teilen eines oder mehrerer Unternehmen bewirkt, so ist unabhängig davon, ob diese Teile eigene Rechtspersönlichkeit besitzen, abweichend von Absatz 1 aufseiten des Veräußerers nur der Umsatz zu berücksichtigen, der auf die veräußerten Teile entfällt.

[2] Zwei oder mehr Erwerbsvorgänge im Sinne von Unterabsatz 1, die innerhalb von zwei Jahren zwischen denselben Personen oder Unternehmen getätigt werden, werden hingegen als ein einziger Zusammenschluss behandelt, der zum Zeitpunkt des letzten Erwerbsvorgangs stattfindet.

(3) An die Stelle des Umsatzes tritt

a) bei Kredit- und sonstigen Finanzinstituten die Summe der folgenden in der Richtlinie 86/635/EWG des Rates[1] definierten Ertragsposten gegebenenfalls nach Abzug der Mehrwertsteuer und sonstiger direkt auf diese Erträge erhobener Steuern:
   i) Zinserträge und ähnliche Erträge,
   ii) Erträge aus Wertpapieren:
      – Erträge aus Aktien, anderen Anteilsrechten und nicht festverzinslichen Wertpapieren,
      – Erträge aus Beteiligungen,
      – Erträge aus Anteilen an verbundenen Unternehmen,
   iii) Provisionserträge,
   iv) Nettoerträge aus Finanzgeschäften,
   v) sonstige betriebliche Erträge.

   Der Umsatz eines Kredit- oder Finanzinstituts in der Gemeinschaft oder in einem Mitgliedstaat besteht aus den vorerwähnten Ertragsposten, die die in der Gemeinschaft oder dem betreffenden Mitgliedstaat errichtete Zweig- oder Geschäftsstelle des Instituts verbucht;

b) bei Versicherungsunternehmen die Summe der Bruttoprämien; diese Summe umfasst alle vereinnahmten sowie alle noch zu vereinnahmenden Prämien aufgrund von Versicherungsverträgen, die von diesen Unternehmen oder für ihre Rechnung abgeschlossen worden sind, einschließlich etwaiger Rückversicherungsprämien und abzüglich der aufgrund des Betrags der Prämie oder des gesamten Prämienvolumens berechneten Steuern und sonstigen Abgaben. Bei der Anwendung von Artikel 1 Absatz 2 Buchstabe b) und Absatz 3 Buchstaben b), c) und d) sowie den letzten Satzteilen der genannten beiden Absätze ist auf die Bruttoprämien abzustellen, die von in der Gemeinschaft bzw. in einem Mitgliedstaat ansässigen Personen gezahlt werden.

(4) Der Umsatz eines beteiligten Unternehmens im Sinne dieser Verordnung setzt sich unbeschadet des Absatzes 2 zusammen aus den Umsätzen

a) des beteiligten Unternehmens;

b) der Unternehmen, in denen das beteiligte Unternehmen unmittelbar oder mittelbar entweder
   i) mehr als die Hälfte des Kapitals oder des Betriebsvermögens besitzt oder
   ii) über mehr als die Hälfte der Stimmrechte verfügt oder
   iii) mehr als die Hälfte der Mitglieder des Aufsichtsrats, des Verwaltungsrats oder der zur gesetzlichen Vertretung berufenen Organe bestellen kann oder
   iv) das Recht hat, die Geschäfte des Unternehmens zu führen;

---

[1] ABl. L 372 vom 31.12.1986, S. 1. Richtlinie zuletzt geändert durch die Richtlinie 2003/51/EG des Europäischen Parlaments und des Rates.

c) der Unternehmen, die in dem beteiligten Unternehmen die unter Buchstabe b) bezeichneten Rechte oder Einflussmöglichkeiten haben;
d) der Unternehmen, in denen ein unter Buchstabe c) genanntes Unternehmen die unter Buchstabe b) bezeichneten Rechte oder Einflussmöglichkeiten hat;
e) der Unternehmen, in denen mehrere der unter den Buchstaben a) bis d) genannten Unternehmen jeweils gemeinsam die in Buchstabe b) bezeichneten Rechte oder Einflussmöglichkeiten haben.

(5) Haben an dem Zusammenschluss beteiligte Unternehmen gemeinsam die in Absatz 4 Buchstabe b) bezeichneten Rechte oder Einflussmöglichkeiten, so gilt für die Berechnung des Umsatzes der beteiligten Unternehmen im Sinne dieser Verordnung folgende Regelung:
a) Nicht zu berücksichtigen sind die Umsätze mit Waren und Dienstleistungen zwischen dem Gemeinschaftsunternehmen und jedem der beteiligten Unternehmen oder mit einem Unternehmen, das mit diesen im Sinne von Absatz 4 Buchstaben b) bis e) verbunden ist.
b) Zu berücksichtigen sind die Umsätze mit Waren und Dienstleistungen zwischen dem Gemeinschaftsunternehmen und jedem dritten Unternehmen. Diese Umsätze sind den beteiligten Unternehmen zu gleichen Teilen zuzurechnen.

Artikel 6 Prüfung der Anmeldung und Einleitung des Verfahrens

(1) Die Kommission beginnt unmittelbar nach dem Eingang der Anmeldung mit deren Prüfung.
a) Gelangt sie zu dem Schluss, dass der angemeldete Zusammenschluss nicht unter diese Verordnung fällt, so stellt sie dies durch Entscheidung fest.
b) Stellt sie fest, dass der angemeldete Zusammenschluss zwar unter diese Verordnung fällt, jedoch keinen Anlass zu ernsthaften Bedenken hinsichtlich seiner Vereinbarkeit mit dem Gemeinsamen Markt gibt, so trifft sie die Entscheidung, keine Einwände zu erheben und erklärt den Zusammenschluss für vereinbar mit dem Gemeinsamen Markt.

Durch eine Entscheidung, mit der ein Zusammenschluss für vereinbar erklärt wird, gelten auch die mit seiner Durchführung unmittelbar verbundenen und für sie notwendigen Einschränkungen als genehmigt.
c) Stellt die Kommission unbeschadet des Absatzes 2 fest, dass der angemeldete Zusammenschluss unter diese Verordnung fällt und Anlass zu ernsthaften Bedenken hinsichtlich seiner Vereinbarkeit mit dem Gemeinsamen Markt gibt, so trifft sie die Entscheidung, das Verfahren einzuleiten. Diese Verfahren werden unbeschadet des Artikels 9 durch eine Entscheidung nach Artikel 8 Absätze 1 bis 4 abgeschlossen, es sei denn, die beteiligten Unternehmen haben der Kommission gegenüber glaubhaft gemacht, dass sie den Zusammenschluss aufgegeben haben.

(2) *[1]* Stellt die Kommission fest, dass der angemeldete Zusammenschluss nach Änderungen durch die beteiligten Unternehmen keinen Anlass mehr zu ernsthaften Bedenken im Sinne des Absatzes 1 Buchstabe c) gibt, so erklärt sie gemäß Absatz 1 Buchstabe b) den Zusammenschluss für vereinbar mit dem Gemeinsamen Markt.

[2] Die Kommission kann ihre Entscheidung gemäß Absatz 1 Buchstabe b) mit Bedingungen und Auflagen verbinden, um sicherzustellen, dass die beteiligten Unternehmen den Verpflichtungen nachkommen, die sie gegenüber der Kommission hinsichtlich einer mit dem Gemeinsamen Markt zu vereinbarenden Gestaltung des Zusammenschlusses eingegangen sind.

(3) Die Kommission kann eine Entscheidung gemäß Absatz 1 Buchstabe a) oder b) widerrufen, wenn
a) die Entscheidung auf unrichtigen Angaben, die von einem beteiligten Unternehmen zu vertreten sind, beruht oder arglistig herbeigeführt worden ist

oder
b) die beteiligten Unternehmen einer in der Entscheidung vorgesehenen Auflage zuwiderhandeln.

(4) In den in Absatz 3 genannten Fällen kann die Kommission eine Entscheidung gemäß Absatz 1 treffen, ohne an die in Artikel 10 Absatz 1 genannten Fristen gebunden zu sein.

(5) Die Kommission teilt ihre Entscheidung den beteiligten Unternehmen und den zuständigen Behörden der Mitgliedstaaten unverzüglich mit.

Artikel 7 Aufschub des Vollzugs von Zusammenschlüssen

(1) Ein Zusammenschluss von gemeinschaftsweiter Bedeutung im Sinne des Artikels 1 oder ein Zusammenschluss, der von der Kommission gemäß Artikel 4 Absatz 5 geprüft werden soll, darf weder vor der Anmeldung noch so lange vollzogen werden, bis er aufgrund einer Entscheidung gemäß Artikel 6 Absatz 1 Buchstabe b) oder Artikel 8 Absätze 1 oder 2 oder einer Vermutung gemäß Artikel 10 Absatz 6 für vereinbar mit dem Gemeinsamen Markt erklärt worden ist.

(2) Absatz 1 steht der Verwirklichung von Vorgängen nicht entgegen, bei denen die Kontrolle im Sinne von Artikel 3 von mehreren Veräußerern entweder im Wege eines öffentlichen Übernahmeangebots oder im Wege einer Reihe von Rechtsgeschäften mit Wertpapieren, einschließlich solchen, die in andere zum Handel an einer Börse oder an einem ähnlichen Markt zugelassene Wertpapiere konvertierbar sind, erworben wird, sofern
a) der Zusammenschluss gemäß Artikel 4 unverzüglich bei der Kommission angemeldet wird und
b) der Erwerber die mit den Anteilen verbundenen Stimmrechte nicht ausübt oder nur zur Erhaltung des vollen Wertes seiner Investition aufgrund einer von der Kommission nach Absatz 3 erteilten Freistellung ausübt.

(3) [1]Die Kommission kann auf Antrag eine Freistellung von den in Absatz 1 oder Absatz 2 bezeichneten Pflichten erteilen. [2]Der Antrag auf Freistellung muss mit Gründen versehen sein. [3]Die Kommission beschließt über den Antrag unter besonderer Berücksichtigung der möglichen Auswirkungen des Aufschubs des Vollzugs auf ein oder mehrere an dem Zusammenschluss beteiligte Unternehmen oder auf Dritte sowie der möglichen Gefährdung des Wettbewerbs durch den Zusammenschluss. [4]Die Freistellung kann mit Bedingungen und Auflagen verbunden werden, um die Voraussetzungen für einen wirksamen Wettbewerb zu sichern. [5]Sie kann jederzeit, auch vor der Anmeldung oder nach Abschluss des Rechtsgeschäfts, beantragt und erteilt werden.

(4) *[1]* Die Wirksamkeit eines unter Missachtung des Absatzes 1 abgeschlossenen Rechtsgeschäfts ist von einer nach Artikel 6 Absatz 1 Buchstabe b) oder nach Artikel 8 Absätze 1, 2 oder 3 erlassenen Entscheidung oder von dem Eintritt der in Artikel 10 Absatz 6 vorgesehenen Vermutung abhängig.

[2] Dieser Artikel berührt jedoch nicht die Wirksamkeit von Rechtsgeschäften mit Wertpapieren, einschließlich solcher, die in andere Wertpapiere konvertierbar sind, wenn diese Wertpapiere zum Handel an einer Börse oder an einem ähnlichen Markt zugelassen sind, es sei denn, dass die Käufer und die Verkäufer wussten oder hätten wissen müssen, dass das betreffende Rechtsgeschäft unter Missachtung des Absatzes 1 geschlossen wurde.

Artikel 8 Entscheidungsbefugnisse der Kommission

(1) *[1]* Stellt die Kommission fest, dass ein angemeldeter Zusammenschluss dem in Artikel 2 Absatz 2 festgelegten Kriterium und – in den in Artikel 2 Absatz 4

genannten Fällen – den Kriterien des Artikels 81 Absatz 3 des Vertrags entspricht, so erlässt sie eine Entscheidung, mit der der Zusammenschluss für vereinbar mit dem Gemeinsamen Markt erklärt wird.

[2] Durch eine Entscheidung, mit der ein Zusammenschluss für vereinbar erklärt wird, gelten auch die mit seiner Durchführung unmittelbar verbundenen und für sie notwendigen Einschränkungen als genehmigt.

(2) *[1]* Stellt die Kommission fest, dass ein angemeldeter Zusammenschluss nach entsprechenden Änderungen durch die beteiligten Unternehmen dem in Artikel 2 Absatz 2 festgelegten Kriterium und – in den in Artikel 2 Absatz 4 genannten Fällen – den Kriterien des Artikels 81 Absatz 3 des Vertrags entspricht, so erlässt sie eine Entscheidung, mit der der Zusammenschluss für vereinbar mit dem Gemeinsamen Markt erklärt wird.

[2] Die Kommission kann ihre Entscheidung mit Bedingungen und Auflagen verbinden, um sicherzustellen, dass die beteiligten Unternehmen den Verpflichtungen nachkommen, die sie gegenüber der Kommission hinsichtlich einer mit dem Gemeinsamen Markt zu vereinbarenden Gestaltung des Zusammenschlusses eingegangen sind.

[3] Durch eine Entscheidung, mit der ein Zusammenschluss für vereinbar erklärt wird, gelten auch die mit seiner Durchführung unmittelbar verbundenen und für sie notwendigen Einschränkungen als genehmigt.

(3) Stellt die Kommission fest, dass ein Zusammenschluss dem in Artikel 2 Absatz 3 festgelegten Kriterium entspricht oder – in den in Artikel 2 Absatz 4 genannten Fällen – den Kriterien des Artikels 81 Absatz 3 des Vertrags nicht entspricht, so erlässt sie eine Entscheidung, mit der der Zusammenschluss für unvereinbar mit dem Gemeinsamen Markt erklärt wird.

(4) *[1]* Stellt die Kommission fest, dass ein Zusammenschluss

a) bereits vollzogen wurde und dieser Zusammenschluss für unvereinbar mit dem Gemeinsamen Markt erklärt worden ist oder
b) unter Verstoß gegen eine Bedingung vollzogen wurde, unter der eine Entscheidung gemäß Absatz 2 ergangen ist, in der festgestellt wird, dass der Zusammenschluss bei Nichteinhaltung der Bedingung das Kriterium des Artikels 2 Absatz 3 erfüllen würde oder – in den in Artikel 2 Absatz 4 genannten Fällen – die Kriterien des Artikels 81 Absatz 3 des Vertrags nicht erfüllen würde, kann sie die folgenden Maßnahmen ergreifen:
   – Sie kann den beteiligten Unternehmen aufgeben, den Zusammenschluss rückgängig zu machen, insbesondere durch die Auflösung der Fusion oder die Veräußerung aller erworbenen Anteile oder Vermögensgegenstände, um den Zustand vor dem Vollzug des Zusammenschlusses wiederherzustellen. Ist es nicht möglich, den Zustand vor dem Vollzug des Zusammenschlusses dadurch wiederherzustellen, dass der Zusammenschluss rückgängig gemacht wird, so kann die Kommission jede andere geeignete Maßnahme treffen, um diesen Zustand soweit wie möglich wiederherzustellen.
   – Sie kann jede andere geeignete Maßnahme anordnen, um sicherzustellen, dass die beteiligten Unternehmen den Zusammenschluss rückgängig machen oder andere Maßnahmen zur Wiederherstellung des früheren Zustands nach Maßgabe ihrer Entscheidung ergreifen.

[2] In den in Unterabsatz 1 Buchstabe a) genannten Fällen können die dort genannten Maßnahmen entweder durch eine Entscheidung nach Absatz 3 oder durch eine gesonderte Entscheidung auferlegt werden.

(5) Die Kommission kann geeignete einstweilige Maßnahmen anordnen, um wirksamen Wettbewerb wiederherzustellen oder aufrecht zu erhalten, wenn ein Zusammenschluss

a) unter Verstoß gegen Artikel 7 vollzogen wurde und noch keine Entscheidung über die Vereinbarkeit des Zusammenschlusses mit dem Gemeinsamen Markt ergangen ist;
b) unter Verstoß gegen eine Bedingung vollzogen wurde, unter der eine Entscheidung gemäß Artikel 6 Absatz 1 Buchstabe b) oder Absatz 2 des vorliegenden Artikels ergangen ist;
c) bereits vollzogen wurde und für mit dem Gemeinsamen Markt unvereinbar erklärt wird.

(6) Die Kommission kann eine Entscheidung gemäß Absatz 1 oder Absatz 2 widerrufen, wenn
a) die Vereinbarkeitserklärung auf unrichtigen Angaben beruht, die von einem der beteiligten Unternehmen zu vertreten sind, oder arglistig herbeigeführt worden ist oder
b) die beteiligten Unternehmen einer in der Entscheidung vorgesehenen Auflage zuwiderhandeln.

(7) Die Kommission kann eine Entscheidung gemäß den Absätzen 1 bis 3 treffen, ohne an die in Artikel 10 Absatz 3 genannten Fristen gebunden zu sein, wenn
a) sie feststellt, dass ein Zusammenschluss vollzogen wurde
   i) unter Verstoß gegen eine Bedingung, unter der eine Entscheidung gemäß Artikel 6 Absatz 1 Buchstabe b) ergangen ist oder
   ii) unter Verstoß gegen eine Bedingung, unter der eine Entscheidung gemäß Absatz 2 ergangen ist, mit der in Einklang mit Artikel 10 Absatz 2 festgestellt wird, dass der Zusammenschluss bei Nichterfüllung der Bedingung Anlass zu ernsthaften Bedenken hinsichtlich seiner Vereinbarkeit mit dem Gemeinsamen Markt geben würde oder
b) eine Entscheidung gemäß Absatz 6 widerrufen wurde.

(8) Die Kommission teilt ihre Entscheidung den beteiligten Unternehmen und den zuständigen Behörden der Mitgliedstaaten unverzüglich mit.

Artikel 9[1] Verweisung an die zuständigen Behörden der Mitgliedstaaten

(1) Die Kommission kann einen angemeldeten Zusammenschluss durch Entscheidung unter den folgenden Voraussetzungen an die zuständigen Behörden des betreffenden Mitgliedstaats verweisen; sie unterrichtet die beteiligten Unternehmen und die zuständigen Behörden der übrigen Mitgliedstaaten unverzüglich von dieser Entscheidung.

(2) Ein Mitgliedstaat kann der Kommission, die die beteiligten Unternehmen entsprechend unterrichtet, von Amts wegen oder auf Aufforderung durch die Kommission binnen 15 Arbeitstagen nach Erhalt der Kopie der Anmeldung mitteilen, dass
a) ein Zusammenschluss den Wettbewerb auf einem Markt in diesem Mitgliedstaat, der alle Merkmale eines gesonderten Marktes aufweist, erheblich zu beeinträchtigen droht oder
b) ein Zusammenschluss den Wettbewerb auf einem Markt in diesem Mitgliedstaat beeinträchtigen würde, der alle Merkmale eines gesonderten Marktes aufweist und keinen wesentlichen Teil des Gemeinsamen Marktes darstellt.

(3) *[1]* Ist die Kommission der Auffassung, dass unter Berücksichtigung des Marktes der betreffenden Waren oder Dienstleistungen und des räumlichen Referenz-

[1] Siehe hierzu u.a. Verweisung von Fusionssachen und Leitfaden zur Anwendung des Verweisungssystems nach Artikel 22 der Fusionskontrollverordnung auf bestimmte Kategorien von Vorhaben.

marktes im Sinne des Absatzes 7 ein solcher gesonderter Markt und eine solche Gefahr bestehen,

a) so behandelt sie entweder den Fall nach Maßgabe dieser Verordnung selbst oder
b) verweist die Gesamtheit oder einen Teil des Falls an die zuständigen Behörden des betreffenden Mitgliedstaats, damit das Wettbewerbsrecht dieses Mitgliedstaats angewandt wird.

[2] Ist die Kommission dagegen der Auffassung, dass ein solcher gesonderter Markt oder eine solche Gefahr nicht besteht, so stellt sie dies durch Entscheidung fest, die sie an den betreffenden Mitgliedstaat richtet, und behandelt den Fall nach Maßgabe dieser Verordnung selbst.

[3] In Fällen, in denen ein Mitgliedstaat der Kommission gemäß Absatz 2 Buchstabe b) mitteilt, dass ein Zusammenschluss in seinem Gebiet einen gesonderten Markt beeinträchtigt, der keinen wesentlichen Teil des Gemeinsamen Marktes darstellt, verweist die Kommission den gesamten Fall oder den Teil des Falls, der den gesonderten Markt betrifft, an die zuständigen Behörden des betreffenden Mitgliedstaats, wenn sie der Auffassung ist, dass ein gesonderter Markt betroffen ist.

(4) Die Entscheidung über die Verweisung oder Nichtverweisung nach Absatz 3 ergeht

a) in der Regel innerhalb der in Artikel 10 Absatz 1 Unterabsatz 2 genannten Frist, falls die Kommission das Verfahren nach Artikel 6 Absatz 1 Buchstabe b) nicht eingeleitet hat; oder
b) spätestens 65 Arbeitstage nach der Anmeldung des Zusammenschlusses, wenn die Kommission das Verfahren nach Artikel 6 Absatz 1 Buchstabe c) eingeleitet, aber keine vorbereitenden Schritte zum Erlass der nach Artikel 8 Absätze 2, 3 oder 4 erforderlichen Maßnahmen unternommen hat, um wirksamen Wettbewerb auf dem betroffenen Markt aufrechtzuerhalten oder wiederherzustellen.

(5) Hat die Kommission trotz Erinnerung durch den betreffenden Mitgliedstaat innerhalb der in Absatz 4 Buchstabe b) bezeichneten Frist von 65 Arbeitstagen weder eine Entscheidung gemäß Absatz 3 über die Verweisung oder Nichtverweisung erlassen noch die in Absatz 4 Buchstabe b) bezeichneten vorbereitenden Schritte unternommen, so gilt die unwiderlegbare Vermutung, dass sie den Fall nach Absatz 3 Buchstabe b) an den betreffenden Mitgliedstaat verwiesen hat.

(6) *[1]* Die zuständigen Behörden des betreffenden Mitgliedstaats entscheiden ohne unangemessene Verzögerung über den Fall.

[2] [1]Innerhalb von 45 Arbeitstagen nach der Verweisung von der Kommission teilt die zuständige Behörde des betreffenden Mitgliedstaats den beteiligten Unternehmen das Ergebnis einer vorläufigen wettbewerbsrechtlichen Prüfung sowie die gegebenenfalls von ihr beabsichtigten Maßnahmen mit. [2]Der betreffende Mitgliedstaat kann diese Frist ausnahmsweise hemmen, wenn die beteiligten Unternehmen die nach seinem innerstaatlichen Wettbewerbsrecht zu übermittelnden erforderlichen Angaben nicht gemacht haben.

[3] Schreibt das einzelstaatliche Recht eine Anmeldung vor, so beginnt die Frist von 45 Arbeitstagen an dem Arbeitstag, der auf den Eingang der vollständigen Anmeldung bei der zuständigen Behörde des betreffenden Mitgliedstaats folgt.

(7) [1]Der räumliche Referenzmarkt besteht aus einem Gebiet, auf dem die beteiligten Unternehmen als Anbieter oder Nachfrager von Waren oder Dienstleistungen auftreten, in dem die Wettbewerbsbedingungen hinreichend homogen sind und das sich von den benachbarten Gebieten unterscheidet; dies trifft insbesondere dann zu, wenn die in ihm herrschenden Wettbewerbsbedingungen sich von denen in den letztgenannten Gebieten deutlich unterscheiden. [2]Bei dieser Beurteilung ist insbesondere auf die Art und die Eigenschaften der betreffenden Waren oder Dienstleistungen abzustellen, ferner auf das Vorhandensein von Zutrittsschranken, auf Ver-

brauchergewohnheiten sowie auf das Bestehen erheblicher Unterschiede bei den Marktanteilen der Unternehmen oder auf nennenswerte Preisunterschiede zwischen dem betreffenden Gebiet und den benachbarten Gebieten.

(8) In Anwendung dieses Artikels kann der betreffende Mitgliedstaat nur die Maßnahmen ergreifen, die zur Aufrechterhaltung oder Wiederherstellung wirksamen Wettbewerbs auf dem betreffenden Markt unbedingt erforderlich sind.

(9) Zwecks Anwendung seines innerstaatlichen Wettbewerbsrechts kann jeder Mitgliedstaat nach Maßgabe der einschlägigen Vorschriften des Vertrags beim Gerichtshof Klage erheben und insbesondere die Anwendung des Artikels 243 des Vertrags beantragen.

Artikel 10 Fristen für die Einleitung des Verfahrens und für Entscheidungen

(1) *[1]* [1]Unbeschadet von Artikel 6 Absatz 4 ergehen die Entscheidungen nach Artikel 6 Absatz 1 innerhalb von höchstens 25 Arbeitstagen. [2]Die Frist beginnt mit dem Arbeitstag, der auf den Tag des Eingangs der Anmeldung folgt, oder, wenn die bei der Anmeldung zu erteilenden Auskünfte unvollständig sind, mit dem Arbeitstag, der auf den Tag des Eingangs der vollständigen Auskünfte folgt.

[2] Diese Frist beträgt 35 Arbeitstage, wenn der Kommission ein Antrag eines Mitgliedstaats gemäß Artikel 9 Absatz 2 zugeht oder wenn die beteiligten Unternehmen gemäß Artikel 6 Absatz 2 anbieten, Verpflichtungen einzugehen, um den Zusammenschluss in einer mit dem Gemeinsamen Markt zu vereinbarenden Weise zu gestalten.

(2) Entscheidungen nach Artikel 8 Absatz 1 oder 2 über angemeldete Zusammenschlüsse sind zu erlassen, sobald offenkundig ist, dass die ernsthaften Bedenken im Sinne des Artikels 6 Absatz 1 Buchstabe c) – insbesondere durch von den beteiligten Unternehmen vorgenommene Änderungen – ausgeräumt sind, spätestens jedoch vor Ablauf der nach Absatz 3 festgesetzten Frist.

(3) *[1]* [1]Unbeschadet des Artikels 8 Absatz 7 müssen die in Artikel 8 Absätze 1 bis 3 bezeichneten Entscheidungen über angemeldete Zusammenschlüsse innerhalb einer Frist von höchstens 90 Arbeitstagen nach der Einleitung des Verfahrens erlassen werden. [2]Diese Frist erhöht sich auf 105 Arbeitstage, wenn die beteiligten Unternehmen gemäß Artikel 8 Absatz 2 Unterabsatz 2 anbieten, Verpflichtungen einzugehen, um den Zusammenschluss in einer mit dem Gemeinsamen Markt zu vereinbarenden Weise zu gestalten, es sei denn, dieses Angebot wurde weniger als 55 Arbeitstage nach Einleitung des Verfahrens unterbreitet.

[2] [1]Die Fristen gemäß Unterabsatz 1 werden ebenfalls verlängert, wenn die Anmelder dies spätestens 15 Arbeitstage nach Einleitung des Verfahrens gemäß Artikel 6 Absatz 1 Buchstabe c) beantragen. [2]Die Anmelder dürfen eine solche Fristverlängerung nur einmal beantragen. [3]Ebenso kann die Kommission die Fristen gemäß Unterabsatz 1 jederzeit nach Einleitung des Verfahrens mit Zustimmung der Anmelder verlängern. [4]Die Gesamtdauer aller etwaigen Fristverlängerungen nach diesem Unterabsatz darf 20 Arbeitstage nicht übersteigen.

(4) *[1]* Die in den Absätzen 1 und 3 genannten Fristen werden ausnahmsweise gehemmt, wenn die Kommission durch Umstände, die von einem an dem Zusammenschluss beteiligten Unternehmen zu vertreten sind, eine Auskunft im Wege einer Entscheidung nach Artikel 11 anfordern oder im Wege einer Entscheidung nach Artikel 13 eine Nachprüfung anordnen musste.

[2] Unterabsatz 1 findet auch auf die Frist gemäß Artikel 9 Absatz 4 Buchstabe b) Anwendung.

(5) *[1]* Wird eine Entscheidung der Kommission, die einer in diesem Artikel festgesetzten Frist unterliegt, durch Urteil des Gerichtshofs ganz oder teilweise für nichtig erklärt, so wird der Zusammenschluss erneut von der Kommission geprüft; die Prüfung wird mit einer Entscheidung nach Artikel 6 Absatz 1 abgeschlossen.

[2] Der Zusammenschluss wird unter Berücksichtigung der aktuellen Marktverhältnisse erneut geprüft.

[3] [1]Ist die ursprüngliche Anmeldung nicht mehr vollständig, weil sich die Marktverhältnisse oder die in der Anmeldung enthaltenen Angaben geändert haben, so legen die Anmelder unverzüglich eine neue Anmeldung vor oder ergänzen ihre ursprüngliche Anmeldung. [2]Sind keine Änderungen eingetreten, so bestätigen die Anmelder dies unverzüglich.

[4] Die in Absatz 1 festgelegten Fristen beginnen mit dem Arbeitstag, der auf den Tag des Eingangs der vollständigen neuen Anmeldung, der Anmeldungsergänzung oder der Bestätigung im Sinne von Unterabsatz 3 folgt.

[5] Die Unterabsätze 2 und 3 finden auch in den in Artikel 6 Absatz 4 und Artikel 8 Absatz 7 bezeichneten Fällen Anwendung.

(6) Hat die Kommission innerhalb der in Absatz 1 beziehungsweise Absatz 3 genannten Fristen keine Entscheidung nach Artikel 6 Absatz 1 Buchstabe b) oder c) oder nach Artikel 8 Absätze 1, 2 oder 3 erlassen, so gilt der Zusammenschluss unbeschadet des Artikels 9 als für mit dem Gemeinsamen Markt vereinbar erklärt.

Artikel 11 Auskunftsverlangen

(1) Die Kommission kann zur Erfüllung der ihr durch diese Verordnung übertragenen Aufgaben von den in Artikel 3 Absatz 1 Buchstabe b) bezeichneten Personen sowie von Unternehmen und Unternehmensvereinigungen durch einfaches Auskunftsverlangen oder durch Entscheidung verlangen, dass sie alle erforderlichen Auskünfte erteilen.

(2) Richtet die Kommission ein einfaches Auskunftsverlangen an eine Person, ein Unternehmen oder eine Unternehmensvereinigung, so gibt sie darin die Rechtsgrundlagen und den Zweck des Auskunftsverlangens, die Art der benötigten Auskünfte und die Frist für die Erteilung der Auskünfte an und weist auf die in Artikel 14 für den Fall der Erteilung einer unrichtigen oder irreführenden Auskunft vorgesehenen Sanktionen hin.

(3) [1]Verpflichtet die Kommission eine Person, ein Unternehmen oder eine Unternehmensvereinigung durch Entscheidung zur Erteilung von Auskünften, so gibt sie darin die Rechtsgrundlage, den Zweck des Auskunftsverlangens, die Art der benötigten Auskünfte und die Frist für die Erteilung der Auskünfte an. [2]In der Entscheidung ist ferner auf die in Artikel 14 beziehungsweise Artikel 15 vorgesehenen Sanktionen hinzuweisen; gegebenenfalls kann auch ein Zwangsgeld gemäß Artikel 15 festgesetzt werden. [3]Außerdem enthält die Entscheidung einen Hinweis auf das Recht, vor dem Gerichtshof gegen die Entscheidung Klage zu erheben.

(4) [1]Zur Erteilung der Auskünfte sind die Inhaber der Unternehmen oder deren Vertreter, bei juristischen Personen, Gesellschaften und nicht rechtsfähigen Vereinen die nach Gesetz oder Satzung zur Vertretung berufenen Personen verpflichtet. [2]Ordnungsgemäß bevollmächtigte Personen können die Auskünfte im Namen ihrer Mandanten erteilen. [3]Letztere bleiben in vollem Umfang dafür verantwortlich, dass die erteilten Auskünfte vollständig, sachlich richtig und nicht irreführend sind.

(5) [1]Die Kommission übermittelt den zuständigen Behörden des Mitgliedstaats, in dessen Hoheitsgebiet sich der Wohnsitz der Person oder der Sitz des Unternehmens oder der Unternehmensvereinigung befindet, sowie der zuständigen Behörde

des Mitgliedstaats, dessen Hoheitsgebiet betroffen ist, unverzüglich eine Kopie der nach Absatz 3 erlassenen Entscheidung. [2]Die Kommission übermittelt der zuständigen Behörde eines Mitgliedstaats auch die Kopien einfacher Auskunftsverlangen in Bezug auf einen angemeldeten Zusammenschluss, wenn die betreffende Behörde diese ausdrücklich anfordert.

(6) Die Regierungen und zuständigen Behörden der Mitgliedstaaten erteilen der Kommission auf Verlangen alle Auskünfte, die sie zur Erfüllung der ihr durch diese Verordnung übertragenen Aufgaben benötigt.

(7) *[1]* [1]Zur Erfüllung der ihr durch diese Verordnung übertragenen Aufgaben kann die Kommission alle natürlichen und juristischen Personen befragen, die dieser Befragung zum Zweck der Einholung von Informationen über einen Untersuchungsgegenstand zustimmen. [2]Zu Beginn der Befragung, die telefonisch oder mit anderen elektronischen Mitteln erfolgen kann, gibt die Kommission die Rechtsgrundlage und den Zweck der Befragung an.

[2] [1]Findet eine Befragung weder in den Räumen der Kommission noch telefonisch oder mit anderen elektronischen Mitteln statt, so informiert die Kommission zuvor die zuständige Behörde des Mitgliedstaats, in dessen Hoheitsgebiet die Befragung erfolgt. [2]Auf Verlangen der zuständigen Behörde dieses Mitgliedstaats können deren Bedienstete die Bediensteten der Kommission und die anderen von der Kommission zur Durchführung der Befragung ermächtigten Personen unterstützen.

Artikel 12 Nachprüfungen durch Behörden der Mitgliedstaaten

(1) [1]Auf Ersuchen der Kommission nehmen die zuständigen Behörden der Mitgliedstaaten diejenigen Nachprüfungen vor, die die Kommission gemäß Artikel 13 Absatz 1 für angezeigt hält oder die sie in einer Entscheidung gemäß Artikel 13 Absatz 4 angeordnet hat. [2]Die mit der Durchführung der Nachprüfungen beauftragten Bediensteten der zuständigen Behörden der Mitgliedstaaten sowie die von ihnen ermächtigten oder benannten Personen üben ihre Befugnisse nach Maßgabe ihres innerstaatlichen Rechts aus.

(2) Die Bediensteten der Kommission und andere von ihr ermächtigte Begleitpersonen können auf Anweisung der Kommission oder auf Ersuchen der zuständigen Behörde des Mitgliedstaats, in dessen Hoheitsgebiet die Nachprüfung vorgenommen werden soll, die Bediensteten dieser Behörde unterstützen.

Artikel 13 Nachprüfungsbefugnisse der Kommission

(1) Die Kommission kann zur Erfüllung der ihr durch diese Verordnung übertragenen Aufgaben bei Unternehmen und Unternehmensvereinigungen alle erforderlichen Nachprüfungen vornehmen.

(2) Die mit den Nachprüfungen beauftragten Bediensteten der Kommission und die anderen von ihr ermächtigten Begleitpersonen sind befugt,
a) alle Räumlichkeiten, Grundstücke und Transportmittel der Unternehmen und Unternehmensvereinigungen zu betreten,
b) die Bücher und sonstigen Geschäftsunterlagen, unabhängig davon, in welcher Form sie vorliegen, zu prüfen,
c) Kopien oder Auszüge gleich in welcher Form aus diesen Büchern und Geschäftsunterlagen anzufertigen oder zu verlangen,
d) alle Geschäftsräume und Bücher oder Unterlagen für die Dauer der Nachprüfung in dem hierfür erforderlichen Ausmaß zu versiegeln,
e) von allen Vertretern oder Beschäftigten des Unternehmens oder der Unternehmensvereinigung Erläuterungen zu Sachverhalten oder Unterlagen zu verlangen,

die mit Gegenstand und Zweck der Nachprüfung in Zusammenhang stehen, und ihre Antworten aufzuzeichnen.

(3) [1]Die mit der Nachprüfung beauftragten Bediensteten der Kommission und die anderen von ihr ermächtigten Begleitpersonen üben ihre Befugnisse unter Vorlage eines schriftlichen Auftrags aus, in dem der Gegenstand und der Zweck der Nachprüfung bezeichnet sind und in dem auf die in Artikel 14 vorgesehenen Sanktionen für den Fall hingewiesen wird, dass die angeforderten Bücher oder sonstigen Geschäftsunterlagen nicht vollständig vorgelegt werden oder die Antworten auf die nach Absatz 2 gestellten Fragen unrichtig oder irreführend sind. [2]Die Kommission unterrichtet die zuständige Behörde des Mitgliedstaats, in dessen Hoheitsgebiet die Nachprüfung vorgenommen werden soll, rechtzeitig vor deren Beginn über den Prüfungsauftrag.

(4) [1]Unternehmen und Unternehmensvereinigungen sind verpflichtet, die Nachprüfungen zu dulden, die die Kommission durch Entscheidung angeordnet hat. [2]Die Entscheidung bezeichnet den Gegenstand und den Zweck der Nachprüfung, bestimmt den Zeitpunkt des Beginns der Nachprüfung und weist auf die in Artikel 14 und Artikel 15 vorgesehenen Sanktionen sowie auf das Recht hin, vor dem Gerichtshof Klage gegen die Entscheidung zu erheben. [3]Die Kommission erlässt diese Entscheidung nach Anhörung der zuständigen Behörde des Mitgliedstaats, in dessen Hoheitsgebiet die Nachprüfung vorgenommen werden soll.

(5) [1]Die Bediensteten der zuständigen Behörde des Mitgliedstaats, in dessen Hoheitsgebiet die Nachprüfung vorgenommen werden soll, sowie die von dieser Behörde ermächtigten oder benannten Personen unterstützen auf Anweisung dieser Behörde oder auf Ersuchen der Kommission die Bediensteten der Kommission und die anderen von ihr ermächtigten Begleitpersonen aktiv. [2]Sie verfügen hierzu über die in Absatz 2 genannten Befugnisse.

(6) Stellen die Bediensteten der Kommission oder die anderen von ihr ermächtigten Begleitpersonen fest, dass sich ein Unternehmen einer aufgrund dieses Artikels angeordneten Nachprüfung, einschließlich der Versiegelung der Geschäftsräume, Bücher oder Geschäftsunterlagen, widersetzt, so leistet der betreffende Mitgliedstaat die erforderliche Amtshilfe, gegebenenfalls unter Einsatz der Polizei oder anderer gleichwertiger Vollzugsorgane, damit die Bediensteten der Kommission und die anderen von ihr ermächtigten Begleitpersonen ihren Nachprüfungsauftrag erfüllen können.

(7) [1]Setzt die Amtshilfe nach Absatz 6 nach einzelstaatlichem Recht eine gerichtliche Genehmigung voraus, so ist diese zu beantragen. [2]Die Genehmigung kann auch vorsorglich beantragt werden.

(8) [1]Wurde eine gerichtliche Genehmigung gemäß Absatz 7 beantragt, prüft das einzelstaatliche Gericht die Echtheit der Kommissionsentscheidung und vergewissert sich, dass die beabsichtigten Zwangsmaßnahmen weder willkürlich noch – gemessen am Gegenstand der Nachprüfung – unverhältnismäßig sind. [2]Bei der Prüfung der Verhältnismäßigkeit der Zwangsmaßnahmen kann das einzelstaatliche Gericht die Kommission unmittelbar oder über die zuständige Behörde des betreffenden Mitgliedstaats um ausführliche Erläuterungen zum Gegenstand der Nachprüfung ersuchen. [3]Das einzelstaatliche Gericht darf jedoch weder die Notwendigkeit der Nachprüfung in Frage stellen noch Auskünfte aus den Akten der Kommission verlangen. [4]Die Prüfung der Rechtmäßigkeit der Kommissionsentscheidung ist dem Gerichtshof vorbehalten.

Artikel 14 Geldbußen

(1) Die Kommission kann gegen die in Artikel 3 Absatz 1 Buchstabe b) bezeichneten Personen, gegen Unternehmen und Unternehmensvereinigungen durch Entschei-

dung Geldbußen bis zu einem Höchstbetrag von 1 % des von dem beteiligten Unternehmen oder der beteiligten Unternehmensvereinigung erzielten Gesamtumsatzes im Sinne von Artikel 5 festsetzen, wenn sie vorsätzlich oder fahrlässig

a) in einem Antrag, einer Bestätigung, einer Anmeldung oder Anmeldungsergänzung nach Artikel 4, Artikel 10 Absatz 5 oder Artikel 22 Absatz 3 unrichtige oder irreführende Angaben machen,
b) bei der Erteilung einer nach Artikel 11 Absatz 2 verlangten Auskunft unrichtige oder irreführende Angaben machen,
c) bei der Erteilung einer durch Entscheidung gemäß Artikel 11 Absatz 3 verlangten Auskunft unrichtige, unvollständige oder irreführende Angaben machen oder die Auskunft nicht innerhalb der gesetzten Frist erteilen,
d) bei Nachprüfungen nach Artikel 13 die angeforderten Bücher oder sonstigen Geschäftsunterlagen nicht vollständig vorlegen oder die in einer Entscheidung nach Artikel 13 Absatz 4 angeordneten Nachprüfungen nicht dulden,
e) in Beantwortung einer nach Artikel 13 Absatz 2 Buchstabe e) gestellten Frage
   – eine unrichtige oder irreführende Antwort erteilen,
   – eine von einem Beschäftigten erteilte unrichtige, unvollständige oder irreführende Antwort nicht innerhalb einer von der Kommission gesetzten Frist berichtigen oder
   – in Bezug auf Fakten im Zusammenhang mit dem Gegenstand und dem Zweck einer durch Entscheidung nach Artikel 13 Absatz 4 angeordneten Nachprüfung keine vollständige Antwort erteilen oder eine vollständige Antwort verweigern,
f) die von den Bediensteten der Kommission oder den anderen von ihr ermächtigten Begleitpersonen nach Artikel 13 Absatz 2 Buchstabe d) angebrachten Siegel gebrochen haben.

(2) Die Kommission kann gegen die in Artikel 3 Absatz 1 Buchstabe b) bezeichneten Personen oder die beteiligten Unternehmen durch Entscheidung Geldbußen in Höhe von bis zu 10 % des von den beteiligten Unternehmen erzielten Gesamtumsatzes im Sinne von Artikel 5 festsetzen, wenn sie vorsätzlich oder fahrlässig

a) einen Zusammenschluss vor seinem Vollzug nicht gemäß Artikel 4 oder gemäß Artikel 22 Absatz 3 anmelden, es sei denn, dies ist ausdrücklich gemäß Artikel 7 Absatz 2 oder aufgrund einer Entscheidung gemäß Artikel 7 Absatz 3 zulässig,
b) einen Zusammenschluss unter Verstoß gegen Artikel 7 vollziehen,
c) einen durch Entscheidung nach Artikel 8 Absatz 3 für unvereinbar mit dem Gemeinsamen Markt erklärten Zusammenschluss vollziehen oder den in einer Entscheidung nach Artikel 8 Absatz 4 oder 5 angeordneten Maßnahmen nicht nachkommen,
d) einer durch Entscheidung nach Artikel 6 Absatz 1 Buchstabe b), Artikel 7 Absatz 3 oder Artikel 8 Absatz 2 Unterabsatz 2 auferlegten Bedingung oder Auflage zuwiderhandeln.

(3) Bei der Festsetzung der Höhe der Geldbuße ist die Art, die Schwere und die Dauer der Zuwiderhandlung zu berücksichtigen.

(4) Die Entscheidungen aufgrund der Absätze 1, 2 und 3 sind nicht strafrechtlicher Art.

Artikel 15 Zwangsgelder

(1) Die Kommission kann gegen die in Artikel 3 Absatz 1 Buchstabe b) bezeichneten Personen, gegen Unternehmen oder Unternehmensvereinigungen durch Entscheidung ein Zwangsgeld bis zu einem Höchstbetrag von 5 % des durchschnittlichen täglichen Gesamtumsatzes des beteiligten Unternehmens oder der beteiligten Unternehmensvereinigung im Sinne von Artikel 5 für jeden Arbeitstag des Verzugs

von dem in ihrer Entscheidung bestimmten Zeitpunkt an festsetzen, um sie zu zwingen,

a) eine Auskunft, die sie in einer Entscheidung nach Artikel 11 Absatz 3 angefordert hat, vollständig und sachlich richtig zu erteilen,
b) eine Nachprüfung zu dulden, die sie in einer Entscheidung nach Artikel 13 Absatz 4 angeordnet hat,
c) einer durch Entscheidung nach Artikel 6 Absatz 1 Buchstabe b), Artikel 7 Absatz 3 oder Artikel 8 Absatz 2 Unterabsatz 2 auferlegten Auflage nachzukommen oder
d) den in einer Entscheidung nach Artikel 8 Absatz 4 oder 5 angeordneten Maßnahmen nachzukommen.

(2) Sind die in Artikel 3 Absatz 1 Buchstabe b) bezeichneten Personen, Unternehmen oder Unternehmensvereinigungen der Verpflichtung nachgekommen, zu deren Erfüllung das Zwangsgeld festgesetzt worden war, so kann die Kommission die endgültige Höhe des Zwangsgeldes auf einen Betrag festsetzen, der unter dem Betrag liegt, der sich aus der ursprünglichen Entscheidung ergeben würde.

Artikel 16 Kontrolle durch den Gerichtshof

Bei Klagen gegen Entscheidungen der Kommission, in denen eine Geldbuße oder ein Zwangsgeld festgesetzt ist, hat der Gerichtshof die Befugnis zu unbeschränkter Ermessensnachprüfung der Entscheidung im Sinne von Artikel 229 des Vertrags; er kann die Geldbuße oder das Zwangsgeld aufheben, herabsetzen oder erhöhen.

Artikel 17 Berufsgeheimnis

(1) Die bei Anwendung dieser Verordnung erlangten Kenntnisse dürfen nur zu dem mit der Auskunft, Ermittlung oder Anhörung verfolgten Zweck verwertet werden.

(2) Unbeschadet des Artikels 4 Absatz 3 sowie der Artikel 18 und 20 sind die Kommission und die zuständigen Behörden der Mitgliedstaaten sowie ihre Beamten und sonstigen Bediensteten, alle sonstigen, unter Aufsicht dieser Behörden handelnden Personen und die Beamten und Bediensteten anderer Behörden der Mitgliedstaaten verpflichtet, Kenntnisse nicht preiszugeben, die sie bei Anwendung dieser Verordnung erlangt haben und die ihrem Wesen nach unter das Berufsgeheimnis fallen.

(3) Die Absätze 1 und 2 stehen der Veröffentlichung von Übersichten oder Zusammenfassungen, die keine Angaben über einzelne Unternehmen oder Unternehmensvereinigungen enthalten, nicht entgegen.

Artikel 18 Anhörung Beteiligter und Dritter

(1) Vor Entscheidungen nach Artikel 6 Absatz 3, Artikel 7 Absatz 3, Artikel 8 Absätze 2 bis 6, Artikel 14 und Artikel 15 gibt die Kommission den betroffenen Personen, Unternehmen und Unternehmensvereinigungen Gelegenheit, sich zu den ihnen gegenüber geltend gemachten Einwänden in allen Abschnitten des Verfahrens bis zur Anhörung des Beratenden Ausschusses zu äußern.

(2) Abweichend von Absatz 1 können Entscheidungen nach Artikel 7 Absatz 3 und Artikel 8 Absatz 5 vorläufig erlassen werden, ohne den betroffenen Personen, Unternehmen oder Unternehmensvereinigungen zuvor Gelegenheit zur Äußerung zu geben, sofern die Kommission dies unverzüglich nach dem Erlass ihrer Entscheidung nachholt.

(3) [1]Die Kommission stützt ihre Entscheidungen nur auf die Einwände, zu denen die Betroffenen Stellung nehmen konnten. [2]Das Recht der Betroffenen auf Verteidigung während des Verfahrens wird in vollem Umfang gewährleistet. [3]Zumindest die unmittelbar Betroffenen haben das Recht der Akteneinsicht, wobei die berechtigten Interessen der Unternehmen an der Wahrung ihrer Geschäftsgeheimnisse zu berücksichtigen sind.

(4) [1]Sofern die Kommission oder die zuständigen Behörden der Mitgliedstaaten es für erforderlich halten, können sie auch andere natürliche oder juristische Personen anhören. [2]Wenn natürliche oder juristische Personen, die ein hinreichendes Interesse darlegen, und insbesondere Mitglieder der Leitungsorgane der beteiligten Unternehmen oder rechtlich anerkannte Vertreter der Arbeitnehmer dieser Unternehmen einen Antrag auf Anhörung stellen, so ist ihrem Antrag stattzugeben.

Artikel 19 Verbindung mit den Behörden der Mitgliedstaaten

(1) [1]Die Kommission übermittelt den zuständigen Behörden der Mitgliedstaaten binnen dreier Arbeitstage eine Kopie der Anmeldungen und sobald wie möglich die wichtigsten Schriftstücke, die in Anwendung dieser Verordnung bei ihr eingereicht oder von ihr erstellt werden. [2]Zu diesen Schriftstücken gehören auch die Verpflichtungszusagen, die die beteiligten Unternehmen der Kommission angeboten haben, um den Zusammenschluss gemäß Artikel 6 Absatz 2 oder Artikel 8 Absatz 2 Unterabsatz 2 in einer mit dem Gemeinsamen Markt zu vereinbarenden Weise zu gestalten.

(2) [1]Die Kommission führt die in dieser Verordnung vorgesehenen Verfahren in enger und stetiger Verbindung mit den zuständigen Behörden der Mitgliedstaaten durch; diese sind berechtigt, zu diesen Verfahren Stellung zu nehmen. [2]Im Hinblick auf die Anwendung des Artikels 9 nimmt sie die in Artikel 9 Absatz 2 bezeichneten Mitteilungen der zuständigen Behörden der Mitgliedstaaten entgegen; sie gibt ihnen Gelegenheit, sich in allen Abschnitten des Verfahrens bis zum Erlass einer Entscheidung nach Artikel 9 Absatz 3 zu äußern und gewährt ihnen zu diesem Zweck Akteneinsicht.

(3) Ein Beratender Ausschuss für die Kontrolle von Unternehmenszusammenschlüssen ist vor jeder Entscheidung nach Artikel 8 Absätze 1 bis 6 und Artikel 14 oder 15, ausgenommen vorläufige Entscheidungen nach Artikel 18 Absatz 2, zu hören.

(4) [1]Der Beratende Ausschuss setzt sich aus Vertretern der zuständigen Behörden der Mitgliedstaaten zusammen. [2]Jeder Mitgliedstaat bestimmt einen oder zwei Vertreter, die im Fall der Verhinderung durch jeweils einen anderen Vertreter ersetzt werden können. [3]Mindestens einer dieser Vertreter muss für Kartell- und Monopolfragen zuständig sein.

(5) [1]Die Anhörung erfolgt in einer gemeinsamen Sitzung, die die Kommission anberaumt und in der sie den Vorsitz führt. [2]Der Einladung zur Sitzung sind eine Darstellung des Sachverhalts unter Angabe der wichtigsten Schriftstücke sowie ein Entscheidungsentwurf für jeden zu behandelnden Fall beizufügen. [3]Die Sitzung findet frühestens zehn Arbeitstage nach Versendung der Einladung statt. [4]Die Kommission kann diese Frist in Ausnahmefällen entsprechend verkürzen, um schweren Schaden von einem oder mehreren an dem Zusammenschluss beteiligten Unternehmen abzuwenden.

(6) [1]Der Beratende Ausschuss gibt seine Stellungnahme zu dem Entscheidungsentwurf der Kommission – erforderlichenfalls durch Abstimmung – ab. [2]Der Beratende Ausschuss kann seine Stellungnahme abgeben, auch wenn Mitglieder des Ausschusses und ihre Vertreter nicht anwesend sind. [3]Diese Stellungnahme ist schrift-

lich niederzulegen und dem Entscheidungsentwurf beizufügen. [4]Die Kommission berücksichtigt soweit wie möglich die Stellungnahme des Ausschusses. [5]Sie unterrichtet den Ausschuss darüber, inwieweit sie seine Stellungnahme berücksichtigt hat.

(7) [1]Die Kommission übermittelt den Adressaten der Entscheidung die Stellungnahme des Beratenden Ausschusses zusammen mit der Entscheidung. [2]Sie veröffentlicht die Stellungnahme zusammen mit der Entscheidung unter Berücksichtigung der berechtigten Interessen der Unternehmen an der Wahrung ihrer Geschäftsgeheimnisse.

Artikel 20 Veröffentlichung von Entscheidungen

(1) Die Kommission veröffentlicht die nach Artikel 8 Absätze 1 bis 6 sowie Artikel 14 und 15 erlassenen Entscheidungen, ausgenommen vorläufige Entscheidungen nach Artikel 18 Absatz 2, zusammen mit der Stellungnahme des Beratenden Ausschusses im *Amtsblatt der Europäischen Union.*

(2) Die Veröffentlichung erfolgt unter Angabe der Beteiligten und des wesentlichen Inhalts der Entscheidung; sie muss den berechtigten Interessen der Unternehmen an der Wahrung ihrer Geschäftsgeheimnisse Rechnung tragen.

Artikel 21 Anwendung dieser Verordnung und Zuständigkeit

(1) Diese Verordnung gilt allein für Zusammenschlüsse im Sinne des Artikels 3; die Verordnungen (EG) Nr. 1/2003[1], (EWG) Nr. 1017/68[2], (EWG) Nr. 4056/86[3] und (EWG) Nr. 3975/87[4] des Rates gelten nicht, außer für Gemeinschaftsunternehmen, die keine gemeinschaftsweite Bedeutung haben und die Koordinierung des Wettbewerbsverhaltens unabhängig bleibender Unternehmen bezwecken oder bewirken.

(2) Vorbehaltlich der Nachprüfung durch den Gerichtshof ist die Kommission ausschließlich dafür zuständig, die in dieser Verordnung vorgesehenen Entscheidungen zu erlassen.

(3) *[1]* Die Mitgliedstaaten wenden ihr innerstaatliches Wettbewerbsrecht nicht auf Zusammenschlüsse von gemeinschaftsweiter Bedeutung an.

[2] Unterabsatz 1 berührt nicht die Befugnis der Mitgliedstaaten, die zur Anwendung des Artikels 4 Absatz 4 oder des Artikels 9 Absatz 2 erforderlichen Ermittlungen vorzunehmen und nach einer Verweisung gemäß Artikel 9 Absatz 3 Unterabsatz 1 Buchstabe b) oder Artikel 9 Absatz 5 die in Anwendung des Artikels 9 Absatz 8 unbedingt erforderlichen Maßnahmen zu ergreifen.

(4) *[1]* Unbeschadet der Absätze 2 und 3 können die Mitgliedstaaten geeignete Maßnahmen zum Schutz anderer berechtigter Interessen als derjenigen treffen, welche in dieser Verordnung berücksichtigt werden, sofern diese Interessen mit den allgemeinen Grundsätzen und den übrigen Bestimmungen des Gemeinschaftsrechts vereinbar sind.

---

[1] ABl. L 1 vom 4.1.2003, S. 1.

[2] ABl. L 175 vom 23.7.1968, S. 1. Verordnung zuletzt geändert durch die Verordnung (EG) Nr. 1/2003 (ABl. L 1 vom 4.1.2003, S. 1).

[3] ABl. L 374 vom 31.12.1987, S. 1. Verordnung zuletzt geändert durch die Verordnung (EG) Nr. 1/2003.

[4] ABl. L 374 vom 31.12.1987, S. 1. Verordnung zuletzt geändert durch die Verordnung (EG) Nr. 1/2003.

[2] Im Sinne des Unterabsatzes 1 gelten als berechtigte Interessen die öffentliche Sicherheit, die Medienvielfalt und die Aufsichtsregeln.

[3] [1]Jedes andere öffentliche Interesse muss der betreffende Mitgliedstaat der Kommission mitteilen; diese muss es nach Prüfung seiner Vereinbarkeit mit den allgemeinen Grundsätzen und den sonstigen Bestimmungen des Gemeinschaftsrechts vor Anwendung der genannten Maßnahmen anerkennen. [2]Die Kommission gibt dem betreffenden Mitgliedstaat ihre Entscheidung binnen 25 Arbeitstagen nach der entsprechenden Mitteilung bekannt.

Artikel 22[1] Verweisung an die Kommission

(1) *[1]* Auf Antrag eines oder mehrerer Mitgliedstaaten kann die Kommission jeden Zusammenschluss im Sinne von Artikel 3 prüfen, der keine gemeinschaftsweite Bedeutung im Sinne von Artikel 1 hat, aber den Handel zwischen Mitgliedstaaten beeinträchtigt und den Wettbewerb im Hoheitsgebiet des beziehungsweise der antragstellenden Mitgliedstaaten erheblich zu beeinträchtigen droht.

[2] Der Antrag muss innerhalb von 15 Arbeitstagen, nachdem der Zusammenschluss bei dem betreffenden Mitgliedstaat angemeldet oder, falls eine Anmeldung nicht erforderlich ist, ihm anderweitig zur Kenntnis gebracht worden ist, gestellt werden.

(2) *[1]* Die Kommission unterrichtet die zuständigen Behörden der Mitgliedstaaten und die beteiligten Unternehmen unverzüglich von einem nach Absatz 1 gestellten Antrag.

[2] Jeder andere Mitgliedstaat kann sich dem ersten Antrag innerhalb von 15 Arbeitstagen, nachdem er von der Kommission über diesen informiert wurde, anschließen.

[3] [1]Alle einzelstaatlichen Fristen, die den Zusammenschluss betreffen, werden gehemmt, bis nach dem Verfahren dieses Artikels entschieden worden ist, durch wen der Zusammenschluss geprüft wird. [2]Die Hemmung der einzelstaatlichen Fristen endet, sobald der betreffende Mitgliedstaat der Kommission und den beteiligten Unternehmen mitteilt, dass er sich dem Antrag nicht anschließt.

(3) *[1]* [1]Die Kommission kann spätestens zehn Arbeitstage nach Ablauf der Frist gemäß Absatz 2 beschließen, den Zusammenschluss zu prüfen, wenn dieser ihrer Ansicht nach den Handel zwischen Mitgliedstaaten beeinträchtigt und den Wettbewerb im Hoheitsgebiet des bzw. der Antrag stellenden Mitgliedstaaten erheblich zu beeinträchtigen droht. [2]Trifft die Kommission innerhalb der genannten Frist keine Entscheidung, so gilt dies als Entscheidung, den Zusammenschluss gemäß dem Antrag zu prüfen.

[2] [1]Die Kommission unterrichtet alle Mitgliedstaaten und die beteiligten Unternehmen von ihrer Entscheidung. [2]Sie kann eine Anmeldung gemäß Artikel 4 verlangen.

[3] Das innerstaatliche Wettbewerbsrecht des bzw. der Mitgliedstaaten, die den Antrag gestellt haben, findet auf den Zusammenschluss nicht mehr Anwendung.

(4) *[1]* [1]Wenn die Kommission einen Zusammenschluss gemäß Absatz 3 prüft, finden Artikel 2, Artikel 4 Absätze 2 und 3, die Artikel 5 und 6 sowie die Artikel 8 bis 21 Anwendung. [2]Artikel 7 findet Anwendung, soweit der Zusammenschluss zu dem Zeitpunkt, zu dem die Kommission den beteiligten Unternehmen mitteilt, dass ein Antrag eingegangen ist, noch nicht vollzogen worden ist.

---

[1] Siehe hierzu u.a. Verweisung von Fusionssachen und Leitfaden zur Anwendung des Verweisungssystems nach Artikel 22 der Fusionskontrollverordnung auf bestimmte Kategorien von Vorhaben.

[2] Ist eine Anmeldung nach Artikel 4 nicht erforderlich, beginnt die Frist für die Einleitung des Verfahrens nach Artikel 10 Absatz 1 an dem Arbeitstag, der auf den Arbeitstag folgt, an dem die Kommission den beteiligten Unternehmen ihre Entscheidung mitteilt, den Zusammenschluss gemäß Absatz 3 zu prüfen.

(5) [1]Die Kommission kann einem oder mehreren Mitgliedstaaten mitteilen, dass ein Zusammenschluss nach ihrem Dafürhalten die Kriterien des Absatzes 1 erfüllt. [2]In diesem Fall kann die Kommission diesen Mitgliedstaat beziehungsweise diese Mitgliedstaaten auffordern, einen Antrag nach Absatz 1 zu stellen.

Artikel 23 Durchführungsbestimmungen

(1) Die Kommission ist ermächtigt, nach dem Verfahren des Absatzes 2 Folgendes festzulegen:
a) Durchführungsbestimmungen über Form, Inhalt und andere Einzelheiten der Anmeldungen und Anträge nach Artikel 4,
b) Durchführungsbestimmungen zu den in Artikel 4 Absätze 4 und 5 und den Artikeln 7, 9, 10 und 22 bezeichneten Fristen,
c) das Verfahren und die Fristen für das Angebot und die Umsetzung von Verpflichtungszusagen gemäß Artikel 6 Absatz 2 und Artikel 8 Absatz 2,
d) Durchführungsbestimmungen für Anhörungen nach Artikel 18.

(2) Die Kommission wird von einem Beratenden Ausschuss unterstützt, der sich aus Vertretern der Mitgliedstaaten zusammensetzt.
a) Die Kommission hört den Beratenden Ausschuss, bevor sie einen Entwurf von Durchführungsvorschriften veröffentlicht oder solche Vorschriften erlässt.
b) Die Anhörung erfolgt in einer Sitzung, die die Kommission anberaumt und in der sie den Vorsitz führt. Der Einladung zur Sitzung ist ein Entwurf der Durchführungsbestimmungen beizufügen. Die Sitzung findet frühestens zehn Arbeitstage nach Versendung der Einladung statt.
c) Der Beratende Ausschuss gibt seine Stellungnahme zu dem Entwurf der Durchführungsbestimmungen – erforderlichenfalls durch Abstimmung – ab. Die Kommission berücksichtigt die Stellungnahme des Ausschusses in größtmöglichem Umfang.

Artikel 24 Beziehungen zu Drittländern

(1) Die Mitgliedstaaten unterrichten die Kommission über die allgemeinen Schwierigkeiten, auf die ihre Unternehmen bei Zusammenschlüssen gemäß Artikel 3 in einem Drittland stoßen.

(2) [1]Die Kommission erstellt erstmals spätestens ein Jahr nach Inkrafttreten dieser Verordnung und in der Folge regelmäßig einen Bericht, in dem die Behandlung von Unternehmen, die ihren Sitz oder ihr Hauptgeschäft in der Gemeinschaft haben, im Sinne der Absätze 3 und 4 bei Zusammenschlüssen in Drittländern untersucht wird. [2]Die Kommission übermittelt diese Berichte dem Rat und fügt ihnen gegebenenfalls Empfehlungen bei.

(3) Stellt die Kommission anhand der in Absatz 2 genannten Berichte oder aufgrund anderer Informationen fest, dass ein Drittland Unternehmen, die ihren Sitz oder ihr Hauptgeschäft in der Gemeinschaft haben, nicht eine Behandlung zugesteht, die derjenigen vergleichbar ist, die die Gemeinschaft den Unternehmen dieses Drittlands zugesteht, so kann sie dem Rat Vorschläge unterbreiten, um ein geeignetes Mandat für Verhandlungen mit dem Ziel zu erhalten, für Unternehmen, die ihren Sitz oder ihr Hauptgeschäft in der Gemeinschaft haben, eine vergleichbare Behandlung zu erreichen.

(4) Die nach diesem Artikel getroffenen Maßnahmen müssen mit den Verpflichtungen der Gemeinschaft oder der Mitgliedstaaten vereinbar sein, die sich – unbeschadet des Artikels 307 des Vertrags – aus internationalen bilateralen oder multilateralen Vereinbarungen ergeben.

Artikel 25 Aufhebung

(1) Die Verordnungen (EWG) Nr. 4064/89 und (EG) Nr. 1310/97 werden unbeschadet des Artikels 26 Absatz 2 mit Wirkung vom 1. Mai 2004 aufgehoben.

(2) Bezugnahmen auf die aufgehobenen Verordnungen gelten als Bezugnahmen auf die vorliegende Verordnung und sind nach Maßgabe der Entsprechungstabelle im Anhang zu lesen.

Artikel 26 Inkrafttreten und Übergangsbestimmungen

(1) *[1]* Diese Verordnung tritt am zwanzigsten Tag nach ihrer Veröffentlichung[1] im *Amtsblatt der Europäischen Union* in Kraft.

[2] Sie gilt ab dem 1. Mai 2004.

(2) Die Verordnung (EWG) Nr. 4064/89 findet vorbehaltlich insbesondere der Vorschriften über ihre Anwendbarkeit gemäß ihrem Artikel 25 Absätze 2 und 3 sowie vorbehaltlich des Artikels 2 der Verordnung (EWG) Nr. 1310/97 weiterhin Anwendung auf Zusammenschlüsse, die vor dem Zeitpunkt der Anwendbarkeit der vorliegenden Verordnung Gegenstand eines Vertragsabschlusses oder einer Veröffentlichung im Sinne von Artikel 4 Absatz 1 der Verordnung (EWG) Nr. 4064/89 gewesen oder durch einen Kontrollerwerb im Sinne derselben Vorschrift zustande gekommen sind.

(3) Für Zusammenschlüsse, auf die diese Verordnung infolge des Beitritts eines neuen Mitgliedstaats anwendbar ist, wird das Datum der Geltung dieser Verordnung durch das Beitrittsdatum ersetzt.

---

[1] Veröffentlicht am 29.1.2004.

B. Deutsche Gesetzgebung

1. §§ 97–184 GWB (Vergaberecht)

In der Fassung der Bekanntmachung vom 26. Juni 2013
(BGBl. I S. 1750, ber. S. 3245)
Zuletzt geändert durch das G. zur Modernisierung des Postrechts v. 15. Juli 2024 (BGBl. 2024 I Nr. 236)

Teil 4. Vergabe von öffentlichen Aufträgen und Konzessionen

Kapitel 1. Vergabeverfahren

Abschnitt 1. Grundsätze, Difinitionen und Anwendungsbereich

§ 97 Grundsätze der Vergabe

(1) [1]Öffentliche Aufträge und Konzessionen werden im Wettbewerb und im Wege transparenter Verfahren vergeben. [2]Dabei werden die Grundsätze der Wirtschaftlichkeit und der Verhältnismäßigkeit gewahrt.

(2) Die Teilnehmer an einem Vergabeverfahren sind gleich zu behandeln, es sei denn, eine Ungleichbehandlung ist aufgrund dieses Gesetzes ausdrücklich geboten oder gestattet.

(3) Bei der Vergabe werden Aspekte der Qualität und der Innovation sowie soziale und umweltbezogene Aspekte nach Maßgabe dieses Teils berücksichtigt.

(4) [1]Mittelständische Interessen sind bei der Vergabe öffentlicher Aufträge vornehmlich zu berücksichtigen. [2]Leistungen sind in der Menge aufgeteilt (Teillose) und getrennt nach Art oder Fachgebiet (Fachlose) zu vergeben. [3]Mehrere Teil- oder Fachlose dürfen zusammen vergeben werden, wenn wirtschaftliche oder technische Gründe dies erfordern. [4]Wird ein Unternehmen, das nicht öffentlicher Auftraggeber oder Sektorenauftraggeber ist, mit der Wahrnehmung oder Durchführung einer öffentlichen Aufgabe betraut, verpflichtet der öffentliche Auftraggeber oder Sektorenauftraggeber das Unternehmen, sofern es Unteraufträge vergibt, nach den Sätzen 1 bis 3 zu verfahren.

(5) Für das Senden, Empfangen, Weiterleiten und Speichern von Daten in einem Vergabeverfahren verwenden Auftraggeber und Unternehmen grundsätzlich elektronische Mittel nach Maßgabe der aufgrund des § 113 erlassenen Verordnungen.

(6) Unternehmen haben Anspruch darauf, dass die Bestimmungen über das Vergabeverfahren eingehalten werden.

§ 98 Auftraggeber

Auftraggeber im Sinne dieses Teils sind öffentliche Auftraggeber im Sinne des § 99, Sektorenauftraggeber im Sinne des § 100 und Konzessionsgeber im Sinne des § 101.

§ 99 Öffentliche Auftraggeber

Öffentliche Auftraggeber sind
1. Gebietskörperschaften sowie deren Sondervermögen,
2. andere juristische Personen des öffentlichen und des privaten Rechts, die zu dem besonderen Zweck gegründet wurden, im Allgemeininteresse liegende Aufgaben nichtgewerblicher Art zu erfüllen, sofern
   a) sie überwiegend von Stellen nach Nummer 1 oder 3 einzeln oder gemeinsam durch Beteiligung oder auf sonstige Weise finanziert werden,
   b) ihre Leitung der Aufsicht durch Stellen nach Nummer 1 oder 3 unterliegt oder
   c) mehr als die Hälfte der Mitglieder eines ihrer zur Geschäftsführung oder zur Aufsicht berufenen Organe durch Stellen nach Nummer 1 oder 3 bestimmt worden sind;

   dasselbe gilt, wenn diese juristische Person einer anderen juristischen Person des öffentlichen oder privaten Rechts einzeln oder gemeinsam mit anderen die überwiegende Finanzierung gewährt, über deren Leitung die Aufsicht ausübt oder die Mehrheit der Mitglieder eines zur Geschäftsführung oder Aufsicht berufenen Organs bestimmt hat,
3. Verbände, deren Mitglieder unter Nummer 1 oder 2 fallen,
4. natürliche oder juristische Personen des privaten Rechts sowie juristische Personen des öffentlichen Rechts, soweit sie nicht unter Nummer 2 fallen, in den Fällen, in denen sie für Tiefbaumaßnahmen, für die Errichtung von Krankenhäusern, Sport-, Erholungs- oder Freizeiteinrichtungen, Schul-, Hochschul- oder Verwaltungsgebäuden oder für damit in Verbindung stehende Dienstleistungen und Wettbewerbe von Stellen, die unter die Nummern 1, 2 oder 3 fallen, Mittel erhalten, mit denen diese Vorhaben zu mehr als 50 Prozent subventioniert werden.

§ 100 Sektorenauftraggeber

(1) Sektorenauftraggeber sind
1. öffentliche Auftraggeber gemäß § 99 Nummer 1 bis 3, die eine Sektorentätigkeit gemäß § 102 ausüben,
2. natürliche oder juristische Personen des privaten Rechts, die eine Sektorentätigkeit gemäß § 102 ausüben, wenn
   a) diese Tätigkeit auf der Grundlage von besonderen oder ausschließlichen Rechten ausgeübt wird, die von einer zuständigen Behörde gewährt wurden, oder
   b) öffentliche Auftraggeber gemäß § 99 Nummer 1 bis 3 auf diese Personen einzeln oder gemeinsam einen beherrschenden Einfluss ausüben können.

(2) [1]Besondere oder ausschließliche Rechte im Sinne von Absatz 1 Nummer 2 Buchstabe a sind Rechte, die dazu führen, dass die Ausübung dieser Tätigkeit einem oder mehreren Unternehmen vorbehalten wird und dass die Möglichkeit anderer Unternehmen, diese Tätigkeit auszuüben, erheblich beeinträchtigt wird. [2]Keine besonderen oder ausschließlichen Rechte in diesem Sinne sind Rechte, die aufgrund eines Verfahrens nach den Vorschriften dieses Teils oder aufgrund eines sonstigen Verfahrens gewährt wurden, das angemessen bekannt gemacht wurde und auf objektiven Kriterien beruht.

(3) Die Ausübung eines beherrschenden Einflusses im Sinne von Absatz 1 Nummer 2 Buchstabe b wird vermutet, wenn ein öffentlicher Auftraggeber gemäß § 99 Nummer 1 bis 3
1. unmittelbar oder mittelbar die Mehrheit des gezeichneten Kapitals des Unternehmens besitzt,

2. über die Mehrheit der mit den Anteilen am Unternehmen verbundenen Stimmrechte verfügt oder
3. mehr als die Hälfte der Mitglieder des Verwaltungs-, Leitungs- oder Aufsichtsorgans des Unternehmens bestellen kann.

§ 101 Konzessionsgeber

(1) Konzessionsgeber sind
1. öffentliche Auftraggeber gemäß § 99 Nummer 1 bis 3, die eine Konzession vergeben,
2. Sektorenauftraggeber gemäß § 100 Absatz 1 Nummer 1, die eine Sektorentätigkeit gemäß § 102 Absatz 2 bis 6 ausüben und eine Konzession zum Zweck der Ausübung dieser Tätigkeit vergeben,
3. Sektorenauftraggeber gemäß § 100 Absatz 1 Nummer 2, die eine Sektorentätigkeit gemäß § 102 Absatz 2 bis 6 ausüben und eine Konzession zum Zweck der Ausübung dieser Tätigkeit vergeben.

(2) § 100 Absatz 2 und 3 gilt entsprechend.

§ 102 Sektorentätigkeiten

(1) [1]Sektorentätigkeiten im Bereich Wasser sind
1. die Bereitstellung oder das Betreiben fester Netze zur Versorgung der Allgemeinheit im Zusammenhang mit der Gewinnung, der Fortleitung und der Abgabe von Trinkwasser,
2. die Einspeisung von Trinkwasser in diese Netze.

[2]Als Sektorentätigkeiten gelten auch Tätigkeiten nach Satz 1, die im Zusammenhang mit Wasserbau-, Bewässerungs- oder Entwässerungsvorhaben stehen, sofern die zur Trinkwasserversorgung bestimmte Wassermenge mehr als 20 Prozent der Gesamtwassermenge ausmacht, die mit den entsprechenden Vorhaben oder Bewässerungs- oder Entwässerungsanlagen zur Verfügung gestellt wird oder die im Zusammenhang mit der Abwasserbeseitigung oder -behandlung steht. [3]Die Einspeisung von Trinkwasser in feste Netze zur Versorgung der Allgemeinheit durch einen Sektorenauftraggeber nach § 100 Absatz 1 Nummer 2 gilt nicht als Sektorentätigkeit, sofern die Erzeugung von Trinkwasser durch den betreffenden Auftraggeber erfolgt, weil dessen Verbrauch für die Ausübung einer Tätigkeit erforderlich ist, die keine Sektorentätigkeit nach den Absätzen 1 bis 4 ist, und die Einspeisung in das öffentliche Netz nur von dem Eigenverbrauch des betreffenden Auftraggebers abhängt und bei Zugrundelegung des Durchschnitts der letzten drei Jahre einschließlich des laufenden Jahres nicht mehr als 30 Prozent der gesamten Trinkwassererzeugung des betreffenden Auftraggebers ausmacht.

(2) Sektorentätigkeiten im Bereich Elektrizität sind
1. die Bereitstellung oder das Betreiben fester Netze zur Versorgung der Allgemeinheit im Zusammenhang mit der Erzeugung, der Fortleitung und der Abgabe von Elektrizität,
2. die Einspeisung von Elektrizität in diese Netze, es sei denn,
   a) die Elektrizität wird durch den Sektorenauftraggeber nach § 100 Absatz 1 Nummer 2 erzeugt, weil ihr Verbrauch für die Ausübung einer Tätigkeit erforderlich ist, die keine Sektorentätigkeit nach den Absätzen 1 bis 4 ist, und
   b) die Einspeisung hängt nur von dem Eigenverbrauch des Sektorenauftraggebers ab und macht bei Zugrundelegung des Durchschnitts der letzten drei Jahre einschließlich des laufenden Jahres nicht mehr als 30 Prozent der gesamten Energieerzeugung des Sektorenauftraggebers aus.

(3) Sektorentätigkeiten im Bereich von Gas und Wärme sind
1. die Bereitstellung oder das Betreiben fester Netze zur Versorgung der Allgemeinheit im Zusammenhang mit der Erzeugung, der Fortleitung und der Abgabe von Gas und Wärme,
2. die Einspeisung von Gas und Wärme in diese Netze, es sei denn,
   a) die Erzeugung von Gas oder Wärme durch den Sektorenauftraggeber nach § 100 Absatz 1 Nummer 2 ergibt sich zwangsläufig aus der Ausübung einer Tätigkeit, die keine Sektorentätigkeit nach den Absätzen 1 bis 4 ist, und
   b) die Einspeisung zielt nur darauf ab, diese Erzeugung wirtschaftlich zu nutzen und macht bei Zugrundelegung des Durchschnitts der letzten drei Jahre einschließlich des laufenden Jahres nicht mehr als 20 Prozent des Umsatzes des Sektorenauftraggebers aus.

(4) Sektorentätigkeiten im Bereich Verkehrsleistungen sind die Bereitstellung oder das Betreiben von Netzen zur Versorgung der Allgemeinheit mit Verkehrsleistungen per Eisenbahn, automatischen Systemen, Straßenbahn, Trolleybus, Bus oder Seilbahn; ein Netz gilt als vorhanden, wenn die Verkehrsleistung gemäß den von einer zuständigen Behörde festgelegten Bedingungen erbracht wird; dazu gehören die Festlegung der Strecken, die Transportkapazitäten und die Fahrpläne.

(5) Sektorentätigkeiten im Bereich Häfen und Flughäfen sind Tätigkeiten im Zusammenhang mit der Nutzung eines geografisch abgegrenzten Gebiets mit dem Zweck, für Luft-, See- oder Binnenschifffahrtsverkehrsunternehmen Flughäfen, See- oder Binnenhäfen oder andere Terminaleinrichtungen bereitzustellen.

(6) Sektorentätigkeiten im Bereich fossiler Brennstoffe sind Tätigkeiten zur Nutzung eines geografisch abgegrenzten Gebiets zum Zweck
1. der Förderung von Öl oder Gas oder
2. der Exploration oder Förderung von Kohle oder anderen festen Brennstoffen.

(7) [1]Für die Zwecke der Absätze 1 bis 3 umfasst der Begriff „Einspeisung" die Erzeugung und Produktion sowie den Groß- und Einzelhandel. [2]Die Erzeugung von Gas fällt unter Absatz 6.

§ 103 Öffentliche Aufträge, Rahmenvereinbarungen und Wettbewerbe

(1) Öffentliche Aufträge sind entgeltliche Verträge zwischen öffentlichen Auftraggebern oder Sektorenauftraggebern und Unternehmen über die Beschaffung von Leistungen, die die Lieferung von Waren, die Ausführung von Bauleistungen oder die Erbringung von Dienstleistungen zum Gegenstand haben.

(2) [1]Lieferaufträge sind Verträge zur Beschaffung von Waren, die insbesondere Kauf oder Ratenkauf oder Leasing, Mietverhältnisse oder Pachtverhältnisse mit oder ohne Kaufoption betreffen. [2]Die Verträge können auch Nebenleistungen umfassen.

(3) [1]Bauaufträge sind Verträge über die Ausführung oder die gleichzeitige Planung und Ausführung
1. von Bauleistungen im Zusammenhang mit einer der Tätigkeiten, die in Anhang II der Richtlinie 2014/24/EU des Europäischen Parlaments und des Rates vom 26. Februar 2014 über die öffentliche Auftragsvergabe und zur Aufhebung der Richtlinie 2004/18/EG (ABl. L 94 vom 28.3.2014, S. 65) und Anhang I der Richtlinie 2014/25/EU des Europäischen Parlaments und des Rates vom 26. Februar 2014 über die Vergabe von Aufträgen durch Auftraggeber im Bereich der Wasser-, Energie- und Verkehrsversorgung sowie der Postdienste und zur Aufhebung der Richtlinie 2004/17/EG (ABl. L 94 vom 28.3.2014, S. 243) genannt sind, oder

2. eines Bauwerkes für den öffentlichen Auftraggeber oder Sektorenauftraggeber, das Ergebnis von Tief- oder Hochbauarbeiten ist und eine wirtschaftliche oder technische Funktion erfüllen soll.

[2]Ein Bauauftrag liegt auch vor, wenn ein Dritter eine Bauleistung gemäß den vom öffentlichen Auftraggeber oder Sektorenauftraggeber genannten Erfordernissen erbringt, die Bauleistung dem Auftraggeber unmittelbar wirtschaftlich zugutekommt und dieser einen entscheidenden Einfluss auf Art und Planung der Bauleistung hat.

(4) Als Dienstleistungsaufträge gelten die Verträge über die Erbringung von Leistungen, die nicht unter die Absätze 2 und 3 fallen.

(5) [1]Rahmenvereinbarungen sind Vereinbarungen zwischen einem oder mehreren öffentlichen Auftraggebern oder Sektorenauftraggebern und einem oder mehreren Unternehmen, die dazu dienen, die Bedingungen für die öffentlichen Aufträge, die während eines bestimmten Zeitraums vergeben werden sollen, festzulegen, insbesondere in Bezug auf den Preis. [2]Für die Vergabe von Rahmenvereinbarungen gelten, soweit nichts anderes bestimmt ist, dieselben Vorschriften wie für die Vergabe entsprechender öffentlicher Aufträge.

(6) Wettbewerbe sind Auslobungsverfahren, die dem Auftraggeber aufgrund vergleichender Beurteilung durch ein Preisgericht mit oder ohne Verteilung von Preisen zu einem Plan oder einer Planung verhelfen sollen.

§ 104 Verteidigungs- oder sicherheitsspezifische öffentliche Aufträge

(1) Verteidigungs- oder sicherheitsspezifische öffentliche Aufträge sind öffentliche Aufträge, deren Auftragsgegenstand mindestens eine der folgenden Leistungen umfasst:

1. die Lieferung von Militärausrüstung, einschließlich dazugehöriger Teile, Bauteile oder Bausätze,
2. die Lieferung von Ausrüstung, die im Rahmen eines Verschlusssachenauftrags vergeben wird, einschließlich der dazugehörigen Teile, Bauteile oder Bausätze,
3. Liefer-, Bau- und Dienstleistungen in unmittelbarem Zusammenhang mit der in den Nummern 1 und 2 genannten Ausrüstung in allen Phasen des Lebenszyklus der Ausrüstung oder
4. Bau- und Dienstleistungen speziell für militärische Zwecke oder Bau- und Dienstleistungen, die im Rahmen eines Verschlusssachenauftrags vergeben werden.

(2) Militärausrüstung ist jede Ausrüstung, die eigens zu militärischen Zwecken konzipiert oder für militärische Zwecke angepasst wird und zum Einsatz als Waffe, Munition oder Kriegsmaterial bestimmt ist.

(3) Ein Verschlusssachenauftrag im Sinne dieser Vorschrift ist ein Auftrag im speziellen Bereich der nicht-militärischen Sicherheit, der ähnliche Merkmale aufweist und ebenso schutzbedürftig ist wie ein Auftrag über die Lieferung von Militärausrüstung im Sinne des Absatzes 1 Nummer 1 oder wie Bau- und Dienstleistungen speziell für militärische Zwecke im Sinne des Absatzes 1 Nummer 4, und

1. bei dessen Erfüllung oder Erbringung Verschlusssachen nach § 4 des Gesetzes über die Voraussetzungen und das Verfahren von Sicherheitsüberprüfungen des Bundes oder nach den entsprechenden Bestimmungen der Länder verwendet werden oder
2. der Verschlusssachen im Sinne der Nummer 1 erfordert oder beinhaltet.

§ 105 Konzessionen

(1) Konzessionen sind entgeltliche Verträge, mit denen ein oder mehrere Konzessionsgeber ein oder mehrere Unternehmen

1. mit der Erbringung von Bauleistungen betrauen (Baukonzessionen); dabei besteht die Gegenleistung entweder allein in dem Recht zur Nutzung des Bauwerks oder in diesem Recht zuzüglich einer Zahlung; oder
2. mit der Erbringung und der Verwaltung von Dienstleistungen betrauen, die nicht in der Erbringung von Bauleistungen nach Nummer 1 bestehen (Dienstleistungskonzessionen); dabei besteht die Gegenleistung entweder allein in dem Recht zur Verwertung der Dienstleistungen oder in diesem Recht zuzüglich einer Zahlung.

(2) [1]In Abgrenzung zur Vergabe öffentlicher Aufträge geht bei der Vergabe einer Bau- oder Dienstleistungskonzession das Betriebsrisiko für die Nutzung des Bauwerks oder für die Verwertung der Dienstleistungen auf den Konzessionsnehmer über. [2]Dies ist der Fall, wenn
1. unter normalen Betriebsbedingungen nicht gewährleistet ist, dass die Investitionsaufwendungen oder die Kosten für den Betrieb des Bauwerks oder die Erbringung der Dienstleistungen wieder erwirtschaftet werden können, und
2. der Konzessionsnehmer den Unwägbarkeiten des Marktes tatsächlich ausgesetzt ist, sodass potenzielle geschätzte Verluste des Konzessionsnehmers nicht vernachlässigbar sind.

[3]Das Betriebsrisiko kann ein Nachfrage- oder Angebotsrisiko sein.

§ 106 Schwellenwerte

(1) [1]Dieser Teil gilt für die Vergabe von öffentlichen Aufträgen und Konzessionen sowie die Ausrichtung von Wettbewerben, deren geschätzter Auftrags- oder Vertragswert ohne Umsatzsteuer die jeweils festgelegten Schwellenwerte erreicht oder überschreitet. [2]§ 114 Absatz 2 bleibt unberührt.

(2) Der jeweilige Schwellenwert ergibt sich
1. für öffentliche Aufträge und Wettbewerbe, die von öffentlichen Auftraggebern vergeben werden, aus Artikel 4 der Richtlinie 2014/24/EU in der jeweils geltenden Fassung; der sich hieraus für zentrale Regierungsbehörden ergebende Schwellenwert ist von allen obersten Bundesbehörden sowie allen oberen Bundesbehörden und vergleichbaren Bundeseinrichtungen anzuwenden,
2. für öffentliche Aufträge und Wettbewerbe, die von Sektorenauftraggebern zum Zweck der Ausübung einer Sektorentätigkeit vergeben werden, aus Artikel 15 der Richtlinie 2014/25/EU in der jeweils geltenden Fassung,
3. für verteidigungs- oder sicherheitsspezifische öffentliche Aufträge aus Artikel 8 der Richtlinie 2009/81/EG des Europäischen Parlaments und des Rates vom 13. Juli 2009 über die Koordinierung der Verfahren zur Vergabe bestimmter Bau-, Liefer- und Dienstleistungsaufträge in den Bereichen Verteidigung und Sicherheit und zur Änderung der Richtlinien 2004/17/EG und 2004/18/EG (ABl. L 216 vom 20.8.2009, S. 76) in der jeweils geltenden Fassung,
4. für Konzessionen aus Artikel 8 der Richtlinie 2014/23/EU des Europäischen Parlaments und des Rates vom 26. Februar 2014 über die Konzessionsvergabe (ABl. L 94 vom 28.3.2014, S. 1) in der jeweils geltenden Fassung.

(3) Das Bundesministerium für Wirtschaft und Energie gibt die geltenden Schwellenwerte unverzüglich, nachdem sie im Amtsblatt der Europäischen Union veröffentlicht worden sind, im Bundesanzeiger bekannt.

§ 107 Allgemeine Ausnahmen

(1) Dieser Teil ist nicht anzuwenden auf die Vergabe von öffentlichen Aufträgen und Konzessionen

1. zu Schiedsgerichts- und Schlichtungsdienstleistungen,
2. für den Erwerb, die Miete oder die Pacht von Grundstücken, vorhandenen Gebäuden oder anderem unbeweglichem Vermögen sowie Rechten daran, ungeachtet ihrer Finanzierung,
3. zu Arbeitsverträgen,
4. zu Dienstleistungen des Katastrophenschutzes, des Zivilschutzes und der Gefahrenabwehr, die von gemeinnützigen Organisationen oder Vereinigungen erbracht werden und die unter die Referenznummern des Common Procurement Vocabulary 75250000–3, 75251000–0, 75251100–1, 75251110–4, 75251120–7, 75252000–7, 75222000–8, 98113100–9 und 85143000–3 mit Ausnahme des Einsatzes von Krankenwagen zur Patientenbeförderung fallen; gemeinnützige Organisationen oder Vereinigungen im Sinne dieser Nummer sind insbesondere die Hilfsorganisationen, die nach Bundes- oder Landesrecht als Zivil- und Katastrophenschutzorganisationen anerkannt sind.

(2) [1]Dieser Teil ist ferner nicht auf öffentliche Aufträge und Konzessionen anzuwenden,
1. bei denen die Anwendung dieses Teils den Auftraggeber dazu zwingen würde, im Zusammenhang mit dem Vergabeverfahren oder der Auftragsausführung Auskünfte zu erteilen, deren Preisgabe seiner Ansicht nach wesentlichen Sicherheitsinteressen der Bundesrepublik Deutschland im Sinne des Artikels 346 Absatz 1 Buchstabe a des Vertrags über die Arbeitsweise der Europäischen Union widerspricht, oder
2. die dem Anwendungsbereich des Artikels 346 Absatz 1 Buchstabe b des Vertrags über die Arbeitsweise der Europäischen Union unterliegen.

[2]Wesentliche Sicherheitsinteressen im Sinne des Artikels 346 Absatz 1 des Vertrags über die Arbeitsweise der Europäischen Union können insbesondere berührt sein, wenn der öffentliche Auftrag oder die Konzession verteidigungsindustrielle Schlüsseltechnologien betrifft. [3]Ferner können im Fall des Satzes 1 Nummer 1 wesentliche Sicherheitsinteressen im Sinne des Artikels 346 Absatz 1 Buchstabe a des Vertrags über die Arbeitsweise der Europäischen Union insbesondere berührt sein, wenn der öffentliche Auftrag oder die Konzession
1. sicherheitsindustrielle Schlüsseltechnologien betreffen oder
2. Leistungen betreffen, die
   a) für den Grenzschutz, die Bekämpfung des Terrorismus oder der organisierten Kriminalität oder für verdeckte Tätigkeiten der Polizei oder der Sicherheitskräfte bestimmt sind, oder
   b) Verschlüsselung betreffen

   und soweit ein besonders hohes Maß an Vertraulichkeit erforderlich ist.

§ 108 Ausnahmen bei öffentlich-öffentlicher Zusammenarbeit

(1) Dieser Teil ist nicht anzuwenden auf die Vergabe von öffentlichen Aufträgen, die von einem öffentlichen Auftraggeber im Sinne des § 99 Nummer 1 bis 3 an eine juristische Person des öffentlichen oder privaten Rechts vergeben werden, wenn
1. der öffentliche Auftraggeber über die juristische Person eine ähnliche Kontrolle wie über seine eigenen Dienststellen ausübt,
2. mehr als 80 Prozent der Tätigkeiten der juristischen Person der Ausführung von Aufgaben dienen, mit denen sie von dem öffentlichen Auftraggeber oder von einer anderen juristischen Person, die von diesem kontrolliert wird, betraut wurde, und
3. an der juristischen Person keine direkte private Kapitalbeteiligung besteht, mit Ausnahme nicht beherrschender Formen der privaten Kapitalbeteiligung und

Formen der privaten Kapitalbeteiligung ohne Sperrminorität, die durch gesetzliche Bestimmungen vorgeschrieben sind und die keinen maßgeblichen Einfluss auf die kontrollierte juristische Person vermitteln.

(2) [1]Die Ausübung einer Kontrolle im Sinne von Absatz 1 Nummer 1 wird vermutet, wenn der öffentliche Auftraggeber einen ausschlaggebenden Einfluss auf die strategischen Ziele und die wesentlichen Entscheidungen der juristischen Person ausübt. [2]Die Kontrolle kann auch durch eine andere juristische Person ausgeübt werden, die von dem öffentlichen Auftraggeber auf gleiche Weise kontrolliert wird.

(3) [1]Absatz 1 gilt auch für die Vergabe öffentlicher Aufträge, die von einer kontrollierten juristischen Person, die zugleich öffentlicher Auftraggeber im Sinne des § 99 Nummer 1 bis 3 ist, an den kontrollierenden öffentlichen Auftraggeber oder an eine von diesem öffentlichen Auftraggeber kontrollierte andere juristische Person vergeben werden. [2]Voraussetzung ist, dass keine direkte private Kapitalbeteiligung an der juristischen Person besteht, die den öffentlichen Auftrag erhalten soll. [3]Absatz 1 Nummer 3 zweiter Halbsatz gilt entsprechend.

(4) Dieser Teil ist nicht anzuwenden auf die Vergabe von öffentlichen Aufträgen, bei denen der öffentliche Auftraggeber im Sinne des § 99 Nummer 1 bis 3 über eine juristische Person des privaten oder öffentlichen Rechts zwar keine Kontrolle im Sinne des Absatzes 1 Nummer 1 ausübt, aber

1. der öffentliche Auftraggeber gemeinsam mit anderen öffentlichen Auftraggebern über die juristische Person eine ähnliche Kontrolle ausübt wie jeder der öffentlichen Auftraggeber über seine eigenen Dienststellen,
2. mehr als 80 Prozent der Tätigkeiten der juristischen Person der Ausführung von Aufgaben dienen, mit denen sie von den öffentlichen Auftraggebern oder von einer anderen juristischen Person, die von diesen Auftraggebern kontrolliert wird, betraut wurde, und
3. an der juristischen Person keine direkte private Kapitalbeteiligung besteht; Absatz 1 Nummer 3 zweiter Halbsatz gilt entsprechend.

(5) Eine gemeinsame Kontrolle im Sinne von Absatz 4 Nummer 1 besteht, wenn

1. sich die beschlussfassenden Organe der juristischen Person aus Vertretern sämtlicher teilnehmender öffentlicher Auftraggeber zusammensetzen; ein einzelner Vertreter kann mehrere oder alle teilnehmenden öffentlichen Auftraggeber vertreten,
2. die öffentlichen Auftraggeber gemeinsam einen ausschlaggebenden Einfluss auf die strategischen Ziele und die wesentlichen Entscheidungen der juristischen Person ausüben können und
3. die juristische Person keine Interessen verfolgt, die den Interessen der öffentlichen Auftraggeber zuwiderlaufen.

(6) Dieser Teil ist ferner nicht anzuwenden auf Verträge, die zwischen zwei oder mehreren öffentlichen Auftraggebern im Sinne des § 99 Nummer 1 bis 3 geschlossen werden, wenn

1. der Vertrag eine Zusammenarbeit zwischen den beteiligten öffentlichen Auftraggebern begründet oder erfüllt, um sicherzustellen, dass die von ihnen zu erbringenden öffentlichen Dienstleistungen im Hinblick auf die Erreichung gemeinsamer Ziele ausgeführt werden,
2. die Durchführung der Zusammenarbeit nach Nummer 1 ausschließlich durch Überlegungen im Zusammenhang mit dem öffentlichen Interesse bestimmt wird und
3. die öffentlichen Auftraggeber auf dem Markt weniger als 20 Prozent der Tätigkeiten erbringen, die durch die Zusammenarbeit nach Nummer 1 erfasst sind.

(7) [1]Zur Bestimmung des prozentualen Anteils nach Absatz 1 Nummer 2, Absatz 4 Nummer 2 und Absatz 6 Nummer 3 wird der durchschnittliche Gesamtumsatz der

letzten drei Jahre vor Vergabe des öffentlichen Auftrags oder ein anderer geeigneter tätigkeitsgestützter Wert herangezogen. [2]Ein geeigneter tätigkeitsgestützter Wert sind zum Beispiel die Kosten, die der juristischen Person oder dem öffentlichen Auftraggeber in dieser Zeit in Bezug auf Liefer-, Bau- und Dienstleistungen entstanden sind. [3]Liegen für die letzten drei Jahre keine Angaben über den Umsatz oder einen geeigneten alternativen tätigkeitsgestützten Wert wie zum Beispiel Kosten vor oder sind sie nicht aussagekräftig, genügt es, wenn der tätigkeitsgestützte Wert insbesondere durch Prognosen über die Geschäftsentwicklung glaubhaft gemacht wird.

(8) Die Absätze 1 bis 7 gelten entsprechend für Sektorenauftraggeber im Sinne des § 100 Absatz 1 Nummer 1 hinsichtlich der Vergabe von öffentlichen Aufträgen sowie für Konzessionsgeber im Sinne des § 101 Absatz 1 Nummer 1 und 2 hinsichtlich der Vergabe von Konzessionen.

§ 109 Ausnahmen für Vergaben auf der Grundlage internationaler Verfahrensregeln

(1) Dieser Teil ist nicht anzuwenden, wenn öffentliche Aufträge, Wettbewerbe oder Konzessionen

1. nach Vergabeverfahren zu vergeben oder durchzuführen sind, die festgelegt werden durch
   a) ein Rechtsinstrument, das völkerrechtliche Verpflichtungen begründet, wie eine im Einklang mit den EU-Verträgen geschlossene internationale Übereinkunft oder Vereinbarung zwischen der Bundesrepublik Deutschland und einem oder mehreren Staaten, die nicht Vertragsparteien des Übereinkommens über den Europäischen Wirtschaftsraum sind, oder ihren Untereinheiten über Liefer-, Bau- oder Dienstleistungen für ein von den Unterzeichnern gemeinsam zu verwirklichendes oder zu nutzendes Projekt, oder
   b) eine internationale Organisation oder
2. gemäß den Vergaberegeln einer internationalen Organisation oder internationalen Finanzierungseinrichtung bei vollständiger Finanzierung der öffentlichen Aufträge und Wettbewerbe durch diese Organisation oder Einrichtung zu vergeben sind; für den Fall einer überwiegenden Kofinanzierung öffentlicher Aufträge und Wettbewerbe durch eine internationale Organisation oder eine internationale Finanzierungseinrichtung einigen sich die Parteien auf die anwendbaren Vergabeverfahren.

(2) Für verteidigungs- oder sicherheitsspezifische öffentliche Aufträge ist § 145 Nummer 7 und für Konzessionen in den Bereichen Verteidigung und Sicherheit ist § 150 Nummer 7 anzuwenden.

§ 110 Vergabe von öffentlichen Aufträgen und Konzessionen, die verschiedene Leistungen zum Gegenstand haben

(1) [1]Öffentliche Aufträge, die verschiedene Leistungen wie Liefer-, Bau- oder Dienstleistungen zum Gegenstand haben, werden nach den Vorschriften vergeben, denen der Hauptgegenstand des Auftrags zuzuordnen ist. [2]Dasselbe gilt für die Vergabe von Konzessionen, die sowohl Bau- als auch Dienstleistungen zum Gegenstand haben.

(2) Der Hauptgegenstand öffentlicher Aufträge und Konzessionen, die

1. teilweise aus Dienstleistungen, die den Vorschriften zur Vergabe von öffentlichen Aufträgen über soziale und andere besondere Dienstleistungen im Sinne des § 130 oder Konzessionen über soziale und andere besondere Dienstleistungen im Sinne des § 153 unterfallen, und teilweise aus anderen Dienstleistungen bestehen oder
2. teilweise aus Lieferleistungen und teilweise aus Dienstleistungen bestehen,

wird danach bestimmt, welcher geschätzte Wert der jeweiligen Liefer- oder Dienstleistungen am höchsten ist.

§ 111 Vergabe von öffentlichen Aufträgen und Konzessionen, deren Teile unterschiedlichen rechtlichen Regelungen unterliegen

(1) Sind die verschiedenen Teile eines öffentlichen Auftrags, die jeweils unterschiedlichen rechtlichen Regelungen unterliegen, objektiv trennbar, so dürfen getrennte Aufträge für jeden Teil oder darf ein Gesamtauftrag vergeben werden.

(2) Werden getrennte Aufträge vergeben, so wird jeder einzelne Auftrag nach den Vorschriften vergeben, die auf seine Merkmale anzuwenden sind.

(3) Wird ein Gesamtauftrag vergeben,
1. kann der Auftrag ohne Anwendung dieses Teils vergeben werden, wenn ein Teil des Auftrags die Voraussetzungen des § 107 Absatz 2 Nummer 1 oder 2 erfüllt und die Vergabe eines Gesamtauftrags aus objektiven Gründen gerechtfertigt ist,
2. kann der Auftrag nach den Vorschriften über die Vergabe von verteidigungs- oder sicherheitsspezifischen Aufträgen vergeben werden, wenn ein Teil des Auftrags diesen Vorschriften unterliegt und die Vergabe eines Gesamtauftrags aus objektiven Gründen gerechtfertigt ist,
3. sind die Vorschriften zur Vergabe von öffentlichen Aufträgen durch Sektorenauftraggeber anzuwenden, wenn ein Teil des Auftrags diesen Vorschriften unterliegt und der Wert dieses Teils den geltenden Schwellenwert erreicht oder überschreitet; dies gilt auch dann, wenn der andere Teil des Auftrags den Vorschriften über die Vergabe von Konzessionen unterliegt,
4. sind die Vorschriften zur Vergabe von öffentlichen Aufträgen durch öffentliche Auftraggeber anzuwenden, wenn ein Teil des Auftrags den Vorschriften zur Vergabe von Konzessionen und ein anderer Teil des Auftrags den Vorschriften zur Vergabe von öffentlichen Aufträgen durch öffentliche Auftraggeber unterliegt und wenn der Wert dieses Teils den geltenden Schwellenwert erreicht oder überschreitet,
5. sind die Vorschriften dieses Teils anzuwenden, wenn ein Teil des Auftrags den Vorschriften dieses Teils und ein anderer Teil des Auftrags sonstigen Vorschriften außerhalb dieses Teils unterliegt; dies gilt ungeachtet des Wertes des Teils, der sonstigen Vorschriften außerhalb dieses Teils unterliegen würde und ungeachtet ihrer rechtlichen Regelung.

(4) Sind die verschiedenen Teile eines öffentlichen Auftrags, die jeweils unterschiedlichen rechtlichen Regelungen unterliegen, objektiv nicht trennbar,
1. wird der Auftrag nach den Vorschriften vergeben, denen der Hauptgegenstand des Auftrags zuzuordnen ist; enthält der Auftrag Elemente einer Dienstleistungskonzession und eines Lieferauftrags, wird der Hauptgegenstand danach bestimmt, welcher geschätzte Wert der jeweiligen Dienst- oder Lieferleistungen höher ist,
2. kann der Auftrag ohne Anwendung der Vorschriften dieses Teils oder gemäß den Vorschriften über die Vergabe von verteidigungs- oder sicherheitsspezifischen öffentlichen Aufträgen vergeben werden, wenn der Auftrag Elemente enthält, auf die § 107 Absatz 2 Nummer 1 oder 2 anzuwenden ist.

(5) Die Entscheidung, einen Gesamtauftrag oder getrennte Aufträge zu vergeben, darf nicht zu dem Zweck getroffen werden, die Auftragsvergabe von den Vorschriften zur Vergabe öffentlicher Aufträge und Konzessionen auszunehmen.

(6) Auf die Vergabe von Konzessionen sind die Absätze 1, 2 und 3 Nummer 1 und 2 sowie die Absätze 4 und 5 entsprechend anzuwenden.

§ 112 Vergabe von öffentlichen Aufträgen und Konzessionen, die verschiedene Tätigkeiten umfassen

(1) Umfasst ein öffentlicher Auftrag mehrere Tätigkeiten, von denen eine Tätigkeit eine Sektorentätigkeit im Sinne des § 102 darstellt, dürfen getrennte Aufträge für die Zwecke jeder einzelnen Tätigkeit oder darf ein Gesamtauftrag vergeben werden.

(2) Werden getrennte Aufträge vergeben, so wird jeder einzelne Auftrag nach den Vorschriften vergeben, die auf seine Merkmale anzuwenden sind.

(3) [1]Wird ein Gesamtauftrag vergeben, unterliegt dieser Auftrag den Bestimmungen, die für die Tätigkeit gelten, für die der Auftrag hauptsächlich bestimmt ist. [2]Ist der Auftrag sowohl für eine Sektorentätigkeit im Sinne des § 102 als auch für eine Tätigkeit bestimmt, die Verteidigungs- oder Sicherheitsaspekte umfasst, ist § 111 Absatz 3 Nummer 1 und 2 entsprechend anzuwenden.

(4) Die Entscheidung, einen Gesamtauftrag oder getrennte Aufträge zu vergeben, darf nicht zu dem Zweck getroffen werden, die Auftragsvergabe von den Vorschriften dieses Teils auszunehmen.

(5) Ist es objektiv unmöglich, festzustellen, für welche Tätigkeit der Auftrag hauptsächlich bestimmt ist, unterliegt die Vergabe

1. den Vorschriften zur Vergabe von öffentlichen Aufträgen durch öffentliche Auftraggeber, wenn eine der Tätigkeiten, für die der Auftrag bestimmt ist, unter diese Vorschriften fällt,
2. den Vorschriften zur Vergabe von öffentlichen Aufträgen durch Sektorenauftraggeber, wenn der Auftrag sowohl für eine Sektorentätigkeit im Sinne des § 102 als auch für eine Tätigkeit bestimmt ist, die in den Anwendungsbereich der Vorschriften zur Vergabe von Konzessionen fallen würde,
3. den Vorschriften zur Vergabe von öffentlichen Aufträgen durch Sektorenauftraggeber, wenn der Auftrag sowohl für eine Sektorentätigkeit im Sinne des § 102 als auch für eine Tätigkeit bestimmt ist, die weder in den Anwendungsbereich der Vorschriften zur Vergabe von Konzessionen noch in den Anwendungsbereich der Vorschriften zur Vergabe öffentlicher Aufträge durch öffentliche Auftraggeber fallen würde.

(6) [1]Umfasst eine Konzession mehrere Tätigkeiten, von denen eine Tätigkeit eine Sektorentätigkeit im Sinne des § 102 darstellt, sind die Absätze 1 bis 4 entsprechend anzuwenden. [2]Ist es objektiv unmöglich, festzustellen, für welche Tätigkeit die Konzession hauptsächlich bestimmt ist, unterliegt die Vergabe

1. den Vorschriften zur Vergabe von Konzessionen durch Konzessionsgeber im Sinne des § 101 Absatz 1 Nummer 1, wenn eine der Tätigkeiten, für die die Konzession bestimmt ist, diesen Bestimmungen und die andere Tätigkeit den Bestimmungen für die Vergabe von Konzessionen durch Konzessionsgeber im Sinne des § 101 Absatz 1 Nummer 2 oder Nummer 3 unterliegt,
2. den Vorschriften zur Vergabe von öffentlichen Aufträgen durch öffentliche Auftraggeber, wenn eine der Tätigkeiten, für die die Konzession bestimmt ist, unter diese Vorschriften fällt,
3. den Vorschriften zur Vergabe von Konzessionen, wenn eine der Tätigkeiten, für die die Konzession bestimmt ist, diesen Vorschriften und die andere Tätigkeit weder den Vorschriften zur Vergabe von öffentlichen Aufträgen durch Sektorenauftraggeber noch den Vorschriften zur Vergabe öffentlicher Aufträge durch öffentliche Auftraggeber unterliegt.

§ 113 Verordnungsermächtigung

[1]Die Bundesregierung wird ermächtigt, durch Rechtsverordnungen mit Zustimmung des Bundesrates die Einzelheiten zur Vergabe von öffentlichen Aufträgen

und Konzessionen sowie zur Ausrichtung von Wettbewerben zu regeln. [2]Diese Ermächtigung umfasst die Befugnis zur Regelung von Anforderungen an den Auftragsgegenstand und an das Vergabeverfahren, insbesondere zur Regelung
1. der Schätzung des Auftrags- oder Vertragswertes,
2. der Leistungsbeschreibung, der Bekanntmachung, der Verfahrensarten und des Ablaufs des Vergabeverfahrens, der Nebenangebote, der Vergabe von Unteraufträgen sowie der Vergabe öffentlicher Aufträge und Konzessionen, die soziale und andere besondere Dienstleistungen betreffen,
3. der besonderen Methoden und Instrumente in Vergabeverfahren und für Sammelbeschaffungen einschließlich der zentralen Beschaffung,
4. des Sendens, Empfangens, Weiterleitens und Speicherns von Daten einschließlich der Regelungen zum Inkrafttreten der entsprechenden Verpflichtungen,
5. der Auswahl und Prüfung der Unternehmen und Angebote sowie des Abschlusses des Vertrags,
6. der Aufhebung des Vergabeverfahrens,
7. der verteidigungs- oder sicherheitsspezifischen Anforderungen im Hinblick auf den Geheimschutz, auf die allgemeinen Regelungen zur Wahrung der Vertraulichkeit, auf die Versorgungssicherheit sowie auf die besonderen Regelungen für die Vergabe von Unteraufträgen,
8. der Voraussetzungen, nach denen Sektorenauftraggeber, Konzessionsgeber oder Auftraggeber nach dem Bundesberggesetz von der Verpflichtung zur Anwendung dieses Teils befreit werden können, sowie des dabei anzuwendenden Verfahrens einschließlich der erforderlichen Ermittlungsbefugnisse des Bundeskartellamtes und der Einzelheiten der Kostenerhebung; Vollstreckungserleichterungen dürfen vorgesehen werden.

[3]Die Rechtsverordnungen sind dem Bundestag zuzuleiten. [4]Die Zuleitung erfolgt vor der Zuleitung an den Bundesrat. [5]Die Rechtsverordnungen können durch Beschluss des Bundestages geändert oder abgelehnt werden. [6]Der Beschluss des Bundestages wird der Bundesregierung zugeleitet. [7]Hat sich der Bundestag nach Ablauf von drei Sitzungswochen seit Eingang der Rechtsverordnungen nicht mit ihnen befasst, so werden die unveränderten Rechtsverordnungen dem Bundesrat zugeleitet.

§ 114 Monitoring und Vergabestatistik

(1) [1]Die obersten Bundesbehörden und die Länder erstatten in ihrem jeweiligen Zuständigkeitsbereich dem Bundesministerium für Wirtschaft und Energie über die Anwendung der Vorschriften dieses Teils und der aufgrund des § 113 erlassenen Rechtsverordnungen bis zum 15. Februar 2017 und danach auf Anforderung schriftlich Bericht. [2]Zu berichten ist regelmäßig über die jeweils letzten drei Kalenderjahre, die der Anforderung vorausgegangen sind.

(2) [1]Das Statistische Bundesamt erstellt im Auftrag des Bundesministeriums für Wirtschaft und Energie eine Vergabestatistik. [2]Zu diesem Zweck übermitteln Auftraggeber im Sinne des § 98 an das Statistische Bundesamt Daten zu öffentlichen Aufträgen im Sinne des § 103 Absatz 1 unabhängig von deren geschätzten Auftragswert und zu Konzessionen im Sinne des § 105. [3]Das Bundesministerium für Wirtschaft und Energie wird ermächtigt, im Einvernehmen mit dem Bundesministerium des Innern, für Bau und Heimat durch Rechtsverordnung mit Zustimmung des Bundesrates die Einzelheiten der Vergabestatistik sowie der Datenübermittlung durch die meldende Stelle einschließlich des technischen Ablaufs, des Umfangs der zu übermittelnden Daten, der Wertgrenzen für die Erhebung sowie den Zeitpunkt des Inkrafttretens und der Anwendung der entsprechenden Verpflichtungen zu regeln.

Abschnitt 2. Vergabe von öffentlichen Aufträgen durch öffentliche Auftraggeber

Unterabschnitt 1. Anwendungsbereich

§ 115 Anwendungsbereich

Dieser Abschnitt ist anzuwenden auf die Vergabe von öffentlichen Aufträgen und die Ausrichtung von Wettbewerben durch öffentliche Auftraggeber.

§ 116 Besondere Ausnahmen

(1) Dieser Teil ist nicht anzuwenden auf die Vergabe von öffentlichen Aufträgen durch öffentliche Auftraggeber, wenn diese Aufträge Folgendes zum Gegenstand haben:

1. Rechtsdienstleistungen, die eine der folgenden Tätigkeiten betreffen:
   a) Vertretung eines Mandanten durch einen Rechtsanwalt in
      aa) Gerichts- oder Verwaltungsverfahren vor nationalen oder internationalen Gerichten, Behörden oder Einrichtungen,
      bb) nationalen oder internationalen Schiedsgerichts- oder Schlichtungsverfahren,
   b) Rechtsberatung durch einen Rechtsanwalt, sofern diese zur Vorbereitung eines Verfahrens im Sinne von Buchstabe a dient oder wenn konkrete Anhaltspunkte dafür vorliegen und eine hohe Wahrscheinlichkeit besteht, dass die Angelegenheit, auf die sich die Rechtsberatung bezieht, Gegenstand eines solchen Verfahrens werden wird,
   c) Beglaubigungen und Beurkundungen, sofern sie von Notaren vorzunehmen sind,
   d) Tätigkeiten von gerichtlich bestellten Betreuern, Vormündern, Pflegern, Verfahrensbeiständen, Sachverständigen oder Verwaltern oder sonstige Rechtsdienstleistungen, deren Erbringer durch ein Gericht dafür bestellt oder durch Gesetz dazu bestimmt werden, um bestimmte Aufgaben unter der Aufsicht dieser Gerichte wahrzunehmen, oder
   e) Tätigkeiten, die zumindest teilweise mit der Ausübung von hoheitlichen Befugnissen verbunden sind,
2. Forschungs- und Entwicklungsdienstleistungen, es sei denn, es handelt sich um Forschungs- und Entwicklungsdienstleistungen, die unter die Referenznummern des Common Procurement Vocabulary 73000000–2 bis 73120000–9, 73300000–5, 73420000–2 und 73430000–5 fallen und bei denen
   a) die Ergebnisse ausschließlich Eigentum des Auftraggebers für seinen Gebrauch bei der Ausübung seiner eigenen Tätigkeit werden und
   b) die Dienstleistung vollständig durch den Auftraggeber vergütet wird,
3. den Erwerb, die Entwicklung, die Produktion oder die Koproduktion von Sendematerial für audiovisuelle Mediendienste oder Hörfunkmediendienste, wenn diese Aufträge von Anbietern von audiovisuellen Mediendiensten oder Hörfunkmediendiensten vergeben werden, die Ausstrahlungszeit oder die Bereitstellung von Sendungen, wenn diese Aufträge an Anbieter von audiovisuellen Mediendiensten oder Hörfunkmediendiensten vergeben werden,
4. finanzielle Dienstleistungen im Zusammenhang mit der Ausgabe, dem Verkauf, dem Ankauf oder der Übertragung von Wertpapieren oder anderen Finanzinstrumenten, Dienstleistungen der Zentralbanken sowie mit der Europäischen Finanzstabilisierungsfazilität und dem Europäischen Stabilitätsmechanismus durchgeführte Transaktionen,

5. Kredite und Darlehen, auch im Zusammenhang mit der Ausgabe, dem Verkauf, dem Ankauf oder der Übertragung von Wertpapieren oder anderen Finanzinstrumenten oder
6. Dienstleistungen, die an einen öffentlichen Auftraggeber nach § 99 Nummer 1 bis 3 vergeben werden, der ein auf Gesetz oder Verordnung beruhendes ausschließliches Recht hat, die Leistungen zu erbringen.

(2) Dieser Teil ist ferner nicht auf öffentliche Aufträge und Wettbewerbe anzuwenden, die hauptsächlich den Zweck haben, dem öffentlichen Auftraggeber die Bereitstellung oder den Betrieb öffentlicher Kommunikationsnetze oder die Bereitstellung eines oder mehrerer elektronischer Kommunikationsdienste für die Öffentlichkeit zu ermöglichen.

§ 117 Besondere Ausnahmen für Vergaben, die Verteidigungs- oder Sicherheitsaspekte umfassen

Bei öffentlichen Aufträgen und Wettbewerben, die Verteidigungs- oder Sicherheitsaspekte umfassen, ohne verteidigungs- oder sicherheitsspezifische Aufträge zu sein, ist dieser Teil nicht anzuwenden,
1. soweit der Schutz wesentlicher Sicherheitsinteressen der Bundesrepublik Deutschland nicht durch weniger einschneidende Maßnahmen gewährleistet werden kann, zum Beispiel durch Anforderungen, die auf den Schutz der Vertraulichkeit der Informationen abzielen, die der öffentliche Auftraggeber im Rahmen eines Vergabeverfahrens zur Verfügung stellt,
2. soweit die Voraussetzungen des Artikels 346 Absatz 1 Buchstabe a des Vertrags über die Arbeitsweise der Europäischen Union erfüllt sind,
3. wenn die Vergabe und die Ausführung des Auftrags für geheim erklärt werden oder nach den Rechts- oder Verwaltungsvorschriften besondere Sicherheitsmaßnahmen erfordern; Voraussetzung hierfür ist eine Feststellung darüber, dass die betreffenden wesentlichen Interessen nicht durch weniger einschneidende Maßnahmen gewährleistet werden können, zum Beispiel durch Anforderungen, die auf den Schutz der Vertraulichkeit der Informationen abzielen,
4. wenn der öffentliche Auftraggeber verpflichtet ist, die Vergabe oder Durchführung nach anderen Vergabeverfahren vorzunehmen, die festgelegt sind durch
   a) eine im Einklang mit den EU-Verträgen geschlossene internationale Übereinkunft oder Vereinbarung zwischen der Bundesrepublik Deutschland und einem oder mehreren Staaten, die nicht Vertragsparteien des Übereinkommens über den Europäischen Wirtschaftsraum sind, oder ihren Untereinheiten über Liefer-, Bau- oder Dienstleistungen für ein von den Unterzeichnern gemeinsam zu verwirklichendes oder zu nutzendes Projekt,
   b) eine internationale Übereinkunft oder Vereinbarung im Zusammenhang mit der Stationierung von Truppen, die Unternehmen betrifft, die ihren Sitz in der Bundesrepublik Deutschland oder einem Staat haben, der nicht Vertragspartei des Übereinkommens über den Europäischen Wirtschaftsraums ist, oder
   c) eine internationale Organisation oder
5. wenn der öffentliche Auftraggeber gemäß den Vergaberegeln einer internationalen Organisation oder internationalen Finanzierungseinrichtung einen öffentlichen Auftrag vergibt oder einen Wettbewerb ausrichtet und dieser öffentliche Auftrag oder Wettbewerb vollständig durch diese Organisation oder Einrichtung finanziert wird. Im Falle einer überwiegenden Kofinanzierung durch eine internationale Organisation oder eine internationale Finanzierungseinrichtung einigen sich die Parteien auf die anwendbaren Vergabeverfahren.

§ 118 Bestimmten Auftragnehmern vorbehaltene öffentliche Aufträge

(1) Öffentliche Auftraggeber können das Recht zur Teilnahme an Vergabeverfahren Werkstätten für Menschen mit Behinderungen und Unternehmen vorbehalten, deren Hauptzweck die soziale und berufliche Integration von Menschen mit Behinderungen oder von benachteiligten Personen ist, oder bestimmen, dass öffentliche Aufträge im Rahmen von Programmen mit geschützten Beschäftigungsverhältnissen durchzuführen sind.

(2) Voraussetzung ist, dass mindestens 30 Prozent der in diesen Werkstätten oder Unternehmen Beschäftigten Menschen mit Behinderungen oder benachteiligte Personen sind.

Unterabschnitt 2. Vergabeverfahren und Auftragsausführung

§ 119 Verfahrensarten

(1) Die Vergabe von öffentlichen Aufträgen erfolgt im offenen Verfahren, im nicht offenen Verfahren, im Verhandlungsverfahren, im wettbewerblichen Dialog oder in der Innovationspartnerschaft.

(2) [1]Öffentlichen Auftraggebern stehen das offene Verfahren und das nicht offene Verfahren, das stets einen Teilnahmewettbewerb erfordert, nach ihrer Wahl zur Verfügung. [2]Die anderen Verfahrensarten stehen nur zur Verfügung, soweit dies aufgrund dieses Gesetzes gestattet ist.

(3) Das offene Verfahren ist ein Verfahren, in dem der öffentliche Auftraggeber eine unbeschränkte Anzahl von Unternehmen öffentlich zur Abgabe von Angeboten auffordert.

(4) Das nicht offene Verfahren ist ein Verfahren, bei dem der öffentliche Auftraggeber nach vorheriger öffentlicher Aufforderung zur Teilnahme eine beschränkte Anzahl von Unternehmen nach objektiven, transparenten und nichtdiskriminierenden Kriterien auswählt (Teilnahmewettbewerb), die er zur Abgabe von Angeboten auffordert.

(5) Das Verhandlungsverfahren ist ein Verfahren, bei dem sich der öffentliche Auftraggeber mit oder ohne Teilnahmewettbewerb an ausgewählte Unternehmen wendet, um mit einem oder mehreren dieser Unternehmen über die Angebote zu verhandeln.

(6) [1]Der wettbewerbliche Dialog ist ein Verfahren zur Vergabe öffentlicher Aufträge mit dem Ziel der Ermittlung und Festlegung der Mittel, mit denen die Bedürfnisse des öffentlichen Auftraggebers am besten erfüllt werden können. [2]Nach einem Teilnahmewettbewerb eröffnet der öffentliche Auftraggeber mit den ausgewählten Unternehmen einen Dialog zur Erörterung aller Aspekte der Auftragsvergabe.

(7) [1]Die Innovationspartnerschaft ist ein Verfahren zur Entwicklung innovativer, noch nicht auf dem Markt verfügbarer Liefer-, Bau- oder Dienstleistungen und zum anschließenden Erwerb der daraus hervorgehenden Leistungen. [2]Nach einem Teilnahmewettbewerb verhandelt der öffentliche Auftraggeber in mehreren Phasen mit den ausgewählten Unternehmen über die Erst- und Folgeangebote.

§ 120 Besondere Methoden und Instrumente in Vergabeverfahren

(1) Ein dynamisches Beschaffungssystem ist ein zeitlich befristetes, ausschließlich elektronisches Verfahren zur Beschaffung marktüblicher Leistungen, bei denen die allgemein auf dem Markt verfügbaren Merkmale den Anforderungen des öffentlichen Auftraggebers genügen.

(2) [1]Eine elektronische Auktion ist ein sich schrittweise wiederholendes elektronisches Verfahren zur Ermittlung des wirtschaftlichsten Angebots. [2]Jeder elektronischen Auktion geht eine vollständige erste Bewertung aller Angebote voraus.

(3) [1]Ein elektronischer Katalog ist ein auf der Grundlage der Leistungsbeschreibung erstelltes Verzeichnis der zu beschaffenden Liefer-, Bau- und Dienstleistungen in einem elektronischen Format. [2]Er kann insbesondere beim Abschluss von Rahmenvereinbarungen eingesetzt werden und Abbildungen, Preisinformationen und Produktbeschreibungen umfassen.

(4) [1]Eine zentrale Beschaffungsstelle ist ein öffentlicher Auftraggeber, der für andere öffentliche Auftraggeber dauerhaft Liefer- und Dienstleistungen beschafft, öffentliche Aufträge vergibt oder Rahmenvereinbarungen abschließt (zentrale Beschaffungstätigkeit). [2]Öffentliche Auftraggeber können Liefer- und Dienstleistungen von zentralen Beschaffungsstellen erwerben oder Liefer-, Bau- und Dienstleistungsaufträge mittels zentraler Beschaffungsstellen vergeben. [3]Öffentliche Aufträge zur Ausübung zentraler Beschaffungstätigkeiten können an eine zentrale Beschaffungsstelle vergeben werden, ohne ein Vergabeverfahren nach den Vorschriften dieses Teils durchzuführen. [4]Derartige Dienstleistungsaufträge können auch Beratungs- und Unterstützungsleistungen bei der Vorbereitung oder Durchführung von Vergabeverfahren umfassen. [5]Die Teile 1 bis 3 bleiben unberührt.

§ 121 Leistungsbeschreibung

(1) [1]In der Leistungsbeschreibung ist der Auftragsgegenstand so eindeutig und erschöpfend wie möglich zu beschreiben, sodass die Beschreibung für alle Unternehmen im gleichen Sinne verständlich ist und die Angebote miteinander verglichen werden können. [2]Die Leistungsbeschreibung enthält die Funktions- oder Leistungsanforderungen oder eine Beschreibung der zu lösenden Aufgabe, deren Kenntnis für die Erstellung des Angebots erforderlich ist, sowie die Umstände und Bedingungen der Leistungserbringung.

(2) Bei der Beschaffung von Leistungen, die zur Nutzung durch natürliche Personen vorgesehen sind, sind bei der Erstellung der Leistungsbeschreibung außer in ordnungsgemäß begründeten Fällen die Zugänglichkeitskriterien für Menschen mit Behinderungen oder die Konzeption für alle Nutzer zu berücksichtigen.

(3) Die Leistungsbeschreibung ist den Vergabeunterlagen beizufügen.

§ 122 Eignung

(1) Öffentliche Aufträge werden an fachkundige und leistungsfähige (geeignete) Unternehmen vergeben, die nicht nach den §§ 123 oder 124 ausgeschlossen worden sind.

(2) [1]Ein Unternehmen ist geeignet, wenn es die durch den öffentlichen Auftraggeber im Einzelnen zur ordnungsgemäßen Ausführung des öffentlichen Auftrags festgelegten Kriterien (Eignungskriterien) erfüllt. [2]Die Eignungskriterien dürfen ausschließlich Folgendes betreffen:
1. Befähigung und Erlaubnis zur Berufsausübung,
2. wirtschaftliche und finanzielle Leistungsfähigkeit,
3. technische und berufliche Leistungsfähigkeit.

(3) Der Nachweis der Eignung und des Nichtvorliegens von Ausschlussgründen nach den §§ 123 und 124 kann ganz oder teilweise durch die Teilnahme an Präqualifizierungssystemen erbracht werden.

(4) [1]Eignungskriterien müssen mit dem Auftragsgegenstand in Verbindung und zu diesem in einem angemessenen Verhältnis stehen. [2]Sie sind in der Auftragsbe-

kanntmachung, der Vorinformation oder der Aufforderung zur Interessensbestätigung aufzuführen.

§ 123 Zwingende Ausschlussgründe

(1) Öffentliche Auftraggeber schließen ein Unternehmen zu jedem Zeitpunkt des Vergabeverfahrens von der Teilnahme aus, wenn sie Kenntnis davon haben, dass eine Person, deren Verhalten nach Absatz 3 dem Unternehmen zuzurechnen ist, rechtskräftig verurteilt oder gegen das Unternehmen eine Geldbuße nach § 30 des Gesetzes über Ordnungswidrigkeiten rechtskräftig festgesetzt worden ist wegen einer Straftat nach:

1. § 129 des Strafgesetzbuchs (Bildung krimineller Vereinigungen), § 129a des Strafgesetzbuchs (Bildung terroristischer Vereinigungen) oder § 129b des Strafgesetzbuchs (Kriminelle und terroristische Vereinigungen im Ausland),
2. § 89c des Strafgesetzbuchs (Terrorismusfinanzierung) oder wegen der Teilnahme an einer solchen Tat oder wegen der Bereitstellung oder Sammlung finanzieller Mittel in Kenntnis dessen, dass diese finanziellen Mittel ganz oder teilweise dazu verwendet werden oder verwendet werden sollen, eine Tat nach § 89a Absatz 2 Nummer 2 des Strafgesetzbuchs zu begehen,
3. § 261 des Strafgesetzbuchs (Geldwäsche),
4. § 263 des Strafgesetzbuchs (Betrug), soweit sich die Straftat gegen den Haushalt der Europäischen Union oder gegen Haushalte richtet, die von der Europäischen Union oder in ihrem Auftrag verwaltet werden,
5. § 264 des Strafgesetzbuchs (Subventionsbetrug), soweit sich die Straftat gegen den Haushalt der Europäischen Union oder gegen Haushalte richtet, die von der Europäischen Union oder in ihrem Auftrag verwaltet werden,
6. § 299 des Strafgesetzbuchs (Bestechlichkeit und Bestechung im geschäftlichen Verkehr), §§ 299a und 299b des Strafgesetzbuchs (Bestechlichkeit und Bestechung im Gesundheitswesen),
7. § 108e des Strafgesetzbuchs (Bestechlichkeit und Bestechung von Mandatsträgern) oder § 108f des Strafgesetzbuchs (unzulässige Interessenwahrnehmung),
8. den §§ 333 und 334 des Strafgesetzbuchs (Vorteilsgewährung und Bestechung), jeweils auch in Verbindung mit § 335a des Strafgesetzbuchs (Ausländische und internationale Bedienstete),
9. Artikel 2 § 2 des Gesetzes zur Bekämpfung internationaler Bestechung (Bestechung ausländischer Abgeordneter im Zusammenhang mit internationalem Geschäftsverkehr) oder
10. den §§ 232, 232a Absatz 1 bis 5, den §§ 232b bis 233a des Strafgesetzbuches (Menschenhandel, Zwangsprostitution, Zwangsarbeit, Ausbeutung der Arbeitskraft, Ausbeutung unter Ausnutzung einer Freiheitsberaubung).

(2) Einer Verurteilung oder der Festsetzung einer Geldbuße im Sinne des Absatzes 1 stehen eine Verurteilung oder die Festsetzung einer Geldbuße nach den vergleichbaren Vorschriften anderer Staaten gleich.

(3) Das Verhalten einer rechtskräftig verurteilten Person ist einem Unternehmen zuzurechnen, wenn diese Person als für die Leitung des Unternehmens Verantwortlicher gehandelt hat; dazu gehört auch die Überwachung der Geschäftsführung oder die sonstige Ausübung von Kontrollbefugnissen in leitender Stellung.

(4) [1]Öffentliche Auftraggeber schließen ein Unternehmen zu jedem Zeitpunkt des Vergabeverfahrens von der Teilnahme an einem Vergabeverfahren aus, wenn

1. das Unternehmen seinen Verpflichtungen zur Zahlung von Steuern, Abgaben oder Beiträgen zur Sozialversicherung nicht nachgekommen ist und dies durch eine rechtskräftige Gerichts- oder bestandskräftige Verwaltungsentscheidung festgestellt wurde oder

2. die öffentlichen Auftraggeber auf sonstige geeignete Weise die Verletzung einer Verpflichtung nach Nummer 1 nachweisen können.

[2]Satz 1 ist nicht anzuwenden, wenn das Unternehmen seinen Verpflichtungen dadurch nachgekommen ist, dass es die Zahlung vorgenommen oder sich zur Zahlung der Steuern, Abgaben und Beiträge zur Sozialversicherung einschließlich Zinsen, Säumnis- und Strafzuschlägen verpflichtet hat.

(5) [1]Von einem Ausschluss nach Absatz 1 kann abgesehen werden, wenn dies aus zwingenden Gründen des öffentlichen Interesses geboten ist. [2]Von einem Ausschluss nach Absatz 4 Satz 1 kann abgesehen werden, wenn dies aus zwingenden Gründen des öffentlichen Interesses geboten ist oder ein Ausschluss offensichtlich unverhältnismäßig wäre. [3]§ 125 bleibt unberührt.

§ 124 Fakultative Ausschlussgründe

(1) Öffentliche Auftraggeber können unter Berücksichtigung des Grundsatzes der Verhältnismäßigkeit ein Unternehmen zu jedem Zeitpunkt des Vergabeverfahrens von der Teilnahme an einem Vergabeverfahren ausschließen, wenn

1. das Unternehmen bei der Ausführung öffentlicher Aufträge nachweislich gegen geltende umwelt-, sozial- oder arbeitsrechtliche Verpflichtungen verstoßen hat,
2. das Unternehmen zahlungsunfähig ist, über das Vermögen des Unternehmens ein Insolvenzverfahren oder ein vergleichbares Verfahren beantragt oder eröffnet worden ist, die Eröffnung eines solchen Verfahrens mangels Masse abgelehnt worden ist, sich das Unternehmen im Verfahren der Liquidation befindet oder seine Tätigkeit eingestellt hat,
3. das Unternehmen im Rahmen der beruflichen Tätigkeit nachweislich eine schwere Verfehlung begangen hat, durch die die Integrität des Unternehmens infrage gestellt wird; § 123 Absatz 3 ist entsprechend anzuwenden,
4. der öffentliche Auftraggeber über hinreichende Anhaltspunkte dafür verfügt, dass das Unternehmen mit anderen Unternehmen Vereinbarungen getroffen oder Verhaltensweisen aufeinander abgestimmt hat, die eine Verhinderung, Einschränkung oder Verfälschung des Wettbewerbs bezwecken oder bewirken,
5. ein Interessenkonflikt bei der Durchführung des Vergabeverfahrens besteht, der die Unparteilichkeit und Unabhängigkeit einer für den öffentlichen Auftraggeber tätigen Person bei der Durchführung des Vergabeverfahrens beeinträchtigen könnte und der durch andere, weniger einschneidende Maßnahmen nicht wirksam beseitigt werden kann,
6. eine Wettbewerbsverzerrung daraus resultiert, dass das Unternehmen bereits in die Vorbereitung des Vergabeverfahrens einbezogen war, und diese Wettbewerbsverzerrung nicht durch andere, weniger einschneidende Maßnahmen beseitigt werden kann,
7. das Unternehmen eine wesentliche Anforderung bei der Ausführung eines früheren öffentlichen Auftrags oder Konzessionsvertrags erheblich oder fortdauernd mangelhaft erfüllt hat und dies zu einer vorzeitigen Beendigung, zu Schadensersatz oder zu einer vergleichbaren Rechtsfolge geführt hat,
8. das Unternehmen in Bezug auf Ausschlussgründe oder Eignungskriterien eine schwerwiegende Täuschung begangen oder Auskünfte zurückgehalten hat oder nicht in der Lage ist, die erforderlichen Nachweise zu übermitteln, oder
9. das Unternehmen
   a) versucht hat, die Entscheidungsfindung des öffentlichen Auftraggebers in unzulässiger Weise zu beeinflussen,
   b) versucht hat, vertrauliche Informationen zu erhalten, durch die es unzulässige Vorteile beim Vergabeverfahren erlangen könnte, oder

c) fahrlässig oder vorsätzlich irreführende Informationen übermittelt hat, die die Vergabeentscheidung des öffentlichen Auftraggebers erheblich beeinflussen könnten, oder versucht hat, solche Informationen zu übermitteln.

(2) § 21 des Arbeitnehmer-Entsendegesetzes, § 98c des Aufenthaltsgesetzes, § 19 des Mindestlohngesetzes, § 21 des Schwarzarbeitsbekämpfungsgesetzes und § 22 des Lieferkettensorgfaltspflichtengesetzes vom 16. Juli 2021 (BGBl. I S. 2959) bleiben unberührt.

§ 125 Selbstreinigung

(1) [1]Öffentliche Auftraggeber schließen ein Unternehmen, bei dem ein Ausschlussgrund nach § 123 oder § 124 vorliegt, nicht von der Teilnahme an dem Vergabeverfahren aus, wenn das Unternehmen dem öffentlichen Auftraggeber oder nach § 8 des Wettbewerbsregistergesetzes dem Bundeskartellamt nachgewiesen hat, dass es

1. für jeden durch eine Straftat oder ein Fehlverhalten verursachten Schaden einen Ausgleich gezahlt oder sich zur Zahlung eines Ausgleichs verpflichtet hat,
2. die Tatsachen und Umstände, die mit der Straftat oder dem Fehlverhalten und dem dadurch verursachten Schaden in Zusammenhang stehen, durch eine aktive Zusammenarbeit mit den Ermittlungsbehörden und dem öffentlichen Auftraggeber umfassend geklärt hat und
3. konkrete technische, organisatorische und personelle Maßnahmen ergriffen hat, die geeignet sind, weitere Straftaten oder weiteres Fehlverhalten zu vermeiden.

[2]§ 123 Absatz 4 Satz 2 bleibt unberührt.

(2) [1]Bei der Bewertung der von dem Unternehmen ergriffenen Selbstreinigungsmaßnahmen sind die Schwere und die besonderen Umstände der Straftat oder des Fehlverhaltens zu berücksichtigen. [2]Die Entscheidung, dass die Selbstreinigungsmaßnahmen des Unternehmens als unzureichend bewertet werden, ist gegenüber dem Unternehmen zu begründen.

§ 126 Zulässiger Zeitraum für Ausschlüsse

Wenn ein Unternehmen, bei dem ein Ausschlussgrund vorliegt, keine oder keine ausreichenden Selbstreinigungsmaßnahmen nach § 125 ergriffen hat, darf es

1. bei Vorliegen eines Ausschlussgrundes nach § 123 höchstens fünf Jahre ab dem Tag der rechtskräftigen Verurteilung von der Teilnahme an Vergabeverfahren ausgeschlossen werden,
2. bei Vorliegen eines Ausschlussgrundes nach § 124 höchstens drei Jahre ab dem betreffenden Ereignis von der Teilnahme an Vergabeverfahren ausgeschlossen werden.

§ 127 Zuschlag

(1) [1]Der Zuschlag wird auf das wirtschaftlichste Angebot erteilt. [2]Grundlage dafür ist eine Bewertung des öffentlichen Auftraggebers, ob und inwieweit das Angebot die vorgegebenen Zuschlagskriterien erfüllt. [3]Das wirtschaftlichste Angebot bestimmt sich nach dem besten Preis-Leistungs-Verhältnis. [4]Zu dessen Ermittlung können neben dem Preis oder den Kosten auch qualitative, umweltbezogene oder soziale Aspekte berücksichtigt werden.

(2) Verbindliche Vorschriften zur Preisgestaltung sind bei der Ermittlung des wirtschaftlichsten Angebots zu beachten.

(3) [1]Die Zuschlagskriterien müssen mit dem Auftragsgegenstand in Verbindung stehen. [2]Diese Verbindung ist auch dann anzunehmen, wenn sich ein Zuschlagskriterium auf Prozesse im Zusammenhang mit der Herstellung, Bereitstellung oder Entsorgung der Leistung, auf den Handel mit der Leistung oder auf ein anderes Stadium im Lebenszyklus der Leistung bezieht, auch wenn sich diese Faktoren nicht auf die materiellen Eigenschaften des Auftragsgegenstandes auswirken.

(4) [1]Die Zuschlagskriterien müssen so festgelegt und bestimmt sein, dass die Möglichkeit eines wirksamen Wettbewerbs gewährleistet wird, der Zuschlag nicht willkürlich erteilt werden kann und eine wirksame Überprüfung möglich ist, ob und inwieweit die Angebote die Zuschlagskriterien erfüllen. [2]Lassen öffentliche Auftraggeber Nebenangebote zu, legen sie die Zuschlagskriterien so fest, dass sie sowohl auf Hauptangebote als auch auf Nebenangebote anwendbar sind.

(5) Die Zuschlagskriterien und deren Gewichtung müssen in der Auftragsbekanntmachung oder den Vergabeunterlagen aufgeführt werden.

§ 128 Auftragsausführung

(1) Unternehmen haben bei der Ausführung des öffentlichen Auftrags alle für sie geltenden rechtlichen Verpflichtungen einzuhalten, insbesondere Steuern, Abgaben und Beiträge zur Sozialversicherung zu entrichten, die arbeitsschutzrechtlichen Regelungen einzuhalten und den Arbeitnehmerinnen und Arbeitnehmern wenigstens diejenigen Mindestarbeitsbedingungen einschließlich des Mindestentgelts zu gewähren, die nach dem Mindestlohngesetz, einem nach dem Tarifvertragsgesetz mit den Wirkungen des Arbeitnehmer-Entsendegesetzes für allgemein verbindlich erklärten Tarifvertrag oder einer nach § 7, § 7a oder § 11 des Arbeitnehmer-Entsendegesetzes oder einer nach § 3a des Arbeitnehmerüberlassungsgesetzes erlassenen Rechtsverordnung für die betreffende Leistung verbindlich vorgegeben werden.

(2) [1]Öffentliche Auftraggeber können darüber hinaus besondere Bedingungen für die Ausführung eines Auftrags (Ausführungsbedingungen) festlegen, sofern diese mit dem Auftragsgegenstand entsprechend § 127 Absatz 3 in Verbindung stehen. [2]Die Ausführungsbedingungen müssen sich aus der Auftragsbekanntmachung oder den Vergabeunterlagen ergeben. [3]Sie können insbesondere wirtschaftliche, innovationsbezogene, umweltbezogene, soziale oder beschäftigungspolitische Belange oder den Schutz der Vertraulichkeit von Informationen umfassen.

§ 129 Zwingend zu berücksichtigende Ausführungsbedingungen

Ausführungsbedingungen, die der öffentliche Auftraggeber dem beauftragten Unternehmen verbindlich vorzugeben hat, dürfen nur aufgrund eines Bundes- oder Landesgesetzes festgelegt werden.

§ 130 Vergabe von öffentlichen Aufträgen über soziale und andere besondere Dienstleistungen

(1) [1]Bei der Vergabe von öffentlichen Aufträgen über soziale und andere besondere Dienstleistungen im Sinne des Anhangs XIV der Richtlinie 2014/24/EU stehen öffentlichen Auftraggebern das offene Verfahren, das nicht offene Verfahren, das Verhandlungsverfahren mit Teilnahmewettbewerb, der wettbewerbliche Dialog und die Innovationspartnerschaft nach ihrer Wahl zur Verfügung. [2]Ein Verhandlungsverfahren ohne Teilnahmewettbewerb steht nur zur Verfügung, soweit dies aufgrund dieses Gesetzes gestattet ist.

(2) Abweichend von § 132 Absatz 3 ist die Änderung eines öffentlichen Auftrags über soziale und andere besondere Dienstleistungen im Sinne des Anhangs XIV der Richtlinie 2014/24/EU ohne Durchführung eines neuen Vergabeverfahrens zulässig, wenn der Wert der Änderung nicht mehr als 20 Prozent des ursprünglichen Auftragswertes beträgt.

§ 131 Vergabe von öffentlichen Aufträgen über Personenverkehrsleistungen im Eisenbahnverkehr

(1) [1]Bei der Vergabe von öffentlichen Aufträgen, deren Gegenstand Personenverkehrsleistungen im Eisenbahnverkehr sind, stehen öffentlichen Auftraggebern das offene und das nicht offene Verfahren, das Verhandlungsverfahren mit Teilnahmewettbewerb, der wettbewerbliche Dialog und die Innovationspartnerschaft nach ihrer Wahl zur Verfügung. [2]Ein Verhandlungsverfahren ohne Teilnahmewettbewerb steht nur zur Verfügung, soweit dies aufgrund dieses Gesetzes gestattet ist.

(2) [1]Anstelle des § 108 Absatz 1 ist Artikel 5 Absatz 2 der Verordnung (EG) Nr. 1370/2007 des Europäischen Parlaments und des Rates vom 23. Oktober 2007 über öffentliche Personenverkehrsdienste auf Schiene und Straße und zur Aufhebung der Verordnungen (EWG) Nr. 1191/69 und (EWG) Nr. 1107/70 des Rates (ABl. L 315 vom 3.12.2007, S. 1) anzuwenden. [2]Artikel 5 Absatz 5 und Artikel 7 Absatz 2 der Verordnung (EG) Nr. 1370/2007 bleiben unberührt.

(3) [1]Öffentliche Auftraggeber, die öffentliche Aufträge im Sinne von Absatz 1 vergeben, sollen gemäß Artikel 4 Absatz 5 der Verordnung (EG) Nr. 1370/2007 verlangen, dass bei einem Wechsel des Betreibers der Personenverkehrsleistung der ausgewählte Betreiber die Arbeitnehmerinnen und Arbeitnehmer, die beim bisherigen Betreiber für die Erbringung dieser Verkehrsleistung beschäftigt waren, übernimmt und ihnen die Rechte gewährt, auf die sie Anspruch hätten, wenn ein Übergang gemäß § 613a des Bürgerlichen Gesetzbuchs erfolgt wäre. [2]Für den Fall, dass ein öffentlicher Auftraggeber die Übernahme von Arbeitnehmerinnen und Arbeitnehmern im Sinne von Satz 1 verlangt, beschränkt sich das Verlangen auf diejenigen Arbeitnehmerinnen und Arbeitnehmer, die für die Erbringung der übergehenden Verkehrsleistung unmittelbar erforderlich sind. [3]Der öffentliche Auftraggeber soll Regelungen vorsehen, durch die eine missbräuchliche Anpassung tarifvertraglicher Regelungen zu Lasten des neuen Betreibers zwischen der Veröffentlichung der Auftragsbekanntmachung und der Übernahme des Betriebes ausgeschlossen wird. [4]Der bisherige Betreiber ist nach Aufforderung durch den öffentlichen Auftraggeber verpflichtet, alle hierzu erforderlichen Angaben zu machen.

§ 132 Auftragsänderungen während der Vertragslaufzeit

(1) [1]Wesentliche Änderungen eines öffentlichen Auftrags während der Vertragslaufzeit erfordern ein neues Vergabeverfahren. [2]Wesentlich sind Änderungen, die dazu führen, dass sich der öffentliche Auftrag erheblich von dem ursprünglich vergebenen öffentlichen Auftrag unterscheidet. [3]Eine wesentliche Änderung liegt insbesondere vor, wenn

1. mit der Änderung Bedingungen eingeführt werden, die, wenn sie für das ursprüngliche Vergabeverfahren gegolten hätten,
   a) die Zulassung anderer Bewerber oder Bieter ermöglicht hätten,
   b) die Annahme eines anderen Angebots ermöglicht hätten oder
   c) das Interesse weiterer Teilnehmer am Vergabeverfahren geweckt hätten,
2. mit der Änderung das wirtschaftliche Gleichgewicht des öffentlichen Auftrags zugunsten des Auftragnehmers in einer Weise verschoben wird, die im ursprünglichen Auftrag nicht vorgesehen war,

3. mit der Änderung der Umfang des öffentlichen Auftrags erheblich ausgeweitet wird oder
4. ein neuer Auftragnehmer den Auftragnehmer in anderen als den in Absatz 2 Satz 1 Nummer 4 vorgesehenen Fällen ersetzt.

(2) [1]Unbeschadet des Absatzes 1 ist die Änderung eines öffentlichen Auftrags ohne Durchführung eines neuen Vergabeverfahrens zulässig, wenn
1. in den ursprünglichen Vergabeunterlagen klare, genaue und eindeutig formulierte Überprüfungsklauseln oder Optionen vorgesehen sind, die Angaben zu Art, Umfang und Voraussetzungen möglicher Auftragsänderungen enthalten, und sich aufgrund der Änderung der Gesamtcharakter des Auftrags nicht verändert,
2. zusätzliche Liefer-, Bau- oder Dienstleistungen erforderlich geworden sind, die nicht in den ursprünglichen Vergabeunterlagen vorgesehen waren, und ein Wechsel des Auftragnehmers
   a) aus wirtschaftlichen oder technischen Gründen nicht erfolgen kann und
   b) mit erheblichen Schwierigkeiten oder beträchtlichen Zusatzkosten für den öffentlichen Auftraggeber verbunden wäre,
3. die Änderung aufgrund von Umständen erforderlich geworden ist, die der öffentliche Auftraggeber im Rahmen seiner Sorgfaltspflicht nicht vorhersehen konnte, und sich aufgrund der Änderung der Gesamtcharakter des Auftrags nicht verändert oder
4. ein neuer Auftragnehmer den bisherigen Auftragnehmer ersetzt
   a) aufgrund einer Überprüfungsklausel im Sinne von Nummer 1,
   b) aufgrund der Tatsache, dass ein anderes Unternehmen, das die ursprünglich festgelegten Anforderungen an die Eignung erfüllt, im Zuge einer Unternehmensumstrukturierung, wie zum Beispiel durch Übernahme, Zusammenschluss, Erwerb oder Insolvenz, ganz oder teilweise an die Stelle des ursprünglichen Auftragnehmers tritt, sofern dies keine weiteren wesentlichen Änderungen im Sinne des Absatzes 1 zur Folge hat, oder
   c) aufgrund der Tatsache, dass der öffentliche Auftraggeber selbst die Verpflichtungen des Hauptauftragnehmers gegenüber seinen Unterauftragnehmern übernimmt.

[2]In den Fällen des Satzes 1 Nummer 2 und 3 darf der Preis um nicht mehr als 50 Prozent des Wertes des ursprünglichen Auftrags erhöht werden. [3]Bei mehreren aufeinander folgenden Änderungen des Auftrags gilt diese Beschränkung für den Wert jeder einzelnen Änderung, sofern die Änderungen nicht mit dem Ziel vorgenommen werden, die Vorschriften dieses Teils zu umgehen.

(3) [1]Die Änderung eines öffentlichen Auftrags ohne Durchführung eines neuen Vergabeverfahrens ist ferner zulässig, wenn sich der Gesamtcharakter des Auftrags nicht ändert und der Wert der Änderung
1. die jeweiligen Schwellenwerte nach § 106 nicht übersteigt und
2. bei Liefer- und Dienstleistungsaufträgen nicht mehr als 10 Prozent und bei Bauaufträgen nicht mehr als 15 Prozent des ursprünglichen Auftragswertes beträgt.

[2]Bei mehreren aufeinander folgenden Änderungen ist der Gesamtwert der Änderungen maßgeblich.

(4) Enthält der Vertrag eine Indexierungsklausel, wird für die Wertberechnung gemäß Absatz 2 Satz 2 und 3 sowie gemäß Absatz 3 der höhere Preis als Referenzwert herangezogen.

(5) Änderungen nach Absatz 2 Satz 1 Nummer 2 und 3 sind im Amtsblatt der Europäischen Union bekannt zu machen.

§ 133 Kündigung von öffentlichen Aufträgen in besonderen Fällen

(1) Unbeschadet des § 135 können öffentliche Auftraggeber einen öffentlichen Auftrag während der Vertragslaufzeit kündigen, wenn

1. eine wesentliche Änderung vorgenommen wurde, die nach § 132 ein neues Vergabeverfahren erfordert hätte,
2. zum Zeitpunkt der Zuschlagserteilung ein zwingender Ausschlussgrund nach § 123 Absatz 1 bis 4 vorlag oder
3. der öffentliche Auftrag aufgrund einer schweren Verletzung der Verpflichtungen aus dem Vertrag über die Arbeitsweise der Europäischen Union oder aus den Vorschriften dieses Teils, die der Europäische Gerichtshof in einem Verfahren nach Artikel 258 des Vertrags über die Arbeitsweise der Europäischen Union festgestellt hat, nicht an den Auftragnehmer hätte vergeben werden dürfen.

(2) [1]Wird ein öffentlicher Auftrag gemäß Absatz 1 gekündigt, kann der Auftragnehmer einen seinen bisherigen Leistungen entsprechenden Teil der Vergütung verlangen. [2]Im Fall des Absatzes 1 Nummer 2 steht dem Auftragnehmer ein Anspruch auf Vergütung insoweit nicht zu, als seine bisherigen Leistungen infolge der Kündigung für den öffentlichen Auftraggeber nicht von Interesse sind.

(3) Die Berechtigung, Schadensersatz zu verlangen, wird durch die Kündigung nicht ausgeschlossen.

§ 134 Informations- und Wartepflicht

(1) [1]Öffentliche Auftraggeber haben die Bieter, deren Angebote nicht berücksichtigt werden sollen, über den Namen des Unternehmens, dessen Angebot angenommen werden soll, über die Gründe der vorgesehenen Nichtberücksichtigung ihres Angebots und über den frühesten Zeitpunkt des Vertragsschlusses unverzüglich in Textform zu informieren. [2]Dies gilt auch für Bewerber, denen keine Information über die Ablehnung ihrer Bewerbung zur Verfügung gestellt wurde, bevor die Mitteilung über die Zuschlagsentscheidung an die betroffenen Bieter ergangen ist.

(2) [1]Ein Vertrag darf erst 15 Kalendertage nach Absendung der Information nach Absatz 1 geschlossen werden. [2]Wird die Information auf elektronischem Weg oder per Fax versendet, verkürzt sich die Frist auf zehn Kalendertage. [3]Die Frist beginnt am Tag nach der Absendung der Information durch den Auftraggeber; auf den Tag des Zugangs beim betroffenen Bieter und Bewerber kommt es nicht an.

(3) [1]Die Informationspflicht entfällt in Fällen, in denen das Verhandlungsverfahren ohne Teilnahmewettbewerb wegen besonderer Dringlichkeit gerechtfertigt ist. [2]Im Fall verteidigungs- oder sicherheitsspezifischer Aufträge können öffentliche Auftraggeber beschließen, bestimmte Informationen über die Zuschlagserteilung oder den Abschluss einer Rahmenvereinbarung nicht mitzuteilen, soweit die Offenlegung den Gesetzesvollzug behindert, dem öffentlichen Interesse, insbesondere Verteidigungs- oder Sicherheitsinteressen, zuwiderläuft, berechtigte geschäftliche Interessen von Unternehmen schädigt oder den lauteren Wettbewerb zwischen ihnen beeinträchtigen könnte.

§ 135 Unwirksamkeit

(1) Ein öffentlicher Auftrag ist von Anfang an unwirksam, wenn der öffentliche Auftraggeber
1. gegen § 134 verstoßen hat oder
2. den Auftrag ohne vorherige Veröffentlichung einer Bekanntmachung im Amtsblatt der Europäischen Union vergeben hat, ohne dass dies aufgrund Gesetzes gestattet ist,

und dieser Verstoß in einem Nachprüfungsverfahren festgestellt worden ist.

(2) [1]Die Unwirksamkeit nach Absatz 1 kann nur festgestellt werden, wenn sie im Nachprüfungsverfahren innerhalb von 30 Kalendertagen nach der Information der betroffenen Bieter und Bewerber durch den öffentlichen Auftraggeber über den

Abschluss des Vertrags, jedoch nicht später als sechs Monate nach Vertragsschluss geltend gemacht worden ist. [2]Hat der Auftraggeber die Auftragsvergabe im Amtsblatt der Europäischen Union bekannt gemacht, endet die Frist zur Geltendmachung der Unwirksamkeit 30 Kalendertage nach Veröffentlichung der Bekanntmachung der Auftragsvergabe im Amtsblatt der Europäischen Union.

(3) [1]Die Unwirksamkeit nach Absatz 1 Nummer 2 tritt nicht ein, wenn
1. der öffentliche Auftraggeber der Ansicht ist, dass die Auftragsvergabe ohne vorherige Veröffentlichung einer Bekanntmachung im Amtsblatt der Europäischen Union zulässig ist,
2. der öffentliche Auftraggeber eine Bekanntmachung im Amtsblatt der Europäischen Union veröffentlicht hat, mit der er die Absicht bekundet, den Vertrag abzuschließen, und
3. der Vertrag nicht vor Ablauf einer Frist von mindestens zehn Kalendertagen, gerechnet ab dem Tag nach der Veröffentlichung dieser Bekanntmachung, abgeschlossen wurde.

[2]Die Bekanntmachung nach Satz 1 Nummer 2 muss den Namen und die Kontaktdaten des öffentlichen Auftraggebers, die Beschreibung des Vertragsgegenstands, die Begründung der Entscheidung des Auftraggebers, den Auftrag ohne vorherige Veröffentlichung einer Bekanntmachung im Amtsblatt der Europäischen Union zu vergeben, und den Namen und die Kontaktdaten des Unternehmens, das den Zuschlag erhalten soll, umfassen.

Abschnitt 3. Vergabe von öffentlichen Aufträgen in besonderen Bereichen und von Konzessionen

Unterabschnitt 1. Vergabe von öffentlichen Aufträgen durch Sektorenauftraggeber

§ 136 Anwendungsbereich

Dieser Unterabschnitt ist anzuwenden auf die Vergabe von öffentlichen Aufträgen und die Ausrichtung von Wettbewerben durch Sektorenauftraggeber zum Zweck der Ausübung einer Sektorentätigkeit.

§ 137 Besondere Ausnahmen

(1) Dieser Teil ist nicht anzuwenden auf die Vergabe von öffentlichen Aufträgen durch Sektorenauftraggeber zum Zweck der Ausübung einer Sektorentätigkeit, wenn die Aufträge Folgendes zum Gegenstand haben:
1. Rechtsdienstleistungen im Sinne des § 116 Absatz 1 Nummer 1,
2. Forschungs- und Entwicklungsdienstleistungen im Sinne des § 116 Absatz 1 Nummer 2,
3. Ausstrahlungszeit oder Bereitstellung von Sendungen, wenn diese Aufträge an Anbieter von audiovisuellen Mediendiensten oder Hörfunkmediendiensten vergeben werden,
4. finanzielle Dienstleistungen im Sinne des § 116 Absatz 1 Nummer 4,
5. Kredite und Darlehen im Sinne des § 116 Absatz 1 Nummer 5,
6. Dienstleistungen im Sinne des § 116 Absatz 1 Nummer 6, wenn diese Aufträge aufgrund eines ausschließlichen Rechts vergeben werden,
7. die Beschaffung von Wasser im Rahmen der Trinkwasserversorgung,
8. die Beschaffung von Energie oder von Brennstoffen zur Energieerzeugung im Rahmen der Energieversorgung oder

9. die Weiterveräußerung oder Vermietung an Dritte, wenn
   a) dem Sektorenauftraggeber kein besonderes oder ausschließliches Recht zum Verkauf oder zur Vermietung des Auftragsgegenstandes zusteht und
   b) andere Unternehmen die Möglichkeit haben, den Auftragsgegenstand unter den gleichen Bedingungen wie der betreffende Sektorenauftraggeber zu verkaufen oder zu vermieten.

(2) Dieser Teil ist ferner nicht anzuwenden auf die Vergabe von öffentlichen Aufträgen und die Ausrichtung von Wettbewerben, die Folgendes zum Gegenstand haben:
1. Liefer-, Bau- und Dienstleistungen sowie die Ausrichtung von Wettbewerben durch Sektorenauftraggeber nach § 100 Absatz 1 Nummer 2, soweit sie anderen Zwecken dienen als einer Sektorentätigkeit, oder
2. die Durchführung von Sektorentätigkeiten außerhalb des Gebietes der Europäischen Union, wenn der Auftrag in einer Weise vergeben wird, die nicht mit der tatsächlichen Nutzung eines Netzes oder einer Anlage innerhalb dieses Gebietes verbunden ist.

§ 138 Besondere Ausnahme für die Vergabe an verbundene Unternehmen

(1) Dieser Teil ist nicht anzuwenden auf die Vergabe von öffentlichen Aufträgen,
1. die ein Sektorenauftraggeber an ein verbundenes Unternehmen vergibt oder
2. die ein Gemeinschaftsunternehmen, das ausschließlich mehrere Sektorenauftraggeber zur Durchführung einer Sektorentätigkeit gebildet haben, an ein Unternehmen vergibt, das mit einem dieser Sektorenauftraggeber verbunden ist.

(2) Ein verbundenes Unternehmen im Sinne des Absatzes 1 ist
1. ein Unternehmen, dessen Jahresabschluss mit dem Jahresabschluss des Auftraggebers in einem Konzernabschluss eines Mutterunternehmens entsprechend § 271 Absatz 2 des Handelsgesetzbuchs nach den Vorschriften über die Vollkonsolidierung einzubeziehen ist, oder
2. ein Unternehmen, das
   a) mittelbar oder unmittelbar einem beherrschenden Einfluss nach § 100 Absatz 3 des Sektorenauftraggebers unterliegen kann,
   b) einen beherrschenden Einfluss nach § 100 Absatz 3 auf den Sektorenauftraggeber ausüben kann oder
   c) gemeinsam mit dem Auftraggeber aufgrund der Eigentumsverhältnisse, der finanziellen Beteiligung oder der für das Unternehmen geltenden Bestimmungen dem beherrschenden Einfluss nach § 100 Absatz 3 eines anderen Unternehmens unterliegt.

(3) Absatz 1 gilt für Liefer-, Bau- oder Dienstleistungsaufträge, sofern unter Berücksichtigung aller Liefer-, Bau- oder Dienstleistungen, die von dem verbundenen Unternehmen während der letzten drei Jahre in der Europäischen Union erbracht wurden, mindestens 80 Prozent des im jeweiligen Leistungssektor insgesamt erzielten durchschnittlichen Umsatzes dieses Unternehmens aus der Erbringung von Liefer-, Bau- oder Dienstleistungen für den Sektorenauftraggeber oder andere mit ihm verbundene Unternehmen stammen.

(4) Werden gleiche oder gleichartige Liefer-, Bauoder Dienstleistungen von mehr als einem mit dem Sektorenauftraggeber verbundenen und mit ihm wirtschaftlich zusammengeschlossenen Unternehmen erbracht, so werden die Prozentsätze nach Absatz 3 unter Berücksichtigung des Gesamtumsatzes errechnet, den diese verbundenen Unternehmen mit der Erbringung der jeweiligen Liefer-, Dienst- oder Bauleistung erzielen.

(5) Liegen für die letzten drei Jahre keine Umsatzzahlen vor, genügt es, wenn das Unternehmen etwa durch Prognosen über die Tätigkeitsentwicklung glaubhaft macht, dass die Erreichung des nach Absatz 3 geforderten Umsatzziels wahrscheinlich ist.

§ 139 Besondere Ausnahme für die Vergabe durch oder an ein Gemeinschaftsunternehmen

(1) Dieser Teil ist nicht anzuwenden auf die Vergabe von öffentlichen Aufträgen,
1. die ein Gemeinschaftsunternehmen, das mehrere Sektorenauftraggeber ausschließlich zur Durchführung von Sektorentätigkeiten gebildet haben, an einen dieser Auftraggeber vergibt oder
2. die ein Sektorenauftraggeber, der einem Gemeinschaftsunternehmen im Sinne der Nummer 1 angehört, an dieses Gemeinschaftsunternehmen vergibt.

(2) Voraussetzung ist, dass
1. das Gemeinschaftsunternehmen im Sinne des Absatzes 1 Nummer 1 gebildet wurde, um die betreffende Sektorentätigkeit während eines Zeitraums von mindestens drei Jahren durchzuführen, und
2. in dem Gründungsakt des Gemeinschaftsunternehmens festgelegt wird, dass die das Gemeinschaftsunternehmen bildenden Sektorenauftraggeber dem Gemeinschaftsunternehmen mindestens während desselben Zeitraums angehören werden.

§ 140 Besondere Ausnahme für unmittelbar dem Wettbewerb ausgesetzte Tätigkeiten

(1) [1]Dieser Teil ist nicht anzuwenden auf öffentliche Aufträge, die zum Zweck der Ausübung einer Sektorentätigkeit vergeben werden, wenn die Sektorentätigkeit unmittelbar dem Wettbewerb auf Märkten ausgesetzt ist, die keiner Zugangsbeschränkung unterliegen. [2]Dasselbe gilt für Wettbewerbe, die im Zusammenhang mit der Sektorentätigkeit ausgerichtet werden.

(2) [1]Für Gutachten und Stellungnahmen, die aufgrund der nach § 113 Satz 2 Nummer 8 erlassenen Rechtsverordnung vorgenommen werden, erhebt das Bundeskartellamt Kosten (Gebühren und Auslagen) zur Deckung des Verwaltungsaufwands. [2]§ 62 Absatz 1 Satz 3 und Absatz 2 Satz 1, Satz 2 Nummer 1, Satz 3 und 4, Absatz 5 Satz 1 sowie Absatz 6 Satz 1 Nummer 2, Satz 2 und 3 gilt entsprechend. [3]Hinsichtlich der Möglichkeit zur Beschwerde über die Kostenentscheidung gilt § 73 Absatz 1 und 4 entsprechend.

§ 141 Verfahrensarten

(1) Sektorenauftraggebern stehen das offene Verfahren, das nicht offene Verfahren, das Verhandlungsverfahren mit Teilnahmewettbewerb und der wettbewerbliche Dialog nach ihrer Wahl zur Verfügung.

(2) Das Verhandlungsverfahren ohne Teilnahmewettbewerb und die Innovationspartnerschaft stehen nur zur Verfügung, soweit dies aufgrund dieses Gesetzes gestattet ist.

§ 142 Sonstige anwendbare Vorschriften

Im Übrigen gelten für die Vergabe von öffentlichen Aufträgen durch Sektorenauftraggeber zum Zweck der Ausübung von Sektorentätigkeiten die §§ 118 und 119, soweit in § 141 nicht abweichend geregelt, die §§ 120 bis 129, 130 in Verbindung

mit Anhang XVII der Richtlinie 2014/25/EU sowie die §§ 131 bis 135 mit der Maßgabe entsprechend, dass
1. Sektorenauftraggeber abweichend von § 122 Absatz 1 und 2 die Unternehmen anhand objektiver Kriterien auswählen, die allen interessierten Unternehmen zugänglich sind,
2. Sektorenauftraggeber nach § 100 Absatz 1 Nummer 2 ein Unternehmen nach § 123 ausschließen können, aber nicht ausschließen müssen,
3. § 132 Absatz 2 Satz 2 und 3 nicht anzuwenden ist.

§ 143 Regelung für Auftraggeber nach dem Bundesberggesetz

(1) [1]Sektorenauftraggeber, die nach dem Bundesberggesetz berechtigt sind, Erdöl, Gas, Kohle oder andere feste Brennstoffe aufzusuchen oder zu gewinnen, müssen bei der Vergabe von Liefer-, Bau- oder Dienstleistungsaufträgen oberhalb der Schwellenwerte nach § 106 Absatz 2 Nummer 2 zur Durchführung der Aufsuchung oder Gewinnung von Erdöl, Gas, Kohle oder anderen festen Brennstoffen die Grundsätze der Nichtdiskriminierung und der wettbewerbsorientierten Auftragsvergabe beachten. [2]Insbesondere müssen sie Unternehmen, die ein Interesse an einem solchen Auftrag haben können, ausreichend informieren und bei der Auftragsvergabe objektive Kriterien zugrunde legen. [3]Die Sätze 1 und 2 gelten nicht für die Vergabe von Aufträgen, deren Gegenstand die Beschaffung von Energie oder Brennstoffen zur Energieerzeugung ist.

(2) [1]Die Auftraggeber nach Absatz 1 erteilen der Europäischen Kommission über das Bundesministerium für Wirtschaft und Energie Auskunft über die Vergabe der unter diese Vorschrift fallenden Aufträge nach Maßgabe der Entscheidung 93/327/EWG der Kommission vom 13. Mai 1993 zur Festlegung der Voraussetzungen, unter denen die öffentlichen Auftraggeber, die geographisch abgegrenzte Gebiete zum Zwecke der Suche oder Förderung von Erdöl, Gas, Kohle oder anderen Festbrennstoffen nutzen, der Kommission Auskunft über die von ihnen vergebenen Aufträge zu erteilen haben (ABl. L 129 vom 27.5.1993, S. 25). [2]Sie können über das Verfahren gemäß der Rechtsverordnung nach § 113 Satz 2 Nummer 8 unter den dort geregelten Voraussetzungen eine Befreiung von der Pflicht zur Anwendung dieser Bestimmung erreichen.

Unterabschnitt 2. Vergabe von verteidigungs- oder sicherheitsspezifischen öffentlichen Aufträgen

§ 144 Anwendungsbereich

Dieser Unterabschnitt ist anzuwenden auf die Vergabe von verteidigungs- oder sicherheitsspezifischen öffentlichen Aufträgen durch öffentliche Auftraggeber und Sektorenauftraggeber.

§ 145 Besondere Ausnahmen für die Vergabe von verteidigungs- oder sicherheitsspezifischen öffentlichen Aufträgen

Dieser Teil ist nicht anzuwenden auf die Vergabe von verteidigungs- oder sicherheitsspezifischen öffentlichen Aufträgen, die
1. den Zwecken nachrichtendienstlicher Tätigkeiten dienen,
2. im Rahmen eines Kooperationsprogramms vergeben werden, das
   a) auf Forschung und Entwicklung beruht und
   b) mit mindestens einem anderen Mitgliedstaat der Europäischen Union für die Entwicklung eines neuen Produkts und gegebenenfalls die späteren Phasen

des gesamten oder eines Teils des Lebenszyklus dieses Produkts durchgeführt wird;

beim Abschluss eines solchen Abkommens teilt die Europäische Kommission den Anteil der Forschungs- und Entwicklungsausgaben an den Gesamtkosten des Programms, die Vereinbarung über die Kostenteilung und gegebenenfalls den geplanten Anteil der Beschaffungen je Mitgliedstaat mit,

3. in einem Staat außerhalb der Europäischen Union vergeben werden; zu diesen Aufträgen gehören auch zivile Beschaffungen im Rahmen des Einsatzes von Streitkräften oder von Polizeien des Bundes oder der Länder außerhalb des Gebiets der Europäischen Union, wenn der Einsatz es erfordert, dass im Einsatzgebiet ansässige Unternehmen beauftragt werden; zivile Beschaffungen sind Beschaffungen nicht-militärischer Produkte und Beschaffungen von Bau- oder Dienstleistungen für logistische Zwecke,
4. die Bundesregierung, eine Landesregierung oder eine Gebietskörperschaft an eine andere Regierung oder an eine Gebietskörperschaft eines anderen Staates vergibt und die Folgendes zum Gegenstand haben:
   a) die Lieferung von Militärausrüstung im Sinne des § 104 Absatz 2 oder die Lieferung von Ausrüstung, die im Rahmen eines Verschlusssachenauftrags im Sinne des § 104 Absatz 3 vergeben wird,
   b) Bau- und Dienstleistungen, die in unmittelbarem Zusammenhang mit dieser Ausrüstung stehen,
   c) Bau- und Dienstleistungen speziell für militärische Zwecke oder
   d) Bau- und Dienstleistungen, die im Rahmen eines Verschlusssachenauftrags im Sinne des § 104 Absatz 3 vergeben werden,
5. Finanzdienstleistungen mit Ausnahme von Versicherungsdienstleistungen zum Gegenstand haben,
6. Forschungs- und Entwicklungsdienstleistungen zum Gegenstand haben, es sei denn, die Ergebnisse werden ausschließlich Eigentum des Auftraggebers für seinen Gebrauch bei der Ausübung seiner eigenen Tätigkeit und die Dienstleistung wird vollständig durch den Auftraggeber vergütet, oder
7. besonderen Verfahrensregeln unterliegen,
   a) die sich aus einem internationalen Abkommen oder einer internationalen Vereinbarung ergeben, das oder die zwischen einem oder mehreren Mitgliedstaaten der Europäischen Union und einem oder mehreren Staaten, die nicht Vertragsparteien des Übereinkommens über den Europäischen Wirtschaftsraum sind, geschlossen wurde,
   b) die sich aus einem internationalen Abkommen oder einer internationalen Vereinbarung im Zusammenhang mit der Stationierung von Truppen ergeben, das oder die Unternehmen eines Mitgliedstaates der Europäischen Union oder eines anderen Staates betrifft, oder
   c) die für eine internationale Organisation gelten, wenn diese für ihre Zwecke Beschaffungen tätigt oder wenn ein Mitgliedstaat öffentliche Aufträge nach diesen Regeln vergeben muss.

§ 146 Verfahrensarten

[1]Bei der Vergabe von verteidigungs- oder sicherheitsspezifischen öffentlichen Aufträgen stehen öffentlichen Auftraggebern und Sektorenauftraggebern das nicht offene Verfahren und das Verhandlungsverfahren mit Teilnahmewettbewerb nach ihrer Wahl zur Verfügung. [2]Das Verhandlungsverfahren ohne Teilnahmewettbewerb und der wettbewerbliche Dialog stehen nur zur Verfügung, soweit dies aufgrund dieses Gesetzes gestattet ist.

§ 147 Sonstige anwendbare Vorschriften

[1]Im Übrigen gelten für die Vergabe von verteidigungs- oder sicherheitsspezifischen öffentlichen Aufträgen die §§ 119, 120, 121 Absatz 1 und 3 sowie die §§ 122 bis 135 mit der Maßgabe entsprechend, dass ein Unternehmen gemäß § 124 Absatz 1 auch dann von der Teilnahme an einem Vergabeverfahren ausgeschlossen werden kann, wenn das Unternehmen nicht die erforderliche Vertrauenswürdigkeit aufweist, um Risiken für die nationale Sicherheit auszuschließen. [2]Der Nachweis, dass Risiken für die nationale Sicherheit nicht auszuschließen sind, kann auch mit Hilfe geschützter Datenquellen erfolgen.

Unterabschnitt 3. Vergabe von Konzessionen

§ 148 Anwendungsbereich

Dieser Unterabschnitt ist anzuwenden auf die Vergabe von Konzessionen durch Konzessionsgeber.

§ 149 Besondere Ausnahmen

Dieser Teil ist nicht anzuwenden auf die Vergabe von:

1. Konzessionen zu Rechtsdienstleistungen im Sinne des § 116 Absatz 1 Nummer 1,
2. Konzessionen zu Forschungs- und Entwicklungsdienstleistungen im Sinne des § 116 Absatz 1 Nummer 2,
3. Konzessionen zu audiovisuellen Mediendiensten oder Hörfunkmediendiensten im Sinne des § 116 Absatz 1 Nummer 3,
4. Konzessionen zu finanziellen Dienstleistungen im Sinne des § 116 Absatz 1 Nummer 4,
5. Konzessionen zu Krediten und Darlehen im Sinne des § 116 Absatz 1 Nummer 5,
6. Dienstleistungskonzessionen, die an einen Konzessionsgeber nach § 101 Absatz 1 Nummer 1 oder Nummer 2 aufgrund eines auf Gesetz oder Verordnung beruhenden ausschließlichen Rechts vergeben werden,
7. Dienstleistungskonzessionen, die an ein Unternehmen aufgrund eines ausschließlichen Rechts vergeben werden, das diesem im Einklang mit den nationalen und unionsrechtlichen Rechtsvorschriften über den Marktzugang für Tätigkeiten nach § 102 Absatz 2 bis 6 gewährt wurde; ausgenommen hiervon sind Dienstleistungskonzessionen für Tätigkeiten, für die die Unionsvorschriften keine branchenspezifischen Transparenzverpflichtungen vorsehen; Auftraggeber, die einem Unternehmen ein ausschließliches Recht im Sinne dieser Vorschrift gewähren, setzen die Europäische Kommission hierüber binnen eines Monats nach Gewährung dieses Rechts in Kenntnis,
8. Konzessionen, die hauptsächlich dazu dienen, dem Konzessionsgeber im Sinne des § 101 Absatz 1 Nummer 1 die Bereitstellung oder den Betrieb öffentlicher Kommunikationsnetze oder die Bereitstellung eines oder mehrerer elektronischer Kommunikationsdienste für die Öffentlichkeit zu ermöglichen,
9. Konzessionen im Bereich Wasser, die
   a) die Bereitstellung oder das Betreiben fester Netze zur Versorgung der Allgemeinheit im Zusammenhang mit der Gewinnung, dem Transport oder der Verteilung von Trinkwasser oder die Einspeisung von Trinkwasser in diese Netze betreffen oder
   b) mit einer Tätigkeit nach Buchstabe a im Zusammenhang stehen und einen der nachfolgend aufgeführten Gegenstände haben:

aa) Wasserbau-, Bewässerungs- und Entwässerungsvorhaben, sofern die zur Trinkwasserversorgung bestimmte Wassermenge mehr als 20 Prozent der Gesamtwassermenge ausmacht, die mit den entsprechenden Vorhaben oder Bewässerungs- oder Entwässerungsanlagen zur Verfügung gestellt wird, oder
bb) Abwasserbeseitigung oder -behandlung,

10. Dienstleistungskonzessionen zu Lotteriedienstleistungen, die unter die Referenznummer des Common Procurement Vocabulary 92351100–7 fallen, und die einem Unternehmen auf der Grundlage eines ausschließlichen Rechts gewährt werden,
11. Konzessionen, die Konzessionsgeber im Sinne des § 101 Absatz 1 Nummer 2 und 3 zur Durchführung ihrer Tätigkeiten in einem nicht der Europäischen Union angehörenden Staat in einer Weise vergeben, die nicht mit der physischen Nutzung eines Netzes oder geografischen Gebiets in der Europäischen Union verbunden ist, oder
12. Konzessionen, die im Bereich der Luftverkehrsdienste auf der Grundlage der Erteilung einer Betriebsgenehmigung im Sinne der Verordnung (EG) Nr. 1008/2008 des Europäischen Parlaments und des Rates vom 24. September 2008 über gemeinsame Vorschriften für die Durchführung von Luftverkehrsdiensten in der Gemeinschaft (ABl. L 293 vom 31.10.2008, S. 3) vergeben werden, oder von Konzessionen, die die Beförderung von Personen im Sinne des § 1 des Personenbeförderungsgesetzes betreffen.

§ 150 Besondere Ausnahmen für die Vergabe von Konzessionen in den Bereichen Verteidigung und Sicherheit

Dieser Teil ist nicht anzuwenden auf die Vergabe von Konzessionen in den Bereichen Verteidigung und Sicherheit,

1. bei denen die Anwendung der Vorschriften dieses Teils den Konzessionsgeber verpflichten würde, Auskünfte zu erteilen, deren Preisgabe seines Erachtens den wesentlichen Sicherheitsinteressen der Bundesrepublik Deutschland zuwiderläuft, oder wenn die Vergabe und Durchführung der Konzession als geheim zu erklären sind oder von besonderen Sicherheitsmaßnahmen gemäß den geltenden Rechts- oder Verwaltungsvorschriften begleitet sein müssen, sofern der Konzessionsgeber festgestellt hat, dass die betreffenden wesentlichen Interessen nicht durch weniger einschneidende Maßnahmen gewahrt werden können, wie beispielsweise durch Anforderungen, die auf den Schutz der Vertraulichkeit der Informationen abzielen, die Konzessionsgeber im Rahmen eines Konzessionsvergabeverfahrens zur Verfügung stellen,
2. die im Rahmen eines Kooperationsprogramms vergeben werden, das
   a) auf Forschung und Entwicklung beruht und
   b) mit mindestens einem anderen Mitgliedstaat der Europäischen Union für die Entwicklung eines neuen Produkts und gegebenenfalls die späteren Phasen des gesamten oder eines Teils des Lebenszyklus dieses Produkts durchgeführt wird,
3. die die Bundesregierung an eine andere Regierung für in unmittelbarem Zusammenhang mit Militärausrüstung oder sensibler Ausrüstung stehende Bau- und Dienstleistungen oder für Bau- und Dienstleistungen speziell für militärische Zwecke oder für sensible Bau- und Dienstleistungen vergibt,
4. die in einem Staat, der nicht Vertragspartei des Übereinkommens über den Europäischen Wirtschaftsraum ist, im Rahmen des Einsatzes von Truppen außerhalb des Gebiets der Europäischen Union vergeben werden, wenn der Einsatz erfordert, dass diese Konzessionen an im Einsatzgebiet ansässige Unternehmen vergeben werden,

5. die durch andere Ausnahmevorschriften dieses Teils erfasst werden,
6. die nicht bereits gemäß den Nummern 1 bis 5 ausgeschlossen sind, wenn der Schutz wesentlicher Sicherheitsinteressen der Bundesrepublik Deutschland nicht durch weniger einschneidende Maßnahmen garantiert werden kann, wie beispielsweise durch Anforderungen, die auf den Schutz der Vertraulichkeit der Informationen abzielen, die Konzessionsgeber im Rahmen eines Konzessionsvergabeverfahrens zur Verfügung stellen, oder
7. die besonderen Verfahrensregeln unterliegen,
   a) die sich aus einem internationalen Abkommen oder einer internationalen Vereinbarung ergeben, das oder die zwischen einem oder mehreren Mitgliedstaaten der Europäischen Union und einem oder mehreren Staaten, die nicht Vertragsparteien des Übereinkommens über den Europäischen Wirtschaftsraum sind, geschlossen wurde,
   b) die sich aus einem internationalen Abkommen oder einer internationalen Vereinbarung im Zusammenhang mit der Stationierung von Truppen ergeben, das oder die Unternehmen eines Mitgliedstaates der Europäischen Union oder eines anderen Staates betrifft, oder
   c) die für eine internationale Organisation gelten, wenn diese für ihre Zwecke Beschaffungen tätigt oder wenn ein Mitgliedstaat der Europäischen Union Aufträge nach diesen Regeln vergeben muss.

§ 151 Verfahren

[1]Konzessionsgeber geben die Absicht bekannt, eine Konzession zu vergeben. [2]Auf die Veröffentlichung der Konzessionsvergabeabsicht darf nur verzichtet werden, soweit dies aufgrund dieses Gesetzes zulässig ist. [3]Im Übrigen dürfen Konzessionsgeber das Verfahren zur Vergabe von Konzessionen vorbehaltlich der aufgrund dieses Gesetzes erlassenen Verordnung zu den Einzelheiten des Vergabeverfahrens frei ausgestalten.

§ 152 Anforderungen im Konzessionsvergabeverfahren

(1) Zur Leistungsbeschreibung ist § 121 Absatz 1 und 3 entsprechend anzuwenden.

(2) Konzessionen werden an geeignete Unternehmen im Sinne des § 122 vergeben.

(3) [1]Der Zuschlag wird auf der Grundlage objektiver Kriterien erteilt, die sicherstellen, dass die Angebote unter wirksamen Wettbewerbsbedingungen bewertet werden, sodass ein wirtschaftlicher Gesamtvorteil für den Konzessionsgeber ermittelt werden kann. [2]Die Zuschlagskriterien müssen mit dem Konzessionsgegenstand in Verbindung stehen und dürfen dem Konzessionsgeber keine uneingeschränkte Wahlfreiheit einräumen. [3]Sie können qualitative, umweltbezogene oder soziale Belange umfassen. [4]Die Zuschlagskriterien müssen mit einer Beschreibung einhergehen, die eine wirksame Überprüfung der von den Bietern übermittelten Informationen gestatten, damit bewertet werden kann, ob und inwieweit die Angebote die Zuschlagskriterien erfüllen.

(4) Die Vorschriften zur Auftragsausführung nach § 128 und zu den zwingend zu berücksichtigenden Ausführungsbedingungen nach § 129 sind entsprechend anzuwenden.

§ 153 Vergabe von Konzessionen über soziale und andere besondere Dienstleistungen

Für das Verfahren zur Vergabe von Konzessionen, die soziale und andere besondere Dienstleistungen im Sinne des Anhangs IV der Richtlinie 2014/23/EU betreffen, sind die §§ 151 und 152 anzuwenden.

§ 154 Sonstige anwendbare Vorschriften

Im Übrigen sind für die Vergabe von Konzessionen einschließlich der Konzessionen nach § 153 folgende Vorschriften entsprechend anzuwenden:
1. § 118 hinsichtlich vorbehaltener Konzessionen,
2. die §§ 123 bis 126 mit der Maßgabe, dass
   a) Konzessionsgeber nach § 101 Absatz 1 Nummer 3 ein Unternehmen unter den Voraussetzungen des § 123 ausschließen können, aber nicht ausschließen müssen,
   b) Konzessionsgeber im Fall einer Konzession in den Bereichen Verteidigung und Sicherheit ein Unternehmen von der Teilnahme an einem Vergabeverfahren ausschließen können, wenn das Unternehmen nicht die erforderliche Vertrauenswürdigkeit aufweist, um Risiken für die nationale Sicherheit auszuschließen; der Nachweis kann auch mithilfe geschützter Datenquellen erfolgen,
3. § 131 Absatz 2 und 3 und § 132 mit der Maßgabe, dass
   a) § 132 Absatz 2 Satz 2 und 3 für die Vergabe von Konzessionen, die Tätigkeiten nach § 102 Absatz 2 bis 6 betreffen, nicht anzuwenden ist,
   b) die Obergrenze des § 132 Absatz 3 Nummer 2 für Bau- und Dienstleistungskonzessionen einheitlich 10 Prozent des Wertes der ursprünglichen Konzession beträgt und
   c) bei Fehlen einer vertraglichen Indexierungsklausel im Sinne des § 132 Absatz 4 der aktualisierte Wert unter Berücksichtigung der durchschnittlichen Inflationsrate in Deutschland berechnet wird,
4. die §§ 133 bis 135,
5. § 138 hinsichtlich der Vergabe von Konzessionen durch Konzessionsgeber im Sinne des § 101 Absatz 1 Nummer 2 und 3 an verbundene Unternehmen,
6. § 139 hinsichtlich der Vergabe von Konzessionen durch Konzessionsgeber im Sinne des § 101 Absatz 1 Nummer 2 und 3 an ein Gemeinschaftsunternehmen oder durch Gemeinschaftsunternehmen an einen Konzessionsgeber im Sinne des § 101 Absatz 1 Nummer 2 und 3 und
7. § 140 hinsichtlich der Vergabe von Konzessionen durch Konzessionsgeber im Sinne des § 101 Absatz 1 Nummer 2 und 3 für unmittelbar dem Wettbewerb ausgesetzte Tätigkeiten.

Kapitel 2. Nachprüfungsverfahren

Abschnitt 1. Nachprüfungsbehörden

§ 155 Grundsatz

Unbeschadet der Prüfungsmöglichkeiten von Aufsichtsbehörden unterliegt die Vergabe öffentlicher Aufträge und von Konzessionen der Nachprüfung durch die Vergabekammern.

§ 156 Vergabekammern

(1) Die Nachprüfung der Vergabe öffentlicher Aufträge und der Vergabe von Konzessionen nehmen die Vergabekammern des Bundes für die dem Bund zuzurechnenden öffentlichen Aufträge und Konzessionen, die Vergabekammern der Länder für die diesen zuzurechnenden öffentlichen Aufträge und Konzessionen wahr.

(2) Rechte aus § 97 Absatz 6 sowie sonstige Ansprüche gegen Auftraggeber, die auf die Vornahme oder das Unterlassen einer Handlung in einem Vergabeverfahren

gerichtet sind, können nur vor den Vergabekammern und dem Beschwerdegericht geltend gemacht werden.

(3) Die Zuständigkeit der ordentlichen Gerichte für die Geltendmachung von Schadensersatzansprüchen und die Befugnisse der Kartellbehörden zur Verfolgung von Verstößen insbesondere gegen die §§ 19 und 20 bleiben unberührt.

§ 157 Besetzung, Unabhängigkeit

(1) Die Vergabekammern üben ihre Tätigkeit im Rahmen der Gesetze unabhängig und in eigener Verantwortung aus.

(2) [1]Die Vergabekammern entscheiden in der Besetzung mit einem Vorsitzenden und zwei Beisitzern, von denen einer ein ehrenamtlicher Beisitzer ist. [2]Der Vorsitzende und der hauptamtliche Beisitzer müssen Beamte auf Lebenszeit mit der Befähigung zum höheren Verwaltungsdienst oder vergleichbar fachkundige Angestellte sein. [3]Der Vorsitzende oder der hauptamtliche Beisitzer muss die Befähigung zum Richteramt haben; in der Regel soll dies der Vorsitzende sein. [4]Die Beisitzer sollen über gründliche Kenntnisse des Vergabewesens, die ehrenamtlichen Beisitzer auch über mehrjährige praktische Erfahrungen auf dem Gebiet des Vergabewesens verfügen. [5]Bei der Überprüfung der Vergabe von verteidigungs- oder sicherheitsspezifischen Aufträgen im Sinne des § 104 können die Vergabekammern abweichend von Satz 1 auch in der Besetzung mit einem Vorsitzenden und zwei hauptamtlichen Beisitzern entscheiden.

(3) [1]Die Kammer kann das Verfahren dem Vorsitzenden oder dem hauptamtlichen Beisitzer ohne mündliche Verhandlung durch unanfechtbaren Beschluss zur alleinigen Entscheidung übertragen. [2]Diese Übertragung ist nur möglich, sofern die Sache keine wesentlichen Schwierigkeiten in tatsächlicher oder rechtlicher Hinsicht aufweist und die Entscheidung nicht von grundsätzlicher Bedeutung sein wird.

(4) [1]Die Mitglieder der Kammer werden für eine Amtszeit von fünf Jahren bestellt. [2]Sie entscheiden unabhängig und sind nur dem Gesetz unterworfen.

§ 158 Einrichtung, Organisation

(1) [1]Der Bund richtet die erforderliche Anzahl von Vergabekammern beim Bundeskartellamt ein. [2]Einrichtung und Besetzung der Vergabekammern sowie die Geschäftsverteilung bestimmt der Präsident des Bundeskartellamts. [3]Ehrenamtliche Beisitzer und deren Stellvertreter ernennt er auf Vorschlag der Spitzenorganisationen der öffentlich-rechtlichen Kammern. [4]Der Präsident des Bundeskartellamts erlässt nach Genehmigung durch das Bundesministerium für Wirtschaft und Energie eine Geschäftsordnung und veröffentlicht diese im Bundesanzeiger.

(2) [1]Die Einrichtung, Organisation und Besetzung der in diesem Abschnitt genannten Stellen (Nachprüfungsbehörden) der Länder bestimmen die nach Landesrecht zuständigen Stellen, mangels einer solchen Bestimmung die Landesregierung, die die Ermächtigung weiter übertragen kann. [2]Die Länder können gemeinsame Nachprüfungsbehörden einrichten.

§ 159 Abgrenzung der Zuständigkeit der Vergabekammern

(1) Die Vergabekammer des Bundes ist zuständig für die Nachprüfung der Vergabeverfahren

1. des Bundes;
2. von öffentlichen Auftraggebern im Sinne des § 99 Nummer 2, von Sektorenauftraggebern im Sinne des § 100 Absatz 1 Nummer 1 in Verbindung mit § 99

Nummer 2 und Konzessionsgebern im Sinne des § 101 Absatz 1 Nummer 1 in Verbindung mit § 99 Nummer 2, sofern der Bund die Beteiligung überwiegend verwaltet oder die sonstige Finanzierung überwiegend gewährt hat oder über die Leitung überwiegend die Aufsicht ausübt oder die Mitglieder des zur Geschäftsführung oder zur Aufsicht berufenen Organs überwiegend bestimmt hat, es sei denn, die an dem Auftraggeber Beteiligten haben sich auf die Zuständigkeit einer anderen Vergabekammer geeinigt;
3. von Sektorenauftraggebern im Sinne des § 100 Absatz 1 Nummer 2 und von Konzessionsgebern im Sinne des § 101 Absatz 1 Nummer 3, sofern der Bund auf sie einen beherrschenden Einfluss ausübt; ein beherrschender Einfluss liegt vor, wenn der Bund unmittelbar oder mittelbar die Mehrheit des gezeichneten Kapitals des Auftraggebers besitzt oder über die Mehrheit der mit den Anteilen des Auftraggebers verbundenen Stimmrechte verfügt oder mehr als die Hälfte der Mitglieder des Verwaltungs-, Leitungs- oder Aufsichtsorgans des Auftraggebers bestellen kann;
4. von Auftraggebern im Sinne des § 99 Nummer 4, sofern der Bund die Mittel überwiegend bewilligt hat;
5. die im Rahmen der Organleihe für den Bund durchgeführt werden;
6. in Fällen, in denen sowohl die Vergabekammer des Bundes als auch eine oder mehrere Vergabekammern der Länder zuständig sind.

(2) [1]Wird das Vergabeverfahren von einem Land im Rahmen der Auftragsverwaltung für den Bund durchgeführt, ist die Vergabekammer dieses Landes zuständig. [2]Ist in entsprechender Anwendung des Absatzes 1 Nummer 2 bis 5 ein Auftraggeber einem Land zuzuordnen, ist die Vergabekammer des jeweiligen Landes zuständig.

(3) [1]In allen anderen Fällen wird die Zuständigkeit der Vergabekammern nach dem Sitz des Auftraggebers bestimmt. [2]Bei länderübergreifenden Beschaffungen benennen die Auftraggeber in der Vergabebekanntmachung nur eine zuständige Vergabekammer.

Abschnitt 2. Verfahren vor der Vergabekammer

§ 160 Einleitung, Antrag

(1) Die Vergabekammer leitet ein Nachprüfungsverfahren nur auf Antrag ein.

(2) [1]Antragsbefugt ist jedes Unternehmen, das ein Interesse an dem öffentlichen Auftrag oder der Konzession hat und eine Verletzung in seinen Rechten nach § 97 Absatz 6 durch Nichtbeachtung von Vergabevorschriften geltend macht. [2]Dabei ist darzulegen, dass dem Unternehmen durch die behauptete Verletzung der Vergabevorschriften ein Schaden entstanden ist oder zu entstehen droht.

(3) [1]Der Antrag ist unzulässig, soweit
1. der Antragsteller den geltend gemachten Verstoß gegen Vergabevorschriften vor Einreichen des Nachprüfungsantrags erkannt und gegenüber dem Auftraggeber nicht innerhalb einer Frist von zehn Kalendertagen gerügt hat; der Ablauf der Frist nach § 134 Absatz 2 bleibt unberührt,
2. Verstöße gegen Vergabevorschriften, die aufgrund der Bekanntmachung erkennbar sind, nicht spätestens bis zum Ablauf der in der Bekanntmachung benannten Frist zur Bewerbung oder zur Angebotsabgabe gegenüber dem Auftraggeber gerügt werden,
3. Verstöße gegen Vergabevorschriften, die erst in den Vergabeunterlagen erkennbar sind, nicht spätestens bis zum Ablauf der Frist zur Bewerbung oder zur Angebotsabgabe gegenüber dem Auftraggeber gerügt werden,

4. mehr als 15 Kalendertage nach Eingang der Mitteilung des Auftraggebers, einer Rüge nicht abhelfen zu wollen, vergangen sind.

[2]Satz 1 gilt nicht bei einem Antrag auf Feststellung der Unwirksamkeit des Vertrags nach § 135 Absatz 1 Nummer 2. [3]§ 134 Absatz 1 Satz 2 bleibt unberührt.

§ 161 Form, Inhalt

(1) [1]Der Antrag ist schriftlich bei der Vergabekammer einzureichen und unverzüglich zu begründen. [2]Er soll ein bestimmtes Begehren enthalten. [3]Ein Antragsteller ohne Wohnsitz oder gewöhnlichen Aufenthalt, Sitz oder Geschäftsleitung im Geltungsbereich dieses Gesetzes hat einen Empfangsbevollmächtigten im Geltungsbereich dieses Gesetzes zu benennen.

(2) Die Begründung muss die Bezeichnung des Antragsgegners, eine Beschreibung der behaupteten Rechtsverletzung mit Sachverhaltsdarstellung und die Bezeichnung der verfügbaren Beweismittel enthalten sowie darlegen, dass die Rüge gegenüber dem Auftraggeber erfolgt ist; sie soll, soweit bekannt, die sonstigen Beteiligten benennen.

§ 162 Verfahrensbeteiligte, Beiladung

[1]Verfahrensbeteiligte sind der Antragsteller, der Auftraggeber und die Unternehmen, deren Interessen durch die Entscheidung schwerwiegend berührt werden und die deswegen von der Vergabekammer beigeladen worden sind. [2]Die Entscheidung über die Beiladung ist unanfechtbar.

§ 163 Untersuchungsgrundsatz

(1) [1]Die Vergabekammer erforscht den Sachverhalt von Amts wegen. [2]Sie kann sich dabei auf das beschränken, was von den Beteiligten vorgebracht wird oder ihr sonst bekannt sein muss. [3]Zu einer umfassenden Rechtmäßigkeitskontrolle ist die Vergabekammer nicht verpflichtet. [4]Sie achtet bei ihrer gesamten Tätigkeit darauf, dass der Ablauf des Vergabeverfahrens nicht unangemessen beeinträchtigt wird.

(2) [1]Die Vergabekammer prüft den Antrag darauf, ob er offensichtlich unzulässig oder unbegründet ist. [2]Dabei berücksichtigt die Vergabekammer auch einen vorsorglich hinterlegten Schriftsatz (Schutzschrift) des Auftraggebers. [3]Sofern der Antrag nicht offensichtlich unzulässig oder unbegründet ist, übermittelt die Vergabekammer dem Auftraggeber eine Kopie des Antrags und fordert bei ihm die Akten an, die das Vergabeverfahren dokumentieren (Vergabeakten). [4]Der Auftraggeber hat die Vergabeakten der Kammer sofort zur Verfügung zu stellen. [5]Die §§ 57 bis 59 Absatz 1 bis 4, § 59a Absatz 1 bis 3 und § 59b sowie § 61 gelten entsprechend.

§ 164 Aufbewahrung vertraulicher Unterlagen

(1) Die Vergabekammer stellt die Vertraulichkeit von Verschlusssachen und anderen vertraulichen Informationen sicher, die in den von den Parteien übermittelten Unterlagen enthalten sind.

(2) Die Mitglieder der Vergabekammern sind zur Geheimhaltung verpflichtet; die Entscheidungsgründe dürfen Art und Inhalt der geheim gehaltenen Urkunden, Akten, elektronischen Dokumente und Auskünfte nicht erkennen lassen.

§ 165 Akteneinsicht

(1) Die Beteiligten können die Akten bei der Vergabekammer einsehen und sich durch die Geschäftsstelle auf ihre Kosten Ausfertigungen, Auszüge oder Abschriften erteilen lassen.

(2) Die Vergabekammer hat die Einsicht in die Unterlagen zu versagen, soweit dies aus wichtigen Gründen, insbesondere des Geheimschutzes oder zur Wahrung von Betriebs- oder Geschäftsgeheimnissen, geboten ist.

(3) [1]Jeder Beteiligte hat mit Übersendung seiner Akten oder Stellungnahmen auf die in Absatz 2 genannten Geheimnisse hinzuweisen und diese in den Unterlagen entsprechend kenntlich zu machen. [2]Erfolgt dies nicht, kann die Vergabekammer von seiner Zustimmung auf Einsicht ausgehen.

(4) Die Versagung der Akteneinsicht kann nur im Zusammenhang mit der sofortigen Beschwerde in der Hauptsache angegriffen werden.

§ 166 Mündliche Verhandlung

(1) [1]Die Vergabekammer entscheidet aufgrund einer mündlichen Verhandlung, die sich auf einen Termin beschränken soll. [2]Alle Beteiligten haben Gelegenheit zur Stellungnahme. [3]Mit Zustimmung der Beteiligten oder bei Unzulässigkeit oder bei offensichtlicher Unbegründetheit des Antrags kann nach Lage der Akten entschieden werden.

(2) Auch wenn die Beteiligten in dem Verhandlungstermin nicht erschienen oder nicht ordnungsgemäß vertreten sind, kann in der Sache verhandelt und entschieden werden.

§ 167 Beschleunigung

(1) [1]Die Vergabekammer trifft und begründet ihre Entscheidung schriftlich innerhalb einer Frist von fünf Wochen ab Eingang des Antrags. [2]Bei besonderen tatsächlichen oder rechtlichen Schwierigkeiten kann der Vorsitzende im Ausnahmefall die Frist durch Mitteilung an die Beteiligten um den erforderlichen Zeitraum verlängern. [3]Dieser Zeitraum soll nicht länger als zwei Wochen dauern. [4]Er begründet diese Verfügung schriftlich.

(2) [1]Die Beteiligten haben an der Aufklärung des Sachverhalts mitzuwirken, wie es einem auf Förderung und raschen Abschluss des Verfahrens bedachten Vorgehen entspricht. [2]Den Beteiligten können Fristen gesetzt werden, nach deren Ablauf weiterer Vortrag unbeachtet bleiben kann.

§ 168 Entscheidung der Vergabekammer

(1) [1]Die Vergabekammer entscheidet, ob der Antragsteller in seinen Rechten verletzt ist und trifft die geeigneten Maßnahmen, um eine Rechtsverletzung zu beseitigen und eine Schädigung der betroffenen Interessen zu verhindern. [2]Sie ist an die Anträge nicht gebunden und kann auch unabhängig davon auf die Rechtmäßigkeit des Vergabeverfahrens einwirken.

(2) [1]Ein wirksam erteilter Zuschlag kann nicht aufgehoben werden. [2]Hat sich das Nachprüfungsverfahren durch Erteilung des Zuschlags, durch Aufhebung oder durch Einstellung des Vergabeverfahrens oder in sonstiger Weise erledigt, stellt die Vergabekammer auf Antrag eines Beteiligten fest, ob eine Rechtsverletzung vorgelegen hat. [3]§ 167 Absatz 1 gilt in diesem Fall nicht.

(3) [1]Die Entscheidung der Vergabekammer ergeht durch Verwaltungsakt. [2]Die Vollstreckung richtet sich, auch gegen einen Hoheitsträger, nach den Verwaltungsvollstreckungsgesetzen des Bundes und der Länder. [3]Die Höhe des Zwangsgeldes beträgt mindestens 1 000 Euro und höchstens 10 Millionen Euro. [4]§ 61 Absatz 1 und 2 gilt entsprechend.

§ 169 Aussetzung des Vergabeverfahrens

(1) Informiert die Vergabekammer den Auftraggeber in Textform über den Antrag auf Nachprüfung, darf dieser vor einer Entscheidung der Vergabekammer und dem Ablauf der Beschwerdefrist nach § 172 Absatz 1 den Zuschlag nicht erteilen.

(2) [1]Die Vergabekammer kann dem Auftraggeber auf seinen Antrag oder auf Antrag des Unternehmens, das nach § 134 vom Auftraggeber als das Unternehmen benannt ist, das den Zuschlag erhalten soll, gestatten, den Zuschlag nach Ablauf von zwei Wochen seit Bekanntgabe dieser Entscheidung zu erteilen, wenn unter Berücksichtigung aller möglicherweise geschädigten Interessen sowie des Interesses der Allgemeinheit an einem raschen Abschluss des Vergabeverfahrens die nachteiligen Folgen einer Verzögerung der Vergabe bis zum Abschluss der Nachprüfung die damit verbundenen Vorteile überwiegen. [2]Bei der Abwägung ist das Interesse der Allgemeinheit an einer wirtschaftlichen Erfüllung der Aufgaben des Auftraggebers zu berücksichtigen; bei verteidigungs- oder sicherheitsspezifischen Aufträgen im Sinne des § 104 sind zusätzlich besondere Verteidigungs- und Sicherheitsinteressen zu berücksichtigen. [3]Die besonderen Verteidigungs- und Sicherheitsinteressen überwiegen in der Regel, wenn der öffentliche Auftrag oder die Konzession im unmittelbaren Zusammenhang steht mit

1. einer Krise,
2. einem mandatierten Einsatz der Bundeswehr,
3. einer einsatzgleichen Verpflichtung der Bundeswehr oder
4. einer Bündnisverpflichtung.

[4]Die Vergabekammer berücksichtigt dabei auch die allgemeinen Aussichten des Antragstellers im Vergabeverfahren, den Auftrag oder die Konzession zu erhalten. [5]Die Erfolgsaussichten des Nachprüfungsantrags müssen nicht in jedem Fall Gegenstand der Abwägung sein. [6]Das Beschwerdegericht kann auf Antrag das Verbot des Zuschlags nach Absatz 1 wiederherstellen; § 168 Absatz 2 Satz 1 bleibt unberührt. [8]Für das Verfahren vor dem Beschwerdegericht gilt § 176 Absatz 2 Satz 1 und 2 und Absatz 3 entsprechend. [9]Eine sofortige Beschwerde nach § 171 Absatz 1 ist gegen Entscheidungen der Vergabekammer nach diesem Absatz nicht zulässig.

(3) [1]Sind Rechte des Antragstellers aus § 97 Absatz 6 im Vergabeverfahren auf andere Weise als durch den drohenden Zuschlag gefährdet, kann die Kammer auf besonderen Antrag mit weiteren vorläufigen Maßnahmen in das Vergabeverfahren eingreifen. [2]Sie legt dabei den Beurteilungsmaßstab des Absatzes 2 Satz 1 zugrunde. [3]Diese Entscheidung ist nicht selbständig anfechtbar. [4]Die Vergabekammer kann die von ihr getroffenen weiteren vorläufigen Maßnahmen nach den Verwaltungsvollstreckungsgesetzen des Bundes und der Länder durchsetzen; die Maßnahmen sind sofort vollziehbar. [5]§ 86a Satz 2 gilt entsprechend.

(4) [1]Macht der Auftraggeber das Vorliegen der Voraussetzungen nach § 117 Nummer 1 bis 3 oder § 150 Nummer 1 oder 6 geltend, entfällt das Verbot des Zuschlags nach Absatz 1 fünf Werktage nach Zustellung eines entsprechenden Schriftsatzes an den Antragsteller; die Zustellung ist durch die Vergabekammer unverzüglich nach Eingang des Schriftsatzes vorzunehmen. [2]Auf Antrag kann das Beschwerdegericht das Verbot des Zuschlags wiederherstellen. [3]§ 176 Absatz 1 Satz 1, Absatz 2 Satz 1 sowie Absatz 3 und 4 ist entsprechend anzuwenden.

§ 170 Ausschluss von abweichendem Landesrecht

Soweit dieser Abschnitt Regelungen zum Verwaltungsverfahren enthält, darf hiervon durch Landesrecht nicht abgewichen werden.

Abschnitt 3. Sofortige Beschwerde

§ 171 Zulässigkeit, Zuständigkeit

(1) [1]Gegen Entscheidungen der Vergabekammer ist die sofortige Beschwerde zulässig. [2]Sie steht den am Verfahren vor der Vergabekammer Beteiligten zu.

(2) Die sofortige Beschwerde ist auch zulässig, wenn die Vergabekammer über einen Antrag auf Nachprüfung nicht innerhalb der Frist des § 167 Absatz 1 entschieden hat; in diesem Fall gilt der Antrag als abgelehnt.

(3) [1]Über die sofortige Beschwerde entscheidet ausschließlich das für den Sitz der Vergabekammer zuständige Oberlandesgericht. [2]Bei den Oberlandesgerichten wird ein Vergabesenat gebildet.

(4) [1]Rechtssachen nach den Absätzen 1 und 2 können von den Landesregierungen durch Rechtsverordnung anderen Oberlandesgerichten oder dem Obersten Landesgericht zugewiesen werden. [2]Die Landesregierungen können die Ermächtigung auf die Landesjustizverwaltungen übertragen.

§ 172 Frist, Form, Inhalt

(1) Die sofortige Beschwerde ist binnen einer Notfrist von zwei Wochen, die mit der Zustellung der Entscheidung, im Fall des § 171 Absatz 2 mit dem Ablauf der Frist beginnt, schriftlich bei dem Beschwerdegericht einzulegen.

(2) [1]Die sofortige Beschwerde ist zugleich mit ihrer Einlegung zu begründen. [2]Die Beschwerdebegründung muss enthalten:

1. die Erklärung, inwieweit die Entscheidung der Vergabekammer angefochten und eine abweichende Entscheidung beantragt wird,
2. die Angabe der Tatsachen und Beweismittel, auf die sich die Beschwerde stützt.

(3) [1]Die Beschwerdeschrift muss durch einen Rechtsanwalt unterzeichnet sein. [2]Dies gilt nicht für Beschwerden von juristischen Personen des öffentlichen Rechts.

(4) Mit der Einlegung der Beschwerde sind die anderen Beteiligten des Verfahrens vor der Vergabekammer vom Beschwerdeführer durch Übermittlung einer Ausfertigung der Beschwerdeschrift zu unterrichten.

§ 173 Wirkung

(1) [1]Die sofortige Beschwerde hat aufschiebende Wirkung gegenüber der Entscheidung der Vergabekammer. [2]Die aufschiebende Wirkung entfällt zwei Wochen nach Ablauf der Beschwerdefrist.

(2) [1]Das Gericht lehnt den Antrag nach Absatz 1 Satz 3 ab, wenn unter Berücksichtigung aller möglicherweise geschädigten Interessen die nachteiligen Folgen einer Verzögerung der Vergabe bis zur Entscheidung über die Beschwerde die damit verbundenen Vorteile überwiegen. [2]Bei der Abwägung ist das Interesse der Allgemeinheit an einer wirtschaftlichen Erfüllung der Aufgaben des Auftraggebers zu berücksichtigen; bei verteidigungs- oder sicherheitsspezifischen Aufträgen im Sinne des § 104 sind zusätzlich besondere Verteidigungs- und Sicherheitsinteressen zu berücksichtigen. [3]Die besonderen Verteidigungs- und Sicherheitsinteressen über-

wiegen in der Regel, wenn der öffentliche Auftrag oder die Konzession im unmittelbaren Zusammenhang steht mit
1. einer Krise,
2. einem mandatierten Einsatz der Bundeswehr,
3. einer einsatzgleichen Verpflichtung der Bundeswehr oder
4. einer Bündnisverpflichtung.

[4]Das Gericht berücksichtigt bei seiner Entscheidung auch die Erfolgsaussichten der Beschwerde, die allgemeinen Aussichten des Antragstellers im Vergabeverfahren, den öffentlichen Auftrag oder die Konzession zu erhalten, und das Interesse der Allgemeinheit an einem raschen Abschluss des Vergabeverfahrens.

(3) Hat die Vergabekammer dem Antrag auf Nachprüfung durch Untersagung des Zuschlags stattgegeben, so unterbleibt dieser, solange nicht das Beschwerdegericht die Entscheidung der Vergabekammer nach § 176 oder § 178 aufhebt.

§ 174 Beteiligte am Beschwerdeverfahren

An dem Verfahren vor dem Beschwerdegericht beteiligt sind die an dem Verfahren vor der Vergabekammer Beteiligten.

§ 175 Verfahrensvorschriften

(1) [1]Vor dem Beschwerdegericht müssen sich die Beteiligten durch einen Rechtsanwalt als Bevollmächtigten vertreten lassen. [2]Juristische Personen des öffentlichen Rechts können sich durch Beamte oder Angestellte mit Befähigung zum Richteramt vertreten lassen.

(2) Die §§ 65, 69 bis 72 mit Ausnahme der Verweisung auf § 227 Absatz 3 der Zivilprozessordnung, § 75 Absatz 1 bis 3, § 76 Absatz 1 und 6, die §§ 165 und 167 Absatz 2 Satz 1 sind entsprechend anzuwenden.

§ 176 Vorabentscheidung über den Zuschlag

(1) [1]Auf Antrag des Auftraggebers oder auf Antrag des Unternehmens, das nach § 134 vom Auftraggeber als das Unternehmen benannt ist, das den Zuschlag erhalten soll, kann das Gericht den weiteren Fortgang des Vergabeverfahrens und den Zuschlag gestatten, wenn unter Berücksichtigung aller möglicherweise geschädigten Interessen die nachteiligen Folgen einer Verzögerung der Vergabe bis zur Entscheidung über die Beschwerde die damit verbundenen Vorteile überwiegen. [2]Bei der Abwägung ist das Interesse der Allgemeinheit an einer wirtschaftlichen Erfüllung der Aufgaben des Auftraggebers zu berücksichtigen; bei verteidigungs- oder sicherheitsspezifischen Aufträgen im Sinne des § 104 sind zusätzlich besondere Verteidigungs- und Sicherheitsinteressen zu berücksichtigen. [3]Die besonderen Verteidigungs- und Sicherheitsinteressen überwiegen in der Regel, wenn der öffentliche Auftrag oder die Konzession im unmittelbaren Zusammenhang steht mit
1. einer Krise,
2. einem mandatierten Einsatz der Bundeswehr,
3. einer einsatzgleichen Verpflichtung der Bundeswehr oder
4. einer Bündnisverpflichtung.

[4]Das Gericht berücksichtigt bei seiner Entscheidung auch die Erfolgsaussichten der sofortigen Beschwerde, die allgemeinen Aussichten des Antragstellers im Vergabeverfahren, den öffentlichen Auftrag oder die Konzession zu erhalten, und das Interesse der Allgemeinheit an einem raschen Abschluss des Vergabeverfahrens.

(2) [1]Der Antrag ist schriftlich zu stellen und gleichzeitig zu begründen. [2]Die zur Begründung des Antrags vorzutragenden Tatsachen sowie der Grund für die

Eilbedürftigkeit sind glaubhaft zu machen. [3]Bis zur Entscheidung über den Antrag kann das Verfahren über die Beschwerde ausgesetzt werden.

(3) [1]Die Entscheidung ist unverzüglich, längstens innerhalb von fünf Wochen nach Eingang des Antrags zu treffen und zu begründen; bei besonderen tatsächlichen oder rechtlichen Schwierigkeiten kann der Vorsitzende im Ausnahmefall die Frist durch begründete Mitteilung an die Beteiligten um den erforderlichen Zeitraum verlängern. [2]Die Entscheidung kann ohne mündliche Verhandlung ergehen. [3]Ihre Begründung erläutert Rechtmäßigkeit oder Rechtswidrigkeit des Vergabeverfahrens. [4]§ 175 ist anzuwenden.

(4) Gegen eine Entscheidung nach dieser Vorschrift ist ein Rechtsmittel nicht zulässig.

§ 177 Ende des Vergabeverfahrens nach Entscheidung des Beschwerdegerichts

Ist der Auftraggeber mit einem Antrag nach § 176 vor dem Beschwerdegericht unterlegen, gilt das Vergabeverfahren nach Ablauf von zehn Tagen nach Zustellung der Entscheidung als beendet, wenn der Auftraggeber nicht die Maßnahmen zur Herstellung der Rechtmäßigkeit des Verfahrens ergreift, die sich aus der Entscheidung ergeben; das Verfahren darf nicht fortgeführt werden.

§ 178 Beschwerdeentscheidung

[1]Hält das Gericht die Beschwerde für begründet, so hebt es die Entscheidung der Vergabekammer auf. [2]In diesem Fall entscheidet das Gericht in der Sache selbst oder spricht die Verpflichtung der Vergabekammer aus, unter Berücksichtigung der Rechtsauffassung des Gerichts über die Sache erneut zu entscheiden. [3]Auf Antrag stellt es fest, ob das Unternehmen, das die Nachprüfung beantragt hat, durch den Auftraggeber in seinen Rechten verletzt ist. [4]§ 168 Absatz 2 gilt entsprechend.

§ 179 Bindungswirkung und Vorlagepflicht

(1) Wird wegen eines Verstoßes gegen Vergabevorschriften Schadensersatz begehrt und hat ein Verfahren vor der Vergabekammer stattgefunden, ist das ordentliche Gericht an die bestandskräftige Entscheidung der Vergabekammer und die Entscheidung des Oberlandesgerichts sowie gegebenenfalls des nach Absatz 2 angerufenen Bundesgerichtshofs über die Beschwerde gebunden.

(2) [1]Will ein Oberlandesgericht von einer Entscheidung eines anderen Oberlandesgerichts oder des Bundesgerichtshofs abweichen, so legt es die Sache dem Bundesgerichtshof vor. [2]Der Bundesgerichtshof entscheidet anstelle des Oberlandesgerichts. [3]Der Bundesgerichtshof kann sich auf die Entscheidung der Divergenzfrage beschränken und dem Beschwerdegericht die Entscheidung in der Hauptsache übertragen, wenn dies nach dem Sach- und Streitstand des Beschwerdeverfahrens angezeigt scheint. [4]Die Vorlagepflicht gilt nicht im Verfahren nach § 173 Absatz 1 Satz 3 und nach § 176.

§ 180 Schadensersatz bei Rechtsmissbrauch

(1) Erweist sich der Antrag nach § 160 oder die sofortige Beschwerde nach § 171 als von Anfang an ungerechtfertigt, ist der Antragsteller oder der Beschwerdeführer verpflichtet, dem Gegner und den Beteiligten den Schaden zu ersetzen, der ihnen durch den Missbrauch des Antrags- oder Beschwerderechts entstanden ist.

(2) Ein Missbrauch des Antrags- oder Beschwerderechts ist es insbesondere,
1. die Aussetzung oder die weitere Aussetzung des Vergabeverfahrens durch vorsätzlich oder grob fahrlässig vorgetragene falsche Angaben zu erwirken;
2. die Überprüfung mit dem Ziel zu beantragen, das Vergabeverfahren zu behindern oder Konkurrenten zu schädigen;
3. einen Antrag in der Absicht zu stellen, ihn später gegen Geld oder andere Vorteile zurückzunehmen.

(3) Erweisen sich die von der Vergabekammer entsprechend einem besonderen Antrag nach § 169 Absatz 3 getroffenen vorläufigen Maßnahmen als von Anfang an ungerechtfertigt, hat der Antragsteller dem Auftraggeber den aus der Vollziehung der angeordneten Maßnahme entstandenen Schaden zu ersetzen.

§ 181 Anspruch auf Ersatz des Vertrauensschadens

[1]Hat der Auftraggeber gegen eine den Schutz von Unternehmen bezweckende Vorschrift verstoßen und hätte das Unternehmen ohne diesen Verstoß bei der Wertung der Angebote eine echte Chance gehabt, den Zuschlag zu erhalten, die aber durch den Rechtsverstoß beeinträchtigt wurde, so kann das Unternehmen Schadensersatz für die Kosten der Vorbereitung des Angebots oder der Teilnahme an einem Vergabeverfahren verlangen. [2]Weiterreichende Ansprüche auf Schadensersatz bleiben unberührt.

§ 182 Kosten des Verfahrens vor der Vergabekammer

(1) [1]Für Amtshandlungen der Vergabekammern werden Kosten (Gebühren und Auslagen) zur Deckung des Verwaltungsaufwandes erhoben. [2]Das Verwaltungskostengesetz vom 23. Juni 1970 (BGBl. I S. 821) in der am 14. August 2013 geltenden Fassung ist anzuwenden.

(2) [1]Die Gebühr beträgt mindestens 2 500 Euro; dieser Betrag kann aus Gründen der Billigkeit bis auf ein Zehntel ermäßigt werden. [2]Die Gebühr soll den Betrag von 50 000 Euro nicht überschreiten; sie kann im Einzelfall, wenn der Aufwand oder die wirtschaftliche Bedeutung außergewöhnlich hoch ist, bis zu einem Betrag von 100 000 Euro erhöht werden.

(3) [1]Soweit ein Beteiligter im Verfahren unterliegt, hat er die Kosten zu tragen. [2]Mehrere Kostenschuldner haften als Gesamtschuldner. [3]Kosten, die durch Verschulden eines Beteiligten entstanden sind, können diesem auferlegt werden. [4]Hat sich der Antrag vor Entscheidung der Vergabekammer durch Rücknahme oder anderweitig erledigt, ist die Hälfte der Gebühr zu entrichten. [5]Die Entscheidung, wer die Kosten zu tragen hat, erfolgt nach billigem Ermessen. [6]Aus Gründen der Billigkeit kann von der Erhebung von Gebühren ganz oder teilweise abgesehen werden.

(4) [1]Soweit ein Beteiligter im Nachprüfungsverfahren unterliegt, hat er die zur zweckentsprechenden Rechtsverfolgung oder Rechtsverteidigung notwendigen Aufwendungen des Antragsgegners zu tragen. [2]Die Aufwendungen der Beigeladenen sind nur erstattungsfähig, soweit sie die Vergabekammer aus Billigkeit der unterlegenen Partei auferlegt. [3]Hat sich der Antrag durch Rücknahme oder anderweitig erledigt, erfolgt die Entscheidung, wer die zur zweckentsprechenden Rechtsverfolgung oder Rechtsverteidigung notwendigen Aufwendungen anderer Beteiligter zu tragen hat, nach billigem Ermessen; in Bezug auf die Erstattung der Aufwendungen der Beigeladenen gilt im Übrigen Satz 2 entsprechend. [4]§ 80 Absatz 1, 2 und 3 Satz 2 des Verwaltungsverfahrensgesetzes und die entsprechenden Vorschriften der Verwaltungsverfahrensgesetze der Länder gelten entsprechend. [5]Ein gesondertes Kostenfestsetzungsverfahren findet nicht statt.

§ 183 Korrekturmechanismus der Kommission

(1) Erhält die Bundesregierung im Laufe eines Vergabeverfahrens vor Abschluss des Vertrags eine Mitteilung der Europäischen Kommission, dass diese der Auffassung ist, es liege ein schwerer Verstoß gegen das Recht der Europäischen Union zur Vergabe öffentlicher Aufträge oder zur Vergabe von Konzessionen vor, der zu beseitigen sei, teilt das Bundesministerium für Wirtschaft und Energie dies dem Auftraggeber mit.

(2) Der Auftraggeber ist verpflichtet, innerhalb von 14 Kalendertagen nach Eingang dieser Mitteilung dem Bundesministerium für Wirtschaft und Energie eine umfassende Darstellung des Sachverhalts zu geben und darzulegen, ob der behauptete Verstoß beseitigt wurde, oder zu begründen, warum er nicht beseitigt wurde, ob das Vergabeverfahren Gegenstand eines Nachprüfungsverfahrens ist oder aus sonstigen Gründen ausgesetzt wurde.

(3) Ist das Vergabeverfahren Gegenstand eines Nachprüfungsverfahrens oder wurde es ausgesetzt, so ist der Auftraggeber verpflichtet, das Bundesministerium für Wirtschaft und Energie unverzüglich über den Ausgang des Verfahrens zu informieren.

§ 184 Unterrichtungspflichten der Nachprüfungsinstanzen

Die Vergabekammern und die Oberlandesgerichte unterrichten das Bundesministerium für Wirtschaft und Energie bis zum 31. Januar eines jeden Jahres über die Anzahl der Nachprüfungsverfahren des Vorjahres und deren Ergebnisse.

2. SGB V und SGG (Auszüge)

a) SGB V (Sozialgesetzbuch Fünftes Buch) – Gesetzliche Krankenversicherung

Vom 20. Dezember 1988
(BGBl. I S. 2477)

Zuletzt geändert durch Art. 3 FAG-Änderungsgesetz vom 30.7.2024 (BGBl. 2024 I Nr. 254)

– Auszug, §§ 4, 69, 172 a –

Erstes Kapitel. Allgemeine Vorschriften

§ 4 Krankenkassen

(1) Die Krankenkassen sind rechtsfähige Körperschaften des öffentlichen Rechts mit Selbstverwaltung.

(2) Die Krankenversicherung ist in folgende Kassenarten gegliedert:
- Allgemeine Ortskrankenkassen,
- Betriebskrankenkassen,
- Innungskrankenkassen,
- Sozialversicherung für Landwirtschaft, Forsten und Gartenbau als Träger der Krankenversicherung der Landwirte,
- die Deutsche Rentenversicherung Knappschaft-Bahn-See als Träger der Krankenversicherung (Deutsche Rentenversicherung Knappschaft-Bahn-See),
- Ersatzkassen.

(3) Im Interesse der Leistungsfähigkeit und Wirtschaftlichkeit der gesetzlichen Krankenversicherung arbeiten die Krankenkassen und ihre Verbände sowohl innerhalb einer Kassenart als auch kassenartenübergreifend miteinander und mit allen anderen Einrichtungen des Gesundheitswesens eng zusammen.

(4) Die Krankenkassen haben bei der Durchführung ihrer Aufgaben und in ihren Verwaltungsangelegenheiten sparsam und wirtschaftlich zu verfahren und dabei ihre Ausgaben so auszurichten, dass Beitragserhöhungen ausgeschlossen werden, es sei denn, die notwendige medizinische Versorgung ist auch nach Ausschöpfung von Wirtschaftlichkeitsreserven nicht zu gewährleisten.

(5) [1]Im Jahr 2023 dürfen sich die sächlichen Verwaltungsausgaben der einzelnen Krankenkasse nicht um mehr als 3 Prozent gegenüber dem Vorjahr erhöhen.[2]Die Begrenzung nach Satz 1 gilt nicht für sächliche Verwaltungsausgaben, die wegen der Durchführung der Sozialversicherungswahlen einschließlich der Teilnahme am Modellprojekt zur Durchführung von Online-Wahlen und der Kostenumlage für dieses Modellprojekt nach § 194a Absatz 3 entstehen, sowie für Aufwendungen für Datentransparenz nach den §§ 303a bis 303e.

Viertes Kapitel. Beziehungen der Krankenkassen zu den Leistungserbringern

Erster Abschnitt. Allgemeine Grundsätze

§ 69 Anwendungsbereich

(1) [1]Dieses Kapitel sowie die §§ 63 und 64 regeln abschließend die Rechtsbeziehungen der Krankenkassen und ihrer Verbände zu Ärzten, Zahnärzten, Psychotherapeuten, Apotheken sowie sonstigen Leistungserbringern und ihren Verbänden, einschließlich der Beschlüsse des Gemeinsamen Bundesausschusses und der Landesausschüsse nach den §§ 90 bis 94. [2]Die Rechtsbeziehungen der Krankenkassen und ihrer Verbände zu den Krankenhäusern und ihren Verbänden werden abschließend in diesem Kapitel, in den §§ 63, 64 und in dem Krankenhausfinanzierungsgesetz, dem Krankenhausentgeltgesetz sowie den hiernach erlassenen Rechtsverordnungen geregelt. [3]Für die Rechtsbeziehungen nach den Sätzen 1 und 2 gelten im Übrigen die Vorschriften des Bürgerlichen Gesetzbuches entsprechend, soweit sie mit den Vorgaben des § 70 und den übrigen Aufgaben und Pflichten der Beteiligten nach diesem Kapitel vereinbar sind. [4]Die Sätze 1 bis 3 gelten auch, soweit durch diese Rechtsbeziehungen Rechte Dritter betroffen sind.

(2) [1]Die §§ 1 bis 3 Absatz 1, die §§ 19 bis 21, 32 bis 34 a, 48 bis 81 Absatz 2 Nummer 1, 2 Buchstabe a und Nummer 6 bis 11, Absatz 3 Nummer 1 und 2 sowie die §§ 81a bis 95 des Gesetzes gegen Wettbewerbsbeschränkungen gelten für die in Absatz 1 genannten Rechtsbeziehungen entsprechend. [2]Satz 1 gilt nicht für Verträge und sonstige Vereinbarungen von Krankenkassen oder deren Verbänden mit Leistungserbringern oder deren Verbänden, zu deren Abschluss die Krankenkassen oder deren Verbände gesetzlich verpflichtet sind. [3]Satz 1 gilt auch nicht für Beschlüsse, Empfehlungen, Richtlinien oder sonstige Entscheidungen der Krankenkassen oder deren Verbände, zu denen sie gesetzlich verpflichtet sind, sowie für Beschlüsse, Richtlinien und sonstige Entscheidungen des Gemeinsamen Bundesausschusses, zu denen er gesetzlich verpflichtet ist.

...

Sechstes Kapitel. Organisation der Krankenkassen

§ 172a aufgeh. mWv 1.4.2020 durch G v. 22.3.2020 (BGBl. I S. 604)

§ 172a Zusammenschlusskontrolle bei Vereinigungen von

(1) Bei der freiwilligen Vereinigung von Krankenkassen finden die Vorschriften über die Zusammenschlusskontrolle nach dem Siebten Abschnitt des Ersten Teils des Gesetzes gegen Wettbewerbsbeschränkungen nach Maßgabe des Absatzes 2 sowie die §§ 48, 49, 50 c Absatz 2, §§ 54 bis 80 und 81 Absatz 2 und 3 Nummer 3, Absatz 4 bis 10 und die §§ 83 bis 86 a des Gesetzes gegen Wettbewerbsbeschränkungen entsprechende Anwendung.

(2) [1]Finden die Vorschriften über die Zusammenschlusskontrolle Anwendung, darf die Genehmigung nach § 144 Absatz 3 erst erfolgen, wenn das Bundeskartellamt die Vereinigung nach § 40 des Gesetzes gegen Wettbewerbsbeschränkungen freigegeben hat oder sie als freigege-

ben gilt. [2]Hat der Vorstand einer an der Vereinigung beteiligten Krankenkasse eine Anzeige nach § 171b Absatz 2 Satz 1 abgegeben, beträgt die Frist nach § 40 Absatz 2 Satz 2 des Gesetzes gegen Wettbewerbsbeschränkungen sechs Wochen. [3]Vor einer Untersagung ist mit den zuständigen Aufsichtsbehörden nach § 90 des Vierten Buches das Benehmen herzustellen. [4]Neben die obersten Landesbehörden nach § 42 Absatz 4 Satz 2 des Gesetzes gegen Wettbewerbsbeschränkungen treten die zuständigen Aufsichtsbehörden nach § 90 des Vierten Buches. [5]§ 41 Absatz 3 und 4 des Gesetzes gegen Wettbewerbsbeschränkungen gilt nicht.

…

b) SGG – Sozialgerichtsgesetz

In der Fassung der Bekanntmachung vom 23. September 1975
(BGBl. I S. 2535)

Zuletzt geändert durch Art. 10 G. zur Förderung des Einsatzes von Videokonferenztechnik in der Zivilgerichtsbarkeit und den Fachgerichtsbarkeiten vom 15.7.2024 (BGBl. 2024 I Nr. 237)

– Auszug, §§ 29, 202 –

§ 29 [Funktionelle Zuständigkeit]

(1) Die Landessozialgerichte entscheiden im zweiten Rechtszug über die Berufung gegen die Urteile und die Beschwerden gegen andere Entscheidungen der Sozialgerichte.

(2) Die Landessozialgerichte entscheiden im ersten Rechtszug über

1. Klagen gegen Entscheidungen der Landesschiedsämter sowie der sektorenübergreifenden Schiedsgremien auf Landesebene und gegen Beanstandungen von Entscheidungen der Landesschiedsämter und der sektorenübergreifenden Schiedsgremien auf Landesebene nach dem Fünften Buch Sozialgesetzbuch, gegen Entscheidungen der Schiedsstellen nach § 75 Absatz 3c, § 111b Absatz 6, § 120 Absatz 4, § 132a Absatz 3 und § 132l Absatz 4 des Fünften Buches Sozialgesetzbuch, der Schiedsstellen nach § 133 des Neunten Buches Sozialgesetzbuch, der Schiedsstelle nach § 76 des Elften Buches Sozialgesetzbuch und des Schiedsgremiums nach § 113c Absatz 4 des Elften Buches Sozialgesetzbuch und der Schiedsstellen nach § 81 des Zwölften Buches Sozialgesetzbuch,
2. Aufsichtsangelegenheiten gegenüber Trägern der Sozialversicherung und ihren Verbänden, gegenüber den Kassenärztlichen und Kassenzahnärztlichen Vereinigungen, gegenüber der Kassenärztlichen und Kassenzahnärztlichen Bundesvereinigung und den Medizinischen Diensten sowie dem Medizinischen Dienst Bund, bei denen die Aufsicht von einer Landes- oder Bundesbehörde ausgeübt wird,
3. Klagen in Angelegenheiten der Erstattung von Aufwendungen nach § 6b des Zweiten Buches Sozialgesetzbuch,
4. Anträge nach § 55a,
5. Streitigkeiten nach § 4a Absatz 7 des Fünften Buches Sozialgesetzbuch.

(3) Das Landessozialgericht Nordrhein-Westfalen entscheidet im ersten Rechtszug über

1. Streitigkeiten zwischen gesetzlichen Krankenkassen untereinander betreffend den Risikostrukturausgleich sowie zwischen gesetzlichen Krankenkassen oder ihren Verbänden und dem Bundesamt für Soziale Sicherung betreffend den Risikostrukturausgleich, die Anerkennung von strukturierten Behandlungsprogrammen und die Verwaltung des Gesundheitsfonds,
2. Streitigkeiten betreffend den Finanzausgleich der gesetzlichen Pflegeversicherung,
3. Streitigkeiten betreffend den Ausgleich unter den gewerblichen Berufsgenossenschaften nach dem Siebten Buch Sozialgesetzbuch,
4. Streitigkeiten über Entscheidungen des Bundeskartellamts, die die freiwillige Vereinigung von Krankenkassen nach § 172a des Fünften Buches Sozialgesetzbuch betreffen,

5. Streitigkeiten betreffend die Veröffentlichung des Transparenzverzeichnisses nach § 135d des Fünften Buches Sozialgesetzbuch.

(4) Das Landessozialgericht Berlin-Brandenburg entscheidet im ersten Rechtszug über

1. Klagen gegen die Entscheidung der Bundesschiedsämter nach § 89 Absatz 2 des Fünften Buches Sozialgesetzbuch, des weiteren Schiedsamtes auf Bundesebene nach § 89 Absatz 12 des Fünften Buches Sozialgesetzbuch, des sektorenübergreifenden Schiedsgremiums auf Bundesebene nach § 89a des Fünften Buches Sozialgesetzbuch sowie der erweiterten Bewertungsausschüsse nach § 87 Abs. 4 des Fünften Buches Sozialgesetzbuch, soweit die Klagen von den Einrichtungen erhoben werden, die diese Gremien bilden,
2. Klagen gegen Entscheidungen des Bundesministeriums für Gesundheit nach § 87 Abs. 6 des Fünften Buches Sozialgesetzbuch gegenüber den Bewertungsausschüssen und den erweiterten Bewertungsausschüssen sowie gegen Beanstandungen des Bundesministeriums für Gesundheit gegenüber den Bundesschiedsämtern und dem sektorenübergreifenden Schiedsgremium auf Bundesebene,
3. Klagen gegen Entscheidungen und Richtlinien des Gemeinsamen Bundesausschusses (§§ 91, 92 des Fünften Buches Sozialgesetzbuch), Klagen in Aufsichtsangelegenheiten gegenüber dem Gemeinsamen Bundesausschuss, Klagen gegen die Festsetzung von Festbeträgen durch die Spitzenverbände der Krankenkassen oder den Spitzenverband Bund der Krankenkassen, Klagen gegen Entscheidungen der Schiedsstellen nach den §§ 125, 129, 130b, 131, 134, 134a des Fünften Buches Sozialgesetzbuch und der Schlichtungsstelle nach § 319 des Fünften Buches Sozialgesetzbuch sowie Klagen gegen Entscheidungen des Schlichtungsausschusses Bund nach § 19 des Krankenhausfinanzierungsgesetzes in der Fassung der Bekanntmachung vom 10. April 1991 (BGBl. I S. 886), das zuletzt durch Artikel 3 des Gesetzes vom 14. Dezember 2019 (BGBl. I S. 2789) geändert worden ist,
4. Klagen gegen Entscheidungen des Qualitätsausschusses nach § 113b Absatz 1 des Elften Buches Sozialgesetzbuch sowie des erweiterten Qualitätsausschusses nach § 113b Absatz 3 des Elften Buches Sozialgesetzbuch und gegen Entscheidungen des Bundesministeriums für Gesundheit nach § 113b Absatz 9 des Elften Buches Sozialgesetzbuch gegenüber dem Qualitätsausschuss und dem erweiterten Qualitätsausschuss sowie über Klagen, welche die Mitwirkung an den Richtlinien des Medizinischen Dienstes Bund betreffen (§ 17 Absatz 1 und 1c, § 112a Absatz 2, § 114a Absatz 7 und § 114c Absatz 1 des Elften Buches Sozialgesetzbuch).

§ 202 [Entsprechende Anwendung des GVG und der ZPO]

[1]Soweit dieses Gesetz keine Bestimmungen über das Verfahren enthält, sind das Gerichtsverfassungsgesetz und die Zivilprozeßordnung einschließlich der §§ 129a, 278 Absatz 5 und § 278a entsprechend anzuwenden, wenn die grundsätzlichen Unterschiede der beiden Verfahrensarten dies nicht ausschließen. [2]Die Vorschriften des Siebzehnten Titels des Gerichtsverfassungsgesetzes sind mit der Maßgabe entsprechend anzuwenden, dass an die Stelle des Oberlandesgerichts das Landessozialgericht, an die Stelle des Bundesgerichtshofs das Bundessozialgericht und an die Stelle der Zivilprozessordnung das Sozialgerichtsgesetz tritt. [3]In Streitigkeiten über Entscheidungen des Bundeskartellamts, die die freiwillige Vereinigung von Krankenkassen nach § 172a des Fünften Buches Sozialgesetzbuch betreffen, sind die §§ 63 bis 80 des Gesetzes gegen Wettbewerbsbeschränkungen mit der Maßgabe entsprechend anzuwenden, dass an die Stelle des Oberlandesgerichts das Landessozialgericht, an die Stelle des Bundesgerichtshofs das Bundessozialgericht und an die Stelle der Zivilprozessordnung das Sozialgerichtsgesetz tritt.

3. BuchPrG (Buchpreisbindungsgesetz) – Gesetz über die Preisbindung für Bücher

Vom 2. September 2002

(BGBl. I S. 3448, ber. S. 3670)

Zuletzt geändert durch Art. 23 VerbandsklagenrichtlinienumsetzungsG v. 8.10.2023 (BGBl. 2023 I Nr. 272)

§ 1 Zweck des Gesetzes

[1]Das Gesetz dient dem Schutz des Kulturgutes Buch. [2]Die Festsetzung verbindlicher Preise beim Verkauf an Letztabnehmer sichert den Erhalt eines breiten Buchangebots. [3]Das Gesetz gewährleistet zugleich, dass dieses Angebot für eine breite Öffentlichkeit zugänglich ist, indem es die Existenz einer großen Zahl von Verkaufsstellen fördert.

§ 2 Anwendungsbereich

(1) Bücher im Sinne dieses Gesetzes sind auch

1. Musiknoten,
2. kartographische Produkte,
3. Produkte, die Bücher, Musiknoten oder kartographische Produkte reproduzieren oder substituieren, wie zum Beispiel zum dauerhaften Zugriff angebotene elektronische Bücher, und bei Würdigung der Gesamtumstände als überwiegend verlags- oder buchhandelstypisch anzusehen sind sowie
4. kombinierte Objekte, bei denen eines der genannten Erzeugnisse die Hauptsache bildet.

(2) Fremdsprachige Bücher fallen nur dann unter dieses Gesetz, wenn sie überwiegend für den Absatz in Deutschland bestimmt sind.

(3) Letztabnehmer im Sinne dieses Gesetzes ist, wer Bücher zu anderen Zwecken als dem Weiterverkauf erwirbt.

§ 3 Preisbindung

[1]Wer gewerbs- oder geschäftsmäßig Bücher an Letztabnehmer in Deutschland verkauft, muss den nach § 5 festgesetzten Preis einhalten. [2]Dies gilt nicht für den Verkauf gebrauchter Bücher.

§ 4 (aufgehoben)

§ 5 Preisfestsetzung

(1) [1]Wer Bücher für den Verkauf an Letztabnehmer in Deutschland verlegt oder importiert, ist verpflichtet, einen Preis einschließlich Umsatzsteuer (Endpreis) für die Ausgabe eines Buches für den Verkauf an Letztabnehmer in Deutschland festzusetzen und in geeigneter Weise zu veröffentlichen. [2]Entsprechendes gilt für Änderungen des Endpreises.

(2) [1]Wer Bücher importiert, darf zur Festsetzung des Endpreises den vom Verleger des Verlagsstaates für Deutschland empfohlenen Letztabnehmerpreis einschließlich der in Deutschland jeweils geltenden Mehrwertsteuer nicht unterschreiten. [2]Hat der Verleger keinen Preis für Deutschland empfohlen, so darf der Importeur zur Festsetzung des Endpreises den für den Verlagsstaat festgesetzten oder empfohlenen Nettopreis des Verlegers für Endabnehmer zuzüglich der in Deutschland jeweils geltenden Mehrwertsteuer nicht unterschreiten.

(3) Wer als Importeur Bücher in einem Vertragsstaat des Abkommens über den Europäischen Wirtschaftsraum zu einem von den üblichen Einkaufspreisen im Einkaufsstaat abweichenden niedrigeren Einkaufspreis kauft, kann den gemäß Absatz 2 festzulegenden Endpreis in dem Verhältnis herabsetzen, wie es dem Verhältnis des erzielten Handelsvorteils zu den üblichen Einkaufspreisen im Einkaufsstaat entspricht; dabei gelten branchentypische Mengennachlässe und entsprechende Verkaufskonditionen als Bestandteile der üblichen Einkaufspreise.

(4) Verleger oder Importeure können folgende Endpreise festsetzen:
1. Serienpreise,
2. Mengenpreise,
3. Subskriptionspreise,
4. Sonderpreise für Institutionen, die bei der Herausgabe einzelner bestimmter Verlagswerke vertraglich in einer für das Zustandekommen des Werkes ausschlaggebenden Weise mitgewirkt haben,
5. Sonderpreise für Abonnenten einer Zeitschrift beim Bezug eines Buches, das die Redaktion dieser Zeitschrift verfasst oder herausgegeben hat, und
6. Teilzahlungszuschläge.

(5) Die Festsetzung unterschiedlicher Endpreise für einen bestimmten Titel durch einen Verleger oder Importeur oder deren Lizenznehmer ist zulässig, wenn dies sachlich gerechtfertigt ist.

§ 6 Vertrieb

(1) [1]Verlage müssen bei der Festsetzung ihrer Verkaufspreise und sonstigen Verkaufskonditionen gegenüber Händlern den von kleineren Buchhandlungen erbrachten Beitrag zur flächendeckenden Versorgung mit Büchern sowie ihren buchhändlerischen Service angemessen berücksichtigen. [2]Sie dürfen ihre Rabatte nicht allein an dem mit einem Händler erzielten Umsatz ausrichten.

(2) Verlage dürfen branchenfremde Händler nicht zu niedrigeren Preisen oder günstigeren Konditionen beliefern als den Buchhandel.

(3) Verlage dürfen für Zwischenbuchhändler keine höheren Preise oder schlechteren Konditionen festsetzen als für Letztverkäufer, die sie direkt beliefern.

§ 7 Ausnahmen

(1) § 3 gilt nicht beim Verkauf von Büchern
1. an Verleger oder Importeure von Büchern, Buchhändler oder deren Angestellte und feste Mitarbeiter für deren Eigenbedarf,
2. an Autoren selbständiger Publikationen eines Verlages für deren Eigenbedarf,
3. an Lehrer zum Zwecke der Prüfung einer Verwendung im Unterricht,
4. die auf Grund einer Beschädigung oder eines sonstigen Fehlers als Mängelexemplare gekennzeichnet sind,
5. im Rahmen eines auf einen Zeitraum von 30 Tagen begrenzten Räumungsverkaufs anlässlich der endgültigen Schließung einer Buchhandlung, sofern die Bücher aus den gewöhnlichen Beständen des schließenden Unternehmens stam-

men und den Lieferanten zuvor mit angemessener Frist zur Rücknahme angeboten wurden.

(2) Beim Verkauf von Büchern können wissenschaftlichen Bibliotheken, die jedem auf ihrem Gebiet wissenschaftlich Arbeitenden zugänglich sind, bis zu 5 Prozent, jedermann zugänglichen kommunalen Büchereien, Landesbüchereien und Schülerbüchereien sowie konfessionellen Büchereien und Truppenbüchereien der Bundeswehr und der Bundespolizei bis zu 10 Prozent Nachlass gewährt werden.

(3) [1]Bei Sammelbestellungen von Büchern für den Schulunterricht, die zu Eigentum der öffentlichen Hand, eines Beliehenen oder allgemein bildender Privatschulen, die den Status staatlicher Ersatzschulen besitzen, angeschafft werden, gewähren die Verkäufer folgende Nachlässe:

1. bei einem Auftrag im Gesamtwert bis zu 25 000 Euro für Titel mit

mehr als 10 Stück	8 Prozent Nachlass,
mehr als 25 Stück	10 Prozent Nachlass,
mehr als 100 Stück	12 Prozent Nachlass,
mehr als 500 Stück	13 Prozent Nachlass,

2. bei einem Auftrag im Gesamtwert von mehr als

25 000 Euro	13 Prozent Nachlass,
38 000 Euro	14 Prozent Nachlass,
50 000 Euro	15 Prozent Nachlass.

[2]Soweit Schulbücher von den Schulen im Rahmen eigener Budgets angeschafft werden, ist stattdessen ein genereller Nachlass von 12 Prozent für alle Sammelbestellungen zu gewähren.

(4) Der Letztverkäufer verletzt seine Pflicht nach § 3 nicht, wenn er anlässlich des Verkaufs eines Buches

1. Waren von geringem Wert oder Waren, die im Hinblick auf den Wert des gekauften Buches wirtschaftlich nicht ins Gewicht fallen, abgibt,
2. geringwertige Kosten der Letztabnehmer für den Besuch der Verkaufsstelle übernimmt,
3. Versand- oder besondere Beschaffungskosten übernimmt oder
4. andere handelsübliche Nebenleistungen erbringt.

§ 8 Dauer der Preisbindung

(1) Verleger und Importeure sind berechtigt, durch Veröffentlichung in geeigneter Weise die Preisbindung für Buchausgaben aufzuheben, deren erstes Erscheinen länger als 18 Monate zurückliegt.

(2) Bei Büchern, die in einem Abstand von weniger als 18 Monaten wiederkehrend erscheinen oder deren Inhalt mit dem Erreichen eines bestimmten Datums oder Ereignisses erheblich an Wert verliert, ist eine Beendigung der Preisbindung durch den Verleger oder Importeur ohne Beachtung der Frist gemäß Absatz 1 nach Ablauf eines angemessenen Zeitraums seit Erscheinen möglich.

§ 9 Schadensersatz- und Unterlassungsansprüche

(1) [1]Wer den Vorschriften dieses Gesetzes zuwiderhandelt, kann auf Unterlassung in Anspruch genommen werden. [2]Wer vorsätzlich oder fahrlässig handelt, ist zum Ersatz des durch die Zuwiderhandlung entstandenen Schadens verpflichtet.

(2) [1]Der Anspruch auf Unterlassung kann nur geltend gemacht werden

1. von Gewerbetreibenden, die Bücher vertreiben,
2. von rechtsfähigen Verbänden zur Förderung gewerblicher oder selbstständiger beruflicher Interessen, die in der Liste der qualifizierten Wirtschaftsverbände nach § 8b des Gesetzes gegen den unlauteren Wettbewerb eingetragen sind,

3. von einem Rechtsanwalt, der von Verlegern, Importeuren oder Unternehmen, die Verkäufe an Letztabnehmer tätigen, gemeinsam als Treuhänder damit beauftragt worden ist, ihre Preisbindung zu betreuen (Preisbindungstreuhänder),
4. von Stellen nach § 3 Absatz 1 Satz 1 Nummer 1 des Unterlassungsklagengesetzes.

[2]Die Stellen nach Satz 1 Nr. 4 können den Anspruch auf Unterlassung nur geltend machen, soweit der Anspruch eine Handlung betrifft, durch die wesentliche Belange der Letztabnehmer berührt werden.

(3) Für das Verfahren gelten bei den Anspruchsberechtigten nach Absatz 2 Nr. 1 bis 3 die Vorschriften des Gesetzes gegen den unlauteren Wettbewerb und bei Einrichtungen nach Absatz 2 Nr. 4 die Vorschriften des Unterlassungsklagegesetzes.

§ 10 Bucheinsicht

(1) [1]Sofern der begründete Verdacht vorliegt, dass ein Unternehmen gegen § 3 verstoßen hat, kann ein Gewerbetreibender, der ebenfalls Bücher vertreibt, verlangen, dass dieses Unternehmen einem von Berufs wegen zur Verschwiegenheit verpflichteten Angehörigen der wirtschafts- oder steuerberatenden Berufe Einblick in seine Bücher und Geschäftsunterlagen gewährt. [2]Der Bericht des Buchprüfers darf sich ausschließlich auf die ihm bekannt gewordenen Verstöße gegen die Vorschriften dieses Gesetzes beziehen.

(2) Liegt eine Zuwiderhandlung vor, kann der Gewerbetreibende von dem zuwiderhandelnden Unternehmen die Erstattung der notwendigen Kosten der Buchprüfung verlangen.

§ 11 (aufgehoben)

4. KartKostV – Verordnung über die Kosten der Kartellbehörden

Vom 16. November 1970

(BGBl. I S. 1535)

Zuletzt geändert durch Art. 94 G zum Abbau verzichtbarer Anordnungen der Schriftform im Verwaltungsrecht des Bundes vom 29.3.2017 (BGBl. I S. 626)

Auf Grund des § 80 Abs. 9 und 10 des Gesetzes gegen Wettbewerbsbeschränkungen in der Fassung des Gesetzes zur Änderung von Kostenermächtigungen und zur Überleitung gebührenrechtlicher Vorschriften vom 22. Juli 1969 (BGBl. I S. 901) und der Bekanntmachung vom 3. Januar 1966 (BGBl. I S. 37) verordnet die Bundesregierung mit Zustimmung des Bundesrates:

Erster Abschnitt. Kosten der Kartellbehörden

§ 1 [Erhebung von Gebühren und Auslagen]

(1) [1]In Verwaltungsverfahren erheben die nach § 44 Abs. 1 des Gesetzes gegen Wettbewerbsbeschränkungen (Gesetz) zuständigen Kartellbehörden Kosten (Gebühren und Auslagen) nach § 80 des Gesetzes und nach dieser Verordnung. [2]Ergänzend gelten die Vorschriften des 3. Abschnittes des Verwaltungskostengesetzes vom 23. Juni 1970 (BGBl. I S. 821) in der bis zum 14. August 2013 geltenden Fassung.

(2) Die Erstattung der Auslagen nach § 80 Abs. 2 Satz 3 des Gesetzes kann auch verlangt werden, wenn Gebührenfreiheit besteht oder von der Gebührenerhebung abgesehen wird.

§ 2 [Entstehung der Gebührenschuld und der Auslagenerstattungsverpflichtung]

(1) Die Gebührenschuld entsteht, soweit ein Antrag oder eine Anmeldung notwendig ist, mit dem Eingang des Antrags oder der Anmeldung bei der zuständigen Kartellbehörde, im übrigen mit der Beendigung der gebührenpflichtigen Handlung.

(2) Die Verpflichtung zur Erstattung von Auslagen entsteht mit der Aufwendung des zu erstattenden Betrages.

§ 3 [Kostennachforderung wegen irrigen Ansatzes]

Wegen irrigen Ansatzes dürfen Kosten nur nachgefordert werden, wenn der berichtigte Ansatz dem Kostenschuldner in dem Kalenderjahr, in dem die in der Sache ergangene Entscheidung unanfechtbar geworden ist oder das Verfahren sich anderweitig erledigt hat, oder im folgenden Kalenderjahr mitgeteilt worden ist.

§ 4 [Kostenfestsetzung]

(1) [1]Die Kosten werden von Amts wegen festgesetzt. [2]Die Entscheidung über die Kosten soll, soweit möglich, zusammen mit der Sachentscheidung ergehen.

(2) [1]Aus der Kostenentscheidung müssen mindestens hervorgehen
1. die kostenerhebende Kartellbehörde,
2. der Kostenschuldner,
3. die kostenpflichtige Handlung,
4. die als Gebühren und Auslagen zu zahlenden Beträge sowie
5. wo, wann und wie die Gebühren und die Auslagen zu zahlen sind.

[2]Die Kostenentscheidung kann mündlich ergehen; sie ist auf Antrag schriftlich zu bestätigen. [3]Soweit sie schriftlich oder elektronisch ergeht oder schriftlich bestätigt wird, ist auch die Rechtsgrundlage für die Erhebung der Kosten sowie deren Berechnung anzugeben.

§ 5 [Verjährung]

(1) Mit dem Ablauf der in § 80 Abs. 8 des Gesetzes bestimmten Verjährungsfristen erlöschen die Ansprüche auf Zahlung der Gebühren sowie auf Erstattung der Auslagen.

(2) Die Verjährung ist gehemmt, solange der Anspruch innerhalb der letzten sechs Monate der Frist wegen höherer Gewalt nicht verfolgt werden kann.

(3) Die Verjährung wird unterbrochen durch schriftliche oder elektronische Zahlungsaufforderung, durch Zahlungsaufschub, durch Stundung, durch Aussetzung der Vollziehung, durch Sicherheitsleistung, durch eine Vollstreckungsmaßnahme, durch Vollstreckungsaufschub, durch Anmeldung im Konkurs und durch Ermittlungen des Kostengläubigers über Wohnsitz oder Aufenthalt des Zahlungspflichtigen.

(4) Mit Ablauf des Kalenderjahres, in dem die Unterbrechung endet, beginnt eine neue Verjährung.

(5) Die Verjährung wird nur in Höhe des Betrages unterbrochen, auf den sich die Unterbrechungshandlung bezieht.

(6) Wird eine Kostenentscheidung angefochten, so erlöschen Ansprüche aus ihr nicht vor Ablauf von sechs Monaten, nachdem die Kostenentscheidung unanfechtbar geworden ist oder das Verfahren sich auf andere Weise erledigt hat.

§ 6 [Rückerstattung]

(1) Überzahlte oder zu Unrecht erhobene Kosten sind unverzüglich zu erstatten, zu Unrecht erhobene Kosten jedoch nur, soweit eine Kostenentscheidung noch nicht unanfechtbar geworden ist; nach diesem Zeitpunkt können zu Unrecht erhobene Kosten nur aus Billigkeitsgründen erstattet werden.

(2) Der Anspruch auf Rückerstattung erlischt durch Verjährung, wenn er nicht bis zum Ablauf des vierten Kalenderjahres geltend gemacht wird, das auf die Entstehung des Anspruchs folgt; die Verjährung beginnt jedoch nicht vor der Unanfechtbarkeit der Kostenentscheidung.

§ 7 [Rechtsnatur der Kostenentscheidungen]

(1) Kostenentscheidungen der Kartellbehörden und Anforderungen von Vorschüssen oder Sicherheitsleistungen nach § 16 des Verwaltungskostengesetzes in der bis zum 14. August 2013 geltenden Fassung sind Verfügungen im Sinne des § 62 Abs. 1 des Gesetzes.

(2) Wird die Kostenentscheidung angefochten, so kann die Kostenforderung auf Antrag des Kostenschuldners gestundet werden, bis die Kostenentscheidung unanfechtbar geworden ist.

Zweiter Abschnitt. Erstattung von Kosten durch Beteiligte

§ 8 [Kostenerstattung durch andere Beteiligte]

(1) [1]Die Kartellbehörde kann anordnen, daß die einem Beteiligten entstandenen Kosten, soweit sie zur zweckentsprechenden Erledigung der Angelegenheit notwendig waren, von einem anderen Beteiligten ganz oder teilweise zu erstatten sind, wenn dies der Billigkeit entspricht. [2]Hat ein Beteiligter Kosten durch grobes Verschulden veranlaßt, so sind ihm die Kosten aufzuerlegen. 3Soweit eine Verfügung in der Sache ergeht, soll die Anordnung mit dieser verbunden werden.

(2) [1]Nachdem die Anordnung nach Absatz 1 unanfechtbar geworden ist, setzt die Kartellbehörde die zu erstattenden Kosten auf Antrag fest. [2]Dem Antrag sind eine Berechnung der dem Antragsteller entstandenen Kosten, eine zur Mitteilung an den anderen Beteiligten bestimmte Abschrift und die zur Rechtfertigung der einzelnen Ansätze dienenden Belege beizufügen. [3]§ 104 Abs. 2 der Zivilprozeßordnung findet entsprechende Anwendung.

(3) Anordnungen der Kartellbehörde nach Absatz 1 sowie die Festsetzung der Kosten nach Absatz 2 sind Verfügungen im Sinne des § 62 Abs. 1 des Gesetzes.

§ 9 [Zwangsvollstreckung]

[1]Aus der Festsetzung der Kosten nach § 8 Abs. 2 findet die Zwangsvollstreckung nach den Vorschriften der Zivilprozeßordnung über die Vollstreckung von Urteilen in bürgerlichen Rechtsstreitigkeiten statt, nachdem die Festsetzung unanfechtbar geworden ist. [2]Die vollstreckbare Ausfertigung wird von dem Urkundsbeamten der Geschäftsstelle des Amtsgerichts erteilt, in dessen Bezirk die Kartellbehörde ihren Sitz hat. [3]In den Fällen der §§ 731, 767 bis 770, 785, 786 und 791 der Zivilprozeßordnung tritt dieses Amtsgericht oder, wenn der Streitgegenstand die Zuständigkeit des Amtsgerichts übersteigt, das Landgericht, in dessen Bezirk die Kartellbehörde ihren Sitz hat, an die Stelle des Prozeßgerichts.

Dritter Abschnitt. Schlußbestimmungen

§ 10 [Berlinklausel]

[gegenstandslos]

§ 11 [Inkrafttreten – Anwendungsbereich – Außerkrafttreten früherer Vorschriften]

(1) Diese Verordnung tritt am Tage nach ihrer Verkündung in Kraft.

(2) Sie findet auch Anwendung auf Verfahren vor der Kartellbehörde, die bei Inkrafttreten der Verordnung bereits abgeschlossen waren und in denen Gebühren noch nicht erhoben worden sind.

(3) Mit dem gleichen Zeitpunkt treten folgende Rechtsvorschriften außer Kraft:

1. die Verordnung über die Gebühren der Kartellbehörden und die Erstattung der durch das Verfahren vor den Kartellbehörden entstandenen Kosten vom 23. Januar 1958 (BGBl. I S. 61), zuletzt geändert durch Verordnung vom 1. März 1966 (BGBl. I S. 141);

2. die für das Land Niedersachsen erlassene Verordnung über die Gebühren der Landeskartellbehörde vom 10. April 1967 (Nieders. GVBl. S. 117);
3. die für das Land Baden-Württemberg erlassene Verordnung über die Änderung des Verzeichnisses der Verwaltungsgebühren (Gebührenverzeichnis) vom 9. Dezember 1968 (Ges. Bl. Baden-Württemberg S. 466).

5. MTS-Kraftstoff-Verordnung – Verordnung zur Markttransparenzstelle für Kraftstoffe

Vom 22. März 2013

(BGBl. I S. 595, ber. S. 3245)

Zuletzt geändert durch Art. 27 G zur Durchführung der VO (EU) 2022/2065 vom 6.5.2024 (BGBl. 2024 I Nr. 149)

Auf Grund des § 47k Absatz 8 des Gesetzes gegen Wettbewerbsbeschränkungen, der durch Artikel 1 Nummer 2 des Gesetzes zur Einrichtung einer Markttransparenzstelle für den Großhandel mit Strom und Gas vom 5. Dezember 2012 (BGBl. I S. 2403) eingefügt worden ist, verordnet das Bundesministerium für Wirtschaft und Technologie unter Wahrung der Rechte des Bundestages:

§ 1 Gegenstand der Rechtsverordnung

Diese Rechtsverordnung bestimmt

1. die Vorgaben zur Meldepflicht von Kraftstoffpreisen der Betreiber von öffentlichen Tankstellen und Unternehmen, die ihnen die Verkaufspreise vorgeben, insbesondere nähere Vorgaben zum genauen Zeitpunkt sowie zur Art und Form der Übermittlung der Preisdaten nach § 47k Absatz 2 des Gesetzes gegen Wettbewerbsbeschränkungen,
2. angemessene Bagatellgrenzen für die Meldepflicht nach § 47k Absatz 2 des Gesetzes gegen Wettbewerbsbeschränkungen und nähere Vorgaben für den Fall einer freiwilligen Unterwerfung unter die Meldepflichten unterhalb dieser Schwelle,
3. Anforderungen an die Anbieter von Verbraucher-Informationsdiensten nach § 47k Absatz 5 des Gesetzes gegen Wettbewerbsbeschränkungen,
4. Inhalt, Art, Form und Umfang der Weitergabe der Preisdaten durch die Markttransparenzstelle für Kraftstoffe (Markttransparenzstelle) an die Anbieter von Verbraucher-Informationsdiensten nach § 47k Absatz 5 des Gesetzes gegen Wettbewerbsbeschränkungen und
5. Inhalt, Art, Form und Umfang der Veröffentlichung oder Weitergabe der Preisdaten an Verbraucherinnen und Verbraucher von Kraftstoffen durch die Anbieter von Verbraucher-Informationsdiensten nach § 47k Absatz 5 des Gesetzes gegen Wettbewerbsbeschränkungen.

§ 2 Meldepflichtige

(1) Meldepflichtig nach § 47k Absatz 2 des Gesetzes gegen Wettbewerbsbeschränkungen sind

1. Unternehmen, die Betreibern von öffentlichen Tankstellen die Verkaufspreise vorgeben und damit über die Preissetzungshoheit verfügen, und
2. Betreiber von öffentlichen Tankstellen, die Letztverbrauchern Kraftstoffe zu selbst festgesetzten Preisen anbieten; um selbst festgesetzte Preise handelt es sich auch dann, wenn dem Betreiber die Verkaufspreise unverbindlich vorgegeben werden.

(2) Die Meldepflicht erlischt nicht dadurch, dass sich ein Meldepflichtiger

1. einer anderen Person bedient, um eine Preisänderung an der Tankstelle einzupflegen, oder

2. eines Preismelders nach § 4 Absatz 3 bedient, um eine Preisänderung an die Markttransparenzstelle nach § 47k Absatz 1 des Gesetzes gegen Wettbewerbsbeschränkungen zu übermitteln.

(3) [1]Jeder Meldepflichtige hat bei der Markttransparenzstelle Folgendes anzugeben:
1. seinen Namen, eine zustellungsfähige Anschrift im Inland, eine Kontaktperson, Telefonnummer,
2. und falls vorhanden, seine Firma, den Namen einer vertretungsberechtigten Person, Telefaxnummer und E-Mail-Adresse.

[2]Außerdem hat der Meldepflichtige glaubhaft zu machen, dass es sich bei ihm um einen Meldepflichtigen nach Absatz 1 handelt. [3]Änderungen der Daten nach Satz 1 sind der Markttransparenzstelle unverzüglich zu übermitteln.

§ 3 Befreiung von der Meldepflicht

(1) Die Markttransparenzstelle stellt einen Meldepflichtigen auf Antrag von den Pflichten zur Übermittlung der Angaben nach § 4 Absatz 1 und 2 frei, wenn
1. die betreffende Tankstelle in dem der Antragstellung vorangegangenen Kalenderjahr einen Gesamtdurchsatz von Otto- und Dieselkraftstoffen von 750 Kubikmetern oder weniger hatte oder
2. für ihn die Einhaltung dieser Pflichten eine unzumutbare Härte bedeuten würde; das Vorliegen einer unzumutbaren Härte ist der Markttransparenzstelle gegenüber glaubhaft zu machen.

(2) [1]Die Markttransparenzstelle hebt die Befreiung auf, wenn der Gesamtdurchsatz von Otto- und Dieselkraftstoffen in einem der Folgejahre mehr als 750 Kubikmeter beträgt oder keine unzumutbare Härte mehr vorliegt. [2]Alle hierfür relevanten Tatsachen sind der Markttransparenzstelle unverzüglich zu übermitteln.

§ 4 Übermittlung der Grund- und Preisdaten

(1) [1]Der Meldepflichtige hat der Markttransparenzstelle folgende Daten (Grunddaten) zu den Tankstellen, bei denen er über die Preissetzungshoheit verfügt, zu übermitteln:
1. Name,
2. Standort anhand der Geodaten in Form der Koordinaten und, falls vorhanden, der Adresse,
3. Öffnungszeiten,
4. und falls vorhanden, Unternehmenskennzeichen der Tankstelle im Sinne von § 5 Absatz 2 Satz 1 des Markengesetzes.

[2]Änderungen der Grunddaten sind der Markttransparenzstelle in der Woche vor ihrer Geltung zu übermitteln.

(2) [1]Der Meldepflichtige hat der Markttransparenzstelle für jede der Tankstellen, bei denen er über die Preissetzungshoheit verfügt, bei jeder Änderung eines der Kraftstoffpreise für die Kraftstoffsorten Super E5, Super E10 und Diesel den jeweils neuen Verkaufspreis der betreffenden Kraftstoffsorte zu übermitteln (Preisdaten). [2]Die Preisänderungen sind der Markttransparenzstelle unter Angabe ihres Änderungszeitpunktes innerhalb von fünf Minuten nach der Änderung zu übermitteln. [3]Der Änderungszeitpunkt ist der Zeitpunkt, zu dem die Änderung an der Zapfsäule wirksam wird.

(3) [1]Die Verpflichtungen nach den Absätzen 1 und 2 können durch einen Erfüllungsgehilfen des Meldepflichtigen (Preismelder) erfüllt werden, wenn der Meldepflichtige

1. der Markttransparenzstelle Name und Anschrift des Preismelders übermittelt sowie eine Kontaktperson unter Angabe von deren Telefonnummer und, falls vorhanden, Telefaxnummer und E-Mail-Adresse benennt,
2. alle Angaben nach den Absätzen 1 und 2 ausschließlich über den Preismelder an die Markttransparenzstelle übermittelt und
3. den Preismelder ermächtigt hat, alle Rückmeldungen der Markttransparenzstelle zu Übermittlungen nach den Absätzen 1 und 2 entgegenzunehmen.

[2]Änderungen der Angaben nach Satz 1 Nummer 1 sind der Markttransparenzstelle unverzüglich zu übermitteln.

(4) [1]Die Daten nach den Absätzen 1 und 2 sind elektronisch über die Standardschnittstelle der Markttransparenzstelle nach § 8 Absatz 2 zu übermitteln. [2]Änderungsmeldungen nach den Absätzen 1 und 2 sind auf die jeweils geänderten Daten zu beschränken. [3]Die Markttransparenzstelle stellt umgehend eine elektronische Rückmeldung zu den eingegangenen Daten zur Verfügung.

§ 5 Datenweitergabe an Anbieter von Verbraucher-Informationsdiensten

(1) Die Markttransparenzstelle stellt den nach § 6 Satz 1 zugelassenen Anbietern von Verbraucher-Informationsdiensten die jeweils aktuellen Grunddaten der Tankstellen sowie die Preisdaten zu dem in § 7 näher bestimmten Zweck zur Verfügung.

(2) Die Markttransparenzstelle stellt den zugelassenen Anbietern von Verbraucher-Informationsdiensten die Daten in regelmäßigen Intervallen von höchstens einer Minute über eine Standardschnittstelle nach § 8 Absatz 2 zum elektronischen Abruf zur Verfügung.

(3) Sofern ein zugelassener Anbieter von Verbraucher-Informationsdiensten gegen die Vorgaben in § 6 Satz 1 Nummer 1 und 2 oder in § 7 Absatz 1 Nummer 1 bis 6 oder in § 7 Absatz 2 verstößt, kann die Markttransparenzstelle von einer Weitergabe der Daten nach Absatz 1 absehen.

§ 6 Zulassung von Anbietern von Verbraucher-Informationsdiensten

[1]Die Markttransparenzstelle erteilt auf Antrag die Zulassung eines Anbieters von Verbraucher-Informationsdiensten, wenn der Antragsteller glaubhaft macht, dass

1. die nach § 5 Absatz 1 von der Markttransparenzstelle zur Verfügung gestellten Daten verwendet werden, um die Verbraucherinnen und Verbraucher von Kraftstoffen über die bundesweit aktuellen Kraftstoffpreise zu informieren, und
2. die Verbraucherinformation über die bundesweit aktuellen Kraftstoffpreise
   a) auf Dauer angelegt ist,
   b) mittels eines bundesweit verfügbaren Informationsdienstes veröffentlicht wird und
   c) nicht auf einen bestimmten Nutzerkreis beschränkt ist.

[2]Der Antrag hat zudem folgende Angaben zu enthalten:

1. den Namen und die Anschrift des Antragstellers, falls vorhanden, dessen Telefaxnummer und E-Mail-Adresse,
2. die Bezeichnung des Verbraucher-Informationsdienstes,
3. den Namen einer Kontaktperson unter Angabe von deren Telefonnummer,
4. und falls vorhanden, den Namen des gesetzlichen Vertreters oder des Verantwortlichen nach § 5 des Digitale-Dienste-Gesetzes oder des § 18 Absatz 2 des Medienstaatsvertrags sowie dessen Adresse und Telefonnummer sowie, falls vorhanden, dessen Telefaxnummer und E-Mail-Adresse.

[3]Änderungen der Angaben nach den Sätzen 1 und 2 sind der Markttransparenzstelle unverzüglich zu übermitteln.

§ 7 Information der Verbraucherinnen und Verbraucher von Kraftstoffen

(1) Die zugelassenen Anbieter von Verbraucher-Informationsdiensten veröffentlichen die nach § 5 Absatz 1 von der Markttransparenzstelle zur Verfügung gestellten Grunddaten und Preisdaten mittels eines bundesweit verfügbaren Informationsdienstes nach folgenden Maßgaben:
1. die Voraussetzungen des § 6 Satz 1 Nummer 1 und 2 sind zu erfüllen;
2. die Preisdaten sind unter Zuordnung zur jeweiligen Tankstelle, verbunden mit den zur Tankstelle gehörenden Grunddaten, zu veröffentlichen;
3. die Daten sind unverändert zu veröffentlichen; insbesondere dürfen die Daten einzelner Tankstellen oder Mineralölunternehmen nicht geändert, nicht gelöscht oder in sonstiger Weise manipuliert werden;
4. sofern sie die Daten um zusätzliche Informationen ergänzen, sind die Daten, die von der Markttransparenzstelle zur Verfügung gestellt wurden, durch eindeutige Quellenangaben kenntlich zu machen;
5. die Veröffentlichung ist stets aktuell zu halten und
6. die Verbraucherinformation, insbesondere die Darstellung, darf nicht irreführend und dadurch geeignet sein, die Entscheidungsfreiheit der Verbraucherinnen und Verbraucher von Kraftstoffen zu beeinträchtigen.

(2) [1]Jeder zugelassene Anbieter von Verbraucher-Informationsdiensten hat eine Beschwerdestelle einzurichten, bei der die Nutzer des Verbraucher-Informationsdienstes unzutreffende Informationen hinsichtlich der von der Markttransparenzstelle nach § 5 Absatz 1 zur Verfügung gestellten Daten melden können. [2]Deren Kontaktdaten, wie Kontaktperson, Anschrift, Telefonnummer und E-Mail-Adresse, sind den Verbraucherinnen und Verbrauchern von Kraftstoffen im Zusammenhang mit der Veröffentlichung nach Absatz 1 mitzuteilen. [3]Die Nutzermeldungen nach Satz 1 sind wöchentlich an die Markttransparenzstelle zu übermitteln. [4]Für die Übermittlung der Nutzermeldungen über unzutreffende Informationen gilt § 4 Absatz 4 Satz 1 und 3 entsprechend.

§ 8 Vorgaben zur technischen Ausgestaltung

(1) [1]Die Markttransparenzstelle kann die technische Ausgestaltung der elektronischen Datenübermittlung nach § 4 Absatz 4 Satz 1 und des elektronischen Datenabrufs nach § 5 Absatz 2 näher bestimmen. [2]Sie kann insbesondere die elektronischen Meldekanäle sowie die elektronischen Abrufkanäle beschränken, Lösungen zur Lastbegrenzung vorsehen und bestimmte Datenformate vorgeben. [3]Die näheren Bestimmungen nach den Sätzen 1 und 2 gibt sie auf einer zu diesem Zweck von ihr einzurichtenden Internetseite bekannt.

(2) Für die elektronische Übermittlung sowie den elektronischen Abruf der Daten stellt die Markttransparenzstelle jeweils eine von ihr definierte Standardschnittstelle zur Verfügung, die im Fall der Datenübermittlung eine automatisierte Verarbeitung der eingegangenen Daten ermöglicht.

§ 9 Inkrafttreten

(1) [1]§ 4 Absatz 2 tritt zwei Wochen nach dem Tag in Kraft, an dem die Grunddaten von mindestens 13 000 Tankstellen auf der Grundlage von § 4 Absatz 1 Satz 1 bei der Markttransparenzstelle erfasst und mindestens drei Anbieter von Verbraucher-Informationsdiensten nach § 6 Satz 1 für die Datenweitergabe zugelassen sind. [2]Das Bundesministerium für Wirtschaft und Technologie gibt den Tag des Inkrafttretens im Bundesgesetzblatt bekannt.

(2) [1]Die §§ 5 und 7 treten drei Monate nach dem Tag in Kraft, an dem § 4 Absatz 2 gemäß Absatz 1 Satz 1 in Kraft getreten ist. [2]Das Bundesministerium für Wirtschaft und Technologie gibt den Tag des Inkrafttretens im Bundesgesetzblatt bekannt.

(3) Im Übrigen tritt diese Verordnung am Tag nach der Verkündung in Kraft.

C. Bekanntmachungen zum GWB

1. Bagatellbekanntmachung des Bundeskartellamts

Bekanntmachung Nr. 18/2007 des Bundeskartellamtes über die Nichtverfolgung von Kooperationsabreden mit geringer wettbewerbsbeschränkender Bedeutung[1]

vom 13. März 2007

A. Vorbemerkung

1 Das Bundeskartellamt kann Unternehmen oder Vereinigungen von Unternehmen verpflichten, Vereinbarungen, Beschlüsse und aufeinander abgestimmte Verhaltensweisen, die eine Verhinderung, Einschränkung oder Verfälschung des Wettbewerbs bezwecken oder bewirken, abzustellen. Die Verfahrenseinleitung wegen des Verdachts einer solchen Zuwiderhandlung steht im Ermessen des Bundeskartellamts. Die Bagatellbekanntmachung legt die Ermessensgrundsätze fest, nach denen (wegen Geringfügigkeit) von einer Verfahrenseinleitung regelmäßig abgesehen wird.

2 Die Grundsätze schließen nicht aus, dass gleichwohl eine Zuwiderhandlung gegen § 1 des Gesetzes gegen Wettbewerbsbeschränkungen (GWB) oder Artikel 81 des EG-Vertrages (EG) gegeben ist. Insbesondere erfolgt mit der Bekanntmachung keine Aussage über die zivilrechtlichen Folgen der erfassten Vereinbarungen.

3 Nach § 2 GWB bzw. Artikel 81 Abs. 3 EG freigestellte Vereinbarungen werden von dieser Bekanntmachung nicht berührt.

B. Definitionen

4 Die Begriffe des „Unternehmens", „beteiligten Unternehmens", des „Händlers", des „Lieferanten" und des „Abnehmers" im Sinne dieser Bekanntmachung schließen die mit diesen jeweils verbundenen Unternehmen (§ 36 Abs. 2 GWB) ein.

5 Horizontale Vereinbarungen im Sinne dieser Bekanntmachung sind Vereinbarungen zwischen Unternehmen, die tatsächliche oder potenzielle Wettbewerber auf zumindest einem der betroffenen Märkte sind (Vereinbarungen zwischen Wettbewerbern). Anderenfalls liegen nicht-horizontale Vereinbarungen vor.

C. Ermessensausübung durch das Bundeskartellamt

6 Bei Vereinbarungen zwischen Unternehmen, Beschlüssen von Unternehmensvereinigungen und aufeinander abgestimmten Verhaltensweisen, die in den Anwendungsbereich dieser Bekanntmachung fallen, geht das Bundeskartellamt davon aus, dass regelmäßig nur geringfügige Auswirkungen auf den Wettbewerb vorliegen, die ein behördliches Einschreiten nicht erfordern.

---

[1] Diese Bekanntmachung tritt an die Stelle der Bekanntmachung des Bundeskartellamts Nr. 57/80 vom 8. Juli 1980 über die Nichtverfolgung von Kopperationsabreden mit geringer wettbewerbsbeschränkender Bedeutung, die im BAnz. Nr. 133 vom 23. Juli 1980 veröffentlicht wurde.

Das Bundeskartellamt wird daher regelmäßig von der Einleitung eines Verfahrens auf der Grundlage von § 1 GWB, Artikel 81 EG absehen, wenn 7

a) der von den an einer horizontalen Vereinbarung beteiligten Unternehmen insgesamt gehaltene Marktanteil auf keinem der betroffenen Märkte 10 % überschreitet oder 8

b) der von jedem an einer nicht-horizontalen Vereinbarung beteiligten Unternehmen gehaltene Marktanteil auf keinem der betroffenen Märkte 15 % überschreitet. 9

Ist zweifelhaft, ob eine horizontale oder nicht-horizontale Vereinbarung getroffen wurde, so gilt die 10 %-Schwelle. 10

Besteht der Verdacht, dass auf einem betroffenen Markt der Wettbewerb durch einen kumulativen Marktabschottungseffekt von Vereinbarungen beschränkt wird, beträgt die Marktanteilsschwelle nach Rn. 8 bis 10 jeweils 5 %. Ein kumulativer Abschottungseffekt liegt regelmäßig dann vor, wenn 30 % oder mehr des betroffenen Marktes von nebeneinander bestehenden Netzen von Vereinbarungen verschiedener Lieferanten oder Händler für den Verkauf von Waren oder das Angebot von Dienstleistungen, die ähnliche Wirkungen auf dem Markt haben, abgedeckt werden. 11

In Einzelfällen kann das Bundeskartellamt trotz Unterschreitens der in Rn. 8 bis 11 genannten Schwellen zu der Überzeugung gelangen, dass ausnahmsweise kartellrechtliche Maßnahmen geboten sind. Dies kommt zB in Betracht, wenn durch die Wettbewerbsbeschränkung zu erwarten ist, dass sich für Lieferanten oder Abnehmer die Austauschbedingungen auf dem Markt insgesamt (Preise, Konditionen usw.) verschlechtern werden. Das Bundeskartellamt wird in einem solchen Fall jedoch regelmäßig von der Einleitung eines Kartellordnungswidrigkeitenverfahrens absehen und den Unternehmen eine angemessene Übergangsfrist einräumen, um das beanstandete Verhalten abzustellen. 12

D. Kernbeschränkungen

Diese Bekanntmachung gilt nicht für horizontale oder nicht-horizontale Vereinbarungen, die unmittelbar oder mittelbar, für sich allein oder in Verbindung mit anderen Umständen unter der Kontrolle der Vertragsparteien Folgendes bezwecken oder bewirken: 13

a) im Hinblick auf Dritte die Festsetzung von Preisen oder Preisbestand teilen beim Einkauf[2] oder Verkauf von Erzeugnissen bzw. beim Bezug oder bei der Erbringung von Dienstleistungen; 14

b) die Beschränkung von Produktion, Bezug oder Absatz von Waren oder Dienstleistungen, insbesondere durch die Aufteilung von Versorgungsquellen, Märkten oder Abnehmern. 15

Bonn, den 13. März 2007

Dr. Böge
Präsident des Bundeskartellamts

---

[2] Die Europäische Kommission geht bei Einkaufskooperationen die einen gemeinsamen Marktanteil von weniger als 15 % auf den betroffenen Einkaufs- bzw. Verkaufsmärkten halten, davon aus, dass eine Verletzung von Artikel 81 Abs. 1 EG unwahrscheinlich bzw. jedenfalls eine Freistellung nach § 81 Abs. 3 EG wahrscheinlich ist. Das Bundeskartellamt ist an diese Einschätzung der Europäischen Kommission nicht gebunden. Es geht jedoch auch davon aus, dass bei Unterschreiten der genannten Schwellen eine Freistellung nach Artikel 81 Abs. 3 EG bzw. § 2 GWB wahrscheinlich ist. Vgl. auch das Merkblatt des Bundeskartellamtes über Kooperationsmöglichkeiten für kleinere und mittlere Unternehmen, Randnummer 38.

2. Leitlinien für die Bußgeldzumessung in Kartellordnungswidrigkeitenverfahren

Leitlinien des Bundeskartellamts[1]

vom 11. Oktober 2021

I. Grundsätze

(1) In Ausübung seines Ermessens legt das Bundeskartellamt gemäß § 81d Absatz 4 des Gesetzes gegen Wettbewerbsbeschränkungen (GWB) mit diesen Leitlinien fest, wie es bei der Bemessung des ahndenden Teils der Geldbuße für sog. schwere Kartellordnungswidrigkeiten (Ordnungswidrigkeiten nach § 81 Absatz 1, Absatz 2 Nr. 1, 2 Buchst. a) und Absatz 3 GWB) – mit Ausnahme der Verstöße im Bereich Fusionskontrolle – gegenüber Unternehmen und Unternehmensvereinigungen vorgeht. Soweit in den Abschnitten I. und II. auf Unternehmen Bezug genommen wird, gelten diese Regelungen auch für Unternehmensvereinigungen. Nicht erfasst von diesen Leitlinien ist die Anwendung von § 81c Absatz 4 GWB sowie § 81b GWB. Die Leitlinien für die Bußgeldzumessung in Kartellordnungswidrigkeitenverfahren – Bußgeldleitlinien – vom 25. Juni 2013 werden durch diese Leitlinien ersetzt.

(2) Mit der am 19. Januar 2021 in Kraft getretenen 10. GWB-Novelle hat der Gesetzgeber die Richtlinie (EU) 2019/1 des Europäischen Parlaments und des Rates vom 11. Dezember 2018 („ECN-plus-Richtlinie") im Bereich der Bußgeldzumessung umgesetzt und einen nicht abschließenden Katalog von möglichen Zumessungskriterien in § 81d GWB festgelegt. In Einklang mit der Vorgehensweise der Europäischen Kommission wurde hierbei die Größenordnung des tatbezogenen Umsatzes als ein wichtiges Zumessungskriterium gesetzlich verankert.

(3) Das Bundeskartellamt verwendet den tatbezogenen Umsatz zusammen mit dem Gesamtumsatz des Unternehmens zur Bestimmung eines Ausgangswerts innerhalb des gesetzlichen Bußgeldrahmens.

(4) Die konkrete Zumessung erfolgt auf Basis des Ausgangswerts unter Berücksichtigung aller erschwerenden oder mildernden Umstände im Rahmen einer umfassenden Gesamtabwägung. Dies kann zu einer deutlichen Abweichung vom Ausgangswert nach oben oder unten führen.

(5) Die aufgrund dieser Leitlinien festgesetzten Geldbußen dienen allein der Ahndung der Zuwiderhandlung. Neben der Ahndung behält sich das Bundeskartellamt vor, außerhalb dieser Leitlinien durch abschöpfende Geldbußen oder in einem gesonderten Verfahren (§§ 32, 34 GWB) durch das kartellrechtswidrige Verhalten erlangte wirtschaftliche Vorteile zu entziehen.

II. Zumessung der Geldbuße

1. Bestimmung des gesetzlichen Bußgeldrahmens. (6) Die Untergrenze des gesetzlichen Bußgeldrahmens beträgt 5 Euro (§ 17 Absatz 1 des Gesetzes über Ordnungswidrigkeiten „OWiG"). Die Obergrenze des gesetzlichen Bußgeldrahmens beträgt nach § 81c Absatz 2 Satz 2 GWB bei vorsätzlicher Zuwiderhandlung 10 Prozent des im Geschäftsjahr vor der Behördenentscheidung erzielten Gesamtumsatzes des Unternehmens; sofern dieser Wert 1 Million Euro nicht übersteigt, ist eine Obergrenze von 1 Million Euro maßgeblich (§ 81c Absatz 2 Satz 1 GWB). Bei

[1] Quelle: Bundeskartellamt, https://www.bundeskartellamt.de/SharedDocs/Publikation/DE/Leitlinien/Bu%C3%_.html?nn=3591418 (Datum des Zugriffs: 4. Januar 2024).

fahrlässiger Zuwiderhandlung beträgt die Obergrenze des gesetzlichen Bußgeldrahmens die Hälfte (§ 17 Absatz 2 OWiG).

(7) Die Höhe des Gesamtumsatzes zur Bestimmung der gesetzlichen Obergrenze kann geschätzt werden (§ 81c Absatz 5 Satz 2 GWB). Die Schätzung nimmt das Bundeskartellamt insbesondere auf Basis konsolidierter Jahresabschlüsse oder – soweit solche noch nicht vorliegen – auf Basis vorläufiger Jahresabschlüsse vor.

2. Bestimmung des Ausgangswerts. (8) Der Ausgangswert wird anhand der sog. Umsatzgröße bestimmt. Die Umsatzgröße wird aus dem tatbezogenen Umsatz in Abhängigkeit von der Größe des Unternehmens (Gesamtumsatz) abgeleitet:

Gesamtumsatz d. Unternehmens i.S.d. § 81c Absatz 2 Satz 2 GWB	≤ 100 Mio. Euro	100 Mio. Euro bis 1 Mrd. Euro	1 Mrd. Euro bis 10 Mrd. Euro	10 Mrd. Euro bis 100 Mrd. Euro	> 100 Mrd. Euro
Umsatzgröße in Prozent des tatbezogenen Umsatzes	10 Prozent – 15 Prozent	15 Prozent – 20 Prozent	20 Prozent – 25 Prozent	25 Prozent – 30 Prozent	> 30 Prozent

Bei fahrlässig begangenen Taten wird im Hinblick auf den halbierten gesetzlichen Bußgeldrahmen die Hälfte der relevanten Umsatzgröße angesetzt.

(9) Soweit die Umsatzgröße bis zur Hälfte des gesetzlichen Rahmens reicht, wird sie der Bußgeldbemessung als Ausgangswert zugrunde gelegt. Falls die Umsatzgröße die Hälfte des gesetzlichen Rahmens übersteigt, beträgt der Ausgangswert die Hälfte des gesetzlichen Rahmens. Das Ausmaß, in dem die Umsatzgröße die Hälfte des gesetzlichen Rahmens übersteigt, wird im Rahmen der Gesamtabwägung nach Ziff. 14 wertend berücksichtigt.

(10) Als tatbezogener Umsatz wird in der Regel der mit den Produkten bzw. Dienstleistungen, die mit der Zuwiderhandlung in Zusammenhang stehen, erzielte Umsatz des jeweiligen Unternehmens zugrunde gelegt, soweit dieser die Auswirkungen im Inland widerspiegelt. Er kann nach allgemeinen Regeln geschätzt werden.

(11) In Fällen einer Zuwiderhandlung mit einer Dauer von weniger als 12 Monaten wird unabhängig von der konkreten Dauer der Zuwiderhandlung grundsätzlich ein Zeitraum von 12 Monaten für die Bestimmung des tatbezogenen Umsatzes zugrunde gelegt. Maßgebend sind dabei in der Regel die letzten 12 Monate vor Beendigung der Zuwiderhandlung.

(12) Bei einem Marktaufteilungskartell, das über den Geltungsbereich des GWB hinausgeht, können die inländischen Auswirkungen und damit der tatbezogene Umsatz in der Weise ermittelt werden, dass der Gesamtwert des Umsatzes mit den Waren oder Dienstleistungen, die mit dem Verstoß in Zusammenhang stehen, im gesamten – über den Geltungsbereich des GWB hinausgehenden – relevanten räumlichen Markt geschätzt, der Anteil der einzelnen beteiligten Unternehmen am Umsatz auf diesem Markt ermittelt und dieser Anteil auf den aggregierten Umsatz derselben Unternehmen im Inland angewandt wird.

(13) In Fällen, in denen aufgrund eines planwidrigen Tatverlaufs kein tatbezogener Umsatz erzielt wurde, werden die Umsatzerlöse zugrunde gelegt, die ohne den planwidrigen Tatverlauf vermutlich erzielt worden wären. In Fällen, in denen Unternehmen absprachebedingt keinen tatbezogenen Umsatz im Sinne von Ziff. 10 und 12 erzielt haben, erfolgt die weitere Bußgeldzumessung für diese Unternehmen unter Berücksichtigung der in Ziff. 14 genannten Kriterien abweichend von Ziff. 9 ohne Bestimmung eines Ausgangswertes.

3. Gesamtabwägung. (14) Die konkrete Einordnung der Tat in den gesetzlichen Bußgeldrahmen erfolgt im Wege einer umfassenden Gesamtabwägung. Wurde ein Ausgangswert bestimmt, wird die Gesamtabwägung anhand des Ausgangswertes unter Berücksichtigung aller relevanten Zumessungskriterien vorgenommen, soweit diese nicht bereits durch den Ausgangswert erfasst worden sind. Als Zumessungskriterien kommen unter Anknüpfung an § 81d GWB insbesondere in Betracht:

- Tatbezogene Kriterien: die Art und Dauer der Zuwiderhandlung, die Größenordnung des insgesamt von den tatbeteiligten Unternehmen erzielten tatbezogenen Umsatzes, das Ausmaß der Zuwiderhandlung in qualitativer Hinsicht (z.B. Umfang der von der Zuwiderhandlung betroffenen räumlichen Märkte, Bedeutung der an der Zuwiderhandlung beteiligten Unternehmen auf den betroffenen Märkten insgesamt, die Bedeutung der von der Zuwiderhandlung betroffenen Produkte und Dienstleistungen) sowie die Art der Ausführung der Zuwiderhandlung (z.B. der Organisationsgrad unter den Beteiligten). Bei schwerwiegenden horizontalen Wettbewerbsbeschränkungen wie Preis-, Quoten-, Gebiets- und Kundenabsprachen wird in der Regel eine Geldbuße oberhalb des Ausgangswerts festgesetzt.
- Täterbezogene Kriterien: die Rolle des Unternehmens im Kreis der Beteiligten bei der Ausführung der Zuwiderhandlung, die Stellung des Unternehmens auf dem betroffenen Markt, das Ausmaß, in dem die Umsatzgröße die Hälfte des gesetzlichen Rahmens übersteigt, Besonderheiten bei der Wertschöpfungstiefe, der Grad des Vorsatzes oder der Fahrlässigkeit, vorausgegangene Zuwiderhandlungen, vor der Zuwiderhandlung getroffene, angemessene und wirksame Vorkehrungen zur Vermeidung und Aufdeckung von Zuwiderhandlungen sowie positives Nachtatverhalten des Unternehmens (insbesondere das Bemühen des Unternehmens, die erfolgte Zuwiderhandlung aufzudecken, die Zuwiderhandlung und den Schaden wiedergutzumachen sowie nach der Zuwiderhandlung getroffene Vorkehrungen zur effektiven Vermeidung und Aufdeckung von entsprechenden Zuwiderhandlungen in der Zukunft). Den wirtschaftlichen Verhältnissen – jenseits existenzgefährdender mangelnder wirtschaftlicher Leistungsfähigkeit – wird durch die genannten Zumessungsfaktoren Rechnung getragen (insbesondere Umsatzdaten und Stellung des Unternehmens im Markt).

(15) In der Regel ist eine Geldbuße bis maximal zum Doppelten des Ausgangswerts für eine adäquate Pflichtenmahnung angemessen. Aus Gründen der hinreichenden Pflichtenmahnung kann das Doppelte des Ausgangswertes auch überschritten werden, insbesondere wenn die Geldbuße andernfalls äußerst niedrig im Verhältnis zum gesetzlichen Rahmen ausfiele. Die vollständige oder nahezu vollständige Ausschöpfung des gesetzlichen Rahmens bleibt sehr schwerwiegenden Zuwiderhandlungen vorbehalten.

(16) Im Anschluss an die Bußgeldzumessung nach den Ziff. 1 bis 15 können bußgeldmindernde Abschläge aufgrund einer Kooperation als Kronzeuge gewährt werden.

(17) Bei nachweislich existenzgefährdender mangelnder wirtschaftlicher Leistungsfähigkeit des Unternehmens kann die nach Ziff. 1 bis 16 bestimmte Geldbuße ausnahmsweise abgesenkt werden, wenn Ratenzahlung, Stundung oder andere Zahlungserleichterungen nicht ausreichen und die tatangemessene Geldbuße kausal für die Existenzgefährdung wäre.

(18) Abschließend kann ein bußgeldmindernder Abschlag im Rahmen einer einvernehmlichen Verfahrensbeendigung (Settlement) gewährt werden.

Bonn, 11.10.2021

Mundt
Präsident des Bundeskartellamtes

Erläuterungen zu den Leitlinien für die Bußgeldzumessung in Kartellordnungswidrigkeitenverfahren

Stand: 11.10.2021

I. Grundsätze

Anm. 1: Der Bundesgerichtshof hat in seinem Beschluss vom 26. Februar 2013 („Grauzement", KRB 20/12, WuW/E DE-R 3861) entschieden, dass die mit der 7. GWB-Novelle (in der Fassung vom 7. Juli 2005, verkündet im Bundesgesetzblatt am 12. Juli 2005, BGBl. I S. 1954), eingeführte Regelung des § 81 Absatz 4 Satz 2 GWB a.F. (nunmehr § 81c Absatz 2 GWB) verfassungsgemäß ist, da sie weder gegen das Rückwirkungsverbot noch gegen das Bestimmtheitsgebot verstößt. In dem Beschluss legt der Bundesgerichtshof die Vorschrift als Obergrenze eines Bußgeldrahmens aus. Es handelt sich danach nicht um eine Kappungsgrenze, wie sie das europäische Kartellrecht kennt (Art. 23 Absatz 2 Satz 2 VO [EG]) Nr. 1/2003). Eine Quantifizierung der konkreten Auswirkungen der Tat auf den Markt ist unter der Geltung der umsatzbezogenen Bußgeldobergrenze nicht mehr erforderlich (OLG Düsseldorf, Beschluss vom 22.8.2012, V – 4 Kart 5 + 6/11 OWi u.a., WuW/E DE-R 3662, 3670; Beschlussempfehlung und Bericht des Ausschusses für Wirtschaft und Arbeit, Gesetzentwurf zur 7. GWB-Novelle, Drucksache 15/5049, S. 50).

Anm. 2: Innerhalb dieses gesetzlich vorgegebenen Bußgeldrahmens von 10 Prozent des Gesamtumsatzes erfolgt die individuelle Zumessung zur Einordnung der Tat. Mit der individuellen Zumessung wird die abstrakte Bußgelddrohung des Gesetzes anhand der für die Zumessung geltenden Grundsätze und Kriterien konkretisiert.

Anm. 3: Diese konkretere gesetzliche Verankerung der für die Bußgeldzumessung relevanten Faktoren unter Berücksichtigung des tatbezogenen Umsatzes in § 81d Absatz 1 Satz 2 GWB fördert eine stärkere Einheitlichkeit bei der Vorgehensweise der Bußgeldzumessung im Vergleich mit der Europäischen Kommission und den mitgliedstaatlichen Wettbewerbsbehörden, die für die Durchsetzung der Artikel 101 und 102 des Vertrags über die Arbeitsweise der Europäischen Union (AEUV) parallel zuständig sind. Auf nationaler Ebene schafft sie eine einheitliche Ausgangslage für die Zumessung im behördlichen und gerichtlichen Verfahren zur Durchsetzung der sanktionsbewehrten Kartellrechtsvorschriften.

Anm. 4: Durch die Heranziehung des tatbezogenen Umsatzes als Bezugspunkt für den objektiven Unrechtsgehalt der Zuwiderhandlung soll sichergestellt werden, dass die Geldbuße nach dem Grundsatz der Verhältnismäßigkeit in Bezug zu den tat- und täterbezogenen Umständen angemessen und unter spezial- und generalpräventiven Gesichtspunkten zu rechtfertigen ist. Insbesondere soll gewährleistet werden, dass die Sanktion nicht außer Verhältnis zu den Möglichkeiten steht, durch die konkrete Tat Vorteile im Wettbewerb zu erzielen und für Dritte bzw. die Volkswirtschaft insgesamt Nachteile zu bewirken (Gewinn- und Schadenspotential). Das Bundeskartellamt geht von einem typisierten Gewinn- und Schadenspotential in Höhe von 10 Prozent des während der Dauer des Kartellverstoßes erzielten tatbezogenen Umsatzes aus. Dieses typisierte Gewinn- und Schadenspotential bildet – zusammen mit der Unternehmensgröße – die Grundlage für die Bestimmung des Ausgangswerts der Zumessung, wie im Einzelnen in Ziff. 8 ff. dargelegt.

Anm. 5: Diese Vorgehensweise steht in Einklang mit der Rechtsprechung des Bundesgerichtshofs, nach der sich das Gewinn- und Schadenspotential aus dem tatbezogenen Umsatz ableiten lässt und eine geeignete Orientierungshilfe für die Einordnung der Tat im gesetzlichen Rahmen darstellt (BGH, Beschluss vom 17. Oktober 2013, 3 StR 167/13, juris-Rn. 39). Auch der Bundesfinanzhof hat diese Rechtsprechung des Bundesgerichtshofs bestärkt und ausgeführt: „Die vorrangige Orientierung am tatbezogenen Umsatz wird der Maßgeblichkeit des Unrechtsgehalts der Bezugstat für die Bestimmung des Ahndungsanteils ausdrücklich gerecht; entscheidend ist das dementsprechende Potenzial der Tathandlung." (BFH, Urteil vom 22. Mai 2019, Az. XI R 40/17, juris-Rn. 38). Die Verwendung des tatbezogenen Umsatzes als Bezugspunkt für den objektiven Unrechtsgehalt der konkreten Zuwiderhandlung gewährleistet zudem, dass eine angemessene Sanktionierung der im Inland hervorgerufenen Auswirkungen erfolgen kann (vgl. § 185 Absatz 2 GWB).

Anm. 6: Zu Ziff. 5: *„Die aufgrund dieser Leitlinien festgesetzten Geldbußen dienen allein der Ahndung der Zuwiderhandlung. Neben der Ahndung behält sich das Bundeskartellamt vor, außerhalb dieser Leitlinien durch abschöpfende Geldbußen oder in einem gesonderten Verfahren (§§ 32, 34 GWB) durch das kartellrechtswidrige Verhalten erlangte wirtschaftliche Vorteile zu entziehen."*

Das in § 17 Absatz 4 OWiG vorgesehene Zumessungskriterium der Abschöpfung ist im Kartellordnungswidrigkeitenrecht in Abweichung zum allgemeinen Ordnungswidrigkeitenrecht in das Ermessen der Kartellbehörde gestellt (§ 81d Absatz 3 GWB).

II. Zumessung der Geldbuße

Zu Ziff. 8: *„Der Ausgangswert wird anhand der sog. Umsatzgröße bestimmt. Die Umsatzgröße wird aus dem tatbezogenen Umsatz in Abhängigkeit von der Größe des Unternehmens (Gesamtumsatz) abgeleitet:*

Gesamtumsatz d. Unternehmens i.S.d. § 81c Absatz 2 Satz 2 GWB	*≤ 100 Mio. Euro*	*100 Mio. Euro bis 1 Mrd. Euro*	*1 Mrd. Euro bis 10 Mrd. Euro*	*10 Mrd. Euro bis 100 Mrd. Euro*	*> 100 Mrd. Euro*
Umsatzgröße in Prozent des tatbezogenen Umsatzes	*10 Prozent – 15 Prozent*	*15 Prozent – 20 Prozent*	*20 Prozent – 25 Prozent*	*25 Prozent – 30 Prozent*	*> 30 Prozent*

Bei fahrlässig begangenen Taten wird im Hinblick auf den halbierten gesetzlichen Bußgeldrahmen die Hälfte der relevanten Umsatzgröße angesetzt."

Anm. 1: Der Gesamtumsatz und der tatbezogene Umsatz sind durch Schätzungen im Vergleich zu anderen Bezugsgrößen wie dem früher maßgeblichen Mehrerlös leichter feststellbar, was für die Transparenz und Vorhersehbarkeit der Bußgelddrohung bedeutsam ist (vgl. BGH, „Grauzement", a.a.O., Rn. 72 f., bezogen auf den Gesamtumsatz). § 81d Absatz 1 Satz 2 Nr. 1 GWB lässt bereits die Berücksichtigung des tatbezogenen Umsatzes allein der Größenordnung nach ausreichen, was die Möglichkeit einer überschlägigen Schätzung eröffnet.

Anm. 2: Für die Feststellung des tatbezogenen Umsatzes wendet das Bundeskartellamt § 38 Absatz 1 GWB mit der Maßgabe an, dass Umsatzerlöse aus Lieferungen und Leistungen zwischen verbundenen Unternehmen als tatbezogener Umsatz gelten, wenn sie mit der Zuwiderhandlung in Zusammenhang stehen. Die Sonderregelung für Kredit- und Versicherungsunternehmen (§ 38 Absatz 4 GWB) findet Anwendung.

Anm. 3: Der konkrete Prozentsatz innerhalb des jeweiligen Intervalls wird durch den Gesamtumsatz bestimmt. Es wird insoweit auf den in § 81c Absatz 2 GWB genannten Gesamtumsatz des Unternehmens im Geschäftsjahr vor der Behördenentscheidung Bezug genommen. Den Bezugspunkt bildet die wirtschaftliche Einheit, die aus mehreren juristischen Personen, Personengesellschaften und ggf. natürlichen Personen bestehen kann.

Anm. 4: Eine Geldbuße, die das Gewinn- und Schadenspotential mehrfach übersteigt, kann aus Präventionsgesichtspunkten angemessen sein. Je größer das Unternehmen, desto geringer ist die Ahndungsempfindlichkeit und desto stärker ist das Indiz für einen hohen Ausgangswert als Einstieg in die Zumessung.

Zu Ziff. 9: *„Soweit die Umsatzgröße bis zur Hälfte des gesetzlichen Rahmens reicht, wird sie der Bußgeldbemessung als Ausgangswert zugrunde gelegt. Falls die Umsatzgröße die Hälfte des gesetzlichen Rahmens übersteigt, beträgt der Ausgangswert die Hälfte des gesetzlichen Rahmens. Das Ausmaß, in dem die Umsatzgröße die Hälfte des gesetzlichen Rahmens übersteigt, wird im Rahmen der Gesamtabwägung nach Ziff. 14 wertend berücksichtigt."*

Anm.: Die Begrenzung des Ausgangswerts auf die Hälfte des gesetzlichen Rahmens gewährleistet, dass für die Gesamtabwägung hinreichend Raum verbleibt.

Bsp. 1:

Hat ein Unternehmen im letzten Geschäftsjahr vor der Behördenentscheidung einen Gesamtumsatz in Höhe von 1 Mrd. Euro erzielt, beträgt der gesetzliche Bußgeldrahmen bei einer vorsätzlichen Tat 100 Mio. Euro. Gem. Ziff. 8 sind 20 Prozent des tatbezogenen Umsatzes anzusetzen. Hat dieses Unternehmen einen tatbezogenen Umsatz in Höhe von 40 Mio. Euro generiert, so beträgt die Umsatzgröße 8 Mio. Euro (20 Prozent von 40 Mio. Euro tatbezogenen Umsatzes). 8 Mio. Euro schöpfen die Hälfte des gesetzlichen Rahmens von 100 Mio. Euro nicht aus, so dass 8 Mio. Euro unmittelbar als Ausgangswert der weiteren Bußgeldbemessung zugrunde gelegt werden.

Bsp. 2:

Hat ein Unternehmen im letzten Geschäftsjahr vor der Behördenentscheidung einen Gesamtumsatz in Höhe von 100 Mio. Euro erzielt, beträgt der gesetzliche Bußgeldrahmen bei einer vorsätzlichen Tat 10 Mio. Euro. Gem. Ziff. 8 sind 15 Prozent des tatbezogenen Umsatzes anzusetzen. Hat dieses Unternehmen mit der Tat einen tatbezogenen Umsatz in Höhe von 200 Mio. Euro erzielt, so beträgt die Umsatzgröße 30 Mio. Euro (15 Prozent von 200 Mio. Euro tatbezogenen Umsatzes). 30 Mio. Euro sind 300 Prozent des gesetzlichen Rahmens von 10 Mio. Euro, so dass nach Ziff. 9 der Ausgangswert auf die Hälfte des gesetzlichen Rahmens, mithin auf 5 Mio. Euro, zu begrenzen ist. Das Ausmaß dieser Begrenzung (hier 25 Mio. Euro) wird als täterbezogenes Kriterium im Rahmen der Gesamtabwägung nach Ziff. 14 berücksichtigt.

Zu Ziff. 11: *„In Fällen einer Zuwiderhandlung mit einer Dauer von weniger als 12 Monaten wird unabhängig von der konkreten Dauer der Zuwiderhandlung grundsätzlich ein Zeitraum von 12 Monaten für die Bestimmung des tatbezogenen Umsatzes zugrunde gelegt. Maßgebend sind dabei in der Regel die letzten 12 Monate vor Beendigung der Zuwiderhandlung."*

Anm.: Die Regelung dient dazu, auch in Fällen mit einer Dauer von weniger als 12 Monaten eine hinreichende Präventionswirkung sicherzustellen.

Zu Ziff. 12: *„Bei einem Marktaufteilungskartell, das über den Geltungsbereich des GWB hinausgeht, können die inländischen Auswirkungen und damit der tatbezogene Umsatz in der Weise ermittelt werden, dass der Gesamtwert des Umsatzes mit den Waren oder Dienstleistungen, die mit dem Verstoß in Zusammenhang stehen, im gesamten – über den Geltungsbereich des GWB hinausgehenden – relevanten räumlichen Markt geschätzt, der Anteil der einzelnen beteiligten Unternehmen am Umsatz auf diesem Markt ermittelt und dieser Anteil auf den aggregierten Umsatz derselben Unternehmen im Inland angewandt wird."*

Anm.: Bei einem Marktaufteilungskartell wird u.U. kein eigener tatbezogener Umsatz erzielt, etwa wenn das gesamte Gebiet der Bundesrepublik Deutschland einem der Beteiligten zugewiesen wird.

Ziff. 12 regelt, in welcher Weise bei solchen Marktaufteilungskartellen hypothetische tatbezogene Umsätze ermittelt werden können und stellt zugleich sicher, dass hierbei nur Inlandsumsätze herangezogen werden.

Zu Ziff. 13: *„In Fällen, in denen aufgrund eines planwidrigen Tatverlaufs kein tatbezogener Umsatz erzielt wurde, werden die Umsatzerlöse zugrunde gelegt, die ohne den planwidrigen Tatverlauf vermutlich erzielt worden wären. In Fällen, in denen Unternehmen absprachebedingt keinen tatbezogenen Umsatz im Sinne von Ziff. 10 und 12 erzielt haben, erfolgt die weitere Bußgeldzumessung für diese Unternehmen unter Berücksichtigung der in Ziff. 14 genannten Kriterien abweichend von Ziff. 9 ohne Bestimmung eines Ausgangswertes."*

Anm. 1: Ziff. 13 betrifft Sachverhalte, in denen bei allen oder bestimmten tatbeteiligten Unternehmen keine tatbezogenen Umsätze anfallen (bei Marktaufteilungskartellen nur außerhalb des Anwendungsbereichs der Ziff. 12).

Anm. 2: Die Bußgeldzumessung erfolgt in Fällen, in denen absprachebedingt kein eigener tatbezogener Umsatz angefallen ist, für das betreffenden Unternehmen ohne die Bildung eines Ausgangswerts nach Ziff. 9 allein anhand der in Ziff. 14 genannten Kriterien. Im praktisch besonders relevanten Fall von Schutzangeboten bei Absprachen über das Angebotsverhalten bei Ausschreibungen kommt dabei der jeweiligen Auftragssumme (Umsatzerlöse des geschützten Bieters) als dem auf die gesamte Tat bezogenen Umsatz eine besondere Bedeutung zu.

Bsp. 1:

Kein tatbezogener Umsatz aufgrund eines planwidrigen Tatverlaufs wird etwa bei einer Submissionsabsprache erzielt, bei der ein Dritter außerhalb des Kreises der Absprachteilnehmer den Zuschlag erhalten hat oder bei der die Submission gar nicht durchgeführt wird.

Bsp. 2:

Absprachebedingt kein tatbezogener Umsatz wird etwa erzielt bei Abgabe eines Schutzangebots im Rahmen einer singulären Absprache bezüglich einer Ausschreibung durch einen oder mehrere Bieter.

Zu Ziff. 14: *„Die konkrete Einordnung der Tat in den gesetzlichen Bußgeldrahmen erfolgt im Wege einer umfassenden Gesamtabwägung. Wurde ein Ausgangswert bestimmt, wird die Gesamtabwägung anhand des Ausgangswertes unter Berücksichtigung aller relevanten Zumessungskriterien vorgenommen, soweit diese nicht bereits durch den Ausgangswert erfasst worden sind. Als Zumessungskriterien kommen unter Anknüpfung an § 81d GWB insbesondere in Betracht: […]"*

Anm. 1: Es ist eine Frage des jeweiligen Einzelfalles, ob und mit welchem Gewicht und in welcher Weise sich ein bestimmtes Zumessungskriterium auf die Geldbuße im Einzelfall auswirkt.

Anm. 2: Eine gesondert geregelte Form des Bemühens des Unternehmens, die erfolgte Zuwiderhandlung aufzudecken, ist die abschließend in Ziff. 16 behandelte Stellung eines Kronzeugenantrags.

Anm. 3: Ein berücksichtigungsfähiger Faktor sind Vorkehrungen zur Vermeidung und Aufdeckung von entsprechenden Zuwiderhandlungen (Compliance). Art und Umfang von erforderlichen Vorkehrungen hängen vom jeweiligen Einzelfall ab und dabei insbesondere von Art, Größe und Organisation eines Unternehmens, den zu beachtenden Vorschriften sowie dem Risiko ihrer Verletzung.

Mildernd kann zum einen berücksichtigt werden, dass im Unternehmen bereits zur Tatzeit alle objektiv erforderlichen Vorkehrungen ergriffen worden sind, um kartellrechtliche Zuwiderhandlungen wirksam zu verhindern (Vortat-Compliance). Eine Wirksamkeit von Vortat-Compliance ist in der Regel dann anzunehmen, wenn die getroffenen Vorkehrungen zur Aufdeckung und umgehenden Anzeige der Zuwiderhandlung geführt haben. Ferner steht es der Wirksamkeit von Vortat-Compliance nicht entgegen, wenn die getroffenen Vorkehrungen allein deswegen nicht zur Aufdeckung und Anzeige geführt haben, weil die handelnde Person sich zwecks Erzielung persönlicher Vorteile über den Compliance-Kodex des Unternehmens in außergewöhnlichem Maße und unter gezielter Täuschung seiner Vorgesetzten hinweggesetzt hat. Eine Berücksichtigung von Vortat-Compliance kommt jedoch nicht in Betracht, wenn an der Zuwiderhandlung eine für die Leitung des Unternehmens verantwortliche Person beteiligt gewesen ist. Dies ist in aller Regel der Fall bei Geschäftsführern oder Vorstandsmitgliedern der Nebenbetroffenen selbst oder anderer Konzerngesellschaften, die in der Hierarchie des Unternehmens oberhalb der Nebenbetroffenen stehen.

Zum anderen können nach der Tat getroffene Vorkehrungen zur effektiven Vermeidung und Aufdeckung von entsprechenden Zuwiderhandlungen (Nachtat-Compliance) im Rahmen einer Gesamtbetrachtung des positiven Nachtatverhaltens mildernd berücksichtigt werden. Eine Milderung zieht das Bundeskartellamt insbesondere in Betracht, wenn das Unternehmen überzeugend die ergriffenen Vorkehrungen zur wirkungsvollen Vermeidung künftiger vergleichbarer Verstöße darlegt und ein Bekenntnis zu rechtskonformem Handeln klar erkennbar ist. Ein wichtiges Indiz für die Ernsthaftigkeit von Nachtat-Compliance ist zum einen, dass ein Unternehmen bei der Aufklärung der Tat aktiv kooperiert.

Zum anderen fließt auch das Bemühen, den Schaden wiedergutzumachen, in diese Beurteilung der Ernsthaftigkeit mit ein. Aktive Kooperation bei der Aufklärung und das Bemühen um Schadenswiedergutmachung sind zugleich auch eigenständig zu bewertende Aspekte des positiven Nachtatverhaltens (Doppelfunktion).

Zu Ziff. 15: *„In der Regel ist eine Geldbuße bis maximal zum Doppelten des Ausgangswerts für eine adäquate Pflichtenmahnung angemessen. Aus Gründen der hinreichenden Pflichtenmahnung kann das Doppelte des Ausgangswertes auch überschritten werden, insbesondere wenn die Geldbuße andernfalls äußerst niedrig im Verhältnis zum gesetzlichen Rahmen ausfiele. Die vollständige oder nahezu vollständige Ausschöpfung des gesetzlichen Rahmens bleibt sehr schwerwiegenden Zuwiderhandlungen vorbehalten."*

Anm. 1: Im Regelfall wird nach Abwägung aller erschwerenden und mildernden Umstände nicht mehr als eine Verdoppelung des Ausgangswerts zu erwarten sein. Allerdings muss eine Buße insbesondere mit Blick auf die Unternehmensgröße immer auch ein Mindestmaß an notwendiger Spezialprävention erzielen. Deshalb kann in Fällen, in denen der gesetzliche Bußgeldrahmen nur sehr geringfügig ausgeschöpft würde, eine höhere Geldbuße geboten sein. Dies kann zu einer Buße führen, die – wenngleich in Relation zur Unternehmensgröße immer noch sehr niedrig verortet – im Vergleich zum Ausgangswert deutlich höher liegt. Die Höhe der Geldbuße aus Gründen der hinreichenden Pflichtenmahnung ist immer eine Frage des Einzelfalles.

Anm. 2: Zugleich kann die Geldbuße als Ergebnis der Gesamtabwägung im Vergleich zum Ausgangswert auch deutlich niedriger ausfallen. Insbesondere in Fallkonstellationen, in denen ein außergewöhnlich hoher tatbezogener Umsatz auf gravierend mildernde Umstände trifft (etwa bei der Rolle des Unternehmens im Kreis der Beteiligten oder bei ausnahmsweise offensichtlich deutlich niedrigerem Gewinn- und Schadenspotential, z.B. aufgrund atypisch geringer Wertschöpfungstiefe) kann eine erheblich niedrigere Geldbuße angezeigt sein.

Zu Ziff. 16: *„Im Anschluss an die Bußgeldzumessung nach den Ziff. 1 bis 15 können bußgeldmindernde Abschläge aufgrund einer Kooperation als Kronzeuge gewährt werden."*

Anm.: Zur Gewährung einer Kronzeugenbehandlung vgl. §§ 81h ff. GWB sowie die begleitende Bekanntmachung Nr. 14/2021 zu allgemeinen Verwaltungsgrundsätzen über die Ausübung des Ermessens bei der Gestaltung des Verfahrens und der Anwendung des kartellrechtlichen Kronzeugenprogrammes – Leitlinien zum Kronzeugenprogramm – vom 23.8.2021 (zu finden auf der Homepage des Bundeskartellamts).

Zu Ziff. 18: *„Abschließend kann ein bußgeldmindernder Abschlag im Rahmen einer einvernehmlichen Verfahrensbeendigung (Settlement) gewährt werden."*

Anm.: Zu den Leitlinien des Bundeskartellamts für eine einvernehmliche Verfahrensbeendigung vgl. Merkblatt „Das Settlement-Verfahren des Bundeskartellamts" (zu finden auf der Homepage des Bundeskartellamts).

3. Leitlinien zum Kronzeugenprogramm

Vom 23. August 2021
(BAnz. AT 14.9.2021 B4)

A. Ziel und Anwendungsbereich

(1) [1]Nach den Regelungen der §§ 81h bis 81n des Gesetzes gegen Wettbewerbsbeschränkungen (GWB) über das Kronzeugenprogramm kann das Bundeskartellamt an Kartellen beteiligten natürlichen Personen, Unternehmen und Unternehmensvereinigungen (Kartellbeteiligte)[1], die durch ihre Kooperation mit dem Bundeskartellamt dazu beitragen, ein Kartell aufzudecken, die Geldbuße erlassen oder ermäßigen (Kronzeugenbehandlung). [2]In diesen Leitlinien zum Kronzeugenprogramm legt das Bundeskartellamt in Ergänzung der Regelungen des Gesetzes allgemeine Verwaltungsgrundsätze über die Ausübung seines Ermessens bei der Anwendung des Kronzeugenprogramms sowie die Gestaltung des Verfahrens fest (§ 81h Absatz 3 GWB).

(2) [1]Diese Leitlinien gelten wie die gesetzlichen Regelungen über das Kronzeugenprogramm nur für Kartelle (§ 81h Absatz 1 GWB). [2]Sie sind somit auf horizontale Wettbewerbsbeschränkungen nach Artikel 101 des Vertrags über die Arbeitsweise der Europäischen Union und nach § 1 GWB zwischen (tatsächlichen oder potentiellen) Wettbewerbern anwendbar.

(3) [1]Eine Kronzeugenbehandlung ist nur auf Antrag möglich (§ 81i Absatz 1 Satz 1 GWB). [2]Jeder Kartellbeteiligte kann Anträge im Rahmen des Kronzeugenprogramms (Marker nach § 81m GWB, ausgearbeitete Anträge auf Kronzeugenbehandlung nach § 81i GWB und Kurzanträge nach § 81n GWB) beim Bundeskartellamt stellen. [3]Soweit nicht ausdrücklich etwas Anderes erklärt wird, gelten Anträge von Unternehmen im Rahmen des Kronzeugenprogramms für alle juristischen Personen oder Personenvereinigungen, die im Zeitpunkt der Antragstellung das Unternehmen bilden (§ 81i Absatz 2 Satz 1 GWB), wie auch für deren derzeitige sowie frühere Mitglieder von Aufsichts- und Leitungsorganen und Mitarbeiter (§ 81i Absatz 2 Satz 2 GWB). [4]Diejenigen, zu deren Gunsten der Antrag wirkt, müssen die allgemeinen Voraussetzungen für eine Kronzeugenbehandlung nach § 81j Absatz 1 GWB entsprechend erfüllen, damit sie von der Kronzeugenbehandlung profitieren können (§ 81j Absatz 2 GWB); die einzelnen Voraussetzungen des § 81j Absatz 1 GWB werden in Abschnitt E genannt.

(4) [1]Für eine Kontaktaufnahme und eine Entgegennahme von Anträgen stehen die Sonderkommission Kartellbekämpfung (Telefon: 0228/9499-386) und die für die Verfolgung von Kartellordnungswidrigkeiten zuständigen Beschlussabteilungen zur Verfügung. [2]Während einer Durchsuchung können die Mitarbeiter des Bundeskartellamtes vor Ort ebenfalls Anträge entgegennehmen.

B. Erlass der Geldbuße

(5) Das Bundeskartellamt sieht nach § 81k Absatz 1 GWB von der Verhängung einer Geldbuße gegenüber einem Kartellbeteiligten ab, wenn die folgenden Voraussetzungen erfüllt sind:

[1] Im Folgenden wird das generische Maskulinum für Personen jeglichen Geschlechts (w/m/d) verwendet.

1. Der Kartellbeteiligte legt als Erster Beweismittel vor, die das Bundeskartellamt zu dem Zeitpunkt, zu dem es den Antrag auf Kronzeugenbehandlung erhält, erstmals in die Lage versetzen, einen Durchsuchungsbeschluss zu erwirken.
2. Der Kartellbeteiligte hat keine Schritte unternommen, um andere Kartellbeteiligte zur Beteiligung am oder zum Verbleib im Kartell zu zwingen (§ 81k Absatz 3 GWB).
3. Der Kartellbeteiligte erfüllt die allgemeinen Voraussetzungen für eine Kronzeugenbehandlung nach § 81j GWB durch umfassende Kooperation und Ausschöpfung sämtlicher zur Verfügung stehenden Aufklärungsmöglichkeiten; die einzelnen Voraussetzungen werden in Abschnitt E genannt.

(6) Ist das Bundeskartellamt bereits in der Lage, einen Durchsuchungsbeschluss zu erwirken, wird das Bundeskartellamt nach § 81k Absatz 2 GWB von der Verhängung einer Geldbuße gegenüber einem Kartellbeteiligten in der Regel absehen, wenn die folgenden Voraussetzungen erfüllt sind:
1. Der Kartellbeteiligte legt als Erster Beweismittel vor, die erstmals den Nachweis der Tat ermöglichen.
2. Kein anderer Kartellbeteiligter hat bereits die Voraussetzungen für einen Erlass der Geldbuße im Sinne von Randnummer 5 erfüllt.
3. Der Kartellbeteiligte hat keine Schritte unternommen, um andere Kartellbeteiligte zur Beteiligung am oder zum Verbleib im Kartell zu zwingen (§ 81k Absatz 3 GWB).
4. Der Kartellbeteiligte erfüllt die allgemeinen Voraussetzungen für eine Kronzeugenbehandlung nach § 81j GWB durch umfassende Kooperation und Ausschöpfung sämtlicher zur Verfügung stehenden Aufklärungsmöglichkeiten; die einzelnen Voraussetzungen werden in Abschnitt E genannt.

(7) Im Fall eines Erlasses wird das Verfahren gegenüber den betreffenden Kartellbeteiligten eingestellt; dies wird ihnen mitgeteilt (§ 81k GWB in Verbindung mit § 47 Absatz 1 OWiG).

C. Ermäßigung der Geldbuße

(8) Das Bundeskartellamt kann nach § 81l Absatz 1 GWB gegenüber einem Kartellbeteiligten die Geldbuße ermäßigen, wenn die folgenden Voraussetzungen erfüllt sind:
1. Der Kartellbeteiligte legt Beweismittel für das Kartell vor, die im Hinblick auf den Nachweis der Tat gegenüber den Informationen und Beweismitteln, die dem Bundeskartellamt bereits vorliegen, einen erheblichen Mehrwert aufweisen.
2. Der Kartellbeteiligte erfüllt die allgemeinen Voraussetzungen für eine Kronzeugenbehandlung nach § 81j GWB durch umfassende Kooperation und Ausschöpfung sämtlicher zur Verfügung stehenden Aufklärungsmöglichkeiten; die einzelnen Voraussetzungen werden in Abschnitt E genannt.

(9) [1]Der Umfang der Ermäßigung richtet sich insbesondere nach dem Nutzen der Informationen und Beweismittel sowie nach dem Zeitpunkt der Anträge auf Kronzeugenbehandlung (§ 81l Absatz 2 GWB). [2]Im Rahmen seines Ermessens reduziert das Bundeskartellamt die Geldbuße um bis zu 50 %. [3]Die Entscheidung über die Ermäßigung erfolgt im Bußgeldbescheid.

D. Weiterer Kooperationsvorteil bei Übermittlung zusätzlicher Tatsachen

(10) Übermittelt ein Antragsteller als Erster stichhaltige Beweise, die das Bundekartellamt zur Feststellung zusätzlicher Tatsachen heranzieht und zur Festsetzung

höherer Geldbußen gegenüber anderen Kartellbeteiligten verwendet, oder wirkt ein Kartellbeteiligter im Fall eines Antrags zu seinen Gunsten (§ 81j Absatz 2 GWB) an deren erstmaliger Übermittlung umfassend mit, so werden diese Tatsachen bei der Festsetzung der Geldbuße gegen den Antragsteller beziehungsweise gegen den begünstigten Kartellbeteiligten nicht berücksichtigt (§ 81l Absatz 3 GWB).

(11) Die zusätzlichen Tatsachen müssen sich dabei auf klar abgrenzbare Teile der Tat – beispielsweise neue Tatzeiträume oder neue Regionen von signifikanter Größe – beziehen.

E. Voraussetzungen für die Kronzeugenbehandlung – Kooperationspflichten

(12) [1]Für die Gewährung einer Kronzeugenbehandlung muss ein Kartellbeteiligter die allgemeinen Voraussetzungen für eine Kronzeugenbehandlung nach § 81j GWB durch umfassende Kooperation und Ausschöpfung sämtlicher zur Verfügung stehenden Aufklärungsmöglichkeiten erfüllen. [2]Den Antragsteller und nach § 81j Absatz 2 GWB entsprechend den Kartellbeteiligten, zu dessen Gunsten der Antrag wirkt, treffen im Einzelnen folgende Pflichten:

1. Er muss seine Kenntnis von dem Kartell und seine Beteiligung daran in dem Antrag auf Kronzeugenbehandlung gegenüber dem Bundeskartellamt offenlegen (§ 81j Absatz 1 Nummer 1 GWB).
2. Er muss seine Beteiligung an dem Kartell unmittelbar nach Stellung des Antrags auf Kronzeugenbehandlung beenden, soweit nicht einzelne Handlungen nach Auffassung des Bundeskartellamts möglicherweise erforderlich sind, um die Integrität seiner Untersuchung zu wahren (§ 81j Absatz 1 Nummer 2 GWB).
3. Er muss ab dem Zeitpunkt der Stellung des Antrags auf Kronzeugenbehandlung bis zur Beendigung des kartellbehördlichen Verfahrens gegenüber allen Kartellbeteiligten der Pflicht zur ernsthaften, fortgesetzten und zügigen Kooperation genügen (§ 81j Absatz 1 Nummer 3 GWB). Dies beinhaltet insbesondere Folgendes:
   a) Er stellt unverzüglich alle ihm zugänglichen Informationen über und Beweise für das Kartell zur Verfügung (§ 81j Absatz 1 Nummer 3 Buchstabe a GWB).
   b) Er beantwortet jede Anfrage, die zur Feststellung des Sachverhalts beitragen kann (§ 81j Absatz 1 Nummer 3 Buchstabe b GWB). Dies umfasst nicht nur Anfragen zum kartellrechtlich relevanten Tatbestand, sondern auch weitere, etwa für die Rechtsfolgen, zum Beispiel die Bußgeldzumessung relevante Umstände.
   c) Er sorgt dafür, dass Mitglieder der Aufsichts- und Leitungsorgane sowie sonstige Mitarbeiter für Befragungen zur Verfügung stehen; bei früheren Mitgliedern der Aufsichts- und Leitungsorgane sowie sonstigen früheren Mitarbeitern genügt es, hierauf hinzuwirken (§ 81j Absatz 1 Nummer 3 Buchstabe c GWB).
   d) Er darf Informationen über und Beweise für das Kartell nicht vernichten, verfälschen oder unterdrücken (vgl. § 81j Absatz 1 Nummer 3 Buchstabe d GWB).
   e) Er legt weder die Tatsache der Stellung eines Antrags auf Kronzeugenbehandlung noch dessen Inhalt offen, bis das Bundeskartellamt ihn von dieser Pflicht entbindet (§ 81j Absatz 1 Nummer 3 Buchstabe e GWB).
4. Darüber hinaus muss er, während er die Stellung eines Antrags im Rahmen des Kronzeugenprogramms erwogen hat, folgende Voraussetzungen bereits erfüllen:
   a) Er darf Informationen über oder Beweise für das Kartell nicht vernichten, verfälschen oder unterdrücken (vgl. § 81j Absatz 1 Nummer 4 Buchstabe a GWB).

b) Er legt weder die beabsichtigte Stellung des Antrags auf Kronzeugenbehandlung noch dessen beabsichtigten Inhalt offen; dies gilt mit Ausnahme der Offenlegung gegenüber anderen Wettbewerbsbehörden (§ 81j Absatz 1 Nummer 4 Buchstabe b GWB).

F. Anträge im Rahmen des Kronzeugenprogramms

I. Allgemeine Regeln für die Antragstellung

(13) [1]Voraussetzung für wirksame Anträge im Rahmen des Kronzeugenprogramms im Sinne von Randnummer 3 ist, dass Angaben zur Identität des Antragstellers bereits zum Zeitpunkt der Antragstellung erfolgen. [2]Ein anonymer Antrag ist ausgeschlossen.

(14) [1]Ein Antrag kann schriftlich oder nach § 32a der Strafprozessordnung elektronisch eingereicht werden (§ 81i Absatz 3 Satz 1, § 81m Absatz 2, § 81n Absatz 2 GWB). [2]Soweit das Bundeskartellamt dies ausdrücklich gestattet, kann ein Antrag überdies in anderer Form gestellt werden (vgl. § 81i Absatz 3 Satz 3 GWB). [3]Ein Marker oder Kurzantrag kann stets auch mündlich (zum Beispiel per Telefon) oder in Textform (zum Beispiel per Telefax oder E-Mail) erklärt werden (vgl. § 81m Absatz 2 Satz 1, § 81n Absatz 2 GWB).

(15) [1]Ein Antrag kann in deutscher, in englischer, oder nach vorheriger Absprache zwischen dem Bundeskartellamt und dem Antragsteller in einer anderen Sprache der Europäischen Union gestellt werden (§ 81i Absatz 3 Satz 1, § 81m Absatz 2, § 81n Absatz 2 GWB). [2]Nimmt das Bundeskartellamt einen Antrag in einer anderen als der deutschen Sprache entgegen, hat der Antragsteller nach Aufforderung durch das Bundeskartellamt unverzüglich eine deutsche Übersetzung beizubringen (§ 81i Absatz 3 Satz 2, § 81m Absatz 2, § 81n Absatz 2 GWB).

II. Erklärung der Bereitschaft zur Zusammenarbeit (Marker)

(16) [1]Ein Kartellbeteiligter kann nach § 81m GWB zunächst die Bereitschaft zur Zusammenarbeit erklären (Marker), um einen Rang in der Reihenfolge des Eingangs der Anträge auf Kronzeugenbehandlung zu erhalten. [2]Ein Marker soll mindestens die folgenden Angaben in Kurzform enthalten:

1. den Namen und die Anschrift des Antragstellers,
2. die Namen der übrigen Kartellbeteiligten (beteiligte natürliche Personen, Unternehmen und Unternehmensvereinigungen, § 81h Absatz 1 GWB),
3. die betroffenen Produkte und Gebiete,
4. die Dauer und die Art der Tat, insbesondere auch betreffend die eigene Beteiligung an der Tat, und
5. Informationen über alle bisherigen oder über etwaige künftige Anträge auf Kronzeugenbehandlung im Zusammenhang mit dem Kartell bei anderen Kartellbehörden, anderen europäischen Wettbewerbsbehörden oder sonstigen ausländischen Wettbewerbsbehörden.

(17) [1]Das Bundeskartellamt bestätigt den Eingang des Markers mit Datum und Uhrzeit auf Ersuchen des Antragstellers (vgl. § 81m Absatz 2 Satz 2 GWB in Verbindung mit § 81i Absatz 4 GWB) und setzt eine angemessene Frist, vor deren Ablauf der Antragsteller einen ausgearbeiteten Antrag auf Kronzeugenbehandlung einschließlich detaillierter Informationen zu allen erforderlichen Angaben zusammen mit den entsprechenden Beweismitteln einzureichen hat (vgl. § 81m Absatz 3 Satz 1 GWB). [2]In der Regel beträgt diese Frist nicht mehr als acht Wochen.

(18) [1]Für den Rang des ausgearbeiteten und fristgerecht eingereichten Antrags auf Kronzeugenbehandlung ist der Zeitpunkt des Markers maßgeblich, soweit der Kartellbeteiligte die ihm obliegenden Pflichten fortwährend erfüllt (§ 81m Absatz 3

Satz 2 GWB). [2]In diesem Fall gelten alle ordnungsgemäß bis zum Ablauf der gesetzten Frist beigebrachten Informationen und Beweismittel als zum Zeitpunkt des Markers vorgelegt (§ 81m Absatz 3 Satz 3 GWB). [3]Ein Marker entfaltet rangwahrende Wirkung nur für die Kartelltat, zu der hinreichende Angaben im Marker gemacht wurden und die im Antrag auf Kronzeugenbehandlung innerhalb der gesetzten Frist konkretisiert wird. [4]Nach Ablauf der Frist vorgelegte Beweismittel und Informationen werden durch das Bundeskartellamt berücksichtigt; sie gelten jedoch bei der Würdigung nach Randnummer 9 nicht als zum Zeitpunkt des Markers vorgelegt (vgl. § 81m Absatz 3 Satz 3 GWB).

III. Antrag auf Kronzeugenbehandlung

(19) [1]Der Antrag auf Kronzeugenbehandlung muss detaillierte Informationen zu allen in Randnummer 16 aufgelisteten Angaben enthalten und zusammen mit den entsprechenden Beweismitteln eingereicht werden (§ 81i Absatz 1 GWB). [2]Der Antragsteller muss dabei insbesondere seine eigene Beteiligung an dem relevanten Sachverhalt darlegen und nach Möglichkeit persönliche Erklärungen der Kartellbeteiligten vorlegen.

(20) Es sind zudem – soweit bekannt – Angaben darüber zu machen, ob das Kartell Auswirkungen in anderen Staaten hatte.

(21) Auf Ersuchen des Antragstellers bestätigt das Bundeskartellamt den Eingang des Antrags auf Kronzeugenbehandlung mit Datum und Uhrzeit (§ 81i Absatz 4 GWB).

(22) Gelangt das Bundeskartellamt nach entsprechender Prüfung zu der Einschätzung, dass die Voraussetzungen für einen Erlass der Geldbuße nach § 81k Absatz 1 Nummer 2 GWB oder nach § 81k Absatz 2 Nummer 2 GWB vorliegen, sichert es dem Antragsteller auf Ersuchen schriftlich zu, dass ihm – unter der Bedingung, dass er nicht andere zur Teilnahme an dem Kartell gezwungen hat und dass er die Voraussetzungen nach § 81j GWB erfüllt – die Geldbuße erlassen wird (Bedingte Zusicherung des Bußgelderlasses).

(23) Entscheidet das Bundeskartellamt nach Eingang des Antrags auf Kronzeugenbehandlung, kein Ermittlungsverfahren einzuleiten oder ein bereits eingeleitetes Ermittlungsverfahren ohne weitere Ermittlungen einzustellen, teilt das Bundeskartellamt dem Antragsteller lediglich mit, dass das Verfahren nicht eingeleitet oder das bereits eingeleitete Verfahren wieder eingestellt wurde.

IV. Kurzantrag

(24) [1]Stellt ein Kartellbeteiligter bei der Europäischen Kommission einen Antrag auf Kronzeugenbehandlung, nimmt das Bundeskartellamt in Bezug auf dasselbe Kartell einen Kurzantrag an, wenn sich der Antrag auf mehr als drei Mitgliedstaaten als von dem Kartell betroffene Gebiete bezieht (§ 81n GWB). [2]Der Kurzantrag hat eine der Rangwahrung eines Markers entsprechende Wirkung (vgl. § 81n Absatz 2 und 4, § 81m Absatz 3 Satz 2, 3 GWB). [3]Der Kurzantrag muss mindestens die in Randnummer 16 aufgelisteten Angaben in Kurzform enthalten. [4]Zusätzlich sind Angaben über die Mitgliedsstaaten zu machen, in denen sich die Beweismittel für das Kartell wahrscheinlich befinden (§ 81n Absatz 2 GWB). [5]Auf Ersuchen des Antragstellers bestätigt das Bundeskartellamt den Eingang des Kurzantrags mit Datum und Uhrzeit (§ 81n Absatz 2, § 81m Absatz 2, § 81i Absatz 4 GWB). [6]Wenn dem Bundeskartellamt im Zusammenhang mit derselben Kartelltat noch kein anderer Antrag im Rahmen des Kronzeugenprogramms vorliegt, setzt es den Antragsteller auf dessen Ersuchen hin hiervon in Kenntnis, sofern sein Kurzantrag die in Randnummer 16 aufgelisteten Angaben enthält.

(25) Das Bundeskartellamt verlangt die Vorlage eines vollständigen Antrags auf Kronzeugenbehandlung und setzt hierfür eine angemessene Frist, die in der Regel

nicht länger als acht Wochen beträgt, sobald die Europäische Kommission mitgeteilt hat, dass sie den Fall weder insgesamt noch in Teilen weiterverfolgt, oder wenn weitere Angaben für die Abgrenzung oder die Zuweisung des Falles notwendig sind (vgl. § 81n Absatz 3 GWB).

G. Abschöpfung des wirtschaftlichen Vorteils und Einziehung des Wertes

(26) Wird einem Kartellbeteiligten die Geldbuße erlassen oder ermäßigt, wird das Bundeskartellamt in der Regel weder einen erlangten wirtschaftlichen Vorteil (§ 34 GWB) abschöpfen noch eine Einziehung des Wertes (§ 29a des Gesetzes über Ordnungswidrigkeiten [OWiG]) anordnen.

H. Zivil- und strafrechtliche Folgen

(27) [1]Diese Bekanntmachung lässt die zivilrechtlichen Folgen wegen der Beteiligung an einem Kartell unberührt. [2]Im Hinblick auf zivilrechtliche Schadensersatzansprüche sieht das Gesetz eine Privilegierung des Kronzeugen vor, dem ein Erlass gewährt wurde (vgl. § 33e GWB).

(28) [1]Das Verfahren gegen eine natürliche Person muss das Bundeskartellamt nach § 41 OWiG an die Staatsanwaltschaft abgeben, wenn es sich bei der Tat um eine Straftat (insbesondere nach § 298 des Strafgesetzbuches) handelt. [2]Das Kronzeugenprogramm wirkt in diesen Fällen unmittelbar nur zugunsten des Unternehmens im kartellbehördlichen Verfahren und nicht für die handelnden natürlichen Personen im abgetrennten Verfahren (zur Verfahrenstrennung vgl. § 82 GWB). [3]Die Kooperation der natürlichen Person wird im Strafverfahren durch die zuständigen Stellen eigenständig gewürdigt, wobei die Sanktion dort ebenfalls aufgrund der Kooperation gemindert beziehungsweise das Verfahren eingestellt werden kann (vgl. Artikel 23 Absatz 2 und 3 der Richtlinie (EU) 2019/1).

(29) [1]Anträge im Rahmen des Kronzeugenprogramms im Sinne von Randnummer 3 sind vor dem Zugang privater Dritter, gegen die das Bußgeldverfahren nicht gerichtet ist, gesetzlich geschützt. [2]Dieser Schutz gilt für Dokumente oder Aufzeichnungen, auch über den Inhalt einer Vernehmung im kartellbehördlichen Verfahren, wenn und soweit darin eine Kronzeugenerklärung seitens oder im Namen eines Unternehmens oder einer natürlichen Person enthalten ist (vgl. § 89c Absatz 5, § 33g Absatz 4 Nummer 1 GWB, § 89b Absatz 8 Satz 2 Nummer 1 GWB).

I. Geltung

(30) [1]Die Bestimmungen über das gesetzliche Kronzeugenprogramm sind zum 19. Januar 2021 in Kraft getreten. [2]Nach diesem Zeitpunkt gestellte Anträge wird das Bundeskartellamt unter Heranziehung dieser Leitlinien behandeln. [3]Anträge, die vor diesem Zeitpunkt auf der Basis der früheren Bekanntmachung Nr. 9/2006 über den Erlass und der Reduktion von Geldbußen in Kartellsachen – Bonusregelung – vom 7. März 2006 (BAnz. S. 1667) des Bundeskartellamts eingereicht wurden und noch nicht abgeschlossene Verfahren betreffen, wird das Bundeskartellamt auf Grundlage einer Günstigerprüfung behandeln.

Bonn, den 23. August 2021

Bundeskartellamt

Der Präsident
Andreas Mundt

4. KMU-Bekanntmachung

Merkblatt des Bundeskartellamtes über Kooperationsmöglichkeiten für kleinere und mittlere Unternehmen

(Stand März 2007)

Übersicht

A. Vorbemerkung

1 Dieses Merkblatt ersetzt das Merkblatt des Bundeskartellamtes über die Kooperationsmöglichkeiten für kleinere und mittlere Unternehmen nach dem Kartellgesetz vom 16. Dezember 1998.[1]

2 Anlass für diese Neufassung waren das Inkrafttreten des Gesetzes gegen Wettbewerbsbeschränkungen (GWB) nach seiner siebten Novellierung am 1. Juli 2005[2]

[1] Die bisher in dem Merkblatt ebenfalls enthaltenen Ausführungen zu Empfehlungen entfallen. Zur rechtlichen Einordnung von Empfehlungen wird sich das Bundeskartellamt ggf. zu einem späteren Zeitpunkt äußern.

[2] Bekanntmachung der Neufassung des Gesetzes gegen Wettbewerbsbeschränkungen vom 15. Juli 2005, BGBl. I 2005, S. 1954 ff.

sowie das Inkrafttreten der EG-Verordnung Nr. 1/2003 am 1. Mai 2004 (VO 1/2003).[3]

Seit Inkrafttreten der VO 1/2003 sind die Kartellbehörden verpflichtet, Art. 81 des EG-Vertrags (EG) anzuwenden, wenn der zwischenstaatliche Handel spürbar beeinträchtigt werden kann (Art. 3 Abs. 1 VO 1/2003). Bei Sachverhalten, auf die sowohl deutsches als auch europäisches Recht anwendbar ist, besteht ein Anwendungsvorrang des europäischen Rechts. Danach darf die Anwendung deutschen Rechts nicht zu Ergebnissen führen, die im Widerspruch zum europäischen Recht stehen. Deshalb informiert das Merkblatt auch darüber, wann europäisches Recht Anwendung findet, dh. in welchen Fällen eine Eignung zur spürbaren Beeinträchtigung des zwischenstaatlichen Handels vorliegt (dazu Rn. 19 ff.). 3

Ein weiterer Grund, die Abgrenzung von europäischem und deutschem Recht zu thematisieren, liegt in § 3 GWB. Während § 2 GWB (welcher der gemeinschaftsrechtlichen Vorschrift des Art. 81 Abs. 3 EG nachgebildet ist) eine für alle Unternehmen geltende Freistellungsnorm darstellt, trifft § 3 GWB für kleine und mittlere Unternehmen eine großzügigere Regelung. Diese ist anwendbar, wenn Art. 81 Abs. 1 EG nicht einschlägig ist.[4] § 3 Abs. 2 GWB räumt den Mitgliedern einer Mittelstandskooperation für diese Fälle auch einen Anspruch auf eine Entscheidung der Kartellbehörde nach § 32c GWB ein (dazu Rn. 43 ff.), sofern hierfür ein erhebliches rechtliches oder wirtschaftliches Interesse besteht.[5] 4

Ungeachtet des anzuwendenden Rechts sind das Bundeskartellamt bzw. die Landeskartellbehörden für die Prüfung regelmäßig sachlich zuständig (dazu Rn. 40 ff.). 5

Mit der 7. GWB-Novelle ist die Vorschrift über Einkaufskooperationen kleiner und mittlerer Unternehmen (§ 4 Abs. 2 GWB aF) gestrichen worden. Unter Punkt C. V. (Rn. 38 ff.) wird deshalb darüber informiert, nach welchen Kriterien das Bundeskartellamt künftig derartige Kooperationen beurteilen wird. 6

B. Vereinbarungen mit geringer wettbewerbsbeschränkender Bedeutung

Für sämtliche Vereinbarungen zwischen Unternehmen gilt die Bekanntmachung des Bundeskartellamts über die Nichtverfolgung der Kooperationsabreden mit geringer wettbewerblicher Bedeutung.[6] Sind deren Voraussetzungen erfüllt, greift das Bundeskartellamt entsprechende Vereinbarungen in der Regel nicht auf, selbst wenn diese nach den Grundsätzen dieses Merkblatts nicht unter den Freistellungstatbestand des § 3 Abs. 1 GWB fallen. 7

C. Für alle Unternehmen geltende Freistellungsnormen

Unabhängig von der Größe der an einer Vereinbarung beteiligten Unternehmen gibt es im deutschen und europäischen Recht weit gehende Freistellungsmöglichkei- 8

[3] Verordnung (EG) Nr. 1/2003 vom 16. Dezember 2002 zur Durchführung der in den Artikeln 81 und 82 des Vertrages niedergelegten Wettbewerbsregeln, ABl. EG Nr. L 1 vom 4.1.2003, S. 1.

[4] Eine § 3 Abs. 1 GWB vergleichbare Spezialnorm für Mittelstandskooperationen existiert im europäischen Wettbewerbsrecht nicht.

[5] Diese Regelung tritt am 30.6.2009 außer Kraft, § 3 Abs. 2 Satz 2 GWB.

[6] Das setzt namentlich voraus, dass der von den an der Vereinbarung beteiligten Unternehmen insgesamt gehaltene Marktanteil auf keinem der von der Vereinbarung betroffenen relevanten Märkte 10 % überschreitet und keine sog. Kernbeschränkungen Gegenstand der Vereinbarung sind. Einzelheiten zur Ausübung des Aufgreifermessens finden sich in der Bekanntmachung des BKartA über Vereinbarungen von geringer wettbewerbsbeschränkender Bedeutung.

ten nach Art. 81 Abs. 3 EG bzw. § 2 GWB. Von besonderer Bedeutung sind in diesem Zusammenhang die im deutschen und europäischen Recht geltenden Gruppenfreistellungsverordnungen (GVO). Dies sind Verordnungen, die gem. Art. 81 Abs. 3 EG bzw. § 2 GWB bestimmte Gruppen von Vereinbarungen vom Verbot des Art. 81 Abs. 1 EG bzw. § 1 GWB freistellen.

9 Für Mittelstandskooperationen können hier insbesondere die Spezialisie-rungs-Gruppenfreistellungsverordnung[7] sowie die Gruppenfreistellungsverordnung zu Forschung und Entwicklung[8] in Betracht kommen. Sind die Voraussetzungen für eine Gruppenfreistellung erfüllt, steht die Rechtmäßigkeit unabhängig von § 3 GWB fest. Fällt die Mittelstandsvereinbarung nicht unter eine GVO, so richtet sich die Frage, ob eine Vereinbarung mit wettbewerbswidrigem Inhalt freigestellt ist, unmittelbar nach Art. 81 Abs. 3 EG bzw. § 2 GWB.

10 Hinweise, nach denen die Kommission die rechtliche Zulässigkeit von horizontalen Kooperationen (dh. Kooperationen zwischen aktuellen oder potentiellen Wettbewerbern) bei der unmittelbaren Prüfung von Art. 81 Abs. 3 EG beurteilt, finden sich in den sog. Horizontalleitlinien,[9] der Deminimis-Bekanntmachung[10] sowie den Leitlinien zur Anwendung von Art. 81 Abs. 3 EG.[11] Diese Texte binden die deutschen Kartellbehörden und Gerichte zwar nicht, können aber als Orientierungshilfe dienen.

D. Der „Mittelstand“ als Adressat dieses Informationsblatts

11 Eine breite Schicht kleiner und mittlerer Unternehmen („Mittelstand“) ist für eine funktionierende Marktwirtschaft unerlässlich. Die Erfahrungen haben gezeigt, dass sich kleine und mittlere Unternehmen (im Folgenden KMU) aufgrund der ihnen eigenen Flexibilität auch gegen Großunternehmen im Wettbewerb behaupten können. Allerdings sind sie dabei gegenüber Großunternehmen insoweit im Nachteil, als mit steigender Unternehmensgröße regelmäßig Vorteile bei der Beschaffung, der Produktion oder dem Vertrieb verbunden sind. Kooperationen zwischen kleinen und mittleren Unternehmen können diesen größenbedingten Nachteilen Rechnung tragen, ohne den Wettbewerb in unvertretbarer Weise zu beschränken.

I. KMU im deutschen Wettbewerbsrecht

12 Das Bundeskartellamt geht von einem relativen, sich an der jeweiligen Marktstruktur orientierenden Begriff der KMU aus. Danach kann die Frage, ob es sich bei einem Unternehmen um ein KMU handelt, nicht anhand absoluter Größenzahlen (zB Jahresumsatz, Beschäftigtenzahl) beantwortet werden. Dies hängt viel-

---

[7] Verordnung (EG) Nr. 2658/2000 der Kommission vom 29. November 2000 über die Anwendung von Artikel 81 Absatz 3 des Vertrages auf Gruppen von Spezialisierungsvereinbarungen, ABl. EG Nr. 305, S. 3.

[8] Verordnung (EG) Nr. 2659/2000 der Kommission vom 29. November 2000 über die Anwendung von Artikel 81 Absatz 3 des Vertrages auf Gruppen von Vereinbarungen über Forschung und Entwicklung, ABl. EG Nr. L 304, S. 7.

[9] Bekanntmachung der Kommission – Leitlinien zur Anwendbarkeit von Artikel 81 EG-Vertrag auf Vereinbarungen über horizontale Zusammenarbeit („Horizontalleitlinien“), ABl. EG Nr. C 3 vom 6. Januar 2001, S. 2.

[10] Bekanntmachung der Kommission über Vereinbarungen von geringer Bedeutung, die den Wettbewerb gemäß Artikel 81 Absatz 1 des Vertrages zur Gründung der Europäischen Gemeinschaft nicht spürbar beschränken („De-minimis Bekanntmachung“), ABl. EG Nr. C 368 vom 22. Dezember 2001, S. 13.

[11] Bekanntmachung der Kommission – Leitlinien zur Anwendung von Artikel 81 Abs. 3 EG-Vertrag, ABl. EU Nr. C 101 vom 27. April 2004, S. 97.

mehr von den Unternehmensgrößen im jeweiligen Wirtschaftszweig ab. Für den Begriff des KMU ist vor allem das Verhältnis zu den großen Unternehmen seiner Branche entscheidend, denen gegenüber die Wettbewerbsfähigkeit durch Kooperationen von KMU verbessert werden soll. Bei dieser Gegenüberstellung sind die Wettbewerber der an der Kooperation beteiligten Unternehmen zu berücksichtigen. Ein Unternehmen mit 100 Mio. € Jahresumsatz kann zB in einem Markt, auf dem auch Umsatzmilliardäre tätig sind, uU als mittleres Unternehmen angesehen werden. Demgegenüber kann ein Unternehmen mit einem gleich hohen Umsatz in einem anderen Wirtschaftszweig, der eine andere Unternehmensstruktur aufweist, ggf. nicht mehr als KMU anzusehen sein.

II. Konzernbetrachtung

Das Bundeskartellamt wendet bei der Frage, wann ein Unternehmen als KMU zu qualifizieren ist, die Zurechnungsnorm des § 36 Abs. 2 GWB an. Verbundene Unternehmen iSd. §§ 17 und 18 des Aktiengesetzes sind danach als einheitliches Unternehmen anzusehen. Ist die Tochtergesellschaft eines Großunternehmens an der Kooperation beteiligt, so kann diese Tochtergesellschaft im Regelfall daher nicht als KMU angesehen werden. **13**

E. Mittelstandskooperationen

I. Übersicht über die neue Rechtslage

Mit der Novellierung des GWB sind die Regelungen des GWB über Unternehmenskooperationen überwiegend – mit Ausnahme des § 3 GWB – dem europäischen Recht angepasst worden. **14**

Das neue deutsche und das europäische Wettbewerbsrecht eröffnen Unternehmen einen größeren Handlungsfreiraum und eine Einschätzungsprärogative, die aber zugleich zu höherer Eigenverantwortung führt. Das alte nationale Recht verbot alle wettbewerbsbeschränkenden Vereinbarungen. Allerdings stellte die Kartellbehörde bestimmte wettbewerbsbeschränkende Vereinbarungen – nach vorheriger Anmeldung – von diesem Verbot frei. Eine dieser Ausnahmevorschriften stellte § 4 Abs. 1 GWB aF dar. Dieser besteht im novellierten Recht als § 3 Abs. 1 GWB fort und stellt den einzigen vom europäischen Recht abweichenden Freistellungstatbestand dar. **15**

Wettbewerbsbeschränkende Vereinbarungen nach Art. 81 Abs. 1 EG und § 1 GWB sind automatisch – also ohne vorherige Anmeldung – freigestellt, wenn die im Gesetz in Art. 81 Abs. 3 EG, § 2 Abs. 1 oder § 3 Abs. 1 GWB genannten Freistellungsvoraussetzungen vorliegen. **16**

Bsp.: Die als KMU zu definierenden Unternehmen A und B stellen Fertigbetonteile her. Sie sind in der Nähe von Flensburg und Lübeck mit jeweils zwei Werken ansässig. Sie beabsichtigen, einen Kooperationsvertrag zu schließen, wonach die Vertriebsaktivitäten für Betonfertigteile zusammengelegt werden. Nach der Kooperationsvereinbarung beschränken sie ihre Kooperation auf das Inland, dh. sie erstreckt sich nicht auf etwaige ausländische Geschäftsaktivitäten.

Anders als nach früherem Recht ist die Kooperationsvereinbarung nicht mehr bei der Kartellbehörde anzumelden. Den Unternehmen obliegt die Prüfung, ob ihre Abrede mit deutschem bzw. europäischen Kartellrecht vereinbar ist. Die Unternehmen können sich auch zur Klärung informell an die Kartellbehörde wenden oder einen Antrag nach § 3 Abs. 2 iVm. § 32c GWB stellen.

II. Anwendbarkeit des europäischen und des deutschen Wettbewerbsrechts

17 Immer dann, wenn eine Unternehmenskooperation geeignet ist, den zwischenstaatlichen Handel spürbar zu beeinträchtigen, greift der Vorrang des europäischen Rechts. Vorrang bedeutet, dass die Anwendung des deutschen Rechts nicht im Widerspruch zu Ergebnissen stehen darf, die bei Anwendung der europäischen Regelungen auf denselben Sachverhalt erzielt würden. Für die rechtliche Beurteilung von Mittelstandskooperationen ist § 3 Abs. 1 GWB deshalb nur dann maßgeblich, wenn zuvor die Eignung zur Beeinträchtigung des zwischenstaatlichen Handels bzw. die „Spürbarkeit" der Beeinträchtigung ausgeschlossen wurde.

18 Ob europäisches Recht einschlägig ist, hängt danach von zwei Voraussetzungen ab:

- die Vereinbarung muss geeignet sein, den Handel zwischen Mitgliedstaaten zu beeinträchtigten (dazu Rn. 19 ff.), und zwar
- in spürbarer Weise (dazu Rn. 21 ff.).

Bei der Beurteilung, ob diese beiden Voraussetzungen vorliegen, können die Zwischenstaatlichkeitsleitlinien der Europäischen Kommission (im Folgenden: Kommission) als Orientierungshilfe herangezogen werden.[12] Die Prüfungsgesichtspunkte „Eignung" und „Spürbarkeit" greifen indessen eng ineinander und sind in der Praxis im Einzelfall nur schwer voneinander zu trennen.

19 **1. Eignung zur spürbaren Beeinträchtigung des zwischenstaatlichen Handels.** Der Begriff des Handels ist weit zu verstehen und umfasst alle grenzüberschreitenden wirtschaftlichen Tätigkeiten einschließlich der Niederlassung.[13] Eine Beeinträchtigung des Handels zwischen Mitgliedstaaten liegt auch dann vor, wenn die Wettbewerbsstruktur des Marktes durch Vereinbarungen oder Verhaltensweisen beeinträchtigt wird, etwa durch (drohendes) Ausschalten eines in der EU tätigen Wettbewerbers.[14]

Maßstab für das Vorliegen einer Beeinträchtigung ist nach der Rechtsprechung des EuGH eine Prognose, wonach die Vereinbarung oder Verhaltensweise den Warenverkehr zwischen Mitgliedstaaten unmittelbar oder mittelbar, tatsächlich oder potenziell beeinflusst, und dafür objektive rechtliche oder tatsächliche Gründe vorliegen, die eine hinreichende Wahrscheinlichkeit begründen.[15] Rein abstrakte oder gar spekulative Wirkungen reichen nicht. Eine vorgetragene Wettbewerbsbeschränkung muss vielmehr nach allgemeiner Lebenserfahrung eine Auswirkung auf den zwischenstaatlichen Handel haben können.[16]

In unserem Beispielfall in Rn. 16 wäre eine zwischenstaatliche Wirkung ausgeschlossen, wenn die von A und B produzierten Betonfertigteile bereits aus technischen oder wirtschaftlichen Gründen nicht in andere Mitgliedstaaten, hier namentlich Dänemark, zu liefern wären.

Demgegenüber ist es unerheblich, wenn A und B ihre Kooperationen vertragsgemäß auf das Inland beschränken würden. Für die Frage der Eignung ist allein die potentielle Eignung, nicht aber der vertraglich bestimmte „Geltungsbereich" maßgeblich. Auch eine Beschränkung

---

[12] Leitlinien über den Begriff der Beeinträchtigung des zwischenstaatlichen Handels in den Artikeln 81 und 82 des Vertrages", ABl. EU Nr. C 101 vom 27. April 2004, S. 81 („Zwischenstaatlichkeitsleitlinien"). Für die deutschen Kartellbehörden und Gerichte sind diese Leitlinien nicht bindend, vgl. OLG Düsseldorf WuW/E DE-R 1610, 1613 *„Filigranbetondecken"*.

[13] S. Zwischenstaatlichkeitsleitlinien (Fn. 12), Ziff. 19.

[14] Zwischenstaatlichkeitsleitlinien (Fn. 12), Ziff. 20.

[15] Europäischer Gerichtshof (EuGH), Urteil vom 30. Juni 1966, Rs. 56/65, Slg. 1966 S. 337 ff. *„Maschinenbau Ulm"*.

[16] EuGH, Urteil vom 14. Dezember 1983, Rs. 319/82, Slg. 1985, S. 4173 ff. *„Kerpen und Kerpen"*.

des geographisch relevanten Marktes auf das Inland spricht nicht notwendigerweise gegen eine Beeinträchtigung des zwischenstaatlichen Handels.[17]

Eine Eignung zur spürbaren Beeinträchtigung des zwischenstaatlichen Handels ist insbesondere regelmäßig zu verneinen, wenn Vereinbarungen von *rein lokaler Bedeutung* vorliegen, wobei es irrelevant ist, ob der lokale Markt in einer Grenzregion liegt.[18] Das europäische Recht kommt in diesen Fällen nicht zur Anwendung. 20

Bsp.: Beliefern A oder B primär Abnehmer in Schleswig-Holstein, ist es ihnen aber technisch möglich, nach Dänemark zu liefern, und wäre dies auch nicht offensichtlich unrentabel, so ist die Prüfung, ob Gemeinschaftsrecht zur Anwendung kommt, mit der Prüfung der Spürbarkeit fortzusetzen.

2. Prüfung der Spürbarkeit. Für die Anwendung des europäischen Rechts ist nicht nur die Eignung zur Beeinträchtigung des zwischenstaatlichen Handels ausschlaggebend. Diese Beeinträchtigung muss darüber hinaus auch „spürbar" sein. Mit dem Kriterium der „Spürbarkeit" soll sichergestellt werden, dass das europäische Recht nur auf diejenigen Wettbewerbsbeschränkungen Anwendung findet, die geeignet sind, grenzüberschreitende Auswirkungen eines bestimmten Ausmaßes zu verursachen. Zur Beurteilung der Spürbarkeit bedient sich die Kommission zweier Vermutungsregeln. 21

a) Prüfungsgrundsätze. aa) Negativvermutung. Die „Spürbarkeit" ist regelmäßig dann zu verneinen („Negativvermutung")[19], wenn 22

- der gemeinsame Marktanteil der Parteien auf keinem von der Vereinbarung betroffenen relevanten Markt innerhalb der Gemeinschaft 5 % überschreitet **und**
- der gesamte Jahresumsatz[20] der beteiligten Unternehmen innerhalb der Gemeinschaft mit den von der Vereinbarung umfassten Waren den Betrag von 40 Mio. € nicht übersteigt.[21]

Bsp.: Um zu klären, ob die Negativvermutung einschlägig ist, ist zunächst zu prüfen, ob der gesamte kumulierte Jahresumsatz der beteiligten Unternehmen A und B mit Fertigbetonteilen innerhalb der EU nicht mehr als 40 Mio. Euro beträgt. Anschließend ist der relevante Markt in sachlicher und räumlicher Hinsicht zu bestimmen. Liegt der Marktanteil von A und B auf dem relevanten Markt unterhalb von 5 %, wäre die Spürbarkeit zu verneinen. Die Konsequenz wäre, dass auf die Kooperation vermutungshalber allein deutsches Recht Anwendung fände.

bb) Positivvermutung. Sind die Voraussetzungen der Negativvermutung nicht erfüllt, geht die Kommission beim Vorliegen folgender Vereinbarungen von der widerlegbaren Vermutung (Positivvermutung)[22] aus, dass die Beeinträchtigung des Handels spürbar ist:[23] 23

- Vereinbarungen, die Ein- oder Ausfuhren innerhalb der Gemeinschaft betreffen,[24] oder

---

[17] Zwischenstaatlichkeitsleitlinien (Fn. 12), Ziff. 22 und Ziff. 91.

[18] Zwischenstaatlichkeitsleitlinien (Fn. 12), Ziff. 91.

[19] Zwischenstaatlichkeitsleitlinien (Fn. 12), Ziff. 52.

[20] Bei Einkaufskooperationen: Jahreseinkaufsvolumen.

[21] Die Negativvermutung gilt nicht für den Sonderfall im Entstehen begriffener „neuer Märkte", hier ist stets eine Einzelfallprüfung erforderlich, vgl. Zwischenstaatlichkeitsleitlinien (Fn. 12), Ziff. 52.

[22] Zwischenstaatlichkeitsleitlinien (Fn. 12), Ziff. 53.

[23] Es handelt sich dann um sog. dem Wesen nach zur spürbaren Beeinträchtigung des zwischen-staatlichen Handels geeignete Vereinbarungen.

[24] Dies gilt nicht bei Verträgen, die lediglich *Exporte* in Länder außerhalb der EU betreffen, sofern solche Verträge nicht zur Beschränkung des Wettbewerbs innerhalb der Gemeinschaft dienen, vgl. Zwischenstaatlichkeitsleitlinien, Ziff. 103.

- Vereinbarungen, die sowohl Einfuhren aus Drittstaaten als auch Ausfuhren nach Drittstaaten betreffen,[25]
- Vereinbarungen, die mehrere Mitgliedstaaten betreffen; oder
- Hardcore-Kartellvereinbarungen, die sich auf einen ganzen Mitgliedstaat erstrecken.[26]

Bsp.: Im Beispielsfall wäre die Positivvermutung erfüllt, wenn A und B wegen möglicher Parallelimporte vereinbarten, dass der bisherige Umfang von Lieferungen von A und B nach Dänemark nur einvernehmlich erhöht werden darf und der Umsatz von A und B mit Fertigbetonteilen innerhalb der EU höher als 40 Mio. € liegt.

24 **cc) Vertiefte Einzelfallprüfung anhand qualitativer Kriterien.** Kann die Anwendbarkeit europäischen Rechts nicht schon aufgrund der Negativvermutung (Rn. 22) ausgeschlossen oder aufgrund der Positivvermutung (Rn. 23) angenommen werden, so ist die Frage der „Spürbarkeit" im Wege einer vertieften Einzelfallprüfung zu entscheiden. Dabei sind u. a.[27] zu berücksichtigen:
- die Wirkungen der Vereinbarung auf den Wettbewerb,
- die Marktstellung der Betroffenen,
- Art und Menge der betroffenen Güter bzw. Art und Umfang der betroffenen Dienstleistungen,
- das rechtliche Umfeld (zB Liberalisierungsprozesse oder behördliche Genehmigungserfordernisse),
- der Umfang der Exporte der kooperierenden Unternehmen mit den betreffenden Gütern und Dienstleistungen in einen weiteren Mitgliedstaat.

25 **b) Sonderfall Regionalmärkte.**[28] Im Hinblick auf KMU verdienen Vereinbarungen besondere Beachtung, die nur einen Teil eines Mitgliedstaats (Regionalmärkte) betreffen.[29] Diese Vereinbarungen unterfallen aufgrund ihrer geographisch begrenzten Reichweite nicht der Positivvermutung. Zu prüfen ist auch hier zunächst, ob die Anwendung europäischen Rechts nicht schon aufgrund der Negativvermutung (Rn. 22) ausgeschlossen werden kann. Ist dies nicht der Fall, so ist eine spürbare Beeinträchtigung des zwischenstaatlichen Handels wahrscheinlich, wenn eine **Marktabschottung** vorliegt und[30]

---

[25] Vgl. Zwischenstaatlichkeitsleitlinien (Fn. 12), Ziff. 103.

[26] Vgl. Zwischenstaatlichkeitsleitlinien (Fn. 12), Ziff. 78.

[27] Zwischenstaatlichkeitsleitlinien (Fn. 12), Ziff. 59 iVm. Ziff. 29, 30.

[28] Wie bereits unter Rn. 20 erwähnt, liegt bei Vereinbarungen von rein lokaler Bedeutung bereits keine Eignung zur Beeinträchtigung des zwischenstaatlichen Handels vor, so dass die Anwendbarkeit europäischen Rechts ausscheidet und eine Prüfung der Spürbarkeit entfallen kann.

[29] Nach Ansicht der Kommission sind Vereinbarungen zwischen KMU selten geeignet, den Handel zwischen den Mitgliedstaaten spürbar zu beeinträchtigen. Begründet wird dies damit, dass „die Tätigkeiten solcher Unternehmen in der Regel lokal oder regional ausgerichtet sind." Vereinbarungen zwischen KMU könnten allerdings dann der Anwendung des Gemeinschaftsrecht unterliegen, wenn sie grenzüberschreitend tätig werden, Zwischenstaatlichkeitsleitlinien (Fn. 12), Ziff. 50.
Im Gegensatz zum Bundeskartellamt orientiert sich die Kommission bei der KMU-Definition an absoluten Größenordnungen. Diese Definition entstammt dem Beihilfenrecht und umfasst Unternehmen, die maximal 250 Personen beschäftigen sowie einen Jahresumsatz von höchstens 50 Mio. € bzw. eine Jahresbilanzsumme von höchstens 43 Mio € aufweisen. S. Art. 2 Abs. 1 der Empfehlung der Kommission vom 6. Mai 2003 betreffend die Definition der Kleinstunternehmen sowie der kleinen und mittleren Unternehmen, ABl. EU Nr. L 124 vom 20. Mai 2003, S. 36.

[30] In diesem Sinne wohl auch Zwischenstaatlichkeitsleitlinien (Fn. 12), Ziff. 90.

a) der betreffende Umsatz einen erheblichen Anteil am Gesamtumsatz der Ware innerhalb des Mitgliedstaats ausmacht oder
b) der auf dem abgeschotteten Regionalmarkt mit den zum sachlichen Markt gehörenden Waren erzielte Umsatz im Verhältnis zu dem im gesamten Mitgliedstaat erzielten Umsatz erheblich ist.

In einem Fall der 1. Beschlussabteilung des Bundeskartellamts[31] *erstreckte sich der betroffene Markt über große Teile Süddeutschlands. Eine Abschottungswirkung konnte nicht festgestellt werden. Die Spürbarkeit wurde verneint, da*
a) das Kartellgebiet räumlich und mengenmäßig weniger als die Hälfte des Gebietes der Bundesrepublik Deutschland umfasste;
b) *die Beteiligten einen gemeinsamen Marktanteil von nicht einmal 10 % auf den betroffenen Regionalmärkten hielten und*
c) *die Beteiligten im Ausland nur eine unbedeutende Marktstellung aufwiesen.*

Aus einem Überschreiten der genannten Schwellen kann indessen nicht (positiv) darauf geschlossen werden, dass eine Spürbarkeit gegeben wäre.

III. Die Beurteilung von Mittelstandskooperationen nach § 3 GWB

1. Allgemeines. Nach § 1 GWB sind Vereinbarungen zwischen Unternehmen, Beschlüsse von Unternehmensvereinigungen und aufeinander abgestimmte Verhaltensweisen, die eine Verhinderung, Einschränkung oder Verfälschung des Wettbewerbs bezwecken oder bewirken, verboten. Die Voraussetzungen, nach denen eine Vereinbarung zwischen KMU vom Verbot des § 1 GWB freigestellt sind, finden sich in § 3 Abs. 1 GWB. Sind die Voraussetzungen des § 3 Abs. 1 GWB nicht erfüllt, so bleibt es bei der Möglichkeit, dass die Kooperation nach § 2 Abs. 1 GWB vom Verbot des § 1 GWB freigestellt ist. Die Darlegungslast für das Vorliegen der Voraussetzungen des § 2 Abs. 1 sowie § 3 Abs. 1 GWB obliegt den Unternehmen. 26

Gemäß § 3 Abs. 1 GWB sind Vereinbarungen vom Verbot des § 1 GWB freigestellt, wenn sie 27
- zwischen miteinander im Wettbewerb stehenden Unternehmen geschlossen werden (deshalb kommt § 3 Abs. 1 GWB nur für die Freistellung horizontal wirkender Wettbewerbsbeschränkungen in Betracht);
- die Rationalisierung wirtschaftlicher Vorgänge durch zwischenbetriebliche Zusammenarbeit zum Gegenstand haben;
- dadurch den Wettbewerb auf dem Markt nicht wesentlich beeinträchtigen und
- dazu dienen, die Wettbewerbsfähigkeit kleiner oder mittlerer Unternehmen zu verbessern.

2. Rationalisierung wirtschaftlicher Vorgänge. Darunter sind solche Maßnahmen zu verstehen, durch die bei jedem beteiligten KMU das Verhältnis des betrieblichen Aufwands für wirtschaftliche Vorgänge zum Ertrag, gerechnet in Produktionseinheiten, verbessert wird. 28

Hierzu gehören kooperative Maßnahmen insbesondere in den Bereichen 29
- Produktion,
- Forschung und Entwicklung,
- Finanzierung,
- Verwaltung,

---

[31] Beschl. v. 25.10.2005, B1 – 248/04, „Mein Ziegelhaus GmbH & Co. KG", verfügbar unter http://www.bundeskartellamt.de/wDeutsch/download/pdf/Kartell/Kartell05/B1-248-04.pdf. Die 1. Beschlussabteilung sah in diesem Fall aufgrund dessen geringfügiger Bedeutung keinen Anlass zum Tätigwerden; eine generelle Aussage über die Zulässigkeit der dem Fall zu Grunde liegenden weit gehenden Wettbewerbsbeschränkungen sollte hingegen nicht getroffen werden.

- Werbung,
- Einkauf und
- Vertrieb.

30 Die zwischenbetriebliche Zusammenarbeit kann sowohl in der Form der Koordinierung als auch der Ausgliederung und Vergemeinschaftung einzelner oder mehrerer Unternehmensfunktionen erfolgen.

31 Das Merkmal „Rationalisierung wirtschaftlicher Vorgänge" schließt von vornherein solche Kooperationen aus dem Anwendungsbereich von § 3 Abs. 1 GWB aus, die primär nicht auf einen Rationalisierungserfolg, sondern auf Ausschluss des Wettbewerbs gerichtet sind. Gleichwohl können auch nach § 2 GWB nicht freigestellte Kernbeschränkungen nach § 3 GWB zulässig sein.

32 Bloße **Preisabreden** sind allerdings in jedem Fall unzulässig, da diese nicht Ergebnis der Verbesserung des innerbetrieblichen Verhältnisses zwischen Aufwand und Ertrag sind. Nur im unmittelbaren inneren Zusammenhang mit einer insgesamt auf Steigerung der Wettbewerbsfähigkeit ausgerichteten Zusammenarbeit können ausnahmsweise auch Absprachen über Preise oder Preisbestandteile zulässig sein, wenn diese der Rationalisierung dienen. Dies kann insbesondere bei einer Werbe- oder Vertriebsgemeinschaft mittelständischer Unternehmen der Fall sein. Auch die Verpflichtung zum ausschließlichen Vertrieb über eine gemeinsame Verkaufsstelle (sog. Andienungszwang) kann Gegenstand einer Vereinbarung nach § 3 Abs. 1 GWB sein, wenn und soweit damit eine Rationalisierung verbunden ist.

33 Zulässig sind Vertriebskooperationen, die sich darauf beschränken, Aufträge in Abhängigkeit von den anfallenden Frachtkosten zu vergeben, um so Kosten zu minimieren. Als unzulässig beurteilt das Bundeskartellamt hingegen solche Vertriebskooperationen, deren Hauptzweck darin besteht, eine Quotenregelung aufrechtzuerhalten. Bei Überkapazitäten auf dem Markt wirken Absatzquotierungen regelmäßig rationalisierungshemmend, da sie der Auftragsvergabe nach Frachtgunst, optimaler Auslastung der Kapazitäten, Spezialisierung der Kooperanten etc. gerade entgegenstehen. **Quotenabsprachen** dienen unter diesen Umständen nicht – auch nicht mittelbar – der „Rationalisierung wirtschaftlicher Vorgänge" und können deshalb idR nicht Gegenstand einer Mittelstandskooperation sein. Dies gilt erst recht in den Fällen, in denen die Quotenregelung mit einer Ausgleichszahlung für den Fall der Überschreitung der Quote verbunden wird. Allein die Zielsetzung, die Auswirkungen des Abbaus von Überkapazitäten wirtschaftlich auf die gesamte Kooperation zu verteilen, ist nicht mit § 3 Abs. 1 GWB vereinbar. Soweit früher entsprechende Vereinbarungen vom Verbot des § 1 GWB freigestellt worden sind, wird an dieser Praxis nicht mehr festgehalten.

34 **3. Wesentliche Beeinträchtigung des Wettbewerbs auf dem Markt.** Gem. § 3 Abs. 1 Nr. 1 GWB setzt eine Freistellung von § 1 GWB voraus, dass der Wettbewerb nicht wesentlich beeinträchtigt wird. Dies kann in jedem Einzelfall nur eine Gesamtwürdigung der Auswirkungen einer Kooperationsvereinbarung auf die Wettbewerbsbedingungen des jeweils relevanten Marktes ergeben. Dabei sind in erster Linie

- die Marktstellung, vor allem die Marktanteile der an der Kooperation beteiligten Unternehmen;
- die Art der zwischenbetrieblichen Zusammenarbeit, insbesondere der Grad der mit ihr verbundenen Wettbewerbsbeschränkung sowie
- etwaige auf dem Markt schon bestehende Kooperationen

zu berücksichtigen.

35 Entsprechend seiner bestehenden Verwaltungspraxis geht das Bundeskartellamt davon aus, dass die kritische Grenze für eine wesentliche Beeinträchtigung des Wettbewerbs in der Regel bei einem kartellierten Marktanteil von 10 15 % liegt. Ein solcher Marktanteil gilt in jedem Fall für Absprachen über wesentliche Wettbewerbs-

parameter wie etwa die Festsetzung von Verkaufspreisen, Rabatten oder sonstigen Preisbestandteilen. Betrifft die Kooperation dagegen Absprachen über qualitativ weniger bedeutsame Parameter, kann der Marktanteil der Beteiligten auch oberhalb einer Schwelle von 15 % liegen.

4. Verbesserung der Wettbewerbsfähigkeit kleiner und mittlerer Unternehmen. Mit der Freistellungsnorm des § 3 Abs. 1 GWB zielt der Gesetzgeber auf eine Verbesserung der Wettbewerbsfähigkeit von KMU. Zur Steigerung der Wettbewerbsfähigkeit der beteiligten Unternehmen ist die zwischenbetriebliche Zusammenarbeit zB dann geeignet, wenn eine Ausweitung der Produktion oder Erhöhung ihrer Qualität, Verbreiterung des Sortiments, Verkürzung der Lieferwege oder -fristen, rationellere Gestaltung der Einkaufs- oder Vertriebsorganisation oder eine gemeinsame Werbemaßnahme angestrebt wird. 36

Bereits dem Wortlaut nach sind Kooperationen allein zwischen Großunternehmen ausgeschlossen. Nach der Rechtsprechung des BGH können sich im Einzelfall allerdings auch große Unternehmen an einer Kooperationsvereinbarung von KMU beteiligen.[32] Entscheidend ist in diesen Fällen, ob die Wettbewerbsfähigkeit kleiner und mittlerer Unternehmen erst durch die Beteiligung auch großer Unternehmen an der Kooperation ermöglicht wird. Dies kann insbesondere in Betracht kommen, wenn der Zweck einer Kooperation von Klein- und Mittelbetrieben ohne die Teilnahme großer Unternehmen nicht oder nicht mit derselben Wirksamkeit erreicht werden kann, wenn etwa ein oder mehrere Klein- oder Mittelbetriebe durch die Vereinbarung mit einem Großunternehmen verbesserte Bezugs- oder Vertriebsmöglichkeiten erhalten. Besonderes Augenmerk ist in diesen Fällen allerdings auf die Prüfung, ob eine wesentliche Beeinträchtigung des Wettbewerbs auf dem Markt vorliegt, zu legen. Die Beteiligung von Großunternehmen ist insbesondere dann nicht möglich, wenn mit ihr darüber hinausgehende Wettbewerbsbeschränkungen verbunden sind, welche die Marktverhältnisse in nicht unerheblichem Umfang zu Gunsten des beteiligten Großunternehmens beeinflussen. 37

IV. Behandlung von Einkaufskooperationen

Mit der 7. GWB-Novelle ist die Vorschrift über Einkaufskooperationen kleiner und mittlerer Unternehmen (§ 4 Abs. 2 GWB aF) gestrichen worden. Hier wird deshalb darüber informiert, nach welchen Kriterien das Bundeskartellamt künftig derartige Kooperationen beurteilen wird. 38

Auch bei Einkaufskooperationen gelten neben § 3 GWB die allgemeinen Freistellungsnormen Art. 81 Abs. 3 EG bzw. § 2 GWB, denen in diesem Zusammenhang eine besondere Bedeutung zukommt.

In der europäischen Rechtspraxis werden Einkaufskooperationen von KMU[33] als „normalerweise wettbewerbsfördernd“ angesehen.[34] Dementsprechend sieht die Europäische Kommission bei Einkaufskooperationen, die einen gemeinsamen Marktanteil von weniger als 15 % auf den betroffenen Einkaufs- bzw. Verkaufsmärkten halten, die Verletzung von Art. 81 Abs. 1 EG als unwahrscheinlich bzw. jedenfalls eine Freistellung nach Art. 81 Abs. 3 EG als wahrscheinlich an.[35] Die

[32] BGH WuW/E BGH 2321, 2325 „Mischguthersteller“; WuW/E DE-R 1087, 1090 „Ausrüstungsgegenstände für Feuerlöschzüge“.

[33] Zum abweichenden KMU-Begriff der Kommission vgl. Fn. 29.

[34] Horizontalleitlinien (Fn. 9), Rn. 116.

[35] Horizontalleitlinien (Fn. 9), Rn. 130. Darüber hinaus interpretiert die Kommission Art. 81 EG in ihrer De-Minimis-Bekanntmachung (Fn. 10) dahingehend, dass Einkaufskooperationen unter 10 % Marktanteil auf dem Beschaffungsmarkt nicht spürbar sind und Art. 81 Abs. 1 daher nicht verletzt ist, s. De-minimis-Bekanntmachung, Ziff 7. Dies gilt nach Ziff. 11 der Bekanntmachung nicht im Falle der Vereinbarung von Kernbeschränkungen über die bloße Festsetzung von Einkaufspreisen hinaus.

Leitlinien binden das Bundeskartellamt nicht. Gleichwohl geht auch das Bundeskartellamt davon aus, dass bei Unterschreiten der genannten Schwellen eine Freistellung nach Art. 81 Abs. 3 EG bzw. § 2 GWB wahrscheinlich ist.[36]

Die Vereinbarung eines Bezugszwangs kann indessen im Hinblick auf das Kriterium der „Unerlässlichkeit" in Art. 81 Abs. 3 EG bzw. § 2 GWB häufig problematisch sein.[37]

V. Bedeutung von § 3 GWB für einzelne Kooperationsformen

39 Vereinbarungen über gemeinschaftliche **Forschung und Entwicklung,** bei denen den beteiligten Unternehmen Wettbewerbsbeschränkungen bei der Vermarktung der Forschungs- oder Entwicklungsergebnisse auferlegt werden, können nach der europäischen GVO für Forschung und Entwicklung über § 2 Abs. 2 GWB freigestellt sein.[38] § 3 Abs. 1 GWB geht insofern noch darüber hinaus, als nach Art. 81 Abs. 3 bzw. § 2 GWB (ggf. iVm. GVOen) nicht zulässige Kernbeschränkungen freigestellt sein können (s. o. Rn. 32).

Bei **Produktionsvereinbarungen** ist zunächst zu prüfen, ob nicht eine Freistellung vom Kartellverbot nach § 2 Abs. 2 GWB in Verbindung mit der Spezialisierungs-GVO gegeben ist. Wenn diese GVO – insbesondere mangels eines gemeinsamen Produktionsunternehmens – nicht einschlägig ist, bietet § 3 GWB weitergehende Freistellungsmöglichkeiten.

In der Vergangenheit spielten eine **Logistikkooperation und gemeinsame Werbemaßnahmen** in der Praxis des Bundeskartellamtes – unter Geltung des mit § 3 Abs. 1 GWB wortgleichen § 4 Abs. 1 GWB aF – eine größere Rolle:

Eine Vereinbarung von Getränkefachgroßhändlern wurde nicht beanstandet, deren Gegenstand u. a. die Konzentration der Lagerhaltung, ein einheitlicher Marktauftritt im Bereich des Getränkeeinzelhandels und die Zusammenarbeit im Rahmen des Informations- und Erfahrungsaustauschs zur Prozessoptimierung war. Denn dadurch sanken insbesondere die Frachtkosten erheblich und es ergaben sich Rationalisierungseffekte beim Vertrieb.

Im Bereich der Personenbinnenschifffahrt sah das Bundeskartellamt eine Kooperation als zulässig an, die eine fahrplanmäßige Verknüpfung von Linienfahrten, eine Harmonisierung der Beförderungsbedingungen sowie ein gemeinsames Marketing vorsah. Die beteiligten Unternehmen wurden durch ihre Kooperation erstmals in die Lage versetzt, auch längere Fahrtstrecken zu bedienen und so als neuer Wettbewerber auf einen Markt vorzustoßen, auf dem sie bis dahin nicht tätig gewesen waren und den sie einzeln auch nicht hätten erschließen können.[39]

Des Weiteren erachtete das Bundeskartellamt folgende Vereinbarung zwischen dreizehn mittelständischen Herstellern von Bau-Fertigteilen, die gemeinsam einen Marktanteil von deutlich unter 15 % hielten, als zulässig: Die beteiligten Unternehmen gründeten eine Gesellschaft für die zentrale Annahme von Aufträgen. Diese Gesellschaft vergab eingehende Aufträge je nach Geeignetheit (Spezialisierung) der Unternehmen sowie – nachrangig – nach deren Kapazitätsauslastung. Des Weiteren wurden etwa Einkäufe, Transporte und Lagerhaltung koordiniert. Ausgleichszahlungen oder andere Sanktionen bei Nichtbeachtung der Kriterien der Auftragsverteilung waren nicht vorgesehen.

§ 3 Abs. 1 GWB kann ferner auch bei einer Vereinbarung über einen gemeinschaftlichen **Kunden- und Reparaturdienst** einschlägig sein, bei denen sich die

---

[36] Oberhalb der 15 %-Schwellen ist eine Einzelfallprüfung anhand § 2 GWB erforderlich.

[37] Nach Auffassung der Kommission kann ein Bezugszwang in Einzelfällen zur Erreichung des erforderlichen Einkaufsvolumens zur Erzielung von Größenvorteilen unerlässlich sein, vgl. Horizontalleitlinien (Fn. 9), Rn. 117.

[38] S. Fn. 8.

[39] Eine detailliertere Beschreibung des Falles kann dem Tätigkeitsbericht des Bundeskartellamts 1999/2000, S. 154 entnommen werden (BT-Drucksache 14/6300; im Internet abrufbar unter http://dip.bundestag.de/btd/14/063/1406300.pdf).

beteiligten Unternehmen vertraglich verpflichten, keinen eigenen, selbstständigen Kunden- oder Reparaturdienst einzurichten oder zu unterhalten.

VI. Zuständige Kartellbehörden

Für die Anwendung des deutschen Kartellrechts sind entweder das Bundeskartellamt oder die Landeskartellbehörden (Anschriften siehe Anlage) zuständig. Die Anwendung des europäischen Rechts obliegt jeweils zusätzlich der Kommission (Grundsatz der parallelen Zuständigkeit). In der ganz überwiegenden Zahl der Fälle wird jedoch das Bundeskartellamt bzw. die zuständige Landeskartellbehörde das Verfahren führen, da Mittelstandskooperationen idR ausschließlich bzw. ganz überwiegend Deutschland oder Teile Deutschlands betreffen.[40] **40**

Das Bundeskartellamt ist im Verhältnis zu den Landeskartellbehörden grundsätzlich zuständig, wenn die Wirkung des wettbewerbsbeschränkenden Verhaltens über das Gebiet eines Bundeslandes hinausreicht (§ 48 Abs. 2 GWB). Zwischen Bundeskartellamt und Landeskartellbehörden kann eine hiervon abweichende Zuständigkeit vereinbart werden (§ 49 Abs. 3 und 4 GWB). **41**

Liefern im Ausgangsfall die Unternehmer A und B ihre Fertigbetonteile sowohl innerhalb Schleswig-Holsteins als auch nach Niedersachsen, ergäbe sich aus § 48 Abs. 2 GWB die Zuständigkeit des Bundeskartellamtes. **42**

VII. Anspruch gemäß §§ 3 Abs. 2, 32c GWB und informelle Beratung

Nach § 3 Abs. 2 GWB haben Unternehmen oder Unternehmensvereinigungen, sofern nicht die Voraussetzungen nach Art. 81 Abs. 1 EG erfüllt sind, auf Antrag einen Anspruch auf eine Entscheidung nach § 32c GWB. Voraussetzung ist, dass die Unternehmen ein „erhebliches rechtliches oder wirtschaftliches Interesse" an einer solchen Entscheidung darlegen. **43**

Der Begriff des „erheblichen rechtlichen oder wirtschaftlichen Interesses" ist im Gesetz nicht definiert. Er ist indes nicht losgelöst von der gesetzgeberischen Grundentscheidung zu interpretieren, das alte Anmeldesystem abzuschaffen. Von einem erheblichen Interesse ist insbesondere dann auszugehen, wenn **44**

a) es sich um Kooperationsformen bzw. Arten von Absprachen handelt, die als solche noch nicht Gegenstand der kartellamtlichen Praxis waren,
b) die kartellrechtliche Bewertung der Kooperation Bedeutung für eine Vielzahl von Fällen hat (Musterfälle) oder
c) erhebliche Investitionen im Zusammenhang mit der Kooperationsvereinbarung getätigt werden sollen.

Liegen diese Voraussetzungen nicht vor, ist es den Unternehmen zumutbar, unter Berücksichtigung der Praxis des Bundeskartellamts eine Selbsteinschätzung vorzunehmen. In solchen Fällen besteht kein Anspruch auf eine Entscheidung nach § 32c GWB.

Durch eine Entscheidung nach § 32c GWB bindet sich das Bundeskartellamt selbst. Hat das Bundeskartellamt eine Entscheidung nach § 32c GWB getroffen, kann es im Anschluss daran nur bei Vorliegen neuer Erkenntnisse gegen die Kooperation vorgehen. Deshalb liegt es im Interesse des Antragstellers, alle für die Beurteilung der Kooperation nach § 3 Abs. 1 GWB maßgeblichen Tatsachen mitzuteilen. Neben der Kooperationsvereinbarung selbst, die beim Bundeskartellamt eingereicht werden sollte, sollten gegenüber dem Bundeskartellamt folgende Angaben gemacht werden: **45**

---

[40] Vgl. dazu Ziff. 8 der Bekanntmachung der Kommission über die Zusammenarbeit innerhalb des Netzes der Wettbewerbsbehörden („Netzwerkbekanntmachung"), ABl. EU C 101 vom 27. April 2004, S. 43.

a) Darstellung des rechtlichen und wirtschaftlichen Hintergrundes der Vereinbarung;
b) Gesamtumsatz und Umsatz auf dem sachlich und räumlich relevanten Markt[41] für alle an der Kooperation beteiligten Unternehmen;
c) Angaben über das Gesamtumsatzvolumen auf dem sachlich und räumlich relevanten Markt. Soweit derartige Angaben nicht verfügbar sind, können Schätzungen inkl. Erläuterungen über die Schätzgrundlagen gemacht werden;
d) Benennung der wichtigsten Wettbewerber auf dem relevanten Markt und Angaben über die „Größe" der Wettbewerber;
e) Darstellung der erwarteten Rationalisierungswirkung;
f) Erläuterungen, inwieweit die geplante Wettbewerbsbeschränkung zur Steigerung der Wettbewerbsfähigkeit beiträgt;
g) Mitteilung, inwieweit es bereits andere Kooperationen auf dem fraglichen Markt gibt;
h) eigene rechtliche Würdigung der Vereinbarung (einschließlich der Prüfung der „Zwischenstaatlichkeit" der Kooperation).

46 Die Regelung, wonach ein Anspruch auf Entscheidung nach § 32c GWB besteht, tritt am 30. Juni 2009 außer Kraft. Im Anschluss daran gelten auch für die Mittelstandskooperationen hinsichtlich einer Entscheidung nach § 32c GWB dieselben Voraussetzungen wie für alle übrigen unter Art. 81 Abs. 3 EG bzw. § 2 Abs. 1 GWB fallenden Kooperationen.

Unabhängig vom Anspruch aus § 3 Abs. 2 GWB besteht (weiterhin) die Möglichkeit, sich informell an das Bundeskartellamt zu wenden und um eine kartellrechtliche Einschätzung der Kooperation nachzusuchen. In diesem Fall sollte die schriftliche Anfrage der beteiligten Unternehmen eine umfassende Sachverhaltsschilderung unter Beifügung der Kooperationsvereinbarung und eine eigene umfassende kartellrechtliche Würdigung enthalten. Sofern sich keine Anhaltspunkte für ein wettbewerbswidriges Verhalten ergeben, kann das Bundeskartellamt dann in Ausübung seines Aufgreifermessens im Rahmen von § 32 GWB von einer vertieften Prüfung absehen und dies den betroffenen Unternehmen mitteilen.

[41] Bereitet die Bestimmung des sachlich und räumlich relevanten Marktes Schwierigkeiten oder besteht Unsicherheit über die Marktabgrenzung, sollte dies vorab mit der zuständigen Beschlussabteilung diskutiert und geklärt werden.

5. Merkblatt des Bundeskartellamts zur deutschen Fusionskontrolle

(Stand: Juli 2005, wird derzeit im Hinblick auf die 2. Inlandsmarktschwelle überarbeitet, auch in Englisch und Französisch verfügbar)

Das Gesetz gegen Wettbewerbsbeschränkungen (GWB) ist die gesetzliche Grundlage für die Prüfung von Zusammenschlüssen (§§ 35 ff. GWB[1]). Für diese Prüfung ist in Deutschland ausschließlich das Bundeskartellamt zuständig. Die Anmeldung bzw. Anzeige muss in deutscher Sprache erfolgen. Das GWB findet keine Anwendung, soweit die Europäische Kommission nach der EG-Fusionskontrollverordnung[2] ausschließlich zuständig ist.

Dieses Merkblatt erläutert kurz zentrale Begriffe, die für die Anmeldung von Bedeutung sind, dh. Schwellenwerte, Fristen, Zusammenschlusstatbestände, Feststellung der beteiligten Unternehmen usw., und es beschreibt die Grundzüge des Fusionskontrollverfahrens in Deutschland.

Bitte senden Sie Ihre Anmeldung/Vollzugsanzeige an die unten stehende Adresse:

Bundeskartellamt
Kaiser-Friedrich-Str. 16
D-53113 Bonn
Tel.: (++49-2 28) 94 99-0
Fax: (++49-2 28) 94 99-4 00

Die Unterlagen der Anmeldung müssen dem Bundeskartellamt vollständig zugehen, um den Fristenlauf auszulösen. Das kann per Post oder per Telefax erfolgen. Eine wirksame Anmeldung per E-Mail ist derzeit nicht möglich.

Sollten Sie weitere Fragen zur Anmeldung von Zusammenschlüssen haben, wenden Sie sich bitte ebenfalls an die angegebene Adresse (oder E-Mail: info@bundeskartellamt.de).

I. Voraussetzungen der Anmeldepflicht

In der Fusionskontrolle nach dem GWB sind zwei Klassen von Zusammenschlüssen zu unterscheiden: kontrollpflichtige und nicht kontrollpflichtige Zusammenschlüsse. Kontrollpflichtige Fälle sind stets vor Vollzug anzumelden (§ 39 GWB). Für nicht kontrollpflichtige Zusammenschlüsse besteht weder eine Anmeldepflicht noch eine Pflicht zur Vollzugsanzeige.

In welche dieser zwei Klassen ein Zusammenschluss fällt, hängt von den Umsätzen der beteiligten Unternehmen ab.

1. Kontrollpflichtige Zusammenschlüsse. Im letzten Geschäftsjahr vor dem Zusammenschluss haben

– die beteiligten Unternehmen insgesamt weltweit Umsatzerlöse von mehr als fünfhundert Millionen Euro und
– mindestens ein beteiligtes Unternehmen im Inland Umsatzerlöse von mehr als fünfundzwanzig Millionen Euro erzielt.

---

[1] Gesetz gegen Wettbewerbsbeschränkungen in der Fassung der Bekanntmachung vom 12. Juli 2005 (Bundesgesetzblatt I, S. 1954).

[2] Verordnung (EG) Nr. 139/2004 des Rates über die Kontrolle von Unternehmenszusammenschlüssen, („EG-Fusionskontrollverordnung") vom 20. Januar 2004 (ABl. EG Nr. L 24 S. 1).

2. Nicht kontrollpflichtige und nicht anzeigepflichtige Zusammenschlüsse. Es handelt sich um einen nicht kontrollpflichtigen und nicht anzeigepflichtigen Zusammenschluss, wenn:

– der Zusammenschluss **keine Inlandsauswirkung** im Sinne von § 130 Abs. 2 GWB hat[3] oder
– die unter 1. genannten **Umsatzschwellen nicht erreicht** werden oder
– die **de minimis-Klausel** (§ 35 Abs. 2 Nr. 1 GWB) erfüllt ist, dh. soweit sich ein Unternehmen, das nicht im Sinne des § 36 Abs. 2 GWB abhängig ist und im **letzten Geschäftsjahr weltweit Umsatzerlöse von weniger als zehn Millionen Euro** erzielt hat, mit einem anderen Unternehmen zusammenschließt oder
– die **Bagatellmarktklausel** (§ 35 Abs. 2 Nr. 2 GWB) erfüllt ist, dh. soweit ausschließlich ein Markt betroffen ist, auf dem seit mindestens fünf Jahren Waren oder gewerbliche Leistungen angeboten werden und auf dem im letzten Kalenderjahr **weniger als fünfzehn Millionen Euro** umgesetzt wurden.

Die de minimis-Klausel gilt nicht, soweit der Zusammenschluss zu Beschränkungen des Wettbewerbs beim Verlag, bei der Herstellung oder beim Vertrieb von Zeitungen oder Zeitschriften oder deren Bestandteilen führt (§ 35 Abs. 2 Satz 2 GWB).

Nach dem Gesetzeswortlaut kann nur ein Unternehmen, das **nicht abhängig** ist, die de minimis-Klausel in Anspruch nehmen. Dies führt dazu, dass zur Prüfung der de minimis-Klausel stets auf den Gesamtumsatz, der dem Veräußerer zuzurechnen ist (§ 36 Abs. 2 GWB), abgestellt werden muss. Dieser Gesamtumsatz, nicht etwa nur der Umsatz des veräußerten Unternehmens, muss unter 10 Millionen Euro liegen.

Zusammenschlüsse, die einen Bagatellmarkt betreffen, unterliegen nicht der Fusionskontrolle. Die Kontrollpflicht und damit auch die Anmeldepflicht entfällt aber nur dann, wenn der Zusammenschluss **ausschließlich** einen Bagatellmarkt betrifft. Eine notwendige, aber nicht hinreichende Bedingung dafür ist, dass das erworbene Unternehmen ausschließlich auf einem Markt tätig ist, der ein Bagatellmarkt ist. Es kann aber fraglich sein, ob ein solcher Fall nicht zB auch die Stellung des Erwerbers auf der vorgelagerten Marktstufe verbessert. In Zweifelsfällen ist (bei Erreichen der unter 1. genannten Umsatzschwellen) eine vorherige Anmeldung vor Vollzug ratsam, um einen Verstoß gegen das Vollzugsverbot zu vermeiden und Rechtssicherheit zu erlangen.

WICHTIGE HINWEISE!

Kontrollpflichtige Zusammenschlüsse, die das Verfahren der Fusionskontrolle durchlaufen haben, sind nach ihrem Vollzug beim Bundeskartellamt anzuzeigen. Bei der Vollzugsanzeige kann auf die bei der Anmeldung eingereichten Unterlagen Bezug genommen werden.

Für bestimmte Branchen (Handel, Banken, Versicherungen, Presse, Rundfunk) gelten besondere Regeln zur Ermittlung des für die Anmeldepflicht zugrunde zu legenden Umsatzes (siehe dazu unten Abschnitt V. 5).

II. Vom GWB erfasste Zusammenschlusstatbestände

Als Zusammenschlüsse im Sinne des GWB gelten folgende Unternehmensverbindungen **(§ 37 Abs. 1 Nr. 1–4 GWB):**

(1) der **Erwerb des Vermögens** eines anderen Unternehmens ganz oder zu einem wesentlichen Teil (siehe dazu Abschnitt V Punkt 3.);

(2) der **Erwerb der** unmittelbaren oder mittelbaren **Kontrolle** durch ein oder mehrere Unternehmen über die Gesamtheit oder Teile eines oder mehrerer anderer

---

[3] Vgl. dazu auch das Merkblatt des Bundeskartellamtes über Inlandsauswirkungen bei Unternehmenszusammenschlüssen.

Unternehmen. Die Kontrolle wird durch Rechte, Verträge oder andere Mittel begründet, die einzeln oder zusammen unter Berücksichtigung aller tatsächlichen und rechtlichen Umstände die Möglichkeit gewähren, einen bestimmenden Einfluss auf die Tätigkeit eines Unternehmens auszuüben, insbesondere durch

a) Eigentums- und Nutzungsrechte an einer Gesamtheit oder an Teilen des Vermögens des Unternehmens,
b) Rechte oder Verträge, die einen bestimmenden Einfluss auf die Zusammensetzung, die Beratungen oder Beschlüsse der Organe des Unternehmens gewähren (siehe dazu Abschnitt V Punkt 4);

(3) der **Erwerb von Anteilen** an einem anderen Unternehmen, wenn diese Anteile allein oder zusammen mit sonstigen, dem Unternehmen bereits gehörenden Anteilen

- 50 vom Hundert oder
- 25 vom Hundert
- des Kapitals oder der Stimmrechte des anderen Unternehmens erreichen oder übersteigen. Zu den Anteilen, die dem Unternehmen gehören, rechnen auch die Anteile, die einem anderen auf Rechnung dieses Unternehmens gehören und, wenn der Inhaber des Unternehmens ein Einzelkaufmann ist, auch die Anteile, die sonstiges Vermögen des Inhabers sind. Erwerben mehrere Unternehmen gleichzeitig oder nacheinander im vorbezeichneten Umfang Anteile an einem anderen Unternehmen, gilt dies hinsichtlich der Märkte, auf denen das andere Unternehmen tätig ist, auch als Zusammenschluss der sich beteiligenden Unternehmen untereinander;

(4) jede sonstige Verbindung von Unternehmen, auf Grund deren ein oder mehrere Unternehmen unmittelbar oder mittelbar einen **wettbewerblich erheblichen Einfluss** auf ein anderes Unternehmen ausüben können. Ein Zusammenschluss liegt auch dann vor, wenn die beteiligten Unternehmen bereits vorher zusammengeschlossen waren, es sei denn, der Zusammenschluss führt nicht zu einer wesentlichen Verstärkung der bestehenden Unternehmensverbindung (§ 37 Abs. 2 GWB).

Erwerben Kreditinstitute, Finanzinstitute oder Versicherungsunternehmen Anteile an einem anderen Unternehmen zum Zwecke der Veräußerung, gilt dies nicht als Zusammenschluss, solange sie das Stimmrecht aus den Anteilen nicht ausüben und sofern die Veräußerung innerhalb eines Jahres erfolgt **(„Bankenklausel“).** Diese Frist kann vom Bundeskartellamt auf Antrag verlängert werden, wenn glaubhaft gemacht wird, dass die Veräußerung innerhalb der Frist unzumutbar war (§ 37 Abs. 3 GWB).

III. Grundzüge des Kontrollverfahrens, Entscheidungsfristen und Vollzugsverbot

1. Eingriffsvoraussetzung. Das Bundeskartellamt untersagt einen Zusammenschluss, wenn zu erwarten ist, dass durch den Zusammenschluss eine marktbeherrschende Stellung begründet oder verstärkt wird, es sei denn, die Unternehmen weisen nach, dass durch den Zusammenschluss auch Verbesserungen der Wettbewerbsbedingungen eintreten und dass diese Verbesserungen die Nachteile der Marktbeherrschung überwiegen (§ 36 Abs. 1 GWB). Zum Begriff der Marktbeherrschung siehe § 19 Abs. 2 und 3 GWB.

Die Untersagungsverfügung kann vor dem örtlich zuständigen Oberlandesgericht angefochten werden (OLG Düsseldorf).

Daneben kann die Erlaubnis des Bundesministers für Wirtschaft und Technologie beantragt werden, wenn im Einzelfall die Wettbewerbsbeschränkung von gesamtwirtschaftlichen Vorteilen aufgewogen wird oder der Zusammenschluss durch ein überragendes Interesse der Allgemeinheit gerechtfertigt ist (§ 42 GWB).

2. Fristen und Vollzugsverbot. 2.1 Ablauf des Verfahrens. In den kontrollpflichtigen Fällen hat das Bundeskartellamt grundsätzlich einen Prüfungszeitraum von 4 Monaten nach Eingang der vollständigen Anmeldung; dh. es kann innerhalb dieser Frist den Zusammenschluss untersagen. Dazu muss es aber den anmeldenden Unternehmen innerhalb eines Monats nach Eingang der Anmeldung mitteilen (sog. „Monatsbrief"), dass es in die Prüfung des Zusammenschlusses (Hauptprüfverfahren) eingetreten ist. Das Hauptprüfverfahren soll eingeleitet werden, wenn eine weitere Prüfung des Zusammenschlusses erforderlich ist (§ 40 Abs. 1 S. 2 GWB). Im Hauptprüfverfahren entscheidet das Bundeskartellamt durch förmliche Verfügung, ob der Zusammenschluss untersagt oder freigegeben wird. Auch die Freigabeentscheidung ist zu begründen; sie kann mit Bedingungen sowie Auflagen verbunden werden (§ 40 Abs. 3 GWB). Diese dürfen sich nicht darauf richten, die beteiligten Unternehmen einer laufenden Verhaltenskontrolle zu unterstellen. Entscheidungen im Hauptprüfverfahren werden bekannt gemacht (§ 43 (2) Nr. 1 GWB).

HINWEIS!

Die Entscheidungsfrist beginnt erst mit dem Eingang der vollständigen Anmeldung zu laufen.

2.2 Vollzugsverbot. Ein anmeldepflichtiger Zusammenschluss darf nicht vollzogen werden, bevor
- die Monatsfrist des § 40 Abs. 1 Satz 1 GWB abgelaufen ist, ohne dass das Bundeskartellamt das Hauptprüfverfahren eingeleitet hat, oder
- die Viermonatsfrist des § 40 Abs. 2 Satz 2 GWB abgelaufen ist, oder
- das Bundeskartellamt den Zusammenschluss freigegeben hat.

Ein Verstoß gegen dieses Vollzugsverbot stellt eine Ordnungswidrigkeit dar (§ 81 Abs. 2 Nr. 1 GWB). Im Übrigen sind Rechtsgeschäfte, die gegen dieses Verbot verstoßen, unwirksam (§ 41 Abs. 1 S. 2 GWB). Das Bundeskartellamt kann auf Antrag eine **Befreiung vom Vollzugsverbot** erteilen, wenn die beteiligten Unternehmen hierfür wichtige Gründe geltend machen, insbesondere um schweren Schaden von einem beteiligten Unternehmen oder von Dritten abzuwenden (§ 41 Abs. 2 GWB). Die Befreiung kann jederzeit, auch vor der Anmeldung, erteilt und mit Bedingungen und Auflagen verbunden werden.

Das Bundeskartellamt ist bestrebt, Prüfungsverfahren nach § 40 GWB, die nicht auf eine Untersagung hinauslaufen, möglichst kurzfristig abzuschließen. Kommt aufgrund der mitgeteilten oder dem Amt bereits vorliegenden Daten die Entstehung oder Verstärkung einer marktbeherrschenden Stellung im Sinne des § 36 Abs. 1 GWB erkennbar nicht in Betracht, so wird das Bundeskartellamt den anmeldenden Unternehmen unverzüglich nach Eingang der vollständigen Anmeldung mitteilen, dass die Untersagungsvoraussetzungen nicht erfüllt sind, und damit den Vollzug freigeben.

2.3 Vollzugsanzeige. Die Anzeige eines Zusammenschlusses hat unverzüglich nach dem Vollzug zu erfolgen (§ 39 Abs. 6 GWB). Der Verstoß gegen die Anzeigepflicht stellt ebenfalls eine Ordnungswidrigkeit dar (§ 81 Abs. 2 Nr. 4 GWB).

2.4 Gebühren. Die Anmeldung kontrollpflichtiger Zusammenschlüsse ist gebührenpflichtig (§ 80 Abs. 2 Satz 2 Nr. 1 GWB). Die Höhe der Gebühren bestimmt sich nach dem personellen und sachlichen Aufwand der Kartellbehörde unter Berücksichtigung der wirtschaftlichen Bedeutung des Zusammenschlusses. Die Gebühr darf grundsätzlich 50.000 Euro nicht übersteigen (§ 80 Abs. 2 Satz 2 Nr. 1 GWB); sie kann in Ausnahmefällen verdoppelt werden (§ 80 Abs. 2 Satz 3 GWB).

IV. Zur Vollständigkeit von Anmeldungen

1. Erforderliche Angaben für vollständige Anmeldungen. Anmeldungen sind vollständig, wenn sie die in § 39 Abs. 3 GWB aufgeführten Angaben enthalten. Erforderlich sind:

1.1 Angaben über den Zusammenschluss. Aus der Anmeldung muss hervorgehen, welche Unternehmen sich zusammenschließen wollen. Außerdem ist die Form des Zusammenschlusses anzugeben (§ 39 Abs. 3 Satz 1 GWB); soweit der Zusammenschluss auf Verträgen beruht, ist es zweckmäßig, beglaubigte Abschriften oder Ablichtungen dieser Verträge beizufügen. Beim Erwerb von Anteilen ist die Höhe der erworbenen und der insgesamt gehaltenen Beteiligung anzugeben; ferner ist anzugeben, wer die restlichen Anteile hält.

1.2 Angaben über die Unternehmen.

(a) Für *jedes* am Zusammenschluss *beteiligte in- und ausländische Unternehmen* sowie für die mit diesen *verbundenen in- und ausländischen Unternehmen* (zu dem Begriff der beteiligten bzw. verbundenen Unternehmen siehe Abschnitt V. 1. und 2.) sind anzugeben:
- Firma, Sitz und Geschäftsbetrieb. Der Geschäftsbetrieb ist möglichst genau anzugeben (zB nicht „Metallverarbeitung", sondern „Herstellung von Baubeschlägen") und sollte auch die Wirtschaftsstufe kennzeichnen (zB Produktion, Großhandel).
- Konzernbeziehungen und Abhängigkeits- und Beteiligungsverhältnisse.

(b) Für jeden *Unternehmensverbund,* dh. für jedes beteiligte Unternehmen einschließlich der mit ihm verbundenen Unternehmen, sind nach § 39 Abs. 3 Satz 2 Nr. 3 und 4 GWB für das letzte Geschäftsjahr anzugeben:
- die Umsatzerlöse im Inland, in der Europäischen Union und weltweit;
- die Marktanteile einschließlich der Grundlagen für ihre Berechnung oder Schätzung, wenn diese im Geltungsbereich dieses Gesetzes oder in einem wesentlichen Teil desselben für die beteiligten Unternehmen mindestens 20% erreichen.

(c) Eine zustellungsbevollmächtigte Person im Inland, sofern sich der Sitz des Unternehmens nicht in Deutschland befindet.

Umsätze und Marktanteile müssen also nur für jedes am Zusammenschluss beteiligte Unternehmen und für die mit ihm verbundenen Unternehmen ***insgesamt,*** aber nicht gesondert für jedes einzelne verbundene Unternehmen angegeben werden. Zweckmäßig ist es allerdings, wenn die Daten der unmittelbar an dem Zusammenschluss beteiligten Unternehmen darüber hinaus noch gesondert ausgewiesen werden. Sofern erhebliche Umsatzanteile auf das Ausland entfallen, ist ferner eine Aufschlüsselung nach in- und ausländischen Umsätzen nützlich.

Bei der Berechnung der Marktanteile können im Einzelfall Zweifel sowohl hinsichtlich der Marktabgrenzung als auch hinsichtlich der von den anderen Beteiligten erreichten Inlandsmarktanteile bestehen. Deshalb empfiehlt es sich, im Interesse der Vollständigkeit von Anmeldungen, Angaben über nennenswerte Marktanteile auch dann zu machen, wenn das Überschreiten der 20%-Grenze zweifelhaft ist.

Die Anmeldung sollte auch eine Übersicht über die **Verflechtungen** der Beteiligten enthalten, also eine Angabe der Unternehmen, an denen die Beteiligten einzeln oder gemeinsam 10% oder mehr der Stimmrechte oder der Anteile halten. Daneben sollten diejenigen Unternehmen benannt werden, die an den Beteiligten derart beteiligt sind.

Das Bundeskartellamt bittet, bereits in der Anmeldung darzulegen, in welchen anderen Staaten eine Notifizierung des Zusammenschlussvorhabens geplant oder bereits erfolgt ist **(Mehrfachnotifizierung).**

HINWEIS!

Es ist zweckmäßig, einen Geschäftsbericht – sofern vorhanden und zu den einzelnen Punkten aussagefähig – beizufügen.

2. Rechtsfolgen bei Verstoß gegen Vollzugsverbot, Anmeldepflicht oder Anzeigepflicht. Ordnungswidrig handelt, wer vorsätzlich oder fahrlässig ein anmeldepflichtiges Zusammenschlussvorhaben verbotswidrig vollzieht oder am Vollzug mitwirkt (§ 81 Abs. 2 Nr. 1 GWB). Die Ordnungswidrigkeit kann mit einer Geldbuße bis zu einer Million Euro geahndet werden (§ 81 Abs. 4 Satz 1 GWB). Wird eine Geldbuße gegen ein Unternehmen oder eine Unternehmensvereinigung verhängt, darf die Geldbuße für jedes an der Zuwiderhandlung beteiligte Unternehmen oder jede beteiligte Unternehmensvereinigung darüber hinaus 10% seines bzw. ihres jeweiligen im vorausgegangenen Geschäftsjahr erzielten Gesamtumsatzes nicht übersteigen (§ 81 Abs. 4 Satz 2 GWB).

Wer vorsätzlich oder fahrlässig entgegen § 39 Abs. 1 GWB eine Anmeldung bzw. entgegen § 39 Abs. 6 GWB eine Vollzugsanzeige nicht richtig, nicht vollständig oder nicht rechtzeitig erstattet, begeht eine Ordnungswidrigkeit, die mit einer Geldbuße bis zu 100.000 Euro geahndet werden kann (§ 81 Abs. 2 Nr. 3 bzw. Nr. 4 iVm. Abs. 4 GWB).

3. Behandlung von Auslandszusammenschlüssen. Wird das Vorhaben eines Auslandszusammenschlusses angemeldet und dabei glaubhaft dargelegt, dass die Unternehmen aufgrund der für den Zusammenschluss geltenden ausländischen Rechtsvorschriften oder aufgrund sonstiger Umstände daran gehindert sind, vor dem Vollzug des Zusammenschlusses alle erforderlichen Angaben zu beschaffen, so wird das Bundeskartellamt die Freigabe des Zusammenschlusses nicht von der Vollständigkeit der eingereichten Anmeldung abhängig machen, sofern sich bereits aus den vorgelegten bzw. vorliegenden Unterlagen ergibt, dass eine Untersagung des Zusammenschlussvorhabens erkennbar nicht in Betracht kommt (siehe auch die allgemeine Weisung des Bundesministers für Wirtschaft vom 30. Mai 1980, BAnz. Nr. 103/80 vom 7. Juni 1980). Auch in diesem Fall ist jedoch bei Vollzug des Zusammenschlussvorhabens eine Vollzugsanzeige zu erstatten.

V. Erläuterung wichtiger Begriffe

Die Vorschriften über Anmeldungen verwenden bestimmte Begriffe in einem genau definierten Sinn. Dies gilt insbesondere für folgende Begriffe:

1. Beteiligte Unternehmen. Welches Unternehmen an einem Zusammenschluss beteiligt ist, richtet sich danach, wie der Zusammenschluss zustande kommt. Beteiligt sind zB

- beim *Vermögenserwerb* (durch Verschmelzung oder sonstige Art, § 37 Abs. 1 Nr. 1 GWB): der Erwerber und der Veräußerer, wobei der Veräußerer nur hinsichtlich des übertragenen Vermögens beteiligt ist; in Fällen der *Verschmelzung* die Unternehmen, die miteinander verschmolzen werden;
- beim *Kontrollerwerb* (§ 37 Abs. 1 Nr. 2 GWB): die Unternehmen, die eine Kontrolle ausüben können, und das der Kontrolle unterworfene Unternehmen;
- beim *Anteilserwerb* (§ 37 Abs. 1 Nr. 3 GWB): der oder die Erwerber und das Unternehmen, an dem die Anteile erworben werden. Sind mit diesem noch weitere Unternehmen im Sinne des § 36 Abs. 2 GWB zusammengeschlossen, so sind sie ebenfalls beteiligte Unternehmen;
- bei *Unternehmensverbindungen mit wettbewerblich erheblichem Einfluss* (§ 37 Abs. 1 Nr. 4 GWB): die Unternehmen, die einen wettbewerblich erheblichen Einfluss ausüben können, und das diesem Einfluss unterworfene Unternehmen.

2. Verbundene Unternehmen. Mit einem beteiligten Unternehmen verbunden und als einheitliches Unternehmen anzusehen im Sinne von § 36 Abs. 2 GWB sind

- abhängige oder herrschende Unternehmen (§ 17 AktG) sowie Konzernunternehmen (§ 18 AktG).
- Unternehmen, die vom beteiligten Unternehmen allein oder gemeinsam mit anderen beherrscht werden, und – vice versa – Unternehmen, die auf das beteiligte Unternehmen einen beherrschenden Einfluss ausüben können.

Hält ein Unternehmen 50% der Anteile eines anderen Unternehmens, geht das Bundeskartellamt in der Regel davon aus, dass das Unternehmen (mit)beherrschenden Einfluss auf das andere Unternehmen ausüben kann.

3. Wesentlicher Teil des Vermögens. Als wesentliche Teile des Vermögens im Sinne des § 37 Abs. 1 Nr. 1 GWB gelten nicht nur Vermögensteile, die in ihrem Verhältnis zum Gesamtvermögen des Veräußerers quantitativ ausreichend hoch sind. Wesentlich ist ein Vermögensteil vielmehr stets dann, wenn ihm im Hinblick auf die Produktion, die Vertriebsziele und die jeweiligen Marktverhältnisse eine eigenständige Bedeutung zukommt und er deshalb als ein vom übrigen Vermögen des Veräußerers abtrennbarer einheitlicher Teil erscheint. Das können beispielsweise eine Betriebsstätte (zB Filiale eines Lebensmittelhandelsunternehmens), ein Geschäftsbereich (zB der Bereich „Industrienähmaschinen" eines Maschinenbauunternehmens), ein Warenzeichen oder die Verlags- und Titelrechte einer Zeitung sein.

4. Kontrolle. Mit dem Zusammenschlusstatbestand des Kontrollerwerbs übernimmt das GWB den entsprechenden Tatbestand des europäischen Rechts. Kontrolle liegt danach vor, wenn auf die Tätigkeit eines anderen Unternehmens ein **bestimmender Einfluss** ausgeübt werden kann.

Dies ist im Regelfall gegeben, wenn der Erwerber **strategische Entscheidungen der Geschäftspolitik** oder die **Besetzung der Geschäftsführungsorgane** des zu erwerbenden Unternehmens bestimmen kann.

Die Kontrolle im Sinne des § 37 Abs. 1 Nr. 2 GWB kann **durch ein oder mehrere Unternehmen** erworben werden; die Erwerber brauchen nicht miteinander verbunden zu sein. Es reicht für die gemeinsame Kontrolle aus, dass die Unternehmen aufgrund einer gemeinsamen Unternehmenspolitik die eigenen Wettbewerbsinteressen im Verhältnis zueinander und gegenüber dem abhängigen Unternehmen abstimmen und durchsetzen können, zB aufgrund von Poolverträgen, erhöhten Zustimmungserfordernissen in der Gesellschafterversammlung, oder weil aufgrund einer auf Dauer angelegten Interessengleichheit eine einheitliche Einflussnahme gesichert ist. Begründen mehrere Unternehmen die gemeinsame Kontrolle über ein anderes Unternehmen, so sind alle mitkontrollierenden Unternehmen und die Zielgesellschaft am Zusammenschluss beteiligt. Gründen also zB fünf Unternehmen mit je 150 Mio. Euro Umsatz ein Gemeinschaftsunternehmen, an dem sie sich mit jeweils 20% beteiligen, und sehen sie vor, dass alle wichtigen Entscheidungen mit einer Mehrheit von 81% getroffen werden, liegt ein kontrollpflichtiger Zusammenschluss vor.

Der Zusammenschlusstatbestand ist auch beim **Übergang von gemeinsamer zu alleiniger Kontrolle** erfüllt. Beispiel: An einem Unternehmen sind A mit 60% und B mit 40% beteiligt. Alle wichtigen Entscheidungen sind mit Zweidrittelmehrheit zu treffen (das GU wird also von A und B gemeinsam kontrolliert). Erwirbt A nun die restlichen 40% der Anteile, ist dieser Zusammenschluss nunmehr nach § 37 Abs. 1 Nr. 2 GWB kontrollpflichtig. Entsprechendes gilt bei einem Übergang von der Kontrolle durch drei Unternehmen zu einer Kontrolle durch zwei Unternehmen.

Ein wichtiger Fall des Kontrollerwerbs liegt im Erwerb einer **gesicherten Hauptversammlungsmehrheit** bei börsennotierten Gesellschaften. Dies wird in der Regel der Fall sein, wenn bei Zugrundelegung der Präsenzen in den drei letzten Hauptversammlungen davon auszugehen ist, dass mit den erworbenen Stimmrechten Hauptversammlungsbeschlüsse durchgesetzt werden können. Dieser Zusammenschlusstatbestand kann auch ohne Erreichen der Anteilsschwelle des § 37 Abs. 1 Nr. 3a GWB erfüllt werden, zB bei einer Anteilserhöhung von 25% auf 45%.

5. Umsatzerlöse. 5.1 Allgemeine Berechnungsgrundlagen. Bei der Ermittlung der Umsatzerlöse ist von § 277 Abs. 1 HGB auszugehen (§ 38 Abs. 1 GWB). Die Mehrwertsteuer und Verbrauchsteuern bleiben außer Betracht. Es sind auch die Auslandsumsätze einzubeziehen. Umsätze sind in Euro anzugeben. Umsatzerlöse in fremder Währung sind nach dem Jahresmittelkurs der Europäischen Zentralbank (s. dazu: http://www.ecb.int – Publications – Periodical Publications – Monthly Bulletin – Euro area statistics: Table 10 Exchange Rates) in Euro umzurechnen. Bei Umsatzangaben für mehrere miteinander verbundene Unternehmen insgesamt bleiben die Erlöse für Lieferungen und Leistungen der Unternehmen untereinander (Innenumsatzerlöse) außer Betracht. Die Umsatzerlöse sind unter Berücksichtigung des **Konsolidierungskreises** zum **Zeitpunkt der Anmeldung** anzugeben.

5.2 Besondere Regelungen für einzelne Branchen. Soweit der Geschäftsbetrieb eines Unternehmens im Handel mit Waren besteht, sind die dabei erzielten Umsatzerlöse nur zu drei Viertel in Ansatz zu bringen. Ein Handelsumsatz in diesem Sinne liegt nicht vor, wenn die von einem Unternehmen erzeugten oder bearbeiteten Waren von einem anderen mit ihm verbundenen Unternehmen bezogen und weiterveräußert werden (§ 38 Abs. 2 GWB).

Bei **Versicherungsunternehmen** treten an die Stelle der Umsatzerlöse die Prämieneinnahmen. Dies sind die Einnahmen aus dem Erst- und Rückversicherungsgeschäft einschließlich der in Rückdeckung gegebenen Anteile (§ 38 Abs. 4 Satz 2 und 3 GWB).

Bei **Kreditinstituten, Finanzinstituten und Bausparkassen** tritt an die Stelle der Umsatzerlöse der Gesamtbetrag der in § 34 Abs. 2 Satz 1 Nr. 1 Buchstabe a bis e der Verordnung über die Rechnungslegung der Kreditinstitute vom 10. Februar 1992 (BGBl. I S. 203) genannten **Erträge** abzüglich der Umsatzsteuer und sonstiger direkt aus diesen Erträgen erhobener Steuern (§ 38 Abs. 4 Satz 1 GWB). Hinzuzurechnen sind in vollem Umfang die Umsätze von Unternehmen, an denen ein (mit-) beherrschender Einfluss besteht.

Bei Unternehmen, deren Geschäftsbetrieb ganz oder teilweise im Verlag, in der Herstellung und im Vertrieb von **Zeitungen oder Zeitschriften** oder deren Bestandteilen sowie in der Herstellung, im Vertrieb und der Veranstaltung von **Rundfunkprogrammen** und im Absatz von **Rundfunkwerbezeiten** besteht, ist insoweit das Zwanzigfache der Umsatzerlöse in Ansatz zu bringen (§ 38 Abs. 3 GWB).

WICHTIGER HINWEIS!

Soweit die tatsächlichen Umsätze aufgrund der kartellrechtlichen Sondervorschriften **gekürzt** oder **vervielfacht** werden oder statt dessen **Erträge** genannt oder einbezogen werden, ist dies **ausdrücklich kenntlich zu machen.**

6. Marktanteile. Die Beteiligten haben für jeden Unternehmensverbund die Inlandsmarktanteile anzugeben, soweit diese im Geltungsbereich des GWB oder in einem wesentlichen Teil desselben für die beteiligten Unternehmen mindestens 20% erreichen, einschließlich der Grundlagen für ihre Berechnung oder Schätzung.

Für die Berechnung der Marktanteile ist zunächst von dem gesamten Geltungsbereich des Gesetzes (Bundesrepublik Deutschland) auszugehen. Wenn ein Unternehmen nicht im gesamten Bundesgebiet tätig ist oder seine Marktstellung erhebliche regionale Unterschiede aufweist, ist es erforderlich, neben den Marktanteilen für den gesamten Geltungsbereich auch Angaben für die Marktanteile in den einzelnen regionalen Märkten zu machen.

Für die Marktanteilsberechnung sind die neuesten statistischen Angaben zu verwenden sowie Angaben über Grundlagen für seine Berechnung oder Schätzung zu machen. Bei der Marktanteilsberechnung kann von Absatzmengen oder Absatzwerten ausgegangen werden. Es ist zweckmäßig, die Berechnung auf beiden Wegen vorzunehmen und vorzulegen.

Zu einem Markt sind nur solche Waren bzw. gewerbliche Leistungen zu zählen, die aus der Sicht der Abnehmer nach Beschaffenheit, Verwendungszweck und Preis als austauschbar angesehen werden. Eine weitergehende Gliederung der Märkte bei der Berechnung der anzugebenden Marktanteile präjudiziert die Unternehmen nicht hinsichtlich der Feststellung marktbeherrschender Stellungen.

Bei der Berechnung der Marktanteile können im Einzelfall Zweifel sowohl hinsichtlich der Marktabgrenzung als auch hinsichtlich der von den anderen Beteiligten erreichten Inlandsmarktanteile bestehen. Deshalb **empfiehlt** es sich im Interesse der Vollständigkeit von Anmeldungen, Angaben über nennenswerte Marktanteile auch dann zu machen, wenn das Überschreiten der 20%-Grenze zweifelhaft ist.

Umsätze und Marktanteile müssen nur für jedes am Zusammenschluss beteiligte Unternehmen und für die mit ihm verbundenen Unternehmen insgesamt angegeben werden. Zweckmäßig ist es allerdings, wenn die Daten der unmittelbar an dem Zusammenschluss beteiligten Unternehmen darüber hinaus noch gesondert ausgewiesen werden.

6. Merkblatt des Bundeskartellamts zur Inlandsauswirkung in der Fusionskontrolle

Übersicht

A. Einführung

1 Bei **Auslandszusammenschlüssen,** d. h. Zusammenschlüssen von Unternehmen[1] mit Sitz im Ausland, stellt sich häufig die Frage, ob eine Anmeldepflicht1 in Deutschland besteht. Nach der deutschen Rechtslage ist ein Zusammenschluss nicht schon dann anmeldepflichtig, wenn ein Zusammenschlusstatbestand i. S. d. § 37 GWB2 verwirklicht wurde und die Umsatzschwellenwerte nach § 35 GWB erfüllt sind. Ausreichende Inlandsauswirkungen des Zusammenschlusses sind nach § 130 Abs. 2 GWB eine weitere notwendige Voraussetzung der Anmeldepflicht.

2 Das vorliegende Merkblatt soll es den Unternehmen und ihren Beratern erleichtern[2] einzuschätzen, ob ein Zusammenschluss ausreichende Auswirkungen in Deutschland hat, um die Anforderungen der Inlandsauswirkungsklausel in § 130 Abs. 2 GWB zu erfüllen[3] und eine Anmeldepflicht auszulösen.[4] Zu diesem Zweck werden **typische Fallkonstellationen** beschrieben, in denen Inlandsauswirkungen offensichtlich vorliegen oder klar ausgeschlossen werden können (vgl. Punkt B I. und II.). Außerdem werden maßgebliche **Kriterien für die notwendige Einzelfallbewertung** von Inlandsauswirkungen in den übrigen Fällen identifi-

[1] Die Anmeldepflicht ergibt sich aus § 39 Abs. 1 GWB. Nach § 41 Abs. 1 S. 1 GWB darf ein Zusammenschluss erst nach Freigabe (bzw. nach Freigabe durch Fristablauf) vollzogen werden.

[2] Gesetz gegen Wettbewerbsbeschränkungen.

[3] Im Einklang mit dem völkerrechtlichen Auswirkungsgrundsatz steht es jeder Rechtsordnung frei, Zusammenschlüsse daraufhin zu überprüfen, ob sie im eigenen Staatsgebiet zu Beeinträchtigungen des Wettbewerbs führen, wenn ein ausreichender Bezug zwischen dem Zusammenschluss und dem Staat besteht. Die völkerrechtlichen Anforderungen an eine Anmeldepflicht gehen in den meisten Fällen weniger weit als die Anforderungen aus § 130 Abs. 2 GWB, mit denen sich dieses Merkblatt ausschließlich beschäftigt. Für die Vereinbarkeit einer Anmeldepflicht mit den völkerrechtlichen Anforderungen ist die Überschreitung der Umsatzschwellenwerte in Deutschland durch mindestens zwei am Zusammenschluss beteiligte Unternehmen ausreichend.

[4] Auf diesen Fragenkreis beschränkt sich das vorliegende Merkblatt. In dem Merkblatt zur deutschen Fusionskontrolle finden sich Hinweise zu den allgemeineren Fragen, welche Arten von Transaktionen anmeldepflichtig sind (sogenannter Zusammenschlusstatbestand), welche Unternehmen an einem Zusammenschluss beteiligt sind und wie die Umsatzschwellenwerte anzuwenden sind. Darauf kann an dieser Stelle verwiesen werden.

ziert, die nicht in die genannten klaren Fallgruppen eingeordnet werden können (vgl. Punkt B. III.). Fallbeispiele und ein Schaubild veranschaulichen das Prüfkonzept.[5]

3 Bisweilen wirft die Bewertung der Inlandsauswirkungen eines Zusammenschlusses 3 komplexere Fragen auf als seine wettbewerbliche Beurteilung. Können wettbewerbliche Probleme aber im Rahmen einer Anmeldung einfach und rasch ausgeschlossen werden, ist eine genauere Prüfung von Inlandsauswirkungen entbehrlich. Aus der Sicht des Bundeskartellamts ist es daher vorzugswürdig, diese Fälle im Sinne einer pragmatischen Verfahrensgestaltung in einem Fusionskontrollverfahren zu prüfen und die Frage der Inlandsauswirkungen **offen zu lassen,** soweit die Unternehmen bereit sind, solche Zusammenschlüsse anzumelden.

4 Das Merkblatt beruht auf der deutschen Entscheidungs- und Rechtsprechungspraxis und berücksichtigt auch die Empfehlung des International Competition Network (ICN) zu Anmeldeverfahren in der Fusionskontrolle.[6]

5 Die Entscheidungen des Bundeskartellamts unterliegen der **gerichtlichen Überprüfung** durch das Oberlandesgericht Düsseldorf und den Bundesgerichtshof. Diese Instanzen werden durch die Erläuterungen in diesem Merkblatt nicht gebunden. Außerdem kann auch eine Weiterentwicklung des hier dargelegten Prüfkonzeptes infolge künftiger Entscheidungen in Einzelfällen geboten sein.

B. Inlandsauswirkungen

6 Nach § 130 Abs. 2 GWB findet das Gesetz Anwendung auf alle Wettbewerbsbeschränkungen, die sich in Deutschland auswirken, auch wenn sie außerhalb Deutschlands veranlasst werden. § 130 Abs. 2 GWB gilt auch für die **Zusammenschlusskontrolle**[7] insgesamt, und insbesondere für die Anmeldepflicht nach § 39 GWB (und das damit verbundene Vollzugsverbot). Das bedeutet, dass – anders als bislang in der europäischen Fusionskontrolle[8] – Zusammenschlüsse, welche die Umsatz-

[5] Sollten der Text des Merkblatts, das Schaubild bzw. die Beispiele unterschiedliche Interpretationsmöglichkeiten eröffnen, hat der Text Vorrang.

[6] ICN, Recommended Practices for Merger Notification Procedures, verfügbar auf: www.internationalcompetitionnetwork.org/uploads/library/doc588.pdf Die bisherige Entscheidungspraxis der Europäischen Kommission zu Auslandszusammenschlüssen wurde ebenfalls ausgewertet. Der Ansatz der Kommission, eine Anmeldepflicht (schon) immer dann zu bejahen, wenn die Umsatzschwellenwerte für die europäische Fusionskontrolle erfüllt sind, wurde allerdings in die deutsche Fusionskontrollpraxis nicht übernommen, weil es im GWB – anders als in der europäischen Fusionskontrollverordnung – eine ausdrückliche Regelung zu den Inlandsauswirkungen gibt. Außerdem ist es ein Anliegen des BKartA, Anmeldungen in Fällen zu vermeiden, die offensichtlich keine Auswirkungen auf Deutschland haben.

[7] Der Begriff „Wettbewerbsbeschränkungen" in § 130 Abs. 2 GWB ist die zusammenfassende Bezeichnung für alle in den Sachnormen des GWB geregelten Auswirkungen auf den Wettbewerb.

[8] Europäische Kommission, Towards more effective EU merger control (Commission staff working document). 25. Juni 2013 (verfügbar auf: www.ec.europa.eu/competition/consultations/2013_merger_control/merger_control_en.pdf), S. 22 f., vgl. Frage 1; Weißbuch „Towards more effective EU merger control", 9. Juli 2014, COM(2014)449 final, Rn. 77; Staff Working Document, 9. Juli 2014, SWD(2014)221 final, Rn. 180 (verfügbar auf: http://www.ec.europa.eu/competition/consultations/2014_merger_control/mergers_white_paper_en.pdf und http://ec.europa.eu/competition/consultations/2014_merger_control/staff_working_document_en.pdf).

schwellenwerte überschreiten[9] (und einen Zusammenschlusstatbestand erfüllen[10]), nicht zwangsläufig anmeldepflichtig sind.

7 Daran hat die Einführung einer **zweiten Inlandsumsatzschwelle** durch das dritte Mittelstandsentlastungsgesetz[11] nichts geändert. Mit der zweiten Inlandsumsatzschwelle wurden zwar Anforderungen aus § 130 Abs. 2 GWB für einen Teilbereich der Fusionskontrolle konkretisiert: Eine Anmeldepflicht von Zusammenschlüssen mit zwei Beteiligten, von denen bislang nur ein Unternehmen Umsätze in Deutschland erzielt, ist von vorneherein ausgeschlossen, weil die Umsatzschwellenwerte nicht erreicht werden. Bezüglich anderer Fallgestaltungen enthält die zweite Inlandsumsatzschwelle aber keine abschließende Regelung, die § 130 Abs. 2 GWB verdrängen würde. Im Ergebnis hat sich die Anwendung von § 130 Abs. 2 GWB durch die Einführung der zweiten Inlandsumsatzschwelle erheblich vereinfacht.

8 Der Begriff Inlandsauswirkung im Sinne des § 130 Abs. 2 GWB ist nach dem **Schutzzweck** der jeweils anzuwendenden Vorschrift auszulegen.[12] Der Zweck der Fusionskontrolle nach §§ 35 ff. GWB und insbesondere der Anmeldepflicht nach § 39 GWB besteht darin, vor dem Vollzug von Transaktionen, die zu einer Änderung der Marktstruktur führen, zu überprüfen, ob sie wirksamen Wettbewerb erheblich behindern würden. Anknüpfungspunkt für die Bewertung der Inlandsauswirkungen ist daher der **Zusammenschlussvorgang** und dessen **Bezug zu Märkten,** die im Inland liegen oder das Inland ganz oder teilweise umfassen. Zusammenschlüsse können sich auf Absatzmärkte und Beschaffungsmärkte[13] auswirken.

9 Inlandsauswirkungen liegen vor, wenn ein Zusammenschluss **geeignet** ist, die Voraussetzungen für den Wettbewerb auf Märkten **unmittelbar**[14] zu beeinflussen, die das Inland ganz oder teilweise umfassen. Die mögliche Beeinflussung der Marktverhältnisse muss eine gewisse Mindestintensität erreichen, d. h. sie muss

---

[9] Zusammenschlüsse unterliegen nur dann der deutschen Fusionskontrolle, wenn die beteiligten Unternehmen insgesamt Umsätze von mehr als EUR 500 Mio. erwirtschaften und von zwei beteiligten Unternehmen mindestens eines Umsätze im Inland von mehr als EUR 25 Mio. und ein anderes von mehr als EUR 5 Mio. erreichen (§ 35 GWB). Dabei kann es sich um das erwerbende, das zu erwerbende oder ein gemeinsam gegründetes Unternehmen handeln. Unerheblich ist, ob ein inländisches oder ein ausländisches beteiligtes Unternehmen das Erfordernis erfüllt.

[10] Siehe § 37 GWB, vgl. dazu Bundeskartellamt, Merkblatt zur deutschen Fusionskontrolle (verfügbar unter www.bundeskartellamt.de/wDeutsch/merkblaetter/Fusionskontrolle/MerkblFusionW3DnavidW2689.php), sowie für Fragen im Zusammenhang mit dem aus dem europäischen Recht übernommen Zusammenschlusstatbestand des Kontrollerwerbs vgl. Kommission, Konsolidierte Mitteilung zu Zuständigkeitsfragen (verfügbar unter http://eurlex.europa.eu/LexUriServ/LexUriServ.do?uri=OJ:C:2009:043:0010:0057:DE:PDF).

[11] Drittes Gesetz zum Abbau bürokratischer Hemmnisse insbesondere in der mittelständischen Wirtschaft (Drittes Mittelstandsentlastungsgesetz – MEG III), Gesetz vom 17.3.2009, BGBl. I S. 550.

[12] Vgl. BGH, Beschluss vom 12. Juli 1973, KRB 2/72, – Ölfeldrohre, WuW/E BGH 1276 (zu § 98 Abs. 2 GWB a. F.); BGH, Beschluss vom 29. Mai 1979, KVR 2/78 – Organische Pigmente, WuW/E BGH 1613.

[13] Z. B. kann sich ein Einkaufsgemeinschaftsunternehmen auf Beschaffungsmärkten im Inland auswirken, wenn das Gemeinschaftsunternehmen im Inland die Beschaffung von Produkten übernimmt, die (ggfs. nach Weiterverarbeitung) auf Absatzmärkten im Ausland abgesetzt werden sollen.

[14] BGH, Beschluss vom 29. Mai 1979, KZR 2/78 – Organische Pigmente, WuW/E BGH 1613, 1615; KG Beschluss vom 5. April 1978, Kart 22/78 – Organische Pigmente, WuW/E OLG 1993, 1996.

spürbar[15] sein. Für diese Bewertung sind grundsätzlich alle Strukturfaktoren relevant, die auch bei der materiellen Prüfung nach § 36 Abs. 1 GWB heranzuziehen sind.[16] Es ist nicht erforderlich, dass sich die Wettbewerbsverhältnisse verschlechtern oder das Erreichen der Interventionsschwelle möglich erscheint.[17] Diese Fragen sind erst Gegenstand der materiellen Prüfung.

Im Einklang mit der bisherigen Rechtsprechung sind an die Spürbarkeit der Inlandsauswirkungen **keine hohen Anforderungen** zu stellen. Das gilt insbesondere im Kontext der Anmeldepflicht. Beispielsweise wurden Inlandsauswirkungen eines Zusammenschlusses bejaht, der im Inland zu geringen Marktanteilsadditionen (im einen Jahr 4,4% plus 0,14% bzw. im nächsten Jahr 3,5% plus 0,23%) und damit zum Ausscheiden eines Mitwettbewerbers führte, der dem Erwerber Zugang zu qualifiziertem Know-how eröffnete, von dem er sich eine bessere Wettbewerbsposition versprach.[18] Außerdem ist bei den erwarteten Inlandsauswirkungen im Hinblick auf die Anmeldepflicht eine niedrigere Nachweistiefe erforderlich als bei der Bewertung der Untersagungsvoraussetzungen im Zeitpunkt der kartellbehördlichen Entscheidung.[19] 10

Auf dieser Grundlage lassen sich Fallkonstellationen identifizieren, in denen spürbare Inlandsauswirkungen im Kontext der Anmeldepflicht einerseits offensichtlich vorliegen (siehe Punkt I.) oder andererseits klar ausgeschlossen werden können (siehe Punkt II.). In den übrigen Fällen ist eine Bewertung im Einzelfall erforderlich, für die nachfolgend einige wichtige Gesichtspunkte erläutert werden (siehe Punkt III.). 11

I. Klare Fälle mit Inlandsauswirkungen

Überschreitet das **Zielunternehmen** im Inland zumindest die Umsatzschwelle von € 5 Mio., liegen immer ausreichende Inlandsauswirkungen vor, denn das Zielunternehmen ist in diesem Fall in einem ausreichenden Umfang in Deutschland tätig. Durch die Inlandsumsatzschwellen hat der Gesetzgeber das Merkmal der Inlandsauswirkungen für einen Teilbereich der Fusionskontrolle konkretisiert. Zusammenschlüsse mit lediglich **zwei Zusammenschlussbeteiligten** (z. B. Erwerber und Zielunternehmen beim Erwerb alleiniger Kontrolle), welche die Umsatzschwellenwerte nach § 35 GWB überschreiten, erfüllen daher immer die Voraussetzungen von § 130 Abs. 2 GWB. Die relevanten Umsätze müssen dabei nach § 36 Abs. 2 GWB jeweils auch Umsätze der verbundenen Unternehmen enthalten.[20] 12

---

[15] Ebenda, vgl. auch BGH, Beschluss vom 25. September 2007, KVR 19/07 – Sulzer/Kelmix, WuW/E DE-R 2133, 2136; OLG Düsseldorf, Beschluss vom 26. November 2008, VI-Kart 8/07 (V) – Phonak II (Hauptsache), WuW/E DE-R 2478, 2482; bestätigt von BGH, Beschluss vom 20. April 2010, KVR 1/09 – Phonak/GN Store, WuW/E DE-R 2905 (aber keine Ausführungen zu diesem Punkt).

[16] Siehe ausführlich Bundeskartellamt, Leitfaden Marktbeherrschung in der Fusionskontrolle, 2012.

[17] BGH, Beschluss vom 29. Mai 1979, KZR 2/78 – Organische Pigmente, WuW/E BGH 1613, 1614 f.

[18] BGH, Beschluss vom 29. Mai 1979, KZR 2/78 – Organische Pigmente, WuW/E BGH 1613, 1615 (Anzeigepflicht bejaht). Diese Anforderungen an die Inlandsauswirkungen sind auf die Anmeldepflicht übertragbar.

[19] Zu dem vergleichbaren Fall der Betroffenheit eines Bagatellmarktes im Kontext der Anmeldepflicht (§ 35 Abs. 2 Satz 1 Nr. 2 GWB in der Fassung bis zum 25. Juni 2013) siehe BGH, Beschluss vom 14. Oktober 2008, KVR 30/08 – Faber/Basalt, WuW/E DE-R 2507, 2509 (Rn. 13) sowie nachgehend OLG Düsseldorf, Beschluss vom 29. April 2009, VIKart 18/07 (V), WuW/E DE-R 2622, 2626 f. (Rn. 32 f.).

[20] Dabei darf es nicht zu Doppelzählungen von Umsätzen kommen. Außerdem sind Mutter- bzw. Tochtergesellschaften, die nach dem Zusammenschluss nicht mehr mit dem Zielunternehmen verbunden sind, nicht in die Umsatzberechnung einzubeziehen.

13 Bei **mehr als zwei Zusammenschlussbeteiligten** liegen nicht in allen Fällen, in denen die Umsatzschwellenwerte überschritten werden, ausreichende Inlandsauswirkungen vor. Wenn ein Gemeinschaftsunternehmen zumindest auch im Inland tätig ist, sind Inlandsauswirkungen klar gegeben, wenn das Gemeinschaftsunternehmen Umsätze von mehr als € 5 Mio.[21] in Deutschland erzielt. Bei niedrigeren Umsätzen des Gemeinschaftsunternehmens im Inland (insbesondere bei neu gegründeten Gemeinschaftsunternehmen), hängt es von den Umständen im Einzelfall ab, ob ausreichende Inlandsauswirkungen zu erwarten sind (siehe unten Punkt III).

II. Klare Fälle ohne Inlandsauswirkungen

14 In Fällen mit **mehr als zwei Zusammenschlussbeteiligten** können Inlandsauswirkungen eindeutig ausgeschlossen werden, wenn folgende (kumulative) Voraussetzungen vorliegen:

15 **1. Reines Auslands-Gemeinschaftsunternehmen.** Das Gemeinschaftsunternehmen[22] ist auf einem Inlandsmarkt, d. h. auf einem 15 räumlich relevanten Markt, der das Inland ganz oder teilweise umfasst, **weder aktuell noch potenziell tätig.**[23] Bei Neugründungen gilt dies für die beabsichtigte Tätigkeit des Gemeinschaftsunternehmens.

16 **2. Muttergesellschaften sind keine Wettbewerber auf dem sachlich relevanten Markt des GU (bzw. auf vor- oder nachgelagerten Märkten).** Es sind nicht mehrere Muttergesellschaften des Gemeinschaftsunternehmens oder mit ihnen nach § 36 Abs. 2 GWB verbundene Unternehmen im Inland[24] auf demselben sachlich relevanten Markt tätig wie das Gemeinschaftsunternehmen im Ausland. Die Muttergesellschaften sind auf diesen Märkten auch keine potenziellen Wettbewerber. Mehrere Muttergesellschaften sind aktuell auch nicht auf einem dem Produktmarkt des Gemeinschaftsunternehmens vor- oder nachgelagerten Inlandsmarkt[25] tätig. In diesen Fällen können fusionskontrollrechtlich relevante negative Auswirkungen der Gründung oder des Erwerbs des Gemeinschaftsunternehmens auf das Wettbewerbsverhältnis zwischen den Muttergesellschaften (Spillover-Effekte)[26] auf diesen Märkten eindeutig ausgeschlossen werden.

---

[21] Bei einem Marktanteil des Gemeinschaftsunternehmens von mehr als 5 Prozent auf einem Markt, der das Inland ganz oder teilweise umfasst, liegen ebenfalls ausreichende Inlandsauswirkungen vor. Diese Einschätzung erfordert im konkreten Fall eine Marktabgrenzung. Daher wird dieser Fall im Kontext der Einzelfallbetrachtung behandelt (siehe Rn. 18).

[22] Im Kontext der deutschen Fusionskontrolle wird in folgenden Konstellationen von Gemeinschaftsunternehmen gesprochen: a) Ein Unternehmen wird von mehreren anderen Unternehmen kontrolliert (Zusammenschlusstatbestand des Kontrollerwerbs nach § 37 Abs. 1 Nr. 2 GWB) und b) mindestens zwei Unternehmen halten an einem anderen Unternehmen Anteile (oder Stimmrechte) von mindestens 25 Prozent (Zusammenschlusstatbestand des Anteilserwerbs nach § 37 Abs. 1 Nr. 3 GWB in der Form der sogenannten Zusammenschlussfiktion der Muttergesellschaften, § 37 Abs. 1 Nr. 3 Satz 3 GWB).

[23] Für die Frage der Anforderungen an potenziellen Wettbewerb vgl. z. B. BGH, Beschluss vom 19. Juni 2012, KVR 15/11 – Haller Tagblatt, WuW/E DE-R 3695.

[24] Siehe Rn. 15: Ein Inlandsmarkt ist jeder räumlich relevante Markt, der das Inland ganz oder teilweise umfasst.

[25] Ebd.

[26] Diese Auswirkungen können in der fusionskontrollrechtlichen Prüfung insbesondere im Kontext koordinierter Effekte (implizite Kollusion) von Bedeutung sein. Sie können sich auch auf die Anreize der Muttergesellschaften zu wettbewerblichem Verhalten auswirken und so die Intensität des Wettbewerbsverhältnisses zwischen den Muttergesellschaften beeinflussen.

Beispiel:

Die Unternehmen A und B erwerben gemeinsame Kontrolle über ein Unternehmen, das im Einzelhandel mit Elektroartikeln in Brasilien tätig ist. A betreibt weltweit Warenhäuser, Einkaufsmärkte sowie Fachmärkte. A hat seinen Umsatzschwerpunkt in Europa und expandiert in mehreren lateinamerikanischen Ländern, u. a. in Brasilien. B ist eine brasilianische Investmentgesellschaft, die bislang in Unternehmen verschiedener Tätigkeitsfelder in Brasilien und in weltweit tätige Rohstoffunternehmen investiert hat. Die Umsätze von A und B überschreiten die Schwellenwerte der deutschen Fusionskontrolle. Das Zusammenschlussvorhaben hat keine Inlandsauswirkungen und ist daher nicht anmeldepflichtig. Das gilt auch dann, wenn A Teil eines Mischkonzerns ist, der teilweise auf denselben Rohstoffmärkten tätig ist wie B.

III. Einzelfallprüfung in den übrigen Fällen

In den Fallkonstellationen, die nicht den oben identifizierten Fallgruppen zugeordnet werden können, hängt es von den **Umständen des Einzelfalls** ab, ob ausreichende Auswirkungen auf das Inland zu erwarten sind. Dabei handelt es sich ausschließlich um Zusammenschlüsse mit mehr als zwei Beteiligten. In diesen Fallkonstellationen können die folgenden Hinweise bei der Bewertung von Inlandsauswirkungen im Einzelfall hilfreich sein: **17**

Wenn ein Gemeinschaftsunternehmen nur marginal auf Märkten tätig ist, die das Inland ganz oder teilweise umfassen, reicht das in der Regel nicht aus, um spürbare Inlandsauswirkungen zu begründen **(GU mit geringer Tätigkeit im Inland).** Dabei sind insbesondere die tatsächlichen Umsätze des Gemeinschaftsunternehmens zu berücksichtigen.[27] Überschreiten diese Umsätze des Gemeinschaftsunternehmens in Deutschland die Schwelle von € 5 Mio., ist das in jedem Fall ausreichend (siehe Rn. 13). Im Rahmen einer Einzelfallprüfung genügt es ebenfalls, wenn der Marktanteil des Gemeinschaftsunternehmens auf einem Markt, der das Inland ganz oder teilweise umfasst, die Schwelle von fünf Prozent überschreitet. Die Tätigkeit des Gemeinschaftsunternehmens ist aber nicht allein schon deswegen **„marginal"**, weil sie unterhalb der € 5 Mio. Schwelle der zweiten Inlandsumsatzschwelle liegt und einen Marktanteil von weniger als fünf Prozent ausmacht.[28] Anhaltspunkte für eine mehr als marginale Marktposition können sich auch aus der Übertragung von erheblichen Unternehmensressourcen auf das Gemeinschaftsunternehmen ergeben, z. B. aus übertragenen gewerblichen Schutzrechten bzw. übertragenem Know-How. Das setzt voraus, dass die Unternehmensressourcen eine gewichtigere Marktstellung vermitteln als den aktuellen Umsätzen oder Marktanteilen des Gemeinschaftsunternehmens entspricht. Fehlen jedoch zusätzliche Anhaltspunkte für hinreichende Auswirkungen auf die Marktstruktur, reichen Umsätze von weniger als € 5 Mio. in Deutschland nicht aus, um eine nichtmarginale Tätigkeit des Gemeinschaftsunternehmens zu begründen. Das gleiche gilt für Marktanteile des Gemeinschaftsunter- **18**

[27] Bei Teilfunktionsgemeinschaftsunternehmen (z. B. ProduktionsGUs), die nur mit ihren Muttergesellschaften Umsätze erzielen, kann die Umsatzschwelle von € 5 Mio. ebenfalls hilfreich sein, um einzuschätzen, ob die internen Lieferungen des GUs an seinen Muttergesellschaften eine Größenordnung erreichen, die den Umfang einer marginalen Tätigkeit überschreitet. Dabei kommt den internen Verrechnungspreisen eine geringere Bedeutung zu. Aussagekräftiger ist in diesem Fall, ob die Liefermengen einem Umsatzvolumen von € 5 Mio. entsprechen.

[28] Beispielsweise wurden im o. g. Fall Organische Pigmente Inlandsauswirkungen eines Zusammenschlusses bejaht, der im Inland zu geringen Marktanteilsadditionen (im einen Jahr 4,4% plus 0,14 % bzw. im nächsten Jahr 3,5% plus 0,23 %) und damit zum Ausscheiden eines Mitwettbewerbers führte. Es kamen aber noch weitere Faktoren hinzu, weil das Zielunternehmen dem Erwerber im konkreten Fall Zugang zu qualifiziertem Know-how eröffnete, von dem sich dieser eine bessere Wettbewerbsposition versprach (BGH, Beschluss vom 29. Mai 1979, KZR 2/78 – Organische Pigmente, WuW/E BGH 1613, 1615).

nehmens von weniger als 5 Prozent, soweit es durch den Zusammenschluss nicht zu Marktanteilsadditionen kommt.

Beispiel:

Eine japanische Investmentbank (B) und ein US-amerikanischer Hedgefond (H) erwerben gemeinsame Kontrolle am kanadischen Unternehmen A. B und H sind weltweit tätig und erzielen auch in Deutschland erhebliche Umsätze. Die Umsatzschwellenwerte der deutschen Fusionskontrolle werden durch die Umsätze der beiden Erwerber klar erfüllt. Die japanische Investmentbank und der US-amerikanische Hedgefonds sind in Deutschland Wettbewerber auf verschiedenen Märkten für bestimmte Finanzdienstleistungen, auf denen sie jeweils gemeinsame Marktanteile in einer Größenordnung von etwa 25 Prozent erreichen. Das Zielunternehmen A stellt Ahornsirup her und verkauft diesen weltweit. In Europa bezieht lediglich eine in Nordeuropa tätige Pfannkuchenkette Ahornsirup von A. Deren deutsches Tochterunternehmen betreibt in Deutschland drei Pfannkuchenhäuser. A erzielte im letzten Geschäftsjahr durch Verkäufe an dieses Tochterunternehmen einen Umsatz in Höhe von 50.000 € in Deutschland (und liegt mit seinem Marktanteil damit deutlich unter fünf Prozent). Die Tätigkeit des Gemeinschaftsunternehmens auf Inlandsmärkten ist folglich marginal. Das Wettbewerbsverhältnis der Muttergesellschaften auf einem Drittmarkt reicht nicht aus, um fusionskontrollrelevante Spillover-Effekte zu begründen. Das Vorhaben ist in Deutschland daher nicht anmeldepflichtig.

19 Bei neu gegründeten Gemeinschaftsunternehmen, die noch keine Umsätze erzielt haben, können die im Prognosezeitraum[29] **zu erwartenden Umsätze** in Deutschland ein Anhaltspunkt sein, ob lediglich eine marginale Tätigkeit im Inland vorliegt. Dabei können beispielsweise die im Geschäfts- und Finanzplan prognostizierten Umsätze berücksichtigt werden. Anhaltspunkte können sich auch aus der **erwarteten Marktposition** ergeben, die das Gemeinschaftsunternehmen auf einem Markt, der das Inland ganz oder teilweise erfasst, voraussichtlich im Prognosezeitraum erreichen wird.

Beispiel:

Das Schweizer Chemieunternehmen A und das amerikanische Technologieunternehmen B möchten ein Gemeinschaftsunternehmen gründen, das eine Spezialchemikalie herstellen und vertreiben soll. A und B erreichen die Umsatzschwellenwerte für die deutsche Fusionskontrolle. Es ist geplant, dass die Produktion in Asien erfolgt. Das Gemeinschaftsunternehmen soll sich in den ersten fünf Jahren zunächst auf Europa als Absatzregion konzentrieren. Der Finanzplan sieht Umsätze auf dem europäischen Markt vor, die innerhalb der ersten drei bis fünf Jahre eine Größenordnung von rd. € 100 Mio. erreichen. Wie sich die Umsätze auf einzelne Mitgliedstaaten verteilen werden, ist unklar. Auf der Grundlage von Schätzungen zum Marktvolumen entsprechen diese Umsätze des Gemeinschaftsunternehmens einem Marktanteil von rd. 15 Prozent auf dem EWR-weiten Markt für die entsprechenden Spezialchemikalien. Angesichts der zu erwartenden Marktposition des Gemeinschaftsunternehmens auf dem relevanten Markt, der Deutschland umfasst, hat das Zusammenschlussvorhaben hinreichende Inlandsauswirkungen und ist anmeldepflichtig.

20 Bei einer lediglich marginalen Tätigkeit des Gemeinschaftsunternehmens auf Inlandsmärkten können sich spürbare Inlandsauswirkungen aus möglichen **Spillover-Effekten zwischen den Muttergesellschaften** ergeben. Solche negativen Auswirkungen auf das Wettbewerbsverhältnis der Muttergesellschaften sind auch dann zu prüfen, wenn das Gemeinschaftsunternehmen gar nicht auf einem Markt tätig ist, der das Inland ganz oder teilweise umfasst, und auch kein potenzieller Wettbewerber auf einem solchen Markt ist.

---

[29] Zur Dauer des Prognosezeitraums siehe Bundeskartellamt, Leitfaden Marktbeherrschung Rn. 12 Fn. 13. Bei der Bewertung von Inlandsauswirkungen im Kontext der Anmeldepflicht ist es ausreichend, pauschal einen Prognosezeitraum von drei bis fünf Jahren zugrunde zu legen.

Spillover-Effekte kommen vor allem in Betracht, wenn die Muttergesellschaften im Inland[30] auf demselben sachlich relevanten Markt als aktuelle oder potentielle Wettbewerber tätig sind wie das Gemeinschaftsunternehmen im Ausland (und/oder im Inland). Dabei fehlt es an der erforderlichen Mindestintensität dieser Auswirkungen, wenn wegen der begrenzten Marktposition der Muttergesellschaften nur marginale wettbewerbliche Auswirkungen zu erwarten sind. Das ist insbesondere dann der Fall, wenn die **gemeinsamen Marktanteile der Muttergesellschaften** auf diesem Markt[31] **zwanzig Prozent** nicht überschreiten. Eine Tätigkeit beider Muttergesellschaften auf einem vor- bzw. einem nachgelagerten Markt zum sachlich relevanten Markt des Gemeinschaftsunternehmens kann auch zu Spillover-Effekten führen. In diesem Fall finden die gleichen Grundsätze Anwendung. 21

C. Verfahrensfragen

Die Bewertung von Inlandsauswirkungen eines Zusammenschlusses kann im Einzelfall komplexere Fragen aufwerfen als seine wettbewerbliche Beurteilung. In diesen Grenzfällen ist eine präzise und tatsachenintensive Prüfung entbehrlich, wenn klar ist, dass der Zusammenschluss keine Wettbewerbsprobleme aufwirft. Die Frage der Inlandsauswirkungen kann in diesen Situationen **offen gelassen** werden, soweit die Unternehmen bereit sind, den Zusammenschluss anzumelden. Das Bundeskartellamt ist (weiterhin) dazu bereit, entsprechende Zusammenschlussvorhaben nach einer Anmeldung der Zusammenschlussbeteiligten **fokussiert auf die wettbewerblich relevanten Fragen** zu prüfen und somit für die beteiligten Unternehmen mit einem möglichst begrenzten Aufwand Rechtssicherheit herzustellen. Wie in anderen unproblematischen Zusammenschlüssen ist die Prüfung innerhalb von maximal einem Monat (ohne verpflichtende Vorgespräche) abgeschlossen, wenn die wenigen für eine Anmeldung in Deutschland notwendigen Pflichtangaben vorliegen. Soweit erforderlich können die Fragen der Inlandsauswirkung auch vorab in informellen Kontakten mit der zuständigen Beschlussabteilung des BKartA bzw. bei allgemeinen Auslegungsfragen mit dem Referat Fusionskontrolle der Grundsatzabteilung erörtert werden. 22

Sofern sich der Sitz eines der beteiligten Unternehmen nicht im Inland befindet, muss die Anmeldung auch eine **zustellungsbevollmächtigte Person im Inland** benennen (§ 39 Abs. 3 Nr. 6 GWB). 23

Das Bundeskartellamt macht die Freigabe von Auslandszusammenschlüssen nicht von der **Vollständigkeit** der eingereichten **Anmeldung** abhängig, wenn glaubhaft dargelegt wird, dass die Anmelder aufgrund von geltenden ausländischen Rechtsvorschriften oder wegen sonstiger Umstände gehindert sind, vor Vollzug alle Pflichtangaben nach § 39 GWB zu beschaffen und sich aus den vorgelegten oder sonst dem Bundeskartellamt bereits bekannten Unterlagen ergibt, dass eine Untersagung des Zusammenschlusses erkennbar nicht in Betracht kommt.[32] 24

---

[30] Siehe Rn. 15: Ein Inlandsmarkt ist jeder räumlich relevante Markt, der das Inland ganz oder teilweise umfasst.

[31] Maßgeblich sind die Marktanteile auf dem ökonomisch relevanten Markt, auch wenn dieser geografisch über das Inland hinausreicht.

[32] Diese erleichterte Verfahrensweise bei Auslandszusammenschlüssen beruht auf einer allgemeinen Weisung des Bundesministeriums für Wirtschaft vom 30. Mai 1980 (BAnz Nr. 103/80 vom 7. Juni 1980)

7. Leitfaden Transaktionswert-Schwellen für die Anmeldepflicht von Zusammenschlussvorhaben (§ 35 Abs. 1a GWB und § 9 Abs. 4 KartG)

Stand Januar/Jänner 2022
Leitfaden des Bundeskartellamts und der österreichischen Bundeswettbewerbsbehörde[1]

Übersicht

A. Einführung

1 Die Regelungen zu den Transaktionswert-Schwellen, die mit der 9. GWB-Novelle und dem Kartell- und Wettbewerbsrechts-Änderungsgesetz 2017 in den

[1] Quelle: Bundeskartellamt, https://www.bundeskartellamt.de/SharedDocs/Publikation/DE/Leitfaden/_.html?nn=3590338 (Datum des Zugriffs: 4. Januar 2024).

Bereich der Fusionskontrolle eingeführt wurden, dienen dazu, das Wettbewerbsrecht an den durch technische Entwicklungen und den internationalen Wettbewerb ausgelösten Strukturwandel anzupassen.

§ 35 Abs. 1a des deutschen Gesetzes gegen Wettbewerbsbeschränkungen (GWB) und § 9 Abs. 4 des österreichischen Kartellgesetzes 2005 (KartG) schließen eine Lücke im System der Fusionskontrolle, damit sie ihre Funktion auch in einer immer dynamischeren Wirtschaftswelt umfassend erfüllen kann. Hiermit wird nicht zuletzt der fortschreitenden Digitalisierung und Vernetzung von Wirtschaft und Gesellschaft Rechnung getragen. 2

So wurde mit § 35 Abs. 1a GWB und § 9 Abs. 4 KartG das Kriterium der Gegenleistung für einen Zusammenschluss als eine ergänzende, subsidiäre Schwelle für die Anmeldepflicht eingeführt. Dies erlaubt die wettbewerbliche Prüfung von Zusammenschlüssen, bei denen zu einem hohen Preis Unternehmen oder Vermögensgegenstände gekauft werden, die jedoch (noch) geringe oder keine Umsätze erzielen. Ziel dieser Schwelle ist daher solche Fälle zu erfassen, bei denen bisheriger Umsatz und Unternehmenskaufpreis unverhältnismäßig auseinanderfallen. Der hohe Kaufpreis ist in solchen Übernahmefällen häufig ein Zeichen für innovative Geschäftsideen mit einem hohen wettbewerblichen Marktpotenzial. 3

Marktführende Unternehmen können aufstrebende Konkurrenten oder deren Vermögenswerte durch den Aufkauf in einem frühen Entwicklungsstadium vollständig ins eigene Geschäft integrieren, die ursprüngliche Tätigkeit des erworbenen Unternehmens verändern oder sogar gänzlich einstellen. Solche Erwerbsvorgänge können aus wettbewerbspolitischer Sicht eine präventive fusionsrechtliche Prüfung erfordern, insbesondere im Hinblick auf den Schutz von Innovationspotenzialen und Innovationswettbewerb in Technologiemärkten. 4

Angesichts der engen Verflochtenheit der beiden Volkswirtschaften Österreichs und Deutschlands mit der daraus resultierenden nicht unbeträchtlichen Anzahl von Zusammenschlussvorhaben, die sowohl in Deutschland als auch in Österreich anzumelden sind, sowie der ähnlichen Gestaltung der neuen Schwellen scheint es geboten, möglichst frühzeitig ein Level Playing Field für die betroffenen Unternehmen zu schaffen. Im Rahmen der engen Zusammenarbeit zwischen Bundeskartellamt und Bundeswettbewerbsbehörde wird es hiermit – zum ersten Mal – unternommen, einen gemeinsamen Leitfaden zu veröffentlichen. Erleichtert wird dieses Vorhaben dadurch, dass sich der österreichische Gesetzgeber an der deutschen Regierungsvorlage und deren Materialien orientiert hat. Wo nicht anders vermerkt, sind Bezugnahmen auf die Gesetzesbegründung zwar stets als solche auf die deutsche zu verstehen, aus eben genanntem Grund aber auch für die Interpretation der neuen österreichischen Norm relevant. Weichen ansonsten deutsche und österreichische Rechtslage voneinander ab, finden sich im Text gesonderte Ausführungen. Der Ausdruck „die Wettbewerbsbehörde" bezieht sich im Folgenden gleichermaßen auf das Bundeskartellamt und die Bundeswettbewerbsbehörde. 5

Dieser Leitfaden basiert auf ersten Erfahrungen mit den Transaktionswert-Schwellen, auf Gesprächen mit ausgewählten Anwälten aus den Bereichen Kartellrecht und Mergers & Acquisitions und auf den Stellungnahmen, die im Rahmen der öffentlichen Konsultation über einen Entwurf des Leitfadens eingingen. Er soll Anwendern eine erste Hilfestellung zur Auslegung der gesetzlichen Vorschriften bieten und stellt die aktuelle Rechtsansicht von Bundeskartellamt und Bundeswettbewerbsbehörde zur Anwendbarkeit der neuen Vorschriften dar. Dieser Leitfaden kann jedoch die Gerichte in Deutschland und Österreich bei der Auslegung von § 35 Abs. 1a GWB bzw. § 9 Abs. 4 KartG nicht binden.[2] Außerdem kann er mangels ausreichender Fallpraxis noch nicht sämtliche möglichen Fallkonstellationen und Anwendungsfragen abbilden und ist insoweit als vorläufig zu betrachten. Bei einer Weiterentwick- 6

[2] In Österreich kann er auch die Amtspartei Bundeskartellanwalt nicht binden

lung der Fallpraxis wird – sofern erforderlich – eine entsprechende Aktualisierung des Leitfadens erfolgen. In einschlägigen Fällen besteht zudem die Möglichkeit, dass sich zusammenschließende Parteien vorab an das Bundeskartellamt oder die Bundeswettbewerbsbehörde wenden, um Fragen hinsichtlich der Anmeldepflicht zu klären oder die Darstellung ihres Vorhabens im Rahmen der Anmeldung abzustimmen.

B. Die gesetzlichen Regelungen des § 35 Abs. 1a GWB und des § 9 Abs. 4 KartG

7 Die Schwellen des § 35 Abs. 1a GWB und des § 9 Abs. 4 KartG sind subsidiär zu den umsatzbasierten Kriterien des § 35 Abs. 1 GWB und § 9 Abs. 1 bis 3 KartG anzuwenden. An der Anwendungspraxis der letztgenannten Kriterien ändern die Schwellen des § 35 Abs. 1a GWB und des § 9 Abs. 4 KartG nichts. Hinsichtlich der umsatzbasierten Tatbestandselemente, die diese neuen Vorschriften enthalten, gelten bei der Umsatzberechnung keine Besonderheiten.

8 Zur Anwendung der Fusionskontrolle kommt es nach den Transaktionswert-Schwellen in Österreich und Deutschland auch dann, wenn subsidiär zu den bisherigen Voraussetzungen an die Umsatzschwellenwerte u.a. bestimmte Schwellen für den Wert der Gegenleistung erreicht werden und eine erhebliche Inlandstätigkeit des zu erwerbenden Unternehmens oder Unternehmensteils in Deutschland bzw. Österreich vorliegt.

9 Neben den im vorliegenden Leitfaden erläuterten Schwellen gelten für Deutschland und Österreich auch die allgemeinen Anwendungsvoraussetzungen in Bezug auf die Inlandsauswirkung. In Deutschland findet nach § 185 Abs. 2 GWB das Gesetz Anwendung auf alle Wettbewerbsbeschränkungen, die sich in Deutschland auswirken, auch wenn sie außerhalb Deutschlands veranlasst werden. Dies gilt auch für die Zusammenschlusskontrolle und insbesondere für die Anmeldepflicht nach § 39 GWB. Zusammenschlüsse, welche die Umsatz-, Transaktionswert- und Tätigkeitsschwellenwerte überschreiten (und einen Zusammenschlusstatbestand erfüllen), sind danach nicht zwangsläufig anmeldepflichtig.[3] Für Österreich ist einerseits auf § 24 Abs. 2 KartG hinzuweisen, der festlegt, dass das KartG nur anzuwenden ist, soweit sich ein Sachverhalt auf den inländischen Markt auswirkt, unabhängig davon, ob er im Inland oder im Ausland verwirklicht worden ist, andererseits auf die dazu existierende Praxis der Bundeswettbewerbsbehörde und einschlägige Judikatur und Literatur im Zusammenhang mit der Inlandsauswirkung von Zusammenschlüssen.[4] Dementsprechend scheidet nach Ansicht der Bundeswettbewerbsbehörde in Österreich eine mangelnde Inlandsauswirkung gemäß § 24 Abs. 2 KartG bei Anwendungsfällen des § 9 Abs. 4 KartG aus.

10 Die Bundeswettbewerbsbehörde und das Bundeskartellamt erwarten Auslegungsfragen insbesondere zu den folgenden drei Fragen:
(a) Wert der Gegenleistung (siehe unter C.)
(b) erheblicher Umfang der Inlandstätigkeit (siehe unter D.)
(c) Zusammenschlusstatbestand (siehe unter E.)
Die nachfolgenden Ausführungen beziehen sich daher auf diese drei Fragenkomplexe.

---

[3] Vgl. dazu das Merkblatt Inlandsauswirkungen in der Fusionskontrolle des Bundeskartellamts.

[4] Vgl. dazu *Urlesberger in Petsche/Urlesberger/Vartian,* KartG 2005, 2. Auflage (2016); § 24 Rz 1 ff; Standpunkt der Bundeswettbewerbsbehörde zur Inlandsauswirkung: https://www.bwb.gv.at/_/standpunkte/_/.

C. Wert der Gegenleistung

I. Wert der Gegenleistung i.S.d. § 35 Abs. 1a Nr. 3 GWB und § 9 Abs. 4 KartG

1. Definition und Bestandteile. a) Definition. Der Wert der Gegenleistung ist ein in Euro anzugebender Wert. Er umfasst **alle Vermögensgegenstände und sonstigen geldwerten Leistungen**, die der Veräußerer vom Erwerber im Zusammenhang mit dem infrage stehenden Zusammenschluss erhält. Der Begriff des Vermögensgegenstands ist, ähnlich wie im Handelsrecht (in Österreich: Unternehmensrecht), weit zu verstehen. Er schließt alle Geldzahlungen ein, die Übertragung von Stimmrechten[5], Wertpapieren, von Sachanlagen sowie von immateriellen Vermögensgegenständen. Dazu zählen auch Gegenleistungen, die an den Eintritt bestimmter Bedingungen geknüpft sind, wie sie in sogenannten Earn-Out-Klauseln[6] enthalten sind, oder andere im Zusammenhang mit dem Zusammenschluss vereinbarte zusätzliche Zahlungen an den Veräußerer, wenn zu einem zukünftigen Zeitpunkt bestimmte Umsatz- oder Gewinnziele erreicht werden (z.B. Lizenzgebühren). Ebenfalls dazu zu rechnen sind Zahlungen für einen vereinbarten Wettbewerbsverzicht des Veräußerers, soweit diese nicht bereits vollständig in anderen Teilen der Gegenleistung enthalten sind.[7] 11

Typischerweise ist der mit betriebswirtschaftlichen Methoden ermittelte **Unternehmenswert** von dem Kaufpreis und dem **Wert der Gegenleistung** für ein Unternehmen zu unterscheiden. Dies ist darauf zurückzuführen, dass häufig Aufpreise bzw. Prämien für den Unternehmenserwerb gezahlt werden, die über den ermittelten Unternehmenswert hinausgehen. Diese sind entsprechend Teil des Werts der Gegenleistung. Der Wert der Gegenleistung wird daher häufig über dem Wert eines Unternehmens nach dessen Stand-alone-Bewertung liegen, da bei der Ermittlung des Werts der Gegenleistung regelmäßig subjektive Einschätzungen des Erwerbers über die Entwicklung des zu erwerbenden Unternehmens als zukünftiger Teil seines Unternehmens bzw. seiner Unternehmensgruppe eine entscheidende Rolle spielen. 12

Der Wert der Gegenleistung bezieht sich **nur auf das infrage stehende Zusammenschlussvorhaben**. Von der Wertbestimmung sind beispielsweise bereits gehaltene bzw. getauschte Unternehmensanteile nicht umfasst. Dagegen ist im Einzelfall zu prüfen, ob für die Bestimmung des Werts der Gegenleistung einzelne Erwerbsvorgänge, die in einem engen sachlichen und zeitlichen Konnex zueinander stehen, als Teile eines einheitlichen Zusammenschlusses anzusehen sind, sodass auch die jeweils erbrachten Gegenleistungen zusammenzufassen sind. Dies gilt insbesondere, wenn einzelne Erwerbsvorgänge derart miteinander im Zusammenhang stehen, dass sie auf eine übergreifende Erwerbsentscheidung zurückzuführen sind oder sich gegenseitig bedingen. Danach sind diejenigen Erwerbsvorgänge zu einem einheitlichen Zusammenschluss zusammenzufassen, die bei wirtschaftlicher Betrachtung einen einheitlichen Vorgang bilden und die Struktur des fusionsbetroffenen Marktes beeinflussen können.[8] Dies kann beispielsweise der Fall sein, wenn ein Kontrollerwerb an einer 13

[5] Eine isolierte Übertragung von Stimmrechten ohne den dazu gehörenden Geschäftsanteil ist allerdings nach deutschem und österreichischem Gesellschaftsrecht wegen des dort geltenden Abspaltungsverbots grundsätzlich nicht zulässig.

[6] Unter diesem Begriff versteht man Vereinbarungen zur erfolgsabhängigen Anpassung des Kaufpreises beim Unternehmenskauf.

[7] Vgl. hierzu BT-Drs. 18/10207, S. 77.

[8] Ein entgegenstehender Wille der Zusammenschlussbeteiligten wäre in diesem Zusammenhang unbeachtlich, vgl. für das deutsche Recht OLG Düsseldorf, Beschluss vom 23.8.2017, Tz. 27 – Edeka-Tengelmann (VI-Kart 5/16 (V). Für Österreich ist auf § 20 KartG hinzuweisen, wonach der wahre wirtschaftliche Gehalt und nicht die äußere Erscheinungsform maßgeblich ist.

Gesellschaft beabsichtigt ist und hierzu verschiedene Anteile von verschiedenen Anteilseignern erworben werden. In den typischen Anwendungsfällen der Transaktionswert-Schwellen[9] werden diese Anteilserwerbe zeitgleich oder kurz nacheinander erfolgen, sodass sich neben dem Erwerber auch das Zielunternehmen und die Veräußerer über den wirtschaftlichen Zusammenhang der Erwerbsvorgänge im Klaren sind. Eine solche Zusammenführung von Erwerbsvorgängen trägt dem Ziel der Gesetzesnovelle Rechnung, den Wettbewerb auch bei Übernahmen junger Unternehmen zu schützen, deren Anteile ggf. von verschiedenen Parteien gehalten bzw. veräußert werden. Bei vertraglich vereinbarten Stufenerwerben prüft das Bundeskartellamt zum Zeitpunkt des ersten Erwerbsvorgangs den vertraglich vereinbarten Gesamtzusammenschluss im Sinne aller Erwerbsstufen.[10] Für Österreich verwirklicht nach der jüngsten kartellgerichtlichen Rechtsprechung bereits die Durchführung[11] des ersten Erwerbsvorgangs bei zeitlich aufeinanderfolgenden Erwerbsvorgängen eines Gesamtvorhabens den Zusammenschluss.[12]

Beispiel I a:

Ein Unternehmen hält bereits 25 % der Anteile an einem Zielunternehmen und erwirbt weitere 26 % der Anteile. In diesem Fall ist der Wert der Gegenleistung nur für die in dem gegenwärtigen Vorhaben zu erwerbenden 26 % der Anteile zu ermitteln.

Beispiel I b:

Ein Unternehmen hält bereits 25 % der Anteile an einem Zielunternehmen. Der Erwerb von weiteren 26 % der Anteile erfolgt in zwei rechtlich getrennten Teilzusammenschlüssen, mit zwei unabhängigen Veräußerern, die kurz nacheinander jeweils ihre 13 % der Anteile verkaufen. Der Erwerber beabsichtigt mit den beiden Teilzusammenschlüssen die Mehrheit an der Zielgesellschaft von 51 % zu erwerben. Die beiden Teilzusammenschlüsse von jeweils 13 % stehen in einem engen Konnex zueinander. Sie sind daher zur Ermittlung des Werts der Gegenleistung zusammenzufassen.

14 **b) Bestandteile der Gegenleistung.** Die Gegenleistung kann aus **verschiedenen Tauschgegenständen** bestehen, die im Gegenzug für den Erwerb eines Zielunternehmens zwischen Käufer und Verkäufer übertragen werden. Hierzu können beispielsweise Barmittel, Wertpapiere (Rz. 39 ff.), nicht als Wertpapier gehandelte Unternehmensanteile, sonstige Aktiva und Vermögenswerte (Immobilien, Sachanlagen, Aktiva des Umlaufvermögens), immaterielle Vermögenswerte[13] (Lizenzen, Nutzungsrechte, Firmen- und Markenrechte) sowie Gegenleistungen für einen Wettbewerbsverzicht (Rz. 60 ff.) zählen.

15 Zur Gegenleistung zählen ebenfalls **zukünftige und variable Kaufpreisbestandteile** (Rz. 29 ff.), deren Höhe und Zahlungszeitpunkt sich aus der zukünftigen

[9] Zum Beispiel Fälle, in denen die Gründer eines Start-Up-Unternehmens sich aus dem Unternehmen zurückziehen, indem sie ihre jeweiligen Anteile an ein und denselben Erwerber veräußern.

[10] Darüber hinaus gilt für Erwerbsvorgänge zwischen denselben Erwerbern und Veräußerern im deutschen Recht § 38 Abs. 5 Satz 3 GWB.

[11] Ein Zusammenschluss gilt bereits mit der Möglichkeit der Einflussnahme als durchgeführt, vgl. OGH als Kartellobergericht 7.12.2017, 16 Ok 2/17 f.

[12] Vgl. OLG Wien als Kartellgericht 6.10.2015, 29 Kt 44, 45/15 – *Europapier International*, wobei sich diese Entscheidung auf einen Erwerb von einem einzigen Verkäufer bezogen hat.

[13] Immaterielle Vermögenswerte zählen jedenfalls dann zur Gegenleistung im Sinne der Transaktionswert-Schwellen, wenn sie im Zuge des Zusammenschlusses auf den Veräußerer als Teil der Kaufpreiszahlung übertragen werden. Soweit im Umfeld des Zusammenschlusses Vereinbarungen über die Nutzung von Rechten getroffen sind, die beim Veräußerer verbleiben, ist im Einzelfall zu prüfen, ob die daraus resultierenden Zahlungen des Erwerbers als Teil der Gegenleistung anzusehen sind.

Entwicklung bestimmter Parameter eines Unternehmens oder dem Eintritt bestimmter Bedingungen ergeben. Dies umfasst so genannte Earn-Out-Zahlungen, die beispielsweise von der Entwicklung von Unternehmenskennzahlen wie dem EBIT, dem Umsatz oder Absatzzahlen abhängen. Ebenfalls hiervon umfasst sind Zahlungen in Abhängigkeit von zwischen den Beteiligten vereinbarten „Meilensteinen", wie beispielsweise beim Erreichen einzelner Verfahrensschritte bei der Medikamentenzulassung, sowie künftige Lizenzzahlungen.

Durch den Erwerber **übernommene Verbindlichkeiten** (Rz. 52) sind ebenfalls **16** Teil der Gegenleistung für den Erwerb eines Zielunternehmens. Entsprechend der Unternehmenskaufpraxis werden Bundeskartellamt und Bundeswettbewerbsbehörde im Regelfall die verzinslichen Anteile der Verbindlichkeiten dem Wert der Gegenleistung hinzurechnen.

Nicht von dem Wert der Gegenleistung umfasst sind Transaktionskosten, wie **17** beispielsweise Rechtsberatungskosten, Provisionen für Investmentbanken und Kapitalbereitstellungskosten.

2. Grundlagen der Wertermittlung – Plausibilisierung und Darlegung **18** **der Ermittlung. a) Plausibilisierung der Wertermittlung.** Die nachfolgenden Ausführungen benennen Vorgaben insbesondere im Hinblick auf die nachvollziehbare Darstellung des Werts der Gegenleistung gegenüber der Wettbewerbsbehörde. Sie dienen dazu, Zweifel über dessen Ermittlung und damit dessen Höhe auszuschließen und die Anwendbarkeit des § 35 Abs. 1a GWB und des § 9 Abs. 4 KartG möglichst klar zu umschreiben. Es bleibt jedoch Aufgabe der Zusammenschlussparteien, den Wert der Gegenleistung und die Anmeldepflicht zu prüfen und bei vorliegender Anmeldepflicht das Vollzugsverbot einzuhalten.

Ziel der Darstellung gegenüber der Wettbewerbsbehörde ist, dass sie die **Plausibi-** **19** **lität des Werts der Gegenleistung** prüfen und beurteilen kann. Dabei kommt der Genauigkeit der Darlegung durch die Unternehmen eine umso bedeutendere Rolle zu, je näher der Wert der Gegenleistung im Bereich der Schwellenwerte von € 200 Mio. für Österreich bzw. € 400 Mio. für Deutschland liegt. Die nachfolgend beschriebene detaillierte Darlegung der Wertermittlung kann umso stärker vereinfacht werden, je klarer die Schwellenwerte über- oder unterschritten werden.[14] Wird dagegen ein Zusammenschluss ohne Anmeldung vollzogen, weil die Unternehmen zu dem Schluss gekommen sind, dass die Schwellenwerte nicht erfüllt sind und keine Anmeldepflicht besteht, bleibt es der Wettbewerbsbehörde naturgemäß unbenommen, einen möglichen Verstoß gegen das Vollzugsverbot zu prüfen.

Da die Ermittlung des Werts der Gegenleistung in verschiedenen Fällen von **20** unternehmensinternen Annahmen und Zukunftserwartungen abhängen kann, kann eine **schriftliche Bestätigung des Werts und der Wertermittlung durch die Unternehmensleitung des Erwerbers** zur Verlässlichkeit der Angaben beitragen und die Ermittlungen zu dem Wert der Gegenleistung vereinfachen. Dies gilt insbesondere bei vorsorglichen Anmeldungen oder in Zweifelsfällen. Eine angemessene Bestätigung sollte durch die Geschäftsleitung der Erwerbergesellschaft, ggf. ihrer Obergesellschaft oder durch eine natürliche Person, die vergleichbare Funktionen ausübt, erfolgen. Die Bestätigung muss den Wert der Gegenleistung der Höhe nach benennen, wie er der Anmeldung zugrunde liegt. Die Bestätigung darf zum Zeitpunkt der Vorlage bei der Wettbewerbsbehörde nicht älter als 90 Tage sein. Legen

---

[14] Für Anmeldungen nach deutschem Recht ist § 39 Abs. 3 Satz 2 Nr. 3 GWB zu beachten. Demnach sind in jedem Fall Angaben über die Werte der Gegenleistung und ihrer Bestandteile (Rz. 14 ff.) zu machen. Überschreitet der Wert der Gegenleistung klar den Schwellenwert des § 35 Abs. 1a GWB Nr. 3 i.H.v. € 400 Mio., kann die zuständige Beschlussabteilung im Bundeskartellamt auf eine darüber hinaus gehende Darlegung der Grundlagen der Berechnung verzichten.

die Unternehmen z.B. auf eine Anfrage der Wettbewerbsbehörde dar, der Transaktionswert liege unterhalb von € 200 bzw. € 400 Mio., kann eine solche Bestätigung etwaigen Zweifeln der Behörde im Hinblick auf die Anmeldepflicht oder einen Verstoß gegen das Vollzugsverbot entgegenwirken. Dabei empfiehlt es sich, dass die Geschäftsführung auch die Methode der Wertermittlung bestätigt.

21 Die Plausibilisierung des Wertes einer Gegenleistung, zu der Earn-Out-Zahlungen oder andere ungewisse oder im Wert schwankende Bestandteile gehören, kann erleichtert werden, wenn nicht nur der **Erwerber, sondern auch der Veräußerer**[15] unabhängig voneinander die von ihnen ermittelten Werte der Gegenleistung darlegen und erläutern.

22 Gegebenenfalls ist der Wert der Gegenleistung mittels eines Wertgutachtens zu bestimmen. Grundsätzlich können auch zeitlich zurückliegende **Wertgutachten** herangezogen werden, sofern sich zwischen deren Erstellung und der Anmeldung des Vorhabens keine erheblichen wertbeeinflussenden Sachverhalte ereignet haben. Liegt der Zeitpunkt, auf den sich die herangezogene Wertbestimmung bezieht, länger als sechs Monate zurück, muss erläutert werden, wie sich das Auseinanderfallen von Anmeldezeitpunkt und Wertbestimmungszeitpunkt auf den Wert auswirkt. Dies kann auch im Wege einer Bestätigung erfolgen, dass es seit dem Zeitpunkt der Erstellung des Wertgutachtens keine wesentlichen Änderungen des Werts gegeben hat.

23 Herrscht zwischen Zusammenschlussparteien **Uneinigkeit über den genauen Wert der Gegenleistung**, kann zwischen verschiedenen Fällen unterschieden werden.

1.) Es herrscht jedenfalls zwischen den Parteien Einigkeit darüber, dass der Wert der Gegenleistung über € 400 Mio. bzw. € 200 Mio. liegen wird. In diesem Fall kann eine Anmeldung erfolgen und der genaue Wert zu einem späteren Zeitpunkt mitgeteilt werden. Die Anmeldung muss eine Schätzung des Werts der Gegenleistung enthalten und deutlich machen, dass die Schwellenwerte sicher überschritten werden.

2.) Es herrscht Unklarheit darüber, ob der Schwellenwert von € 400 Mio. bzw. € 200 Mio. überschritten sein wird. In diesem Fall kann eine vorsorgliche Anmeldung erfolgen. Dies setzt voraus, dass das Vorhaben im Übrigen anmeldefähig ist, d.h. ausreichend konkretisiert ist. Auf diese Weise kann ein späterer Verstoß gegen das Vollzugsverbot vermieden werden.

24 Grundsätzlich setzt die Anmeldung eines Zusammenschlussvorhabens voraus, dass das zugrundeliegende Zusammenschlussvorhaben ausreichend konkret ist, um die Anmeldevoraussetzungen zu erfüllen. In Österreich ist es jedenfalls notwendig, dass Einigkeit über die geplante Struktur sowie den Zeitplan besteht.[16] Für die Anmeldefähigkeit eines Vorhabens in Deutschland ist eine hinreichende Präzisierung des Verfahrensgegenstands im Hinblick auf die Form des Zusammenschlusses, das Anstreben eines Zusammenschlusses durch die zur Geschäftsführung berufenen Organe des bzw. der Erwerber, die beteiligten Unternehmen, die Umsatzschwellen bzw. den Wert der Gegenleistung notwendig, um eine Beurteilung nach § 36 Abs. 1 GWB zu ermöglichen.

25 Lässt sich ein Wert nicht genau bestimmen und ergibt sich gleichwohl aus einer möglichen **Unter- oder Obergrenze**, dass der Wert der Gegenleistung nach § 35 Abs. 1a Nr. 3 GWB bzw. § 9 Abs. 4 Z 3 KartG in der Gesamtbetrachtung des

---

[15] Für Österreich ist dabei darauf hinzuweisen, dass gegen den Veräußerer eines Unternehmens (oder wesentlichen Unternehmensteils) keine Geldbuße wegen verbotener Durchführung verhängt werden kann (vgl. OLG Wien als Kartellgericht 24.11.2008, 26 Kt 10/08). In Deutschland ist der Veräußerer in den Fällen des § 37 Abs. 1 Nr. 1 und 3 GWB zur Anmeldung verpflichtet.

[16] Vgl. *Gugerbauer*, KartG³, § 10 KartG Rz. 2.

vorliegenden Zusammenschlusses eindeutig über- oder unterschritten wird, so reicht die Darlegung und Plausibilisierung dieser Wertgrenzen. Liegt der Wert je nach Szenario über oder unter der Transaktionsschwelle, so ist wie in Rz. 0 dargelegt zu verfahren.

Die Plausibilisierung der Ermittlung des Werts zukünftig anfallender Gegenleis- 26
tungen wird regelmäßig eine Darstellung in einem gängigen EDV-Tabellenkalkulationsprogramm erforderlich machen.

In Deutschland wie in Österreich haben die Parteien die Möglichkeit, bereits im 27
Zuge der Anmeldung auf **die Vertraulichkeit von Angaben** hinzuweisen. Dies kann auch Angaben über die Höhe des Werts der Gegenleistung betreffen. Das Bundeskartellamt und die Bundeswettbewerbsbehörde sind in ihren Fusionskontrollverfahren zur Wahrung von Betriebs- und Geschäftsgeheimnissen verpflichtet. Im Verfahren vor dem Kartellgericht in Österreich (Phase II) ist darüber hinaus darauf hinzuweisen, dass die Parteien im Rahmen des Veröffentlichungsverfahrens die Möglichkeit haben, jene Teile der Entscheidung zu bezeichnen, die sie von der Veröffentlichung ausnehmen wollen (§ 37 Abs. 2 KartG).

b) Darlegung der Wertermittlung; relevanter Zeitpunkt. Der Wert der 28
Gegenleistung kann im Zeitablauf schwanken. Dies wird bei Wertpapieren regelmäßig der Fall sein, kann aber auch bei Barmitteln in Fremdwährungen zutreffen. Anders als bei der zeitraumbezogenen Umsatzbetrachtung ist der Wert der Gegenleistung zeitpunktbezogen festzustellen. Für die Frage der Anmeldepflicht ist der **Zeitpunkt des Vollzugs des Zusammenschlusses** relevant.[17] Allerdings kann es Situationen geben, in denen dieser (der Wert der Gegenleistung zum Zeitpunkt des Vollzuges) wegen Wertschwankungen zum Zeitpunkt der Anmeldung noch nicht feststeht. In einem solchen Fall kann **in der Anmeldung** der Wert der Gegenleistung auf den Zeitpunkt der Prüfung der Anmeldepflicht durch die Zusammenschlussparteien bezogen werden. Fällt der Wert allerdings nach der Anmeldung unter die Schwelle von € 200 Mio. bzw. € 400 Mio., so können die Unternehmen die Anmeldung zurückziehen und fusionskontrollfrei vollziehen. Umgekehrt kann auch ein zunächst nicht anmeldepflichtiges Zusammenschlussvorhaben anmeldepflichtig werden, wenn etwa der Kurs der als Gegenleistung angebotenen Fremdwährung oder Aktien so steigt, dass die Schwellen nunmehr überschritten werden. Bis zum Vollzugszeitpunkt kann in solchen Fällen daher eine Anmeldepflicht entstehen. Wenn die beteiligten Unternehmen dies für möglich halten, wird sich eine Anmeldung empfehlen.[18] Dadurch können die Beteiligten vermeiden, dass das Vollzugsverbot im Falle einer erst kurz vor Vollzug entstehenden Anmeldepflicht die Umsetzung des Zusammenschlussvorhabens verzögert. Letztlich liegt die Prüfung der Anmeldepflicht bei den Wettbewerbsbehörden.

Wenn Komponenten der Gegenleistung zu unterschiedlichen Zeitpunkten zu 29
zahlen sind, muss für sämtliche nachgelagerte Zahlungen, wie sie beispielsweise aus einer Earn-out-Regelung folgen, der Wert zum Zeitpunkt des Vollzugs festgestellt werden. Dies erfordert ein besonderes Maß an Transparenz, damit die ermittelten Werte geprüft werden können. Nachfolgend werden daher die einzelnen Schritte der Wertbestimmung dargestellt, die diese Transparenz gewährleisten sollen.

Zur Feststellung des aktuellen Werts aus künftigen Zahlungen zum Zeitpunkt der 30
Ermittlung der Anmeldepflicht sind **finanzwirtschaftlich gängige Abzinsungsmethoden**, wie sie aus der mehrperiodigen (auch dynamischen) Investitionsrech-

---

[17] Ein davor liegender Zeitpunkt stünde nicht im Einklang mit den jeweiligen gesetzlichen Vorschriften in Deutschland und Österreich.

[18] In Deutschland ist eine vorsorgliche Anmeldung möglich, sodass das Zusammenschlussvorhaben geprüft und gegebenenfalls freigegeben werden kann, ohne dass die Frage der Anmeldepflicht abschließend geklärt wird.

nung bekannt sind, zu nutzen.[19] **Zukünftige Zahlungen** sind zu einem Barwert abzuzinsen, um so den Wert der Zahlungen zu einem einheitlichen Zeitpunkt zu ermitteln.

31 Die Ermittlung einer Gegenleistung unter Einbezug eines Barwerts basiert regelmäßig auf Annahmen und Szenarien. Wesentliche Aspekte der Berechnung sind die **Zeitpunkte** der Ermittlung künftiger Zahlungen sowie der genutzte **Zinssatz** (Diskontierungssatz). Für sämtliche anfallenden Zahlungen bzw. Werte, deren Zahlungs- und Bezugszeitpunkte vom Zeitpunkt des Vollzugs abweichen, müssen diese Zeitpunkte, die zur Abzinsung genutzten Zinssätze sowie die auf den Zeitpunkt des Vollzugs bezogenen Barwerte ermittelt werden, um eine Überprüfung der Bestimmung des Werts der Gegenleistung zu ermöglichen. Dies gilt sowohl für fixe als auch für variable Kaufpreisbestandteile. Wurden verschiedene variable Kaufpreisbestandteile vereinbart, wie z.B. Zahlungen, die vom Erreichen von Gewinnstufen abhängen, und Zahlungen, die von gewinnunabhängigen Meilensteinen abhängen, so sind einzelne **Barwerte** für jede dieser Komponenten jeweils **zu addieren**.

32 Als Angabe zu den Zahlungszeitpunkten und zur Berechnung der Barwerte künftiger Zahlungen können **unterjährige Zahlungen** zu Jahreszahlungen zusammengefasst werden. Die so zusammengefassten Zahlungen können jahresweise abgezinst werden.

33 Angaben zu künftigen Zahlungen und Zahlungszeitpunkten sowie zu den zur Barwertbestimmung genutzten Zinssätzen werden regelmäßig **Annahmen** zugrunde liegen.

Damit die Wettbewerbsbehörde die Plausibilität der Angaben prüfen kann, sind die Annahmen von den beteiligten Unternehmen transparent darzulegen und zu erläutern. Wenn künftige Zahlungen und deren Zeitpunkte beispielsweise von künftigen, ungewissen Umsatzzielen abhängen, so sind diese Umsatzziele sowie eine den erwarteten Zahlungen zugrunde liegende Umsatzprognose zu benennen und zu erläutern. Zinssätze werden regelmäßig aus verschiedenen Komponenten bestehen, deren Heranziehung auf Annahmen beruht. Die einzelnen Komponenten und Annahmen sind der Höhe nach zu benennen und zu erläutern.

Beispiel II:

Ein Pharmakonzern beabsichtigt, die Tochtergesellschaft eines Biotechunternehmens mit aussichtsreichen Wirkstoffen zu übernehmen. Ein Arzneimittel mit einem der Wirkstoffe ist bereits in der EU zugelassen worden. Der vereinbarte Kaufpreis besteht aus verschiedenen Komponenten. (1) Zunächst wurde eine einmalige Zahlung nach fusionskontrollrechtlicher Freigabe vereinbart, ein so genanntes up-front Payment. (2) Eine Erfolgskomponente besteht in jährlichen Zahlungen von je 10 % des Umsatzes, den der Pharmakonzern mit den Produkten des Biotechunternehmens über einen Zeitraum von 10 Jahren erzielt, ab dem Zeitpunkt, ab dem der Umsatz erstmals die Marke von € 200 Mio. übersteigt, so genannte Bonuszahlungen.

Das Vorhaben wird unmittelbar nach Vertragsunterzeichnung angemeldet. Zur Bestimmung des Werts der Gegenleistung ist in diesem Fall wie folgt vorzugehen: Für jede Komponente ist der Wert zum gegenwärtigen Zeitpunkt zu bestimmen. Diese Barwerte sind zu addieren und bilden so den Wert der Gegenleistung. Im vorliegenden Fall besteht der Wert der Gegenleistung aus zwei Komponenten: (1) Die anfängliche, einmalige Zahlung ist zu ihrem gegenwärtigen Wert, also zu 100 %, einzubeziehen. (2) Für die Bonuszahlungen gilt, dass die Zahlungen in der Zukunft anfallen und dass sie unsicher sind. Sie sind entsprechend auf den gegenwärtigen Zeitpunkt abzuzinsen. Für sie ist der Zeitpunkt zu ermitteln, ab dem der Umsatz erwartungsgemäß die Schwelle von € 200 Mio. übersteigen wird. Die erwartete Umsatzentwicklung ist zu

---

[19] Die nachfolgenden Ausführungen beziehen sich auf die Berücksichtigung künftiger Zahlungen. Sollten zeitlich zurückliegende Werte Teil des Werts der Gegenleistung sein, ist eine äquivalente Methodik zur Aufzinsung zu nutzen. Dies könnte bspw. der Fall sein, falls der Wert von Kaufpreiskomponenten in der Vergangenheit bestimmt wurde.

erläutern. Für jedes einzelne Jahr, in dem eine Bonuszahlung anfällt, ist diese der Höhe nach anzugeben. Zusätzlich ist ihr jeweiliger Barwert anzugeben. Die einzelnen Barwerte dieser Komponente sind zu addieren.

Es spielt keine Rolle, dass diese Zahlungen ausländische Märkte betreffen. Bei dem Transaktionswert wird nicht zwischen einem „inländischen" und einem „ausländischen" Teil unterschieden.

Zukünftig erwartete Zahlungen können hinsichtlich ihrer Eintrittswahrscheinlichkeit **unsicher** sein. Sind künftige Zahlungen für die Wertermittlung entsprechend mit Wahrscheinlichkeiten gewichtet worden, so sind diese Wahrscheinlichkeiten und die ihnen zugrunde liegenden Annahmen zu erläutern. Sind Unsicherheiten durch einen Aufschlag auf den Diskontierungssatz berücksichtigt worden, so ist die entsprechende Komponente bei der Erläuterung des Zinssatzes der Höhe nach zu benennen und zu erläutern. 34

Beispiel III:

Die Gegenleistung in Beispiel II wurde um eine weitere Komponente ergänzt, nämlich um (3) sogenannte Milestone Payments in Höhe von jeweils € 10 Mio. Diese werden jeweils fällig, wenn die Produkte des Zielunternehmens in Brasilien und in Südafrika zugelassen werden, sowie wenn der insgesamt mit den Produkten erzielte Umsatz erstmals die Schwellen von € 400 Mio. und € 600 Mio. erreicht.

Für diese Milestone Payments (3) ist zu erläutern, wann die Produkte erwartungsgemäß in Brasilien und in Südafrika zugelassen werden und wie wahrscheinlich die Zulassung in den beiden Ländern eingeschätzt wird. Auf dieser Grundlage ist zusätzlich der wahrscheinlichkeitsgewichtete Barwert dieser Zahlungen anzugeben. Somit wird bei der Berechnung des Barwertes zum einen berücksichtigt, dass die Zahlungen in der Zukunft anfallen, zum anderen, dass unsicher ist, ob die Zahlungen überhaupt fällig werden. Dem Umstand, dass die Zahlung in der Zukunft fällig wird, wird dadurch Rechnung getragen, dass der Betrag abgezinst wird. Die Unsicherheit der Zahlung wird in der Weise berücksichtigt, dass der Wert der Zahlung mit ihrer Eintrittswahrscheinlichkeit multipliziert wird. Wird die Zulassung in Brasilien beispielsweise in drei Jahren mit einer Wahrscheinlichkeit von 85 % erwartet, wodurch eine Zahlung in Höhe von € 10 Mio. zu diesem Zeitpunkt fällig wird, läge der Barwert entsprechend bei € 10 Mio. $\star$ 0,85 $\star$ $(1/(1+\text{Diskontierungszinssatz})^3)$. Im Falle eines Diskontierungszinssatzes von 10 % wären dies etwa knapp € 6,39 Mio. Entsprechend ist mit den anderen Milestone Payments zu verfahren. Die Barwerte der einzelnen Milestone Payments sind zu addieren.

Sofern Gegenleistungen stark im Wert schwanken können, werden i.d.R. verschiedene Szenarien im Vorfeld eines Zusammenschlussvorhabens erörtert, die zu unterschiedlichen Werten der Gegenleistung führen. Zur Plausibilisierung des von den Zusammenschlussparteien erwarteten Werts der Gegenleistung sind auch die erörterten Alternativszenarien und die mit ihnen einhergehenden Werte der Gegenleistung darzulegen und zu erklären. Ferner ist darzulegen, warum diese Alternativszenarien nicht den Erwartungen entsprechen und nur unwahrscheinlichere Alternativen zu dem erwarteten Wert der Gegenleistung darstellen. 35

c) Folgen einer Wertänderung nach Vollzug. Sollte der Wert der Gegenleistung für ein Zusammenschlussvorhaben diesem Leitfaden gemäß bestimmt und eine Anmeldepflicht entsprechend abgelehnt worden sein, so lebt die Anmeldepflicht nicht wieder auf, wenn sich **nach Vollzug eine spätere Wertänderung** der bereits berücksichtigten Komponenten des Werts der Gegenleistung ergibt. Dies kann beispielsweise im Falle eines Wertpapiertausches möglich sein. So kann die Gegenleistung aus Aktien bestehen, deren Wert zum Vollzugszeitpunkt wie in diesem Leitfaden vorgegeben bestimmt wurde und unter dem Schwellenwert von € 200 Mio. für Österreich oder € 400 Mio. für Deutschland liegt. Sollte der Wert nachträglich, d.h. nach Vollzug des Zusammenschlusses, die Schwellenwerte übersteigen, liegt 36

kein Verstoß gegen das Vollzugsverbot vor. Es empfiehlt sich daher für Prüfungen seitens der Wettbewerbsbehörde die gemäß diesem Leitfaden erfolgte Wertermittlung entsprechend zu dokumentieren.

II. Methoden der Wertermittlung/Fallkonstellationen

37 Bei der Ermittlung des Werts der Gegenleistung sind insbesondere drei Fallkonstellationen möglich: (1.) Die Gegenleistung besteht aus Barmitteln, (2.) die Gegenleistung besteht aus Wertpapieren und (3.) die Gegenleistung besteht aus anderen Vermögenswerten als Wertpapieren oder Barmitteln. Ferner sind Kombinationen aus diesen Fällen möglich. In den nachfolgenden Abschnitten werden Besonderheiten der Wertermittlung dieser drei Fallkonstellationen dargestellt.

38 **1. Wert der Gegenleistung bei Bartransaktionen.** Bei reinen Bartransaktionen entspricht der Wert der Gegenleistung den getauschten Barmitteln.

39 **2. Wert der Gegenleistung bei Wertpapiertransaktionen.** Für die Ermittlung des Werts der Gegenleistung bei Zusammenschlüssen, in denen Wertpapiere als Zahlungsmittel übertragen werden, also beispielsweise wenn der Veräußerer Aktien des Erwerbers als Gegenleistung erhält, ist eine **Bewertungshierarchie** für diese Wertpapiere zu beachten. Die Bewertungshierarchie soll eine für die Parteien möglichst einfache und zugleich zuverlässige Bewertung des Werts der Gegenleistung ermöglichen.

40 Der Bewertungshierarchie folgend ist in Fällen, in denen ein Wertpapier aktuell auf einem **liquiden Markt** gehandelt wird, dessen Marktwert heranzuziehen. Es wird davon ausgegangen, dass ein solcher Marktwert zuverlässig den korrekten Wert des betroffenen Wertpapiers widerspiegelt.

41 In Fällen, in denen ein Wertpapier aktuell auf **keinem liquiden Markt** gehandelt wird, können Wertgutachten zur Wertbestimmung herangezogen werden. Wertgutachten liegen typischerweise Annahmen zur Wertermittlung zugrunde. Sie spiegeln daher nicht notwendigerweise einen Wert wider, der einem Marktwert auf einem liquiden Markt entsprechen würde.

42 Zentrales Unterscheidungskriterium für die Wertermittlung ist daher, ob ein Wertpapier aktuell auf einem liquiden Markt gehandelt wird. Die jeweilige Vorgehensweise zur Wertbestimmung wird in den nachfolgenden Fällen dargelegt.

43 **Fall 1**: **Ein aktuell liquider Markt** für das zu tauschende Wertpapier liegt vor. In diesem Fall ist der Wert des Wertpapiers auf diesem Markt heranzuziehen. Da ein einfacher, zeitpunktbezogener Börsenkurs das Ergebnis einer zufälligen Wertschwankung sein könnte, ist für die Wertermittlung anhand von Marktwerten Folgendes zu beachten:[20]

1.) Die Wertpapierpreise müssen dem nach jeweiligen Handelsvolumina gewichteten durchschnittlichen Börsenkurs dieser Wertpapiere während der letzten drei Monate vor der Anmeldung entsprechen.

2.) Sind die Wertpapiere noch keine drei Monate zum Handel an einer Börse zugelassen, so ist als Preis der gewichtete durchschnittliche Börsenkurs seit der Einführung des Wertpapiers in den Handel heranzuziehen.

44 Sind für die als Gegenleistung zu übertragenden Wertpapiere während der letzten drei Monate vor der Anmeldung an weniger als einem Drittel der Börsentage Börsenkurse festgestellt worden und weichen mehrere nacheinander festgestellte Börsenkurse um mehr als 5 Prozent voneinander ab, so wird zum Zwecke der Anmeldung

---

[20] In Anlehnung an § 5 Wertpapiererwerbs- und Übernahmegesetz-Angebotsverordnung in Deutschland. § 26 Übernahmegesetz in Österreich stellt auf den gewichteten durchschnittlichen Börsenkurs während der letzten sechs Monate ab. Das Abstellen auf drei Monate erscheint dennoch als Zeitraum für beide Jurisdiktionen sachgerecht.

von keiner ausreichenden Liquidität zur Ermittlung eines Marktwerts ausgegangen (s. nachfolgenden Fall 2).

Fall 2: Es liegt **kein liquider Markt** für das zu tauschende Wertpapier vor. In diesem Fall kann der Wert der als Gegenleistung zu übertragenden Wertpapiere mittels Wertgutachten bestimmt werden. Dabei können die Bewertungen herangezogen werden, die im Kontext der Durchführung des Zusammenschlusses ohnehin erstellt wurden. So wird der Aufwand für die beteiligten Unternehmen und die Wettbewerbsbehörde begrenzt. **45**

Für die Bewertung anhand von Wertgutachten gelten die Grundsätze der Methodenfreiheit, Richtigkeitsvermutung und Offenlegungspflicht. **46**

Je nach Fallkonstellation kann es notwendig sein, betriebswirtschaftliche Methoden der Unternehmens- bzw. Wertpapierbewertung heranzuziehen. Hierbei ist insbesondere der Grundsatz der **Methodenfreiheit** zu beachten. Der Methodenfreiheit folgend steht es dem Anmelder grundsätzlich frei, welche Methode er zur Wertbestimmung anwendet, wenn diese in der Praxis der **Unternehmensbewertung zur Fortführung des erworbenen Unternehmens** anerkannt ist. Dies bedeutet, dass eine Wertbestimmung nach Liquidationswerten nicht zulässig ist. Letztere führt häufig zu geringeren Werten im Vergleich zu einer Bewertung, die von einer Unternehmensfortführung ausgeht. Zudem ist für Fälle, in denen Wertpapiere als Gegenleistung für einen Unternehmenserwerb ausgetauscht werden, nicht davon auszugehen, dass einem Veräußerer an dem Liquidationswert eines Unternehmens gelegen ist, dessen Wertpapiere er erhält. **47**

Die auf der Grundlage einer entsprechenden Wertbestimmung ermittelte und durch die Unternehmensleitungen bestätigte Höhe des Werts der Gegenleistung, einschließlich eventuell übernommener Verbindlichkeiten, löst **im Regelfall eine Richtigkeitsvermutung** für die Wertbestimmung aus. Eine Überprüfung der Angaben durch die Wettbewerbsbehörde bleibt hiervon unberührt. **48**

Die **Grundlage für die Berechnung** des Werts ist in der Anmeldung gegenüber der Wettbewerbsbehörde offenzulegen. Die Wahl der Bewertungsmethode ist darzulegen und zu begründen. Wertgutachten müssen den Wert detailliert, nachvollziehbar und plausibel ermitteln. Die der Bewertung zugrundeliegenden Annahmen müssen ebenfalls plausibilisiert werden. Werden beispielsweise Vergleichsverfahren wie Multiplikatorverfahren genutzt, so muss die Zusammensetzung der Vergleichsgruppe dargelegt werden. Werden Gesamtbewertungsverfahren wie das Discounted-Cash-Flow- oder Ertragswertverfahren genutzt, so müssen insbesondere Wachstumsprognosen und Diskontierungssätze dargelegt werden. **49**

3. Wert der Gegenleistung bei Zusammenschlüssen mit Vermögenstausch. Für die Ermittlung des Werts der Gegenleistung bei Zusammenschlüssen, in denen Vermögenswerte als Zahlungsmittel getauscht werden, bei denen es sich nicht um Wertpapiere oder Unternehmensanteile handelt, sondern beispielsweise um materielle Vermögenswerte des Anlage- oder Umlaufvermögens, um Immobilien oder immaterielle Vermögenswerte wie Lizenzen, ist eine Bewertung dieser Vermögenswerte erforderlich. Hierzu muss eine dem Gegenstand angemessene Bewertungsmethode genutzt werden. Die Bewertungsmethode muss die intendierte Nutzung des Vermögenswerts widerspiegeln.[21] Hierzu sind die in Rz. 18 bis 36 dargestellten Grundlagen zur Wertbestimmung zu beachten. Bilanzwerte der betroffenen Vermögenswerte werden deren aktuellen Wert als Teil der Gegenleistung im Rahmen einer Unternehmenstransaktion häufig nicht zuverlässig wiedergeben. **50**

---

[21] In Literatur und Rechtsprechung werden hierzu bspw. das Ertragswertverfahren, verschiedene Discounted-Cash-Flow-Verfahren und Multiplikatorverfahren genannt. Vgl. bspw. Peemöller (2015), *Praxishandbuch der Unternehmensbewertung*; IDW (2008): *IDW Standard: Grundsätze zur Durchführung von Unternehmensbewertungen (IDW S 1 i.d.F. 2008).*

51 **4. Zusammenschlüsse mit Bar-, Wertpapier- und Vermögenstauschelementen.** Besteht eine Gegenleistung aus verschiedenen Elementen, wie Barmitteln, Wertpapieren und sonstigen Vermögenswerten, so sind diese separat zu bewerten, zu addieren und in einem Geldwert in Euro anzugeben. Für sämtliche Bestandteile einer Gegenleistung ist ein einheitlicher Bewertungszeitpunkt zu wählen. Wie in Rz. 28 dargelegt, muss es sich hierbei um den Zeitpunkt des Vollzugs des Zusammenschlusses handeln oder hilfsweise um den Zeitpunkt der Prüfung der Anmeldepflicht durch die Zusammenschlussparteien.

52 **5. Übernommene Verbindlichkeiten.** Durch den Erwerber übernommene Verbindlichkeiten sind ebenfalls als Teil der Gegenleistung für den Erwerb eines Zielunternehmens zu erachten und daher dem Wert des Kaufpreises (Rz. 14 ff.) hinzuzurechnen. In § 38 Abs. 4a GWB wird dies explizit ausgeführt. In Österreich enthalten die Materialien ausdrücklich einen entsprechenden Hinweis. Dies trifft auf **alle vom Erwerber im Rahmen eines Zusammenschlusses übernommenen Verbindlichkeiten** zu, also sowohl auf Verbindlichkeiten des erworbenen Unternehmens als auch auf zusätzlich übernommene Verbindlichkeiten des Veräußerers, und zwar gleichermaßen beim Erwerb von Vermögensteilen und von Anteilen des Zielunternehmens: Im Falle des **Vermögenserwerbs** ist zu berücksichtigen, dass nur einzelne Vermögenswerte übertragen werden. Dementsprechend werden Verbindlichkeiten nur dann zusätzlich zu dem Kaufpreis in Ansatz gebracht, wenn der Erwerber zusätzlich zu den zu erwerbenden Vermögenswerten auch Verbindlichkeiten des Veräußerers übernimmt. Im Falle eines **Anteilserwerbs** sind neben etwaigen vom Veräußerer übernommenen Verbindlichkeiten auch die **Verbindlichkeiten des Zielunternehmens** relevant: Verbindlichkeiten des Zielunternehmens mindern in der Regel den Kaufpreis. Nur wenn diese Verbindlichkeiten dem Kaufpreis hinzugerechnet werden, kann das mit der Einführung der Transaktionswert-Schwelle verfolgte Ziel erreicht werden, mit dem Wert der Gegenleistung zu erfassen, welchen Wert der Erwerber dem Zusammenschluss beimisst.[22] Dabei darf es nicht darauf ankommen, ob sich die Zielgesellschaft überwiegend durch Fremd- oder durch Eigenkapital finanziert. Die Übernahme von Verbindlichkeiten bringt zum Ausdruck, dass der Zusammenschluss dem Erwerber so viel wert ist, auch diese Belastungen zu tragen bzw. die Verschuldung des Zielunternehmens zu akzeptieren.

53 Die Gesetzesbegründung zum GWB macht dabei deutlich, dass durch die Hinzurechnung der Verbindlichkeiten der Unternehmenskaufpraxis Rechnung getragen werden soll.[23] Dieser Überlegung folgend ist nach derzeitiger Auffassung der Bundeswettbewerbsbehörde und des Bundeskartellamtes bei der Hinzurechnung von Verbindlichkeiten im Regelfall auf die **verzinslichen Anteile** der Verbindlichkeiten abzustellen. Nicht verzinsliche Verbindlichkeiten, wie üblicherweise Verbindlichkeiten aus Lieferungen und Leistungen, wären von der Hinzurechnung entsprechend nicht umfasst.[24] Die vorliegenden Ausführungen beziehen sich auf die in der **Bilanz des erworbenen Unternehmens ausgewiesenen Verbindlichkeiten** ungeachtet ihrer Zuordnung zu einer Bilanzposition nach § 266 HGB bzw. § 224 UGB. Sofern

---

[22] Für das deutsche Recht vgl. BT-Drs. 18/10207, S. 77/78.

[23] Vgl. BT-Drs. 18/10207, S. 77.

[24] Die Beschränkung auf verzinsliche Verbindlichkeiten entspricht der Herangehensweise einer Bruttokapitalisierung bzw. einer Free-Cash-Flow-to-the-Firm-Bewertung im Rahmen der Unternehmensbewertung. Dabei wird ein Unternehmenswert durch Diskontierung sämtlicher Cash Flows an anspruchsberechtigte Kapitalgeber, also Eigen- und Fremdkapitalgeber, ermittelt. Für das Unterscheidungskriterium der Verzinsung ist nicht nur auf laufende Zinszahlungen abzustellen. Vielmehr sind auch Verbindlichkeiten, bei denen Ausgabebetrag und Erfüllungsbetrag auseinanderfallen, zu berücksichtigen.

der Erwerber 100 % der Anteile an dem Zielunternehmen erwirbt, sind sämtliche Verbindlichkeiten in den Wert der Gegenleistung einzubeziehen. Der Wert reduziert sich entsprechend, wenn lediglich ein Teil des Unternehmens übernommen wird.

Die übernommenen Verbindlichkeiten des Veräußerers sind in dem Umfang ihrer **54**
Übernahme in den Wert der Gegenleistung einzubeziehen. Der Höhe nach sind Verbindlichkeiten, die vom erworbenen Unternehmen oder vom Veräußerer übernommen wurden, entsprechend ihrem aktuellen Wert in der Bilanz vor der Übernahme anzugeben, d.h. mit dem Betrag, der zur Erfüllung der Verbindlichkeit aufgebracht werden muss (§ 253 Abs. 1 S. 2 HGB bzw. § 211 Abs. 1 S. 1 UGB). Zum Nachweis wird es in der Regel nicht notwendig sein, eine besondere Zwischenbilanz zu erstellen. Wenn es zur Feststellung der Anmeldepflicht nicht entscheidend auf die exakte Bestimmung der relevanten Höhe der Verbindlichkeiten ankommt (vgl. Rz. 19), genügt die letzte vor der Übernahme erstellte geprüfte Bilanz, ggfs. ergänzt durch geeignete Unterlagen über die seitherige Entwicklung der Verbindlichkeiten.

6. Neugründung eines Gemeinschaftsunternehmens. Bei der Neugrün- **55**
dung eines Gemeinschaftsunternehmens ist unter Umständen nicht unmittelbar ersichtlich, wer als Erwerber zu sehen ist.[25] Nach deutschem Recht ist unter Neugründung in diesem Kontext die Gründung einer bisher nicht existenten Gesellschaft[26] zu verstehen. Diese ist das zu erwerbende Unternehmen. Hiervon zu unterscheiden ist die Situation, in der eine bereits existierende und operativ tätige Gesellschaft durch das Hinzutreten eines neuen Gesellschafters zu einem Gemeinschaftsunternehmen wird. Dies ist in dem hier vorliegenden Kontext als Erwerbsvorgang durch den neuen Gesellschafter zu verstehen, sofern die Teilvorgänge nicht zusammenzufassen sind (vgl. Rz. 58).

Für Österreich sind zwei Arten von Neugründungen zu unterscheiden: Die **56**
Errichtung von gemeinsamen Unternehmen (mit oder ohne gemeinsame Kontrolle) auf der Grundlage bereits vorhandener Assets wird von der Rechtsprechung als Zusammenschluss gemäß § 7 Abs. 1 KartG erfasst. Für diese Fälle sind die nachstehenden Ausführungen uneingeschränkt anwendbar. Handelt es sich dagegen um die *originäre* Neugründung eines Gemeinschaftsunternehmens (§ 7 Abs. 2 KartG), bei der keine wesentlichen Vermögensteile eingebracht werden, so kann diese Neugründung mangels aktueller Inlandstätigkeit keinen Anwendungsfall von § 9 Abs. 4 KartG darstellen, sodass der Abschnitt 6 dieses Leitfadens insoweit keine Anwendung findet.

Bei der Neugründung können mehrere Parteien Kapital und Vermögenswerte in **57**
das neu zu gründende Gemeinschaftsunternehmen einbringen und im Gegenzug Anteile oder gemeinsame Kontrolle erhalten. Folglich können mehrere Parteien, die mit ihrem jeweiligen Anteils- oder Kontrollerwerb einen Zusammenschlusstatbestand verwirklichen, als Erwerber erachtet werden. Bei dem von ihnen **jeweils im Rahmen des Zusammenschlusses eingebrachten Kapital und den jeweils eingebrachten Vermögenswerten**[27] handelt es sich dann um die Gegenleistung der jeweiligen Partei. Zugleich liegt ein einheitlicher Zusammenschluss vor, wie unter Rz. 13 dargelegt. Als Wert der Gegenleistung i.S.d. § 35 Abs. 1a Nr. 3 GWB

---

[25] An den in diesem Leitfaden genutzten Begriff des Gemeinschaftsunternehmens sind keine weiteren Voraussetzungen geknüpft, wie bspw. die gemeinsame Kontrolle. Es sei jedoch darauf hingewiesen, dass ein Gemeinschaftsunternehmen i.S.d. österreichischen KartG gemeinsame Kontrolle der Muttergesellschaften voraussetzt (vgl. OGH 15.12.1998, 16 Ok 15/98 – Asphaltmischanlage I). Für das deutsche Recht vgl. § 37 Abs. 1 Nr. 3 Satz 3 GWB.

[26] Hierunter soll auch der Fall verstanden werden, dass eine bisher inaktive Vorratsgesellschaft („leerer Mantel“) aktiviert wird. Hinsichtlich der Gründung einer inaktiven Vorratsgesellschaft ließe sich zwar ein Wert der Gegenleistung bestimmen, aber keine erhebliche Inlandstätigkeit i.S.d. Transaktionswert-Schwellen begründen, vgl. Rz. 64.

[27] Dazu können auch Daten wie z.B. Kundendaten gehören.

bzw. des § 9 Abs. 4 Z. 3 KartG ist dann die Summe der Kapital- und Vermögenswerte heranzuziehen, die in das neu zu gründende Gemeinschaftsunternehmen als Gegenleistungen für Erwerbsvorgänge eingebracht werden, die jeweils einen Zusammenschlusstatbestand darstellen.[28] In der öffentlichen Konsultation des Entwurfs des Leitfadens sind verschiedene Rechtsauffassungen zu diesem Vorgehen bei der Berechnung des Werts der Gegenleistung im Hinblick auf die Neugründung von Gemeinschaftsunternehmen vertreten worden.[29] Das Bundeskartellamt und die Bundeswettbewerbsbehörde haben sich daher entschlossen, in diesem Leitfaden hierzu keine endgültige Einordnung vorzunehmen, sondern bei potentiellen Anmeldefällen, in denen die Transaktionsschwellen nach der o.g. Methodik überschritten würden, zunächst im Einzelfall zu prüfen, ob ein anmeldepflichtiger Zusammenschluss vorliegt.

58 Wird in einem abgestuften Vorgehen zunächst eine neue, bislang nicht existente Gesellschaft gegründet und tritt in einem zweiten Schritt mindestens ein neuer Gesellschafter hinzu, so dass sich die neu gegründete Gesellschaft in diesem zweiten Schritt zu einem Gemeinschaftsunternehmen wandelt, so ist eine Einzelfallprüfung für die Ermittlung des Werts der Gegenleistung vorzunehmen. Zu prüfen ist, ob es sich bei diesem schrittweisen Vorgehen um einen einheitlichen Vorgang handelt oder ob der zweite Schritt als ein von der Gründung der Gesellschaft unabhängiger Vorgang zu erachten ist. Indizien für einen einheitlichen Vorgang können eine sich gegenseitig bedingende Entscheidung der Gesellschafter des Gemeinschaftsunternehmens oder der enge zeitliche und wirtschaftliche Konnex beider Schritte sein. Bei einem einheitlichen Vorgang würde der Wert der Gegenleistung wie unter Rz. 57 beschrieben ermittelt, vorbehaltlich der unterschiedlichen Rechtsauffassungen zu der dort dargelegten Methodik.

59 **7. Verschmelzungen.** Bei einem Zusammenschlussvorhaben, das als gesellschaftsrechtliche Verschmelzung ausgestaltet ist, kann unter Umständen nicht unmittelbar ersichtlich sein, welche Zusammenschlusspartei als Erwerber und welche Partei als Erworbener zu erachten ist. Dies gilt insbesondere bei der Verschmelzung durch Neugründung. Eine Verschmelzung durch Aufnahme wird typischerweise einem Vermögenserwerb entsprechen. Ergeben sich Zweifelsfragen im Einzelfall, sind das Bundeskartellamt bzw. die Bundeswettbewerbsbehörde gerne zu einer Beratung bereit.

60 **8. Zahlungen für einen Wettbewerbsverzicht.** Zahlungen für einen vereinbarten Wettbewerbsverzicht sind ebenfalls zum Wert der Gegenleistung hinzuzuzählen.[30]

61 Hiervon betroffen sind Zahlungen für einen Wettbewerbsverzicht, der mit der Durchführung eines Zusammenschlusses zusammenhängt. Ein solcher Zusammenhang besteht, wenn ohne den Wettbewerbsverzicht ein anderer Wert der Gegenleistung vereinbart worden wäre. Hiervon ist auszugehen, wenn der Wettbewerbsverzicht zusammen mit dem Zusammenschlussvorhaben vereinbart wurde und beide in einem engen sachlichen und zeitlichen Konnex stehen.

---

[28] Die eingebrachten Gegenleistungen von Unternehmen, die keine (Mit-)Kontrolle und – bezogen auf das deutsche Recht – keine hinreichenden Anteilshöhen i.S.d. § 37 GWB erwerben, sind demnach bei der Bestimmung der gesamten Gegenleistung nicht einzubeziehen.

[29] Die hier geschilderte Vorgehensweise würde im deutschen Recht voraussetzen, dass das neu zu gründende Gemeinschaftsunternehmen nicht nur Zielunternehmen, sondern auch „Veräußerer" i.S.d. § 38 Abs. 4a Nr. 1 GWB wäre, soweit Anteile an dem Gemeinschaftsunternehmen auf die Gesellschafter übertragen werden, für die sie als Gegenleistung Kapital und/oder Vermögenswerte einbringen.

[30] Vgl. hierzu BT-Drs. 18/10207, S. 77.

Hiervon unberührt ist die Frage, inwiefern es sich bei einem im Rahmen eines Zusammenschlussvorhabens vereinbarten Wettbewerbsverzicht um eine zulässige Nebenabrede handelt. 62

Für die Berechnung des Werts der Zahlungen gelten die unter C.I genannten Grundlagen der Wertermittlung. Da ein Wettbewerbsverzicht in der Regel bereits im Kaufpreis berücksichtigt wird, wird der eigenständigen Bewertung eines Wettbewerbsverzichts in der Praxis geringe Bedeutung zukommen. 63

D. Erheblicher Umfang der Inlandstätigkeit

I. Inlandstätigkeit i.S.d. § 35 Abs. 1a GWB und i.S.d. § 9 Abs. 4 KartG

1. Einleitung zur Inlandstätigkeit. Gemäß § 35 Abs. 1a Nr. 4 GWB und § 9 Abs. 4 KartG ist die Anwendbarkeit der Fusionskontrolle für diese Fälle an eine erhebliche Inlandstätigkeit des **zu erwerbenden Unternehmens** bzw. des zu erwerbenden wesentlichen Unternehmens- bzw. Vermögensteils[31] geknüpft. Damit sollen Fälle aus dem Anwendungsbereich der Vorschrift herausgenommen werden, die im Kern die Übernahme eines nur im Ausland tätigen Unternehmens betreffen. Wird ein ausschließlich oder im Wesentlichen im Inland tätiges Unternehmen übernommen, ist regelmäßig von einer erheblichen Inlandstätigkeit auszugehen. Die nachfolgend erörterten Fragen der Messung der Inlandstätigkeit, der räumlichen Zuordnung der Inlandstätigkeit (Inlandsbezug), des Marktbezugs sowie der Erheblichkeit[32] dienen der systematischen Analyse bei der Ermittlung, ob eine erhebliche Inlandstätigkeit des zu erwerbenden Unternehmens vorliegt. Aufgrund der noch jungen Fallpraxis sind die nachfolgenden Erwägungen vorläufig. 64

2. Kriterien zur Messung. Eine Inlandstätigkeit sowohl i.S.d. § 35 Abs. 1a Nr. 4 GWB als auch i.S.d. § 9 Abs. 4 Z 4 KartG ist anhand marktbezogener Tätigkeit des zu erwerbenden Unternehmens zu messen. Die Frage der Messung der Inlandstätigkeit betrifft dabei die Auswahl eines geeigneten **Indikators** zur Ermittlung der Erheblichkeit. Im Gegensatz zu § 35 Abs. 1 GWB und § 9 Abs. 1 KartG wird die Inlandstätigkeit **in der Regel nicht mittels Inlandsumsätzen** gemessen, wenngleich dies in reifen, von der Erzielung von Umsätzen geprägten Märkten sehr wohl als Kriterium herangezogen werden kann.[33] Für die in den Gesetzesnovellen adressierten Fallkonstellationen wird die Inlandstätigkeit überwiegend jedoch an anderen Indikatoren als dem Umsatz gemessen werden müssen. 65

Für **unterschiedliche Branchen** und Tätigkeiten können dabei unterschiedliche Kriterien zur Tätigkeitsmessung infrage kommen. Eine abschließende Aufzählung möglicher Kriterien kann an dieser Stelle nicht erfolgen. Die Messung sollte jedoch anhand branchenüblicher Größen erfolgen, die nicht leicht manipulierbar sind. 66

Im **digitalen Bereich** nennen die Gesetzesmaterialien in Deutschland und Österreich z.B. die Nutzerzahlen („Monthly Active User") oder die Zugriffshäufigkeit einer Website („unique visitor") als mögliche Indikatoren.[34] In Verfahren des Bundeskartellamts werden auch andere branchenübliche Kennzahlen wie der „Daily Active User" herangezogen. 67

---

[31] Somit ist es in diesem Zusammenhang ohne Bedeutung, ob andere, nicht vom Erwerber übernommene Unternehmensteile des Veräußerers eine erhebliche Inlandstätigkeit aufweisen.

[32] Die Unterteilung ist daher nicht als Gewichtung oder Wertung dieser Teilaspekte der erheblichen Inlandstätigkeit zu verstehen.

[33] Vgl. Rz. 82.

[34] Vgl. für eine Diskussion von Maßzahlen für Online-Plattformen und –Netzwerke bspw. Bundeskartellamt (2016): Arbeitspapier Marktmacht von Plattformen und Netzwerken, S. 79.

68 In Österreich ist auch auf den **Standort** des Zielunternehmens abzustellen und eine erhebliche Inlandstätigkeit gemäß § 9 Abs. 4 Z 4 KartG grundsätzlich dann anzunehmen, wenn sich ein Standort des zu erwerbenden Unternehmens im Inland befindet. Hierbei ist jedoch zu berücksichtigen, inwieweit die Tätigkeit des Standortes einen inländischen Marktbezug (siehe D.I.4) aufweist. Dementsprechend wird der Erwerb einer in Österreich ansässigen Holding mit keiner marktbezogenen Tätigkeit in Österreich und ausschließlich im Ausland tätigen Beteiligungen trotz Standort keinen ausreichenden Marktbezug aufweisen.

69 Auch in Deutschland gilt der Standort alleine nicht als ausreichender Indikator: Für die Inlandstätigkeit nach § 35 Abs. 1a GWB steht der **Einsatz des Vermögenswerts im Sinne einer unternehmerischen Tätigkeit** im Mittelpunkt und **nicht die bloße örtliche Zuordnung des Vermögenswerts**.

70 Bei der Inlandstätigkeit muss es sich um eine **aktuelle Tätigkeit** handeln. Anders als bei der Prüfung der Umsatzschwellen nach § 35 Abs. 1, Abs. 1a Nr. 2 GWB und § 9 Abs. 1, Abs. 2 und Abs. 4 Z1 und 2 KartG wird nicht auf das letzte abgeschlossene Geschäftsjahr vor dem Zusammenschluss abgestellt, sondern auf die aktuelle Tätigkeit des Zielunternehmens zum Zeitpunkt des Vollzugs des Zusammenschlusses. Zukünftige oder voraussichtliche Tätigkeiten reichen nicht aus. Dies folgt daraus, dass die im Referentenentwurf vorgesehene Anknüpfung an eine „gegenwärtige *oder voraussichtliche*" Inlandstätigkeit keinen Eingang in den Gesetzeswortlaut gefunden hat. Eine „gegenwärtige" Inlandstätigkeit liegt aber auch dann vor, wenn sie einem Marktzutritt dient, wie z.B. der Zulassung eines Arzneimittels im Inland.

71 **3. Feststellung des Inlandsbezugs.** Für die Feststellung des Inlandsbezugs der Tätigkeit ist die konkrete Ausprägung des Indikators des Inlandsbezugs im Inland zu ermitteln.

72 Hierbei ist derart vorzugehen, dass die Tätigkeit eines Unternehmens dem Ort der bestimmungsgemäßen Nutzung zuzurechnen ist. Dies ist im Regelfall der **Ort, an dem sich der Kunde befindet**, also wo er seinen Standort hat. Denn dort findet in aller Regel der Wettbewerb mit alternativen Anbietern statt. Dieser Ort ist in der Regel derjenige, an dem die charakteristische Handlung des fraglichen Rechtsverhältnisses durchgeführt wird, also an dem beispielsweise die Dienstleistungen tatsächlich erbracht oder die Waren tatsächlich ausgeliefert werden.[35] Eine Inlandstätigkeit ist folglich beispielsweise anzunehmen, wenn Angebote des Unternehmens von Nutzern im Inland in erheblichem Umfang in Anspruch genommen werden, auch wenn dies unentgeltlich erfolgt.[36]

73 In Österreich kann sich der Inlandsbezug wie beschrieben auch aus dem Standort des Zielunternehmens ergeben, soweit dieser einen entsprechenden inländischen Marktbezug aufweist (vgl. Rz. 68). Für die Inlandstätigkeit nach § 35 Abs. 1a GWB steht, wie vorhin ausgeführt, der Einsatz des Vermögenswerts im Sinne einer unternehmerischen Tätigkeit im Mittelpunkt und nicht die bloße örtliche Zuordnung des Vermögenswerts. Beides muss nicht zwingend zusammenfallen. Im Zweifelsfall ist der Ort der Tätigkeit relevant.

74 Eine relevante Tätigkeit kann auch in einer **Forschungs- und Entwicklungstätigkeit** liegen. Da es sich hierbei um ein sehr breites Feld an betrieblicher Tätigkeit handelt, stellen sich besondere Anforderungen an die Kriterien Inlandsbezug und Erheblichkeit. In diesem Kontext setzt der Inlandsbezug zunächst voraus, dass die Forschungsergebnisse nicht nur grundsätzlich vermarktungsfähig sind (siehe dazu Rz. 79), sondern die fraglichen Produkte oder Dienste voraussichtlich auch im Inland vermarktet werden. Weitere Voraussetzung für den Inlandsbezug der For-

---

[35] Vgl. hierzu BT-Drs. 18/10207, S. 75.

[36] Auch die mittelbare Nutzung eines (digitalen) Dienstes kann hierbei relevant sein; vgl. OLG Wien als Kartellgericht 22.7.2021, 28 Kt 6/21y – *Facebook/GIPHY.*

schungs- und Entwicklungstätigkeit ist es, dass die Tätigkeit selbst im Inland stattfindet oder es eine weitere Tätigkeit im Inland gibt, die sich auf einen Marktzutritt im Inland bezieht:

1.) Der Ort an dem die Forschungs- und Entwicklungstätigkeit stattfindet, ist der Ort, an dem das Personal, das mit der infrage stehenden Forschungs- und Entwicklungstätigkeit betraut ist, diese Tätigkeit ausübt. Es ist zu erwarten, dass an diesem Ort die für diese Tätigkeit notwendigen Einrichtungen und Infrastrukturen, wie Labore und Instrumente, vorhanden sind. Ein Anhaltspunkt für die räumliche Zuordnung der Forschungs- und Entwicklungstätigkeit können auch die Angaben zum Wohnsitz der Erfinder in einer Patentanmeldung sein.
2.) Tätigkeiten, die sich auf einen Marktzutritt im Inland beziehen, können ebenfalls eine relevante Inlandstätigkeit darstellen. Dies gilt etwa für Tätigkeiten, die konkret auf die Zulassung eines Arzneimittels im Inland oder den Aufbau einer Vertriebsstruktur im Inland abzielen, wie z.B. die Einstellung von Personal oder der Abschluss von Vertriebsverträgen. Eine Internationale Anmeldung nach dem Patentzusammenarbeitsvertrag in einem Drittstaat[37], die neben allen anderen PCT-Mitgliedstaaten auch Deutschland und Österreich umfasst, reicht dagegen nicht aus.

Ungeachtet der Bestimmung des Inlandsbezugs zur Prüfung der Anwendungsvoraus- 75
setzung von § 35 Abs. 1a Nr. 4 GWB und § 9 Abs. 4 Z 4 KartG gelten die allgemeinen Anwendungsvoraussetzungen nach § 185 Abs. 2 GWB für Deutschland[38] und § 24 Abs. 1 KartG für Österreich, wobei für Österreich nach Ansicht der Bundeswettbewerbsbehörde das Vorliegen mangelnder Inlandsauswirkung gemäß § 24 Abs. 1 KartG in Anwendungsfällen gem. § 9 Abs. 4 KartG ausscheidet (vgl. zur Inlandsauswirkung auch Rz. 9).

4. Vermarktungsfähigkeit der inländischen Tätigkeit. Die Inlandstätigkeit 76
im Sinne von § 35 Abs. 1a Nr. 4 GWB und § 9 Abs. 4 Z 4 KartG muss einen Marktbezug aufweisen. Ein Marktbezug ist jedenfalls dann gegeben, wenn eine Leistung des Zielunternehmens auf einem bestehenden Markt gegen Geld angeboten wird. Für die Anwendung der Transaktionswert-Schwelle sind jedoch gerade die Fallkonstellationen interessant, in denen dies nicht oder noch nicht der Fall ist. Trotz fehlender Monetarisierung ist ein Marktbezug einer Tätigkeit insbesondere in folgenden, sich möglicherweise überschneidenden Konstellationen denkbar:

- eine Leistung wird auf andere Art und Weise als durch Geldzahlungen entgolten,
- eine Leistung wird unentgeltlich angeboten, aber es findet eine Monetarisierung auf andere Weise statt, oder es ist zu erwarten, dass in Zukunft Entgelte verlangt werden oder zukünftig eine Monetarisierung auf andere Weise stattfindet,
- die Tätigkeit besteht in der Forschung und Entwicklung von (zukünftigen) Produkten oder Dienstleistungen.

Die **erste Fallgruppe** ist etwa dann gegeben, wenn die Gegenleistung darin besteht, 77
dass der Nutzer, beispielsweise einer kostenlosen App, Daten liefert oder Werbung konsumiert.

Auch die **zweite Fallgruppe** ist insbesondere bei digitalen Diensten verbreitet. 78
Denkbar ist z.B. der Fall, dass eine App zunächst kostenfrei angeboten wird, bis sie eine gewisse Verbreitung und einen gewissen Bekanntheitsgrad erreicht hat. Anschließend aber wird sie entgeltlich, auf andere Weise monetarisiert, z.B. werbefinanziert, oder parallel in einer kostenfreien und in einer entgeltlichen Premium-Version angeboten.

---

[37] Patent Cooperation Treaty – PCT.

[38] Vgl. dazu grundsätzlich das Merkblatt Inlandsauswirkungen in der Fusionskontrolle des Bundeskartellamts.

79 In der **dritten Fallgruppe** muss eine Abgrenzung zur reinen Grundlagenforschung[39] vorgenommen werden. Maßgeblich ist, ob das Forschungsergebnis vermarktungsfähig sein wird. Auf bereits erzielte Umsätze oder eine Produkteinführung kommt es nicht an. Im Bereich der pharmazeutischen Forschung beispielsweise ist dies der Fall, wenn Rechte an Substanzen erworben werden sollen, die sich bereits in einer fortgeschrittenen Phase der klinischen Prüfung befinden. In der Regel kann von vermarktungsfähigen Forschungsergebnissen ausgegangen werden, wenn die Phase III der klinischen Prüfung begonnen hat, bei der die Wirksamkeit eines Präparats an einer größeren Patientengruppe untersucht wird. Dies gilt nicht, wenn die beteiligten Unternehmen im Einzelfall plausibel darlegen können, dass trotz Erreichens der Phase III noch keine hinreichende Nähe zur Vermarktung gegeben ist. Im Bereich der medizinischen oder medizintechnischen Forschung kann es sich um den Erwerb von Schutzrechten (v.a. Lizenzen) handeln, die z.B. zur Entwicklung neuer diagnostischer Verfahren, neuer Bildgebungsverfahren, orthopädischer Hilfsmittel oder chirurgischer Instrumente erforderlich sind. Für den Bereich des Pflanzenschutzes gilt entsprechend, dass der Erwerb von Rechten an Molekülen, die sich nach ihrer Entdeckung in der Phase der Produktentwicklung befinden („development" im Gegensatz zu „discovery"), eine marktbezogene Inlandstätigkeit darstellen kann. In anderen Wirtschaftszweigen ist für Forschung- und Entwicklungstätigkeit eine analoge abgestufte Betrachtung anzuwenden.

80 **5. Erheblichkeit der Inlandstätigkeit.** Die Inlandstätigkeit im Sinne von § 35 Abs. 1a Nr. 4 GWB und § 9 Abs. 4 Z 4 KartG muss zusätzlich zum Marktbezug einen erheblichen Umfang aufweisen, eine marginale Tätigkeit im Inland reicht also nicht aus.

81 Auf eine quantitative Festlegung hat der Gesetzgeber zwar verzichtet. Einen Anhaltspunkt können jedoch die Gesetzessystematik und der Zweck der Regelung geben. Die Transaktionsschwelle soll diejenigen Fälle erfassen, die bislang deshalb nicht der Fusionskontrolle unterlagen, weil das Zielunternehmen (noch) keine nennenswerten Umsätze erzielt, die aber dennoch ein hohes wirtschaftliches und wettbewerbliches Potenzial aufweisen. Dies kann etwa deshalb der Fall sein, weil das Produkt der Zielgesellschaft noch nicht marktreif ist, oder weil es für den Erwerber nicht wegen seines Umsatzpotenzials, sondern aus anderen Gründen interessant ist. Ein rein zukünftiger Nexus reicht für sich genommen jedoch nicht aus. Der Wortlaut sowohl in der österreichischen als auch der deutschen Bestimmung stellt auf bestehende Inlandstätigkeit ab (vgl. Rz. 70).

82 Vor diesem Hintergrund gilt für **Deutschland**, dass das Bundeskartellamt die Erheblichkeit dann verneinen wird, wenn das Zielunternehmen im Inland Umsatzerlöse erzielte, die unter € 17,5 Mio. lagen, und diese Umsatzerlöse die Marktposition und das wettbewerbliche Potenzial angemessen widerspiegeln. Dies wird etwa dann der Fall sein, wenn das Unternehmen mit seinen Produkten im Ausland erhebliche Umsatzerlöse erzielt, nicht aber in Deutschland, z.B. weil im Inland (noch) keine Vertriebsstruktur aufgebaut wurde. Die Schwelle des § 35 Abs. 1 Nr. 2, 2. Hs. GWB bleibt insoweit relevant. Der Auffangtatbestand der Transaktionswert-Schwelle soll hier nicht gelten. Eine Anmeldung ist daher nicht notwendig. Anders ist es, wenn die Inlandsumsätze kein angemessener Gradmesser sind, z.B. weil das Unternehmen auf einem Markt tätig ist, der nicht durch Umsätze geprägt ist, oder weil es ein Produkt anbietet, das erst seit kurzem auf den Markt gekommen ist, so dass die bislang niedrigen Umsätze nicht das wettbewerbliche Potenzial widerspie-

[39] Im Falle reiner Grundlagenforschung wird – unabhängig von der Anwendbarkeit der Transaktionswert-Schwellen – im Einzelfall zu prüfen sein, ob eine Inlandstätigkeit auf Forschungs-/Innovationsmärkten anzunehmen ist, vgl. Entscheidung der Europäischen Kommission vom 27.3.2017, M.7932 Dow/Dupont.

geln. In einem solchen Fall muss die Bestimmung der Erheblichkeit nach anderen Kriterien i.S. der Rz. 65 ff. vorgenommen werden.

Für die Bestimmung der Erheblichkeit der Inlandstätigkeit nach § 9 Abs. 4 KartG sind die Faktoren und Kriterien regelmäßig je nach Branche zu variieren. Auch für **Österreich** kann in derartigen Fällen auf die Umsatzerlöse als anerkannte Maßzahl abgestellt werden. Dabei wird die Bundeswettbewerbsbehörde die Erheblichkeit der Inlandstätigkeit bei Umsatzerlösen vom Zielunternehmen im Inland von unter € 1 Mio. regelmäßig verneinen, vorausgesetzt diese Umsatzerlöse spiegeln die Marktposition und das wettbewerbliche Potenzial des Zielunternehmens angemessen wider. Darüber hinaus ist nach der bisherigen österreichischen Rechtsprechung jedenfalls bei einem Anteil von >10 % in Österreich auf einem wettbewerblich relevanten Segment von einer Erheblichkeit der Inlandstätigkeit auszugehen.[40] **83**

Bei Sachverhalten, in denen **Forschungs- und Entwicklungstätigkeiten** erworben werden sollen, sind zur Feststellung der Erheblichkeit verschiedene Kriterien denkbar. **84**

So können beispielsweise die Anzahl der mit der Forschung und Entwicklung betrauten Mitarbeiter oder das Forschungs- und Entwicklungsbudget herangezogen werden. Auch die Anzahl der Patente oder Patentzitate kann einen Hinweis geben. Wird im Wesentlichen ein Forschungsstandort im Inland übertragen, der einen hinreichenden inländischen Marktbezug aufweist, ist von einer erheblichen Inlandstätigkeit auszugehen.

II. Fallbeispiele

1. Digitale Wirtschaft. a) Smartphone Kommunikations-App. Ein weltweit tätiger Konzern beabsichtigt, den Anbieter einer Kommunikations-App für Smartphones zu erwerben. Die App richtet sich an Endkunden weltweit, auch in Deutschland und Österreich, und wird von dem zu erwerbenden Unternehmen bislang kostenfrei bzw. nahezu kostenfrei angeboten. **85**

Inlandsbezug: Die App des Zielunternehmens wird von einer Million Kunden in Deutschland und von 100.000 in Österreich genutzt. **86**

Marktbezug: Das infrage stehende Produkt wird den Nutzern angeboten, wenn auch kostenfrei bzw. nahezu kostenfrei. Letzteres steht dem Marktbezug nicht entgegen.[41] Umsätze sind hier als Maß ungeeignet. **87**

Erheblichkeit: Die App richtet sich an Endkunden in Deutschland und Österreich, also an alle Verbraucher in beiden Ländern. Das Zielunternehmen verfügt über eine Million Nutzer in Deutschland und 100.000 in Österreich. Zum Zeitpunkt der Anmeldung hat sich für dieses Produkt der sogenannte „Monthly Active User" (MAU) als branchenübliche Maßzahl[42] für die Messung von Nutzerzahlen herausgebildet. Sie kann daher zur Messung der Erheblichkeit herangezogen werden. Angesichts des Verhältnisses von Nutzern zu Verbrauchern in beiden Ländern ist die Schwelle der Erheblichkeit überschritten.[43] **88**

Ergebnis: Hier sind Anmeldungen beim Bundeskartellamt und bei der Bundeswettbewerbsbehörde erforderlich, wenn der Wert der Gegenleistung erreicht ist. **89**

b) International tätiger Sportartikelhersteller kauft Softwareschmiede. Ein international tätiger Sportartikelhersteller erwirbt einen Entwickler von Sport-Apps. **90**

---

[40] OLG Wien als KG, 22.4.2021, 27 Kt 9/21g – *Salesforce/Tableau.*

[41] Vgl. hierzu Rz. 76.

[42] Auch andere branchenübliche Kennzahlen wie der „Daily Active User" (DAU) können herangezogen werden.

[43] Die Schwelle lässt sich gegenwärtig angesichts der noch geringen Fallpraxis nicht abstrakt beziffern. Bei speziellen Anwendungen kann auch eine andere Referenzgröße als die Gesamtzahl der Endkunden bzw. Verbraucher sachgerecht sein.

91 Das erwerbende Unternehmen ist ein international tätiger Sportartikelhersteller, 60.000 Mitarbeiter generieren einen weltweiten Umsatz von € 19 Mrd., die Umsätze in Österreich überschreiten den Schwellenwert von € 15 Mio. um ein Vielfaches. In Deutschland generiert das erwerbende Unternehmen Umsätze i.H.v. deutlich über € 50 Mio. Der Erwerber bezahlt für die 100 Prozent an dem Softwarehersteller € 500 Mio.

92 Die Softwarefirma wurde vor mehreren Jahren von vier Österreichern gegründet und ist einer der weltweit erfolgreichsten Anbieter im Bereich mobiler Sport-Apps. 140 Millionen App-Downloads und 70 Millionen registrierte Nutzer kann das Unternehmen mit seinen 120 Mitarbeitern verzeichnen.

93 **Inlandsbezug**: Die Apps richten sich an Endkunden, also an alle Verbraucher in Deutschland und Österreich.

94 **Marktbezug**: Die Produkte werden den Nutzern kostenfrei oder in kostenpflichtigen Premiumversionen zur Verfügung gestellt.

95 **Erheblichkeit**: Die Apps werden in Österreich von 70.000 Benutzern, in Deutschland von 1 Mio. Kunden genutzt. In beiden Ländern ist die Schwelle der Erheblichkeit überschritten.

96 **Ergebnis**: Der Zusammenschluss ist in Österreich und Deutschland anzumelden.

97 **2. Maschinenbauer kauft etablierten Spezialmotorenhersteller.** Ein Unternehmen verkauft sein etabliertes Geschäft mit Spezialmotoren an einen Maschinenbauer für einen Kaufpreis von mehr als € 400 Mio. Die weltweiten Umsätze des erworbenen Unternehmens und des Käufers lagen im letzten Jahr bei jeweils über € 300 Mio. Der Käufer erzielte in Deutschland Umsätze von weit über € 50 Mio. und in Österreich von mehr als € 15 Mio. Die Umsätze des erworbenen Unternehmens lagen in Deutschland und in Österreich allerdings nur bei jeweils rund € 2 Mio. Die betroffene Branche ist seit vielen Jahren durch entgeltliche Austauschbeziehungen und hohe Umsatzvolumina geprägt. In Österreich hat das erworbene Unternehmen einen Produktionsstandort.

98 **Inlandsbezug**: Die Umsätze des erworbenen Unternehmens lagen in Deutschland und Österreich bei jeweils rund € 2 Mio. Für Österreich ist zudem relevant, dass das erworbene Unternehmen über einen Produktionsstandort verfügt.

99 **Marktbezug**: Die betroffene Branche ist seit vielen Jahren durch entgeltliche Austauschbeziehungen und hohe Umsatzvolumina geprägt. Daher wird die Marktposition mit den bisher erzielten Umsätzen zuverlässig reflektiert.

100 **Erheblichkeit**: Da die Marktposition eines Unternehmens in dieser Branche durch erzielte Umsätze zuverlässig reflektiert wird, sind in Deutschland die Umsätze zur Beurteilung der Erheblichkeit der Inlandstätigkeit heranzuziehen. Die Umsätze des Zielunternehmens i.H.v. € 2 Mio. reichen daher nicht aus, um von einer erheblichen Tätigkeit auszugehen. Für Deutschland wäre in diesem Fall die zweite Inlandsumsatzschwelle i.H.v. € 17,5 Mio. der relevante Schwellenwert. In Österreich ist als relevantes Kriterium allerdings ein Produktionsstandort vorhanden.

101 **Ergebnis**: Hier ist keine Anmeldung beim Bundeskartellamt erforderlich. Der Zusammenschluss ist in Österreich anmeldepflichtig, da das Unternehmen über einen Standort in Österreich verfügt, bei dem es sich um einen Produktionsstandort handelt. Ob der österreichische Umsatz isoliert betrachtet als eine erhebliche Inlandstätigkeit zu sehen ist, kann im vorliegenden Fall offen bleiben.

102 **3. Erwerb eines pharmazeutischen Wirkstoffes.**[44] Die nachfolgenden Fälle behandeln den Erwerb eines inländischen Unternehmens, das über einen innovativen pharmazeutischen Wirkstoff verfügt.[45]

---

[44] Die nachfolgenden Ausführungen beziehen sich auf die erhebliche Inlandstätigkeit. Für die Beurteilung der Anmeldepflicht wird in den folgenden Beispielen davon ausgegangen, dass die übrigen Voraussetzungen gegeben sind.

[45] Zur Bedeutung des Schutzes von Innovationstätigkeit für die 9. GWB-Novelle vgl. auch BT-Drs. 18/10207, S. 70.

a) Neu zugelassenes Arzneimittel. Ein ausländisches pharmazeutisches Unternehmen erwirbt ein Unternehmen in Deutschland. Gegenstand der Tätigkeit des Unternehmens ist ein Arzneimittel, das kurz vor dem geplanten Zusammenschluss die Zulassung in der EU und den USA erhielt. Im ersten Jahr nach der Zulassung erzielte das Unternehmen in den USA Umsatzerlöse i.H.v. € 15 Mio. und im darauffolgenden Jahr i.H.v. € 40 Mio. In Deutschland wurden in den ersten Monaten nach der Zulassung geringe Umsatzerlöse i.H.v. rund € 1 Mio erzielt. Der Erwerber geht davon aus, dass nach vollständiger Markteinführung Umsatzerlöse von € 10 Mio. jährlich erzielt werden können. In Österreich wurden keine Umsätze erzielt und kein Markteintritt vorbereitet. Für Deutschland kann hier davon ausgegangen werden, dass eine gegenwärtige Inlandstätigkeit vorliegt, da das Arzneimittel schon auf dem deutschen Markt angeboten wird. Trotz der geringen bislang erzielten Umsätze kann ferner davon ausgegangen werden, dass diese Tätigkeit auch erheblich ist. Zwar sind die bislang erzielten Umsätze gering; da sich das Arzneimittel aber erst am Anfang seiner Vermarktung befindet, spiegeln die geringen bislang im Inland erzielten Umsatzerlöse des Zielunternehmens sein wettbewerbliches Potenzial nicht zutreffend wider; das wettbewerbliche Potenzial, das sich in den erwarteten künftigen Umsätzen zeigt, ist ein Indiz dafür, dass bereits jetzt eine erhebliche Inlandstätigkeit vorliegt. Anderes würde gelten, wenn die Unternehmen plausibel darlegen, dass kein nennenswertes weiteres Umsatzwachstum zu erwarten ist. **103**

Ergebnis: Eine Anmeldepflicht ist daher in Deutschland gegeben, aber mangels erheblicher Inlandstätigkeit nicht in Österreich. **104**

b) Entwicklung eines Arzneimittels. Ein ausländisches pharmazeutisches Unternehmen erwirbt ein Unternehmen, das aus dem Forschungslabor einer deutschen Universität hervorgegangen ist (sog. „Spin-Off"). Hauptgegenstand der Tätigkeit des Unternehmens ist die Entwicklung eines Arzneimittels, das gerade in die sog. Phase III der klinischen Prüfung eingetreten ist; die Rechte an dem Wirkstoff und dem Medikament werden ebenfalls übertragen. Umsatzerlöse können in diesem Fall nicht als Maßstab der Inlandstätigkeit herangezogen werden. Hier werden jedoch ein Wirkstoff/Arzneimittel in einer fortgeschrittenen Phase der klinischen Prüfung und ein Forschungsstandort in Deutschland übertragen. Es ist daher von einer erheblichen Inlandstätigkeit in Deutschland auszugehen. Dass der Erwerber bereit ist, € 400 Mio. zu zahlen, ist ein Indiz dafür, dass die Tätigkeit erheblich ist; dies gilt auch dann, wenn es sich um ein nach Anzahl der Forscher oder Patente oder nach dem Budget „kleines" Forschungslabor handelt. Das Erfordernis einer erheblichen Inlandstätigkeit soll sicherstellen, dass nur solche Fälle der nationalen Fusionskontrolle unterfallen, die einen hinreichenden Inlandsbezug („local nexus") aufweisen. Dies wird bei einem im Wesentlichen im Inland tätigen Unternehmen regelmäßig der Fall sein. Da das Zielunternehmen keinen Standort bzw. keine zugelassenen Medikamente in Österreich hat, ist nicht von einem hinreichenden Inlandsbezug in Österreich auszugehen. **105**

Ergebnis: Eine Anmeldepflicht ist in Deutschland gegeben, mangels hinreichenden Inlandsbezuges aber nicht in Österreich. **106**

E. Vorliegen eines Zusammenschlusstatbestandes

Finden die Vorschriften der Fusionskontrolle Anwendung, so ist für die Frage der Kontrollpflicht eines Vorhabens weiter zu prüfen, ob ein Zusammenschlusstatbestand erfüllt ist. **107**

Problemlos dürfte die Frage zu bejahen sein, soweit **Unternehmensanteile** in Höhe der Schwellen des § 37 Abs. 1 Nr. 2 GWB bzw. § 7 Abs. 1 KartG erworben werden. Insoweit ist keine Besonderheit im Vergleich zu anderen Fällen zu erkennen. **108**

109 Ist der Zusammenschluss dagegen als Erwerb **einzelner Vermögensgegenstände** strukturiert (im Rahmen eines sog. Asset deals), kann sich die Frage stellen, ob ein Zusammenschlusstatbestand im Sinne des Erwerbs eines wesentlichen Unternehmens- bzw. Vermögensteils eines anderen Unternehmens oder des Kontrollerwerbs gegeben ist.

110 Nach **GWB und deutscher Rechtsprechung**[46] werden Vermögenserwerbe nur dann erfasst, wenn das Vermögen ganz oder zu einem wesentlichen Teil erworben wurde. Ob ein Vermögensteil wesentlich war, war vor der 9. GWB-Novelle insbesondere davon abhängig, ob dieser (qualitativ) abstrakt geeignet war, die Stellung des Erwerbers auf dem relevanten Markt zu verändern. Darüber hinaus musste der Vermögensgegenstand die Möglichkeit bieten, in die bereits vorhandene Marktstellung des Veräußerers einzutreten.

111 Mit der 9. GWB-Novelle wurde nicht nur die Transaktionswert-Schwelle eingeführt. Gleichzeitig hat der Gesetzgeber deutlich gemacht, dass der Annahme eines Marktes nicht entgegensteht, dass eine **Leistung unentgeltlich** erbracht wird (§ 18 Abs. 2a GWB).[47] Somit können Leistungen, die auf andere Art als durch Geldzahlungen entgolten werden, eine Marktstellung begründen, in die ein Erwerber im Zuge eines Vermögenserwerbs eintreten kann.

112 Es ist jedoch nicht geklärt, ob an dem Erfordernis, dass der Erwerber in die Lage versetzt wird, in eine *bestehende* Marktstellung des Veräußerers einzutreten, auch im Falle von Forschungs- und Entwicklungstätigkeiten uneingeschränkt festgehalten werden kann. In diesem Falle fehlt es an einer aktuellen Marktstellung, die auf den Erwerber übergehen könnte. Nach § 37 Abs. 1 Nr. 1 Halbsatz 2 und Abs. 1 Nr. 2 Satz 2 letzter Halbsatz GWB kann ein Vermögens- oder Kontrollerwerb jedoch auch dann vorliegen, wenn das Zielunternehmen *noch* keine Umsatzerlöse erzielt hat. Zumindest für Fälle der Forschung und Entwicklung könnte danach der Erwerb einer künftigen Marktstellung im Wege des Vermögenserwerbs ausreichen. Zudem ergibt sich aus der Gesetzesbegründung, dass auch solche Fälle erfasst werden sollen, in denen Unternehmen erworben werden, deren Umsatzpotenzial sich erst nach ihrer Veräußerung entwickelt. Als Beispiel werden Unternehmen genannt, deren Geschäftsmodell gerade darauf gerichtet ist, Technologien oder Produkte (z.B. pharmazeutische Wirkstoffe) zu entwickeln.[48]

113 Schon die Möglichkeit, dass sich ein umsatzstarkes Unternehmen mithilfe des erworbenen Vermögens(teils) eine Marktstellung aufbaut oder den erworbenen Vermögens(-teil) nicht marktmäßig nutzt, soll insbesondere im Hinblick auf den Schutz von Innovationspotenzialen in Technologiemärkten der Fusionskontrolle unterliegen. Die Regierungsbegründung zu § 35 Abs. 1a GWB verweist darauf, dass „durch einen solchen Erwerb … Marktverschließungseffekte auftreten, Markteintrittsbarrieren geschaffen und Innovationspotenzial wettbewerblich bedenklich behindert werden [können], indem etwa bereits marktführende Unternehmen aufstrebende Konkurrenten in einem frühen Entwicklungsstadium vollständig in das eigene Geschäft integrieren, die ursprüngliche Tätigkeit des erworbenen Unternehmens verändern oder sogar gänzlich einstellen.“[49] Dies gilt unabhängig davon, ob Anteile an einer juristischen Person erworben werden oder ob Lizenzen oder sonstige Rechte an den Forschungsergebnissen übertragen werden. Es ergäbe sich ein Wertungswiderspruch, wenn z.B. der Erwerb aller Anteile an einem Biotechnologie-Start-Up, das ein vielversprechendes Arzneimittel entwickelt, durch einen etablierten Pharma-Konzern der Fusionskontrolle unterläge, aber nicht die Übertragung

[46] BGH, 7.7.1992, KVR 14/91 – Warenzeichenerwerb; BGH 10.10.2006, KVR 32/05 – National Geographic I.

[47] BT-Drucks. 18/10207, S. 76.

[48] BT-Drucks. 18/10207, S. 71.

[49] BT-Drucks. 18/10207, S. 72.

der Rechte an dem neuen Arzneimittel durch das Start-Up-Unternehmen an den Pharmakonzern.

Nach der Gesetzesbegründung zur 9. GWB-Novelle ist die Fortgeltung der Rechtsprechung zum Vermögenserwerb, wonach der Zusammenschlusstatbestand nur erfüllt ist, wenn der zu erwerbende Vermögensteil Substrat einer *gegenwärtigen* Marktstellung ist, daher zweifelhaft. Ausreichend könnte auch sein, dass die *künftige* Marktstellung des Erwerbers beeinflusst werden kann. Das Bundeskartellamt wird dies im Einzelfall prüfen. Vorbehaltlich konkreter Fallpraxis und Rechtsprechung ist in Zweifelsfällen eine Vorabanfrage oder eine vorsorgliche Anmeldung ratsam. **114**

Für **Österreich** ist anzuführen, dass Judikatur und Literatur zu § 7 Abs. 1 KartG (Erwerb eines Unternehmens, ganz oder zu einem wesentlichen Teil als Zusammenschluss) im Hinblick auf die Frage der Wesentlichkeit an die Möglichkeit anknüpfen, in die Marktstellung des Verkäufers einzutreten.[50] Die Einführung des § 9 Abs. 4 KartG hat die österreichische Rechtslage im Hinblick auf das Vorliegen eines Zusammenschlusstatbestandes nicht geändert. **115**

In Österreich sieht das KartG keine § 18 Abs. 2a GWB vergleichbare Bestimmung vor. Der Gesetzeswortlaut steht einer solchen Auslegung aber auch nicht entgegen. **116**

F. Verfahrensfragen

Die mit der 9. GWB-Novelle und dem Kartell- und Wettbewerbsrechts-Änderungsgesetz 2017 neu eingeführten Schwellen bedürfen zusätzlicher Angaben in der Anmeldung eines Zusammenschlussvorhabens. Hierzu legt § 39 Abs. Nr. 3 GWB n.F. fest, dass im Fall des § 35 Abs. 1a GWB zusätzlich auch der Wert der Gegenleistung für den Zusammenschluss nach § 38 Abs. 4a GWB, einschließlich der Grundlagen für seine Berechnung, anzugeben ist. Die Gesetzesbegründung stellt hierzu klar, dass die Wertbestimmung auch bei komplexeren Zusammenschlüssen, etwa mit einem Austausch von Wertpapieren, anderen Beteiligungen und Vermögenswerten, von den Beteiligten selbst durchzuführen ist. Ferner sind nach § 39 Abs. Nr. 3a GWB Angaben zu Art und Umfang der Tätigkeit im Inland zu machen. In Österreich ergibt die gebotene teleologische Interpretation des § 10 KartG die Erfordernis solcher Angaben auch für Anmeldungen nach § 9 Abs. 4 KartG. **117**

Zudem kann das Bundeskartellamt nach § 39 Abs. 5 GWB n.F. Auskunft über die Tätigkeit eines Unternehmens im Inland einschließlich von Angaben zu Zahlen und Standorten seiner Kunden sowie der Orte, an denen seine Angebote erbracht und bestimmungsgemäß genutzt werden, verlangen. Die Bundeswettbewerbsbehörde ist bereits aufgrund der generellen Auskunftsbefugnis gemäß § 11a WettbG befugt, entsprechende Informationen zu verlangen. **118**

Stellen sich im Hinblick auf eine konkrete geplante Transaktion Fragen, die in diesem Leitfaden nicht angesprochen werden, stehen beide Behörden für ein informelles Gespräch gerne zur Verfügung. **119**

---

[50] OLG Wien 07.09.95, 1 Kt 417/95.

8. Leitfaden zur Marktbeherrschung in der Fusionskontrolle (29.3.2012)

Übersicht

A. Einführung

Dieses Dokument erläutert den analytischen Ansatz, nach dem das Bundeskartellamt beurteilt, ob durch einen Zusammenschluss **eine marktbeherrschende Stellung entsteht oder verstärkt** wird. Fragen der Marktabgrenzung werden in diesem Leitfaden nicht behandelt.[1] Im Regierungsentwurf zur 8. GWB-Novelle ist vorgesehen, den Marktbeherrschungstest des § 36 Abs. 1 GWB durch das Kriterium einer „erheblichen Behinderung wirksamen Wettbewerbs" („significant impediment to effective competition", kurz: SIEC) zu ersetzen. Es ist geplant, diesen Leitfaden zu überarbeiten, nachdem die 8. GWB-Novelle verabschiedet worden ist und ausreichend Fallpraxis des Bundeskartellamtes zum SIEC-Test vorliegt. Der aktuelle Leitfaden trägt der Fortentwicklung der Entscheidungspraxis zum Marktbeherrschungstest Rechnung. Er erleichtert so die nächste Überarbeitung, die sich dann darauf beschränken kann, welche Änderungen sich an dem Prüfkonzept durch den SIEC-Test ergeben. Der Leitfaden ist dafür ein guter Ausgangspunkt, weil die Begründung oder Verstärkung einer marktbeherrschenden Stellung im SIEC-Test als Regelbeispiel erhalten bleibt. 1

In diesen Leitfaden sind neben ökonomischen Erkenntnissen insbesondere die Fallpraxis und die Erfahrung des Bundeskartellamtes sowie die Rechtsprechung des Oberlandesgerichts Düsseldorf und des Bundesgerichtshofs eingeflossen. Vor dem Hintergrund einer weit fortgeschrittenen Konvergenz vieler Kartellrechtsjurisdiktionen weltweit können auch die Rechtsprechung der europäischen Gerichte und die Entscheidungen und Leitlinien der Europäischen Kommission und aus anderen Jurisdiktionen, sowie die Dokumente aus den internationalen Foren ICN und OECD für die Nutzer dieses Leitfadens nützlich sein, für das Verständnis der wettbewerblichen Analyse im Kontext der Fusionskontrolle. Diese Erfahrungen sind in die Vorbereitung des Leitfadens eingeflossen. 2

Nicht in jedem Fusionskontrollfall spielen sämtliche dargestellten Kriterien eine Rolle oder haben die gleiche Bedeutung. Außerdem kann auch eine Weiterentwicklung des hier dargelegten Prüfkonzeptes infolge künftiger Entscheidungen in Einzelfällen geboten sein. Insofern erhebt der Text keinen Anspruch auf Vollständigkeit. Grundsätzlich können sämtliche Beweismittel herangezogen werden, die geeignet sind, innerhalb der kurzen Fusionskontrollfristen einen effektiven Beitrag zur Aufklärung der relevanten Fragestellungen zu leisten. Es wird bewusst darauf verzichtet, bestimmte ‚Typen von Beweismitteln aufzuführen, da ihre Eignung vom jeweiligen Einzelfall abhängig ist. 3

Fusionskontrolle kann einen maßgeblichen Beitrag dazu leisten, Wettbewerbsbeschränkungen durch Unternehmenskonzentration zu verhindern. Der Bedeutung der Fusionskontrolle steht dabei nicht entgegen, dass die meisten Fusionen[2] keine wettbewerblichen Probleme aufwerfen und viele Fusionen im Gegenteil wettbewerblich positive Impulse setzen, z. B. wenn sich aus vertikalen Fusionen wettbewerbliche Vorteile ergeben. Da Zusammenschlüsse jedoch die Marktstruktur verän- 4

---

[1] Zwischen Fragen der Marktabgrenzung und Fragen der wettbewerblichen Beurteilung von Zusammenschlussvorhaben bestehen erhebliche Wechselwirkungen. Der vorliegende Leitfaden behandelt die wettbewerbliche Beurteilung.

[2] Die Begriffe „Fusion" und „Zusammenschluss" werden im Folgenden synonym verwendet.

dern, können sie einen wesentlichen Einfluss auf das Wettbewerbsverhalten der Unternehmen und die Marktergebnisse haben.

5 In den meisten Fällen verfügen Unternehmen in konzentrierten Märkten über ein höheres Maß an Marktmacht als Unternehmen, deren Märkte durch eine Vielzahl starker Wettbewerber geprägt sind. Marktmacht eröffnet einem Unternehmen Verhaltensspielräume gegenüber Wettbewerbern, Abnehmern oder Zulieferern, die das Marktergebnis negativ beeinflussen können: Sie kann zu überhöhten Preisen, verminderter Menge, Qualität und Vielfalt sowie zu geringerer Innovationsdynamik führen. Das gilt nicht nur auf der Ebene der Endkunden, sondern auch auf der Ebene der Unternehmenskunden. Die zunächst nur für Unternehmenskunden unmittelbar spürbaren Nachteile der Marktmacht können sich auf allen nachgelagerten Wertschöpfungsstufen auswirken und dann letztlich auch dem Endverbraucher schaden.[3]

6 Die Fusionskontrolle dient dem Zweck, den **Wettbewerb als funktionsfähigen Prozess** zu schützen. Damit dient der Schutz des Wettbewerbs gleichzeitig dem Schutz von Konsumenteninteressen, und zwar nicht im Sinne einer kurzfristigen, sondern einer dauerhaften und langfristigen Interessenwahrung.[4] Es geht grundsätzlich nicht darum, einzelnen Wettbewerbern Vorteile zu verschaffen oder sie vor Wettbewerb zu schützen, sondern um die Funktionsfähigkeit des Wettbewerbs. Da es ohne aktuelle bzw. potentielle Wettbewerber jedoch auch keinen funktionsfähigen Wettbewerb gibt, kann der effektive Schutz des Wettbewerbs mit dem Schutz von Wettbewerbern zusammenfallen. Die Vorschriften der Fusionskontrolle dienen damit auch dazu, die **Freiheit des Wettbewerbs** bzw. die Freiheit der Wettbewerber, die an diesem Prozess teilnehmen, strukturell zu sichern.

I. Marktmacht und Marktbeherrschung

7 Als Kriterium für die Untersagung eines Zusammenschlusses ist in der deutschen Fusionskontrolle die **Begründung oder Verstärkung einer marktbeherrschenden Stellung** festgelegt (§ 36 Abs. 1 GWB). Der Begriff der Marktbeherrschung ist dabei im Gesetz wie folgt definiert: Ein Unternehmen ist marktbeherrschend, wenn es als Anbieter oder Nachfrager auf dem sachlich und räumlich relevanten Markt ohne Wettbewerber ist oder keinem wesentlichen Wettbewerb ausgesetzt ist, oder wenn das Unternehmen eine im Verhältnis zu seinen Wettbewerbern überragende Marktstellung hat (§ 19 Abs. 2 GWB).

8 Der Begriff der Marktbeherrschung lässt sich mit dem in der ökonomischen Theorie verwendeten Konzept der **Marktmacht**[5] in Verbindung bringen. Ein

---

[3] Schon in der Gesetzesbegründung zur Ursprungsfassung des Gesetzes gegen Wettbewerbsbeschränkungen (GWB) aus dem Jahr 1958 heißt es: Das GWB „soll die Freiheit des Wettbewerbs sicherstellen und wirtschaftliche Macht da beseitigen, wo sie die Wirksamkeit des Wettbewerbs (…) beeinträchtigt und die bestmögliche Versorgung der Verbraucher in Frage stellt." BT-Drs. 2/1158, S. 21.

[4] In der Gesetzesbegründung zur 2. GWB-Novelle aus dem Jahr 1973, mit der insbesondere die präventive Fusionskontrolle eingeführt wurde, heißt es: „Für die Erhaltung der Marktwirtschaft hat die Wettbewerbspolitik zentrale Bedeutung. Die marktwirtschaftliche Ordnung verspricht nicht nur ein möglichst gutes ökonomisches Ergebnis und eine preisgünstige Versorgung der Verbraucher, sie verschafft darüber hinaus allen Bürgern ein Höchstmaß an wirtschaftlicher Bewegungsfreiheit." BT-Drs. 7/76, S. 14.

[5] Mit dem Begriff der Marktmacht wird dabei die Fähigkeit eines Unternehmens beschrieben, für sein Angebot einen Preis zu erzielen, der oberhalb des Wettbewerbspreises im Idealmodell der vollkommenen Konkurrenz liegt, d. h. oberhalb der Kosten der letzten am Markt absetzbaren Produkteinheit (Grenzkosten). Während im Extremfall der vollkommenen Konkurrenz ein einzelner Anbieter keinerlei Einfluss auf die erzielbare Preishöhe hat und sich als reiner Preisnehmer (und Mengenanpasser) verhält, wird das stärkste Ausmaß an Marktmacht im Fall

marktmächtiges Unternehmen verfügt über besondere Verhaltensspielräume, da es einer vergleichsweise geringen wettbewerblichen Kontrolle unterliegt. Marktbeherrschung liegt dann vor, wenn das betreffende Unternehmen über ein Ausmaß an Marktmacht verfügt, das eine kritische Schwelle übersteigt.

Nach der klassischen juristischen Definition verfügt ein marktbeherrschendes 9
Unternehmen über einen „vom Wettbewerb nicht hinreichend kontrollierten Verhaltensspielraum."[6] Ein marktbeherrschendes Unternehmen ist in der Lage, „die Aufrechterhaltung eines wirksamen Wettbewerbs auf dem relevanten Markt zu verhindern, in dem [seine Marktstellung] ihm die Möglichkeit verschafft, sich seinen Konkurrenten, seinen Kunden und letztlich den Verbrauchern gegenüber in nennenswertem Umfang unabhängig zu verhalten."[7] Das bedeutet, dass das marktbeherrschende Unternehmen unternehmerische Entscheidungen treffen kann, die nicht hinreichend durch die Reaktionen seiner Wettbewerber, Kunden und Lieferanten beschränkt werden. Hierzu zählen insbesondere Entscheidungen über Preise, produzierte Mengen, die Qualität sowie andere marktrelevante Parameter wie z. B. die Höhe der Investitionen in neue Technologien oder Forschung und Entwicklung.

Die Eingriffsschwelle der Marktbeherrschung liegt daher deutlich unterhalb des 10
Monopols und ist nach dem Schutzzweck der Fusionskontrolle auszulegen. Ein Eingreifen des Bundeskartellamtes setzt nicht voraus, dass im konkreten Einzelfall eine Beeinträchtigung der Gesamt- oder Konsumentenwohlfahrt, die in der Regel mit Marktbeherrschung einhergeht, nachgewiesen werden muss oder kann. Vielmehr ist das Bestehen einer **konkreten Gefährdungslage** hinsichtlich der Funktionsfähigkeit des Wettbewerbs ausreichend, um ein Einschreiten gegen einen Zusammenschluss zu rechtfertigen.[8]

II. Entstehung oder Verstärkung einer marktbeherrschenden Stellung

Zu Beginn der materiellen Prüfung in der Fusionskontrolle werden die Marktver- 11
hältnisse vor dem Zusammenschluss im Hinblick darauf beurteilt, welcher Grad an Marktmacht bzw. ob eine marktbeherrschende Stellung vorliegt. Im zweiten Schritt wird geprüft, ob durch den Zusammenschluss eine marktbeherrschende Stellung (neu) entsteht oder (weiter) verstärkt wird. Ermittelt wird also, ob durch die geänderte Marktstruktur veränderte Wettbewerbsvoraussetzungen vorliegen und ob und inwieweit diese die Verhaltensspielräume der Unternehmen beeinflussen.[9]

Die Analyse beschränkt sich dabei nicht allein auf einen einfachen Vorher-Nach- 12
her-Vergleich bei als konstant unterstellten Rahmenbedingungen. In das zugrunde gelegte **Vergleichsszenario („counterfactual"),** das die Situation ohne den Zusammenschluss beschreibt, und die Prognose der zukünftigen Wettbewerbsbedingungen nach dem Zusammenschluss gehen auch für den Wettbewerb relevante Entwicklungen auf dem Markt ein, die unabhängig vom Zusammenschluss in nähe-

---

des Monopols erreicht, in dem ein einziger Anbieter autonom und unabhängig von seinen Wettbewerbern den für sich gewinnmaximierenden Preis (und damit zugleich die gewinnmaximale Menge) für eine gegebene Struktur der Gesamtmarktnachfrage festsetzen kann.

[6] Z. B. BGH, WuW/E 1533, 1536 – *Erdgas Schwaben.*

[7] EuGH, 27/76, Slg. 1978, 207, Rn. 65 – *United Brands.*

[8] In der Fusionskontrolle ist im Wege der Prognose zu prüfen, ob die Funktionsfähigkeit des Wettbewerbs ernstlich gefährdet wird. Vgl. zur Funktion der überragenden Marktstellung als Gefährdungstatbestand: BGH, Beschl. v. 2.12.1980, WuW/E BGH 1749, 1755 – *Klöckner/Becorit,* Rn. 36 (juris).

[9] Zu beachten sind dabei auch längerfristige Auswirkungen, da die durch einen Zusammenschluss geschaffenen strukturellen Veränderungen unumkehrbar sind: BGH, Beschl. v. 21.2.1978, WuW/E BGH 1501, 1508 – *KfZ-Kupplungen.*

rer Zukunft zu erwarten sind.[10] Maßgeblich ist also ein Vergleich zweier zukunftsgerichteter Szenarien. In vielen Fällen sind allerdings ohne den Zusammmenschluss keine wesentlichen Änderungen der Marktbedingungen zu erwarten, so dass sich das zukunftsgerichtete Szenario ohne den Zusammenschluss nicht wesentlich von der Marktsituation vor dem Zusammenschluss unterscheidet. Außerdem ist zu beachten, dass sich die Prognose auf einen überschaubaren Zeitraum beschränken muss, dessen Länge anhand der konkreten Umstände des betroffenen Marktes im Einzelfall zu bestimmen ist.[11]

13 Bei der Frage der Entstehung von Marktbeherrschung kommt es darauf an, ob sich das Ausmaß der Marktmacht der Beteiligten durch den Zusammenschluss derart erhöht, dass der wettbewerbliche Verhaltensspielraum zukünftig erstmals als nicht mehr hinreichend kontrolliert einzustufen ist. Eine marktbeherrschende Stellung wird verstärkt, wenn sich die bereits als unzureichend angesehene Wettbewerbsintensität auf dem relevanten Markt weiter verringert, d. h. die bereits bestehenden, nicht hinreichend kontrollierten Verhaltensspielräume erweitert werden.

14 Der aus einem Zusammenschluss resultierende Zuwachs an Marktmacht wird umso kritischer beurteilt, je höher deren Ausmaß bereits ohne den geplanten Zusammenschluss ist.[12] Denn je stärker der Wettbewerb bereits geschädigt ist, um so schützenswerter ist der verbleibende Restwettbewerb. Bei einer sehr niedrigen Wettbewerbsintensität und entsprechend stark ausgeprägter Marktbeherrschung kann auch ein sehr geringer prognostizierter Zuwachs an Marktmacht bereits als Verstärkungswirkung zu bewerten sein.

15 Die auf eine veränderte Marktstruktur zurückzuführende Verringerung der Wettbewerbsintensität und der korrespondierende Marktmachtzuwachs müssen kein bestimmtes Ausmaß i. S. einer Spürbarkeit erreichen.[13] Allerdings muss überhaupt eine **konkrete Verschlechterung der Wettbewerbsverhältnisse** feststellbar sein.[14] Ob durch den Zusammenschluss Veränderungen bewirkt werden, die einen Marktmachtzuwachs bedeuten, hängt stets von den Marktverhältnissen im Einzelfall ab.[15] Eine marktbeherrschende Stellung kann z. B. auch ohne Marktanteilsaddition

---

[10] Vgl. BGH, Beschl. v. 29.9.1981, WuW/E BGH 1854, 1861 – *Zeitungsmarkt München,* Rn. 27(juris).

[11] In der Praxis finden sich zahlreiche Beispiele, in denen ein Prognosezeitraum von etwa drei oder drei bis fünf Jahren zugrundegelegt wurde. Die spezifischen Gegebenheiten des betreffenden Marktes können jedoch abweichende Zeiträume rechtfertigen. Deutlich längere Zeiträume können insbesondere dann angemessen sein, wenn es in einer Branche auch über längere Zeiträume nicht zu wesentlichen strukturellen Veränderungen kommt.

[12] Vgl. BGH, Beschl. v. 23.10.1979, WuW/E BGH 1655, 1659 – *Zementmahlanlage II,* Rn. 19 (juris); BGH, Beschl. v. 18.12.1979, WuW/E BGH 1685, 1691 f. – *Springer/Elbe Wochenblatt,* Rn. 49(juris); BGH, Beschl. v. 21.12.2004, WuW/E DE-R 1419, 1424 – *Deutsche Post/trans-o-flex,* Rn. 26(juris).

[13] BGH, Beschl. v. 11.11.2008, WuW/E DE-R 2451, 2460 f. – *E.ON/Stadtwerke Eschwege,* Rn. 61 m. w. N.

[14] Beispielsweise reichte im Fall BKartA, Beschl. v. 7.3.2008, B8 134/07 – *Shell/HPV,* Rn. 76 ff. der Erwerb von sechs Tankstellen nicht aus, um eine bereits bestehende gemeinsame marktbeherrschende Stellung zu verstärken. Begründet wurde dies aber nicht in erster Linie mit dem nur geringen Marktanteilszuwachs von unter einem Prozent. Entscheidend war vielmehr, dass es keine Anhaltspunkte dafür gab, dass die Oligopolisten eine schrittweise vertikale Integration als strategisches Instrument nutzen, um Märkte für Wettbewerber zu verschließen.

[15] Beispielsweise wurden bereits Marktanteilsadditionen von 1,3 % oder auch 0,5 % als ausreichend erachtet, um eine marktbeherrschende Stellung zu verstärken: BGH, Beschl. v. 18.12.1979, WuW/E BGH 1685, 1692 – *Springer/Elbe Wochenblatt,* Rn. 49 (juris); KG, Beschl. v. 22.3.1990, WuW/E OLG 4537, 4545 – *Linde/Lansing.* Allerdings wurde nicht allein auf den Marktanteilszuwachs abgestellt, sondern zusätzliche Faktoren berücksichtigt. Zum Beispiel war im Fall *Linde/*

verstärkt werden, wenn die bereits ein hohes Maß an Marktmacht vermittelnde Marktstellung auf andere Weise abgesichert oder verbessert und die Marktmacht so weiter gesteigert wird.[16]

Hintergrund und Begründung für diesen Ansatz ist zum einen, dass auf bereits beherrschten Märkten der noch vorhandene aktuelle oder der potentielle Wettbewerb vor weiteren (durch den Zusammenschluss zu erwartenden) Beschränkungen geschützt werden soll[17] und die Voraussetzungen für eine mögliche mittel- bis langfristige Verbesserung der Wettbewerbsverhältnisse nicht weiter verschlechtert werden sollen. Eine weitere Begründung liegt in der Gefahr, dass Unternehmen, die bereits über ein hohes Maß an Marktmacht verfügen, schrittweise aufeinander folgende Akquisitionen vornehmen, die jede für sich genommen nur eine vergleichsweise geringfügige, bei einer Gesamtbetrachtung der Akquisitionsstrategie aber nachhaltig negative Marktwirkung haben. Der ohnehin bereits geschwächte Restwettbewerb kann durch eine solche Strategie nachhaltig geschädigt[18] und das Potential des Marktes, wettbewerbliche Strukturen wiederzuerlangen, weiter verringert werden. **16**

Im Ausnahmefall kann auch ein Zusammenschluss, der eine marktbeherrschende Stellung begründet oder verstärkt, positive wettbewerbliche Auswirkungen haben. **Effizienzgewinne** und sonstige positive Auswirkungen von Zusammenschlüssen können – jedenfalls teilweise – im Rahmen von Abwägungsklausel[19] (§ 36 Abs. 1 HS 2 GWB) und Ministererlaubnis[20] (§ 42 GWB) berücksichtigt werden. Darüber hinaus – insbesondere im Hinblick auf den Markt, auf dem Wettbewerbsprobleme identifiziert wurden – sieht das GWB im Rahmen des Marktbeherrschungstests aber keine Rechtsgrundlage für die Berücksichtigung von Effizienzen vor, soweit sie nicht unmittelbar wettbewerbliche Auswirkungen haben.[21] Gegen eine weitergehende Berücksichtigung von Effizienzen spricht insbesondere auch der für ihre **17**

Lansing relevant, dass die Erwerberin bereits ohne den Zusammenschluss eine besonders ausgeprägte überragende Marktstellung innehatte und nun einen der wenigen etablierten Wettbewerber mit besonders gefestigtem Kundenstamm und bekannter Marke übernehmen wollte.

[16] So wurde es z. B. als ausreichend angesehen, dass nach der Übernahme alleiniger Kontrolle über ein zuvor gemeinsam kontrolliertes Gemeinschaftsunternehmen eine gewisse Begrenzung des Handlungsspielraums durch den Mitgesellschafter nach dem Zusammenschluss wegfällt. Vgl. BGH, Beschl. v. 16.1.2007, WuW/E DE-R 1925 – *National Geographic II,* Rn. 25 f.; BGH, Beschl. v. 10.12.1991, WuW/E BGH 2731, 2737 – *Inlandstochter,* Rn. 24 (juris) m. w. N.

[17] BGH, Beschl. v. 29.9.1981, WuW/E BGH 1854, 1860 – *Zeitungsmarkt München,* Rn. 27(juris).

[18] Vgl. BGH, Beschl. v. 11.11.2008, WuW/E DE-R 2451, 2461 – *E.ON/Stadtwerke Eschwege,* Rn. 63.

[19] Zur Berücksichtigung von Effizienzen auf sogenannten „Verbesserungsmärkten", also auf anderen Märkten als denen, auf denen eine marktbeherrschende Stellung begründet oder verstärkt wird, siehe Kapitel F. dieses Leitfadens.

[20] § 42 GWB sieht vor, dass der Bundesminister für Wirtschaft und Technologie auf Antrag die Erlaubnis zu einem vom Bundeskartellamt untersagten Zusammenschluss erteilt, wenn im Einzelfall die Wettbewerbsbeschränkung von gesamtwirtschaftlichen Vorteilen des Zusammenschlusses aufgewogen wird oder der Zusammenschluss durch ein überragendes Interesse der Allgemeinheit gerechtfertigt ist.

[21] Effizienzvorteile nach einem Zusammenschluss können z. B. bei der Beurteilung von kollektiver Marktbeherrschung eine Rolle spielen. Führt der Zusammenschluss zu erheblichen Kostenvorteilen eines Oligopolmitglieds kann dies das Oligopol asymmetrischer machen und destabilisieren. In solch einer Situation würde es dann trotz der Stärkung der Marktposition eines Oligopolmitglieds nicht zu einer Verstärkung der marktbeherrschenden Stellung des Oligopols kommen, sondern möglicherweise zu einer Verbesserung der Wettbewerbsbedingungen. Siehe Rn. 95, 111 und 122.

Darlegung und Prüfung erforderliche hohe Ressourcenaufwand für die Zusammenschlussbeteiligten und die Wettbewerbsbehörde. Im Hinblick auf die Erfahrungen anderer Wettbewerbsbehörden bei der Berücksichtigung von Effizienzen und dem bislang geringen Einfluss auf das Prüfungsergebnis erscheint der mit einer stärkeren Berücksichtigung von Effizienzen verbundene Nutzen im Vergleich zu den damit verbundenen zusätzlichen hohen Transaktionskosten außer Verhältnis zu stehen.[22] Weiterhin sind Effizienzvorteile durch einen Zusammenschluss in der Praxis oft nicht verlässlich feststellbar. Außerdem ist zu berücksichtigen, dass der Gesetzgeber bei der höheren Eingriffsschwelle für Fusionen (im Vergleich zu wettbewerbsbeschränkenden Vereinbarungen und abgestimmten Verhaltensweisen), jedenfalls beim Marktbeherrschungstest, die zu erwartenden Effizienzen bereits pauschal berücksichtigt hat.

III. Fusionstypen

18 Fusionen können danach unterschieden werden, ob die beteiligten Unternehmen auf demselben Markt (horizontale Fusion), auf jeweils vor- oder nachgelagerten Märkten (vertikale Fusion) oder auf sachlich verschiedenen und nicht vertikal verbundenen Märkten (konglomerate Fusion) tätig sind. Je nachdem, welcher Fusionstyp vorliegt, stehen bei der wettbewerblichen Analyse andere Problemfelder im Vordergrund.[23]

19 Bei **horizontalen** Zusammenschlüssen werden durch die Verbindung zweier bislang eigenständiger Wettbewerber auf Absatzmärkten die Ausweichmöglichkeiten der Nachfrager – auf Beschaffungsmärkten die Ausweichmöglichkeiten der Anbieter – verringert.[24] Der Verhaltensspielraum des fusionierten Unternehmens erhöht sich und die wettbewerbliche Wirkung tritt unmittelbar ein. Im Rahmen der Fusionskontrolle wird untersucht, welche Faktoren den Grad der Marktmacht auf dem relevanten Markt bestimmen und wie sich die Marktmacht der beteiligten Unternehmen mit dem Zusammenschluss verändert.

20 Bei **vertikalen** Zusammenschlüssen stehen die beteiligten Unternehmen dagegen in keinem direkten Wettbewerbsverhältnis zueinander, sondern in einer – aktuellen oder potentiellen – Anbieter-Nachfrager-Beziehung. Bei **konglomeraten** Zusammenschlüssen sind sie weder auf dem gleichen noch auf einander vor- oder nachgelagerten Märkten, sondern auf sachlich verschiedenen Märkten tätig. In diesen beiden nicht-horizontalen Fällen tritt eine Verschlechterung der wettbewerblichen Situation in der Regel nur dann ein, wenn den Unternehmen infolge des Zusammenschlusses die Möglichkeit eröffnet wird, durch strategische Verhaltensweisen den auf sie einwirkenden Wettbewerbsdruck zu verringern. Besteht die Möglichkeit zu marktverschließenden bzw. marktabschottenden Strategien, ist zusätzlich auch die Frage zu prüfen, ob die Zusammenschlussbeteiligten – z. B. aufgrund der voraussichtlichen Profitabilität einer solchen Strategie – auch einen hinreichend starken Anreiz haben, diese Verhaltensweisen umzusetzen.

---

[22] Vgl. Monopolkommission, Sondergutachten 63: „Die 8. GWB-Novelle aus wettbewerbspolitischer Sicht" (2012), Rn. 40.

[23] In der Praxis weisen Zusammenschlüsse nicht selten sowohl horizontale als auch nicht-horizontale Elemente auf. Es ist somit nicht immer möglich, aber auch nicht notwendig ein Vorhaben einer Fusionsart (horizontal, vertikal, konglomerat) eindeutig zuzuordnen. Die in den Kapiteln B.-D. dargestellten Prüfkriterien wären im Einzelfall entsprechend zu kombinieren.

[24] Marktmacht kann sowohl von der Anbieter- als auch auf der Nachfragerseite ausgeübt werden. Zur sprachlichen Vereinfachung wird die Nachfragemacht im Folgenden nicht jeweils explizit erwähnt. Auf die Besonderheiten bei der Beurteilung von Nachfragemacht wird in Kapitel B.III. eingegangen.

B. Horizontale Zusammenschlüsse

Bei einem horizontalen Zusammenschluss sind die beteiligten Unternehmen auf dem gleichen sachlich und räumlich relevanten Markt tätig und somit direkte Wettbewerber. Eine vergleichbare Analyse ist auch dann vorzunehmen, wenn die beteiligten Unternehmen bislang lediglich als potentielle Wettbewerber auf sachlich oder räumlich benachbarten Märkten tätig sind. Infolge einer horizontalen Fusion steigt regelmäßig die Konzentration im betroffenen Markt und der von den beteiligten Unternehmen aufeinander ausgeübte Wettbewerbsdruck entfällt. Dies kann dazu beitragen, dass die beteiligten Unternehmen Marktmacht erlangen bzw. bestehende Marktmacht absichern oder ausbauen, wodurch sich ihnen ein größerer Verhaltensspielraum gegenüber Wettbewerbern, Lieferanten und Nachfragern eröffnet. Je nach Art und Ausmaß der Marktmachtveränderung und des Wettbewerbsumfeldes kann eine Einzelmarktbeherrschung (I.) oder eine gemeinsame Marktbeherrschung (II.) begründet oder verstärkt werden. Neben einer Marktbeherrschung auf der Angebotsseite, kann es auch zur Entstehung oder Verstärkung nachfrageseitiger Marktbeherrschung kommen (III.). 21

I. Einzelmarktbeherrschung

Der Begriff Einzelmarktbeherrschung bezeichnet eine Situation, in der ein einzelnes Unternehmen über so viel Marktmacht verfügt, dass seine Verhaltensspielräume vom Wettbewerb nicht hinreichend kontrolliert werden. Das Unternehmen kann dadurch in der Lage sein, gewinnbringend seine Preise zu erhöhen, die produzierte Menge oder Auswahl zu verringern, die Qualität seiner Produkte[25] zu verschlechtern oder seine Innovations-Anstrengungen einzuschränken. Dass solche oder ähnliche Strategien profitabel sind, setzt voraus, dass keine Reaktionen der Wettbewerber oder der Marktgegenseite in einer Art und einem Ausmaß zu erwarten sind, die den wirtschaftlichen Vorteil der genannten Verhaltensweisen zunichtemachen würden. 22

Die wettbewerbliche Analyse eines Zusammenschlusses umfasst grundsätzlich alle relevanten Marktstrukturfaktoren und Wettbewerbsbedingungen. Die durch den Zusammenschluss verursachten Veränderungen werden bei der Beurteilung des Einzelfalls stets im Rahmen einer **Gesamtbewertung** gewürdigt. Gegebenenfalls ist eine Gesamtbetrachtung auch in dem Sinne vorzunehmen, dass die relevanten Märkte nicht nur einzeln beurteilt werden, sondern dass das betroffene Marktumfeld oder der Zusammenhang zwischen den Märkten einbezogen wird.[26] Bei der nachfolgenden Darstellung handelt es sich nicht um eine abschließende Aufzählung relevanter Marktstrukturfaktoren. Ebenso wenig sind alle im Folgenden diskutierten Faktoren und Wettbewerbsaspekte in jedem einzelnen Fall zu prüfen. Welche Bedeutung einzelnen Faktoren für die Beurteilung des Wettbewerbsprozesses jeweils zukommt, ist eine Frage des Einzelfalls. Die Erläuterungen zu einigen der dargestellten Faktoren für die Markt- und Wettbewerbsanalyse sind auch im Kontext der gemeinsamen Marktbeherrschung und bei der Beurteilung von vertikalen und konglomeraten Zusammenschlüssen relevant. 23

---

[25] Der Begriff „Produkt" steht im Folgenden für das jeweilige Angebot eines Unternehmens. Dabei kann es sich auch um eine Dienstleistung oder ein aus mehreren Teilen bestehendes Sortiment handeln.

[26] Vgl. dazu z. B. BKartA, Beschl. v. 4.9.2009, B9 56/09 – *Air Berlin/TUIfly,* S. 17 f. (die flugstreckenbezogene Betrachtung wurde um eine zielgebietsbezogene sowie eine die gesamte Mittelstrecke berücksichtigende Betrachtung ergänzt); oder BKartA, Beschl. v. 30.6.2008, B2 333/07 – *EDEKA/Tengelmann,* S. 33 f., 47 ff. (Clusterbetrachtung benachbarter LEH-Märkte).

24 Neben den Marktanteilen und der Konzentration (1.) auf dem betroffenen Markt werden die wettbewerblichen Verhaltensspielräume zunächst von verschiedenen markt- und unternehmensbezogenen Faktoren im relevanten Markt (2.) beeinflusst. Wettbewerbsdruck kann aber auch von außen ausgeübt werden. Als Wettbewerbsfaktoren außerhalb des relevanten Marktes (3.) sind potentieller Wettbewerb und Randsubstitution zu berücksichtigen und in diesem Zusammenhang ist auch das Vorhandensein von Marktzutrittsschranken zu würdigen. Zudem kann Marktmacht auch durch gegengewichtige Nachfragemacht (4.) begrenzt werden.

25 **1. Marktanteile und Konzentration.** Der Einstieg in die Prüfung eines Zusammenschlusses erfolgt in der Regel über den Marktanteil der Zusammenschlussbeteiligten und ihrer Wettbewerber. Marktanteile bilden einen geeigneten Ausgangspunkt zur Einschätzung von Marktmacht und sind insofern auch ein bedeutsames Beurteilungskriterium, da sie abbilden, in welchem Umfang die Nachfrage auf dem relevanten Markt im Bezugszeitraum von einem Unternehmen tatsächlich bedient wurde. Sie geben daher wichtige Hinweise darauf, über welches Ausmaß an Marktmacht die am Zusammenschluss beteiligten Unternehmen verfügen. Eine Marktanteilsbetrachtung ermöglicht zudem bereits zu Beginn der Prüfung eine grobe Einschätzung darüber, inwiefern ein Zusammenschluss potentiell wettbewerblich problematisch sein könnte und daher vermutlich eingehendere Ermittlungen erfordert.[27] Bei nur geringen Marktanteilen der beteiligten Unternehmen bzw. geringer Marktkonzentration ist in der Regel keine umfassende Ermittlung notwendig.

26 Von Bedeutung sind die Marktanteile ferner im Hinblick auf die gesetzliche Vermutungsregelung (§ 19 Abs. 3 GWB), die an bestimmte Marktanteilsschwellen die **widerlegbare Vermutung** der Marktbeherrschung knüpft.[28] So wird nach § 19 Abs. 3 S. 1 GWB ab einem Marktanteil eines Unternehmens von einem Drittel eine einzelmarktbeherrschende Stellung vermutet. Das Erreichen bzw. Überschreiten der Schwellen ist jedoch kein hinreichendes Kriterium, um hohe Marktmacht oder gar Marktbeherrschung feststellen zu können.[29] Die Vermutung greift erst dann ein, wenn sich – trotz Durchführung der erforderlichen Ermittlungen – weder nachweisen lässt, dass Marktbeherrschung vorliegt, noch dass dies nicht der Fall ist (non-liquet). Die Regelung schließt den Amtsermittlungsgrundsatz nicht aus, der das Bundeskartellamt verpflichtet, die wettbewerblichen Verhältnisse umfassend zu untersuchen und alle Voraussetzungen der Marktbeherrschung nachzuweisen.[30] Die Gesetzeslage sieht vor, dass rechnerisch neben der Vermutungsschwelle für Einzelmarktbeherrschung (§ 19 Abs. 3 S. 1 GWB) auch eine der Vermutungen für ein wettbewerbsloses Oligopol (§ 19 Abs. 3 S. 2 Nr. 1 und Nr. 2 GWB) erfüllt sein können. Es gibt keinen gesetzlichen Vorrang der einen vor

[27] Die gesetzliche Vermutungsschwelle bildet dabei keine starre Grenze in dem Sinne, dass alle Fälle mit gemeinsamen Marktanteilen von mehr als einem Drittel per se als problematisch, alle mit geringeren Marktanteilen per se als unproblematisch eingestuft werden.

[28] Dazu muss entweder vom BKartA nachgewiesen sein, dass die Marktanteilsschwellen bereits erreicht sind oder es müssen objektive Anhaltspunkte dafür bestehen, dass die Marktanteilsschwellen innerhalb des Prognosezeitraums überschritten werden. Zur Anwendung der Vermutungsregel reicht es nicht aus, dass künftige Entwicklungen – wie das Überschreiten der Schwellenwerte – lediglich nicht auszuschließen sind: OLG Düsseldorf, Beschl. v. 30.7.2003, WuW/E DE-R 1159, 1161 – *BASF/NEPG.*

[29] Vgl. BGH, Beschl. v. 29.6.1982, WuW/E BGH 1949, 1951 f. – *Braun/Almo,* Rn. 15 (juris).

[30] Vgl. BGH, Beschl. v. 2.12.1980, WuW/E BGH 1749, 1753 – *Klöckner/Becorit,* Rn. 32 (juris); BGH, Beschl. v. 19.12.1995, WuW/E BGH 3037, 3039 – *Raiffeisen,* Rn. 11(juris) m. w. N.

der anderen Vermutungsregelung. Die Vermutungen können im Einzelfall auch alternativ für zwei verschiedene Sachverhalte Anwendung finden, die nach den Ermittlungen beide – zwar nicht gleichzeitig aber alternativ – möglich sind, z. B. ein Duopol oder ein Oligopol aus drei Unternehmen. Das setzt allerdings zum einen voraus, dass das Bundeskartellamt seine Verpflichtung zur Amtsermittlung erfüllt hat, die bei Einzelmarktbeherrschung zur Anwendung kommt und bei kollektiver Marktbeherrschung in modifizierter und eingeschränkter Form gilt, und dass sich zum anderen auf der Grundlage dieser Ermittlungen keine der beiden Alternativen ausschließen lässt.

27 Zwar setzt Marktmacht im Regelfall vergleichsweise hohe Marktanteile voraus, die Feststellung hoher Marktanteile erübrigt jedoch umgekehrt nicht die umfassende wettbewerbliche Analyse und eine abwägende Gesamtbetrachtung aller relevanten Umstände. Gemäß § 19 Abs. 2 GWB sind dementsprechend die **tatsächlichen Wettbewerbsbedingungen** das relevante Kriterium für die Prüfung einer marktbeherrschenden Stellung. Als Faktoren, die eine Marktstellung beeinflussen, nennt § 19 Abs. 2 Satz 1 Nr. 2 GWB in Form einer nicht abschließenden Aufzählung neben den Marktanteilen insbesondere rechtliche oder tatsächliche Marktzutrittsschranken, potentiellen Wettbewerb, Ausweichmöglichkeit der Marktgegenseite, Produktionsumstellungsflexibilität, Zugang zu den Beschaffungs- und Absatzmärkten sowie Verflechtungen mit anderen Unternehmen.[31] Die Aussagekraft der Marktanteile für die Einschätzung der Marktstellung und Marktmacht der beteiligten Unternehmen wird also grundsätzlich in Abhängigkeit von den konkreten Marktbedingungen beurteilt.

Berechnung der Marktanteile

28 Das Bundeskartellamt berechnet die Marktanteile in der Regel nach dem Umsatz oder dem Absatz, den die Unternehmen auf dem betroffenen relevanten Markt erzielen. Je nach Art und Beschaffenheit der betroffenen Produkte kann die umsatzwertbasierte oder die absatzmengenbasierte Betrachtung geeigneter sein, gegebenenfalls ist auch ein Vergleich der beiden Betrachtungsweisen aufschlussreich. Häufig geben **umsatzbasierte** Marktanteile die relative Wettbewerbsposition und Bedeutung der Anbieter besser wieder, da den bestehenden Preis- und Qualitätsunterschieden bei heterogenen Produkten automatisch Rechnung getragen wird.[32] Eine allein **mengenbasierte** Betrachtung kann ausreichen, wenn diese z. B. wegen geringer Preis- und Qualitätsunterschiede ein (ebenso) aussagekräftiges Abbild der Marktstruktur liefert.

29 In bestimmten Fällen kann es sinnvoll sein, Marktanteile auch **auf andere Weise,** z. B. anhand von Produktionskapazitäten bzw. von branchenspezifischen oder sonstigen im Einzelfall geeigneten Größen zu bestimmen. Bei Investitionsgütermärkten kann es angemessen sein, die Marktanteile über einen längeren als den üblichen Zeitraum von einem Jahr zu berechnen.[33] Die Eigenfertigung wird in der Regel

---

[31] Vorteile aufgrund von unternehmensspezifischen Faktoren auf Seiten der Wettbewerber können geeignet sein, z. B. entgegen hoher Marktanteile der Zusammenschlussbeteiligten im Ergebnis einen wettbewerblich nicht hinreichend kontrollierten Verhaltensspielraum auszuschließen.

[32] Sind z. B. von einem Produkt günstige Varianten erhältlich, die nur halb so lange verwendet werden können wie die teurere Variante, würden mengenbasierte Marktanteile ein verzerrtes Bild abgeben, da die Absatzmenge von dem günstigeren Produkt im betrachteten Zeitraum möglicherweise doppelt so hoch ist wie die der langlebigen Variante, während der Umsatz bei beiden Produkten bei entsprechendem Preisunterschied aber gleich hoch sein kann.

[33] Vgl. z. B. BKartA, Beschluss v. 24.8.2007, B5 51/07 – *Cargotec/CVS Ferrari,* Rn. 88 ff. (gewählter Zeitraum drei Jahre), bestätigt durch OLG, Beschl. v. 28.11.2007, VI-Kart 13/07, S. 23.

nicht in das Marktvolumen bzw. die Marktanteile eingerechnet,[34] sondern im Rahmen der Prüfung von Marktzutrittsschranken und potentiellem Wettbewerb gewürdigt.[35]

30 Es ist regelmäßig zu erwarten, dass sich der gemeinsame Marktanteil der Unternehmen nach dem Zusammenschluss aus der Summe der Marktanteile der einzelnen Zusammenschlussbeteiligten ergibt. Das Bundeskartellamt prüft gegebenenfalls, ob im Einzelfall **Abschmelzungseffekte** mit hinreichender Wahrscheinlichkeit zu erwarten sind. Dies kann z. B. dann der Fall sein, wenn große, verhandlungsstarke Nachfrager Dual- oder Multi-Sourcing-Strategien verfolgen und nach dem Zusammenschluss ausreichende und für diese Nachfrager ebenso geeignete Bezugsalternativen im Markt verbleiben.[36]

Bewertung der Marktanteile und Marktkonzentration

31 Bei der Bewertung der so ermittelten gemeinsamen Marktanteile der Zusammenschlussbeteiligten ist nicht nur deren absolute Höhe maßgeblich; vielmehr sind auch der Abstand zum nächst größeren Wettbewerber und die Verteilung der Marktanteile auf die übrigen Wettbewerber bedeutsam. Daneben wird auch die Entwicklung der Marktanteile im Zeitablauf betrachtet. Die Bewertung des aus dem Zusammenschluss resultierenden Marktanteilszuwachses beim fusionierten Unternehmen wird vor dem Hintergrund dieser Ausgangssituation bewertet. Bei bereits bestehender Marktbeherrschung können dabei schon relativ geringe Marktanteilszuwächse eine zusätzliche wettbewerbsschädliche Verstärkung der Marktposition mit sich bringen.

32 Auch wenn die Bedeutung von Marktanteilen je nach den Verhältnissen auf dem betroffenen Markt unterschiedlich sein kann, sind sehr hohe (addierte) Marktanteile grundsätzlich ein Indiz dafür, dass eine marktbeherrschende Stellung vorliegt.[37] Eine umfassende Analyse aller wettbewerblich relevanten Faktoren kann gleichwohl ergeben, dass trotz hoher Marktanteile keine Marktbeherrschung besteht.[38] Insbesondere dann, wenn die Marktanteile zwar hoch sind, sich aber stetig verringert haben, kann dies bereits gegen eine marktbeherrschende Stellung sprechen.[39] Demgegenüber ist die Indizwirkung hoher Marktanteile umso stärker, wenn die Marktanteile über mehrere Jahre konstant geblieben sind

---

[34] Zur grundsätzlichen Nichtberücksichtigung der Eigenfertigung vgl. BGH, Beschl. v. 21.2.1978, WuW/E BGH 1501, 1503 – *Kfz-Kupplungen.* Vgl. dagegen zur Berücksichtigung der Eigenfertigung bei bestimmten Marktbedingungen BKartA, Beschl. v. 29.9.2006, B1–169/05 – *FIMAG/Züblin,* Rn. 55; sowie KG, Beschl. v. 9.12.1981, WuW/E OLG 2633, 2638 f. – *Bituminöses Mischgut;* KG, Beschl. v. 12.3.1982, WuW/E OLG 2655, 2661 – *Transportbetonagentur Sauerland.*

[35] Vgl. z. B. BKartA, Beschl. v. 29.9.2004, B5 170/03 – *Leggett & Platt/AGRO,* Rn. 111, 137 ff.

[36] Zur Prüfung von Marktanteilseinbußen nach dem Zusammenschluss vgl. z. B. BKartA, Beschl. v. 2.3.2004, B10 102/03 – *Ontex/Rostam,* Rn. 76; BKartA, Beschl. v. 15.3.2005, B4 227/04 – *Smiths/MedVest,* S. 32, BKartA, Beschl. v. 28.10.2004, B10 86/04 – *Schneider/Classen,* Rn. 208 f.; BKartA, Beschl. v. 4.6.2004, B7 36/04 – *Siemens/Moeller,* Rn. 75 ff.

[37] Vgl. für die deutsche Rechtsprechung BGH, Beschl. v. 21.12.2004, WuW/E DE-R 1419, 1424 – *Deutsche Post/trans-o-flex,* Rn. 25 (juris) (Marktanteil von 65 %); BGH, Beschl. v. 13.7.2004, WuW/E DE-R, 1301, 1303 – *Sanacorp/ANZAG,* Rn. 18(juris) (Marktanteile von mehr als 55 %). Zur europäischen Rechtsprechung vgl. zuletzt EuG, Entsch. v. 6.7.2010, Rs. T-342/07 – *Ryanair/Kommission,* Rn. 41 m. w. N. (Marktanteile von mehr als 50 %); sowie zuvor u. a. EuG, Entsch. v. 25.3.1999, Rs. T-102/96 – *Gencor/Kommission,* Rn. 205 ff. (Marktanteile von 60–89 %); EuG, Entsch. v. 28.4.1999, Rs. T-221/95 – *Endemol/Kommission,* Rn. 133 f. (Marktanteile von deutlich über 50 % bei deutlichem Abstand zu übrigen Wettbewerbern).

[38] Vgl. BGH, Beschl. v. 29.6.1982, WuW/E BGH 1949, 1951 f. – *Braun/Almo,* Rn. 15 (juris).

[39] Vgl. BKartA, Beschl. v. 15.3.2005, B4 227/04 – *Smiths/MedVest,* S. 58.

und einen großen Abstand zum nächstfolgenden Wettbewerber aufweisen.[40] Umgekehrt sind niedrige Marktanteile ein Indiz dafür, dass keine marktbeherrschende Stellung besteht. Allerdings schließen auch vergleichsweise moderate Marktanteile eine marktbeherrschende Stellung nicht in jedem Fall aus.[41] Dies ist möglich, wenn ein hoher Marktanteilsabstand zu den nachfolgenden Wettbewerbern besteht und der Markt stark zersplittert ist.[42]

Der **Konzentrationsgrad** eines Marktes und die Marktanteilsverteilung kann mit dem Herfindahl-Hirschman-Index (HHI)[43] abgebildet werden.[44] Neben der absoluten Höhe des HHI nach der Fusion vermittelt das Ausmaß der Veränderung des HHI einen Eindruck über die durch einen Zusammenschluss bewirkte Konzentrationsveränderung. Das Bundeskartellamt verbindet mit bestimmten HHI-Werten bzw. deren Veränderung jedoch keine festgelegten Vermutungen, denn der deutsche Gesetzgeber hat bereits an Marktanteilsschwellen Vermutungswirkungen geknüpft. Wo der HHI als komprimierte Aussage zu den Marktanteilen und Marktanteilsabständen sinnvoll erscheint, kann dieser Wert aber zusätzlich in die Betrachtung einfließen. 33

Auf **Bietermärkten**[45] können die Marktanteile mit jeder Vergabe eines – hinreichend großen – Auftrags grundlegend neu verteilt werden, ohne dass damit auch eine grundlegend neue Verteilung der Marktmacht verbunden sein muss.[46] Die Verteilung der Marktanteile (in einem bestimmten Jahr) kann somit weniger über die Marktmacht der einzelnen Anbieter aussagen als auf anderen Märkten. Werden allerdings kleinere Aufträge in kurzen zeitlichen Abständen vergeben, indiziert ein hoher Marktanteil durchaus eine gesicherte Marktstellung und damit eventuelle Marktmacht eines Anbieters. 34

Eine weitere außergewöhnliche Fallkonstellation liegt vor, wenn kein Wettbewerb im Markt möglich ist, sondern nur ein **Wettbewerb um den Markt** stattfindet. Dies ist z. B. dann der Fall, wenn mit einer einmaligen Auftragsvergabe z. B. ein 35

---

[40] Vgl. BGH, Beschl. v. 13.7.2004, WuW/E DE-R 1301, 1303 – *Sanacorp/ANZAG,* Rn. 16(juris); vgl. auch BKartA, Beschl. v. 4.6.2004, B7 36/04 – *Siemens/Moeller,* Rn. 69 (Marktanteile von 50 60 %); BKartA, Beschl. v. 10.12.2002, B6 98/02 – *Tagesspiegel/Berliner Zeitung,* S. 22 f. (Marktanteil von über 61 %).

[41] Vgl. z.B BGH, Beschl. v. 23.6.1985, WuW/E BGH 2150, 2155 ff. – *Edelstahlbestecke,* Rn. 39 (Marktanteile von knapp unter bzw. über 30 %); BKartA, Beschl. v. 23.2.2005, B10 122/04 – Remondis/RWE Umwelt, Rn. 164, 169 (Marktanteile von etwa 35 %); gleichwohl sind in der Praxis Fälle, in denen Marktbeherrschung bei Marktanteilen von unter oder knapp über einem Drittel festgestellt wurde, eher selten.

[42] Vgl. BGH, Beschl. v. 23.6.1985, WuW/E BGH 2150, 2155 ff. – *Edelstahlbestecke,* Rn. 40 (juris); BKartA, Beschl. v. 15.3.2005, B4 227/04 – *Smiths/MedVest,* S. 32 f.; BKartA, Beschl. v. 24.3.2004, B4 167/03 – *Synthes-Stratec/Mathys,* Rn. 68.

[43] Dieser errechnet sich als Summe der quadrierten Marktanteile aller Wettbewerber auf einem Markt bzw. in formaler Darstellung: $HHI = \Sigma s_j^2$ mit s_j = Marktanteil des Anbieters j.

[44] Ein höherer HHI zeigt nicht nur eine höhere Konzentration, sondern für die gleiche Anzahl von Unternehmen auch eine ungleichmäßigere Verteilung der Marktanteile an. Aufgrund der vorgenommenen Quadrierung der Anteile gehen höhere Marktanteile überproportional in die Berechnung des Indexwertes ein.

[45] Diese sind dadurch gekennzeichnet, dass die Nachfrager Angebote per Ausschreibungen einholen und die Anbieter auf dem Markt um die Vergabe von Aufträgen konkurrieren.

[46] Eine Analyse der vergangenen Ausschreibungen kann Hinweise darauf geben, wie groß und gegebenenfalls unterschiedlich der Kreis der teilnehmenden Unternehmen ist. Auch die von den Nachfragern erstellten Rangfolgen der abgegebenen Gebote besitzen eine hohe Aussagekraft. Zur Ausschreibungsanalyse vgl. z. B. BKartA, Beschl. v. 15.5.2006, B5-185-05 – *Von Roll Inova/Alstom,* Rn. 40, 44 ff.; oder BKartA, Beschl. v. 15.11.2007, B1-190-07 – *Faber/BAG/AML,* Rn. 97 ff.

Ausschließlichkeitsrecht oder eine Konzession für eine bestimmte Laufzeit vergeben wird.[47] Auch in einem solchen Fall sind in Abhängigkeit von den strukturellen wettbewerblichen Rahmenbedingungen sowohl Situationen mit wesentlichem Wettbewerb wie mit stark eingeschränktem Wettbewerb denkbar, obwohl der rechnerische Marktanteil in solchen Situationen oft bei 100 Prozent liegt. Ein wichtiges Element der Analyse ist, ob ein einmal erfolgreiches Unternehmen mit größerer Wahrscheinlichkeit auch den Zuschlag für eigentlich unabhängige weitere Aufträge oder Folgeaufträge erhält.[48] Dann können die Anbieter voraussichtlich von einer engen Bindung zwischen Anbieter und Auftraggeber und von Reputationseffekten profitieren.

36 Auch auf sogenannten Plattformmärkten bzw. im Falle indirekter Netzwerkeffekte zwischen mehreren Märkten (es wird auch von **zweiseitigen Märkten** gesprochen) haben Marktanteile auf den einzelnen betroffenen Märkten nur eine begrenzte Aussagekraft. Auf diesen Märkten agiert ein Anbieter als Intermediär zwischen verschiedenen Kundengruppen. Dies gilt etwa für den Zeitungsanbieter, dessen Werbekunden bereit sind, mehr zu zahlen je größer die Leserschaft ist,[49] oder aber für das Angebot einer Kredit- oder Debitkarte, das für die Kunden umso interessanter wird, je mehr Händler bereit sind, diese Karte als Bezahlmittel zu akzeptieren. In solchen Konstellationen werden die wettbewerblichen Spielräume des Intermediärs oder Plattformanbieters unter anderem durch die Reaktionsverbundenheit zwischen Preisen und Angebotsmengen auf den jeweiligen Märkten beeinflusst. Die isolierte Betrachtung der Marktposition auf einem der betroffenen Märkte vermittelt daher kein vollständiges Bild des Grades an Marktmacht auf diesem Markt und die für die Beantwortung der Frage der Marktbeherrschung relevanten wettbewerblichen Verhaltensspielräume.

37 Bei **differenzierten Produkten** sind Marktanteile ebenfalls kein eindeutiger Indikator für die Auswirkungen eines Zusammenschlusses auf die Marktmacht der Zusammenschlussbeteiligten. In Märkten mit differenzierten Produkten spielt die wettbewerbliche Nähe („closeness of competition") eine besondere Rolle für die Einschätzung, welche Beschränkung des Verhaltensspielraums durch den Erwerb eines Wettbewerbers entfällt.[50] Diese Effekte können größer oder kleiner sein, als sich allein aus der Höhe der Marktanteile ergibt.

38 **2. Weitere Wettbewerbsfaktoren im relevanten Markt.** Wettbewerbsfaktoren können als marktbezogene Faktoren die Wettbewerbsintensität des Marktes insgesamt kennzeichnen oder als unternehmensbezogene Faktoren unmittelbar die beteiligten Unternehmen, ihre Handlungsmöglichkeiten und ihre wettbewerbliche

[47] Dies gilt z. B. für die Ausschreibung von Leistungen im ÖPNV: vgl. BGH, Beschl. v. 11.7.2006, WuW/E DE-R 1797 – *Deutsche Bahn/KVS Saarlouis,* Rn. 26 (juris); BKartA, Beschl. v. 9.6.2004, B9 16/04 – *Deutsche Bahn/KVS Saarlouis,* S. 21 f.

[48] So etwa aufgrund der Besitzstandsklausel gem. § 13 Abs. 3 PBefG, die bestimmt, dass bei der Erteilung einer Liniengenehmigung im ÖPNV angemessen zu berücksichtigen ist, wenn ein Verkehr von einem Unternehmen jahrelang in einer dem öffentlichen Verkehrsinteresse entsprechenden Weise betrieben worden ist: vgl. OLG Düsseldorf, Beschl. v. 22.12.2004, WuW/E DE-R 1397, 1409 – *ÖPNV Hannover,* Rn. 116 (juris). Die Besitzstandsklausel verschaffe zwar als solche keine marktbeherrschende Stellung, könne allerdings eine bestehende marktbeherrschende Stellung stützen: OLG Düsseldorf, Beschl. v. 4.5.2005, WuW/E DE-R 1495, 1500 – *ÖPNV Saarland,* Rn. 49, 53 (juris).

[49] BKartA, Beschl. v. 29.8.2008, B6 52/08 – *Intermedia/Health & Beauty,* S. 22 f.

[50] Vgl. z. B. BKartA, Beschl. v. 30.6.2008, B2 333/07 – *EDEKA/Tengelmann,* S. 38 ff.; BKartA, Beschl. v. 21.10.2010, B4 45/10 – *Sparkasse Karlsruhe/Sparkasse Ettlingen,* Rn. 125 f., 137 (hier vor allem hinsichtlich der Dichte des Filialnetzes und des Spektrums der angebotenen Dienstleistungen).

Position betreffen. Bei der Beurteilung dieser Faktoren wird einerseits berücksichtigt, dass Wettbewerbsvorsprünge zum Wesen des Wettbewerbs gehören und – zumindest sofern wirksamer Wettbewerb herrscht – in der Regel auch den Nachfragern der Produkte und letztendlich dem Endverbraucher zugutekommen. Andererseits können unternehmensspezifische Wettbewerbsvorteile aber auch dauerhaft zusätzliche wettbewerbliche Verhaltensspielräume eröffnen.

In der weiteren Analyse werden regelmäßig folgende Wettbewerbsfaktoren und Kriterien im relevanten Markt berücksichtigt: Kapazitäten und Kapazitätsbeschränkungen (a), Kundenpräferenzen und Wechselkosten (b), gewerbliche Schutzrechte und Know-How (c), Marktphase (d), Zugang zu Beschaffungs- und Absatzmärkten (e), Verflechtungen mit anderen Unternehmen (f) und finanzielle Ressourcen (g). **39**

a) Kapazitäten und Kapazitätsbeschränkungen. Der Wettbewerbsdruck, den Wettbewerber auf die Zusammenschlussbeteiligten ausüben, hängt auch davon ab, ob und inwieweit diese auf eine Preissteigerung oder Verschlechterung des Angebots der Zusammenschlussbeteiligten mit einer Ausweitung des eigenen Produktangebots reagieren können.[51] Sind die Expansionshindernisse gering, ist der Wettbewerbsdruck tendenziell hoch, während die Existenz rechtlicher oder struktureller Expansionsschranken den von Wettbewerbern ausgehenden Wettbewerbsdruck schwächt. Wenn die vorhandenen Wettbewerber erhebliche Investitionen tätigen müssten, um ihre bestehenden Kapazitäten zu erweitern, schränkt dies den von den Wettbewerbern ausgehenden Wettbewerbsdruck ebenfalls ein.[52] Gleiches kann gelten, wenn eine Kapazitätsausweitung nur mit längerem zeitlichen Vorlauf oder nicht in nennenswertem Umfang möglich ist.[53] Falls einem am Zusammenschluss beteiligten Unternehmen neben dem größten Marktanteil auch erhebliche, derzeit nicht ausgelastete Überkapazitäten zur Verfügung stehen, kann dies die Auswirkungen eines Marktanteilszuwachses verstärken. **40**

Inwieweit umgekehrt hohe Marktanteile eines Unternehmens dadurch relativiert werden, dass am Markt Überkapazitäten vorhanden sind, ist nicht zuletzt davon abhängig, ob es sich im konkreten Einzelfall um homogene oder differenzierte Produkte handelt. Auf Märkten für homogene Produkte können Überkapazitäten von Wettbewerbern dagegen sprechen, dass Unternehmen mit hohen Marktanteilen über einen übermäßigen Verhaltensspielraum verfügen, da Kunden relativ problemlos auf andere Anbieter ausweichen können. **41**

b) Kundenpräferenzen und Wechselkosten. Kundenpräferenzen und Wechselkosten können für die Beurteilung der Marktstellung eines Unternehmens insbesondere bei differenzierten Produkten von Bedeutung sein. Denn beides beeinflusst maßgeblich die Austauschbarkeit von Produkten aus Kundensicht und damit den von den einzelnen Anbietern aufeinander ausgeübten Wettbewerbsdruck. Ein Zusammenschluss wird umso eher wettbewerbliche Bedenken aufwerfen, je ähnlicher die (differenzierten) Produkte der fusionierenden Unternehmen im Hinblick auf die Verbraucherpräferenzen sind **(„closeness of competition“),** d. h. je enger die Substitutionsbeziehungen zwischen diesen Produkten sind.[54] Durch den Zusammenschluss gelingt es den Unternehmen gegebenenfalls, die beste Ausweichalterna- **42**

---

[51] Vgl. z. B. BKartA, Beschl. v. 24.8.2007, B5 51/07 – *Cargotec/CVS Ferrari,* Rn. 120 ff.; BKartA, Beschl. v. 29.9.2004, B5 170/03 – Leggett&Platt/AGRO, Rn. 125 ff.

[52] Vgl. dazu z. B. BKartA, Beschl. v. 29.9.2004, B5 170/03 – Leggett&Platt/AGRO, Rn. 146 ff.

[53] Vgl. z. B. BKartA, Beschl. v. 27.12.2010, B2 71/10 – *Van Drie/Alpuro,* Rn. 239 ff.

[54] Vgl. z. B. BKartA, Beschl. v. 30.6.2008, B2 333/07 – *EDEKA/Tengelmann,* S. 38 ff.; BKartA, Beschl. v. 21.10.2010, B4 45/10 – *Sparkasse Karlsruhe/Sparkasse Ettlingen,* Rn. 125 f., 137 (hier vor allem hinsichtlich der Dichte des Filialnetzes und des Spektrums der angebotenen Dienstleistungen).

tive zu internalisieren und damit einen relativ hohen Wettbewerbsdruck zu beseitigen. In solchen Situationen spiegeln die Marktanteile die tatsächlichen Wettbewerbsverhältnisse nicht ausreichend wieder, so kann es z. B. trotz niedriger Marktanteilsadditionen bei einem Erwerb des engsten Wettbewerbers zu einer erheblichen Verschlechterung der Wettbewerbsbedingungen kommen.

43 Kundenpräferenzen spielen unter anderem auf Märkten eine Rolle, die durch die Präsenz und eine große Bedeutung etablierter **Marken** gekennzeichnet sind. Wird ein Markenprodukt von Abnehmern oder Händlern als so genanntes „must have" betrachtet, kann dies dem Anbieter wettbewerbliche Verhaltensspielräume vermitteln, die durch seinen Marktanteil alleine nicht adäquat abgebildet werden. Kundenspezifische Präferenzen müssen sich allerdings nicht allein auf bestimmte Marken beziehen. Vielmehr sind sämtliche Faktoren in den Blick zu nehmen, die zu einer wirksamen Kundenbindung beitragen können. Dazu kann z. B. auch die durch eine Fusion entstehende Fähigkeit zum Angebot gesamter **Sortimente** oder kompletter Systeme gehören, wenn ein erheblicher Anteil von Kunden diese gegenüber dem Bezug einzelner Bestandteile bevorzugt.[55] Dabei ist auch zu berücksichtigen, dass aktuelle und potenzielle Wettbewerber teilweise Gegenstrategien anwenden können, z. B. indem aktuelle Wettbewerber in Kooperation mit anderen Anbietern gemeinsam ein breiteres Sortiment anbieten. In beiden Konstellationen (Marken und Sortimente) gilt: Wenn ein Anbieter bereits in der Vergangenheit auf entsprechende Marktentwicklungen reagiert hat, indem er seine Produkte erfolgreich im Markt neu positioniert hat, könnte dies in manchen Fällen auch als Reaktion auf den Zusammenschluss zweier enger Wettbewerber zu erwarten sein.

44 Mit dem Aspekt der **Wechselkosten** werden (Folge-)Kosten und der erhebliche (Zeit-)Aufwand erfasst, der für einen Nachfrager mit dem Anbieterwechsel verbunden sein kann.[56] Müssen die Anbieter aufgrund dieser Kosten nicht schon bei einer geringen Preiserhöhung oder Verschlechterung des Angebots befürchten, dass Kunden in einem maßgeblichen Umfang abwandern, stärkt dies die Marktstellung der betrachteten Unternehmen.

45 Wechselkosten können z. B. entstehen, wenn die Suche nach und die Vertragsverhandlungen mit einem neuen Lieferanten aufwändig sind. Zu den Wechselkosten können ferner Schulungskosten gehören, die z. B. bei einem Wechsel zu einer neuen Software oder einer Maschine eines anderen Typs anfallen sowie alle anderen Migrationskosten,[57] die im Zuge eines Umstellungsprozesses als Folge eines Anbieterwechsels entstehen. Wechselkosten können auch durch die Anbieter strategisch geschaffen werden, wenn z. B. bei der Kündigung eines Vertrags Gebühren fällig werden oder Kunden durch besondere Kundenbindungsprogramme (z. B. „Bonusprogramme"[58]) an den bisherigen Anbieter gebunden werden.[59]

46 Ein Anbieterwechsel kann auch dadurch erschwert sein, dass es nur wenige alternative Anbieter gibt bzw. Kunden insbesondere aus Gründen der Versorgungssicherheit bei mehreren Anbietern nachfragen müssen („dual sourcing"). In diesen Konstellationen können die Ausweichmöglichkeiten der Kunden – etwa bei Preiserhöhungen – bereits beschränkt sein. Schränkt ein Zusammenschluss zweier

---

[55] Vgl. z. B. KG, Beschl. v. 7.11.1985, WuW/E OLG 3759, 3761 – *Pillsbury/Sonnen-Bassermann;* oder BKartA, Beschl. v. 14.2.2007, B5 10/07 – *Sulzer/Kelmix,* Rn. 55.

[56] Dies gilt insbesondere dann, wenn mehrere Dienstleistungen in einem Paket angeboten werden, wie es z. B. bei Triple-Play-Angeboten der Telekommunikationsbranche der Fall ist: BKartA, Beschl. v. 3.4.2008, B7 200/07 – *KDG/Orion,* Rn. 155.

[57] Solche Kosten fallen z. B. bei der Umstellung auf eine neue Software an, da u. a. vorhandene Datenbestände übertragen oder Arbeitsabläufe angepasst werden müssen.

[58] Als Beispiele kommen Kundenbindungsprogramme wie z. B. Flugmeilen in Betracht.

[59] Insofern können Wechselhindernisse auch in Form von Opportunitätskosten auftreten.

Anbieter die Ausweichmöglichkeiten zusätzlich ein, kann dies die Fähigkeit der Kunden, sich vor Preiserhöhungen zu schützen, erheblich beeinträchtigen. Diese Effekte können größer sein, als sich allein aus der Höhe der Marktanteile ergibt.

c) Gewerbliche Schutzrechte und Know-How. Wenn ein Unternehmen als Technologieführer – z. B. aufgrund höherer oder erfolgreicherer Aufwendungen für Forschung und Entwicklung – in der Lage ist, zu geringeren Kosten zu produzieren oder Produkte in höherer Qualität anzubieten, kann dies wettbewerbliche Vorteile ermöglichen.[60] Solche Vorteile sind als Ergebnis des Leistungswettbewerbs grundsätzlich positiv zu bewerten. Gleichwohl sind sie bei der Beurteilung der Marktmacht eines Unternehmens zu berücksichtigen. Diese Vorteile haben ein sehr viel geringeres Gewicht, wenn zu erwarten ist, dass dieser Vorsprung von Wettbewerbern zügig aufgeholt werden kann.[61] In ähnlicher Weise wie technologische Vorsprünge kann die Kontrolle über (zukünftig) entscheidende Patente oder gewerbliche Schutzrechte bzw. entsprechende Lizenzen einem Unternehmen einen wettbewerblichen Vorteil einräumen. Für die Frage der Marktmacht kommt es allerdings darauf an, ob die betreffenden Schutzrechte tatsächlich bedeutsam für den Markt oder die Marktentwicklung sind, z. B. wenn diese eine Kerntechnologie oder proprietäre Schnittstellentechnologie betreffen. Entscheidend ist auch, ob Wettbewerber über vergleichbare eigene Patente verfügen oder über Lizenzen Zugang zu vergleichbarer Technologie haben.[62] 47

d) Marktphase. Die Wettbewerbsbedingungen werden auch durch die Marktphase, also die Entwicklungsstufe des Marktes, beeinflusst. In expandierenden oder dynamischen Märkten indizieren aktuell hohe Marktanteile nicht notwendigerweise hohe Marktmacht, denn Innovationen können schnelle Marktzutritte oder Marktanteilsverschiebungen ermöglichen.[63] Bei jungen, noch in der Experimentierphase befindlichen Märkten, kommt eine marktbeherrschende Stellung vor allem in den seltenen Fällen in Betracht, dass ein Markt durch den Zusammenschluss bereits in der Entstehungsphase dauerhaft vermachtet wird.[64] Zu einer frühzeitigen Vermachtung des Marktes und einer Schwächung der Wettbewerbsdynamik kann es z. B. kommen, wenn sich zwei führende und innovative Wettbewerber zusammenschließen.[65] Dies geht häufig mit der Entstehung von Marktmacht bei den zur Herstellung eines Produktes erforderlichen Technologien einher. Befindet sich der Markt dagegen in einer Stagnations- oder Abschwungphase, haben sich die wettbewerblichen Strukturen bereits verfestigt und es ist seltener mit Markteintritten zu rechnen. Ein hoher Marktanteil ist daher auf reiferen Märkten ein erheblich gewichtigeres Indiz für hohe Marktmacht. 48

---

[60] Vgl. z. B. BKartA, Beschl. v. 25.10.2006, B7 97/06 – *Coherent/Excel,* Rn. 86 ff.

[61] Vgl. z. B. BKartA, Beschl. v. 14.2.2007, B5 10/07 – *Sulzer/Kelmix,* Rn. 55 ff.

[62] Entwicklungsvorsprünge und Patentpools spielten z. B. eine Rolle in BKartA, Beschl. v. 18.7.2008, B5 84/08 – *Stihl/ZAMA,* Rn. 29 f., 54 f.

[63] Für ein Beispiel, in dem der aktuelle Marktanteil eines Anbieters nur beschränkt dessen zukünftige Marktchancen widerspiegelte, vgl. BKartA, Beschl. v. 5.10.2006, B7 84/06 – *KLA-Tencor/ADE,* Rn. 47 51.

[64] Vgl. dazu z. B. BKartA, Beschl. v. 8.6.2004, B7 29/04 – *Nokia/Symbian,* S. 12; BKartA, Fallbericht B7 23/09 – *Vector Capital/Aladdin Knowledge Systems* (Digital Rights Management Systeme), abrufbar unter http://www.bundeskartellamt.de.

[65] Vor diesem Hintergrund ist auch die Einschränkung der Bagatellmarktklausel zu sehen. Um zu verhindern, dass junge Märkte durch Zusammenschlüsse frühzeitig vermachten, sind Märkte mit einem Umsatzvolumen von weniger als 15 Mio. EUR nur von der Fusionskontrolle ausgenommen, wenn sie schon seit mindestens 5 Jahren bestehen. Vgl. Begründung zur 4. GWB-Novelle, BT-Drs. 8/2136 v. 27.9.1978, S. 14.

49 **e) Zugang zu Beschaffungs- und Absatzmärkten.** Ein besonders guter Zugang zu Beschaffungs- oder Absatzmärkten kann einem Unternehmen insbesondere dann Marktmacht auf dem betroffenen Markt verschaffen, wenn es Wettbewerbern nicht möglich ist, sich einen vergleichbaren Zugang zu verschaffen, sie aber gleichwohl auf diese Vorprodukte oder Absatzmöglichkeiten angewiesen sind, um im betroffenen Markt zu bestehen. Wie auch andere Wettbewerbsvorteile ist ein überlegener oder durch den Zusammenschluss verbesserter Zugang zu den Beschaffungsmärkten allerdings nicht per se negativ zu beurteilen oder wettbewerblich problematisch. Dies gilt insbesondere dann, wenn diese Vorteile letztendlich dem Nachfrager in Form niedriger Preise oder eines verbesserten Produktangebots zugutekommen. Ein überlegener oder verbesserter Zugang kann jedoch den Zusammenschlussbeteiligten besondere Verhaltensspielräume vermitteln und ihnen wettbewerbsbeschränkende Verhaltensweisen erleichtern.

50 Einen bevorzugten Zugang zu den **Beschaffungsmärkten** kann ein Unternehmen beispielsweise dann genießen, wenn es – im Gegensatz zu seinen Wettbewerbern – vertikal integriert ist und wichtige Input-Produkte selbst fertigt. Sofern die vertikale Integration zu kostengünstigeren Beschaffungsmöglichkeiten wichtiger Vorleistungen führt, kann sich hieraus ein dauerhafter Wettbewerbsvorsprung gegenüber anderen Anbietern ergeben. Dies gilt insbesondere dann, wenn es den Wettbewerbern nicht möglich ist, vergleichbare vertikale Verbindungen aufzubauen oder den relevanten Input zu ähnlich günstigen Konditionen von Dritten zu beschaffen.[66] Eine weitere Fallgruppe betrifft die Verstärkung von Nachfragemacht durch einen Zusammenschluss. Ein überlegener Zugang zu den Beschaffungsmärkten kann ferner auch auf vertraglichen Beziehungen zu Vorproduzenten beruhen, vor allem dann, wenn die Einkaufsvolumina besonders günstige Beschaffungskonditionen ermöglichen. Die Beschaffungskonditionen, zu denen beispielsweise ein Handelsunternehmen Produkte von Herstellern beziehen kann, sind ein wichtiges Kriterium für seine Marktstellung auf dem Absatzmarkt.[67]

51 Ein im Vergleich zu Wettbewerbern überlegener Zugang zu den **Absatzmärkten** kann z. B. durch folgende Umstände begründet werden: Durch vertikale Integration mit bzw. Beteiligungen an wichtigen Abnehmern, durch eine besonders große Marktdurchdringung,[68] einen leistungsfähigen oder flächendeckenden Vertrieb[69], ein besonders gutes Service-Netzwerk[70] oder After-Sales-Geschäft oder durch bestehende Geschäftsbeziehungen aus anderen Produktmärkten zu Kunden, die Hauptabnehmer des betroffenen Produktes sind.[71]

52 **f) Verflechtungen mit anderen Unternehmen.** Verflechtungen mit anderen Unternehmen können insbesondere dann relevant für die Marktstellung eines Unternehmens sein, wenn sie zu Wettbewerbern, Kunden oder Lieferanten bestehen. Dabei kann der Wettbewerb nicht nur durch solche Verflechtungen beschränkt werden, welche die Verbundklausel (§ 36 Abs. 2 GWB) erfüllen oder durch die eine

---

66 Zu einer ausführlichen Erörterung, inwiefern und unter welchen Bedingungen eine vertikale Integration marktmachtsteigernd wirkt, vgl. auch unten die Ausführungen zu vertikalen Zusammenschlüssen Rn. 129 ff.

67 BKartA, Beschl. v. 30.6.2008, B2 333/07 – *EDEKA/Tengelmann,* S. 103 f.

68 Vgl. z. B. BKartA, Beschl. v. 24.8.2007, B5 51/07 – *Cargotec/CVS Ferrari,* Rn. 98 ff.

69 Vgl. z. B. BKartA, Beschl. v. 5.11.2008, B5 25/08 – *Assa Abloy/Simons Voss,* Rn. 185 ff.; BKartA, Beschl. v. 21.6.2000, B10 25/00 – *Melitta Bentz/Schultink,* S. 27 ff.; BKartA, Beschl. v. 24.3.2004, B4 167/03 – *Synthes-Stratec/Mathys,* Rn. 70 ff. (Zugang zu den ärztlichen Entscheidern auf Nachfragerseite im Bereich der Osteosynthese).

70 Vgl. z. B. BKartA, Beschl. v. 24.8.2007, B5 51/07 – *Cargotec/CVS Ferrari,* Rn. 73.

71 Vgl. z. B. BKartA, Beschl. v. 21.8.2008, B5 77/08 – *MEP/DISA,* Rn. 54 ff.

wettbewerbliche Einheit begründet wird.[72] Vielmehr können sämtliche Verflechtungen rechtlicher, wirtschaftlicher, personeller oder finanzieller Art ein relevanter Faktor bei der Beurteilung der Marktstellung sein.[73]

Im Falle der Einzelmarktbeherrschung ist die eigenständige Bedeutung dieses Kriteriums allerdings begrenzt.[74] Die wettbewerblichen Auswirkungen, die sich aus Verflechtungen mit anderen Unternehmen ergeben können, werden – soweit es sich nicht um horizontale Verflechtungen handelt – weitgehend auch von anderen Kriterien erfasst.[75] Verflechtungen mit anderen Unternehmen haben als Kriterium zur Bestimmung von Marktmacht insbesondere dann eine eigenständige Bedeutung, wenn Verflechtungen mit aktuellen oder potentiellen Wettbewerbern oder mit Anbietern unvollkommener Substitutionsprodukte bestehen.[76] 53

g) Finanzielle Ressourcen. Die Marktmacht eines Unternehmens kann in bestimmten Fällen auch von seiner Finanzkraft beeinflusst werden. Dieser in § 19 Abs. 2 Nr. 2 GWB ausdrücklich erwähnte Faktor spielt in der Entscheidungspraxis nur eine untergeordnete Rolle. Hintergrund für die Berücksichtigung des Kriteriums der Finanzkraft ist unter anderem die Möglichkeit, dass ein Unternehmen mit überlegener Finanzkraft seine finanziellen Mittel dazu nutzen könnte, aktuelle Wettbewerber von wettbewerblichen Vorstößen abzuhalten oder potentielle Wettbewerber vom Markteintritt abzuschrecken.[77] Im Extremfall können Wettbewerber sogar vom Markt verdrängt werden. Zwar entfaltet nicht schon die Finanzkraft selbst diese Verdrängungs- bzw. Abschreckungswirkung. Finanzielle Ressourcen verbessern aber die Möglichkeiten und den Anreiz eines Unternehmens, entsprechende Strategien – z. B. Kampfpreisstrategien – durchzuführen.[78] 54

Nur wenn Wettbewerber im Vergleich zu den Zusammenschlussbeteiligten lediglich über beschränkte finanzielle Ressourcen verfügen, haben sie einer Verdrän- 55

---

[72] Vgl. BGH, Beschl. v. 19.12.1995, WuW/E BGH 3037, 3040 – *Raiffeisen,* Rn. 16 (juris).

[73] BGH, Beschl. v. 19.12.1995, WuW/E BGH 3037, 3040 – *Raiffeisen,* Rn. 13 (juris); BKartA, Beschl. v. 23.2.2005, B10 122/04 – *Remondis/RWE Umwelt,* Rn. 168.

[74] Bedeutung erlangt dieses Kriterium insbesondere bei der gemeinsamen Marktbeherrschung; vgl. dazu unten Rn. 96 und 105.

[75] Verflechtungen mit Abnehmern oder Lieferanten werden z. B. beim Kriterium des Zugangs zu Absatz- und Beschaffungsmärkten berücksichtigt, solche zu finanzstarken Unternehmen bei der Finanzkraft.

[76] Vgl. BKartA, Beschl. v. 23.2.2005, B10 122/04 – *Remondis/RWE Umwelt,* Rn. 168 f. und Rn. 188 f.; BKartA, Beschl. v. 15.12.1978, WuW/E BKartA 1831, 1832. – *hydraulischer Schreitausbau;* BKartA, Beschl. v. 9.1.1981, WuW/E BKartA 1863, 1864 f. – *Gruner+Jahr/Zeit.*

[77] Die Abschreckungswirkung tritt bereits ein, wenn eine solche Strategie aus Sicht der Wettbewerber vernünftigerweise zu erwarten ist; vgl. BGH, Beschl. v. 8.6.2010, WuW/E DE-R 3067 – *Springer/ProSieben II,* Rn. 47 (die Abschreckungswirkung resultierte hier aus der Erwartung, dass die Parteien im Falle eines wettbewerblichen Vorstoßes von Konkurrenten auf die Möglichkeit cross-medialer Werbung zurückgreifen). Vgl. zur Abschreckungswirkung auch BGH, Beschl. v. 27.5.1986, WuW/E BGH 2276, 2283 – *Süddeutscher Verlag/Donau-Kurier,* Rn. 57 (juris); BGH, Beschl. v. 25.6.1985, WuW/E BGH 2150, 2157 – *Edelstahlbestecke,* Rn. 45 ff. (juris).

[78] Solche Strategien sind im Falle von marktbeherrschenden Unternehmen zwar möglicherweise im Rahmen der Missbrauchsaufsicht aufgreifbar. Mit der Fusionskontrolle sollen jedoch entstehende Machtpositionen bereits präventiv aufgegriffen werden. Die Wettbewerbsbehörde ist somit im Rahmen der Fusionskontrolle nicht wegen einer gewissen Abschreckungswirkung eines eventuellen Missbrauchsverfahrens daran gehindert, von vornherein die Gefahrenlage zu verhindern, die ausreichend Anreize für ein missbräuchliches Verhalten begründet: BKartA, Beschl. v. 30.6.2008, B2 333/07 – *EDEKA/Tengelmann,* S. 111.

gungs- bzw. Abschreckungsstrategie wenig entgegenzusetzen.[79] Andernfalls könnten sie mit entsprechenden Gegenstrategien reagieren und so Verdrängungs- und Abschreckungsversuche unwahrscheinlicher machen. Eine erfolgversprechende Verdrängungsstrategie setzt zudem voraus, dass ein Unternehmen über ausreichende Kapazitäten verfügt und die Marktzutrittsschranken relativ hoch sind, so dass – nach der erfolgreichen Verdrängung – neuerliche Marktzutritte anderer Unternehmen nicht zu befürchten sind.

56 Zur Bemessung der Finanzkraft können verschiedene Indikatoren herangezogen werden. Geeignete Indikatoren sind insbesondere der Cash-flow[80], die Möglichkeiten zur Fremdfinanzierung auch unter Einbeziehung der verbundenen Unternehmen sowie die lt. Bilanz verfügbaren liquiden Mittel.[81] Diese Kennzahlen geben maßgeblich Auskunft über die kurzfristig für wettbewerbliche Maßnahmen verfügbaren finanziellen Ressourcen. Weiterhin können zur Beurteilung der dauerhaften Leistungsfähigkeit eines Unternehmens Ertragskennziffern wie Jahresüberschuss[82], EBIT, EBITDA und Rohertrag (gross margin) herangezogen werden. Im Rückblick kann auch die Investitionstätigkeit als Spiegel bisheriger Finanzkraft des Unternehmens Aufschlüsse über die Finanzstärke des Unternehmens geben. Hinweise auf das vorhandene Ressourcenpotential kann auch der Umsatz liefern.[83]

57 **3. Wettbewerbsfaktoren außerhalb des relevanten Marktes.** In der wettbewerblichen Analyse werden weiterhin Faktoren berücksichtigt, die von außen auf den relevanten Markt einwirken. Betrachtet wird neben potentiellem Wettbewerb und Marktzutrittsschranken (a) auch Randsubstitution (b).

58 **a) Potentieller Wettbewerb und Marktzutrittsschranken.** Neben den aktuellen können auch potentielle Wettbewerber die Verhaltensspielräume der bereits aktiven Anbieter in einem relevanten Markt beeinflussen.[84] Als potentielle Wettbewerber kommen sowohl Newcomer in Betracht als auch Unternehmen, die schon auf benachbarten oder vor- bzw. nachgelagerten Märkten tätig sind.

59 Die Stärke des potentiellen Wettbewerbs und damit das Ausmaß der davon ausgehenden Kontrolle hängen insbesondere von der Höhe der Marktzutrittsschranken ab. Sind Markteintritte leicht möglich und bei Preissteigerungen oder sonstigen Verschlechterungen des Angebots zu erwarten, kann dies übermäßige Marktmacht verhindern. § 19 Abs. 2 GWB betont deshalb, dass bei der Ermittlung von Marktbeherrschung der potentielle Wettbewerb sowie rechtliche oder tatsächliche Schranken für den Marktzutritt zu berücksichtigen sind.

---

[79] Inwieweit unzureichende Finanzierungsmöglichkeiten für die Wettbewerber bestehen, hängt u. a. vom Informationsstand der Kapitalgeber ab. Besteht bei kleineren Unternehmen aus Sicht der Kapitalgeber eine größere Ungewissheit über den zukünftigen Markterfolg, so haben Unternehmen mit geringerer Finanzkraft meist eine Risikoprämie und damit höhere Finanzierungskosten zu tragen und sind daher anfälliger für etwaige Verdrängungsstrategien. Dies kann insbesondere gelten für junge, in der Entwicklung befindliche Märkte oder technisch aufwändige Produkte mit hohem Entwicklungsaufwand.

[80] Vgl. BKartA, Beschl. v. 18.5.1977, WuW/E BKartA 1685, 1687 – *Mannesmann/Brueninghaus.*

[81] Vgl. BKartA, Beschl. v. 24.1.1995, WuW/E BKartA 2729, 2748 ff. – *Hochtief/Philipp Holzmann.*

[82] Vgl. OLG Düsseldorf, Beschl. v. 30.7.2003, WuW/E DE-R 1159, 1162 – *BASF/NEPG.*

[83] Vgl. BGH, Beschl. v. 25.6.1985, WuW/E BGH 2150, 2157 – *Edelstahlbestecke,* Rn. 41 (juris).

[84] Dahinter steht die Überlegung, dass die glaubhafte Drohung eines Markteintritts bereits zu wettbewerblichem Verhalten veranlassen würde, so dass auch von potentiellen Wettbewerbern eine disziplinierende Wirkung auf die etablierten Unternehmen ausgehen kann.

Um aufgrund von potentiellem Wettbewerb die Entstehung oder Verstärkung einer marktbeherrschenden Stellung ausschließen zu können, reicht die theoretische Möglichkeit von Wettbewerb nicht aus. Erforderlich ist zumindest eine gewisse tatsächliche Wahrscheinlichkeit, die wiederum hinreichende Anreize für einen Markteintritt voraussetzt.[85] Inwieweit die Verhaltensspielräume etablierter Anbieter durch potentiellen Wettbewerb kontrolliert werden können, ist danach zu beurteilen, wie wahrscheinlich es ist, dass neue Unternehmen auf dem betreffenden Markt tätig werden sowie ob diese Markteintritte rechtzeitig und in einem ausreichenden Umfang erfolgen können. Bestand bereits vor dem Zusammenschluss eine marktbeherrschende Stellung, kann auch schon eine geringe Verschlechterung der Kontrolle durch potentiellen Wettbewerb ausreichen, um eine Verstärkungswirkung anzunehmen.[86] Recht hohe Anforderungen sind hingegen an den Wettbewerbsdruck durch potentiellen Wettbewerb zu stellen, um eine Freigabe zu rechtfertigen, obwohl die Strukturkriterien insgesamt auf eine marktbeherrschende Stellung hindeuten. Der Maßstab für potentiellen Wettbewerb und die zugrundeliegenden Kriterien Wahrscheinlichkeit, Rechtzeitigkeit und Umfang hängt dementsprechend vom Prüfungskontext ab. 60

Wahrscheinlichkeit eines Marktzutritts

Ein Marktzutritt ist selten unmöglich, aber eventuell aufgrund hoher Kosten oder geringer Ertragserwartungen nicht zu erwarten. Die Wahrscheinlichkeit bemisst sich allgemein nach den Möglichkeiten und Anreizen zum Markteintritt. Ausschlaggebend ist damit das Verhältnis zwischen den mit dem Marktzutritt verbundenen Kosten und den erwarteten Erlösen, sowie den jeweils damit verbundenen Risiken. Grundsätzlich nicht erforderlich ist es, alle Kosten und Erlöse im Einzelnen zu quantifizieren.[87] Die Möglichkeit und die Anreize zum Marktzutritt werden insbesondere von verschiedenen Arten von Marktzutrittsschranken beeinflusst.[88] Je nach Ursache des Hindernisses lassen sich rechtliche, strukturelle und strategische Marktzutrittsschranken unterscheiden. 61

Rechtliche Marktzutrittsschranken liegen vor, wenn staatliche Vorschriften den Marktzutritt erschweren oder ausschließen.[89] Dazu gehören staatlich geschützte Monopole oder durch den Staat vergebene (zahlenmäßig beschränkte) Lizenzen.[90] 62

---

[85] Vgl. OLG Düsseldorf, Beschl. v. 4.5.2005, WuW/E DE-R 1495 – *ÖPNV Saarland,* Rn. 54 (juris). Von fehlenden Anreizen eines integrierten, aber nur für den Eigenbedarf produzierenden Anbieters, in den vorgelagerten Markt einzutreten, kann ausgegangen werden, wenn sich der Marktzutritt aufgrund höherer Margen auf dem nachgelagerten Markt nicht lohnt: BKartA, Beschl. v. 27.2.2008, B5 198/07 – *A-TEC/Norddeutsche Affinerie,* Rn. 117 ff.

[86] Für die Annahme einer Verstärkungswirkung reicht es daher aus, dass ohne den Zusammenschluss ein Markteintritt zwar nicht zwingend, aber doch mit einiger Wahrscheinlichkeit zu erwarten wäre. Zu einer anderen Einschätzung kommt OLG Düsseldorf, Beschl. v. 22.12.2010, VI-Kart 4/09 (V) – *NPG/ZVSH,* Rn. 114 ff. (juris); die Frage des Wahrscheinlichkeitsmaßstabs ist Gegenstand eines laufenden Rechtsbeschwerdeverfahrens.

[87] Gute Anhaltspunkte für die zu erwartenden Erlöse können vielmehr auch qualitative Kriterien liefern, aus denen sich die betriebswirtschaftliche Attraktivität des Marktes ergibt. Vgl. dazu z. B. BKartA, Fallbericht vom 20.1.2010, B6 79/09 – *Rheinische Post/Aachener Zeitung.*

[88] Solche Hindernisse können auch für bereits im Markt tätige, insbesondere kleinere Wettbewerber bestehen und sie in Form einer „Expansionsschranke" daran hindern, ihre Tätigkeit auszuweiten. Zur sprachlichen Vereinfachung wird im Folgenden übergreifend der Begriff Marktzutrittsschranke verwendet.

[89] Dazu zählen insbesondere Baugenehmigungen für industrielle Anlagen. Vgl. dazu z. B. BKartA, Beschl. v. 15.11.2007, B1–190/07 – *Faber/BAG/AML,* Rn. 69.

[90] Dazu zählen z. B. Taxi-Lizenz, Rundfunk-Lizenz oder Mobilfunklizenz. Inwieweit solche staatlichen Anforderungen als Marktzutrittsschranke wirken, hängt insbesondere davon ab, wie schwierig oder aufwändig es ist, die Voraussetzungen zu erfüllen, und wie viele Lizenzen zur Verfügung stehen.

Des Weiteren können tarifäre und nicht-tarifäre Handelshemmnisse für ausländische Anbieter ein Marktzutrittshindernis darstellen.

63 Eine weitere Kategorie bilden Patente, sonstige Immaterialgüterrechte oder entsprechende Lizenzen, die Dritten bestimmte (Nutzungs-)Rechte einräumen und die für den Markteintritt oder die Marktentwicklung tatsächlich bedeutsam sind. Ein Hindernis stellen Patente in der Regel erst dann dar, wenn keine anderen vergleichbaren technischen Lösungen zur Verfügung stehen[91] oder Wettbewerber nicht über vergleichbare Rechte verfügen.[92] Allerdings kann der Marktzutritt trotz technischer Alternativen behindert werden.[93] Werden Patente lizenziert, hängt das Ausmaß der Marktzutrittsschranken von der Höhe der Lizenzgebühren ab.

64 **Strukturelle Marktzutrittsschranken** beruhen auf Eigenschaften des Marktes bzw. des Produktionsprozesses der betreffenden Güter oder auf der besonderen Marktstellung eines Unternehmens. Sie wirken sich in der Regel unmittelbar auf die Höhe der Kosten des Markzutritts und/oder die Höhe der nach dem Zutritt zu erwartenden Erlöse aus.

65 Im Hinblick auf die Kosten des Marktzutritts sind insbesondere so genannte „versunkene Kosten" („sunk costs") bedeutsam, die beim Markteintritt entstehen, aber beim Marktaustritt nicht wieder erlangt werden können. Beispiele sind unter anderem Forschungs- und Entwicklungskosten, Werbekosten oder Ausbildungskosten.[94] Darüber hinaus können sich Größenvorteile der Produktion (so genannte Skalenerträge oder „economies of scale") auf die Möglichkeit zum Marktzutritt auswirken.[95] Größenvorteile der Produktion entstehen insbesondere dann, wenn die Herstellung eines Produktes relativ hohe Fixkosten aber vergleichsweise niedrige variable Kosten verursacht. Die unter diesen Bedingungen mit einer Ausweitung der Produktion sinkenden Durchschnittskosten können bewirken, dass ein Marktzutritt gegebenenfalls nur dann Aussicht auf Erfolg hat, wenn innerhalb einer sehr kurzen Zeit ein gewisses Absatzvolumen erreicht werden kann („minimum scale of entry"). Kostenrelevante Marktzutrittsschranken können sich auch daraus ergeben, dass bestimmte Anlagen nicht duplizierbar sind oder eine Duplizierung nicht wirtschaft-

---

[91] Vgl. BKartA, Beschl. v. 20.6.2006, B4 32/06 – *Putzmeister/Esser,* S. 38 f.

[92] Solche vergleichbaren Rechte helfen jedoch dann nicht unbedingt, wenn Netzwerkeffekte vorliegen und das marktbeherrschende Unternehmen bereits über einen Verbreitungsvorsprung verfügt, der von einem Wettbewerber mit einer anderen Lösung nicht ohne Weiteres aufzuholen ist.

[93] Vgl. zur faktischen Alleinstellung eines Systemanbieters, die durch Patente für essentielle Schnittstellen der Produkte abgesichert wird z. B. BKartA, Beschl. v. 14.2.2007, B5 10/07 – *Sulzer/Kelmix/Werfo,* Rn. 55. Obwohl die Umgehung der Patente technisch möglich ist, können sich daraus erhebliche Nutzungseinbußen auf Seiten der Kunden ergeben, so dass die Konkurrenzprodukte nicht ohne Weiteres eine Alternative darstellen.

[94] Bei den Kosten für Produktionsanlagen und Arbeitsmittel handelt es sich in der Regel nicht um versunkene Kosten, weil sie beim Marktaustritt durch einen Verkauf der Anlagen oft zu einem großen Teil wiedererlangt werden können. Für Beispiele zu versunkenen Kosten vgl. z. B. BKartA, Beschl. v. 25.10.2006, B7 97/06 – *Coherent/Excel,* Rn. 137 ff.; OLG Düsseldorf, Beschl. v. 23.11.2005, WuW/E DE-R 1639, 1642 – *Mainova/Aschaffenburger Versorgungs GmbH,* Rn. 30 33 (juris).

[95] Vgl. zu „economies of scale": BKartA, Beschl. v. 8.6.2006, B4 29/06 – *Telecash*/GZS, Rn. 103, 122 f.; BKartA, Beschl. v. 28.4.2005, B10 161/04 – *Asklepios Kliniken/LBK Hamburg,* Rn. 67. Skaleneffekte können z. B. auch dann auftreten, wenn es sich um technisch sehr anspruchsvolle Produkte mit einem hohen Spezialisierungsgrad handelt, bei denen hohe Entwicklungskosten anfallen, vgl. dazu z. B. BKartA, Beschl. v. 11.4.2007, B3 578/06 – *Phonak/ GN ReSound,* Rn. 261 (insoweit nicht aufgehoben durch BGH, Beschl. v. 20.4.2010, KVR 1/ 09, WuW/E DE-R 2905 – *Phonak/GN Store*).

lich wäre. Dies gilt etwa für Netze im Bereich leitungsgebundener Industrien und andere sog. wesentliche Einrichtungen („essential facilities").[96]

Kostenvorteile der Zusammenschlussbeteiligten, die für ihre Wettbewerber möglicherweise Marktzutrittsschranken darstellen, können zudem z. B. aus Lerneffekten[97], Verbundvorteilen („economies of scope") oder direkten oder indirekten Netzwerkeffekten[98] resultieren. Indirekte Netzwerkeffekte sind kennzeichnend für sogenannte Plattform- oder zweiseitige Märkte.[99] In solchen Konstellationen werden die Marktchancen etwa eines Zeitungsherausgebers auf dem Anzeigenmarkt von der Marktstellung der Zeitung auf dem Lesermarkt beeinflusst.[100] Hinsichtlich der Marktzutrittsbedingungen können die Märkte aufgrund dieser Wechselwirkungen daher nicht isoliert betrachtet werden. So ist in der Regel ein Marktzutritt auf beiden betroffenen Märkten notwendig. **66**

Strukturelle Marktzutrittsschranken, die auf der besonderen Stellung eines Unternehmens im Markt beruhen, können z. B. darin bestehen, dass ein etabliertes Unternehmen einen bevorzugten Zugang zu Vorprodukten[101], Investitionsgütern[102] bzw. bestimmten personellen Ressourcen oder zu Absatzwegen[103] hat oder persönliche Netzwerke nutzen kann[104], auf die ein außenstehendes Unternehmen nicht zurückgreifen kann. Die Kosten des Markzutritts können zudem durch nachfrageseitige Faktoren erhöht werden; in diesem Zusammenhang sind sämtliche Kosten zu berücksichtigen, die ein Unternehmen aufwenden muss, um z. B. eine hohe Mar- **67**

---

[96] Vgl. auch § 19 Abs. 4 Nr. 4 GWB.

[97] Lerneffekte, die bei der Entwicklung oder Herstellung eines Produkts auftreten, verschaffen etablierten Unternehmen einen Vorsprung vor später in den Markt tretenden Newcomern. Der daraus resultierende Kostennachteil kann eine Marktzutrittsschranke bilden. Zu Lerneffekten vgl. z. B. BKartA, Beschl. v. 25.10.2006, B7 97/06 – *Coherent/Excel,* Rn. 142 (Entwicklung und Herstellung von sealed-off CO2-Lasern) oder BKartA, Beschl. v. 5.11.2008, B5 25/08 – *Assa Abloy/SimonsVoss,* Rn. 200 ff.; auch in diesem Punkt bestätigt durch OLG Düsseldorf, Beschl. v. 21.10.2009, VI-Kart 14/08 (V) insoweit nicht abgedruckt in WuW/E DE-R 2885, 2893 – *Assa Abloy/SimonsVoss,* bei juris Rn. 123.

[98] Netzwerkeffekte treten auf, wenn der Nutzen eines Produktes mit seinem Verbreitungsgrad steigt.

[99] Vgl. Rn. 36.

[100] Vgl. zur technischen Plattform im Bereich Pay-TV BKartA, Beschl. v. 28.12.2004, B7–150/04 – *SES/DPC,* Rn. 90 ff., 147 ff., insb. 151. Zum Betrieb zweier zielgruppenrelevanter Plattformen (Kosmetikmessen und -fachzeitschriften) vgl. BKartA, Beschl. v. 29.8.2008, B6 52/08 – *Intermedia/Health & Beauty,* S. 21 ff.

[101] Vgl. z. B. BKartA, Beschl. v. 30.9.2005, B2 23/11 – *Homann/Rügen Feinkost,* Rn. 145 ff. (schwieriger Zugang zur Rohware Fisch als Marktzutrittsschranke zu den Märkten im Bereich Fischfeinkost).

[102] Vgl. z. B. BKartA, Beschl. v. 30.9.2005, B9 50/05 – *Railion/RBH,* S. 43 (überlegener Zugang zu Waggons für schüttfähiges Massengut als Marktzutrittsschranke zum Markt für den Transport von schüttfähigem Massengut); oder vgl. OLG Düsseldorf, Beschl. v. 15.6.2005, VI-Kart 25/04 (V) – *G+J/RBA,* Rn. 64 (juris), insoweit nicht abgedruckt in WuW/E DE-R 1501 (Herausgabe eines neuen populären Wissensmagazins erfordert den Einsatz nicht unbedeutender personeller und finanzieller Mittel).

[103] So können auch Verflechtungen mit wichtigen Auftragnehmern oder -gebern eine Marktzutrittsschranke begründen. Zu Verflechtungen mit anderen Unternehmen als Marktzutrittsschranke vgl. BGH, Beschl. v. 7.2.2006, WuW/E DE-R 1681, 1688 – *DB Regio/üstra,* Rn. 51; BKartA, Beschl. v. 9.6.2004, B9 16/04 – *ÖPNV Saarland,* Rn. 56 (juris) (Verflechtungen von Nahverkehrsunternehmen mit Auftraggebern begründen Marktzutrittsschranke zum Markt für liniengebundene Nahverkehrsdienstleistungen im ÖPNV).

[104] Beispielsweise kann der etablierte Kontakt zu (regionalen) Anzeigenkunden die Akquise erleichtern: BKartA, Beschl. v. 29.8.2008, B6 52/08 – *Intermedia/Health & Beauty,* S. 60 ff.

kentreue der Kunden,[105] hohe Reputation eines etablierten Anbieters[106] oder andere, so genannte Lock-in-Effekte,[107] zu überwinden.

68 **Strategische Marktzutrittsschranken** können bestehen, wenn die am Markt etablierten Unternehmen Markteintrittsversuche dadurch abwehren bzw. diesen vorbeugen können,[108] dass sie Einfluss auf die Kosten des Marktzutritts bzw. die erwarteten Erlöse nehmen. So können z. B. die etablierten Unternehmen ihre Produktionsmenge gezielt ausweiten, um die Gewinnmöglichkeiten von potentiellen Newcomern einzuschränken.[109] Wenn etablierte Unternehmen in größerem Umfang als erforderlich freie Kapazitäten vorhalten oder (aktuell nicht benötigte) Input-Faktoren von Dritten aufkaufen, kann dies ebenfalls die erwarteten Erlöse senken.[110]

69 Weitere strategische Marktzutrittsschranken können dadurch geschaffen werden, dass bei einem patentierten Produkt auch alle weiteren Entwicklungen und Verbesserungen umfassend patentiert und Verletzungen dieser Patente gezielt verfolgt werden.[111] Durch gezielten und flächendeckenden Einsatz des gewerblichen Rechtsschutzes können ggfls. auch alternative Technologien soweit abgedeckt werden, dass sie Wettbewerbern nicht zur Verfügung stehen.[112] Auch die Erwartung erheblicher Preissenkungen kann – sowohl als Reaktion auf bereits erfolgte Marktzutritte, als auch im Vorgriff auf erwartete Marktzutritte[113] – eine Marktzutrittsschranke bilden.

70 Ein Marktzutritt kann auch durch **Marktaustrittsschranken** erschwert werden, wenn Kosten, die bei einem Marktaustritt entstehen würden, bereits vor dem Eintritt antizipiert werden. Marktaustrittshindernisse führen zudem dazu, dass auch unrentable oder erfolglose Anbieter im Markt verbleiben, wodurch die Erfolgsaussichten von eintretenden Unternehmen beeinträchtigt werden können. Solche Kosten können z.B behördliche Auflagen bei Beendigung einer Tätigkeit oder Stilllegung einer Anlage verursachen.[114] Ebenso können lange Vertragsbindungen einen Marktaustritt verzögern.

---

[105] Da der Aufbau einer Marke auf eine Strategie der Produktdifferenzierung zurückgeht, könnte dieser Fall auch den strategischen Marktzutrittsschranken zugeordnet werden.

[106] Reputation stellt insbesondere dann eine Hürde dar, wenn lange Entwicklungszeiten, kritische Bauteile, langjährige Vertragsbindungen oder hohe Folgekosten bei Fehlern betroffen sind, so dass Nachfrager zur Risikominimierung lieber auf etablierte Anbieter zurückgreifen. Dies zeigt sich z. B. bei Cabriodächern: vgl. BKartA, Beschl. v. 22.12.2009, B9 84/09 – *Webasto/Edscha,* S. 44 sowie BKartA, Beschl. v. 21.5.2010, B9 13/10 – *Magna/Karmann,* S. 52.

[107] Ein Lock-in-Effekt besteht, wenn für die Kunden ein Anbieterwechsel mit Wechselkosten verbunden ist, die diesen unwirtschaftlich machen. Diese Wechselkosten müssen nicht unbedingt in einem finanziellen Aufwand bestehen, sondern sie können auch in dem administrativen oder sonstigen Aufwand bestehen, der mit einem Wechsel verbunden ist. Vgl. BKartA, Beschl. v. 25.10.2006, B7 97/06 – *Coherent/Excel,* Rn. 145.

[108] Vgl. z. B. BKartA, Beschl. v. 2.8.2004, B6 26/04 – *G+J/RBA,* S. 32 f.

[109] Begünstigt würde eine solche Strategie, wenn aufgrund von Skalenerträgen der Kostenvorteil des etablierten Unternehmens mit der Produktionsmenge steigt.

[110] Vgl. z. B. BKartA, Beschl. v. 15.11.2007, B1–190/07 – *Faber/Langenthal,* Rn. 81.

[111] Vgl. z. B. BKartA, Beschl. v. 23.8.2006, B4 91/06 – *Synthes Inc./Synthes AG,* S. 51.

[112] Vgl. zu solchen Patent-Clustern z. B. BKartA, Beschl. v. 20.9.1999, B3 20/99 – *Henkel/Luhns,* Rn. 44 ff.; *Wissenschaftlicher Beirat beim Bundesministerium für Wirtschaft und Technologie* (2007), Patentschutz und Innovation, Gutachten 1/07, insbesondere S. 15 ff.

[113] Vgl. BKartA, Beschl. v. 20.11.2001, B9 88/99 und B9 100/01 – *Deutsche Post/trans-o-flex,* S. 45.

[114] Ein Austrittshindernis können z. B. Umweltgutachten darstellen, die bei der Schließung von Lagerstandorten erforderlich sind. Ein weiteres Beispiel sind baurechtliche Genehmigungen für Verkaufsstandorte, die mitunter an ein bestimmtes Sortiment gebunden sind, so dass eine Nutzungsänderung nicht möglich ist: vgl. dazu z. B. BKartA, Beschl. v. 5.12.2007, B9 125/07 – *Globus/Hela,* Rn. 76.

Wie sich die einzelnen Formen der Marktzutrittsschranken konkret auswirken ist abhängig von einer Vielzahl von Faktoren wie der Marktphase, der bereits vorhandenen Konzentration im Markt, der absehbaren technischen Entwicklungen oder den erwarteten Reaktionen der etablierten Unternehmen. So ist ein Marktzutritt auf einem dynamisch wachsenden Markt aufgrund der Erlösaussichten tendenziell wahrscheinlicher[115] als auf einem ausgereiften oder schrumpfenden Markt, der zudem gegebenenfalls bereits durch Überkapazitäten gekennzeichnet ist.[116] **71**

Für die **Beurteilung der Wahrscheinlichkeit** von Marktzutritten können zudem aus in der Vergangenheit erfolgten Marktzutritten oder Marktaustritten Rückschlüsse gezogen werden. Fehlt es an Marktzutrittsversuchen in der Vergangenheit, schließt dies potentiellen Wettbewerb allerdings nicht aus. Die Analyse gelungener, fehlgeschlagener oder beabsichtigter, aber nicht realisierter Marktzutritte liefert häufig wertvolle Hinweise. Von Interesse sind insbesondere die Gründe, aus denen erfolgte Markteintritte letztlich fehlgeschlagen sind oder aus denen beabsichtigte Markteintritte nicht erfolgten bzw. schon nicht erwogen wurden.[117] **72**

Rechtzeitigkeit und ausreichender Umfang eines Marktzutritts

Damit potentieller Wettbewerb Marktmacht, die im Zuge eines Zusammenschlusses entsteht oder verstärkt wird, hinreichend beschränken kann, muss ein Marktzutritt zeitnah und in ausreichendem Umfang zu erwarten sein. Im Einzelfall wird die Rechtzeitigkeit von den Eigenschaften und der Dynamik eines Marktes abhängen. Einen Anhaltspunkt dafür kann die regelmäßige Vertragsdauer von Kundenverträgen geben. Einem baldigen Markteintritt entgegenstehen können z. B. lange Testphasen[118] oder Zertifizierungen,[119] die vor einer Produkteinführung erforderlich sind. **73**

Potentieller Wettbewerb kann die Marktmacht etablierter Unternehmen zudem nur dann wirksam einschränken, wenn Markteintritte mit ausreichenden Mengen, einer genügenden Produktpalette und zu konkurrenzfähigen Preisen zu erwarten sind. Können Unternehmen zwar in den Markt eintreten (bzw. ihr Angebot ausweiten), jedoch nur in begrenztem Umfang oder zu nicht-kompetitiven Preisen, reicht dies möglicherweise nicht aus, um den Verhaltensspielraum der etablierten bzw. marktführenden Anbieter wirksam zu begrenzen.[120] Gleiches kann gelten, wenn ein Anbieter eine gesamte Produktpalette anbieten muss, um sich am Markt dauerhaft etablieren zu können, der Marktzutritt aber möglicherweise nur in einem gewissen Produktspektrum möglich ist.[121] **74**

Zusammenschluss mit einem potentiellen Wettbewerber

Der Zusammenschluss mit einem potentiellen Wettbewerber kann die Marktmacht eines Unternehmens erhöhen, da zumindest dieser Wettbewerber nicht mehr disziplinierend wirken kann.[122] Wenn das erwerbende Unternehmen bereits über **75**

---

[115] Vgl. BKartA, Beschl. v. 20.6.2006, B4 32/06 – *Putzmeister/Esser,* S. 42 (Marktzutritt auf dem betroffenen Markt war wahrscheinlich, da der nachgelagerte Markt ein wachsender Markt war).

[116] Vgl. BKartA, Beschl. v. 25.10.2006, B7 97/06 – *Coherent/Excel,* Rn. 144.

[117] Die Vergangenheit bietet dann Anhaltspunkte für die Prognose zukünftiger Marktzutritte, wenn die ermittelten Gründe weiterhin relevant sind.

[118] Vgl. z. B. BKartA, Beschl. v. 25.10.2006, B7 97/06 – *Coherent/Excel,* Rn. 139.

[119] Solche Zertifizierungen können z. B. in der Automobilzulieferindustrie erforderlich sein: Vgl. z. B. BKartA, Beschl. v. 16.12.2009, B3 91/09 – *Celanese (Ticona)/FACT,* Rn. 75. Siehe auch BKartA, Beschl. v. 30.9.2005, B2 23/11 – *Homann/Rügen Feinkost,* Rn. 145 ff.: besondere veterinärrechtliche Zulassung für die Verarbeitung von Fisch erforderlich, MSC Zertifizierung als Wettbewerbsparameter.

[120] Vgl. z. B. BKartA, Beschl. v. 24.3.2004, B4 167/03 – *Synthes-Stratec/Mathys,* Rn. 80.

[121] Vgl. z. B. BKartA, Beschl. v. 25.10.2006, B7 97/06 – *Coherent/Excel,* Rn. 140.

[122] Vgl. BGH, Beschl. v. 21.12.2004, WuW/E DE-R 1419, 1424 – *Deutsche Post/trans-o-flex,* Rn. 23 ff. (juris); BKartA, Beschl. v. 20.11.2001, B9 88/1999 und B9 100/2001 – *Deutsche Post/trans-o-flex,* S. 47.

ein hohes Maß an Marktmacht verfügt, kann der Erwerb eines potentiellen Wettbewerbers in bestimmten Fällen ausreichen, um die Untersagungsvoraussetzungen zu erfüllen, vorausgesetzt nach dem Erwerb verbleibt kein ausreichender potentieller Wettbewerb durch andere Anbieter. Gleiches kann gelten, wenn ein marktbeherrschendes Unternehmen von einem potentiellen Wettbewerber erworben wird.

76 Diese Überlegungen spielen häufig eine Rolle bei Fusionen zwischen Unternehmen, die auf einander (sachlich oder räumlich) benachbarten Märkten tätig sind und auf diesen marktbeherrschend oder Monopolanbieter sind. Aufgrund ihrer sachlichen oder räumlichen Nähe zum relevanten Markt dürften die Marktzutrittsschranken für diese Unternehmen regelmäßig niedriger sein als für andere. Ob die an einem Zusammenschluss beteiligten Unternehmen als potentielle Wettbewerber anzusehen sind und ob bzw. in welchem Umfang durch den Zusammenschluss Wettbewerbsdruck entfällt, lässt sich nur anhand der konkreten Marktbedingungen überprüfen.[123] Allein aus der Tatsache, dass die Beteiligten in benachbarten Märkten tätig sind, lässt sich dies nicht schließen.[124]

77 **b) Randsubstitution.** Ein gewisser Disziplinierungseffekt im Sinne einer Beschränkung von wettbewerblichen Spielräumen kann auch von Anbietern ausgehen, die auf benachbarten sachlich oder räumlich relevanten Märkten tätig sind. Ab einem bestimmten Ausmaß einer Preiserhöhung oder Qualitätsverschlechterung werden zumindest einige Kunden erwägen, auf einen benachbarten sachlichen Markt auszuweichen, oder das Produkt aus größerer Entfernung, also einem benachbarten räumlichen Markt zu beziehen. Die Randsubstitution bewirkt einen Wettbewerbsdruck, dem (mangels enger Substitutionsbeziehung) zwar noch nicht in der (sachlichen und räumlichen) Marktabgrenzung, aber bei der wettbewerblichen Würdigung der Zusammenschlusswirkungen auf einem Markt Rechnung getragen wird.[125] Diese Wettbewerbskräfte können so berücksichtigt werden, ohne dass es notwendig wäre, sie – trotz der nur beschränkten Substitutionsbeziehungen – in den Markt einzubeziehen.

78 Da der von benachbarten Märkten ausgehende Wettbewerbsdruck schwächer ist als derjenige, den Anbieter in dem betroffenen Markt ausüben, kann Randsubstitution allein in der Regel die Entstehung oder Verstärkung einer marktbeherrschenden Stellung nicht verhindern. Aus dem gleichen Grund wird bei einem Zusammenschluss normalerweise eine marktbeherrschende Stellung nicht alleine dadurch begründet, dass Randsubstitution entfällt.[126] Ist der bereits erreichte Grad an Marktbeherrschung im betrachteten Markt sehr hoch, kann dieser Effekt jedoch im Einzelfall für die Annahme einer Verstärkungswirkung ausreichen.

79 **4. Gegengewichtige Nachfragemacht.** Eine Begrenzung der Marktmacht von Unternehmen kann auch von der Marktgegenseite ausgehen, wenn diese über hin-

---

[123] Zur Feststellung einer potentiellen Wettbewerbsbeziehung vgl. z. B. BKartA, Beschl. v. 21.4.2009, B6 150/08 – *Neue Pressegesellschaft/Zeitungsverlag Schwäbisch Hall,* Rn. 46 61. Zu einem anderen Ergebnis kommt in diesem Fall OLG Düsseldorf, Beschl. v. 22.12.2010, VI-Kart 4/09 (V) – *NPG/ZVSH,* Rn. 113 ff. (noch nicht rechtskräftig).

[124] So konnte die Fusion zweier Zeitungsverlage freigegeben werden, obwohl die Beteiligten in benachbarten Kreisen tätig sind: vgl. dazu BKartA, Fallbericht, B6 10/09 – *Zeitungsverlag Schwerin/Kurierverlag,* abrufbar unter http://www.bundeskartellamt.de.

[125] Diese Wechselwirkung zeigt sich etwa in der Entscheidung BKartA, Beschl. v. 20.6.2005, B7 22/05 – *Iesy (Apollo)/Ish,* Rn. 207 und 215 (keine Berücksichtigung des Substitutionswettbewerbs bei der Marktabgrenzung) und Rn. 240 ff. (Berücksichtigung des Substitutionswettbewerbs bei der wettbewerblichen Würdigung).

[126] Dies ist allerdings auch nicht ausgeschlossen: vgl. BGH, Beschl. v. 2.10.1984, WuW/E DE-R 2112, 2123 – *Gruner+Jahr/Zeit,* Rn. 54 ff (juris).

reichende Nachfragemacht verfügt.[127] Dies kann z. B. der Fall sein, wenn den Zusammenschlussbeteiligten auf Kundenseite einige wenige, große Unternehmen gegenüberstehen, die strategisch einkaufen.[128] Gegengewichtige Marktmacht kann die aus anderen Strukturfaktoren resultierende Marktmacht allerdings nicht hinreichend begrenzen, wenn nur einzelne Kunden über gegengewichtige Nachfragemacht verfügen oder diese nur im Hinblick auf einzelne Parameter besteht.[129] Auch die strukturellen Probleme eines natürlichen Monopols kann gegengewichtige Marktmacht allenfalls im Ausnahmefall vollständig ausräumen.[130]

Damit Nachfrager die negativen Folgen der Marktbeherrschung verhindern können, müssen mehrere Voraussetzungen erfüllt sein.[131] Zum einen muss der Abnehmer für den Anbieter wirtschaftlich so bedeutend sein, dass ein möglicher Verlust dieses Abnehmers nicht kurzfristig durch die Akquirierung anderer Kunden kompensiert werden kann. Zum anderen muss der Abnehmer Bezugsalternativen haben oder aufbauen können, die nicht nur qualitativ gleichwertig sind,[132] sondern auch über ausreichende Kapazitäten verfügen, um seinen Bedarf zu decken.[133] Diese Bezugsalternativen müssen unter Umständen nicht sofort verfügbar sein, da auch die Drohung, eine alternative Bezugsquelle aufzubauen oder eine vertikale Integration vorzunehmen, ähnliche disziplinierende Effekte erzielen kann. Wie glaubwürdig und damit effektiv eine solche Drohung ist, wird einzelfallabhängig geprüft. Die Glaubwürdigkeit der Drohung hängt nicht zuletzt davon ab, mit welchem finanziellen Aufwand und in welcher Zeit die für den Aufbau der Bezugsalternativen erforderlichen Maßnahmen verwirklicht werden könnten. **80**

II. Gemeinsame Marktbeherrschung

Das Konzept der gemeinsamen Marktbeherrschung[134] im Oligopol beschreibt eine Marktsituation mit wenigen Unternehmen, die sich am Markt in einer Weise parallel verhalten, die wesentlichen Wettbewerb zwischen ihnen nicht erkennen lässt, obwohl sie individuell durchaus über ein erhebliches Potential für Wettbewerb verfügen. Ein solches Parallelverhalten wird auch als **stillschweigende oder implizite Koordinierung** („tacit coordination" bzw. „tacit collusion") bezeichnet. Durch einen Zusammenschluss können sich für die Unternehmen im betroffenen **81**

---

[127] Vgl. z. B. BKartA, Beschl. v. 14.12.2004, B9 101/04 – *Belgian New Fruit Wharf/HHLA/Stein,* Rn. 34 f.

[128] Vgl. zu strategischem Einkaufsverhalten BKartA, Beschl. v. 15.3.2005, B4 227/04 – *Smiths Group/MedVest,* S. 43 ff.; BKartA, Beschl. v. 24.3.2004, B4 167/03 – *Synthes-Stratec/Mathys,* Rn. 89 ff. (in beiden Fällen allerdings ergaben die Ermittlungen keine Anhaltspunkte für ein marktstrategisches Bezugsverhalten der Abnehmer); grundlegend: BGH, Beschl. v. 2.12.1980, WuW/E BGH 1749 – *Klöckner/Becorit,* Rn. 28 31 (juris).

[129] BKartA, Beschl. v. 20.6.2005, B7 22/05 – *Iesy (Apollo)/Ish,* Rn. 155; BKartA, Beschl. v. 21.6.2005, B7 38/05 – *Tele Columbus (BC Partners)/Ish,* Rn. 146.

[130] Vgl. z. B. BKartA, Beschl. v. 20.6.2005, B7 22/05 – *Iesy (Apollo)/Ish,* Rn. 153 f.; BKartA, Beschl. v. 21.6.2005, B7 38/05 – *Tele Columbus (BC Partners)/Ish,* Rn. 144 f.

[131] Vgl. dazu die Ausführungen in BKartA, Beschl. v. 22.12.2009, B9 84/09 – *Webasto/Edscha,* S. 62 ff., insb. S. 64.

[132] Vgl. z. B. BKartA, Beschl. v. 12.4.2010, B2 117/09 – *Heiner Kamps/Nadler Feinkost,* S. 43 ff., wo sich die gegengewichtige Nachfragemacht des Handels gegenüber den Herstellern von Feinkostsalaten insbesondere im Angebot von Handelsmarken (auch in höherpreisigen Produktsegmenten), zeigte.

[133] Unter diesen Umständen kann auch ein Abschmelzen des gemeinsamen Marktanteils nach dem Zusammenschluss erwartet werden.

[134] Synonym verwendet werden auch die Begriffe kollektive und oligopolistische Marktbeherrschung.

Markt Möglichkeiten und Anreize ergeben, ihr Verhalten (zukünftig) zu koordinieren (Entstehung gemeinsamer Marktbeherrschung) oder eine bestehende Verhaltenskoordination zu erleichtern bzw. zu stabilisieren (Verstärkung gemeinsamer Marktbeherrschung).

82 Nach § 19 Abs. 2 Satz 2 GWB sind zwei oder mehr Unternehmen marktbeherrschend, soweit zwischen ihnen kein wesentlicher Wettbewerb besteht und soweit sie in ihrer Gesamtheit die Definition der (Einzel-)Marktbeherrschung des § 19 Abs. 2 Satz 1 GWB erfüllen.[135] Demnach liegt gemeinsame Marktbeherrschung vor, wenn es zum einen an wesentlichem Wettbewerb im Innenverhältnis der Oligopolisten **(Binnenwettbewerb)** und zum anderen an wesentlichem Wettbewerb durch Außenseiter **(Außenwettbewerb)** fehlt.

83 Im Folgenden wird zunächst näher erläutert, was unter einem impliziten Parallelverhalten zu verstehen ist, und welche Marktstrukturfaktoren aufgrund ihrer Wirkung auf die Verhaltensanreize der Marktakteure genauer zu analysieren sind (1.). Im Einklang mit den Vorgaben des Gesetzes werden der Untersuchung der Marktstrukturkriterien zwei zentrale Fragen zugeordnet: Es wird zum einen geprüft, ob zwischen den Mitgliedern des Oligopols (Binnen)Wettbewerb besteht (2.). Die Marktstrukturbedingungen werden also daraufhin untersucht, ob eine Koordinierung im Innenverhältnis der Oligopolmitglieder erreichbar und hinreichend stabil ist und daher kein wesentlicher Wettbewerb zwischen den Oligopolisten zu erwarten ist. Eine stabile Koordinierung setzt zum anderen voraus, dass die Verhaltensspielräume des Oligopols durch Außenseiter nicht wirksam begrenzt werden, d. h. ausreichender Außenwettbewerb fehlt (3.). Im Rahmen der Gesamtbetrachtung wird zudem das tatsächliche Wettbewerbsverhalten daraufhin geprüft, ob nennenswerter Wettbewerb zwischen den Oligopolmitgliedern stattfindet (4.).[136] Im Rahmen der erforderlichen Gesamtbetrachtung wird schließlich im Ergebnis festgestellt, ob es durch den Zusammenschluss zur Entstehung oder Verstärkung einer gemeinsamen marktbeherrschenden Stellung kommt (5.).

84 **1. Kollusives Parallelverhalten (tacit collusion).** Ein der gemeinsamen Marktbeherrschung entsprechendes Parallelverhalten ist nur dann zu erwarten, wenn die Koordinierung aus sich selbst heraus **hinreichend stabil** ist. Das ist der Fall, wenn die Unternehmen keinen Anreiz haben, vom Koordinierungsergebnis einseitig abzuweichen. Zwar hat kurzfristig jedes Unternehmen den individuellen Anreiz, von der Koordinierung abzuweichen, da es dadurch gegebenenfalls einmalig einen entsprechend höheren Gewinn erzielen könnte. Langfristig schlechter stellt sich ein abweichendes Unternehmen allerdings dann, wenn das abweichende Verhalten bemerkt wird und die Wettbewerber den Vorstoß durch eine (ggf. auch nur temporäre) Rückkehr zu wettbewerblichem – nicht-koordiniertem – Verhalten sanktionieren. Dem einmalig höheren Gewinn stünden zukünftig über mehrere Perioden deutlich niedrigere Gewinne gegenüber.

85 Stabile Koordinierung setzt somit voraus, dass sich die Unternehmen **wiederholt im Markt begegnen** und ohne die implizite Koordinierung aktuell oder potentiell miteinander im Wettbewerb stünden. Findet die Interaktion dagegen nur sporadisch oder mit großem zeitlichem Abstand statt, kann eine Reaktion der Oligopolmitglie-

---

[135] Dabei bestimmt Satz 1 die marktbeherrschende Stellung als eine Position ohne Wettbewerber oder ohne wesentlichen Wettbewerb (Nr. 1) oder als eine im Verhältnis zu den Wettbewerbern überragende Marktstellung (Nr. 2).

[136] Ein beobachtetes Verhalten kann ambivalent sein: ob es sich z. B. um einen Wettbewerbsvorstoß oder aber um die Sanktionierung eines Abweichens von einer Koordinierung handelt, lässt sich nur bewerten, wenn zuvor die Marktgegebenheiten analysiert worden sind. Vgl. dazu BGH Pressemitteilung Nr. 194/2011 zu BGH, Beschl. v. 6.12.2011, KVR 95/10 – *Total/OMV.*

der erst mit erheblicher Verzögerung erfolgen und damit ihre abschreckende Wirkung verlieren.

86 Wie explizite Absprachen kann auch die implizite Koordinierung unterschiedliche **Wettbewerbsparameter** betreffen: Unternehmen können etwa koordiniert ihre Preise erhöhen oder auf hohem Niveau stabil halten, ihre Absatzmengen reduzieren oder niedrig halten, ihre Kapazitäten beschränken oder zurückhalten, oder einen Markt nach Gebieten[137], Produktmerkmalen oder Kundengruppen aufteilen. Bei differenzierten Produkten, bei denen der Preis von verschiedenen Faktoren abhängt, kann statt des Preises selbst auch der Mechanismus zur Preisbildung, die Preisstrategie oder die Form der Differenzierung koordiniert werden.

87 Maßgeblich für die Feststellung des Risikos und der Stabilität eines implizit kollusiven Parallelverhaltens ist – wie bei der Einzelmarktbeherrschung auch – eine **Gesamtbetrachtung** aller relevanten Umstände im konkreten Einzelfall.[138] Im Rahmen der Fusionskontrolle kommt dabei den Marktstrukturfaktoren eine besondere Bedeutung zu.[139] Denn eine (stillschweigende) Koordinierung zwischen Oligopolisten ist nicht in jedem Marktumfeld gleich wahrscheinlich. Bestimmte markt- und unternehmensbezogene Strukturfaktoren begünstigen oder erschweren ein Parallelverhalten. Dabei können die verschiedenen Strukturfaktoren in Abhängigkeit von den konkreten Marktbedingungen eine unterschiedliche Bedeutung haben. Maßgeblich ist daher stets eine wertende Gesamtbetrachtung, in der die einzelnen Strukturfaktoren hinsichtlich ihrer Bedeutung für den konkreten Markt gewichtet und darauf untersucht werden, ob und inwiefern sie tatsächlich geeignet sind, ein einheitliches Vorgehen der beteiligten Unternehmen zu begünstigen.[140]

88 Die gemeinsamen Marktanteile sind ein wichtiges Strukturmerkmal, das bei der Analyse der kollektiven Marktbeherrschung einen ersten Anhaltspunkt für die Beurteilung der Marktverhältnisse liefert. Je höher der gemeinsame Marktanteil ist, desto geringer ist die Wahrscheinlichkeit, dass die Verhaltensspielräume der Oligopolisten durch Wettbewerber außerhalb der engeren Oligopolgruppe eingeschränkt werden. Wie bei der Einzelmarktbeherrschung sieht das Gesetz daher auch für die kollektive Marktbeherrschung eine **widerlegbare Vermutung** vor, die an eine Marktanteilsschwelle anknüpft (§ 19 Abs. 3 Satz 2 GWB). Danach gilt eine Gesamtheit von Unternehmen als marktbeherrschend, wenn sie drei oder weniger Unternehmen umfasst, die gemeinsam einen Marktanteil von 50 % erreichen, oder wenn sie fünf oder weniger Unternehmen umfasst, die gemeinsam einen Marktanteil von zwei Dritteln erreichen. Bei der Überprüfung werden die Unternehmen grundsätzlich in der Reihenfolge ihrer Marktanteile berücksichtigt.[141]

89 Das Erreichen bzw. Überschreiten der Vermutungsschwellen allein ist jedoch kein hinreichendes Kriterium, um hohe Marktmacht oder gar Marktbeherrschung

---

[137] Zur Koordinierung über Gebietsaufteilung vgl. BKartA, Beschl. v. 15.12.2011, B7 66/11 – *Liberty Global/Kabel BW,* Rn. 78 ff.

[138] Vgl. BGHZ 49, 367, 377 – *Fensterglas II;* BGH, Beschl. v. 22.6.1981, WuW/E BGH 1824, 1827 f. – *Tonolli Blei- und Silberhütte Braubach;* BGH, Beschl. v. 11.11.2008, WuW/E DE-R 2451, 2457 – *E.ON/Stadtwerke Eschwege,* Rn. 39.

[139] BGH, Beschl. v. 2.12.1980, WuW/E BGH 1749, 1753 – *Klöckner/Becorit;* BGH, Beschl. v. 4.10.1983, BGHZ 88, 284, 289 f. – *Gemeinschaftsunternehmen für Mineralölprodukte;* BGH, Beschl. v. 11.11.2008, WuW/E DE-R 2451, 2457 – *E.ON/Stadtwerke Eschwege,* Rn. 39.

[140] BGH, Beschl. v. 8.6.2010, WuW/E DE-R 3067 – *Springer/ProSieben II,* Rn. 21. Vgl. zum Hinweis, dass nicht einzelne Kriterien, sondern der wirtschaftliche Gesamtmechanismus zu prüfen seien auch EuGH, Urt. v. 10.7.2008, C-413/06 P – *Impala/Kommission,* Rn. 125.

[141] Die Vermutungsregelung kann aber auch zur Anwendung kommen, wenn es ausreichende Hinweise darauf gibt, dass es einen davon abweichenden Teilnehmerkreis am Oligopol gibt, z. B. wenn die beiden größten Unternehmen an einem deutlich kleineren Unternehmen maßgeblich beteiligt sind.

feststellen zu können. Das Bundeskartellamt muss außerdem seine Ermittlungsverpflichtungen aus dem Amtsermittlungsgrundsatz erfüllt haben, daher kommen die Vermutungsschwellen in seiner Verwaltungspraxis letztlich nur selten zur Anwendung. Ihre entscheidende Funktion liegt darin, den Zusammenschlussbeteiligten hinreichende Anreize zu geben, dem Bundeskartellamt frühzeitig alle notwendigen Informationen für eine umfassende Prüfung zur Verfügung zu stellen.[142] Bei der Oligopol-Marktbeherrschungsvermutung ist nach Ansicht des OLG Düsseldorf der Amtsermittlungsgrundsatz insofern eingeschränkt, als es sich um eine echte Beweislastumkehr handelt, so dass neben der materiellen Beweislast auch die Beweisführungslast bei den Unternehmen liegt. Die Zusammenschlussbeteiligten haben daher alle zur Widerlegung geeigneten Tatsachen vorzutragen, soweit sie ihnen zugänglich sind. Wegen der beschränkten Ermittlungsmöglichkeiten der Zusammenschlussbeteiligten greift der Amtsermittlungsgrundsatz aber bei erheblichen Umständen, von denen die Unternehmen keine genaue Kenntnis haben können, wieder ein. Das Bundeskartellamt muss weitere Ermittlungen anstellen, wenn sich diese aufgrund seiner besonderen Kenntnisse vom Sachverhalt aufdrängen.[143]

90 Neben der Höhe der Marktanteile beeinflusst eine Reihe weiterer Marktstrukturfaktoren die Stabilität der Koordinierung innerhalb eines Oligopols. Als günstige Voraussetzungen, um eine Koordinierung zu etablieren, erweisen sich insbesondere folgende **Marktstrukturfaktoren:** eine geringe Anzahl von Wettbewerbern, relativ hohe Marktzutrittsschranken, eine regelmäßige Interaktion auf dem Markt[144], eine hinreichende Markttransparenz, eine gewisse Homogenität der Produkte, eine geringe Nachfragemacht, eine gewisse Symmetrie der Oligopolmitglieder und bestehende Verflechtungen zwischen ihnen sowie die Stabilität der Marktbedingungen. Die einzelnen Marktstrukturfaktoren werden entsprechend ihrer Bedeutung auf dem konkreten Markt gewichtet.[145] Abhängig von den jeweiligen Marktverhältnissen können einzelne Faktoren auf einem Markt kaum relevant sein, während sie auf einem anderen Markt ausschlaggebend für das Ergebnis der Gesamtwürdigung sind.

91 **2. Bedingungen stabiler Koordinierung im Binnenwettbewerb.** Bei der Prognose, ob die Wettbewerbsbedingungen wesentlichen Binnenwettbewerb erwarten lassen, ist insbesondere von Bedeutung, ob aufgrund der Marktstruktur mit einem dauerhaft einheitlichen Verhalten der Oligopolmitglieder zu rechnen ist.[146] Eine stabile Koordinierung im Innenverhältnis der Oligopolisten ist insbesondere dann wahrscheinlich, wenn die folgenden Voraussetzungen erfüllt sind:

- eine Verhaltenskoordinierung stillschweigend hinreichend leicht erzielt werden kann (zur **Koordinationserzielung** unter a),
- ein Abweichen eines Oligopolisten von der Verhaltenskoordinierung ohne zu großen Aufwand durch die anderen Oligopolmitglieder entdeckt werden kann (zur **Markttransparenz** unter b), und

---

[142] Eine weitere wichtige Funktion besteht darin, den Gerichten die Möglichkeit zu geben, den Prozessstoff überschaubar zu halten.

[143] Vgl. OLG Düsseldorf, Beschl. v. 7.5.2008, VI-Kart 13/07 (V) – *Cargotec,* S. 21 f. Die Frage der Beweislast ist noch nicht höchstrichterlich geklärt.

[144] Zu berücksichtigen ist auch wenn sich die Oligopolmitglieder auf mehreren Märkten begegnen („multi-market contacts").

[145] Vgl. BGH, Beschl. v. 8.6.2010, WuW/E DE-R 3067, 3070 – *Springer/ProSieben II,* Rn. 21, mit Verweis auf EuGH, Urt. v. 10.7.2008, WuW/E EU-R 1498 – *Bertelsmann/Impala,* Rn. 125 f.

[146] Vgl. BGH, Beschl. v. 8.6.2010, WuW/E DE-R 3067, 3070 – *Springer/ProSieben II,* Rn. 20, mit Verweis u. a. auf EuGH, Urt. v. 10.7.2008, WuW/E EU-R 1498 – *Bertelsmann/Impala,* Rn. 121 f.

– glaubhafte Sanktionsmittel verfügbar sind, um ein Abweichen von der Verhaltenskoordinierung zu sanktionieren (zum **Sanktionsmechanismus** unter c).

Diese Voraussetzungen können unterschiedlich ausgeprägt sein und hängen von 92
den jeweiligen Marktverhältnissen ab. Maßgeblich für die Feststellung kollektiver Marktbeherrschung ist dagegen, ob ein ausreichender Anreiz für die beteiligten Unternehmen besteht, auf wettbewerbliche Vorstöße zu verzichten. Dies lässt sich nur im Rahmen einer Gesamtbetrachtung anhand der konkreten Umstände des Einzelfalles feststellen.[147] Im Folgenden werden die genannten Voraussetzungen einzeln dargestellt und erläutert, welche Marktstrukturfaktoren bei der Analyse typischerweise von Bedeutung sind.

a) Koordinationserzielung. Koordiniertes Verhalten ist umso wahrscheinlicher, 93
je weniger Beteiligte notwendig sind, um eine nachhaltige Koordinierung aufrechtzuerhalten. Eine **geringe Anzahl von Wettbewerbern** erleichtert sowohl das Erzielen einer Übereinstimmung als auch deren Überwachung, gerade weil die Koordinierung im Regelfall nicht explizit verhandelt wird, sondern implizit erreicht werden muss. Dieser Zusammenhang spiegelt sich auch in der gesetzlichen Vermutungsregelung des § 19 Abs. 3 Satz 2 GWB wider, die an die Zahl der Oligopolmitglieder und den gemeinsamen Marktanteil anknüpft.

Auf Märkten mit **homogenen Produkten** ist eine Verhaltenskoordinierung 94
leichter zu erzielen.[148] Sind die Produkte in einem Markt vertikal oder horizontal differenziert,[149] kann dies unter Umständen eine Koordinierung erschweren. Auch in diesen Situationen sind aber grundsätzlich Koordinierungsmechanismen möglich. Verfügen die Oligopolisten beispielsweise jeweils über ein vergleichbar vertikal differenziertes Produktportfolio, wird die Verhaltensabstimmung ähnlich wie bei homogenen Produkten wieder einfacher. Gleiches gilt, wenn der Qualitätswettbewerb zwischen den Anbietern durch detaillierte Vorgaben des Nachfragers im Rahmen von Ausschreibungen weitgehend ausgeschaltet wird.[150] Eine horizontale Produktdifferenzierung kann unter Umständen auch stabilisierend auf ein nicht-wettbewerbliches Parallelverhalten wirken. Beispielsweise ist der Anreiz zu einer Preissenkung geringer, wenn wegen starker Kundenpräferenzen nur wenige neue Kunden gewonnen werden könnten.

Darüber hinaus erleichtert eine weitgehende **Symmetrie der Oligopolmitglie-** 95
der aufgrund ähnlicher Interessen und Anreize eine Verständigung auf die Koordinierungsmodalitäten. Die Symmetrie kann sich auf verschiedene Faktoren beziehen, die im Einzelfall von unterschiedlicher Bedeutung sein können.[151] Zu betrachten sind in diesem Zusammenhang alle Faktoren, die für die Marktposition und die

---

[147] BGH, Beschl. v. 11.11.2008, WuW/E DE-R 2451 – *E.ON/Stadtwerke Eschwege,* Rn. 39; BGH, Beschl. v. 20.4.2010, KVR 1/09, WuW/E DE-R 2905 – *Phonak/GN Store,* Rn. 55; BGH, Beschl. v. 8.6.2010, WuW/E DE-R 3067 – *Springer/ProSieben II,* Rn. 20 f.

[148] Vgl. z. B. BKartA, Beschl. v. 17.2.2009, B2 46/08 – *Nordzucker/Danisco,* Rn. 225, 267 ff.; BKartA, Beschl. v. 29.4.2009, B8 175/08 – *Total/OMV,* Rn. 38, 55 f. (Dieser Beschluss wurde durch den BGH bestätigt – vgl. BGH Pressemitteilung Nr. 194/2011, Urteilsgründe liegen im Zeitpunkt der Veröffentlichung dieses Leitfadens noch nicht vor.)

[149] Von vertikaler Produktdifferenzierung spricht man, wenn unter den Nachfragern Einigkeit darüber besteht, welches Produkt (qualitativ) besser ist. Bei gleichem Preis würden sich z. B. (nahezu) alle Nachfrager für einen schnelleren anstelle eines langsameren Computers entscheiden.

[150] Vgl. dazu BKartA, Beschl. v. 21.5.2010, B9 13/10 – *Magna/Karmann,* S. 72 f.; sowie BKartA, Beschl. v. 22.12.2009, B9 84/09 – *Webasto/Edscha,* S. 55.

[151] Vgl. zu Aspekten der Symmetrie BKartA, Beschl. v. 17.2.2009, B2 46/08 – *Nordzucker/Danisco,* Rn. 225, 286 ff.; BKartA, Beschl. v. 16.11.2004, B10 74/04 – *Rethmann/Tönsmeier/GfA Köthen,* Rn. 81 ff.

wettbewerblichen Interessenlagen und Anreize der Anbieter relevant sind. Dazu zählen insbesondere das angebotene Produktportfolio, die verwendete Technologie, die Kostenstruktur, die verfügbaren Kapazitäten und finanziellen Ressourcen sowie der Grad vertikaler Integration.[152] Begegnen sich die Oligopolmitglieder auf mehreren Märkten, kann sich eine Symmetrie ergeben, die beim Blick allein auf einzelne Märkte zu fehlen scheint.

96 Des Weiteren können auch **Verflechtungen zwischen den Oligopolmitgliedern** ein Parallelverhalten begünstigen. Dazu zählen sowohl strukturelle Verbindungen in Form von gegenseitigen Beteiligungen oder einer gemeinsamen Beteiligung an einem dritten Unternehmen wie auch strategische Allianzen oder sonstige vertragliche Kooperationen.[153] Diese Verbindungen müssen weder die Schwelle verbundener Unternehmen nach § 36 Abs. 2 GWB erreichen, noch müssen sie gesellschaftsrechtlich begründet sein. Beispielsweise vereinfachen Verflechtungen häufig den Informationsaustausch zwischen den Beteiligten über den Einsatz und die Zielrichtung ihrer unternehmerischen Aktionsparameter. Wechselseitige Beteiligungen bilden gegenseitiges Vertrauen und können die Interessenlage und damit die Anreize der Unternehmen für ein Parallelverhalten beeinflussen, wenn den möglichen Gewinnen des eigenen Unternehmens (aus aggressivem Wettbewerbsverhalten) über die Beteiligung an einem Wettbewerber auch anteilige Verluste gegenüberstehen. Auch die Gewährung von Lizenzen, mit denen sich Wettbewerber gegenseitig Einblick in ihre Technologie verschaffen, kann eine Verhaltenskoordinierung erleichtern.[154]

97 **Stabile Marktbedingungen** machen Märkte anfälliger für ein Parallelverhalten. Ausschlaggebend hierfür ist, dass die Marktteilnehmer die Marktentwicklungen besser vorhersehen und zudem mögliche Abweichungsversuche leichter als solche identifizieren und ahnden können.[155] Aus diesem Grund ist auch die Marktphase von Relevanz. In frühen Marktphasen ist eine Verhaltenskoordinierung wenig wahrscheinlich, da das Marktvolumen dynamisch wächst und die Chance, durch wettbewerbliche Vorstöße dauerhaft hohe Gewinne zu erzielen, größer ist. Sowohl Produkt- als auch Prozessinnovationen können dem Innovator einen individuellen Vorteil verschaffen und gleichzeitig eine Gegenreaktion der Konkurrenten erschweren. Diesen wettbewerblichen Vorteil würde ein innovatives Unternehmen bei einer Verhaltenskoordinierung aufgeben.[156] Allerdings ist auch auf einem innovativen Markt eine Verhaltenskoordinierung insbesondere dann nicht ausgeschlossen, wenn sie gerade die Innovationsstrategien zum Gegenstand hat.

98 Zudem beruht die Bedeutung der Marktphase darauf, dass eine Verhaltenskoordinierung nicht nur die gegenwärtigen Marktverhältnisse, sondern auch die zukünftige

---

[152] Vgl. zur Symmetrie der Oligopolmitglieder z. B. BKartA, Beschl. v. 12.3.2007, B8 62/06 – *RWE/Saar Ferngas,* S. 38 f.; BGH, Beschl. v. 20.4.2010, KVR 1/09, WuW DE-R 2905, 2915 – *Phonak/GN Store,* Rn. 65, in dem der BGH aber die Symmetrie von Marktanteilen nicht als relevant angesehen hat.

[153] Vgl. z. B. BKartA, Beschl. v. 7.3.2008, B8 134/07 – *Shell/HPV,* Rn. 34, 44 ff.; sowie BKartA, Beschl. v. 29.4.2009, B8 175/08 – *Total/OMV,* Rn. 62 ff. bestätigt durch BGH, Beschl. v. 6.12.2011, KVR 95/10 – *Total/OMV* (siehe BGH Pressemitteilung Nr. 194/2011, Urteilsgründe liegen zum Veröffentlichungszeitpunkt dieses Leitfadens noch nicht vor); oder auch BKartA, Beschl. v. 16.11.2004, B10 74/04 – *Rethmann/Tönsmeier/GfA Köthen,* Rn. 108 ff.

[154] Zu gegenseitigen Lizenzen als Faktor, der oligopolistisches Parallelverhalten begünstigt vgl. BKartA, Beschl. v. 11.4.2007, B3 578/06 – *Phonak/GN ReSound,* Rn. 180 ff. (aufgehoben durch BGH, Beschl. v. 20.4.2010, KVR 1/09, WuW DE-R 2905, 2915 – *Phonak/GN Store,* u. a. weil Beendigung des Kreuzlizensierungsabkommens und tatsächliches Wettbewerbsverhalten nicht ausreichend berücksichtigt worden waren.)

[155] Vgl. z. B. BKartA, Beschl. v. 17.2.2009, B2 46/08 – *Nordzucker/Danisco,* Rn. 257 ff.

[156] Vgl. auch BKartA, Beschl. v. 16.12.2009, B3 91/09 – *Celanese (Ticona)/FACT,* Rn. 85 ff.

Marktentwicklung berücksichtigen muss. Diese ist in der Experimentier- und Expansionsphase schwieriger einzuschätzen als in der Ausreifungs-, Stagnations- oder Rückbildungsphase eines Marktes.[157] Märkte mit ausgereiften Produkten, in denen weder nachhaltige Produkt- noch Prozessinnovationen (mehr) stattfinden, sind aus dem gleichen Grund grundsätzlich anfälliger für Koordinierungen als dynamische, innovationsgetriebene Märkte.[158]

Ferner stellen auch die **Nachfragebedingungen** einen wichtigen Faktor der Marktstabilität dar. Erleichtert wird eine stillschweigende Verhaltensabstimmung, wenn die Nachfrage stabil ist und keinen größeren (z. B. konjunkturbedingten) Schwankungen unterliegt.[159] Sind Nachfrageentwicklungen dagegen kaum vorhersehbar, lässt sich das Verhalten nur schwer abstimmen, da die relevanten Wettbewerbsparameter häufiger angepasst werden müssen als bei einer konstanten oder sich stetig entwickelnden – steigenden oder fallenden – Nachfrage. Eine geringe Preiselastizität der Nachfrage[160] erhöht tendenziell den Anreiz, eine Koordinierung einzugehen: Je unelastischer die Nachfrage, desto größer ist der mögliche Gewinn aus einer Koordinierung, da Preiserhöhungen nur einen geringen Rückgang der nachgefragten Menge nach sich ziehen. Allerdings ist die Wirkung der Preiselastizität auf die Stabilität der Koordinierung ambivalent: Bei elastischer Nachfrage hat eine gegebene Preissenkung einen hohen Nachfrageanstieg zur Folge; dies gilt allerdings sowohl für einen Wettbewerbsvorstoß als auch für eine Sanktionierung, so dass sowohl der Anreiz zum Abweichen als auch die Wirksamkeit der Sanktion positiv beeinflusst wird. **99**

Das Auftreten von **Nachfragemacht,** bedingt durch wenige große Nachfrager oder ein Bündeln der Nachfrage mehrerer kleiner Kunden, kann die Möglichkeit eines stillschweigenden Parallelverhaltens erschweren. Die Anbieter haben einen geringeren Preissetzungsspielraum, da die Nachfrager ihre Verhandlungsmacht ausspielen könnten, um die für sie vorteilhaftesten Konditionen zu erlangen.[161] Marktstarken Nachfragern könnte es aufgrund ihrer Bedeutung als Abnehmer auch gelingen, einzelne Oligopolteilnehmer zu abweichendem Verhalten zu bewegen.[162] Werden zudem größere Aufträge vergeben und erfolgt die Vergabe in zeitlich längeren Abständen, wird die Koordinierung insgesamt instabiler, da für alle Unternehmen der Anreiz zum Abweichen vom Koordinierungsergebnis steigt. Darüber hinaus können marktmächtige Nachfrager damit drohen, sich selbst vertikal zu integrieren oder einen anderen Anbieter als Konkurrenten aufzubauen.[163] Eine zersplitterte **100**

---

[157] Vgl. z. B. BKartA, Beschl. v. 13.8.2007, B7 61/07 – *O2/T-Mobile/Vodafone,* Rn. 59 ff.

[158] Vgl. für einen ausgereiften Markt z. B. BKartA, Beschl. v. 16.11.2004, B10 74/04 – *Rethmann/Tönsmeier/GfA Köthen,* Rn. 78 ff.

[159] Sind Schwankungen allerdings saisonal bedingt und damit vorhersehbar, wird die Marktstabilität häufig nicht wesentlich beeinträchtigt: Vgl. z. B. BKartA, Beschl. v. 27.12.2010, B2 71/10 – *Van Drie/Alpuro,* Rn. 156.

[160] Eine geringe Preiselastizität kann insbesondere daraus resultieren, dass es keine Alternativen gibt, auf die Nachfrager bei Preiserhöhungen ausweichen können oder wollen: vgl. dazu z. B. BKartA, Beschl. v. 17.2.2009, B2 46/08 – *Nordzucker/Danisco,* Rn. 266.

[161] Vgl. z. B. BKartA, Beschl. v. 16.12.2009, B3 91/09 – *Celanese (Ticona)/FACT,* Rn. 105 ff.

[162] Dies setzt ausreichende Ausweichalternativen der Nachfrager voraus, so dass zumindest erhebliche Teile der Nachfrage ohne Weiteres verlagert werden können und die Nachfrage nicht auf mehrere Oligopolisten verteilt werden muss: vgl. BGH, Beschl. v. 8.6.2010, WuW/E DE-R 3067 – *Springer/ProSieben II,* Rn. 31; BKartA, Beschl. v. 17.3.2011, B6 94/10 – *ProSiebenSat.1 Media/RTL interactive,* Rn. 124 f.

[163] Eine vertikale Integration stellt dann keine wirksame Drohung dar, wenn die Eigenerstellung z. B. nicht wirtschaftlich oder mangels Know-how nicht möglich ist. Vgl. dazu z. B. BKartA, Beschl. v. 21.5.2010, B9 13/10 – *Magna/Karmann,* S. 86 ff.; sowie BKartA, Beschl. v. 22.12.2009, B9 84/09 – *Webasto/Edscha,* S. 56 ff. u. S. 62 ff.

Nachfrageseite und ein geringes Interesse an einer wettbewerblichen Auftragsvergabe können eine Koordinierung dagegen begünstigen.[164]

101 **b) Markttransparenz.** Eine weitere Voraussetzung für eine stabile Verhaltenskoordinierung ist, dass ein Abweichen von der Koordinierung durch ein Oligopolmitglied von den anderen ohne größeren Aufwand entdeckt werden kann. Dazu ist eine ausreichende Markttransparenz erforderlich.[165] Während einige Märkte aufgrund ihrer Strukturmerkmale bereits eine relativ hohe Markttransparenz aufweisen, kann diese von den Unternehmen selbst auch gezielt beeinflusst und gesteigert werden. Um ein oligopolistisches Parallelverhalten zu begünstigen, reicht ein Niveau der Markttransparenz, das den Oligopolisten erlaubt, eventuelle Wettbewerbsvorstöße anderer Wettbewerber zu erkennen.[166] Eine vollständige Transparenz der koordinierten Wettbewerbsparameter ist hingegen nicht erforderlich; die Transparenz ist dann ausreichend, wenn sie ein ernsthaftes Risiko begründet, dass ein abweichendes Verhalten aufgedeckt wird.

102 Auf die Markttransparenz wirken insbesondere folgende Marktstrukturfaktoren begünstigend: Eine geringe **Anzahl von Wettbewerbern** geht mit einer höheren Markttransparenz einher, da der Aufwand sinkt, das Verhalten der anderen Oligopolmitglieder zu kontrollieren. Auf Märkten mit **homogenen Produkten** ist die Markttransparenz z. B. regelmäßig größer, da es umso einfacher ist, ein Abweichen von dem koordinierten Verhalten zu entdecken, je weniger Wettbewerbsparameter beobachtet werden müssen.[167] Schwieriger kann es dagegen sein, ein Abweichen bei Produkten zu erkennen, die individuell für einen Kunden gefertigt werden.[168]

103 Gefördert werden kann die Transparenz zudem durch regulative Vorgaben.[169] Eine hohe **Stabilität der Marktbedingungen** erhöht die Markttransparenz, da Veränderungen schneller erkannt und besser interpretiert werden können. Ist ein Markt dagegen z. B. durch erhebliche Nachfrageschwankungen oder Angebotsschwankungen gekennzeichnet, beeinträchtigt dies die Möglichkeit der Anbieter, Verhaltensänderungen anderer Anbieter zu erkennen bzw. richtig einzuordnen.[170] Die Marktteilnehmer könnten beispielsweise aus Absatzveränderungen fälschlicherweise auf ein Abweichen anderer Unternehmen vom koordinierten Verhalten schließen, obwohl diese konjunkturell bedingt sind.

---

164 Vgl. z. B. BKartA, Beschl. v. 16.11.2004, B10 74/04 – *Rethmann/Tönsmeier/GfA Köthen,* Rn. 131 f.

165 Zur Transparenz im Binnenwettbewerb vgl. z. B. BKartA, Beschl. v. 17.3.2011, B6 94/10 – *ProSiebenSat.1 Media/RTL interactive,* Rn. 77 ff.; BKartA, Beschl. v. 7.3.2008, B8 134/07 – *Shell/HPV,* Rn. 40 f.; BKartA, Beschl. v. 17.2.2009, B2 46/08 – *Nordzucker/Danisco,* Rn. 270 ff. BGH, Beschl. v. 8.6.2010, WuW/E DE-R 3067, 3070 – *Springer/ProSieben II,* Rn. 21 und 27 f.; BGH, Beschl. v. 20.4.2010, KVR 1/09, WuW DE-R 2905, 2915 – *Phonak/GN Store,* Rn. 55 + 72 (Markttransparenz relativiert durch Nachweis wesentlichen Binnenwettbewerbs).

166 Vgl. zum erforderlichen Grad von Markttransparenz EuG, Entsch. v. 13.7.2006, Rs. T-464/04 – *Impala/Kommission,* Rn. 440.

167 Vgl. zur Produkthomogenität sowie einer damit verbundenen Preis- und Kostentransparenz z. B. BKartA, Beschl. v. 12.3.2007, B8 62/06 – *RWE/Saar Ferngas,* S. 40; BKartA, Beschl. v. 29.9.2006, B1–169/05 – *FIMAG/Züblin,* Rn. 60 ff.

168 Vgl. z. B. BKartA, Beschl. v. 5.12.2007, B3 169/07 – *Renolit/Benecke/Kaliko,* Rn. 58.

169 Hierzu können insbesondere Agrarmärkte als Beispiel angeführt werden; vgl. z. B. BKartA, Beschl. v. 17.2.2009, B2 46/08 – *Nordzucker/Danisco,* Rn. 103 ff., 274 ff.

170 Dies kann z. B. auf Naturprodukte zutreffen, die von witterungsbedingten Ernteergebnissen abhängen und somit starken Schwankungen unterworfen sind, vgl. dazu z. B. BKartA, Beschl. v. 19.7.2006, B2 41/06 – *BayWa/NSP,* Rn. 40.

Der Grad der Markttransparenz wird auch von der **Art der Transaktionsabwicklung** beeinflusst. Erfolgt der Absatz der Produkte in bilateralen Verhandlungen zwischen Käufer und Verkäufer, ist der Markt weniger transparent, als wenn Geschäfte z. B. über Börsen oder durch Ausschreibungen öffentlich abgeschlossen werden.[171] In bilateralen Verhandlungen können z. B. versteckte Rabatte vereinbart werden, die für andere Marktteilnehmer nicht ohne Weiteres ersichtlich sind. Informationen über bilaterale Verhandlungen können aber in einem gewissen Umfang auch über die Verhandlungspartner auf der Marktgegenseite bekannt werden.[172] Im Fall eines Duopols kann auch aus der Reaktion der Nachfrager auf die eigenen Angebote auf das Verhalten des einzigen anderen Anbieters geschlossen werden. 104

Die Möglichkeit, ein Abweichen zu entdecken, kann z. B. durch **strukturelle Verbindungen** zwischen den Oligopolisten beeinflusst werden, weil diese einen Austausch von Informationen begünstigen können. In ähnlicher Weise können die Tätigkeit von Interessenverbänden und Preismeldestellen[173], die gezielte Veröffentlichung von Preislisten oder Marktstatistiken[174] bzw. die öffentliche Ankündigung des zukünftigen Verhaltens sowie die Vereinbarung von Meistbegünstigungsklauseln als **Transparenzmechanismen** wirken. Dabei ist die Markttransparenz umso höher, je detaillierter und schneller die Informationen zur Verfügung gestellt werden. 105

c) Glaubhafter Sanktionsmechanismus. Damit eine Verhaltenskoordinierung stabil ist, muss ein Abweichen eines Oligopolmitglieds von dem koordinierten Verhalten nicht nur entdeckt, sondern zusätzlich auch sanktioniert werden können.[175] Als **Sanktionierung** ist dabei bereits zu verstehen, dass sich die anderen Oligopolisten nicht mehr an die Koordinierung halten und (zumindest zeitweise) zu einem normalen Wettbewerbsverhalten zurückkehren.[176] Je schneller und gezielter diese Reaktion möglich ist, umso geringer ist der Vorteil bzw. Gewinn, den das abweichende Unternehmen aus seinem Vorstoß erzielt. Wird dies von den Oligopolisten vorhergesehen, besteht kein Anreiz, einen solchen Vorstoß zu unternehmen.[177] 106

Um eine **abschreckende Wirkung** zu entfalten, muss die Sanktionierung glaubhaft sein und hinreichend zeitnah zum Abweichen von dem koordinierten Verhalten erfolgen können. Besonders wirksam ist die Abschreckung dann, wenn zukünftige 107

---

[171] Vgl. zur Transparenz durch Ausschreibungen z. B. BKartA, Beschl. v. 16.11.2004, B10 74/04 – *Rethmann/Tönsmeier/GfA Köthen,* Rn. 75; BKartA, Beschl. v. 21.5.2010, B9 13/10 – *Magna/Karmann,* S. 66 ff.; BKartA, Beschl. v. 22.12.2009, B9 84/09 – *Webasto/Edscha,* S. 55, 65 ff.

[172] Vgl. OLG, Beschl. v. 3.12.2008, WuW/E DE-R 2593 – *Springer/ProSieben,* Rn. 88; BKartA, Beschl. v. 17.3.2011, B6 94/10 – *ProSiebenSat. 1 Media/RTL interactive,* Rn. 82.

[173] Vgl. dazu z. B. BKartA, Beschl. v. 17.2.2009, B2 46/08 – *Nordzucker/Danisco,* Rn. 112 + 273 (zum Meldesystem der EU im Zuckerbereich); BGH, Beschl. v. 20.4.2010, KVR 1/09, WuW DE-R 2905, 2915 – *Phonak/GN Store,* Rn. 92 (Beschränkte Bedeutung von Preismeldestellen, wenn Preis nicht wesentlicher Wettbewerbsparameter).

[174] Vgl. dazu z. B. BKartA, Beschl. v. 17.3.2011, B6 94/10 – *ProSiebenSat. 1 Media/RTL interactive,* Rn. 79.

[175] Eine Sanktion ist allerdings längst nicht in allen Fällen möglich: vgl. z. B. BKartA, Beschl. v. 13.11.2009, B3 88/09 – *Sonic Healthcare/Labor Lademannbogen,* Rn. 116.

[176] Im Einzelfall können den Oligopolisten auch darüber hinausgehende Sanktionsmöglichkeiten zur Verfügung stehen, z. B. der Entzug von Aufträgen, wenn zwischen den Unternehmen auch Auftraggeber-Auftragnehmer-Beziehungen bestehen: vgl. z. B. BKartA, Beschl. v. 16.11.2004, B10 74/04 – *Rethmann/Tönsmeier/GfA Köthen,* Rn. 95.

[177] Vgl. dazu z. B. BKartA, Beschl. v. 21.5.2010, B9 13/10 – *Magna/Karmann,* S. 115 f.

Erträge, die einem Abweichler als Folge einer Sanktionierung entgingen, für diesen eine hohe Bedeutung haben.[178] Für den Nachweis wirksamer Sanktionsmechanismen müssen Sanktionen im Markt nicht tatsächlich schon einmal durchgeführt worden sein. Es reicht aus, wenn Sanktionsmöglichkeiten vorhanden sind und es wahrscheinlich erscheint, dass sie angewendet würden.

108 Die Sanktionierungsmöglichkeiten und das damit verbundene Drohpotential werden insbesondere beeinflusst von der Häufigkeit, in der die beteiligten Unternehmen aufeinandertreffen, den zeitlichen Abständen, in denen dies geschieht, sowie gegebenenfalls von etwaigen „multi-market contacts", der Kapazitätsauslastung der Oligopolmitglieder und hinreichend stabilen Marktbedingungen. Daneben können die Homogenität der Produkte sowie Symmetrie und Verflechtungen der Unternehmen die Sanktionierung erleichtern.[179]

109 Wenn Transaktionen in engen zeitlichen Abständen abgeschlossen werden und die einzelnen Transaktionen ein typisches und im Verhältnis zum gesamten Markt geringes Auftragsvolumen haben, können die Oligopolisten ein Abweichen zeitnah erkennen und darauf reagieren.[180] Bei **unregelmäßigen Großaufträgen** (sog. „lumpy orders") und damit langen Zeiträumen zwischen den Transaktionen kann die „Bestrafung" hingegen erst später erfolgen und ist kostspieliger, womit der Sanktionsmechanismus an Wirkung verliert. Begegnen sich die Oligopolisten auf mehreren Märkten **(multi-market contacts),** erweitert dies das Sanktionspotential. Auf ein Abweichen von der Koordinierung kann dann nicht nur auf dem betroffenen Markt, sondern auch auf anderen Märkten, reagiert werden.

110 Unternehmen können abweichendes Verhalten ferner umso wirksamer sanktionieren, je mehr **freie Kapazitäten** ihnen zur Verfügung stehen. Überkapazitäten können somit die Glaubhaftigkeit einer Sanktionsdrohung und damit die Abschreckungswirkung erhöhen.[181] Die Sanktionierung ist hingegen umso schwieriger, je schneller sich die **Marktbedingungen** ändern, weil eine auf frühere Marktbedingungen angelegte Reaktion bei später geänderten Marktbedingungen unter Umständen unglaubwürdig oder undurchführbar werden kann. Solche Marktbedingungen können z. B. bei High-Tech-Industrien mit kurzen Produktlebenszyklen vorliegen. Ein abweichendes Verhalten kann oftmals leichter geahndet werden, je **homogener die Produkte** sind. Starke Kundenpräferenzen bei differenzierten Produkten können dagegen die Wirksamkeit von Sanktionierungen beschränken.

111 Eine **Symmetrie** der Oligopolmitglieder wirkt oft begünstigend, da ein abweichendes Unternehmen eher durch Unternehmen mit einer vergleichbaren Markt-

---

[178] Ob der erwartete Verlust insgesamt höher ist, als der durch das Abweichen erzielbare Zusatzgewinn, hängt u. a. vom den Zeiträumen ab, in denen Zusatzgewinne bzw. Verluste anfallen. Zur Abschreckungswirkung, die sich aus der Bedeutung möglicher Auftragsverluste ergibt, vgl. BKartA, Beschl. v. 16.11.2004, B10 74/04 – *Rethmann/Tönsmeier/GfA Köthen,* Rn. 90 ff.

[179] Vgl. hierzu z. B. BKartA, Beschl. v. 20.11.2003, B8 84/03 – *E.ON/Stadtwerke Lübeck,* S. 32; BKartA, Beschl. v. 2.12.2003, B9 91/03 – *DB Regio u. a./üstra intalliance AG,* S. 56; BKartA, Beschl. v. 28.10.2004, B10 86/04 – *Schneider & Söhne/Classen,* Rn. 176 f., 199, 262 und 322; BKartA, Beschl. v. 7.3.2008, B8 134/07 – *Shell/HPV,* Rn. 61 und 64.

[180] Vgl. z. B. BKartA, Beschl. v. 17.3.2011, B6 94/10 – *ProSiebenSat.1 Media/RTL interactive,* Rn. 85 ff., 99.

[181] Die Wirkung freier Kapazitäten der Oligopolmitglieder auf die Stabilität einer Koordinierung ist allerdings ambivalent: Einerseits können Überkapazitäten stabilisierend wirken, da sie eine Sanktionierung glaubhafter machen. Andererseits können Überkapazitäten destabilisierend wirken, da sie einen Wettbewerbsvorstoß ermöglichen und damit einen Anreiz zum Abweichen begründen können.

position sanktioniert werden kann.[182] Je symmetrischer die Unternehmen sind, umso eher ist zu erwarten, dass die Anreize der Unternehmen aufgrund vergleichbarer Gewinnauswirkungen von wettbewerblichen Vorstößen bzw. nachfolgenden Sanktionsmaßnahmen ähnlich sind und somit auf ein Abweichen verzichtet wird. Allerdings können auch (nach aktuellem Marktanteil) kleinere Oligopolisten vergleichsweise größere Oligopolisten sanktionieren, wenn sie über genügend freie Kapazitäten verfügen.[183] Asymmetrisch verteilte Kapazitäten bzw. Kapazitätsauslastungen können eher destabilisierend wirken, da Unternehmen mit freien Kapazitäten nicht nur einen Anreiz zu nachfragesteigernden Wettbewerbsvorstößen haben, sondern zudem von Unternehmen mit engen Kapazitätsbeschränkungen kaum Sanktionen fürchten müssten. Wenn sich die Unternehmen auf mehreren Märkten begegnen, kann die Symmetrie auch dadurch entstehen, dass eine Asymmetrie auf einem Markt auf einem anderen Markt ausgeglichen wird.

Auch **Verflechtungen zwischen den Oligopolmitgliedern** können das Sank- **112** tionspotential erhöhen. Sind die Oligopolmitglieder z. B. durch ein Gemeinschaftsunternehmen miteinander verbunden, kann ein abweichendes Verhalten eines Oligopolisten dadurch sanktioniert werden, dass die anderen Oligopolisten ihre Investitionen in das Gemeinschaftsunternehmen reduzieren oder in den Unternehmensgremien weniger Rücksicht auf die Interessen des abweichenden Unternehmens nehmen.[184]

3. Außenwettbewerb. Eine implizite Koordinierung wird in der Regel dann **113** instabil und nicht aufrechtzuerhalten sein, wenn außenstehende Wettbewerber hinreichenden Wettbewerbsdruck auf die Oligopolmitglieder ausüben können (Außenwettbewerb). In diesem Fall lassen sich die Vorteile einer Koordinierung eventuell nicht realisieren oder fallen zumindest geringer aus. Als Außenseiter zu berücksichtigen sind neben den aktuellen Wettbewerbern auch potentielle Wettbewerber.[185] Kunden können eine ähnliche Rolle spielen. Ihr Einfluss auf die Stabilität der Koordinierung wurde oben im Kontext der Koordinierungserzielung beschrieben (B. II. 2. a)).[186]

Die Beurteilung, ob zwischen den Oligopolisten und den Außenseitern wesentli- **114** cher Wettbewerb besteht, erfolgt ähnlich wie bei der Prüfung einer möglichen einzelmarktbeherrschenden Stellung. Um zu beurteilen, wie stark der Wettbewerbsdruck von **aktuellen Wettbewerbern** ist, bilden wiederum Marktanteile einen geeigneten Ausgangspunkt. Gegenüberzustellen sind dem gemeinsamen Marktanteil der Oligopolmitglieder die individuellen Marktanteile der Nicht-Mitglieder.

Ein kleinerer Wettbewerber kann insbesondere dann Wettbewerbsdruck auf das **115** Oligopol ausüben und dieses ggfs. destabilisieren, wenn er über freie Kapazitäten oder günstigere Kostenstrukturen verfügt, aus sonstigen Gründen eine abweichende Marktstrategie verfolgt oder sich in der Vergangenheit bereits durch innovative Wett-

---

[182] Vgl. dazu z. B. BKartA, Beschl. v. 17.2.2009, B2 46/08 – *Nordzucker/Danisco,* Rn. 299.

[183] Die Drohung eines kleineren Anbieters könnte auch dadurch an Glaubwürdigkeit gewinnen, dass die Zugewinnmöglichkeiten infolge einer Preissenkung (bei entsprechender Kapazitätsausstattung) vergleichsweise attraktiv sind, während sich der Verlust auf die bisher abgesetzte Menge in Grenzen hält.

[184] Vgl. zur Bedeutung von Verflechtungen z. B. BKartA, Sektoruntersuchung Kraftstoffe, Abschlussbericht, Mai 2011, S. 55 ff., abrufbar unter http://www.bundeskartellamt.de; oder auch BKartA, Beschl. v. 7.3.2008, B8 134/07 – *Shell/HPV,* Rn. 44 ff.; sowie BKartA, Beschl. v. 29.4.2009, B8 175/08 – *Total/OMV,* Rn. 62 ff.

[185] Eine potentielle Kontrollfunktion reicht u. U. bereits aus, um eine oligopolistische Marktbeherrschung einzudämmen, vgl. hierzu z. B. BKartA, Beschl. v. 3.8.2006, B2 90/05 – *Pfeifer & Langen/Jülich,* Rn. 121.

[186] Siehe Rn. 100.

bewerbsvorstöße ausgezeichnet hat (sog. **„maverick firm"**).[187] Bestehen hingegen Verbindungen (in Form von Geschäftsbeziehungen oder Minderheitsbeteiligungen) zwischen den Oligopolmitgliedern und Außenseitern (auf den betroffenen oder anderen Märkten), dürfte die zu erwartende Rücksichtnahme auf die bestehenden Geschäftsbeziehungen den Außenwettbewerb dämpfen.[188]

116 In welchem Ausmaß **potentielle Wettbewerber** Wettbewerbsdruck auf das Oligopol ausüben können, ist insbesondere von der Höhe der Marktzutrittsschranken abhängig. Werden in einem Markt koordinierungsbedingt höhere Gewinne erzielt, besteht grundsätzlich ein Anreiz für neue Anbieter, in den Markt einzutreten, um an diesen Gewinnen teilzuhaben. Bestehen keine Marktzutrittsschranken, kann ein neu hinzutretender Anbieter Nachfrage für sich gewinnen, indem er mit seinem Angebot von dem bisher vorherrschenden Verhalten abweicht. Selbst wenn er sich dem Verhalten weitgehend anschließt, kann sich dies aufgrund der steigenden Zahl der Teilnehmer und der damit sinkenden Gewinne jedes einzelnen insgesamt destabilisierend auf eine implizite Koordinierung auswirken.[189] Marktzutrittsschranken, die einen hinreichenden Außenwettbewerb erschweren oder verhindern, leisten somit einen wichtigen Beitrag zur Stabilität der Koordinierung.[190]

117 **4. Tatsächliches Wettbewerbsgeschehen.** In die wertende Gesamtbetrachtung der Strukturmerkmale, inwieweit eine stabile implizite Kollusion der potentiellen Oligopolmitglieder zu erwartet werden kann, ist auch das tatsächliche Wettbewerbsverhalten auf dem betroffenen Markt einzubeziehen.[191] Insbesondere wenn geprüft wird, ob eine bereits bestehende gemeinsame marktbeherrschende Stellung verstärkt wird, können das beobachtbare Wettbewerbsverhalten sowie die Marktergebnisse vor dem Zusammenschluss in einigen Fällen wichtige Hinweise darauf liefern, inwiefern die aufgrund der vorherrschenden Strukturbedingungen erwarteten Anreize wirksam sind.[192] Bei der Interpretation des beobachteten Wettbewerbsgeschehens ist allerdings zu beachten, dass von Marktergebnissen nicht zweifelsfrei auf wettbewerbsloses Parallelverhalten oder wirksamen Wettbewerb geschlossen werden kann: Ein beobachtetes Verhalten kann ambivalent sein: ob es sich z. B. um einen Wettbewerbsvorstoß oder aber um die Sanktionierung eines Abweichens von einer

---

[187] Geringe Marktanteile eines Wettbewerbers sind daher keineswegs Ausdruck eines nur geringen Wettbewerbsdrucks der von diesem ausgeht, vgl. dazu z. B. BKartA, Beschl. v. 16.12.2009, B3 91/09 – *Celanese (Ticona)/FACT,* Rn. 113.

[188] Vgl. z. B. BKartA, Beschl. v. 16.11.2004, B10 74/04 – *Rethmann/Tönsmeier/GfA Köthen,* Rn. 123 ff. Zu Verflechtungen als Element des Außenwettbewerbs vgl. zudem BKartA, Beschl. v. 7.3.2008, B8 134/07 – *Shell/HPV,* Rn. 44 ff.

[189] Ein eigentlich leicht möglicher Marktzutritt kann eine Verhaltenskoordinierung möglicherweise dann nicht verhindern, wenn die Oligopolmitglieder glaubhaft mit aggressivem Wettbewerbsverhalten drohen und neue Anbieter dadurch vom Markteintritt abhalten können.

[190] Vgl. zu hohen Marktzutrittsschranken z. B. BKartA, Beschl. v. 13.8.2007, B7 61/07 – *O2/T-Mobile/Vodafone,* Rn. 149.

[191] Vgl. BGH, Beschl. v. 11.11.2008, WuW/E DE-R 2451, 2460 f. – *E.ON/Stadtwerke Eschwege,* Rn. 39 und – unter Hinweis auf die Ambivalenz beobachtbaren Verhaltens – BGH, Beschl. v. 6.12.2011, KVR 95/10 – *Total/OMV* (siehe BGH Pressemitteilung Nr. 194/2011, Urteilsgründe liegen zum Veröffentlichungszeitpunkt dieses Leitfadens noch nicht vor). Anders noch BGH, Beschl. v. 20.4.2010, KVR 1/09, WuW/E DE-R 2905, 2917 – *Phonak/GN Store* (Wettbewerbsverhalten als eigenständiges Prüfungskriterium).

[192] Vgl. zur Bewertung des Wettbewerbsverhaltens vor dem Zusammenschluss z. B. BKartA, Beschl. v. 13.8.2007, B7 61/07 – *O2/T-Mobile/Vodafone,* Rn. 153 f.; BKartA, Beschl. v. 17.2.2009, B2 46/08 – *Nordzucker/Danisco,* Rn. 300 ff.; BKartA, Beschl. v. 11.4.2007, B3 578/06 – *Phonak/GN ReSound,* Rn. 202 ff. aufgehoben durch BGH, Beschl. v. 20.4.2010, KVR 1/09, WuW/E DE-R 2905 – *Phonak/GN Store.*

Koordinierung handelt, lässt sich nur bewerten, wenn zuvor die Marktgegebenheiten analysiert worden sind.[193]

Tendenziell für eine stabile Koordinierung spricht, wenn keine wesentlichen längerfristigen Verschiebungen bei den Marktanteilen,[194] kaum Marktzutritte oder Marktaustritte, parallele Preisentwicklungen, keine wiederholten vorstoßenden Wettbewerbsmaßnahmen und kein wesentlicher Produktwettbewerb durch Innovationen feststellbar sind. Welchen Beobachtungen im konkreten Markt welches Gewicht zukommt, hängt von dem jeweiligen Wettbewerbsumfeld und den eingesetzten Wettbewerbsparametern ab.[195] Hingegen müssen einzelne Preisbewegungen nicht unbedingt gegen eine stabile Koordinierung sprechen, da diese z. B. auch Ausdruck von Sanktionierungen sein können. Ebenfalls nicht gegen eine Koordinierung spricht, wenn Preise für homogene Güter zwar nicht vollständig übereinstimmen, aber innerhalb enger Bandbreiten liegen. Für die Prognose der Wettbewerbsbedingungen nach dem Zusammenschluss verliert das in der Vergangenheit beobachtbare tatsächliche Wettbewerbsgeschehen in dem Maße an Bedeutung, wie sich die Wettbewerbsbedingungen mit dem Zusammenschluss strukturell wesentlich verändern. **118**

War ein Markt lange Zeit durch Regulierung gekennzeichnet, könnte das unter diesen Bedingungen erzielte Marktergebnis (in Bezug auf Preise oder Gebiete) einen Bezugspunkt für eine stillschweigende Koordinierung bieten. Ein Indiz für ein stabiles Oligopol kann auch darin bestehen, dass in dem betreffenden Markt bereits ein Kartell bestanden hatte, sofern sich seither die Marktverhältnisse nicht wesentlich verändert haben und auch nicht absehbar ist, dass sie sich in naher Zukunft verändern werden. **119**

5. Auswirkungen des Zusammenschlusses. Die Analyse der Voraussetzungen und Anreize zu stillschweigendem Parallelverhalten im relevanten Markt bildet den Ausgangspunkt der materiellen Prüfung. In einem zweiten Schritt wird dann im Rahmen eines Vergleichsszenarios[196] untersucht, ob der Zusammenschluss eine Marktstrukturänderung bewirkt und ob und inwieweit diese die Voraussetzungen für eine stabile Koordinierung beeinflusst, indem sie eine **Koordinierung (erstmals) ermöglicht, erleichtert, stabiler oder effektiver** macht. **120**

Besteht vor dem Zusammenschluss funktionsfähiger Wettbewerb, ist der Zusammenschluss aber geeignet, die Marktstrukturbedingungen dergestalt zu verändern, dass nach dem Zusammenschluss eine stabile Koordinierung des Wettbewerbsverhaltens der Oligopolmitglieder zu erwarten ist, kann dies eine gemeinsame marktbeherrschende Stellung begründen. Scheiterte eine Koordinierung z. B. bisher vor allem an einem aggressiven Wettbewerber („maverick"), der nun Ziel des zu prüfenden Zusammenschlusses ist, deutet dies auf eine zukünftig erleichterte Verhaltensabstimmung hin. **121**

Eine bestehende oligopolistische Marktbeherrschung kann verstärkt werden, wenn sich die Voraussetzungen für eine stabile Koordinierung weiter verbessern. Beispielsweise kann ein Zusammenschluss zwischen Mitgliedern des Oligopols die Koordinierung erleichtern, indem das Oligopol symmetrischer oder die Zahl **122**

---

[193] Vgl. dazu BGH Pressemitteilung Nr. 194/2011 zu BGH, Beschl. v. 6.12.2011, KVR 95/10 – *Total/OMV.*

[194] Vgl. z. B. BKartA, Beschl. v. 16.11.2004, B10 74/04 – *Rethmann/Tönsmeier/GfA Köthen,* Rn. 74.

[195] So kann z. B. auch die Gestaltung des Rabattsystems, welches die anderen Oligopolisten schont, auf „friedliches" Oligopolverhalten hindeuten: vgl. dazu OLG Düsseldorf, Beschl. v. 3.12.2008, insoweit nicht abgedruckt in WuW/E DE-R 2593 ff. – *Springer/ProSieben,* bei juris Rn. 90.

[196] Vgl. oben Rn. 11.

der Oligopolmitglieder verringert wird.[197] Allerdings führt nicht schon jede Veränderung der Strukturbedingungen, die sich grundsätzlich begünstigend auf eine implizite Koordinierung auswirkt, immer zur Verstärkung einer gemeinsamen marktbeherrschenden Stellung.[198] Regelmäßig wird sie verstärkt, wenn der Außenwettbewerb durch Übernahme eines Außenwettbewerbers verringert und die Marktposition des erwerbenden Oligopolmitglieds verbessert wird. Der reduzierte Außenwettbewerb wirkt sich normalerweise stabilisierend auf das gesamte Oligopol aus, es sei denn der Zusammenschluss verändert das Kräfteverhältnis innerhalb des Oligopols in der Weise, dass ein Abweichen von der Koordinierung zu erwarten ist.[199]

123 Grundsätzlich bestehen niedrigere Nachweisanforderungen hinsichtlich der Marktstrukturfaktoren, wenn für die Vergangenheit bereits ein oligopolistisches Parallelverhalten empirisch belegt werden kann, im Vergleich zu einer Situation, in der Bedingungen nachzuweisen sind, die die Entstehung eines marktbeherrschenden Oligopols erwarten lassen.

III. Nachfrageseitige Marktbeherrschung

124 Während eine starke Marktstellung von Abnehmern im Fall angebotsseitiger Marktbeherrschung die Verhaltensspielräume der Anbieter beschränken kann (gegengewichtige Marktmacht), sind auch Konstellationen denkbar, in denen ein einzelnes oder mehrere Unternehmen auf der Nachfrageseite eine marktbeherrschende Stellung erlangen oder ein Zusammenschluss diese verstärkt.

125 Zur Feststellung von Marktbeherrschung auf **Beschaffungsmärkten** in der Fusionskontrolle sind die in § 19 Abs. 2 Satz 1 GWB genannten Prüfkriterien anzuwenden, die auch zur Analyse angebotsseitiger Marktbeherrschung herangezogen werden. Unter diesen Kriterien spielt auf Beschaffungsmärkten das durch die 5. GWB-Novelle eingefügte Merkmal „die Möglichkeit der Marktgegenseite, auf andere Unternehmen auszuweichen" eine besondere Rolle.[200] Es ist im Einzelfall zunächst zu prüfen, inwieweit ein oder mehrere Abnehmer innerhalb des sachlich und räumlich definierten Marktes für die Anbieter unverzichtbar sind, weil den Anbietern ausreichende Ausweichmöglichkeiten, wie etwa die Wahl eines alternativen Vertriebsweges, fehlen.

126 Für die Fusionskontrolle als Marktstrukturkontrolle ist dabei nicht auf ein einzelnes bilaterales Verhältnis zwischen Lieferant und Abnehmer, sondern auf die Marktgegenseite insgesamt abzustellen. Eine strukturelle Gefährdungslage liegt in der Regel dann vor, wenn eine für den Markt erhebliche Zahl von Unternehmen auf die Belieferung einzelner oder einer Gruppe von Abnehmern angewiesen ist, weil ausreichende und zumutbare Absatzalternativen fehlen. Zudem ist bei der Analyse einer möglichen nachfrageseitigen Marktbeherrschung insbesondere zu prüfen, ob im Horizontalverhältnis – gegenüber den anderen Abnehmern – eine überragende Marktstellung vorliegt. Wie auch bei der Prüfung von Angebotsmärkten bedarf es einer Gesamtbetrachtung aller relevanten Marktstrukturbedingungen. Im Rahmen

---

[197] Vgl. zu zunehmender Symmetrie z. B. BKartA, Beschl. v. 21.5.2010, B9 13/10 – *Magna/Karmann,* S. 63 f.

[198] Vgl. zur Verneinung der Verstärkungswirkung trotz Gründung eines Gemeinschaftsunternehmens auf einem sachlich benachbarten Markt z. B. BKartA, Beschl. v. 13.8.2007, B7 61/07 – *O2/T-Mobile/Vodafone,* Rn. 161 ff.

[199] Vgl. BGH, Beschl. v. 8.6.2010, WuW/E DE-R 3067 – *Springer/ProSieben II,* Rn. 45.

[200] Vgl. die Gesetzesbegründung BT-Drs. 11/4610, S. 10 f., 17 (Änderung von § 22 Abs. 1 Nr. 2 GWB a. F., jetzt § 19 Abs. 2 Nr. 2 GWB, durch Aufnahme von „nachfragebezogene[n] Elemente[n] insbesondere zur Verbesserung der Fusionskontrolle").

dieser Gesamtbetrachtung kommt der relativen Verhandlungsmacht beider Marktseiten in den bilateralen Beziehungen eine besondere Bedeutung zu.[201]

Für die Analyse nachfrageseitiger Marktmacht bietet in bestimmten Fällen das Monopson-Modell – als Spiegelbild des angebotsseitigen Monopols – einen geeigneten Referenzpunkt.[202] In zahlreichen Fallkonstellationen wird es jedoch der Situation auf komplexeren Beschaffungsmärkten nicht gerecht, da die Verteilung der Marktmacht zwischen Anbietern und Nachfragern dort nicht derart eindeutig feststeht. Oftmals weisen beide Marktseiten eine gewisse Konzentration auf. Die Beschaffungsvorgänge finden zudem im Rahmen von bilateralen Verhandlungen statt, die Raum für eine individuelle Vertragsgestaltung im Hinblick auf Preise, Mengen und andere Lieferkonditionen lassen. **127**

Verfügt ein Nachfrager mit einer überragenden Marktposition auf den Absatzmärkten auch über Nachfragemacht, so kann er diese nutzen, um seine Marktposition auf den Absatzmärkten weiter zu verstärken, wenn seine Wettbewerber keine vergleichbaren Vorteile aus entsprechenden Abhängigkeitsverhältnissen ziehen können. Dies gilt insbesondere dann, wenn die Beschaffungspreise ein wesentlicher Wettbewerbsparameter für die Marktstellung auf den Absatzmärkten sind (z. B. aufgrund geringer eigener Wertschöpfung auf der Absatzseite). Eine insoweit verstärkte Position auf dem Absatzmarkt kann wiederum die Nachfragemacht erhöhen. Teilweise kann dies zu einem beschleunigten Konzentrationsprozess sowohl auf der Absatz- als auch der Beschaffungsseite führen.[203] Darüber hinaus kann die Ausweitung der Nachfragemacht den von anderen Unternehmen ausgehenden Wettbewerbsdruck vermindern, wenn diese beispielsweise höhere Beschaffungspreise zahlen müssen, weil ein Hersteller unter Umständen günstige Konditionen für nachfragemächtige Kunden durch schlechtere Bedingungen für andere Abnehmern kompensiert.[204] Gleichwohl haben unterschiedliche Konditionen häufig andere Ursachen und sind somit kein zwingender Hinweis auf eine marktbeherrschende Stellung. **128**

C. Vertikale Zusammenschlüsse

Bei einem vertikalen Zusammenschluss sind die beteiligten Unternehmen auf verschiedenen (sachlichen) Märkten tätig, die über die Wertschöpfungskette eines Produkts miteinander verbunden sind. Die an einer vertikalen Fusion beteiligten Unternehmen stehen somit in einer (zumindest potentiellen) Anbieter-Nachfrager- **129**

---

[201] Ob und wieweit einer der Verhandlungspartner in dem bilateralen Verhältnis über ein Übermaß an Verhandlungsmacht verfügt, hängt entscheidend von den relativen wirtschaftlichen Folgen eines Scheiterns der Vertragsverhandlungen und den in diesem Fall zur Verfügung stehenden Alternativen („outside options") ab. Diese bestimmen letztlich die für die relative Verhandlungsmacht entscheidenden Drohpotentiale im bilateralen Verhandlungsprozess. Hinsichtlich der dafür maßgeblichen Faktoren können sich die Lieferanten jedoch stark unterscheiden.

[202] Dies ist dann der Fall, wenn ein marktmächtiger Nachfrager einer Vielzahl von kleinen Anbietern gegenübersteht, die für ihn vollständig austauschbar sind. Der Monopsonist kann dann durch Verringerung seiner Nachfrage einen Bezugspreis durchsetzen, der unterhalb des wettbewerblichen Niveaus liegt.

[203] Dieser Wirkungsmechanismus ist in der Literatur unter dem Begriff des „Spiraleffekts" bekannt, in dessen Folge kleinere Wettbewerber vom Markt verdrängt werden. Vgl. BKartA, Beschl. v. 28.10.2010, B2 52/10 – *EDEKA/trinkgut,* S. 100 f. und S. 105; BKartA, Beschl. v. 30.6.2008, B2 333/07 – *EDEKA/Tengelmann,* S. 104, 127, 131.

[204] Dies wird auch als „Wasserbetteffekt" bezeichnet. Vgl. BKartA, Beschl. v. 28.10.2010, B2 52/10 – *EDEKA/trinkgut,* S. 100 f. und S. 105; BKartA, Beschl. v. 30.6.2008, B2 333/07 – *EDEKA/Tengelmann,* S. 104, 127, 131.

Beziehung.[205] Dabei fragt das auf dem nachgelagerten Markt tätige Unternehmen die Produkte des Unternehmens nach, das auf dem vorgelagerten Markt tätig ist, und verwendet diese als Einsatzfaktoren für seine eigene Produktion. Eine vertikale Fusion liegt also etwa dann vor, wenn ein Hersteller den Anbieter eines Vorprodukts (Vorlieferant) im Rahmen einer sogenannten Rückwärtsintegration oder den Abnehmer seines Produkts (Händler oder Weiterverarbeiter) im Rahmen einer Vorwärtsintegration übernimmt.

130 Im Vergleich zu horizontalen Fusionen wirken vertikale Fusionen weniger direkt auf den Wettbewerb ein, da sie die Anzahl der aktuellen Wettbewerber in einem Markt nicht reduzieren. Vertikale Fusionen können dennoch zu Einschränkungen des Wettbewerbs führen und dadurch eine Einzelmarktbeherrschung (I.) oder eine gemeinsame Marktbeherrschung (II.) begründen oder diese verstärken. Die im Folgenden erläuterten wettbewerbsschädigenden Effekte können sich nicht nur ergeben, wenn sich ein Unternehmen durch den Zusammenschluss erstmals vertikal integriert. Die gleichen Auswirkungen können auftreten, wenn ein bereits vertikal integriertes Unternehmen ein anderes Unternehmen erwirbt, welches auf einer der Marktstufen aktiv ist. In einem solchen Fall werden sowohl die Wettbewerbswirkungen der horizontalen Überschneidungen als auch der vertikalen Integration mit dem erworbenen Unternehmen geprüft.[206]

131 Durch eine vertikale Integration kann das betroffene Unternehmen mehrere Stufen eines Produktionsprozesses oder einer Vertriebskette kontrollieren und dadurch Ineffizienzen vermeiden. Beispielsweise können Transaktionskosten verringert oder Koordinationsschwierigkeiten und Unsicherheiten im Hinblick auf Belieferungssicherheit, Produktqualitäten o. ä. vermieden werden. Derartige Kostensenkungen verbessern in der Regel die Wettbewerbsposition des Unternehmens. Entsprechenden Wettbewerbsdruck vorausgesetzt können diese Verbesserungen auch für die nachgelagerten Abnehmer von Vorteil sein.

132 Ein weiterer Effekt der vertikalen Integration liegt darin, dass sich das Entscheidungskalkül des Anbieters ändert. So erhebt das integrierte Unternehmen beim Verkauf nur einen Preisaufschlag auf das Endprodukt, während es die Vorprodukte konzernintern zu Herstellungskosten bezieht. Marktmachtbedingte Preisaufschläge auf Vorprodukte können in einem integrierten Unternehmen vermieden werden. Das Unternehmen hat zudem einen Anreiz, den Preisaufschlag auf das Endprodukt geringer zu wählen, als die Summe der Preisaufschläge für Vor- und Endprodukte in der Situation ohne den Zusammenschluss.[207] Die vertikale Integration hat insofern eine tendenziell preisdämpfende Wirkung und trägt zu einer besseren Marktversorgung bei.

I. Einzelmarktbeherrschung

133 Wettbewerbsbeschränkende Wirkungen können dann auftreten, wenn es dem Unternehmen infolge des Zusammenschlusses möglich ist, aktuelle oder potentielle Wettbewerber zu behindern. Die Behinderung kann in einer Erhöhung der Kosten („raising rivals costs"), Verringerung der Erlösaussichten („lowering rivals revenues") oder der Schaffung von Marktzutrittsschranken liegen („raising barriers to entry").

134 Je nach Art des vertikalen Zusammenschlusses können sich dem fusionierten Unternehmen verschiedene Möglichkeiten eröffnen, diese Effekte zu erreichen: Als Abschottung von Einsatzfaktoren („input foreclosure") wird der Fall bezeich-

---

[205] Auf eine tatsächliche Kundenbeziehung kommt es für die Einordnung als vertikalen Zusammenschluss nicht an.

[206] Vgl. dazu auch den Hinweis in Fn. 23.

[207] In der wirtschaftswissenschaftlichen Literatur bezeichnet man dies als die Vermeidung doppelter Preisaufschläge (double mark-up oder double marginalization).

net, dass Wettbewerber beim Zugang zu einem vorgelagerten Beschaffungsmarkt bzw. den dort gehandelten Produkten behindert werden (1.). Abschottung von Kunden („customer foreclosure") beschreibt die Situation, dass Wettbewerbern der Zugang zu einem nachgelagerten Absatzmarkt bzw. den dort nachfragenden Kunden erschwert oder verschlossen wird (2.). Als weitere Fallgruppe kommt in Betracht, dass sich ein Unternehmen durch die vertikale Integration eines Vorproduktlieferanten Zugang zu vertraulichen Unternehmensinformationen über die Tätigkeit seiner Wettbewerber auf dem nachgelagerten Markt verschafft und diese dadurch in ihrem Wettbewerbshandeln behindert (3.). Zur Würdigung der Zusammenschlusswirkungen ist schließlich zu betrachten, wie der Zusammenschluss die Möglichkeiten und Anreize zu solchen Strategien beeinflusst (4.).

In den ersten beiden Fällen kann eine wettbewerbsschädigende Wirkung nicht **135** nur durch eine vollständige Abschottung erfolgen. Es kann vielmehr ausreichen, dass sich die Kosten- oder Erlössituation der Wettbewerber merklich verschlechtert. Im Hinblick auf potentielle Wettbewerber ist bedeutend, wie sehr das vertikal integrierte Unternehmen die verfügbaren Mengen und die Konditionen für den Bezug von Vorprodukten oder die Absatzmöglichkeiten auf dem nachgelagerten Markt beeinflussen kann. Denn die – für potentielle Wettbewerber entscheidende – erwartete Rentabilität ihres Marktzutritts ist auch davon abhängig, ob sie wesentliche Vorprodukte in ausreichenden Mengen und zu wettbewerbsfähigen Konditionen beziehen können oder ob ausreichende Absatzmöglichkeiten zu erwarten sind.

Wettbewerbsschädigende Wirkungen können sich nicht nur einstellen, wenn sich **136** der Erwerber durch den Zusammenschluss neue Verbindungen in die vor- oder nachgelagerten Märkte erschließt. Auch die strukturelle Absicherung einer bestehenden Geschäfts- oder Vertragsbeziehung kann die Wettbewerbsmöglichkeiten anderer Unternehmen einschränken. Gerade potentielle Wettbewerber könnten hinsichtlich eines Marktzutritts entmutigt und aktuelle Wettbewerber von nachstoßendem Wettbewerb abgehalten werden.[208] Insbesondere wenn der Erwerber bereits vor dem Zusammenschluss auf einem der betroffenen Märkte marktbeherrschend ist, kann die Absicherung einer Liefer- oder Kundenbeziehung (z. B. durch eine Minderheitsbeteiligung) ausreichen, um eine bestehende marktbeherrschende Stellung zu verstärken.[209]

Ohne eine gewisse Marktmacht auf mindestens einer der beteiligten Marktstufen **137** erfüllt ein vertikaler Zusammenschluss die Untersagungsvoraussetzungen nicht. Je größer die auf den relevanten Märkten festgestellte Marktmacht ist, über die eines oder beide beteiligte Unternehmen bereits verfügen, umso eher besteht die Gefahr, dass es durch den Zusammenschluss zu wettbewerbsbeeinträchtigenden vertikalen Effekten kommen kann.

1. Abschottung von Einsatzfaktoren („input foreclosure"). Erwirbt ein **138** Unternehmen einen wichtigen Hersteller eines wesentlichen Vorprodukts, kann es zu einer Abschottung des vorgelagerten Beschaffungsmarktes kommen. Das vertikal integrierte Unternehmen könnte seinen Wettbewerbern auf dem nachgelagerten Markt den Zugang zu dem Vorprodukt insbesondere dadurch erschweren, dass es sie nur noch zu höheren Preisen, in schlechterer Qualität, zu schlechteren Konditionen, verspätet oder überhaupt nicht mehr beliefert. Eine Abschottungsstrategie des integrierten Unternehmens ist umso eher zu erwarten, je besser seine Möglichkeiten (a) zur Abschottung seiner Wettbewerber sind und je größer sein Anreiz (b) ist, diese Strategie zu verfolgen.

---

[208] BGH, Beschl. v. 7.2.2006, WuW/E DE-R 1681 – *DB Regio/üstra,* Rn. 49 m. w. N.

[209] Vgl. dazu z. B. OLG Düsseldorf, Beschl. v. 6.6.2007, WuW/E DE-R 2094, 2095. – *E.ON/Stadtwerke Eschwege,* Rn. 87 ff.; sowie BGH, Beschl. v. 11.11.2008, WuW/E DE-R 2451, 2461 – *E.ON/Stadtwerke Eschwege,* Rn. 61 f.

139 **a) Möglichkeit zur Abschottung.** Die Fähigkeit des integrierten Unternehmens, seine Wettbewerber auf dem nachgelagerten Markt durch eine Abschottung von Vorprodukten zu behindern, wird insbesondere von zwei Faktoren beeinflusst: Zum einen von der Bedeutung des betreffenden Vorprodukts für die Gesamtkosten und zum anderen von den Ausweichmöglichkeiten der Wettbewerber auf andere Lieferanten.

140 Je geringer z. B. der Anteil des betreffenden Vorprodukts an den Gesamtkosten ist, umso weniger kann das integrierte Unternehmen seine Wettbewerber durch eine Preiserhöhung für dieses Vorprodukt schädigen. Die Marktposition der Wettbewerber auf dem nachgelagerten Markt wird dagegen umso eher beeinträchtigt, je mehr diese darauf angewiesen sind, das Vorprodukt beim vertikal integrierten Unternehmen zu beziehen.[210] Eine hohe **Abhängigkeit** besteht z. B. dann, wenn auf dem vorgelagerten Markt kein gleichwertiger Anbieter zur Verfügung steht oder wenn ein Wechsel des Anbieters mit erheblichen Kosten verbunden ist bzw. erst nach einem längeren Zeitraum möglich ist.[211] Dies ist insbesondere dann wahrscheinlich, wenn das an der Fusion beteiligte, auf dem vorgelagerten Markt tätige Unternehmen bereits vor der Fusion marktbeherrschend ist.

141 **b) Anreiz zur Abschottung.** Der Anreiz des integrierten Unternehmens, seine Wettbewerber von Einsatzfaktoren abzuschotten, hängt davon ab, wie profitabel eine solche Strategie ist. In der Regel wird eine Abschottungsstrategie zwei gegenläufige **Effekte auf den Gewinn** haben: Beliefert das vertikal integrierte Unternehmen seine Wettbewerber mit dem Vorprodukt nicht mehr oder zu schlechteren Konditionen, verringert sich der Absatz seines Vorprodukts und beeinträchtigt damit den Gewinn auf dem vorgelagerten Markt. Andererseits erhöht sich sein Absatz auf dem nachgelagerten Markt, soweit es ihm gelingt, seine Wettbewerber durch die Nichtbelieferung oder Schlechterstellung zu behindern und deren Kunden zumindest teilweise abzuwerben.[212] Eine Abschottungsstrategie ist für das vertikal integrierte Unternehmen profitabel, wenn die Gewinnsteigerung auf dem nachgelagerten die Gewinnminderung auf dem vorgelagerten Markt überwiegt.[213]

142 Unterschiedliche Faktoren können die zu erwartenden Gewinnveränderungen beeinflussen, insbesondere die (relativen) Margen sowie die Absatzvolumina.[214] Weiterhin hängt die Möglichkeit einer Gewinnsteigerung auf dem nachgelagerten Markt auch von der Stärke der Nachfragereaktion bzw. dem Ausmaß der Kundengewinnung durch das integrierte Unternehmen ab. Der Anreiz zur Abschottung hängt

---

[210] Bei den Ausweichmöglichkeiten können gegebenenfalls auch bevorstehende Markteintritte berücksichtigt werden; vgl. dazu z. B. Fallbericht des BKartA v. 18.5.2009, B5 45/09 – *KSB/Kagema,* verfügbar unter http://www.bundeskartellamt.de.

[211] Vgl. z. B. BKartA, Beschl. v. 18.7.2008, B5 84/08 – *STIHL/ZAMA,* Rn. 17.

[212] Stehen den Nachfragern hinreichende Ausweichmöglichkeiten zur Verfügung und haben die Anbieter zudem ein Interesse, ihre Kapazitäten möglichst auszulasten, ist die Gefahr einer Abschottungsstrategie durch das integrierte Unternehmen eher gering. Vgl. dazu z. B. BKartA, Beschl. v. 26.9.2006, B3 121/06 – *Kemira Oyl/Cytec Industries,* S. 16.

[213] Eine Abschottungsstrategie kann z. B. dann unwahrscheinlich sein, wenn das integrierte Unternehmen seinen Tätigkeitsschwerpunkt im vorgelagerten Markt hat und im nachgelagerten Markt weder über ausreichende Kapazitäten verfügt noch diese kurzfristig aufbauen kann, um Nachfrager abzuwerben: BKartA, Beschl. v. 20.5.2010, B5 17/10 – *Hunter Douglas/Faber-Benthin,* Rn. 114.

[214] Die auf dem vorgelagerten Markt entstehende Gewinnminderung ist z. B. schwieriger zu kompensieren, wenn auf dem vorgelagerten Markt ein wesentlich größeres Absatzvolumen erzielt wird als auf dem nachgelagerten Markt (z. B. weil das Unternehmen zwar auf dem vorgelagerten Weltmarkt, aber nur auf einem nachgelagerten nationalen Markt tätig ist).

zudem von der Höhe der Beteiligung am jeweils vor- oder nachgelagerten Unternehmen ab.[215]

2. Abschottung von Kunden („customer foreclosure“). Zur Abschottung von Kunden kann es kommen, wenn ein Hersteller einen wichtigen Abnehmer seines Produkts erwirbt bzw. durch einen Zusammenschluss einen wichtigen Vertriebsweg besetzt.[216] Das vertikal integrierte Unternehmen könnte seinen Wettbewerbern auf dem vorgelagerten Markt den Zugang zu den Abnehmern z. B. dadurch erschweren, dass der integrierte Händler weniger oder gar keine Produkte bei Wettbewerbern auf dem vorgelagerten Markt mehr bezieht oder die Wettbewerberprodukte nur noch zu ungünstigeren Konditionen abnimmt. Die Absatzmenge der Wettbewerber auf dem vorgelagerten Markt kann das integrierte Unternehmen zudem dadurch verringern, dass es deren Produkte auf dem nachgelagerten Markt zu einem höheren Verkaufspreis oder ungünstigeren Bedingungen vertreibt. 143

a) Möglichkeit zur Abschottung. Die Fähigkeit des integrierten Unternehmens, seine Wettbewerber auf dem vorgelagerten Markt durch eine Abschottung von Abnehmern zu behindern, wird insbesondere davon beeinflusst, welche Ausweichmöglichkeiten den Wettbewerbern auf dem vorgelagerten Markt zur Verfügung stehen, in welchem Ausmaß die Absatzmenge infolge der Abschottungsstrategie des integrierten Unternehmens sinkt und inwiefern sich ein Rückgang der Absatzmenge auf deren Kostensituation auswirkt. 144

Die Ausweichmöglichkeiten der Wettbewerber auf dem vorgelagerten Markt sind umso begrenzter, je mehr Marktmacht das an der Fusion beteiligte, auf dem nachgelagerten Markt tätige Unternehmen dort bereits vor der Fusion hat.[217] Das vertikal integrierte Unternehmen hat somit insbesondere dann die Möglichkeit, seine Wettbewerber vom nachgelagerten Markt abzuschotten, wenn es für diese auf dem nachgelagerten Markt **als Nachfrager unentbehrlich** ist. Bei dieser Einschätzung wird berücksichtigt, ob für die Wettbewerber noch in ausreichendem Umfang Kunden zugänglich sind oder ob diese bereits durch die vertikale Integration des Erwerbers und anderer Wettbewerber gebunden sind.[218] 145

Sinkt in Folge der Abschottung die Absatzmenge der Wettbewerber auf dem vorgelagerten Markt, könnte sich deren Wettbewerbsposition weiter verschlechtern, wenn die Produktion Größen- oder Verbundvorteile aufweist oder Netzwerkeffekte auftreten. 146

b) Anreiz zur Abschottung. Ebenso wie für die Abschottungsstrategie bei Einsatzfaktoren sind für eine Beurteilung des Anreizes zur Kundenabschottung den möglichen Vorteilen aus einer Verdrängung bzw. Behinderung von Wettbewerbern auf dem vorgelagerten Markt (zusätzlicher Gewinn) die Kosten einer solchen Strate- 147

---

[215] Der Anreiz kann sich im Fall einer Abschottung von Vorprodukten erhöhen, wenn z. B. eine 50 %-Beteiligung an einem Vorlieferanten erworben wird, da der Erwerber an der Gewinnsteigerung auf dem nachgelagerten Markt vollständig, an der Gewinnminderung beim Input-Lieferanten aber nur zu 50 % beteiligt ist.

[216] Abschottungswirkungen sind auch denkbar, wenn sich ein Abnehmer am Vorlieferanten beteiligt und dadurch einen Anreiz erhält, bei diesem Lieferanten einzukaufen, da er über seine Beteiligung auch an dessen Gewinn beteiligt ist. Vgl. z. B. BKartA, Beschl. v. 15.11.2007, B1–190/07 – *Faber/Langenthal,* S. 31 ff.

[217] Nicht ausreichend ist in der Regel, dass ein vertikal integriertes Unternehmen seinen Wettbewerbern auf dem vorgelagerten Markt lediglich einen solchen Absatzweg abschneiden kann, der bisher im Wesentlichen potentieller Natur ist und an dem die Wettbewerber auch weitgehend kein Interesse haben: BKartA, Beschl. v. 21.6.2005, B7- 38/05 – *TeleColumbus (BC Partners)/Ish,* Rn. 247.

[218] Vgl. BKartA, Beschl. v. 15.11.2007, B1–190/07 – *Faber/Langenthal,* Rn. 87, 108, 112.

gie (entgangener Gewinn) gegenüberzustellen. Die Kosten einer Kundenabschottung sind z. B. höher, wenn die Wettbewerber in der Lage sind, die Vorprodukte zu geringeren Kosten oder in besserer Qualität zu produzieren oder wenn die fusionierenden Unternehmen selbst durch Kapazitätsengpässe beschränkt sind.

148 Verringert das vertikal integrierte Unternehmen die Menge des Vorprodukts, die es auf dem vorgelagerten Markt bei seinen Wettbewerbern nachfragt, um dadurch seinen eigenen Absatz auf diesem Markt zu erhöhen, hat es somit Folgendes abzuwägen: Einerseits könnten bei der Produktions- oder Vertriebstätigkeit auf dem nachgelagerten Markt höhere Kosten entstehen, wenn das Vorprodukt von seinen Wettbewerbern günstiger angeboten wird als es von ihm selbst hergestellt werden kann. Andererseits kann es infolge seiner gestärkten Marktposition auf dem vorgelagerten Markt eventuell dort seine Preise und damit seinen Gewinn erhöhen.

149 **3. Zugang zu vertraulichen Unternehmensinformationen.** Eine weitere Fallgruppe betrifft den Zugang zu vertraulichen Informationen über die Tätigkeiten von Wettbewerbern. Aus Sicht des nach dem Zusammenschluss vertikal integrierten Unternehmens sind z. B. die Wettbewerber auf dem nachgelagerten Markt gleichzeitig Kunden auf dem vorgelagerten Markt. Durch die **Integration eines Lieferanten** könnte das fusionierte Unternehmen wettbewerbsrelevante Informationen über seine Wettbewerber auf dem nachgelagerten Markt erhalten, sofern es diese (weiterhin) mit Vorprodukten beliefert.[219] Ein vom Wettbewerber geplanter Wettbewerbsvorstoß könnte z. B. eine besondere Abstimmung mit dem Vorproduktlieferanten erfordern, weil technologische Veränderungen vorgenommen werden sollen[220] oder für Akquisitionsaktionen zusätzliche Liefermengen benötigt werden.

150 Durch die **Integration eines Abnehmers** könnte das fusionierte Unternehmen Informationen z. B. über Angebotsabgaben seiner Wettbewerber (auf dem vorgelagerten Markt) einsehen.[221] Wettbewerbsvorstöße wären dann für das integrierte Unternehmen frühzeitig erkennbar und es könnte vorab darauf reagieren. Den Wettbewerbern würde die Möglichkeit und damit auch der Anreiz zu Wettbewerbsvorstößen genommen. Gegenstrategien – z. B. der Abbruch der Vertragsbeziehungen zu dem künftig vertikal integrierten Lieferanten – sind denkbar, hängen aber davon ab, welche Ausweichmöglichkeiten die betroffenen Unternehmen im Einzelfall haben.

151 **4. Zusammenschlusswirkungen.** Um festzustellen, ob durch einen vertikalen Zusammenschluss eine marktbeherrschende Stellung entsteht oder verstärkt wird, wird ermittelt, inwiefern durch den Zusammenschluss Möglichkeiten und Anreize zu Abschottungsstrategien beeinflusst werden oder ein wettbewerblich bedenklicher Zugang zu vertraulichen Informationen von Wettbewerbern eröffnet wird. Durch derartige Verhaltensweisen oder Informationen können konkurrierende Unternehmen nach dem Zusammenschluss umso eher behindert werden und es kann umso eher ein wettbewerblich negativer Effekt eintreten, je größer das Ausmaß an Marktmacht ist, über das das integrierte Unternehmen auf einem der betroffenen Märkte bereits vor dem Zusammenschluss verfügt.

152 Dass ein vertikaler Zusammenschluss zur Begründung einer marktbeherrschenden Stellung führt, ist insofern nicht ausgeschlossen. Häufiger sind allerdings vertikale Zusammenschlüsse, die eine bereits bestehende marktbeherrschende Stellung verstärken. Integriert sich ein marktbeherrschendes Unternehmen (rückwärts) in den vorgelagerten Markt, indem es einen wichtigen Input-Lieferanten übernimmt, verbessert sich in vielen Fällen seine Marktposition auf dem nachgelagerten Markt,

---

[219] Vgl. dazu z. B. BKartA, Beschl. v. 20.6.2006, B4 32/06 – *Putzmeister/Esser,* S. 44 f.

[220] Vgl. hierzu BKartA, Beschl. v. 18.7.2008, B5 84/08 – *STIHL/ZAMA,* Rn. 67.

[221] Vgl. BGH, Beschl. v. 11.11.2008, WuW/E DE-R 2451, 2461 – *E.ON/Stadtwerke Eschwege,* Rn. 62.

vorausgesetzt, hinreichende Möglichkeiten und Anreize für eine Abschottungsstrategie sind gegeben. Abhängig vom Ausmaß der Marktmacht kann es bereits ausreichen, dass die Entstehung von Marktzutrittsschranken droht und potentielle Wettbewerber von einem nachstoßenden Wettbewerb abgehalten werden. Dabei kann für eine Verstärkung ausreichend sein, dass Unternehmen über einen längeren Zeitraum die Geschäftsstrategie verfolgen, mittels Minderheitsbeteiligungen ihre Absatzwege langfristig zu sichern,[222] und sich der Erwerb eines weiteren, wenn auch kleinen Kunden in diese Gesamtstrategie einfügt. Beispiel für eine solche Konstellation sind die Beteiligungen der großen deutschen Stromerzeuger an Stadtwerken, die den Markteintritt weiterer Stromanbieter behindern können.[223]

II. Gemeinsame Marktbeherrschung

Ein vertikaler Zusammenschluss kann eine gemeinsame Marktbeherrschung entstehen lassen oder verstärken, wenn er die Strukturfaktoren und Mechanismen beeinflusst, die dazu führen, dass es an wesentlichem Binnen- oder Außenwettbewerb fehlt. Gemeinsame Marktbeherrschung kann entstehen oder verstärkt werden, wenn die Wahrscheinlichkeit impliziter Koordinierung steigt, weil die Mitglieder eines Oligopols durch den vertikalen Zusammenschluss eher geneigt sind, ihr Verhalten zu koordinieren, bzw. wenn eine Koordination einfacher, wirksamer oder stabiler wird.[224] **153**

Die Wahrscheinlichkeit einer stabilen Koordinierung kann sich durch einen vertikalen Zusammenschluss erhöhen, wenn er Möglichkeiten zur Verhaltenskoordinierung eröffnet oder diese verbessert, die Entdeckung eines Abweichens von der Verhaltenskoordinierung erleichtert, glaubhafte Sanktionsmittel bereitstellt oder ihren Einsatz bzw. ihre Wirksamkeit verbessert oder wenn er den Wettbewerbsdruck von außen auf das Oligopol durch Dritte, also Außenwettbewerber oder die Marktgegenseite, vermindert.[225] **154**

Ein vertikaler Zusammenschluss kann **Möglichkeiten zur Koordinationserzielung** eröffnen oder diese verbessern, wenn andere Oligopolmitglieder bereits vertikal integriert sind und sich somit die Symmetrie im Oligopol erhöht. Die Koordinationserzielung kann auch durch Zusammenschlüsse erleichtert werden, die eine Verflechtung zwischen den Oligopolmitgliedern begründen bzw. bestehende Verflechtungen erweitern oder vertiefen. Dies könnte z. B. der Fall sein, wenn die vertikale Integration durch die Beteiligung an einem Gemeinschaftsunternehmen mit einem anderen Oligopolisten entsteht. **155**

Die **Markttransparenz** kann sich erhöhen, wenn die vertikale Integration den Zugang zu sensiblen Informationen über Wettbewerber eröffnet oder wenn sie die Preistransparenz erhöht. Ist z. B. die Preistransparenz auf dem nachgelagerten (End- **156**

---

[222] BGH, Beschl. v. 11.11.2008, WuW/E DE-R 2451, 2461 – *E.ON/Stadtwerke Eschwege,* Rn. 63. Gleiches kann gelten, wenn die bestehende Beziehung zu einem wichtigen Kunden strukturell abgesichert wird.

[223] In BKartA, Beschl. v. 8.12.2011, B8 94/11 – *RWE/Stadtwerke Unna,* Rn. 83 ff. hat das BKartA eine Verstärkung der Marktstellung von RWE durch eine beteiligungsbedingte Abschottung der Stadtwerke Unna als Großhandelskunde von RWE indes verneint, da das bisherige Bezugsverhalten des Beteiligungsunternehmens keine Rücksichtnahme auf den Minderheitsgesellschafter erkennen ließ.

[224] Für eine Verstärkung kann es (bei einem hohen Grad an Marktbeherrschung) ausreichen, wenn durch den Zusammenschluss die Marktposition eines Oligopolmitglieds (z. B. in Form verbesserter Absatzmöglichkeiten) gestärkt wird, dies aber dem gesamten Oligopol zugutekommt.

[225] Zur ausführlichen Erläuterung des Konzeptes gemeinsamer Marktbeherrschung vgl. oben Kapitel B.II., Rn. 81 ff. An dieser Stelle soll nur auf Besonderheiten im Zusammenhang mit vertikalen Zusammenschlüssen hingewiesen werden.

kunden-)Markt größer als auf dem vorgelagerten Markt, kann ein vertikaler Zusammenschluss es dem vorgelagerten Hersteller ermöglichen, Abweichungen wirksamer zu überwachen. Erleichtert werden kann eine gegenseitige Überwachung zudem dadurch, dass infolge des Zusammenschlusses die Anzahl der Marktteilnehmer sinkt. Werden strukturelle Verbindungen zwischen den Oligopolisten begründet,[226] kann ein erhöhter Informationsaustausch zwischen den Unternehmen die Überwachungsmöglichkeiten verbessern.[227]

157 Ein vertikaler Zusammenschluss kann auch die Möglichkeiten verbessern, ein Abweichen von der Verhaltenskoordinierung zu **sanktionieren** und somit die Abschreckungswirkung erhöhen. Das ist z. B. dann möglich, wenn sich die Mitglieder des Oligopols infolge des Zusammenschlusses auf mehreren Märkten begegnen („multi market contacts") und sich daraus ein erhöhtes Sanktionspotential ergibt.[228] Für ein Unternehmen mit einer weniger bedeutenden Marktposition können sich die Sanktionsmöglichkeiten gegenüber einem Unternehmen mit einer bedeutenderen Marktposition verbessern, wenn es durch die vertikale Integration Kostenvorteile beim Absatz seiner Produkte oder beim Bezug von Vorprodukten erzielen kann, und die Zusammenschlussbeteiligten so zu den anderen Mitgliedern des Oligopols aufschließen können.

158 Auch der Außenwettbewerb kann durch einen vertikalen Zusammenschluss geschwächt werden. So können Marktzutrittsschranken erhöht und dadurch **Wettbewerbsdruck von potentiellen Wettbewerbern** reduziert werden. Sind in einem Markt nach einer vertikalen Fusion alle wesentlichen Unternehmen vertikal integriert, kann dies eine Marktzutrittsschranke bilden, weil ein erfolgreicher Markteintritt in einen Markt dann möglicherweise auch den Eintritt in den vor- oder nachgelagerten Markt erfordert.

159 Des Weiteren kann ein vertikaler Zusammenschluss Wettbewerbsdruck dadurch reduzieren, dass er **gegengewichtige Marktmacht (Nachfragemacht) verringert.** Ein wichtiger Abnehmer kann in der Lage sein, vorgelagerte Unternehmen zum Abweichen von der Koordinierung zu bewegen, indem er sich im Gegenzug zu umfangreicher oder langfristiger Abnahme bei einem Anbieter verpflichtet. Dieser Anreiz wirkt destabilisierend auf die Koordinierung. Wird ein solcher Abnehmer von einem vorgelagerten Oligopolmitglied erworben, sinkt die Gefahr eines Abweichens und erhöht damit die Stabilität der Koordinierung.

D. Konglomerate Zusammenschlüsse

160 Eine konglomerate Fusion liegt vor, wenn die fusionierenden Unternehmen weder auf den gleichen sachlichen noch auf einander vor- oder nachgelagerten Märkten tätig sind.[229] Potentiell problematisch können konglomerate Zusammenschlüsse insbesondere dann sein, wenn die beteiligten Unternehmen auf verwandten Märkten tätig sind, z. B. wenn die Produktion oder der Vertrieb gleiche Vorleistungen benötigt oder sich die Produkte an die gleichen Kundengruppen wenden.

---

[226] Vgl. hierzu oben Rn. 105.

[227] Das kann z. B. der Fall sein, wenn die vertikale Integration in der Beteiligung an einem Gemeinschaftsunternehmen mit einem oder mehreren anderen Oligopolisten besteht.

[228] Vgl. hierzu oben Rn. 109.

[229] Sind die fusionierenden Unternehmen auf den gleichen sachlichen, aber verschiedenen räumlichen Märkten tätig, liegt keine konglomerate Fusion vor. Die Unterscheidung kann dennoch im Einzelfall schwierig sein. So kann die Unterscheidung in horizontale und konglomerate Fusionen z. B. davon abhängen, wie eng die Substitutionsbeziehung zwischen zwei Produkten ist und wie weit dementsprechend der Markt abzugrenzen ist. Zudem können Anbieter von sachlich eng benachbarten Märkten in einer potentiellen Wettbewerbsbeziehung stehen.

Insbesondere können zwischen den Produkten der fusionierenden Unternehmen Komplementaritäts- oder Substitutionsbeziehungen bestehen.[230] Ohne eine gewisse Marktmacht zumindest eines am Zusammenschluss beteiligten Unternehmens auf mindestens einem relevanten Markt erfüllt ein konglomerater Zusammenschluss die Untersagungsvoraussetzungen nicht. Je größer die auf den relevanten Märkten festgestellte Marktmacht ist, über die eines oder beide beteiligte Unternehmen bereits verfügen, umso eher besteht die Gefahr, dass es durch den Zusammenschluss zu wettbewerbsbeeinträchtigenden konglomeraten Effekten kommen kann.

Wenngleich konglomerate Fusionen im Vergleich zu anderen Fusionstypen seltener Wettbewerbsprobleme aufwerfen, können auch sie unter bestimmten Bedingungen eine Einzelmarktbeherrschung (I.) oder eine gemeinsame Marktbeherrschung (II.) begründen oder verstärken. **161**

I. Einzelmarktbeherrschung

Je nachdem in welcher Beziehung die von einem konglomeraten Zusammenschluss betroffenen Märkte stehen, können sich unterschiedliche Wettbewerbsprobleme ergeben. Grundsätzlich lassen sich vier Fallgruppen unterscheiden, in denen eine Einzelmarktbeherrschung begründet oder verstärkt werden kann. Wenn es sich um „quasi-horizontale" Fusionen handelt, die Produkte also eine schwache Substitutionsbeziehung aufweisen, könnte Randwettbewerb oder potentieller Wettbewerb vermindert werden (1.). Sind die betroffenen Produkte komplementär bzw. wenden sie sich an die gleichen Kundengruppen, kann die Gefahr drohen, dass durch Kopplung oder Bündelung der Produkte bestehende Marktmacht auf weitere Märkte übertragen wird (2.). Ein kritischer Marktmachtgewinn kann sich auch aus Portfolioeffekten ableiten, wenn ein erweitertes Portfolio von Marken oder ein breiteres Sortiment in der Hand eines Anbieters aus Sicht der Nachfrager einen Vorteil darstellt (3.). In Einzelfällen kann es auch zu einem kritischen Marktmachtzuwachs kommen, wenn durch den Zusammenschluss die Ressourcen eines der beteiligten Unternehmen in besonderer Weise gestärkt werden, wenn dies einen wichtigen Einfluss auf seine Marktposition hat (4.).[231] **162**

1. Verlust von Randwettbewerb oder potentiellem Wettbewerb. Durch eine konglomerate Fusion kann **Randwettbewerb** entfallen, wenn zwischen den Produkten der fusionierenden Unternehmen eine gewisse Substitutionsbeziehung besteht, z. B. weil die Produkte für bestimmte Kunden oder bestimmte Anwendungen austauschbar sind.[232] Der von solchen Randsubstituten ausgehende Wettbewerbsdruck ist in der Regel jedoch relativ schwach.[233] Der Verlust von Randwettbewerb infolge einer Fusion kann daher allein in der Regel keine Begründung sondern allenfalls eine Verstärkung einer bereits bestehenden marktbeherrschenden Stellung bewirken.[234] **163**

---

[230] Komplementaritätsbeziehungen zwischen den Produkten bestehen, wenn für die Kunden der Nutzen aus einem kombinierten Konsum höher ist als aus einem isolierten Konsum. Substitutionsbeziehungen zwischen den Produkten bestehen, wenn sie zumindest für bestimmte Kunden oder Anwendungen austauschbar sind.

[231] Vgl. für einen Überblick auch BKartA (2006), Konglomerate Zusammenschlüsse in der Fusionskontrolle – Bestandsaufnahme und Ausblick, Diskussionspapier zum Arbeitskreis Kartellrecht 2006, abrufbar unter http://www.bundeskartellamt.de.

[232] Vgl. zu einer konglomeraten Fusion, die Randsubstitution entfallen lässt z. B. BKartA, Beschl. v. 19.1.2006, B6 103/05 – *Springer/ProSiebenSat.1,* S. 39 f. Durch die Fusion wäre auf dem bundesweiten Fernsehwerbemarkt die Randsubstitution durch die Bild-Zeitung entfallen.

[233] Darum reicht verbleibende Randsubstitution allein in der Regel nicht aus, um die Entstehung oder Verstärkung einer marktbeherrschenden Stellung auszuschließen.

[234] Vgl. zur Beurteilung verminderter Randsubstitution bei horizontalen Fusionen auch oben Rn. 78.

164 Sind die fusionierenden Unternehmen als **potentielle Wettbewerber** anzusehen, kann sich die Wettbewerbsintensität durch eine konglomerate Fusion ebenfalls vermindern. Wie stark dieser Effekt ist, hängt unter anderem davon ab, wie wahrscheinlich ein Markteintritt des erworbenen Unternehmens oder weiterer potentieller Wettbewerber ist und welche Wettbewerbsstrategie das erworbene Unternehmen bislang verfolgt hat. Wenn der Erwerber bereits marktbeherrschend ist, kann sich dessen marktbeherrschende Stellung durch den Erwerb eines potentiellen Wettbewerbers verstärken.[235]

165 **2. Wettbewerbsbeschränkung durch Kopplung oder Bündelung.** Durch eine konglomerate Fusion kann das fusionierte Unternehmen sein bisheriges Produktportfolio um komplementäre Produkte erweitern. Eine solche Erweiterung kann wettbewerblich problematisch sein, wenn sie das fusionierte Unternehmen zu einer Kopplung oder Bündelung dieser komplementären Produkte veranlasst.[236] In beiden Fällen bedingt der Erwerb des einen Produktes den gleichzeitigen Kauf des anderen (bzw. ist der Preis für das Produktbündel derart gestaltet, dass ein getrennter Kauf nicht sinnvoll ist). Da Bündelungs- und Kopplungsstrategien zu vergleichbaren wettbewerblichen Effekten führen, werden die Begriffe im Folgenden synonym verwendet.

166 Bestehende Marktmacht auf einem Markt kann mittels Kopplung der Produkte unter bestimmten Umständen auf den anderen übertragen werden. Gelingt es dem fusionierten Unternehmen Nachfrage von einem Konkurrenzprodukt auf ein eigenes gekoppeltes Produkt zu lenken, kann es die Kopplung strategisch dazu einsetzen, aktuelle Wettbewerber zu behindern oder den Markteintritt potentieller Wettbewerber zu verhindern.[237] Konglomerate Fusionen können so dazu führen, dass auf dem Markt für das gekoppelte Produkt eine marktbeherrschende Stellung zu erlangen oder diese zu verstärken.[238]

167 Um zu beurteilen, ob ein konglomerater Zusammenschluss einen solchen Effekt erwarten lässt, ist sowohl die Möglichkeit (a) als auch der Anreiz (b) des fusionierten Unternehmens zu einer Kopplungsstrategie zu prüfen.

168 **a) Möglichkeit zu Kopplungs- oder Bündelungsstrategien.** Der erfolgreiche Einsatz von Bündelungsstrategien zur Behinderung aktueller Wettbewerber oder Verhinderung von Marktzutritten ist grundsätzlich wahrscheinlicher, wenn das fusionierende Unternehmen bereits über erhebliche Marktmacht auf mindestens einem der betroffenen Märkte verfügt. Die Wahrscheinlichkeit steigt zudem dann, wenn zumindest ein größerer Teil der Kunden beide betroffenen Produkte nachfragt, die

---

235 Vgl. hierzu Rn. 75 f.

236 In der ökonomischen Theorie spricht man von **Kopplung** („tying"), wenn zwei Produkte nur zusammen erworben bzw. genutzt werden können, allerdings in einem variablen Verhältnis. Dies kann insbesondere in der Kombination auftreten, in der ein Produkt ein Verbrauchsgut ist und das andere ein längere Zeit genutztes Gerät (z. B. Drucker und entsprechender Toner). Werden Produkte in einem fixen Verhältnis angeboten, handelt es sich um eine **Bündelung.** Während bei einer sogenannten reinen Bündelung („pure bundling") die Produkte nur zusammen erhältlich sind, können sie bei einer sogenannten gemischten Bündelung („mixed bundling") auch einzeln erworben werden, wenngleich zu vergleichsweise schlechteren Konditionen.

237 Das gleiche Ziel kann auch mit einer Kampfpreisstrategie erreicht werden. Allerdings kann eine Kopplungs- oder Bündelungsstrategie auch kurzfristig profitabel sein, weil sie nicht zwingend Preissenkungen für die Produktkombination erfordert.

238 Zu einer konglomeraten Fusion, die aufgrund einer Erweiterung des Produktportfolios die Verdrängung von Wettbewerbern und dadurch die Verstärkung einer marktbeherrschenden Stellung befürchten ließ, vgl. BKartA, Beschl. v. 29.5.2002, B4 171/01 – *Getinge/Heraeus,* S. 37 ff.

Kunden eine starke Präferenz für den Kauf von Produktbündeln haben und wenn das fusionierte Unternehmen sich glaubhaft auf eine solche Strategie festlegen kann.

Um einen aktuellen Wettbewerber spürbar schwächen oder sogar von einem der betroffenen Märkte verdrängen zu können, muss das fusionierte Unternehmen auf dem anderen betroffenen Markt über eine hinreichende **Marktmacht** verfügen: Je mehr Kunden eines der Produkte des fusionierenden Unternehmens als besonders bedeutsam einstufen und keine hinreichenden Ausweichmöglichkeiten haben, umso eher kann durch Kopplung Nachfrage auch auf das andere Produkt gelenkt werden. **169**

Eine solche Verdrängungsstrategie kann insbesondere dann gelingen, wenn die **Kunden** der beiden Produkte im Wesentlichen **übereinstimmen.** Je höher der Anteil der Kunden ist, die beide Produkte nachfragen, umso eher kann das fusionierte Unternehmen seine starke Marktstellung von dem einen Markt auf den anderen Markt übertragen. Wenn hingegen ein erheblicher Anteil der Kunden nur das gekoppelte Produkt erwerben möchte, dürfte eine Kopplungsstrategie zumeist weitgehend wirkungslos bleiben. **170**

Die Möglichkeit **potentielle Wettbewerber** durch eine Bündelungsstrategie vom Markteintritt abzuschrecken, hängt insbesondere von der Möglichkeit ab, in beide Märkte einzutreten, und von der Wahrscheinlichkeit, dass eine solche Strategie auch nach dem Markteintritt aufrechterhalten würde. Das fusionierte Unternehmen kann dann über Bündelung eine Marktzutrittsschranke für potentielle Wettbewerber schaffen, wenn es für diese nicht möglich oder wirtschaftlich nicht sinnvoll wäre, in beide Märkte einzutreten. Ein solches Verhalten wirkt jedoch nur abschreckend auf potentielle Wettbewerber, wenn sie erwarten, dass auch nach ihrem Marktzutritt die Bündelung aufrecht erhalten würde. Je mehr Kunden es allerdings gibt, die nur eines der Produkte nachfragen möchten, umso weniger glaubwürdig ist diese Strategie. Ist das etablierte Unternehmen hingegen auch bei einem Marktzutritt an die Bündelung gebunden – etwa bei einer technischen Integration der beiden Produkte – so wird es möglicherweise versuchen, auf den Marktzutritt mit einer aggressiven Preispolitik zu reagieren. Dies kann die Rentabilität eines Marktzutritts so weit verringern, dass ein Unternehmen vom Marktzutritt abgehalten wird. **171**

b) Anreiz zu Kopplungs- oder Bündelungsstrategien. Ob bei einer konglomeraten Fusion ein Anreiz zur Bündelung besteht, ist davon abhängig, ob ein solches Verhalten für das fusionierte Unternehmen **profitabel** ist. Dabei wird das Unternehmen die zu erwartenden Kosten und zusätzlichen Gewinne gegeneinander abwägen. Kosten entstehen in Form verringerter Einnahmen und Gewinne, wenn ein erheblicher Anteil der Kunden nur eines der miteinander verbundenen Produkte erwerben möchte und darum auf den Erwerb des Pakets aus beiden Produkten verzichtet. Reagiert das fusionierte Unternehmen darauf mit einem reduzierten Preis für das Paket, verringern sich dadurch seine Einnahmen und Gewinne ebenfalls. Zusätzliche Gewinne werden langfristig möglich, wenn das fusionierte Unternehmen auf einem der beiden betroffenen Märkte seine Marktmacht erweitern kann. Ob die infolge einer Kopplung auftretenden Kosten oder Gewinne überwiegen, kann unter anderem von dem Wert und der Marge der betroffenen Produkte beeinflusst werden.[239] **172**

Ein Anreiz für eine Bündelung kann auch daraus resultieren, dass auf dem Markt für das gebündelte Produkt **Netzwerkeffekte** oder **Skaleneffekte** auftreten. Unterliegt eines der betroffenen Produkte einem Netzwerkeffekt, kann das fusionierte Unternehmen von der (durch die Bündelung erreichten) weiteren Verbreitung des Produktes gegebenenfalls auch noch nach Beendigung der Strategie profitieren. **173**

---

[239] Es ist z. B. unwahrscheinlich, dass eine Kopplung profitabel ist, wenn ein Unternehmen für zusätzlichen Absatz auf einem Markt mit kleinen Umsatzvolumina und geringen Margen auf Absatz in einem hoch rentablen Markt verzichten müsste.

174 Wenn das fusionierte Unternehmen hingegen erwarten muss, dass andere Unternehmen einer Kopplungsstrategie mit Gegenstrategien begegnen werden, wird dies seinen Anreiz zur Durchführung einer solchen vermindern. Andere Anbieter der beiden Produkte könnten sich z. B. ebenfalls zusammenschließen oder die Produkte in einer strategischen Allianz gemeinsam vertreiben. Wettbewerber des fusionierten Unternehmens könnten auch versuchen, dem (drohenden) Verlust an Absatz mit einer aggressiven Preispolitik zu begegnen.[240]

175 Im Kontext der Zusammenschlusskontrolle ist dagegen nicht zu prüfen, inwieweit der Anreiz zu Kopplungsstrategien durch das Verbot des Missbrauchs marktbeherrschender Stellungen gesenkt wird. Vielmehr ist es Aufgabe der Fusionskontrolle, solche Marktstellungen, die später für Missbräuche genutzt werden könnten von vornherein zu verhindern, ohne nachträglich im Rahmen der Missbrauchsaufsicht tätig werden zu müssen. Insofern ist eine mögliche „Abschreckungswirkung" anderer wettbewerbspolitischer Instrumente im Rahmen der Fusionskontrolle nicht zu berücksichtigen.[241]

176 **3. Portfolioeffekte.** Selbst wenn zwischen den Produkten der Beteiligten keine (Komplementaritäts- oder Substitutions-) Beziehungen bestehen und die fusionierenden Unternehmen keine potentiellen Wettbewerber sind, kann eine konglomerate Fusion im Einzelfall die Marktmacht des Unternehmens auf einem der betroffenen Märkte erhöhen. So können Portfolioeffekte von Bedeutung sein, wenn eine größere Auswahl verschiedener Produkte für die Nachfrager einen Wert hat und sie es bevorzugen, diese Produkte von einem Anbieter zu beziehen („one-stop shopping"). Beispielsweise versuchen Hersteller teilweise die Zahl ihrer Vorlieferanten gering zu halten, so dass gegebenenfalls nur Anbieter eines ausreichenden Produktportfolios eine Chance haben, als Lieferant berücksichtigt zu werden. Denkbar wären solche Portfolioeffekte z. B. bei einem Anbieter, der seinen Abnehmern verschiedene (Vor-)Produkte liefern kann, die nicht zusammen verwendet werden müssen, von (vielen) Abnehmern aber (ggfls. für unterschiedliche Zwecke) verwendet werden, vorausgesetzt das entspricht den Präferenzen der Nachfrager. Unter solchen Bedingungen kann sich die Marktmacht eines Anbieters erhöhen, wenn er durch einen konglomeraten Zusammenschluss seine Produktpalette entsprechend erweitert. Dabei sind auch mögliche und wahrscheinliche Gegenstrategien der Wettbewerber zu berücksichtigen.

177 **4. Stärkung von Ressourcen.** Eine Erhöhung der Marktmacht kann im Einzelfall auch dann durch eine konglomerate Fusion bewirkt werden, wenn diese die finanziellen oder bestimmte branchenspezifische Ressourcen des fusionierten Unternehmens stärkt. Dieser Punkt wurde bereits im Kontext von horizontalen Fusionen ausführlich dargestellt (siehe oben Punkt B.I.2.g).[242] Dieselben Erwägungen finden auch bei konglomeraten Fusionen Anwendung.[243]

---

[240] Insoweit ist allerdings zu bedenken, dass die durch eine aggressive Preispolitik verringerten Einnahmen das wettbewerbliche Potential der Unternehmen vermindern und damit den Erfolg der Gegenstrategie verringern können.

[241] Vgl. auch *Nothdurft, J.* (2006), Die Entscheidung des EuGH im Fall Tetra Laval, in: ZWeR, S. 315.

[242] Vgl. hierzu Rn. 54 ff.

[243] Vgl. als Beispiele für konglomerate Fusionen, die durch Verstärkung der Finanzkraft den Verhaltensspielraum des fusionierten Unternehmens erweiterten, z. B. BKartA, Beschl. v. 12.5.1976, B7 67/75, WuW/E BKartA 1625, 1628. – *GKN/Sachs;* BGH, Beschl. v. 21.2.1978, WuW/E BGH 1501, 1510. – *Kfz-Kupplungen;* BKartA, Beschl. v. 4.3.1981, B7 35/80, WuW/E BKartA 1867,1869. – *Rheinmetall/WMF;* BGH, Beschl. v. 23.6.1985, WuW/E BGH 2157. – *Edelstahlbestecke.* Vgl. zu branchenspezifischen Ressourcen im Pressebereich z. B. BGH, Beschl. v. 27.5.1986, WuW/E BGH 2276, 2283 – *Süddeutscher Verlag/Donau Kurier,* Rn. 54 ff (juris).

II. Gemeinsame Marktbeherrschung

Ein konglomerater Zusammenschluss kann eine gemeinsame Marktbeherrschung begründen oder verstärken, wenn er die Strukturfaktoren und Wirkungsmechanismen beeinflusst, die dazu führen, dass es an wesentlichem Binnen- und Außenwettbewerb fehlt. Gemeinsame Marktbeherrschung kann entstehen oder verstärkt werden, wenn die Wahrscheinlichkeit impliziter Koordinierung steigt, weil die Mitglieder eines Oligopols durch den konglomeraten Zusammenschluss eher geneigt sind, ihr Verhalten zu koordinieren, bzw. wenn eine Koordination einfacher, wirksamer oder stabiler wird.[244] **178**

Eine konglomerate Fusion kann das **Erzielen einer Verhaltenskoordinierung** z. B. dann erleichtern, wenn sie die Symmetrie der Oligopolisten erhöht. Dies kann etwa dann der Fall sein, wenn sich ein Oligopolist mit einem Unternehmen zusammenschließt, das auf einem Markt tätig ist, auf dem andere Oligopolmitglieder ebenfalls tätig sind. Die Verhaltenskoordinierung kann zudem erleichtert werden, wenn sie eine Verflechtung[245] zwischen Mitgliedern des Oligopols begründet, z. B. wenn durch den Zusammenschluss zwei Oligopolisten an einem Gemeinschaftsunternehmen beteiligt werden.[246] **179**

Begründet ein konglomerater Zusammenschluss strukturelle Verbindungen zwischen den Oligopolisten kann dies auch die **Markttransparenz** erhöhen und so die Entdeckung eines Abweichens von der Verhaltenskoordinierung begünstigen.[247] Führt ein Zusammenschluss dazu, dass sich die Oligopolisten auf einer größeren Anzahl von Märkten begegnen als zuvor („multi market contacts"), kann dies die Möglichkeiten erweitern, ein von der Koordinierung abweichendes Verhalten zu **sanktionieren.**[248] **180**

Der von **potentiellen Wettbewerbern** ausgeübte Wettbewerbsdruck kann vermindert oder beseitigt werden, wenn durch die konglomerate Fusion eine Marktzutrittsschranke errichtet wird. Eine solche kann z. B. darin bestehen, dass potentielle Wettbewerber für einen erfolgreichen Markteintritt auf beiden Märkten eintreten müssten, auf denen sich das fusionierte Unternehmen betätigt. Des Weiteren kann eine konglomerate Fusion die Wahrscheinlichkeit erhöhen, dass es an Wettbewerbsdruck durch Außenseiter fehlt, wenn sich ein Oligopolmitglied mit einem Unternehmen zusammenschließt, welches bislang Druck auf den oligopolistisch beherrschten Markt ausgeübt hat.[249] **181**

E. Kausalität

Voraussetzung für die Untersagung eines Zusammenschlusses ist nicht allein die Entstehung oder Verstärkung einer marktbeherrschenden Stellung, sondern auch, **182**

---

[244] Zur ausführlichen Erläuterung des Konzeptes gemeinsamer Marktbeherrschung vgl. Kapitel B.II., Rn. 81 ff. Hier wird nur auf Besonderheiten im Zusammenhang mit konglomeraten Zusammenschlüssen eingegangen.

[245] Vgl. hierzu Rn. 96.

[246] Vgl. zur Angleichung der Tätigkeitsbereiche und unternehmensbezogener Strukturmerkmale sowie zu Verflechtungen über Gemeinschaftsunternehmen auf Drittmärkten BKartA, Beschl. v. 19.1.2006, B6 103/05 – *Springer/ProSiebenSat.1,* S. 38 ff.

[247] Vgl. hierzu Rn. 105.

[248] Vgl. hierzu Rn. 109.

[249] So die Argumentation in BKartA, Beschl. v. 19.1.2006, B6 103/05 – Springer/ProSiebenSat.1, S. 39: Durch den Zusammenschluss der BILD-Zeitung mit einem der Duopolisten auf dem deutschen Fernsehwerbemarkt, wäre der Randwettbewerb entfallen, den die BILD-Zeitung auf das Duopol ausübt.

dass der Zusammenschluss kausal für diese Verschlechterung der Marktverhältnisse ist. Dabei genügt es, dass der Zusammenschluss neben anderen Faktoren mit ursächlich für die Entstehung oder Verstärkung der marktbeherrschenden Stellung ist.[250] Maßgeblich für die Beurteilung der Kausalität ist der Zeitpunkt, zu dem das Bundeskartellamt über den Zusammenschluss entscheidet, bzw. – wenn Beschwerde eingelegt wird – der Zeitpunkt der letzten mündlichen Verhandlung vor Gericht (in der Tatsacheninstanz), also vor dem OLG Düsseldorf.

183 Ein Zusammenschluss ist dann nicht kausal für die Entstehung oder Verstärkung einer marktbeherrschenden Stellung, wenn die (prognostizierte) Verschlechterung der Marktverhältnisse auch ohne den Zusammenschluss einträte.[251] Für die Prüfung der Kausalität ist es erforderlich, die voraussichtlichen Marktverhältnisse nach dem Zusammenschluss den voraussichtlichen Marktverhältnissen ohne den Zusammenschluss (sogenanntes **„counterfactual"**) gegenüber zu stellen. Maßgeblich ist mithin ein Vergleich zweier zukunftsgerichteter Szenarien. Nur wenn dieser Vergleich ergibt, dass die Wettbewerbsbedingungen mit dem Zusammenschluss schlechter sein werden als ohne den Zusammenschluss, ist der Zusammenschluss für die Verschlechterung kausal und wird untersagt oder nur mit Nebenbestimmungen freigegeben.[252]

184 An der Kausalität des Zusammenschlusses für die Verschlechterung der Marktverhältnisse fehlt es insbesondere, wenn die Voraussetzungen einer sog. **Sanierungsfusion** erfüllt sind.[253] Eine entsprechende Einrede (failing company defence) sowie der Nachweis, dass die Voraussetzungen hierfür vorliegen, obliegen den beteiligten Unternehmen. Ein Zusammenschluss ist trotz Entstehung oder Verstärkung einer marktbeherrschenden Stellung als Sanierungsfusion freizugeben, wenn die folgenden Voraussetzungen kumulativ erfüllt sind:

– Das erworbene Unternehmen würde ohne den Zusammenschluss aus dem Markt ausscheiden, weil es **sanierungsbedürftig** und alleine nicht überlebensfähig ist.[254] Im Regelfall dürfte dies gegeben sein, wenn ein Insolvenzverfahren bereits eingeleitet ist oder überprüfbar unmittelbar bevorsteht. Die Sanierungsbedürftigkeit ist mit geeigneten Unterlagen nachzuweisen, die bloße Behauptung der Beteiligten reicht nicht aus. Besonders aussagekräftig sind Unterlagen, die bereits vor dem Zusammenschlussvorhaben für andere Zwecke oder von unabhängigen Dritten erstellt wurden. Bei der Bewertung können u. a. Dokumente mit folgenden Informationen hilfreich sein: Gewinn- und Verlustentwicklung, Bilanzen,

---

[250] BGH, Beschl. v. 15.10.1991, WuW/E BGH 2743, 2748 – *Stormarner Tageblatt.*

[251] KG, Beschl. v. 1.3.1989, WuW/E OLG 4379, 4386 f. – *Schleswig-Holsteinischer Anzeigenverlag;* OLG Düsseldorf, Beschl. v. 11.4.2007, WuW/E DE-R 1958, 1972 – *Rhön-Grabfeld.*

[252] Bei der Frage, welche Wettbewerbsbedingungen ohne den Zusammenschluss zu erwarten sind, sind die gleichen Maßstäbe anzulegen wie für den Nachweis der Marktbeherrschung.

[253] Vgl. BGH, Beschl. v. 23.10.1979, WuW/E BGH 1655, 1660 – *Zementmahlanlage II.* Zur Entscheidungspraxis des BKartA vgl. insbesondere BKartA, Beschl. v. 10.12.2002, B6 98/02 – *Tagesspiegel/Berliner Zeitung,* S. 37 f.; BKartA, Beschl. v. 2.5.2003, B3 8/03 – *Ajinomoto/Orsan,* S. 16 19; BKartA, Beschl. v. 21.10.2003, B7–100/03 – *Imation/EMTEC,* Rn. 54 ff.; BKartA, Beschl. v. 10.3.2005, B10 123/04 – *Rhön/Rhön-Grabfeld,* Rn. 232 ff.; BKartA, Beschl. v. 11.4.2006, B6 142/05 – *RTL/n-tv,* S. 39 ff.; BKartA, Beschl. v. 6.6.2007, B3 6/07 – *LBK Hamburg/Mariahilf,* Rn. 231 ff.; BKartA, Fallbericht, B6 67/09 – *Eberbacher Zeitung/Rhein-Neckar-Zeitung,* verfügbar unter http://www.bundeskartellamt.de; BKartA, Beschl. v. 21.5.2010, B9 13/10 – *Magna/Karmann,* S. 122 ff.

[254] Für eine Ablehnung der Sanierungsbedürftigkeit vgl. z. B. BKartA, Beschl. v. 6.6.2007, B3 6/07 – *LBK Hamburg/Mariahilf,* Rn. 235 ff.; BKartA, Beschl. v. 10.3.2005, B10 123/04 – *Rhön/Rhön-Grabfeld,* Rn. 233 ff. Der Umstand, dass das sanierungsbedürftige Unternehmen ein verbundenes bzw. kontrolliertes Unternehmen ist und dass das kontrollierende Unternehmen nicht ebenfalls sanierungsbedürftig ist, schließt die Anwendung der Sanierungsfusion nicht grundsätzlich aus; vgl. dazu z. B. BKartA, Beschl. v. 11.4.2006, B6 142/05 – *RTL/n-tv,* S. 39 f.

Einstufung durch Rating-Agenturen bzw. „Kreditwürdigkeit", Einstufung durch Lieferanten, sowie Angaben zu verschiedenen Kennzahlen, z. B. EBIT,[255] ROI,[256] Cash Flow, Liquidität, Verschuldungsgrad, Eigenkapitalrentabilität, Eigenkapitalquote, insbesondere im Vergleich zum Branchendurchschnitt. Relevant ist ebenfalls, ob eine Restrukturierung bzw. Refinanzierung möglich erscheint.[257] Maßgeblich sind die Umstände des Einzelfalls.

– Es gibt **keine wettbewerblich weniger schädliche Alternative** zu dem Zusammenschluss.[258] Insbesondere kommt **kein** Unternehmen als **alternativer Erwerber** in Betracht, dessen Erwerb den Wettbewerb weniger beeinträchtigen würde als der vorliegende Zusammenschluss.[259] Dies erfordert den Nachweis, dass sich der Verkäufer ausreichend um eine anderweitige Veräußerung bemüht hat.[260] In diesem Kontext kann auch relevant sein, warum etwaige Verkaufsbemühungen gescheitert sind. Insbesondere scheidet ein potentieller Erwerber nicht schon deshalb als Alternative aus, weil er dem Veräußerer einen geringeren Kaufpreis angeboten hat. Dagegen kann ein Erwerbsinteressent z. B. dann keine Alternative darstellen, wenn er kein tragfähiges langfristiges Konzept für die Weiterführung und Finanzierung des übernommenen Unternehmens vorzuweisen hat.[261]

– Die **Marktposition des erworbenen Unternehmens würde auch ohne den Zusammenschluss im Wesentlichen dem erwerbenden Unternehmen zufallen.**[262] Dies ist insbesondere dann zu erwarten, wenn es sich bei den Zusammenschlussbeteiligten um die einzigen wesentlichen Wettbewerber handelt und die Marktgegenseite somit keine anderen Ausweichmöglichkeiten hat.[263] Bei mehreren im Markt verbleibenden Wettbewerbern ist im Regelfall zu erwarten, dass die bislang auf das ausscheidende Unternehmen entfallenden Marktanteile ohne den Zusammenschluss nicht insgesamt dem Erwerber zufallen, sondern sich auf die am Markt verbleibenden Unternehmen verteilen.[264] In einem solchen Marktumfeld kann ein weitestgehender (aber nicht vollständiger) Übergang der Marktposition auf den Erwerber, der ohne den Zusammenschluss zu erwarten ist, insbesondere dann ausreichen, wenn auch nach dem Zusammenschluss mit gewissen Abschmelzeffekten zugunsten der Wettbewerber zu rechnen ist.[265]

---

[255] Diese Kennzahl steht für „earnings before interest and tax".

[256] Diese Kennzahl steht für „return on investment".

[257] Vgl. BKartA, Beschl. v. 29.11.2007, B6 158/07 – *Land Rheinland-Pfalz/Lotto Rheinland-Pfalz,* Rn. 202 ff.

[258] Vgl. OLG Düsseldorf, Beschl. v. 11.4.2007, WuW/E DE-R 1958, 1972 f. – *Rhön-Grabfeld.*

[259] Zum Nachweis eines alternativen Erwerbers vgl. z. B. BKartA, Beschl. v. 6.6.2007, B3 6/07 – *LBK Hamburg/Mariahilf,* Rn. 254 ff.; BKartA, Beschl. v. 21.5.2010, B9 13/10 – *Magna/Karmann,* S. 122.

[260] Vgl. dazu BKartA, Beschl. v. 12.11.1998, B6 81/98 – *M. DuMont Schauberg/Kölnische Rundschau.* in: Tätigkeitsbericht 1997/98, BT-Drs. 14/1139, S. 88 f.; BKartA, Beschl. v. 10.3.2005, B10 123/04 – *Rhön/Rhön-Grabfeld,* Rn. 240 ff.; BKartA, Beschl. v. 6.6.2007, B3 6/07 – *LBK Hamburg/Mariahilf,* Rn. 254 f.

[261] Vgl. z. B. BKartA, Beschl. v. 21.10.2003, B7–100/03 – *Imation/EMTEC,* Rn. 56 ff.

[262] Vgl. BGH, Beschl. v. 23.10.1979, WuW/E BGH 1655, 1660 – *Zementmahlanlage II.*

[263] BKartA, Beschl. v. 21.10.2003, B7–100/03 – *Imation/EMTEC,* Rn. 62 f.

[264] BKartA, Beschl. v. 10.3.2005, B10 123/04 – *Rhön/Rhön-Grabfeld,* Rn. 244 f.; vgl. auch BKartA, Beschl. v. 6.6.2007, B3 6/07 – *LBK Hamburg/Mariahilf,* Rn. 262 ff.

[265] Im Verfahren *Eberbacher Zeitung/Rhein-Neckar-Zeitung* wurde dieser Aspekt erörtert, war aber letztlich nicht entscheidungserheblich. Vgl. dazu BKartA, Fallbericht, B6 67/09 – *Eberbacher Zeitung/Rhein-Neckar-Zeitung,* verfügbar unter http://www.bundeskartellamt.de, unter Bezugnahme auf Monopolkommission (2004), Sondergutachten Nr. 42, Die Pressefusionskontrolle in der 7. GWB-Novelle, Rn. 140.

Dagegen kann eine Insolvenz eine wettbewerblich vorzugswürdige Alternative zu dem Zusammenschluss darstellen, wenn die verbliebenen Anbieter um die Marktanteile und die Vermögenswerte des insolventen Unternehmens konkurrieren würden.[266] Vorzugswürdig ist eine Insolvenz hingegen in der Regel nicht, wenn zu erwarten ist, dass sie zum Ausscheiden der Vermögensgüter und des damit verbundenen Wettbewerbspotentials des Zielunternehmens führt. Soweit die Wettbewerbsverhältnisse durch den Zusammenschluss dann nicht schlechter als bei einem Ausscheiden des insolventen Unternehmens werden, reicht dies für die Anerkennung einer Sanierungsfusion aus.[267]

F. Abwägungsklausel

185 Ein Zusammenschluss, der eine marktbeherrschende Stellung begründet oder verstärkt, ist dann nicht zu untersagen, wenn die Voraussetzungen der sogenannten Abwägungsklausel nach § 36 Abs. 1 HS 2 GWB vorliegen. Diese Ausnahme greift ein, wenn die beteiligten Unternehmen nachweisen, dass durch den Zusammenschluss auf einem anderen Markt auch Verbesserungen der Wettbewerbsbedingungen eintreten und dass diese Verbesserungen die Nachteile der Marktbeherrschung überwiegen.

186 Die Abwägungsklausel sieht vor, dass die negativen wettbewerblichen Auswirkungen auf dem Markt, auf dem eine marktbeherrschende Stellung entsteht oder verstärkt wird („Verschlechterungsmarkt"), und etwaige positive wettbewerbliche Auswirkungen auf einem anderen Markt („Verbesserungsmarkt") gegeneinander abgewogen werden. Aus wettbewerblicher Sicht ist eine Untersagung eines Zusammenschlusses nicht gerechtfertigt, wenn der Zusammenschluss auf dem einen Markt wettbewerbliche Verbesserungen in größerem Ausmaß bewirkt als die wettbewerblichen Verschlechterungen auf dem anderen Markt. Da gleichwohl eine marktbeherrschende Stellung auf einem Markt hingenommen wird, dürfen an die Abwägungsklausel und deren Voraussetzungen keine zu geringen Anforderungen gestellt werden. Grundsätzlich kommen als Verbesserungen ausschließlich wettbewerbliche Auswirkungen auf einem anderen Markt in Betracht, welche die Marktstrukturen betreffen.

187 Die Abwägungsklausel ermöglicht eine Abwägung ausschließlich von **wettbewerblichen Auswirkungen** eines Zusammenschlusses. Etwaige gesamtwirtschaftliche Vorteile, politische Zielsetzungen[268] und sonstige Allgemeininteressen können vom Bundeskartellamt nicht berücksichtigt werden, sondern ausschließlich im Rahmen eines Ministererlaubnisverfahrens vom Bundeswirtschaftsminister (§ 42 GWB).

188 Die wettbewerblich positiven Auswirkungen des Zusammenschlusses müssen **struktureller Art** sein – ebenso wie dessen wettbewerblich negativen Auswirkun-

---

[266] Vgl. dazu z. B. BKartA, Beschl. v. 2.5.2003, B3 8/03 – *Ajinomoto/Orsan,* S. 18 f.; sowie BKartA, Beschl. v. 21.5.2010, B9 13/10 – *Magna/Karmann,* S. 135.

[267] Vgl. OLG Düsseldorf, Beschl. v. 11.4.2007, WuW/E DE-R 1958, 1972 f. – *Rhön-Grabfeld;* sowie Monopolkommission (2004), Die Pressefusionskontrolle in der 7. GWB-Novelle, Sondergutachten Nr. 42, Rn. 140.

[268] Wird z. B. durch den Zusammenschluss zweier Kabelnetzbetreiber der Breitbandausbau beschleunigt, ist die technologiepolitische Zielsetzung „Förderung des Breitbandausbaus" für sich genommen kein berücksichtigungsfähiger Vorteil. Wird hingegen die Substitutionskonkurrenz zu anderen Netzen gestärkt, weil (durch Erreichen notwendiger Netzgrößen und -verbindungen) Internetzugänge angeboten werden, kommt dieser Vorteil als wettbewerbliche Auswirkung in Betracht. Vgl. dazu BKartA, Beschl. v. 3.4.2008, B7 200/07 – *KDG/Orion,* Rn. 270 ff.

gen, die eine Marktbeherrschung begründen oder verstärken.[269] Damit sind grundsätzlich die gleichen Kriterien für die wettbewerbliche Verbesserung wie für die wettbewerbliche Verschlechterung relevant. Positive Auswirkungen können z. B. der Erhalt einer größeren Anzahl von Unternehmen im Markt, der Fortbestand einer Marke und damit von Konkurrenzprodukten sowie die Beseitigung oder Absenkung von Marktzutrittsschranken[270] sein.

Aspekte, die sich nicht auf die Marktstruktur beziehen und deshalb nicht im **189** Rahmen der Abwägungsklausel berücksichtigt werden können, sind z. B. erwartete Preissenkungen, ein nach einem Business Plan beabsichtigtes Verhalten oder die Bereitschaft zu Investitionen.[271] Solche Verhaltensweisen können – auch über eventuelle Nebenbestimmungen – letztlich nicht verbindlich vorgegeben werden. Sie wären im Zweifelsfall nicht durchsetzbar. Eine strukturelle Wirkung ist hingegen nicht schon deshalb abzulehnen, weil sie nicht unmittelbar mit dem Zusammenschluss eintritt, sondern noch eine bestimmte Verhaltensweise (z. B. Investitionen, Marktzutritt) erfordert, die durch den Zusammenschluss ermöglicht oder begünstigt wird. Entscheidend ist dabei, wie sich der Zusammenschluss auf die Anreize der Marktteilnehmer auswirkt: Es handelt sich um eine Verbesserung im Sinne der Abwägungsklausel, wenn die wirtschaftlichen Verhältnisse auf dem relevanten Markt nach dem Zusammenschluss dem betreffenden Marktteilnehmer die erforderliche Verhaltensweise derart nahelegen, dass dieses Verhalten mit ausreichender Wahrscheinlichkeit erwartet werden kann.[272]

Ebenfalls nicht ausreichend sind reine betriebswirtschaftliche Vorteile, wie bessere **190** Kapazitätsauslastung oder Kosteneinsparungen der Zusammenschlussbeteiligten.[273] Auch eventuell durch den Zusammenschluss realisierbare Effizienzen sind für sich genommen nicht abwägungsfähig. Sofern von ihnen jedoch eine strukturelle Wirkung ausgeht, können diese Verbesserungen berücksichtigt werden.[274]

Die abzuwägenden wettbewerblichen Auswirkungen müssen **auf verschiedenen** **191** **Märkten** eintreten. Treten die Auswirkungen auf *demselben* Markt auf, sind sie nicht im Rahmen der Abwägungsklausel, sondern bereits bei der Beurteilung darüber zu berücksichtigen, ob eine marktbeherrschende Stellung entsteht oder verstärkt wird.[275]

Nur wenn bei der Saldierung von wettbewerblich positiven und negativen Aus- **192** wirkungen im Rahmen der erforderlichen Gesamtbetrachtung die negativen überwiegen, verschlechtert sich die Struktur des betroffenen Marktes i. S. d. Untersagungsvoraussetzungen.[276] Damit eine Verschlechterung, die eine Untersagung rechtfertigen würde, ausnahmsweise akzeptiert werden kann, müssen auf einem anderen Markt entsprechend gewichtige Verbesserungen eintreten. Als Verbesserungsmärkte kommen nach ständiger Praxis des Bundeskartellamtes daher nur

---

[269] BGH, Beschl. v. 8.2.1994, WuW/E BGH 2899, 2902 – *Anzeigenblätter II;* OLG Düsseldorf, Beschl. v. 18.10.2006, WuW/E DE-R 1845, 1853 – *SES/DPC;* BKartA, Beschl. v. 28.12.2004, B7–150/04 – *SES/DPC,* Rn. 176; sowie BKartA, Beschl. v. 3.4.2008, B7 200/07 – *KDG/Orion,* Rn. 227.

[270] Vgl. BKartA, Beschl. v. 3.4.2008, B7 200/07 – *KDG/Orion,* Rn. 227; sowie BKartA, Beschl. v. 28.12.2004, B7–150/04 – SES/*DPC,* Rn. 176.

[271] Vgl. BKartA, Beschl. v. 3.4.2008, B7 200/07 – *KDG/Orion,* Rn. 245.

[272] Vgl. BGH, Beschl. v. 8.2.1994, WuW/E BGH 2899, 2903 – *Anzeigenblätter II.*

[273] Vgl. BKartA, Beschl. v. 21.4.1999, B1 275/98 – *Pfleiderer/Coswig,* Rn. 21.

[274] Dies könnte z. B. gegeben sein, wenn die Zusammenführung von Netzen die Voraussetzung für das Angebot von Internetzugängen erleichtert bzw. schafft, das vorher auf die Nutzung von Monopolinfrastruktur angewiesen war.

[275] Zur Abwägung positiver Auswirkungen im selben Markt innerhalb der Markbeherrschungsprüfung vgl. z. B. BKartA, Beschl. v. 20.6.2005, B7 22/05 – *iesy (Apollo)/ish,* Rn. 203 ff.

[276] Vgl. BKartA, Beschl. v. 3.4.2008, B7 200/07 – *KDG/Orion,* Rn. 227.

beherrschte Märkte in Betracht.[277] Denn eine Verbesserung kann spiegelbildlich nur dann die Nachteile der Marktbeherrschung überwiegen, wenn sie geeignet ist, eine marktbeherrschende Stellung auf dem Verschlechterungsmarkt abzubauen oder zumindest abzumildern.

193 Der Verbesserungsmarkt muss **Deutschland ganz oder teilweise umfassen.** Denn auch für die im Rahmen der Abwägungsklausel zu berücksichtigenden positiven Wirkungen auf den Wettbewerb gilt spiegelbildlich die Beschränkung auf Inlandswirkungen in § 130 Abs. 2 GWB. Nicht ausreichend sind daher wettbewerblich positive Auswirkungen ausschließlich auf einem ausländischen Markt.

194 Die Abwägungsklausel setzt auch voraus, dass die Verbesserungen nur durch den Zusammenschluss möglich sind. Die **Kausalität** ist nach der Rechtsprechung zu bejahen, wenn sich aufgrund der gegebenen und der zu erwartenden Marktverhältnisse anhand der konkreten Umstände mit hoher Wahrscheinlichkeit sagen lässt, dass nach allgemeiner Erfahrung über wirtschaftliches Verhalten eine gleichwertige Verbesserung der Wettbewerbsbedingungen ohne den Zusammenschluss nicht zu erwarten ist.[278] Sind gleichwertige Verbesserungen der Wettbewerbsbedingungen ohnehin zu erwarten oder können sie auch auf anderem Weg erreicht werden, ist der Zusammenschluss nicht kausal für diese Verbesserungen. Abwägungsrelevant ist dagegen der Vorteil, dass die Verbesserungen schneller eintreten, wenn der Zusammenschluss stattfindet.[279] Der Prognosezeitraum bezüglich der Verbesserung ist – wie der Prognosezeitraum bezüglich der Entstehung oder Verstärkung der marktbeherrschenden Stellung – von dem betroffenen Markt abhängig.

195 Die Kausalität erfordert zudem einen gewissen Zusammenhang der wettbewerblichen Verschlechterungen und Verbesserungen. Dieser ist nicht in dem Sinne herbeiführbar, dass durch die Ausgestaltung des Zusammenschlussvorhabens bzw. durch das Angebot von Nebenbestimmungen ein Paket aus mehreren eigentlich unabhängigen Vorhaben geschnürt wird, um auch die notwendigen Verbesserungswirkungen „durch den Zusammenschluss" erzielen zu können. Das Kausalitätserfordernis bietet somit auch Gewähr für einen gewissen Zusammenhang zwischen den Verschlechterungs- und Verbesserungsmärkten. Über die Kausalität hinaus ist kein besonderer Konnex zwischen den Märkten erforderlich, etwa derart, dass die gleichen Kunden betroffen sein müssten.[280]

196 Daraus ergibt sich, dass die notwendigen Verbesserungswirkungen nicht beliebig über Nebenbestimmungen „aushandelbar" sind.[281] Gleichwohl können Nebenbestimmungen in manchen Fällen dazu beitragen, die Voraussetzungen der Abwä-

---

[277] Vgl. BKartA, Beschl. v. 15.12.2011, B7 66/11 – *Liberty Global/Kabel BW,* Rn. 295; BKartA, Beschl. v. 22.2.2002, B7–168/01 – *Liberty/KDG,* Rn. 103 f.; BKartA, Beschl. v. 28.12.2004, B7–150/04 – SES/*DPC,* Rn. 158; Eine andere Auffassung vertritt insoweit OLG Düsseldorf, Beschl. v. 18.10.2006, WuW/E DE-R 1845, 1851 – *SES/DPC.* Die Frage ist bislang nicht höchstrichterlich geklärt.

[278] BGH, Beschl. v. 12.12.1978, WuW/E BGH, 1533, 1539 f. – *Erdgas Schwaben.* Dabei genügt der Nachweis, dass aufgrund der Marktverhältnisse und konkreter Umstände mit hoher Wahrscheinlichkeit zu erwarten ist, dass nach allgemeiner Erfahrung eine gleichwertige Verbesserung ohne den Zusammenschluss nicht zu erwarten ist: KG, Beschl. v. 7.11.1985, WuW/E OLG, 3759, 3767 – Pillsbury/Sonnen-Bassermann.

[279] Vgl. BGH, Beschl. v. 12.12.1978, WuW/E BGH, 1533, 1541 – *Erdgas Schwaben;* BKartA, Beschl. v. 3.4.2008, B7 200/07 – *KDG/Orion,* Rn. 256 ff.; BKartA, Beschl. v. 4.4.2001, B7 205/00 – *Callahan/NetCologne,* S. 24.

[280] In Zeitungsfällen sind z. B. meist andere Kunden betroffen, in den Kabelfällen dagegen (potentiell) die gleichen.

[281] Vgl. dazu bereits Bericht des Bundeskartellamtes über seine Tätigkeit in den Jahren 1987/1988, BT-Drs. 11/4611, S. 15.

gungsklausel zu erfüllen.[282] Die Verbesserungen müssen aber in Zusammenhang zum eigentlichen Zusammenschluss stehen. Nebenbestimmungen können auch auf das Verhalten einwirken, sofern dabei ein struktureller Effekt erzielt wird, der hinreichend wirksam und nachhaltig ist.[283] Verbesserungen lassen sich jedoch insofern nur begrenzt über Nebenbestimmungen herbeiführen, als sich die Erwartung der Verbesserungen auf wirtschaftliche Gegebenheiten (und nicht lediglich auf Versprechungen oder Planungen der Zusammenschlussbeteiligten) stützen muss, denn nur insoweit ist sie durch die Marktstruktur begründet.[284] Im Einzelfall können die Verbesserungswirkungen über Nebenbestimmungen gegebenenfalls unterstützt werden, indem sie die Wahrscheinlichkeit der Strukturveränderung erhöhen oder ein Offenhalten der Märkte absichern.

Die wettbewerblich positiven Auswirkungen müssen die wettbewerblich negati- **197**
ven Auswirkungen der Entstehung oder Verstärkung einer marktbeherrschenden Stellung **überwiegen.** Nach dem insoweit eindeutigen Wortlaut des § 36 Abs. 1 HS 2 GWB genügt ein bloßes Aufwiegen nicht.[285] Bei der Abwägung der wettbewerblich positiven und der wettbewerblich negativen Auswirkungen des Zusammenschlusses berücksichtigt das Bundeskartellamt quantitative und qualitative Aspekte. Notwendig ist eine Gesamtbetrachtung, in die sowohl Marktkriterien als auch eine Bewertung der Verbesserungswirkungen eingehen.

Bei den **Marktkriterien** wird in quantitativer Hinsicht insbesondere die gesamt- **198**
wirtschaftliche Bedeutung der betroffenen Märkte berücksichtigt. Diese bemisst sich insbesondere nach dem Marktvolumen[286] der betroffenen Märkte, kann sich aber auch nach deren räumlicher Ausdehnung bemessen.[287] Es ist aber auch zu berücksichtigen, inwieweit es sich um Märkte handelt, die eine Schlüsselfunktion für eine ganze Branche oder für zahlreiche weitere Märkte spielen.[288]

Das Ausmaß der strukturellen **Verbesserungswirkungen** kann etwa anhand **199**
eines Marktanteilszugewinns und der daraus resultierenden Wettbewerbsintensivierung bewertet werden.[289] Die Höhe der durch eine Transaktion betroffenen Beteiligungen kann auch eine Rolle spielen. Beispielsweise kann die Verbesserung durch

---

[282] Beispiele für entsprechende Verwaltungspraxis z. B. BKartA, Beschl. v. 19.12.2007, B8 123/07 – *E.ON Avacon/WEVG,* Rn. 25; BKartA, Beschl. v. 23.10.2007, B8 93/07 – *RWE/SWKN,* Rn. 34 f.; grds. auch BKartA, Beschl. v. 12.3.2007, B8 62/06 – *RWE Energie/SaarFerngas,* S. 48; allerdings hätten in diesem Fall die mit den angebotenen Zusagen zu erreichenden Verbesserungen die mit dem Zusammenschluss bewirkten Verschlechterungen nicht überwogen.

[283] Beispielsweise wurden Nebenbestimmungen, die die Beteiligten verpflichten, Verkehrsleistungen nur noch über Ausschreibungen zu vergeben, grundsätzlich als strukturelle Bedingung wirksamen Wettbewerbs auch höchstrichterlich anerkannt. Vgl. BGH, Beschl. v. 7.2.2006, WuW/E DE-R 1691, 1692 f. – *DB Regio/üstra,* Rn. 57 ff.

[284] BGH, Beschl. v. 8.2.1994, WuW/E BGH 2899, 2903 – *Anzeigenblätter II.*

[285] Vgl. BGH, Beschl. v. 29.9.1981, WuW/E BGH 1854, 1861 – *Straßenverkaufszeitungen;* OLG Düsseldorf, Beschl. v. 18.10.2006, WuW/E DE-R 1845, 1853 – *SES/DPC;* BKartA, Beschl. v. 23.10.2007, B8 93/07 – *RWE/SWKN,* Rn. 34; BKartA, Beschl. v. 12.3.2007, B8 62/06 – *RWE Energie/SaarFerngas,* S. 54; BKartA, Beschl. v. 19.12.2007, B8 123/07 – *E.ON Avacon/WEVG,* Rn. 24.

[286] Vgl. BKartA, Beschl. v. 3.4.2008, B7 200/07 – *KDG/Orion,* Rn. 271; BKartA, Beschl. v. 12.10.2007, B8 59/07 – *VNG/EWE/E-ON/Thyssengas/trac-x,* Rn. 51 f.; im Fall BKartA, Beschl. v. 23.10.2007, B8 93/07 – *RWE/SWKN,* Rn. 41 war in quantitativer Hinsicht die von der Verbesserung und der Verschlechterung jeweils betroffene Gasmenge maßgeblich.

[287] So konnten etwa Verbesserungen auf dem Münchener Zeitungsmarkt strukturelle Verschlechterungen auf dem deutschen Markt für Straßenverkaufszeitungen nicht überwiegen: vgl. BGH, Beschl. v. 29.9.1981, WuW/E BGH 1854, 1860 f. – *Straßenverkaufszeitungen.*

[288] BKartA, Beschl. v. 3.4.2008, B7 200/07 – *KDG/Orion,* Rn. 272.

[289] Vgl. BKartA, Beschl. v. 8.2.2007, B5 1003/06 – *Atlas Copco/ABAC,* Rn. 131.

eine vollständige Auflösung einer Unternehmensbeteiligung die Verschlechterung durch eine bloße Erhöhung einer bereits bestehenden Unternehmensbeteiligung überwiegen.[290] Bei der qualitativen Bewertung einer Verbesserung durch Abgabe einer Beteiligung macht es einen Unterschied, ob die Beteiligung an einen aktiven und potenten Wettbewerber mit eigenen strategischen Interessen oder an einen reinen Finanzinvestor abgegeben wird.[291]

200 Die **Darlegungs- und Beweislast** für die eintretenden Verbesserungen, für ein Überwiegen der Verbesserungen und für die Kausalität obliegt nach dem insoweit eindeutigen Wortlaut des § 36 Abs. 1 HS 2 GWB den am Zusammenschluss beteiligten Unternehmen. Gefordert ist ein substantiierter und konsistenter Vortrag, der insbesondere für den Verbesserungsmarkt die eintretenden Verbesserungen darlegt. Nachzuweisen ist, dass die Umsetzung der Transaktion dazu führt, dass die erwarteten Verbesserungen eintreten.

201 Wenn die beteiligten Unternehmen Verbesserungen substantiiert vortragen, aber genaue Tatsachen selbst nicht ermitteln können, ist das Bundeskartellamt nach dem Amtsermittlungsgrundsatz gehalten, dem nachzugehen und ggfls. Ermittlungen durchzuführen. Grundsätzlich sind die Marktverhältnisse besser durch das Bundeskartellamt zu ermitteln. Ermittlungen sind aber nur im Rahmen dessen möglich und notwendig, was von den Beteiligten dargelegt wird.[292] Die Prüfung erfordert zudem, dass der entsprechende Vortrag rechtzeitig erfolgt. Werden durch den Vortrag zusätzliche Ermittlungen des BKartA notwendig, die innerhalb des Fristablaufs nicht mehr abgeschlossen werden können, genügen die Zusammenschlussbeteiligten ihrer Darlegungs- und Beweislast nur dann, wenn sie einer ausreichenden Fristverlängerung zustimmen.

---

[290] Vgl. BKartA, Beschl. v. 19.12.2007, B8 123/07 – *E.ON Avacon/WEVG,* Rn. 26; BKartA, Beschl. v. 23.10.2007, B8 93/07 – *RWE/SWKN,* Rn. 41.

[291] Vgl. BKartA, Beschl. v. 12.3.2007, B8 62/06 – *RWE Energie/SaarFerngas,* S. 52.

[292] Die Möglichkeiten der Beteiligten sind insbesondere beim Nachweis von Marktbeherrschung eingeschränkt. Vgl. OLG Düsseldorf, Beschl. v. 18.10.2006, WuW/E DE-R 1845 – *SES/DPC,* Rn. 63.

9. Leitfaden Zusagen in der Fusionskontrolle

Übersicht

A. Einführung

I. Zielsetzung des Leitfadens

1 Der vorliegende Leitfaden erläutert, unter welchen Voraussetzungen das Bundeskartellamt einen Zusammenschluss unter **Bedingungen und Auflagen** (Nebenbestimmungen) freigeben kann, obwohl die Untersagungsvoraussetzungen erfüllt sind. Mit Nebenbestimmungen in einer Freigabeentscheidung stellt das Bundeskartellamt sicher, dass die am Zusammenschluss beteiligten Unternehmen den Verpflichtungen nachkommen, die sie gegenüber dem Bundeskartellamt eingegangen sind (Verpflichtungszusagen bzw. Zusagen), um eine Untersagung abzuwenden (§ 40 Abs. 3 Satz 1 GWB).[1]

2 Der Leitfaden stellt die wichtigsten Arten von Verpflichtungszusagen dar und erklärt, welche **Anforderungen an Verpflichtungszusagen** dieser Kategorien jeweils zu stellen sind (vgl. B, Rn. 37-106).[2] Dabei wird auch erklärt, welche Voraussetzungen ein geeigneter Erwerber im Kontext einer Veräußerungszusage erfüllen muss (vgl. B.I.2, Rn. 58 66). Außerdem beschreibt das vorliegende Dokument das Verfahren bei der Entgegennahme und der Umsetzung von Zusagen und erläutert in diesem Zusammenhang auch die Rolle von Treuhändern (vgl. C, Rn. 107165).

[1] Gesetz gegen Wettbewerbsbeschränkungen (GWB) in der Fassung der Bekanntmachung vom 26. Juni 2013 (Bundesgesetzblatt I S. 1750, 3245), zuletzt geändert durch Artikel 2 des Gesetzes vom 26. Juli 2016 (Bundesgesetzblatt I S. 1786 Nr. 37).

[2] Zu der im vorliegenden Leitfaden verwendeten Terminologie siehe die Anlage „Definitionen".

In diesen Leitfaden sind neben **ökonomischen Erkenntnissen** insbesondere die **Fallpraxis** und die Erfahrung des Bundeskartellamts sowie die **Rechtsprechung** des Oberlandesgerichts Düsseldorf (OLG Düsseldorf) und des Bundesgerichtshofs eingeflossen.[3] Desweiteren wurden die Erfahrungen anderer **Kartellrechtsjurisdiktionen** bei der Bewertung von Verpflichtungszusagen analysiert und für diesen Leitfaden genutzt. Das gilt vor allem für die Rechtsprechung der europäischen Gerichte und die Entscheidungen und Leitlinien der Europäischen Kommission. Auch die Dokumente aus den internationalen Foren ICN und OECD wurden bei der Vorbereitung des Leitfadens einbezogen. Außerdem wurde insbesondere bei der Ausgestaltung des Verfahrens berücksichtigt, dass eine enge Zusammenarbeit zwischen Wettbewerbsbehörden bei der Prüfung grenzüberschreitender Zusammenschlüsse besonders wichtig ist, wenn in mehreren Jurisdiktionen Entscheidungen unter Nebenbestimmungen getroffen werden sollen. 3

Eine abschließende Darstellung zulässiger Bedingungen und Auflagen ist nicht beabsichtigt. Jeder Zusammenschluss erfordert eine individuelle Würdigung des konkreten Sachverhaltes unter Berücksichtigung der besonderen Umstände des **Einzelfalles** durch die zuständige Beschlussabteilung. Außerdem kann auch eine Fortentwicklung des hier dargelegten Prüfkonzepts infolge künftiger Entscheidungen in Einzelfällen geboten sein. Insofern erhebt der Text keinen Anspruch auf Vollständigkeit. 4

II. Verpflichtungszusagen als Instrument der Fusionskontrolle

Fusionskontrolle kann einen maßgeblichen Beitrag dazu leisten, Wettbewerbsbeschränkungen durch **Unternehmenskonzentration** zu verhindern. Das Bundeskartellamt prüft jährlich circa 1.000 bis 1.200 Zusammenschlüsse. Davon werfen nur wenige Fusionen[4] wettbewerbliche Probleme auf. Von vielen Zusammenschlüssen gehen im Gegenteil wettbewerblich positive Impulse aus, z. B. können Zusammenschlüsse die Erzielung von Skaleneffekten und anderen Synergien ermöglichen. Insbesondere auf konzentrierten Märkten können Zusammenschlüsse jedoch auch negative Auswirkungen auf die Marktstruktur und das Wettbewerbsverhalten der Unternehmen haben und so die Marktergebnisse negativ beeinflussen, indem die Marktmacht der Unternehmen erhöht wird.[5] 5

---

[3] Die Fallpraxis und Rechtsprechung aus der Zeit vor dem Inkrafttreten der 8. GWB-Novelle und der Einführung des SIEC-Tests sind grundsätzlich weiterhin anwendbar, weil die Begründung und Verstärkung einer marktbeherrschenden Stellung im SIEC-Test als Regelbeispiel erhalten geblieben ist. Der SIEC-Test erfasst jedoch auch wesentliche Behinderungen wirksamen Wettbewerbs außerhalb des Regelbeispiels der Marktbeherrschung, insbesondere bestimmte wesentliche Wettbewerbsbehinderungen aufgrund sogenannter nicht-koordinierter Effekte. Diese Ausweitung des Untersagungskriteriums hat auch Auswirkungen auf die Eignung von Zusagenvorschlägen. So reicht es im Rahmen der Prüfung von Zusagen nicht mehr aus auszuschließen, dass die Umsetzung der Zusage eine marktbeherrschende Stellung begründen oder verstärken würde. Zusätzlich ist erforderlich, dass aufgrund der Umsetzung der Zusagen auch keine bedenklichen SIEC-Konstellationen außerhalb der Marktbeherrschung zu erwarten sind.

[4] Die Begriffe „Fusion" und „Zusammenschluss" werden in diesem Dokument synonym verwendet.

[5] Vgl. BKartA, Leitfaden Marktbeherrschung (2012), Rn. 4, der Leitfaden enthält eine ausführliche Darstellung, in welchen Situationen Zusammenschlüsse im Kontext des Marktbeherrschungstests zu Wettbewerbsproblemen führen können. Damit sind die Fallkonstellationen abgedeckt, die unter das Regelbeispiel des SIEC-Tests fallen. Der SIEC-Test ist allerdings weiter und deckt auch Konstellationen ab, in denen es nicht zur Begründung oder Verstärkung von Marktbeherrschung kommt, insbesondere nicht-koordinierte Effekte im engen Oligopol, vgl. z. B. BKartA, Beschl. v. 31.3.2015, B2 96/14 – *Edeka/Kaiser's Tengelmann,* Rn. 141 ff.

6 Ein (anmeldepflichtiger) Zusammenschluss ist vom Bundeskartellamt zu untersagen, wenn durch ihn wirksamer Wettbewerb erheblich behindert würde (sogenannter **SIEC-Test**).[6] Eine erhebliche Behinderung wirksamen Wettbewerbs liegt insbesondere dann vor, wenn zu erwarten ist, dass der Zusammenschluss eine marktbeherrschende Stellung begründet oder verstärkt (§ 36 Abs. 1 Satz 1 GWB).[7] Eine erhebliche Behinderung wirksamen Wettbewerbs erfüllt die Untersagungsvoraussetzungen nicht, wenn die Zusammenschlussbeteiligten nachweisen, dass durch den Zusammenschluss auch Verbesserungen der Wettbewerbsbedingungen eintreten und diese Verbesserungen die Behinderung des Wettbewerbs überwiegen (§ 36 Abs. 1 Satz 2 Nr. 1 GWB).[8]

7 **Verpflichtungszusagen** erlauben es den beteiligten Unternehmen, ihr Zusammenschlussvorhaben nach der Anmeldung beim Bundeskartellamt so zu verändern, dass es die Untersagungsvoraussetzungen nicht mehr erfüllt. Dies setzt voraus, dass die vorgeschlagenen Maßnahmen geeignet sind, die wettbewerbsrechtlichen Bedenken zu beseitigen.[9] Eine Untersagung des Vorhabens unterbleibt dann. Zusagen haben sich in der Praxis als wichtiges Instrument der Fusionskontrolle erwiesen, sie liegen im Interesse einer effektiven und erfolgreichen Durchsetzung des Kartellrechts. Den Unternehmen ist es dadurch möglich, die von einem Zusammenschluss erhofften betriebswirtschaftlichen Vorteile so weit wie möglich zu realisieren. Das kann z. B. in vielen Fällen erreicht werden, in denen der Erwerb des Zielunternehmens lediglich in einzelnen, abgrenzbaren Teilbereichen seiner Geschäftstätigkeit zu wettbewerblichen Problemen führen würde. Wenn der Zusammenschluss in diesem Bereich zum Wegfall eines wichtigen Wettbewerbers auf einem bestimmten Markt führt, kann die Veräußerung des betroffenen Geschäftsfelds auf der Seite des Erwerbers oder des Zielunternehmens an einen geeigneten unabhängigen Dritten oft ausreichen, um zu verhindern, dass es zu einer erheblichen Behinderung wirksamen Wettbewerbs kommt.[10] Das gleiche gilt, wenn ein Mitglied eines wettbewerbslosen Oligopols einen Oligopol-Außenseiter erwirbt und dies zur Verstärkung des wettbewerbslosen Oligopols führt. In einem solchen Fall kann die Veräußerung des betroffenen Geschäftsbereichs auf der Seite des Zielunternehmens an einen unabhängigen Dritten oft ausreichen, um einen vom wettbewerbslosen Oligopol unabhängigen Wettbewerber zu erhalten und so eine Verschlechterung der Marktverhältnisse durch den Zusammenschluss verhindern. Eine Veräußerung kann auch ein geeignetes Mit-

---

[6] Die gebräuchliche Abkürzung knüpft an die englischsprachige Formulierung des Tests an: „Significant Impediment of Effective Competition".

[7] Vgl. hierzu auch Bundeskartellamt, Leitfaden Marktbeherrschung (2012), der die Voraussetzungen der Entstehung oder Begründung einer marktbeherrschenden Stellung ausführlich erläutert. Der Leitfaden wurde vor der Einführung des SIEC-Tests veröffentlicht. Als Regelbeispiel bleibt der Marktbeherrschungstest aber auch im Kontext des SIEC-Tests von Bedeutung. Es ist geplant, den Leitfaden an die neue Gesetzeslage anzupassen. Insbesondere sind die Fallkonstellationen zu erläutern, die unter den SIEC-Test fallen, vom Regelbeispiel aber nicht abdeckt sind.

[8] Eine Intervention gegen einen Zusammenschluss ist auch dann ausgeschlossen, wenn die Untersagungsvoraussetzungen lediglich auf einem sogenannten Bagatellmarkt vorliegen (§ 36 Abs. 1 Satz 2 Nr. 2 GWB) oder wenn die Voraussetzungen einer Sanierungsfusion im Verlagswesen erfüllt sind (§ 36 Abs. 1 Satz 2 Nr. 3 GWB).

[9] Vgl. z. B. BGH, Beschl. v. 20.4.2010, KVR 1/09 – *Phonak/GN Store,* Rn. 90 (juris); BGH, Beschl. v. 7.2.2006, KVR 5/05 – *DB Regio/üstra,* Rn. 56 (juris); OLG Düsseldorf, Beschl. v. 6.6.2007, VI-2 Kart 7/04 (V) – *E.ON/Stadtwerke Eschwege,* Rn. 114 (juris).

[10] Zu den Anforderungen an Verpflichtungszusagen, die zu Verbesserungen der Wettbewerbsbedingungen auf anderen Märkten führen sollen (Abwägungsklausel § 36 Abs. 1 GWB), vgl. III.

tel sein, um die Entstehung eines wettbewerbslosen Oligopols durch einen Zusammenschluss mit einem Oligopolaußenseiter zu verhindern.

Nicht in jeder Fallkonstellation existieren **geeignete,** also vor allem **wirksame** Maßnahmen, die als Verpflichtungszusage angeboten werden könnten. Sind die vorgeschlagenen Zusagen nicht geeignet, die nach § 36 Abs. 1 Satz 1 GWB festgestellte erhebliche Behinderung wirksamen Wettbewerbs zu verhindern, bleibt es bei der Untersagung. Außerdem kann es für die beteiligten Unternehmen in manchen Fällen, in denen eine wirksame Verpflichtungszusage denkbar wäre, aus verschiedenen, z. B. betriebswirtschaftlichen oder unternehmenspolitischen, Gründen sinnvoll sein, die erforderliche Verpflichtungszusage nicht abzugeben. Das ist insbesondere der Fall, wenn diese für sie wirtschaftlich nachteiliger wäre, als das Zusammenschlussvorhaben aufzugeben. 8

Grundsätzlich liegt es **in der Hand der Zusammenschlussbeteiligten,** geeignete Verpflichtungszusagen vorzulegen (zum Verfahren vgl. C.I, Rn. 109 113).[11] Auch die Unterbreitung von Zusagenangeboten ist Ausfluss ihrer unternehmerischen Freiheit, ihr Zusammenschlussvorhaben selbst auszugestalten. Außerdem würde ansonsten gestaltend in die Rechtsverhältnisse der Zusammenschlussbeteiligten untereinander eingegriffen. Das Bundeskartellamt wird den am Zusammenschluss beteiligten Unternehmen von Amts wegen keine Zusagen einseitig auferlegen, weil ohne ein entsprechendes Angebot der Zusammenschlussparteien nicht damit gerechnet werden kann, dass die Zusagen zeitnah und vollständig umgesetzt würden. Das Bundeskartellamt beschränkt sich daher darauf, den Parteien in angemessenen Fällen Anregungen zu geben, welche Verpflichtungen notwendig und geeignet wären (vgl. C.II, Rn. 114). Legen die Zusammenschlussparteien Zusagenvorschläge vor, werden sie vom Bundeskartellamt auf Eignung, Erforderlichkeit und Angemessenheit geprüft. Unter mehreren gleichermaßen geeigneten Maßnahmen ist grundsätzlich die für die Parteien mildeste Maßnahme auszuwählen, sofern sich diese nicht aus anderen Gründen (z. B. aufgrund von betroffenen Rechten Dritter) als unangemessen darstellt. 9

Der Umfang der **Ermittlungen,** die das Bundeskartellamt zur Prüfung der Eignung und Erforderlichkeit durchführt (Amtsermittlungsgrundsatz), wird durch die – trotz der Verlängerung um einen Monat nach § 40 Abs. 2 Satz 7 GWB – kurzen Fristen beschränkt, innerhalb derer das Bundeskartellamt im Rahmen der Fusionskontrollverfahren entscheiden muss.[12] Die Sachverhalte, die für die Eignung der Zusagenvorschläge zur Beseitigung der Untersagungsvoraussetzungen relevant sind, liegen in wesentlichen Teilen in der Sphäre der Zusammenschlussbeteiligten. Daher trifft diese eine gesteigerte Mitwirkungspflicht, die umso schwerer wiegt, je später im Verfahren Verpflichtungszusagen vorgeschlagen werden.[13] 10

Wenn Verpflichtungszusagen geeignet, erforderlich und angemessen sind, um die Untersagungsvoraussetzungen wirksam, vollständig und zeitnah zu beseitigen, folgt eine Freigabe unter Nebenbestimmungen dem Grundsatz der **Verhältnismäßigkeit.**[14] Es steht dann nicht im Ermessen des Bundeskartellamts, ob es solche Zusa- 11

[11] Nach § 40 Abs. 3 GWB sollen Bedingungen und Auflagen sicherstellen, dass „die beteiligten Unternehmen den Verpflichtungen nachkommen, die sie gegenüber dem Bundeskartellamt eingegangen sind."

[12] Vgl. BGH, Beschl. v. 16.1.2007, KVR 12/06 – *National Geographic II,* Rn. 15 (aus der Fristgebundenheit ergibt sich eine Beschränkung der Aufklärungsmöglichkeiten, für den Fall von Verkehrsbefragungen im Kontext der wettbewerblichen Würdigung).

[13] Vgl. zur Missbrauchsaufsicht BGH, Beschl. v. 14.7.2015, KVR 77/13 – *Wasserpreise Calw II,* Rn. 30 (juris).

[14] Vgl. Regierungsentwurf zur 6. GWB-Novelle, Begründung zur Änderung von § 40 Abs. 3 GWB, BT-Drs. 13/9720, S. 60; vgl. z. B. OLG Düsseldorf, Beschl. v. 22.12.2008, VI-Kart 12/08 (V) – *Globus/Distributa,* Rn. 19 (juris).

genvorschläge annimmt (vgl. zum Verfahren C.IV, Rn. 126 f.).[15] Umgekehrt ist das Amt nicht zur Freigabe berechtigt, wenn die Eignung der Zusagen zur Beseitigung der Untersagungsvoraussetzungen nicht hinreichend sicher zu prognostizieren ist.[16] Auch insofern verfügt es über kein Ermessen.

12 **Rechtsschutz** besteht auch gegen Freigaben mit Nebenbestimmungen.[17] Die Zusammenschlussbeteiligten können mit dem Begehren einer isolierten Aufhebung der Nebenbestimmungen gegen die Entscheidung des Bundeskartellamts vorgehen, mit dem Ziel einer uneingeschränkten Freigabe des Zusammenschlusses.[18] Die Zusammenschlussbeteiligten können sich auch mit der Begründung gegen eine Untersagung wenden, dass das Bundeskartellamt einen Zusagenvorschlag zu Unrecht nicht aufgenommen hat.[19] Gegen ein Urteil des OLG Düsseldorf ist Rechtsbeschwerde – bzw. bei Nichtzulassung der Rechtsbeschwerde durch das OLG Düsseldorf – zunächst Nichtzulassungsbeschwerde zum Bundesgerichtshof möglich.[20]

13 Neben den Zusammenschlussbeteiligten können auch Dritte befugt sein, Beschwerde vor dem OLG Düsseldorf gegen eine Entscheidung des Bundeskartellamts einzulegen. Das gilt für Unternehmen oder Verbraucherverbände, die auf Antrag zum Verfahren des Bundeskartellamts beigeladen wurden.[21] Es gilt auch für Unternehmen, die ebenfalls einen Antrag gestellt und die subjektiven Voraussetzungen für eine Beiladung erfüllt hatten, aber allein aus Gründen der Verfahrensökonomie nicht beigeladen wurden.[22] Wettbewerber und Abnehmer der Zusammenschlussbeteiligten erfüllen in vielen Fällen sowohl die Anforderungen an eine Beiladung, weil ihre wirtschaftlichen Interessen erheblich berührt sind,[23] als auch die zusätzliche Anforderung für die Zulässigkeit einer Beschwerde, dass sie durch die Freigabe mit Nebenbestimmungen materiell beschwert sind, weil ihre Interessen unmittelbar und individuell berührt sind.[24] Sie können in einer Beschwerde geltend machen, dass die angebotenen Zusagen nicht ausreichen und der Zusammenschluss daher hätte untersagt werden müssen. Trifft das zu, hebt das OLG Düsseldorf die Freigabe auf und verweist den Fall zurück an das Bundeskartellamt, das den Zusammenschluss erneut prüft. Die Entscheidungsfrist für das Hauptprüfverfahren läuft

---

[15] „Eine Freigabe unter Nebenbestimmungen ist nur zulässig, aber auch geboten, wenn dadurch die nach § 36 Abs. 1 GWB kritische Verschlechterung der Marktstruktur wirksam verhindert werden kann." Vgl. BGH, Beschl. v. 20.4.2010, KVR 1/09 – *Phonak/GN Store,* Rn. 90 (juris). A. A. noch OLG Düsseldorf, Beschl. v. 7.5.2008, VI-Kart 13/07 (V) – *Cargotec/ CVS Ferrari;* OLG Düsseldorf, Beschl. v. 26.11.2008, VI-Kart 8/07 (V) – *Phonak/GN Store,* Rn. 166 f. (juris).

[16] Vgl. z. B. OLG Düsseldorf, Beschl. v. 25.9.2013, VI Kart 4/12 – *Xella/H+H,* Rn. 141–163 (juris).

[17] Beschwerde zum OLG Düsseldorf nach §§ 63 ff. GWB.

[18] Vgl. OLG Düsseldorf, Beschl. v. 22.12.2004, VI-Kart 1/04 – *ÖPNV Hannover,* Rn. 39 (juris).

[19] Vgl. z. B. OLG Düsseldorf, Beschl. v. 25.9.2013, VI Kart 4/12 – *Xella/H+H,* Rn. 102 ff. (juris).

[20] §§ 74 ff. GWB.

[21] § 63 Abs. 2 iVm § 54 Abs. 2 Nr. 3 GWB.

[22] Vgl. BGH, Beschl. v. 7.11.2006, KVR 37/05 – *pepcom,* Rn. 12 (juris).

[23] § 54 Abs. 2 Nr. 3 GWB, vgl. z. B. BGH, Beschl. v. 7.11.2006, KVR 37/05 – *pepcom,* Rn. 18 (juris) (soweit sie geltend machen können, durch die Entscheidung unmittelbar und individuell betroffen zu sein).

[24] So die Anforderungen, z. B. nach BGH-Beschluss *HABET/Lekkerland.* Die Verletzung eines subjektiven öffentlichen Rechts auf Untersagung des Zusammenschlusses (vgl. § 42 Abs. 2 VwGO) muss nicht dargelegt werden. Vgl. BGH, Beschl. v. 24.6.2003, KVR 14/01 – *HABET/ Lekkerland,* Rn. 15 (juris); BGH, Beschl. v. 25.9.2007, KVR 25/06 – *Anteilsveräußerung,* Rn. 14 (juris).

erneut, beginnend mit Rechtskraft der gerichtlichen Entscheidung (§ 40 Abs. 6 GWB). Gegen ein Urteil des OLG Düsseldorf ist auch in diesen Fallkonstellationen Rechtsbeschwerde bzw. zunächst Nichtzulassungsbeschwerde zum Bundesgerichtshof möglich.

III. Anforderungen an Verpflichtungszusagen

Verpflichtungszusagen müssen geeignet und erforderlich sein, die vom Bundeskartellamt ermittelten schädlichen Auswirkungen des Zusammenschlusses auf den Wettbewerb **vollständig** und **zeitnah** auszuräumen, d. h. die Untersagungsvoraussetzungen zu beseitigen.[25] Sie müssen die fusionsbedingt zu erwartenden Marktstrukturverschlechterungen vollständig verhindern oder zumindest auf ein fusionskontrollrechtlich unbedenkliches Maß beschränken.[26] Das ist der Fall, wenn sie die Voraussetzungen für wirksamen Wettbewerb erhalten oder jedenfalls eine (weitere) Verschlechterung der Wettbewerbsbedingungen durch den Zusammenschluss verhindern. **14**

BGH: Deutsche Bahn/üstra[27] – allgemeine Anforderungen an Zusagen

In dieser Entscheidung gibt der Bundesgerichtshof Hinweise für die Prüfung von Nebenbestimmungen:

„Nach § 40 Abs. 3 Satz 1 GWB kann die Freigabe mit Bedingungen und Auflagen verbunden werden. Mit dieser durch die 6. GWB-Novelle in das Gesetz eingefügten Vorschrift sollte die bisherige Zusagenpraxis des Bundeskartellamts auf eine gesetzliche Grundlage gestellt werden (s. Begründung des Gesetzesentwurfs der Bundesregierung, BT-Drs. 13/9720, S. 60). Bedingungen und Auflagen sind nicht schrankenlos möglich, sondern nur dann und nur insoweit zulässig, als ohne diese Nebenbestimmungen der Zusammenschluss untersagt werden müsste. Die Nebenbestimmungen müssen somit geeignet und erforderlich sein, um die Begründung oder Verstärkung einer marktbeherrschenden Stellung zu verhindern oder zu bewirken, dass durch den Zusammenschluss auch Verbesserungen der Wettbewerbsbedingungen eintreten, die die Nachteile der Marktbeherrschung überwiegen (§ 36 Abs. 1 GWB). Die Zusammenschlusskontrolle richtet sich gegen strukturelle Verschlechterungen der Wettbewerbsbedingungen. Ebenso wie es daher bei der Feststellung der Entstehung oder Verstärkung der Marktbeherrschung in erster Linie auf strukturelle Gegebenheiten ankommt [...], kommen auch als Nebenbestimmungen grundsätzlich nur strukturelle Maßnahmen in Betracht, die die Wettbewerbsbedingungen, nicht das Wettbewerbsverhalten der beteiligten Unternehmen beeinflussen [...]. Das ausdrückliche Verbot, die beteiligten Unternehmen einer laufenden Verhaltenskontrolle zu unterstellen (§ 40 Abs. 3 Satz 2 GWB), verdeutlicht und konkretisiert diese durch den Gesetzeszweck vorgegebene Zielrichtung der Nebenbestimmungen."[28]

---

[25] Vgl. zur Zeitnähe OLG Düsseldorf, Beschl. v. 22.12.2008, VI-Kart 12/08 (V) – *Globus/Distributa,* Rn. 19 (juris) und zur Vollständigkeit z. B. OLG Düsseldorf, Beschl. v. 25.9.2013, VI Kart 4/12 (V) – *Xella/H+H,* Rn. 141 (juris); OLG Düsseldorf, Beschl. v. 6.6.2007, VI-2 Kart 7/04 (V) – *E.ON/Stadtwerke Eschwege,* Rn. 114 (juris); BKartA, Beschl. v. 22.2.2013, B7–70/12 – *Kabel Deutschland/Tele Columbus,* Rn. 335 f., 341 (Zusage von Kabel Deutschland, breitbandfähige Infrastruktur von Tele Columbus in Berlin, Dresden und Cottbus zu veräußern, adressierte die Wettbewerbsbedenken in lediglich drei von 20 Gebieten); BKartA, Beschl. v. 12.3.2007, B8 62/06 – *RWE Energy/Saar Ferngas,* S. 48 ff. (Zusage von RWE Energy, verschiedene Beteiligungen u. a. an Stadtwerken zu veräußern, räumt wettbewerbliche Bedenken nicht auf allen betroffenen Gas- und Strommärkten aus).

[26] Vgl. z. B. OLG Düsseldorf, Beschl. v. 12.11.2008, VI-Kart 5/08 (V) – *A-TEC/Norddeutsche Affinierie,* Rn. 93 (juris).

[27] BGH, Beschl. v. 7.2.2006, KVR 5/05 – *DB Regio/üstra.*

[28] Ebd., Rn. 56 (juris).

15 **Bereits geplante** oder beschlossene unternehmerische **Maßnahmen** kommen üblicherweise nicht als Nebenbestimmung in Betracht, sofern ihre Umsetzung als sicher gelten kann, da sie in diesem Fall bereits im Rahmen der wettbewerblichen Würdigung des Zusammenschlussvorhabens berücksichtigt wurden.[29] Ist diese Prognose nicht mit hinreichender Sicherheit möglich, ist die Umsetzung der Maßnahmen durch eine Verpflichtungszusage abzusichern.

16 Verpflichtungszusagen können auch auf eine **Verbesserung der Wettbewerbsbedingungen** durch den Zusammenschluss gerichtet sein, wenn und soweit sie in einem inneren Zusammenhang mit dem Zusammenschluss stehen, denn der Zusammenschluss muss für die Verbesserungen kausal sein. Der erforderliche Zusammenhang zwischen Zusagen und Zusammenschluss ist nicht in dem Sinne herbeiführbar, dass durch die Ausgestaltung des Zusammenschlussvorhabens bzw. durch das Angebot von Nebenbestimmungen ein Paket aus mehreren eigentlich unabhängigen Vorhaben geschnürt wird, um auch die notwendigen Verbesserungswirkungen „durch den Zusammenschluss" erzielen zu können. Außerdem muss die Verbesserung struktureller Art sein, d. h. erwartete Preissenkungen, ein nach einem Business Plan beabsichtigtes Verhalten oder die Bereitschaft zu Investitionen reichen beispielsweise nicht aus.[30] Schließlich muss die Verbesserung der Wettbewerbsbedingungen die Nachteile der Wettbewerbsbeschränkung auf demselben Markt überwiegen.[31] Liegen die Voraussetzungen der Abwägungsklausel aufgrund der Zusagen vor, entfallen die Untersagungsvoraussetzungen.

Nebenbestimmungen, die lediglich das Ausmaß der erheblichen Behinderung wirksamen Wettbewerbs reduzieren, ohne die Untersagungsvoraussetzungen entfallen zu lassen, sind nicht ausreichend.[32] Die Darlegungs- und Beweislast für die Verbesserungen liegt bei den am Zusammenschluss beteiligten Unternehmen (§ 36 Abs. 1 Satz 2 Nr. 1 GWB).

17 Abgesehen von den eher seltenen Anwendungsfällen der Abwägungsklausel geben die Fusionskontrollvorschriften dem Bundeskartellamt keine Befugnis, die Behinderung wirksamen Wettbewerbs auf einem Markt zu akzeptieren. Umgekehrt können von den Zusammenschlussbeteiligten keine Zusagenangebote erwartet werden, die über das hinausgehen, was für eine Verhinderung oder Beseitigung der konkreten fusionsbedingten Verschlechterung **erforderlich** ist. Allerdings kann es im Einzelfall z. B. notwendig sein, einen Geschäftsbereich zu veräußern, der über die Tätigkeiten auf den durch den Zusammenschluss betroffenen Märkten hinaus weitere Bereiche umfasst. Dies kann für eine wirksame Zusage beispielsweise dann erforderlich sein,

---

[29] Vgl. BKartA, Beschl. v. 20.11.2003, B8 84/03 – *E.ON/Stadtwerke Lübeck,* Rn. 55 ff. (Die angebotene Veräußerung von Kraftwerkskapazitäten im Umfang von rd. 100 MW zur Kompensation der Verstärkung marktbeherrschender Stellungen des Stadtwerks im Strom- und Gasbereich wurde nicht in die Bewertung der Zusagen einbezogen, weil die Veräußerung bereits vor der Anmeldung vereinbart, bzw. zumindest verhandelt wurde.) Vgl. hinsichtlich Verpflichtungszusagen, die bereits in früheren Verfahren als Nebenbestimmung formuliert wurden, auch BKartA, Beschl. v. 26.2.2002, B8 149/01 – *E.ON AG/RAG Beteiligungs GmbH,* Rn. 83; BKartA, Beschl. v. 17.1.2002, B8 109/01 – *E.ON/Gelsenberg,* Rn. 69.

[30] Vgl. BKartA, Beschl. v. 3.4.2008, B7- 200/07 – *KDG/Orion,* Rn. 245.

[31] Vgl. z. B. BGH, Beschl. v. 7.2.2006, KVR 5/05 – *DB Regio/üstra,* Rn. 56 (juris); BKartA, Beschl. v. 17.3.2007. B8 62/06 – *RWE Energie/SaarFerngas,* S. 50 ff. (Verbesserungen nicht ausreichend, um Verschlechterungen zu überwiegen; Veräußerung von bestimmten Stadtwerkebeteiligungen blieb qualitativ und quantitativ hinter den Verschlechterungen durch den Erwerb des regionalen Ferngasunternehmens zurück); Bundeskartellamt, Leitfaden zur Marktbeherrschung in der Fusionskontrolle (2012), Rn. 195 f.

[32] Vgl. BKartA, Beschl. v. 19.1.2006, B6 103/05 – *Springer/Pro7Sat1,* S. 73 f. (lediglich Verringerung des Ausmaßes der Verstärkung einer marktbeherrschenden Stellung).

wenn der zu veräußernde Unternehmensbereich ansonsten nicht wettbewerbsfähig wäre (vgl. B.I.1.f, Rn. 54).

An sich geeignete Nebenbestimmungen sind nur anzunehmen, wenn auch ihre 18 (zeitnahe) **Umsetzung** mit hinreichender Sicherheit erwartet werden kann.[33] Sie müssen also praktikabel sein. Außerdem muss ihre Umsetzung durchgesetzt und überprüft werden können. Hierzu muss zunächst eindeutig sein, welche konkreten Maßnahmen der Zusammenschlussbeteiligten zur Erfüllung der Nebenbestimmungen erforderlich sind. Außerdem sind in der Entscheidung geeignete Kontrollmechanismen vorzusehen, um eine Überprüfung der Umsetzung durch das Bundeskartellamt zu ermöglichen.[34] Schließlich ist erforderlich, dass Verpflichtungszusagen im Konsens aller Zusammenschlussbeteiligter angeboten werden, da sich anderenfalls ihre faktische und rechtliche Umsetzbarkeit im fristgebundenen Zusammenschlusskontrollverfahren regelmäßig nicht hinreichend sicher prognostizieren lässt.

Bei Veräußerungszusagen sind insbesondere drei Quellen möglicher **Risiken** zu 19 berücksichtigen, die eine wirksame Zusagenumsetzung behindern können. Zunächst kann der Veräußerungsgegenstand – z. B. aufgrund mangelnder eigener Ressourcen – ungeeignet sein, um Wettbewerb im erforderlichen Ausmaß zu gewährleisten. Weiterhin findet sich möglicherweise kein geeigneter Erwerber.[35] Schließlich kann der Veräußerungsgegenstand bis zum erfolgreichen Abschluss der Veräußerung sein Wettbewerbspotenzial teilweise oder ganz verlieren, z. B. weil Kunden oder wichtiges Personal abwandern. Soweit diese Risiken im Rahmen einer Nebenbestimmung überhaupt beseitigt werden können, ist ihrem Eintritt durch geeignete Regelungen in den Zusagen entgegenzuwirken (vgl. B.I.1.a, Rn. 40, B.IV.1, Rn. 89 93).

Schließlich müssen Verpflichtungszusagen **rechtzeitig** vorgelegt werden. Sie 20 müssen so frühzeitig vorgelegt werden, dass eine Bewertung durch das Bundeskartellamt (einschließlich eines Markttests) rechtzeitig vor Ablauf der Prüfungsfrist im Hauptprüfverfahren möglich ist (vgl. C.I, Rn. 110). Das sollten die Zusammenschlussbeteiligten bereits bei der Planung und vertraglichen Ausgestaltung der Transaktion berücksichtigen (vgl. C.I, Rn. 113).

Bei der Ausgestaltung von Nebenbestimmungen sind des Weiteren **drei Grund-** 21 **sätze** zu beachten, die für ihre Wirksamkeit von großer Bedeutung sind: Veräußerungszusagen sind in der Regel am besten geeignet (1.). Soweit Verhaltenszusagen im konkreten Fall in Betracht kommen, dürfen sie nicht zu einer laufenden Verhaltenskontrolle führen (2.). Veräußerungszusagen in Form einer *aufschiebenden* Bedingung sind in der Regel besser geeignet, um wettbewerbliche Bedenken zu beseitigen, als *auflösend* bedingte Veräußerungszusagen, da wettbewerblich schädliche Wirkungen auf den Markt von vornherein vermieden werden. Auflösende

---

[33] Vgl. z. B. OLG Düsseldorf, Beschl. v. 25.9.2013, VI Kart 4/12 – *Xella/H+H,* Rn. 141. (juris) („Von den beteiligten Unternehmen vorgeschlagene Verpflichtungen erfüllen [die] Voraussetzungen nur, wenn mit dem erforderlichen Grad an Sicherheit davon ausgegangen werden kann, dass sie umgesetzt werden können und dass die entstehenden neuen Unternehmensstrukturen voraussichtlich so existenzfähig und beständig sind, dass die erhebliche Behinderung wirksamen Wettbewerbs verhindert wird"); BKartA, Beschl. v. 17.3.2011, B6 94/10 – Pro7Sat1/RTL Interactive, Rn. 182 ff., Rn. 194 f. (Zusagenangebot, die zu gründende Online-Video-Plattform lediglich als technischen Dienstleister auszugestalten u. a. abgelehnt, weil ernsthafte Zweifel an der Umsetzungsabsicht bestanden).

[34] Vgl. z. B. BKartA, Beschl. v. 30.6.2008, B2 333/07 – *Edeka/Tengelmann,* Tenor Nr. II (S. 5).

[35] Vgl. z. B. BKartA, Beschl. v. 22.2.2013, B7–70/12 – *Kabel Deutschland/Tele Columbus,* Rn. 342 (der angebotene Veräußerungsgegenstand war für potenzielle Erwerber nicht hinreichend attraktiv).

Bedingungen laufen dagegen „im Ergebnis auf die zeitweilige Tolerierung eines wettbewerbsbeschränkenden Zusammenschlusses hinaus".[36] Daher werden Veräußerungszusagen im Regelfall nur in der Form von aufschiebenden Bedingungen akzeptiert (3.).

22 In expandierenden oder dynamischen Märkten indizieren aktuell hohe Marktanteile nicht notwendigerweise auch hohe Marktmacht, denn Innovationen können schnelle Marktzutritte oder Marktanteilsverschiebungen ermöglichen.[37] Umsatzbezogene Marktanteile können auch dann wenig aussagekräftig sein, wenn zum Beispiel auf mehrseitigen (Plattform-) Märkten von einer Nutzergruppe kein Entgelt verlangt wird.[38] Marktmacht kann hier zum Beispiel mit dem (exklusiven) Zugang zu Daten oder mit Netzwerkeffekten[39] einhergehen. Insoweit werden mit der 9. GWB-Novelle die ökonomischen Besonderheiten, die die Geschäftsmodelle und das Nutzerverhalten auf digitalen Plattformmärkten prägen, in das Prüfprogramm zur Bestimmung von Marktmacht aufgenommen (§ 18 Abs. 3a GWB-neu). Hierdurch können sich im Hinblick auf mögliche Zusagen in Fusionskontrollverfahren Besonderheiten im Hinblick auf die Anforderungen an Verpflichtungszusagen ergeben, die das Bundeskartellamt gegebenenfalls in Zusagenverhandlungen mit den Parteien berücksichtigen wird.

23 **1. Vorrang von Veräußerungszusagen.** Grundsätzlich sind Veräußerungszusagen, die die strukturellen Veränderungen durch externes Unternehmenswachstum adressieren, wegen ihrer in vielen Fällen erwiesenen Wirksamkeit gegenüber anders gelagerten Zusagen vorzuziehen. Sie sind in der Regel am besten geeignet, im Einklang mit dem Ziel der Fusionskontrolle eine Verschlechterung der strukturellen Voraussetzungen wirksamen Wettbewerbs durch Zusammenschlüsse zu verhindern. Nach einer erfolgten Veräußerung ist zudem keine fortdauernde Überwachung oder Intervention durch die Kartellbehörde mehr erforderlich.[40] Der wettbewerbliche Effekt einer erfolgreichen Veräußerung ist normalerweise **selbsttragend** und **nachhaltig.** Die Umsetzungsrisiken sind im Regelfall niedriger als bei anderen Zusagen. Aus diesen Gründen nimmt das Bundeskartellamt – wie die Europäische Kommission – weit überwiegend Veräußerungszusagen entgegen.

24 Allerdings stellen Veräußerungen nicht in jedem Fall eine für die zusammenschlussbeteiligten Unternehmen gangbare Lösung dar, weil sie in bestimmten Fallkonstellationen das strategische Ziel der Transaktion zunichtemachen würden. Das gilt z. B. wenn ein vertikaler Zusammenschluss auf die verbesserte Verzahnung zwischen vor- und nachgelagerten Produkten abzielt. Eine Veräußerung des betroffenen vor- oder nachgelagerten Geschäftsbereichs würde dieser Zielsetzung zuwiderlaufen und die damit verbundenen Effizienzen zerstören. Soweit geeignet und insbesondere wirksam, können dann auch andere Zusagen, z. B. **Verhaltenszusagen,** eine gangbare Alternative sein. Sie müssen allerdings einen vergleichbaren strukturellen Effekt wie Veräußerungszusagen mit hinreichender Sicherheit erwarten lassen. Dies ist eher selten der Fall.

---

[36] OLG Düsseldorf, Beschl. v. 22.12.2008, VI-Kart 12/08 (V) – *Globus/Distributa,* Rn. 19 (juris).

[37] Vgl. BKartA, Beschluss v. 12.11.2014, B5 138/13 – *Tokyo Electron Limited/Applied Materials,* Rn. 194.

[38] Begründung zum Regierungsentwurf einer 9. GWB-Novelle, zu § 18 Abs. 3a.

[39] Z. B. bei Matchingplattformen, siehe BKartA, Beschl. v. 22.10.2015, B6 57/15 – *OCPE II/EliteMedianet,* Rn. 76.

[40] Nicht ausgeschlossen ist aber, dass in den Nebenbestimmungen neben der Veräußerung auch vorübergehende Verhaltenspflichten für die Zusammenschlussparteien begründet werden, die zwar keine fortlaufende, aber doch eine Kontrolle über den Veräußerungszeitpunkt hinaus erfordern, siehe dazu Abschnitt B.IV.

Zusätzlich zu der Hauptverpflichtung, insbesondere einer Veräußerung, können weitere ergänzende Nebenpflichten notwendig sein, die sonstige Vorgaben für das Verhalten der Zusammenschlussbeteiligten aufstellen (vgl. B.IV, Rn. 88-106). **25**

2. Keine laufende Verhaltenskontrolle. Zusagen sollen die dauerhafte Strukturveränderung durch den jeweiligen Zusammenschluss adressieren. Sie dürfen sich nicht darauf richten, die beteiligten Unternehmen einer laufenden Verhaltenskontrolle zu unterstellen (§ 40 Abs. 3 Satz 2 GWB). Andernfalls würden sie die zu erwartenden Wettbewerbsprobleme nicht wirksam beseitigen. Das Verhalten der Zusammenschlussparteien müsste dauerhaft durch die Kartellbehörde oder einen externen Dritten überwacht werden. Verstöße gegen die Verhaltenspflichten könnten lediglich ex-post identifiziert und unterbunden werden, weil der Zusammenschluss nach der Freigabe unmittelbar vollzogen werden darf. Eine solche Situation wäre vergleichbar mit dem Verfahrenskontext etwa der Missbrauchsaufsicht und widerspricht dem präventiven Charakter des Wettbewerbsschutzes durch die Fusionskontrolle. Soweit eine Verpflichtung interne Beschränkungen für die Zusammenschlussbeteiligten begründet, beispielsweise die Errichtung und Erhaltung einer „Chinese Wall“[41], ist auch eine Kontrolle durch externe Dritte nur bedingt möglich. Es ist nicht auszuschließen, dass Daten an dem externen Dritten vorbei ausgetauscht werden. Eine effektive Kontrolle solcher Verhaltenszusagen ist daher nicht sichergestellt. Folgerichtig sind Nebenbestimmungen, die dem Unternehmen dauerhaft ein bestimmtes Verhalten auferlegen und die einer laufenden Überwachung durch die Kartellbehörde oder externe Dritte bedürfen, ungeeignet. Der Gesetzgeber hat Verhaltenszusagen dieser Art daher ausgeschlossen. **26**

In geeigneten Fällen kann das Bundeskartellamt aber Nebenbestimmungen vorsehen, die den Zusammenschlussbeteiligten punktuell oder wiederholt ein bestimmtes Verhalten abverlangen. Entscheidend ist, dass die Zusammenschlussbeteiligten in diesen Fällen nicht gezwungen werden, sich **fortlaufend** in einer bestimmten Weise zu verhalten, sondern dass durch die Beeinflussung des Verhaltens ein struktureller Effekt erzielt wird, der hinreichend wirksam und nachhaltig ist, um die Wettbewerbsbeschränkung zu heilen. Der strukturelle Effekt muss dauerhaft eintreten, nachdem das vorgesehene Verhalten in einem einmaligen oder in wenigen, zusammenhängenden Schritten umgesetzt wurde. Gegen das Verbot der laufenden Verhaltenskontrolle wird dann nicht verstoßen, wenn über die Kontrolle der einzelnen Vollzugsschritte hinaus keine weiteren Kontrollmaßnahmen der Kartellbehörde erforderlich sind, um eine dauerhafte Wirkung zu erzielen (siehe zu Einzelfällen und Anforderungen an solche Verhaltenszusagen im Einzelnen unten, B.III.). **27**

BGH: Deutsche Bahn/üstra[42] – zur strukturellen Wirkung von Verhaltenszusagen

Der Bundesgerichtshof verwies die Prüfung zurück an das OLG Düsseldorf, das die Freigabe des Bundeskartellamts im Fall Deutsche Bahn/üstra unter Nebenbestimmungen aufgehoben hatte. Der Bundesgerichtshof erkennt an, dass die vom Bundeskartellamt auferlegte „Implemen-

[41] Im Rahmen der öffentlichen Konsultation des Leitfadens war darauf hingewiesen worden, dass in anderen Jurisdiktionen die Errichtung von „Chinese Walls“ (=„Firewalls“) durch die Zusammenschlussbeteiligten als effektives Mittel angesehen wurde, um Wettbewerbsbedenken auszuräumen.

[42] Vgl. BGH, Beschl. v. 7.2.2006, KVR 5/05 – *DB Regio/üstra* (vgl. auch BKartA, Beschl. v. 2.12.2003, B991/03 – *DB Regio/üstra,* zunächst aufgehoben durch OLG Düsseldorf, Beschl. v. 22.12.04, VI-Kart 1/04 (V); aufgehoben durch BGH und zurückverwiesen an OLG; Erledigung, da GU durch beteiligte Unternehmen beendet und rückabgewickelt).

tierung transparenter und diskriminierungsfreier Vergabeverfahren grundsätzlich als strukturelle Bedingung wirksameren Wettbewerbs in Betracht kommt.“[43]

Der Bundesgerichtshof wendet die oben zitierten Grundsätze zu den Anforderungen an Zusagen (vgl. A.III.) auf den Fall der Ausschreibungsverpflichtung an und gibt dabei hilfreiche Hinweise für die Auslegung des Verbots einer dauerhaften Verhaltenskontrolle (Hervorhebung hinzugefügt):

„Zwar zielen die Nebenbestimmungen darauf ab, dieses Ziel [Implementierung von Vergabeverfahren als strukturelle Bedingung wirksamen Wettberwerbs] durch eine wiederholte Beeinflussung des Marktverhaltens der Beteiligten zu erreichen. Die Nebenbestimmungen [...] sehen insoweit vor, dass bis zum Ablauf eines Zeitraums von mehr als neun Jahren eine der auflösenden Bedingungen für die Freigabe des Zusammenschlusses eintreten kann, wenn nämlich nicht bis zum 1. Januar 2013 sämtliche Bus-Verkehrsleistungen, die derzeit von üstra erbracht werden, und sämtliche SPNV-Verkehrsleistungen, die derzeit von DB Regio erbracht werden, im Wettbewerb vergeben werden. [Eine weitere] Bedingung [...] zwingt üstra mittelbar dazu, keine Anträge auf Wiedererteilung auslaufender Liniengenehmigungen zu stellen, und soll DB Regio dazu veranlassen, keine Verträge über Verkehrsleistungen anzubieten und Angebote des Aufgabenträgers abzulehnen, soweit dieser mit der freihändigen Vergabe der Verkehrsleistungen den [oben genannten] Anforderungen [...] zur Vergabe im Wettbewerb nicht genügen würde.

Daraus ergibt sich jedoch noch nicht, dass jedenfalls die [zuletzt genannte] Bedingung [...] die Beteiligten im Sinne des § 40 Abs. 3 Satz 2 GWB einer laufenden Verhaltenskontrolle unterstellt und daher rechtswidrig ist. Den Beteiligten wird damit nicht abverlangt, sich fortlaufend in einer bestimmten Weise zu verhalten. Zwar ist ihr Verhalten am Markt betroffen. Auch Veränderungen der Marktstruktur können indessen regelmäßig nur über ein bestimmtes Verhalten der Unternehmen erreicht werden, so dass eine exakte Trennlinie zwischen der Beeinflussung von Wettbewerbsbedingungen und der Beeinflussung des Wettbewerbsverhaltens der unter diesen Bedingungen agierenden Unternehmen nicht zu ziehen ist [...]. ***Entscheidend ist daher weniger, ob auf das Verhalten der Unternehmen eingewirkt wird, als vielmehr die Frage, ob hierdurch ein struktureller Effekt erzielt wird,*** der hinreichend wirksam und nachhaltig ist, um eine Verschlechterung der Wettbewerbsbedingungen durch den Zusammenschluss zu verhindern oder zu kompensieren.

Unter diesem Gesichtspunkt wird das Beschwerdegericht prüfen müssen, ob die rechtlichen und tatsächlichen Wirkungen der Nebenbestimmungen geeignet sind zu verhindern, dass sich der Zusammenschluss bei der künftigen Vergabe von Verkehrsleistungen im Sinne einer Verschlechterung der Bedingungen eines wirksamen Wettbewerbs auswirkt. Dabei wird [...] darauf Bedacht zu nehmen sein, ob die Nebenbestimmungen geeignet sind, über die unmittelbare Steuerung des Angebots- oder Nachfrageverhaltens der Marktbeteiligten zu bestimmten Zeitpunkten hinaus nachhaltigen Einfluss auf die Bedingungen wirksamen Wettbewerbs auf den ÖPNV-Aufgabenträgermärkten zu nehmen.“[44]

28 Als **unzulässig** eingestuft wurden unter anderem marktöffnende Maßnahmen und Vertriebsbeschränkungen, soweit sie einer laufenden Kontrolle bedürfen (vgl. B.III., Rn. 76), sowie „Chinese-Wall“-Verpflichtungen, deren Einhaltung in einem Unternehmensverbund von außen, d. h. durch die Wettbewerbsbehörde, nicht überprüft werden kann (vgl. B.III.5., Rn. 86 f.). Ebenso problematisch sind Organisationsauflagen, Investitionsverpflichtungen bzw. -beschränkungen und der Verzicht auf die Wahrnehmung von gesellschaftsrechtlichen Beteiligungsrechten (vgl. B.II., Rn. 68).[45] Unzulässig (und ungeeignet) ist zudem die Befolgung von

---

[43] Vgl. BGH, Beschl. v. 7.2.2006, KVR 5/05 – *DB Regio/üstra,* Rn. 57 (juris).

[44] Vgl. BGH, Beschl. v. 7.2.2006, KVR 5/05 – *DB Regio/üstra,* Rn. 58 ff.

[45] Vgl. OLG Düsseldorf, Beschl. v. 16.2.2002, VI-Kart 25/02 (V) – *E.ON/Ruhrgas,* Rn. 91 (juris). Vgl. in diesem Kontext auch OLG Düsseldorf, Beschl. v. 14.8.2013, VI-Kart 1/12 (V) – *Signalmarkt,* Rn. 129 ff. (juris).

auferlegten Preisobergrenzen („price-caps"), weil auf diese Weise die nachteiligen Auswirkungen einer Verschlechterung der Marktstruktur nicht wirksam adressiert werden können.[46] Das gleiche gilt für die Anordnung von dauerhaften Lieferverpflichtungen.[47]

Als **zulässig** wurden in Einzelfällen z. B. folgende Verhaltenszusagen akzeptiert: 29
Die Abgabe von Flughafenslots,[48] die Beendigung exklusiver Vertriebsvereinbarungen,[49] die Einräumung eines Kündigungsrechts langfristiger Lieferverträge (im Energiebereich),[50] der Zugang zu Infrastruktur (im Energiebereich),[51] die Erteilung von Lizenzen für die Nutzung von Immaterialgüterrechten,[52] die Verpflichtung der Einhaltung von Vergabeverfahren bei künftigen Vertragsvergaben im ÖPNV[53] und die Zulassung eines Wettbewerbers als Anbieter öffentlicher Gesundheitsdienste.[54] Diese Zusagen standen jeweils im Kontext der spezifischen Marktverhältnisse und der jeweiligen Zusammenschlussvorhaben. Sie sind daher nicht ohne weiteres auf andere Konstellationen übertragbar. Ausschlaggebend war jeweils, dass das zugesagte Verhalten durch den/die Zusammenschlussbeteiligten letztlich eine Strukturänderung bewirkte, welche der einer Veräußerung gleichzustellen war. Eine fortlaufende Verhaltenskontrolle war beispielsweise im Fall Deutsche Bahn/üstra nicht erforderlich, da im Falle eines Verstoßes gegen die Verhaltenszusagen mit entsprechenden Beschwerden aus dem Markt zu rechnen war.[55]

3. Vorrang für aufschiebende Bedingungen, Verhältnis zu Fix-it-First- 30
Lösung und Rücknahme. Veräußerungszusagen sind vorrangig als aufschiebende Bedingungen auszugestalten. Diese entsprechen am besten der präventiven Zielsetzung der Fusionskontrolle. Bei aufschiebenden Bedingungen tritt die Freigabewirkung der Entscheidung erst ein, wenn die Bedingung eingetreten ist, d. h. im Regelfall, wenn die Veräußerung und Übereignung erfolgt sind. Erst danach darf der Zusammenschluss vollzogen werden. Die unerwünschten wettbewerbsschädlichen Wirkungen des Zusammenschlusses können dann von vorneherein nicht eintreten.[56] Dagegen werden diese **Wettbewerbsbeschränkungen** bei Freigaben unter auflösenden Bedingungen oder Auflagen ab dem Vollzug des Zusammenschlusses für den Zeitraum bis zur Umsetzung der Zusagen wirksam. In den meisten Fällen ist das

---

[46] Vgl. z. B. BKartA, Beschl. v. 27.2.2008, B5 198/07 – *A-Tec/Norddeutsche Affinerie,* Rn. 135 ff. und 152 ff. (Zusagenangebot abgelehnt, während eines bestimmten Zeitraums keine Preiserhöhungen vorzunehmen, die nicht durch Kostensteigerungen gerechtfertigt sind). Vgl. auch International Competition Network (ICN), Merger Working Group, Merger Remedies Guide, 2016, Annex 3.

[47] Vgl. z. B. BKartA, Beschl. v. 2.7.2008, B2 359/07 – *Loose/Poelmeyer,* S. 57 f. (Zusagenangebot, Wettbewerber mit Sauermilchquark, dem Vorprodukt für Sauermilchkäseproduktion, zu versorgen, abgelehnt).

[48] Vgl. BKartA, Beschl. v. 19.9.2001, B9 147/00 – *Lufthansa/Eurowings,* S. 2, 22 ff.

[49] Vgl. BKartA, Beschl. v. 2.6.2005, B3 123/04 – *H&R WASAG/Sprengstoffwerke Gnaschwitz,* S. 3, 33 f.

[50] Vgl. z,B. BKartA, Beschl. v. 28.5.2001, B8 29/01 – *EnBW/Schramberg,* S. 2, 8 f.; BKartA, Beschl. v. 11.10.2000, B8 109/00 – *Contigas/Stadtwerke Heide,* S. 2, 8 f.

[51] Vgl. z. B. BKartA, Beschl. v. 22.1.2002, B8 111/01 – *RWE/Stadtwerke Düren,* S. 4 ff.; BKartA, Beschl. v. 4.9.2000, B8 132/00 – *E.ON/Hein Gas,* S. 2, 18 ff.

[52] Vgl. BKartA, Beschl. v. 22.5.2003, B3 6/03 – *BASF/Bayer Crop Science,* S. 1 f., 39 f.

[53] Vgl. BKartA, Beschl. v. 3.7.2002, B9 164/01 – *DB AG/Stadt- und Regionalbus Göttingen,* S. 2 f., 46 ff.; BKartA, Beschl. v. 2.12.2003, B9 91/03 – *DB Regio/üstra,* S. 2 ff., 64 ff.

[54] Vgl. BKartA, Beschl. v. 10.5.2007, B3 587/06 – *Klinikum Region Hannover/Landeskrankenhaus Wunstorf,* S. 2 ff., 60 ff.

[55] BGH, Beschl. v. 7.2.2006, KVR 5/05 – *DB Regio/üstra.*

[56] Vgl. BKartA, Tätigkeitsbericht 2005/2006, BT-Drs. 16/5710, S. 20.

nicht hinnehmbar.[57] Zudem erzeugt eine aufschiebende Bedingung einen Anreiz für die Zusammenschlussparteien, die Verpflichtungszusage möglichst zügig umzusetzen, um den Zusammenschluss so schnell wie möglich vollziehen zu können. Das verringert die Unsicherheiten, ob es zu einer zeitnahen, wirksamen Umsetzung kommt. Wird eine aufschiebende Bedingung nicht innerhalb der vorgeschriebenen Frist erfüllt, gilt der Zusammenschluss als untersagt.[58] Die Erfahrung zeigt, dass aufschiebende Bedingungen zumeist in der vorgesehenen Frist umgesetzt werden; bei auflösenden Bedingungen ist dies häufig nicht der Fall.

31 Lediglich in Ausnahmefällen werden auflösende Bedingungen und Auflagen akzeptiert, da diese zu einer „zeitweisen Tolerierung eines wettbewerbsbeschränkenden Zusammenschlusses" führen.[59] Bei **auflösenden Bedingungen** darf ein Zusammenschluss bereits vollzogen werden, sobald die Freigabeentscheidung vorliegt. Werden die Zusagen nicht rechtzeitig erfüllt, tritt die auflösende Bedingung ein und die Freigabe entfällt. In diesem Fall muss der Zusammenschluss entflochten werden.

32 Bei **Auflagen** ist ein Vollzug des Zusammenschlusses ebenfalls ab der Freigabe mit Nebenbestimmungen möglich. Bei Nichterfüllung entfällt die Freigabe nicht automatisch, sondern erst nach deren Widerruf durch das Bundeskartellamt. Außerdem können Auflagen mit Zwangsmitteln vom Bundeskartellamt durchgesetzt werden. Als Zwangsmittel kommen insbesondere die Androhung und Festsetzung von Zwangsgeldern in Betracht (§ 86a GWB iVm §§ 11, 13 VwVG).[60]

33 Bei Auflagen und auflösenden Bedingungen handelt es sich zwar um Nebenbestimmungen, die aus Sicht der Zusammenschlussbeteiligten weniger belastend sind, also ein milderes Mittel darstellen. In den allermeisten Fällen sind sie allerdings nicht ausreichend geeignet, um die Untersagungsvoraussetzungen mit hinreichender Sicherheit zu beseitigen. In diesen Fällen ist es daher verhältnismäßig, die Veräußerung in Form einer auf*schiebenden* Bedingung zu verlangen.

OLG Düsseldorf: Globus/Distributa[61] – zum Ausnahmecharakter von Auflagen und auflösenden Bedingungen

Das Bundeskartellamt hatte 2007 den Erwerb des Baumarktgeschäfts der Distributa Gruppe durch den Wettbewerber Globus Fachmärkte unter der auflösenden Bedingung freigegeben, vier der insgesamt 31 Bau- und Heimwerkermärkte an einen unabhängigen Erwerber zu veräußern. Die Veräußerungen sollten die durch den Zusammenschluss begründeten Wettbewerbsprobleme in vier Regionalmärkten für den stationären Einzelhandel mit Bau- und Heimwerkerbedarf in Rheinland-Pfalz und im Saarland beseitigen.

Globus hatte den Zusammenschluss zunächst vollzogen, dann verschiedene Rechtsbehelfe eingelegt, die sich im Ergebnis gegen die Nebenbestimmungen richteten. Anschließend hat das Unternehmen die Veräußerungsfrist verstreichen lassen, ohne die Zusagen umzusetzen. Da die auflösende Bedingung eingetreten und die Freigabewirkung entfallen war, leitete das Bundeskar-

---

[57] Vgl. OLG Düsseldorf, Beschl. v. 22.12.2008, VI-Kart 12/08 (V) – *Globus/Distributa,* Rn. 19 (juris).

[58] Vgl. BKartA, Beschl. v. 12.3.13, B3 132/12 – *Asklepios/Rhön* (Freigabe unter der aufschiebenden Bedingung, eine ortsansässige Klinik und ein medizinisches Versorgungszentrum im betroffenen Regionalmarkt im Raum Goslar an einen unabhängigen Krankenhausträger zu veräußern.) Vgl. auch BKartA, Pressemitteilung v. 30.7.2013, „Beteiligung der Asklepios-Gruppe am Wettbewerber Rhön-Klinikum nachträglich untersagt". (Nach erfolgter Freigabe nahm die Gesellschaft Abstand von Zusage. Damit galt das freigegebene Vorhaben als untersagt).

[59] Vgl. OLG Düsseldorf, Beschl. v. 22.12.2008, VI-Kart 12/08 (V) – *Globus/Distributa,* Rn. 19 (juris).

[60] Nach dem erhöhten Zwangsgeldrahmen nach § 86a Satz 2 GWB beträgt die Höhe des Zwangsgelds mindestens € 1.000 und höchstens € 10 Mio.

[61] OLG Düsseldorf, Beschl. v. 22.12.2008, VI-Kart 12/08 (V) – *Globus/Distributa.*

tellamt ein Entflechtungsverfahren ein. Zu einer Veräußerung der Standorte kam es erst, nachdem das OLG Düsseldorf mehrere Klagen abgewiesen hatte und grundsätzlich die Entflechtung der gesamten Transaktion drohte.

Das OLG Düsseldorf führte in seinem Beschluss aus, dass eine auflösende Bedingung oder Auflage nur ausnahmsweise in Einzelfällen als Nebenbestimmung akzeptiert werden kann (Hervorhebungen hinzugefügt):

„Vor allem in Fällen der vorliegenden Art, in denen das Bundeskartellamt den Zusammenschluss unter einer auflösenden Bedingung (oder einer Auflage) freigibt und die fusionsbeteiligten Unternehmen damit – anders als dies bei einer aufschiebenden Bedingung der Fall wäre – in die Lage versetzt, ihr Vorhaben sogleich zu vollziehen, sind strenge Anforderungen an die inhaltliche Ausgestaltung der Nebenbestimmung zu stellen. Denn die Beifügung einer auflösenden Bedingung (und einer Auflage) läuft im Ergebnis auf die zeitweilige Tolerierung eines wettbewerbsbeschränkenden Zusammenschlusses hinaus. Führt die Abwägung des Fusionsinteresses der Zusammenschlussbeteiligten gegen die Belange des Wettbewerbsschutzes ***im Einzelfall*** zu dem Resultat, dass die ***wettbewerbsschädliche Fusionswirkung ausnahmsweise*** für eine ***Übergangszeit hingenommen*** – und deshalb die Freigabe mit einer auflösenden Bedingung oder einer Auflage versehen – werden kann, muss der insoweit tolerierte Zeitraum, der für die Umsetzung der Nebenbestimmung gewährt wird, in jedem Fall auf das unbedingt notwendige Maß begrenzt werden.“[62]

Bei aufschiebenden Bedingungen gilt die Veräußerung regelmäßig mit ihrem **dinglichen Vollzug** als abgeschlossen, d. h. wenn Gesellschaftsanteile oder Vermögensgegenstände rechtswirksam auf den Erwerber übertragen wurden. Soweit die schuldrechtliche und die dingliche Veräußerung zeitlich auseinander fallen (z. B. bei Eintragung ins Handelsregister oder ins Grundbuch) kann es in Einzelfällen ausreichend sein, wenn die Zusammenschlussparteien alle Schritte unternommen haben, die zur dinglichen Übertragung des Eigentums erforderlich sind und zur Eigentumsübertragung lediglich noch ein automatisch nach der Beantragung durchgeführter Behördenakt erforderlich ist (z. B. Eintragung ins Handelsregister oder Grundbuch).[63] In geeigneten Fällen kann in den Nebenbestimmungen auch vorgesehen werden, dass es für die Erfüllung der aufschiebend bedingten Veräußerungszusage ausreicht, den rechtsverbindlichen Abschluss aller für die Übertragung erforderlichen Verträge nachzuweisen. Eventuell erforderliche Fusionskontrollverfahren müssen auch in diesem Fall abgeschlossen sein. Dabei sollten lange Verzögerungen zwischen Vertragsschluss und Vollzug der Übertragung vermieden werden. Das Bundeskartellamt wird daher in solchen Fällen in den Nebenbestimmungen eine weitere Frist für den Vollzug der Veräußerung vorsehen, die jedoch als auflösende Bedingung ausgestaltet werden kann.[64] In diesen Fällen ist sicherzustellen, dass geeignete Maßnahmen getroffen werden, um den Wert der zu veräußernden Unternehmen oder Vermögensgegenstände während der Übergangszeit zwischen schuldrechtlicher Veräußerung und dinglichem Vollzug vollumfänglich zu erhalten.[65] 34

Bei besonderen Unsicherheiten über die Umsetzbarkeit einer Veräußerungszusage und insbesondere über die Verfügbarkeit geeigneter Erwerber kann es sinnvoll sein, bereits während des laufenden Prüfungsverfahrens einen Erwerber zu ermitteln, eine 35

[62] OLG Düsseldorf, Beschl. v. 22.12.2008, VI-Kart 12/08 (V) – *Globus/Distributa,* Rn. 19 (juris).

[63] Vgl. für die Immobilienübereignung z. B. BKartA, Beschl. v. 2.6.2005, B3 123/04 – *H& R WASAG/Sprengstoffwerke Gnaschwitz,* Tenor Nr. I.1.b (S. 2) und für die Übereignung einer Gesellschaft als Unternehmensträger BKartA, Beschl. v. 17.2.2009, B2 46/08 – *Danisco/Nordzucker,* Rn. 4.

[64] Siehe z. B. BKartA, Beschl. v. 22.11.2013, B6 98/13 – *Funke/Springer,* Tenor I.A.3 (ein Monat).

[65] Vgl. aus dem Kontext zu Auflagen z. B. BKartA, Beschl. v. 23.2.2005, B10 122/04 – *Remondis/RWEUmwelt,* Tenor Nr. I.B.2-I.B.5 (S. 7 f., 10), 121 f.

rechtlich bindende Vereinbarung über eine Veräußerung mit ihm zu schließen und diese gegebenenfalls bereits zu vollziehen **(Fix-it-first-Lösung).**[66] Das Bundeskartellamt kann so während des Prüfungsverfahrens feststellen, ob die Übertragung eines Veräußerungsgegenstands möglich ist. Erfolgt nach der fusionskontrollrechtlichen Prüfung durch das Bundeskartellamt sodann eine Freigabe des Zusammenschlussvorhabens, bedarf es keiner weiteren Genehmigung des Erwerbers durch das Bundeskartellamt. Fix-it-first-Lösungen kommen nur dann in Betracht, wenn sie dazu bestimmt und geeignet sind, die Freigabefähigkeit eines Zusammenschlusses herbeizuführen. Umgestaltungen des Zielunternehmens nach Maßgabe des Erwerbers vor Freigabe des Zusammenschlusses können dagegen nach Auffassung des Bundeskartellamts gegen das Vollzugsverbot des § 41 Abs. 1 Satz 1 GWB verstoßen.[67]

36 Eine **Rücknahme** einer Anmeldung während einer laufenden Fusionskontrollprüfung mit einer anschließenden Neuanmeldung in modifizierter Form ist zwar grundsätzlich möglich.[68] Bereinigen Zusammenschlussbeteiligte eine Transaktion in Eigenregie, indem sie als wettbewerblich problematisch eingeschätzte Teile an einen Dritten veräußern, ist das für sie aber nicht in allen Konstellationen risikofrei.[69] Wenn die selbstständig umgesetzte Veräußerung nicht ausreicht, um einen wirksamen Wettbewerber zu erhalten, ist der modifizierte Zusammenschluss möglicherweise weiterhin problematisch. Außerdem wird eine Umstrukturierung einer Transaktion nicht akzeptiert, wenn sie auf eine Umgehung der Eingriffsbefugnis abzielt, ohne das Wettbewerbsproblem zu beseitigen oder die Anmeldevoraussetzungen zu vermeiden. Beispielsweise sind Treuhänderlösungen nicht geeignet, Wettbewerbsprobleme zu vermeiden, wenn der ursprüngliche Erwerber über den Treuhänder weiterhin Einfluss auf das Zielunternehmen nehmen kann.

B. Arten von Verpflichtungszusagen

37 Im Folgenden wird eine Übersicht über eine Reihe idealtypischer Verpflichtungszusagen gegeben, die geeignet sein können, die Untersagungsvoraussetzungen zu beseitigen. Den Kern eines Zusagenpaketes bilden in der Regel Veräußerungszusagen (I.); in einigen Fällen kann die Trennung von Unternehmensverbindungen, wie z. B. die Entflechtung von Gemeinschaftsunternehmen (II.), oder können marktöffnende Maßnahmen, wie z. B. Zugangsgewährung zu wichtiger Infrastruktur (III.), ausrei-

[66] Vgl. z. B. BKartA, Beschl. v. 17.2.2009, B2 46/08 – *Nordzucker/Danisco,* Rn. 56 (Vertragsschluss für Veräußerung der Gesellschaft, in deren Eigentum eine Produktionsstätte steht; Vertragsschluss vor Freigabe mit Nebenbestimmungen); BKartA, Beschl. v. 17.2.2009, B3 129/12 – *Universitätsklinikum Heidelberg/Kreiskrankenhaus Bergstraße,* Rn. 9 (Freigabe ohne Nebenbestimmungen. Änderung und Beschränkung des Kooperationsvertrags des Universitätsklinikums Heidelberg mit einem in der öffentlichen Version nicht benannten Krankenhausträger in der Region Heidelberg noch während des Hauptprüfverfahrens).

[67] Vgl. BKartA, Beschluss vom 03.12.2014, B2 96/14; a. A. OLG Düsseldorf, Beschluss vom 15.12.2015, VI Kart 5/15 [V], nicht rechtskräftig.

[68] Die grundsätzliche Möglichkeit für dieses Vorgehen wurde vom BGH im Fall Phonak/ReSound bestätigt. Vgl. BGH, KVR 1/09 – *Phonak/Resound,* Rn. 28 (juris); vgl. auch BKartA, Fallbericht v. 20.4.2010, Rücknahme der Anmeldung im Zusammenschlussverfahren EDEKA/RATIO; BKartA, Pressemitteilung v. 4.9.2014, „Das Bundeskartellamt gibt den Erwerb von vier Sita-Standorten in Baden-Württemberg durch die Remondis-Gruppe frei" (B4 89/13).

[69] Diese Veräußerung kann auch einen anmeldepflichtigen Zusammenschluss darstellen. Soweit dieser weitere Zusammenschluss als solcher keine Wettbewerbsprobleme aufwirft, ist mit einer entsprechenden Freigabe (oder der Fusionskontrollfreiheit dieser Veräußerung) aber noch nicht entschieden, inwieweit die Veräußerung die Wettbewerbsprobleme des ursprünglichen Zusammenschlussvorhabens löst.

chend sein. Ergänzende Nebenpflichten (IV.) sollen die Wirksamkeit der Zusagen sicherstellen.

I. Veräußerungszusagen

38 In den meisten Fällen lassen sich die Untersagungsvoraussetzungen am besten durch die Veräußerung eines Unternehmens oder eines Geschäftsbereichs der am Zusammenschluss beteiligten Unternehmen beseitigen (vgl. A.III.1., Rn. 23). Der **Veräußerungsgegenstand**[70] muss auf Dauer lebens- und wettbewerbsfähig sein (1.). Außerdem muss zu erwarten sein, dass es zumindest einen **geeigneten Erwerber** gibt, der an einem Kauf interessiert ist. Der Erwerber muss von den Zusammenschlussbeteiligten unabhängig sein und mit hinreichender Sicherheit erwarten lassen, dass er mit dem erworbenen Vermögensgegenstand auf Dauer auf dem betroffenen Markt als Wettbewerber der Zusammenschlussbeteiligten tätig wird (2.).

39 **1. Anforderungen an den Veräußerungsgegenstand.** Nachfolgend werden zentrale Aspekte zum Veräußerungsgegenstand dargelegt. Zunächst wird der **Regelfall** einer Veräußerungszusage dargestellt, der Verkauf eines bestehenden, eigenständigen Unternehmens (a). Dann wird erläutert, wie das zu veräußernde Unternehmen und seine Ressourcenausstattung im Zusagentext beschrieben werden muss (b). Anschließend werden verschiedene **Sonderkonstellationen** beschrieben, die in Einzelfällen akzeptabel sein können (c)–(e). In manchen Fällen kann es notwendig werden, zusätzlich zu dem unmittelbar betroffenen Geschäftsbereich noch weitere Vermögensgegenstände oder Funktionseinheiten in die Veräußerung einzubeziehen (f). Eine ähnliche Konstellation liegt vor, wenn – als FallbackLösung – sogenannte „Kronjuwelen“[71] veräußert werden sollen (g).

40 **a) Bestehendes, eigenständiges Unternehmen.** Der Kern des Veräußerungsgegenstands muss im Regelfall ein bestehendes, eigenständiges Unternehmen sein, das über alle Ressourcen verfügt, die notwendig sind, um dauerhaft am Markt bestehen zu können.[72] So wird gewährleistet, dass es sich bei dem Veräußerungsge-

---

[70] Der Begriff Veräußerungsgegenstand wird im Folgenden als Sammelbegriff für die zu veräußernden Vermögensgegenstände und Vertragsbeziehungen verwendet, unabhängig davon, wie die zu veräußernde Einheit rechtlich und organisatorisch konstituiert ist.

[71] Bei „Kronjuwelen“ handelt es sich um Veräußerungsmaßnahmen, für die ein zweistufiges Veräußerungsverfahren vorgesehen wird. Bei der Ausgestaltung dieser Veräußerungszusagen wird der erste Veräußerungsgegenstand durch einen zweiten ersetzt (oder ergänzt), den so genannten *„Kronjuwelen“,* wenn die erste Veräußerung nicht innerhalb einer vorgegebenen Frist realisiert wird. Dabei werden die „Kronjuwelen“ derart ausgestaltet, dass von vornherein klar ist, dass sie ohne Schwierigkeiten veräußert werden können (siehe auch unten, Anlage Definitionen, Stichwort „Kronjuwelen“).

[72] Vgl. z. B. BKartA, Beschl. v. 16.1.2007, B6 510/06 – *Weltbild/Hugendubel,* Tenor Nr. I.1, I.2 (S. 2 f.) (Veräußerung sämtlicher Anteile an Gesellschaft, die Buchhandlung betreibt); BKartA, Beschl. v. 8.6.2006, B4 29/06 – *Telecash/GZS,* Rn. 1 f., 127 (Veräußerung einer Tochtergesellschaft, die auf dem deutschen Markt für Netzbetriebs-Dienstleistungen tätig ist); BKartA, Beschl. v. 28.4.2005, B10 161/04 – *AsklepiosKliniken/LBK Hamburg,* Tenor Nr. A.1 (S. 2 f.), Rn. 80 (Veräußerung eines Krankenhauses); BKartA, Beschl. v. 17.8.2004, B7 65/04 – *GE/InVision,* Tenor Nr. A.1 (S. 2) (Veräußerung einer Tochtergesellschaft, die auf dem bundesweiten Endkundenmarkt für stationäre Röntgengeräte zur zerstörungsfreien Prüftechnik für die Grobstrukturanalyse tätig ist); BKartA, Beschl. v. 19.12.2001, B8 130/01 – *BP/E.ON,* S. 4 f., 25 ff. (Veräußerung u. a. von Straßentankstellen). Als Veräußerungsgegenstand kommt auch die Veräußerung von Beteiligungen an einem bestehenden, eigenständigen Unternehmen in Betracht, vgl. z. B. BKartA, Beschl. v. 30.4.2010, B8 109/09 – *RWE/EV Plauen, SW Lingen, SW Radevormwald,* Rn. 107 ff. (Beteiligung an Stadtwerk). Im Rahmen einer Auswertung von Zusagenentscheidungen der letzten Jahre durch die US FTC

genstand um eine **dauerhaft lebens- und wettbewerbsfähige Einheit** handelt, die so **marktfähig** und **werthaltig** ist, dass sie auf Dauer wirksam mit dem durch den Zusammenschluss entstandenen Unternehmen konkurrieren kann (im Folgenden zusammenfassend als „wettbewerbsfähig" bezeichnet). Dazu gehören insbesondere die Vermögensgegenstände des Unternehmens, z. B. Produktionsanlagen und Immaterialgüterrechte, sein Personal und seine Geschäftsbeziehungen zu Lieferanten und Abnehmern.

41 **b) Beschreibung des zu veräußernden Unternehmens.** Der Veräußerungsgegenstand muss möglichst **präzise** und **vollständig** beschrieben werden, d. h. alle von der Veräußerung umfassten Bestandteile müssen enthalten sein.[73] Der Veräußerungsgegenstand muss insbesondere umfassen:
- sämtliche erforderlichen **materiellen Vermögensgegenstände** (z. B. Produktionsanlagen, Vertriebsstätten, Lager- und Logistikstandorte inklusive des Lagerbestandes, zentrale Einrichtungen wie IT, Forschung und Entwicklung, alle dinglichen und schuldrechtlichen Rechte, sowohl Eigentumsrechte als auch Nutzungsrechte; bei Miet- bzw. Pachtverträgen muss der Erwerber in das Vertragsverhältnis der Zusammenschlussbeteiligten mit dem Eigentümer der betroffenen Liegenschaft eintreten können);[74]
- sämtliche erforderlichen **immateriellen Vermögensgegenstände** (z. B. Patente, Marken, Lizenzen, Know-how, einschließlich Softwarelizenzen und ggfs. Daten);[75]
- sämtliche zum dauerhaften und eigenständigen Betrieb des Geschäftes erteilten **Genehmigungen** (z. B. Betriebsgenehmigungen, Zulassungen, Prüfsiegel etc.);[76]
- die zum dauerhaften und eigenständigen Betrieb des Geschäftes gehörenden oder erforderlichen **Mitarbeiter** (insbesondere Mitarbeiter in Schlüsselpositionen,[77] wie beispielsweise Mitarbeiter mit Kontakten zu wichtigen Kunden und Lieferanten, mit speziellen Fähigkeiten oder besonderem Know-how in für die Wettbewerbsfähigkeit des Veräußerungsgegenstands wichtigen Bereichen, z. B. Forschung und Entwicklung, IT oder Produktion und Lagerhaltung); der Erwerber muss in die Rechte und Pflichten der Arbeitsverhältnisse eintreten können;

---

hat sich bestätigt, dass die Veräußerung eines am Markt bereits bestehenden Unternehmens zur Aufrechterhaltung der Wettbewerbsverhältnisse auf dem Markt am besten geeignet ist, siehe *The FTC's Merger Remedies 2006 2012,* Januar 2017, abrufbar unter https://www.ftc.gov/system/files/documents/reports/ftcs-merger-remedies-2006-2012-report-bureaus-competition-economics/_-2012.pdf?_=govdeliveryu.

[73] Vgl. BKartA, Mustertext Freigabe eines Zusammenschlussvorhabens mit Nebenbestimmungen (aufschiebende Bedingung), 2005, Nr. 2.1 2.4. (http://www.bundeskartellamt.de/SharedDocs/Publikation/DE/Mustertexte/Muster%20%20Aufschiebende%20Bedingung.pdf?__blob=publicationFile&v=4).

[74] Vgl. z. B. BKartA, Beschl. v. 25.9.2008, B1–190/08 – *Strabag/Kirchner,* S. 7 (Asphaltmischwerk); BKartA, Beschl. v. 2.6.2005, B3 123/04 – *H&R WASAG/Sprengstoffwerke Gnaschwitz,* S. 2 (Sprengstofflager).

[75] Vgl. z. B. BKartA, Beschl. v. 13.8.2015, B9 48/15 – *WM/Trost,* Rn. 331 f.

[76] Vgl. z. B. BKartA, Beschl. v. 17.2.2009, B2 46/08 – *Nordzucker/Danisco,* Rn. 34 (Übertragung der Zuckerproduktionsquote).

[77] Vgl. für Schlüsselpersonal im Markt für Bargelddienstleistungen BKartA, Beschl. v. 18.7.2013, B4 18/13 – *Prosegur/Brink's,* Rn. 323 (Neben Kundenverträgen und Geldtransportern vor allem Übertragung des Schlüsselpersonals: die Mitarbeiter, die Bargeld bei den Filialen der Banken und anderen Kunden mit Geldtransportern abholen. Schlüsselrolle, weil sie in den jeweiligen Filialen bekannt und mit den örtlichen Gegebenheiten vertraut waren und zu den Mitarbeitern der Kunden vor Ort ein Vertrauensverhältnis bestand.)

– alle (wesentlichen) **geschäftlichen Unterlagen** des Veräußerungsgegenstands;[78] und
– die schuldrechtlichen **Verträge,** die zur Gewährleistung der laufenden Tätigkeit des Geschäftes erforderlich sind (z. B. Vertragsbeziehungen mit Lieferanten, Kunden und Leasinggebern); die Zusammenschlussbeteiligten müssen darauf hinwirken, dass der Erwerber in die Vertragsverhältnisse eintreten kann.

In manchen oben genannten Fällen ist es erforderlich, einem Zusammenschlussbetei- **42** ligten die Verpflichtung aufzuerlegen, sich darum zu bemühen, dass Vertragspartner der **Vertragsübernahme** durch den Erwerber des Veräußerungsgegenstands zustimmen, z. B. wenn das Unternehmen Mieter oder Pächter für Produktions- oder Vertriebsstätten (z. B. Ladenlokale) bzw. für Logistikstandorte oder sonstige Vermögensgegenstände ist. Der Zusammenschlussbeteiligte kann seine Rechtsposition zumeist nicht ohne Mitwirkung und Zustimmung des Vermieters oder Verpächters auf den Erwerber übertragen. In dieser Situation hat er darauf hinzuwirken, dass es zu einer zügigen Vertragsübernahme innerhalb der Veräußerungsfristen kommt. Ähnliche Fragen stellen sich, wenn der Übergang von Kundenverträgen ein zentraler Bestandteil der Zusage ist.

Für den Fall, dass eine Vertragsübernahme oder ein neuer Vertrag nicht zustande **43** kommt, kann es erforderlich und ausreichend sein, dem Erwerber eine rechtliche Nutzungsmöglichkeit zu verschaffen, die wirtschaftlich der vorherigen Stellung des Zusammenschlussbeteiligten entspricht.[79] In einer solchen Situation kann im Fall der Miete z. B. ein **Untermietvertrag** zwischen dem Veräußerer und dem Erwerber eine tragfähige Auffanglösung darstellen, wenn die Ausgestaltung des Vertrags sicherstellt, dass der Zusammenschlussbeteiligte als Hauptmieter nicht die Möglichkeit hat, die Nutzung der Mietsache durch den Erwerber zu behindern. Diese Lösung ist nicht akzeptabel, wenn es sich bei dem Vermieter um ein Unternehmen handelt, das mit einem der Zusammenschlussbeteiligten gesellschaftsrechtlich oder vertraglich verflochten ist.

Auf Märkten, auf denen Marken eine wichtige Rolle für die Marktposition von **44** Produkten oder Dienstleistungen spielen, z. B. im Bereich von Konsumgütern, ist es oft erforderlich, auch die Nutzungs- oder Eigentumsrechte an bestimmten **Marken** der Zusammenschlussparteien in das Veräußerungspaket aufzunehmen.[80]

Die Vergabe von **Lizenzen** an Patenten oder anderen gewerblichen Schutzrech- **45** ten sowie die Übertragung betriebsinternen Know-hows ist oft ein wichtiger Teil des Veräußerungspakets.[81] In diesen Fällen muss die Lizenz so ausgestaltet sein, dass zu erwarten ist, dass die Marktposition des Lizenzgebers auf den Lizenznehmer übertragen werden wird. Das setzt voraus, dass eine exklusive Lizenz eingeräumt wird und sich der Lizenzgeber kein eigenes Nutzungsrecht vorbehält.[82] Die Übertra-

[78] Vgl. BKartA, Beschl. v. 15.3.2005, B4 227/04 – *Smiths Group/MedVest,* S. 2.

[79] Vgl. BKartA, Beschl. v. 28.10.2010, B2 52/10 – *Edeka/Trinkgut,* S. 6.

[80] Vgl. z. B. BKartA, Beschl. v. 25.4.2014, B6 98/13 – *Funke/Springer,* Tenor Nr. A.2.1 (S. 4) und Rn. 352 (Marken- und Titelrechte an den zu veräußernden Programmzeitschriften); BKartA, Beschl. v. 27.9.2000, B6 88/00 – *Springer/Jahr,* S. 1 (Veräußerung zweier Zeitschriften samt der Titelrechte); BKartA, Beschl. 25.2.1999, B9 164/98 – *HABET/Lekkerland,* Tenor Nr. 1.B (S. 2) sowie S. 24 ff. (Möglichkeit für den Erwerber, einen insbesondere in Berlin weit bekannten Markennamen zu nutzen).

[81] Vgl. z. B. BKartA, Beschl. v. 3.2.2012, B3 120/11 – *OEP/Linpac,* Tenor Nr. A.2.3 (S. 4); BKartA, Beschl. v. 7.2.2009, B2 46/08 – *Nordzucker/Danisco,* Rn. 6; BKartA, Beschl. v. 18.7.2008, B5 84/08 – Stihl/ZAMA, S. 5, 7 f.; BKartA, Beschl. v. 8.2.2007, B5 1003/06 – *Atlas Copco/ABAC,* S. 4 (exklusive, gebührenfreie Lizenz als Teil des zu veräußernden Geschäftsbereichs); BKartA, Beschl. v. 15.3.2005, B4 227/04 – *Smiths Group/MedVest,* Tenor Nr. 1.2 (S. 3).

[82] In Ausnahmefällen kann die Erteilung von exklusiven Lizenzen (d. h. ohne eine Veräußerung von Unternehmen bzw. Unternehmensteilen) genügen, um eine zu erwartende Wettbewerbsbehinderung zu kompensieren; vgl. hierzu unter B.III.2., Rn. 78 f.

gung einer weltweiten Lizenz ist nicht immer notwendig. Die Lizenz muss jedenfalls die für den konkreten Fusionskontrollfall relevanten Vertriebs- und Produktionsgebiete abdecken (vgl. allerdings B.I.1.f, Rn. 54). Eine Lizenzvereinbarung, nach der sowohl der Erwerber des veräußerten Unternehmens als auch die Zusammenschlussparteien bestimmte Patente oder andere gewerbliche Schutzrechte nutzen und weiterentwickeln können, kommt lediglich in Ausnahmefällen in Betracht. Ein Beispiel:

BKartA: Vertikaler Zusammenschluss Stihl/Zama[83] – Veräußerung Geschäftsbereich und Patentlizenzen für wichtige Vorprodukte

Stihl stellt u. a. verschiedene tragbare benzinangetriebene Motorgeräte her. Das Unternehmen verfügt auf den deutschen Märkten für benzinangetriebene Motorsägen, Motorsensen, Blasgeräte und Heckenscheren nach den Ermittlungen des Bundeskartellamts über eine marktbeherrschende Stellung. Das Zielunternehmen, Zama, stellt Membranvergaser zum Einsatz in tragbaren Motorgeräten her. Der Erwerb von Zama hätte zu einer Verstärkung der Marktpositionen von Stihl geführt. Insbesondere hätte Stihl nach dem Zusammenschluss die Möglichkeit und den wirtschaftlichen Anreiz gehabt, den Zugang anderer Hersteller der oben genannten Motorgeräte zu Membranvergasern – einem wichtigen Vorprodukt[84], das auf einem weltweit abzugrenzenden Markt angeboten wird – zu erschweren oder zu versperren. Daher hat das Bundeskartellamt den Zusammenschluss nur unter der aufschiebenden Bedingung freigegeben, dass der Geschäftsbereich von Zama in den Vereinigten Staaten von Amerika an einen geeigneten und von den Zusammenschlussparteien unabhängigen Erwerber veräußert wird. Zama USA entwickelte bereits vor dem Zusammenschluss Membranvergaser für Wettbewerber von Stihl. Die Geschäftsbereiche in Hong-Kong und Japan, die ihre Entwicklungskapazitäten schon vor dem Zusammenschluss überwiegend Stihl zur Verfügung gestellt hatten, konnten dann von Stihl erworben werden.

Die Freigabeentscheidung sah zusätzlich zur Veräußerung des Geschäftsbereichs Zama USA u. a. vor, dass dem unabhängigen Erwerber eine zeitlich unbefristete und unwiderrufliche Lizenz bezüglich der im Eigentum von Zama Japan und Zama Hong Kong befindlichen Patente und sonstigen geistigen Schutzrechte eingeräumt werden sollte. Hierbei war die Lizenzvereinbarung so auszugestalten, dass der Erwerber die Patente und sonstigen geistigen Schutzrechte ebenso wie Zama Japan und Zama Hong Kong für die Zwecke der Entwicklung, der Herstellung und des Vertriebs nutzen und weiterentwickeln durfte.[85] Es war in diesem Fall nicht erforderlich, dass die Patente und sonstigen Schutzrechte exklusiv vom Erwerber des veräußerten Unternehmens – und nicht zusätzlich vom Zusammenschlussbeteiligten Stihl – genutzt werden dürfen, weil die Marktposition des Zielunternehmens im Bereich Membranvergaser nicht komplett an den Erwerber übertragen werden musste. Zur Beseitigung des Wettbewerbsproblems reichte es aus, einen weiteren, unabhängigen Anbieter dieses wichtigen Vorprodukts neben dem nach dem Zusammenschluss vertikal integrierten Anbieter Stihl (und dem dritten unabhängigen Anbieter Walbro) zu erhalten.[86] Es genügte daher festzulegen, dass Stihl Wettbewerbern des zu veräußernden Unternehmens keine Lizenzen erteilen darf.

46 Ferner kann der Übertragung von Vertragsbeziehungen als Teil eines Veräußerungsgegenstands eine besondere Bedeutung zukommen. Dies kann vor allem der Fall sein, wenn **langfristige Bezugs-, Liefer- oder Leistungsvereinbarungen** Mitbewerber entweder auf vorgelagerten Märkten von Vorleistungen oder auf nachgelagerten Märkten vom Zugang zu Kunden des zu veräußernden Unternehmens

---

[83] Vgl. BKartA, Beschl. v. 18.7.2008, B5 84/08 – *Stihl/Zama.*

[84] Membranvergaser lassen sich lageunabhängig einsetzen, d. h. sie funktionieren auch in Kipplage oder über Kopf.

[85] Vgl. BKartA, Beschl. v. 18.7.2008, B5 84/08 – *Stihl/Zama,* Tenor Nr. 3.2 (S. 7). Der Lizenzvertrag durfte den Erwerber nicht zur Rücklizenzierung der Weiterentwicklungen an den Lizenzgeber verpflichten.

[86] Vgl. BKartA, Beschl. v. 18.7.2008, B5 84/08 – *Stihl/Zama,* Rn. 71.

ausschließen.[87] Verbleiben diese Vertragsbeziehungen bei den Zusammenschlussbeteiligten, kann dies wirksamem Wettbewerb durch den Erwerber des Veräußerungsgegenstands im Wege stehen. Eine Übertragung der Marktposition gelingt in der Regel nur dann, wenn die entsprechenden Verträge Teil des Veräußerungspakets sind.

Beispielsweise sind Marktpositionen auf zahlreichen Entsorgungsmärkten von langfristigen Verträgen mit der jeweiligen kommunalen Gebietskörperschaft geprägt. Daher genügte in den Fällen, in denen Zusammenschlüsse von Abfallentsorgern unter Nebenbestimmungen freigegeben wurden, eine Übertragung einzelner Standorte, inklusive Personal, Fahrzeugen und Sortieranlagen allein nicht. Erforderlich war jeweils die Übernahme wichtiger Entsorgungsverträge.[88] Zusätzlich muss gewährleistet sein, dass die Entsorgungsverträge auch tatsächlich übertragen werden können. Dabei kann im Entsorgungsbereich fraglich sein, ob die Kommunen, als Vertragspartner, mit einer Übertragung der Entsorgungsverträge einverstanden sind. Außerdem musste die Restlaufzeit der zu übertragenden Vertragsbeziehungen ausreichend lang sein. Entscheidend war, dass sich der Käufer bis zum Ablauf des Vertrages und einer Neuverhandlung oder -vergabe in dem betroffenen Markt als zuverlässiger Anbieter und verlässlicher Vertragspartner etablieren konnte. Nur dann war zu erwarten, dass er bei der nächsten Vertragsvergabe als glaubwürdiger Marktteilnehmer ein ernstzunehmendes Angebot abgeben kann.

c) Ausgliederung („Carve-Out"). In Ausnahmefällen kommt auch ein Unternehmensteil als Veräußerungsgegenstand in Betracht, der kein bestehendes eigenständiges Unternehmen darstellt. Das gilt insbesondere für einen Teilbereich eines Unternehmens, der als **organisatorische Einheit** besteht, z. B. eine Zweigniederlassung, Vertriebsstätte, Geschäftsstelle oder Produktionsstätte. Diese Einheit muss dann im Rahmen des Veräußerungsprozesses aus dem veräußerten Unternehmen oder dem Unternehmen des Erwerbers herausgelöst werden („Carve-Out").[89] In der umgekehrten Situation wird ein Geschäftsbereich, der bei den Zusammenschlussparteien verbleiben soll, aus einem Unternehmen herausgelöst („Reverse-Carve-Out"). In diesem Fall ist die Veräußerung des danach verbleibenden Unternehmens Gegenstand der Veräußerungszusage. **47**

Bei derartigen Ausgliederungen sind, neben den im vorangegangenen Abschnitt benannten Bedingungen, weitere besondere Anforderungen an den Veräußerungsgegenstand zu stellen. Maßgeblich ist dabei, dass mit hinreichender Sicherheit zu erwarten ist, dass er dauerhaft **wettbewerbsfähig** ist. **48**

Der Veräußerungsgegenstand muss von dem zu veräußernden Unternehmen klar abgegrenzt werden können, organisatorisch separierbar sein und nach Loslösung aus **49**

[87] Vgl. z. B. BKartA, Beschl. v. 13.8.2015, B9 48/15 – *WM/Trost,* Tenor Nr. A.2.3 (S. 3) (Übertragung von Kundenverträgen); BKartA, Beschl. v. 25.4.2014, B6 98/13 – *Funke/Springer,* Tenor Nr. A.2.2 (S. 5) (Übertragung sämtlicher Rechte und Pflichten aus den Abonnement-Vertragsverhältnissen); BKartA, Beschl. v. 17.2.2009, B2 46/08 – *Nordzucker/Danisco,* Rn. 6 (Verträge mit Lieferanten und Kunden); BKartA, Beschl. v. 15.3.2005, B4 227/04 – *Smiths Group/MedVest,* Tenor Nr. 1.2 (S. 2 f.) (Übertragung aller Kundenverträge).

[88] Vgl. z. B. BKartA, Beschl. v. 6.4.2006, B10 151/05 – *Sulo/Cleanaway,* Tenor (S. 3 f.) und Rn. 269 ff.; BKartA, Beschl. v. 23.2.2005, B10 122/04 – *Remondis/RWE Umwelt,* Tenor (S. 3 ff.) und Rn. 309 ff., 312 ff.

[89] Vgl. z. B. BKartA, Beschl. v. 8.5.2009, B8 32/09 – *Shell Deutschland Oil/Lorenz Mohr,* S. 1 f., 25 27 (Veräußerung einer Tankstelle); BKartA, Beschl. v. 5.3.2009, B8 163/08 – *SaarFerngas Landau/Energie Südwest,* S. 2 (Ausgliederung und Veräußerung der Gassparte der Energie Südwest AG Landau); BKartA, Beschl. v. 22.8.2005, B1 29/05 – *Werhahn/Norddeutsche Mischwerke* (vor allem Veräußerung von Asphaltmischwerken und von Gesellschaften, die Asphaltmischwerke betreiben).

der bisherigen Unternehmenseinheit **selbstständig funktionsfähig** bleiben. Nicht geeignet sind hingegen Fälle, in denen sich die beim Erwerber verbleibenden und die zu veräußernden Geschäftsbereiche überschneiden und eine fortdauernde Kooperation zwischen den Zusammenschlussparteien und dem Erwerber im Hinblick auf den Betrieb des auszugliedernden Unternehmensbereichs unvermeidbar ist.[90] Wegen der damit verbundenen Risiken für die Eigenständigkeit und Wettbewerbsfähigkeit des zu veräußernden Vermögensgegenstands können entsprechende Zusagen nicht akzeptiert werden. Diese Konstellationen können außerdem Bedenken im Hinblick auf § 1 GWB und Art. 101 AEUV aufwerfen, wenn die Zusammenschlussbeteiligten und der zu veräußernde Vermögensgegenstand auf demselben Markt tätig sind.

50 In einer Reihe von Fällen hat das Bundeskartellamt Ausgliederungsmaßnahmen als im konkreten Fall **unzureichend** erachtet, z. B. in folgenden Konstellationen:

- Eine auszugliedernde Produktionslinie war nicht wettbewerbsfähig, weil sie dauerhaft vom veräußernden Unternehmen **abhängig** gewesen wäre, im Alleinbetrieb nicht hätte wirtschaftlich betrieben werden können und über unzureichende Kapazitäten verfügt hätte.[91]
- Die Übertragung von Produktions- und Vertriebskapazitäten allein kann unter Umständen auch dann nicht ausreichen, wenn in einer **forschungsintensiven Branche** der relevante Bereich für Forschung und Entwicklung nicht mit übertragen wird.[92]
- Die Ausgliederung allein von Vertriebsaktivitäten ohne dazugehörige Produktionskapazitäten reichte nicht aus, da aufgrund der starken **Kundenbindung** an den Hersteller eine

Abwanderung von Kunden an den veräußernden Hersteller zu erwarten gewesen wäre. Daher wäre eine gleichzeitige Übertragung von Produktion und Vertrieb erforderlich gewesen.[93]

BKartA: Krankenhausfusion Gesundheit Nordhessen/Werra-Meißner[94] – Veräußerung Kardiologie bzw. Chirurgie

Das Bundeskartellamt hat eine Krankenhausfusion zwischen zwei kommunalen Trägern in Nordhessen untersagt. Gesundheit Nordhessen betreibt im Großraum Kassel sechs Krankenhäuser mit insgesamt rd. 1.700 Planbetten. Sie beabsichtigte, die Gesundheitsholding Werra-Meißner zu übernehmen, die über zwei Krankenhäuser mit rd. 500 Planbetten im Werra-Meißner-Kreis verfügt.

---

[90] Vgl. z. B. BKartA, Beschl. v. 18.6.2009, B3 215/08 – *GNH/Werra-Meißner,* Rn. 230 ff.

[91] Vgl. BKartA, Beschl. v. 27.2.2008, B5 198/07 – *A-Tec/Norddeutsche Affinerie,* Rn. 135 ff., 152 ff. (Produktionslinie zur Herstellung von sauerstofffreien Kupferstranggussformaten wäre von den Zusammenschlussbeteiligten abhängig, die eine Stranggießanlage gemeinsam mit dem Erwerber nutzen müssten; außerdem nur bei vertikaler Integration mit der vorgelagerten Halbzeug- und Kathodenproduktion wirtschaftlich zu betreiben, daher Untersagung).

[92] Vgl. BKartA, Beschl. v. 11.4.2007, B3 578/06 – *Phonak/ReSound,* Rn. 337 ff. (die vorgeschlagene Veräußerung von Interton enthielt keinen Hinweis darauf, dass dieser Unternehmensbereich auch über eigene von dem Zielunternehmen GN-Resound unabhängige Forschungs- und Entwicklungskapazitäten verfügte, daher Untersagung; vom BGH aus anderen Gründen aufgehoben).

[93] Vgl. BKartA, Beschl. v. 24.3.2004, B4 167/03 – *Synthes-Stratec/Mathys,* Rn. 103 ff. (Zusammenschluss von Medizinprodukteherstellern mit Überschneidungen u. a. im Bereich der Herstellung und des Vertriebs von Implantaten und dazugehörigen Spezialinstrumenten zur Behandlung von Traumafällen; Veräußerungsvorschlag beschränkte sich auf Vertriebsgeschäft Traumaprodukte von Mathys; vor allem Vertriebsmitarbeiter und Kundenlisten, daher Untersagung).

[94] Vgl. BKartA, Beschl. v. 18.6.2009, B3 215/08 – *Gesundheit Nordhessen/Werra-Meißner.*

Das Vorhaben hätte zur Verstärkung einer bereits bestehenden marktbeherrschenden Stellung des Zielunternehmens auf dem Markt für Akutkrankenhäuser im Werra-Meißner-Kreis geführt, durch einen Marktanteilszuwachs auf über 60 Prozent, den Wegfall des zweitstärksten Anbieters und einer Ausweitung des Versorgungsangebots.[95]

Die Parteien unterbreiteten zwei Zusagenvorschläge, um eine Untersagung abzuwenden. Das erste Zusagenangebot umfasste die Veräußerung des Bereichs „Kardiologie" der Krankenhäuser Eschwege und Witzenhausen an ein Wettbewerbskrankenhaus. Es handelte sich um keine selbstständige organisatorische Einheit, sondern um die Herz-Kreislauf-Fälle innerhalb der Fachabteilung „Innere Medizin." Der zweite (alternative) Vorschlag sah vor, dass die Fachabteilung „Chirurgie" der beiden Krankenhäuser veräußert werden sollte. Es war jeweils geplant, eine Gesellschaft „Kardiologie Krankenhaus GmbH" bzw. „Chirurgie Krankenhaus GmbH" zu gründen. Die jeweils im Krankenhausplan vorgesehenen Planbetten wären auf den Erwerber übergegangen. Die damit verbundenen Krankenhausdienstleistungen wären in den Räumlichkeiten der beiden Krankenhäuser erbracht worden, die sich verpflichtet hätten, die betroffenen, spezifischen Krankenhausdienstleistungen nicht mehr selbst zu erbringen. Mit dem Erwerber sollten in beiden Fällen zusätzlich zum Kaufvertrag u. a. ein Mietvertrag über die Nutzung von Räumen in den beiden Krankenhäusern und ein Personalgestellungsvertrag für das Pflege- und Funktionsdienstpersonal geschlossen werden.[96]

Beide Zusagenvorschläge waren nicht geeignet, die Wettbewerbsbedenken zu beseitigen und wurden daher vom Bundeskartellamt nicht akzeptiert. In der Entscheidung führt das Bundeskartellamt aus, dass es im Regelfall notwendig ist, dass ein vorhandener Betrieb bzw. ein selbstständiger Betriebsteil auf den Erwerber übergeht – bezogen auf Krankenhäuser handelt es sich hierbei regelmäßig um ein bestehendes Krankenhaus bzw. Anteile an seinem Träger. Vorgeschlagen war dagegen eine Veräußerung eines unselbstständigen Betriebsteils, die nicht mit hinreichender Sicherheit zu einer nachhaltigen Übertragung der Marktposition geführt hätte.[97]

Sowohl im Fall der „Kardiologie" als auch im Fall der „Chirurgie" hätte der potenzielle Erwerber jedoch die Infrastruktur und personellen Ressourcen der beiden Krankenhäuser von Gesundheit Werra-Meißner mit nutzen müssen, unter anderem Operationssäle sowie das Pflege- und Funktionsdienstpersonal (z. B. Anästhesisten). Um einen reibungslosen organisatorischen Ablauf zu gewährleisten, wäre eine enge Zusammenarbeit mit dem potenziellen Erwerber erforderlich gewesen, z. B. zur Koordinierung der Belegung der Operationssäle oder des Einsatzes der Anästhesisten. Das hätte die wettbewerblichen Handlungsmöglichkeiten des Erwerbers erheblich eingeschränkt und das fusionierte Unternehmen in die Lage versetzt, den neuen Wettbewerber zu behindern. Die Möglichkeiten, sich im Qualitätswettbewerb zu dem fusionierten Unternehmen zu positionieren, wären auch durch die Vereinbarungen zum Pflege- und Funktionsdienstpersonal stark eingeschränkt gewesen.[98]

Die Abhängigkeit von dem fusionierten Unternehmen wäre im Fall der Veräußerung des Bereichs „Kardiologie" noch größer gewesen. Wegen der vertraglichen Vereinbarungen zur Gerätenutzung wäre es dem veräußerten Bereich „Kardiologie" praktisch kaum möglich gewesen, in eigene medizinische Geräte zu investieren.[99] Weitere Unsicherheiten ergaben sich daraus, dass sich der medizinische Tätigkeitsbereich der Fachabteilung „Chirurgie" nicht klar von dem Leistungsbereich anderer Fachabteilungen abgrenzen ließ. Die Ermittlungen des Bundeskartellamts ergaben, dass in der betroffenen Abteilung zu fast 50 Prozent Fälle behandelt werden, die zu einem erheblichen Anteil auch in den Leistungsbereich einer anderen Fachabteilung fallen und über deren spezifische Zuordnung man sich hätte abstimmen müssen.[100]

d) „Mix-and-Match"-Lösung. Werden Vermögensgegenstände und Personal aus verschiedenen Unternehmensbereichen des Erwerbers und des Zielunterneh- 51

[95] Ebd. Rn. 227 ff.
[96] Ebd. Rn. 231 f.
[97] Ebd. Rn. 236 ff.
[98] Ebd. Rn. 239.
[99] Ebd. Rn. 239.
[100] Ebd. Rn. 251.

mens zu einem Veräußerungsgegenstand zusammengeführt (so genannte „Mix-and-Match"-Lösung), führt dies oft zu großen **Unsicherheiten** hinsichtlich der Wettbewerbsfähigkeit. Insbesondere kann zumeist nicht mit hinreichender Sicherheit erwartet werden, dass die verschiedenen Unternehmensbereiche effektiv zusammenwirken werden, eine Integration der verschiedenen Teile in der neuen Einheit zeitnah nach Umsetzung der Verpflichtungszusage gelingt und der Veräußerungsgegenstand störungsfrei tätig sein kann. Abhängig von den Umständen des Einzelfalls kann die Veräußerung einer Kombination von Vermögensgegenständen des Erwerbers und des Zielunternehmens – bei entsprechenden Anforderungen an den Erwerber des Veräußerungspakets – im Ausnahmefall ausreichend sein, um einen wettbewerblichen Schaden infolge des Zusammenschlusses zu vermeiden.[101]

BKartA und OLG Düsseldorf: Xella/H+H[102] – „Mix-and-Match"-Lösung Porenbeton

Die Übernahme des dänischen Porenbetonherstellers H+H durch den Marktführer Xella hätte auf den Regionalmärkten für Porenbeton- und Leichtbetonsteine in Nord- und in Westdeutschland eine marktbeherrschende Stellung von Xella begründet. H+H stellte in Deutschland ausschließlich Porenbeton her und verfügte in beiden betroffenen Regionalmärkten über jeweils eine Produktionsstätte. Xella war der führende Anbieter von Porenbeton und Kalksandsteinen in Deutschland mit Produktionsstandorten im gesamten Bundesgebiet.

Die Übernahme wurde durch das Bundeskartellamt untersagt. Die von Xella angebotenen Verpflichtungszusagen waren nicht ausreichend, um die nachteiligen wettbewerblichen Auswirkungen zu kompensieren. Xella bot u. a. an, das Xella-eigene Porenbetonwerk Wedel im Regionalmarkt Nord, das bislang in die zentrale Vertriebsstruktur von Xella eingebunden war, mit dem noch zu übernehmenden Kundenstamm des H+H-Werks Wittenborn zu veräußern. Neben den Kundenlisten umfasste das Angebot die vertraglichen Beziehungen von H+H zu den Kunden, die Vertriebsmitarbeiter, die bei H+H für diesen geografischen Bereich beschäftigt waren, und bei Bedarf die Marke H+H. Außerdem sollte sich Xella verpflichten, diese Kunden während eines Zeitraums von zwei Jahren nicht aktiv abzuwerben. Xella wollte dem Erwerber unter anderem eine Auslastung des Werks von 90 Prozent der im Vorjahr an diesem Werk von H+H abgesetzten Menge garantieren.[103]

Diese Kombination von Veräußerungsgegenständen war nach Auffassung des Bundeskartellamts nicht geeignet, um eine hinreichend große Marktposition von H+H am nicht-veräußerten Standort Wittenborn auf einen potenziellen Erwerber zu übertragen. Im Kontext der Herstellung von Mauersteinen reichte der Verkauf der Kundenbeziehungen zusammen mit Produktionskapazitäten nicht aus, um einen tatsächlichen Übergang von Kundenbeziehungen an einen Erwerber „zu garantieren, organisieren oder auch nur zu veranlassen." Die Kunden von H+H konnten jederzeit ihren Lieferanten wechseln. Die vorgesehenen Kundenschutzmaßnahmen hätten nach Auffassung des Bundeskartellamts nur dazu geführt, den Wettbewerb zwischen Xella und dem potenziellen Erwerber zu Lasten der Kunden zu beschränken. Für die Kunden hätte kein Anreiz bestanden, dem Erwerber der Kundenbeziehungen zu einem anderen Werk zu folgen. Im Gegenteil hätte die größere Entfernung der meisten Kunden zum Werk Wedel im Vergleich zum bisherigen Lieferanten, dem Werk Wittenborn, für die Kunden eine Steigerung der Beschaffungskosten bedeutet. Die befragten potenziellen Erwerber gingen ebenfalls nicht

---

[101] Vgl. z. B. BKartA, Beschl. v. 25.3.2014, B6 98/13 – *Funke Medien Gruppe/Axel Springer,* Tenor Nr. A.2 (S. 3 ff.) und Rn. 310 ff. (Veräußerung von Programmzeitschriften, vor allem Marken- und Titelrechte – und die Anteile an den Abonnentengesellschaften – sowohl aus dem Bereich des Zielunternehmens als auch des Erwerbers, außerdem Domains, Archivbestände, Nutzungs- und Verwertungsrechte, Datenbestände, Druckverträge; Mitarbeiter nur auf Wunsch des Erwerbers).

[102] Vgl. BKartA, Beschl. v. 12.3.2012, B1 30/11 – *Xella/H+H;* OLG Düsseldorf, Beschl. v. 25.9.2013, VI Kart 4/12 (V).

[103] Vgl. BKartA, Beschl. v. 12.3.2012, B1 30/11 – *Xella/H+H,* Rn. 585.

davon aus, dass es ihnen gelingen würde, einen größeren Teil der Kunden des H+H Werks Wittenborn auf das zu erwerbende Werk Wedel überzuleiten.[104]

Im Ergebnis war nicht zu erwarten, dass die Veräußerung des Porenbetonwerks Wedel zusammen mit der Kundenliste ausreichen würde, einen geeigneten Erwerber in die Lage zu versetzen, den Zuwachs der Marktposition von Xella durch den Erwerb von H+H im Regionalmarkt Nord auszugleichen.[105]

Das OLG Düsseldorf kam auf der Grundlage der – vom Bundeskartellamt hilfsweise angeführten – sachlichen Marktabgrenzung für Mauersteine ebenfalls zu dem Ergebnis, dass die Zusagen nicht ausreichten, und bestätigte die Argumentation des Bundeskartellamts zu den Schwachpunkten der beschriebenen „Mix-and-Match"-Lösung.[106]

e) Veräußerung einzelner Vermögensgegenstände. In seltenen Ausnahme- 52
fällen kann auch die Veräußerung einzelner Vermögensgegenstände eine geeignete Zusage darstellen. Doch auch hier muss mit hinreichender Sicherheit zu erwarten sein, dass die mit den zu veräußernden Vermögensgegenständen verbundene **Marktposition** nachhaltig auf den Erwerber übergeht und die Untersagungsvoraussetzungen dadurch beseitigt werden.[107]

In besonders gelagerten Ausnahmefällen hat das Bundeskartellamt die Erteilung 53
einer unwiderruflichen und unbefristeten **exklusiven Lizenz** ohne eine zusätzliche Veräußerungsverpflichtung als geeignete Nebenbestimmung akzeptiert.[108] Es handelt sich dann um eine Verhaltenszusage, die einen vergleichbaren strukturellen Effekt wie eine Veräußerungszusage hat, vorausgesetzt die exklusive Lizenz reicht tatsächlich aus, um die Marktposition zu übertragen. Grundsätzlich ist jedoch die Veräußerung eines Unternehmens oder Unternehmensbereichs notwendig, da hierbei die Übertragung der Markt- und Wettbewerbsposition normalerweise mit deutlich weniger Unsicherheiten und Risiken behaftet ist.

**f) Zusätzliche Veräußerungsgegenstände im Interesse eines unterneh- 54
mensstrategisch sinnvollen Übernahmepakets.** Im Einzelfall kann es notwendig sein, neben dem veräußerten Unternehmen oder Unternehmensbereich ergänzend bestimmte personelle Ressourcen und einzelne Vermögensgegenstände in das Veräußerungspaket einzubeziehen, damit die Veräußerungsgegenstände veräußerbar und wettbewerbsfähig sind. Hierzu gehören:

- räumlich oder sachlich **benachbarte Tätigkeiten,** die erst zusammen mit dem wettbewerblich kritischen Tätigkeitsfeld eine wirtschaftlich tragfähige Einheit auf dem betroffenen Markt bilden;
- bestimmte z. B. **zentrale Funktionen,** die ein Erwerber nicht ohne weiteres ersetzen kann, insbesondere wenn innerhalb einer Gruppe von Unternehmen Funktionen von einem Unternehmen für die anderen Konzerngesellschaften mit erbracht werden;

---

[104] Ebd. Rn. 593 ff.

[105] Ebd. Rn. 591 ff.

[106] Vgl. OLG Düsseldorf, Beschl. v. 25.9.2013, VI Kart 4/12 (V) – *Xella/H+H,* Rn. 104 114 (juris).

[107] Vgl. z. B. BKartA, Beschl. v. 25.3.2014, B6 98/13 – *Funke Medien Gruppe/Axel Springer,* Tenor Nr. A.2 (S. 3 ff.) und Rn. 304 ff. (Veräußerung von Programmzeitschriften, vor allem Marken- und Titelrechte – und die Anteile an den Abonnentengesellschaften – sowohl aus dem Bereich des Zielunternehmens als auch des Erwerbers, außerdem Domains, Archivbestände, Nutzungs- und Verwertungsrechte, Datenbestände, Druckverträge; Mitarbeiter nur auf Wunsch des Erwerbers).

[108] Vgl. z. B. im Bereich Pflanzenschutzwirkstoffe BKartA, Beschl. v. 22.5.2003, B3 6/03 – *BASF/Bayer CropScience AG,* Tenor I.1 und 2. (S. 1 f.) und Rn. 105 ff. (Lizenz für drei von fünf Wirkstoffen – Fungiziden – der Zusammenschlussbeteiligten zur Blattbehandlung von Weizen).

– weitere Unternehmensbereiche, die keine unmittelbare Verbindung zu dem aufgeworfenen Wettbewerbsproblem haben, aber einbezogen werden müssen, damit der Veräußerungsgegenstand für den Erwerber ein **unternehmensstrategisch sinnvolles Paket** darstellt, z. B. kann ein Marktzutritt erst ab einer kritischen Mindestgröße des Erwerbsobjekts rentabel sein.

BKartA: Edeka/Tengelmann[109] – zusätzliche LEH Standorte für ein unternehmensstrategisch sinnvolles Paket

Das Bundeskartellamt gab das Vorhaben der Nummer 1 und der damaligen Nummer 5 des deutschen Lebensmitteleinzelhandels, EDEKA und Tengelmann, ihre beiden Discountketten Netto Marken-Discount und Plus in einem gemeinsam kontrollierten Gemeinschaftsunternehmen zusammen zu führen, unter aufschiebenden Bedingungen frei.

Das Vorhaben hätte in rd. 70 regionalen Absatzmärkten die Untersagungsvoraussetzungen erfüllt. Das Bundeskartellamt untersuchte die Marktverhältnisse in den betroffenen regionalen Absatzmärkten nicht isoliert, sondern bezog auch jeweils die Wettbewerbsverhältnisse in den benachbarten Märkten ein. Dabei stellte sich heraus, dass die Zusammenschlussbeteiligten in verschiedenen Regionen über hohe Marktanteile und signifikante Marktanteilsabstände zu den nachfolgenden Wettbewerbern verfügten. Die problematischen Märkte unter der Marktführerschaft von Edeka lagen innerhalb von Clustern, in denen die starke Marktposition der Zusammenschlussbeteiligten nicht durch eine starke Marktposition von Wettbewerbern in benachbarten Märkten relativiert worden wäre.

Die Zusammenschlussbeteiligten konnten eine Untersagung abwenden, weil sie umfangreiche Veräußerungszusagen anboten. Die später vom Bundeskartellamt akzeptierten Zusagen sahen insbesondere eine Veräußerung von allen Plus-Standorten vor, die in den vom Bundeskartellamt als problematisch eingestuften Märkten lagen. Es handelte sich dabei um knapp 400 Filialen. Die Standorte mussten an einen oder maximal bis zu drei Erwerber veräußert werden.

Die Nebenbestimmungen sahen außerdem vor, dass zusätzlich zu diesen Filialen noch weitere Standorte (außerhalb der betroffenen Regionalmärkte) zu dem Veräußerungspaket hinzugefügt werden, soweit das notwendig war, um für den jeweiligen Erwerber ein „unternehmensstrategisch sinnvolles Paket" zu bilden.[110] Dies bedeutete, dass das Paket oder die Pakete jeweils aus einem in den jeweiligen Clustern zusammenhängenden Netz von Standorten bestehen mussten. Darüber hinaus waren aus den gleichen Gründen auch Infrastruktureinrichtungen der Zusammenschlussbeteiligten, insbesondere Lager oder

Logistikeinrichtungen, die für eine wirtschaftlich sinnvolle Versorgung der erworbenen Standorte aus Sicht des jeweiligen Erwerbers erforderlich sind, als Teil des jeweils zu bildenden Pakets zu veräußern.[111]

Diese Ausweitung des Veräußerungspakets war erforderlich um sicherzustellen, dass sich die zu veräußernden Standorte in das Portfolio des Erwerbers einfügten. Nur in diesem Fall war gewährleistet, dass sich ein geeigneter Käufer für die jeweiligen Standorte finden ließ.[112] Ob weitere Standorte zu veräußern waren, um ein unternehmensstrategisch sinnvolles Paket zu bilden, hing dabei vom jeweiligen Erwerber ab.[113] Eine konkretere und abschließende Beschreibung des Umfangs im Sinne einer abschließenden Aufzählung der einzubeziehenden Standorte war daher in der Fusionskontrollentscheidung, also vor der Identifizierung des Käufers, nicht möglich.

---

[109] BKartA, Beschl. v. 30.6.2008, B2 333/07 – *Edeka/Tengelmann;* es handelt sich um die unter Auflagen freigegebene Fusion der Discount-Ketten der Parteien, nicht um die im Jahr 2015 untersagte Fusion.

[110] BKartA, Beschl. v. 30.6.2008, B2 333/07 – *Edeka/Tengelmann,* Tenor I.1.c (S. 3) und S. 135 f.

[111] Ebd.

[112] Ebd. S. 132 f., 135 f.

[113] Ebd. S. 134.

g) Veräußerung von sogenannten „Kronjuwelen". In Ausnahmefällen kann 55 die Veräußerung von sogenannten „Kronjuwelen" ein Ausweg sein, um eine wirksame Zusagenlösung zu ermöglichen, obwohl aus der Sicht des Bundeskartellamts nach Durchführung des Markttests nicht alle Unsicherheiten ausgeräumt werden konnten, ob für einen Veräußerungsgegenstand ein geeigneter Erwerber gefunden werden kann. Das betrifft die eher seltene Konstellation, dass die Zusammenschlussbeteiligten keinen anderen Veräußerungsgegenstand anbieten können, der einerseits die genannten Unsicherheiten nicht aufwirft, und dessen Veräußerung die Zusammenschlussbeteiligten andererseits wirtschaftlich nicht erheblich stärker belasten würde, als die Veräußerung des vorgeschlagenen Veräußerungsgegenstands. Das **zweistufige Verfahren** bei der Veräußerung von „Kronjuwelen" kann dann eine Alternative darstellen.[114] Bei „Kronjuwelen" handelt es sich um Veräußerungsgegenstände, für die von vornherein klar ist, dass sie ohne Schwierigkeiten veräußert werden können. In der Regel handelt es sich um einen aus Käufersicht attraktiveren Gegenstand, dessen Veräußerung die Zusammenschlussbeteiligten wegen seiner besonderen Werthaltigkeit möglichst vermeiden wollen.[115] Die Zusage sieht dann vor, dass die Zusammenschlussbeteiligten zunächst innerhalb einer ersten Frist die Gelegenheit bekommen, einen geeigneten Erwerber für den ersten Veräußerungsgegenstand zu finden und die Veräußerung vorzunehmen. Gelingt dies nicht, beginnt eine zweite Frist für die Veräußerung der „Kronjuwelen".

Die zweistufige „Kronjuwelen"-Lösung kann auch bei bestimmten anderen **Hindernissen** für die Umsetzung von Veräußerungszusagen ein möglicher Ausweg sein. 56 Insbesondere können Vorkaufsrechte Dritter oder Besonderheiten in Bezug auf die Übertragbarkeit von Verträgen oder von Rechten an geistigem Eigentum erhebliche Unsicherheiten aufwerfen, die innerhalb der Fusionskontrollprüfung oft nicht ausgeräumt werden können.

Werhahn/Norddeutsche Mischwerke[116] – „Kronjuwelen"-Lösung bei Zustimmungsrechten von Mitgesellschaftern

Der Zusammenschluss zwischen den beiden größten Herstellern von Asphaltmischgut und gebrochenem Hartstein in Deutschland, Werhahn und Norddeutsche Mischwerke, wurde vom Bundeskartellamt mit Nebenbestimmungen freigegeben. Für die Fusionskontrolle war angesichts der begrenzten Transportfähigkeit dieser Baustoffe die Wettbewerbssituation in einzelnen Regionalmärkten entscheidend. Im Hinblick auf die Auswirkungen in zahlreichen Regionalmärkten konnte eine Untersagung nur durch Veräußerungszusagen abgewendet werden. Im Regionalmarkt Langenau/Ulm boten die Parteien eine sogenannte „Kronjuwelen"-Zusage an.[117]

---

[114] Anstelle der Aufnahme einer „Kronjuwelen"-Lösung kann es in geeigneten Fällen auch ausreichen, zwei Veräußerungsgegenstände zu benennen, die alternativ, d. h. nach Wahl des verpflichteten Unternehmens, innerhalb einer bestimmten Frist zu veräußern sind, vgl. dazu z. B. BKartA, Beschl. v. 8.9.2008, B896/08 – *EnBW/EWE,* Tenor Nr. A.1, A.3.1, A.3.3 (S. 3 ff.), (Veräußerung der EWE-Beteiligung an der VNG oder des EnBW-Beteiligungsunternehmens GESO; die Mitteilung über die Festlegung auf den endgültigen Veräußerungsgegenstand musste innerhalb einer bestimmten Frist erfolgen; andernfalls Bestimmung durch den Veräußerungstreuhänder); vgl. ferner in diesem Zusammenhang BKartA, Beschl. v. 24.8.2009, B8 67/09 – *EnBW/VNG,* Rn. 85 ff.

[115] Außerdem müssen sowohl die zunächst zu veräußernden Veräußerungsgegenstände als auch die „Kronjuwelen" lebens- und wettbewerbsfähig sowie geeignet sein, die Untersagungsvoraussetzungen zu beseitigen. Die Veräußerungsgegenstände müssen sich nicht gegenseitig ausschließen. Vielmehr kann es sich bei dem zweiten Gegenstand auch um eine Erweiterung des ersten Gegenstands handeln.

[116] BKartA, Beschl. v. 22.8.2005, B1 29/05 – *Werhahn/Norddeutsche Mischwerke.*

[117] Ebd. Tenor Nr. A.30 (S. 7), Rn. 145.

Die „Kronjuwelen"-Lösung war notwendig geworden, weil Unsicherheiten bestanden, ob es gelingen würde, für die beiden Minderheitsbeteiligungen an der Betreibergesellschaft des Asphaltmischwerks Langenau (jeweils in Höhe von 25 Prozent) geeignete Erwerber zu finden, deren Eintritt als neue Gesellschafter innerhalb der Umsetzungsfrist auch die Zustimmung der übrigen Mitgesellschafter finden würde. An dieser Gesellschaft wäre die Beteiligung von Werhahn durch den Zusammenschluss auf 50 Prozent angewachsen.

Aus der Sicht von Werhahn stellten die beiden hinzuerworbenen Minderheitsbeteiligungen einen weniger wertvollen Vermögensgegenstand dar als die Mehrheitsbeteiligung an dem umsatzstärkeren Asphaltmischwerk Ulm-Donautal, das in dem betroffenen Regionalmarkt zentral gelegen war. Für den Fall, dass die Veräußerung der Minderheitsbeteiligungen innerhalb der vorgesehenen Frist nicht gelingt, sollte anschließend – in einem zweiten Schritt – die Mehrheitsbeteiligung (in Höhe von knapp 60 Prozent) an dem Werk Ulm-Donautal veräußert werden, an der keine Vorkaufsrechte bestanden.

Letztlich ist es den Zusammenschlussbeteiligten nicht gelungen, die Zustimmung der Mitgesellschafter für die Veräußerung zu erhalten, und die Rückfalllösung kam zum Zug. Die Veräußerung der Mehrheitsbeteiligung gelang zwar nicht innerhalb der vorgesehenen ersten Veräußerungsfrist. Der Verkauf warf aber keine weiteren Schwierigkeiten auf und konnte von dem eingesetzten Veräußerungstreuhänder innerhalb der in der Entscheidung vorgesehenen Veräußerungsfrist durch den Treuhänder umgesetzt werden.

57 Damit die voraussichtliche Umsetzung der Zusage in den Fällen, in denen erst die Veräußerung der sogenannten „Kronjuwelen" erfolgreich ist, nicht zu lange dauert, sollten die **Veräußerungsfristen** für die beiden Teilschritte die in diesem Leitfaden genannten Fristen für Veräußerungszusagen insgesamt nicht wesentlich überschreiten (vgl. C.VI., Rn. 158). Andernfalls würde die Wettbewerbsfähigkeit und Werthaltigkeit des Veräußerungsgegenstands zu stark gefährdet. Wegen der zusätzlichen Dauer des Veräußerungsprozesses müssen gegebenenfalls zusätzliche Sicherungsmaßnahmen ergriffen werden (vgl. B.IV., Rn. 88-106).

58 **2. Anforderungen an den Erwerber.** Die erfolgreiche Umsetzung einer Veräußerungszusage ist nur dann zu erwarten, wenn mit hinreichender Sicherheit damit zu rechnen ist, dass es geeignete Erwerber gibt, die den Veräußerungsgegenstand voraussichtlich erwerben möchten. Geeignete Erwerber müssen in der Lage sein (a) und das Interesse haben (b), den Veräußerungsgegenstand wirtschaftlich und im Wettbewerb mit den Zusammenschlussparteien weiter zu betreiben. Außerdem darf der Erwerb nicht selbst zu einer wesentlichen Behinderung wirksamen Wettbewerbs oder sonstigen kartellrechtlichen Problemen führen (c). In der Regel ist der Veräußerungsgegenstand an einen einzelnen Erwerber zu veräußern (d).

59 Die kurzen Fristen, innerhalb derer das Bundeskartellamt entscheiden muss, ob ein Erwerber geeignet ist, beschränken den **Umfang der Ermittlungen,**[118] die das Bundeskartellamt in Erfüllung seiner Pflichten aus dem Untersuchungsgrundsatz durchführen kann.[119] Bezüglich der in ihrer Sphäre liegenden Umstände, die für die Eignung der Zusagenvorschläge zur Beseitigung der Untersagungsvoraussetzungen relevant sind, trifft die Zusammenschlussbeteiligten eine gesteigerte Mitwirkungspflicht,[120] die umso schwerer wiegt, je später im Verfahren Verpflichtungszusagen vorgeschlagen werden. Dazu gehören insbesondere Informationen der Zusammenschlussbeteiligten, die für die Einschätzung relevant sind, welche Anforderungen der Erwerber im konkreten Fall erfüllen muss, um mit dem Veräußerungsgegenstand

---

[118] Insbesondere zu Markttests von Zusagenvorschlägen vgl. C.III, Rn. 117–123.

[119] Vgl. BGH, Beschl. v. 16.1.2007, KVR 12/06 – *National Geographic II,* Rn. 15 (aus der Fristgebundenheit ergibt sich eine Beschränkung der Aufklärungsmöglichkeiten; für den Fall von Verkehrsbefragungen im Kontext der wettbewerblichen Würdigung).

[120] Vgl. zur Missbrauchsaufsicht BGH, Beschl. v. 14.7.2015, KVR 77/13 – *Wasserpreise Calw II,* Rn. 30.

auf dem Markt als wirksamer Wettbewerber tätig sein zu können. Das gleiche gilt für Informationen zu den Verbindungen zwischen Zusammenschlussbeteiligten und Erwerber des Veräußerungsgegenstands.

a) Qualifikation des Erwerbers. Die Eignung eines Erwerbers setzt grundsätzlich voraus, dass er über die erforderlichen **Branchenkenntnisse,** ausreichende **Erfahrung** und hinreichende **finanzielle Mittel** verfügt, um das übernommene Geschäft im Wettbewerb erfolgreich zu führen. Im Einzelfall kommen auch z. B. Finanzinvestoren als Erwerber in Betracht, die diese Anforderungen erfüllen. Je nach Branche kann es aber erforderlich sein, dass der Erwerber bereits als Wettbewerber auf demselben Markt tätig ist. Dies ist insbesondere der Fall, wenn spezifisches fachliches Know-how oder besondere marktbezogene Unternehmensressourcen erforderlich sind.[121] 60

b) Unabhängigkeit und wirtschaftliche Interessenlage des Erwerbers. Für einen geeigneten Erwerber muss es wirtschaftliche Anreize geben, den Veräußerungsgegenstand im Wettbewerb mit den Zusammenschlussparteien und Wettbewerbern weiter zu betreiben.[122] Dies setzt zunächst voraus, dass er von den Zusammenschlussbeteiligten und den mit ihnen verbundenen Unternehmen (§ 36 Abs. 2 GWB) **unabhängig** ist.[123] Sie dürfen weder personell noch durch Kapitalbeteiligung (gleich in welcher Höhe) mit dem Erwerber verflochten sein.[124] Minderheitsbeteiligungen eröffnen oft Einflussmöglichkeiten auf das Wettbewerbsverhalten der Beteiligungsgesellschaft. Das trifft in vielen Fällen auch auf personelle Verflechtungen mit den Zusammenschlussbeteiligten zu, z. B. wenn ein Geschäftsführer der Unternehmensgruppe des Erwerbers auch ein Amt in einem Unternehmensgremium (z. B. Beirat) oder in der Unternehmensleitung (z. B. Mitgeschäftsführer) in einem Unternehmen der Zusammenschlussbeteiligten wahrnimmt. Das gilt auch, wenn er als Mitarbeiter eines am Zusammenschluss beteiligten Unternehmens tätig 61

---

[121] Vgl. z. B. BKartA, Beschl. v. 18.7.2013, B4 18/13 – *Prosegur/Brink's,* Tenor Nr. I.5.C (S. 9) (Anbieter von Bargelddienstleistungen in Deutschland); BKartA, Beschl. v. 3.2.2012, B3 120/11 – *OEP/Linpac,* Tenor Nr. I.A.4.2 (S. 6) (aktueller Wettbewerber auf dem Produktmarkt für die Herstellung von Getränkekästen); BKartA, Beschl. v. 27.12.2010, B2 71/10 – *Van Drie/Alpuro,* Tenor Nr. I.5.C) (S. 5) (Erfahrungen im Bereich der Kälbermast, Kälberschlachtung oder des Kalbfleischvertriebs); BKartA, Beschl. v. 30.6.2008, B2333/07 – *Edeka/Tengelmann,* Tenor Nr. I.5.B) (S. 8) (Anbieter im Lebensmitteleinzelhandel); BKartA, Beschl. v. 15.3.2005, B4 227/04 – *Smiths Group/MedVest,* Tenor Nr. 2.2 (S. 5) (Herstellung und Vertrieb von Monitoring-Sets oder benachbarter Produkte der Intensivmedizin); BKartA, Beschl. v. 17.6.2002, B10 124/01 – *Trienekens/SW Düsseldorf,* Tenor Nr. I.2.B) (S. 6) sowie Rn. 178 (Tätigkeit auf dem Markt für Gewerbeabfallverbrennung oder auf benachbarten oder auf vor- oder nachgelagerten Märkten); BKartA, Beschl. v. 22.8.2001, B6 56/01 – *SV-C/WEKA,* Rn. 46 (Tätigkeit auf dem Markt für ElektronikFachzeitschriften oder auf benachbarten Märkten).

[122] Dabei ist auch zu berücksichtigen, welche eigenen Interessen der Erwerber verfolgt, vgl. z. B. BKartA, Beschl. v. 12.3.2007, B8 62/06 – *RWE Energy/Saar Ferngas,* S. 52 (angebotene Veräußerungszusage zur Abgabe von Beteiligungen an Stadtwerken reichte nicht aus, weil Anforderungen an Erwerber zu gering waren; Finanzinvestor nicht ausreichend, Verfolgung eigener strategischer Interessen im Bereich der Energiewirtschaft wären erforderlich gewesen).

[123] In Einzelfällen kann die Unabhängigkeit in Frage stehen, wenn ein Mitarbeiter des Veräußerungsgegenstands diesen erwerben soll und gegenüber einem Zusammenschlussbeteiligten kein unabhängiges Wettbewerbsverhalten zu erwarten ist, vgl. z. B. BKartA, Beschl. v. 18.7.2008, B5 84/08 – *Stihl/ZAMA,* Tenor Nr. 1.5.1 (S. 4).

[124] Vgl. BKartA, Mustertext Freigabe eines Zusammenschlussvorhabens mit Nebenbestimmungen (aufschiebende Bedingung), 2005, Nr. 4.2. (http://www.bundeskartellamt.de/SharedDocs/Publikation/DE/Mustertexte/Muster%20%20Aufschiebende%20Bedingung.pdf?__blob=publicationFile&v=4).

ist. Mit einer Kapitalbeteiligung ist unter anderem eine Beteiligung an Gewinnen und Verlusten des Beteiligungsunternehmens verbunden. Das hat insbesondere dann Auswirkungen auf die wirtschaftlichen Anreize für das Wettbewerbsverhalten des Minderheitsgesellschafters, wenn er auf demselben Markt oder einem vor- oder nachgelagerten Markt tätig ist. Daher sind Erwerber mit entsprechenden Verflechtungen (nach § 18 Abs. 3 Nr. 4 GWB) zu den Zusammenschlussbeteiligten grundsätzlich ungeeignet.

62 Der Erwerber darf auch nicht auf sonstige Weise, beispielsweise durch **vertragliche Absprachen,** die ein Handeln für Rechnung der Zusammenschlussbeteiligten ermöglichen, mit den Zusammenschlussbeteiligten verbunden sein.[125] Es liegt auf der Hand, dass Unternehmen, die für die Zusammenschlussbeteiligten als Treuhänder tätig werden, keine geeigneten Erwerber sind. Berechtigte Zweifel an der Unabhängigkeit des Erwerbers und an dessen Anreiz, das Wettbewerbspotenzial des Veräußerungsgegenstands zu entfalten, können sich außerdem durch vertragliche Verbindungen auf den relevanten Märkten ergeben, z. B. durch Lieferverträge mit signifikantem wirtschaftlichen Gewicht. Ähnliche Bedenken können Kooperationen z. B. auf den betroffenen Märkten oder auf benachbarten räumlichen oder sachlichen Märkten aufwerfen.

63 Der Erwerber muss ein **schlüssiges Konzept** für eine erfolgreiche Fortführung des zu erwerbenden Unternehmens und eine Entfaltung seines wettbewerblichen Potenzials insbesondere auf den problematischen Märkten vorweisen können. Ansonsten ist er ungeeignet. Insbesondere in folgenden Konstellationen sind diese Anforderungen nicht erfüllt:

– Ein Erwerber, der eine **anderweitige Nutzung** der erworbenen Vermögensgegenstände anstrebt, z. B. auf anderen Märkten, ist ungeeignet.[126]
– Das gleiche gilt, wenn die erworbenen Veräußerungsgegenstände in absehbarer Zeit **weiterveräußert** werden sollen.[127]
– Gegen die Eignung eines Erwerbers spricht es auch, wenn für ihn Anreize für eine **Zerschlagung** des übernommenen Unternehmens bestehen.
– Ein **Verkäuferdarlehen** kann das unternehmerische Risiko des Erwerbers begrenzen und zu Abhängigkeiten im Geschäftsbetrieb führen. Das kann insbesondere darauf hindeuten, dass der Erwerber kein ausreichendes eigenes wirtschaftliches Interesse hat, das Wettbewerbspotenzial des erworbenen Unternehmens in Wettbewerb zu den Zusammenschlussbeteiligten einzusetzen. Ein Beispiel:

Funke/Springer[128] – Vendor Loan

Die Funke Medien Gruppe beabsichtigte, die Fernseh-Programmzeitschriften des Axel Springer Konzerns zu erwerben. Um die zu erwartende Wettbewerbsbehinderung durch den Wegfall

[125] Ebd.

[126] Vgl. BKartA, Beschl. v. 20.11.2003, B8 84/03 – *E.ON/Stadtwerke Lübeck,* Rn. 58 (zu erwarten, dass der schon zusammen mit dem Zusagenangebot vorgeschlagene Erwerber, ein örtliches kommunales Versorgungsunternehmen, die als Veräußerungsgegenstand angebotene Kraftwerkskapazität nicht zur Akquirierung von Weiterverteilern und Großkunden nutzen würde, sondern lediglich zur Optimierung des im Rahmen seines Versorgungsauftrags benötigten Eigenbedarfs; die Verstärkung einer marktbeherrschenden Stellung auf der vorgelagerten Marktstufe würde so nicht kompensiert).

[127] Vgl. z. B. BKartA, Beschl. v. 24.8.2007, B5 51/07 – *Cargotec/CVS Ferrari,* Rn. 142 ff. (Familienmitglieder der Familie Ferrari, des Veräußerers, wurden bereits als Teil der Veräußerungszusage als Erwerber der Geschäftsbereiche Reach Stacker und Straddle Carrier vorgeschlagen; nach dem vorangegangenen Vortrag der Verfahrensbevollmächtigten wollte sich die Familie allerdings aus Altersgründen aus dem Zielunternehmen zurückziehen; das sprach gegen eine tragfähige Fortführungsperspektive).

[128] Vgl. BKartA, Beschl. v. 25.3.2014, B6 98/13 – *Funke Medien Gruppe/Axel Springer.*

eines eigenständigen Wettbewerbers zu kompensieren, boten die Parteien an, mehrere Programmzeitschriften an die Mediengruppe Klambt zu veräußern.

Es war zunächst vorgesehen, den Kaufpreis u. a. durch ein von Funke gewährtes Verkäuferdarlehen (Vendor Loan) zu finanzieren. Zusammen mit einem Darlehen bzw. einer Bürgschaft von Springer hätte diese Finanzierung weit über 75 Prozent des Gesamtkaufpreises umfasst. Für diese Finanzierung sollte allein eine vom Klambt-Verlag zu gründende Tochtergesellschaft haften, in der das operative Geschäft mit den erworbenen Programmzeitschriften geführt werden sollte. Außerdem sollte sich die Laufzeit der Darlehensverträge auf deutlich mehr als 20 Jahre belaufen. Schließlich enthielt der Kreditvertrag zugunsten von Funke Gewinnabführungsverpflichtungen, Sonderkündigungsrechte und weitgehende Informationsrechte.[129]

Aufgrund dieser Finanzierungsbedingungen bestanden erhebliche Zweifel daran, dass Klambt, als Erwerber des Veräußerungsgegenstands, von Funke, dem Erwerber des geprüften Zusammenschlusses, hinreichend unabhängig sein würde, um eigenständig im Markt tätig zu sein. Die zunächst geplante Finanzierung stellte auch in Frage, ob Klambt in der Lage und willens wäre, das wirtschaftliche und unternehmerische Risiko für die zu veräußernden Programmzeitschriften zu übernehmen. Angesichts der zunächst anvisierten sehr niedrigen Eigenkapitalquote wäre Klambt lediglich ein sehr beschränktes unternehmerisches Risiko eingegangen. Das hätte nicht ausgereicht, um eine dauerhafte und eigenständige Wettbewerbstätigkeit – insbesondere im Verhältnis zum Wettbewerber Funke – zu erwarten.[130]

Im Ergebnis konnte das Zusammenschlussvorhaben unter Nebenbestimmungen freigegeben werden, nachdem die Finanzierung grundlegend umgestaltet worden war. Ein Verkäuferdarlehen von Funke an Klambt war nicht mehr vorgesehen. Klambt hatte seinen Anteil an der Finanzierung ungefähr verdoppelt. Letztlich war zu erwarten, dass die neue und allein haftende „Programmzeitschriften-Gesellschaft" von Klambt bis zum Jahr 2020 eine geschätzte Eigenkapitalquote von etwa 30 Prozent ausweisen würde, wodurch Investitionen aus eigener Kraft möglich wären. Die Finanzierung durch Funke wurde durch ein nachrangiges Darlehen und eine Bürgschaft von Springer für ein Bankdarlehen ersetzt. Diese Verbindung wirft keine Probleme auf, weil Springer nach der Veräußerung seiner Programmzeitschriften an Funke nicht mehr in diesem Bereich tätig ist. Die Verträge enthielten keine mit den vorherigen Finanzierungsabreden vergleichbaren Rechte für den Darlehensgeber bzw. Bürgen und hatten eine deutlich verkürzte Laufzeit. Die Zweifel an der Eignung von Klambt als Erwerber konnten so ausgeräumt werden.[131]

c) Prima facie keine neuen Wettbewerbsprobleme durch Zusagenumsetzung. Eine weitere wesentliche Voraussetzung ist, dass infolge der Übernahme 64
der zu veräußernden Unternehmensbeteiligungen bzw. Vermögenswerte durch den Erwerber prima facie keine erhebliche Behinderung wirksamen Wettbewerbs **(SIEC)** zu erwarten sein darf. Würde die Übertragung des Veräußerungsgegenstands auf den Erwerber prima facie zu einem Verstoß gegen **§ 1 GWB** bzw. **Art. 101 AEUV** führen, stünde das der Eignung des Erwerbers ebenfalls entgegen.[132] Beispielsweise kann die gemeinsame Beteiligung des Erwerbers und eines der Zusammenschlussbeteiligten an einem Gemeinschaftsunternehmen dazu führen, dass eine Koordinierung des Wettbewerbsverhaltens im Verhältnis der Muttergesellschaften untereinander zu erwarten ist, insbesondere wenn diese auf dem gleichen Markt tätig sind wie das Gemeinschaftsunternehmen.[133] In diesem Fall wäre das Gemein-

---

[129] Ebd. Rn. 19 ff., 344 ff.

[130] Ebd. Rn. 339 f.

[131] Ebd. Rn. 344 ff.

[132] Vgl. z. B. BKartA, Beschl. v. 16.11.2011, B2 36/11 – *Tönnies/Tummel,* Rn. 290. In diesem Fall wurde die vorgeschlagene Zusage, einen Lohnschlachtvertrag mit einem Wettbewerber zu verlängern, unter anderem auch deshalb abgelehnt, da sie zu einer nach § 1 GWB bzw. Art. 101 AEUV bedenklichen Kooperation der beiden bedeutendsten Sauenschlachter in Deutschland geführt hätte.

[133] Vgl. BGH, Beschl. v. 8.5.2001, KVR 12/99, – *Ost-Fleisch,* Rn. 36 f. (juris); BGH, Beschl. v. 4.3.2008, KVZ 55/07 – *Nord-KS/Xella,* Rn. 14 (juris).

schaftsunternehmen zu entflechten und das fusionskontrollrechtliche Wettbewerbsproblem bliebe in der Zwischenzeit bestehen. Daher ist eine Veräußerung an einen Mitgesellschafter eines Zusammenschlussbeteiligten in einem solchen Fall keine akzeptable Lösung.

65 **d) Anzahl der Erwerber.** Grundsätzlich erfolgt die Veräußerung an einen **einzigen Erwerber.** In den meisten Fällen wird nur auf diese Weise gewährleistet, dass das wettbewerbliche Potenzial des Veräußerungsgegenstands möglichst vollständig und gebündelt erhalten bleibt.[134]

66 In **Ausnahmefällen** kann ein Erwerb durch mehrere Unternehmen in Betracht kommen. Allerdings muss sichergestellt sein, dass die Lebens- und Wettbewerbsfähigkeit der Veräußerungspakete gewährleistet sind. Das ist insbesondere denkbar, wenn es sich bei den verschiedenen Erwerbspaketen jeweils um eigenständige Organisationseinheiten oder wirtschaftlich tragfähige Cluster von Vertriebsstandorten in unterschiedlichen räumlich relevanten Märkten handelt.[135] Vor allem muss der erforderliche wettbewerbliche Effekt der Veräußerung erzielt werden, obwohl sich das wettbewerbliche Potenzial des Veräußerungsgegenstands auf mehrere Erwerber aufteilt. Das ist zumeist nicht der Fall, wenn die Aufteilung des Veräußerungsgegenstands dazu führt, dass statt eines gewichtigen Wettbewerbers auf dem betroffenen Markt lediglich mehrere neue schwache Wettbewerber entstehen oder die Marktposition verschiedener unbedeutender Wettbewerber durch die Aufteilung des Veräußerungspakets nicht wesentlich verstärkt wird.

II. Trennung von Unternehmensverbindungen zu Wettbewerbern

67 Bei den im vorigen Abschnitt dargestellten Veräußerungszusagen steht zumeist im Mittelpunkt, den Wegfall eines Wettbewerbers nach einem Zusammenschluss zu kompensieren: der Veräußerungsgegenstand wird auf einen geeigneten Erwerber übertragen und so ein neuer Wettbewerber geschaffen oder ein bestehender Wettbewerber gestärkt. Dagegen reicht es in anderen Fallkonstellationen aus, dass **Verflechtungen** (nach § 18 Abs. 3 Nr. 4 GWB), insbesondere gesellschaftsrechtliche Beteiligungen der Zusammenschlussbeteiligten an einem Wettbewerber, oder **vertragliche Verbindungen** mit einem Wettbewerber aufgelöst werden. Eine solche Situation liegt z. B. vor, wenn eine bestehende Verflechtung eine wesentliche Ursache für ein bereits vor dem Zusammenschluss existierendes wettbewerbsloses Oligopol darstellt, das durch den Zusammenschluss verstärkt wird. Eine vergleichbare Lage besteht, wenn die Verflechtung durch den Zusammenschluss entsteht und dadurch eine stillschweigende Koordinierung des Wettbewerbsverhaltens der

[134] Vgl. z. B. BKartA, Beschl. v. 12.3.2013, B3 132/12 – *Asklepios/Rhön,* Tenor Nr. A.4 (S. 5); BKartA, Beschl. v. 5.3.2009, B8 163/08 – *Saar Ferngas Landau/Energie Südwest,* Tenor (S. 2); BKartA, Beschl. v. 17.2.2009, B2 46/08 – *Nordzucker/Danisco,* Rn. 12; BKartA, Beschl. v. 16.1.2007, B6 510/06 – *Weltbild/Hugendubel,* Tenor Nr. I.1 (S. 2); BKartA, Beschl. v. 10.1.2007, B9 94/06 – *Praktiker/Max Bahr,* Tenor Nr. 2.2 (S. 4); BKartA, Beschl. v. 22.12.2006, B4 1002/06 – *Remondis/SAS,* Tenor Nr. A.I.3 (S. 2); BKartA, Beschl. v. 8.6.2006, B4 29/06 – *Telecash/GZS,* Rn. 4; BKartA, Beschl. v. 17.8.2004, B7 65/04 – *GE/InVision,* Tenor Nr. A.2 (S. 2); BKartA, Beschl. v. 25.4.2002, B2 37/01 – *BayWA/WLZ,* Tenor Nr. 1.1, 1.3 (S. 1 f.).

[135] Vgl. aus dem Bereich des Lebensmitteleinzelhandels z. B. BKartA, Beschl. v. 31.3.2015, B2 96/14 – *Edeka/Kaiser's Tengelmann,* Rn. 907 (maximal zwei Erwerber). Bei der Anzahl der möglichen Erwerber berücksichtigt das Bundeskartellamt auch, inwiefern mehrere Vertriebsstandorte eines Unternehmens nur gemeinsam als wirtschaftlich sinnvoller Cluster betrieben werden können. Vgl. BKartA, Beschl. v. 30.6.2008, B2 333/07 – *Edeka/Tengelmann,* Tenor Nr. I.1.a (S. 2 f.) und S. 136; BKartA, Beschl. v. 13.8.2015, B9 48/15 – *WM/Trost,* Tenor Nr. A.4.1 (S. 4) und Rn. 333 (bis zu drei Erwerber, wenn kein Erwerber bereit ist, alle Standorte zu kaufen; dabei Veräußerung bestimmter benachbarter Standorte nur als Paket an einen Erwerber).

wesentlichen Wettbewerber (erstmals) ermöglicht, erleichtert, stabilisiert oder effektiver wird.[136] In diesen Situationen kann es in manchen Fällen beispielsweise genügen, die Verbindung zu beenden, indem die Minderheitsbeteiligung an einen Finanzinvestor oder an andere Gesellschafter veräußert oder das Gemeinschaftsunternehmen aufgelöst wird.[137]

Dagegen reicht es nicht aus, **gesellschaftsrechtliche Einflussmöglichkeiten** 68 vertraglich zu begrenzen, z. B. indem Stimmrechte auf einen Treuhänder übertragen werden oder die Stimmrechtsausübung auf einen bestimmten Stimmrechtsanteil beschränkt wird. Die gesellschaftsrechtlich vermittelten Einfluss- und Koordinierungsmöglichkeiten werden so nicht vollständig im Sinne einer strukturellen Wirkung beseitigt. Anreize für die Inhaber von Minderheitsbeteiligungen, die wirtschaftlichen Interessen der Beteiligungsgesellschaft in ihrem Wettbewerbsverhalten zu berücksichtigen, bestehen fort. Denn sie sind z. B. weiterhin an Gewinnen und Verlusten der Gesellschaft sowie an dem Verlustrisiko des Gesellschaftskapitals beteiligt. Außerdem würde die Überwachung der Umsetzung einer solchen Zusage eine unzulässige laufende Verhaltenskontrolle erfordern.

In der Praxis sind Fallkonstellationen häufiger, in denen Verflechtungen mit einem 69 **„befreundeten" Umfeld** von Wettbewerbern lediglich eine von mehreren Ursachen für eine erhebliche Behinderung wirksamen Wettbewerbs darstellen.[138] Die Trennung der Verbindung ist dann lediglich ein Element für die Lösung des Wettbewerbsproblems.

Wenn **Kooperationsverträge** mit Wettbewerbern aufgelöst oder bei einem 70 geringen wirtschaftlichen Gewicht auf wettbewerblich unerhebliche Betätigungsfelder beschränkt werden, kann das ebenfalls dazu beitragen, die durch einen Zusammenschluss begründeten Untersagungsvoraussetzungen zu beseitigen.[139] Beispiels-

---

[136] Vgl. BKartA, Leitfaden Marktbeherrschung (2012), Rn. 90, 96, 105, 112, 120.

[137] Vgl. BKartA, Beschl. v. 23.2.2005, B10 122/04 – *Remondis/RWE-Umwelt,* Tenor Nr. I.A.1.4 (S. 5 f.) und Rn. 316 (nach Ausstieg von Remondis bei GU Interseroh war im Bereich der flächendeckenden Entsorgung von Gewerbeabfall eine Entstehung eines wettbewerbslosen Duopols aus Remondis/RWE-Umwelt und Interseroh nicht mehr zu erwarten); BKartA, Beschl. v. 29.9.2006, B1–169/05 – *FIMAG/Züblin,* Rn. 98 ff., vgl. auch Rn. 59 ff. (nach Entflechtung der Deutag, eines sehr gewichtigen Gemeinschaftsunternehmens zwischen Werhahn und Strabag (Fimag) war zu erwarten, dass ein wettbewerbsloses Duopol der beiden Unternehmen im Regionalmarkt für Walzasphalt in Berlin nicht fortbestehen bzw. nicht entstehen würde).

[138] Vgl. BKartA, Beschl. v. 12.3.2012, B1 30/11 – *Xella/H+H,* Rn. 515 ff., 533 ff., 604, 608 (Der führende Anbieter von Porenbeton und Kalksandsteinen Xella beabsichtigte, den Porenbetonhersteller H+H zu übernehmen. Xella bot neben der Veräußerung eines Porenbeton- sowie eines Kalksandsteinwerks an, seine Minderheitsbeteiligung an einem Gemeinschaftsunternehmen, der BMO, zu veräußern. U. a. über dieses Gemeinschaftsunternehmen war Xella mit den wesentlichen Wettbewerbern verflochten. Entflechtung war u. a. deswegen nicht ausreichend, weil Verflechtungen über andere Unternehmen mit den relevanten Wettbewerbern von Xella bestehen geblieben wären). Vgl. auch B. I. d). Vgl. auch BKartA, Beschl. v. 26.3.2002, B1–187/01 – *Haniel/Fels-Werke,* Tenor Nr. I.1, I.2 (S. 2) sowie S. 29 ff. und BKartA, Beschl. v. 26.3.2002, B1 263/01 – *Haniel/Ytong,* Tenor Nr. I.2 (S. 2) sowie S. 29 ff.

[139] Vgl. BKartA, Beschl. v. 13.8.2015, B9 48/15 – *WM/Trost,* Tenor Nr. D.1-D.3 (S. 7 f.) und Rn. 340 ff., vgl. auch Rn. 180 ff. (Freigabe mit Nebenbestimmungen, u. a. Ausscheiden der beiden Zusammenschlussbeteiligten jeweils aus ihrer Beschaffungskooperation für KFZ-Ersatzteile mit anderen freien Sortimentsgroßhändlern; damit Verringerung des Zuwachses an Verhandlungsmacht gegenüber Herstellern); BKartA, Beschl. v. 15.3.2013, B3 129/12 – *UKHD/KKH Bergstraße,* Rn. 3, 9 (Freigabe, vorab Änderung und Beschränkung eines Kooperationsvertrags der Universitätsklinik mit einem in der öffentlichen Version nicht benannten Krankenhausträger in der Region Heidelberg; in diesem speziellen Fall ausreichend; Kooperationsvertrag betraf u. a. Vereinbarungen zur gegenseitigen Zuweisung von Patienten, Abstimmung zur

weise war die Verpflichtung des Erwerbers, mit dem Wettbewerber, an dem eine Beteiligung erworben wurde, keine Beschaffungskooperation einzugehen, wichtiger Teil eines Zusagenpakets bei einem Zusammenschluss im Lebensmitteleinzelhandel.[140] Die Kündigung von Kreuzlizenzierungsabkommen zwischen Herstellern von Hörgeräten kann gegebenenfalls dazu beitragen, die Wahrscheinlichkeit für eine stillschweigende Koordinierung zu verringern und Schaden für den Innovationswettbewerb abzuwenden.[141]

71 Die Trennung von Unternehmensverbindungen kann auch eine Rolle spielen, wenn Verflechtungen mit Unternehmen auf **vor- oder nachgelagerten Märkten** den Zusammenschlussbeteiligten einen besonders guten Zugang zu den Absatz- oder Beschaffungsmärkten sichern.

Soweit diese Verflechtungen gekappt werden, kann dies dazu beitragen, die Marktmacht der Zusammenschlussbeteiligten zu verringern (zur Marktöffnung durch die Kündigung langfristiger Verträge mit Lieferanten oder Abnehmern vgl. B.III.3., Rn. 83).[142]

III. Marktöffnende Maßnahmen und andere Verhaltenszusagen

72 Bietet sich die Veräußerung eines Unternehmens oder Unternehmensteils nicht an, können die Untersagungsvoraussetzungen in geeigneten Fällen gegebenenfalls auch auf anderem Weg beseitigt werden. In manchen Fällen kann es ausreichen, dass dritten Unternehmen der Marktzutritt eröffnet oder erleichtert wird, z. B. indem ihnen Zugang zu einer wichtigen Infrastruktur eröffnet wird (1.), ihnen Lizenzen für wichtige Technologien erteilt oder Schnittstellen offengelegt werden (2.), den Kunden von langfristigen Verträgen Sonderkündigungsrechte eingeräumt oder langfristige Verträge ausgeschrieben werden (3.). Als Zusagen zur Marktöffnung ungeeignet sind die Stilllegung von Kapazitäten (4.) und die Verpflichtung, sogenannte „Chinese Walls" zum Schutz der Geschäftsgeheimnisse von Wettbewerbern einzurichten (5.).

73 Ob eine marktöffnende Maßnahme ausreichend sein kann, hängt von dem durch den Zusammenschluss im konkreten Fall verursachten **wettbewerblichen Schaden** ab. Fällt durch das geplante Zusammenschlussvorhaben z. B. ein bedeutender und enger Wettbewerber des Erwerbers weg, kann dies in der Regel

---

Aufgabenteilung und über Leistungsportfolios; Umsetzung vor Abschluss des Verfahrens); BKartA, Beschl. v. 13.1.1999, B9 184/98 – *CP Ships/TMM,* Tenor Nr. 1 (S. 1) sowie Rn. 17 ff., 21 ff. (Freigabe unter der Verpflichtung, die Mitgliedschaft in einer Linienkonferenz im Bereich von containerisierten Linienschifffahrtsdiensten zu kündigen).

[140] Vgl. BKartA, Beschl. v. 30.6.2008, B2 333/07 – *Edeka/Tengelmann,* Tenor Nr. I.1.d (S. 3) und S. 136 (Freigabe mit Nebenbestimmungen; Kooperation wäre problematisch gewesen, weil Beschaffungskosten für LEH einen ganz erheblichen Kostenblock darstellen und ein koordinierter Wareneinkauf das Wettbewerbsverhalten der Kooperationspartner auf den Absatzmärkten daher wesentlich mitbestimmt; der damit verbundene Informationsfluss hätte ebenfalls Probleme aufgeworfen).

[141] Vgl. BGH, Beschl. v. 20.4.2010, KVR 1/09 – *Phonak/GN Store,* Rn. 89 ff. (juris); aufgehoben BKartA, Beschl. v. 11.4.2007, B3 578/06 – *Phonak/GN Resound,* Rn. 333 ff. („kann im Grundsatz wettbewerbsdämpfenden Technologieaustausch begrenzen", im konkreten Fall aber abgelehnt).

[142] In einem Einzelfall sollte die Veräußerung von Verträgen eines Schlachthofs mit Lohnmastbetrieben für Kälber einen vergleichbaren Effekt haben, vgl. BKartA, Beschl. v. 27.12.2010, B2 71/10 – *Van Drie/Alpuro,* Rn. 29 ff., 50 ff., 274 ff. (Ermittlungen zum Zusammenschluss der beiden führenden europäischen Kalbfleischproduzenten ergaben, dass Zugang zu Kälbern, also vor allem zu entsprechenden Aufzuchtkapazitäten, erhebliche Marktzutrittsschranke für Kalbfleischherstellung darstellte).

nur dadurch kompensiert werden, dass eine vergleichbare Marktposition normalerweise durch Veräußerung eines bestehenden Geschäftsbereichs auf einen neuen oder bestehenden Wettbewerber übertragen wird. Werden durch ein Zusammenschlussvorhaben hingegen in erster Linie bereits bestehende Marktzutrittsschranken erhöht, z. B. durch vertikale Integration, können gegebenenfalls marktöffnende Maßnahmen in Betracht kommen, um die durch den Zusammenschluss zu erwartende Wettbewerbsbehinderung zu kompensieren.

Verpflichtungszusagen, die den Marktzutritt erleichtern, müssen eine dauerhafte Strukturänderung herbeiführen.[143] Ungeeignet sind dagegen Verpflichtungszusagen, die nur eine **vorübergehende Marktöffnung** für Wettbewerber erreichen. Es genügt z. B. nicht, wenn bereits absehbar ist, dass sich die Marktstruktur nach Wegfall der Maßnahme wieder verschlechtern wird. Gleiches gilt für den Fall, dass eine Verpflichtungszusage den Marktzutritt zu einem bestimmten Markt erleichtern soll, die Zusammenschlussparteien über ihre Stellung auf vor- oder nachgelagerten Märkten jedoch weiterhin Marktzutritte auf dem betroffenen Markt erschweren oder verhindern können. Auf dynamischen Märkten sind Verpflichtungszusagen, die nur eine vorübergehende Marktöffnung bewirken, jedoch denkbar, sofern zu erwarten ist, dass die Wettbewerbsbeschränkung nach Ablauf des in der Nebenbestimmung festgelegten Zeitraums dauerhaft beseitigt ist. 74

Bei Verhaltenszusagen sind die gleichen Maßstäbe an ihre **Eignung** zu stellen wie bei Veräußerungszusagen. Um das identifizierte Wettbewerbsproblem zu beseitigen, müssen sie also ebenso geeignet, also insbesondere ebenso wirksam sein wie eine Veräußerung eines bestehenden Unternehmens (Veräußerungszusage als Vergleichsmaßstab).[144] Die Zusage muss außerdem erforderlich und angemessen sein (vgl. A.II., Rn. 11). 75

Bei der Ausgestaltung von Maßnahmen zur Marktöffnung ist besonders zu beachten, dass keine **dauerhafte Verhaltenskontrolle** zur Durchsetzung der Maßnahme erforderlich werden darf (§ 40 Abs. 3 Satz 2 GWB). Diese Anforderung wurde bereits oben erläutert (vgl. A.III.2., Rn. 26–29). 76

1. Zugang zu Infrastruktur. Insbesondere in **netzgebundenen Industrien** und in anderen Industrien mit hohen irreversiblen Kosten („sunk-costs“) sind Fallkonstellationen denkbar, in denen eine marktöffnende Wirkung gegebenenfalls dadurch erreicht wird, dass die Zusammenschlussparteien Dritten den Zugang zu ihren Infrastrukturkapazitäten gewähren, vorausgesetzt es sind nicht ohnehin entsprechende Regulierungsvorschriften anwendbar.[145] 77

Wenn das Netz eines vertikal-integrierten Unternehmens ein **natürliches Monopol** darstellt, ist der Netzzugang Dritter eine Voraussetzung für Wettbewerb 78

[143] Vgl. BGH, Beschl. v. 7.2.2006, KVR 5/05 – *DB Regio/üstra,* Rn. 56 (juris); vgl. zur Fallpraxis des BKartA z. B. BKartA, Beschl. v. 16.11.11, B2 36/11 – *Tönnies/Tummel,* Rn. 291 ff. (Stilllegung von Schlachtkapazitäten nicht ausreichend), zu diesem Fall vgl. B.III.4., Rn. 85.

[144] Vgl. Begründung zur 8. GWB-Novelle, BT-Drs. 17/9852, S. 30. Ähnlich formuliert es die Europäische Kommission in ihrer Mitteilung über Abhilfemaßnahmen, Rn. 61: andere Arten von Verpflichtungen sind akzeptabel, „aber nur, wenn die vorgeschlagene andere Abhilfemaßnahme in ihrer Wirkung einer Veräußerung zumindest gleichwertig ist.“

[145] Die Praxis des BKartA bezieht sich vor allem auf den Energiebereich, in dem entsprechende Regulierungsvorschriften damals nicht anwendbar waren. Vgl. z. B. BKartA, Beschl. v. 28.5.2001, B8 29/01 – *EnBW/Schramberg,* Tenor Nr. I.A) (S. 2) (Verpflichtung des zu gründenden Gemeinschaftsunternehmens von EnBW und der Stadt Schramberg, als Betreiber des Gasversorgungsnetzes, u. a. anderen Unternehmen das Gasversorgungsnetz für Durchleitungen diskriminierungsfrei zur Verfügung zu stellen und Dritten die Herstellung einer physischen Verbindung zum Leitungsnetz an einer Stelle ihrer Wahl zu erlauben); vgl. zu ähnlichen Zusagen z. B. auch BKartA, Beschl. v. 18.5.2001, B8 291/00 – *Trienekens/Stadtwerke Viersen,* Tenor Nr. I.1, I.3 (S. 2).

auf nachgelagerten Märkten. In diesem Fall und in Fällen paralleler Netzinfrastrukturen muss im Einzelfall außerdem sorgfältig geprüft werden, ob der Zugang zum Netzwerk ausreicht, um die Wettbewerbsbedenken zu beseitigen.

79 Dies hängt vor allem von dem zusammenschlussbedingten **wettbewerblichen Schaden** ab, der durch die Zusage kompensiert werden soll. Fällt durch den Zusammenschluss ein unabhängiger Netzbetreiber weg, der mit seiner eigenen Infrastruktur mit anderen Netzbetreibern in Wettbewerb treten konnte, wirft das die Frage auf, ob der Netzzugang eines Diensteanbieters diese Wettbewerbsverschlechterung tatsächlich ausgleichen kann. Für diese Einschätzung sind die konkreten Wettbewerbsbedingungen auf dem betroffenen Markt zu beachten. Im Mobilfunkbereich hängt die Fortentwicklung von Produkten entscheidend vom Zugriff auf ein Netzwerk ab, wie ihn nur dessen Eigentümer haben kann. Das Bundeskartellamt war daher im „deutschen Mobilfunkfall" der EU Kommission Telefónica Deutschland/E-Plus der Auffassung, dass die Veräußerung von Netzwerkkapazitäten als Zusage nicht ausreichte, um die Verengung im deutschen Mobilfunk von vier auf drei Netzbetreiber durch den Zusammenschluss von zwei nahen Wettbewerbern auszugleichen.[146] Im „britischen Mobilfunkfall" hat die Kommission Zusagen, die u. a. eine Veräußerung von Netzwerkkapazitäten vorsahen, als nicht ausreichend zurückgewiesen.[147] Auch in anderen Märkten ist zu bewerten, ob bereits eine Eröffnung des Zugangs zu der betroffenen Infrastruktur zugunsten eines dritten Anbieters ausreicht, um diesen in die Lage zu versetzen, ein wettbewerbsfähiges Produkt anzubieten. Die Europäische Kommission hat z. B. eine Zugangszusage bei einem Zusammenschluss im Bereich der internationalen Zustellung von kleinen Paketen abgelehnt. Ein wettbewerbsfähiges Angebot setze voraus, dass der Anbieter über ein eigenes europaweites Luftfrachtnetz verfügt, um die Anforderungen für eine Zustellung „Über-Nacht" gewährleisten zu können.[148]

80 **2. Lizenzen und Offenlegung von Schnittstellen.** Die Zusage, Lizenzen zu erteilen, spielt nicht nur eine Rolle im Zusammenhang mit der Veräußerung eines Unternehmens (vgl. B.I.1.b, Rn. 45), wenn mit der Übertragung eines Unternehmens(teils) und einer ausschließlichen Lizenz eine Marktposition übertragen werden kann (vgl. B.I.1.e, Rn. 53), oder im Kontext der Sicherung der Überlebensfähigkeit eines veräußerten Unternehmensbereichs, das aus dem Zielunternehmen herausgelöst werden muss (vgl. B.IV.3., Rn. 96 f.). In Ausnahmefällen kann die Gewährung von Lizenzen auch eine geeignete Zusage sein, wenn sich die Auswirkungen des Zusammenschlusses darauf beschränken, Marktzutrittsschranken zu erhöhen und soweit schon die Übertragung einer lizenzierten Technologie – für sich genommen – den **Marktzutritt** eines Wettbewerbers ermöglicht oder entscheidungserheblich erleichtert.[149]

---

[146] Darauf hat das Bundeskartellamt in seiner kritischen Stellungnahme an die EU Kommission zum Entscheidungsentwurf im EU-Fall *Telefónica Deutschland/E-Plus* (EU Kommission, COMP/M.7018) für den deutschen Mobilfunkmarkt hingewiesen. Zum deutschen Mobilfunkfall der EU-Kommission siehe allgemein BKartA, Tätigkeitsbericht 2013/2014, S. 42 f., 93.

[147] Europäische Kommission, Entscheidung v. 11.5.2016, COMP/M.7612 – *Hutchison 3G UK/Telefonica UK,* Rn. 2620 ff., 2914 ff.

[148] Vgl. Europäische Kommission, Entscheidung v. 30.1.2013, COMP/M.6570 – *UPS/TNT,* Rn. 1852 ff.; 1949 ff. (Untersagung; Veräußerung von lokalen Filialen von TNT sowie Zugang für den Erwerber zum europaweiten Luftfrachtnetzwerk von UPS als Zusage nicht ausreichend).

[149] Vgl. den ähnlich gelagerten Fall einer einvernehmlichen Beilegung eines Patentstreits BKartA, Beschl. v. 29.5.2002, B4 171/01 – *Getinge/Hereus,* Tenor Nr. I.1 (S. 2) sowie S. 46 f. (Infolge der gütlichen Einigung im Patentstreit konnte der einzige Wettbewerber von Getinge auf dem Markt für OP-Tischsysteme, Trumpf, fortan wesentliche, für den geschäftlichen Erfolg

Die Lizenzen müssen **unwiderruflich** und **zeitlich unbefristet** übertragen werden. Sie müssen **diskriminierungsfrei** und in einem **transparenten Verfahren** erteilt werden. Die Lizenzbedingungen müssen so ausgestaltet sein, dass keine sensiblen Informationen an den Lizenzgeber übermittelt werden, soweit es sich bei diesem um einen Wettbewerber handelt. Die Lizenzbedingungen dürfen das Wettbewerbspotential des Lizenznehmers auch nicht aus anderen Gründen behindern, insbesondere darf der Lizenzgeber nicht in die Lage versetzt werden, das Wettbewerbsverhalten des Lizenznehmers zu beeinflussen. Eine fortlaufende Lizenzbeziehung zwischen Wettbewerbern kann z. B. im Hinblick auf zukünftige Verhandlungen über die Entgelthöhe Schwierigkeiten aufwerfen. Daher ist die Erteilung einer Lizenz, auch wenn sie die o. g. Bedingungen erfüllt, nicht in jedem Fall als Zusage geeignet. 81

Eine ähnliche Rolle wie die Lizenzerteilung kann auch der Zugang zu wichtigem **Know-how** spielen, das keinen Immaterialgüterschutz genießt. Ebenso kann die Offenlegung der notwendigen **Schnittstelleninformationen** wichtiger Software oder Hardware vergleichbare Auswirkungen haben, wenn vertikal nicht integrierte Anbieter ohne Kenntnis der Schnittstellen nicht auf einen vor- oder nachgelagerten Markt zutreten können.[150] 82

3. Langfristige Verträge mit Lieferanten oder Abnehmern. Langfristige bzw. ausschließliche Verträge können eine Marktzutrittsschranke darstellen, die expandierende und neu in den Markt eintretende Unternehmen davon abhält, Vertragsbeziehungen zu Kunden oder Lieferanten aufzubauen. Die Öffnung von langfristigen Vertragsbeziehungen zu Lieferanten oder Abnehmern kann daher Marktzutrittsschranken senken. In besonders gelagerten Ausnahmefällen kann eine entsprechende Zusage nachteilige Auswirkungen eines Zusammenschlusses kompensieren, der im Wesentlichen Marktzutrittsschranken erhöht, ohne die Marktposition der Zusammenschlussbeteiligten in anderer Weise zu verstärken (siehe nachfolgendes Beispiel). Wenn durch einen Zusammenschluss ein bedeutender Wettbewerber wegfällt, reicht die Absenkung von Marktzutrittsschranken in der Praxis nicht aus, um den damit verbundenen Schaden für den Wettbewerb zu kompensieren. Eine Öffnung kann z. B. erfolgen, indem ein Zusammenschlussbeteiligter verpflichtet wird, einen exklusiven Vertriebsvertrag mit einem Vertriebshändler zu kündigen,[151] oder seinen langfristig gebundenen Vertragspartnern **Sonderkündigungsrechte** einzuräumen. 83

---

erforderliche Patente für OP-Tische und Zubehör nutzen; der bisher bestehende Restwettbewerb konnte zumindest gesichert werden; wettbewerblicher Schaden des konglomeraten Zusammenschlusses mit einem Hersteller von OP-Leuchtensystemen war somit ausgeschlossen).

[150] Vgl. z. B. Europäische Kommission, Entscheidung v. 26.1.2011, COMP/M.5984 – *Intel/McAfee,* Rn. 128 ff., 306 f., 336 ff. Im Kontext der deutschen Fusionskontrolle wäre zusätzlich zu prüfen, ob die Zusagen der Verpflichtung entsprechen, die Unternehmen keiner laufenden Verhaltenskontrolle zu unterwerfen.

[151] Vgl. BKartA, Beschl. v. 2.6.2005, B3 123/04 – *H&R WASAG/Sprengstoffwerke Gnaschwitz* S. 3, 13 und 33 f. (Zusammenschluss zweier Hersteller industrieller Sprengstoffe. Verfügbarkeit von Sprengstofflagern für Marktstellung von besonderer Bedeutung. Wettbewerbsprobleme wurden in den meisten Regionen durch Veräußerung von Lagern gelöst. In einem Regionalmarkt war das nicht möglich. Hier wurde Beendigung des Mietvertrags über das Sprengstofflager, das im Eigentum eines Sprengstoffhändlers stand, und Kündigung des exklusiven Vertriebsvertrags mit diesem Sprengstoffhändler als Lösung akzeptiert. Die damit verbundene Marktöffnung für andere Hersteller wurde in dieser speziellen Konstellation und im Kontext der besonderen Marktbedingungen als ausreichend eingestuft.) Öffnung von exklusivem Liefervertrag allerdings nicht ausreichend, wenn dieser ohnehin kartellrechtlich angreifbar war, vgl. BKartA, Beschl. v. 22.7.2004, B8 27/04 – *Mainova/AVG,* Rn. 53 (bestehender langfristiger Liefervertrag zwischen dem erwerbenden Energieversorger und dem erworbenen Stadtwerk, Zusage zur teilweisen Öffnung des Vertrags abgelehnt).

BKartA:[152] **Liberty Global/KabelBW – Sonderkündigungsrechte**

Der Zusammenschluss zwischen den beiden in benachbarten Regionen tätigen Kabelnetzbetreibern Kabel Baden-Württemberg (KabelBW) und Liberty Global (Unitymedia) warf insbesondere hinsichtlich des Wettbewerbs zwischen Netzbetreibern um Gestattungsverträge mit Wohnungsbaugesellschaften Bedenken auf. Bei Gestattungsverträgen handelt es sich um Mehrnutzerverträge zwischen Wohnungswirtschaft und Netzbetreiber zur (leitungsgebundenen) Versorgung mit Fernsehsignalen über

Breitbandkabel oder über das Telefonfestnetz (IPTV). Die drei großen regionalen Kabelgesellschaften (KDG, Unitymedia und KabelBW) waren gemeinsam marktbeherrschend. Der Markt wurde u. a. durch langfristige Verträge mit Eigentümern großer Liegenschaften, die eine Mehrzahl von Wohneinheiten umfassten, geprägt. Es bestanden folglich erhebliche Marktzutrittsschranken. Nach der Bewertung des Bundeskartellamts hätte der Zusammenschluss die stillschweigende Koordinierung zwischen den regionalen Kabelgesellschaften, ihre Tätigkeit weiterhin auf ihre angestammten Netzgebiete zu beschränken, stabilisiert, u. a. durch eine Verengung des wettbewerbslosen Oligopols der regionalen Kabelgesellschaften auf einem bundesweiten Gestattungsmarkt von drei auf zwei Anbieter. Nach der Bewertung des OLG Düsseldorf waren die räumlichen Märkte enger abzugrenzen, nach dem jeweiligen Netzgebiet der beiden Zusammenschlussbeteiligten. Das Gericht kam auf dieser Grundlage zum Ergebnis, dass der potenzielle Wettbewerber, KabelBW, auf dem regionalen Kabelmarkt im Netzgebiet des Erwerbers Unitymedia durch den Zusammenschluss weggefallen wäre.

Liberty Global gab u. a. die Verpflichtungszusage ab, bestimmten Wohnungsbaugesellschaften für die laufenden Verträge ein unbefristetes und unwiderrufliches Sonderkündigungsrecht einzuräumen, um den Außenwettbewerb zum wettbewerbslosen Oligopol zu stärken. Im Ergebnis war das Kündigungsrecht auf attraktive Gestattungsverträge mit einer großen Zahl von Wohneinheiten und einer ausreichenden Restlaufzeit anwendbar. Das Kündigungsrecht betraf große Gestattungsverträge von Unitymedia bzw. KabelBW mit einer Restlaufzeit von mehr als drei Jahren, die sich auf insgesamt 35 bis 45 Prozent der von den Zusammenschlussbeteiligten versorgten Wohneinheiten bezogen.

Das Bundeskartellamt akzeptierte die Zusage, weil sie (zusammen mit den übrigen zugesagten Maßnahmen) nach seiner Ansicht ausreichte, um die negativen Marktwirkungen durch eine Absenkung der Marktzutrittsschranken für dritte Anbieter, wie z. B. die Deutsche Telekom, zu kompensieren.[153] Dagegen kam das OLG Düsseldorf zum Ergebnis, dass die Zusagen nicht ausreichten, um den Wegfall des zukünftigen potenziellen Wettbewerbers, KabelBW, hinreichend wirksam und nachhaltig auszugleichen.[154]

---

[152] Vgl. BKartA, Beschl. v. 15.12.2011, B7 66/11 – *Liberty Global/Kabel BW;* zunächst aufgehoben durch OLG Düsseldorf, Beschl. v. 14.8.2013, VI-Kart 1/12 (V) – *Signalmarkt;* anschließend Rücknahme der Beschwerden im laufenden Nichtzulassungsverfahren vor dem BGH; daher ist Beschluss BKartA bestandskräftig.

[153] Vgl. BKartA, Beschl. v. 15.12.2011, B7 66/11 – *Liberty Global/Kabel BW,* Rn. 343 ff. (bestandskräftig).

[154] Vgl. OLG Düsseldorf, Beschl. v. 14.8.2013, VI-Kart 1/12(V) – *Signalmarkt,* Rn. 109 ff. (juris) (nicht rechtskräftig wegen Beschwerderücknahme während der Rechtsbeschwerde). Die Bewertung der Zusagen durch das OLG Düsseldorf beruhte u. a. auf der Einschätzung des Gerichts, dass „aufgrund konkreter Anhaltspunkte mit einiger Wahrscheinlichkeit zu erwarten [war], dass ohne den Zusammenschluss im Prognosezeitraum von 3–5 Jahren […] potentieller Wettbewerb durch KabelBW [in einem benachbarten Regionalmarkt] künftig entstehen würde." Um dies auszugleichen, wäre es notwendig gewesen, dass es durch die Sonderkündigungsrechte „aller Wahrscheinlichkeit nach zu einer Stärkung der aktuellen Wettbewerber von Unitymedia und zur Entstehung eines potenziellen Wettbewerbers tatsächlich kommen [würde]." (ebd. Rn. 140). Ausreichende Anreize für die Wohnungswirtschaft, von den Kündigungsmöglichkeiten Gebrauch zu machen, sah das OLG nicht. Zudem seien Unitymedia und KabelBW ebenso wie ihre Wettbewerber dazu in der Lage, ihren Kunden nach erfolgter Kündigung neue Vertragsangebote zu unterbreiten (ebd. Rn. 138 ff.). Dagegen stütze sich das BKartA bei der Bewertung der auszugleichenden

Eine andere Konstellation betrifft den Abschluss langfristiger Verträge durch öffentliche Auftraggeber. Diese können sich im Rahmen einer Zusage dazu verpflichten, Konzessionen oder Versorgungsverträge – im Gegensatz zu ihrer bisherigen Praxis – **öffentlich auszuschreiben** und in einem transparenten und diskriminierungsfreien Vergabeverfahren über die Zuschlagserteilung zu entscheiden. Das kommt insbesondere in Betracht, wenn die betroffenen Märkte davon geprägt sind, dass ein Wettbewerb „um" den Markt stattfinden kann, wie z. B. im Bereich des öffentlichen Personennahverkehrs, in dem lediglich in größeren zeitlichen Abständen Marktzugangswettbewerb stattfindet. Diese Zusagen können gegebenenfalls wettbewerbsbeschränkende Wirkungen einer Fusion kompensieren, wenn aus vergaberechtlichen Gründen nicht ohnehin eine Ausschreibungspflicht für die jeweiligen Leistungen besteht.[155] **84**

Beispielsweise konnten die Wettbewerbsprobleme durch den Zusammenschluss der DB Regio (Deutsche Bahn) und einer Tochtergesellschaft der Hannoverschen Verkehrsbetriebe (üstra intalliance) im Bereich des Personennahverkehrs und des Schienenpersonennahverkehrs im Großraum Hannover durch Ausschreibungsverpflichtungen gelöst werden. Die Zusagen sahen vor, dass die Region Hannover sämtliche von üstra erbrachten Busverkehrsleistungen und sämtliche von der DB Regio in der Region erbrachten Verkehrsleistungen des Schienenpersonennahverkehrs im Rahmen von (europaweiten) öffentlichen Ausschreibungen in einem vorgegebenen Zeitraum vergeben muss.[156]

4. Stilllegung von Kapazitäten ungeeignet. Schließungs- und Stilllegungsverpflichtungen reichen nicht aus, um den Wegfall eines aktiven Wettbewerbers auszugleichen und den Marktanteilszuwachs durch einen Zusammenschluss zu kompensieren. In der Praxis genügen sie auch nicht, um einen neuen Wettbewerber zum Markteintritt zu bewegen. In vielen Fällen beschränkt sich ihre Wirkung darauf, dass sich die im Markt verfügbaren Kapazitäten verringern und sich die **Bezugsalternativen** für Nachfrager verschlechtern. Oft ist zu erwarten, dass Kunden nach Schließung eines Standorts auf andere Standorte desselben Anbieters ausweichen, insbesondere wenn es sich bei den Zusammenschlussbeteiligten um nahe Wettbewerber handelt.[157] **85**

Verstärkungswirkung – in Bezug auf ein wettbewerbsloses Oligopol in einem bundesweiten Gestattungsmarkt – insbesondere darauf, dass „der Zeitpunkt und die Intensität des vorstoßenden Wettbewerbs durch KabelBW schwer zu prognostizieren ist und erst auf längere Sicht wahrscheinlich erscheint" und dass sich im sogenannten „counterfactual", also ohne den Zusammenschluss, „innerhalb der nächsten Jahre […] nur wenig am Wettbewerbsgeschehen [ändern würde]. (BKartA, Beschl. v. 15.12.2011, B766/11 – *Liberty Global/Kabel BW,* Rn. 306 ff.).

[155] Hierbei ist zu berücksichtigen, dass die bloße Beachtung vergaberechtlicher Vorschriften keine Verpflichtungszusage darstellt. Vielmehr werden vergaberechtskonforme Ausschreibungen bereits in der wettbewerblichen Beurteilung berücksichtigt. Vgl. BKartA, Beschl. v. 2.12.2003, B9 91/03 – *DB Regio/üstra,* S. 66; bestätigt durch BGH, Beschl. v. 7.2.2006, KVR 5/05 (vgl. A.III.2, Rn. 25). Vgl. zur Ausschreibung im öffentlichen Personennahverkehr auch BKartA, Beschl. v. 3.7.2002, B9 164/01 – *DB AG/Stadt- und Regionalbus Göttingen,* Tenor Nr. II.1 (S. 2 f.), S. 46 ff.

[156] Vgl. BKartA, Beschl. v. 2.12.2003, B9 91/03 – *DB Regio/üstra,* Tenor und S. 64 ff., insbesondere 67 f. (Dabei war zeitliche Staffelung vorgesehen: mindestens 50 Prozent innerhalb von sechs Jahren und 100 Prozent innerhalb von neun Jahren [üstra] bzw. 30 Prozent innerhalb von drei Jahren und 100 Prozent innerhalb von 9 Jahren [DB Regio]. Die Staffelung diente auch dazu zu vermeiden, in laufende Konzessionsverträge einzugreifen).

[157] Vgl. z. B. BKartA, Beschl. v. 10.1.2007, B9 94/06 – *Praktiker/Max Bahr,* Rn. 181 ff. („Veräußerung bzw. hilfsweise Schließung" von Baumärkten abgelehnt, da Verpflichtung widersprüchlich; ohnehin ist Schließungsverpflichtung nicht geeignet, da Bezugsalternativen wegfallen und Kunden auf andere Baumärkte der Zusammenschlussbeteiligten ausweichen würden. Schließlich Freigabe auf der Grundlage eines modifizierten Zusagenangebots.).

Zumeist gibt es keine Anhaltspunkte dafür, dass eine Stilllegung von Kapazitäten das Wettbewerbspotenzial anderer Marktteilnehmer steigern würde. Zudem kann nicht sichergestellt werden, dass die Zusammenschlussparteien nicht im Zuge von unternehmensinternem Wachstum erneut Kapazitäten aufbauen, die in kurzer Zeit die Wiedererlangung der abgegebenen Marktvolumina ermöglichen. Überdies wäre eine Stilllegung von Kapazitäten auch in vielen Fällen als Verpflichtungszusage unzulässig, soweit die Durchsetzung ihrer Einhaltung eine laufende Kontrolle erfordern würde.

BKartA und OLG Düsseldorf: Tönnies/Tummel:[158] Stilllegung von Schlachtkapazitäten

Tönnies ist in Deutschland der führende Schlachter von Sauen. Tönnies beabsichtigte, einen Wettbewerber zu erwerben, den Schlachthof Tummel.[159] Um die zu erwartende Wettbewerbsbehinderung bei der Erfassung von Sauen und dem Absatz von Sauenfleisch zu kompensieren, hatte Tönnies angeboten, am Standort Tummel zeitlich begrenzt keine Sauen zu erfassen bzw. zu schlachten oder die am Standort erfassten Sauen dem Wettbewerber Westfleisch anzubieten, jeweils für rund zwei Jahre. Ein ergänzter Zusagenvorschlag enthielt außerdem die Verpflichtung, Dritten für einen Zeitraum von drei bis fünf Jahren im Rahmen von Lohnschlachtverträgen die Nutzung von Schlachtkapazitäten anzubieten. Das Zielunternehmen Tummel war zum Zeitpunkt der geplanten Veräußerung an Tönnies als Lohnschlachter für den Wettbewerber Westfleisch tätig.[160]

Das Bundeskartellamt lehnte diese Zusagenvorschläge als ungeeignet ab. Sie hätten eine dauerhafte Verhaltenskontrolle erfordert und das durch den Zusammenschluss verursachte Wettbewerbsproblem nicht gelöst. Der Wegfall des bisherigen Wettbewerbers Tummel wäre durch eine – zudem zeitlich begrenzte – Lieferverpflichtung zugunsten von Westfleisch, einen Stopp der Sauenschlachtung an diesem Standort oder das Angebot von Lohnschlachtverträgen an Dritte nicht wirksam kompensiert worden. Die zeitlich begrenzten Verpflichtungen zu einem bestimmten Angebots- und Nachfrageverhalten hätten zu keinen strukturellen Änderungen geführt und die Marktbedingungen nicht nachhaltig verändert.[161] Das OLG Düsseldorf bestätigte diese Einschätzung.[162]

86 **5. „Chinese Walls" ungeeignet.** Teilweise werden sogenannte „Chinese Walls" als Verpflichtungszusagen vorgeschlagen, um sensible Informationen von Wettbewerbern, die in einem Unternehmen vorliegen, von Unternehmenseinheiten abzuschirmen, die auf der gleichen Wertschöpfungsstufe wie die Wettbewerber tätig sind. Das spielt z. B. eine Rolle bei vertikalen Fusionen, wenn ein Unternehmen nach einem Zusammenschluss mit einem seiner Lieferanten Zugang zu **sensiblen Informationen** über andere Kunden dieses Lieferanten erhält, die seine Wettbewerber sind. Der wettbewerbliche Schaden beruht darauf, dass der Geheimwettbewerb einseitig und zu Lasten der Wettbewerber der Zusammenschlussbeteiligten durch diesen Informationszugang eingeschränkt wird.

87 In der Praxis des Bundeskartellamts stellen „Chinese Walls" keine wirksame Zusage dar, weil sie die Strukturverschlechterung durch den Zusammenschluss nicht adressiert und weil sich ihre Umsetzung und Einhaltung nur unzureichend **überwachen** lässt. „Chinese Walls" sind nicht ausreichend wirksam, weil sie lediglich an Verhaltenspflichten anknüpfen, die keine nachhaltigen Auswirkungen auf die durch den Zusammenschluss veränderten Marktstrukturen haben. Mit einem Wegfall der Geheimhaltungsverpflichtung würde auch ihre etwaige

[158] Vgl. BKartA, Beschl. v. 16.11.2011, B2 36/11 – *Tönnies/Tummel;* bestätigt durch OLG Düsseldorf, Beschl. v. 1.7.2015, VI-Kart 8/11 (V), Rn. 196 (juris).

[159] Vgl. BKartA, Beschl. v. 16.11.2011, B2 36/11 – *Tönnies/Tummel,* Rn. 11 ff.

[160] Ebd. Rn. 291 ff., 296 ff.

[161] Ebd. Rn. 291 ff., 296 ff.

[162] Vgl. OLG Düsseldorf, Beschl. v. 1.7.2015, VI-Kart 8/11 – *Tönnies/Tummel,* Rn. 196 (juris).

Marktwirkung wieder entfallen. Schließlich würden entsprechende Zusagen eine **laufende Verhaltenskontrolle** erfordern und wären daher auch aus diesem Grund nicht zulässig. Denn Kontakte und Informationsaustausch innerhalb eines Konzerns sind tägliche Praxis in fast jeder Unternehmensgruppe. Verstöße gegen die oben genannten Geheimhaltungsverpflichtungen lassen sich daher nur sehr schwer identifizieren und unterbinden. Für die betroffenen Unternehmen und die zuständige Kartellbehörde (oder einen beauftragten externen Dritten) ist eine wirksame Kontrolle daher nicht möglich. Außerdem müssten Kontrollmaßnahmen der Behörde zu stark in innerbetriebliche Vorgänge eingreifen und wären daher unverhältnismäßig.

BKartA: Pressegrosso Hamburg[163] – Zugang zu Verkaufszahlen von Wettbewerbern und „Chinese Walls"

Die beiden Hamburger Presse-Grossisten, Presse Vertrieb Nord (Bauer Verlagsgruppe) und Buch und Presse-Großvertrieb Hamburg (Axel Springer Konzern), planten einen Teil ihrer Tätigkeiten im PresseGrosso auf ein bestehendes paritätisches Gemeinschaftsunternehmen der beiden Verlagsgruppen zu übertragen. Die beiden Grossisten nahmen von den Verlagen Zeitungen und Zeitschriften entgegen, die für den Einzelverkauf bestimmt waren, stellten sie für jeden Einzelhändler zusammen und verpackten sie (Kommissionierung). Sie verteilten die Waren auf den Presse-Einzelhandel (Auslieferung) und holten die nicht verkauften Exemplare wieder ab und kümmerten sich um die Verwertung (Remission). Diese technischen Logistikfunktionen sollten auf das Gemeinschaftsunternehmen übertragen werden. Die kaufmännischen und administrativen Aufgaben sollten bei den Muttergesellschaften verbleiben.

Das Vorhaben wurde vom Bundeskartellamt nicht nur wegen der horizontalen Aspekte des Falls untersagt. Der Zusammenschluss entzieht die Erbringung der Logistikleistungen dem Wettbewerb zwischen den beiden Anbietern auf dem Pressegrosso-Markt für das Gebiet Hamburg. Außerdem warfen die vertikalen Aspekte des Falls Wettbewerbsprobleme auf. Die Beteiligung an dem Gemeinschaftsunternehmen verschaffte Axel Springer die Möglichkeit, Zugang zu umfassenden Lieferdaten und Remissionsdaten für das Pressegrosso-Gebiet Hamburg zu erhalten, bezogen auf jeden belieferten Einzelhändler. Daraus lassen sich die tatsächlichen Verkaufszahlen ermitteln. Das schloss detaillierte Informationen zu den verkauften Titeln der Wettbewerber von Axel Springer ein, z. B. in Bezug auf die Hamburger Morgenpost. Für Axel Springer bestand damit z. B. die Möglichkeit, in Verkaufsstellen mit stärkeren Absatzzahlen für die „Hamburger Morgenpost" gezielt verkaufsfördernde Wettbewerbsmaßnahmen für eigene Titel zu ergreifen. Insbesondere auf dem Lesermarkt für Straßenverkaufszeitungen verstärkte der Zusammenschluss daher die marktbeherrschende Stellung der Bildzeitung.

Die Beteiligten boten als Zusage u. a. an sicherzustellen, dass das Gemeinschaftsunternehmen Verkaufsdaten des einen Pressegrossisten nicht an die Unternehmensgruppe des anderen Pressegrossisten weiterleiten würde. Die Zusammenschlussbeteiligten sollten eine entsprechende Informationsübermittlung in einem Gesellschafterbeschluss des Gemeinschaftsunternehmens verbieten. Sie sagten zu, keinen unmittelbaren Zugriff auf die Informationstechnik und Kommunikationssysteme des Gemeinschaftsunternehmens zu haben. Außerdem würden die Zusammenschlussbeteiligten gewährleisten, dass von der Geschäftsleitung und dem Personal die Bedeutung und Aufrechterhaltung der Vertraulichkeit der Verkaufsdaten verstanden und gewürdigt werden und dass bei Zuwiderhandlung Strafen verhängt würden.[164] Die Zusagenvorschläge wurden vom Bundeskartellamt unter Verweis auf deren mangelnde strukturelle Wirkung und das Erfordernis einer laufenden Verhaltenskontrolle abgelehnt.[165]

[163] Vgl. BKartA, Beschl. v. 27.10.2005, B6 86/05 – *PVN/Buch und Presse/MSV;* aus formellen Gründen aufgehoben durch OLG Düsseldorf, Beschl. v. 28.6.2006, VI-Kart 18/05 (V) (kein Zusammenschluss-tatbestand).

[164] Vgl. BKartA, Beschl. v. 27.10.05, B6 86/05 – *PVN/Buch und Presse/MSV,* S. 9 f.

[165] Ebd. S. 24 f.

IV. Ergänzende Nebenpflichten

88 Zur nachhaltigen Sicherung der Wirksamkeit von Verpflichtungszusagen kann es erforderlich sein, **vor, während oder nach der Umsetzung** der Kernmaßnahme zusätzlich ergänzende Vorgaben einzuhalten.[166] Bei Veräußerungszusagen sind beispielsweise Regelungen zum Erhalt der Wettbewerbsfähigkeit des Veräußerungsgegenstands während der Veräußerungsperiode (1.) und zur Wahrung der Unabhängigkeit der Geschäftsführung des Veräußerungsgegenstands (2.) notwendig. Außerdem kommen insbesondere folgende weitere Verpflichtungen in Betracht: Die Trennung zentraler Einrichtungen wie IT (3.), der Verzicht auf die Ausübung von Stimmrechten (4.), Rückerwerbsverbote (5.), Wettbewerbsverbote (6.), Abwerbeverbote in Bezug auf Mitarbeiter (7.), Liefer- und Abnahmeverpflichtungen zugunsten des zu veräußernden Unternehmens (8.), sowie sonstige Verpflichtungen (9.).

89 **1. Erhaltung der Wettbewerbsfähigkeit des Veräußerungsgegenstands.** Bis zur Erfüllung der Veräußerungszusagen durch die Zusammenschlussparteien besteht das Risiko, dass das wettbewerbliche Potenzial des zu veräußernden Unternehmens gemindert wird.[167] Im Ergebnis geht es dabei vor allem um die **Wettbewerbsfähigkeit** des Veräußerungsgegenstands. Diese ist eng verknüpft mit seiner **wirtschaftlichen Überlebensfähigkeit, Werthaltigkeit** und **Marktfähigkeit** im Sinne der Veräußerbarkeit, die daher ebenfalls gewährleistet sein müssen. Alle vier Zielgrößen werden im Folgenden unter dem Oberbegriff Wettbewerbsfähigkeit zusammengefasst, weil es sich dabei im Kontext der Zusagenumsetzung um die wichtigste der vier Zielgrößen handelt.

90 Der Veräußerungsprozess, die Übereignung des veräußerten Unternehmens und seine Integration in den Unternehmensverbund des Käufers sind in vielen Fällen mit Unwägbarkeiten und **Risiken** verbunden. Beispielsweise laufen Unternehmen während Veräußerungsphasen oft Gefahr, einen Teil ihrer besonders qualifizierten Mitarbeiter zu verlieren. Kundenbeziehungen können in diesem Zeitraum ebenfalls beeinträchtigt werden. Zudem kann nicht ausgeschlossen werden, dass die Zusammenschlussbeteiligten einen wirtschaftlichen Anreiz haben könnten, das zu veräußernde Unternehmen – als zukünftigen Wettbewerber – gezielt in seiner Wettbewerbsfähigkeit zu schwächen oder Ressourcen auf das eigene Unternehmen zu übertragen.

91 Daher ist es erforderlich, abhängig von der **Fallkonstellation** dem jeweiligen bzw. beiden Zusammenschlussbeteiligten die Verpflichtung aufzuerlegen, das Wettbewerbspotenzial des zu veräußernden Unternehmens in der Übergangszeit zu bewahren.[168] Dieses Schutzbedürfnis existiert vor allem in den folgenden Konstellationen:

---

[166] Das Bundeskartellamt setzt regelmäßig Sicherungstreuhänder zur Überwachung der Einhaltung und Umsetzung der sich aus den Nebenbestimmungen ergebenden Verpflichtungen ein (vgl. C.V.1., Rn. 127148). Wenn Veräußerungsmaßnahmen im Ausnahmefall nicht als aufschiebende, sondern als auflösende Bedingung ausgestaltet wurden, wird zudem ein Veräußerungstreuhänder eingesetzt (vgl. C.V.2. Rn. 149 f.). Zudem kann es erforderlich sein, einen Hold-Separate-Manager zu bestellen (vgl. C.V.3., Rn. 151155).

[167] Vgl. z. B. BKartA, Beschl. v. 12.3.2013, B3 132/12 – *Asklepios/Rhön,* Rn. 378 (Nach Freigabe mit Nebenbestimmung hat der Erwerber keinen Anreiz mehr, die Markt- und Wettbewerbsfähigkeit des zu veräußernden Krankenhauses und des zu veräußernden medizinischen Versorgungszentrums zu erhalten, daher wurden entsprechende Schutzmaßnahmen vorgesehen).

[168] Vgl. BKartA, Mustertext Freigabe eines Zusammenschlussvorhabens mit Nebenbestimmungen (aufschiebende Bedingung), 2005, Klausel B.2 (S. 4) (http://www.bundeskartellamt.de/SharedDocs/Publikation/DE/Mustertexte/Muster%20%20Aufschiebende%20Bedingung.pdf?__blob=publicationFile&v=4).

- Das veräußerte Unternehmen ist **Teil der Unternehmensgruppe des Erwerbers** des zu untersagenden Zusammenschlusses, z. B. ein Geschäftsbereich oder eine Tochtergesellschaft. Bis zur Veräußerung unterliegt es seinem Zugriff. Das gilt unabhängig von der Ausgestaltung der Zusage als aufschiebende oder als auflösende Bedingung.
- Kommen die **Veräußerungsgegenstände aus dem Bereich des Veräußerers,** liegt eine vergleichbare Situation vor, wenn ausnahmsweise eine Veräußerungszusage in Form einer auflösenden Bedingung im Einzelfall als ausreichend angesehen wurde. Der Erwerber hat Zugriff auf das veräußerte Unternehmen, sobald der Zusammenschluss vollzogen ist. Die Zugriffsmöglichkeit endet erst, wenn es an einen Dritten veräußert wurde.
- Soweit ein Bereich des Zielunternehmens im Kontext einer aufschiebenden Bedingung veräußert wird, kann das **Eigeninteresse des Veräußerers** am Werterhalt des Veräußerungsgegenstands (allerdings abhängig von der Vertragsgestaltung) in vielen Fällen ausreichen. Abgesehen von vertraglichen Regelungen zur Risikotragung können Schutzmaßnahmen auch in Situationen notwendig werden, in denen das veräußerte Unternehmen länger als die üblichen drei bis sechs Monate bei dem Veräußerer des Zielunternehmens verbleibt oder wenn begründete Zweifel bestehen, ob der Veräußerer die Wettbewerbsfähigkeit des Veräußerungsgegenstands erhalten wird.

Der Veräußerungsgegenstand ist hinreichend mit **Kapital, Betriebsmitteln** und **sonstigen Vermögensgegenständen** auszustatten,[169] so dass der Geschäftsbetrieb im bisherigen Umfang fortgesetzt werden kann.[170] Abhängig von den Umständen des Einzelfalls kann es notwendig sein, diese Ressourcen bereits in den Verpflichtungszusagen im Einzelnen zu benennen und zu konkretisieren. Dabei ist grundsätzlich die Ressourcenausstattung zum Zeitpunkt der Anmeldung als Vergleichsmaßstab heranzuziehen.[171] **92**

Wenn Unternehmensteile veräußert werden müssen **(„Carve-Outs")** (vgl. B.I.1.c, Rn. 47 50), sind bereits im Vorfeld alle geeigneten Maßnahmen zu treffen, um die zu veräußernden Bereiche organisatorisch von den übrigen Unternehmensstrukturen zu trennen.[172] Die Unternehmenseinheit muss funktionsfähig sein und darf nach der Übertragung nicht von dem bisherigen Unternehmensverbund abhängig sein. Um dieses Ergebnis zu erreichen, kann es notwendig sein, zusätzliche Sicherungsmaßnahmen zu ergreifen (vgl. B.IV.3., Rn. 96 f., B.IV.8., Rn. 103 105) und den auszugliedernden Unternehmensbereich vor der Veräußerung in eine eigenständige, neue Gesellschaft zu überführen.[173] **93**

[169] Diese Anforderung findet Anwendung, wenn ein ganzes Unternehmen oder wesentliche Unternehmensteile (z. B. ein Geschäftsbereich) veräußert werden. Sie gilt nicht, wenn ausnahmsweise die Veräußerung einer Lizenz ausreicht.

[170] Vgl. z. B. BKartA, Beschl. v. 13.8.2015, B9 48/15 – *WM/Trost,* Tenor Nr. B.1.1 (S. 5); BKartA, Beschl. v. 25.4.2014, B6 98/13 – *Funke/Springer,* Tenor Nr. B.1 (S. 7); BKartA, Beschl. v. 3.2.2012, B3 120/11 – *OEP/Linpac,* Tenor B.1.1-B.1.5 (S. 7 f.); BKartA, Beschl. v. 17.2.2009, B2 46/08 – *Nordzucker/Danisco,* Rn. 19; BKartA, Beschl. v. 18.7.2008, B5 84/08 – *Stihl/ZAMA,* Tenor Nr. 2.1 (S. 5).

[171] Vgl. z. B. BKartA, Beschl. v. 12.3.2013, B3 132/12 – *Asklepios/Rhön,* Tenor B.1.1 (S. 6); BKartA, Beschl. v. 3.2.2012, B3 120/11 – *OEP/Linpac,* Tenor B.1, B.2 (S. 7 ff.).

[172] Vgl. BKartA, Mustertext Freigabe eines Zusammenschlussvorhabens mit Nebenbestimmungen (aufschiebende Bedingung), 2005, Klausel B.1, B.2 (Textalternative Carve out) (S. 4 f.).

[173] Vgl. z. B. BKartA, Beschl. v. 24.1.2005, B4 227/04 – *Smith Group/MedVest,* Tenor 1.1 (S. 2) (Bedingung für Freigabe: Veräußerung des weltweiten Geschäfts für invasive Blutdruckmessung des Erwerbers, Smith; Verpflichtung alle materiellen und immateriellen Vermögenswerte dieses Geschäftsbereichs zunächst in eine separate Gesellschaft einzubringen).

94 **2. Unabhängigkeit der Geschäftsführung des Veräußerungsgegenstands.** Maßnahmen zur Gewährleistung einer unabhängigen Geschäftsführung des zu veräußernden Unternehmens sind in den oben genannten Fallkonstellationen regelmäßig erforderlich (vgl. B.IV.1., Rn. 91).[174]

95 Der Geschäftsführer und andere mit unternehmensstrategischen oder anderen wichtigen operativen Aufgaben betraute Mitarbeiter des zu veräußernden Unternehmens dürfen keine **Funktionen** in den beim Zielunternehmen oder Erwerber (des „ersten" Zusammenschlusses) verbleibenden Geschäftsbereichen ausüben.[175] Gegenüber diesen Unternehmen muss das genannte Führungspersonal (sowie andere Mitarbeiter) außerdem frei von **Berichtspflichten** sein.[176] Weitergehende gesellschaftsrechtliche Auskunftsansprüche der o. g. Unternehmen, z. B. nach § 51a GmbH-Gesetz, dürfen in dem relevanten Zeitraum nicht ausgeübt werden. Zulässig ist lediglich die Übermittlung der für die Erstellung der Handelsbilanzen notwendigen aggregierten Angaben. Das gleiche gilt für die Erfüllung anderer vergleichbarer gesetzlich vorgesehener Berichtspflichten.[177] Die Übermittlung dieser Informationen hat über den Sicherungstreuhänder (vgl. C.V.1., Rn. 129) zu erfolgen. Soweit notwendig ist die Geschäftsführung an einen unabhängigen „Hold-Separate-Manager" zu übertragen (vgl. C.V.3., Rn. 153). Soweit die Zusammenschlussbeteiligten planen, mit sogenannten „clean teams" zu arbeiten, die einen weitergehenden Zugang zu Informationen haben würden, sollten die geplanten Aufgaben und Befugnisse der clean teams und die Ausgestaltung der Sicherungsmechanismen zum Schutz von wettbewerblich sensiblen Informationen vorab mit dem Bundeskartellamt abgestimmt werden. Es muss ausgeschlossen werden, dass damit unzulässige Vollzugshandlungen oder Teilvollzugsschritte verbunden sind.

96 **3. Trennung zentraler Einrichtungen wie IT.** Wenn ein Unternehmen aus dem Bereich des Erwerbers veräußert wird, sind in vielen Fällen zentrale Einrichtungen vom Veräußerungsgegenstand **personell, organisatorisch und technisch** zu trennen.[178] Dabei muss die Funktionsfähigkeit des zu veräußernden Unternehmens erhalten bleiben (vgl. B.I.1.c, Rn. 47 50, B.I.1.f, Rn. 54). Wird ein Unternehmen aus dem Bereich des Zielunternehmens veräußert, sind die genannten Trennungsmaßnahmen jedenfalls dann erforderlich, wenn eine auflösende Bedingung im Ausnahmefall als Zusage akzeptiert wurde. Die Trennung wird in diesem

---

[174] Für den Fall des Carve-Out vgl. BKartA, Mustertext Freigabe eines Zusammenschlussvorhabens mit Nebenbestimmungen (aufschiebende Bedingung), 2005, B.1.2 (Textalternative Carve-Out) (S. 5) (http://www.bundeskartellamt.de/SharedDocs/Publikation/DE/Mustertexte/Muster%20%20Aufschiebende%20Bedingung.pdf?__blob=publicationFile&v=4).

[175] Vgl. z. B. BKartA, Beschl. v. 7.6.2004, B4 7/04 – *Henry Schein/Demedis, EDH,* Tenor Nr. 4.1 (S. 4).

[176] Vgl. z. B. BKartA, Beschl. v. 12.3.2013, B3 132/12 – *Asklepios/Rhön,* Tenor Nr. B.1.2 (S. 6 f.), (Sicherstellung durch Asklepios, dass keine wettbewerbsrelevanten Informationen von den Mitarbeitern der zu veräußernden Harzklinik Goslar und des zu veräußernden medizinischen Versorgungszentrums in Goslar an Asklepios übermittelt werden); BKartA, Beschl. v. 17.2.2009, B2 46/08 – *Nordzucker/Danisco,* Rn. 21. Für den Fall des Carve-Out vgl. BKartA, Mustertext Freigabe eines Zusammenschlussvorhabens mit Nebenbestimmungen (aufschiebende Bedingung), 2005, B.1.3 (S. 3 f.).

[177] Vgl. z. B. BKartA, Beschl. v. 13.8.2015, B9 48/15 – *WM/Trost,* Tenor Nr. B.1.3 (S. 6); BKartA, Beschl. v. 3.2.2012, B3 120/11 – *OEP/Linpac,* Tenor Nr. B.1.3 (S. 8) (in beiden Fällen „gesetzliche Berichtspflichten").

[178] Vgl. BKartA, Mustertext Freigabe eines Zusammenschlussvorhabens mit Nebenbestimmungen (aufschiebende Bedingung), 2005, B.1.4 (S. 4) (http://www.bundeskartellamt.de/SharedDocs/Publikation/DE/Mustertexte/Muster%20%20Aufschiebende%20Bedingung.pdf?__blob=publicationFile&v=4).

Fall erforderlich, sobald das Zielunternehmen übertragen wird, d. h. sobald der erste Zusammenschluss vollzogen wird.

Für zentrale IT-Einrichtungen ist in den genannten Konstellationen regelmäßig eine Trennung notwendig.[179] Die informationstechnische Infrastruktur und Datenverarbeitung sind so zu trennen, dass der Erwerber (aus dem zu untersagenden Zusammenschluss) keinen Zugriff auf **Geschäftsgeheimnisse** und andere wettbewerbsrelevante Daten, wie beispielsweise aktuelle Preis- und Kosteninformationen des veräußerten Unternehmens, behält bzw. erlangen kann. Außerdem müssen alle personellen und sonstigen Ressourcen auf den Veräußerungsgegenstand übertragen werden, die für den Erhalt der Wettbewerbsfähigkeit erforderlich sind, z. B. Lizenzen für den Einsatz von Spezialsoftware und Personal, das mit der Bedienung der Software vertraut ist. **97**

BKartA: Nordzucker/Danisco[180] – Produktionskritische Software

Der Erwerb des Wettbewerbers Danisco durch Nordzucker wurde unter der aufschiebenden Bedingung freigegeben, dass der Produktionsstandort Anklam an einen geeigneten Erwerber veräußert würde. Außerdem enthielten die Nebenbestimmungen unter anderem die Verpflichtung, nach der Veräußerung sämtliche IT-Einrichtungen und -Systeme, die vom Zielunternehmen und dem veräußerten Unternehmensteil gemeinsam genutzt wurden, innerhalb eines Jahres zu trennen (ausgestaltet als auflösende Bedingung). Es war auch vorgesehen, dass alle für den reibungslosen Geschäftsbetrieb erforderlichen Daten vor der Trennung auf den Geschäftsbereich übertragen werden mussten. Zudem musste das Zielunternehmen gewährleisten, dass der zu veräußernde Geschäftsbereich sämtliche für seinen Geschäftsbetrieb erforderlichen IT-Leistungen mindestens in dem vor seiner Veräußerung bestehenden Umfang selbständig und unabhängig durchführen könne. Im Einklang mit den Vorgaben aus den Nebenbestimmungen wurde außerdem ein Sicherungstreuhänder eingesetzt, der die Separierung der IT überwachte.

Im Hinblick auf die verwendete Standardsoftware verlief die IT-Trennung reibungslos. Als problematisch erwies sich, dass Software aus dem Bereich des Produktionsmanagements des Zielunternehmens über mehrere Jahre hinweg weiterentwickelt worden war. Außerdem lag keine Dokumentation zu den Weiterentwicklungen vor. Der ursprüngliche Anbieter der Software, ein externes Software-Unternehmen, war aufgrund dieser erheblichen Änderungen nicht dazu in der Lage, die Software an die neuen Gegebenheiten des veräußerten Unternehmensteils anzupassen. Die IT-Fachleute des Zielunternehmens, die eine Anpassung der Software hätten vornehmen können, hatten nach Angaben des Zielunternehmens zwischenzeitlich den Arbeitgeber gewechselt. Im Ergebnis wurde ein Software-Dienstleister gefunden, der auf der Basis einer Standardsoftware eine individuelle Lösung für den veräußerten Unternehmensteil erarbeiten und die vom Zielunternehmen weiterentwickelte Software ersetzen konnte. Eine Abhängigkeit von den Zusammenschlussbeteiligten für den Betrieb oder die Wartung der Software bestand dann nicht mehr. Da die Verpflichtungen zur IT-Separierung eingehalten wurden, trat die auflösende Bedingung nicht ein und die Freigabe blieb wirksam.

4. Ausübung von Stimmrechten. Wenn es sich bei dem Veräußerungsgegenstand um eine Gesellschaft handelt, ist es regelmäßig erforderlich, die Unabhängigkeit der Gesellschaft von den Zusammenschlussbeteiligten in den oben genannten Fallkonstellationen (vgl. B.IV.1., Rn. 91) zu sichern, indem die Ausübung der Stimmrechte weisungsfrei auf einen **Sicherungstreuhänder** übertragen wird.[181] **98**

[179] Vgl. z. B. BKartA, Beschl. v. 12.3.2013, B3 132/12 – *Asklepios/Rhön,* Tenor Nr. B.1.3 (S. 7); BKartA, Beschl. v. 23.2.2005, B10 122/04 – *Remondis/RWE Umwelt,* Tenor Nr. B.3.2 (S. 9); BKartA, Beschl. v. 17.8.2004, B7 65/04 – *GE/InVision,* Tenor Nr. B.1.2 (S. 3); BKartA, Beschl. v. 7.6.2004, B4 7/04 – *Henry Schein/Demedis, EDH,* Tenor Nr. 4.3 (S. 4 f.).

[180] BKartA, Beschl. v. 17.2.2009, B2 46/08 – *Nordzucker/Danisco,* Rn. 20, 377.

[181] Vgl. BKartA, Mustertext Freigabe eines Zusammenschlussvorhabens mit Nebenbestimmungen (aufschiebende Bedingung), 2005, D.5 (S. 8) (http://www.bundeskartellamt.de/SharedDocs/Publikation/DE/Mustertexte/Muster%20%20Aufschiebende%20Bedingung.pdf?__blob=publicationFile&v=4).

Soweit innerhalb der Veräußerungsfrist von der Gesellschafterversammlung bzw. der Hauptversammlung oder anderen Unternehmensgremien (z. B. Beiräten) Entscheidungen zu treffen sind, werden die Stimmrechte vom Sicherungstreuhänder ausgeübt.[182] Der Sicherungstreuhänder hat sich dabei in erster Linie an der Zielsetzung zu orientieren, dass die Wettbewerbsfähigkeit der zu veräußernden Gesellschaft erhalten bleibt bzw. fortentwickelt wird. Unter Umständen kann in besonders gelagerten Ausnahmefällen auch eine Ausübung der Stimmrechte durch Mitgesellschafter während der relevanten Übergangszeit in Betracht kommen.[183]

99 **5. Rückerwerbsverbote.** Im Zusammenhang mit Veräußerungsmaßnahmen werden Rückerwerbsverbote als Auflage in die Nebenbestimmungen aufgenommen. Hierdurch soll verhindert werden, dass die Zusammenschlussbeteiligten nach Vollzug des Zusammenschlusses den Zustand wieder herstellen, der durch die Nebenbestimmung verhindert oder beseitigt werden sollte.[184] Ihre Laufzeit erstreckt sich in der bisherigen Fallpraxis des Bundeskartellamtes üblicherweise auf **fünf Jahre.**[185]

100 **6. Wettbewerbsverbote.** Veräußerungszusagen müssen in Einzelfällen mit einem zeitlich beschränkten Wettbewerbsverbot für die Zusammenschlussbeteiligten verbunden werden, um sicherzustellen, dass die Marktposition durch die Veräußerung tatsächlich übertragen wird.[186] Normalerweise ist eine Dauer von mehr als

---

[182] Vgl. z. B. BKartA, Beschl. v. 25.9.2008, B1–190/08 – *Strabag/Kirchner,* Rn. 15; BKartA, Beschl. v. 8.6.2006, B4 29/06 – *Telecash/GZS,* Rn. 21; BKartA, Beschl. v. 8.3.2006, B10 90/05 – *AKK GmbH/AKK Verein,* Tenor Nr. C.1 (S. 4), Rn. 60; BKartA, Beschl. v. 17.8.2004, B7 65/04 – *GE/InVision,* Tenor Nr. E. 2.1 (S. 6).

[183] Vgl. BKartA, Beschl. v. 26.11.2001, B10 131/01 – *Trienekens/Remex,* Tenor Nr. 3a, Rn. 130 f. (Verpflichtung der Zusammenschlussparteien, die Stimmrechte für bestimmte Gesellschaften ruhen zu lassen und diese, sollte es für die Funktionsfähigkeit der Gesellschaft notwendig sein, vollständig auf die Mitgesellschafter zu übertragen).

[184] Vgl. BKartA, Mustertext Freigabe eines Zusammenschlussvorhabens mit Nebenbestimmungen (aufschiebende Bedingung), 2005, C.2 (S. 6) (http://www.bundeskartellamt.de/SharedDocs/Publikation/DE/Mustertexte/Muster%20-%20Aufschiebende%20Bedingung.pdf?__blob=publicationFile&v=4); z. B. BKartA, Beschl. v. 30.6.2008, B2 333/07 – *Edeka/Tengelmann,* 3. Teil § 2 B., S. 138.

[185] Vgl. z. B. (alle mit Laufzeit von 5 Jahren) BKartA, Beschl. v. 13.8.2015, B9 48/15 – *WM/Trost,* Tenor Nr. C.2 (S. 7); BKartA, Beschl. v. 3.2.2012, B3 120/11 – *OEP/Linpac,* Tenor Nr. C.2 (S. 9); BKartA, Beschl. v. 27.12.2010, B2 71/10 – *Van Drie/Alpuro,* Tenor Nr. 2a sowie Rn. 279 f.; BKartA, Beschl. v. 30.4.2010, B8109/09 – *RWE/EV Plauen, SW Lingen, SW Radevormwald,* Tenor Nr. II.2 (S. 3); BKartA, Beschl. v. 8.5.2019, B8 32/09 – *Shell Deutschland/Lorenz Mohr,* Tenor Nr. II. (S. 2), Rn. 79 f. (neben Rückerwerbsverbot auch Verbot eines Pachtvertrags oder eines Markenpartnervertrags in Bezug auf die betroffene Tankstelle); BKartA, Beschl. v. 9.3.2009, B1 243/08 – *Werhahn/Norddeutsche Mischwerke,* Rn. 18; BKartA, Beschl. v. 17.2.2009, B2 46/08 – *Nordzucker/Danisco,* Rn. 32; BKartA, Beschl. v. 25.9.2008, B1190/08 – *Strabag/Kirchner,* Rn. 22 f.; BKartA, Beschl. v. 5.12.2007, B9 125/07 – *Globus/Distributa,* Tenor Nr. 2.3 (S. 5); BKartA, Beschl. v. 8.2.2007, B5 1003/06 – *Atlas Copco/ABAC,* Rn. 39; BKartA, Beschl. v. 29.9.2006, B1–169/05 – *FIMAG/Züblin,* Rn. 20; BKartA, Beschl. v. 19.9.2006, B1–186/06 – *Strabag/Deutag,* Rn. 20; BKartA, Beschl. v. 22.8.2005, B1 29/05 – *Werhahn/Norddeutsche Mischwerke,* Rn. 19. In Ausnahmefällen kann ein längeres oder kürzeres Rückerwerbsverbot in Betracht kommen, vgl. z. B. BKartA, Beschl. v. 16.1.2007, B6 510/06 – *Weltbild/Hugendubel,* Tenor Nr. 5.A) (S. 4), S. 50 (4 Jahre); BKartA, Beschl. v. 10.01.2007, B9 94/06 – *Praktiker/Max Bahr,* Tenor Nr. 2.3 (10 Jahre).

[186] Vgl. z. B. BKartA, Beschl. v. 25.2.1999, B9 164/98 – *Habet/Lekkerland,* Tenor Nr. 1c, S. 25 (6 Monate).

zwei Jahren (drei Jahren bei Übertragung von Know-how) nicht erforderlich und würde auch den kartellrechtlich zulässigen Rahmen überschreiten.[187]

Beispielsweise war es bei Zusammenschlüssen in den Bereichen Lebensmitteleinzelhandel und Getränkeeinzelhandel notwendig, dass sich die Zusammenschlussbeteiligten verpflichtet haben, in der unmittelbaren räumlichen Nähe der zu veräußernden Standorte in einem begrenzten Zeitraum keine eigenen Standorte zu eröffnen.[188] Anderenfalls hätte der Veräußerer seine alte Marktposition rasch wiedererlangen und damit die Nebenbestimmung entwerten können. Bei einem Zusammenschluss von zwei Anbietern von Geldtransportdienstleistungen bezog sich das Wettbewerbsverbot auf bestimmte Kunden, mit denen Dienstleistungsverträge bestanden, die als Teil des Veräußerungsgegenstands an einen dritten Erwerber übertragen werden mussten.[189] **101**

7. Abwerbeverbote. Um das Wettbewerbspotenzial des Veräußerungsgegenstands abzusichern, kann es erforderlich sein, Abwerbeverbote für wichtige Mitarbeiter **(Schlüsselpersonal)** vorzusehen.[190] Das ist insbesondere dann der Fall, wenn der wirtschaftliche Erfolg des Veräußerungsgegenstands maßgeblich mit den Fähigkeiten, dem Know-how, den Kontakten oder der Reputation bestimmter Mitarbeiter verbunden ist. In diesen Konstellationen würde eine Abwerbung durch die Zusammenschlussbeteiligten dazu führen, dass wesentliches Wettbewerbspotenzial auf diese zurück übertragen und dem Erwerber wieder entzogen würde. Soweit zwischen den Zusammenschlussparteien und ihren Mitarbeitern arbeitsvertraglich ein Wettbewerbsverbot für den Fall eines Arbeitgeberwechsels vereinbart wurde, kann es in manchen Konstellationen – abhängig von der Ausgestaltung der Transaktion – ferner erforderlich sein, dass die Zusammenschlussparteien auf die Rechte aus diesem arbeitsvertraglichen Wettbewerbsverbot verzichten.[191] **102**

8. Liefer- und Abnahmeverpflichtungen. In manchen Fällen ist der Veräußerungsgegenstand vom Zugang zu Vorleistungen oder bestimmten Rohstoffen **abhängig,** die nicht kurzfristig von einem Dritten bezogen werden können. Schwierigkeiten können insbesondere für neu in den Markt eintretende Unterneh- **103**

---

[187] Vgl. Europäische Kommission, Bekanntmachung der Kommission über Einschränkungen des Wettbewerbs, die mit der Durchführung von Unternehmenszusammenschlüssen unmittelbar verbunden und für diese notwendig sind, ABl. 2005/C56/03, Rn. 20: „Wird zusammen mit dem Unternehmen sowohl der Geschäftswert als auch das Know-how übertragen, sind Wettbewerbsverbote bis zu drei Jahren gerechtfertigt. Wird nur der Geschäftswert übertragen, verkürzt sich dieser Zeitraum auf höchstens zwei Jahre."

[188] Vgl. BKartA, Beschl. v. 28.10.2010, B2 52/10 – *Edeka/Trinkgut,* Tenor Nr. I.2. (zwei Jahre); BKartA, Beschl. v. 30.6.2008, B2 333/07 – *Edeka/Tengelmann,* Tenor Nr. 2a sowie S. 138.

[189] Vgl. BKartA, Beschl. v. 18.7.2013, B4 18/13 – *Prosegur/Brink's,* Tenor Nr. 2a sowie Rn. 325 ff. (zwei Jahre).

[190] Vgl. BKartA, Mustertext Freigabe eines Zusammenschlussvorhabens mit Nebenbestimmungen (aufschiebende Bedingung), 2005, C.3 (S. 6) (http://www.bundeskartellamt.de/SharedDocs/Publikation/DE/Mustertexte/Muster%20-%20Aufschiebende%20Bedingung.pdf?__blob=publicationFile&v=4); aus der Fallpraxis vgl. z. B. BKartA, Beschl. v. 17.2.2009, B2 46/08 – *Nordzucker/Danisco,* Rn. 31 (fünf Jahre); BKartA, Beschl. v. 8.2.2007, B5 1003/06 – *Atlas Copco/ABAC,* Rn. 40 (zwei Jahre); BKartA, Beschl. v. 15.3.2005, B4 227/04 – *Smith Group/MedVest,* Tenor Nr. I.4.4 (zwei Jahre); BKartA, Beschl. v. 23.2.2005, B10 122/04 – *Remondis/RWE Umwelt,* Tenor Nr. B.5.3 (zwei Jahre).

[191] Vgl. BKartA, Mustertext Freigabe eines Zusammenschlussvorhabens mit Nebenbestimmungen (aufschiebende Bedingung), 2005, C.4 (S. 6) (http://www.bundeskartellamt.de/SharedDocs/Publikation/DE/Mustertexte/Muster%20-%20Aufschiebende%20Bedingung.pdf?__blob=publicationFile&v=4); aus der Fallpraxis vgl. z. B. BKartA, Beschl. v. 18.7.2008, B5 84/08 – *STIHL/ZAMA,* Tenor Nr. I.3.5.

men bestehen. In diesen Konstellationen ist es notwendig, den Erwerber durch eine zeitlich befristete Lieferverpflichtung der betroffenen Zusammenschlussbeteiligten abzusichern.[192] Die Belieferungsverpflichtung muss die notwendige Übergangszeit abdecken, bis der Erwerber voraussichtlich zu einer von den Zusammenschlussbeteiligten unabhängigen Lieferquelle wechseln kann. Andernfalls wäre die Kontinuität der Leistungserstellung und damit auch die Marktposition des Veräußerungsgegenstands gefährdet. Die Dauer der Lieferverpflichtung muss außerdem zeitlich beschränkt sein. Andernfalls würde die Wettbewerbskraft des Erwerbers durch eine längerfristige Abhängigkeit von den Zusammenschlussbeteiligten geschwächt.

Aus diesem Grund ist normalerweise eine Belieferungspflicht der Zusammenschlussbeteiligten von **höchstens einem Jahr** akzeptabel.[193] Im Kontext von Zusagen sind längere Belieferungspflichten nur in Ausnahmekonstellationen zulässig.[194] Die kartellrechtlich zulässige maximale Dauer von Belieferungspflichten als Nebenabreden von bis zu fünf Jahren, wie von der Europäischen Kommission in ihrer Bekanntmachung akzeptiert,[195] geht in den allermeisten Fällen deutlich über den Zeitraum hinaus, der im Rahmen einer wirksamen Zusage möglich ist. Die Zusage muss die Untersagungsvoraussetzungen beseitigen, daher sind die Anforderungen höher als bei der kartellrechtlichen Zulässigkeit von Liefer- und Abnahmeverpflichtungen als Nebenabrede zu einem unproblematischen Zusammenschluss.

104 Eine vergleichbare Situation kann auftreten, wenn der Veräußerungsgegenstand in seiner Wettbewerbsfähigkeit **von dritten Lieferanten** abhängig ist.[196] Abhängig von der Struktur der Transaktion sind diese nicht verpflichtet, einer Übernahme der bestehenden Lieferverträge, die mit einem Zusammenschlussbeteiligten abgeschlossen worden waren, durch den Erwerber zuzustimmen. Selbst wenn die Gesellschaft veräußert wird, die Vertragspartner des Lieferanten ist, und der Vertrag grundsätzlich fortbesteht, kann dieser gegebenenfalls change-of-control Klauseln

---

[192] Vgl. BKartA, Mustertext Freigabe eines Zusammenschlussvorhabens mit Nebenbestimmungen (aufschiebende Bedingung), 2005, C.1 (S. 6) (http://www.bundeskartellamt.de/SharedDocs / Publikation / DE / Mustertexte / Muster %20 %20 Aufschiebende %20 Bedingung.pdf?__blob=publicationFile&v=4).

[193] Vgl. z. B. BKartA, Beschl. v. 25.4.2014, B6 98/13 – *Funke/Springer,* Tenor Nr. C.1. sowie Rn. 355 (für Übergangszeit von bis zu einem Jahr Belieferung mit Programmvorschauen für die veräußerten Programmzeitschriften durch Funke; Zugang zu strukturierten Programmdaten des Veräußerers erforderlich, da Erwerber Übergangszeit benötigte, um selbst die zur Herstellung notwendige Organisationseinheit zu schaffen); BKartA, Beschl. v. 17.2.2009, B2 46/08 – *Nordzucker/Danisco,* Rn. 29 (Belieferung mit in Anklam nicht produzierten Zuckersorten für bis zu einem Jahr); BKartA, Beschl. v. 8.2.2007, B5 1003/06 – *Atlas Copco/ABAC,* Tenor Nr. I.2(2) b) (Zugang zu den Einkaufsverträgen des zu veräußernden Geschäftsbereichs im Bereich der Produktion und Verpackung von öleingespritzten Schraubenkompressoren zu den bisherigen Konditionen für zwei Jahre); BKartA, Beschl. v. 15.3.2005, B4 227/04 – Smith *Group/MedVest,* Tenor Nr. I.1.2 (Belieferung des zunächst in eine separate Gesellschaft auszugliedernden und später zu veräußernden Geschäftsbereichs mit erforderlichen Komponenten für invasive Blutdruckmessung-Sets, bis der auszugliedernde Geschäftsbereich selbst Bezugsverträge zu den üblichen Konditionen abgeschlossen hat).

[194] Vgl. z. B. BKartA, Beschl. v. 18.7.2008, B5 84/08 – *Stihl/Zama,* Tenor Nr. I.3.1 sowie Rn. 71 (fünf Jahre).

[195] Vgl. Europäische Kommission, Bekanntmachung über Einschränkungen des Wettbewerbs, die mit der Durchführung von Unternehmenszusammenschlüssen unmittelbar verbunden und für diese notwendig sind, ABl. 2005/C56/03, Rn. 33.

[196] Vgl. Europäische Kommission, COMP/M.6286 – *Südzucker/EDFM,* Rn. 734 ff., 772 ff. (Auf den Erwerber der zu veräußernden italienischen Zuckerraffinerie sollten möglichst drei Lieferverträge für Rohrohrzucker übergehen; für den Fall der Nichtbelieferung müssen die Zusammenschlussbeteiligten die Belieferung auf andere Art und Weise sicherstellen).

enthalten, die dem Lieferanten eine Kündigungsmöglichkeit einräumen. Dies ist bei der Prüfung, ob eine Veräußerungszusage im konkreten Fall geeignet ist, zu berücksichtigen.

In Ausnahmefällen kann es auch erforderlich sein, den betroffenen Zusammenschlussbeteiligten umgekehrt vorübergehend eine **Abnahmeverpflichtung** für die Güter und Leistungen des Veräußerungsgegenstands aufzuerlegen,[197] wenn dieser bei Veräußerung von den Zusammenschlussbeteiligten als Kunden abhängig ist. **105**

9. Sonstige Verpflichtungen. Den Zusammenschlussbeteiligten können weitere Verpflichtungen auferlegt werden, die eine Voraussetzung für eine wirksame Übertragung des Wettbewerbspotenzials des Veräußerungsgegenstands auf einen Erwerber sind. Beispielsweise können insbesondere **Schulungsverpflichtungen** erforderlich werden, sofern spezielles Know-how auf den Erwerber übertragen werden muss.[198] Die **Überlassung** von geeignetem **Personal** für eine Übergangszeit kann eine andere Möglichkeit sein, einen erforderlichen Know-how-Transfer sicherzustellen. **106**

C. Verfahrensfragen

Im Folgenden werden die wichtigsten Verfahrensfragen im Zusammenhang mit dem Angebot und der Umsetzung von Zusagen behandelt. Bei allen Zusagenangeboten ist hervorzuheben, dass eine **frühzeitige und umfassende Kooperation** der Zusammenschlussbeteiligten für eine erfolgreiche Zusagenlösung erforderlich ist. Das liegt im Interesse sowohl des Bundeskartellamts als auch der Zusammenschlussbeteiligten. Letztere unterliegen insofern besonderen Mitwirkungspflichten, als die Unterbreitung von Zusagenangeboten Ausfluss ihrer Befugnis ist, über die Ausgestaltung des Zusammenschlussvorhabens zu entscheiden, und damit ihrer Sphäre zuzurechnen ist (vgl. A.II., Rn. 9). **107**

Zunächst werden der Zeitpunkt (I.) und die Anforderungen an Text und Inhalt von Zusagenangeboten behandelt (II.). Bei der Bewertung der Zusagenangebote durch das Bundeskartellamt können Informationen und Einschätzungen von dritten Marktteilnehmern eine wichtige Rolle spielen. Sie werden regelmäßig im Rahmen von Markttests in die Ermittlungen einbezogen (III.). Nachdem geeignete Verpflichtungszusagen in eine Entscheidung aufgenommen wurden (IV.), beginnt die Zusagenumsetzung. Im Regelfall wird dabei ein Sicherungstreuhänder tätig. In manchen Fällen werden außerdem ein Veräußerungstreuhänder und/oder ein „Hold-SeparateManager" eingesetzt (V.). Die Umsetzung der Nebenbestimmungen muss innerhalb der vorgesehenen Fristen vollständig abgeschlossen werden (VI.). **108**

I. Zeitpunkt für das Angebot von Verpflichtungszusagen und Prüfungsfristen

Ein konkretes Zusagenangebot kann dem Bundeskartellamt grundsätzlich **zu jedem Zeitpunkt** des Verfahrens – auch im Vorprüfverfahren – unterbreitet wer- **109**

[197] Vgl. BKartA, Beschl. v. 17.2.2009, B2 46/08 – *Nordzucker/Danisco,* Rn. 30, 367 (Übernahme der Zuckersparte von Danisco durch Nordzucker wurde unter der aufschiebenden Bedingung freigegeben, dass der deutsche Produktionsstandort Anklam veräußert wird; zusätzlich Abnahmeverpflichtung für Nordzucker in Bezug auf dort produziertes Nebenprodukt Bioethanol für Übergangszeit von etwa sechs Jahren, weil wichtige Voraussetzung für die Wirtschaftlichkeit der Zuckerfabrik; Wettbewerbsprobleme gab es im Bereich Bioethanol nicht).

[198] Vgl. z. B. BKartA, Beschl. v. 27.9.2001, B4 69/01 – *Dentsply/Degussa,*Tenor Nr. I.1 (S. 2) (Veräußerung einer Produktlinie im Bereich von Verblendkeramik; in diesem Zusammenhang Verpflichtung zur Abgabe eines Angebots über ein zweiwöchiges technisches Training für die Herstellung dieser Verblendkeramik durch Dentsply gegenüber dem Erwerber); vgl. auch BKartA, Beschl. v. 3.2.2012, B3 120/11 – *OEP/Linpac,* Tenor Nr. A.2.4 (S. 4).

den. Normalerweise ist der Abschluss der Zusagenverhandlungen jedoch erst möglich, wenn die Ermittlungen des Bundeskartellamts zu den wettbewerblichen Auswirkungen des Zusammenschlusses abgeschlossen sind. Dies ist in der Regel mit der Abmahnung des Zusammenschlussvorhabens der Fall, gegebenenfalls nach einer mündlichen Mitteilung der vorläufigen wettbewerblichen Beurteilung. Eine Freigabe unter Nebenbestimmungen erfolgt nur im Hauptprüfverfahren.

110 Zusagenvorschläge müssen zumindest so **rechtzeitig** vor dem ursprünglichen Fristende des Hauptprüfverfahrens erfolgen, dass genügend Zeit für die Bewertung der angebotenen Verpflichtungszusagen sowie für einen Markttest verbleibt. Unter Umständen erfordert die Bewertung der Zusagen auch neue Ermittlungen. Mit erstmaliger Vorlage eines Zusagenangebots verlängert sich die Frist für die Entscheidung des Bundeskartellamts im Hauptprüfverfahren um einen Monat (§ 40 Abs. 2 Satz 7 GWB). In der Praxis ist die **gesetzliche Fristverlängerung** aber oft nicht ausreichend, um zu prüfen, ob die Wettbewerbsbedenken durch die vorgeschlagenen Zusagen ausgeräumt werden. Wenn im weiteren Verlauf der Prüfung modifizierte oder neue Verpflichtungszusagen eingereicht werden, lösen diese die gesetzliche Fristverlängerung nicht erneut aus.

111 Eine **weitere Verlängerung** der Prüffristen ist mit Zustimmung der anmeldenden Unternehmen grundsätzlich möglich (§ 40 Abs. 2 Satz 4 Nr. 1 GWB). Stimmen die Zusammenschlussbeteiligten einer für die Prüfung der Zusagen erforderlichen Fristverlängerung nicht zu, muss das Bundeskartellamt den Zusammenschluss untersagen, soweit die vorliegenden Ermittlungsergebnisse und die in der verbliebenen Zeit möglichen weiteren Ermittlungen nicht ausreichen, um die Wirksamkeit der Zusagen einzuschätzen. Im Kontext der Zusagenverhandlung ist eine Verlängerung nur sinnvoll, solange sie einer zielgerichteten Verhandlung dient und eine Freigabe unter Nebenbestimmungen möglich erscheint. Eine Verpflichtung des Bundeskartellamts, jede von den Zusammenschlussbeteiligten eingeräumte Fristverlängerung auszuschöpfen, besteht nicht. Werden wiederholt ungeeignete Zusagen vorgelegt, müssen weitere Vorschläge nicht mehr geprüft werden. Ein Grund hierfür liegt insbesondere vor, wenn das Wettbewerbspotenzial des Zielunternehmens durch eine Verlängerung des Fusionskontrollverfahrens beeinträchtigt werden könnte. In einem solchen Fall weist das Bundeskartellamt das Zusagenangebot zurück und entscheidet über die Freigabefähigkeit des Zusammenschlusses auf der Grundlage der Ermittlungen und der zuvor vorgelegten Zusagenvorschläge.

112 Soweit Zusammenschlüsse in mehreren Staaten geprüft werden, kann durch einvernehmliche Fristverlängerungen eine parallele Prüfung ermöglicht und so eine **internationale Kooperation** zwischen den beteiligten Wettbewerbsbehörden im Interesse von kohärenten Verfahrensergebnissen erleichtert werden. Dies ist z. B. dann von Bedeutung, wenn in mehreren Staaten über Zusagen verhandelt wird, denn inkompatible Zusagen sollten möglichst vermieden werden.[199] Eine effektive Zusammenarbeit kann ebenfalls erleichtert werden, wenn die Zusammenschlussbeteiligten den betroffenen Wettbewerbsbehörden jeweils einen sogenannten „waiver

---

[199] Vgl. International Competition Network (ICN), Merger Working Group, Practical Guide to International Enforcement Cooperation in Mergers, 2015, Rn. 37 ff., insb. Rn. 39; ICN, Recommended Practices for Merger Notification and Review Procedures, S. 31 (http://www.internationalcompetitionnetwork.org/working-groups/current/merger.aspx), 2002–2006; sowie EU Merger Working Group, Best Practices on Cooperation between EU National Competition Authorities in Merger Review, 2011, Rn. 2.3 (http://www.bundeskartellamt.de/SharedDocs/Publikation/DE/Sonstiges/ECN%20Best%20Practices%20on%20cooperation.pdf?__blob=publicationFile&v=6). Vgl. auch OECD Recommendation concerning International Co-operation on Competition Investigations and Proceedings V.1., VI.3.(i) und VI.4.(v) (http://www.oecd.org/daf/competition/2014-rec-internat-coop-competition.pdf).

of confidentiality“ übermitteln, mit dem sie einem Austausch von Dokumenten und vertraulichen Informationen zwischen den beteiligten Behörden zustimmen.[200]

Bei der vertraglichen Ausgestaltung des Zusammenschlussvorhabens und der **Zeitplanung der Transaktion** empfiehlt es sich für die Zusammenschlussbeteiligten, eine ausreichende Zeitspanne für die Durchführung des Fusionskontrollverfahrens einzuplanen. Dabei sollte der zusätzliche Zeitbedarf eingeplant werden, sowohl für die Prüfung von – gegebenenfalls mehreren – Zusagenvorschlägen als auch für Vorgespräche vor der Anmeldung in potenziell kritischen Fällen. Das gilt insbesondere bei der Formulierung von Wirksamkeitsfristen für den Unternehmenskaufvertrag oder von Kündigungsmöglichkeiten, wenn der Vertrag nicht zu einem bestimmten Datum vollzogen werden konnte. Gleiches gilt für die Gestaltung von Vertragsklauseln, welche die Zahlung einer **Vertragsstrafe** für den Fall vorsehen, dass ein Zusammenschlussbeteiligter vom Zusammenschlussvorhaben Abstand nimmt oder bis zu einem bestimmten Zeitpunkt keine kartellrechtliche Freigabe für das Vorhaben erteilt wird. Sind die vorgesehenen Fristen zu knapp bemessen, können entsprechende Vertragsklauseln erhebliche Hindernisse für die Verhandlung von Verpflichtungszusagen darstellen. **113**

II. Anforderungen an Text und Inhalt von Zusagenangeboten und einzureichende Unterlagen

Zur Erleichterung der Formulierung von Zusagenvorschlägen hat das Bundeskartellamt **Mustertexte** für Veräußerungszusagen entworfen, die auf der Internetseite des Bundeskartellamts (www.bundeskartellamt.de) abgerufen werden können. Die Mustertexte sind auch in der elektronischen Fassung dieses Dokuments verlinkt: **114**
- Mustertext für Veräußerung als aufschiebende Bedingung,
- Mustertext für nicht rechtzeitige Veräußerung als auflösende Bedingung und
- Mustertext für Veräußerung als Auflage.

Die Zusagenmuster des Bundeskartellamts enthalten hilfreiche Hinweise für die Ausgestaltung wirksamer Zusagen. Diese Muster sollten daher möglichst für alle Zusagenvorschläge verwendet werden. Soweit die Zusammenschlussparteien in ihrem Zusagenangebot von dem Zusagentext der Muster abweichen, sind sie gehalten, die Unterschiede kenntlich zu machen sowie zu erläutern, warum diese **Abweichungen** im konkreten Fall nötig sind. **115**

Die Zusammenschlussbeteiligten müssen zusammen mit einem Zusagenvorschlag alle **Informationen** an das Bundeskartellamt übermitteln, die im konkreten Einzelfall erforderlich sind, um eine Bewertung der Vorschläge und einen Markttest zu ermöglichen. **116**

Bereits bei der erstmaligen Einreichung eines Zusagenangebots beim Bundeskartellamt ist dem Dokument eine **nichtvertrauliche Fassung** beizufügen, damit die Möglichkeit besteht, es zeitnah einem Markttest mit Dritten zu unterziehen. Die gleichen Anforderungen gelten auch bei jedem weiteren Angebot bzw. bei modifizierten Angeboten. Wird eine nichtvertrauliche Fassung nicht unmittelbar oder zumindest zeitnah übermittelt, kann ein Markttest innerhalb der kurzen Fusionskontrollfristen – trotz der Fristverlängerung um einen Monat nach § 40 Abs. 2 Satz 7 GWB – möglicherweise nicht mehr durchgeführt werden. Etwaige Zweifel an der Wirksamkeit des Zusagenvorschlags können dann nicht mehr rechtzeitig vor Fristablauf ausgeräumt werden. Das gilt auch, wenn ein Markttest angesichts des Umfangs der Schwärzungen in der nicht-vertraulichen Fassung des Zusagenvorschlags nicht aussagekräftig wäre. Ähnliche Schwierigkeiten können auftreten, wenn die Zusam- **117**

---

[200] Vgl. ICN, Waivers of Confidentiality in Merger Investigations, 2005 (der ICN Muster-„Waiver“ findet sich in Annex A) (http://www.internationalcompetitionnetwork.org/uploads/library/doc330.pdf).

menschlussbeteiligten ein Zusagenangebot als **unverbindlich** kennzeichnen und ein verbindliches Angebot erst sehr spät vorlegen.

118 Die von den Zusammenschlussparteien vorgelegten Zusagen müssen geeignet sein, die erhebliche Behinderung wirksamen Wettbewerbs durch das Zusammenschlussvorhaben zu beseitigen (vgl. A.III., Rn. 14). Die an Verpflichtungszusagen zu stellenden Anforderungen ergeben sich folglich aus dem **wettbewerblichen Schaden,** den der Zusammenschluss verursachen würde.

In einigen Fällen, in denen es bereits Erfahrungen mit der Umsetzung von Zusagen in derselben Branche gab, hat es sich als nützlich erwiesen, dass das Bundeskartellamt auf der Grundlage eines ersten Vorschlags der Parteien grundsätzliche Anforderungen an ein Zusagenangebot und die erforderlichen Umsetzungsmaßnahmen gegenüber den Zusammenschlussbeteiligten konkretisiert, z. B. in Form solcher **„Eckpunkte“.** Ziel ist es, den Verfahrensprozess und die Verfahrensführung zu strukturieren. Die Verantwortung für die Vorlage eines wirksamen Zusagenvorschlags liegt aber auch in den Fällen, in denen das Bundeskartellamt die Zusagenverhandlungen durch Eckpunkte unterstützt, bei den Zusammenschlussbeteiligten.

III. Weitere Ermittlungen und Markttest

119 Die im Verfahren gewonnenen **Informationen** über die betroffenen Märkte sind eine wichtige Grundlage, um zu beurteilen, ob die von den Unternehmen vorgeschlagenen Verpflichtungszusagen das ermittelte Wettbewerbsproblem beseitigen würden. Darüber hinaus können weitere Ermittlungen erforderlich sein, um die Eignung, Erforderlichkeit und Verhältnismäßigkeit der Zusagen zu bewerten.

120 Vor allem spielen **Markttests** der Zusagenvorschläge eine wichtige Rolle. Wichtige Kunden und Wettbewerber sowie Beigeladene werden regelmäßig zu verschiedenen Aspekten der Eignung und Marktwirkung der Zusagenvorschläge befragt. Zumeist wird ihnen zusammen mit den Fragen eine nichtvertrauliche Fassung des Zusagenvorschlags übermittelt. Gleichzeitig kann durch einen Markttest Beigeladenen rechtliches Gehör gewährt werden.

121 Das Bundeskartellamt führt in der Regel keinen Markttest durch, wenn die vorgeschlagenen Verpflichtungszusagen **offensichtlich ungeeignet** sind, die Wettbewerbsbedenken zu beseitigen. Markttests werden regelmäßig dann durchgeführt, wenn die Eignung der Zusagenvorschläge grundsätzlich möglich erscheint.

122 Der Markttest enthält gezielte **Fragen,** die zur Klärung beitragen sollen, ob die Zusagenvorschläge geeignet sind, die Untersagungsvoraussetzungen zu beseitigen. Im Rahmen des Markttests können je nach Fall Fragen insbesondere zu den folgenden Themenkomplexen gestellt werden:

- zur grundsätzlichen **Geeignetheit** des Maßnahmenpakets zur Beseitigung der festgestellten wettbewerblichen Bedenken,
- zu möglichen **Risiken** und Problemen bei der Umsetzung der Verpflichtungszusagen,
- zu möglichen **Hindernissen** bei der praktischen Wirksamkeit der Verpflichtungszusagen,
- bei Veräußerungsmaßnahmen insbesondere zu den folgenden Punkten:
  - o welche Voraussetzungen an das **Erwerbsobjekt** zu stellen sind, um die Marktposition auf den Erwerber zu übertragen und ob diese Voraussetzungen im Fall des angebotenen Veräußerungsobjekts erfüllt sind,
  - o welche Voraussetzungen ein **Erwerber** erfüllen müsste, um mit dem Veräußerungsobjekt ein am Markt wirksames Wettbewerbspotenzial zu entwickeln;
  - o ob **potenzielle Erwerber** auf der Basis des Zusagenvorschlags zu einem Eintritt in die Wettbewerbsposition des Veräußerers bereit und in der Lage wären, beziehungsweise welche Voraussetzungen für diese Bereitschaft erfüllt sein müssten.

Ein Markttest ist sowohl über reine Informationsanfragen (wie Auskunftsersuchen) als auch im Rahmen von formellen **Auskunftsbeschlüssen** möglich. Aufgrund der engen Entscheidungsfristen für die Prüfung eines Fusionsvorhabens kann das Bundeskartellamt den befragten Unternehmen im Rahmen von Markttests im Regelfall nur kurze **Antwortfristen** einräumen. **123**

Normalerweise werden im Rahmen von schriftlichen Auskunftsersuchen oder -beschlüssen Antwortfristen von mindestens einer Woche gewährt. In manchen Verfahrenskonstellationen kann eine noch kürzere schriftliche oder sogar telefonische Beantwortung der Markttests erforderlich sein, z. B. bei mehrfach modifizierten Zusagenvorschlägen oder mehrfachen Markttests.

Die Antworten von **Kunden oder Wettbewerbern** der Zusammenschlussbeteiligten enthalten oft wichtige Beiträge zur Sachverhaltsermittlung und sind daher für das Bundeskartellamt regelmäßig von großem Wert. Bei der Würdigung der Antworten der Teilnehmer des Markttests berücksichtigt das Bundeskartellamt auch deren jeweilige Interessenlage und die fachliche Qualität der Antworten. Die Einschätzungen der Marktteilnehmer sind für das Bundeskartellamt nicht bindend. **124**

Teilweise kann auch die **Besichtigung und Erklärung** von Produktionsanlagen oder Logistikstandorten **vor Ort** ein geeignetes Ermittlungsinstrument darstellen. In Betracht kommen dabei sowohl Standorte der Zusammenschlussbeteiligten als auch von dritten Unternehmen. In geeigneten Fällen führt das Bundeskartellamt vor Erlass der Entscheidung außerdem **Gespräche mit potenziellen Erwerbern.** **125**

IV. Verbindlicherklärung von Zusagen durch Nebenbestimmungen

Auf der Grundlage der Ermittlungen und der von den Zusammenschlussbeteiligten vorgelegten Informationen entscheidet das Bundeskartellamt über die Eignung der vorgeschlagenen Zusagen. Sind die Zusagenangebote ausreichend, werden sie als Nebenbestimmungen in die Freigabeentscheidung aufgenommen, „um sicherzustellen, dass die beteiligten Unternehmen den Verpflichtungen nachkommen, die sie gegenüber dem Bundeskartellamt eingegangen sind, um eine Untersagung abzuwenden" (§ 40 Abs. 3 Satz 1 GWB). Das setzt eine Freigabeentscheidung im **Hauptprüfverfahren** voraus. Zusagen können zwar bereits innerhalb oder sogar vor der Prüfung in der ersten Phase vorgeschlagen werden (vgl. C.I., Rn. 109), letztlich kann über sie aber erst im Hauptprüfverfahren förmlich entschieden werden. Außerdem ist es nicht möglich, dass sich die Zusammenschlussbeteiligten in einem öffentlich-rechtlichen Vertrag gegenüber dem Bundeskartellamt verpflichten, die von ihnen vorgeschlagenen Verpflichtungszusagen einzuhalten.[201] **126**

Wird von den Zusammenschlussparteien ein Zusagenvorschlag eingereicht, der nach Ansicht des Bundeskartellamts nicht ausreichend ist, um die durch das Zusammenschlussvorhaben zu erwartende Wettbewerbsbehinderung zu beseitigen, wird das Zusagenangebot vom Bundeskartellamt **abgelehnt.** Den Zusammenschlussparteien wird kurz – in der Regel schriftlich – dargelegt, warum das Angebot nicht ausreicht. Eine Nachbesserung der Zusagenvorschläge ist in der Regel möglich, soweit die verbliebene Verfahrensdauer bis Fristende das zulässt (vgl. C.I., Rn. 110, 113). **127**

V. Die Rolle von Treuhändern und „Hold-Separate-Managern"

Die Verantwortung für die Umsetzung der Nebenbestimmungen liegt grundsätzlich bei den Zusammenschlussbeteiligten. Sicherungstreuhänder (1.) und Veräuße- **128**

[201] Die frühere Praxis des Bundeskartellamts, Zusagen im Rahmen von öffentlich-rechtlichen Verträgen mit den Zusammenschlussbeteiligten zu vereinbaren, wurde bereits im Rahmen der 6. GWB-Novelle (1998) durch die Vorgängerregelung von § 40 Abs. 3 Satz 1 GWB (zum 1.1.1999) abgelöst.

rungstreuhänder (2.) können bei der Umsetzung von Nebenbestimmungen durch die Zusammenschlussbeteiligten auch eine wichtige Rolle spielen. In geeigneten Fällen kann es auch notwendig sein, einen „Hold-Separate-Manager" (3.) einzusetzen.

129 **1. Sicherungstreuhänder.** Ein Sicherungstreuhänder wird bei Zusagenentscheidungen regelmäßig eingesetzt. Im Folgenden werden seine Aufgaben und seine Rolle im Verfahren erläutert a). Es wird dargestellt, welche Anforderungen an Sicherungstreuhänder gestellt werden (b) und in welchem Verfahren sie ausgewählt und bestellt werden (c). Schließlich werden die Befugnisse und Pflichten des Sicherungstreuhänders erklärt (d).

130 **a) Aufgaben und Rolle des Sicherungstreuhänders.** Die Aufgabe des Sicherungstreuhänders besteht darin, **eigenständig** die Umsetzung der Zusagen durch die Zusammenschlussparteien zu **überwachen,** zu **unterstützen** und **sicherzustellen.** Der Sicherungstreuhänder soll darauf hinwirken, dass die Nebenbestimmungen durch die Zusammenschlussbeteiligten vollständig und wirksam umgesetzt und Verzögerungen bei der Umsetzung vermieden werden. Zu diesem Zweck identifiziert der Sicherungstreuhänder mögliche Hindernisse für die Umsetzung der Nebenbestimmungen und stellt sicher, dass die Zusammenschlussbeteiligten die zur Umsetzung erforderlichen Zwischenschritte planen, vorbereiten, einleiten und durchführen. Der Sicherungstreuhänder überwacht auch die Einhaltung der Verpflichtung der Zusammenschlussbeteiligten, die wirtschaftliche Überlebensfähigkeit, Werthaltigkeit, Marktfähigkeit (als Veräußerbarkeit) und Wettbewerbsfähigkeit des zu veräußernden Unternehmens nicht zu beeinträchtigen. In diesem Bereich kann der Treuhänder eine besonders wichtige Rolle spielen.

131 Sollte es zu akuten **Umsetzungsproblemen** kommen, ist es Aufgabe des Treuhänders, deren Umfang und Ursachen zu identifizieren, Lösungsmöglichkeiten aufzuzeigen und dem Bundeskartellamt zeitnah zu berichten. Der Treuhänder handelt und entscheidet nicht im Namen des Bundeskartellamts.

132 Der Treuhänder berichtet dem Bundeskartellamt vom Beginn bis zum Ende seiner Tätigkeit regelmäßig über den Stand der Umsetzung, geplante Maßnahmen und die Einhaltung der Nebenbestimmungen. Zu diesem Zweck schlägt er unmittelbar nach Aufnahme seines Mandats in einem ersten Bericht an das Bundeskartellamt einen detaillierten **Arbeitsplan** vor, aus welchem hervorgeht, durch welche Maßnahmen und innerhalb welcher Fristen er beabsichtigt sicherzustellen, dass die Zusammenschlussbeteiligten die ihnen durch die Nebenbestimmungen auferlegten Pflichten erfüllen.[202] Nach der Aufnahme des Mandats erläutert der Treuhänder diesen Arbeitsplan in einem Gespräch mit dem Bundeskartellamt.

133 Der Treuhänder legt dem Bundeskartellamt in Abständen von üblicherweise vier Wochen schriftliche **Berichte** vor. Unverzüglich nach Ablauf seines Mandats legt er einen Abschlussbericht vor. Von Seiten des Bundeskartellamts bestehen keine Bedenken dagegen, dass der Treuhänder den Arbeitsplan oder seine schriftlichen Berichte zeitgleich mit der Übermittlung an das Bundeskartellamt auch den Zusammenschlussparteien übermittelt. Soweit der Treuhänder seine Berichte an die Zusammenschlussparteien übermittelt, liegt es in der Verantwortung des Treuhänders dafür Sorge zu tragen, dass etwaige Geschäftsgeheimnisse eines Zusammenschlussbeteiligten nicht dem anderen Zusammenschlussbeteiligten übermittelt werden.

134 Zu den Aufgaben des Treuhänders gehört es auch, den Gang des **Veräußerungsprozesses** zu unterstützen und zu kontrollieren. Dabei arbeitet er eng mit der

---

[202] Mit Zustimmung des Bundeskartellamts kann im ersten Bericht auf das bereits im Kontext der Einsetzung des Treuhänders an das Bundeskartellamt übermittelte Konzept verwiesen werden (siehe C.V.1.b, Rn. 135).

Geschäftsführung des Veräußerers und des zu veräußernden Unternehmens zusammen.

- Er achtet darauf, dass **geschäftsgefährdende** oder wertverringernde Maßnahmen durch die Parteien unterlassen werden.
- Der Treuhänder stellt sicher, dass potenzielle Erwerber des Veräußerungsgegenstands rechtzeitig alle Unterlagen und Informationen erhalten, die für eine tragfähige Bewertung des Veräußerungsgegenstands und dessen Wettbewerbspotenzials erforderlich sind **(„Due Diligence").**
- Zur Aufgabe des Treuhänders gehört es zudem, die am Erwerb des Veräußerungsobjekts interessierten Unternehmen zu bewerten. Hierzu ist es erforderlich, dass sich der Treuhänder ein eigenständiges Bild von den **Kaufinteressenten** macht und sich über deren Geeignetheit auch aus dritten Quellen informiert. In vielen Fällen ist es sinnvoll, dass der Treuhänder selbst Gespräche mit Kaufinteressenten führt oder an Gesprächen der Zusammenschlussbeteiligten mit Interessenten teilnimmt.

b) Anforderungen an Eignung des Sicherungstreuhänders. Ein Sicherungstreuhänder muss über die notwendige Sachkunde und die erforderlichen personellen Ressourcen verfügen sowie unabhängig von den Zusammenschlussbeteiligten und frei von Interessenkonflikten sein.[203] **135**

Die notwendigen **Sachkenntnisse** und **Erfahrungen** des Treuhänders bestimmen sich grundsätzlich danach, was im konkreten Einzelfall erforderlich ist. Im Kontext von Veräußerungszusagen zählen dazu immer Kenntnisse über die Strukturierung und Durchführung eines erfolgreichen Veräußerungsprozesses. Teilweise können auch branchenspezifische Kenntnisse notwendig sein. Um die Qualifikation eines in Frage kommenden Treuhänders einschätzen zu können, müssen dem Bundeskartellamt aussagekräftige Informationen zu den vorgeschlagenen Treuhändern vorgelegt werden. Hilfreich sind in diesem Zusammenhang insbesondere Angaben zu bisherigen Arbeitsaufträgen, u. a. im Kontext der Umsetzung von Zusagen in der deutschen oder europäischen Fusionskontrolle. **136**

Außerdem sind Informationen zu der **personellen Ausstattung** des Treuhänders und den für das Projekt konkret eingeplanten Mitarbeitern zu übermitteln. Aus den Unterlagen sollte auch hervorgehen, über welche Vorerfahrungen die eingeplanten Mitarbeiter verfügen. **137**

Zudem sollte dem Bundeskartellamt vor der Bestellung eines Treuhänders ein **schlüssiges und aussagekräftiges Konzept** zu den wesentlichen Inhalten seines Arbeitsplans vorgelegt werden. Aus diesem soll hervorgehen, durch welche Maßnahmen der Treuhänder beabsichtigt, die Umsetzung der Nebenbestimmungen durch die Zusammenschlussbeteiligten sicherzustellen. Gegebenenfalls kann dieses Konzept dem Bundeskartellamt in einem persönlichen Gespräch erläutert werden. **138**

Der Treuhänder darf sich in keinem aktuellen oder potenziellen **Interessenkonflikt** befinden. Das gilt gleichermaßen für den Zeitpunkt der Beauftragung als Treuhänder wie für den gesamten Zeitraum des Treuhändermandats. Ein Interessenkonflikt liegt insbesondere dann vor, wenn begründete Zweifel an der Unabhängigkeit des Treuhänders bestehen. Dies wird in der Regel der Fall sein, wenn er selbst – oder ein für diesen Auftrag eingesetzter Mitarbeiter – gesellschaftsrechtlich oder **139**

---

[203] Vgl. BKartA, Mustertext Treuhändervertrag, 2005, Klausel H („Interessenkonflikte", S. 6) (http://www.bundeskartellamt.de/SharedDocs/Publikation/DE/Mustertexte/Muster%20-%20Treuhaendervertrag.pdf?__blob=publicationFile&v=4); BKartA, Mustertext Freigabe eines Zusammenschlussvorhabens mit Nebenbestimmungen (aufschiebende Bedingung), 2005, Klausel D.1 („Sicherungstreuhänder S. 6). (http://www.bundeskartellamt.de/SharedDocs/Publikation/DE/Mustertexte/Muster%20%20Aufschiebende%20Bedingung.pdf?__blob=publicationFile&v=4).

finanziell mit einem Unternehmen aus den Unternehmensgruppen der Zusammenschlussparteien verflochten ist. In vielen Fällen gilt dies auch, wenn der Treuhänder in anderer Sache für die Zusammenschlussbeteiligten tätig wird und diese Tätigkeit für den Treuhänder ein nicht unerhebliches wirtschaftliches Gewicht hat, oder wenn dem Treuhänder für die Zeit nach dem Mandat eine Tätigkeit für die Zusammenschlussparteien in Aussicht gestellt wird.

140 Interessenkonflikte liegen zum Beispiel häufig dann vor, wenn ein als Treuhänder tätiges **Wirtschaftsprüfungsunternehmen** eine der folgenden Gesellschaften prüft:
- einen der Zusammenschlussbeteiligten;
- die Konzerngesellschaft der Unternehmensgruppe, dem einer der Zusammenschlussbeteiligten angehört;
- eine Gesellschaft dieses Konzerns, die ein erhebliches Gewicht für die Tätigkeit des Konzerns oder der Zusammenschlussbeteiligten hat;
- eine Gesellschaft dieses Konzerns, sofern diese Tätigkeit für das Wirtschaftsprüfungsunternehmen eine erhebliche wirtschaftliche Bedeutung hat; oder
- einen Hauptgesellschafter der Zusammenschlussbeteiligten (normalerweise mit Stimmrechten von 25 Prozent oder mehr).

Bei aufschiebend bedingten Freigaben, bei denen das Zusammenschlussvorhaben nicht vor Erfüllung der Vorgaben vollzogen werden darf, gelten diese Anforderungen auch in Bezug auf den Veräußerer.

141 Interessenkonflikte liegen in der Regel auch vor, wenn ein Treuhänder einen der Zusammenschlussbeteiligten **anwaltlich** berät. Problematisch ist auch, wenn ein Treuhänder für eine Partei des Zusammenschlusses als **Berater** tätig wird, z. B. im Kontext eines Kartellbußgeldverfahrens IT-Asservate auswertet.

142 Zusammen mit den Treuhändervorschlägen müssen dem Bundeskartellamt vorangegangene und gegenwärtige Geschäftsbeziehungen der potenziellen Treuhänder mit den Zusammenschlussbeteiligten, einem Unternehmen der Unternehmensgruppe oder einem Hauptgesellschafter offengelegt werden. Diese **Informationspflicht** gilt auch für sonstige Konstellationen, aus denen sich Anhaltspunkte für einen Interessenkonflikt ergeben können. Sie gilt ebenfalls während der laufenden Treuhändertätigkeit. Sobald sich ein Interessenkonflikt abzeichnet, ist das Bundeskartellamt zu informieren.

143 Sollte ein entsprechender Interessenkonflikt während der Zeit der Beauftragung als Sicherungstreuhänder auftreten, wird das Bundeskartellamt im Regelfall die Zusammenschlussparteien auffordern, den Auftrag zu beenden und einen **neuen Treuhänder** zu beauftragen.

144 **c) Einsetzung des Sicherungstreuhänders.** Der Treuhänder wird von den Zusammenschlussparteien **vorgeschlagen.** Die Zusammenschlussparteien legen dem Bundeskartellamt spätestens eine Woche nach Zustellung des Beschlusses eine Liste mit drei geeigneten Kandidaten vor.[204] Eine Übermittlung noch vor Abschluss des Fusionskontrollverfahrens ist möglich und kann hilfreich sein.

145 Die Einsetzung des Treuhänders bedarf der **vorherigen Zustimmung** des Bundeskartellamts.

Das Bundeskartellamt entscheidet üblicherweise binnen einer Woche über die Eignung der Kandidaten. Werden die vorgeschlagenen Kandidaten abgelehnt, erhalten die Zusammenschlussbeteiligten normalerweise eine weitere Woche Zeit für neue Vorschläge. Sobald die Zustimmung des Bundeskartellamts vorliegt, soll der

---

[204] Vgl. BKartA, Mustertext Freigabe eines Zusammenschlussvorhabens mit Nebenbestimmungen (aufschiebende Bedingung), 2005, Klausel D.2 („Sicherungstreuhänder", S. 7) (http://www.bundeskartellamt.de/SharedDocs/Publikation/DE/Mustertexte/Muster%20%20Aufschiebende%20Bedingung.pdf?__blob=publicationFile&v=4).

Treuhänder unverzüglich eingesetzt werden. Wird die zweite Vorschlagsliste der Zusammenschlussparteien wiederum vom Bundeskartellamt abgelehnt, beauftragt das Bundeskartellamt innerhalb einer weiteren Woche einen aus seiner Sicht geeigneten Kandidaten.[205]

Die näheren Einzelheiten hinsichtlich der Rechte und Pflichten von Treuhändern, aber auch im Hinblick auf die Aufgaben und Pflichten ihres Auftraggebers werden in einem **Treuhändervertrag** zwischen den Zusammenschlussparteien und dem Treuhänder geregelt. Der Abschluss des Vertrags erfordert die Zustimmung des Bundeskartellamts. Der Vertragsentwurf ist dem Bundeskartellamt von den Zusammenschlussbeteiligten in der Regel innerhalb von einer Woche nach Zustellung des Beschlusses vorzulegen.[206] Das Vertragsmuster des Bundeskartellamts sollte möglichst verwendet werden (verfügbar auf www.bundeskartellamt.de). Soweit die Zusammenschlussbeteiligten von dem Text des Musters abweichen, ist dies kenntlich zu machen und zu erläutern. **146**

d) Befugnisse, Pflichten und Vergütung des Sicherungstreuhänders. Der Treuhänder ist gegenüber dem Bundeskartellamt **weisungsgebunden,** nicht jedoch gegenüber den Zusammenschlussbeteiligten. In der Praxis entsteht bei den Parteien teilweise ein falscher Eindruck über die Rolle des Treuhänders, da sie seine Kosten tragen müssen, den Treuhändervertrag mit ihm abschließen und nach Zustimmung durch das Bundeskartellamt grundsätzlich die Auswahlentscheidung über den Treuhänder treffen. Der Treuhänder stimmt seine Schritte grundsätzlich mit dem Bundeskartellamt ab. In diesem Rahmen handelt er eigenständig. **147**

Der Treuhänder ist in seiner Aufgabenwahrnehmung von den Zusammenschlussbeteiligten **unabhängig.** Die Zusammenschlussbeteiligten haben weder den ersten Zugriff auf seine Arbeitsergebnisse noch können sie von ihm eine Offenlegung der gesamten schriftlichen Kommunikation mit dem Bundeskartellamt verlangen.[207] Eine Einflussnahme der Zusammenschlussbeteiligten auf seine Einschätzungen und Bewertungen, bevor sie an das Bundeskartellamt übermittelt werden, darf nicht erfolgen. **148**

Die Zusammenschlussbeteiligten sind verpflichtet, den Sicherungstreuhänder zu unterstützen. Sie müssen ihm jegliche zweckdienliche **Zusammenarbeit und Unterstützung** zukommen lassen, die dieser zur Erfüllung seiner Aufgaben benötigt.[208] **149**

Die **Kosten** für die Dienstleistungen des Treuhänders, für seine Sachaufwendungen sowie für das Personal, das von ihm zur Erfüllung seiner Aufgaben in erforderlichem Umfang eingesetzt wird, sind von den Zusammenschlussbeteiligten zu tragen. Das Bundeskartellamt haftet nicht für Handlungen des Treuhänders. **150**

2. Veräußerungstreuhänder. Wenn eine Veräußerungszusage im Ausnahmefall nicht als aufschiebende, sondern als auflösende Bedingung ausgestaltet wird, ist zusätzlich zum Sicherungstreuhänder regelmäßig ein Veräußerungstreuhänder zu bestimmen. Als Veräußerungstreuhänder kann auch die Person des Sicherungstreuhänders bestellt werden. Auch bei aufschiebenden Bedingungen kann es in manchen **151**

---

[205] Ebd.

[206] Ebd.

[207] Gegen eine zeitgleiche Übermittlung der Berichte an die Zusammenschlussbeteiligten bestehen keine Bedenken (vgl. C.V.1.a, Rn. 131).

[208] Vgl. BKartA, Mustertext Freigabe eines Zusammenschlussvorhabens mit Nebenbestimmungen (aufschiebende Bedingung), 2005, Klausel D.4 („Sicherungstreuhänder", S. 8) (http://www.bundeskartellamt.de/SharedDocs/Publikation/DE/Mustertexte/Muster%20-%20Aufschiebende%20Bedingung.pdf?__blob=publicationFile&v=4); BKartA, Mustertext Treuhändervertrag, 2005, Klausel D.1-D.9 (S. 4 f.) (http://www.bundeskartellamt.de/SharedDocs/Publikation/DE/Mustertexte/Muster%20%20Treuhaendervertrag.pdf?__blob=publicationFile&v=4).

Fällen erforderlich sein, einen Veräußerungstreuhänder vorzusehen. Dieser wird tätig, wenn es den Zusammenschlussparteien nicht innerhalb der ersten Veräußerungsfrist (vgl. C.VI., Rn. 159) gelungen ist, eine Veräußerungszusage umzusetzen. Aufgabe des Veräußerungstreuhänders ist es, den Veräußerungsgegenstand innerhalb der zweiten Veräußerungsfrist zu veräußern (vgl. C.VI.I., Rn. 158). Der Treuhänder muss **weisungsfrei, bestmöglich** und ohne Bindung an einen **Mindestpreis** veräußern. Es kommt nur ein Verkauf an einen geeigneten Erwerber in Betracht, der die Anforderungen aus den Nebenbestimmungen erfüllt.

152 Die Anforderungen an den Veräußerungstreuhänder, das **Verfahren** seiner Beauftragung und der Inhalt des **Treuhändervertrags** sowie die **Kostentragung** durch die Zusammenschlussparteien sind identisch mit den oben erläuterten Anforderungen an einen Sicherungstreuhänder (vgl. C.V.1., Rn. 129 150).

153 **3. „Hold-Separate-Manager".** In manchen Fällen kann darüber hinaus die Bestellung eines „Hold-Separate-Managers" notwendig sein, um die Unabhängigkeit des zu veräußernden Unternehmens von anderen Geschäftsbereichen der Zusammenschlussbeteiligten zu gewährleisten und seine wirtschaftliche Überlebensfähigkeit, Werthaltigkeit, Marktfähigkeit (im Sinne einer Veräußerbarkeit) und **Wettbewerbsfähigkeit** bis zum Abschluss der Veräußerung sicherzustellen (vgl. B.IV.1., Rn. 8993).[209] Die Zielsetzung der Tätigkeit von Hold-Separate-Manager und Sicherungstreuhänder überschneiden sich teilweise. Der Hold-Separate-Manager ist dem Sicherungstreuhänder nachgeordnet und wird direkt im Unternehmen tätig. Er ist daher dazu in der Lage, sich auch um die Einzelheiten des Tagesgeschäfts der Geschäftsleitung zu kümmern.

154 Die Rolle des „Hold-Separate-Managers" kann unterschiedlich ausgestaltet sein. Entweder er übernimmt selbst die eigenverantwortliche **Geschäftsleitung** des Veräußerungsgegenstands oder seine Aufgabe beschränkt sich darauf, die laufende Geschäftsführung zu überwachen. Darüber hinaus unterrichtet der „Hold-Separate-Manager" die Mitarbeiter des Veräußerungsgegenstands über den Veräußerungsprozess und die daraus für die Mitarbeiter resultierenden Verpflichtungen und sonstigen Veränderungen im Hinblick auf ihre Arbeitsverhältnisse. Abhängig von den Umständen des Einzelfalls ist auch denkbar, dass eine Person die Aufgaben sowohl des „Hold-Separate-Managers" als auch des Sicherungstreuhänders übernimmt.

155 Die Anforderungen an die **Qualifikation** des „Hold-Separate-Managers" beinhalten vor allem nachgewiesene Managementfähigkeiten, zumeist in der jeweiligen Branche. Die entsprechenden Informationen sind dem Bundeskartellamt zusammen mit dem Vorschlag eines „Hold-Separate-Managers" vorzulegen.

---

[209] Vgl. BKartA, Beschl. v. 12.3.2013, B3 132/12 – *Asklepios/Rhön,* Rn. 376 ff. (Freigabe Vorhaben der Asklepios Kliniken, eine Minderheitsbeteiligung an Rhön-Klinikum AG zu erwerben unter der aufschiebenden Bedingung, dass Asklepios die Harzklinik in Goslar sowie dortiges medizinisches Versorgungszentrum Harz an unabhängigen Krankenhausträger veräußert. Außerdem Einsetzung eines Hold-Separate-Managers. Dieser sollte sicherstellen, dass Harzklink Goslar sowie MVZ Harz unabhängig von Asklepios und wirtschaftlich an Interessen der Harzklinik sowie des MVZ ausgerichtet geführt werden. Insbesondere sollten ihre wirtschaftliche Überlebensfähigkeit, Markt- und Wettbewerbsfähigkeit gewährleistet werden. Asklepios entschied sich nach Bestandskraft der Entscheidung, die aufschiebende Bedingung endgültig nicht zu erfüllen, sodass das Zusammenschlussvorhaben als untersagt gilt. Zu der Einsetzung eines Hold-Separate-Managers kam es dann nicht mehr). Vgl. auch BKartA, Beschl. v. 8.6.2006, B4 29/06 – *Telecash/GZS,* Rn. 19 (Einsetzung eines noch als „Sicherungsmanager" bezeichneten Hold-Separate-Managers, der für den Erhalt der wirtschaftlichen Überlebensfähigkeit, der unternehmerischen Werthaltigkeit, der Wettbewerbsfähigkeit sowie für eine getrennte Führung der Geschäfte sorgen sollte).

Der „Hold-Separate-Manager" ist unverzüglich nach der Zustellung der Fusionskontrollentscheidung einzusetzen. Die Zusammenschlussbeteiligten sind zur Ausführung aller **Weisungen** des „Hold-Separate-Managers" verpflichtet, die erforderlich sind, um die Verpflichtungen aus den Nebenbestimmungen zu erfüllen. Der „Hold-Separate-Manager" unterliegt den Weisungen des Sicherungstreuhänders und des Bundeskartellamts, aber nicht der Zusammenschlussbeteiligten. **156**

Im Übrigen kann auf die Ausführungen zu Sicherungstreuhändern verwiesen werden, insbesondere im Hinblick auf **Einsetzung, Kostentragung** und weitere Anforderungen an **Eignung** und **Unabhängigkeit** (vgl. C.V.1., Rn. 144 146, 150, 135 143). In geeigneten Fällen wird der Hold-Separate-Manager nach Zustimmung des Bundeskartellamts vom Sicherungstreuhänder bestellt. **157**

VI. Frist zur Umsetzung der Nebenbestimmungen

Die Frist für die Umsetzung von Nebenbestimmungen wird **im Einzelfall** festgelegt. Hierbei kann berücksichtigt werden, welche Zwischenschritte auf Unternehmensseite abhängig von der Art der Nebenbestimmungen erforderlich sind, um die festgelegten Verpflichtungen zu erfüllen. Daher kann die Dauer der Umsetzungsfrist von Fall zu Fall unterschiedlich sein. **158**

Im Fall einer **Veräußerungszusage** müssen die Zusammenschlussbeteiligten grundsätzlich nachweisen, dass die Veräußerung tatsächlich vollzogen ist. Damit soll möglichen Verzögerungen zwischen Vertragsabschluss und Vollzug der Veräußerung vorgebeugt werden. Erforderlich ist dann, dass die zu übertragenden Gesellschaftsanteile oder Vermögensgegenstände tatsächlich wirksam übertragen wurden. Es kann jedoch ausreichend sein, wenn von Unternehmensseite alle Schritte unternommen wurden, die zur Eigentumsübertragung erforderlich sind,[210] und lediglich eine (bereits beantragte) Eintragung ins Handelsregister noch aussteht. In geeigneten Fällen kann für den Eintritt der aufschiebenden Bedingung auch bereits der Nachweis des Abschlusses aller zur Übertragung erforderlichen Verträge ausreichen.[211] Dies wird regelmäßig im Text der Nebenbestimmung entsprechend festgelegt. Etwaige Fusionskontrollverfahren in Bezug auf den Erwerb des Veräußerungsgegenstands müssen innerhalb der Umsetzungsfrist abgeschlossen worden sein. Soweit die Zusage weitere Verpflichtungen enthält, deren Erfüllung als aufschiebende Bedingung ausgestaltet ist, müssen die Zusammenschlussbeteiligten ebenfalls nachweisen, dass sie pflichtgemäß umgesetzt wurden, bevor sie den Zusammenschluss vollziehen können. **159**

Bei Veräußerungszusagen in der Form von **aufschiebenden Bedingungen** reichen im Regelfall **sechs Monate** nach Zustellung der Freigabeentscheidung aus, um einen geeigneten Käufer ausfindig zu machen, bindende Verträge zu schließen sowie die Veräußerung zu vollziehen. Eine kürzere Frist kommt jedoch beispielsweise dann in Betracht, wenn ein erhöhtes Risiko dafür besteht, dass sich die Werthaltigkeit und Lebensfähigkeit des Veräußerungsobjekts während der Veräußerungsfrist überdurchschnittlich stark verschlechtert. **160**

Wird in den Nebenbestimmungen vorgesehen, dass es für den Eintritt der aufschiebenden Bedingung innerhalb der o. g. Frist ausreicht, den Abschluss aller zur Übertragung erforderlichen Verträge nachzuweisen, so wird in den Nebenbestimmungen eine weitere Frist zum Nachweis des Vollzugs des Zusammenschlusses fest- **161**

---

[210] Das schließt Genehmigungen von anderen Personen oder Unternehmen ein, z. B. von Drittgesellschaftern.

[211] Vgl. BKartA, Beschl. v. 28.10.2010, B2 52/10 – *Edeka/Trinkgut,* Tenor I.1.e); BKartA, Beschl. v. 18.07.2013, B4 18/13 – *Prosegur/Brink's,* Tenor I.1.dd); BKartA, Beschl. v. 22.11.2013, B6 98/13 – *Funke/Springer,* Tenor I.A.1.

gelegt, nach deren fruchtlosem Ablauf der Zusammenschluss rückwirkend als untersagt gilt (auflösende Bedingung).[212]

162 Veräußerungszusagen in der Ausgestaltung als **auflösende Bedingung** oder **Auflage** sind Ausnahmen (vgl. A.III.3., Rn. 30 f.). Hinsichtlich ihrer praktischen Eignung sind besonders hohe Anforderungen zu stellen, weil sie einen Vollzug des Zusammenschlusses vor der Umsetzung der Nebenstimmungen erlauben und so für einen Übergangszeitraum eine Wettbewerbsbeeinträchtigung hingenommen wird. Daher ist die Veräußerungsfrist so kurz wie möglich zu halten.[213] Sie sollte nicht mehr als sechs Monate betragen. Im Regelfall ist ein zweistufiges Verfahren vorzusehen. Innerhalb einer ersten Veräußerungsfrist (in der Regel drei Monate) liegt es in der Hand der Zusammenschlussbeteiligten, einen geeigneten Käufer zu finden und einen Unternehmenskauf- und übereignungsvertrag abzuschließen. Gelingt das nicht, ist im Regelfall ein Veräußerungstreuhänder zu bestellen. Dieser hat den Auftrag, den Veräußerungsgegenstand innerhalb einer zweiten Veräußerungsfrist (in der Regel drei Monate) weisungsfrei, bestmöglich und ohne Bindung an einen Mindestpreis an einen geeigneten Erwerber zu veräußern.

163 Bei Veräußerungszusagen ist unabhängig von ihrer Ausgestaltung stets zu berücksichtigen, dass innerhalb der Umsetzungsfrist die **Genehmigung** des Erwerbers und des Kaufvertrags durch das Bundeskartellamt erfolgen muss. Dies macht es notwendig, dass dem Bundeskartellamt rechtzeitig vor Fristablauf der Name des Erwerbers, der Kaufvertrag und sämtliche erforderlichen Informationen vorliegen. Das Bundeskartellamt benötigt eine ausreichende Zeitspanne zur Prüfung der Eignung des vorgeschlagenen Erwerbers und des Kaufvertrags. In der Regel ist hierfür ein Zeitraum von mindestens zwei Wochen erforderlich.

164 **Marktöffnende Nebenbestimmungen,** die allein die Einräumung bestimmter Rechte erfordern (z. B. Sonderkündigungsrechte der Nachfrager bei langfristigen Verträgen), können häufig kurzfristig umgesetzt werden. Die Umsetzungsfrist ist daher deutlich kürzer als bei Veräußerungszusagen. Wie lange die Umsetzungsfrist für andere marktöffnende Verhaltenszusagen zu bemessen ist, richtet sich nach der jeweils betroffenen Maßnahme und den Umständen des Einzelfalls.

165 Eine Verlängerung der in den Nebenbestimmungen vorgesehenen Fristen ist im Regelfall nicht möglich, da dies eine Änderung des Beschlusstenors darstellte. Sofern sich im Einzelfall aber schon vor Erlass der Nebenbestimmungen abzeichnet, dass die Frist eventuell nicht eingehalten werden kann, kann die Möglichkeit zur Fristverlängerung im Tenor der Entscheidung vorgesehen werden.[214] In diesem Fall ist eine nachträgliche Verlängerung der Frist ausnahmsweise möglich.

Anlage – Definitionen

Auflagen

Mit Auflagen wird Unternehmen im Rahmen eines eigenständigen Verwaltungsaktes ein bestimmtes Handeln, Dulden oder Unterlassen vorgeschrieben. Die Freigabewirkung tritt im Gegensatz zu Bedingungen unabhängig von der Umsetzung der Auflage unmittelbar mit Zustellung der Entscheidung ein.[215]

---

[212] Vgl. z. B. BKartA, Beschl. v. 22.11.2013, B6 98/13 – *Funke/Springer,* Tenor I. A. 3 (ein Monat).

[213] Vgl. OLG Düsseldorf, Beschl. v. 22.12.2008, VI-Kart 12/08 (V) – *Globus/Distributa,* Rn. 19 (juris).

[214] Vgl. BKartA, Beschl. v. 22.11.2013, B6 98/13 – *Funke/Springer,* Tenor I.A.3.

[215] Vgl. OLG Düsseldorf, Beschl. v. 30.9.2009, VI-Kart 1/08 (V) – *Globus/Distributa,* Rn. 102 (juris) sowie § 36 Abs. 2 Nr. 4 Verwaltungsverfahrensgesetz und statt aller Kopp/Ramsauer, Verwaltungsverfahrensgesetz, 17. Auflage 2016, § 36 Rn. 68.

Ausgliederung/„Carve-Out"

Bei einem „Carve-Out" handelt es sich um die Ausgliederung eines als organisatorische Einheit bestehenden Teilbereichs eines Gesamtunternehmens, wenn dieser Teilbereich kein bestehendes, eigenständiges Unternehmen darstellt. Ein „Carve-Out" betrifft beispielsweise eine Zweigniederlassung, Vertriebsstätte, Geschäftsstelle oder Produktionsstätte, die als Veräußerungsgegenstand im Rahmen einer Verpflichtungszusage in Frage kommt (vgl. B.I.1.c, Rn. 47). Um einen „ReverseCarve-Out" handelt es sich, wenn im Vorfeld der Veräußerung eines Veräußerungsgegenstands ein Teilbereich dieses Gegenstands herausgelöst wird, der nicht von der Veräußerung umfasst ist und der bei den Zusammenschlussparteien verbleibt.

Bedingungen

Eine Bedingung wird als Voraussetzung für die Wirksamkeit einer Freigabe eines Zusammenschlusses formuliert.[216] Bedingungen können als aufschiebende Bedingung oder als auflösende Bedingung formuliert werden. Allerdings haben aufschiebende Bedingungen Vorrang (vgl. A.III.3., Rn. 30). Unter einer **aufschiebenden** Bedingung (vergleichbar mit up-front buyer remedies im angelsächsischen Sprachgebrauch) ist eine Nebenbestimmung zu verstehen, deren Erfüllung Voraussetzung für den Eintritt der Freigabewirkung und damit für den Vollzug des Zusammenschlusses ist. Unter einer **auflösenden** Bedingung ist eine Nebenbestimmung zu verstehen, welche die Nichterfüllung einer Verpflichtung innerhalb der Umsetzungsfrist zur Bedingung für den Wegfall der Wirksamkeit der Freigabe macht. Der Zusammenschluss kann unmittelbar nach Zustellung des Freigabebeschlusses vollzogen werden. Bei Nichterfüllung der auflösenden Bedingung innerhalb der vorgesehenen Frist entfällt nachträglich die Freigabe. Das Vollzugsverbot tritt wieder in Kraft und der Zusammenschluss ist nach Maßgabe des § 41 Abs. 3 Satz 1 GWB aufzulösen.[217]

„Fix-it-first"-Zusage

„Fix-it-first„-Zusagen sind Verpflichtungszusagen, die noch vor Ablauf der Untersagungsfrist umgesetzt werden. Ihre Umsetzung kann bei der Entscheidung berücksichtigt werden. Werden sie vollständig umgesetzt, kann eine Freigabe ohne Nebenbestimmungen erlassen werden. „Fix-itfirst"-Zusagen kommen in Betracht, wenn die Umsetzung einer Zusage mit erheblichen Unsicherheiten behaftet ist, insbesondere wenn unklar ist, ob es geeignete Erwerbsinteressenten für das zu veräußernde Unternehmen gibt (vgl. A.III.3., Rn. 35).

„Hold-Separate-Manager"

Die Aufgaben eines „Hold-Separate-Managers" beziehen sich auf Veräußerungszusagen und bestehen darin, die Unabhängigkeit eines Veräußerungsgegenstands von anderen Geschäftsbereichen der Zusammenschlussbeteiligten, seine wirtschaftliche Überlebensfähigkeit, Markt- und Wettbewerbsfähigkeit und Werthaltigkeit bis zum Abschluss der Veräußerung sicherzustellen (vgl. C.V.3., Rn. 153). Der „Hold-Separate-Manager" übernimmt unter der Aufsicht des Sicherungstreuhänders die eigenverantwortliche Geschäftsleitung bzw. zumindest die unmittelbare Überwachung der laufenden Geschäftsführung des Veräußerungsgegenstands. Darüber hinaus unterrichtet er die Mitarbeiter des Veräußerungsgegenstands über den Veräuße-

---

[216] Vgl. statt aller Kopp/Ramsauer, Verwaltungsverfahrensgesetz, 17. Auflage 2016, § 36 Rn. 57.

[217] Vgl. OLG Düsseldorf, Beschl. v. 30.9.2009, VI-Kart 1/08 (V) – *Globus/Distributa,* Rn. 102 (juris).

rungsprozess und die daraus für die Mitarbeiter resultierenden Verpflichtungen und sonstigen Veränderungen. Er unterliegt den Weisungen des Sicherungstreuhänders und des Bundeskartellamts.

„Kronjuwelen“

Um besonderen Unsicherheiten Rechnung zu tragen, ob sich eine erfolgreiche Umsetzung einer Veräußerungszusage erreichen lässt, kann in manchen Fällen ein zweistufiges Veräußerungsverfahren vorgesehen werden (vgl. B.I.1.g, Rn. 55). Bei dieser Ausgestaltung von Veräußerungszusagen wird der erste Veräußerungsgegenstand durch einen zweiten ersetzt (oder ergänzt), den so genannten „Kronjuwelen“, wenn die erste Veräußerung nicht innerhalb einer vorgegebenen Frist realisiert wird. Dabei werden die „Kronjuwelen“ derart ausgestaltet, dass von vornherein klar ist, dass sie ohne Schwierigkeiten veräußert werden können. In der Regel handelt es sich um einen aus Käufer- und Verkäufersicht attraktiveren Gegenstand, der auch Vermögensgegenstände umfassen kann, die für die Beseitigung der Untersagungsvoraussetzungen nicht unerlässlich sind. Ihre Veräußerung ist nur dann notwendig, wenn eine Veräußerung des ersten Veräußerungsgegenstands nicht fristgerecht gelingt.

„Mix-and-Match“-Lösung

Bei einer „Mix-and-Match“-Verpflichtungszusage handelt es sich um die Zusammenstellung eines Veräußerungsgegenstands aus verschiedenen Unternehmensbereichen und Vermögensgegenständen des Erwerbers und des Zielunternehmens zu einer neuen Einheit (vgl. B.I.1.d, Rn. 51).

Nebenbestimmungen

Verpflichtungszusagen werden vom Bundeskartellamt in der das Verfahren abschließenden Verfügung als Nebenbestimmungen tenoriert, wenn sie die von dem Zusammenschluss aufgeworfenen Wettbewerbsprobleme beseitigen. Diese können grundsätzlich als Bedingung oder als Auflage ausgestaltet sein. Die Nebenbestimmungen dürfen sich nicht darauf richten, die beteiligten Unternehmen einer laufenden Verhaltenskontrolle zu unterwerfen (vgl. A.III.2., Rn. 26–29).

Sicherungstreuhänder

Die Aufgabe eines Sicherungstreuhänders besteht darin, eigenständig die Umsetzung und Einhaltung der Zusagen durch die Zusammenschlussparteien sicherzustellen und zu überwachen (vgl. C.V.1., Rn. 129). Der Sicherungstreuhänder soll darauf hinwirken, dass die Nebenbestimmungen durch die Zusammenschlussbeteiligten vollständig und wirksam umgesetzt und Verzögerungen bei der Umsetzung vermieden werden. Er stellt sicher, dass die Zusammenschlussbeteiligten die zur Umsetzung ihrer Zusagen erforderlichen Zwischenschritte planen. Gegenüber dem Bundeskartellamt ist er weisungsgebunden und berichtspflichtig.

Veräußerungsgegenstand

Der Begriff Veräußerungsgegenstand wird im vorliegenden Leitfaden als Sammelbegriff für die im Rahmen einer Verpflichtungszusage zu veräußernden Vermögensgegenstände und Vertragsbeziehungen verwendet, unabhängig davon, wie die veräußerte Einheit rechtlich und organisatorisch konstituiert ist. Normalerweise müssen die Zusammenschlussbeteiligten ein bestehendes eigenständiges Unternehmen (d. h. eine eigenständige Gesellschaft bzw. einen eigenständigen Geschäftsbereich) veräußern (vgl. B.I.1.a, Rn. 40).

Veräußerungstreuhänder

Ein Veräußerungstreuhänder wird tätig, wenn die Zusammenschlussparteien einer sich aus den Nebenbestimmungen ergebenden Veräußerungsverpflichtung nicht innerhalb einer ersten Veräußerungsfrist nachgekommen sind (vgl. C.V.2., Rn. 151). Aufgabe des Veräußerungstreuhänders ist es, innerhalb der zweiten Veräußerungsfrist den Verkauf des Veräußerungsgegenstands weisungsfrei, bestmöglich und ohne Bindung an einen Mindestpreis an einen geeigneten Erwerber durchzuführen.

Verpflichtungszusagen

Verpflichtungszusagen dienen dazu, die Untersagungsvoraussetzungen und wettbewerblichen Bedenken des Bundeskartellamts durch eine geeignete Änderung von Zusammenschlussvorhaben zu beseitigen. Verpflichtungszusagen werden von den Zusammenschlussparteien vorgeschlagen; die Zusammenschlussparteien verpflichten sich dem Bundeskartellamt gegenüber schriftlich zur Umsetzung der von Ihnen vorgeschlagenen Maßnahmen. In geeigneten Fällen kann das Bundeskartellamt Hinweise geben, welche Verpflichtungszusagen im konkreten Fall aus seiner Sicht geeignet und erforderlich wären.

10. Mustertexte für Nebenbestimmungen in Fusionskontrollverfahren

(Februar 2008)

(1) Freigabe eines Zusammenschlussvorhabens mit aufschiebende Bedingungen

Variablen (individuell einzusetzen):

[Z]: Name des zu veräußernden Unternehmens bzw. Bezeichnung für die zu veräußernden Gesellschaftsanteile, den zu veräußernden Geschäftsbereich, Betrieb, Vermögensgegenstand etc. und verbundene Unternehmen

[A]: die Zusammenschlussbeteiligte A (Erwerber)

[B]: die Zusammenschlussbeteiligte B (Zielunternehmen)

[C]: die Zusammenschlussbeteiligte C (Veräußerer)

Freigabe mit Nebenbestimmungen

Das am [Datum] […] angemeldete Vorhaben wird nach § 40 Abs. 2 und 3 GWB mit folgenden Nebenbestimmungen freigegeben:

A. Veräußerungsverpflichtung

1. Veräußerung. Die Freigabe erfolgt unter der aufschiebenden Bedingung, dass [A/B/C] die [Z] in dem unter A.2. genannten Umfang innerhalb der unter A.3. bezeichneten Frist nach Maßgabe der nachfolgenden Bestimmungen (insbesondere A.4., B.1. und B.2.) an einen unabhängigen Erwerber veräußert bzw. die Veräußerung der [Z] durch die mit [A/B/C] verbundenen Unternehmen veranlasst.

Die Bedingung gilt als erfüllt, wenn [A/B/C] der Beschlussabteilung nachweist, dass die dingliche Veräußerung von [Z] unter Beachtung der nachfolgenden Bestimmungen rechtswirksam vollzogen worden ist. Kommt eine solche Veräußerung bis zum Ablauf der unter A.3. genannten Frist nicht zu Stande, kann sie nicht mehr erfolgen oder wird sie wirksam angefochten, entfaltet die Entscheidung keine Freigabewirkung. Der Zusammenschluss gilt dann als untersagt.

2. Veräußerungsgegenstand. [Z] ist [Beschreibung der rechtlichen und funktionalen Struktur, der Tätigkeits- und Geschäftsbereiche, Betriebsstätten, Organisationsstruktur etc.] und besteht im Wesentlichen aus:

2.1. den folgenden materiellen Vermögensgegenständen: [Liste der wesentlichen Vermögensgegenstände, wie Betriebsgrundstücke und -gebäude, Werke, Betriebe, Lager, Anlagen, Maschinen und technische Einrichtungen, Fuhrparke, EDV-Einrichtungen, Roh-, Hilfs- und Betriebsstoffe aller Art, fertige Erzeugnisse und Warenvorräte, etc.].

2.2. den folgenden immateriellen Vermögensgegenständen: [Liste der immateriellen Vermögensgegenstände, wie gewerbliche Schutzrechte (Urheberrechte und urheberrechtliche Nutzungsrechte, Patente, Lizenzen, Warenzeichen, Gebrauchs- und Geschmacksmuster), spezifisches Know-how, spezielle EDV-Programme, Kunden-, Debitoren- und sonstige Verzeichnisse, Geschäftsbücher und Unterlagen, die zur Fortsetzung des Geschäftsbetriebes benötigt werden, etc.].

2.3. den folgenden vertraglichen und sonstigen Rechtsverhältnissen: [Liste der Rechtsverhältnisse, wie Verträge mit Lieferanten, Verträge mit Kunden, Beratungs- und Handelsvertreterverträge, Miet- und Pachtverträge, Verträge mit Kreditgebern und -nehmern, Gesellschaftsverträge, Versicherungsverträge, Rechte an fremden Grundstücken, Konzessionen, Betriebsgenehmigungen, etc.].

2.4. den folgenden Arbeitnehmern: [Liste der Namen mit Funktionsbeschreibung und der Beschäftigungszeiträume, sowie Angabe solcher Mitarbeiter, die wesentliche Funktionen ausüben, unter Angabe der Arbeits- bzw. Dienstverträge].

3. Veräußerungsfrist. Die Veräußerungsverpflichtung nach A.1. hat [A/B/C] innerhalb von […] Monaten nach Zustellung dieses Beschlusses zu erfüllen.

4. Der/Die Erwerber. 4.1. [A/B/C] kann [Z] an einen einzigen Erwerber oder, wenn ein einziger Erwerber [Z] nicht als Ganzes, sondern nur zum Teil erwerben möchte, an mehrere Erwerber veräußern.

4.2. Bei dem Erwerber/den Erwerbern muss es sich um ein oder mehrere Unternehmen handeln, an denen weder [A] noch [B] einschließlich mit ihnen i. S. d. § 36 Abs. 2 GWB verbundener Unternehmen personell oder durch Kapitalbeteiligung (gleich in welcher Höhe) beteiligt sind und auf das diese keinen wettbewerblich erheblichen Einfluss im Sinne des § 37 Abs. 1 Nr. 4 GWB ausüben können. Der Erwerber darf auch nicht auf sonstige Weise, beispielsweise durch vertragliche Absprachen, die ein Handeln für Rechnung von [A/B] ermöglichen, mit [A/B] verbunden sein.

4.3. Der/Die Erwerber soll ein/sollen Unternehmen sein, das/die den dauerhaften Fortbestand der [Z] als Wettbewerber auf dem Markt für [sachliche und räumliche Bezeichnung des relevanten Marktes/der relevanten Märkte] erwarten lässt/lassen.

4.4. Infolge der Übernahme der zu veräußernden Unternehmensbeteiligungen bzw. Vermögenswerte durch den/die Erwerber darf *prima facie* nicht die Entstehung oder Verstärkung einer marktbeherrschenden Stellung zu erwarten sein.

4.5. [A/B/C] informieren die Beschlussabteilung rechtzeitig über den/die von ihnen ausgewählten potentiellen Erwerber. Die Unterzeichnung des Kaufvertrages/der Kaufverträge mit diesem Erwerber/diesen Erwerbern bedarf der vorherigen Zustimmung der Beschlussabteilung. Die Erteilung der Zustimmung darf nur aus den vorstehend unter A.4.2. bis A.4.4. genannten Gründen verweigert werden. Eine etwaige Pflicht zur Anmeldung des Erwerbs bei der/den zuständigen Kartellbehörde(n) bleibt hiervon unberührt.

B. Pflichten von [A/B/C] vor Veräußerung

Die aufschiebende Bedingung tritt nur ein, wenn die Veräußerung unter Einhaltung folgender Pflichten durchgeführt wird. Ansonsten gilt der Zusammenschluss als untersagt.

1. Wahrung der unternehmerischen Eigenständigkeit von [Z]. 1.1. [A/B/C] stellt sicher, dass [Z] bis zum Vollzug der Veräußerung von [Z] unternehmerisch eigenständig bleibt und über ausreichendes Kapital verfügt, so dass [Z] selbständig fortgeführt werden kann. Der [Z] sind die hierfür erforderlichen Mitarbeiter und Vermögensgegenstände zur Verfügung zu stellen [ggf. Liste]. [Soweit dies zur Wahrung der unternehmerischen Eigenständigkeit von [Z] notwendig ist: [A/B/C] wird [Z] bis zur Veräußerung zu marktüblichen Bedingungen/zu Bedingungen, die denjenigen entsprechen, die [Z] derzeit gewährt werden, die folgenden Produkte/Dienstleistungen zur Verfügung stellen [Liste]./[A/B/C] wird bis zur Veräußerung die für die Wahrung der unternehmerischen Eigenständigkeit erforderlichen Mitarbeiter [ggf. Liste] weder direkt noch indirekt abwerben.

1.2. [A/B/C] wird aufgegeben, bis zur Erfüllung der Verpflichtung gemäß A.1. [Z] wirtschaftlich getrennt von ihren anderen Geschäftsbereichen zu halten. Personelle Verflechtungen, insbesondere bezüglich des/der Geschäftsführer/s und leitender Angestellter, sind unverzüglich nach Zustellung des Beschlusses aufzulösen. B.1.1. Satz 2 bleibt unberührt.

1.3. [A/B/C] stellt sicher, dass sie [bis zur der Veräußerung von [Z]] keine Geschäftsgeheimnisse, Know-how, unternehmerische Informationen oder sonstige vertrauliche Informationen in Bezug auf [Z] mehr erhält, es sei denn, die Informationen sind erforderlich zur Erfüllung gesetzlich vorgesehener Berichtspflichten.

1.4. [A/B/C] hat insbesondere sämtliche IT-Einrichtungen und -systeme, die derzeit von ihr und [Z] gemeinsam genutzt werden, zu trennen. [A/B/C] hat zu gewährleisten, dass [Z] spätestens […] Wochen nach Zugang dieses Beschlusses sämtliche für ihren Geschäftsbetrieb erforderlichen IT-Leistungen mindestens in dem derzeit bestehenden Umfang selbständig und unabhängig durchführen kann.

1.5. Die Auflösung der bestehenden Verbindungen ist der Beschlussabteilung spätestens innerhalb von […] Wochen nach Zustellung des Beschlusses schriftlich zu bestätigen.

2. Sicherung der Markt- und Wettbewerbsfähigkeit von [Z]. [A/B/C] stellt sicher, dass die wirtschaftliche Überlebensfähigkeit, Markt- und Wettbewerbsfähigkeit von [Z] mindestens aufrecht erhalten bleibt. [A/B/C] minimiert soweit wie möglich das Risiko eines Verlusts des wettbewerblichen Potentials von [Z]. Insbesondere nimmt [A/B/C] keine Handlungen vor, die einen negativen Einfluss auf den Wert, die Unternehmensführung oder die Wettbewerbsfähigkeit von [Z] haben oder Art und Umfang der Geschäftstätigkeit, die gewerbliche oder unternehmerische Strategie oder die Investitionspolitik von [Z] beeinträchtigen könnten.

Fassung von B.1. und B.2 im Fall eines *„carve out"*:

B.1. Schaffung von [Z] als eine eigenständige Einheit mit Markt- und Wettbewerbsfähigkeit (aufschiebende Bedingung)

1.1. [A/B/C] stellt sicher, dass [Z] bis zu dessen Veräußerung eine eigenständige Einheit bildet und über ausreichendes Kapital verfügt so dass [Z] selbständig geführt werden kann. Der [Z] sind die hierfür erforderlichen Mitarbeiter und Vermögensgegenstände zur Verfügung zu stellen [ggf. Liste]. [A/B/C] gewährleistet, dass [Z] spätestens […] Wochen nach Zugang dieses Beschlusses sämtliche für ihren Geschäftsbetrieb erforderlichen IT-Leistungen selbständig und unabhängig und ohne Verbindung zu den IT-Einrichtungen und -Systemen von [A/B/C] durchführen kann. [A/B/C] wirkt darauf hin, dass [Z] zu jedem Zeitpunkt über die notwendigen behördlichen Genehmigungen verfügt, um ihr Geschäft betreiben zu können.

[Soweit dies zur Schaffung der [Z] als eigenständige Einheit notwendig ist: [A/B/C] wird [Z] bis zur Veräußerung zu marktüblichen Bedingungen/zu […] Bedingungen die folgenden Produkte/Dienstleistungen zur Verfügung stellen [Liste]./[A/B/C] wird bis zur Veräußerung die vorgenannten Mitarbeiter [ggf. Liste] weder direkt noch indirekt abwerben.] Die Beschlussabteilung ist über die Erfüllung der vorstehend genannten Pflichten innerhalb von […] nach Zustellung des Beschlusses schriftlich zu unterrichten.

1.2. [A/B/C] wird aufgegeben, bis zur Erfüllung der Verpflichtung gemäß A.1. [Z] wirtschaftlich getrennt von ihren anderen Geschäftsbereichen zu halten. Personelle Verflechtungen, insbesondere bezüglich des/der Geschäftsführer/s und/oder leitender Angestellter, sind unverzüglich nach Zustellung des Beschlusses aufzulösen. B.1.1. Satz 2 bleibt unberührt.

1.3. [A/B/C] stellt sicher, dass sie [bis zur Veräußerung von [Z]] keine Geschäftsgeheimnisse, Know-how, unternehmerische Informationen oder sonstige vertrauliche Informationen in Bezug auf [Z] erhält, es sei denn, die Informationen sind erforderlich, um gesetzlich vorgesehene Berichtspflichten zu erfüllen.

B.2. Gewährleistung der Markt- und Wettbewerbsfähigkeit von [Z]

[A/B/C] stellt sicher, dass die wirtschaftliche Überlebensfähigkeit, Markt- und Wettbewerbsfähigkeit von [Z] gewährleistet ist. [A/B/C] minimiert soweit wie möglich das Risiko eines Verlusts des wettbewerblichen Potentials von [Z]. Insbesondere nimmt [A/B/C] keine Handlungen vor, die einen negativen Einfluss auf den Wert, die Leitung oder die Wettbewerbsfähigkeit von [Z] haben oder Art und Umfang der Geschäftstätigkeit, die gewerbliche oder unternehmerische Strategie oder die Investitionspolitik von [Z] beeinträchtigen könnten.

C. Pflichten von [A/B/C] nach Veräußerung (Auflagen)[1]

Die nachfolgend aufgeführten Pflichten sind für die Freigabe notwendige Auflagen, um die strukturellen wettbewerblichen Auswirkungen der Veräußerung sicherzustellen.

1. Lieferverpflichtung. *[Soweit dies für den Erhalt der wettbewerblichen Geschäftstätigkeit von [Z] notwendig ist:]* [A/B/C] wird aufgegeben, dem Erwerber für eine Übergangszeit von bis zu [...] Monaten nach erfolgter Veräußerung die folgenden Produkte/Dienstleistungen durch [A/B/C] oder der mit ihr verbundenen Unternehmen zu marktüblichen Bedingungen/zu Bedingungen, die denjenigen entsprechen, die [Z] zum Zeitpunkt der Zustellung des Beschlusses gewährt werden, zur Verfügung zu stellen:

[Liste der Produkte/Dienstleistungen, deren Lieferung von [A/B/C] an [Z] für eine Übergangszeit notwendig ist, um das Überleben und die Wettbewerbsfähigkeit von [Z] sicherzustellen]

2. Rückkaufverbot. [A/B/C] einschließlich verbundener Unternehmen wird aufgegeben, für einen Zeitraum von [...] Jahren nach Vollzug der Veräußerung keinen direkten oder indirekten Einfluss auf die veräußerten Beteiligungen und Vermögensgegenstände zu erwerben.

3. Abwerbungsverbot. [A/B/C] wird weiterhin aufgegeben, für einen Zeitraum von [...] Jahren nach Vollzug der Veräußerung der unter A.2. genannten Vermögenswerte und/oder Unternehmensbeteiligungen weder direkt noch indirekt Mitarbeiter [leitende Angestellte] von [Z] abzuwerben, es sei denn, der/die Erwerber hat/haben schriftlich bestätigt, dass er/sie an einer Weiterbeschäftigung nicht interessiert ist/sind.

4. Verzicht auf Ausübung von Rechten aus Wettbewerbsverboten. [A/B/C] wird aufgegeben, nach Vollzug der unter A.2. genannten Vermögenswerte und/oder Unternehmensbeteiligungen auf die Ausübung von Rechten aus Wettbewerbsverboten zu verzichten, die gegebenenfalls mit Mitarbeitern der zu veräußernden Vermögensgegenstände und/oder Unternehmensbeteiligungen vereinbart sind.

D. Sicherungstreuhänder

1. [A/B/C] setzt unverzüglich [nach Zustellung dieses Beschlusses/bis zum ...] einen unabhängigen und sachkundigen Sicherungstreuhänder ein, der die Aufgabe

---

[1] Je nach Bedeutung der unter C. aufgeführten Pflichten im konkreten Fall, sollten diese ggf. als auflösende Bedingung formuliert werden. Der nachfolgende Satz lautete dann: „Die Freigabe steht unter der auflösenden Bedingung, dass gegen die unter Ziff. C.[...] aufgeführten verstoßen wird. Bei einem Verstoß gegen die unter Ziff. C.[...] aufgeführten Pflichten entfällt die Freigabewirkung der Entscheidung. Der Zusammenschluss gilt dann als untersagt." Ggf. können bestimmte Pflichten als Bedingungen, andere als Auflagen ausgestaltet werden, worauf dann entsprechend hinzuweisen wäre.

hat, die Erfüllung der unter Abschnitt A. und B. aufgeführten Pflichten für [A/B/C] sicherzustellen. Der Sicherungstreuhänder muss von [A/B/C] unabhängig und frei von aktuellen oder potentiellen Interessenkonflikten sein und die notwendige Qualifikation für seine Aufgabe besitzen. [A/B/C] trägt die Kosten des Sicherungstreuhänders.

2. Die Einsetzung des Treuhänders sowie der Treuhändervertrag bedürfen der vorherigen Zustimmung der Beschlussabteilung. [A/B/C] legt der Beschlussabteilung [innerhalb einer Woche/bis zum ...] nach Zustellung dieses Beschlusses [einen Vorschlag/eine Liste mit mindestens drei Vorschlägen] für das Amt des Sicherungstreuhänders unter Beifügung des beabsichtigten Treuhändervertrages vor. Sollte die Beschlussabteilung den vorgeschlagenen Kandidaten und/oder den Treuhändervertrag ablehnen, wird [A/B/C] innerhalb einer weiteren Woche nach Zugang der ablehnenden Entscheidung der Beschlussabteilung mindestens zwei weitere Vorschläge und/oder eine nach den Anregungen der Beschlussabteilung geänderte Fassung des Treuhändervertrages einreichen. Sollten auch diese Vorschläge keine Zustimmung finden, setzt [A/B/C] einen von der Beschlussabteilung benannten Treuhänder ein und/oder verwendet einen von der Beschlussabteilung verfassten Vertrag.

3. Der Sicherungstreuhänder schlägt als Vertreter von [A/B/C] unmittelbar nach Aufnahme seines Mandats in einem ersten Bericht an die Beschlussabteilung einen detaillierten Arbeitsplan vor, aus welchem hervorgeht, durch welche Maßnahmen er beabsichtigt, die sich aus diesen Nebenbestimmungen ergebenden Aufgaben für [A/B/C] zu erfüllen.

Der Sicherungstreuhänder

– wird als Vertreter von [A/B/C] der Beschlussabteilung alle [...] Wochen einen schriftlichen Bericht über den Stand der Umsetzung und Einhaltung der unter B. genannten Verpflichtungen vorlegen;
– beaufsichtigt und unterstützt die laufende Geschäftsführung hinsichtlich der Sicherstellung der wirtschaftlichen Überlebensfähigkeit, der unternehmerischen Werthaltigkeit und der Wettbewerbsfähigkeit von [Z] und legt gemeinsam mit der Geschäftsführung die notwendigen Maßnahmen fest;
– unterstützt und kontrolliert den Gang des Veräußerungsprozesses;
– kann einen Mitarbeiter von [Z] als Sicherungsmanager einsetzen. Dessen Aufgabe ist insbesondere, die übrigen Mitarbeiter von [Z] umfassend über den Veräußerungsprozess und die daraus für die Mitarbeiter von [Z] resultierenden Verpflichtungen (insbesondere die Verpflichtung, keine vertrauliche Information über [Z] mehr an [A/B/C] weiter zu geben) und sonstigen Veränderungen zu unterrichten.
– wird als Vertreter von [A/B/C] der Beschlussabteilung unverzüglich nach Ablauf seines Mandats bzw. nach dem Vollzug der Veräußerung einen abschließenden Bericht über die Einhaltung und Umsetzung der sich aus den Nebenbestimmungen ergebenden Verpflichtungen vorlegen.

4. [A/B/C] lässt dem Sicherungstreuhänder und dem Sicherungsmanager jegliche zweckdienliche Zusammenarbeit, Unterstützung und Informationen zukommen, die dieser zur Erfüllung seiner Aufgaben benötigt. [A/B/C] gewährt dem Sicherungstreuhänder Zugang zu allen Büchern, Aufzeichnungen, Unterlagen, Mitarbeitern, Einrichtungen, Standorten und technischen Informationen von [A/B/C] und von [Z], die für die Erfüllung seines Mandats erforderlich sind.

5. Falls [Z] eine rechtlich selbständige Gesellschaft ist:

[A/B/C] überträgt dem Sicherungstreuhänder die unabhängige Wahrnehmung sämtlicher ihr und den mit ihr verbundenen Unternehmen zustehenden Gesellschafterrechte an [Z], einschließlich aller damit verbundenen Kontroll-, Weisungs- und Stimmrechte, mit Ausnahme des Anspruchs auf Gewinnausschüttung und des Veräußerungsrechts.

6. Die Beschlussabteilung kann dem Sicherungstreuhänder als Vertreter von [A/B/C] Anweisungen erteilen, um die Einhaltung der Nebenbestimmungen sicherzustellen. Kommt der Sicherungstreuhänder diesen Anweisungen nicht nach oder verletzt er sonst die ihm als Vertreter von [A/B/C] obliegenden Pflichten wiederholt, kann die Beschlussabteilung [A/B/C] aufgeben, diesen durch einen anderen Sicherungstreuhänder zu ersetzen. Die für die Ernennung unter D.2. genannten Bestimmungen gelten für die Ersetzung des Sicherungstreuhänders entsprechend.

7. Das Bundeskartellamt haftet nicht für evtl. Schäden, die der Sicherungstreuhänder oder einer seiner Mitarbeiter verursachen.

(2) Freigabe eines Zusammenschlussvorhabens mit auflösenden Bedingungen

Variablen (individuell einzusetzen):

[Z]: Name des zu veräußernden Unternehmens bzw. Bezeichnung für die zu veräußernden Gesellschaftsanteile, den zu veräußernden Geschäftsbereich, Betrieb, Vermögensgegenstand etc. und verbundene Unternehmen

[A]: die Zusammenschlussbeteiligte A (Erwerber)

[B]: die Zusammenschlussbeteiligte B (Zielunternehmen)

[C]: die Zusammenschlussbeteiligte C (Veräußerer)

Freigabe mit Nebenbestimmungen

Das am [Datum] [...] angemeldete Vorhaben wird nach § 40 Abs. 2 und 3 GWB mit folgenden Nebenbestimmungen freigegeben:

A. Veräußerungsverpflichtung

1. Veräußerung. Die Freigabe erfolgt unter der auflösenden Bedingung, dass [A/B/C] die [Z] in dem unter A.2. genannten Umfang *nicht* innerhalb der unter A.3. bezeichneten Fristen nach Maßgabe der nachfolgenden Bestimmungen (insbesondere A.5., B.1. und B.2.) an einen unabhängigen Erwerber veräußert bzw. die Veräußerung durch die mit [A/B/C] verbundenen Unternehmen veranlasst.

Die Veräußerung gilt als erfolgt, wenn [A/B/C] der Beschlussabteilung nachweist, dass die Veräußerung von [Z] unter Beachtung der nachfolgenden Bestimmungen rechtswirksam vollzogen worden ist. Kommt eine solche Veräußerung bis zum Ablauf der unter A.3. genannten Fristen nicht zu Stande, kann sie nicht mehr erfolgen oder wird sie wirksam angefochten, entfällt die Freigabewirkung der Entscheidung. Der Zusammenschluss gilt dann als untersagt.

2. Veräußerungsgegenstand. [Z] ist [Beschreibung der rechtlichen und funktionalen Struktur, der Tätigkeits- und Geschäftsbereiche, Betriebsstätten, Organisationsstruktur etc.] und besteht im Wesentlichen aus:

2.1. den folgenden materiellen Vermögensgegenständen: [Liste der wesentlichen Vermögensgegenstände, wie Betriebsgrundstücke und -gebäude, Werke, Betriebe, Lager, Anlagen, Maschinen und technische Einrichtungen, Fuhrparke, EDV-Einrichtungen, Roh-, Hilfs- und Betriebsstoffe aller Art, fertige Erzeugnisse und Warenvorräte, etc.].

2.2. den folgenden immateriellen Vermögensgegenständen: [Liste der immateriellen Vermögensgegenstände, wie gewerbliche Schutzrechte (Urheberrechte und urheberrechtliche Nutzungsrechte, Patente, Lizenzen, Warenzeichen, Gebrauchs- und Geschmacksmuster), spezifisches Know-how, spezielle EDV-Programme, Kunden-, Debitoren- und sonstige Verzeichnisse, Geschäftsbücher und Unterlagen, die zur Fortsetzung des Geschäftsbetriebes benötigt werden, etc.].

2.3. den folgenden vertraglichen und sonstigen Rechtsverhältnissen: [Liste der Rechtsverhältnisse, wie Verträge mit Lieferanten, Verträge mit Kunden, Beratungs-

und Handelsvertreterverträge, Miet- und Pachtverträge, Verträge mit Kreditgebern und -nehmern, Gesellschaftsverträge, Versicherungsverträge, Rechte an fremden Grundstücken, Konzessionen, Betriebsgenehmigungen, etc.].

2.4. den folgenden Arbeitnehmern: [Liste der Namen mit Funktionsbeschreibung und der Beschäftigungszeiträume, sowie Angabe solcher Mitarbeiter, die wesentliche Funktionen ausüben, unter Angabe der Arbeits- bzw. Dienstverträge].

3. Veräußerungsfristen. 3.1. Erste Veräußerungsfrist. Die Veräußerungsverpflichtung nach A.1. hat [A/B/C] innerhalb von […] Monaten nach Zustellung dieses Beschlusses zu erfüllen.

3.2. Verlängerte Veräußerungsfrist. Gelingt es [A/B/C] nicht, der Veräußerungsverpflichtung innerhalb der ersten Veräußerungsfrist nachzukommen, hat die Veräußerung von [Z] innerhalb einer Frist von weiteren […] Monaten nach Ablauf der ersten Veräußerungsfrist unter Einsetzung eines Veräußerungstreuhänders nach E. zu erfolgen.

4. Berichtspflichten von [A/B/C]. [A/B/C] wird aufgegeben, das Bundeskartellamt regelmäßig [jeden Monat] schriftlich unter Nennung des Gesprächspartners mit Namen und Kontaktadresse über Zeitpunkt und Inhalt sowie Ergebnis ihrer Kontakte mit einem oder mehreren Kaufinteressierten für die zu veräußernden Vermögenswerte und Beteiligungen nach Abschnitt A.2. zu unterrichten.

[A/B] wird dem Bundeskartellamt regelmäßig über den Fortgang der Gespräche berichten.

5. Der/Die Erwerber. 5.1. [A/B/C] kann [Z] an einen einzigen Erwerber oder, wenn ein einziger Erwerber [Z] nicht als Ganzes, sondern nur zum Teil erwerben möchte, an mehrere Erwerber veräußern.

5.2. Bei dem Erwerber/den Erwerbern muss es sich um ein oder mehrere Unternehmen handeln, an denen weder [A] noch [B] einschließlich jeweils mit ihnen i. S. d. § 36 Abs. 2 GWB verbundener Unternehmen personell oder durch Kapitalbeteiligung (gleich in welcher Höhe) beteiligt ist und auf das diese keinen wettbewerblich erheblichen Einfluss im Sinne des § 37 Abs. 1 Nr. 4 GWB ausüben können. Der Erwerber darf auch nicht auf sonstige Weise, beispielsweise durch vertragliche Absprachen, die ein Handeln für Rechnung von [A/B] ermöglichen, mit [A/B] verbunden sein.

5.3. Der/Die Erwerber soll ein/sollen Unternehmen sein, das/die den dauerhaften Fortbestand der [Z] als Wettbewerber auf dem Markt für [sachliche und räumliche Bezeichnung des relevanten Marktes/der relevanten Märkte] erwarten lässt/lassen.

5.4. Infolge der Übernahme der zu veräußernden Unternehmensbeteiligungen bzw. Vermögenswerte durch den/die Erwerber darf *prima facie* nicht die Entstehung oder Verstärkung einer marktbeherrschenden Stellung zu erwarten sein.

5.5. [A/B/C] informieren die Beschlussabteilung rechtzeitig über den/die von ihnen ausgewählten potentiellen Erwerber. Die Unterzeichnung des Kaufvertrages/der Kaufverträge mit diesem Erwerber/diesen Erwerbern bedarf der vorherigen Zustimmung der Beschlussabteilung. Die Erteilung der Zustimmung darf nur aus den vorstehend unter A.5.2. bis A.5.4. genannten Gründen verweigert werden. Eine etwaige Pflicht zur Anmeldung des Erwerbs bei der/den zuständigen Kartellbehörde(n) bleibt hiervon unberührt.

B. Pflichten von [A/B/C] vor Veräußerung

Die auflösende Bedingung tritt auch bei Verletzung der folgenden Pflichten ein. In diesem Fall gilt der Zusammenschluss als untersagt.

1. Wahrung der unternehmerischen Eigenständigkeit von [Z]. 1.1. [A/B/C] stellt sicher, dass [Z] bis zum Vollzug der Veräußerung von [Z] unternehmerisch eigenständig bleibt und über ausreichendes Kapital verfügt, so dass [Z] selbständig fortgeführt werden kann. Der [Z] sind die hierfür erforderlichen Mitarbeiter und Vermögensgegenstände zur Verfügung zu stellen [ggf. Liste].

[Soweit dies zur Wahrung der unternehmerischen Eigenständigkeit von [Z] notwendig ist: [A/B/C] wird [Z] bis zur Veräußerung zu marktüblichen Bedingungen/zu Bedingungen, die denjenigen entsprechen, die [Z] derzeit gewährt werden, die folgenden Produkte/Dienstleistungen zur Verfügung stellen [Liste]./[A/B/C] wird bis zur Veräußerung die für die Wahrung der unternehmerischen Eigenständigkeit erforderlichen Mitarbeiter [ggf. Liste] weder direkt noch indirekt abwerben.]

1.2. [A/B/C] wird aufgegeben, bis zur Erfüllung der Verpflichtung gemäß A.1. [Z] wirtschaftlich getrennt von ihren anderen Geschäftsbereichen zu halten. Personelle Verflechtungen, insbesondere bezüglich des/der Geschäftsführer/s und leitender Angestellter sind unverzüglich nach Zustellung des Beschlusses aufzulösen. B.1.1. Satz 2 bleibt unberührt.

1.3. [A/B/C] stellt sicher, dass sie [bis zur der Veräußerung von [Z]] keine Geschäftsgeheimnisse, Know-how, unternehmerische Informationen oder sonstige vertrauliche Informationen in Bezug auf [Z] mehr erhält, es sei denn, die Informationen sind erforderlich zur Erfüllung gesetzlich vorgesehener Berichtspflichten.

1.4. [A/B/C] hat insbesondere sämtliche IT-Einrichtungen und -systeme, die derzeit von ihr und [Z] gemeinsam genutzt werden, zu trennen. [A/B/C] hat zu gewährleisten, dass [Z] spätestens [...] Wochen nach Zugang dieses Beschlusses sämtliche für ihren Geschäftsbetrieb erforderlichen IT-Leistungen mindestens in dem derzeit bestehenden Umfang selbständig und unabhängig durchführen kann.

1.5. Die Auflösung der bestehenden Verbindungen ist der Beschlussabteilung spätestens innerhalb von [...] Wochen nach Zustellung des Beschlusses schriftlich zu bestätigen.

2. Sicherung der Markt- und Wettbewerbsfähigkeit von [Z]. [A/B/C] stellt sicher, dass die wirtschaftliche Überlebensfähigkeit, Markt- und Wettbewerbsfähigkeit von [Z] mindestens aufrecht erhalten bleibt. [A/B/C] minimiert soweit wie möglich das Risiko eines Verlusts des wettbewerblichen Potentials von [Z]. Insbesondere nimmt [A/B/C] keine Handlungen vor, die einen negativen Einfluss auf den Wert, die Unternehmensführung oder die Wettbewerbsfähigkeit von [Z] haben oder Art und Umfang der Geschäftstätigkeit, die gewerbliche oder unternehmerische Strategie oder die Investitionspolitik von [Z] beeinträchtigen könnten.

Fassung von B.1. und B.2 im Fall eines „*carve out*":

B.1. Schaffung von [Z] als eine eigenständige Einheit mit Markt- und Wettbewerbsfähigkeit (aufschiebende Bedingung)

1.1. [A/B/C] stellt sicher, dass [Z] bis zu dessen Veräußerung eine eigenständige Einheit bildet und [Z] über ausreichendes Kapital verfügt, so dass [Z] selbständig geführt werden kann. Der [Z] sind die hierfür erforderlichen Mitarbeiter und Vermögensgegenstände zur Verfügung zu stellen [ggf. Liste]. [A/B/C] gewährleistet, dass [Z] spätestens [...] Wochen nach Zugang dieses Beschlusses sämtliche für ihren Geschäftsbetrieb erforderlichen IT-Leistungen selbständig und unabhängig und ohne Verbindung zu den IT-Einrichtungen und -Systemen von [A/B/C] durchführen kann. [A/B/C] wirkt darauf hin, dass [Z] zu jedem Zeitpunkt über die notwendigen behördlichen Genehmigungen verfügt, um ihr Geschäft betreiben zu können.

[Soweit dies zur Schaffung von [Z] als eigenständige Einheit notwendig ist: [A/B/C] wird [Z] bis zur Veräußerung zu marktüblichen Bedingungen/zu [...] Bedingungen die folgenden Produkte/Dienstleistungen zur Verfügung stellen [Liste]./[A/B/C] wird bis zur

Veräußerung die vorgenannten Mitarbeiter [ggf. Liste] weder direkt noch indirekt abwerben.] Die Beschlussabteilung ist über die Erfüllung der vorstehend genannten Pflichten innerhalb von [...] nach Zustellung des Beschlusses schriftlich zu unterrichten.

1.2. [A/B/C] wird aufgegeben, bis zur Erfüllung der Verpflichtung gemäß A.1. [Z] wirtschaftlich getrennt von ihren anderen Geschäftsbereichen zu halten. Personelle Verflechtungen, insbesondere bezüglich des/der Geschäftsführer/s und/oder leitender Angestellter sind unverzüglich nach Zustellung des Beschlusses aufzulösen. B.1.1. Satz 2 bleibt unberührt.

1.3. [A/B/C] stellt sicher, dass sie [bis zur Veräußerung von [Z]] keine Geschäftsgeheimnisse, Know-how, unternehmerische Informationen oder sonstige vertrauliche Informationen in Bezug auf [Z] erhält, es sei denn, diese Informationen sind erforderlich, um gesetzlich vorgesehene Berichtspflichten zu erfüllen.

B.2. Gewährleistung der Markt- und Wettbewerbsfähigkeit von [Z]

[A/B/C] stellt sicher, dass die wirtschaftliche Leistungsfähigkeit, Markt- und Wettbewerbsfähigkeit von [Z] gewährleistet ist. [A/B/C] minimiert soweit wie möglich das Risiko eines Verlusts des wettbewerblichen Potentials von [Z]. Insbesondere nimmt [A/B/C] keine Handlungen vor, die einen negativen Einfluss auf die Leitung, den Wert, oder die Wettbewerbsfähigkeit von [Z] haben oder Art und Umfang der Geschäftstätigkeit, die gewerbliche oder unternehmerische Strategie oder die Investitionspolitik von [Z] beeinträchtigen könnten.

C. Pflichten von [A/B/C] nach Veräußerung (Auflagen)[2]

Die nachfolgend aufgeführten Pflichten sind für die Freigabe notwendige Auflagen, um die strukturellen wettbewerblichen Auswirkungen der Veräußerung sicherzustellen.

1. Lieferverpflichtung. *[Soweit dies für den Erhalt der wettbewerblichen Geschäftstätigkeit von [Z] notwendig ist:]* [A/B/C] wird aufgegeben, dem Erwerber für eine Übergangszeit von bis zu [...] Monaten nach erfolgter Veräußerung die folgenden Produkte/Dienstleistungen durch [A/B/C] oder der mit ihr verbundenen Unternehmen zu marktüblichen Bedingungen/zu Bedingungen, die denjenigen entsprechen, die [Z] derzeit gewährt werden, zur Verfügung zu stellen:

[Liste der Produkte/Dienstleistungen, deren Lieferung von [A/B/C] an [Z] für eine Übergangszeit notwendig ist, um das Überleben und die Wettbewerbsfähigkeit von [Z] sicherzustellen]

2. Rückkaufverbot. Um den strukturellen Effekt der Veräußerungsverpflichtung zu erhalten, wird [A/B/C] einschließlich verbundener Unternehmen aufgegeben, für einen Zeitraum von [...] Jahren nach Vollzug der Veräußerung keinen direkten oder indirekten Einfluss auf die veräußerten Beteiligungen und Vermögensgegenstände zu erwerben.

3. Abwerbungsverbot. [A/B/C] wird weiterhin aufgegeben, für einen Zeitraum von [...] Jahren nach Vollzug der Veräußerung der unter A.2. genannten

[2] Je nach Bedeutung der unter C. aufgeführten Pflichten im konkreten Fall, sollten diese ggf. als auflösende Bedingung formuliert werden. Der nachfolgende Satz lautete dann: „Die Freigabe steht unter der auflösenden Bedingung, dass gegen die unter Ziff. C.[...] aufgeführten verstoßen wird. Bei einem Verstoß gegen die unter Ziff. C.[...] aufgeführten Pflichten entfällt die Freigabewirkung der Entscheidung. Der Zusammenschluss gilt dann als untersagt.“ Ggf. können bestimmte Pflichten als Bedingungen, andere als Auflagen ausgestaltet werden, worauf dann entsprechend hinzuweisen wäre.

Vermögenswerte und/oder Unternehmensbeteiligungen weder direkt noch indirekt Mitarbeiter [leitende Angestellte] von [Z] abzuwerben, es sei denn, der/die Erwerber hat/haben schriftlich bestätigt, dass er/sie an einer Weiterbeschäftigung nicht interessiert ist/sind.

4. Verzicht auf Ausübung von Rechten aus Wettbewerbsverboten. [A/B/C] wird aufgegeben, nach Vollzug der Veräußerung der unter A.2. genannten Vermögenswerte und/oder Unternehmensbeteiligungen auf die Ausübung von Rechten aus Wettbewerbsverboten zu verzichten, die gegebenenfalls mit Mitarbeitern der zu veräußernden Vermögensgegenstände und/oder Unternehmensbeteiligungen vereinbart sind.

D. Sicherungstreuhänder

1. [A/B/C] setzt unverzüglich [nach Zustellung dieses Beschlusses/bis zum ...] einen unabhängigen und sachkundigen Sicherungstreuhänder ein, der die Aufgabe hat, die Erfüllung der unter Abschnitt A. und B. aufgeführten Pflichten für [A/B/C] sicherzustellen. Der Sicherungstreuhänder muss von [A/B/C] unabhängig und frei von aktuellen oder potentiellen Interessenkonflikten sein und die notwendige Qualifikation für seine Aufgabe besitzen. [A/B/C] trägt die Kosten des Sicherungstreuhänders.

2. Die Einsetzung des Treuhänders sowie der Treuhändervertrag bedürfen der vorherigen Zustimmung der Beschlussabteilung. [A/B/C] legt der Beschlussabteilung [innerhalb einer Woche/bis zum ...] nach Zustellung dieses Beschlusses [einen Vorschlag/eine Liste mit mindestens drei Vorschlägen] für das Amt des Sicherungstreuhänders unter Beifügung des beabsichtigten Treuhändervertrages vor. Sollte die Beschlussabteilung den vorgeschlagenen Kandidaten und/oder den Treuhändervertrag ablehnen, wird [A/B/C] innerhalb einer weiteren Woche nach Zugang der ablehnenden Entscheidung der Beschlussabteilung mindestens zwei weitere Vorschläge und/oder eine nach den Anregungen der Beschlussabteilung geänderte Fassung des Treuhändervertrages einreichen. Sollten auch diese Vorschläge keine Zustimmung finden, setzt [A/B/C] einen von der Beschlussabteilung benannten Treuhänder ein und/oder verwendet einen von der Beschlussabteilung verfassten Vertrag.

3. Der Sicherungstreuhänder schlägt als Vertreter von [A/B/C] unmittelbar nach Aufnahme seines Mandats in einem ersten Bericht an die Beschlussabteilung einen detaillierten Arbeitsplan vor, aus welchem hervorgeht, durch welche Maßnahmen er beabsichtigt, die sich aus diesen Nebenbestimmungen ergebenden Aufgaben für [A/B/C] zu erfüllen.

Der Sicherungstreuhänder

- wird als Vertreter von [A/B/C] der Beschlussabteilung alle [...] Wochen einen schriftlichen Bericht über den Stand der Umsetzung und Einhaltung der unter B. genannten Verpflichtungen und den Fortgang des Veräußerungsprozesses vorlegen;
- beaufsichtigt und unterstützt die laufende Geschäftsführung hinsichtlich der Sicherstellung der wirtschaftlichen Überlebensfähigkeit, der unternehmerischen Werthaltigkeit und der Wettbewerbsfähigkeit von [Z] und legt gemeinsam mit der Geschäftsführung die notwendigen Maßnahmen fest;
- unterstützt und kontrolliert den Gang des Veräußerungsprozesses;
- kann einen Mitarbeiter von [Z] als Sicherungsmanager einsetzen. Dessen Aufgabe ist insbesondere, die übrigen Mitarbeiter von [Z] umfassend über den Veräußerungsprozess und die daraus für die Mitarbeiter von [Z] resultierenden Verpflichtungen (insbesondere die Verpflichtung, keine vertrauliche Information über [Z] mehr an [A/B/C] weiter zu geben) und sonstigen Veränderungen zu unterrichten.

– wird als Vertreter von [A/B/C] der Beschlussabteilung unverzüglich nach Ablauf seines Mandats bzw. nach dem Vollzug der Veräußerung einen abschließenden Bericht über die Einhaltung und Umsetzung der sich aus den Nebenbestimmungen ergebenden Verpflichtungen vorlegen.

4. [A/B/C] lässt dem Sicherungstreuhänder und dem Sicherungsmanager jegliche zweckdienliche Zusammenarbeit, Unterstützung und Informationen zukommen, die dieser zur Erfüllung seiner Aufgaben benötigt. [A/B/C] gewährt dem Sicherungstreuhänder Zugang zu allen Büchern, Aufzeichnungen, Unterlagen, Mitarbeitern, Einrichtungen, Standorten und technischen Informationen von [A/B/C] und von [Z], die für die Erfüllung seines Mandats erforderlich sind.

5. Falls [Z] eine rechtlich selbständige Gesellschaft ist:

[A/B/C] überträgt dem Sicherungstreuhänder die unabhängige Wahrnehmung sämtlicher ihr und den mit ihr verbundenen Unternehmen zustehenden Gesellschafterrechte an [Z], einschließlich aller damit verbundenen Kontroll-, Weisungs- und Stimmrechte, mit Ausnahme des Anspruchs auf Gewinnausschüttung und des Veräußerungsrechts.

6. Die Beschlussabteilung kann dem Sicherungstreuhänder als Vertreter von [A/B/C] Anweisungen erteilen, um die Einhaltung der Nebenbestimmungen sicherzustellen. Kommt der Sicherungstreuhänder diesen Anweisungen nicht nach oder verletzt er sonst die ihm als Vertreter von [A/B/C] obliegenden Pflichten wiederholt, kann die Beschlussabteilung [A/B/C] aufgeben, diesen durch einen anderen Sicherungstreuhänder zu ersetzen. Die für die Ernennung unter D.2. genannten Bestimmungen gelten für die Ersetzung des Sicherungstreuhänders entsprechend.

7. Das Bundeskartellamt haftet nicht für evtl. Schäden, die der Sicherungstreuhänder oder einer seiner Mitarbeiter verursachen.

E. Einsetzung eines Veräußerungstreuhänders

Für den Fall, dass [A/B/C] die sich aus diesen Nebenbestimmungen ergebende Veräußerungsverpflichtung nicht innerhalb der ersten Veräußerungsfrist nach A.3.1. erfüllt, wird [A/B/C] unmittelbar nach Ablauf dieser Frist einen Veräußerungstreuhänder zur Vorbereitung und Durchführung der Veräußerung von [Z] bestellen. Als Veräußerungstreuhänder kann auch die Person des Sicherungstreuhänders bestellt werden.

Die Bestimmungen unter D. gelten für den Veräußerungstreuhänder sinngemäß.

Der Veräußerungstreuhänder ist ermächtigt, den Verkauf von [Z] für Rechnung von [A/B/C] weisungsfrei, bestmöglich und ohne Bindung an einen Mindestpreis innerhalb der Veräußerungsfrist nach A.3.2. (zweite Veräußerungsfrist) an einen Erwerber nach A.5. durchzuführen.

(3) Freigabe eines Zusammenschlussvorhabens mit Auflagen

Variablen (individuell einzusetzen):

[Z]: Name des zu veräußernden Unternehmens bzw. Bezeichnung für die zu veräußernden Gesellschaftsanteile, den zu veräußernden Geschäftsbereich, Betrieb, Vermögensgegenstand etc. und verbundene Unternehmen

[A]: die Zusammenschlussbeteiligte A (Erwerber) **[B]:** die Zusammenschlussbeteiligte B (Zielunternehmen)

[C]: die Zusammenschlussbeteiligte C (Veräußerer)

Freigabe mit Nebenbestimmungen

Das am [Datum] […] angemeldete Vorhaben wird nach § 40 Abs. 2 und 3 GWB mit folgenden Nebenbestimmungen freigegeben:

A. Veräußerungsverpflichtung

1. Veräußerung. Der [A/B/C] wird aufgegeben, [Z] in dem unter A.2. genannten Umfang innerhalb der unter A.3. genannten Fristen nach Maßgabe der nachfolgenden Bestimmungen (A.5., B.1. und B.2.) an einen unabhängigen Erwerber zu veräußern bzw. die Veräußerung durch die mit [A/B/C] verbundenen Unternehmen zu veranlassen.

Die Auflage gilt als erfüllt, wenn [A/B/C] der Beschlussabteilung nachweist, dass die Veräußerung von [Z] unter Beachtung der nachfolgenden Bestimmungen rechtswirksam vollzogen worden ist, sofern der Vollzug nicht wirksam angefochten wird.

2. Veräußerungsgegenstand. [Z] ist [Beschreibung der rechtlichen und funktionalen Struktur, der Tätigkeits- und Geschäftsbereiche, Betriebsstätten, Organisationsstruktur etc.] und besteht im Wesentlichen aus:

2.1. den folgenden materiellen Vermögensgegenständen: [Liste der wesentlichen Vermögensgegenstände, wie Betriebsgrundstücke und -gebäude, Werke, Betriebe, Lager, Anlagen, Maschinen und technische Einrichtungen, Fuhrparke, EDV-Einrichtungen, Roh-, Hilfs- und Betriebsstoffe aller Art, fertige Erzeugnisse und Warenvorräte, etc.].

2.2. den folgenden immateriellen Vermögensgegenständen: [Liste der immateriellen Vermögensgegenstände, wie gewerbliche Schutzrechte (Urheberrechte und urheberrechtliche Nutzungsrechte, Patente, Lizenzen, Warenzeichen, Gebrauchs- und Geschmacksmuster), spezifisches Know-how, spezielle EDV-Programme, Kunden-, Debitoren- und sonstige Verzeichnisse, Geschäftsbücher und Unterlagen, die zur Fortsetzung des Geschäftsbetriebes benötigt werden, etc.].

2.3. den folgenden vertraglichen und sonstigen Rechtsverhältnissen: [Liste der Rechtsverhältnisse, wie Verträge mit Lieferanten oder Kunden, Beratungs- und Handelsvertreterverträge, Miet- und Pachtverträge, Verträge mit Kreditgebern und -nehmern, Gesellschaftsverträge, Versicherungsverträge, Rechte an fremden Grundstücken, Konzessionen, Betriebsgenehmigungen, etc.].

2.4. den folgenden Arbeitnehmern: [Liste der Namen mit Funktionsbeschreibung und der Beschäftigungszeiträume, sowie Angabe solcher Mitarbeiter, die wesentliche Funktionen ausüben, unter Angabe der Arbeits- bzw. Dienstverträge].

3. Veräußerungsfristen. 3.1. Erste Veräußerungsfrist. Die Veräußerungsverpflichtung nach Abschnitt A.1. hat [A/B/C] innerhalb von [...] Monaten nach Zustellung dieses Beschlusses zu erfüllen.

3.2. Verlängerte Veräußerungsfrist. Gelingt es [A/B/C] nicht, der Veräußerungsverpflichtung innerhalb der ersten Veräußerungsfrist nachzukommen, hat die Veräußerung von [Z] innerhalb einer Frist von weiteren [...] Monaten nach Ablauf der ersten Veräußerungsfrist unter Einsetzung eines Veräußerungstreuhänders nach E. zu erfolgen.

4. Berichtspflichten von [A/B/C]. [A/B/C] wird aufgegeben, das Bundeskartellamt regelmäßig [jeden Monat] schriftlich unter Nennung des Gesprächspartners mit Namen und Kontaktadresse über Zeitpunkt und Inhalt sowie Ergebnis ihrer Kontakte mit den Kaufinteressierten für die zu veräußernden Vermögenswerte und Beteiligungen nach Abschnitt A.2. zu unterrichten.

[A/B/C] wird dem Bundeskartellamt regelmäßig über den Fortgang der Gespräche berichten.

5. Der/Die Erwerber. 5.1. [A/B/C] kann [Z] an einen einzigen Erwerber oder, wenn ein einziger Erwerber [Z] nicht als Ganzes, sondern nur zum Teil erwerben möchte, an mehrere Erwerber veräußern.

5.2. Bei dem Erwerber/den Erwerbern muss es sich um ein oder mehrere Unternehmen handeln, an denen weder [A] noch [B] einschließlich jeweils mit ihnen i. S. d. § 36 Abs. 2 GWB verbundener Unternehmen personell oder durch Kapitalbeteiligung (gleich in welcher Höhe) beteiligt sind und auf das diese keinen wettbewerblich erheblichen Einfluss im Sinne des § 37 Abs. 1 Nr. 4 GWB ausüben können. Der Erwerber darf auch nicht auf sonstige Weise, beispielsweise durch vertragliche Absprachen, die ein Handeln für Rechnung von [A/B] ermöglichen, mit [A/B] verbunden sein.

5.3. Der/Die Erwerber soll ein/sollen Unternehmen sein, das/die den dauerhaften Fortbestand der [Z] als Wettbewerber auf dem Markt für [sachliche und räumliche Bezeichnung des relevanten Marktes/der relevanten Märkte] erwarten lässt/lassen.

5.4. Infolge der Übernahme der zu veräußernden Unternehmensbeteiligungen bzw. Vermögenswerte durch den/die Erwerber darf *prima facie* nicht die Entstehung oder Verstärkung einer marktbeherrschenden Stellung zu erwarten sein.

5.5. [A/B] informieren die Beschlussabteilung rechtzeitig über den/die von ihnen ausgewählten potentiellen Erwerber. Die Unterzeichnung des Kaufvertrages/der Kaufverträge mit diesem Erwerber/diesen Erwerbern bedarf der vorherigen Zustimmung der Beschlussabteilung. Die Erteilung der Zustimmung darf nur aus den vorstehend unter A.5.2. bis A.5.4. genannten Gründen verweigert werden. Eine etwaige Pflicht zur Anmeldung des Erwerbs bei der/den zuständigen Kartellbehörde(n) bleibt hiervon unberührt.

B. Pflichten von [A/B/C] vor Veräußerung. Die Freigabe steht unter der auflösenden Bedingung, dass gegen die nachfolgenden Pflichten verstoßen wird. Bei einem Verstoß gegen diese Pflichten entfällt die Freigabewirkung der Entscheidung. Der Zusammenschluss gilt dann als untersagt.

1. Wahrung der unternehmerischen Eigenständigkeit von [Z]. 1.1. [A/B/C] stellt sicher, dass [Z] bis zu dessen Veräußerung von [Z] unternehmerisch eigenständig bleibt und über ausreichendes Kapital verfügt, so dass [Z] fortgeführt werden kann. Der [Z] sind die hierfür erforderlichen Mitarbeiter und Vermögensgegenstände zur Verfügung zu stellen [ggf. Liste].

[Soweit dies zur Wahrung der unternehmerischen Eigenständigkeit von [Z] notwendig ist: [A/B/C] wird [Z] bis zur Veräußerung zu marktüblichen Bedingungen/zu Bedingungen, die denjenigen entsprechen, die [Z] derzeit gewährt werden, die folgenden Produkte/Dienstleistungen zur Verfügung stellen [Liste]./[A/B/C] wird bis zur Veräußerung die für die Wahrung der unternehmerischen Eigenständigkeit erforderlichen Mitarbeiter [ggf. Liste] weder direkt noch indirekt abwerben.]

1.2. [A/B/C] wird aufgegeben, bis zur Erfüllung der Verpflichtung gemäß A.1. [Z] wirtschaftlich getrennt von ihren anderen Geschäftsbereichen zu halten. Personelle Verflechtungen, insbesondere bezüglich des/der Geschäftsführer und/oder leitender Angestellter sind unverzüglich nach Zustellung des Beschlusses aufzulösen. B.1.1. Satz 2 bleibt unberührt.

1.3. [A/B/C] stellt sicher, dass sie [bis zur Veräußerung von [Z]] keine Geschäftsgeheimnisse, Know-how, unternehmerische Informationen oder sonstige vertrauliche Informationen in Bezug auf [Z] mehr erhält, es sei denn, eine solche Information ist erforderlich zur Erfüllung gesetzlich vorgesehener Berichtspflichten.

1.4. [A/B/C] hat insbesondere sämtliche IT-Einrichtungen und -systeme, die derzeit von ihr und [Z] gemeinsam genutzt werden, zu trennen. [A/B/C] hat zu gewährleisten, dass [Z] spätestens […] Wochen nach Zugang dieses Beschlusses sämtliche für ihren Geschäftsbetrieb erforderlichen IT-Leistungen mindestens in dem derzeit bestehenden Umfang selbständig und unabhängig durchführen kann.

1.5. Die Auflösung der bestehenden Verbindungen ist der Beschlussabteilung spätestens innerhalb von [...] Wochen nach Zustellung des Beschlusses schriftlich zu bestätigen.

2. Sicherung der Markt- und Wettbewerbsfähigkeit von [Z]. [A/B/C] stellt sicher, dass die wirtschaftliche Überlebensfähigkeit, Markt- und Wettbewerbsfähigkeit von [Z] zumindest aufrecht erhalten bleibt. [A/B/C] minimiert soweit wie möglich das Risiko eines Verlusts des wettbewerblichen Potentials von [Z]. Insbesondere nimmt [A/B/C] keine Handlungen vor, die einen negativen Einfluss auf den Wert, die Unternehmensführung oder die Wettbewerbsfähigkeit von [Z] haben oder Art und Umfang der Geschäftstätigkeit, die gewerbliche oder unternehmerische Strategie oder die Investitionspolitik von [Z] beeinträchtigen könnten.

Fassung von B.1. und B.2. im Fall eines „*carve out*":

B.1. Schaffung von [Z] als eine eigenständige Einheit mit Markt- und Wettbewerbsfähigkeit

1.1 [A/B/C] stellt sicher, dass [Z] bis zu dessen Veräußerung Z] eine eigenständige Einheit bildet und [Z] über ausreichendes Kapital verfügt, so dass [Z] selbständig geführt werden kann. Der [Z] sind die hierfür erforderlichen Mitarbeiter und Vermögensgegenstände zur Verfügung zu stellen [ggf. Liste]. [A/B/C] gewährleistet, dass [Z] spätestens [...] Wochen nach Zugang dieses Beschlusses sämtliche für ihren Geschäftsbetrieb erforderlichen IT-Leistungen selbständig und unabhängig und ohne Verbindung zu den IT-Einrichtungen und -Systemen von [A/B/C] durchführen kann. [A/B/C] wirkt darauf hin, dass [Z] zu jedem Zeitpunkt über die notwendigen behördlichen Genehmigungen verfügt, um ihr Geschäft betreiben zu können.

[Soweit dies zur Schaffung von [Z] als eigenständiger Einheit notwendig ist: [A/B/C] wird [Z] bis zur Veräußerung zu marktüblichen Bedingungen/zu [...] Bedingungen die folgenden Produkte/Dienstleistungen zur Verfügung stellen [Liste]./[A/B/C] wird bis zur Veräußerung die vorgenannten Mitarbeiter [ggf. Liste] weder direkt noch indirekt abwerben.] Die Beschlussabteilung ist über die Erfüllung der vorstehend genannten Pflichten innerhalb von [...] nach Zustellung des Beschlusses schriftlich zu unterrichten.

1.2 [A/B/C] wird aufgegeben, bis zur Erfüllung der Veräußeerungsverpflichtung [Z] wirtschaftlich getrennt von ihren anderen Geschäftsbereichen zu halten. Personelle Verflechtungen, insbesondere bezüglich des/der Geschäftsführer/s und/oder leitender Angestellter sind unverzüglich nach Zustellung des Beschlusses aufzulösen. B.1.1. Satz 2 bleibt unberührt.

1.3 [A/B/C] stellt sicher, dass sie [bis zur Veräußerung von [Z]] keine Geschäftsgeheimnisse, Know-how, unternehmerische Informationen oder sonstige vertrauliche Informationen in Bezug auf [Z] erhält, es sei denn, eine solche Information ist erforderlich, um gesetzlich vorgesehene Berichtspflichten zu erfüllen.

B.2. Gewährleistung der Markt- und Wettbewerbsfähigkeit von [Z]

[A/B/C] stellt sicher, dass die wirtschaftliche Leistungsfähigkeit, Markt- und Wettbewerbsfähigkeit von [Z] gewährleistet ist. [A/B/C] minimiert soweit wie möglich das Risiko eines Verlusts des wettbewerblichen Potentials von [Z]. Insbesondere nimmt [A/B/C] keine Handlungen vor, die einen negativen Einfluss auf den Wert, die Leitung oder die Wettbewerbsfähigkeit von [Z] haben oder Art und Umfang der Geschäftstätigkeit, die gewerbliche oder unternehmerische Strategie oder die Investitionspolitik von [Z] beeinträchtigen könnten.

C. Pflichten von [A/B/C] nach Veräußerung[3]

Die nachfolgend aufgeführten Pflichten sind für die Freigabe notwendige Auflagen, um die strukturellen wettbewerblichen Auswirkungen der Veräußerung sicherzustellen.

1. Lieferverpflichtung. *[Soweit dies für den Erhalt der wettbewerblichen Geschäftstätigkeit von [Z] notwendig ist:]* [A/B/C] wird aufgegeben, dem Erwerber für eine Übergangszeit von bis zu [...] Monaten nach erfolgter Veräußerung die folgenden Produkte/Dienstleistungen durch [A/B/C] oder der mit ihr verbundenen Unternehmen zu marktüblichen Bedingungen/zu Bedingungen, die denjenigen entsprechen, die [Z] zum Zeitpunkt der Zustellung des Beschlusses gewährt werden, zur Verfügung zu stellen:
[Liste der Produkte/Dienstleistungen, deren Lieferung von [A/B/C] an [Z] für eine Übergangszeit notwendig ist, um das Überleben und die Wettbewerbsfähigkeit von [Z] sicherzustellen]

2. Rückkaufverbot. [A/B/C] einschließlich verbundener Unternehmen wird aufgegeben, für einen Zeitraum von [...] Jahren nach Vollzug der Veräußerung keinen direkten oder indirekten Einfluss auf [Z] zu erwerben.

3. Abwerbungsverbot. [A/B/C] wird weiterhin aufgegeben, für einen Zeitraum von [...] Jahren nach Vollzug der Veräußerung der im Abschnitt A.2. genannten Vermögenswerte und/oder Unternehmensbeteiligungen weder direkt noch indirekt Mitarbeiter [leitende Angestellte] von [Z] abzuwerben, es sei denn der/die Erwerber hat/haben schriftlich bestätigt, dass er/sie an deren Weiterbeschäftigung nicht interessiert ist/sind.

4. Verzicht auf Ausübung von Rechten aus Wettbewerbsverboten. [A/B/C] wird aufgegeben, nach Vollzug der Veräußerung von [Z] auf die Ausübung von Rechten aus Wettbewerbsverboten zu verzichten, die gegebenenfalls mit Mitarbeitern der zu veräußernden Vermögensgegenstände und/oder Unternehmensbeteiligungen vereinbart sind.

D. Sicherungstreuhänder

1. [A/B/C] wird aufgegeben, unverzüglich [nach Zustellung dieses Beschlusses/bis zum ...] einen unabhängigen und sachkundigen Sicherungstreuhänder einzusetzen, der die Aufgabe hat, die Erfüllung der unter Abschnitt A. und B. aufgeführten Pflichten für [A/B/C] durchzuführen. Der Sicherungstreuhänder muss von [A/B/C] unabhängig und frei von aktuellen oder potentiellen Interessenkonflikten sein und die notwendige Qualifikation für seine Aufgabe besitzen. [A/B/C] trägt die Kosten des Sicherungstreuhänders.

2. Die Einsetzung des Treuhänders sowie der Treuhändervertrag bedürfen der vorherigen Zustimmung der Beschlussabteilung. [A/B/C] legt der Beschlussabteilung [innerhalb einer Woche/bis zum ...] nach Zustellung dieses Beschlusses [einen Vorschlag/eine Liste mit mindestens drei Vorschlägen] für das Amt des Sicherungstreuhänders unter Beifügung des zugrundeliegenden Treuhändervertrages vor. Sollte die Beschlussabteilung den vorgeschlagenen Kandidaten und/oder den Treuhänder-

[3] Je nach Bedeutung der unter C. aufgeführten Pflichten im konkreten Fall, sollten diese ggf. als auflösende Bedingung formuliert werden. Der nachfolgende Satz lautete dann: „Die Freigabe steht unter der auflösenden Bedingung, dass gegen die unter Ziff. C.[...] aufgeführten verstoßen wird. Bei einem Verstoß gegen die unter Ziff. C.[...] aufgeführten Pflichten entfällt die Freigabewirkung der Entscheidung. Der Zusammenschluss gilt dann als untersagt." Ggf. können bestimmte Pflichten als Bedingungen, andere als Auflagen ausgestaltet werden, worauf dann entsprechend hinzuweisen wäre.

vertrag ablehnen, wird [A/B/C] innerhalb einer weiteren Woche nach Zugang der ablehnenden Entscheidung der Beschlussabteilung mindestens zwei weitere Vorschläge und/oder eine nach den Anregungen der Beschlussabteilung geänderte Fassung des Treuhändervertrages einreichen. Sollten auch diese Vorschläge keine Zustimmung finden, setzt [A/B/C] einen von der Beschlussabteilung benannten Treuhänder ein und/oder verwendet einen von der Beschlussabteilung verfassten Vertrag.

3. Der Sicherungstreuhänder schlägt als Vertreter von [A/B/C] unmittelbar nach Aufnahme seines Mandats in einem ersten Bericht an die Beschlussabteilung einen detaillierten Arbeitsplan vor, aus welchem hervorgeht, durch welche Maßnahmen er beabsichtigt, die sich aus diesen Nebenbestimmungen ergebenden Aufgaben für [A/B/C] zu erfüllen.

Der Sicherungstreuhänder

- wird als Vertreter von [A/B/C] der Beschlussabteilung alle [...] Wochen einen schriftlichen Bericht über den Stand der Umsetzung und Einhaltung der unter B. genannten Verpflichtungen und den Fortgang des Veräußerungsprozesses vorlegen;
- beaufsichtigt und unterstützt die laufende Geschäftsführung hinsichtlich der Sicherstellung der wirtschaftlichen Überlebensfähigkeit, der unternehmerischen Werthaltigkeit und der Wettbewerbsfähigkeit von [Z] und legt gemeinsam mit der Geschäftsführung die notwendigen Maßnahmen fest;
- unterstützt und kontrolliert den Gang des Veräußerungsprozesses;
- kann einen Mitarbeiter von [Z] als Sicherungsmanager einsetzen. Dessen Aufgabe ist insbesondere, die übrigen Mitarbeiter von [Z] umfassend über den Veräußerungsprozess und die daraus für die Mitarbeiter von [Z] resultierenden Verpflichtungen (insbesondere die Verpflichtung, keine vertrauliche Information über [Z] mehr an [A/B/C] weiter zu geben) und sonstigen Veränderungen zu unterrichten.
- wird als Vertreter von [A/B/C] der Beschlussabteilung unverzüglich nach Ablauf seines Mandats bzw. nach dem Vollzug der Veräußerung einen abschließenden Bericht über die Einhaltung und Umsetzung der sich aus den Nebenbestimmungen ergebenden Verpflichtungen vorlegen.

4. [A/B/C] lässt dem Sicherungstreuhänder und dem Sicherungsmanager jegliche zweckdienliche Zusammenarbeit, Unterstützung und Informationen zukommen, die dieser zur Erfüllung seiner Aufgaben benötigt. [A/B/C] gewährt dem Sicherungstreuhänder Zugang zu allen Büchern, Aufzeichnungen, Unterlagen, Mitarbeitern, Einrichtungen, Standorten und technischen Informationen von [A/B/C] und von [Z], die für die Erfüllung seines Mandats erforderlich sind.

5. Falls [Z] eine rechtlich selbständige Gesellschaft ist:

[A/B] überträgt dem Sicherungstreuhänder die unabhängige Wahrnehmung sämtlicher ihr und den mit ihr verbundenen Unternehmen zustehenden Gesellschafterrechte an [Z], einschließlich aller damit verbundenen Kontroll-, Weisungs- und Stimmrechte, mit Ausnahme des Anspruchs auf Gewinnausschüttung und des Veräußerungsrechts.

6. Die Beschlussabteilung kann dem Sicherungstreuhänder als Vertreter von [A/B/C] Anweisungen erteilen, um die Einhaltung der Nebenbestimmungen sicherzustellen. Kommt der Sicherungstreuhänder diesen Anweisungen nicht nach oder verletzt er sonst die ihm als Vertreter von [A/B/C] obliegenden Pflichten wiederholt, kann die Beschlussabteilung [A/B/C] aufgeben, diesen durch einen anderen Sicherungstreuhänder zu ersetzen. Die für die Ernennung unter D.2. genannten Bestimmungen gelten für die Einsetzung des Sicherungstreuhänders entsprechend.

7. Das Bundeskartellamt haftet nicht für evtl. Schäden, die der Sicherungstreuhänder oder einer seiner Mitarbeiter verursachen.

E. Einsetzung eines Veräußerungstreuhänders

Für den Fall, dass [A/B/C] die sich aus diesen Nebenbestimmungen ergebende Veräußerungsverpflichtung nicht innerhalb der ersten Veräußerungsfrist nach Abschnitt A.3.1. erfüllt, wird [A/B/C] unmittelbar nach Ablauf dieser Frist einen Veräußerungstreuhänder zur Vorbereitung und Durchführung der Veräußerung von [Z] bestellen. Als Veräußerungstreuhänder kann auch die Person des Sicherungstreuhänders bestellt werden.

Die Bestimmungen des Abschnitts D. gelten für den Veräußerungstreuhänder sinngemäß.

Der Veräußerungstreuhänder ist ermächtigt, den Verkauf von [Z] für Rechnung von [A/B/C] weisungsfrei, bestmöglich und ohne Bindung an einen Mindestpreis innerhalb der Veräußerungsfrist nach Abschnitt A.3.2. (zweite Veräußerungsfrist) an einen Erwerber nach Abschnitt A.5. durchzuführen.

11. Merkblatt des Bundeskartellamts zum Anwendungsbereich der EU-Fusionskontrolle

(Stand Juli 2004, auch in Englisch und Französisch verfügbar)

Dieses Merkblatt bietet eine Hilfe zum Verständnis der Kompetenzverteilung zwischen EU-Kommission und Bundeskartellamt bei Unternehmenszusammenschlüssen. Es enthält eine erläuternde Übersicht der Kriterien, die aufgrund der EG-Fusionskontroll-Verordnung[1] (folgend: EG-FusionskontrollVO) eine ausschließliche Zuständigkeit der EU-Kommission begründen. Zusammenschlüsse, die diese Kriterien nicht, jedoch die Voraussetzungen für die Anmelde- bzw. Anzeigepflicht nach GWB[2] erfüllen, unterliegen nach wie vor der Fusionskontrolle durch das Bundeskartellamt.

I. Umsatzschwellen und Umsatzberechnung

1. Umsatzschwellen. In die Zuständigkeit der EU-Kommission fallen alle Zusammenschlüsse von sog. gemeinschaftsweiter Bedeutung. Gemeinschaftsweite Bedeutung hat ein Zusammenschluss, wenn die folgenden Umsatzkriterien erfüllt sind (Art. 1 Abs. 2 Buchstabe a und b EG-FusionskontrollVO):

– alle am Zusammenschluss beteiligten Unternehmen haben zusammen einen weltweiten Gesamtumsatz von mehr als 5 Mrd. Euro

und

– *mindestens zwei* der beteiligten Unternehmen erzielen einen gemeinschaftsweiten (EU=)Umsatz von *jeweils* mehr als 250 Mio. Euro,

oder:

– alle am Zusammenschluss beteiligten Unternehmen haben zusammen einen weltweiten Gesamtumsatz von mehr als 2,5 Mrd. Euro

und

– mindestens zwei der beteiligten Unternehmen erzielen einen gemeinschaftsweiten Umsatz von jeweils mehr als 100 Mio. Euro

und

– alle am Zusammenschluss beteiligten Unternehmen erzielen zusammen in mindestens drei Mitgliedstaaten einen Gesamtumsatz von jeweils mehr als 100 Mio. Euro

und

– mindestens zwei der beteiligten Unternehmen erzielen in jedem dieser drei Mitgliedstaaten ein Umsatz von jeweils mehr als 25 Mio. Euro.

Einschränkung (Art. 1 Abs. 2 und Abs. 3 jeweils letzter Satzteil EG-FusionskontrollVO):

Erzielen die beteiligten Unternehmen *jeweils* mehr als ⅔ ihres *gemeinschaftsweiten* Umsatzes (nicht bezogen auf den weltweiten Gesamtumsatz!) in einem und demselben Mitgliedstaat, ist auch bei Überschreiten der oben genannten Schwellenwerte **keine** Zuständigkeit der EU-Kommission gegeben. Mit dieser Klausel sollen Zusam-

---

[1] Verordnung (EG) Nr. 139/2004 des Rates vom 20. Januar 2004 (ABl. L 24/1 vom 29.1.2004; in Kraft ab 1. Mai 2004). Im *Anhang* zu diesem Merkblatt sind die ergänzenden Verordnungen, Bekanntmachungen und Leitlinien der Kommission aufgeführt.

[2] Gesetz gegen Wettbewerbsbeschränkungen in der Fassung der Bekanntmachung vom 26. August 1998 (BGBl. I S. 2546).

menschlüsse, die sich ganz überwiegend in einem Mitgliedstaat auswirken, in der Zuständigkeit der nationalen Behörde verbleiben.

2. Umsatzberechnung. Die Umsatzberechnung erfolgt im Wesentlichen ähnlich der deutschen Fusionskontrolle: Mehrwert- und andere auf den Umsatz bezogene Steuern sind abzuziehen, Innenumsatzerlöse nicht zu berücksichtigen (Art. 5 Abs. 1 EG-FusionskontrollVO). Ebenfalls sind die mit den Beteiligten verbundenen Unternehmen einzubeziehen (im Einzelnen: Art. 5 Abs. 4 EG-FusionskontrollVO).

3. Sonderregeln für Kreditinstitute und Versicherungen. ***Kreditinstitute*** (Art. 5 Abs. 3 Buchstabe a EG-FusionskontrollVO):

An die Stelle des in Art. 1 Abs. 2 und 3 EG-FusionskontrollVO maßgeblichen weltweiten Gesamtumsatzes tritt die Summe der Ertragsposten (nach Abzug von Mehrwertsteuer und sonstigen direkt auf diese Erträge erhobenen Steuern) aus:

- Zinsen und ähnlichen Erträgen
- Wertpapiererträgen (Aktien, andere Anteilsrechte, nicht festverzinsliche Wertpapiere, Erträge aus Beteiligungen, Erträge aus Anteilen an verbundenen Unternehmen)
- Pro visionserträgen
- Net toerträgen aus Finanzgeschäften
- sonstigen betrieblichen Erträgen.

Maßgeblich für die „⅔ Klausel" (Art. 1 Abs. 3 letzter Satzteil EG-FusionskontrollVO) und die Berechnung des gemeinschaftsweiten Umsatzes ist der Umsatz aus den obigen Ertragsposten, die die in der Gemeinschaft bzw. in dem Mitgliedstaat errichteten Zweig- oder Geschäftsstellen verbuchen.

Versicherungen (Art. 5 Abs. 3 Buchstabe b EG-FusionskontrollVO):

An die Stelle des weltweiten Gesamtumsatzes tritt die Summe der Bruttoprämien. An die Stelle des „gemeinschaftsweiten Umsatzes" und des „Umsatzes in einem und demselben Mitgliedstaat" treten die Bruttoprämien, die von in der Gemeinschaft bzw. in einem Mitgliedstaat ansässigen Personen gezahlt wurden.

HINWEIS:

Sonderregeln für Handels- und Verlags- bzw. Presseumsätze gibt es – anders als im GWB – nicht.

II. Zusammenschlußtatbestand

Nach Art. 3 Abs. 1 und 4 EG-FusionskontrollVO wird ein Zusammenschluss dadurch bewirkt, dass eine dauerhafte Veränderung der Kontrolle in der Weise stattfindet, dass

- zwei oder mehr bisher unabhängige Unternehmen fusionieren oder dass
- eine oder mehrere Personen, die bereits mindestens ein Unternehmen kontrollieren, oder ein oder mehrere Unternehmen durch den Erwerb von Anteilsrechten oder Vermögenswerten, durch Vertrag oder in sonstiger Weise die unmittelbare oder mittelbare *Kontrolle* über die Gesamtheit oder über Teile eines oder mehrerer anderer Unternehmen erwerben oder dass
- ein Gemeinschaftsunternehmen gegründet wird, das dauerhaft alle Funktionen einer selbstständigen wirtschaftlichen Einheit erfüllt.

Maßgeblich ist also das Kriterium *Kontrolle über andere Unternehmen,* das in Art. 3 Abs. 2 EG-FusionskontrollVO als Möglichkeit definiert ist, einen *bestimmenden Einfluss* auf die Tätigkeit eines Unternehmens auszuüben.

Damit ist bei Minderheitsbeteiligungen die Anwendung der EG-FusionskontrollVO nicht generell ausgeschlossen. Da lediglich diejenigen Minderheitsbeteiligungen erfasst werden, bei denen der Erwerber die Möglichkeit erhält, einen bestimmenden Einfluss auszuüben, hängt die Anwendung der EG-FusionskontrollVO von den Umständen des Einzelfalles ab. Für Einzelheiten wird auf die Bekanntmachung der Kommission zum Begriff des Zusammenschlusses verwiesen (siehe Anhang Ziff. 8).

HINWEIS:

Fällt ein Minderheitserwerb oder die Gründung bzw. Entstehung eines Gemeinschaftsunternehmens nach diesen Kriterien trotz Überschreiten der Umsatzschwellen nicht unter die EG-FusionskontrollVO, erfüllt der Vorgang jedoch die Voraussetzungen zur Anmelde- bzw. Anzeigepflicht nach GWB, ist die Zuständigkeit des Bundeskartellamtes gegeben.

III. Möglichkeiten der Verweisung an die nationalen Kartellbehörden durch die EU-Kommission

1. Verweisung auf Antrag eines Mitgliedstaates. Selbst wenn sämtliche Voraussetzungen für die Anwendung der EG-FusionskontrollVO erfüllt sind, *kann* sich im Einzelfall dennoch eine Entscheidungskompetenz der nationalen Kartellbehörde dadurch ergeben, dass die EU-Kommission einen Fall an diese verweist. Die Verweisung ist gem. Art. 9 Abs. 2 EG-FusionskontrollVO an die Voraussetzung gebunden, dass der Mitgliedstaat der Kommission binnen 15 Arbeitstagen nach Erhalt der Abschrift der Anmeldung mitteilt,
- dass ein Zusammenschluss den Wettbewerb auf einem Markt in diesem Mitgliedstaat, der alle Merkmale eines gesonderten Marktes aufweist, erheblich zu beeinträchtigen droht **oder**
- dass ein Zusammenschluss den Wettbewerb auf einem Markt in diesem Mitgliedstaat beeinträchtigt, der alle Merkmale eines gesonderten Marktes aufweist und keinen wesentlichen Teil des Gemeinsamen Marktes darstellt **und**
- die EU-Kommission diese Auffassung teilt **und**
- die Kommission den Fall nicht selbst behandelt, sondern an die zuständige nationale Behörde verweist, damit die nationalen Wettbewerbsvorschriften angewendet werden.

Die EU-Kommission kann einen Fall ganz oder auch teilweise an die zuständige Behörde des Mitgliedstaates verweisen. Sie kann den Mitgliedstaat auch dazu auffordern, einen Verweisungsantrag zu stellen.

2. Verweisung auf Antrag der beteiligten Unternehmen. Nach Art. 4 Abs. 4 der EG-FusionskontrollVO können die am Zusammenschluss beteiligten Unternehmen vor Anmeldung des Zusammenschlusses eine Verweisung von der Kommission an einen Mitgliedstaat beantragen (sog. begründeter Antrag), wenn der Zusammenschluss den Wettbewerb auf einem Markt in diesem Mitgliedstaat erheblich beeinträchtigen könnte, der alle Merkmale eines gesonderten Marktes aufweist.

Die Verweisung ist an die weiteren Voraussetzungen gebunden,
- dass die EU-Kommission die og. Auffassung der Antragsteller teilt *und*
- dass der im Antrag genannte Mitgliedstaat der EU-Kommission innerhalb von 15 Arbeitstagen nach Erhalt des Antrages mitteilt, dass er der Verweisung des Falles zustimmt. (Schweigen wird dabei als Zustimmung gewertet.)

Die EU-Kommission entscheidet ihrerseits innerhalb von 25 Arbeitstagen nach Eingang des begründeten Antrags über die Verweisung oder Nichtverweisung des Falles.

Wird der Zusammenschluss verwiesen, so findet das Wettbewerbsrecht des betreffenden Mitgliedstaates Anwendung. Wird ein Fall nach Deutschland verwiesen, so ist das Zusammenschlussvorhaben von den beteiligten Unternehmen gemäß § 39 GWB beim Bundeskartellamt anzumelden.[3]

---

[3] Vgl. dazu §§ 39 Abs. 4, 40 Abs. 5 GWB.

IV. Möglichkeiten der Verweisung an die EU-Kommission durch die nationalen Kartellbehörden

1. Verweisung auf Antrag eines oder mehrerer Mitgliedstaaten. Ein oder mehrere Mitgliedstaaten können gemäß Art. 22 Abs. 1 EG-FusionskontrollVO auch die Verweisung eines Zusammenschlusses an die EU-Kommission beantragen, der keine gemeinschaftsweite Bedeutung im Sinne von Art. 1 EG-FusionskontrollVO hat.

Folgende gesetzliche Voraussetzungen müssen für einen solchen Verweisungsantrag erfüllt sein:
- es handelt sich um einen Zusammenschluss im Sinne von Art. 3 EG-FusionskontrollVO,
- der den Handel zwischen Mitgliedstaaten beeinträchtigt *und*
- der den Wettbewerb im Hoheitsgebiet des bzw. der antragstellenden Mitgliedstaaten erheblich zu beeinträchtigen droht.

Der bzw. die Mitgliedstaaten müssen ihren Antrag innerhalb von 15 Arbeitstagen stellen, nach dem der Zusammenschluss bei ihnen angemeldet wurde oder ihnen anderweitig zur Kenntnis gebracht worden ist.

Die EU-Kommission unterrichtet die Mitgliedstaaten unverzüglich über den Eingang des ersten Verweisungsantrages in der vorliegenden Sache, danach können sich weitere Mitgliedstaaten, die bislang noch keine Verweisung beantragt haben, innerhalb von 15 Arbeitstagen dem ersten Verweisungsantrag anschließen. Alle einzelstaatlichen Fristen, die den Zusammenschluss betreffen, werden bis zur endgültigen Entscheidung darüber gehemmt, durch wen der Zusammenschluss geprüft wird.

Die EU-Kommission selbst entscheidet binnen 25 Arbeitstagen nach Eingang des ersten Verweisungsantrages über den Antrag des bzw. der Mitgliedstaaten. Stimmt die EU-Kommission den Anträgen zu, findet das nationale Wettbewerbsrecht der antragstellenden Mitgliedstaaten keine Anwendung mehr. Die EU-Kommission kann von den beteiligten Unternehmen eine Anmeldung nach Art. 4 EG-FusionskontrollVO verlangen.

Die EU-Kommission kann einem oder mehreren Mitgliedstaaten mitteilen, dass ein Zusammenschluss nach ihrer Ansicht die Kriterien für eine Verweisung an die EU-Kommission erfüllt und den bzw. die Mitgliedstaaten auffordern, einen Verweisungsantrag zu stellen.

2. Verweisung auf Antrag der beteiligten Unternehmen. Falls ein Zusammenschluss zwar keine gemeinschaftsweite Bedeutung im Sinne von Art. 1 EG-FusionskontrollVO hat, jedoch nach dem Wettbewerbsrecht mindestens dreier Mitgliedstaaten geprüft werden könnte, können die beteiligten Unternehmen gemäß Art. 4 Abs. 5 EG-FusionskontrollVO eine Verweisung an die EU-Kommission beantragen.

Die Mitgliedstaaten, die für die Prüfung des Zusammenschlusses zuständig wären, entscheiden innerhalb von 15 Arbeitstagen nach Vorlage des begründeten Antrags der Parteien darüber, ob sie den Antrag ablehnen. Wenn mindestens einer dieser Mitgliedstaaten den Verweisungsantrag ablehnt, wird der Zusammenschluss insgesamt nicht, dh. auch nicht für den Zuständigkeitsbereich der den Antrag annehmenden Mitgliedstaaten, an die EU-Kommission verwiesen. Stimmen alle zuständigen Mitgliedstaaten der Verweisung zu, so wird die gemeinschaftsweite Bedeutung des Zusammenschlusses vermutet und er ist bei der EU-Kommission nach Art. 4 Abs. 1 EG-FusionskontrollVO anzumelden. Das innerstaatliche Recht der Mitgliedstaaten findet keine Anwendung.

V. Anmeldepflicht und Vollzugsverbot

Für die EU-Fusionskontrolle gilt generell die Prävention. Ein Zusammenschluss darf nicht vollzogen werden, bis er für vereinbar mit dem Gemeinsamen Markt erklärt worden ist (Art. 7 Abs. 1 EG-FusionskontrollVO). Die Kommission kann den Vollzug auf Antrag bis zum Erlass einer endgültigen Entscheidung aussetzen (Art. 7 Abs. 3 EG-FusionskontrollVO).

Die Entscheidung über die Einleitung eines vertieften Prüfverfahrens (sog. Zweite Phase) ergeht innerhalb einer Frist von höchstens 25 Arbeitstagen nach Eingang der vollständigen Anmeldung (Art. 10 Abs. 1 EG-FusionskontrollVO). Die Frist wird auf 35 Arbeitstage verlängert, wenn der EU-Kommission der Verweisungsantrag eines Mitgliedstaates gemäß Art. 9 Abs. 2 EG-FusionskontrollVO zugeht, oder wenn die beteiligten Unternehmen sog. Verpflichtungszusagen zur Abwendung einer Untersagung vorlegen (Art. 10 Abs. 1 Absatz 2 EG-FusionskontrollVO). Die Entscheidung, ob ein Zusammenschluss mit dem Gemeinsamen Markt vereinbar ist oder nicht, muss innerhalb einer Frist von höchstens 90 Arbeitstagen nach Einleitung des Verfahrens erlassen werden (Art. 10 Abs. 3 EG-FusionskontrollVO). Legen die beteiligten Unternehmen der EU-Kommission Verpflichtungszusagen nach dem 55. Arbeitstag vor, erhöht sich diese Frist auf maximal 105 Arbeitstage.

Auf einmaligen Antrag der Anmelder, der der EU-Kommission spätestens 15 Arbeitstage nach Einleitung des Verfahrens gemäß Art. 6 Abs. 1 lit. c) EG-FusionskontrollVO vorliegen muss, ist eine Fristverlängerung möglich. Die EU-Kommission kann mit Zustimmung der Anmelder jederzeit eine Fristverlängerung vornehmen. Die Gesamtdauer aller etwaigen Fristverlängerungen darf 20 Arbeitstage nicht übersteigen (Art. 10 Abs. 3 Absatz 2 EG-FusionskontrollVO).

Anmeldungen sind in einer der Amtssprachen der EU abzufassen und müssen die in Formblatt CO (siehe Anhang zu diesem Merkblatt Ziff. 1) verlangten Angaben enthalten. Werden vorsätzlich oder fahrlässig unrichtige oder irreführende Angaben gemacht oder wird gegen das Vollzugsverbot verstoßen, kann die EU-Kommission gem. Art. 14 Abs. 1 und 2 EG-FusionskontrollVO Bußgelder verhängen.

Sachverzeichnis

Fette Zahlen = Paragraphen, magere Zahlen = Randnummern VergR = Vergaberecht (§§ 97–129b)

Sachverzeichnis

Sachverzeichnis

Sachverzeichnis

Sachverzeichnis

Sachverzeichnis

Sachverzeichnis